JN208891

ឆ្នាំទី ១ លេខ ៨ Samedi 6 Février 1937 ថ្ងៃសៅរ៍ ១១កើត ខែមាឃ ឆ្នាំជូតអដ្ឋស័ក ព.ស. ២៤៧៩ ត្រូវនឹងថ្ងៃ ៦ ហ្វេវ្រីយេ ឆ្នាំ ១៩៣៧

នគរវត្ត
Nagara vatta

សូមអស់លោក-អ្នកអញ្ជើញមើល នគរវត្តរបស់យើងនិងជាត់ជំរើសដោយសារអស់លោក-អ្នកនាំគ្នាជាវមើល ។

ហាងកោង ប៉ាប-ឈីន

Hebdomadaire paraissant tous les samedis
សារពត៌មានចេញថ្ងៃសៅរ៍រៀងរាល់អាទិត្យ
មន្ទីរតែងសេចក្ដីនិងត្រួតការនៅផ្លូវវីរ៉ែរជិតខាងកើតរោងល្ខោនបឺភិនភ្នំពេញ

ថ្លៃជាវ { ១ ឆ្នាំ ៤ រៀល
១ ច្បាប់ ៥ សេន

បើអស់លោក-អ្នកនិយមមើលនគរវត្តកាន់តែច្រើនឡើង ៗ ការរៀបចំផ្សេងៗរបស់នគរវត្តក៏កាន់តែល្អវិសេសគួរជាទីជ្រះថ្លាណាស់ដែរ ។

អំពីវិជ្ជាពេទ្យ-បង្ការរោគ

សេចក្ដីប្រារព្ធដើមអំពីជម្ងឺធ្លង-មេរោគឬមេជម្ងឺ ។ មរណៈភាពដែលមានដល់ជាតិខ្មែរយើង មានចំនួនច្រើនហួសប្រមាណពេកណាស់ ឯបណ្ដាស្រុកមានចំនួនតិចជាងស្រុកដទៃ ៗ ក្នុងស្រុកសិងមានផលានុផលដ៏បរិបូណ៌ពាសពេញ ហើយស្ត្រីសោតក៏មានកូនច្រើនផង អិនគួរបណ្ដាលឲ្យមានស្លាប់ច្រើនយ៉ាងដូច្នេះឡើយ ។

សេចក្ដីដែលបណ្ដាល ឲ្យមានមរណៈភាពច្រើនយ៉ាងដូច្នេះ គឺមកពីបណ្ដាស្ត្រីពុំស្គាល់ហេតុដែលបណ្ដាលឲ្យកើតជាជម្ងឺ ហើយមិនចេះកិច្ចថែទាំបង្ការរោគផងនោះ បើប្រសិនណាជាចេះច្បាប់សម្រាប់បង្ការជាគ នោះមុខជានឹងអាចទប់ទល់ជម្ងឺមិនឲ្យបៀតបៀនដល់ខ្លួនបានដោយងាយ ។

ក្រូខ្មែរដែលហៅមកឲ្យមើលជម្ងឺអ្វីនីមួយ ៗ មានក៏ប្ដូរតែមើលអ្នកជម្ងឺ ១ មុខ ពុំដែលផ្សាយជម្រុះវិជ្ជារបស់ខ្លួនឲ្យមានប្រយោជន៍ទូទៅដល់ជនដទៃឡើយ

វែងវិជ្ជាពេទ្យវិញពុំមែនដូច្នេះទេ បើប្រសិនជាមានជនណា ១ កើតជម្ងឺធ្លង នោះពេទ្យត្រូវថែទាំជននោះឲ្យរួចហើយការពារដល់ជនានុជនទាំងពួង កុំឲ្យជម្ងឺនោះធ្លងតទៅទៀតបានផង ។

ជម្ងឺដែលកើតទាំងប៉ុន្មាន ពុំមែនខ្មោចបិសាចឬអ្នកតាធ្វើឲ្យកើតជារោគផ្សេង ៗ ដូចអ្នកស្រុកជាប់ជឿនោះទេ ។ កាលពីដើមអ្នកស្រុកប្រទេសឪរ៉ុបមានជឿពីខ្មោចបិសាចខ្លះដែរ ប៉ុន្តែតាំងពីគេបានរកកែវឆ្លុះមើលឃើញសត្វតូច ៗ វិលាណា ទើបគេដឹងកំណើតរោគជាជម្ងឺធ្លងបណ្ដាលមកពីមេរោគពិតប្រាកដ ។ ឯមេរោគនេះជាសត្វតូច ៗ ណាស់ភាពដូចផ្សិត មើលដោយភ្នែកយើងធម្មតាពុំឃើញ លុះតែយកកែវសម្រាប់ឆ្លុះមេរោគនោះមកមើលទើបឃើញ ។

ខ្មែរយើងក៏មានស្គាល់ខ្លះដែរ គឺដូចជាស្នឹមដែលដុះក្នុងទីងងឹតនិងសើម ៗ ដូចជាមេដែលធ្វើបាយទទឹកៗឲ្យទៅជាដុះស្នឹមខ្មៅ ឬដូចជាមេដំបែដែលធ្វើបាយឲ្យប្រែទៅជាស្រាបាន ។ល។

មេរោគដែលបណ្ដាលឲ្យកើតជាជម្ងឺ ក៏មានភាពប្រហែលគ្នានិងមេ ដូចបានពោលមកនេះដែរ ។

ឯមេរោគនេះ នៅពាសពេញជុំវិញគ្រប់កន្លែង

មើលតទៅទំព័រទី ៣

ដំណឹងជាតាប្រទេស

អំពីទ្វីបអាមេរិក

ក្រុងវ៉ាស៊ីនតុន (Washington) ប្រទេសសហរាជ្យអាមេរិក មានដំណឹងថា លោករូស្វេវែល្ត (Roosevelt) ដែលជាប្រធានាធិបតីនាយករដ្ឋមន្ត្រី, បានធ្វើសុន្ទរកថាថា ក្នុងរវាង ៤ ឆ្នាំតទៅមុខនេះ លោកអាចនឹងរៀបចំប្រាសាសនោបាយ ដើម្បីជួយទប់ទល់ពួកអនាថា ឲ្យបានរួចផុតពីអយុត្តិធម៌ ដែលនាំឲ្យកើតទុក្ខលំបាក ។ មួយយ៉ាងទៀត លោកពោលថា ស្រុកអាមេរិកដែលហៅថាមានរដ្ឋធម្មនុញ្ញពេញលេញនោះ មិនមែនមានដោយអំណាចច្បាប់សម្រាប់ស្រុកកាលឆ្នាំ ១៧៨៧ នោះទេ ទើបតែនឹងមានបានបរិបូណ៌ក្នុងរវាង ៤ ឆ្នាំរួចមកហើយនុ៎ះឯង ដែលរដ្ឋបាលរបស់រូស្វេវែល្ត, បានរៀបចំឲ្យអំណាចទៅពួកតស្ត្រីសាម័ញ្ញ ។ តាមឧទាហរណ៍នេះ ប្រទេសអាមេរិកអាចនឹងពោលថា សម្បត្តិរបស់ជាតិ បើនឹងយកប្រើប្រាស់តាមបែបរដ្ឋធម្មនុញ្ញនោះ ទើបមានសេចក្ដីចំរើន និងសេចក្ដីសុខស្រួលដល់ជនទូទៅមិនខ្វះខ្វាយបានដោយងាយ ។

* ⚬ *

ទីរួមខេត្តលីយ៉ុង (Lyon) ប្រទេសបារាំងសែស តាមវិទ្យុ ចុះថ្ងៃ ២៣ យ៉ាំងវីយេ. – លោកលេអុងប៊្លុម (Léon-Blum) នាយករដ្ឋមន្ត្រីបារាំងសែស បានធ្វើសុន្ទរកថា ពោលអំពីប្រាសាសនោបាយក្នុងស្រុក និងប្រាសាសនោបាយការប្រទេស រឿងនេះ លោកពោលថា ប្រជាជនបារាំងសែសមានចិត្តខ្វះខ្វែងយ៉ាងខ្លាំង ដើម្បីនឹងនាំទុក្ខទៅកាន់សភាពមិនវេទនាក់ មានបែបផែនមានគំនិតរួបរួមគ្នានិងការសម្រុះសម្រួលទៅវិញទៅមក ដែលជាបណ្ដោលយ៉ាងសំខាន់នៃសន្តិភាព ។ អំពីការទាក់ទងគ្នាក្នុង បារាំងសែសនិងកាល្យូម៉ង់នោះ យើងក៏មានចិត្តគិតស្រួលស្រួល និងកាល្យូម៉ង់ជាដគូដែរ ខាងឯសេចក្ដីសុខរបស់មហានគរបារាំងសែស និងទ្វីបឥរ៉ុបទាំងមូល យើងទុកសេចក្ដីសុខទុក្ខនោះដូចជាគ្រឿងមួយញែកចែកចេញពីគ្នាមិនបាន ។ អំពីស្ពានមេត្រីរបស់បារាំងសែសនិងប្រទេសទាំងពួងនោះ បារាំងសែសក៏នៅតែមានសម្ពន្ធភាពដោយសេចក្ដីស្មោះត្រង់ដដែល ។

បើកាល្យូម៉ង់និងប្រទេសដទៃ ៗ មានគំនិតគិតរួមគ្នាក្នុងការតាក់តែងរៀបចំរបៀបទ្វីបឥរ៉ុប របៀបប្រទេសភពនិងរបៀបនានាប្រទេសទាំងអស់ក្នុងលោក មហានគរបារាំងសែសក៏មិនមានយោបល់យល់ទាស់សោះឡើយ ។

ក្នុងទីបញ្ចប់ លោកលេអុងប៊្លុមពោលថា សន្តិភាពរបស់ទ្វីបឥរ៉ុបជាការរបស់ [illegible] ដូចលោកអេដេនសេនាបតីក្រសួងការបរទេសអង់គ្លេសបានពោលរួចមកហើយ ។ មួយយ៉ាងទៀត នាយកសេនាទាំងអស់ [illegible] យោបល់យល់ថា សុន្ទរកថារបស់លោកលេអុងប៊្លុម និងលោកអេដេនជាសុន្ទរកថា មានទំនងល្អនាំឲ្យមានសន្តិភាពក្នុងលោក លើកលែងតែប្រទេសកាល្យូម៉ង់និងអ៊ីតាលីមិនទាន់បញ្ចេញយោបល់ថាដូចម្ដេចនៅឡើយ ។

⊙ ⊙
*

ក្រុងប៉ារីស ប្រទេសបារាំងសែស តាមវិទ្យុចុះថ្ងៃ ២៦ យ៉ាំងវីយេ. – ពួកដំណាងក្រសួង បានសួររទេះតករដ្ឋបាលអំពីវិធីការពារស្រុកទេសនោះមានពួកដំណាងក្រសួងខ្លះពន្យល់ទៅរដ្ឋបាលថា វិធីការពារប្រទេស មិនមែនឲ្យមានត្រឹមតែកងទ័ពសម្រាប់ទប់ទល់និងសត្រូវប៉ុណ្ណោះទេ ត្រូវតែឲ្យមានកងទ័ពសម្រាប់ទប់

មើលតទៅទំព័រទី ៣

នៅមុខមន្ទីររេស៊ីដង់សុបេរីយើរ លោកគូវែរណើរយេណេរ៉ាល់ កំពុងចាប់ដៃលោកសេនាបតី មានក្រុមយុទ្ធសុភមួតជាដើម ។

នៅមុខមន្ទីររេស៊ីដង់សុបេរីយើរ លោកគូវែរណើរយេណេរ៉ាល់ (កណ្ដាល) លោករេស៊ីដង់សុបេរីយើរ (ខាងឆ្វេង) លោកសឺក្រេតែរយេណេរ៉ាល់ឥណ្ឌូស៊ីន (ខាងស្ដាំ) ។

ដំណឹងអំពីក្រុងដទៃៗ

ពេលអ្នកដំណាងកាសែតអាសាហ៊ីឈិមប៊ុន នៃក្រុងតូក្យូ ៣ នាក់ ធ្វើដំណើរមកកាន់ក្រុងស្យាម ដោយយន្តហោះ ។

តាមដំណឹងកាសែតប្រជាជាតិចុះថ្ងៃ ៨ ដេសំប្រ ១៩៣៦ ជាកាលថ្ងៃអាទិត្យទី៦ដេសំប្រ វេលាម៉ោង៣ រសៀល ៣៥ មិនុត មានអ្នកដំណាងកាសែតអាសាហ៊ី បានហោះអំពីកោះយ៉ីពុនមកដល់ដនមឿង (វាលចតយន្តហោះ) ហើយ សិងសុខសប្បាយទាំងអស់គ្នា ។

អ្នកហោះទាំង ៣ នាក់នេះ គឺនាយឈិតោមោមោសាប៊ូរោ (ជាមេ) ព្រមនិងនាយណាងាគួមោ និងនាយណាកាតា បានហោះចេញអំពីក្រុងតូគីយ៉ូនៅថ្ងៃទី ៥ ដេសំប្រ ម៉ោង ៥ វេលាព្រឹក ៣៥ មិនុត រហូតមកដល់ស្រុកដនមឿងប្រទេសស្យាមនេះ អស់វេលាហោះប្រមាណ ១៩ ម៉ោង ។

លុះអ្នកហោះទាំង ៣ នាក់ចុះអំពីយន្តហោះ គណៈក្រុមការ ជាអ្នកចាត់ការទទួលព្រមទាំងអ្នកដំណាងកាសែតផ្សេង ៗ និងជនជាតិយ៉ីពុនជាចំនួនច្រើន បានមកចាំទទួល ដោយសេចក្ដីបីតិត្រេកអរស្រែកហៅឲ្យពរសព្ទសាធុការកងរំពង ហើយបានបំពាក់កម្រងផ្កាអ្នកហោះទាំង ៣ នាក់ ។ ឯយន្តហោះនោះជាយន្តហោះខ្នាតធំ ស្លាប ១ ជាន់ ពីរម៉ាស៊ីនឈ្មោះហាអូតូ ធ្វើក្នុងប្រទេសយ៉ីពុន រូបរាងសមរម្យគួរសរសើរថ្វីដៃការធ្វើ ។

បណ្ដាអ្នកដែលទៅទទួលក្នុងថ្ងៃនោះ បែកខាងសៀមមានពួកអ្នកដំណាងក្រសួងតាងប្រទេស និងពួកសំណាក់ឃោសណាការ, ពួកជាងថតរូបរបស់ក្រុមកាសែត, លោកស្រីសុពណ៌សម្បត្តិ ។ល។ បែកខាងយ៉ីពុនមានលោកអគ្គរាជទូតយ៉ីពុននិងឧបទូត រហូតដល់អ្នកជំនួញជនជាតិយ៉ីពុនប្រុស-ស្រី ក្មេង-ចាស់ជាចំនួនច្រើន ។

មួយទៀត នៅថ្ងៃម្សិលមិញនេះ វេលារសៀល សមាគម យ៉ីពុន-ស្យាមបានអញ្ជើញអ្នកហោះទាំង ៣ ព្រមដោយអ្នកមានកិត្តិយសឯទៀតៗទៅទទួលទានអាហារថ្ងៃនៅរាជធានីហោតិល, ព្រះយ៉ាស្រីស្ថិការបញ្ចង់ជាអធិបតីសមាគមយ៉ីពុន-ស្យាម ជាអ្នកទទួលភ្ញៀវព្រមនិងអ្នកដំណាងអគ្គរាជទូតប្រមាណ ៩០ នាក់ ក្នុងឱកាសនេះសមាគមយ៉ីពុន-ស្យាម បានទទួលប្រាក់អំពីក្រុមកាសែតអាសាហ៊ីឈិមប៊ុនចំនួន ៥០០ បាទ (ប្រហែល ៤៩៨ រៀល) ដែលផ្ញើមកនិងអ្នកហោះទាំង ៣

សេចក្ដីជូនដំណឹង

សូមជំរាបអស់លោក-អ្នកដែលជាវកាសែតនគរវត្តទាំងប៉ុន្មាននោះ សូមជ្រាប ។

បើអស់លោក-អ្នកណាមួយមិនបានទទួលកាសែត រៀងរាល់អាទិត្យនេះ សូមមេត្តាផ្ញើសំបុត្រទៅប្រាប់ក្រុមកាសែតឲ្យបានដឹងជាប្រញាប់ ប្រយោជន៍ដើម្បីនឹងយកសំបុត្រតាមតានោះទុកធ្វើជាបន្ទាល់ ហើយជាការងាយនឹងប្ដឹងតាមមុខក្រសួងឲ្យស្រាវជ្រាវរកឲ្យឃើញសេចក្ដីកំហុសនោះជំពោះទៅលើទីណា ។ ចំណែកឯក្រុមត្រួតត្រាក្នុងរោងកាសែតនេះ សុខចិត្តបានផ្ញើមកជូនអស់លោក-អ្នកទាំងអស់គ្នាពុំដែលខាន ។

សូមជំរាបមួយរឿងទៀត, ផ្សិតថ្ងៃសៅរ៍ក្រោយគឺថ្ងៃ ១៣ ហ្វេវ្រីយេនេះ, ត្រូវចំចូលឆ្នាំចិន-យួន កើតពុម្ពបិទទ្វារមិនធ្វើការ ។ ហេតុនេះកាសែតនគរវត្តមិនបានចេញដូចធម្មតាទេ, លុះដល់ទៅថ្ងៃ ២០ ហ្វេវ្រីយេនេះ ទើបបានចាប់ធ្វើការដូចដើមវិញ ។

នគរវត្ត

ក្នុងថ្ងៃនោះវេលាម៉ោង ៥ ល្ងាច ហ្លួងប្រឌិដ្ឋមនូធម្មសេនាបតីក្រសួងការបរទេស ព្រមដោយភរិយា បានអញ្ជើញអ្នកហោះទាំង ៣ និងភ្ញៀវដ៏មានកិត្តិយស ទៅបរិភោគអាហារនៅផ្ទះប៉មផេត ប៉ូល់ស៊ីឡូម ។

* * *

តាមកាសែតដដែលចុះថ្ងៃ ៩ ដេសេមប្រ៊ មានដំណឹងតមកទៀតថា គណៈអ្នកហោះទាំង ៣ នាក់នោះ សុទ្ធតែជាអ្នកតែងកាសែតក្នុងក្រុមកាសែត តូគីអូ អាសាហ៊ី និងអូសាកាអាសាហ៊ី នាំគ្នាធ្វើដំណើរមកកាន់ប្រទេសស្យាមក្នុងឱកាសនេះ បាននាំយកលិខិត គំរូតហ្គាយអក្សរសាស្ត្ររបស់នាយករដ្ឋមន្ត្រី និងរបស់សេនាបតី ស្តីការក្រសួងការបរទេសនៃប្រទេសយ៉ីពុន មកដល់នាយករដ្ឋមន្ត្រីនិងសេនាបតី ក្រសួងការបរទេសរបស់ប្រទេសស្យាម ហើយនិងអក្សរសាស្ត្រមេត្រីបិតរបស់នាយកស្យាម-យ៉ីពុនសមាគម ក្រុងតូគីអូ និងរបស់នាយកតូគីអូអាសាហ៊ី និងអូសាកាអាសាហ៊ី មានមកដល់នាយកយ៉ីពុន-ស្យាមសមាគម នៅក្រុងទេព ។

ឥឡូវនេះ គណៈអ្នកហោះនៃសំណាក់កាសែតអស់នោះបាននាំអក្សរសាស្ត្រទាំងនោះ ទៅប្រគល់ឲ្យអ្នកទទួលតាំងអំពីថ្ងៃទី ៧-៨ ខែនេះរួចហើយ ។

ដោយហេតុអក្សរសាស្ត្រផ្សេងៗ នោះសុទ្ធតែជាអក្សរសាស្ត្រសំដែងសេចក្តីមេត្រីចិត្ត ដល់រូបអ្នកទទួលនិងប្រជាជនស្យាមទាំងពួងផង៖

អក្សរសាស្ត្រអំពីសេនាបតីការបរទេសយ៉ីពុន មានដល់សេនាបតីការបរទេសសៀម៖

° ° °

តូគីអូ ថ្ងៃ ...

ថ្ងៃទី ៤ ដេសេមប្រ៊ គ.ស. ១៩៣៦

លោកសេនាបតី

ក្នុងភារៈដែលអ្នកហោះនៃសំណាក់កាសែត ក្រុងតូគីអូនិងអូសាកាអាសាហ៊ី ធ្វើដំណើរហោះអំពីយ៉ីពុនមកកាន់ស្យាម ដើម្បីសំដែងសន្ថវមេត្រីគ្រានេះ ខ្ញុំម្ចាស់សូមឱកាសផ្ញើអក្សរសាស្ត្រនេះមកដល់លោក ។

មានសេចក្តីត្រេកអរដ៏ពន្លឹក ដែលនឹងពោលថាសេចក្តីសម្រេចរបស់អ្នកហោះ នៃសំណាក់កាសែតអាសាហ៊ីគ្រានេះ ជាសញ្ញាណនៃប្រវត្តិសាស្ត្រថ្មី ក្នុងការគមនាគម (ដំណើរទៅ-មក) រវាងជនជាតិទាំងពីរ (គឺយ៉ីពុន-សៀម) ដែលមានសម្ពន្ធមិត្តដ៏ជិតស្និទ្ធនិងគ្នាជាបំផុត ។

ព្រមទាំងនិងភារៈដែលជាទីរលឹកយ៉ាងសំខាន់បំផុតនៃពង្សាវតារស្យាម ពោលគឺថ្ងៃសម្ពោធន៍ច្បាប់រដ្ឋធម្មនុញ្ញ (ច្បាប់ថ្មីដែលទើបរៀបបំបាន ៤ ឆ្នាំមកនេះ គឺ Démocratie) ទូទៅទាំងរាជអាណាចក្រស្យាម ខ្ញុំម្ចាស់សូមឱកាសនេះសំដែងសេចក្តីត្រេកអរជូនពរជ័យមង្គលដល់លោក ព្រមទាំងរដ្ឋបាលនិងប្រជាជនជាតិសៀមទូទៅ ដោយមេត្រីចិត្តដ៏ពិតបំផុត ។

ខ្ញុំម្ចាស់សូមសំដែងសេចក្តីរាប់អានយ៉ាងខ្ពស់ និងសូមជូនពរសព្វសាធុការ សូមឲ្យលោកបានទទួលសេចក្តីសុខកុំបីឃ្លាត ។

(ស៊ីញេ) អារិតា

សេនាបតីក្រសួងការបរទេស (យ៉ីពុន)

(នៅមានគតអាទិវាក្យក្រោយទៀត)

សេចក្តីមើលងាយជាតិ

កាលពីថ្ងៃ ២៤ យ៉ាំងវីយេរ—កងរថយន្ត[illegible]ដំណើរលោកគូវែរណើរយេណេរ៉ាល ទៅទ[illegible]នគរវត្តនោះ កំពុងធ្វើដំណើរត្រឡប់ទៅព្រៃនគរវិញ ។ បណ្តារថទាំងនោះ មានរថយន្ត ១ ធំ ៦ ម៉ាស៊ីន[illegible]យីហោស៊ីត្រូអែនបានទៅដល់កំពង់ធំក៏ឈប់កែម៉ាស៊ីន តបន្តិចមកទៀតក៏មានរថយន្ត ១ ទៅដល់ទីនោះហើយក៏ឈប់ដែរ ចួបប្អូនវេលានោះ ខ្ញុំបាទក៏បានចូលទៅមើលគេកែម៉ាស៊ីនដែរ ។ ឯស្ហូហ្វើរដែលមកដល់ក្រោយនោះបានសួរទៅស្ហូហ្វើរដែលកំពុងតែកែម៉ាស៊ីននោះថា "ដូចម្តេចក៏ឈប់? ឆ្លើយថាម៉ាស៊ីនស៊ីប្រេងច្រើនណាស់ ។ បន្ទោសថា មិនមែនម៉ាស៊ីនស៊ីប្រេងច្រើនទេ គឺឯងលួចយកលក់ទេដឹង? តបថា ដែលឯងចោទអញដូះប្លេះ ឯងស្គាល់អញដូចម្តេច— ថាជាខ្មែរឬគួង? ស្ហូហ្វើរទាំងពីរនោះជាជាតិយួនតុងកឹង ទាំងរថយន្តក៏មកពីតុងកឹងដែរ យួនទាំងពីរនិយាយឆ្លើយឆ្លងគ្នាបានប៉ុណ្ណោះ ខ្ញុំបាទក៏បានសួរទៅយួននោះភ្លាមថា ឯងឃើញជាតិខ្មែរដូចម្តេចមិនត្រឹមស្មើនិងជាតិឯងឬអ្វី បានជាមើលងាយថាដូចគួង? ខ្ញុំបាទក៏បន្ទោសបន្ទះបង្អាប់តទៅទៀតខ្លះ ហើយយួននោះបែរមកសុំទោសខ្ញុំបាទ ៗ ក៏ផតប្រកាន់ទោសពៃរ៍អ្វីអំពីសំដី ដែលគេមើលងាយខេមរជាតិយើងនោះទេ ប៉ុន្តែយើងរាល់គ្នាត្រូវតែគិតពិនិត្យពិចារណារកហេតុផលថា ការដែលជាតិដទៃមើលងាយដល់ជាតិយើងនេះ ដោយហេតុជាតិយើងមានសេ[illegible]មិនតិចពេកមិនទាន់គេ ទាំងសេចក្តីសាមគ្គីក្នុងស្រុកសោតទៀ[illegible] មិនសូវមាន ហើយមិនសូវ[illegible] របស់ខ្លួនផង ហេតុនេះសូមបងប្អូនខេមរជាតិទាំងឡាយត្រូវតែខំប្រឹងប្រែងខ្នះខ្នែង តាំងអំពីកាលនេះជាដើមទៅ កុំគប្បីមានសេចក្តីប្រមាទ ខំសង្វាតរៀនសូត្រឲ្យមាំមួនរហូតដល់របររបស់ខ្លួន ក៏ត្រូវតែខំប្រឹងប្រែងឲ្យអស់ពីចិត្ត ទើបឈ្មោះថាជាអ្នកស្រឡាញ់ជាតិរបស់ខ្លួនដោយពិត ។

° * °

សេចក្តីសាមគ្គីនៅទីរួមខេត្តកំពង់ធំ

ថ្ងៃសៅរ៍ ២៣ យ៉ាំងវីយេរ— ខ្ញុំបាទបានធ្វើដំណើរទៅដល់កំពង់ធំ ហើយបើករថយន្តចូលទៅជិតកន្លែងលេងល្ខោន ឃើញមានមនុស្សកុះករច្រើនខុសប្រក្រតី ខ្ញុំបាទបានសួរតាក្មេងខ្មែរម្នាក់ ដែលទៅមើលល្ខោននោះថា ល្ខោននេះល្អមើលណាស់ទៅឬដូចម្តេចបានជាមនុស្សមកមើលច្រើនម្ល៉េះ? លោកនោះឆ្លើយថា មិនដឹងជាយ៉ាងដូចម្តេចទេ ដ្បិតទើបមកលេងជាដំបូង តែនាំគ្នាឈូឆរមកមើលច្រើននេះ ដោយហេតុយើងបានឃើញពួកល្ខោនកៃលឿងយួនមកលេងក្នុងកាលពីមុននេះ ពួកយួនកំពង់ធំទាំងពួករាស្ត្រពួកអ្នករាជការ នាំគ្នាឈូឆរមកមើល មកជួយតាក់តែងរោងរាំដោយស្រួះស្រួលណាស់ ហេតុនេះបានជាយើងរាល់គ្នាឈូឆរមកមើលទាំងតាហ្មឹនទាំងរាស្ត្រមានចិត្តឈឺឆ្អាល លើកគ្នាមកជួយពួកល្ខោនខ្មែរកុំឲ្យចាញ់ពួកយួនកំពង់ធំនេះ ។

រឿងនេះខ្ញុំបាទយល់ថា គួរប្រកាន់ជាគតិមួយសម្រាប់ជនជាតិយើងបានខ្លះដែរ គឺថាការណាដែលមានប្រយោជន៍ដល់ជាតិប្រទេសរបស់យើង ត្រូវតែនាំគ្នាលើកទៅជួយការនោះឲ្យបានសម្រេច ឬឲ្យបានសេចក្តីចំរើនឡើងទើបគាប់ប្រសើរ ។ ទុកជាការអ្វីៗក៏ដោយ ដែលមានប្រយោជន៍ដល់ជាតិយើងៗ ត្រូវតែប្រឹងប្រែងជួយដោយសាមគ្គី ។ នេះជាគុណធម៌មួយ ដែលជួយញាំងកិច្ចការទាំងពួងឲ្យសម្រេចទៅបាន ។

ចាប-ឈីន

ព្រះរាជពិធីបុណ្យសោកាន្ត—

ប្រហែលជា ២០ ឆ្នាំមកហើយ, អាណាប្រជារាស្ត្រនៅក្រុងភ្នំពេញ មិនដែលឃើញបុណ្យនេះទេ. ធ្លាប់ឃើញតែបុណ្យកោរសក់ ឬកាត់ជុករាស្ត្រសាមញ្ញធម្មតា ។ បុណ្យសោកាន្តនេះជាបុណ្យកោរជុកដែរប៉ុន្តែសំរាប់តែខាងរាជត្រកូល ១ យ៉ាង ។ តាមរបៀបដែលបានតាំងបុណ្យនេះតាមព្រះរាជកំណត់ (ប្រក្រាម) ឃើញហាក់ដូចជាធំជាង ឬក៏របាសការគ្នានិងបុណ្យសោកាន្តព្រះអង្គម្ចាស់បន្ទលេខា. ដែលជាព្រះរាជបុត្រាពៅ នៃព្រះករុណាសុវណ្ណកោដ្ឋ, ដ្បិតតាំងពីដើមរាជ្យនេះមកមិនដែលធ្វើសោះ ។

តាំងពីថ្ងៃពុធ ៧ កើតដល់ថ្ងៃសៅរ៍ ១០ កើតខែផល្គុណ ត្រូវនឹងថ្ងៃ ១៧ ទៅដល់ ២០ ខែហ្វេវ្រីយេរនេះ, ព្រះករុណាជាម្ចាស់ជីវិតលើត្បូង ទ្រង់រៀបចាត់ចែងព្រះរាជពិធីបុណ្យសោកាន្តព្រះរាជបុត្រី ព្រះនាមព្រះអង្គម្ចាស់មុនីកេសរ. នៅក្នុងព្រះបរមរាជវាំងក្រុងភ្នំពេញតាមទំនៀមពីបុរាណរៀងមក ។

ព្រះរាជពិធីនេះនឹងរៀបចំធ្វើចំនួន ៤ ថ្ងៃ. មានក្បួនដង្ហែប្រទក្សិណតាមផ្លូវក្នុងក្រុងចំនួន ៣ ថ្ងៃ ឲ្យសមនឹង[illegible]ព្រះករុណាម្ចាស់ផែនដី[illegible]ខាងក្នុងព្រះបរមរាជវាំងមានសាងភ្នំ ១ ធំខ្ពស់ ១២ ម៉ែត្រ ៥០. កំពោះ ១១ ម៉ែត្រ. ហៅថាភ្នំកៃឡាស, ជាខាងត្បូងព្រះទីនាំងទេវាវិនិច្ឆ័យ គឺប្រាសាទធំមុខព្រហ្មប្រតិស្ឋានស្វេត្រឆត្រ. ដើម្បីធ្វើជាកន្លែងកោរកាត់ព្រះបូឡា (ភ្នួងព្រះកេសា) និងស្រោចព្រះទឹកជារាជជ័យមង្គល (ទឹកសង្ខ) នៅទីនោះផង ។ មានល្បែងរបាំគ្រប់ទាំង ៣ ថ្ងៃ ។

ប្រវត្តិនៃព្រះអង្គម្ចាស់មុនីកេសរ

ព្រះអង្គម្ចាស់មុនីកេសរ ជាព្រះរាជបុត្រីព្រះករុណាព្រះបាទសម្តេចព្រះសីសុវត្ថិមុនីវង្ស ព្រះចៅក្រុងកម្ពុជា និងយុវព្រះម្នាងបុប្ផានរលក្ខណ៍ (ពាត) ទ្រង់សម្ភព (ប្រសូតិ) នៅថ្ងៃសៅរ៍ ១២ រោជខែផល្គុណឆ្នាំរោងសំរឹទ្ធិស័ក. ព. ស, ២៤៧១ ត្រូវនឹងថ្ងៃ ៦ អាវរីល ១៩២៩ ដល់មកឆ្នាំជូតអដ្ឋស័កនេះ, ព្រះអង្គម្ចាស់បានព្រះជន្មាយុគំរប់ ៩ ព្រះវស្សា ដែលព្រះវររាជបិតាទ្រង់សព្វព្រះរាជហឫទ័យ ត្រាស់បង្គាប់ឲ្យចាត់ចែងព្រះរាជពិធីសោកាន្តព្រះរាជទានព្រះរាជបុត្រីនេះ ។

ដល់ថ្ងៃបុណ្យនេះ. នគរវត្តនិងឲ្យដំណឹងដោយសព្វគ្រប់អំពីរបៀបបុណ្យព្រមទាំងក្បួនហែផង ។

អស់លោកដែលនៅជិត. សូមអញ្ជើញទៅមើលបុណ្យនេះកុំខាន ដ្បិតជាបុណ្យធំខានធ្វើមកប្រហែល ២០ ឆ្នាំហើយ ។

ពាក្យផ្តើមចេញរឿងសាមកុក

(តសេចក្តីអំពីលេខមុន)

ហេតុដូចពណ៌នាមកហើយ បានជាការប្រែឈ្មោះស្រុកនិងឈ្មោះមនុស្សក្នុងរឿងសាមកុកនោះ មុខជាមិនបានច្បាស់ដូចភាសាគេនោះទេ. ព្រោះភាសាឬអក្សរយើងនៅក្នុងពួកភាសារឹង រឿងសាមកុកជាអណ្តាងកើតក្នុងពួកភាសាទន់ ជាធម្មតាត្រូវតែឲ្យច្បាស់សុទ្ធមិនបានបើយកឈ្មោះស្រុកឬឈ្មោះមនុស្ស ដែលប្រែចេញពីភាសាសាមកុក ហើយត្រឡប់ទៅសួរចិនវិញនោះ ចិនមុខជានិងស្តាប់បានលំបាក ទំនងដូចចិនយកពាក្យក្លាយថា "ស៊ីប៉ាន់" មកសួរខ្មែរវិញ ខ្មែរគង់តែពិងស្តាប់ក្រនិងកាត់យល់ថា "ស្តាន់" បានដូច្នោះដែរ ។ ខ្មែរយើងបានដឹងហើយថា ជាតិដែលរួមហៅថាចិននោះមិនមែនតែ ១ ភាសាទេ. មានប្រើភាសារួមគ្នា គឺចិនតេជីវ ហុកកៀន, កាំងតាំង, ហៃណាំ ជាដើម. និយាយផ្សេងៗគ្នា ដោយហេតុនេះឯង សូម្បីក្នុងរឿងសាមកុកនោះ ពួកចិនក៏ហៅឈ្មោះស្រុក ១ និងមនុស្សតែម្នាក់នោះក្លាយពីគ្នាបន្តិចៗ ទៅគ្រប់តែពួកចិននោះ តួយ៉ាងដូចឈ្មោះអ្នកប្រាជ្ញម្នាក់ មានកិត្តិសព្ទល្បីល្បាញក្នុងរឿងសាមកុក ដែលយើងធ្លាប់ហៅថា "ខុងម៉ីង" នោះ ចិនហុកកៀនហៅថា "ខុងបេង" តេជីវហៅថា "ខុងម៉េង" កាំងតាំងហៅថា "ហុងម៉េង" ជាដើម ឯរឿងសាមកុកដែលនិងប្រែចេញតទៅនេះ ហៅឈ្មោះមនុស្សនិងស្រុកតាមសំនៀងភាសាចិនហុកកៀន ព្រោះរឿងនេះ ប្រែចេញពីភាសាហុកកៀន ហេតុនោះបើឈ្មោះមនុស្សនិងស្រុក ឃ្លៀងឃ្លាតពីភាសាដើមដូចម្តេចក្តី ក៏សូមឲ្យអស់លោកអ្នកមើលតាំងចិត្តដូចបរិភោគតែផ្លែឈើ ដោយមិនរវល់គិតដល់ដើមល្អឬអាក្រក់ទៅចុះ ៗ គឺយកតែសាច់រឿងដោយមិនអើពើដល់ការច្បាស់មិនច្បាស់ ព្រោះហួសវិស័យដូចដំរាបមកហើយ ។

២— បើប្រាជ្ញាមិនឲ្យល្អៀងពីភាសាគេពេក គួរអានអក្សរយើងដែលល្មមជាដល់ខ្យល់បាននោះ កុំឲ្យពាន់ខ្យល់គ្នាគឺ "អ៊កតិក" កុំឲ្យទៅជា "អ៊កតឹក" ឬ "ក៊ង" ជា "ក៊ង", "ប្ញូធ្ទ" កុំឲ្យក្លាយជា "ប្ញូរធ្ទ" ជាដើម គឺថាខ្យល់អក្សរចេញប៉ុន្មានគួរថាឲ្យបានប៉ុណ្ណោះ នេះជាឧបាយនាំមិនឲ្យអានក្លាយ ឃ្លាតឆ្ងាយពីភាសាដើមពេក ព្រោះមានពាក្យដែលល្មមថាឲ្យដល់ខ្យល់បាន តែអានក្លាយតាមសំនៀងដើម ទាល់តែស្ទាត់មាត់ប្រើនពាក្យណាស់មកហើយដូចពាក្យថា "តេ.ជោកេ" ជាយារជា "តៃ.ចៅកៃ.ខុងមុង..ជា..ខុងម៉ិង" បំណែកភាសាបាលីនិងសំស្ក្រឹតពាក្យថា "ខេត្រ.ហេតុ.ទិស.សិស្ស.អតីត" ជាដើម យើងថាត្រឡប់ជា "ខែត្រ ហៃតុ.ទ័ស.ស័ស្ស. អឌិតវិញ នេះជាការនាំឲ្យលំបាកដល់វិធីបញ្ញត្តអក្សរសាស្ត្រមិនមែនតិចឡើយ ។

ស្រុកចិនមានអាណាខេត្តធំទូលាយណាស់ ជាមហាប្រទេសមួយក្នុងសកលលោក ព្រោះមានទំហំដីធំជិតបួនលានគីឡូម៉ែត្រ ៤ ជ្រុង ធំជាងអាណាខេត្តយើងដែលមានទំហំដីត្រឹមតែ ១៧៥.០០០ គីឡូម៉ែត្រ ៤ ជ្រុងនេះ ប្រមាណជាង ៣៣ ភាគ ទាំងអ្នកស្រុកសោតមានចំនួនប្រមាណ ៤០១ លាន ច្រើនជាងស្រុកយើងដែលមានចំនួនត្រឹម ៣ លាននេះ ដល់ទៅ ៣៩៣ ដង ហេតុនោះគួរជ្រាបថាខេត្តខណ្ឌមួយៗ ក្នុងប្រទេសចិន

នោះ មិនមែនតួបដូចទៅត្រៃក្នុងអាណាចក្ររបស់យើង នេះ ព្រោះប្រទេសចិនទាំងមូលនោះ ឥឡូវនេះគេបែក ត្រឹមតែ ១៨ ខេត្តប៉ុណ្ណោះ ។

៣– ធម្មតារបស់អ្វីៗក្នុងអតីតកាល ដែលកន្លងទៅច្រើនរយច្រើនពាន់ឆ្នាំហើយ រមែងប្រែប្រួលទៅ មិនដូចគ្នានិងរបស់ជាបច្ចុប្បន្ននេះទាំងអស់ទេ ព្រោះកើតឡើងតាមកំឡាំងដែលអាចកើតបាន និងតាមសម័យនិយម ដែលជាហេតុនាំឲ្យធ្ងល់ដល់អ្នកជាន់ក្រោយ នាំឲ្យអ្នកខ្លះមិនចាប់ភ្លឹកនឹកភ្នកដល់ ឬជាមិនយល់សោះក៏សឹងមាន ក្នុងនិទានសាមកុកក៏មានដូច្នោះខ្លះដែរ ដូចពួកមនុស្សដែលចិនហៅ "យីណាំង"

(គនៅអាទិត្យក្រោយទៀត)

ដំណឹងផ្សេងៗ

អំពីចូលឆ្នាំចិន

ក្នុងកាលបុណ្យចូលឆ្នាំចិន-យួន កជការអនុញ្ញាតឲ្យពួកសេវកាមាត្យ (អ្នកធ្វើការ) ទាំងជាតិបារាំង, ខ្មែរ, ចិន, និងយួន ឈប់បាន ៤ ថ្ងៃគឺ គិតតាំងពីថ្ងៃសៅរ៍ ៩ ហ្វេវ្រីយេ និងថ្ងៃ ១០, ១១, ១២, ១៣ ផង ។ ប៉ុន្តែពួកសេវកាមាត្យជាតិខ្មែរត្រូវចាំស្មុគ្រកោយមសម្រាប់ទទួលកិច្ចការណាប្រញាប់ ។

អំពីការត្រឡប់ទៅកាន់មហាប្រទេសបារាំងវិសេសនៃលោកស៊ុលវែស្រ្ត

លោកស៊ុលវែស្ត្រ រេស៊ីដង់សុបេរីយើរ នៅក្រុងកម្ពុជា ក្រោយដែលបានធ្វើការដ៏ប្រសើរជាយូឆ្នាំមកហើយ នៅស្រុកខ្មែរ ក៏ត្រឡប់ទៅកាន់មហាប្រទេសបារាំងវិសេសវិញ តាមនាវាឈ្មោះសង់-ឡាបរ៍ដ៍ (Jean-Laborde) ដើម្បីឈប់សម្រាកសម្រាប់ទទួលបំណាច់រ៉េត្រែត ជាឆ្នាំដែលបានធ្វើការនឿយហត់ជាអនេកឆ្នាំមកហើយ ។

លោកកើតនៅថ្ងៃ ១ យ៉ាំនវីយេ ១៨៧៩ បើគិតមកដល់ឥឡូវនេះ ជន្មាយុលោកបាន ៥៨ ឆ្នាំហើយ កាលដែលមានវ័យវត្តនៅចំរើនឡើង, លោកបានចូលទៅសិក្សាឯសាលាគ្រូឡូន-ញាល់ ហើយបានចេញមកកាន់ប្រទេសកម្ពុជា (ស្រុកចំរេះ) ធ្វើជាអៀវស្រ័កម៉ីនិស្ត្រាទ័រ ពីថ្ងៃ ១៨ ដេសឹមប្រ៍ ១៩០១ លោកបានស្ទាក់ធ្វើការក្នុងស្រុកយើងដោយសេចក្តីឧស្សាហ៍មិនរាថយឡើយហត់ ហើយស្រុកយើងឥតមានទីតាល់ឬចលាចលអ្វី អស់កាលកំណត់ ៣៨ ឆ្នាំមកហើយ, ក្រុងកម្ពុជាសឹងបានសេចក្តីសុខក្សេមក្សាន្តដោយសារគុណបុណ្យលោក ។

អំពីមនុស្សឃាដនៅខេត្តកំពង់ស្ពឺ

កាលពីថ្ងៃសៅរ៍ ២៣ យ៉ាំនវីយេ ១៩៣៧ មានមនុស្សឃាដបណ្តាលពីសេចក្តីក្រោធ នៅខេត្តកំពង់ស្ពឺ ដោយសក្តិ ២ ឬនាយទោជាតិបារាំង (Lieutenant) បានប្រហារនិងដេញក្រមការប៉ូលិសម្នាក់ជាតិខ្មែរ ឈ្មោះនុន-នួន លេខសម្គាល់ខ្លួន ៩៣៨៧ ស្រុកកំណើតនៅកំពង់ឆ្នាំង ត្រូវដំណាំក្រង់ឆ្អិនដំទីនៅទោសដែលទៅហាត់ចាំនៅកំពង់ស្ពឺ; កជការកំពុងឲ្យធ្វើអង្កេតសព្វថ្ងៃនេះ ។ យើងយល់ឃើញថាគួរធ្វើទោសអ្នកដែលប្រព្រឹត្តបទនេះជាទម្ងន់ ដើម្បីកុំឲ្យអ្នកឯទៀតយកដំរាប់តាម ។ យើងទុកចិត្តលើកជការដូចជាមាតា-បិតា ជានិច្ចឲ្យយើង បានសុខចិត្តផង មិនបណ្តែតបណ្តោយបំបាត់រឿងនេះទេ ។

បំភិមក្នុងបុណ្យតែត (ចូលឆ្នាំចិន-យួន) នៅកូសាំងស៊ីន

មានប្រកាសសៀវភៅ លោកគូវែរណើរ ដែនកូសាំង-[illegible]

ទំនៀមនេះ ដែលធ្លាប់មានពីកាលមុនមកនោះ ឃើញថាពាស់ខុសផល់កិត្តិយសមនុស្សជាតិ ។ ខ្ញុំយល់ច្បាស់ថាត្រូវឲ្យលោករូបមេនិងខ្ញុំ ដើម្បីធ្វើទោសតាមទោសានុទោសដល់អ្នកដែលលោកបំពានលើប្រកាសសៀវភៅនេះ ដែលលោកបានទទួលហើយ ។

ទាត់បាល់នៅទីព្រៃនគរ

ពួកភ្នំពេញឈ្នះពីរលើក

ពួកព្រៃនគរស្ងួត

ក្នុងថ្ងៃអាទិត្យ ៣១ យ៉ាំនវីយេឆ្នាំនេះ, ក្រុមជំនុំល្បែងហាត់ប្រាណ, បានរើសយកជើងចំណានពួកភ្នំពេញ, ប្រយោជន៍ដើម្បីនឹងចេញទៅតទល់និងពួកជើងចំណាននៅទីព្រៃនគរនោះ ដែលគេធ្លាប់បានធ្វើជើងមកយូរហើយ ដើម្បីនឹងដណ្តើមយកគូបឡង់ប៊ែរ (Coup-Lambert) ក្នុងពេលនោះពួកយើងទាំងអស់គ្នាមានសេចក្តីព្រួយខ្លាំង គឺដោយហេតុពួកព្រៃនគរនោះគេធ្លាប់មានឈ្មោះមកយូរហើយ ។ អស្ចារ្យប្លែកក្នុងពេលនោះ គឺពួកយើងនឹកឃើញថា គោ, ហ្វូលកនយើងទាំងអស់គ្នាសុទ្ធតែស្ទាប់កុំព្រមចាញ់ ពីព្រោះពួកវាកាលណោះមានហៅយើងថា (ចាំងកាំងរ៉ង) គឺបានសេចក្តីជាអាជើងព្រៃ បើដូច្នោះត្រូវតែពួកយើងទាំងអស់គ្នាប្រឹងឡើងទៀត

សេចក្តីទីបំផុតនេះ, ក្រុមនគរវត្តមានចិត្តអំណរអរបំផុត និងលោកអ្នកទាំងអស់គ្នា ដែលចង់ឲ្យបានជ័យជំនះក្នុងគ្រានេះ ។

ចាប់ដើមអំពីថ្ងៃនេះទៅ, ត្រូវតែប្រឹងប្រែងល្បែងហាត់ប្រាណនេះឲ្យបានទៀត ប្រយោជន៍ដើម្បីឲ្យមានកេរ្តិ៍ឈ្មោះដល់ស្រុកយើង ។

នគរវត្ត

អំពីវិជ្ជាពេទ្យ-បង្ការរោគ

(តពីទំព័រទី ១ មក)

ខ្លះនៅក្នុងទឹក, ខ្លះនៅក្នុងដី, ខ្លះនៅលើអាកាស, ខ្លះនៅក្នុងខ្លួនមនុស្សនិងសត្វតិរច្ឆាន ។ មេរោគមានកំឡាំងល្បីល្បាញណាស់ រវៀតាមតែកំឡាំងមនុស្សយើង បើមនុស្សណាខ្សោយតយុទ្ធមិនឈ្នះទៅ នោះនឹងបណ្តាលឲ្យកើតទៅជារោគឡើង បើមនុស្សណាមានកំឡាំងខ្លាំង នោះអាចទប់និងជម្ងឺមិនឲ្យកើតមានឡើង បានសេចក្តីសុខសប្បាយតទៅ ។ ឯរូបសត្វនិងរុក្ខជាតិផ្សេងៗក៏ដូចគ្នាដែរ បើជាតិឈើណានៅក្មេងមានកំឡាំងច្រើន អាចទប់ទល់អិនឲ្យមេផ្សិតឬបញ្ញើក្អែកដុះលើបាន ។ បើកាលណាឈើនោះចាស់ដើមវិញ ពុំសូវមានកំឡាំងច្រើនទេ នោះមុខជានិងមានបញ្ញើក្អែកដុះលើរើតរុំពាសពេញ នាំឲ្យវិនាសនូវជីវិតឈើនោះជាផាប់ ។

អស់អ្នកទាំងឡាយ ពោងឲ្យស្គាល់នូវរោគទាំងនោះដែលជាមហាសត្រូវរបស់យើង ត្រូវតែយើងរៀនសំគាល់ជាតិជីវិតវា ដើម្បីកំចាយវាកុំឲ្យនាំជម្ងឺមកកើតដល់ខ្លួនយើងបាន ។

បំណែកអ្នកស្រុកប្រទេសយូរ៉ុប សព្វថ្ងៃគេបានរៀនចេះចាំស្គាល់មេពាក្យ តាំងពីកុមារតូចៗនៅឡើយ គឺរៀននៅផ្ទះក៏មាន រៀននៅសាលាក៏មាន ។ ដោយហេតុនេះហើយ បានជាបណ្ឌិតស្ត្រនៅប្រទេសយូរ៉ុប មានបារាំងសែសជាដើម ពុំសូវមានកើតរោគធ្ងន់ដូចជាតិខ្មែរយើងពេកទេ ។ ទោះជម្ងឺគ្រុនចាញ់ អាសន្នរោគ ឬរោគ (ប៉េស្ត) គ្រុនក្តៅសន្និ ច្រើនហើមក្ងកកណ្តុរក៏ដោយ ។ ជាតិបារាំងសែស មានរូបអាការៈដៃជើងឈាមជ័រដូចជាជាតិយើងដែរ ហើយមកនៅក្នុងស្រុក [illegible] គួរណាស់តែគេមិនអាចអត់ធន់និងជំងឺផ្សេងៗដូចជាតិយើង ។ តែឥឡូវបែរជាគេអាចអត់ធន់ជាជាងយើងទៅទៀត តើមកពីហេតុអ្វី? គឺជាមកគេចេះដឹង ហើយប្រុងប្រយ័ត្នក្នុងកាយគេជាជាងជាតិយើង ដែលជាមនុស្សពុំបានចេះដឹងនូវហេតុដែលបណ្តាលឲ្យកើតជារោគ ។

[illegible]

ដំណឹងនានាប្រទេស

(តពីទំព័រទី ១ មក)

ទល់ផង សម្រាប់កាយបណ្តេញសត្រូវឲ្យឆ្ងាយទៅបានផង ពួកខ្លះយល់ថា រដ្ឋបាលត្រូវតែតែគួរធ្វើឲ្យស្រាវជ្រាវពួកមេក្នុងគួរឲ្យស្គាល់និងស្រឡាញ់វិធីចម្បាំងផង ហើយត្រូវរៀបចំស្រុកទេសបម្រុងចាំទទួលសង្គ្រាមទើបបាន ពួកខ្លះទៀតយល់ថា មហានគរបារាំងសែសត្រូវតែគិតគួរធ្វើយ៉ាងណា ឲ្យបានចំនួនមនុស្សអំពីប្រទេសកជដោយគ្រប់គ្រាន់ ដើម្បីមកជួយទប់ទល់គាំងនិងអាល្លឺម៉ង់ កុំឲ្យអាល្លឺម៉ង់មានជ័យជំនះបាន ។

លោកដំណាងរាស្ត្រឈ្មោះ រ៉េណេតួរ (Renaitour) ជាអនុប្រធាននៃក្រុមជំនុំប៉ែកខាងកងទ័ពជើងទឹក បានធ្វើយទៅវិញថា ដោយហេតុបានចាប់ផ្តើមធ្វើមកទល់សព្វថ្ងៃនេះ មហានគរបារាំងសែសមានកំឡាំងកងទ័ពជើងទឹកជាទី ៤ ក្នុងលោក គឺនៅមុខឥតាលីនិងអាល្លឺម៉ង់ ។ លោកកាសនីយេឌុយប៉ា (Gas-nier Dupar) សេនាបតីក្រសួងទ័ពជើងទឹក ពោលបញ្ជាក់ថែមទៀតថា ដោយហេតុប្រទេសអាល្លឺម៉ង់ធ្វើឡើងគ្រឿងសស្ត្រាវុធ ហើយបាននៅចងជាស្ពានមេត្រីនិងឥតាលីនិងយ៉ាពុន ព្រមទាំងហេតុផ្សេងៗទៀតអស់ នេះធ្វើឲ្យមហានគរបារាំងសែសត្រូវប្រុងប្រយ័ត្នណាស់ដោយ គឺត្រូវរៀបចំយុទ្ធនាវីឲ្យបានគ្រប់គ្រាន់ ដោយសេចក្តីព្រមព្រៀងនិងជាតិដែលមានស្ពានមេត្រីជាមួយគ្នា សព្វថ្ងៃនេះ មានកំឡាំងយុទ្ធនាវីទម្ងន់ ៦៣០.០០០ តោន, លើសឥតាលី ដែលមានត្រឹមតែ ៣៨៥.០០០ តោន, និងលើសអាល្លឺម៉ង់ដែលមានត្រឹមតែ ៣០៧.០០០ តោន, គឺជាមហានគរបារាំងសែសជាទី ៤ ក្នុងលោក, ជាទី ២ នៅទ្វីបអឺរ៉ុប, ក្នុងឆ្នាំ ១៩៣៧ នេះ មហានគរបារាំងសែសនឹងចាប់ធ្វើថែមទៀត ៤៣០.០០០ តោន, សម្រាប់យកទៅជំនួសកប៉ាល់ចាស់ៗ ដែលប្រើការមិនកើត ។ ឯយោបល់របស់សភាការយុទ្ធនាវីជាន់ខ្ពស់យល់ថា មហានគរបារាំងសែស ត្រូវតែមានកំឡាំងយុទ្ធនាវីទម្ងន់ ៨៥០.០០០ តោន ទើបគ្រប់គ្រាន់ ។ ឯលោកដាឡាឌីយេ (Daladier) សេនាបតីក្រសួងចម្បាំងបានកបទៅពួកដំណាងរាស្ត្រ ដែលទាមសួរលោកអំពីរបៀបរៀបចំកងទ័ពឲ្យទៅជាបរមួយ របស់ទាហាននោះថា ការរៀបចំកងទ័ពឲ្យទៅជាបរបស់ទាហានដោយឡែកនេះ ជាការនាំឲ្យអន្តរាយដល់ស្រុកទេស ផ្សេងស្រុកទេសនិងធ្លាក់ទៅនៅក្នុងកណ្តាប់ដៃរបស់ពួកទាហាន ដែលមានត្រឹម ៦០០.០០០ ឬ ៣០០.០០០ នាក់នោះប៉ុណ្ណោះ ឯគំនិតរបស់លោកវិញយល់ថា ជនជាតិបារាំងទាំងអស់ត្រូវតែចេះស្រឡាញ់ស្រុកទេសសាសន៍ជាតិរបស់ខ្លួនគ្រប់ៗគ្នា ដើម្បីឲ្យមានទាហានសម្រាប់ជាតិតែមួយពួកប៉ុណ្ណោះ ។

• ◎ ◎

ក្រុងប៊ែរឡាំង ប្រទេសអាល្លឺម៉ាញ តាមខ្សែលួសថ្ងៃ ៣០ យ៉ាំនវីយេ.— ដំណាងរាស្ត្រអាល្លឺម៉ង់បានប្រជុំគ្នាក្នុងសភារ៉ៃ-សៈតាគ (Reich stag) បានបោះឆ្នោតព្រមឲ្យសង់សិលីយេហ៊ិតឡែរមានអំណាចពេញ, មានកំណត់ ៤ ឆ្នាំតទៅមុខទៀត ។ លោកហ៊ិតឡែរបានធ្វើសុន្ទរកថា ថាកិត្តិយសរបស់ជនជាតិអាល្លឺម៉ង់ ដែលអំបូកសីមកយូរនោះ ឥឡូវត្រឡប់មានសេចក្តីរុងរឿងឡើងវិញហើយ ។ ឯអំពើរបស់អាល្លឺម៉ង់ទាំងអម្បាលម៉ាណមិនមែនជាការធ្វើដោយចិត្តលោភលន់និងការបៀតបៀនសក្តិសន្តិនជាតិដទៃទេ ។ ក្រសួងរថភ្លើង, ក្រសួងព្រះយ៉ាំង របស់អាល្លឺម៉ង់ សព្វថ្ងៃនេះ ត្រូវតែរៀបចំឲ្យនៅក្រោមអំណាចរបស់រដ្ឋបាលអាល្លឺម៉ង់ដោយផាច់ខាត មិនត្រូវឲ្យមានការត្រួតត្រាពីសាសនានាជាតិទេ ។ [illegible] សន្ធិសញ្ញានៅក្រុងវែរសៃ (Traité de Versailles) ដែលហាមមិនឲ្យអាល្លឺម៉ង់ [illegible] ខែត្ររ៉េណានី (Rhénanie) [illegible] (ហ៊ិតឡែរ) [illegible]

បានផុតអស់ទៅហើយ ។ ឥឡូវនេះប្រទេសអាល្លឺម៉ង់មានសិទ្ធិអំណាចស្មើស្មាគ្នានិងនានាប្រទេសហើយ ជនជាតិអាល្លឺម៉ង់គឺមានគំនិតគិតថា ខ្លួនត្រូវតែព្រមព្រៀងជាមួយនិងប្រទេសទាំងឡាយដោយស្មោះត្រង់ ដើម្បីស្វែងរកសន្តិភាពឲ្យអឺរ៉ុបជាមួយនិងគេដែរ ។ អំពីប្រទេសអាល្លឺម៉ាញនិងប្រទេសបារាំងសែស, លោកហ៊ិតឡែរពោលថា មហាប្រទេសទាំងពីរនេះ ឥតមានរឿងអ្វីជាហេតុឲ្យទាស់ទែងគ្នាទេ ។ អំពីសុន្ទរកថារបស់លោកអេដែននោះ លោកហ៊ិតឡែរថា តាមយោបល់របស់លោកអេដែន ។ ប្រហែលជាយល់ថា កុម្មុយនិស្តមាននៅតែក្នុងក្រុងមូស្គូ ទេឯយោបល់អាល្លឺម៉ង់វិញយល់ថាកុម្មុយនិស្តនេះជាជម្ងឺឆ្លងប៉េស្ត ដែលអាចសាយភាយចូលទៅក្នុងផ្ទះយើងក៏បាន ។ អំពីចំនួនទាហានសម្រាប់ការពារស្រុកអាល្លឺម៉ង់នោះ ត្រូវតែជនជាតិអាល្លឺម៉ង់កំណត់ចំនួនទៅឲ្យល្មមគួរ ។ ឯការទាមទារយកប្រទេសនោះ ប្រទេសអាល្លឺម៉ាញសុំទារយកប្រទេសកជចាស់របស់ខ្លួនមកវិញប៉ុណ្ណោះ ។

* * *

ក្រុងតូក្យូ ប្រទេសយ៉ាពុន តាមខ្សែលួសថ្ងៃ ១ ហ្វេវ្រីយេ.— លោកអ៊ូកាគី តាក់តាំងក្រសួងសេនាបតីពុំបានសម្រេច ទើបលោកហាយ៉ាស៊ី (Hayashi) ទទួលតាក់តាំងជំនួសតាមទំនងមើលទៅប្រហែលជាតាក់តាំងបានសម្រេច ។

* * *

ម៉ូស្គូ ប្រទេសរុស្ស៊ី តាមខ្សែលួសថ្ងៃ ១ ហ្វេវ្រីយេ.— ជាដោយហេតុអាកាសមិនល្អ កងទ័ពតាំងសង់រានបានឈប់សម្រាកតែរៀងខ្លួន ។ រានពួកកជការបានចាត់ចែងឲ្យពួកបណ្តាក្រស្តស៊ីវិល ជកខ្លួនចេញពីក្រុងម៉ាឌ្រីត ក្នុង ១០ ថ្ងៃកន្លងមកនេះ មានបណ្តាក្រស្ត ៦០.០០០ នាក់ ចេញពីក្រុងទៅហើយ ។

ដំឡៃផលាផលដំណាំ

ភ្នំពេញនៅថ្ងៃ ៤ ខែហ្វេវ្រីយេឆ្នាំ ១៩៣៧

ស្រូវ	ស ទម្ងន់ ៦៨ គីឡូផតបារ ថ្លៃពី	២,៦១	ដល់	២,៦៥
	ក្រហម " " " " "	២,៤០	"	២,៤៥
អង្ករ	លេខ ១ ទម្ងន់ ១១០ គីឡូលក់ទាំងបាវ ថ្លៃពី	៦,៨៥	ដល់	៦,៩០
	" ២ " " " " "	៦,៤១	"	៦,៤៥
បុកអង្ករ	លេខ ១ ទម្ងន់ ១០០ គីឡូលក់ទាំងបាវ ថ្លៃពី	៥,៨៥	ដល់	៥,៩០
	" ២ " " " " "	៥,៣៥	"	៥,៤០
ពោត	ស ទម្ងន់ ១០០ គីឡូលក់ទាំងបាវ ថ្លៃពី			
	ក្រហម " " " " "	៧,៣៥	"	៧,៤០
ម្រេច	ខ្មៅ ទម្ងន់ ៦៣ គីឡូ ៤២០ លក់ទាំងបាវ ថ្លៃពី	១៦,២៥	ដល់	១៦,៧៥
	ស " " " " "	២៦,៥០	"	២៧,០០
គរ	ដែលយកគ្រាប់ចេញ ទម្ងន់ ៦០ គីឡូ ៤០០ ថ្លៃពី	៣៣,០០	ដល់	៣៤,០០

ព្រៃនគរចិញ្ចឹននៅថ្ងៃ ៤ ខែហ្វេវ្រីយេឆ្នាំ ១៩៣៧

ដំឡៃដែលក្រុមជំនួញស្រូវ, អង្ករជាតិបារាំងសែសបានបញ្ជូនឲ្យមក:

ស្រូវដែលនាំទៅដល់ម៉ាស៊ីនកិនស្រូវនៅចិឡុង ទម្ងន់ហាប ៦៨ គីឡូ លក់ទាំងបាវបានថ្លៃដូចមានខាងក្រោមនេះ ។

ស្រូវ	ដែលកិនជាអង្ករបានល្អយកគំឯក ថ្លៃពី	២,៦៦	ដល់	២,៧០
	លេខ ១	២,៦៤	"	២,៦៧
	" ២ ចំណាយឲ្យយ៉ាពុន	២,៥៤	"	២,៥៧
	" ២ ដាច់អង់ជាងនោះទៀត ចំណាយទៅយ៉ាពុន ថ្លៃពី	២,៤៤	ដល់	២,៤៨
	សម្រាប់ជាភោជនាហារ	២,៣០	"	២,៣៤
ពោត	ក្រហម ទម្ងន់ ១០០ គីឡូលក់នៅទីម៉ាកាសាំងស្រុកចិឡុង . . . . ថ្លៃពី	០,០០	ដល់	៧,០០
	ស	០,០០	"	០,០០

អង្ករ (ចំណាយក្នុងខែហ្វេវ្រីយេ) នាំផល់កំពង់កប៉ាល់ លក់ទាំងបាវមិនគិតថ្លៃបង់ពន្ធ ទម្ងន់ហាប ៦១ គីឡូ ៧០០ ក្រាមមានដំឡៃដូចមានខាងក្រោមនេះ ៖

អង្ករ	លេខ ១ ក្នុង ១០០ ភាគមានបុកអង្ករ ២៥ ភាគ ថ្លៃពី	៤,៣៤	ដល់	៤,៣៦
	" ២ " " ៤០ "	៤,២៤	"	៤,២៦
	" ២ ដែលបុកអស់ជាងនោះទៀត	៤,១៤	"	៤,១៦
	សម្រូប ក្នុង ១០០ ភាគមានស្រូវ ៥ ភាគ	៣,៤៤	"	៣,៤៦
បុកអង្ករ	លេខ ១ លេខ ២ មានទម្ងន់ដូចគ្នា ថ្លៃពី	៣,៤៤	ដល់	៣,៤៦
	លេខ ៣ មានទម្ងន់ដូចគ្នា	៣,៣៧	"	៣,៤០
ម្សៅ	ស ជាតាប់ថ្មីមានទម្ងន់ដូចគ្នា ថ្លៃពី	០,៤៨	ដល់	០,៥០
	ពាក មានទម្ងន់ដូចគ្នា	០,៤០	"	០,៤៤

[illegible]

របៀបចុះឈ្មោះទិញសារពត៌មាននគរវត្ត

[illegible]

ខ្ញុំឈ្មោះ .... នៅភូមិ .... ឃុំ ....
ស្រុក .... ខេត្ត ....

[illegible]

ហត្ថលេខា ....

(១) បើផ្ញើជំងាមកឲ្យដាក់ឈ្មោះនិងទីលំនៅ អ្នកទទួលដូចមានខាងក្រោមនេះ

Monsieur Ngô-Hông
comptable du Nagaravatta
Rue Verdun
(à l'Est du Théâtre Sun-Van)
Boite Postale N° 44 A PHNOM-PENH

[illegible]

ក្រុមកាសែតនគរវត្ត

[illegible]

ដ្បិតមានពួកអ្នកទិញកាសែតជាច្រើនរូប មានសេចក្តីថ្លែងថាពុំទទួលកាសែតដែលផ្ញើទៅមិនដល់ ហេតុនេះ សូមលោកមេត្តាជួយទំនុកបំរុងផ្ញើកាសែតដែលក្រុមនេះបានផ្ញើមកដល់សាលាខេត្ត ឬ សាលាស្រុករបស់លោក ហើយសូមលោកបញ្ជូនទៅឲ្យបានដល់ឲ្យខានផង, ដោយសេចក្តីអនុគ្រោះ

នគរវត្ត

កាសែតនគរវត្ត រស់ដោយសារគុណលោក-អ្នកដែលជាវ ។ ហេតុនេះសូមជំរាបអស់លោក-អ្នក ដែលបានទទួលកាសែតហើយ សូមផ្ញើប្រាក់ថ្លៃកាសែតនេះទៅឲ្យក្រុមនគរវត្តក្នុងគ្រានេះ- បើទុកឲ្យយូរ [illegible] ។

ក្រុមត្រួតការសារពត៌មាន

Anciens élèves du collège (ou du Lycée) Sisowath

[illegible] M. Guilmet, censeur au Lycée [illegible] ។

Imprimerie S. E. K. Phnôm-Penh. — Le Gérant Ing-Vong

ឆ្នាំទី ១ លេខ ៤៧ SAMEDI 27 NOVEMBRE 1937 **EDITION SPÉCIALE** ថ្ងៃសៅរ៍ ៩ រោជខែកត្តិក ឆ្នាំឆ្លូវ ពស់ក ព.ស. ២៤៨០ ត្រូវនឹងថ្ងៃ ២៧ ណូវិមប្រ៍ ឆ្នាំ ១៩៣៧

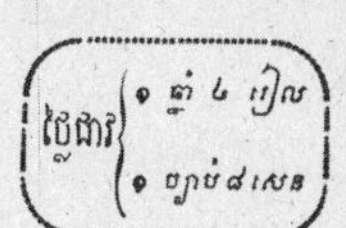

អស់លោក-អ្នកដែលចាំញាជាវនគរវត្ត មើលកាន់តែច្រើនឡើង, ឈ្មោះជា ត្រូតក្លាធំកើតក្រុងកម្ពុជាយើងឲ្យបាន បំរើនដូចប្រទេសឯទៀតដែរវិញ ។

Directeur
PACH-CHHŒUN
ពាងហ្មាង ប៉ាច-ឈឿន

HEBDOMADAIRE PARAISSANT TOUS LES SAMEDIS
រាយការសប្ដាហៈ ចេញរាល់ថ្ងៃសៅរ៍
មន្ទីរពែងសេចក្ដីនិងត្រួតការនៅផ្លូវវិរងដង់ខាងកើតពេងឈ្មោលបីវ៉ាន់ភ្នំពេញ (Boite Postale N° 44)

ថ្លៃជាវ { ១ ឆ្នាំ ៤ រៀល / ១ ច្បាប់ ៥ សេន

បើអស់លោក-អ្នកនិយមមើលនគរវត្ត កាន់តែច្រើនឡើង ១ ការរៀបចំផ្សេង ត្រៀមរបស់នគរវត្តក៏កាន់តែល្អវិសេស គួរជាទីត្រេកអរណាស់ដែរ ។

សារពណ៌នគរវត្តច្បាប់ពិសេស ចេញផ្សាយដំណឹងជាធំនៅពិធីបុណ្យសម្ពោធផ្សារថ្មីដ៏ឱឡារិកជាទីសប្បាយរីករាយនៃមហាជនដ៏ពន្ធិកាកាលពីថ្ងៃ១៧-១៨-១៩-២០-២១-ខែណូវិមឆ្នាំ១៩៣៧នេះ

ពីអាទិត្យមុន, យើងបានជូនដំណឹងត្រួសៗពុំសព្វគ្រប់ ពីពិធីបុណ្យឆ្លងផ្សារថ្មីនៅបឹងតេជោនិងបុណ្យសំពះព្រះខែនៅវិជណាក់ផែ. គឺគ្រាន់តែនិយាយសរុបអំពីបុណ្យទាំងមូល ហើយមានដាក់ភាពផ្សារបង្ហាញឲ្យឃើញឯរបៀបតាំងពិពិធភណ្ឌនិងដាក់រូបភ្លោញគំរូទំនិញផ្សេងៗ នោះយើងមិន

រូបលោកឡឺរេសិដង់សុបេរីយើរ

បានជូនដំណឹងដោយសព្វគ្រប់ទេ ។ បណ្ដាជនខ្លះដែលពុំបានមកទស្សនាកាលបុណ្យឆ្លងនេះ ប្រហែលជាពុំយល់រូបភាពផ្សារថ្មីក្នុងកាសែតយើងដោយជាក់ច្បាស់ តាមដែលមើលឃើញនោះហាក់ដូចជាផ្សារនេះមានស្លាបតែ ២ អមជម្ប៉ូលដែលនៅជាកណ្ដាលប៉ុណ្ណោះឥតមានអ្វីទៀតទេ ។ ឯការដែលពិតនោះ គឺផ្សារនេះមានស្លាបខ្វែងគ្នា ៤ ទិសដែលបាំងស្លាប ២ ទៀត និងស្លាប ២ ខាងមុខដែលមើលទៅឃើញនេះ នៅបំកណ្ដាលផ្សារខាងក្នុងមាននាឡិកាធំ ១ មើលឃើញទាំង ៤ ទិស ។

មហាជនដែលទៅទស្សនាផ្សារថ្មីនេះសុទ្ធសរសើរពាល់មាត់ អំពីរបនាសម័យថ្មីនៃស្នាដៃវិស្វករបារាំងសែស ដែលតាំងយកមកឲ្យជាងក្រុងភ្នំពេញ ។ ក្នុងប្រទេសអាស៊ីឥតមានផ្សារណាល្អកន្លងផ្សារនេះទេ តាមគំនិតជាងផ្សារនេះយកតាមគម្រូផ្សារស្រុកបារាំងខាងលើ ដើម្បីបង្គ្រប់ឬបន្ថែមជំ-

ព្រះបរមរូបព្រះករុណាជាម្ចាស់ជីវិតលើត្បូង

នួសវិមានរបនាល្អ ៗ នៃក្រុងភ្នំពេញឲ្យកាន់តែច្រើនឡើង ។

គួរឲ្យសរសើរពាជការក្រុមមឿងមានលោកជីស៊ុគតិ. រេស៊ីដង់ខែរជាប្រធាន ដែលជាមេគំនិតគិតជាត់ចែងធ្វើផ្សារក្រុងភ្នំពេញ បានល្អបំផ្លែក ហើយជាប់បានយូរក្នុងការទំនុកបំរុងដ៏ខ្ពស់នៃលោកធីបូដូ, រេស៊ីដង់សុបេរ៉ិយើរក្រុងកម្ពុជា ដែលលោកស្រឡាញ់ស្រុកខ្មែរបង់ឲ្យខ្មែរបំរើន ក្នុងរាជ្យព្រះករុណាព្រះចៅក្រុងកម្ពុជា (ស៊ីសុវត្ថិមណីវង្ស) ដែលយើងមើលឃើញកើតផ្ទះសម្បែងនិងវិមានការរបនាដ៏មាំល្អជាច្រើន ដែលគួរឲ្យក្រុងកម្ពុជាស្ញើបជាប់ក្នុងបិត្តកុងពង្សាវតារខ្មែរតរៀងទៅ ។

ការដែលកសាងផ្សារនេះ កើតមកពីគំនិតដ៏ប្រសើរ នៃសពលោកស៊ុលវ៉េស្រ៊េ, គួរវណើរយេណោរាល់ប្រទេសឥណ្ឌូស៊ីន កាលដែលលោកនៅរធ្វើ [illegible] អង្សាស្រ័យល្អបង់ឲ្យស្រុកខ្មែរបំរើនដោយសេដ្ឋកិច្ច និងពាណិជ្ជការនិងការ

រូបលោកជីស៊ុគតរេស៊ីដង់ខែរ

នោះរូបរួមមូលមិត្តគ្នា ដែលគួរយើងគោរពទៅវិញ្ញាណក្ខន្ធរបស់លោក ។

មហាជនដែលទៅមើលផ្សារនេះសុទ្ធតែមិនបង់បេញមកវិញ ដោយនិកស្ដាយលំអផ្សារនិងលំអរបៀបតាំងទំនិញនិងវត្ថុផ្សេង ៗ នៃពួកឈ្មួញធំ ៗ ក្នុងក្រុងភ្នំពេញនិងមកពីប្រទេសក្រៅខ្លះណាយផង ។ ពួកអ្នកទៅមើលបុណ្យនេះឮសួរតែនិយាយជាច្រើនគ្នា ថាទៅវេលាដែលមើលផ្សារនេះរួចហើយឬកំពុងតែមើលច្រើនតែភាន់ឬវង្វេង មិនដឹងជាខាងណាឯលិចឯកើតឡើយ ដោយមនុស្សអ៊ូអរពាសពេញៈជ្រៀតដើរទៅមក. ទៅជាភាន់គំនិតរកប៉ុណ្ណឹអ្វីមិនកើតបានជាវង្វេង ។ ខ្លះចេញពីក្នុងផ្សារមកប្រឡំរកផ្លូវមកផ្ទះវិញមិនឃើញក៏មាន, លុះដើរយូរៗទៅខ្លះនោះវង្វេង. ស្រាបតែភាន់ដើរទៅ

កណ្ដាលផ្សារថ្មីមើលពីខាងក្នុង *clichés du journal de la Vérité*

មុខផ្សារថ្មីមើលពីខាងក្រៅ

បាក់ទូកងល៉ិបស្រឡៅបទៅវិញក៏មាន ។

តាមបំណងដែលមហាជនបង់ចូលមើល, បើប្រសិនជាថ្លៃសំបុត្រចូលដែលយកតែ ១ សេនតោះឡើងដល់ ៥ សេន ដូចកាលបុណ្យតាំងផ្សារពីឆ្នាំ ១៩៣៧, ក៏នៅតែទិញចូលមិនទាន់ ។

បណ្ដាពួកហាងជំនួញធំៗដែលទៅដាក់ទំនិញលក់ក្នុងផ្សារនោះ ក៏ប្រឹងបាត់បែងរៀបចំឲ្យបានល្អមើលយកកេរ្តិ៍ឈ្មោះរៀងខ្លួន, បញ្ចេញម៉ាគីថ្មីយីហោរបស់ខ្លួនដល់ពពួកមហាជនដែលជួបជុំឥតស្រាកនៅទីនោះ ហាងខ្លះតាំង ២ កន្លែងគឺតាមមាត់ផ្លូវខាងក្រៅផ្សារផង ខាងក្នុងផ្សារផង ដើម្បីឲ្យគេឃើញច្បាស់ប្រើនកន្លែង ។ តាមមាត់ផ្លូវខាងក្រៅជុំវិញផ្សារពួកអ្នកជំនួញតាំងរបស់ស្មើរតែជុំវិញ ឃើញនៅរិសល់តែច្រកចូលពីខាងកើតព្រមទាំងបរិវេណឯខាងក្នុងផ្សារនោះតាំងពេញទាំងអស់នៅទីកណ្ដាលនិងស្លាបទាំង ៤ ។

អ្នកជំនួញខ្មែរឃើញតាំងបំកណ្ដាលត្រង់កន្លែងនាឡិកា បញ្ចេញខាងគ្រឿងរបនាពីប្រាក់គ្រប់យ៉ាងព្រមទាំងសំពត់ប្រែសារុងជាដើម ដែលជារបស់ជាងម៉ុលនិងក្រុមផ្សារស៊ីញ៉ែកក្រុងភ្នំពេញ មានខ្មែរមួយលក់ព្រៃនិងសំពត់ដូចជាយួនដែរ ។ ឯភាគយួនឯទៀតៗសុទ្ធតែសម្លៀកបំពាក់គ្រប់មុខពីស្រុកឆាយដែលយកមកលក់នៅស្រុកខែរគួរឲ្យទស្សនា ។

ហាងជំនួញធំៗដែលយើងស្គាល់ច្បាស់ដោយមានបោះក្នុងកាសែតយើងគឺហាងសង់កុងត៍ (Jean Comte) ដែលជាហាងធំភាងទីស្លាបខាងត្បូង ១ តែម្នាក់ឯង លក់រថយន្តប៉ឺហ្សូត៍ (Peugeot) ថ្មីឆ្នាំ ១៩៣៨ គ្រប់បែប ។

រថយន្តនេះហើយដែលគេនិយមប្រើប្រើនជាងគេគ្រប់ស្រុក ដោយមានរាងក៏ល្អ, ជាប់យូរ ដោកគួរសមផង ហើយលឿន, រត់ស្រួលទោះផ្លូវអាក្រក់ក៏មិនរលាក់ដូចរថយន្តដទៃ បត់ខ្លាំងក៏មិនឃ្លោង ហើយមិនរអិលកង់ក្រោយទេ ។

មានរថយន្ត ១ តួបំទើយ៉ាងល្អដាក់កណ្ដាលគឺ 402 Légère (៤០២ ស្រាល) ជាឡានដែលទើបនិងបេញថ្មីបំផុត, តួរ៉ា 302, ម៉ាស៊ីន 402, ឯឡាននេះបំណាប់ជាងឡានទាំងពួង គឺរបឿនលឿនរត់បានក្នុង ១ ម៉ោង ១៣៥ គីឡូ ។ ១ ទៀតហើយរត់លឿននិងជាងឡានទាំងពួងហើយបែបផែនជាប់ព្រមទាំងរូបរាងល្អគួរមើលផង ។ តាមគំនិតយើងយល់ថារថយន្តនេះ បើអ្នកណាបានជិះលមើល គង់និកថាគ្មានឡានណានិងប្រៀបបានអំពីរបឿន, ជាប់, ខ្លាំង, មិនរលាក់, និងល្អ, ហើយឥតឮស្សូរអ្វីទាំងអស់ ។

ហាងអូប៉ឺទីតប៉ារីស Au Petit Paris

ដែលជាហាងធំល្បីខាងរបស់ល្អនៅស្រុកខ្មែរមកយូរហើយ ក៏ទៅបញ្ចេញយីហោទឹកអប់និងបង្កៀងហ្វាយ៉ាងវិសេសសម្រាប់រទេះកង់ ។

នៅកណ្ដាលផ្សារឃើញតុព្រះរាជបណ្ណាល័យ ដែលតាំងលក់សៀវភៅធម៌គ្រប់មុខនិងប្រក្រតិទិន កាឡង់ឌ្រីយេ (Calendrier) ឆ្នាំ ១៩៣៨ — មហាជនបូជាទិញតុនេះប្រើនណាស់ ។

Maison Denis Frères

ផ្ទះ ឌឺនីស៍ហ្វ្រែរ

នៅបៀតទ្វារចូល, ហើយនៅបំកណ្ដាលផ្សារ, មានតុផ្ទះឌឺនីស៍ហ្វ្រែរ តាំង ២ កន្លែង ។ ផ្ទះនេះហើយជាហាងជំនួញចាស់បំផុតនៅស្រុកអាយដែលបណ្ដាជនតែងសំគាល់ថាជាហាងធំល្អនៅកូសាំងស៊ីននិងស្រុកខ្មែរ ។

បណ្ដាជនតែងទៅពោមទិញទំនិញផ្សេងៗនៅហាងនេះ ដែលយើងបង្អួល

ខាងក្រោយនេះ ខ្លះគឺ សាប៊ូលុក្ស (Lux) ដែលជាសាប៊ូល្អ សម្រាប់ប្រើខាងសំពត់ស្ដើងៗ ដូចជាព្រែជាដើមឬប្រើដុសខ្លួនប្រាណ, ថែមទាំងមានសាប៊ូផ្ទួចសំរាប់បោកស្ទោរខោអាវយ៉ាងល្អឈ្មោះ បៀរស៊ីល (Persil) មានស្រាបារាំងយ៉ាងល្អគ្រប់បំពូក ហើយនិងទឹកដបឈ្មោះសាទើលីន (La châteline)

ដែលជាទឹកជ្រោះ— មានរសជាតិប្រសើរ ដែលគេចូលចិត្តទទួលទានរាល់គ្នា, ដូចស្រាសម្ប៉ាញគ្លីកូត៍ (Cliquot) ឯទំនិញគ្រប់បំពូកដែលផ្ទះឌឺនីហ្វ្រែរលក់សឹងគាប់ប្រសើរមានសេចក្ដីចំរើនឡើងរាល់ថ្ងៃជាដរាបរៀងៗមក ។

យើងសំគាល់ឃើញរបស់វិសេស ១ ទៀតរបស់ហាងនេះ គឺចង្កៀងប្រេង-

កាតឈ្មោះ អុបទីមុស (Optimus) ដែលមានពន្លឺភ្លឺយប់ដូចថ្ងៃ ស៊ីប្រេងកាតក្នុង ១ ម៉ោងអស់ដីឡែតែ ១ សេន, គិតទៅប្រើបង្កៀងនេះចំណេញជាងគេ ។

បែរមកខាងបារីជក់វិញ នោះយើងសំគាល់ឃើញមានបារីជាន់ថ្មី ១ ឈ្មោះ ស្ពរ៍ (Sport) គឺបារីរូបខាត់ញាល់ ដែលមានក្លិនឆ្ងាញ់ពិសារគេចូលចិត្តជក់គ្រប់គ្នា

ហើយមានទាំងបារីគ្លូប៍ (Globe) យីហោផែនដីដែលជាបារីជាន់ចាស់ល្បីឈ្មោះក្នុងលោកនេះជាអង្វែងមកហើយ, គ្រប់ជាតិគ្រប់សាសន៍ក៏សឹងនិយមចូលចិត្តជក់បារីនេះ ។

១ វិញទៀត អក្សរ ២ តួនេះ D. F. ជាអក្សរដំណាងផ្ទះនេះ ឲ្យសំគាល់ឃើញការលក់ដូរមានឈ្មោះល្អមកយូរហើយ ។ យើងគ្រាន់តែក្រឡេកមើលតុទាំង ២ ផ្ទះនេះតាំងល្អមានសេចក្ដីពិចារណា ឃើញថាផ្ទះនេះជាហាងធំមាំទាំមែន, ហើយរូបដែលគួរប៉ិទនៅតុនោះ, យើងសំគាល់ឃើញឈ្មោះបារតុងអេគេសបេ, ហាស់សងគ្លែវែរ, ដុបហ្វ៍ (Barton & Guestier, Hasenklever, Dopft) ហើយនិងរូបភាពដបទឹកសាទើលីន (Châteline) ដែលផឹកទៅមានឱជារសនិងការពារកំឲ្យធាក់ចាស់ផង ។

យើងមានសេចក្ដីសរសើរដល់ផ្ទះឌឺនីហ្វ្រែរ ដែលមានគំនិតដ៏ប្រពៃរៀបចំតុនេះដ៏ប្រសើរ ។

Maison Descours & Cabaud

ហាងដេស្គួរកាបូដ៍

លោក-អ្នកធ្វើដំណើរមកដល់តុដេស្គួរកាបូដ៍ ឃើញមានប្រើនតែគ្រឿងម៉ាស៊ីនផ្សេងៗ និងគ្រឿងសម្រាប់ជម្រើបចិត្តស្រ៊ែប្រើប្រាសក្នុងបង្ក្រានផ្ទាំងគ្រប់យ៉ាង ដូចយ៉ាងបង្ក្រានដែលកូឡ៊ួយ (Delcolight) ព្រីម៉ាគាស៍ (Primagaz)

ប៊ុតាន (Butane) ទូដែក យីហោហ្វិសេត៍ (Fichet) មិនតែប៉ុណ្ណោះនៅមានស្រាកំឡាំងយីហោតុនីកូឡា Touikola ទឹកជ្រោះអេវីយ៉ង់ (L'eau d'Evian) ហើយមានទាំងសាប៊ូយីហោសាប៊ូម៉ុង (Monsavon) ឯគ្រឿងគ្រប់បំពូកផ្សេងៗទៀត សឹងមានពាសពេញដេរដាសនៅផ្ទះដេស្គួរកាបូដ៍ ។

BOY LANDRY

ហាងបោយឡង់ទ្រី

បោយឡង់ទ្រីជាផ្ទះមានឈ្មោះខាងការលក់បារីធំជាងគេ ក្នុងប្រទេសឥណ្ឌូស៊ីនបានរៀបតាំងតុ ២ នៅឱកាសបុណ្យនេះ ។ តុ ១ តាំងសុទ្ធតែ

បារីស៊ុប (JOB) មានស្រីខ្មែរ ២ នាក់ តែងខ្លួនស្រស់បាំយាមបែរក្សាតុនិងលក់ដូរក្នុងរវាងបុណ្យ ៥ ថ្ងៃ ។ តុមួយទៀតលក់សុទ្ធតែបារីកូហ្វាត (Cofat) រៀបទ្រូតគ្នាត្រួបឡើងលើដូចជាព្រះចេតីយ៍ ។ ឯស្រីខ្មែរដែលលក់ដូរទាំងអស់នោះ សុទ្ធតែមានវាចារាក់ទាក់រីករាយទៅរកអ្នកទិញ និងអ្នកដើរមើល,

បណ្ដាជនជាតិខ្មែរនិងជាតិផងទៃ ក៏បានពេញចិត្តចូលទៅទិញបារីស៊ុបនិងកូហ្វាត ទទួលទានជាច្រើន ដោយសំគាល់ឃើញថាបារី២មុខនេះ ធ្វើនៅស្រុកអាយពីថ្នាំខ្មែរមានទំងារសព្វាញ់ពិសារឈោកគួរសមល្មមអាស្រ័យ គួរផល់អ្នកក្រីក្រនិយមទិញអាស្រ័យបានគ្រប់គ្នា, មិនថ្លៃទេ ។

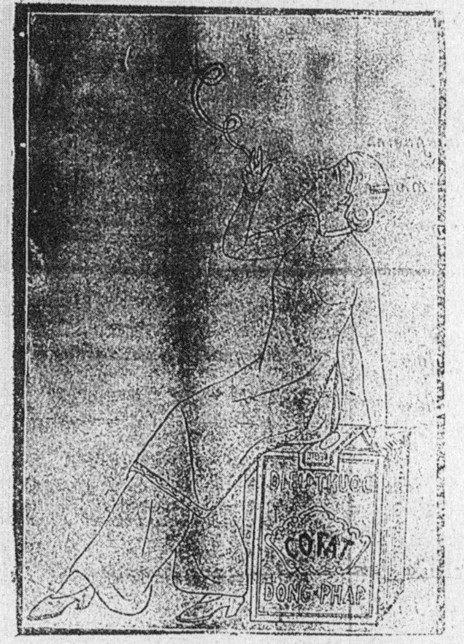

Poinsard & Veyret

ពង់សាគ៌ អេវ៉ុយរ៉េត៌

ពមក, មានតុះពីរដែលមានក្បាំងបង្អេតស្រួបសងខាងដូចជាឥព្វាបអាកាសយានហោះលើអាកាសដែលមានបើហោផ្ទះពង់សាទ៌អេវ៉ុយរ៉េតសរសោរនៅកណ្ដាល ដ៏មានដំឡែហើយល្អសមផង ។ តុះមួយសំរាប់តាំងលក់គ្រឿងផឹកនិងអាហារគ្រប់បំពូក ។ ឯតុះ១ទៀតសំរាប់តាំងគ្រឿងដែកសំ-

រាប់ធ្វើស្ពានតិងផ្ទះសម្បែងគ្រប់យ៉ាង ។ ឯគ្រឿងផឹកនិងអាហារគ្រប់មុខនោះដូចមានឈ្មោះស្រាគុយសើនីញ៉េរ, បៀរ៉េត៌, (Cusenier, Le Byrrh) ដែលជាស្រាឆ្ងាញ់ពិសារបំផុតក្នុងលោក ។ សាប៊ូក្រអូបកាឌុំ (Savon Cadum) ដែលជាសាប៊ូសំរាប់បំបាត់រក្សាទារក ឲ្យមានសាច់ធូរទូលាយសប្បាយបង្ការកមរមាស់កុំឲ្យបៀតបៀនបាន. ទឹកពៀរីយេរ (Perrier) និងសម្បាំញសារលីហ៊ិកសៀក (Charles Heidsieck) ស្រាឡឺម៉ង់ដារាំង (Le Mandarin) ។ ល ។ ល ។ etc, etc,

ឯគ្រឿងធំៗ យើងសំគាល់ឃើញទូដែកទឹកកកឈ្មោះហ្វ្រិគោរីហ្វិក (Armoires-Frigorifiques) ហើយនិងទូទឹកកកឈ្មោះស៊ុបព្យែរហ្វិក (Le Superfex) កំដៅដោយផ្ទុតប្រេងកាត ហើយមានទូទឹកកក១ទៀតឈ្មោះហ្វ្រីសេកូ (Frigéco) កំដៅដោយកំឡាំងអគ្គីសនី, ក្រោយពីនោះមកមាស៊ីនវាយអក្សរឈ្មោះឡឺរ៉ូវ៉ៃយាល់ (Le Royal) ជាម៉ាស៊ីនមួយប្រើការរហ័សហើយស្រួលបំផុត ។

ទីតុះដែលផ្ទះពង់សាទ៌អេវ៉ុយរ៉េតតាំងនេះ មហាជនទាំងឡាយដើរជុំវិញសិងសរសើរថាល្អមើលត្រូវភ្នែកគ្រប់ៗគ្នា ។

Etablissements Bainier

គ្រឹះហាងបេនីញ៉េរ

ហាងបេនីញ៉េរមានតាំងរថយន្ត២,១កង់១ណេតយ៉ េហ្វីយ៉ាត (Simca-Fiat) ៦សេះ, ជាឡានតូចវិសេសប្រាកដ, ស៊ីប្រេងតិច, ប្រើការធ្វើការអ្វីៗមានសេចក្ដីបំរើនពីព្រោះប្រើប្រេងសាំងតិច ។ ឯរបៀនក៏លឿនស្មើនិងរទេះឯទៀតដែលស៊ីប្រេងច្រើនដែរ ។

នៅស្រុកបារាំងមានសេចក្ដីផ្ញើលជ្រើម ថាឡានហ្វីយ៉ាត៥សេះនេះ ជារទេះមានកេរ្តិ៍ឈ្មោះ, ឯរទេះហ្វីយ៉ាត ៨ សេះនោះកំពុងប្រុងប្រៀបធ្វើ, មើលទៅមិនបាញ់របៀបរទេះដែលចេញរូបទៅហើយទេ ។ ហាងបេនីញ៉េរនេះមានលក់រថយន្តមានដំឡៃមានកេរ្តិ៍ឈ្មោះល្អ គឺឡានតាល់បូត (Talbot)

ក្រៅពីរថយន្ត យើងឃើញរបស់ឯទៀតលក់ដែរ គឺប្រអប់ខ្សែលួសឥតខ្សែហៅថាវិទ្យុ (Radio L.L.) ជាខ្សែលួសធ្វើដំរូវនិងអាកាសស្រុកអាយប្រើអំពូងគោមកំលាំង ១១ , យើងសូមជូនដំណឹងអស់លោក-អ្នកប្រើត្រូវការទិញប្រអប់ខ្សែលួសវិទ្យុនេះ, សូមអញ្ជើញទៅសួរឯហាងបេនីញ៉េរនេះជាមុន ។

Pharmacie Nhi-Thiên-Duong

ផ្ទះលក់ថ្នាំញីធៀនឌឿន

ហាងថ្នាំញីធៀងឌឿងតាំងតុះខ្ពស់នៅទងក្រៅទិសខាងជើង ដែលបញ្ចោញថ្នាំគ្រប់មុខឲ្យមហាជនបានជ្រាបថា ហាងថ្នាំធំៗនៅប្រទេសឥណ្ឌូ-ចិនបារាំងសែស ដែលយួន-ចិន-ខ្មែរចូលចិត្តប្រើថ្នាំហាងនេះណាស់ ដោយឃើញធុតឆាប់មែន ដូចជាប្រេងខ្យល់ញីធៀងឌឿងដែលល្បីល្បាញសាក់សិទ្ធ - ហាងនេះមានលក់ស្រាថ្នាំយ៉ាងពូកែធុតឆាប់ណាស់ ពូកែកំឡាំងនិងកែរោគផ្សេងៗ មហាជនចូលចិត្តទិញប្រើកកុញរាល់ថ្ងៃ ។

* * *

នៅជិតតុះនេះឃើញហាងលក់បារីបាស្តុស ដែលមានរូបតុក្កតុនឈ្មោះសារលីសាប្លិន ឬ សារឡូត៌ដឹក់ឆ្ក ១ និងដែកាន់ដម្បង ១ ផង ។ ក្បែរហាងអុងទៀង, ដែលជាផ្ទះលក់ថ្នាំពូកែដែលមានមនុស្សឈរមើលហាងនេះកកកុញពីមុខ ដោយពួកអ្នកលក់ហាងនេះបេះលេងបែបសៀក និងសម្ដែងបញ្ចោញយីហោទាក់មនុស្សឲ្យចូលចិត្តច្រើន ដូចកាលបុណ្យតាំងផ្សារធំពីឆ្នាំ ១៩៣៦ ។ ខាងលិចបន្តិចហាងទឹកដោះគោណិសត្លេ (Nestlé) ដែលជាទឹកដោះគោល្អបំផុត មានល្បីល្បាញមកយូរហើយខាងអាហារកូនក្មេង ។ នៅជ្រុងខាងលិច, ពួករាជការក្រសួងមេព្រៃនិងឬបរបំណាតាំងបញ្ចោញវត្ថុផលព្រៃធរណីនិងគ្រឿងប្រដាប់ធ្វើស្រែផ្សេងៗ, ជិតនោះហាងឡានរើណូលត៌ (Renault) ដែលជាក់រថយន្តលក់ក្នុងរោង ១ យ៉ាងវែង ។ ពីខាងត្បូងផ្ទះលក់បង្កៀងដៃម៉ង (Daimon) ដែលធ្វើតុះខ្ពស់ស្រឡេប ហើយបញ្ចោញអក្សរបារាំង- យួន - ចិន - ខ្មែរជាភ្លើង អគ្គិសនីនៃមាគ៌យីហោហាងនេះ ។ បង្កៀងដៃម៉ុងនេះល្បីល្បីឈ្មោះក្នុងលោកខាងជាប់, និងប្រើបានយូរ ។ ល ។

ក្រៅពីនេះ [illegible] ពណ៌នារាប់ឈ្មោះដោយសព្វគ្រប់បាន ។

យើងបានទទួលសំបុត្រពីអ្នកមើលកាសែត ១ នាក់ បានចុះក្នុងកាសែតឥតមានកែប្រែពាក្យអ្វីឡើយ, ដូចខាងក្រោយនេះ ៖

បើកោះកុំឲ្យជ្រុលដូចហ៊ន

តាំងពីសារពត៌មាននគរវត្តកើតឡើងថ្ងៃណា ខ្ញុំមានសេចក្ដីត្រេកអរពន់ពេកណាស់ បានចុះឈ្មោះជាវកំណត់ឆ្នាំ ហើយបានមើលសង្កេតរាល់អាទិត្យរៀងៗមក, ឃើញថាពត៌មានផ្សេងៗដែលចេញផ្សាយទាំងនុះរឹងរិតតែពិស្ដារឡើងៗ ព្រោះដោយហេតុអ្នកដែលប្តើមគំនិតគិតបង្កើតនគរវត្តនេះ ខំប្រឹងអស់ពីចិត្តឥតគិតពីសេចក្ដីនឿយហត់សោះឡើយ, ហើយមានបញ្ញាថ្លាដូចគ្នាតែងគិតទៅកាន់ជាតិរបស់ខ្លួនជានិច្ច ឲ្យបានប្តីប្តឹងរុងរឿងដូចគេឡើង លោកអ្នកដែលបានមើលពត៌មាននេះដូចខ្ញុំ ប្រហែលជាឃើញប្លែកដូចខ្ញុំដែរ, តាំងពីពត៌មាននគរវត្តនេះចេញមានរូបរាងមកវេលាណា, នោះជាតិរបស់យើងដូចភ្ញាក់ខ្លះដែរ អំពីការដួញលក់ដូរគ្រប់បំពូកជាដើម ។ ឯការណ៍ពត៌មាននគរវត្តដែលបានចំរើនអាយុទើបតែប៉ុណ្ណោះនេះ, ខ្ញុំប្រៀបដូចជាពន្លឺបន្ទះនៅឡើយទេ, ហើយបើចង់ឲ្យពត៌មាននេះមានពន្លឺស្ទើរភ្លឺដូចភ្លើងអគ្គិសនីឡើងនោះ ពោងតែយើងមានគំនិតមូលគិតទៅកាន់ជាតិជានិច្ចទាំងអស់គ្នាកុំឲ្យភ្លេចពេលណា កាន់ចិត្តទិងប្រកាន់នឹងសេចក្ដីល្ងង់ខ្លៅនិងសេចក្ដីឈោកទាបនោះជាប្រក្រតី កុំបីគិតបំពោះទៅត្រែរបមនុស្សដូចពេលនេះឡើយ ។

ខ្ញុំបានប្រឹងប្រែងទំនិយាយបញ្ចុះបញ្ចូលពួកមិត្តទាំងប៉ុន្មាន ឲ្យជួយជាវកាសែតនគរវត្តនេះមើល ដើម្បីឲ្យបានចំរើនជាត់ធំឡើង នោះបានជាច្រើនអ្នកដែរ, ប៉ុន្តែមានអ្នកខ្លះវេលាដែលឯងនិយាយទៅកាលណាបេះតែ " អើៗ បាទៗ " យូរៗទៅៗជា " បាតម៉ាយ " ដូចជាជនណាយខ្ពើមអក្សរខ្មែរមិនបង់មើល ក្រែងភរិយាថាខ្លួនមិនចេះមើលអក្សរបារាំងទេដឹង ? ឲ្យប្រឹងទៅទិញឯកាសែតបារាំងមើលវិញ, កាលពីដើមឥតមានជាអ្វីមើលសោះ ទើបតែគេនិយាយញយៗទៅក៏ទិញ ហើយឡើងជំនោប្រឹងបំពេងបំប៉ោងព្រះកាយា ទៅទិញកាសែតផ្សេងមើលវិញ, បានជាខ្ញុំហ៊ានិយាយដូច្នេះ ពីព្រោះអ្នកនេះឥតអានទិញកាសែតអ្វីមើលសោះ តាំងពីរកបាយបានស៊ីខ្លួនឯងមក, គាត់នេះទំនងជាចង់ឲ្យប្រពន្ធខ្លួនកោតទេដឹង ? ។

កាចារ្យផក

សេចក្ដីជូនដំណឹង

លោកណឺម៉ាន (Neumann) ជាងហ្វាច់កាសែតឡាប្រែស និងសំដែងបាឋកថានិយាយអំពីយុវជនខ្មែរ និងបច្ចុប្បន្នសម័យនៃប្រទេសខ្មែរ នៅថ្ងៃ ២៧ ណូវែម ១៩៣៧ នេះវេលា ២២ នាឡិកា (ម៉ោង ១០ យប់) នៅមន្ទីរបុណ្យក្រុមមឿងផ្លូវវិរណីវិលភ្នំពេញ (Salles des fêtes de la ville)

ហេតុនេះ សូមអញ្ជើញលោក-អ្នកទៅស្ដាប់ជាគ្រឿងប្រដាប់សតិបញ្ញា និងបានដឹងយោបល់របស់លោក-អ្នកសំដែងថា លោកយល់ឃើញជនជាតិខ្មែរយើងក្នុងសម័យបច្ចុប្បន្ននេះដូចម្ដេចខ្លះ?

◎*◎

ដំណឹងអំពីព្រះរាជបណ្ណាល័យក្រុងភ្នំពេញ

កាលពីថ្ងៃ ២២ ណូវែមនេះ ព្រះរាជបណ្ណាល័យនិងពុទ្ធសាសនបណ្ឌិត្យ បានរៀបពិធីធ្វើបុណ្យបំសុកូលជូនវិញ្ញាណក្ខន្ធរបស់ សម្ដេចពោធិវិសាលរាជសិន-ជៀបកុម្ម៉ងរឿរជំឡាឡែស្យងដូណេរ៍ និងក្រុងខហ្វើស្បេរ-ក្រុងកម្ពុជា ភ្លូសម្រេចរាជការក្រុមព្រះនគរបាល និងជាសេនាបតីក្រសួងយុត្តិធម៌ ដែលបានទទួលអនិច្ចកម្មទៅកាលពីឆ្នាំ ១៩៣៥ នោះ

នៅឱកាសបុណ្យនេះមានសាប់សាលោហិនរបស់លោក ព្រមដោយលោកកុង្សីយសេបតីបានអញ្ជើញទៅជួបជុំនៅកន្លែងមើលសៀវភៅ នៃព្រះរាជបណ្ណាល័យ ដែលជាកន្លែងរៀបពិធីបំសុកូល លុះដល់ម៉ោង ៥ ល្ងាច ទើបនិមន្តព្រះសង្ឃ ជាក្រុមធំនុំព្រះត្រៃបិដកចំនួន ២៣ រូបទៅបំសុកូលនៅរបំពោះមុខរូបថតសម្ដេច ដែលដាក់ដំកល់លើតុ: មានទូកញ្ចក់ដាក់គ្រឿងឥស្សរិយយសរបស់លោកនៅពីខាងក្រោយរូបថត និងប្រដាប់តាក់តែងដោយភ្ញីផ្កាទៀនធូបជាគ្រឿងបូជា លុះបប់ពិធីបំសុកូលសម្ដេចចៅហ្វាវាំងវរៈវៀងជ័យ ថ្លែងសេចក្ដីរំលឹកគុណរបស់សម្ដេចដែលបែកស្ថាន ទៅកាន់បរលោកហើយនោះដ៏ល្មមសមគួរនិងកាលវេលា ហើយមានប្រសាសន៍ជូនពរដល់បណ្ដាភ្ញៀវ ដែលអញ្ជើញទៅជួបជុំនៅទីនោះស្រេចពិធីបំសុកូលត្រឹមប៉ុណ្ណោះ ។

◎*◎

សេចក្ដីជូនដំណឹង

តាំងអំពីខេមរវត្តបានជូនដំណឹងអំពីការគិតបង្កើតរោងពុម្ពមួយសម្រាប់បោះកាសែតខេមរវត្ត និងសៀវភៅប្រាំក្រោមលក់ទិញនូវទៅ ក៏មានលោក-អ្នកដែលស្រឡាញ់ជាតិទាំងឡាយផ្ញើសំបុត្រស្ថិតគ្រប់ចិត្តមកចូលហ៊ុនជាច្រើនហើយដែរ តែមិនទាន់មានចំនួនគ្រប់គ្រាន់ ទើបយើងសូមជូនដំណឹងថែមទៀតថា អស់លោក-អ្នកដែលមិនទាន់បានជ្រាបដំណឹងនេះ ឬបានជ្រាបហើយតែភ្លេចភ្លាំងទៅវិញក្ដី ក៏សូមឲ្យផ្ញើសំបុត្រស្ថិតគ្រប់ចិត្តទៅបងហ៊ុនរោងពុម្ពខុកជាមុនទៅ ក្រែងដល់ទៅថ្ងៃមុខ លោក-អ្នកមានសេចក្ដីស្ដាយក្រោយ ។

ខេមរវត្ត

ដំណឹងនានាប្រទេស

ថ្ងៃច័ន្ទ ១៥ ណូវែម

ប្រទេសចិន.— នៅកំបន់ក្រុងសាំងហាយ ទ័ពចិនបាញ់សព្រៃយ៉ាំងផ្ទន់ ។ យ៉ាពុនយកបានល័ញ្ជី ១ កាយសេន ១ ជីកានិន ១, ហើយមានទ័ពជំនួយយ៉ាពុន ចុះពីកប៉ាល់នៅប៉ាយម្ហូវថែមទៀត ចម្ងាយ ៦០ គីឡូម៉ែត្រពីក្រុងសាំងហាយ ។

នៅក្នុងភូមិបាក់នវែសស មានមនុស្សស្លាប់និងគ្រាប់បែកអស់ចំនួន ១៦ នាក់, ក្នុងចំនួននោះមានអ្នកកែកកាសែត ១ នាក់, ល័ញ្ជាតិញជាតិចិនធ្វើការក្នុងក្រសួងប៉ូលិសបាក់នវែសស ១ នាក់ និងស៊ីវិល ១៤ នាក់ ។

ថ្ងៃអង្គារ ១៦ ណូវែម

ប្រទេសចិន.— មានកប៉ាល់អង់គ្លេស ១ ឈ្មោះក័យើន ដែលបើកពីព្រែកនគរទៅស្រុកហាំងកាំង ត្រូវកប៉ាល់យ៉ាពុនបាញ់ ។

យន្តហោះយ៉ាពុនបើកទៅទំលាក់គ្រាប់បែកលើក្រុងណាំកាំងម្ដងទៀត ។ ស្រុកស៊ូចៅត្រូវគ្រាប់បាក់បែកខ្ទេចខ្ទីអស់ ។ ដល់មានជ័យជំនះហើយស្រុកយ៉ាពុនចេញសំដីថា: តាំងតែផ្ដែកកងលំនាំ ដើម្បីនិងឈប់ចប្បាំង ។

ថ្ងៃពុធ ១៧ ណូវែម

ប្រទេសចិន.— រដ្ឋបាលចិននៅក្រុងណាំកាំង បានប្ដូរទីកន្លែងទៅនៅស្រុកសេកក្តនវិញ ។ លោកជាង-កាយ-ជាកបានលាកដការឈប់ធ្វើតាំងហ្វាងរដ្ឋមន្ត្រី ទៅតាក់ការខាងចប្បាំងតែ ១ មុខវិញ ។

ថ្ងៃព្រហស្បតិ៍ ១៨ ណូវែម

ក្នុងថ្ងៃនេះគេបានដំណឹងថា: មហាប្រទេសបាក់នវែសសបានបញ្ជូនកប៉ាល់ចប្បាំង ៤ ទៅប្រទេសឥណ្ឌូស៊ីន គងនិងសេចក្ដីកំរើញរបស់យ៉ាពុន ដែលបង្អាប់ឲ្យបាក់នវែលឥបញ្ជូនគ្រឿងសាស្ត្រាវុធទៅស្រុកចិនតាមប្រទេសឥណ្ឌូស៊ីនទៀត ។

ទ័ពយ៉ាពុនដែលព័ទ្ធក្រុងសាំងហាយ ត្រូវទ័ពចិនទប់ទ័ពមិនឲ្យលឿនទៅមុខបានទៀតទេ ។

ថ្ងៃសុក្រ ១៩ ណូវែម

ពីថ្ងៃមុនកាសែតកាមេរ៉ាត់ បានផ្សាយដំណឹងថា: យ៉ាពុនកំរើញបាក់នវែសសថា បាក់នវែសសបញ្ជូនគ្រឿងសាស្ត្រាវុធទៅប្រទេសចិនតាមប្រទេសឥណ្ឌូស៊ីន, ថាបើនៅតែបញ្ជូនទៅទៀត យ៉ាពុននិងយកកោះហៃណាំឲ្យបាន ។ តែកដការធ្វើយថាដំណឹងនោះមិនពិតទេ ។

ថ្ងៃសៅរ៍ ២០ ណូវែម

ប្រទេសអេស្ប៉ាញ.— វិទ្យុស្ទូរសព្ទផ្សាយដំណឹងថា: មេទ័ពហ្វ្រង្កូបានយល់ព្រម ឲ្យពួកកាបាក់កណ្ដាលមកស៊ើបការទាំងពីរខាង, ដើម្បីនិងដកហូតទាហានជាតិដទៃដែលមកជួយចប្បាំងក្នុងស្រុកចេញ ។

ក្នុងថ្ងៃដដែលមានកប៉ាល់ដឹកជញ្ជូនរបស់អង់គ្លេស ១ ត្រូវកប៉ាល់ចប្បាំងអង់គ្លេសបាញ់កំរើញ ដោយកប៉ាល់នោះដឹកគ្រឿងសាស្ត្រាវុធសំដៅទៅស្រុកអេស្ប៉ាញ, ហើយបង្អាប់ឲ្យកប៉ាល់នោះរើគ្រឿងសាស្ត្រាវុធដាក់នៅស្រុកម៉ាល្ត ។

ដំណឹងប្លែកអស្ចារ្យ

ខ្ញុំសូមជូនដំណឹងដល់អស់លោក-អ្នក សូមជ្រាប

ខ្ញុំបាទកាំងបង្កើតទីកន្លែងសម្រាប់លក់ដូរគ្រឿងបន្ទប់ពុកបុគ្គលស្លាប់មានក្ដាមឈូសតូច-ធំ, ផាស្តាន់ក្រាបលាក-ពណ៌ក្បាច់គ្រឿងដាន់និងគ្រឿងដាក់យ៉ាកតូច-ធំជាដើម, ហើយនិងថ្មស្យូ-ស្វិក ។

៦គ្រឿងប្រដាប់ទាំងអស់នេះ ខ្ញុំបាទឃើញតែរឿយ ៗ មកជាតិខ្មែរយើងដែលជាអ្នកខ្សត់ខ្សោយទ្រព្យសម្បត្តិ តែសេចក្ដីស្លាប់ធ្លាក់លើបន្ទុកខ្លួនវេលាណាហើយតែងធ្វើដូចខាងក្រោមនេះ គឺ: ខ្ញុំទៅទិញក្ដារ, ខ្ញុំទៅទិញដែកគោលនិងបាយម៉ាន, ខ្ញុំទៅទិញផាស្តាន់ក្រាបនិងក្រដាសពណ៌ផ្សេងៗមកមិនលំអរ, ក្នុង ១ នាក់ ១ ដែលទៅទិញនោះមានបើបរបោបទៅក្នុងតាក់ការហៀបារី ឈើគូសខ្លះមិនខាន ដល់បានរបស់មកគ្រប់មុខហើយធ្វើ ៤-៥ នាក់រកតែក្នុងរវៃថ្ងៃទើបហើយ ១ មិនបានល្អផងព្រោះតែជាងប្រែនក្នុងពេលដែលធ្វើនោះ មូរ-ស្វា-បារី អស់កប់ផុតព្រោះមានអ្នកមិនបានការ អន្ទិយតាំងតែស៊ី-ផឹកទទេនោះក៏មានដែរ ។ បើអស់លោក-អ្នកនៅតែខ្វល់ធ្វើដូចរបៀបខាងលើនេះ ប្រុងជានិងដាច់ខាតសោហ៊ុយប្រែនមិនខាន ហើយលំបាកគុណអ្នកដែលមកជួយផង, បើអ្នកមានបុណ្យមានសម្បត្តិទៅក៏ពិតតាក់អ្នកដទៃបានដោយងាយ ចុះបើអ្នកក្រីក្រញមិនងាយទេស្រុកភ្នំពេញនេះ ។ បើអស់លោកទិញរបស់ខ្ញុំវាតិកខ្លួយ៉ាងដែក របនាដឹងក្រៀមក្រោកហើយយកទៅជូនដល់ផ្ទះតាមម៉ោងកំណត់ តែបានតែអស់លោក-អ្នកដែលនៅក្នុងក្រុង ។

ផ្ទូចយ៉ាងឬស្សីនិងស្វិក បុណ្យកុំទុកនិងបុណ្យកូកំផិតណាស់ហើយ អស់លោក-អ្នកគួរ... ។

ឯកន្លែងដែលលក់តាំងនៅផ្លូវវេរផងក្រោយវត្តលង្កាចម្ងាយ ៣០ ម៉ែត្រពីកន្លែងក្បែរចិញ្ចើមថ្នល់ខាងត្បូង ។

ឆាន់-ពុយ

ដំឡៃផលានុផល

ភ្នំពេញនៅថ្ងៃ ២៥ ខែណូវែមឆ្នាំ ១៩៣៧

ល្ពៅត្នោត	ទម្ងន់ ៦០ គីឡូ	ថ្លៃ ៣ៗ៤០	
	បើទិញដល់ផ្ទះ	ថ្លៃ ៣ៗ០០	
ស្រូវ	ស ទម្ងន់ ៦៨ គីឡូឥតបាវ	ថ្លៃពី ៣ៗ៦៥	ដល់ ៣ៗ៧០
	ក្រហម " " " "	" ៣,៥៥	" ៣,៦០
អង្ករ	លេខ ១ ទម្ងន់ ១០០ គីឡូលក់ទាំងបាវ	ថ្លៃពី ៩ៗ០៥	ដល់ ៩ៗ១០
	" ២ " " " "	" ៨,៦៥	" ៨,៧០
បុងអង្ករ	លេខ ១ ទម្ងន់ ១០០ គីឡូលក់ទាំងបាវ	ថ្លៃពី ៧ៗ០៥	ដល់ ៧ៗ១០
	" ២ " " " "	" ៥,៩៥	" ៦,០០
ពោត	ស ទម្ងន់ ១០០ គីឡូលក់ទាំងបាវ	ថ្លៃពី	
	ក្រហម " " " "	" ៧ៗ២០	" ៧ៗ៥០
ម្រេច	ខ្មៅ ទម្ងន់ ៦៣ គីឡូ ៤២០ លក់ទាំងបាវ	ថ្លៃពី ១៥ៗ៥០	ដល់ ១៦ៗ០០
	ស " " " " "	" ២៥,២៥	" ២៥,៧៥
គរ	ដែលយកក្រាប់ចេញទម្ងន់ ៦០ គីឡូ ៤០០	ថ្លៃពី ៣៤ៗ៧៥	ដល់ ៣៥ៗ២៥

ព្រែកនគរបីឡឹងនៅថ្ងៃ ២៤ ខែណូវែមឆ្នាំ ១៩៣៧

ដំឡៃដែលក្រុមជំនួញស្រូវ, អង្ករជាតិបារាំងសែសបានបញ្ជូនឲ្យមក:

ស្រូវដែលតាំងទៅដល់ម៉ាស៊ីនកិនស្រូវនៅបីឡឹង ទម្ងន់ ១ ហាប ៦៨ គីឡូ លក់ទាំងបាវបានថ្លៃដូចមានខាងក្រោមនេះ ។

ស្រូវ	ដែលកិនជាអង្ករបានល្អយ៉ាងឯក	ថ្លៃពី ៤ៗ០៥	ដល់ ៤ៗ១០
	លេខ ១	" ៣,៩០	" ៣,៩៥
	" ២ បំណាយឲ្យយ៉ាពុន	" ៣,៨១	" ៣,៨៥
	" ២ ជាន់អន់ជាងនោះទៀតបំណាយទៅយ៉ាពុន	ថ្លៃពី ៣ៗ៧០	ដល់ ៣ៗ៧៥
	សម្រាប់ជាភោជនាហារ	" ៣,៣៥	" ៣,៤០
ពោត	ក្រហម ទម្ងន់ ១០០ គីឡូលក់នៅទីម៉ាកាស៊ាំងស្រុកបីឡឹង	ថ្លៃពី ០ៗ០០	ដល់ ៧ៗ៨០
	ស	" ០,០០	" ០,០០

អង្ករ (បំណាយក្នុងខែនេះតូច) តាំងដល់កំពង់កប៉ាល់ លក់ទាំងបាវមិនគិតថ្លៃបង់ពន្ធ ទម្ងន់ ១ ហាប ៦០ គីឡូ ៣០០ ក្រាមមានដំឡៃដូចមានខាងក្រោមនេះ,

អង្ករ	លេខ ១ ក្នុង ១០០ ភាគមានបុងអង្ករ ២៥ ភាគ	ថ្លៃពី ៥ៗ៤០	ដល់ ៥ៗ៤៥
	" ២ " " ៤០ "	" ៥,១៥	" ៥,២០
	" ២ ដែលបុនអន់ជាងនោះទៀត	" ៥,១០	" ៥,០៥
	សទ្រូប ក្នុង ១០០ ភាគមានស្រូវ ៥ ភាគ	" ៤,២០	" ៤,២៥
បុងអង្ករ	លេខ ១ និងលេខ ២ មានទម្ងន់ដូចគ្នា	ថ្លៃពី ៤ៗ៤០	ដល់ ៤ៗ៤៥
	លេខ ៣ មានទម្ងន់ដូចគ្នា	" ៣,៩៥	" ៤,០០
ម្សៅ	ស ដាក់បាវថ្មីមានទម្ងន់ដូចគ្នា	ថ្លៃពី ២ៗ៩០	ដល់ ២ៗ៩៥
	កាកមានទម្ងន់ដូចគ្នា	" ១ៗ៩៥	" ២,០០

ដំឡៃមាស

ក្រុងភ្នំពេញនៅថ្ងៃ ១៨ ខែណូវែម ១៩៣៧

មាស ១ ជម្ងឺងទម្ងន់ ៣៨ ក្រាម ៥០

ដំឡៃ	លេខ ១	១៦០'០០
	„ ២	១០០'០០

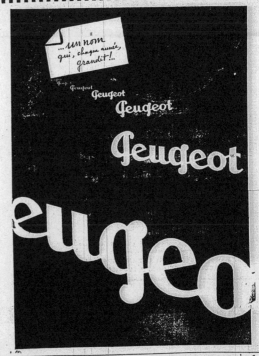

ស្ពានតាំងរថយន្តក្រុងប៉ារីស

Peugeot

ប៊ឺស្សូត

បានតាំងបង្ហាញរថយន្តតាមជំនាន់ថ្មី

សេចក្ដីចំរើននៃរថយន្តប៊ឺស្សូតក្នុងឆ្នាំ
(១៩៣៨)
របៀបរថយន្តផ្សេង ១ គ្រប់យ៉ាង (គឺជារថ
ដែលគេសំគាល់ថាជារបស់ជាប់សេសជាងគេ)

សេចក្ដីចំរើននៃរថយន្តប៊ឺស្សូតក្នុងឆ្នាំ
(១៩៣៨)
ជារថយន្ត ១ យ៉ាងល្អជាងគេហើយជាប់មាំឈ្នះគេ
គ្រប់ពូកហើយការកែប្រែក៏ឆ្នាំមុនមកជាច្រើនយ៉ាង
រីកដែតថ្លៃកៀងដាន់

	រថយន្តជំនាន់ថ្មី ៤០២ ស្រាលក្នុងឆ្នាំ (១៩៣៨)		កាមីញ៉ងទម្ងន់ ៨០០ គីឡូក្រាម ១២០០ គីឡូក្រាម (១៩៣៨)

តួរថយន្តទាំងមូលក្នុងឆ្នាំ (១៩៣៨)
ធ្វើតាមបែប ហ្វុយសូ (ស្ទូស្ទូក្ស) ទ្រង់តាមដំណើរខ្យល់
ធ្វើពីដែកសុទ្ធទាំងអស់ ហើយមាំជាប់ជាងគេ

ទូកររថយន្តឆ្នាំ (១៩៣៨)
សំងំសុទ្ធដែកផ្ទុកអង្គម្រេកខ្លាប់គ្នា ដែលជាគ្រឿងសំខាន់គឺកង់មុខពីរ
និងមានគ្រឿងទប់ជល់ជាដោយប្រេង និង ជកបដគឬសូ

ទូម៉ាស៊ីនទាំងប៉ុន្មានក្នុងឆ្នាំ (១៩៣៨)
សំងំសុទ្ធដែកបែប ៤ ម៉ាស៊ីនមានប្រអប់បញ្ជូនល្បឿនដកបេីក
ហៅថា (សៃនក្រូមស៍)

គំនិតដែលហាងប៊ឺស្សូតរៀបចំនិងបញ្ចេញក្នុងឆ្នាំ ១៩៣៨ នេះ ជាគំនិតមួយដែលហាងប៊ឺស្សូតតាំងមកជូនឲ្យអស់លោក - អ្នកដែលប្រើរថយន្តប៊ឺស្សូតនោះរឹតតែបានបំណេញស្រួលដោយមានគ្រឿងដ៏ប្រសើរផងហើយធូរថ្លៃផង

ពព្រោះ. . . របៀបរៀបចំធ្វើម៉ាស៊ីនរបៀបថាក់ការនៅរោងម៉ាស៊ីនគោះ សព្វគ្រប់ឲ្យត្រូវគ្រាការបានដោយជាក់ច្បាស់ពិតប្រាកដជានិច្ច

របៀបនេះបណ្ដាលធ្វើឲ្យរថយន្តរឹតតែប្រសើរឡើងថែមទៀតផង និងបញ្ចេញលក់ថោកមុខគួរឲ្យស្ញើបបានក្នុងពេលដែលទំនិញគ្រប់មុខកំពុងឡើងថ្លៃ

LA **402**

LÉGÈRE

UN NOUVEAU MODÈLE DÉJA CÉLÈBRÉ

par la prodigieuse performance de vitesse et d'endurance qu'effectua aux 23 heures du Mans 1937 l'équipe de trois « 402 LÉGÈRE » (Carrosseries Darl Mat) qui termina seule complète le dur parcours couvrant 2.700 kms à plus de 114 de moyenne. Les « 402 LÉGÈRE » sont luxueusement équipées.

Par sa magnifique tenue de route, son idéale douceur de suspension et ses très brillantes moyennes,

LA « 402 LÉGÈRE » EST UNE INCOMPARABLE VOITURE DE GRAND TOURISME

LA **302**

LA MEILLEURE 10 CV 5 PLACES, 4 PORTES AU MEILLEUR PRIX

Moteurs à culbuteurs 10/46 cv à haut rendement, 3 paliers. Régulateur d'économie. Freins très puissants. Suspension incomparable. Calfeutrage des carrosseries. Sièges AV réglables, aérateurs, pare-soleil, essuie-glaces, vide-poches, etc...

LES VÉHICULES UTILITAIRES « 1938 »

CHASSIS 800 et 1.200 Kgs CARROSSERIES AVEC NOUVELLES CABINES ÉLARGIES ET PROFILÉES

FOURGON 800 Kgs BOULANGÈRE 800 Kgs CABINE PLATEAU 1.200 Kgs

LA **402**

« 1938 »

PRINCIPAUX PERFECTIONNEMENTS

Nouvelle suspension souple du moteur, meilleur silence. Culasse Alpax à haut rendement, gain de consommation. Fûts chemisés en acier. Réchauffage du moteur réglé par calorstat. Carburateur avec butée d'économie réglable. Romaines permettant de fixer un porte-bagages sur le toit, etc...

Et sur les modèles de luxe : Siège avant réglable en marche. Accoudoirs centraux aux sièges AV et AR. Appareil thermique spécial pour chauffage intérieur en hiver, aération, dégivrage et anti-buée. Anti-vol sur roue de secours.

Sur demande : toit ouvrant.

Commerciales 402, mêmes côtés intérieures que la limousine 6/8 places (strapontins sur demande) double rayon AR.

LA 402 « 1938 » EST LA VOITURE LA PLUS PARFAITE POUR LA ROUTE ET POUR LA VILLE

Peugeot... le kilomètre le moins cher

ETABLISSEMENTS JEAN COMTE

SAIGON — *14, Avenue Boulloche* — PHNOM-PENH

Imprimerie S. E. K. Phnom-Penh.
STÉ D'ÉDITIONS KHMER
PPON J. VIEUX

Le Gérant Ing-Yeng

ឆ្នាំ ទី ៣ លេខ ១៤១ SAMEDI 4 Novembre 1939 ១ ច្បាប់ ១០ សេន ថ្ងៃសៅរ៍ ៧ រោចខែអស្សុជ ឆ្នាំថោះឯកស័ក ព.ស. ២៤៨២ ត្រូវនឹងថ្ងៃ ៤ណូវ៉ាំប្រ ឆ្នាំ ១៩៣៩

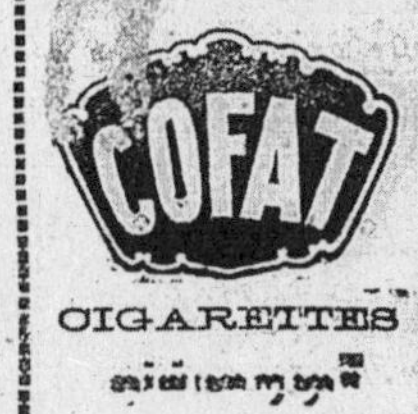

Directeur PACH-CHHŒUN
ប៉ាច-ឈឿន

HEBDOMADAIRE PARAISSANT TOUS LES SAMEDIS

សារពត៌មានរាយសប្ដាហ៍ចេញរាល់ថ្ងៃសៅរ៍

(Boite Postale N° 44 Téléphone N° 111)

ដំណឹងតាមប្រទេស

បរិយាយមហាសង្គ្រាម

CENSURÉ

[illegible] "[illegible]" ។

[illegible] ពៅប្រែប្រែតែការសិក្សារបៀបសេដ្ឋកិច្ចនឹងធ្វើឲ្យបាំសីរាប់ការពារជាតិ [illegible] ។

[illegible] ១០[illegible]—

[illegible]

មានឈ្មោះល្បីមក ៤ ស្រុកហើយ គឺសិង្ហបុរី, សៀម, យួន, ខ្មែរ, ខ្ញុំបាទចាំត្រូវមើលខ្សែលក្ខណៈ នៅផ្ទះលើផ្លូវលេខ ៨៨ ផ្លូវ[illegible] [illegible] ភ្នំពេញ ស្មមខ្ញុំ[illegible]លោក-អ្នកសូមបានជ្រាប ។

ខ្ញុំបាទមានថ្នាំសម្រាប់មើលខ្សែលក្ខណៈ [illegible] ៤០-៥០ ឆ្នាំ[illegible] [illegible] ។

[illegible] សូមអញ្ជើញលោក-អ្នកដែលត្រូវការមើល [illegible] សូមជួបខ្ញុំបាទ [illegible] ។

សៀមជីង (Siem-Ching)

ហេតុអ្វីបានជាប្រទេសខ្មែរយើងកាន់តែថយថ្លៃសិក្សាម៉េះ?

តពីទំព័រទី ១ មក

សព្វថ្ងៃនេះទេ លុះកូនត្រឡប់មកផ្ទះវិញ យើងពិនិត្យមើលកិច្ចការសិក្សារបស់វា និងភាសាដែលវាបានរៀនទៀត នោះហើយទើបគេហៅថា ពេះស្រឡាញ់កូនខែខ បើពេះស្រឡាញ់កូនដូច្នេះ ទើបគេហៅថាពេះស្រឡាញ់ស្រុកទេសពិតខែខ ។

ប៉ុន្តែណាកខាងកូនសិស្សនោះទៀត ត្រូវតែចំព្យាយាមក្នុងវេលាដែលខ្លួនកំពុងរៀនសូត្រ កុំគិតតែ ត្រូវអាលក្នុងផ្លូវសប្បាយឡើយ ព្រោះជាផ្លូវនាំឲ្យខូចខាតអន្តរាយវង្វេងក្បួនរៀនសូត្រ យើងទៅបានអ្វី សេចក្តីសប្បាយមែនមានពិតយើងខាងក្រោយទេ បើយើងបានចំណេះហើយ យើងនឹងនាំសេចក្តីសប្បាយដល់ខ្លួនដែលណាក៏បានដែរ បើយកសេចក្តីសប្បាយមកមុនសេចក្តីពីបាកហើយ អាយុពេះតែកើនឡើង វិជ្ជាពេះតែថយទៅ កាលបើផុតរៀន ក្លាយទៅជាមនុស្សសម្បកគ្មានអីជាគ្រឿងប្រដាប់សោះ ។

សូមបញ្ចប់សេចក្តីថា ខ្មែរយើងគួរណាស់តែស្រឡាញ់ស្រុកទេសគ្រប់គ្នា បើចង់ឲ្យស្រុកទេសល្អ-លាស់ឲ្យទាន់សម័យនឹងគេ ពោងពេះស្រឡាញ់ក្រសួងសិក្សាធិការ និងពេះស្រឡាញ់កូនចៅឲ្យត្រូវក្បួនច្បាប់ផង ទើបសម្រេចដូចសេចក្តីប្រាថ្នា ។

បើអ្នកទាំងឡាយមានយោបល់ដូចយើង ៗ សង្ឃឹមថាទេសជាតិនឹងល្អលាស់ដោយរហ័ស ។

នគរវត្ត

[illegible] "ភាតរភាពនៃសង្គ្រាមបារាំង-ឥណ្ឌូចិន"

(Fraternité de guerre Franco-Indochinoise)

[illegible]

– ពី ម៉ាដាមគីយ្យ	៣[illegible],២៩
– ពី ម៉ាដាមពែរទ័	១០០,០០
– ពី លោកដូម៉ាត់	៥៦៥,០០
– ពី សមាគមបំទស្រោះនៅភ្នំពេញ	៣០០,០០
– ពី លោក ហង់រី, អគ្គបោះញ្ញូនខែប្រទេសឥណ្ឌូចិន	៥០,០០
– ពី មិនបញ្ចេញឈ្មោះ	២.០០០,០០
– ពី លោកគូរពេសុង	២៥,០០
– ពី ម៉ាដាមជៀងឡេ	១០០,០០
– ពី ឈក់អម្បោះពេទបៀម	៣០,០០
– ពី មិនបញ្ចេញឈ្មោះ	៥០០,០០
– ពី លោកឡឺនស៊ីធីងត៍សុប៉េរ៉ូយ៉េរ កិត្តិយសទិស្សុត៍	៣៥,០០
	៣.៧០៩,០៤
– ពី សេចក្តីស្រង់ពីបញ្ជីទី ១ (បញ្ចេញផ្សាយរួចហើយ)	៦.៥៥៥,០០
	១០.២៦៤,០៤
– ពី អីណោយដែលម៉ាដាមវ៉ាក៏ល ទទួលនៅទីក្រុងស៊ីធីងត៍សុប៉េរ៉ូយ៉េរ (បញ្ជីបញ្ចេញផ្សាយហើយ)	៥៤០,០០
ចូលរួមអីណោយ	១០.៨០៤,០៤

នៅវេលាដែលមានសេចក្តីថ្លែងខបនិងពាក្យប្រកាសព្រោះសកោះ តាំងពីឆ្នាំនេះទៅជលីដ៍ណាប៉ុន្មាន ម៉ាដាមកាទ្រុក់មានសង្ឃឹមថា និងប្រមូលប្រាក់កាសជាអីណោយដ៏ប្រសើរនៃប្រទេសឥណ្ឌូចិនផ្ញើនទៅប្រទេសបារាំងសែស ហើយនិងសុំលោកសេនាបតីប្រទេសរាជឲ្យផ្ញើនទៅក្រុមព្យាបាលពេគនៃបងទ័ពបារាំងសែស ។

របស់ដែលផ្ញើទៅវិលទៅ កាន់តែច្រើនឡើង, ម៉ាដាម កាទ្រុក់ គិតផ្ញើនវែករបស់ទាំងនេះក្នុងទៅផលសមដល់គ្រួសារនៃអ្នកធ្វើការជាតិយួន ដែលចេញទៅប្រទេសបារាំងសែស ។ អស់លោក-អ្នកដែលអានជំណាំងរបស់យើង និងបានជ្រាបសេចក្តីបំពេននៃកិច្ចការដែលធ្វើតាំងពីឆ្នាំនេះ,គេអាចនឹងឲ្យដំណឹងជានៅខែណូវិមមុននេះ, នៅក្រុងហាណូយនឹងមានពិធីតាំងផ្សារនៃពួកយុវជន (kermesse de la jeunesse) ដែលនឹងបើកឲ្យជាពិបារាំងសែសនិងយួនដែលមានធនធានសួបស៊ីងធ្វើអំណោយផ្ទាប់ជាមួយនិងពិធីតាំងផ្សារនៃពួកកុមារនោះ ។ ឯទៅមុខ និងជួនដំណឹងបញ្ចាក់ពីរបៀបបាត់ការនៃពិធីតាំងផ្សារនោះ ដែលម៉ាដាមហ្វ្រង់ស្វាសាំងសេរ (Fransoir Singer) ក្លាយលោកគូវែរណើរយេណេរាល់ និងម៉ាដាមកាទ្រុក់, ធ្វើជាអធិបតី(នាយិកា) ហើយនឹងបាតិការដោយខ្មីឃ្មាត ហើយនិងមានសេចក្តីទំនុកបំរុងពីរាជការស៊ីវិលនិងរាជការទាហានផង ។

ម៉ាដាម កាទ្រុក់ ដែលអញ្ជើញមកក្រុងភ្នំពេញ, អណ្តាមនិងក្រុងកម្ពុជា ដើម្បីបាតិការខាង "ភាតរភាពនៃសង្គ្រាមបារាំង-ឥណ្ឌូចិន" សូមជំរាបអស់លោក-អ្នកមានចិត្តជ្រះថ្លាដែលបានចុះឈ្មោះចូលរាល់គ្នា សុំផ្ញើទៅជូនម៉ាដាមវ៉ាក៏លីនៅទីក្រុងស៊ីធីងត៍សុប៉េរ៉ូយ៉េរឯហាណូយ ក្នុងពេលដែលម៉ាដាមកាទ្រុក់មិននៅ ។

ម៉ាដាមសាំងសេរ ដែលមកតាមម៉ាដាមកាទ្រុក់, សូមជំរាបអស់លោក-អ្នក ដែលសំរួលក្នុងពិធីតាំងផ្សារនៃយុវជនហ្វេជល់ថ្ងៃ២៣ខែកត្តិក សុំទៅជួបនៅមន្ទីរលោកគូវែរណើរយេណេរ៉ាល់ នៅថ្ងៃសៅរ៍ ពីម៉ោង ១៥ ដល់ ១៧ ដែលម៉ាដាមតូវ៉ែល, លូអាត់ជំបិតនិងម៉ាដាមហ្វូការ៉េ នៅចាំទទួលជានិច្ចនោះ ។

អំពីកិច្ចការផ្សេង ៗ ដែលត្រូវប្រាស្រ័យលើម៉ាដាមកាទ្រុក់ ក្នុងវេលាមិននៅនេះ, សូមឲ្យផ្ញើទៅម៉ាដាមតូវ៉ែល,ផ្ទះលេខ២៤ផ្លូវពុយស៊ីនញេរនៅហាណូយវិញ ។

ដំណឹងនានាប្រទេស

តពីទំព័រទី ១ មក

តាមដំណឹងវិទ្យុលួសលោតរ៍មកពីថ្ងៃ ២៤ អុកតូប្រ

ដំណឹងពីក្រុងវ៉ែនមកថា ពួកអាល្លឺម៉ង់ឈាមឯណាស្យូណាល់ សូស៊ីយាលិស្ត៍ បានប្រជុំគ្នាធ្វើបុណ្យមួយជំនុំវ៉ាកនៅក្រុងដង់ស៊ីក ។ លោករ៉េបេនត្រុបជាសេនាបតីក្រសួងតាងប្រទេស នៃប្រទេសអាល្លឺម៉ង់ បានស្តូត្រសុន្ទរកថាលើកទោសកំហុសទីលាក៏នៅលើប្រទេសអង់គ្លេសទាំងអស់ ។ ព្រោះថាប្រទេសបុំឡូញ ដែលនៅជាយក៏តនទ័ង ធ្វើបាបដល់ជនជាតិអាល្លឺម៉ង់ មកពីមានអាងលើប្រទេសអង់គ្លេស ចំណែកងប្រទេសបារាំងសែស ក៏ត្រូវប្រទេសអង់គ្លេសញុះឲ្យប្រឆាំងដែរ បារើជាតិអង់គ្លេសបង់ប្រឆាំងជាតិអាល្លឺម៉ង់ ក៏ស្ងំនៃប្រឆាំងនឹងរាជចាស់នៃបានសេចក្តីសុខ ។

ដំណឹងពីក្រុងមូស្គូមកថា ពីល្ងាចថ្ងៃ ២៥ អកតូប មុននេះ គេបានឃើញពួកអាល្លឺម៉ង់បាចកប៉ាល់ជំនួញរបស់ប្រទេសអាមេរិចបាន ១ ហើយនាំទៅចូលក្នុងក្រុងមូម៉ង់ស្គ (Mourmansk) ប្រទេសរុស្ស៊ី ។

ប្រទេសអាមេរិក បានដំណឹងអំពីការចាប់កប៉ាល់នេះវេលាណា ក៏បានធ្វើមួយរំពេចក្នុងវេលានោះ ។

ដំណឹងពីក្រុងប៉ារីសមកថា លោកឡឺប្រឹងជាប្រធានាធិបតីនៃប្រទេសបារាំងសែស បានអញ្ជើញទៅពិនិត្យមើលទ័ពនៅវៃធ្រដាល់ក៏សក់ (.....) ហើយបាននិយាយកំឡាចិត្តពួកទាហាន ។

ដំណឹងពីក្រុងមូស្គូមកថា រាជការប្រទេសរុស្ស៊ីបានសុខចិត្តលក់ត្រីវិតពានតោនទៅឲ្យប្រទេសអាល្លឺម៉ង់

តាមដំណឹងសរសៃតពីថ្ងៃ ២៦ អុកតូប្រ

ដំណឹងពីក្រុងតូក្យូមកថា រាជការប្រទេសរុស្ស៊ីបានសុខចិត្តបើកឲ្យកប៉ាល់នេសាទចំនួន ៩ របស់ជប៉ុនត្រឡប់ទៅស្រុកវិញ គឺកប៉ាល់ដែលពួករុស្ស៊ីចាប់បានប៉ុន្មានខែមុននេះ ។ ចំណែកខាងកបាលរុស្ស៊ីវិញដែលរាជការជប៉ុនឃាត់ទុកនៅប្រទេសជប៉ុននោះ រាជការជប៉ុនក៏បើកឲ្យត្រឡប់ទៅស្រុករុស្ស៊ីវិញដែរ ។

ដំណឹងពីក្រុងណេងស៊ុមកថា សាលាតុលាការខាងពិជ័យសង្គ្រាមបារាំងសែស បានជំនុំជំរះឈ្មោះសាលរស៊ី ជាប់ចោទពីបទលួចសំបុត្រការណ៍ឲ្យទៅពួកអាល្លឺម៉ង់ ហើយកាត់ទោសឈ្មោះនោះដល់ប្រហារជីវិត ។ មាន ៤ នាក់ទៀតជាប់ចោទក្នុងរឿងនោះដែរ ត្រូវទោស ១ នាក់ដល់ប្រហារជីវិត ៣ នាក់ទៀតត្រូវគុក ៥ ឆ្នាំក្នុងម្នាក់ៗ ។

តាមដំណឹងវិទ្យុលួសលោតរ៍ពីថ្ងៃ ២៧ អុកតូប្រ

ដំណឹងពីក្រុងមូស្គូមកថា កប៉ាល់ជំនួញអាមេរិកដែលអាល្លឺម៉ង់ចាប់បាន ហើយនាំចូលទៅក្រុងមូម៉ង់នោះ ឥឡូវនេះរាជការរុស្ស៊ីបានពិនិត្យមើលទំនិញដែលផ្ទុកលើកប៉ាល់នោះរួចស្រេចហើយ ក៏បង្គាប់ឲ្យបើកចេញពីក្រុងមូម៉ង់ ។

គេបានដំណឹងពីក្រុងអូស្លូមកថា បើប្រទេសរុស្ស៊ីនៅតែប្រកាន់តាមពាក្យដែលសុំពីមុននោះ មុខជានឹងកើតសឹកជាមួយនឹងប្រទេសហ្វាំងឡង់ជាមិនខាន ។

ដំណឹងពីក្រុងតូក្យូមកថា កងទ័ពជប៉ុនចំនួន ១២០.០០០ នាក់ ដែលចិនវាយនាំខាងជើងនៃទៅត្រង់ឆាំងស៊ុ ពួកជប៉ុនឈ្លើយថា ហេតុបានជាកងទ័ពចិនដើរហួសនៃត្រង់ឆាំងស៊ុឆ្ពោះមកពីហាញ់ថ្មីដែលជប៉ុន ។

ដំណឹងពីក្រុងអាំងស្ទែរដាំខាម ប្រទេសហុល្លង់ និងប្រទេសអាល្លឺម៉ង់ បានចិទផ្លូវដំណឹងមិនឲ្យមានទៅវិញទៅមក តាំងពីថ្ងៃ ២៦ អកតូបរួចទៅហើយ ។

តាមដំណឹងសរសៃតពីថ្ងៃ ២៨ អុកតូប្រ

ដំណឹងពីក្រុងវ៉ាស៊ីងតុនមកថា ក្រុមជំណាងនៃជនជាតិអាមេរិកាំង បានជជែកអំពីការលក់គ្រឿងសស្ត្រាវុធនិងទំនិញផ្សេងៗទៀត ឲ្យប្រទេសគូសត្រូវទាំងសងខាង ហើយក៏ជំនុំជាប់ស្រេចថា ទុកប្រទេសអាមេរិកឲ្យនៅជាអព្យាក្រិត នៃថាព្រមលក់ទំនិញឲ្យប្រទេសដែលកើតវិវាទនឹងគ្នា ។ សេចក្តីព្រមព្រៀងនេះ ទុកប្រយោជន៍ឲ្យប្រទេសសម្ពន្ធមិត្តជាច្រើន ។ ចំណែកខាងប្រទេសសម្ពន្ធមិត្ត គឺបារាំងសែសនិងអង់គ្លេស ក៏មានសេចក្តីត្រេកអរច្រើនណាស់ដែរ ។

ដំណឹងពីក្រុងប៉ារីសមកថា កងទ័ពបារាំងនិងកងទ័ពអាល្លឺម៉ង់ បានប្រទះគ្នាជាច្រើនខ្សែងតាមសមរភូមិ ។ នៅក្នុងសមុទ្រកប៉ាល់យាមល្បាតរបស់បារាំងបានស្រែង៉ ខ្ទាបខាហានជើងទឹកអាល្លឺម៉ង់ ដែលលង់ទឹកស្លាប់ អូបអន្ទ្រើងោកកប៉ាល់មុជទឹក ។

តាមដំណឹងសរសៃតពីថ្ងៃ ២៩ អុកតូប្រ

ដំណឹងពីក្រុងឡុងដ៍មកថា យន្តហោះអង់គ្លេសរបស់រ៉ូអិយ៉ាល់ អែរហ្វ៊ែរស៍ (Royal Air Force) បានបាញ់យន្តហោះអាល្លឺម៉ង់ ១ ធ្លាក់ទៅលើស្រុកអេកុស ស្លាប់មនុស្សខ្សែទាំងពីរនាក់ រួចសម្លាប់ ចំណែកខាងអ្នកកាន់បង្កូត (នៃកុង) ត្រូវគេចាប់យកទៅធ្វើឈ្លើយ ។

តាមដំណឹងសរសៃតពីថ្ងៃ ៣០ អុកតូប្រ

ដំណឹងពីក្រុមវ៉ាស៊ីងតុនមកថា រាជការប្រទេសអាមេរិក និងក្រុមជំណាងរាស្ត្រ កំពុងគិតជំនុំគ្នាអំពីលក់គ្រឿងសស្ត្រាវុធផ្គាប់មុខឲ្យប្រទេសអង់គ្លេស និងប្រទេសបារាំងសែសក្នុងឱកាសចម្បាំងនេះ ។ បើជំនុំយល់ព្រមដូច្នោះហើយ និងបាច់បញ្ជូនទំនិញទាំងនោះទៅឲ្យប្រទេសសម្ពន្ធមិត្ត តាំងពីអាទិត្យក្រោយនេះទៅ.

ដំណឹងពីក្រុងប៉ារីសមកថា ក្នុងរវាងពីរខែរួចមកហើយនោះ កប៉ាល់ជំនួញបារាំងសែសដែលត្រូវគ្រាប់របស់ប្រទេសបច្ចាមិត្តហើយលិចទៅនោះ មានចំនួន ៦ កប៉ាល់ ចំណុះទាំងអស់ ចំនួន ៤១.០០០ តោន គឺក្នុងចំនួន ១០០ ភាគ កប៉ាល់ជំនួញដែលដើរសព្វថ្ងៃនោះលិចអស់ ១ ភាគ ។ ក្នុងរវាងនោះ កប៉ាល់បារាំងសែស ចាប់បានកប៉ាល់អាល្លឺម៉ង់ ចំនួន ៤ ចាប់បានកប៉ាល់ ៣ ទៀត ចំណុះ ១៩.០០០ តោន យកធ្វើប្រើការសព្វថ្ងៃនេះ ។

តាមដំណឹងវិទ្យុលួសលោតរ៍មកពីថ្ងៃ ៣១ អុកតូប្រ

ដំណឹងពីក្រុងប៉ារីសមកថា លោកប៉ូលរ៉េណូទ៍ជាសេនាបតីក្រសួងឃ្លាំងប្រាក់ បានឲ្យដំណឹងជាតិនិងសុំឲ្យបណ្តាជនបងការប្រាក់ ឲ្យបង់ការសម្រាប់ការពារប្រទេស ដើម្បីនឹងប្រឆាំងឲ្យដាច់ហើយៗឈ្នះផង ។ សព្វថ្ងៃនេះ ប្រាក់រាជការនឹងមានប្រឹឡុកប្រឺឡអ្វីទេ ព្រោះប៉ុន្មានថ្ងៃក្រោយនេះនិងយកបញ្ជីចំណាយចំណូលប្រាក់រាជការ Budget ចំនួន ៨៥.០០០.០០០.០០០ ផ្រាំងទៅឲ្យក្រុមជំណាងជនពិនិត្យ បើដូច្នេះឃើញថាប្រាក់ចំណូលចំណាយស្មើគ្នាពិតមានថ្វេទស្រាលខាងណាឡើយ ។

ក្រសួងមេទ័ពជើងទឹកអាល្លឺម៉ង់ បានឲ្យដំណឹងពីថ្ងៃ ២៨ អកតូប ថាតាំងពីថ្ងៃចាប់ចម្បាំងមកដល់ឥឡូវនេះ កប៉ាល់មុជទឹកអាល្លឺម៉ង់ត្រូវគ្រាប់លិចអស់តែត្រឹម ៣ ទេ ។ ឯចំនួននេះគឺតិចជាងចំនួនដែលពិតពីព្រោះនៃចំណែកកប៉ាល់បារាំងសែស បាញ់កប៉ាល់មុជទឹកអាល្លឺម៉ង់ លិចអស់ច្រើនជាងចំនួននោះទៅហើយ មិននិយាយដល់កប៉ាល់ ដែលពួកអង់គ្លេសបាញ់ពន្លិចផងនោះទេ ។

លោកដាឡាឌីយេរ ជានាយករដ្ឋមន្ត្រីបារាំងសែស បានទៅពិនិត្យកងទ័ពនៅអាល់សាស់ តាំងពីថ្ងៃសៅរ៍ និងថ្ងៃអាទិត្យមុននេះ លុះពិនិត្យរួចហើយឃើញថាចិត្តថ្លើមពួកទាហានល្អពិតប្រាកដ ហើយមានសេចក្តីរួបរួមគ្នាក្នុងការចម្បាំងនេះ មិនចាំបាច់មានអ្នកណាបង្ខំបង្ខឿយ ហើយទីធ្វើការគេញទីរហ៊ានងនៃ ។

ក្រុមខ្មែរ ស៊ីវ.ហោង នៅបាត់ដំបង ផ្ទះមាត់ស្ទឹងលេខ ១

ក្រុមខ្មែរ ស៊ីវ.ចាំ នៅខាងត្បូង ផ្សារធំថ្មី ភ្នំពេញ ផ្ទះលេខ ៣

ក្រុមខ្មែរ ស៊ីវ.សេ នៅកំពង់ចាម ផ្ទះជិតមាត់ស្ទឹងលេខ ៤

ក្រុមខ្មែរ ស៊ីវ.ឡុញ នៅផ្សារក្រែក ក្រោក ផ្ទះនៅក្បែរពុំស្តីប្រសួស

ក្រុមខ្មែរ ស៊ីវ.ហុង នៅខាងត្បូង ផ្សារធំថ្មី ភ្នំពេញ ផ្ទះលេខ ៣

យើងខ្ញុំទាំងអស់ ៥ រូបនេះសុះស្វែងរៀនស្ទូត្រវិជ្ជាថតរូបថ្មី និងវិជ្ជាពិនិត្យភេទមានឈ្មោះល្បីជាភាពក្រ ។ អស់លោក-អ្នកមាសវ៉ាស្នាធំ ១ ចុះជាសែតសរសើរ មានមនុស្សខ្លះក្រែងក្លាយមកសុំសំបុត្រខ្ញុំរូបយកទៅលក់ផ្ទាំងនៃទៀតក៏មានខ្លះ ទៅនិយាយបង្អាប់មុខយើងហោង រលឹកខ្លួនវិញ ប៉ុន្តែសេចក្តីពិតប្រាកដគិតខុសក្រគួរបទចស់ថ្នាំ យីហោយើងខ្ញុំនឹងនៅថែមមានគំរូប្រែទៅទៀត យើងខ្ញុំទាំងប៉ុន្មានទទួលខានប្រែកបោកតមចំ មិនជាបៀតបៀនដល់អ្នកដទៃ ម្យ៉ាងទៀតយើងខ្ញុំប្រាញព្រមទាំងគ្រូនិងសិស្ស ៥ រូបនេះបើបានកើតទ្រព្យសម្បត្តិដោយផលជំនួញដូចសាស្ត្រនៃ យើងខ្ញុំនិងកែងសៀវភៅពោះពុម្ពអក្សរខ្មែរនិយាយឲ្យអស់ពីរ ឈ្មោះធ្វើថ្នាំបញ្ចេញយ៉ាងណា ១ និងរៀបពិនិត្យភេទ ដើម្បីនិងផ្សាយចេញជូនឲ្យខ្មែរយើងនេះធ្វើឲ្យកើតជាវិជ្ជាគេឲ្យខ្មែរទៅខាងមុខ ។ ——

ពាណិជ្ជកម្ម

ផ្ទះលក់គ្រឿងស្រែះរៀបថ្មី មានក្រែចិនច្រេកផ្ទៃគង្វៀរបរិក្ខារ

អ្នកលក់ចាស់ខ្មែរស៊ែសៀង

ផ្ទះនេះជាផ្ទះពួកខេមរៈយើងទើបនិងកើតថ្មី សូមឲ្យជនជាតិរបស់យើង ជួយកុំទិញជួរ នឹងរៀបលក់គ្រឿងល្អនៅក្នុងផ្សារក្រែកនេះ មានរបស់ស្រី ថ្លៃថោកល្អៗច្រើន ថ្ងៃបាញត្រូវលមចាតនេះ ។

ផ្ទះកំរ.ល្អមហ្លៃនៃ ៤ ផ្សារថ្មី

ដំណឹងផ្សេងៗ

ការបង្ក្រាបចោរកម្ម

កាលពីព្រោយនៃណាទៅនោះតំពន់ពីថ្ងៃ ៣ វិច្ឆ-ភាគមុននេះ ខេត្តយុកសៀមៈ នោះបែងពេញសិលវាលលេខចាក់តាមចោរ ចាប់បានរបស់ ។ លោកអភិបាលខេត្តក្រោមគៀងរឿងព័ស់ព្រែងរបស់ព្រែងសុខៀមកាក់ព្រែ, ព្រែងសុខិ៍ស្ងាត់ស្រែចនឹងព្រែមប្រែស្រែរ នោះនៅថ្ងៃ ៩ វិច្ឆិកា, ក្រោមព្រែងសាមគោលរ ៥ ថ្ងៃ ចាប់បានគួមានោច ១៣ នាក់កូន ១៧ នាក់ នែលបានបួតដាក់កើណ ចោរកែវ, ចាប់បានដោះគ្រឿង ៥ហើយមិនឃើញ ៣ ការណើបាន ៦ ការ ។

* * *

ឈ្មោះកាលបុណ្យព្រឹក្សា សារារ ប្រមាត់ខាងនឹងលក់តែងក្នុងឃុំមេង ១ នៃស្រុកពាមចិត្តណ្ណស និងលើង ១ នៃប្រធានស្រុក បានប្រជុំគ្នាក្នុងមណ្ឌលត្រាកោរនិងហើយបានចាក់ផែនរៀបចំមួលសួនទេនៃ សូមឲ្យមានជ័យជំនេះលើមាសកាលចំពោះសែស និងប្រទេសសម្ពន្ធមិត្ត ។

* * *

ធ្វើការថ្ងៃបុណ្យ

រាជរដ្ឋាភិបាលសម្រេចតាមគតិច្បាប់ (gouvernement) មិនអនុញ្ញាតឲ្យមានឈប់ថ្ងៃបុណ្យ នោះត្រូវបញ្ចប់នៅការងារ ត្រូវធ្វើការថ្ងៃ ១, ២ និង ១១ វិច្ឆិកា ។ ប៉ុន្តែមនុស្សការងារ ថ្ងៃបុណ្យខួបសក្វាតនេះ ទើបបញ្ចប់អនុញ្ញាតឲ្យឈប់ពេលត្រឹមថ្ងៃ ១ វិច្ឆិកា ។ ——

ដំណឹងពីក្រសួងតុលាការ

[illegible] ... ចំនួន ១.០០៧ រៀល ... ថ្ងៃ ១៨ ... ១៩៣៩ នេះ ។

ខេត្តព្រៃវែង ស្រុកព្រៃវែង ឃុំកំពង់លាវ

[illegible] ... ចំនួន ២០០ ... ។

[illegible] ។

[illegible] ។

រឿងសុំធ្វើការនាំរទេះភ្លើង

សេចក្តីកាន់ប្រយ័ត្នរបស់អ្នកមើលការផែន

[illegible] ... ១៩៣៩ ... ២១ ... ។

[illegible] ។

[illegible] ។

[illegible] ។

បញ្ជីរង្វាន់ឆ្នោត ... ថ្ងៃទី ១ ណូវែម្ពរ ១៩៣៩ ... ។

លេខ	របស់រង្វាន់	ចំនួន	លេខឆ្នោត
១—	សេ១វែលព្រីយាត រទេះកង់ពីរឌឺឡិបបា		៥៧១.៦២
២—	រទេះកង់ពីរជាំងទី		៥០.១៣៧
៣—	រទេះកង់ពីរ B. S. T.		៥២.៥៧១
៤—	ម៉ាស៊ីនថតរូប «គោដាក»		៥៦.៩៤៣
៥—	—		៥០.៩៩៤
៦—	កាំភ្លើង (កាប៊ីន)		៥៥៧៣៥
៧—	គ្រឿងផុងកាហ្វេ		៥០៥៦៤
៨—	នាលិកាប៉ោលតូច		៥៨២៨៥
៩—	ប្រអប់សម្រាប់ដាក់បៀ		៥៨៥៩០
១០—	កីណាតាំសង់ខុង ១ កី		៥៥០០៤
១១—	—		៥២៤៨១
១២—	ស្រោមកៅស៊ូកង់ ៥		៥៦៩៣៤
១៣—	—		៥៥៦១១
១៤—	ម៉ាស៊ីនថតរូប (ព្រីនីរ)		៥៤៤៩៦
១៥—	កូឡូញនិងទឹកអប់ ១ ដប		៥៦១៨៦
១៦—	អូកូឡូញនិងទឹកអប់ ១ ដប		៥៨៦៥១
១៧—	សន្លឹកឆ្នោតតិណ្ហស៊ីន	១០ សន្លឹក	៥៦៨៣៤
១៨—	—	១០ សន្លឹក	៥៤០៥៤
១៩—	—	៩	៥៤៧៤៩
២០—	—	៩	៥៧៣១២
២១—	—	៨	៥៣៦១២
២២—	—	៨	៥១០៣២
២៣—	—	៧	៥៣៣១៣
២៤—	—	៧	៥៨០០១
២៥—	ស្រាគូញាក់ ៣ ដបនិងទឹកអប់ ២ ដប		៥០៤៦០
២៦—	—		៥១១៨៤
២៧—	ជើង ១		៥៥០៨១
២៨—	បង្កៀង ១		៥៨៤៨៣
២៩—	នាលិកាបងដៃ ១		៥០៩០៨
៣០—	គ្រឿងដាក់ម្ហូបស៊ុប		៥៣៩៣១
៣១—	បង្កៀង ១		៥៦៤២៤
៣២—	ប្រដាប់ដក់		៥៣៦៥២
៣៣—	ប្រអប់ដាក់ខ្លាញ់គោ		៥៤.៨១៣
៣៤—	បង្កៀងរទេះឡានតិរ		៥១.៩៨២
៣៥—	គ្រឿងដាក់សាឡាត		៥០.១៧៥
៣៦—	ប្រដាប់ភិយកូនឃ្លី ១		៥០.៩៥៨
៣៧—	ឆ្នាំងយ៉ាំកាបេញឯង១និងឡៅដែ១		៥១៦០២
៣៨—	ស្រាបៀ ៣ ដប		៥៦៥៥០
៣៩—	ទឹកអប់ ១ លីត្រ		៥៣៣៩១
៤០—	សំប៉ាញ ៣ ដប		៥០៣៩៨
៤១—	ទឹកដាក់ដប ៣ ដប		៥២៧៤៨
៤២—	សំប៉ាញ ២ ដបនិងបារីសុខ ២ ហោ		៥៤១៣៧
៤៣—	ឆ្នោតរាជការពិស្តាស៊ីន	៦ សន្លឹក	៥៨២៤៧
៤៤—	ឆ្នោតរាជការពិណ្ហស៊ីន	៦ សន្លឹក	៥២៩០៨
៤៥—	—	៥—	៥៥៦១៧
៤៦—	—	៥—	៥១៦៦៨
៤៧—	—	៤—	៥៧៨៥០
៤៨—	—	៤—	៥៦១២៦
៤៩—	—	—២	៥០៣០១
៥០—	បារីអែស្បាញ ១ ហោ		៥៣៨២២
៥១—	ខឹ ៣ ប្រអប់និងបារីគោងាប ១ ហោ		៥១៣៥៤
៥២—	បារីកូប ១ ហោនិងត្រី ៦ ប្រអប់		៥៧១៨៣
៥៣—	—	៦	៥៧២១៧
៥៤—	—	៦	៥៤៨៦៦
៥៥—	—	៥	៥៣០៥២
៥៦—	—	៣	៥៣៤៩០
៥៧—	—	៣	៥៣៦៤៩
៥៨—	—	៣	៥៧១៦៥
៥៩—	—	៣	៥០០៧៣
៦០—	—	៣	៥៨២២៣
៦១—	កៅស៊ូកង់ពីរ		៥៧៨៤៩
៦២—	ក្រវ៉ាត់ ៦		៥៣៣៧៨
៦៣—	—	៦	៥៧៨២៣
៦៤—	—	៦	៥៨៤៥៧
៦៥—	—	៦	៥៣៣៧៨
៦៦—	ប្រដាប់ដាក់ពងមាន់ ១		៥៣៦០០
៦៧—	ប្រដាប់ភិយកូនឃ្លី ១		៥១៣៧៣
៦៨—	ខ្មៅដៃ ១		៥៥៧៥៩
៦៩—	ប្រអប់ម្សៅទឹកដោះគោ	២	៥២៤៧៣
៧០—	ស្រោមជើង ៣ ដប		៥០២៥៥

ដំណើរជលានុជល

ចាប់ពីថ្ងៃ ... ១៩៣៩

[illegible]

ចំណែកឆ្នោតថ្ងៃ ២៧ ... ១៩៣៩

[illegible]

Clinique et Maternité

" DUONG - VĂN - DIỄM "

MEDECIN INDOCHINOIS PPl DE 1re CLASSE

9-10-11-12 Avenue Boulloche à Phnom-Penh

Téléphone — 379

CONSULTATION : matin de 7 heures à 11 heures
soir de 15 heures à 17 heures

CLINIQUE : hommes et femmes séparés

MATERNITE : les accouchements sont faits par la sage femme.

Cas difficiles, soins médicaux et consultations prénatales sont assurés gratuitement par le médecin DIỆM.

[illegible]

[illegible]

Denis Frères F.-Port

លាភផ្ទៃ

[illegible]

សេចក្តីជូនដំណឹង

[illegible]

បរិយាយមហាសង្គ្រាម

តពីទំព័រទី ១ មក

ថ្ងៃរះឡើងឆ្ពោះទៅស្រែចំការ ប្រែចាក្មៀបទៅនៃមនុស្សមុនៗ តាមបោតោលដែលមានទៅផ្តួលផ្តើមមុនគេ ។ ឯនៅមួយតើដែលនោះមិនចៀសទេ បើមិនត្រូវគ្រាប់ផ្តៅនៃមនុស្សមុនទៅ ធ្លាប់ជាងនៃមួយនោះ គិតជាគ្មានទៅវិញ ពោះមានបោះនោះមានចិត្តគ្រែខំមិនបរិយាយកោល ណាស់ ។ បុរសម្នាក់ឡើងបោះប្រែមុខ ខុសមួយបួកគេមិនចុះឲ្យចិត្តមិនដែលគិត ។ ហេតុដូច្នេះហើយបានជាទៅស្រុកយើងគ្មានគំនិតនោះ ។ ជាតិនេះស្ទាក់ចាំតំណក់តាំងពីដូនតាមនុស្សស្ទើរនៅស្រែ ផ្តើមត្រូវ តំណាំដ ១ ទៀតទៀត ហេតុតាដែលលើកកូនកូនចៅខ្មែរយើងស្ទាក់ស្ទើរដូច្នេះ ?

• • •

ក្នុងវេលាដែលនោះមានគ្មាននោះបុគ្គលជាដូចតែនៅស្រែមាត់ព្រែក មក ចូលមកនៅស្រែកណ្តាលជាប្រែនលើកប្រែប្រែក ហើយទុកនៅតែប្រែត្រជាប្រែន ។ នោះតាំងនោះប្រែនមានកាំភ្លើងមានទៅ ទុកញ្ញូនក្រោមមួយស្រុក ។ របៀបដែលមួយនោះ ក៏ឡើងស៊ើសាស្ត្រ ឃើញជា ក៏មកដល់នៅបោះតោ ចុះ-ចិត្ត ដែលស្នើឈ្មោះនៅស្រុកខ្មែរ ក្នុងដែលមុំគ្នាគ្មានហើយនេះ ។

ហើយដើម្បីឲ្យដឹងស្រួលនៃត្រូវគឺព្រៃវែង សូមឲ្យជួយតារការឈ្មោះធ្វើការស៊ើបអង្កេតឲ្យដឹង ។

បរិវត្តកម្មពាក្យនៃលោកគ្រូវៃរណើរបែបណាក៏ដោយ

ការទទួលអញ្ជើញមកស្រុកខ្មែរ

តពីទំព័រទី ១ មក

បានបញ្ចាំងក្រសួងសាធារណការ បានដំណាលអំពីកិច្ចការដែលធ្វើផ្លូវរថភ្លើងបន្តទៅប្រទេសថៃ ។ ការលំបាកខាងគេ គឺរកគ្នាធ្វើការ និងរកមនុស្សអ្នកបេះដឹងទៅធ្វើការនោះមិនបានពីព្រោះក្នុងពេលនេះត្រូវការកណ្តាលចំនួនប្រហែល ៨ ពាន់នាក់ ហើយជនជាតិខ្មែរមិនព្រមស្ម័គ្រចិត្តធ្វើការនោះសោះ ។ ប៉ុន្តែទេសាភិបាលអ្វីមានទេវតាមួយគឺលោក ធីបូឌី អគ្គមេខេត្តជួយរកអាណាប្រយោជន៍របស់បណ្តាជនខ្មែរថា បើអ្នកឯងរកមនុស្សអ្នកបេះដឹងធ្វើការមិនបាន ខ្ញុំនឹងឲ្យវិស្វករម្នាក់ មកជួយរកវិធីធ្វើការអ្នកឯង ប៉ុន្តែលោកនោះប្រឹងខំប៉ុនលោកតែពួកយួនទីសខាងជើង មកធ្វើជាជំនួសពួកខ្មែរដែលមិនស្ម័គ្រចិត្ត ។ លោកទេវតានោះក៏ដំណាលថែមទៀតថា ខ្ញុំបានស្គាល់មកជាច្រើនគ្រាហើយ ថាខ្មែរមិនមែនខ្ជិលដូចអ្នកឯងថាទេ មុខជានឹងរកបានព្រោះលោកឡឺពស៊ីជដត់បាន់ដឹងនៅរៀបនោះ និងទទួលកណ្តាលគ្នាឲ្យអ្នកឯងធ្វើការគ្រប់គ្រាន់ហើយ ។

លោកឡឺពស៊ីជដត់សុប៉េរីយើរ លោកមានប្រសាសន៍មកទាំងចុំគ្នា ឃើញថាលោកយកចិត្តទុកដាក់និងថៃទាំងនោះរបស់លោកពិតមែន មិនខុសអំពីបំណងយើងឡើយ ។ ចំណែកលោកគ្រូវៃរណើរក៏យល់ព្រមតាមសេចក្តីរបស់លោក ធីបូឌី ដែរ ហើយលោកមានប្រសាសន៍ថាឲ្យប្រព្រឹត្តតាមរបៀបរបស់លោកចុះ ។ មួយទៀត កិច្ចការដែលធ្វើផ្លូវរថភ្លើងនេះ នោងគិតគូឲ្យស្រួលបួលអំពីប្រាក់កាស ដែលត្រូវបើកឲ្យអ្នកធ្វើការគ្រប់កំណត់និងមិនត្រូវប៉ះកំណត់ ជាប់ជើងពីថ្លៃនេះទៅ ខ្ញុំមិនបង់ឲ្យឮពាក្យតវ៉ា អំពីការបើកប្រាក់កាសឲ្យគូលីយឺតយូរឬខ្វះខាតនោះទៀតទេ ត្រូវធ្វើដូចម្តេច ឲ្យខាងថៃគូលីពេញចិត្ត អំពីការបើកប្រាក់កាសឲ្យបានទាន់ចិត្ត ឯបញ្ជីរៀបរយតាំងគិតគូជាក្រោយក៏បានដែរ ។ ឯលោកគ្រូវៃរណើរបែបណាក៏ដោយ ក៏នឹងមានខានលទាស់អ្វីសោះឡើយ ក្នុងកិច្ចការទាំងនោះ ។

ចំណែកយើងជាសារពត៌មាននគរវត្ត ក៏នៅក្បែរនោះដែរ បានឮលោក ស៊ីម៉្វណេ តវ៉ាជាបណ្តាជនខ្មែរមិនព្រមស្ម័គ្រចិត្តធ្វើការផ្លូវហ្នឹងហើយ ក៏នឹកទៅដូចជាទោមនស្សក្នុងចិត្តណាស់ពីព្រោះកាលធ្វើផ្លូវរថភ្លើងពីក្រុងភ្នំពេញទៅមង្គលបុរីចំនួន ៣៥៩ គីឡូ យើងឃើញសុទ្ធតែពួកខ្មែរធ្វើផ្លូវរថភ្លើងទាំងនោះ ពុំឃើញមានជាតិឯទៀតម្នាក់ទេ បុះសព្វថ្ងៃនៅប្រហែល ៦០ គីឡូម៉ែត្រនឹងដល់ទៅប្រទេសថៃ ម្តេចឡើយក៏នឹងរកជាតិខ្មែរធ្វើគូលីគ្មាន ?

ចំពោះនោះ លោកគ្រូវៃរណើរ និងលោកឡឺពស៊ីជដត់សុប៉េរីយើរ ព្រមទាំងនាហ្មឺនសព្វមុខមន្ត្រីធំ-តូចបារាំង-ខ្មែរ ក៏អញ្ជើញដោយរថយន្តសំដៅទៅខេត្តសៀមរាប លុះដល់ខេត្តសៀមរាបហើយលោកឡឺពស៊ីជដត់ និងលោកឡូ ទីរូមខេត្ត លោកហៅហ្វាយខេត្តហ៊ុំ-សាននិងលោក បេណា ជាភ្នាក់ងារស៊ីវិលខេត្តនោះ ព្រមទាំងនាហ្មឺនមុខមន្ត្រីធំ-តូចក៏បានស្រែកទទួលលោកគ្រូវៃរណើរ និងលោកឡឺពស៊ីជដត់សុប៉េរីយើរ ដែលអញ្ជើញទៅដល់ រួចក៏ទៅសម្រាកឯមន្ទីរហោតិលធំ ។ ឯកិច្ចការរៀបចំទទួលជួបគ្នានិងខេត្តឯទៀត ។ សម្រេចកិច្ចរួច លោកគ្រូវៃរណើរនិងលោកឡឺពស៊ីជដត់សុប៉េរីយើរ ព្រមទាំងនាហ្មឺនធំ-តូច ក៏អញ្ជើញទៅទស្សនាការនគរវត្ត ដោយមានសេចក្តីពេញចិត្ត និងកោតសរសើរដល់ស្នាដៃរបស់ជនជាតិខេមរៈក្នុងវិហារនោះយ៉ាងអស្ចារ្យ ។ លុះពេលយប់ម៉ោង ៩ មានល្ខោនអ្នកសួយសង្ខារាំទទួលលោកទាំងពីរនិងអស់លោកមន្ត្រីធំ-តូចនៅមុខនគរវត្ត ត្រង់ក្នុងវិហារនោះ អ្នកដាក់ការមានសេចក្តីព្រមព្រៀងនឹងមេឃងងិតអព្ភាម្ពរ ផ្កាយចំគ្រា ៗ ភ្លឺកបន្ទោរភ្លឺត ៗ ជាមុខជានឹងទូកការកំសាន្តនេះមិនខាន ។ តែអ្នកសួយសង្ខារជាមេល្ខោន ក៏ហាក់ឧបាតាបាមិនភ្លៀងទេ អាកាសដែលស្រឡះស្ងប់ស្ងាត់ខ្លាំងយ៉ាងនេះ គឺឲ្យគេស្គាល់ឃើញថាលោកទាំងពីរ ដែលអញ្ជើញមកដល់មន្ទីរប្រាសាទបុរាណខ្មែរនេះ ជាមានបុណ្យអស្ចារ្យមែន ។ លុះល្ខោនលេងរួចហើយ ក៏នឹងមានភ្លៀង ១ ដំណក់សោះ ត្រូវដូចពាក្យអ្នកសួយសង្ខារថានោះមែន ៖ ចំណែកលោកទាំងពីរព្រមទាំងម៉ាដាមរបស់លោក ក៏មានសេចក្តីរីករាយពេញចិត្តនឹងល្ខោនអ្នកសួយសង្ខារជាទីបំផុត ។ លុះព្រឹកឡើង លោកអញ្ជើញសំដៅមកកំពង់ធំ តាមដែលយើងស្គាល់ទៅឃើញថា គួរឲ្យអាណិតស្រុកកំពង់ធំនេះពេកណាស់ តាំងពីលោករ៉ាជេ អញ្ជើញទៅសម្រាកឯស្រុកបារាំងបាត់លោក លោករ៉ាក់ស្ទីបានចុះគ្នាទៀតនោះ ខេត្តកំពង់ធំសប្បាយរុងរឿងមែន ។ តែបើពិនិត្យឲ្យមែនទែនទៅ ឃើញថាដូចជាអន់ចិត្ត ពីព្រោះកាលដែលលោករ៉ាជេ នៅ លោកបានធ្វើផ្លូវជើង ១ កាត់ពីកំពង់ធំទីលុះទៅម្លូព្រៃ ហួសចំណុចដែល ខេត្តស្ទឹងត្រែង ហើយលោកនោះបានបំបែកកូនស្រុករបស់លោកស្រួលណាស់ អ្នកស្រុកទាំងអស់ មានសេចក្តីស្រឡាញ់លោកដូចជាមាតាបិតា ។ ដល់មកខណៈនេះ យើងមិនហ៊ានថាដោយច្បាស់លាស់ ថាផ្លូវនោះជាគង់វង្សនៅដូចដែលឬយ៉ាងណានោះក៏មិនដឹង ព្រមទាំងអ្នកស្រុក ៗ នោះទៀតបានសេចក្តីសប្បាយយ៉ាងណា ៗ ដូចជាកាលលោករ៉ាជេនៅនោះក៏មិនដឹង តែបើទុកជាដូចម្តេច ក៏មិនដឹងលើមដែរយ៉ាងមើលទៅ ។ ពិឡូរនេះយើងបានដំណឹងថាលោករ៉ាជេ អញ្ជើញត្រឡប់មកពីស្រុកបារាំងវិញហើយ យើងមានសង្ឃឹមលើកឯការជាធំ សុំកុំភ្លេចតាំងលោកនោះឲ្យទៅនៅកន្លែងដដែលវិញ ដើម្បីបង្ហើយការរបស់លោក ទើបបានសេចក្តីចំរើន ។

ចំពោះនោះ លោកគ្រូវៃរណើរនិងលោកឡឺពស៊ីជដត់សុប៉េរីយើរ ព្រមទាំងអស់លោកមន្ត្រីធំ-តូច ក៏អញ្ជើញសំដៅទៅកំពង់ចាម ពេលម៉ោង ១០ កន្លះ ការរៀបចំធ្វើបដិសណ្ឋារៈនៅកំពង់ចាមក៏ដូចជាខេត្តឯទៀតដែរ ។ យើងមានសេចក្តីស្តាយជាទីបំផុត ដោយឱកាសខ្វះពេក មិនបានទៅជួបលោកឡឺពស៊ីជដត់ទីរូមខេត្ត អំហ្វេល និងលោកហៅហ្វាយខេត្ត ជូ-ឡុង ដែលមានមេត្រីភាពរាប់អានយើងពីយូរមកហើយ យើងក៏បិយទៅសម្រាកក្បែងខ្លួនទៅ ។ លុះល្ងាចពេលម៉ោង ២ កន្លះ អស់លោកទាំងនោះក៏ធ្វើដំណើរចេញពីកំពង់ចាម ទស្សនាការរៀងរាបរហូតដល់ព្រៃវែងគឺជាអវសាន ។

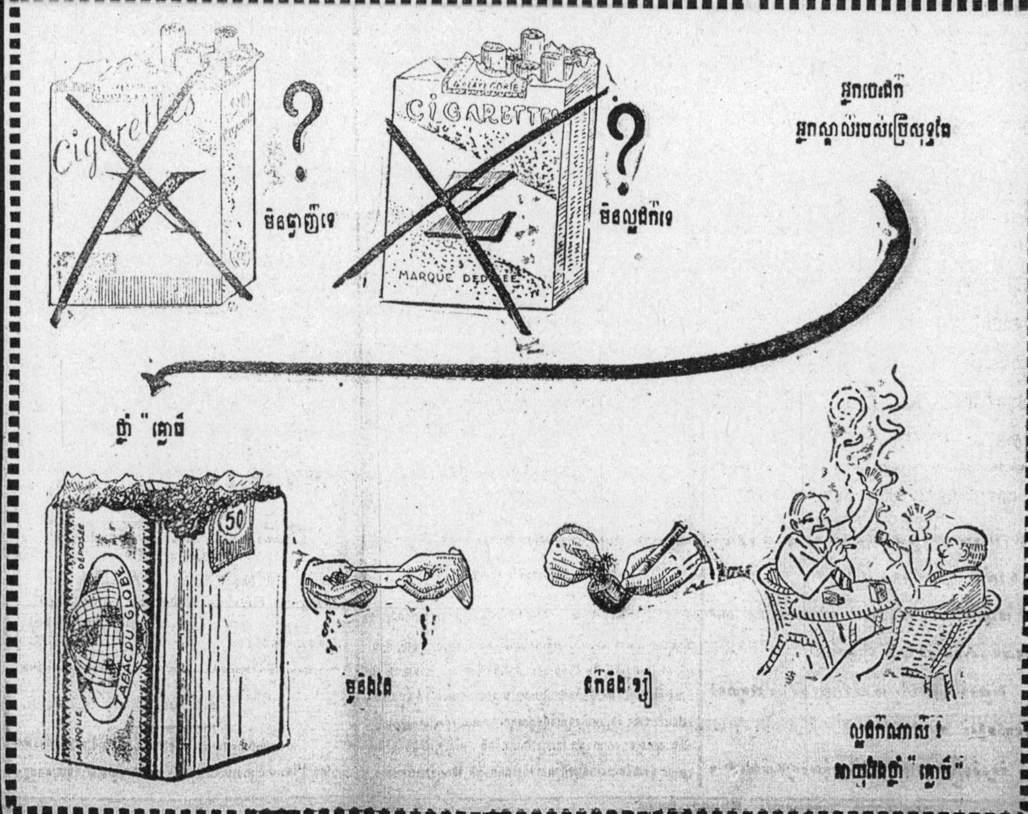

សេចក្ដីអត្ថាធិប្បាយពីអក្សរពុម្ពរបស់កាសែតនគរវត្ត

មានអ្នកមើលសារពត៌មានរបស់យើងជាច្រើន មានសេចក្ដីត្អូញត្អែរពីអក្សរពុម្ពយើងថា រលុប ៗ មើលមិនឃើញច្បាស់. តែយើងក៏ឃើញដូច្នេះដែរ និងមានប្រែកែទេ ប៉ុន្តែពីអាទិត្យមុនមកដល់ឥឡូវនេះ យើងបានជ្រើសរើសយកអក្សរអាក្រក់ ៗ ខ្លះចេញហើយ នៅសល់តែអក្សរដែលច្បាស់សមគួរល្មមមើលបាន ហេតុនេះអស់លោកប្រហែលជាមើលបាន ហើយមិនសូវធុញទ្រាន់ពេកទេ ។

សេចក្ដីដែលធុញទ្រាន់នេះ ដោយខ្វះហេតុកម្មរបស់យើង ពីព្រោះយើងបានប្រកាសប្រាប់អស់លោកឲ្យស្គាល់ចិត្តចូលហ៊ុនរោងពុម្ពយើង នោះពុំសូវមានមកចូលនឹងយើងដោយឆាប់សោះ ការដែលរោងពុម្ពយើងកើតក្នុងគ្រាឥឡូវនេះ ដូចជាអស់លោកដឹងស្រាប់ គឺថាជាពេល ១ ដែលយើងមិនគួរនឹងហ៊ានបើករោងពុម្ពយើងឡើយ ពីព្រោះផ្ញើទៅទិញអក្សរពីស្រុកបារាំង មិនមែនបានមកដោយងាយទេ. ឯស្រុកយើងវិញ ក៏គ្មានអ្នកណាមានអក្សរខ្មែរបែបនោះលក់ឲ្យយើងឡើយ ហេតុដូច្នេះ យើងទើបត្រាំស៊ូទិញអក្សរចាស់ពីរោងពុម្ពអារ-យ៉ែស មកប្រើការបណ្ដោះអាសន្នសិន ដើម្បីកុំឲ្យអាចដំណើរពត៌មានរបស់យើង ដែលមហាជនជាតិខេ-មរៈកំពុងស្ងៀមត្រប់ស្តោះទេ មិនមែនយកអក្សរនេះជារបស់បំពេញចិត្តរបស់យើងបានឡើយ. បើរោងពុម្ពយើងកើតមុនគ្រាចម្បាំងនេះ ប្រហែលមានសុទ្ធតែអក្សរថ្មីទាំងអស់ គ្មានមានខ្ទេច ១ តួឡើយ នេះហើយទើបជាកម្មរបស់យើង ដោយហេតុបណ្ដាលមិនស្មុគ្រពីដំបូងមកទុកទាល់តែស្លាកនាយកើតបណ្ដាល របស់ឡើងថ្លៃ ការដឹកនាំក៏មិនបានងាយស្រួល ទើបរោងពុម្ពរបស់យើងកកើតឡើងបាន ។

ក្នុងគ្រាឥឡូវនេះ ប្រសិនបើជាអ្នកណាជួយបង្កួលបង្ហាញថាមានអក្សរខ្មែរលក់នៅទីណាមួយ ក្នុងស្រុកខ្មែរនេះ យើងនឹងមានសេចក្ដីត្រេកអរជាទីបំផុត ប៉ុន្តែយើងអស់សង្ឃឹមហើយ និងរកបានក្នុងស្រុកខ្មែរនេះហើយ តែនៅចង្អុលថាមើលដឹងណាំង ដែលយើងបានសួរទៅស្រុកបារាំង បើគេមានលក់ឲ្យយើង ហើយអាចដឹកនាំបានដោយងាយ នោះអស់លោកនឹងឃើញអក្សរថ្មីជាមិនខាន ។

ភ្លោតរាជការប្រទេសឥណ្ឌូស៊ីនមាននៀតហើយ

ភ្លោតរាជការប្រទេសឥណ្ឌូស៊ីនលេខទី ៣ ឆ្នាំ ១៩៣៩ មាន ៤ លើក ថ្លៃ ១ សន្លឹក ១ រៀល ។

ចេញលើកទី ៤ ខែធ្នូ ១៩៣៩, លើកទី ៨ ខែមករា ១៩៣៩ ៦ ខែធ្នូ ១៩៣៩ និង ៣ ខែកុម្ភៈ ១៩៤០ ។

ងារឆ្នោតនឹងចេញនៅថ្ងៃ ៣ កុម្ភៈ ១៩៤០ [illegible]

[illegible]

[illegible]

បង្គៀងនិងថ្មពិលយីហោ (អ៊ុយសាលិត) របស់ទ្វៃង
ធ្វើមកពីប្រទេសអាមេរិក

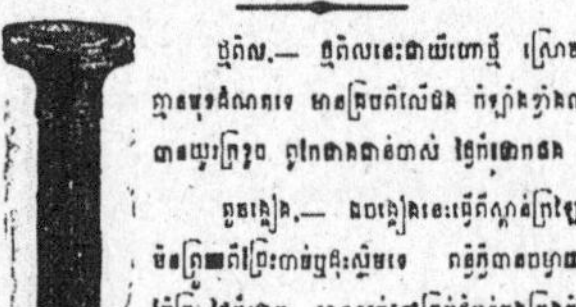

ថ្មពិល.— ថ្មពិលនេះជាយីហោថ្មី ស្រោមខាងក្រៅជាតម្កុំតែលក្ខណ: មានគ្រាប់ពិលល្អ ក៏ប្រើបានយូរ ក្រខ្វក ពុំកើតតាំងចាស់ ថ្លៃក៏ថោកផង ។

តួបង្គៀង.— តួបង្គៀងនេះធ្វើពីស្ពាន់ក្រឡែកល្អ មិនត្រូវជាពីព្រះពាច់ឬអ៊ុះស្និមទេ គន្លឹះភ្លឺបានចម្ងាយ ៣៥០ ម៉ែត្រ ថ្លៃក៏ថោក មានលក់នៅគ្រប់ផ្សារក្នុងក្រុងភ្នំពេញនិងស្រុកក្រៅ ។

សូមអស់លោកអ្នកទិញយកទៅប្រើល្បងមើលចុះ! អស់លោក-អ្នកនឹងយល់ឃើញថារបស់នេះល្អពុំលេះ ។

ហាង [illegible] លេខ ៤៧៥៩ ៦១
ផ្លូវ [illegible] ក្រុងភ្នំពេញ

និងហាងលេខ ៦៦ នៅផ្លូវ[illegible] ជាអ្នកទទួលទិញថ្មពិលនិងបង្គៀងនេះពីស្រុកឆ្ងាយយកមកលក់ផ្ទាល់ខ្លួន

សូមជូនដំណឹង

[illegible]

ហ៊ូ–ចៀង–ឡៀង

[illegible]

ថ្លៃ ១ ដប ៥០ សេន

[illegible]

សូមជំរាបអស់លោក-អ្នកស្រុកខ្មែរ

[illegible]

គំនូពណ៌

កាលណាលោក-អ្នកត្រូវការបង់បាន គំនូពណ៌ អញ្ជើញមកមើលផ្ទះ វ៉ែង-ងាលេ លេខ ៦៩ ផ្លូវពេទ្យ ផ្ទះវាលស្ដើយន (ផ្លូវកុងស៊ីបញ្ចាំ — នៅខាងត្រើយ ឈ័ងឃែរ៍ ផ្ទះបិតរូបភ្លើងចេញ) មានលក់គំនូពណ៌: ស-ខ្មៅ និងពណ៌ផ្សេង ៗ ថ្លៃ ១ ម៉ែត្រប្បួនជ្រុងស្មើ ២ ^{1}/ ៤០ ។ គំនូពណ៌មានគំនូរផ្សេង ៗ មានថ្លៃពី ៣ ^{1}/ ១០ ១ ម៉ែត្រប្បួនជ្រុងស្មើឡើងទៅ ។

អញ្ជើញមកជួបនឹងយើង

ឯសារសោរកយើងក៏បានដែរ បើអ្នកបង់ក៏ក្រោះយើងអំពីរឿង រឿងស្រែចំការ រឿងដី រឿងស៊ុំដីពីកាបចារ រឿងនេសាទត្រី រឿងទទួលមត៌ក រឿងទ្រព្យ រឿងសុំចូលជាតិ ។ល។ ហើយនិងរឿងជំនួញ រឿងគុណការ រឿងវិវាទ និងរឿងផ្សេង ៗ នៅក្រុងភ្នំពេញនិងខេត្តក្រៅ ក្នុងដែនស្រុកខ្មែរឬខេត្តដែលនៅត្រើយម្ខាងទៀត ។ រឿងក្ដីគ្រប់មុខ ។ រឿងទទួលសំណងគ្រប់ចំពូក ។ ជួនសំណាងទទួលយកថ្លៃ ។ ក្រុមស្ដាប់យក៏ង

ឱសថស្ថានធំ (Pharmacie Principale)

នៅត្រើយផ្លូវកែវម្នីនិងផ្លូវវ៉ាន់ឡូ ក្រុងភ្នំពេញ

លោក ឆេវីល អ្នកឱសថដែលបានរៀនចេញពីមហាវិទ្យាល័យនៅប៉ារីស ដែលធ្វើជាអ្នកប្រកបទេសនៅអ្នកតុក្ការ (ឧឌ្ឋរសួនវិទ្យាសាស្ត្រ) និងរូបធាតុនិងថ្នាំព្យាបាល

មានថ្នាំវត្ថុឱសថ (តាមវិទ្យាសាស្ត្រ) វត្ថុជាទេសច
ក្រុមទាំងវត្ថុគ្រប់មុខដែលល្អពិសេស
ហើយថ្លៃក៏ថោកផ្លូវសម ។
លក់ទឹកអប់និងគ្រឿងក្រអូប
ប្រអប់ធ្មេញ (ឯកទេស)
ប្រអប់ថ្នាំ
គាត់លក់ប្រអប់ថ្នាំហំធំ "ហ្វាកា" និង "សែល្ស-អ៊ីព្វ"
ទទួលជួសជុលនិងផ្គុំវ៉ែនតាគ្រប់យ៉ាង
គាត់លក់ថាំពុមវត្ថុស្ពឹងស្ពាកកាយ យីហោ "ពេលីស៊ីប៊ី ឈ្មោះក្រែម"
មានយាមប្រចាំការពេលថ្ងៃនិងយប់,
ថ្លៃសមរម្យនិងថ្លៃបុណ្យ
និងលោកវិទ្យា ។

ជួលពិណ

មានលក់ពិណ [illegible] ៦០៤ [illegible]

[illegible] Piano [illegible]

ល្បីឈ្មោះគ្រប់ស្រុក

ទឹកគីលប្រេងក្មួមចក្កាស្រនោះ ក្នុងស្រុកខ្មែរទាំងនូលក្អកណាក៏អាចដឹងថា ប្រេងក្មួមកោសាក់ស៊ីទីណាស់ ហេតុនេះប្រេងក្មួមចក្កាសលក់ដាច់ណាស់ ។ មានតែអ្នកស្រុកខ្មែរដឹងថាប្រេងនោះល្អ ឯអ្នកស្រុកបារាំងក៏បានមកភ្នំពេញលេងទិញប្រេងចក្កាសពីរបីដបប្រើអស់ហើយ និងរកទិញទៀតពុំបាន ក៏មានចិត្តអាក់អន់ណាស់ ។ ហេតុនោះកាំងពីថ្ងៃនេះទៅ ខ្ញុំនឹងឲ្យមនុស្សទៅផ្ញើយលក់ដល់ខេត្តបាត់ បើលោក-អ្នកមិនដែលប្រើប្រេងចក្កាស អញ្ជើញប្រើលមើល ។ បើមានប្រេងក្មួមចក្កាសក្នុងផ្ទះដូចជាមានពេទ្យម្នាក់នៅជិតខ្លួនដែរ ។

ឃ្លាំងធំ: នាងឡុង នាងម៉ក្កាស
ផ្លូវបៀង-កេន លេខ ៤៣ ផ្លូវពាស្ទ័រ ផ្លូវលេខ ០៧ ផ្លូវម៉ូរ៉ូហ្វ ភ្នំពេញ
ឃ្លាំងខេត្ត: កិច-ណា សូមជូនដំណឹង

មានឈ្មោះល្បីគ្រប់ខេត្ត

[illegible]

គ្រឿងផ្ទុះដំណើរអ្នកបែកស្លាបនោ

[illegible]

フランス保護国時代のカンボジア

ナガラワッタ

坂本恭章／岡田知子
訳

上田広美
編

នគរវត្ត

めこん

前書き

A。訳文について

a。可能な限り原文の体裁を保持する。

1。各記事の番号、たとえば8-1-7は第8号、1ページの7番目の記事を表す。

2。記事がそのページ内に納まらずに他のページに続いている場合でも記事番号は変更しない。

3。訳文は、日本語として多少不自然なところがあっても、許される限りは原文の記述を尊重する。

3.1。「フランス政府」、「フランス国政府」などは原文のままである。

3.2。「殿」、「発給する」などの用法も原文のままである。これは原語の用法を調査するための便宜である。

3.3。中国の地名の「北京村」「漢口省」なども原文のままであるが、「満州国国」「黄河川」などは、「国」「川」を取り去った。

3.4。「20千」、「400百万」などは、クメール語数詞の「千」「百万」が使用されていることを示す。

4。原文の誤記と思われる部分には[ママ]と記す。

5。シャム、ビルマ、マレー、トンキン、アンナン、コーチシナ、アビシニア、北平、サイゴンなど、当時の国名、地名はそのままを使う。

6。広告は冒頭に[広告]と記す。これは、広告は広告主が書いたものをそのまま使用したらしく、その正書法、文法、また内容などを新聞本体の記事とは区別しておく必要があると判断するからである。当時の中国人たちのクメール語を反映しているのであろう。なお、原文に忠実に訳したため、一部誤訳を疑わせる部分も多々ある。またたとえば医学的に正しくない記述も多い。

7。フランス語の記事は冒頭に[仏語]と記す。

7.1。フランス語で始まる記事の中途でクメール語に変わる場合は、その変わる所に[ク語]と記す。

7.2。クメール語で始まる記事が中途でフランス語に変わる場合は、その変わる所に[仏語]と記す。

b。原文中のクメール語語句について

1。人名・地名などの固有名詞はラテン文字に転写するが、「プノンペン」など周知のものはカタカナ表記にする。

1.1。カタカナ表記の語の切れ目は「・」で示す。ただし繁雑を避け、「プノン・ペン」は「プノンペン」とする。

1.2。原文中のkhmaerはクメール、kambujāはカンボジアとする。

2。普通名詞の和訳については、

ア。仮訳・試訳は訳語のあとの[　]内に原語を示す。

イ。また、和訳した後に、特にその原語を示したい場合も訳語のあとの[　]内に原語を示す。

ウ。種々の理由で和訳できない場合は、原語をそのままラテン文字転写で記す。

エ。原文で、クメール語句の後の(　)内に外国語が示されている場合は、クメール語を和訳した後の(　)内にその外国語をそのまま示す。その和訳が仮訳の場合には、さらにその後の[　]内にクメール語を示す。

オ。原文では、「憲法」、「植民地」など新語あるいは一般読者にはなじみの薄いクメール語句は、その後の(　)内により一般的なクメール語が示されていることがある。この場合は、この両方とも原語を示し、その後の[　]内に和訳を示す。

3。以上をまとめると次の通りである。

	原文		訳文
固有名詞	クメール語	→	クメール語 または、カタカナ
普通名詞	クメール語	→	和訳
ただし			
仮訳	クメール語	→	仮訳[クメール語]
原語表示	クメール語	→	和訳[クメール語]
和訳不可能	クメール語	→	クメール語
原文表記が	クメール語(外国語)	→	和訳(外国語)
	クメール語(外国語)	→	仮訳(外国語)[クメール語]
	クメール語(クメール語)	→	クメール語(クメール語)[和訳]

c。原文中の外国語の語句について

1。本文中の外国語は、

ア。外国語がそのまま使用されている。

イ。外国語がそのまま使用され、その後にクメール語訳が（　）内に示されている。

ウ。クメール文字で転写され、その後にその原語が（　）内に示されている。

エ。クメール文字で転写され、その後にそのクメール語訳が（　）内に示されている。

オ。クメール文字で転写されているもののみ。

の5つの場合がある。それらは訳文内で次のように示した。

ア。	外国語のみ	→ 外国語のみ あるいは、外国語［和訳］
イ。	外国語（クメール語）	→ 外国語（クメール語）［和訳］
ウ。	転写（原語）	→ （原語）［和訳］
エ。	転写（クメール語）	→ <原語>（クメール語）［和訳］
オ。	転写のみ	→ <原語>［和訳］

で表す。

なお、和訳が仮訳、あるいは和訳不可能などの場合は、上記b。2に準じる。

また、和訳に示された、クメール語に借用されたフランス語などの意味は、借用語としての意味であり、フランス語としての意味とは必ずしも一致しない。

2。西暦の月名は、タイ語からの引用部分を除いて、すべてフランス語のクメール文字転写であるので、繁雑を避けるために、たとえば上記オに従って「<janvier>［1月］」とするべきところを単に「1月」とする。

3。フランス語から借用された度量衡の単位も、グラム、キロ、リットルのようにカタカナ表記のみにする。

4。人名・地名などの固有名詞は、

原文	訳文
外国語のみ	→ 外国語のみ あるいは、外国語［カタカナ表記］
転写（原語）	→ （原語） あるいは、（カタカナ表記）
転写のみ	→ カタカナ表記 あるいは、<原語>

とする。

外国人名のカナ書きは、広辞苑（岩波書店）と英和大辞典（研究社）による。

なお、原語の綴りが不明の場合はクメール語扱い、即ちラテン文字への転写のみにする。

5。クメール語と外国語とで構成されている合成語はクメール語の部分もラテン文字化する。

例 pamṇāc <retraite>［恩給］。

例 dvīpa <europe>［ヨーロッパ大陸］

6。クメール文字に転写されている外国語の原語を示す場合、原文に記されている場合を除いて、大文字を使用しない。これはクメール文字に転写された場合に区別されていないからである。

7。パーリ語・サンスクリット語からの借用語はクメール語扱いにするが、タイ語を経由したもの以外は発音されない部分も転写する。なお、クメール語における表記が原語とは異なる場合でも、特に原語形について言及することはしない。

B。記号

a。＊

たとえば外国ニュースのように、1つの記事の中に事実上いくつかの記事が含まれている場合には、それらの記事の切れ目を示すのに「＊」を使用する。

b。（　）

1。原文で注を囲んでいる（　）は原文通り。

カンボジアの地名は後に続く（　）の中に州名が記されていることが多いが、「州」を補うことはしない。

2。ただし。注ではなく、loka（Silvestre）というように単にラテン文字表記の語を囲んでいる場合は（　）を取り去る。

3。原文で強意として使われているものは『　』にする。

c。“　”、?、―― は原文通り。

d。「　」

1。原文のthā以下の部分、すなわち引用の部分を示す。なお、クメール語では直接話法と間接話法との区別をしないので、「　」の中の主語等は日本語に合わせて換えたものがある。

2。訳文をわかりやすくするために使用する。

e。[　]

1。原文には存在しない語句を、訳文の理解を助けるために訳者が補った部分を示す。

2。訳注は[注。]とするが、訳注であることが明らかな場合は「注」を略す。

3。先行する語句の意味、あるいは解説の場合は[＝　]にする。

4。ベトナム語の後の[　]中の漢字は、その語の語源である漢語である。

f。{ }

職名、称号などの後に個人名が続く場合に、個人名を示す。

g。Ⓢ　A.Silvestre著の『カンボジアの行政』の略である。

C。クメール文字の転写

a。訳文中に使用するクメール文字はすべてラテン文字に転写する。

b。その転写方法は、サンスクリット・パーリ語のそれに準じる。またモニエルに従って、ṛi、ṛī、ḷi、ḷīを使用する。

c。なお、クメール語では、サンスクリットのs、ṣ、śを区別しない。

d。クメール語固有の母音記号は次の通り。

អឹ　w
អឺ　ww
អួ　uo
អើ　œ
អឿ　wa
អៀ　ie
អែ　ae

e。短音符は省略する。

f。声門破裂音は、2重子音・音節の切れ目など、特に必要な場合にのみ「?」を使用する。

D。訳語に関する注意

1。医師:　現代医学の医師の他に、伝統医学の医師がある。ハノイの医学校で学んだん現代医学のクメール人医師(＝現地国人医師)は開業を許されていないが、伝統医学の医師は開業でき、診察して薬を売っている。

2。外国人人頭税:　外国人登録料税と同じ。

3。官員:　政府から俸給を得るもの。ほぼ公務員に同じ。

4。官吏:　上級職で国王任命の官員。

5。機雷:　原文は敷設機雷と浮遊機雷との区別をしていないようである。

6。クイティアウ:　米粉で作る素麺に似た食品。

7。クロマー:　バスタオルほどの大きさの布。水浴時に身体を覆ったり、日中は日よけに頭に巻いたり、汗ふきにしたりする。

8。工業:　内容的には手工業をさすことが多い。

9。サーラー:　高床式の壁がほとんどない建物。寺域中のものは、僧の集会・学習、葬儀などの催しに使用。クメール語で「学校」は「学ぶためのサーラー」と言う。村にあるものは、村の集会や、旅人が休息、宿泊できる。

10。サムロー:　カンボジア式スープ。

11。サムロー・ムチュー:　意味は「酸っぱいサムロー」で、代表的なサムロー。タイのトム・ヤムのこと。

12。サロン:　伝統的衣装であるが、サンポットと違って家庭着であり、外出時には使用しない。

13。サンポット：　カンボジアの民族衣装。腰に巻く。サロンと異なり外出用にもなる正式な衣装である。種々の種類がある。

14。シソワット中学校(＝コレージュ・シソワット)：　シソワット中高等学校(＝リセー・シソワット)の前身。2年制。

15。州都校：　(下のＦの2の②「教育制度」を参照)

16。準クメール人：　先住民族、バット・ドンボーン地域のタイ人・ラオス人などのクメール族でないカンボジア国籍人。

17。植民地連盟：　日常使用しているフランス語のクメール語訳の定訳が定まっていなかったことを示すもので「国際連盟」をさすらしい。「主権国家」と「植民地」とを混同している例がいくつか見られ、これもその一例であろう。

18。積載量：　船の「積載量」と「排水量」の区別がなかったらしく、軍艦も「積載トン」が使用されている。

19。大会議：　国政諮問会議のこと。このほかインドシナ国経済・金融諮問会議も。

20。中国人長：　Ⓢによると、特に徴税の便宜のために1つの郡に1名弁務官が任命した華僑会長。Ⓢでは「華僑会長」と呼ばれている。

21。～の年：　例：「8の年」。小暦の年号が8で終わる年。

22。ネアック・ター　①精霊。②精霊の依り代である物／人。

23。拝月式：46号2-4を参照。

24。火の行列：　各人が松明を持って歩く行列。

25。プノン：　先住民族(＝山岳民族)の1部族名であるが、先住民族の総称としても使用。なお、「プノンペン」の「プノン」は「山」であるが、この民族名の「プノン」は「山」とは関係ない。

26。ふね：　クメール語は「船」と「艦」を区別しないので、「艦」であることが明らかでない場合は、全て「船」とした。

27。プラホック：　小魚の塩漬けを発酵させた伝統的食品。この液が魚醬(日本のしょっつる、タイのナム・プラー、ベトナムのヌオク・マム)である。

28。フランス学校：　(下の「教育制度」を参照)

29。フランス政府：　①カンボジアの保護国政府。②インドシナ総督府。③フランス共和国政府。

30。保護国：　通例は「保護を与える国」、たとえばカンボジア国に対するフランス国。しかし、「カンボジアはフランスの植民地ではなく、保護国である」というように「保護を受ける国」を意味することがある。

E。訳文中のクメール語の解説

1。ak ampuk 祭り：　46号2-4、93号1-6 を参照。

2。ampuk：　もみ殻付きのもち米を炒って臼で搗いてもみ殻を除去した菓子。

3。aṅga phkā：　一般に募金を呼び掛けて行列する時に奉じる鉢。これに入れてもらう。

4。ā：　人名の前につけて親しみ、あるいは軽蔑を表す。

5。ācārya：　①教師。②寺に属する在家で、事務長のような存在。遺族に対して葬式などの指導もする。

6。braḥ rājapamrœ：　王の代理人。特に最高裁、高裁に勤務する。

7。braḥ rājaʔājñā：　検事。

8。cau：　①出家の経験のある人に使って尊敬。②孫。孫位の年齢の人。

9。grū sūtra：　出家する時の三師の1人。教授師。

10。hae phkā：　広く一般の人に募金を呼びかけるために、aṅga phkāを奉じて行う行列。

11。hāp：　重さの単位。一般に60kgとされているが、籾など物によって若干異なる。

12。jī：　重さの単位。3.75グラム。

13。kāk：　貨幣の1種。通常は10セン。

14。mī：　女の名の前につける。丁寧でない。

15。nagaravatta　①アンコール・ワット。②新聞名。

16。nāl　＝nāḷi。

17。nāḷi：　重さの単位。60グラム。

18。nāṅ：　①女性の名の前につける。「～さん」。②～夫人。

19。nāy：　男性の名の前につける。「～さん」。

20。phsār dham： ①プノンペンの市場の名。語義は「大きい市場」。dham 市場。②＝phsār thmī。
21。phsār dham thmī： 語義は「新しい大きい市場」。phsār thmī のこと。
22。phsār thmī： プノンペンの市場の名。語義は「新しい市場」。日本人は「中央市場」と呼んでいた。
23。puṇya phkā： 寄進のために一般に寄付を呼びかける催し。aṅga phkāを奉じて行列して、aṅga phkāの中に金をいれて貰う。
24。rājāgaṇa： 僧の階級。僧侶長の次位である副僧侶長の次位。高位で在家の郡守に相当。僧侶長の補佐機関である僧委員会のメンバーになる。
25。sambat caṅ kpin： サンポットの1種。
26。sambat hūl： サンポットの1種。
27。sambat lpœk： サンポットの1種。
28。spaṅ cībara kāt：僧の上衣の縫い方による分類の1種。
29。spaṅ cībara thner mūl：僧の上衣の縫い方による分類の1種。
30。spaṅ cībara thner prak：僧の上衣の縫い方による分類の1種。
31。tamliṅ： 重さの単位。10 jī ＝37.5グラム。
32。taṅkhau： 商業以外の企業の主。網元、製材もする材木店主、など
33。tā： ①祖父。②おじいさん。老人。
34。thāṅ： 量の単位。2斗 ＝36リットル。
35。thaukae 被用者を持つ大商店の主。
36。thī 保護国政府に勤務するクメール人。また、その人たちの名の前につける「～さん」。ただし教師は「monsieur」。
37。thī thuṅ：＝thī。thīたち。
38。thnām： ①薬。②金に混ぜて金の合金を作る「薬品」。
39。ʔanak： 名の前につける。「～さん」。「氏、殿」の次位。

F。参考

1。官員の階級

	行政部	司法部
上級職（国王発令）	uttamamantrī	cau krama prwksa
	varamantrī	cau krama
	anumantrī	
	kramakāra	
中級職（大臣発令）	yukapatra	kraḷā pañjī（検察事務官）
	smien	samuha pañjī
初級職（弁務官発令）	雇員	
	看守	

2。教育制度について

①初等教育。上の学年から
上級
中級
初級
準備級
幼児級
の5学年。なお本文中では他語との混乱を防ぐためにそれぞれのあとに「学年」を付した。

②初等教育校 修了証書はsaññābatra、certificat。

a。次のようなものがあった。

ア。上記の5学年を全て備えている学校は少なく、地方では州都にしかない州も多かったらしい。これを

州都校と呼んだ。またなおカンダール州では全ての郡に設置されていて、郡都校と呼ばれた。これら州都校および郡都校は保護国政府教育局が設置者なのでフランス学校とも呼ばれた。

イ。初級校　初級学年までしかない。

ウ。幼児級校　文字の読み書きと初歩の計算を教えた。

b。Ⓢの時代は、クメール語の読み書きと計算ができることが初等教育校の入学条件であった。そのため寺に寺学校を作って、「読み書きと計算」を教えさせた。これは元来文字の読み書きは寺で僧侶から学ぶ習慣があったものを利用したものであるが、必ずしも僧侶たちの助力があったわけではなく、在家を教師に雇用することもあった。

Ⓝ(＝ナガラワッタ)時代の初級校の大部分は(特に地方では)この寺学校を拡充したもので、いわば正規のライン外にあった寺学校をそのままライン内に取り込んだものであったらしく、僧が教師である場合が多々ある。また、それまでの読み書きを教えた寺学校もそのまま幼児級校として存在して寺学校と呼ばれ、政府は「子供は全て、せめて寺学校には行かせるように」と呼び掛けたらしい。

③中等教育校

ア。フランス語科

完成しているのはリセー・シソワットのみ。もう1校がバット・ドンボーンに新設されつつある。

1。第1学年　高等初等教育課程、修了証書は(saññābatra)diplôme。

これは、フランス本国の初等教育に足りない部分をここで補うもので、Ⓢの特別課程が整備されたものらしい。修了証書を得て試験を受けて上の学年に進む。

2。第2～5学年　中等教育前期。修了証書はバカロレア第1段階。

3。第6学年(および第7学年？)　中等教育後期。修了証書はバカロレア第2段階。

イ。師範科(リセー・シソワット)。修業年限は5年。修了証書は恐らくdiplôme

ウ。工業学校　修業年限は不明。修了証書はdiplôme。

エ。美術工芸学校　修業年限は不明。diplôme。

2。年数の数え方

0ではなく1から始める。たとえば人は誕生した時から満1歳になるまでが1歳である。協会なども設立された時から満1年になるまでが第1年で、日本語の設立初年度にあたる。

G。重要な付録

ឧបយោរាជា(upayorāja)について

A。この語はナガラワッタ1937年5月22日付21号で、ジョージ六世に譲位したエドワード八世をさしている。すなわち「譲位した王」という意味で使用されているのであるが、「譲位した王」という意味には疑いがあるのでそれについて述べる。

1) upayorājaはバンコク国立図書館蔵の年代記中に現れるので、その関係部分の一部を簡略に述べる。

ア。大暦1549年にjaya jetthā が没。jaya jetthāの弟のudayaは統治せずにupayorājaになり、jaya jetthāの長子tūrが統治者になった(注。この時代には「王」という語は使用されていない)。

イ。tūrのあとはtūrの弟のnūrが継ぎ、nūrの後はnūrの弟candaではなくudayaの長男でnūrの従弟にあたるnaṅが継いだ。

ウ。1563年、candaがudayaとnaṅを弑して統治者になった。

エ。1580年、naṅの弟で、母がベトナム人であるinがベトナム兵の力を借りてcandaをベトナムへ拉致。

オ。1581年、naṅ の弟でinの兄であるsūrが統治者になった。

カ。1594年、sūrの女婿(恐らくはcandaの姉妹とnaṅとの間の子)srī jaya jetthāがsūrを弑して統治者になった。

キ。(ベトナムにいる)candaがupayorājaになった。

ク。1596年、candaが没。(すでに死亡している)inの子nanがcandaの後を継いでupayorājaになった。

2) upayorājaを「譲位した王」と解釈できるのは、上の「キ」のみである。あるいは、この「キ」の記述を根拠にして「譲位した王」という解釈がなされたのかもしれない。しかし、「ア」でupayorājaになったudayaは統治者の経験はないし、「ク」にあるように、他人の「譲位した王」という身分をを継いで「譲位した王」になるというのは全く理解できない。

3) このupayorājaという語はタイの史料にも現れるらしく、タイ国学士院編集のタイ語辞典に採録されており、

「クメールの王の地位でuparāja『副王』の上」とあり、事実、年代記中の王たちの待遇の記述では、国王－upayorāja－副王－太妃の順になっている。

4）upayorājaは恐らくupa「副」–yo–rāja「王」という構造であるので、まずyo–rājaについて考察する。

ア。サンスクリットにyuva–rāja「皇太子」があるが、サンスクリットの「uva」がクメール語で「o」になる例は見つからないので、skt.yuva–rājaがkm.yo–rājaになったとすることはできない。

イ。次にサンスクリットの「yauvarājya」「皇太子位」を考える。クメール語ではサンスクリットの rāja とrājya は同音なのでこの2つは混同され、年代記によらず現代語でもサンスクリットの rājya が rāja と書かれているのは珍しくない。

ウ。年代記のクメール文字にはクメール語の母音 au を表す母音記号はなくovと書かれている。これはサンスクリットのauも同様である。

エ。サンスクリットのauはパーリ語ではoになっているものが少なからずある。また、サンスクリットのauを表すタイ語の母音記号は「เา」で、これはサンスクリットのoを表すクメール文字「ោ」と全く同形である。このことも影響するのか、サンスクリットのauがクメール語ではoになっている例が多数ある。すなわちクメール語では本来はovと記されるべき語のvが脱落してoだけになる例が少なからずある。（例。skt.kauśalya→km.kosalya。skt.gaurava→km.goraba）。

オ。即ち、skt.yauvarājyaは「イ」によりkm.yauvarājaとなり、これはyovvarājaと書かれ「エ」の「ov→o」によりyovarājaになる。このyovaの「ova」は文字の上では「ov」と書かれるので、「エ」が再度適用されて、yorājaとなることは容易に想像される。

カ。つまり、yo–rājaは「皇太子」である可能性が高い。（この論はいささか強引であると感じられるかもしれないが、実は年代記の正書法は実に誤りが多く、たとえば「聖なる税金」とあるのは何か、多年頭を悩ましたが、これは発音がやや似ている「妻」であるとすればコンテキストに合致するのである）。

キ。yo–rājaが「皇太子」であるとすると、upa–yo–rājaは「副皇太子」であることになるが、「皇太子」が存在しないのに「副皇太子」が存在するのは変である。それで、バンコク国立図書館蔵の年代記の拙訳文中ではuparāja–upayorāja「副王である王位継承者」、すなわち複数いる副王中の王位継承者の簡略形であると推測し、「皇太子」を訳語とした。そうすれば、たとえば上の抜粋中のudayaもcandaも「慰め、もしくは懐柔策」として「次代の王」の位を与えられたのであると考えることができるのである。

ク。ただし、udayaも、candaの「皇太子」を継承したnanも次の王にはなっていない。これについては、「王位継承権はあったが絶対的なものではなかった」として「皇太子」を訳語として維持することも可能であるが、「王位継承権は元々なかった」として、「第1副王」あるいは「右副王」とするのが正しいのかもしれない。

B。ナガラワッタ21号にこのupayorājaが現れていることは、年代記に関してある疑いを持たせるのである。ナガラワッタには、国民に年代記を読むようすすめる言葉が何回かある。また、1938年10月12日付91号には、年代記中に現れる語に関する記述もある。このことは当時一般人が年代記を読むのは難しいことではなかったことを思わせ、1934年に完成したVang卿Juon編纂の年代記（北川香子氏『東南アジア－歴史と文化』36号、2007による）が出版されていたのかもしれない（以下は仮に出版されていたとする）。

1）すなわち当時のクメール人が読むことの出来た年代記には、upayorājaという語が存在していたことになる。しかし、1938年に初版が出たJuon ṇātのクメール語辞典の第5版（1967）にはupayorājaは採録されていない。代わりに「譲位した王」に相当する語としてubhayorājaが採録されてあり、「ubhayorājaはubhayo—rājaという構成で、ubhayoはubhayaの変化形」として、「譲位した王で、王と副王の双方にアドバイスをする」と定義されている。ただし、ubhaya→ubhayoとする根拠は記されていない。

2）以下、最大級の憶測を逞しくする。当時流布していた年代記にはupayorājaがあり、これは「譲位した王」であると解釈されていた。しかし、「upayorāja＝譲位した王」を語源的に説明することは難しい。それでupayorājaの「pa」の部分は「bha」の書写誤りであり、ubhayorāja＜ubhaya—rājaが正しいとすると、skt.ubhayaは「両、双（方）」であるから、ubhaya—rājaは「両王」であり、これは「国王と副王」と解釈することができ、この双方にアドバイスすることができるのは「譲位した王」であると考えたのではないだろうか。

3）そうして、ナガラワッタ21号の執筆者たちが（決定版）年代記を読んだ後の時代に、決定版年代記のupayorājaは全てubhayorājaに書き換えられたのではないか。このことは、決定版年代記をフランス語に訳したKhin Sok氏の *Le Cambodge entre le Siem et le Viêtnam (de 1775 à 1860)* にはupayorājaはなく、ubhayorājaしか記述されていないことからも裏付けられる。ちなみに Leclère の *Histoire du Cambodge* にはupayorājaが現れるから、ナガラワッタ21号の執筆者が書き間違えたとは考えにくい。

4）さらには、クメール語辞典の初版にはupayorājaがあったのが、後に削られてubhayorājaに変えられたのではないか。

5）仮に、バンコク国立図書館本年代記のupayorājaが全て決定版年代記ではubhayorāja「譲位した王」になっているとするならば、上記A。3）に述べたような矛盾箇所はどのように改変記述されているのか、興味の持たれることである。バンコク国立図書館本年代記原文と決定版年代記原文との綿密な照合研究を史学者に期待したい。

H。引用書

1。坂本・上田　2006：『カンボジア　王の年代記』、明石書店。

2。Ⓢ：　A. Silvestre：*Cours de Connaissance Administratives*。*Traduit par M. Nal, Publié sous les Auspices de l'Administration du Protectorat,* 1920

Ⓢは、このナガラワッタの記事の内容を理解するのに、実に有用であった。Ⓢを提供して下さった神田真紀子さんに深くお礼申し上げる。

2010年
訳者

Samedi 6 Février 1937

CIGARETTES
JOB
LE PAQUET VERT
Vendu 5 cents

Nagara vatta

CIGARETTES
COFAT
La meilleure cigarette
Indochinoise
Le Paquet vendu 5 cents

Hebdomadaire paraissant tous les samedis

［注意。1号から7号までは欠けている。なお、創刊号から本号まで欠号がないと仮定すると、1936年12月19日創刊ということになる］

第1年8号 仏暦2479年8の年子年 māgha 月下弦10日［注。「10日」は虫食いのため9号から逆算］**土曜日、即ち1937年2月6日**

［仏語］1937年2月6日土曜日

1-1　nagaravatta

［ラテン文字で］Nagaravatta

［仏語］毎土曜日発行週刊新聞

［ク語］毎週土曜日発行週刊新聞

編集·総務部事務所、プノンペン<verdun>路、thī vān 劇場の東

社長、pāc-jhwn

購読料、1年4リエル、1部8セン。

1-2　［広告］

［仏語］タバコ JOB。緑箱。売価5 cents［セン］。

［ク語］<job>印タバコ。青箱［注。日本語同様「青」は「緑」を含む］。1箱価格5センで販売。

1-3　［広告］

［仏語］タバコ COFAT。インドシナの最上のタバコ。1箱売価5 cents［セン］。

［ク語］<cofat>印タバコ。インドシナ国内の特別に良いタバコ。1箱価格5センで販売。

1-4　皆さん、我々のnagaravattaを読んでください。皆さんがそろって購入して読んでくださることで nagaravatta は大きくなり、発展します。

1-5　［1-4の続き］nagaravatta を愛読してくださる皆さんが増えれば増えるほど、nagaravatta は材料を集めて素晴らしく良くまとめて1つにして、読んで心が清くなるのに相応しいものにします。

1-6　医学について――病気を予防する

伝染病についての序論――me roga［病原菌］、即ち me jamṅww［病気の源］

［第1］我々クメール人に起こる死亡は予想以上に極めて数が多く、一方人口の方は他国より少ない。［農·水］産物がいたる所に豊富にあり、しかも女性が子をたくさん持つ国では、このように多くの人を死亡させるはずがない。

このように死亡を多くさせているのは、病気に罹らせる原因を国民が知らないのと、さらに「身体に」気を配って病気を防ぐことを知らないことによる。もし病気を予防する正しい方法を知れば、きっと病気に抵抗し［病気に］自分を襲わせないことが容易にできる。

呼んで何かの病気を診察してもらった［伝統医学の］クメール医者は、患者の治療をする仕事1つだけしか考えず、広く他の人々一般の役に立つように、自分の学問知識を広めようとはしない。

一方西洋医学はそうではない。もし誰か1人が伝染病に罹ると、医師はその人の世話をして病気を治し、それからその病気がさらに伝染していかないように、人々全体を守らなければならない。

病気にかかるのは、どの病気も国の人々が信じているのとは違って、悪霊あるいはネアック·ターが病気にかからせるのではない。以前はヨーロッパの国々の住民も悪霊について［そう］信じていた。しかし、顕微鏡を使って小さい生物を見ることができた時以来、病気の発生について、伝染病は病原菌から起こるというのは確かな事実であることを知った。

この病原菌は様態が「かび菌」に似たとても小さい生物で、我々の普通の眼では見えず、病原菌を見るための拡大鏡を使ってはじめて見えるのである。

我々クメール人も[菌を]いくつか知っている。即ち暗くて湿った所に生える「かび菌」、濡れた飯に「黒かび」を生えさせる菌、あるいは飯を酒に変えることができる麴菌などである。

病気を引き起こす病原菌はここに述べた菌に似た様態をしている。

この病原菌は周囲一面、あらゆる所にいる。あるものは水の中に、あるものは土の中に、あるものは空中に、あるものは人と動物の身体の中にいる。病原菌は強い伝染力を持ち、[発病するか否かは]我々人間の体力次第である。[体力が]弱い人は[病原菌と]戦って勝てず、[病原菌は]病気にかからせる。[体力が]強い人は病気に抵抗して病気を起こさせず、引き続き健康でいることができる。動物と植物たちも同じである。まだ若くて力がたくさんある樹木はどれも、「きのこ」や寄生木に抵抗して[自分の]上に生えさせないことができる。しかし、その樹も幹が老いると、力があまり多くなくなり、きっと寄生木が生えて一面に巻き付き、すぐにその樹の生命を滅ぼしてしまう。

あなた方は、我々の大敵であるこれらの病気のことを知るべきであり、我々は病原菌を退治して我々の身体に病気を起こすことができないようにするために、病原菌の生態を学び、知らなければならない。

現在のヨーロッパの国々の住民は、まだ小さい子供の時から、[病原菌という]語を学び、覚えて、知っている。即ち家庭で習うこともあるし、学校で習うこともある。それゆえフランスを始めとしてヨーロッパの国々の国民は、我々クメール人とは違って、マラリアにせよ、コレラにせよ、roga <peste>[ペスト]にせよ、チフスにせよ、リンパ線が腫れることは多くあっても、これらの伝染病になることはあまりない。フランス人は身体の構成部分も手足も血も我が民族と同じであり、そして生まれた国から遠いこの暑い国に来て住んでいるのだから、我が民族と同様に種々の病気に耐えることができなくて当然である。しかし、それどころか、逆に我々よりもより良く耐えることができる。どういう理由によるのだろうか?　それは、彼らは知識があり、病気にかからせる原因を知らない人である我が民族よりも、より良く彼らの身体に注意していることによるのである。

後日[＝9号2-1]、病気と、どのように注意するべきかということについて解説する。

1-7　諸国のニュース

1-7-1　アメリカ大陸について

（ワシントン）市、アメリカ合衆国。情報によると、大統領である（ルーズベルト）氏が演説し、「飢餓を生じせしめている[社会的]不公正から貧民たちが脱出するのを助力し後援する政策を、今後4年間のうちに整備できる」と述べた。もう1つ、氏は、「『アメリカ国は完全な憲法[ママ。本紙の執筆者には、憲法と民主主義を混同している人がいるので、ここは「民主主義」が正しいと思われる]と言われるが、それは1787年の憲法による権利によって持ったものではなく、ルーズベルト政府が[法律を]整えて一般民衆に権利を与えるようにした過去4年間に、[権利を]豊富に持つことができたものである。この例により、『アメリカ国は、国民の財産をこの憲法[注。上の注を参照]に従って使用するならば、容易に発展と幸福を国民にもたらすことができる』と言うことができる」と述べた。

1-7-2　（リヨン）県都、フランス国。1月23日付電。フランス首相である（レオン・ブルム）氏は演説し、国内政策と外交政策について[次のように]述べた。「フランス国民はヨーロッパを安定に向かわせるために精一杯の努力をする気持ちと、平和の確固たる基盤であるところの互いに協力し、互いに同盟を結ぶことを考える計画がある。フランスとドイツとの関係については、我々はドイツと協力することを考える気持ちをずっと持っている。大フランス国とヨーロッパ大陸全土の幸福については、『[これらの]幸不幸は1つのものであり、別々に分けることはできない』と考える。フランスとそれらの国々との間の友好については、フランスは従来通りに誠実に同盟を保つ。

「ドイツとその他の国々が考えを1つにして、ヨーロッパ大陸の国体、植民地の国体、その他世界の諸国の国体を整えようとすることについては、大フランス国はそれに異議を唱える考えはない」

最後にレオン・ブルム氏は、「ヨーロッパ大陸の平和は、イギリス国外相であるイーデン氏がすでに述べたように、我々の責務である」と述べた。もう1つ、諸国は、「レオン・ブルム氏とイーデン氏の演説は世界に平和をもたらす良い内容を持つ」という意見を持っているが、ただドイツ国とイタリア[国]は例外で、まだ、「どうである」という意見を言っていない。

1-7-3　パリ市、フランス国。1月26日付電。下院議員たちが国を守る方法に関して政府に質問した。その中で、ある議員たちは政府に、「国を守る方法は単に敵をせき止めるための軍隊を持つということではなく、抵抗するための軍隊も、敵を攻撃して追い出し粉砕することができるための軍隊も持たなければならないということである」と説明し理解を求めた。ある議員たちは、「政府は幼い子供達が戦う方法を知り、[それを]愛するように教え訓練することを計画するべきであり、そして、国を整えて戦争に備えなければならない」と考えている。また、別の議員たちは、「大フランス国はドイツに対抗しドイツが勝利を得ることができないようにする助力をするために、植民地から人を集めて[軍を]十分な数にする何らかの計画を立てることを考えなければならない」と考えている。

海軍委員会委員長である(Renaitour)という名の議員殿は、「[艦の]建造を始めて以来現在までの成果により、現在大フランス国は世界で第4位、即ちイタリアとドイツより上の海軍力を持っている」と答えた。海相である(Gasnier-Dupar)氏が説明を加えて、「ドイツ国が軍備を拡大し、イタリアおよび日本と友好を結んだこと、加えてスペインでの反乱事件が大フランス国に政策の転換をさせた。即ち共に友好を結んでいる国々の同意のもとに、軍艦を整えて十分に持つようにしなければならなくなった。現在、軍艦力は重量が630,000トンあり、385,000トンだけのイタリア、307,000トンだけのドイツをしのいでいる。即ち大フランス国は、世界で第4位、ヨーロッパ大陸で第2位である。本1937年に、大フランス国は使用できない古い艦と取り替えるために、さらに430,000トンを建造することを始める。上院軍艦会議の意見は、大フランス国は軍艦力を重量で850,000トン持たなければならず、それでようやく十分であると考えている」と明らかにした。陸相である(ダラディエ)氏は、軍を1つの兵体制に統一することについて氏に質問した議員たちに、「軍を別々の兵体制にしておくことは、現在わずか200,000名あるいは300,000名しかいない兵の手に国がゆだねられることになるので、国を滅亡させる」と答え、氏の考えでは、「国軍をただ1つのグループの兵にするために、フランス国民全てが自分の国と民族を愛することを知らねばならないと考える」と述べた。

1-7-4　ベルリン市、ドイツ国。1月30日付電。ドイツ国会議員は sabhā (Reichstag)[帝国議会]会議を開いて投票し、ヒットラー<chancelier>[首相]にさらに今後4年の任期の間全権を与えることを可決した。ヒットラー氏は演説を行い、[次のように]述べた。「長い間輝きを失っていたドイツ国民の名誉は今や明るい輝かしい光りを取り戻した。ドイツのあらゆる行為は、他国を侵略し征服することを不法に欲する気持ちによるものではない。ドイツの鉄道省と財務省は今や完全にドイツ政府の権限下に入るように整えねばならず、諸国間による管理は行われるべきではない。これが完全に成功した時に、ドイツが他並みの名誉を持つことを禁じている kha sanyā nau <versailles>(Traité de Versailles)[ベルサイユ条約]は以後この点で効力を失う。軍備を増強し、兵を増加し、(ラインラント)に再び[兵を]入れることは、私(ヒットラー)の人生の中での最大の困難と勇敢さとをもって行ったことである。驚き恐れの時代とされた時代は今や過ぎ去った。今や、ドイツ国は諸国と同等の権利と権限を持つ。ドイツ国民は、他国と共にヨーロッパに平和をもたらすために全ての国と誠実に協調しなければならないと考えている」　ドイツ国とフランス国について、ヒットラー氏は、「この2大国を互いに反目させる原因になるものは何もない」と述べた。イーデン氏の演説についてヒットラー氏は[次のように]述べた。「イーデン氏の意見によると、イーデン氏は恐らく<communiste>[コミュニスト]はモスクワ市にしかいないと考えているが、ドイツの意見としては、この<communiste>[コミュニスト]は広がって我々の家の中にまで入ってくることができる<la peste>[ペスト]病であると考えている。ドイツ国を守る兵の数についてはドイツ国民が数を定めるのが適切である。国を要求することについては、ドイツ国は自分の旧植民地を取り戻すことを要求しているだけである」と述べた。

1-7-5　東京市、日本国。2月1日付電。宇垣氏は<conseil> senāpatī[大臣]を任命する[＝組閣する]ことに成功せず、それで(林)氏が代わって組閣を引き受けた。見た様子では、恐らく組閣に成功する。

1-7-6　マドリード、スペイン国。2月1日付電。天候が良くないため、[政府派側軍と反乱派側軍の]両側の軍はそれぞれ戦闘を休止した。政府派側は rāstra <civil>[民間人]たちにマドリード市から退去させる措置を取り、過去10日間で60,000人が退去し終わった。

1-8　クルン・テープ[＝バンコク]市からのニュース

大阪市の朝日新聞<gazette>[新聞]の代表3名が航空機でシャム国へ旅行して来た。

1-8-1　1936年12月8日付[シャムの] prajājāti <gazette>[新聞]の情報によると、12月6日日曜日午後3時35 <minute>[分]に、朝日<gazette>[新聞]の代表が日本島からドン・ムアン(空港)に飛行して来た。全員元気である。

この飛行士3名は、(団長である)シノモモ・サブロー氏[nāy]とナガクモ氏[nāy]とナカタ氏[nāy]で、12月5日午前5時35<minute>[分]に東京市を出発し、飛行時間約19時間を費やしてシャム国のドン・ムアン郡に到着した。

飛行士3名が航空機から降りると、出迎えを取り仕切る人である職員グループおよび諸<gazette>[新聞]の代表、それに大勢の日本人が出迎え、大喜びで大喚声をあげて祝い、飛行士3氏にレイを掛けた。航空機は単葉 bīr <machine>[双発]の大型機、名はモト[ママ]で日本国で作られ、形が優美で製造手腕を称賛するべきものであった。

当日出迎えに行った人々は、シャム側は外務省の代表たちと広報局の人々、krum <gazette>[新聞社]のカメラマンたち、subarṇasampatti 女史など、日本側は日本特命全権大使殿と参事官[殿]、それに老若男女の日本人商人大勢であった。

もう1つ、昨日[＝12月7日]午後、日本－シャム協会は、同協会会長である braḥyā {srīstikāra pañcaṅ}と特命全権大使の代理が主催者になって、飛行士3名とその他の貴人たち約90名を rājadhānī <hôtel>[ホテル]での昼食会に招待した。この会で、日本－シャム協会は、朝日新聞 krum <gazette>[新聞社]が、飛行士3名に託して送って来た金500バーツ(約498リエル)を受けとった。同日夕刻5時、外務大臣である hluoṅ {praḍiṭṭhamanūdhamma}と令室が飛行士3名と貴賓を sīḷum 路 pamphet の[自]宅での食事に招いた。

1-8-2　12月9日付の同<gazette>[新聞]に続報があり、飛行士団3名は全て東京朝日 krum <gazette>[新聞社]と大阪朝日[新聞社]の ?nak taeṅ <gazette>[新聞記者]で、今回揃ってシャム国に来たのは、預かり物、即ち日本国首相と外務大臣からシャム国の首相と外務大臣への書簡、さらに東京市のシャム－日本協会会長と東京朝日社長と大阪朝日[社長]からクルン・テープ[＝バンコク]市の日本－シャム協会会長への親善の書簡とを預かっていた。

現在、samṇāk <gazette>[新聞社]の飛行士団は、今月7日と8日に、それらの書簡をそれぞれの受取人に届け終わった。

これらの書簡は全て受取人とシャム国民全てに対する友好の気持ちを表明するものであった。

日本外務大臣からシャム外務大臣あての書簡

東京、(外務省)

西暦1936年12月4日

大臣殿

東京市朝日 samṇāk <gazette>[新聞社]と大阪朝日[新聞社]の飛行士が日本からシャムへ、親密な友情を表明するための飛行を行うにあたり、小生は貴殿に書簡を呈する許しを願うものであります。

今回の朝日 samṇāk <gazette>[新聞社]飛行士の成功は、互いに極めて深い親密な友好関係をもつ両国民(即ち日本－シャム)間の gamanāgama(ṭamṇœr dau-mak)[交通]の新しい歴史の始まりの信号である、と申し上げるのは大きな喜びであります。

シャムの歴史の最も重要な記念の時、即ち cpāp raṭṭhadhammanūñña[憲法](4年前に整えられた新しい法律、即ち Democratic[民主主義][ママ。本号の1-7-1の注を参照])をシャム王国全土で祝賀する日にあたり、この機に小生は貴殿及びシャム国政府、及び国民に深い真実の友情から喜びと栄光のお祝いを表明する許しを願うものであります。

高い敬愛の念と、お祝いの言葉を申し述べ、貴殿の絶えざる幸福をお祈り致します。

(<signer>[署名]) アリタ

外務大臣(日本)

(まだ後の週に続く[実際にはない])

1-9　[写真があり、その下に] <résident supérieur> [高等弁務官]府の前で。<gouverneur général>[総督]殿が krum ghun {surāmṛita} をはじめとする諸大臣に挨拶。

1-10　[写真があり、その下に] <résident supérieur> [高等弁務官]府の前で。<gouverneur général>[総督]殿(中央)、<résident supérieur>[高等弁務官]殿(左)、<secrétaire général indochine>[インドシナ事務局長]殿(右)。

1-11　お知らせ

nagaravatta <gazette>[新聞]を購読している皆さんにお知らせ致します。

皆さんのどなたか、もし<gazette>[新聞]を毎週は受け取っていなかったら、至急手紙で krum <gazette>[新聞社]へお知らせください。その請求の手紙を証拠としてとっておき、管掌部局に訴えて、[未着の]過ちがどこにあるかを調査し発見してもらう便宜のためです。krum <gazette>[新聞社]内の総務部では[購読者の]皆さん全てにもれなく送っています。

もう1つお知らせですが、次の土曜日、即ち2月13日は丁度中国－ベトナムの正月に当たり、印刷工場は扉を閉めて休業いたします。それゆえnagaravatta<gazette>[新聞]はいつものようには発行できません。2月20日になってから、これまでのように仕事を始めます。

nagaravatta

2-1 民族蔑視

2-1-1 1月24日、<gouverneur général>[総督]殿をアンコール・ワット観光に案内した自動車団がサイゴンへ帰る旅をしていた。これらの自動車の中にシトロエンの6<machine>[気筒]大型車が1台あり、コンポン・トムに着くと、<machine>[エンジン]修理のために停車した。そしてしばらくすると自動車がもう1台そこに来て停車した。たまたまその時、私はそこで<machine>[エンジン]を修理するのを見ていた。後から来た[車の]<chauffeur>[運転手]が<machine>[エンジン]を修理中の<chauffeur>[運転手]に訊ねた。

「どうして止まっているんだ?」

「<machine>[エンジン]が油をたくさん食うんだ」と答えた。

文句を言った。「<machine>[エンジン]が油をたくさん食うのじゃない。つまりお前が盗んで売っているのじゃないのか?」

答えた。「お前が俺をそのように咎めるのは、お前は俺を何と思っているのか。クメール人と思っているのか、それともプノンか」

<chauffeur>[運転手]は2人共トンキン・ベトナム人で、車もトンキンから来たのだった。ベトナム人2人がこれだけ言い合った時、私はすぐにそのベトナム人に訊ねた。

「お前はクメール人を何と思っているのか。お前の民族と同等ではないのか。それだから、『プノンと同じだ』と言って見下しているのか」

私がもう少し続けて非難してけなすと、そのベトナム人は私の方を向いて謝罪した。私は、彼らが我々クメール人を侮辱した言葉については何の遺恨も持たない。しかし、我々全ては、この[侮辱される]原因をよく検討して、「他の民族が我が民族を見下すのは、我が民族が発展がとても少なくて彼らに遅れ、さらに国内の団結もあまりなく、自分自身の民族を愛する気持ちもあまりないからである」と考えなければならない。それゆえ、クメール人同胞の全てにお願いする。今から一生懸命努力しなければならない。いい加減にしてはいけない。一生懸命勤勉にしっかり勉強し、さらに我々の生業にも一生懸命心の底から努力しなければならない。そうして初めて、「本当に自分の民族を愛する者」というのである。

2-1-2 コンポン・トム州での団結

1月23日土曜日、私は旅行をしてコンポン・トムに着き、自動車を運転して劇場の近くに入って行くと、いつもと違って人が大勢いるのが見えた。その劇を見に来ていた1人のクメール人高級官吏に、「この劇が素晴らしいから見に来る人がこのように多いのですか」と訊ねた。その方は答えた。「[劇が]どうなのかは、初めて上演に来たのですからわかりません。でも、このように大勢が見に来ているのは、以前、ベトナムのkai lwaṅ劇団が上演に来た時、コンポン・トムのベトナム人たちが、庶民も官員たちもそろって大勢が見に行って、劇場をきれいに飾るのを仲良く手伝うのを見ました。ですから[今回]我々も、高級官吏も庶民も全てが、コンポン・トムのベトナム人たちに負けないようにクメール劇団を応援する気持ちを持っていて、援助するために皆そろって見に来ているのです」

この話は、我が民族の人々のための行動指針として固く心に持つべきものであると私は理解する。即ち我々の民族と国のためになることならどのようなことでも、我々はそろって、それが成功するよう、あるいは発展するように援助しなければならない。何であれ、我が民族にとって有益なことは、我々は団結して一生懸命努力して援助しなければならない。そしてこれこそが、それらのことを助けて成功させる美徳の1つなのである。

pāc-jhwn

2-2 王室の sokānta 式[注。この式については本文中に解説がある]

過去およそ20年間、プノンペン市の王国民はこの儀式を見たことがなく、普通の一般庶民の「髪を剃る」、即ち「髷を切る」儀式を見たことがあるだけであろう。このsokānta 式は髷を剃る儀式であるが、王族だけのためのものである。この儀式の行い方の様子は、[今回の式の]王のkamṇat(<programme>)[式次第]によると、[この儀式は]現国王の治世の初めからは行われていないので、[かつて行われた]suvaṇṇakoṭṭha王[=ノロドム王]の末王子であるcandalekhā殿下[braḥ aṅga mcās]のsokānta式よりも大きいか、あるいは殆ど同じ程度に行われる。

phalguṇa月上弦7日水曜日から上弦10日土曜日、即ち2月17日から20日まで、国王陛下はmunīkesara殿下[braḥ aṅga mcās]というお名前の王女のsokānta式をプノンペン市の王宮内で古くからの習慣に則って挙行なさる。

この儀式は4日間行われる。市内の道路を回る行列が国王[ママ]の名誉に相応しく3日間行われる。王宮の端、devā vinicchaya殿、即ち白い傘蓋があるブラフマ神像の前にある玉座がある大宮殿の南に、braḥ cūḷā(bhnuoṅ braḥ kesā)[王族の髷]を切り、braḥ udakadhārā jayamaṅgala(dik saṅkha)[法螺貝に入れた聖水]をかける儀式を行う場所にするために、カイラーサ山と呼ばれる底辺12.50メートル、高さ11メートルの大きい山が築かれる。3日間とも踊りの劇がある。

munīkesara殿下[braḥ aṅga mcās]の経歴

munīkesara殿下[braḥ aṅga mcās]は、カンボジア国王であるbraḥ sirisuvatthi munīvaṅsa[シソワット・モニヴォン]王とghun braḥ mnāṅ pupphā naralakkhana(tāt)との間の王女で、仏暦2471年0の年辰年phalguṇa月下弦12日土曜日、即ち1929年4月6日にsambhaba(prasūti)[誕生]なされ、この8の年子年に殿下[braḥ aṅga mcās]は9歳におなりになるので、父王はお喜びになり、この王女にsokānta式をとり行うよう命令なさったのである。

この儀式の日には、nagaravattaは儀式と、さらに行列の様子を全て報道する。

約20年間行われなかった大きい儀式であるから、近くに住んでいる皆さんは必ず儀式を見に行ってください。[10号1-9に続報がある]

2-3　三国志演義を掲載するための序説

（前の週[＝7号以前]からの続き）

[「1－」の続き]すでに述べた理由で、この三国志演義中の国名と人名を[クメール文字で]表しても、原文の言語のように[音を]はっきり表すことはできない。我々のbhāsā 即ち aksara[言語]は声調のない言語グループに属し、三国志演義は声調がある言語グループで生まれたものであるから、[音を]完全に明瞭に表すことができないのは当然である。三国志演義の言語から[クメール文字に]転写した国名や人名を逆に中国人に訊ねても、きっと中国人はそれを聞いて理解するのは困難である。ちょうど、中国人が sīpan に変えてしまった[クメール語の]単語をクメール人に訊ねても、クメール人は、それを一生懸命になって聞いてもなかなかそれが sbān[銅]のことであると推測してわかることができないのと同じことである。まとめて中国人と呼ぶ民族は、1つの民族ではなく、潮州中国人、福建[中国人]、広東[中国人]、海南[中国人]などの多くの民族が集まっており、互いに別々に話すことを我々クメール人は知っている。この理由で、三国志演義の中でさえ、1つの国名、1人の人の名が中国人たち全体で互いに少しずつ変わる。たとえば、三国志演義の中の、我々が khuṅ mwṅ[孔明]と呼び慣れている有名な賢人を、福建中国人は“khuṅ peṅ”と、潮州[中国人]は“khuṅ meṅ”と、広東[中国人]は“huṅ meṅ”と呼ぶなどである。これから訳出する三国志演義は福建語から訳出するので人と国の名は福建中国人に従って呼ぶ[注。実はこの翻訳はタイ語訳からの重訳らしいのであるが、そのタイ語訳の人名地名は福建語音である、ということである]。したがって、人と国との名が原語[の発音]からいかにずれていても、既に述べたように、これはどうにもできないことなのであるから、読者の皆さんは、「元の樹の善し悪しに構うことなく、果実のみを食べる」、即ち、「音の表し方が正確であるか否かは放っておいて、話の内容だけをつかむ」と心に決めで読んでいただきたい。

2－原語の音からあまりずれないようにしたければ、我々の文字を正音[＝サンスリット音]と呼ぶことができる音で読むべきで、俗音[＝クメール語としての発音]で読まないようにするとよい。即ち“kiktik”は[キック・ティック」と読み、]「カック・タック」とならないようにする。あるいは、“kiṅ”は[「キング」と読んで]「カング」にならないようにし、“cū chū”は「チャウ・チョウ」に訛らないなどである。即ち、文字通りに読むというのが原語から遠く離れて訛って読まないようにする方法である。なぜなら、たとえば te thau ke を「タエ・タウ・カエ」、khuṅ meṅ が「コング・マング」というように、また、パーリ語とサンスクリット語の例では、khetra、hetu、disa、sissa、atītaを、[ケートラ、ヘートゥ、ディサ、シッサ、アティータというように]書いてある通りに読めばいいのに、[それぞれ]「カエト、ハエト、トゥフ、サッハ、アダット」というように、口慣れた俗音で訛って読んでいる語が多くあるからである。このことは語の発音をどう書き表すかという規則を定める方法に少なからぬ困難を与えている。

中国はとても広大な国土をもち、その面積は四百万平方キロメートル近くあり、175,000平方キロメートルしかない我が国の国土のおよそ33倍[ママ。400÷17.5＝22.9]である。また、住民も約400百万で人口3百万だけの我が国の397倍[ママ。400÷3＝133.3。cf.400－3＝397]に達するから、全世界の大国の1つである。そうして、中国全部を現在はたったの18省に分けているので、中国の各省の領域は我が国の州のように小さくはないことを知っておくべきである。

3－何百年、何千年も経った過去のものは、どれも変化をおこす力と時勢の好みによって変化していて、全てが現在のものと同一ではないのは当然である。このことが後世の人々に[過去の文物を]想像することも、理解することもできないようにならせてしまう原因である。三国志演義にもこのようなものがいくつかあり、たとえば、中国人が“yī nāṅ[官官]”と呼ぶ人々[文はここで切れ、9号5-1に続いている]

（後の週[＝9号5-1]に続く）

3-1　雑報

3-1-1　中国正月について

中国－ベトナム正月に、政府は sevakāmātya(?nak rājakāra)[官員]たちに、フランス人もクメール人も中国人もベトナム人も、4月9日の午後から数えて、10日、11日、12日、13日の4日半休業することを許可した。しかし、クメール人官員たちは緊急の用を受け付けるために交替で当直をしなければならない。

3-1-2　<silvestre>氏の大フランス国への帰国について

カンボジア国<résident supérieur>[高等弁務官]である<silvestre>氏は永年のクメール国での優れた勤務の後、退官して、永年勤務した労苦の褒賞として pamṇāc <retraite>[恩給]を受けるために、(Jean-Laborde)という名の船で大フランス国に帰国することになった。

氏は1879年1月1日に生まれ、今年まで数えると58歳である。[生まれて]長じると、氏は sālā<colonial>[植民地学校]に入学して学び、卒業して pradesa rāja(sruk camṇuḥ)[植民地]に来て<élève administrateur>[上級行政官見習い]になった。1901年12月18日から氏は我が国で疲れを恐れずに勤勉に公務に従事し、我が国もこの35年間、同氏に対し何らの不満も騒ぎもなかった。カンボジア国は同氏の恩徳のお陰で幸福と安寧を得た。

3-1-3　コンポン・スプー州での殺人について

1937年1月23日土曜日、コンポン・スプー州で怒りによる殺人があった。同州に軍事演習に行った時に、フランス人の sakti 2、即ち nāy ray do(lieutenant)[中尉]がクメール人<caporal>[伍長]、名は nun-nuon、認識番号 9387、故郷はコンポン・チナン州内、を蹴り、[nun-nuonは]鎖骨に重い打撲傷を受けたものである。現在政府が dhvœ <enquête>[調査さ]せている。我々は、「他の者にこれを真似させないように、この罪を犯した者を重く罰するべきである」と理解する。

[我々の]父母に等しい政府は、「この事件を放置し、なかったことにしてしまうようなことをせず、我々を納得させてくれる」と信頼している。[注。cf.14号2-1]

3-1-4　コーチシナでの puṇya <tet>[注。tetはベトナム語]>(中国—ベトナム正月)[テト祭]に際しての禁止

正月祭りに関して、省の長である<administrateur>[上級行政官]全て、諸政府部局の長全てに対して規定するコーチシナ国<gouverneur>[総督]殿の prakāsa <circulaire>[回状]がある。

「この puṇya <tet>[テト祭]に際し、フランス人であろうとベトナム人であろうと、「私の部下であるいかなる官吏も、いかなる下級職員も、諸氏はその同僚あるいは部下の官員から、贈らなければならない、あるいは贈らないわけにはいかないいかなる贈り物をも受け取ることを禁止する」と、私がすでに諸氏に口頭で何回も説明した私の考えを思い出すことを絶対的に求める。以前から存在するこの習慣は人類の名誉に反するものであると理解する。私は、「諸氏が受け取ったこの prakāsa <circulaire>[回状]に違反した者を処罰するために、諸氏に協力を求めなければならない」とはっきり理解する。

3-2　サイゴンでの dāt <balle>[サッカー]

プノンペンチーム2ゴール、サイゴンチーム0ゴール

本年1月31日日曜日、スポーツ委員会は、サイゴンに行って長い間技量の優れているサイゴン選抜チームと(Coup[ママ。「coupe」が正しい]-Lambert)[ラムベール杯]戦を戦うために、プノンペンチームの選抜選手を選んだ[そして戦った]。サイゴンチームはこれまで長い間勝ち続けているので[試合の時]我がチームの全員は不安であった。しかしその時、不思議にも我がチームは、「おい、仲間の皆、死ぬまで頑張ろう。絶対に降参するな」と思った。なぜなら、彼らは我がチームを『cāṅ bhāṅ riṅ』と呼び、これは jœṅ brai[下手くそ]という意味だからである。それなら我がチームは皆本気で一生懸命戦わなければならないからである。

最後に、nagaravatta 社は、今回一生懸命努力して勝利を得た皆さんを非常に嬉しく思っている。

我が国が名声を持つように、本日以降、本気になってこのスポーツに一生懸命努力をし、一生懸命備えなければならない。

nagaravatta

3-3　農産物価格

プノンペン、1937年2月5日

籾	白	68キロ、袋なし	2.60 ~ 2.65リエル
	赤	同	2.40 ~ 2.45リエル
精米	1級	100キロ、袋込み	6.85 ~ 6.90リエル
	2級	同	6.40 ~ 6.45リエル
砕米	1級	100キロ、袋込み	5.85 ~ 5.90リエル
	2級	同	5.35 ~ 5.40リエル
トウモロコシ	白	100キロ、袋込み	[記載なし]
	赤	同	7.35 ~ 7.40リエル
コショウ	黒	63.420キロ、袋込み	16.25 ~ 16.75リエル
	白	同	26.50 ~ 27.00リエル
パンヤ	種子抜き	60.400キロ	33.00 ~ 34.00リエル

＊サイゴン、ショロン、1937年2月4日

フランス籾・米商事会社から通知の価格

ショロンの<machine> kin srūv[精米所]に出された籾1 hāp、[即ち]68キロ、袋込みの価格は以下の通り。

籾	最上級		2.66 ~ 2.70リエル
	1級		2.64 ~ 2.68リエル
	2級	日本へ輸出	2.54 ~ 2.58リエル
	2級	上より下級、日本へ輸出	2.44 ~ 2.48リエル
	食用	[国内消費?]	2.30 ~ 2.34リエル
トウモロコシ	赤	100キロ、ショロン県マッカサンで売り渡し。	0.00 ~ 8.00リエル
	白	同	0.00 ~ 0.00リエル

米(2月渡し)、港渡し、袋込み、税抜き、1 hāp、[即ち]60.7キロの価格は以下の通り。

精米	1級、砕米率25%	4.34 ~ 4.36リエル

	2級、砕米率40%	4.24 ~ 4.26リエル
	同。上より下級	4.14 ~ 4.16リエル
	玄米、籾率5%	3.44 ~ 3.46リエル
砕米	1級、2級、同重量	3.84 ~ 3.86リエル
	3級、同重量	3.38 ~ 3.40リエル
粉	白、新袋、同重量	1.78 ~ 1.80リエル
	kāk[籾殻+糠?]、同重量	0.90 ~ 0.95リエル

3-4 読者の皆さんは、きっと母音記号や子音文字[の活字]がたくさん不足しているのがお分かりでしょう。それゆえ、私たちはとりあえず正しくない母音記号や子音文字を代わりに使わせていただきます。フランス国の活字鋳造工場が活字を送って来たら私たちは正しく改めます。

4-1 [広告] 名医[注。この広告のクメール語文は文法も内容も支離滅裂。口述筆記かもしれない]

[登録商標の絵がある。即ち円形で中央に仏領インドシナ、即ちベトナム、ラオス、カンボジアの地図。円周に沿ってフランス語でMARQUE DEPOSEE[登録商標]、ベトナム語でDONG PHAP[東法=東フランス]とある。さらにその円の下に、この薬の発明者名Diñ-thañ-Soṅがある]

[本文]催眠療法は心の力で生まれます。1931年に私はコーチシナのバーサック郡のbraek trakuon寺で20千人以上の患者を救いました。呪術で患者を救うのは、私が治療中に病気が治った人がいました。患者の5割から3割は治療中に治りました。何回も治療して完治した人もいます。重症でもいくらか軽くなります。患者が医師の薬を服用したり注射したりしている場合、この呪術はその薬の効き目を一層高めます。1936年srābaṇa月に私はプノンペン市の中国寺であるṭam ṭaek寺にいて、患者500人を救い、400人が治りました。今、私はkāp go市場に来て非常に効く薬の調合に一生懸命努力し、苦しんでいる病人のために販売しています。私は[薬を]売って利益を得てはいますが、私は病気の人と苦楽を共にして慈悲の心で善業を積もうと決心しているのです。

薬は全て非常に効く薬です。

病気を治したい皆さん、okñā um路47号、kāp go市場の前の私、sīv pāvの店にいらしてください。よく効く「フランス領インドシナ地図印薬」があります。私は敢えてこの薬を仕入れて[売る]名声を有するものです。皆さんが私の薬を買いたければ、皆さんが金を無駄にしないように病気に合う薬を買うために、私が病気を起こしている原因について[知るために]、症状がどうであるかを質問することができるように、私の店に来てください。

あらゆる種類の薬の話は下の通りです。

私は概要を申し述べます。たとえば梅毒、淋病を治し、病毒を全部消して再発することがないようにする薬は不思議によく効きます。月経不順、あるいは妊娠中と産後の女性のための薬。白帯下を患っている女性のための薬は、どんなに長く患っていても、どんなに重くても、私の薬を服用しさえすれば確実に治ります。アヘンの代わりに吸って[アヘンを]吸うのを完全にやめさせるためのよく効く薬。熱病薬。kam ramās[湿疹、疱疹の類]の薬。化膿したできものの薬。鎮咳薬。高熱と寒気の毒の薬。首のリンパ腺の腫れを治す薬。疥癬の薬。腰痛、高熱、夢精を患っている人の体力補強薬。もう1つこの薬は誰でも女性に満足し喜ぶ力をつける[=強精剤]ために服用することもできます。その他の薬も全種類あり、無いものはありません。必要に応じて買いに来てください。

私の薬を続けて購入する皆さんは、いつでも時を限らず私があなたがたの病状を訊ねて、診察して病気を治す手伝いをします。私の催眠療法に頼りたい方は、夕方5時から8時まで行なっています。

sīv-pāv　　バーサックの医師
[仏語]　　M.Truong-long-Bào、通称Xieu-Bào
　　　　　カンボジア、プノンペンOkñā Oum路47号

4-2 nagaravatta 新聞購読の登録方法

下の紙に名前と住所を記入して、<mandat poste>[郵便為替][(原注)1]を購入し、一緒に送付のこと。

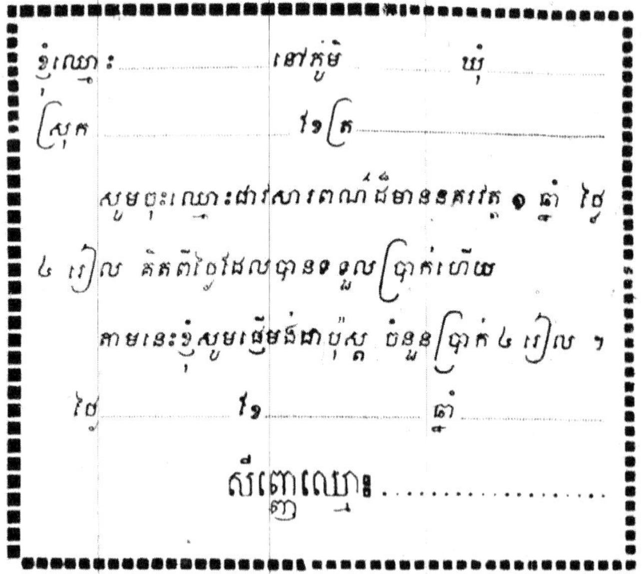

ខ្ញុំឈ្មោះ .... នៅភូមិ .... ឃុំ ....
ស្រុក .... ខេត្ត ....
សូមចុះឈ្មោះជាវកាសែតណគរវត្ត ១ ឆ្នាំ ថ្លៃ
៤ រៀល គិតពីថ្ងៃដែលបានទទួលប្រាក់ហើយ
តាមនេះខ្ញុំសូមផ្ញើមណ្ឌាប៉ុស្ត ចំនួនប្រាក់ ៤ រៀល ។
ថ្ងៃ .... ខែ .... ឆ្នាំ ....
ស៊ីញ៉េឈ្មោះ..................

[次は記入用書式]

私、氏名～、住所は～州、～郡、～村、～区は、代金領収の日から1年間、購読料4リエルでnagaravatta

新聞を購読することを登録します。

［この申し込み書と共に］私は金額4リエルの<mandat poste>［郵便為替］を送ります。

年　月　日

<signer> jhmoḥ［署名］

［（原注）1］<mandat>［為替］を送付する時は、その受取人の名前と住所を次の様にしてください。

［仏語］　Ngo-Hong 氏［Monsieur］
Nagaravatta の会計係
Verdun 路
『Sun-Van 劇場の東』
プノンペン、私書箱44号

［ク語］即ちプノンペン<verdun>路、thī vān 劇場の東の nagaravatta <gazette>［新聞］の会計係である ṅū-huṅ 氏［monsieur］あてに送ってください。［注。このクメール語文には上のフランス語文中の「私書箱44号」が脱落している］

4-3　［広告］［仏語］

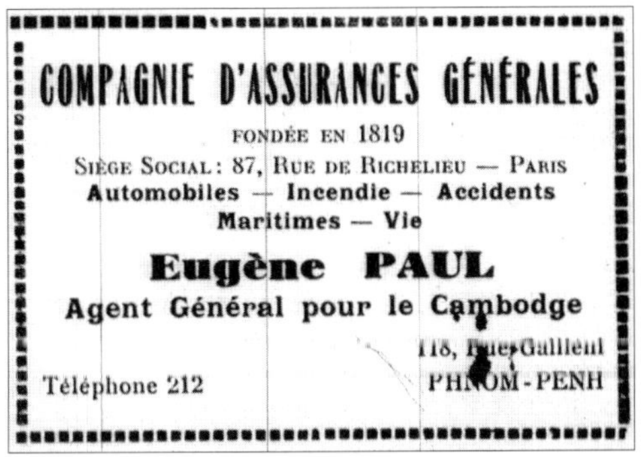
COMPAGNIE D'ASSURANCES GÉNÉRALES
FONDÉE EN 1819
SIÈGE SOCIAL: 87, RUE DE RICHELIEU — PARIS
Automobiles — Incendie — Accidents
Maritimes — Vie
Eugène PAUL
Agent Général pour le Cambodge
118, Rue Gallieni
PHNOM-PENH
Téléphone 212

総合保険会社
1819年創立
本社所在地：パリ　RICHELIEU路87号
自動車—火災—傷害—海上—生命

Eugene［ママ］PAUL
カンボジア総代理人
プノンペン Gallieni 路118号
電話：212

4-4　nagaravatta krum <gazette>［新聞社］は州知事殿と郡長殿に申し上げます。

<gazette>［新聞］購読者の多数が、［当社が］送って到着しない<gazette>［新聞］の件についての不満を持っています。

それゆえ、当社が貴殿の州庁または郡庁に送付することをどうか御支援くださり、どうか恩恵をもって［新聞を購読者それぞれに］送ってくださるようお願いいたします。

閣下に前以て感謝致します。

nagaravatta

＊nagaravatta<gazette>［新聞］は購読者の皆さんの徳のおかげで生きています。それゆえ、<gazette>［新聞］をお受け取りになった方に申し上げます。今すぐ、その<gazette>［新聞］の代金を nagaravatta 社へお送りくださいますようお願い致します。<poste> khsae luos［郵便局］にまかせると必ず［当社に］配達に来ます。

新聞総務部

4-5　［広告］自転車塗装<machine>［機］

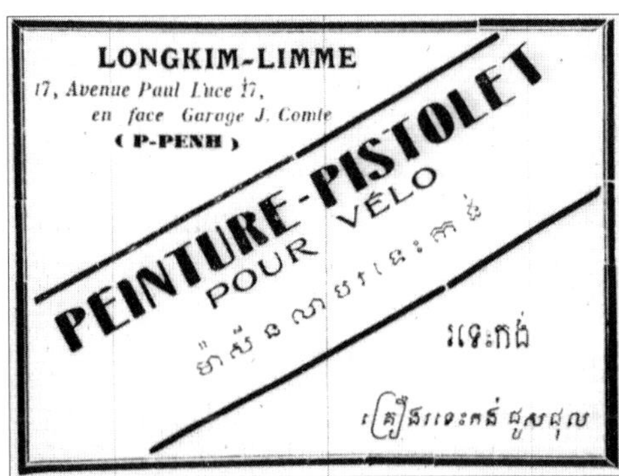
LONGKIM-LIMME
17, Avenue Paul Luce 17,
en face Garage J. Comte
(P-PENH)
PEINTURE-PISTOLET
POUR VÉLO

自転車
自転車付属品、修理

クメール人の自転車製作店 ḷuṅgīm-lim。プノンペン pāk dūk、<paul luce>路17号

［仏語］自転車塗装機
LONGKIM-LIMME

プノンペン Paul Luce 路17号
J.Comte 自動車修理工場の前

4-6　［広告］ñī dhieṅ ḍwaṅ　［注。この広告は古い正書法を使用しているが、個々には指摘しない］

［商標である、座って店名を書いた紙を持っている僧の絵。説明はない］

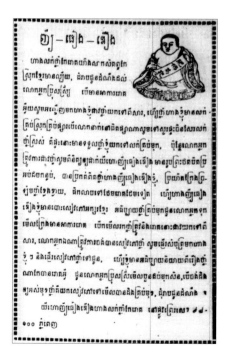

とてもよく効く薬を売るクメール国の有名店から男女の皆さんへお知らせします。もし何か病気の症状があったら、私の店に来て薬を買って服用してください。そして私の店の薬は、全ての郡、全ての市場で売っています。あなた方がどこかの市場の近くに住んでい

たら、漢方薬を売っている漢方医の家に行って聞いてください。即ちその家は私の店の薬を全種類仕入れて販売しています。しかし、あなた方が薬を買う必要がある時には、僧の絵がある商標 ñī dhieṅ ḍwaṅ がビンの箱に貼ってあるかどうかを確かめてください。確かにあれば、私の ñī dhieṅ ḍwaṅ 店の薬です。間違えて偽物を買って服用して病気をさらに悪くすることがないように注意してください。私の ñī dhieṅ ḍwaṅ 薬店では、全ての薬の説明を書いたクメール文字の冊子が印刷してあり、あなた方が手元においておいて、病気の症状があった時に、[その冊子を]開いて見て、その病気に合う薬を探して買って服用するように提供しています。この薬の冊子が必要な方は私の店に手紙をください。私はその薬の冊子を送ってあげます。それから、私は、男女のあなた方が読むように、どの薬がどの病気を治すかを説明し、何種類か薬を提供します。もし全部の薬について知りたければ、冊子を見れば全ての情報がわかります。

商標 ñī dhieṅ ḍwaṅ 薬店、プノンペン brer 路98-100号

4-7 [広告][仏語] collège（即ち Lycée）Sisowathの卒業生[協会]

[ク語]創立してから2年になる sālā pañrien <collège>、即ち<lycée> braḥ sīsuvatthi[シソワット中高等学校]卒業生協会は、現在銀行に預けてある金が、インドシナ国利付宝籤の価格を含めて2,000リエル余りあります。この1月、政府が補助として金200リエルを交付しました。また、samtec krum braḥ varacakra raṇariddhi {suddhārasa} がさらに50リエルをくださいました。当協会の宝くじ8枚のうち2枚が、それぞれ1等の100リエルに当たりました。協会が貧しい生徒に支出した援助金は100リエル余りで、1937年には、協会は、父母が貧しくて子を養い学校に通わせるための金があまりない生徒のために300リエルを準備してあります。

[リセー・シソワットの]生徒であった人も生徒でなかった人も、この協会に入会したい方は censeur au Lycée [中高等学校学監]であり、協会会長である Guilmet氏に手紙を送って訊ねてください。

4-8 [広告] 嵐用の maṅsuṅ ランプ

[下部に「MADE IN SWE」とあるランプの絵がある。説明はない]

“OPTIMUS”印、灯油を使用、灯心なし。

このランプは“(スウェーデン)”国で、“Rechauds Optimus”という特製 caṅkrān <machine>[コンロ]と同じ roṅ <machine>[工場]で作られています。このランプは、油を入れるタンクは特製の1種のニッケル製で蒸発や漏りがなく、美しく、光沢のある銀メッキですから特に頑丈です。これらのものは、皆さんに確かに良い製品であるという信頼を受け、好まれるために、出荷して販売する前に、全て製造した roṅ <machine>[工場]で試されています。

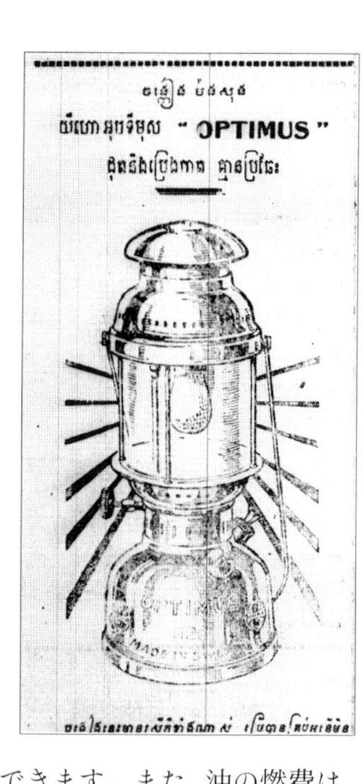

“Optimus”maṅsuṅランプは100燭光、200燭光、300燭光などの多くの型があって特に明るく、家庭、サーラー、本堂、祭りの会場、あるいは畑、農園、漁場である入り江、などで夜に戸外で働く人のために、木造の仕事場、倉庫、船、舟などの照明に適しています。

このランプは光がとても明るく、雨、雷、嵐などに関係なくどのようにでも使用できます。また、油の燃費は、

軽油1リットルは、100燭光型で 20時間
200燭光型で 18時間
300燭光型で 15時間

使えますから、少量です。

このランプが御入用な方は、プノンペン市の<denis frères>店へお越しください。

[仏語]　　プノンペン販売代理店 Denis Frères

4-9 [広告][仏語]

新しいプジョー1937

新しい201

［乗用車の絵があり、下に］ 最も人気のある201がさらに強力でかつ経済的なエンジンで提供されます。［最高速度は］時速95キロ。［燃費は］100キロメートルあたり9リットル。車内はより広く、より快適です。装備は完全で消費レギュレーター付きです。

4ドア4人乗りセダンと、2人乗りオープンカーがあります。

［乗用車の絵があり、その左と下に］ 新モデル302

全くの新型車で、エンジンはバルブロッカーアームの10/46 CVです。302は402の妹型で、402の全ての特質を中型車に装備したものです。時速105キロを楽々と超すことができます。燃費は100キロあたり10リットルです。

5人乗りのセダンと、2人プラス2人乗りのオープンカーがあります。

［乗用車の絵があり、その右と下に］ 1937年型402

すでに発売されているものと同じ系統の大型車ですが、エンジンがさらに完全になり、快適さもさらに大きくなりました。

6人乗りセダンと、8人乗りのファミリアルと、4-5人乗りのオープンカーがあります。

さらに新しい、広いファミリアル《tous temps》が新発売です。これは6人乗りで、手動で引き込み可能な金属製屋根です。

展示と試乗は、

プノンペン Boulloche 路14号の Jean Comte 商会

で実施中です。

Samedi 20 Février 1937

Nagara vatta
HEBDOMADAIRE PARAISSANT TOUS LES SAMEDIS
(Boite Postale N° 44)

第1年9号、仏暦2479年8の年子年 phalguṇa 月上弦10日土曜日、即ち1937年2月20日

［仏語］1937年2月20日土曜日

1-1　［仏語で「私書箱 No.44」が加わった以外は8号1-1と同一］

1-2　［8号1-2と同一］

1-3　［8号1-3と同一］

1-4-1、2　［8号1-4、1-5と同一］

1-5　スペイン国内の戦争の原因［注。この文章は翻訳であるせいか、不自然な部分があり、翻訳は原文に忠実でない部分がある］

現在スペイン国内で起こっている動乱はヨーロッパ大陸の国々の多くに強い衝撃を受けさせ、それらの国々の考えも国益をも大きく揺るがせている。

この動乱の原因は、（George A.Matelly）という名の ?nak taeṅ <gazette>［新聞記者］が次のような内容の文章を書いている。

スペイン国は、（アルフォンソ）［13世］国王が退位した時からこれまでの過去5年間は、政治の面で極めて混乱した奇異な事件が次々に起こった時期であった。ここで混乱というのは国内の混乱のことで、国王が退位した時点で［国が］分裂するという事件が必ず起こって当然であったのにそうはならず、スペインは静穏になったことで、全世界はこの変革の後の静穏に奇異の念を持ったのであった。

スペイン国のマドリード市では、アルフォンソ国王が国外に出てから1日たった日、［国の］破滅に向かう何らかの分裂が生じても当然であった時に、状況はそうはならず、2、3の点で普段と変わった場所がいくつかあるだけであった。

あちこちの道路で、勇士と名声のある人々の記念碑が少し変わって真紅の<ruban>［リボン］で念入りに飾られていたが、それ以外に普段と異なったことは何もなかった。飲食店では勇壮な態度のスペイン将校たちの群れが見られ、民衆たちはあちこちの場所に集まってグループを作り、いつものように円になって笑いながら食事をしたり、座って安楽に何の心配もない様子で<gazette>［新聞］を読んだり、スペイン人のスポーツと呼ばれる闘牛の話をしていた。これらの様子は、スペイン国の国民の心の内には驚き慌てるべき事は何もないことを示していた。

しかし、今や我々は、その後生じた全ての事件が［これらの］推測結論を全て誤りにしたことをはっきり知った。以前の安楽に静穏にしていたことは、それぞれが何をし始めれば正しいのかがわからず、それで沈黙していたのであり、静かにしていたくない人たちがいたにもかかわらず、静かにしていたくないのは心の内だけに［とどめ］、敢えてその気持ちを表明して他人に明らかにしようとはしなかったのが、今その気持ちが爆発したのである。アルフォンソ国王追放を考えた発案者たちは、現在は不安定に直面していて、これら全ての状況がいつまで、どこまで突き進んで終わるのか推測がつかないでいるし、さらにこの状況は1931年4月の革命と比べ物にならない程激しいので、現在は、誰が留まるべき人で、誰が去るべき人であるかが全くわからないでいる。

（続き［＝10号1-5］がある）

1-6　諸国のニュース

1-6-1　フランス国について

（シャトールー）県都、1月31日。フランス外相である（Delbos）氏は（ヒットラー）氏の演説に答えて演説をし、「フランスの平和安寧は（イギリス）、（ポーランド）、（ロシア）、それに（Petite Entente）［小通商国］、即ち（ルーマニア）国、（ユーゴスラビア）［国］、（チェコスロバキア）

[国]と密接な関係がある」と述べた。もう1つ、氏は[次のように]述べた。「私自身はヒットラー氏とムッソリーニ氏が真剣に平和を求めることを望む気持ちを持っていない[ママ。恐らく「持っている」が正しい]ということを信じないわけではないが、我々が共に平和への道を歩むことができないのは、歩みを整える方法の定め方が同じではないからである。『平和を得たければ、互いに協力して一丸になるべきであり、いずれかの国をそのグループから除外するべきではない』とフランスは理解する。一方ドイツの方はロシアが入ることを欲しない。全ての国は協定に<signer>[署名した]以上は、その自分の<signer>[署名]を尊重して[協定を遵守する]べきである。ヒットラー氏が、"いずれかの国が軍備を拡張することと兵員数を増加することとは、その国が数量を決めるのに任せるべきである"と言ったこと、このことこそが協力して一丸となることを困難にしているのである。我々が現在ドイツに実行するよう求めている全てのことは、諸国もフランス国も同様に従わなければならないことなのである」

＊パリ市、2月2日。フランス下院 sabhākāra(dī prajum)[本会議]で、空相である(Pierre Cot)氏は議員たちに、「現在空軍の装備品をフランス国より多く持っているのはロシア国だけである」と説明した。氏は飛行場を整備することについて、「海軍を助力し支援に行くこともでき、陸軍も助力でき、あるいは空軍内だけで使用することもできるようにする措置を整え終わった」と述べた。さらに陸相である(ダラディエ)氏が説明を続けて、「大フランス国全体の多くは平和を求めることを望む気持ちを持っている。しかし、我々は、フランス国を簡単に他の国の餌食にならせないための何らかの計画を立てることを考えなければならない。たとえ武器だけがあっても、人が十分になければ無駄な物になる」と述べた。最後に議員たちは、武器生産に<19 milliard>(19,000,000,000即ち19,000 百万<franc>[フラン])を支出することを可決した。さらに[ダラディエ]氏は、「軍用道路に関しては国境に沿った道路を整備しなければならない。古い道路は全て軍が速く移動できるように改装する必要がある」と述べた。武器生産について氏は、「考え得るあらゆる戦術を全力で使うために、以前から今日まで、フランス国 senādhikāra(?nak truot trā kaṅ daba duo dau[軍参謀総長])、即ち(Gamelin) <général>[将軍]と検討を行い、合意した」と述べた。最後にダラディエ氏は、「現在フランス将校の100人中80人は貧しい家庭の子であり、これらの将校たちこそがフランス国の自由を守るのを支えてくれている人なのである」と述べた。

1-6-2　イギリス国について

ロンドン市、1月31日電。イギリス外相である(イーデン)氏は[ヒットラー氏の演説を]検討してみた結果、「ヒットラー氏の演説は我々の希望通りではない。[ヒットラー氏が]同意しているのは1項目、即ち(ベルギー)国と(オランダ)国に中立でいさせるということだけで、この同意だけでは、ヨーロッパ大陸への破壊に対するイギリスの心配を十分に消し去るものではない」とわかった[と述べた]。

＊[ロンドン]2月2日付電。イギリス下院本会議で、ある議員がイーデン氏に、「1933年にドイツ国が、諸国と同等の公平さを受けていないという理由で軍縮委員会から脱退したが、現在ドイツ国は諸国と肩を並べるに至った。今イギリス政府はドイツを再び軍縮委員会の会議に参加するように招く考えがあるか否か」と質問した。

これについて、イーデン氏は、「イギリス国は、ドイツ国がヨーロッパの全ての国々と共に軍備を縮小することを検討するために会議に参加することを大いに希望する」と述べた。

1-6-3　ドイツ国について

2月6日付電。ロンドン市駐在ドイツ特命全権大使である(リッベントロップ)氏が、ドイツ国が自国の[旧]植民地を取り戻すことを求めることについて、イギリス政府と会談をした。様子では、リッベントロップ氏は単に感触を得るために下話をしたに過ぎないようである。もう1つ、氏はさらに、「この[返還を受ける]ことに成功したら、ドイツ国は、ドイツ国がフランス国、イギリス[国]、ベルギー[国]などと共に"kha katikā disa khāṅ lic(Pactc de l'Ouest)[西諸国協定]"と呼ばれる協定に<signer>[署名する]ことに同意する可能性がある」と漏らした。この情報によれば、ドイツはロシア、ポーランドと共に<signer>[署名する]べき東諸国協定に暗黙のうちに道を開くことがわかる。この[東諸国]協定こそフランス国がドイツに西諸国協定と共に<signer>[署名さ]せたいものである。

一方イギリス国の方は、依然としてまだ、ドイツの求め通りに、[ドイツに]植民地を分け与えることに同意していない。

1-6-4　(ユーゴスラビア)国について

(ベルグラード)市、2月5日付電。ユーゴスラビア外相はユーゴスラビア国の外交政策について[次のように]演説し説明した。「ユーゴスラビア国は現在イギリスともイタリアともドイツとも当然仲良くしている。この仲良くしていることについて、いずれかの国が、『ユーゴスラビアはフランスあるいはドイツと仲良くしているから、ドイツの仲間に入ったとか、フランスの仲間に入った』とか考えるとしたらそれは正しくない。なぜなら我々の外交政策はユーゴスラビア国だけのためのものだからである」

1-6-5　(トルコ)国について

(アンカラ)市、同日[＝2月5日]付電。(トルコ)外相は、"kha katikā juoy gnā dau viñ dau mak nau samudra <méditerranée> disa khāṅ kœt[東地中海相互支援協定]"と呼ぶ協定を結ぶ事について考えるために、イタリア国の(ミラノ)県都でイタリア外相であるチアノ(Le Comte)[伯爵]に会いに行った。この協定はイタリア国、(ギリシア)[国]、ユーゴスラビア[国]、トルコ[国]が共に署名した。

1-6-6　スペイン国について

(マドリード)市、同日[＝2月5日]付電。政府派は反乱派軍を攻撃して、マドリード市から追い出し、何キロメートルも退却させて勝利を得た。

1-6-7　<japon>(yībun)[日本]国について

(東京)市、2月2日付電。(林)将軍は<conseil> senāpatī[大臣]を任命する[＝組閣する]のを終え、揃って日本国天皇に拝謁した。氏自身が首相、外相、文相になり、その他の省は陸軍省は中村将軍が大臣になった、などである。林氏の<programme>[計画]は、(1)日本天皇の意向に従って国の国内政策をきちんと整えること。(2)憲法を堅く不変に守ること。(3)日本の外交政策全般に、共に協力して友好を結ぶ方針を持たせること。(4)国を守る方法を強固で確かなものに整えること。(5)国内に工業を興し、発展成長させること、である。

1-7　土曜評論

「プレイ・ヴェーン州 jhœ kāc 郡の郡長である jū-ḷuṅ 氏を、政府が jhum 州知事殿の後任として、ポー・サット州州知事に任命した」というニュースを得て我々は大変喜んでいる。

同 jū-ḷuṅ 氏は、フランス政府もクメール[政府]も、公務を行なって発展したのは同氏の故であると称賛している官吏の1人であり、極めて勤勉な人である。また氏の方もまさに力に満ちている年齢であり、今後長い間公務を行うことができる。それゆえ、政府は、「この官吏は年齢が少ないのは事実であるが、プレイ・ヴェーン州で行なった非常に優れた業績、即ち州民に幸せと発展をもたらすために、郡や村に道を作る、貯水池を掘る、その他多くの事業がある、と認め、政府は知事に任命したのである。

この高官の姿形の方は極めてきちんとしていて美しく、将来大きな名誉を得るのは確かである。

ただちょっと残念なのは、妻がいるが、それは女性で、すでに子が3人いる[注。この文は誤記があり、10号1-7で訂正されている]。

bhnaek-puon

1-8　語彙の制定([7号以前からの]続き)

序論(イギリス国における語彙制定についての話)

[注。この記事の執筆者は、国語辞典とはその国語として使用するべき語とその語の意味・用法を制定する、即ち規範を示すものであると考えている]

誰もが既に知っているが、イギリスは大強国で世界の全ての諸国の畏敬の対象になっていて、現在に至るまで"世界の皇帝"という名誉を[世界に]明らかにしている。これはイギリスが他に抜きん出て実行した優れた政策の力のおかげである。即ち武力を及ぼして領土と商業とkāra gamanāgama[交通](kāra dhvœ ṭamṇœr dau mak knuṅ ravāṅ pradesa dāṅ mūla[あるゆる国と行き来すること])を手に入れ、その後イギリスは dhanāgāra(banque)[銀行]を始めとして世界的事業の多くで首位にたったのである。

イギリスが武力を及ぼし、世界のあらゆる地域の土地に領有権を持つと、イギリスは自分の言語を世界に広めるという考えを実施した。即ち世界中に存在する自らのsāmantapradesa(sruk camṇuḥ)[植民地]、および独立国のほとんど全てに、隙間なく英語学校があり、その言語[＝英語]ができる人が大勢いるようにした。その結果[英語を]共通語にする好みが生まれ、諸国も交通路方面の便利のために英語を使用するのを好むようになった。

これら[ができたの]は全てイギリスが栄え、支配態勢を整えた西暦17世紀に時を合わせて、イギリス文学の話に明らかなように、文学方面の学者であるシェークスピアという名の cintakavī、即ち ?nak prājña vaṇṇagati[文学者]が生まれ、全ての英語[の単語]を集め、さらにあらゆる使用に供するために語彙を制定して加え、英語に十分に完成された言語の資格を与え、それを大きい辞典にまとめあげたからである。この辞典は現在に至るまでイギリス人の財産とされている。[このパラグラフの記述はママ。シェークスピア辞典をシェークスピア「著。編」と誤解したらしい]

ヨーロッパ大戦の後、イギリスは、「同盟国との間の条約文書の作成は、以前はフランス語で作成するのが習慣であったが、今や英語が世界のどの国語よりも世界に広まっているし、さらにこの言語[＝英語]は完成された言語の資格を全て持つから、英語で作成することを同盟国たちに求める」と抗議した。その時、フランス国を始めとして同盟国全部がそろって承認し、現在に至るまで使用されている。あれやこれやも全て、イギリスが自分の言語を整えて適切な状態を持たせ、さらに自分の言語を広め、人々の心を魅了してつなぎ止める媚薬にし、人々に好んで使用させることを画策することができた知恵によるものである。

これらのことは高い尊い名誉であり、イギリスを世界の中心に高くそびえさせ、どこを向いても自分の言語[＝英語]がわかる人がいて、あたかもイギリス人が全世界のいたるところにいるかのようにした。

sṅuon vaṅsa[27号2-1に続く]

2-1 医学について―病気を予防する

(前の週[＝8号1-6]から続きの医学)

第2。マラリアについて

我が国は至るところに森と山があるので、このマラリアはクメール国の民衆を大勢死亡させている。我々は間欠熱だけがマラリアであると認識してはいけない。間欠熱はマラリア[と判断する]理由の1つであって、マラリア全てにあてはまる[判断理由]ではない。なぜなら、マラリアはとても多くの型があって、時には何ヶ月も熱があるが患者をそれほど強くは苦しめない。しかし、その患者は少しずつ弱くなり体力が減っていき、長くたつと死に至る。時には antœk[注。慢性の熱病、あるいはマラリアから生じる内蔵の病気といわれる。慢性肝炎?]になり、痩せてさらに黄疸がおこり、そして死亡する。時には、何日か何時間か熱が続き死亡することもある。あるいは全身の神経が痛むが、はっきりした発熱時は全くないこともある。

ここまで解説して来た病気の型は全てマラリアただ1つから起こるが、病気の症状の型が異なるのである。マラリアは病気の源、即ち小さな生物が血液中に入って住み、次々に子孫をたくさん生むことから起こる。そして血液をとって顕微鏡で見て調べると[その小生物を]認めることができる。

マラリアはその源である蚊から起こる。このことは極めてはっきりした事実で、作り事でもないし、推測で言っているのでもない。つまり調べて多くの証拠が見つかっているのである。もっとはっきり確かに知りたければ、蚊を1匹持って行って、マラリアに罹っている人を刺させ、何回も刺した後にその蚊を、フランス国のような遠くの、まだマラリアのない国に持って行き、その蚊にマラリアに罹っていない人たちを刺させると、およそ5日から15日後に、それらマラリアに罹っていなかった人達は全て必ずマラリアに罹る。

それゆえ、我々は、「マラリアはネアック・ターとか森の神とか幽霊とか悪霊とかが罹らせることによる」とか、あるいは「土地や水や風による」と信じるべきではない。即ち、蚊から起こることは確かな事実なのである。

調べた[結果]、「全ての蚊がこのマラリアを起こすのではない」ことがわかった。この熱病に罹らせる蚊は、我々クメール人が"mūs ṭaek gol[ハマダラカ]"と呼ぶ種の蚊で、多くは森にだけ住んでいる。里に住んでいる蚊は我々に何の害も苦しみも与えたことがない。ハマダラカはとまる時に尻が上に持ち上がるので、「ハマダラカである」と容易に知ることができる。

我々は、「多くの種類の蚊がいる国はマラリアも多い」と思ってはいけない。そうではない。ハマダラカがいなければマラリアもないのである。

ハマダラカが1回か2回刺すと、我々が[それに]気付かなくても、マラリアに罹らせることができるためには十分である。

後の週[＝11号1-5]はどのようにしてマラリアを予防するかについて説明する。

2-2 農業

(前の週[＝7号以前]から続く)

我々クメール人は、現在このような方法で[稲作を]行なっていることが多く、この稲作業を、今後少しずつ発展させる方法をよく考えて一生懸命探し求める才能も知恵もなく、ただ無学無知と怠惰に浸っていることに承服している。

私がここまで解説してきたことは、クメール人大衆をけなし、我々の民族を貶めたいと思っているのではない。即ち長い間思ったことを記録しておいたものを、クメール人の行動をはっきりと理解させ、農民であるクメール人たちを目覚めさせ、これ以上暗愚の中に浸っていさせないように忠告するために持って来て示すのである。なぜなら、引き続き[無知と愚かさの中に]浸っていさせたなら、我が国に庇護を求めてやって来て住み、一生懸命生計を立てて、比べものにならない程のごちそうを食べ、商業や政府などのあらゆる分野で自分の利益を成功させている<asiatique>[アジア]人がいるから、やがて[クメール人は]きっと起き上がることができなくなるからである。さらに彼らは全て有能であり、一方我々クメール人は、自分の国に住んでいるが目はくらんでいて、何もしないでいるばかりで、何の仕事のこともわかっていない。このまま成り行きにまかせたら、きっと必ず滅びてしまう。それゆえ、私は民族のため、国のために、[農民を]目覚めさせてもらい、[農民に]注意させてもらっているのである。

もし目が覚め、はっきり理解できたら、稲作をする人々は、実行すれば田の収穫を増して田畑の重要性を増すような何らかの方法をよく考え、選ぶべきである。

知恵の貧しい私の考えでは、農民は下にあるようにするべきである。

(1) 畦がない田は畦を頑丈に大きく作る。

(2) 田に草やアシが生えたら、最初からすぐに抜き取って田をきれいにしなければならない。放置しておいてとても大きくならせ稲を弱めさせ枯れさせてはいけない。

(3) 粒が大きくて粒がそろった良い[種]籾を選ばなけ

ればいけない。種籾がよければ、植えると良い収穫があり、[種籾の]粒が大きくてそろっていれば、その実も[種籾に]劣らず粒が大きく揃うであろう。

(4) 肥料を探してきて田に施すべきである。この肥料には、ウシ、スイギュウ、ウマなどの糞肥料[注。ママ。「厩肥」ではない]がある。どの田でも肥料を施せばその田は稲が良く育ち、収穫が多い。集落の近く、あるいは道の近くにある田は、その集落から流れ出た水が動物の糞肥料を田の中に運んで来て稲を良く育たせるのと同じである。

[集落からの水が入らない]その他の田も、集落の近くの田と同じように肥料を探して来て施してやれば、稲の収穫も同じように[たくさん]得ることができるようになる。しかし、[その事実を]見てもわけがわからない、あるいは、たとえ見てわけがわかっても、そう実行しない。家族内に人が多い家族で、誰もそうしようとする気を起こさず、「暇にしていて何もせず、いい加減さの中に浸っている方がましだ」としている家族もある。

肥料を探して来て田に施すのは大切なことの1つである。なぜなら稲の収穫は普通と比べて非常に多く増えるからである。[私が]気付いたことによると、田を作る人は、一生懸命肥料を探して来て田の1つ1つに施すべきである。もし1つ1つの田の収穫において、それぞれ量が増えれば、その人の田全てを加算すると、それらの田の数に応じてその収穫は随分増える。

それゆえ、田を作る人全てにお願いする。多くの収穫を上げることができ、貧しさを軽減するために、この忠告を良く検討して一生懸命従ってほしい。しかし収穫を多く得ることは雨にもより、[いつも]同じではない。しかし、良い雨がある場合、肥料がある田とない田とでは、肥料がある田の方が収穫が増えるのである。

肥料の方は、「探しても手に入らない」とか、「ウシやスイギュウが少ないので、田1枚か2枚にしか施せない」と言う人がいる。「ウシやスイギュウがいない」と言う人もいる。このような言葉を言うのは、怠惰といっしょになって[言って]いるのである。

動物の糞肥料は毎日集めて貯めなければならない。自分の動物の糞であろうと他人の動物のものであろうと、一家全員が、歩いていて見つけたものを全部せっせと拾って集めて積んでおき、[肥料をやるべき]季節になったら運んで行って田に施すのである。

動物の糞肥料のほかに、樹木の肥料やごみの肥料もある。即ちある集落で、毎朝子供達に掃き掃除をさせている場合、ごみを集め、積み上げて焼き、その焼いた灰を集めて肥料にし、動物の糞肥料と混ぜておいて田に施す。最近はどの集落も汚れてきちんとしていないから、集落が清潔になるというおまけもある。

もう1つ、樹木の葉や幹や枝[注。この列挙順はクメール語文の誤解を避けるためである]も持って来て焼き、灰を動物の糞肥料に混ぜて、田に施すことができるのに十分な量にすることができる。

私がこれまでに気が付いたことによると、持って来て焼いて肥料にするのに使う木は、この10年ほど前から国で見られるようになった"dandrān khaetra"と呼ぶ木がよくて便利である。この dandrān khaetra 樹は焼いて灰にして肥料に使うととても良く、他の木よりもいい。私が敢えてこのように述べるのは、私は南部の郡のある地区でそうするのを見たからである。その地区では土地が全然良くなかったが、[代わりに]畑にする他の土地はなかった。住民は dandrān khaetra 樹を伐ってきて焼いて肥料にしてその土地に施し作物を植えた。作物は育ち驚くほど良い収穫があった。私の知る限りでは、そこの住民は6年間続けてその肥料を使った。その後私はその郡を離れたので、それ以後のことはどうなったか知らない。しかし推測では、「[その木の肥料を]どんどん使い続け、土地は依然として良い」と思う。なぜなら、以前は土地は肥料分がなくなって、痩せてしまっていたが、肥料を毎年施すと土地は以前のような良い土地になったからである。

(さらに[11号1-8に]続きがある)

sukhuma

2-3　ボーイスカウト団についての知識(<gazette>[新聞]5号[注。このマイクロフィルムには欠けている]から続く)

ボーイスカウト団員に指導して遵守させるための<robert [s.] baden-powel>氏の10項目の掟

1。narodaya[ボーイスカウト団員](?nak pambhlww ṭal manussa jāti phaṅ gnā[仲間を啓発する人])は誓いの言葉をいつも正しく守らなければならない。

2。態度を温和で謙虚で礼儀正しくしなければならない。

3。自分を役に立つ人間にする、即ち「一日一善」をしなければならない。

4。[団員を]互いに兄弟のように愛し合い、全ての人を友人として愛さなければならない。

5。他人が指導する良い言葉に耳を貸さなければならない。そして、それに従うべきである。

6。動物に慈悲心を持たなければならない。殺してその生命を奪ってはならない。

7。命令に従うことを知らなければならない。

8。どのように疲労し悩んでいても、常に晴れ晴れとした、ほほ笑んだ、快活な顔をしていなければならない。

9。一生懸命に働いて生計を立て、学問知識を学び、金銭を倹約することを学ばなければならない。

10。身・言・意を清浄に保たなければならない。

[氏は]望みの通りに指導し訓練し終わると、本当にボ

ーイスカウト団員として身･言･意が清浄な兵士に、印として袖に星をつけさせた。

その後、政府は氏をアフリカの国に勤務させた。氏は行ってこのボーイスカウト団をその国内にもう1団設立した。政府の方は検討して、氏は知識があり、常に勤勉で努力をする人であることがはっきりわかり、騎兵隊の司令官に任命した。

その後、氏は退役してイギリス国に帰り、それから9歳から10歳以上の少年を教育し指導することを始めた。少年40人を選んでproksner島と呼ぶ島に連れて行き、8日間暮らして訓練することにして、その少年たち全員を8名ずつのグループに分けてそれぞれのグループ8名の中に全てのことの統括者1名をおいた。8日がたつと、これらの少年たちは互いに愛し合うことを知り、互いに命令に従うことを知り、種々の仕事を怠けずに行うことを知るようになっていた。近所の人々は、これらの少年がこのように礼儀正しく行動が良く純粋なので愛し気に入り、それぞれの人が自分の子供を氏に預けて訓練してもらうようになった。政府もこのことは子供をよくすることであると言って、国民たちに[氏を]見習うよう指示した。

我がクメール国のボーイスカウト団は他国より後に生れた。大きい国では数えきれないほど多くある。皆さんは、「これらの人達は何の役にも立たない。何かいい加減なことをしている」と変に思わないでほしい。それは事実ではない。[ボーイスカウト団が]カンボジア国に設立されたのは、rājakāra <protectorat>[保護国政府]が本当に良いと理解して設立させたのである。

ñik nūr（ボーイスカウト団士官）

3-1　美術工芸

（<gazette>[新聞]5号[欠けている]から続く）

私は、「設立された美術工芸学校は、政府が、純粋にクメールのものである美術工芸を救おうとして設立したものである」と述べた。政府がこの美術工芸学校の前に(Albert Saraut)[注。11号1-6-1、およびⓈでは「Sarraut」]館と呼ぶ建物を建てたのは、昔から存在してきたクメール美術工芸品を展示して将来長期にわたって保存し、あらゆる国の人々が訪れてクメールの美術品を見て知ることができる役に立たせるためであることは明らかである。さらに、生徒を教えるための学校も設立したのは、美術工芸品をさらに増やし、このようなタイプの美術工芸品を得たいと思う人達のために売ることができるようにして、政府がクメール人を助けて、美術工芸の仕事ができる職人を今後引き続き存在させようというものである。

上述のように、美術工芸学校[設立]の根元を要約すると、生徒に仕事をすることができるように教える美術工芸学校は、純粋にクメールのものである美術工芸の仕事をすることだけを教えて知識を持たせるのであり、種々の新しい時代の美術工芸の仕事をすることは教えない。

次に、これら職人たちの職について述べよう。即ち、美術工芸学校を卒業して修了証書を得た生徒、これら全ての職人たちのなかには、学んで来た知識によって政府内に職を得る人もいる。その学んだ知識とな異なり、新しい知識で職を得る人もいる。店に仕事場を作り職人の親方になる人もいる。その職人の親方の下で働く人もいる。1人で仕事をする仕事場を店に作る人もいる。地方に職を探し求める人もいる。修了証書に記載されている知識を捨てて別種の職業について生計を立てる人もいる。あまり良くなくて、全く職がない人もいる。死んでしまう人もいるし、出家の世界で暮らす人もいる。

美術工芸学校を卒業した生徒たちは、職がこのようなので、大きな都会に仕事場を持っているのは目にしない。

もう1つ、美術工芸学校を卒業した生徒たちは、ベトナム人や中国人と肩を並べて店を開いて商売を始めることはできない。なぜならば、[働くための]知識はクメール風に働くこと1種を知っているだけで、新しい時代に従って変わるやり方は何も知らないし、たとえ知っていてもベトナム人や中国人ほど上手ではなく、[上手さが]同じであっても彼らより値段が高い。

このようなことに対して、障害はどのような原因によるのであろうか。それは我が国が、この新しい時代に応じて働いて生計を立てることを教える学校をまだ持たないことによる。1つには、我が国は他に遅れて整備を始めたのであるから、ずっと以前から整備してきたベトナム国—中国にどうして追いつくことができようか。

最後に、我々はこの美術工芸学校を設立した政府を称賛するべきである。なぜなら多くのクメール人がこの学校で学んだお陰で働いて生計を立てる道を得ているからである。プノンペン市の商店街に店を出していないのは事実であるが、自分の店で、あるいは<albert saraut>[ママ。恐らくsarrautが正しい]館で、sī ñaek 市場で、地方の大きい商店街で、サイゴン市で、パリ市で、これら全ての場所で、クメールの美術工芸品を陳列販売している。しかし、はっきり分かるのは、最も目に付くのは金銀製品ただ1種だけであるということで、これこそ修了証書を持つ職人たちの作品なのである。

sāy

3-2　殺人

下にあることは、nagaravatta 社が近所のある人から得た情報である。

1937年2月13日土曜日、正午近くの11時半に中国人、ベトナム人、クメール人のグループがプノンペン市 pāk dūk のphdaḥ loka <commissaire>(cau krasuoṅ krum kaṅ kravael)[警察署]の西側にある中国人の家で bie <franc>[トランプ博打]をしていた。その時、中国人と[クメール人と］の混血である sārun がいて、胴元をしていた。賭けに勝った人の方は7リエルを賭けていて、その取り分は9割［注。つまり寺銭が1割］であった。sārun は3リエル余りを払い、まだ3リエル余りが不足であった［注。7.00×0.9＝6.30リエルが取り分である］。sārun は不足分を払おうとしなかったので喧嘩になり、互いに罵り合い殴り合いとなった。その時、一緒に博打をしていた人が喧嘩を止めた。賭けに勝った人は家に走って行き、包丁を持って来るとsārun に飛びかかり、額の眉の所を1ヶ所、さらに腹を一ヶ所刺し、sārun は倒れた。<police>［警官］たちが［sārun を］逮捕して、<commissaire>［警察局長］殿に届けてから病院に連れて行ったが、午後2時に死亡した。賭けに勝った人は官員殿が逮捕し、供述をとるためにphdaḥ loka <commissaire>［警察署］に送った。

nagaravatta

3-3 ［雑報］

3-3-1 シエム・リアプ州

違法職権乱用行為について

被害者は60歳の老婦人［yāy］

昨年の9月、シエム・リアプの<commissaire police>［警察署長］をしている me dāhān［保安隊長］（我々クメール人が誤って「rāksipāl」と呼び慣れている Garde Principal［主任警備官］）である（Rambert）氏と関税・消費税・使用料局職員1名が、あらかじめ郡長と［郡庁の］係員に事情を知らせずに sambau lūn 村（kraḷāñ 郡）に行き、早朝突然に両氏は yāy {cāp}の家に行き、ずかずかと入り込み家宅捜索をした。（この老婦人は以前、まだシャムが我が国を統治していた時代にバット・ドンボーン州知事をしていた故 gadādhara（kathāthan）［注。括弧内はタイ語音］氏の従姉妹にあたる。）

家中捜索して何も発見できないと、我がお偉方［loka］は、理由を告げないで yāy {cāp}を逮捕、連行して行って kraḷāñ <poste>［郡庁舎］に拘置し、翌朝になるとさらに連行して行ってシエム・リアプ刑務所に拘置した。裁判官が審理し、罪が認められなかった後になってようやく yāy {cāp}を釈放した。

この逮捕をした時は、名前を間違えたことから［逮捕］したもので、同 yāy がシャムから品物を購入して脱税した容疑で何の取り調べもなく何日も留置したことは、yāy {cāp}にひどく恥をかかせ、名誉を傷つけ、人々にたいして恥ずかしい思いをさせた原因になった。これは大変遺憾なことであり、強く避けなければならないことである。

この事件は、もし<commissaire>［警察署長］殿と関税・消費税・使用料局職員が郡長と係員にあらかじめ知らせれば、yāy {cāp}は正しい人でその地域の住民の高い尊敬の対象であるので、このように間違わなかったことは確かである。

我々は、このような極めて遺憾な職権乱用行為が再び起こらないように、政府が規定を定めることをお願いする。

3-3-2 プノンペン市で

労働中の事故について

先の2月1日午前11時、プノンペン市の <lagrandière>（Quai Lagrandière）路の港に停泊中の（Messageries fluviales）社の（Jules Rueff）という名のサイゴン船が貨物を下ろしている時に、米袋15袋［注。米1袋は100kg］を吊るしたクレーンのブーム［のロープ］が切れて、<machine>［機械］を操作していた<matelot>［水夫］である trām yāṅ dhuy と ṅvieṅ yāṅ thāñ と ṅvieṅ yāṅ vā の上に落ちた。

この落下は、古くて、そして米袋をたくさん積みすぎた吊りロープが切れたことから起こった。

その時、［水夫の］長がすぐに指示して怪我人たちを大急ぎで医務局病院に運び込ませ、治療を受けさせた。ṅvieṅ yāṅ thāñ が最も強く打撲を受け、他の2人はあちこち怪我をし、打撲傷を負って黒あざになったが、さほど重症ではない。

何か仕事をしている皆さん、またこのようなうっかり過失をしないようご注意ください。

3-3-3 プノンペン市で

コンクリートの家の階上から真っ逆さまに落ちたことについて

先の1月29日、プノンペン市<armand rousseau>路94号の家に住む広東人の若い娘（広東中国語で<ā mūy>［阿妹］）、17歳、名は lī sīv hiṅ が階上の窓から地面に落ち、病院に運ばれたが容態は重体のようである。

この落ちたのは、首を伸ばして下の何を見ようとしたのかは不明であるが、<ā mūy>［娘さん］が下を向いて窓から身を乗り出し過ぎたことによるもので、突然手をすべらせて逆さまになり、支え切れずに上からすごいスピードでドスンと音を立てて落ち、身動きできなくなったものである。

高い家に住んでいる皆さんは、子や孫がこの<ā mūy>［娘さん］の話のように［窓から］身を乗り出さないように注意してください。また支え切れずに上から真っ逆さまに落ちる恐れがあります。

3-3-4 syāmpradesa（pradesa siem）［シャム国］

ahivātakaroga（cuḥ k?uot）［コレラ］について

先の2月4日。シャム国で、1月最終週からコレラが多数発生した。このコレラは全部で245名に伝染し、146名が死亡した。

バンコク市でこの病気にかかった人は62名。医務局が［治療して32名を］治し、残りの30名だけが死亡した。

3-4 お知らせ

<gazette>[新聞]読者の皆さんに申し上げます。

週刊、即ち毎土曜日にニュースをお知らせするnagaravatta新聞は、読者のはっきりした不満によく出会います。

皆さんの一部は、外国のニュースを好み、たくさん読みたいと思っています。「語彙の制定」や当地の我が国のニュースはいつも聞いて知っているから、そんなにたくさん掲載する必要はないと思っているのです。もう1つのグループは、外国よりも当地の我が国のニュースの方を好みます。「クメール国の<gazette>[新聞]がどうして外国のニュースをこんなにたくさん掲載するのか」と思っているのです。

このことについてnagaravatta新聞社は、<gazette>[新聞]読者の皆さんに平身してお詫び申し上げます。どうかがっかりしないでください。なぜなら、皆さんのあらゆる希望に従って調節して<gazette>[新聞]を作るのはとても難しいからです。つまり、1週間のうちに、この<gazette>[新聞]は、皆さんの意向に従って調節して、皆さんの意向に合致するよう、どちらかに合致しすぎることのないように記事を2分野とも、即ち当地の国内のも掲載しますし、外国から得て来て提供するものも掲載します。しかし、[新聞に]出す記事は変わっていて、続きの記事以外は前の日と一致する話をのせることはありません。[なお]、続きの記事は題だけは同じですが、解説の内容は変わっています。

nagaravatta

4-1 商業化すること

我が国内の特に価値のある農水産物はたくさんあるが、我々はそのことを知らない。例をあげてみると、現在ヨーロッパの国々では、「全ての果物は、その成分がnāmvā バナナほど栄養成分がある果物はない」と称賛している。このバナナの栄養成分は健康を増進するばかりで何の害も病気も起こさないからである。それゆえ、ヨーロッパの国々では粉末にしてとてもたくさん売っている。価格の方はフランス国では1キロ3フラン、イギリス国では4スターリング半である。

もう1つ例をあげてみると、「なぜであるかという」その理由は、今後考えるべき問題としておけば十分であるが、現在我々の水の中にいるslik ṛissī魚は、我が民族は、「この魚は骨がとても多くて肉の方はとても少ないから何の役にも立たない魚である」と認識している。しかし、このことをよく考えると、「我々が考えている考えの通りではない」ことがわかる。なぜならたくさんの[種類の]魚の缶詰という証拠が我が国にはたくさんあるからである。要するに、“知識は学ぶことから来る、財産は稼ぐことから来る”という諺の通りである。その意味は、「我々が学ばなかったり、我々が稼ぐことをしなかったら、利益はどこから生まれてくることができようか」ということである。それゆえ友愛会は、我々が生まれた国と民族とを繁栄させるために、我が同胞全てに、本日からしっかりと勉強し、求め、働かなければならないということをお願いする。

vīriya khmaer

4-2 nagaravatta社は下のような内容の手紙を1通受け取った。

1937年2月11日

nagaravatta新聞編集長殿に申し上げます。

民族を愛する

この2月10日午後4時、<ohier>路の“(S.I.T.)”社の駐車場の近くの中国寺の前で、1人の砂糖漬菓子売り中国人が9歳位のクメール人少年1名の頭を摑んで煉瓦[塀]に押し付けて、叩いて殴って、とうとう少年は口が切れた。そのクメール人少年が歩いていてミロバラン[の実の砂糖漬をいくつか串に通したもの]にぶつかり、4、5串落としたからである。しかし、その中国人は、少年が引ったくって盗んだと罪を咎め立てていた。中国人がその「へまな」クメール人少年を叩いている時に、たまたま現地国人軍兵士3人と、クメール人<civil>[民間人]1人が同胞を可哀想と思い、またその少年はたしかに正直であると知り、飛び込んで行ってその中国人を何回も叩き蹴って[少年を]助け、彼の両親の所に歩いて連れて行った。

私は、上述の4人が良い道を実践した、即ち同胞を助けて守り、他[民族]人に見下させず、暴行を加えさせないことを知っているのを見て心の中で感動した。

subhāba

4-3 <wasner>氏がカンボジア国に帰った

M.Wasner

sālā <collège> sīsuvatthi[シソワット中学校]卒業生友愛会の前会長で、我々友愛会の尊敬と親密の的である<wasner>氏が1937年2月15日にプノンペン市に帰って来た。

氏は帰って来て、この[友愛]会と一緒になれたことを大変に喜び、市内在住の人も地方在住の人も、友愛会の全ての人がその家族ともども平安な幸せがあるよう、心の底から祝福した。

もう1つ、会のsamājika(Membres)[メンバー]のどなたでも、氏と何かについて話したい方はどうぞ会いにいらしてください。

現在、氏は友愛会のaggalekhādhikāra(Secrétaire Général)[事務局長]をしています。

nagaravatta

4-4 [注。見出しなし]

1936年12月29日、シエム・リアプ

nagaravatta新聞社長殿へお知らせします。

1936年12月20日、アンコール管理局は、西側のバーラーイ(「清水のバーラーイ」と呼ぶ人もいる)中のメボン宮殿の基礎の中央を発掘し、寝姿のナーラーヤナ神[＝ヴィシュヌ神]像1体を発見した。青銅で作られているが、この像はひどく破損していて上半身しか残っていず、下半身は完全に破壊され、失われている。私は観察して、「片腕と頭部と胴体部の一部とがまだつながっている。もう片腕は肘から上が残っていて、胴体部は10分の2が残っている。あと1本の腕と2本の脚はなくなっている」ことがわかった。この像は驚くほど大きく、これほど大きいものはない。[ただ、]石製のものだけは、これと同じくらいの大きさのものがある。

頭部の横は0.50m.縦は0.65m.、肩幅は0.90m.、腕の太さは直径0.15m.である。この像はもし全体が良い状態で残っていたら、寝姿の頭から足先までの長さは推定で約4.20m.である。

発掘した場所は、「清水のバーラーイ」中のメボン宮殿と呼ぶ基礎の中央、深さ2.69m.のところである。この宮殿は小さくて現在は完全に崩れ、下部の基礎部分だけが残っている。この基礎は、1辺9.00m.の4辺形で、高さは3.10m.である。この基礎は、1辺約3.00m.[ママ]の4辺形の池の中央にあり、池の岸は周囲全部が石を段々に積んだ石段になっていて、4方角の全てに扉がある。

アンコール[管理]局管理官

4-5　国王布告

1936年11月9日付国王布告第178号

修正第1条。1921年10月17日付国王布告の“<b>”ダッシュに添付された解説紙に定めてある、桑畑の土地税の免税に関する期間は、期限を1937年1月1日から起算して新たに3年間延長することを国王は許可する。

＊24-10-36[＝36年10月24]日付国王布告第171号

第1条。クメール人および準クメール人の1937年度のbandha <patente> [営業税]額の追加税額を、カンボジア国商業農業省のために、3%徴収することを国王は許可する。

第2条。bandha <patente>[営業税]を課される者のうち、[収入が]最下級の者と自由業者(代訴人、弁護士、医師、歯科医師、獣医師、設計技師、自営小売人)は追加税を免除することを許可する。

4-6　神智を持つ神々へ申し上げる

danle pit の渡し場長殿を殴る蹴るした喧嘩を起こした原因は、他でもなく渡し場長自身がトラブルを引き起こしたのであった。

そもそもの原因は、koḥ sudin 郡郡長殿が公用で大急ぎの旅行をする用があった。郡長殿が大急ぎで渡し場に到着した時、(運の悪いことに)渡し船労務者たちは[船を出して]岸からいくらも離れていなかった。郡長殿とその同行者の一行はその労務者たちに、「止まれ」と大声で叫んだ。労務者たちは止まろうとしなかった。郡長殿は渡し場長殿に向かって、「ちょっと呼び止めてくださるようお願いします。私は急ぎの公用がありますので、私のために呼び止めてください」と懇願した。渡し場長殿の方は耳を貸さず、懇願を受け入れなかった。そして、さらに加えて郡長殿に下品な言葉を言った。(これは、この渡し場長殿は恐らく郡長殿であることに気付かなかったのであろう。)

無礼行為

この渡し場長殿の無礼行為は、その態度が驚く程執拗で、しばらくすると[郡長の]一行全員までをも一緒に罵った。

こういう理由ですから、裁判官殿の皆さん、皆さんは全て神の代理人ですから、クメール人全てに幸福があるように、この事件を公正に正しく事実通りにわかるようにdhvœ <enquête>[調査し]てください。

nagaravatta

4-7　珍しいニュース

中国人の女性がsunakha(chkae)[イヌ]を出産した

出産したイヌは5匹もいて、近所の人達は、「彼女が飼っていた雄イヌの子を出産した」と言っている。

上海、1月17日。不思議な珍しい出来事が起こった。nāṅ {phau siev mai} という名の中国人女性がイヌを5匹も出産した。近所の人から聞いたことによると、この nāṅ は雄イヌを1匹家の中に飼っていて、とても可愛がって親密にしていた。nāṅ がいるのが見えるところ、必ずそのイヌもそこにいるのが見えた。その後 nāṅ は妊娠しイヌを出産した。それで近所の人々は、「nāṅ の子は nāṅ が飼っていたあのイヌから生まれた」と信じている。

上のような珍しいニュースについて、もし事実であると、生物学者や自然科学者に、かつてなかった人間とイヌとの交配について大きな疑問をもたらすことになる。

(The Nation[新聞]、19-1-37[＝1937年1月19日])

4-8　シャムについての情報

1人のシャム人がカレンダーの新しい方式を考えて作ることに成功し、アメリカで売価を金[きん]500,000リエルで交渉中である。

1月23日付の prajājāti <gazette>[新聞]によると、ある1人のシャム人が新しい方式のカレンダー、即ち常に使用でき、終わることのないものを考えて作るのに成功し、“終わることがないカレンダー”と命名した。この方式のカレンダー1枚だけを持っている人は、以後ずっと、取り替えることなく年月日を知ることができる。即ち将来何百年も何千年も使うことができるし、あるいは何百年も何千年もさかのぼって年月日を知ることもできる。

このカレンダーは西洋暦の方式で作ってあり、広く一般に使用できる。この発明者はもう老人で、長年考えて今ようやく成功したばかりである。現在このカレンダーの方式を売る交渉をするために、アメリカ大陸のある大会社と連絡をとっている。実は発明者は同じ仲間であるシャム人に売りたいのであるが、障害が2つある。即ち、項1)シャム国には braḥ rājapaññatti <patente> rāp raṅ[特許法]がまだないことと、項2)価格が高すぎて敢えて買おうとする人は誰もいないのではないか、ということである。もしその会社が金[きん]500,000リエルという価格を払う勇気があれば、発明者は満足してすぐにカレンダー方式を売る。

4-9　金の価格

プノンペン市、1937年2月19日

金 1 ṭamliṅ、[即ち]37.50グラム

価格	1級	82.00 リエル
	2級	78.00 リエル

＊銀の価格

1 ṇaen 塊、[即ち]382グラム	12.00 リエル
古兌換1リエル銀貨	0.60 1/2 リエル

＊農産物価格

プノンペン、1937年2月19日

籾	白	68キロ、袋なし	2.70 ~ 2.75リエル
	赤	同	2.50 ~ 2.55リエル
精米	1級	100キロ、袋込み	7.40 ~ 7.45リエル
	2級	同	6.50 ~ 6.55リエル
砕米	1級	100キロ、袋込み	6.30 ~ 6.35リエル
	2級	同	5.25 ~ 5.30リエル
トウモロコシ	白	100キロ、袋込み	[記載なし]
	赤	同	7.15 ~ 7.20リエル
コショウ	黒	63.420キロ、袋込み	16.00 ~ 16.50リエル
	白	同	26.00 ~ 26.50リエル
パンヤ	種子抜き	60.400 キロ	33.00 ~ 34.00リエル

＊サイゴン、ショロン、1937年2月18日

フランス籾・米商事会社からの通知の価格

ショロンの<machine> kin srūv[精米工場]に出された籾 1 hāp、[即ち]68キロ、袋込みの価格は以下の通り。

籾	最上級		2.74 ~ 2.78リエル
	1級		2.70 ~ 2.74リエル
	2級	日本へ輸出	2.60 ~ 2.64リエル
	2級	上より下級、日本へ輸出	2.50 ~ 2.54リエル
	食用[国内消費?]		2.30 ~ 2.36リエル
トウモロコシ	赤	100キロ、ショロン県マッカサンで売り渡し。	0.00 ~ 0.00リエル
	白	同	0.00 ~ 0.00リエル

米(2月渡し)、港渡し、袋込み、税抜き、1 hāp、[即ち]60.7 キロの価格は以下の通り。

精米	1級、砕米率 25%	4.18 ~ 4.20リエル
	2級、砕米率 40%	4.08 ~ 4.10リエル
	同。上より下級	3.98 ~ 4.00リエル
	玄米、籾率 5%	3.23~ 3.25 リエル
砕米	1級、2級、同重量	3.56 ~ 3.58リエル
	3級、同重量	3.13 ~ 3.15リエル
粉	白、新袋入り、同重量	1.62 ~ 1.65リエル
	kāk [籾殻と糠?]、同重量	0.62 ~ 0.65リエル

5-1　三国志演義を掲載するための序説

(前の週[=8号2-3]から続く)

[注。この記事の内容には誤りが多いが原文のまま]

と[文が前の号から続く]“郡の門、省の門を閉める”という言葉などは、三国志演義の読者の中には、疑問を持つ人がいるに違いない。それゆえ、[以下の]解説を理解しておいた方がよい。

中国には、宮中で侍女たちと入れ交じって直接王に仕える断種された男性たち[=宦官]の1団がいて、中国人は“yī nāṅ、huon kuo、tuṅ kuo”などと呼び、あるいは“thai kām yī”と呼んでもよかった。インド方面の国、即ちアラブ、エジプト、トルコでも断種した男をスーダン国やアビシニア[国]から買って使っていた。広く、高い地位の官員も金持ちも皆買って使うことができた。この断種された男たちをフランス人は“Eunuque”[宦官]と呼び、我々クメール人は、我が国には存在しなかったのでクメール語には呼ぶ語がない。

古代は、中国だけでなく当時繁栄していた他の国々でも、地方に都市や役所を建設すると、その周囲に、土、石、煉瓦などで、敵が容易に破壊したりよじ登ったりできないような堅固な城壁を作り、全四つの方角に開閉するための門をつけた。その城壁の外側にはもう1周、土を掘って濠にし、渡って出入りできるように橋がかけてあった。しかし、ある所では、この橋は夜、あるいは敵に抵抗できない困難の時には引き上げられるようにしてあった。我が国内でも、アンコール・ワット市、アンコール・トム、あるいはウドン市などの古い都市の場所にはこの周囲を囲っていた城壁の遺物である丘や煉瓦や石があるのが見られる。しかし古代の都のあるものは周囲に竹を植えて城壁にしたことが伝説中に明らかにされている。王がいる都市や地方領土の都市には周囲に城壁と濠があったということは、三国志演義中のほとんど全ての場所に見られる。

(4)。三国志演義は普通に言う歴史ではない。中国人は“<三国志>”と呼び[ママ。史書の三国志と混同しているらしい]、“三国のできごとの記録書”という意味であって、ある中国人学者が中国の歴史の中の一部を抜き出して書いたものである。伝承によると、当初、三国志演義は単に語り継がれた物語であったが、唐王朝の時代(仏暦1162-1449年[ママ])になると中国で劇が演じられるようになり、役者たちも三国志演義を演じるのを好ん

だ。元王朝の時代(仏暦1820-1910年[ママ])になると書物を書くことが至る所で増え、歴史を小説に書くことを好む人がいた。しかし、三国志演義はまだ書物として書かれなかった。明王朝時代(仏暦1911-2186年[ママ])になると、ようやく杭州の羅貫中という名の中国人学者が三国志演義を書くことを考えた。その後さらに中国人の学者2人がいて、その1人は mau cuṅ kāṅ という名で、三国志演義の本を出版することを考え、解説と phāṅ phūy、即ち phāṅ phwwy(中に挿入した語)[割り注]を書き、もう1人、gim sie thāṅ という名の学者に渡して読んでチェックしてもらった[注。この文と下の7以下は、タイ語訳のことらしいが、未確認]。

(5)。三国志演義は日本語、朝鮮[語]、マレー[語]、スペイン[語]、フランス[語]、英[語]など多くの言語に翻訳されている、と言われている。

(6)。三国志演義は漢王朝の時代の末期(仏暦700年頃)に生まれ、約2千年近くが経過している物語である。

(7)。中国語の三国志演義の書物の巻頭に書いてあり、以下に翻訳する gim sie thāṅ の解説は知っておく価値がある。

私は種々の物語の本を読み、学者が良く書いている物語を6つ見つけた。即ち cāṅ jī、lī sāv、sī mā sien sī gī、tūv phūv lut sī、saṅ kāṅ、sai sie である。私はこれら全ての物語の解説を書いた。[それらの]解説を読んだ方は、私はこれらの本の著者の考えをよく理解している者であることがきっとわかる。今私はこの三国志演義の本を読んで、これら良い物語の中に物語をもう1つ加えるべきであるとわかった。なぜなら、話の内容は基礎である歴史中のことを最も良く拡張してある。他の物語の本は良いものの中に含めることができるとはいえ、三国志演義ほど良いものはない。

「周王朝時代以前に書かれたものであれ、それ以後今までに書かれたものであれ、全て三国志演義と同様に歴史をよりどころにしているのだから、『それらの良さは三国志演義にかなわない』と言うのは妥当であるか」という問いがあるならば、答は「次のようで」ある。

「三国志演義は、領土を奪い合う読んで聞いておもしろい物語である。領土を奪い合う物語は、昔から現在までたくさんある。しかし、三国志演義ほどすばらしいものはない。三国志演義の著者は知識が豊富で、構成も巧みであり、昔から現在までの ?nak prabandha(?nak taeṅ rwaṅ)[作家]の中で、三国志演義の著者は第一流とするにふさわしい。次々と歴史に記されている諸王朝の時代の、領土を奪い合う話は、それらを取り出してきて[物語に]書くのは難しくない。知識の少ない普通の作家でも書ける。こういう理由で、他の物語は三国志演義に匹敵できないのである。私は三国志演義を読んで、当時の国の状況を検討して見た。そして、[三国志演義に]書かれていることと異なる結論をする道はなかった。即ち献帝という名の王の治世に、漢王朝の力が衰え、権力が董卓という名の大夫に移ったことが、地方の全州が反乱を起こし、互いに戦い合う原因になった。この時に、もし劉備が水中の魚のように力をたくさん持っていたならば、keṅ jīv 州を手に入れ、軍を率いて kāṅ lām 州、kāṅ tāṅ 州、jin 州、yuṅ 州の諸州と同じように ha pāk 州を制圧に行った時、劉備は全ての州に布告を出すだけで、恐らく[全ての州は]劉備の支配下に入ることを承知し(なぜなら、劉備は漢王朝の王族と血縁者であるから)、(tāṅ hān 物語の)光武[帝]の時と同じように国は幸せが続き、三国志演義に明らかにされている国の変化(3つの国、即ち3つのグループ)は見られなかったであろう」

[10号2-2に]続く]

5-2 [広告] dāt <balle>[サッカー]

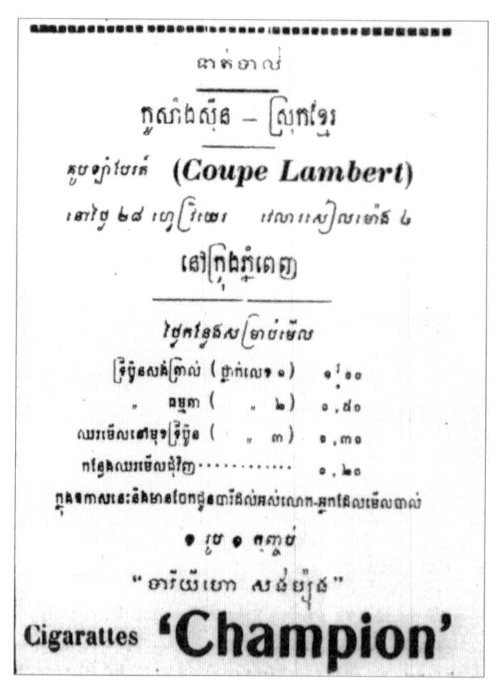

コーチシナークメール国

(Coupe Lambert)[ラムベール杯]

2月28日午後4時から

プノンペン市にて

観覧席料

<tribune centrale>[中央椅子席](一等)	1.00 リエル
<tribune> dhammatā[普通椅子席](二等)	0.50 リエル
<tribune>[椅子席]の前の立ち見席(三等)	0.30 リエル
[椅子席の]周囲の立ち見席	0.20 リエル

今回、<balle>[サッカーの試合]観戦者の皆さんにはタバコを無料配布します。

1人1箱

“<champion>印タバコ”

[仏語]タバコ、‘チャンピオン’

6-1　お知らせ

nagaravatta 新聞がお知らせします。1937年5月1日から nagaravatta は良い記事を増やし、今皆さんが手に持って読んでいる<gazette>[新聞]9号と同じ6ページにページを増やします。「nagaravatta は読むのに良い記事が載っているが、数が少なすぎる、即ち種々の記事とニュースを載せるページは3ページだけで、残りの1ページは商品販売の広告だ」と苦情をおっしゃる皆さんのご希望を満たし、ご満足いただくためです。

それゆえ nagaravatta はお知らせ致します。すでに[nagaravatta の]購読を登録なさった方と、今月中、あるいは4月末までに購読の登録をしようと思っておいでの方には、nagaravatta は購読料を従来通りの1年4リエルに致します。1937年5月1日になると、それ以後は購読料は1年5リエルにします。バラ売りは1部10センです。

この新聞が必要な皆さんは従来と同じ価格で購読できるよう、急いでこの3ヶ月以内に間に合うように購読を始めてくださるのがよろしいかと思います。

nagaravatta

[注。この増ページは実施されなかった。cf.18号]

6-2　[8号4-8が縮小されたもの。絵は同じ]

maṅsuṅ ランプ

“Optimus”印

灯油を使用。灯心なし。

このランプはとても光が明るく、どこでも使用できて、雨、雷、嵐などを恐れません。油を使うのも少しです。それゆえ、aggisanī(bhlœṅ cheḥ aeṅ)[電気]のない所に住んでいる我々農民は、皆このランプの使用を好むのも当然です。使用経費はわずかで、

[灯油] 1 リットルで、100 燭光型で 20時間、
200 燭光型で 18時間、
300 燭光型で 15時間

使えます。

買う必要のある皆さんは、プノンペン市の<denis frères>商会へお越しください。

[仏語]　　プノンペン販売代理店 Denis Frères

6-3　[8号4-4と同一]

6-4　[8号3-4と同一]

6-5　[広告][8号4-1を参照]

[登録商標の絵については8号4-1を参照]

プノンペン市 okñā um 路47号、kāp go 市場の前の『sīv-pāv』の店へおいでください。

この仏領インドシナ地図印の薬は婦人病を治すのに実によく効きます。たとえば、夫がまだ梅毒が完治していず、毒を持っていたので妻に伝染して白帯下になった女性の薬。虚弱体質の白帯下、あるいは子宮の炎症のための白帯下の薬。あるいは子宮下垂の薬と妊娠したための白帯下の薬。白帯下を患っている幼い子供のための薬があります。体力補強と月経不順の薬があります。この薬を服用すると、子供が欲しい人は容易に子供が授かります。妊娠したための吐き気、頭痛、めまい、あるいは子供が生まれようと動いているのに普通の出血がない、または異常に出血が多すぎる、あるいは後産が残っている場合の薬があります。この薬を飲むとすぐに後産がおります。また、出産後の失神にも効きます。これらの薬は使用法と価格が互いに異なります。

生命力を増す薬は肌色が美しくなり、この薬を1週間服用すると肌が美しくなり、普段よりよく眠れ、身体の中も気分もよくなることを保証します。

梅毒、淋病、下疳の薬は、どんなに悪化していても完全に毒をなくし再発できなくさせます。たとえば私の禁アヘン薬は、フランスの<docteur>[医師]も、「アヘン吸引をやめさせ、依存性をなくし、退屈をなくし、太らせ、健康を回復し、完全に病気をなくす」ことを事実と認め、称賛しています。

同胞、友人の皆さんはこの機会にぜひ、心を込めてこの薬を使用してみてください。きっと確実に苦しみから抜けでることができます。

<peste>[ペスト]、高熱、いらいらの薬。熱が高くなり、限度を越えると、骨、肝臓、肺がすぐに麻痺してしまいます。熱が長く何日も続くと100種の病気に変ります。私の薬は使うとすぐ、1時間で熱をさますことを保証します。しつこい咳、血が混ざる咳、痰が出る咳、肺の病いに素晴らしく効きます。熱病の薬は即効性があります。

私の店はあらゆる種類の薬を売っています。即ち、もし病気になって医者にかかっても医者がどうしたらいいかわからず途方に暮れ、病気が治らない場合は、どうぞ私に相談に来てください。

皆さんが私の薬を買いに来ると、その病気に合う薬が買えるように、私はいつも念入りに病気を起こした原因や病気の症状がどのようかを訊ねます。

もう1つ、催眠療法を使う方法で私に頼りたい場合は、夕方5時から8時までです。往診を望まれても、往診する時間がありません。どうかお許しください。

［仏語］　M.Xieu Bào、精神医学

6-6　［8号4-2と同一］

6-7　［8号4-3と同一］

6-8　［8号4-6と同一］

6-9　［8号4-7と同一］

6-10　［8号4-9と同一］

Samedi 27 Février 1937

CIGARETTES
JOB
LE PAQUET VERT
Vendu 5 cents

Nagara vatta

CIGARETTES
COFAT
La meilleure cigarette Indochinoise
Le Paquet vendu 5 cents

HEBDOMADAIRE PARAISSANT TOUS LES SAMEDIS

(Boite Postale N° 44)

第1年10号、仏暦2479年8の年子年 phalguṇa 月下弦2日土曜日、即ち1937年2月27日

［仏語］1937年2月27日土曜日

1-1　［仏語で「私書箱 No.44」が加わった以外は8号1-1と同一］

1-2　［8号1-2と同一］

1-3　［8号1-3と同一］

1-4-1、2　［8号1-4、1-5と同一］

1-5　スペイン国内の戦争の原因

（前の週［＝9号1-5］から続く）

ある政治家たちは［次のように］結論している。「今回スペイン国内に騒乱が起こったのは、1931年に改革を起こしたグループの考え・意見と、指図して行ったことの不一致があまりにも大きく、かつ広範囲で、国民が受け入れて従うことができる限度を超えていたからである。それゆえすでに述べた考えと行いとが、国の風俗習慣と秩序を堅く守ろうとする人々に不満を生じさせ、最後にスペイン国民を2グループに分裂させたもので、この2グループはウコンと石灰のように互いに敵である。

1935年2月の総選挙は左派が勝利を得たが、この勝利は、政治に重大な関心を持つ人々が、「1年か2年の間に必ず何か大きな事件が起こる」と予想する1つの理由であった。なぜなら、スペイン国民はその［左派思想の］道の先までまだ達しておらず、［その道を］歩き始めたばかりであったからである。「間もなく左派と右派との間に闘争が起こる恐れがある」と推測できた人もいた。

政府が公布した計画は、「土地を全ての農民に分け与える」や、「工場で働くことは（ṭaṅkhau や thaukaeの心に従うのではなく）労働者の利益を考慮しなくてはならない」など、全てが改革の方法であり、資本家と<catholique>［カトリック］の人たちの権利と権限について言うならば、全てが否定された。このような理想は、大多数のスペイン国民が従うことができるべき限度を大きく超えていた。

まさにその時、農民たちと労働者たちは、<communiste>［コミュニスト］たちを指導者にして、立法権を自分たちの手中に収めることに取り掛かり、この改革に真の成果をあげさせるために、彼らは集まって新しい土地を奪い、教会と寺院を焼いて、国中で暴動を起こした。

ついに、反対の考えを持つ別のグループ、即ちやはりとても強い力を持つ<fasciste>［ファシスト］たちがたまりかねて突然立ち上がり、武器を力にして誰をも恐れることなく集まり、団体を作り、都市といわず地方といわず、道路に立ち塞がって［人を］止め、左派たちを見つけるとその場で射殺した。双方とも力が強く執拗で、この相互の殺し合いは政治の力が常に［バックに］あるので、あまり鎮静化することがなかった。これがスペイン国内の戦争の主要な原因である。

その後の状況は、政府は既定の政策を実行しはじめたが、突如フランコ<général>［将軍］が航空機でカナリヤ諸島からスペイン領モロッコ国に来たことが明らかになった。これは1936年7月17日金曜日に起こった事件である。マドリード市のラジオ放送の中の布告によると、兵士たちは騒乱を起こし、モロッコやセビリアなどの重要国・県を多数奪った。その日の夜、gaṇa <conseil> senāpatī［内閣］は2度も総辞職をしたことが明らかになり、引き続いて<marxiste>［マルキシスト］の軍が kammakara jīk <mine>［鉱山労働者］と共にマドリード市内に集り、謀反者たちに抵抗するための準備をしているという情報が入った。これから後の状況は全ての新聞にたくさん続々と掲載されている。

ここに述べたこと全てが、スペイン国内で突発した戦争の根本的原因である。

kambujaraṭṭharaṅsī

1-6　諸国のニュース

（前の週［＝9号1-6］から続く）

1-6-1　スペイン国

2月9日付電。反乱側派は（マラガ）港を攻撃し、スペイン政府から奪うことができた。この戦闘の際に、全ての道路一面に火災が起きて、死者はおよそ10,000名である。マドリード市の方は、市から出る全ての道路のところで反乱側派に包囲されていて、「［市内の］人々は歩く道はなく、飢えに至るか、おとなしく降伏するかのどちらかただ1つの道しかない」と言って脅かされている。しかし、（Miaja）将軍は、「政府派はまだ行き詰まってはいず、進み続ける道はまだある」と述べた。

＊（マラガ）、2月12日。（ロイター）<gazette>［新聞］によると、イタリア船が兵士1,000名余りの軍を輸送して来て同港に上陸させた。

＊マドリード、2月18日。<miaja>将軍は勇敢に激しく反乱派を攻撃し追い出し始めたが、まだ依然として反乱側派を外に追い出せないでいる。スペイン国での反乱に関して、「兵あるいは武器をスペインに送ってはならない」という協定に同意した国々は、各国が、自国の国民であれ、自国在住の外国人であれ、自国からスペイン国へ出ることを禁止する規定を、2月20日からそれぞれが施行し始めた。

1-6-2　ドイツ国

ベルリン市、2月20日。ドイツ陸相である（Von Blomberg）氏は演説を行い、「ドイツ国は他国の自由を妬まない。それらの国々は、『ドイツは<communiste>［コミュニスト］に抵抗し、阻止することだけを考えている』と理解するべきである。現在我々は、完全に我々の家の主人になることができたが、我々がこのようにすることができたのは、我々が軍の改新に生命をかけたからである」と述べた。

1-6-3　アビシニア国

アジスアベバ市、2月20日。イタリア国王妃が王子を出産なさった機会に、アジスアベバ市で、アビシニア国副王である（Grazianie）氏は、戦争の時に寺院から没収した財宝を全て寺院に返還する式を行った。この式の時、アビシニア人がこっそりと会場に入り、人々に爆弾を投げた。<grazianie>副王は負傷したがそれほど重傷ではない。副参謀総長である（Liotta）氏とアビシニア国の大枢機卿である（l'Abonna cirille）氏が重傷を負った。

1-6-4　フランス国

パリ市、2月9日。<gazette> rājakāra［官報］によると、フランス国政府は植民地、保護国、および大戦後の国際連盟のフランス委任統治国の国民の希望を訊ねて明らかにするために、これらの国々の業務調査局を新設した。この局の中は3つの課に別れ、第1課は（チュニジア）と（モロッコ）の業務を調査に行き、第2課はアメリカ大陸と中央アフリカ大陸の植民地、（マダガスカル）、（共和国連邦）を調査に行き、第3課はインドシナ、フランス領インド、（オセアニア植民地）の全ての国を調査に行く。（Guernut）氏が調査局全体の長をする。各課それぞれに課長がいる。インドシナ国に調査に来る第3課は、rājakāra <république>［共和国政府］がカンボジア国のdesābhipāla jān khbas ṭamṇaeṅ sṭī dī（Résident Supérieur P.i）［高等弁務官代行］に任命した（André Touzet）氏が課長になった。

＊（モンペリアール）県都、フランス国。2月18日付電。（プジョー）の roṅ <machine>［工場］の労働者18,000名が、賃上げと別の場所に配転になった労働者1名を元の場所へ復帰させること、労務部長を転出させることを求めて一斉に働くのをやめ［＝ストライキをし］、さらに roṅ <machine>［工場］から外に出ることを拒否［＝ロックアウト］した。これらの要求に対し、roṅ <machine>［工場］主側は賃上げは認めたが、［その他の］どれか1つについて交渉する前に、まず労働者側は roṅ <machine>［工場］から出る［＝ロックアウトを解く］ことに同意し、仕事を始めることに同意しなければならない［と要求した］。

＊パリ、2月19日付。前首相で現在下院議員をしている（Flandin）氏が演説を行い、"8 khae nai <front populaire>（huit mois du Front populaire）［人民戦線の8ヶ月］"について話した。即ち（レオン・ブルム）氏が過去8ヶ月間統括している<front populaire>［人民戦線］（buok chveṅ ruop ruom gnā［左派連合］）政府と呼ぶ政府の業績について、氏は［次のように］述べた。「現在の政府は、外交と国防だけは円滑に仕事を進めたが、内務省については、<front populaire>［人民戦線］派は buok <gazette>［新聞記者］に厳しく、以前と異なり権利を持たせない一方、左派は集会と言論と発表の権利を右派よりも多く持っている、などというように、あまり手際が良いとは言えない。さらに財務省についても、現政府は円滑に業務を行う組織を整えることができていない」

この問題は、<flandin>氏が来週の下院での本会議でレオン・ブルム氏に質問する可能性がある。

1-7　訂正

ポー・サット州知事閣下［?nak okñā］殿に申しあげます。

先の土曜日、nagaravatta krum <gazette>［新聞社］は貴殿を真心から称賛する記事［＝9号1-7］を掲載いたしました。しかし、その記事を書いた書記が我々の考えを明確には理解せず、記事の内容を不適切な失礼なものに曲げてしまいました。私たちの考えは以下の通りです。どうかお読みください。

“残念なことに、氏には妻とさらに3人の子供もいる。もしまだ独身であったなら、きっと必ず女性たちが周囲を取り囲むことであろう。”

このような不注意な誤りの原因は、印刷の前に私が全てを校閲できなかったことによります。即ち当時私は非常に多忙で、ちょっとばかり書記の好きにまかせてしまったのです。

こういうわけですから、どうかお許しください。

1-8　<karpeles>女史がカンボジア国に帰国する

Mlle KARPELES

「休暇で2年間余りフランス国に行っていた、仏教研究所事務局長などである<karpeles>女史はカンボジア国に帰って来る旅の途中で、この2月28日にサイゴンに到着、3月1日か2日ごろにプノンペンに到着して、プノンペンsuddhāvaṅsa 路の法務大臣閣下[?nak okñā]殿宅の向かいのホテルに宿泊する」という情報を今我々は受け取った。女史[loka]と親密にしていた人々はたいへん嬉しいことであろう。

nagaravatta 新聞社も大変嬉しい。<karpeles>女史が、仕事の成果と地位が次々に大きくなるよう祝福の語を贈り、仏教が繁栄するように支援してくださるよう祈る。

nagaravatta

1-9　munīkesara 殿下[braḥ aṅga mcās]の sokanta 式

(前の土曜日[＝8号2-2。見出しは少々異なる]から続く)

sokanta の行列の様子

phalguṇa 月上弦7日水曜日(2月17日)午後3時半から、市内と地方の一部からの大衆はこの行列を見に集まって、braḥ rājakamṇat(programme)[式次第]で定められた市内の全ての道路をぎっしりと一杯に埋め尽くした。

17時、即ち午後5時になると、<ohier>路に、美術工芸学校の前の大宮殿の北側の北門に沿って列を整えて待っていた行列は<piquet>路に向けて行列を始め、<ohier>路の建物の両側[ママ。「両側の建物」であろう]にぎっしりと身体を押し付け合いながら背伸びをして見ている種々の民族からなる大衆の列の中央にある dham 市場を横切り、花壇がある<piquet>路を東に進み、そこへは大衆がその行列を見に一面に大急ぎで走って追った。この行列が通る全ての道路と交差する全ての道路は、自動車、<bicyclette>[自転車]、人力車が走るのをやめてぎっしりと入り組んで停車していた。行列を急いで追いかけて追いつけなかった人達は<piquet>路全部を通り越し、<ohier>路を近道して川岸の narottama 路に出て、[行列を]見るのを待った。自動車、自転車、人力車たちは全ての道で見ることができた――とベトナム人が互いに話し合う声が耳に入った。

5時半過ぎ、行列は narottama 路から sīsuvatthi 路へ到着し、bañā yāt 路(王宮前)に沿って曲がり、jhnuon 門と呼ぶ正面の大門から中に入った。そこは王宮の前も中も大勢の人が近道をして来てぎっしり集まって待っていた。

行列は[王宮の]中に着くと北に曲がり、大宮殿の東南寄りにある kien devā [殿]の中央の扉を入り、そこでは国王陛下が devā vinicchaya [殿]の下の壇で王女をお待ちになっていらした。踊り子8名の団が金の花、銀の花を持って待っていて、踊ってお迎えをした後、陛下は殿下[braḥ aṅga mcās]を導いて後の扉を入り、僧王と rājāgaṇa の僧たちの読経を聞いた。大臣殿やあらゆる職の高官[殿]たちが devā [殿]の前で待ってお迎えした。

行列した時は、[道の]両側に張ったロープの間を通り、上着を着て赤い帽子をかぶって青いズボンをはいた子供達がそれぞれナーガの絵やムカデと花の絵を描いた旗を持って歩き、その最後は払子と傘蓋の形の傘を持った人がいた。[それから、]長柄の大旗を持つ人の後を憲兵が1人、両手で鞭を持って歩いていた。その次は krum raksā braḥ aṅga(dāhān hluoṅ)[近衛兵]の1隊が2列で歩き、その後をフランス音楽隊がやはり2列で演奏しながら歩き、いろいろな顔をして[演奏して]見物人と行列をしている人々を楽しませた。次に続いたシャムの音楽[隊]も別の美しい音楽を演奏した。次に sāravāt(即ち?nak truot kpuon)[行列監督官]が2人、その次に中国音楽団が彼らの民族風の音楽を演奏するチンチャンという音が聞こえ、次が jrāṅ camraeḥ から来たマレー人の兄弟8人のマレー音楽団で、それぞれ yīke[＝歌いながら踊る掛け合い漫才の類]の太鼓を手に持ってポンポンと打ち鳴らしながらマレー語で歌を歌った。その後に chaiyām[＝長太鼓]音楽の一団が見え、その次は、籠を[輿のように]かついだ人がいて、その[籠の]中には綿を張り付けてテナガザルの格好をした子供が2人いた。続いて、この儀式のために扮装した vaḍḍhanābhiramya 劇団が、まず日傘をさした日本女性2人、それからマレー女性2人、フランス女性2人、ビルマ人2人、インド女性2人、シャム人2人、クメール人2人、泥棒2人、それに続いてヴェーサンタラ太子、道士とジュージャカ、[それから、]トラに続いて太って大柄の酋長[に率いられたプノンの]民族衣装を着たプノン族3人が手に矛を持ち、ゆでた鶏を食べ、酒を飲みながら歩いた。それから braek hluoṅ 郡のクメール音楽団(āyai)が1団続き、そして、高価な装身具と衣装を身につけ、手には金剛剣(純粋なダイヤモンド製ではない[注。金剛＝ダイヤ」は美称であるということ])を持った殿下[braḥ aṅga mcās]が座った yān māt、即ち yān mās[金輿](純金ではない[注。「金」は美称であるということ])の前を再び近衛兵の1隊が続いた。殿下[braḥ aṅga mcās]の前には3人の女性、[即ち]1

人はクジャクの尾の扇を持ったnāṅ mayurachatraと呼ぶ女性と、金の花を持ったnāṅ sākとnāṅ saと呼ぶ2人が歩き、殿下[braḥ aṅga mcās]の輿の後は道具を持った女性が大勢歩いた。行列の最後は全てbrahmacārīと呼ばれる少女たちで、グループごとに色を変えた衣服を着て、ハスの花を持ち、髷を結ってかんざしを挿して殿下[braḥ aṅga mcās]の乗り物の後を2列になって順序よく歩いた。[殿下の]輿の両側は傘蓋と長扇とを殿下[braḥ aṅga mcās]に差しかけてさしあげる王僕がいた。さらにフランス音楽の後を憲兵が手に鞭を持って2列になって歩いた。行列を監督する行列監督官は各セクションに2人ずついて、1番上に長衣を着て、黒靴、黒鞘、白帽で鞭を持っていたが、誰かを叩くのは見られなかった。[叩かないのは]憲兵たちも同じであった。大勢の天人[に扮した人]たちは長衣を着、儀式用の冠をかぶり、ハスの花を持ってインドラ神(青色)とブラフマ神(赤色)の前、殿下[braḥ aṅga mcās]の輿の前と後を歩いた。殿下[braḥ aṅga mcās]の輿の前のちょっと離れた近くには王僕が2人いて、長衣を着て、籾と米が入った螺鈿の足付き盆を持ち、炒り米を撒くように[籾と米を]撒いた。これは昔の御代、国が豊かであったころは金で作ったミサキノハナの花を撒いたのである。

夜、王宮の内と外はいたる所イルミネーションで飾られdevā[殿]の中では僧が読経をし、braḥ banlā bhojanī[殿]では王室の踊りが、王宮の塀の外ではnāṅ taluṅ(āyaṅ)[人形劇]と影絵芝居が行われた。

（まだ続き[＝11号1-7]がある）

2-1　籾10,000 thāṅの御下賜について

バット・ドンボーン、1月20日。聞くところによると、国王陛下はバット・ドンボーン州の飢饉の生じている地区の貧しい人達に籾10,000 thāṅを御下賜なさった。

陛下は飢饉が生じている地区を自ら御視察なさった。陛下のこの下賜[という]善業を大変喜んだ<résident>[弁務官]殿と州知事殿と高官たちは、陛下のために一生懸命道を整備し、陛下は[その道を通って]その地区へおいでになり、御慈悲の心で困窮している人々へ食糧を賜った。

nagaravatta新聞は平身して、陛下の御心に対する深い感謝の念で、この下賜という善業をお慶び申し上げます。この善業の力で望ましい大きな財宝を受け、永遠に危険がなく病気もなく健やかで姿は美しく御長命と機知縦横が授かることをお祈り申し上げます。

2-2　三国志演義を掲載するための序説（前の週[＝9号5-1]から続く）

[第9号で明らかなように、これは三国志演義の解説の翻訳なので省略する]

2-3　子供がタバコを吸う

なぜこうも多くのクメール人の子供がタバコを吸うのだろうか。私がずっと以前からしばしば観察したところによると、多くの場合、子供がタバコを吸うことの害を大人が理解していないので、この大人が、子供がタバコを吸うのを放置していることによる。

事実、多くの大人は子供に何かをさせたい時や、あるいは何か儀式をする時などに客や名士が集まっている時に、子供がそばで遊んでうるさくしないように、子供を自分から離れた所にいさせたい時に、タバコを持って来て、子供に何かをさせる、あるいは遠くにいさせるための褒美にし、餌にして子供の心を釣る。これが子供にタバコを吸うことを覚えさせる1つの原因である。

もう1つは、生徒を持つ先生が、夜遅くまでいなければならない村などに勤務している時に、生徒が眠いのを見ると、タバコを与えて吸わせる。時にはその家の主人が「お前、吸って眠気をさませ」と言って[子供に]吸わせることもある。子供は言われたことに従ってタバコを吸い、度々吸ううちに中毒する。多くの場合、この2つが子供にタバコを吸うことをおぼえさせる大きな原因である。

これ以外に、すでに述べたようにしてタバコを吸うことをおぼえた2種類の子供からタバコを吸うことを習う子供もいる。子供が、仲間の子供が何かをしているのを見るとそれを真似るのは自然のことで、普通よくあることだから、子供たちにタバコを吸うことを覚えさせるもう1つの原因になる。これら3種の原因を[行うのを]容認し、さらに[喫煙の]利を指摘し、害を指摘して厳しく絶対的に[喫煙を]禁止する大人がいないことが、タバコを吸う子供の数がこのように多いという結果になっていると、私は申し上げる。

タバコを吸うことの害

タバコは、我が国のものも外国のものも、皆同じく酔わせて中毒させる強い成分を持つ。子供がタバコを吸う、あるい[噛みタバコを]噛むのは、次に解説するように多くの点で害を与えるのは当然である。子供は体質も神経もまだ柔らかいから、その酔わせる力に抵抗するには十分でない。子供がタバコをたくさん吸ってしまった時、当然毒にあたって酔い、吐き気がし、よだれを垂らし、身体が震え、手も足も力が抜けて死んだように寝てしまうのを見なさい。これが我々が目ではっきり見ることのできる、外に現れて見える害である。

医学書の中には[次のように]述べられている。人がタバコを吸うと、当然タバコの煙を吸い込む。タバコの煙とタバコの「やに」は入って行って、普通、一部は肺に、一部は脳に付着する。肺は我々の身体の中のとても重要な器官の1つで、外から十分に空気を吸い入れ、外に吐き出す<machine>[機械]の役割を持ち、心臓がそこに送

り出して来た静脈血を動脈血に変えて、[心臓に送り返して]その[動脈]血を全ての器官に行き渡らせる場所である。もしタバコの煙が入って付着すると、当然肺のprasāda[神経](即ちgrwaṅ[機械装置])などを不具にして力を弱め、空気を吸い込み吐き出すことがうまくできなくなり、肺は乾く[ママ]。そういうわけで、たとえば胸が熱くなる、胸が痛む、胸が震える、やせ細る、咳をすると血が出る、などの種々の病気になることもある。肺は火を吹く「ふいご」のようなもので、もし「ふいご」が不具になったら、火を吹いて燃えさせることができようか。我々の肺が不具になったら、我々は長生きできることを期待することができるだろうか。

頭部の中で、脳は我々の身体の中で最も重要なものの1つである。即ちあらゆる種類の事柄の記録と認識とを受け取って記憶し保持する容器で、タバコの煙やタバコの「やに」が染み込んで付着すると当然脳の神経を固くし混乱させる。我々が「めまい」と呼ぶものは、まさにこの脳が混乱することなのである。[「やに」の付着は]脳を衰えさせ萎れさせてしまい、以前のように聡明でなくなり、細かなことの記録と認識と記憶を保持できなくなる。たとえその人が以前は良い脳をもっていて、自然が頭脳明晰で聡明な人に作り上げた人であっても、タバコをたくさん吸うと、その明晰聡明さは徐々に程度が落ち、およそ10分の3は失われてしまう。子供の場合は知恵を損ない、その子の人生の重要な生業となる知識学問をたくさん破壊してしまう。まことにもったいないことである。

sabhā [注。11号2-3に続く]

3-1 工業

メッキをすることについて話す

私はフランス国から[次の]情報を得ました。

「<fernand solère> phdaḥ 7 phlūv <nemours> ghum lekha 11 kruṅ <paris>(Fernand Solère,7 Rue de Nemours Paris XIe)[パリ市、第11区Nemours路7番地のFernand Solère]の店に(Le Galvanic Sol)印のメッキ器具がある。この器具には金、銀、<nickel>[ニッケル]、銅をメッキするための電気コードで使うブラシがある。価格は道具を全部そろえた1セットが20リエル、30リエル、50リエルである。

「メッキする力は[電源コードは別にして、2本あるコードの]片側のコードをメッキしようとする物に付け、もう片側のコードをブラシの柄につなぐ。それから金、銀、<nickel>[ニッケル]、銅など、必要に応じたもの[の液]に浸す(この4種のものはそれぞれ別に溶かしてビンに入れたものをあちらで売っている)。浸してからその物の上を[ブラシで]こすると、電気の力で液体になっている物質をブラシの先に吸いつかせ、それがメッキしようとする物の上を覆って新しい明るい澄んだ色になる」

この情報は、銀を扱う職人たちと<bicyclette>[自転車]を修理する職人たちに役に立つ。またもう1つ、これから現代的な仕事で生計を立てようと考える人、つまり擦れて銀メッキがはげたナイフやフォークなど種々の品物の修理を請け負ってメッキをしたり、銅のポットの把手や台、銅の盆などをメッキして最終的に銀や<nickel>[ニッケル]にするなどのことを請け負う仕事をする人にも役に立つ。このメッキをするための器具は電気コードで使用する。電灯がない家ではpra?ap dik kamḷāṅ(Accumulateur)[バッテリー]を買って使用することもできる。

このことについて詳しいことを知りたければ、上に述べたフランス国のアドレスに手紙を出して、それら全部の器具のカタログとそれら全ての価格とを送ってもらってください。

しかし急ぎたければ、私はすでにその道具のカタログを請求して入手していますので、nagaravatta新聞編集部の私のところに、質問においでくださっても同じように詳しくわかります。

sāy

3-2 [9号5-2と同一]

3-3 金の価格

プノンペン市、1937年2月26日

金1 ṭamliṅ、[即ち]37.50グラム

価格	1級	82.00リエル
	2級	78.00 リエル

＊銀の価格

銀1 ṇaen 塊、[即ち]382グラム	12.00 リエル
古兌換1リエル銀貨	0.69 1/2 リエル

＊農産物価格

プノンペン、1937年2月26日

籾	白	68キロ、袋なし	2.65 ~ 2.70リエル
	赤	同	2.40 ~ 2.45リエル
精米	1級	100キロ、袋込み	7.10 ~ 7.15リエル
	2級	同	6.50 ~ 6.55リエル
砕米	1級	100キロ、袋込み	5.95 ~ 6.00リエル
	2級	同	4.85 ~ 4.90リエル
トウモロコシ	白	100キロ、袋込み	[記載なし]
	赤	同	6.55 ~ 6.60リエル
コショウ	黒	63.420キロ、袋込み	15.75 ~ 16.25リエル
	白	同	25.75 ~ 26.25リエル
パンヤ	種子抜き	60.400キロ	33.50 ~ 34.00リエル

＊サイゴン、ショロン、1937年2月25日

フランス籾・米商事会社からの通知の価格

ショロンの<machine> kin srūv[精米工場]に出された籾1 hāp、[即ち]68キロ、袋込みの価格は以下の通り。

籾	最上級	2.70 ~ 2.74リエル

	1級		2.66 ~ 2.70リエル
	2級	日本へ輸出	2.58 ~ 2.62リエル
	2級	上より下級、日本へ輸出	2.48 ~ 2.52リエル
	食用［国内消費?］		2.28 ~ 2.32リエル
トウモロコシ	赤	100キロ、ショロン県マッカサンで売り渡し。	
			7.10 ~ 7.15リエル
	白	同	0.00 ~ 0.00リエル

米(2月渡し)、港渡し、袋込み、税抜き、1 hāp、［即ち］60.7 キロの価格は以下の通り。

精米	1級、砕米率 25%	3.98 ~ 4.00リエル
	2級、砕米率 40%	3.83 ~ 3.85リエル
	同。上より下級	3.73 ~ 3.75リエル
	玄米、籾率 5%	3.24 ~ 3.26リエル
砕米	1級、2級、同重量	3.30 ~ 3.40リエル
	3級、同重量	2.90 ~ 2.92リエル
粉	白、新袋、同重量	1.50 ~ 1.52リエル
	kāk［籾殻+糠?］、同重量	0.60 ~ 0.65リエル

4-1 ［9号6-1と同一］

4-2 ［9号6-2と同一］

4-3 ［8号4-4と同一］

4-4 ［8号3-4と同一］

4-5 ［9号6-5と同一］

4-6 ［8号4-2と同一］

4-7 ［8号4-3と同一］

4-8 ［8号4-6と同一］

4-9 ［8号4-7と同一］

4-10 ［8号4-9と同一］

Samedi 6 Mars 1937

CIGARETTES

JOB

LE PAQUET VERT

Vendu 5 cents

Nagara vatta

CIGARETTES

COFAT

La meilleure cigarette Indochinoise

Le Paquet vendu 5 cents

HEBDOMADAIRE PARAISSANT TOUS LES SAMEDIS

(Boite Postale N° 44)

第1年11号、仏暦2479年8の年子年 phalguṇa 月下弦9日［「9日」は破れていて10号から計算］土曜日、即ち1937年3月6日

［仏語］1937年3月6日土曜日

1-1　［仏語で「私書箱 No.44」が加わった以外は8号1-1と同一］

1-2　［8号1-2と同一］

1-3　［8号1-3と同一］

1-4-1、2　［8号1-4、1-5と同一］

1-5　医学

（前の週［＝9号2-1。見出しは少し異なる］から続く）

第3。マラリアを予防するためにしなければならないこと。

我々は、マラリアに罹らせる敵を既に知った。即ち蚊である。

マラリアを容易に予防できる方法は、ハマダラカに刺されないように身体に注意することである。蚊に刺されるのを防ぐことができる方法はただ1つしかない。即ち蚊帳の中に寝ることである。

フランス人は蚊帳なしで旅行することはない。それゆえ、彼らの民族は我が民族ほどマラリアは多くない。我々が「マラリアがある国」と呼ばれる国に行かなければならない用がある時は、我々は蚊帳を持参して行かなければならず、決して忘れてはいけない。もう1つはさらに thnām <quinine>［キニーネ］も持って行って毎朝服用して予防することである。我々はどうすればマラリアに感染している人に、その病気をさらに他人に伝染させない、即ち我々が既に知ったように蚊が刺すことで伝染させないようにすることができるのであろうか。この病気を伝染させないことができる方法は、我々には2つしかない。即ち、

(1) 患者を thnām <quinine>［キニーネ］で一生懸命治療して早く治らせること。thnām <quinine>［キニーネ］は血液の中にいるマラリアの病気の源を殺すことができる。

(2) この病気の患者を自分だけ別の蚊帳の中に寝かせること。

蚊を絶滅させることができる方法は次の2つの理由から、とても容易である。

(1) 蚊は水の上に浮いていることがあまりできない。

(2) 蚊は水の外に産卵することができない。

地面一面に捨てられたココヤシ殻や甕や壷の破片に雨水が少しでも溜まっていると、蚊は易々と産卵できる。雌の蚊はいつも水の上に産卵し、それからその卵は孵化してボウフラになり、規定期間の8日がたつとそのボウフラは蚊に変わる。

蚊が生まれてくることができないようにするには、家の周りに水溜まりがないように注意するべきである。もしすることができる時間があったら、水が溜まっている穴一杯に土を入れて平らにしてしまうべきである。

もう1つ、ボウフラを退治したければ、水がある所に灯油を少し差すことである。灯油は水の上一面に浮かび、ボウフラが上って来て水の上で空気を吸うのを妨げることができるからである。

流水と魚がたくさんいる水は、容易に蚊を生れさせる場所ではない。

（後の週［＝13号1-9］はマラリア治療薬について述べる。）

1-6　諸国のニュース

1-6-1　フランス国

パリ市、2月11日。ドイツが植民地を取り戻す要求をしていることについて、外務委員会委員長である(Bérenger)氏は上院本会議で、「イギリスもフランスも、

アフリカ大陸の植民地であろうと、どの大陸の植民地であろうと、ドイツへ分け与えることには同意しない。これらの国とその国民全ては、本日以降はイギリスとフランスの肉親であり生命であるとみなされるからである」と述べた。
＊パリ市、2月15日。今月13日土曜日、パリ市の大学の学生であるベトナム人たちが、中国―ベトナム正月に際して、新年の習慣に従って喜びと楽しさを表し、歌い踊って互いに祝い合うために集まった。この集まりに際し、(Albert Sarraut) 氏をはじめとして、インドシナ国に居住したことがある高い地位の人々も大勢参加して集まった。

1-6-2　イギリス国

ロンドン市、2月15日。イギリス下院本会議で、イギリス外務副大臣である(Cranbourne)氏は議員たちに、「ドイツによる[旧ドイツ]植民地の要求は、イギリス政府はそれに関して全く考慮したことがないし、現在にいたるもイギリス政府はまだその問題について考慮しなければならない時が来たとは思わない」と説明した。
＊2月18日付電。左派のある議員が政府に対して、「戦争を避けるために、我々は人が密集している国に歩く道を与えるために、経済の動きについて考慮するべきである。我々の植民地については、我々は『絶対的に我々のものである』として大きい関心を持つべきではない」と述べた。またもう1人の議員は、「イギリスの全ての植民地は、たとえイギリスがドイツに与えたいと思っても与えるべきではない。そしてドイツはこのように理解するべきであり、そうすれば世界に平和がありうる」と説明した。
＊2月15日付電。情報では、イギリスの軍艦2隻、(Havock)と(Gupsey)が(アルジェリア)海域で航空機に爆撃された。イギリス政府が調査し、「その航空機はスペイン反乱派のものである」ことが判明した。
＊2月17日付電。イギリス国は今後 kapāl campāṅ <cuirassé>[戦艦](kapāl campāṅ dhun dham[大型軍艦])を3隻、kapāl campāṅ <croiseur>[巡洋艦](kapāl campāṅ dhun kaṇṭāl[中型軍艦])を7隻、航空母艦を2隻建造し、飛行場をイギリス国と[イギリス]植民地全体に多数ヶ所、軍事演習用飛行場は75ヶ所建設することをスタートする。もう1つ、軍を1 <bataillon>(kaṅ bān)[大隊]増やし、武器を改新し、軍での機械の使用を十分な数にし[＝軍を十分に機械化し]なければならない。
＊2月19日付電。イギリス首相である(ボールドウィン)氏は議員たちに、「イギリスの外交政策は、既にイーデン氏が述べたように、同じままである。イギリス国は国際連盟に重大な関心を持っており、イギリスが軍備を増強するのは、国際連盟が力を増すのを援助するためであり、このようにすることにより、イギリス国が平和と安寧を得ることを助けるものであると考える」と答えた。さらに続けて氏は、「イギリス人のための幸福は諸国の幸福を妨げるものにはならない」と説明した。

1-7　munīkesara 殿下[braḥ aṅga mcās]の sokanta 式

(前の土曜日[＝10号1-9]から続く)

翌朝2月18日、陛下と全ての大臣と高官が出て僧に食物を寄進した。殿下[braḥ aṅga mcās]は前日とは衣服を替えて父王と共に僧侶に食物を寄進なさった。

午前8時、vaḍḍhanābhiramya 劇団が bhojanī 殿内で11時まで踊った。午後になると劇団が同じ場所で歌い踊った。王宮の前の塀の外側では映画を上映した。午後5時になると、行列が第1日と同じ行い方で同じ道路を行列した。ただ、vaḍḍhanābhiramya 劇団員たちが前日とは異なる扮装をしていた。

夜、僧が読経をした後、陛下は王族と全ての大臣殿と高官たちを招いて candachāyā 殿で宴(中国式)を主催なさった。それが終わると、前日と同様に bhojanī 殿で王室の舞踊劇があった。

phalguṇa月上弦9日金曜日(2月19日)、式の行い方は前日と同じで、ただ宴がなかった。

phalguṇa月上弦10日土曜日(2月20日)、行列の行い方は前日より大きく、中国音楽団が1団加わり(ドンチャンドンチャンと銅鑼を叩いた)、nāga yuon(muṅ)[ベトナムの竜踊り]がもう1グループ加わり、いつもと違って午前中に行列した。

行列が王宮に入ると、陛下が同じ場所で殿下[braḥ aṅga mcās]をお迎えになってお連れになり、[殿下は]色のある衣装を白衣装に着替えてお出ましになり、devā 殿で髷を切り、その後[宮]中の女官が行列して殿下[braḥ aṅga mcās]をカイラーサ山に導き、[殿下が]聖水をお浴びになられ、その時、礼砲12発が発射された。

陛下が[殿下に]聖水をおかけになると、殿下[braḥ aṅga mcās]は中にお戻りになり、色のある衣装にお着替えなさってからお出ましになり、再び僧侶に食物を御寄進なさった。

午後、殿下[braḥ aṅga mcās]は装身具と色のある衣装を身につけて、「燭台回し」などのバラモン儀式を終えられるために devā 殿にお入りになり、終えられると、陛下は[殿下に授ける称号を記した]銀板を賜った。

これ以外の儀式の行い方は、夜に大宮殿で<le résident supérieur>[高等弁務官]殿と<conseil> senāpatī[大臣]たちとを宴にお招きになり、candachāyā 殿で王室の踊りがあったこと以外は全て前日と同じであった。

殿下[braḥ aṅga mcās]が4日間の行列でご使用になった装身具と衣装

1。ダイヤとルビーを付けた金の首飾り。重さ12 ṭamliṅ、価格1,500 リエル。

2。粒ダイヤ付き金の王冠型髪飾り。重さ8 ṭamliṅ、価格9,180リエル。

3。ダイヤを散りばめた金の kaṅ rāk[＝rāk の花の模様の環?]、重さ13 ṭamliṅ、価格1,860リエル。

4。ダイヤを散りばめた金の飾りの指輪。重さ10 ṭamliṅ、価格1,520リエル。

5。ダイヤを散りばめた金の slik desa[＝装身具の1種]。重さ4 ṭamliṅ 5 jī、価格780リエル。

6。金の kraeṅ[＝装身具の1種]。重さ3 ṭamliṅ 6 jī。価格319リエル。

7。ダイヤを散りばめた金の太鼓。重さ3 ṭamliṅ 8 jī、価格543リエル。

8。ダイヤを散りばめた金の竜。重さ3 ṭamliṅ 7 jī、価格543リエル。

9。ダイヤを散りばめた金の山羊。重さ4 ṭamliṅ、価格5,430リエル。

10。粒ダイヤ付き金の指輪8個。重さ1 ṭamliṅ、価格8,800リエル。

11。粒ダイヤ付き金の耳飾り。重さ5 jī、価格1,600リエル。

12。金の足環。重さ13 ṭamliṅ、価格1,170リエル。

13。ダイヤを散りばめた金の pāṅ phāp[＝装身具の1種]。重さ2 ṭamliṅ 5 jī、価格350リエル。

14。粒ダイヤ付き金の帯。重さ20 ṭamliṅ、価格8,000リエル。

15。thnām と金の合金の尖頂冠(王冠型)。重さ7 jī、価格800リエル。

16。ダイヤを散りばめた thnām と金の合金の kaṅ nāga[＝装身具の1種] 1対[重さと価格の記述はない]。

17。ダイヤを散りばめた金の pradrum [ルビー?]20粒[重さと価格の記述はない]。

18。ダイヤを散りばめた金の slik desa[＝装身具の1種]20枚[重さと価格の記述はない]。

19。ダイヤを散りばめた金飾りの指輪1対[重さと価格の記述はない]。

20。ダイヤを散りばめた金の四角の pradrum[ルビー?] 1対。金の総重量24 ṭamliṅ、価格3,000リエル。

21。bhuoy draṅ[飾り帯](spai 型)。重さ26 ṭamliṅ、価格240リエル。

22。金襴緞子の衣装。重さ15 ṭamliṅ、価格100リエル。

23。bhuoy[飾り帯]を首のところで留める粒ダイヤ付きピン3個。価格500リエル[重さの記述はない]。

24。ダイヤを散りばめた金の肩布。重さ8 ṭamliṅ 6 jī、価格1,274リエル。

25。粒ダイヤ付き金の指輪1つ。重さ3 jī、価格6,000リエル。

26。ダイヤを散りばめた金の jī。重さ7 ṭamliṅ、価格2,000リエル。

27。金糸刺繍の革靴。価格10リエル[重さの記述はない]。

合計57,832リエル。

金の総重量は146 ṭamliṅ 9 jī。

価格の総額は5万7千8百32リエル(57,832.00リエル)[上のリスト中の価格の合計と一致しない。価格が記されていないものがあるから当然かもしれない]である。

1-8　農業

(前の週[＝9号2-2]から続く)

田の肥料の方も畑の肥料と同じである。[田も]長く使い続けると必ず肥料[分]がなくなる。現在田を作り続けてなにがしかの収穫を得ているのは、田に肥料が少し入ることによる。即ち肥料分は田に植えた稲から少し来るし、刈り取った後に燃やした草からも少し入る。燃やさなかった草は放置されるが、再び田を耕す時までに藁や草は腐って溶けて肥料になる。しかし、[量が]少なくて必要量に達さず不足するので収穫も少ない。

地質の良い田もあるが、そのような田は数が少ない。地質が悪い田は収穫が少ない。このグループの土地は肥料を探して来て施して十分にしてやるべきで、そうすれば地質の良い田と同じような収穫がある。地質が良い田も、さらに収穫を増すために肥料を入れてやるべきである。即ち、どう考えるにしても毎年[収穫が]増えることになる。このようにすれば、今後[収穫が]増える。

我がクメール国の農村地方の習慣は、少し畑作をする場合、ある土地を開墾して1年か2年、最も長くて3年使ってから、「その土地は肥料分がなくなったので作物を植えても良くなくなった」として捨ててしまってまた他の土地を探す。

このようなやり方は、良い未利用地がたくさんある所でしかできない。未利用地がないか、良い土地がない所では畑作という生業はできないと思ってしまう。それゆえ土地はたくさん未利用のままである。

農民の一部は妥協して何もせず、現在のように国が貧しくて困っていて惨めでも、何の畑作業もしない。

このように自分の考えに固執しているのは、怠惰によるのが1つ、無学無知によるのが1つ、この2つの原因が覆いかぶさって押さえつけていて、農民全部が発展する道を探しても見つからなくしているのである。

他の国、たとえば中国やトンキン国などは、この両[国]とも土地がたいへん狭い。人がたくさん生まれるので、我が国内と違って住む土地がなく、田畑を十分にたくさん作る土地がない。それゆえ人並に土地を持たない人々は別のことを探して行う。土地が悪くて作物が植えられないか、植えても[収穫が]良くない人は、それでもその[悪い]土地を使い続ける。我がクメール国と違って、どこか別の土地を探しに行こうとしても土地はない。しかし彼らは考える知恵があり、「土地がこのように使いものにならないのなら、何か使えるようにする方法を探すべきで、捨ててしまうべきではない」と考える。彼らは一生懸命良い土を探して選んで持って来てその[悪い]土地に入れ、毎年土地を使って生業を続けているのである。

sukhuma [注。13号2-2に続く]

2-1 シャムからのニュース

2月2日付のprajājāti <gazette>[新聞]によると、nagaranāyaka[ナコン・ナーヨック]県aṅgaraksa[アンカラック]郡pradū nām sauwabhā村のnāy {cheṅ jaiyakicca}という名のシャム人が、人の力も動物の力も電気の力も全く使う必要がない水車、即ち人工水樋を考えて作るのに成功し、試してみて『本当に役に立つ』ことが分かった。それでnāy {cheṅ jaiyakicca} はkrasuoṅ kralāhom(krasuoṅ dāhān jœṅ gok)[陸軍省]大臣に[次のような]内容を述べた提案書を提出した。

「シャムの農業の状況を考えると、収穫があまり十分に多くないのは、kasikara(?nak srae camkār)[農民]を助けてその生業を楽にさせる水の不足による。現在政府は、田に水が不足した時にポンプで田に水を入れる竜船隊があり、あるいは水を配分するための用水路がいくつかあるとはいえ、それでも農民の必要に応じて全ての場所に水を配ることができないでいる。さらに、このことには多額の費用がかかっている。それゆえ、運転して水を低地から高地へ揚げることができる力を持つ水車、即ち人工水樋を作ることを考えるのは、地方の農民と軍隊、さらに国民全体の家庭にとって大変有益であると考える」

もしこのニュースが本当に上述のように事実であるならば、我々はとても嬉しい。なぜなら、我が国もシャムと同様に農業国であり、今年は非常に多くの郡の田で水が不足し、多くの州で稲は実が入らず、飢饉が起こっている地域もある。人の力や動物の力や<machine>[機械]の力を使って助ける必要がなく、こしらえる費用も少なくて、価格もリーズナブルな揚水機を作ることを考えて成功した人がいるのならば、我が国の農民も[そのようなポンプを]考えて作るか、あるいは[シャムのを]買って来て我々の農業に役に立つかどうか試しに使ってみるべきであろう。

2-2 日本の劇[注。この記事では、「rapām[踊り]」が「劇」の意味に使用されている。しかし、30号3-1では、「劇」は「rapām」から「lkhon」に訂正されている。「踊り」と「劇」が区別されるようになる歴史を示しているようである]

1937年2月28日夜、<japon>(yībun)[日本]の劇団が来て、サイゴンの“<théâtre municipal>”と呼ぶ劇場で公演を行った。

この日本の劇団は初めてそこに来て公演をするので、日本の劇を見たことがない大衆は大騒ぎして大勢見に行った。この情報は、クメール人の劇団長の皆さんが1度見に行くと、恐らく日本国から何らかの[演劇の]技法が得られることは間違いない。中国人やベトナム人は既にそこ[＝サイゴン]に住んでいるのだから、今回すでに何らかの技法を摑み、知識に触れた。

この点に関して、我々が海岸から遠いところに住んでいることを残念に思う。おわかりですか? サイゴン市と違って、大きな船で海を航海して来て出入りする種々の民族の旅行者が[我々には]全くいない。彼ら[＝ベトナム人]が何か珍しいことを見、知っても我々は何も見ず、知ることがない。見、知ることがいくつかあっても、[それは]彼ら[＝ベトナム人]の残り物である。この不運は、我が国が大きい港の岸から遠くにあることによる。

劇

彼らが、毎度全ての劇場の中で演じる物語は、全て常にセクシーな話と滑稽な話とが混ざっている。その物語が悲劇であっても、活劇であっても、それでもやはり必ず幾分かのセクシーさと滑稽さとを混ぜて演じている。

彼らがこのように演じるのは、「全ての人間の中には、苦しみを欲する人、互いに争いたいと思う人はいなくて、全てが情欲を満足させたがり、楽しく笑って遊びたがる」ということを彼らははっきりと知っているからである。他人を楽しく笑わせることができる人は、自分が行うことを[どのような効果があるか]測ることができ、自分が言うことを測ることができ、他人が気に入るように、そして他人に正しく予測させないように調節することができる人である。演技をして人を笑わせようとする時は、行動あるいは言葉を使って、人が予測している考えを外す意外な言動をするのであって、誤った予測をした人が意外に思って笑うのである。

もう1つ、笑わせることは、見ただけで笑ってしまう絵が描ける人がいることでもある。我々に読ませて笑わせるものが書ける人がいることでもある。人がこれらのことができるというのは、先に述べたように、[その]人が測ることができるということである。もう1つ、人を笑わせることは、心の中に楽しみを得ることを通じて身体の内部を具合よくすることである。楽しんでいる心は血液が新鮮になり、血液が新鮮になると何の病気もなくなる。

それゆえ、nagaravatta新聞社は、新しい時代のセクシーな物語、滑稽な物語を探して掲載して、皆さんが読んで少し心を楽しませるようにして、そのような物語を好む皆さんを満足させたいと考えている。[人間の]性向を上に述べたように理解するからこうするのであるから、そのような物語を好まない方はどうか気にしないでほしい。

後日掲載するセクシーな物語、あるいは滑稽な物語は［この2つが］互いに入り混じって1つになっているか、rwaṅ［物語］(rapām)［劇］の最後にあるかのどちらかである。［注。19号2-7に実例がある］

sāy

2-3　子供がタバコを吸う

（前の週［＝10号2-3］から続く）

体質も神経もしっかりした大人の場合は、たとえタバコを吸っても子供と違って大きい害はあまり受けない。たとえば大きい樹木は、その樹木の体質に合わない酸っぱい、渋い、苦い、塩辛いなどの味がある水をかけても、容易にその木を弱めたり、萎れさせたり、あるいは枯れさせることはない。しかし、小さい苗木の場合は弱ったり、萎れたり、あるいは枯れたりしてしまうことがあり得るのと同じである。

すでに述べた害のほかに、まだ害が2つある。即ち1［番目］は金銭を無駄に失うこと、2［番目］は勉強などの仕事に使うべき時間を損なうことである。子供はまだ自分で金銭を稼いで使うことができないから、子供がタバコを吸うことを知ると両親か保護者に金をねだってタバコを買って吸わなければならず、タバコを買って子供に吸わせるという新しい支出費目を1つ増やさせることで、さらに両親に苦労をさせることになる。食費や衣料費だけでもすでに両親には大変な重荷であるのに、さらにタバコを吸うのはいいことだろうか。

小声で暗記するなどの用をしている場合に、タバコを吸っている間はその暗記を一時やめなければならない。用事をしたりタバコを吸ったりすると、［用事を］することはいつものように速くは進まない。それゆえ、タバコを吸うことは時間を無駄にさせることがわかる。

注意と忠告

私は両親や保護者の皆さんに、一生懸命本気になって子供や孫がタバコを吸う、あるいは噛むのを決して放置しないように注意する。我が国内の、子供を教える学校では、全ての学校が生徒がタバコを吸うことを禁止している。先生［loka］たちは上述の［喫煙の］害を知っているので、タバコを吸っている生徒を常にチェックしていて、タバコを吸っているのや、服のポケットなどにタバコを持っているのを見つけると、先生［loka］はそのタバコを没収して捨て、絶対的に禁止し、あるいは懲らしめるために少し罰することもある。我々は先生［loka］たち全てに大いに感謝するべきである。しかし、教師のこの禁止も子供を守ってタバコを吸わせないことができるためにはまだ十分ではない。なぜなら子供達は家にいる時や学校に行く途中の時に、こっそりタバコを吸う、あるい噛むことができるからである。このことは、両親や保護者が一丸となって一生懸命真剣に助力すれば、子供達はタバコを吸うことができるチャンスがなくなると理解する。

フランス、日本のような大国の子供は全て、タバコを吸うことを禁止されている。彼らの子供達は女も男も我がクメール人の子供達と違ってタバコを吸うことを知らない。それならば、なぜ我々はその良い例を見習わないで、いつまで目をつぶっていることに没頭しているのか。

タバコを吸わないことの利

子供がタバコを吸わないことは身体の健康に役立つ。即ち、(1)すでに述べたような種々の病気にならない。(2)当然頭脳が明晰である。(3)金銭を無駄にしない。(4)タバコを吸うことで時間を無駄にしない。それゆえ、少年少女は全て決してタバコを吸う練習をするべきでない。

私がこれまで書いて来たことは、医者として書こうとしたものではない。さらに私自身医者ではないし、私の知識は医者としての知識ではない。それゆえ、もし十分に詳しくないところがあったら、医者の皆さんは、この知識の劣る私を許してください。

sabhā

2-4　三国志演義［翻訳なので省略する］

3-1　仏教の儀式の情報

3-1-1　コンポン・チャム jœṅ brai 郡 ph?āv 村の tāṅ dhlak 寺の仏像開眼式と仏塔寄贈式について

この tāṅ dhlak 寺は古代からの寺で森の中に建っていて suy 住職殿が、僧が守るべき法を実践する僧と、座禅を行う優婆塞優婆夷のために整えている人である。

そのほか、清浄な信仰心を持つ人々が集まり、仏塔4基と仏像4体を新しく建立した。そして先の8の年子年 māgha 月上弦11日から、仏像の開眼式と仏塔の完成式を行い、māgha 月上弦14日に式を終えた。この式に際して、suy 住職殿の説法と jœṅ brai 郡郡長殿と kramakāra である gaṅ-maṅga 氏の流れるように流暢なスピーチがあった［この文は誤植で語順が乱れている。訂正して訳出した］。詳細は全て王立図書館の宗務記録に掲載されている通りである。

3-1-2　仏像開眼式

先の2月26日、27日、28日にプノンペン市の braḥ kaev marakaṭa 寺で kān-cū heṅ 氏と妻の ṭuoṅ 夫人［?nak srī］、弟の ?nak {chavī tih} が仏塔、井戸、難行仏像、仏陀図、

金ー銀の仏像、大蔵経[の律蔵]17巻の寄贈式を行った。この式に際して毎夜説法とスピーチがあり、最終日には第一回結集の説法があった。

3-1-3　三蔵経[の律蔵]の寄贈式

8の年子年 māgha 月上弦11日土曜日、クメールの仏教を信じるベトナム人の寺である、プノンペン市の ratanārāma(suṅ bhwak)寺の檀家であるベトナム人の優婆塞優婆夷が貴い功徳を行った。即ち三蔵経[の律蔵]の寄贈式で、三蔵経[の律蔵]を翻訳し校訂した僧たちを招き、[僧たちは]読経し、クメール語とベトナム語で説法をし、スピーチをし、最後に僧たち、学者である優婆塞、および檀家である優婆塞優婆夷の[記念]写真を撮影して式の終わりにした。

上述の儀式のあらゆる様子は王立図書館が毎月発行している宗務記録に全て詳細が掲載されている。

3-2　[広告]　Vuong-Eng-Heng

[仏語]　プノンペン Āng-Duong 路40号

[ク語] 屋号は eṅ heṅ で、店は aṅga ṭuoṅ 路40号にあります。

私はあらゆる国から来たあらゆる種類の良質の布と絹布があります。そして立ち姿印、黄色い虎印、3匹の虎印、ネコ印、ウシ印などの黒布、クジャク印、虎印、旗印、鍵印の黒のサンポットを、私自身が作っています。もう1つ、私の店はあらゆる種類のシャツとセーターも販売しています。そして種々の商標のサロンと、その他多くの商品も私が作っています。

購入を希望なさる方はいらして必要に応じてご購入ください。

3-3　金の価格

プノンペン市、1937年3月5日

金 1 ṭamliṅ、[即ち]37.50 グラム

価格	1級	82.00 リエル
	2級	78.00 リエル

＊銀の価格

銀 1 ṇaen 塊、[即ち]382 グラム	12.00 リエル
古兌換1リエル銀貨	0.72 0/0 リエル

＊農産物価格

プノンペン、1937年3月5日

籾	白	68キロ、袋なし	2.60 ~ 2.65リエル
	赤	同	2.40 ~ 2.45リエル
精米	1級	100キロ、袋込み	6.70 ~ 6.75リエル
	2級	同	6.30 ~ 6.35リエル
砕米	1級	100キロ、袋込み	5.65 ~ 5.70リエル
	2級	同	4.80 ~ 4.85リエル
トウモロコシ	白	100キロ、袋込み	[記載なし]
	赤	同	7.30 ~ 7.50リエル
コショウ	黒	63.420 キロ、袋込み	15.00 ~ 15.50リエル
	白	同	25.50 ~ 26.00リエル
パンヤ	種子抜き	60.400 キロ	31.00 ~ 32.00リエル

＊サイゴン、ショロン、1937年3月4日

フランス籾・米商事会社から通知の価格

ショロンの<machine> kin srūv[精米所]に出された籾 1 hāp、[即ち]68キロ、袋込みの価格は以下の通り。

籾	最上級	2.78 ~ 2.82リエル
	1級	2.71 ~ 2.75リエル
	2級　日本へ輸出	2.66 ~ 2.70リエル
	2級　上より下級、日本へ輸出	2.60 ~ 2.64リエル
	食用 [国内消費?]	2.32 ~ 2.36リエル
トウモロコシ	赤　100キロ、ショロン県マッカサンで売り渡し。	8.10 ~ 8.20リエル
	白　同	0.00 ~ 0.00リエル

米 (3月渡し)、港渡し、袋込み、税抜き、1 hāp、[即ち] 60.7キロの価格は以下の通り。

精米	1級、砕米率 25%	4.13 ~ 4.15リエル
	2級、砕米率 40%	3.98 ~ 4.00リエル
	同。上より下級	3.88 ~ 3.90リエル
	玄米、籾率 5%	3.38 ~ 3.40リエル
砕米	1級、2級、同重量	3.68 ~ 3.70リエル
	3級、同重量	3.13 ~ 3.15リエル
粉	白、新袋、同重量	1.68 ~ 1.70リエル
	kāk [籾殻+糠?]、同重量	0.65 ~ 0.70リエル

4-1　[9号6-1と同一]

4-2　[広告] [タバコの箱を両手で掲げたサッカー選手の絵があり、その横に縦書きで] dāt <balle>[サッカー]印タバコ

1箱 5セン

[写真があり、その下に横書きで] このタバコは、クメール国内のタバコで作っているので、吸っても咳は出ないし、喉が熱くなることもありません。皆さんが努力してこのタバコをお吸いになれば、[他の]全てのタバコと違って、クメールの金銭はクメール国に留まり、別の国に流出することはありません。

Denis Frères P.-Peñ

4-3 ［広告］**um-ket**

クメール人の<machine> srūv［精米所］。プノンペン市第4区 okñā um 路256号、tā kaev 寺の南。

良質の籾と精米を販売しています。薪と貝葉も販売しています。

4-4 ［広告］［ラテン文字で］**Nagoya Bazar**

［クメール文字で］<nagoya bazar>

皆さん、phlūv <ohier> lekha 10（10 Rue Ohier）［<ohier>路10号］の<nagoya bazar>店を見に来てください。きっと役に立つもの、美しいエレガントなもの、価格が安いものが見つかり、好きなように選ぶことができます。

これらの品物の中には、小さな時計、ガラス製品、茶ー<café>［コーヒー］道具、日本<bière>［ビール］、それに到着したばかりの<machine> crieṅ［蓄音器］とレコードが種々あります。

4-5 ［8号4-4の後半と同一］

nagaravatta <gazette>［新聞］は購読者の皆さんの徳のおかげで生きています。それゆえ、<gazette>［新聞］をお受け取りになった方に申し上げます。今すぐ、その<gazette>［新聞］の代金を nagaravatta 社へお送りくださいますようお願い致します。<poste> khsae luos［郵便局］にまかせると必ず［社に］配達に来ます。

新聞総務部

4-6 ［8号3-4と同一］

4-7 ［9号6-5と同一］

4-8 ［広告］［ラテン文字で］**Grand Magasin Bombay**

［クメール文字で］<grand magasin bombay>

ā. ī. kaṅdī

プノンペン aṅga ṭuoṅ 路22-24号

可愛くて心を引かれる商品

本物であると敢えて保証する（Tussor）［タッサー］布があり、絹布があり、これより安く値切る勇気がある人はいません。

<tussor>［タッサー］布と絹布の価格は次の通りです。

5本縒り	1メートル	2.50 リエル
4　　同		2.20 リエル
3　　同		1.80 リエル
2　　同		1.50 リエル

<chemise>［ワイシャツ］用のあらゆる色の洗濯可能な（Serge）［英語。セル］布もあります。最近到着したばかりです。

4-9 ［8号4-3と同一］

4-10 ［8号4-6と同一］

4-11 ［8号4-7と同一］

4-12 ［8号4-9と同一］

HEBDOMADAIRE PARAISSANT TOUS LES SAMEDIS

(Boite Postale N° 44)

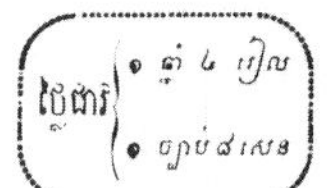

第1年12号、仏暦2479年8の年子年 caetra［ママ］月上弦1日土曜日、即ち1937年3月13日［注。この号の2-4では、「仏暦の年は cetra 月上弦1日に1つ進んで仏暦2480年9の年丑年 cetra 月上弦1日になる」とあるが、ここの年はまだ進んでいない。16号1-9も参照］

［仏語］1937年3月13日土曜日

1-1　［仏語で「私書箱 No.44」が加わった以外は8号1-1と同一］

1-2　［デザインが少し変わった以外は8号1-2と同一］

1-3　［デザインが少し変わった以外は8号1-3と同一］

1-4-1、2　［8号1-4、1-5と同一］

1-5　<brévier>氏の温情

我々はきっと［1日に往復］1回だけ勤務する

総督府は<bureau> rājakāra［役所］の勤務時間を変更する件について、インドシナ国<le gouverneur général>［総督］殿が検討して署名して決定するための案を作成中であるという情報を我々は得た。

この勤務時間の変更は、<le gouverneur général>［総督］殿がラオス国の視察から帰ってきた時に全ての<bureau> rājakāra［役所］で実施させる。

この変更には案が2つある。連続勤務［＝昼食をとりに帰宅しない］の場合は、午前7時から午後1時までで終わりで、［途中］1時間ないし半時間の休憩時間がある。あるいは午前9時から午後3時までで終わる連続勤務で、［途中］1時間ないし半時間の休憩がある。

我々は、慈悲と温情のある<brévier>氏が温情でこのように［勤務］時間の変更を行い［官員の勤務を］楽にするのは、我がインドシナ国はとても暑い国であるから、官員にとって極めて楽であると考える。勤務するために1日4回行き来する（2回行き、2回帰る）のは、太陽に曝されて行き来するので衣服をたくさん使う。

しかし、我々は政府に涼しい時間、即ち午前7時から午後1時までという前者の時間を採用することに決定するようお願いする。午前9時から午後3時までという後者の時間は出勤も退庁も同じく暑いと思う。

我がクメール国では、官員たちが暑すぎる勤務時間について絶えずこぼしているのを耳にする。地位が高い人たちのように乗り物を持っていれば、これは何でもないことであるが、俸給が少な過ぎるので毎日乗り物で行き来することができない地位の低い人々の側にとっては都合が悪い。

我々は、<brévier>氏は勤務時間を変更して楽にしてくれるだけではなく、アフリカの国で、優れた手腕で［人々を］楽にしてきた方法で、今後きっとその他種々のことを変更して楽にしてくれるに違いないと期待する。

nagaravatta

1-6　諸国のニュース

1-6-1　フランス国

2月22日付電。大フランス国政府が、派遣して我がインドシナ国の調査をさせた元大臣である（Justin Godart）氏は、現在 krum jamnum grap graṅ kammakara nānājāti（Bureau International du Travail “B.I.T.”）［国際労働機関＝ILO］のフランス政府代表である。

＊（サン・ナゼール）県都、フランス国。mahāsamāgama buok kammakara rapas pradesa <français> dāṅ mūl（Confédération Générale du Travail “C.G.T.”）［フランス労働者総同盟］の書記長である（Jouhaux）氏が演説をし、［次のように］説明した。「我が総同盟は労働者階級とか資本家階級とかにこだわらず、全体の自由を支える大きな連盟である。我々は、現在大フランス国政府が整備中の経済と労働者を楽にするための政策を成功させるために、常に<front populaire>［人民戦線］（buok chveṅ ruop

ruom gnā[左派連合])政府を心をこめて支持する」
＊(ナント)県都。フランス首相であるレオン・ブルム氏は、左派10,000人の前で[次のように]演説した。

「我が<front populaire>[人民戦線]を滅ぼすことを望む者たちは、この左派連合[＝人民戦線]は民衆の団結の力で誕生したものであるから、滅ぼすことはできない。もう1つ、この我々の政府は、全世界の民主主義国家の信頼と希望と敬愛の的になっているから、現在の政府は今後長期間存続するであろう。我々に反対する人で、かつ国を愛する人は全て、『現在のこの政府はますます非常に尖鋭化している』という言葉があることを検討考慮するべきである。それらの人々は全て、現在[人々が]幸福を得るように我が大フランス国内を整えることは、全て道徳的な方法で整えるのであることを理解することを願う」

1-6-2 スペイン国

マドリード市、2月27日付。スペイン政府軍は巡視隊を派遣し、敵側軍の力を測らせた。反乱派側は、「政府側軍は(オビエド)と呼ぶ[所の]戦場で15,000名が死傷した」と発表した。

確かな情報によると、(ハラマ)地区の政府軍中で死亡した(Lister)という名のロシア将軍の遺体が発見された。
＊スペインの nāyaka raṭṭhamantrī(Président du Conseil)[首相]である(Caballero)氏は、「現在のような upasagga(grwaṅ camrūṅ camrās、grwaṅ jambāk dadāk dadām、Obstacles)[障害]が依然として存在するならば、私は必ず辞任する」と発表した。
＊(サラマンカ)県、3月1日。反乱派側軍戦闘司令部は、「政府側軍はオビエド地区のあらゆる方角を攻撃したが、反乱派は反撃して政府軍を全て後退させ、その時政府側軍は全軍壊滅した」と発表した。

1-6-3 日本国

東京市、3月1日付。大勢の日本人がオランダ国植民地である(オランダ領インド)国に入って居住している。この国[＝オランダ領インド]は我がインドシナ国の南にある。このように日本人が大勢入って居住することが、国民に、「日本が来てこの国を奪って日本の属国にするのではないか」という恐怖を持たせている。この件に関して直接質問を受けた日本首相である林氏は、「その国に行って住んでいる日本人は商売ただ1つをする意図を持つだけである」と答えた。

1-6-4 イタリア国

ローマ市、3月2日。mahāsabhā <fasciste>(Grand Conseil Fasciste)[ファシスト大会議]は3月2日にムッソリーニ[ママ。「氏」はない]を議長として会議を開き、「自分の国を守るために国民全てを徴兵して兵にならせなくてはならない」と満場一致で議決した。

1-6-5 ドイツ国

ベルリン市、3月2日付。フォン・リーベントロップ氏は(ライプチヒ)県の puṇya tāṅ phsār(Foire)[物産展市祭り]で演説をした。その内容は、「ドイツ国は以前自分のものであった国だけを取り戻すことを欲している。それ以外の国を得たいという希望はない。「ドイツ国が軍備を拡張し兵の数を増やすのは、自分を防衛するためだけである」

1-6-6 イギリス国

ロンドン市、3月1日。イギリス外相であるイーデン氏は質問されて、「イギリス国は植民地をドイツ国に返還することは考えていない」と答えた。

1-7 土曜評論

英知がある人は当然こう考える

我々は、我々側が重くて彼ら側が軽いと言う。彼らは、彼ら側が重く、我々側が軽いと言う。さて重いのはどちら側だろうか。我々は、我々側が正しくて彼ら側が誤りであると言う。彼らは、彼ら側が正しくて我々側が誤っていると言う。正しいのはどちら側だろうか。

「重い」と「軽い」は量るための秤がある。「正しい」と「誤りである」は審理するための法律がある。

nāḷi を量る秤と、キロを量る秤とは互いに一致はしない。取り替えて量ることはできない。我々の法律と彼らの法律とは相互に異なり、互いに相手を判断することはできない。

nāḷiを量る秤はnāḷiで計算し、キロを量る秤はキロで計算しなければならない。我々は我々の法律で[ものを]言わなければならないし、彼らは彼らの法律で[ものを]言わなければならない。

「重い」と「軽い」は証拠がなければならない。もし双方とも[証拠が]あれば、「同じ」とみなさなければならない。「正しい」と「誤りである」は[それを定める]法律があるか否かによる。もしそれぞれに[正しいと定める]法律があれば、[双方とも]同様に「正しい」としなければならない。片方だけを「正しい」とするのは無法地帯にいるようなものである。「正しい」と「誤りである」は結果として「利」を生じるか「害」を生じるか、という原因結果も合わせて考えなければならない。「利」と「害」は、人が固く信じていることに根ざすところの、人が作った分類であるから、それぞれが法律として定めてきたもので、雲の間を抜けて空から落ちてきたものではない。

“国にいて、幸せを望むなら[自分が]正しいと言い張るな”

sāy

1-8　結婚

先の3月6日土曜日、シエム・リアプ州の um-sāt 州知事殿が nāṅ {um-sāret} という名の令嬢とバット・ドンボーン州在住の医師である kaṅ-saṅkha 氏との結婚式を行った。この結婚式を氏[＝um-sāt]はコンポン・チャム州都で行った。

この式に、知事殿を敬愛する大小の高官が大勢出席した。nagaravatta 新聞社はこの新婚の夫妻が末長く4種の祝福に恵まれるよう祈る。

1-9　主義の戦い

laddhi <communisme>[コミュニズム]信奉者と laddhi <fascisme>[ファシズム][信奉者]との間の激しい衝突の結果は、ヨーロッパ大陸の左派と右派とに大きい動揺をもたらす原因になった。

kambujaraṭṭharaṅsī 記

スペイン国内で戦争が始まって以来、世界のヨーロッパ大陸部では buok chveṅ phut[極左派]([buok] <communisme>[コミュニスト])と buok stām phut[極右派](<fasciste>[ファシスト]との間の衝突の力で揺れ動いている。この両派は互いに急いで相手を負かそうという態度を示し、その結果この sakalabibhaba(<Monde entier>)[全世界]の santibhāba(<la paix>)[平和]に対する暗い問題になった。現在、この動きはますます強くなり、第2次世界大戦[が始まる]までの時間を短くし得る重大な程度に再び達した。次の世界大戦こそ、歴史が始まって以来の、あらゆる時代の戦争の歴史に勝る極めて大きな凶悪な力を持つものである。この強い動揺の現れとは、<japon>(yībun)[日本]とドイツとの間で極左派に dadiṅ dās(<Anti>)[対抗する]ための条約を結んだこと、また <japon>(yībun)[日本]とイタリアの間で、日本はアビシニア国内におけるイタリアの権利権限を承認し、一方イタリアは日本への見返りとして満州里国の独立を承認する条約を結ぶことを同意したことである。

私はかつて、第2次世界大戦の口火は中国と日本から発すると繰り返し述べたが、次に述べる第2次世界大戦の口火はヨーロッパ大陸側、スペイン国にある。それは、第2次世界大戦の発生は20年前の第1次世界大戦とは当然異なる性格を持つからである。なぜなら、次回の殺し合いは2つの宗教教義を持つ派の間、即ち<impérialiste>[帝国主義者](cakkavattiniyama)[帝国主義]を含めた laddhi <fascisme>[ファシズム]派と、<république> buok chveṅ[左派共和党]を含めた laddhi <communisme>[コミュニズム]派との間の殺し合いを見ることになるからである。この2種の"主義"を信奉する人達には、どの国、どの民族の規定はない。分かりやすく言うと、起こりかけている戦争は"主義"の間の戦争であって、国と国との間の戦争ではないのである。

なぜ"主義"の戦争が起こるのか。この問いについては、我々はこの2つの主義の videsūpāya(Politique extérieure)[外交政策]全体を見れば容易に答えることができ、さらに我々はこの極右派と極左派との意図を指摘することもできるのである。

この2つの主義は、実行が(白と黒とのように)互いに全く相反する。それゆえ20年前に生まれた時以来、常に衝突が起こってきたのである。

(まだ続き[＝13号3-1に]がある)

2-1　サトウヤシ業

(サトウヤシの栽培方法とサトウヤシから生まれる有用性について示す)

サトウヤシ[業]はカンボジア国内では非常に重要な生業の1つに数えられ、クメール人の財産をもたらすものである。この点に関しては誰もが全て同様に、その有用性を認めるのが当然で、否定できる人はいない。このように人々の意見が一致している時に、私が顔を出して、これについてさらに話すのはさほど素晴らしいことではなく、ā {jaiya}(ā {dhanañjaya})[＝「一休」に似た頓知のある少年]が自慢して僧王に説法する[＝シャカに説法]ようなものであると思うが、しかしそれでも、私は皆さんにお願いするが、かりにすでに知っていることであっても、まずはこの話を終わりまで読んでみてほしい。すでに知っていることと何か異なった内容…[半行印刷不鮮明]…。覚えておいて今後この仕事を正しい方法で行い、得たいと思っている利益を今後得ることができるようにしてほしい。あるいは、この解説が全ての項目においていい加減であると思った場合には逆に忘れ去ってほしい。私はすぐに喜んで[不完全さを]認める。こういう理由で、皆さんに次のように解説してみることにする。

サトウヤシの木の性状

自然はサトウヤシを多くの樹木とは異なる性状を持つ樹木に作った。即ち[サトウヤシは]大きい樹木の仲間でココヤシとほとんど同じ種に属するが、ココヤシよりはるかに固く丈夫である。十分に成長した幹について話すと、幹は太くて高くそびえるので、何か背が高いものを見た時の、「そびえているサトウヤシのように高い」という比喩表現がある。即ち高くそびえているサトウヤシの高さはおよそ20メートル以上もある。

サトウヤシの根元の形状は太く、周囲の大きさを測るとおよそ2メートルあり、[根は]地に深く入っている。7,000本から8,000本の細い根が下と横に伸びているが、下に伸びている根は少なく、最も深くてせいぜい1メートル半ほどの深さに伸びているだけである。[根の]多くは根元の周囲に広がり、太い根は10から11メートル先まで伸びることがある。それぞれの根には根の中心に固い芯があり、それ以外は細い筋と小さい孔が多数あって、水分と肥料分とをたくさん吸い込むのに優れた物の性状を持つ。幹の太さは、幹の周囲を測った大きさがおよそ1メートルから1メートル10センチメートルで、外側の肉質の厚さおよそ5センチメートルはとても固い木質である。内部は柔らかく、肉質は繊維が粗でスポンジ状で、常に水分を含んで湿っていて、サトウヤシの幹には水分がたくさんあることを示している。幹は、根元から梢まで枝はまったくなく、真っすぐ上に高く伸び、根元から梢まで幹の周囲に葉柄と葉が密に生えているだけである。しかし、幹が高く伸びるに従って葉柄は順次枯れ、月日が経つに従って幹から落ちていく。幹が高くなると、真っすぐ高くそびえ、梢に葉柄と葉があるだけである。葉は厚くて固く、他の樹木よりも太陽の熱に耐えられるものの性状を持っている。

サトウヤシには雌サトウヤシと雄サトウヤシの2種類がある。雌サトウヤシは花が大きく、その花のあとにdhlāy[房状の実]と呼ぶ実をたくさんつける。この雌サトウヤシこそが液をとって飲み、[あるいは]サトウを作るのである。雄サトウヤシは花は小さくて丸く、咲くだけで雌サトウヤシと違って実はつけない。

sṅuon vaṅsa

2-2　dāt <balle>[サッカー]の試合

2月28日日曜日、サイゴンの選抜チームが来て、vatta bhnam の西の dī dāt <balle>[サッカー場]でクメール国の選抜チームと dāt <balle>[サッカーの試合をして]、先月クメール国チームがサイゴンから奪った(Coupe Lambert)[ラムベール杯]を争った。

サイゴンチーム 0[ゴール]、クメール国チーム 4 ゴール

恐らくサイゴンチームは[先月]クメール国チームに負け、クメール国チームに自分たちの家から賞杯を奪わせたのが悔しかったのであろう。それでわざわざ大急ぎでやってきて、このように名声を失った。再び戦いに来る前になぜ事をよく観察し秤にかけずに、このように怒りで力をふりしぼってやって来たのだろう。いろいろ考えると可哀想である。でも我々が彼らを哀れんでばかりいると、[次は]我々が名声を失うことになる。

それゆえ、我々は喜ぶのは後回しにして、さらに一生懸命努力を続けよう。なぜならばいくらもたたないうちに、彼らはきっと我らを負かすべく再びやって来るに違いないからである。そして、我がチームは彼らのチームより技量が勝るのは事実ではあるが、まだ欠点があちこちたくさんあって、彼らを徹底的にやっつける程度にまではまだ到達していないからである。たとえば、今回の試合をしている時に、私はまだ重要な欠点が2つあるのをみつけた。欠点の1つは[力の出し方が]そろっていない、即ち1人が全力を出している時に、他の1人は力をセーブしている。1人が力をセーブしている時に、他の1人が全力を出している。

もう1つの欠点は、ディフェンスが遠くにパスするのをあまり好まず、近くにパスすることだけを好むことである。このパスの方法は、スピードのあるゲームをしたい時には、ミッドフィールダーにのみ正しい方法である。

2-3　bandha <bicyclette>[自転車税]の減額について

[自転車に]乗る人が以前から、「重すぎる」と不満を言うのが聞こえていた bandha <bicyclette>[自転車税]を、政府は1リエル50センから1リエル丁度に減額するという情報を得て、我々は大変喜んでいる。

2-4　王室儀式 trut saṅkrān[ママ。「truṭi saṅkrānta」が正しい]について

1937年3月9日から12日まで、王宮内では trut saṅkrān[ママ]儀式が行われた。これは昔から毎年、クメールの年の古い年が終わり、新しい年に入る前に行われて来た儀式である。

この王室儀式は、新しい[年の守護]神を迎える準備をし、悪霊を除く、即ち追い出すために、3月12日、即ち phalguṇa 月の月末の日の夜から徹夜で翌朝まで、[即ち]仏暦2480年9の年丑年 cetra 月上弦1日、今上陛下の御代第11年になるまでの1晩中 “bhāṇayaksa ”という経文を唱え、銃を撃つものである。[注。本号の日付は年が進んでいない]

2-5　新しい官職を得た

政府は、プノンペン市の王室図書館に勤務している thī {siṅ ṅuk thān}をクメール法務局の cau krama に任命し、ポー・サット州地方裁判所勤務を命じた。

この新 cau krama を衷心から敬愛する nagaravatta 新聞は、同氏に対して新年の神が、あらゆることにおいて繁栄するように、それがいつまでも続くように、そしてさらなる昇進があるように祝福する。

2-6　cau krama 職試験合格者

先の日曜日、cau krama 職試験を受験した人が30名余りいた。

先の3月6日土曜日に、下に名がある6名が合格したという確かな情報を得た。

1。プノンペン地方裁判所の検察事務官である tes-yaṅ
2。最高裁判所の samuha pañjī である gal-jhwwn
3。高等裁判所の samuha pañjī である net-pin
4。[高等弁務官府]第4<bureau>[課]thīである vān-vān
5。高等裁判所の検察事務官である jum-ghin
6。プノンペン地方裁判所の samuha pañjī である yas-nāṅ

cau krama 職試験に合格なさった6名の方は nagaravatta 新聞からの喜びの気持ちをお受け取りください。どうか、ますます御発展なさいますよう、お祝い

申しあげます。

2-7　三国志演義[これは、羅貫中の三国志演義の翻訳—タイ語訳からの重訳?—なので省略する]

3-1　悪霊祓いの呪術師に4,700リエルを詐取されたこと

この話は多くのベトナム語の新聞と、さらに(La croix d'Indochine)という名のフランス語の新聞にも掲載されている実話である。我々がこの話を“nagaravatta”に掲載するのは、我がクメール人が、「以下に述べる話のように悪人の手中に落ちないように注意するように」と忠告するためである。

コーチシナ国“ミト”省都に、敢えて名前を出さないが、そこらには匹敵する者はほとんどいない巨万の富を持つベトナム人が1人いる。このお金持ちは星回りの運気など種々の占いが好きで信じている。ある日、1人の旅人がこのお金持ちの家に入って来て、飲んで喉が渇いているのを癒して旅を続けるために水を1杯請うた。水を飲み終えると、しばらくそこに腰をおろし、それからその家の四方角全てをじっと見、しばらく見てから身震いをして、家の主人に、“すみません。どうも我慢ができませんし、私が訊ねることはあなた自身のためにもなることですから、ちょっとお訊ねしますが、この敷地内に以前あなたのお祖父さんがリエル銀貨を47リエル埋めたのをあなたはご存じですか”とたずねた。お金持ちはそれを聞いて疑問に思い、“この私の家族の中にその話を知っているのは誰1人いません。私1人だけが知っています。当時、私の祖父はまだ貧しく、リエル銀貨を47リエル埋めておき、生計を立てて金持ちになると、祖父はそのお金の上に家を建てました。今は、その埋めたお金がどこにあるかを知っている人は誰1人いません”と答えた。

旅人は厳かな態度をとりはじめ、“私は永年占い師をしている。私は過去のことも未来のことも全て知ることができる。今さっき、水を1杯もらって飲むために私があなたの家に入って来た時、私は全て白装束の47人の人があなたの家の周りをぐるぐる回って歩いているのが見えた。私はそれを見て、「これはお金の精(ベトナム人は<ngan tinh>[銀精]と呼ぶ)である」ことがはっきりわかり、「これらの精は、あまりにも長く土に埋められていた古い銀の力で生まれ、精になったものである」ことがわかった。あなたは供え物をして拝んで出て行かせなかったら、あの精たちはあなたに破産の恥をかかせるか、あるいは病気に罹らせるか、あるいは死なせることもありうる”と言った。家の主人はそれを聞いてたとえようもなく驚き、その旅人に、「どうかその精を追い出して私の苦しみを取り除いてください。儀式をする費用は全て私が出すことを承知します」と旅人に手を合わせて懇願した。

悪者は、その時獲物の匂いを嗅ぎ付けたのであるが、素知らぬ無関心な態度で家の主人に言った。

“式をするのはいくらも費用はかからないが、準備が少し面倒なだけである。即ち7つの惑星を結ぶものとして蠟燭を7本灯し、銭箱から100リエル紙幣を47枚、最も新しいものを出しなさい。それから、金紙と銀紙も[それぞれ]47枚探して来なさい。その金紙—銀紙は100リエル紙幣47枚を[1枚ずつ]包み、式の中で[紙幣の代わりに]燃やして[精に]供えるために持って来ておきなさい。この100リエル紙幣47枚は、式が終わったらあなたに返す。あなたは私が指示したように準備しなさい。私が式を規定の3夜行えば、これらの精を確実にあなたの家から全部追い出せることを約束する”

家の主人は[精を]恐れていたので、全てその占い師の言い付け通りにした。その時、占い師は100リエル紙幣47枚を金紙と銀紙で作った47の袋に[1枚ずつ]入れ、それから持って行って壇の上に置いた。占い師自身は壇の前に座って瞑想をした。家の主人である夫と妻[注。「妻」も「家の主人」である]は2人とも座って心を込めて合掌して檀を拝んだ。

家の主人にさらに完全に信じこませるために、占い師は式を終えるとその家に泊まるのを断り、主人に別れて宿屋に泊まりに行った。主人は占い師が行ってしまうと疑いの念を少し持ち、手を伸ばして袋の中に入れた紙幣を探ってみたが、紙幣は47枚共全部見えた。それでますますさらにその占い師をすっかり信じこんだ。

(まだ後の土曜日に続き[=15号3-1]がある)

bejra-ñāṇa

3-2　インドシナ国政府宝籤の抽籤

先の3月7日日曜日、ハノイ市で抽籤

下2桁が63、または12の番号の籤はそれぞれ

10リエルに当り。

下3桁が249、または686の番号の籤はそれぞれ

50リエルに当り。

以下の100枚は、それぞれ

100リエルに当り。

[以下は6桁の番号100個のリスト。省略する]

以下の10枚は、それぞれ

1,000リエルに当り。

[当たり番号10個のリスト。省略]

番号が117.132の籤は4,000リエルに当り。

番号が183.688の籤は6,000リエルに当り。

＊お知らせ

皆さんのどなたでも、[自分の籤の番号を]今回の当り番号と照合してみて外れていても、決して籤を捨てないでください。保存しておいて、本年6月13日抽籤の最終回も照合してください。

3-3 お知らせ

nagaravatta 新聞は、友情の心をお持ちの方大勢から手紙を多数受け取りました。すべて当<gazette>[新聞]に掲載するために送って来た手紙ばかりです。お求め通りに掲載できなかったのは、お手紙を書いた方が名前を出さず、住所を全部は告げていらっしゃらなかったからです。この<gazette>[新聞]に掲載したい場合は、まずこの[住所氏名を書く]ことをお果たしになってください。もし、<gazette>[新聞]上に名前を出すことを望まない方は、別に新しい名前[=仮名]を作ればいいのです。

3-4 [11号3-2と同一]

3-5 金の価格

プノンペン市、1937年3月12日

金1 ṭamliṅ、[即ち]37.50グラム

価格	1級	84.00 リエル
	2級	80.00 リエル

＊銀の価格

銀1 ṇaen 塊、[即ち]382グラム	12.00 リエル
古兌換1リエル銀貨	0.72 0/0 リエル

＊農産物価格

プノンペン、1937年3月12日

籾	白	68キロ、袋なし	2.55 ~ 2.60リエル
	赤	同	2.40 ~ 2.45リエル
精米	1級	100キロ、袋込み	6.70 ~ 6.75リエル
	2級	同	5.25 ~ 5.30リエル
砕米	1級	100キロ、袋込み	5.80 ~ 5.85リエル
	2級	同	4.75 ~ 4.80リエル
トウモロコシ	白	100キロ、袋込み	[記載なし]
	赤	同	6.50 ~ 6.80リエル
コショウ	黒	63.420キロ、袋込み	15.00 ~ 15.50リエル
	白	同	25.50 ~ 26.00リエル
パンヤ	種子抜き	60.400キロ	31.00 ~ 31.50リエル

＊サイゴン、ショロン、1937年3月11日

フランス籾・米商事会社からの通知の価格

ショロンの<machine> kin srūv[精米所]に出された籾1 hāp、[即ち]68キロ、袋込みの価格は以下の通り。

籾	最上級		2.65 ~ 2.69リエル
	1級		2.59 ~ 2.63リエル
	2級	日本へ輸出	2.52 ~ 2.56リエル
	2級	上より下級、日本へ輸出	2.46 ~ 2.50リエル
	食用[国内消費?]		2.25 ~ 2.29リエル
トウモロコシ	赤	100キロ、ショロン県マッカサンで売り渡し。	0.00 ~ 0.00リエル
	白	同	0.00 ~ 0.00リエル

米(3月渡し)、港渡し、袋込み、税抜き、1 hāp、[即ち]60.7キロの価格は以下の通り。

米	1級、砕米率25%	3.83 ~ 3.85リエル
	2級、砕米率40%	3.73 ~ 3.75リエル
	同。上より下級	3.63 ~ 3.65リエル
	玄米、籾率5%	3.13 ~ 3.15リエル
砕米	1級、2級、同重量	3.45 ~ 3.47リエル
	3級、同重量	2.86~2.83 [?] リエル
粉	白、同重量	1.63 ~ 1.65リエル
	kāk [籾殻+糠?]、同重量	0.70 ~ 0.75リエル

3-6 [8号3-4と同一]

4-1 [9号6-1と同一]

4-2 [11号4-2と同一]

4-3 [11号4-3と同一]

4-4 [11号4-4と同一]

4-5 [広告]1937年3月4日、プノンペン市

私の名は kaṅ-seṅ で、プノンペン土地登記局でthīをしています。病気持ちの女性と性交した結果、淋病梅毒を病み、膿がたくさん流れ出て、とても痛みました。私は多くのクメール人医者の門を叩き、治療しましたが全然軽くなりませんでした。それからフランス人の医院に2ヶ月通って治療しましたが少しも好転しませんでした。kāp go 市場の前に住んでいるバーサックのクメール人で、あらゆる種類の病気を治す地図印の薬を持っている“sīv-pāv 医師”の噂を聞くに及び、私は行って、同医師の淋病梅毒を治す薬を買って服用しましたところ、すぐに私の病気は少しずつ軽くなり、1週間で完治しました。

私は、地図印の薬で私の病気を希望通りにすぐに治してくださった“sīv-pāv”医師の恩を忘れないよう、この手紙を書きました。

[仏語] M.Kang-Seng

プノンペン土地登記局書記官

4-6 [9号6-5と同一]

4-7 [11号4-8と同一]

4-8 [8号4-3と同一]

4-9 [8号4-6と同一]

4-10 [8号4-7と同一]

4-11 [8号4-9と同一]

Samedi 20 Mars 1937

CIGARETTES
JOB
LE PAQUET VERT
Vendu 5 cents

Nagara vatta

CIGARETTES
COFAT
La meilleure cigarette Indochinoise
Le Paquet vendu 5 cents

HEBDOMADAIRE PARAISSANT TOUS LES SAMEDIS

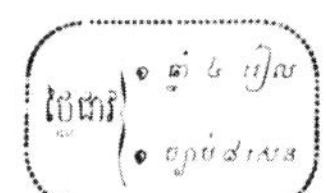

(Boite Postale N° 44)

第1年13号、仏暦2479年8の年子年 caetra［ママ］月上弦8日土曜日、即ち1937年3月20日

［仏語］1937年3月20日土曜日

1-1　［仏語で「私書箱 No.44」が加わった以外は8号1-1と同一］

1-2　［デザインが少し変わった以外は8号1-2と同一］

1-3　［デザインが少し変わった以外は8号1-3と同一］

1-4-1、2　［8号1-4、1-5と同一］

1-5　<thibaudeau> <résident supérieur>［高等弁務官］殿がター・カエウ州を訪問した

3月3日、<thibaudeau> <résident supérieur>［高等弁務官］殿は午前8時にター・カエウを訪問し、［ター・カエウ］<résident>［弁務官］殿とター・カエウ州州知事殿がター・カエウ <résident>［弁務官］殿の自宅で待っていて出迎えた。それから<résident supérieur>［高等弁務官］殿は全ての政府機関を視察した。［州校の］校長である（Lafond）氏が、「ター・カエウ州都の学校の学習する場所はとても小さくて、現在の生徒数、即ち男子生徒423名、女子［生徒］98名には十分でないと苦境を説明した。氏［＝thibaudeau］が学校に着いた時、ター・カエウの（Scoute［ママ。「scout」が正しい）［ボーイスカウト］団が待っていて出迎えて挨拶した。

その次に、氏は貯水池と<machine> dik［水道］を見に行った。貯水池は大きさが20キロメートル［ママ。「平方」はない］あって、先年から水を使う、即ち［水を］引いて来て家庭で使ったり、乾期の田を作ることもできるようになった。このような［貯水］池は我がクメール国には1つしかなく、何年か前まではター・カエウ州［sruk］は種々のことに水を使うことができなかったのであるから特に役に立っている。

それから、氏は、そこには寺がないので［代わりに］僧が宿泊するためにター・カエウ州都に建てたサーラーを見に行った。その際に氏は brai krapās 郡の samtec pun 住職師僧に<médaille> mās［金章］を授けた。午後になると、氏は aṅga metrī 寺（drāṅ 郡）のパーリ語学校を見、同寺の住職師僧はター・カエウ州に寺学校を作る助力をしたので、同師僧に munīsārabhān <médaille>［勲章］を授与した。ター・カエウ州1つだけで寺学校は75あり、生徒の数は4020名、教師をつとめる僧の数は138名である。

それから<thibaudeau>氏は pat rakā 村の、現在掘っている最中の貯水池を見に行った。この貯水池が完成すると、毎年乾期には使う水が全くない pat rakā 郡は乾期に使う水があることになる。これらのことは、ター・カエウの住民は水を最も必要としているのであるから、クメール国民にとって極めて高い有用性がある。

1-6　諸国のニュース

1-6-1　［イギリス］

現在、諸大国は皆競い合って軍備を拡張し、兵の数を増やしている。

イギリス国の外相であるイーデン氏は3月2日に、「イギリス国はもっと強く、そして有能になるべきであり、そうすれば世界に幸せを生じさせる助力ができる」という内容の sundarakathā（Discours）［演説］をした。

1-6-2　中国

東京市（日本国）、ロイター電。日本国のある<banque>［銀行］の頭取である（カダマ）氏が、共に貿易をするために中国政府と会議をして合意するために、近く中国へ旅行する。

1-6-3 スペイン国

3月3日、ドイツ電。(カタロニア)県では人々は食べる nam <pain>[パン]を探してもほとんどみつからない。

*(マドリード)市、3月4日。戦い始めて8ヶ月で、反乱派はスペイン国の65%、人口13,000,000を得た。

*マドリード市、3月8日。何日間も念入りに準備をした反乱派側軍は、あらゆる道からマドリード市を攻撃し始めた。今回の攻撃は5回目であるが、政府側軍は抵抗して戦い、反乱派側軍を押し戻し後退させることができた。

1-6-4 [イギリス]

ロンドン市、3月8日。ロンドン市の海軍省筋は、「どの国のものであるか明らかでない軍艦が1隻、(ビスケー)湾で(Ada)という名のイギリス船を砲撃した」という情報を得た。イギリス政府は kapāl campāṅ (Contre Torpilleurs)[駆逐艦]4隻を<ada>の救援に行かせた。

*(ボルドー)県、同日[=3月8日]付。砲撃を受けた<ada>は沈没した。

1-6-5 フランス国

パリ市、3月8日。フランス国の<conseil> senāpatī[大臣]は会議を開き[注。この記述は「閣議」を思わせるが、実は「議会」らしい]、政府に国防のために支出するための国債を発行する権限を与える法律を出した。この会議の時、全ての党派を含めて全フランス人が政府に国債を発行させることに賛成した。アメリカ国をはじめとして他の国々は[この決定を]大変喜んでいる。

1-6-6 スペイン国

マドリード市、3月9日。政府側派は、「本日政府側軍は元の所まで後退した。反乱派側軍は先日の戦闘の時よりも兵の数も軍備も増強されていたからである。[反乱派側軍中に]イタリア人たちが大勢混じっているのが見えた」と発表した。

反乱派は、「3月8日に[反乱派側軍は]攻撃してさらに15キロメートル前進した」と発表した。

*(アルカション)県都、3月9日。「軍艦1隻がイギリス船を撃沈した[cf.1-6-4]」という前日の情報は事実ではない。その後の情報によると、「沈没した船は、名と特徴をイギリス船に偽装したスペイン政府の船であった。同船はアメリカ国から航空機8機を積んで来ていた。これを砲撃した艦は反乱派の艦であったが、[輸送して来た船が]沈没する前に反乱派側の艦が167名を救助した。

*(マルセイユ)、3月10日付。本日の情報によると、(Mino)県の近くで航空機1機がフランス艦1隻を爆撃した。投下した爆弾は5発で、1発が艦の<machine>[エンジン]に落ちたが不発で、その艦に乗っていた人々に負傷した者はいなかった。フランス政府は軍艦1隻をその艦の救助に行かせた。

*(バレンシア)市、3月10日。スペイン外相は buok <gazette>[新聞記者]会見を開き、「イタリア人兵とドイツ人[兵]多数が反乱派を助力して戦っている」と述べた。

*マドリード市、3月10日。政府派は、「政府側軍が(オビエド)市を包囲した」と発表した。

*ロンドン市、3月10日、ドイツ電によると、スペイン政府船が撃沈されたというのは事実でない。即ち同船は反乱派側の艦が曳航して来ることができたから沈没してはいない。

*マルセイユ、3月11日。航空機が爆撃したいうフランス艦の<commandant>[艦長]は、「航空機はスペイン反乱派のものであった」と発表した。

*マドリード市、3月11日。政府側派は、「現在スペイン国内にイタリア軍が4個師団いる」と発表した。

*<havas>電。反乱派はさらに軍を15キロメートル前進させた。

1-7 土曜評論

nagaravatta 新聞社は働く人をもう何日間も必要としているが見つからない。

私は検討してみて、「無職のクメール人は大勢いる。しかし、それらの人達は働こうとする意欲を全く持たない」ということがわかった。

私は、中国人やベトナム人が皆、一生懸命働いている時に、多くの[クメール]人は歩き回って将棋を指したり、音楽を演奏したり、闘鶏をしたりして、中には自分は死から逃れ切ったとでも思っているのか、終日終夜、生きるとか死ぬとかの道を求めてただ議論しているのを見た。

またもう1つ、月給は欲しがるが仕事はできないグループもいる。

私は、クメール国は他の国と全く異なると思う。クメール国は仕事はたくさんあるが、する人がいない。他の国では、その国の人は奪い合って仕事をするから、無職の人は極めて少ない。

クメール国の人の性格はそうではない。大勢集まって何か仕事をしようとしても、熱心な人は少ない。誰か1人が仕事をすると、最初は同じ考えであった人たちは皆退いてしまう。そして、仕事をする人に利益がある、つまり毎月給料が手に入るようになる仕事のことばかり話す。その仕事をする人には何ら利益がない仕事について話すと、それをするクメール人を探してもいない。少しはいるのだが、数があまりにも少ないので、「いない」と私は言うのである。

「自分の民族全体に役に立つことをし、そして自分自身の利益は考えない」と決心した人も、一生懸命長く我慢することはできない。仲間は少ないし、さらに何もしない人が言う悪口があるからである。

何も仕事をせず、他人の悪口を言うのを待っているだけの人はとても多い。その人たちは、何もしないでいる自分のほうが、[何かをしようとする]気持ちがある人よりも偉いと思っている。つまり、「自分は他人より知識がある」と自慢するのだが、自分が無学無知であることを知らない。なぜなら、仕事をする人は間違いをすることもあれば、正しいことをすることもあるのは当然で、何もしないでいる人だけが間違いをしないでいられるからである。

クメール国内の全ての人[の中に]、民族のために役に立つ仕事をしたいという気持ちがある人はいるのだろうか、いないのだろうか。

ācārya {kuy}

1-8 王宮内の官員へのシソワット・モニヴォンカンボジア国王の素晴らしい寛い御心

シソワット・モニヴォンカンボジア国王は素晴らしい寛いお心をお持ちになっていて、喜捨をなさって善業をお積みになることを躊躇なさることはなく、貧しく困窮している気の毒な人々に御財産を御支出なさっても、[まだ]ご満足なさらない。

陛下は本年1月20日に籾1万 thāṅ をバット・ドンボーン州の地域の貧しい人々に御下賜なさったことは、すでに、本年2月27日に nagaravatta <gazette>[新聞]10号[2-1]で報じた。

今回、陛下は、王宮内の官員の多くが給料が大変少ないので貧しいのをご覧になって、月給15リエル以下の官員全ての人頭税を御財産から代わりにお支払いくださることになった。

俸給が15リエルを超える人は、それ程[生活費が]不足してはいないので、自分で支払うことにしておく。

王宮内の貧しい官員たちは全員大喜びで、陛下に善業を捧げ、陛下の慈悲心がますます栄え、いかなる不幸にも見舞われることがないよう、全ての種類の幸せと発展だけがあるように、神々に祈っている。

nagaravatta 新聞は、国王陛下がカンボジア国を平安と幸福が続くように長くお治めになるために、百歳以上の長寿を授かるようお願いし、全ての項の祝福をお捧げすることをお許しになることを請い願う。

nagaravatta

1-9 医学－病気を予防する

(前の週[＝11号1-5]から続く)

第4。マラリアの手当法について

マラリアを完治させるためには、国民の全てが既に知っている thnām <quinine>[キニーネ]という名の良く効く薬がある。この thnām <quinine>[キニーネ]は、我々人間の血液の中に住む me jamṅww[病気の源]、即ち me roga[病原菌][ママ]をやっつけることができる。この薬は我々の肉や神経に染み込むのに長い時間がかかるから、発熱中に[なってから]この thnām <quinine>[キニーネ]を飲まないように注意しなければならない。我々が発熱中に飲んでも、[飲むべき]期限を過ぎているので役に立たないことがわかる。完全な条件でそれを効かせたければ、発熱して寒気がおこる7時間から8時間前に飲まなければならない。高熱が間断せず、ずっと続く場合には、24時間(即ち1日と1晩)を3つにわける、即ち朝1回、正午1回、夕方1回の3回飲んでもいい。もし激しい高熱がずっと続く場合は、夜も昼も通じて規定の6時間毎に1回、治癒するまで飲まなければならない。すっかり治っても、高熱が再発するのを防ぐために、その後何日間も飲み続けなさい。

熱が数ヶ月も数年も続いている場合には、[飲む] thnām <quinine>[キニーネ]の[錠剤の]数を少し減らさなければならないが、[それでも]何日も何ヶ月も飲用を続け、それに加えてしばしば下剤も使用しなければならない。もう1つ、マラリアが頑固でなかなか治らない場合には、ためらうことなく医師に相談に行って[どうするべきかを]訊ねるべきである。医師は thnām <quinine>[キニーネ]にもっと効力を持たせる方法を知っている可能性があるからである。

重いマラリアにかかった我がクメール国民は、鶏肉、鶏やアヒルの卵、豚やウシの肉など、農村地帯に不足することなくふんだんにあり、体力をつける食物を食べることを禁じる、という悪い習慣がある。病気の時には体力がつくすぐれた食物を食べるべきで、そうすれば我々を押さえ付けに来た病気に抵抗して打ち勝つことができるのであるから、このような食物を食べることを禁じるのは本当に完全な誤りである。

(後の週[＝15号2-1]は天然痘について述べる。)

2-1 国王布告第9号

braḥ pāda samṭec braḥ sīsuvatthi munivaṅsa cam cakrabaṅsa harirāja paramindhara bhūvaṇai krai kaev fā suḷāḷai [シソワット・モニヴォン]カンボジア国王は、

フランス国とカンボジア国が1863年8月11日に互いに締結した saññā <traité> āṇābyāpāla[保護国条約]を見、

1884年6月17日付の、両国間の相互親善を定めた saññā <convention>[協定]見、

1897年7月11日付の、王国内における政府の仕組みを定めた国王布告を見、

1926年12月31日付の <conseil> senāpatī[大臣]の職務分掌を定めた国王布告を見、

1947[ママ。恐らく1937が正しい]年1月6日付の定例 <conseil> senāpatī[大臣]会議[＝閣議]議事録を見、

<conseil> senāpatī［大臣］からの請願に関して、<le résident supérieur>［高等弁務官］殿との会議においての同意を見て、
下のように命令する。

第1条。毎年1月1日から5月1日まで、王国内の森林内で火を燃やすことを絶対に禁止すること、および夜間、松明を点火して携帯して照明して歩くことを絶対に禁止することを許可する。

第2条。森林を、故意であろうと故意でなかろうと、焼いたことを政府が発見した者は、保護国政府が定めた森林法内の規定によって罰される。

第3条。いずれの村域であろうと、森林火災が生じた時には、住民は消火のために直ちに全員が現場に行かなければならない。これに従わなかった者は、後の条項に定めるごとく、共に罰される。

第4条。ある村の域内において森林火災が発生し、住民がそれを放置して広く延焼させ、かつその森林火災を生じせしめた者が発見できない場合は、村民全員が共に罰せられる。即ちその村に登録されている者は全て2日間の労役に処され、植林に従事させられる。そして森林局の監督の下に森林火災が生じないように予防しなければならない。

第5条。同一村域内で5年間の内に2度目の森林火災が起こったことを政府が調査発見し、その森を焼いた犯人が不明の場合には、その村に登録されている者は全て各人5日間の労役に処され、第4条の規定に従って仕事に従事させられる。

第6条。同一村域内において10年間の内に3度目の森林火災が生じた場合は、その村の住民はそれぞれ無税で木を切る許可の申請の権利を2年間剝奪される。さらに、各人は5日間の労役に処される。

第7条。10年間の内に4度目の森林火災が生じた場合には、村の全ての住民は無税で木を切る申請を規定の5年間させない罰に処せられる。かつ、その燃えた場所に役畜を入らせることをやはり規定の5年間禁止される。さらに、各人は5日間の労役に処される。

［この］布告は、プノンペン市の catumukha 王宮において仏暦2479年8の年子年 pussa 月下弦14日月曜日、即ち西暦1937年1月11日に作成された。

御署名　braḥ sīsuvatthi munīvaṅsa

見た。prakāsa <arrêté>［政令］［ママ］通りに実行せよ。

1937年1月19日付第192号

<le résident supérieur>［高等弁務官］代行

<signer>［署名］<thibaudeau>

2-2　農業

（前の週［＝11号1-8］から続く）

我がクメール国の方は、既に述べてきた方法で行うべきである。土地を無駄に未利用地のままに放置しておくべきではない。なぜなら、未利用地でいるより、より良く役に立つからである。土地を持っていて、敢えて未利用地のままに捨ておいて、そして、「貧乏だ、貧乏だ」と嘆くことだけで満足し、次々に発展していくための方法を探すことを考えないのでは、どうして他のヨーロッパ地域の大きい国々のように発展することができようか。彼らが愉快に栄えることができたのは、彼らは未来に向けて発展する道を一生懸命探し、決して立ち止まらないことによるのである。

これだけ出来ると、彼らは、「さらにあれだけ出来たい」と思う。彼らは何もしないでいることに納得しない。それゆえ発展は毎年次々に行われ、彼らの国はそれに応じてますます大きくなる。

私は例を出して話して聞かせよう。たとえばフランス国の稲作農民が稲作に使う道具は、ずっと昔は、農民はウマやロバやウシにひかせる普通の鋤や馬鍬を使っていた。稲は叩いて籾を落とした。金持ちも貧乏人も同じ道具を使った。［このパラグラフはママ］

それから現在に至るまで、改良がたくさん行われた。これらの道具は昔は粗末なものであった。今は洗練されていて心を惹くものになった。さらに押して使うのも引いて使うのも全て<machine>［機械］で、動物を使うのを全部やめてしまった。土おこし、［土］ならし、植えること、刈り取り、脱穀、全てに機械を使い、人は［機械を］助けるだけである。このようなことができたのは、彼らが毎年少しずつ発展の道を探し、毎年とどまることなく改良したことによる。同様に収穫の方も増やす何らかの方法を考え求め続けてきたのである。

<machine>［機械］を使うのは国内の全ての人ではない。貧しい人は依然としてまだ動物を使っているが、使用する道具は昔と違ってずっと洗練されている。

不思議なことに、我々クメール人は将来発展するように何かを探しているようには見えない。「これだけあれば、それだけで満足」とする。たとえ目にどんなにはっきり見せられても、依然として何もしない。たとえば、現在使用している道具はずっと以前から鋤は同じままであり、馬鍬も同じままであり、鎌も phyāl［？］も同じままであり、どこも変わっていない。使い方もまた、土をおこす、土を砕く、苗代に籾をまく、畑に種子をまく、田植えをする、刈り取る、踏んで脱穀する、いずれも同じままである。このようであって、どうして発展し愉快になる道を見つけることができようか。このようにしていさせる原因は、無知と怠惰から来ており、注意して啓蒙し、忠告をして目覚めさせ、気づかせ、自分と民族が長い間浸ってきた、そして押さえ付けて起き上がらせなかったその低劣さをはっきりとわからせる人がいなかったことによる。そういうことがこれまでなかったことに

よる。もし、しばしば気付かせてくれる人がいたら、きっと、少しずつ啓蒙されるであろう。

現在の我々は、我々自身のことがまだ分かっていない。まだ悔しいと思っていない。これを読んだ皆さん、深く検討してほしい。そうすれば必ず真実が見えるはずである。「口から出まかせを言っている」と言って私を非難しないでほしい。そうではない。私は長年観察してきて分かったことを言ったのである。そしてクメール人を少しでも繁栄させ、我々の国土にやって来て住み、生計を立てている他の民族に甚だ劣ることがないようにならせることを望んでいるのである。彼らは我々より偉い。我々はどうして彼らに恥じることなく、このように同じままでいられるのか。

（まだ後の週［＝15号2-2］に続きがある）

2-3　三国志演義［注。これは、羅貫中の三国志演義の翻訳―恐らくタイ語訳からの重訳―であり、語学以外の資料にはならないので、さしあたって省略する］

3-1　主義の戦い

（前の週［＝12号1-9］から続く）

これら2つの主義のうち、「極右主義は他民族を侵略する主義であり、将来の戦争の導火線である」と言う人が多い。しかしこれに反対して、「極左主義こそ将来末法時代を引き寄せるロープではないか」と言う人も多い。どちらの主義にも心をとらわれて信じ込むことなく中道を行く人の意見に従って言うならば、「この2つの主義は両方とも、その根本はあらゆる点で人間の本性に逆らうものであるから、世界平和を破壊するものである」と言う。

人間の本性は種々多くのことを必要とするが、短く言うと自由と幸福を必要とし、この2つこそが我々全てがとても必要とするものである。<fascisme>［ファシズム］型極右主義は国民の身、言、意、の自由を幾重にも束縛する主義であり（ある個人1人の手中に握られる）、この主義の外交政策は自分よりも力が弱い他の国を侵略し、支配し、その国の主人になろうとし、人間の幸福と自由を破壊するものである。人間は、このように他者に幸福と自由を破壊されたなら、必ず決起し、少しでも抵抗するものである。それゆえ、［極右主義には］世界の平和に対して良いものは何もないことがわかる。

極左主義の方は共同主義であり、極右主義の個人の意志と対立している。さらに極左主義のこの共同方法についても極端に共同に配分し過ぎる部分があり、人間の本性に強く反するものである。<communiste>［コミュニスト］は、個人の財産を平衡化する（収入と支出の手段を等分化する）ために、生産手段を国民全てに等分に分配し、それによってこの人間界を天国に変えることを求める。この生産手段の分配は、権力を使用して取り上げ守ってはじめてそのようにすることができ、成功するものである。しかし、個人の自由を完全に切り捨てることは、<fascisme>［ファシズム］の方法と同じことである。我々人間は生まれてくると、当然自分の身、言、意の力と、ひいては自らの身、言、意の力で求め得た生産物全ての所有者になる権利権限を有している。この権利こそが人間の本性のもので、誰もこれを侵すことはできない。この思想に反対する者が現れたなら、この権利の所有者は、人間の気質の本性から、とても我慢ができず、最後には衝突がおこり戦い殺し合うことになる。それゆえ、この［極左］主義も世界の平和の姿ではない。

（まだ［14号3-1に］続きがある）

3-2　クメール国現地国人軍の式

クメール国現地国人軍は毎年行なって来た式を1937年3月27日土曜日に、クメール国スポーツ協会総合スタジアム（kanlaeṅ dāt <balle>［サッカー場］）で行う。

7時15<minute>［分］に式を始め、まず最初に軍の閲兵などがあり、次いで<médaille>［勲章］授与と軍の行進がある。

午後4時半になると、スポーツと娯楽の催し物がある。

上級兵士（Officiers,sous-Officiers,militaires de reserve, Anciens Combattants, médailles militaires）［将校、下士官、予備役、退役者、軍功労章受章者］である皆さんと家族の方々は、式の観覧においでください。座って観覧するための dī kanlaeṅ <tribune>［椅子席］があります。

スタジアムの周囲には自由に出入りを許す［出入り］口があります。

3-3　māt jrūk での puṇya tāṅ rapas（<kermesse>）［物産展市祭り］。

コーチシナ国で他の省より大きい祭りです

1937年3月25、26、27、28、29日に māt jrūk の市場の所で puṇya <kermesse>［物産展市祭り］が開かれる。この祭りの時に、火の行列、闘鶏、ボクシング、ボートレース、自転車レース、ベトナム劇、中国劇などの多くの催しもの、それに kūn kmeṅ（dāraka）［乳児］コンテスト、劇コンテストも行われる。

入場券をたったの2 kākで買うと、201型<marque peugeot>（Peugeot）［プジョー車］が当たる籤札ももらえる。この楽しい祭りで政府は、<carte>［人頭税カード］、即ち<titre identité>［身分証明書］のチェックを行わず、自由に通行することを許可する。

vaḍḍhanābhiramya 劇団がプノンペンから行くし、フランス音楽の演奏もある。

ちょうど良い近くであり、乗り物の料金も安いから、経済的に余裕のある人は退屈しのぎに見に行くのに良い。

3-4 カンボジア国王

布告

スイギュウとウシの展示即売市がクメール国で、即ちター・カエウ州で1ヶ所、カンポート州で1ヶ所、プレイ・ヴェーン州で1ヶ所行われる。

(1) ター・カエウ州。1937年4月上弦[ママ。「上弦」は不要]1日に始め上弦[ママ。「上弦」は不要]4日まで、ター・カエウ<poste>[州庁舎]で。

(2) カンポート州。1937年4月10日に始め13日まで、カンポート<poste>[州庁舎]で。

(3) プレイ・ヴェーン州。1937年4月20日に始め23日まで、pānām 市場の所で。

政府が行うこの市は、ベトナム国で稲作を行う人々に来て、良くて安い動物を便利に買わせるためである。

もう1つ、動物を買って行って稲作をするのに使おうとする人たち全てに大変有益でもある。なぜなら、これらの動物は政府がコレラの予防注射をし、きちんと検査済みであるから、この病気にかかったり死亡したりする恐れはない。また、売却書を直ちに作成できるように政府がそれぞれの[市の]場所に<bureau>[事務所]を作るので、書類のことで頭を悩ます必要はない。

それゆえ、適切な日を選んで[市に]来て、動物を購入して連れて行って稲作に使用してほしい。

[この市に]出品を許可した動物は全てコレラのない隔離所から連れてきたものである。

3-5 金の価格

プノンペン市、1937年3月19日

金 1 ṭamlin̉、[即ち]37.50 グラム

価格	1級	84.00 リエル
	2級	80.00 リエル

＊銀の価格

銀 1 ṇaen 塊、[即ち]382グラム	13.00 リエル
古兌換1リエル銀貨	0.73 1/4 リエル

＊農産物価格

プノンペン、1937年3月19日

籾	白	68キロ、袋なし	2.40 ~ 2.45リエル
	赤	同	2.25 ~ 2.30リエル
精米	1級	100キロ、袋込み	6.65 ~ 6.70リエル
	2級	同	6.25 ~ 6.30リエル
砕米	1級	100キロ、袋込み	5.60 ~ 5.65リエル
	2級	同	4.70 ~ 4.75リエル
トウモロコシ	白	100キロ、袋込み	[記載なし]
	赤	同	7.00 ~ 7.35リエル
コショウ	黒	63.420 キロ、袋込み	14.50 ~ 15.00リエル
	白	同	25.25 ~ 25.75リエル
パンヤ	種子抜き	60.400 キロ	29.50 ~ 30.00リエル

＊サイゴン、ショロン、1937年3月18日

フランス籾・米商事会社から通知の価格

ショロンの<machine> kin srūv[精米所]に出された籾 1 hāp、[即ち]68キロ、袋込みの価格は以下の通り。

籾	最上級		2.70 ~ 2.74リエル
	1級		2.60 ~ 2.64リエル
	2級	日本へ輸出	2.53 ~ 2.57リエル
	2級	上より下級、日本へ輸出	2.47 ~ 2.51リエル
	食用 [国内消費?]		2.30 ~ 2.34リエル
トウモロコシ	赤	100キロ、ショロン県マッカサンで売り渡し。	7.65 ~ 7.70リエル
	白	同	0.00 ~ 0.00リエル

米(3月渡し)、港渡し、袋込み、税抜き、1 hāp、[即ち]60.7 キロの価格は以下の通り。

精米	1級、砕米率 25%	3.75 ~ 3.77リエル
	2級、砕米率 40%	3.65 ~ 3.67リエル
	同。上より下級	3.55 ~ 3.57リエル
	玄米、籾率 5%	3.15 ~ 3.17リエル
砕米	1級、2級、同重量	3.50 ~ 3.52リエル
	3級、同重量	2.90 ~ 2.92リエル
粉	白、同重量	1.73 ~ 1.75リエル
	kāk [籾殻＋糠?]、同重量	0.65 ~ 0.70リエル

3-6 [8号3-4と同一]

4-1 [8号4-2と同一]

4-2 [11号4-2と同一]

4-3 [11号4-3と同一]

4-4 [11号3-2と同一]

4-5 [11号4-4と同一]

4-6 [12号4-5と同一]

4-7 [広告][仏語] 証明書

下に署名しています私こと Paul FABRY Clairet はプノンペンの首都道路課の機械技師です。

私は、プノンペン Ok-Ña-Oum 路47号に居住する、精神医学者である XIEU-BÀO 氏にとても満足していることを宣言します。

私の妻、FABRY Clairet 夫人[Mme]は病でひどく苦しんでおりました。私は多くの医師に救いを求めましたが、それにもかかわらず病状は軽くなりませんでした。

私が不運な妻を連れて行った XIEU-BÀO 氏は "Dinh-Thanh-Song"(登録商標。フランスインドシナ地図印)の

製品である薬で精力的な治療を行い、病に勝ちました。

この強烈な経験を明らかにするために、私は氏にこの証言を提供するものであります。

1937年2月24日、プノンペンにて

4-8 ［11号4-8と同一］

4-9 ［8号4-3と同一］

4-10 ［8号4-6と同一］

4-11 ［8号4-7と同一］

4-12 ［8号4-9と同一］

HEBDOMADAIRE PARAISSANT TOUS LES SAMEDIS

(Boite Postale N° 44)

第1年14号、仏暦2479年8の年子年 caetra[ママ]月上弦15日土曜日、即ち1937年3月27日

［仏語］1937年3月27日土曜日

1-1 ［仏語で「私書箱 No.44」が加わった以外は8号1-1と同一］

1-2 ［デザインが少し変わった以外は8号1-2と同一］

1-3 ［デザインが少し変わった以外は8号1-3と同一］

1-4-1、2 ［8号1-4、1-5と同一］

1-5 <résident supérieur>[高等弁務官]である(THIBAUDEAU)氏の州視察について

1-5-1 <thibaudeau> <résident supérieur>[高等弁務官]代行殿はストゥン・トラエン州とター・カエウ[州]から帰ると、さらに1937年3月11日に初めてカンポート州に旅行した。

6時半、<protectorat>[保護国]の長殿の車と随行車は、フランスの旗とクメールの旗で飾られたカンポート州都に到着した。車は捧げ銃とラッパの音で敬礼する保安隊員の列の間を進んだ。車から降りる時、カンポート<résident>[弁務官]である(Lebas)氏と[カンポート]州知事である dā-sān 氏、及びフランス、クメール官吏たちが待っていて挨拶をした。

<lebas>氏が<le résident supérieur>[高等弁務官]殿に訪問を感謝する言葉を丁寧に述べ、仕事の補佐をする官吏たちを紹介してから、長殿[loka dham]を<hôtel>[公舎]に案内し、そこでは <lebas>夫人[<madame>]が待っていて出迎えた。<thibaudeau>氏は上機嫌で愛想よく[夫人と]言葉をかわした。

州都を見た後、車は<lebas>カンポート<le résident>[弁務官]殿の案内で kambaṅ smāc に行った。そこでは、visvakara(Ingénieur)[技師]である(Duvivier)氏が稲作用貯水池の phaen dī(Plan)[図面]を長殿[loka dham]に見せた。そこを見た後、長殿[loka dham]と随行員は旅行を続け、放水口がある pandāy prī を見、それから長殿[loka dham]は木の葉を飾り、旗を立てて敬意を示して迎える sum、即ち khloṅ dvāra[アーチ門]をくぐった。9時、長殿[loka dham][と一行の]車の列は brai nab で少し止まってからシャム湾にある rām に行き、そこを見てから長殿[loka dham]は<bungalow>[バンガロー][＝平屋建ての宿泊施設]で食事をし、2時半になると kambaṅ som 湾の近く、rām から90キロのところの塩田を見た。4時、長殿[loka dham]と随行の人々は kambaṅ som からカンポートに帰り、カンポート<résident>[弁務官]の<hôtel>[公舎]で少し休んでから、さらに夜にカエプまで行って宿泊した。

長殿[loka dham]が止まった所は全て、民衆が官員と共に集まって待っていて出迎え、挨拶し、音楽を奏で、歌を歌って敬意を表した。

翌3月12日、<lebas>氏がカンポートからカエプに来て長殿[loka dham]に会い、皆そろって kambaṅ trāc のコショウ栽培を見に行った。そこでも熱烈な歓迎があった。<le résident supérieur>[高等弁務官]殿がコショウ業についてスピーチをした後、さらにコショウ畑を視察するために kambaṅ trāc から9キロメートル離れた所の畑[srae]に行った。

10時、<le résident supérieur>[高等弁務官]殿と随行員たちは pandāy mās 郡庁に行き、[それから、]<résident>[弁務官]の<hôtel>[公舎]で食事をするためにカンポート州都に戻った。午後2時、<protectorat>[保護国]の長殿はプノンペンへ向けて帰り、カンポート<résident>[弁務官]である<lebas>氏は jhūk まで見送ってからカンポートに戻った。

1-5-2　<résident supérieur>[高等弁務官]殿のカンダール州視察について

<le résident supérieur>[高等弁務官]殿は1937年3月19日にカンダール州南部地区、即ち gien svāy 郡、s?āṅ [郡]、lœk ṭaek [郡]を truot trā(Tournée)[視察し]た。

3月19日の朝、保護国政府の長殿は、<le résident supérieur>[高等弁務官]殿の<hôtel>[公邸]から車で出発、カンダール<résident>[弁務官]<bureau>[庁](プノンペン市)の前で止まり、そこでは<résident>[弁務官]殿とそこの官員たちが待っていて挨拶をした。それから長殿[loka dham]を<bureau> suriyo ṭī(cadastre)[土地登記局]に案内した。

それから、長殿[loka dham]は gien svāy 郡庁の地である tā khmau に行った。そこの官吏が挨拶をした後、すぐに長殿[loka dham]は市[＝tā khmau]を見に行った。

9時、<le résident supérieur>[高等弁務官]殿は koḥ dham に到着し、舟でバーサック川を渡り、それから車で kambaṅ gaṅ を経由して lœk ṭaek(郡庁)に10時半過ぎに着いた。lœk ṭaek 郡都を見てから、そこで dhvœ bhattakicca、即ち bisā krayā[食事をし]、午後に lœk ṭaek を出て bām rāṅ に行き、さらに khbap ā dāv に行き、braek ṭāc で少し止まった。午後4時に長殿[loka dham]は kambaṅ bhnam に行き、5時にプノンペンに帰着した。

1-6　諸国のニュース

1-6-1　フランス国

パリ市、3月13日。国防費のためのフランス政府国債証券は24時間内に完売した。金[かね]が6百万[フラン]国庫に入った。金[きん]もフランス国に多量に入った。

来る3月16日火曜日に政府はさらに金額30百万[フラン]の国債を発行する[ママ]。

1-6-2　スペイン国

(マドリード)市、3月13日。反乱派側軍は再び攻撃したが、今回、反乱派はますます力を増している。

*パリ市、3月14日。3月13日の夜、イギリス、ドイツ、フランス、それにイタリアの艦がそれぞれの国の政府から、「敵対している[双方のいずれか]片側を支援する意図を持つ者[の入国]を阻止するために、スペイン国沿岸を哨戒せよ」という命令を受けた。

*マドリード市、3月13日。政府派は、「反乱派を助力に行ったイタリア軍の1軍が政府側軍に攻撃され壊滅した」と発表した。

同日、反乱派側軍司令官は、「障害になる山が多数ある道を反乱軍はすでに通過し終り、現在はマドリード市にまっすぐ通じる楽な道に出た」と発表した。

1-6-3　イギリス国

(ベルリン)、3月13日。ドイツ政府はイギリス国政府に書簡を送って回答した。その回答の内容は極秘で、確実に知る者はいない。

しかし、[次のような]外部情報を知る人がいる。「回答の内容には非常に重要な1項、即ち『フランス国とドイツ[国]とは互いに不戦を固く約束する』という項がある。

「この協定は、イギリス国とイタリア国がその実行保護者になる。

「しかし、ドイツ政府は依然として頑固で、krum sannipāta jāti(Société des nations)[国際連盟]に従おうとしない」

*パリ市、3月15日。イギリス国からの情報によると、恐らくイタリア国は、友好を結び戦争を防ぐための新しい体制を作る。

もし実際にそのような[体制を]作ると、必ず(ムッソリーニ)氏に発言力を強めさせることになる。ムッソリーニ氏はイタリア国首相であり、このよう[な体制]にすることは、氏にヨーロッパの全ての国の幸不幸を決める仲裁者になることを許すようなものだからである。

*(ロンドン)市、3月16日。runsimān 氏は、「イギリス国は、軍艦を守る支援をすることができるように、航空機の数をさらに増やすべきである」と sundarakathā(Discours)[演説]をした。

1-6-4　ドイツ国

(ベルリン)市、3月16日。ドイツ電によると、フランス国とイギリス国は幸せを望んでいない。なぜならこの[両]国は(ベルギー)国が1人でいることに同意しないからである。このように同意しないということは、「もし戦争が起こったならば、ベルギー1国内だけで戦わせる」ということであることがわかる。

ドイツ政府は、「このような考えは必ず騒ぎを引き起こし、互いに和解する道を失わせることになる」と理解している。

1-6-5　スペイン国

(マドリード)、3月18日。<havas>電。反乱側派軍司令官であるフランコ将軍は、自軍に一時休息を命令した。現在雪が降っていてとても寒い。

寒さがなくなったら、全力で攻撃を続ける。

休息の前、反乱派側軍は政府側軍を何回も攻撃して後退させ、敵の陣を多数箇所占領した。

*マドリード、3月21日。政府側軍は引き続き反乱派側軍を攻撃している。政府側機が反乱派側の radeḥ <camion>[トラック]100台を銃撃した。反乱派側機は散り散りになって逃走した。(Fiat)機3機が撃墜された。政府側機で撃墜されたのは1機だけである。

政府側軍は集落を2つ占領し、大砲24を鹵獲した。

＊(ロンドン)市、3月20日。スペイン大使がイーデン氏に会いに行き、「イタリアが密かに反乱派側に助力して戦っている」ことについて遺憾の意を表明した。

情報によれば、krum anupakārasamāgama(Comité de non intervention)[不干渉委員会]は、スペイン国に出入する船を臨検する<commission>[委員会]の委員長に小国の代表を任命した。フランス人、イギリス[人]、イタリア[人]、ドイツ[人]に<commission>[委員会]を統括させないのは、これらの人々は相手を非難する気持ちが浸み込んでおり、互いに争い合うからである。

＊マドリード、3月20日。政府側軍は反乱派を攻撃して勝利し、27キロメートル前進し、武器多数を鹵獲した。反乱派を助力に行っていたイタリア人兵たちは攻撃されて壊滅した。

1-7 土曜評論

なぜクメール人は貧しいのか

現在のクメール国のクメール人は、[クメール]国に入ってきて一緒に住んでいる他の民族より貧しい。[クメール人が]彼らより貧しい原因はたくさんある。

現在の我がクメール国には食物資源がたくさんある。川や運河や沼一杯に魚がいるし、森一杯に木がある。果物、野菜、香草などの自生作物もあらゆる種類が森にある。

もう1つ、我々クメール人は他の民族よりも極めて気前がよすぎて、祭りや喜捨を彼らより多く行う。1族の中に他よりましな財産を持っている人が1人いると、遠近の親戚全てが駆けつけて来て、その人と共に住んで食べ、全員そろって貧乏になり没落してしまう。恥を知る心がなく、仕事を探して働くことを考えることを知らない。もしその[財産がある]人が、親戚がやってきて一緒に住み食べることを拒むと、親戚たち全てはきっと、「親戚に思いやりがない」と悪口を言う。「親戚が思いやりがない」場合には、好きなだけ泊まり、食べることができる寺がある。しかも、その寺は多数あるのである。現在平均して1つの村に寺が3つある。クメール人を貧しくさせている究極の原因は、クメール人のほとんど全てが遊び歩いて笑うという楽しい道ばかりを求めて、[そのことが]考えなしに金を使わせ、あればあるだけ使わせてしまうことである。

クメール国は豊かであると私は認識する。ではなぜクメール人たちは貧しいのだろうか。それは、貧乏は怠惰から、怠惰は豊かな国から来るのである。「朝も夕も食べ物は十分にあるのなら、その上何のために働こうとするのか。どこに行っても転がり込む家があり、食べる飯もあるのに、その上何を働いて疲れようとするのか」なのである。

ācārya {kuy}

1-8 政府の勤務時間の変更について

1937年3月19日の(Saigon)という名のベトナム語新聞の情報によると、下のような内容の記事がある。

当インドシナ国の政府の勤務時間について、loka <brévier> adhipatī pradesa rāja(M.Brévier chef des Colonies)[植民地の長であるBrévier氏]は国の風土と、我々クメール人とは好みが異なるベトナム人の気質に応じて、2つに分けることに決定した。

我が国と違って少し涼しい気候のベトナム国では、9時から[午後]3時まで勤務させることに決定した。

一方彼らの国とは風土が同じではない我がクメール国の方は、6時から11時半まで(午後はずっと休み)、あるいは6時半から12時まで(午後はずっと休み)勤務させるが、間の休憩時間はないことに決定された。

[これは]食事後に休息させるためと、スポーツと呼ぶ、あらゆる競技を好みに応じて練習して体力をつけることができる機会を与えるために、午後の時間を長くしておくためである。

このように温情を持ってくださるのは、<brévier>氏が、「カンボジア国は極めて暑い国であり、あまりにも速く業務を発展させることを欲した前<gouverneur>[総督]である(Pasquier)氏の実績である、以前からの制度に従って1日に7時間勤務するというのは重すぎる」と理解したからである。

新しい長殿の時代になると、慈悲の心で氏は勤務時間を減らして、以前のようにあまりにも重くならないようにする、即ち1日1回[＝昼食のために帰宅しない]だけ、5時間半勤務することを考えたのである。

氏の意見では、半時間を追加しないで切り捨てる、すなわち1日5時間丁度勤務させることを考えているが、まだ決定してはいない。「氏は[Pasquier 氏の]後任としてインドシナ国の統治に来たばかりなのに、どうして<pasquier>氏が前に整備しておいたことをたくさん変更して、既に決めてあったことを損なうのか」という批判の声に遠慮があるからである。

途中半時間か1時間休憩して、7時から1時まで勤務するという前回立案したことは、<brévier>氏は絶対に同意しなかった。というのは、この方式は時刻が変わるだけで依然として前と同じように暑い時に何回も行ったり来たりすることになる。即ち、半時間あるいは1時間の休憩時間に、官員に忙しく食べ物を求めに行かせ、空腹をしのぐ、即ち空腹を押さえてから帰って来て仕事をさせる原因になり、前と同じ1日に2回(4回行ったり来たりする)働くようなものだと理解したからである。

それゆえ、氏はこの新しい制度にしてくださったのである。

nagaravatta 新聞は<brévier>氏と、氏が最も便利になるように整えた、この新しい業績に対して、クメール国官員全てを代表して大喜びで祝福を呈させていただく。

nagaravatta

2-1　サイゴン軍法会議

sublīsuṅ 中尉は訴追から無罪になった

同中尉は、現地国人軍の nūr-nuon[ママ。8号3-1-3は「nun-nuon」]という名のクメール人<caporal>[伍長]を殴って殺したことで訴追されていた。審理の時に、同中尉は、「自分が殴ったのは事実であるが、殺す意志はなかった」と供述した。政府代表は罰することを求めたが、それでも裁判所は無罪と判決した。

このように判決することには何も誤りはない。即ち、「誤りは兵士にあるではないか。少し蹴られただけで、お前はどうして死ぬのか」[である]。

2-2　王族を王族の身分から[平民に]降ろすことについて

1937年3月16日付国王布告第28号によると、国王陛下は、故 khaṇāraksa 殿下[braḥ aṅga mcās]と[mim の]母である ?nak ṇāy {gim} との間の息子である mim、即ち mum 殿下[?nak aṅga mcās]、23歳を、籍を王族から抜いて平民にして、"cau {mim}"と呼ぶことを許可した。同殿下[?nak aṅga mcās]は、他人の<bicyclette>[自転車]を盗むという、王族たちの名誉を汚す原因になる窃盗行為を行ったからである。

2-3　nagaravatta 新聞は、krasuoṅ <travaux publics>[公共土木事業局]の官員から、下のような内容の、給料を上げることを求めることについての手紙を1通受け取った。

1937年3月20日

現在のカンボジア国内の道路[に関する]役所である krasuoṅ <travaux publics>[公共土木事業局]の官員である kramakāraたちは、カンボジア国の全ての省庁の官員たちに影響力のある人である nagaravatta <gazette>[新聞]の社長殿と総務部長[殿]に申し上げます。

クメール国 krasuoṅ <travaux publics>[公共土木事業局]の公務に携わっております私たち全ての一部は、保護国政府が命令した道路に関する公務に従事していて、心をこめて一生懸命公務を発展させて、長殿の望みを損なわせたことは1度もありません。

公務の任務を持つことは、全て krasuoṅ <travaux publics>[公共土木事業局]の局長殿が局に属する各人に命令するものです。現地[国]官員であり、保護国政府が何かを命令したら、心を込めて、生命をかけて行い、道の遠近を問題にせず、雨が降ろうが雷が鳴ろうが雷が落ちようが夜だろうが昼だろうが、一生懸命耐えて労務者たちを監督し仕事を完成させている我々たち全てを救ってください。政府に勤務するようになってから15年の者もいます、14年、13年、12年、11年、10年、9年、8年、7年、6年、5年、4年、3年、それに2年の者もいます。全員がそれぞれ全力を尽くして監督し、仕事をおろそかにしないことで名声を得ています。

しかし、政府は国に飢饉が起こって以来、私たち全ての月給をカットして減額しています。1932年からずっと1936年までの間に、月給を1人につき3回カットしました。そして、1ヶ月の勤務について、政府は賃金を各人とも25日として計算しました。今1937年になって政府は少し[賃金を]上げましたが、以前の額に戻っていません。

krasuoṅ <gazette>[広報局]の官員の方々は、どうか保護国政府に、[我々の]政府の職務の等級に従って月給を上げるように話してください。私たち全ては貴殿たちに感謝いたします。

(本当に上に述べられていることが事実であるならば、「政府は慈悲心で krasuoṅ <travaux publics>[公共土木事業局]の官員たちの月給を、上の願いの通りに上げてあげるべきである」と我々は考える。)

2-4　偉人　([7号以前からの]続き)

(序論)

ここまで述べて来た「偉人」という語は、世界に、あるいは少なくとも自分の国に益になることをした人を指すのであって、財産を豊富に持つという運命の力を持ち、その力、即ち財産を他人を虐げるための道具として使う人、あるいはそのように財産を持っているが世界の益のためには何もしない人、宗教でぴったり言うところの"古い飯を食べる人"、即ち、「前世の善徳の報いを受けている人」を指すのではない。

「偉人」の名を得る人は、受け取る果実によって2グループに別れる。即ち1つのグループは、自分が行った善にたいして、すぐに[それに]ふさわしい褒賞を受けるもの、即ち存命中に大王やaggmahāsenāpati卿や大長者などの最高の名誉と地位に上がる者である。もう1つの偉人のグループは不運な人で、自分の行った業績に対する褒賞を全く受けず、その果実は転じて他人のものになる。しかし、その人が行なった善はどこかに消えることはないし、偉人の地位に上げるにふさわしい。たとえば、スペイン人の作家セルヴァンテスは存命中は貧乏人だったので、認める人は誰もいず、罪と悪いところばかりを見られ、遂には罪があるとして投獄されたこともあった。セルヴァンテスが書いた本は出版しても売れず、買いたいと思う人は誰もいなかった。当然窮乏していて、ふらふら歩いて他人に施しを願って食べたが、慈悲をかける人はあまりいなかった。ある時、セルヴァンテスは非常に空腹であったので、めまいをおこし、道で倒れて気を失った。通りがかりの人が見付けて、かついで病院に運んだがそこで息を引き取った。

しかし死後、セルヴァンテスが書いておいた話を好む人が現れ始め、巨万の富を得て長者になったのは、セルヴァンテスの作品の原稿を持っていた印刷所の主人であった。セルヴァンテスはスペイン国を文学方面で他の国と肩を並べる名も地位もあるようにした。セルヴァンテスが書いて残した本は文学方面の優れた教科書である。もし我々がスペイン人に会って、「スペインの最高作家は誰か」と訊ねると、その人はきっと考える間をおかず、直ちに、“セルヴァンテスである”と答える。

フランスの女性英雄ジャンヌ・ダルクは、フランス国をイギリスの手から解放して[国を]救った人になった。軍を率いてイギリスと戦ったこの偉大な女性のおかげで、イギリスは遂に攻めあぐねて軍を引いた。しかし、最後は、そのことをすることができなかったので彼女に嫉妬したフランスの性悪の侍従がジャンヌ・ダルクを捕らえてイギリスに送り[ママ]、とうとうジャンヌ・ダルクは生きたまま火で焼かれた。苦しみも恐怖もない幸福と安寧はジャンヌ・ダルクが行ったことの果実であるが、落ちてこの悪者たちのものになった。現代になってイギリスを含めて全世界の人々が、当然この女性の功績を称賛している。フランス国は国中がジャンヌ・ダルクを母神のように祀り、ジャンヌ・ダルクを記念し祀るための記念碑がある所は10ヶ所をくだらない。

sṅuon vaṅsa

2-5　三国志演義[省略]

2-6　金の価格

プノンペン市、1937年3月26日

金1 ṭamliṅ、[即ち]37.50グラム

価格1級	84.00リエル
2級	80.00リエル

＊銀の価格

銀1 ṇaen 塊、[即ち]382グラム	13.00リエル
古兌換1リエル銀貨	0.72 0/0リエル

＊農産物価格

プノンペン、1937年3月26日

籾	白	68キロ、袋なし	2.40 ~ 2.45リエル
	赤	同	2.35 ~ 2.40リエル
精米	1級	100キロ、袋込み	6.55 ~ 6.60リエル
	2級	同	5.85 ~ 5.90リエル
砕米	1級	100キロ、袋込み	5.35 ~ 5.40リエル
	2級	同	4.40 ~ 4.45リエル
トウモロコシ	白	100キロ、袋込み	[記載なし]
	赤	同	7.35 ~ 7.50リエル
コショウ	黒	63.420キロ、袋込み	15.00 ~ 15.50リエル
	白	同	25.00 ~ 26.00リエル
パンヤ	種子抜き	60.400キロ	29.00 ~ 29.50リエル

＊サイゴン、ショロン、1937年3月25日

フランス籾・米商事会社から通知の価格

ショロンの<machine> kin srūv[精米所]に出された籾1 hāp、[即ち]68キロ、袋込みの価格は以下の通り。

籾	最上級		2.76 ~ 2.80リエル
	1級		2.66 ~ 2.70リエル
	2級	日本へ輸出	2.58 ~ 2.62リエル
	2級	上より下級、日本へ輸出	2.50 ~ 2.54リエル
	食用		2.32 ~ 2.36リエル
トウモロコシ	赤	100キロ、ショロン県マッカサンで売り渡し。	7.90 ~ 8.00リエル
	白	同	0.00 ~ 0.00リエル

米(3月渡し)、港渡し、袋込み、税抜き、1 hāp、[即ち]60.7キロの価格は以下の通り。

精米	1級、砕米率25%	3.88 ~ 3.92リエル
	2級、砕米率40%	3.78 ~ 3.82リエル
	同。上より下級	3.68 ~ 3.72リエル
	玄米、籾率5%	3.18 ~ 3.22リエル
砕米	1級、2級、同重量	3.55 ~ 3.59リエル
	3級、同重量	2.93 ~ 2.97リエル
粉	白、同重量	1.75 ~ 1.80リエル
	kāk [籾殻+糠?]、同重量	0.65 ~ 0.70リエル

3-1　主義の戦い

(前の週[＝13号3-1]から続く)

laddhi <communisme>[コミュニズム]信奉者とladdhi <fascisme>[ファシズム][信奉者]との間の激しい衝突の結果は、ヨーロッパ大陸の左翼と右翼とに強い動揺をもたらす原因になった。

kambujaraṭṭharaṅsī 記

これまで述べて来たことによって、極右主義と極左[主義]とは両者とも人間の個人の自由を切り捨てるものであり、互いに異なる切り捨て方を持つという点で様子が異なるだけであることがわかる。即ち極右主義は統治の自由を切り捨て、極左主義は経済の自由を切り捨てる。

この2つの主義は、このように自由を切り捨てる互いに異なる方法を持つのであるから、この2つの主義はずっと、しばしば激しく衝突し続けてきた。laddhi <communisme>[コミュニズム]という形の極左主義は全世界の労働者全部にそろって ?nak mān dhanadhāna (dhanapatī)[資本家]を打倒するようけしかけることを必要とする。

極右主義の方は資本家を支援して力を持たせることを必要とし、資本家に生産品を作らせるために、市場[しじょう]を広げ領土を広め拡張することを必要とする。このことは自分よりも勢力の弱い人々の統治の自由を切り捨てることである。それゆえ、「極左主義が強力に堅固になった時に、それぞれのところで極右主義の死の日がどんどん近づく。もし極右主義が強くなると、極左主義は必ず光りが曇り、破滅に向かっていく」と言う。これこそが、この2つの主義に、生命を永らえさせること

である、自分1人だけが勝者の地位を得るために、ずっと必死になって互いに競争させている原因なのである。

（まだ[16号2-3に]続きがある）

3-2 dāt <balle>[サッカー]の試合

1937年3月14日日曜日、vatta bhnam の西の dī dāt <balle>[サッカー場]で dāt <balle>[サッカー]が2試合行われた。

最初の試合は4時から5時までで、<lycée>チームと<doudart de lagrée>チームであった。後者は4ゴールで、<lycée>チームより1ゴール少なかった。<doudart>チームが<lycée>チームに1ゴール負けたのは、<doudart>チームが怒って反則をすることが多かったからである。もしきちんと競技したなら、見たところ<lycée>チームよりずっと優勢であったから、きっとこのチームに勝ったに違いない。つまり始めから終わりまでずっとこのチームを押し続けていたが、不都合にも試合の終り近くになって騒ぎを起こして<lycée>チームを殴打し、<lycée>チームは<balle>[ボール]を運んで、ちょうど試合終了の時にゴールし、1ゴール上まわって勝った。

後の試合は、5時から6時までで、<sud athlétique>チームと<union sportive>チームとであった。

この2チームは見たところ力はほぼ同等で、sāc <balle>[ボール]は片方の陣地から片方の陣地へ行ったり来たりであった。しかし、<union>チームは脚が合わず<s-a>チームに劣り、後者よりスピードが少し劣った。それで後者は3ゴール多い、即ち<s-a>チームは4ゴール、<union>チームは1ゴールであった。そして<s-a>チームは、もし peṅ huṅ が出場していたらこれ以上のゴールができたであろう。残念なことに peṅ huṅ は病気で今回は出場できなかった。

両チームの顔触れは次の通り。

<union>チーム:

ḷū、cūm、hū、puṅ、pe、māñ、ān、sū-cai、ṭāṅ、piv、druk [11名]。

<s.a.>チーム:

bhū-jī、vā-siek、sut、ṅāṅ、jiev、pe、ṅī、ṇām、ṅā、lī-ṅan、phaṅ、huk [12名]。

3-3 美術工芸

今年の1月29日、サイゴン市の<théâtre municipal>[市ホール]と呼ぶ建物で、布に油絵具で描いたたくさんの絵の展覧会があった。これらの絵は全て『henaṅ ḷārāṅ』氏の作品で、氏は、「大衆全てが入場してこの美術品を見るように」と運んで来て展覧したものであり、そして誰か買いたければ妥当な価格で売るのである。そこは今回初めて絵を展覧したのではなく、ずっと長い間種々の美術工芸品を展覧してきたのである。

この情報は、美術工芸を知る我々クメール人は、彼らの方法に従って、美術工芸品をたくさん作って持って行って展覧して売るというビジネスをすることを考えるべきである。持って行って展覧して売るべきものとしては、私の考えでは、色布やカンバスに描いた絵が1つ、金銀細工品が1つ、種々の sambat hūl と sambat lpœk が1つ、それから銅の鋳物がもう1つである。色布に描く絵はクメール式演劇の絵を描き、人々が買って帰って椅子の背に置くクッションのカバーにするのに適するようにする。カンバスに描く絵は、rāmakerti のどこか良い場面を抜き出して、純粋古代クメール様式画法で描き、ガラスの額縁に入れて壁に掛けるのに適した大きさにする。金ー銀細工品はすでに sī ñaek 市場で売っているもの全種類にする。sambat hūl と sambat lpœk もやはり sī ñaek 市場と美術工芸学校で売っているものを見習う。鋳物もやはり美術工芸学校で売っている像に従う。全てがそろい、どこかでいつか展覧して売るときには、前もって<gazette>[新聞]に広告を出すべきである。そうすれば、人々は手に金を握り締め、目を洗って[その日を]待っているだろう。

sāy

4-1 [広告](Dai quang)薬店が、田、畑、農園を作っている皆さんに申し上げます

田畑を作っている老若男女の皆さんは、暑さ、雨、寒さにさらされて、頭痛、めまい、発熱など多くの病気になるのは当然です。皆さんは、これらの病気を心が望む通りに早く治したければ、(Dai quang)薬店の(Thu Ñiet Ton)の蝶印の薬を買いにいらしてください。この薬はとても良く効き、服用後たったの15<minute>[分]で病気は治り、働きに行くことができ、働く時間を失うことがありません。

もう1つ、子供や孫がいる皆さんに注意しますが、もし子供が深夜病気になり、医師に往診を頼みに行くことができない恐れがありますから、この薬を買っておいて子供や孫に服用させるべきです。すぐに治ります。この薬は使ったことがある人皆さんがいつもほめます。さらに価格もとても安く、1包みたったの10センです。どうぞ、(ショロン)の(Tong Doc phuong)路の(Dai quang)薬店にいらしてください。

4-2 [8号3-4と同一]

4-3 [11号4-2と同一]

4-4 [11号4-3と同一]

4-5 [11号3-2と同一]

4-6　お知らせ

nagaravatta 新聞の購読を登録なさった皆さん、市内でも地方でも、[新聞が]途中で紛失した、あるいはその他の理由で<gazette>[新聞]を全部は受け取っていない、つまり毎週は受け取っていないなどで、欠号がある方がきっと何人かおいでのことと思います。

それゆえ、どの週か、どの号か、受け取っていない方は、どうか nagaravatta 新聞社にお知らせください。nagaravatta 新聞社はすぐにそれを皆さんにお送りするよう手配いたします。

もう1つ、nagaravatta は、<gazette>[新聞]はあまりたくさんは残っていません。紛失したことが判明したら猶予をおかず直ちにお知らせください。

nagaravatta

4-7　[12号4-5と同一]

4-8　[13号4-7と同一]

4-9　[11号4-8と同一]

4-10　[8号4-3と同一]

4-11　[8号4-6と同一]

4-12　[11号4-4と同一]

4-13　[8号4-9と同一]

Samedi 3 Avril 1937

CIGARETTES

JOB

LE PAQUET VERT

Vendu 5 cents

Nagara vatta

CIGARETTES

COFAT

La meilleure cigarette Indochinoise

Le Paquet vendu 5 cents

HEBDOMADAIRE PARAISSANT TOUS LES SAMEDIS

(Boite Postale N° 44)

第1年15号、仏暦2479年8の年子年 caetra［ママ］月下弦7日土曜日、即ち1937年4月3日

［仏語］1937年4月3日土曜日

1-1　［仏語で「私書箱 No.44」が加わった以外は8号1-1と同一］

1-2　［デザインが少し変わった以外は8号1-2と同一］

1-3　［デザインが少し変わった以外は8号1-3と同一］

1-4-1、2　［8号1-4、1-5と同一］

1-5　物産展祭りの様子について

（コーチシナ māt jrūk の<kermesse>［物産展市祭り］）

māt jrūk 省は我がクメール国に接しているので、1937年3月25日から29日まで、ベトナム人が（Hoi Cho Chaudoc［チャウドクの展示市］）と呼ぶ puṇya tāṅ phsār（<kermesse>）［物産展市祭り］、即ち māt jrūk の合同市が行われた時、［māt jrūk］省政府は我々クメール人たちに、以前とは違って何らかの書類を訊ねることなく自由に出入りすることを許可した。

この祭りは5日間行われ、他のどの省よりも大きかったが、楽しさは我々の puṇya <foire>［大市］には及ばなかった。展示をした場所は1936年末に<foire>（phsār dham）［大市］を開いた我がプノンペン市の braḥ kaev 寺の境内よりも広く、我が国の祭りのように周囲のテント列だけとは違って、何かの品物の市があちこち一面に開かれていた。夜は我が国［の祭り］より照明が美しく、<radio>［ラジオ］の方は我が国と同じように大きい音で耳に響いた。入場料は20センで、中に入るとまた料金があり、［支払えば］あらゆるものが見られた。即ちボクシング場は30セン、山に上るのは30セン、rām <franc>（Dancing）［ダンス］場に入るのは50センであった。

無料で見るのを許していた催し物は中国劇と、hāt boy［？］とクメール劇団が1つ、即ち我々がプノンペンでしばしば見慣れている vaḍḍhanābhiramya 劇団だけであった。あちらの国のベトナム人とチャム人は彼らの民族の催し物より我がクメール劇を見るのを好み、その上、「l?a tūk［良い］」とほめた。ベトナム人は、我々クメール人は全くの山猿であると思っていて里の猿だとは思っていない。しかし、劇が上演されているのを見て、見に行くと、たちまち各人は目を丸くし、それから、「本当のクメール人と呼ぶべき都会に住んでいるクメール人の姿形は我々ベトナム人より美しいし、演じるのも美しい」とほめた。そして押さえきれず『tūk kvā［とても良い］』と感嘆の言葉を発していた。

あちらの国に住むチャム人とマレー人は我が国より多数のようであるが、クメール語だけを話し、クメール語を知らないベトナム人と話す時以外はベトナム語をあまり使おうとしない。

māt jrūk 郡、即ちチャウドクは我がプノンペンと同じような形状をしている。三叉の川の前（対岸）に島があり［注。流れてきた川が、この島で2つに別れるということである］、ブタの鼻のような形なので、māt jrūk［ブタの口］と呼ぶ。ボートレースの日は、櫂舟と櫓舟があって、競渡祭の時のプノンペン市のようであったが、競漕は我々の方法とは少し違う。ベトナム人下男が網張り舟か延縄舟に乗ってチャム人の舟と競う。しかし［我が］兄弟であるチャム人は皆我が国［のチャム人］と同様板舟［漕ぎ］に熟練しているので、［ベトナム人が］チャム人の舟に勝てるわけがない。競漕の時、我がプノンペン市と同様、政府は vaḍḍhanābhiramya 劇団のフランス音楽を川岸の港で演奏させた。

チャム人とマレー人達が大勢来て、クメール劇を向こう岸（チャム人の集落）でも上演するようにと頼んだ。チャム人達はたくさん見たいし、［今回は］お金を払って雇ってきて［公演させて］見る［時と］違って楽によく見ることができなかったからである。

我がクメール国の人たちも大勢この祭りを見物に行っているのが見えた。[来ていると]わかった人は、rām <franc>[ダンス]の競技で賞を得た人達で、<martin>氏と令室、sine?us、khun nwṅ、gūrin 氏と令室、ṭāk などである。これら踊りに行った人たちは皆プノンペンから行った優れた選手たちであり、チャウドクの人達も踊ったが我がプノンペンの人達にかなわなかった。

この祭りの時、[祭りの会場の]外の市場の商品は全て値上がりした。祭りの[会場の]塀内の商品はさらに高く2倍にもなった。ホテルは1泊5リエルで、どのホテルも満室で泊まれなかった。

ベトナム人たちがクメール人を見下すのは、我々純粋なクメール人と少し違って、衣服がぼろぼろであまりきちんとしていないコーチシナ国のクメール人、即ち多くはベトナム化したクメール人を見慣れているからで、ベトナム人たちは、現代風の衣服を来て、街を歩いているvaḍḍhanābhiramya 劇団の人達を見ると、これまで見たことがない様子をしているので、まるでプノンペン市[sruk]のネアック・ターの行列が行われる何かの祭りを見る時のように、道の両側に立ち上がってまじまじと見つめていた。

(ミト)省政府の人々は劇がとても良く演じられるのを見て、出演料を払ってあちら[=ミト]の祭りにも出演してもらおうと交渉したが、遠すぎるのと、出演料の折り合いがつかず、行かなかった。

この省の現地国人国軍兵士と<police>[警官]たちも全てクメール人ばかりで、全員がこの祭りで会った我々クメール人を、まるで長い間別れ別れになっていた兄弟と会えたかのように好きになってくれた。劇団員のところに話しに来て、「ベトナム人たちが乱暴をしに来たときには守ってあげる」と自ら申し出て志願した兵士もいた。

nagaravatta

1-6　諸国のニュース

1-6-1　スペイン国

(マドリード)、3月22日。政府派側軍はさらに前進を続け、攻撃して集落と武器を奪い、大勢の反乱派兵を捕虜にした。政府派が捕虜にした兵士の大部分は反乱派側を助力しに来て戦っていたイタリア人である。

*(ローマ)市、3月22日。イタリア国首相である(ムッソリーニ)氏は急いで船に乗ってトリポリ国からローマ市に帰った。トリポリ国は samudra (Méditerranée)[地中海]沿岸のアフリカ諸国地域の[中の]イタリア国植民地である。

イタリア人達から得た情報によると、「ムッソリーニ氏は強い台風のために[遅れる]飛行機を待って海[注。名は消えている]中の島を見に行くのをとりやめて、ローマ市に帰った」という。

別の国の<gazette>[新聞]によると、ムッソリーニ氏がローマ市に帰ったのには、種々の原因がある。即ちスペイン国の反乱派側を助力して戦うために行ったイタリア人たちが攻撃されて壊滅したこと。もう1つの原因は、「中央ヨーロッパの国々の中にいざこざがある」ことである。

*ローマ市、3月23日。buok <fasciste>[ファシスト党]の大会でムッソリーニ氏は、「氏がローマ市に帰ったのは、予定通りであって、特に理由があったわけではない」という内容の sundarakathā(Discours)[演説]をした。

氏は、「私がローマ市に帰国したのは大きな理由があった」と述べた外国の buok <gazette>[新聞記者]たちを根拠なく強く非難した。氏は、「これらの buok <gazette>[新聞記者]たちはヨーロッパ大陸に動揺を与えた。即ち彼らこそ幸福があることを望んでいないのである」と述べた。さらに、氏は付け加えて、「イタリア人たちはうろたえていず、そして冷静である。なぜなら40年待ってようやくエチオピア国(アビシニア)を…[不鮮明]…」と述べた。

*ローマ市、同日[=3月23日]。(Daily télégraphe[ママ])<gazette>[新聞]は、「ムッソリーニ氏がトリポリ国から急いで帰国したのは、[次の]4つの重要な事件がイタリア国を動揺させたからである」という推測を発表した。

項1。イタリア国とドイツ国との間にある国の1つである(オーストリア)国で、同国の人々がイタリア人とドイツ人の主義に対する敵対行為をした。

項2。sāsanā <catholique>[カトリック教]の[ローマ]法王が「[ドイツ政府が]先だって結ばれた協約に違反した」と言って、ドイツ政府を非難する内容の教書を同教のドイツ人信者全部に出したことで、このような非難は、法王はイタリア国のイタリア人であるので、ヒットラー氏と必ず不和を生じるからである。

項3。イギリス国とベルギー国とが[ドイツ国の]西部[に接する地域]を守る方法について会談を開いた。

項4。スペイン国で反乱派側を助力して戦うために行っていたイタリア人たちが攻撃されて負けた。

*ローマ市、同日[=3月23日]。外部からの噂による情報では、現在イタリア国と日本国が友好を結ぼうとして協議中である。

もう1つ、イタリア国は中央ヨーロッパの国の中の1つであるユーゴスラビアと友好を結ぶ準備をしている。

*(ロンドン)市、同日[=3月23日]。現在イタリアの軍艦と軍用機が samudra <méditerranée>[地中海]で訓練をして、「(シシリー)島からアフリカの国までの同海[の船]を臨検できるかどうか」を知ろうと試してみている。

*ローマ市、3月23日。イタリア国政府は、「スペイン国に République communiste[共産主義共和国]を存在させ

ることには同意しない」と発表した。このように述べた言葉は、イタリア人たちがスペイン国戦争を戦っている片側を助力しに行っているのは事実である」ことを示している。

＊ロンドン市、同日[＝3月23日]。イギリス政府は、3月5日に船に乗って(カジス)県で下船したイタリア人たちに関するイタリア政府からの回答を受け取った。

その回答は、「カジス県に行って停泊した船は、医師たちと医療器具を運んだ」という内容であった。

1-7　土曜評論

先週、クメール人を貧しくさせている原因は働くのを面倒臭がることにあるということを私は解説した。

今日は怠惰からくる破滅についてあなたに解説する。

あなたが毎日あなたの周囲を観察すれば、きっと、「我々クメール人の多くは本当に怠惰である」と必ずわかる。もし、あなたがはっきりと知りたければ、現在働いて生計を立てている時の中国人とベトナム人[の両者]とクメール人とでは、誰が誰よりたくさん働くか比べてみると良い。

怠惰は貧乏にならせ、貧乏は奴隷にならせる。このことは真実である。貧乏人が金持ちから金を借りるのが普通のことだからである。

現在の我がクメール国の金持ちは、全て勤勉に働く人である中国人、ベトナム人、インド人である。

もし他人に借金をして、依然として怠けていたら、その人に返済する金はきっとない。

その人に返済する金がなかったら、その人はきっとあなたの身柄を差し押さえて連れて行ってその人の労務者にする。

その人があなたの身柄を差し押さえない場合には、その人はあなたが抵当にした財産、土地、家を全部没収する。

このことこそが我々自身を、我々の国を破滅させるものである。以前は、戦って国土を奪う武器があり兵士がいた。

今は以前と違って兵士と武器の力ををいくらも使う必要はない。

彼らは普通に一生懸命普通に働いて生計を立て、法律に注意するだけである。盗んだり、強盗をしたりして、森に行って隠れて苦労する必要はない。

彼らは一生懸命に働くことただ1つでだけで財産を持つ。

人に借金をして、返す金がなかったら、彼らは法律を使ってあなたの財産を没収する。財産を全部無くしてしまったら、あなたはどのような考えがあるのか。盗んだり、強盗をしたりしたら、政府はあなたを罰する。

あなたが依然として怠惰を続けるなら、クメール国は必ずなくなってしまう。

あなたはクメール国をなくしてしまいたかったら、あなたは一生懸命嘆いていればいい。

[国を]なくしてしまいたくなかったら、あなたは一生懸命働くということただ1つだけを行えばいいのである。即ちあなたはあなた自身を助けることである。現在、フランス政府が来て我がクメール国を支援している。もし我々が依然として現在のように怠惰を続け、依然として現在のように無関心をつづけ、フランス政府に助力しなかったら、我々の国は依然として滅亡しかないであろう。

1-8　凶悪な血

我々人間界の大陸の土と水ができたばかりの時には、山、樹木、森林がたくさん密集して存在した。…[1行消失]…ものすごく多くのライオン[などの種々の動物]が食べ物を求めてその森一面を大声をあげながら走りまわっていた。我々人間も少しいて、猛獣の餌にならないように山の洞穴、岩の割れ目、樹木の「うろ」に、グループになって、互いに遠く離れて住み処を作っていた。その時代の人間はまだ互いに話すこと、笑い楽しく遊ぶことを知らなかった。皆裸体か木の葉を身体に巻き付けているだけで、どの人もその人のグループだけで暮らし、他のグループの人と知り合いになることができず、互いに敵意を持ち合い、何も検討することなく、自分とは別のグループに乱暴をし、殺すのを待つだけであった。

その時代の人間は、一時の幸せも得ることはなかった。1つには、恥も外聞もなく空腹であり、もう1つは自分より強い有能な動物に出会って捕らわれ餌として食べられるのを恐れ、あるいは別のグループの人間と出会って生命を奪われるのを恐れて、敢えて自分の洞穴から遠くに食べ物を探しに行こうとはしなかったからである。

それゆえ、夜も昼も怖くて、身体は震え、恐怖が軽くなることはなかった。

このような飢えと、自分を守ろうと努力することが、当時の人間に肉体の力と凶悪な心を容赦なく使うようにさせた。そして、悪い心を持ち、いつも他を襲って殺してその肉を得て来て食べて飢えを満たすようにさせた。森に住む猛獣は全て、これを超える凶悪な心は持っていなかった。我々は、「人間は動物よりも輝かしい名誉を持つ」と認めることはできなかった。なぜなら、[動物と]同等に凶悪な血が体内を強くめぐり、同等に無知で愚かだったからである。

しかし、何年もたつと、人間は知識を持ったが、動物は不変で同じままであった。人間は集まって協力してグループになって住み、統括する長を持って、一緒に暮らすことを知り、現在に至っている。そのとき以来、我々人間は2つのグループに別れた。1つのグループは勤勉に一生懸命に学んで種々の知識を増し、身と心を律して温和に正直にし、善良な人間になることができた。しかし、このような善良な正直な人間になれる前に、100年や200年の間ではなく、何万“satvatsara(siecle)[世紀]”もの間の、身体を慣らすことにおける努力でなれたのである。一生懸命努力をして現在ついに温和で正直になった人間を「柄の良い人」と呼ぶ。

もう1つのグループは、上述のような温和で正直で善良になるように身体と言葉を訓練して慣らさなかった血統を持つ不運なグループである。

…[1行消失]…このグループの人達の祖父母、曾祖父母、高祖父母などは、人間と野獣が力比べをしていた時以来、学ぶことを忘れて行わず、身を節することをしなかったので、現在も凶悪な血が依然として同じように血管の中を強く流れているのである。

…[1行消失]…[凶悪な人達は]温和な人達よりも仲間が多い。はっきり知りたければ、人それぞれの行動を観察するとよい。礼儀正しく謙遜な人は、人々を傷つけ破滅させようする害意を持たず、全て柄の良い人たちばかりである。不機嫌な顔をし、虎の眉のように眉をしかめ、意地悪で、性悪で人間や動物たちに慈悲の心を持たず、他人が自分を敬わず、仕事をしてくれないので、罵り、敵意を持つことが多い人、このような人こそ、ずっと昔からの野蛮人の凶悪な血を保持している人なのである。このようなグループの人を、フランス人に従えば「野蛮人」と、あるいはクメール人に従えば「柄が悪い人]」と呼ぶことになっている。この人たちの家系は、温和で正直にする知識を増やさず、無知と愚かさとに浸っていることに満足していて、昔の野蛮人やゾウやトラの凶悪な悪い心をそのまま保存しているのである。

「血管中に凶悪な血を持っている」と、他人に認識されないようにするために、子供達は全て一生懸命勉強して知識を得、一生懸命凶悪な心を我慢して鎮めて追い出すことを学び、行動と言葉が、他人やあなたの幼い弟妹たちや、さらにあなたに保護を求めに来た大小全ての動物を傷つけたり、場違いだったり、間違えたり、うっかりしたりすることがないように注意するべきである。

(Tchenla)[真臘]

2-1　医学－病気を予防する

(<gazette>[新聞]13号[1-9]から続く)

第4[ママ。「5」が正しい]。天然痘と種痘について

長年の間、天然痘はクメール国で大勢の人を死なせる病気の1つであった。そうして、この病気を避けて逃れることができた人は誰1人いなかった。

昔、我々クメール人は、天然痘に罹って生命が助かった人は、「寿命を豊富に持っている人」であるとしたものである。

この天然痘も、膿の中にうじゃうじゃいる菌から起こる。膿が乾いてかさぶたになると、その菌が風で飛び、病気を広がらせ伝染させることができる。

天然痘菌はとても勇敢で強情な力を持ち、膿がどんなに乾いて堅くなっても、何ヶ月も生命を持ち続け生きていることができる。

菌は埃と共に浮いて行き、その埃が吸気と共に人の腹[ママ]に入ることもある。

天然痘を避け、罹らないようにする、あるいは天然痘を撲滅して国内からなくしてしまうのは容易なことである。即ち我々は熱心に種痘をしなければならない。

ヨーロッパの国の人々も以前は大勢の人がこの天然痘で死んだ。しかし、「全ての人に種痘をさせる」という規定ができて以来、天然痘は誰1人にも生じたことはない。

種痘薬と呼ぶのは何か。種痘薬は、まず最初にスイギュウ[ママ]の子の腹部にできさせた天然痘の菌そのものなのである。

この痘が膨れて膿が一杯に豊富になったら、[この膿を]濾過して天然痘菌を取り、ガラスの筒型ビンに入れておいて、必要に応じて病院に送って来るのである。

昔、チャムパやクメールや中国では、天然痘を1人から1人へ伝染させていた。1番いい天然痘菌を選んだのである。現在は政府はもうこのようにすることを禁止し、やめさせる規定を持っている。死亡する人が多い、即ち100人中20人、あるいはそれ以上が死亡していることが観察されたからである。

もし政府がこのような方法を行うことを今後放置すると、現在幸福と安楽がある国中一面に天然痘を伝染させることになる。

スイギュウ[ママ]から濾過して取った天然痘菌は人間に危険を起こしたことは1度もない。しかし、1度種痘をした場合に、「もう一生涯天然痘にかかることはない」とする根拠にしてはいけない。何回も種痘をしてはじめて天然痘にかからないように防ぐことができるのである。

(まだ後の週[＝27号2-2]に続きがある)

2-2　農業

(<gazette>[新聞]13号[2-2]から続く)

—田畑業について—

無知と怠惰とが覆いかぶさっている我々クメール人は、私がすでに冒頭で説明したように、何かやり方、方法を探して将来発展するように変化させることに考えつかない。即ち、たとえどんなに苦労で惨めで貧しくても、田を作る人は依然として稲作[いなさく]業1つを行う。この籾は安くて売れない。どうして依然として稲を作るのだろうか。かりに新しい土地を開墾して畑にしても、数年前に国が飢饉になった時のように、稲しか植えない。そして、田を作る人は、補助として稲以外の作物を植える栽培業を考えることができない。「1つの栽培業だけをしていると、その栽培業がだめになった年には必

ず大変困ったことになる」ということをまだ理解していない。心配を解決し、貧困から抜け出ることを助ける何らかの方策を考えるべきである。

私がこれを言うのは、誰かある人、あるいはあるグループに対して言っているのではなく、一般的に言っているのである。発展の道を考えて探す考えを持っている稲作人も何人かはいる。しかし、そのような稲作人は数がとても少なすぎて、探してきて[例として]利用することはできない。

稲作をする人は、もし良く考えてみれば[次のことが]わかるはずである。ただ1種類の作物だけを作ることは発展がなく、もし多くの種類の作物を作ると発展がある。たとえば川岸に住む人々のように多種類の作物を作ると、きっと発展を得、1種類しか作らない人より生活が楽になり、必ず今のような惨めさから逃れられる。飯を食べようとしても飯がなく、木の根を食べている人は、ただ1種類の作物だけを作る栽培業をし、その他のこまごまとした作物、たとえばいろいろな種類の芋、バナナ、パイナップル、バンレイシなど早く実がなり、[我々を]支えてくれる作物を植えなかったことによる。

私がこのように話すのは、多種類の栽培業をすれば、今年のように天候不順な年で、[作物が]どんなにだめになっても、多分1つの栽培業が助けて支えてくれる、あるいは、全ての栽培業が少ししか収穫がなくても、全部をまとめると、しばらくは困難を解決する助けになることができるからである。

稲作地帯でも、稲業以外に土地を開墾して、トウモロコシ、緑豆、大豆、綿、タバコ、藍、などの畑の栽培業を加えると必ず発展する。

sukhuma

(まだ後の週に続きがある[注。実際はない])

2-3 備忘録

2-3-1 nagaravatta 新聞はバット・ドンボーン saṅkae 郡の郡庁の smien 補[ママ。この職名はここにしか現れない。なおⓈのものとは異なると思われる。ここは「smien見習」が正しいのかも知れない]と村役場の smien たちから手紙を1通受け取った。[内容は、]「政府が毎月支払うべき月給を、バット・ドンボーン saṅkae 郡の smien 補たちには、政府が3ヶ月から4ヶ月たってからまとめて月給を支払うので smien たち全てが大変困っている」というものである。

もしこの話が、本当に上述の情報の通りならば、「これら月給の少ない smien たちに、郡政府と村政府は慈悲をかけてあげるべきで、3-4ヶ月も放置しておいてからまとめて支払うのは適切でない」と我々は考える。なぜならば、現在は精米をはじめとして全ての商品が値上がりしているのであるから、もし月末になって月給が支払われなかったら、さらにその受け取る月給が他より少ない場合には、本人をも、さらに家族をも、あるいは頼って来て同居している人たちをも、とても困らせることになるに違いないと思うからである。

2-3-2 バット・ドンボーン州都の市委員について

[次の人達が]1937年1月1日から1940年12月31日までの4年間、バット・ドンボーン州都の市委員会委員に任命された。

即ち、フランス人職員である (Despert) 氏
フランス人職員である (Pompet) 氏
クメール人職員である yāt-drī (Yat-Try) 氏
クメール人職員である yāt-phān (Yat-Phan) 氏

バット・ドンボーン州都の市委員は1937年3月31日から、1937年度 pathamatrīmāsa (1er Trimestre) [第1四半期] の定例会議を始めた。

バット・ドンボーン州の州都に新しく設置された委員会の上記の新しい委員の方々にお祝いの言葉を申し上げる。カンボジア国最大の州であるバット・ドンボーン州の州都に、政府はプノンペン市と同様<résident maîre>[市長]を新設したので、州予算とは別の市予算が必要になったのである。

nagaravatta

2-4 三国志演義[省略]

2-5 金の価格

プノンペン市、1937年4月2日

金 1 ṭamliṅ、[即ち]37.50 グラム

価格	1級	84.00 リエル
	2級	80.00 リエル

＊銀の価格

銀 1 ṇaen 塊、[即ち]382 グラム	13.00 リエル
古兌換1リエル銀貨	0.73 1/4 リエル

[注。原文では上の、「金の価格」と「銀の価格」は、下の「＊サイゴン、ショロン、1937年4月1日」の前にあるが、他の号の記述と合わせるために順序を変えた。]

＊農産物価格

プノンペン、1937年4月2日

籾	白	68キロ、袋なし	2.40 ~ 2.45リエル
	赤	同	2.25 ~ 2.30リエル
精米	1級	100キロ、袋込み	6.40 ~ 6.45リエル
	2級	同	5.80 ~ 5.85リエル
砕米	1級	100キロ、袋込み	5.40 ~ 5.45リエル
	2級	同	4.40 ~ 4.45リエル
トウモロコシ	白	100キロ、袋込み	[記載なし]
	赤	同	7.40 ~ 7.50リエル
コショウ	黒	63.420 キロ、袋込み	14.50 ~ 15.00リエル

	白　　同	25.00 ~ 25.50リエル
パンヤ	種子抜き 60.400 キロ	28.50 ~ 29.00リエル

＊サイゴン、ショロン、1937年4月1日

フランス籾・米商事会社から通知の価格

ショロンの<machine> kin srūv[精米所]に出された籾 1 hāp、[即ち]68キロ、袋込みの価格は以下の通り。

籾	最上級	2.72 ~ 2.76リエル
	1級	2.62 ~ 2.66リエル
	2級　日本へ輸出	2.54 ~ 2.58リエル
	2級　上より下級、日本へ輸出	2.46 ~ 2.50リエル
	食用[国内消費?]	2.32 ~ 2.36リエル
トウモロコシ	赤　100キロ、ショロン県マッカサンで売り渡し。	
		7.90 ~ 8.10リエル
	白　　同	6.10 ~ 6.30リエル

米(4月渡し)、港渡し、袋込み、税抜き、1 hāp、[即ち]60.7 キロの価格は以下の通り。

精米	1級、砕米率 25%	3.85 ~ 3.87リエル
	2級、砕米率 40%	3.75 ~ 3.77リエル
	同。上より下級	3.65 ~ 3.77リエル
	玄米、籾率 5%	3.15 ~ 3.67リエル
砕米	1級、2級、同重量	3.47 ~ 3.49リエル
	3級、同重量	2.84 ~ 2.86リエル
粉	白、同重量	1.79 ~ 1.81リエル
	kāk[籾殻+糠?]、同重量	0.65 ~ 0.70リエル

3-1　悪霊祓い呪術師に4,700リエルを詐取されたこと

(<gazette>[新聞]12号[3-1]から続く)

手慣れた呪術師の方は、家の主人の考えを推し量り、少しの誤りもなく的中した。即ち[彼は、]その夜は何があっても家の主人はきっと紙幣をチェックに行くに違いないと推し量った。それで、朝になると我が呪術師はその金持ちの家に歩いて行き、普通ではない不機嫌な態度をして家の主人に言った。"私は、あなたが私を信頼していないことを大変悔しく思っています。今私はあなたにお別れを言いに来ました。昨夜、あなたは、私が泥棒ではないかを知ろうとしましたから、今[金があることを]確認するために、私の目の前でお金の袋を全部開けてください。それから私はお暇致します"。この策略は家の主人に、この呪術師をますます何倍も信じさせ、かつ畏怖させた。そして[家の主人は]、「どうか私を見捨てないでください。私は破滅してしまいます。家の壇の上のものは何も触ることをやめると約束しますから、ここにいて式をして終わらせてください」と合掌して懇願した。

怒った振りが終わってから、呪術師は懇願を聞き入れ、式を続けることを承知した。第2夜、呪術師は、集落から遠く離れた所に埋葬されている家の主人の祖父の墓の前でもう1つ別の式を行うために、その墓の所に案内させるため、[家の主人が]信頼している人である使用人2人を手配するよう、家の主人に頼んだ。

出発する前に、呪術師は主人に制限を課した。"今日は盛大な吉祥の日です。あなたは座って瞑想をしていなさい。家にいる生命のある人は全て、座って心をこめて経を唱えなければなりません。そして何が起こっても決して顔を上げてはいけません。悪霊が家から出る時は互いに手をつないで逃げて行きます。[そして]もし誰かが顔を上げると、悪霊たち全てはその人の魂をつかんで持って行ってしまうからです"

その時、家の中にいた全ての人は皆そろって平伏して頭を地につけた。

真夜中になると、[家の主人の]の側近である使用人2人が呪術師を墓地に案内した。そこに着くと、呪術師は4方をしっかり見回し、それから使用人2人に、そこから300メートルほど退くように言い、2人にマッチを1人に1箱ずつ渡してから言い渡した。"この墓地には私を1人にしなさい。お前たち2人は離れた所に行って座って、マッチ箱からマッチ棒を1回に1本ずつ出して 'namoyīṭāphik' と唱えていなさい。2人共1回唱えたら1回拝みなさい。2箱ともマッチ棒がなくなったら、一緒に家に帰るために私を探しに来なさい。2人は向かい合って座って拝まなければならない。何かあっても首を起こして左右を見回してはいけない。もしお前たちは私の言い付けに背いたら死ぬかも知れない" 使用人2人はそれを聞いて怖くなり、一生懸命言われた通りにし、言い付けに背こうとしなかった。マッチ棒がなくなると、そろって墓地に呪術師を探しに行ったが呪術師の姿が見えなかったので現れるまで待った。朝5時になると、あまりにも眠いのでそろって家に帰り、家で呪術師を長く待ったが現れなかった。男両名は、呪術師は精が引っ張って連れ去ったものと思い、2人そろって主人に知らせに行った。その時、主人と家の中の人全ては、まだ壇の前で拝んでいて顔を上げていなかった。そこでうつ伏せになって寝込んでいる人もいたし、悪霊を恐れて震えている人もいた。

「呪術師はどこに行った?」これが全員が互いに訊ね合った言葉である。呪術師がどこに行ったかを知ることができる人は誰1人いなかった。紙幣の袋を見に行くと、たちまち目が丸くなった。100リエル札は47枚とも袋から消えていたのである。

悪者は盗んだり強盗をしたりして、くたびれて苦労し、かつ[自分に]危険を招く必要はない。策略を使う方がより簡単で良いし、誰にも文句を言われずに飯を食える。おまけに、その呪術師の経歴を知ることができる者は1人もいないから、全員そろって食事をして楽しむ。

上の話のように、適度ということを知らずに欲望を満たそうとして運勢を信じる人は、まさに我々の昔のクメールのことわざに"しつこく儲けを求めると、たいてい

財産を失う”とあるように、きっと財産を失う。

bejra-ñāṇa

4-1 ［14号4-1と同一］

4-2 ［8号3-4と同一］

4-3 ［11号4-2と同一］

4-4 ［11号4-3と同一］

4-5 ［11号3-2と同一］

4-6 ［14号4-6と同一］

4-7 ［12号4-5と同一］

4-8 ［13号4-7と同一］

4-9 ［11号4-8と同一］

4-10 ［8号4-3と同一］

4-11 ［8号4-6と同一］

4-12 ［11号4-4と同一］

4-13 ［8号4-9と同一］

Samedi 10 Avril 1937

HEBDOMADAIRE PARAISSANT TOUS LES SAMEDIS

(Boite Postale N° 44)
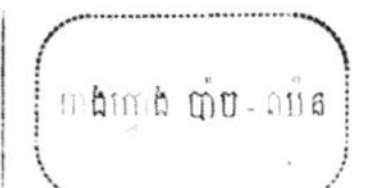
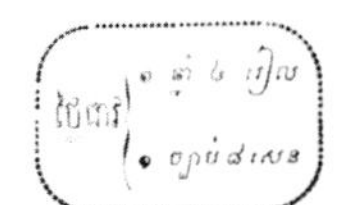

第1年16号、仏暦2479年8の年子年 caetra［ママ］月下弦14日土曜日、即ち1937年4月10日

［仏語］1937年4月10日土曜日

1-1 ［仏語で「私書箱 No.44」が加わった以外は8号1-1と同一］

1-2 ［デザインが少し変わった以外は8号1-2と同一］

1-3 ［デザインが少し変わった以外は8号1-3と同一］

1-4、2 ［8号1-4、1-5と同一］

1-5　新年の幸福

仏暦2480年、新年の幸せをお祈りすることについて

今、時の流れの順序に従って旧年が過ぎ去ろうとし、新年が近づきつつある。nagaravatta 新聞は大きい喜びをもって新年を迎える準備をしており、そして同胞であるクメール人全てを想い、互いに衷心から敬愛の念を持つ人の本性により、忠言を繰り返して時代を忘れない手助けをしたいと思う。

8の年子年は平安のうちに過ぎ、9の年丑年が占星術の計算の定めにより本年 bisākha 月上弦3日火曜日［＝西暦の4月13日］に始まろうとしている。この機会に、家の掃除をしたり、僧を招いて死者への経などの読経をしてもらったり、この世を去った親や師たちへの追善供養をしたり、お互いに新年の幸福を贈り合ったり、といった習慣の善業の行いを果たすために、皆さんはそろって自分の仕事を休む。nagaravatta 新聞は全てのクメール人に友情を表明する。

少年少女諸君は、旧年中各人それぞれが知識を増すように、怠る事なく熱心に勤勉に勉学に励んできた。新年になるに際し、nagaravatta は諸君に［次のように］忠告をしたい。「さらにますます一生懸命知識をたくさん求め、決して勉学をおろそかにするべきではないし、さらに考えも行儀も、良い生徒にふさわしくしなくてはならない。このことが父母や親戚の全てに何の心配もない安心な気持ちをもたらすのである」

農業、商業、工業など種々の生業に従事している皆さんは、旧年の1年間勤勉に働いた。新年になっても、きっと皆さんは旧年にまさる勤勉さで働こうとしているに違いないと nagaravatta は期待している。

政府部局のあらゆる部門の職務を管掌している皆さん全ても、勤勉に一生懸命努力して働き幸福を得させてきた。新年になっても、皆さんが旧年以上に保護国政府の望み通りに行動を正しく、公正に一生懸命公務を行い、カンボジア国の民衆に安楽な幸福と貴い公正とをもたらすことを nagaravatta は期待する。

最後に nagaravatta 新聞は老若男女全てのクメール人に合掌してお願いする。どうか皆さん全ては、何の仕事もなく、日夜に過ぎ去って行かせるいい加減さを持ってはいけない。時代に遅れないように常に仕事を持たなければならない。そうすれば、我がクメール人は進歩発展し、我々自身の周囲の民族に追いつくことができるのである。

［パーリ語］長寿、不老、健康、力の4つの徳がますます増えますように。

［ク語］どうか仏暦2480年の新しい年の毎日毎夜、4つの祝福、即ち長寿、不老、健康、力がクメール人全ての方に増し、失われることがありませんように。

大歓喜を以って nagaravatta より

1-6　諸国のニュース

1-6-1　スペイン国

ローマ市、3月23日。イギリス大使がイタリア政府を、「この政府はスペイン国の反乱派と手を結んでいる」と非難した。

＊(パリ)市、3月23日。ドイツ電の情報によると、ムッソリーニ氏はフランス政府とイギリス政府とに、「もしロシア国がスペイン国からロシア兵を引き揚げることに同意するなら、イタリア政府も同国からイタリア兵を引き揚げることに同意する」と報せた。

＊ロンドン市、3月23日。anupakārasamāgama(Comité de non intervention)[不干渉委員会]委員による、スペイン国から他国の兵を引き揚げるための会議の際に、イタリア大使である(Grandi)氏は、「現在軍を引き揚げることを決定することはまだできない」と述べた。ドイツ大使も同じように述べた。イタリア大使がこのように述べた言葉は、他の国の委員たちに、"<contra> neḥ[これとは逆に]"「スペイン国の反乱派を助力しに行ったイタリア兵は攻撃して負けた」と理解させた。そして、その委員たちは、「ムッソリーニ氏はスペイン国にさらに兵を増派するのではないか。そうなると、ヨーロッパ大陸には更なる騒乱が必ず生じる」という恐れと心配を持った。

＊ロンドン市、3月24日。イギリス政府はスペイン国政府から、「スペイン国の東の沿岸でイタリア艦とドイツ艦に[船の]臨検をさせることには同意しない」という通知を受けた。臨検をしている艦はスペイン国の領海外にいるので、この通知は何の意味もない。

1-6-2　ベルギー国

(ブリュッセル)市、3月24日。イギリス国を訪問中のベルギー国王は[次のように]述べた。「ベルギー国はあらゆる国に対して協約通りに実行する。しかし、ドイツ国が東の国境に接する国と戦争が生じた場合、ベルギー国は[ドイツ国と]共にそれに乱入することには同意しない。

「ベルギー国はいずれの国の航空機にも[ベルギー国]領空を飛行することを許さない。もし領空を飛行した場合にはきっと互いに戦争が生じる」

1-6-3　スペイン国

パリ市、3月25日。イタリア大使である(Grandi)氏が、「イタリア兵をスペイン国から引き揚げることに同意しない」と述べた後に、フランス外相である(Yvon Delbos)氏は、

1。イギリス大使

2。ドイツ大使

に面会に行った。

<delbos>氏は両大使に、「このことは大きな苦しみを生じせしめる」と告げ、「イタリア国は本当にスペイン国に兵を送って戦わせている」ことを解説して理解させ、「フランス国は寛い心を持っていて、互いに歩み寄ることを欲しており、かつ冷静である」と述べた。

イギリス大使と面会した時、<delbos>氏は、「イギリス政府はフランスの信条に同意する」と理解し、「この同意は、この苦しみがさらに重くなりすぎることを抑えることができる大変重要な有用性がある」と理解し大変喜んだ。

ドイツ大使と面会した時には、<delbos>氏は、「フランス政府は歩み寄りを強く望む気持ちがあり、[ドイツとイタリアの]両政府は互いに強く親密にしているから、ドイツ政府は、このことをイタリア国政府に話してトラブルをなくす助力をしてもらいたい」と話した。

＊ロンドン市、3月25日。ロシア国大使は、「イタリア国は先の2月に兵60,000名をスペイン国に戦いに行かせた。この兵数は現在までにますます増加している。イタリア国は戦ってスペイン国を手に入れることを欲している。『[スペイン]国内で戦うためにイタリア国が兵を送っている』とスペイン政府が訴えている言葉に従って調査してほしい」と訴えた。

1-6-4　ベルギー国

(ブリュッセル)市、3月25日。ドイツ電。国王レオポルド3世は望み通りにイギリス国からブリュッセル市に帰国した。このベルギー国は独立であることを望み、国内で戦争が起こることを望まない。

1-6-5　スペイン国

パリ市、3月26日。昨日以来、anupakārasamāgama(Comité de non intervention)[不干渉委員会]は、イタリア大使とロシア[大使]のせいで雰囲気が悪かった前日より会議はスムーズに行われた。

＊マドリード市、3月26日。(アリカンテ)県へ、同県の住民を(マルセイユ)県へ運ぶ為に向かったフランス船1隻を反乱派艦が砲撃した。その時、近くにいた別の船が同船を助けてアリカンテ県へ曳航した。

1-6-6　シャム国

バンコク市、3月26日。シャム国政府は、シャム国に入国する外国人の[入国]税を100バーツから200バーツに引き上げる法律を出した。

1-6-7　中国

上海市、3月26日。日本の諸<gazette>[新聞]が、「中国とロシア国が友好を結んだ」と報道した。しかし中国政府は、「その情報は事実ではない。そのような中傷する言葉を言うのは、日本国がさらに争いを起こす意図があることによる」と反論した。

ロシア人たちもそう理解している。さらに日本国政府も、「その件に関する情報は何もない」と述べた。

＊(北京)市、3月26日。駐日中国大使は北京に帰り、「(蔣介石)総司令を捕らえて拘禁した時、一国全土の中

国人全てが互いに結束して拘禁から救出する助力をしたのを見て、日本国は考えを改め、もう脅迫をしない」と発表した。

しかし日本は日本商品への関税を引き下げるよう求めた。駐日中国大使は、「引き下げることはできない」と述べた。同大使は、(河北)省、(察哈爾)省での日本の力を減らすために、(河北)省、(察哈爾)省、(山東)省、(山西)省、(綏遠)省の軍を1つに結束させたい考えである。

中国大使は、「現在日本国と会談する必要が大いにある」と結んだ。

1-7　土曜評論

私 ācārya {kuy}は、私と同民族の大勢の人から罵られ非難されている。私が[14号1－7で]、「クメール人が他より貧しいのは怠惰であることによる」と真実を言ったからである。見るところ、もし私が逆にクメール人を褒めたなら、恐らくこの人達はとても愉快なのである。しかし、私は嘘を言うことを知らない。

私は、あの真実を述べる前に、「自己に心当たりがある人はきっと怒るに違いない」と分かっていた。今や怒った人が大勢いるので、自己に心当たりがある人が大勢いるということがわかった。私に会いに来るほどにまで怒った人もいる。私の家に来た人もいる。私を罵り非難するにまで達した人もいる。しかし、私 ācārya [kuy] は[現代の]新しいクメール人であるから、この人達に怒り返そうとすることを知らない。真実は私側にあるということをはっきりと確かに知っているからである。一国全土の人が怒っても、私は[怒り]返そうとする気を起こすことを知らない。

「あなたは怠惰だ」と私が言ったことを、あなたを侮辱し、見下したのだとは思わないでほしい。即ち、「あなたを目覚めさせたい」と望んだけである。「あなたは怠惰だ」と言う前に、「誰も怒る人がいないのではないか」と私は恐れていた。今や怒っている人がたくさんいることが、逆に私を楽しく思わせている。しかし、この楽しさや嬉しさは心の底からではない。私が真実を言ったからあなたが怒り、あなたが「私をやっつける」ことだけを望むのなら、私は逆に楽しくない。もしあなたが怒って、一生懸命観察してあなたの欠点を探して見つけ、それが見つかって一生懸命努力して考えを改めたなら、これこそ、「あなたは目覚めた」と言うのである。あなたが目覚めたなら、私は極めて喜ばしく思う。あの時、私は発展だけを望んだからである。

その後先週[＝15号1－7]になって、私は怠惰による破滅が我がクメール人全てに到来すること、もしこのまま怠惰を続けるなら、クメール人は滅びることを避けられないことをあなたたちに示した。もしあなたが観察して私と同じように真実が見えたなら、なぜ私に腹を立てるのか。

ācārya {kuy}

1-8　カンボジア国王陛下へ栄光の祝辞を献じることについて

陛下：

新年、即ち仏暦2480年、小暦1299年9の年丑年になるに際し、nagaravatta 新聞は、尊敬の念で身を伏して、シソワット・モニヴォンカンボジア国王に、お祝いの言葉を申し上げることへのお許しを願います。どうか100歳をこえる長寿、何らの病に襲われることなく堅固な力の御身体、そして平穏に十種の王の徳を備えて王位にあらせられ、高い名誉が広まって、王に忠誠な全カンボジア王国の国民を広く覆い、王の勢威の徳により王国が安楽と平和と幸福に満ちますようお祈りいたします。

この忠誠の誓いの力により、三宝の徳の力と十六天の神々と、もろもろの地の神々、さらにカンボジア国を守護する新しい神[注。年が変わると守護神が交替する]の威力が、この誓いの言葉を扶助し、ますます豊富な効力のあるものにするようお願いいたします。

1-9　新年の祭りと、「水を捧げ、蠟燭を捧げる儀式」について

我々はあと3日で新年の祭り、即ち仏暦2480年9の年丑年、[西暦]1937年4月13日になる。我々クメール人の中には知らないで、「新年の祭りをする日になると新しい年に入るとみなすのである」と思っている人がいる。しかしそうではない。たとえばこの丑年は[既に] cetra 月上弦1日から新しい[丑]年になったのであるが、新年の祭りは遅らせて visākha 月上弦3日に行う。これは、この祭りを行なって吉祥をもたらすために、吉日吉時の良い日を調べて正しく求める占星術師の奥義書による、王家のためだけのものである。我々普通のクメール人大衆に従うなら、「cetra 月上弦1日から新年に入る」と考えるべきなのである。

たとえば、今年は cetra 月上弦1日になると、書類は全て「丑年」と書くがまだ「8の年」である。「8の年子年」ではなく[8の年丑年]である。saka[暦の年]が進む日[＝正月3日]、即ち bīsākha 月上弦5日になってはじめて「9の年丑年」を使う。(つまり、cetra 月上弦1日から新年の祭りをする日までは「丑年 cetra 月上弦1日」[等々]とするが、まだ saka は「9の年」には進まない。したがって、「8の年丑年 cetra 月上弦1日」[等々]と書き、省略して書くと、仏暦2480年8の年丑年 5[＝cetra 月]、上1[＝上弦1日]、7[＝土曜日]となる。)

[注。上のパラグラフの記述はおかしい。本号の発行日である caetra[ママ。「cetra」が正しい]月下弦14日は、

まだ「仏暦2479年8の年子年」で「丑年」になっていない。さらに12号、13号、14号、15号も「子年」である。つまり、このパラグラフの記述は、十二支だけは cetra 月上弦1日に進むとしているが、そうではなく、仏暦も小暦も十二支も「saka が進む日」に進むのが正しい。もともとクメール一般大衆の「年」は十二支であり、これは太陽が白羊宮に入って3日目、即ち cetra 月上弦3日に進んだ。しかし、太陰暦であるから、実際の太陽の運行とずれることは、日本の旧暦と同じである。その後、恐らく西洋天文学により、太陽が白羊宮に入るのは新暦の4月13日ごろであることがわかり、現在はもちろん、この新聞の時代にも4月13日に正月に入るとされ、仏暦も小暦も十二支も正月3日、即ち4月15日に進むことに定めたのであろう。この記事の執筆者は、「カンボジアの年、即ち十二支は cetra 月上弦3日に進む」ということにこだわってこの記事を書いているのあろうが事実はそうではない。なお、たとえば「8の年」というのは「小暦の年号の1の位が8である年」という意味であるから、これも4月15日に進む。なお、実は太陽の運行次第で正月4日に年が進むこともあるが、この注は正月3日に進むとして解説した］

一方仏暦の方は新しい年に合わせて saka が進む日から2480年と数える。しかし正しいのは、bīsākha 月上弦15日から［新しい年として］数えるのである。なぜなら、仏暦はシャカが涅槃に入った日である bīsākha 月上弦15日から数えるからである。

現代のシャム国では、［西暦］1937年4月1日、即ち8の年丑年 cetra 月下弦5日から仏暦を2480年と数えている。このようにするのは、政府の方式の便宜のためにヨーロッパの方式を採用したのである。［注。現在のタイでは、西暦の1月1日に仏暦も十二支も進む］

この祭りに際して、宮中にはもう1つ、"水を捧げ、蠟燭を捧げる"という儀式が残っている。これは、praṭāl bratra［ボクシング］から ṭāl［殴る］部分をずっと以前から除いたものである［注。ボクシングの試合は、まず神や師を拝む式から始まる。この式の部分だけを残したもの、ということらしいが不確実］。

大小の官吏、および宮中に仕える官女と大小の官吏の妻たちは、陛下に香り水をかけて感謝の念を表明するために、bān［尊いものをのせる「三方」に相当する］に乗せた蠟燭、香り水、花などの捧げ物を持ち、地位の順に並ぶ。（「政府の風習」の中の「水を捧げ、蠟燭を捧げる儀式」を見ると詳しいことがわかる。）

陛下が聖水をお浴びになる時に、…［数文字消滅］…新年の祭り3日間を終える祝砲を射つ。

地方の習慣では、この3日間に、人々は寺に行って説法を聞いて善を積む。午後になると連れ立って仏像に香り水をかけに行く。crieṅ jhūṅ、aṅgañ［以上の2つはいずれも遊戯。下の＃を参照］、綱引きなどをして遊ぶ。夜は新しい［年の守り］神を迎えるために蠟燭を灯して三宝に捧げ、併せて粥を寄進する。

［＃坂本恭章訳「カンボジアの民間遊戯」『アジアアフリカ言語文化研究、3号』東京外国語大学アジアアフリカ言語文化研究所、1970］

プノンペン市では、［このような祝い］方ほとんど全て失われた。人々はこれらの［祝い］方を bie、dhū といった博打を打つことに変えてしまった。

2-1　政府の勤務時間の変更について

すでに我々が2回［＝12号1-5と14号1-8］伝えた諸新聞の情報によると、我がインドシナ国はとても暑い国であると理解した植民地の新しい長である<brévier>氏の慈悲で、クメール国の官員たち全ては、「我々はきっと前より楽になる」と喜んでいた。以前からのように、太陽の熱で背中を煮えかけたり焦げかけたりさせながら1日に［片道］4回行ったり来たりして勤務するのは、病気に襲われたりして苦労があるし、乗り物の費用もかかる。それで、<gouverneur général>［総督］殿が、以前からこれまでに統治してきた全ての地域で慈悲をもって庶民を楽にさせることに成功してきたように、インドシナ国政府は勤務制度の変更案を新しく作成したのである。

新しい確実な情報を得た現在、諸新聞から知った勤務時間は誤りになったことがわかって、官員たち全ては落胆している。

<brévier>氏が新しく変更した勤務時間は、4月12日から官員に適用し施行される。

午前：7時半から11時45<minute>［分］まで

夕刻：2時半から5時半まで

しかし、土曜日は、7時半始業、11時15<minute>［分］終業、午後はずっと休みである。

2-2　死刑執行について

4月6日の明け方、コンポン・チナン州都で政府は、重罪裁判所が殺人、強盗、放火、婦女誘拐強姦、およびいくつかの窃盗の共犯の罪で死刑を宣告していたクメール人、名は jhum-phluṅ、俗称 braeṅ を、クメール刑法の規定に従って、dhvœ gat、即ち prahāra jīvita paṅ［死刑に処し］た。

2-3　主義の戦い

（<gazette>［新聞］14号［3-1］から続く）

laddhi <communisme>［コミュニズム］信奉者と laddhi <fascisme>［ファシズム］［信奉者］との間の激しい衝突の結果は、ヨーロッパ大陸の左翼と右翼とに強い動揺をもたらす原因になった。

kambujaraṭṭharaṅsī　記

ロシア国で生まれたladdhi <communisme>[コミュニズム]は、1917年以降急速に全世界に広がった。初期には、この主義の意図はこの人間世界を改めて、全体に新しい経済の動きを持たせることであった。この観点から、世界の全ての国々へ害を及ぼすものと見られ、それで全ての国々の政府が戦って防備をしなければならない大きな脅威とみなされた。世界大戦後の初期、ロシア国はヨーロッパ部もアジア部も諸国に派兵されて戦いになった。それ以外にさらに白系ロシアの軍があって国内手引き者として諸国と力を合わせて<communisme>[コミュニズム]の軍と戦って打ち破る助力をした。当時白系ロシアはkraham[赤系](<communisme>[コミュニズム])政府を押さえ込み殲滅することを望んだ。その時我々が観察したところ、幸運は<communisme>[コミュニズム]派に味方し、中途で[諸外国間に]トラブルが起こり、諸国に戦いを中止させる原因になった。それで<communisme>[コミュニズム]政府は急いでそのチャンスを利用して白系ロシアの軍を倒し、倒すのに成功すると自分の力を広めロシア帝国全土を覆わせた。その後王制の古いロシアは、(レーニン)氏をロシア国全土の独裁者である長とする<communisme>[コミュニズム]制の新しいロシアになった。このロシアの<communisme>[コミュニズム]政府の勝利は、国と民族を区別せず、誰もが参加し従うことができる主義である新しい主義がこの世界に生まれたことを示す。これが世界を新しく変える影である。世界歴史の観点から見ると、この世界はまだ末法の時代の中にいる。

laddhi <communisme>[コミュニズム]の影響力はあたかも(コレラなどの)伝染病のように急速に全世界に広がり、全ての国々にトラブルを引き起こした。あらゆる国々の政府は力を合わせて伝染病、即ち<communisme>[コミュニズム]を厳しく押さえ込んだが、依然としてこの病気を完全に撲滅することはできないでいる。こういう理由で別の型の新しい宗教がイタリア国に生まれた。即ちムッソリーニ氏のladdhi <fascisme>[ファシズム]である。[この]新しい主義は自国内のladdhi <communisme>[コミュニズム]の根を掘り起こして粉々に破壊することのみを意図し、さらに進んで自国の力を確立し、自分より力が弱い他の国々を侵略征服する方法によって徐々に自国を太らせ大きくし発展させる考えを持ち、版図を力で覆う望みを持っている。

(まだ[17号2-1に]続きがある)

2-4 khsāc kaṇṭāl 郡 braek ambil 地区(カンダール)の殺人について

被害者は名はkaev-jāmで、63歳のsubhānaka[注。旧官制の職で、布告を読み上げて民衆に聞かせる役人?]である

この重罪事件は何日も前に起こったものである。我々がなかなか報道しなかったのは、正しい行いが行われた[=正しく処理された]という情報を待っていたからである。今や我々は報道しないわけにはいかない。なぜならこの重罪事件は秘密にされる、即ち隠されていて、他の諸新聞にも掲載されているのは見ないし、拘束されていたこの重罪犯罪を犯した大勢の者が釈放されて拘束を解かれているからである。

我々は、この重大事件がまた死亡者の罪にされることを恐れる。ちょうどnuon <caporal>[伍長]に対して重罪犯罪を犯したsublīssuṅ中尉殿の事件が、「人が殴っただけで、お前[=nuon]は何が悔しくて死んでしまったのか」となったようにである[cf.8号3-1-3と14号2-1。なお、名はそれぞれ「nun-nuon、nū-nuon」になっている]。

皆さんは、かつてsubhānakaであり、プノンペン市第5区の区長の北に家があったtā {jām}をきっと知っているだろう。彼はポー・サット州都で通訳smienをしているthī {sāt}の義父にあたる。tā {jām}を知らなくてもthī {sāt}は知っているであろう。

去る3月9日、tā {jām}は船でコンポン・チャム州srī sandhar(braek bodhi)郡braek ṭampūk村に行った。彼は老齢で、時々vaṅveṅ ṭūc chkuot、即ちlīlā[ボケる]ことがあり、nāvā(kapāl)[船]がbraek ambil区に着いたとき、何の不運かはわからないが、[その不運が]彼に、braek hluoṅ区の向こうでbraek ṭampūk区のこちらであるそこ[=braek ambil区]で船を下りたくならせた。

tā {jām}は船から[陸に]上がると、braek ambil区のhiṅ-amの家を自分の親戚の家と思って上がり込んだ。たまたまその家は、男は皆畑に行っていて留守で、女たちだけがいた。老人は他人の家に入り込んで行って、[家の中を]かき回し、飯を炊いて食べさせるよう命令した。それから[家の人から]鍵を取り上げて、金庫を開けて金を持ちだし、食べ物を買って食べ、さらにその家の主人である女性[注。夫と妻が家の主人である]に卑猥な言葉を使った。その家の主人である女性が畑に走って行って畑にいる夫に告げると、夫は仲間3人と一緒に来て、大勢で力を合わせてtā {jām}をくたくたになるまでさんざん殴り、[老人は]全身腫れ上がって[リンパ液が出て]じゅくじゅくになり、ついに気絶した。それから[老人を]村役場に連れて行って訴えた。村長は助役と<police>[警官]に許可をあたえてさらに殴らせ、それから逮捕して縛って枷をかけて、強盗であると告発してkhsāc kaṇṭāl郡庁に連行した。

しかし、この強盗は、年齢は63歳に達し、[犯行]時間も昼間、手も手ぶらであり、いささか妙である。[強盗であると]信じられるか。

郡長は家の主人とその子3人を逮捕させ拘禁させた。しかし、現在は誰も訴えを起こさないので釈放している。

一方重傷を負った tā {jām} の方は、郡庁がプノンペン市の病院に連れて行って治療させるよう手配した。その傷の件についての医者の診断書がある。3月19日になって、傷を負った人は、ひどく殴打され、打撲傷でボロボロになったのが原因で自宅で死亡した。

その後医務局が病院で遺体を解剖して検死したが、その[結果の]情報がどのようであったかはまだ不明である。

情報によると、この重罪事件をおこした人たちは金持ちでもある。

村の官員は裁判所に送って審理させるのを中止させられた。

nagaravatta 新聞は、管轄する役所がこの事件を詳細に調査するように手配し、この重罪犯罪を犯した大勢の人を放置して[何の罰もなく罪から]逃れさせないようにお願いする。

2-5　三国志演義[省略]

2-6　金の価格

プノンペン市、1937年4月9日

金 1 ṭamliṅ、[即ち]37.50 グラム

価格 1級	84.00 リエル
2級	80.00 リエル

＊銀の価格

銀 1 ṇaen 塊、[即ち]382 グラム	13.00 リエル
兌換古1リエル銀貨	0.74 1/2 リエル

＊農産物価格

プノンペン、1937年4月9日

籾	白	68キロ、袋なし	2.55 ~ 2.60リエル
	赤	同	2.40 ~ 2.45リエル
精米	1級	100キロ、袋込み	6.35 ~ 6.40リエル
	2級	同	5.70 ~ 5.75リエル
砕米	1級	100キロ、袋込み	5.30 ~ 5.35リエル
	2級	同	4.35 ~ 4.40リエル
トウモロコシ	白	100キロ、袋込み	[記載なし]
	赤	同	7.40 ~ 7.80リエル
コショウ	黒	63.420 キロ、袋込み	14.50 ~ 15.00リエル
	白	同	24.75 ~ 25.25リエル
パンヤ	種子抜き	60.400 キロ	28.00 ~ 28.50リエル

サイゴン、ショロン、1937年4月7日

フランス籾・米商事会社から通知の価格

ショロンの<machine> kin srūv[精米所]に出された籾 1 hāp、[即ち]68キロ、袋込みの価格は以下の通り。

籾	最上級		2.75 ~ 2.70リエル
	1級		2.65 ~ 2.69リエル
	2級	日本へ輸出	2.57 ~ 2.61リエル
	2級	上より下級、日本へ輸出	2.49 ~ 2.53リエル
	食用 [国内消費?]		2.33 ~ 2.37リエル
トウモロコシ	赤	100キロ、ショロン県マッカサンで売り渡し。	8.20 ~ 8.25リエル
	白	同	0.00 ~ 0.00リエル

米(4月渡し)、港渡し、袋込み、税抜き、1 hāp、[即ち]60.7 キロの価格は以下の通り。

精米	1級、砕米率 25%	3.85 ~ 3.87リエル
	2級、砕米率 40%	3.75 ~ 3.77リエル
	同。上より下級	3.65 ~ 3.67リエル
	玄米、籾率 5%	3.10 ~ 3.12リエル
砕米	1級、2級、同重量	3.46 ~ 3.48リエル
	3級、同重量	2.88 ~ 2.90リエル
粉	白、同重量	1.83 ~ 1.85リエル
	kāk [籾殻＋糠?]、同重量	0.65 ~ 0.70リエル

3-1　お知らせ

来る正月に際し、nagaravatta 新聞は一週間休刊致します。印刷所が、正月の習慣で3、4日間休業しますので、nagaravatta も印刷所と共に正月休業をするのです。4月17日土曜日は発刊する<gazette>[新聞]はありません。4月24日土曜日になったら平常通りに毎土曜日に発行いたします。

3-2　正月の情報

9の年丑年の正月祭に、官員たちは国の習慣にしたがってお祭りをするために、次のように休業する。

1)『クメール人官員』:1937年4月13、14、15、16日

2)『ヨーロッパ人とベトナム[人]官員』:1937年4月14、15日。

しかし、急ぎの公務を受け付けて行うために<bureau>[役所]には当直がいなければならない。

3-3　政府の cāṅhvāṅ krasuoṅ sārabarṇaṭamāna(Chef du Service de la Presse)[広報局長]である(Mary)氏の休暇について

4月7日水曜日、nagaravatta をはじめとして諸[新聞の]?nak taeṅ <gazette>[新聞記者]たちが集まって、休暇で大フランス国に帰国する政府広報<bureau>[局]長である<mary>氏の送別会を開いた。この会で、nagaravatta 新聞社長殿が、クメール人を啓発して知恵と経済を発展させるために、種々の情報を我々の<gazette>[新聞]に発表してくださる同氏に感謝のスピーチをした。

nagaravatta 新聞は、氏が大フランス国への道中ずっと健康に恵まれるようお祈りする。

[18号3-5 に続報がある]

3-4　世界で最大の金持ち

3月4日の(La Presse Indochinoise)新聞の「雑報」の中に、下のような記事が載っている。

インド国のハイデラバード藩国で王位にある(Nizam)

という名の藩王がいて、世界で誰よりも資産が多い王である。王[draṅ]は先日在位50年の祝賀式を行ったばかりで、王は王国の人口は14,000人[ママ。cf.後述のウシと羊の数]だけであると発表した。王は25歳の時から王位にある。

王がお住まいになっている宮殿は絵が描かれているタイルで飾られ、王宮の飾り物である宝物は比べ物のない高価な陶磁器ばかりで、王宮の下部には四方に真鍮製の扉があり、黄金と極めて高価な真珠数十万粒の山の上にある。

この儀式の様子は、これまで見たこともないような非常な美しさと盛大さのものであって、この式で飾られた電球は、それら全ての数の美しい宝石の光りにも負けない光であった。都内の全ての道路は光り輝く電気の光で飾られていた。

この式では、花火だけで5十万ルピー(我々の4十万リエル以上)で、ウシ10,000頭と羊10,000頭を貧しい人へふるまった。

インド国を治めるイギリス[のインド]総督もこの儀式に参列し、純銀で飾られた車に乗り、大王と共に全ての道路を回った。この巡回に出る時には、道路の両側に並ぶ民衆にたくさんの新しい貨幣を撒き与えた。

この式をたとえることを考えるならば、1001夜物語の中に示されている話とほぼ同じであるように思われる。

bejra-ñāṇa

4-1 [14号4-1と同一]

4-2 [8号3-4と同一]

4-3 [11号4-2と同一]

4-4 [11号4-3と同一]

4-5 [11号3-2と同一]

4-6 [14号4-6と同一]

4-7 [12号4-5と同一]

4-8 [13号4-7と同一]

4-9 [11号4-8と同一]

4-10 [8号4-3と同一]

4-11 [8号4-6と同一]

4-12 [11号4-4と同一]

4-13 [8号4-9と同一]

Samedi 24 Avril 1937

CIGARETTES
JOB
LE PAQUET VERT
Vendu 5 cents

Nagara vatta

CIGARETTES
COFAT
La meilleure cigarette Indochinoise
Le Paquet vendu 5 cents

HEBDOMADAIRE PARAISSANT TOUS LES SAMEDIS
(Boite Postale N° 44)

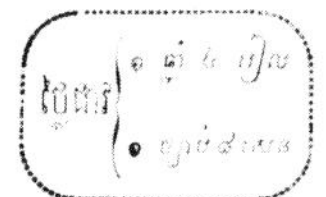

第1年17号、仏暦2480年9の年丑年 bisākha 月上弦14日土曜日、即ち1937年4月24日

［仏語］1937年4月24日土曜日

1-1　［仏語で「私書箱 No.44」が加わった以外は8号1-1と同一］

1-2　［デザインが少し変わった以外は8号1-2と同一］

1-3　［デザインが少し変わった以外は8号1-3と同一］

1-4　［8号1-4、1-5と同一］

1-5　正月祭に際して、カンボジアの保護国政府とコーチシナ［国］政府の代表がカンボジア国王へ祝辞を述べたことについて

この新年の祭日に際し、病気で差支えがある(Thibaudeau) <le résident supérieur>［高等弁務官］殿の代理として cāṅhvāṅ <bureau>［事務局長］である(Doucet)氏は rājakāra <protectorat>(āṇābyāpāla)［保護国］政府を代表して陛下に新年の祝辞を述べに参内した。コーチシナ国<gouverneur>［総督］である(Pages)氏も自ら参内して、コーチシナ国でフランスの旗の下にいるクメール人たちに慈愛の心をお示しになる陛下に敬意を表明し、祝辞を述べた。

国王陛下は非常にお喜びになられ、コーチシナ国のクメール人国民に対し温かい心を持つ<pages> <gouverneur>［総督］殿への感謝の印として、mahāsirīvaḍḍha という名の grwaṅ issariyayasa <médaille>［勲章］(Grand croix de l'ordre Royal du Cambodge)［カンボジア王国勲章最高十字章］を、<doucet>氏にはvarasenā ［という名の］<médaille>［勲章］(Grand officier de l'ordre Royal du Cambodge)［カンボジア王国勲章グラン・オフィシエ章］を、dī priksā cpāp khāṅ krasuoṅ yuttidharma (Conseiller Juriste auprès du ministère de la Justice)［法務省法律顧問］職にある(Leger)氏には dhipaḍin という名の<médaille>［勲章］(Commandeur de l'o.R.C.)［カンボジア王国勲章コマンドール章］をお授けになられた。<le résident supérieur>［高等弁務官］殿の代理とコーチシナ国<gouverneur>［総督］殿が王宮に到着して自動車から下りる時、munīreta 親王殿下［braḥ aṅga mcās］と五大臣が待っていて出迎えた。

この祭日の際に、rājakāra <protectorat>［保護国政府］の長と同行した人たちは、<conseiller juriste>［法律顧問］をしている<leger>氏、(Guichard) <colonel>［大佐］殿、カンダール<résident>［弁務官］である<gautier>氏、クメール政府への rājakāra <protectorat>［保護国政府］代表である bīskoṅsaritai 氏、<chef cabinet>［官房長］である penavaer 氏、王室財務<contrôleur>［監査官］である(Baptiste)氏、コーチシナ国<gouverneur>［総督］殿秘書官長である(Cenardi)氏、<le résident supérieur>［高等弁務官］殿秘書官長である(Verdilhac)氏である。

1-6　諸国のニュース

1-6-1　スペイン国

(マドリード)市、3月29日。ドイツ［ママ］公安警察局は反乱派中に裏切り者たちを探し、将校ばかり30名を発見した。反乱派側の(フランコ)将軍はその裏切り者たちを全て銃殺に処した。

＊(ペルピニャン)、3月27日。krum anupakārasamāgama (Comité de non intervention)［不干渉委員会］の艦が(Sans pareil)という名の船を拿捕した。この船は政府派側を助力して戦うために25人を乗せてスペイン国に行くところであった。

＊(ロンドン)市、3月28日。イギリス政府とフランス［政府］は、いかなる民族をもスペイン国で戦う助力をしに行かせないよう一生懸命努力することで一致した。

1-6-2　ドイツ国

（ベルリン）市、3月28日。puṇya <pâques>［復活祭］に際して、sāsanā braḥ<jésus>［キリスト教］信者の人々は、「（ヒットラー）氏と同じ主義を持つ（ナチ）党員たちが、先日互いに合意した協定に違反し、子供達を小学校に勉強に行かせまいとしている。このようなことは国内に大きな苦しみを起こす」とドイツ政府に対する苦情を表明した。

1-6-3　日本国

（東京）市、3月29日。外務大臣である（佐藤）氏は、ロシア国政府と事件を起こしたくないとして、考えを改めるために陸軍大臣と senāpatī krasuoṅ dāhān jœṅ dik（Ministre de la marine）［海軍省］の大臣と会談した。

1-6-4　イギリス国

（ロンドン）市、3月27日。本日の情報によると、イタリア国は、「スペイン国で戦うためにさらに兵を送ることをしない」ことを約束した。

1-6-5　スペイン国

（ジブラルタル）、3月30日。本日の情報によると、反乱派中の裏切り者たちは約1,000名いた。

その裏切り者たちと手を結んでいた兵士の数は100名で、多くは空軍省に勤務していた。これらの兵士たちはすでに全員銃殺に処された。

1人のアラブ人のコックが密告したので、この［密謀が］暴露された。

＊（バイヨンヌ）県、3月30日。西海岸のバイヨンヌ県（フランス国）の前の西方の沿岸で反乱派側の艦2隻が政府側の艦1隻を砲撃し、［政府側］艦は（アドゥール）川の河口で座礁した。

1-6-6　イギリス国

（ロンドン）市、3月31日。（デリー）県電。イギリス兵とインド人たちが互いに攻撃し合った。

この攻撃で、イギリス人将校2名とインド人［将校］2名とインド人兵19名が死亡し、インド人38名が負傷した。反乱を起こしたインド人たちの数は約500名である。反乱が起こった場所は東北の国境地帯である。イギリス人を憎んでいて反乱をそそのかした者は全て yogī（Fakirs）［ヨーガ行者］ばかりであった。

1936年11月から現在までに、兵39名が死亡、130名が負傷している。

＊ロンドン市、同日［＝3月31日］。インド国の（カルカッタ）県からの情報によると、この県の人々は来たる4月1日に同県に出される新しい法律に承服できず、同日に jruol jrœm（Greve）［ストライキ］を行おうとしている。

カルカッタ県政府は jruol jrœm（Grève）［ストライキ］に加担しない人々に安寧があるように助ける準備をしている。もし［ストライキに］参加しないと、ストライキ参加者たちが害を加えるに違いないからである。このストライキの方法は4月1日に店の扉を終めることである。

1-6-7　スペイン国

マドリード市、4月2日。<havas>電。反乱派側軍は（ビスケー）という名の所で政府側軍を攻撃、壊滅させた。政府軍は（Alava）県から全て逃げ去り、反乱派に（ビトリア）県までの道を完全に開いた。反乱派側軍は（ビルバオ）県まで27キロメートルを残すだけで、商業地区を政府軍の手から解放するために一生懸命攻撃している。

（Guadalajara）では政府派軍が反乱派軍を攻撃する準備をしていた。しかし反乱派軍が先に到着して戦闘に入り、政府派を5キロメートル後退させた。

1-6-8　イギリス国

ロンドン市、4月12日。不干渉委員会の小委員会委員たちは、戦うのを助力するためにスペイン国に行っている［外国人］志願兵たちを引き揚げるための会議を開いた。

イタリアがこの上記の会議の決議［内容］に同意する事について、まだ通知しなくても、イタリア代表は必ずこの件について発言することをイギリス政府は期待している。

スペイン国大使は、「政府の軍艦と（BilBào）沿岸を監視する軍艦が全ての商船を護衛する」と発表した。

1-6-9　フランス国

パリ市、4月12日。4月9日付の官報によると、国が貧しい時に官員の俸給を減額することについて述べている1937［ママ］年9月7日の prakāsa <décret>［法令］を廃止する prakāsa <décret>［法令］を出した。

1-6-10　日本国

東京市。元パリ市駐在日本特命全権大使である（佐藤）氏が日本国外務大臣に任命された。同氏は大フランス国の良友であり、氏がパリ市駐在中に氏は多くの誠実な友人がいたので、フランス政府は［この任命を］喜んでいる。新大臣殿は55歳で、氏は（サンクトペテルブルグ）県に長期間勤務したことがあり、ロシア国の事情をたくさん知っている。大戦が終わると、氏はベルギー国の（ブリュッセル）県駐在大使になり、国際連盟の日本国代表であった。

1-7　土曜評論

nagaravatta 新聞社は、ある1人の<gazette>［新聞］購読者から、私、ācārya {kuy} の土曜評論に対する反論の書簡を1通受け取った。反論?、この語は当たらない。私の評論に、「付け加える」というのがより正しい。もしこの人と同じように理解するクメール人が大勢いたら、恐らく我が民族はましである。しかし、今は互いに非難し合うのを一時中止しよう。もし我々の欠点を知ったら、我々は考えを改めるべきであり、我々自身のためになるように、我々の国のためになるように、他の民族と同じように一生懸命働いてきちんと生計を立てるべきである。

この書簡は優れた内容を持っているので、[以下に]掲載してあなたがたに読んでもらう。

ācārya {kuy}

1937年3月27日付の nagaravatta <gazette>[新聞]14号の ācārya({kuy})が執筆者である第1ページ第2欄と第3欄[＝1-7]を読み、その文章全体の言葉の趣旨は、まるで太陽の光が極めて明確に照らしだしたかのように、私の意に適うものでした。この光の力こそが、私の心に突き刺さり、感動させ、私に ?nak ācārya {kuy}の『脳』を称賛し、忘れることがないようにすることを命じました。

?nak ācārya [{kuy}] の言葉をまだ思い出せますので、それをもう1度ここに書きますと、下のようになります。

1。「クメール国は他の民族より貧しい」という点

2。「食物資源は豊富にある」という点

3。「クメール人は他の民族より気前がよく、最も多く祭りを行う」という点

4。「クメール人は一族中の誰か1人が財産を持っていると、走り寄って来て食べ、恥じることを考えない」という点

5。「もし食べさせなかったら、『思いやりがない』と悪口を言う」という点。

6。「寺がとてもたくさんある」という点

7。「楽しいこと、遊んで歩き回ることばかり考え、考えなく金を使い、あればあるだけ使う」という点

私が持って来てこの7項目に書いた ?nak ācārya [{kuy}] の言葉を、それぞれの項ごとに、私自身の性向について説明して ?nak ācārya [{kuy}] にお聞かせいたします。

1。『貧乏』は、私が無知で学問が足りないことによる[とのこと]ですが、私自身は[私が]無知であることに同意できませんし、学問が足りないことにも同意できません。[貴殿を]本当の発展に導いた性向である貴殿の学問[＝学歴]を見ても、逆であって私に及ばないことがわかります。要するに、[私は学問が劣るのではなく]私の目と耳が、「見えず聞こえず」なのです。

2。我が国に『食物資源』は確かにたくさんあります。でも、私は、「それらの食物資源が口に走って入って来るのを待ち、それから嚙んで飲み込む」ことを好みます。

3。私は気前よく派手に『祭り』を行うのが好きです。[そうすれば]来世に行くと金銀の御殿と神々の物である品物をいろいろ手に入れることができると信じ、期待しているからです。しかし、私は[それらの品物を]見ようとしても見えません。

4。私は私の本当に貧しい『一族』や私の民族である友人に私の所で食べさせるのが好きです。ですが、1回満腹するだけと思ってください。食べさせた上に金持ちにならせないでください。そしてそれでもまだ機嫌を取って、「また食べさせてくれ」と言うのはどうも気分がよくありません。

5。私は、「どうぞ悪口を言ってください」と言うのを好みます。私たちの財産がよく保護されれば[悪口を言われても]何ともありません。

6。クメール国内の寺は2457あります(1936年4月28日付 sātrā 4号を参照)。

7。私は前世で『善行』をしておきましたから、遊び歩いて考えなく食べて使うのが好きです。でも、使う金がなく、食べる飯がないと、私の腹はきっとしぼみます。

私が敢えて性向を示したことは、『偏見』を持っている私だけにあてはまることでしょうか。私以外のクメール人のことは知り得ません。でも ?nak ācārya [{kuy}]は、もっと深く見まわしてください。

i. pha.[注。26号2-2は a. phla.]

1-8　我々はボーイスカウト団から下のような内容の[陛下への]栄光を願う手紙を受け取った。

私たち、以下に人数を述べますボーイスカウト団員たちは、国王陛下の大慈悲の恩を深く大感謝致しておりますので、今後も揃って陛下の勢威の陰に庇護を求めさせていただくことができるように、陛下の栄光と、陛下の100歳以上の長寿を祈ることを誓います。

本年4月1日から8日まで、ボーイスカウト団総裁である munīreta 局長親王殿下[braḥ aṅga mcās]は、プノンペンのボーイスカウト団員23名と隊長、さらにコンポン・スプーのボーイスカウト団員2名を引率して、ボーイスカウト団員が自分を高めて、'文明人' と呼ぶ、良い正しい人になるために実行実践するべきボーイスカウト団員のための種々の知識を訓練するためにおいでになるに際し、殿下[draṅ]は陛下に、カンポート州の kambaṅ pāy から8キロメートル、sar 山に近い所にある王室のドリアン園にボーイスカウト団員が行って宿泊することをお許しくださるようお願いなさいました。

陛下はそのお願いの通りにお許しになり、さらに交通の乗り物と種々の食べ物もたくさんご下賜くださいました。

今回、局長殿下[braḥ aṅga mcās]もご同道なさいましたが、[殿下は]ドリアン園から30キロあまり離れたカエプ山の御用邸に宿泊なさいました。このように相互に遠く離れてはいましたが、[殿下は]お身体の疲労に倦むことなく、毎日休むことなく熱心にボーイスカウト団員の

訓練においでなさいました。殿下[draṅ]はボーイスカウト団員性の素晴らしさに御満足なさって、食事や病気の薬、それに sar 山、カエプ山、山から水が落ちる所(dik jhūr)など、ボーイスカウト団員の心を楽しませてくれる主要な場所へ案内してくださるなどなさって、私たちをお世話してくださいました。

今回、陛下と局長殿下[braḥ aṅga mcās]が私たちに慈悲をお与えくださったのは極めて大きな慈悲の恩で、これは消えることなく私たちの心の奥に深く刻み込まれ、死ぬまでしっかりと残ります。

その後、4月9、10、11日には、カンポート州<le résident>[弁務官]である(Lebas)氏と[カンポート]州知事である dā-sān 氏が局長殿下[braḥ aṅga mcās]に、その時開かれる役畜市の開催式をにぎやかにする助力をするために、ボーイスカウト団員に bhnak bhlœṅ(jeu de camp)[キャンプファイヤー]というボーイスカウト式の催し物を行うことをお願いいたしましたところ、殿下[draṅ]はご異存なく賛成なされました。<le résident>[弁務官]殿はボーイスカウト団員がいろいろなものをたくさん食べる食費を支出してくださいました。

4月10日午前9時、<le résident supérieur>[高等弁務官]殿、kralāhom 卿である samtec cau fā vāṅ {surāmrita}[ママ] krum ghun visuddhi khattiyavaṅsa 殿下[braḥ aṅga mcās]殿とカンポート州<le résident>[弁務官]殿、州知事殿、州の官吏が市[いち]の開場式に出席なさいました。ボーイスカウト団員はお出迎えに参り、ご挨拶申し上げてから、随行員の名誉[を授かって]前後を行列して市[いち]の場所にご案内いたしました。

私たちは <le résident>[弁務官]殿と州知事殿に、私たちに心からの配慮を賜り、親しくしてくださったことにたいし、無数の項目の感謝の念を捧げます。

ボーイスカウト団

2-1　主義の戦い

(前の<gazette>[新聞][＝16号2-3]から続く)

laddhi <communisme>[コミュニズム]信奉者と laddhi <fascisme>[ファシズム][信奉者]との間の激しい衝突の結果は、ヨーロッパ大陸の左翼と右翼とに強い動揺を与える原因になった。

kambujaraṭṭharaṅsī　記

イタリア国内の laddhi <fascisme>[ファシズム]の動きは、世界大戦後の新しい世界の生活にもう1度激しい衝突が起こり、laddhi sṭām phut[極右主義](<fascisme>[ファシズム])と laddhi chveṅ phut[極左主義](<communisme>[コミュニズム])との間の衝突に至ることを直接示す最初の信号であった。互いに異なる意図を持ち、[互いに異なる]行動を持つこの2つの主義がもし衝突した時には、その時こそ極端に悪い残忍さを持つ大きな破滅が至る所におこり、この2つの主義の間には相手に対する容赦というものが少しもないであろう。

<communisme>[コミュニズム]という病気は伝染病の1つで、現在ドイツ国内に少し伝染して入り、bhogakicca、即ち seṭṭhakicca[経済]と政治の動きに大きな暗黒時代を生れさせている。この<communisme>[コミュニズム]という病気は、現在のドイツの独裁者であるヒットラー[ママ。「氏」はない。以下同じ]の考え意見に対する大敵である。この人物は、<fascisme>[ファシズム]の思想に従う<nazisme>[ナチズム]という[国家社会主義の]期待を込めた名の主義を構築し、自らをドイツ民主主義政府の敵対者であると宣言し、間もなくヒットラーは絶対的な勝利を収めた。

1933年以来、laddhi <nazisme>[ナチズム]の旗を握る人物は、独裁者の玉座の上で勇敢な態度を示し、休戦条約の鉄の檻からドイツを逃れ出させたいという意志で sannipāta jāti(Société des Nations)[国際連盟]の規定に反する外交政策を取り始めた。ヒットラーが来て支配した時その時に、ドイツの<communiste>[コミュニスト]はイタリア国と同様に完全に圧服された。即ちイタリアとドイツは、laddhi <communisme>[コミュニズム]が前進しないように、即ち成長しないように、その動きを阻止するために、共にヨーロッパ大陸に laddhi <fascisme>[ファシズム]を建設したのである。

ロシアの<communiste>[コミュニスト]は、「自分たちの大きい敵がイタリア国とドイツ[国]に laddhi <fascisme>[ファシズム]として生れた。そして歩きだしたこの2つの<fascisme>[ファシズム]の歩みは、結局のところロシア国にフラストレーションを生じさせるから、注意しなければならない」と宣言した。ドイツが大いにもがいて軍備制限という条約に従おうとせず、ドイツ国内河川の守備に関する条約を破ってラインラントに兵を送ったことなどは、ロシアと強く衝突する原因になった。ドイツがもがき始めた当初、ロシアは目をこらしてヨーロッパ大陸に友人を探し、大フランス国および[大]イギリス[国]と友好を結んだ。そして国際連盟の中に椅子を得ようとして少しずつにじり寄って遂に成功した。大フランス国の方はロシア同様昔からの敵であるドイツを信頼したことがない。それでロシアに手を差し伸べ、ドイツが侵入して戦争になった時には相互に支援し合う条約を結ぶことにより友好状態をつかんだ。イタリア国については、ムッソリーニ[ママ。「氏」はない。以下同じ]の歩みもロシア国に大波紋を及ぼした。ムッソリーニはイタリア国を超大強国にならせたいという希望のもとに外交政策を整えた。イタリアがしっかりと強大に成長することは当然赤系ロシアの力を破滅に至らしめてしまう力を目指すことである。もう1つ、ムッソリーニが歩んで来た歩みは、軍に samudra <méditerranée>[地中海]を渡らせてアビシニア国に侵入して奪うことに至り、アビシニア国の半分以上はイタリアの鉄の手の中に落ちる結果をもたらした。赤系ロシアは[イタリアが]大きく成長し、自分の大きい敵になったのをみると、すぐにイギリスをついて反対させた。これは効果、即ちイタリア国を処罰することを生み出した。

（まだ[18号2-2に]続きがある）

2-2　商業の技術

商売のやり方を知らないことについて話す

我がクメール国には、たとえば衣服を仕立てる、靴を作る、帽子を作る、ランプを作る、などの手数料を取って商売をし、最終的に言うと店を構えて商品を売るという方面のことができるクメール人がいない。これらの知識がないことがクメール人の名誉を傷つけている原因の1つである。中国人―ベトナム[人]はクメール人がそれら全ての仕事が自分たちよりできないことをはっきり知っていて、不遜にも我々[＝クメール人]は無知で愚かだと見下す。我々はそのような仕事のやり方を知らないから、知識についても知識があると誇ることもできない。

このことについて、「このように我々クメール人がこれらの仕事の知識を欠くのなら、どうすれば知識を持つようになれるのか」と私に訊ねる人がいたら、私は[次のように]答える。「私の考えでは、考えて実現できる方法はたった1つしかない。即ち誰か財産を持っているクメール人が自分を店の主人にして、これらの商売ができる中国人―ベトナム人の職人を呼び集めて雇って月給を与える。金を出して彼らに仕事を取り仕切らせ、彼らの考えにまかせて彼らの習慣で商売をすることを考えさせる。それから我々の仲間であるクメール人を探し、賢い聡明な人を選び、知識学問を全て摑み取るために、一緒に混ざって仕事をさせる。彼らが行う仕事の策を見るべきであり、彼らが買ってきて仕事をする品物を見るべきである。そして、彼らがどのように考えて商売をして利益を上げるか、その考えも見なければならない」このようにすることを考えれば、これら全ての仕事に出会ったクメール人は慣れて熟練して、商売ができるようになり、次々に教え伝えることができる。そして、中国人やベトナム人のように商売ができるクメール人たちがいることになるのは確実である。もう1つ、他の民族のように仕事ができるクメール人がいるようにすることができるであろう道はあと2つあるのだが、その道はとても遠いので私は言いたくない。でも詳しく知りたければ私は続けて話そう。

遠い2つの道のうち、1つの道は、クメール人を中国人やベトナム人と同じように仕事ができるようにするのを助けてくれるように政府にお願いすることを考えること、即ちクメール人の子供を教えてこれらの仕事ができるように学ばせるために、これらの仕事をする仕事場を1つ作ることをお願いすることである。

我々がこの考えに従って政府にお願いしたら、恐らく政府はきっと支援してくれるであろうが、満足できるほどの早さではなく、国を整備する政府の仕事が一段落するまで放置されるであろう。

もう1つの道は、「中国人やベトナム人と同じように種々の仕事ができるクメール人を生じさせたいと思ったら、この2つの民族から、商売をすることができ、かつ婿とか夫とか友人に、あるいは隣人になるにふさわしい家族を選んでクメール人に交際をさせれば、我々は確実に中国人やベトナム人と同じように商売をすることができるようになる」と考える。普通、交際の道は当然あらゆる道を仲間に従って行くようになることができるからである。

この親戚関係を結ぶという考えは、中国人やベトナム人のように種々の仕事ができるクメール人を生じさせるのに適切なようである。

既に述べた第1、第2、第3の考えに従えば、今後、仕立てをする、靴を作る、帽子を作る、その他種々の、これまで長い間クメール人がすることができなかったものの注文を受けて作る店を開くクメール人を目にすることになるだろう。そして、恐らく中国人やベトナム人のように店を構えて商売をするクメール人がいることも目にするに違いない。

しかし、もし上に述べた3つの道の中のどれか1つを歩かなかったら、恐らく永久に依然として他人から物を買うであろう。

sāy

2-3　三国志演義[省略]

3-1　王立図書館と仏教研究所における律蔵完成臨時祝賀会の情報について

情報によると、王立図書館館長である<karpeles>女史は、「委員会が経蔵、律蔵、論蔵からなる大蔵経の中の律蔵を翻訳するのと校正するのが終わったので、盛大な律蔵祝賀式をして欲しい」と政府に訴えかけた。「全てが終るまで待ってから祝うのは、現在経蔵を作っているところで、論蔵はそっくり[手付かずで]残っているので、とても遅い」と思われるからである。

この式には、<gouverneur général>[総督]殿が[式の]主賓として、シソワット・モニヴォンカンボジア国王と<le résident supérieur>[高等弁務官]殿、さらにコーチシナ国代表とラオス国[代表]、さらに地方からの僧数名と共に出席する。この式はまだ日が決まっておらず、日が確定した後にお知らせする。

情報によると、この式では、大蔵経の作り方を解説する時および読経する時には、声が大きく聞こえるように、王立図書館とパーリ語学校の多くの場所に<machine> panta samḷeṅ[ラウドスピーカー]をおく。王立図書館では僧への食物の寄進があり、映画の上映がある。

nagaravatta は政府が市を1回りする行列も行うようにすると、この式は極めて大きく輝かしいものになると思う。

3-2 プノンペン市の国の守り神に供物を捧げる儀式

「王国の農民に雨があり、国民に幸福と安楽があるように」という陛下のご意向により、1937年4月20日の午後4時から5時まで、vatta bhnam beñ の ?nak tā braḥ cau の祠で国の守り神に供物を捧げる儀式を習慣に従って行う。この儀式はバラモン司祭僧とバラモン占星術師とが取り仕切って行い、経を唱えて、[クメールの]音楽を演奏し、クメールの歌を歌って神に祈る。

3-3 pā nām (プレイ・ヴェーン)での役畜展示即売市祭り

この4月20日に開催することが決定していたこの展示即売市祭りは、現在、1937年5月10日に延期になった。

3-4 先の4月10日のカンポート州での puṇya tāṅ phsār lak satva bāhaṇa(Foire des bestiaux)[役畜展示即売市祭り]について報道しなかったのは残念である。これは地方での大きい祭りで、この祭りは、商品や同州[sruk]の農産物や工業製品の市も開いたので、ター・カエウ州での役畜展示即売市祭りより楽しく繁盛していた。

3-5 この1937年4月10日にカンポート州[sruk]で役畜展示即売市祭りをした時、我々全てはこの祭りを見に行き、ター・カエウ州[sruk]で役畜展示即売市祭りをした時よりも珍しい物がかなりあった。我々は珍しい物をたくさん見て、見る価値があった。そして、カンポート郡に住んでいる友人と会い、[友人は]この祭りを見に行った我々を喜んで迎えてくれた。

それゆえ真心で私たちを迎えてくれた友人たちの素晴らしい友情と親しみの気持ちをありがたく頂戴するとともに、この新年に際し、カンポート郡の友人とその令室、子供達に新年のお祝いを述べ、長寿、不老、健康、力に恵まれるよう祈る。

友愛会

3-6 プノンペン市の王宮前広場での始耕式について

来たる4月29日に始耕式が行われる。[これは]バラモンの儀式で、昔からの習慣に従う祭りであり、王国内の国民が田を作って[収穫が]豊富にあるように、[年の]最初に国王陛下が田の耕し始めをなさるのである。

現在は以前のように国王ご自身がこの儀式をなさることはなく、管掌する官吏を国王の代理に任命している。

3-7 情報によると、kraḷāñ 郡(シエム・リアプ)郡長である gaṅ-ṇai 氏は肝臓が痛む病気で4月10日からプノンペン市の病院に入院している。

我々は氏が早くこの病気から治ることを祈る。

3-8 金の価格

プノンペン市、1937年4月22日

金 1 ṭamliṅ、[即ち]37.50 グラム

価格	1級	85.00 リエル
	2級	82.00 リエル

＊銀の価格

1 ṇaen 塊、[即ち]382 グラム	13.00 リエル
兌換古1リエル銀貨	0.75 0/0 リエル

＊農産物価格

プノンペン、1937年4月22日

籾	白	68キロ、袋なし	2.40 ~ 2.45リエル
	赤	同	2.25 ~ 2.30リエル
精米	1級	100キロ、袋込み	6.40 ~ 6.45リエル
	2級	同	6.00 ~ 6.05リエル
砕米	1級	100キロ、袋込み	5.35 ~ 5.40リエル
	2級	同	4.30 ~ 4.35リエル
トウモロコシ	白	100キロ、袋込み	[記載なし]
	赤	同	7.55 ~ 7.60リエル
コショウ	黒	63.420 キロ、袋込み	14.00 ~ 14.50リエル
	白	同	25.25 ~ 25.75リエル
パンヤ	種子抜き	60.400 キロ	27.00 ~ 27.50リエル

＊サイゴン、ショロン、1937年4月21日

フランス籾・米商事会社から通知の価格

ショロンの<machine> kin srūv[精米所]に出された籾 1 hāp、[即ち]68キロ、袋込みの価格は以下の通り。

籾	最上級		2.67 ~ 2.71リエル
	1級		2.57 ~ 2.61リエル
	2級	日本へ輸出	2.49 ~ 2.53リエル
	2級	上より下級、日本へ輸出	2.41 ~ 2.45リエル
	食用 [国内消費?]		2.23 ~ 2.27リエル
トウモロコシ	赤	100キロ、ショロン県マッカサンで売り渡し。	8.00 ~ 8.05リエル
	白	同	0.00 ~ 0.00リエル

米(4月渡し)、港渡し、袋込み、税抜き、1 hāp、[即ち]60.7 キロの価格は以下の通り。

精米	1級、砕米率 25%	3.81 ~ 3.83リエル
	2級、砕米率 40%	3.66 ~ 3.68リエル
	同。上より下級	3.56 ~ 3.58リエル
	玄米、籾率 5%	3.03 ~ 3.05リエル
砕米	1級、2級、同重量	3.34 ~ 3.36リエル
	3級、同重量	2.83 ~ 2.85リエル
粉	白、同重量	1.65 ~ 1.67リエル
	kāk [籾殻＋糠?]、同重量	0.65 ~ 0.70リエル

4-1　［14号4-1と同一］

4-2　［8号3-4と同一］

4-3　［11号4-2と同一］

4-4　［11号4-3と同一］

4-5　［12号4-5と同一］

4-6　［8号4-6と同一］

4-7　［11号3-2と同一］

4-8　［13号4-7と同一］

4-9　［11号4-8と同一］

4-10　［8号4-3と同一］

4-11　**［広告］**

sīv pāv こと、私が地図印の薬を発売してから、とてもたくさん売れました。皆さんが薬を購入して支援してくださったことにお礼を申しあげます。

私の繁盛は、2つの原因から生まれています。第1の原因は、薬が本当によく効き、服用すると主な病気が治ることです。第2の原因は、皆さんが私を温和で正直な人であるとして、親しくしてくださることです。今日から私はさらにもっとよく効く薬を選びます。たとえば梅毒、淋病、下疳を治し毒を全部殺す薬。白帯下を起こす婦人病を確実に治す薬。アヘン吸引をやめさせアヘン中毒を治す薬。腰痛を治し、精力を増す、実によく効く薬。首のリンパ腺のぐりぐり、あるいはそれが潰瘍になって腐って変になったものの薬。もう1つ、血が出る咳、痰が出る咳、頑固な咳、咳による衰弱、肺の痛みの薬。この薬は、(Tam)氏［M.］という名の私の師の作品で、氏はフランス医学を学び、それからさらに中国に学びに行き、saññāpatti (diplôme)［高等初等教育修了証書］［ママ］の試験に合格なさいました。それから日本国に学びに行き、もう1つ saññāpatti［ママ］［初等教育修了証書］［ママ］を得、咳についてまだ満足せず、その後さらに10年間一生懸命考えて、この薬の調合ができるようになりました。何かの病気を治す薬についての説明書が欲しい方は、返信用の5 sen の<timbre>［切手］を入れて私の所に手紙をください。

［仏語］　Monsieur Truong Long-Bào、通称 Xieu Bào
精神医学
プノンペン Okñā-Oum 路47号

4-12　［11号4-4と同一］

4-13　［8号4-9と同一］

Samedi 1 Mai 1937

HEBDOMADAIRE PARAISSANT TOUS LES SAMEDIS

(Boite Postale N° 44)

第1年18号、仏暦2480年9の年丑年 bisākha 月下弦6日土曜日、即ち1937年5月1日

［仏語］1937年5月1日土曜日

1-1 ［仏語で「私書箱 No.44」が加わった以外は8号1-1と同一］

1-2 ［デザインが少し変わった以外は8号1-2と同一］

1-3 ［デザインが少し変わった以外は8号1-3と同一］

1-4 ［8号1-4、1-5と同一］

1-5 土曜評論

昔のことわざに、"知識は学ぶことから得られ、財産は稼ぐことから得られる"というのがある。このことわざはずっと昔からあり、現代になっても依然として正しい。

我々は知識を得たければ、一生懸命勉強しなければならない。現在インドシナ国には全ての学問知識を教えるためのあらゆる種類の学校があるから、知識［を得るの］は容易である。もし我々が怠惰で習うのを面倒くさがったら、いつになったら知識を得ることができようか。学校がなかった時代は、我々クメール人は非常に無学無知であった。現在は学校がたくさんあるのに、なぜ依然として無学無知なのだろうか。なぜどの学校も我が民族の生徒より他の民族の生徒の方が多く、しかも我が国の中でそうなのだろうか。それゆえ、もし我々が我々の子供に知識を持たせたければ、もし我々が我々の子供を本当に愛するのなら、我々の子供達に本気で忠告しなければならない。もし我々の子供たち全てが一生懸命にしっかり勉強するようになったら、さらに勉強を続けて知識を増すために、きっと政府が費用を援助してくれる。もし政府がもうそれ以上援助してくれない場合には、［それでも］まだ、遠くの国に勉強に行く費用を援助するための我々クメール人の協会がプノンペンに1つある。

知識を持ったら、他の民族のように財産を持つためには何の仕事をするか。このことについては私が長々と言う必要はない。即ち、「商売をすればたくさんの財産を得ることができる」と私は考える。もし誰か、「高級官吏になればたくさん財産が得られる」と考える人がいたら、その人は全く誤解している。普通、高級官吏各人は1ヶ月［の生活］に使って足りる給料しかないし、毎回月給をもらって、［それが生活に］使うのに足りない人も多数いる。

一方商売の方は、もしあなたがあなたの身分にこだわり、身分が低いのを恐れるなら、もしあなたが高級官吏として偉そうに振舞うことにこだわるなら、そしてもしあなたが貯蓄することを知らないなら、あなたは商売をして暮らすことはできない。商売をすることができる人は、たとえば中国人、ベトナム人、インド人である。即ち彼らは自分自身を気にせず、身体が疲れるのを恐れず、身分が低いのを全く恐れない。私がこのように言うのは、私は観察してきてはっきりとわかったのであるが、中国人やベトナム人のように、氷を削って売りに行くクメール人が誰かいるか? 衣服の仕立てをするクメール人が誰かいるか? 靴を作るのは? 帽子を作るのは? 「衣服の仕立てをしたり靴や帽子を作るのは、彼らのような知識がないから行うのは難しい」と言うのなら、下駄を作るのはどれほど難しいことか。なぜ他の民族に我が国の木材を使って下駄を作って我々に買わせているのか。

あらゆる種類の商業をするための知識は全て、我々クメール人の子供に教える学校がある。それらの［技術を教える］フランス学校に学びに行かせないのは、子供に高級官吏にならせたがることによる。それゆえ我々は、我が国に入って来て住んでいる他の民族より依然として貧しい。貧しければ、きっといつも敵に負ける。あなたたち全ては、"中国人と訴訟をおこすな"という昔からのことわざをよく知っているであろう。「中国人の多くは財産を持っているから、訴訟で貧乏人に勝つことが多い」ということを、昔の人は知っていたのである。なぜあなたたちは自分の子供に中国人を師にさせるのをいやがるのか。我々の子や孫が中国人を師にしたら、我が民族は必ず力と価値をもつことは間違いなく、我が国は昔のような繁栄を必ず取り戻すであろう。

あなたは私と同じように思いませんか?

ācārya {kuy}

1-6 <silvestre>氏の逝去について[=Ⓢの著者]

[写真があり、その下に] <silvestre> <le gouverneur général>[総督][ママ]殿

[本文] 我々は、インドシナ国<gouverneur général>[総督]代行であった<silvestre>氏が、去る1937年4月21日水曜日に、氏の故郷である(Rochefort-sur-mer)県で逝去したという報せを受けて、深い悲しみと衝撃を受けている。氏は1879年生まれで58歳であった。氏は引退して同地に帰国し、氏が35年間インドシナ国で称賛するべき勤務を行ったことに対する pamṇāc <retraite>[恩給]を受けたばかりであった。

この悲しみの報は、我々はほとんど信じられなかった。<silvestre>氏はこの1月末に大フランス国へ帰国したばかりで、まだいくらもたっていないからである。[それについては、]我々はすでに1937年2月6日付の nagaravatta 8号[3-1-2]で、1901年以来政府において多くの業績と功績をもたらした氏の称賛するべき統治を行った恩について称賛した。氏は官吏になって、<élève administrateur>[上級行政官見習]のランクから<administrateur> [上級行政官]、<baudoin> <le résident supérieur>[高等弁務官]殿の<chef cabinet>[官房長][注。20号1-5では directeur des bureaux[事務局長]。恐らく後者が正しい。cf.下の1-7と17号1-5の<doucet>氏の職名]、広州湾国(中国)<directeur des bureaux>[事務局長][20号1-5では administrateur en chef[主任上級行政官]。恐らく後者が正しい]、カンボジア国<résident supérieur>[高等弁務官]になり、その後氏はエチオピア国がイタリア国との戦争で混乱している時に、<côte somalie>国(アフリカ大陸)で<gouverneur>[総督]を務め、それから氏は帰って来てカンボジア国<résident supérieur>[高等弁務官]になった。最後に<robin>氏と<brévier>氏との間の期間、即ち統治の間の<gouverneur général>[総督]代行という統括する重職を務めた。

氏は任務を立派に果たし、カンボジア国およびその他の国々で多くの功績があるので、氏の霊魂は死なない、即ち名はずっと生き続けるであろう。

この悲しみの衝撃の報を受けたのに際し、政府の旗は服喪として半分近くにまで下げられ[=半旗]ている。

クメール政府の大臣は<protectorat>[保護国][政府]庁舎に行き、保護国政府へのお悔やみを<thibaudeau> <le résident supérieur>[高等弁務官]殿に述べた。

nagaravatta は悲しみで衝撃を受けている政府、さらに親戚、その他の人々にお悔やみを申し上げる。

1-7 新年の祭日に際し、クメール国とコーチシナ国のフランス官吏が国王に祝賀のため来訪した。王宮で車から[降りるところを]クメール大臣が出迎えた。

[写真が2枚あり左の写真の下に] (前列、右から左へ)クメール政府の長である samṭec cau fā vāṅ (juon)、<directeur des bureaux>[事務局長]である<doucet>氏、munīreta 殿下[braḥ aṅga mcās]。

[右の写真の下に] (右から左へ)自動車運転手の近くに立つ<doucet>氏、<pages>氏、munīreta 殿下[braḥ aṅga mcās]、カンダール<résident>[弁務官]である<gautier>氏。

1-8 日本人飛行士が94時間でヨーロッパへ飛行した

ベルリン市、4月9日付。日本の航空機1機が日本国の東京市からイギリス国のロンドン市まで94時間18<minute>[分](満4日たらず)で飛行し、イギリスの飛行場に着陸した。

飛行場には6,000人あまりの人が行って日本人飛行士を出迎えた。日本特命全権大使を含めてイギリス国在住の日本人が品物を持って行って記念品として渡し、夫々が今回の成功に対する喜びを述べた。

イギリス国空軍の係官も日本人飛行士をたいへん良く迎えた。日本国でも東京市と大阪[市]で3日間、今回の自民族の成功のにぎやかで盛大な祝賀式を行った。

1-9 お知らせ

以前の週[＝9号6-1]に nagaravatta 新聞社は5月1日から6ページに増ページするとお知らせしましたが、今になって多くの障害があり、そのお知らせの通りにすることができなくなりました。[その障害とは、]

1) 1号から<gazette>[新聞]購読の登録をなさった皆さんの中に、送付した<gazette>[新聞]の代金をまだ送って来ていない方が大勢おいでです。すでに送って来た方の中には、半年分だけ[送って来た]方もおいでですし、半年に充たない方もおいでですし、まるまる1年分の方もおいでです。

2) もっとページを増やした場合、1週間に6ページ出すのに充分な程度にまで、同胞の方々の皆さんがますますたくさん購読登録をすることを、当 krum <gazette>[新聞社]は期待していました。現在に至り、購読登録をする皆さんは、数はずいぶん増えているように見えますが、<gazette>[新聞]代金はそれほど送って来るようには見えません。

3) nagaravatta は毎週お知らせしていますが、<gazette>[新聞]が雇って印刷させている印刷所は活字が少なく、いくつかの母音や子音[活字]が不足していて使うのに十分にはありません。そして、増ページを考えるのにちょうど良く、1937年5月1日にフランス国の活字鋳造工場が活字を送って来ると期待していました。しかし、現在に至るもまだ前と同じく活字が不足しています。6ページ印刷することを考えることはできますが極めて困難です。

障害になっているこの3項目の原因で、nagaravatta はまだ自分の印刷工場を持っていませんので、nagaravatta 新聞社は、以前のお知らせ通りに実行することはまだできません。しかし、nagaravatta が印刷工場を持った時には必ず1週間に6ページ印刷発行できることを心にとどめておきます。

こういう理由で、購読を登録済みの方もまだ登録していない方も、早まって nagaravatta の業務遂行方法に対し、何か心配したり、気にしたりしないでください。いつまでもずっと永久に生き延びます。

nagaravatta

2-1 ストゥン・トラエン州 vwwnsai 郡のある少年の物語

氏名を sun-khlāv という15歳の男がいる。

[この少年が]8歳になった時、勉強をさせるために父親が寺に連れて行った。1年勉強しただけで、経が読めるようになった。書くのも少しできるが、上手ではなかった。教えてきた先生はこの少年の知恵を非常に賢いと敬服した。

しかし、両親は貧しく金に困っていて、この少年を人並みにフランス語を学ばせるために学校に入れることができなかった。学校は州都にしかなく自宅から遠かったからである。

この少年は両親が働いて生計を立てるのを手伝うことにした。最近になって、先の子年、1936年の10月から11月までプノンペン市で物産品展示即売市祭りがあった時に、父親である sun-lṅa と母親である nāṅ {mit-lā} とが、この少年も一緒に連れてプノンペンに来て[この少年の]伯父を訪問した。この少年が生まれてから1度も父[ママ。[伯父]が正しい]は[この少年に]会ったことがなく、とても会いたいと思って、「1度[お前の]子を連れて来て会わせてくれ」と何回も弟に言い、さらにプノンペン市まで旅をすることができるようにするために金を送ってあった。

伯父も vwwnsai で生まれたが、郡を出てプノンペン市に来て住んで30年以上生計を立てている。甥が生まれる前に、郡に2度しか行ったことがない。

この少年について話すと、vwwnsai からストゥン・トラエンまでは7日以上旅をしてようやく着くので、これまでストゥン・トラエンに来て見物をしたことがなかったので、旅をしてストゥン・トラエンに着くと、とても嬉しく楽しくて、この少年は市場を、また市場の店を褒めてとどまることがなかった。クラチェまで来ると、その市はストゥン・トラエンより美しく楽しいので、口から絶えることなくますます褒め、止むことなく[次から次へと]見てからまた見て、立ち止まることがなかった。

翌朝になると、船に乗ってプノンペンに下って来た。この少年はますます驚き呆れるばかりで座って考え込み、時には我を忘れるにまでなることもあった。

このように[考え込んだ]原因は、この sun-khlāv は好奇心があり、これまで目にしたことがない珍しいものを見ると、不思議に思う気持ちがますます強くなったからである。

最初に船に乗ったばかりの時には、不思議に思うことがたくさんあったので父親に何回も訊ねた。しかし、父親はあまり物事を理解していない人であったので、子に、「お父さんは知らないよ」と答えた。

この少年は、メコン川の川岸に多くの作物が栽培されていて、多くの美しい家があるのを見、また川岸の都会の市場も見て、考えもし、嬉しく楽しくもあった。

khmaer-pūrāṇa

（後の週[＝20号2-1]に続く。[見出しは少々異なる]）

2-2　主義の戦い

（前の<gazette>[新聞][＝17号2-1]から続く）

laddhi <communisme>[コミュニズム]信奉者と laddhi <fascisme>[ファシズム][信奉者]との間の激しい衝突の結果は、ヨーロッパ大陸の左翼と右翼とに強い動揺を与える原因になった。

kambujaraṭṭharaṅsī　記

その時、ドイツは激しくもがいていたし、さらにアメリカを初めとして他の国々と友好的関係になかった。それが罰を下す力を非常に弱め、処罰しないところにまでいき、放置してイタリアにアビシニア国に入らせ、完全に支配させてしまった。このことはロシア国に恐れと狼狽をさらに増大させた。

1つの大きな雲がこのように急速に覆うことは、世界が恐れと狼狽で思っている「主義の戦い」の引き金を生じさせることであった。スペイン国内の戦争が勃発した(1936年7月)ことは、これは当初は国内だけの主義の戦争の様相を持っていた。[しかし]今は森に火をつける、即ち全世界において極右主義を信奉する国と極左[主義を信奉する国]との間の殺し合いを全世界に燃え盛らせることもあり得るしっかりした火種に変わったと言うこともできる。スペインの極右派の司令官であるフランコが軍を率いてスペインの極左政府の軍を攻撃した。この戦いがますます激しさを増しているのは、左主義、あるいは右[主義]を信奉する外国人が[この戦いに]混ざり込み、スペイン国内の極右主義、あるいは極左[主義]に力を増させているからである。どちらかが勝利を得る、[たとえば]もしフランコが勝つと laddhi <fascisme>[ファシズム]型の力がヨーロッパ大陸で強くなる。しかし、もしスペイン政府側が勝つと、laddhi <communisme>[コミュニズム]にヨーロッパ大陸で力を増させることになる。このようにあらかじめ結果が明確にわかっているので、ヨーロッパ大陸の極右国と極左[国]とはスペイン国内の戦争に重大な関心を持っているのである。その後イタリアとドイツがフランコの極右派側の舵を取っているという情報があった。この情報と共に、さらにロシアとフランスがスペイン政府派側を助力するという情報があった。即ち[内戦の]双方の支持者たちがそろって戦場に入ることになり、ヨーロッパ大陸戦争が、大フランス国とロシア[国]を片側、ドイツとイタリアをもう片側にする世界戦争に再びなるかも知れないという恐れおののくべきことになった。戦争を鎮める手段として、「ヨーロッパ大陸の国々は、スペイン国の戦争に手をのばして触れてはならない」という重要な内容を持つ協定を互いに結んだ。その後間もなくイタリアとドイツとが、「ロシアが協定に忠実でなく、スペインの極左派を常に支援している」と大声で叫んだ。一方ロシアも、「イタリアとドイツとが依然としてフランコの極右派に以前同様力を与えている」と大声で発表した。

結局、「それぞれが中立を守らなければならない」という協定はほぼ道端に落ちて残っている紙くずと化した。

ロシアは、「このまましばらく放置しておくとスペインの極左派は間もなく壊滅するに違いない」と見て、スペイン極左派に公然と武器と戦闘員を送って支援したのである。

これは、ヨーロッパでの戦争の煙を常にますます高く上がらせることになった。要約すると、この概要で述べたように、スペイン国での<fascisme>[ファシズム]と<communisme>[コミュニズム]との間の戦争は、極左派と極右[派]との間の亀裂が徐々にますます広がりつつあり、遂には両派はヨーロッパ全土で対峙する、即ち全世界を戦争の惨害で破滅に向かわせるということをはっきり示す明確な線であるということである。

kambujaraṭṭharaṅsī[ママ。署名が重複]

2-3　三国志演義[省略]

2-4　金の価格

プノンペン市、1937年4月29日

金1 ṭamliṅ、[即ち]37.50 グラム

価格	1級	86.00 リエル
	2級	83.00 リエル

＊銀の価格

1 ṇaen 塊、[即ち]382 グラム	13.00 リエル
兌換古1リエル銀貨	0.74 1/4 リエル

[以上は3ページにある]

＊農産物価格

プノンペン、1937年4月29日

籾	白	68キロ、袋なし	2.45 ~ 2.50リエル
	赤	同	2.35 ~ 2.40リエル
精米	1級	100キロ、袋込み	6.40 ~ 6.45リエル
	2級	同	5.95 ~ 6.00リエル
砕米	1級	100キロ、袋込み	5.40 ~ 5.45リエル
	2級	同	4.10 ~ 4.15リエル
トウモロコシ	白	100キロ、袋込み	[記載なし]
	赤	同	7.30 ~ 7.50リエル
コショウ	黒	68[ママ].420 キロ、袋込み	14.25 ~ 14.75リエル
	白	同	25.00 ~ 25.50リエル
パンヤ	種子抜き	60.400 キロ	26.25 ~ 26.75リエル

＊サイゴン、ショロン、1937年4月28日

フランス籾・米会社から通知の価格

ショロンの<machine> kin srūv[精米所]に出された籾 1 hāp、[即ち]68 キロ、袋込みの価格は以下の通り。

籾	最上級	2.69 ~ 2.73リエル
	1級	2.59 ~ 2.63リエル
	2級 日本へ輸出	2.51 ~ 2.55リエル
	2級 上より下級、日本へ輸出	2.43 ~ 2.47リエル
	食用[国内消費?]	2.22 ~ 2.26リエル
トウモロコシ	赤 100キロ、ショロン県マッカサンで売り渡し。	7.90 ~ 7.95リエル
	白 同	0.00 ~ 0.00リエル

米(4月渡し)、港渡し、袋込み、税抜き、1 hāp、[即ち]60.7 キロの価格は以下の通り。

米	1級、砕米率 25%	3.88 ~ 3.90リエル
	2級、砕米率 40%	3.73 ~ 3.75リエル
	同。上より下級	3.63 ~ 3.65リエル
	玄米、籾率 5%	3.16 ~ 3.18リエル
砕米	1級、2級、同重量	3.34 ~ 3.36リエル
	3級、同重量	2.83 ~ 2.85リエル
粉	白、同重量	1.68 ~ 1.70リエル
	kāk [籾殻+糠?]、同重量	1.65 ~ 1.70リエル

3-1 1937年4月24日抽選のインドシナ国政府宝籤当籤番号リスト

末尾数字が 07 または 02 の札はそれぞれ 10 リエルに当たり。

末尾数字が 457 または 233 の札はそれぞれ 50 リエルに当たり。

100リエルに当たった籤は100枚あり、その番号は、

346,465 - 506,304 - [以下番号のリスト。省略]

1,000リエルに当たった籤は10枚あり、その番号は、

[番号のリスト。省略]

番号 350,369 は 4,000 リエルに当たり。

番号 329,990 は 6,000 リエルに当たり。

今回の番号を調べて当たった人も当たらなかった人も、皆さんは来る11月13日に大賞に当たる5本の抽選がありますので、札を捨てずに保存しておいてください。

3-2 諸国のニュース

3-2-1 フランス国

パリ市、4月20日。<conseil> senāpatī[大臣]たちは会議を開き(ベルギー)国政府に送る書簡の内容について同意した。この書簡はイギリス国政府がベルギー国に送った書簡と同じ内容である。

その書簡は、「ベルギー国はフランス国あるいはイギリス国を助力して戦うことを考える必要はない。しかしいずれかの国がベルギー国を攻撃した場合には、フランス国とイギリス国は来てベルギー国を守る助力をしなければならない」という内容である。

3-2-2 ロシア国

4月20日のドイツ電は、「<police>[警察官]たちが、劇場の政府要人用観覧席に爆弾1個を発見したので、劇団の団長を逮捕した。この爆弾は<république> sruk <russie>[ロシア共和国]大統領である(スターリン)氏を殺害する意図で仕掛けられたものである」と報じた。しかし、ロシア国政府はこの情報を、「事実ではない」と言っている。

3-2-3 中国

(杭州)県、4月20日。シンガポール国でゴム商を営む中国人 thaukae である(Auv-Boon-Hauv)氏が、学校を100校建設させるために中国に送金した。学校[の建設費]は1校あたり3,000リエルである。

3-2-4 日本国

(東京)市、4月21日。日本国政府要人の多くは、「華北に関する種々の件について会談するためにイギリス国と和解したい」と考えている。しかし、これらの人達は中国政府が同意しないのではないかと感じている。

3-2-5 スペイン国

(ロンドン)市、4月22日。イギリス海相は、「ドイツがスペイン国領(モロッコ)国に重要な要塞を1つ、こっそりと建設したという情報を得た。しかし、この情報はまだ確かではなく、「現在、イギリス外相である(イーデン)氏がこの件について調査している」と述べた。

3-2-6 イギリス国

(マンチェスター)県、4月23日。イギリス国−フランス[国]団結協会のメンバーがイギリス国を訪問中のフランス陸相である(ダラディエ)氏を迎えた。その時、ダラディエ氏は[次のような] sundarakathā(Discours)[演説]をした。

「私は issarabhāba(Liberté)[自由]を存在させることを最も望む。[イギリスとフランス]両国の友好の締結はヨーロッパの国々に幸福を存在させるために重要な有用性がある。

「もう1つ、フランス国とイギリス国が、1つの国からもう1つの国に出入りする商品が高価にならないように関税を引き下げることを望む。

「issarabhāba(Liberté)[自由]は確実に世界の人類に繁栄をもたらす。ヨーロッパ諸国の文明を守る助力をしなければならない。このことは issarabhāba(Liberté)[自由]を愛させ、世界人類を親密にさせ、人間の価値と各自の…[判読不能]…を信頼させる。

「フランス国政府は国内に騒乱を起こさせくない。またいずれの国にも[フランスを]破壊させたくない。暴力に頼って正邪を冒す国はどの国であれ、その欲望をなくならせるように努力しなければならない。

「現在 raṭṭha dhammañū[憲法](Démocratiques[民主主義])[注。恐らく執筆者の誤訳]を好む国は自らを一生懸命守らなければならない。このように一生懸命守ることが幸福を増進する。

「フランス国はいずれかの国を嫌うことはない。たとえその国がフランス国とは異なる統治形態をとっていても、フランス国としては誠意をもって他の国がフランス国と力を合わせることを望む。しかし、[そのことは、]『フランス国が弱いから恐れてそうするのである』と考えてはいけない。互いに力を合わせることを望むのは、正邪を知ることだけによるのである。たとえいつ騒乱が起こってもフランス国は自らを防衛する力を常に保持している」

3-3　visākha 月上弦15日の visākhapūjā 祭

仏教を信じる国である我がクメール国では、正等覚尊師である仏陀が visākha 月上弦15日に入寂なさった日を祭るために、この visākhapūjā 祭を毎年決まって行い、欠かしたことはない。この日は仏暦を数え始める日であり、今や2480年になった。この visākhapūjā 祭を行う visākha 月上弦15日は、仏陀が涅槃にお入りになった日だけを祭るのではない。即ち尊師がお生まれになった日、悟りを得られた日、涅槃にお入りになった日、この3つの日がこの visākha 月上弦15日、ただ1日に重なっているので、仏教徒は3重に祭らなければならないのである。

1つの祭りでしかないのは事実であるが、仏教側の重要な大きな祭りであるから、盛大に、にぎやかに輝かしく行うのが相応しい。現在、我がクメール国はこの祭りを大きく行おうと考えたことがない。小さな祭りであると思っている。[しかし]よく考えると、上の意味で本当に大きいのであることがわかる。

もし政府が仏教に対して慈悲があるならば、カンボジア国の域内の仏教徒に、協力し合ってこの祭りを輝かしく行うように勧めることが望ましい。即ち全ての建物は供え物を供え、夜には蠟燭を灯し、さらに旗を立てて全ての建物と寺を明るく照明をする。官員は3日間休日とする。即ち上弦14日はこの祭りの準備をするため、15日はこの祭りの日で、朝から翌朝まで(一昼夜)忙しくて、夕方から朝まで眠る時間がなく、眠いのを我慢しているから、下弦1日は休息の日とする。ちょうど sāsanā <catholique>[カトリック教]で毎年(Noël)[クリスマス]祭と呼ぶ braḥ <jésus>[イエズス]が12月25日に誕生したその日を祝う祭りと同じようにである。

この<noël>[クリスマス]祭は、braḥ <jésus>[イエズス]が生まれた日1種類だけを祝うのであるから小さいのであるが、たった1日に3つの祭りが重なっている我々の宗教の visākhapūjā 祭より大きく行う。御存じない方は、どうか毎年の<noël>[クリスマス]祭がある時に、プノンペン市の vihāra <catholique>[カトリック教会]あるいは vihāra <protestant>[プロテスタント教会]に行って見れば、きっとびっくりするに違いない。フランスの集落、即ち sāsanā braḥ <jésus>[キリスト教]を信じる人たちの集落では、各戸全てが家で供え物を捧げる。優婆塞優婆夷は教会で恩を偲ぶ経を唱えるために教会に行かなければならず、敢えて行かない人はいない。この祭は5日間行われる。全ての部局の官員は休業する。

完全な仏教国である laṅkādvīpa(Ceylan)[セイロン島]ではこの[visākhapūjā]祭を3日間行う。官員だけではなく、どの市場のどの店も全て3日間扉を閉じて物を売るのをやめる。この visākhapūjā 祭の3日間の間[のために]国の人々は市場が閉じている日数に足りるように食料をあらかじめ買って備えておかなければならない。

nagaravatta は、[visākhapūjā 祭は]仏教の祭日であるから、政府が慈悲をもってこの visākhapūjā 祭をもっと極めて力のあるものにするようにすることに助力するようお願いする。政府がこの祭りに慈悲を持たない場合には、この祭りは輝かしくなれないことは確かである。

3-4　プノンペン市の uṇṇāloma 寺の住職の選任について

uṇṇāloma 寺の住職であったモハーニカーイ派の僧王(uk)の逝去以来、僧王職は空席で、uṇṇāloma 寺の長の職も1年近くの間空席のままである。[同寺は]市の大寺院の1つであり、かつ名誉ある寺でもあるので、誰かある僧を任命してこの職を司らせることを敢えて願い出る人は誰もいなかった。

今回、nagaravatta は、「国王陛下は、uṇṇāloma 寺の rājāgaṇa の braḥ mahā vimaladhamma (gaṅ) を同寺の住職に昇任させたいご意向である」という確実な情報を得た。僧侶長職はまだ誰にも決まっていない。陛下のお考えを待とう。

nagaravatta は陛下が、学識豊かで品行方正で礼儀正しく慇懃な僧をどなたかお選びになって、カンボジア王国の僧たちの長である僧侶長にしてくださるよう伏してお願いする。

3-5　(Verdilhac)氏が(Mary)氏の後任の職に就く

cāṅhvāṅ <bureau> <gazette> rājakāra(Chef du service de la Presse)[政府広報局長]である<mary>氏が[休暇でフランス国に帰国したその後任として][注。この部分誤植で脱落。16号3-3を利用]、<verdilhac>氏の後任としてこの職に就くことになった。nagaravatta 新聞社はプノンペンの諸 sārabarṇaṭamāna(<gazette>)[新聞]と共に集まって、1937年4月18日水曜日に、上記の出るのと入るのとのお二方の局長殿を送り、歓迎する宴を催した。

nagaravatta は<verdilhac>氏に、今後の幸福と繁栄が授かるようお祈りする。

3-6 ［広告］お知らせします

?nak {tān-pin bin}および［その］妻はシエム・リアプ市場で家屋を商っており、皆さんにお知らせいたします。本日以降、養子である tān-dam thaṅ が行なった全てのことに対して私たちは責任を負いません。この tān-dam thaṅ は27歳、シエム・リアプ州 sūdranigama 郡 raluos 村に店を開いており、私たちの良い忠告を聞かないので、私たちはシエム・リアプ sālā <tribunal>、即ち sālā ṭampūṅ［地方裁判所］に訴え、［同人を］離縁致しました。

tān-pin bin

4-1 ［14号4-1と同一］

4-2 ［8号3-4と同一］

4-3 ［11号4-2と同一］

4-4 ［11号4-3と同一］

4-5 ［12号4-5と同一］

4-6 ［8号4-6と同一］

4-7 ［11号3-2と同一］

4-8 ［13号4-7と同一］

4-9 ［11号4-8と同一］

4-10 ［8号4-3と同一］

4-11 ［17号4-11と同一］

4-12 ［11号4-4と同一］

4-13 ［8号4-9と同一］

Samedi 8 Mai 1937

CIGARETTES
JOB
LE PAQUET VERT
Vendu 5 cents

Nagara vatta

DEPOT LEGAL INDOCHINE

CIGARETTES
COFAT
La meilleure cigarette Indochinoise
Le Paquet vendu 5 cents

HEBDOMADAIRE PARAISSANT TOUS LES SAMEDIS
(Boite Postale N° 44)

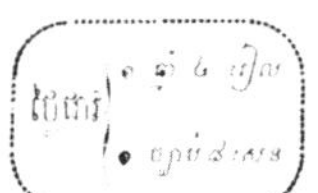

第1年19号、仏暦2480年9の年丑年 bisākha 月下弦13日土曜日、即ち1937年5月8日

［仏語］1937年5月8日土曜日

1-1 ［仏語で「私書箱 No.44」が加わった以外は8号1-1と同一］

1-2 ［デザインが少し変わった以外は8号1-2と同一］

1-3 ［デザインが少し変わった以外は8号1-3と同一］

1-4 ［8号1-4、1-5と同一］

1-5　シソワット中高等学校における、<silvestre>氏の冥福を祈り、追善供養をする式について

先の5月2日日曜日午前8時に vidyālaya sīsuvatthi (Lycée Sisowath)［シソワット中高等学校］で buok mitta nai sissa cās sālā sīsuvatthi［シソワット校卒業生友愛会］(Amical［ママ。「amicale」が正しい］ des anciens élèves du Collège Sisowath)［シソワット中学校卒業生友愛会］［注。「友愛会」は固有名詞的に使用されており、かつ卒業生以外も会員になっているので敢えて「同窓会」としない］が、この世を去って彼岸に発ったばかりのインドシナ国の長代行であった<silvestre>氏の冥福を祈り、恩を感謝し追善供養をする式を盛大に行った。

この集まりで、<thibaudeau> <le résident supérieur>［高等弁務官］殿が主賓として他のフランス官吏大勢と共に出席した。クメール政府側の方は、国王陛下の代理として samṭec krum braḥ varacakra raṇariddhi (suddhārasa)、それに<conseil> senāpatī dāṅ 5［五大臣］とその他の高官たちが、シソワット校卒業生友愛会会員と中高等学校校長である<pasquier>氏と同校の教師と生徒たちと共に出席した。

全員がそろうと、教育局長である(Pujarniscle)氏、シソワット校［卒業生］友愛会会長である(Guilmet)氏、友愛会委員である badū de muṅterū 氏がスピーチと追悼の言葉を述べ、<silvestre>氏がシソワット中高等学校設立の支援をしたことなど、また官界に入って以来の勤勉に果たした称賛するべき業績などの功績を詳細に述べて氏の恩を思い起こさせた。それから、［参加者］全員とガラスの額縁に入れて周囲を nim の花と木の葉とで飾った<silvestre>氏の写真の前で来世に赴いた氏への追善供養を行った。

上述の［故人への］誓いの言葉の後、さらに50名の数の僧侶が braḥ saptapakaraṇa［論蔵7巻］(paṅsukūla［冥福を祈る経］)を読経して<silvestre>氏の冥福を祈り、追善供養をして式を終えた。

nagaravatta

1-6　諸国のニュース

1-6-1　スペイン国

(マドリード)市、4月27日。反乱派軍は(ビスケー)県でさらに前進を続けている。政府派は、「同県から退く前に非常に頑強に戦った」と発表した。反乱派は、「政府派は多数の損害を出し、(エイバル)県の近くだけで政府派の遺体200体を収容した」ことを明らかにした。

同県内には非常に大きい武器生産工場があり、資材が最も多い場所は灯油で火をつけ、建物は全て燃え尽きた。

現在のエイバル県は大きな焚き火の跡のようである。

先の4月26日、反乱派は大砲20、kām bhlœṅ <mitrailleuse>［機関銃］50、小銃2,000以上を多数の雷管と火薬と共に鹵獲した。

＊(Havas)電は、「反乱派は(Marquina)県まで到達し、(ビルバオ)県に到達するまであと34キロ足りないだけである」と明らかにした。

1-6-2　中国

(東京)市、4月27日。満州国の国境で日本兵とロシア国兵が約半時間交戦した。この満州国は以前は満洲里県と呼び、中国[の一部]であった。日本がこの県を中国から奪って満州国と命名した。現在この国は日本国の掌握下にある。

1-6-3　スペイン国

マドリード市、4月28日。反乱派はビスケー県内をさらに長距離前進した。

反乱派は、「過去4日間で集落20を攻撃して占領、敵5,000名を捕虜にし、武器を多数鹵獲した」と発表した。

反乱派機120機が飛来して、(ゲルニカ)市を爆撃し全てを粉々に破壊した。

市の住民は男女、幼い子供を問わず、数千名が爆弾に当たって死亡した。ゲルニカ市は大変神聖な市で誰も冒すことはできなかった。

イギリス国の人々は、「反乱派が同市を爆撃した」ことを聞いて激しく憤慨している。

1-6-4　シャム国

バンコク、4月27日。先週の4月24日、シャム国でコレラが発生し、822名がこの病気に罹り、454名が死亡した。この病気は本年初めに激しく降った[雨の]雨水から発生した。

1-6-5　ベルギー国

(ブリュッセル)市、4月28日。フランス国政府、イギリス国[政府]およびベルギー国[政府]は会議をして次のような合意に達した。「フランス国あるいはイギリス国が他国と戦争になった場合、ベルギー国はフランス国あるいはイギリス国を助力に行く必要はない。もしいかなる国であれ、ベルギー国に対して戦争をした場合は、フランス国とイギリス国とは行ってベルギー国を守る助力をしなければならない」

1-6-6　ドイツ国

ドイツ国の sāsanā braḥ <jésus>[キリスト教]を信じる人々と同国政府との仲違いはますます大きくなっている。

1-6-7　ベルギー国

ブリュッセル市、4月29日。ベルギー国外相は[次のように]発表した。「同国政府は再び外国軍が侵入する、あるいは同国地域内で[外国軍]同士が戦うことがないように道路を全て閉鎖する。ベルギー国は幸福を得る事にのみ助力することを欲し、krum sannipāta jāti(Société des nations)[国際連盟]に誠実だからである。

「それゆえ、外国軍が攻撃して来て初めてベルギー国は戦いに出る。後日もしベルギー国がこの考えを改めてこの路線を変更した場合には、フランス国とイギリス国は退いて同国の防衛を助力することを以後中止する。どのような緊急事態が起ころうと、いかなる国も[その国の]軍の国内通過を許すことをベルギー国に強制する権利はない。ベルギー国が同意した場合[にのみ軍は]国内を通過することができる。そして相互の同意がなければならない」

1-6-8　中国

5月2日以降、満州国政府は日本語を使用しなければならない。

1-6-9　スペイン国

航空機がゲルニカ市を爆撃したという情報は[全ての県に大きな衝撃を与えた][注。以上の[ ]内は半ば消滅。推測による判読]。

反乱派は、「同市を爆撃した航空機は反乱派のものではなく政府派の航空機である」と発表して反論した。

1-6-10　政府側および反乱側を含めてスペイン国に戦いに行っている諸国

諸国	政府側	反乱側
ドイツ	2,000	30,000
モロッコ	–	24,500
フランス	12,000	500
ロシア	10,000	–
ベルギー	2,000	–
ポーランド	2,000	–
合計	28,000	55,000

[注。このリストにイタリアがないが、合計数は正しいので誤植ではないらしい]

1-7　土曜評論

サンポットをはくことについて

nagaravatta 新聞は、クメール政府官吏たちから多くの署名がある書簡を1通受け取った。公務に従事している時にサンポットをはくことの苦痛について述べ、「儀式の時に[だけ]サンポットをはかせるのがより正しい」と言っている。

私もそう思うが、もしサンポットをはいていなかったら、我が国に出入りする他国の人達には、「クメール人である」ことがきっとわからない。それゆえ[このことが]サンポットをはく[ママ。否定辞の脱落らしい]ことの大きな障害であると思う。「クメール人は他の民族と間違われないように、サンポットをはくのが正しい」と私は考える。

サンポットをはくことはさらに多くの利点がある。我々はサンポットをはいている時は、足を折って座る[注。カンボジアでは日本式の両足をそろえて正座するのでなく、いわゆる足を崩す座り方が正式である］のも、跪いて平伏するのも楽にできる。我々が寺に行って儀式を行う時に、もしズボンをはいていたら、足を折って座るのも、跪いて平伏するのもきっと楽ではない。

サンポットの歴史は長い。原初、我が国に住んでいた原クメール人は、当時の他の民族と違って身につけて楽にする衣服は何もなかった。ずっと昔に棍塡という名のインドの王族が来て我が国を支配した時、王［loka］は我が国の人が男も女も全裸で歩いているのを見た。王［loka］はそれを見て、des aek 布を全てに分け与えた。当時のクメール人は無学無知で、人並に衣服を縫うことを知らなかったので、各人はその des aek 布を切ったものを［腰部に］巻きつけて陰部を覆った。その後今に至るまで、我々クメール人は面倒臭いのか、昔からの風習を守りたいのか、依然として昔のように布を切ったものを巻きつけている。この巻きつけている布をサンポットと呼ぶのである。

現在我々クメール人がはいているサンポットは利点だけがあるのではなく、不利な点もある。

クメール人高級官吏がはいて仕事に行ったり、儀式に出たりするサンポットは全て高価である。smien sālā［＝samuha pañjī ?］や検察事務官のように給料が少ない人が金銭を探して来て買ってはくことはほとんどできない。サンポットをはいて自転車に乗ると、パンツがのぞいて見えるのでみっともない。人力車か自動車に乗れば具合がよいのだが、こうすると費用がさらにたくさんかかる。給料が多い人であってはじめてサンポットをはくことができるのではないだろうか。

さらに仕事をしている時も、サンポットをはいて仕事をしている人は、ズボンをはいている人と違って便利でない。椅子に座るときには、kanduy kpin［＝腰の後ろに挟んである布の部分］を引っ張って横に寄せなければならない。何か力仕事をする時には、長ズボンか半ズボンをはくと、サンポットをはいているより具合がいい。道の真ん中で喧嘩をする場合は、サンポットをはいている人が必ず負ける。

すでにあなた方はおわかりのように、このサンポットをはくことは利点も不利な点もある。「兵士や自動車運転手や使用人のように、強制して着用させる衣服は、長が支給するべきであるし、もし支給しない場合には、そのサンポットの価格に見合うように給料を上げるべきである」とは皆さんはすでに承知している。

それゆえ、管掌部局は官員のために楽になるように取り計らってくださるようお願いする。

ācārya {kuy}

1-8　カンボジア国<résident supérieur>［高等弁務官］代行である<léon thibaudeau>氏がフランス国のオフィシエ章を受章

［仏語］カンボジア国高等弁務官［ママ。「代行」はない］である Léon-THIBAUDEAU 氏［M.］がレジオン・ドヌール勲章のオフィシエ章を受章

［ク語］我々は、カンボジア国<résident supérieur>［高等弁務官］代行である<léon thibaudeau>氏がフランス国のオフィシエ章を授与されたという情報を得て非常に喜んでいる。これは氏がアンナン国（ベトナム）とカンボジア国に勤務して、大きな業績をあげたことがインドシナ国政府に［氏を］信頼させ、この貴い勲章を氏に授けないではいられなくさせたものである。

nagaravatta は、カンボジア国の保護国政府の長である<léon thibaudeau>氏がこの貴い勲章を受章なさったのに際し、［それを］我々の喜びとし、尊敬の念をこめてあらゆる種類の祝福を謹んで申し上げる。どうか末長く、欠けることなく氏が幸福と繁栄とに恵まれますように。

1-9　カンボジア国<résident supérieur>［高等弁務官］殿［ママ。「代行」はない］である<léon thibaudeau>氏の失業者に対する恩情について

1937年4月23日付<le résident supérieur>［高等弁務官］殿［ママ。「代行」はない］prakāsa <arrêté>［政令］第1,363号により、プノンペン市<résident maîre>［市長］庁に、（Bureau de placement gratuit）［無料職業斡旋所］と呼び、失業している人で、政府であれ商業［ママ］であれ、就職を希望する人の登録を受け付けるための無料職業斡旋所を1ヶ所設置することが許可された。失業していて、上のこの<bureau>［事務所］に登録していない人は、直接役所や商業［ママ］に職を求めに行っても採用されない。まず先に登録してあってはじめて採用される。

この<bureau>［事務所］の受付時間は市の<bureau> rājakāra［役所］と同じである。

［失業していて、］学問知識はないが、<boy>［ボーイ］でも、大工でも、<mécanicien>［機械工］でも、肉体労働者でも、書記でも、［何かが］できる人は、上に述べた<bureau placement>［職業斡旋所］に、それぞれ自分の知識にしたがって求職の申請をしなければならない。同様に、働く人が足りないどの政府部局も、どの商店も、［この事務所に］行って、ここから働く人を求めなければならない。

この<bureau>［事務所］は ?nak <le résident maîre>［市長］の指揮下にあり、（l'inspecteur du Travail）［労働監督官］殿の監督下にある。

住所が地方にある失業者も同様に、この<bureau>［事務所］に［居住地の］?nak <le résident>［弁務官］を通じて申請しなければならない。

2-1　意見

クメール国にこの<gazette>［新聞］があるのは国の幸運

である。即ち灯して暗い所を照らして明るくするための小さい灯のようなものであるが、この<gazette>[新聞]が、人が大勢集まる所である全ての寺、全ての村に広がっていないのを私は残念に思う。州知事殿、郡長殿は早くこれらの所全てに[新聞が]あるように定めてくれることが望ましい。たとえば新聞が、クメール人に種々の生業につくように、また民族を愛することを知るように目覚めさせ、忠告していることは実に適切なことである。しかし、これらのことは地位が高い人たちしか知らず、人々全部に広まって知られることはできない。もし気付かせ忠告しているそれらのことを、人々全部が知ることがなかったら、将来どうして発展することができようか。

<gazette>[新聞]の価格は1年でたったの4リエルである。寺と村は読むために1部を購読しておくことが望ましい。

ācārya {bejra}

2-2 munīreta 殿下[braḥ aṅga mcās]のパリ市へのご旅行について

確かな情報によると、世界の全ての大国が集まって出展する puṇya tāṅ tuḥ[ママ。「tuh」は「tu」が正しい] dham [大物産展](Exposition internationale)[万国博覧会]が5月24日からパリ市で開催されるに際し、徴税局長である親王、お名前は munīreta 殿下[braḥ aṅga mcās]が父君である国王陛下の代理としてこの博覧会に出席なさることを国王陛下が許可なさった。

殿下[braḥ aṅga mcas]は5月9日に船で出発、10月に帰国なさる。

nagaravatta は親王の大フランス国までの海路の平安をお守りくださるよう、尊敬の念をもって身を低くして神にお祈りする。

2-3 munīkesara 内親王殿下[braḥ aṅga mcās]のご病気について

数ヶ月前に sokānta 式という我々がまだ忘れていない大きな儀式で「髷」をお切りになったばかりの10歳の munīkesara 内親王殿下[braḥ aṅga mcās]は現在熱病で病が重い。

病気の治療に優れた腕をもつフランス人とクメール人の医師たち全ては、妙薬をすすめて服用していただいたが、効き目がないので心配している。医師によると、ご病気はマラリアで、さらに胃の不調もある。

ご病気におなりになってから現在までおよそ1ヶ月あまりで、名医の薬の援助と前世の積善の大きな擁護とで少し快方にむかわれた。

このご病気に際し nagaravatta 新聞は、新しくカンボジア国を守護する神[注。新年で国の守護神が交替したばかりである]と[その他の]神々が霊験のある神薬を[殿下に]差し上げる薬の中に投じて服用していただき、早くこの病気を滅ぼし、殿下[braḥ aṅga mcās]のお身体から駆逐して治し、munīkesara 殿下[braḥ aṅga mcās]のお命を救ってくださるようお願いする。

2-4 世界の珍しい話

28年間死んでいて生きかえった

1937年4月18日と20日の pramuon vān <gazette>[新聞]に[次のような]話がのっている。

iṇḍie(kliṅga)[インド]国に kumāra menda という名の男がいて、死亡して28年たった。そして突然帰ってきて親族に遺産を請求、[親族の]一部は確かに覚えていて、信じて遺産を分け与えたいと思ったが、一部は信じなかったので訴訟になり、召喚して尋問した kumāra menda の証人の数は1,000名、3年間争ってようやく判決が出た。

kumāra menda が死亡した時、人々は[遺体を]運んで行って焼いたが、火が少し燃えた時にとても大きい嵐となり雨も降った。[遺体の]行列をして運んで行った人々全ては、遺体を放置して1人だけにして、雨宿りしに走って行った。雨が止んで皆が帰って来て遺体を見ると、灰だけが少し残っていた。それで遺体は全部燃えたと思い家に帰った。

一方遺体の方は、雨にあたって火が消えると、意識が戻ったが普通でなく、起き上がると、どこに行くかも知らず、野を越え山を越えて歩いて行き、ヒマラヤの森の近くで道士たちの所に泊まった。それから[そこで]暮らし続け、長い時がたってから自分の郷里に帰ることができ、自分が得るべき遺産の分配分を請求したのである。

この kumāra menda の訴訟の審理をした裁判所の所は、大勢の民衆と、あらゆる国々の ?nak taeṅ <gazette>[新聞記者]が、取材して<gazette>[新聞]に載せるために見に来たので、<hôtel>[旅館]と化した。[裁判を]人々が見に来て、あたり一面ぎゅうぎゅう詰めになったので、物売りたちは近くに市場を開き、<hôtel>[旅館]を作ったのである。

2-5 trā viñ 郡の khduṅ jū jim 寺の住職師僧、名は sīṅ uk が、1937年4月30日に亡くなったという知らせを受けた。我々は同師の親族と友人と弟子たちと共に、深い悲しみと死を惜しむ念を表明する。

2-6 子供のための教育

教育を受けることは勉強することである。「我々人間はなぜ勉強しなければならないのか。勉強することは人間にとって何の利益があるのか」 この質問には、ずっと昔から現在までの書物、あるいは人の歴史[の中]を探すと目的が見つかる。簡単に言うと、人が教育を受ける理由は、人は知識を必要とし、知識は職業をもたらし、職業は財産をもたらし、財産は幸せをもたらすからである。これ以外に教育は賢くし、熟達させ、身分地位を高くし輝かしくならせ、名声が広がり、人々が常に称賛し尊敬し敬愛するようになるのを助ける。この良い教育は、人々のグループの中で我々を浮かび上がらせ、徳が広く知られるようになるのを助けてくれるので極めて重要なものであるのは当然である。

何の工業であろうと、勉強をして一生懸命知識を求めて、我々自身のためになる熟練さを持つことは、[この技術が]我々の将来の生業になるのであるから、人生において我々が熱心に求め、豊富に獲得しておくべきものの1つである。

強制されたか、あるいは単に他人のまねをしたいという理由で学校に入って先生に教えてもらう少年少女は、しっかり勉強しようとはあまり決心していない。単に1日1日を過ぎていかせるために勉強しているだけである。即ちサボる良いチャンスがあれば逃げ出していろいろな所に遊びに行ってしまい、たまたま教師や親戚に出会うと、「病気で身体の具合が悪い」とか、「早引きして医者に行くところだ」とか弁解する。このようにすることは、考えがない行動で、[性格に]こびりついて悪い性格になり、将来良いことはない。しかし、「自分が学校に通うのは、自分の為に学問知識を習う必要があるからだ」とはっきり気が付いているいる子供は少ない。このような子供達は、子供の年齢の時から勉強をし、成人すると必ず自分の兄弟、両親、祖国のためになる職業につく。そして、名声を国内に残し、後世の人々の模範となる。このような考えを持っている子供は将来常に幸運があるのは当然である。

今我々が勉強の場として使用している[小]学校、中高等学校、教育施設などは、昔の人が、次々と後世の人達が新しく作るか、時代に応じて種々に改良するための見本として作っておいてくれたもので、我々が我々の先祖から利益を受けているものであるということを思い起こすべきである。これらの全ての場所は世界の記念碑とみなすものであり、yuvajana(manussa kmeń、kamḷoḥ)[少年少女]たちが自分自身のため、自分の家族のためから果ては自分の国と民族のために熱心に勉強を続けるのに相応しい場所なのである。

([21号3-2に]続きがある)

2-7 劇

劇は、その演出家が高等な知識学問を持っていれば、話を書いて公演して、それを見た人に気付かせ、目覚めさせるため、あるいは心を導いて良く、あるいは悪く行動させるための1つの方法にすることができる。生きている姿を見、生きている声を聞くことは、とても見てわかりやすく聞いてわかりやすいから、無学無知な人でも幼い子供でも容易に理解できるからである。

それゆえ、喜劇役者が持って行って語って聞かせるように、私は「土曜の夜の物語」を話す。この物語は、私が敢えてここで話すのは、nagaravatta 新聞11号[2-2]で日本の劇について話した記事の中でお願いしてあったからである。

＊土曜の夜の物語[注。以下の原文は全体が1つのパラグラフになっているが、読みやすいようにいくつかにわける]

ある土曜日の夜、ta は友人である na と遊んで歩いて飲み食いし、酔い過ぎた。深夜12時になると、一緒に ta の家の門の所まで来た。na は言った。

「お前さんは妻子があるのだから[家に]入って行って寝ろよ。俺は[妻子が]いないから、今夜はちょっと誰か女を探しに行って、笑って遊ぼう」

ta は酔っていたので妙に親切で、遮って言った。

「お前さんがそのように女を口説くのなら、俺[の家]には身体が適度にほっそりしてきれいな女中がいるから俺の家に来てもいいよ。お前さんが俺のふりをしてだませばきっとうまくいく。あいつは毎晩厨房棟に寝ていて、俺はしょっちゅうこっそり入って行ってあいつと寝るんだけど、あいつは[俺のことが]好きだから嫌がったことはないからさ。でも、お前さんは注意しなきゃだめだよ。入って行ったらマッチを擦ってはだめだ。それから話してもだめだ。俺ではないと、あいつがわかるかも知れないからね」

na はそれを聞いてとても喜び、[ta の]首に抱きついて ta をほめた。

「[お前は]友達に親切だな」

それから[2人は]一緒に真っ暗闇の家にこっそり上がり[注。高床式だから、階段を上がる]、ta は厨房棟の戸の閂を外して na にその娘の所に入っていかせた。それからta は閂のところに来て待っていた。

sāy

([20号2-3に]続きがある)

3-1 カンボジア国で役畜展示即売市を行うことの発案者

発案者:(Jean Vincent)氏[M.]

我がカンボジア国に来て、体力と学問知識を使って我が国の国民の苦難を支える助力をしてくれている外国人の中に、ター・カエウ州副 ?nak <le résident>[弁務官]の職にある<jean vincent>氏がいる。

この副弁務官殿はまだ若く、25歳くらいで色白、体格は適度の大きさであるが、氏に会って話した人は誰でも、氏はとても言葉が丁寧で心も親切であることがわかる(他の年上の人は[氏に]かなわない)。

他の誰よりも氏のことを称賛し愛している人は貧しくて惨めな人達である。このような人達が何かのことで不満があって、やって来て氏に訴えると、氏は代わりに全部苦しみを解決してくれる。?nak <le résident de> tā kaev［ター・カエウ弁務官］庁は、このように貧しくて困窮している人が、同氏を『父や母』であるかのように氏を頼っているので、氏の善業の下に庇護を受けようと走って、這って入り込んで来る人がいる。今や、この『父や母』という語は氏を指すのに使うべきで、ためらってはいけない。

（後の週に続く［注。実はない］）

3-2　なぜクメール人はあまり文明的でないのか

クメール人がきちんと整理整頓しないことと、習慣について述べる。

我々クメール人は身なりをきちんとすることがあまり好きでなく、衣服を清潔にし、家をきちんと整理整頓することをあまり知らない。とても大きい広い家を持っているが、屋根［の屋内側］と天井はクモの巣と煤ばかりで真っ黒になっている人がいる。板敷きあるいは竹敷きの家の床はごみとほこりだらけで、洗ったり掃いたりして清潔にしていない。寝る所もあまり清潔にしない。吊って寝る蚊帳があると、新しい時から古くなって破れるまであまり［部分的に］洗ったり［全体を］洗濯したりしない。垢がついて黒く汚れたままにしておく方がましだとする。抱き枕も［頭の］枕もたいてい［カバーなしで］直接使い、頭の垢で汚れる。敢えてカバーを探して来てつけようとはしない。食器は食事した後洗うが、それほどきれいには洗わない。いい加減に洗って笊に伏せておくことが多い。敢えて石鹸を買っておいて使おうとしない。よく洗う場合でも、皿を洗うだけで、「しゃもじ」や「しゃくし」は汚れにまみれたままにしておく。

家の中も他の民族の家とちがって、きちんと整理整頓していない。家をきちんと整理整頓することができ、掃除をし清潔にするのを好む人は少なく、千人に1人である。水飲み椀を厨房棟で［水甕から水を汲むのに］使い、厨房棟で使う椀を持って来て水を入れて飲む人もいる。生臭くない食べ物用の皿に生臭い食べ物をのせ、生臭い食べ物用の皿に生臭くない食べ物をのせる。箒で［床にこぼれた］飯を掃き、その箒で寝室を掃く。箒で寝室を掃いて持って来て［床にこぼれた］飯を掃く。ダイヤや金一銀細工品を持っていると、チャム人の家のように寝室の外のベランダ［注。リビングルームとして使う］に飾って、人々に自分は金持ちだとほめさせ、価値のない品物は食器部屋におく人もいる。時には水飲み椀とキンマの箱を家の出入り口におくこともあり、きちんと整理整頓しようとしない。とても美しい戸棚や「たんす」を持っているが、使う一方であり、磨いてきれいにしようとしない人がいる。

クメール人は、身なりをきちんとすることを好む人をけなすことが多い。女性たちは、清潔な衣服を来てかっこよい身なりをして歩いている男性を見ると、集まって口をとがらせてけなし、「からっぽの石油缶、からっぽの壷であるthīたちばかりで、女を引っかけようとして歩いている」と言う。いろいろな用を考えて、きちんと身なりを整えて歩いていても同じようにけなす。「からっぽの石油缶、からっぽの壷であるthī」という言葉は、「金のないthī」という意味であるが、そのように言う言葉は推測だけで侮辱し見下して言う言葉である。きちんとした身なりをして歩いている人は、金があるかないかは知り得ない。［それなのに］あたかも自分が行ってその人のポケットを探ってみたかのように、敢えて「金を持っていない」と言うのである。よい身なりをして歩いている人を見さえすれば、たとえ知らない人であっても、「あの人はthīや高級官吏のような振りをしている」と言う。このように他人をけなすのは女性たちばかりではない。男性たちも自分の仲間の男性をけなすのを好む。自分は1ヶ月間同じ衣服を着て、掃き掃除、洗濯、アイロンかけもしない。あるいは10日の間、水浴はするが1度も垢はこすらない。このようであってはじめて、「自分は他人よりも金がたくさんあり」、いつも身なりをきちんとしている人は、「自分とちがって金を持っていない」のである。私は以前からしばしば気が付いていたのであるが、このように他人をよくけなす人はあまり家柄のよくない人ばかりである。高い家柄の人は清潔にすることを好む。病気に襲われることがなく、身体は元気であり、何でもあらゆる種類の生業につくことができる明晰な英知があるという利点があるからである。「もし身だしなみを良くし、衣服を清潔にし、家を整理整頓することばかり考えていたら、生計を立てるために働く時間がどこにあるのか。あらゆることにおいて清潔で整理整頓できている他の民族は、商売はできていない。クメール人だけが商売も仕事もできているのではないだろうか」と言う人がいる。

私はまた、あるクメール人たちがこのように言うのを聞いた。「餓鬼のように汚く汚れていて、身体を清潔にすることを知らない人は、悪霊がつかないし、呪術師が呪術で危害を加えようとしてもできない。身なりをあまりにもきれいに整える人は、悪霊が取り付くし、呪術師が呪術で危害を加えることができる」　これらの我がクメール人たちは何か言っても、多くはでたらめで、自分の民族をますます不名誉に低級にするだけである。

ha.　pha.

（後の週［＝23号2-2］に続く）

3-3　［18号3-6と同一］

3-4　金の価格

プノンペン市、1937年5月5日

金 1 ṭamlin̐、［即ち］37.50 グラム

価格	1級	88.00 リエル
	2級	84.00 リエル

＊銀の価格

1 ṇaen 塊、[即ち]382 グラム	13.00 リエル
兌換古1リエル銀貨	0.73 1/4 リエル

＊農産物価格

プノンペン、1937年5月5日

籾	白	68キロ、袋なし	2.45 ~ 2.50リエル
	赤	同	2.35 ~ 2.40リエル
精米	1級	100キロ、袋込み	6.40 ~ 6.45リエル
	2級	同	5.90 ~ 5.95リエル
砕米	1級	100キロ、袋込み	5.35 ~ 5.40リエル
	2級	同	4.05 ~ 4.10リエル
トウモロコシ	白	100キロ、袋込み	[記載なし]
	赤	同	7.00 ~ 7.30リエル
コショウ	黒	68[ママ].420キロ、袋込み	14.00 ~ 14.50リエル
	白	同	25.00 ~ 25.50リエル
パンヤ	種子抜き	60.400 キロ	25.50 ~ 26.00リエル

＊サイゴン、ショロン、1937年5月4日

フランス籾・米会社から通知の価格

ショロンの<machine> kin srūv[精米所]に出された籾 1 hāp、[即ち]68キロ、袋込みの価格は以下の通り。

籾	最上級		2.67 ~ 2.71リエル
	1級		2.59 ~ 2.63リエル
	2級	日本へ輸出	2.51 ~ 2.55リエル
	2級	上より下級、日本へ輸出	2.43 ~ 2.47リエル
	食用 [国内消費?]		2.21 ~ 2.25リエル
トウモロコシ	赤	100キロ、ショロン県マッカサンで売り渡し。	7.70 ~ 7.75リエル
	白	同	0.00 ~ 0.00リエル

米(5月渡し)、港渡し、袋込み、税抜き、1 hāp、[即ち]60.7 キロの価格は以下の通り。

精米	1級、砕米率 25%	3.87 ~ 3.89リエル
	2級、砕米率 40%	3.72 ~ 3.74リエル
	同。上より下級	3.62 ~ 3.64リエル
	玄米、籾率 5%	3.02 ~ 3.04リエル
砕米	1級、2級、同重量	3.27 ~ 3.29リエル
	3級、同重量	2.75 ~ 2.77リエル
粉	白、同重量	1.68 ~ 1.70リエル
	kāk [籾殻+糠?]、同重量	1.65 ~ 1.70リエル

4-1 [14号4-1と同一]

4-2 [8号3-4と同一]

4-3 [11号4-2と同一]

4-4 [11号4-3と同一]

4-5 [12号4-5と同一]

4-6 [8号4-6と同一]

4-7 [11号3-2と同一]

4-8 [13号4-7と同一]

4-9 [11号4-8と同一]

4-10 [8号4-3と同一]

4-11 [17号4-11と同一]

4-12 [11号4-4と同一]

4-13 [8号4-9と同一]

ឆ្នាំ ទី ១ លេខ ២០ Samedi 15 Mai 1937

HEBDOMADAIRE PARAISSANT TOUS LES SAMEDIS

(Boite Postale N° 44)

第1年20号、仏暦2480年9の年丑年 jeṣṭha 月上弦5日土曜日、即ち1937年5月15日

［仏語］1937年5月15日土曜日

1-1　［仏語で「私書箱 No.44」が加わった以外は8号1-1と同一］

1-2　［デザインが少し変わった以外は8号1-2と同一］

1-3　［デザインが少し変わった以外は8号1-3と同一］

1-4　［8号1-4、1-5と同一）

1-5　<silvestre>氏の逝去の後

<silvestre> <gouverneur général>［総督］殿の追悼追善供養式をシソワット中高等学校で行ったことを、我々は5月8日土曜日［＝19号1-5］にお知らせした。その時、?nak okñā yodhānarinda {bīdū dw muṅterū}氏が下にあるスピーチをした。

<silvestre> <gouverneur général>［総督］殿の恩の説明

「皆さん。

「友人の皆さん。

「死神が来て突然（Silvestre）<gouverneur général>（G.G.）［総督］殿を我々から引きさらって行ったという衝撃的悲しみが我々全ての心を襲っているこの時、私は氏の恩について、この会にお集まりになった皆さんと私自身の代表としてお話しさせて頂きます。

「（Silvestre）<gouverneur général>（G.G.）［総督］殿は、先の［1937年］1月末に引退なさって、35年間にわたる植民地国での優れた手腕による勤務に対する褒賞である pamṇāc Retraite［恩給］をお受けになるために、大フランス国に帰国なさって間もなく、1937年4月21日に、氏の生まれ故郷である（Rochefort-Sur-mer）県でお亡くなりになり、彼岸へお出でになりました。

「（Silvestre）氏は勤勉な優れた高等行政官で、下級の職についてから G.G.［総督］の職に達するまでのその全ての公務において過怠なく、植民地で高い名声を獲得なさいました。

「まず、氏は（Cochinchine）［コーチシナ］国で勤務を始め、同国の風俗習慣を熟知し、次いで我がクメール国で多くの州の Résident［弁務官］職を務め、あたかも純粋クメール人であるかのように国の風俗習慣と政府の業務に精通なさいました。Baudoin Le R. S.［高等弁務官］の Directeur des bureaux［事務局長］［18号1-6では<chef cabinet>［官房長］。恐らく本号が正しい］とR. Maîre［市長］を務めたあと、政府はその優れた手腕を認め、（広州湾）国［注。1895-1945年の間、フランスの租借地］の Administrateur en chef［主任行政官］［18号1-6では<directeur des bureaux>［事務局長］。恐らく本号が正しい］の職務を氏に与えました。

「次いで氏はR. S.［高等弁務官］職に昇任してクメール国に来ました。それからフランス［領］（アフリカ）大陸の一部である（Côte Somali［ママ。Somalieが正しい］）国で（Gouverneur）［総督］の職に就きました。その後、氏は帰って来て、以前と同じカンボジア国 R. S.［高等弁務官］職を受けました。

「本国政府は、諸植民地を統治して［植民地国民を］幸せにした氏の優れた業績を認め、Robin 氏と（Brévier）氏との統治の間隙の間、信頼を以て、Le G.G. de l'indochine［インドシナ総督］［注。事実は「総督代行」］として、インドシナ国の植民地の長の職務を与えました。

「まだカンボジア国を統治していた時、氏は、氏が我が子、我が孫のように愛した我々クメール人のために多くの素晴らしい事業を完遂なさいました。素晴らしい事業は多くて、全てを述べ尽くすことはできませんが、まず、行政学校の学生にクメール政府の行政と司法方面の業務を行うことができるように教えるための行政の教科書（Le Cambodge-Administratif［カンボジアー行政］）［注。1920年のCours de Connaissance Administratives－和訳ありーのこと？、あるいはその前身？］を著し、さらに氏自ら行政学校で何年間も教鞭を取りました。その卒業生たちは、卒業してからクメール政府のあらゆる職の高級官吏になっていて、それぞれ順位に従って高い身分になっている人も、まだ下の身分の人もいます。

「氏は国を美しくするために多くの場所を整えました。無学無知を無くす目的でクメール人生徒に学問知識を発展させるために、寺学校［注。当時の小学校入学の条件とされたクメール語の読み書きと計算を教えるために寺に設置された］を多数作り、改良しました。我々クメール人の子供達が、以前のようにわざわざフランス国やトンキン国やコーチシナ［国］などの遠い他国に出て行く必要なしに、ここ自国内でフランスの中等教育が受けられるように、(Sisowath)［シソワット］vidyālaya(Lycée)［中高等学校］を創立しました。また、氏は種々の後援も行い、buok mitta nai kūn sissa cās sālā sīsuvatthi［シソワット校卒業生友愛会］(Amicale des anciens élèves du Collège Sisowath)［シソワット中学校校卒業生友愛会］の設立を後援し、氏はその名誉会長を務めました。氏は国の経済を発展させるために、我々クメール人にトウモロコシなど多くの種類の作物を栽培することを指導し、栽培できるようにしました。また、クメール人の人頭税を［年額］8.75リエルから5.70リエルに引き下げました［注。Ⓢによると1920年当時は年額2.50リエル］。

「要約してお話ししますと、(silvestre)氏はクメール国の政府の長の公務に従事した25年間の間に、氏は我々クメール人たちのために多くの利益を成し遂げ、さらに保護国政府を大きく発展させました。そのことが本国政府に氏を信頼させ、遂に氏が引退し、その果たした素晴らしいこと対する褒賞である pamṇāc <retraite>［恩給］を受ける時までずっと、氏に、すでに述べた高位の重要な職務を与え、統括させました。

「逝去して彼岸へ赴いた Silvestre 氏は、その姿が消えたのは事実でありますが、氏の名は決して消えません。即ち氏が長であったクメール［国］とコーチシナ国、さらにインドシナ国の人々の心の中に深く刻み込まれ永遠に生き続けます。

「いまここに参集した我々全員、シソワット校卒業生友愛会の人々、および大小の官員たちは深い悲しみと［氏を］惜しむ気持ちで胸が震えています。氏の霊魂にたいし尊敬の念をもって身、言、意を低め、悲しみに覆われている保護国政府と親族の皆さんにお悔やみを申し上げます」

この要約した恩を思い起こさせる言葉の後、我々は僧侶を招き、恩返しとして Silvestre G.G.［総督］殿に追善供養するために、冥福を祈る読経をして、氏が新しい世で幸せで安穏であるように祈った。

1-6　諸国のニュース

1-6-1　スペイン国

マドリード市、4月30日。ドイツ機15機が(ビルバオ)県に停泊中のイギリス船4隻を銃撃したが命中しなかった。

先の4月29日にイギリス船がさらに5隻、食料を積んでビルバオ県に無事入港した。

＊(ブリュッセル)市、5月1日。ベルギー国首相である(Vandervelde)氏がフランス国首相であるブルム氏に、「外国がスペイン国から自［国］の兵を引き揚げることに同意しない場合には、スペイン政府に好きなだけ武器を購入する権利を与えるべきである」という内容の書簡を送った。

＊マドリード市、4月30日。反乱派はビルバオ県まであと20キロメートルを残すだけである。

＊［マドリード市］、5月2日。情報によると、反乱派は(ゲルニカ)市を占領した。反乱派軍はさらに前進を続け、(ベルメオ)県など多くの県と集落を占領した。このベルメオ県は、ビルバオ市に食料をいくらか送ることができるのはこの県だけであるので、とても重要な有用性がある。そして、5月1日の夕刻に反乱派はさらに(machinchao)岬を占領した。この岬はビルバオ県湾に出る道の一区画である。

1-6-2　ドイツ国

(ベルリン)市、5月1日。情報によると、ドイツ国政府は sāsanā <catholique>［カトリック教］を同国外に追い出すことを目的とする法律を起草中である。

1-6-3　スペイン国

マドリード市、5月1日。数日前、イギリス国政府はビルバオ県の住民を［県外に］輸送することを望み、反乱派軍司令官である(フランコ)氏に相談した。

本日、フランコ氏は、「イギリス政府の救済は良いことであるのは事実ではあるが、反乱派は同意しない」と答えた。

＊(ロンドン)市、5月3日。イギリス国政府は、たとえ反乱派が同意しなくても、ビルバオ県の住民たちを［県外に］輸送することを真剣に考慮している。

＊ビルバオ市、5月3日。(Havas)電。(Durango)県地区で政府軍は反乱派を攻撃、後退させ、兵多数を死亡させた。

＊マドリード市、5月4日。情報では、反乱派のものである(Espana)という名の軍艦が海中に浮かせてある爆弾［＝機雷］に触れて沈没した。

＊<havas>電。反乱派は山の上の地点を確保し、ビルバオ県への道を封鎖した。反乱派はビルバオ県へ送られる食料を検査している。

1-6-4　中国

上海市、5月4日。prasāsanopāya(politique)政策首相である(汪精衛)氏[M.]は、「中国は日本国に報復する意志はない。しかし中国は、日本国がさらに侵略しに来ることを防ぐ準備をしなければならない。もし準備をしなければ中国は必ず滅びる」と述べた。

1-6-5　スペイン国

(ローマ)市。5月4日、ドイツ国政府とイタリア国[政府]はスペイン国について討議し、[次のように]述べた。「両国ともスペイン国を得たいとは思っていない。しかし、ロシア人たちがこの国に拠点を得ることには承服できない。

「ドイツ国とイタリア国は、ヨーロッパの国々の中に幸福を求めるために実行する優れた新しい案の発案者であり、他の全てのヨーロッパの国々に、共に協議しに来る権利を与える」

＊マドリード市、5月5日。(バルセロナ)県で民衆が反乱を起こした。民衆と政府派が戦い、数百人が死傷した。

1-6-6　アメリカ国

パリ市、5月6日。本日の情報では、(ヒンデンブルク)という名の<ballon> hoḥ[飛行船]がアメリカ国で燃え、36名が死亡した。この<ballon> hoḥ[飛行船]は非常に大きく、ドイツのもので、ドイツ国から手紙と旅行者を乗せてアメリカ国に行った。事故の前に100名の人がこの<ballon>[飛行船]に乗った。止まるべき所に着くと、突然<machine>[エンジン]が爆発し、[飛行船は]全焼してばらばらになった。

1-6-7　フランス国

スペイン国民2,483名が5月7日に庇護を求めてフランス国に避難した。

＊ブレスト県、5月7日。フランスの軍艦2隻がスペイン国沿岸へ航海する準備をしている。

1-6-8　スペイン国

5月7日の情報では、バルセロナ県では、反乱を起こした民衆と政府派が互いに和解した。

1-7　土曜評論

我々はācārya {kaṅ} という名の nagaravatta 新聞購読者から手紙を受け取った。これは ?nak ācārya {kuy}の問いに対する答えの手紙で、その解説が読者全般にたいして有益なので、我々は「土曜評論」に ?nak ācārya {kuy}[が土曜評論を書く]代わりに掲載して皆さんに読んでいただくことにする。

nagaravatta

＊ ?nak ācārya {kuy} の問いに対する答え

はい、ācārya [{kuy}]殿、私は貴殿をおおよそ理解しました。私が敢えてこのように発言しますのは、私は貴殿の<gazette>[新聞]をもう何日も何ヶ月も読んで来ましたが、答える勇気は全くなかったのです。[しかし、]貴殿の5月1日の<gazette>[新聞]18号[1-5]を見て、貴殿が述べていることを全て最後まで読むと、問いが1つ2つあり、それは私の心を刺激して、私は我慢できなくなり、わずかながら知っている昔の考えと様子について手を使って言葉にしようという気持にさせました。

私の考えはこうです。ācārya {kuy} さん[paṅ]、我が民族はどうやって中国人やベトナム人を教師にすることができましょうか。教師にできない理由は、ācārya 殿の言葉通り、我が民族は「劣っている」ということをとても気にし、恐れるからです。もう1つ、「恥ずかしい」ということにも大いによります。

この例を挙げただけでācārya さん[paṅ]は恐らくわかるでしょう。たとえば学校でそれぞれの学年で勉強している生徒達は、何の知識を習うにせよ、教師が何か説明をして、どこか自分が理解できなかったり、あるいは疑問を持った時でさえ、勇気を出してそのことを教師に質問しようとはしません。恥をかくのを恐れるのです。「今自分が質問して、もし間違っていたら、近くにいる仲間が笑うだろう」と思うのです。そうです！これは恐れるべきでないことを恐れるのです。このように恥ずかしいと思うべきでないことを恥ずかしいと思うこともあります。このことは、同じクメール人である教師に関して言っています。まして中国人やベトナム人の場合、彼らから何を習いに行くことができましょうか。自分が劣っていること、他人に恥をかくのを恐れて質問をする勇気がない、他人から学ぶ勇気がなかったら、これで学問知識はどこから来るでしょうか。力を持ち、価値を持つことはどこから来るでしょうか。

我が民族が、このように劣っていることを恥じ、恐れる気持ちを持っているのは、「教師に恥ずかしがったら学問知識はない。妻に恥ずかしがったら子はできない」などの昔からの諺を思い出さないからです。これこそ、「教師に恥ずかしがる」と言うものです。自分の教師に恥ずかしがったら、学問知識はどこから来ましょうか。学問知識がなかったら、商売をしたり、高級官吏になることがどうしてできましょうか。商売がなかったら金銭はどこから流れ込んできましょうか。「前世の幸運がある」と言って、寝て前世の幸運を待っている人がいます。(「もし前世の幸運があったなら」と言えるのならきっとあるのでしょう)。待って何になるのでしょうか。

ああ!!!、困ったことです。普通、動物や鳥が走って来てライオンの口に飛び込んだことはありません。ライオンは歩いて一生懸命餌を捜し回ってはじめて[餌を]得ることができるのです。[ライオンが]ただ寝て口を開けて待っていて、何か動物が走って来て、ライオンの口の中に入って食べさせるのを、我々は見たことがありません。

我々人間にとっても同じです。寝て幸運を待っているだけであると、きっと胃袋はしぼみます。何もしないで寝ている人の金庫に何かの金が走り込むのを見たことはありません。

これだけではありません。我が民族は[我が民族を]劣ったものにしている大きな考えをもう1つ持っています。それは、自分の流儀にこだわり、誰をも手本にしないことです。たとえば、祭りで忙しい、あるいは何かの用件があって人が集まる時に、「ビン」を持って来て水を入れて使っているのを見ると、自分の流儀にこだわる人は、「あいつが何物かは知らないが、1つ4-5リエルの椀を持ってきて使わず、2-3 sen の「ビン」を持って来て使っている。フランス人が使っているのを見て、自分も真似して使いたがる」とけなします。襟口の開いた服を着て khao <franc>[ズボン]をはいている人を見ると、「あいつはフランス人だか何だか知らないが、襟を開け、背中を開けて何になるのだ」とけなす人がいます。若い女の子が襟刳りの大きい、半袖の服を着たり、髪を pumpe にしているのを見ると、「見たところ売春婦ばかりだ」と仲間に言ってけなします。(このように他人をけなす人[のこと]を私が敢えて言うのは、私は地方に行ってこの目ではっきり見聞きしたからです。)

このように自分の流儀にこだわり、他人をけなす人は、その人こそが他人の欠点だけが見えて、自分の欠点は見えません。このように人をけなして非難する人は、その人こそ「自動車に乗るな、舗装道路を歩くな、dik <machine>[水道の水]は飲むな、電灯で[ものを]見るな」です。なぜなら、これらは全て西洋人が発明したものばかりだからです。他人をけなしてばかりいると、自分自身の欠点は見えないのです。

ācārya 殿！私が上に述べた話こそが、我が国を無学無知の中に浸らせ、衰えさせ、力を少なくさせているのです。

私のこのような考えを、あなたは妥当と思いますか、どのように見当外れだと思いますか。

ācārya {kaṅ}

1-8　フランス政府によるカンボジア国整備について

フランス政府が来て、カンボジア国を aḍḍhasatavatsa [半世紀](kanlaḥ ray chhnām[50年])以上保護して来た。絶えることなく我が国に入国する、外国からの旅行者の目に、幸せな所として見た目によく見えるように国を整備したことにより、極めて発展しているように見える。自動車あるいは船で旅行する陸路も水路も、どの郡も村も集落にも瓦葺きの家や赤煉瓦の家が見え、首都に限れば、低地、運河、川、大河を渡る無数のコンクリートや鉄の橋が見える。

プノンペン市も地方の都市も、都市は一面に列になって建っている煉瓦や<ciment>[コンクリート]の家で飾られている。以前は低地で水が溢れて噴き出していた所が、どこもコンクリートの家と、バット・ドンボーンの市場、プノンペンの市場のような大きく美しい市場がたくさん出現して光り輝いている。国民が飲み、道路を照らすための <machine> dik[水道]も<machine> bhlœṅ aggisanī[電灯]もある。さらにあらゆる種類の店、医院、学校なども充分にある。自動車もますます数が増え、とどまるところがない。かつては木造の家と木の葉の家ばかりであった大きい都会は、今は煉瓦の家、<ciment>[コンクリート]の家に変わった。

楽しさを例にすると、フランスが来て支配する前と今とはずいぶん違っていて、これは、来て我が国を保護し、近隣の国々とほとんど同じ程度に発展させたフランス政府の力と徳によるものである。

フランスが来て、我が国で速く、しかも美しく行った国の整備は、神の作品、即ちフランスのヴィシュヌカルマン神[ママ。ヴィシュヴァカルマン神はカンボジアでは民間語源によりこう呼ばれた]が建設したものと呼ぶことができ、それゆえフランス政府が我がインドシナ国の苦楽を視察するために派遣した(Justin-Godart)氏が大フランス国に帰って、(レオン・ブルム)nāyaka raṭṭhamantrī (président du conseil)[首相]に、「インドシナ国は迅速な発展をしていて、国の整備は Génie française、即ちフランスの神がインドシナ国に来て作った神の作品であるかのようである」と報告したのである。

以前の我が国は、どこに行き来するにも、いつも道に寝た。水路で[行くにも]、陸路で[行くにも]、[エンジンのある]船はなく自動車もなく、汽車もなく、道もなく、人間の力で漕ぐ舟と牛車とだけで旅行した。

プノンペンからバット・ドンボーンまで、以前は道に寝ておよそ半月旅をした。今は往復で1日に満たない。我々がこのように速く、容易に行き来できるようにしたのは、フランス政府の力と徳による。[このように]速くしたのは、「フランスの神が来て我が国を短く縮めた」と言うこともできる。

しかし、上に述べた発展の近くに、政府の目に隠れているものが多く残っていて、大きな都市であり、カンボジア国の保護国政府の所在地であり、国王陛下と保護国政府の長の居住地であるプノンペン市を整備し、市民に安楽をもたらすことに対する大きな障害になっている。[外国から]来て我が国の都会を見る外国人の旅行者に、「整備する知恵がないのか、それとも怠けているのか」と悪口を言われて恥をかくことがないように、清潔に美しく整備するべきである。

（まだ[恐らく21号2-1に]続きがある）

2-1　ある少年の物語

（<gazette>[新聞]18号[2-1]から続く[見出しは少し異なる]）

恐らく夜の1時近くに船がプノンペンに着いた時、電灯が明るく輝いているのが見えたので、この少年の奇異の念はどんどん驚嘆となっていった。しかし、その時はまだ夜なので伯父の家に行くことはできず、とどまって朝まで船の上で寝ることになった。[その少年は]寝るまえに座って1時間ほど[電灯の]光を見ていた。父親に寝るように呼ばれてはじめて寝たが、寝ても眠るまで長くかかった。

朝になると父親は子を連れて[注。18号2-1によると母も同行しているはずであるが、以後母は言及されていない]伯父の家に行ったが、少しの費用で行った。

cau {sun-khlāv} はこのプノンペン市を歩いている時、ものすごく驚嘆し、絶えず「美しい」と言って称賛し、左右を眺めて、満足し飽きることがなかった。

この少年に、何よりも極めて奇異だと思わせたもののなかで、人が曳く車ほどのものはなかった。なぜなら少年は生まれて以来、動物を人が連れて来て車につけるのしか見たことがなく、人が動物に乗るのしか見たことがなく、このように人が人[が曳く車]に乗るのは見たことがなかったし、ストゥン・トラエンに行ったり来たりする大人が話したのは、機械で速く進み、動物が曳くのではない自動車のことばかりで、人をつけて[曳かせる]車の話を話すのを聞いたことがなかったからである。それでこの少年はあまりにも奇異に思い、乗りたくなった。しかし父親はあまり費用がないので乗せてくれなかった。

[父と息子の]2人の男がプノンペンに行ったのは物産展市祭りが始まる前日であった。伯父の家に着くと、父[ママ。「伯父」が正しい]は甥と弟に会えてとても嬉しく喜んだ。互いにあれこれ[近況について]質問し終わると、泊まる部屋を整えて、それからある所でちょっとした御馳走を食べた。

伯父は甥である少年に会った時、その少年が賢い知恵を持っているのがわかってとても喜んだ。6時になると映画を見に、弟と甥を連れて大きい商店街に行った。しかし、映画は7時からの上映だったので、一緒に歩いて周囲の商店街の店を見た。少年は商店街が明るく電灯がついているのを見てじっくり眺め、絶えず褒めた。店が美しいのを褒め、商品がたくさんあるのを褒め、人が多いのを褒め、電灯を褒め、時には立ち止まって我を忘れて見ていた。伯父と父は見ながら歩き、[商店街を]通り過ぎてしまうまで歩いてしまうと、また引き返した。こうして1、2往復見終わると伯父はサームチョーク粥[注。具入りの中国式粥]を食べに連れて行き、それから氷を食べた。そのとき cau {sun-lṅa}[ママ。名の前に cau がついているから、ここは「sun-khlāv」が正しい]が伯父にたずねてみた。「この大きい商店街の中にある店はクメール人の店ですか？　もしクメール人の店ならどうして[店に]中国人とベトナム人しかいないのですか？　そしてこの大きい商店街には、クメール人が歩いているのはあまり見かけないのはなぜですか?」

伯父はありのままをたくさん説明した。「[店に]中国人とベトナム人しかいなくても、その店の持ち主はクメール人のこともあるのだが、それはとても少ない。そして、[クメール人が]いると言うのは、「当初のころは店をする人が少しいた」ということだ。だから遠くから来てここを歩くクメール人は少なく、中国人とベトナム人だけがいるのだ」その少年は黙ってこのことをよく考えた。

（まだ[22号2-2に]続きがある）

2-2　お知らせ

この5月16日日曜日に、プノンペン市の Philharmonique[音楽堂]で劇の公演があります。公演する劇は作家（モリエール）がものすごくけちな男の話を書いた（L'avare[ママ][守銭奴]）という名の喜劇です。この話は名作で何百年間も有名ですが、今回はベトナム語に翻訳し、（Claude Bourrin）氏がこの劇の演出者です。我々クメール人も新時代に応じて演じる様子を知るために、ぜひこの劇を見に行くべきです。夜の8時半に開演し、座席の料金は1リエルから下です。

2-3　土曜の夜の物語

（<gazette>[新聞]19号[2-7の「＊」]から続く）

[注。原文は1つのパラグラフで書かれているが、読みやすいように、いくつかに切る]

15<minute>[分]ほどたつと、na は手探りで戸を探して外に出て来て ta に会った。ta はたずねた。「どうだ。うまくいったか」

na は答えた。「うん、うまくいったよ。君には一生感謝するよ。でも、君はどうして、あいつはほっそりしていると言ったんだ。丸々と太っていて抱いても手が回りきらないほどだったのに」

ta は笑って文句を言った。「君は酔っ払いすぎているから、痩せているのに太っていると間違えたんだよ。さあ、文句を言わずに家に帰れよ。もう夜も更けたから帰って寝ろよ」

na は別れて帰って行ったが、口は、「ありがとう。あのデブちゃんをものにさせてくれた君の恩は忘れないよ」と繰り返しつぶやいていた。

ta　は引き返して家に上がって来ると、自分の妻が厨房棟から出てくるのが見えたので、変だなと思って訊ねた。「お前、どこから出て来たの」

妻は走り寄って[夫を]つねって言った。「あんた、あたしが mī {a} の部屋にいる時にはあんなに強いのに、どうしてあたしの部屋にいる時はあんなに弱いの」

taは目を大きくしてびっくり顔をして、また訊ねた。「お前、今どこに行ってた」

妻は答えた。「あんた、今さっき何をしたのさ。あたしだってこと、わからなかったの」

彼はため息をつき、後を振り向いてたずねて確かめた。「今さっき、mī {a} の部屋にいたのはお前か」

妻は答えた。「そうよ。あたしは太っていて、mī {a} は痩せているんだから、あたしと mī {a} と間違えるはずがないじゃないの」

夫は言った。「参ったな。mī {a} はどこに行ったんだ。なんだってまた、お前は mī {a} の部屋になんか行っていて、こんなにただでものにさせたんだ」

妻。「何がものにさせたよ。mī {a} は朝からあれの母親の家に行かせたわよ。あたしがあれの部屋で寝て待ってたのは、あんたは出掛けて飲み食いして酔っ払って帰って来ると必ずあれを探しに行くのを知っていたからよ。今だってそうだったわ」

夫は言った。「何が、『そうだったわ』だ。『お前が馬鹿だ』とは言いたくないが、他人にものにさせて、それでも気が付かないでいるとはね」

妻は言った。「何が、『他人にものにさせた』よ。あたしたち夫婦じゃないの。女中の mī {a} となら、『ものにした』だけどさ」

夫は言った。「それは俺とならさ。俺とでなかったらどうなんだ。俺は ā {na} を mī {a} と遊ばせるために連れて来たんだ。それなのにお前をものにしちゃった。おまえは ā {na} におまえと寝させたんだよ。あいつがこんな滅茶苦茶をして、悔しくないのか。[俺たち]2人ともこんな馬鹿な間違いをするなんて、一緒に首をくくって死んだ方がましだ」

妻はそれを聞いて、2-3日間、飯も忘れ、水も忘れ、大声で泣き続けた。夫はしょんぼりして、自分を恥じて、例の友達と顔を合わせようとしなかった。

sāy

2-4　三国志演義[省略]

3-1　[広告] 仕立て師職匠である<paul-léon>はパリ市の国際仕立て師協会の認定状を持ち、<médaille d'honneur>[栄誉章]も持っています。私はプノンペン市<paul bert>路49号(drwang kvik 映画館の近く)に仕立て店を開きましたので、皆さんにお知らせいたします。

美しい布地があり、価格はリーズナブル、仕立ては美しくご期待に背くことはございません。

ajitī[?] 仕立て師
<paul-léon>

3-2　金の価格

プノンペン市、1937年5月14日

金1 ṭamliṅ、[即ち]37.50グラム

価格1級	88.00 リエル
2級	85.00 リエル

＊銀の価格

1 ṇaen 塊、[即ち]382グラム	13.00 リエル
兌換古1リエル銀貨	0.74 0/0 リエル

＊農産物価格

プノンペン、1937年5月14日

籾	白	68キロ、袋なし	2.45 ~ 2.50リエル
	赤	同	2.35 ~ 2.40リエル
精米	1級	100キロ、袋込み	6.36 ~ 6.40リエル
	2級	同	5.90 ~ 5.95リエル
砕米	1級	100キロ、袋込み	5.30 ~ 5.35リエル
	2級	同	4.10 ~ 4.15リエル
トウモロコシ	白	100キロ、袋込み	[記載なし]
	赤	同	6.50 ~ 6.60リエル
コショウ	黒	63.420キロ、袋込み	13.75 ~ 14.25リエル
	白	同	24.75 ~ 25.25リエル
パンヤ	種子抜き	60.400 キロ	23.75 ~ 24.25リエル

サイゴン、ショロン、1937年5月13日

フランス籾・米会社から通知の価格

ショロンの<machine> kin srūv[精米所]に出された籾1 hāp、[即ち]68キロ、袋込みの価格は以下の通り。

籾	最上級		2.66 ~ 2.70リエル
	1級		2.58 ~ 2.62リエル
	2級	日本へ輸出	2.50 ~ 2.54リエル
	2級	上より下級、日本へ輸出	2.42 ~ 2.46リエル
	食用		2.20 ~ 2.24リエル
トウモロコシ	赤	100キロ、ショロン県マッカサンで売り渡し。	7.00 ~ 7.10リエル
	白	同	0.00 ~ 0.00リエル

米(5月渡し)、港渡し、袋込み、税抜き、1 hāp、[即ち]60.7キロの価格は以下の通り。

精米	1級、砕米率25%	3.84 ~ 3.86リエル
	2級、砕米率40%	3.69 ~ 3.71リエル
	同。上より下級	3.60 ~ 3.62リエル
	玄米、籾率5%	3.00 ~ 3.02リエル
砕米	1級、2級、同重量	3.25 ~ 3.27リエル
	3級、同重量	2.75 ~ 2.77リエル
粉	白、同重量	1.64 ~ 1.66リエル
	kāk [籾殻＋糠?]	0.65 ~ 0.70リエル

4-1　[18号3-6と同一]

4-2　[8号3-4と同一]

4-3　[8号4-3と同一]

4-4 ［11号4-2と同一］

4-5 ［11号4-3と同一］

4-6 ［広告］シャム人痔治療医師

4ヶ国、即ちシンガポール、シャム、ベトナム、クメールで有名です。

私は痔を治療する医師で、川岸の narottama 路85号、氷店の横の建物の上階の家に住んでいます。皆様にお知らせ致します。

私は40-50年来の痔［ṛs ṭūṅ pāda と ṛs ṭūṅ mahārīk］でも、排便の時に出血があるものでも、出血がないものでも痔を治療する薬を持っています。私の薬は何でもきっと治します。この薬はよく効き、すぐに効きます。何か食べていけない物を心配する事は全くありません。私はこれまで数千人の人のこの病気を治療して治してきました。信じないなら、どうぞ来て調べてみてください。

それゆえ、治療が必要な皆さんは私に会いに来てください。私は治療して治った皆さんの名を証拠として見せます。この薬は、皆さんが私の店に来た時に、私が全部お話しいたします。

siem jing (Siem-Ching)

4-7 ［8号4-6と同一］

4-8 ［11号3-2と同一］

4-9 ［広告］役畜を救うための薬［注。この広告文のクメール語は少しおかしい］

スイギュウ、ウシ、ウマ、特効薬（1包み 0.50 リエル）

この薬はコーチシナ国で有名で、同国の農民は、役畜が死ぬ事が多く、役畜の持ち主が恐れる季節でも、この薬ができて以来［この薬で］役畜を手当して、役畜が死ぬべきでない病気で死ぬことが減りました。

たとえば、Propriétaire du Village de Tan-Tien-Tay Cocong［Cocong の Tan-Tien-Tay村の地主］で、スイギュウとウシとを沢山所有している thaukae {Nguyen-van-The}、Propriétaire foncier du village de Tan-hiep My-tho［My-tho の Tan-hiep 村の地主］である Pham-van-Tuan氏［M.］、Le-miñ-Tri 氏［M.］、Tan hoi doṅ氏［M.］たちは、病気が起こって多くの役畜が死んだ時に、私の薬がこの方たちのスイギュウとウシの命を救い、全て元気になりました。

キリシタンたちのパードレ［神父］殿である Ignace Bui-cong-Thich 師［M.］という方がいらっしゃいますが、とても幸運な方で、［私の薬が］師の動物をたくさん救ったので、この薬を称賛する書簡を［ある新聞に］掲載しました。これらの動物の病気は伝染して、動物を続けて病気にします。この薬は、コレラ、sā cāp (Peste bovine)［牛痘］、喉の roga jrāṅ (Barton du septicemie hémorragiques)［?］、roga jhām khmau (Fièvre charboneuse)［炭疽病］、bisa kañjril 即ち bisa mān grāp kraham (Rouge des porcs)［?］、roga rīṅ rai (Tuberculose)［結核］、saṇṭak kracak (Fièvre aphteuse)［口蹄疫］、牛痘［ママ。この文の始め近くと重複］、s?uy cramuḥ (Morve)［鼻疽］など、何の病気であれ、動物がじっと動かなかったり、耳たぶが割れたり、目やにが出たり、全身が痙攣したり、鼻水を垂らしたり、脚が冷たくなったり、腹が膨れたり、咳をしたり、大きく息をしたり、うめいたり、便秘したり、下痢をしたり、血便がでたり、鼻が乾いたり、息が臭かったり、鼻あるいは唇がひび割れしたり、発疹ができたり、脚が立たなくなったり、吐いたり、怪我をしたり、あるいは他の動物が噛んだり、虫が刺したり、刃物で刺したり、使っている時に病気になったりした動物を全て救います。

私のこの薬は、動物がこれらの病気にかかったのに気が付いたらすぐに飲ませてください。

これらの病気が起こるのは、病毒の伝染、あるいは寒暑の気候の変化が血液を弱め、全身に巡らなくなることから起こり、動物は100種の病気になります。

この薬の力は全ての病気に対して等しくその病毒を殺し、［毒］成分を消します。

遠方に住んでいる皆さんがこの薬を<poste>［郵便局］で Contre remboursement［代金引きかえ］で3.00リエル以上購入したい場合には、すぐに送ります。50.00リエル以上仕入れて売りたい方には、適切な利益を差し上げますし、そしてもし薬が売れ残ったら、［私が］引き取ることができます。

［仏語］ TRUONG-LONG BÀO 通称 XIEU BÀO
精神医学。プノンペン、Okña-Oum 路47号

4-10 ［17号4-1と同一］

4-11 ［仏語］ 1937年5月4日、プノンペン

［ク語］私は警察局鑑識課でthīをしていて、名を vœn-rwaṅ と言います。突然病気になり、気管に固い長い塊ができ、とても痛く我慢ができない程でした。歩くこともできず、このように妙なのは何の病気なのか分かりませんでした。私は俗人ですから、「恐らく梅毒が私の身体に密かに侵入し、そこに隠れているのではないか」と思い至りました。私は直ちに kāp go 市場の前の“sīv-pāv”店に行き、薬を買って来て服用したところ、その固い塊は消え、病気も治りました。

それゆえ、私はこの書簡を掲載して、私が困っていたときに私を助けてくださった彼の恩を認めます。

［仏語］ プノンペン、警察局（鑑識）通訳官
Veun-Rœung

4-12 ［8号4-9と同一］

Samedi 22 Mai 1937

HEBDOMADAIRE PARAISSANT TOUS LES SAMEDIS

(Boite Postale N° 44)

第1年21号、仏暦2480年9の年丑年 jesṭha 月上弦12日土曜日、即ち1937年5月22日

［仏語］1937年5月22日土曜日

1-1　［仏語で「私書箱 No.44」が加わった以外は8号1-1と同一］

1-2　［デザインが少し変わった以外は8号1-2と同一］

1-3　［デザインが少し変わった以外は8号1-3と同一］

1-4　［8号1-4、1-5と同一］

1-5　イギリス国での即位式について

先の5月12日、ロンドン市（イギリス）で、兄であり、弟に譲位したエドワード前国王殿下［braḥ cau］から王朝を継承する人である（ジョージ6世）大王と（エリザベス）皇后に戴冠するための式が盛大に行われた。この退位は、エドワード［前］国王が、女長者と呼ばれる大資産家のアメリカ人女性であるシンプソン夫人［nāṅ］に心を寄せ、敢えて［退位して］（ウインザー）殿下［braḥ aṅga mcās］になったものである。

この式に際し、六 lān（6,000,000）［6百万］の民衆がこの大儀式を見にぎっしりと集まり、新国王の栄光を祝うためにそれぞれが手に花束を持っていた。自動車は［道路一面に］錯綜して走った。陸軍の兵士が整列して待っていて敬礼し、さらに音楽隊が国歌を演奏した。空は ākāsayān（kapāl hoḥ）［航空機］が列を作って飛行して敬意を表し、一方海の方はあらゆる国の大小の艦が2列に並び、イギリス国旗と自国の国旗を掲げて敬意を表し、そろって礼砲を射ち海を轟かせて王に敬意を表した。この2列の艦の間を王の御座船1隻が列の後尾から先頭まで走って陸軍［の閲兵式］のように観艦した。大衆を統制する<police>［警官］の数は全部で33,000名であった。行列が王宮内の宮殿に到着すると、大主教と僧たちが読経して祝福し、国王と王妃とに、sruk pradesa rāja（camṇuḥ）［植民地］とイギリス国からの価値のある宝石3,000個を埋め込んだ王冠を頭に載せた。

これと同じ時に、イギリス sruk pradesa rāja（camṇuḥ）［植民地］も、［イギリス］特命全権大使が駐在している国も全て遠方で、イギリス国と時を合わせてこの式を行った。しかし、植民地では航空機、陸軍、海軍とでイギリス国と同じ方法で敬意を表した。［新国王の］兄であるウインザー殿下［braḥ aṅga mcās］はパリ市にいて弟王の戴冠式に出席せず、祝いの言葉を送っただけで、そして式の様子を映画に撮影した（Film）［フイルム］を送って来るよう依頼した。

1-6　諸国のニュース

1-6-1　イタリア国

（ローマ）市、5月8日。イタリア国政府は、「イギリスの<gazette>［新聞］が、イタリア国政府が行うことについて根拠のない非難をするので、政府は（Daily-Mail）<gazette>［新聞］、（Evening News）［新聞］、（l'Observer）［新聞］を除いたそれ以外のイギリスの<gazette>［新聞］にイタリア国への入国を禁止する」と発表した。イギリス国にいるイタリア人の ?nak taeṅ <gazette>［新聞記者］たちは、全員がイタリア国に入る命令を受けた。

このように禁止することは、先日会談したイタリア国 cāṅhvāṅ <conseil> senāpatī［首相］である（ムッソリーニ）氏とドイツ国の大臣である（Von-Neurath）氏との間の合意によるものである。

両大臣は、「イギリスの<gazette>［新聞］が『ドイツ国とイタリア国とが友好を結んだのは脅迫である』と言って根拠のない非難をして、イタリア国とドイツ国を中傷し、さらに、スペイン国に戦いに行っているイタリア人について嘘を言った」ということで互いに意見が一致した。

＊（ロンドン）市、5月8日。「イタリア国政府が、イギリス国の<gazette>［新聞］に入国することを禁止した」という情報を聞いた時、イギリス国政府はこれに関心を払わなかった。

＊（ベルリン）市、5月8日。ドイツの全ての<gazette>［新聞］は一致してイタリア国政府に味方し、イギリス国政府を激しく非難している。

1-6-2　日本国

（東京）市、5月8日。バス運転手たちが集まってストライキをした。政府はそれらの30名を逮捕させて拘禁、100名を解雇したが、まだ［運転手たちは］ストライキを続けている。

1-6-3　スペイン国

（マドリード）市、5月9日。マドリード市の住民が集まって再び暴動をおこし、爆弾も所持していた。

暴徒たちを鎮圧した時に203名が死亡。暴徒214名を逮捕し拘禁した。この暴徒の中には多くの外国人がいた。

1-6-4　イギリス国

（ロンドン）市、5月11日。即位式に際して、イギリス国外相である（イーデン）氏と、この［即位式に］際して集まった他の国の代表は、「フランス国とイギリス国が中央ヨーロッパ諸国の小国が互いに和解するよう助力をする」ことを望んで、しっかりと会談した。

イギリス国の方はその会談の内容に同意した。相談者たちはフランス外相にも会って同じことを会談しようとしている。その［会談］は成果があると推測される。

会談者たちは、イギリス国とフランス国とをドイツ—イタリアグループと［中央ヨーロッパ諸国］の間の試合の審判にすることを望んでいる。この両国［＝ドイツとイタリア］は中央ヨーロッパ諸国の国々を自分たちと友好を結ぶように説得しようとしているからである。

1-6-5　中国

上海県、5月12日。上海県でのイギリス国王の即位式の際に、その式を見に行った人々を中国人たちが殴り、23人が負傷した。

1-6-6　イギリス国

（ロイター）電。（チェコスロバキア）国首相である（Hodza）（Dr.）［博士］は<gazetta>［新聞］たちに、「中央ヨーロッパ諸国の6ヶ国と通商友好条約を締結することを望む気持ちを持っている。この友好を結ぶことは、条約締結国が敵を打ち破り、中央ヨーロッパ諸国を侵略させないために協力することになると理解するからである」と述べた。

ヨーロッパ諸国の安全平和については、氏は［次のように］述べた。

「もし騒乱を避ける事を望むなら、今後真剣に一生懸命努力する必要がある。国を安全平和にすることを望むなら、次の2項の方法を実行しなければならない。即ち、

「項1。中央ヨーロッパ諸国の小国たちを集めて互いに同じ考えを持たせる。

「項2。フランス国とイギリス国とが強力に支持する」

チェコスロバキア国と仲違いをしているドイツ国に関して、氏は、「相互にますます歩み寄っている」と述べ、「ドイツ国は大国であることは事実であるが、チェコスロバキア国を苦しめることはないと理解する」と結んだ。

1-7　土曜評論

クメール人の考えとクメール国に来て住んでいる他の民族の考えについて

他の民族は生きることを欲する。クメール人は自分を運命にまかせて生きる。即ち、「生きるのなら生きよう、死ぬのなら死のう」である。つまり［前世の報いである］幸運と不運に責務をゆだねるのである。

他の民族は生きることを真剣に望む。働いて生計を立てる時は、自分の全力を尽くして一生懸命行う。他人が自分を不当に扱うと、一生懸命努力して正邪を明らかにする。たとえその不当に扱われている人が知り合いでなくても、彼らは集まって黒白をつけようとする。

我々クメール人の方は、誰かが不当に扱われても、その人を助けようと頭を悩ませるクメール人はいない。一致団結していないし、「自分の家の外の人の苦楽に構うべきではない」と理解しているからである。

私がこのように言うのは、これまで多くの事件を見て来たからである。中国人かベトナム人が他の民族に不当な扱いを受けたら、その度毎に彼らは集まって、金を出し合ってその不当な扱いを受けた人を助ける。たとえその人に非があったとしても、同民族を助ける。もし被害者に非がないのに不当な扱いをされた場合には、きっと必ず憤激で大騒ぎが起こることは間違いない。

我々クメール人の方は、彼らと違って他人に助力して援助しようという気持ちをおこさない。親戚の場合は例外であるが、親戚以外には自分のことしか考えないという悪い心と、「この世で誰かが我々を殴るのは、前世で我々がその人を殴ったからだ。それゆえこれでおあいこにするべきだ。この世で誰かが我々を殴ったら、来世で我々がその人を殴り返す。そうなればそれでおあいこだ」と理解しているので関心を払わない。

この2つの考えは全く逆である。

彼ら［＝他の民族］の考えは彼らを発展させる。我々の考えは［我々を］滅ぼす。滅亡は、関心を払わず、互いに助け合うことを知らないことによる。放置して将来もこ

の考えを持ち続けるならば、私は敢えて言うが、クメール民族は必ず滅びてしまう。もしクメール民族が滅びたら、きっと[我々の考えの基礎である]我々の宗教も滅びるのは避けられない。

<gazette>[新聞]読者の皆さんにおたずねしますが、より正しいのはどちらの考えでしょうか。

ācārya {kuy}

1-8　お知らせ

nagaravatta 新聞は<gazette>[新聞]購読者の皆さんにお知らせ致します。

nagaravatta は、広報をさせ、<gazette>[新聞]代金の請求をさせるために、nāṅ という名の職員を地方へ旅行させます。この職員は証拠として nagaravatta の[社]印のある書類を携帯していますので、皆さんはどうかご支援ください。nagaravatta は前もって皆さんに深く感謝致します。[注。cf.75号3-4]

nagaravatta

1-9　"シソワット校卒業生友愛会"委員たちがプノンペンからポー・サットに遊びに行った旅行について

1937年5月16日日曜日と17日月曜日、puṇya <pentecôte>[五旬祭]の暇な時間があり、行きに1日、帰りに1日でちょうど良いので、我々卒業生友愛会委員の6名は誘い合わせてポー・サットの<poste>[州庁]に勤めている個人的な友人、およびシソワット校卒業生友愛会の会員たちを訪問した。

[午前]6時ちょうどに汽車でプノンペンを出て、ポー・サットに9時15<minute>[分]に到着し、下りてプラットフォームの端まで行って<remorque>[ルモック]に乗り、そろって自動車で駅に出迎えに来ていた会員たちの[計画していた]所とは違って、州知事である jū-ḷuṅ 氏の家に行った。

州知事殿の家に集まって、長い間会っていなかったので仲良くおしゃべりをし、冗談を言って笑って楽しんだ。州知事殿と[州知事]夫人は愛想よく気さくに喜んで、いやな顔をせずに友人たちを迎え、食事前に汗を引かせて涼しくならせるために、フランスの飲み物を御馳走してくださった。座って州知事殿と地方裁判所検事である thān 氏と州副知事である ghuon 氏と雑談をしているところに、突然ポー・サット州の sālā siksā <français>[フランス学校]の校長である sam?wan 氏も到着し、州知事殿は全員一緒に食事をするようすすめた。食事の時、夫人は親密に愛想よく、フランス料理にクメール[料理]と中国[料理]が混ざった、どれもとても素晴らしく美味な御馳走を夫人[loka]自ら客にサービスしてくださった。

食事を終えると、時間があまりないので、休息、あるいは汗と垢で汚れた体を洗う暇もなく、ポー・サットの友人たちは我々を[それぞれの]家にちょっと挨拶に連れて行った。まず1番初めに thān 検事殿の家、次は ghuon 副知事殿の家、それから途中で ksema 先生とちょっと雑談をしてから thī {sāt}の家を訪問した。

病気か回復したばかりの thī {sāt}は、我々が到着したのを見ると大急ぎで来て愛想よく親密な友情で迎えた。それから州知事殿宅と同じように我々に飲み物をふるまってくれた。

大雨が降って足止めされたので、thī {sāt}宅に少々長居して、我が友愛会の支部をポー・サットに作り州知事に[支部]長になってもらうこと、さらに我々のプノンペンの友愛会本部の仕事を楽にするために、地方の全ての州に[支部を]作ることなどをthī {sāt}と話し合った。

この用件を済ませてから、我々の友愛会会員たちと共に、途中、地方裁判所長である ceṅ 氏にちょっと挨拶をしてから sam?wan 氏宅に行った。ポー・サット校の校長である sam?wan 氏はとても我々に心を込めて愛想よく丁寧にしてくれた。それから我々を学校の全学年の教室に案内しながら、教育の有用性とその進歩などについて我々に説明した。我々が sam?wan 氏と一緒にある教室に入ると、そこでは、日曜日に1人の先生が上級学年の生徒1クラスに授業をしていた。生徒達は皆起立して挨拶をし、我々は[生徒たちに]着席させた。そして我々と sam?wan 氏とは、生徒の心を励まして、今後もずっと一生懸命勉強に励むようにpiyavācā(bākya jā beñ citta)[賛辞]を述べ、「今学んでいる君たち全てはまさに大きな貴重な幸運があると言うものである。なぜなら、"シソワット校卒業生友愛会" という我々クメール人の協会があり、貧しくて vidyālaya(lycée)[中高等学校]に進学するための費用がない我がクメール人の生徒を助けるために、毎月適切な額の金を援助して勉強の費用に使わせている。もし[入学資格]試験に合格して、さらに外国にいろいろな学問を学びに行きたい人がいたら、この協会はさらにその費用も続けて援助する」と説明した。

賛辞を終えると、我々は生徒と教師と別れ、校長殿宅で飲み物をいただいた。

4時半になると、州知事殿が自動車で学校に我々を迎えに来て、ポー・サットからおよそ17キロの川岸にある syā 村に連れて行った。この syā 村役場には pākān 郡郡長である dā-būl 氏が、私用として、3つの村の村長と村民数名と共に前日の土曜日の午後から来て我々を待っていて迎えてくれた。我々が[水浴して]身体から汗を流し垢を落とすと、pākān 郡郡長殿と同郡の村長たちが[村]役場の前で我々に飲み物をごちそうしてくれた。その後友愛会会員たちが大勢集まって、一緒に村役場の中で出迎えの人々の素晴らしいサービスでフランス料理—クメール[料理]—中国[料理]の高級料理を食べた。そこの人々がおいしい、良い料理を作るのが上手なことは実に称賛に価するもので、遠くから来て疲れた我々を迎えるのに適切な栄養があった。それらの料理の中に他にも増して特に美味な料理が2種あったが、何の肉のサムローであるか分からなかった。我々は、「何だろう」と思い、知事殿か土地の人に訊ねようかと思ったが恥ずかしくて訊ねる勇気がなく、心の中であれこれ推測するだけであった。我々のうちの幾人かは先を争って食べて、皿は空っぽになった。クメール音楽の2楽団が音楽をクメール風に憂いを含んだかんじで美しく奏で、それは昔の時代のもので、我々のために深夜まで続き、ある者は就寝し、ある者は長く会っていず、ようやく会えたので朝まで談笑した。

翌朝6時、州知事殿は自動車で氏の自宅に連れて行き、そこでは夫人が再び朝の軽食を準備して待っていた。それから知事殿とthī {sāt}がまた我々を送って来て汽車に乗せてくれた。

我々シソワット校卒業生友愛会の会員は、友情で我々を親切にもてなしてくれたポー・サットの友愛会会員の皆さん、さらにjū-ḷuṅ州知事殿と夫人、pākān郡郡長殿、およびその他の諸氏に心から感謝の言葉を述べます。

もう1つ、jū-ḷuṅ夫人には全く感服いたしました。夫人[loka]は訪問に来た友人を迎えるのに嫌な顔をすること知らず、うんざりした顔をせず、その上話し上手で、客に何も遠慮をしないようにさせてくださいました。夫人[loka]は客に、「いくらでもお上がりください、満腹するまで」と食事をすすめるのがとても上手です。[注。訳者のおぼろげな記憶では、jū-ḷuṅ氏夫人はシハヌーク国王の血縁者である]。

シソワット校卒業生友愛会委員

2-1　保護国政府のカンボジア国整備について

(20号からの続き)[注：20号1-8からの続き]

あと何が残っているというのか。素晴らしい煉瓦の家が建ち並び、公園があちらこちらにたくさん出来、バサック川を渡る橋ができ、コンクリートだけでできたdham市場がtejo池の真ん中に出現した。よく考えるとまだ残っている。そうだ！ padumavatī寺の南側から西側にかけての池と前の池が残っている。これらが病気の大きい源、即ち悪霊の大親分で、蚊とネズミの場所、即ち大陸になっていて、sam?uy dham即ちmahāsam?uy[大悪臭]の源になっている。これは大雨が降ると毎回水が池の岸すれすれまで上がり、大悪臭の威力を広げて市の半分以上を覆わせる。この悪臭国の近くに住む人達はその威力に負け、呼吸をして息を吸うのに従って悪臭の源が吸い込まれるので、皆が熱病にかかり寒気がする。この悪臭国はネズミ軍を使って毎年bisa (peste)[ペスト]菌の爆弾を落とし、池の岸近くに住む人々に命中し、毎年大勢が死んだり負傷したりする。蚊軍たちの方はマラリア菌の爆弾を落とし、この大悪臭国[nagara]の近くに住む人々はそれに当たり、次々にマラリアに罹り絶えることがあまりない。その池からの臭気に当たった衣服や銀製品は古ぼけたり黒い斑点ができたりする。これがプノンペンのあらゆる場所から集まった廃水と食べ物の残り屑やあらゆる種類の生ごみ、それに池の岸に住む人々の家の糞尿を集めた悪霊の大国、即ち大悪臭国の力である。政府がpaduma[vatī]寺の本堂を新しくするのなら、なぜその寺の敷地を大きく広く気持ちよく整備しないのだろうか。現在、寺の敷地は、ボダイジュの所から公道の外側までが、本堂の近くを通って寺を横切る近道になっている。もし、政府がその道路を廃止して、ボダイジュの前の池になっているところに作り、池の西側の岸の家を撤去し、池を埋め立て、そのもともと道路になっていたところを公園にすれば、どんなによくて楽しそうになるだろう。市に位置するのに相応しく素晴らしい寺となり、外国の人たちも見に来て、きっと誉めるであろう。

もう1つ、相応しくないのが、uṇṇāloma寺全体と僧王samṭec braḥ mahā rājā (dieṅ)のご遺骨が納められている仏塔が公道よりも低いところにあるということだ。この仏塔の上の部分には仏教徒もその他の人も全てが帽子をとり合掌して拝む仏舎利が納められていて、市を美しくしている場所でもある。どの川の航路から眺めてもdevā、bhojanī、candachāyāの各宮殿の頂上、uṇṇāloma寺の仏塔とvatta bhnamの仏塔、王立図書館、政府庁舎などが空高くそびえているのが見える。

uṇṇāloma寺の仏塔は、[男たちが]女[＝売春婦]たちを連れて来て寝る[所である]中国人のネアック・ターの[祠の]便所の横に建っていて、いつも不潔なものが寺と仏塔の所に捨てられている。仏塔は前面の石段を完成させる機会を求めているが、中国人のネアック・ターの祠にぶつかって完成できないでいる。

政府がどこか場所を探して、中国人たちに[この]ネアック・ターの祠をそこに移転させれば、きっとuṇṇāloma寺は仏塔の所が清潔に美しくなり、「中国人のネアック・ターの祠の所で女たちとごちゃまぜになって住んでいる」という非難を僧侶たちが受けることもなくなる。

nagaravattaは市政府に、保護国政府と協力してプノンペン市の、上に述べた所全てとその他の残りの所を地方の市に先立って美しく清潔にするようお願いする。プノンペンは保護国政府がある都市であり、あらゆる国の旅行者が地方に先立って訪れる所だからである。

2-2　三国志演義[省略]

3-1　moṅ ṛissī郡の大胆な盗賊団は静かになった

1935年と、1936年の初めにmoṅ郡の強盗団が活動し、ほとんど毎日、thnam区、samroṅ[区]、sno[区]、gās kraḷa［区］、khlaeṅ gaṅ［区］などの住民たちに強盗をし、殺し、住民たちはこの盗賊たちを非常に恐れ、家で寝る勇気がない人達も大勢いた。

公安警察局は現地国人とヨーロッパ人の官員多数を派遣して、何ヶ月もこの盗賊団の捜査逮捕の助力をさせたが、盗賊団にとっては幸運なことに、公安警察局は盗賊団を突き止めることができなかった。

1936年末になって、保護国政府は pārūlat <le résident>［弁務官］殿を転勤させて州の長に任命し、māmiñuṅ 氏を転勤させて［州］保安隊長に任命した。両氏は協力してこの大胆な盗賊団を制圧することを考え、moṅ <poste>［屯所］の兵士を2つの<poste>［屯所］にわけ、盗賊団が出没する道が始まる場所である samroṅ 区に1つと thnam 区に1つ、<poste>［屯所］を配置した。それだけでなく、他の諸<poste>［屯所］から兵士を引き抜いてきて、階級が上の者を長にして、全ての地区を parivaṭṭa gamanāgama（en tournée）［巡回］して見張らせ、森に隠れていた強盗たちを大勢逮捕し、銃と刀も押収した。

1936年9月［注。上のパラグラフは「西暦1936年末」だから時が逆である。しかし、仏暦年は西暦の4月15日に進むから、上のパラグラフの「西暦1936年末」は実は「西暦1936年4月前半」をさすのかも知れない］になると、samroṅ <poste>［屯所］の<chef>［長］と兵士2名が、「この大胆な盗賊団は ā {saem} が首領で tā lieṅ 山の麓の森に野営地をおいている」という情報を得た。兵士と道案内1名が一緒に密かにその所に行き、盗賊団が集まっているのを発見してそろって銃撃し、首領である ā {saem} に命中、［saem は］足が折れてその場で倒れ、もう1人、ā {man} にも命中、［man は］死亡した。それ以外は逃げおおせた。兵士は盗賊の銃14、刀を多数押収した。その時に逃げおおせた盗賊たちの中に ā {chom} と ā {kiet} がいて、この2名［ā］もやはり盗賊の首領で、［盗賊］全員がそれぞれ銃を携帯していた。その時以来、盗賊団は分解してしまい、住民はみな幸せと安楽を得、この1937年にいたるまで強盗はいない。

＊名を『vaṅ-suoṅ』という moṅ 郡郡長殿は、その盗賊たちに激しく憤激していて、絶えることのない努力で優れた方策を考え、住民たちと協力して一生懸命捜査させ、盗賊たちを次々に突き止めた。氏の名案がどのようなものであるかは不明であるが、本年5月1日、氏の捜査員たちが集まり協力して盗賊たちの ā {chom} と ā {lip} の2名を逮捕し、銃2と刀1も押収した。ā {lip} は抵抗したので住民がその場で殴り殺した。ā {chom} は郡庁に連行し、取り調べのために身柄を証拠の銃とともに裁判所［の検察部］に送った。

ā {chom} と ā {lip} とは大胆な盗賊となって住民に強盗をし、住民を殺して財物を奪ってあるいただけでなく、この2人は大胆で凶悪無類な人間で、これ以前の1936年に gās kraḷa 区の paṅ と ñip を殺害、samroṅ 村 chlāk 区の ieṅ と bram も殺害していた。住民たちはこの2人［ā］を、死神を恐れる人のように恐れていた。ā {lip} と ā {chom} の事件は ā {chām}［注。この名は初出］の事件とともに重罪裁判所にその詳細が保管されている。

私は上に述べてきた盗賊を逮捕した話に大きな喜びを感じ、それで黙っていることができず、盗賊を逮捕して制圧する名案を持つ pārūlat <le résident>［弁務官］殿と māmīñuṅ 氏、『vaṅ-suoṅ』moṅ 郡郡長殿にお祝いの語を呈する次第である。

3-2　子供のための教育

（<gazette>［新聞］19号［2-6］から続く）

自分がまだ幼い時から努力して勉強して一生懸命学問知識を求めることをしなかった生徒は、たとえどんなに長生きしても全く価値がない。「教育が存在しない森に生まれたようなものである」と言うことができる。「自分がこの世で受けるべき重要な利益を捨て去ること」と呼ぶのは、ただ今現在勉学を愛する気持ちのない子供のことである。そして、我々がこの世で自分自身と他の人々に役に立つことをせずに、1日1日を生きていくことは、この世に人間として生まれて来たことを甚だしく損なうものである。あらゆる種類の学問知識を学ぶことは、それを達成すれば、自分の望みを果たすのに十分な種々の品物を手に入れる鍵を得たのと同じである。一生懸命勤勉に学ぶ生徒は全て、持って行ってどこで使っても決して尽きることのない、かつ運搬が難しくなく、保護することも難しくない極めて大きな財産の蔵の鍵の所有者になることができるのは当然である。それゆえ、教育を受けることは幸福と発展を熱心に求める人が常に一生懸命努力して行い、飽きてはならない任務の1つなのである。

（［25号2-1に］続きがある）

3-3　［8号4-3と同一］）

3-4　［広告］お知らせ

皆さんにお知らせ致します。

私の店は大小、漆塗り、銅板張りの棺と棺に張る色紙を販売しています。価格はリーズナブルです。

売っている店は（Verdun）（Rue）［路］、laṅkā 寺の塀の西70メートル、道路の東側にあります。

bejra-ras

3-5　［広告］<jean-comte>商会からのお知らせ

皆さんにお知らせ致します。

当商会では中古車を多数販売しています。価格は200リエルから上です。購入なさりたい方はどうぞ見にいらしてください。もしお持ちの資金がご入り用の自動車の価格に届かない場合には、当商会は毎月50リエルの月賦も致します。

もう1つ、購入希望の車種がございましたら、当<jean-comte>商店にいる nagaravatta <gazette>[新聞]社社長である pāc-jhwn さんにお知らせくださっても結構です。

[仏語] Jean Comte 商会
プノンペン Boulloche 路14号

3-6 金と銀の価格は以前と同じ(<gazette>[新聞]20号[3-2]を見よ)

＊農産物価格

プノンペン、1937年5月20日

籾	白	68キロ、袋なし	2.40 ~ 2.45リエル
	赤	同	2.35 ~ 2.40リエル
精米	1級	100キロ、袋込み	6.34 ~ 6.40リエル
	2級	同	5.90 ~ 5.95リエル
砕米	1級	100キロ、袋込み	5.25 ~ 5.30リエル
	2級	同	4.10 ~ 4.15リエル
トウモロコシ	白	100キロ、袋込み	[記載なし]
	赤	同	6.20 ~ 6.30リエル
コショウ	黒	63.420 キロ、袋込み	13.25 ~ 13.75リエル
	白	同	24.25 ~ 24.75リエル
パンヤ	種子抜き	60.400 キロ	22.75 ~ 23.25リエル

＊サイゴン、ショロン、1937年5月19日

フランス籾・米会社から通知の価格

ショロンの <machine> kin srūv[精米所]に出された籾1 hāp、[即ち]68キロ、袋込みの価格は以下の通り。

籾	最上級	2.66 ~ 2.70リエル
	1級	2.56 ~ 2.62リエル
	2級　日本へ輸出	2.50 ~ 2.54リエル
	2級　上より下級、日本へ輸出	2.42 ~ 2.46リエル
	食用[国内消費?]	2.21 ~ 2.25リエル
トウモロコシ	赤　100キロ、ショロン県マッカサンで売り渡し。	7.05 ~ 7.15リエル
	白　同	0.00 ~ 0.00リエル

米(5月渡し)、港渡し、袋込み、税抜き、1 hāp、[即ち]60.7キロの価格は以下の通り。

精米	1級、砕米率25%	3.84 ~ 3.86リエル
	2級、砕米率40%	3.69 ~ 3.71リエル
	同。上より下級	3.59 ~ 3.61リエル
	玄米、籾率5%	2.93 ~ 2.95リエル
砕米	1級、2級、同重量	3.19 ~ 3.21リエル
	3級、同重量	2.75 ~ 2.77リエル
粉	白、同重量	1.62 ~ 1.64リエル
	kāk[籾殻+糠?]、同重量	0.71 ~ 0.75リエル

4-1 [18号3-6と同一]

4-2 [20号3-1と同一]

4-3 [11号4-2と同一]

4-4 [11号4-3と同一]

4-5 [20号4-6と同一]

4-6 [8号4-6と同一]

4-7 [11号3-2と同一]

4-8 [9号6-5と同一]

4-9 [広告] sīv-pāv。店はプノンペン okñā um 路47号、kāp go 市場の前です。

私は皆さんに事実通りにお話し致します。私のところには民族を問わず多くの人から、医者がよく言うように、「この病気、あの病気は金[かね]いくら分の薬を服用すると治るのか」という質問の手紙を皆さんからたくさん受け取ります。事実を申しますと、いくら[金を]かけたら治る、ということを約束して決める勇気はありません。私は、「私の薬は病気をおこす毒を本当に殺すことができる」ということを知っているだけです。少し服用して治る人もいます。たくさん服用して治る人もいます。たとえば、梅毒や下疳は、2.00リエルかかった人がいます。5.00リエルの人もいます。10.00リエルの人もいます。もう少し超えた人もいます。淋病もあるともう少し長く我慢して服用しなければなりませんが、必ず完治します。この淋病は、時には強情で、長期間、2から3ヶ月服用して完治した人もいますし、早く治った人もいます。たとえば結核の咳、痰が出る咳、肺の痛みの薬は2.00リエル服用して治った人がいます。5.00リエルかかった人もいます。10.00リエルの人、15.00リエルの人もいます。20.00リエル以上で治った人もいます。アヘンをやめる薬は定まっています。1回吸う分は2 sen、つまり1日にアヘンを吸うのを1回減らすのに2 sen かかります。即ち1日に50回吸う人は、薬は1日に1.00リエル服用しなければなりません。このようにして計算すれば[いくらかかるか]わかります。

4-10 [20号4-11と同一]

4-11 [8号4-9と同一]

HEBDOMADAIRE PARAISSANT TOUS LES SAMEDIS

(Boite Postale N° 44)

第1年22号、仏暦2480年9の年丑年 jesṭha 月下弦4日土曜日、即ち1937年5月29日

［仏語］1937年5月29日土曜日

1-1 ［仏語で「私書箱 No.44」が加わった以外は8号1-1と同一］

1-2 ［デザインが少し変わった以外は8号1-2と同一］

1-3 ［デザインが少し変わった以外は8号1-3と同一］

1-4 ［8号1-4、1-5と同一］

1-5　カオダイ教について

カオダイは roṅ ṭamrī 省［sruk］（コーチシナ）［＝タイニン省］で最近生まれたばかりの宗教で、クメール国に最近広がって来て、フランス政府の大きな気に入らないものになっている。1937年5月21、22、23日に、この宗教を信じる人たちが教会完成式と呼ぶ大きい儀式をプノンペン市で行った。コーチシナ国でこの宗教ができた当初、この宗教の様子を見ると、この宗教は仏教、sāsanā <catholique>［カトリック教］、イスラム［教］、儒［教］、などの他の大きい宗教の教義と実践規則とを取り込んで混ぜて1つにするという策を取っていて、クメールの宗教に一部分合致するので、他の民族も気に入って多数が入信した。［それを］見て、政府は、［カオダイ教を］信じ、［それを］求めて［タイニンに］国境を越えて行った、タイニンに近いスヴァーイ・リエン州とプレイ・ヴェーン州、その他の州のクメール人を処罰した。その時は、政府はクメール官員を派遣してフランス保護国政府に協力させ、行って調査して民衆にタイニン省［sruk］に行くことを禁止し、それから法律とカンボジア国王勅令にあるように入信する者を処罰する規定を出した。

その後政府は、我々クメール人がこの宗教に入るのを恐れていて、何か用があって道を知らなかったり、道に迷ったりでその近くに行った僧侶と在家何人かを捕えて叱責した。見るところ、フランス政府はこの宗教に入信することを最も嫌うばかりでなく、歩いていて道に迷ってカオダイの教会の近くに行く人も好まないようであった。

政府がそのように嫌うのなら、「なぜカオダイ教はクメール国に来て地歩を固めることができたのか」と nagaravatta は大きい疑問を持つ。現在、大きくてしっかりした教会の敷地が<pasquier>広場にでき、優婆塞優婆夷が、ベトナム人も、中国人も、クメール人も、さらに何人かのフランス人までもが参加して大きな儀式を行い、［それを］民衆が大勢一面にぎゅうぎゅうになって見に行った。すでに公布され、［カオダイ教を］禁止したクメールの法律と、カンボジア国王の勅令は、根元はきつく先はゆるくて効力が消えてなくなったかのように見える。以前、クメール人がカオダイを求めてタイニン（コーチシナの roṅ ṭamrī）に国境を越えて行くことを禁止し、処罰したのが、しばらくするとカオダイがやって来てクメール国の鼻先に接している壇の上にいるのである。一緒にいるのだから、どんなに禁止しても聞いて従うはずがない。

当初、nagaravatta は、「フランス政府がカオダイにクメール国に来て居を構えることを許した」と推測した。しかし深く考えるとそうではないことがわかる。なぜなら、カオダイ教に対する規制としてすでに出された規定は、全て［保護国政府とクメール政府の］2つの政府が協同して制定したもので［注。カンボジア国王布告は高等弁務官の執行同意署名が必要である］、どちらか片方だけが制定したものではない。もしフランス政府がカオダイ教にクメール国に侵入して来るのを許したのなら、クメール国の父母であるフランス政府が甘言で丸め込んだか騙して子や孫を罪に落としたようなものだからである。即ち政府はカオダイにクメール国に居を構えることを許し、そして入信したクメール人をさっさと処罰した。しかし、この件はフランス政府が［カオダイ教に］クメール国に入るのを許したのではないのは確かである。一方クメール政府の方もそうではない。なぜならフランスの命令下にあるのに、どうしてそのようなことをする勇気があろうか。

この奇妙な話は甚だ疑問がある。

以前、クメール国には仏教1つしかなかった。フランス人が来て我が国を征服すると、sāsanā <catholique>[カトリック教]も同行して来た。しかし、クメール政府はクメール人に入信を禁止し、この宗教の人たちに自分の民族だけを教導し入信させることを許した。その後、<protestant>[プロテスタント]や<évangélique>[福音派]などの他の宗教がクメール国にどんどん侵入して来た。もしフランス政府政府がこのまま放置するなら、仏教は将来発展し成長することがないことを恐れる。

1-6 諸国のニュース

1-6-1 スペイン国

(ロンドン)市、5月14日。(Havas)電。本日、(Hunter 15)という名のイギリス軍艦が(アルメリア)県の前で機雷1個に接触、その機雷が爆発して<hunter>を破壊し、同船の乗組員24名が死傷した。爆発後他の船が救助に行き、間に合って艦<hunter>をアルメリア県に曳航した。艦<hunter>は anupakārasamāgama(Comité de non intervention)[不干渉委員会]から、他国民が[スペインの]敵対している両派のいずれかの助力に行かないように監視するよう定められていた。同艦が被害を受けたことを聞いてイギリス政府は大きい衝撃を受け、「調査してどちらの派がこの事件を起こしたが判明したら、必ずその派を罰する」と述べた。

*(バレンシア)市、5月15日。スペイン国首相である(Caballero)氏[M.]が他の大臣と共に辞職[=総辞職]した。

この辞職は、大臣全てが互いに異なる主義を持っているので、共に仕事をする人たちがそれぞれ[自分の]考えに従って行動し、その結果先日(バルセロナ)県で騒動が起こったことによる。

統括する大臣がいないこの時に、反乱派側の機がバレンシア市上空へ飛び、爆撃し、住民30名が死亡、150名が負傷した。

5月18日になって(Negrin)氏[M.]を首相に任命し、[氏は]よたよたと他の大臣を任命した[=組閣した]。

就任するに際して(Negrin)氏[M.]は、「全力を尽くして反乱派と戦う」と述べた。

*(パリ)市、5月18日。(ロイター)電。スペイン国政府側機が航路を迷ってフランス国領内に着陸した。フランス国政府は同機の操縦者を裁判所で裁かせるために拘禁している。

*(ビルバオ)県、5月18日。反乱派側軍は(Amorebieta)県に到達した。住民は倉庫から武器を運んで避難した。同県から避難する前に、住民は多くの地点で家に火をつけて焼いた。反乱派はさらに集落8を占領した。

*ロンドン市、5月18日。諸<gazette>[新聞]は反乱派側機が政府軍の後方にいたイギリス人医師たちを爆撃した。また、(トレド)県地区で戦闘をした時に、反乱派機がスコットランド人の診療所を3ヶ所完全に破壊した」と報道している。

1-6-2 イタリア国

ロンドン市、5月18日。そろってイギリス国を非難していたイタリア国の諸<gazette>[新聞]が今は沈黙している。現在[イタリアとイギリスの]両国が互いに少し和解したからである。これらの<gazette>[新聞]はイギリス王の即位式については口を閉じて[何も]言わなかったが、現在口を閉じているのを中止した。

この両国が仲違いしてイギリス国政府に衝撃を与えた時、イタリア国駐在のイギリス大使はイタリア国外相である(チアノ)氏を訪れ、「イギリス国政府がイギリスの<gazette>[新聞]にイタリア国について根拠のない非難をするように命じたのではない」と説明し、信じさせた。

1-6-3 ドイツ国

(ベルリン)市、5月20日。<havas>電。(デュッセルドルフ)県で、(Von Epp)という名のドイツ将軍が、「ドイツ人はきっともう一度[旧]植民地を取り戻す。[旧]植民地が平穏に返還された時に沈黙する」と述べた。

1-7 土曜評論

nagaravatta 新聞の総務部に対する多くのタイプの非難を持っている<gazette>[新聞]読者たちがいます。

私は何ヶ月間も非難されるままに放置してきました。「しばらくすればきっとこの人たちはそれ以上非難することができなくなってしまう」と思っていたからです。[しかし、]私はもうこれ以上黙って我慢して答えないでいることができなくなりました。非難がますます多くなってきたからです。「この<gazette>[新聞]は三国志演義ばかり載せている」と非難する人々がいます。「<gazette>[新聞]が来ると、毎回真っ先に三国志演義だけを読む」人たちもいます。

また、「商業情報を載せて何になるのか。これらのことは全部、全ての人が知っている」と非難する人たちもいます。この非難する人たちは、「これらの情報は全て商売をしている人たちが料金を支払って掲載させている」ということを知らないのです。

「この<gazette>[新聞]は大きい文字ばかりで印刷するから記事が少ない。どうして小さい文字で印刷しないのか」と非難する人もいます。

さらに別の人々は、<gazette>[新聞]を受け取るのがとても遅いことと、<gazette>[新聞]が失くなることを不満に思っています。

私はお答えいたします。<gazette>[新聞]のそれぞれ[の号]には、あらゆる種類の記事があるべきです。それは、それぞれ1つの記事が全ての読者の意に適うことはできないからです。ある人はこの記事を好み、ある人はあの記事を好みます。どこか気に入ったところがあったらそこだけを読んでください。そして、人は自分が気に入る記事だけを載せるように命令する権利を持つべきではありません。もし1人の命令に従うと、必ず別の意見を持つ人がいて、さらに命令します。もし全ての人が私に命令に従わせようとしたら、いつになったら仕事が出来るでしょうか。商業情報を掲載するのは、[掲載]料金を得て、<gazette>[新聞]を印刷する費用の助けにすること、ただ1つのためだけです。

我々は<gazette>[新聞]に掲載する記事に不足はしていません。記事が少ししか掲載できないのは、大きい文字で印刷しているのが原因である事は事実ですが、小さい活字がない場合は、我々にどうさせようと言うのですか。我々の心は小さい文字だけで印刷したいと強く思っています。他人に言われるのを待つことなく、[小さい活字を使えば]記事をたくさん載せることができるということはわかっているからです。

<gazette>[新聞]が紛失することと、<gazette>[新聞]を受け取るのが遅いことは、現在行なっている仕事は大変綿密ですから総務部によるものではありません。<gazette>[新聞]の紛失、あるいは購読者の所になかなか届かないのは、恐れる事なく盗んで読む人によるものです。我々は何回も何回も<poste> khsae luos[郵便局]に訴えました。しかし、rājakāra <poste>[郵政局]は、「全ての落ち度は地方の郵便配達人にある」と回答します。<gazette>[新聞]を盗んで読む人は、もし訴えられたらきっと中級罰で罰されるということに気が付かないのです。現在、我々は犯人を見つけられないでいます。しかしいつか犯人を見つけることができた時には、必ず告訴して処罰させます。これらの人々が、<gazette>[新聞]購読者に、我々に対してる立腹させているのは間違いありませんから、今後このまま放置して盗ませておくと、必ず我々の<gazette>[新聞]は潰れるからです。

<gazette>[新聞]を2－3ヶ月読んでから、一転して送り返してきて、「購読しない」と言う人がいます。<gazette>[新聞]を読む規則は、4部[＝4週間]読んだら送り返すことはできません。ずっと買うことを志望したものとみなされます。

「我々が[新聞の]仕事を全力ではなく片手間でやっている」と非難する人がいます。この非難は一部当たっています。しかし、我々全ては、現在<gazette>[新聞]を作ること1つだけで生計を立てているのではありません。わずかの時間があれば、それを懸命に利用して民族を助けるために仕事をし、我々全ては自分個人の仕事を敢えて捨てています。もし我々が<gazette> [新聞]を作ること1つだけで生計を立てているのなら、どうぞ非難してください。

もう1つ、我々は、<gazette>[新聞]を作ること1つだけで生計を立てる人を好み、欲しいと思っています。しかし我々は[新聞作りだけでは]生計を立てられません。今、我々が仕事をしているのは、<gazette>[新聞]のおかげで金持ちになりたいのではありません。今、人々が<gazette>[新聞]を購読[して支払う]金は、印刷料の支払いにあてるのに足りるだけです。私たち全ての月給にはしていません。

あなたたち全員が、<gazette>[新聞]を発展させ成長させ広まらせたかったら、皆さんそれぞれが<gazette>[新聞]を購読して援助してください。<gazette>[新聞]購読者の皆さん全てが代金を支払ってくださったら、我々は自分たちで印刷所を1つ買う－作ることを考えることができます。自分の印刷所があったら、この<gazette>[新聞]は発展することができ、価格も安くなります。我々の<gazette>[新聞]が発展したら、我が民族もきっと発展します。

あなたがまだ<gazette>[新聞]の代金を支払っていなかったら、<gazette>[新聞]はどうやって速く発展することができるでしょうか。現在私は敢えて自慢します。我々の仲間以外に、同民族の中に、敢えてこの仕事を引き受けようとする人は誰もいません。このように敢えて自慢するのは、私がクメール人の性格をはっきりと知っているからです。現在の私のように、前や後ろで非難されたら、我慢して仕事を続けることができる人は誰もいません。現在仕事をしている私の方は、あまり間違いをしていないと私は知っています。なぜなら、普通、何か仕事をする人は、正しいこともあれば間違うこともあります。仕事をしない人だけが間違わないのです。仕事をしない人が、「おまえより偉い」と自慢するのには、私は耳を貸しません。私の心は強情で、たとえ罵られ非難されても私は敢えて耐えて、1人で仕事を続けます。

ācārya {kuy}

1-8 [nāṅ 氏の顔写真があるほかは、21号の1-8と同じ]

1-9 姓と日常使用する名について述べる

我々クメール人の多くがまだ「姓」について理解していないことに私は気付いている。この

「姓」は中国人が<sae>[姓]と呼ぶもので、「氏[うじ]」である。即ち決して変わることなく常に同じものである。息子がなかったら、氏はそこで絶える。しかし娘がいて、その娘が正式に夫を持たずに息子を持ったら、その子がその娘[=母親]の氏の名を使い、氏を後に続けることができる。

我々が「姓」と呼ぶものは、フランス人は(Nom)と呼び、「名」と呼ぶものは、フランス人は(Prénom)と呼ぶ。「名」は、生まれた時に、父ー継母ー叔母ー叔父ー祖父ー祖母など[ママ。「母」がない]が可愛がってつけたりして、1人の人が多数持つこともある。

我々クメール人には、この2つの「名」をきわめてしばしば混同している。たとえば、『sim』[注。原文はswmであるが、後半はsimになっているので、以下いくつかのswmはsimで統一する。ちなみに、swmとsimは異綴同音である]という名の人が、1907年に父親、名はputがまだ生きており、祖父は死んでいた場合は、法律で以後ずっと父の名『put』を姓にしなければならなくなった。即ち『put-sim』としなければならなくなったのである。名がsauなら『put-sau』、punなら『put-pun』で、以後ずっとこの姓putを使い続け、変えないことになった。

もし1907年に、simの祖父、名はkaevがまだ生きていた場合には、simはkaevを姓にしなければならなかった。即ち『kaev-sim』、『kaev-sau』、『kaev-pun』などである。

ちょうど1907年に生きていた人の名を姓として使う理由は、この1907年に、姓と名とを使用させることを定めた、9の年未年 āsādha 月上弦6日火曜日、即ち1907年6月16日付国王布告29号が存在することによる。

我々クメール人は、まだこの点について多くの人が間違えている。即ち次々と父親の名を[子の]姓にしているのが見られる。たとえばsimの姓がputであるとする。[このsimに]子供sauが生まれると、[その子の]姓をsimにして『sim-sau』とし、『put-sau』とはしない。そして次に、sauに子『pun』ができると『sau-pun』としていく。こうして本当の姓、即ちputは捨てられて消えてしまい、[代を]続ける度に姓が変わっていく。

この間違いは大きな誤りである。地方の農村の人々は、ほとんど全ての人が間違えている。村長ですらまだ多数が間違えていて、書類に記入したり、あるいはsievbhau <état civil>[戸籍簿]がまだできていなかった1912年以前に生まれた人々の代用出生証明書に記入する時に間違えている。

戸籍簿の中で村長は、婚姻簿に記入する場合に妻[=新婦]の姓を、あるいは出生簿に記入する場合には[新生児の]母親の姓名を記入する欄に、[妻、あるいは新生児の]父親の姓を[妻、あるいは新生児の]母親の姓として記入するという間違いをしていることが多い。たとえば、[夫は]名がsimで姓がput、妻の名がput-sam[ママ。putは夫の姓であるから誤りで、ここは「妻の名」であるから単に「sam」が正しい]であるとする。子供が生まれてsievbhau <état civil>[戸籍簿]に記載するよう申請した時に、[子供の]父親の姓名はput-sim[と記入し]、[子供の]母親の氏名を記入する欄に[子供の父親の]姓putを使ってput-samと記入するのは明らかな間違いで、put-sam[ママ。仮に妻の姓「x」として、「x-sam」が正しい]と記入しなければならず、[子の]父親の姓を[子の]母親の姓として使ってはいけないのである。妻が夫の姓を使わなければならない、つまり自分の姓でなく夫の姓を使わなければならないことが多いのは事実であるが、戸籍簿には妻の姓が明らになるように記入するのが法律上正しいのである。[注。このパラグラフの要旨は、女性は婚姻後も姓は変わらないという中国式をカンボジアは採用しているのに、婚姻後の女性は夫の姓を姓にするというフランス式であると誤解している人が多い、ということである。このパラグラフは誤植が多いが、植字工もわけがわからなかったのであろう。ちなみに、2つ上のパラグラフの尻取り式に代々父親の名を子の姓にするという誤りは、1960年代にまだ一部の知識層にも行われていた]

(まだ[24号2-1に]続きがある)

khmaer ṭœm

2-1 装飾

「美しくかつ安い」ことについて述べる

「美しくかつ安い」ことを得ることについてまだはっきり分かっていない人が多くいる。この方たちは、何かをしようと思った時に、職人をたずねて探そうとはせず、費用を訊ねて比較することをしない。すぐに親戚、あるいは知人、あるいは以前から使っている人にその仕事をさせることに決める。それゆえ、その仕事は美しくなく、しかも[費用が]他より高いことが多い。しかし、その方たちの望みは「美しくかつ安い」ことを得ることである。もしそれを望むのなら、どうして近所にいる職人のことを考慮しないのか。

なぜ新聞に広告を出すとか、人が集まる所で広く知らせて、職人たち全てに来させて入札させないのか。

なぜ、「学問知識と腕前、さらに考えと行動がきちんとしていて良い」という証拠を持っている職人を選ばないのか。

「職人を選ばない」ということは実に劣ったことで、仕事をいい加減な、装飾の正しい方法のプランに合わないものにしてしまい、「クメール国にはこれより良い仕事ができる職人はいないのか」という悪口を言われることになる。だが、実際は[すぐれた]職人が稀れなのではなく、職人を選ぶことを知ることが稀れなのである。皆さんが職人を探して選び、入札をさせれば、あなたがたの仕事は確実に美しくかつ安くできる。さらに、「クメールの装飾はとてもすばらしい」と褒める言葉を受けられるのは、「1は確かに1、10は確かに10」くらいに確実なことである。

sāy

2-2　ある少年の物語

（<gazette>［新聞］20号［2-1］から続く）

それから伯父は eksaelsīyœr と呼ぶ映画館に映画を見に入った。この映画を見ると、像があるだけで話さなかった［＝無声映画］。

映画が上映されている時、少年の不思議に思う気持ちと賛嘆の気持ちは尽きることを知らず、伯父にあのように見える理由を次々に尋ねた。伯父は［答えに］詰まって、「伯父さんは知らないのだけど、小さい絵から写して像にして白い布に大きくするのだと聞いたよ」と話した。

9時になると映画のその回の上映は終わり、伯父は弟と甥とを連れて人力車に乗って家に帰った。家につくと3人は着替えて外のベランダに出て座って休んだ。その時、伯父は cau {sun-lṅa}［ママ。「sun-khlāv」が正しい］に、「商店街に行って楽しかったか」とたずねた。

甥は答えた。「伯父さん、比べられるものがないくらいとても楽しかったです。でも私はまだ疑問に思っているのですが、どうしてこの国では、人間を使って車につけ［て曳かせる］のですか。私の国では生まれてから1度も人を車につけ［て曳かせる］のを見たことがありません。ウシとスイギュウしか見たことがありません。ウマでさえ人が乗るのに使うだけで、［車につけるのは］見たことがありません」

伯父は甥の質問を聞いて、恥じるような様子をして答えた。

「お前が言う言葉は本当だ。我々人間は、今無学無知、貧乏、困窮に虐げられ、とても落ちぶれてしまっていて、どのような生業を探せばいいのかわからず、他人［＝ウシとスイギュウ］の職務を奪っていて、それでもまだ自覚していないのだ」

甥は聞いてからさらに訊ねた。「では、なぜ車を引いているのは、クメール人が別の民族より多いのですか。他の民族では、ベトナム人はちらほら見えましたが、中国人は1人もいませんでした」

伯父は答えた。「クメール人ばかりが多いのは、クメール人は人口が多いし、そして貧乏困窮も他よりとても多いことによるのだ。この貧乏困窮は、この我々クメール人が原因で起こる誤りなのだよ」

甥は、「なぜそうなのですか」と訊ね、伯父は答えた。

「このように言う理由は、我々クメール人は極めて怠惰で、このクメール国の土地にいる全ての民族のなかで、ṅa や guoy［注。いずれも先住民族］たちを除けばクメール人ほど怠惰な民族はいない。多くの人はうんと楽しく遊んで笑うことをするだけで、何も考えず、自分の民族、自分の国のことを忘れてしまっているからだ」

khmaer pūrāṇa

（さらに後の週［＝28号3-6］に続く）

2-3　新時代のクメール人の kāra siksā（éducation）［教育］

フランスが我が国に持って来てから aḍḍhasatavatsa［半世紀］（kanlaḥ rai chhnām）［50年］以上がたつ西洋式文明は、クメール人を少しずつ発展させて来た。即ち学問方面、経済方面、交通路方面などで発展させた。この“発展する”という語は“変化する”と言い換えることもできる。ただし、“良い方面への変化”である。やって来て我々の古くからの文明と接触し衝突したヨーロッパ型文明は、良い方面だけへ変化させるものではない。悪い道へ変化させないように我々は一生懸命努力する必要がある。

私は、我々クメール人の風俗習慣の変化1つだけを取り出して皆さんに解説して聞いていただく。

昔から子供は、寺にいる2-3年間以外は、成人して妻あるいは夫を持つまでは、両親の近くにいるのが常で、完全に両親の教えの下にいる子供は全て両親から忠告による教育を受け、躾けを得た。現在、即ちほぼ15年ほど前から現在まで、財産があり、地位がある人は決まって子供をフランス学校に学びに行かせるようになり、これは我が民族を人並みに、時代に遅れないように目覚めさせるために、大変素晴らしいことであるとするべきである。しかし、フランス学校に入学した子供の多くは、まだ道理がわからない時から父母と離れ、以前の子供と違って寺にも住まない。父母は昔からのやり方で子供に忠告する時間がなくなり、僧の方はこの良家の子供達を教えて心を礼儀正しくさせ、貴い宗教である仏教のことを理解させ、自分自身の義務として仏法僧を尊ばせることができない。それだけでなく、このグループの子供達はさらに不幸なことに、フランス式の教育をしっかり受けることもできない。フランス学校の中では、教師は種々の学問方面をたくさん教えるのは事実であるが、躾け教育方面は薄くしか教えないからである。

それゆえ、新時代の子供は、自分が理解できない宗教に対する敬意を失い、［宗教は］自分が学習して来た科学のように確かな根拠があるものではない迷信であると言う者がいる。言動をクメール人全体の躾けに従って礼儀正しく丁寧にすることができない者もいる。フランス式に行動するとは言うが、完全なフランス［式］を守るのではなく、両方とも中途半端である。「自分は他の人より知識が多く、自分よりはるか年長で仕事も先輩である他の高級官吏より身分も地位も上だ」と思い込む者もいる。「年齢も尊敬の対象の1つである」と考えることを忘れている。

古い時代の人は今の時代の若者に慈悲をもってほし

い。次のように話しているのを聞いて、私が[盗み聞き]の罪をおかしてしまったあるthīのように立腹しないでほしい。

ある日、そのthīはプノンペンからバット・ドンボーンまで汽車に乗り、kāla jhap samrāk(vacance)[休暇]で帰省する sālā <lycée>[中高等学校]の生徒たちの1群と一緒になった。そのthīはたいへん悔しがって、「今の子供は礼儀を知らず、傲慢な態度で歩いて肩にぶつかる。教え諭す親も師もいないみたいだ」と言った。彼はあまりにも腹を立て、その時以来[中高等学校の]卒業生友愛会を脱会するまでになった。

(まだ[23号2-1に]続く)

khemaravāṇija

2-4　三国志演義[省略]

3-1　訃報

1937年5月18日、シエム・リアプ<poste>[州庁舎]の商人で、nagaravatta <gazette>[新聞]の友人である oṅ-dhi 優婆塞が老衰のためプノンペン市の病院で亡くなり、彼岸に旅立った。遺体は習慣に従って葬儀を行うために、既に家族がシエム・リアプの自宅に運び安置した。oṅ-dhi 優婆塞はとても良い人で、仏教に強い信仰心をもち、誰の悪口も言わず、いつも憐みの心をもち、常に貧しい人に施しをしたので、[同]優婆塞の死は多くの人々に深い悲しみと哀惜をもたらした。

[同]優婆塞の家族は oṅ-pun-ḷuṅ という名の子息がただ1人残っただけである。sak 優婆夷という名の[息子の]母[＝oṅ-dhiの妻]は、我々が以前<gazette>[新聞][＝7号以前]でお知らせしたように、すでに亡くなっている。

＊もう1つ、クメール政府の司法部門と行政部門とシソワット校卒業生友愛会、さらに nagaravatta も、仕事を助けてくれる人であり、かつ友人であった2人と永遠に分かれることになった。即ち高等裁判所 cau krama であった okñā subhādhirāja (sū)氏が5月17日月曜日に56歳で肺の病で亡くなり、5月24日に、kraḷāñ 郡(シエム・リアプ)の郡長であった gaṅ-ṇai 氏が肝臓病で亡くなった。gaṅ-ṇai 氏は nagaravatta の素晴らしい友人の1人であり、氏はまだ若く、31歳になったばかりで、まさに働き盛りであった。

nagaravatta は上の故人3名の霊魂を尊敬の念をもって拝し、3名の故人の、悲しみに覆われている遺族にお悔やみを申し上げる。また[故人]3名の霊魂が永遠に幸福のみがある新たな世界に生まれることをお祈りする。

3-2　[21号3-4と同一]

3-3　[21号3-5と同一]

3-4　金と銀の価格は変化なし(<gazette>[新聞]20号[3-2]を見よ)。

＊農産物価格

プノンペン、1937年5月27日

籾	白	68キロ、袋なし	2.40 ~ 2.45リエル
	赤	同	2.35 ~ 2.40リエル
精米	1級	100キロ、袋込み	6.35 ~ 6.40リエル
	2級	同	5.85 ~ 5.90リエル
砕米	1級	100キロ、袋込み	5.25 ~ 5.30リエル
	2級	同	4.00 ~ 4.05リエル
トウモロコシ	白	100キロ、袋込み	[記載なし]
	赤	同	6.45 ~ 6.50リエル
コショウ	黒	63.420 キロ、袋込み	13.25 ~ 13.75リエル
	白	同	23.50 ~ 24.00リエル
パンヤ	種子抜き	60.400 キロ	21.75 ~ 22.25リエル

＊サイゴン、ショロン、1937年5月26日

フランス籾・米会社から通知の価格

ショロンの<machine> kin srūv[精米所]に出された籾1 hāp、[即ち]68キロ、袋込みの価格は以下の通り。

籾	最上級		2.67 ~ 2.71リエル
	1級		2.59 ~ 2.63リエル
	2級	日本へ輸出	2.51 ~ 2.55リエル
	2級	上より下級、日本へ輸出	2.43 ~ 2.47リエル
	食用[国内消費?]		2.24 ~ 2.28リエル
トウモロコシ	赤	100キロ、ショロン県マッカサンで売り渡し。	7.25 ~ 7.35リエル
	白	同	0.00 ~ 0.00リエル

＊米(5月渡し)、港渡し、袋込み、税抜き、1 hāp、[即ち]60.7キロの価格は以下の通り。

精米	1級、砕米率25%	3.86 ~ 3.88リエル
	2級、砕米率40%	3.71 ~ 3.73リエル
	同。上より下級	3.61 ~ 3.63リエル
	玄米、籾率5%	2.93 ~ 2.95リエル
砕米	1級、2級、同重量	3.16 ~ 3.18リエル
	3級、同重量	2.65 ~ 2.67リエル
粉	白、同重量	1.66 ~ 1.68リエル
	kāk[籾殻＋糠?]、同重量	0.00 ~ 0.00リエル

4-1　[18号3-6と同一]

4-2　[広告][20号3-1とほぼ同一]

仕立て師職匠である<paul-léon>はパリ市被服学協会[ママ。下のフランス語文中の「académie」を「学院」ではなく「協会」であると誤解している]からの卒業証明書と<médaille d'honneur>[栄誉章]も持っています。私はプノンペン市<paul bert>路49号に仕立て店を開きました。美しい布地があり、価格はリーズナブル、仕立ては美しくご期待に背くことはございません。

［仏語］ PAUL-LÉON は、パリ国際服飾学院の修了証書と、雑誌 "Au Grand Chic Mondain" を創刊したことを顧客に知らせる名誉章を持っています。［店は］プノンペン Paul-Bert 路47号です。

中国の織物、リーズナブルな価格

完全無欠な裁断

店主－裁断師
Paul LÉON

4-3 ［11号4-2と同一］

4-4 ［11号4-3と同一］

4-5 ［20号4-6と同一］

4-6 ［8号4-3と同一］

4-7 ［8号4-6と同一］

4-8 ［11号3-2と同一］

4-9 **［広告］**［注。この広告文主のクメール語は少々おかしい。また医学的にも正しくないが全て原文のママである］

梅毒、淋病、下疳を治す第一級の薬。これら全ての病気の毒を完全に殺し、確実に完治させ、再発させません。

プノンペン okñā um 路47号、kāp go 市場の前の "sīv-pāv" 店で販売中

［仏語］Mr TRUONG-LONG-BÀO、通称 XIEU-BÀO
精神医学、Phnom-Peñ、Ok-ña-Oum 路47号

［ク語］この薬は良く効き、梅毒の<microbe>［菌］の毒を殺すことで有名です。どんなに重く、どんなに長く罹っているものでも、この薬を服用すると必ず［身体の］内部から治り、その後もう妻子を苦しめません。

梅毒は全身に赤い発疹ができます。あるいは悪化すると毒になり、燃えるように痛み、性器の先端部に潰瘍ができて溶け、両腋のリンパ線が腫れます。この毒の潰瘍はとても痛く、マンゴーの種子のようになることもあります。この病気は［症状が］一定しません。完治したかと思うと再発し、髪が全部抜け、腹がゴロゴロ鳴ります。しばらくするとこの病気は再び痛みが激しくなります。この病気は少しよくなっても完治したと早合点してはいけません。［身体の］内部に潜伏しているからです。しばらくすると淋病になります。淋病になった初期には性器の先端口から時には少なく、時には多く膿がでます。排尿する時は刃物で刺すような痛みがあります。どんなにいきんでも［尿は］少しずつしか出ず、時には血が出ることもあります。しばらくすると睾丸が腫れ我慢できないほど痛みます。15日、あるいは1ヶ月、あるいは2ヶ月たつと膿と血が減り、排尿も朝だけは楽になりますが、手でしごいてみますと血膿が少し出るか、木綿糸のようなものが見えます。患者は自分の病気は治ったと思いますが、実は病気がまだ［身体の］内部に潜伏していることを知らないのです。長く放置しておくと、痔になり、神経が麻痺して、キリキリ痛むか、性器が麻痺して勃起不能になります。

梅毒はとても強力な毒を持っているので解説しきれませんので省略いたします。この病気に罹っているのに薬を服用して完治させなかったら、後日、別の100種類の病気を起こし、潰瘍になって腐り、骨がぼろぼろになり、鼻が欠け、喉ひこが痛み、神経が麻痺し、視力を失い、肺が痛み、心臓が痛み、肝臓が痛み、癩病にもなります。このような苦しみは述べ尽くすことができません。

女性も男性と同じように［梅毒に］罹りますが、あまり外部に症状が出ないので気がつきません。病気になって長くたつと、白帯下、子宮痛、月経不順、骨や神経が痛む、胎児を保てない、即ち流産癖、不妊症などになります。子供が生まれると、その子供は一面にできものがある、種々の不具、痩せて無力、佝僂病、感覚の五門の不備、あるいは幼い時はあまり病気にならないが、成長して重い癩病になる、などです。

ですから皆さんは、もしうっかりして梅毒に罹ったり、あるいは罹って何年もたってまだ完治しない人は、効く薬を一生懸命さがして服用して完治させてください。［そうしないと］将来多くの種類の苦痛が生まれます。この病気を軽視してはいけません。

私の梅毒の薬は第1級の効き目で有名です。重症の患者を多数救ってきました。あらゆる方角の薬を服用して治らなかった人が、私の薬を服用した時に皆完全に治りました。

敢えて言いますが、私のこの梅毒の薬は実によく効く薬です。どんなに重症の人でも、この薬を服用すれば望み通りに治るからです。潰瘍がくずれて溶けている人は100％の人が治ります。淋病と梅毒に罹って、陰茎に nam pañcak［＝米粉で作るそうめんのような食品。カレーをかけて食べる］の押し出し器のような穴があいている人でも、私の薬を服用すれば、驚嘆するほど効く薬ですから治ります。

私は、まだこの病気にかかっていない皆さんに申し上げます。この毒は実に恐るべきもので、コブラの毒以上で、虎より凶悪ですから、うっかりしないでください。何も［悪いことを］しないでいる妻子に伝染して苦しめることもあるのです。皆さんにご注意申し上げるのは以上です。［失礼を］どうかお許しください。

4-10 ［20号4-11と同一］

4-11 ［8号4-9と同一］

Samedi 5 Juin 1937

HEBDOMADAIRE PARAISSANT TOUS LES SAMEDIS

(Boite Postale N° 44)

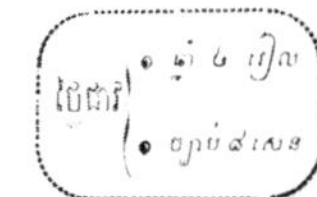

第1年23号、仏暦2480年9の年丑年 jesṭha 月下弦11日土曜日、即ち1937年6月5日

［仏語］1937年6月5日土曜日

1-1　［仏語で「私書箱 No.44」が加わった以外は8号1-1と同一］

1-2　［デザインが少し変わった以外は8号1-2と同一］

1-3　［デザインが少し変わった以外は8号1-3と同一］

1-4　［8号1-4、1-5と同一］

1-5　体育は民族の力である

我々は、「我々自身は無学無知な人間である」と悩んだり、あるいは、「我々は知識があり賢い人間である」とうぬぼれるべきでない。なぜならば、人間が生きて行くことにおける重要な基礎は、無学無知であるとか賢いとかいうことにあるのではなく、仕事をする勤勉と努力にあるからである。もし我々が仕事をする優れた知恵をすでに持っていて、［さらに］努力を持っていたら、それは我々の知恵をますます優れたものにする。あるいは、もし我々が無学無知でしかない人間である場合には、仕事をする努力をたくさん持つべきである。勤勉が、我々が知恵を増やす助力をする。「我が国に入って来て住んでいる中国人の多くは資本や財産を持って来たのではない。衣服1そろいと「ござ」と枕とを持っていただけの人もいる。そして［我が国に］住んでいくらもたたないうちに、ほぼ10年か20年で身を立てて thaukae、即ち me hāṅ［商店主］になっている」ということを、我々はしばしば聞いたり見たりしている。我々は、「彼らは我々より優れた知恵を持つ」と言うのか？ そうではなく、「彼らは理にかなった生活方法を我々よりもよく知っている」と私は思う。このような例は、「苦しい仕事をすることにおける勤勉と努力こそが、我々人間が生きていく上での重要な基礎である」ことを、我々に目で見て確かにわからせ、確かに信じさせるのに十分である。

仕事に一生懸命な人は当然忍耐を持っており、これがその人にとって素晴らしい長所である。この忍耐こそが、心と体に常に仕事をきちんとするように命令し、脳の力を、土に植えて良く世話をした栽培作物のように、発展させ成長させるのは当然である。忍耐がない人は当然、物事を考える思考力を将来発展させ増やす体力と精神力がないし、未来へのしっかりとした望みも持たない。翼が折れた鳥が、全ての鳥たちと同じように飛びたいと思っても、［枝に］摑まりそこねて落ちて地面で手足を折るのを恐れて飛ぶ勇気がないのと同じである。

しっかりした体力と精神力をもつ人は、自分を支配して自分の身体の長になることができ、とても高い価値をもつのは当然である。仕事をして成功する人と成功しない人との間の相違は、仕事をする忍耐と、身体を向上させ身体を大切にする気持ちである。丈夫でない身体を持つけれど忍耐心を持つ人は、丈夫な身体を持つが常に頑張る精神が足りない人にきっと勝つ。

忍耐は我々人間に一生懸命に積極的に仕事を、あるいはつらい仕事をさせることができ、“balasiksā［体育］”即ち“kāra hāt prāṇa［身体の訓練］”と呼ぶことに定められた方法に従って身体と思考心を訓練することによって十分な量を得ることができる。

我々の人生の中での種々の成功は、体育を基礎として生じる成果である。つまり、我々が成功を得るまで一生懸命忍耐して行うのは、当然丈夫な身体と綿密な思考心次第である。能力がない身体を持ち、憂鬱な気持ちを持つ人が、体力を不十分なままに放置しておくと、仕事に飽き疲れる人になり、大きな仕事に就くことはできない。心が望みをなくしたら、当然現在の生活に価値がなくなる。身体も心も暇にしておくことは種々の悪い行いが容易に入り込む道を開くことである。なぜなら、人間の本性は怠惰で、容易な仕事を好むことが多く、仕事を選り好みし、困難を恐れ、疲労するのを恐れ、つらい仕事を敢えてしようとは思わないからである。この種類の人間は、身体と精神を訓練することにより性格を薫陶して忍耐を持たせ、心に抵抗することを知り、仕事に飽きさせ疲れさせる種々の感情のままにならないようにしなければならない。この劣った性格を矯正する道具、即ち方法が"体育"なのである。

実は、その民族[に属する]人のおかげで発展している民族は、しっかりした強い kāyabala(kamḷāṅ kāya)[体力]と manobala(kamḷāṅ citta)[精神力]を持っている。民族は、"体育"で身体と精神を訓練することで忍耐を十分な量にすることができ、その結果努力して仕事をする、あるいは辛い仕事をすることができるようになり、その結果良い生活が生まれ、その結果体力と精神力が生まれる。こういうわけで、冒頭で"体育は民族の力である"と言ったのである。

ṭhiv lwaṅ <gazette>[新聞]から共訳
kambujaraṭṭharaṅsī[注。訳者名は1人しかない]

1-6 諸国のニュース

ヨーロッパの国々では火事[の勢い]がますます強くなっている。このように強い勢いを消すことができるのか、できないのか。

1-6-1 スペイン国

ブリュッセル市、5月21日。<havas>電。イギリス国とフランス国は、スペイン国から他国の兵を引き揚げるために同[スペイン]国で一時休戦させることに合意した。ベルギー国もイギリス国政府に同意し、その情報をイタリア国とドイツ国に伝えた。政治家たちは、このことは政府派と反乱派次第であると理解している。
＊ビルバオ市、5月21日。同[＝havas]電。ビルバオ県政府は航空機の操縦士2名を逮捕して裁判所に審理させ、裁判所は死刑を宣告した。

1-6-2 フランス国

パリ市、5月21日。<télévision>(vidyu dūrabhāba)[テレビジョン]という世界で最も強力な<machine>[機械]がフランス国の博覧会のために完成されたばかりである。この<machine>[機械]は遠く、ある国からある国へ話し、見ることができるためのもので、(Tour Eiffel)[エッフェル塔]という名の高さ300メートル[ママ]の塔に設置してある。

1-6-3 ニューヨーク市(アメリカ大陸)

石油王の死について
<havas>電。(John Rockfeller)という名の大富豪がアメリカ国で5月23日に97歳で亡くなった。この大富豪は初めは貧しい人の子であったが商業の道を熟知していた。19歳の時に石油方面のごく小さい商店で生計を立てることから始め、石油で利益を順次増やし、石油王として世界最大の金持ちになった。1 nādī(<second>)[秒]に入ってくる金は1ドルであった。この石油王は、まだ存命中に世界の人々の救済のために多くの寄付を行い、何百万という金額の金を費やした。

1-6-4 スペイン国

ロンドン市(イギリス)、5月24日。<havas>電。イギリス政府はドイツ政府から、「スペイン国での休戦に同意するが、休戦させることは容易ではない」という内容の返書を受け取った。

一方ポルトガル国の方は、「スペイン国から外国人兵を引き揚げることには同意しない」と回答した。
＊サラマンカ県、5月24日。同[＝<havas>]電。反乱派は、スペイン国から外国人兵を引き揚げることに同意しない。なぜなら現在互いに戦闘中であり、政府軍側の方がより多く力を失っているので、政府側に力を与えることになると思われる。もし今休戦すると、政府側軍に休息し、兵を増員するチャンスを与えることになる。[注。最後の2文は誤植があるらしく、内容が重複している]

1-6-5 フランス国

パリ市、5月24日。本日、フランス国大統領である<lebrun>氏と高級官吏たちは博覧会の開会式を行った。この式に、あらゆる国の大衆が非常に大勢見に来た。

1-6-6 イギリス国

ロンドン市、5月25日。ロシア国は、「スペイン国から兵を減らす件についてはまだ回答できない。イタリア国とドイツ[国]の[回答の]後を待って回答する」と発表した。

政治家たちは、「それでは兵を引き揚げるという望みは果たされない」と理解している。

1-6-7 スイス国

(ジュネーブ)市、5月25日。国際連盟は再び会議を開く準備をしている。この会議に出席する国の代表たちは、「アビシニア国は国際連盟加入国であるが、同じく国際連盟加入国であるイタリア国が同国と戦って占領して植民地にしているという問題があるので、アビシニア国王である(Negus)[ママ。敬称なし]がこの会議には他人を代理として派遣して話しをさせるのではないかと心配している。

国を去ってイギリス国に滞在中のアビシニア国王である<Negus>[ママ。敬称なし]は、「[会議は]無益なことであり、アビシニア国の件で再び会議に出席する必要はない」と答えた。

1-6-8　ドイツ国

ベルリン市、5月25日。日本国海軍の提督が本日ドイツ国に到着した。この時、大勢のドイツ海軍軍人が来て挨拶した。

?nak taeṅ <gazette>[新聞記者]会見の時、日本海軍提督は、「現在両国は考えが一致し、親密な同盟を結んでいる」という内容の、日本国からドイツ国への天皇の国書を読み上げた。

1-6-9　スペイン国

パリ市、5月26日。フランス国からスペイン国へ飛行中のフランス民間機が反乱派機に撃墜された。

＊ビルバオ市、5月26日。ビルバオ県政府はさらにもう1人ドイツ機操縦士、名は vaṅ ṭil に死刑を宣告した。しかし現在この件[＝刑の執行]は延期されている。

1-6-10　イギリス国

ロンドン市、5月27日。イギリス政府は、戦争が起こった時にイギリス国からフランス国へ容易に軍を輸送するために、(ラマンシュ)湾[＝英仏海峡]の海底にイギリス国からフランス国まで長さ30キロメートルの ummuṅga、即ち rūṅ[トンネル]のような所を作ることを考えている。軍を海路で輸送するのは敵機による攻撃の恐れがあるからである。

1-6-11　ドイツ国

ベルリン市、5月27日。ロシア国機が、(Palma Majorque)(Rade)[港]にいた<albatros>という名のドイツ kapāl <torpilleur>[水雷艇]を爆撃、同艇の近くに着弾した。

1-6-12　スペイン国

バレンシア市、5月31日。ドイツの軍艦5隻が5月31日、(アルメリア)県を200発砲撃した。同県では破壊された家を片付け、遺体19を見つけ、55名が負傷した。この砲撃をした原因は、スペイン国政府機が(Deutchland)という名のドイツ艦を爆撃したので、[報復として]ドイツ艦たちがアルメリア県を砲撃したのである。

ドイツ艦がスペイン国を砲撃したという情報を得て、フランス政府とイギリス政府は会議を開いて互いに協議した。

その後に得られた情報によると、この<deutchland>は、あらかじめ通知することなく(Ibiza)県に入った。同艦は、buok anupakārasamāgama(Comité de non-intervention)[不干渉委員会]が監視のため、もしくは他艦への食糧輸送のために派遣したものではないので、同県に入港するのは正当ではなかった。それゆえ、スペイン国政府機が同艦を爆撃した。するとドイツ軍艦がアルメリア県を砲撃したのである。

＊5月31日、どの国のものであるか不明の潜水艦1隻が商船1隻と旅客船1隻を雷撃した。旅客船は沈没し、多数が死亡した。

さらに石油タンカー1隻が雷撃されたが何も破壊されなかった。

さらにドイツ軍艦多数がスペイン国に向けて出航する準備をしている。

ドイツの全ての<gazette>[新聞]は、「[ドイツ艦が]スペイン国を砲撃したことは、ドイツ国はいかなる国をも恐れないことを他に知らしめた」として、喝采して喜んでいる。

ドイツ政府[ママ]は上の事件に関して不干渉委員会に会議を開くことを求めた。しかし、ドイツ政府とイタリア[政府]は会議に出席することを拒否した。会議の前にドイツ政府はスペイン国にいる全ての軍艦に、「スペイン国の機または軍艦が接近してきたら恐れずどんどん砲撃する」ことを命令した。この事件が発生したて時、ドイツ政府とイタリア[政府]とは会議を開いて互いに協議して、イタリア国はドイツ国に同意し、イタリア国は、「スペイン政府の機が爆撃してばかりいる」という理由で自国の監視艦をスペイン国から引き揚げた。

その前日、反乱側派機がフランス艦とイギリス艦を爆撃した。しかし両[国]政府は santibhāba(la paix)[平和]を望むので反撃することを命令しなかった。

＊ベルリン市、5月31日。ヒットラー氏がベルリン市に来て、スペイン国政府機がドイツ艦を爆撃した件について全大臣と会議を開いた。

1-7　<lambert>氏のフランス国への帰国

クメール体育協会会長、元クメール国<résident>[弁務官]、銀行頭取、クメール風俗習慣委員会委員長、<société de la légion d'honneur>[レジオンドヌール勲章受章者会]事務局長である<lambert>氏は、1937年5月23日に休暇でフランス国へ帰った。

<lambert>氏が出発する前、協会の委員たちが5月15日土曜日に <hôtel le royal>で[氏の送別の]宴を開き、フランスークメールの大小の官吏たち、<le résident supérieur>[高等弁務官]殿、農相である krum ghun surāmritya、<le résident maîre>[市長]殿、<colonel>[連隊長]殿、<chef cabinet>[官房長]殿、それに nagaravatta<gazette>[新聞]社長である pāc-jhwn さん、などが集まった。

この会合で、[体育局?]長である aṅswwlāṅ 氏が、<lambert>氏が果たした種々のすぐれた事業についての賛辞を述べた。<lambert>氏は <le résident supérieur>[高等弁務官]殿に対して喜びと満足の意で答辞を述べ、それから<sport>[スポーツ]委員会の全員に、「一生懸命こ

れまでと同様に良く力を尽くすように」と述べて、後事を託した。これとは別の時に、<la légion d'honneur>[レジオンドヌール][受章者]協会の友人たちが送別の<vin d'honneur>[小宴]を催した。

[写真があり、その下に]　<lambert>氏が故郷フランス国へ帰国するに際しての、<hôtel le royal>での[送別]宴

1-8　土曜評論

現在、我がクメール国は、「クメール国には"nagaravatta、nagara bijaya、brai nagara knuṅ" などの古代遺跡がたくさんある」という噂で全ての大陸に名声が広まっていて、どの季節にも大勢の外国人が観光に来る。しかし、それらの旅行者たちがカンボジア国の大都市であるプノンペン市に来ると、大きい建物で、商人であるクメール人を見ようとしても[クメール人は]いなくて他の民族の人ばかりなので、疑問に思う。そして、「自分は国を間違えたのか、それともプノンペン市はどこか別の場所にあるのか」と思うのである。

このことを、皆さんは寝て額に腕をのせて、「何が原因か」をよく考えてほしい。フランス国の rājakāra <protectorat>[保護国政府]は我々クメール人をこのようにまでも支援してくれているのに、依然として効果がない。(我々クメール人が商売をして生計を立てると、政府は支援してくれて、[営業]税の支払いを他の民族よりもずっと少なくする。)

我々クメール人は(ことわざが言い表しているように)悪口を好む民族で、他人をけなしてばかりいて、他の民族とちがって、成長するために互いに助け、支援し合うことをしない。

dham 市場は、以前から他の民族と同じように店を開いて商売をしようという度胸のあるクメール人は1人も見えない。道端に座って、焼きバナナ、サンポット、クロマー、薬草などをほんの少し、生命を養うのに足りるだけ売って商売をしているだけである。今、ちょっとでも中国人やベトナム人と間違えられることのない純粋な色の黒いクメール人が、成長した心を持っていて、勇気を出してそこ[=市場]に店を開いて商売をしている。当初は、純粋な心のクメール人が大勢買いに来て援助した。しばらくすると買いに来て援助していた人達は、「あのクメール人の店の売り子たちは皆[客に]礼儀正しくない」と腹を立て、どんどん減ってしまった。このことは、?nak ācārya {kuy} の教え諭しの言葉に従うと、「もし我々クメール人が我々の血を本当に愛するのなら、なぜクメール人を教導しないのか。もしこのクメール人が礼儀正しくないと思ったら、なぜ[その場で注意せずに]後でその人の悪口を言って、自分の言葉で[店を]倒産させてしまうのか」である。

私はしばしばこの店の主人の言葉を聞く。その言葉はとても気の毒で可哀想である。「私が危険をおかしてここに店を開いたのは、皆さんに期待していたからです」

一方、中国人とベトナム人の方は、我々クメール人よりどのように礼儀正しいのか。

皆さんはすでに目にしている。中国人やベトナム人の店に、食事にせよ、おやつにせよ、何かを食べに入ると、この民族は我々をどのように尊敬するか。我々が何か食べ物を彼らに注文すると、彼らは聞こえない振りをする時もある。そして[料理を]我々に持って来る時、我々の頭越しに持って来る時もある。我々が食べている時にやって来て我々の目の前で唾を吐く時もある。このような無礼を我々が目にした時に、なぜ我々はそれに腹を立てないのか。我々クメール人には、これ程までの無礼をするような勇気はない。しかし、我々は[それに]腹を立てるのか。

私が上に説明したことは全て、純粋な心を持っていて、クメール人に忠告をして目覚めさせ、高く繁栄させようとしている ācārya {kuy} や ācārya {kaṅ} や友人たちが、ñī-dhieṅ-ḍwaṅ や bhūr-cāk-sāñ や、その他の店で毎日夕方に見かけていることをお知らせするためです。クメール人の店に入っているところを見たことはありません。

nagaravatta の子、silākāra

5月26日に、nagaravatta 新聞社は、上にある、土曜評論に対するコメントを受け取りました。

このコメントは、「全て事実である」と nagaravatta 新聞は理解する。しかし私は、我がクメール国に入って来て商売をしている他の民族と違って、なぜクメール人は商売をするのをいやがって承知しないのかという理由を調べて探してみたいと思います。

項1) 子供を生んだ両親は、その子供に商売をすることを教え、訓練し、指導することを全く考えたことがありません。「商売という生業は下賤な生業であり身を落として[それを]することはできない。子供が大きくなって物事がわかるようになったら、高級官吏になれるよう

に、子供に一生懸命勉強をさせることを考えよう」と思うからです。その子供は大きくなるとしっかり覚えていて、両親が助言して来た通りに高級官吏になる準備をすることしか考えません。[手当は]1ヶ月に月給が3リエル[参考。Ⓢによると、1920年当時、「〜氏」と呼ばれない最下級の看守と雇員の月給は5リエル]、米が1斗、サンポットが1枚でも納得します。「〜氏」と呼ばれるだけで満足し、中国人やベトナム人のように、[商品を]頭に乗せ、天秤棒でかついで道を売り歩いて、時には少し、時には多く金を貯める、という商売で生計を立てるということを考える心はありません。しかし彼ら[＝商人]の心には常に自由があるのです。

項2) 皆さんは、この商売という生業こそが自分を繁栄させてくれ、単に自分自身を繁栄させるだけでなく、我々の国と民族も繁栄させるものであることを認識してください。

項3) 私が考えてわかった考えでは、自分の身分にこだわり、高慢で、「自分は家柄が高い」と思っている人は、「このような仕事は下賤な仕事である」と考え[るから]行うべきではありません。しかし私は、「この人間界に生まれて来た以上は、小から大へ、下賤から高貴へと、樹木をまず根元から登って行って梢に着くように、登って行くべきである」と考えますから、これらの仕事は全て素晴らしいものです。

nagaravatta

1-9 [22号1-8と同一]

2-1 新時代のクメール人の kāra siksā (éducation) [教育]

(<gazette>[新聞]22号[2-3]から続く)

私自身の方はすでに、「この件に関して、新しい時代の子供たちを不愉快に思うまい」と決心した。「少し年をとれば、必ず態度を改め心も変えて良くなる」と期待する。ただ1つ、もし我々が我々の子や孫の教育に注意し、“何をすると下賤なのか、何を言うと高貴なのか”という昔からの規範に従うようにさせなければ、年長年少の順に従ってきちんとしていて慎み深い人、互いに礼儀正しく敬愛することを知る人、といった我々クメール人のこれまでの社会規律が後日きっと失われてしまうに違いないということを残念に思う。

ある日私は用事があって、ある役所に行った。[その役所で]フランスの知識学問に素晴らしく秀でている人である若い官吏の<bureau>[デスク]の前に立って[その官員と]用談した。私は考えた。彼が私をここに立たせているのは、平等についての私の考えの通りである。即ち私自身は庶民で、全ての庶民に従って行動しなければならない。[しかし]私が kho āv <franc>[洋服]を着ている場合には、他の庶民のように[その官吏の前で]敷石の上に足を折って座る[注。カンボジアでは日本式の両足をそろえて正座するのでなく、いわゆる足を崩す座り方が正式である]のは[ズボンが窮屈で足が折れないから]できないから、立ち続けていなくてはならないのである。

もう1つ、役所内の高級官吏は人を差別してはいけない。ある人を他の人と区別してはいけない。「?nak aeṅ」[お前さん]と呼ばなければならない場合は、全員を等しく「?nak aeṅ」と呼ばなくてはならない。“新しい時代のクメール人高級官吏は自分の仕事をはっきり知っている”と私は心の中で褒めた。

しかし、私が少し長く立っていると、もう1人のクメール人の官吏、やはりフランスの知識学問に秀でているのであるが、前の時代に属する方で、私にいろいろ質問に当たっていた新しい時代の高級官吏の上司でもあり、本当の偉い人にふさわしくとても落ち着いた礼儀正しい人が[事務室に]入って来て、私が立っているのを見ると、[若い官吏に、]「椅子をあげて座ってもらいなさい」とおっしゃった。それで私は座ることができた。私はこの方にとても感謝している。その<bureau>[事務室]の中にいた人は、「椅子をあげなさい」と言ったこと以外に何か特別なことに気がついたかどうか、私は知らない。しかし私には、この方が私を歓迎する気持ちと私の身体に配慮して言ってくださった言葉は、私にはまるで金づちで頭を殴られたかのように、[私の]頭の上に落ちてきた。自分自身が恥ずかしくなった。この方の後の時代のクメール人はひどすぎる。この方は古い時代の官員であるから、完全に家庭の中で教育を受けている。しかもこの方が受けた教育はクメールの教育そのものではない[ママ。この部分は、否定文でない方が良い気がするが、「クメールの教育だけではない」ということかも知れない]。私はこの方の言葉を聞いて目が覚めたようであった。目を開けて見ると、我々新しい時代のクメール人は、同じ仲間であるクメール人に礼儀正しくふるまうことを知らない。人の地位に従ってふるまえば[ママ。恐らく「ふるまわなくても」が正しい。否定辞が脱落]、多分法律には触れないから、この地位の高い高級官吏の方はこのようにおっしゃったのである。この方はプノンペンの法律顧問でもあるが、とても謙遜な方で、庶民を呼んで自分の<bureau>[デスク][の前の椅子]に座らせて、用談してくださった。このことの意味は、この方は自分自身を尊敬していること以外何もない。この方は他人に、「この人は教育のない人だ」と思わせたくないのである。

実を言うと、「礼儀」とは[自分を]低くするものであると考えてはいけない。私はある話を聞いた。以前、イギリス皇帝がフランス国を訪問なさった。その時港で働いていたフランス人労務者たちは自分たちの主義を守ってイギリスの laddhi cakkavattiniyama (impérialisme) [帝国主義]に反対していたので、この人々はイギリス王が船を下りて上陸なさるのを見ると、それぞれは無視する態度で立ち、ある者はポケットに手を突っ込み、ある者はタバコをくわえ、ある者は腕組みして、皆が<casquette>[ハンチング]をかぶったままで陛下であることを知らない振りをしていた。その時、皇帝はそのフランス人労務者の群れを、普通の王族の態度で、ほほ笑みを浮かべ、不愉快な顔をせず、手を頭の所まで挙げて挨拶して通り過ぎた。読者はどちらが自らを貶めたと思うか。労務者たちか、それとも大王か。

khemaravāṇīja[注。22号2-3は khemaravāṇija]

2-2　クメール人がきちんと整理整頓しないことと、習慣について述べる

(<gazette>[新聞]19号[3-2]から続く[注。副見出しがこの見出しになっている])

男と女の方は、きちんと身なりをして金糸の刺繍があるサンダルかハイヒールをはいて、襟刳りの深いブラウスを着て、白粉を塗って、いい香りがする香水をつけて美しく歩いている女の人を見ると、そろって、「おしゃればかりしていて生計を立てて金を貯めることを知らない女ばかりだ」とけなす。水浴びをしても、垢をこするのを面倒がり、身なりを整えることを知らず、あまり洗濯していないサンポットをはき、シャツを着て、ハゲタカのような臭いがする女だと、身体を清潔にすることを知っている女性よりも、「品行がいい、生計を立てることを知り、貯めておくことを知っている」と言う。

また愚にもつかないことばかり言い、良さをほめることをあまり知らない人もいる。現代風に髪形を pumpe にしている女性を見ると、「あれは遊び人の女だ」とか、「売春婦ばかりだ」とか言う。phkā thkūv[thkūv の花]型にしているか、sārikā kaev[九官鳥]型の髪形にしているか、あるいは髷にしている女性は、「品行のいい、きちんとした女性」なのである。

このように話す人は、「けなすばかりで、良さをほめない人」と呼ぶ。私が敢えてこのように言えるのは、以前からの例を知っているからである。私がまだ子供だった昔は、我々クメール人は髪を刈り上げている男を嫌った。[この髪形は] jœṅ kañjœ と呼ぶクメール人もいたが、当時この髪形をしている男がいると、たとえその人が職業を持っていても、その人を、「悪い人、悪い乱暴な遊び人」と認識した。刈り上げにしただけで、「あの人は乱暴者だ」と言われ、[男の親が]娘さん[の親に]結婚を申し込んでも断られた。

今は、そのようにはきめつけられてはいない。知識があって、生計を立てることを知り、財産がある人だけを敬愛する。横柄で、心の底からの乱暴な人の中には、頭を剃って ācārya をしているけれども心は悪い人がいる。女の方は、昔風の身なりをして淑やかな態度をしているけれど、現代風を守る女より悪い人もいる。それゆえ、よく観察せずに良さを認めない人は必ず誤りをおかす。

正しく言うと、「昔風を守る人は現代風を守る人より悪い」、あるいは、「現代風を守る人は昔風を守る人より悪い」と言うべきではない。我々人間それぞれが好むものは互いに異なり、これが好きな人もいればあれが好きな人もいるからである。

クメール人はあまり文明的ではない。我が民族はこのように互いにけなし合ってばかりいるからである。

ヨーロッパ国の民族は、美しく清潔にすることを好み、新しいものに順応する。それゆえ彼らの国は我々の国より文明的なのである。

ha.　ja.

2-3　三国志演義[省略]

3-1　[21号3-4と同一]

3-2　[21号3-5と同一]

4-1　[18号3-6と同一]

4-2　[22号4-2と同一]

4-3　[11号4-2と同一]

4-4　[11号4-3と同一]

4-5　[20号4-6と同一]

4-6　[8号4-3と同一]

4-7　[8号4-6と同一]

4-8　[11号3-2と同一]

4-9　[22号4-9と同一]

4-10　[20号4-11と同一]

4-11　[8号4-9と同一]

Samedi 12 Juin 1937

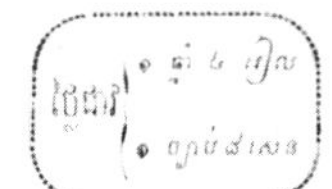

HEBDOMADAIRE PARAISSANT TOUS LES SAMEDIS

(Boite Postale N° 44)

第1年24号、仏暦2480年9の年丑年 paṭhamāsādha 月上弦4日土曜日、即ち1937年6月12日

［仏語］1937年6月12日土曜日

1-1　［仏語で「私書箱 No.44」が加わった以外は8号1-1と同一］

1-2　［デザインが少し変わった以外は8号1-2と同一］

1-3　［デザインが少し変わった以外は8号1-3と同一］

1-4　［8号1-4、1-5と同一］

1-5　プレイ・ヴェーン州都とカンダール［州都］を新しい場所へ変更する希望について

現在のプレイ・ヴェーン dī rājakāra <poste>［州庁舎］は、川を2つ渡ってようやく到着するという往来に不便な所にあり、また州都も川のために貧しくて困窮している。州都をもっと大きく広く清潔に整えるためには、kambaṅ lāv 村など、プレイ・ヴェーン州市街地区である人口の多い所は貧しくて［村の］収入は多くない。それゆえ政府は州都を、サイゴン―スヴァーイ・リエン街道にあり、［そこに］着くには ?nak lwaṅ 運河1つしか渡る必要がない、豊かで気持ちの良い郡である pānām に移すことを考えている。pānām 村も bāmar［村］も大きくて金がたくさん入る村であることが、州都を大きく広く気持ちのよい所にするための村収入簿［の収入］を増やすことができる原因である。サイゴンから来る<gouverneur général>［総督］殿のような高官を出迎えて挨拶しなければならない場合に、止まる、即ち出迎える準備をするのに容易で、［現在のように］州の長殿が前日の夕方から pānām に来て待つ必要がなくなる。

以前政府が考えておいた案によると、プレイ・ヴェーン州都を kambaṅ lāv から pānām に変更すると、全ての建物を建てて整備するのにおよそ2十万（20000.00［ママ。1桁不足］）リエルの費用がかかるだけである。

nagaravatta は政府が必ず、かつ速やかにこの案通りに決定することをお願いする。

カンダール州都については、政府は braek tnot に変更することを考えている。現在、州庁本部はプノンペン市内に、［本来］プノンペン市だけのための市庁と混在している。他の州と異なって、地方の州庁を［プノンペン市庁と］ごっちゃに置くべきではない。収支金も互いに別個のものであるし、プノンペン市にあるカンダール州<poste>［庁舎］は dī <résidence>［弁務官庁舎］に相応しいだけの数の政府庁舎が何もない。即ち dī <résidence>［弁務官庁舎］が1つあるだけで、他の庁舎、たとえば bedya <poste>［州庁医］、財務、森林、税務などの建物はない。カンダール州はプノンペンにある［プノンペン］市庁舎を拠点にしている、つまり頼っている。それゆえ<résidence>［弁務官庁］の建物がたった1つぽつんとあるだけで、後は何もない。

カンダール州都を kien svāy 郡の郡都である braek tnot に移そうという政府の考えは全く正しい。また braek tnot にはすでに政府の建物がたくさんあるから費用もそれほどたくさんかからないし、プノンペンからそれほど遠くもなく、プノンペンに近いので、往来するのにとても便利な道路があり、州内の他の郡が［braek tnot に］往来するのにも丁度良い。

nagaravatta は政府に必ずこの案に決定するようお願いする。ただ、「カンダール州」という名を変えて消していただきたい。なぜなら、このカンダール州を設置した時に命名を誤り、合併してカンダール州になった古い郡の名を取って命名したのではなく、この州を設置した位置、つまり他の州全部の中央に設置したのでカンダール［＝中央］州と命名したらしいからである。このカンダールという名は全ての中央にあるのだから正しい。しかし、ぴったりではない。合併してカンダール州になった古い州の名を取って命名していないからである。

政府がカンダール州庁舎を移して braek tnot に置いた時には、nagaravatta はこの州の krum jamnum khetta <conseiller de résidence>[州諮問会議委員]と現地国諮問会議委員に、会議をしてカンダール州という名称を"kaṇṭāl sdwṅ"州に変更するようお願いする。なぜなら kaṇṭāl sdwṅ は、[かつて]合併して新しいカンダール州になった古い大きい郡の名であって、[この] "kaṇṭāl sdwṅ" 郡という名を使って、現在 kambaṅ kanduot に郡都をおいている kaṇṭāl sdwṅ 郡を作ったのである。kaṇṭāl sdwṅ 川につながっている braek tnot 川に位置するのであるから、政府がカンダール州を"kaṇṭāl sdwṅ 州"に[名称を]変更するように決めるのは、正しく、かつ適切なことであると思われる。

[現在の] kaṇṭāl sdwṅ 郡は kaṇṭāl sdwṅ 川岸にあるが、名を[郡より]大きい「州」にゆずって kambaṅ kanduot 郡に[名称を]変えるとよい。

このように決めると、カンダール州は新しい名を得て"kaṇṭāl sdwṅ 州" になり、州庁を kien svāy 郡と共に braek tnot におく。一方 kaṇṭāl sdwṅ 郡の方は名を kambaṅ kanduot 郡に変え、郡庁は移転せず、今と同じ kambaṅ kanduot におく。

1-6　諸国のニュース

1-6-1　フランス国

パリ市、5月20日。<havas>電。(La Tribune des nations) の buok <gazette>[新聞記者]1名が、我がインドシナ国の元<gouverneur général>[総督]である(Varenne)氏[M.]が上海県(中国)に行った時に[そこで]氏と会った。その時<varenne>氏は、「将来我がインドシナ国は輝かしく繁栄すると、私は信頼している。現在の我が[クメール]国は前と同じように豊かである。クメール国では絹の取引が以前よりはるかに増えている」と述べた。

＊(Legendre) mahā(Dr.)[博士]の意見

東部の国々で前と同じ大戦が再び起こるか[注。この文章は翻訳であるためか、一部構文も、訳語の選択も内容もおかしいところが多々あるが、煩雑を避けるために指摘しない]

現在我々全ての意識は全てヨーロッパ諸国だけに向いている。これらの国々は多くの心配を持っているからである。ヨーロッパの国々と我が東アジアの国々も同じ大きい苦しみを持っている。

数ヶ月前の中国での騒動を知っている人は、中国人たちは日本国に対してますます強く怒っていることがわかる。彼らが数ヶ月前に蔣介石総司令を逮捕した事件は無益な出鱈目な冗談ではない。即ちこれは以前から中国人たちが実行を望んでいたことの最初の着手である。この望みとは日本人たちを中国から歩いて出て行かせることである。

現在、紅軍と呼ぶ中国人たちの中国軍が1つあり、ロシア人たちと同じ主義を持つ。この軍の司令官は、ある時密かに蔣介石総司令と会い、華北から日本を追い出すことを合意した。

この紅軍は大胆にも住民に強盗をし、住民を殺すことで有名で、ロシア国人たちが統括している。この軍はドイツの将校が来て訓練し教育し、とても勇敢で、兵の数は約1,000,000、その上優れた手段をもつ空軍が護衛している。

ロシア国は、「戦争が起こった場合、中国は必ず日本の欲望を粉砕することができる」と見て、後日戦争が起こった場合、この[紅]軍を信頼している。そして数日前にロシア国の<gazette>[新聞]は、「もし戦争が起こったら、日本軍は中国の黄河と呼ぶ河と揚子江と呼ぶ河の2つの大河の河岸まで占領しにいかなければならない。この両河は長く、流域も長く、そして互いに遠く離れている。それゆえ、日本軍は互いに情報をやりとりするのが困難で容易にはできない。そして、もしその戦争がさらに長引けば、日本国は財産をたくさん失い、必ず国内で騒動が起こる。ロシア国は蔣介石総司令に、「その時ロシア軍が来て中国軍を助力して戦う」と秘密を漏らした。先年、(スターリン)は政府を通じて、「もし日本が(モンゴル)国を襲ったら、必ずロシア国軍は押し寄せて来て、抵抗するのを助力する」と述べた。

現在、もし日本国の植民地である満州国を守りたければ、日本軍はモンゴル国に入らなければならない。

しかし、[日本に]強く恐れさせている理由は、日本国の強い敵である中国人たちの大きい集団が1つあることによる。ロシア人の友人であるこの集団は、南京県の政府の人々に取って代わる意図を持ち、蔣介石総司令を捕らえて投獄した。この集団は中国人たちに日本国と戦うよう強くけしかけており、武器を豊富に持っている。もし戦争が起こったら、アジアの国は皆それぞれ財産を持っているから、ヨーロッパの国々の中の大国は入り乱れてやってくる。現在フランス国はヨーロッパの国々のことだけに忙しくしていて、アジアの国々まで考えることができないでいる。

一方ドイツ国は、中国とロシア[国]が協力して日本国を攻撃することに同意しない。もう1つ、フランス国はロシア国と友好条約を結んだから、どちら側に考えを変えるのかわからない。もし戦争が起こったら我がインドシナ国はどうなるのであろうか。

1-6-2　スペイン国

(ロンドン)市、6月5日。イギリス政府はドイツとイタリアを krum anupakārasamāgama (Comité de non-intervention)[不干渉委員会]に連れ戻し、他国人に、助力して戦うためにスペイン国に行かせないように、スペイン国周囲を監視するのを助けさせるために、トラブルをなくそうとしている。不干渉委員会は、先日のような事故が起こらないように、「監視艦が行って停泊する場所をスペイン国の周囲に設けるべきである」という提案をした。

一方ドイツ政府は[次のように]言った。「この提案に同意する。しかし、先日のような事故が再び生じた場合には、ドイツ艦の司令官は共に監視している他国の艦の司令官との検討をしに行くことには同意しない。そのようにすることは事が遅くなるだけであると理解するからである。即ち[スペイン国内で]敵対している双方とも、もし監視艦を苦しめたら、別の艦の司令官との協議に行く必要なしに直ちに砲撃を続ける権限を、その監視艦の乗組員たちに与えるべきである」

上の提案を受けたイタリア政府はまだ回答していない。来週になったら必ず回答する。

一方ドイツとイタリアを除く他の政府全てとフランス政府とは、この[停泊所を設置するという]提案に同意した。

1-7 土曜評論

本当に知識があるのか、それとも愚かなのか

nagaravatta の社長殿は、私 ācārya [{kuy}] の評論に反論する手紙を1通受け取りました。その手紙を送った人の名は ceḥ[知識がある]で、私 ācārya [{kuy}]自身に対するコメントでした。社長殿がその手紙を私 ācārya [{kuy}] に見せたのは、氏は、「この手紙は私自身ただ1人に対する内容を持ち、全体の人に対するものではない」と理解したからです。

この人は、「自分は知識がある人間であり、私の評論は全て誤りである」と思っています。

この人は、「普通、この世の人間は生まれてくると、全て生きることを欲し、死ぬことを欲する人は1人もいない」と理解しています。私の方は、「我々クメール人は自分が生きることを成り行き任せにしている」という[前と]同じ言葉にまだこだわっています。即ちシラミと同じように生きたい場合には、食べるのを待つだけで、努力して働くことはしません。これが、「自分が生きることを成り行き任せている」と私が言っていることです。

現在、働いているクメール人がいるのは事実です。しかし、その働いているのは、全力をつくしてはいません。つまり毎朝毎晩食べるための利益を得るためだけです。金を探して<carte>[人頭税カード]料を払おうとしてもほとんどできません。人が多く集まる場所はどこも、クメール人も大勢いますが買う人ばかりです。売る人の方は全て中国人とベトナム人ばかりです。私は、ただ1つのことを欲しています。即ち我々クメール人の財産は全て彼らの手中に握られているということを分からせたいのです。もしあなたが、そうであるとは知らずに怒りを固く心に持つことになるのなら、どうにも救いようがありません。私があなたに、《どうかお願いですから、一生懸命働いてください》と懇願すれば、恐らくあなたは大変気に入るのでしょう。

この人は、私を知っている人ではありません。そして推測で、「あなたは外国に行ったことがない。あなたは私程ではなく、極めて愚かです。クメール人は時々何か緊急事態が起こった時には互いに助け合うことを知っている」と言っています。私の方は、「私は知識がある」と自慢したことは1度もありません。私は自分が無学無知な人であることに気が付いているからです。私が無学無知で愚かであることは事実ですが、家が火事になった、あるいは強盗が入ったなどの非常事態が起こった時には、助けに来る人はきっといません。プノンペン市で家が火事になると、私が見たのは、人々が行ってその火事を立って眺め、盗むのを待つだけです。誰かがその火事で燃えている家から品物を手渡そうとすると、[それを]待っていて、受け取って自分の家に持って行ってしまいます。火を消すのを手伝う気は全く起こしません。

あるクメール人兵士の<caporal>[伍長]が殴られて死亡した時[cf.8号3-1-3と14号2-1]、助力して助けに行ったクメール人が誰か1人でもいたでしょうか。ほんの少しでさえ、助力して助けることをしませんでした。[一方]楽しく飲み食いする機会には、数え切れない数のクメール人が助けに来ます。呼ばなくても走り込んで来ます。このような話はたくさんあります。スペースが少ないのでこれ以上は述べられません。中国人とベトナム人の方は互いによく助け合います。即ち彼らは互いに助け合うために協会をたくさん作ります。これこそが「互いに助ける」と呼ぶものです。私が無学無知であるのは事実ですが、私は事実を先に見、そして後で言います。即ち、無学無知で、さらに目が不自由な人、つまり目はあるが見ても見えない人のやり方で話します。知識がある人の方は話すことを知っているのは事実です。即ちいつも推測で言います。そして、「自分は英知のある人である」と威張ります。

この人は、さらに最後に推測で、「ācārya {kuy} は民族を助けることを知らない」と言います。私 ācārya [{kuy}]は自分を自慢することを知りません。私が何回か経験したことを持って来て自慢したことはありません。私を知っている人は、私が働いているのを見ていますから知っています。それ以外の人は、どんなに知識があろうと知ることはできません。

あなた自身がこのような無学無知ならば、どうして「自分は知識がある」と威張ることができますか。もし知識があるのなら、『どうして』無学無知な者に説明させるのですか。自分が無学無知なら、黙っていた方がいい。

あなたの意見では、誰かに頭を殴られても、黙っていれば、それを“知識がある”と呼ぶのではありませんか。

は! は! は! 今後何か言いたければ、まず寝て5年間考えるべきです。

ācārya {kuy}

1-8　［22号1-8と同一］

1-9　プノンペン市の王立図書館のラジオについて

1937年5月29日、nagaravatta <gazette>［新聞］社長殿は王立図書館長兼仏教研究所事務局長である<karpeles>女史に会いに行った。女史は、民衆に、この世界の国々からの音楽と歌を聞かせることができるように王立図書館に最近 vidyu（radio）［ラジオ］を設置することを可能にした新しい学問的技術について説明した。さらに人々に見させる rūpa loka（Globe terrestre）［地球儀］と地図もあった。即ち、<machine> vidyu［ラジオ］の中に聞こえる音楽や声が、「どの国から、どの大陸から来るのか、何語を話しているのか」を知りたい時には、すぐ近くに備えてある物を見て調べてください。我々はきっと確実なことがわかります。

王立図書館は皆さんにお知らせします。皆さんがいろいろな音楽やいろいろな言語を聴きたいと思ったら、仕事の疲れを休める時や、夕方食事がすんだ時などに、どうぞ聞きに来て心を楽しませてください。王立図書館では、毎日午後5時半に係員が皆さんに喜んで説明するためにお待ちしています。

この<machine> vidyu［ラジオ］と世界地図は、<karpeles>女史がこのプノンペン市の王立図書館に備え付けた、クメール国にとっては全く新しいものであり、クメール人にとって時代の先導者に等しいものである、と nagaravatta は思う。また、この王立図書館はクメールの風俗習慣の、基準の正しい方法の文献が豊富にある所であり、またカンボジア国のクメール人に［風習の］正しい方法の本を広めているクメール人学者が集まっている所であるので、まさにクメール国の心臓と見なされるものである。

もう1つ、女史は国立図書館と仏教研究所の本を売って歩く自動車の説明もして、「この自動車には<machine> vidyu［ラジオ］も備え付けてある」と話した。もし地方に住んでいる皆さんの誰か、日本国、シャム［国］、中［国］などいろいろな国の音楽や言葉を聞きたい人は、この本を売る自動車が州や郡や支郡や地区に来た時に、その自動車の所に行って聞いてください。この<machine> vidyu［ラジオ］は新しくできた物で、そのラジオがある自動車がどこかに行った時に、その場所の皆さんは仕事がひまな時の気晴らしとして聞きに行って心を楽しませてください。

2-1　姓と日常使用する名について述べる

（<gazette>［新聞］22号［1-9］から続く）

婚姻簿に記載する場合に、妻の姓と名を記入する欄に、結婚したばかりの夫の姓を記入する人がいるがこれは誤りであり、妻の［生まれた時からの］姓を記入しなければならない。

夫の姓は、家庭外のこと、即ち「認め」や、売買契約書などの書類を作るなどの場合、妻は夫の姓を使用しなければならない。たとえば［夫が］、put-sim、妻が nāṅ {mut-sam} であるとすると、種々の契約書に記入する場合、［妻は］夫の姓名の間に自分の名を入れて nāṅ『put-sam-sim』とする［注。実際には、「put-sim nāṅ sam」としている例がある］。これが冒頭に示した国王布告上正しいのである。

家庭外の人、あるいは親族などはただ nāṅ {sam} と［名だけで］呼ぶことが多い。

もう1つ、非嫡出子、即ち父母が［正式な］結婚式を行なっていなくて sievbhau <état civil>［戸籍簿］に記載されていない内縁である［夫婦の］子については、出生簿に姓名を記載する申請に行った時に間違えていることが非常に多く見られる。

このように［非嫡出子として］生まれた子の姓名を［出生簿に］記載する申請をしに行く時には、父と母の2人ともそろって自分たち自らが村役場に出頭しなければならない。父と母の2人に来させる理由は、村長が父と［母］［注。脱落を補う］に、［父と母の］2人共その子を自分の子として認めるのか、あるいは母だけが［自分の子であると］認め、父は［自分の子であると］認めないか、あるいは、父は［自分の子であると］認めるが母は［自分の子であると］認めないか、を質問して知り、確認するためである。もし2人共［自分の子であると］認めた場合には、［子の姓として］父の姓を記入する。つまり嫡出子の場合と同じ方法で記入する。父は認めず母だけが認める場合は、母の姓を子に与え、父親の姓名の欄は「父の姓名は不明」と記入しなければならない。父が認めて母が認めない場合は、父の姓を使い、母親の姓名の欄は「母の姓名は不明」と記入しなければならない。このようにするのが法律上正しいのである。

［上のパラグラフの記述は論理上おかしく、「男女両名ともその子が自分の子であると認める」、「男は認めず、女は認める」、「男は認め、女は認めない」等々とするべきである。しかし、クメール語では、たとえば、「この王妃がまだ子供の時、父親が、『王妃、これを見てごらん』と言った」というような、過去の事実を述べるときに、現在の身分名を使用することがよくある。このパラグラフの記述もこの変種、つまり子を認知した結果、父あるいは母になるのであるが、その認知をした場合の身分を使用しているのである］

2。また、我々クメール国民の多くが第1妻、第2妻を間違えていることが多い。第1妻と呼ぶのは［妻たちの］

ṭœm khsae、即ち mukha[長]のことである。たとえば、名を sim という男に妻が3人いるとする。最初に妻とし、<état civil>[戸籍上の身分]を持つ妻が「第1」で、[あとで]妻を2人得ると、戸籍簿に記載に行った時には、2人とも「第2」と記載しなければならない。即ち後の妻は全て「第2」とするのであって、「第3」、「第4」というのはない。

第1妻だけがいて、その妻が死亡して、sim が新たに妻を得た場合、戸籍簿に記載する時には「第1」と記入しなければならない。「第2」ではない。

[妻が3人いる] sim の最初の妻[=第1妻]が死亡した後、sim は[新たに]妻を1人迎えて「第1」と記載することもできるし、[2人いる]第2妻の1人を「第1」にすることもでき、何の支障もない。しかし、すでに第1妻がいてさらに[妻を]1人迎えた場合に、sievbhau <état civil>[戸籍簿]に「第1」と記載することはできず、[もし第1妻と記載すると]中[程度の]罪があるとされる。第1妻は1人しかいてはいけないからである。

次に、[子供の出生を届け出て] sievbhau <état civil>[戸籍簿]に記載することの利について少し解説する。

このことの利は多いと思う。なぜなら各個人の出生のことを書き記してしっかりした記録にしておけば、以前は生まれて来てもその出生[の情報]がはっきりわからなかったのであるが、今ははっきりわかる。政府の仕事に応募したい時、入学願書を出す時、出家を申請する時などは、出生証明書があってはじめて手続きができる。だから、子が生まれた時に出生簿に記載する申請をしておくべきである。普通、農村の人は子が生まれた時、この方面のことをなおざりにしている人が多いようである。

このように[なおざりに]することは、後になって子に利益を損なわせることが多いと思う。そうでなくても、出生証明書が必要になった時、sievbhau <état civil>[戸籍簿]に[出生を]記載する申請をしていなかった場合には、[この出生の届けを]怠った人が、[自分の]子の出生証明書を得たい時に、その子が生まれた場所の地方裁判所に書類を提出して出生証明書の代わりに判決書をもらうことができる。しかし、[裁判所の]審査手数料を2リエル50セン支払わなければならない。

クメール人の皆さんは、上に解説したこと、即ち子が生まれた時に出生簿に記載する申請をすることをなおざりにしないでください。

khmaer ṭœm

2-2 劇

ただで金を騙し取って、その上皆に感心される

ある劇場([注]1[←この注は原文のものでこの記事の末尾にある])で劇の休憩時間に道化が1人、片手にトウの鞄を持ち、片手に jœṅ bān[脚付き盆]をもって出て来て立って言った。「誰か、籤を買いたくありませんか。籤は1枚たったの1 kāk です。籤は丁度5枚しかありませんので要るなら急いで買ってください。そして、この5枚の籤に外れの籤は1枚もありません。皆当たりばかりです。どの籤でも何かに当たったら、この<valise>(hip yuor)[鞄]の中にあるその品物を[鞄を]開けて取り出して、その籤に書いてある「きまり」通りの品物をすぐにお渡しします。[賞品に]高価な物がないとお疑いでしたら、まずはこの5枚の籤を開いて見てください」 劇の観客が皆立ち上がって籤を見に来ると、道化は手を見て籤を1枚取って開いてチェックに来た人と一緒に見て、籤に書いてある「きまり」の通りに大声で読み上げた。1−美しい靴1足に当たり、2−マッチ2 ho[包=10箱]に当たり、3−タバコの巻紙1箱に当たり、4−お好みで服を仕立てるのに当たり、どんな型でも可です、5−キンマの石灰入れに当たり[ママ。実際は、1枚開いて賞品名を読み上げ、次にもう1枚開いて読み上げ、を繰り返した]。

読み上げると、道化は籤を元のように巻いて、ポーカーフエースで言った。「これらの賞品が安いか高いかわかりましたか。今回私が籤を出すのは、損か益かの点は問題にしていません。皆さんに私の劇をしょっちゅう見に来てもらうための景品として提供するだけです」

道化はそれだけ言うと、劇の観客は、「それらの品物は聞いてみるとどれも1 kāk より安いものはないから損をするはずはない」と思ったので争い合って買った。籤が jœṅ bān[脚付き盆]からなくなるまで、1人が1 kāk 差し出して籤を[1枚]、1人が1枚ずつ摑んで来た。道化の方は5 kāk をポケットに入れ、「どなたでも何かに当たった方はその籤を持って来て見せてください」と言った。1人が籤を道化に渡し、道化はそれを開いて見て、大声で、「マッチ2 ho[包]に当たり」と読み上げた。

道化はトウの鞄を開けて kañcap[包み]を2つ取り出し、その人に渡した。その人が kañcap[包み]を開けて見ると、擦って火を燃やすマッチ棒は見えず、小指くらいの大きさの木片が見えるだけで、その木片はチョークで引いた線があった。その人は変に思い、kañcap[包み]を渡して返し、「マッチ2 ho[包]はどこ?」と訊ねた。道化は答えた。「これは木片ではありませんか。この木片に線が引いてあるのが見えませんか。見えたら、『線を引いた木片』と呼ぶべきですよね[注。マッチは jhœ gūs「擦る木」であるが、これは字義通りには「線を引いた木片」とも解釈できる]。そして、『hoはどこにあるか』ですか。これが hoで、hoは中国人の語で、我々クメール人は kañcap[包み]と言いますよね。ですから、これが kañcap[包み]で、私が籤の中の「きまり」の通りに正しくお渡ししたのがお解りでしょう。もし私が間違えてお渡ししたのなら厳しく訴えて、[その品物を]私に要求してください」

見ていた人々は、道化が、語を合成して意味を間違える語を作って使う方法で知恵を悪用したので全員呆れ、

各人が1 kāk 損したと思った。しかし道化の考えを知りたかったので、騒ぎながら道化の[次の]言葉を聞いてみようと待った。もう1人が籤を1枚渡して品物を要求した。道化が受け取って開いて読むと、文は「美しい靴1足に当たり」であった。道化は鞄を開けてナイフを取り出し、自分の足の[皮の]厚い所から小指の爪の大きさの皮を2枚削り取ってその人に渡した。その人は受け取らなかった。その道化は言った。「これは足の皮ではありませんか。それとも、『美しくない』と言うのですか。見てください。私の足は白くて癩病なんかにかかっていません。それとも『1足[＝1対]に足りない』ですか。1対は2つで、ここにちゃんと2つあります。承服できなければ訴えてください。私は怖くありません。私はこの籤の中の文の通りに「美しい—足の—皮を2つ」あげたのですから[注。「靴」は spaek jœṅ で字義通りには「足の革」＝「足の皮」]。籤の持ち主は呆れて笑い、[席に]戻って、は！は！ は！ と声を出した。もう1人がまた籤を1枚渡した。道化が受け取って開いて読むと、文は「タバコの巻紙1箱に当たり」であった。道化は箱を1つ取り出してその人に渡した。その人は開けて見て目を丸くして、「タバコの巻紙はどこにあるの?」と道化に訊ねた。道化は手をのばしてその品物を1度受け取って高くかかげて言った。「これが紙で、これが筆で、これが箱です。わかりましたか」劇の観客全員が見ると、掌くらいの大きさの普通の白い紙1枚が見えた。「筆」と言ったのは誰かが書いて[使い]擦り切れた筆を持って来てその紙に包んだもので、「箱」は誰かが捨てた何の役にも立たない箱である。つまり意味をまとめると、「紙」と「筆」と「箱」を1つ渡したのであって、誰も抗議しようとする人はいなかった[注。「タバコの巻紙」は kraṭās jak「吸う紙」であるが、jak「吸う」には「筆」という意味もあるので「紙と筆」に解釈できる]。

([注]1。ここで「ある劇場で」と言っているが、この言葉は事実ではない[＝架空の話である])

sāy

(後の週[＝27号3-1]に続く。)

2-3　三国志演義[省略]

3-1　誤解による横柄について

先の5月23日日曜日、スポーツ協会を支援しているある商人がいつものように dāt <balle>[サッカー]を見に行った。椅子に腰を下ろすと、すぐ1人の保安隊員がやってきて、「貴方は[入場]券を持っていますか」と訊ねた。その商人は、「お前さんは毎週門を警備していませんか。私が[入場]券を持っているかいないかどうして知らないのですか」と訊ねた。その保安隊員は、「私は自分の意思で来たのではありません。つまり、あの人が私に訊ねに来させたのです」と答えた。その[商]人は<carte>[券]を取り出して保安隊員に見せた。そしてまだ気がすまず、立ち上がってその保安隊員に訊ねに来させた人を探しに行くと、色が黒くて背が低くて口ひげを生やし眼鏡をかけ、目が大きい人に会った。そして、「どうして貴方は保安隊員に私の<carte>[券]を見に来させなければならなかったのですか。まるで知り合いではないみたいではないですか」と訊ねた。その先生は、自分が権限をたくさん持っているかのように、聞き苦しい言葉で答えた。その商人は恐らく、「誤解で横柄に振る舞う人と言い争うべきではない」と思ったのでしょう、[争いを]やめて歩き去った。

ある ?nak swwp rwaṅ (un rapporteur) [レポーター]

3-2　[21号3-5と同一]

3-3　金の価格

プノンペン市、1937年6月11日

金1 ṭamliṅ、[即ち]37.50 グラム

価格	1級	90.00 リエル
	2級	87.00 リエル

＊銀の価格

1 ṇaen 塊、[即ち]382 グラム	13.00 リエル
兌換古1リエル銀貨	0.73 0/0 リエル

＊農産物価格

プノンペン、1937年6月11日

籾	白	68キロ、袋なし	2.60 ~ 2.65リエル
	赤	同	2.50 ~ 2.55リエル
精米	1級	100キロ、袋込み	6.55 ~ 6.60リエル
	2級	同	5.95 ~ 6.00リエル
砕米	1級	100キロ、袋込み	5.30 ~ 5.35リエル
	2級	同	4.15 ~ 4.20リエル
トウモロコシ	白	100キロ、袋込み	[記載なし]
	赤	同	6.40 ~ 6.50リエル
コショウ	黒	63.420 キロ、袋込み	13.00 ~ 13.50リエル
	白	同	23.50 ~ 24.00リエル
パンヤ	種子抜き	60.400 キロ	19.75 ~ 20.25リエル

＊サイゴン、ショロン、1937年6月10日

フランス籾・米会社から通知の価格

ショロンの<machine> kin srūv[精米所]に出された籾1 hāp、[即ち]68キロ、袋込みの価格は以下の通り。

籾	最上級		2.88 ~ 2.92リエル
	1級		2.74 ~ 2.78リエル
	2級	日本へ輸出	2.65 ~ 2.69リエル
	2級	上より下級、日本へ輸出	2.56 ~ 2.60リエル
	食用	[国内消費?]	2.30 ~ 2.34リエル
トウモロコシ	赤	100キロ、ショロン県マッカサンで売り渡し。	7.35 ~ 7.45リエル
	白	同	0.00 ~ 0.00リエル

米(5月[ママ]渡し)、港渡し、袋込み、税抜き、1 hāp、[即ち]60.7キロの価格は以下の通り。

精米	1級、砕米率25%	3.93 ~ 3.95リエル
	2級、砕米率40%	3.78 ~ 3.80リエル
	同。上より下級	3.68 ~ 3.70リエル
	玄米、籾率5%	3.06 ~ 3.08リエル
砕米	1級、2級	3.27 ~ 3.29リエル
	3級	2.75 ~ 2.77リエル
粉	白	1.64 ~ 1.66リエル
	kāk [籾殻+糠?]	0.75 ~ 0.77リエル

4-1 [22号4-2と同一]

4-2 [8号4-3と同一]

4-3 [11号4-2と同一]

4-4 [20号4-6と同一]

4-5 [18号3-6と同一]

4-6 [8号4-6と同一]

4-7 [11号3-2と同一]

4-8 [広告][仏語] **1937年、6月1日、プノンペン**

[ク語] 私は土地登記局でthıをしています。

氏名:deba-chām

私の妻はキリキリ痛む病気で手足の関節が凝ってしびれました。脱力感があり皮膚が黄色くなりどんどん痩せました。私はほとんど全ての薬店の薬を買って服用させましたが全く効きませんでした。その後、「kāp go 市場の前に店がある sīv-pāv がよく効く薬を売っている」と聞き、私はそこに薬を買いに行って来て妻に服用させ、病気は治り、血色がよくなり太りました。私自身も長年役所勤めをしていまして、体力も落ちてボロボロでしたが、sīv-pāv 店の薬を服用してすっかり健康に、身体の具合も良くなりました。

それゆえ私はこの手紙を掲載して、病気になっている同胞に情報を提供致します。この店の薬は実によく効きます。

[仏語] M.Tep-Chham
プノンペン土地登記局主任測量士

4-9 [広告] **白帯下を病んでいる女性の病気を治すための薬** [注。この広告のクメール語は少しおかしい]

[8号4-1と同じ登録商標の絵がある]

"sīv-pāv"店で販売中

プノンペン市 okñā um 路47号、kāp go 市場の前

女性として生まれると、血液が苦しませることから生じるいろいろな苦しみがあります。即ち白帯下、子宮の炎症が起こります。即ち生まれつきの虚弱体質、あるいは暑い国に住む、あるいは心のいらいらなどからおこります。白帯下になると子宮に潰瘍ができ、病気が体内に入ると白帯下が下ります[ママ]。緑の帯下になる人、赤い帯下になる人、澄んだ帯下になる人、豆の洗い水のような帯下になる人、黄色の帯下になる人もいます。時にはさらさらで時には粘液性で、時には木綿糸のようなもので、精液臭があって不潔なもの、肛門の痒み、などもあります。これらの病気に悩まされている人は退屈で惨めです。

もう1つ、夫が梅毒に感染し、薬を飲んで治ったと認識しても、まだ完全には毒がなくなっていない。この毒が妻に伝染して白帯下になります。この白帯下は重病で、治療して治せる医師がなかなか見つからず、多くは死亡します。即ち病気が重くなり、子宮が炎症を起こし、膿が出て、血が出て、粘液が出て、尿が詰まり、便秘し、頭が重くなり、目がかすみ、腹鳴りがし、めまいがし、食べられなくなり、寝ても眠れずしょっちゅう悪夢を見、腰痛、股が痛み、手足がほてって力がなくなり、月経不順、100種類の病気になります。卵巣が詰まり、あるいは流産し、子供ができても育ちにくく多くは短命です。

私は敢えて保証致します。私の薬はよく効き、これらの病気を確実に治すことができます。プノンペン市内で、この薬を服用した人はとても大勢が治りました。もし皆さんが疑うのなら、私の薬を服用した人に訊ねてみてください。これらの薬は病気の人が買って行って使うと、金、宝石、ダイヤを持っている人よりずっとすばらしいです。

皆さんにお知らせします。もし身体が病気に悩まされていたら、私の店に薬を選びに来てください。病気を治すための薬の使い方を私が説明致します。

私の店では、あらゆる種類の病気を治す薬を売っています。どうぞいらしてください。

sīv-pāv、店はプノンペン市 okñā-um 路47号、
kāp go 市場の前

4-10 [20号4-11と同一]

4-11 [8号4-9と同一]

Samedi 19 Juin 1937

HEBDOMADAIRE PARAISSANT TOUS LES SAMEDIS
(Boite Postale N° 44)

第1年25号、仏暦2480年9の年丑年 paṭhamāsādha 月上弦11日土曜日、即ち1937年6月19日

［仏語］1937年6月19日土曜日

1-1 ［仏語で「私書箱 No.44」が加わった以外は8号1-1と同一］

1-2 ［デザインが少し変わった以外は8号1-2と同一］

1-3 ［デザインが少し変わった以外は8号1-3と同一］

1-4 ［8号1-4、1-5と同一］

1-5 ブリアン氏の徳を偲ぶ式

［写真がありその下に］平和の政治家、アリスティード・ブリアン

［本文］ 1937年6月13日日曜日、フランス国の偉人、あるいは英雄、あるいは政治家であり、平和の企画者、即ち地球上の国々に平和と安楽をもたらしたブリアン氏の徳を偲ぶ記念塔の除幕式がフランス国で行われた。氏は、互いに反目し合って戦争になり、財産や家を破壊し、大勢の人を死なせることが起こらないように、世界の国々に和解させて1つにならせて幸せをもたらした。この時、プノンペン市でも氏の徳を偲ぶ式が行われ、phsār thmī の西側にある道路を“アリスティード・ブリアン”路と命名した。

国王陛下はこの式典の主賓として出席なされ、クメール政府の<conseil> senāpatī［大臣］、<le résident supérieur>［高等弁務官］殿、及び< bureau résidence supérieur>［高等弁務官府］と< bureau résident maîre>［市庁］のフランス官吏もそこに集った。その道路の入り口に設けられた飲み物などを供する休憩テントと、［道路の］中央の深紅の旗で飾られた所の間は民衆でぎっしりだった。

この式で、<le résident supérieur>［高等弁務官］殿はブリアン氏の経歴と生前の業績についてスピーチをし、［次のように］詳細に述べた。

「当初から［ブリアン］氏は、互いに反目し合っている大国たちとその他の国々との問題について、連盟の中で一緒に集まって会議をして解決するために samāgama jāti (Société des nations)［国際連盟］を設立することにより、互いに反目し合って、遂には戦争が起こることがないようにして幸福を求め、それを世界の全ての国に分かちあたえようとした。要約すると、ブリアン氏は、氏の一生の間、平和、即ち幸福と安寧ただ1つのことだけを考えた。

「ブリアン氏は雄弁な、智謀の人と呼ばれる政治家であった。氏は1932年3月7日に70歳で亡くなり彼岸に赴いた。その時には世界の全ての国々が氏の霊魂の為に喪に服した。

「亡くなったブリアン氏は、亡くなったというのは事実であるが、氏の名声は現在に至るもまだ生きており滅びることはない」

その後に、<le résident maîre>［市長］殿がさらに説明のスピーチを追加して、それから道路に"アリスティード・ブリアン路"と命名した。

同じ時に、インドシナ国とフランスのその他の植民地でも同様に徳を偲ぶ式が行われた。

1-6 諸国のニュース

1-6-1 スペイン国

6月13日、サラマンカ県の<havas>電。反乱派側軍はビルバオ県まであと3キロメートルを残すだけになった。同県は周囲に鉄の壁があった。鉄の壁と呼ぶ理由は、このビルバオ県の周囲には小さな山が3区画あり、そこには地中に掘った道があって、有刺鉄線が3重に囲み、数千門の大砲もあった。この鉄の壁は2区画あり、[2つとも]反乱派側軍に攻撃され破られた。

このように勝利を得たという情報を受けて、スペイン国の反乱派地区は大喜びをしている。

＊6月12日、<havas>電。ドイツ国の<gazette>[新聞]が、[スペイン]戦争[＝内乱]を始めて以来、敵対している双方とも潜水艦を持っていなかったので、同[スペイン]国の政府が潜水艦隊を創設しようとしていることに対し猛烈に非難している。この<gazette>[新聞]はスペイン国政府の官員たちを、「全て強盗ばかりだ」と言い、「もしスペイン国政府が先日のように問題を起こしたら、ドイツ国とイタリア国は全てのことに報復する」と述べている。

＊6月12日、(ロンドン)市の<havas>電。イギリス国外相である(イーデン氏[M.])は、スペイン国での監視艦の安全について討議するために、フランス国とドイツ[国]とロシア国の大使と会議をした。これら4ヶ国は下のような内容に同意し合意した。

項1。敵対している双方に監視する場所を大きくすることを求め、先日のような問題を起こす道を避ける。

項2。それでも事故が起こった場合には、まず4ヶ国の政府が種々のことを考えるために会談する。

項3。この協議には、自らを守る権利を与えることも含む。

項4。監視艦全てに、敵対している双方[のいずれ]に対しても砲撃して屈服させることを絶対に禁止し、まず4ヶ国の政府が互いに協議する。

＊6月12日、サラマンカ県。反乱派は、「(サラゴサ)県で空中戦を行い、政府機を6機撃墜した」と発表した。

マドリード市で政府派が互いに争うことばかり考え、殺し合って8名が死んだ。

1-7 土曜評論

我々クメール人は互いに助け合うことを知っているか、それとも知らないか？

"kambujabarṇaṭamāna"[新聞]の中で ācārya {khaem}氏は、「我々クメール人の相互扶助」について解説し、私の「土曜評論」に反対しています。

ācārya {khaem} 氏は、「我々クメール人は互いに助け合うことをよく知っている。即ち他の民族よりも多く助け合う」と反論しています。私は、「我々クメール人が助け合うのは事実である」と思います。でも、ācārya [{khaem}]殿、「私が言葉に詰まった」と早合点して喜ばないでください。以前、私は、「我々クメール人は助け合うことを知らない」と言いました。しかし、その時私は私の考えを十分には述べていませんでした。即ち私は《我々クメール人は発展するために助け合うことを知らない》と言わなかったのです。

誰かクメール人が働いていて、妻子を養うことができるまあまあの金があると、必ず近遠の親戚が来て、庇護を求め一緒に住んで食べます。この点について ācārya {khaem} は、「クメール人は実に素晴らしく助け合うことを知っている」と理解しています。

一方私の方は、「助け合っているのは事実ですが、ますます怠惰になるように助けている」と理解します。一方親戚の方も助けることを知っています。即ち「ちょっと助ける」ことを知っています。誰かがほんの少し財産をもっていると、近遠の、いるだけ全ての親戚がそろってやって来て[その人を]没落させ再起不能にならせます。

ācārya [{khaem}]殿、まだ何か分からないところがありますか。もし我々クメール人が本当に助け合うことを知っていたら、我が国は他国より繁栄します。なぜベトナム国より劣っているのでしょうか。今回はベトナム国についてだけ述べます。

ācārya [{khaem}]氏は、「ベトナム人はクメール人ほど助け合うことを知らない」と言います。ācārya [{khaem}]氏は、「ベトナム人が寄付金を集めてベトナム人の子供にフランス国、日本[国]、中国に学問知識を学びに行かせている」ことを知っていますか、それとも知らないのですか。他家の子でも同民族ならベトナム人は援助して勉強させ、知識を増やさせます。他家の子、自分の子を問いません。そして知り合いである必要もありません。だから彼らの国は、ほとんど全ての学問の学者がいます。我がクメール人と違って、滅亡するようには助けません。我々クメール人式に助けるのは全てを没落させるために助けているのであって、発展させるために助けているのではありません。

ācārya {khaem} 氏は、「<carte>[外国人人頭税カード]の金が払えず、金を持って来てその金を払って助けてくれる同民族人がいないので、政府にこの我がクメール国から追放されるベトナム人がたくさんいる」と言っています。

このことについても疑問を持つべきではありません。なぜなら外国人人頭税を払う金がない人は多くは怠け者だからです。その人を助ければますます怠けるように助けるようなものだからです。

繁栄しているどの国も、その国の人は助け合うことを知っています。どのように助けると言うのでしょうか? このように助け合います。即ち何百、何千、何万の人が集まって、生計を立てるため、あるいは全てが進歩発展するように種々の事業をするために、[労働組合、協同組合、会社、連盟などの]団体を作ります。ベトナム国には現在ほとんど数え切れない数の団体があります。我がクメール国に団体はいくつありますか。

要約すると、私が、「クメール人は助け合う事を知らない」と言ったのは、「助け合うけれども助け方を『知らない』。即ち助けて発展させるのではなく、助けて別の道を行かせてしまう」と言ったのだということを、ācārya [{khaem}]殿、どうかわかってください。

ācārya {kuy}

1-8　[22号1-8と同一]

1-9　トラが人や動物を見て舌なめずりをするように、シャムがクメール国とラオス国をじっとうかがっている

フランスの<gazette>[新聞]が、「シャム政府は[シャムと]フランスと、[シャムと]イギリスと結んだ友好条約全てを何回も無視している」と報じている。

イギリス国と結んだ友好[条約]というのは、イギリスの植民地であり、<birmanie>と呼ぶbhūmā[ビルマ]国とマレー人たちのマレー国に関するものである。

こうする[＝友好条約を結ぶ]前は、シャム政府は、[ビルマとマレーを]脅かして領土を拡張しシャム国をますます大きくするために航空機、軍艦などの武器をたくさん購入していた。

確かな情報からわかるシャムは、さほど強く有能ではいない。バンコク市を除くと、シャム国とクメール国とは互いにいくらも違わない。力が弱くてどうしてこのように図に乗る勇気があるのか。その原因は大きいより所、即ち日本国である。

我々はフランス政府はこの脅しにあわてないと信頼している。我々クメール人は彼ら[＝シャム]を侵略したことがない。なぜ、彼らは我々に乱暴をしたがるのか。[それは][クメール]国には自分を守り、国を守る武器がないからである。よく考えると、鶏にも及ばない。鶏は、敵がひどく乱暴しに来ないように、敵に抵抗し自分を守るのに充分な蹴爪があり、爪があり、嘴がある。

シャムが我々の先祖を苦しめ、家、寺院、さらに我が国の美の象徴である宮殿を破壊したあの大きな困難を、我々全てのクメール人は皆忘れていないし、大人たちはまだ心にしっかりと記憶して現在まで生きている。

我がクメール国には国を守る武器や軍兵を探しても何もない。フランスが来て[クメールの]自由を確立して以来、我々は自分たちで何かを作り上げることを考えたことがない。武器は自分で作ることもできないし、外国から買うこともできない。軍隊も、フランス政府が呼んで兵士にならせてはじめて、兵士になることができる。

つきつめて考えると、我々クメール人は自分を守る道具に関しては鶏に劣る。現在は主人であるフランス人1つだけに期待し、信頼し、あるいは安心している。もしフランス人が我が国を守る助力をしなかったら、我々はどうしたらいいかわからない。

フランス政府が来て国を支配して以来、[保護国政府は]クメール人にthīになり、高級官吏になるための書くことができることだけを訓練し、商業の方面や工業の方面を訓練して国を発展させることはしなかったと思う。国を守る方面は、我々クメール人が力をもった時にフランス政府に抵抗するかもしれないという誤解をして、なおのこと全く教えなかった。しかしクメール人の考えは主人に極めて柔順で正直である。

現在、シャムはフランスとのsaññā <traité>[条約]を背中の後においている[＝無視している]。それは、「フランスは[本国の]周囲のあちらの国々が騒動を起こしていて大変不安なので、そちらを守ることだけを準備しているから、敢えて軍をフランス国から持って来てインドシナ国を守る助力をすることはない」ということを根拠にし、さらに堅固なバック、即ち日本国を頼りにしてこのように敢えて大言壮語し、傲慢な態度をとっているのである。

シャム国では、陸相がラジオで談話をして、国民に[次のような]ことをはっきりと説明した。「軍とあらゆる種類の武器を作ることに毎年多額の金を支出することにより、国をさらに大きく広くすることを考える。即ち収入の62%を支出し、国を守る武器に重点をおいて他国が[シャムを]軽視できないようにする。国を整備するというような、国内の他の費目はあまり無理には支出しない。我が国が軽視されるのは、我が国が[国を]守る武器が少ないからである」

シャム政府は150年前の昔のシャム国の地図を1万枚印刷した。全ての役所と、それに学校にも貼って、大きくて広い領土を持ち、北は中国に接し、南はシンガポールに接し、東はアンナン・ベトナムに接し、西はビルマに接していて、当時シャムに服属していた国は、ラオス、クメール、マレーで、さらに[シャムの領土は]コーチシナの一部にまで入っていた昔のシャム国を自国民に説明してはっきり知らしめるためである。このような地図で自国民に説明するのは、「かつて彼らの国はとても大きかったが、国を守る武器がなかったので他国が国を奪ったから今は小さい」と国民に悔しがらせ、それゆえ、昔の国土にまで国を拡大するため、即ち昔彼らの国であったクメール国、ラオス国、マレー国をフランスとイギリスから要求するために、「国を守る武器を増やすことを考えなければならない」と思わせたいことによる。

nagaravatta

2-1　子供のための教育

（<gazette>［新聞］21号［3-2］から続く）

全ての時代の、名声が広まっている人たちの中には、今のように学校に通わなかった人が多い。しかし、なぜ、その方達は名声と栄誉を持ち、その後我々全てが覚えていて、少なくとも書いたり、スピーチをしたり、学んだりする時に、必ずその方達の話をもって来て根拠として話すようにさせることができたのであろうか。それとは別に、現在のような<degré>［学位］のレベルにまで考えが達した教育が当時は存在しなかったのに、学業修了証書、即ち<degré>［学位］はどこから来たのであろうか。これらは、学業修了証書、即ち<degré>［学位］を持っていない人から来たのである。これらの人々は優れた能力があり、学習の中で記憶するべきものとして知識学問を生じせしめ、存在させるのに成功したのである。その人達は全て教育の価値をはっきりと認識していて、それに対する堅固な勤勉さを持っていて、我々に有用な職業に就き、次々と今に続いているのである。

学者のなかには、幼い時には学問知識を学ぶ機会がなかった人もいる。有る時間は全て生命を養うために、即ち両親が生計を立てるのを手伝うために使った。しかし、勤勉さを緩めることなく、少しの時間でも無駄に過ぎ去らせることなく、この貴重な、毎日毎日過ぎ去って行き大声で呼び返すことのできない時間を惜しんだので、知恵を大きく広くするために、常に余暇を利用して自学自習で勉学に励んだ。ここに述べたように知識を求めて自分に蓄えることが、当然、国と民族に対する大きな貢献になるのである。

すぐれた一流の師も、［学習に］心を込めない生徒に教えて良い知識を持たせることはできない。そのような生徒は別にして、君たちは心を入れて君たちの任務にしたがって一生懸命教育を受け、君自身を訓練しなさい。この学習における教育は、全ての動物より高く貴い生まれである人間の責務の1つである。それゆえ人間の仕事であり、一生懸命知識をたくさん求め自分の中に蓄えるべきである。野獣と呼ぶ他の動物たちも、人間が教え込んで人間が必要とする何らかの仕事をさせたり、あるいは人間の言葉を少ししゃべらせたりすることができるのは事実である。しかし、それらの動物は自分で自分自身を訓練して自分自身の有用性を高めることはできない。動物は受けた薫陶と教育と同じかそれ以下のレベルのことしかできない。一方人間の方は自分を訓練して、教育あるいは研究を順々に大きく広く、あるいは深くする知恵と思考を持つことができる。少年少女は全て、この重要な責務を知るべきであり、そして、今後の一生を光輝あるものにするために、自分自身を訓練して、自分の［人として生まれた］貴い生まれにふさわしい学問・知識の豊かな人になるべきである。

現在まで成長を続けている少年少女は、全て我々の先祖が我々に託した極めて大きい遺産である家族を養うことから始まって、最後には国を守るという責務を負わなければならないということを考えたことがあるか。なぜなら、一家の住まい、土地、田畑、仕事から、遂には国と民族は、将来何年もたたないうちに、［現在の］少年少女が管理するようにその手中に落ちてくる遺産だからである。これらの子供達は成長したら、協力し合って今の人々に代わって管理し、そして次に子や孫に託して交代させることを次々に続けていくのである。我々が教育を受けて学問知識を求める機会がある時に、努力して知識を学んで熟練することをせず、心のままに楽しく遊びまわることばかり考え、今自分が学習している知識のことを考えなかったら、このようなことをする少年少女は自分の名声、先祖が長い間守って来た自分の一族の名声を滅ぼす者であると言う。財産、幸福、輝かしい自由は全て損なわれ、これら全てのものが他人の手中に落ちてしまった時に、大きい苦しみと、さらにいてもたってもいられない強い後悔が永久に続く。

無知で愚かで怠惰で、いい加減なことをし、一生懸命に学習して学問知識を求めない国民を持つ国や民族は、どれも劣り、力は弱まって失われ、諸民族に虐げられ、蔑視され、吉祥はなくなり、最後にその民族は滅びることもある。

要するに、教育は人間の重要な責務の1つであり、生活の中に幸福と安楽と、さらに自由があるようにする知恵と賢さを生まれさせる道具である。教育から生まれる知識だけが生活に幸福と発展と貴い価値、さらに民族と宗教と国王を、nānā āryapradesa［諸文明国］（pradesa phseṅ phseṅ paṇṭā ṭael mān secktī camrœn ruṅ rwaṅ）［輝かしい発展を持つ諸国］に比肩できる所にまで高める確固不動の力とをもたらすのである。

クメール人の少年少女の諸君は、カンボジア国が今後発展するか発展しないかは皆それぞれに依るのであるから、常にこの重要な任務を常に思い出して、このすぐれた仕事を行う努力が永久に名声を［世に］明らかにするということを忘れないでほしい。

kambujaraṭṭharaṅsī

2-2　三国志演義［省略］

3-1　何とかして中高等教育校をもう1校設立する

クメール人の良家の子女の初等教育は、現在非常に発展したように思う。毎年毎年、フランス語－クメール語初等教育修了試験に合格する子供が大勢いて、たとえば今年は、初等教育修了証書を与えるべき生徒は400名近くになると試験官は見ている。

この修了証書の利用価値について解説すると、さほど輝かしいものではないと思われる。これらの生徒たちが欲しているのはシソワット中高等学校への入学試験を受ける権利があるという価値である。

<gazette>[新聞]読者である同胞の皆さん、どうか私が考えるのを手伝ってください。高等な学問を入れる脳を形成する場所であるシソワット中高等学校は、我々クメール人の子供達が知識を求めることを望む所にふさわしいことは事実である。しかし、[入学を]希望する者は多いが入学させる数がこのように少ない、即ち400名の中から最大で100名を入学させる場合、[残りの]300名にどんなにかその学習の意欲を妨げることであろうか。長年蓄積してきた学問知識はきっと失われてしまう。12、3歳の幼い児童にどこに行かせて確実に生計を立てていかせることができるのか。この子たちは遊び歩いて心を損ない知恵を損なってしまう旅に入って行くであろう。

良い芽を出し良い葉を出して成長している樹木の性質として、[その芽や葉を]手で折り、むしり取ったら、どのようにして花を咲かせ実をつけることができようか。これらの児童たちのある者は、親がまあまあの財産がある人で、教師を雇って教えさせ、[教師を雇った]賃金のおかげで子供の脳を広めることができる。では貧しい人の子供は教師を雇って脳を広く広めさせるために何を持っているのか。

我々クメール人の子供たちは実に可哀想であるし、その知識は実に惜しい。[子供達は]人並みに動きたいと思っているのに、なぜ何もしないでいて、助力して支援してやろうとしないのか。もし政府が慈悲心で中等教育校をもっと設立すれば、我がクメール国は将来英知を持っている人が多数増え、国が他の民族から悪口を言われるのを防ぐことができるし、父母である大フランス国と協力して一生懸命働き、この世界の利益を増やすことができる。

プノンペン市以外に上級学校を建てるのにふさわしいのはバット・ドンボーン州都である。なぜなら、そこはポー・サット州とシエム・リアプ[州]の学校の生徒から近い道路の合流地点であり、これら3つの州[sruk]の生徒は毎年大勢が[初等教育修了]試験に合格している。もう1つ、バット・ドンボーン州は現在初等教育校がますます他の州より多く生まれているからである。政府は中等教育校をさらに1、2校建ててクメール人民衆の子供が人並みに勉強して知識を得られるようにするべきである。

?nak raksā jāti

3-2　インドシナ国政府宝籤の当り番号の抽籤

インドシナ国政府宝籤のベトナム国地区は、6月13日日曜日にハノイ市で当たり番号の抽籤が行われ、今朝プノンペン市に通知があった。

番号 496,600 の籤は　100,000 リエルに当たり。
番号 666,784 の籤は　40,000 リエルに当たり。
番号 888,662 の籤は　20,000 リエルに当たり。
番号 298,321 [の籤]は　10,000 リエルに当たり。
番号 441,005 [の籤]は　10,000 リエルに当たり。
番号 688,430 [の籤]は　6,000 リエルに当たり。
番号 759,360 [の籤]は　4,000 リエルに当たり。

1,000 リエルに当たったのは10枚あり、その番号は、
[番号が10個。省略]

100 リエルに当たったのは100枚あり、その番号は、
[番号が100個。省略]

末尾が 981 あるいは 996 の番号の籤はそれぞれ 50 リエルに当たり。

末尾が　90 あるいは　54 の番号の籤は それぞれ10 リエルに当たり。

3-3　パリ市の万国博覧会を見に行かせるクメール人4名の選考について

先の5月9日、munīreta 親王殿下[braḥ aṅga mcās]が、5月25日から始まるこの博覧会をご覧になりにご出発なされた。

今回、インドシナ国政府は、フランス国政府から、現地の各国からその国の人を選んで、政府が費用として1人当たり500リエルを出して補助し、この博覧会を見に行かせるよう指示を受けた。

我がクメール国では3人だけを選んだ。即ち、

1。最高裁判所長である ?nak okñā mahāissarā (ṇāk)氏
2。(プノンペン)市立病院の医師である(phaeṅ)氏
3。シソワット中高等学校の教授である(kandhul)氏

3-4　感謝致します

先月、nagaravatta 新聞はコンポン・チャム州 tpūṅ ghmum 郡 suoṅ <poste>[郡支庁]政府に、その地区の人々の役に立つように、<mandat poste>[郵便為替]も売ることを求めました。

現在、[郡支庁]政府は nagaravatta の要請通り、<mandat>[為替]を売ることを追加しました。ここに nagaravatta は[郡支庁]政府に深く感謝致します。

3-5　jum-ñaeṅ 氏と dan-cay 氏の引退

最高裁判所 cau krama priksā である jum-ñaeṅ 氏と、高等裁判所 cau krama priksā である dan-cay 氏は退職し、両氏が初めから終わりまでの30年以上もの間、失敗することなく公務を果たされたことにたいする褒賞である pamṇec raṅvān <retraite>[恩給]を6月1日から受けることになった。

nagaravatta は、この両 cau krama にお祝いを申し上げ、今後の健康と繁栄とをお祈りする。

3-6　金の価格

プノンペン市、1937年6月15日

金 1 ṭamliṅ、[即ち]37.50 グラム

価格	1級	90.00 リエル
	2級	87.00 リエル

＊銀の価格

1 ṇaen 塊、[即ち]382 グラム	13.00 リエル
兌換古1リエル銀貨	0.73 0/0 リエル

＊農産物価格

プノンペン、1937年6月15日

籾	白	68キロ、袋なし	2.55 ~ 2.60リエル
	赤	同	2.45 ~ 2.50リエル
精米	1級	100キロ、袋込み	6.55 ~ 6.60リエル
	2級	同	6.05 ~ 6.10リエル
砕米	1級	100キロ、袋込み	5.15 ~ 5.20リエル
	2級	同	4.00 ~ 4.05リエル
トウモロコシ	白	100キロ、袋込み	[記載なし]
	赤	同	6.40 ~ 6.50リエル
コショウ	黒	63.420 キロ、袋込み	13.00 ~ 13.50リエル
	白	同	23.50 ~ 24.00リエル
パンヤ	種子抜き	60.400 キロ	20.75 ~ 21.25リエル

＊サイゴン、ショロン、1937年6月14日

フランス籾・米会社から通知の価格。

ショロンの<machine> kin srūv[精米所]に出された籾 1 hāp、[即ち]68 キロ、袋込みの価格は以下の通り。

籾	最上級		2.87 ~ 2.91リエル
	1級		2.72 ~ 2.76リエル
	2級	日本へ輸出	2.63 ~ 2.67リエル
	2級	上より下級、日本へ輸出	2.54 ~ 2.58リエル
	食用		2.30 ~ 2.34リエル
トウモロコシ	赤	100キロ、ショロン県マッカサンで売り渡し	7.25 ~ 7.35リエル
	白	同	0.00 ~ 0.00リエル

米(5月[ママ]渡し)、港渡し、袋込み、税抜き、1 hāp、[即ち]60.7 キロの価格は以下の通り。

精米	1級、砕米率 25%	3.94 ~ 3.96リエル
	2級、砕米率 40%	3.79 ~ 3.81リエル
	同。上より下級	3.69 ~ 3.71リエル
	玄米、籾率 5%	3.08 ~ 3.10リエル
砕米	1級、2級、同重量	3.29 ~ 3.31リエル
	3級、同重量	2.75 ~ 2.77リエル
粉	白、同重量	1.70 ~ 1.72リエル
	kāk [籾殻+糠?]、同重量	0.75 ~ 0.77リエル

4-1　[21号3-5と同一]

4-2　[写真がなくなったこと以外は22 号4 -2 と同一]

4-3　[8号4-3と同一]

4-4　[11号4-2と同一]

4-5　[20号4-6と同一]

4-6　[18号3-6と同一]

4-7　[8号4－6と同一]

4-8　[11号3-2と同一]

4-9　[24号4-8と同一]

4-10　[広告][仏語]　1937年6月13日、プノンペン

[ク語] コンポン・チャム州 kaṅ mās 郡 aṅgar pān 村村長

私は俗人が呆然とする危険についてお話しいたします。即ちこの私は、絶望的に重い梅毒にかかりました。このことは、価値ある<gazette>[新聞]のページに載せるべきことではありません。しかし、私は考えてみて、このことは、我々クメール人の遊び好きな<gazette>[新聞]読者がこの恐ろしい話を読んで、[遊びを]避けさせると思いました。

この梅毒から生じる苦しみは、激しく痛み、性器の先端が腐って溶け、血膿とリンパ液でとても汚くなりました。それから[性器の]体部が潰瘍になり、血膿が流れ出てきました。私はあちこち多くの郡の医師にかかって治してもらいましたが、病気は軽くなりませんでした。[注。以上は55号4-11に再掲されている]。私は、「私の[前世の]業がこのように[私の]身体のこの部分を駄目にしたのではないか」と考えました。私の家は nagaravatta <gazette>[新聞]を購読していましたので、pāsāk のクメール人で、店は kāp go 市場の前にある sīv-pāv がとても効く薬を持っているというのを見ました。私は急いで薬を買って来て服用しました。この薬は不思議なほどよく効きました。服用すると身体の内部からすっかり治り、私は元のようになりました。私は友人の皆さんにこの薬の情報をお知らせして助力します。買って服用すれば、病気は望み通りに治ります。

こういう理由で、他の全ての人たちに、この情報をお知らせするために、この<gazette> [新聞]に掲載します。

4-11　[広告]　良く効く珍しい白い薬はプノンペン市 okñā um 路47号の(sīv-pāv)店で売っています。

アヘンの代用薬はアヘンを止めるのに良く効きます。

[他の人が売っている]アヘンを止めるための薬を皆さ

んが服用しても完全にアヘンを止めることはできません。なぜならば、それらの薬は身体の中のアヘンの成分を完全になくすことができないからです。かりにそれらの薬でアヘンをやめることができても、一時的なものです。そしてきっと同じ病気が再び起こり、退屈でいらいらして夜眠れず、再び戻って吸うことになります。

私は敢えて自慢します。私のこの薬はアヘンをどんなに長く吸ってきた人でも、アヘンの成分を身体から追い出します。実に良く効き、中毒の程度が少しずつ減り、何かの病気も起こしません。

私のこの薬は、フランス人の<docteur>[医師]が、「この薬はどんなに長年吸ってきた人でも容易にアヘンを止めさせることができる」と認め、称賛しました。4日服用すれば中毒が弱ります。体力はどんどん強くなり、食欲も出て、冷水での水浴も平気でできます。5から10ビン服用すると、アヘンの成分が完全になくなり、体力が強まり、血色は元以上に良くなります。そして私は敢えて保証しますが、何の病気にも変わりません。

この薬の用法:アヘン吸引1回の代わりに2粒服用すること。大キセルで吸うか、小キセルで吸うかで量を増減して調節してください。1日に吸う回数だけ、この薬を服用してください。アヘンを吸う時間の半時間前に茶で服用すること。少し余分に服用しても大丈夫です。中毒にならないように調節して、代わりに好きなだけ服用してください。4日服用したら、1日につき1粒か2粒減らしてください。長い間たって、1日に1粒になったら、そこで止めて可です。心が楽しく愉快になります。

ここで、我が同胞の皆さんにこの薬を買って服用するようお願いします。必ずアヘンによる苦しみから逃れることができます。

この薬は、1リエルで200粒です。

4-12 ［広告］役畜を救うための薬［注。20号4-9が少し短くなったものなので省略する］

4-13 ［8号4-9と同一］

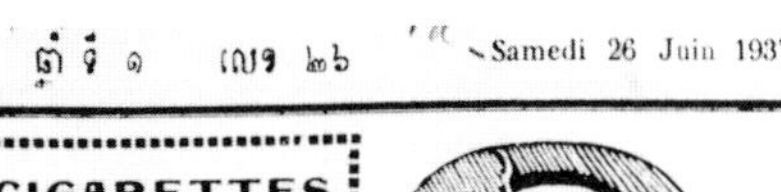
Samedi 26 Juin 1937

HEBDOMADAIRE PARAISSANT TOUS LES SAMEDIS

(Boite Postale N° 44)

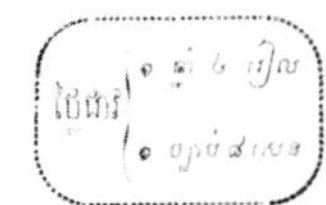

第1年26号、仏暦2480年9の年丑年 paṭhamāsādha 月下弦3日土曜日、即ち1937年6月26日

［仏語］1937年6月26日土曜日

1-1　［仏語で「私書箱 No.44」が加わった以外は8号1-1と同一］

1-2　［デザインが少し変わった以外は8号1-2と同一］

1-3　［デザインが少し変わった以外は8号1-3と同一］

1-4　［8号1-4、1-5と同一］

1-5　<thibaudeau>氏がカンボジア国の［代行でない］正<résident supérieur>［高等弁務官］に任命された

先日 nagaravatta はこの長殿［loka dham］がインドシナの他の国およびカンボジア国における手腕ある職務遂行に対する褒賞として、senā（Officier de la légion d'Honneur）［レジオンドヌール勲章のオフィシエ章］を授与されたことを報道した。

今回、フランス政府は<thibaudeau>氏を、以前からのクメール国の<résident supérieur>［高等弁務官］代行の職にあった時の業績を見て、［代行でない］正<résident supérieur>［高等弁務官］、カンボジア国の保護国の長の職に任命した。

まだ代行であった時に、<thibaudeau>氏は慎重に職務を行い、非常に大きい仕事を決定しようとはあまりしなかった。しかし、氏が行ったことは全て良く計画されており、クメール国民にも、氏の指揮下で働く官員にも幸福と安楽と利益をもたらした。即ち氏は我々クメール人を深く愛し、親密にしているので、氏が決定した事柄は全て有益であり、整然としており、平和をもたらした。氏が来て統治してから現在までに、クメール国は以前の長の方々［loka dham］［の統治］と同様に、あるいはそれ以上に幸福と安楽とを享受している。

全クメール人を代表して nagaravatta は、氏の優れた手腕の証拠により、長殿［loka dham］がカンボジア国の保護国政府の［代行でない］正の長に昇任なさったことを大きく喜び、今後氏が公務を成功させて必ずクメール人を以前より、即ち代行であった時以上に安楽に愉快にしてくださるものと、今後も強く期待する。

もう1つ、全カンボジアのクメール人国民を代表して、nagaravatta は<thibaudeau>氏にお祝いを申し上げる。

我々は申し上げます。クメール国民全ては、働いて楽に生計が立てられるという幸福ただ1つだけを望んでいます。それゆえ、クメール国を全力で助力し支援してください。我が国をあまりベトナム国に遅れさせないでください。

nagaravatta

1-6　諸国のニュース

1-6-1　ロシア国

モスクワ市、6月12日。ロシア国政府は政府に謀反を企てたとして、トゥハチェフスキーという名の元帥を始めとして将校を多数逮捕し裁判所に審理させた。裁判所はそれらに死刑の判決を下し、同元帥と将軍7名を、非公開で秘密の場所で銃殺した。

＊6月15日のイギリスの<gazette>［新聞］と<havas>電。モスクワ市でロシア国政府はさらに多数の謀反人を逮捕、投獄中である。

1-6-2　スペイン国

6月16日。（バレンシア）県からの<havas>電。反乱派はビルバオ県で政府側軍10,000名を捕虜にした。

1-6-3　ロシア国

6月15日火曜日、ロシア国大統領［ママ］である（スターリン）氏は将校1名と用談し、用談中にスターリン氏は突然ポケットから拳銃を取り出し同将校を射殺した。同将校の手にはスターリン氏を殺すつもりで所持して行った短刀1振りが握られているのが見えた。

1-6-4　ドイツ国

6月17日。ドイツの<gazette>[新聞]は、「(チェコスロバキア)国の<police>[警察官]たちがドイツ人1名を逮捕し、連行して暴行した」と聞いて憤激している。この<gazette>[新聞]はこの事件を頭の中に貯め込んでおいて、中央ヨーロッパ諸国中の小国であるチェコスロバキア国を脅迫しようとしている。

1-6-5　フランス国

パリ市、6月17日。パリ市駐在ドイツ大使は、フランス国に到着したばかりの(Beck)という名のドイツ将軍のためのパーティーを催した。このパーティーには大勢の将軍と将校が出席した。

(Gamelin)という名のフランス将軍もこの6月18日のパーティーに出席した。その後<beck>氏はペタンという名のフランス元帥と陸相であるダラディエ氏との面会を希望している。

1-6-6　スペイン国

バレンシア市、6月18日。政府の軍艦1隻が沈没し、20名が死亡した。

1-7　[写真があり、その下に]国王陛下が中央、<le résident supérieur>[高等弁務官]殿が右、<le résident maîre>[市長]殿が左。

アリスティード・ブリアン氏の徳を偲ぶ式で集まり、テープカットをして、その名をphsār dham thmīの西の道路に与えた。

1-8　土曜評論

団結について

我々この世の人間は生まれて来ると、ずっと互いに頼り合う必要がある。地位がどんなに高くても、財産がどれだけたくさんあっても、必ず他人に頼る必要がある。他人に頼らず、1人だけでいる人はきっとすぐに滅びる道しかない。

それゆえ、中国人もベトナム人もフランス人も、互いに助け合って全てがそろって発展するために、大勢集まって[協会、会社、組合などの]団体を作る。それゆえ彼らの国は我が国より繁栄している。

このように協力することこそが、団結と呼ばれるものである。現在他国に存在する団体には多くのタイプがある。我が国にも団体がいくつかあるが、全て中国人やベトナム人やフランス人のものばかりである。団体のあるものは商業や工業方面だけを考え、あるものはその団体のメンバーの人全てに知識学問を与えることだけを考え、あるものはその団体のメンバー全てを守ることだけを考える、などである。

誰でも、ある事業をしたいと思っていて、1人だけで考えられない人は、仲間をたくさん集めて団体を作るべきで、そうすると[その事業を]することができる。その人は仲間を探して歩き、説明して説得して同じ考えを持たせ、それからまず事業のやり方を討論し合い、それが終わると定款案を作り、規則にしておかなければならない。その団体のメンバーが20人以上いたら、政府に[設立の]申請をしなければならず、政府はその定款を検討するための会議を開く許可を与える。団体のメンバーが[その]定款に同意したら、その定款書に全員が署名してから政府に送って許可を求めるか、あるいは登記所に送ってもよく、そうすればあなたの望みの通りになる。商業や工業方面[の団体]を望む人は、定款書をkrasuoṅ prathāp trā、即ちkrasuoṅ <notaire>[登記所]に送り、それ以外に[政府に]送って政府から許可をもらわなければならない。

団体を設立する方法について、詳しく知りたければkrasuoṅ <notaire>[登記所]に行って相談してください。

ācārya {kuy}

1-9　クメール政府のできごとの記録

数年前からカンボジア国は、行政部門も司法部門もフランス語ができる官吏が公務についていることが多い。フランス国あるいはハノイのsaññāpatra <bachelier>[大学入学資格]を得た人が毎年政府のこの2つの部門の職に任官している。州知事になった人もいるし、州副知事になった人もいるし、裁判所長になった人もいるし、cau krama(subhā cārapurasa)[検事]になった人もいる。

ここまでに述べたことによると、フランスについての深い知識がある人は、クメール人であっても全てクメール政府と rājakāra <protectorat>[保護国政府]とにとって有用であることを示し、機敏な知恵と鋭い知識で、政府の国民に対する、国民が生活が楽になり発展することができる道を明るく照らす助力ができるという希望を、これら全ての方々にはっきり持たせる。

もしこれらの方々がフランスの知識と同様にクメール側の知識もあれば、さらに一段と適切で素晴らしくなるに違いない。

我々が詳しく知っていることから、「他の官吏への模範である」と我々が称賛するべきクメール人官吏は、ポー・サット州の地方裁判所 cau krama をしている swṅ-ṅak-thān 氏である。氏はコーチシナのクメール人であるのは事実であるが、態度振る舞いは純粋なクメール国のクメール人である。氏の性格は身分の低い高いの区別なく、全てのクメール人たちの敬愛の的になっていて、誰もが氏を愛している。

まだ少年のころに、氏はフランス国にフランス学を学びに行き、saññāpatra <baccalauréat>[バカロレア]を2段階とも得、さらにフランス国の法科大学に入学して3年間学んで知識を増やした。[プノンペンを]出て、ポー・サット[地方]裁判所の cau krama になる前は、氏は王立図書館の仏教研究所に勤務し、仏教に関することと、風俗習慣委員会が会議をして決定したクメール語の風俗習慣[の資料]をフランス語に翻訳する助力をすることにより、クメールの仏教と風俗習慣に関することを深く知った。パーリ語学校や王立図書館の偉い学者たちの宿所でクメール語文法を学んでたくさん知った。氏が転勤になった時、同所の僧とそれに在家も、氏がクメール事情に深く通じており、それに非常に礼儀正しく接し合ってきたので、全てが別れを惜しんだ。swṅ-ṅak-thān 氏は、クメール人を進歩させるためのシソワット校卒業生友愛会の委員もして、仕事も助けた。もし氏が王立図書館で長く公務についていれば、我々クメール国に生じたクメール事情に深く通じるであろう。

氏が地方に転勤になった時、プノンペン市のクメール人たちは、出家も在家も皆、氏は性格が良く、プノンペン市の大きい人口が多い地区で、クメール人の中にいさせるのにふさわしいクメール人官吏の1人であると思って、氏をとても惜しみ別れを悲しんだ。

[氏と]別れてしばらくが経過した今、[swn-ṅuk-]thān 氏のことについて惜しむ以外に称賛が絶えないのを聞くことと、個人的に知己であったことに従って、友人の皆さんが今後もずっと思い出の的として知っているように、我々は氏の素晴らしい徳を詳しく自慢しないではいられない。このことは、もし政府が [swn-ṅuk-]thān 氏を再びプノンペン市の多くの知識を持っている人々の中に転勤させたら、[swn-ṅuk-]thān 氏は機敏な知恵の持ち主であるから、すでに知っている学問知識に加えることにより、すぐにしっかりした知識を持つ人になる。友人たち全ても政府のこの転勤を大いに喜ぶであろう。

もし、氏のポストとして合う空席が司法部門にない場合には、どの政府部局でも構わない。lakkhantika mantrī nai rājakāra khmaer[クメール政府官吏規定](Statut du personnel de l'Administration Cambodgienne)[カンボジア政府職員規定]に触れることはない。

nagaravatta

2-1 プノンペン市の人々の<bicyclette>[自転車]税と人頭税について

プノンペン市の人々は、「市に住む人々の<bicyclette>[自転車]税を1リエル50センから1リエル丁度に減額することを許可する」という市の規定ができたことを大変喜んでいる。

しかし、「市政府はなぜ自動車をこんなに贔屓して無税にし、一方商業の大きい業種である preṅ sāṅ(essence)[ガソリン]税だけを取って、自動車は[税を]捨てるのか、と ratha yanta(radeḥ ḷān)[自動車]を羨ましく思い、恨んで嘆く声はまだ口から絶えない。

自動車と<bicyclette>[自転車]とを比べると互いに大きく異なることがわかる。1)[道を]狭くして邪魔をする大きさについては、<bicyclette>[自転車]百台でようやく自動車1台に匹敵する。2)公道を傷めることについては、<bicyclette>[自転車]千台でも自動車1台に及ばない。自動車はたくさん走ると道路をたくさん傷める。一方<bicyclette>[自転車]の方は、たくさん乗ると自分の<caoutchouc>[タイヤ]がたくさん傷む。道路を欠いたり擦り減らしたりしたことはない。3)大きい音について言うと、自動車は<bicyclette>[自転車]の1万倍、10万倍よりも大きい。4)危険について言うと、自動車は人を轢いて殺す。あるいは何か物を轢いて壊す。<bicyclette>[自転車]の方は人を轢いても死なない。5)有用性について言うと、自動車はとても大きい有用性を持つ。大勢乗れるし、バスの場合は自動車から毎日たくさん金を得る。<bicyclette>[自転車]は、乗れるのは1人だけで、金をもらって乗せることができず、この乗り物からは何らかの収入は1センもない。6)さらに自動車の持ち主は皆金持ちばかりで、<bicyclette>[自転車]の持ち主は皆貧乏人ばかりである。

このように役に立たないのに、どうして<bicyclette>[自転車]にだけ税があって自動車に税はないのか。<bicyclette>[自転車]に乗る人が道を狭くするのは地面を歩く人に及ばない。なぜなら、[自転車に]乗ると上に高くなり下は広い。歩く人の方は下も上も狭くする。

こういう理由で、プノンペン市の<bicyclette>[自転車]を持っている貧乏人全ては、自動車にとても嫉妬している。そして市が自転車[cakrayāna]税をちょうど1リエルに下げてもそれほど喜ばないのである。

もう1つ、プノンペン市の大衆は人頭税についても嘆いている。[市]政府は地方より高く、7.20リエルも取るが、地方では5.70リエルである。即ち[市は]水道料、電気代、巡視料の分も取っている。[しかし]地方の大きい市街地区はプノンペン同様、水道も電気もあるが、それでも安い。この[人頭]税の問題は、直接市の中心部に住んでいる人は不満に思っていない。市の外れ、即ち市[の中心]から遠い所、たとえば piṅ bralit、piṅ keṅ kaṅ などに住んでいる人たちだけが羨み、強い不満を持っている。これらの人々は、市の中心部に住んでいる人と同額の税金を払っているが、彼らは雨期には泥の中を歩き、夜は電灯の光りはなく暗い。井戸の水を飲んでいて dik <machine>[水道水]はない。kaṅ kravael(<police> giñ)[市警察]から遠いので泥棒もとても多く、[住民を]悩ましている。<police> giñ[市警察官]は人が多い所、電灯の光がある所だけを警備している。「悪い奴がこっそり襲うのではないか」と、やはり暗いのを恐れているのである。いろいろ考えてみると、<police> giñ[市警察官]は民衆以上に死ぬのを恐れていて、寂しい所は警備に行く勇気がなく、すでに死んだ人や<carte>[人頭税カード]がない人などばかりを捕まえている。泥棒や悪い乱暴者が手にナイフや武器を持って切りつけ合ったり刺し合ったりしているのを見ると、これら警官たちは後ろを向いて見えない振りをする。喧嘩をしている人が“来てくれ”と声をからして助けに来るように叫ぶと、ようやく<police>[警官]は助けに行こうと少し尻を持ち上げる。切りつけた人間が逃げて消えてしまってから、ようやく<police>[警官]たちが駆けつけて来て怪我人を病院に運ぶ。このようなことがとても多く見られる。

もう1つ、<police> giñ[市警察官]たちは女たちや何も分からない農民たちをいじめる。女たちが小人数でどこか寂しい所にいたり、寝ていたりすると、我らが警官たちは起こして連れて来て suor <renseignement>(camḷœy)[尋問する]。フランス人のような偉い人が無灯火で<bicyclette>[自転車]に乗っていてもやはり見えない。後ろを向いて背中で見るのである。

上のような嫉妬で nagaravatta は buok krama prwksā sruk āy(Membre de l'Assemblée consultative indigène)[現地国諮問会議委員]たちに、次の会議で集まった時に、rājakāra <protectorat>[保護国政府]と市政府に、貧しくて困窮しているクメール王国民を救うことで上述の嫉妬を消し去るように、次のように決議していただきたい。

1) <bicyclette>[自転車]税をなくすか、0.20 リエルだけに減らす。

2) プノンペン市民の人頭税をさらに安くする。あるいは市の全ての場所に舗装道路を作り、水道と電気を引き、巡視する。

2-2　nagaravatta krum <gazette>[新聞社]は、下に掲載する書簡を送ってくださった貴殿に、我々は貴殿を存じ上げており、真心をもって敬愛しておりますので、深く感謝致します。

貴殿の書簡をもっと以前に掲載できなかったのは、krum <gazette>[新聞社]の過ちではなく、ācārya {kuy}が同意しなかったことによる過ちです。このように反対した ācārya {kuy} は貴殿と異なる主義主張を持っているのではなく、同じ主義主張ですが、人々の罵りがあまりにも多いので、歯を食いしばり我慢して苦しみを1人で受けているのです。それゆえ、どうか貴殿は私たちを不愉快に思わないでください。

nagaravatta 新聞は、我々とは異なる信条を持っていて我々を非難なさる皆さんにお願いします。どうか、皆さんは我々の<gazette>[新聞]に反対するために<gazette>[新聞]を1つか2つ、新しく作ってください。我々は前もってお礼を申し上げておきます。あなたがたがほんとうに[新聞を]作ることができたら、サトウヤシ酒5ビンを進呈することを約束致します。

nagaravatta

[書簡]　1937年6月15日、プノンペン

nagaravatta krum <gazette>[新聞社]社長であるあなた[thī]に申し上げます。

[あなたが]この社の<gazette>[新聞]をお作りになったことを私は大変喜び、そして私は1年間の購読を申し込んで助力致しました。そして、この<gazette>[新聞]こそが明るい光をもたらして我々の民族を照らし示して、自己を開発することを知らしめ、発展の状態へ進ませる事を望んで、永久に購読する誓いを立てました。

私は、この新聞に掲載し、天国へ向かう道を話して示した ācārya {kuy} の言葉を読み、大変愉快で気に入りました。しかし、民族を速く発展させたいとは望みますが、「互いに手を引いて事実、真実を求めるという考えは困難であり、少しずつ導いて行くのが適切である」と思う私の心に少し引っ掛かるものがありました。しかし私は長年の間寝てこの考えに浸っていたので、大きな心配をもっていました。そして今やこの心配を振り捨て、その結果はっきり知ることができましたので、敢えてここに、単に照らし続ける道具として、お知らせする次第です。

ほとんど全てのクメール人が商売に対して、長年好んで持って来た非常に大きく重要な考えの1つは、たとえば、元手として飯をしゃもじ1杯、あるいは現金1センなどでできるという、楽に行うことができ、汗を流す必要がないということです。「死んでまた生まれて、飯は食べても尽きることがない」が ācārya {kuy} の言う商売のやり方より楽だと思いませんか。

この考えこそが、全てがそろって真実でないことを信

じ、[その真実でないことを]真実であると言うことを好むという、気が付かないうちに破滅に向かう行為なのです。もし誰かが、nagaravatta <gazette>[新聞]に書いた?nak ācārya {kuy}の救済の言葉のように、話して導いて天国への道を求めさせようとする人がいると、種々の事をあげて非難する人がいます。私は何回も[ācārya {kuy}の主義主張を]守る助力をしようとまでしましたが、まだ[人々が]依然として既に述べた[楽が良いという]考えに固執する以上は、?nak ācārya {kuy}がどんなに力を入れて話して説明して、真実の利益を受けさせようとしても、その人の耳に入る甘さはないでしょう。逆に、「有害な言葉、嘘の言葉だ」と言うことになるかも知れません。?nak ācārya {kuy}の利益を得る方法は実行するのが難しく、彼らの利益を得る方法の方が、容易に楽に楽しく実行できるからです。しかし、頭脳が良い人の場合は、見ても見えない、聞いても聞こえないのかも知れません。

私は ?nak ācārya {kuy}の救済の言葉を助ける道具として、共に小指のような小さな1部分になって、真実でない考えをなくすために、正しいか間違っているかは私自身の責任として、たくさん文章を書き、[新聞に]掲載してもらおうと、nagaravatta <gazette>[新聞]の社屋に持参しました。しかし、私の望みと違って、<gazette>[新聞]に掲載されませんでした。ただ1回だけ、この<gazette>[新聞]の17号[1-7]に掲載され、それにはクラチェ州の官員の方から私の援助という善行の言葉にたいして種々の点で気に入ったという1937年5月7日付けの手紙を受け取りました。

nagaravatta <gazette>[新聞]に掲載されなかった私の多くの話は、恐らく nagaravatta krum <gazette>[新聞社]の中に何人か上に述べた考えに固執する人がいて、何かの障害が生じることを恐れ、その結果このように掲載できなかったのであると思います。

正しく言ったことは発展に向かいます。この<gazette>[新聞]の第1号の sūcipatra[注。「白い葉/羽」。この新聞社の方針•理念?]に記してある基準に触れることをしないでください。恐れるべきではありません。批判され、罵られても、さほど肉は切られません。森を開墾する人は絶えず「とげ」が手足に刺さるのは当たり前のことです(ヨーロッパ人の偉人の証拠があります)。もし自分の利益ばかりを考えているのなら、よくないようですよね。

私は最後通告として申しますが、nagaravatta krum <gazette>[新聞社]が依然としてこのようにするのなら、私は努力して ?nak ācārya {kuy}の良い言葉を想うことを切り捨てることを無理やり決心し、私自身の身体から追い出して、<gazette>[新聞]を購読するのをやめます。1937年に購読するよう登録した私の名前があることについては、私には送付を中止してかまいません。私は不幸、不運な人間で、[せっかく]満足できる物に出会ったのですが、障害が入って来て私の愛する物をねじ切って私の目の前から持ち去るのです。

もう1つ、前以てお話ししておきますが、私が<gazette>[新聞]の購読をやめても、nagaravatta krum <gazette>[新聞社]の利益が失われるとか損なわれるとは思わないでください。役立たずの人間1人に気が付いてくだされば十分です。しかし、私は申し上げておきますが、nagaravatta krum <gazette>[新聞社]が本当に民族を愛するのなら、[民族を]破滅の道に沈める行為である考えを民族に捨てさせる何か特別な方法を考えて選んでください。そうすれば「目やに」を洗い、振り向けば、我が民族に発展をもたらす場所である天国へ向かう道が見えるでしょう。nagaravatta krum <gazette>[新聞社]社長殿が、我が民族の利益の為に私のお願い通りに大慈悲でこのようにする親切心を持っていることを信じ、かつ期待しております。私はお祈りをして最後に民族を救う貴殿の徳の力の扶助という善行を忘れることなく、覚えておきます。

真心からの敬愛の念をお受け取りください。

a. phla.[注。17号1-7では「i. pha.」]

2-3 三国志演義[省略]

3-1 dāt <balle>[サッカー]の試合

6月13日日曜日に、プノンペンの vatta bhnam の西で、プノンペン側の(Sud Athlétique)チームとサイゴン側の<sport militaire>チームとの dāt <balle>[サッカー]の試合が盛大に行われ、プノンペン1ゴール対サイゴン2ゴールであった。

しかし、今回試合をした両チームは極めて見事であった。前半はプノンペン側チームの方が力が上で、味方への<balle>[ボール]のパスが巧みで、強さのミスもほとんどなく、ドリブルもスピードがあった。あまり疲れているようにも見えず優勢で、頑張って1ゴールした。

サイゴン側チームは<balle>[ボール]が相手陣地に上がることは全くなかったので、力が弱くとても疲れているように見えた。しかし、勇敢で巧みで機敏で慌てずに<balle>[ボール]を掴むゴールキーパーがいたので、あまりゴールできなかった。そうでなければもっと…[伏字]…。私はプノンペン側チームに負けると思った。

後半に入ると不思議が起こった。即ちサイゴンチームにとって幸運にも、雨が激しく降り、水が多くてほとんど走れないほどになった。プノンペンチームは全員がこちらの国の民族の人ばかりである。

このように水が多くなると[プノンペンチームは]力が弱った。サイゴンチームは皆あちらの国の民族の人ばかりで、涼しい国に慣れている。雨が降って体が冷えると力が沸いて来た。ジャンプしてのヘッディングも前半より強く勇敢になり、(スイギュウは沼が頼り)ということわざ通りだった。観覧者たちの方は、雨がこんなに強くても我慢して雨に濡れて立っていた。[しかし、]<balle>[ボール]を蹴っている人たちの所を連れ立って走って横切って、偉い人、そうでない人を恐れず(Tribune)[椅子席]の西側の観覧席に突進して行って雨宿りする人もいた。buok <balle>[サッカー選手]達は皆呆然として立って見ていた。

我々は両チームの選手達は忍耐強い選手であると称賛させていただく。

3-2 雑報

3-2-1 nagaravatta 新聞は手紙を2通受け取った。1通は、寺学校の生徒が来て<françois baudoin>校で受験したsaññāpatra(Certificat Elémentaire)[初級初等教育修了証書]試験の試験官を訴える内容である。もう1通は phsār lœ 村(ポー・サット州)の元村長を訴えるものである。この2通の手紙の訴えはしっかりしたものであると我々は理解するが、訴える人が2人とも名前を出していないから、この<gazette>[新聞]に掲載することはできない。

我々は皆さんにお知らせします。我々がこのような署名のない手紙を我々の<gazette>[新聞]に掲載したら、訴えられた当人が必ず我々を訴えます。[新聞に]掲載を望む人は手紙の中にあなたの名前を出さなければなりません。我々はあなたの名前を<gazette>[新聞]に載せません。我々があなたの名前は隠して外部の人に知らせることはありません。ただ、[あなたの手紙で]訴えられた人が我々を訴えた場合には、我々はあなたの名前を裁判所に提出します。

我々が、名前があるかないかを考えずに、訴えの手紙をどんどんこの<gazette>[新聞]に掲載したら、訴えられた人は必ず我々を中程度の犯罪で訴え、[我々は]罰金か投獄かなどの罰を受けます。そうなると我々の<gazette>[新聞]もそれに伴って滅びてしまうのは避けられません。

3-2-2 [広告] クメール人は、もし本当にクメール人を愛するなら、クメール人の品物を買うべきです。

プノンペンの<armand rousseau>路120号に私は店を開き、radeḥ kaṅ(bicyclette)[自転車]とあらゆる種類の[自転車の]装備品を販売しています。修理と塗装もします。

皆さん、必ず私の店に見にいらしてください。

thī {brwaṅ}

3-2-3 [広告] 私はクメール人です。私は他の民族と同じように、薬店を開いてよく効く薬を売っています。どうして私の薬を買って助力してくれないのですか。

sīv-pāv、kāp go 市場

3-2-4 [広告] 私の店は hassakān 路の kaṇṭāl 市場で酒とタバコを売っています。そして薬も売っています。私はクメール人ですから、私の店で買って助力してください。

āyu ṭaṅt piec

3-2-5 [広告] 私は本当のクメール人ですが、中国人と同じように美味しいクイティアウを作ることができ、売っています。

皆さん、私に助力してください。私の店は<verdun>路の sīḷip 市場にあります。

3-3 [21号3-5と同一]

3-4 金の価格

プノンペン市、1937年6月24日

金 1 ṭamliṅ、[即ち]37.50 グラム

価格	1級	90.00 リエル
	2級	87.00 リエル

＊銀の価格

1 ṇaen 塊、[即ち]382 グラム	13.00 リエル
兌換古1リエル銀貨	0.72 1/4 リエル

＊農産物価格

プノンペン、1937年6月24日

籾	白	68キロ、袋なし	2.55 ~ 2.60リエル
	赤	同	2.45 ~ 2.50リエル
精米	1級	100キロ、袋込み	6.45 ~ 6.50リエル
	2級	同	6.10 ~ 6.15リエル
砕米	1級	100キロ、袋込み	5.25 ~ 5.30リエル
	2級	同	3.90 ~ 3.95リエル
トウモロコシ	白	100キロ、袋込み	[記載なし]
	赤	同	6.10 ~ 6.30リエル
コショウ	黒	63.420 キロ、袋込み	13.25 ~ 13.75リエル
	白	同	24.00 ~ 24.50リエル
パンヤ	種子抜き	60.400 キロ	22.75~22.25[ママ]リエル

＊サイゴン、ショロン、1937年6月23日

フランス籾・米会社から通知の価格

ショロンの<machine> kin srūv[精米所]に出された籾 1 hāp、[即ち]68キロ、袋込みの価格は以下の通り。

籾	最上級		2.85 ~ 2.89リエル
	1級		2.71 ~ 2.75リエル
	2級	日本へ輸出	2.62 ~ 2.66リエル
	2級	上より下級、日本へ輸出	2.53 ~ 2.57リエル
	食用	[国内消費?]	2.28 ~ 2.32リエル
トウモロコシ	赤	100キロ、ショロン県マッカサンで売り渡し。	7.10 ~ 7.15リエル
	白	同	0.00 ~ 0.00リエル

米(5月[ママ]渡し)、港渡し、袋込み、税抜き、1 hāp、[即ち]60.7キロの価格は以下の通り。

精米	1級、砕米率25%	3.92 ~	3.96リエル
	2級、砕米率40%	3.69 ~	3.71リエル
	同。上より下級	3.53 ~	3.55リエル
	玄米、籾率5%	3.02 ~	3.04リエル
砕米	1級、2級、同重量	3.28 ~	3.30リエル
	3級、同重量	2.73 ~	2.75リエル
粉	白、同重量	1.75 ~	1.77リエル
	kāk［籾殻＋糠?］、同重量	0.75 ~	0.77リエル

4-1 ［18号3-6と同一］

4-2 ［8号4-3と同一］

4-3 ［11号3-2と同一］

4-4 ［11号4-2と同一］

4-5 ［広告］ お知らせ ［22号4-2とほぼ同一］

仕立て師職匠である<paul léon>はパリ市の被服学者協会［注。これは「académie＝学院」を誤訳したらしい］の資格証明書を持ち、<médaille d'honneur>［栄誉章］も持っています。私はプノンペン市<paul-bert> 路49号に仕立て店を開きました。

M. PAUL LÉON Rue Paul-Bert Nº 49, P-Penh

［人物の半身の写真。その下に仏語で］ M. PAUL LÉON、プノンペン Paul-Bert 路49号

4-6 ［20号4-6と同一］

4-7 ［8号4-6と同一］

4-8 ［24号4-8と同一］

4-9 ［25号4-10と同一］

4-10 ［25号4-11と同一］

4-11 ［25号4-12と同一］

4-12 ［8号4-9と同一］

Samedi 3 Juillet 1937
CIGARETTES
JOB
LE PAQUET VERT
Vendu 5 cents
Nagara vatta
CIGARETTES
COFAT
La meilleure cigarette Indochinoise
Le Paquet vendu 5 cents
HEBDOMADAIRE PARAISSANT TOUS LES SAMEDIS
(Boite Postale N° 44)

第1年27号、仏暦2480年9の年丑年 paṭhamāsādha 月下弦10日土曜日、即ち1937年7月3日

［仏語］1937年7月3日土曜日

1-1　［仏語で「私書箱 No.44」が加わった以外は8号1-1と同一］

1-2　［デザインが少し変わった以外は8号1-2と同一］

1-3　［デザインが少し変わった以外は8号1-3と同一］

1-4　［8号1-4、1-5と同一］

1-5　教育について

これらの生徒達をどうするか

初等教育修了試験に合格して、vidyālaya sīsuvatthi（Lycée Sisowath）［シソワット中高等学校］の入学試験を受けて合格しなかった生徒達の親から、嘆きの言葉を我々はたくさん聞いた。この中高等学校の入学試験を受けた生徒の数は300名以上であるが、学校は70名しか取らなかった。さらに、この70名の数の中にクメール人は30名だけで、それ以外はベトナム人ばかりである［注。この部分は29号1-5で訂正されている］。

「入学試験に合格した生徒は、クメール人はベトナム人より少ないし、試験官に贔屓があった」と言って妬む人たちがいる。我々はその試験の際に一緒に行ったわけではないので、どちらか一方の肩を持つことはできない。しかし、「クメール国にいて、なぜクメール人の生徒がベトナム人の子より少なく合格するのか」という疑問を持つのは当然である。この点に関しては、我々は、「政府はベトナム人の子だけのために中高等学校を建てたのではない」と信頼しているので、政府に検討をまかせよう。

試験に落ちた生徒達を政府はどうするつもりなのか。我々は、「初等教育修了証書は知識が少ない人を認めるための証書である」と理解する。もしそんなに［知識が］少ないのなら、放っておいて、［学校］から離れさせて1年もたたないうちに、その知識を全部忘れてしまうにちがいない。これだけ教えてから捨てて忘れさせてしまうのなら、教えて何になるのか。

我々は、「これらの生徒たちを教えてさらに深い知識を持たせるべきである。中高等学校をあと1校か2校設立するべきである。もし、その［中高等］学校を作らないのなら、商業と工業方面の知識を教えるための学校を作るべきである」と理解する。この［種の］学校は、「これらの生徒達全てを、すぐに働いて生計を立てることができるようにし、我が民族を財産の方面で発展させるのは本当に確実である」と理解するからである。あまり高級官吏になることばかりを望ませるべきでない。現在の我がクメール高級官吏は仕事に十分見合う収入があるが、これらの人々の多くは貧乏人ばかりである。中国人とベトナム人の方は、多くは商業と工業をして生計を立てているから財産を持っている。我々クメール人は、全てが高級官吏になりたいとだけ思っていたら、どうやって彼らのような金持ちになれようか。靴を作る、服を仕立てる、帽子を作るクメール人が誰かいるか。煉瓦や瓦を焼く、石鹸を作って売るクメール人が誰かいるか。大工や鍛冶屋をするのは?。これらの品物が必要になるたびに、我々は中国人やベトナム人に頼る。それゆえ我々の金銭は全て他の民族に行ってしまう。

それゆえ、我々は政府に、中高等学校か、あるいは商業や工業などを教える学校を作るために、この問題を急いで検討してくれることを求める。［クメール］国とクメール人たちを本当に愛している <thibaudeau> <le résident supérieur>［高等弁務官］殿は必ずこの求めの通りに許可してくださると信頼している。

nagaravatta

1-6 諸国のニュース

1-6-1 フランス国

フランス国は喪に服している

元フランス国大統領である(Gaston Doumergue)氏[M.]は6月13日心臓病で daduol aniccakamma(slāp)[死去し]た。

以前、氏は roṅ ṭamrī 省(コーチシナ国内[のタイニン省])と(アルジェリア)で cau krama を務め、氏は cau krama から大統領にまで出世した。氏は1934年11月9日に退職し死去の日に至った。

1-6-2 スペイン国

ロンドン市、6月18日。反乱派軍の司令官である(フランコ)氏はイギリス政府に書簡を書き、反乱派政府をスペイン国政府として認めることを求めた。

*ベルリン市、6月19日、<havas>電。ドイツのある<gazette>[新聞]が[次のように]報じた。「先の6月15日にスペイン政府の潜水艦が魚雷を5回、(Leipzig)という名のドイツ軍艦目がけて発射したが命中しなかった。ドイツ政府は anupakārasamāgama(Comité de non-intervention)[不干渉委員会]に文書を送ってからこの件について提訴した」

*(バレンシア)市、6月20日。スペイン国政府は、「政府の潜水艦はそのドイツ艦を雷撃していない」と回答した。

*(バイヨンヌ)県、6月20日電。反乱派は先6月19日以来(ビルバオ)県を占領している。ビルバオ県を占領したというニュースを聞いて、反乱派は皆そろって喜んで歓声をあげた。

1-6-3 フランス国

パリ市、6月21日。フランス首相である(レオン・ブルム)氏は国内の通貨を増すために、国務を専決する権限を求めた。しかしこの[専決]権限を求めて得られなかったので、レオン・ブルム氏は辞職した。現大統領である(ルブラン氏[M.])氏は(Chautemps)氏[M.]を後任[首相]に任命した。

1-6-4 チェコスロバキア国

チェコスロバキア国機がドイツの<ballon> hoḥ[飛行船]を同国内に強制着陸させた。

1-6-5 スペイン国

ロンドン市、6月22日。潜水艦がドイツ艦を雷撃した後、ドイツ国政府はスペイン国沿岸における力の拡大を要求した。しかし、イギリス政府は同意せず、イタリア政府ただ1つだけが同意した。

1-6-6 ドイツ国

ベルリン市、6月22日。<police>[警察官]たちが sāsna[ママ。「sāsanā」が正しい] braḥ <jésus>[キリスト教]牧師50人余りを逮捕し拘留した。政府はさらにそれ以外の牧師に説教することを禁止した。

1-6-7 スペイン国

ロンドン市、6月23日。スペイン政府の潜水艦がドイツ艦を雷撃した日の後、ドイツ政府は、「[ドイツ]政府は監視を助力するために艦を行かせることを中止する」とイギリス国政府に通告した。

イタリア政府も監視団から艦を引き揚げた。

*バイヨンヌ県、6月23日、<havas>電。政府派機4機がフランス国領内の(ビアリッツ)県に着陸した。不干渉委員会がその機を押収してある。

1-7 コンポン・スプー州 samroṅ daṅ 郡 phsār utuṅa[ママ]での結婚式

先の6月20日日曜日、王立図書館の仏教研究所大蔵経委員会委員である mahā {thaem}氏と nāṅ kramum {ṇāy-sim} との結婚式が phsār utuṅa[ママ]で行われた。同氏は nagaravatta の良き友人で、我々全てがよく知っている。それゆえ、プノンペン市からの友人が大勢この式に主賓として出席した。

nagaravatta は友人全てを代表して、新婚のご夫妻に貴い祝福を申し上げます。あらゆる幸福と安楽と繁栄に恵まれることを、次の詩に要約してお祈りいたします。

nagaravatta 新聞は	三宝と神々に祈る
どうかお守りください	新婚の夫妻を。
友人が固く集まり	祝福し吉祥を祈り
日夜神々が	身体から離れることがないように。
百年以上の長寿	身体が老いることなくいつまでも
身体は健康で心は悩みがなく	いつまでも強くありますように。

nagaravatta

1-8 土曜評論

わあわあ言って無駄に口を擦り減らす

この言葉は ācārya {khaem} 氏が私の評論に反論して表現したものである。そして氏は、「あなたが何かを言って何の役に立つか。無駄に唇を擦り減らすだけである」と結論した。

その時、ācārya {khaem} 氏は聞いて心地良い言葉を使った。即ち<machine> crieṅ[蓄音器]より耳に心地良い。私がこう言うのは、ぜんまいが緩むと<machine>[機械]は歌うのをやめるからである。

ācārya {khaem} 氏の方は、たとえ氏のぜんまいが緩んでも歌い続ける。それゆえ氏の言葉は氏の思考より速い。

我々2人の論争を読んだ皆さん夫々も、私と同じように理解する。即ち、ācārya {khaem} 氏は氏の唇が無駄に擦り減るのを恐れていることと、氏は、「クメール人は自分で目覚める」とはっきり分かっているのだから、「氏は何か言って忠告する必要はない」ことがわかる。

一方私の方は氏とは異なる意見を持っている。即ち私は、「もし現在のように依然として眠っているならば、我々クメール人は必ず滅びてしまう」と予言する。それゆえ皆さんがすでに知っているように、互いに論争させることになったのである。

この論争は、<gazette>[新聞]上で皆さんの前で論争しているのであって、部屋の中でしているのではない。

この2つの<gazette>[新聞]を読んでいる皆さんに、わあわあ言うのが原因で無駄に擦り減っているのは誰の唇であるかを知るために、我々2人の評論を比べて読むようお願いする。

ācārya {khaem} 氏は、「あなたがわあわあ言って無駄に唇を擦り減らしている。しゃべらないで仕事をしていたほうが良い」と言う。私もそう思う。しかし私が民族を助けるために仕事をすると、毎回私と同じ民族である敵が現れて、私が何も仕事ができなくなるようにさせたくて、私をやりこめようとする。このようにやりこめようとすることが、私に言わずにはいられなくするのである。私がわあわあ言うのは事実であるが、私自身は仕事もしている。私が作り上げることができたものは全て、民族の役に立つものばかりである。もし ācārya [{khaem}] 氏がまだ知らないのなら教えてあげるが、私の最初の仕事は、シソワット<collège>[中学校]卒業生友愛会で、私は資金を探して生徒に助力し支援して進学させてさらに知識学問を学ばせ増やさせるために設立した。

その後は、民族を啓蒙するために nagaravatta <gazette> [新聞]も設立した。

その時、私はわあわあ言わなかった。それでもこの ācārya {khaem} のようなタイプの知識のあるクメール人がたくさんいて、黒白をつけるために論争を持ち込んで来て、時間を無駄にさせた。疲れるから、手で触れないで[＝構わずに]黙っていると、[その人たちは]、「自分たちが正しい。仕事をして疲れているあなたより偉い」と自慢する。さらに私が仕事がうまくいくようにさせたくなくて、打ち負かそうとする人までもいた。私がこれらのものを設立することができたのは、この私の心が強情だからである。これらの敵たちは、私自身をいじめたいのではない。クメール人を本当に滅ぼしたいのである。この人達は全く何も仕事をしない。そして私が民族を助けることができなくなることを望んで、黒か白か決着をつけようと論争するのを待っているのである。

私がこのようにわあわあ言うのは、「他の民族はほとんど全部の人が仕事をしている時に、現在の我が民族は楽しみの道だけを考えていると思う」からである。そう思うに至って私は話して忠告し、目覚めさせようとした。この教え諭す方法は2つある。1つは柔らかく、可愛がるように言うことで、もう1つは乱暴な言葉を言って心を傷つかせ、目覚めさせることである。子供が楽しく遊んでいる時に、あなたが行って、「遊ぶのをやめるように」と懇願しても、きっとあなたの唇は無駄に擦り減ってしまう。もしあなたが彼らの心を傷つければ、きっとあなたの唇は無駄には擦り減らない。

人が眠気を催しているとき、どのようなことをして目覚めさせるか。「手か足をつかんで引っ張るべきで、そうすれば目覚める」と私は思う。一方ācārya {khaem}氏の方は、「子守歌を歌うべきで、子守歌の声を聞くと、その人は目覚める」と考えるのである。

薬を服用させる前に、まず医師に診察させ、病名を見つけさせるべきである。それから[その病気に]合う薬を服用させる。<peste>[ペスト]にかかっているのに、熱病の薬を服用させたら、その病気はどうやって治ることができるのか。

「クメール人は消失するぞ」と言う前に、「[その滅亡は]眠りが足りない、[即ちまだ眠りたいことによる」ということを私は示した。私が目覚めさせると、ācārya {khaem} 氏は私に腹を立てた。「あなたが目覚めさせることは、水に溺れている人を救っているようなものである」と言う。しかし[溺れている人を]立って眺めている ācārya {khaem} 氏は、「わざわざ救い上げて何になるのだ。どっちみちその人はきっと溺れるのから助かるのだから、無駄に疲れるだけだ」と大声で叫んでいる。もし ācārya {khaem} 氏がその人を救うのを私が待っていたら、その人は沈んでしまうに違いない。

論争の道は終わることを知らない。私が1籠の魚を例にしてみれば、読者はわかるだろう。私は、「この1籠の魚は腐った魚ばかりだ」と言う。しかし実は全部腐っているのではなく、1匹か2匹はまだ新鮮である。私がそう言うのを聞いた ācārya {khaem} 氏は、そのまだ新鮮な1匹か2匹を持って来て、「私が間違ったことを言った」とやりこめようとする。このような論争に終わりはない。このように黒か白かを決めたがっている ācārya {khaem} 氏は、クメール人のためになる何かを設立することができる考えを持っていますか。

この評論の冒頭で、「ācārya {khaem} 氏は話が考えより速い」と私は言った。即ち「氏のぜんまいがゆるんでしまっても、氏は一生懸命大声で歌う」と言った。この言葉は間違っていない。あなたが ācārya {khaem} 氏の文章を拾い出してきて検討してみれば、そうであることが必ず分かる。この ācārya [{khaem}] はクメール人に、「フランス人のように行動せよ」と諭す。即ち、「自分の望みに従って事を行い、他人の権利を侵害しないこと」が1つ、「法律の前では平等に行動すること」が1つ、「仲間を兄弟のごとく愛すること」が1つの、この3つの自然法を守れば[民族は]力が増すという。

ācārya {khaem} 氏はこの3つの自然法を全く理解していないが、「自分を賢い人だ」と思わせるために、このように持って来て言うのである。もし私が氏の意味を拾いあげて氏に説明して聞かせれば、氏は必ず驚くに違いない。それは、「氏は氏自身の言葉が言っていることを理解していない」ということを私が知っているからである。この3つの自然法は貴い価値があり、容易に買える人は誰もいない。あなたが[これを]手に入れたければ、あなたはあなたの命を捨てる覚悟が必要である。かつてフランス国は現在の我がクメール国と同じように、国王がフランス人の生命を統治していた。あなたがすでに知っているように、当時、フランス国の人々は平等でなかった。王族の下に僧侶がいて、僧侶の下に庶民がいた。この3つの自然法が生まれたのは、庶民が反乱し、国王と王族と僧侶を捕らえて殺し、法律を新しく制定したからである。

我がクメール国は、現在国王が我々の生命を統治しているということを ācārya {khaem} 氏が知っていることは確かである。そして氏は我々全てに、「フランス人に従って法を守れ」と諭す。氏は自分が我々に、「我が国から王族をなくせ」と諭しているのだということに気が付いているのか。もし氏が気が付いているのなら、氏はすでに赤旗を握っているのか。それとも、氏はただわあわあ言っているだけなのか。

このような<machine> crieṅ[レコードプレーヤー]と論争を続けるのは、本当に私の口を無駄に擦り減らすことは間違いない。

ācārya {kuy}

1-9 カンボジア国における<croix-rouge>(chkāṅ kraham)[赤十字]社

この<croix-rouge>[赤十字]社はインドシナ国の全ての国にあり、戦争で負傷して不具になった人々の支援協会であって、さらにこの[赤十字]社から別の支援会ができているが、我がクメール国には他国と違ってまだできていなかった。

この7月14日に、クメール国内でこの[赤十字]社の支援会のための<médaille>(grwaṅ samgāl)[バッジ]が販売される。

その日は女性と少女たちが歩いて皆さんに、慈悲のある信仰心に呼びかけ、[寄付した人に]、貧しい人、病気の人、飢えている人、両親も親戚も友人も仲間もない孤児たちを、真心から援助する慈悲の印しである<médaille>[バッジ]を服か服のボタン・ホールにピンでつける。

上のような苦しみを減らし、あるいは軽くするために、善良な真心から寄付をする信仰心がある皆さんは、きっと貴い善行の報いが得られるでしょう。

呼びかけて得られた義援金は、[赤十字]社の助手として病人を看護する女性を教育する保健衛生方面の病院をプノンペン市に作る支援の仕事をするために[赤十字]社をクメール国に設立するのに使う。

1-10 rājakāra <protectorat>[保護国政府]は現地人たちを救済するべきである

現地人官員は病気になると、給料がとても少ないので、自分の病気の治療をするために金を使って技術の優れた専門医師にかかることができず、きまって大変苦しく惨めである。薬も、特別なよく効く薬を敢えて使用しようとしない。現地人官吏は月給が少ないので、入院して治療する時の病院の看護も念入りではなく、医師は良い薬を敢えて使おうとしないし、さらに食事も粗末で病状を早く治す良い[食事]ではない。

プノンペン市では、(Dr. Menaut)医師殿などの以前の正医師は良く効く薬を使う事が多く、食事も患者に体力をつけさせ、早く治るように、フランス風の良い食事が多く、看護も行き届いていた。今になると、治療は以前に比べてはるかに力が落ちている。[官員でない人は]官員と区別なく同額の治療費を払うのに、官吏と同じ細心な治療は受けられない。

もう1つ、インドシナ国の他の国では、政府が慈悲心で、病気になったばかりの官員と、病院から退院した官員が身体の具合を良くして病気を治すために行って良い空気を吸って休養するための家を建てている。さらに、身体から病気を追い出して完治させるために休職させる規則もある。今でもまだ少しいる結核にかかっている官員は、もし海岸に休息しに行って良い空気を吸うことができたら、必ずこの病気を鎮めることができるのは確かである。

このような休養所は、すでに 海岸のカエプと pūk go 山の上にある。しかし、月給の多いヨーロッパ人であってはじめて行って宿泊できる。給料がとても少ない現地人には手が出ない。

こういう理由で、nagaravatta は政府が慈悲を垂れて、月給が少ない現地人官員に、休養して、病院で治療してから退院した時にはまだ若干体内に残っている病気を完全に体外に追い出すことができるように、海岸のカエプに療養室を2-30室作り、病気の官員が休養しに行って、良い空気を吸って、身体の具合を良くすることができるようにして[月給の少ない官員を]救い、月給の力の限度をはるかに超える高価な<hôtel>[ホテル]や<bungalow>[バンガロー]に宿泊する費用がかからないようにすることをお願いする。わずかな月給は食事のためだけにとっておく。

もし政府が慈悲でこのようにしてくれたら、官員たちは政府の救済で随分楽になるのは確実である。

nagaravatta

2-1　語彙の制定（[9号1-8の]続き）

序論：語彙を制定しないことの害

以前、私は語彙を制定することの利を何ページも解説してきた。イタリア、フランス、イギリスなどの大国から[例を]引いて来て、語彙をきちんと制定し、民族の言語として使用するのに十分な語彙を存在させることは、民族にとって当然名誉であり、[自らを]輝かせるための民族の道具であり、民族を守って存続させる道具の1つであることを示したことを読者は多分記憶しているであろう。「なぜそうなのか」についてはこれ位でひとまず中断するのが適当である。[次は]民族が使用するのに十分な語彙がないことは、当然自分にとって害であることを理解していただくために、語彙を制定しないことの害について述べることを始める。しかし、ここで中断すると言ったのは、語彙を制定した国が3ヶ国しかないと言うのではない。中国、日本[国]などの他の大きい国もほとんど全てが制定し終わっている。しかしそれら全ての国の例をもって来て示しても、話はほぼ同じであるから、皆同じに見える。それでやめておかせてもらうのである。

使用する語彙を制定し、語彙を十分に存在させて、完成した言語としての様子の条件を満たさせるということをしないのは、当然その言語の持ち主に大きい害がある。しかし、この問題は、我々たちの中には考え至る人があまりいないようであり、非常に残念なことである。そこでこの機会に、ここで注意させてもらって、将来我々の仲間が集まってクメール語を検討してまとめてきちんとした様子にするのを目にすることを期待する。なぜなら、“āryajāti（jāti ṭa siviḷai）[文明人]”という名を得る民族は、1）高等な知識学問、2）高い価値のある衣と食、3）豊富で十分な民族言語、を持っているからである。この3つの中のどの1つが欠けてもいけない。あなたが文明人の様態を必要とするのなら、なぜ[この3つを]完全に満たそうとしないのか。第1項と第2項は別にしておいて、第3項だけについて話す。「各民族[に属する]人は、その人が話す言語によって[その民族の人であるということが]わかる」ということは正しいですね。このことについては否定できる人は多分いないと信じる。クメール人を例にすると、正しいクメール語を話してはじめて、「その人がクメール人である」とわかる。もしそうでなかったら、[その人が]話す言語によって別の民族だと思うであろう。ゆえに、民族を愛する人たちは、民族は分解して[互いに]別の民族になることがあり得るから、自分の民族の言語を守って保存し、充分にしようとする。あちらの世界の歴史の話を読んでみなさい。この民族の人々は分解してあの民族になった、あの言語は分解してあの言語になったというのに出会う。これは、民族の言語の持ち主が言語をきちんと守って保存しよとしなかったことによる害である。さらにアメリカ大陸やアフリカ大陸の先住民や、マレー地方の森林民族のように、強大国に征服されると容易に分解してしまう。これら3つの民族は、力を持つ民族が侵略し征服したので、民族は分解してしまった。他人の力の下にいることを拒否した頑固な心を持つ人達は逃げて森に入り、現在の森に住む種々の劣った民族のような、「森の人」になったのである。[28号2-1に続く]

sṅuon vaṅsa

2-2　医学：病気を予防する

天然痘と種痘について

（<gazette>[新聞]15号[2-1]から続く）

我が国内では種痘薬[ママ]の力は5年間効き目があることが認められている。最初に種痘をしてから5年たったらもう1度、こうして5年毎に1回種痘をし続けなければならない。

種痘をしに連れて行く子供は、腕と肩を清潔に洗わなければならない。医者に種痘をしてもらいに来た子供が垢だらけで不潔であるのを見たことがある。この不潔は、種痘をした傷口から[その垢が薬と]混ざって我々の肉の中に入り、腫瘍ができてなかなか治らず、腋のリンパが腫れることもあるから、具合が悪い。

もう1つ、種痘をして具合よく膿をもったら、上に解説したような腫瘍にならないように、手で触ったりこすったりしてはいけない。生まれたばかりの赤ん坊に種痘をすると、この[膿を持つこと]を軽くし、とても楽である。

もし天然痘にかかったら、後日解説し始めるコレラと同じように注意して予防しなければならない。天然痘で死亡した人は運んで行って穴に深く埋め、石灰もかけなければならない。衣服も蚊帳もゴザも、その他その患者に触れたものは全て、その病気を別の人に伝染させないように、焼却しなければならない。

もう1つ、この天然痘は空気で伝染することを忘れないようにしなければならない。

後日[＝31号2-2]、コレラについて解説を続ける。

2-3　三国志演義[省略]

3-1　劇

（<gazette>[新聞]24号[2-2]から続く）

それから、1人がさらに籤を渡した。彼[＝道化]が開くと文は、「何でもお好みで服を仕立てるのに当たり。どんな型でも可」であった。道化は鞄を開けて鋏を取り出し、その籤の持ち主を近くに呼び寄せると、ズボンの裾と上着の袖をつかみ、鋏で膝と肩をさして訊ねた。

「さあ、ズボンと服をどのような型に切りたいですか[注。「衣服を仕立てる＝裁つ」は kāt kho āv で、これは「衣服を切る」という意味でもある]。裾を短く切ってパンツにしたいですか。それとも裾の端を指幅1本分か2本分切ってあまりたくさん垂れ下がらないようにしたいですか。それから服はどう切ろうと思いますか。袖を切り落としてチョッキにしたいですか。それとも[今より]もう少し短くしますか。ズボンと上着をどのように切りたいか、どうぞおっしゃってください。鋏は私が手に持っていますから、私が切ってさしあげますが、籤には、「私に縫わせなければならない」とは決めてありませんね。ですから、私が切ったらぎざぎざのままにしておいてください。そして家に着いたらあなたの奥様に縫ってもらうか、あるいはお金を払って中国人に縫わせてもいいし、どうぞあなたの好きにしてください」その時、その籤に当たった人は素早く後ろに下がって席に戻って座り、籤があんまりだったことで恥ずかしく思い、うつむいていた。劇の観客は皆涙を流して笑った。道化はとぼけた顔をして[舞台から]降り、その人について来て費用を請求した。「どうして私にズボンと上着を切らせてくださらないのですか。あなたの籤はこのように当たったのに、私に切らせてくださらないのなら、私が一生懸命鋏を研いで準備して来た、その手間賃として私に3セン支払うしかありません」

その方は何も言わず、[ポケットを]さぐって金を取り出し、小銭がなかったのでしょう、1 kākを道化に渡した。道化は、「私に全部くださるのですか」と訊ね、道化はその方がうなずくのを見ると、頭をさげ、合掌して、「ありがとうございます」と言って笑って退いて[舞台に]帰って行った。

その時、もう1人の籤に当たった人は、道化の知恵に負けることを知ったので、賞品を請求したくなくてためらっていたが、他の人が知りたがり、代わりに籤を道化に渡した。道化が籤を開いて見ると、文は、「石灰入れに当たり」であった。道化は白石灰を1握り取り出してその籤に当たった人の口に入れようとした[注。「石灰入れ」は ak kampor。ここで ak は名詞で「箱」であるが、「口に入れる」という意味の動詞でもあり、ak kampor は「石灰を口に入れる」という意味にもなる]。その人は気がついて急いで後ずさりしたが、道化は素早く追いかけて無理強いして言った。「どうして石灰を口に入れるのを承知しないのですか。あなたの籤はそのように当たったのに。それとも炒り米を口にいれたいのですか。でも炒り米を口に入れたくても、炒り米は今月はありません。それともキンマに塗って嚙む石灰を入れる銅の石灰箱か銀の石灰箱が欲しいのですか。[箱が]欲しいのでしたらあちらの店に買いに行ってください。ここには ak kampor[注。1、石灰箱。2、石灰を口に入れる]に当たった人の口に入れる白石灰1握りしかありません。でも、口に入れるのを承知しないのなら、どうぞ好きなようにしてください。でも後であの1 kāk に文句を言わないでください」

劇の観客は皆そろって拍手して観客5人から金をだましとった道化をほめた。

sāy

3-2　[広告]　誰かクメール人で nam <pain>[パン]が作れる人と、[その] nam <pain>[パン]を仕入れて売りたい[人]

月給を払って働かせたいと思っているクメール人の家があります。本当に nam <pain>[パン]を作ることができ、そして働きたい人は工業学校にある swa の家に会いに来てください。

nam <pain>[パン]は100個で1.20リエルです。持って行って全部売ると2.00リエルになり、利益は8 kāk です。もし[パンが]全部売れなかったら、[残りは]持って行って誰かにあげてください。仕入れたい人は aeme kraṅ 路78号、刑務所の西側にある店に来てください。

クメール人である人は、クメール人と一緒に働いて生計を立てるのを好むべきです。

3-3　[21号3-5と同一]

3-4　金の価格

プノンペン市、1937年7月1日

金 1 ṭamliṅ、[即ち]37.50 グラム

価格	1級	90.00 リエル
	2級	87.00 リエル

＊銀の価格

1 ṇaen 塊、[即ち]382 グラム	13.00 リエル
兌換古1リエル銀貨	0.00 0/0 リエル

＊農産物価格

プノンペン、1937年7月1日

サトウヤシ砂糖		60キロ	3.40 リエル
店で購入		60キロ	3.20 リエル
籾	白	68キロ、袋なし	2.60 ~ 2.65リエル
	赤	同	2.50 ~ 2.55リエル
精米	1級	100キロ、袋込み	6.60 ~ 6.65リエル
	2級	同	6.10 ~ 6.15リエル
砕米	1級	100キロ、袋込み	5.35 ~ 5.40リエル
	2級	同	4.00 ~ 4.05リエル
トウモロコシ	白	100キロ、袋込み	[記載なし]
	赤	同	6.60 ~ 6.75リエル
コショウ	黒	63.420 キロ、袋込み	13.50 ~ 14.00リエル
	白	同	24.50 ~ 25.00リエル
パンヤ	種子抜き	60.400 キロ	26.00 ~ 26.50リエル

＊サイゴン、ショロン、1937年6月30日

フランス籾・米会社から通知の価格

ショロンの<machine> kin srūv［精米所］に出された籾1 hāp、［即ち］68キロ、袋込みの価格は以下の通り。

籾	最上級	2.93 ～ 2.97リエル
	1級	2.80 ～ 2.84リエル
	2級　日本へ輸出	2.70 ～ 2.74リエル
	2級　上より下級、日本へ輸出	2.62 ～ 2.66リエル
	食用［国内消費?］	2.42 ～ 2.46リエル
トウモロコシ	赤　100キロ、ショロン県マッカサンで売り渡し	7.35 ～ 7.40リエル
	白　同	0.00 ～ 0.00リエル

米(5月［ママ］渡し)、港渡し、袋込み、税抜き、1 hāp、［即ち］60.7キロの価格は以下の通り。

精米	1級、砕米率25%	4.26 ～ 4.28リエル
	2級、砕米率40%	4.04 ～ 4.06リエル
	同。上より下級	3.94 ～ 3.96リエル
	玄米、籾率5%	3.26 ～ 3.28リエル
砕米	1級、2級、同重量	3.55 ～ 3.57リエル
	3級、同重量	3.08 ～ 3.10リエル
粉	白、同重量	1.95 ～ 1.98リエル
	kāk［籾殻＋糠?］、同重量	0.81 ～ 0.85リエル

4-1　［18号3-6と同一］

4-2　［8号4-3と同一］

4-3　［11号3-2と同一］

4-4　［11号4-2と同一］

4-5　［26号4-5と同一］

4-6　［20号4-6と同一］

4-7　［8号4-6と同一］

4-8　［24号4-8と同一］

4-9　［広告］　どういう理由で女性に子供が生まれないのか

女性に子供が生まれないのは、夫によるものが1つ、妻によるものが1つです。即ち経血が悪い、あるいは過少、あるいは過多、あるいは子宮が冷えていることによります。どうぞ sīv-pāv 店の『11』号薬を服用してください。月経が定期的になり、身体の中の病気が全部治ります。

あるいは、子宮が病気なのは、「土の気」が良くないことによります。あるいは初産の時に何かがあって子宮の神経を弱めたのです。あるいは夫の梅毒、淋病の毒が白帯下を起こし、損傷を起こし、あるいは瘤が一面にできて子宮の中が熱をもっていることによります。どうか2号薬と9号薬を服用してください。病気が治り、子供が生まれます。

もう1つ、夫によるもの、即ち肩甲骨と腰が痛みます。陰茎が病気になり、精液が冷たくなったり熱くなったり、熱くなったり冷たくなったりで一定しません。もし子供ができても、直ぐに流産します。その夫は早漏で、妻の［性的］喜びはまだで、［性的］喜びの程度が同じではありません。このような夫は17号薬を熱心に服用すれば満足でき、子供が生まれます。

sīv-pāv

4-10　高熱で苦しむ毒による病気を治す薬

限度以上に熱が上がると、骨、肝臓、肺が直ぐに死にます。高熱が何日も続くと100種の病気になります。この私の薬は、服用して1時間で身体の熱をさまし、楽になります。私は敢えて保証します。

どうか大きな関心を持ってください。この病気になり、かつ便秘したら、下剤も飲んでください。この病気は重症の場合には米飯を食べてはいけません。気の力が落ちていて消化できず障害を起こします。重湯か牛乳を摂ってください。この毒を治す薬は、何かの病気の熱を引かせるために服用する時には、服用して1時間で熱は下がり、骨の痛みはなくなり、毒を全部発疹にして外に出させます。病気の人は血液中の酸味を追い出すために、1日に1包ずつ3包服用することです。病気はあまり襲ってきません。

用法。1回に2粒服用すること。1包3.30リエルです。苦いですから、包が破れないように注意してください。茶、または白湯で服用します。15歳以下の子供は0.20リエルの小さい包みを、茶または白湯に溶かして使うこと。この薬は病気でない人が3日で3包服用すると、気をほぐしてあらゆる点で健康になります。

4-11　プノンペン市 kāp go 市場の前、47号の『sīv-pāv』店に来てください

梅毒を治し、毒を全部殺す薬があります。病気は再発しません。とても良く効きます。どんなに長く患っていても、あるいはどんなに重症になっていても、この私の薬を使うと確実に完治します。女性の白帯下と月経不順、あるいは子宮の炎症、あるいは子供の白帯下を治す薬、この私の薬は良く効きます。

私の禁アヘン薬は［アヘンの］代わりに吸って、アヘンを完全にやめることができます。落ち着かない、ということもなく太ります。全ての病気を治すことができます。同胞の皆さん、どうぞこの機会に相談にいらしてください。

首の付け根の両側にできたグリグリは、放置すると潰瘍になります。急いで薬を買いに来て使ってください。

4-12　プノンペン市 okñā um 路47号、kāp go 市場の前の sīv-pāv 店

淋病を長い間患って、薬を探してきて治しても全く薬が合わなかった皆さん、私の薬を買ってください。この薬は本当に良く効きます。20年、30年もの長期間わずらっていても、私の薬は毒を殺し病気を治すことができます。この淋病は、以下に解説する理由で完治しないのです。

我々全ての尿道には行き止まりになっている穴が1つあって、普通の梅毒や淋病がない人は、この穴の中には水があって湿っていて、尿道は湿っているので尿が流れます。淋病の人はこの行き止まりの穴に膿が入って詰まってそこで固まります。患者が一生懸命薬を飲み、もし効く薬を飲んだり注射したりすれば、筋や血液中の毒だけは死にますが、この行き止まりの穴の中で固まっている膿が周囲を腐らせて出てくるので、完治しないのです。私は敢えていいますが、私の吸出し薬は尿道の中に入ると行き止まりの穴の中に固まっている毒を殺すことができます。皆さんが買った薬を呑んでしまったら、筋や血液中の毒も確実に死にます。

4-13　[広告][仏語] 1937年6月28日の l'Opinion [新聞]：

L'Opinion du 28 Juin 1937

Bravo "Peugeot"

Quoi que l'on dise, l'on est obligé de reconnaitre la supériorité de la

(402) PEUGEOT

En effet à la course de vitesse Haiphong Dosan, c'est encore une "402" conduite interieure strictement de série et conduite par Mme Eminente qui s'est classée Première en réalisant la moyenne de 108 Km à l'heure, avec le départ arrêté.

Exposition des "PACKARD"

Les voitures Américaines PACKARD seront exposées à partir du 4 JUILLET dans le magasin des

Etablissements JEAN COMTE

14 Avenue Boulloche PHNOM-PENH

Amateurs de belles voitures, venez voir et assayer les

"PACKARD"

"プジョー"、万歳

誰が何と言おうと、プジョー402が優れていることを認めるべきである。

Haiphong - Dosan 間のスピードレースで、平均速度、時速108キロメートルを出して優勝したのは、またまた Eminente 夫人[Mme]が運転する402シリーズのセダン[conduite intérieure strictement]、402である。

［ク語］[上の仏語文の訳であるが、上の[　]内の仏語文が「あらかじめ選んだものではない」になっている。

［仏語］"パッカード"の展示会。

アメリカ車"パッカード"が7月4日から、プノンペン Boulloche 路14号の JEAN COMTE 商会で展示されます。美しい車を愛する方は、どうぞ"パッカード"を見に来て試乗してください。

［ク語］[注。ここはすぐ上の仏語文の翻訳文が入るはずであるが、誤って最初のプジョーについての仏語文の訳文の前半部分が入っている]

Samedi 10 Juillet 1937

HEBDOMADAIRE PARAISSANT TOUS LES SAMEDIS

(Boite Postale N° 44)

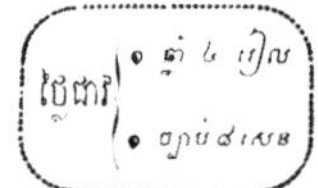

第1年28号、仏暦2480年9の年丑年 dutiyāsādha 月上弦2日土曜日、即ち1937年7月10日

［仏語］1937年7月10日土曜日

1-1 ［仏語で「私書箱 No.44」が加わった以外は8号1-1と同一］

1-2 ［デザインが少し変わった以外は8号1-2と同一］

1-3 ［デザインが少し変わった以外は8号1-3と同一］

1-4 ［8号1-4、1-5と同一］

1-5　プノンペンの女子校について

先日、(La Presse Indochinoise)というフランス語<gazette>［新聞］がシソワット中高等学校に歩いて通っている女子生徒の訴えの手紙を受け取った。内容は、「男たちが悪い行為をしようとして後をつけ、その少女を侮辱した」である。

我々もそのようなけしからんことを見たことがあり、その少女に代わって非常に不愉快に思っている。

人がこのように侮辱するのは、thnāk lekha bīr(cours moyen)［中級学年］から上［の学年］がある上級［初等教育］女子校がクメール人地区から遠すぎるからである。この女子校はシソワット中高等学校の古い場所にある。両親が適度の財産を持っている生徒たちは馬車があり、［それに］乗って勉強に行く。両親が貧しい生徒たちは歩くのでとても疲れる。1日に4回［注。2往復。昼飯は自宅でとる］で［合計］10キロメートル以上を歩く。そして朝夕、道の途中で悪い奴と出会い、その連中は［彼女らに］悪い行為をして意地悪をして勉強できなくさせたがるのである。

我々は、「政府も我々同様その障害を承知している」のは確かであると知っている。しかし上級［初等教育］女子校をクメール人地区に建てないのは、その学校を建てるために使う金がないことを恐れているからである。

政府がそう考えるのは、聞いて十分に理解できることである。しかし、「たくさん金を使う必要はない」と我々は理解する。なぜなら、現在クメール人地区にはすでに女子校が2つもある。即ち mallikā 校と suddhārasa 校で、これらの学校は thnāk lekha 3(cours élémentaire)［初級学年］までしかない。［したがって］これらの学校を拡張して、その上の学年［＝中級学年と上級学年］を作れば、政府は金はいくらも使わない、と我々は考える。既に学校があるのに、さらに新しい学校を建てて金をたくさん使って何になるのですか。

少しだけ金を使って、クメール人の両親に喜びをたくさん持たせるのは、するべきことでしょうか、するべきではないことでしょうか。

nagaravatta

1-6　諸国のニュース

1-6-1　スペイン国

ロンドン市、6月24日。<havas>電。ドイツ政府が、監視する助力をするために艦を行かせるのを中止したのは、イギリス政府およびフランス［政府］の考えが互いに一致しないことによる。スペイン国政府艦はドイツ艦を破壊し続けている。現在 samudra (Méditerranée)［地中海］内に配備してあるドイツ艦はドイツの商船を守るためである。

＊(サラマンカ)県、6月24日。反乱側派艦が、多くの武器を積んでスペイン政府派に渡しに来たロシア国の商船1隻を拿捕した。

＊イスタンブール県、6月25日。トルコ国からの電。トルコ国の近くでロシア国船1隻がイタリア国船1隻に衝突、沈没させた。イタリア国船に乗っていた人は全て救助された。

＊バルセロナ県、6月25日。本日反乱派艦1隻がカタロニ

ア県の海岸の県を砲撃してたくさん破壊した。

1-6-2　中国

東京市、6月26日。日本国からの電。ロシア軍がロシア国と満州国との国境である(アムール)という名の川の中の島に拠点を持ち、その島の近くをロシア国軍艦が多数行き交っている。満州国政府は強く憂慮している。満州国政府はロシア政府に遺憾の意を表明した。

1-6-3　ロシア国と日本国はますますかっかとしている

東京市、6月30日。この両国の政府は互いに和解しかけたが、突然ロシア艦3隻が日本艦を砲撃した。日本艦は反撃して1隻を撃沈し、もう1隻を大破させた。満州国政府は、「ロシア国が艦10隻をアムール川に派遣している」と訴えている。

*7月1日に日本国政府は、「今後さらに長期にわたって事件が起こることを望まないが、(ハルビン)県からは依然として悪いニュースがある」と発表した。

ロシア人達の主張によると、日本艦が先にロシアの国境<poste>[屯所]を砲撃したので、ロシア艦が反撃し、それから日本艦たちがさらに砲撃した。

満州国は以前は満洲里県と呼ぶ中国の県で、日本がその県を得てから満州里国と命名し、現在[日本が]同国を守備している。

1-7　土曜評論

私は無駄であるとは信じない

この新聞の総務部は、私にこのコラムをまかせ、[私に]我がクメール人に、「一生懸命働いて生計を立てるように」と忠告させている。私は無駄ではないと信頼しているので、わあわあ忠告した。今や本当に私の気持ち通りであることがわかった。多くのクメール人が目覚め、私に手紙を送って来て私を応援してくれている。わざわざバンコク市から褒める言葉を書いて来た人もいる。ācārya {khaem} ただ1人がまだ残っていて、まだ目を開こうとしない。

目覚めた人々は、私に商売をして生計を立てる方法について解説することを求めた。その求めもまた、私の望み通りである。即ち、私は既にわあわあ言う前に、「[まず]目覚めさせてから、その後で生計を立てる方法を示そう」と考えていた。「無駄だ」と言う言葉は推測誤りである。「役に立つ」ことについては、私は、[その利益が]私に来ることを望んではいない。私は、「自分が植えた木の実を食べることを望まない」と既にずっと以前に決心しているからである。

*現在の我々クメール人の多くは貧乏人ばかりである。このように貧しくて商売をして生計を立てることができるのか、できないのか。[私は]「できる」と言う。しかし、善意だけを持ってそろって集まってほしい。[商売で]生計が立てられるためには、お金がたくさんある必要はない。あなたが10リエルしかなくても、商売をすることができるが、小さい商売しかできない。あなたがそれ[＝10リエル]しか金がなくて、そして大きな商売をしたければ、あなたは団体を作るために仲間を大勢集めるべきである。どの団体もそれぞれしなくてはならない仕事があるが、あなたはそれらの仕事はひとりでにできると考えてはいけない。また、あなたはそれらの仕事を軽視してはいけない。株の金を出し合って団体を作る人たちはまず仕事をするやり方を討議し、それから定款書を書いて規則にしなければならない。後日互いの間に争いを起こすことがあり得るから、口頭だけの約束をしてはいけない。

コーヒーや種々の食料品を売る店を開きたい場合には、大勢仲間を集めて団体を作り、相互の同意のもとに1人につき10リエルか20リエルを払う。仲間が200人いれば、資本金が2,000リエルか4,000リエルが得られる。それから、店を開いて中国人やベトナム人のように食料品を仕入れて来て売り、価格[ママ。恐らく「利益」を誤記]があるようにする。出資した人達は皆その店だけに来て買うべきで、「つけ」と月賦をしてもいいが、出資した金額を上回ってはいけない。月末になって返済しない場合は、株式会社[ママ。「団体」から突然「株式会社」に変わっている]はその借金をしている人の出資金から[借金を]差し引いておいて、その人を株式会社から除名する。[会社の]経営方法について詳細なことを知りたければ[ママ。「知らせたければ」の誤植であろう]、あらかじめ討議して定款書にその方法を書いておくべきである。

経営陣の人々は全て定款の項に従って実行しなければならない。

私は、「このような方法で商売をすると、買う人はすでに存在しているのだから損をするはずがない。そして我々が互いに助け合うことを知れば、その商売は必ず繁昌する」と思う。

あなたは、私が上であなたに解説した方法で生計を立てる道を検討してください。そして私は、「私に従うことを誰の心にも強制しない」ことを申し上げておきます。即ち私は道を切り開いてあなたたちに示すだけです。どなたかその道を歩くことを承知しない人は、どうぞ他の人の考えに従ってください。

ācārya {kuy}

1-8　なぜカオダイのような他の宗教が我が国に庇護を求めて入って来たのか

カンボジア国は完全に buddhasāsanā、即ち sāsanā braḥ buddha[仏教]ただ1つを守る国である。しかし、信徒全員である parisadya[四衆、シシュ]は、トアムマユット派、モハーニカーイ派の古団と同派の新団とに分かれている[各]宗派を信じていて、[他の宗派に]こだわってあまり1つにまとまっていず、[この状態は]仏教の法と律とは別の[法と律を持つ]多くの宗教集団があって互いに正しいとか誤っているとかにこだわり合っていた仏陀在世時代と同じ様子である。このこだわり合うことは、師が別であり、教えも別であったのであるから、こだわり合うのは当然であった。一方我々の方は、師はただ1人、教えもただ1つで、我々は同じ仏教徒団であり、同じクメール人であって、仏陀ただ1人の教えを実践しているのであるから、他の宗派を信じている人にこだわるべき理由はない。互いにけなし合う言葉は全て、その人自身の上に落ちてくる。即ち我々クメール人仏教徒たち全てが仏教全体を劣ったものにすることになり、自分の民族を劣ったものにすることにもなるのである。

我々が我を忘れて[異なる]考えに対して激しく火が出るように議論をしている時に、カオダイ教が我が国に庇護を求めて入って来ることができた。当初はカオダイの教会は竹で作り木の葉を葺いた小さな小屋であった。彼らはクメール人仏教徒を仲間に入れることに成功したが、我々はまだ慌てなかった。今やカオダイ教はますます発展し、木造でペンキ塗りで瓦を葺いた教会を持ち、ますます大きくなっている。

われわれクメール人仏教徒たちが現在のように依然として1つにまとまらないでいると、きっと仏教は将来他の宗教より劣ることになる。

それゆえ、nagaravatta は仏教徒全てに、トアムマユット派であるとか、古い時代のモハーニカーイ派[＝古団]であるとか、新しい時代のモハーニカーイ派[＝新団]であるとかにこだわらないで、自分はクメール人である、ただ1つの仏教徒団であると認識して、成年僧あるいは未成年僧である仏教僧侶に善根を積むようお願いする。

我々が互いに団結した時、kambujāsuriyā[＝仏教研究所編集出版の雑誌]1927年第7号の sundarakathā(discours)[論述][に述べられていること]に成功し、輝かしく繁栄し、他の宗教は我が国内では成長することができなくなる。[22号1-5に関連記事がある]

nagaravatta

2-1　語彙の制定　**([27号2-1の]続き)**

序論(言語を整備しないことの害)

そうでなければ、近くの国々を見てもいい。モン国はかつてはインドシナ半島の独立国であった。しかしその後、anuruddha 大王の治世の時などに、ビルマの手で粉砕されて来た。今モン人は民族が分解してしまい、ほとんど全てがビルマ人になっている。[国]旗をなくしてから長く経っているので、現在の世界はモンを忘れかけている。私がこれだけ思い出させただけで、皆さんは多分心中に悲哀を感じたに違いない。これらは、文字を持たず[ママ。実際はモンは文字をもっていて、現在のミャンマー文字になっている。その最も古い記録は西暦6世紀にさかのぼる]、自分の言語を固めたりほぐしたりして書く基礎を持たせることを考えなかったから、それでビルマ人に呑み込まれてしまい、そのビルマ人も今後が心配であるが、ビルマ人の国を支配している人[＝イギリス人]が、ビルマ人の存在を以前のように確固たるものにするために、現在ビルマ語を確立した[＝ビルマ語文法書を出版した]のは幸運である。

もう1つ、現在シャムの旗の下に1つになって、民族が分解し、言語も分解してしまったチェンマイ地区と[シャムの]北西地区(即ちランプーンとランパーン)などの民族を見なさい。このままだと、将来誰かがそこにラオス人を探しに行くと、恐らく"私はラオス人です"と答える人は誰もいず、"私はシャム人です"と答える人だけになるであろう。これら全てが既に述べた害によるものである。

これら、国と民族が分解したことについて話したことは、これまで歴史の話を知らなかった人は疑ったり、「国は遠くにあり、行って見た人はいないから私が出まかせを話していることもあり得る」と決めてしまうかもしれない。[それで]事実であるという根拠を私の言葉に与えるために、もう1国、我が国を例にしよう。我がカンボジア国は、昔はこのように小さくちっぽけではなく、suvaṇṇabhūmi(<indochine>)[インドシナ]地域の大国の1つであった。研究して現在わかっている石碑文の中の歴史によると、領土の範囲は西はモンの地域に接し、北はヴィエン・チャンに達し、東はハノイに接し、南は海に達していた。現在カンボジア国は小さく縮まって[昔の領土の]中央にあり、西部はシャムに行き、北部はラオスに行き、東部はベトナムに行った。これら他[国]に行ってしまった地方に昔住んでいた人のほとんど全てが、民族はクメールでクメール語を話していた。他国のものになって長く経つと、民族は分解し、言語は分解し、やって来て支配した民族に完全に同化してしまった。現在コーチシナ地域にいるクメール人のある人々は、まだクメール語がいくらか話せるが、[そのクメール語は]話したり聞いたりしてもほとんど分からない。それ以外の人は全て残らず他民族に同化してしまった。これが自分たちの言語を整備して言語としての条件に合致する正しい文法を存在させなかったことの害によるものである。さらに言語の持ち主自身も民族を愛し、自分の言語を愛することにこだわる気持ちがなく、他人が何かを言うと、その人に従って[その言語で]話し、自分の言語を守るということを思わなかった。それゆえ間もなく自分の言語は消えてしまった。このように消えてしまうと後戻りして元の跡をさがすのは全く容易ではない。もし言語を整備してきちんとした状態を持たせ、さらにその言語の持ち主もその自分の言語に固くこだわれば、1度は倒れたローマ国がすぐに立ち上がることができたように、民族は容易には分解してしまわない。

“この世界の全ての国と民族は、決して倒れることがない国があるのではない。[どの国も]同じように倒れた。しかし、倒れるなら倒れろ、倒れた後に立ち上がることを知ろう”が大変価値のある名言である。

sṅuon vaṅsa

2-2　注意と忠告［注。毎号薬の広告を出している人物がこの文章を書いていて、やはり文法も内容も少々おかしい］

nagaravatta <gazette>[新聞]はとても役に立ち、クメール人に発展をもたらす。<gazette>[新聞]の委員の方々全てが、「クメール人は劣ってはいないか、他の民族が見下してはいないか」と心を痛め心配している。

それゆえ、深く学問をした方達が集まって、我が民族全てを目覚めさせるためにつついて忠告する言葉を探して選んでいる。<gazette>[新聞]を読んだ皆さんの中には十分に検討せずにいきなり不愉快に思ってしまう人がいる。

皆さんは、我々のそばにいる別の民族のことをよく考えてみてください。彼らは彼らに忠告をして、彼らの民族全てに心と考えを発展させ、成長させる助力をする<gazette>[新聞]を持っている。それゆえ彼らの国は学問知識をたくさん知っている。たとえば、コーチシナ国は20年前にはコックグー文字[注。=「国語」。現在のベトナム文字]の<gazette>[新聞]は1つしかなかった。しかし、その国の人々は<gazette>[新聞]を読むのをとても好んだ。財産がある人も、地位身分が高い人も全てが彼らの<gazette>[新聞]の委員が体力も精神[力]も強くなるよう、心を込めて助力し、さらに自分の民族に一生懸命勉強するように忠告するのを手伝った。その初期のころ、コーチシナ国のベトナム人は、現在我がカンボジアに住んでいるクメール人よりももっと無学無知であった。彼らは、ベトナム人への忠告の言葉を突き合わせて念入りに選ぶ<gazette>[新聞]から力を得て、心を励まして、たとえば商売を学ぶなど種々の学問を学んだ。

20年前はコーチシナ国とサイゴン市と全ての市場では、中国人ばかりが市場の中の店で物を売っているのを目にするので、そこがベトナム国(colonie[植民地])であることが分かる人はいないようであった。現在になると、コーチシナ国のベトナム人は商業の学問知識を学んで知り、中国人よりよく知っている。このように民族と国とを速く栄えさせることは、金銭は外国に流出しないし、他の民族は敢えて、「劣っている」と見下そうとしないことになった。

たとえば我々の隣のシャム人は、20年前はシャム国は経済があまり発展していなかった。シャム人は自分たちの国の主権を持っていて、他の民族から、たとえば鉄道など多くの発展を得た。当時のシャム政府は何か仕事があると、決まって外国の商社に呼びかけた。

しかし、現在に至って彼らの<gazette>[新聞]が人々を大いに発展させ、彼らの国は<gazette>[新聞]を読むのが非常に好きである。労務者でも、市場でバナナを売る人でも、ほとんど全ての人が<gazette>[新聞]を読むのが好きである。

60年前の日本人は、皆さんが日本の歴史を調べてみればわかるが、恐らく現在の我々クメール人より、無学無知であった。なぜこのように、我々クメール人などの他の民族以上に極めて速く成長することができたのか。今の我々を見て、「劣っている」と見る他の民族がいるのは確かである。11月に braḥ kaev 寺で(1ère foire)[第1回物産展]と呼ぶ物産展市祭りを行った時は、[出品したのは]全て他の民族ばかりであった。彼らは我々を超えて成長している。

フランス政府は、<carte>[人頭税]や(patente)[営業税]を他の民族より安く徴収するというようにして、我々クメール人を慈悲の心で強く支援する心を持っている。

現在の我々クメール人は、高級官吏になったり、「〜氏」になったり[=官吏になる]、「〜さん」になる[=thī になる]ために学ぶことに夢中になっていて、深く考える人々は少ない。いずれ何年も経たない将来、政府の仕事をする人はきっと余る。フランス語の知識はインドシナ国内でしか使えない。広くどこの国でも使える学問知識について、私に中国人の話を1つあげて解説させてほしい。初期の中国人は氷を売るだけで生計を立てていた。我が国に住むために渡って来た時には何も財産を持って来なかった。住んでいくらも経たないうちに政府は最も高額の<carte>[外国人登録料税]を徴収した。氷売りの中国人はある型の車を1台持っていて、わずかの元手を探して、金銭が数えられるだけのクメール語とベトナム語の数の数え方と、「氷」はベトナム語では(nước đá)と呼ぶが、それを呼ぶクメール語とだけを習い、それしか知らないで1日2-3リエルを稼ぎ、1ヶ月で50リエルから60リエルを稼いだ。衣服は洗濯やアイロンかけをする心配は全く必要がない。ある中国人は、限度以上に欲張って、人々が冷たい炭酸水を飲んで体が冷え、尿がたくさん出るのを好むのを知って、この欲張りの中国人は若いバナナの葉をつきつぶして汁をとり、石灰の水を混ぜると冷たい炭酸水の匂いがし、色も黒くなった。[そのことを]知らない人々は買って飲み、年の初めにはきっと腹が膨れて胃が痛んだに違いない。

現在、商売を生業にする人は、どの民族であろうと、欲張りで上手にごまかす道ばかり知っていて、正しい道を知らなかったら必ず滅び、長続きできない。

イギリスのある学者が"業の報いを信じない人間は野獣のようなものだ"と言っている。

文：sīv-pāv 医師［34号2-2に続く］

2-3　三国志演義［省略］

3-1　知りたければ訊ねよ、訊ねられたら教えよ

しかし、教える前に、まずその人が訊ねたことは疑問を持つのが当然で、質問するにふさわしいものか、あるいはそのことは簡単なことで、その人は自分で考えずに我々が教えるのを待っているだけなのか、あるいはその人は既に知っているが、我々に喧嘩を売りたいのか、をよく検討しなければならない。検討して、喧嘩を売りたいのであることがわかったら、その敵である人にふさわしく答えなければならない。［自分で］考えずに質問しているとわかったら、考えがないことについて少し非難してから答えなければならない。そして本当に質問するのにふさわしい疑問を持っていて質問しているとわかったら、たくさん話して聞かせ、はっきり分からせなくてはならない。

たとえば、私が6月12日［24号2-2］に、この新聞で話した劇［rapām。30号3-1を参照］の話（道化がだまして金を得、さらに人々が感心される話）は、chlūṅ 郡の<gazette>［新聞］読者のある1人の方が nagaravatta <gazette>［新聞］社長殿に手紙を送り、「その道化は名は何か。どの劇団の劇場にいるか。州、郡、村はどこか」と訊ね、「詳しく知りたいから、sāy こと、私に自分に知らせて欲しい」と言ってきた。さらに、氏は、「嘘を言うな。知らせずにすませてはならない」とも言っている。

これには、「あの道化の名前は yās である」と答えます（文字が逆、母音記号が逆）［注。この文章の執筆者の名前 sāy の頭子音と末子音を入れ替えてある。これはクメール人が好んで使う言葉遊びである］。あの道化の名前はこうである、と言うのは、言葉と行動が本当にこの名前の人のものだからです。「どの劇団の劇場か」という質問については、あの<gazette>［新聞］をもう一度見てください。「ある劇場で」と言っている語に貴殿は数字の(1)が見えませんか。そしてその欄の1番下［注。訳文では記事の末尾］にやはり、「(1)『ある劇場』と言っている言葉は事実ではない」という文が見えませんか。

私がこのように「事実ではない」ということをはっきり示している以上は、この外に貴殿は私に何を貴殿に話させたいのですか。それとも、貴殿はそこの文が見えなかったのでしょうか。それとも、見えたけれども考えなかったのでしょうか。もし考えるなら、下のように考えてください。「『劇場』というのは『劇の踊り場［30号3-1を参照］』です。『劇団』というのは『道化の集団』です。『劇場がある』というのが事実でなければ、『劇が存在する』ということも事実ではありません。『道化が存在する』ということも事実ではありません。「もしこのように事実ではないのなら話して何になるのか?」ですか。多分考えを啓発するためかも知れません。子供が勉強するための本や映画の物語など、遂にはジャータカの中の物語は、なぜ話すことができるのでしょうか」　私がこれだけ答えただけで分かるはずです。

sāy

3-2　お知らせ

nagaravatta 新聞はクメール人の印刷所をプノンペン市に作るために、会社を1つ作りたいと考えています。

どなたかこの会社に［参加を］志望する気持ちがある方、あるいは会社について詳しいことを知りたい方は、名前と住所を nagaravatta 総務部にお送りください。前以てお礼申し上げます。

nagaravatta

3-3　生徒が可哀想だ

今年、プノンペン市に来て初等教育修了試験を受けた我が国の全ての州の学校の生徒は全部で366名が合格した。しかし、さらに sālā <lycée>［中高等学校］で引き続き勉強するための入学試験では、政府は70名しか取らなかった。つまり、296名が残り、どこに行けばいいのかわからないでいる。身体はまだ幼いし、その上知識もまだ浅く、［それを］持って行って使って何か仕事をすることはまだできない。

それゆえ、政府はこれらの子供を可哀想だと思うべきである。

nagaravatta は sālā <lycée>［中高等学校］校長殿と教育局長殿と保護国政府とに、慈悲をもってこれらの子供全てを受け入れ、全てに sālā <lycée>［中高等学校］へ入学することを許可するようお願いする。sālā <lycée>［中高等学校］は大きくて広く、そして<francis garnier>［フランシス・ガルニエ］校の生徒を sālā <lycée>［中高等学校］の古い場所に行かせて勉強させることも可能である。

3-4　vāṅ 路の sī ñaek 市場について

もう何年もの間、この市場の地域は中国人とベトナム人が大勢商売をしていて、クメール人はほんの少数が金銀細工職人をして、［製品を］並べて売っていた。現在に至って、我が民族がここに店や露台を出して物を売っていて、中国人やベトナム人は混ざっていないのを見て大変喜ばしく思っている。まだ大きい市場のようにあらゆる商品を売っているのではないとはいえ、多くが金銀細工品などを陳列して売っている。今後少しずつ発展し成長していくと期待して、クメール人全部への良い手本にするべきである。それゆえ、同じ民族の人々が助力して支援することを願う。そうしてはじめて、「我が民族は

互いに愛し合い、友人として付き合うことを知っている」と言うことができ、後日団結を生み出す力になる。

3-5 結婚式

先の6月21日、カンポート州副知事である ā-ām 氏と、<retraite>[引退した] cāṅhvāṅ[課長] である okñā {srī sum} 氏の娘である nāṅ {srī pū} との結婚式がプノンペン市の pwṅ keṅ kaṅ の tā kaev 寺の後ろにある新婦側宅で行われた。

この結婚式で、6月20日午後6時に cūl roṅ し[＝新郎が新婦の家の横に建てられた小屋に入る儀式]、大小多数の名士を友情と敬愛の念で宴に招待した。

nagaravatta 新聞は、副知事殿と夫人[?nak srī]とに長寿、不老、健康、力の4種の祝福があるように祈り、幸福と夫婦の愛情に恵まれ、病魔が襲うことのないよう、さらなる高い地位が授かるようお祈りする。

3-6 ある少年の物語

(<gazette>[新聞]22号[2-2]から続く)

「我々自身の民族は現在きわめて劣っていて、中国人、ベトナム人、インド人、チャム人など、我が国内に庇護を求めて入って来た他の民族よりも劣っていることを明らかには分かっていない。我々クメール人はまだ目覚めていず、『自分の民族はあらゆる点で他に最も劣っている』ということに、まだはっきりと気が付いていない。そして自分の土、自分の国にいるが、自分の国、自分の民族を愛することを知らない。クメール人を、『上に解説した他の民族と同じである』と認識していて、皆が互いに援助し助け合う気持ちが足りず、それぞれが極めて強く[互いに]別のことを考えていて、諺の経文にある"自分の顔しか見えない"という諺の通りである。

「もう1つ、多くの場合、自分の利益ばかりを考え過ぎる。同じクメール人を支援して栄えさせようとすることを知らない。この自分の民族を引き上げることを全く考えない。『さらに低くし、滅ぼしてしまうことを考えさえしなければましだ』としなくてはならない。

「これら伯父さんが言ったことは、意味が深すぎるから、お前はあまり理解できないかもしれない」

甥は答えた。「伯父さん、もう少し話してください。私は聞いてたくさんわかりました。何かわからないところがあったら、後で質問させてください」

(まだ後の週[＝29号2-1]に続く)

3-7 [広告] クメール人は、本当にクメール人を愛するのなら、クメール人の物を買うべきです

プノンペン <armand rousseau> 路140号に私は店を開き、radeḥ kaṅ(<bicyclette>) [自転車]とあらゆる種類の付属品を売っています。塗装も致します。

皆さん、きっと見に来てください。

thī {brwaṅ}

3-8 [21号3-5と同一]

3-9 金の価格

プノンペン市、1937年7月8日

金1 ṭamliṅ、[即ち]37.50グラム

価格1級	100.00 リエル
2級	95.00 リエル

＊銀の価格

1 ṇaen 塊、[即ち]382 グラム	13.00 リエル
兌換古1リエル銀貨	0.83 1/2 リエル

＊農産物価格

プノンペン、1937年7月8日

サトウヤシ砂糖		60キロ	3.40リエル
	店で購入	60キロ	3.20リエル
籾	白	68キロ、袋なし	2.75 ~ 2.80リエル
	赤	同	2.65 ~ 2.70リエル
精米	1級	100キロ、袋込み	6.85 ~ 6.90リエル
	2級	同	6.30 ~ 6.35リエル
砕米	1級	100キロ、袋込み	5.45 ~ 5.50リエル
	2級	同	4.05 ~ 4.10リエル
トウモロコシ	白	100キロ、袋込み	[記載なし]
	赤	同	6.30 ~ 6.50リエル
コショウ	黒	63.420キロ、袋込み	15.00 ~ 15.50リエル
	白	同	25.00 ~ 25.50リエル
パンヤ	種子抜き	60.400キロ	28.75 ~ 29.25リエル

＊サイゴン、ショロン、1937年7月7日

フランス籾・米会社から通知の価格

ショロンの <machine> kin srūv[精米所]に出された籾1 hāp、[即ち]68キロ、袋込みの価格は以下の通り。

籾	最上級	2.95 ~ 2.99リエル
	1級	2.90 ~ 2.94リエル
	2級 日本へ輸出	2.82 ~ 2.86リエル
	2級 上より下級、日本へ輸出	2.68 ~ 2.72リエル
	食用[国内消費?]	2.45 ~ 2.47リエル
トウモロコシ	赤 100キロ、ショロン県マッカサンで売り渡し。	7.25 ~ 7.30リエル
	白 同	0.00 ~ 0.00リエル

米(7月渡し)、港渡し、袋込み、税抜き、1 hāp、[即ち]60.7キロの価格は以下の通り。

精米	1級、砕米率25%	4.29 ~ 4.31リエル
	2級、砕米率40%	4.07 ~ 4.09リエル
	同。上より下級	3.97 ~ 3.99リエル
	玄米、籾率5%	3.25 ~ 3.27リエル
砕米	1級、2級、同重量	3.49 ~ 3.51リエル
	3級、同重量	3.10 ~ 3.12リエル
粉	白、同重量	2.20 ~ 2.25リエル

kāk［籾殻＋糠?］　0.85~0.89［不鮮明］リエル

4-1　［18号3-6と同一］

4-2　［8号4-3と同一］

4-3　［11号3-2と同一］

4-4　［11号4-2と同一］

4-5　［26号4-5と同一］

4-6　［20号4-6と同一］

4-7　［8号4-6と同一］

4-8　［24号4-8と同一］

4-9　［27号4-9と同一］

4-10　**［広告］　高熱毒素による病気を治す薬**　［注。これはsīv－pāv の広告］

限度以上に熱が上がると、骨、肝臓、肺臓が直ぐに死にます。高熱が何日も続くと、100種の病気になります。この私の薬は服用して1時間で身体の熱をさまし、楽になります。私は敢えて保証します。

この梅毒と淋病は、その源は性交の喜びによります。即ち男女が気が普通でなく、血液の気が毒を持ち、次々に互いに伝染し合うのです。この病気は外部からも伝染します。注意してください。

フランス人によりますと、多くの種類があります。［以下の医学用語の綴りは誤りが多いが、できるだけ修正する］。prameḥ［即ち］Blennorragie［淋病］はGonocoquis［注。gonocoqueが正しい］毒を持ち、潰瘍になるか全身に赤い発疹がでます。Chancre induré［硬性下疳］は Tréponématose pâles-Spirochètes Schaudinn［ママ。未確認］毒を持ち、そけい部が腫れ、陰茎が腫れ、Chancre mou［軟性下疳］潰瘍は Bacilles Ducrey［ママ。未確認］毒を持っています。

以上、私は、「効く薬を使うと病気が治り、病気の人全てに大変役に立つ」ことを説明し終わりました。

4-11　［27号4-11と同一］

4-12　［27号4-12と同一］

4-13　［27号4-13と同一］

Samedi 17 Juillet 1937

CIGARETTES
JOB
LE PAQUET VERT
Vendu 5 cents

Nagara vatta

CIGARETTES
COFAT
La meilleure cigarette Indochinoise
Le Paquet vendu 5 cents

HEBDOMADAIRE PARAISSANT TOUS LES SAMEDIS
(Boite Postale N° 44)

第1年29号、仏暦2480年9の年丑年 dutiyāsādha 月上弦9日土曜日、即ち1937年7月17日

［仏語］1937年7月17日土曜日

1-1　［仏語で「私書箱 No.44」が加わった以外は8号1-1と同一］

1-2　［デザインが少し変わった以外は8号1-2と同一］

1-3　［デザインが少し変わった以外は8号1-3と同一］

1-4　［8号1-4、1-5と同一］

1-5　教育について

賭けで勝ちたかったら賭けに負ける覚悟が必要だ。誤りをおかしたら誤りであると認めるべきだ

先の7月3日［27号1-5］に、我々は、シソワット中高等学校当局は生徒を70名しか入学させず、さらにその数の中にクメール人生徒は30名だけで、ベトナム人の子は40名もいると述べた。

この情報は誤りであった。真実の情報は、「この70名のうち、クメール人の子が53名、ベトナム人の子が17名いる」である。

我々がこのように事実でない報道をしたのは、当時きちんと検討する時間がなく、［これまで］信頼してきた人の言葉のままに信じたからである。その後我々は直接中高等学校に質問に行き、「前の情報は事実でない」ことがわかったのである。

1-6　仏教の入安居の習慣について

正等覚［＝仏陀］が悟りを得られた初期はpaṭhamabodhikālaと呼ぶが、仏教徒はまだ多くなく、buddhāaṇā［仏陀の命令］、即ち kriṭṭha あるいは cpāp rapas braḥ buddha［仏陀の規則］に対する違反はあまりなく、そのころは仏陀［draṅ］はまだ弟子全てに対する戒律を定めていなかった。その後仏陀［braḥ draṅ］はその地方の村の人、町の人、国の人に法を説いて諭し、正しく理解させ、真実の仏法の光をはっきりと見させ、人々に［教えに］従って実践させて幸福を得させた。仏陀［draṅ］は、弟子が自分自身の知恵を十分に活用し、弟子の心を妨げるものをなくすための手段として、英知を使って誤った原因と結果、正しい原因と結果、真実と真実でないことを求めることを知るように説明した。

価値のある教えである仏陀の教えは、人々の心を眠り、即ち無学無知暗愚から目覚めさせたので、村の人も、町の人も、国の人も皆大勢そろって仏教に帰依させた。仏陀［braḥ draṅ］の宝はますます数を増した。その時代の仏教を信じる人は四衆［シシュ］、即ち比丘、比丘尼、優婆塞、優婆夷に分類されるところの在家も出家も子供も大人も男も女もいた。仏教徒の数がますます増えて大勢になると、［仏教徒たちの］行動と実践が互いに等しくなくなるのは当然であり、グループのメンバーのための cpāp、即ち kriṭṭhavinaya［規律］を定め、それからグループのメンバーに礼儀正しく行動するように導かなければならなくなった。それゆえ尊師は仏教徒のための多くの種類、多くの項目の戒律を定めた。入安居の習慣は、この入安居をしなければならない季節になると、出家が実践する仏陀の許しの1つである。即ち古代における土地の習慣によると、雨季になると人々はきまって雨季があけるまでの臨時の休息として、一ヶ所に留まって動かなかった。たとえば役畜商人が役畜の群を連れて移動していてどこかで雨季になると、その場で止まり滞在した。歩く道は穴や泥になり、水溜まりや沼や大小の川は水が溜まり、さらに森林を洪水にした水が流れて来て野原も森も水に沈めたからである。

1つの土地から1つの土地に移動するのは、当時は現在のような石や砂利やアスファルトで舗装した道路がなかったから、極めて困難であった。それで、律蔵第7巻大品に“仏陀がまだ入安居を定めていなかった時は、全ての比丘は乾季も雨季も、季節を問わず行脚を続け、小さい生物を踏んで[その]多くに生命を失わせた。それで土地の人々はその罪を挙げて非難した”とあるように、その時代から現在まで仏陀は比丘に入安居をすることを許しているのである。āsādha 月下弦1日(今年は閏月があるので後の方の āsādha 月、即ち dutiyāsādha 月下弦1日)に、全ての国の村、町、地方の比丘も沙弥[＝未成年僧]も全員が全ての寺で雨を祈る。そして、その時在家の仏教徒は雨安居を行なっている僧に寄進するなどの捧げ物をする。これが仏教に対する清浄な心の信仰心を持つ優婆塞優婆夷の習慣の1つである。nagaravatta 新聞社も仏教徒であり、全員がそろってこの祭りを祝う。そしてこの日はたまたま規定の nagaravatta を発行する日にあたっているが、全世界の全仏教徒が帰依する尊い宝である三宝を拝むために1週間休刊にする。

それゆえ、7月24日、即ち dutiyāsādha 月下弦1日は <gazette>[新聞]を発行しないことを皆さんにお知らせ致します。

nagaravatta

1-7　諸国のニュース

1-7-1　ロシア国

(モスクワ)、7月2日。ロシア外相である(リトヴィノフ氏[M.])氏[ママ]は、アムール川で相互に発砲した事件について日本大使と会談した後、リトヴィウノフ氏は、「満州人兵士たちが国境警備の人々を砲撃した」ことについて遺憾であると述べ、「納得できるまであくまで抗議し、同川の中の島から軍を引くことを求める」と述べた。

日本大使の方は、「大事件が起こったのは、ロシア国が先に軍を送り、不法にその軍をアムール川の中の島に駐留させたことによる」と述べて、全ての責任はロシア国にあるとした。リトヴィノフ氏は双方が兵を引くことを求めたが、日本大使は、「まず検討してみる」と答えた。

1-7-2　スペイン国

7月2日、krum anupakārasamāgama(Comité de non-intervention)[不干渉委員会]の委員たちは5時間会議し、その会議でイギリス委員は、「もしドイツ委員とイタリア[委員]が監視団から艦を引き揚げたら、代わりにフランスとイギリスの艦に監視させる必要がある。そうしないのなら、無益に議論をしているだけだ」と述べた。

ポルトガル委員は、「他の委員がどう理解しようと、全てそれに同意する」と答えた。その後ドイツとイタリアは、「[スペインの]敵対している双方を等しく『戦う人』と命名し、片側を政府派、もう片側を反乱派と呼ぶのをやめることを求める」と反論した。また、「スペイン国とフランス国との国境であるピレネー山脈に監視団をおき、海での監視を廃止する」ことを求めた。

ドイツ委員とイタリア[委員]がこの要求をしたのは、スペイン国内の政策を変更しようとしているからである。

＊ロンドン市、7月3日。<havas>電。イギリスは samudra <méditerranée>[地中海]の(マルタ)という名の島に艦をさらに2隻派遣した。

＊マドリード市、7月3日。ドイツの<gazette>[新聞]が、「スペイン政府軍が(サンタンデル)に毒ガス弾40発を撃ち込んだ」と報じた。この情報については、「偽の情報であり、毒ガス弾での撃ち合い事件を引き起こすことを欲するものである」と言われている。

1-7-3　シャム国

バンコク市、7月3日。<havas>電。pāṅ sww 村の軍用機格納庫で大きい火事があり、損害は20,000バーツである。

1-7-4　スペイン国

パリ市、7月5日。<havas>電。反乱派の艦1隻がサンタンデル県の住民を乗せた商船を砲撃したが被害はなかった。

1-7-5　ロシア国

東京市、7月6日。同[＝havas]電。日本軍はアムール川の中の島から全て撤退した。

1-7-6　スペイン国

パリ市、7月6日。フランコ将軍はパリ市とロンドン市に[次の]内容の書簡を送った。「フランコ側の軍を『反乱派』と呼ばないことを求める。いかなる国であれ、もし反乱派を依然として嫌うなら、以後反乱派は道路を閉鎖してスペイン国内で生計を得るために出入りすることをさせない」

1-7-7　中国と日本が(豊台)県で本格的に戦った

北京市、7月8日。<havas>電。豊台県で中国と日本が大きい衝突事件を起こした。日本軍は北京県から70キロメートルの所へ演習をしに行ったが、誤って突然中国第29軍と入れ交じっての戦いになった。その中国軍は河北省省長が司令官である。

(マルコ・ポーロ)と呼ぶ橋[＝盧溝橋]で戦闘が始まり、1晩中明け方まで続いた。銃声は北京県にまで聞こえた。中国側は兵200名が死傷し、日本側は10名であった。中国兵には日本側に逃げ込んだ者もいた。日本軍と中国軍はそれぞれ(永定河)の片岸にいる。北京市内では政府が守備の手筈を整え、道路を閉鎖して北京市から(漢口)県へ行き来をさせなくした。

＊東京市。両国政府は互いに和解することに同意するこ

とができず、討議を中止した。現在、日本は中国軍に3つの集落から出て行くことを求め、中国が出て行くことに同意しなかったので、再び両軍は戦っている。日本は援軍と武器を大量に得た。

＊東京市、7月8日。日本兵たちは、党（＝国民党）が会議をして、「（南京）政府に華北全省を支配させるべきだ」と決議したのであるからと言って、全ての責任は中国にあるとした。これらの省は独立省で中国政府に服属していない。

＊（北平）県［ママ。「北京」は「市」、「北平」は「県」とされている］、7月8日。日本国は兵1,000名、戦車16、大砲20を（天津）県の日本駐屯地に送った。

豊台県では、戦闘がますます大きくなっている。日本軍は豊台県に向けて出発し、（マルコ・ポーロ）橋［＝盧溝橋］を目指している。（北平）県の中国軍は（Feng-Shian）将軍が司令官である。

1-7-8　中国

北京市、7月9日。<havas>電。豊台県で日本と中国が衝突した事件は互いに和解に達し、双方の軍はそれぞれ同地から出た。

1-8　土曜評論

農村で簡単に［協同組合などの］団体を設立する方法について

我が国には、米、トウモロコシなど、我々が我々の力で生み出すことができる食料資源がたくさんあり、それらの物を［それらを作るために実際に働いて］疲れてはいない人達に提供して持って行かせて売らせて、利益を得させるべきでない。疲れた我々は一転して何の利益もなく、借金を返す金を得ることもほとんできない。

このように働いて他人に利益を与えているのは、我々は団結がなく、互いに信頼することがなく、一致協力することがないことによる。

もし我々に団結と、相互信頼とがあり、一致協力すれば、利益を失うことはきっとない。

現在、ポー・サット州で、政府が稲作農民に助力して、全員が籾を保管するための籾倉を建てさせている。籾が値上がりすると政府は籾の所有者に［それを］知らせ、籾の所有者は籾倉から籾を出して売りに行く。以前のように、中国人に提供して、持って行かせて、2回か3回転売させる必要はない。このようにすることは仲買人をなくし、働いて疲れた人々が利益を得て、望み通りに満足させることになる。

このような籾倉がまだ無い州では、互いに誘い合って、彼らと同じように作るべきである。政府が必ず援助する。

我々は政府ばかりに発起人にならせる必要はなく、少しは我々が我々自身の事を考えるべきである。

真剣に考えてください。我々が我々の力で作ることができた食糧は、何もしなかった人に利益を与えるべきではない。

ācārya {kuy}

1-9　プノンペン市の王立図書館の喜びの会

英知のある人は、自分の国に学問知識のある人がますます増えるのを知ると、とても嬉しく愉快である。

1-9-1　先の7月10日土曜日、プノンペン市の王立図書館長であり仏教研究所事務局長である<karpeles>女史は、［生徒たちが］saññāpatra（<baccalauréat>）［バカロレア］第1段階と第2段階の試験に合格したのを喜び、それらの［合格した］生徒たちを全員王立図書館に招き賞品授与式を行った。

このめでたい式に、<karpeles>女史は samṭec krum braḥ varacakra raṇariddhi（suddhārasa）、mallikā 妃殿下［braḥ aṅga mcās khsatrī］とその王女である vaḍḍhachayāvaṅsa 殿下［?nak aṅga mcās］［と］muṅtanā 殿下［?nak aṅga mcās］、samṭec cau fā vāṅ varavieṅjaya、?nak okñā yomarāja 殿、?nak okñā mahāissarā、カンボジア国政策局長である<marchal>氏、<banque de l'Indochine>［インドシナ銀行］頭取である<vincent>氏など大勢の男女の王族、フランス、クメールの官吏をこの素晴らしい喜びを喜ぶために招待した。

4時、客と試験合格者たちが集まった。<karpeles>女史と<vincent>嬢［nāṅ srī kramum］がケーキと砂糖入りの紅茶を客たち全員に配った。吉祥の時刻になると、賞品、即ち rwaṅ lkhon khmaer［クメールの劇の話］（Danse cambodgienne）［カンボジアの踊り］を1冊、santisukha［平和］（Chante［ママ。恐らくChantが正しい］de Paix）［平和の歌］を1冊、生徒全員に与え、祝福して式を終わった。

nagaravatta 新聞も、これら男女の生徒が勤勉に一生懸命高等学問を学び、試験を受けて望みを達成したことを喜ぶ。これはクメール国の高等教育が徐々に発展する影を示す吉兆であると信じる。

nagaravatta は4つの祝福を贈り、全ての事で発展するよう祈る。もう1つ、nagaravatta は、良き子女の教師である sāstrācārya（Professeur）［教授］になることを決心することを望むことを少々伝えておく。我がクメール国は高等知識学問を持つ教師が大勢不足しているからである。

1-9-2　7月6日火曜日午後5時半、インドシナ国教育局の長である Bertrand（Recteur［大学学長］殿とコーチシナ国教育局長である（Taboulet）氏との2氏が王立図書館を見学した。まず krum jamnum braḥ traipiṭaka（Commission du Tripitaka）［三蔵経委員会］室に入り、三蔵経作成方法について詳しく質問し、「この三蔵経こそクメール国の学問の精髄である」と称賛した。それから楽しさと愉快さと感謝の気持ちで辞去した。両氏はさらに高等パーリ語学校も見学し、コーチシナ国教育局長殿は、「これはクメール国の最高学者が集まっている学校である」と述べた。全てを見学してから氏たちは帰った。

2-1　ある少年の話

（<gazette>[新聞]28号[3-6]から続く）

「お前は、これから先認識しておきなさい。我々クメール人は、なかなか栄えないし、文明への道、発展への道はなかなか得られない。目覚めて気が付き、目が覚めて、『自分の国、自分の民族のためになる』ということを理解するまでには、まだまだこれから極めて長くかかるようで、年数を数えても何年かかるかとてもわからない。なぜなら、現在は極めて厚い欲と楽の中で酔っていて、すっかり自分を忘れているからだ。もし、気が付いて目覚め、この国と民族を良く考えて検討したら、自分の民族が劣っていることがきっとはっきりわかるだろう。そして本当に恥ずかしさを感じることは確かである。そしてその時、必ず少し速く立ち上がる。もしクメール人の国であるこのカンボジア国の地の中に、中国、ベトナム、インドなどの民族がいて、彼らはやって来て住んで生計を立て、この我が民族より発展し栄えていることに気が付くことが1つ、商売の道は全て、プノンペン市や地方の都市やその他の全ての人が多い所のように中国人、ベトナム人がやっていて、彼らを手本にして[商売を]しているクメール人は誰もいないということがわかることが1つ、rājakāra <protectorat>[保護国政府]内の全ポストの多くはベトナム人が占めていて、ある部局にはクメール人を探してもいないこと、クメール政府の中でさえベトナム人がいること、州[sruk][庁]にもベトナム人がいることがわかることが1つ、これら全てのことをはっきりと認識し、そして恐れ、心配になり、そして自分の民族が劣っていることをはっきり知って、自分自身に立腹し、これらの民族に対して恥ずかしいと思った時が1つ、検討してこれらにはっきり気が付き、自分の民族に対する哀れの気持ちと愛情の気持ちと想う気持ちが起こり、強く決心して一生懸命努力して考えを変え、彼らを手本にして一生懸命働いて生計を立て、保護国政府が援助して導いて来たように、彼らと同じ程度に国が発展と文明の道を進んで繁栄するように自分の国と民族を愛する時が1つ、もし、我がクメール人が国と一族を今まで存続させることができたのは、クメール国がベトナムに1部分を奪われ（現在のコーチシナ国）、残った部分の1部分をベトナムとシャムとが奪い合っている時に大フランス国が助け、支援してくれるのが間に合ったお陰であることを思い出し、もしフランス国が助けにくるのが間に合わなかったら、我がクメールはベトナムかシャムの属国になっていただろうということが分かることが1つ、もし、今はrājakāra <protectorat>[保護国政府]の[保護]責任の下にいて、敢えていじめようとする他の民族はいないので幸福と安楽とを得ているということがわかることが1つ、もしこのようにして幸福で安楽を得ているのなら、商業の道で生計を立てることで他の民族に押さえ込まれないようにクメール人の利益を守るために、他の民族と同じように我々は勤勉に一生懸命努力して働いて生計を得るべきであるということがわかることが1つ、昔は現在の程度にまで落ちて劣っていたのではない、つまり現在見られる遺産が残っているように、手腕も名声もあったということがわかることが1つ、昔のクメール人が本当に栄えていたのなら、今のクメール人はなぜこのように没落してしまったのか、ということがわかることが1つ、もし上に説明した全てのことが心と目とではっきりわかったら、かつてそうであったように、一生懸命努力して心と考えを決める。そうすれば我々クメール人は他と同じように栄える。しかし、どの民族にも腹を立てたり、害を加えたりしてはいけない。現在の低劣は我々自身によるもので、他の民族がそうしたものではないから、自分自身にだけ腹を立てよ。現在、フランス政府が来て支援してくれている。もしそうでなかったら、我々クメール人は何もわからないし、そして互いにそろって助け合い、援助し合うこともない。自分の国と民族を愛することもまだ知らなかったであろう。まだ国の利益を知らず、自分自身の利益だけを知っていたであろう。

khmaer pūrāṇa

（まだ続きがある[注。実はない]）

2-2　政府が地方で助産婦をする人がいるようにすることについて話す

現在医務局当局は地方の若い女性たちに、助産婦をする勉強をプノンペンの産院でさせる[制度を]作った。選んで学びに来させるのは、25歳未満のクメール人の若い女性だけで、さらに独身で考えと品行が正しければ、産院に入れて学ばせることができる。その場所は（Maternité Ronme）と言い、プノンペン市にある。毎月空席の数により少し選んだり多く選んだりする。そして志願者だけを採用して入学させ、規定の3-4ヶ月学ばせてから卒業させ、自分の[家の]所で助産婦をさせるのである。

行って学ぶ時は、正助産婦に従って見学と実習をし、出産させる方法を知り、生まれて来た時の子供の抱き方を知り、世話ができるようになり、出産させるための物の使用法を知る。即ち、この規定の3-4ヶ月の間、若い女性それぞれは少なくとも子供20人が生まれる時に助産婦をする手伝いをしなくてはならず、それから地方に出て行って住むことを許可する。この助産婦をするための学習は、現在の試験を受けて修了証書を得て卒業する正助産婦になる学習ではない。即ち地方にいるための助産婦をするための学習であり、医務局から卒業する許可をする前に、脱脂綿、ガーゼなどの用品を支給して持って帰らせ、助産婦をする時に使わせる。使ってなくなったら自分の州都の病院に行って請求して受け取っておき、引き続き使う。

地方に行って住んで、誰かある女性が出産する時に助産婦をして手伝うと、政府は1回につき、その州の収支の金額の多寡に応じて、50セン、1リエル、2リエルのいずれかの手当を支給する。

出産した本人の方も自らの意志できっと助産婦になにがしかの謝礼をするに違いない。現在学習して知識を得て地方に行って暮らしている人もいるし、学習中の人もいる。次の回の番が来たら、その1回分の人達を入学させ、[このようにして]次々に続ける。

卒業して地方に出て働いている助産婦の何人かは、私は観察してわかったのだが、本当に優れた腕前を持っていて、現地の女性たちに大いに役に立っていることは確かである。なぜなら、この助産婦がすることは全て本当に綿密で清潔であり、子供の方も、口から水を吐かせたり、目を清潔にしたり、臍の緒[注。原文は「カビ、キノコ。30号3-1で訂正されている。これは誤記ではなく方言を反映していると思われる]を切ったりしてきちんと処理するからである。

目はきちんとしておかないと、新生児は後で目の病気になる。臍[注。3行上を参照]の緒はきちんとしておかないと新生児は高熱が出るし、清潔にしておかないと潰瘍になる。

一方母親の方は、胎盤と血液を我がクメールの助産婦のやり方ですると、後日母親の具合いが悪くなることがあるようである。子供が生まれた後すぐに助産婦が無理やり後産を下ろすように見えたが、プノンペンで学習して来た助産婦はそのままにしておいて後産が自然に下りるのを待つ。無理やり下ろす必要はあまりない。時が来たら必ず自然に下りるのである。

もう1つ、血液を出させることやその他種々の看護は、助産婦は実に上手であると見えた。

それゆえ、クメール国の医務局長である(Simon)という名の方は、地方に助産婦がいるようにしたことでこの国とクメール人とに大きな恩を施したことがわかる。今後助産婦が充分に大勢できたら、我がクメールの女性はこの方面でとても楽になる。

これから先もこれらの女性に学習させること、そしてこの助産婦をすることにもっと熟練するように、現在よりももう少し長く勉強させることを政府にお願いする。

しかし、私が気が付いたのは、我々クメール人は、当初は、ずっとこれまで長い間やってきた土地の助産婦だけを信じて、この[新しい]助産婦を不安に思い、呼ぶのをあまり好まないようである。でも[新しい助産婦が]重要な役割をはたす余地が多分まだあることは間違いない。私は古い助産婦をけなすことはできないが、[新しい助産婦は]知識が異なり、行う方法も異なり、多くの病気を防ぐようにすることができる。我々は少しずつでも文明化するために一生懸命大きい関心を持つことは大変望ましいことである。このように依然として同じことをしていると将来発展することはできないであろう。

さらに、我がクメール人の多くの若い女性が、助産婦になる勉強をたくさんするために入学することを熱心に望むことはとても望ましいことである。[これは]生計を立てる道の1つであり、学習もいくらも難しくなく、かつ[期間も]そう長くないからである。

現地の人の方は、プノンペンの産院で学んだ助産婦を使うことを好むことが望ましい。実に技量が優れており、清潔であって好ましく、古い助産婦より楽で良いからである。

政府がこのように地方に助産婦がいるようにすることは、政府が国民全てを助ける気持ちを持っているからであり、決して悪い道ではない。つまり、将来民衆に幸福と安楽を持たせたいと考えているのである。人々はうんざりだと思うべきではない。政府の望みを成功さるように一生懸命従うべきである。そして、政府が慈悲で我々を支援しようとする恩を知るべきである。これは政府が民衆の利益のために行うことで、民衆はこの利益を成功させるよう努力するべきである。

pūrāṇācārya

2-3　三国志演義[省略]

3-1　戯曲[rwaṅ rapām。30号3-1を参照]**「2人の友人」**

1937年7月上弦[ママ。不要]10日土曜日、シソワット中高等学校の生徒達が休日にパーティーを開き、さらに劇[注。表題を参照]を1つ演じた。

劇[注。表題を参照]「2人の友人」を演じた人の名:

劇中の名	演じた人の名
meṅ-lī	suy-geṅ
meṅ-lī の父	ḍit
meṅ-lī の母	jhuon
meṅ-lī の弟 sīman	chāt
meṅ-lī のいとこ	jhwan
meṅ-lī の友人 punthan	ḍul
nāṅ {suphān}	uṅpūygan
nāṅ {suphān}の父	chlāṅ
nāṅ {suphān}の母	ḷāy
バット・ドンボーンの商人	heṅ
[その]妻	ṅān

［その］娘 nāṅ {phātsuvān}　hāṅ
養子　mau

劇［注。表題を参照］の始まり

meṅ-lī の父は病気が重く、meṅ-lī の母と弟が看病人をしている。nāṅ {suphān} の父母と nāṅ {suphān} 自身が meṅ-lī の父を見舞いに来て、祈禱師に悪霊調伏をさせることを試すよう説得し、その後 meṅ-lī の父は少しよくなる。

その時、meṅ-lī と友人の punthan は<diplôme>［高等初等教育修了証書］の試験（口述試験）の最中であった。突然、meṅ-lī の弟である sīman が手紙を持って来て、兄に、「父親が亡くなった」と知らせる。punthan は meṅ-lī に試験を終わりまで受けるように勧める。試験官は受験者に次々と質問する（ここで jhwan という人のこっけいな話がある）。punthan は合格するが、［父の死を］悲しんでいた meṅ-lī は落ち、ますます苦しみが増す。punthan は meṅ-lī を慰めて［meṅ-lī の］家の戸口の所まで連れた行き、そこで［meṅ-lī の］母が喪服を縫っているのを見る。meṅ-lī の弟は母に抱きついて泣いている。meṅ-lī も悲しみを我慢できず大声で泣く。しばらく泣いていると punthan が "nagaravatta" <gazette>［新聞］を持って来て meṅ-lī に見せて、「バット・ドンボーンの thaukae {heṅ} の店で空きポストが1つある」と言う。

（まだ［30号2-1に］続く）

3-2　お知らせ

［28号3-2の最後の「前以てお礼申し上げます」という文の前に、「1株当たりの出資金は100リエルです」という文が挿入されている］

3-3　金の価格

プノンペン市、1937年7月16日

金 1 ṭamliṅ、［即ち］37.50 グラム

価格	1級	100.00 リエル
	2級	95.00 リエル

＊銀の価格

1 ṇaen 塊、［即ち］382 グラム	13.00 リエル
兌換古1リエル銀貨	0.84 0/0 リエル

＊農産物価格

プノンペン、1937年7月16日

サトウヤシ砂糖		60キロ	3.40リエル
	店で購入	［60キロ］	3.20リエル
籾	白	68キロ、袋なし	3.00 ~ 3.05リエル
	赤	同	2.80 ~ 2.85リエル
精米	1級	100キロ、袋込み	7.20 ~ 7.25リエル
	2級	同	6.55 ~ 6.60リエル
砕米	1級	100キロ、袋込み	5.70 ~ 5.75リエル
	2級	同	4.15 ~ 4.20リエル
トウモロコシ	白	100キロ、袋込み	［記載なし］
	赤	同	6.21 ~ 6.65リエル
コショウ	黒	63.420 キロ、袋込み	14.50 ~ 15.00リエル
	白	同	24.75 ~ 25.25リエル
パンヤ	種子抜き	60.400 キロ	28.00 ~ 28.50リエル

＊サイゴン、ショロン、1937年7月15日

フランス籾・米会社から通知の価格

ショロンの<machine> kin srūv［精米所］に出された籾 1 hāp、［即ち］68キロ、袋込みの価格は以下の通り。

籾	最上級		3.30 ~ 3.35リエル
	1級		3.15 ~ 3.21リエル
	2級	日本へ輸出	2.90 ~ 2.96リエル
	2級	上より下級、日本へ輸出	2.85 ~ 2.91リエル
	食用［国内消費?］		2.62 ~ 2.65リエル
トウモロコシ	赤	100キロ、ショロン県マッカサンで売り渡し。	0.00［ママ］~7.25 リエル
	白	同	6.65 ~ 6.75リエル

米（7月渡し）、港渡し、袋込み、税抜き、1 hāp、［即ち］60.7キロの価格は以下の通り。

精米	1級、砕米率 25%	4.48 ~ 4.53リエル
	2級、砕米率 40%	4.28 ~ 4.30リエル
	同。上より下級	4.12 ~ 4.15リエル
	玄米、籾率 5%	3.60 ~ 3.62リエル
砕米	1級、2級、同重量	3.72 ~ 3.75リエル
	3級、同重量	3.30 ~ 3.32リエル
粉	白、同重量	2.32 ~ 2.35リエル
	kāk［籾殻＋糠?］、同重量	1.01 ~ 1.15リエル

4-1　［18号3-6と同一］

4-2　［8号4-3と同一］

4-3　［11号3-2と同一］

4-4　［11号4-2と同一］

4-5　［26号4-5と同一］

4-6　［20号4-6と同一］

4-7　［8号4-6と同一］

4-8　［広告］［仏語］　**Truong-Long Bào、通称 Xiêu-Bào**
精神医学、プノンペン　Okña-Oum 路47号
［ク語］『sīv-pāv』薬店

プノンペン市 okñā um 路47号、kāp go 市場の前

私の『01』号薬は梅毒、淋病、下疳の毒を全部殺します。1ビン1.00リエルです。4日間服用できます。この薬

を服用した皆さんは、完治するまでずっと服用し続けてください。この薬を服用して治ったように見えても、もう少し長く服用するのはとても良いことです。もし梅毒と下疳に淋病が加わっている場合には、『08』号薬を加えてください。1ビン1.00リエルで、5日間服用できます。血膿を出して尿の出を楽にするためです。吸出し薬も合わせて使って尿道をきれいにするとなおさら良いです。吸出し薬は1ビン1.00リエル、小ビンは0.50リエルです。

梅毒にかかって長くたつと、手足の神経を死なせ、しびれさせます。きりきり痛みます。水薬の大ビンと『10』号薬を飲んでください。水薬は1ビン1.50リエルです。もし下疳の潰瘍が炎症をおこしたら、振りかける粉薬があり、1ビン0.20リエルです。洗浄水は1リットル0.50リエルです。遠方に住んでいて[洗浄水の]運搬が難しい場合は、他の水で洗っても可です。

病気が治ったら、毒の気が妻に伝染している恐れがありますから注意が必要です。白帯下になっていたら、薬を買って服用して治してから同衾してください。同衾を急ぐと病気が互いに伝染し合います。

もし女性が、夫から毒が伝染して病気になったら『02』号薬と『09』号薬とを服用してください。『02』号薬は白帯下あるいは子宮の潰瘍の毒を殺し、1ビン0.70リエルで、5日間服用できます。『09』号薬は1.00リエルで精気を増して早く治すためです。

白帯下で、梅毒や淋病の毒がない場合には、『09』号薬だけを服用してください。長い間病気でしびれて麻痺し、手足の関節が腫れている場合は水薬、大ビンが1.50リエルも一緒に服用してください。

子宮が炎症を起こしている場合は、早く治るように脱脂綿を足の親指の大きさに丸めて糸の尻尾を長く付けておき、これを吸出し薬に浸して、寝る時に子宮、あるいは尿道口に押し込み、翌朝になったら糸の尻尾を摑んで脱脂綿を引っ張りだして捨てます。

妊娠中の女性がこれらの病気にかかったら、私の店にはそれら全てを治す、それぞれ異なる薬が全てあります。

私の店にはアヘンの代わりをして、アヘンを完全に止めさせる薬があります。1ビン100粒で価格は1.00リエルです。アヘン50回分の代わりになり、4日間服用できます。それから1日に1粒か2粒ずつ減らしていき、しばらくして1日に1粒服用になったら、完全に[アヘンを]止めることができます。

力をつけて便秘にならないようにする薬があります。価格は1ビン0.30リエルです。

私の店には、血液が皆さんを苦しめる全ての婦人病を治す薬があります。経血が一定せず、少ないこともあり、とても多いこともあり。1ヶ月以上も続くこともあれば、ないこともある。1ヶ月に3回も4回もある。2ヶ月か3ヶ月に1回のこともある。これらの経血からの病気は100種の病気を起こし、幸せがありません。11号薬、1ビン1.00リエルを買ってください。5日間服用できます。病気が少なければ2ビン、多ければ7ビンか8ビン服用してください。

私の店はあらゆる種類の薬を売っています。たとえば血が出る咳、痰が出る咳、肺の痛みの薬。体力を増す薬。熱毒の薬。軽い下剤。熱射病の薬。熱病の薬。食中りの薬。痒い腫れ物の薬。疥癬の薬。腰痛の薬。コレラの薬。かかったばかりの子宮脱の薬。腹痛の薬。赤痢の薬。虫下し。子供が痩せている薬。目の痛みの薬。頭痛の薬。太るための薬。気晴らしの薬。首の付け根のグリグリが潰瘍になったものの薬。胃痛の薬。女性の乳房の痛みの薬。子供の白帯下の薬。女性が飲んで母乳を出す薬。スイギュウ、ウシ、ウマなどの役畜の病気を治す薬。痺れの薬。子供の下痢の薬。妊婦の白帯下の薬。その他沢山の種類の薬があります。

皆さんが私の店に薬を買いに来ると、私が念入りに質問をして診察し、薬を病気に合わせます。遠方に住んでいて手紙で注文する場合は、病状を詳しく書いてください。私が検討して薬を病気に正しく合わせるためです。

4-9 [広告] sīv-pāv 店の薬の販売店

シエム・リアプ raluos の	tān-gim-sān
シエム・リアプの	iep-teṅ-hān
kambaṅ ghlāṅ の	līm-jhanṅ-kāṅ
bām jī kaṅ の	jhun-ḷeṅ
バット・ドンボーンの	phan、8月から販売開始

4-10 [広告][仏語] 毎年大きくなる名前

プジョー、プジョー、プジョー

［ク語］［左に縦書き］皆さん、エンジンが良い、加速度が速い［ママ］、道が悪くてもあまり揺れない、他のどの自動車より良いことを確かめるために、<jean comte>商店で"プジョー"を試乗してください。

［下に横書き］皆さんにお知らせいたします。当商会では中古車を多数販売しております。価格は200リエル以上です。購入をご希望の方は、どうぞ見にいらしてください。ご入り用の車の値段にご予算が不足の場合は、当店では毎月わずかな返済額の月賦もいたします。

また、何かの型の車がご入り用の場合には、<jean comte>商会にいる nagaravatta 新聞社社長である pāc-jhwn さんにお知らせくださっても結構です。

［仏語］　Jean Comte 商会

プノンペン Boulloche 路14号

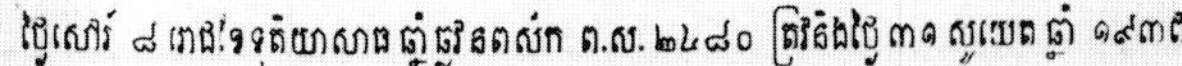

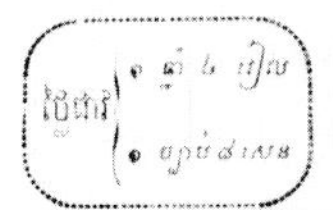

第1年30号、仏暦2480年9の年丑年 dutiyāsādha 月下弦8日土曜日、即ち1937年7月31日

［仏語］1937年7月31日土曜日

1-1　［仏語で「私書箱 No.44」が加わった以外は8号1-1と同一］

1-2　［デザインが少し変わった以外は8号1-2と同一］

1-3　［デザインが少し変わった以外は8号1-3と同一］

1-4　［8号1-4、1-5と同一］

1-5　クメール人の教育に対する希望について

［写真が2枚あり、上の写真の下に］カンボジア国王陛下のお写真

［下の写真の下に］<thibaudeau> <le résident supérieur>［高等弁務官］殿の写真

［本文］rājakāra <protectorat>［保護国政府］が当地で統治し保護しているクメール人は、当初クメール人がまだ無学無知で愚かであった時は、フランスの知識学問がどのようなものであるかを知らず、敢えて自分の子をフランス学校に入れて勉強させようとはあまりしなかった。それで、フランス政府が見返りを贈って心を惹くという方法を使おうとして、父母の心を強制するに至り、ようやく［父母は］思い切って子や孫を入学させるようになった。その子や孫達が勉強して知識を得ると、それぞれは政府の部局に勤務することができた。それで後の人達は目覚め、クメール国の保護者である rājakāra <protectorat>［保護国政府］が恩恵をもって助力して我々の子や孫達全てを教育して知識をもたせて、発展させてくれるのに頼ることを期待し、次々に子や孫を入学せるようになった。しかし数年前から少し疑問を持ち始めている。数年前から今年まで、毎年 saññāpatra (Certificat d'étude primaires)［初等教育修了証書］を得る試験を受けて合格する生徒は少なくとも350人以上いる。以前からの習慣では、試験を受けてこの修了証書を得た生徒は誰でも簡単に sālā <collège>［中学校］に入学できる権利を持っていた。ところが、なぜか今になって政府は入学試験をして、生徒数70人だけを選びとり、その残りは入学させず、全て捨てた。これらの生徒は知識も未熟で年齢もまだ幼く、いったいどこに行って何の生業をして生命を養うことができるのだろうか。そして、これらの生徒の父母は精神的に参り、今後に何の希望もなくなっている。

現在、私は訊ねまわって、「国立学校は狭くなってしまって、これら全ての生徒を受け入れて入学させることができない。それで優れた知識を持つ生徒を70名だけ選び、その残りは受け入れなかった」という情報を得た。それならば、我々は質問するが、学校が小さくて生徒を全部受け入れられないのなら、なぜ学校を作って多くしないのか。もし政府が資金が十分になくて、クメール人の子供全てに助力し、支援しようとしてもできないのなら、なぜベトナム国で政府はクメール国よりずっと多くの学校を作り、しかも学校はコーチシナ国などの学校のように全て大きいのか。実は、クメール国の学校は、数が少ないうえに、さらにどの学年にもベトナム人の子供が入り込んで来てクメール人の子から学ぶ席をたくさん奪っている。インドシナ国政府がハノイに作った sālā mahāvidyālaya (Université)［大学］は、クメール人の生徒はその学校に知識を頼ることはいくらもできず、多くともたったの2-3名である。我々が知り得たことによると、今年同校に入るクメール人生徒は誰1人いない。もしインドシナ国政府が、同校を支えているクメール国からの補助金を引き揚げて来てクメール国に学校を建てて数を増やせば極めて適切なことであると我々は考える。

上に述べたことは、国王陛下のお力の庇護の下に入らせていただきたい。それと、新しく就任したばかりの(Thibaudeau) <le résident supérieur>[高等弁務官]殿の徳にも頼りたい。氏は以前ベトナム・フエ国政府を統括し統治していたので、過去数年間にベトナム政府がどのように改革してきたかを、ベトナム国<conseil> senāpatī[大臣]殿たちと同じように見てきているから、クメール人を支援して、ベトナム人に劣らないようにしてくれることを期待するからである。我々がフランス語とベトナム語の<gazette>[新聞]から得た情報によると、同国の政府は優れた知識のある人を選んで、[政府の]高い地位に任命し、有能な手腕がある人を除いて、年数を限って公務に従事させる。勤務して民族を助けて発展と幸福とを得させることができたら、政府はその期限付の任期を延長して引き続き勤務させる。もしそうできなかった場合には、[政府は解雇して]もう1度新しく[人を]選ばなければならない。自分が責任を持つ地位にある方は一生懸命努力して職務に従って仕事をする。たとえば教育は心を込めて援助する。そして国民大衆も自分と同じ民族の人である偉い人が支援するおかげで教育を受けられる。

一方我々クメール人の方は、同じくフランスの命令下にあるベトナム人の努力を模範にするべきである。フランス政府が我々の保護者であるのは事実であるが、もし我々がまだ眠っていたら、誰に我々を支援してもらうことができるのか。どんなに素晴らしい教師でも、生徒が勉強に心を込めなかったら、その生徒に何についての知識を持たせることができるだろうか。もう1つ、我々クメール人の多くは互いに頼り合うことができない。自分が責任を持つ地位にある人も、発展をもたらす他の種々のことに関しては、自分の利益を損なうことを恐れて、敢えてあまり抗議しようとしない人がいる。自分の職場もあまりあちこち見ようとしない。このようである以上は、『我々』クメール人は rājakāra <protectorat>[保護国政府]と各自の努力に頼ることにして、インドシナ国政府が、教育を、我々が上に述べた望みの通りにしてくれることを望む。もしインドシナ国政府が我々が望む通りにすることができない場合は、現在ある学校を全て廃止してなくしてしまうことを政府に望む。しかし[その場合]、ベトナム国の学校もなくすべきで、そうしてはじめて公正である。クメール人にはクメールの知識だけを学ばせ、ベトナム人には純粋なベトナムの知識だけを学ばせ、今後外国の学問は何も知り、聞くことがないようにしてほしい。なぜならば、われわれの考えでは、「完全に無学無知の人は中途半端な知識を持つ人より気楽である。中途半端な知識を持つ人は、自分の知識がまだ他と等しくなく、確実な知識を持っている人と違って、きちんとした役には立たないことがわかるので、それらの人々は、父母を助けて生計を立てる時間、あるいは種々の辛い仕事をするために身体を慣らす時間を無駄にしたことを知り、悩み、心がきりきり痛むからである。

それゆえ、もしインドシナ国政府がクメール人の子供に知識を学ぶことを許すのなら、他と同じように全ての知識が得られるようにし、今のように勉学の途中で放り出してしまわないようお願いする。[途中で放り出してしまうのなら、]敢えて昔のように無学無知のままで放置しておくほうがましである。知識のない人は、当然策を考える深い考えがないから、役畜のように指導するのが容易であり、働かせるのが楽であり、これは善良な心を持っていない主人にとっては名案である。それゆえ、クメール人が父母と同じとみなしている保護国政府に、この際、子や孫の幸福にちょっと目を配ることをお願いする。

nagaravatta

1-6　諸国のニュース

1-6-1　スペイン国

パリ市、7月11日。ドイツの諸<gazette>[新聞]が、「フランス国が兵を送ってスペイン政府側派を支援するために、スペイン国政府と手を結びたがっている」という事実でない報道をして非難している。このような情報はドイツ国内で人々に強い動揺を与えている。

＊ビルバオ県、7月11日。フランス商船1隻が反乱派艦に砲撃され、ビルバオ県に曳航された。

＊ローマ市、7月11日。イタリアのある1つの<gazette>[新聞]が、「もしフランス国が anupakārasamāgama(Comité de non-intervention)[不干渉委員会]をなくして仕事ができなくさせる[ことを望む]のなら、イタリア国は同委員会から手を引き、反乱派に武器を送る」と報じた。

1-6-2　中国

北京市、7月10日。華北での争い合っている事件はますます激しくなりつつある。中国側は北京市で守備に懸命に努力し、日本軍が入って来られないように鉄道を切断した。日本側も同様に中国軍が(豊台)に行けないように厳しくしている。

この事件は和解に近づいたが突然(Wang bing)県で半時間撃ち合いが起こり、双方に死傷者がでた。10本の列車が(瀋陽)県から(天津)に日本兵を輸送した。

中国人たちは、「日本はますます脅迫する考えを使用している」と非難した。中国側は、「中国軍が<wa[ng] bing>県に来て[同地を]保持するべきである」と主張し、日本側は、「さらに事件が起こらないように、中国軍は同地から退くように」と言っている。
＊漢口県、7月11日。(同盟)電。(蔣介石)総司令は、北京村村長[ママ]と同地の司令官に、「日本の要請に同意しないこと。日本が攻撃したら、1歩も退かないこと」を命令した。
＊上海、7月11日。南京県からの情報では、衝突の件で中国外相は日本大使に抗議した。しかし日本大使は、「その訴えは事実と異なるから受け取れない」と反論した。中国は中国の周囲に巡らされた大壁[＝万里の長城]の南に兵20,000名を送った。

本日「＝7月11日」、日本海軍提督が上海県に来た。

7月11日に日本軍は<wang bing>県から北京市までを全て占領した。

1-6-3　スペイン国

パリ市、7月12日。フランス政府は anupakārasamāgama (Comité de non-intervention)［不干渉委員会］の委員たちに、「フランス国とスペイン国との国境であるピレネー山脈を監視する助力を中止する」と伝えた。
＊マドリード市、7月12日。7月11日の戦闘で、政府派と反乱派は猛烈に激しく戦った。

敵対している双方からの発表は全て逆である。死傷者、あるいは捕虜になった政府派は 16,000 名と推定されている。

1-6-4　シャム国

フランスとシャムの協議は終了した

バンコク市、7月23日。シャム国代表とフランス国代表は協議をし、1937年7月21日水曜日に終了した。

7月23日、シャムの外務省高官は œtrup という名と prāts という名のフランス高官をアユタヤ市の観光に招待した。[両氏は]夕方は、元フランス国留学シャム学生協会のパーティーに出席した。

その時、かつてフランス国の saṅsuṅ ḍww-sāyyī 市に留学した協会会長である braḥyā debahassaḍin 大佐が sundarakathā (Discours)［スピーチ］をし、フランス国代表が答礼の sundarakathā (Discours)［スピーチ］をした。

翌日、即ち1937年7月24日、フランス国代表は列車に乗って出発しインドシナ国に来た。

1-6-5　中国

パリ市、7月12日。<havas>電。日本軍と中国軍は、両国政府に(天津)県で会談させるために、一時停戦することに合意した。

日本兵たちは<wang bing>県で別れて一部は豊台県に帰った。
＊南京市、7月12日。中国政府は日本大使に、「華北に関する合意は、中国政府は合意しておらず何の効力もない」ことと、「(北平[ママ])県で、この件に関して日本と合意したのは中国を裏切る者たちだけである」ことを通告した。

日本の参謀本部は、「(河北)省と(察哈爾)省の中国人は日本の要求、即ち中国は、1)中国兵を(マルコ・ポーロ)[＝盧溝橋]の所から引き揚げること、2)日本に謝罪し、この事件を起こした中国人たちを処罰すること、3) laddhi (Communistes[ママ])[コミュニズム]者をいなくすること、4)扇動する言葉をなくすこと、の4項目に同意した」と発表した。

中国の<gazette>[新聞]は、「中国政府は北平県[ママ]の官吏に、『力が尽きるまで一生懸命抵抗する』ことを命令した」と報じた。
＊ロイター、7月13日電。日本は7月13日から今まで北京市の城壁の近くを多数砲撃している。
＊同日[＝7月13日]、<havas>電。両国政府が会議中に、突然華北で新しい事件が起こった。[即ち、]

7月13日に、中国が日本の大砲1を奪ったので、日本は中国人たち1,000名を攻撃してから、<wang-bing>県に退いた。中国人側も退いた。

7月13日朝、北京市から3キロメートルの地点で再び戦闘があった。互いに kām bhlœṅ <mitrailleuse>[機関銃]で銃撃し合い、そして中国人たちは日本人たちを攻撃し、刀で切り付け、日本人たちは散り散りになって退いた。

日本の援軍は北京市に入ろうとしているが入れない。日本はさらに兵3,000名を満州里国から天津に派遣した。すでに兵10,000名が天津県に増派されている。

1-7　雑報(あれこれについて)

1-7-1　<gazette>[新聞]読者の多くは、フランス語を知っている人を除いて、いろいろな国の phaen dī (bhūmisāstra)[地理]の教育を受けていないし、我がクメール国の地理さえあまり習ったことがないので、国の名を言い、それぞれの国の ?nak dham (mahāpurasa)[偉人]の名を言う「諸国のニュース」があまりよくわからないということを nagaravatta ははっきり理解している。nagaravatta は、読者が国をあらかじめ知っておき、<gazette>[新聞]を読んだ時に分かるための説明として、sākalaloka (loka dāṅ mūl)[全世界]の地理と大きい国の様子について<gazette>[新聞]読者に説明をしようと思う。
＊新聞の中でよく iṇḍie (kliṅga)[インド]国の(マハトマ・ガンジー)という名の mahāpurasa[偉人]、即ち vīrapurasa[英雄]について称賛している。[この人は]大きな慈悲の心を備えた、卓越した性格の人で、インド国の何百万という大衆を救い、以前より楽にならせた。ガンジー氏はインド国の民衆をあらゆる点で楽にならせるために、あ

えて投獄されることに甘んじた。イギリス政府が大邸宅を建てて氏に住まわせることを考えたが、氏は住むことに同意しなかった。氏は自分1人が大邸宅に安楽に住み、大衆を貧困と苦しみのままにおいておくことに納得しなかったのである。

それゆえ、インド国の大衆は、mahāpurusā knuṅ sruk (Grand homme d'état)［国の偉人］であるガンジー氏とともに死ぬことを辞さない。同様に氏も民衆ともに死ぬことを辞さない。即ち氏は氏自身の利益は考えず、氏1人だけが発展し栄えることを望まず、氏は国の大衆全体を同様に栄えさせる全体の利益ただ1つのみを考えるからである。もし氏が氏自身の利益を考え、民衆の辛苦を考えなかったら、イギリス政府が建てて進呈しようとしたprāsāda(Chateau［ママ。Châteauが正しい］)［大邸宅］を受け取っていたはずである。

nagaravatta は、偉人マハトマ・ガンジー氏の、インド人大衆全体が等しく幸せを得るための大慈悲の心を持った努力について、<gazette>［新聞］読者の皆さんに知ってもらうために報道しないではいられない。

1-7-2 クメール人は温和で正直で、政府を最も恐れる人々で、政府が自分に課したいかなる税金に対しても、ベトナム人と違って、何か政府に敢えて抗議しようとした人は誰1人いない。ベトナム国の方は政府に反抗して暴動を起こす音がほとんど絶えることなく聞こえる。時には国の主人であるフランス人を殺したということも多い。それでも、依然として政府はベトナム人と異なり、クメール人を可哀想とは思ってくれず、ベトナム人にクメール人より多くの知識を与えるままにしている。クメール人は1度だけ、コンポン・チナン<résident>［弁務官］であった(Badez［ママ。Bardezが正しい］氏［M.］があまりにも人民を激怒させたので、人民は腹にすえかね、こらえかねて氏を殺すという冒険をしたことがあるが、それ以後は全く静かになり、昔のまま温和で正直であり続けている。しかし、当時、政府は krāṅ lāv 郡の住民全てをこらしめて、［その程度は］住民たちが<bardez>氏を殺した時のあの限界をはるかに超えるところにまで達した。

1-7-3 現在、プノンペン市では近衛師団の兵2名ずつが全ての<conseil> senāpatī［大臣］殿の自宅を［門の所で］番をしている。何から守っているのかはわからない。

1-7-4 高官が出て指図し、自ら逮捕したり何か捜査をすることにおける<police> giñ［警官］をするのは適切ではないようである。代わって［上から下に］次々に仕事を担当する多くの部局の官員がフランス側にもクメール側にもいるからである。代わって仕事をするためのあらゆる種類の身分の低い官員がいるのだから、自ら税金の徴収にでかけた<bardez>氏の時のように、何か危険が生じた時に、［危害を受けるのが］最高地位の官員であるということはあるべきことではない。

1-7-5 nagaravatta が得た確かな情報によると、バット・ドンボーン州［sruk］をはじめ全ての州［sruk］の民衆は出家も在家も、「rājakāra <protectorat>［保護国政府］は宗教を堅固なものにするために国王陛下の代理として［宗教を］統括することにあまり熱心でない」と言って嘆いている。現在、国王陛下は自ら統括なさり、以前の国王たちに比べてはるかに疲労困憊しておられると見る。［保護国政府は］国王陛下の代理として統括職務を熱心にきちんと行うべきであり、陛下があまり疲労なさらないように、昔からの習慣に従うことが望ましい。

nagaravatta は陛下がこのことを［もっと］楽に行われるようお願いする。

1-7-6　クメール語のラジオニュース

vidyu(radio filco)［ラジオ］は来る金曜日午後4時から4時半まで、クメール語で放送する、即ち［クメール語の放送が］聞こえる。

クメール国の vidyu(khsae luos it khsae)［ラジオ］聴取者に、［この放送を］聴いたことに関して質問いたしますが、［聴いて］どう感じたか、その他気が付いたことを<bureau résident supérieur>［高等弁務官府］に知らせてください。［それを参考にして］< bureau résident supérieur>［高等弁務官府］は［ラジオニュースを］今後どうするかを決めます。

1-8　昔話から抜き出した教訓

昔話が1つある。ある日、1匹のウシガエルが池にいてふと見ると、1匹のウシが池の岸の近くで草を食べているのが見えた。このウシガエルは近くにいる他のウシガエルたちに自分の力を感心させたくて、自分の体をウシくらいの大きさに膨らませたいと思い、近くにいた友達のウシガエルを全部呼び集め、“あの大きな動物と並んでいると、私の身体はあなたたちには普通に小さく見える。でもウシと同じくらいに大きく身体を膨らませたいと思ったらできるんだ”とはっきり言った。この小さなウシガエルはそう言うと、一生懸命身体を膨らませた。「膨らませる」というのは、精一杯息を吸い込んで膨らませるのである。真剣に膨らませて、［肺の］容量以上になると、ポンと音がして腹が破裂して息が絶え、そこで仰向けに倒れてすぐに死んでしまった。とても傲慢な心のせいである。

一方我々の方は、西の方にいる我々の友人にこのように破滅に至らしめることを望んではいない。我々は全ての神々に、この友人にずっとこれからの長寿と繁栄があるように助けることを、祈るだけである。しかしシャム国から発行される新聞で読んだことによると、我々にこの話を強く思い出させる。

皆さんは次の人の一部始終をよく考えて、どう思うだろうか。田を全部で7ヘクタールだけ持っている人が、ある時互いに実の兄弟のように友情を持ち、親しくしている友人に、「土地を100ヘクタール欲しい」と言い、その友人を脅すために案山子をもって来て自分の土地に立て、[友人は]驚いて境界の垣根を踏んで逃げて目茶目茶にしてしまい、その結果土地の境界の証拠をなくしてしまった。もしその土地に住居を持っていた人がしっかりとした垣根を周囲に作って住んでいたら、[100ヘクタール欲しいと]大声で叫んだ隣の友人の叫び声で驚いて逃げたであろうか。そしてその人の脅しの言葉を恐れただろうか。

我々クメール人は心配しないこと。一生懸命それぞれが稲作や生業に精を出して生計を立て、生命を養うこと。

一方シャム国の方は、「フランス政府を素晴らしい保護者として持つ我々、あるいはインドシナ国に何か悪い策略を行うことはできない」と気が付いている。たとえその国との国境方面から何かいろいろな声が漏れ聞こえてきたとしても、それは我々への脅しの言葉にすぎない。

しかし、シャム人はよく考え、検討することを十分知る民族である。シャム人はウシガエルが自分の身体をウシのように大きくしようとした昔話からの教訓をよく知っている人々であるから、我々は何も恐れないこと。

ācārya {sud}

2-1　戯曲「2人の友人」

(<gazette>[新聞]29号[3-1]から続く)

meṅ-lī の母の方は子に働きに行かせたくない。しかし、punthan と meṅ-lī は「店はとても大きい。心配しないで」と説明する。このように説明すると meṅ-lī の母は子がバット・ドンボーンに仕事を探しに行くことを承知する(ここを道化の gim-ān が上手に演じる)。meṅ-lī と弟の sīman は父の仏塔を参りに行って[父に]別れを告げ、[それから]従弟の jhwan と一緒にバット・ドンボーンに旅をする。バット・ドンボーンに着き、商店主である thaukae {heṅ} に会いに行き、話して職を求める。同 thaukae は店の中に連れて入り、妻子と、[これも]子である nāṅ {phātsuvān} に会わせ、それから[妻を]離れたところに連れて行き、meṅ-lī が職を求めているいきさつを話す。妻は meṅ-lī を採用して働かせることに賛成する。その時 jhwan は meṅ-lī が働くことができるのを喜ぶ。

この商店は meṅ-lī が入って働くようになってから、どんどんあらゆる品物が良く売れるようになり、しばらく暮らすと nāṅ {phātsuvān} と meṅ-lī は心を惹かれ合い、愛し合うようになる。

さて、プノンペンに住んでいる suvān[ママ「suphān」が正しい]について話すと、ある朝自分の家で楽しく現代風に踊りを踊っているのを見せる。

バット・ドンボーンの thaukae {heṅ} の方は、雇い人の meṅ-lī が仕事がよくでき、柔順で、店の商品を買いに来る客にも丁寧で愛想がよいのに満足している。thaukae は、「nāṅ {phātsuvān} を meṅ-lī の妻にしたい」と妻に相談する。

その時、<planton>[郵便配達夫]が、「母が、父親の1周忌の法事をするために、meṅ-lī にプノンペンに来てもらいたいと思っている」という内容の手紙を届ける。

thaukae {heṅ} は meṅ-lī を呼んで来させ、「プノンペンに行きなさい」と告げ、小遣い銭も与える。

nāṅ {phātsuvān} は手紙を1通書いて封筒に入れ、弟の mau に頼んでバスターミナルで meṅ-lī に渡させる。meṅ-lī は他に比べようもないほど喜び、jhwan と meṅ-lī はプノンペンに出発する。[プノンペンで]弟の sāmon[ママ。「sīman」が正しい]と母とに会う。母は、「nāṅ {suphān} を meṅ-lī の妻として婚約したい」と告げる[注。子の結婚は親同士が決めるのが習慣]。meṅ-lī は nāṅ {suphān} の姿を見たような気がする時から心を惹かれ、好きになり、着替えに行く。suphān とその両親は別れを告げて自宅に帰る。

(まだ後の週[＝32号3-1]に続く)

2-2　初等教育校の落成式について

7月23日金曜日、uṭuṅga 郡の prāṅgaṇa 寺で初等教育校の落成式が行われた。学校を開く定めの時間になると、祝賀に招待されたコンポン・スプー <le résident>[弁務官]殿、州知事殿、寺学校課長殿、その他地位の高い客たち全てと、それに寺の檀家である優婆塞優婆夷、生徒である少年少女、寺の全ての比丘と沙弥[＝未成年僧]が集まった。吉祥の時刻になると、braḥ visuddhivaṅsa 師僧がフランス語でスピーチをし、次にクメール語が上手な1人の女生徒がクメール語でスピーチをした。それが終わると、<le résident>[弁務官]殿と寺学校課長殿が学習ということと、政府からの支援についての説明と、さらに少年少女の父母に対して、「子供たちに心を込めて勉強するように指導しなければならない」などの忠告と注意があった。

そのスピーチの概要は[次のよう]である。「この寺での学習はずっと以前は、政府からの支援はなかったが、この4、5年前から、石板、白墨、インク、紙などの政府からの援助があるようになった。また、この古い[教室として使っている]サーラーについて話すと、木の葉葺きで壁がないサーラーで、雨、雷、大風の時に難儀であったが、jhān 優婆塞[と] tho 優婆夷が、今後は勉強の妨げになる大風、雨、雷への心配がなくなることを期待して、金を寄付してこのサーラーを建てたばかりである。しかし、僧侶は自分自身の宗務もあり、時間をやりくりして授業をするのであるから、まだ教える人について、ずっとは得られないのではないかという心配がある。それで保護国政府が今後きっとこの地区の知識学問を発展させることができるように、何か勘案して援助する(先生に[生徒を]教え訓練する力をつけさせることを援助する)ことを期待している。

2-3　三国志演義[省略]

3-1　正誤表

<gazette>[新聞]29号3ページ第1欄[＝2-3]に phsit[カビ、キノコ]とあるのは phcit[臍]に訂正してください[注。この誤りは方言を反映しているらしい]。[同ページ]第2、3欄[＝3-1]の rapām[踊り]は全て lkhon[劇]に訂正してください[注。この誤りは、伝統的クメール劇は踊られるものであるから、「踊り」と「劇」は区別されていなかったことを示す。なお lkhon「劇」はタイ語からの借用語である]。

3-2　お知らせ

[注。パラグラフが3つあり、冒頭の2つは29号3-2と同文なので省略する]

[第3パラグラフ]もう1つ、どこかの寺の檀家である優婆塞優婆夷で、自分の寺に利益を差し上げるためにその寺に印刷所設立の株を持たせたい方は、nagaravatta 新聞社にお知らせください。nagaravatta 新聞社は尊敬の意をもって、貴殿の善意を受け入れます。

nagaravatta

3-3　金の価格

プノンペン市、1937年7月29日

金 1 ṭamliṅ、[即ち]37.50 グラム

価格	1級	100.00 リエル
	2級	95.00 リエル

＊銀の価格

1 ṇaen 塊、[即ち]382 グラム	13.00 リエル
兌換古1リエル銀貨	0.87 0/0 リエル

＊農産物価格

プノンペン、1937年7月29日

サトウヤシ砂糖		60キロ	3.40リエル
	店で購入	60キロ	3.20リエル
籾	白	68キロ、袋なし	3.10 ~ 3.15リエル
	赤	同	3.00 ~ 3.05リエル
精米	1級	100キロ、袋込み	8.10 ~ 8.15リエル
	2級	同	7.35 ~ 7.40リエル
砕米	1級	100キロ、袋込み	6.35 ~ 6.40リエル
	2級	同	4.65 ~ 4.70リエル
トウモロコシ	白	100キロ、袋込み	[記載なし]
	赤	同	6.61 ~ 6.85リエル
コショウ	黒	63.420 キロ、袋込み	14.75 ~ 15.25リエル
	白	同	24.75 ~ 25.25リエル
パンヤ	種子抜き	60.400 キロ	28.00 ~ 28.50リエル

＊サイゴン、ショロン、1937年7月28日

フランス籾・米会社から通知の価格

ショロンの<machine> kin srūv[精米所]に出された籾 1 hāp、[即ち]68 キロ、袋込みの価格は以下の通り。

籾	最上級		3.65 ~ 3.70リエル
	1級		3.40 ~ 3.45リエル
	2級	日本へ輸出	3.30 ~ 3.35リエル
	2級	上より下級、日本へ輸出	3.05 ~ 3.10リエル
	食用 [国内消費?]		2.95 ~ 3.00リエル
トウモロコシ	赤	100キロ、ショロン県マッカサンで売り渡し。	7.40 ~ 0.00リエル
	白	同	0.00 ~ 0.00リエル

米(7月渡し)、港渡し、袋込み、税抜き、1 hāp、[即ち]60.7キロの価格は以下の通り。

精米	1級、砕米率 25%	5.05 ~ 5.10リエル
	2級、砕米率 40%	4.85 ~ 4.90リエル
	同。上より下級	4.65 ~ 4.70リエル
	玄米、籾率 5%	4.05 ~ 4.10リエル
砕米	1級、2級、同重量	4.20 ~ 4.25リエル
	3級、同重量	3.70 ~ 3.75リエル
粉	白、同重量	2.75 ~ 2.80リエル
	kāk [籾殻＋糠?]、同重量	0.20 ~ 0.25リエル

4-1　[18号3-6と同一]

4-2　[8号4-3と同一]

4-3　[11号3-2と同一]

4-4　[11号4-2と同一]

4-5　[26号4-5と同一]

4-6　[20号4-6と同一]

4-7　[8号4-6と同一]

4-8　[広告][仏語]　**M. Truong-Long-Bào、通称 Xiêu Bào**

精神医学、プノンペン Okña-Oum 路47号

[ク語]　『sīv-pāv』薬店

プノンペン市 okñā um 路47号、kāp go 市場

私、sīv-pāv は皆さんにお知らせします。私の地図印薬は20種類以上あり、クメール語で書いた薬の用法の説

明書があります。

私の店は、(ハイフォン)省[sruk]にいる私の先生の薬、ナーガが子供に巻きついている絵印の薬があります。彼の名前は(Trần-dice-Tâm)で、フランス医学を学び、それから中国に学びに行って saññāpatra (Docteur Chinois)[漢方医]の資格試験に合格し、それから日本国でさらに試験を受けて資格証明書を得ました。現在は(ハイフォン)に住んでいます。我がインドシナ国の樹木の成分を採って調合して薬を作り、我々全ての人の病気を治しています。私は、我々クメール人各人がその薬を買って使う方法が容易にわかるように、クメール語で書こうとしています。私の師の薬は81種類あります。政府が地図印とナーガが子供に巻きついている絵印の商標を認めました。

遠方の人は、<gazette>[新聞]に名前が掲載されている店に行って私の薬を買ってください。私の店に買いにいらした方々は、私が心を込めて病状を訊ねて診断して薬を病気に合わせます。遠くに住んでいて、手紙で購入する場合は、私が検討して薬を病気に合わせるために、病状を少々詳しく書いてください。

4-9 [広告] kāp go 市場の sīv-pāv の薬の販売店

raluos 支郡の	thaukae	gim-sān
シエム・リアプ州[の]	thaukae	āp-teṅ-hāṅ
kambaṅ ghlāṅ[の]	thaukae	lwm-jhāṅ-kāṅ
bām jīk ṅa[の]	ṭaṅkhau	jhun-ḷeṅ
バット・ドンボーン州[の]	yat-phan 氏	

4-10 [広告]

[仏語] 1937年7月20日、Soctrang

[ク語] 私は sruk pāsāk khaetra suktrāṅ ghum thānvœy (Village de Thanh quoi province de Soctrang Cochinchine)[バーサック国=コーチシナ、suktrāṅ 省 thān vœy 村]の村長をしています。私には結核を病んでいる母がいて、痰を吐くと血が混ざりました。この咳の病気はもうほぼ39年になり、夜は咳がでて1晩中ほとんで眠れませんでした。家族はそれを見て可哀想に思いましたが、どうやれば助けられるのかわかりませんでした。私はほとんど全ての民族の有名な医者に治療してもらいましたが、良くなる様子は見えませんでした。今年になって、私は(Haïphon)の (Docteur Chinois)[漢方医]である (Trần-dice-Tâm)の名声を聞きました。咳病の治療にとても優れていて、この人の薬はこのプノンペン市の kāp go 市場の sīv-pāv 店で売っています。私は20ビン購入して母に服用させたところ7割がた治りました。私は sīv-pāv に助けを求めることにして、彼に手紙を送って訊ねました。彼は薬を4リエル[分]送って来ましたので、母に服用させましたところ、完全に治り、肉も付き血色もよくなりました。

私は手紙をこの<gazette>[新聞]に掲載して、驚嘆するべき優れた医学をもつ氏の恩を崇めます。

[仏語] Soctrang[県]Thanh quoi [村]の村長

4-11 [広告]

[仏語] 1937年7月14日、コンポン・チャム

[ク語] コンポン・チャム地方裁判所の検察事務官 "āt-mai"

私は重病でとても惨めでした。この病気の苦しみはたくさん説明する必要はありません。私はフランス人の病院に行きました。医師は診察して、「この病気は死に至る」と予告しました。私は、「この梅毒は、私は女遊びをしたことがないから、多分どこからか伝染して来て私の身体の中で激しく起こったのではないか」と疑問を持ちました。

私は急いでプノンペン市の kāp go 市場の sīv-pāv 先生の店で薬を買って来て服用しました。病気は少しずつ軽くなり、10日間で完治しました。

この店の薬は<gazette>[新聞]のページに名前が載っているべきです。私はこの薬を広く報せます。もし同胞の皆さんが病気だったら、心配して誰かの薬を探す必要はありません。即ちまっすぐ"sīv-pāv"店に歩いて行きなさい。よく効く薬があります。そして店の主人に会いなさい。温和で正直で言葉もていねいで謙遜な人です。

4-12 [29号4-10と同一]

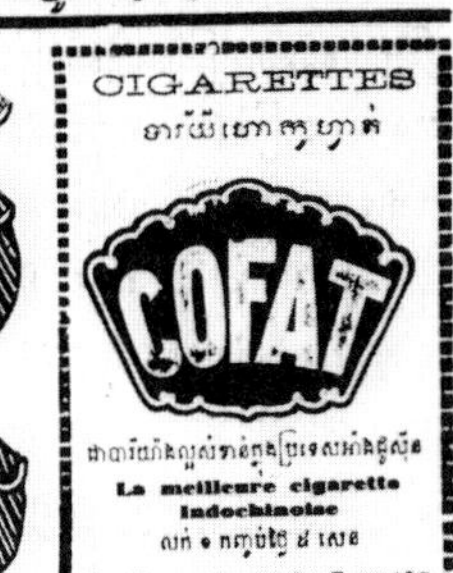

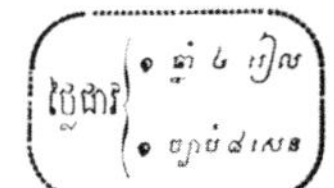

第1年31号、仏暦2480年9の年丑年 dutiyāsādha 月下弦15日土曜日、即ち1937年8月7日

［仏語］1937年8月7日土曜日

1-1　［仏語で「私書箱 No.44」が加わった以外は8号1-1と同一］

1-2　［デザインが少し変わった以外は8号1-2と同一］

1-3　［デザインが少し変わった以外は8号1-3と同一］

1-4　［8号1-4、1-5と同一］

1-5　カエルが一生懸命身体を膨らませてウシに対抗する

シャムの新聞が外国を攻撃し脅迫する件について

1937年6月22日のフランス語の(Opininon)新聞に、シャム国がフランス国とイギリス国とを脅迫している件を要約した khemaraputra のペンから生まれた文章がある。我々は、有益であると思うので、我々クメール人の行動の指針になるように、［その記事を］nagaravatta <gazette>［新聞］に掲載する。シャムの脅迫について、心配と恐れとを持つクメール人が多いが、深く物事を理解している人達は微笑して寝て待っているだけだからである。khemaraputra が述べている内容はこうである。

フランス国とイギリス国とに対する酷い攻撃は、時には侮辱にまで達しているが、ほとんど毎日シャムの新聞に出ている。

攻撃を止めさせる、あるいは少なくさせる為の何らの措置も講じないシャム国政府は、フランス国が1907年にカンボジア国に編入したクメール国土の全てと、さらに1909年にイギリス国が mālaiyū(jvā)［マレー］国に編入したクダ、クランタン、トレンガヌという名のマレーの諸州を取り戻すことを要求しようとしているようにみえる。様子では、上述の州はすべて、以前は大タイ王国の国土であったということをシャム政府は根拠にしているようであるが、この根拠は、バンコク市の為政者の熟考と指図から生まれたものである。

もしジャヤヴァルマン7世の治世時代のクメール王国政府の国土を検討するならば、メー・ピン川の低地からチェンマイ国の向こうまでと、マレー半島の pāṅ saḥphān yai 村(注1)(チュンポーン県(注2)の北、クラブリーと呼ばれる所)まで全てが、当時はクメールの国土であった。

khmaraputra

［注。下の注2つは原注。本文中のタイ語のクメール文字への転写］

(注1) bhūmi sbān dham

(注2) bhūmi jum bara

(まだ後の週［＝32号1-8］に続きがある)

1-6　諸国のニュース

1-6-1　中国

上海市、7月15日。中国と日本国とは、「相互に戦っている事件は必ず解決できる」と期待している。しかし、この両国は、「この相互の争いがさらに激しくなるのではないか」という恐れを依然として持っている。中国は、「日本が援軍を日本国から輸送するための時間稼ぎをするために、幕引を引きのばしているのではないか」と恐れている。それゆえ、中国軍 3,000,000 を戦争に送りこんでいるのが見られる。中国側の方は、「日本は中国第29軍に現場から撤収することを強制し、すでに不法に得た地域を我が物にしようとしている」と非難している。中国政府は、「日本との戦いを［現場に］続けさせるべきである」と理解している。一方日本側の方は、「中国が(天津)県の村長［ママ］の協約を尊重するならば停戦する」と言っている。もう1つ、日本は中国政府自らに抗議させたくない。それゆえ、中国政府は同意せず、日本大使は、「互いに簡単に同意することはできない」と推測している。
＊東京市、7月18日。日本の大臣は会議をして、中国における戦いのために10,000,000円を支出することを全員一致で決定した。<havas>電の調査では、日本はロシア国との戦争が起こった時に満州国を守備するために、華北を支配する意図を持っている。もう1つ、日本国は交易して中国の産物を購入したいという希望をもっており、日本の産物を輸出するための場所を求めているのである。日本は、「華北を再び満州国のようにすることは欲していない」と述べている。
＊上海、7月18日。中国外相は日本大使に、「日本の書簡には48時間以内に回答する」と約束した。消息筋によると、日本の書簡は、「中国が日本の要望に同意しない場合には必ず戦い続ける」という脅迫の書簡で、蔣介石総司令は、「私の心は戦うことを全く望まないが、日本が依然としてこのように不法要求をするので、私は耐えられない」と述べた。
＊7月18日、<havas>電。日本機が河南省安陽県を爆撃した。
＊北京市、7月19日。日本国からの電報によると、本日午後、盧溝橋県に駐屯していた中国軍が日本国軍に発砲した。それゆえ、会議は相互和解に達さなかった。中国は日本国に、「要請に同意しない」という内容の返書を送った。
＊上海県、7月19日。蔣介石総司令は、「戦争を望むか望まないかは、全て日本国次第である。たとえ指ほどの土地でも日本が奪うにまかせる中国人は国を裏切る者と同じである」と述べた。
＊南京県、7月19日。[華]北の日本軍は、「中国がトラブルを起こすことを試み続けるから、7月20日になったら必ず戦いを続行する」と発表した。日本は南京市の中国政府に、「華北から軍と航空機を撤退させる」ことを求めたが、中国は、「中国は重大なトラブルをこれ以上起こすことを望まない。両国側の軍と人が停戦することと、援軍を送ることを中止することを求める」という内容の書簡を日本政府に送った。しかし日本国はこの書簡に回答する気はない。
＊東京市、7月19日。華北の日本軍は、「もし中国軍が華北を侵したなら、必ず日本軍によって遠くに追い払われる。なぜなら、中国政府は、日本の期待に反して、書簡に回答せず、さらに盧溝橋県で中国軍が日本軍を再び攻撃したからである」と発表した。

1-6-2　スペイン国

7月19日に、反乱派はさらに兵を召集した。確かな情報によると、反乱派とドイツ国政府とは、互いに交易をするために協定を結んだ。同日[＝7月19日]の<havas>電によると、イギリス外相であるイーデン氏は、「(Molton)という名の船を解放するよう反乱派に求めることをイギリス大使に命令した。もし解放しなければ、全ての責任はフランコ将軍にある」と述べた。

1-7　土曜評論

クメール舟は多くの場所で沈没している

現在のインドシナ国で、もっとも国民が騒いで不穏な状勢になる国は、コーチシナ国、アンナン国、トンキン国のベトナム3国である。

なぜこれらの国がこのように騒いで不穏な情勢になってばかりいて、インドシナ国政府を困らせているのか。[その]原因は、これらの国の住民が数が多すぎて、全てが住んで生計を立てる土地が得られず、極めて困窮し惨めであることによる。それゆえ、ベトナム人は非常に憤慨して暴動を起こしてばかりいるのである。

これを見て、<brévier> <gouverneur général>[総督]殿は、ベトナム人が…[注。擦り切れで数語が判読不可能]…全てが働いて生計を立てることができるように、森林を切り開いて溜め池を作る、あるいは運河を掘るのに多くの金を費やした。<gouverneur général>[総督]殿のこの望みは、氏は貧しい惨めな人々を救うことを望んでいるのであるから、実に適切で素晴らしいことである。

一方、この適切さと素晴らしさは、コーチシナ国の国会議員である(de Beaumont氏[M.])氏[ママ]には気に入らない。同氏は、「貧しい人への慈悲は良いことではあるが、希望通りに行うのはきっと多くの費用がかかる。それゆえ、現在クメール国は未利用の土地がたくさんあり、[それらの土地は]肥料分もある。ベトナム国からクメール国へ人々を移住させればより容易であるし、政府もあまり費用がかからない」と言っている。

このように言う言葉は、「<de beaumont>氏はクメール人に思いやりがない」ということを我々に知らしめる。

私の考えでは、「<brévier>氏は現地国を統治に来たばかりであることは事実であるが、<de beaumont>氏の考えに押し流されることはない」と理解する。<de beaumont>氏はインドシナ国における『大富豪』であるという情報を私は聞いたから、<de beaumont>氏が氏の国にたくさん余っている遺産の土地を所有しているのならば、どうかベトナム人をそこに受け入れて養ってください。クメール国の土地はクメール人だけで十分であり、他の民族に分け与えることはできない。しかし、政府がクメール国の土地をベトナム国のように整備しようとしているのなら、たくさんある未利用で、そして肥料分はあるが水没するので作物を植えることができない土地を整備することをお願いする。もう1つ、水没しない土地は、雨期[ママ。恐らく「乾期」が正しい]になると雨水がなく、耕すことができないので稲作ができない。

もしインドシナ国政府がベトナム国と同じようにする

つもりなら、政府はこの肥料分がある土地をベトナム人と同じように貧しいクメール人に分け与える処置をするようお願いする。なぜならば、すでに政府は知っているように、クメール人は無学無知で温和で正直で他を恐れる人であり、たとえどんなに貧しく困窮していて惨めであっても、フランスインドシナ国の他の民族と違って、誰かに対して[苦しみを]訴えて反抗したり、責めたりしたことは一度もないからである。政府がどんなに酷い目にあわせても、何か反抗して騒動を起こそうという考えを持つことはなく、今は合掌して上にあげる[＝懇願する]10本の指だけを持ち続けているのである。

もしインドシナ国政府がこの方[＝de Beaumont氏]に賛成するなら、[それは、]政府はクメール人をなくしたい、クメール国にクメール人を存在させたくないと思っているようなものである。現在すでに我が国には非常に大勢のベトナム人がいる。もしさらにベトナム人を連れて来たら、きっとクメール人は全滅してしまうに違いない。フランス政府は、我が国に来る前に、「我々の国と民族を守り、滅亡するようなことはさせない」と我々に極めて堅く約束したのは確かであることを我々は知っている。そして、「フランス政府は掌を返すようなことは言わない」と我々は信頼している。

一方我々クメール人は、このように他民族が絶えず我が国に流れ込んで来るのを、どのように考えるか。「我々は我々自身のことを考えなければならない」と私は思う。政府だけに我々を助けることを考えさせてはいけない。手をこまねいていてはならない。楽しく遊び笑うことばかりを考えてはいけない。一生懸命未利用の林を開墾し、収穫があまりない土地は肥料を探して来て施すべきである。現在、森林局が、我々が開墾する土地の成分を検査してくれる。その土地の成分が、作物を作っても収穫がない場合には、土地に肥料分があるようにするための薬を示してくれる。使う水がない場合には仲間が集まって用水路を掘ったり、溜め池を作ったりして水を分け合って使うべきである。これらのことは自分1人ではできない。互いに協力すればできる。仲間が多くて発案者がいない場合にも仕事はできない。

我々が努力しないと、我がクメール人は消えてしまうのは確実である。もしクメール人が消えてしまうのを望むのなら、ācārya {khaem}殿の言葉のように実行すればそれで正しい。なぜならばこの方は何もしないでいて、仕事が自ら進捗したり、自ら行なったりして、飯が自ら口に走り込んで来るのを待っているからである。

ācārya {kuy}

1-8　どのような考えであっても、考えるとうまくいくことがある

クメール国に長くいる金持ちの中国人が1人いて、とても嘆き困っていた。クメール人がウシや籾をその中国人に売らないので、生計を立てる生業が彼の望み通りに繁盛しないからである。そのクメール人たちは[籾を]都会まで持って行って売り、そして自分が必要なものを買って来るのである。

その中国人は、財産が毎日毎日少しずつなくなっていくので大変困り、それで、「このままだと、きっと財産はすぐになくなってしまう。何かを探してアヘンを吸おうとしても何もないようになるし、中国に行って貯めた金を使おうとしても、貯金はなくなる」と考えた。

その中国人は何とかして財産を増やす策略を考えようとして、生計を立てることに発展しないでいる同じ中国人の仲間ばかりを2、3人呼び、森に入って行って生計が立てられないことについて[どうするかを]相談し合った。中国人それぞれがそれぞれ異なる考えを持っていたが、どれも馬鹿げたもので、その考えを実行することはできなかった。1人の老中国人が言った。「以前、クメール国とシャム国が戦争をした。この話は私の両親が私に話したのだが、戦争が始まる前に、すぐに住民たちはクメール国とシャム国が戦争をするということを知り、国境の住民たちは財物を整理し、家を全部捨てて逃げた。しかも財物をとても安く売った。今、クメール国とシャム国とはもう長年の間戦争を止めている。もし我々全てが、すぐに戦争が始まると住民たちに話して驚いて逃げさせたら、住民たちはきっと我々を信じ、我々に利益がある」　一緒に考えていた中国人たちはとても喜び、そろって、「シャム国はクメール国と戦おうとして武器を準備している」と情報を広めた。情報を広めた人達は、クメール人によくわかるように説明した。クメール国とシャム国との戦争の時に、どんなに苦労したかを父母が話すのを聞いて知っているクメール人たちは、急いで財物を持って行って中国人に売った。中国人はどんどん買い続けた。そして、それらの品物を買い取るのに同意しない振りをして、クメール人が3リエルの価値のあるものを1リエルだけで売りに来ると買うのを承知した。夜になって店の戸をしっかり閉めると彼らは集まって、[シャム国が我が]国に侵入しようとして、クメール国とシャム国が戦争になるということを、クメール人は信じた」と言って、クメール人を笑ってけなした。

その中国人たちは財物をたくさん得ると都会に持って行って売り、クメール人たちが彼らを殴って害を加えて苦しめ、さらに住民をだました奴として裁判所に訴えるに違いないと恐れて逃げ、その村に敢えて戻って来て住もうとはしなかった。

ra. ka.

1-9　<le résident supérieur>[高等弁務官]殿がプノンペン市のphsār thmīを視察した

先の7月8日木曜日、[午前]8時半、<le résident supérieur>

[高等弁務官]殿は随行員と共に、phsār thmī の建設の視察に行き、<le résident maîre>[市長]殿が長を務める市委員会委員たちがそこで出迎えた。

この視察に際して、<le résident supérieur>[高等弁務官]殿は、市場の入り口全てに置いてある1対の siṅharūpa (rājasīha)[獅子像]について、「現代的な装飾と共に獅子像を置くのは適切ではないのではないか」という疑いを市委員会委員に質問した。

市委員会委員は、「[市場の]建設は現代的なものであるのは事実であるが、クメール国に建設したものであり、各入り口に置いてある1対の獅子像は、クメール国の satva ansā sruk、即ち satva pacām sruk[国獣]である」と長殿[loka dham]に答えて釈明した。

カンボジア国の<gazette>[新聞]の代表たちも全員が市委員会委員とほぼ同様の理解を持つ。しかし、この件は後日市の市委員会の会議を待つことにして、11月18日に phsār dham[＝phsār thmī] の建物の落成式を行う。

[写真があり、その下に] 最近プノンペン市に完成したばかりの大きい市場の建物

2-1 布告

漁業者へ通告する

1934年12月19日付<arrêté>[政令]の規定により、トンレー・サープ湖の漁業者全ては1937年12月1日、即ち政府が1937年及び1938年に漁業で生計を立てる許可を与え[始める]日以降に以下のように行わなければならない。

1－「やな」について

ア。「やな」漁を行う申請をしたい者は、トンレー・サープ湖管理長、および[トンレー・サープ湖]<chef poste>[保安隊屯所長]である<gendarme>[憲兵]殿、あるいは州<résident>[弁務官]殿に申請書を提出すること。この申請書は1937年12月15日以前に作成し提出すること。

イ。この申請書には、「やな」の縦横のサイズと、その「やな」は新設を申請するのか、毎年使用してきた古い物であるかを、項目毎に分けて記載すること。

ウ。これらの申請書には納税準備金、即ち総税額の4分の1を合わせて提出すること。残りの4分の3は毎年の2月15日に1回、3月13日に1回、5月13日に1回納めること。

エ。「やな」の所有者が怠って上記の規定の期日までに[税金を]納入しない場合は罰金が科される。罰金には段階がある。即ち規定の日から15日遅れた場合は、税額100リエルにつき20セン、さらに15日遅れた場合は、100リエルにつき40セン、1ヶ月以上遅れた場合には政府は許可を取り消し、以後「やな」漁をさせない。さらにその「やな」を没収し政府の所有物とする。「やな」の所有者はその場所から「やな」を移動してはならない。

2－定置網について

定置網の所有者は、1937年9月1日に me truot trā piṅ (chef secteur>[漁区管理長]に届けて生計を立てる許可を申請し、かつ税金を納付しなければならない。自己の漁具の位置と異なる場所の許可を申請した者、あるいは騙して申請を行なわなかった者は、後日政府が調査して発見した場合に、許可申請書に記載が漏れている物について[税金の]2倍の罰金を科し、政府はその漁具を没収する。ただし、その時直ちに税金を納入した場合には政府は没収しない。

2-2 医学：病気を予防する（<gazette>[新聞]27号[2-2]から続く）

第6－jamṅww ahivātaroga (cuḥ k?uot)[コレラ]について

この病気は病原菌から起こり、地方に多い。この病原菌は水中、あるいは暗くて湿った場所で生きている。熱気と日光がある乾燥した所では、この病原菌は長くは生きられない。酸と石灰もこの病気を容易に滅ぼすことができる。

我々人間はこの病原菌を、病気にかかっている人から病原菌が付着した水、あるいは食べ物と一緒に腹に飲み込む。その病原菌は胃腸に入ると毒になり、我々人間の全身に毒がまわり、我々が既に知っている出来事、即ち嘔吐と下痢などを起こす。

このコレラは極めて容易に感染する。川の水の中に捨てられた嘔吐物や便から伝染することもある。この水を飲んだ人が病気になり、次々に伝染する。患者の身体や患者からの衣服に触り、不注意であらかじめ手を洗わないで食べ物を食べて伝染することもある。嘔吐物や便の上にとまったハエやその他の虫が飛んで来て食べ物の上にとまることから伝染することもある。

検討してきたことから、病原菌が我々の腹中に入ることができるためには、たった1つの道、即ち口から入るのであることがわかる。この病原菌を腹中に呑み込まない人はこのコレラにかかることはないのである。

病気を簡単に予防することについて

この病気で注意するのは、まず最初に、我々が飲食する飲み水と食べ物に注意しなければならない。ある地方でこの病気が起こったら、我々の水に菌が入っているかもしれないから、水は沸騰させ、その後で飲むことである。我々はいつも茶を飲むのが望ましい。国に病気が起こっている時には、食べ物は加熱して煮えたばかり、即

ち熱いものを食べるべきで、まだ未熟の、あるいは生の野菜や果物は食べるべきではない。鍋から飯をよそったらすぐに蝿帳で覆うべきで、前日の残りの飯や料理は取っておいてもう1度食べるべきではない。病原菌がついているハエが来てとまって病気を我々に伝染させる恐れがあるからである。

（まだ[32号2－1に]続きがある）

2-3　ボーイスカウトがトンレー・サープを一周した

学校の雨期休暇に、プノンペンのボーイスカウト4名が、身体を鍛えるのと同地域の集落を見るために、トンレー・サープを1周したいと思った。それで、1937年7月14日の夕方、このボーイスカウト4名は男らしく格好よく身なりを整えて、それぞれが1台の自転車に乗ってプノンペン市を出発、バット・ドンボーンまで行き、以下のような報告の手紙を送って来た。

1937年7月18日、バット・ドンボーン
Chef des Secteurs[分団長]

私たち、mās-sāratana、sukha-phāt、pic-sam?wan、haem-sīn の4名は14/7/37[＝1937年7月14日]夜8時にプノンペンを出発した。出発した時は小雨であったが crāṅ camreḥ に着くと雨がますます強くなったので、私たちは braek bnau 村の村長の家に泊まった。深夜を過ぎた3時、私たちは旅を続け、6時に uṭuṅga に到着、軽食を取ってから旅を続け、11時15分に kambaṅ chnāṅ に着いた。朝食を摂ってから午後3時に kambaṅ chnāṅ を出発、5時に banlai に到着、郡長殿に会った。郡長殿はボーイスカウト団に友情を持ち、とても愛していてくれて、自ら家を整えて私たちに休息させ、食事をさせてくれた。明け方の4時に banlai を出て8/40時[＝8時40分]に kragar に到着。止まって休息し軽食を食べて9/15時[＝9時15分]に kragar を出てポー・サットまで行くと雨が少し降り始めた。trabāṅ jaṅ に着くと、そこには国王陛下がいらして御食事中であった。その時兵士が1人来て、私たちに自転車を降りて押して行くように、と言った。陛下の威光に敬意を払って、私たちは命令通りにした。すると、お一方の王子が、[どこに行く?]と大声でご質問なさった。私たちは、「バット・ドンボーンに行きます」と申し上げた。御宿所を通り過ぎると再び自転車に乗り、旅を続けた。しばらく行くと、陛下のお車が追いついて来て、陛下は、「お前たちはそろってどこに行くのか」とご質問なさって通り過ぎて行かれた。私たちが svāy ṭūn kaev に着くと、陛下のお車が引き返して来るのが見えた。私たちは自転車を降りて押して行き、お車は私たちの所まで来ると止まった。私たちは止まって陛下を拝した。陛下はそこにいた村長の1人に命じて私たちを svāi ṭūn kaev の御宿所に連れて行かせ、静かな場所を準備してそこに居させ、私たちに道中の食費として10リエルを賜った。

（まだ続きがある）[注。実はない]

2-4　三国志演義[省略]

3-1　[広告]ネコが1匹行方不明になった

先の7月29日に大きい白ネコが逃げて姿を消しました。このネコの名前は"rādū"です。どなたか見つけたら、(Charles Thomson) <bourvard>[路]10号の家まで連れて来てください。必ずお礼を差し上げます。

3-2　シエム・リアプ官吏協会会館の落成式

7月14日10時半、シエム・リアプ官吏協会会館の落成式が行なわれ、州<résident>[弁務官]である(Nicolas)氏、この協会会館長である(Chalier)氏、会館建設の発案者であり、州知事である hww-sāt 氏、医師である ṅū-hū 氏、その他のフランス人とクメール人とベトナム人の官吏たちが大勢集まった。nagaravatta <gazette>[新聞]社長殿もその会場に行った。参加した方々全てに飲み物、<champagne>[シャンパン]がふるまわれた。

この式で、この協会の会長がスピーチをし、この式に主賓とし出席した <résident>[弁務官]殿などの諸氏に感謝の辞を述べ、州のクメール人やベトナム人の官吏たちが集まって、スポーツあるいは体育などを行なって種々の発展をするために、この協会会館を建設したことについて説明をし、疲れを恐れず発案者になった hww-sāt 氏、助力者である uk-ghum 氏、さらに khim-lịk 村長などの恩を思い起こさせた。

<résident>[弁務官]である(Nicolas)氏も感謝に応える賛辞を述べ、さらに詳しく種々の説明をした。

មន្ទីរសមាគមកីឡានៅក្រុងសៀមរាប

3-3　金と銀の価格は先週[＝30号3-3]と同じ。

＊農産物価格

プノンペン、1937年8月5日

［サトウヤシ砂糖の価格はない］

籾	白	68キロ、袋なし	3.50 ~ 3.55リエル
	赤	同	3.40~3.25[ママ]リエル

精米	1級	100キロ、袋込み	8.45 ~ 8.50リエル
	2級	同	7.70 ~ 7.75リエル
砕米	1級	100キロ、袋込み	6.70 ~ 6.80リエル
	2級	同	5.25 ~ 5.30リエル
トウモロコシ	白	100キロ、袋込み	［記載なし］
	赤	同	6.70 ~ 6.80リエル
コショウ	黒	63.420 キロ、袋込み	14.50 ~ 15.00リエル
	白	同	24.50 ~ 25.00リエル
パンヤ	種子抜き	60.400 キロ	28.75 ~ 29.25リエル

＊サイゴン、ショロン、1937年8月4日

フランス籾・米会社から通知の価格

ショロンの<machine> kin srūv［精米所］に出された籾 1 hāp、［即ち］68 キロ、袋込みの価格は以下の通り。

籾	最上級		3.85~3.40［ママ］リエル
	1級		3.65 ~ 3.70リエル
	2級	日本へ輸出	3.55 ~ 3.60リエル
	2級	上より下級、日本へ輸出	3.35 ~ 3.40リエル
	食用［国内消費?］		3.30 ~ 3.35リエル
トウモロコシ	赤	100キロ、ショロン県マッカサンで売り渡し。	7.70 ~ 0.00リエル
	白	同	0.00 ~ 0.00リエル

米(7月渡し)、港渡し、袋込み、税抜き、1 hāp、［即ち］60.7キロの価格は以下の通り。

精米	1級、砕米率 25%	5.45 ~ 5.50リエル
	2級、砕米率 40%	5.20 ~ 5.25リエル
	同。上より下級	5.00 ~ 5.05リエル
	玄米、籾率 5%	4.45 ~ 4.50リエル
砕米	1級、2級、同重量	4.65 ~ 4.70リエル
	3級、同重量	4.25 ~ 4.30リエル
粉	白、同重量	2.80 ~ 2.85リエル
	kāk［籾殻＋糠?］、同重量	0.35 ~ 0.40リエル

3-4　［広告］私の名は guy-ām で、シエム・リアプ州 sūdranigama 郡で州<police>［警察官］をしています。先の1937年6月末に私は熱病に罹り種々の重い失神病になりました。もう生きてはいられない、“死ぬ”のは確実だと思いました。それで、私はシエム・リアプの病院に治療を受けに行きました。ṅo-hū という名の上級医師である先生が、先生のグループの人々に指図し、自らも加わって治療をし、世話をし、看護して、注射をして私の生命を救って生き返らせてくださいました。先生が御自分の職務を果たす心は、何に対しても嫌な顔をしません。患者が先生の病院に来るといつでも先生は歓迎しますし、先生の心は貧しい人であろうと金持ちであろうと差別しません。先生は、まるで神が現代の人間の面倒を見て守るかのようであり、先生の慈愛は母親のようであり、生まれて1日か2日の子のように慈しみます。そして仏教の面でも先生はシエム・リアプ州で全力を尽くして支援しています。もし皆さんが先生の心が、本当に私が述べた通りであることがわかったならば、どうか先生が現世と来世で高貴さとそして発展を常に得て、失うことがないようにお祈りください。

guy-ām

3-5　［30号3-2と同一］

4-1　［8号4-3と同一］

4-2　［11号3-2と同一］

4-3　［11号4-2と同一］

4-4　［26号4-5と同一］

4-5　［広告］**極めて不思議な話**

皆さんにお知らせします。

9の年丑年、dutiyāsādha 月下弦11日火曜日、即ち1937年8月3日に nagaravatta から顔付きも身体つきも純粋なクメール人の子で、他の民族と見誤ることはない赤ん坊が生まれました。今は、dham 市場の brae 路90号の店にいて、この赤ん坊と同民族の人にも、同じ国に住んでいる諸民族の人にも全てのポストの人に気晴らしに見に来てもらっています。これまでなかった初めての出来事ですし、この子を生んだ母親である nagaravatta は痩せていて母乳が出ないので、今は牛乳を飲ませて育てていますので、この子を育てるのに足りるだけの少々の利益が欲しいからです。そういうわけですから、皆さん、ぜひ見に来てください。そして見た後で、その赤ん坊を使って古い自転車の修理をさせたい、何か装置を交換したい、新しく付けたい、全く新品の自転車を買いたいなどの必要がありましたなら、その必要の通りにお使いになるなり、ご命令なさるなりしてください。この痩せて小さい赤ん坊は、全てご満足いただけるようにすることができ、「へま」をすることはありません。

皆さん、どうかこの赤ん坊が飢えることがないように育てるのを助力してください。創刊して満1年になろうとしている nagaravatta 新聞の口から生まれたこの子は、他でもない brae 路90号の、自転車の修理と販売をしている店に引っ越しています。

［ラテン文字で］K.Seng.

4-6　［8号4-6と同一］

4-7　［30号4-8と同一］

4-8　［広告］**“yat-jan”**［注。人名］**からのお知らせ**

この世の全ての仕事は、証拠があるものは何であれ、我々は信じるべきです。即ち、たとえば sīv-pāv の薬は、

<gazette>[新聞]に掲載して称賛した官員の方々の手紙という確かな真実の証拠があります。

私は、人として生まれて来て、どうすれば他の人のためになり、そして自分のためにもなるためには、何をしなければならないか、と常々考えていました。役に立つように私が行った仕事はいくつかあります。しかし、病苦から救うということは、私はまだしていませんでした。今私は、“sīv-pāv”の薬は本当に効くと信じています。それで私は[その薬を]仕入れて来て、バット・ドンボーン州で、naroṭam[ママ]路の dham 市場の角の“veṅ-hāp”という屋号の店で販売することに致しました。どうか我が同胞であるクメール人の皆さん、病気になったら、“veṅ-hāp”店を忘れないでください。

4-9　[30号4-10と同一]

4-10　[30号4-11と同一]

4-11　[29号4-10と同一]

Samedi 14 Août 1937

CIGARETTES JOB LE PAQUET VERT Vendu 5 cents

Nagara vatta

DEPOT LEGAL INDOCHINE

CIGARETTES COFAT La meilleure cigarette Indochinoise Le Paquet vendu 5 cents

HEBDOMADAIRE PARAISSANT TOUS LES SAMEDIS

(Boite Postale N° 44)

第1年32号、仏暦2480年9の年丑年 srābaṇa 月上弦7日土曜日、即ち1937年8月14日

［仏語］1937年8月14日土曜日

1-1 ［仏語で「私書箱 No.44」が加わった以外は8号1-1と同一］

1-2 ［デザインが少し変わった以外は8号1-2と同一］

1-3 ［デザインが少し変わった以外は8号1-3と同一］

1-4 ［8号1-4、1-5と同一］

1-5 sālā vidyālaya［中高等学校］（Lycée Privée［ママ。33号3-2で「Privé」に訂正されている］［私立中高等学校］）を設立しようとすることについて

先の7月31日土曜日付の<gazette>［新聞］30号［1-5］で、私は“クメール人の教育に対する希望について”話した。その最後の項で私は rājakāra <protectorat>［保護国政府］に、毎年<certificat d'étude>［初等教育修了証書］の試験に合格した生徒を受け入れるのに十分な数にするために sālā <collège>［中学校］をもっとたくさん作ることを求めた。この求めは、見たところ政府はきっと我々の求めの通りに考慮してくれると思うが、私が考えて得た考えによると、政府が本当に学校を作ることを考えたにしても、望み通りに早くはできないと思う。それは、政府の国内の事業はどれも、決定する前に十分な金額を支出することについて会議を開き、政府のすべての部局が同意し、それから <le gouverneur général de l'Indochine>［インドシナ総督］殿に送って、最終的に［総督］殿の決定を得てから、実施を決定することができるからである。それゆえ私は、<certificat d'étude>［初等教育修了証書］の試験に合格して［行くべき］学校がない生徒に、遅くならせて今後さらに2、3年も待たせておくことはきっとできないと思う。生徒自身も大きくなるし、すでに学んできた知識も一部は忘れ去ってしまうに違いないからである。

これらの生徒達の父母も、さらにこれから長い間子供の心配をし、精神的に疲れてしまう。このような場合、我々クメール人を他並みに高貴にならせ、栄えさせたいという気持ちで、たとえば現在一生懸命最大の努力をして、<gazette>［新聞］を作っているように、衷心から愛国心を持つ人間である私自身は、この公共の利益を捨て、中止して自分個人の利益だけを考えることもできるのである。しかしこの世に人間の男あるいは女として生まれて来た以上は［誰もが］当然、まずは子があり兄弟もあり、最後には国と民族がある。もし私が多くの財産を持っている、あるいは何か高い地位にあっても、子供や孫や兄弟がまだ低劣であったならば、私自身も、同じ一族ではないにしても同じ民族であり、彼らと血がつながっているのであるから、共に低劣なままであることは免れない。それゆえ私は、私のこの文章を読んでいる皆さんの心にお願いするのだが、これからは、我々のクメール人を他より低劣にならせないように一生懸命厳しく言って啓発しなければならない。自分は子供がないとか、自分の子はすでに勉強を終えて知識を持っているからとか言って、他のクメール人の子供の心配をするのをやめてはいけない。「我々は同じ民族であるから共に同じ兄弟のようなものでもあり、これらの兄弟の子や孫たち全てが知識を得たならば、その子供だけが高貴になるのではなくその両親も繁栄を得るのは確実である」と言うことを理解しなければならない。

それゆえ、子がある方にせよ、子がない方にせよ、クメール人の子供たちが、今すぐに勉強をしたいという気持ちに間に合うように勉強をすることができるようにしたいと望む皆さんにお願いするが、私が考えておいて以下に述べる考えに従うことを敢えて決心してもらえないだろうか。

生徒30［注。33号3-2で「300」に訂正されている］人［がいるとして]、その父母の中には、1人当たり100リエルの資産を出して集めて1つにして、サイゴン国の種々の私立学校のような私立の vidyālaya(Lycée)[中高等学校]を作るための協会を作ることができる人が多数、少なくとも半分はいると私は思う。もし皆さんが私が考えることに賛成するならば、必ず各人それぞれが私に手紙で返事をください。私はこの私立学校の教育事業の知識がある偉い先生たちと一緒に考えて計画を立て、教育方法や高学年、低学年の授業料の規定、さらに私が現在既に考えている[学校の]建設地についても、後日皆さんにお知らせします。

pāc-jhwn　[33号1-5に続く]

1-6　諸国のニュース

1-6-1　中国

北京市、7月20日。日本は(Wang ping)県を20<minute>[分]間爆撃した。もう1回は天津県の近くの中国兵の駐屯地を爆撃した。

会議をする人達は会議の事だけを考え、戦う人達は戦う事だけを考え、盧溝橋と呼ぶ所と豊台[と呼ぶ所]で双方とも大勢の人が死んでいる。

蒋介石総司令の言葉は北京市の住民に非常な恐怖を与えた。

中国は、さらに保定県に兵を4ないし5個師団送ったばかりである。

＊南京市、7月20日。事件はますます戦争になりつつあるのを見て、gū līv 県に宿泊して休養中であった蒋介石総司令と氏の妻は急いで南京県に帰り、華北での戦争について大小の官吏たちと協議した。

＊東京市、7月21日。日本軍を一方、(河北・察哈爾)省長をもう一方とする双方の同意に基づき中国軍の一部が撤退した。しかし、中国第37軍は pā pāv chān [宝昌?]からの撤退に同意せず、中国兵は同地から撤退せずに、日本の砲撃を受けた砦を補修して守備することだけを考えている。陸相である日本将軍は政府外で事を処理するために全ての司令官を集めて相談をしている。7月21日の朝に同陸相は、「中国が先に日本を銃撃した」と中国に責任があるとする発表をした。

日本の諸<gazette>新聞は、「中国は、いかなる航空機でも hūpeṅ 県の上空を飛行する機は銃撃するよう長から命令を受けた」と報じている。

＊南京県、7月21日。蒋介石総司令は、急いで事を処理するために7月21日に南京市に到着した。蒋介石氏が南京市に到着すると、同市の日本大使は他の日本人たちに[同]県から急いで退去するよう命令した。

＊ロンドン、7月21日。盧溝橋県の周囲で激しい戦闘があり、住民は3日間の期限で同県から立ち退くことを命令された。

さらに日本兵35千名が、天津に行こうとして塘沽県に到着した。

1-6-2　イギリス国

ロンドン、7月21日。イギリス外相であるイーデン氏は、「現在のような事件が続くなら、日本と会談をすることはまだできない」と述べた。

＊<havas>電。イギリス軍艦が(ポートランド)県に演習に行き、潜水艦1隻と遭遇し、同潜水艦に浮上を命令、イギリス艦が爆雷を投下すると浮上してきて、「同潜水艦はドイツのものであり、共に演習に出たイギリス艦ではない」ことが判明した。

1-6-3　スペイン国

マドリード市、7月25日。反乱派はマドリード市の(ブルネテ)地区を占領した。この地区はこれまで反乱派が何回も占領しては政府派の手に落ち続けていた。今回この地区は完全に破壊された。この戦闘で政府派側の精鋭部隊の兵士多数が戦死した。(テルエル)で反乱派が政府派を攻撃して多数を戦死させ、勝利をおさめた。

1-6-4　中国

上海市、7月27日。華北では戦闘事件がしばしば起こり続けている。日本は中国第27軍に北京市から撤退するよう命令し、「撤退しない場合には攻撃して粉砕する。日本の意図は北京市を手に入れることではなく、同県在住の日本人たちを守ることである」と述べた。一方中国側は、現在その命令に応じることを欲していない。

7月26日、天津県の日本租界で爆弾1発が爆発し、その爆弾で日本人7名が負傷した。通州県で日本が中国に武装解除を命じたが中国が応じなかったので、日本は中国を銃撃して、500名を死傷させた。

7月26日夕刻、日本と中国が北京市城壁の近くで入れ交じっての乱戦になった。日本兵が同市内に入り、中国兵に包囲された。それゆえ入れ交じっての乱戦になったのである。

この戦闘で日本兵8名が死亡し、日本兵は砦に後退した。

＊天津県、7月27日。日本の命令はこの7月27日に期限が切れたが、何も変わったことはない。

北京市からの情報によると、日本は昌平の鉄道駅を占領した。ここは大変重要な所で、日本は北京市内で人が列車で容易に往来できるように[軍民が?]協力して使用する。

＊東京市、7月27日。日本外相である(広田)氏は、「日本国は、laddhi <communisme>[共産主義]者がさらに東アジア諸国に入ることを阻止するために、中国と満洲里国と共に措置を講じることを望んでいる」という内容の演説をした。

中国内での戦闘について広田氏は、「中国政府は7月11日の相互同意に従って行動することを望む」と前の政府に対する期待を述べた。
*北京市、7月27日。中国政府は、「日本の命令には同意しない」と発表した。中国政府は日本軍に、「廊坊から撤退する」ことを命令し、このことが再び戦闘を引き起こし、日本はマルコポーロ橋[＝盧溝橋]を守備している中国兵に毒ガス弾を投下した。

1-7 pakiṇṇaka kathā (De tout un peu) [雑報]

1-7-1 nagaravatta は非常により早く発展している周囲の他の国に恥ずかしい思いをしている。それゆえ、一生懸命声をからして、主人である偉い人に、「他の国と同様に早く発展するようにしてほしい」と大声で呼びかけているのであり、政府に何か反対し抗議したいと思ってはいない。即ち温和に正直に誠実に、かつ偽りのない真実の畏怖の念をもって呼びかけているのである。これまでnagaravatta がしてきたことは全て、ぴったりのことも、まだ思考が幼いための不注意による若干の過失であまりぴったりではないことも、クメール人の生命の主であるカンボジア国王陛下と rājakāra <protectorat>[保護国政府]が慈悲をもってお許しくださり、そして、この両政府が今後末長く支援してくださるようお願いする。

1-7-2 世界のどの国も、政府外のことであれ政府のことであれ、種々の情報、あるいは規定を国民に伝え、知らせてくれる<gazette>[新聞]がある。もし情報を伝えてくれる<gazette>[新聞]がなかったら、当然大衆は何もあまり知らないことになる。国民に対して定められた政府規定も法律も全て国民はあまり知ることができず、たいていは書物の中や役所に置いてあるだけになり、その結果、勉強をした[ママ。恐らく否定辞が脱落]無学無知な国民は古い規定、あるいは改正された規定をあまり知らない。裁判所で農民たちが、自分[の先祖代々の]遺産である土地が、[その]土地に住むことを求めている訴訟相手に与えられる、あるいは長い間借りていた土地が期限切れになるという判決に承服できないでいるのはよく見かけることである。この件は、国民が法律を理解していたら、恐らく訴訟をして争うことはあまりないであろう。
クメール国では、いつも全世界を照らす太陽や月のように、国の大衆に助力して道を照らして説明して、これまで知らなかったことを知ることができるようにしてくれる nagaravatta 新聞が生まれたばかりである。もしこの<gazette>[新聞]が倒れたら、クメール国は、フランス語や他の言語を知っていて、他の<gazette>[新聞]から情報を知ることができる人を除いて、きっといろいろなことを知らなくなってしまう。
それゆえ、<gazette>[新聞]が不注意による過失、あるいは何かの規則の考え不足で、わずかな「へま」をしても、政府はどうか大目に見て、破滅させるのでなく、永続するように支援してくれるようお願いする。

1-7-3 nagaravatta は、カンボジア国の保護国の長という重職に就任したばかりの<thibaudeau>氏に、慈悲心でカンボジア国が周囲の他の国と同様に楽に幸せになり、さらに発展するように救ってくださるようお願いする。クメール国全国は、氏が国の統治に極めて優れ、国を繁栄させ国民を楽にさせた手腕の雷名を耳にしているので、氏がカンボジア国の長としての職に就いたことをとても喜んでいる。それゆえ、氏が直接であれ、遠くからであれ、氏に従順で正直であるカンボジア国を治め、さらなる高位が得られるように、神が支援することを、クメール国民は祈っている。
nagaravatta は<thibaudeau>氏に強く期待しているので、フランスが saññā <traité convention>[協定][＝1884年6月17日締結]をカンボジア国と締結した時に、どのように支援することに同意していたかを、氏が綿密に検討し、[支援が]不十分な項目があればそれを満たす措置を講じてくださるようお願いする。クメール国は、子を世話して他と同じように発展させてくれる父母として頼る所は大フランス国以外にはないからである。mae <franc>[フランス人である母](Mère patrie)[宗主国]であるフランスの5人の子[ートンキン、アンナン、コーチシナ、カンボジア、ラオス]は同等の世話を受けてはいなくて、ある子は愛され、ある子は嫌われているようである。従順で正直で心から母を愛している末から2番目の子であるクメール国は、躾けるのが難しい子である他の兄たちとは違って、完全に責任を果たした世話をまだ受けていない。

1-7-4 nagaravatta は<gazette>[新聞]読者に、1つはクメール国で、もう1つはコーチシナのタイニン(roṅ ṭamrī[注。「タイニン省」のクメール語名])での2つの殺人行為という重罪事件について、自ら cau krama になって審理してもらいたい。この事件は、サイゴンの重罪裁判所ただ1つが、「コンポン・スプー州(カンボジア)で nuon <caporal>[伍長]を殺害した事件」で、suplīsyaṅ 中尉に憐れみを垂れて無罪と判決した[注。14号2-1と16号2-4を参照]。今回、同一のサイゴン重罪裁判所が、(Pradelles)氏が lām という名のベトナム兵を殺害した事件で、<pradelles> 氏に投獄10年、出獄後5年間は現住所に住むことを禁止し、さらに被害者に慰謝料1500リエルを支払わせる判決をした。
この2つの事件は重大さは同じで、同一の秤で計ったものである。もし秤が異なるのなら問題はない。しかし、計る人は秤の目盛りをどう読むかを知らなかったのか、それとも秤の錘を変えたのか、1つはクメール国で、1つはベトナム国でという違いがあるだけで、このようにも重さが異なるのであろうか。それとも、ベトナム人の血はクメール人の血より価値が高いからなのか。法学に詳しい<gazette>[新聞]読者はこのことについて、我々の蒙を啓いてください。

1-8　カエルがウシに対抗して一生懸命身体を膨らませる

（<gazette>[新聞]31号[1-5]から続く）

アンコール・ワットの壁（南回廊の西側）に彫ってある整列したシャム兵は、大クメール国の大王たちへの公務を果たしている副軍のように見える。そして、バイヨン遺跡の石碑文にはバンコク市の西にある市であるラーチャブリー市とペットブリー市の守護神の名前が記されている。

その後、戦争による混乱と干ばつがしばしば起こり、大クメール国は敵に包囲されることがしばしばあり、侵略され征服されて、人々を多数集めて国から連れ去られ、富裕な王国は滅ぼされた。

確かな人口統計によると、シャム政府が近くの国の人々をどんなにシャムに加えても、現在アナン・マヒドーン国王の王国の人口 14 百万人の中に、クメール人が500,000人、マレー人が同数いることが調べればわかる。

それゆえ、フランス政府とイギリス[政府]が、もしこの2大国がシャム・タイのように心を動かして貪欲を考えたなら、これらの人々を要求してクメール国とマレー国に入れる権利があることになる。

ここで、シャム国は同じ旗の下に入れている他民族が非常に多く、純粋なシャム人はとても少ないことを記しておくべきである。

最も正しい統計によると、シャム国の人々は次のように分けられる。

シャム人およびシャム化した中国人	4,500,000
ラオス人	5,500,000
中国人	2,000,000
クメール人	5,000,00[ママ。500,000 が正しい]
マレー人	500,000
ビルマ人	200,000
モン人	100,000
カレン人	75,000
その他、メオ、ヤオ、muḥsœ、kāce、サカイ、などの山地民族	625,000
合計	14,000,000

過去100年の栄光に恵まれた時代に乗じて、チャクリー王朝は種々の民族が住む多くの国土を奪って編入して国土を極めて大きく拡張した。そして、これらの民族のなかには、自らの慣習法を絶対的に堅く守り、「シャム人に同化することを受け入れない民族である」という証拠を示している民族もある。

khemaraputra

（まだ[33号1−8に]続きがある）

2-1　医学：病気を予防する

［31号2-2から続く］

何か食べ物を食べる前には手を洗って清潔にし、さらに手を石灰水に浸してよく擦ること。我々クメール人は、病気になって客が見舞いに来た時には、必ず引き留めて病人の近くで食事をさせる。このようにするのは、病気を客に伝染させるから、完全な誤りである。我がクメール国では、[病気になると]家を出て森に入って暮らすことがよくあるが、このようにすることは非常に良いことである。森に入って暮らしたなら、[治っても]早まってすぐに帰ってきてはいけない。太陽の熱が病原菌を全部殺すまで、15日間待たなければならない。

『一般的な病気の予防について』

どの地域でも、病気が起こったら一般的に言って、次に示すような注意をしなければならない。

1。［官員が、］規定に従って病気が他の人々に広がらないようにするための措置をするのが間に合うように、すぐに官員に届けること。

2。病気が近所の家に広がらないように、病人と、病人の看病をする人の最多で2人を、家から20メートルから30メートル離れた、人気のない別の場所に行って暮らさせること。病人を看病する人は井戸水や川の水を汲みに行ってはいけない。便で汚れた足が病気を他人に伝染させるからである。村長か[村]職員が、誰か別の人1人を定めて水を汲んで病人と看病人に届けさせること。

3。火か石灰で病原菌を殺すこと。石灰がない場合には灰を使っても良い。

病人に触れた物は全て焼き捨てること。高価で焼き捨てることができない物は、1時間煮沸すること。家の中も外も石灰水を一面に撒く、即ち全ての場所の吐瀉物や便の上に撒くこと。決して便を川や池や沼に捨ててはいけない。この病気で死んだ遺体は直ちに焼くか、深さ2メートルの穴に埋めること。埋める前にその穴の中一面に石灰を撒くこと。集落、水路、川、井戸から遠く離れた所に埋めること。

『看病の仕方』

病人には、熱さが身体中に染み込んでひろがるように熱い湯を飲ませること。強い酒や srā <absinthe>［アブサン］、srā <alcool de menthe>［薬用ハッカ水］を飲むのはとても良いことである。フランス薬の薬店ではとても良く効く薬を処方して販売している。もう1つ、病人の身体を酒で擦って熱くすること。この擦りかたは、固いブラシかココヤシの殻の繊維を布で巻いて、酒に浸してから

［身体を］強く擦る。病人に熱い湯で湯浴みさせるのはとても良いことである。

もう1つ注意しなければならないことは、病人が下痢が止まらないうちは、食べ物や粥を食べさせてはいけない。「注意しなければならない」と言ったのは、クメール人はよく病人に飯や粥を食べさせるという間違いをして、病人を死なせてしまうことがとても多いからである。

（次［＝35号2-2］は赤痢について話す）

2-2　結跏趺座したままの僧の死亡について

プノンペン市の bibhadra raṅsī 寺で、pathamāsādha 月上弦7日［＝6月15日］に、ある優婆夷が粥を持って thāñ という名のお坊さんに差し上げに行った。同優婆夷は長く待っても師がいつものように受け取りに出て来ないので、背伸びして［中を］見ると、師が結跏趺座して頭を垂れ、鉄鉢の蓋を前に置いて口と鼻から出る血を受けているのが見えた。同優婆夷は師が亡くなったとは知らず、粥を下に置いて家に帰った。その後しばらくして ñaem という名の優婆塞が行って首を伸ばして見て事件を知り、寺の住職師僧と僧に知らせた。そして一緒にそろって鉄鉢の蓋の血を見ると、乾いて固くなっていた。一緒に暮らしていた沙弥にたずねると、同師［＝沙弥］は、「このお坊さんが毎日結跏趺座して瞑想しているのを見ていたので、いつ亡くなったかはわからない」と言った。

不思議なこと

vibhaddhañāṇa 師僧と僧と沙弥と、クメール人、中国人、ベトナム人の優婆塞優婆夷が、午後1時に師の遺体を荼毘に付している時、太陽がとても暑い盛りであったのが、日除けのない所に座っていられる程度に空が曇り、2時になると突然周囲に大雨が降り出したが、遺体を焼いている場所は雨が降らず、［遺体に雨は］当たらなかった。人々はとても不思議に思った。

［thāñ］師の経歴

同師は在家のころは<albert> bakatai 印刷所で働いていて、疲れた様子の人で、令室はなかった。31歳位の時に bibhadraraṅsī 寺の住職師僧の法話を聞いて持戒、禅定、般若を理解し固く信じ、バット・ドンボーンの bodhi vāl 寺のdhammalakkhaṇañāṇa 師僧を戒師に、シエム・リアプの raluos 寺の loka grū ācārya {sud} と僧を羯摩［かつま］師［と教授師と尊証師］にして出家した。子年に同寺を辞去して bibhadra raṅsī 寺に来て暮らしていた。［同寺の］住職師僧は、「師は純粋に律を守っていて、輪廻転生を真実恐れている」といつも褒めていた。亡くなる3日前に、師は寺の人に、「座禅をしていた時に、庫裏の屋根が落ち、1条の光が師の前に差し込み、青、赤、黄、の3色に別れて再び空に上がって行くという前兆を見たから、肉体の生命は恐らくこれで尽きるのであると思う」と話していた。

sīv-pāv［氏が語る］

この情報から私は、この世の人の死は多くの種類があり、寝て死ぬ、立って死ぬ、座って死ぬ、などは不思議ではないが、“遺体を荼毘に付している時に、周囲にのみ雨が降り、遺体の所には降らなかった”というのは珍しく普通ではないと思う。「荼毘に付している式に雨が理解を示した」と言うのは事実ではない。なぜなら、他の儀式の場所では雨が理解を示したことは一度もないからである。［しかし、］「dham 市場で雨が激しく降り、kaṇṭāl 市場では降らなかった」とか、「ある田には降ったが、すぐ隣の田には降らなかった」などということはある。

それゆえ、「雨がある場所に降り、その場所の中心部分は［降るのを］避けて雨滴は1滴も降らない」ということは、空、空気、風の通り道がどのように変化しているのが原因で起こるのかを、水や土や空気の学問の知識がある人は、大衆のために、自然科学か占星術、あるいはその両方の理論で解答してほしい。

pa. ka.

2-3　三国志演義［省略］

3-1　戯曲「2人の友人」

（<gazette>［新聞］［30号2-1］から続く）

meṅ-lī は友人である punthan の所に遊びに行く。nāṅ {suphān} が庭で悲しみ苦しんでいる。punthan が歩いて nāṅ {suphān} に近づくと、nāṅ {suphān} は punthan に、「父母が［私を］meṅ-lī の妻にしようとしているから、もう遊びに来ないでほしい」と願う。punthan は彼女から離れて去って行く。

meṅ-lī が来て、nāṅ {suphān} と punthan が苦しんでいるのを目にする。

punthan は、“中高等学校卒業生友愛会”という協会が、生徒が勉強をして望みを果たすまで援助して金を貸してくれるので、自分は問題が解決した経緯を話し、この友愛会に感謝の念を述べる。それから、「自分と nāṅ {suphān} が深く愛し合う気持ちを持っていて夫婦の絆を結びたいと思っている」ことを meṅ-lī にこっそり打ち明ける。［meṅ-lī は］家に帰ると「punthan が nāṅ {suphān} を愛している」ことを母に話す。meṅ-lī の母は激しく怒るが、meṅ-lī は話して問題を解決し、nāṅ {suphān} の家庭は幸せになる。

meṅ-lī と母はバット・ドンボーンに行き、nāṅ {phātsuvān} との結婚を［両親に］申し入れる。thakukae {heṅ} と妻は娘を呼んで来させ、meṅ-lī の母に合掌して挨拶させ、それから nāṅ {phātsuvān} を子［＝嫁］として与えることに同意する。［2人は］習慣通りに結婚式をあげて夫婦になる。

終わり

nagaravatta はこの戯曲は、見るのによく書かれていると称賛する。meṅ-lī と punthan との真っすぐな真実の友情が、素晴らしい友人に互いに助け合わせ、幸せにならせるからである。もう1つ、皆さんは、商業に従事することは高級官吏をすることより劣っていることではない、ということを理解してくださるようお願いする。

nagaravatta

3-2　金の価格

プノンペン市、1937年8月12日

金 1 ṭamliṅ、[即ち]37.50 グラム

価格	1級	100.00 リエル
	2級	95.00 リエル

＊銀の価格

1 ṇaen 塊、[即ち]382 グラム	13.00 リエル
兌換古1リエル銀貨	0.87 0/0 リエル

＊農産物価格

プノンペン、1937年8月12日

籾	白	68キロ、袋なし	3.45 ~ 3.50リエル
	赤	同	3.25 ~ 3.30リエル
精米	1級	100キロ、袋込み	8.40 ~ 8.45リエル
	2級	同	7.50 ~ 7.55リエル
砕米	1級	100キロ、袋込み	6.65 ~ 6.70リエル
	2級	同	5.35 ~ 5.40リエル
トウモロコシ	白	100キロ、袋込み	[記載なし]
	赤	同	6.70 ~ 6.90リエル
コショウ	黒	63.420 キロ、袋込み	14.75 ~ 15.25リエル
	白	同	25.00 ~ 25.50リエル
パンヤ	種子抜き	60.400 キロ	28.75 ~ 29.25リエル

＊サイゴン、ショロン、1937年8月11日

フランス籾・米会社から通知の価格

ショロンの<machine> kin srūv[精米所]に出された籾 1 hāp、[即ち]68 キロ、袋込みの価格は以下の通り。

籾	最上級		3.70 ~ 3.75エル
	1級		3.60 ~ 3.65リエル
	2級	日本へ輸出	3.40 ~ 3.45リエル
	2級	上より下級、日本へ輸出	3.25 ~ 3.30リエル
	食用[国内消費?]		3.20 ~ 3.25リエル
トウモロコシ	赤	100キロ、ショロン県マッカサンで売り渡し。	7.50 ~ 0.00リエル
	白	同	0.00 ~ 0.00リエル

米(7月[ママ]渡し)、港渡し、袋込み、税抜き、1 hāp、[即ち]60.7キロの価格は以下の通り。

精米	1級、砕米率 25%	5.40 ~ 5.45リエル
	2級、砕米率 40%	5.25 ~ 5.30リエル
	同。上より下級	4.95 ~ 5.00リエル
	玄米、籾率 5%	4.20 ~ 4.25リエル
砕米	1級、2級、同重量	4.45 ~ 4.50リエル
	3級、同重量	4.05 ~ 4.10リエル
粉	白、同重量	2.60 ~ 2.65リエル
	kāk [籾殻+糠?]、同重量	0.05 ~ 0.10リエル

3-3　[広告] nāṅ buy

皆さんに申し上げます。

私の店は柩と銅の飾りと無地の覆いを販売しています。色は9種で彫刻はいろいろあります。さらに、grwaṅ jān、jar phārām、jar <franc>、slā dharma kaev、phkā piṇḍa、phkā sum ramyol、sum krapin、大小のチャムパーの花、大小の日輪、ghliev khvaeṅ、種々の色の紙など多くの物があります。葉と竹も売っています。価格は異常に安価です。皆さんクメール人から買ってください。

展示して販売している場所は<verdun>路、laṅkā 寺の後ろ、塀から70メートルの裏で道の南側です。

3-4　[30号3-2と同一]

4-1　[8号4-3と同一]

4-2　[11号3-2と同一]

4-3　[11号4-2と同一]

4-4　[26号4-5と同一]

4-5　[31号4-5と同一]

4-6　[8号4-6と同一]

4-7　[30号4-8と同一]

4-8　[31号4-8と同一]

4-9　[30号4-10と同一]

4-10　[30号4-11と同一]

4-11　[29号4-10と同一]

第1年33号、仏暦2480年9の年丑年 srābaṇa 月上弦14日土曜日、即ち1937年8月21日

［仏語］1937年8月21日土曜日

1-1　［仏語で「私書箱 No.44」が加わった以外は8号1-1と同一］

1-2　［デザインが少し変わった以外は8号1-2と同一］

1-3　［デザインが少し変わった以外は8号1-3と同一］

1-4　［8号1-4、1-5と同一］

1-5　sālā vidyālaya［中高等学校］(Lycée Prive［私立中高等学校］)を設立しようとすることについて

［32号1-5からの］続き

前の土曜日［＝32号1-5］に、私立中高等学校を1校設立するための団体を1つ設立することについて話しましたが、多くの志望者から、「1株につき100リエル取るのは少し重い。貧しい人は、たとえこの志望する気持ちがあっても、資産が少なくてとても手が届かないから出資して助力することができない」という話が私にありました。それゆえ、私はこの株［の金額］を変更して少し減らす、即ち1株当たりの金額を20リエルだけに変更させていただきます。資産が少ない方は1株だけの取得でいいし、資産がたくさんある方は寛い心に従ってください。10株でも、20株でも、100株でも取得できます。

出資する方は、私が起こそうとしている事業は、利益が全くない事業ではないことを理解してください。出資金額はすべて、事業を始めて望み通りに発展したならば、即ち少しにせよ多くにせよ利益が上がったならば、後日その利益は会社のメンバー各人に、その株の多寡に応じて配分します。しかし、ここで我々は、時代に遅れないように早く我が民族に知識を得させ、発展させる、という冒険をしなければなりません。ぐずぐずしていたり、［企画を］流してしまうべきではありません。

現在、日夜真剣に考えている私の考えは、以前の団体のように成り行きにまかせて、おろそかにしたものとは違います。私自身の貧しさがどうであろうと［、即ち物乞いする必要がなくても］、私は敢えて10本の指を合掌して［頭上に］上げて施しを求めます。民族を支援しようとするこのような団体をだまして無くしてしまうようなことはとてもできません。

先の火曜日に、このクメール国で一番偉い先生で、クメール人の教育について詳しく何でも知っているフランス人の老教師に会いに行きました。先生は、我々の望みが成功するように、政府内でも政府外でも、私が上に考えた事を、責任者になって助力する約束をしてくださいました。それゆえ我が民族がこの世で他並みに成長するのを助力する志がある方は、この機会にどうか急いでぐずぐずしないで返事をください。何か異論があったら、必ず私にお知らせください。この事業に助力し支援する志のある皆さんの希望に従って勘案することができます。皆さんからの返事がなければ、［集まるであろう］金額の推測誤りですから、私はこれ以上敢えてこの事業を考えることをやめます。

pāc-jhwn ［34号2-2に続く］

1-6　諸国のニュース

1-6-1　中国

北京市、7月27日、<trans-ocean>電。中国第38軍は火曜日に、北京市の東の juṅ-cāv 県から日本軍に追われ、武器をすべて奪われた。

＊東京市、7月27日。南京県と上海［県］の<gazette>［新聞］の情報によると、この戦争に対する準備は堅固である。

南京県からの情報によると、蒋介石将軍は、戦争の時になったら、空軍、海軍、空軍の精鋭部隊を自ら統帥する考えである。その他の上級司令官は、河北県の司令官である feṅ yū shāṅ <général>[将軍]、第29軍の10万の兵を持つ総司令官である suṅ ce yuon <général> [将軍]、左翼軍の総司令官である yen shi sān <général>[将軍]と副総司令官である fū tsū yī <général>[将軍]、中央軍の総司令官である shāṅ cin <général>[将軍]と副総司令官である ceṅ ceṅ[将軍]、右翼軍の総司令官で山東県長である hān fū jū <général>[将軍]と副総司令官である hū swṅ ṇān 氏、予備軍司令官である līv sī <général>[将軍]、江蘇省沿岸警備軍総司令官である fāt kvī <général>[将軍]、浙江省総司令官である jāṅ shū lāṅ という名の新<maréchal>[元帥]、揚子江軍総司令官である yaṅ hū <général>[将軍]である。

＊南京市、7月28日、<havas>電。中国と日本とは7月27日夜に互いに戦い、中国は豊台県と廊坊県と duṅ fū 県を奪還した。

日本は盧溝橋県から逃げた。中国は北京市の周囲の野に逃れた日本軍から武器を一部奪った。その後、中国は塘沽県に予備兵を輸送して来た日本船4隻を砲撃した。これらの船は海に逃れたが、1隻だけは、gutaertām という名の艦に護衛されていて、進入して兵を上陸させることができた。

一方日本の方は北京市を目指して進む中国軍の列を遮断するために、南苑県から中国軍を追い出して占領した。

日本機が pīp yuon 県と宝昌[県]を爆撃し、大勢の中国人に命中した。

豊台県と廊坊での勝利の後、北京市の中国人たちはにぎやかに喜びの催しをした。

北京県のイギリス政府は、「北京市で戦闘をすることをあらかじめ知らせなかったことについて日本特命全権大使に抗議した。

日本特命全権大使殿は、「北京市での戦闘は正午以前に起こることにはなっていなかった。今後日本政府は、アメリカ国、フランス[国]、イタリア[国]の名におけるアメリカ特命全権大使の言葉に従って、諸国の権限の下に日本が保護する権限を持つ場所に人々が早く避難できるように、人々にあらかじめ知らせる」と答えた。

＊上海、7月28日。<central> ṇœr <gazette>[新聞]は、「中国兵は通州を奪い、同県に中国政府を樹立した」と報じている。しかし、南京市からの情報によると、日本はまだ通州に健在である。中国は盧溝橋県地域の日本を攻撃した。豊台県では双方の軍が戦闘し、日本機が同県から中国を追い出すために激しく爆撃した。中国と日本は廊坊県と南苑県とで戦い、日本機が爆撃して大勢の中国兵に命中した。

＊天津、7月28日。北京市における戦闘は多くの破壊を生じた。同市では日本兵が3つの部分に分かれて襲いかかり、中国は非常に頑強に抵抗して守備した。suṅ ce yuon 将軍は全軍に日本に対して抵抗に入ることを指示し、「全滅するまで北京市と華北とを守備する」という新たな誓いを立てた。

日本の<gazette>[新聞]の情報によると、激しい戦闘の後、日本は南苑県、shīn guṅ [県]、hān yaṅ [県]、sā hū sun [県]、jin hū sun [県]を攻撃して占領し、pā pau sān [県]を占領するために水曜日の朝から爆撃して攻撃している。北京県はまだ日本に爆撃されていないが、中国が依然として頑固に軍を撤退させないなら、日本は必ず爆撃する。

日本は、「中国軍は集結して廊坊県へ行った。北京県の諸国人たちは諸大使館に避難した」と発表した。中国は、日本が市内に入れないように守備するために、北京市を包囲している。以前は日本以外に[外国兵]は500名しかいなかったが、現在はアメリカ海軍兵が500名、フランスが250名、イギリスが20名、イタリア海軍兵が100名いて、アメリカ人である mārsṭuṅ <colonel>[大佐]の指揮の下で諸大使館を守備している。

＊ロンドン市(イギリス)、7月28日。北京市からの情報によると、日本は同県の大部分を占領した。多数の機が南苑県と sīn yuon [県]の中国兵の砦を破壊した。

日本の大軍が北京市の前面に接する南苑県の南方9キロメートルの地点にいる。

この地域では大砲による戦闘が行われている。

外国の特命全権大使たちが、「大使館に避難して来た人々を保護するよう」日本に申し入れた。

＊南京市7月28日。中国政府からの情報によると、水曜日に中国は豊台県と廊坊[県]を日本から奪還した。duṅ cāv 県付近での戦闘はまだ終わっていない。日本機2隊が水曜日に北京に近い南苑県上空を飛行して、同県に爆弾と伝単を投下した。

＊7月29日。7月28日夜、北京市の北と南で銃声が聞こえた。今朝日本兵は1<minute>[分]に10発大砲で砲撃し、北京市の南に命中した。8時になると、中国は北京市を出、日本は軍を市内に入れることができた。

中国は、日本が奪った豊台県と廊坊[県]を奪還するために戦ったが、あまりにも頑強な日本軍の抵抗に妨げられて奪還できなかった。北京市の北では、昨日南苑県地域で中国は2千名が死傷した。戦死者の中に、第132軍の司令官と副司令官がいる。昨日天津県地区の共同租界を軍から守るために整えている以外は平穏であった。しかし、夜になると中国が中央駅と東駅に侵入しようとして日本の dī ṭī(<concession>)[租界]で中国と日本との間で激しい銃撃戦があった。日本機が爆撃して大学と中央 sthānī(ṭamṇāk radeḥ bhlœṅ)[列車の駅]と兵の大駐屯地が火災になった。共同租界では人々が恐慌をきたし、イギリス兵と外国兵とが[戦闘に]備え終わった。突然、流れ弾が飛び込んで来てフランス租界とイタリア租界とで、それぞれベトナム人兵士1名とイタリア兵士に命中し死亡させた。中国は上海県と南京[県]を守備するために lao yāṅ 県に航空機600機をそろえた。

日本機20機が中国の集落を爆撃し多くの人に危害を加えた。

＊7月31日電。日本は、爆撃して民間人700名を死亡させた後に天津県を占領した。日本軍は北京市から海までと、万里の長城の永定河のところまでの地域を支配している。日本は兵15千を天津県に派遣した。中国の精鋭軍は天津県の南方200キロメートルの地点にいる。

＊上海、8月2日、<havas>電。日本が中国の同市[＝天津？]を砲撃した以外は、華北の戦闘は沈静化したようである。日本が通州へ兵を駐屯させた時、中国人たちは完全に破壊された同県を捨てて逃げた。

東京(日本)のアメリカ特命全権大使は、日本が白系ロシアの助力のもとに天津のアメリカ大使館を襲い、同大使館の図書館を占拠したことを抗議した。

日本機が大沽県を爆撃し、海岸の造船所に命中した。現在日本軍は天津県の北方に集結しようとしていた中国軍と、南方に向かっていた4,000名からなる中国軍を追い払った。

1-7 pakiṇṇkathā(De tout un peu)[雑報]

1-7-1 以前、クメール国の官員はものすごく喜んだ。諸新聞が、「このインドシナ国を支配しに来たばかりの、植民地の長である<brévier>氏が、国を楽になるように整え、さらに勤務時間を整えて官員を楽にさせようとしている。暑い国であるクメール国では、午前だけ勤務させ夕刻は休みにする」と報じたのを信じたからである。今や、上記の情報のようには決まらなかった。逆に以前より時間に厳しくなった。土曜日の午後は休みになったとは言え、終業の時間が以前より遅くなった。即ち暑い時間に踏み込むことになった。以前は[午前の勤務は]11時に終業していたのが11時半になり、今は11時45分になった。勤務場所から遠くに住んでいる人は、12時近くになって家に到着する。食事を終えると1時半から2時になる。昼の休息を取る時間がなく、引き返して来て2時半からまた勤務する。

始業時間が7時半というのは楽であるのは事実であると思う。しかし官員たちは気に入らない。なぜなら涼しい時である朝の時間を切り捨て、転じて暑い時である7時半に始業させるからである。そして、さらに終業時間もまさに暑い真っ盛りである。午後の終業もまたもや暑い太陽の熱に当たる。以前と同じ時間にし、夕刻は休息しなくてもいい。ただ始業時間と終業時間を楽にするのが望ましい。現在は休息する時間を求めてもない。今は雨期に入った。官員は太陽にもさらされ、雨にもさらされなければならない。

政府が勤務時間を始業も終業も楽になるように設定したら、官員は非常に喜ぶ。

現在のクメール政府の<bureau>[役所]は土曜日の午後に官員に当直をさせている。祭日の休業、日曜日の休業、土曜日の午後の休業を考えると、全員が休めるのではなく、常に1人ずつが当直の番に当たっている。

観察するに、休日には、する仕事はあまりない。用がある人は休業であることを知っているから、敢えて役所に行って何かを届けようとする人はいないからである。

1-7-2 パーリ語学校の在家である生徒は、以前は学んでくると政府がクメール政府の3級 smien に任命していた。1936年以来、どのような理由の支障があったのかは不明であるが、政府は任命することをやめた。仕事ができないと理解したからかも知れない。観察した所によると、これらの生徒は仕事をするのに十分に有能である。書く方面には熟練していて上手であるし、宗教方面も深く能力があり、劣っているのは王国の法律方面[の知識]ただ1つだけだからである。

nagaravatta は、政府がパーリ語学校の生徒達を以前と同じようにクメール政府に採用するならば、王国政府は、常に仏教界政府と互いに連絡を持っていて、切っても切れないペアーになっているから、実に便利なことだと思う。これらの人々を切り捨てることは、僧団に関することを僧に相談し訊ねることが、政府にとって困難になる。もし<bureau>[役所]内に宗教の教義についての知識がある人がいれば、僧団の統治にも便利である。フランス語を深く知っている方達の多くは、遠い国へフランス語の勉強に行くことばかりに熱心で、帰国してからはクメールの宗教を理解しないことが多く、宗教の教義に出会うことがないから[教義のことを]あまり知らないからである。

クメール国は国全体が宗教を信じる国である。もし官吏が宗教のことを知らなかったら、僧団の争いに関する仕事をどのようにして正しく行うことができるだろうか。

独立国であるシャム国は、宗教方面の知識がある人を敬愛している。全ての部局の官員は出家して学んだ人ばかりである。mahā[＝3級以上の僧侶試験に合格した人]の試験に合格した人ばかりが仕事に就ける。以前のクメール国でもそうであった。

パーリ語学校は宗教の業務のことしか教えず、政府の業務とごっちゃにするべきではないことは事実であるが、クメール人全てが出家中というわけではない。パーリ語学校で学ばなかった僧が還俗するのは毎年どこの寺でもいるし、還俗しない僧もいる。パーリ語学校の生徒は、試験に合格すると還俗する人もいるし、一生出家のままの人もいる。

出家中の生徒は考えないことにしよう。還俗して在家になった生徒の事だけを話そう。還俗したら、彼らに何をさせるのか。以前ならば政府が与えてさせる仕事があった。［今、］人力車を曳かせるのは、「卒業生は人力車夫ばかりだ」というのは、“高等パーリ語学校”として世界に名のある国立学校の名を貶めるように思う。［かつては］生徒のなかには寺学校の先生になる人もいたが、今は政府はこれもやめてしまった。

nagaravatta は保護国政府に、今後この問題を解決し、前と同じように楽にして、知識を得た学問に従って政府内の何かの仕事を生徒に与えてくれるようお願いする。

1-8　カエルがウシに対抗して一生懸命身体を膨らませる

（<gazette>［新聞］32号［1-8］から続く）

ヒットラーの手法をまねているシャム国のこの新しい考えは、国が多くの民族が交ざり合っているという状況から見ると、尋常を超える、即ち「のり」を超えるもののように思われる。それゆえ、「シャム国は外見が良いだけで、互いに結束し合うという合意は、単に目に見える［表面的な］ものであって、一般的に言って事実ではない」とまで言う人がいる。

シャム国が外国の手法をまねるにせよ、平和に静かにしていてほしい。逆に自らを破滅に導くことである武器を使って悩ませる態度をとる必要はない。

シャム国の周囲に敵意を持つ敵がいて、その敵がシャム国を苦しめようとするならば、シャム国は、（Straits temes［ママ。恐らく「times」が正しい］）という名の英語の新聞に述べられているような、重大な破滅を得ることは間違いない。

大フランス国と大イギリス国とは、シャム国に対して何ら害意を持ってはいない。しかし、この2大国は、シャムの新聞が、シャム語の新聞は国内のシャム人だけが読むことができるというのを拠り所にして、毎日悩まし、からかって言うのを容認することはできない（注1）。

短気な人の心と考えに限度を超えさせ、軍を動かさせることは極めて大きな危険をもたらす。そして、法に背いて騒ぐことには必ず厳しい忠告と注意が与えられる。

シャム政府が、新聞がこの2国を攻撃し悩ませるのを放置する、あるいは、この2国を悩ませる考えを新聞に与え続けるのには、シャム政府は自分が確かな地位を持っていると確信しているかのように思われる。

（注1）［＝原注］“siri kruṅ”<gazette>［新聞］は陸軍省当局が支援している<gazette>［新聞］である。同省大臣である hluoṅ {vipula}はヒットラーの手法を崇拝している人で、同大臣はドイツ国から grwaṅ issariyayasa（Ordre la Croix Rouge avec Etoile）［星紅十字勲章？］を受章したばかりである。

［34号1-8に続く］

2-1　puṇya phkā と仏像と大蔵経を行列してプノンペン市の uṇṇālpoma 寺に入ったことについて

先の8月8日日曜日に、?nak okñā binityavohāra（juon-hal）と mūlī 夫人が、非常な信仰心を持って、現在建設中であるが資金不足でまだ完成していない大蔵経の教育をする学校の建設に助力して後援するために、財産を寄付して puṇya phkā という素晴らしい善行を行い、行列をして uṇṇāloma 寺に入った。

この puṇya phkā は多くの仏教徒が喜びを共にした、市内における盛大な善行であった。いつもは銃を担ぎ、手には武器を持つ保安隊員たちでさえ、この phkā の行列の日には100人が、手にはハスの花と祭具を持った大勢の将校と共ににぎやかに参加し、行列の先頭を歩いた。

情報によると、市内および市外の信仰心の厚い官吏たち全てと、民衆、親族たち全員がこの祭りに参加して各人が善業を積んだ。

この祭りは王室のクメール音楽と西洋音楽の助力で盛大に行われた。

最高の喜びを以て、nagaravatta は喜びを共にし、すべての神々が ?nak okñā {juon-hal} と夫人、さらに善男善女の皆さんが今後ずっと幸福と発展に恵まれ、欠けることがないようにお守りくださることを祈る。

2-2　手紙と意見

我々はター・カエウ州の1人の<gazette>［新聞］読者から、8月5日付の、「試験に合格して、今年 sālā <lycée>［中高等学校］に入学できる名前があった生徒たち70名のなかに、政府に採用されて sālā dade［無料の学校］（Bourse scolaire［奨学金］）を受けられる人が何人いるかがまだわからないので不安でいる」という内容の書簡を受け取った。

我々は同情したので、この件の責任者である sālā <lycée>［中高等学校］の副校長殿に訊ねに行った。氏は、「これまでの習慣では、政府が sālā <lycée>［中高等学校］での食費を負担するのは、地方に住んでいて、さらに父母が貧しい生徒だけである」と情報を与えてくれた。それゆえ、我々は、「政府は全ての生徒を［奨学生として］採用するのではなく、誰を採用するかはまだわからない。しかし、政府に支援される生徒は、本人が政府から直接［支援を受ける意志があるか］を質問する許可書を受け取ってからわかる。それ以外［の人］は支援を受けられない」とお知らせする。

nagaravatta は、この学校に入学する生徒を真剣に詳しく検討してくださるよう保護国政府にお願いする。調査の結果、自分の子供を支援するに十分な資産を持つ人の子供を除いて、本当に父母が遠くにいて貧しい場合には、学校内に寝泊まりできるようにも支援してほしい。

我々が上の［パラグラフの］末尾の点を特に指摘して言う理由は、我々の考えは、自分自身で［子を］支えることができる十分な資産を持つ人の子は、政府が残った金を貧しい人の支援に使うように、政府に支援を求めるべきではないと考えるからである。このことこそが、「全てがそろって高貴になるように民族を助けること」と呼ぶものである。もし我々が金持ちで、それでもなお貧しい人から[奨学生の]席を奪うのは適切なことではない。我々が他人の子を支援できない場合には、我々各自が自分の子の面倒を見て、政府に貧しい人々の子を支援する道を残すべきである。貧しい人々の多くは無学無知で他人を恐れ、政府に何かを抗議する勇気はないからである。それゆえ政府は上述したように、正しい行いを目指してください。

nagaravatta

2-3　プノンペン市の王立図書館において(Lingat)氏を歓迎したことについて

8月6日金曜日午後4時、王立図書館長であり、かつ仏教研究所事務局長である<karpeles>女史は、dī priksā taeṅ cpāp nau pradesa syām[シャム国法律制定顧問](Conseiller Juriste du Siam)[シャム国法律顧問]である(Lingat)氏の歓迎会を盛大に行った。

この会で女史は、賓客への名誉のために、大臣殿、それにフランスとクメールの官吏、高等パーリ語学校校長である braḥ sirīsammativaṅsa (aem)と副校長である braḥ sāsasobhana (ṇāt) などの rājāgaṇa の僧侶大勢を招いた。そして客の全てに、友情を結ぶ喜びの表明としてお茶を御馳走した。<lingat>氏は在家の人々と歓談をした後に、我々の学者である僧たちに向かい、シャム国に持ち帰ってシャムの仏教の制度と比較するために、クメール国の僧の実践に関する慣習と律の学習、破戒に対する罰などについて質問をした。最後に氏は、「この地(クメール国)の仏教はシャム国とあまり違わない」と述べた。

2-4　「幽霊が出る」ことについて話す

「幽霊が出る」という話は、多くの人の言うことが一致しない。「幽霊は確かに出る」と言う人もいるし、「出ることができる幽霊などいない」と言う人もいるし、「幽霊が出ないのは事実であるが、死体を食う餓鬼は出る」と言う人もいるし、「幽霊が出るのは、身体の中の四元素[＝土、水、火、風]が現れるのだ」と言う人もいるし、「本当に出る幽霊がいるのは確かだが、少ない。多くは別の種々の原因による間違いだ」と言う人もいるし、「いない」とだけ一言言う人もいる。

この話に関しては、「自分は英知がある人である」と自分を認識している人がこれらの言葉を全て集めて検討して、原因をはっきり見つけることを考えるべきである。「幽霊が出る」ということについて、今後我々の子や孫に同じ説明をするためである。なぜなら、皆がはっきり知り、皆が同じように言うことは大変価値があること、即ち完全な文明人であるとみなされることになるからである。

この話を持ち出して言い出した私自身は、いろいろな考えを集めて検討した結果、[次のような]結論に達した。「幽霊が出る」というのは、事実確かに出るのである。この空の下の全て、どの民族も、この「幽霊が出る」ことについて話しているからである。もし「幽霊が出る」ことがなかったら、この「幽霊が出る」という語はないはずである。それゆえ私は幽霊は本当に出ると心の中で考えるのである。しかし、幽霊を恐れない人、「幽霊がいる」と信じない人には幽霊は出ず、幽霊を恐れる人、「幽霊はいる」と認識する人に幽霊が出ることが多いのではないだろうか。この点について私は調べてわかったのであるが、幽霊を恐れない人には幽霊は出ないのは、幽霊が出てもその人には見えない、聞こえないことによる。幽霊が[幽霊を]恐れる人に出ると、その人はすぐに見えるし聞こえる。それでは、なぜ幽霊を恐れない人は幽霊が出るのが見えないのか、幽霊を恐れる人は[幽霊が]見えるのか。私は検討して、[こう]理解した。恐れない人は普通の意識を持っている。つまり、何かびっくりさせることが起こってもパニックになったり何もわからなくなったりしない。しっかり心を込めて聞きしっかりと心を込めて見ることができ、間違うことなく認識できる。それゆえ、「幽霊が出る」のは見えない。「恐れるから見える」というのは、恐れる人は当然きまってパニックになり、きまって普通の意識が混乱する。すぐに驚き慌て、すぐに逃げる。何かびっくりさせることが起こるとしっかりと見、しっかりと聞くことができない。たとえ一生懸命見て一生懸命聞いてもパニックと何が何だかわからなくなることが目を眩ませてしまい、ますます妙なものが見える。このようにして、幽霊を恐れる人の多くが幽霊が出るのを見るのである。要するに、幽霊が出るのが見えること、見えないことの原因は、[幽霊を]恐れる心と恐れない心、幽霊がいると認める心と幽霊がいると認めない心によるのである。幽霊がいると信じる心は幽霊が出るのが見え、幽霊がいるとは信じなければ、幽霊は出たことがないのである。

それでは、その幽霊とは一体何なのだろうか。(私は後の週[＝35号3-1]でさらに話す[注。見出しは少し変わっている])

sāy

2-5　三国志演技[省略]

3-1　[29号3-2と同一]

3-2　<gazette>[新聞]32号の正誤表

2ページ第3欄[＝1-5]に「生徒30名」とあるのは「生徒

300名」に訂正すると正しい。

1ページ第1欄[＝1-5]に『Lycée Privée』とあるのは『Lycée Privé』が正しい。

3-3 ［32号3-3と同一］

3-4 ［**広告**］**色タイル** ［注。この広告は、正しくは barṇa「色」がすべて bārṇa と誤記されている］

皆さんが色タイルが欲しい時には、プノンペン<gallieni>路69号から73号までの <robert>-ṭāle 店にいらしてください。白色、黒色、その他の色のタイルを販売しています。価格は1平方メートル2リエルです。種々の絵がある色タイルは1平方メートル2.50リエルから上です。250[平方]メートル以上は別価格です。

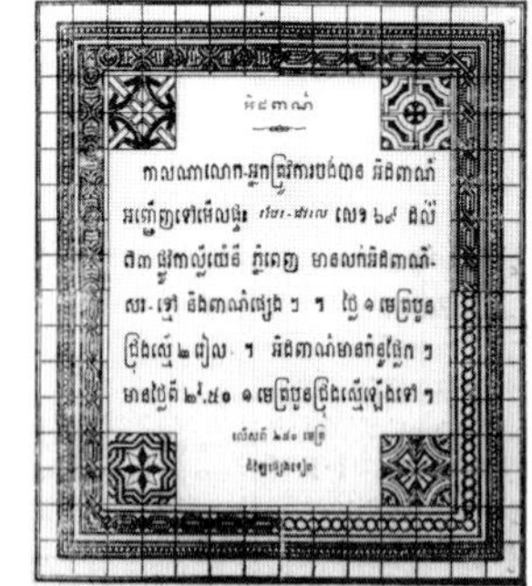

4-1 ［31号3-1と同一］

4-2 ［8号4-3と同一］

4-3 ［11号3-2と同一］

4-4 ［11号4-2と同一］

4-5 ［26号4-5と同一］

4-6 ［**広告**］ **中国人、ベトナム人は商業の道で共によく助け合います。我々クメール人は何を待っているのですか。**［注。この見出し以外のの本文は、31号4-5の見出しを除いた本文と同一］

4-7 ［8号4-6と同一］

4-8 ［**広告**］［この広告のクメール語は少々おかしい］

妻を愛する―その妻に我々を尊敬させるにはどうするか

金やダイヤのネックレスや指輪、美しい衣服を妻に買ってやる、あるいは人力車に乗らせたり自動車に乗らせて速く走ったりする皆さん、もしその妻の身体の中に病気があってぐったりしていて、苦しんでいて、惨めで、楽しみがなければ、プノンペン市の kāp go 市場の “sīv-pāv” 店にいらしてください。あらゆる種類の婦人病を治すための薬があります。バット・ドンボーンのように遠くに住んでいる場合には、“veṅ-hāp” という屋号の店に行ってください。そこには “yat-phan” 氏がいて薬を売っています。たとえば、第2号薬と第9号薬は服用すると婦人病の白帯下が治ります。これは、夫が薬を服用して、治ったと認識しているけれども実は完治していなくて、まだ梅毒や淋病の毒が残っていて妻に伝染して白帯下にならせたたもので、100種の病気になり、ついには何の病気か知らずに死んでしまいます。

私には第10号薬があって、妊娠して悪阻や腰痛で苦しんだり、その他[胎内の]子がどのように苦しめ[＝つわり]ていても、[これを]服用すると確実に治ります。この第10号薬は、女性に月経があっていつまでも経血が止まらない時に服用すると、身体の具合がよくなり、月経は定期的になります。私の第11[ママ。恐らく「10」が正しい]号薬は気の力を強め、血液を定期的にし、その結果、経血から引き起こされた100種の病気が治ります。

＊日本と中国が激しい戦争になろうとしている

他国で戦争が起こっても、我々は何も心配する必要はありません。我々は 我々の身体の奥深くに潜入している梅毒と淋病をたくさん心配しなければなりません。この病気は妻や子に次々に伝染し、我々の家系を弱め、低めるからです。この病気を持つ夫殿を持っている女性の皆さんは伝染するかもしれませんから注意してください。そうでない場合には、「“sīv-pāv” 店の薬はよく効くと有名である。即ち服用した方々は誰もが病気が治り、称賛する手紙を<gazette>[新聞]に明白に掲載している」ということをいつも思い出してください。

＊いつも遠くに離れていて、注意すれば幸せがあります

首の付け根のグリグリは薬を服用して治さないと潰瘍になります。私の薬は4ビン服用すると、もし[グリグリの]内部が腐っていなかったら[グリグリは]溶けてなくなります。内部が腐って外に流れ出していても必ず治ります。治ってもあと4ビン服用しなくてはなりません。そうすれば完治させ、再発することはありません。価格は1ビン1リエルです。外部から擦り込む粉薬は1包み0.10リエルです。

［仏文］Truong-Long-Bào、通称 Xiêu-Bào
精神医学、プノンペン Okñā-Oum 路47号

4-9 ［30号4-10と同一］

4-10 ［30号4-11と同一］

4-11 ［29号4-10と同一］

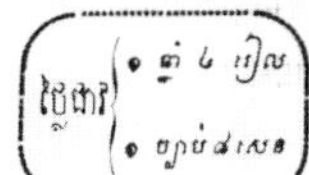

第1年34号、仏暦2480年9の年丑年 srābaṇa 月下弦6日土曜日、即ち1937年8月28日

［仏語］1937年8月28日土曜日

1-1 ［仏語で「私書箱 No.44」と「社長、PACH-CHHŒUN」が加わった以外は8号1-1と同一］

1-2 ［デザインが少し変わった以外は8号1-2と同一］

1-3 ［デザインが少し変わった以外は8号1-3と同一］

1-4 ［8号1-4、1-5と同一］

1-5 カンボジア国の不運

ベトナム国に、コーチシナ国のベトナム人国民から責務と信頼を受けている1人の ?nak ṭamṇāṅ rāstra（Député）［国会議員］がいる。この国会議員は自らの職務をはっきりと認識しており、自分の大衆の望みを受け取って政府に提案する。政府が同意しない場合でも国民の幸福と発展を得るために実現させようとしていることについて、その理由を明確に解説して、政府が採用に同意するまで一生懸命議論し抗議することもある。時にはこのベトナム人国会議員は、熱心にベトナム人大衆が幸福を得、時勢に遅れず発展を得ることを助力しようとして、一生懸命心を込めて行うので、自分の職務の範囲を超えて、クメール人の財産にまで触れることもある。

振り返って我がクメール国を見ると、彼らと同じように ?nak ṭamṇāṅ（Délégué）［代表］が1人いるが、［これは］カンボジア国政府の代表であって、?nak ṭamṇāṅ rāstra［国民の代表］（Député）［国会議員］ではないとはいえ、カンボジア国のために一生懸命働き、他と同じように業績で名声を得て、全クメール人が毎日毎夜褒めたたえるようになってしかるべきである。しかし、クメール国［kruṅ kambūjā］は kruṅ kamma bum jā［前世の業による運の悪い国］［注。「kruṅ kambujā＝カンボジア国」の発音をほぼ同音でもじったもの］で、まだ悪運から逃れ出ていないから、ずっと以前から今日まで、この名が実にふさわしいと思う。それゆえこの「悪運の国」は同じ主人の旗の下にいるにもかかわらず、他の民族と同じ、あるいはその半分の発展もまだ得ていない。それで、この代表がクメール人国民のためになることを一度でもするのを目にしたことがないのである。クメール国が何かが不足し欠けていても、あるいは他人がクメール国から利益を奪おうとしても、この代表が何か異議を唱えるのも見たことがない。まるでその件は何も知らず、アリ塚のそばのネアック・ターの祠のなかの石のようにしていて、敢えて幸せにしていて、何も言わず、人が毎月供える褒美を安楽に待っているだけのようである。これこそが、カンボジア国の代表の仕事なのである。

nagaravatta

1-6 諸国のニュース

1-6-1 中国

8月9日月曜日、日本政府は、「中国軍35,000名が、南京市の中国政府の命令で（陝西）県と（綏遠）県へ向かった」と発表した。

8月10日火曜日、日本軍は北京市に入城した。紛争がますます激しくなるのを恐れ、日本政府は中国に来て住んで生計を立てている日本人全てを日本国へ輸送することを考えている。

1-6-2 スペイン国

8月10日、（Le Petit Parisien）という名のフランスの<gazette>［新聞］が、「ロシア国軍総司令官がスペイン国政府派を助力して戦うために将軍と将校多数を派遣することを考えている」と報じた。

フランス政府はサラマンカ駐在大使に、（Djebel Amour）という名のフランス艦を砲撃した件を反乱派政府に抗議するよう命令した。

［注。1-6-2の以下の部分は次の1-6-3の冒頭に挿入されるべきものである］

8月12日、日本国は上海県に航空機をさらに増派した。

蒋介石総司令は南京市［ママ。「政府」が脱落したらしい］を漢口県に移すことを考えている。

フランス国に<banque> caṅ kār［銀行］のグループがあり、中国に100,000,000フランから200,000,000フランまでの金額の融資をすることを承諾した。

8月13日、日本軍は（Nankeou）県内に達した。

1-6-3　中国［注。この見出しは上の「8月12日、日本は…」の上に入るべきものである］

上海、8月14日。本日、日本軍艦と中国機［ママ。恐らく「日本」が正しい］が上海市を砲撃・銃撃し、453名が死亡、828名が負傷した。

日本軍は（Nankeou）県の東北を攻撃、中国も全力で反撃した。

北京市の南方で中国と日本が入れ混じっての乱戦になり、この乱戦で中国兵多数が死亡した。

上海県での戦闘で日本軍は中国に攻撃され退却させられた。それから日本軍は引き返してきて、中国政府が外国人に住んで暮らすのを許可した上海県の地区［＝共同租界］を再び攻撃した。中国機が日本海軍司令部を爆撃した。中国機4機が日本の艦2隻を爆撃、6発が日本の商工会議所と（揚子）江に停泊中の日本艦に命中した。

日本は、「中国は爆撃したが日本艦には命中せず、イギリスの石油タンクに命中した。これらの爆弾は共同租界に落ち、大勢が死亡した。爆弾2発が上海県の道路の1つに命中し700名が死亡、200名が負傷した。さらに爆弾2発がフランス租界に命中し、数百名が死亡した」と発表した。

後日、日本の軍艦20隻が来て中国軍陣地と中国軍司令部を砲撃したことが知られた。それゆえ、大使たちは、共同租界を守備するためにイギリス軍とアメリカ軍を上海市に集めた。

上海村村長［ママ］は村内の諸国の大使全員に、「日本が共同租界を占領し、戦場にするのを防ぐこと。そうしない場合には、中国軍は法律に従って駐留し、抵抗して守備する。そして［何が起こっても］中国政府は責任を負うことを保証しない」と告げた。

日本軍は北駅を砲撃した。

中国軍司令部は、「中国軍は yāṅ sep の日本の紡績店［ママ。恐らく「工場」が正しい］を攻撃して占領した。日本軍駐屯地にまで戦闘は広がり、中国軍は前進して共同租界にまで達した」と発表した。

航空機が（Hôtels）［ホテル］2つを爆撃し、この2つの（Hôtels）［ホテル］内で200名が死亡した。また道路を通行中の通行者大勢が死亡し、その中には外国人もいる。日本が ṅī yū の中国飛行場と北駅を爆撃した。中国機が（黄浦）［江］に停泊中の日本船と日本の飛行場と駐屯地を爆撃した。

chāpī 県では、イギリスの倉庫多数が燃えた。（浦東）の（Shell）の preṅ <essence>［ガソリン］タンクが火災になった。

ドイツ大使館の建物の前の<hôtel>［ホテル］1つが爆撃を受けて60名が死亡した。中国と日本とは共同租界にまで戦場を広げ、フランス租界の近くに爆弾2発が落ち、フランス人が中国人をたち避難させていた場所に命中し、300名が死亡した。共同租界で、爆弾で死亡した人数は全部で500名、負傷者数は1000名になる。日本船も上海市を砲撃している。

フランス大使は、爆撃に関して上海村村長［ママ］に遺憾の意を表明した。同県に居住する外国大使たちは双方の航空機に上海県上空を飛行することを禁止したがっている。

共同租界では、hāṅ kāṅ 県から来るべきイギリス軍を住民たちが今か今かと待って道路を見ている。

＊東京市、8月14日。日本の<gazette>［新聞］が、「中国巡視兵たちが日本人に発砲し2名に命中、死亡した」と報道している。日本政府は、「中国軍が（青島）県の近くに集合しつつある」として、この事件を重要であると理解している。

日本外相は中国大使と会談し、「中国は共同租界から軍を引くべきである。その後に、日本政府は中国の要請に、その要請が同意できるものであれば同意する」と同じことを繰り返した。この会談中に、日本海相は上海県にいる全日本艦に同県を砲撃するよう命令した。

1-6-4　ドイツ国

（Spire）県、8月14日。puṇya（Assomption）［聖母被昇天祭］に［buok］<national socialist>［国家社会主義党］と呼ぶ laddhi <fascisme>［ファシズム］党員大勢が、この祭りを行わせまいとして集まった。sāsna［ママ。「sāsanā」が正しい］<catholique>［カトリック教］徒はこれらは争いを起こすのが目的であると理解したが、buok <national socialist>［国家社会主義党員］は、「宗教をやっつけることを欲してはいない。教徒たちが［先に］争いを起こそうとした」と反論した。

1-6-5　スペイン国

（チュニス）市、8月14日。pārām という名のフランス商船の前で魚雷が爆発した。爆発後すぐに潜水艦1隻が海中から浮上し、それから再び潜水した。この潜水艦が機雷を敷設した潜水艦であるが、どの国の艦であるかは不明である。

1-6-6　スペイン国

ロンドン市、8月14日。フランス政府はイギリス政府に、「フランス国は国を捨てるスペイン人を受け入れるのを中止する。現在国を捨ててフランス国へ避難して来たスペイン人の数は45,000人である」と告げた。

1-6-7　中国

8月17日、上海県に居住していた外国人は退去を始めた。イギリス政府は中国政府と日本政府に、「上海県で戦わないように」と抗議した。

蔣介石総司令は、日本の援兵がさらに入るのを妨げるために、6個師団の兵に、急いで上海に行くよう命令した。

1-6-8　イタリア国

8月17日、ある<gazette>[新聞]が、「イタリア国首相であるムッソリーニ氏が、[エチオピア]国民が暴動を起こして統治が難しいので、現在イギリス国にいる(ハイレ) braḥ cau rājā dhirāja[大王](Impereur[ママ。empereurが正しい])[皇帝]にエチオピア国に来て国を治めるよう要請したが、ハイレ大王は拒否した」と報道している。

1-6-9　中国

8月18日水曜日、上海県上空で最も激しい空中戦が3回あった。日本と中国の爆弾が落ちて当たって人が大勢死傷した。爆弾に当たって死亡した人の中には外国人死者も混じっている。日本機は鉄道の分岐点を爆撃して粉砕した。鉄道は分岐して、1つは上海から南京市へ、もう1つは上海から漢口へ行く。中国機も反撃して(虹口、虹橋)県[=上海市の共同租界]の日本軍駐屯地を爆撃した。

中国軍司令部は、「南京市から出た中国軍は、日本軍を攻撃して2つに分断した。1つは虹口県に、もう1つは yāṅ sep 県にいる。上海県の日本大使館は中国の爆弾が命中して全壊した」と発表した。

1-6-10　スペイン国

8月18日、反乱派側軍は(サンタンデル)県を占領した。

1-6-11　中国

8月19日、中国大使[ママ]は全中国人を徴兵している。中国の2個軍が(熱河)県と(満州里)国へ向かった。

8月20日、中国兵がトラック10台に乗って上海県の共同租界に入ったが、アメリカ兵が攻撃して後退させた。

フランス国とイギリス[国]は上海県で戦闘を行わないよう要請することで合意した。

1-7　土曜評論

我々は地方在住の在家や出家の何人かから、広く広まっている情報を聞いた。「今、仏教信者たちは、『政府が布告を出して、[仏教]信者にこれまでに整えられた来た仏教の方法で仏法や律を学ぶことを禁止し道を閉ざす。従わない場合には逮捕して処罰する』という情報を聞いて、暴動を起こしかけているようだ」というのである。

これまでの方法で勉強して来た地方在住の優婆塞優婆夷と僧たちは、「政府が本当に布告を出して、[仏教を]学ぶことを禁止し、さらにこれまで検討されて正しいと判断され、好んで使用されて習慣になっている中衣と上衣の使用法と中衣と上衣の縫い方までも禁止するのではないか」と非常に心配している。

我々は、人々が[次のように]話すのを聞いた。「寺の僧の中には大変恐れて、spaṅ cībara kāt 使おうとせず、spaṅ cībara thner prak を中国人の店から購入してきて使用している人がいる。在家の中には spaṅ cībara prak をかついで来て、これまで spaṅ cībara thner mūl、あるいは spaṅ cībara kāt を使用していた僧に、『政府が布告を出して[spaṅ cībara thner mūl、あるいは spaṅ cībara kāt]の使用を禁止する。もし言うことをきかないと逮捕して処罰する』と話して脅す人がいて、それで、恐れた僧は急いで spaṅ cībara thner prak を購入して使用している。信じない僧は沈黙していて、まだ[spaṅ cībara thner prak]を使用することに同意しないでいる」

この広まって来た噂について、我々は誰がこのような騒ぎを起こしたのかわからず、大変疑問を持っている。けしからんことで金を稼ぐことを考えて、人に火をつけて騒ぎを起こさせ、そのチャンスを利用して、僧あるいは寺の檀家である優婆塞優婆夷から稼いで多くの利益を得ている悪い奴の企みではないかと、我々は思っている。このように人々に怖がらせるのは、悪い商人に利益があるのは事実であろうが、静かにしている仏教徒に騒動をもたらし、驚き慌てさせ、暴動にいたる可能性があることであり、不正である。この事件は公安警察局が sœp <enquête>[調査し]て、この騒ぎを起こした人間をみつけ、逮捕して法律に従って処罰させるのが正しい。放置して騒動を起こさせるべきではない。

我々は全てのクメール人に注意する。早まって慌てて驚き、騒いではいけない。人から口伝えに聞いたもので、文字で書いた確かな根拠がない情報は、多くは、ある誰かが自分1人の利益か、あるいはあるグループの利益のみを考え、全体の利益を考えない悪い企みである。我々は、「国王陛下の政府も、rājakāra <protectorat>[保護国政府]も、我々全てに慈悲を持っていて、我々を破滅させて利益を失わせるようなことはしない。それゆえ、何か法律や規定を出して大衆に従わせようとする前に、全国民の利益を考え、会議をして同意を得てから決定する」ものと期待するべきである。それゆえクメール人仏教徒に注意するが、噂で恐れ慌てて政府に迷惑をかけてはいけない。[それは]我々自身にも何の利益もない。"聞いてまだはっきりしないうちに眉をしかめるな。妻がまだ妊娠しないうちに[産後の産婦の身体を温めるための]薪をさがすな"という諺がある。

nagaravatta

1-8　カエルがウシに対抗して一生懸命身体を膨らませる

（<gazette>[新聞]33号[1-8]から続く）

私の意見では、シャム政府は自分の国の地図を十分には見ていず、自分の国土の国境はフランスとイギリスの植民地に取り囲まれていることを忘れているらしい。もしこの両大国が我慢できなくなってそろって周囲を締め付け押さえ込んだなら、破滅しないでいられるだろうか。

シャムは、しっかりとした地位を長く保持して来た国である日本を真似したがり、日本国は平地であり、周囲の国と接しているシャム国と違って、多くの部分を大小の島で周囲を取り囲まれて遮断されていて、滅多に他国に侵入されたことがないということを忘れている。

シャムは、[ドイツ国を]他国と同等にしたドイツ国の独裁者であるヒットラーの方法を真似したいと思い、ヒットラーと考えを同じにすることに同意し、[考えを共にすることを熱烈に歓迎する][注。この[　]の部分は、原文ではこの文の末尾にあるが、それでは意味不明なので、誤植であるとして、この位置に移動した]。ドイツは45百万の人口を持つこと、[一方]シャム国は人口はほんの一握りしかなくて、さらにその中には他民族が極めて多くいることを忘れている。シャム国に住むクメール人、ラオス[人]、マレー[人]、ビルマ[人]が、クメール国、ラオス[国]、マレー[国]、ビルマ[国]に住む同民族と発砲し合うことを承服すると思ってはいけない。

シャムは、ムッソリーニを独裁者として持つイタリア国に倣って力を増したいと思っていて、イタリア国が最近アビシニア国を攻めて手に入れたのを見て、クメールの州とマレーの州とをいくつか手に入れたいと、心を動かしている。シャム国がイタリア国になろうとするのは笑うべきことであり、シャムは自分をアビシニア国にしてしまうのがもっともありそうなことである。

このシャムの話は、<lafontaine>という名のフランスの賢者の韻文の中にある話、即ち、「カエルがウシと同じくらいの大きさになろうと一生懸命身体を膨らませて、腹が破れて無駄に死ぬ」という話と全く同じであり、"カエルがウシに対抗して一生懸命身体を膨らませる"と題をつけることができる。

このシャム国の話は、カエルと同じように一生懸命努力して腹が破裂して死ぬのではないかと、私が心配してあげているのである。もしそうでない場合には、クメールの賢者が作った"しつこく欲張ると財産を失う"というクメールの諺の見本になるかも知れない。英知のある人は、この諺の意味を深く考えてください。詳しく説明する必要はないでしょう。

私は、恐怖の念を持っている皆さんに、シャムに対する恐怖を捨てるようお願いする。そして、「父母である大フランス国が我々全てを放置して、名誉を失わせシャムの捕虜にならせるようなことはしない」と信頼し信じてください。「保護国政府は、シャムに法を尊重させることができる」と信じることである。「ドイツ国が領土を超える力を持っていて、かつあらかじめ何年間も武器を準備していた1914年－1918年の大戦に、なぜ何も準備していなかった大フランス国が勝利を得たのか」と同じである。掌の大きさでしかないシャム国が、今のようにあらかじめ牙を剥き出したところで、我々全ては何も恐れる必要ない。「吠えるイヌはあまり噛まない」のである。

もう1つ、フランス政府は他を侵略したことは1度もない。他国が先に侵略して来た時、その時に初めて自分を守り、勝利を得るのである。

khemaraputra

2-1　nagaravatta 新聞社のお願い

会計簿をきちんと計算するために、nagaravatta 新聞社は<gazette>[新聞]購読を登録なさっている皆さんにお願い致します。我が民族の利益のために、皆さんが助力し支援する志を持っている<gazette>[新聞]の代金を、このお願いに際して、どうかお支払いください。nagaravatta 社は前以てお礼を申し上げます。

2-2　お知らせ

sālā vidyālaya[中高等学校](Lycée Privé[私立中高等学校])を設立しようとすることについて[33号1-5から]続く

私は我が民族にうんざりしています。<gazette>[新聞]33号[1-5]に要点があるように、クメール国に sālā <lycée> jhnuol[私立中高等学校]を1校設立しようとすることについてお知らせをした時に、「この団体を助力し支援する志がある方は、すぐに<signer>[署名]をした手紙で直接私に回答してください。私はそれらの手紙を集めてそれを基に金額を見積もって、実行できるかか否かを考える」と述べた。

数日前に<gazette>[新聞]がお知らせをしてから現在まで、回答の手紙はあまり来ません。多くは口から口への口頭での伝言で、[志望の意志を]確認するための材料になる証拠が何もありません。それゆえ皆さんが本当に志がお有りでしたら、<signer>[署名]した手紙を急いで私にお送りください。私は前以てお礼申し上げます。

pāc-jhwn

2-3　[注。見出しはない]　nagaravatta は ?nak okñā {kruoc}氏が亡くなったという知らせを先の8月14日にプレイ・ヴェーン州から受けた。先の8月13日7時半、プレイ・ヴェーン州<résident>[弁務官]殿と州知事殿をはじめとしてフランス、クメールの官吏たち多数が?nak okñā {kruoc}

氏の遺体の行列に参加した。

nagaravatta は氏を深く惜しみ悲しんでおり、そのことを氏にお知らせして氏を運命に従って天国にお送りする。行列の際に、プレイ・ヴェーン州知事である mās-hael 氏が下のスピーチをした。

スピーチ

<le résident>[弁務官]殿に申し上げます。

皆さんに申し上げます。

今、私は、クメール人官吏の皆さんから指名を受けて、私と同様に官吏の職にあって、今ここに身体を休めていらっしゃる方にお別れを申し上げるに際し、私は大変な悲しみを受けております。私は ?nak okñā {kruoc} がこのように早くお亡くなりになるとは想像もしておりませんでした。69歳であったことは事実でありますが、まだまだ体力はあり、まだ生きて国に助力し支援してくださるものとばかり、私は思っておりました。

?nak okñā {kruoc} は、まず最初、1888年に政府が mission Pavie[Pavie 調査団] の通訳に任命しました。1891年には mission géographique colonel Fricquegnon[Fricquegnon 大佐地理調査団]に、1892年には Consulat de Battambang [バット・ドンボーン領事館]で[通訳を]して、バット・ドンボーン州をクメール国へ編入することを処理する手伝いをし、それ以来バット・ドンボーン<résident>[弁務官]庁に勤務しました。1921年になると、政府は ?nak okñā {kruoc} の優れた知識と頭脳を認めて bām sīmā 郡郡長に任命しました。それから bañā lww 郡とプノンペン市に転勤して勤務し、1919年に政府は仕事に有能で迅速であることを認め、クメール国の大きい郡の1つである pā bhnam 郡に勤務させ、さらに<chevalier de la légion d'honneur>[レジオンドヌール勲章シュヴァリエ章]を授けました。1931年に政府は氏の長年にわたる労苦を認め、pamṇāc <retraite> [恩給]を与えました。しかし、それでも ?nak okñā kruoc は自国を愛する気持ちを持ち、続けて国に助力し支援するために投票で現地国諮問会議委員になりました。公職に就いて以来、?nak okñā {kruoc} は政府あるいは官吏の誰にも不愉快な気持ちを与えたことはなく、一生懸命綿密に仕事をする気持ちしかなく、我々全てが見習うべき模範でありました。今、私はこのカンボジア国に助力し支援してくださった ?nak okñā に感謝を述べ、そして私は ?nak okñā {kruoc} に別れを告げ、安らかに休息しいただくようお願いいたします。

もう1つ、ここにお集まりになった官吏と男女の人々は、?nak okñā {kruoc} にお別れを申し上げますが、ずっと以前から今まで、国に幸せがあるように助力し守ってくださった ?nak okñā の恩を決して忘れることはありません。

［ラテン文字で］ Meas-Hell

2-4 忠告

（<gazette>[新聞]28号[2-2]から続く）

どのようにしてクメール人に市場の中に店を開かせるか。あるいは他の民族に、「クメール人は商業を知らない」と思わせないか。

「商業は、全ての職業よりも財産を増やさせ国を繁栄させるから、どの民族でもどの国でも最も大きな生業として一目おいている」ということを皆さんは既に知っている。ではなぜ、我々クメール人は[商業に]冷淡なのであろうか。資産をたくさん持っている人は、その資産に何もさせず、カビを生やさせるべきではない。死ぬと、この世における名声は消えてなくなり何の役にも立たない。もし皆さんが何か大きな商業の店を作ると、貧しいクメール人たちのためになる。彼らが保護を求めて集まり、給料をもらって商業を行うことを学ぶ。商店主のほうは、発展すると、たとえば屋号を "ḍwwk dyuṅ" という中国人の店は、1日の売上が2,000リエルにもなる。このような発展は、我々が作り上げようとすれば作ることができ、中国人や "ボンベイ"・インド人やベトナム人のように、資産を他国に持ち出してしまうのではない。これらの民族は我々クメール人よりいくらも有能ではないのである。我々クメール人はフランス語を知り、考えることを知っているが、商業に親しみがないので躊躇し続けている。もし躊躇しているのであれば、私が[成功を]保証してあげるが、私が以下に解説する方法で[商業を]行なってほしい。

<gazette>[新聞]をここまで読んできた皆さんは、きっと、「sīv-pāv は還俗して在家になってから11ヶ月しか経っていない。還俗した時にはかみそり1本とかみそりを研ぐ砥石を1つ持っていただけである。それが今どうして敢えて商業を保証することができるのか。それは真実ではないのではないか」と疑うに違いない。

そうではない。私は、「損をしないことができる」と分かっているから、敢えて保証するのである。

［仏]教が[生まれて]2,000年が経過した時に、中国の地に賢者がいて、「何の事であろうと、他を知り、己を知れば、100種の事全てに成功する」という重要な言葉を言った。これを言ったのは、ほかならぬ三国志演義の中の孔明である。

sīv-pāv

（まだ[36号号2-5に]続きがある）

2-5 ［雑報］

2-5-1 結婚式のお知らせ

法廷弁護士を jhap <retraite>[引退し]た ?nak okñā uttamamantrī {lim hāk seṅ} と huṅ-thoṅ 夫人は合意の上、9の年丑年 srābaṇa 月上弦12日、即ち1937年8月19日に結婚式を行い、法律的に正式な夫婦になった。

我々は、この新夫妻に、あらゆる種類の幸福と安寧と、長寿に恵まれるよう、お祈りする。

2-5-2　コンポン・チャム州都の公営質屋[店名は ghun thai heṅ)の主人、名は heṅ gūs が okñā visesasampatti、位階は7 hūbān の名誉官吏職を賜った。

nagaravatta は loka ?nak okñā に4種の祝福があり、毎日毎夜幸福が増え、絶えることがないようにお祈りする。

2-5-3　布告

プノンペン市<le resisent maîre>[市長]殿は全市民にお知らせする。

[市]政府は dham 市場に<bureau>[事務所]を1つ設置し、フランス人警官が1人勤務して、供述をとる。[物価統制]委員会が定めた売価を超える価格で何か品物を購入した場合には、同<bureau>[事務所]に届けてください。

2-6　訃報

nagaravatta と シソワット sālā <lycée>[中高等学校]卒業生友愛会は、プノンペン市で亡くなった vān-han 氏という友人を1人失いました。8月26日に両親と親族の方々が氏の遺体を荼毘に付されました。

vān-han

2級 anumantrī。コンポン・チャム州 tpūṅ ghmum 郡郡長。プノンペン市 padumavatī 寺に居住。先の8月24日にマラリアで、プノンペン市第3区 braḥ aṅga mcās suddhāvaṅsa 路の両親の家で、24歳で没。火葬式の時には大勢の大小の名士と民衆が参列した。

nagaravatta は悲しみに覆われている両親と親族の方々の皆さんにお悔やみを申し上げる。

もう1つ、どうか氏の霊魂が彼岸に行き、天国に上り、あらゆる項目の幸せに恵まれますよう、お祈りする。

2-7　お知らせ

nagaravatta krum <gazette>[新聞社]はプノンペン市重罪裁判所の検察事務官である ḷeṅ 老[loka tā]に、<gazette>[新聞]代金をまだ支払っていない方に代金を請求する助力をお願いしました。

それゆえ、ḷeṅ 老[loka tā]が<gazette>[新聞]代金を集金に来たなら、どうかお渡しください。

nagaravatta は前以てお礼申し上げます。

2-8　お知らせ

本土曜日は nagaravatta は記事と商業広告がたくさんありましたので、三国志演義を掲載することができませんでした。それで、[掲載を]中止いたします。

3-1　[31号3-1と同一]

3-2　[32号3-3と同一]

3-3　[広告]　お知らせします

[建物の側面図があり、その下に]　本堂の側面を見た[図]

[本文]　ñāv、通称<El-sao>こと私は、プノンペン市第5区、samṭec maṅgala iem 路、<monsieur> gūset 氏宅の後ろに住んでいます。

私は saññāpatra (diplôme)[高等初等教育修了証書]と、プノンペン市の puṇya tāṅ phsār dham[物産展市祭り](<première foire>[第1回物産展])の時の<médaille>[賞牌]を持っています。私は建築局の前で<bureau> dhvœ kāra[事務所]を開いています。私は設計技師をしていて[家の]<plan>[設計図]を描いて建築許可を申請しています。職人長として、家を建築し、本堂、仏塔を建立するのを請負います。大小に応じて木造でも iṭṭha <ciment>[コンクリート]造りでもいたします。どのような様子にでも、皆さんが建てたいと思う望みの通りに建てます。どうぞ私の事務所にいらしてください。絵が多種類あります。私は迅速に仕事をし、ぐずぐずしません。会うために私をご自宅に呼んでくださってもかまいません。手紙の宛て名を下のようにして、私にお手紙を送ってください。

[仏語]　　Ñao、通称 El-Sao
建築請負い業者
プノンペン、Samdach Monkol-Iem 路

3-4　[33号3-4と同一]

4-1　[広告]“<eltac>”印乾電池

この商標[の製品]は大変良く、新しくできたばかりでドイツから来たものです。これより良い商標[の製品]は

ありません。外側の被覆は鉄製で継ぎ目はなく、上に蓋があります。この乾電池はとても明るく長期間使用でき、価格はリーズナブルで使用するのに適当です。

皆さん、この乾電池を買って使ってください。プノンペン市と地方の大小の店で売っています。

［仏語］　総代理店：Au Petit Paris
プノンペン Ohier 路、53号から61号

4-2　［8号4-3と同一］

4-3　［11号3-2と同一］

4-4　［11号4-2と同一］

4-5　［26号4-5と同一］

4-6　［広告］　中国人、ベトナム人は商業の道で共によく助け合います。我々クメール人は何を待っているのですか

［以上は見出しで、本文は「31号4-5」の見出しを除いた本文と同一］

4-7　［8号4-6と同一］

4-8　［33号4-8と同一］

4-9　［広告］［仏語］　Mr. Truong Long-Bào 通称 Xiêu-Bào
精神医学、プノンペン　Okña-Oum 路47号

［ク語］　sīv-pāv のお知らせ

この世界に人間として生まれてくると、苦しみの塊、即ち最大のトラブルである病気があります。私は、「この私は、他人と私自身のためにどのようにするべきか」を検討しました。それゆえ、私は、病気の人がその苦しみから抜け出すことができるように、一生懸命良く効く薬を選びました。

即ち、私の薬は2つの理由で有名になりました。第1の理由は、この薬は主要な病気を治すことができることです。第2の理由は、皆さんが私を温和で正直な人であるとして親密にしてくださることです。本日以降、私は、私に親密にしてくださる方々への恩返しに、何とかしてこの薬をもっと効くようにするために一生懸命努力致します。

＊腰痛を治す薬

この病気は股の付け根から起こります。生命の気、即ち精液が清潔でなく他の病気が混ざっていたり、あるいは気が弱っている、あるいは股の付け根を動かす、即ち性交の度が過ぎることから生じます。この薬は1ビンの価格が1リエルで、病気が中程度なら2ビン服用すれば治ります。病気の多くはもう少し長く服用すれば治ります。そして寿命が延びます。それは第17号薬です。

＊麻痺していざることになる病気の薬

この病気は涼しい雨期、あるいはたくさん寝て働く、あるいは身体の鍛練が少ないことから起こり、気が停滞して肉体と神経に十分行き渡らず、発熱して寒気で震え、麻痺します。私には1ビン1リエルの水薬があり、病気が軽ければ1ビン服用すれば治りますが、病気が重ければ5ビン服用すれば治ります。麻痺を治す粉薬もあります。

4-10　［29号4-10と同一］

Samedi 4 Septembre 1937

Directeur
PACH-CHHŒUN

HEBDOMADAIRE PARAISSANT TOUS LES SAMEDIS

(Boite Postale N° 44)

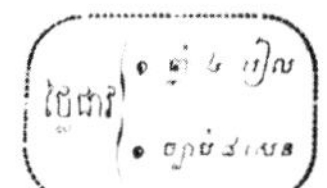

第1年35号、仏暦2480年9の年丑年 srābaṇa 月下弦13日土曜日、即ち1937年9月4日

［仏語］1937年9月4日土曜日

1-1　［仏語で「私書箱 No.44」と「社長、PACH-CHHŒUN」が加わった以外は8号1-1と同一］

1-2　［デザインが少し変わった以外は8号1-2と同一］

1-3　［デザインが少し変わった以外は8号1-3と同一］

1-4　［8号1-4、1-5と同一］

1-5　クメール人官吏についての話

新しい lakkhantika mantrī nai rājakāra khmaer［クメール政府官吏規定］（Statut des fonctionnaires cambodgiens）［カンボジア官員規定］によると、政府は官員にあまり慈悲心がないことが明らかである。「このように以前より給料を下げるのは、中国人がこのように物価を上げている時に、どうやれば楽に生命を養っていけるのであろう」と思われるからである。そして、官員が昇任して高い地位につくのを遅らせるために、上級の等級のそれぞれに、昇任する前後に必要な規定の勤務年数を定め、yukapatra［ママ。正式には yokpatra］や kramakāra や anumantrī の職になる前に3年か4年か5年、なった後に3年か4年か5年（jhap <retraite>［定年退職する］まで）の間足踏みさせる。高官になれるのは、外国で prakāsanīyapatra <bachot>［バカロレア合格証書］を得た人であってはじめて高官になることができる。貧しくて外国に勉強に行く金がなく、クメール国で学んだ人はどうすれば他の人と同じく高位の高級官吏になれるのか。学識と英知がどのように高くても外国には行けず、仕事に就いても上記の規定が前途を閉ざすので昇進できない。もう1つ、上級職官吏見習として実務の研修をする期間は2年間と定められ、それから正式の上級職官吏に任命されるが、この期間は長すぎると思う。なぜならば、［上級職官吏］としての勤務を始める人は、既にたくさん学んでいるので知識があるということが1つ、もう1つは、すでに smien とか検察事務官などの低い職位から勤務してきているので、正しい事と誤りである事はわかっているし、政府の事務も多くは kramakāra や anumantrī などの上級職の人より熟練しているからである。kramakāra の試験に合格すると、また長期間実務の研修をする。低い等級にある時からすでに郡長や cau krama よりも実務を知っているのに、一体どこまで勉強させるのか。

新しい規定の上級職官吏見習期間2年を1年、あるいは以前と同じ6ヶ月だけに縮めても、仕事を始める時としては十分であると思う。6ヶ月あるいは1年の期間で仕事ができない官員は政府から退職させ、正上級職官吏にはならせないのも適切である。続けて仕事をさせても仕事はできない。6ヶ月あるいは1年の間に仕事ができないなら、さらにもう1年いさせてもやはり仕事はできない。

もう1つ、昇任するべき規定の2年が過ぎ、あるいは規定以上の期間が過ぎて5年にもなるのに昇任できない官員が毎年大勢いる。毎年昇任させる規定の人数がとても少ないからである。このことが努力を減退させ、知恵と注意力を曇らせ、一生懸命仕事をして発展しようとすることができなくなる。1級 smien で足踏みして<retraite>［定年退職する］人もいるし、kramakāra で<retraite>［定年退職する］する人もいる。他の人達のように顔を上げて堂々とすることができない。nagaravatta は政府が、月給は少なく、物価は高いクメール人官員を救うために、この件を緩和して楽にならせるようお願いする。

nagaravatta は物価について、なぜ中国人はこんなにも高く売るのかを調査した。「中国では砲弾という病気が起こり、多くの中国人が死んでいるとはいえ、こちらのクメール国にこの病原菌はいつ伝染してきたのか」ということについて、中国人は、「フランス人がこうも高い税金を取る以上、品物を高く売らなければ、どうやって利益があるか。物価高という病気がフランスから伝染してきたので、中国人は商品を高く売るのだ」と反論した。

nagaravatta は、中国人がこう言うのを聞いて、まだ本当には信じていない。さらに調査をする。「中国人は、今激しい病気が起こっている中国を金で援助するために物価を上げている」のではないかと思うからである。

1-6 諸国のニュース

1-6-1 8月23日月曜日

イギリス商業会議所会頭である<marshall>氏は、中国で事変が生じて以来の上海におけるイギリスの失われた利益の額を 1,150,000 riel <sterling>(Livres sterling)[ポンド]と見積もった。

＊日本は、「住む家がない中国人20,000人がフランス租界に、80,000人が dī samrāp nānā pradesa(concession internationale)[共同租界]に保護を求めて避難した」と発表した。

＊フランス軍艦は、「商業のためにスペイン沿岸を航行するフランス商船に危害を加えようとする艦を撃沈せよ」という命令を受けた。

1-6-2 [8月24日]火曜日

およそ50,000人の日本軍が船から上海近辺の多くの場所に上陸した。

もう1つ、日本軍の1軍が puṅ pī で万里の長城を越えて uon jān に駐屯した。一方中国の方は軍を率いて青島に向かったが察哈爾省[ママ。両地点が離れ過ぎている]で日本兵と戦って敗れバラバラになって退却した。

＊samudra <méditerranée>[地中海]の(コルシカ)島の近くで ṇū?emīsulīyā という名のイギリス商船が国籍不明の機に爆撃された。イギリスのロンドン市では大変憂慮している。

＊フランコ政府の命令下にある[駐？]ドイツ大使である fūpael という名の将軍が病気で辞任した。

1-6-3 火曜日[ママ。恐らく「水曜日」が正しい]

中国駐在イギリス大使は、「南京政府はフランス政府とイギリス[政府]の要請により、上海市全体を中立地帯(Zone neutre)にしておくことに同意した」と発表した。

＊日本軍が中国軍と激しく戦闘し、張家口省に侵入、さらに南に進んだ。sābī市は砲撃で粉砕された。

＊スペイン国。ビルバオ県の<conseil> sik[陸軍大臣]は旧政府の大臣であった manuael katrū 氏を処刑した。

＊スペイン国の反乱軍は kāstrū?ūḍīyāl 砦を占領した。この砦はビルバオからサンタンデルに行く道路の中間にある。

＊植民地連盟はバレンシア政府から、同国の船がしばしばイタリア軍艦に苦しめられているという抗議文書を受け取った。

＊「(コミンテルン)が、フランス国に反乱を起こさせるために、急いでパリで会議をすることを考えている」と諸新聞が報じている。

1-6-4 [8月26日]木曜日

中国では、[双方の]軍が呉淞で激しく戦っている。日本は大勢が死亡した。広東県では恐怖が広がっている。蒋介石は南京市を捨て、四川省の重慶に政府所在地を移すことを承服した。現在日本軍は華北一帯の戦場で中国軍を攻撃している。

日本海軍司令官は、「上海から hāṅ kāṅ までの18キロメートルの海岸を中国船が出入りできないよう封鎖する」と発表した。

＊スペイン国。反乱側軍はサンタンデル市を占領した。ビルバオでは反乱軍の船1隻が政府海軍の船を臨検した。この政府船は高級官吏を乗せて、サンタンデルからフランス国に逃れるところであった。バルセロナ県ではひどい飢餓がおこっている。

＊イギリス国の“<star>”という名の新聞が、「政府がイーデン氏を解任して、外務を決定させない」と報じた。

1-6-5 [8月27日]金曜日

中国駐在イギリス大使である sie[<sir>?]hukssaesaen は胸に銃弾を受け重傷である。当時、氏は自動車に乗って南京から上海に行く途中であった。上海県まで300キロメートル余りになった時に、日本機1機が氏の自動車を追って1回銃撃して氏に命中した。日本政府はこの事件を非常に憂慮しているが、「銃撃時に、氏の自動車は誤って中国軍地域に入っており、かつ、氏の自動車の前部に立てられていたイギリス国旗は、あまりはっきり見えなかった」と述べた。

＊張家口省の東で…[注。脱落]…の内蒙古軍が中国軍3,000名を攻撃し、[中国軍]は負けて陣を放棄して逃走した。

＊アメリカ国内の laddhi <fascisme>[ファシズム]と闘うためのアメリカの団体が、「アメリカ人は日本が中国に軍を送って戦闘をしていることを好まない」ことを日本に知らしめるために、ワシントンの日本大使館を襲って追い出すことを考えている」と発表した。

1-6-6 サンタンデル、8月28日。スペイン政府軍42カ部隊が、武器を持ったまま反乱軍司令官に降伏を申し出た。

フランコ将軍と ṭāvīḷā [将軍]と、スペイン国内のイタリア軍を統帥する任務にあるもう1人[の将軍]が戦勝軍を率いてサンタンデル市に入った。全市民がそろって盛大に迎えた。それから食料を輸送して住民を助けるのを支援する政府を設立した。この政府は昨日夕刻から食料の配布を始めた。

サンタンデル県を占領した時に、反乱軍の支配下にある他の県はそろってにぎやかに、共に喜ぶ祭りをした。同県の新聞はそろって反乱グループの[統治の]方法を褒めたたえ、この勝利の日から後に実施される prasāsanopāya (Politique)[政策]について解説した。新しく獲得した地域は戦争のために重要な地域だからである。

1-6-7　中国

華北。日本軍司令官は、「盧溝橋県から18キロメートルの良郷で戦闘があった。日本は中国陸軍6,000名及びほぼ同数の騎兵を発見し、それをやりすごして、北京から綏遠へ行く鉄道線路に沿って軍を進め、張家口に入った。その軍は現在さらに遠方に進んでhāylāy 草原に到達した。あと20キロメートルで万里の長城に達する」と発表した。

1-7　土曜評論

先日、私は、「クメール人は、クメール国に来て住んでいる他の民族より怠惰である」と言った。私がそのように言うのを聞くと、ācārya {khaem} など多くのクメール人が、「あなたはあなたの民族の悪口を言っている」と反論しだし、手紙を送って私を罵るにまで至った。

今日になって、大フランス国の代表である(M.Justin godart[ママ])大臣殿がインドシナ国の国民について演説をし、「クメール人は極めて怠惰である。先の1月に私がインドシナ国の調査に行った時に、私は私の目ではっきりと、クメール人はあまり働かないので、クメール国には未利用地がとても多いのを見たから、私はベトナム国から住民をクメール国に移住させることを政府に求めることを考えている」と解説した。氏がこのような意向を持つのは、氏は「現在のクメール国には空いている働く場所がたくさんある。他の民族各人が働いている時に、我々クメール人は楽しく遊び歩く事だけを考えている。働いているクメール人はとても数が少ない」と理解することによる。しかし ācārya {khaem} はこれに異議を持たない。

今にいたるも、民族を愛するクメール人はたった1人しかいなくて、2人とはいないのであるが、フランスの<gazette>[新聞]の中で大声で、「現在、多くのベトナム人がクメール国に来て住んでいる。ベトナム人は来て、政府内のポストと土地をたくさんを奪っている。もし政府がこのまま放置するなら、きっとクメール人は消滅してしまう」と叫んでいる。同じ民族であるクメール人が、「この叫びは極めて正しい。他の民族に我が国内の土地を奪いに来させるべきではない」と考えている。

このような叫びを聞いて、ベトナム人が同じ新聞で[次のように]反論している。「現在クメール国に来て住んでいるベトナム人は、法律に従って来て住んで生計を立てているのであって、クメール人の財産を盗んだり強奪したりするために来ているのではない。クメール人が川や運河や湖の魚を捕りに行こうとせず、ブタを屠殺しようとせず、ウシを屠殺しようとしないのなら、代わりに誰にさせるのか。中国人とベトナム人しかいない。政府内のポストにしても、フランス政府内にポストを得たクメール人が、loka[～氏]になりたくて、自らそのポストを捨ててクメール政府に入ってしまう。このようにポストを捨てるのなら代わりに働く人は誰がいるのか。ベトナム人がいる。こうであるのに、どうして政府を非難し、ベトナム人を非難することができるのか。自分自身を責めるのがより正しい」

このことは、我々クメール人はほとんど全てが知っている。しかし援助する心を持つクメール人は1人もいない。罵り、非難することなら、罵ってばかりいるクメール人が大勢いる。働いて民族を発展させようとする点に関しては、[そうするクメール人は]いない。

私が敢えてこのように言うのは、既にその事を認識しているからである。nagaravatta <gazette>[新聞]は既に何日も前から、「民族を確実に発展させることである印刷所を1つと、学校を1つ作りたい」という知らせを出している。現在までに、これに[参加する]登録を求めたクメール人は誰もいない。このように無関心であって、どうして他民族と政府とを非難することができるのか。私はクメール人のもう1つの性向を本当によく知っている。ある1つのグループの中に他より物事がよくわかっている人がいて、そのグループのためになることを求めると、一緒にいる人は敢えてその求めに助力しようとしない。もしその人が求めて、その人自身の望み通りに事が達成すると、他の人はシラミのように便乗してその利益を得ようとするだけである。その人が非難されると、他の人は、「お前さんはニワトリのタマゴなのだから、石にぶつかるべきではないのだよ」と下唇を突き出してあざけるだけである。

このような性向は、きっとクメール人を滅ぼすことは間違いない。現在私は、どのような苦しみがあろうとすぐにはその苦しみを振り払わない。しかし、我々がいつまでもこのような性向を堅く守るなら、きっと泥に沈んでしまう。私がこのように言うのは、もし我々がいなくなったら、我々の子や孫は我々よりももっと惨めになり、もし何か困難があるときっと国を捨ててしまうだろうからである。我々が本当に我々の子や孫を愛するなら、我々は今から一生懸命努力しなければならない。我々が一生懸命努力しなければ、我々が彼らを愛したと、彼らにどうやって認めさせることができようか。このことが、クメール人は子や孫を愛していないと私に思わせる。もし、クメール人が本当に子や孫を愛しているのならば、民族を愛する。もし本当に民族を愛するのなら、どうして無関心でいられるのか。今、クメール舟はますますひびが入り、水が激しく流れ込んで来ている。一方この舟に乗っている人の方は、一生懸命目で見るだけで、そろって水を阻止しようとはせず、ただただ手荷物を抱きしめているだけである。クメール人に水が舟に入って来ないようにそれを阻止させたければ、ウシ突き棒でつついて始めて[クメール人は]動くのである。

ācārya {kuy}

1-8　手紙への回答

nagaravatta 新聞はバンコク在住のクメール人から手紙を1通受け取った。

その手紙は、nagaravatta がまだ回答していない先日の手紙に対する[回答を]求めるものである。我々は今ここで、「その手紙は受け取った。捨てたのではない。しかし、我々がまだ回答していなかったのは、nagaravatta はいろいろ問題が多くあり、回答を後日に遅らせたのである」とお答えする。

nagaravatta はこの手紙を受け取って大変喜ばしく思った。というのは次のようなことがわかったからである。自国を出て外国に住み、ようやくバンコク市のようなあらゆる高低のことを目にして、自分の国と民族のことに対して目覚め、自国にだけいる人よりも団結心が増す。自分が貧しくて他国に行って暮らしているのは事実ではあるが、自分の民族に有用なことに助力するために自己の財産を敢えて投げ出す勇気を持っている。

中高等学校を作ることを考える件は、今のところまだ全ての情報はお知らせすることができない。志がある人全てから回答を得、学校を開くのに十分であるかどうか、金額を勘案してみてから、[設立する]場所や偉い先生たちの名前や教育方法などについて全てをお知らせする。ただ今現在はまだ何もお知らせすることはできない。

我々が志がある人に呼びかけて以来、あまり期待はできないように思われる。それゆえ、ずっと待って見ていて、敢えて詳細にわたることはまだ何もしないでいる。

氏が我々に送って来た手紙は、何の変更もせずに、<gazette>[新聞]読者のために以下に掲載する。

仏暦[24]80年9の年丑年陰暦9月[＝srāvaṇa 月]下弦6日土曜日、即ち1937年8月28日

nagaravatta <gazette>[新聞]社長殿

私は平伏して nagaravatta <gazette>[新聞]社長殿に申し上げます。

私が nagaravatta 新聞を初めて受け取った時、即ち第1年30号ですが、私は尊敬の念を込めて、1937年8月5日付で経営者殿に手紙を書きました。私は、第1の手紙の内容をこの手紙で述べる必要はないと思います。nagaravatta の社長殿あるいは経営者殿はすでに[その手紙を]受け取って、私の第1の手紙の中に解説してある内容を全てご存じであると信じるからです。私が検討するべき重要な理由は、なぜ私に、貴殿が私の手紙を受け取ったか否かを知ることができる能力があるか、ということです。もし[貴殿が]受け取っていなかったら、政府が押さえているしかありません。もし受け取っていたら、なぜ回答しないのですか。以下の3項目の疑問に、理由を付けてお答えします。

項1――「nagaravatta の社長殿あるいは経営者殿は私の手紙を確かに受け取った」と私が敢えて言うのは、他国でただの書記をして生計を立てている私のような人間の名前は、私に送って来た貴殿の新聞の宛て名は正確で明瞭なものではありませんでしたが、それでもなぜかちゃんと私の手に全号が届いています。ご芳名がクメール国全土に広まっている nagaravatta 社長殿あるいは経営者殿は、どんなことがあっても郵便や電報配達人はきっと知っているであろうと推測されるからです。それゆえ、「nagaravatta の社長殿あるいは経営者殿は私の手紙を受け取っている」と私は敢えて言うのです。項2―― 私は何か政府を裏切るような話は書いていませんから、あの[手紙を]私の罪について話すために使うべき重要な話ではありません。ですから政府が私の手紙を押さえているのではないことは確かです。項3―― 私の手紙を受け取っていて回答しないのは、貴殿が地位名誉にこだわっているからではなく、用事がたくさんあり、さらに私が送ってお話しした手紙はたいして重要ではありませんので、それでまだ回答しない、あるいは回答する意思がないこともあり得ます。要するに、この3項目の件は、nagaravatta の社長殿あるいは経営者殿は、私から抗議ではなく、書いてお知らせするべきであると思った私の単なる分析でしかないとご理解ください。私の方は、貴殿が私の手紙に回答してもしなくても、少しも不愉快に思いません。ただ、私自身は、現在シャム国にいて、貴殿の nagaravatta に大きい関心を持っていて、もし社長殿が何かをさせる必要があったら、何も逆らわないクメール人全ての中の1人であるとだけお知りおきください。

もう1つ、nagaravatta 新聞の評論が、民族の中高等学校の話をし、貧しい階層を援助して、各人が勉強して学問知識を得られるようにするために、出資し合わせようとしているのを読みました。これは実に適切な素晴らしいことです。しかし、私は発案者である社長殿がどのようにその考えを実現するかについての資料について詳細をまだ知りませんので、まだ敢えて手紙を書いて私の考えを伝えることは致しません。ですが、この話はたとえどのようなものであっても、我々クメール人がなすべきことです。ですから、1人の貧しいクメール人である私は nagaravatta 社長殿に申しあげます、私の名をリスト中に1口20リエルと登録してください。貴殿がすべての

計画ができた時に、どうか私に手紙で[金を]催促してください。私は必ずこの金額を全額貴殿にお送りいたします。今何か私に送って検討させるのに相応しい資料がありましたら、私は大変感謝致します。

このこと以外に、私に昔のクメール人賢者が残した“クメール人はヘビのように死に、カエルのように生きる”という言葉を[あなたに]思い出させてください。意味を一言でいうならば、「クメール人は愚かだ」ということです。しかし、今クメール人全てがそうであるのではありません。フランスの保護国政府がよく助力し支援してくれる力で我々は知識は増し、保護国政府が来てから長い間幸福です。それゆえ、社長殿が中高等学校を設立しようと考えるのは、きっと保護国政府の意に適うことは間違いありません。さらに現在の国王陛下は、陛下の貧しい国民をご覧になって、陛下が慈悲心で広げられる比類のない御力のおかげで、これからも私たちは常にその蔭を頼りにすることができます。

この手紙を終える前に、私からの尊敬の念をお受け取りください。

ご無礼の段は平にご容赦くださるようお願い致します。

D.H.M.

バンコク

2-1　遠方から来た手紙

この話は、<gazette>[新聞]に掲載するようにと送って来たシャム国のバンコク市に住む作家から受け取った。[その内容は]民族への忠告で、一般大衆への有用性を十分持つと我々は理解する。nagaravatta は民族に忠告する話を何回も掲載してきたとはいえ、この話をさらに掲載して加えても、多分我が<gazette>[新聞]読者をうんざりさせることはないであろう。同じ忠告であるのは事実であるが、解説の進め方と言葉は非常に異なっている。同じサムロー·ムチューでも、サムローの材料を整える人が別であると味も異なるのと同じことである。美味であるか否かは、味を見てみるべきである。要旨は以下の通りである。

民族の団結が失われることの害について

私はもう長年の間、民族を愛さない人が私に、「民族のためになることができることをするのはお前の任務か?」と言うので、どうしたら良いか全くわからないでいる。「我がクメール人がいつまでもこのように言っていたら、何年たったらクメール国は他国のように発展するのだろう」と思うと、私は大変悔しい。クメール人は、その本性が変わっている。つまり、クメール人は全てが我が強く、他人が言うことを聞きたがらない。どのように素晴らしい良いことをしても、クメール人は良いとは思わない。クメール人は逆に悪いと思う。誰[かの言葉]を信じて従うことは全く念頭にない。このような話は他でもない、教育が未熟であること、あるいは我が強く強情であることによる。

もう1つ、金持ちの人が助けてくれるのをじっと見て待っている。クメール人は可哀想である。我々は間違ったことを好んではいけない。我々は互いに信じ合い、耳を傾け合って民族を支援するべきである。誰かが良いことを言ったら、我々はそれを取り入れて実行するべきである。誰かが悪いことを言ったら我々はそれを捨てるべきである。我々は、「この人は自分の教師だ、自分の師だ」とか、「あの人は自分の教師や師ではない」とこだわってはいけない。そうでないと、我々は[布施太子大本生経の] sañjaya 修道者の弟子となんら異なるところがない。我々の子、甥姪、孫、曾孫、玄孫、玄孫の子に至るまで、文明、即ち確実にきちんとし発展することを知らない。クメール国はきっとこのようにバラバラである。ある者は、自分は働かず、他が働いているのを見ると、“お前さんは白髪になるまで働いても何の利益もないよ”などと言って、何も言えなくならせて、その人にやる気をなくさせてしまう。他人が民族のためになることをしているのを見ると、「王になりたがっている」と言って喧嘩を売り、「やあ、スイギュウがゾウが糞をするのを見て、一生懸命[ゾウのような]糞をしようとしている」とか、その他の多くの言葉を言う。まとめて言うと、これらの言葉は全て嫌悪するべきもので、何かほんの少しの重要性もない。他人がこのように言うのを聞いて、民族のためになることを続けるのが嫌になってしまう。意志が固い人で、強情に続ける人もいる。殴り合いになる人もいる。遂には団結が失われ、団結がなくなった時、いつになったら発展するだろうか。

後の週[＝37号2-1]に続きがある。

2-2　医学:病気の予防　[注。32号2-1から続く]

第7── 赤痢について

赤痢はコレラほど[症状は]重くはなく、この国の住民に失敗をさせることはあまりない。しかし、コレラと同じく伝染病である。即ち水と食べ物とで伝染し、病人との接触で伝染する。赤痢菌はコレラ菌と同様に水中と湿った所と暗い所で生きている。この病原菌は腸に入って炎症を起こし、腹がまるで引っ掻きまわされ、嚙み千切られるように痛み、肛門から粘液がでる。

赤痢の予防

たとえばお茶のような沸かした水を飲み、清潔でない水で洗った生の食べ物を食べないようにして、下痢をしないように注意すること。赤痢であることがわかったら直ちに寝て安静にし、腹の中を調子よくするために何も食べないこと。軽い赤痢はこの絶食を行えば多くの場合自然に治り、何も薬を飲む必要はない。病人は他の人とは別の所に寝かせ、石灰水か(sulfate de cuivre)[硫酸銅]という名の医師の薬を溶かした水で病人の便を消毒してさらに伝染しないようにすること。排泄は、あらかじめ石灰水を入れた蓋がある容器にさせ、あらかじめ石灰を撒いて殺菌した穴の中に捨てること。

看護法について

赤痢は腸の潰瘍であるということを覚えておくこと。我々が固い、あるいは熱い気の食べ物を食べると、その潰瘍は治りにくい。早くその潰瘍を治したかったら、我々の腸を静かに休ませなければならない。ちょうど我々の手足が折れた時には副木をあてて静かに休ませるのと同じでようにである。この休ませるのは、静かに寝ていることだけではない。即ちさらに絶食しなければならない。食べることを許してもいい食べ物は、最初は牛乳[注。1960年代後半のプノンペンでも牛乳を飲む習慣はなかった。この文章は西洋の医学書をそのまま紹介しているらしい]、粥、鶏をゆでたスープ、野菜をゆでたスープで、しばらくしてからは[加熱してから]細かくつぶした芋、加熱した果物などである。完全に治ってから以前と同じように食事をしてかまわない。普通我々クメール人は絶食ということをあまりしない習慣がある。それゆえなかなか治らず、死亡する人もいるし、少し治るとまたぶり返し、年取るまで繰り返す人いる。このようにぶり返すのは、前の潰瘍が完治していず、何か悪い食べ物を食べた時にぶり返すのであり、これを我々クメール人は khlan [注。現在は「klan」]にかかったと呼んでいる。

赤痢を治す薬は下剤を使うことが多く、毎日少しずつ飲む。よく使っている<sulfate de soude>「硫酸ナトリウム」と(Ipéca)[吐根]という名の薬を使う時もある。この薬は腸をとてもきれいに洗い、内部を早く治す。我々クメール人の習慣である thnām kṭau[熱い薬]、thnām hir[辛い薬]を飲むべきではない。この thnām hir[辛い薬]は一時的に[症状が]弱まるだけで、病原菌はまだ[腸内で]生きていて完治しないからである。

現在、この<ipéca>[吐根]薬から成分を取り出した薬がもう1種見つかっている。この薬は他のどの薬以上にとても早くよく効く。一昼夜使用しただけで完治することもある。この薬は(émétine)[エメチン]という名で、医師だけが使用法を知っている。

赤痢の話はこれで終わる。後日は別の説明をする。

まだ続きがある[注。実はない]。

3-1 「幽霊が出る」という「幽霊」は何であるかについて話す

(<gazette>[新聞]33号[2-4]から続く[注。見出しは若干異なる])

この「幽霊」は、私が詳しく調べてわかったことによると、聞いてすぐにわかるように話すのは容易でない。私がわかったことを順序立てて長く話してはじめて聞いてよくわかる。それゆえ、少しだけ長く順序立てて話そう。

私がまだ幼かったころ、「幽霊」と呼ぶ語は、死んだ人から出てくる霊魂を「幽霊」と呼ぶと認識していた。私がそう認識していることについて、私の師僧は、「死んだ人の霊魂は、死んだ瞬間に直ちに生まれ変わるもので、人に現れるものではないから、それは正しくない」と言った。私は敢えて頑張って、「それでは何が幽霊ですか」と言った。師匠は、「餓鬼が幽霊である。この幽霊はどこにでもいる。しかし、我々は見ても見えない。その幽霊が自分を見せたいと思った時に見えるのだ」と言った。私は頑固に、「人がまだ死なないうちは、『幽霊がいる』と言うのを聞かないのに、人が死ぬと『幽霊がいる』と言うのを聞くのはなぜですか」と言った。私の師僧は、死人がいる所に幽霊がいるのは、餓鬼は死人がとても好きだからだ。どこかで人が死ぬとそこに行く。死人がいない時には、餓鬼は歩き回って人気のない所で[埋葬した]死骸を食べるのだ。『幽霊が出る』と言うのは、この餓鬼が現れるのである。我々がこの餓鬼を悩ませると思った時に餓鬼が現れるのである」と言った。

subhā dansāy

後の週[38号3-2]に続く。

3-2 通知

<gouverneur général>[総督]殿が9月6日から14日までカンボジア国を視察に来る。

同月[＝9月]6日午前7時、氏はクメール国国境に到着、スヴァーイ・リエン州都を視察し、それからプレイ・ヴェーン州都に来て食事をし、夕暮れにプノンペン市に到着する。市と近郊とを視察した後に、8日午前に出発してター・カエウ州都、カエプ、カンポート[州都]、リアムへ行く。氏は同月9日夜にプノンペンに帰着する。10日に氏はコンポン・チナン州、ポー・サット[州]、バット・ドンボーン[州]の視察に行き、12日にシエム・リアプ州都に宿泊する。13日にコンポン・チャム州都に行き、同月14日にサイゴンに帰る。

3-3 [建物の側面図と正面図とがあり、それぞれの下に]

家あるいは庫裏を正面から見た[図]

前面から見た[図]

[本文は34号3-3と同一]

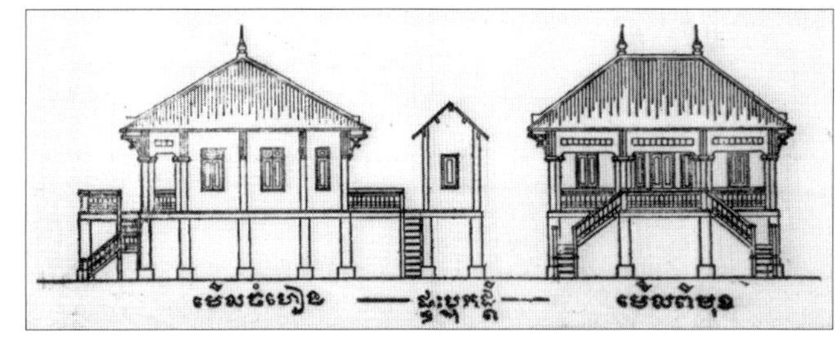

3-4 [33号3-4と同一]

4-1　［34号4-1と同一］

4-2　［11号3-2と同一］

4-3　［11号4-2と同一］

4-4　［31号3-1と同一］

4-5　［26号4-5と同一］

4-6　［32号3-3と同一］

4-7　［8号4-6と同一］

4-8　**［広告］<paul doumer> sālā <lyceum**［注。これはラテン語］>**［中高等学校］**

入学期限:1937年8月3日

急いでこの sālā <lyceum>［中高等学校］に入学登録をしてください。

この学校はインドシナ最大の私立学校で、上級教育、即ち <brevet>［高等初等教育修了証書］と<diplôme>［中等教育前期修了証書］までの学年があります。

現在、先の8月3日からこの学校で学んでいる生徒がすでに大勢います。

現在、あらゆる物価が非常に上昇していますが、この sālā <lyceum>［中高等学校］の授業料と食費とは他の学校と違って上がっていません。

それだけではなく、sālā <lyceum>［中高等学校］は生徒を教えるのが上手な、優秀な教師がいます。

何か知りたいことがあれば、校長に手紙でお問い合わせください。

手紙の宛て名は次の通りです。

Monsieur le Proviseur du Lyceum［中高等学校長］
Paul-Doumer
Saigon-Cholon［サイゴン－ショロン］

4-9　［8号4-3と同一］

4-10　［34号2-1と同一］

4-11　**［広告］［仏語］**　**1937年8月26日、プノンペン**

証明書

［ク語］私の子は咳をして喀血する病気でした。私は医師を探して投薬させ、注射をさせましたが治りませんでした。その後、私は kāp go 市場の sīv-pāv 店の薬を購入して服用させたところ病気が治りました。

私は、同医師がとてもよく効く薬を持っているので、この手紙を掲載してその恩を称賛します。

ポー・サット州 bhnam kravāñ 郡郡長

4-12　**［広告］［仏語］**

Truong-Long-Bào、通称 Xiêu-Bào
精神医学、プノンペン Okña-Oum 路47号

［ク語］私、『sīv-pāv』は、遠方の地方に住んでいる方にお知らせ致します。私の薬を購入したい場合は、下に名がある店にいらしてください。皆さんにお知らせします。私は私の薬を仕入れる方々を選びました。全て温和で正直で良い、そして商業に巧みな人ばかりです。この薬を販売する人々は全てクメール文字を詳しく知っていますから、薬を間違えるという心配を皆さんはしないでください。

raluos とシエム・リアプの gim-sān 店、シエム・リアプの iep-teṅ-hān 店、kambaṅ ghlāṅ の lim-jhāṅ-kāṅ 店、bām jī kaṅ の sun-ḷeṅ 店、バット・ドンボーンの veṅ-hāp 店、brai jhar の seṅ-srun 店、コンポン・トムの ñik-phun 店。

4-13　［29号4-10と同一］

Samedi 11 Septembre 1937

CIGARETTES
JOB
LE PAQUET VERT
Vendu 5 cents

Nagara vatta

CIGARETTES
COFAT
La meilleure cigarette Indochinoise
Le Paquet vendu 5 cents

Directeur
PACH-CHHŒUN

HEBDOMADAIRE PARAISSANT TOUS LES SAMEDIS
(Boite Postale N° 44)

第1年36号、仏暦2480年9の年丑年 bhadrapada 月上弦6日土曜日、即ち1937年9月11日

［仏語］1937年9月11日土曜日

1-1 ［仏語で「私書箱 No.44」と「社長、PACH-CHHŒUN」が加わった以外は8号1-1と同一］

1-2 ［デザインが少し変わった以外は8号1-2と同一］

1-3 ［デザインが少し変わった以外は8号1-3と同一］

1-4 ［8号1-4、1-5と同一］

1-5 <brévier> <gouverneur général>［総督］殿の第2回カンボジア国訪問

［写真があり、その下に］ <brévier> <gouverneur général>［総督］殿の写真

［本文］nagaravatta 新聞は、インドシナ国における統治という重職について以来2回目のクメールの地を踏んだばかりのインドシナ国の長である<brévier> <gouverneur général>［総督］殿を喜び、それと共に祝福をおくる。氏は遊んで楽しむために訪問したのではなく、政府の種々の業務、さらにクメール国民の苦楽を氏の目で明らかに見るために視察に来訪したのであると固く期待するからである。

クメール国民の全ては、氏は必ずクメール国内のことを楽にし、インドシナ諸国の中の他の国と同じようにあらゆる利益を増やしてくれるものと安心して、氏を極めて大きく喜んでいる。

もう1つ、nagaravatta 新聞は、氏が今回来訪した機会に、「クメール国はインドシナ諸国の他の国々より学習が不足している、即ち非常に薄くて不足していて、国民の多くが無学無知であるのは、他国と異なって学校が不足し十分でないことから来ており、さらには、不足している学校を設立しても、まだ教師が多数不足している」ということを、きっと<thibaudeau> <le résident supérieur>［高等弁務官］殿ともどもはっきり理解するであろうことを期待する。

一方農村については、いくつかの地方は稲作をする水が不足していて土地は乾いてひび割れ、住民は飯がなく、森の木の根を食料として食べている一方、いくつかの地方では洪水になり作物は水没している。このようであることを、氏が目ではっきり見たならば、恐らく氏は冷淡で無関心ではいられない。きっと1つ1つのことをアンナン国のように楽にすることを考慮してくれることは間違いない。

クメール国民の貧窮と惨めさは、クメール国民はベトナム人と違って訴えることを知らないけれども、ベトナム国の国民のそれと同じである。しかし、この件は、氏がクメール国のあらゆる州を視察するその道中で氏ははっきりと目にすることであろう。

［注。総督は既に到着しているのであるが、以下は定めてあった総督の予定］1937年9月6日から14日までの訪問の期間、［まず］氏はコーチシナ国のサイゴンから来てコーチシナ国を出てクメールの地に入ると、氏はクメール国の生業と収穫を観察し確認し続けながらスヴァーイ・リエン州に着き、それからさらにプレイ・ヴェーン州に着く。同日午後、氏はプノンペン市に到着し、翌7日に市内の公務全てとカンダール州の主要な町を視察する。8日朝からター・カエウ州、カンポート［州］、およびカエプ、リアム、pūk go 山、それにシャム湾岸を視察する。9日、氏はプノンペン市に戻る。10日、氏はコンポン・チナン、

ポー･サット、バット･ドンボーンに行き、12日にシエム･リアプに行き、時間を都合してアンコール遺跡をちょっと見る。その後、14日にコンポン･トムを経由して、コンポン･チャムに向かい、足を延ばしてサイゴンに帰る。

全クメール国民を代表して nagaravatta 新聞は、氏がカンボジア国を明確に知り、楽にしてくれるために来訪してから帰国なさる全道中において無事であるよう祈る。

nagaravatta

1-6 諸国のニュース

1-6-1 8月30日月曜日

日本機が上海市上空に飛来し共同租界の近くの cā pī 村を爆撃した。爆弾で300名が死傷した。上海市にいる全ての外国人は日本に多くの不満を持っている。中国の銃弾[ママ]1発が、海軍司令官が座乗する<augusta>という名のアメリカ艦に命中したが、たいした被害はなかった。日本軍は ḷū dieṅ cin 県全体に入った。

＊ベルリン市で教会の長数百名が、「全ての教会の loka saṅgha（Pasteurs）[牧師]は以後国の政府の命令に従うのをやめる」と宣言した。

1-6-2 [9月1日]水曜日

日本機7機が広東市の商店街を爆撃し住民を大パニックにならせた。本日日本軍は呉淞駐屯地を占領した。中国の方は兵を集めている。即ち18歳以上45歳未満で銃をかつぐのに十分な力がある者は誰でも兵になれる。

1-6-3 [9月2日]木曜日

日本は上海の中国軍を再び激しく攻撃した。外国軍はそろって共同租界全体の境界を閉鎖した。

＊<paris-midi>という名のフランスの新聞が、事実である情報として、"間もなくロシアが必ず中国と共に日本との戦争に参加する"と報じている。

1-6-4 [9月3日]金曜日

中国は呉淞駐屯地を奪回した。

強い暴風が香港県を襲い多くの財産を失わせた。

＊samudra <méditerranée>[地中海]沿岸でギリシャ国の商船1隻に魚雷が命中して水中で爆発したために同船は沈没した。この事件はイギリス国のロンドン市で多数の騒動を引き起こし、大臣は他の全ての件をさしおいてこの問題にかかりっ切りになっている。多くの<gazette>[新聞]が、「イタリア国がこの事件を引き起こした」として立腹している。フランスの属国であるモロッコ国では、深刻な旱魃が起こり、飲み水が十分にないことから住民10,000名が mīkaṇaeḥ 市で暴動を起こした。同国の鎮圧兵に抵抗して撃ち合いになり暴徒15名が死亡した。

1-6-5 9月5日日曜日

イギリスは重要な案件を植民地連盟の事務所に訴えようとしている。この会議では、samudra <méditerranée>[地中海]沿岸に接する全ての国々の代表が集まって会議をするが。イタリア国1国だけは参加しないと予測されている。

恐らくイギリスは、商船がsamudra <méditerranée>[地中海]沿岸を商用で航海中に緊急事態になった場合、各回それを守って助けるために全ての国の軍艦を集めたがっていて、[次のように]言っている。「以前からどの国の軍艦も自国の商船を守ろうと待機している。今回は、どの国という区別をせずに、全ての国の商船を守りに行かせる。それだけでなく、船に危険をもたらすあらゆる種類の事件をなくすように、考えを合わせて互いに協力するべきである。全ての国は、この海域に潜水艦を航海させることを禁じる協定を結ぶべきである。スペイン国は、政府側も反乱側も、双方ともこの協定を結ぶべきである」

＊イタリアは、「<havoc>という名のイギリス艦をひそかに雷撃したのは、恐らくスペイン政府の潜水艦である。事件を詳細に調査すれば、その潜水艦は多くの悪事を起こしていることがわかる」と立腹している。

1-6-6 バレンシア、9月4日

スペイン国で政府軍は paelsik 市を奪回した。政府の命令下にある全ての都市は、統合軍の兵がこの paelsik 市に入った時、皆そろって祭りをして喜んだ。そして、「まだ政府軍は戦闘で使う戦術を有しているのは確かである」と称賛した。なぜなら、この市を敵である相手が厳重に守備している時に、[占領される前に一生懸命守備していた]外国人軍が1軍、市民軍が１軍、兵士が1軍、この3軍が一斉に市内に突入して、それぞれ多数がその場で戦死したからである。この市は、戦闘の前は住民が3,600人いたが、今はほとんどゼロになっている。

1-6-7 ベルリン、9月4日

イタリア国首相であるムッソリーニ氏は、来る9月末にヒットラー氏を訪問に行く。国内の<gazette>[新聞]は、「このことは、[ヨーロッパ]大陸中に知れわたっている。このことが両国が互いにますます強く友情を持ち、両国の考えはどの点においても異なることがないことを示している。このようなことを行なって初めて大陸内の戦闘をなくすことが可能だからである」と大声で叫んでいる。両国の<gazette>[新聞]は、両国自身にむかつきを感じるほどの称賛振りである。

1-7 土曜評論

地方の市場の物価について

プノンペン市では、<le résident maîre>[市長]殿が dham 市場の中央に、政府が定めた売価に従わず、あまりの高価で売る売り手の商品の価格についての訴えの供述をとるための<bureau>[事務所]を設けた。

地方の州でも各州政府が購買者にこのような訴えをする道を与える措置を講じれば、恐らく売り手は商品の価格を現在のようにあまりにも高く値上げすることは敢えてしないであろう。

精米、薪、豚肉、牛肉、鮮魚、干魚、燻製魚、ニワトリ、アヒル、野菜、中国野菜、塩、魚醤、プラホック、砂糖、茶、蠟燭、線香、灯油、ガソリン、石鹸、絹布、サロン、クロマーなどの商品は、現在地方の州都では、どこでもほとんど2倍に値上がりしている。購買者は大変惨めである。何を購入しても全て規定を越えて高価になっていることを知っているのは事実であるが、どこの誰に訴えればよいかわからない。

もう1つ、我々は認識させなければならないのであるが、これらのことは、rājakāra <gouvernement général>[総督府]、国王陛下の政府、rājakāra <protectorat>[保護国政府]は既にずっと以前に政令を出して州政府に命令をしている。なぜ過去数ヶ月間、vatthu dael prajānurāstra trūv kāra jā pamphut(marchandises première nécéssité)[国民生活必需品]の価格表を市場、あるいは人が集まる所に掲げていないのか。この件は恐らくわがクメール民衆はまだ無学無知で、近隣の国民とは違って、まだ政府に法律通りに実行するように要求することを知らないからであろう。"ゾウが盲目の場合、ゾウ使いが[足で]つついて「指示を出してやらなかったら」ゾウはどこに行って『しまう』か。恐らくゾウは足環の回りをグルグル回るだけであろう。"

これらの物価については、州政府が国王布告と rājakāra <protectorat> jā dham[保護国政府]の命令通りに実行する場合、それほど難しいことではない。短い板を3-4枚持って来て鉋をかけて(tableau)[掲示板]にし、漆を塗って rājakāra <gouvernement général>[総督府]のリスト中にある、国民の生活必需品の名4-50を書く。それらの商品が値下がり、あるいは値上がりした時には、警察官1人にチョークを持って行かせてその価格を書き変えさせる。10<minute>[分]で仕事は終わる。売り手の方は、このリストの中にある価格で販売しなければならない。もっとはっきりさせたかったら、売り手にその価格を写すように指示し、皆が見えるように自分の商品のそばに置くように命令するべきである。

このようにすれば、恐らく売る人にも便利だし、買う人にも便利である。税金を集めて歩く人にも便利で、任務で監督しなければならない警察官にも便利であろう。

市場で働くクメール人

1-8 カンボジア国の教育局について

以前、国が貧しくなる前は、政府が学校を設立するのは簡単なことであった。即ち各学校に政府は、saññāpatra jān kaṇṭāl(<diplôme de fin d'étude primaire supérieure)[高等初等教育修了証書]を持っている教師を学校の各学年に配置した。そして、thnāk lekha 1(Cours Supérieur)「上級学年]にフランス人教師を配置し教育を担当させた。いくつかの学校では thnāk lekha 2(Cours Moyen)[中級学年]の教育を担当するフランス人教師がいたし、thnāk lekha 3 (C.Elémentaire)[初級学年]までフランス人教師がいる学校もあった。

その後、政府はフランス人教師を sālā jān krom(École primaire)[初等教育校]から全て引き揚げ、saññāpatra jān dāp(Certificat d'Etude primaire)[初等教育修了証書]を持つ人にそれらの学校で教えさせることが多かった。この階層の教師は thnāk lekha 5 [幼児級学年]から thnāk lekha 4[準備級学年] までを教えさせるのが適切である。校長をするフランス人教師1人さえいない学校もあった。

今や国は貧乏からようやく抜け出し、商業も楽になった。そのおかげで官員の数も増えた。それゆえ、政府はクメール人に慈悲を垂れるようお願いする。クメール教育局は極めて低く弱体で遅れているから、フランス人教師をクメール国の国立学校で教えるのに十分な数を雇用する、即ち rahūt tāṅ bī thnāk lekha 2 ḷaœṅ dau(à partir du Cours Moyen)[中級学年から上]全部にいるようにすることができるように、教育局に金をたくさん使って欲しい。

現在、中高等学校の高学年は、フランス人以外の外国人教師も教えていて、フランス語を話してもはっきりしない教師がいる。このことこそが生徒達を困らせているのである。学習も滞り速くは進まない。どうして生徒達に速く有能にならせることができようか。

1-9 教師である ū-ywwm 氏がフランス国の <médaille> assariddhi[シュヴァリエ章]という褒賞を受章した

<gouverneur général>[総督]殿がカンボジア国を視察に訪れた際に、9月7日に氏はシソワット中高等学校を視察に行き、すでに以前に<décret>[法令]が発表されていたがまだ受け取っていなかった、フランス国の assariddhi (Le croix de Chevalier de la Légion d'Honneur)[レジオンドヌール勲章シュヴァリエ章]という名の尊い勲章を、そこに集まったフランス官吏たちと、<gouvereur général>[総督]殿に随行してきた教師と官吏たちの中で、特級学年(classe terminale「最終学年」)のフランス語の教授である ū-ywwm 氏に授けた。

夕刻に、シソワット中高等学校卒業生友愛会の集まりで、氏の名誉のための喜びの茶会が催された。

nagaravatta は、ū-ywwm 氏が長年の間公務を果たしたことに対する素晴らしい褒賞である尊い勲章を大変喜び、氏が今後さらに幸福が増すようお祈りする。

nagaravatta

2-1　<thibaudeau> <le résident supérieur>[高等弁務官]殿が褒賞を受けたことについて

コーチシナ<gouverneur>[総督]である(Pages)氏[M.]が総督府から命令を受けて、すでにnagaravatta新聞が古い号で報じたように、[勲章の]授与が発表されてはいるが、まだ<médaille>[勲章][そのものは]受け取っていなかった<thibaudeau>氏に、grwaṅ issariyayasa <médaille> senā kruṅ <français>(Le croix d'Officier de la Légion d'Honneur)[フランス国レジオンドヌール勲章オフィシエ章]を授与した。

この高位の勲章を受けた<thibaudeau>氏は、<médaille> assariddhi kruṅ <français>(La croix de Chevalier de la Légion d'Honneur)[レジオンドヌール勲章シュヴァリエ章]をプノンペン市の<résident maîre>[市長]である(De Chicourt)氏[M.]に授けた。

nagarvattaはこの高位の2氏にお祝いを申し上げる。

2-2　雑報

2-2-1　金の仏像を盗んだ盗賊について

先の9月1日に、プノンペン市のmahāmantrī寺の上階の経蔵に安置してあった金の仏像7体が盗人に盗まれた。現在政府はまだその盗賊を逮捕できていない。クメール人仏教徒の尊敬の対象である仏像に、不遜にも害を及ぼしたこの不遜な盗賊は、極めて悪い心を持つ盗賊であり、政府はsœp <enquête>[捜査して]逮捕し、容赦なく厳罰に処するべきである。

2-2-2 1937年8月10日付<gouverneur général>[総督] prakāsa <arrêté>[政令]によると、サイゴンからḷuk niñ(ベトナム)、クラチェ、パクセー、ヴィエン・チャンを経由してルアン・プラ・バン(ラオス)に行くphlūv <colonial>[植民地道路]13号線は、"(René Robin) phlūv(Route)[路]"と命名された。

2-3　庶民の訴え

我々は庶民から、トウモロコシを売ることについての訴えの手紙を1通受け取った。事実この言葉の通りであるならば、この違法行為を行った者に罰を下すべきであると我々は考える。

それゆえ、我々は管掌部局が検討することを望む。「トウモロコシ栽培を行う人は<patente>[営業税]を払わなければならない」ということは聞いたことがないからである。

nagaravatta

1937年8月28日、プノンペン

私はnagaravatta <gazette>[新聞]に最も期待しています。このnagaravatta <gazette>[新聞]はクメール国民の代表であり、そして私は、この<gazette>[新聞]の中に、「クメール人に生計を立てて発展を手に入れるように」と説いて忠告し、そして役に立つことを政府に求めてくれているのをよく目にするからです。しかし、「役に立つこと」というのは全て、「都会の人、仕事をしている人々のためになること」で、田畑を耕す人は脅され騙されて惨めなままにされています。

この話は、先日dik ghlāṅ郡phlūv trī地区の畑作をする人2名が私の家に来て泊まり、そして下にある話を私に語って嘆いたのです。

私が行なっているトウモロコシ栽培は毎年まあまあの収穫があります。しかし、それを売ると得られる金は少しなのです。現在[トウモロコシを]まとめて買い上げるṭaṅkhauはtau[=「斗」を量る笊]で量るのですが、そのtauが大きすぎるのです。そして、[それで2回量って]thāṅ[=2斗]にし、[これを2回繰り返して]hāp[=60キログラム]にします。秤で重量を量るのではありません。以前は木の秤を使って量りましたが、政府が、「当地で作る木の秤は正しくない」と言って廃止し、政府の秤を使わせるようにしました。このtauが法律に従っていて正しければ何も苦情はありません。ですがこのtauは大きすぎるので、売るのを拒否した人たちがいて、その人たちはトウモロコシ粒を運んでプノンペンの中国人に売りに行きました。

これらの人たちがトウモロコシを運んで売りに行くと、プノンペンの中国人の方は(Patente)[営業税納付済み証]の提示を求めました。「<patente>[営業税納付済み証]がないと買わない」と言うのです。そしてトウモロコシの持ち主たちはトウモロコシを運んで帰って来て畑で売ろうとしました。畑の中国人の方は、トウモロコシを買うのにあまり良い顔をしませんでした。この中国人は、「農民たちがトウモロコシをプノンペンに持って行って売ろうとしたから、トウモロコシは買えない」と村長に言いました。村長は、「それでは私がそいつらを逮捕して<patente>[営業税]を払わせる」と答えました。この様子から見ると、村長とṭaṅkhauである中国人は共謀していることがわかります。だから[村長は]中国人が[例の大きい]tauで量ることを放置しているのです。

私たちがここに説明したことをnagaravatta <gazette>[新聞]は信じてください。私たちは作り事を言っているのではありません。nagaravatta <gazette>[新聞]は、どうか保護国政府に何回も大声で呼びかけて、警官を派遣して、dik ghlāṅ郡phlūv trī地区の畑を次々に調査させてください。同時にṭaṅkhauである中国人のtauも調べれば、事実私たちが言った通りであることがわかります。しかし、村長にこの件を調査するよう命令しないでください。村長がこの件の調査結果を報告することができた時には、すでに中国人と口裏を合わせているからです。

どうか、nagaravatta <gazette>[新聞]はこの件を黙っていないでください。

クメール人大衆

2-4 仏教の吉祥の日

本年9月5日日曜日は srābana[ママ]月の最後の日で、保安隊員たちが考えを1つにして、僧300人を駐屯地に托鉢に招いた日であった。<inspecteur>[司令官]殿と夫人[<madame>]が自ら食べ物を鉄鉢に入れて寄進した。さらに ñiep-nau-hul <adjudant>[曹長]殿と階級順に将校たちから兵士までとその妻子たち、驚くほどの大勢が食べ物や果物を鉄鉢に入れて寄進した。

同 <inspecteur>[司令官]殿は兵士たち全てから喜びの拍手を受けていて、[司令官に]不満を持つ者は誰もいず、愛する者ばかりである。たとえば保安隊当局が手配して月に2度、仏教研究所から説法僧たちを招いて駐屯地で説法してもらうなど、氏はこのような祭りを何回も行なってきている。同 <inspecteur>[司令官]殿は大きな関心を持っていて、毎回夫人[<madame>]と息子1人を連れて来て座って説法を聞いている。さらに氏はクメール語がかなりできるので、説法を聞いてその内容がわかるのに十分である。兵士たちも心が清くなり悪い心を捨て、説法を聞いた力で善悪がわかるようになり、以前のように悪事を行うことがなくなった。

一方 laṅkā 寺の方でも、同日優婆塞や寄進をする人々が米、魚、肉、野菜を持って集まって僧に寄進した。そこへ rājapamrœ であり、王宮内の学士院の副院長である hluoṅ vijien prījā (yim) が国王陛下の命令で、laṅkā 寺住職であり、パーリ語学校校長でもある braḥ sirīsammativaṅsa に、「陛下は自動車で[通りかかって]保安隊駐屯地に托鉢に行く僧たちが、故僧王、名は (dieṅ) が定めたしきたり通りに spaṅ cībara kātを身にまとって肩に掛けているのを見て、とても満足なされた」と告げた。さらに、hluoṅ vijien prījā は、「王宮内で陛下が、『僧に cībara kāt thner mūlをまとって肩に掛けることを禁止していないし、仏教に従って律を学ぶことも禁止していない』とおっしゃった」ことを話した。

陛下は仏教が栄えること、等々を望んでおり、その時[laṅkā]寺に集まっていた人々は、陛下のこのお言葉を聞いて嬉しくなり、陛下を祝福し、善業をお贈りして陛下が長寿に恵まれ、仏教を支援して、陛下が翻訳し出版することをお許しになった三蔵経に正しく従って繁栄させてくださるよう、祈った。

この日は、日曜日と戒律日が一致したこと、兵士たちが集まって寄進をした日であること、優婆塞たちが集まって laṅkā 寺で寄進をした日であること、hluoṅ vijien が陛下のお言葉を braḥ sirīsammativaṅsa に伝えた日であること、この4つ[の奇跡]が重なった日であった。

それゆえ、国内のすべての僧たちに、[派によって]行いは互いに少々異なるとは言え、争うことなく真心から心を1つにするようお願いする。

premalakkhaṇa

2-5 忠告

(<gazette>[新聞]33[ママ。「34」が正しい]号[2-4]から続く)

もし皆さんが商業をしたければ、品物について、「我々の品物は他人の品物より良いか」を知り、人々について、「人々は我々の品物を好むか」を知り、まず最初に自分について、次に妻子と使用人について知り、まだ不足の点があれば改めなければならない。我々は、「我々が商業で友情を結んでいる商店主たちは良い品物を持ち、我々がそれを仕入れてきて国内で他より良く、安く売っているか」を知らなければならない。「我が国内の人々は何を好んで使うか」を知らなければならない。そして、「その品物を我々が持っていることを人々に知らせるためには、どのようにしなければならないか」を知らなければならない。我々は、客の相手をして売らせるために、信頼でき、考えも態度も礼儀正しく謙遜で、人々に好まれる人、言葉に活気があり、滑らかな人を探して獲得しなければならない。

普通、言葉に活気があり、滑らかな人には嘘を言って騙す人が多い。しかし言葉に活気があって滑らかで、かつ正直な人もいることはいるが、とても少ない。我々は必ず見つけなければならない。

我がインドシナ国とフランス国は、我々クメール人が商業を行う友情を結ぶのが容易である。誰もが他の民族と友情を結ぶのに十分なフランス語を知っているからである。

もう1つ、貧しい皆さんも商業をすることができる。我々が少し商業をすると、商業に慣れ、しばらくすると関心[ママ。原語は「œbœ」。この記事の筆者はコーチシナのクメール人であり、クメール語が少し変である。恐らくこの語を「恥ずかしさ」の意味に誤用している]を消し、商業に満足するようになる。

私はプノンペン市でもサイゴンでも大商店主と知り合いである。以前この人達は貧しくて苦労していた。商売をするようになって長くたつと、この仕事が収益を与え、商店主にまでなることができたのである。

我々クメール人は業果を信じる。私は、「それは正しい」と言う。しかし我々に[善業の]報いがあるにしても、我々が座って何もしないでいると、流れ込んで来はしない。

もう1つ、商業に従事する人は戒律を守り喜捨をしてよい。[商人は]座って何もしないでいて、「私は何も悪業がない」と言うのではない。我々の心が悪業を積んでいると、蚊帳の中に入り、さらに毛布を被って寝ても悪業は入って来ることができる。とても怠惰で何も仕事をしないでいる人は、悪業はもっとたくさん入って来る。

最後に、貧しい皆さん、これら全ての言葉をよく考えてください。そして、皆さんに忠告してあげる私に不満を持ち、腹を立てることをしないでください。

sīv-pāv

3-1　インドシナ国政府宝籤の抽籤

9月9日に、インドシナ国政府は第2回クメール国宝籤の抽籤を行った。当籤した籤の番号と本数は次の通りである。

末尾の2つの数字が 38 と 00 の番号の籤はいずれも10リエルに当たり。

末尾の3つの数字が 282 と 135 の番号の籤いずれも50リエルに当たり。

100リエルに当たった籤は60本ある。即ち、

［6桁の番号80個のリスト。省略］

1,000リエルに当たった籤は8本ある。即ち、

［6桁の番号8個のリスト。省略］

大賞に当たった籤は263,467の番号の籤1本で、4,000リエルに当たり。

3-2　間隙にあってまだ施行されていない勅令

1935年4月5日付国王布告第69号は下のように許可している。

『1条のみ』この布告に国王の署名がなされた時に、陛下は、フランス語－クメール語学を担当する教師に、下のリストに示された宮中での位階と高等官としての官等を与える。

職位と等級　　官等と位階

特級主任教諭
1級主任教諭
2級主任教諭
3級主任教諭
4級主任教諭

［以上は］oknã、位階は 7 hūbān

1級教諭
2級教諭
3級教諭
4級教諭
5級教諭
6級教諭

［以上は］braḥ、位階は 6 hūbān

7級教諭
8級教諭

［以上は］hluoṅ、位階は 5 hūbān

1級主任助教諭
2級主任助教諭

［以上は］hluoṅ、位階は 5 hūbān［同上］

3級主任助教諭
4級主任助教諭

［以上は］ghun、位階は 4 hūbān

1級助教諭
2級助教諭
3級助教諭
4級助教諭
5級助教諭
6級助教諭
7級助教諭
8級助教諭

［以上は］hmwwn、位階は 3 hūbān

この国王布告が出て以来、カンボジア国の全ての教諭と教授はまだこの国王布告通りの位階と官等を受けていない。（官等はこの布告の通りの位階だけを得るのではない。即ち官等は、たとえば［かりに mak という名の1級主任教諭は、このリストにある oknã だけを貰うのではなく、さらにたとえば camṇān vijjā という欽賜名も貰って］oknã camṇān vijjā（mak）、［uttama vijā という欽賜名を貰った1級教諭のkuyならば］braḥ uttama vijā（kuy）、［oknã sobhaṇaという欽賜名を貰った7級教諭のgimならば］hluoṅ oknã sobhaṇa（gim）というように、はっきりと示さなければならない。）

nagaravatta は政府に上の国王布告の通りに実行するよう願う。

3-3　［32号3-3と同一］

3-4　［34号4-1と同一］

3-5　［8号4-3と同一］

3-6　［建物の正面図があり、その下に］本堂の正面図

［本文は34号3-3と同一］

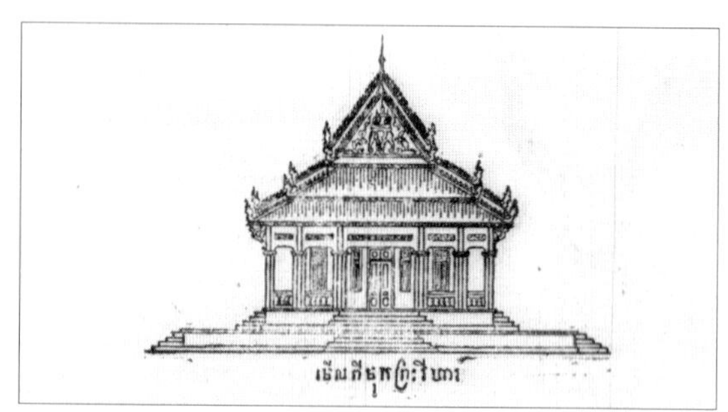

4-1　［33号3-4と同一］

4-2　［11号3-2と同一］

4-3　［11号4-2と同一］

4-4 ［26号4-5と同一］

4-5 ［絵がなくなったこと以外は、8号4-6と同一］

4-6 ［35号4-8と同一］

4-7　金の価格

プノンペン市、1937年9月11日

金 1 ṭmliṅ、［即ち］重量37.50グラム

価格	1級	100.00 リエル
	2級	95.00 リエル

4-8 ［34号2-1と同一］

4-9 ［35号4-11と同一］

4-10 ［35号4-12と同一］

4-11 ［29号4-10と同一］

Samedi . Septembre 1937

Directeur
PACH-CHHŒUN

HEBDOMADAIRE PARAISSANT TOUS LES SAMEDIS

(Boite Postale N° 44)

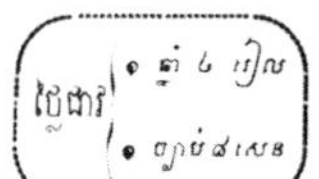

第1年37号、仏暦2480年9の年丑年 bhadrapada 月上弦13日土曜日、即ち1937年9月18日

［仏語］1937年9月18日土曜日

1-1　［仏語で「私書箱 No.44」と「社長、PACH-CHHŒUN」が加わった以外は8号1-1と同一］

1-2　［デザインが少し変わった以外は8号1-2と同一］

1-3　［デザインが少し変わった以外は8号1-3と同一］

1-4　［8号1-4、1-5と同一］

1-5　<brévier>氏のカンボジア国訪問の周囲

［仏語］［上と同じ内容］

［ク語］クメール国民は、2回目のクメールの地を踏んだ植民地の長である<brévier>氏を非常に喜んだ。氏が種々のことからの苦しみをなくして、クメール国を近隣の国と同様に楽に豊かに楽しくするために来訪したと期待しているからである。氏は国内の政治と経済を自分の目で確かに見るために、<thibaudeau> <le résident supérieur>［高等弁務官］殿と、毎日1人ずつ交替して案内した高位のクメール官吏などの随行の者と共にクメール国の全ての都市を訪れた。

nagaravatta は、もし<brévier>氏が、大変貧しい、あるいは干ばつが起こって土地が干割れしたり、水位が上がって水没して、住民が生命を養う生業をなくして飢えている小さい所や地域でも止まって氏の目で確かに見ると、恐らく氏はインドシナ諸国の中の他の国よりも貧しく惨めなクメール人に対して慈悲心を持ったであろうことは間違いない。なぜなら、氏は満たすべき不足があること、即ち改善して苦しみを軽減するべきことをはっきり見ることができたからである。

普通、前の<gouverneur général>［総督］であった<briand>ūd氏にせよ、<justin godart>氏にせよ、現在着任したばかりの <brévier> <gouverneur général>［総督］殿にせよ、高官が我が国を訪問したり、視察に来たりすると、現地国政府の代表はきちんと美しく清潔に整えられてある大都市にだけ迎え、すでに美しくて豊かで楽しい所に案内することが多くて、まだ整備されていない場所や貧しい場所に案内するのを見たことがない。プノンペン市では王宮や大寺院や美術工芸学校やその他の政府庁舎、最近完成したばかりの phsār dham［＝phsār thmī］を見せて、清潔でない場所あるいは、まだ清潔にしていない所、たとえば人口密集地区の真ん中にあり、臭気がプノンペン市全体を覆い、あらゆる種類の不潔なものが集まり、ボウフラと蚊とネズミの大陸と化し、プノンペン市の住民を殺したり中毒させたりする<microbe>［細菌］を培養している場所である paduma 寺の前の池を見せることを忘れている。

nagaravatta

1-6　医学について

わがクメール国には、クメール人医師がいるのは事実であるが、全て政府に勤務していて、まだ他の民族のような民間の開業医はいない。nagaravatta 新聞は、医務局は医務官に政府外で患者を診察することを厳しく禁止し、開業医にのみ［診察することを］許しているという情報を耳にした。このことは我々は全く承服できない。なぜならば開業医は全て他民族でクメール人は1人もいない。さらにクメール人患者は西洋医学をあまり信じていない。線香1束と蠟燭1本とを持ってクメール人の水や唾液を吹きかける医者を訪ねるのが習慣だったからである。現在、クメール人は西洋医学を信じる者が増えつつあると認められるが、多くは同じクメール人だけを信頼する。ベトナム語を知らないし、さらにベトナム人はクメール語を知らないから、ベトナム人［医師］へはあまり行こうとしないで、多くはフランス人医師に行くがフランス語は知らない。

現在、クメール人が重病にかかったら、どこに通訳を探しにいけば間に合うのか。現在はクメール人医師に往診を頼みに行っても、政府が極めて厳しいから敢えて来ようとはしない。この件について、政府は、政府に勤務するクメール人医師に政府外でクメール人の病気を治療する許可を与えてほしい。他民族の[政府]医師は、すでに[同民族の]開業医がいるのだから、どうぞ厳しくしてください。クメール人医師には、慈悲心でこのお願いの通りに許可してほしい。もし慈悲心を持って許可しない場合は、クメール人はきっと昔のように[繁栄からは]ほど遠くなってしまうことは間違いない。

nagaravatta

1-7 諸国のニュース

1-7-1 9月6日月曜日

日本軍は tāṅ guon tuṅ に到達した。

＊ロシアと日本の国境で騒ぎが起こった。ロシア軍艦1隻が日本の漁船1隻と、[その漁船の]漁夫を救助しようとして来た<canot>[小汽艇]を拿捕したからである。

＊スペイン国の政府は、「政府が反乱軍と戦うことができるために、国民に金製品とその他の価値のある製品を政府に供出するよう」布告を出した。

1-7-2 [9月7日]火曜日

日本軍3,000名が下船して上海に上陸した。香港から広東県に航海中のイギリス商船"taisān"が、中国に武器を運ぶのではないかと疑った日本艦に2回臨検された。現在日本艦が中国を包囲していて、商船は商業航海ができない。

1-7-3 [9月8日]水曜日

アメリカとイギリスは、「もし日本が同両国の船に何かの事件を起こしたなら、両国は協力して軍艦で日本国を包囲し、出入りして商業を行うことができなくならせる」と述べた。

＊中国は宝昌市を奪還した。

＊負傷したイギリス大使について、日本は、「大使が自動車で紛争中の地域に入ったからである」と言って非を認めようとしない。

1-7-4 [9月9日]木曜日

日本軍は万里の長城を越えて dieṅ jīn sān で停止した。

1-7-5 [9月12日]日曜日

<同盟>電。日本軍は現在 ḷū dān cin 県に集結している。同県は、cāṅ hāy 市を守備するために中国軍を配置してあって大変堅固だからである。

もう1つ、天津から浦口までの鉄道線路に沿って日本軍は昨夜、中国第37軍と第38軍を追い払い、同中国軍は商業地区 māk cāṅ を放棄して逃げた。敗れた中国軍はそろって南に逃げ、日本兵はさらに追撃している。

＊上海市の北、pāv sān 県から lī tū 県まで、揚子江岸に沿って15キロメートルの長さにわたって戦闘が行われている。上海では砲声が大きく聞こえ、かつ村々では火災が起こっている。

呉淞海岸ではもう1ヶ所戦闘が行われている。同所では日本軍が gī yaṅ vān 県に攻め入るために中国軍を一生懸命側面から砲撃している。日本軍機が空を暗くするほど[多数]飛行して、gī yaṅ vān と呉淞の中国軍を銃撃している。昨夜中国機3機が日本艦1隻を爆撃し大破させた。日本は、「この報道は捏造で事実ではない」と述べた。北の停車場で日本軍が中国軍を攻撃したが侵入できなかった。kām bhlœṅ tūc (mitrailleuses) [機関銃]が互いに応戦する音が途切れることなく耳を聾して聞こえた。「日本軍は8キロメートル前進して突破し、天津[ママ]に到達した」という噂がある。

1-7-6 9月12日

<havas>電。中国はすべての事件を植民地連盟に持ち込み、「日本が植民地連盟協約第17条に違反して中国を侵略した。日本がこのように敢えて不法暴力行為を行うのは、中国1国だけのトラブルではなく、全世界の平和に騒動を起こす」と提訴した。

＊イギリスの<gazette>[新聞]によると、中国は張家口県を日本の手から奪還した。

＊上海でコレラが多数発生した。dī nānā pradesa (Sehlment [ママ。「Settlement」が正しい) [共同租界]で500名、フランス租界で300名が罹患した。この病気はますます激しくなりつつある。住民たちは大変惨めである。現在日本軍にも罹患者がでている。

＊日本国は南部を台風が襲い、25名が死亡、100名が負傷、家屋3,000棟が損壊した。九州島では高さ8メートルの波が押し寄せて岸を越え、引く時に多くの列車をさらって行った。

＊噂では、中国政府は中国人将兵に賞金を与えることにした。

日本人に危害を加えた者には以下にある賞金を与える。

大型軍艦1隻	50,000 riel <dollar> (Dollar chinois)	[中国元]
小型軍艦1隻	10,000	[同上]
航空機1機	500	[同上]
戦車1輌	400	[同上]
将軍1名を殺害	100	[同上]
裏切り者1名を殺害	50	[同上]
兵士1名を殺害	20	[同上]

1-8　土曜評論

民衆の嘆き

プノンペン市および地方の州の政府部局の官員たちに対して、「今、舟税やbandha <carte>[人頭税]を納付しに行くと、それぞれの<bureau>[役所]で、thīがぐずぐずと仕事をして、すぐにしようとはしないので、半日か1日か2日待たなければならない。たとえ他に何もする仕事がなくても、わざわざぐずぐずして時間をかける」と言って嘆く大勢のクメール人に会う。もう1つ、後で行った人を先にすることもある。なぜだかはわからない。なぜ貧しい、苦しい人のことを考えないのか。彼らは、生計を立てるために家で働く仕事を犠牲にして金を持って税金を納めに行く。彼らが生計を立てるために家で働く時間を失っていることを、どうして考えないのか。1人1人が税金を納めてしまうのに1日か2日を失い、さらに待つ費用もたくさんかかる。このような様子であると、生命を養うために働く時間をどうやって得ることができるのか。

もしその官員が他の民族の人ならば、「我々クメール人にうんざりしている」と言うこともできる。だがクメール人のthīがいるではないか。どうしてそのようにのろのろと処理手続きをするのか。我々は我々の民族を愛さなければならない。仲間が何かの税金を納めに来たら、心を込めてその用件を受け付け、その人にさっさとしてあげるべきであり、のろのろするべきではない。

我々が上に述べたことは、すべてのthīを指しているのではない。即ち自分の民族に心を込めて関心を持たないthīにだけ言っているのである。そして、我々は、身に覚えがある人に直接話して、これ以上問題にする必要はないと思う。

nagaravatta は官員に、金を持って政府に税金を納めに来た民衆を気の毒に思って心を込めて関心を持つようお願いする。彼らが必要としている事柄を、ゆっくりではなくさっさとしてあげてほしい。彼らは我々の民族よりもよく頼れる人は他にいないからである。上で私がお願いしたことは、もし頑固に[受けいれずに]同じことをする場合には、我々はこの悪事を行なっている人の名を出して、全ての人に知らせる。

nagaravatta

1-9　宗教について我々の考えはどうであるか

多くの人が、「仏教の両派について私がどの派を信じているか」と疑問を持っている。「私はトアムマユット派を信じている」と言う人もいるし、「私はモハーニカーイ派を信じている」と言う人もいる。私はこの際全ての仏教信者に、「私はどちらの派も信じていない」と述べて終わりにする。このように私が中立の立場にいるのは、「それぞれの派を信じている人は、同民族人を互いに争わせ、全ての人に生計を立てることをできなくさせ、仏教も滅ぼすに至る」と私ははっきり理解しているからである。このように理解するので、私は当初から宗教について話すことを避けるべきであると心を決めていた。そして、私は今まで片時もそれるることなく口を閉ざして来た。

この<gazette>[新聞]を創刊した時から、私はただ1つのことを望んできた。即ち全てのクメール人を協力させ、派を無くすことだけを望んだ。たとえいずれかの派を信じていようとも、我々人間は全て互いに異なる考えを持つものであるから、自分たちと異なる考えを持つからと言って他の派の人に腹を立てるべきではない。我々は全て同じ人間だからである。

全ての仏教信徒に、「この宗教を繁栄させたかったら、それぞれ各人の考えに従って行動するべきであって、つついて互いに争い合わせるべきではない。つついて争いをおこさせる人は全て仏教の敵であるということを知るべきである」ということを注意し、知ってほしいと思う。

それゆえ、仏教徒は、<conseil> senāpatī[大臣]殿全てが国王陛下にお願いし、陛下が後[＝3-1]にあるようにお許しになったことに従って行動するべきで、そうすれば述べて来た nagaravatta の望みに反しないし、「カンボジア国王陛下は、どちらがどちらと区別せず、仏教の基礎である三蔵経に正しく従って信じることを望んでいらっしゃる」ということを仏教徒に広めるために、[この号の]3ページ[の3-1]でお知らせしたことにも適合する。

1-10　私立 sālā <lycée>[中高等学校]設立のために投資する志のある人へのお知らせ

清い心を持ち、私立 sālā <lycée>[中高等学校]設立に参加してくださる手紙をくださった方々にお知らせします。

私が受け取った手紙は全て帳簿に名前を登録しました。投資を登録するために送って来た手紙は、時間を探して読んでも尽きることがないくらいひっきりなしに到着しています。投資を志望した金額は6,000リエルになりました。今のように皆さんが流れ込むように投資を志望しますと、この仕事はきっと必ず望み通りに成功します。皆さんがぐずぐずして遅くなり、[設立]手続きに支障が生じないようにしてください。

もう1つ、私はそれぞれの方に返事の手紙を書く時間がありませんので、上に簡単に皆さんの手紙全てへの返事として述べた言葉だけで私をお許しください。

今すぐ支払いたいと言う方の金は、私はまだ敢えて受け取ることができません。まだ政府に許可を申請していないからです。[設立を]実行するのに十分な金が集まってから、法律上の許可を申請します。

pāc-jhwn

2-1　民族の団結が失われることの害について

（<gazette>[新聞]35号[2-1の手紙]の続き）

仏陀の予言は、「神が来てクメール人に団結を失わせ、

［クメール人は］分裂してから発展する」と述べている。このような話は真実であろうか。何の神がやって来てクメール人にこのような大きい苦痛を受けさせるのだろうか。実を言うと、これは真実のようである。なぜならば、現在クメール国全体は仲良く互いに友情を結ぶよりも分裂することを好んでいるからである。我が国は昔からアジア大陸に名があった国の1つであり、クメール国は有名な大王国であった。現在は、かつて我々の奴隷であった国にかなわない。わずかな発展もなく、どんなにか悔しく、他国に恥ずかしいことか。ああ、クメール人よ。クメール人である我々全てに言うとしたら、たくさん言う必要はない。"sukhā saṅghassa sāmagī［注。これはパーリ語］"、訳すと「団結が仲間を幸せにする」とだけ言えば十分である。

我々の周囲にあるものは何であれ、我々は多く、美しくすることを考える。「小」から始めて「大」を求める。たとえば家長は、妻子や家族に団結がなかったら、その家長は大きい苦しみを持つ。もう1つ、村長は、村民に団結がなかったら、その村長に幸福はない。ひいては国は、国民に団結がないと発展を求めても得られない。王は、人々に団結がなく協力し合うことがなかったら、王に幸福はない。これら全ての例は、クメール人に、「団結を失うことは大きい害を生む」ということを説明してわからせる。このようにクメール国全体が周囲の人々に見下されているのは、団結を失っているのが主要な原因である。たとえば家長は、妻子が互いに分裂していたら、周囲の人々に見下されるのは明らかである。(ナポレオン3世)がドイツの偉人ビスマルクに戦で敗れたのは、「国民が王をあまり敬愛していない」ことをビスマルクが知っていたからである。王が"<pompadour>"夫人［madame］を深く愛し、国のことを忘れ、考えなくなるに至ったので、フランス国は(République)［共和国］を宣言した。それ以来、フランス国は分裂し世界中の国に恥をかいたのである。なぜであるか。団結を失なったからである。現在我々がよく知っている中国人も、国を守る武器を十分に持ってはいるが、それを恐れる国はない。

(まだ後の週［＝38号3-1］に続きがある)

2-2　アンナン国からの手紙

balasiksā(kāra hāt prāṇa(Éducation Physique))［体育教育］について述べる

ベトナムの(Pham quynh)という名の大臣の熱心な努力で、バオダイ王立図書館で会議が開かれ、教師たちがフエ市に来て体育教育の方法を学び、試験を受けて首尾よく合格した。

今回<pham quynh>大臣との会議には、フエ市体育局長である(Rousselot Pailley)少佐殿の顔が見え、［少佐は］体育教育の方法の教育と、人々が愉快に暮らせるようにする助言をする学問知識とについて称賛の言葉を述べ、教師たちに、「人々が将来長生きすることができるために、この方法に大きい関心を持つように」という助言があった。

この会議で、ベトナム国教育局の局長である(Lafferanderie)氏が<pham quynh>大臣の近くにおり、ベトナム国王の<conseil> senāpatī［大臣］すべてが会議に参加し、この会議を輝かしいものにした。

最後にベトナム国王代理である大臣が grwaṅ issariya yasa jhmoḥ assariddhi(Croix de Chevalie du Dragon d'Annam)［アンナン国竜勲章シュヴァリエ章］という名の勲章を、体育教育の方法に従っての身体の内外のケアについて、疲労を惜しまず心を込めて説明をした(Khoi)医師殿に授与した。

2-3　仏像開眼式と遺骨埋葬式

adhipatī <conseil> senāpatī［首相］である samṭec cau fā vāṅ vara vieṅjaya (juon)は、夫人［loka jamdāv］と令息令嬢と共に、仏教に強い報恩の心と感謝と清い心で、プノンペン市の自宅で仏像開眼式を行い、それから彼岸に旅立った両親に追善供養をするために両親の遺骨を行列してコンポン・チャム州 kambaṅ traḷāc 郡 kambaṅ tā jes に行き、埋葬した。

1937年9月13日月曜日に式を始め、同月19日日曜日に遺骨と仏像をプノンペンから kambaṅ tā jes まで行列して運んで式を終えると定めた。

この7日間の式で、毎夕僧が経文を唱え、毎日踊りと僧への食べ物の寄進があり、フランス、クメールの高級官吏たちへの宴がある。

nagaravatta は samṭec と夫人［loka jamdāv］が両親の恩を想い、恩返しとして財産を喜捨した善根を共に喜び、諸神々に追善して samṭec と夫人［loka jamdāv］と令息令嬢に発展を与えてくださるようお祈りする。

nagaravatta

2-4　政府の新事業について

我々は、1936年6月から1937年6月までの間の政府のクメール国支援事業についてのレポートを1冊受け取った。我々は、フランス政府は全てのクメール国民に利益があるようにと考えて、一生懸命真剣に努力したことが分かった。我々がこのように言うのは、昨年国境を接する国のほとんどで騒動が起こった時に、クメール国民は生計を立てるのが楽になり幸福と安寧を享受したと理解するからである。これまでに行なわれた事業は全て良いものばかりであり、フランス政府は、今後も一生懸命努力を続けることを知っている。

昔は、フランス政府はクメール政府官吏をまだ物事が分からない子供扱いをした。［クメール政府の官吏に］何か仕事をまかせて自分でさせようとしても、へまをすることが多かった。それゆえ、当時はほとんど全ての政府部局でフランス政府官吏がクメール政府を監督していた。

現在、(Thibaudeau)氏が来て保護者になって以来、我が国は多くの点で以前とは様子が変わった。フランス政府とクメール政府とは互いに少しずつ信頼感を持ちつつあり、クメール国民も両政府に期待を持っている。

最も変わったのは、フランス政府はクメール政府官吏たちに、それぞれが自分の考えで仕事をする権限を与えようとしていることである。責任は全て当人にあり、フランス政府は道を導き、正誤を検討するだけで、以前のように上から監督することをやめた。権限はまだ全てがまかされているのではないが、それは古くからの習慣がまだたくさん残されており、さらにクメール政府官吏のある者はまだ自分の職務をはっきりとは理解していず、政府は自分を月給を受け取るだけのために任命したと誤解していて、国民のためになるように働くために雇われているということを理解していないことが多いからである。自分をあまりにも卑下していて、呼吸をするのさえ、まず許可を求める人もいる。そして自分の利益だけを考え、国民の利益を考えない人もいる。しかし、このようなタイプの官吏は数は少なく、この人種の多くは寿命が短いから、我々はあまり心配する必要はない。

フランス政府がこのように鼻輪を外そうとしているのは、現在自分の任務をよく理解しているクメール政府官吏が増えつつあることを知り、さらに自分で仕事をするようにまかせた時に手腕があることがわかったことによる。このようにわかったので、フランス政府はクメール政府官吏を物事の判断がつく大人扱いをし、以前のように子供扱いをするのをやめて、権限を少しずつ与えた。「職務を知る」ということをどのように理解するか。この語の意味は、「国民のために一生懸命仕事をして名声を得ること」であり、nak 州知事と呼ばれたスヴァーイ・リエン州の yā、あるいはフランス国の stavisky のように、民衆を虐げるために任命されたのではないということである。

現在は地方の州にも自分の任務を完全に理解している官吏が行政部にも、司法部にも多くいる。krum <conseil> senāpatī[内閣]にも職務を理解している官吏がいる。smien のように、他からの命令を待つだけで、自分で判断する勇気がない人もいる。このように仕事をするのは国民のためにはならない。役所に出て名だけ働き、顔だけ見せ、月給が支給されるのを待つだけの人もいる。

クメール国民を代表して、nagaravatta はフランス政府に大変感謝する。そして、クメール人が他と同じように繁栄するように、政府が今後も一生懸命努力してくれると信頼している。

nagaravatta

3-1　カンボジア国王

braḥ pāda samṭec braḥ sīsuvatthi muṇīvaṅsa cam cakrabaṅsa harirāja paramindhara bhūṇai krai kaev fā suḷālaya[シソワット]カンボジア国王の命令とお言葉

カンボジア王国政府<conseil> senāpatī[大臣]大閣議は、王国内の出家および優婆塞を含めて全ての仏教信者である全ての王族、全ての高級官吏、全ての国民に対して規定を定め、これを知らせる。

クメール人が、モハーニカーイ派あるいはトアムマユット派を信じている仏教を、陛下は仏教の基礎である三蔵経の純正さに正しく合うように、そして国民に常に幸福があるように、常に保護する。それゆえ、陛下は仏暦2472年1の年巳年 bhadrapada 月上弦14日火曜日、即ち1929年9月17日付の命令とお言葉で、全ての仏教徒に、モハーニカーイ派は故(dieṅ)モハーニカーイ派僧王が定めた規則、トアムマユット派には故(pān)トアムマユット派僧王が定めた規則、これら2つの規則は幸福を得るように定められてずっと典拠になってきたのであるから、この規則に従い、三衣などを間違えてまとうことがないようにと定めた仏暦2461年0の年午年 assuja 月下弦1日月曜日、即ち1918年10月2日付国王布告第71号に従って実行するようにお定めなさった。

上述の国王布告とお言葉は、絶対的な決定であり、仏教の様子の何らかの変更は、<conseil> senāpatī[内閣]に届けて検討を受け、さらに国王陛下に申し上げなければならず、国王が許可なされれば実施することができる。もしこれに従わず、違反した者は、審理の上厳しく罰せられる。

その後、国内の秩序を守るために、上に思い出させてある禁止を廃止する国王の命令はまだない。

陛下は rājakāra <protectorat>[保護国政府]と陛下の政府とに同意して、仏教に関する真実を広めて[仏教を]繁栄させるために、仏暦2472年1の年巳年 migasira 月上弦13日土曜日、即ち1929年12月14日付国王布告を出して、1つの委員会に三蔵経をパーリ語からクメール語に翻訳し、法蘊8万4千(84,000)編全てを本にして出版して、正等覚が清い心の生命のあるもの全てを彼岸、即ち涅槃に導くために記しておいたことへの灯明として望み通りに学ばせて、陛下の保護の下にある国民たちが外国に仏教を学びに行ったり、高貴な聖典を外国から購入する心配がなくなるようにすることを許可なされた。このことは、陛下の規定に忠実である国民が[三蔵経出版の]巨費をまかなうための寄付の呼びかけに応えることができるように定められたものであると理解され、称賛するべきものである。[三蔵経は]律蔵はすでに13巻にわけて出版し終わり、経蔵57巻はすでに20巻が出版されていて、残りを出版しようとしている。論蔵は30巻で、合計100巻になる予定である[注。1960年代末か1970年代初に出版が完了したものは全120巻]。そして最も重要なことは、高い教育は仏教を発展させるためと、英知を発展させるために有用であるから、遅れることなく完成させることである。

仏暦2480年9の年丑年 srābaṇa 月下弦5日金曜日、即ち1937年8月27日付国王布告第187再号による結集会を設置するのは、モハーニカーイ派と三蔵経との間の種々の相違を検討するためである。

陛下は <le résident supérieur>[高等弁務官]殿および <conseil> senāpatī[内閣]と話し合って同意した。

<conseil> senāpatī[内閣]の奏上により、陛下は以下のように許可する。

第1条。カンボジア国内のモハーニカーイ派の出家は、現在すでに出版されている三蔵経内の「仏陀の許し」通りに[三衣]をまとい、鉄鉢を携行すること。[このことは]寺にいる時でも王宮に入る時でも、歩いてどこに行く時でも、陛下は許可なさる。

第2条。モハーニカーイ派の全ての注解あるいは方法については、出家あるいは在家が昔からの通りに行うことを望む場合には、陛下はその信じる考えによる希望を尊重し、それを変更することを強制しない。しかし、三蔵経にある内容に正しく従っている出家あるいは在家を非難してはならない。

第3条。モハーニカーイ派のいかなる出家も在家も三蔵経を学び知り実践することができる。しかし、昔の習慣に従う仏教徒を非難してはならない。彼らの自由にさせよ。将来三蔵経を守るようになることもあり得る。

互いに非難し合い、あるいは強制し合って、争いあるいは僧団を分裂させることを絶対的に禁止する。

第4条。いかなる寺においても、古い規則を守る出家あるいは在家が、三蔵経の規則を守る出家あるいは在家より多くいても、少なくいても、あるいは同数いても、今後同一寺内で争い合ってはならず、郡僧侶長に訴えて和解させること。和解が成功しない場合には州政府に送り、州政府は内務・宗務省大臣に送り、審理させ正義を求め適切に解決すること。

第5条。この「陛下のお言葉」内の国王の規定以外、及び三蔵経内の仏陀の定め以外に、恣意的に変更したり学習したりすることを絶対的に禁止する。

第6条。本国王の命令に対する違反は、出家の場合は還俗させて以後の出家を禁止し、在家の場合は審理の上、法に基づいて処罰する。

第7条。プノンペン市においては内務・宗務省大臣が、州においては州知事がこの王の命令に従うように監督すること。

王の命令とお言葉は、仏暦2480年9の年丑年 srābaṇa 月下弦9日火曜日、即ち西暦1937年8月31日に catumukha 王宮内で作成された。

sīsuvatti muṇīvaṅsa

3-2 [32号3-3と同一]

3-3 農産物価格[「金の価格」は4-8]

プノンペン、1937年9月16日

籾	白	68キロ、袋なし	3.65 ~ 3.70リエル
	赤	同	3.55 ~ 3.60リエル
精米	1級	100キロ、袋込み	9.15 ~ 9.20リエル
	2級	同	8.25 ~ 8.30リエル
砕米	1級	100キロ、袋込み	7.25 ~ 7.30リエル
	2級	同	6.25 ~ 6.30リエル
トウモロコシ	白	100キロ、袋込み	[記載なし]
	赤	同	8.30 ~ 7.50リエル
コショウ	黒	63.420 キロ、袋込み	16.25 ~ 16.75リエル
	白	同	26.25 ~ 26.75リエル
パンヤ	種子抜き	60.400 キロ	32.75 ~ 33.25リエル

＊サイゴン、ショロン、1937年9月15日

フランス国籾・米会社から通知の価格

ショロンの<machine> kin srūv[精米所]に出された籾 1 hāp、[即ち]68 キロ、袋込みの価格は以下の通り。

籾	最上級	4.05 ~ 4.10リエル
	1級	3.95 ~ 4.00リエル
	2級 日本へ輸出	3.90 ~ 3.95リエル
	2級 上より下級、日本へ輸出	3.85~ 3.90リエル
	食用 [国内消費?]	3.85 ~ 3.90リエル
トウモロコシ	赤 100キロ、ショロン県マッカサンで売り渡し。	7.65 ~ 0.00リエル
	白 同	0.00 ~ 0.00リエル

米(7月[ママ]渡し)、港渡し、袋込み、税抜き、1 hāp、[即ち]60.7キロの価格は以下の通り。

精米	1級、砕米率 25%	5.75 ~ 5.80リエル
	2級、砕米率 40%	5.45 ~ 5.50リエル
	同。上より下級	5.35 ~ 5.40リエル
	玄米、籾率 5%	4.95 ~ 5.00リエル
砕米	1級、2級、同重量	5.00 ~ 5.05リエル
	3級、同重量	4.70 ~ 4.75リエル
粉	白、同重量	2.75 ~ 2.80リエル
	kāk [籾殻+糠?]、同重量	1.20 ~ 1.25リエル

3-4 [34号4-1と同一]

3-5 [8号4-3と同一]

4-1 [11号3-2と同一]

4-2 [26号4-5と同一]

4-3　［11号4-2と同一］

4-4　［絵が変わった以外は34号3-3と同一。絵の説明はない］

4-5　［20号4-6と同一］

4-6　［絵がなくなったこと以外は、8号4-6と同一］

4-7　［35号4-8と同一］

4-8　金の価格

プノンペン市、1937年9月16日

金1 ṭamliṅ、［即ち］37.50グラム

価格	1級	100.00リエル
	2級	95.00リエル

4-9　［34号2-1と同一］

4-10　［35号4-11と同一］

4-11　［35号4-12と同一］

4-12　［29号4-10と同一］

Samedi 25 Septembre 1937

CIGARETTES
JOB
LE PAQUET VERT
Vendu 5 cents

Nagara vatta

CIGARETTES
COFAT
La meilleure cigarette indochinoise
Le Paquet vendu 5 cents

Directeur
PACH-CHHŒUN

HEBDOMADAIRE PARAISSANT TOUS LES SAMEDIS

(Boite Postale N° 44)

第1年38号、仏暦2480年9の年丑年 bhadrapada 月下弦5日土曜日、即ち1937年9月25日

［仏語］1937年9月25日土曜日

1-1　［仏語で「私書箱 No.44」と「社長、PACH-CHHŒUN」が加わった以外は8号1-1と同一］

1-2　［デザインが少し変わった以外は8号1-2と同一］

1-3　［デザインが少し変わった以外は8号1-3と同一］

1-4　［8号1-4、1-5と同一］

1-5　クメール人の恥について

皆さんは恐らく私と同じ［次のような］意見を持っているであろう。都会でも地方でもクメール政府の部局を除いて、政府のどの部局も、たとえば sādhāraṇakāra (Traveaux Publics)［公共土木事業局］は、visvakara 即ち me kāra (ingénieur)［技師］や me kāra raṅ (Agents techniques)［技師補］のような地位の高い職は全てベトナム人が占めていて、さらにthīも多くは他民族である。我がクメール人は多くは<planton>［雇員］から下へ、労務者までをしている。クメール人thīもいるが極めて少ない。

医務局には bedya sruk āy［現地国医師］(médecin indochinois)［インドシナ医師］しかいなくて、上級医師はベトナム国にいる。その残りが我が国に来て開業している。我々は［クメール人上級医師は］1人もいない。1人か2人いる［クメール人上級医師は］［クメール］国には住んでいない。この人達はクメール国の金を使って勉強に行って、知識を得ると、志願して他国の利益を満たす。自分の民族を嫌って近寄りたがらない。自分はフランス人であるという態度を取り、自分の血と肉はクメール人であることを忘れる。このような心を持つ人は輝かしいとは呼ばない。即ち自分だけの利益を考え、親族、同胞は全部切り捨て、自分の国のためになるように助力することを考えない。

クメール国内の全ての動物病院は獣医は1人しか勤務していない。森林局だけはもう少し多くいるようであるが、それでも十分にはいない。［クメール人は］入り込んで行って、これらのポスト全てを奪い返してしかるべきである。フランス裁判所にはthīと検察事務官から始まって所長までベトナム人しかいない。さらにフランス人と同等の学問知識を持つベトナム人<avocat>［弁護士］もたくさんいる。他の部局にも、私が既に上に解説したように他民族ばかりが大勢いる。転じて商業の分野を見ると、毎日毎日ベトナム人が増えている。

私が述べてきた全てのことを皆さんが検討したならば、たとえ財産をどんなに持っていても、きっと心が苦しく和らぐことはないであろう。下のことについて皆さんは、「やって来て我々の代わりに働いているベトナム人に腹を立てている、羨やんでいる、非難している」とは思わないで欲しい。そうではなくて、私は自分自身を恥じる気持ちを持っているのである。我が民族よ！どうしてこのようにまで低劣なのだろうか。先祖から［受け継いだ］名声によれば、アンコール・ワットという遺産があるように非常に輝かしく有能である。過ぎ去ったことは我々はすぐには改めて消し去ることはできない。このように他民族が来て我々を監督し、我々の代わりに働いているというのに、国の主である我々は、彼らに代わって働くための何の学問知識を持っているのか。よく考えて見るとまだ何もないことがわかる。いずれにせよ、私はこれから学問をする人々に忠告する。一丸となって友情を結び、考えを改めるように注意する。前と同じ事を再びしてはいけない。［これまでは、］金持ちの子であろうと、貧乏人の子であろうと、saññāpatra thnāk <diplôme>［高等初等教育修了証書］の試験を受けて合格すると、勉強をやめてthīになることを志望することのみを急ぐ。その［人たちの］後に続いて学問をする人たちも、この

[修了証書を]得るまでは我慢するが、[それから]さらに知識を学んで成長しようとはしない。これらの人々以外に2、3名の生徒がフランス国に留学して saññāpatra <bachelier>[大学入学資格]を得て来て[高い地位に就くと]当地の人々は大興奮して一生懸命<bachelier>[大学入学資格]を得ようとする。しかし、それでもそのランク以上のことは考えない。そこ[＝大学入学資格]まで得ると急いで帰って来て郡長か cau krama になる。貧しい人の子は、他の人のように進学して高等知識を学ぶ資金がないから別にして、金持ちの人の子はなぜそのランクで勉強をやめるのか。なぜもっと知識を増すことを考えないのか。それゆえ、私はまだ若くてさらに勉強を続ける体力があるクメール人にお願いする。このようなことを真似してはいけない。たとえ勉強して高等な学問知識を得ても、この国で勉強をした人たちとほぼ同じ給料しか貰えなくても、やる気をなくしてはいけない。月給は同じであっても学問知識は甚だ異なり、国の発展のためには、この国で勉強した人達よりずっと良い価値があるからである。もし私自身がまだ生徒ならば、<bachelier>[大学入学資格]を得た時に、私はあらゆる種類の学問知識を仲間で分担し合うことを考える。即ち医者になる人もいる、教師になる人もいる、visvakara(me kāra)[技師]になる人もいる。そして、その他の、他国人はいるがクメール人がまだいない政府部局、たとえば戦いを考える兵学といったものを考えれば、国の仕事[の全ての分野]を満たすことができる。もし我々が1つだけに固まってしまっていて、あらゆる分野を分担していなかったら、敵に入って来られないように国を守ることがどうしてできようか。

私が知り得た情報によると、我々の sālā <lycée>[中高等学校]の生徒は教師になることだけに夢中で入学する人がとても多く、他の学問知識を学ぶことを考える人は全くいないということである。このように全ての人がそろって1つのことに夢中になるのは、素晴らしいことであるとは言えない。クメール国が教師が少ないのは事実であるが、全ての人が夢中になったら、他のポストは誰に任せるのか。私の考えでは、医学が我が国では最も素晴らしい学問知識であると思う。なぜならこの医学こそが、我々の兄弟、子や孫の世話をして守り、いつも他民族より我が民族を多く襲う病気をなくして長寿にならせるからである。病気でない子は、学ぶ純粋な心をきっと持つ。種々の学問は、夫々が別の有用性を持つ。

それゆえ、昨年、初等教育修了試験に合格した生徒達はさらに進学することを考えているか、それとも以前と同様に、これだけで学習をやめることを考えているのかを知りたいと思っている。私はまだ何も情報を得ていないからである。

それゆえ、私は国王陛下のお力の陰と、クメール国の面倒を見て守るために来てくれている rājakāra <protectorat>[保護国政府]が、早く私の望みのように、種々の学問知識を学ぶ志を持つ生徒全てを留学させる準備をしてくださるようお願いする。

pāc-jhwn

1-6　諸国のニュース

1-6-1　9月13日月曜日。 nīyuṅ 市(スイス)で samudra <méditerranée>[地中海]に接する植民地[ママ。恐らく「国」が正しい。cf.1-6-3]の代表が集まって、[商船が危害を加えられないように助力して守る][注。新聞の折り目が摩滅していて読めないので推測]ために行わなければならないことについて会議を開いた。イタリア国は、イタリア国を激しく非難しているロシア国との確執から、会議への出席を拒否した。会議で決議されたことは、“samudra <méditerranée>[地中海]に接する全ての国は、全ての国の商船を守る助力をするために軍艦に監視させること。そしていかなる国の潜水艦にも港湾に停泊させてはならないこと”である。全ての国の港はフランスとイギリスの船に必要に応じて入港し物を陸揚げする権限をあたえなければならない。フランス国とイギリス[国]は大型軍艦60隻と多数の機を samudra <méditerranée>[地中海]上一面に航海/飛行させ、商船に従って保護する。いずれかの国の潜水艦が…[注。折り目で摩滅]…が疑われる場合には、いかなる国のものであるかを問わず、我々は協力して追跡し撃沈しなければならない。

1-6-2　[9月14日]火曜日

上海で日本は līv hān に入り、中国軍50,000名を包囲した。中国は大変恐れて全軍を西方に退かせた。日本機が追跡し、軍から避難する何万もの住民を乗せた船[sambau]を銃撃して12隻を沈没させた。

＊フランス国で、兵45,000名、ウマ10,000、車両3,500の軍事演習が行われた。この演習を他国の将軍たち大勢が視察した。

1-6-3　[9月15日]水曜日

日本は、「軍がさらに戦闘に勝利し、cwt jun sī 県と北京市の西の山に入った」と発表した。

＊本日、samudra <méditerranée>[地中海]に接する全9ヶ国の代表が集まって、前日に会議して合意した協約に<signer>[署名し]承認した。会議に参加しなかったイタリア国は、現在<signer>[署名して]承認することに承服せず、<signer>[署名して]いない。そして[次のように]述べた。「イタリアは大国であり、samudra <méditerranée>[地中海]に大きな力を持つ。フランスとイギリスがこのように[イタリア国を]低くするのは不当である。[イタリア]国の顔を立てて両国と平等にする、即ちフランスとイギ

リスと同等に、[イタリア国]艦に samudra <méditerranée>[地中海]一帯を監視する権限を与えるべきである。もし両国があくまでこれにこだわるのならば、イタリア国は anupakāra samāgama(Comité de non-intervention)[不干渉委員会]から脱退することを求める」イタリアが脱退したならば、ドイツとロシアも同委員会からきっと脱退すると理解されている。それゆえどの国も軍を送ってスペインで戦っている反乱軍と政府軍を自由に助力することができることになる。そして混乱を生じさせ、(ヨーロッパ)大陸全土を燃えさせることになるのは間違いない。

1-6-4 [9月16日]木曜日
日本は華北の中国軍全てを攻撃し始めた。

1-6-5 [9月17日]金曜日
"vāsīl"という名のロシア王子、12歳が賊に誘拐された。

1-6-6 [9月19日]日曜日
日本電によると、日本は nīv sīn dien 県から中国軍を全て追い出した。中国は後退して行って、rāṅ jū 街道とjit jā juoṅ 街道に沿った塹壕にとどまり抵抗している。cāṅ tāv からの援軍が多数到着した。

1-6-7 [**9月20日月曜日**。日本機が南京市を激しく爆撃し、市民][注。以上の1行は折れ目で下半分が摩耗しているので推測]多数が死傷した。日本軍司令官は、「火曜日にはさらにもう1度本日より激しくこの南京市を爆撃する。それゆえ、いかなる国のものであっても当地から避難しない艦に被害が生じても日本は全てその責任を負わない」と宣言した。外国人たちは、この禁止令はイギリス1ヶ国だけを対象にしているものと理解している。なぜならば、現地には kābīdun と pe と ñāt という名のイギリス軍艦が停泊しているだけだからである。同地の全ての国の大使たちは、識別が容易になるように職人たちに屋根に国旗を描かせた。住民を守ることは既に注意済みである。次の火曜日には恐らく200機から300機が来て爆撃するものと推測されている。しかし、中国は多数の、しかも優秀な技量の高射砲を多数持ち、高い山の頂上に配置して日本機が来るのを待ち構えているから、被害はそれほど大きくはならないだろうと推測されている。これらの高射砲は過去24時間以内に練習を1度すませていて、技量が優れているのは事実であることがわかった。人々は、「なぜ日本は火曜日まで時間を延ばして遅らせ、中国にすぐに兵を送って守備することができるように時間を与えたのか。なぜ急いで日曜日に攻撃を続けなかったのか」と疑問を持っている。

1-6-8 シャム国王が誕生日の祝いをした時に、<ミカド>という名の日本国王[ママ。執筆者の誤解]が多くの祝辞を含む電報を送った。

1-7 kiṇṇakakathā (De tout un peu) [雑報]

1-7-1 ベトナムの<gazette>[新聞]が[次のように]報じている。サイゴンの yiek ṇām[ベトナム]という名の印刷所が、先の9月9日に抽籤があったインドシナ[国政府]宝籤の当選番号リストを誤って印刷した罪で政府によって一時閉鎖され、社長が裁判所で審理された。このリストで当たり番号をチェックして金を受け取りに行って受け取る事ができなかった人の訴えによるものである。政府は、「印刷所の社長は偽の当り籤の番号のリストを印刷して住民を騙して信用させた」という罪で告発している。

1-7-2 今年は例年より水位の上昇が大きい。9月15日と16日に、プノンペン市では水位が11メートルの高さに上がり、昨年よりも1メートル以上高い。この大洪水で、大河、川、水路は水が岸まですれすれになって今にも溢れそうになり、所によっては道路が[深さ]半メートル以上水没している。道路が切断され、壊れている所もたくさんあり、自動車や種々の乗り物が行き来できなくなっている。サイゴンからラオス国に行く新しい道路は所々切断され、radeḥ <courrier>[郵便車]の走行を妨げ、往来できない。プノンペン市では、あと1メートルだけ水位が上がると水没し、人命と財物が多く失われることは必至である。paduma 寺の前の池の水は一杯になって溢れて道路まで水没し、腐敗物の強い悪臭を広め、蚊が我が物顔に一面に飛びまわっている。池の岸に住んでいる人は、ほとんど全ての家で寒気を伴う熱病にかかっている。ストゥン・トラエン、クラチェ、コンポン・チャムなどの大きい州ではどこも深く水没している。プノンペンの第4区、第5区の braek tnot 街道や sdiṅ mān jaya 街道に沿っている、家が川岸より低い人は、道路が決壊したら逃げても命を救うのが間に合わないこともあり得る。財物がたくさん失われることは避けられない。

nagaravatta は、このように水没するのは、流れて来た泥が堆積してメコン川が浅くなっていること、そして浚渫して深くしていないこと、水をあちこちに分流させるための新しい水路を掘っていないこと、そして沼や古い水路を埋め立ててしまったことにより、それで水が溢れ出て洪水になり、水没させて作物や財産に大きい被害を与えるのであると理解する。しかし、コンポン・スプー州とター・カエウ州では、このように水没している所の近くに、土地が乾いて干割れし、田を作る水が得られず、多数の人々が飢えている郡がたくさんある。政府が大河や水路を浚渫して深くし、水路をたくさん掘って[水を]押さえるための何かをして、水がない地方をベトナム国のように水が豊富にあるようにすれば、クメール国民は水没を恐れることがなくなることが1つ、もう1つは食べるものがないことを恐れることがなくなることで幸せに安楽になれる。

畑作をする人も、新しく掘った水路に水を分流することにより、洪水で作物が水没することがなくなり惨めではなくなる。

1-7-3 中国と日本国は争いを起こし互いに戦って国を奪っている。一方クメール国の方は、大きな騒ぎを起こし、戦って宗教の正邪を奪い合うことになるところであった。遂に、1937年8月31日に陛下の御命令が出て、騒ぎに決着をつける、即ち和解させることができ、平和に安楽になった。現在は以前のように仲良くなっている。上述の陛下の御命令は、まだ全ての寺、全ての仏教徒に配布されてはいない。それで nagaravatta は、それを報道して宗教に平和がもどることを手伝うために、[その御命令を]1937年9月18日の<gazette>[新聞][37号3-1]に掲載し、すべてに十分に広まるように、1,000部を増刷した。どなたか仏教信者の方で必要な方は<gazette>[新聞]を購入して読んでください。陛下の御命令が掲載されているのがわかります。

nagaravatta

1-8 <brévier>氏のカンボジア国訪問の素晴らしい有用性

先の9月7日、[インドシナ<gouverneur général>[総督]である<brévier>氏][注。以上は折り目で摩滅しているので推測]と<résident supérieur>である<thibaudeau>氏がプノンペン市の大臣室で公務会議に出席して議長をした際に、クメール政府の首相である samṭec cau fa vāṅ (juon) がインドシナ国の長へ感謝のスピーチをし、それから首相はクメール国政府の名において、raṭṭhapāla dham <gouvernement général>[総督府]に、下記のようにカンボジア国を支援することを要請した。

要請

1—農学校を設立することを要請する。

2—商学校を設立すること要請する。

3—稲作のための水路と排水路を掘るのを拡大し、井戸を掘り、貯水池を作り、水路を掘って増やすことを要請する。

4—rājakāra <gouvernement général>(mahāraṭṭhapāla)[総督府]とphdaḥ <banque> khāṅ ksetrakamma[農業銀行]の融資金を拡充して、田畑あるいは漁場を有する当国国民全てに行きわたるようにすることを要請する。

5—迅速に国を以前のように豊かにするために全ての銀行を再び開業することを要請する。

6—法定以上の利子を取る違反を罰することを定める法律を制定することを要請する。

7—貯蓄銀行を試しに設立することを要請する。

8—クメール人および外国人画家のために1年に1回、美術工芸学校で絵画を展示する場所を試しに作ることを要請する。

9—プノンペン市および地方で tāṅ phsār、即ち<foire>と<kermesse>[物産展市]とを毎年開催することを要請する。

10—sukahābhipāla[保健看護]、即ち kāra thae dām jamṅww ṭamkāt[病気の看護]方面の苦しみを軽減することを要請する。

11—準クメール民族の児童の世話をするための措置を講じることを要請する。

12—以前から1935年まで(同年も含める)の未納の税金の納付を免除することを要請する。

13—税[収]を増やすために田畑全部を測量することを要請する。

14—クメール人 smien ājñā(即ち<notaire>[公証人]を任命することを要請する。

15—クメール語辞典を作成し出版することを引き続き行う措置を講じることを要請する。

16—三蔵経学(即ち1929年12月14日の国王布告第106号で、クメール語に翻訳し出版することを許可した三蔵経)を、諸クメール学のために整理して辞典を作ることと、語彙を増してクメール語を豊かにすることと、整理してクメール語文法書、語彙をきちんと正しく学ぶための書物、詩文の書物、文学の書物を作るために、クメール政府の内閣府に付属させることを要請する。

17—クメールの歴史をクメール語で出版する準備をする件の詳細説明。

18—整理してクメールの風俗習慣の方法の書物を執筆する件の詳細説明。

19—国防に関して。[現在]別個であるクメール軍[ママ。保安隊を指すらしい。Ⓢによると保安隊は軍隊ではなく、司令官は文官である]をフランス人<officier>[将校]の指揮の下に入れることを要請する。

20—radeḥ ūs(chaekaev)[人力車]を漸次廃止するために、種々の乗り物と、radeḥ ṭael rat ṭoy kamlaṅ bhlœṅ aggissaṇī[電気の力で動く車](<tramway>)[路面電車]を作ることを要請する。人力車は人間をウマにならせて人類の尊厳を著しく損なうからである。

21—仏教を守り、カオダイ教からの勧誘がないようにする措置を講じることを要請する。

22—無職者を支援する措置を講じることを要請する。

23—王宮を修理し、新しい建物を建てて美しくする措置を講じることを要請する。

24—rājakāra <gouverement général>[総督府]の支援でプノンペン市の埋め立てを迅速に行う措置を講じることを要請する。

nagaravatta はクメール政府首相が上述の24項の要請をしたことは、クメール国に本当に非常に有益であると思う。総督府は、望みの通りに実現するようお願いする。農学校と商学校を設立すること(第1項と第2項)は、今年は多くの生徒が、年齢オーバーや試験で進級できなかったり、<vacance>[休暇]で休んでいて試験が行われていること知らずにいて試験を受けそこなったりして、退学させられて勉強する所がなくなっている生徒が大勢いるので、非常に有益であると思う。このように生徒が大勢入学してフランス語を学ぶことができなくなった場合、上述のような学校があれば、彼らは生命を養うための仕事をすることができるようになるためにも、国を発展させるためにも入学して勉強することができる。

もう1つ、nagaravatta は民衆に田畑を耕作させるための phdaḥ<banque> caṅ kā[銀行]に関する第5項に前もって危惧を覚える。というのは、以前まだ phdaḥ<banque>[銀行]が閉店していなかった時、田畑耕作する人多数が土地や田畑を<banque>[銀行]の手に握られて失い、ますます貧しくなったからである。政府が<banque>[銀行]を作る場合、以前のように民衆をますます貧しくならせないように注意すれば、nagaravatta は民衆に代わって大変嬉しく思う。

もう1つ、<banque>[銀行]に金を借りに行く人達にあまり費用がかからないように注意するようお願いする。[銀行の]仕事をする人が謝礼を要求し、[謝礼を]手にしてからようやくさっさと手続きをするので、[謝礼を出さない人は]借りる金がなかなか手に入らず、何日も寝て待っているのである。それだから、金を借りる人は保証人と事務員たちに[謝礼として]費用をたくさんかけなければならなかった。<banque>[銀行]の長であるフランス人に直接借り行けば、別の費用は何も必要でなかった。

nagaravatta

2-1 水死

sīsuvatthi munīvaṅsa 橋の向こう側の khnur 湖では、その湖に遊びに行った人がその湖水に貢納する、即ち税金を払うのか、たとえば昨年にもあったように、ほとんど毎年同じ場所で人が死に至らないことがない。水は人間を食うことを知っているのかもしれない。

先の9月19日日曜日に、また大きい事故が1つあった。勉強して卒業間近の若い盛りの兄妹2名が、もう1名の妹と、さらにもう1人の男子生徒と共に、この湖で舟が沈み、溺れて死んだ。事故にあった子は、ほかでもない、我々の長年の知己である <poste> khsae luos(roṅ praisaṇīya)[郵便局]の<facteur>[郵便配達人]であるthī {mās}の子である。兄の名は māṅ で19歳で、<lycée> sisuvatthi[シソワット中高等学校]の2年生で、prakāsanīyapatra <diplôme>[高等初等教育修了証書]の試験に合格していた。妹の nāṅ {nārin} は14歳で同じ学校の高等初等教育の1年生[=最下級]であった。共に事故にあった[もう1人の]妹はどうなったかわからない。

上の2人の遺体は、フランス風に大勢で行列をして laṅkā 寺で火葬にし、親族、友人、それに、<lycée>[vidyā]laya[中高等学校]の生徒達、フランス人の先生、クメール官吏が、シソワット sālā <collège>[中学校]卒業生友愛会の人々と共に参加した。火葬の際に故2人への別れ[の言葉]と、2人が一生懸命勤勉に勉学に励み優秀な成績であった善徳を称賛する賛辞が述べられた。

nagaravatta 新聞は、愛する息子と娘の2人と別れることになり、深い悲しみに覆われている父親であるthī {mās}に、悲しみと思い出をもってお悔やみを申し上げる。

もう1つ、nagaravatta はこの機を利用して、川の神は人間の敵で、人間を食べることがよくあるから、上述のような生命を失う事故が再び起こらないように、[一般の]両親たちに子供達に水遊びに行かないように厳しく禁止するよう、言を託する。

nagaravatta

2-2 序論[注。この文章は翻訳らしく、文が少々おかしい]

我々の<gazette>[新聞]を毎土曜日に読んできた皆さんは、「諸国のニュース」の記事の中に日本と中国が戦っている件をいつも目にして、「現在日本と中国が戦闘をしているのはどういう原因からおこったのだろうか」と疑問に思う人が多分いると思う。中国と日本が戦っている原因については、両国の政府はまだ互いに宣戦布告をしていない。これらの事件は両国の人がわずかなことを争ったのがそもそもの原因であり、大きな事件、即ち現在のような大きな戦争になるべきではなかった。しかも戦争の儀式に従った宣戦布告はしていない。しかし、皆さんはよく検討してほしい。大きな事件はすべてほんの些細な原因を引き金として起こるものである。たとえば家の火事が市場の火事になり、集落の火事になり、遂には郡全体の火事になるし、1人と1人との争いがグループとグループとの殴り合いになるし、1国と1国との間だけで起こった戦争が、1914年の世界大戦のように世界の戦争になる可能性がある。これらは全てごく小さい原因からおこるのである(諺が、"小さいものが大きいものを損なう"と言っているように)。

今戦い合っている中国と日本も同じことである。この戦争の原因になった争いについて、我々の<gazette>[新聞]読者の皆さんに、この中国—日本戦争の概略を以下のように順を追って次々に説明しよう。

中国と日本との間の争いについて

日本・満州国とロシアとの間の争いがまだきちんと収束させる処理をしないうちに、極東の1部分で中国—日本の間で激しい争いが起こった。

最初の原因となった事件は、これより少し前に日本が満洲里を得て、その力が華北を覆い、その一部を得るに至ると、いくつかの衝突があったが、両国とも一度は和解に達した。その後もう1度衝突が起こった。

1937年7月7日の事件

1937年7月7日の早朝、日本兵の部隊が豊台郡を出て praḷaṅ yuddha (hāt cpāṅ)［軍事演習］に行った。その夜、豊台郡の西12キロメートルの、北京ー漢口鉄道線路沿線の盧溝橋(vāṅ bīn sien)地域で日本軍が演習中に、事件が起こった地点から東1キロメートルの luṅ vāṅ miev の中国の raksā kāraṇa (kaṅ kravael)［警備隊］に銃で掃射された。軍事演習では<cartouche> dade［空包］で射撃していたが、［中国兵が］このように<cartouche> maen daen［実弾］で銃撃したので日本は直ちに軍事演習を中止し、中国にいる外国委員会［ママ。国際連盟？］委員を派遣して事件が起こった場所を sœp <enquête>［調査］させた。

銃撃の原因

中国は、「前もって話［＝軍事演習］のことを知らなかったことによる誤解である。習慣では、日本がその近くで praḷaṅ yuddha、即ち hāt cpāṅ［軍事演習をし］に来る場合には、前もって適切な時に中国に通知をするべきであった」と釈明した。しかし日本は、「1900年の saṅgrāma <boxeur>［拳匪＝義和団の乱］の時に中国ー日本間で天津省の整備に関して取り交わした大国連合国との間の共同協約に従って、日本は［演習をする］権限を有する」と言って中国の言い分を斥けた。

kambuja raṭṭha raṅsī

（後の週に続く［注。このマイクロフイルムは、39号から43号までが欠けているので、この続きはこの翻訳中にはない］）

3-1　団結を失うことの害について

（前の週［=37号2-1］から続く）

たとえば、ある時中国の将軍が軍艦を持って行って、「自分も軍艦を持つ」ことを自慢しようとして日本に見せた。しかし、日本は少しも恐れることなく、逆に軽蔑した。衣服を艦砲の上に干し、艦は汚れていて見るに耐えなかったので、「中国兵には良い vinaya［律］(displine［ママ。「discipline」が正しい］ militaire［軍律］)がない」とわかったからである。中国が日本と戦争をするに及んで、日本は朝鮮国を奪い植民地にして、現在に至っている［注。この文はママ］。日本が中国と戦う度に、毎回中国は日本に負ける。もし中国に他国と同様に団結があれば、中国はアジア大陸の巨国とみなされているから、世界の人々は中国を恐れるべきである。

ナポレオン王がビスマルクに負けたのも、中国が日本に負けたのも、検討すると団結を失っていたことが根本的原因である。我々クメール人は、どのようなことについても教え諭すのは容易である。ただ、団結1つについては教え諭すのが容易ではない。誰か知識がある人が喉が破れるまで叫んでも、我々クメール人は聞こうとしない。昔から王になろうと争い合うことが多かった。あの人が王になりたがるとこの人も王になりたがった。王は普通の人より偉くて王宮一杯に財産も家来もたくさん持っていると思ったからである。そして戦って勝負がつかないと、他人を探して来て助けさせた。最後にクメール国が得たものは破滅で全ての人が奴隷になることだった。

ああ、クメール人一般は全てが仏陀の良い言葉を知っている。しかし、それに従おうとする人は誰もいない。仏陀の言葉は、「人は団結を守れ」と教え諭している。しかし、「仏陀に従って団結せよ。民族と国を愛せよ。宗教を愛せよ」と教え諭す人がいると、クメール人全ては別のことを言う。これが、言う人の心を喜ばせない原因である。このことは、“我々を信じない人に言って信じさせるのは大変難しい” という諺の通りである。もう1つ、“良い行動をするのは素晴らしいことであると人に分からせるのはとても難しい” という諺もある。クメール人よ、クメール国中の全ての人が“padaparamapuggala（原注1）” になったのか、それともまだ “neyyapuggala（原注2）” がいるのか。まだ neyyapuggala であるのなら、私の胸の刺は抜けるようである。

s. khemarāraksa　記

原注1。［パーリ語］教え諭すのが極めて難しい人

原注2。［パーリ語］教え諭すと忠告を聞く人

3-2　「幽霊が出る」というときの「幽霊」は何であるか、について話す

（前の週［=35号3-1］から続く）

私はそのように聞いて、それを聞いた時以来、心の中でその言葉を信じることに決めた。その時、私は幽霊を大変恐れた。幽霊もしばしば私に現れることがあり、私は病気になったこともあった。幽霊が私に乗り移って、私は幽霊の言葉に従って話したこともあった。私の両親は西の方の農村、即ちgaṅ bīsī 省にいた。そこが私の生まれ故郷である。私には病気の時には水を吹きかける呪医がいた。私は、「幽霊や悪霊を信じる人は信心が固い」と言う。私は小さい時からプノンペン市で勉強してから出家し、それから還俗して生計を立てる知識を学び、仕事についても心の中では固く［幽霊を］信じていた。25歳未満の時は、私の心と考えは、幽霊を信じる何万、何十万の人々と1つであった。

（まだ後の週に続く［注。このマイクロイフイルムでは、39号から43号までが欠けているので、この続きはこの翻訳中にはない］）

3-3　［11号3-2と同一］

3-4 ［32号3-3と同一］

3-5 農産物価格［注。「金の価格」は4-7］

プノンペン、1937年9月23日

サトウヤシ砂糖		60キロ	3.40リエル
	店で購入	60キロ	3.••［不鮮明］リエル
籾	白	68キロ、袋なし	3.90 ~ 3.95リエル
	赤	同	3.80 ~ 3.85リエル
精米	1級	100キロ、袋込み	9.60 ~ 9.65リエル
	2級	同	9.00 ~ 9.05リエル
砕米	1級	100キロ、袋込み	7.95 ~ 8.00リエル
	2級	同	6.45 ~ 6.50リエル
トウモロコシ	白	100キロ、袋込み	［記載なし］
	赤	同	7.30 ~ 7.40リエル
コショウ	黒	63.420キロ、袋込み	16.75 ~ 17.25リエル
	白	同	26.50 ~ 27.00リエル
パンヤ	種子抜き	60.400キロ	34.25 ~ 34.75リエル

＊サイゴン、ショロン、1937年9月22日

フランス籾・米会社から通知の価格

ショロンの<machine> kin srūv［精米所］に出された籾 1 hāp、［即ち］68キロ、袋込みの価格は以下の通り。

籾	最上級	4.10 ~ 4.15リエル
	1級	4.00 ~ 4.05リエル
	2級　日本へ輸出	3.95~ 4.00リエル
	2級　上より下級、日本へ輸出	3.85 ~ 3.90リエル
	食用［国内消費?］	3.75 ~ 3.80リエル
トウモロコシ	赤　100キロ、ショロン県マッカサンで売り渡し。	
		8.50 ~ 0.00リエル
	白　同	0.00 ~ 0.00リエル

米(9月渡し)、港渡し、袋込み、税抜き、1 hāp、［即ち］60.7キロの価格は以下の通り。

精米	1級、砕米率25%	5.75 ~ 5.80リエル
	2級、砕米率40%	5.55 ~ 5.60リエル
	同。上より下級	5.40 ~ 5.45リエル
	玄米、籾率5%	4.85~5.90［ママ］リエル
砕米	1級、2級、同重量	5.05 ~ 5.10リエル
	3級、同重量	4.90 ~ 4.95リエル
粉	白、同重量	2.70 ~ 2.75リエル
	kāk［籾殻＋糠?］、同重量	1.40 ~ 1.45リエル

3-6 ［34号4-1と同一］

4-1 ［33号3-4と同一］

4-2 ［絵がなくなった以外は、8号4-6と同一］

4-3 ［11号4-2と同一］

4-4 ［20号4-6と同一］

4-5 ［26号4-5と同一］

4-6 ［35号4-8と同一］

4-7 金の価格

プノンペン市、1937年9月16日

金 1 ṭamliṅ、［即ち］37.50グラム

価格	1級	100.00 リエル
	2級	95.00 リエル

4-8 ［34号2-1と同一］

4-9 ［35号4-1と同一］

4-10 ［仏語］　Mr Truong-Long-Bào、通称 Xieu-Bào

精神医学、プノンペン Okña-Oum 路47号

［ク語］　sīv-pāv、プノンペン市 kāp go 市場

皆さんにお知らせします。効くことで有名な薬を、私は遠方に居住する皆さんにも役に立てたいと思います。私は1つの郡に1人、大衆のためと私自身のために私の薬を仕入れて販売してもらいたいと思っています。それゆえ中国系クメール人あるいはクメール人の子か孫で、商売の助手をしている人か、あるいは薬を販売したことがある人で、温和で正直で、賢くてクメール文字が読める人を選んで、私の所に来て薬を仕入れて販売してもらいたいと思っています。当初は100リエル以上を仕入れてもらいます。売れ残った薬はどの薬も返却可能です。私と友情を結ぶ方は、急いで来て、<contrat>［契約書］を請求してください。

4-11 ［8号4-3と同一］

4-12 ［29号4-10と同一］

SAMEDI 6 NOVEMBRE 1937

CIGARETTES
JOB
LE PAQUET VERT
Vendu 5 cents

Nagara vatta

DEPOT LEGAL INDOCHINE

CIGARETTES
COFAT
La meilleure cigarette Indochinoise
Le Paquet vendu 5 cents

Directeur
PACH-CHHŒUN

HEBDOMADAIRE PARAISSANT TOUS LES SAMEDIS

(Boite Postale N° 44)

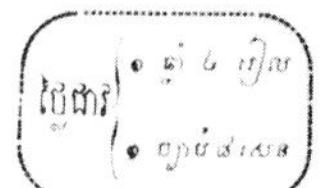

［注意。39号から43号まではない］

第1年44号、仏暦2480年9の年丑年 kattika 月上弦3日土曜日、即ち1937年11月6日

［仏語］1937年11月6日土曜日

1-1　［仏語で「私書箱 No.44」と「社長、PACH-CHHŒUN」が加わった以外は8号1-1と同一］

1-2　［デザインが少し変わった以外は8号1-2と同一］

1-3　［デザインが少し変わった以外は8号1-3と同一］

1-4　［8号1-4、1-5と同一］

1-5　現地諮問委員会の後で

クメール国の保護者である<brévier>氏が今年の現地諮問会議の会議で行ったスピーチの中の教育局に関する部分を取り上げる。即ち氏は、「いかなる国でも、国民全部が国の政府部局に勤務することを望むと［その国は］必ず滅びる」と述べた。

我々も氏と同じ意見であって、<gazette>［新聞］でも、クメールの子供達に、「一生懸命勉強して、もっと政府以外の種々の仕事を望むように」と忠告した。しかし、氏が、「放置してたくさん勉強させると、知識を多く持つ人が余る恐れがある」と述べたことについて、我々はまだ同意できない。なぜならば、現在政府は知識を持つ人を多数探す必要がまだあり、その知識がある人であるクメール人は少ないから、外国人が政府内と商業の分野で、クメール人よりも多くのポストを得ているからである。クメール人は学んで知識を持つ人を、我々の隣国とは違って、政府部局から溢れるほど多くは持っていない。それゆえ、クメール人の子供の父母が子や孫に、一生懸命勉強するように忠告し、併せて保護国政府がもう少し多く支援してくれれば、将来いつか、保護国政府部局もクメール政府部局も、クメール人がどの部局にも大勢いることになることは間違いない。外国人は、もはや我が国に来てポストを奪うことができなくなる。商業、農業、工業など他の生業も、後日知識があるクメール人が溢れてきたら、必ずこれらの生業に従事するようになる。

しかし、現在は政府部局外の職業である商業も工業も、氏はクメール人に他国人と戦って生計を立てさせることはまだできない。クメール人は、フランス政府が他民族より後に支援を始めたから、まだ無学無知が多く、無学無知の人が知識のある人と戦って、どうやって勝つことができようか。このように放置しておいて戦わせるのならば、クメール人は没落し滅びるのは間違いない。

氏が、「政府は、現在存在する工業学校を大きくし、拡張して寄宿舎を作り、知識学問もより高度にする」と述べたことは、我々が既に先日お願いしたように、我々の考えと同じで全く正しい。工業学校が最も有用性があると我々が言うのは、この学校は我々クメール人を教育して、政府に支援させる必要なしに自分で働いて生計を立てることができるようにするからである。大工になっても、鍛冶屋になっても、彫刻師になっても、これらの仕事はそれをする人を低劣な人にするとして見下してはいけない。なぜならば、仕事を持ち、何の仕事をするにせよ、正しい行いでその仕事をする人を、人々は敬愛するからである。ぶらぶらしていて寺で食事を得、生計を立てることをしない浮浪者を敬愛する人はいない。このような人は悪人で浮浪者で仕事がない人として、政府は逮捕して投獄する。商業と工業で働くクメール人が大勢になったら、他民族が生計を立てにやって来ても我々に勝てず、金銭もしっかりと我が国内にとどまる。現在はこれらのことは全て他民族の手に握られている。それゆえ我がクメールの金銭は全部他国に流れ出て行くのである。官吏たちは財産を多く持つ人達ではない。即ち政府に勤務すると、毎月給料をもらえるが、その金は全部中国人やベトナム人の所に行ってしまい、手元に残って金持ちになることはできない。

それゆえ、我々は政府に、どうにかして、政府内で働くクメール人を十分に満たし、政府外で働く人もいるようにする計画を立てることをお願いする。我々がこのようなお願いをするのは、クメール人はまだ極めて無学無知であり、他民族と戦って生計を立てるには、まだ手足が丈夫でないということを知っているからである。

nagarvatta

1-6 諸国のニュース

1-6-1 中国

10月25日月曜日。上海市で大きい事件が起こった。日本機1機が上海市のイギリスの dī kanlaeṅ(Concession)[租界]を守備していたイギリス兵の1隊を銃撃して兵1名が死亡、1名が負傷した。日本国は謝罪し、「誤って銃撃した」と弁明した。

「蔣介石総司令が jāṅ-suy-lāṅ 将軍を逮捕し銃殺した」と発表された。この jāṅ-suy-lāṅ 将軍こそがかつて蔣介石総司令を拘束監禁したのである。

1-6-2 スペイン国

10月26日火曜日。samudra <méditerranée>[地中海]を航行中のフランス商船1隻が爆撃を受け、轟沈した。その機がどの国のものであるかはまだ不明である。フランス国軍艦91号が爆撃され全焼した。

この2つの情報は全フランス人に大騒ぎを起こさせた。

1-6-3 中国

本日の情報では、日本は上海市内の(Nan siang)県の近くに達し、(Cha pei)県を守備している中国兵をきっと希望通りに包囲できると期待している。

*[10月27日]水曜日。日本軍は上海市内の(Ta chang)県を占領した。

*10月28日木曜日。本日の情報では、日本軍は cha pī 県に入った。同県に入った時、同県は火災で完全に破壊されていて、まだ中国軍がいてあわてて応戦した。日本は cha pī 県を3ヶ月攻撃してようやく占領できた。この勝利の情報は日本を大変喜ばせた。cha pī 県にいた中国軍は新しい地点に後退した。

1-6-4 フランス国

10月29日土曜日[ママ。恐らく「金曜日」が正しいであろう]。情報では北アフリカの国で民衆が反乱をおこし大きな騒動が起こっている。政府の軍と機が(カサブランカ)市の反乱民衆を鎮圧に行き、反乱民衆たちを砲・爆撃した。

1-7 土曜評論

なぜクメール人は貧しいのか。

我がクメール国が貧しい国なのか、それとも怠惰で一生懸命生計を立てないからクメール人が貧しいのか。

このことは、<gazette>[新聞]読者の皆さんは自分自身で検討してほしい。もし皆さんが、「クメール国は貧しい困難な国である」と理解するのなら、なぜ中国人などの他民族は、中国から来たばかりの時には、彼らは資本にする金はたくさんは持って来てはいず、住んでしばらく経つと、アリのように財産を少しずつ貯めて大金持ちになり、“thaukae”になり、そして、我がクメール国の金銭を毎月毎年中国にいる兄弟、祖父母[ママ。「父母」はない]に全部送るので、我がクメール国はますます貧しくなるのであるか。「クメール国は貧しい」という、この言葉は的を射た言葉ではない。即ち、転じて「クメール人が貧しい」と言うべきで、そうすれば的を射ている。「中国人に入って来させて共に貧しくならせている」というのも正しくない。中国人は来て住み始めた当初だけ貧しくて、しばらくすると彼らは金持ちになるからである。それゆえ、皆さんは敢えて、「クメール国は豊かな国である」と理解できるのではないか。中国人はクメール国のおかげで自分を金持ち[の身分]に上げることができ、一方クメール国の主であり、すでに自分のクメール国で生まれたクメール人は、稼いで金持ちになろうとしてもなれないでいる。それならば、「クメール国を貧しい国である」と非難してはいけない。一生懸命働いて生計を立てることをせず、ぶらぶら遊び歩いて笑い、中国牌博打、中国博打を打ち、酒を飲み、アヘンを吸い、考えなしに金をとめどなく使い、少し稼いでたくさん使う怠惰なクメール人を非難するべきで、そうするのが正しい。

我がクメール国では、まあまあの畑作をする人の多くは、1年のうちに作らなければならない作物が次々に続くので、あまり休まず働く。一方稲作をする人は稲作1つをするだけで、休みの仕事から離れている期間が長い。刈り入れをすると、仕事は終わったようなもので何もしないで休む。さらに何か別の仕事をすることを考えないようで、寝て食うだけである。籾倉の籾を集めて魚やその他の商品と交換するだけである。しばらくすると食べる籾が足りなくなり、貧乏が襲いかかってくるのを成り行き任せにしている。

クメール国内では、する仕事は不足していず、森一杯にあるのが見える。暇な時間を作らないように、伐ってきて車の部品、犂、馬鍬、建材、薪などを作るべきであるし、ツタ、細竹、トウ、竹などは笊や籠、ロープ、それに kambraṅ[?]、脚付き盆、プラホックをこす漏斗、天秤用籠などの用品を作るべきである。暇な時間は貧乏に簡単に入り込むことを許す良い機会である。

中国人はクメール国に来て住み、クメール人が成り行き任せで生計を立てる道の仕事を疎遠にしているのを見てとても喜び、休むことなく、労力を惜しまず一生懸命に勤勉に働いて、容易に金持ちになる。全く何も物を持たず、クメール人のために水を汲んで労賃を得ている中国人でも、彼らの国に送る金を持っている。中国人は、「クメール国は生計を立てやすい所だ。歩いて行って大小便をするだけで金が得られる、即ち何でも豊かにある」と言う。中国の貧しい人は極めて貧しい。燃やす薪もなく、人が多すぎるので、木の葉や藁を拾って燃やして飯を炊くことすらなかなかできない。

中国人が国に入って来て住み、このように絶えず一生懸命生計を立てるのを見ている我々クメール人は、なぜ目覚めて彼らを自分への手本にしないのか。なぜ怠けているのをこれほど好むのか。他民族が来て我が国から金を全部送り出してしまうのが悔しくないのか。なぜ、中国人から金を借りて借金を作ることしか考えないのか。しばらくすると遺産を全て彼らに没収される。時には子や孫を取られて下男下女にされることも多い。

（まだ後の週に続きがある[注。実際にはない]）

1-8　パーリ語学校校長師僧の大慈悲について

全ての政府部局の全ての課、商業の協会、その他の協会が協力して、人々に呼びかけて金を集めて今年の洪水で苦しみ、惨めになった民衆を援助するために、種々の競技など、[それぞれが]何かを1つ行う。

政府の方は民衆を気の毒に思い、金銭の援助の外に籾、精米、稲の苗、種々の作物の苗の援助を行い、この援助の金を増やすために<ballon>[球]技、トンレー・サープを大きく1周する自転車競走を行う。

高等パーリ語学校校長である braḥ sirisammativaṅsa (aem) は、師は僧侶で、民衆のお陰で生きているので、他と同じように民衆を援助する金を得るためにはどのような役割があるのかわからない。しかし、政府が人々に呼びかけて、民衆に分配する金を集めるために、必ず何かをすることを考えることを強制しているので、師は、今度の競渡と ampuk を食べる祭りに、高等パーリ語学校で説法を行なって、説法を聞いた人から義援金を集め、政府が洪水の災害にあった民衆を救うことを考えるために設置する、プノンペン市の委員会本部に渡すことにした。

このことについては、プノンペン在住の人も、地方在住の人も、皆さんは競渡祭を見て、それから phsār dham[=phsār thmī] の落成式を見た後に、大勢の人が説法を聞いて協力して義援金を沢山集めて食料や住居が足りない洪水の被害者を救済するために、suon cās 市場の近くにある高等パーリ語学校に立ち寄ってください。

nagaravatta は、laṅkā 寺の住職であり、高等パーリ語学校校長であり、三蔵経翻訳委員会委員長であり、御自身が僧であり、そして今年の洪水で苦しみを受けている民衆を救うことができる大慈悲心を持つ braḥsirisammattivaṅsa (aem) 師僧のすばらしい考えを称賛させていただく。

nagaravatta は、この長老師にこれからも長くあらゆる項目の発展があるように支援してくださるよう、神にお願いする。

1-9　munīreta 親王殿下[braḥ aṅga mcās]が無事にパリ市からプノンペン市にお帰りになる

nagaravatta は、11月7日か8日ごろにパリ市からプノンペン市にご帰国なさる munīreta 親王殿下[braḥ aṅga mcās]のご旅行を大変嬉しく思う。我々はこの素晴らしいご旅行を"svāganterājaputta[親王の良い旅行]"とお祝い申し上げる。クメール国国王陛下の王子である殿下[draṅ]は、クメール国政府が最適であると考えて選び、カンボジア国の代表に任命して、パリ市の bidhī samṭaeṅ bibidhabhaṇḍa nānājāti、即ち<exposition internationale>[万国博覧会]を見るために、フランス国に行く交通費および諸費用を支給した。

殿下[draṅ]がこの大国の博覧会をご覧になって、集まってパリ市の展覧会に出展した大国の、これまで見たことがない国の様子と模範、および文明国のきちんとした様子、即ち発展し繁栄している諸大文明国は、どのような方法をとることにより発展し繁栄してきたか、彼らはどのように国を整えたから発展できたかをきっとご覧になったであろう。我々各人は、当地で首を長くしてお待ちしており、クメール国の代表であり、クメール国の目であり鼻である殿下[draṅ]が今回[パリに]いらっしゃったのは無駄ではなく、帰国なさったら殿下[draṅ]はきっと我がクメール国の体制を、殿下[draṅ]がご自分の目で直接ご覧になった大文明国を手本にする方法で文明的に、発展に向かうように整えるように措置なさることを期待する。

2-1　現地国諮問会議について

本年の[現地国]諮問会議委員は投票をしてカンダール州知事である ?nak okñā {iṅ-hī}氏を委員長に選んだ。来る12月2日のハノイでの大会議に出席するよう選ばれて派遣される委員は、バット・ドンボーン州知事である ?nak okñā {mās-ṇāl}氏と jhap <retraite>[引退した]州知事である ?nak okñā {pān-ywṅ}氏である。

今年の[現地国諮問会議の]会議の時間は会議の議題が多く、意見があまり一致しないので議論してなかなか決議できなかったので、何日もかかり、10月25日月曜日から30日まででようやく終わった。

委員たちが要請することにした要請だけでも…[注。新聞の折り目が摩耗して読めない]…件であるが、その中のいくつかは他国の[現地国]諮問会議委員のものと一致する。

nagaravatta は、今年は、委員たちの多くは例年より発言が良かったが、我々クメール人はあまり知識がなく、かつ他民族と違って話すことを学んでいないので、話しがあまり明瞭でなかった。

nagaravatta は［現地国］諮問会議委員の皆さんに申し上げるが、来年以降の会議では、議論し反論して我が国の利益を得ることに、さらに今回より真剣に一生懸命努力していただきたい。

2-2　官員の昇任について

<cadastre>［土地登記］局と刑務局の官員の1938年昇任<tableau>(tārāṅ)［リスト］に、以下にある官吏の名が見つかった。

<cadastre>［土地登記］局

2級<ingénieur géomètre>［測量技師］職

プノンペン市勤務の prītuṅ 氏

3級<ingénieur géomètre>［測量技師］職

ター・カエウ勤務の<martin>氏

2級主任<agent technique>［技師補］職

プノンペン市勤務の ṅvieṅ-ṭuṅ-huoy 氏

3級主任<agent technique>［技師補］職

プノンペン市勤務の ṅvieṅ-ṇāṅ- līv 氏

2級<agent technique>［技師補］職

プノンペン市勤務の phān-pā-ñā 氏

刑務局

特級主任<gardien>［看守］職

プノンペン市勤務の fāriyer 氏

1級<gardien>［看守］職

休暇中の sāmī 氏

我々は上記の昇任した方々にお祝い申し上げる。

しかし nagaravatta はこれら昇任した方々は全てフランス人かベトナム人の名であることを大変疑問に思う。クメール人は仕事ができないから、政府は他と違って昇任させないのか。これらの局にはフランス人もクメール人もベトナム人も一緒に勤務しているからである。

もう1つ、クメール政府の方も官員は少数しか昇任せず、勤務している人数にふさわしくない。他と同じように一生懸命勤務して、そして昇任できない人は、やる気が減り、前と同じように一生懸命働くことができなくなってしまう。

政府が一生懸命働く人全てを、残すところなく昇任させれば、官員はきっと以前よりもいっそう勤勉に働くであろう。

2-3　munībaṅsa 親王殿下［braḥ aṅga mcās］が<saint-cyr>校に入学

nagaravatta は、「カンボジア国王陛下の、フランス国に留学中の王子、御名は sīsuvatthi-munībaṅsa 殿下［braḥ aṅga mcās］が prakāsaniyapatra <baccarauleat> dutiyabhāga［バカロレア第2段階］の試験に合格なされ、さらに兵学を学ぶために<école spéciale militaire de saint-cyr>［サンシール陸軍士官学校］に入学なさった」という情報を得て大変嬉しく思っている。

nagaravatta 新聞は平身して国王陛下および王族の方々に、心からの尊敬を以てお祝いを申し上げることをお許しくださるようお願いいたします。

2-4　［広告］

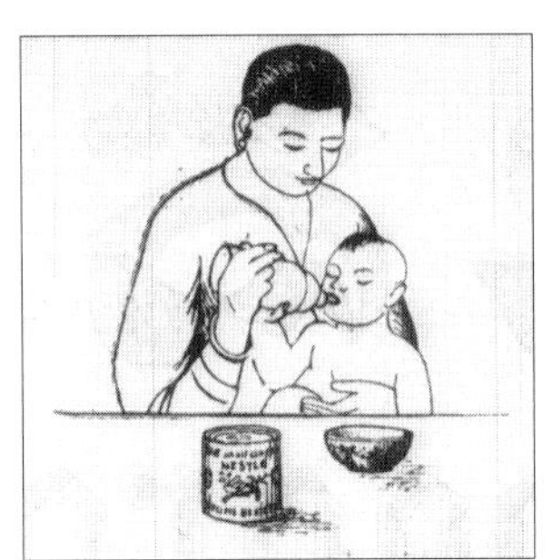

［注。母親が乳児にミルクを飲ませている絵があるが、説明はない］

rīṭāl という名の医師が作り、クメール語に翻訳されている育児の本をプノンペン<lagrandière>路7号の店に求めに来てください。

幼児を強くさせたかったら、この［絵の］母親のようにしてください。幼児のために作られたスズメの絵印の<nestlé>ミルクを買ってください。

［注。コンデンスミルクの缶の絵があり、缶にはフランス語で「加糖コンデンスミルク。ネスレ。スイスから輸入。パリ、ネスレ社」とある］

［注。その缶の絵の横に縦書きで］　この缶を注意して観察してください。

2-5　プノンペン市の<lycée> sīsuvstthi（vidyālaya sīsuvatti）［シソワット中高等学校］の盛大なカティナ祭

過去3年間の習慣に引き続いて、カティナの季節になった今年も、仏教に清い信仰心を持つ教授と生徒達が集まって、律蔵に述べられている仏陀の言葉により、善行の報いが沢山ある尊い寄進物であるカティナ衣を作った。

<lycée>［中高等学校］の人々は、クメール国教育局長殿、寺学校課長殿、sālā <lycée>［中高等学校］校長殿を初めとして、フランス人、クメール人、ベトナム人の教授を含め、教師も生徒も、民族を特定することなく、即ちフランス人もクメール人もベトナム人も皆一緒に集まって祭りをした。

本年10月30日土曜日、同<lycée>［中高等学校］の人々は、行列をしてカンダール州の brai sbww 寺に入るために、熱心に祭りを行う助力をする老若男女の親族や友人、フランス、クメール、ベトナム高官たちが大勢校内に集まって、もう1度校内でカティナ祭りを行った。そ

してそこに集まった僧や客たちに飲み物をごちそうした。

1937年10月30日土曜日の夕方、7時15<minute>[分]に僧20名を招いて読経をし、高等パーリ語学校教授である piev 教授[braḥ ācārya]が1時間近く説法をし、聞く人に、「心を清くし善行を行う良い決心をするように」と説いたのち、生徒達が深夜近くまで音楽を演奏し歌い、喜劇をもう1度演じてから終わりにした。

翌1937年10月31日日曜日、朝6時半から7時半まで、後ろに自動車の列を従えた徒歩の長いカティナ行列が市内を小さく1周行列した。行列は<lycée>[中高等学校]を出て<doudart de lagrée>大路を南へ進み、<verdun> <avenue>[路]との交差点を東に曲がり、<belgique>路と vāṅ 路を曲がって北に進み、sī ñaek 市場の近くの <pavie>路に出ると西に曲がって sālā <lycée>[中高等学校]に着き、ばらばらに自動車に乗ってカンポート街道をプノンペンからおよそ16キロメートルのカンダール州 bhnam beñ 郡 com cau 村の brai sbww 寺へ向かった。

この行列の様子はとても美しかった。生徒はサンポットをはき、手には蠟燭と線香とカティナの寄進物である僧の八物を持ち、その後にクメール高官何人かが従った。その後ろは保安隊の兵士たちが、前方で王室の西洋音楽を演奏するのと交互にラッパで軍歌を吹奏した。それから高官と教授とズボンをはいた生徒が手には蠟燭と線香と花とを持って2列になって歩き、その後に"<lycée> sīsuvatthi[シソワット中高等学校]"と書いた布を貼った王室のトラックが続いた。

nagaravatta は、<lycée>[中高等学校]が行なったこの貴い善行は多くの、かつ仏教上正しい善業を得るものであると理解する。それゆえ、教授と生徒達が、民族にこだわらず、混ざり合って各人が楽しさと興奮とで行なった高貴な善行に対して、大きな喜びを共にさせていただく。

3-1　praṇāṅ dham "jum viñ danle sāp" (Le Tour du Grand Lac) [ツール・ド・太湖]の季節

インドシナの自転車乗りの人々が、カンボジア国最初の耐久力を競う[会を行う]。連続5日間、自転車レース競技者たちは、トンレー・サープを取り巻く1区間平均160キロメートルの大きなロープのような長い遠い道を自転車に乗って走り、自転車乗りの人はその長時間の間、<machine>[機械]と体力の耐久力を競い合う。

このレースの方法規定は、(フランス語の)<gazette>[新聞]に既に出ている。即ち11月7日にプノンペンを出発、距離30キロメートルの kamboṅ hluoṅ でフェリーで braek kḍām に渡り、旅を続けて距離167キロメートルのコンポン・トムで泊まる。翌11月8日、そこを出発して距離147キロメートルのシエム・リアプに行く。11月9日にシエム・リアプから旅を続けて道程173キロメートルのバット・ドンボーンに行く。11月10日にバット・ドンボーンを出てポー・サットを通過して道程200 キロメートルのコンポン・チナンに来る。11月11日にコンポン・チナンから旅を続けて距離91キロメートルのプノンペンに来て、大戦記念塔の近くの<charles thompson> dhlā <boulevard>[大路]にゴールする。道程の合計は778キロメートルである。

優勝した人は賞金として150リエルを得る。2着の人は100リエルを得、これ以外の入賞者には20種類の賞品が与えられる。

もう1つ、各区間に、後日リストが発表される賞金あるいは賞品が与えられる。[区間]<prime>(raṅvān)[賞]は[その区間で]の参加者の中で他より早く到着した人たちに、たとえばその区間の1着には10リエル、2着には5リエルというように与えられる。このレースでは、とても美しい<prix>[賞杯]が与えられる。

クメール国自転車レース委員会は、このトンレー・サープ1周レースを催す助力をしてくれるプノンペン市の商店に感謝している。

[総額]250.00リエルの<prix> jā vatthu[賞品]を寄付したプノンペンの祭り委員会の外に、以下にその名を示す。

<boy landry>店は300.00リエルを援助した。

昨年、同商店の社長である aṅgūyya 氏は、プノンペンの puṇya <foire>[物産展市]の時に行われたサイゴン—プノンペン間の自転車レースの主催者に300.00リエルを拠出してくださった。この昨年の自転車競技者のための助力をする好意を繰り返すために、aṅgūyya 氏は今回のレースに(Cofat)タバコの寄付をしてくださった。同商店は vidyu <haut-parleur>[ラウドスピーカー]を搭載した自動車1台を、競技期間中自転車レース会長殿が自由に使うように提供してくださる。

<denis frères>商店は、<optimus>ランプを[広く]知らせるために、100.00リエルを出す。この<denis frères>商店の vidyu <haut-parleur>[ラウドスピーカー]を、自転車競技参加者がプノンペンに到着する時に自転車レース主催者殿に使用させてくださる。この店は<sport>タバコを配布する。

(まだ続きがある[注。実はない])

3-2　アンコール・ワット遺跡の古代彫刻の保存官である(Henry Marchal)氏に祝福を申し上げる

nagaravatta 新聞は、クメール国に来て長い間、我が民族と国とを心から愛し、アンコール・ワットを見に来た外国人の心が、我がクメール人の文化的事業を喜ぶように、アンコール・ワット遺跡内の保存事業に責任を果たした<henry marchal>氏を惜しむ。

それゆえ、神々に、氏の旅が幸福と発展とに恵まれるようにしてくださるよう祈る。氏が行くのは、真っすぐフランス国に向かって行くのではなく、諸国の装飾を見て調査し、クメール国の古代装飾と比較してどちらの方がより素晴らしいかを検討するために、シャム国、hāvā［ママ。恐らく「ジャワ」を誤植］、ビルマ、インド国に行くからである。

3-3 ［広告］“<daimon>”<marque>［印］の懐中電灯はとても美しく、ドイツ製で、長期間使用でき、光りは遠くまで届きます。銅と<nickel>［ニッケル］の2層で1937年5月に製造されて以来、錆びていません。電球も丈夫で、他の<marque>［商標］のものより長く使えます。皆さん試しに買って使ってみてください。買う前に(Daimon)という6字のフランス文字を確認するのを忘れないでください。形はほぼ同じですが、この6文字がない偽物がありますから、間違えて別の商標のものを買わないように注意してください。

屋号：thāy-lī haṅ
店は<armand rousseau>路133号（プノンペン）
店は<colonel> grīmū 路24号（サイゴン）

3-4　とても珍しいお知らせ

皆さんにお知らせ致します。

私は大小の棺、無地と色付きの銅の飾り覆い、大小のgrwaṅ jān［？］と yat［？］踊りの装身具などの死者を支援するために贈る物、それに竹と葉を売る店を開きました。

これらの道具材料は、私はしばしば気が付いているのですが、貧しい我々クメール人は、死が自分たちの責任の上に訪れると、いつも次のようにしています。即ち棺を買いに行く人がいます。釘と糊を買いに行く人がいます。銅の飾り覆いや種々の色紙を買いに行って来て、貼って飾ります。その買いに行く人たちから、引き剝がされてクイティアウ、コーヒー、タバコ、マッチを買いに行く人も必ずいます。これらの品物を全部買ってくると、4、5人が半日かかっても美しくはできません。それをする職人の手はたくさんありますが、ビンロー、キンマ、タバコは何十とあり、仕事ができない人、座っているだけで何もせず、食べてタバコを吸うだけの人がいるからです。皆さんがあくまでも上に述べたことを自分ですると、必ず費用がたくさんかかり、手伝いに来た人にお礼をするのが困難です。もし皆さんが地位が高い人、財産がある人であれば、他人に頼るのは容易です。しかし貧しい人は、プノンペンでは他人に頼るのは容易ではありません。もし皆さんが私の商品を買えば、とても安く、飾りもしきたり通りに、そして決めた時間通りに家まで届けます。ただし、市内に住んでいる方だけできます。

竹と葉は競渡祭りや puṇya <foire>［物産展］祭りが近づいています。皆さんは…［伏字］…するべきです。

販売·展示している所は、<verdun>路の laṅkā 寺の後ろ、［寺の］塀から70メートル、南側歩道にあります。

nāṅ-buy

3-5 ［広告］お知らせ

私は、周囲に庭があり、貸室が2室ある煉瓦の家と、8人乗り（ルノー）<marque>［商標］の新車を持っています。買いたい方は、okñā ket 路13号、カンダール<résident>［弁務官］<bureau>［府］の近く［の店／家］にいらしてください。

3-6 ［8号4-3と同一］

3-7　プノンペンの phsār thmī の開場式のお知らせ

皆さん、phsār thmī の開場式と競渡祭りに来て、屋号(Mac-Phsu)［の店］がある場所を知っておいてください。とてもよく効くビルマ·バームがあります。これはビルマ人が調合し、インドシナ国ではもう30年以上も有名で、人々は使うのをとても好みます。(Mac-Phsu)という文字が書いてある chāy［＝看板？］を確認してください。そうすれば断然よく効くビルマ·バームが買えます。

?nak <mac-phsu>、プノンペン<fesigny>路17号

私、kāp go 市場で薬を売っている sīv-pāv 医師は、ビルマ·バームを検討して、この<mac-phsu>印のが本当によく効くことがわかりました。それゆえ私は署名して称賛します。

sīv-pāv

3-8　農産物価格［「金の価格」は4-10］

プノンペン、1937年11月3日

サトウヤシ砂糖	60キロ		3.40リエル
	店頭で購入		3.00リエル
籾	白	68キロ、袋なし	3.65 ~ 3.70リエル
	赤	同	3.35 ~ 3.40リエル
精米	1級	100キロ、袋込み	9.10 ~ 9.15リエル
	2級	同	8.65 ~ 8.70リエル
砕米	1級	100キロ、袋込み	7.20 ~ 7.25リエル
	2級	同	6.00 ~ 6.05リエル
トウモロコシ	白	100キロ、袋込み	［記載なし］
	赤	同	7.20~7.00［ママ］リエル
コショウ	黒	63.420キロ、袋込み	16.25~16.00［ママ］リエル
	白	同	26.50~26.25［ママ］リエル

パンヤ	種子抜き　60.400 キロ	34.50 ~ 35.00リエル

＊サイゴン、ショロン、1937年10月30日

フランス籾·米会社から通知の価格

ショロンの<machine> kin srūv[精米所]に出された籾 1 hāp、[即ち]68 キロ、袋込みの価格は以下の通り。

籾	最上級	4.10 ~ 4.15リエル
	1級	3.95 ~ 4.00リエル
	2級　日本へ輸出	3.85 ~ 3.90リエル
	2級　上より下級、日本へ輸出	3.70 ~ 3.75リエル
	食用[国内消費?]	3.50 ~ 3.55リエル
トウモロコシ	赤　100キロ、ショロン県マッカサンで売り渡し。	
		7.85 ~ 0.00リエル
	白　同	0.00 ~ 0.00リエル

米(10月渡し)、港渡し、袋込み、税抜き、1 hāp、[即ち]60.7キロの価格は以下の通り。

精米	1級、砕米率 25%	5.40 ~ 5.45リエル
	2級、砕米率 40%	5.30 ~ 5.45リエル
	同。上より下級	5.20 ~ 5.35リエル
	玄米、籾率 5%	5.10 ~ 5.15リエル
砕米	1級、2級、同重量	4.35~4.10[ママ]リエル
	3級、同重量	4.55 ~ 4.70リエル
粉	白、同重量	2.80 ~ 2.85リエル
	kāk[籾殻+糠?]、同重量	2.10 ~ 2.15リエル

3-9　[広告][仏語]救済

[ク語]救済

自動車保険店、プノンペン <lagrandière>路22号、電話133番

S.Crisias

<s. crisias>

3-10　[広告][仏語] Moderne 大宝石店

パイリン(有名な鉱山)の完全な品質の真正宝石を販売

Mang-Pho-Ther

プノンペンOhier路155号

[ク語]私の店、<mang-pho-ther>は papailin-bnaṅ 郡のあらゆる宝石を磨いて販売しています。即ちサファイア、ルビー、vāṅka cāk[?]、タイ·ダイヤ、プノーン·ダイヤ、ドイツ·ダイヤ、camhieṅ ダイヤ[?]、put[?]、3層くずダイヤ[?]などがあります。

Grande Taillerie Moderne
Vente de véritables pierres précieuses de Pailin
(Mine renommée) de qualité parfaite.
Mang-Pho-Ther
155 Rue Ohier Phnom-Penh

クメールのイヤリングもいろいろあります。即ち濃白サファイア、タイ·ダイヤ、くずダイヤ、camhieṅ ダイヤ[?]、粒ダイヤ、それにペンダント、指輪、腕輪などです。それからとても良く効くニワトリ印ビルマ·バームも売っています。

皆さん、必要に応じて買いにいらしてください。私の店はリーズナブルな価格で売っています。

店はプノンペン、kaṇṭāl 市場の西の155号です。

4-1　[33号3-4と同一]

4-2　[絵がなくなった以外は8号4-6と同一]

4-3　[11号4-2と同一]

4-4　[20号4-6と同一]

4-5　[広告]お知らせ

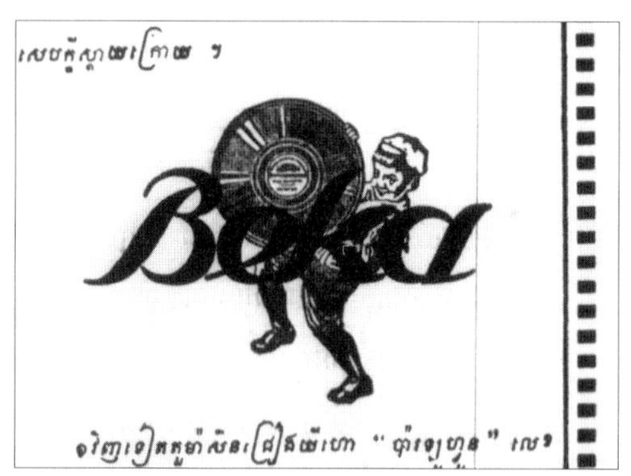
Beka

皆さんにお知らせします。今私の店は"<beka>"印の thās <machine> crieṅ[レコード]を売っています。本1937年に新しく到着したばかりで、いろいろ珍しい、聞いて美しく、そして流行の歌です。皆現代の歌と音楽のレコードばかりです。皆さん、売り切れた後で後悔しないように、この良いチャンスを逃さないでください。

もう1つ、"pārḷūfūn"1、2、3号の tuo <machine> jrieṅ[蓄音器]も私の店で販売しています。黄色ラベル、紫色ラベルの thās <machine>[レコード]と<machine>[蓄音器]を必要に応じて選んでみてください。

nāṅ-ḍuoṅ

店はプノンペン vāṅ 路(sī ñaek 市場)31-33号

[仏語]　NEANG-DUONG

プノンペン、Palais Royal[王宮]路31-33

4-6　[自転車のランプと自転車用発電機の絵があり、そのの横に縦書きで]

この<phare>[ヘッドランプ]はまさしく良く、貧しい人も買って来て使うことができます。値段もリーズナブルです。私は"rī-ī-mān"印の<phare>[ヘッドランプ]がとても欲しい。

［同絵の下に普通の横書きで］自転車装着用の“rī-ī-mān” 印の<phare>［ヘッドランプ］と<dynamo>［発電機］は、他と全く異なり、ドイツ国から到着したばかりです。光り［ママ］は自動車の<phare>［ヘッドランプ］と同じ ṭaek <chrome>［クロム鋼］製で長年使用でき、雨に濡れても錆びる恐れはありません。

皆さん、この<phare>［ヘッドランプ］と<dynamo>［発電機］を買って使ってください。とても良いです。値段もリーズナブルです。もし皆さんが様子を知りたければ、(au petit Paris)店に質問にいらしてください。

4-7 ［11号3-2と同一］

4-8 ［広告］お知らせします

引き続き nagaravatta <gazette>［新聞］を購読したい方は、nagaravatta 社へ送金してください。nagaravatta は必ず <gazette>［新聞］をお送り致します。

クメール人は、クメール人が衰えないようにするためのクメール人の灯として、きっと nagaravatta 新聞が将来長く生命を持ち続けるよう支援してくださると、私たちは期待しています。

4-9 ［広告］［仏語］ 1937年11月12日、プノンペン

証明書

［ク語］私、<monsieur > mam は<françois baudoin>校で教師をしています。私はこれまで長年の間アヘンを1日に3.00リエル以上吸ってきました。私はよく考えて、私がこのようにアヘンを吸うので他人に軽蔑され、多くの点で損をしていることがわかりました。私はアヘンをやめるために、有名な医者を探してきて［私の］家で寝食させましたが、アヘンを完全にやめることはできたことが全くありませんでした。今になって私は、「プノンペン市の kāp go 市場の前の sīv-pāv 医師殿の薬で多くの人がアヘンをやめることができた」という噂を聞きました。私は一生懸命になって買って来て服用しました。この薬は本当によく効き、私は完全にアヘンをやめることができました。私は、薬を調合して私に服用させ、苦しみから救い出してくれる運命を持っていた sīv-pāv 医師に感謝致します。私はこの<gazette>［新聞］に掲載して同医師の恩を思い起こします。

［仏語］ プノンペンの François-Baudoin 校教師、M.Mam

4-10 金の価格

プノンペン市、1937年11月4日

金 1 ṭamliṅ、［即ち］37.50グラム

価格	1級	110.00リエル
	2級	100.00リエル

4-11 ［29号4-10と同一］

SAMEDI 13 NOVEMBRE 1937

CIGARETTES
JOB
LE PAQUET VERT
Vendu 5 cents

Nagaravatta

COFAT
CIGARETTES
La meilleure cigarette Indochinoise
Le Paquet vendu 5 cents

Directeur
PACH-CHHOEUN

HEBDOMADAIRE PARAISSANT TOUS LES SAMEDIS

(Boite Postale N° 44)

第1年45号、仏暦2480年9の年丑年 kattika 月上弦10日土曜日、即ち1937年11月13日

［仏語］1937年11月13日土曜日

1-1　［仏語で「私書箱 No.44」と「社長、PACH-CHHŒUN」が加わった以外は8号1-1と同一］

1-2　［デザインが少し変わった以外は8号1-2と同一］

1-3　［デザインが少し変わった以外は8号1-3と同一］

1-4　［8号1-4、1-5と同一］

1-5　クメール官吏の官舎について

現在のカンボジア国保護国政府は、<thibaudeau> <résident sperieur>［高等弁務官］殿が現地の政府の長として着任して以来、以前と違って今はクメール人国民への慈悲心が大変多いと思われる。

以前は、フランス政府はクメール人官吏全てを、あらゆる支援と世話が必要な幼児と見なし、どのような仕事も自由裁量にまかせることはしなかった。保護国政府はクメール人官員は自分の職務全般における知識があまりないと思ったので、公務を全面的に取り仕切る権限を与えなかったのである。現在にいたり、政府が一生懸命ずっと支援して来たフランス語の学習が順次発展し、saññāpatra <bachot>［バカロレア］や<diplôme>［高等初等教育修了証書］を持つ知事や郡長のように、現地官員も多くが高度の学問知識を有するようになった。それで<thibaudeau> <résident sperieur>［高等弁務官］殿は、「クメール官吏は自分で仕事をすることをまかせるのに十分な知識を持つ」と認め、職務に従って職務全てをまかせることにした。これは氏の大きな慈悲であり、氏はクメール官吏に自由を1段階与えたものとみなすことができ、全てのクメール人は氏の恩を常に記憶しておくべきことである。なぜならば、［このことは］発展した国の願望だからである。この国はまだ無学無知の国民が多いのは事実であるが、教育が発展している官吏は［国の］苦しみを軽減して発展させ、時勢に追いつかせるように公務を掌握するのに十分であり、まだ時勢に追いつけない官吏もいるとは言え、現在は少数になっているからである。

それゆえ、nagaravatta 新聞は今ここで、クメール人官吏の代表として保護国政府に1つお願いしたい。即ち、すでに rājakāra <protectorat>［保護国政府］は慈悲でクメール官吏に自分の職務に従って仕事を完全に自分で行うことができる権限を与えた。［次に］フランス政府はクメール官吏たちに、その名誉と地位と職務にふさわしく顔を立ててくださるべきで、そうすることは実に素晴らしいことであると思う。なぜならば、［そうすることによって、］クメール官吏の士気をサポートし、さらに熱心に仕事に励ませ、保護国政府の希望通りの成果をあげさせることができるからである。

ここで nagaravatta は政府が考慮する材料にするために1つのことを政府に述べたいと思う。即ち全てのクメール官吏たちの宿舎にするための gehasthān rājakāra、即ち phdaḥ rājakāra［官舎］である。ずっと以前から今日にいたるまで、nagaravatta は、「これらの住宅はまだ官吏の地位身分に相応しくないと思っていた。たとえば各州の官吏たちのトップの地位にある州知事と地方裁判所長クラスの官吏は、保護国政府の官吏と比べると州<résident>［弁務官］殿に相当するが、この2つの政府の官吏の官舎を比べると全く違うことがわかる。nagaravatta は1、2の州、即ちクメール国の大州であるカンポート州とバット・ドンボーン州を例にするが、この2つの政府の官舎を見ると互いに非常に異なることがわかるであろう。即ちカンポート州では州知事殿の家と <gendarme>［憲兵兼警察署長］殿の家を、バット・ドンボーン州では地方裁判所長殿の家と刑務所長殿の家を例にすると［注。以上の記述による比較の対象と、以下の実際の比較の対象は一致せず、州弁務官の家と比較されている]、バット・ドンボーン州<résident>[弁務官]殿の住宅は、石橋[注。コンクリート橋かも知れない]にかかる場所[=始点]に立って正面から見ると驚くほど豪華で prāsāda[宮殿](chateau)[大邸宅]のようであり、プノンペン市の <résident supérieur>[高等弁務官]殿の住宅よりさらに美しくて広い。州<résident>[弁務官]殿の地位に相応しい限度を超えているとnagaravatta は思う。しかし、州知事殿と地方裁判所長殿の住宅は、州の第2位、第3位にランク付けするのはおろか、その郡[sruk]の刑務所長であるフランス人の家にもかなわない。外観だけが州の高官の住宅であるのに相応しく見えるだけでも適切で相応しいから、保護国政府は官吏の地位身分に相応しくするために官舎を新しく建てて支援して欲しい。たとえフランス官吏の住宅と同等、即ち同じではなくても、せめてその次の程度の住宅を得させるようお願いする。人々が見て、極めて劣っていると思わせないでほしい。他民族にクメール高官の地位を見下し軽視させる原因になり得て、クメール人をも他民族をも統治するのが難しくなるようなことをもたらすことがないようにである。

それゆえ、政府は、官吏の士気を支持して助け、熱心に一生懸命働く気持ちを保たせ、同民族と他民族の人々の尊敬と畏怖の的にならせるために、クメール官吏の身分を州知事や地方裁判所長の地位に相応しく高く引き上げるために、この事業を果たしてくださるようお願いする。これらのことは、きっとクメール政府の公務の困難を取り除き、実行を楽にし、発展させる方策である。

(まだ後の週[=46号2-6]に続きがある)

1-6 諸国のニュース

1-6-1 11月1日月曜日

中国。チベット国(中国)の長である ujachīn ḷāmā という名の法王は日本…[注。1行消滅]…読経することを指示した。そして師は国を守るために使うよう50,000中国リエルを下賜した。

1-6-2 11月2日火曜日

スペイン国。"hūt" と言う名のイギリス軍艦が、名前不詳の機に爆撃されて被害を受けたイギリス商船1隻の調査をするために、バレンシア県におもむく命令を受けた。

＊中国。日本は "蘇州" 川[=上海市内を流れる黄浦江に注ぐ川]を渡った。そして上海市の中国人居住地区を包囲した。

フランス大使は、日本が上海市の共同租界を爆撃し、3名が死亡、多数が負傷した件について苦情を述べた。

1-6-3 11月3日水曜日

スペイン国。反乱派側軍は北部海岸の都市をすべて占領した。これを見て、イギリス海軍省はイギリス海軍司令官を本国に呼び戻した。

「イタリア国はきっと laddhi <communisme>[コミュニズム]の敵と手を結ぶ」と発表された。

＊日本国。日本政府は満州国を南[ママ]部の独立国にすることに同意した。

＊ドイツ国。「ドイツ国大統領であるヒットラー氏は…[注。1行消失]…フォン・リーベントロップ氏を植民地相に任命した」と発表された。

1-6-4 11月4日木曜日

本日19ヶ国の[各]代理人が、中国と日本国が戦争をしていることに関して、ベルギー国で会議をした。中国の代理人である vaellīiṅtuṅgū氏は、「日本国は暴力で中国を侵略している」と解説した。

＊病院船である日本船1隻が爆撃を受け、<matelot>[平の船員]1名が死亡した。

1-6-5 11月5日金曜日

…[注。1行消滅]…たちが、「両国を和解させて停戦させるための調停者になることを希望する」という内容の書簡を日本国に送った。

1-6-6 11月6日土曜日

日本は、「日本軍は杭州湾に到達し、北に進み中国軍と遭遇して26時間戦い、それから杭州湾から距離30キロメートルの uoṅ 河に達した」と発表した。

1-7 土曜評論

易しく言うと、彼らには聞こえないから[私は]大声で叫ばなければならない

samāgama pramūl phala ṭī[Des coopératives agricoles)[農業協同組合]について

以前、私は全ての郡に作るべきである農業協同組合について何回も解説した。その時、私は稲作、畑作、農園をして生計を立てている人々に、この組合は、額に汗して働く人々に高い本当の有用性があり、次々に何回も仲買をする人をなくすことができるということを指摘して示した。これらの[仲買をする]人々は働いて疲労することなく、額に汗して働く人から収穫を受け取って行って売って利益を得るのを待つだけである。一方一生懸命汗水垂らして、雨にさらされ日にさらされて働いた人は転じて利益を受けることができない。一生懸命働き、そしてこのような組合を作ることを考えない人は、死ぬほど働いて利益はほとんどすべてを他人に行かせ、自分は腹ペコペコでグーグー言うのを我慢するのだから、無益に

生きることになる。

我がクメール国は田と畑と農園の国である。毎年毎年得られる土地からの収穫物は、我々クメール人は互いの団結が全くないから、売っても極めて少ない代金しか得られない。もし我々が1つにまとまって、我々の土地からの収穫物を集めておくための組合を作り、その収穫物の値段が上がった時になってから売れば、我々は無駄に疲れることにはならない。

借金をしていて、その債権者に土地からの収穫物を全部流し捨てる農民が多い。組合を作ることができたら、これらの人々は、自ら承知した時以外に、脅かされて土地からの収穫物を無理やり全部取り上げられる恐れはもうなくなる。引き渡すのに不承知の場合には、裁判所の権限によってのみ、はじめて取り上げられるだけである。この点に関して、「政府は放置して債権者が好き勝手に債務者を虐げることができるようにすることはない」と私は信頼している。私は、「政府は組合を作ることを欲する人々を助ける」ということを知っているからである。

私が農業協同組合について再び解説したのは、この組合が役に立つことをまだ理解しない人がいるという確かな情報を得たからである。kaṇṭāl sdiṅ 郡（カンダール州）では、現在住民は、水がないから稲を作ってもあまり収穫がないので、サトウヤシ砂糖を作ることに転じ、［サトウヤシ］砂糖がプノンペン市で1缶3リエル周辺の価格になっている時に1缶40から50センで［中国人に］売っている。いつまでもこのようなことをしていると、一生奴隷でいることは避けられない。

それゆえ、私は稲作、畑作、農園をして生計を立てている皆さんの心に、あらゆる項目での発展がクメール人に訪れるように、団結をするようお願いする。

a. ka.［＝ācārya {kuy}］

1-8　クメール政府の中級職官吏の人たちが<gazette>［新聞］に掲載を求めて送って来た要請の言葉［注。この文章は誤りが多く、また特に後半の第6パラグラフは記述が雑然としていて記述漏れが多々あり、極めて難解。訳者の理解による判断でかなりの部分を補ったが、誤りがあるかもしれない］

官員［の昇任規定］［注。原文は1行消失しているので推測］の変更に関する1932年12月7日付国王布告の規定によると…［注。1行消失］検察事務官と rājakāra <protectorat>［保護国政府］の通訳thī職から上は、司法部の cau krama になるには試験を受ける必要がない。

この国王布告が出て以来、多数の官員、即ち通訳thī、種々の［保護国］政府部局のthī［ママ。上の記述ではthīは通訳thīだけである］、［クメール］政府部局のsamuha pañjī［ママ。samuha pañjīとcau kramaの中間の階級である「検察事務官＝kralāpañjī」が正しいと思われる］たちがcau krama になることができた。この国王規定はまだ廃止されてはいない。しかし、政府は上に進む道をこれ以上開かないようである。即ち…［注。1行消失］…妨げられている

もう1つ、これと同じ時に、政府はなぜ政府の2つの部のうち1つには道を開き、1つには道を閉じて、司法部の職位だけをこのように試験なしで任命して特別な配慮をしたのか。つまり行政部も皆同じ官員であるのに、なぜ政府は見ようとしないのか。同じように特別配慮してしかるべきである。

1934年6月9日付国王布告第69号、1934年7月23日付<le résident supérieur>［高等弁務官］殿 prakāsa <arrêté>［政令］、1934年8月18日付<le gouvereur général>［総督］殿 prakāsa <arrêté>［政令］第4081号は、<statut>［官員規定］の規定を改正し、第58条で1級<adjudant>［曹長］以上の退役<retraite>者は行政部に入って3級 kramakāra という高い地位［＝国王が任命する上級職］に就く権利が与えられた。

同じ<statut>［官員規定］の94条では、1級主任 kramakāra 職は試験を受ける必要なしに昇任して［同じ上級職の］上位の職である 2級 anumantrī職に就く権利が与えられた。

保護国政府がクメール政府官吏の職位をこのように改めたのは、官員全てと<retraite>［退役］1級<adjudant>［曹長］クラスに、一生懸命努力して前進し、昇任する期待を持たせる道を開くことであるから、大変適切である。しかしまだ取り残しがある。smienと、smien samuha pañjī［ママ。smienが重複しているが後のsmienは不要で「smienとsamuha pañjī」が正しい］より上の［階級は］、［samuha pañjīの上の階級である検察事務官の最高等級である］特級検察事務官と、［smienの上の階級であるyukapatraの最高等級である］特級 yukapatra の中級職官吏の人々を政府は忘れているようであり、これらの人達が他と同様に上級職官吏に昇任する道を開く何らかの改正をしていない。即ちこの中級職官吏の職位の官員たちは、何という前世の悪業があってか、政府は特級検察事務官あるいは特級 yukapatraの職位にとどめおき、どこにも上がって行くことができなくしている［注。司法部の特級検察事務官の1級下である1級検察事務官からは、1級上の特級検察事務官を飛び越えて2級上の2級anumantirīに上がることができるが、飛び越しをせずに特級検察事務官に上がってしまうと、そこが行きどまりで、それ以上の昇任はない、ということである。行政部の yukapatra についても全く同様］。ただ1つとても狭くて通り抜けることはほとんど不可能な隙間の道を1つだけ、即ち kramakāra あるいは cau krama 職への試験を受ける権利を与えている。一方この試験は4-5年待って時間を損してからようやく1回行われる。政府下級職員たちは、2級［ママ。恐らく「1級」が正しい］smienと同 samuha pañjī、2級［と1級

の] yukapatra と同検察事務官、さらに通訳thīまでが、任官を奪い合い、計算すると100名以上がこの試験を受けて運を試す。試験に合格すると、政府は3級 kramakāra に任命し、新しい<statut>[官員規定]に従って2年間上級職見習をさせる。[全ての人は]地位が上がるのを望んでいるので、自分の月給が減ることは考えない。たとえば通訳thīも、[2級と1級の] yukapatra も、2級と1級の検察事務官も2級と1級の kramakāra 職と同等の月給に達している人がいる。そして試験に合格して3級 cau[ママ。恐らく不要] kramakāra である上級職見習になると、月給が減る。どのようであってもその地位に就くことを承知する。保護国政府は月給を[試験に合格する前の]古い俸給のままにしておく。規定の[昇任]年限が来ると地位と身分は上がるが月給は上がらない。何年損すれば昇任して[試験に合格する]前の月給に達するのかわからない。それでも我慢して従い続けるのである。

上の苦しみを述べた解説を、保護国政府は検討して、yukapatra や検察事務官などの中級職官吏に権利を持たせて、上司が申請するなり、[上級職官吏に]昇任するべき職に達したりした時に、自動的に地位が上がる道を開くべきである。全てが皆同じ官吏、即ち官員であるから平等にするためである。

もう1つ、直接保護国政府の近くにいる中級職官吏たちに、どうか黙っていないで、この要請のように保護国政府が定めるように、必ず要請して助力するようお願いする。

クメール政府中級職官吏たち

上の要請について、nagaravatta は、保護国政府は綿密に検討して、政府の司法と行政の2つの部の全ての等級、全ての職位の官員全てが平等に楽に幸せになるように定めるのが適切であると考える。

2-1 疑問がある話

我々は[次のような]情報を得た。プノンペン市<commissariat central>[市警察署]で、警官が dī dāt <balle>[サッカー場]から少年1人を警察署に連行する途中、その少年が逃走した、という極めて軽微な罪で、政府はその ik-kuy という名のクメール人<police>[警官]を免職にした。その少年は入場料5センを門番に支払わずにこっそり入場して<balle>[サッカー試合]を見たという罪があった。

もう1つ同様な事件がある。<commissariat>[警察署]で"tha"という名のベトナム人<police>[警官]が、ベトナム人<boy>[下僕]1名を警察署に連行する途中、不注意で逃がした。この<boy>[下僕]はフランス人である自分の主人の<bon>[小切手]の<signer>[署名]を偽造して持って行って商店から品物を得たのである。このベトナム人<police>[警官]は"<police sport>"チーム内で dāt <balle>[サッカー]の知識があり、<balle>[サッカー]のことを考慮してこの重罪を消し去ることができ、無罪になった。

…[注。1行消失]…クメール人[の罪の]重さは1 nāl、ベトナム人の方は1 hāpである。しかし、1 hāp の罪の方は処罰を免れ、1 nāl の罪人1人だけが処罰された。

nagaravatta は保護国政府に、この事件を蒸し返して再検討することを求める。もし我々が知ったことが事実であることがわかったら、法律の道に従って何らかの審理を行うことを願う。

2-2 新時代のクメール人の素晴らしい適切な行い

ある日私は家にいて、1人のクメール人男性が大声でピーナッツを触れ売りする声を聞いた。私は、「ああ、我がクメール人よ、敢えて恥を切り捨ててこのような商売をする勇敢な気持ちを持つクメール人にはいままで1人も出会ったことがなかった。中国人一ベトナム人しか見たことがなかった」と心の中で感動した。それで私の満足はますます強まり、押さえることができず、使用人に[ピーナッツ売りの人を]家に呼んで来させて、訊ねた。"君はなぜピーナッツを売っているのですか"。その売り人は答えた。「今私は両親がいなくて、とても貧乏です。それで思い切って決心してこのように商売をして生命を養うことにしました。これは私の前世からの不運です」 私は反論した。「このように商売をして生計を立てているのは、君の前世からの不運であるというのは間違いだよ。商売をして生計を立てることは、この世のとても適切で素晴らしいことなのだ。誰でも、君のように1センから貯蓄をすることを知れば、その人は他の貧しいクメール人のように没落してしまうことはない。なぜならば我が国に来て住んで生計を立てた当初の中国人は、我が国に来てすぐにコンクリートの家を建て、自動車を持って乗っていたのではない。即ち半ズボン[注。肉体労働者の象徴]をはいて、このように氷水を売り、ピーナッツを売ったのだ。しかし彼らは一生懸命勤勉にその仕事をしたので、しばらくするとその商売の長になり、金持ちになれたのだ」

このような商売で生計を立てることを、我々は恥じるべきではない。もし我々家で何もせず寝ていたら、誰が何か持って来て我々の生命を養ってくれるのか。我々は我々自身の力で一生懸命働いて生計を立てるのが、他人に施しを乞うて食べるより良いことなのである。

[注。写真があり、その下に] ピーナツを売って生計を立てているクメー

ル人の写真（tā {phuṅ yāṅ}）

2-3　［44号2-4と同一］

2-4　クメール人への注意忠告

<gazette>［新聞］読者の皆さんは、プノンペン市のdham 市場にある、同じ中国人に対する［次の内容の］注意の掲示をよく検討してみるべきであり、そうしてどう考えるか。「1日1日金を無駄に使うな。使うべきである場合に［のみ］使い、民族の利益になるように金を使うこと。即ちもし1リエルを中国人以外の他民族に使うと［何も］増えない。同じ中国人に使うと中国に対して2 kāk 増やすことができる」即ち、中国人は1リエルから2 kāk を取って、戦争に助力するために中国に送るのである。

中国人は自分の民族に強くこだわり、互いに良く助け合う。演劇や映画などの催し物などがプノンペンに公演·上映しに来ると、彼らは皆そろって見に行く。その催し物が損失を出したと知ると、募金をして金を出し合って、それが損失を出して倒れることがないように援助する。たとえ貧しい人でも敢えて１人が5リエルずつ出すこともある。

中国人は［民族に］強くこだわる。見てみよ。プノンペン市の dham 市場では、クメール人の理髪店は、どんなにとびきり上手でも、中国人は散髪に入らない。敢えて同じ仲間の店で我慢する。たとえクメール人の店が中国人を雇って一緒に働かせても、彼らは散髪に入らない。dham 市場の中国人の理髪店は、自分の店に腕の良いクメール人職人を呼んで散髪させることで、中国人以外にクメール人やベトナム人［客を］大勢引き寄せている。一方中国人の方は、中国人の理髪をするためにクメール人が雇われていても、［そのクメール人に］散髪させようとしない。そろって仲間である中国人に散髪させる。クメール人［理髪師］と親しくて、他並みに上手に散髪してもらいたい時には、顔を出して他人に見られないように、普通の散髪をする所の外の店の裏に呼んで散髪させる。

わかっただろうか。我々クメール人は、上に解説したように中国人を模範にして、我が民族を愛するべきである。

貧しいクメール人はトウモロコシなどの物を中国人に安く売る。そして、必要になると、いつもそれを2倍、3倍4倍高く買い戻す。

アヘン窟、飲み屋では、クメール人ばかりが大勢寝たり立ったりしてにぎやかにつまみを食べながら酒を飲み、アヘンを吸っている［注。Ⓢによるとアヘン窟ではアヘン以外の物は供さないことになっている］。現代において、まだ若いクメール人はアヘンを吸うという遊びに親しむべきではない。仕事についたばかりでいたずら盛りの自動車や船で働く人、職人、学校の生徒、官吏［loka］やthī thuṅたちなどが市場を楽しそうに歩き、仲間が大勢集まると楽しみを求めて店に入り、女と楽しく笑って遊び、それからアヘンを吸い、酒を飲む。ある者は、ほんの遊びで始めたのがしばらくすると中毒し、grwaṅ［？］をつけたコウモリのように肩がいかる。ある者は酒を飲み、酔って身体から酒の毒を抜いて酔いをさますためにアヘンを吸いに行く。しばらく経つうちに［アヘンに］中毒する。1センもないのにアヘン窟に行って吸い、そこに泊まり込んで他人の肩を揉み、その人から少し吸わせてもらう者もいる。アヘンの作り方を知っていて、泊まりに行って他人にアヘンを作ってやって1吸い2吸いさせてもらう。あれこれ買い物の使い走りをしてやる者もいる。昼も夜も、連続何日間もまるで自分の家のようにアヘン窟にいる者もいる。

アヘンを吸う者は費用が大きい。アヘンを吸うだけでなく酒も飲むし、タバコも吸うし、食べ物は良いものばかり食べるし、売春婦を相手にするし、博打も打つからである。金が十分たくさん余っている金持ちなら、どうぞ吸ってください、構いません。貧乏で屑肉の砂糖煮を買って呑み込む金さえないのに、どうしてもがくのか。

アヘンを吸う者は、当初は親戚や友人たちがそれを見て、やめさせようとして注意し忠告する。すると、「自分は吸っていない」と断固否定して怒り返す。ほんとうに中毒してしまい、肩はいかり、声はワアワア言うが鼻詰まりのような声で何を言っているかわからなくなると、口に栓をしたように何も言わなくなる。

アヘンを吸う者は、身体をひどく損ない、貧乏になり、やせ細って骨の形が見えるようになり、息も絶え絶えになり、短命である。

今の中国では、政府はこれ以上人を駄目にしないように、アヘン中毒者を大勢逮捕して銃殺した。生命を助かってまだ吸っている者は、官員に知られないようにこっそりと吸っている。日本国にもアヘン吸引者と飲酒者はいない［ママ］。彼らは改心して良い人になることができたのである。

我がクメール国のアヘン吸引者は、政府が逮捕して厳罰に処すれば懲りるのではないか。そうしないかぎり、財産を失い、貧乏人になってしまうのは確実である。

クメール国政府は、この遊びは人を多数損ない、狂気にさせるから、この遊びを撲滅するべきである［注。Ⓢによると1920年代にはすでにアヘンを禁止する方針が決定されていた］。酒とアヘンからの税金を惜しむべきではない。

クメール国民は貧乏を悔しく思い、恥じるべきである。考えなしに金を使うべきではない。上述の仲間が忠告する言葉に従って、「アヘン吸引」という無駄な楽しみをするべきではない。一生懸命働いて生計を立てるべきである。疲れるのを恐れてはいけない。そうすれば、我々にとって敵であることを少しずつ追い出すことができるのである。

3-1 国防軍のカティナ祭

11月7日日曜日に、保安隊は、<adjudant chef>[主任曹長]である ñien 氏と nau 氏、<adjudant>[曹長]である hul 氏と jā 氏、それに順次階級がさがる隊員たちが、yū heṅ 氏と妻のṭuoṅ 夫人[?nak]と共に、クメール国の保安隊の<inspecteur>[司令官]である aṅswḷāṅ 氏を貴賓として、プノンペン市の mahāmantrī 寺に行列をしてカティナの寄進を行った。

同日曜日の午前8時に、シソワット <lycée>[中高等学校]の生徒、<scout>[ボーイスカウト]、<civil>[一般市民]たち大勢も一緒になって、長いカティナの行列は徒歩で保安隊の駐屯地を出て南に曲がり、兵のラッパの音楽、chaiyām[=長太鼓]の音楽、bīphāt[=宮中のクメール式オーケストラ]の音がにぎやかに聞こえた。

普段は武器を手に持つ[保安隊]隊員たちが、この行列の時には転じてそれぞれの手に蠟燭、線香、花、三衣を手に持っているのは感嘆するべき光景であった。

行列が首相である samṭec cau fā vāṅ varavieṅjaya 邸の前に到着すると、隊員たちが傘で覆った輿を持って入り、高く上に輿を samṭec に上げた。samṭec は喜びを共にする言葉を述べてから、寄進する現金を入れた。それから長い行列は行列を続け、mahāmantrī 寺に着き、そこで大勢の親族や友人や官吏たちと一緒になった。

aṅswḷāṅ <inspecteur>[司令官]殿と令室と令息は寺においでになり、我々クメール人たちと共に三衣を手に持ち、言葉を述べてから僧にさしあげた。

aṅswḷāṅ 氏が、氏が統括した全ての州のクメール人に良い意図を持っていることは称賛に値する。この保安隊の駐屯地でもあまり絶えることなく祭りを行なっている。

nagaravatta は aṅswḷāṅ 氏がこのように立派に行なった善行を強くお喜び申し上げる。

3-2 お知らせ

11月17、18、19日の競渡祭に際して、danle me gaṅa (danle dham)[メコン川]から東へ距離5キロメートル余りの slūt 川で道が終わる所は、1度に車を5、6台渡せるように、2隻連結の渡船を使う。この渡船は昼も夜も渡すのを待つ。

今から11月16日までは、slūt 川の渡船の乗降の道路を作るために、川を渡すサービスは昼間だけである。

3-3 [44号3-4と同一]

3-4 [44号3-3と同一]

3-5 農産物価格[「金の価格」は4-12]

プノンペン、1937年11月9日

サトウヤシ砂糖	60キロ		3.40リエル
	店頭で購入		3.00リエル
籾	白	68キロ、袋なし	3.55 ~ 3.60リエル
	赤	同	3.40 ~ 3.45リエル
精米	1級	100キロ、袋込み	8.85 ~ 8.90リエル
	2級	同	8.50 ~ 8.55リエル
砕米	1級	100キロ、袋込み	7.20 ~ 7.25リエル
	2級	同	6.05 ~ 6.10リエル
トウモロコシ	白	100キロ、袋込み	[記載なし]
	赤	同	0.00 ~ 7.00リエル
コショウ	黒	63.420 キロ、袋込み	16.00 ~ 16.50リエル
	白	同	25.50 ~ 26.00リエル
パンヤ	種子抜き	60.400 キロ	37.75 ~ 38.25リエル

＊サイゴン、ショロン、1937年11月8日

フランス籾・米会社から通知の価格

ショロンの<machine> kin srūv[精米所]に出された籾 1 hāp、[即ち]68 キロ、袋込みの価格は以下の通り。

籾	最上級		3.95 ~ 4.00リエル
	1級		3.70 ~ 3.75リエル
	2級	日本へ輸出	3.60 ~ 3.65リエル
	2級	上より下級、日本へ輸出	3.50 ~ 3.55リエル
	食用[国内消費?]		3.25 ~ 3.30リエル
トウモロコシ	赤	100キロ、ショロン県マッカサンで売り渡し。	
			7.90 ~ 0.00リエル
	白	同	0.00 ~ 0.00リエル

米(10月[ママ]渡し)、港渡し、袋込み、税抜き、1 hāp、[即ち]60.7キロの価格は以下の通り。

精米	1級、砕米率 25%	5.30 ~ 5.35リエル
	2級、砕米率 40%	5.20 ~ 5.25リエル
	同。上より下級	4.95 ~ 5.00リエル
	玄米、籾率 5%	4.30 ~ 4.35リエル
砕米	1級、2級、同重量	4.60 ~ 4.65リエル
	3級、同重量	4.30 ~ 4.35リエル
粉	白、同重量	2.85 ~ 2.90リエル
	kāk [籾殻+糠?]、同重量	2.20 ~ 2.25リエル

3-6 [44号3-9と同一]

3-7 [44号3-10と同一]

4-1 [44号3-7と同一]

4-2 [絵がなくなった以外は、8号4-6と同一]

4-3 [11号4-2と同一]

4-4　［44号3-5と同一］

4-5　［8号4-3と同一］

4-6　［20号4-6と同一］

4-7　［44号4-5と同一］

4-8　［44号4-6と同一］

4-9　［11号3 ー 2と同一］

4-10　［44号4-8と同一］

4-11　［44号4-9と同一］

4-12　金の価格

プノンペン市、1937年11月4日

金 1 ṭamliṅ、［即ち］37.50 グラム

価格	1級	110.00 リエル
	2級	100.00 リエル

4-13　［29号4-10と同一］

SAMEDI 20 NOVEMBRE 1937

CIGARETTES
JOB
LE PAQUET VERT
Vendu 5 cents

Nagara vatta

COFAT
CIGARETTES
La meilleure cigarette Indochinoise
Le Paquet vendu 5 cents

Directeur
PACH-CHHŒUN

HEBDOMADAIRE PARAISSANT TOUS LES SAMEDIS

(Boite Postale N° 44)

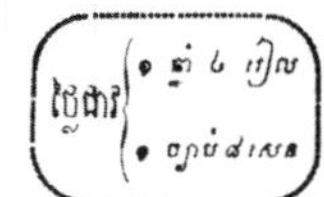

第1年46号、仏暦2480年9の年丑年 kattika 月下弦2日土曜日、即ち1937年11月20日

［仏語］1937年11月20日土曜日

1-1　［仏語で「私書箱 No.44」と「社長、PACH-CHHŒUN」が加わった以外は8号1-1と同一］

1-2　［デザインが少し変わった以外は8号1-2と同一］

1-3　［デザインが少し変わった以外は8号1-3と同一］

1-4　［8号1-4、1-5と同一］

1-5　「クメール人は敢えて国の外に出ようとしない」と言うのは真実か

1937年10月28日、［現地国］諮問会議委員たちがクメール国の公務について会議をした時に、クメール国保護者である<thibaudeau>氏がスピーチをし、その中に、クメール人生徒についてのことが1ヶ所あり、氏は、「政府はクメール人の生徒に、さらにハノイ市やフランス国に、勉強を続けに行かせる金を準備しているが、生徒達はさらに勉強を続けるために行こうとしない」と述べた。

氏のこの希望は、氏が本当にクメール人を愛しているのは確かであり、クメール人に高等な学問知識を持たせたいという気持ちを持っているのであるから、実に適切で素晴らしいことである。政府が、生徒が勉強に行くのを支援して金を支給するのに、クメール人の子供がそれを受けようとしないのが本当なら、助力して支援しようという気力が失せてしまうのは当然である。なぜクメール人の子供はこのようにさらに勉強に行くのを欲さないのか。クメール国の保護者である氏は、「クメール人は故郷を離れて遠くに行くのを嫌がる」と理解しているが、閣下［loka］！、そうではありません。昔はクメール人の父母が子供に遠くの国に稼ぎに行かせたり、勉強に行かせたりするのを嫌がったのは事実である。しかし、その後新しい時代になると、クメール人の性向は昔とは甚だ異なっている。今は遠い国に学びに行きたがっているクメール人は非常に大勢いる。

クメール人が政府の金を受け取ってさらに勉強を続けに行こうとしない理由は、［以下の通りである］。「saññāpatra <bachot>［バカロレア］を得て直ぐにクメール政府に勤務を始めると、1年に720リエルの俸給しか貰えない。この saññāpatra <bachot>［バカロレア］は、thnāk lekha 6［＝幼児級学年。このパラグラフ末の＃1を参照］から数えると7年間勉強して試験を受けて得たものである［注。このパラグラフ末の＃2を参照］。saññāpatra <bachot>［バカロレア］を得てさらに医学校に入るとさらに5年間を加えてようやく卒業して［政府に］勤務することができ、「現地国医師」と呼ばれる。そして俸給は720リエルしか貰えない。さてここで、saññāpatra <bachot>［バカロレア］を得ていれば医学校に入れてもらえる。もし得ていなければ入れて貰えない。そして医学履修の規定年数は5年もの［長期］間である。計算すると、勉強をして saññāpatra <bachot>［バカロレア］を得、さらに［医師］資格を得るには、規定の12年間勉強しなければならない。そして俸給はたったの720リエルが貰えるだけで、saññāpatra <bachot>［バカロレア］を得て直ぐに政府に入ってクメール政府官吏になった人と同じである。同じ俸給が貰えるのなら12年間も勉強する必要がどこにあるか。7年間だけ勉強すれば十分である」

＃1［注。数字は上級からの番号で、初等教育の上から6番目の学年ということになるが、初等教育校には5学年しかないから、この6という数字は、リセーの第1学年、すなわち高等初等教育課程から数えている。リセーでは、この第1学年の修了試験に合格してから、第2学年、即ち中等教育課程に進学できた。なおリセーは最下級から順次上に番号をつける］

＃2［注。Ⓢでは、初等教育が5年とコレージュ、即ち中学校が2年で、それからハノイの医学校に入学した。

ここの記述はこのⓈの時代のことであろう]

私は医学のことだけを話したが、どの学問を取って話しても、長く勉強した人は saññāpatra <bachot>[大学入学資格]だけしか得ていない人と同じ俸給を得る[だけである]。

それゆえ、「クメール人は生まれ故郷から遠くに行くのを恐れ、敢えて行こうとしない」ことがわかる。即ち、「利益は現地国だけで勉強した人とほぼ同じであるから、遠くの国に勉強に行って時間を無駄にする必要がどこにあるのか」と考えるからである。それゆえ、もし氏が何か方法を考えて、[外国で]勉強した人に[勉強が]少ない人より俸給を多く与えるようにすれば、外国に勉強に行きたがるクメール人は大勢いる。

もう1つ、我々の意見では、「クメール人は国や民族の利益のことはあまり考えない。自分自身の利益だけを考えることが多い。自分自身の利益が薄い場合は、思い切って外国に高い知識を求めに行く人はあまりいない」と理解する。

1-6　諸国のニュース

1-6-1　11月8日月曜日

中国。日本軍が包囲しようとしているのを見て、中国軍は(浦東)県を出て南方に後退した。

＊ドイツ国。イタリアと日本は laddhi <communisme>[コミュニズム]を防ぎ滅ぼす協定[＝防共協定]を結んだ。この協定の内容はアメリカに大騒ぎをさせている。この内容は今後諸国にますます強い悪事をさせるからである。イギリス国は沈黙している。laddhi <communisme>[コミュニズム]を奉じるロシア国の方は、「知らず聞こえず」のような態度をとっている。

1-6-2　11月9日火曜日

スペイン国。イタリア国首相殿の息子で、スペイン国のフランコ将軍に助力して戦いに行っていたブルーノ・ムッソリーニという名の人が、政府派の銃弾を受けて死亡した。この情報はまだ確認されていない。

1-6-3　11月10日水曜日

中国。上海市は日本軍に包囲された。同日日本軍は tāy yiṅ fū 県を占領した。

＊イタリア国。ローマ市(イタリア)駐在ロシア大使はイタリア外相である(チアノ)氏と会見し、「防共協定を結んだイタリア国は、1923年に[ロシア、イタリア間で]締結した協約に違反している」と遺憾の意を表明した。

1-6-4　11月11日木曜日

中国。上海市地区で日本軍はフランス租界に近い ṇān gāv 県を砲撃し、siṅ tieṅ 県を占領した。フランス租界では砲弾の破片が飛び散り、ベトナム人に当たって6名が死亡し、警備していたフランス人2名が負傷した。

1-6-5　11月12日金曜日

中国。日本軍はさらに浦東県に上陸した。道路を阻む日本軍[ママ。恐らく「中国軍」が正しい]はなく、日本軍は上海市の前面を占領し、そこらあたり一面に兵士が大勢いる。

…[注。1行消滅]…中国と日本が戦争をしている問題を検討するために、ブリュッセル市で会議をした。日本国は、「互いに争いを起こしている両国が討議して黒白をつけるべきで、他国に議論に介入させるべきではない」という考えで、会議に代表を派遣して助力することをしていない。

1-7　プノンペンの11月11日 (戦勝、即ち終戦記念日)

11月11日、プノンペン市では、以前からの習慣に従って puṇya jaya jamnaḥ(Fête de la Victoire)[戦勝記念祭]が盛大に行われた。午前7時前、あらゆる民族の大衆が大勢 vatta bhnam と cetiya[記念塔](anusāvarīya mahāsaṅgrāma[大戦記念塔])の周囲一面に集まった。山の麓で行われる種々の競技を見、記念塔の前で行われる保安隊員と現地国軍[兵士]の閲兵式を見るためである。

mīs dhlā <boulevard>[大路]に沿って立てられたテントには官吏と元軍人たち、それと<officier>[将校]の家族たちと一般人のフランス人たちが座って満員であった。

7時少し過ぎに、陛下と<le résident supérieur>[高等弁務官]殿と<conseil> senāpatī[大臣]殿とフランス、クメール官吏たちが到着すると、<commandant d'armes>[駐屯軍司令官]殿と両軍の兵士たちが捧げ銃で敬礼した。truot bala (<revue>)[閲兵]が終わると<commandant>[司令官]殿がテントの近くに行き、称賛の言葉を陛下と<le résident supérieur>[高等弁務官]殿の御席から受けた。それから大衆は種々の催し物と、トンレー・サープ1周レースをしている自転車競技者が到着するのをゴール地点で見るために vatta bhnam に戻った。

[注。写真が上下2枚ある。下の写真には解説はなく、上の写真の下に] 国王陛下と<le résident supérieur>[高等弁務官]殿の写真

1-8　プノンペン市の padumavatī 寺の前面の池の埋め立てについて

この池の誕生はずっと以前のことである。braḥ kaev mārakaṭa[ママ。恐らく「marakata」が正しい]寺を作った時に、土を掘って運んでその寺を建てる場所に入れたのである。この池は、皆さんが既に知っているように、あらゆる腐った汚いもの、悪いものを受け入れる大きな場所の1つであり、ちょうどあらゆる種類の悪事を行った人間を受け取る地獄のようなものである。寒気がする熱病や roga <peste>[ペスト]が池の岸に住んでいる人に起こり、鎮まる気配はない。今年は水位が高く雨もたくさん降ったので、この池は猛威をふるって[人々を]脅やかし、大悪臭の威力に全市を覆わせる。地獄にぎっしりと生まれたボウフラは絶えず腐った水から浮かび上がり…[注。摩滅で1行消失]…プノンペン市一面を[砲撃して]…。しかし他の人より地獄のそばにいる人々により多く命中した。

近くにある他の場所は、devā、candachāyā、bhojananī、大王宮、などの美しい尖塔がある殿舎がある宮殿になり、天国のようである。一方[地獄の方は][注。消失部分を推測]一生懸命威力を発揮し、腐った物、悪い物の方面の名声を見せつけ、天国に恥じないよう、負けないように、あらゆる種類の病原菌を[撒き散らしている][注。消失部分を推測]。

現在、市の住民たちは、先日 nagaravatta が要請した希望に従って、「市政府は padumavatī 寺の前面の池を埋め立てることを決定するために会議中である」という情報を得て、「プノンペン市はもうこれまでのような地獄がなくなり、天国だけになり、悪臭の源、あらゆる種類の病気の源がなくなり、santiasesato[平和になる]」と大いに喜んでいる。

nagaravatta も望み通りに実行されると思い、大変喜んでいる。しかし、市政府は paduma[vatī] 寺の周囲の臭い池から[も]目をそらすことをしないようにお願いする。この寺の周囲の池も悪臭の源、病気の源であり、阿鼻地獄には敵わないまでも、近くに住む人々を苦しめ、滅ぼすことができるこの世の地獄だからである。政府が paduma[vatī] 寺の本堂に手を入れるのなら、周囲の悪臭の池も埋め立てて平らにするべきで、そうすれば寺にふさわしくなる。

この池を埋め立てることは、市政府は先の9月に会議をして、埋め立てと、廃水を受ける小さい池を市内全域に多数作る費用としておよそ3十万(300,000.00)リエルを支出することを決定した。

廃水を受ける場所は、大きくかつ深い場所を1ヶ所作る方が、雨期に市内全部の水を受けて、水位が上がってふち一杯になったら<machine> srūp[ポンプ]を置いて水を汲み出して川に流すために便利であると思う。乾期にはポンプでくみ出す必要はなく、水に川に沿って流れるにまかせれば簡単である。

2-1　プノンペン市美術工芸学校のカティナ寄進

先の11月14日、美術工芸学校の副校長である ?nak okñā racanā prasœ [mau][注。不鮮明]氏と同校の生徒と教師のグループが心を合わせて団結し、カティナ寄進の行列をしてプノンペン市の ratanārāma 寺(sūṅ bhwak)の僧に寄進しに行った。この祭りに、中国人、ベトナム人、クメール人が助力に来て、大勢が清い心でこの善行に参加した。

2-2　水没で苦しみ惨めな人の救済

先の11月17日水曜日、シソワット中高等学校卒業生友愛会は、今年の水没で被害を受けたクメール国の人々を助けるための義援金集めの呼びかけをするために、<verdun>路の thīvān 劇場で劇を公演した。

nagaravatta はこの友愛会が、水没で貧窮している人々の救済のために、このようなことを行ったことを大変嬉しく思う。

2-3　結婚のお知らせ

1937年11月12日に hluoṅ jamnit vārī (tān pā) と妻である夫人[?nak srī]が、tān-vāt-pū という名の令嬢と、hluoṅ visaes bhogaphala の令息で、シエム・リアプ州居住の oṅ-pū-sāy との結婚式を、プノンペンの tān-pā 氏宅で行った。

nagaravatta はこの新婚の夫妻にお祝いを述べ、常に4種の祝福に恵まれ絶えることがないようお祈りする。

2-4　phsār thmī の落成式と拝月祭

[phsār thmī の写真があり、その下に] プノンペン市 piṅ tejo の中央の大きい phsār thmīの落成式

2年前、プノンペン市で、市内の人と地方の人に極めて大きい喜びと楽しみを与えた大きな祭りが続けて行われた。

昨年は、競渡祭、puṇya tāṅ phsār(Foire)[物産展市祭り]、puṇya jaya jamnaḥ[戦勝祭](11月11日)が続いて盛大に行われた。インドシナ国内の国々のあらゆる方角からのあらゆる民族の大衆がぎっしりと、足の踏み場もないくらいに見に来た。

今年になると、プノンペン国は、2重の祭り、即ち総<ciment>[コンクリート]造のphsār thmīの落成式とak ampuk祭りが、戦勝祭がすでに11月11日に行われたので、大衆はまだ心の中で楽しさを忘れないうちに、また新しい楽しさを重ねた。

この2重の祭りが始まる日の前日に、市内と地方からの大衆は、一面にぎっしりと道路を埋め尽くした。phsār thmīの中と市場の外側の周囲のlān、即ちpariveṇa[周囲の場所]は、大衆が大勢いて一面に出入りして、プノンペン市の商店や大商店のベトナム人が市場の中と外の周囲一杯に作った[展示即売の]コーナーを見た。夜は電灯の光が市場の外を明るく照らし、中側の光が市場の建物の<ciment>[コンクリート]でできた飾りの彫刻を通して外に出て、実に一見の価値があった。夜に遠くからこの市場を見ると、たとえようもなく驚くほど美しく見えた。天国にたとえられそうであったが、[天国は]まだ見たことがないので、間違っているかもしれない。

式が始まる11月18日は、6時からあらゆる民族の大衆は、流行にしたがって美しく身を飾り、それぞれの身分に従って徒歩や自動車や人力車で大勢がphsār thmīの周囲に行って見るのを待った。

8時半丁度、突然保安隊員と王室音楽団とがラッパを吹いて、保護国政府と市政府の主賓としてphsār thmīの落成式に出席なされる国王陛下と<le résident supérieur>[高等弁務官]殿、それに<conseil> senāpatī[大臣]殿と随行員、フランス官吏の到着に敬礼した。音楽が終わると、国王陛下、<protectorat>[保護国]の長殿、随行員たち全員は市場の正面の扉から中に入った。この市場の建設についてスピーチのやりとりがあって、全てが終わると国王陛下と<protectorat>[保護国]の長殿の行列は市場の中に展示してある種々のものを全て見てから9時過ぎにお帰りになった。

11時丁度になると海軍の艦2隻が、例年のように助力してこの式をさらに楽しく盛大なものにするためにサイゴンから到着した。

11月17、18、19の3日間の午後、競渡を見るために、大衆はバーサック川岸に大勢集まった。舟が漕いで溯る、つまりバーサック川を南から北に漕ぎ上り、王宮の舟乗り場の大隊の前のゴールまでの競渡は1日3回行われ、1回毎に大喚声が上がり、いろいろな歌が歌われた。それから水上飛行機が落成式の日にはphsār thmīの上を、[競渡の時には]競渡祭を盛大にし、国王陛下にお祝いを申し上げるために市の王宮の舟乗り場の上を何回も旋回した。

夜は明かりをつけたタグボートが川に浮かび、ナーガの世界にある正等覚の歯への供養をした。毎日競渡が終わると、毎夕方仕掛け花火が打ち上げられた。船着き場は舟乗り場にくっつけて作られた小屋まで下りる道ずっとに置かれた電灯と、停泊している舟の電灯でとても明るかった。sakavāとbiphāt楽団が毎夕、朝まで徹夜で演奏して国王陛下に捧げた。

中日、即ちkattika月上弦15日(11月18日)は、習慣通りに船着き場で拝月式[cf.93号1-6]が行われた。kattika月下弦1日になると競渡祭は終わった。

phsār thmīでの展示市祭は11月21日まで延長され、それから扉を閉めて祭りを終わる。

2-5 [44号2-4と同一]

2-6 クメール官吏の官舎について

(前の週[=45号1-5]から続く)

もう1つ、nagaravattaは保護国政府に職務について思い起こさせて頂く。<résident supérieur>[高等弁務官]殿のcau bhnāk ṅār phdāl即ちsmien phdāl(attaché de Bureau)[高等弁務官付事務官]は、政府はベトナム人を使うべきではない。その職の仕事をするのに十分な知識を持つクメール人を誰か1人選んで、ベトナム人の代わりにその職に就かせるべきで、そうすれば条理に適うし、他のどの外国人より便利であると思う。ベトナム国ではこの職務には純粋なベトナム人だけが就いていて、外国人は見たことがないように思うからである。実は我々が検討した考えによると、同民族の人が何か用があったり、何かについて話す必要があったり、何かをお願いしたり、何かを訴えたりするときに、外国人の場合のように通訳thīを探してくる必要がなく、話が早くわかり、うまくいくからである。たとえこの職に就いている人が現地国人の言葉を全て知っていても、民族·言葉を同じくする人ほど便利ではない。

それゆえ、保護国政府は、政府の制度をこのようにするのは便利であるか不便であるかをよく考えてほしい。政府がこの職務をクメール人にさせるのは不便であると思うのなら、なぜベトナム国ではこの職務をベトナム人下級職員が務めているのか。もし政府が、この国はベトナム人、中国人、チャム人のように他民族がたくさんいて、ベトナム国は他民族が少ないから政府の制度を同じにはできないと考えるのなら、我々は言葉を返させていただくが、当国は他民族が大勢いるのは事実であるが、それでもクメール人は、ベトナム国におけるベトナム人と同様に他民族よりはるかに多い。このクメール国に他民族が大勢来て住んでいる理由は、この国は広くて容易に従事することができる生命を養う仕事が他の国より多いからであり、さらに国の主も保護国政府も慈悲心を持っていて気持ちよく住まわせ、何らかの禁止をしたりいじめたりして怒らせることはないからである。これは極めて良い行いであるが、他民族が、たとえば保護国政府の2番目の地位の主人としてやって来て我々を統治するのなら、それは適切ではないと我々は理解する。なぜならば国の主の所有権を少しずつ切り捨て、遂には後日すべての権利を失い、滅びてしまうに違いないからである。

私がここまで述べてきたことは、2項目に要約することができる。第1項は、州知事、地方裁判所長の名誉に相応しい住宅をすでに持っている州を除いて、州知事と地方裁判所長の住宅を、州<résident>［弁務官］殿の住宅の次位として、見る価値があるように、州知事に自分でさせるのではなく、政府が支援して改善すること。第2項は、<résident supérieur>［高等弁務官］殿の mantrī phdāl 即ち smien phdāl［高等弁務官付事務官］［の職］を規定でクメール人に与えること、地方の州もこのように実施することである。

khemararaṅsī

3-1 <gazette>［新聞］が紛失することと遅れるいきさつについて

nagaravatta が発刊されてから現在にいたるまで、?nak jāv <gazette> pracām chnām（Abonné）［新聞年間予約者］の皆さんの中には、「毎週は届かないし、紛失することも多い」と嘆いている人がいる。これは悪人がいて盗んで読む、あるいは職員が配達せずに捨ててしまうこともあるからである。我々は<gazette>［新聞］購読者に早まって立腹し落胆しないようお願いする。どの号か、<gazette>［新聞］を受け取らなかったら、その紛失の原因を調査するべきであり、そのまま放置するべきではない。即ち、この全体の利益のための仕事を、これ以上悪人の仕業で汚させて、損失を受けさせてはならない。［それゆえ］<gazette>［新聞］がどこかで紛失したら、少し時間を損するのを我慢して［調査して］ほしい。そして［その結果を］我々に送ってほしい。我々はこの悪人に対して王国政府の法律に基づいた措置をとる。

<gazette>［新聞］が遅れて、なかなか皆さんが受け取れないことも、我々に通知すること。そして、その遅延の経緯が誰によるのか、<planton>［雇員］が関心を払わなかったのか、あるいは誰かが持って行って、どこかにしまい込んだのか、など詳しく知らせること。我々は<gazette>［新聞］購読者のある人達から、<gazette>［新聞］を2、3週たってからまとめて受け取る、あるいは、1ヶ月たってから3、4部をまとめて受け取ることもあるという情報を受けている。このようにすることは、全ての<gazette>［新聞］購読者の寛い心を損なうことは間違いなく確かである。

我々は皆さん各人にお願いする。我々に立腹しないでほしい。我々は各人が心からの愛国者で、我々クメール人を、他と同様に時代に応じて発展させたいと思っている。それで我々の nagaravatta は王国内全域の州と地域に電気を送って明るくする roṅ <machine> bhlœṅ［発電所］のようなものにする望みを持って、これまでずっと一生懸命に働いて来た。それゆえ皆さん各人が、我々と同様に国を愛する気持ちが確かにあるのなら、この1つの灯が、民族を裏切る者の仕業で滅びる、即ち壊されて光がなくならないように、［悪事を］放置しないべきである。即ち<gazette>［新聞］を盗み、なくす人間、あるいは何週間も置きっぱなしにする人間を確実に見つけだし、我々に通知すること。我々は訴状を州<résident>［弁務官］殿に提出して詳細に<enquête>［調査し］てもらい、正邪を明らかにして逮捕し政府の法律で処罰してもらう。もう1つ、上述したこととちがって、しばしばではなくて、時々紛失する時があれば、皆さんは必ず直ぐに<gazette>［新聞］社に手紙を出して<gazette>［新聞］を請求すること。我々は急いであなたに送るように手配する。急いで知らせなかった場合、［新聞が］全部売り切れて、送る<gazette>［新聞］がないことがある。そして、「我々の<gazette>［新聞］購読の登録をした人に、我々が［新聞を］送らなかったことはない」ことを信じてほしい。

ここで、我々は krasuoṅ <poste>［郵政局］と、nagaravatta <gazette>［新聞］が送られて来た州庁、郡庁、村役場の全てで［郵便の］業務に携わっている人に念を押してお願いするが、皆さんは心を込めて、公務の手続き通りに早く受取人に届けてほしい。nagaravatta は前以て感謝する。

nagaravatta

3-2 我々がバンコク市から受け取った手紙

9の年丑年 assuja 月下弦14日水曜日、即ち1937年11月3日
nagaravatta 新聞社社長殿に申し上げます。

私はバンコク市在住の nagaravatta <gazette>［新聞］の年間購読者です。この<gazette>［新聞］に掲載されている記事を読んで、私は nagaravatta 新聞社が国の政治、商業、教育について述べていることが、全てクメール人に大変有益であると思って満足しています。しかし、nagaravatta <gazette>［新聞］読者の間に意見の違いから生じている分裂の話を読んで落胆しています。

私は長い間、どのようにしてこの不運を消滅させることができるかわからずに、悩んでいました。寝ては考え、歩いては考え、座っては考えましたが、下に解説してあります“恩か罪か”という話を書いて貴社にお送りして、皆さんに検討してみていただくしか方法は見つかりませんでした。恐らく貴社への何らかのためになると思います。社長殿の深い英知で処置して nagaravatta <gazette>［新聞］に、読者の皆さんが後日［続きを］読むのを待たなくてもいいように、また文章が終わっていないので、全体の趣旨を検討できないことがないように、［全部を］1つの号にまとめて掲載してください。話は以下の通りです。

恩か罪か

我がクメール人を愛する皆さん、私が書いてこの nagaravatta <gazett>［新聞］に掲載して皆さんに聞かせる話を心を決めて検討してください。私は何か美辞麗句を

自慢して皆さんに私を、「しっかりした文章を書く人だ」と褒めてもらい、読者の皆さんに楽しさをもたらすことを望むのではありません。書いて皆さんに検討してみていただかないでいられないのは、私は皆さん各人と同様に国を愛しているからです。私がここに一生懸命聞きやすいわかりやすい言葉を選んで書くことの大きい、あるいは小さい有用性は、それが我がクメール人を栄えさせたいという意図からです。

後の週[＝50号2-3]に続きがある。

3-3 [44号3-9と同一]

3-4 [広告]皆さんにお知らせします

私はクメール人で、店名を "isī phsam srec" という薬店を開店しました。この商店は男女のあらゆる病気を治す薬、即ち症状が出ている梅毒、症状が隠れている梅毒、淋病、下疳の薬、女性のあらゆる障りの薬、結核、haem khluon[？]、khlan-praṭit[？]の薬、それに女性が出産した後で何を食べても障らない薬、良い下剤があります。

それゆえ、皆さん、私の薬はとても良く効き、価格もリーズナブルですから、試しに購入して服用してみてください。

店は、プノンペン市 hassakān 路39号、kaṇṭāl 市場の北側にあります。

3-5 [44号3-3と同一]

3-6 農産物価格[「金の価格」は4-12]

プノンペン、1937年11月18日

サトウヤシ砂糖		60キロ	3.40リエル
		店頭で購入	3.00リエル
籾	白	68キロ、袋なし	3.60 ~ 3.65リエル
	赤	同	3.50 ~ 3.55リエル
精米	1級	100キロ、袋込み	8.85 ~ 8.90リエル
	2級	同	8.60 ~ 8.65リエル
砕米	1級	100キロ、袋込み	7.15 ~ 7.20リエル
	2級	同	6.05 ~ 6.10リエル
トウモロコシ	白	100キロ、袋込み	[記載なし]
	赤	同	7.15 ~ 7.20リエル
コショウ	黒	63.420 キロ、袋込み	15.75 ~ 16.25リエル
	白	同	25.25 ~ 25.75リエル
パンヤ	種子抜き	60.400 キロ	37.00 ~ 37.05リエル

＊サイゴン、ショロン、1937年11月15日

フランス籾･米会社から通知の価格

ショロンの<machine> kin srūv[精米所]に出された籾 1 hāp、[即ち]68 キロ、袋込みの価格は以下の通り。

籾	最上級		3.95 ~ 4.00リエル
	1級		3.88 ~ 3.92リエル
	2級	日本へ輸出	3.73 ~ 3.78リエル
	2級	上より下級、日本へ輸出	3.62 ~ 3.67リエル
	食用[国内消費?]		3.35 ~ 3.40リエル
トウモロコシ	赤	100キロ、ショロン県マッカサンで売り渡し。	8.00 ~ 8.10リエル
	白	同	0.00 ~ 0.00リエル

米(10月[ママ]渡し)、港渡し、袋込み、税抜き、1 hāp、[即ち]60.7キロの価格は以下の通り。

精米	1級、砕米率 25%	5.40 ~ 5.45リエル
	2級、砕米率 40%	5.18 ~ 5.22リエル
	同。上より下級	5.00 ~ 5.05リエル
	玄米、籾率 5%	4.35 ~ 4.40リエル
砕米	1級、2級、同重量	4.55 ~ 4.60リエル
	3級、同重量	4.30 ~ 4.35リエル
粉	白、同重量	2.90 ~ 2.95リエル
	kāk [籾殻＋糠?]、同重量	2.00 ~ 2.05リエル

3-7 [44号3-4と同一]

4-1 [44号3-7と同一]

4-2 [絵がなくなった以外は、8号4-6と同一]

4-3 [11号4-2と同一]

4-4 [44号3-5と同一]

4-5 [8号4-3と同一]

4-6 [20号4-6と同一]

4-7 [44号3-10と同一]

4-8 [44号4-6と同一]

4-9 [11号3-2と同一]

4-10 [44号4-8と同一]

4-11 [44号4-9と同一]

4-12 金の価格

プノンペン市、1937年11月18日

金 1 ṭamlīṅ、[即ち]37.50 グラム

価格	1級	110.00 リエル
	2級	100.00 リエル

4-13 [29号4-10と同一]

SAMEDI 27 NOVEMBRE 1937 EDITION SPÉCIALE

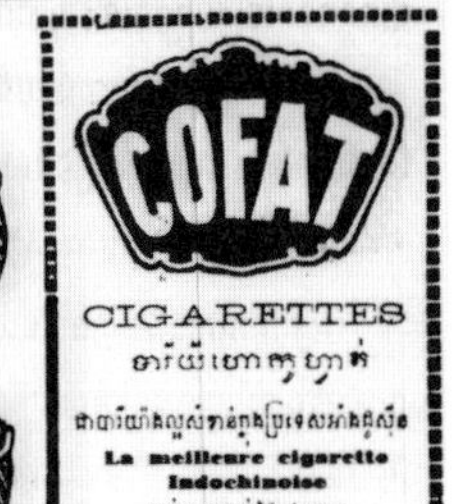

Directeur
PACH-CHHŒUN

HEBDOMADAIRE PARAISSANT TOUS LES SAMEDIS

(Boite Postale N° 44)

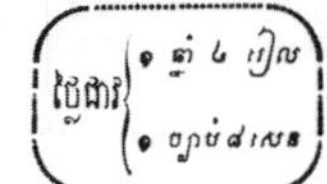

第1年47号、仏暦2480年9の年丑年 kattika 月下弦9日土曜日、即ち1937年11月27日

［仏語］1937年11月27日土曜日。特別版

1-1 ［仏語で「私書箱 No.44」と「社長、PACH-CHHŒUN」が加わった以外は8号1-1と同一］

1-2 ［デザインが少し変わった以外は8号1-2と同一］

1-3 ［デザインが少し変わった以外は8号1-3と同一］

1-4 ［8号1-4、1-5と同一］

1-5 1937年11月17、18、19、20、21日に民衆に［とって］楽しく盛大に行われた phsār thmī 落成式の時の種々のニュースを報道する nagaravatta 新聞特別号

先週、我々は piṅ tejo の phsār thmī の落成式と船着き場での拝月祭について全てではなく要点だけ、即ち2つの式と祭り全体を述べ、市場の様子を掲載しただけで、詳細に報道して、展示の様子と種々の商品の写真を掲載する、即ち出すことはしなかった。この落成式を見に来なかった人々は、我々の<gazette>［新聞］の phsār thmī の写真を詳しく理解することができなかったであろうと思う。［写真を］見たところでは、この市場は屋根を中央にして取り巻く翼が2つだけで、それ以上は何もないようである。実は、この市場は［写真で］見える前側の翼に遮蔽されている翼があと2つあって、［結局］互いに交差しながら四方にのびる翼が4つあり、市場内部の中心には四方から見ることができる大きい時計がある。

［注。写真が上下2枚あり、上の写真の下に］<le résident supérieur>［高等弁務官］殿の写真

［注。下の写真の下に］内部から見た phsār thmī の中心

affichés du journal de la Vérité

［仏語］la Vérité 紙のネガ［複数形］

［本文］［ク語］この phsār thmī を見に行った大衆各人は、フランス人技術者の作品で、運んで来てプノンペン市に寄付された現代的装飾を称賛した。アジアの国に、この市場以上に美しい市場はない。情報によると、この市場はプノンペン市の美しい装飾のある大建築物の数を十分にする、即ちさらに増すために、あちらのフランス国の市場を手本にしたものであるという。

［注。写真があり、その下に］国王陛下のお写真

［本文］市政府が<résident maîre>［市長］である<de Chicourt>氏を長として持ったことを我々は称賛するべきである。氏は、丈夫で美しい装飾がある家屋と宮殿をたくさん建てた『シソワット・モニヴォン』国王陛下の御代に、クメール歴史の中でプノンペン市が心の中に今後長く深く刻まれるべきプノンペン市の市場を、クメール国を愛しクメール人を発展させることを欲しているカンボジア国<résident supérieur>［高等弁務官］である<thibaudeau>氏の支援の下に、極めて美しく、かつ丈夫で長年使用で

きるように作ることを発案したのである。

この市場を建設することは、インドシナ国<gouverneur général>[総督]であった故<silvestre>氏が、まだカンボジア国<résident supérieur>[高等弁務官]であった時の素晴らしい考えから生まれたもの……[注。半行消滅]……クメール国を経済と商業と考えを1つに団結して暮らすことの面で発展させたいという良い性格で、我々は氏の霊魂を深く尊敬するべきである。

[注。写真があり、その下に] <résident maîre>[市長]である<de Chicourt>氏の写真

[本文] この市場を見に行った大衆全ては、市場の美しさと、プノンペン市の大商店といくつか外国から来た大商店が混じっての種々の商品と物品の展示の美しさを惜しんで立ち去りたがらなかった。この式を見に行った人々の多くが、「この市場を見終えた時、あるいは見ている最中に、人が大勢いてぎっしりと込み合って歩きながら往来しているので、どちらが西でどちらが東かわからなくなって混乱し、迷ってしまった」と言っているのを耳にした。市場の中から出て来て、家から来た時の道がみつからない人もいた。しばらく歩いて、南の方に住んでいる人が間違えて舟を西に向けてどんどん、とんでもない所に行く人もいた。

[注。写真があり、その下に] 外から見た phsār thmī の建物

[本文] 人々が見に入りたがった希望から判断すると、わずか1センを取る入場券の価格は、1937年の物産展市祭りの時のように5センに上げてもきっと買って入場したに違いない。

この市場の中で商品を展示して販売した大商店たちも、それぞれが自分の名声にかけて美しく見えるように熱心に整え、自分の<marque>[商標]、即ち yīho[店名]を、そこにひきもきらず集まる大衆に知らせようとしていた。人々に多くの場所で詳しく見せるために市場の外の道端と市場の中の2ヶ所に展示している店もあった。市場の外側の周囲の道端では、商人たちが周囲のほとんど全面で商品を展示していて、東からの入り口の広場とその付近が残っているだけで、市場の内部は中心も4つの翼も全て展示されていた。

クメール人商人は中央、[即ち]時計の所に展示し、あらゆる種類の銀製の装飾品と絹のサンポットとサロンなどを展示していて、いずれもプノンペン市の mul 職人と sīñaek 市場のグループの製品である。ベトナム人と同じように絹布と木綿布を売っているクメール人が1人いた。その他のベトナム人のコーナーは、あちらの国で作りクメール国に持って来て売るものばかりで、一見する価値があった。

2-1　我々の<gazette>[新聞]に掲載されているので我々がよく知っている大商店は、[次があった]。

2-1-1　南翼を1人で占有していた大商店である(Jean Comte)**商会で、1938年型の新**(Peugeot)車、全タイプを販売している。

この自動車こそが、あらゆる国で最も好まれ使用されている自動車で、形も美しく、丈夫で長持ちし、リーズナブルな価格で、スピードが速く、走りは滑らかで、悪路でも他の車のようには揺れないし、急に曲がっても揺れず後輪はスリップしない。

[注。自動車の写真があるが解説はない]

[本文] もう1つ、小さい、可愛い、とても美しい中型車、即ち402 Légère(軽 402)があり、最新の製品で、車体は302、<machine>[エンジン]は402で、この車はどの車よりも好まれているものである。スピードが速く、1時間に135キロ走ることができる。もう1つ、どの車よりも速く走り、設計が丈夫で長持ちし、さらに姿がとても美しくて見る価値がある。我々の考えではこの車は、誰でも試乗して見れば、スピード、丈夫さ、強さ、揺れない、美しく、そして何の音も聞こえない点でこの車に比べることができる車はないことがわかるであろう。

2-1-2　Au Petit Paris

<au petit paris> 商会

美しいものに関して、クメール国で長い間有名である大商店の1つである[Au Petit Paris 商会]は香水と自転車用の特製 caṅgień[ママ。caṅkieṅが正しい] <phare>[ヘッドライト]の店名を出していた。

2-1-3　市場の中央には王立図書館のコーナーがあり、あらゆる種類の経典の本と1938年の prakratidina(Calendrier)

［カレンダー］を販売していた。大衆は大勢の人がこのコーナーに入って買っていた。

2-1-4　Maison Denis Frères

<denis frères>店

市場の入り口のすぐ近くと、ちょうど中央の2ヶ所に<denis frères>店のコーナーがあった。この店こそが、当地で最も古い商店で、人々がコーチシナとクメール国の大きい良い店であると認めている商店である。

人々はこの商店を取り囲んで種々の商品を買っていた。そのいくつかを下に示すと、絹布など薄物に、あるいは身体をこすって洗うのに使う良い石鹸である(Lux)石鹸、衣服を煮沸して洗うのに良い(Persil)という名の洗濯石鹸、フランスのあらゆる種類の良い酒、とても栄養があって皆が飲むのを好む(La chateline)という名のビン入りのミネラル・ウオーター、(Cliquot)という名のsrā <champagne>［シャンパン］などである。<denis frères>商店が販売する商品はどれも適切で素晴らしく、ずっと日に日に繁盛している。

我々はこの商店のもう1つ素晴らしい物を認めている。即ち(Optimus)という名の石油ランプで、夜を昼間のように明るくする光を持ち、燃費は1時間1センだけで、考えるとこのランプを使うのが最も得である。

タバコの方を見ると、(Sport)という名の新しい時代のタバコがあるのを認識した。［このタバコは］吸うと香りが良く、皆が好んで吸っている。また、地球印の(Globe)タバコがあり、これはこの世界で長い間有名である、昔からのタバコで、すべての国、すべての民族が好んでこのタバコを吸っている。

もう1つ、D.F.という2文字は、この商店を表す略字で、長い間営業が良い名を保ってきたということがわかる。我々はこの商店の2つのコーナーがよく検討して展示されているのを見ただけで、この商店は本当に大きくしっかりした商会で、画いてそのコーナーに貼ってあるポスターには、(Barton & Guestier、Hasenklever、Dott)の名が認められた。また飲むと早く老いないように守る栄養がある(Chateline)という名のビン詰めの水のポスターもあった。

我々はこのコーナーを素晴らしく整えたアイデアを持つ<denis frères>商店を称賛する。

［注。写真が4枚あるが説明はない］

2-1-5　Maison Descours & Cabaud

<descours cabaud>商会

皆さんが歩いて<descours cabaud>のコーナーまで来ると、種々のgrwaṅ <machine>［機械］が沢山と、(Delcolight)、(Primagaz)、(Butane)などのガスコンロ、(Fichet)製の冷蔵庫など、女性たちに気に入らせて台所で使わせる道具ばかりに出会う。そればかりでなく、(Tonikola)印の強壮酒、dik jraḥ <evian>(L'eau d'Evian［エヴィアン水］)'、sāpū khñum (Monsavon)［私の石鹸］印石鹸もあった。その他、種々の種類の道具が<descours cabaud>店一面にたくさんあった。

［注。写真があるが、説明はない］

2-1-6　Boy Landry

<boy landry>商会

<boy landry>はタバコ販売方面で有名な、インドシナ国で最も大きい店で、この祭りではコーナーを2ヶ所設けていた。1つのコーナーは(Job)タバコばかりで、美しく身なりを整えたクメール女性が2人いて、祭りの5日間コーナーの番をし、販売をしていた。もう1つのコーナーは(Cofat)タバコばかりで、箱を仏塔のように高く積み上げてあった。販売をしていたクメール人女性は皆愛想のよい、気持ちのよい言葉で買う人と、見て歩いている人に話しかけ、クメール人も外国人も心を引かれて<job>タバコや<cofat>タバコを買いに入って吸った。こ

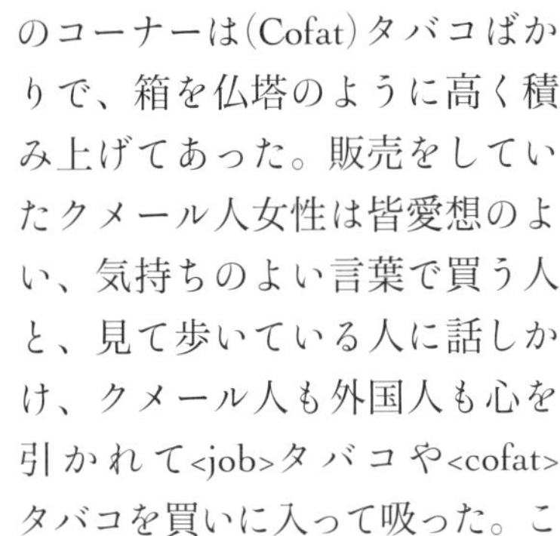

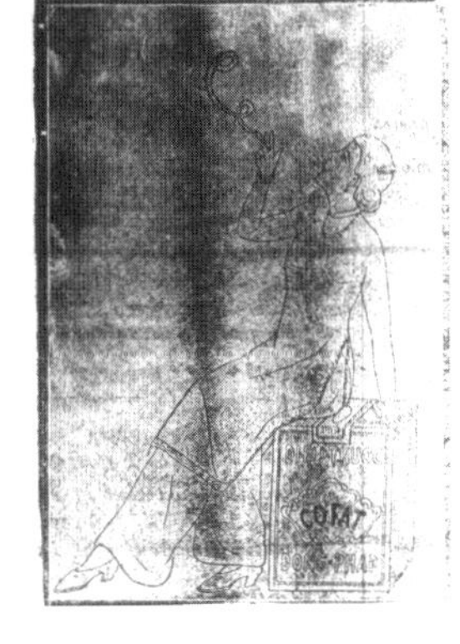

の2種のタバコは当国でクメールのタバコを使って作っていて、味も良く、吸うのに適宜の安価であるので、貧しい人各人も全て買って吸うことができ、高価ではない。

［注。写真が3枚あるが、説明はない］

2-1-7　Poinsard & Veyret

<poinsard & veyret>

それから飛行中の飛行機の翼のように両側が鋭い衝立が高く置いてあり、中央に<poinsard & veyret>店の店名が書いてある、高貴で適切な美しいコーナーが2つあった。コーナーの1つはあらゆる種類の飲み物と食べ物を売るためであった。もう1つのコーナーは橋や家を作るためのあらゆる種類の鉄製の器具を展示するためであった。あらゆる種類の飲食物の方は、(Cuseuler や Le Byrth)などの名の、世界で最も美味な酒があった。幼児の肌をすべすべにし、気持ちよくし、痒いできものに悩まされることがないように守る sapū kra?ūp <cadum>(Savon Cadum)［cadum 化粧石鹸］、(Perrier)水、(Charles Heidersieck) srā <champagne>［シャンパン］、(Le Mandarin)酒等々があった。大きな道具は、(Armoires-Frigoritique)という名と、(Le Superfox) という名の灯油使用の冷蔵庫と、もう1つ(Frigéco)という名の電力使用の冷蔵庫があった。それ以外に(Le Royal)という名の使うととても速くそして便利であるタイプライターがあった。

この<poinsard & veyret>店のコーナーは大勢の人が周囲を回って歩き、皆が、「美しくて目に合い、見て嫌にならない」とほめていた。

［注。写真が2枚あるが説明はない］

2-1-8　Etablissements Bainier

<bainier>商会のコーナー

<bainier>商会は<fiat>(Simca-Fiat)［フィアット］の自動車を、6［ママ］馬力のセダンを1台とオープンカーを1台の2台が展示してあった。実にすばらしい小型車で燃費は少なく、何に使うのもガソリンを少ししか使わないから発展する。スピードも他の燃費の高い車と殆ど同程度に速い。

フランス国ではこの<fiat>の5［ママ］馬力の車は名声のある車として大騒ぎしており、8馬力の<fiat>は今製造準備中で、既に発売されている車の様子に劣らないと思われる。この<bainier>商会は価値があり名声のある自動車、即ち(Talbot)車も販売している。

自動車以外に、その他の売っている物を我々は見た。即ち vidyu(Radio L.L.)［ラジオ］と呼ぶ pra?ap khsae luos it khsae［無線電話機］で、向こうの国の電波に合わせる電話で、真空管を11本使っている。私たちは、この無線電話機を購入したい使用者の皆さんにお知らせしますが、まず<bainier>商会に行って訊ねてください。

［注。写真があるが説明はない］

2-1-9　Pharmacie Nhi-Thien-Duong

<ñi-thien-duoṅ>薬店

<nhi-thien-duong>薬店は、外の北側に高いコーナーを作り、あらゆる種類の薬を出して、［同店は］フランス・インドシナ国の大薬店であり同薬店の薬は、よく効くことで有名な<nhi-thien- duong>バームのように即効性があるので、ベトナム人、中国人、クメール人が好んで使用しているということを大衆に知らせていた。この商店は体力をつけ、種々の病気を治す即効性のある、良く効く薬酒も販売しており、大衆が好み、毎日大勢が買って使っている。

2-1-10　この［nhi-thien-duongの］コーナーの近くに、チャーリー・チャップリンという名の映画の喜劇役者、即ちイヌをリードで連れ、手に棒を1本持っている<charlotte>のポスターがある<pāsdus>タバコを売っている商店があった。よく効く薬を売っている店である uṅ dieṅ 商会の横には、1936年の大物産展市祭りの時のように、店名を宣伝して人々を引き付けて、好きになってもらおうとして、この店の売り子が<cirque>［曲技］をして見せていたので、立って見ている人が大勢でぎっしりだった。少し西側には、1番良い牛乳で乳幼児の食物として有名な(Nestlé)牛乳商会があった。西側の角は森林局のと園芸局の官員たちが種々の農産物と農具を出していた。その近くには(Renault)車の商会があり、長い建物一杯に自動車をおいて売っていた。南側は(Daimon)ランプの販売店でコーナーの高さをとても高くしており、電灯でこの商会の<marque> yīho［店名］をフランス語、ベトナム語、クメール語で作ってあった。この<daimon>ランプは、丈夫で長持ちすることで世界的に有名である。

……［注。1行消失］……すべての名前を述べることができる。

3-1　我々は<gazette>［新聞］読者の1人から手紙を受け取った。何らの変更もすることなく以下に掲載する。

威張る場合には、蛙のように［威張り］すぎるな

nagaravatta 新聞が誕生した時、私は大変喜び、年間購読を登録し、それ以来毎週読んで来て気が付いたこと

ですが、掲載される情報はますます詳細になって来たと思います。この nagaravatta を創立することを発案した人たちが、心から疲労を少しも恐れず、そして等しく明晰な英知を持って、常に自分たちのクメール人を他と同じように栄えさせることに心から一生懸命努力しているからです。私と同じようにこの新聞を読んでいる人々は、私同様に、「尋常な事ではない」と思っているでしょう。この新聞が形になって出現して以来、我が民族はあらゆる分野の商業などについて少し目覚めたようです。ここまで年齢を加えてきた nagaravatta 新聞を、私は松明の光りにたとえます。そしてこの新聞に電灯と同じ明るい光を持たせたかったら、我々全ては常に、一時も忘れることなく考えを1つにして民族の事を考え、無学無知と低劣さを怒り忘れない気持ちを常にしっかり持つべきであり、今のように自分のことばかりを考えるべきではありません。

私は友人たち全てに、この nagaravatta を大きく成長させるために購読して助力するように説得し、その数は多数になりました。しかし私がその話をすると、"うん、うん" あるいは "はい、はい" と言い、しばらくすると "pāt māy"[？]になり、まるでクメール語に飽き飽きし嫌って「読みたくない」とでもいうように言う人がいます。自分のことを「フランス語が読めない」と妻が思うのを恐れているのかも知れません。今は熱心にフランス語の<gazette>[新聞]を買って読んでいます。以前は何も買って読むことをしなかったのに、他人にしつこく言われると怒り、威張って一生懸命身体をそらして[腹を]膨らませて別の<gazette>[新聞]を買って読んでいるのです。私が敢えてこのように言うのは、その人は自分で飯を稼いで食えるようになって以来、<gazette>[新聞]は何も買って読んではいなかったのです。この人は自分の妻に感心させたいのかも知れません。

ācārya {jarā}

4-1 お知らせ

4-1-1 <la press> <gazette>[新聞]の社長である(Neumann)氏は、1937年11月27日22 nāḷikā[22時](moṅ 10 jap)[夜の10時]に vaerṇœvil 路の mandīra puṇya krum mwaṅ(Salles des fêtes de la ville)[市ホール]で、「クメール青少年とクメール国の現在」について講演をします。

それゆえ、皆さんは、「講演者は現在の我がクメール人をどのように理解しているか」と、講演者殿の意見を知るための英知への材料として聞きに行ってください。

4-1-2 プノンペン市王立図書館についての情報

先の11月22日、王立図書館と仏教研究所は、<commandeur de la légion d'honneur>[レジオンドヌール勲章コマンドール章]とカンボジア国<grand officier>[グラン・オフィシエ章][の受章者]で、国家警察局長、法務大臣であって、1935年に逝去した samṭec bodhivisāla rājaswwn {ṭiep} の霊への冥福を祈る式を行った。

この式に際して、氏の親族と<conseil> senāpatī[大臣]殿たちが冥福を祈る式場になった王立図書館の読書室に集まり、夕刻5時に大蔵経委員会の僧23名が来場して机上に samṭec の写真を安置し、氏の勲章を入れたガラスケースをその後ろに置き、花、蠟燭、線香の供え物を置いた前で冥福を祈り、それから samṭec cau fā vāṅ varavieṅjaya が彼岸へ旅立ってしまった samṭec への恩を感謝するスピーチをした。それが終わると良い時間になっていて、参列した客たちへの祝福の言葉があってから、冥福を祈る式は終わった。

4-1-3 お知らせ

nagaravatta が nagaravatta <gazette>[新聞]と広く一般の商品販売の sievbhau <programme> [カタログ]などを印刷するために印刷所を設立しようとする考えについてお知らせして以来、民族を愛する多くの人々が志望の手紙を流れ込むように送ってきて、出資しました。しかし、まだ十分な数ではありません。それで我々は再びお知らせします。この情報を知らなかった方々、あるいは知ってはいたがうっかり忘れていた方々は、まず志望の手紙を送って印刷所の株を予約してください。後日になると皆さんは後悔なさることになるかも知れません。

nagaravatta

4-2 諸国のニュース

4-2-1 11月15日月曜日

中国。上海市地域で、中国軍は敵に大敗した。日本は lī ña、tāy seṅ、jī kāṅ chwwn を占領し、日本の援軍が、上海市から距離60キロメートルの pāy mū で下船した。

フランス租界では砲弾で死亡した人が16名あり、その数の中には ?nak taeṅ <gazette>[新聞記者]1名、フランス krasuoṅ <police>[警察局]勤務の中国人警官1名、<civil>[民間人]14名がいる。

4-2-2 11月16日火曜日

中国。サイゴンから香港に航行中の kīywṅ という名のイギリス船が日本艦に砲撃された。

日本機が南京市をもう一度爆撃した。蘇州県が砲撃されて壊滅した。勝利を得て、日本国は、「停戦するために会談して互いに反論し合うのを待つ」と述べた。

4-2-3　11月17日水曜日

中国。南京市の中国政府は所在地を set chvaen 県に移した。蔣介石氏は首相を辞任し戦争の指揮1つだけを行うことにした。

4-2-4　11月18日木曜日

本日の情報によると、大フランス国は、軍艦4隻をインドシナ国に派遣して、フランス国に、「インドシナ国を経由して中国に武器を送ることを中止する」ことを命じた日本の脅迫に答えた。

上海市を包囲している日本軍は中国軍に抵抗されて前進できないでいる。

4-2-5　11月19日金曜日

先日のアメリカの<gazette>[新聞]。日本はフランスを、「フランスはインドシナ国を経由して中国に武器を送っている。今後も送り続けるなら、日本は海南島を必ず占領する」と脅迫した。しかし政府は、「この情報は事実ではない」と反論している。

4-2-6　11月20日土曜日

スペイン国。ロイター電。フランコ将軍は、「互いに敵対している双方を助力して戦っている外国兵を引き上げさせるために、調停者が来て双方の調査をする」ことに同意した。

同日、イギリスの商船1隻が、武器を積んでスペイン国に向かっていたので、イギリス艦に威嚇砲撃され、武器をマルタ国に下ろすよう命令された。

4-3　[44号3-9と同一]

4-4　[44号2-4と同一]

4-5　[44号3-4と同一]

4-6　[44号3-3と同一]

4-7　農産物価格[「金の価格」は5-12]

プノンペン、1937年11月25日

サトウヤシ砂糖		60キロ	3.40リエル
	店頭で購入		3.00リエル
籾	白	68キロ、袋なし	3.65 ~ 3.70リエル
	赤	同	3.55 ~ 3.60リエル
精米	1級	100キロ、袋込み	9.05 ~ 9.10リエル
	2級	同	8.65 ~ 8.70リエル
砕米	1級	100キロ、袋込み	7.05 ~ 7.10リエル
	2級	同	5.95 ~ 6.00リエル
トウモロコシ	白	100キロ、袋込み	[記載なし]
	赤	同	7.20 ~ 7.50リエル
コショウ	黒	63.420 キロ、袋込み	15.50 ~ 16.00リエル
	白	同	25.25 ~ 25.75リエル
パンヤ	種子抜き	60.400 キロ	34.75 ~ 35.25リエル

＊サイゴン、ショロン、1937年11月24日

フランス籾・米会社から通知の価格

ショロンの<machine> kin srūv[精米所]に出された籾 1 hāp、[即ち]68 キロ、袋込みの価格は以下の通り。

籾	最上級		4.05 ~ 4.10リエル
	1級		3.90 ~ 3.95リエル
	2級	日本へ輸出	3.80 ~ 3.85リエル
	2級	上より下級、日本へ輸出	3.70 ~ 3.75リエル
	食用[国内消費?]		3.35 ~ 3.40リエル
トウモロコシ	赤	100キロ、ショロン県マッカサンで売り渡し。	0.00 ~ 7.80リエル
	白	同	0.00 ~ 0.00リエル

米(10月[ママ]渡し)、港渡し、袋込み、税抜き、1 hāp、[即ち]60.7キロの価格は以下の通り。

精米	1級、砕米率 25%	5.40 ~ 5.45リエル
	2級、砕米率 40%	5.15 ~ 5.20リエル
	同。上より下級	5.00 ~ 5.05リエル
	玄米、籾率 5%	4.20 ~ 4.25リエル
砕米	1級、2級、同重量	4.40 ~ 4.45リエル
	3級、同重量	3.95 ~ 4.00リエル
粉	白、同重量	2.90 ~ 2.95リエル
	kāk[籾殻+糠?]、同重量	1.95 ~ 2.00リエル

4-8　[46号3-4と同一]

5-1　[44号3-7と同一]

5-2　[絵がなくなった以外は、8号4-6と同一]

5-3　[11号4-2と同一]

5-4　[44号3-5と同一]

5-5　[8号4-3と同一]

5-6　[20号4-6と同一]

5-7　[44号3-10と同一]

5-8　[44号4-6と同一]

5-9 ［11号3-2と同一］

5-10 ［44号4-8と同一］

5-11 ［44号4-9と同一］

5-12 金の価格

プノンペン市、1937年11月18日

金 1 ṭamlin̍、［即ち］37.50 グラム

価格	1級	110.00 リエル
	2級	100.00 リエル

5-13 ［29号4-10と同一］

6-1 ［広告］パリ市自動車展示場

Peugeot

<peugeot>は新時代の自動車を展示しています。

＊1。『1938』年の<peugeot>車の発展

全ての種類の車の全ての仕様(即ち他のどれよりも特に丈夫で長持ちする車であると認められている車)

＊2。『1938』年の<peugeot>車の発展

他の全ての種類に優る、極めて美しく、かつ丈夫で長持ちする車で、昨年以来多くの改良により、常にますます良くなっている車

＊3。『1938』年の新しい軽量402車

『1938』年の重量800から1200キロまでの<camion>［トラック］

＊4。『1938』年の車体の全体

<fuseau>(sūsūks)［紡錘］形で、車高が低く空気の抵抗がない。全て鉄鋼製で耐久性が極めて大きい。

＊5。『1938』年のシャーシー

全部が積層接合型で、非常に重要な装置、即ち前輪2つが油圧式で無音のブレーキを装備。

＊6。『1938』年の duo <machine>［エンジン本体］全て

全て4<machine>［気筒］で『<synchro-mèche>［同期回転軸］』と呼ぶ無音のクラッチを装備。

＊7。<peugeot>社が1938年に発売するように準備した考えは、優れたエンジンと安価により提供することで、<peugeot>車を使用する皆さんに便宜を提供しようというものです。<machine>［エンジン］組み立て方法と、roṅ <machine>［工場］の運営方法を整えることで、常に確実に管理できることを約束するからです。この方法は自動車をさらに素晴らしいものにし、物価が上昇しつつある現在、驚くべき安価で出荷、販売できるようになりました。

［以下はすべて仏文］

＊8。402

LEGERE［軽量］

既に有名なモデルの新型モデル

“402 LEGERE［軽］”(車体は Darl Mat)の3人チームが、1937年のマン島レースで、2,700kmの全行程を平均速度114キロ以上で23時間で完走させた、速度と耐久性の驚異的成果で、新モデルは既に有名です。“軽402 LEGERE［軽］”は装備が豪華です。

［自動車の絵。横に］セダン、5人乗り、スーパーデラックス

［自動車の絵。横に］幌付きオープンカー、スーパーデラックス、4/5人乗り

［自動車の絵。横に］ツードアセダン、スーパーデラックス、4/5人乗り

道路でのすばらしい乗り心地、サスペンションの理想的柔らかさ、輝かしい平均速度で、“402 LEGERE［軽］”は無比のグランドツーリングカーです。

＊9。5人乗り、4ドア、10/CV の最高でより良い価格

10/4Gのエンジンで高能率、3軸受け。経済的レギュレーター。非常に強力なブレーキ。無比のサスペンンション。車体は防風。前部座席は調節可能。換気装置、サンバイザー、ワイパー、グローブボックス、など

［自動車の絵。下に］営業用車“1988”

シャーシーは800kgと1,200kg。広く、愛らしくなった車室

［自動車の絵。下に］バンは800 kg。BOULANGÈRE は800 kg

CABIN PLATEAU は1,200 kg

＊10。402 “1938”

主な改良

エンジンの新しい柔らかいサスペンションで静か。アルパックスのシリンダー・ヘッドで高能率で燃費節約。鋼鉄での内張り。calorslat によるエンジンの予熱調整。消費調節留め具付きのキャブレーター。トランクのドアの固定装置。などなど

デラックス型は、前部座席は走行中に調整可能。前部

および後部座席の間の手置きクッション。冬季に内部を暖めるための特別暖房装置。換気装置。霜取り。曇り止め。予備タイヤの盗難防止

希望に応じて:開閉可能の天井

［自動車の絵。横に］セダン。デラックス。6人乗り。FACE ROUTE

［自動車の絵。横に］可変形メタリック。6人乗り。FACE ROUTE。スーパーデラックス

［自動車の絵。横に］リムジン。6/8人乗り。FACE ROUTE。スーパーデラックス

［下に］402 ライトバン。6/8人乗りのリムジンと同じ内装。(注文に応じて補助椅子)。後部は2枚棚

402 "1988" は旅行にも市内の使用にも最も完全な乗り物です。

＊11。プジョー、燃費は最高です。

JEAN COMTE 商会
サイゴン
プノンペン Boulloche 路14号

SAMEDI 4 DÉCEMBRE 1937

CIGARETTES
JOB
LE PAQUET VERT
Vendu 5 cents

Nagaravatta

DEPOT LEGAL INDOCHINE Nº A 10356

COFAT
CIGARETTES
La meilleure cigarette Indochinoise
Le Paquet vendu 5 cents

Directeur
PACH-CHHŒUN

HEBDOMADAIRE PARAISSANT TOUS LES SAMEDIS
(Boite Postale Nº 44)

第1年48号、仏暦2480年9の年丑年 miggasira[ママ]月上弦1日土曜日、即ち1937年12月4日

［仏語］1937年12月4日土曜日

1-1 ［仏語で「私書箱 No.44」と「社長、PACH-CHHŒUN」が加わった以外は8号1-1と同一］

1-2 ［デザインが少し変わった以外は8号1-2と同一］

1-3 ［デザインが少し変わった以外は8号1-3と同一］

1-4 ［8号1-4、1-5と同一］

1-5　昔と今

カンボジア国は1863年にフランス国に属した。当時互いに争って戦いにあけくれていて、国が厳しい貧困の危機の時代にある時に、クメール政府は今と違って統制がとれていなかったし、さらに国民には多くの派閥があった。

フランスが来て支援してくれて以来、我が国は非常に多くの点で以前とは状態が変わった。しかしその状態とは高級官吏と王族たちだけで、人民のことは保護国政府はあまり考慮しなかった。

現在になると、状態は昔とは大きく様変わりし、まるで反対になったかのように思われる。<silvestre>氏と<thibaudeau>氏がクメール国の保護者として来た時に、「今日から以後は、きっとあらゆる種類の貧窮はどんどんその程度が弛む」とクメール民衆は多くの点で希望を持った。我々がこのように言うのは、<thibaudeau>氏が諮問委員会の会議でも、またconseil des intérêts économiques du Cambodge)［カンボジア経済諮問会議］の会議でも行ったスピーチによると、氏は本心から、「クメール国民各人に農業用水を与えたい。災害と病気と盗賊と、他人が我がクメール国に入って来て騒ぎを起こすような事件を起こさせないようにして、平和と安寧を与えたい。そしてフランス人とクメール人全てが互いに協力し合って働いて利益をあげる学問知識を発展させたい」と思っているのは確かであると我々は理解するからである。

これらの望みは、我々クメール人が互いに助け合って初めて成功する。もし我々がいつまでも関心を払わず冷淡であったなら、どんなに強い心を持つ人であっても、我々に助力し支援しようとする力を長期間持ち続ける人はいない。それゆえ、我々は保護国政府の望みに助力し協力し、これ以上無関心を続けることをやめるべきである。

nagaravatta

1-6　諸国のニュース

1-6-1　11月23日月曜日

中国。上海市に来て住んで、生計を立てている外国人たちは、日本が中国の海岸を監視するための中国の船を接収したので大変憂慮している。

＊フランス国。公安警察局は秘密結社のメンバー多数を逮捕し武器を押収した。しかしこのメンバーたちは、「フランス政府の政体を変える意図はない。このような秘密結社を作った理由は、laddhi <communisme>［コミュニズム］者たちがフランス国内で反乱して騒ぎを起こそうとしているという情報を得たので、laddhi <communisme>［コミュニズム］を撲滅するために、この結社を結成したのである」と反論している。

1-6-2　11月24日火曜日

中国。日本軍は南京市と杭州県入城を目指して進んでいる。そして蔣介石総司令に降伏するよう命令した。

日本国は上海市駐在のフランス大使と外務省書記官に、［次の］要請をした。「今後、日本国に関する虚偽の情報を発表させない。今後、国民党員を存在させない。政府部局から中国人官吏を去らせる。今後あらゆる武器と物資を中国に売ることを禁止する」

＊日本政府は、「イギリス船1隻が米2,5000［ママ］pāv［注。

1 pāv=100kg]を中国軍に運んだ」と言い掛かりをつけて同船が上海市で荷揚げすることの禁令を出した。現在彼らは互いに言い掛かりをつけ合って争っている。

1-6-3　11月25日水曜日

ロシア国。ロシア国政府は新大使をもう1名任命して中国に駐在させ、日本国に、「中国領である(モンゴル)国とシベリア県(ロシア)に侵入すること」を禁止した。
＊ドイツ国。ドイツ国首相であるヒットラー氏は、「今後6年の間にドイツ国は[旧]植民地を全て取り返す」という内容の演説をした。
＊フランス国。(ストラスブール)市で、「フランス軍と[その]陣地の秘密情報を盗んでドイツに渡した」として6名が逮捕された。

1-6-4　11月26日木曜日

中国。上海市で、日本軍は中国政府の所在場所と中国軍のための武器製造工場を占領した。
＊フランス国。フランス大統領府長官は、「もう1つ、武器局の体制とそっくりである秘密結社のメンバーを逮捕した。この結社はフランス国の国体を変えて以前のように王に統治させたいと考えている」と発表した。

1-6-5　11月27日金曜日

スペイン国。「スペイン国政府派の内閣は倒れることは避けられない。倒れた後は laddhi prajādhipateyya[民主主義](Républicain)[共和主義者]たちばかりが後任になり、laddhi <communisme>[コミュニズム]者には参加させない」という情報がある。

1-7　土曜評論

物産展市祭りが終わって

物産展祭りの時に、中国人、ベトナム人、フランス人の商人たち大勢がプノンペン市の phsār thmī で展示して、クメール人商人の方は、sī ñaek 市場の銀細工職人と col rūpa[?]、sdūc trī[魚釣り]、pāñ vaṅ[射的?]などの競技の出しものを出しているのを目にしただけで、他民族のように美しく良い素晴らしい商品を展示販売しているクメール人は誰も見なかった。

展示して最もよく売れていた物は、たとえば団扇、日傘、笊、テーブル、戸棚、箪笥、椅子、ヘビの模型[?]、帽子などの、紙やトウや竹やブリキなどで作った簡単に作れるものばかりであったが、これらは全て中国人とベトナム人の物であった。

私はこの祭りで、展示している人は多くが他民族で、この祭りを見て歩いている人と買っている人の多くはクメール人であるのを見た。私は、「こうだからクメール人の金は他民族の財布の中にとてもたくさん入る。もし我々クメール人が他民族と同じ考えを持つようになったならば、きっと我々の金は我がクメール国に残る」と思った。

なぜ、我々クメール人は彼らのようには考えないのだろうか。

笊や籠のことは、トウ椅子やテーブルと同様、全て我々クメール人は中国人やベトナム人よりも作り方をよく知っている。しかしこれら全ての物を作って持って行って毎日の生命を養おうと考える人は誰もいない。逮捕され中央刑務所[guk dham。＝保護国政府刑務所]に入れられて初めて作って、利益を政府に提供することを知る。稼いで自分の生命を養うためには作るのを面倒臭がり、彼らのように作ることに関心を払う人は誰もいない。

ācārya {kuy}

1-8　水没[被害]者の救済

1-8-1　政府が、水没で苦しみを受けているクメール国の人々を救うために、委員会本部を1つ設立して以来、シソワット中高等学校卒業生友愛会は、すでに救済に助力するための種々の事業を企画しているフランス人やベトナム人たちと同様に、水没[被害]者に助力するための金を集めるための何らかの方法を考えようとした。それゆえ、“suriyākhemararaṅsī”劇団主である ḷāt 夫人[?nak srī]に、その劇団を雇って1夜公演してもらうことを相談したところ、ḷāt 夫人[?nak srī]はこの友愛会の委員たちと同じ救済をする慈悲の信仰心を持っていて、友愛会の人達に参加して無料で1夜公演してくれることになった。そして、プノンペン市<verdun>路の ?nak {maer miet}の劇場、即ち前の thīvān 劇場で、1937年11月17日、即ち phsār thmī の落成と競渡の、大衆が大勢集まる祭の日に公演を行うことに決めた。

この劇を公演した夜、ḷāt 夫人[?nak srī]は全身全霊をこめて全ての準備を入念に取り仕切り、客の応対も友愛会委員たちと同じように行い、まことに称賛に価するものであった。選んで公演した劇の名前は “buddhavaṅsa”であった。

劇団員と道化は一生懸命全力で熱心に演じ、非常に良く演じた。その時の観客各人は楽しく愉快に笑った。

以前からずっと観察してわかっていたことは、ḷāt 夫人[?nak srī]のこの劇団は、当日の夜のみ上手に演じたのではなく、以前から上手であって、観客はいつも口々に褒め、毎夜観客が見に行き、ぎっしりであるという名声を持っている。

この日、新入団員である喜劇役者、<monsieur> sī ḍim、<monsieur> tān jhan、<monsieur> sam?wa の3人[注。<monsieur>を使用しているからこの3人は教師である]が援助出演をして、フランスの道化のように演じ、なかなか上手で称賛に価した。

この救済公演は、全員が出演料を受け取らず無料で応援してくれたので、費用はいくらもかからなかった。劇場の借料13リエルだけがかかったが、もしそうでなかったら、全部で十分たくさんの金を援助のために得ることができた。

［観客の］皆さんが集まった時に、友愛会委員である ḍī さんが、そこに集まった観客たちに、水没で苦しんでいる人々に慈悲の心を広げるための団結を生じさせるのに適切な、感謝のスピーチをし、そして丁度演劇の時間になり、それで劇が始まった。後日また、nagaravatta 新聞社社員と友愛会会員とが、水没で苦しんでいる人達への助力のために、lkhon paep samaya thmī［現代劇］(théâtre［演劇］)を公演する方法を定めるが、期日はまだ定めていない。

1-8-2 水没［被害］者救済の祭り

1937年11月17、18、19、20、21日に、高等パーリ語学校校長である braḥ sirisammati vaṅsa (aem) が企画した水没［被害］者救済の説法祭を行った時に、その時に集まった金と、パーリ語学校の教師および仏教研究所の官員グループからの義援金を合わせて金額403.30リエルになった。この金はすでに仏教研究所事務局長が、プノンペンの水没で苦しんで人を救済するための委員会本部に送った。

1-9 我々に書いて送られて来た

1937年11月5日、プノンペン

nagaravatta 社長殿

拝啓、11-36［＝1936年11］月に、工業学校に、「この学校の生徒に、さらに勉学を続けてフランス国で学問知識を求めることを許可する」と述べている内容の文書が届きました。ずっと長い間［留学の］望みを持っていた私たちは、偉い人達がまだ応援して改善してくれる」と期待して大変嬉しく思いました。［しかし］現在、沈黙していて、なぜだか理由はわかりませんが、「行かせる」とも「行かせない」とも全く音沙汰がありません。

私たち生徒は、現在とても長い間待っていて、とても疑問を持つのは当然なので、<gazette>［新聞］の長である社長殿に、私たちの希望、即ち全ての Section［学科］にクメール人教師がいることを求めることに、どうか助力して、求めてくださるようお願い致します。これは、クメールの偉い官員の方々は nagaravatta 社長殿と違って、あまり関心をもってくれないからです。たとえば11月15日にクメール人 Contre maîtres［助手］を2名、何の理由もなく突然解雇しました。section mécanique［機械科］の khcau yanta［動力ドリル］の学習は、教師は1名、contre maîtres［助手］は2名しかいませんでしたが、今はさらにこの2名を解雇し、教師がいるだけです。さらに［この先生は］授業もあまり上手ではありません。この先生は古い時代の教師ですから私たちはたくさんは批判しませんが、教授方法は me cpāp (Théorèmes)［理論］がなく、口頭で［実技を］説明するだけで、どんなに明敏な生徒でも理解が難しいのです。なぜならば、たとえば現代の自動車は昔のものとはとても異なっていて、学ぶべき学問知識は発展してどんどん変化しているからです。

私たち生徒全ては、一生懸命学問知識を学ぶために外国に行くのなら死んでもかまいません、何の躊躇もしません。このことを<gazette>［新聞］の長である社長殿はまず信じてください。このクメールを繁栄させるために一生懸命学問知識を求めて勉強して死ぬのは、何もしないで死ぬよりも褒める人がいます。

工業学校の生徒を勉強に行かせるという話が本当であることは確かです。しかし、どういう支障があったのかはわかりませんが、消えてしまって僅かな情報もありません。もう1つ、我がクメール国はしばらくすると、電気の力やその他あらゆる種類の機械で走る車を使うことになります。でも、これらの生徒が勉強に行けなかったら、また他民族が来てこれらのポストを奪うことは避けられません。たとえば現在の C.E.E.［?］には、我がクメール人が働いているのはあまり見かけないことを、どうか御承知おきください。

失礼の段は、どうかお許しください。

s. t.

nagaravatta 新聞は上の批判の手紙に全く賛成である。保護国政府は、一生懸命熱心に学習を志望するクメール人の子供たちを、心を込めて支援するべきである。我々が従来知り得たところによると、政府は、「クメール人生徒は怠惰であることが多く、外国に学びに行くことを望まない」と言うことが多かった。我々の検討によると、諸氏の言葉のように、「クメール人は怠惰で、留学するのを恐れ、敢えて行こうしない」のではない。「怠惰である」のは、頼るところがなく、誰も助力してくれず、そして父母の資産が背伸びしても及ばないからである。考えても見ても、背伸びしてみても及ばないのなら、どうして怠惰であると認識することができるのか。我々が受け取った上の手紙のように、これらの生徒達は学ぶことを志望するとても強い気持ちを持っていることが見て取れる。もし政府がこれらの子供たちの希望通りに支援するならば、将来役に立つことは間違いない。我々が理解するところと違って政府が支援しない場合には、今後クメール人はフランスの命令下にいるばかりでなく、多くのことでベトナムの命令下にもいることになるのは間違いない。ベトナム国では、sādhāraṇakāra (travaux publics)［公共土木事業］局ではベトナム人 me kāra (Ingénieur)［技師］が入り込んで来てフランス人技師のポストを多数奪っているのと同じように、上級教師にベトナム人教師が5割もいて、フランス人教師は1割にも足りず、クメール人教師は1名もいない[ママ。残りの4割の教師の民族名は述べられていない]。政府が今、この時に準備をしなかったら、クメール人は竹のとげの垣根を破って入っていくことはできないと思われる。

nagaravatta

2-1　コンポン・スプー州での役畜展示即売市の情報について

25日にコンポン・スプー州で、[コンポン・スプー]州<le résident>[弁務官]殿とコンポン・スプー州知事殿が一緒に考えて、展示即売をして利益を上げ、その利益を大衆に還元するために、「ウシを連れて州都に集まるように」と人々に広く知らせた。氏たちの意見は、「コンポン・スプー郡[ママ]にはウシが多く、このウシ以上にこの郡の大衆を発展させる生業はない」と考えたからである。それで、氏たちは人々を集めて、この郡の人々に利益があるかどうか、展示即売をして見ることにしたのである。

氏たちが集まって計画した当初は、「志望して展示即売に来る人はいくらもいないだろう。多くて500ぐらいだろう」と推測していたが、集まって展示をする日である24日になると、maramya 寺の前と学校の後ろの、あまり広くない所に、どこから来たのか、人が大勢ぎっしりと集まり、その時のウシは1,500頭であった。売るウシと売らないウシとが識別できるように、別々にわけた場所は両方とも一杯で、その時は場所不足で整理係りの人を探してきて整理させても整理できないほどであった。

11月25日の朝になると、熱心にウシを探して買う中国人、ベトナム人、チャム人、フランス人が価格の交渉をするためにそこに集まり、その日1日でウシ150頭が売れ、[総]金額は3000リエル以上になった。展示のために連れて来たウシは、買って行って屠殺して食料にするウシが1つ、[手元に]おいておいて生業をするために使うウシが1つ、の2グループに分けられていた。もし役畜を展示して売った成果がこのように増え続ければ、必ずコンポン・スプー州政府はこれから毎月展示即売をする。

2-2　[44号2-4と同一]

2-3　手紙が送られて来た

我々は<gazette>[新聞]読者の1人から、日給で政府に勤務している人たちについての手紙を受け取った。我々は、管掌する政府部局に知ってもらうために、この<gazette>[新聞]に掲載する。

1937年10月16日、プノンペン

社長殿

私たち全ては、クメール民衆の目であり鼻であり代表である nagaravatta <gazette>[新聞]社長殿に、この件について助力してくださるよう平身してお願い致します。

私たちは、政府は会議をして、「全ての州庁と郡庁から smien (Journaliers)[日給 smien を]全て引き揚げる」ことを考えているという情報を得ました。[日給 smien は、]<le résident supérieur>[高等弁務官]殿、全4名[ママ。大臣は5名いる]の<conseil> senapatī[大臣][殿]、州<résident>[弁務官][殿]による任命の押印と<signer>[署名]を得てから任命されて勤務していますが、今になって、突然政府は彼らを解雇することを考え始めているのです。政府は彼らにどこに行かせて働かせようとするのでしょうか。政府は[採用]試験なしで[どこかに]<nommer>[任命する]のが正しいと思います。彼らは長年公務に貢献して来ていますし、一生懸命業務に心を込めてきて全てに精通していますので、彼らを動物のように解雇するべきではないからです。我々は、政府が彼らを解雇するべき場合は、「[彼らが]働いて仕事ができないか、あるいは何かの過ちをした」などの場合であって、そうであって初めて政府は解雇できます。試験に合格したばかりの新人たちを[彼らを解雇した後のポストに]配置しても、すぐに仕事ができるでしょうか。仕事を覚えるまでは失敗ばかりすると我々は思います。仕事ができる人を選ぶために使ってみる必要があり、[その仕事が]できるようになったら一転して追い出すのを、皆さんはどのように思いますか。それから州や郡を移動して公務を務めて生計を立てている私たち[ママ。「彼ら」が正しい?]は、調べてみると全てが仕事をするのに適度のフランス語の知識を持っています。政府がこれらの[日給] smien を全て引き揚げるのなら、政府はたとえば、Travaux publics[公共土木事業局]、Résidence[弁務官庁]、service de la Santé[衛生保健局]などの thī <Journaliers>[日給 thī]なども全て解雇してください。そうすれば公平です。

もう1つ、全ての政府機関の[採用]試験があるポストについて、政府は saññāpatra[初等教育修了証書]を持っていない人にも、saññāpatra[初等教育修了証書]を持つ人々と同じように、受験して、採用されて勤務することを許してください。なぜなら、「政府が saññāpatra[初等教育修了証書]を持っていない人に受験させないのは正しくない」と私たちは理解するからです。勉強して適度の知識を持つけれども、勉強を続ける費用を求めても得る事ができず、自分は貧しいからまずは仕事を求めて働き、一生懸命自学自習で学んで知識学問を増やしたので、学校を卒業した saññāpatra[初等教育修了証書]は持っていないけれども、身体の中には毎日磨いた学問知識を持っている貧しい人が大勢いるからです。それでも政府は受験させることに同意しないのなら、彼らはその知識をどこに持って行きますか。受験することを政府が許した場合、政府には何の損があるのですか。政府も発展すると我々は思います。受験したい人各人の種々のkraṭās barṇaṭmāna[証明書]などの<timbre>[印紙]料などの収入が政府に入ります。

私たちがここに要請することに政府が同意すれば、クメール人の子供たち全てはますます努力をするようになり、今後きっとクメール人の子供たちが必ず成長し発展することは確実です。

<gazette>[新聞]読者の1グループ

3-1　1937年10月7日付国王布告第212号

第1条。1919年8月6日付国王布告に示されてある役畜の特徴の検査方法に係わる規定と、同布告に添付して規定して解説された方法は、以後王国内で廃止し、以下の規定に従うものとする。

第2条。クメール王国内のクメール司法権の下にあるクメール人および準クメール人の所有物であるウマ、スイギュウ、ウシなどの役畜は全て、国王規定が認め、ここに添付する様式に従った証明書を持たなければならない。

第3条。証明書は、これを各役畜に対して発行するための委員会が存在する。この委員会はフランス政府が配置する職員1名、および獣医局の職員1名がいて、政府が定めてあらかじめ国民に通知した月日に各地区、または各地区の中心地を巡回して、この件を監督する。

第4条。役畜の所有者は、自らの役畜を[役畜]特徴調査委員の所に連れて行くこと。そしてその時、自己の<carte>[人頭税カード]も持参すること。

第5条。これらの証明書、あるいは証明書に代わる書類が盗難にあったり紛失したりした場合には、それに代わる書類を政府は料金を徴収することなく無料で再発行する。

第6条。第2条に述べた役畜の所有者は、同条に定められた様式の証明書を常に携帯すること。

第7条。後日、<le résident supérieur>[高等弁務官]殿から、各州都およびプノンペン市に対して、この国王規定の施行月日と施行方法についての規定が通知される。

第8条。役畜の所有者で、上述の規定に違反して従わずに放置したために証明書に代わる書類を申請しなかったり、うっかり忘れてリストからの登録抹消を申請しなかったり、また違反して役畜の数を隠して届けたり、偽造して届けたりして、証明書のない役畜を1頭あるいは複数頭所有する者は、1日から5日間の投獄および40センから5リエルまでの罰金、あるいはこの2つの罰のいずれか1つに処せられる。

上述の違法行為を行うことを幇助したいかなる官吏も、いかなる者も同じ罰を受け、さらに加えて官吏規定による官員としての罰を受けることもある。

第9条。以前の規定で本国王布告の内容に反するものはすべて廃止される。

3-2　[広告]お知らせ

私はsṭec gaṅ地区(カンポート州)にコショウ畑を持っています。コショウの木の数は4694本で、価格は1本が1リエル20センです。1本あたりの収量は3 nāl[＝3×600＝1800グラム]粒です[注。コショウ畑は、栽培中のコショウ木の本数で課税される]。私はコショウ木の価格だけを計算し、畑の土地は価格を計算せずに無料で差し上げます。またこの畑の中に池が1つあり、水が涸れたことはありません。

購入を希望なさる方は、プノンペン市第4区 brai nagara路の道路の西側の mayuravaṅ 寺の後ろにある、10室を持つコンクリート建物の6号室在住の yaṅ-ṇae 職人に訊ねに来てください。

3-3　お知らせ

新聞社は<gazette>[新聞]を購入なさる皆さんにお知らせ致します。nagaravatta <gazette>[新聞]はずっと価格を1部8センに定めて販売しており、値上げも値下げもしていません。後日この定価を超えて販売する者がいましたら、その者を捕らえて、管掌する<police>[警官]に訴えてください。

nagaravatta 新聞社の方はこの件については責任を取ることはできません。

3-4　[33号3-4と同一]

3-5　[44号3-9と同一]

3-6　[44号3-3と同一]

3-7　[46号3-4と同一]

3-8　[広告]苦労が簡単になります[注。44号3－4を短くしたもの]

私の店は多くの型の棺、種々の型の無地、あるいは色付の銅の貼り付けるための飾り覆い、その他の多くの模様、yat 踊り[？]、meru[？]、grwaṅ jān[？]など、沢山の物があります。

店は laṅkā 寺の後ろ、70メートルの所にあります。

nāṅ-buy

3-9　農産物価格[「金の価格」はない]

プノンペン、1937年12月3日

サトウヤシ砂糖		60キロ	3.40リエル
	店頭で購入		3.00リエル
籾	白	68キロ、袋なし	3.75 ~ 3.80リエル
	赤	同	3.65 ~ 3.70リエル
精米	1級	100キロ、袋込み	9.10 ~ 9.15リエル
	2級	同	8.70 ~ 8.75リエル

砕米	1級	100キロ、袋込み	7.05 ~ 7.10リエル
	2級	同	6.05 ~ 6.10リエル
トウモロコシ	白	100キロ、袋込み	［記載なし］
	赤	同	7.00 ~ 7.25リエル
コショウ	黒	63.420 キロ、袋込み	15.00 ~ 15.50リエル
	白	同	24.75 ~ 25.25リエル
パンヤ	種子抜き	60.400 キロ	33.50 ~ 34.00リエル

＊サイゴン、ショロン、1937年12月2日

フランス籾・米会社から通知の価格

ショロンの<machine> kin srūv［精米所］に出された籾 1 hāp、［即ち］68 キロ、袋込みの価格は以下の通り。

籾	最上級		4.08 ~ 4.13リエル
	1級		3.98 ~ 4.03リエル
	2級	日本へ輸出	3.88 ~ 3.93リエル
	2級	上より下級、日本へ輸出	3.78 ~ 3.83リエル
	食用［国内消費?］		3.30 ~ 3.35リエル
トウモロコシ	赤	100キロ、ショロン県マッカサンで売り渡し。	0.00 ~ 7.90リエル
	白	同	0.00 ~ 0.00リエル

米（10月［ママ］渡し）、港渡し、袋込み、税抜き、1 hāp、［即ち］60.7キロの価格は以下の通り。

精米	1級、砕米率 25%	5.65 ~ 5.70リエル
	2級、砕米率 40%	5.40 ~ 5.45リエル
	同。上より下級	5.25 ~ 5.30リエル
	玄米、籾率 5%	4.30 ~ 4.35リエル
砕米	1級、2級、同重量	4.40 ~ 4.45リエル
	3級、同重量	3.80 ~ 3.85リエル
粉	白、同重量	2.80 ~ 2.85リエル
	kāk［籾殻＋糠?］、同重量	1.85 ~ 1.90リエル

3-10　［44号3-10と同一］

4-1　［広告］［仏語］　**mac Phsu 夫人**

プノンペン Fesigny 路17号

［ク語］phsār thmī での tāṅ rapas lak（<foire>）［展示即売市祭り］で、皆さんは<mac phsu>という名のビルマ・バームが本当によく効くことをはっきり知りました。皆さんがこの<mac phsu>バームを使用するのを好まれるので、このバームはカンボジア国中で匂いを出しています。また、その他の国でも、「この油はとても良い」と称賛されています。

店主である私、＜mac phsu＞が皆さんにお知らせしました。

nāṅ {ṭuoṅ}、店はプノンペン vāṅ 路31-33号

このバームの仕入れ販売もしています

nāṅ <mac phsu>、
店は<fesigny>路17号

4-2　［絵がない以外は8号4-6と同一］

4-3　［11号4-2と同一］

4-4　［44号3-5と同一］

4-5　［8号4-3と同一］

4-6　［20号4-6と同一］

4-7　［26号4-5と同一］

4-8　［44号4-6と同一］

4-9　［11号3-2と同一］

4-10　［広告］　驚くほどよく効くウシ、スイギュウ、ウマの病気の治療薬。“薬を担いで売り歩く人が私の薬の偽薬を売るのに御注意ください”。

［注。この後の部分は20号4-9の中央から少しあとの部分と同文である］

これらの動物の病気は伝染して、動物を続けて病気にします。この薬は、コレラ、sā cāp（Peste bovine）［牛疸］、［以下省略］

4-11　［44号4-9と同一］

4-12　［29号4-10と同一］

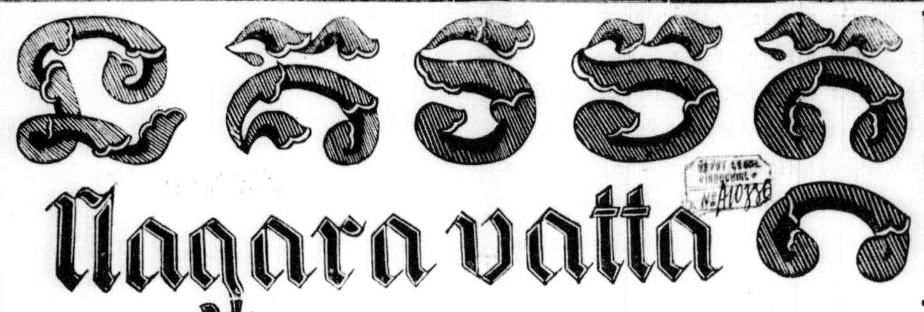

第1年49号、仏暦2480年9の年丑年 miggasira［ママ］月上弦8日土曜日、即ち1937年12月11日

［仏語］1937年12月11日土曜日

1-1 ［仏語で、「私書箱 No.44」と「社長。PACH-CHHŒUN」が加わった以外は8号1-1と同一］

1-2 ［デザインが少し変わった以外は8号1-2と同一］

1-3 ［デザインが少し変わった以外は8号1-3と同一］

1-4 ［8号1-4、1-5と同一］

1-5 (Neumann)氏［M.］の kāra sandanā(Causerie)［談話］

先の11月27日、"(La Presse Indochinoise)"と言う名のフランス語<gazette>［新聞］の社長である<neumann>氏が談話をして、"クメール国の現代の khemarakumāra、即ち yuvajana khemara［クメール人の若者］"について考えを述べた。

この会に、クメール人の若者が大勢と他民族の人々がこの談話を聞きに行った。

<neumann>氏は［次のように］述べた。「クメール人は大人が1つと、若者が1つの2つのグループがある。この2グループの人々は別々に切れている。即ち考えも心も気質も全て互いに異なる。フランス学校で学び、種々の学業修了証書を得た若者たちは、古い時代のクメール人を、『知識が自分に及ばない』と言って見下している。昔の風俗習慣を守る大人たちの方は、新しい時代の若者に対して気に入らない気持ちを持ってばかりいる。そして若者達に腹を立てている大人もいる。一方若者たちには大人に腹を立てている者もいる。このように夫々が腹を立て合っていることは、この2グループのクメール人たちに、互いの間の交際をなくしていて、このようであり続けると、この2つのグループとも発展はないと思われる。発展させることを望むなら、この2グループのそれぞれに強情さを減らさせる必要がある。即ち大人たちには少し若者になることを決心させ、若者たちには少し大人になることを決心させるべきである。各家庭内で大人と若者が、「自分が正しい」とこだわり、互いに性向が合わないでいると、きっと滅びるのは避けられない。それゆえ、クメール人に他と同様に繁栄させたければ、大人と若者は互いに一致協力し合うことを決心しなければならない。

「現在の若者は2つの希望を持っている。1つは学習をして種々の学業修了証書を得ることで、この層の若者は、『自分たちは学業修了証書を得ているのであるから、自分たちに仕事を全て任せるべきである』と考えている。このように考えるのは誤りである。学業修了証書とは何か。何をするためか。学業修了証書は、『我々がこの程度まで、あの程度まで学習した』ということだけを認める証明書でしかない。そしてこの学業修了証書は、我々が我々の英知に応じて働いて生計を立てるために役に立つものである。あるいは、我々が食に困らない場合には、知識学問を愛する心で、我々が知識を学んでさらに深めるためのものである。『学業修了証書を得ると、我々は他人を無視し、他人が我々を尊敬し、我々に任務を遂行させて彼らを発展させる、即ち我々に仕事を全部任せるのを待つ』と思ってはいけない。学業修了証書を得て、彼らに我々を発展させたかったら、即ち仕事を全部まかせさせたかったら、我々は一生懸命働いて彼らに貢献して初めてそれが得られるのである。我々は、自分の利益だけを考えるという邪悪さを捨てなければならない。自分の利益1つだけを考える人は、目は不自由でいて、自分の鼻梁より遠くは見ても見えない。この現世に生まれて来た我々は、各人の利益を得るためだけに生きているのではない。先を考えるべきである。『先を考える』というのはどう考えることであるか。『先を考える』というのは後の世代、即ち我々の子や孫が我々よりさらに繁栄す

ることを考えること、即ち我が民族を高貴にすることを考えることである。我々の民族は、我々全てが考えて建てる家のようなものである。もし心の中だけで建てたいと思っている、即ち口先で言うばかりで仕事はしなかったら、家を建てることがどうしてできるか。各人が希望の通りに助け合って一生懸命働いて初めて建てることができる。その家を建て終わったら、後の世代の人は一生懸命外装の材料を求めて飾り、あるいは垣根を作って初めて美しくなり、丈夫で長持ちするようになる。もし我々が知らぬ顔をしていたら、その家は建てることはできず、我々の敵は我々を見下す」

もう1つ、<neumann>氏は、「我々が学習して学業修了証書を得たら、政府に勤務することただ1つだけを望むべきではない。この望みこそが我がクメール人を甚だ低劣に遅らせているものである。もし我々が商業をする、工業をして働いて生計を立てることを望めば、我が民族は繁栄することができる」と述べた。この点についてnagaravatta <gazette>[新聞]はすでにこれまで何回も、「我々クメール人は高級官吏になること1つだけを望むべきではない」と意見を述べてきた。我々は<neumann>氏と同じように理解するが、それでも我々は、「なぜクメール国の政府のほとんど全ての部局にベトナム人官吏がクメール人より多いのか。なぜ政府はベトナム人を禁止しないのか」という疑問を持っている。我々はこの点についてまだ少し疑問を持っているが、それ以外は全く我々の考えの通りである。

終わり近くに、<neumann>氏は、「現在の我がクメール国は誰の国であるか」と質問し、「クメール人のものであると言うのは事実でないし、フランス人のものであると言うのも事実ではない」と述べた。さらに氏は[次のように]述べた。「クメール国は中国人の国である。クメール人とフランス人は『国の主』であるという名を持っているだけである。『クメール国は自分のものである』ということを認める材料はない。中国人の方は、完全に『国の主』である thaukae の地位に上がっている。クメール国内の財産は殆ど全て、中国人の手に握られているからである。なぜ我々クメール人は中国人を見習って一生懸命働かないのか。我々クメール人は、『中国人のように商売をするのは身分を卑しくすることだ』と理解して、とてもこだわる。この理解は全く逆、即ち誤りである。全ての職業は、[それを]一生懸命行う人に価値を与えるではないか。畑を耕し、天秤棒でかつぎ、肩にかついで生計を立てることを、『人を低劣にする』と考えるべきではない。どの国の人も、するべき職業を持っている人を敬愛するからである。こだわることと怠惰であること、これこそが奴隷に再び立ち上がることを不可能にしているものである。我がクメール国では、クメール人僧侶を例にとってみるだけで、こだわるべきではないことが真実であることがわかる。僧よりも吉祥に恵まれている人が誰かいるか。仏陀の弟子は全て僧を畏怖し、尊敬し従う。僧は、僧が寺の中で行うことにせよ、寺の外で行うことにせよ、材木に鉋をかけたり、天秤棒で担いだり、肩に担いだり、その他人々が、『低劣にすることだ』と思っている仕事を、僧は嫌がってしかるべきであるのに、僧は躊躇することも嫌がることもしない。なぜ、我々はまだこだわるのか」

上述のことを要約すると、<neumann>氏とこの<gazette>[新聞]は、ほとんど同じ意見である。我々はこの<gazette>[新聞]の読者の皆さんに、このことをよく検討してはっきり理解し、一生懸命自らの手本にすることを願う。そうすればクメール国は発展する。

nagaravatta

1-6 諸国のニュース

1-6-1 11月29日月曜日

中国。日本機が九龍県と広東[県]から漢口[県]に通じる鉄道線路を爆撃して完全に破壊した。安徽省で日本軍は cān sāṅ 地区を占領し、南京市を後ろから攻撃するために vū lū paṅ 村を目指して歩いている。

1-6-2 11月30日火曜日

中国。日本の<朝日>という名の<gazette>[新聞]が、「イギリス国は中国の国民党(laddhi <communisme>[コミュニズム][ママ。執筆者の誤解])信奉者たちと密かに手を結んでいるから日本国の敵である」と述べてイギリス国を激しく非難した。

*イタリア国政府は満州国を正式に承認した。以前この国は中国の大きい省の1つであって、当時は満洲里という名であった。日本国がその国を奪ってから、名を満州国と命名したのである。そして満州国を敢えて承認しているのは、現在に至ってようやくイタリア国1国だけである。

1-6-3 12月1日水曜日

中国。上海市の諸<gazette>[新聞]社は、日本が来て<gazette>[新聞]を検閲するのに立腹して<gazette>[新聞]の発行を中止することで合意した。

*日本国政府はスペイン国のフランコ将軍の政府を承認した。

1-6-4 12月2日木曜日

中国。ロシア国は依然として、「従来通りに自由に中国に出入りする」と言ってこだわっている。

*イタリア国駐在中国大使は、「イタリア政府が満州国を承認したことは承服できない」と同国政府に抗議した。

*ヨーロッパ諸国。フランスとイギリスは、ドイツ国が

自国の[旧]植民地を要求していることについて会談した。イギリス政府は会談して、望み通りの成果を得て喜んでいる。ドイツは、「以前の自分の植民地を得たがっているだけで、それ以外の国については全く関心がない」と反論した。ベルギー国は、「いかなる国にも我が植民地に侵入することを許さない」と答えた。

1-6-5 12月3日金曜日

中国。日本軍はますます南京市に近づいている。日本の<gazette>[新聞]は、「南京市を占領したら、中国における戦場は全て日本の手に落ちることは間違いない」と報道している。

1-6-6 12月4日土曜日

中国。日本軍が行進の訓練をして上海市の道路を遮断していることが、イギリス国を大いに憂慮させていた。しかし、日本軍が退いたのでその心配は薄らいだ。

1-7 土曜評論

水没による困窮者

我々は諸地域の水没した人々から[次のような]知らせを受け取っている。これらの人々は、水没して困窮している住民を救済する哀れみの気持ちを持つ政府を非常に喜んでいる。しかしある地域では、政府からの寄贈物資を与えることがスムーズに実施されているが、ある地域ではスムーズではない。これは政府が配布者として任命した配布責任者が、政府の意図通りに正しく行なっている人もいるし、政府の意図に反して行なっている人もいることによる。たとえばプレイ・ヴェーン州 snāy bal 郡 brai sniet 村 brai sniet地区の人々からの手紙は、同地区で食べ物がなくて飢えている人々に籾や精米を配る方法が2つある。即ち無料で配るのが1つと、有料で配るのが1つである。政府が代金を取る配布品を受け取る人々は、後日政府に金を支払うことができないのを恐れて政府の籾や精米を敢えて受け取ろうとしなかった。すると突然1人の<caporal>[恐らく郡保安隊の長である伍長]が、その受け取ることに同意しない人を逮捕し、手枷をはめて丸1日間拘禁したこともある。そして、配布の仕方も極めて遅い。人々に朝から受け取りに来て待たせ、午後になってもまだ配布品の籾や精米を受け取って家に帰ることができず、住民は働いて生計を立てる時間を損なっている。ある地域では配布責任者がえこひいきをする。即ち配布責任者や村長や支郡長の親戚に当たる人々は他の人々よりも沢山、しかも先に受け取ることが多い。それ以外の人々はほんの少ししか受け取れず、長時間待たされて時間をたくさん無駄にしている。

ある地域では、多くの人が我々に情報をしらせてくれて、配布の係の人の恩を褒めたたえているように、寄贈物資を貧しい人々に配布する仕方が順調に行われている所もある。即ちバット・ドンボーン moṅ ṛissī 郡 cak 地区では、配布責任者も配布人も一緒になって、意見の衝突もなく、にぎやかに協力し合っている。

上に述べた情報は、もし事実でない場合は捨ててください。もし事実その通りであったら、我々は保護国政府に、水没で苦難を受けている人々のために、これらの素晴らしい寄贈物資の配布の苦労を減らしてくれるようにお願いする。もう1つ、政府によって配布責任者に任命された皆さんに、慈悲心と憐憫の情を全ての貧しい人々に広め、寄贈物資を同量配分し、mukholokaca、[即ち] rœs mukha yal ñāti[知人や親戚をひいきして]正しい規律から外れて、保護国政府の意図に反することがないように注意させてもらう。それゆえ我々は政府がよく計画を立てて順調にして、政府に協力をした全国の寄贈物資提供者に政府に対して落胆させることがないよう要請する。そして保護国政府に、貧しい国民を救済して保護国政府の意図通りになるようにする方法を求めて指示し、今後このような障害が生じないようにすることを念を押させてもらう。[そうすれば、]後日政府が寄付を呼びかけて集める時に、国民は、「政府が寄付を集めて困っている人々のためになることをするのは事実であり、放置しておいて、救済を受ける人々の手に到着する道の途中で紛失、あるいは破損して、[物資が移動する]道の始まりで送った時の全10割の数はない、というようなことはない」ということを確実に知っているので、スムーズに困難なく集められるであろう。

この話は nagaravatta は保護国政府と貧しい人々全般に対する善意から述べたものであることを念を押させてもらう。

?nak pamṇaṅ l?a[＝善意者]

1-8 1937年8月11日付国王布告第180号

1条のみ。婚姻届によって第1妻として[夫を持つ女性]、および第2妻として夫を持つ女性の個人財産について規定するクメール民法第253、254、510、514、522条などに、下の文を追加する。

夫婦が共同で生計を立てて得た不動産は、すでに自己の占有所有物になっているものも、まだなっていないものも、クメール国土にあるものは全て、同国人を夫とするクメール人女性の個人財産とすることができる。ただし、その夫がフランス国籍を得て、フランス植民国人、あるいはフランス保護国人になった場合を除く。

1-9 1937年9月22日付国王布告第203号

1条のみ。クメール民法第445条に、以下の文を追加する。

国のどの地域であれ、土地登記局が測量し境界石を立て、土地台帳に登録を終わった土地は、証明を求めて郡庁の土地登記局<bureau>[事務所]に申請されたその不動産に関する文書を郡長は、証明料を徴収することなく無料で[その存在を]証明しなければならない。

1-10 クイティアウを売るクメール人について

我々は、「このクイティアウ業は中国人が独占で従事していて、中国人から奪うことができる他国人はいない生業である。それで市内あるいは地方に限ることなく、一面に中国人がクイティアウを売っていて、かりにベトナム人やクメール人がいても極めて少ないので、我々各人の目に入ることはない」と聞いてきた。このクイティアウの作りかたは、我々クメール人の能力を超えるほど難しいものではない。即ち我々も学んで中国人と同様においしく作ることができる。クイティアウの作り方とクメール料理あるいはシャム料理の作り方を比べると、[クメールやシャムの料理の]いくつかはクイティアウを作るより難しいものがあることがわかる。そしてクイティアウを作って売るのは、クメール人、中国人、ベトナム人のほとんど全ての人が同様に買って食べるのを好むので、大変よく売れる。天秤棒1荷分のクイティアウは、朝から売り始めると、夕方まで残ることはあまりない。朝のうちに売り切れてしまうことが多く、正午まで残っていることはあまりない。それゆえ中国人の中には、午前中はクイティアウを売って生計を立て、昼間になると氷を売り、夕方あるいは夜はウシの内臓を入れたクイティアウを売る人もいる。それで、彼らは貧乏から極めて早く抜け出すことができる。年月が経つのを忘れて働いていくらも経たないうちに、「お兄さん」は商店を開いてthaukae になる。クメール人である兄弟は商品を買いにきて、“thaukae、thaukae” と口々に呼ぶ。時にはそのthaukae は聞こえない振りをすることもある。

nagaravatta <gazette>[新聞]が生まれて以来、一生懸命何回も重ねてクメール人に、「他国人に負けないように、彼らに見下されないように、一生懸命勤勉に生計を立てるように」と忠告し、思い出させてきた。それで我々の<gazette>[新聞]を読んでいるクメール人の多くは、各人目覚めたことがわかった。現在、中国人と同じように生計を立てることができ、しかも中国人に負けないクメール人が1人いる。即ちクイティアウを大変上手に作ることができる。このクメール人は tā {bhiramya ū}、通称 tā {ṅuy} の息子で、名を cuṅ と言い(父親が cuṅ[端である～]とう名をつけたのは末子だからである)、プノンペン市の uṇṇāloma 寺で、先の1937年11月17日の phsār thmī の落成式の日から、クイティアウを作って売り始めた。このクメール人が uṇṇāloma 寺で売り始める前は、いつも明け方から正午までクイティアウ売りの中国人が屋台に乗せて寺に入ってクイティアウを売るのが2、3台あった。今やこの1人のクメール人が思い切って中国人の分野でクイティアウを作って売り、そしてよく売れて中国人に勝った。即ちクメール人がクイティアウを作って売り始めた日から今日まで、これまでそこでクイティアウを売ってよく売れていた中国人は一転してあまり売れなくなった。寺の僧、沙彌、それに寺の大小の子供[＝寺子供。僧の世話になっている子供]達が周囲に集まってそのクメール人のクイティアウだけを買い、その数は減ることがなく、作るのが間に合わない程だからである。この点に関して、僧たちが同じ仏教徒である民族を愛し、民族に助力して救う気持ちがあり、他の寺の模範とされるべきであることを、我々は尊敬の念をもって称賛する。寺子供たちもまだ幼い時から民族を愛する気持ちを持つことを知っているのは称賛されるべきである。

クメール人はクイティアウを作ってよく売れるが、「お兄さん」たちはあまり売れなくなったことが1つのトラブルの元になった。この寺でクイティアウを売って生計を立てていた、「お兄さん」たちが大変憤慨して、ある日、この寺でクイティアウを売って生計を立てている中国人が仲間を誘って5、6人を集め、このクイティアウ売りのクメール人が生計を立てて自分たちの顔を潰したのを怒って、脅そうとしたのか殴ろうとしたのかは不明であるが、中国語で相談をしていた。一方このクイティアウ売りのクメール人 cuṅ の方は、小さいときから中国人に交って暮らしてきたので、中国語とベトナム語を良く知っていて会話はほとんどでき、ただ文字がわからないだけなので、それを聞いて話の内容は全部わかった。

もう1つ、このクメール人 cuṅ は、おいしくクイティアウを作ることができ、中国人にひけをとらないので、子供たちは毎朝大勢が集まって買う。午前だけで利益が1リエルあり、昼間、クイティアウを売る時間が終わると、彼はさらに氷水を売り始めるという情報を我々は得た。我々は同寺の内部から、「今まで寺でクイティアウを売って生計を立てていた中国人たちはこの cuṅ を恨んでいて、[cuṅ が]彼らの分野で商売をして生計を立てることをできなくさせるために危害を加えようとしている」という情報を得た。我々はこのことを政府の係員に知らせ、このクイティアウを売って生計を立てているクメール人に危害を加えることができないように、あらかじめ cuṅ を守るようお願いする。他のクメール人が刺激を受けてこのような方法で生計を立てようとすると、きっと同じ方法で生計を立てている中国人と衝突が起こるに違いないからである。それゆえ、政府が守るように申し入れさせてもらう。nagaravatta は前もってお礼を言っておく。

nagaravatta は、nagaravatta の忠告の力により一生懸命努力して他民族の方法で生計を立てている我がクメール人がいることを大変嬉しく思う。そして我々は今や、クメール人は老いも若きも各人が目覚め刺激を受けて勉学を愛し、さらに熱心に職業にも就いていて、今後我が民族と国とは発展を重ねていくに違いないと我々は思う。

2-1 雑報

2-1-1 phsār thmī の落成式の時の収支金について

phsār thmī の落成式と競渡祭の際に、5日間の間に市場を見に来て[入場]料金を支払った人々の統計を取り、172,698人であった。

種々の項目からの収入金は3,795.22リエルである。即ち[その内訳は、]

展示コーナーの貸料	928.54リエル
市場の入場料	1,726.98リエル
vatta bhnam での演劇	190.00リエル
援助金	949.70リエル

である。

式と祭りの宣伝費とその他の諸賃料、1,533.89リエルを差し引くと、2,261.33リエルが残り、これはクメール国の水没[被害]者救済委員会本部に送る。

2-1-2 yuttivaṅsa 殿下[?nak aṅga mcās]

camrœn vaṅsa 殿下[?nak aṅga mcās]と yubhiphān 妃殿下[mcās ksatrī]と間の王子である yuttivaṅsa 殿下[?nak aṅga mcās]がフランス語で(licencié es[ママ。èsが正しい] sciences mathématiques)、即ち pariññā vidyāsāstra paek khāṅ gaṇitasāstra[数学専攻理学士]と呼ぶ高等学問の試験に合格したという情報を得て大変嬉しく思っている。この分野の高等知識は、これまで我がクメール人は誰も熱心に学んでこの高さにまで達した人はいなくて、殿下[?nak aṅga mcās]が初めてである。

nagaravatta は平身して殿下[?nak aṅga mcās]に幸福と安寧と4種の祝福が授かり絶えることがないようにお祈り致します。

2-2 [44号2-4と同一]

2-3 ポー・サット州<résident>[弁務官]殿に訴える住民の訴えについて

住民の訴えについて

1937年11月19日、ポー・サット

ポー・サット州の住民である私たちは、ポー・サット州の長である<le résident>[弁務官]殿とポー・サット州都の<commissaire de police>[警察署長]に申し上げます。

ポー・サット州のクメール人とベトナム人たちは、長殿[loka dham] mcās]も既にはっきりと目にしておいでのように、もう何日間も豚肉を[市場から]なくして食べられなくしている中国人たちに非常に憤慨し、悔しく思っています。

彼らがこのように敢えて揃ってストライキをして、ブタを屠殺し豚肉をクメール人やベトナム人に売って食べさせるのを止めた原因は、「これら2つの民族は、中国人が売らずに食べさせないことから食べられなくなったら、きっと食べられなくなる」と彼ら中国人が自らの力と資産に頼って[我々を]見下していることによります。今、中国人がこのように豚肉を食べられなくしているのは、彼らは、「クメール人とベトナム人は豚肉がとても食べたくなったら、そろって長殿[loka dham mcās]に、『中国人にブタを屠殺させ、豚肉を彼らの要求通りに1キログラム0.50リエルで売らせてやってほしい』と頼みに行くに違いない。あるいはそうでない場合には、政府がブタの屠殺場使用独占税と営業税が減ることを恐れて、中国人の要求通りに値上げして売らせることを許可することに同意するに違いない。そうなれば、ポー・サット州のクメール人とベトナム人から法外な利益を得る道が努力なしに容易に手にはいる」と考えているからです。

私たちは、正義に基づいて、次のことを長殿[loka dha mcās]に訴えてお知らせいたします。

1。中国人が住民から買い集める生きているブタは、太っているか痩せているかによって、1 hāp、即ち68キログラムが14.00リエルから16.00リエルです。しかも彼らは秤の目をごまかします。

2。このストライキをして、ブタを屠殺して売るのを止めた原因は、中国人のお陰で生命を養って生きている1人のクメール人が phsār krom 村にいて、ブタを屠殺する中国人から謝礼金を貰って代表になり、豚肉の売価を1キログラム 0.50リエルに値上げする許可を弁務官殿に求める文書を、中国人ブタ屠殺人に作ってやりました。長殿[loka dha mcās]は、中国人がこのような悪辣な方法で欲張るのを見て、我々クメール人とベトナム人に慈悲心を持ち、この申請を許可なさいませんでした。この悪い考えを持つクメール人は、望み通りに事が成功しなかったのを見て、中国人たちに、「ストライキをして<patente>[営業許可書]を長殿[loka dha mcās]に返上し、ブタを屠殺して売るのをやめ、それから豚肉を販売することも全て止めるように」と指示しました。それから、中国人たちに、「このようにすれば、長く経つと政府は税[収]が減るのを恐れ、必ず我々の申請書の通りに、豚肉を1キログラム 0.50リエルで売ることを許可することは間違いない」と説明したのです。

後の週[＝53号2-4]に続きがある。

3-1 [広告]お知らせします

[これは、冒頭部分を除くと44号4-8と同文であるが、一応全文を訳出する]

皆さんが nagaravatta <gazette>[新聞]を購読したい場合に

は、どうか nagaravatta 社へ送金してください。nagaravatta は必ず<gazette>[新聞]をお送り致します。

クメール人は、クメール人が衰えないようにするためのクメール人の灯として、きっと nagaravatta 新聞が将来長く生命を持ち続けるよう支援してくださると、私たちは期待しています。

3-2 [48号3-2と同一]

3-3 [33号3-4と同一]

3-4 [44号3-4と同一]

3-5 [44号3-3と同一]

3-6 [46号3-4と同一]

3-7 [48号3-8の終わり近くの「70メートル」が「10メートル」になっているだけである]

3-8 農産物価格[「金の価格」はない]

プノンペン、1937年12月10日

サトウヤシ砂糖	60キロ		3.40リエル
	店頭で購入		3.00リエル
籾	白	68キロ、袋なし	3.70 ~ 3.75リエル
	赤	同	3.60 ~ 3.65リエル
精米	1級	100キロ、袋込み	9.25 ~ 9.30リエル
	2級	同	8.80 ~ 8.85リエル
砕米	1級	100キロ、袋込み	6.90 ~ 6.95リエル
	2級	同	5.90 ~ 5.95リエル
トウモロコシ	白	100キロ、袋込み	[記載なし]
	赤	同	6.80 ~ 7.00リエル
コショウ	黒	63.420 キロ、袋込み	14.50 ~ 15.00リエル
	白	同	24.00 ~ 24.50リエル
パンヤ	種子抜き	60.400 キロ	34.50 ~ 35.00リエル

*サイゴン、ショロン、1937年12月9日

フランス国籾・米会社から通知の価格

ショロンの<machine> kin srūv[精米所]に出された籾 1 hāp、[即ち]68 キロ、袋込みの価格は以下の通り。

籾	最上級		4.08 ~ 4.13リエル
	1級		3.98 ~ 4.03リエル
	2級	日本へ輸出	3.88 ~ 3.93リエル
	2級	上より下級、日本へ輸出	3.78 ~ 3.83リエル
	食用 [国内消費?]		3.30 ~ 3.35リエル
トウモロコシ	赤	100キロ、ショロン県マッカサンで売り渡し。	7.80 ~ 7.85リエル
	白	同	0.00 ~ 0.00リエル

米(10月[ママ]渡し)、港渡し、袋込み、税抜き、1 hāp、[即ち]60.7キロの価格は以下の通り。

精米	1級、砕米率 25%	5.75 ~ 5.80リエル
	2級、砕米率 40%	5.50 ~ 5.55リエル
	同、上より下級	5.35 ~ 5.40リエル
	玄米、籾率 5%	4.30 ~ 4.35リエル
砕米	1級、2級、同重量	4.35 ~ 4.40リエル
	3級、同重量	3.75 ~ 3.80リエル
粉	白、同重量	2.80 ~ 2.85リエル
	kāk [籾殻+糠?]、同重量	1.80 ~ 1.85リエル

3-9 [44号3-10と同一]

4-1 [48号4-1と同一]

4-2 [絵がないことを除けば8号4-6と同一]

4-3 [11号4-2と同一]

4-4 [44号3-5と同一]

4-5 [8号4-3と同一]

4-6 [20号4-6と同一]

4-7 [26号4-5と同一]

4-8 [44号4-6と同一]

4-9 [11号3-2と同一]

4-10 [48号4-10と同一]

4-11 [44号4-9と同一]

4-12 [29号4-10と同一]

SAMEDI 18 DECEMBRE 1937

CIGARETTES
COFAT
CIGARETTES
La meilleure cigarette Indochinoise
Le Paquet vendu 5 cents

Directeur
PACH-CHHŒUN

HEBDOMADAIRE PARAISSANT TOUS LES SAMEDIS

(Boite Postale N° 44)

第1年50号、仏暦2480年9の年丑年 miggasira［ママ］月上弦15日土曜日、即ち1937年12月18日

［仏語］1937年12月18日土曜日

1-1 ［仏語で「私書箱 No.44」と「社長、PACH-CHHŒUN」が加わった以外は8号1-1と同一］

1-2 ［デザインが少し変わった以外は8号1-2と同一］

1-3 ［デザインが少し変わった以外は8号1-3と同一］

1-4 ［8号1-4、1-5と同一］

1-5 朗報

金銭の貸主に法律の制限以上の利子を得させないために

1937年11月24日付 prakāsa <arrêté>［政令］で、<le gouveneur général>［総督］殿は、フランス国から1936年10月9日付 prakāsa Décret［法令］をもってきて、インドシナ国で施行し、債権証書に関して規定した。

この政令によると、<le gouveneur général>［総督］殿が金銭借用証書を証明するために任命した官吏が1人存在しなければならず、その官吏は［次のことを］証明する。

項1。貸し主と借り主が2人共署名したことは事実であること。

項2。利子付で借用した金が全額借り主の手に渡ったこと。

項3。証書に記載されている金額が借り主に渡された金額に一致することは事実であり、何も天引きされていないこと。

上記の証明がない金銭借用証書は無効である。審査され証明されることなしに密かに作成された金銭借用証書も無効である。

1937年11月24日以前に署名され、その署名がある金銭借用証書は、同日［＝1937年11月24日］から計算して6ヶ月の期限以内に持参して正しい証明を受けなければならない。証明を受けなかった場合、その証書は必ず無効になる。

この政令の内容を検討すると、我々は、「フランス政府は本当に植民地の貧民を救済することを意図しているのは事実である」ことがわかる。なぜなら、現在我々クメール人のほとんど全てが中国人に金を借りていて、その借り主は全て、法律的に正しい債権証書を敢えて作ろうとしない。「以後金を貸してくれないのではないか」と恐れるからである。それで貸し主がどのような金額を与えようと、借り主は、その場をしのぐために、抗うことなくその金額を借りることを承知する。

フランス政府の意図は真実に良いものである。しかし金銭借用証書証明者に清廉な人を任命すれば、その意図はさらに良くなる。我々は、「政府は必ず清廉な人を任命する」と期待する。悪人を任命して証明させると、きっと何の効果もなく、この意図は望み通りに成功することができず、無駄に忙しくならせるだけである。現在、祖父母からはじまって子や孫まで中国人に借金していて、いつになったら、その借りていることから抜け出すことができるかわからない借り主がたくさんいて、土地家屋を貸し主に与えて清算しようとしても返済しきれない人もいる。

フランス政府が望みを達成するまで助力して支援してくれなかったら、将来クメール国は中国人のものになってしまうことは避けられない。

1-6 諸国のニュース

1-6-1 12月6日月曜日

中国。日本軍は南京市から僅か35キロメートルの距離の地点にいて、揚子江に停泊中の中国軍艦1隻を拿捕した。＊ロシア国。アテネ市（ギリシア）駐在ロシア国大使である(Barmine)氏はロシア国政府に対する敵意から、辞職してフランス国に亡命した。

1-6-2　12月7日火曜日

中国。本日日本軍は南京市に達するまでわずか5キロメートルの所にいる。ū hūn 県で、日本機が中国船[sambau]を爆撃した。爆弾のいくつかがイギリス船2隻に命中して、8名が死亡、20名が負傷した。

＊スペイン国。スペイン国国境を警備中の同国政府側派の兵士がフランス国に侵入し、フランス人1名を殺害した。スペイン人1名[ママ。この後の1-6-4では「2名」]がフランス国に逃げ、この人を逮捕できないように、フランス人たちが[スペイン]兵士たちを妨害したのが事件の原因である。

1-6-3　12月8日水曜日

中国。本日日本機が南京市に爆弾多数を投下し、蔣介石総司令は妻を伴って航空機に乗って南京市から姿を消した。

日本が浦東県に、中国政府とは別個に上海市政府を樹立した。この新上海市政府は日本国に服属している。

＊スペイン国。フランコ将軍側派は、「フランス人の1グループが、ロシア国から金を貰って、(Ceuta)市の住民に騒ぎを起こさせる目的で同市を爆撃するために、軍用機19機を購入した」と発表した。

1-6-4　12月9日木曜日

スペイン国。フランス政府からの要請に従って、フランコ将軍派は、「フランス国内に逃走して来たスペイン人2名[ママ。上の1-6-2では「1名」]を反乱派側の兵が逮捕しようとして追った時に、ペルピニャン県近くで死亡したフランス人1名の家族に対する慰謝料を支払う」ことを承知した。

1-6-5　12月10日金曜日

中国。日本軍は南京市を包囲した。日本軍将軍マツイは、南京を防衛していた中国軍の将軍陳済棠に降参するように命じたが、中国軍将軍は降参に応じなかった。

イタリア国。本日、イタリア国は、日本とドイツと考えが一致し、またエチオピアをイタリアの属国と承認するのが遅々としてすすまず国際連盟に怒りを感じていることから国際連盟脱退を希望しているとのことである。

1-6-6　12月11日土曜日

フランス国。現在パリ市にいるコーチシナ国代表である<de beaumont>氏がインドシナ国からフランス国に書簡を送付し、すべて航空便にするようにと要求した。そうすると少なくとも1週間に2回は書簡がいくことになる。

中国。東京市(日本国)で政府は国中に勝利の旗を立てるように命じた。それは必ずや南京市を攻略できるであろうことに対する喜びを示すためである。しかし中国軍が懸命に防衛しているため、南京市は簡単には攻略できず、さらに日本軍を攻撃して一部後退させるまでに至った。

<ūduṅ県>。日本軍を乗せた船がさらに到着した。しかしその軍隊は、中国軍の妨害によって下船することはできなかった。

＊日本政府は、蔣介石はそのうち降参するであろうから、そのときに隣国を攻撃しようと考えていた。

つまりこれは、中国が意欲を失わず、まだまだ日本軍に抵抗するということである。

1-7　土曜評論

金[きん]を身につけていると地位身分に相応しいが心配も多い

私は、プノンペン市の市場を歩いている人の金銀を引ったくる事件のことをよく耳にする。しかし、私は、「政府がこのようなひったくり犯を撲滅して[我々を]守ってくれる」と思って、そのことについては話さなかった。現在、依然として事件があるので、私は1度話させてもらう。私の意見では、「政府は kaṅ kravael(police)[警官]を配置するのが少数すぎて、この大都市とバランスがとれていないことが1つ[目]、官員は盗賊逮捕にあまり賢くないことが2つ[目]、逮捕してもその処罰が軽すぎることが3つ[目]、即ちこれらの原因で毎日市場に引ったくり犯が現れるのである。これらの盗賊は、私が知るかぎり、同一盗賊たちで、ずっと引ったくりを生業として生計を立てていて、しかも他民族であることが多い。たとえば、先の10月4日に、プノンペン<bureau> kraṭās[紙課]に勤務しているthī {lan}の夫人[?nak srī]が、姪を1人連れて買い物に行き、夫人[loka]は金銀[装身具]を身につけていたが、市場にはたびたび引ったくり犯が出ると知っていたので、ネックレス2本を外してハンカチで包み、留めピンのあるハンドバッグに入れた。プノンペン市の ṭwwḷābak 路の魚市場で、狭くて人で込み合っている所に着くと、そこで金を取り出して買い物をしようとして、ハンドバッグの口を開けるや否や、突然1人のベトナム人の男が金の鎖の包を引ったくって逃げ去った。品物の持ち主は急いで後を追ったが、その男の仲間2-3人が周囲をウロウロして道を阻み、事情を訊ねる振りをするのに邪魔され、もう1つ女性であることもあって、盗賊に追いつくことができなかった。どこに探しに行けばいいかわからないので、<commissaire>[警察署長]殿に届け、[夫人は]その男が引ったくる前にしょっちゅう背後にいるのを見ていて顔をおぼえていたので、その盗賊の様子を話した。それで、官員が品物の持ち主を連れて、市場中の人の顔をのぞいて見て歩き、その盗賊を逮捕することができた。即ち逮捕することができた盗賊はベトナム人 drwaṅ yāṅ rwṅ とマレー人 ḍwak māk である。しかし、彼らが共犯として triṅ ṅvā ve と triṅ hāṅ nūy の名を供述し、「金の鎖はこの2名の手中にある」と供述したが、この両名は、「知らない」と否認している。これらの盗賊は sālā <tribunal>[地方裁判所]が、ある者には[懲役]3ヶ月、ある者には[懲役]6ヶ月、ある者には[懲役]8ヶ月と判決した。たったこれだけの判決であるのは、政府の法律に従わなければならないからであり、それにしても重さ4 ṭmḷiṅ の金のネックレスはどこにあるのだろうか。私の理解では、このように軽い処罰なので、喜んで刑務所に入り、460,00リエルの金は飲み食いに楽しく使ってしまう。そいつは刑務所から出てくると、再び泥棒稼業で生計を立てる。この1団が刑務所に入っているときには、また他の1団がいる。後者の1団を捕まえたときには、前の1団が代わりに刑期を終える。そうなら、どのようにすれば盗賊たちをなくさせることができようか？どのようにすれば、クメール人を貧しくないように、そしてさらに貧しくさせないようにできるか。日陰に入っていたのだから、少しは涼しくなったはずだ。私たちの考えでは、もし涼しくなったのなら、政府が毎年奴らを刑務所に入れあるいはこの国からすべて送還させるか、もう1つは政府がきちんと正しく監視していなかったせいで物をなくした人たちのものを政府が弁償することである。

このことについて、私たちはクメール人のみなさんに注意喚起したい。田舎にいても都市にいても、各自が気を付けること、政府を信頼しすぎないことである。というのは、なくなった物は、持ち主のところにはなかなか戻ってこない。多くは泥棒が使ってしまい、処罰を受けて刑務所に入り、政府のために働くのである。だから金銀があるのならプノンペンの市場で見せびらかしたりしないように。もし金やダイヤモンドで着飾りたいのなら、ほかのところに行くのがよい。よい大きな市場もだめである。政府が新たに監視してくれるか、自分自身で互いに注意して監視するしかない。

ウサギ裁判官

1-8 笑い話

1-8-1 danlāp の実を配る

先生が質問した。「1人の女性に子が5人いる。そして danlāp の実は4つしかない。この4つの danlāp の実を5人の子に等分に分け与えるためにはどのようにしなければならないか。わかった人は手をあげなさい」

生徒は全員、その実をうまく分配するためには、どのようにしようかと、方法を求めて静かに考えた。

しばらくして、突然 ā {muk} が興奮して息せき切って手をあげた。先生は ā {muk} に訊ねた。「ā {muk}、どうするのかな」 ā {muk} はすぐに答えた。「danlāp の実を突き潰して目方を量って配ります」

1-8-2 口数の少ない人

主婦と新来の若い女中

主婦が来たばかりの若い女中に言う。「お前、あたしの所に来て暮らすのだから、あたしの心がわからなきゃだめだよ。あたしは口数は多くない。あたしが手招きして呼んだらお前はすぐにあたしの近くに走って来るのよ」 その若い女中はすぐに答えた。「はい。私も奥様[?nak]と同じです。私は口数が多くありません。私が首を振ったら、「私は行かないのだ」とわからなければなりません」

1-8-3 恩返しをする

小さい子が川岸で立って魚釣りをしていて、足を滑らせて転んで川の中に落ちた。人々があわてて走って見に来た。そして泳げる男が1人いて、すぐに水中に飛び込み、必死に泳いで潜って、自分も溺れそうになりながら、その男の子を救い上げた。しばらくするとその子供の母親が知って息せき切って駆けつけて来て、子供を見て子供にちょっと訊ねてから、近くに立っている人たちを振り向いて訊ねた。「今、私の子を助けてくれたのは誰ですか」 全員が指さして教えた。その子供の母親は子供を救ってくれた人に言った。「私の子の帽子はどこですか。この子の帽子がなくなってしまいました。私の子の帽子を見ませんでしたか」

1-8-4 疑問

ā {yaṅ} は有名なウシ泥棒で、何回も捕まえられたことがあり、さらに今回捕まえられたのは8回目で、ウシ[の手綱]を手に握っているところを捕まえられた。cau krama の所に連れて行って訴えると、cau krama が ā {yaṅ} に訊ねた。「ā {yaṅ}、お前は何か抗弁したいかどうか。ā {yaṅ} が答えた。「はい、私の hma khvām（<avocat>[弁護士]）は病気という差支えで来れませんので、弁護士が来るのを待ってください」 cau krama は訊ねた。「お前がウシ[の手綱]をお前の手に握っているところを <police> giñ[刑事]に逮捕された以上は、お前の<avocat>[弁護士]はお前をどのようにして助けるのだ」

ā {yaṅ}:「はい、私もそこの所を疑問に思っています。私は私の<avocat>[弁護士]がどのようにして助けてくれるかを知りたいのです」

2-1 雑報

2-1-1 先の1937年12月6日付布告第3788号によると、<thibaudeau> <le résident supérieur>[高等弁務官]殿は、シ

ソワット中高等学校卒業生友愛会が助力して要請したので、sāṅ-yuon yaṅ、kaev-sukha、sum-vāṅ のクメール人3名に、補助金を支出してサイゴンで革製品職人と衣服仕立て師になる勉強をしに行かせる。

2-1-2　お知らせします

シソワット中高等学校で生徒を監督する人を必要としています。この仕事をしたい方は校長殿に会いに来てください。

2-1-3　以前は、医師に病気の診察を受けに行く用があった現地国人官吏たちは、患者が多いのと、扉番[＝患者を呼んで診察室に入れる人]がなかなか中に入らせないのとで、とても長い間座って待ち、[診察室に]入って医師に病気の診察を受けるまでに、午前中全部や夕方全部を失うこともあり、ずっと1日待って時間を失っても[診察室に]入れないこともあったりして、とてもうんざりしていた。

nagaravatta がこの件を嘆き、さらに加えて現地国諮問会議が求めたこともあって、現在医務局は現地官吏を一般大衆とは一緒にせず、別にすることを許可した。即ち現地国人官吏たちには、午前中の9時から10時までの間に入室させて医師に<visite>[診断を]求める。

nagaravatta は医務局が現地国官員が以前のように執務する時間をむだにしないように、時間の苦痛を軽減して便利にしたことを大変嬉しく思う。

2-1-4　プノンペン市 uṇṇāloma 寺のパーリ語学校の「しび{鴟尾}」を上げて[屋根の両端に取り付ける]式

先の12月12日日曜日に uṇṇāloma 寺で、3千リエル余りの寄付金で建設され、完成間近の予備パーリ語学校の「しび{鴟尾}上げ」式[＝上棟式に相当]が行われた。午前8時、munīreta 親王殿下[braḥ aṅga mcās]と首相である samṭec cau fā vāṅ とが「しび{鴟尾}上げ」式の主賓として、寺の檀家である優婆塞である名士多数と rājāgaṇa のあらゆる職位の僧たちと共に出席なさり、[それを]王室の音楽の演奏で敬意を表明してお迎えした。

土曜日の夕刻は、さらにこの建設への寄付を呼びかけて加えるために、本堂で braḥ sāsana sobhaṇa（ṇāt）が説法僧になっての説法祭があり、呼びかけて得られた寄付金は400リエル余りになった。

このパーリ語学校は多くの名士が助力し後援して、しっかりした学校として生まれた。

この「しび{鴟尾}上げ」の日に、munīreta 殿下[braḥ aṅga mcās]が、「もし寄付がまだ不足なら、建設費を満たすために、自分が aṅga phkā をして男性ばかりでもう1度行列をすることを考えている」とおっしゃった。

nagaravatta は munīreta 殿下[braḥ aṅga mcās]がお望みになる、この善行をもっとも喜び申し上げる。

2-1-5　okñā {jhwm-iem}氏の火葬式

先の12月12日日曜日に、mayūvaṅsa 寺の後ろの屋敷から okñā {jhwm-iem}氏の遺体を運ぶ行列が行われ、3時半にプノンペン市の padumavatī 寺の前で荼毘に付した。varamantrī であり、<retraite>[引退した]郡長であった okñā {jhwm-iem}氏は63歳で、親族、友人、妻子が集まる中で亡くなった。この遺体の行列の際には、シソワット中高等学校卒業生友愛会のメンバーである官吏多数が助力して行列した。[高等弁務官府事務局]第4<bureau>[課]長である<baptiste>氏は墓地にも行った。午後5時になると、ラッパと khaek 太鼓の音楽演奏の音が響き、近衛兵24名が故人が在職中に受けたカンボジア国シュヴァリエ<médaille>[勲章]に敬礼する中を、高等裁判所 cau krama である vaḍḍha chāyā vaṅsa 殿下[?nak aṅga mcās]が点火なさった。

nagaravatta は平身して okñā {jhwm-iem}氏の霊魂を敬し、深い悲しみに覆われている妻である jhwm-iem 未亡人[loka srī me māy]と、子供であるksaem 夫人[?nak srī]と[その]夫であり、ポー・サットでの教師である ksaem 先生、jhum-dhuc さん、jhwm-pū さん、cau krama である jhwm-put 氏たち、およびその他の皆さんにお悔やみ申し上げる。

2-1-6　tā khmau のぽつんと1軒だけ離れた草葺きの家の東の池の岸で、krasuoṅ kaṅ kravael（police）[警察局]の pun 警官が石油缶ケースを1つ発見し、その中に幼児の頭とあごの骨が入っていた。そのケースの近くには、抱き枕が1つ、クロマーが1つ、幼児のズボンが1本と黒の女性用シャツが1枚散らばっていた。調べて、<gendarme>[憲兵]と医師は、[生後]僅か7、8ヶ月の幼児の骨であることが判明したが、男女の性別と民族を確認することはできなかった。その後、医師は運んで行って埋葬することを許可した。

2-1-7　村長が調査中である

先の11月13日から14日にかけての夜、nāṅ {jā} は、sāy と kœt と一緒に舟に乗って svāy ū という名の所に漁に行き、突然強風に会い、その舟は沈没し、乗っていた3人は水に跳びこんだ。sāy と kœt は泳いで舟を岸まで運ぶことができたが、nāṅ {jā} は姿を消し、さがしてもみつからない。

それ以来、遺体捜索の措置をとっているが発見できず、彼女[nāṅ]が死んでいるか生きているか不明であり、村長がこの件を<enquête>[調査]中である。

2-2　[44号2-4と同一]

2-3 バンコク市からの手紙

恩が罪か[46号3-2の中の手紙の表題]

(<gazette>[新聞]46号[3-2]から続く。)

それゆえこの話は、「聞いたり読んだりする方の耳を毒するものではありませんし、あるいはずっと以前に私が nagaravatta <gazette>[新聞]が嘆いている記事を見たように、道を1つ見つけた方々の心を怒らせることはない」と私は思います。それだけではなく、ある方々は、クメール人の団結が失われることについて熱心に文章を書いたり、あるいは何か手紙を書いて、片側の方々に気に入らないことばかり、もう片側の方々には気に入ることばかりを書いて掲載するのも、全て民族を助けたいという意思によるものです。このことは、この世の人類にはまだ悟りを得た人はどなたもいないという原因以外の他の原因によるものではありません。何かを言うことができる方々は、自分が考えて理解した考えに合わせて何かを言い、自分が正しいという気分になります。しかし、良いことを望む人はいつも良いのが当たり前ですから、私はどちらの側の方々についても、「[その人たちが]民族を嫌っていると非難することはできません。双方とも心からの望みが、全ての人が民族を愛している」ということを示しているからです。しかし生じた争いのそもそもの原因は意見の衝突によるものであって、よく調べてみて、よく検討して解決するべきなのは、この点なのです。早まって、どちらが正しい、どちらが間違っていると決めてはいけません。[そうすることは]大きなトラブルを引き起こします。同民族の間にトラブルが生まれるのは、全ての人が民族を応援するからです。このようにして意見の一致を見れば、「この人を捨てる、あの人を取る」というのは民族の団結をもたらすものではないと思われます。それどころか逆に互いに分裂させます。比較して正邪を決めるべき罪は互いに意見を異にすることにあるのです。この点について、私は中道を保とうとする皆さんを頼りにします。どうか私がこれから双方に正直に公平に書くことに従って検討してください。さらに私はこの話を書く人ですが、<gazette>[新聞]読者である方々と nagaravatta 新聞社とを分裂させるものではありません。この話を書く私自身としては、意見が異なる方々には謝罪します。そしてnagaravatta 新聞社に考えを改めることを求めます。それは、私は我々クメール人の力になるために、「民族の団結を望み、互いに協力する」ことを望むからです。この話にまだ疑問を持つ人には、理由を下に述べます。

この nagaravatta 新聞社を創立した方々は、全ての国の我がクメール人全てに、読むべきクメール語の<gazette>[新聞]を持たせたいと思ったからです。フランス語を知っている人も知らない人も、全てが、クメール文字をまだ学んでいない子供を除いて、読むことができます。(でも、8歳のクメール人の子供のことを考えるべきです。[この子供が]この<gazette>[新聞]に手紙を掲載することができたことは、後の世代の子供達は以前よりずっと進歩していることを明らかにしています。)遠い所や近い所の話、事の深浅、あらゆる方角、あらゆる地域で生じた事件を知らしめて、知識がある人たち、地位が高い人低い人、身分が高い人低い人に注意をして、正邪を知らしめたい。職務や任務の権限を使って、国の法律に外れて自分の仲間を押さえ付けることをさせないよう、国民に慈悲心を持ち、幸せをもたらし、不幸を消し去り、友情に厚く、そろって国を愛し、上の人は下の人に慈悲心をもち、下の人は上の人を尊敬するようにならせたいのです。

贈収賄をし、邪を正として、国と民族に破滅をもたらす人を撲滅する。nagaravatta新聞社がすでにこの<gazette>[新聞]に意見を掲載したのも、民族を団結させたいというのが大きな理由です。

続けて私はある方々とnagaravatta新聞社の意見が不一致であることについて比較して話してお聞かせします。

nagaravatta新聞社の方は、次のように考えているのです。注意したり、あるいは諭したりするのは、実際の話を話して聞かせても理解できないのなら、あるいは事の次第を確認して明らかにしようとしても、愚かな人が理解できないかもしれない、間違いを犯している人自身はそれがわかっていない、あるいは自分自身が誤っているということに気が付いていない、考えや態度を改めようとしない。そのことをだけを直接話したら、その人ははっきりわかって、恥じるようになり努力して考えを改めてよくなるだろう、と考えているのです。nagaravatta新聞社の意見は、いわば「本当のことを言うと災いを引き起こすことが多い」というものでしょう。それだからnagaravatta <gazette>[新聞]を読んだ一部の人々は、nagaravatta新聞社が同胞であるクメール人を批判し、自分の国、民族までも馬鹿にしているという意見を生み出してしまうのです。

一方、nagaravatta新聞社と反対意見の人々は、このように注意したり、諭したりすることは、ひっかきまわして探るような言葉によるべきではなく、育てて面倒を見ていくような注意の仕方をするべきで、間違っていたら、間違っているというのではなく、正しくて、それが良いときには、称賛するのがよいとしているのです。その悪く愚かな行いをしている人が気分を害して気持ちが萎えると、ますます気持ちが深く沈ませてしまいます。正しいということがわかってそれが良いとわかったなら、どうか称賛してください。その人がもっと努力してよくなるようにさせたいからです。それはいわば「甘い言葉はお世辞」であって「甘い言葉で人に好かれる」という意味ではありません。[51号3-1に続く]

3-1　［33 号、3-4と同一。ただし、barṇa「色」は正しい綴りになっている］

3-2　［48号、3-2と同一］

3-3　お知らせ

nagaravatta <gazette>［新聞］の購読を必要としているみなさま、どうぞnagaravattaの事務局にお金を送ってください。新聞を必ずすぐにお送りします。

私たちはnagaravattaが、クメール人たちが曇らないよう、クメール人の光となり、さらに長寿であるようにクメール民族が助けてくださることを期待しています。

もう1つ、クメール民族を助けたいという尊いお気持ちをお持ちのみなさまはnagaravatta <gazette>［新聞］を1937年中の講読をしていて、期限が切れましたら、私たちは1938年も続けて名前を登録いたします。

私たちは、私たちの民族が輝くように導くために、みなさまのことを強い頼りであると期待しております。

3-4　［46号、3-4と同一］

3-5　［44号、3-9と同一］

3-6　**農産物価格**［「金の価格」はない］

プノンペン、1937年12月17日

サトウヤシ砂糖	60 キロ		3.40リエル
	店頭で購入		3.00リエル
籾	白	68 キロ、袋なし	3.70 ~ 3.75リエル
	赤	同	3.60 ~ 3.67リエル
精米	1級	100 キロ、袋込み	9.15 ~ 9.20リエル
	2級	同	8.75 ~ 8.80リエル
砕米	1級	100 キロ、袋込み	6.75 ~ 6.80リエル
	2級	同	5.85 ~ 5.90リエル
トウモロコシ	白	100 キロ、袋込み	［記載なし］
	赤	同	7.00 ~ 7.20リエル
コショウ	黒	63.420 キロ、袋込み	13.50 ~ 14.00リエル
	白	同	22.50 ~ 23.00リエル
パンヤ	種子抜き	60.400 キロ	33.00 ~ 33.50リエル

＊サイゴン、ショロン、1937年12月16日

フランス国籾·米会社から通知の価格

ショロンの<machine> kin srūv［精米所］に出された籾 1 hāp、［即ち］68 キロ、袋込みの価格は以下の通り。

籾	上級	4.00 ~ 4.05リエル
	1級	4.00 ~ 4.05リエル
	2級　日本へ輸出	3.90 ~ 3.95リエル
	2級　上より下級、日本へ輸出	3.80 ~ 3.85リエル
	食用［国内消費?］	3.30 ~ 3.35リエル
トウモロコシ	赤　100 キロ、ショロン県マッカサンで売り渡し。	0.00 ~ 0.00リエル
	白　同	0.00 ~ 0.00リエル

米（10 月［ママ］渡し）、港渡し、袋込み、税抜き、1 hāp、［即ち］60.7 キロの価格は以下の通り。

精米	1級、砕米率 25%	5.75 ~ 5.83リエル
	2級、砕米率 40%	5.50 ~ 5.55リエル
	同、上より下級	5.35 ~ 5.40リエル
	玄米、籾率 5%	4.30 ~ 4.35リエル
砕米	1級、2 級、同重量	4.35 ~ 4.40リエル
	3級、同重量	3.80 ~ 3.85リエル
粉	白、同重量	2.65 ~ 2.70リエル
	kāk［籾殻＋糠?］、同重量	1.80 ~ 1.85リエル

3-7　［44号、3-3と同一］

4-1　［48号4-1と同一］

4-2　［絵がないことを除けば8号4-6と同一］

4-3　［11号4-2と同一］

4-4　［48号3-8の終わり近くの「70メートル」が「10メートル」になっているだけである］

4-5　［8号4-3と同一］

4-6　［20号4-6と同一］

4-7　［26号4-5と同一］

4-8　［44号4-6と同一］

4-9　［11号3-2と同一］

4-10　［48号4-10と同一］

4-11　［44号4-9と同一］

4-12　［29号4-10と同一］

SAMEDI 25 DECEMBRE 1937

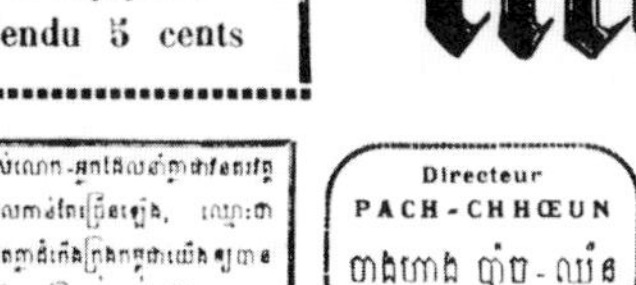

HEBDOMADAIRE PARAISSANT TOUS LES SAMEDIS

(Boite Postale N° 44)

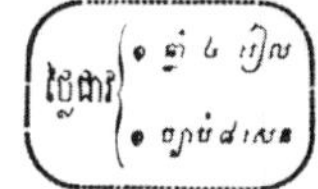

第1年51号、仏暦2480年9の年丑年 miggasira［ママ］月下弦7日土曜日、即ち1937年12月25日

［仏語］1937年12月25日土曜日

1-1 ［仏語で「私書箱 No.44」と「社長、PACH-CHHŒUN」が加わった以外は8号1-1と同一］

1-2 ［デザインが少し変わった以外は8号1-2と同一］

1-3 ［デザインが少し変わった以外は8号1-3と同一］

1-4 ［8号1-4、1-5と同一］

1-5　cāpī［＝弦楽器の1種］の弦は締め過ぎると切れるものだ

森林局の新しい規定に付いて

我々は、「森林局当局は同局の物品を増やしたいので、未利用森林を競売する」という情報を得た。「未利用森林」と呼ばれる森林は、政府が貧しい人々に伐採して、その木を商品として売るのは除外して、薪にしたり、ほんの少し家の材料に使うことを許しているもの、即ち「貧民のための森林」である。

コンポン・チナン州、コンポン・チャム［州］、クラチェ［州］などの農村の人々は、政府が森林局の林道を閉鎖して、木を伐って、薪にしたり住む小屋を作ることをできなくさせ、この新しい規定に従わない者を政府は逮捕し重い罰金を科したり、さらに投獄したりするので激しく嘆いている。

この新しい規定の内容は、「貧しいクメール人をさらに困窮させ、惨めにならせる」と我々は理解する。毎年毎年農民たちは未利用森林に入って、ほんの少しの木を伐ってもってきて薪にしたり、小屋を建てて住んだり、使用する鋤や鍬や車を作ったりするのが常であったことを知っているからである。これらの農民が、その材木を買うことができる適度の資産があれば何でもないことである。しかし現在のカンボジア国には貧しい人の数が金持ちの数よりはるかに多い。そしてさらにこの規定が材木を商って生計を立てている人だけを制限するのならば、より適切である。貧しい人にも制限を課するのは厳しすぎると我々は思う。

もう1つ、大フランス国政府は全ての植民地の貧しい人々を救済することを望んでいる。そしてそれらの貧しい人々を助けて、各人が食べる飯、住む家があるように、多くの費用をかけてもいる。もしクメール国政府がその望みに賛成しなければ、どのようにして政府は我々に、「政府はクメール人を愛している」と信じさせることができようか。このようにするならば、我々は、「政府の口と手は実は全く逆である」と言う。

我々は、これら貧民たちがこのように惨めであることを、クメール国政府は知らないのであろうと推測している。それゆえ我々は大勢の貧しい民衆の、森林局のこの新しい規定に対する訴えの言葉を受け取ったので、クメール国政府が知るようにお伝えさせていただく。

nagaravatta 新聞は、「これまで通りに、伐って家の材料にしたり薪にしたりさせるために、集落の近くの未利用森林の1区画を貧しい民衆のために残しておいて、［生活が］楽になるようにする」ことを保護国政府にお願いする。我々同様、長殿［loka jā dham］の政府も、「農村に住むクメール人民衆は以前から今までずっと、多くが怠惰で住むための美しい家もない」ことを既に知っている。森林が家の階段のすぐ近くにあるのに、それを今政府が［民衆が住んでいる］土地から20キロメートルも30キロメートルも離れた所に持っていったら、民衆の誰がそれを伐って来て種々の用に使うだけの資産があるだろうか。「森林伐採を抑制しておくことは、将来のために無駄なことではない。即ち将来我々の子や孫が代々ずっと生命を養っていくために節約しておくのである」ということについて、我々も政府と同じように理解する。しかし、我々が理解する理解では、後の世代の子供を養う前に、まず今の人々を養い世話し保護するべきである。そうすれば後の世代の子供もそれに伴って楽になる。

1-6 諸国のニュース

1-6-1 12月13日月曜日

中国。揚子江に停泊中のイギリス軍艦多数が日本に砲撃され、そして爆撃された。これらの艦は反撃した。イギリス側は<matelot>[水兵]1名が砲弾を受けて死亡、もう1名が負傷した。

＊イタリア国。ムッソリーニ氏が、「イタリア国は国際連盟[注。原文は「prasāsanopāya」「政策」でクメール語を誤用していると思われる]から脱退して何も残念に思わない」と発表した。

1-6-2 12月14日火曜日

中国。南京市からアメリカ人を運んでいた pānai という名のアメリカ軍艦が日本に爆撃され沈没した。この時、19名が死亡、59名を救助したが、その59名中には負傷者が多数いる。この情報を聞いてアメリカ国は大騒ぎになっている。一方日本の方は、海軍司令官が過ちを認めアメリカ人に謝罪した。

＊日本は月曜日夕刻に南京市を占領した。南京市が陥落すると日本は北京市で暫定的に chau gun[注。恐らくこの語は日本語の「将軍」と思われるので執筆者の誤訳であろう]と言う名の総司令官を中国大統領に任命した。

＊中国[ママ。この記事は上の1-6-1の末尾の記事に続く後半が誤ってここに挿入されたもので、ここには「イタリアが」とあるべきである]。国際連盟[prasāsanopāya]から脱退すると脅迫するのは、この戦争の時代に国際連盟[prasāsanopāya]は戦争に反対する助力をしないと理解するからである。

1-6-3 12月15日水曜日

中国。(ルーズベルト)氏[M.]という名のアメリカ大統領が、[日本が] pānai という名の艦を爆撃したことについての書簡を日本天皇[sṭec]に送って非難し、日本天皇[sṭec]自身が謝罪することを厳しく要求した。イギリスの全<gazette>[新聞]が、日本がアメリカ艦とイギリス艦多数を破壊したことについて激しく憤慨している。日本政府は頭を下げて謝罪し、「全ての損害を賠償する」と保証した。

1-6-4 12月16日木曜日

中国。本日、「中国とロシア国が故孫文の夫人の発案で秘密に友好を結んだ」という情報が得られた。しかし、この情報はまだ確認されていない。

1-6-5 12月17日金曜日

「外蒙古の人々は華北で日本と戦うのに参加することを望んでいる」と発表された。

1-6-6 12月18日土曜日

中国。日本は、「南京市の中国兵と住民は、南京市から逃げる前に同市の家屋多数を焼いた。中国兵の一部は故孫文の墓を粉々に破壊した」と発表した。

＊中国は、「中国はさらに軍50個師団を編成した。この軍の中には20歳から30歳までの兵がいる。これらの兵は漢口県の近くで、以前のように、守備して、阻止するのを待つためだけでなく、攻撃するための訓練も受けていて、来年4月になるとこれらの軍は訓練が終わる」と発表した。「新式の武器と航空機多数が最近漢口に到着した」という情報がある。

1-7 土曜評論

政府は悪人のごまかしを見つけられるか

先週の土曜日に、nagaravatta 新聞[＝50号1－5]は、金貸し業者が法律の制限以上の利子を取ることを妨げるために、フランス政府が出したばかりの布告について報道した。

私は悪人のごまかしを見つけることはなかなかできないと思う。金貸し業者が多くの種類のごまかし術を持っていることを私は知ってきたからである。

この布告の内容は、債権証書を作成する時のことだけを厳しくしている。この厳しさが良いのは事実であるが、まだ完全に十分ではない。金を借りている貧しい人々の中には無学無知の人が大勢いる。借金を分割返済、即ち毎月品物で分割して返済しなければならない人は、政府に証明してもらう考えはない。このような「穴」が金貸し業者に好きなだけごまかしをさせているのである。

政府がこの点を補って初めて、「本当に良い意図の条件を持つ」と言えるのである。しかし、借り主にも協力させる必要がある。借り主が関心を払わず無学無知な方法をとれば、政府は、[彼らが布告通りに実行すると]信じることができるだろうか。無学無知な方法をとった人達は全て、いつも訴訟に負けているのを私は見て来た。国の法律は無学無知な方法については何も言っていないからである。

このようであるのは、金を借りる人はずっと無学無知でいることを欲しているのだろうか。

ācārya {kuy}

1-8 <résident maîre>[市長]である(Richard de Chicourt)氏[M.]がフランス国<médaille> assariddhi(chevalier de la Légion d'Honneur)[レジオンドヌール勲章シュヴァリエ章]を受章した

先の12月13日、カンボジア国保護国政府の長である<thibaudeau>氏が grwaṅ issariyayasa assariddhi kruṅ <français>(<chevalier de la légion d'honneur>)［レジオンドヌール勲章シュヴァリエ章］を、軍政府においても、<civil>［文民］政府においても大きな功績を上げた、即ち政府において多くの発展をした［プノンペン］市の長である<de chicourt>氏に授与した。

その後、<de chicourt>氏は<thibaudeau>氏とその他の集まった諸氏に感謝の言葉を述べた。

nagaravatta は、<de chicourt>氏が長年にわたって一生懸命勤勉に公務に従事したことにたいする素晴らしい褒賞であるこの貴い勲章を受章したことをお祝いする。

1-9　プノンペン<belgique>路の『<cinéma amical>』映画館で観客を騙して騒ぎを起こさせたボクシング試合主催者について

先の12月18日土曜日の夜10時頃、<belgique>路の<cinéma amical>映画館でのクメール人とベトナム人のボクシングの試合を見に来たクメール人、ベトナム人、中国人の大衆が、券を購入したが試合が見られなかったので、大勢が道路一面に集まって騒ぎをした。主催者が、「観客が少ないので本日は試合はない。明日日曜日に同じ券で見に来るように」と宣言したからである。観客は承服せず、券を売ったベトナム人のところに券を持って行って払い戻しを求めた。券を売った人は払い戻しに応じなかった。主催者であるフランス国籍のインド人、ḷa……［注。伏字］……<monsieur>［氏］は、フランス人<chef police>［主任巡査］である pi……［注。伏字］……氏を呼んで来て話した。この<chef>［主任巡査］は観客に、「明日同じ券を持って見に来るように」と言って大衆を追い帰した。観客は、「明日見たくなったら、その時に改めて券を買う。我々はそれぞれ地方に生計を立てに行ったり、種々の用事であちこち行くのだから、また見に来られるかどうかわからない」と言って払い戻しをしつこく要求した。

その時、pi……［注。伏字］……<monsieur>［氏］は突然 ghut という名のクメール人に飛びかかり、襟をつかんで押したり引いたりして、「劇場で騒ぎを起こす、このならず者め。お前1人が納得せず、後は全員が納得している」と無礼な語を使って言った。この言葉は事実ではなく、クメール人もベトナム人も中国人も全員が等しく納得してはいず、各人が払い戻しを要求して立っていた。ただ、この ghut とその他の何人かが他の人を代表して、「払い戻しをしてくれ」と言っていたのである。それだけでなく、pi……［注。伏字］……<monsieur>［氏］は銭箱を手に持っていた券売りのベトナム人に、「自動車に乗って家に帰れ」と告げた。見るところ、まるで市の真ん中で大衆から金を強奪したようなものである。大衆は承服せず、自動車の前に立ち塞がって金を持ち逃げさせまいとした。pi……氏は自動車にぶらさがっている ghut とその他の何人かに飛び掛って摑み、互いに押したり引いたりして車から地面に落とし、手で殴り、ghut に<carte>［人頭税カード］を要求した。ghut は渡そうとしなかった。すると pi……氏は kām bhlœṅ <revolver>［拳銃］を引き抜いて手に持ち、そこに大勢いた大衆を威嚇した。その<chef>［主任巡査］は ghut を「碌でなしの遊び人」の容疑で逮捕して phdaḥ <commissaire>［警察署］に連行したが、phdaḥ <commissaire>［警察署］に着くと釈放した。その時、観客全てが一様に納得せず、大勢がそろってまるで軍隊のように<belgique>路一杯になって後をついて行き、okñā jhun 路に曲がって phdaḥ <commissaire>［警察署］に行った。そして署の前で一杯に群がって立っていた。たまたまその時<commissaire>［警察署長］殿は不在であった。観客は、すでに夜が更けていたので、「いつまで待たせるのか」と納得せず、そろって国王陛下の王子である munīreta 殿下［braḥ aṅga mcās］に申し上げに行った。親王が phdaḥ <commissaire>［警察署］においでになると、<commissaire>［警察署長］も到着し、ボクシングの主催者である ḷ……［注。伏字］……<monsieur>［氏］に、「観客に金を払い戻すように」と命令した。しかしその時は、何人かは先に家に帰ってしまい、宣言通りに翌日券を持って見に来ることにしたので、全員が払い戻しを受けることができたのではない。何人かは、券のサイズが小さすぎるので正規の券ではないとして、<commissaire>［警察署長］は払い戻しに応じなかった。

日曜日になると、前夜に払い戻しを受けなかった人達が券を持って［ボクシングを］見に行くと、なんと前夜の［試合の］<programme>［プログラム］、あるいは掲示と違って、劇場は誰もいなかった。券の払い戻しを受けずに券を持っていた人は、主催者はどこにいるかがわからないので、券は無駄になった。

nagaravatta は、この映画館の安全を監督し守るために来た<chef police>［主任巡査］の法律は、<commissaire>［警察署長］殿の法律とは互いに相異なることに、大きい疑問を持つ。即ち国家警察局の代表である<chef police>［主任巡査］である pi……［注。伏字］……氏は、映画館を監督するために来た。ボクシングの主催者が悪事を行い、民衆から金を騙し取ろうとしているのがわかったら、払い戻しをするように命令してしかるべきである。大勢の民衆が軍隊のように押し寄せて訴えるという騒ぎを引き起こす原因になった、武器で民衆を威嚇したり、さらに ghut に暴行を加えるようなことはするべきではない。

<commissaire>［警察署長］殿の法律はそうではない。即ち氏は、ボクシングの試合をして見せることができなかったのだから、主催者に観客に払い戻しをさせる決定をした。

この事件は保護国政府はよく調査して、この事件の詳細を明らかにし、以後このように民衆の金を騙し取ることがないように防止することを願う。

2-1　民衆からの訴え

我々はカンダール州 khsāc kaṇṭāl 郡 braek tā sek 村の人々から、この村の村民は、自分たちの村長に承服できないという知らせを受け取った。「この村長は自分の父親が『前の村長』をしていたので、歩き回って村外の人々を説得して投票に来させたので村長になれた」という理由である。もう1つ、現在の村長の父親がまだ村長をしていた時に、なすべきでない不正をいくつもした。たとえば先の1935年から36年にかけて、この村長[＝父]は、「トウモロコシが全て冠水したので土地税[ママ。「畑税」が正しい]を徴収しないでほしい」という訴えを政府にするために、村内の人々に1人1リエルずつ支払うことを命じた。この村長[＝父]に渡した金額はおよそ120リエルであり、後日政府はトウモロコシが冠水しない時と同じ額の税金をとった。もう1つ、村民は政府に税金を1人12リエルずつ払った。[その時]村長[＝父]がたったの3リエル70センの領収証を作って渡した人が大勢いる。領収証をもらわなかった人もいる。それで、braek tā sek 村の人々は、この現村長に承服できず、「彼の父親が村長だった時と同じ不正を行う性格ではないか」と恐れている。それで[過去]2、3回の現村長の選挙の時に、村長をさせることに承服、同意できない住民が大勢いたのに、なぜかそれでも村長になれた。それゆえ、大勢の人が <signer> jhmaḥ[署名して]指紋を押した手紙を我々に送って来て、我々に、「保護国政府に申し入れて、政府の筋から正してもらって欲しい」と情報を送ってきたのである。

nagaravatta は手紙を持参して来た人から、「この件はすでに政府に少し訴えたのだが、何の音沙汰もなく、何らかの効果があったとはみえない」という情報を得た。もし本当にそうならば、「人々は正義がない弾圧に極めて激しく憤慨している」と我々は理解する。政府は放置して[村長に]好き勝手をさせておくべきではない。

2-2　[44号2-4と同一]

2-3　1937年10月19日付国王布告第223号

1条のみ。<résident supérieur>[高等弁務官]殿からの施行を定めた1932年10月17日付 prakāsa <arrêté>[政令]第736号がある1932年10月15日付国王布告第140号5条は、下のように改める。

"5条。この訴状は、検察事務官への謝礼を含めて訴訟料を『50セン、[即ち]0.50リエル』徴収する。この金額以外はいかなる項目に対しても支払わせてはならない。

2-4　1937年10月19日付国王布告第224号

1条。クメール国に戸籍簿を作成する規定以前の死亡行為については、裁判所の確認判決書の発給を請求しておいて、民法第73条の規定による死亡証明書とすることができる。あるいは、戸籍簿を作成する規定の後の死亡については、調査の結果戸籍簿を作成する規定の後の死亡が、その死亡記録書を所持していない、あるいは死亡記録書が種々の事柄により破損している場合には、同様に裁判所に確認判決書の発給を請求することができる。

2条。民法67条の規定について上と同じ方法に従わなくてはならない。クメール国に戸籍簿を作成する規定以前に結ばれた婚姻、あるいは、戸籍簿を作成する規定の後に結ばれた婚姻であるが、婚姻記録書を所持していない、あるいは所持していたが種々の原因で破損している場合には、このような婚姻については裁判所に確認判決書の発給を請求して、婚姻証明書とすることができる。しかし、夫妻両名がまだ存命の場合には婚姻確認判決書の発給を請求することはできない。なぜならばその両名は戸籍官吏の前でもう1度結婚し直して初めて、それが正式な婚姻とみなされるからである。後の婚姻の前に出生した子がある場合には、後の婚姻の後に、その子を後の婚姻行為による嫡子にするために、両親はその子を自己の子として認知する。

3条。死亡あるいは婚姻証明判決書の発給申請書は、出生証明判決書の申請書と同様に検察事務官の手数料を含めて訴訟料50セン(0.50リエル)を徴収する。上に定めた金額以外はいかなる項目に対しても支払わせてはならない。

2-5　装飾

民族がクメールなら、クメール人の面目をほどこすべきである

煉瓦の柱でコンクリートの家を持つクメール人の皆さんは、家の外側に装飾模様をつけて、その家はクメール人のものであることを認識させるべきである。せっかく皆さんがこのような煉瓦の柱でコンクリートの家を持っている以上は、その家がフランス人の家である、あるいは中国人やベトナム人の家であると間違われるままに放っておくべきではない。このように誤解されるままに放っておくと、何千人ものクメール人が煉瓦の柱でコンクリートの家を持つにもかかわらず、「誰もいない」と言われる。このように、「誰もいない」と言われたら我々クメール人はどのようにして他民族並みに名望を持つことができようか。それゆえ、皆さんはクメール人の一族として生まれて来たのであるから、「クメール人の家は竹で作り木の葉を葺いた小屋しかない」と言われないように、注意しなければならない。

クメール人の家であると認識させるために、家の外側

に飾るべき装飾としては、第1は瓦葺きの屋根は蛍光灯とpaprakの葉をつけ、クメール式の装飾彫り物を必ずつける。そして周囲の軒には、板かトタンか<ciment>[セメント]で作った瓦止めにクメール式の飾り彫り物をつける。第2は、煉瓦を積んだ、あるいは<ciment>[セメント]を流し込んだ柱は、柱の根元と頭と階段の頭にクメール式模様で飾られた彫り物があるべきである。第3は、彫り物が全然ないドア枠、窓枠は不適切であり、大きすぎるのは似合わない。それゆえ、ドアの上、窓の上に目印として彫り物を少しつける。第4は、ベランダの手摺りには木か<ciment>[セメント]で作り、クメール式装飾の方式に従って「ろくろ」で削った丸いのか、あるいは透かし彫りがある燭台を置く。第5は、前面あるいは両側の破風は常にクメール式の装飾彫り物があるべきである。しかし、大きすぎないように、[空き]スペースがたくさん残るようにする。第6は、塀や垣の門のアーチは装飾彫り物をして、フランス人、中国人、ベトナム人の家とは異ならせるべきである。そしてto、即ちrājasiña[獅子][注。「狛犬」に相当する]の像1対を置いて門の入り口の両側から守らせるべきである。あるいはhaṅ[ママ。「haṅsa」が正しい。伝説上の鳥で鳳凰に相当する]1対を門の柱の上に置きたいと思ってもいいが、建物にふさわしいように大きくしたり小さくしたりしなければならない。

もう1つ、寺の敷地内は注意するべきで、寺の敷地内にフランス人の家があるように見られてはいけない。本堂、サーラー、経蔵、あるいは種々の殿舎のように、寺の敷地内あるいは王宮内の建物はすべて「しび{鴟尾}」、ナーガ、切妻のナーガの飾り、破風、raṅ spūv 即ち yur spūv[屋根のカヤ受け]、ガルダ、キンナラ、扉枠、窓枠があるべきだからである。もし上に述べたような装飾彫り物がない建物は、国を愛するクメール人の心を清浄にするものではないから、寺の敷地内あるいは王宮内に建てるのは適切ではない。

要約すると、種々の建物を建てる時にクメールの装飾をつけるクメール人はどのクメール人も、クメール人の面目をほどこす人と命名され、そのような皆さんを我々クメール人は祝福するべきである。

しかし、建物を建てて、純粋な他民族の建物の様式ばかりを取り入れ、クメール式の装飾彫り物を全くしないクメール人は、クメール人の面目をほどこす人であるという名を得ることはできず、我々クメール人各人は祝福する必要はない。もしどうしても祝福したければ、クメール人の面目をほどこす方々とは逆の祝福をすれば、承服するであろう。

subhā dansāy

3-1　バンコク市からの手紙

(前の週[=50号2-3]から続く)

私が原因を全て書きだして話す理由は、その源を求めて一緒にまとめてはじめて判断することができるからである。

この比較を読み、聞いている皆さんは、どうか時間が許す時によく検討してみてください。私は団結を生じさせることを望んでいます。生じるべきではない原因はすべて生じないように私は手助けします。既に生じた原因は、今後生じないようにするべきです。なくなるように一生懸命手助けするべきです。このような争いは、団結を壊すような争いではありません。しかし、生じた争いは双方の民族愛を終わらせます。双方とも国を発展させることを欲していますが、そのどちらが国を発展させることが少ないとか多いとかについて議論するべきではありません。和解し一致団結することは全ての人が意見を1つにして協力することです。双方の皆さんがこのように理解するならば、どうか互いに団結することを受け入れてください。団結こそが我々の国と民族を浮かび上がらせ、汚辱から抜け出させることができ、心と考えを1つにして互いに支援し合って、昔からのことわざにあるように、策を進めることができるのです。

まだ後の週[＝52号3-1]に続きがある。

3-2　お知らせ

コンポン・チャムの新しい市場は来る1938年1月1日に開場して大衆に物を売らせる。当日、開場の時には市の人々の心を励ますための種々の催しを行う。

肉売り、パン売りなどの小規模商人は、市場内で販売する場所を求めるために、本日以降コンポン・チャム<résident>[弁務官]庁に申請すること。

3-3　[44号3-10と同一]

3-4　[33号3-4と同一]

3-5　[広告][注。これは48号3-2を推敲したもので、内容は殆ど同じ。注意するべきはコショウ木を数える単位が「jralaṅ」から「janlaṅ」に修正されている]

私はsṭec gaṅ 地区(カンポート)にコショウ畑を持っています。コショウは4694本あり、価格は1本1リエル20センです。1本あたりの実は3 nāl 粒です。私は[コショウ]木の価格だけを計算し、畑の土地は価格を計算せず無料で差し上げます。この畑の中に池も1つあり、水は涸れません。

皆さんが購入を希望なさる場合には、コショウは今実がついている最中で、収穫の季節が近づいていますので、それに間に合うように、後で後悔しないように、少し急いでください。

プノンペン市第4区 brai nagara 路
mayuravaṅ 寺の後ろ
10室あるコンクリート建物の6号室
yaṅ-ṇae 職人

3-6 ［広告］お知らせ

［注。44号4-8に下記が加筆されたもの］

もう1つ、クメール人を助けようとする清い心を持ち、1937年にnagaravatta <gazette>［新聞］を購読してくださった皆さんにお願いします。［購読の］期限が切れましたら、私たちは皆さんのお名前を引き続き1938年に登録致します。

私たちは皆さんを、あたかも我が民族を啓蒙するための強力なバックとを得たかのように期待しています。

3-7 ［46号3-4と同一］

3-8 ［44号3-9と同一］

3-9 農産物価格［「金の価格」はない］

プノンペン、1937年12月23日

サトウヤシ砂糖	60キロ		3.40リエル
	店頭で購入		3.00リエル
籾	白	68キロ、袋なし	3.70 ~ 3.75リエル
	赤	同	3.55 ~ 3.60リエル
精米	1級	100キロ、袋込み	9.00 ~ 9.05リエル
	2級	同	8.55 ~ 8.60リエル
砕米	1級	100キロ、袋込み	6.85 ~ 6.90リエル
	2級	同	6.00 ~ 6.05リエル
トウモロコシ	白	100キロ、袋込み	［記載なし］
	赤	同	7.00 ~ 7.20リエル
コショウ	黒	63.420 キロ、袋込み	13.25 ~ 13.75リエル
	白	同	22.75 ~ 23.25リエル
パンヤ	種子抜き	60.400 キロ	32.50 ~ 33.00リエル

＊サイゴン、ショロン、1937年12月22日

フランス籾·米会社から通知の価格

ショロンの<machine> kin srūv［精米所］に出された籾 1 hāp、［即ち］68 キロ、袋込みの価格は以下の通り。

籾	最上級	4.05 ~ 4.10リエル
	1級	3.95 ~ 4.00リエル
	2級　日本へ輸出	3.75 ~ 3.80リエル
	2級　上より下級、日本へ輸出	3.50 ~ 3.55リエル
	食用［国内消費?］	3.35 ~ 3.40リエル
トウモロコシ	赤　100キロ、ショロン県マッカサンで売り渡し。	0.00 ~ 8.25リエル
	白　同	0.00 ~ 0.00リエル

米（10月［ママ］渡し）、港渡し、袋込み、税抜き、1 hāp、［即ち］60.7キロの価格は以下の通り。

精米	1級、砕米率 25%	5.65 ~ 5.70リエル
	2級、砕米率 40%	5.40 ~ 5.45リエル
	同。上より下級	5.25 ~ 5.30リエル
	玄米、籾率 5%	4.30 ~ 4.35リエル
砕米	1級、2級、同重量	4.35 ~ 4.40リエル
	3級、同重量	3.80 ~ 3.85リエル
粉	白、同重量	2.45 ~ 2.50リエル
	kāk［籾殻＋糠?］、同重量	1.60 ~ 1.65リエル

3-10 ［44号3-3と同一］

4-1 ［48号4-1と同一］

4-2 ［絵がないこと以外は8号4-6と同一］

4-3 ［11号4-2と同一］

4-4 ［48号3-8の終わり近くの「70メートル」が「10メートル」になっているだけである」

4-5 ［8号4-3と同一］

4-6 ［20号4-6と同一］

4-7 ［26号4-5と同一］

4-8 ［44号4-6と同一］

4-9 ［11号3-2と同一］

4-10 ［48号4-10と同一］

4-11 ［44号4-9と同一］

4-12 ［29号4-10と同一］

第2年52号、仏暦2480年9の年丑年 miggasira［ママ］月下弦14日土曜日、即ち1938年1月1日

［仏語］1938年1月1日土曜日

1-1 ［仏語で「私書箱 No.44」と「社長、PACH-CHHŒUN」が加わった以外は8号1-1と同一］

1-2 ［デザインが少し変わった以外は8号1-2と同一］

1-3 ［デザインが少し変わった以外は8号1-3と同一］

1-4 ［8号1-4、1-5と同一］

1-5 nagaravatta 新聞は、<gazette>［新聞］読者の皆さんに厚い友情を送ります

フランスの新年にあたり、私たちが皆さんと、皆さんの妻子と家族の皆さんにあらゆる種類の幸福があるよう祈る祈りをお受けください。

1-6 新年に際してのお祝いの言葉

旧年が終わり新しい1938年に入るに際し、nagaravatta新聞社は、クメール人が発展するよう支援してくださる、カンボジア国の保護国の長である<résident supérieur>［高等弁務官］である<thibaudeau>氏と、その他各州の長である<le résident>［弁務官］殿を始めとするフランス人官吏の方々に平身して敬意を示し、これからもあらゆる項目の幸福と発展がありますことをお祈り致します。

1-7 教育局の中

私たちは多くのクメール人たちが、「インドシナ国の教育局を統括する局長が、小学校の kumārathāna［幼児級学年］から thnāk lekha bīr (Cours moyen)［中級学年］［に達する］まではフランス語の教育を廃止する、即ち小学校の thnāk lekha bīr (Cours moyen)［中級学年］の生徒からフランス語を学ばせる意向である」と言って、嘆いているのを聞いた。

この情報が事実であれば、我々は、「教育局長殿の意向はクメール人をさらに遅らせ、下劣にならせるものである」と理解する。現在、ベトナム人はクメール人とほぼ同様にフランスに服属しているが、クメール人よりはるかに知識と英知が進んでいる。フランス政府がクメール人よりもベトナム人を多く支援しているからである。「この意向がさらにクメール人を遅らせ、低劣にならせる」と我々が言うのは、フランス語は学習が大変難しいことを知っているからである。もし中級学年から学習を始めると、クメール人の子供は上級学年を越えては知識を学べないと理解する。［なぜならば、］フランス語を中途半端にしか知らない場合、どのようにして試験を受けて saññāpatra (certificat d'études primaires)［初等教育修了証書］［注。上級学年の学習を終えてから受験する］を得ることができようか。フランス語の学習を課する規定の期間も少ない、即ち中級学年から上級学年までたったの2年間か［1年落第して］3年間しかない。こうなった場合、ベトナム人は前に進み続けている時に、クメール人の知識と英知は現在よりさらに弱まり、後退する。このように彼らより知識と英知が少ないクメール人は、働いて生計を立てることで、彼らに勝つことができるにはどうするのか。

我々は教育局長殿の意向が全く理解できない。現在クメール国は多くの場所で水没しているようなものである。そしてこの国の保護国政府は一生懸命水をせき止める堤を作っている。しかしそれでも水は入り込んで来ることができる。教育局長殿が水を掻い出す助力をして、クメール人を水没の危険から逃れさせることをしなくても、我々は何も言わない。しかし、さらに踏み付けて水に沈ませることだけはしないよう氏に要請する。

以前は今のような中高等学校はなかったが、その当時生徒達は勉強して成績がよいことが多く、まあまあの知識と英知とを得た。どの初等教育校にも全てフランス人教師がいて中級学年と上級学年を教え、その他の学年はsaññāpatra（Diplôme de fin d'études primaires franco-indigènes）［フランス語－現地語高等初等教育修了証書］を持つクメール人教師が教えた。以前の制度を維持するならば、「政府はクメール人を高めることを本当に望んでいる」と言う。高等初等教育修了証書を持つ教師が足りないのなら、あくまで探して雇用するべきであって何も［制度を］変える必要はない。

この教育局の話においても、krasuoṅ sādhāraṇakāra（travaux）［公共土木事業局］の話においても、「フランス政府とクメール政府が1884年に結んだ友情の橋［＝協定］は、クメール国をベトナム国より甚だ遅れさせ、低劣にならせた」と我々は理解する。「もし毎年の国の収入金をクメール国に自国のことに使わせたなら、この国は必ず早く繁栄する」と我々は理解する。我々がこのように言うのは、現在の全ての政府部局において、クメール国政府はベトナム国政府から命令を受けるのを待つだけであり、そしてさらに保護者も極めてしばしば交代してばかりいるから、後の代の人は前の代の人の制度を変えたがる。それゆえクメール国は顔を上げることができないのである。

nagaravatta

1-8　諸国のニュース

1-8-1　12月21日

中国。青島市で中国人たちが日本の織物工場を焼き、金額300百万円（日本の金）の被害を与えた。

本日の情報では、青島市のアメリカ大使［ママ。恐らく「領事」が正しい］が、アメリカ人300名に同市から退去することを命じた。もう1つ、日本軍2個部隊が浦口県を徒歩で出て鉄道線路に沿って天津県に向かった。同軍は山東県の中国軍を背後から弄ぶために徒歩で急いでいる。

日本は、「日本軍は南京市を通過して北に向かいsuy sien県に達した」と発表した。列車5本が日本兵1,1000［ママ］名を乗せて上海を出た。この軍は南に向かったと推測されている。日本は、「中国政府は済南府県と青島県を両端とする中間にある鉱山を破壊するよう命令した」と発表した。この鉱山は日本のもので、12百万ドルの価値がある。

「広東県でフランス艦が日本機を銃撃した」という情報があったが、この情報は後に確実ではなくなった。「広東県にフランス艦は1隻しかいず、さらに同艦を誰も銃撃していない」ことが確認された。

蔣介石総司令は、「官員が夜に街に踊りに行くことを禁止する」布告を出し、「踊っている現場を発見したら直ちに逮捕して銃殺に処する」と述べた。中国人官員大勢が、漢口市から出て重慶市へ行って住んでいる。tā guṅ pāv県からの情報によると、先に南京市から後退した中国軍2万名がvū hū県の東で日本軍を攻撃した。今回中国兵は腕を上げて日本軍を攻撃して分断し、敵対している両軍は交戦中である。

香港県からの情報によると、2隻の日本軍が香港県の北のyassapai県に到着した。

1-8-2　12月22日

スペイン国。政府側軍がテルエル市を占領した。反乱派の手中にある県の1つであるḷwvaṅtis県に同市はある。政府側を支持する派は、政府軍が勝利を得た情報を聞いてとても喜んでいる。

1-8-3　12月23日

イギリス国。本日の情報では、イギリス政府は、「日本は誠意をもって頭を下げて謝罪した」と理解するので軍と艦を中国に派遣することを中止した。イギリス政府のこの行動は、直ちに報復することを欲していたアメリカの動きを中断させた。アメリカ政府要人は海軍をシンガポール県を片側とし、ハワイ県をもう片側とする中間点に派遣したがっている者がいる。しかし、アメリカ政府要人のもう1つのグループは、「日本がもう1度侮辱した場合に軍を派遣することを求める」と反論している。

日本が揚子江でアメリカ艦を爆撃して沈没させた事件は、アメリカ人全体を大いに憤慨させている。しかし、すぐに日本に報復しないのは、［報復しようとするのは］たった1人であって、誰も助ける人がいないからである。

今回イギリス政府とアメリカ政府とは、「もし日本軍が後日なおも侮辱した場合に報復するべきである」と互いに意見が一致した。

1-8-4　12月26日

アメリカ国。アメリカ大使は、アメリカ政府からの、「日本政府が非を認め、揚子江で沈没した艦と人との賠償をすることを受け入れるのであれば承服する」という内容の書簡を日本政府に渡した。

＊日本国。日本外相である（広田）氏［M.］はアメリカ国に、「日本国はアメリカ政府に非常に感謝する」と返答した。

＊中国。非正規軍である中国兵たちが、yin chāṅ sān市とḷū liñ市を攻撃し、日本の手から奪い返した。現在この兵たちは、日本軍を2つに分断しようとして、天津県の鉄道線路に沿って攻撃している。

在中国の日本海軍司令官は、中国人たちが日本の織物工場を全焼させたことを怒って、「青島県を包囲して、誰にも出入りさせないように命令した」と発表した。青島県を包囲したならば上海市は食料がなくなることが避けられない[ママ。青島と上海は直線距離で500キロ以上離れている]。

1-9 お知らせ

1938年1月9日夜9時に、シソワット sālā <collège>[中学校]卒業生友愛会は、水没して困窮している人々を救済し、かつ生徒を救済するための寄付金集めの集会をmandīra roṅ puṇya philharmonique [音楽堂]で開く。

その会で、

1。教育局長である buysārnissklœs 氏のスピーチがある。

2。クメール語で劇『強制されて申請する』を公演する。

3。フランス語で、(Molière)という名の作家が作者である劇『医師をする[注。=Le docteur amoureux]』を公演する。

観覧席の料金

1等　1.50リエル

2等　1.00リエル

3等　0.50リエル

生徒と民族を援助したいという気持ちを持つ皆さん方は、どうか必ずこの劇を見に来てください。

1-10 官員のある人たちは生命を養うのが楽になる

インドシナ国の長である<gouverneur général>[総督]殿は1937年12月22日にインドシナ連邦のすべての保護国の長に、「氏が請求したことに従って、植民地相殿が官吏のある人々の俸給を、その職位に従って次のように上げる許可をした」と電報で通知した。

1。現地官員が一般規定により1935年9月21日以来受給していた俸給の額を、1936年12月31日に、15 knuṅ 100(15%)[15パーセント]増額したことをこの新しい規定に含めて、[増額率を15パーセントから] 20 knuṅ 100(20%)[20パーセント]に引き上げる。

2。日給額が6リエルに等しいか、あるいはより少ない日給月給を受給しているヨーロッパ人への増額は、1936年12月31日[に実施された]増額13パーセントを20パーセントに引き上げる。日額が6リエルから8リエルまでの日給月給受給者は20%の増額を受ける。

3。現地人日給受給者に[1936年12月31日に]許された、20%、15%、13%の増額率を、1937年12月31日の日給額が、[それぞれ]0.50リエル、1.00リエル、1.50リエルに等しいかより少ない[が、1.00リエルより多い]者は、[それぞれ]30%、23%、20%に引き上げる。

4。月給が200.00リエルに等しいかより少ない<contractuel>[嘱託]官員は日給官員の方法に従って検討する。

1-11 アヘン吸引の結果

以前、私はクメール人に、「財産を失うことになるアヘン吸引と、さらに賭博もしないように」と話して注意した。

今回は、アヘン吸引者を啓蒙してアヘンを捨てさせるために、もう1度アヘン吸引の結果を説明する。

アヘン吸引が金をたくさん使わせることは、各人皆がはっきり知っている。アヘンはとても高価だから、貧しい人は吸う金を稼いでも足りない。しかし[アヘンを]捨てることはなく、中国人の店で吸っている人はたくさんいる。[アヘン]吸引者は民衆も官吏も全て、「何とかして悪い策略を用いて不足しないよう十分な金を得ることばかりを考える」という悪い考えを持つことは確かである。[アヘン]吸引者は妻子のことをあまり顧みないことが多い。絶えず妻子をだまし、ねだって金を手に入れておいて、煙を立てて捨ててしまう。それだから妻子は夫に忠実ではなくなることが多い。

このアヘン吸引は名声と一族を失う。親族も友人も兄弟も普通の人に対するのとは違って、信頼しなくなるし親しくもしなくなる。一方本人自身の方も恥じて、名士たちの集まりや偉い客が自分を訪ねて来たときなども、あまり人に顔を見せようとしなくなる。もう1つ身体も青白くなり、痩せこけて体力は衰え、その姿を見ると、「grwaṅ[?]に縛り付けたコウモリ」のようになる。声もモゴモゴと駄目になってしまい、寿命も確実に短くなる。[アヘン]吸引は、1回吸うのに時間がかかるから、仕事をする時間もたくさん失う。

大きい国はアヘン吸引の結果を調査して詳しく知り、死刑などの重罰を科して国民に[アヘン吸引を]禁止している。それで彼らは身を立てて金持ちになり、いい人になることができる。クメールの格言などの中でも、「アヘンを吸うな。酒を飲むことを学ぶな。父母の顔に泥を塗ることになる」と言って子や孫にこの下劣な遊びにふけることを禁じている。この言葉はまさに正しい。

アヘンを吸う、あるいは酒を飲む子を持つ父母は、「自分たちはまるでイヌの皮を頭から被っていて、まさに自分の腹、自分の血が悪く、[前世からの]幸運が何もないので、子供をもうけても、[その子は]心がねじれていて躾けることができない」と思って、常に近所の人に恥ずかしい思いをし、どこを向いたらいいのかわからないと思っている。そして父母は、仏教徒の集まりの中では、他の人と違って声を出して自分の子の名前を呼ぶ勇気がない。誰かに子供の名を聞かれたら、「子供のことは考えないでくれ。もう死んでしまった」と答えることが多い。1907年12月6日と1908年6月18日付国王布告のような、出されてずっと施行されている昔の布告は、1年間のうちにアヘンと大麻を吸うのをやめさせ、止める事ができなかった官吏を全て処罰してその身分を剥奪したし、大麻栽培と販売を禁止した。

プノンペン市には、官吏たちに大きな下劣さがある。彼らはかつてはなかなかの名士であり、財産もあり、家には妻子も、食事の時や普段の時にも仕える人もたくさんいた官吏たちが、アヘン窟に行って労務者や低劣な人と一緒に寝てアヘンを吸うなどして下劣さを身に付けて満足しているのは、実にあるまじきことである。食事時間にはイヌの顔をして入って中国人と一緒に食べる。時には中国人が半分食べている、あるいは食べるのをやめようとしている時に、我が官吏やthīたちはちょうどそこに着いた、あるいは吸い終えたなどで、呼ばれもしないのに恥ずかしげもなくすっ飛んで行って一緒に食べる。呼んでくれる人がいないので、中国人が食べ終わると、食べたくなり、食べ残りや食べかすを集めて、まるで……[注。伏せ字。恐らく「イヌ」]……のように食べることもある。実に見るも哀れである。アヘン窟でまるで1センも持たない赤貧の奴隷のような下劣な行いをしている。しかしその官吏やthīの心は、それを下劣であるとは思っていない。丁度諺に、「糞を見て星と思う」というように、楽しいと思っているのである。

皆さんは恐らくまだ忘れてはいないであろう。先の11月の phsār thmīi の落成式の時に、市場の北翼にアヘン吸引を止める薬を売っているベトナム人の店があった。そのコーナーの前に1人のアヘン中毒者がキセルをかついでぼんやりと立っている写真があった。コブラの毒のように体内に入ったアヘンの毒の力で肌色はどす黒く、顔はむくんでいた。あの写真は、[アヘンを吸う人はどうなるか]という謎々であり、「アヘン吸引者はこのようになる」ということをわからせているのである。薬を買って[服用して]アヘンをやめるべきである。悪い行いを惜しんで何になるか。良い行いを保ちなさい。そうすれば体力が増えるという結果が得られる。そのそばにたっていたもう1つの、手に sī(<ballon>)[ボール]を持ち身体はがっしりしている写真、即ちアヘンをやめて、lpaeṅ hāt prāṇa、即ち kīḷā[スポーツ]をする人は、あのように血色がよくなるのである。

この例は、まだアヘンを吸わない人は、吸うようにならないように、吸うけどまだ少ししか中毒していない人は、アヘンを止めなさいと言っているのである。もう完全に中毒してしまっている人は好きにしなさい。良くなりたければ努力して少しずつやめれば、すっかりやめられるでしょう。アヘン窟に戻らないようにしなければ、決して止めることはできない。

この要点のみの説明はこれだけです。これがアヘン吸引の結果です。

2-1　工業学校に改善がある

私は、今工業学校で改善が行われているということを見聞きしているが、「[これが]間違っているとか正しいとか」は敢えて言わない。私は、偉い人達と違って、ずっと先々のことまで理解できる人ではないからである。私が以下のことを話すのは、これらの改善の全てに疑問を持つからである。それは、学校の一般的有用性を増す改善もあれば、学校に勤務する人達を心の中で憤慨させる改善もあるからである。このように改善する考えは、長殿[loka dham][＝高等弁務官]の考えなのか、それとも最近新しく統括しに来たばかりの校長殿の考えであるのかは確かには知らない。[しかし、]私の推測では、長殿[loka dham]は土曜午後の勤務を止めさせたのであるから、恐らく長殿[loka dham]の考えではないであろう。長殿[loka dham]は生徒に座って学習することを禁止したことはない。現在工業学校で、<machine>[機械]の製図を学ぶ生徒は全て座って描くのをやめさせられた。腰掛けは全て運び出され、立って描かされる。以前は校長殿の<bureau>[執務室]には常に通訳として勤務するクメール人thīがいた。今はそのクメール人thīを廃止した。誰を得て通訳をさせているのかは知らない。また教師の1人はクメール人であったが、今はこの教師も替えられた。その後任にクメール人を迎えたのか、それともベトナム人かは知らない。もう1つ、ペンキ職人1名、大工2名、生徒監1名、門衛2名を辞めさせる考えであるということを私は聞いた。この6名の中にクメール人が4名いる。これらの人は昨年の12月末に辞めさせようとしていたが、まだ明らかではない。私は待って、本当に辞めさせたのか、それとも冗談で言っていたのかを確認しよう。もし本当に辞めさせたのなら、彼ら4人は、それぞれ同校に5年、10年、20年勤務しており、よく仕事ができる人たちであるということを知っているので、政府に対してどのような落ち度があったのかを、私はとても愚かで知らないから、ますます疑問は強まるばかりである。このように中途で解雇するのは、彼らに何をして生計を立てさせると言うのか。何か過ちがあった人ならば、私は何も言わない。これはどのような過ちがあったのか。なぜ彼らを解雇したのか。あるいは支給する金がないのか。もし「[金が]ない」と言うのなら、私は、まずは待って、この新しい年の収入を、前年より少ないか多いかを見よう。

この問題は、このように改善することの利について、どのような利があり、どのような理由があるのかを、私に話してはっきり理解させてくれれば、私は何も不満に思わない。私がそれを知ったら、私はそれを報道して、プノンペンの工業学校の現在の改善について、何も問題にして騒いだりしないよう、悲しんだり承服できないと思ったりしないように、全ての人各人にわからせる。

subhā dansāy

2-2　[44号2-4と同一]

2-3　車輪に付いた泥

我々各人は、我々の周囲にいる他の人の競走相手であり、我々の一族は、我々の一族の周囲にいる他の一族の競走相手であり、我々の国と民族は、我々の国と民族の周囲にいる国と民族全般の競走相手であるという、世の中の自然の道理を知らねばならない。世の中の自然の道理がこのように定めてある時に、貴殿は、貴殿自身と他人、貴殿の一族と他の一族、貴殿の国と他の国のあらゆることを注意深く見たことがあるか。この質問に貴殿は貴殿の心の中で答えることができるか。

実際の話として、競走は、「他の人に負ける側になりたい」と思う人は見たところ誰もいない。私は貴殿たち各人の心を(昔、賢い dhanañjaya[＝頓知話の主人公の少年で一休に相当する] が王の大夫全ての気持ちを言い当てたように)「全てが勝つ側になる、あるいは悪くても引き分けであることを欲する」と正しく言い当てることができる。さて、現在我々はどのような状態にあるか。明日以降について知るべきであるのではないか。

車(自動車など)が一面に速く走りまわることができるのは、車輪にくっついて動きを妨げる道具になる泥などがない良い道を、我々が走っているからである。しかし泥などが車輪に付くと、運転している人がどんなに熟練していて上手であっても、「その車はどうしても望み通りには速く進めない」と貴殿は予想することができる。我々自身、我々の一族、我々の国と民族が他と違って文明に向かって歩まず、繁栄して時勢に追い付けないのは泥にはまっているからである。即ち我々自身は、無学無知で頑固の塊で何の価値もない、習慣になっている思想を固く守っている同民族の人々と共に、1種の手綱を引いて[スピードを]遅くする人のようなものなのである。

世界の大国の1つであると、広く認められていた中国を見よ。広い国土を持ち、支配下の人口は最も多い。完全に権力を持つ宰相として繁栄する国になってしかるべきである。しかし、そうではなかった。逆に弱い国になり、大きいのは身体だけで、ビンロー樹のように頭ばかりが多くて、仲間の独立国のなかで最後尾をよたよた歩いて行かなければならない。これはなぜか。貴殿は考えてみたことがあるか。これまでずっと中国人は頑固の塊で、多くは古い未開の思想にこだわり、古い祭司の手中に埋まっている人で、それを改めて発展を求めて時代に追いつかせることを勘案しない。意見が一致したのは弁髪を切ることだけで、それ以外のことはほとんど全てが昔のままである。国を愛する人が一生懸命鼻を引っ張って導こうとしても、それに従って進もうとせず、現在に至るも価値のない思想である古代の思想をずっと頑固に握り締めてきた。現在中国がどのような状況に陥っているかは貴殿は既に知っているであろう。これはなぜか。“泥が車輪に付いた。車輪が泥にはまった”からではないか。哀れではないか。思うと実に気の毒である。中国の泥がどのようなものであるかは、私はここでは解説しない。自分で検討してみてください。

まだ続きが[＝53号2-1に]ある。

sṅuon vaṅsa

3-1 バンコク市からの手紙

恩か罪か、について

(前の週[=51号3-1]から続く)

“舟を引っ張ったら跡を残すな。魚を捕まえたら水を濁すな”。これは中道です[注。この諺の解釈については異論がありそうである]。異なるところがいくつかあり、一致するところがいくつかあっても、互いに我慢することができるということです。そして、意見が異なる部分を持って来て1つにまとめ、我々の仕事の役に立つように、[その意見の相違の]理由をはっきり理解するために改めて検討しなおす。どうか我々全ては次のように理解してください。

nagravatta 新聞社は手綱で、政府は御者で、国民は車体である。この3つの力が1つに合わさって始めてその乗り物は形が完全になり使うことができます。どれか1つの力が欠けても乗り物を作り上げることはできません。1つに合わさっていてこそ、完全な乗り物と呼べるのです。nagravatta 新聞社が印刷工場を作ることができた時、その時こそ、「堅固な乗り物ができた」と我々は期待することができます。

我々クメール人は全て国を愛する人です。心を合わせて印刷工場に出資して早く作りあげましょう。この印刷工場こそが、我々の生命です。英知のある皆さんが[民衆を]啓蒙することを助ける道になれます。なぜなら私は、「我がクメール国には英知がある人が大勢いて、良い道、正しい道を互いに教え諭し合って、あまり国の政府に心配をさせないようにし、長殿[loka dham]の政府をクメール人の頼り所にふさわしくなるように手助けすることを心に決め、保護国政府は、クメール人は温和で正直であると知っているので、我々クメール人を愛しているのにふさわしく、心から我々クメール人を支援して近隣の国と同じように繁栄させてくれる」と信じているからです。

私の、この「恩か罪か」という話は、ここで終わりにさせていただきます。そして私が何か失礼なことを書いたとしたら、皆さんと nagaravatta 新聞とがそれを許してくださるようお願い致します。

[注。ラテン文字で] D.H.M.

3-2 [33号3-4と同一]

3-3 お知らせ

クメール cau krama 友好団結協会からのお願いにより、sīsuvatthi (munīreta) 局長殿下[braḥ aṅga mcās]が1938

年1月7日金曜日夜9時半(21時30<minute>[分])にクメール政府ホールで[殿下の]ヨーロッパご旅行について談話をしてくださいます。

クメール cau krama 友好団結協会は、皆さんが、団結心と殿下[braḥ aṅga mcās]に対する忠誠心とその談話の内容を知りたいという気持ちから、大勢聞きにくるのを目にすることを喜びと致します。

この「お知らせ」を皆さんへの招待状に致します。

3-4　[51号3-5と同一]

3-5　[46号3-4と同一]

3-6　[44号3-9と同一]

3-7　農産物価格[「金の価格」はない]

プノンペン、1937年12月30日

サトウヤシ砂糖		60キロ	3.40リエル
	店頭で購入		3.00リエル
籾	白	68キロ、袋なし	3.10 ~ 3.15リエル
	赤	同	3.00 ~ 3.05リエル
精米	1級	100キロ、袋込み	8.50 ~ 8.55リエル
	2級	同	8.15 ~ 8.20リエル
砕米	1級	100キロ、袋込み	7.00 ~ 7.05リエル
	2級	同	6.10 ~ 6.15リエル
トウモロコシ	白	100キロ、袋込み	[記載なし]
	赤	同	7.20 ~ 7.50リエル
コショウ	黒	63.420キロ、袋込み	14.00 ~ 14.50リエル
	白	同	23.00 ~ 23.50リエル
パンヤ	種子抜き	60.400キロ	32.50 ~ 33.00リエル

＊サイゴン、ショロン、1937年12月29日

フランス国籾・米会社から通知の価格

ショロンの<machine> kin srūv[精米所]に出された籾1 hāp、[即ち]68キロ、袋込みの価格は以下の通り。

籾	最上級		3.40 ~ 3.45リエル
	1級		3.35 ~ 3.40リエル
	2級	日本へ輸出	0.00 ~ 0.00リエル
	2級	上より下級、日本へ輸出	0.00 ~ 0.00リエル
	食用[国内消費?]		0.00 ~ 3.25リエル
トウモロコシ	赤	100キロ、ショロン県マッカサンで売り渡し。	0.00 ~ 8.35リエル
	白	同	0.00 ~ 0.00リエル

米(10月[ママ]渡し)、港渡し、袋込み、税抜き、1 hāp、[即ち]60.7キロの価格は以下の通り。

精米	1級、砕米率25%	5.30 ~ 5.35リエル
	2級、砕米率40%	5.10 ~ 5.15リエル
	同。上より下級	4.90 ~ 4.95リエル
	玄米、籾率5%	4.15 ~ 4.20リエル
砕米	1級、2級、同重量	4.40 ~ 4.45リエル
	3級、同重量	3.85 ~ 3.90リエル
粉	白、同重量	2.25 ~ 2.30リエル
	kāk[籾殻+糠?]、同重量	1.50 ~ 1.55リエル

3-8　[44号3-3と同一]

4-1　[48号4-1と同一]

4-2　[絵がないこと以外は8号4-6と同一]

4-3　[11号4-2と同一]

4-4　[48号3-8の終わり近くの「70メートル」が「10メートル」になっているだけである]

4-5　[8号4-3と同一]

4-6　[20号4-6と同一]

4-7　[26号4-5と同一]

4-8　[44号4-6と同一]

4-9　[11号3-2と同一]

4-10　[48号4-10と同一]

4-11　[44号4-9と同一]

4-12　[29号4-10と同一]

SAMEDI 8 JANVIER 1938

CIGARETTES
JOB
LE PAQUET VERT
Vendu 5 cents

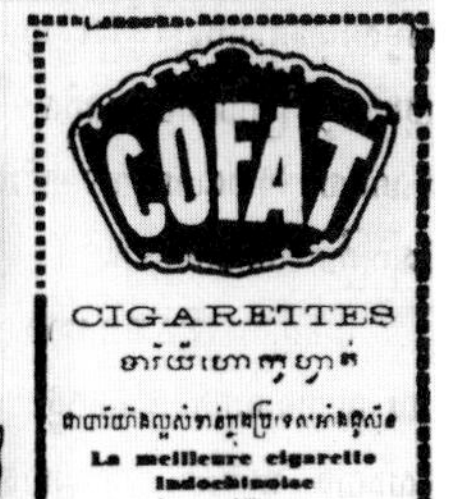

Nagara vatta

HEBDOMADAIRE PARAISSANT TOUS LES SAMEDIS

Directeur
PACH-CHHŒUN

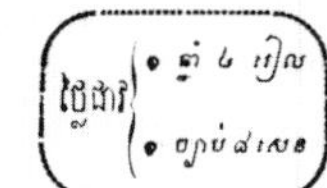

(Boite Postale N° 44)

第2年53号、仏暦2480年9の年丑年 pussa 月上弦7日土曜日、即ち1938年1月8日

［仏語］1938年1月8日土曜日

1-1 ［仏語で「私書箱 No.44」と「社長、PACH-CHHŒUN」が加わった以外は8号1-1と同一］

1-2 ［デザインが少し変わった以外は8号1-2と同一］

1-3 ［デザインが少し変わった以外は8号1-3と同一］

1-4 ［8号1-4、1-5と同一］

1-5 陛下の62歳の誕生日に際し、陛下に栄光を祈る言葉

国王陛下の御年齢が62歳［＝満61歳］になられるに際し、nagaravatta 新聞社の私たち全員は、貴い三宝と吉祥ある十六天のすべての神々の霊験あらたかな力が陛下のお身体を常にお守りするように、全4種の栄光ある吉祥の祝福、即ち100歳以上の長寿となめらかで清らかな汚れのない肌を保ち、強壮で強大な力が備わり、永遠に幸せな喜びがありますように、また幸せで楽しく玉座にあらせられますよう、クメール国民全てが王の庇護の勢威の力で、全日全夜幸せで平安があるように、お治めになられるために、地上での高い勢威と名誉が授かるようお祈りいたします。万歳。［注。写真があり、その下に］国王陛下のお写真　　nagaravatta

1-6 カレンダーを売る人

話して笑わせ、教訓にならせる話

昔の話に［次のような］話がある。ご主人様がもうすぐ仕事からお帰りになる時に、ñiṅ という名のカレンダー売りがその家に上がって来て、階段口で奥様に会ってカレンダーを売ろうとして言った。「ご主人様は毎年カレンダーを1枚必要として、お求めになります。今古い年が終わり新しい年になろうとしています。奥様は1枚お求めおき、ご主人様に差し上げてくださいまし」 奥様は、ご主人が毎年必要とするのは事実であることを知っていたので、買うことに同意して1枚選んで買った。nāy {ñiṅ} は金をポケットに入れると、お暇乞いをして、下に下りて家を出て行き、歩みはとてもゆっくりであった。道路まで出るとご主人様が saekaev［ママ。「chaekaev」の俗音であろう］(radeḥ ūs)［人力車］から下りて来るのが見えた。それでカレンダーを掲げて示して言った。「閣下にお目にかかろうとお宅にお邪魔致しましたがお留守でした。今お目にかかれました。新年のカレンダーです。毎年閣下は1枚お求めになっていらっしゃるように、1枚お求めくださいまし」 ご主人様は人力車夫に金を払い、それから nāy {ñiṅ} に金を払った。nāy {ñiṅ} はカレンダーをご主人様に渡すと合掌してお別れを言って足早に歩いて［立ち去った］。ご主人様はカレンダーを1枚小脇に挟んで家に上がり、奥様がカレンダーをもう1枚渡そうと差し出すのが目に入った。それでご主人様は叫んだ。「なんだ。あいつは悪い奴ではないか。あいつは今家に来て、お前があいつから1枚買い、それから図々しくもう1枚わしにも売り付けおった。誰がカレンダーを2枚も3枚も買って何になる」ご主人様がそれだけ言って振り向いて外を見ると、甥が自転車に乗って来るのが見えた。ご主人様は大声で叫んだ。「ā {ghut}。カレンダーを売っている ā {ñiṅ} を追っかけて呼んできてくれ。あいつは今さっき南の方に行った。早く来させてくれ」 nāy {ghut} は自転車の向きを変えて乗り、命令通りに追いかけて行くと、カレンダー売りが、道を歩いている人にカレンダーを売っているのが見えた。それで［自転車を］下りて行って言った。「ご主人様が急いで呼んで来いとおっしゃったんだ」 nāy {ñiṅ} は身に覚えがあったが、「急ぎたいのなら、自転車に乗っているのだから、あなた[paṅ aeṅ]が持って行ってご主人様に渡してください。ご主人様が呼ぶのは、毎年カレンダーを1枚お求めになりますから、カレンダーを買うために呼ぶのだと、私は知っています。あなた[paṅ aeṅ]は私にお金を払って1枚持って行ってご主人に渡してください。きっとお金をあなた[paṅ aeṅ]に返してくれますよ。もう正午で、私はとてもお腹が空いていますから、私はもうどこにも行きません」 nāy {ghut} は話のやりとりを終えると、nāy {ñiṅ}の言葉通りにした。ご主人様はカレンダーを2枚手に持って前のベランダに立って、カレンダーを投げ返して、文句を言って一生の間懲らしめようと、今か今かと、ā {ñiṅ} の顔が見えるのを首を長くして待っていた。すると nāy {ghut} が帰ってきて、カレンダーを1枚持って来て自分に渡すの目にした。ご主人様は呆れ果てて顔を向けようともせずに中に入り、カレンダーを奥様の前のテーブルの上に投げて叩きつけて、何も言わなかった。

この話は、「売る人は金を得る事ばかりを考え、金を持っている人は使うことばかりを考え、売る人の言葉は説明が上手で、金を使う人の考えはいつも[それを]信じる」という教訓を示すために抜き出してきたものです。

subhā dansāy

1-7　諸国のニュース

1-7-1　1937年12月27日

中国。情報では、日本軍艦20隻が来てマカオ県に停泊した。推測されていることによると、「日本は広東市を攻撃しようとしている」と理解されている。

日本は、「日本軍は12月27日に山東省の済南市を占領した。そしてさらに青島市に向けて進んでいる」と発表した。

1-7-2　1937年12月30日

中国。hāṅ tāṅ 河に沿って進んでいる日本軍は絶えず中国の反撃に遭遇している。中国は大雨のおかげで buy yān 県を目指して進んでいる。日本軍の中には中国より数が少ないので、士気が落ちている兵がいる。もう1つ、「日本は中国に buy yān 県の近くで激しく攻められてさんざん痛め付けられ、退却して杭州県に向かっており、中国軍の方は追撃を続けている」という情報がある。

kvāṅ tws 県から vū siñ へ行く鉄道線路沿いで中国は勝利を得て、さらに kvāṅ tws 県を奪還した。中国軍は前進を続け、天津県へ向かっている。

天津県から浦口へ向かう鉄道線路に沿っても、中国は勝利を得、さらに jū cū 県を日本から奪還した。日本は浦口に向けて退却した。

日本政府は、日本機によって爆撃された l̥ādīpāñ と言う名のイギリス艦についてイギリス政府に回答した。その回答書の内容は、「日本は同艦を攻撃する意図はなかった。日本はすでにこの爆撃をした兵たちを処罰し、前の事故が再びおこらないように措置を講じた」である。

蔣介石総司令は、hān ge 県を守備するために防御陣地を800ヶ所作ることを命令した。同陣地にはあらゆる種類の武器がある。

1-7-3　1938年1月2日

中国。中国政府は蔣介石総司令に今後日本軍と戦うための全権を与えた。

1-7-4　1月3日

ドイツの<gazette>[新聞]の1つが、「正月以後、中国の政府派と人民はさらに敵と戦い続けるために、真剣に結束を固めた。中国は長期間戦うのに十分な費用をまだ持っている。もう1つ、laddhi <communisme>[コミュニズム]を信奉する中国人は今後政府派を負かすために争うのを中止して、政府派に協力する」と報道している。

中国は、「中国軍は杭州県で日本軍を攻撃して勝利を得た。中国機が南京市を爆撃して同市の日本機2機を破壊した」と発表した。

パリ市のフランスの諸<gazette>[新聞]は、「日本国はヨーロッパ人達にアジア大陸の支配者にならせることを欲していない。この日本国の望みは、日本のある大臣の口から出た」と報じている。この情報を聞いて、パリ市の政府は、「アジアの国にさらに軍と武器を増やさなければならない」と理解し、そして「アメリカ国とイギリス国とフランス国は互いに考えを共にして協力するべきである」と述べた。

1-8　<stavisky>が再び新しくカンボジア国に生まれて来た

［仏語］Stavisky がカンボジアの空の下に再び生まれた

［ク語］サイゴンに行く道は、きれいにアスファルトを敷いてあり光っている。ある地域にはマンゴーの樹が道の両側から守るようずっと並んで生えていて、涼しい陰があり、とても気持ちが良い場所である。ここそが、<stavisky>氏が再び生まれて来た所で、近所の人達各人に、氏の知恵を恐れ驚嘆させている地域である。以前、氏がフランス国にいた時には、氏は仏教の祭りはしたことがなく、他人に財産を失わせる手伝いばかりをしていた。氏は今回新しく生まれて来ると、すべての考えを捨てて考えを新しくした。

我々が知り得た情報によると、保護国政府は氏に賞をたくさん与えてしかるべきだと思う。なぜならば、我がクメール国が水没した時、国全体のおよそ半分の国民が大変貧窮して苦しんだ。氏は考えることを知っていて、カティナ祭を行なって義援金を集めて3等分し、3分の1は jambū briksā 寺の僧に差し上げ、あとの3分の2は全て貧窮している民衆に配った。

この祭りの時に、博打をすることを許可し、「ござ」1枚につき席料金額15リエルを取った。この祭りの情報によると、義援金がたくさん集まり、金額は2600リエルに達したという。この額の中から jambū prikasa 寺の ācārya に100リエルを渡し、その残りは水没の被害を受けた貧しい人々に、民衆にはっきり見えるように氏の手で与えた。これら貧しい人達は、2 kāk 受け取った人もいるし、3 kāk の人もいて、多い少ないがあって互いに同額ではなかった。施しを受けに行った人は、その人数を数えてみると、[この金額は]多いとも言えるし少ないとも言える。しかし、恐らく上述の金額が全部はなくなってはいない。残りの金を氏はさらにどこに持って行って何をしたかは、我々は知らない。氏が貧しい人たちを救うためにこの祭りを企画したのが事実なら、「なぜ氏はその金を kammakara cāt kāra saṅgroḥ ?nak daduol groḥ thnāk mān dik lic ṭœm[水没等被災者救済委員会](Comité de secours aux sinistres)[被災者救済委員会]に渡さなかったのか」と非常に疑問に思っている。

それゆえ、nagaravatta 新聞は、この<stavisky>氏に、国民をますます貧しくさせ、滅びるように支援したという善行の報いを受けて、どうか長寿とあらゆる種類の幸福とが授かるよう祈る。

もう1つ、<gazette>[新聞]読者の皆さんが知ることができるようにお知らせするべき氏の素晴らしい話がある。即ち国立学校には、古くなって使えなくなった机と腰掛を、学校から取り除いて破棄し、新しく作るという規定がある。しかし氏は、全部新しく作ると政府の費用がたくさんかかると考えた。それゆえ、氏はその仕事を請け負った人に命令して机と腰掛を修繕させ、新しくするのとほとんど同じくらい安い[ママ。皮肉]代金を得させた。おまけに政府は朽ちた木材を捨てる必要もなかった。この話もなかなか適切なことの1つである。もし皆さんが氏と同じように考えるなら我がクメール国はきっと滅びることはない。

この話はまだたくさん続きがある。暇な時間があったら、我々の<gazette>[新聞]読者に話してさらに詳しく分かってもらおうと思う。

ある調査者

2-1 車輪についた泥

(<gazette>[新聞]52号[2-3]から続く)

一方我々の車の方は、現在泥が車輪についてはいないか。貴殿たち全ては多分我々が、1)pūrāṇaladdhi[保守主義](damniem pūrāṇa)[古い習慣]、2)古い宗教教義と新しい宗教教義、3)人々を破滅にみちびくこと(破滅と下劣への道)[の3つ]について、人々をどう導くかについて、最もしばしば議論していることを知っているであろう。

1。この古くからの習慣は、「全てが良いのではないし、全てが悪いのでもない」ことを我々は知らなければならない。習慣には良くて、世界の習慣として行うのにふさわしいものもある。良くなくて、今の時代、あるいは今後行うべきでないものもたくさんある。なぜこのように言うのか。それは現在の我が国で好み、親しんで行なっている習慣は、その起源には2種類、即ちバラモン教の習慣が1つと、現地のこの国の我々クメール人の考えが定めたものの2種類がある。そして多くはまだ野蛮な時代に生まれて今に続いているものである。即ち我々人間がまだ無学無知で原因結果がどうであるかを知らず、さらに生命を守る[=生きていく]ことに多くの心配があり、病気になることを恐れていた時代であり、それゆえ何か見慣れないこと、少し不思議なことを見ると、災害を無くして我々を守ってくれる力があるに違いないと思ったのではないだろうか。それで、「こうなるように、ああなるように」と彼らの望みのようになるように崇め祈ったのではないだろうか。こういう理由で種々の数え切れないほどの多くの習慣が生まれたのである。

しかし、人々が頼り所として崇めて祈っている物は、本当に頼り所になるのか。崇めるのにふさわしい、貴い性質が本当にあるのか。この崇める事の成果は本当に生じて授かるのか。もう1つ、これらの習慣を定めた人々は、どのような人物だったのか。深い知識を豊かに持つ人であったのか。信じるに価する、崇め尊敬するに価する徳性を持っていたのか。見たところ、気にして関心を持ち、根本をよく検討しようとする人はいくらもいないようである。昔の老人たちに頼り、いろいろ問い詰められると、「私は知らない。先祖が代々こうしてきているのだから、それに従って行なっているのだ。正しいか間違っているかは昔の ācārya 次第だ」と土くれを投げつけるかのように答えることが多い。それならば、「我々が今していることは間違ってはいない」という安心感はどこから得られるのか。我々の間違いを保障してくれるものとして何があるのか。何もない。

この世では、最も高貴な生き物は人間ではないのか。人間が特別優れた生き物で、そして自分より劣った saraṇavatthu(vatthu samrāp jā dī bwṅ)[頼りもの]を敬愛するならば、自分自身の名誉を貶めることではないか。なぜ我々は自分を貶めることに満足するのか。なぜ我々はそのような価値のない考えに命を預けるのか。ああ、考えると実に哀れである。

この文章の要約

それゆえ、何の習慣でも、その原因と結果をよく検討しなければならない。その後に守るべきである。盲目的に守る危険をおかすべきではない。誤った道で、正しさを奪い合ってはいけない。自らの生命、自らの名誉の価値を考え、時間を無駄にすること、金を無駄に使うこと、自分の資金を損することに思いを致すべきである。

何の価値もない風俗習慣について議論し口論するのを

やめよ。それは、民族の車の車輪を引き留めて前に進みにくくすることだからである。毎日毎日賢くなれ。そろって早く文明に進め。直ちに賢人の跡を進め。もう日は高く昇っている。

まだ後の週に続く［注。実はない］

sṅuon vaṅsa

2-2　雑報

2-2-1　クメール司法［ママ。54号1-5などでは「cau krama」］友好会の総会が9の年丑年 pussa 月上弦11日、即ち1938年1月12日の午前8時半にプノンペン市の司法［ママ。54号1-5では「政府」］ホールで開かれます。

会議の議題のリストは以下の通りです。

1。友好会のすべての事業についてお知らせする。

2。昨年の収支金の審議をする。

3。規定15条に従って理事の交代者5名を投票して選出する。

4。その他、規程15条の改正を求めることなど

2-2-2　ボクシング競技協会シエム・リアプ支部は、「水没などの被災者等の救済費用を得るために、来る1938年1月15、16、17日に、バット・ドンボーン州と araññа［タイのアランヤプラテート］とサイゴンからボクサーが来てシエム・リアプのアンコール・ワットでボクシングの試合をする」と発表した。

皆さん、見に行って楽しんでください。

2-2-3　理髪友好団結会社

私たちは、すでに以前、この<gazette>［新聞］で一度お知らせしたように、共同の利益のために、初めて理髪会社を創立しました。現在<programme>［パンフレット］を印刷して、主な政府部局で皆さんにお配りしています。もし皆さんがこの<programme>［パンフレット］を見て検討して異議がなければ、我々クメール人の生業をご支援できる価値があるものです。

皆さんは姓と名と住所を全て書き、<signer> jhmoḥ［署名して］、この<programme>［パンフレット］を持ってきて配布した人に渡してください。持ってきて帳簿に登録して出資金を計算するためです。出資金は1株5リエルだけです（何株でも出資志望をすることができます）。

私たちが署名するための<programme>［パンフレット］の配布を始めて以来、皆さんがあまり熱心にしてくださらないので、事がなかなか速く進みません。それでこの<gazette>［新聞］でもう一度お知らせいたします。

jhwm-sum、jum-huon、nū-aem、thī {ñān}、thī {ṇaem}、thī {heṅ-phān}

2-3　［44号2-4と同一］

2-4　民衆からポー・サット州<résident>［弁務官］殿へ訴える訴えについて

（<gazette>［新聞］49号［2-3］から続く）

3。中国人たちがストライキをして豚肉の販売を中止して以来、仲間が豚肉が食べられなくならないように、中国人たちは phsār krom 村 kaṇḍieṅ 地区の彼らの仲間である中国人にブタを屠殺させ豚肉を運んで来させて、ポー・サット市場の中国人に毎朝配らせる考えを持っています。一方クイティアウを売る中国人たちの方は、仲間が食べられなくならないように、豚肉を得て来て毎朝クイティアウを作って売っています。

上に全ての苦しみを述べた理由で、私たちは長殿［loka dham mcās］の力が、この件を以下のように定めてくださるようお願い致します。

1。以前のように毎朝豚肉を売るようにしてください。

2。1キログラムを0.35リエル（即ち1ニエル、即ち600グラムを0.21リエル）で売らせてください。

3。本日以後、中国人に閉店させ、ブタを屠殺して売って生計を立てることをさせないでください。どうか長殿［loka dham mcās］は、今後はベトナム人がブタを屠殺して売って生計を立てるように助力し支援してください。クメール人は全て仏教徒ですから、我々クメール人には、思い切って動物を殺して肉を売って生計を立てようとする人はいません。

4。自分は純粋なクメール人でありながら、中国人と共謀して中国人にストライキをさせ、州全体のクメール人とベトナム人を食べ物のことで苦しませたことについて

この件は、長殿［loka dham mcās］は調査させて証拠を探させ、人々に商業のストライキをさせ、民衆と政府の利益を損なわせたことについて、裁判所に審理させてください。

これらの事件について、私たちは長殿［loka dham mcās］がクメール人およびベトナム人たちを救済して楽にしてくださり、庇護を求めてやって来て、クメールの国土のおかげで生命を養っている中国人たちに、［我々を］侮辱する事をできなくさせてくださることを期待しています。

失礼の段はどうかお許しください。

新聞に上のように掲載したポー・サット州の人々の訴えは、ポー・サット州の長殿［loka dham mcās］と州知事殿とが相談して考えを1つにして策を求めて、政府の行動でこの件を解決して、この地域の現地住民たちが楽に、楽しくなるようにし、そして再び他民族が現地住民を苦しめることができないようにする防止策を求めるべきである、と我々は理解する。そうして初めて称賛するべきものである。

我々の意見では、中国人たちが豚肉をなくしてクメール人－ベトナム人に売らず、食べられなくするという方

法で苦しめて、<patente>[営業許可証]を政府に返上した以上は、政府はこの生業を志望するクメール人に[営業許可証]を与えるようにするべきである。そしてこの仕事をしたいというクメール人がいない場合に、この生業をベトナム人に与える。ベトナム人もしようとしない場合には、ストライキをしてクメール人—ベトナム人に豚肉を食べられなくさせた中国人以外の新しい中国人に与えるの適切である。

ブタを屠殺する中国人と共謀した者がクメール人かベトナム人である場合には、政府は逮捕して法に従って処罰するべきである。中国人である場合には、ストライキをさせて住民に苦しみを与え、政府に非常な心配をかけた首謀者であるから、逮捕して中国に送還して、中国が日本と戦うのを助けさせるべきである。

3-1　家政学

茶殻：汚れた哺乳瓶を洗うのに使う。この茶殻をビンの中に入れ水を少し入れてから混ぜてビンをゆすり、それから清潔な水で洗う。

これ以外に、じゅうたんにブラシをかける時に、先にじゅうたんの上にこの茶殻を撒いてからブラシをかけて埃が立つのを防ぐ。

＊タバコの灰：たくさんある時には、金属製の容器を磨くのに使うときれいになる。

＊ヨーグルト：銀の容器を磨く前に、ヨーグルトの上澄み液に半時間浸しておいてから磨くとピカピカになる。

＊白墨のクズ：細かく砕いて金属製の容器を磨くと、ṭī jū[磨き粉?]で磨いたのとと同じくらいきれいになる。

3-2　インドシナ国政府宝籤大賞の[当籤]番号リスト

1938年1月6日抽籤

756,069 の番号の籤は　100,000 リエルに当たり。
361,166 の番号の籤は　50,000 リエルに当たり。
152,977 の番号の籤は　20,000 リエルに当たり。
674,597と668,530 の番号の籤2本は　10,000 リエルに当たり。
886,995 の番号の籤は　4,000 リエルに当たり。

1.000 リエルに当たった籤は8本あり、番号は、
[6桁の番号が8個。省略]

100 リエルに当たった籤は60本あり、番号は、
[6桁の番号が60個。省略]

末尾が214あるいは779の番号の籤はいずれも50リエルに当たり。

末尾が99あるいは99[ママ。2つの数字が重複]の番号の籤はいずれも10リエルに当たり。

3-3　不思議なニュース[注。以下の記事は誤植や脱落があるらしく文意が判然としない]

nagaravatta 社はとても疑問に思っている。邪悪な心の持ち主が、nagaravatta 社の人である ?wṅ-vaṅ さんの住まいを密かに盗んだ—密かに居住権を譲った。即ち12月21日から1月4日までの間の居住権を譲った。この居住権の移譲は、家の中の人に移譲したのである。この ?wṅ-vaṅ さんは温和で正直な人で、これまで誰ともトラブルを起こしたことがないので、nagaravatta 社はなぜだか分からないでいる。居住権を譲った後、vaṅ さんは大変悲しんで、[他人に？]譲った人を罵った。すると近所の人が、「人を罵って侮辱した」と言って vaṅ さんを非難した。

この件は、vaṅ さんは本当に温和で正直な人ですから、政府は vaṅ さんに以後幸せがあるように支援してください。

nagaravatta 社

3-4　[11号3-2と同一]

3-5　[33号3-4と同一]

3-6　[44号4-6と同一]

3-7　[51号3-6と同一]

3-8　[46号3-4と同一]

3-9　[44号3-9と同一]

3-10　農産物価格[「金の価格」はない]

プノンペン、1938年1月7日

サトウヤシ砂糖		60キロ	3.40リエル
	店頭で購入		3.00リエル
籾	白	68キロ、袋なし	3.30 ~ 3.35リエル
	赤	同	3.20 ~ 3.25リエル
精米	1級	100キロ、袋込み	8.55 ~ 8.60リエル
	2級	同	8.25 ~ 8.30リエル
砕米	1級	100キロ、袋込み	7.00 ~ 7.05リエル
	2級	同	6.35 ~ 6.40リエル
トウモロコシ	白	100キロ、袋込み	[記載なし]
	赤	同	7.70 ~ 0.00リエル
コショウ	黒	63.420 キロ､袋込み	13.50 ~ 14.00リエル
	白	同	22.50 ~ 23.00リエル
パンヤ	種子抜き	60.400 キロ	26.00 ~ 26.50リエル

＊サイゴン、ショロン、1938年1月6日

フランス籾･米会社から通知の価格

ショロンの<machine> kin srūv[精米所]に出された籾 1 hāp、[即ち]68 キロ、袋込みの価格は以下の通り。

籾	最上級	3.60 ~ 3.65リエル
	1級	3.55 ~ 3.60リエル
	2級　日本へ輸出	0.00 ~ 0.00リエル
	2級　上より下級､日本へ輸出	0.00 ~ 0.00リエル

	食用［国内消費?］	0.00 ~	3.35リエル
トウモロコシ	赤　100キロ、ショロン県マッカサンで売り渡し。		
		0.00 ~	8.70リエル
	白　同	0.00 ~	0.00リエル

米(10月［ママ］渡し)、港渡し、袋込み、税抜き、1 hāp、［即ち］60.7キロの価格は以下の通り。

精米	1級、砕米率25%	5.35 ~	5.40リエル
	2級、砕米率40%	5.15 ~	5.20リエル
	同。上より下級	4.95 ~	5.00リエル
	玄米、籾率5%	4.20 ~	4.25リエル
砕米	1級、2級、同重量	4.45 ~	4.50リエル
	3級、同重量	4.00 ~	4.05リエル
粉	白、同重量	2.30 ~	2.35リエル
	kāk［籾殻+糠?］、同重量	1.55 ~	1.60リエル

3-11　［44号3-3と同一］

4-1　［48号4-1と同一］

4-2　［8号4-6と同一］

4-3　［8号4-6と同一］

4-4　［48号3-8の終わり近くの「70メートル」が「10メートル」になっているだけである］

4-5　［8号4-3と同一］

4-6　［20号4-6と同一］

4-7　［26号4-5と同一］

4-8　［広告］［仏語］　**1938年1月1日、プノンペン**

［ク語］私、hul-jhum はカンダール州 khsāc kaṇṭāl 郡 koḥ ṭāc［村の］村長をしています。私は重病に襲われ、医者にかかりプノンペンの大きな薬店の薬を買って来て病気を治療しましたがよくなる様子は見えませんでした。その後、nagaravatta <gazette>［新聞］で kāp go 市場の前の sīv-pāv の店に薬があって、［それを］服用したところ治ったという情報を聞きました。重要な事ですから、私も sīv-pāv 医師に相談に行きました。氏は、私は大腸の病気で、それが長年の間腹痛を起こし、傷になり肛門から膿が出ていると話しました。私は彼の薬を購入して来て服用して病気が治りました。彼は私の命を救ってくださいました。私は、彼への心からのお礼を、この <gazette>［新聞］に掲載します。

［仏語］　署名者:Houl-Chhum

4-9　［広告］［仏語］　**1938年1月1日、プノンペン**

［ク語］私は名前は gīm-lān で、プノンペン市 okñā beja 路に住む金細工職人です。妊娠してつわりの女性で、私の妻ほどの苦しみを受けた人はいません。妊娠して吐いて痩せ、食べることも眠ることもできません。いらいらして、家の中と近所の人々を恐れさせました。夫である私は四方八方に薬を買いに行って来て服用させ、少しよくなりました。その後住民の1人が、「kāp go 市場の前の sīv-pāv 店の薬が妊娠して種々の苦しみがある女性によく効く。この薬を服用すれば母親も子も幸せになる」と教えてくれました。私は急いで sīv-pāv 店に行って薬を買って来て服用させました。病気は引きはがして捨てたように治りました。それから私はずっとその薬を服用させ続け、血色がよくなりました。それで、私は妊娠している方々が関心を持つように、お知らせいたします。

［仏語］　署名:Kim-Lean、Biyoutier［ママ。「bijoutier」が正しい］［装身具細工師］

4-10　［72号4-13と同一］

4-11　［広告］**sīv-pāv の「咳」についての解説**

この咳病は肺の病気から起こることが多い。我々の肺はとても軟らかく、肺全体の中にはとても細い血管があり、何か「気」に合わない原因があると病気を生じさせ、まず最初にわずかな咳が出る。しばらくすると重い咳になり、肺に潰瘍ができたり、血管が破れることもある。肺が固くなることもあり、長くたつと痰が絡み付いて『キノコ』のようになる。よく効く薬がなかったらどうやってこの病気をやっつけることができようか。もう1つ、肺を破って出た血液は痰が絡み付くので外に出ることができない。少しずつ血が出て来て痰と混ざって髪の毛のようになる。私の丸薬はこれら全ての病気を確実にやっつけて治すことができる。しかし、薬を服用する人は医師を信じ薬を信じて、熱心に薬を服用しなさい。そうすれば治る。一部の患者は薬を少し服用し、薬が病気をやっつけている最中に、薬が苦しめると言って服用するのをやめてしまう。たとえば皮膚の外側にできものができると、それを揉んで膿をだすと治るのと同じである［ママ。誤植があるらしい］。

私の水薬と丸薬はよく効き、この咳病を治すので有名です。服用すると治り、「気」の力も増し、肉付きも血色も良くなります。この薬を服用する人はまず水薬を幾ビンも飲んでください。咳がおさまってきたように見えたら、丸薬を水薬とともに呑んでください。そうすれば確実に治ります。水薬は1ビン0.90リエルで3日分です。丸薬は1箱8.00リエルで何日も服用できます。私の咳の薬は、薬をあまり信じない人には、たとえ良く効く薬でも、どうして効くことができるでしょうか。

SAMEDI 15 JANVIER 1938

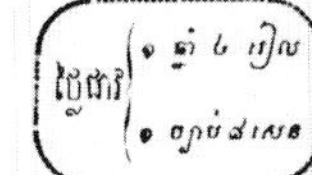

Directeur
PACH-CHHŒUN

HEBDOMADAIRE PARAISSANT TOUS LES SAMEDIS

(Boite Postale N° 44)

第2年54号、仏暦2480年9の年丑年 pussa 月上弦14日土曜日、即ち1938年1月15日

［仏語］1938年1月15日土曜日

1-1　［仏語で「私書箱 No.44」と「社長、PACH-CHHŒUN」が加わった以外は8号1-1と同一］

1-2　［デザインが少し変わった以外は8号1-2と同一］

1-3　［デザインが少し変わった以外は8号1-3と同一］

1-4　［8号1-4、1-5と同一］

1-5　munīreta 殿下［braḥ aṅga mcās］の談話

国王陛下の誕生日祭が始まった日である先の1月7日の夜、政府［ママ。53号2-2-1は「司法」］ホールで、クメール cau krama［ママ。53号2-2-1では「司法」］友好会が munīreta 局長殿下［braḥ aṅga mcās］をお招きして、繁栄している大きい外国の様子、さらにそれらの国の生業とその有用性、即ち商業と経済などについて、クメール人に知識をもたせて啓蒙するために、1937年の物産展、即ち万国博覧会の時に大フランス国においでになり、その他スイス、ドイツ、チェコスロバキア、ユーゴスロビア、イタリアなどのヨーロッパ諸国を見においでになったご旅行について談話して解説していただいた。

この談話をなさった時、大衆が大勢聞きに行って、ホールに溢れんばかりに一杯になり、さらに入れずに残った人たちが外にいた。しかし、<machine> vidyu <micro>［拡声器］を使って声を遠くまで広げたので、［外にいた人も］同じように聞こえたであろう。フランス、クメール、さらにベトナムの官吏も munīreta 殿下［braḥ aṅga mcās］がフランス語で明瞭に詳しく解説なさったお話に精神を集中して耳を傾けた。お話は、プノンペンを出発してからパリ市に到着なさり、博覧会をご覧になり、それから旅行を続けて中央ヨーロッパの国々をご覧になったお話で、美しく整備してからもう長い時がたち、極めて豊かで楽しく、我が国とは比較にならないほど繁栄している大きな国々をご覧になったので、お話は聞く価値のあるものであった。

聴衆は、クメール人である談話者が、ほとんどフランス人と同じくらいにフランス語で解説することができるのを見て、愉快で楽しく思った。

談話を詳細に検討すると、外国の大きい roṅ <machine>［工場］などの工業方面の大きい有用性、即ち靴を作って全ての大陸に売っていて、我々クメール人全ても買って履いている靴、即ち<bata>商会の靴を作っているチェコスロバキア国についての話がなかった。この roṅ <machine>［工場］を、恐らく殿下［braḥ aṅga mcās］はご覧にならず、それでお話のなかには抜けていたのであろう。

聴衆各人は、殿下のヨーロッパへのご旅行にはきっと大きな有用性があったに違いないと強く期待して一生懸命傾聴した。殿下［braḥ aṅga mcās］はカンボジア国を代表して、すでに発展している大きい諸外国をご覧になりにいらしたのであるから、帰国なさったらきっと工業や商業を行うことなどの有益なことについてお話なさるに違いないからである。聞き終わっても、この点について殿下［loka］がお話になるのは何も聞かれなかった。

この談話の終わりの部分で、munīreta 殿下［braḥ aṅga mcās］はクメール人、あるいは他の民族の聴衆に、殿下［loka］ご自身のように、「自分の目で大きい国々を見に行って楽しみ、詳しく知ることを望む」というお話があった。この点に関し、もし後で［外国を］見に行って帰って来た人が、外国の発展を我が国に伝えておいて模範にすることをしなかったなら、それは行けない人、見ることができない人に比べて特別によいことはいくらもないと思われる。即ち、1つ大きく違うのは、偉い人が遊びに行くのに毎回金を出して、出費を多くしてクメール国をさらに貧しくするということだけである。

他のクメール人たちは全て貧しい。遊びに行く金は探してもない。かりに政府が一部分を補助してくれても行くことはできない。そして政府の金は同じクメール人の金である。殿下[braḥ aṅga mcās]のようにヨーロッパ諸国に行って、帰って来ると、殿下[loka]と同じように外国に行きなさい、と勧めるのは、大変素晴らしいことであると理解する。しかし、政府は殿下[loka]の場合と違って費用を全額は出してくれないのではないだろうか。もし政府が出してくれるのなら、行く人はきっと大勢いる。

政府の金で旅行をするのは容易なことではない。我が国の場合は何でもないが、フランス国では、pūl raiṇūt植民地相が政府の金でインドシナに来た時、帰ると怖くなって口が渇いた。[氏と]同じ官員と buok <gazette>[新聞記者]たちが、その旅行の有用性を求めて、「どのような成果があったのか。それともただ政府の金を浪費しただけなのか」と責めたからである。

nagaravatta

1-6 諸国のニュース

1-6-1 1月6日

中国。上海市では、日本が政府の全ての部局を支配している。

中国と日本とが互いに戦争をしている件について、アメリカ大統領は、「アメリカは守るための武器の数を増やさなければならない」という内容の演説をした。日本の<gazette>[新聞]は、「日本も武器の数を増やす。そしてアメリカ国を恐れはしない」と応じた。

山東省で3部分からなる日本軍が、gieṅ sū 省と安徽省を目指して進んでいる。

済南府の日本人家屋450棟が、中国が同市を去る前に、中国によって焼かれ、全焼した。

ドイツ電。杭州市を爆撃しようと飛行中の日本機が中国機に激しく銃撃され被弾して引き返した。

1-6-2 1月7日

イタリア国。ドイツ大統領[ママ]であるヒットラー氏を迎える準備をしている最中である。数ヶ月前にイタリア国首相であるムッソリーニ氏がドイツ国を訪問し、その時ドイツ人が熱烈に盛大に歓迎したからである。

イタリア国。さらに軍艦2隻の建造を命じた。

1-6-3 1月8日

中国。上海市でイギリス人<police>[警官]2名が日本兵に殴られた。アメリカとイギリスが猛烈に憤慨し、日本大使に抗議に行った。ロンドン市ではすべてのイギリス<gazette>[新聞]がこのように日本兵がイギリス人<police>[警官]を暴行したことに納得せず、「もしまた事件が起こったら、イギリス政府は必ず日本国から大使を召還する」と述べている。

上海市で日本海軍の兵たちが中国人の家に行った。その中国人はイギリスに帰化していた。日本兵たちはその家からイギリス国旗を引き抜いて捨て、日本国旗を立てた。

日本政府はイギリス商船1隻を、「同船が日本領海内を航行していた」として拘束した。

1-6-4 1月9日

日本軍艦がさらに9隻、青島市に到着したばかりである。

アメリカのある<gazette>[新聞]が、「1月10日に、アメリカ軍1万名とマニラ軍4万名がマニラ国で軍事演習を行う。戦争の準備をしているようである」と報じている。

＊スペイン国。テルエル県地区で反乱派が政府派に降伏した。

1-6-5 1月10日

中国。日本電によると、現在蔣介石総司令は軍10万名を有し、広東省と広西省で訓練中である。

日本兵は本日青島市を占領した。

1-6-6 1月11日

パリ市。フランス<conseil> senāpatī[大臣]たちは中国と日本が戦争をしていることに関して会議を開いた。同会議で大臣多数が、フランス国にイギリス国と協力させることを欲した。

1-7 nagaravatta 印刷所について

1937年10月に、nagaravatta krum <gazette>[新聞社]は国を愛する人々に、投資した皆さんの利益のためと、我々の国と民族の利益のために印刷所を1つ作ることを、資産で助力し支援してくれる機会を開く」と知らせた。そして、出資者の人数と[出資]金の総額を計算して、印刷所を1つ作るのに十分であるか否かを予想するために、申し込みの締め切りを1937年12月末に定めた。

現在、我々は株数を合計してあらゆることを勘案して、小規模の印刷所を1つ作るのに十分であることがわかった。しかし、「我々がこの nagaravatta 印刷所を作ることを考えるのは、<gazette>[新聞]1つだけを印刷するつもりはない。即ち、<programme>[パンフレット]、書籍、名刺などの印刷を、民衆のもの、政府のもの、あるいはクメール語、フランス語などに限定せず、[全てを]区別せずに請け負うつもりである」と以前お知らせした。それゆえ、我々各人の事業は、これより多くの資金を必要とし、そうして初めて十分になると思う。皆さんは、「今、株数はどれだけ、金額はどれだけ得たか」などをきっと知りたいだろうと思う。我々は、「現在のところ、決定したこととしてお知らせすることはまだできない」とお知らせする。なぜなら、ある地方では、まだ我々に株数を知らせて来ないので合計してみることができないし、皆さんの中には名前と住所だけは全て書いてあるが、株数を告げていないものがあるからである。「なぜこんなに遅いのか。早く作るのではなかったのか」と我々を責める人もいる。申し上げますが、このように遅いのは我々によるのではない。急いで[出資を]志望する手紙を送って来て株数を予約して十分にすることをしない皆さんたちによるのである。株数が十分でない場合に、我々はどのようにすることができるのか。もう1つ、政府に Société anonyme[株式会社]の設立許可の申請をするときには、株数と資本金の額を明瞭に知らせてはじめて、全ての手続きが円滑に進むのである。現在我々は、最大の注意で準備を進めており、まだ不足している株数を十分にすることと、国を愛し国を助けることに参加する心を持ちながら、1937年中に参加する機会がなかった人々の希望を満たすために、もう少し引き続けて1938年の初頭にも参加するチャンスを開こうと考えている。しかし、皆さん、ためらったりぐずぐずしたりして時間を無駄にしないで欲しい。舟である国、つまり我が国は我々が団結心を持ち、腕を揃えて漕いで初めて速く進み、早く向こう岸、即ち発展と繁栄に到着することができるからである。もう1つ、我々が設立しようと考えている事業は、2つの項目で利益を上げることを前もって期待している。即ち、

1。年末には全ての出資者に利益があるようにする、即ち1年で決算して利益を株の多少に応じて配分する。

2。印刷所は英知がある人の両腕であって、英知がある人の事業に助力して成功させることができ、クメールの児童、クメール人全般のために広く大きく広めさせるものであるから、国と民族に無数の項目の利益がある。

khemararaṅsī

1-8　クメール人は目覚め、気が付き、目を明るく開いたか、まだか

私は一端から一端まで、即ち貧窮している人から金持ちまでを観察して、明るく目覚めてはっきりと理解し、確実に知っているクメール人はとても少なく、残りは以前と同じままであることがわかった。

私が認識したのは、地方全体とプノンペン市内全体とでは、地方の方が商業で生計を立てている人がまあまあの数いることが多い。一方政府職員の方は非常に少ない。

このように述べることになる原因は何によるのか。私が理解するところによると、「クメール人はそれぞれ自分[1人]だけで考えて、一緒にまとまることを知らない([即ち]Individualisme[個人主義])。自分の利益だけ考えて([即ち]Egoïsme[利己主義]）、自分の民族と国を愛すること([即ち]Amour de pays et de la race[祖国と民族への愛])がない。自分が生を受けた国土の恩([即ち]patriotisme[祖国愛])を認識しない。自分の故郷を助け支援すること([即ち]Entraite mutuelle[相互支援])を知らない。sāmaggī citta(Solidarité)[団結心]がない。同じクメール人を押さえ付けていじめてばかりいる。楽しみ過ぎて国と民族のためになる良いことを忘れている。自分が助かることばかりを考え、他人が死のうが生きようが関心を持たない」ことによる。

楽しむことは、目の扉を初めとして全ての路、全ての扉を閉じるから重大である。これら全ての原因が、クメール人の目を完全にくらませ、何を見ても見えず、さらにもし見えても理解できなくしている。クメール人が良いことを言って聞かせても、あるいは良いことをして目に見させても、そっぽを向いて「悪い」とする。他民族がクメール人と同じことをした場合には、彼らに何かを言う勇気はなく、逆に褒める人がいる。我々クメール人の前世からの悪業の報いである。

他人の悪口を言って嘲り、けなしてばかりいて、誰かが他と異なる良いことをすると、自分より大きく伸びさせまいとする。そして他人より学問知識あるいは資産が多くあると、「地位の高い人も低い人も含めて先輩たちには、自分に匹敵できる人はいない」と思い、「これらの人はもう古い」とみなし、どんなに財産があっても、どんなに身分地位が高くても、まるで自分の方が上であるかのように、その人たちを畏れることを知らず、クメール人を知人にすることをやめ、「知人である」として畏怖する場合は、自分の上にいて自分を監督する人か、あるいは自分が頼る必要がある場合がある人だけである。文明に関しては、ヨーロッパの国々とは甚だ異なり、不適切なことだけを見習い、良いことは見習おうとしない。

今、クメール人の低劣さが見えないし、理解できない。すぐ目の前にあっても、見ても見ようとしないし、理解しようとしない。頑固さに強く覆われているからである。

楽しみには種々の型、種々の種類がある。大きい楽しみには、女が1つ、金銭博打が1つ、酒の飲み食いが1つ、この3つがある。この3つのうちのどれか1つ、あるいは2つ、あるいは3つ全てを行うようになることは、昔からの言葉に、"女に溺れ、酒に溺れ、博打に溺れる、これが愚かなこと"とあるが、これらは自分を忘れさせ、妻子を忘れさせ、国を忘れさせ、民族を忘れさせるから、真実である。

官員の方は、職を得ると直ぐに、まず楽しむことを考え始める者がいる。何も見えず何も理解しない。土曜日、日曜日は狩りに行くこと、あるいは森に行って休むことなく飲み食いすることしか考えない。

もう1つ、金を集めて誰彼の区別なくけちにふるまうことしか考えない者もいる。[誰かが]死のうが生きようが、自分1人が楽であればいい。自分の国と民族がどのよう

であれ、滅びることを欲する。目がくらんでいて、自分の国と民族を忘れることは、これほどにまで[たくさん]ある。今の我がクメール国を、皆さんは見てほしい。

正しく知り、はっきり理解すること[は以下の通りである]。

1。現在のクメール人はまだ他よりも劣っている。さらに自分の国の上、自分の土地の上でそうなのであることをはっきりと知る。この低劣さは、上の解説のように、「クメール人は自分を忘れている」ことによるのである。

2。「現在、クメール人は、カンボジア国の上にいる民族を考えて、すべての民族の一番下に落ちている。保護者であるフランス人を除いて、中国人、ベトナム人、インド人なども、クメール人はあらゆる種類の生業に関して最後尾である」ことがわかること。これら低劣であることは、全て、「クメール人が無学無知である」ことによるのではなく、「光になるものがない」ことによる。さらにたとえ光があっても、ある者はまだ心が闇である。もしずっと以前からしばしば光に出会っていれば、その他の悪はそれほど入っては来られない。そして、きっと開明が生まれ育って民族の低劣さを少しはわかるであろう。

3。「何も考えない楽しさが1つ、目がくらんでいることが2つ[目]、この2つがクメール人を今のような低劣さに陥し入れたのである」ことをはっきり知ること。改めなければならない。一生懸命努力して改めて、闇の中に長くいて時間を無駄にしたことから抜け出ることに成功しなければならない。他と同じように顔を上げられるためにである。もし今のように全ての民族の最後尾にいるのに承服していたら、今後何年経ったら顔を上げられるだろうか。

クメール人は検討して、上に述べた他の民族に恥ずかしいと思うべきである。彼らは我が国に庇護を求め大勢やって来ている。彼らも米飯を食べ、フランス人のように nam <pain>[パン]を食べるのではないのに、どうして我々より繁栄しているのか。実に悔しいことである。

もう1つ、たとえば、今のアンコール・ワット遺跡にある遺産は素晴らしいものである。種々の地域の人達が見に来て、強い畏怖の念に打たれ、「我々のこの贍部[センブ]洲のどこを探してもない」と称賛する。これらのものは、一体どの民族の手が作った見本であるか。クメール人が作っておいたもの以外の何物でもないのではないか。多くの場所に痕跡があるから人間が作ったことは明らかであり、ヴィシュヌカルマン神[ママ。「ヴィシュヴァカルマン神」のこと]やその他の神が作ったものではない。

これだけのものをクメール人が作ることができたのなら、クメール人はどうしてこのように弱まり、低劣になってしまったのか。まるで石造の宮殿が、我が民族の低劣さと同じように、1度に少しずつ壊れて地面に落ちていくようである。

私はこの文章を読んだクメール人の皆さんにお願いする。私がクメール人の悪口を言って嘲り貶めた、と怒らないでほしい。そうではない。即ち、この私の心は国と民族を心から愛しているから、私は一生懸命この文章を書いたのである。しかし、私が述べたこと全てについて、「私の言葉通りである」と思うか否か、深く検討してほしい。私が述べたことが真実であるとはっきりわかったら、皆さんは目覚め、国と民族を助けて支援し、民族を愛し、民族を引き上げることを決心してほしい。即ち、まずは何か仕事を始めた同じクメール人を、中国人やベトナム人が範を垂れているように、しっかりと援助するべきである。各人がばらばらに考え、自分の利益だけを考え、楽しみだけを考え、自分を忘れるという悪を一生懸命捨てて、国と民族を繁栄させることに一生懸命しっかりと努力してほしい。

もし全ての人がこのように一致して協力すれば、このkamma bum jā[悪業][注。kambujā「カンボジア」にかけている]の国を悪業のない国、即ち良い国にすることができる。そうしなかったら、後代の子や孫は、今後ますます低劣さを持つに違いない。外国人が我が国に入って来て、一生懸命働いて毎年少しずつ我々を越えて繁栄するからである。一方我々の方は何もせず発展は少ない。そして彼らは政府のポストと商業のほとんど全ての分野を我々から奪い、クメール人全ては遠くの辺境にいることになる。

皆さん、よく検討してほしい。そしてもうクメール人を罵り非難しないでほしい。

たとえば、「クメール人が、暗闇の中にいるクメール人を啓蒙するために<gazette>[新聞]を創立した」ことを、支援し支持して存続させることを心に決めるべきである。あるクメール人は、何の俸給も受けることなくこの事業をしている人を、[文章を]書いて罵り、悪口を言っている。この<gazette>[新聞]は1人の人のものではない。即ち、全クメール人のものではないか。クメール人を暗闇から抜け出させ目覚めさせてクメール人の国と民族を救うためである。我々の近くの外国は、彼らの言語による<gazette>[新聞]を非常に多く持っている。そして、さらに[まるで]フランス国のようにフランス語の[新聞]も作っている。我々クメールの方は、1つか2つしかないのに、援助することを欲せず、さらには[新聞を]踏みつけて滅ぼすことを欲するのか。

私がこれを述べるのは、<gazette>[新聞]だけに対してではない。トンキン国のベトナム人がしてきたように、クメール人は同じクメール人のどの事業も倒れないように、心から助力して支援するべきである。

皆さん、どうか検討してください。

khemaraputrā

2-1 ［44号2-4と同一］

2-2 地方のニュース

我々は カンポート州 kambaṅ trāc［郡］aṅgara jaya 地区の aṅgara jaya 寺の檀家である住民から、「恐怖が2つある」という情報を受け取った。即ち「強盗に対するものが1つと飢餓にたいするものが1つ」である。そして、「他の恐怖は我慢して住み続けることができる程度であるが、盗賊・強盗に対する恐怖には、住民は気も転倒している」と嘆いている。

住民が我々に送って来た手紙の中の情報によると、5時半になると住民は家に上がり階段を引き上げ、敢えて地面に下りようとはしない［注。伝統的クメール家屋は高床式で階段を昇降して家に出入りする。この階段は地方によっては、たとえば夜間猛獣の侵入を防ぐために引き上げておく］。それゆえ盗賊は甚だ図に乗り、バナナ、サトウキビ、サトイモ、サツマイモ、ココヤシ、ビンローなどの屋外の栽培物は、盗賊が盗むのでどんどん姿を消し、全部なくなってしまい、現在に至るやほとんど何も栽培できなくなった（栽培してもすぐになくなるから）。現在は、住民は寝ても苦しく、約15軒が考えを合わせて結束し、［互いに離れて家を建てるのではなく］集まって1グループになって住みたいと思い、aṅga jaya 寺の東北にある縦150メートル、横70メートルの国有地を求めることを希望している。これだけの土地なら市場の店のように多くの家族がまとまって一緒に住むことができるし、盗賊を防ぐのに十分である。

住民たちが我々に申し入れてきたことについて、もし上に述べたことが本当にこの通りならば、我々は政府の係官に、民衆の安心の地にするためと、民衆の利益のためにも政府の利益のためにも、人頭税などの税金の納付の苦しみを軽減し、飢餓の惨めさを生じさせないように、正道の方法に従って生計を立てる生業を持つことを支援するために、重大な関心を持って早く措置を講じて盗賊を逮捕するようお願いする。それゆえ、同州の長である州<résident>［弁務官］殿と州知事殿などの州官員たちが、悪人どもが政府の法を犯し、図に乗って住民に乱暴を行なって苦しめることを放置しないように申し入れ、思いださせていただく。民衆は昼も夜も一生懸命正業で生計を立て、肉体と知恵の力で収穫と利益を得て、自分と妻と子などの生命を養い、政府が政府の法に従って支援して、窃盗強盗などから守って安定させてくれると信頼し、［政府を］憐れみを持ち、慈悲で救ってくれる父母であるとみなしているので、政府に税金を納めているのであるから、［しっかり守ってくれれば、］子や孫は父母の恩を知り、習慣通りに父母に恩返しをするであろう。

3-1 インドシナ国内で、法定限度額を超える利子を得ることを防ぐための布告

国民は、インドシナ国内において法律の限度を超える利子を得ることを防止する規定を示している1936年10月9日付 prakāsa "<décret>"［法令］、および1937年11月24日付 prakāsa <arrêté>［政令］に注意すること。

これらの規定は、1937年11月27日の"<journal officiel de la colonie>［植民地官報］"という名の官報に記載してある。

政府がこれらのことに関する規定を出したのは、法律の限度以上の利子を得て生計を立てる違法行為を綿密に防止するためで、債権証書の内容を審査して法律上正しいものにしておくためである。

それゆえ、債権証書は、以下の新しい規定に沿って作成された場合にのみ、真実で法律上正当であるとする。

1。貸し主と借り主の両名が、政府が債権証書を証明させるために任命した官吏の面前で<signer> jhmoḥ［署名する］こと。

当該官吏の職務をどのように行わなければならないかを以下に解説する。

2。金銭借用書に記載された金額［の金銭］が、同官吏の面前で渡されること。

全ての債権証書を証明させるために政府が任命する官吏

フランスの法律により、プノンペン市においては、<receveur d'enregistrement>［公証人］と呼ぶ登記所長殿が金銭借用証書を証明して法律上正当なものにする官吏になる。

"<bureau d'enregistrement>［登記所］"が存在しない地方では、その借用証書は州<le résident>［弁務官］殿、あるいは州弁務官代理の者の面前で、証明されること。

これらの規定は、フランス裁判所の権限の下にある者と同裁判所の権限の下にある者との間で作成する文書、あるいはこれらの者がフランス裁判所が審理する権限を持つ現地人（即ち中国人、ベトナム人、インド人……）との間で作成する文書、あるいは外国人がクメール人との間で作成する文書のためのものである。

daṇḍakamma（tosa）［罰］

1936年10月9日付 prakāsa <décret>［法令］2条により、登記所長あるいは<le résident>［弁務官］殿の hatthalekhā（<signer> jhmaḥ［署名］押印がない金銭借用証書は無価値［＝証書であると認めない］であるとする。

この新規定によって作成されたのではない金銭借用証書は無効［＝証書であることは認めるが、その効力を認めない］であるとする。

以前に作成された債権証書について

この規定以前、即ち1937年11月24日以前に作成された金銭借用証書は、6ヶ月以内、即ち1938年5月27日までに証明を受けて新しい規定上正しいものにすること。この日を過ぎた場合には、規定に従って政府に証明させることはできない。それらの証書は、1936年10月9日付 prakāsa

<décret>[法令]2条により無効とする。

3-2 読者のために以下に掲載して説明してある金銭借用の方法は、貧しい農民であるクメール人に役に立つと、我々は理解する。

農業金融公庫

我がクメール人農民は、ウシやスイギュウを買ったり、種子やdhāra[水利権?]を買ったり、あるいは食料を買ったりするために金をたくさん必要とすることが多い。中国人に借金する農民が大勢いる。中国人に借金に行くと、その中国人は農民に、「いいですよ。稲の刈り入れをする時期、あるいはトウモロコシを収穫する時期になってから返してください」と言う。農民は希望通りに金が借りられたので喜んで家に帰り、「中国人は自分より知恵があり、その時期になると、農民たちは自分が借りた金の2-3倍、時には10倍もの金を返させられることであっても、返すことを承服し続けている」という後日のことを思って心配することをしない。

たとえば、jā が、cetra 月に、2.00リエルの鍋を1つ買いに行き、この鍋が欲しくなりかつ良いと思ったので、「トウモロコシの収穫の季節になったら、その鍋の代金としてトウモロコシ1 hāp 半で返済する」とその中国人に約束する。bhadra 月になると、jā はトウモロコシ1 hāp半を持って行って中国人に与える。これをキロで計算すると、[1 hāpは62キロだから]トウモロコシは、62キロ×1.5＝93キロになり、[トウモロコシの市価を]100キロが6リエルとして計算すると、(6×93)÷100＝5.58リエルになり、jā が中国人に支払ったトウモロコシを計算すると、鍋の代金[＝2.00リエル]をオーバーして3倍近くである。

中国人に金を借りる農民は、その利子は非常に高い。たとえばトウモロコシ栽培業の ḍa は今年は自分のトウモロコシは全部駄目になった。そして自分の娘を pussa 月に結婚させることに忙しく、中国人のところに駆けつけて100リエル借り、この100リエルの1年分の利子としてトウモロコシ30 hāp を返済するという証書を作って渡す。これは、もし元金100リエルが返済できなかったら毎年トウモロコシ30 hāp を支払うのである。ḍa はトウモロコシを作って毎年70 hāp しか収穫がない。

まだ後の週[＝56号3-1]に続きがある。

3-3 [33号3-4と同一]

3-4 [48号3-8の終わり近くの「70メートル」が「10メートル」になっているだけである]

3-5 [44号4-64と同一]

3-6 [44号3-9と同一]

3-7 **農産物価格**[「金の価格」はない]

プノンペン、1938年1月13日

サトウヤシ砂糖		60キロ	3.40リエル
	店頭で購入		3.00リエル
籾	白	68キロ、袋なし	3.55 ~ 3.60リエル
	赤	同	3.45 ~ 3.50リエル
精米	1級	100キロ、袋込み	8.90 ~ 8.95リエル
	2級	同	8.55 ~ 8.60リエル
砕米	1級	100キロ、袋込み	7.60 ~ 7.65リエル
	2級	同	6.90 ~ 6.95リエル
トウモロコシ	白	100キロ、袋込み	[記載なし]
	赤	同	7.90 ~ 8.10リエル
コショウ	黒	63.420キロ、袋込み	13.00 ~ 13.50リエル
	白	同	22.00 ~ 22.50リエル
パンヤ	種子抜き	60.400キロ	31.00 ~ 31.50リエル

＊サイゴン、ショロン、1938年1月13日

フランス籾・米会社から通知の価格

ショロンの<machine> kin srūv[精米所]に出された籾1 hāp、[即ち]68キロ、袋込みの価格は以下の通り。

籾	最上級	3.85 ~ 3.90リエル
	1級	3.80 ~ 3.85リエル
	2級 日本へ輸出	0.00 ~ 0.00リエル
	2級 上より下級、日本へ輸出	0.00 ~ 0.00リエル
	食用[国内消費?]	3.45 ~ 3.50リエル
トウモロコシ	赤 100キロ、ショロン県マッカサンで売り渡し。	0.00 ~ 8.65リエル
	白 同	0.00 ~ 0.00リエル

米(10月[ママ]渡し)、港渡し、袋込み、税抜き、1 hāp、[即ち]60.7キロの価格は以下の通り。

精米	1級、砕米率25%	5.55 ~ 5.60リエル
	2級、砕米率40%	5.35 ~ 5.40リエル
	同。上より下級	5.25 ~ 5.30リエル
	玄米、籾率5%	4.65 ~ 4.70リエル
砕米	1級、2級、同重量	4.75 ~ 4.80リエル
	3級、同重量	4.35 ~ 4.40リエル
粉	白、同重量	2.50 ~ 2.55リエル
	kāk[籾殻＋糠?]、同重量	1.10 ~ 1.20リエル

3-8 [44号3-3と同一]

4-1 **[広告] 皆さんにお知らせします**

今年の物産展市祭りは、<mac phsu>という名のビルマ・バームが王宮の横に展示してありました。そして地方から国王陛下にお祝いを述べに来た州知事、支郡長などの大小の官吏たちが喜んで褒めました。

そして、この<mac phsu>という名のビルマ・バームを

試して見て、このバームは本当によく効くと褒めました。

それで、私は大小の官吏たちの皆さんへのお礼として、以上のことを掲載します。

私の名前は<mac phsu>です。
店はプノンペン<fesigny>路17号です。

4-2 ［8号4-6と同一］

4-3 ［11号4-2と同一］

4-4 ［51号3-6と同一］

4-5 ［8号4-3と同一］

4-6 ［20号4-6と同一］

4-7 ［11号3-2と同一］

4-8 私に手紙を下さる運命にあった政府に勤務する方々の皆さんへと、善良な方々の皆さんのお手紙への sīv-pāv からの返書

お手紙の中は、「どうしたらいいかわからなくて悩んでいた病気が全て、私の薬を服用したところ治った」という称賛でした。この称賛の言葉を私は感謝いたします。ですが、ひっかかって我慢ができない内容がありました。それゆえ、私はこの返書を書きます。即ち私 sīv-pāv 自身、病気が周囲に集まって来て、私を鞭で叩いて痛めつける力の中にいるのです。つまり私の五体は病気の巣だからです。［しかし］私自身は、大国の学者の医学書にある、次の真実の言葉を敢えて忘れることはできません。即ち、

第1。ある種の病気は、薬、あるいはこの世の人の力が助ければ治る。薬がなければ、死ぬか、あるいはその苦痛は治らない。

第2。ある種の病気は薬を飲んでも治らないし、この世の人は誰も助けることができない。その人は［そのことを］受け入れなければならない。

第3。ある種の病気は、薬を飲まず、この世の人が助けなくても、気候の良い時期が来れば自然に治る。加えて薬を飲めば早く治る。

4-9 sīv-pāv の注意とお知らせ

梅毒、淋病、下疳を患い、治ったけれどもまだ潜伏しているのではないかと疑っている方は全て、辛抱強く私の薬を服用してください。大国では求婚する時に、もしこれら病気に罹って治ったばかりの場合には、妻をめとることを禁止され、さらに4年間薬を注射するか服用してから、ようやく結婚が許されます。私の薬は毒を殺すことで有名ですから、病気の方は全て、一生懸命薬を服用して治してください。もう1つ、まだこの病気に罹っていない方々は、この毒は実に凶悪ですから注意してください。

もう1つ、女性の皆さんは、夫が梅毒、淋病、下疳に罹って、薬を飲んで治ったと認めても、まだ毒が全部はなくなっていない場合は、妻に伝染して病気になり、［妻は］何の病気か分からずに死んでしまいます。一生懸命お祈りをしたり、病気に適合していない間違った薬を飲んでいる人もいます。これらの病気は次のように苦しめることが多いのです。子宮が激しく痛み、潰瘍になって膿が出て、血が出て、粘液が出て、尿が止まり、便秘して、頭が重く、目がかすみ、腹がきりきり痛み、めまいがして、食べることも眠ることもできなくなり、悪夢に悩まされ、腰が痛み、太腿が痛み、手足の力が抜け、月経不順になり、100種の病気になります。死産し、流産し、たとえ生まれても育てるのは難しく、もし育っても多病です。

私は、私の名声にかけて、私の東方国印の薬は子宮の病気と白帯下を確実に治すことを保証します。

［仏語］　Truong Long-Bào、通称 Xiêu-Bào
プノンペン Okña-Oum 路47号

4-10 ［広告］［注。29号4-10の絵が変わり、広告文が少し簡略された］

［注。絵があり、その左に縦書きで］皆さん、エンジンが良い、［発進時の］ダッシュが速くて早い［＝加速度が大きい］、道が悪くてもあまり揺れない、他のどの自動車より良い、ことを確かめるために、<jean comte>商会で“プジョー”を試乗してください。

［注。その絵の下に横書きで］［仏語］302 と304 は世界的流行

Peugeot［プジョー］
同等の価格では競争者がない2つの車

［ク語］　［上の仏文のクメール語訳があり、さらにその後に］

［試乗を］希望なさる皆さんは、<jean-comte>商会で試してみてください。

［仏語］　Jean Comte 商会
プノンペン Boulloche 路14号

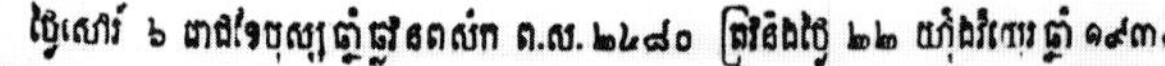

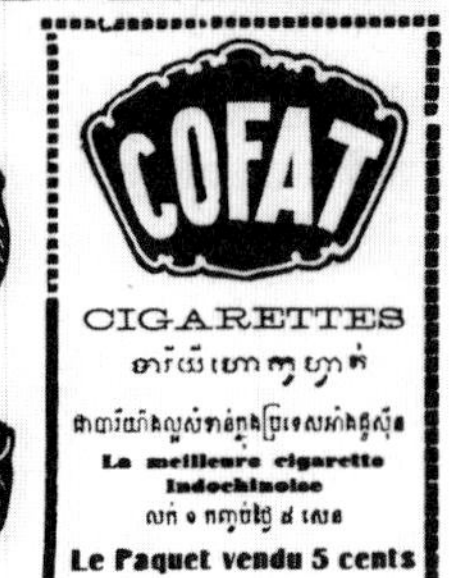

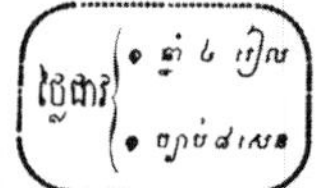

SAMEDI 22 JANVIER 1938

Directeur PACH-CHHŒUN

HEBDOMADAIRE PARAISSANT TOUS LES SAMEDIS

(Boite Postale N° 44)

第2年55号、仏暦2480年9の年丑年 pussa 月下弦6日土曜日、即ち1938年1月22日

［仏語］1938年1月22日土曜日

1-1　［仏語で「私書箱 No.44」と「社長、PACH-CHHŒUN」が加わった以外は8号1-1と同一］

1-2　［デザインが少し変わった以外は8号1-2と同一］

1-3　［デザインが少し変わった以外は8号1-3と同一］

1-4　［8号1-4、1-5と同一］

1-5　sārāvana 寺の braḥ bodhi vāṅ {hin}を僧侶長代行に任命したことについて

nagaravatta は我々の<gazette>［新聞］読者に、「国王陛下が sārāvana 寺住職で rājāgaṇa である braḥ bodhi vāṅ {hin}を、(uk)僧王の逝去以来長い間空席であるカンボジア国宗教界の全ての僧を統括する僧侶長代行に任命なさるご意向である」という朗報をお伝えするのは大きい喜びである。

nagaravatta は、「braḥ bodhi vāṅ が僧侶長に任命されると、恐らく師はきっと大蔵経翻訳委員会に参加するので、クメール国の仏教は必ず発展することは間違いない」とはっきり理解する。

我がクメール国は、知識のある人を政府が敬愛すれば、恐らく王国界の方も仏教界の方もあらゆる分野で発展するであろう。

1-6　王立図書館での舞踊について

1938年1月12日にプノンペン市の王立図書館で nāṅ {sārīṇā}(mademoiselle Garina［ママ］)［ミス・サリナ嬢、あるいはミス・ガリナ嬢］という名のフランス人女性舞踊家が、アンコール・ワットの壁にある彫刻のような種々の古代の物に示されている絵の様式に従った古式舞踊の公演をした。nāṅ {sārīṇā}は古式舞踊の悲嘆、愛、愉快、恐怖、尊敬、勇敢などの種々の［表現］技法を示すために、物語の筋に従って表情をする、手足を上に上げるという方法を使う種々の相異なる方式による舞踊のポーズを使って、美しい生きて動く絵の形に移して再現する。

このような舞踊の手法の公演は、我が民族は舞踊の技法をあまり採用しなかったので、これまでクメール人はあまり目にしたことがなかった。踊りの型を見て理解することは難しいので、アンコール・ワットの壁にある古代舞踊のポーズを写して表現することを考えた人は［これまで］いず、nāṅ {sārīṇā} が初めて王立図書館で公演して見せたのである。8時半に公演を始めて、ほぼ1時間で終わった。

この公演に王立図書館は、クメール首相である samṭec cau fā vāṅ varavienjaya を主賓として、物産展市祭りに集まった全ての州知事殿、郡長殿と、さらに市内の官吏も含めて大勢を観劇に招待した。そして王立図書館はリアムケー［＝ラーマーヤナのカンボジア版］の本を1人に11冊［注。＝現存するもの1揃い］と、それに加えて辞典を王立図書館の記念として配布した。この舞踊を見に集まった大小の官吏の方々は大勢で閲覧室一杯になり座る椅子がないほどであった。

舞踊の公演が終わると samṭec cau fā vāṅ varavienjaya は地方の官吏たちと、この時に相応しい話をなさり、それからそろってお帰りになった。

nagaravatta は、王立図書館に舞踊の公演を観に行き、記念として書物の配布を受けた地方の大小の官吏たち全ての方々が、プノンペン市王立図書館の友情の表明を喜んだことと期待する。我々は、この集まりに図書館長である<karpeles>女史が病気で姿が見えず、自ら客を迎えることができなかったのが残念である。しかし、代わりの人に仕事を託して任せ、諸事万端遺漏無く行われた。nagaravatta は、プノンペン市王立図書館のこの友情の表明を非常に嬉しく思う。

1-7 諸国のニュース

1-7-1 1月12日

中国。日本機が南寧県と広西[ママ。「広西省南寧県」が正しい]の<catholique>[カトリック]教会を爆撃し、フランス人出家1名が死亡、1名が負傷したので、フランス大使が日本大使に抗議した。

日本は、「アメリカとドイツの radeḥ <camion>[トラック]が中国を援助するために香港県に行った。すでに kaṅtuṅ(kantāṅ)[広東]県から香港県に武器を5十万トン輸送した」と発表した。

アメリカのある<gazette>[新聞]が、「ドイツ船1隻がアメリカ国から砲弾2万[注。単位は示されていない]を積んで中国に行った。中国がアメリカ国から購入した砲弾の8割がまだ残っている」と報道している。

大阪市と神戸[市](日本)で大地が15<minute>[分]間動き、家屋12棟が燃え、大衆各人を恐怖で震えさせた。

1-7-2 1月13日

中国。日本機がトンキン国に近い海南島を爆撃した。爆弾は中国の戦闘司令部に落ちた。

日本は青島市を占領し終えた。この時、日本軍艦30が軍を輸送して来て同市を攻撃した。

1-7-3 1月14日

フランス国。(Chautemps)氏を長とするフランス政府が倒れた。大統領である<lebrun>氏がその職に就けさせる人を選考中である。

＊中国。本日、jū sāṅ 市で日本と中国が激しく戦闘中である。兵6,000名からなる中国軍は jū jā 県から距離60キロメートルの jī jī 山上にいる。

日本電によると、さらに長期間戦う事ができるように、香港県で中国の国民党と中国の<communiste>[コミュニスト]派が手を結んだ。蒋介石総司令も[その]考えに加わった。

1-7-4 1月16日

蒋介石総司令は考えを改め、中国軍にこれまでのように日本軍を攻撃するのでなく、密かに1度に少しずつ攻撃するように命令した。この方法は日本軍をひどく痛めつけている。

山東省で蒋介石総司令は、同省の兵を温存した中国軍司令官を、不注意で簡単に日本に侵入を許した罪で処罰するよう命令した。そして、そのときに反乱を起こした兵士たちを銃殺するよう命令した。

1-7-5 1月17日

中国。本日の情報によると、中国軍は近日、遅くとも2週間以内に日本軍を全地点で攻撃する。蒋介石総司令が攻撃軍を訓練した。

日本は、「中国軍が上海市の南にある杭州県を攻撃し、同県の多くの地点を占領した」と発表した。

1月17日月曜日夕、イギリス人女性2名が散歩をしていて上海の共同租界の境界を越え、日本兵8名に威嚇されて連れて行かれ暴行を受けた。同県のイギリス人たちが激しく憤慨している。

1-8 土曜評論

刑事が盗賊を逮捕したことについて

1938年1月14日に我々はカンポート州 jhūk 郡から、「jhūk 郡 trabānmg rāṅ 村の住民各人は、同地域で公安警察官たちが出動して盗賊を逮捕したという知らせを受けて、とても喜んでいる」という手紙を受け取った。当時、強盗団が財産を奪い、その財産の持ち主を容赦なく殴り、時には家に放火し全焼させ、女性が1人死亡したこともあって、住民たちはこの強盗をとても恐れて、気も動転していたからである。

しかし、彼ら各人は、[次のことに]大きい疑問を持っている。公安警察官たちが出動して trabānmg rāṅ 村に盗賊を逮捕に行った時、盗賊を1人逮捕し、それから殴って供述させた。盗賊の方は良い正しい人の名を供述し続け、公安警察官はその人たちを逮捕して来て、「強盗をしたのは事実である」と供述させるために、殴って尋問した。そう供述しないでいると殴るのをやめなかった。彼らはとても痛くて我慢できず、「強盗をしたのは事実である」と供述した。さらに公安警察官は、「銃と[奪った]金品は誰の所に預けてあるか」と尋問し、彼らが、「銃はないし、金品を誰にも預けていない」と答えると、公安警察官は供述させるために殴り続け、彼らは痛さを我慢することができず、殴られるのから逃れられるために良い人たちの名を供述した。その良い人というのには、良い正しい人である寺の ācārya もいるし、寺の檀家の優婆塞もいた。公安警察官はさらにその寺の ācārya と優婆塞を探して逮捕して来て、「ācārya、お前は盗賊から物を買ったか。盗賊の銃を預かっているか」と尋問した。これら全ての人は、「何も買っていないし、何も預かっていない」と答えた。一方公安警察官たちの方は信じないで、これらの人々をつかまえて動物のように縛って吊るし、ほとんど死ぬほど殴った。彼らは我慢できず、死ぬのを恐れて、[買ったり預かったりしたのは事実ですと]供述した。(このやり方は、金を出させ[＝贈賄]るために殴りたかったかのようではないか)。(1938年丑年下弦11日に逮捕した)。住民たちは公安警察官がこのように善良な人々を逮捕しに来て殴って尋問するのを見て、盗賊よりももっと恐れ、敢えて自宅にいるのをやめた。その間は[集落は]コレラの時よりも物音1つしなくなった。

上に述べたことは、もしも事実ではなかったら、無視してください。もし上述の情報の通りに事実であったなら、保護国政府の指揮下にある官員がこのように民衆を虐待し、押さえつけ、{民衆に}憤慨させ、恐れ苦しませ、気を動転させているのはまさに不適切なことであるから、放置しないことを我々は保護国政府に申し入れる。実を言うと、警察局の官員は心を込めて綿密に検討し、あらゆることを sœp <enquête>[調べ]つくして、盗賊であるということは確かであることがはっきりわかってから身柄を逮捕して、あの手この手で説得して尋問して供述を取り、自分の知恵を使った策と方法を使って、供述することに同意させるのがよいことである。もう1つ、知っている、聞いている証人各人が、「あいつが盗賊である」と言い、住民もその根拠に同意する場合で、[自供を]説得しても成功しない場合には、力を使うのも適切である。

nagarvatta は以下のことを保護国政府に託す。即ち農民たちは極めて無学無知で愚かで、正邪を全てよく理解しているわけではない。多くは官員を、良いことも悪いことも、ひどく恐れている。それゆえ、官員たちは、このようにまだ幼くて物事の道理がよくわからない民衆の良い父母になるように心を決めるべきである。そうすれば民衆は政府を愛し、政府も楽しい。nagaravatta はすべての農民を哀れと思う気持ちで、保護国政府のために善意で、このことを述べたのである。

dhammika[仏法に従う人]

1-9　お知らせ

<timbre>[切手]を正しく貼って手紙を出すことについて

以前は、インドシナ国では政府は[手紙に]<timbre>[切手]を5セン貼らせました。現在、1938年1月1日以降は、政府は6セン貼らせることにしました。皆さんが nagaravatta krum <gazette>[新聞社]に手紙を出したい時には<timbre>[切手]を6セン貼らなければなりません。1セン不足しますと、rājakāra <poste>[郵政局]は3センの罰金を科しますので、krum <gazette>[新聞社]はこの罰金にとてもわずらわされています。今後、<timbre>[切手]を貼って不足している場合には、krum <gazette>[新聞社]はその手紙の受取りを拒否します。

1-10　クメール人は団結がますます発展している

今年の国王陛下の誕生日の祭りには、前年までとは大きく異なって、クメール人が集まって友人として団結することが大きく発展したのが見られた。クメール cau krama 友好団結協会の人々は、新しい委員を選出し、さらに昨年の収支を審議し、また、<statut>(lakkhantika)[規定]を改正するために市内と地方の会員を集めて会議を開いた。その翌日、会員たちは全ての nāyaka raṭṭhamantrī[首相](senāpati[大臣])[ここは、「首相と全ての大臣」とあるべきものの誤植であろう]とフランス高官たちを招いて大きいパーティーを開いて、<conseiller juriste>[法律顧問]殿に敬意を表明した。

クメール国の大きい団体であるシソワット sālāa <collège>[中学校]卒業生友愛会も大集会を開いた。即ち全ての部局の全ての職位の官吏と下級職員、さらに商人が集まって昨年の収支を審議し、新委員を選出し、さらに<statut>[規定]を改正した。それからこの団体のためと水没[被害]者救済のための資金の寄付を呼びかけるために、<philharmonique>[音楽堂]で lkhon (Théâtre)[劇]を公演した。さらに遠方に住む会員たちが互いに顔見知りになり、それが団結をさらに強め互いに親密を深め信頼し合うようになる原因になるように、136名が年に1度の御馳走のパーティーを開いた。

クメール国には、国を発展させ、知恵を発展させ、さらにその他のための友好団結協会は、すでに上の2団体がある。しかし、この2つの団体の活動は互いに相異なる。クメール cau krama 友好団結協会は、会員を国内で発展させることだけに役に立つことを行う。

シソワット sālāa <collège>[中学校]卒業生友愛会の方は、クメール国内の政府の全ての部局、および商人の会員がいて、前者とは異なる成果をもたらす。即ち、クメール人全てに、その後の世代の子供たちに勉強の分野で発展させるという共通の利益になることを行うのであり、自分自身、あるいは特定の1つの派、1つの団体の利益ではない。即ち、クメール人全てを発展させることを欲しているのである。

まだこの2つの団体に入会していない皆さんは、今後我々の国が発展するように、それぞれが利益と発展とを考慮に入れて、この2つの団体のうちどちらでも構わないから、自分が志望する気持ちに従って、名前を登録し会員になってほしい。

我々の<gazette>[新聞]読者各人は、恐らく[次のことに]まだはっきりとは目覚めてはいないのかも知れない。「この nagaravatta <gazette>[新聞]は自分1人だけ、1つの仲間だけ、1つの団体だけの利益のためになることをしているのではない。即ち、民族のために、共通の利益のためにしているのである。即ちクメール人全ての<gazette>[新聞]であると言うこともできるのである」nagaravatta <gazette>[新聞]はシソワット校卒業生友愛会という母の実子以外の何物でもない。それゆえ物腰も姿形も言葉も態度も母親そっくりで、似ていないところが何もない。即ち実の兄弟であるクメール人を誘って発展に向かって歩くこと、即ち、既に発展している近隣の民族に恥ずかしいと思って、一生懸命働いて生計を立て、一生懸命全力を尽くして学ばせることだけを考えているのである。

それゆえ、今年は、我がクメール人兄弟たちが団結するのを見、民族が昨年までよりもよりよく前進しているという成果を見た。

農村にいる我がクメール人兄弟たちは、末弟ではあるが、最も話すことができ、考えることができ、そして兄姉たちに[自分の]後について歩くように理解させることができる nagaravatta を知りたいと思っている。即ち、農村にいる兄姉たちは、一生懸命買って行って分け合って読み、知識があって兄姉たちの後を付いて来るように指導している弟である nagaravatta の言葉を聞いている。

それだけではなく、コーチシナ国やシャム国など遠くの国に散らばってしまって住んでいる兄弟たちも全てが兄弟たちを愛し、nagaravatta の顔を知りたいと思って、そろって末弟の作品を買って行って読んでいる。

最後に、nagaravatta は、遠くにいる兄弟も近くにいる兄弟も全てに、今後各人とも発展があるように祈る。そしてまだ末弟を知らない兄弟たちに、クメール国に"nagaravatta"と言う名の我々の弟がもう1人生まれたという情報を伝えてほしい。

2-1　工業学校でクメール人9人に降ってきた災難

「工業学校で、[そこに]勤務している人13人を解雇した。先の12月に解雇した13名の数の中にクメール人が9名いる」という情報を聞いて、大勢のクメール人が気の毒に思う気持ちを持っている。現在政府に勤務しているクメール人の数は極めて少ない。このようにクメール人を大勢解雇することを、偉い方々達は恐らく知らない。もし知っていたら、どうして少数しかいないクメール人を解雇させて、クメール人をますます少なくすることに同意することがあろうか。もし校長が、工業学校の日給による勤務者をなくすことを考えているのであれば、政府はこれらの人達全てを別の政府部局に分散して配置転換することを考えるべきである。そうすれば温和で臆病なクメール人は、今後も良い心と考えを保つことができる。全てのクメール人は、「政府はクメール国を支援して、まだするべき事を果たしていない」と良く知っているのに、なぜこのように解雇するのか。上に述べたように、同じクメール人に気の毒に思う気持ちを持つクメール人が大勢いるということについて、我々は我々の考えで少し回答しよう。なぜならば我々は、「政府が[無理やり]力でこの人達を解雇したのではない。即ちこれらの人々は、校長が[解雇を]申し渡した時に全員が退職することに同意し、<signer>[署名]もした」ということをはっきり知っているからである。もし同意したのでなかったら、どうして13名の<signer>[署名]が政府の手の中にあるのか。この点に関して、我々は、「彼らは恐らく無学無知で愚かで、事がわからなかったか、あるいは、政府が支援金を、それぞれの人に、最も長期間勤務した人には100リエル余りを、それから減ってきて80リエル余り、最後は20リエル余りを与える、という金が欲しかったから<signer>[署名]したのであろう」と推測する。もし、このようにして退職することに同意し、承服したのなら、今後は心を慰めて、政府に不満を持ち、悔しく思うべきではない。もしそれでもこのことを思い忘れることができなかったら、子や孫を支援して商業の道で生計を立てることを考えさせ、我々がこのようにお知らせした情報のように憤慨して後悔する恐れがあるから、政府でthīや官吏になることを望まないようにするべきである。

subhā dansāy

2-2　王国内の全ての裁判所長に対して定める1937年11月12日付法務大臣通達第4号

土地登記局長から、カンボジア国<le résident supérieur>[高等弁務官]殿に、「村内にあり、土地登記局がすでに測量し、[土地]台帳に記載した土地を多数、国民が密かに不正に売買、あるいは入質している、即ち土地登記局に届けて知らせることなく、また他人に知られることなく、売買·入質をする契約者だけが知っている」という届けがあった。

[これは]政府がクメール国内の土地を整理した状態を損なうものであるから、この種の売買·入質を減少させ、今後増えないようにするために、貴職[＝?nak okñā と okñā]においては、この種の売買·入質に関する審理事案があった場合に、それは契約当事者間にのみ有効で、それ以外の人間に対しては無効であること、即ち他人に対しては何らの効力がないことを認識しておいて結論することを要請する。

簡略に述べると、いずれかの土地の売買·入質の契約をして、土地登記局の登記簿に記載する申請をしていない場合には、[当事者以外の]他人には無効であるとしなければならない。

もう1つ、貴職[?nak okñā]は、以下の重要事項を ?nak okñā と okñā[＝指揮下の cau krama]に注意するよう要請する。

即ち、土地登記局の登記簿に記載された土地は、それの占有に関して争うことはできない。即ち、何人も自身がその土地を占有して、その土地の上に[何かを]作ることを地方裁判所に訴えることはできない。[地方裁判所は]資産の所有権についてしか訴えて争うことはできない。未利用地はすべて政府の法律上正当な所有地であるとみなされる。以後、貴職[?nak okñā]は、?nak okñā と okñā[＝指揮下の cau krama]が審理にあたる、既に登記簿に記載された土地に関する争いの訴訟について、上述の解説の通りに厳格に従わせることを要請する。

2-3　［44号2-4と同一］

2-4　**［広告］カンボジア国**

クメール・ボーイスカウト連盟の福引き

仏暦2480年9の年寅年 cetra 月上弦14日木曜日、即ち1938年4月14日に、市の mandīra ṭūryaṭantrī(<philharmonieque>)［音楽堂］にて抽籤。

皆さん、どうぞあらゆるところで売っているこの籤を買ってください。

価格は1枚20センで、もしあなたに幸運があれば ratha yanta(radeḥ ḷān)［自動車］が1台得られます。

あなたがこの籤をたくさん買うと、あなたの幸運も増えます。

この籤を買うのを忘れないでください。

皆さんが私たちを支援してくださることに、私たちは深く感謝いたします。

［籤で］当たる品物は、

ratha yanta(radeḥ ḷān)［自動車］が3台、<machine> dik kak［冷蔵庫］1台、dūrasabda［電話］(<machine> ḷī samḷeṅ ṭoy khyal［注、「khyal」は「khsae」が正しい）［電線で声が聞こえる機械］2台、ratha dhāk (<bicyclette>［自転車］8台、さらに高価な品物がたくさんあります。

2-5　**（コーチシナ）国のバーサックに住むクメール人の皆さんのための役に立つための注意**

コーチシナ国は省が20有り、クメール国と同じように、各省にフランス政府の政府部局がある。［クメール国の］各州の政府部局を統括しているフランス人を我々は loka dham［長殿］(Résident)［弁務官］と呼ぶが、コーチシナ国では(Administrateur)［上級行政官］と呼ぶ。20省のうち（バーサック）川下流岸の7省にクメール人が住んでいる。それで、クメール人の習慣の語で「バーサックのクメール人」と呼ぶ。

私は「注意の言葉」を書いて、この明るい美しい光を持つ、あるいは大きい太鼓のような<gazette>［新聞］のページに掲載する。

もし皆さんがこの文章を読んだら、どうかこの情報を、バーサック国に住むクメール人に広めて、我々の国と民族が他の国に劣ることがないようにするために助力して支えて発展させるために、各人が<gazette>［新聞］を読むようにしてください。（バーサック）国に住む我々クメール人は40,000人います。現在フランス政府はフランス人の賢い上手なやり方でベトナム人より［我々に］親密にしています。低くて平らでない土地はどこも、政府は土を入れて平らにしています。バーサック国に住むクメール人は、まだ他よりもひどく弱くて劣っていると知っているので、他と平等になるように助けて引き上げようとしているのです。

nagaravatta <gazette>［新聞］の42号［注。この号はこのマイクロフィルムでは欠けている］の「土曜評論」を読んで、私はクメール人は他の民族より大変遅れていることがわかりました。もう1つ、この文章の中の方策は、クメール人を繁栄させ、文明国のような発展に顔を向かせたいと思っています。私はこの文章を読んでとても可哀想だと思いました。よく見ると、カンボジア国に住むクメール人には光がある、即ちこの<gazette>［新聞］が明るく照らしてくれるので、少しずつ発展を続けているのに、バーサック国のクメール人は、都会から遠く離れ過ぎているので、届いて照らしてくれる光がありません。

もう1つ、自分の民族の文字であるクメール文字の学問知識の学習も、知識がある人が少ないのです。12年前のバーサック国では、クメール文字の手紙やプノンペンで印刷出版されて送って来られた文字も、読める人はあまりいませんでした。誰か paṇḍita や ācārya を探して読んでもらいに行っても、多くは手紙を手に持って、首を振って、「プノンペン国のクメール文字は数が多くて読むのがとても難しい」と言うのでした。後の週［＝56号2-4］に続きがある。）

sa. pa.［＝sīv-pāv］

3-1　**強盗の首領を逮捕したことについて**

我々は、カンポート州の我々の<gazette>［新聞］読者の1人から、「現在同州の住民は、カンポート公安警察局当局が辛抱強く追って、強盗団の首領、名は ā {kān} を逮捕したのでとても喜んでいる」という手紙を受け取った。10月23日の午前6時に、thī {gaṅ-dhuc} と <police> giñ［公安警察官］2名、名は brāp-sūn と jar の合計3名が一生懸命 jhūk 郡（カンポート）からベトナム国まで ā {kān} の後を追ってようやく逮捕することができた。

この ā {kān} は大胆な盗賊の首領で、長い間窃盗や強盗をしてきた。公安警察局は長年、辛抱強くこの首領を追ってきたが逮捕できたことがなかった。公安警察局の thī {gaṅ-dhuc} など3名が一生懸命後を追ってようやく逮捕でき、政府に法律通りに処罰させることができた。このニュースはカンポート州の住民をとても喜ばせ、強盗の恐怖がなくなりぐっすり安眠できるようになった。

nagaravatta はカンポート州の民衆と同じように、政府に対して嬉しく思い、そして公安警察局のこの3名が重大な関心を持つことと、その死をも恐れない勇敢さを称賛させていただく。どうか昇進し、幸せが増えるようお祈りし、住民の幸福のために任務の発展があるように、法律に違反して悪事を働く悪人を一生懸命捜査して逮捕するよう、思い起こさせていただく。

3-2　**クメールの工業がインドシナ国で有名である**

puṇya tāṅ phsār nau <haiphoṅ>(foire de Haiphoṅ)［ハイフォンでの物産展市祭り］の時、クメール国の代表であるスヴァーイ・リエン州<résident>[弁務官]の rūñī 氏が物産品を持って行って、そこで展示即売をし、クメールの展示コーナーが raṅvān phut lekha(Diplôme hors concours)[特賞]を得た。布と銀の飾りの群を抜いた稀な美しさが、見る人の目を引いて、人々に通り過ぎて行かせないほどであった。展示に行ったクメール人14名全てが、各人<médaille> mās[金賞]を得た。この展示コーナー全体の売り上げは8,000リエルを得た。

<gouverneur général>[総督]殿はクメールの展示コーナーを2度見に来、そして称賛し、このコンクールで受けた成果などいろいろのことについて、展示者にお祝いの言葉をかけた。

rūñī 氏は夫妻とも、疲れを恐れず熱心に監督して、コンクールの等級を決める審査委員にまで任命された。氏の夫人[madame]は自ら販売して手伝った。

3-3 [33号3-4と同一]

3-4 [48号3-8の終わり近くの「70メートル」が「10メートル」になっているだけである]

3-5 [44号4-6と同一]

3-6 [44号3-9と同一]

3-7 農産物価格[「金の価格」はない]

プノンペン、1938年1月21日

サトウヤシ砂糖		60キロ	3.40リエル
	店頭で購入		3.00リエル
籾	白	68キロ、袋なし	3.45 ~ 3.50リエル
	赤	同	3.35 ~ 3.40リエル
精米	1級	100キロ、袋込み	8.80 ~ 8.85リエル
	2級	同	8.45 ~ 8.50リエル
砕米	1級	100キロ、袋込み	7.50 ~ 7.55リエル
	2級	同	6.85 ~ 6.90リエル
トウモロコシ	白	100キロ、袋込み	[記載なし]
	赤	同	0.00 ~ 7.80リエル
コショウ	黒	63.420 キロ、袋込み	13.50 ~ 14.00リエル
	白	同	22.50 ~ 23.00リエル
パンヤ	種子抜き	60.400 キロ	30.00 ~ 31.00リエル

*サイゴン、ショロン、1938年1月20日

フランス籾・米会社から通知の価格

ショロンの<machine> kin srūv[精米所]に出された籾 1 hāp、[即ち]68 キロ、袋込みの価格は以下の通り。

籾	最上級		3.75 ~ 3.80リエル
	1級		3.65 ~ 3.70リエル
	2級	日本へ輸出	0.00 ~ 0.00リエル
	2級	上より下級、日本へ輸出	0.00 ~ 0.00リエル
	食用[国内消費?]		3.45 ~ 3.50リエル
トウモロコシ	赤	100キロ、ショロン県マッカサンで売り渡し。	0.00 ~ 9.00リエル
	白	同	0.00 ~ 0.00リエル

米(10月[ママ]渡し)、港渡し、袋込み、税抜き、1 hāp、[即ち]60.7キロの価格は以下の通り。

精米	1級、砕米率 25%	5.40 ~ 5.45リエル
	2級、砕米率 40%	5.15 ~ 5.20リエル
	同。上より下級	5.05 ~ 5.15リエル
	玄米、籾率 5%	4.50 ~ 4.55リエル
砕米	1級、2級、同重量	4.60 ~ 4.65リエル
	3級、同重量	4.30 ~ 4.35リエル
粉	白、同重量	2.50 ~ 2.55リエル
	kāk [籾殻+糠?]、同重量	1.30 ~ 1.35リエル

3-8 [44号3-3と同一]

4-1 [48号4-1と同一]

4-2 [8号4-6と同一]

4-3 [11号4-2と同一]

4-4 [51号3-6と同一]

4-5 [8号4-3と同一]

4-6 [20号4-6と同一]

4-7 [11号3-2と同一]

4-8 [35号4-11と同一]

4-9 [20号4-11と同一]

4-10 [24号4-8と同一]

4-11 [広告] [下にある署名以外は、25号4-10の冒頭から第2パラグラフ3行目、その旨が記してあるところまでと同一]

aṅgara pān 村長 khat

4-12 [54号4-10と同一]

第2年56号、仏暦2480年9の年丑年 pussa 月下弦13日土曜日、即ち1938年1月29日

［仏語］1938年1月29日土曜日

1-1　［仏語で「私書箱 No.44」と「社長、PACH-CHHŒUN」が加わった以外は8号1-1と同一］

1-2　［デザインが少し変わった以外は8号1-2と同一］

1-3　［デザインが少し変わった以外は8号1-3と同一］

1-4　［8号1-4、1-5と同一］

1-5　［52号1-5と同一］

1-6　munīreta 殿下［braḥ aṅga mcās］の談話の意見について

munīreta 殿下［braḥ aṅga mcās］が、フランスへの御旅行について談話をなさった時から後の［今日から］数日前、その談話についての、1月15日の nagaravatta <gazette>［新聞］の意見［＝54号1-5］に対して、殿下［braḥ aṅga mcās］の代わりに立腹している人が何人かいて、「nagaravatta <gazette>［新聞］は、『殿下［braḥ aṅga mcās］には深く理解する知恵がない』と推測することで、知恵をお持ちの殿下［braḥ aṅga mcās］に立腹させようとして［殿下を］けなした。nagaravatta <gazette>［新聞］は自分たちと違って［殿下を］尊敬し畏怖する忠誠心がない」として、nagaravatta を訴えて罪を見つけるために委員会を設立することを考えているという、あり得べからざる話である非難の言葉を、私は耳にした。

このことについて、各人の頑迷さの蒙を啓いて、我々と同じように開明させるために、終わりとしてもう1度話す。我々は、殿下［braḥ aṅga mcās］がお話しになった談話は良い内容で、我がクメール人に有用であり、そして我が国では特別な意味があったと、喜ぶ清浄心を持つ。昔からのクメールの習慣で、誰かフランス国に10年も20年も学びに行っても、誰も敢えて殿下［braḥ aṅga mcās］のように口を開いて情報を伝えようとする人は全くいなかったからである。それで当日、クメール人は喜んで［聞きに］行って、クメール人の口からとても本当に驚嘆するべき耳に美しい明瞭な明確なフランス語を聞いたのを目にした。そして私は、今後クメール人は、深い優れた知識学問と英知をお持ちの殿下［braḥ aṅga mcās］に期待し頼ることができると期待した。

「我々が殿下［braḥ aṅga mcās］をけなしたいと思って」と言う言葉は全くの誤りである。我々は殿下［braḥ aṅga mcās］が後日我々クメール人のためになることをしてくださることを望む気持ちを持つので、我々の意見を述べたにすぎない。なぜならば、「フランス国やヨーロッパの国々などの大国では、誰か英知の優れた人が談話をすると、毎回批判の言葉を免れることはない」と私は理解するからである。人の集まりで話すのは、1人にこっそりと秘密に話すのではないからである。しかし、この非難は2種類ある。1つはその談話を滅ぼして何らの成果もあげさせないことを欲するものである。もう1つはその人の英知に刺激を与えて熟考させ、後日その考えを完全にならせ、全ての人々のためになるようにするためである。私の意図は後者である。そして殿下［braḥ aṅga mcās］のお心も nagaravatta 新聞の通りにご同意なさり、これに対して何らのお怒りもお持ちではない。殿下［loka］は何回もヨーロッパ諸国で経験なさっているからである。

しかし、私は殿下［braḥ aṅga loka］以外の人で、殿下［braḥ aṅga loka］の代わりに nagaravatta <gazette>［新聞］に腹を立てて罪を言い立てて、「私がとても怖がって、ある1人の人の家に行き、その人の前で跪いて平伏して謝罪した」という噂を広めている人がいることを、私は甚だ理解できない。もう1つ、聡明な深い知恵を持つ方々は、もし私が本当に誤りを犯したのなら、私自身はその談話をした本人である殿下[braḥ aṅga mcās]に身を屈して直接謝罪するべきで、なぜ他の人に謝罪しに行くのか、と[その噂は事実ではないことが]考えて分かるはずである。

私自身の方は、私自身の意志から以外に、誰をも拝みに行こうとは思わない。<gazette>[新聞]読者の皆さんは、私の膝は、森の中の何も知らないネアック・ターに曲げたことはないことを、はっきりと知っておいてほしい。

その後、我々は<gazette>[新聞]読者の1人から手紙を受け取った。その人は、敢えて名前を出さずに、「先日の munīreta 殿下[braḥ aṅga mcās]の談話について言及したnagaravatta <gazette>[新聞]は、談話のどの部分かを傷つけようとしたのではない。即ち[自らの]愚かさからしたのであることは確かである」と述べている。この点についても私は同意しない。即ち、nagaravatta <gazette>[新聞]が本当に知識を持つことは確かである。しかし、このように反論してきた人は<gazette>[新聞]を本当に詳しく検討して読んでいない。そして背伸びしても知恵がnagaravatta の域に達していないから、「nagaravatta は無学無知である」と言うのである。

その後私が聞いた情報によると、「大変憤慨したある人が、人々に呼びかけて歩き、nagaravatta <gazette>[新聞]をもう買わせまいとしている」という。私の考えによると、この人はクメール人全体を滅ぼそうとする悪人である。自分が買う意志がなくても、人をさそって歩いて自分に従わせる必要はない。私自身の方は毎日毎夜、一生懸命心をこめて<gazette>[新聞]を作り、種々のことと戦っているのは、本当に民族を愛する気持ちを持つから、クメール人全体を発展させるためである。誰であれ私をよく見たら、これらのことをしている私は全く利益を受けていないことがわかる。私はこの事業から1センの給料も受け取っていないからである。ほんの少しの手当をもらってはいるが、それは自分自身のためではなく、私と一緒に働いて苦労している人にいつも分けている。私のこの<gazette>[新聞]を買って援助する気持ちを持っている皆さんは、私自身を援助しているのではない。即ち、クメール人が他と同様に繁栄するように援助しているのである。この<gazette>[新聞]を滅ぼそうという悪い心を持つ者は、自分自身の子や孫を滅ぼそうとしているようなものである。清浄な知恵を持つ皆さんは、「私がこう言っているのは正しいか、間違っているか」をよく検討してほしい。

pāc-jhwn

1-7　諸国のニュース

1-7-1　1月18日

フランス国。フランス大統領は(Chautemps)氏[M.]を首相に昇任させ、大臣の多くを変えた。即ち植民地相は(Steeg)氏[M.]、(Finances)[財務]省は(marchandeau)氏[M.]などである。

中国。日本国 cāṅhvāṅ <conseil> senāpatī[首相]である(近衛)氏[M.]は <conseil>[大臣]を集めて会議を開き、「日本国は勝利を得るまで中国と戦う。蔣介石総司令と話をするのは無益である。しばらく後に日本は中国に、蔣介石総司令の手中にある現政府に代わる新政府を樹立する」と発言した。

本日の情報によると、日本軍の1隊が青島県に到着した。

1-7-2　1月19日

中国。中国cāṅhvāṅ <conseil> senāpati[首相]である(Kung) mahā[博士]は、「日本国の意図に対抗するためにしなければならないことは1つしかない。即ち日本国が友好的になりたいと考えるまで、一生懸命に日本軍に抵抗して、それから停戦することである。日本が意図することは全て、中国人に国を守るためにますます堅く結束させる。中国は日本国の命令下にいるわけではない。後日になれば、この両国はきっと互いに戦うのをやめ、共に安穏に暮すようになる。中国は一生懸命全ての幸福を求めているだけである。現在中国は自分の国土を守らなければならない。幸福が長く続くことを望むなら、この両国民は互いに思いやりを持つべきである」と述べた。

過去数日間、戦闘は少し和らいでいたが、本日になって突然華南で激しい戦闘があった。

中国軍は peṅ bū 県の東に近い所を占領した。日本軍は mwṅ kvāṅ 県の地を占領しに行った。mwṅ kvāṅ 県は南京市から200キロメートルの距離にある。

揚子江岸で、中国軍は日本の手中にあった(Wu he)市に到達した。中国軍は……[1行消滅]……。

日本からの電報によると、蔣介石総司令は現在香港市で外国から武器を購入し外国人将校を雇うために、諸事検討中である。

1-7-3　1月21日

中国。山東省地域で日本軍は6400名が負傷した。

浦東県側で中国人は手腕を発揮して、上海市の南方の peṅ sien 県と suṅ tieṅ 県を占領した。

アメリカ国は、日本軍が襲って来ることがあり得るとして、空軍を(ハワイ)島の守備に派遣した。ハワイ島はアメリカ国の島で、mahāsamudra <pacifique>[太平洋]中の、日本国を一端、アメリカ国を他端とする間にある。

1-7-4　1月23日

イギリス国。イギリス国政府はシンガポール県にいる軍に、来週軍事演習をすることを命令した。この演習に、軍艦27、航空機100、軍1万名が演習をする。

1-7-5　1月24日

中国。中国のあるイギリス<gazette>[新聞]が、「日本軍が南京市を占領した時に、日本兵たちが中国人女性8000名を殺し、11歳から53歳までの女性2万名に暴行した」という手紙を掲載した。

蔣介石総司令は hān fū jū という名の中国軍将軍を、「同将軍が不注意で日本軍が自軍の陣地に侵入するのを放置し、中国軍に抵抗して戦わせることができなかった」として、死刑に処した。

1-7-6　1月25日

中国。ソノダという名の日本人1名が、イギリス国を激しく非難する演説をした。ロンドン市のイギリス<gazette>[新聞]はその演説について、「この演説は日本国に対する憤慨を引き起こした」と解説した。

*イギリス国。イギリス国は、日本国が大きい艦をさらに53万トン建造しようとしているという情報を聞いたので、スエズ運河とパナマ運河とを守る件について、アメリカ国と会談することを望んでいる。

*中国。中国軍はさらに sī nwṅ 市へ進んでいる。

fū hū 県地区で、敵対している両軍が激しい白兵戦を戦った。中国軍には航空機と大砲があり、日本軍を砲撃して300名を死亡させた。

揚子江に停泊中の日本軍艦が fū hū 県と lww kāṅ 県とを砲撃し、中国人多数が死亡した。

1-8　土曜評論

トアムマユット[派]とモハーニカーイ[派]

この2つの派は、民族を愛するクメール人はいずれか1つの派だけにこだわって敬愛するべきではない。それに、モハーニカーイ派は2、3の団、即ち古団と新団とがあるが、その団にこだわって敬愛するべきではない。どれか1つのグループだけを敬愛して、他のグループを非難する考えを持つ方たちは、先々のことまで理解している人であるという名を得ることはできない。クメール人が団結を失っているのは、このように派にこだわり、団にこだわることによるからである。グループにこだわる考えを捨てて、グループにこだわることをやめるのは、トアムマユット派に属する人も、モハーニカーイ派の古団も、新団も、このクメール国内にそれぞれ寺を持っているモハーニカーイ派古団も新団もトアムマユット派も、ただ1つの宗教を実践する同じ仏教徒であり、同じクメール人であることを心の中で考えるべきである。もしそれぞれの心が別のグループにこだわるのは、あたかも互いに別の民族、あるいは互いに異なる宗教を実践しているようなものである。宗教はただ1つ、民族はただ1つであり、考えを改めるべきである。愚かで、団にこだわる考えは民族の団結を破壊するということを理解していなかった時のように、いつまでもこだわるべきではない。今や、そのことを知った以上は、知ったことに従って行動も言葉も心も使うべきである。即ち、「彼らが誤りで我らが正しい」と知っている点は、ひとまずそのままにしておいて、互いに非難し合うことをやめるべきである。我々のグループが、「彼らのグループが間違っている」と言うことは、彼らのグループも、「彼らのグループが間違っている」と言うからである。正邪を明らかにしようと議論しても、それはわからない。たとえば、我々各人の口の中にある唾液を、我々は彼らの唾液を嫌い、彼らは我々の唾液を嫌うようなものである。それぞれの唾液は嫌ってはいない。我々の唾液がどんなに臭くても我々は飲み込むし、彼らの唾液も同じことである。

このように派や団にこだわることは、どなたもこだわりをなくすことはできない。しかし、知恵がある皆さんはうわべの行動と言葉を使うことができる。即ち、こちらの側もあちらの側も同程度に親しくし、どちらの側であるかをはっきりとはわからせないことである。言葉もどちらの側にも重く聞こえたり軽く聞こえたりする言葉は使わない。しかし、心の中は、どちらの側であれ、出家して学んだ寺の派と団を捨てることはしない。このようにして初めて先々のことが理解できる人であるという名を得ることができる。

sabhā dansāy

1-9　お知らせ

nagaravatta 新聞は<gazette>[新聞]を読んだ皆さんにお知らせ致します。

来たる1938年2月5日は、その週の<gazette>[新聞]を休刊致します。印刷所で働く人達が中国正月に際して休業するからです。

1-10　雇用者と被用者との間のことを監督する政府機関について

来る1938年2月に、政府は、雇用者と被用者との間のことについて、雇用者と被用者との間のことについて定める1936年12月と1937年2月付[ママ。「日」はない]の<décret>[法令]にある法律の規定に基づいて正しく従うように監督するために政府部局を1つ設立する。

この<décret>[法令]は、政府は後日印刷出版する。現在は官報と商業局報の中に印刷出版されている。それゆえ、雇用者と被用者は、互いに衝突することを避けるために、直ちに一生懸命これらの規定に従って[制度を]整え、互いに不都合がないようにするべきである。

<résident supérieur>[高等弁務官]府に、これらの規定と業務とについて説明する<bureau>[課]がある。雇用者と被用者とがこれらの規定について知りたい場合には、毎日午後3時から5時までの間、この<bureau>[課]に行って質問することができる。

[注。以下『　』内の部分は、57号3-1の正誤表で追加されたものである]

『<résident supérieur>[高等弁務官]府に、雇用者と被用者との間に争いが生じた時のための委員会を1つ設置する。委員会は直ちに会議を開いてその争いの原因について検討する。』

労使間紛争調停委員会

現在、政府はプノンペン市に、この委員会を1つ設置した。委員の姓名は以下に示す通りである。

フランス人正委員

項1。雇用者は、フランス<machine> dik kak[冷蔵庫]株式会社社長である(De Corbiac Pierre)氏[M.]。

項2。フランス人被用者は、<machine> dik niṅ <machine> bhlœṅ[水道·電気]会社勤務の(Haumey-Roger)氏[M.]。

現地国人正委員

項1。雇用者は、プノンペン第4区の船主である(Ung-tim-lam)氏。

項2。被用者は、プノンペン市の(Oriental-Hôtel)商会勤務の ṅgvieṅ yāṅ vā(Nguyên-van-Hon[ママ。クメール文字転写と一致しない])氏[monsieur]。

フランス人副委員

項1。雇用者は、プノンペン市の(Société Foncière du Cambodge)[カンボジア不動産会社]社長である(Lambert Charles)氏。

項2 。被用者は、プノンペン市の<denis-frères>商会勤務の(Francine Pierre)氏[monsieur]。

現地国人副委員

項1。雇用者は、プノンペン第6区に住む社長である(Tran-van-Tao)氏。

項2。被用者は、ḷānpā-ñee 商会の jāṅ <machine>[機械工]である ṅvien yāṅ vien(Nguyên-van-nguyên[ママ。クメール文字転写と一致しない])氏[monsieur]。

nagaravatta 新聞社は、この調停委員会のメンバーの氏名リストにクメール人が1人もいないことに疑問を持つ[注。この文は、57号3-1で、クメール人が1人いるからnagaravatta <gazette>[新聞]の誤りであるとして、取り消されている]

2-1　大臣が州知事と郡長と対して規定する通達第5号

プノンペン、ba.sa.[仏暦]2480年9の年丑年1月[＝migasira 月]上弦4日火曜日、即ち1937年12月7日

貴職[?nak okñā]は ?nak okñā と okñā と braḥ[注。以上3つは官吏の官等]とに、従来保護国政府の官吏に許可されていた東洋諸国言語知識手当をクメール政府の官吏にも与える規定をクメール政府の官吏に知らせる、9の年丑年11月[＝assuja 月]上弦15日水曜日、即ち1937年10月20日付国王布告第225号(1937年11月5日付官報第21号1934ページ)を思い出させること。

今後、クメール政府の官吏は保護国政府の官吏と同じ手続きで、以下に示す言語、即ち、ベトナム語、ラオス語、シャム語、中国語のいずれかの言語の知識に対する手当を得る望みがある。手当の金額は1年に付き60リエルである。この手当は試験を受けて試すのが終わった後に、与えることを許す。試験をする日時は<résident supérieur>[高等弁務官]殿が定める。この手当は3年間のみ与える。この期間を過ぎると、改めて試験を受けてこの手当を得ること。

この規定により手当を得た者は、自己に政府が与える、自己が知識を有する言語の知識を政府内の利益のために使用する必要がある仕事の任務につかなければならない。それゆえ、政府は自己が知る言語の知識を使用する必要があるいずれかの州に勤務させる。

貴職[?nak okñā]は ?nak okñā と okñā と braḥ に、この通達の規定の情報を、[各] ?nak okñā と braḥ[ママ。恐らく「okñā」が脱落]の指揮下にある官員に周知させるよう要請すること。

2-2 [雑報]

2-2-1　プノンペンの phsār thmī の開場について

プノンペン市<le résident maîre>[市長]殿は布告を出して、「phsār thmī は来る2月1日に開場して[商品を]販売させる」と民衆に告げた。

2-2-2　シソワット中高等学校卒業生友愛会の lkhon <Théâtre>[演劇]団員たちは、来る1月30日に、初めてのコンポン·チャム州立劇場の落成式を開催するために、同州森林局の支援でコンポン·チャムに揃って行って1晩公演をする。

この公演で、我々はこの<théâtre>[劇]団員が、プノンペンで国王陛下の誕生日祭に演じた時のように、上手に演じるよう期待する。

2-2-3　獰猛な獣についてのお知らせ

先の1月18日、samroṅ 郡(シエム·リアプ)で、大きいクマが、トウを探しに森に入った1人のクメール人に嚙み付き、顔を目からあごにかけて怪我させた。負傷者はプノンペンに連れてきて治療を受けさせた。

同郡で、samroṅ <poste>[屯所]の<chef>[長]である(Donze)中尉が役所を視察に行った時に、以前に傷を負っているヒョウに嚙み付かれて重傷を負い、飛行機でサイゴンに連れて行って治療を受けさせた。

nagaravatta は samroṅ 郡の人々に、この地区には獰猛な野獣が多数いるから、生計を立てるために森に行き来する時には注意するようお願いする。

2-3 ［44号2-4と同一］

2-4 （コーチシナ）国の pāsāk 国に住んでいるクメール人の皆さんに役に立つ注意

（前の週［=55号2-5］から続く）

pāsāk 国では、クメール人は全て出家して学ぶが、出家した時にはパーリ語の経典と貝葉に鉄筆で書くことを学ぶだけで、現代に従って書くことは習わない。寺によっては書くことができるようになったばかりの住職補師僧、あるいは住職師僧しかいなくて、書きたくても書くのが少々困難なようであることもある。即ち、貝葉に鉄筆で書くように、ペンを傾けて持ち、とても書きにくそうに一生懸命文字を1字1字書く。そばに座って見ている人の方が見て代わりに気の毒になる。そして、さらにその書いた文字も他と違って手本に合っていない。現在、クメール人の地位の高い方たちが、他の民族に遅れている自分の民族に心を痛めて、フランス政府と共に考えをまとめて、全ての郡と州都の寺にクメール語学校を作ったが、pāsāk 国のクメール人たちは子や孫に習いに行かせることにあまり同意しない。

私は、この文章を注意･忠告として書く。クメール人はクメール文字を正しく知るべきである。そうして初めて英知が生まれる。なぜならこの文字は我々の語、言葉となって表れ、我々は直ぐに意味がわかる。わかれば知恵が生まれる。知恵が生まれれば知識と英知も生まれる。知識が生まれれば他の民族は見下すことはできない。この世界の職業はすべて、我々は文字を知っていることに頼らなければならず、そうすればよくなる。文字を知っている人は目が見える人と同じであり、何でもすべてのことを見ることができる。文字を知らない人は目が見えない人と同じである。

pāsāk 国では大きい収穫は田から来る。pāsāk 郡の田は全てクメール人が開墾した。良い田が生まれると、その田は中国人やベトナム人の手に落ち、［中国人やベトナム人が］所有者になる。こういう理由で、pāsāk 国のクメール人はこのように貧しい。私は真実の民族愛からつついて引っ掻いて注意をしようと思う。<gazette>［新聞］読者の皆さんはお許しください。

我々クメール人は、たとえば農民は収穫時になると女たちに［収穫作業を］任せ、一方自分の方は楽しく遊んで歩く。トランプ博打やサイコロ博打をし、酒を飲み、考えなしに金を使う。籾を得るとすぐに中国人やベトナム人がやって来て全部取り上げて持って行ってしまう。1年か2年たつと彼らに借金が返せなくなり、彼らはさらに田も取り上げてしまう。我々クメール人はほとんど全てが出家して勉強する。［仏教は飲酒を禁じているが］それでもまだ酒やココヤシ酒を捨てることができない。pāsāk 郡のクメール人は商売で生計を立てることをあまり行わず、tāpae、nam pañcak などを売るといった小さい商売をして生計を立てるということもしない。

この国のクメール人は、男には1つ立派な点がある。男たちはどんなに貧しくても、人力車を曳くことはあまりない。

sa. pa.［＝sīv pāv］

3-1 読者のために以下に掲載して説明する金銭借用の方法は、貧しい農民であるクメール人に役に立つと、我々は理解する。

農業金融公庫

（<gazette>［新聞］54号［3-2］から続く）

中国人に30 hāp 渡すと、40 hāp しか残らないことがわかる。これを妻子を養う食料にすると—、これを考えると借金を全部返すことはできないことがわかる。そして栽培の収穫が良くない場合には生命を養うのも難しいことがわかる。ḍī は45歳で、そして貧しい人で、長い間利子だけを払う［とする］。死ぬ前の時間、つまり16年間毎年中国人にトウモロコシを30 hāp ずつ払い続けると、ḍī が中国人に払うのは、［1年間に］

62キロ×30＝1860キロのトウモロコシになる。

1935年にトウモロコシを売ると、100キロがおよそ2.50リエルであったのが、1936年までの2［ママ。「1」にしないのは「満」でなくて「数え」で数えているから］年間で6.00リエルになっていて、ḍī が100リエルの利子として払ったのは、

1935年には、2.50×1860÷100＝46.50リエル、

1936年には、6.00×1860÷100＝111.60リエル、

46.50×［ママ、「＋」が正しい］111.60＝158.10 リエルである。

私が計算したように計算すると、ḍī はこの中国人に借りた金を非常にたくさんオーバーして支払っている。これはこの2［ママ］年間だけである。もし ḍī が利子としてトウモロコシ30 hāp を［あと］14年間払い続けたら、一体いくらになるのであろうか。さて今1935年のトウモロコシの価格、即ち100キロ2.50リエルを使うことにする。

2.50×1.860×14÷100＝641.00［ママ。下の数式にある「651.00」が正しい］リエルになる。

1935年から死ぬまでの間に ḍī は利子として、

158.10×［ママ。「＋」が正しい］651.00＝809.10リエルである。

計算してみると、ḍī は利子だけで、自分が中国人から借りた金の8倍を払うことになる。自分が死ぬと、この借金は消えることを知らず、中国人は従来と同様に厳しく子や孫から徴収するのである。

我がクメール農民には、この ḍī のようなことになって、トラブルをかかえている人が多い。もし ḍī が、私が計算したように計算することができたならば、恐らく

中国人から借金しなかったであろう。少し親の顔が立つ結婚を子供にさせたかったことただ1つが、自分を一生惨めにならせるからである。無益なことをしようとする前に真剣に考えなければならない。

農業をするための食料を買う金が必要な農民は、田畑栽培園業を援助するための「農業金融公庫」の事務所に行くべきである。

現在、バット・ドンボーン州、コンポン・チャム[州]、クラチェ[州]、スヴァーイ・リエン[州]、プレイ・ヴェーン[州]、ター・カエウ[州]、カンポート[州]、カンダール[州]にこの農業金融公庫がある。

まだ後の週[＝57号3-2]に続きがある。

3-2 [33号3-4と同一]

3-3 [55号1-9と同一]

3-4 [44号4-6と同一]

3-5 [44号3-9と同一]

3-6 農産物価格[「金の価格」はない]

プノンペン、1938年1月27日

サトウヤシ砂糖		60キロ		3.40リエル
	店頭で購入			3.00リエル
籾	白	68キロ、袋なし	3.45 ~	3.50リエル
	赤	同	3.35 ~	3.40リエル
精米	1級	100キロ、袋込み	8.90 ~	8.95リエル
	2級	同	8.55 ~	8.60リエル
砕米	1級	100キロ、袋込み	7.50 ~	7.55リエル
	2級	同	6.90 ~	6.95リエル
トウモロコシ	白	100キロ、袋込み		[記載なし]
	赤	同	7.90 ~	8.00リエル
コショウ	黒	63.420 キロ、袋込み	13.00 ~	13.50リエル
	白	同	22.50 ~	23.00リエル
パンヤ	種子抜き	60.400 キロ	31.50 ~	32.00リエル

＊サイゴン、ショロン、1938年1月26日

フランス籾·米会社から通知の価格

ショロンの<machine> kin srūv[精米所]に出された籾 1 hāp、[即ち]68 キロ、袋込みの価格は以下の通り。

籾	最上級		3.75 ~	3.80リエル
	1級		3.70 ~	3.85リエル
	2級	日本へ輸出	0.00 ~	0.00リエル
	2級	上より下級、日本へ輸出	0.00 ~	0.00リエル
	食用 [国内消費?]		3.55 ~	3.60リエル
トウモロコシ	赤	100キロ、ショロン県マッカサンで売り渡し。		
			0.00 ~	8.50リエル
	白	同	0.00 ~	0.00リエル

米(10月[ママ]渡し)、港渡し、袋込み、税抜き、1 hāp、[即ち]60.7キロの価格は以下の通り。

精米	1級、砕米率 25%	5.55 ~	5.60リエル
	2級、砕米率 40%	5.30 ~	5.40リエル
	同。上より下級	5.20 ~	5.30リエル
	玄米、籾率 5%	4.70 ~	4.75リエル
砕米	1級、2級、同重量	4.80 ~	4.85リエル
	3級、同重量	4.35 ~	4.40リエル
粉	白、同重量	2.50 ~	2.55リエル
	kāk [籾殻＋糠?]、同重量	1.30 ~	1.35リエル

3-7 [44号3-3と同一]

4-1 [48号4-1と同一]

4-2 [8号4-6と同一]

4-3 [11号4-2と同一]

4-4 [51号3-6と同一]

4-5 [8号4-3と同一]

4-6 [20号4-6と同一]

4-7 [48号3-8の終わり近くの「70メートル」が「10メートル」になっているだけである]

4-8 [11号3-2と同一]

4-9 [仏語] **M.Truong Long-Bào、通称 Xiêu Bao**

プノンペン Okña-Oum 路47号

[ク語] 薬は、プノンペン okñā um 路47号、kāp go 市場の sīv-pāv 店で売っています。

毒を殺して梅毒、淋病、下疳、それに潜伏している梅毒を治す薬。病気はぶり返すことはありません。素晴らしく良く効きます。

尿の出を良くし、血と膿を掻き出して痛みをなくす淋病の薬と、尿道口から押し込んで入れて治し、押し入れて熱を冷やし痛みを取る薬。

白帯下と子宮痛、あるいは夫から毒が伝染した女性の薬は本当に良く効く。妊娠中の女性を大勢救って楽にさせた薬。

月経不順の血液がおこした100種の病気の薬。私の薬は本当に良く効きます。

腰痛、camḷak(Rein)[腎臓]痛、あるいは刺激に対して精液を出させる薬。この薬は病気に効果があり、俗人の本性による快感の力を与えます。

血液を濾過して骨と神経の病気、四肢の麻痺、あるいは四肢の関節の骨の痛みを治す薬。とても有名です。

体力をつけて太らせ、血色と肌色を良くして、全ての病気を治す薬。この薬は服用すると美味で、そして病気も治ります。高級官吏や thaukae の皆さんはいつも服用して身体を健康に、心を楽しくならせるべきです。

肺の痛みを治し、吐血する咳、頑固な咳、痰が出る咳、あるいは喘息を治す不思議に効く薬。

禁アヘン薬、非常に大勢の方がアヘンを止めることができました。同胞全ては来て買って行って使ってください。ためらってはいけません。

アヘンの毒の痰を全部出す薬。即ち下剤です。この薬は長期間使うと血色が良くなります。

10年も20年もの長年の腹痛の薬。

始まったばかりの腹痛の薬もあります。

腸、胃の痛み、あるいは腹部の腫瘍の薬。この薬はよく効き、有名です。

脱肛、あるいは排便時の出血の薬。この薬もよく効きます。

首の腫瘍、あるいはグリグリの病気。病気が治るために、辛抱強く服用してください。

コレラの薬。下痢も治します。

麻痺の薬は既に大勢の人を治したことで有名です。

大人と子供の熱の毒の薬。良く効き、希望通りにすぐに治ります。

間欠熱、痙攣熱、マラリア、即ち蚊が食った熱病の薬。良く効きます。

疥癬の薬、歯痛の薬、頭痛薬、目薬、全てよく効きます。薬はまだたくさんあり、全部述べ尽くすことはできません。

4-10 ［54号4-10と同一］

第2年57号、仏暦2480年9の年丑年 māgha 月上弦12日土曜日、即ち1938年2月12日

［仏語］1938年2月12日土曜日

1-1 ［仏語で「私書箱 No.44」と「社長、PACH-CHHŒUN」が加わった以外は8号1-1と同一］

1-2 ［デザインが少し変わった以外は8号1-2と同一］

1-3 ［デザインが少し変わった以外は8号1-3と同一］

1-4 ［8号1-4、1-5と同一］

1-5 工業学校で生徒がストライキをした

1月27日、工業学校のクメール人生徒全員が授業を受けるのを止めて、そろって nagaravatta 新聞社の事務所に来て、工業学校校長に苦しみと不満を持つことになった事件について我々に要点を話した。［即ち、］「退学にまでするべき十分な罪は何もない生徒12名を退学させた。その12名の中にはベトナム人は3名しかいず、大変悔しく思っている。なぜならば、工業学校で共に勉強しているベトナム人生徒はクメール人生徒より数が多いのに、退学させる時にはなぜ逆にクメール人がベトナム人より多いのか。もう1つ、学校はクメール国にあるのに、このようにベトナム人だけを残して勉強させようとするならば、クメール人はどうして冷静でいられるか、ということである。

この［ストライキの］件は、munīreta 局長殿下［braḥ aṅga mcās］が同情なさってくださり、双方を仲直りさせ、これらの生徒グループを授業に復帰させた。しかし、退学させられた12名の生徒は復学できなかった。退学させた事件は、我々が訊ねて明らかにしたところによると、次のようである。全生徒の知識を試す『trīmāsa』試験、［即ち］3ヶ月に1度の試験で、これら12名の生徒は［生徒］全員の点の末尾、即ち学んで成績が全く良くない。何をしても正しく良くできない。そして勉強を怠ける者もいるし、許可を求めることなく欠席する者もいる。それで、その悪い点を問題にして退学させた。さらに退学させ、損害を弁償させた生徒もいる。我々は、なぜクメール人は学んで成績が悪く、怠けることが多く、許可なく欠席することが多いのかを知りたい。ベトナム人生徒のほうは、なぜ学んで成績が良いのか、怠けないのか、許可なく欠席することがないのか。

この点については我々は知っている。成績が良いことと悪いことは教師によって生じる。教師が一生懸命に、「どの生徒にも知識を持たせたい。どの生徒の点数も良くならせたい」と思って一生懸命応援すれば、［生徒は］知識を得て、良い点数を得る。それゆえ、工業学校にクメール人教師は何人いるのかを我々は知りたかった。我々が知ったところによると3名である。しかし［学科長として］全権を持って教え、生徒に点を与えることができる教師は1名しかいない。即ち gamnū <machine>［機械製図］科だけで、木工科と溶接科にいるクメール人教師は2名とも教えて点を与えることはできない。即ちフランス人が上位であると定めたベトナム人教師があと2名いて、この2名が教えることができ、点を与えることができるのである。それゆえ、教師に関しては、クメール人教師は1名しかいないのとみなすべきであり、一方ベトナム人教師の方は6名もいる、と言うべきである。

このように教師はベトナム人ばかりであるから、クメール人生徒は成績がよくない。そして、［ベトナム人教師は］表情も言葉も彼ら［＝クメール人生徒］には良くしないから、学習が楽しくない。もう1つ説明することにあまり関心を持たない。たとえ説明をしたとしても聞いてあまりよくわからない。それゆえ怠ける。休んで遊びに行くようになる。この件は、「政府がクメール国内で本当にクメール人に幸福と発展を与えたいと思って助力して支援する」のが確かなのなら、今、クメール人教師の問題を考えてほしい。クメール人の生徒がクメール人とフランス人の教師から学ぶことができるようにしてほしい。もう1つ、長殿[loka dham]は、サイゴンから来たばかりの新しい工業学校校長殿をこれ以上放置して工業学校を統括させないでほしい。というのは、この方はベトナム国の学校の校長を長年してきたから、氏の心はベトナム人だけを好み、クメール人は全て氏の敵のように思っていて、氏は[クメール人を]、彼らが楽しく勤務していた場所から引き抜いて追い出して退職させ、転属させることしか考えていないからである。

1-6　nagaravatta がすでに要請した医務局について

nagaravatta 新聞は、医務局に勤務するクメール人医師に関して、「[医務局の]外部で診療することができる権利を持たせること、さらにフランス人医師やベトナム人医師と同じように、開業医をするクメール人医師を存在させること」を、nagaravatta が保護国政府に要請した件について、[政府は]「クメール人医師に外部で診療することを禁止し、その権利を持たせない」という確かな情報を得た。

この情報は、現在の時点ですでに決定したわけではない。なぜならば、保護国政府は、<gouverneur général>[総督]殿とフランス国政府とに抗議する文書を作成中でだからである。見るところ、この件は恐らく nagaravatta 新聞がずっと希望してきた通りに決定するであろう。

nagaravatta 新聞がこれまで話したこと全てを、きっと保護国政府は、「[その根拠には]同意することができるのに十分である」と理解していることは確かである。

1-7　諸国のニュース

1-7-1　中国

漢口、1月26日。[次のように]述べた中国の文書が1つある。中国は日本が中国に侵入するのを止めて、陸軍、海軍、空軍の全てを[中]国から撤退させるまで我慢して抵抗して戦う。日本が声明通りに本当に停戦することを希望するのならば、すべての軍勢を中国から撤退させ、そしていずれかの国を選んで互いを仲裁させるべきである。他国が中国と中国の権利を尊重し従うのであれば、中国は停戦することを承知する」 この文書の中には、「日本が停戦を望むのは、日本が中国軍の技量を認識したからである。中国が現在行なっているゲリラ戦を続ければ日本に多くの苦しみを与えることになる。現在中国の奥地に深く攻め込むことができないという大きい困難に直面している」という重要な言葉がある。

もう1つ、この文書は、「中国は buok paṅkrāp krum <communiste>[防共協定諸国](Pacte anti-Communisite[防共協定])と手を組むことを拒否する」と述べている。そして、krum sannipāt jāti(S.D.N.)[国際連盟]に、「連盟の力を新しく立て直すために、中国内の日本軍を滅ぼす助力をする」よう要請することを考えている。中国は、国全体が戦争の苦しみを受けていることを強く痛ましく思っており、この苦しい時に、この苦難を[世界に]理解させ、かつ武器の援助をしてくれる同盟国全てに深い感謝の念を持っている。中国は、日本の商品を買うのをやめ、日本に武器を売るのをやめ、さらに日本に金を貸すことをやめたことについて、イギリスとアメリカの商業人に大変感謝している。

1-7-2　アビシニア国

ロンドン、1月26日。アビシニア国駐在イギリス大使は、「国内4州の住民が蜂起してイタリアと戦い、要塞をイタリアの手から奪還した。最近十分に訓練した戦闘方法が、イタリアがこれまで国を統治するために実施してきた計画を破滅させた」と発表し確認した。

イタリア国に服属する(エリトリア)人の3部隊が武器と衣服と共に、北部にいるアビシニア軍に逃げ込んだ。

現在の反乱軍の長である kaeprīhīyū は nītre 州と kuṭasāṅ 州を支配している。この者は、以前はあまり協力的な人ではなかった。現在に至り突然立ち上がってイタリアの将軍18名を殺した。現在イタリア機多数が懲らしめるためにアビシニアの集落を爆撃している。ampū 州地域ではアビシニア人が勝利した。

1-7-3　フランス国

<ville> lvīfa、1月26日。大フランス国の krum pās[反乱団](cagoulards[ママ。末尾のsは不要？])[革命秘密行動委員会]から接収した弾薬庫が突然燃えて爆発し13名が死亡した。遺体の破片と種々の器具の破片が周囲距離160メートルに散乱している。

爆発地点から距離200メートルの所にあったガラスの戸棚が揺れて跡形なく粉々に砕けた。[爆発の]音は何キロメートルも離れた所で聞こえた。ある情報によると、この爆発の原因は1人の兵が爆弾を[うっかり]落とし、それがこの大騒ぎを引き起こした。政府は直ちに救助を始めた。

1-7-4　フランス国

パリ、1月26日。フランス植民地支援室は、国内の長者と軍に、植民地をドイツの要求に従ってドイツに返還することを承服しないように、知識人たち全てに対して、情報を広め、理解させる助力を呼びかけた。「もし、これらの国がドイツに行ったら、我々は陸軍、海軍、空軍が駐留する場所を与えることになるから、ドイツは戦争を続ける力を持つことになることは間違いない」と言っている。

この呼びかけの発起人は以下に名を示す通りである。gūrū <général>[将軍]、peraṅse氏、ḷākās 氏、rīvuḷe 氏、ālsīk ṭaelmuṅ [氏]でフランス国で名のある人々である。

＊ジュネーブ、1月28日。4大強国、即ちイギリス、フランス、ロシア、中国の代表が(スイス)国駐在の<harrison>という名のアメリカ国大使を招いて、日本と中国との争いに関して、アメリカ国が行おうとしていることについて説明して明らかにしてもらうことで意見が一致した。

現在の国際連盟は、アメリカ国と考えを同じにすることができると信頼している。即ち、「同所に会議のために集まっている大強国に、それぞれが中国を援助に行く[考えを]揃って許可する」というものである。この意見の一致は中国に大きい喜びを与える。以前の回の会議いらい、国際連盟は日本と中国の争いについて会議をしたことがなかった。現在に至り、突然中国を援助に行くことで意見が一致したのは、現在中国が国際連盟の中で多くの勝利を得たことになる。

1-7-5　シャム国に行くための情報

シャム国に旅行する人は paṭiññāṇa samgāl bī juos ut (Certificat de vaccination antivariolique)[種痘証明書]を持っていなければならない。この証明書を所持していないとシャム国政府は同国への入国を許可しない。

1-7-6　ベルギー国

sārḷwrū[シャルルロア？]、1月30日。terīl 県の周囲で大地が陥没するという極めて大きい不思議が起こった。石炭採掘人の家25棟が同時に沈下し、さらに25棟が倒壊した。ブリュッセル市に行く鉄道は切断され、電線の鉄塔が倒れて目茶目茶に折れ曲がり、その近くの自動車道路は破壊されて完全に消失している。損害の額は数百万リエルと見積もられている。しかし人命の損害はなかった。

1-7-7　ロンドン、2月2日。ジョージ六世と言うお名前のイギリス皇帝は近日デリー市(インド国)に行って即位式を行なってインド国大王になる。

1-7-8　シンガポールで

ロンドン、2月4日。シンガポールで大軍事演習が行われた。航空機、軍艦、陸軍が合同して演習を行った。国防軍も実に技量が優れているようである。なぜならば、暗夜、敵機と敵艦が密かにシンガポールの近くに侵入したが、海岸設置の大砲と航空機が健在で、その敵を砲撃して全滅させたからである。

1-7-9　ドイツ国

ベルリン、2月5日。昨日発布された国王布告で、ドイツ大統領[ママ]であるヒットラー氏を国の全軍最高司令官に任命された。

これに際し、全閣僚が交代し、49名の上級将軍が移動になり、14名を<retraite>[退役]させた。

ドイツの友好国であるハンガリー国からの<havas>電は、「ドイツ国は今後あらゆる国とトラブルを起こすであろう」と予言している。

“paestœrḷūt”という名の新聞は、「ドイツ国は必ず何か大きい事件を起こすことを望んでいるから、この変革は後日のために有用である」と言っている。もう1つの新聞、“paesdīhierḷāp”は、「ドイツ国は他国に奪われた種々のものを必ず取り返そうとする。その最初は(オーストリア)国である。それゆえ、ドイツ国における全高官の交代は、外国に対しての交渉が簡単に和らぐと推測してはならない。即ちますます互いに交渉するのを困難にするであろう」と述べている。

1-7-10　中国

上海、2月6日。日本軍は中国軍を北部の海岸と peṅ bū 県の方へ追いやり、feṅ cān 地域で勝利した。山東省で、日本軍は[切断されていた]済南府鉄道線路を再び開通させた。中国の広東県に入る河口は完全に封鎖されていて、船は入れない。日本軍艦20隻がこの広東県前面の海岸を行き来している。しかし、多数の機と艦が広東市と厦門市を爆撃・砲撃している。北京市からの情報では、ロシアは華北から撤兵することを承服した。日本大使は外国人に河北県[ママ]から至急退去するよう指示した。日本は盗賊と敵を掃討するために同省内の都市を砲撃しようとしているからである。

1-8　土曜評論

プノンペン市 uṇṇāloma 寺の仏塔での不思議なニュース

中国正月になる前から、プノンペン市の uṇṇāloma 寺の前の仏塔を見に行き来する人がほとんど絶えない。この仏塔は、dieṅ 僧王猊下と(uk)僧王猊下の遺骨が納められており、血あるいは鉄錆の水のような赤色の水が、仏舎利が安置されている頂上のブラフマ神の顔のあごの下のところから流れ出ているのが見えるのである。

大騒ぎしてそれを見に行った大衆が言う、参考にするべきことでない噂によると、「これは事の始まり、即ち前兆である。[即ち]以前の王たちの治世の時からずっと僧侶長は uṇṇāloma 寺にいらしたのに、今になって僧侶長職は sārāvana 寺の手に落ちた。それでこのような事件が起こったのだ」とささやく人がいる。また、「故(uk)僧王の庫裏の僧が、夜叉が聖剣でブラフマ神の首を刺した夢を見て、翌朝になって uṇṇāloma 寺の僧たちがそろって見に行くと本当にブラフマ神の首から血が出ているのが見えた」と言う人もいる。「この事件は、中国人がネアック・ターの祠を作り、寺の敷地内に入って行き、女を連れて行って寺の中で寝、そして仏塔の方に突き出して便所を作るのを政府が放置したからだ。この仏塔は中国人のネアック・ターの祠にぶつかるので東側の階段ができないでいる。政府は中国人を追い出さないでいて、中国人がさらに寺の境内や崇める所に不潔なものを散らかし放題にして、清潔でなく、相応しくなくするのを放置している。それゆえこのような事件が起こるのだ」とささやく人もいる。また、「この前兆は、物産展市祭りの時に、仏教の律では還俗させるべきではない、些細な罪を犯した僧を政府が還俗させたことによる」と言う人もいる。

上述のこれら非難の言葉は、「その通りである」と信じることはできないと我々は理解する。「おそらく仏塔の上のブラフマ神のあごの下の仏舎利を納めてある場所に水が溜まり、水が溜まって長くたったので鉄錆が出て、流れ出てきたのではないか」と思うからである。政府は、梯子を掛けて上がって行って、何の水であるかを見て確かめることにより、この件を詳細に調査して、大衆にこのような騒ぎをさせないようにしてほしい。

さらに、政府が何らかの措置を講じて、仏塔を大衆が崇める所にふさわしく清潔にし、前を遮って不潔にするような場所がないようにするようお願いし、ネアック・ターの祠にぶつかっている東側の階段を完成することを求める。

joga rakā

1-9　シソワット中高等学校卒業生友愛会の友情を固く結ぶことについて

先の1月30日、中国正月祭の休みに、(Vasner[ママ。「Wasner」が正しい])氏[M.]が、プノンペン市のシソワット中高等学校卒業生友愛会の会員と[シソワット]<lycée>[中高等学校]の生徒24名を連れて、コンポン・チャムに行った。lkhon(théâtre)[劇]を公演して金を得て役に立てるためと、旅費の半分とパーティーの費用全部を負担して我々に行くことを求めたコンポン・チャムの会員と心を堅く親密に結ぶためである。

自動車3台がプノンペンを出た。1台はシソワット中高等学校の生徒24名を、もう1台はこの会の会員たちを乗せ、<wasner>氏と氏の妻とは氏自身の自動車で出掛けた。

会員たちが乗った自動車は<machine>[エンジン]の修理[工場]から出たばかりの車で、[乗っている人達が]疲れるのを恐れて敢えてスピードを出さず、[エンジンの]力をセーブして走らせたので、[到着が遅くなり、]乗っている各人に空腹で元気のない顔にならせた。12時半になってようやくコンポン・チャムに到着した。他の2台は先に着いていた。

コンポン・チャムの(cercle)[円形広場]の出迎え場所に直交する林では、車が到着した時には、たまたまちょうど中国人が新年の供え物をしている最中だったので、会員たちは爆竹をならして中国風に出迎えた。花束とdansai の葉とフランスとクメールの旗を立てて飾られ、歓迎の<machine radio>[ラジオ]も鳴らしている(cercle)[円形広場]の前と中は、とても楽しい愉快な場所であって、コンポン・チャムの友人たちが諸分岐路を見ながら立っていた。コンポン・チャムの友愛会会長である camrœn 氏、州知事である kāmil 氏、brai jha 郡郡長である khvān-bin 氏、kampoṅ siem 郡在住の cau-aem 氏、州副知事である rwaṅ 氏、sdiṅ traeṅ 郡郡長である mam-phan 氏、koḥ sudin 郡郡長である lan 氏、me mat の森林管理官である juop hael 氏、sdiṅ traṅ の森林管理官である sam?un 氏、<résidence>[弁務官庁]thīである sārī 氏と dhup 氏、寺学校の<inspecteur>[視学官]である mājhan 氏、コンポン・チャムの"?nak daduol kāra grap jambūk (Entrepreneur)[請負い業者]"である dā cāy さんと it-sām さんなど、大勢の官吏と商人が出迎えてくれた。

会員たちが集合すると、現地の会員たちがフランス料理で宴を催した。食事の前に、<agent technique>[技師補]で友愛会委員会のコンポン・チャム支部長である camrœn 氏が我々の無事の旅行を喜びつつ、我々を歓迎する賛辞を述べ、さらにプノンペンからの友人への親密な喜びの言葉を述べた。スピーチが終わると、<wasner>氏が喜びの答辞を述べ、<wasner>氏とthī {camrœn}と、さらに<amical>[友人]への拍手の音とお祝いの言葉ばかりが聞こえた。

食事の時に謙遜してプノンペンの会員たちにサービスしてくれた、あらゆる郡と森林局など、あらゆる部局の官吏ばかりであるコンポン・チャムの友愛会の会員たちの、疲れを恐れない一生懸命の努力は称賛するべきものであった。

夕方になると現地の会員たちは、もう1度フランス料理での宴をしてくれた。その後、夜の8時になると、プノンペンの会員たちは、コンポン・チャムの会員と一般人のために、映画館でフランス語の劇を1つ、クメール語の劇を1つ演じた。これは国王陛下の誕生日祭にプノンペンで演じた時と同じように上手に演じた。ただ、来て踊って助力してくれた ?nak {pramīn} の劇団の踊り手たちの踊りは、物産展市祭りの時に踊って助力してくれた時より少し劣っていたようであった。それは、コンポン・チャムでの音楽を、この劇団の人達の踊りの曲として踊ることができず、それで踊りの方は自分の知識で踊り、音楽は間違えてどこか違う部分を演奏している、といった様子で、いかにも笑いだしそうな表情だったからである。

役者は、rim-gim 先生、nut 先生、grwan さん、ḷom さん、bhum さん、mwan さん、pun chan さん、ḍīm さん

など、熟練していて頭の良い人ばかりであった。

翌1月31日、ālū?āṭi 氏が長になって、コンポン・チャム友愛会の会員がプノンペン友愛会の会員と生徒とを、フランス語で(excursion)[見学小旅行]と呼ぶものに連れて行き、途中あちこち止まって、森林の様子、山、<caoutchouc>[ゴム]園、有用な実がなる種々の作物の栽培法、地質について、どのような肥料分があるか、良い作物はどこで栽培するか、などの説明をしながら、sdiṅ traṅ まで連れて行った。夕方になると、コレラの恐れがあるので sdiṅ traṅ には敢えて泊まらず、会員たちをコンポン・チャムに連れて帰った。翌2月1日、このグループは、森林と、さらに種々の作物の様子、川岸の土地の性質などを説明するために、もう一度 hān jai に行った。

コンポン・チャムの会員は費用がかかるのを恐れず、疲れるのを恐れず、心を込めてプノンペンの会員を迎えてくれた。sdiṅ traṅ と hān jai を見に行った所でも、とても美味な食事で迎えてくれた。食べ尽くせなくて、どこに持って行けばよいかわからなかった。

我々プノンペンの友愛会会員は、深く記憶し決して忘れることのない、丁重に我々を迎えてくれたコンポン・チャム会員に深く感謝する。

もう1つ、我々のコンポン・チャムの会員を称賛するべきことは、我々の今回の旅行に対して心を込めて援助してくれた力が khun-chun(Khoun-Choun)氏が熱病にかかった時にコンポン・チャムの医師に治療してもらわせたことである。

最後に我々は神に、khun-chun 氏の身体から毒を取り去って全治するよう支援してくださるようお祈りする。

＊来る2月20日にコンポン・チャム森林局、sālāṭā という森の中に設けた宿泊所の開所式を行います。[この]開所式は大勢の官員と民衆が集まる大きい式です。そして、森林局はシソワット中高等学校卒業生友愛会の会員たちがもう一度この式に参列するよう招待致します。

＊nagaravatta 新聞社長は、森林に遊びに出掛けた諸氏を待って出迎えてくださった、誠実な友情を持つコンポン・チャム在住の会員たちに深く感謝しております。<wasner>氏の話によりますと、氏は当時、時間に間に合うように行く積りでしたが、プノンペンに用事があったために遅くなって時間に遅れ、氏はとても残念に思っています。さらに翌日は所用で bhūmi sdiṅ とサイゴンに行かなければならず、旅行を続けることができませんでした。会員の皆さん、どうか氏を許してあげてください。

1-10　nagaravatta krum <gazette>[新聞社]の盛大なパーティー

先の1月27日、昨年度の<gazette>[新聞]の出納簿の計算が終わった時に、この<gazette> [新聞]を作る人々の委員たち1人1人にわずかのボーナスを支給した。

この時、<gazette>[新聞]社長で編集長である pāc-jhwn 氏、責任者である vaṅ さん、出納責任者である huṅ さんの3人は、自分たちの個人の利益は考えず、それぞれが費用を出し合って、働いて疲れる助手たち全員25名を集めて、新聞社全体の友情をますます固く親密に結び、そして働く人の士気をさらに強めるために、年末のパーティーに招待した。

krum <gazette>[新聞社]の社員たち全員は、<gazette>[新聞]が満1歳になり第2年目に入った誕生日を、<gazette>[新聞]が長くさらに大きく成長するように祝うこの大きなパーティーをとても愉快に楽しく過ごした。

krum <gazette>[新聞社]の社員全員は、このパーティーの主催者である3名の方に感謝するとともに、今後も幸福と繁栄があるよう、nagaravatta <gazette>[新聞]が、暗闇の中にいるクメール人を照らす灯となるために、とどまることなくますます成長するよう祈ります。

委員たち

2-1　クメール人の恐れ

前回[＝54号1-8]、私はクメール人の目覚めについて解説した。今度はクメール人の恐れ・しりごみについて説く。

この解説は、同じクメール人に対して、検討する道にするために注意・忠告するものであって、非難ではない。皆さんはよく検討してほしい。そしてむかっ腹をたてないでほしい。

前回私が、「クメール人は、見たところまだ全ては目覚め気が付いていないようだ」と述べたことは事実のようであった。しかし、その後、目覚めている人がすでに多いこと、さらに官吏たちもとても変わったことがわかった。しかし、今目覚めたばかりで、目覚めはしたがまだはっきりではない人がいる。暫く経てば、きっとはっきり目覚めるであろう。

この目覚めたことはどういう原因によるのであろうか。私の考えでは、この nagaravatta の光によるのである。<gazette>[新聞]の力のお陰がとてもはっきりわかる。はっきりと有用性がわかったら、クメール人である我々は働いて、将来国と民族を発展させるために、この光を一生懸命助け支援するべきである。

しかし、これまで観察して来た私の考えによると、我々クメール人はただ目覚めただけで、恐れ－羞恥をまだたくさん持っている。即ち、祖父母の時から恐れ、後ずさりするばかりで前に進まないことである。

もう1つ、人々と集まった時に、人中で多くの人は隅っこ、端っこを探して座り、顔を隠している。誰かが押しても後ろに下がるばかりである。他民族と違って顔を出して発言しようとしない。他民族は勇気があるし、他をまねて努力するのが上手である。それゆえ、彼らは我々よりはるかに、比較にならないほど文明化している。

この過剰な恐れが、我々クメール人を現在のような無学無知の中にいさせ、他のように知識を持たせず、彼らよりずっと遅れさせている。rājakāra <protectorat>[保護国政府]が道を照らして我々を教育しても、我が民族はそれでも依然として恐れているだけである。後の世代に勇気がある人が少しいるのが目に入り始めたようである。

この恐れが覆って押さえ込み、知識を持たせず、先に発展させない。何か変わったことをすると、他人に笑われるのを恐れ、他人にいじめられるのを恐れる。考えるに、この恐れは自分の事だけを考えることによるようである。もう1つ、他に構わず何もしないで黙っていることを好む。自分1人さえ生きていればよく、国や民族の利益のことについては全く考えない。

(まだ[59号2-4に]続きがある)

khemaraputra

2-2 [44号2-4と同一]

3-1 [56号の正誤表。56号はこれに従って既に訂正してあるのでここは省略]

3-2 読者のために以下に掲載して説明する金銭借用の方法は、貧しい農民であるクメール人の役に立つと、我々は理解する。

農業金融公庫

(<gazette>[新聞]56号[3-1]から続く)

この公庫の金の利子はとても少ない利子しか取らない。そしてもう1つ、借り主は自分が借りている借金をとても早く全額返し、我々が善良な人間でありさえすれば、ḍī のような惨めさと苦労はない。

私は、この「農業金融公庫」に行って金を借りる申請をする方法について説明する。

「農業金融公庫」に借金を申請するにはどうするか、という方法

農民の誰かが金を必要とする場合、村役場か郡庁に行く。そこには「借金申請書」と印刷した紙があり代金を取らずに無料でくれる。

まだ後の週[=59号2-5]に続きがある。

3-3 [44号3-9と同一]

3-4 [広告]**"aelsā"という名の白髪染め**

この薬はドイツから来たもので他の薬より使用が容易で簡単です。

使用法は以下の通りです。

この薬を塗る前に、まず髪の毛を石鹸で洗い、油や埃が髪についていないようにする。それから slāp brā <soupe>[大匙]1杯の水をこの薬に混ぜてよく練り、それから歯ブラシで拭き取って髪に塗る。[髪に]塗る時には髪全体に塗り、塗り残した所がないようにする。それからしばらくおいて髪を乾かし、髪が乾いたら再び石鹸できれいに洗う。髪を洗った後は、しばらく髪をそのままにしておいて乾かす。髪油や香油を塗りたければ塗ってもよく、何の差し支えもない。

この薬はプノンペンの"<au petit paris>"店で売っていて価格も安く、使うととても美しい。他の薬と違って使用して頭皮にしみて痛むことはありません。また寝て枕が汚れることもありません。

[注。絵があるが解説はない]

3-5 農産物価格[「金の価格」はない]

プノンペン、1938年2月11日

サトウヤシ砂糖		60キロ	3.40リエル
	店頭で購入		3.00リエル
籾	白	68キロ、袋なし	3.60 ~ 3.65リエル
	赤	同	3.45 ~ 3.50リエル
精米	1級	100キロ、袋込み	9.05 ~ 9.10リエル
	2級	同	8.75 ~ 8.80リエル
砕米	1級	100キロ、袋込み	7.50 ~ 7.55リエル
	2級	同	7.10 ~ 7.15リエル
トウモロコシ	白	100キロ、袋込み	[記載なし]
	赤	同	0.00 ~ 7.80リエル
コショウ	黒	63.420 キロ、袋込み	13.50 ~ 14.00リエル
	白	同	22.50 ~ 23.00リエル
パンヤ	種子抜き	60.400 キロ	34.50 ~ 35.00リエル

＊サイゴン、ショロン、1938年2月10日

フランス籾・米会社から通知の価格

ショロンの<machine> kin srūv[精米所]に出された籾1 hāp、[即ち]68キロ、袋込みの価格は以下の通り。

籾	最上級		4.00 ~ 4.15リエル
	1級		3.95 ~ 4.00リエル
	2級	日本へ輸出	3.70 ~ 3.85リエル
	2級	上より下級、日本へ輸出	3.70 ~ 3.75リエル
	食用[国内消費?]		3.65 ~ 3.68リエル
トウモロコシ	赤	100キロ、ショロン県マッカサンで売り渡し。	0.00 ~ 8.60リエル
	白	同	0.00 ~ 8.50リエル

米(10月[ママ]渡し)、港渡し、袋込み、税抜き、1 hāp、[即ち]60.7キロの価格は以下の通り。

精米	1級、砕米率 25%	5.68 ~ 5.73リエル
	2級、砕米率 40%	5.50 ~ 5.55リエル
	同。上より下級	5.40 ~ 5,45リエル
	玄米、籾率 5%	4.75 ~ 4.80リエル

砕米	1級、2級、同重量	4.75 ~	4.80リエル
	3級、同重量	4.45 ~	4.50リエル
粉	白、同重量	2.73 ~	2.78リエル
	kāk［籾殻＋糠?］、同重量	1.20 ~	1.25リエル

4-1 ［48号4-1と同一］

4-2 ［8号4-6と同一］

4-3 ［11号4-2と同一］

4-4 ［44号3-3と同一］

4-5 ［8号4-3と同一］

4-6 ［20号4-6と同一］

4-7 ［11号3-2と同一］

4-8 ［48号3-8の終わり近くの「70メートル」が「10メートル」になっているだけである］

4-9 ［51号3-6と同一］

4-10 ［33号3-4と同一］

SAMEDI 19 FÉVRIER 1938

CIGARETTES
JOB
LE PAQUET VERT
Vendu 5 cents

Nagara vatta

COFAT
CIGARETTES
La meilleure cigarette Indochinoise
Le Paquet vendu 5 cents

Directeur
PACH-CHHŒUN

HEBDOMADAIRE PARAISSANT TOUS LES SAMEDIS

(Boite Postale N° 44)

第2年58号、仏暦2480年9の年丑年 māgha 月下弦4日土曜日、即ち1938年2月19日

［仏語］1938年2月19日土曜日

1-1　［仏語で「私書箱 No.44」と「社長、PACH-CHHŒUN」が加わった以外は8号1-1と同一］

1-2　［デザインが少し変わった以外は8号1-2と同一］

1-3　［デザインが少し変わった以外は8号1-3と同一］

1-4　［8号1-4、1-5と同一］

1-5　カンボジア国<protectorat>［保護国］

2月14日の（la Presse Indochinoise）新聞に“Cambodge aux Cambodgiens、［即ち］ kruṅ kambujā jā rapas jāti khmaer［カンボジア国はクメール人のものである］”という重要な文章がある。執筆者は、名は khemaraputhā（khemaraputrā）で、コーチシナ国<gouverneur>［総督］殿が最近諸新聞に布告を出して、［採用］試験をして「この国の全ての政府部局の<secrétaire>（lekhānukāra）［書記官］を増やし、コーチシナ国で生まれたベトナム人だけを採用することを定めた」と述べ、「カンボジア国における<république française>［フランス共和国］の代表である<résident supérieur>［高等弁務官］である<thibaudeau>氏に、「インドシナ国の長とこの件について考えて計画を立てて、クメール国にもこの型に従った制度を持たせる、即ちクメール国では、クメール人の国であるから、［コーチシナ国と］同じように、諸政府部局はクメール人だけを選抜して勤務させる」ことを願っている。

我々は、この khemara puthā の要請は実に適切であると理解する。カンボジア国におけるフランス国代表殿は、どうかすぐに、この希望から逸れることなく、この通りに定めてくださるのが適切であると思う。なぜなら、カンボジア国では、クメール人はますます大勢が勉学を好むようになった一方、政府も商業界も、どの<bureau>［役所・事務所］もベトナム人ばかりで一杯で、クメール人は非常に少ないからである。

たとえば、学校でも、ベトナム人をクメール人の上位の教師にするべきではない。知識を多く持つクメール人教師は多数いて、同じ民族である仲間を教えるのは、互いに民族を異にするベトナム人教師より聞いて分かりやすい。即ち、フランス語で説明すると理解できず、クメール語で説明しなければならず、そうすればクメール人生徒は聞いて理解しやすく、学習も早く知識を得る。ベトナム人がクメール人の教師をすると、フランス語で説明して理解できない時にはベトナム語で説明しなければならない。クメール人はベトナム語を知らないから、いつになったら聞いて理解できるのか。ベトナム人教師がクメール語を知っていても、クメール人がクメール語を知っているようにすべてを知ってはいない。

現在、rājakāra <protectorat>［保護国政府］の<bureau>［役所］ではベトナム人ばかりが上の職にあり、大きい重要な仕事を掌握していて、全てのクメール人を監督している。これがクメール人をベトナム人より没落させている原因である。もしクメール人が知識がないのなら、諺に“知識は学びから”とあるように、なぜ教えて知識を得させないのか。「クメール人は知識がない」と見て、仕事ができるように教えないで、転じてベトナム人を採用して仕事をさせて、［カンボジア国は］アンナン国、あるいはコーチシナ国保護国になってしまっている。カンボジア国を［フランス］［注。脱落］<protectotat>、即ち āṇābyāpāla［保護国］という語にふさわしくならせるにはどうするか。

カンボジア国では、カンボジア国の保護国政府はカンボジア国人であるクメール人を教育して知識を持たせるように支援するべきであって、［クメール］国の政府が、アンナン、トンキン、コーチシナのベトナム人がクメール国のクメール人より発展し知識を持ち繁栄するように支援するべきではない。これら3つのベトナム人は既に各国の保護国政府を持っているからである。クメール国政府はクメール人が国内で繁栄するように支援するべきであって、クメール国内のベトナム人を繁栄するように支援して、既にそれぞれの国でベトナム人を繁栄するように支援しているベトナム人国の政府の顔をつぶすべきではない。

nagaravatta はカンボジア国 rājakāra <protectorat>[保護国政府]に、フランス国とカンボジア国とが、[フランス国が]来てクメール国を支配し、支援して繁栄させると互いに同意し承服して結んだ saññā <traité>[条約]に従って、クメール人がクメール国内で繁栄するように助力し守ってくれるようお願いする。このsaññā <traité>[条約]の中には、「クメール国の保護国政府は、クメール国に住むベトナム人、即ち諸ベトナム国から来てクメール人と混ざってクメール国に住んでいるベトナム人も支援するべきである」とは言っていない。

1-6　国が発展するのは多くの知識を持つことによる

コーチシナ国などのように発展した国はどの国も、ほかでもない、学習して知識をたくさん持ち、その結果分岐して商業、工業、農業、医学など種々の職業につくことが容易になったことによっている。

我がクメール国では、学習をして学業修了証書を得た学生たちは、さらに背を伸ばして高等な学問知識を得るために、ハノイやフランス国のような外国のさらに上級の学校で知識を伸ばしたいとは思わないで、自らの意志で[国内に]強情に居座ってクメールthīや官吏としての職を求めることを喜んで選び、クメール民族とクメールの国土を発展させるために知識学問をさらに大きく広げたいと思う気持ちがない。

ある者は国境を越えてハノイに、フランス国に、勉強に行き、prakāsaniyapatra <bachot>[バカロレア]の第1段階を得ただけで、年を取って[親にその娘との]結婚を申し込んでも妻としてくれなくなるのを心配して、大急ぎで帰国して結婚相手を探す。さらに大人の方も、子がまだ結婚相手を探すことを承知しないと、子が「はい」と承知するまでしつこく説得する。それゆえ、さらに学んで知識を高くする時間は捜してもみつからない。ある者はまだ若いのに間に合うように急いで帰って来て職を探す。ベトナム人と違って、我慢してさらに学習を続けて知識を増やすことを喜んで選ぶことはあまりない。

これらの原因こそが、彼らがさらに高等な学問知識を学んで伸ばすことを妨げているのである。我がクメール国はこのような状況をしつこく取り続けるならば、きっと我が国はベトナム国より繁栄することはできない。

一方ベトナム国は、たとえ配偶者がいても、敢えて愛情を切り捨てて勉強に行く。そして大きな成果を得てから帰国して妻子を大切に守る。

この2種類のことを、どちらがすぐれているか皆さんはよく検討してほしい。そして、もし私が間違ったことを言っていたら、どうか私の蒙を啓いて助けてほしい。ベトナム人の月給はこの国にいるクメール人よりいくらも多くない。しかし、彼らの国の利益は我がクメール国とは極めて大きく異なる。彼らの脳は我々よりも有能で、夜のように暗くはない。そして彼らは、誤りを正しいとすることはあまりない。

今、我がクメール国にたった1人のクメール人がいて、名は muṅ seṅ で、kambaṅ trapaek（プレイ・ヴェーン）の農園主である thaukae {hāk} の子で、<bachot>[バカロレア]第2段階の試験に合格して、[国内にいて]働く事にしがみつくことを望まず、pariññā khāṅ cpāp（Licence en droit）[法学士号]を取るために、一生懸命熱心にハノイの法律学校で学んで学問知識を広げに行く決心をした。我がクメール人は法学の方面でまだ無学無知で愚かである理解したからである。

muṅ seṅ が一生懸命熱心にこの学問の知識を広げに行くことを決心した時、[彼は]本当に民族を愛する人、即ち民族を救う人であるということを[人々に]示した。後代の他の人々が模範にすると素晴らしい。もし帰国して、この国にいて勉強した人よりも月給は少なくても、しばらくすればきっと政府は、この国にいた人よりもより高く繁栄させるよう支援するであろうことは確実である。

もう1つ、クメール人に知識を増やさせたいと思って、殿下[loka]の私財200リエルを支出なさって muṅ seṅ が知識を熱心に求めること[＝学費]を助け、さらに勉学に行くことができる[＝旅費]ように助け支援なさった munīreta 殿下[braḥ aṅga mcās]の大徳を称賛するべきである。

この muṅ sen の父母も、子がさらに知識を伸ばしに行くことに喜んで賛成し、沢山知識を得て学識豊かになれるように、金を出して子を助け、支援することを承知した。これは後のクメール人の父母が見習うべきよい模範であり、「真に子を愛する人」の名を持つ。

nagaravatta は、このmuṅ seṅ が熱心に知識を求めに行くことを、譬えようもなく嬉しく思い、勉学においてあらゆる種類の幸せがあり、早く知識を得るよう祈る。

1-7　諸国のニュース

1-7-1　予言者

mūris brīvat 氏は偉大な予言者で、長年の間予言して的中させてきた。<albert>1世というお名前のベルギー国王が事故でお亡くなりになることを予言し、ジョージ5世という名のイギリス国王の寿命の定めを予言し、エドワード8世という名のイギリス国王の退位を予言して、ことごとく的中し外れなかった。毎年の年頭に氏は本を1冊出版して、その年に起こる種々の大きい事件を予言して、[予言した事の]証明書にしている。

この1938年には、氏の予言によると、「7月にロシアは軍を興して日本と戦い、5ヶ月のうちに勝利する。その翌月、中国軍が大勝利を得る。そしてヨーロッパ諸国では全ての国が軍を集めて互いに戦争をする準備にかかるが、戦争は起こらない。年末にはヒットラー氏とムッソリーニ氏とが重病にかかる。ヒットラー氏は視力を完全に失う。一方ムッソリーニ氏の方はṭampau lic[膿を持つ腫瘍。生命の危険を伴う]にかかる」

1-7-2　コーチシナ国のニュース

コーチシナ国に住むフランス人である(Jean de Beaumont)氏[M.]は投票でフランス国での代表に選ばれた。現在、フランス国諮問委員会が同氏の得票を無効にし破棄することで意見が一致した。投票の際に<jean de beaumont>氏は50万リエルを投票者に贈賄した。この贈賄をしているところをサイゴンの警察局が証拠を掴んだ。互いに訴訟になり大声で叫ぶ声が大陸中に響いた。1937年5月から現在に至るまで、諮問委員会は会議を行い、その結果免職にした。(この氏こそが、かつてnagaravattaが、「クメールの国土をまるで自分の土地であるかのように、フエ・ベトナムに売ろうとしている」と報じた人である。)

1-7-3　パリ市、2月9日。"ジョージ6世"というお名前のイギリス国王と"エリザベス"というお名前の王妃が、フランス大統領である<lebrun>氏の要請で、公務で来る6月28日から7月1日まで、パリ市を訪問なさる。その際、フランス国で戦闘中に死亡した(オーストラリア人)兵士たちのためにdī rīlaer prœ toṇṇœrに建てられた顕彰碑にお詣でになる。両国の新聞と国民はこのニュースを大変喜んでいる。

ロンドン市とパリ市には「このイギリス国王のご旅行はprasāsanopāy(Politique)[政治]的有用性がある。両大国が互いに本当に堅い団結を持ち、世界の幸福の為に種々のことを決定する時には決して互いに別れることがないことを示すからである」という言葉がある。

＊大きく聞こえる噂では、「フランス国防相であるダラディエ氏は、政府に巨額の出費を求めて、航空機と軍艦に装備する武器を購入する考えである」というのは事実ではない。[なぜならば]必要とされる金額について、ダラディエ氏は言及していない。

しかし、必要とする武器の金額は、航空機相からの情報では、恐らく[ダラディエ]氏は現金支出課にあらかじめ準備するように金額を告げたものと思われる。

1-7-4　香港市、2月9日。ある新聞の情報によると、広東市の反政府派中国人が反乱を企だてた。警察局がこれを先に知り、首領たちを逮捕した。2軒の質屋で<police>[警官]は反乱派2千名の名簿を発見した。2月8日に至って反乱派1.300名を逮捕した。

＊漢口、2月9日。広東市は少し平穏になった。日本機が来たが、悪天候のために爆撃できなかったからである。広東の海岸地区も平穏である。大雨があり艦はpukka dī grī県を砲撃できなかった。

＊香港市、2月9日。政府からの情報では、日本陸軍と海軍とは、香港市防衛のためのイギリス艦の停泊地である(Wei hai wei)島に敢えて上陸した。イギリスが日本国に抗議して、その結果軍は全て撤退した。

＊東京、2月10日。4十万名の中国軍が抵抗のための堅固な陣地であるluṅ hāyとsut jūの近くに集結した。北京市の南、cāṅ jū県とsut jū県に中国は堅固な砦を築いた。

＊ロンドン、2月10日。"<le times>[タイムズ]"という名のイギリス新聞が、「ドイツ国軍が[軍内部で]互いにトラブルを起こした。ヒットラー氏が高級官吏と高級将軍とを更迭したことが、国内の軍にこのように互いに反目させることになった。この更迭で、将軍3名が不満から退役し、全軍が2つの派、即ち退役した将軍派と政府派の軍に分裂した」と報じている。

1-7-5　中国

漢口、2月11日。先の金曜日に中国軍は陸軍と空軍とを混成して使うことができて、日本軍の淮河の渡河を防ぐことができた。天津から浦口までの軍の駐屯地の南の地域にいた疲弊していた中国軍の陣地は、突然強力に有能になった。彼らは、日本兵200名が淮河北部の川岸に上陸したという情報を得たが、中国兵は来るのが間に合って追い出して散り散りに逃走させた。別の所では、入り混じりになり中国兵は日本兵を多数刺殺した。その後、日本は再び密かに軍を配置した。そのとき[中国は、]まず中国機が来て 蚌阜県を爆撃して力を弱めることから始め、それからkām bhlœṅ dham[大砲](Mitrailleuses[機関銃])で敵を粉砕し多数を殺傷した。

それゆえ、中国兵は淮河岸を奪還することができた。現在はさらに軍が援助に来て日本兵をさらに追って行き、淮河の北方のhū vai yīṅ市を包囲している。一方日本兵の方は蚌阜から55キロメートルのdin yiṅ市にいるだけである。中国軍が有能に抵抗するので入って来られない。天津から浦口に行く鉄道線路沿線はかなり静かになった。

北京から漢口に行く鉄道線路の右手側はsiṅ feṅ市のところで激しい戦闘が続いている。

山西省では中国は北方と西方とに突破した。その双方に kvā tīn 市と su yaṅ ceṅ 市がある。中国機が vū hū の日本機飛行場を爆撃し、多数を破壊した。

＊蔣介石が演説をして、力を振り絞って敵に抵抗し、中国人を新しく整えるとの必要性について述べた。中国と日本[国]の両国を比較した時、戦って勝利を得る方法の整備について、蔣介石総司令は以下のように述べた。

「戦闘については、我々が戦術が優れており、武器も豊富にある。我々は容易に敵に抵抗できるし、勝利を得る期待もある。知識と知恵については、孫逸仙博士が我々に残した3つの項目[＝三民主義]を信じ、この[三民主義の]考えをしっかりと我々の考えの中にしみこませれば、我々は必ずさらに大きな力を得、日本は必ず滅びる。軍の前線では、我々の技量を見下していた日本は、まさに考え違いをしていたのである。

「これらのこと以外に、我々はこれまで歴史に名声を有して来た。即ち我々の英知、我々の民族、我々の財産、我々の国が繁栄してきたことは事実である。我々が他国に敬意をもって実行しなければならないことは、我々は正義をもって実行する。日本は他国に信頼させることができない国である。

「それゆえ、我々はさらに力を増し全大陸に共に選ぶ友人を求め、たとえ日本がどのようにすぐれていても、現在彼らは間違った道を1人で進み、全ての外国にひどく憤慨させている」

1-8 雑報

1-8-1 プノンペン市で、習慣によるどの祭りよりも大きい祭りはネアック・ターの行列祭りである。この祭りは盛大で、大音で騒ぎ、全ての人が揺れ動くほどだからである。あらゆる民族の人々がこの祭りを見に行きたくて、居ても立ってもいられなくなる。このネアック・ターの行列が来ると、中国人やベトナム人は、皆両手を合わせて頭上に上げて拝み、幸せが授かるように祈る。ネアック・ターを信じる人の心の愚かさによると、ネアック・ターは他の何よりも固い頼り所であり、あたかもこのネアック・ターはあらゆる苦しみを全て取り除き、死から生命を助けることができるかのようである。

我々クメール人もネアック・ターを信じることはとても強い。今年、先の2月13日にネアック・ターを見に行った人はその素早い御利益、あるいは善徳を、偉いネアック・ターの足元に見た。ネアック・ターに霊が乗り移っている最中に、ネアック・ターの塀が、その上に立って外から背伸びして見る人が多すぎて、突然倒れ、中で立って見物している人の上に崩れ落ち、多くの人が手が折れ、足が折れ、頭が割れ、気を失った。

1-8-2 我がクメール国では、勉強をして知識を持っている人が多い。しかしまだ全ての人が習慣を捨て切れないで、心の中に固く守って、取り外して捨て切れないでいる。この習慣を固く守ることは人を愚かさの中に浸らせ、そこから出て発展を求めに行き、時代に追いつくことをできなくさせる。「これをすると習慣に触れる」、「あれをすると先祖からの習慣に反するのではないか」であるから、その結果我が国の発展は擦れて珠やサルの尻のタコのように丸くなる。

以前は、男の子ができると、地位がある人の住まいに連れて行って、その人のごきげんを取って、その人の家に住まわせた。あるいは、将来高級官吏や大小の官吏になり、名声を得るように、領主か殿下に差し上げた。どこかの学校からの学業修了証書を持っている必要はなかった。女の子が生まれても同じようにした。この習慣こそが、地位や財産は容易に手に入れることができ、他の人と同じように勉強して疲れる必要はなく、何か仕事を持つ必要はないと思わせて、人々に勉学をするのを面倒がらせるようにしたのである。

現在、我がクメール国はこの習慣を沢山やめて捨てた。しかしまだ全てではない。もし全て捨てたら我が国は他の āryapradesa、即ち sruk ṭael sīviḷai[文明国]と呼ぶ全ての国と同様に発展するであろう。

男の中には、「女は何もせず、何も勉強しない。この官吏[loka]、あの官吏[loka]の妻になるのを待っているだけで偉くなれ、我々男は彼女らを恐れ、合掌する」と言って女性を羨ましがる人がいる。

我が国では女性たちは極めて無学無知である。他と違って、何の学問もあまりない。文字ですらあまり知らない。女性たちも男性と同じように文字を知り、種々の学問知識がある大きい国々とは異なる。

風習を固く守り過ぎる人は、観察したところによると、全部をきちんと守っているのではない。即ち古いのも新しいのも混ぜて守っている。でも、口では、「古い風習を守っている」と言うのである。

新しい品々を現代的と呼ぶ。即ち dik <machine>[水道]、電気、道路、コンクリートの家、自動車、洋服、帽子、靴などである。

風習による古いものは、井戸水、松明、[牛]車の道や足の道[＝舗装されていない道]、竹の柱に木の葉を葺いた家、牛車、サンポットと ṇay シャツ[？]、裸足で歩き、無帽で歩く、である。どうかよく観察してほしい。

現代的な発展は、我々が昔からの方法をあまりにも固く守るならば、きっと他に追いつくことはできない。他の国はすでに発展することを求め終わっている。我が国はまだ無学無知の中に浸っていてまだ目覚めていない。

ここに述べたことは、全ての人に風俗習慣を全部捨てさせたがっているのではない。古い習慣には良いものもあれば良くないものもある。良いものは残し、悪いものは我々の身体からきれいに取り捨てよう。

ācārya {tit}

1-9　dūk mās 郡での役畜展示即売市のお知らせ

［仏語］Tuk meas の役畜展示即売市

［ク語］今月10日、dūk mās 郡が役畜展示即売市を開いた。ここで展示された役畜の数は800頭以上で我々の予想の数を越えていて、前回行われた srae ampil のpuṇya <foire>［展示即売市］よりも特に盛んであった。周囲の広場、それにその場に縦に横に、いくつもの列に並べられた木の葉の小屋には、多数のウシ、スイギュウが頭を並べていて、外国からとコーチシナ国から買いに来る人を待っていた。しかし、買う人と売る人とは以前よりもずっと熱心に互いに価格を交渉し合っていた。クメール人はこの売買の交渉に慣れてきて、前よりずっと賢くなっているからである。他の人々以前の pandāy mās の市場の近くの ḷuṅ 洞窟と maramya 山との間での市のように簡単に利益を上げる期待を持っていたができなかった。この役畜展示即売市は2月10日の午前8時に開き、(Le Bas)<résident>［弁務官］殿、州知事である ?nak okñā {dā-sān}氏、クメール国獣医局長である(Rousse)氏［M.］がこの集会に来た。［会場の］門のところには、カンポート bhū juoy <résident>［副弁務官］である(Geleste) 氏［M.］と、この［展示祭］市の責任者で、dūk mās 郡郡長である yaṅ-yā 氏などがいて、門の所に来る方々を出迎えていると、<résident>［弁務官］殿と州知事殿が、番号をつけて展示してあるウシとスイギュウを見に来た。それから、野菜、ニワトリ、アヒル、など種々のものを見に行った。それから(jean comte) hāṅ(Ets.［商会］)のガレージに入って行き今年発売されたばかりの新型の車2台、即ち402 Légère と8席の402を見た。氏［＝弁務官］は、「私が最近乗っているこの自動車は、私が検討して、どの車よりも良いとわかった。それゆえ政府の金を支出して、カンポート州で病人を運ぶためにもう1台買っておいた。この車は揺れないしエンジンも他より頑丈であるとわかったからである」とおっしゃった。

この市で、(Boy Landry) phdaḥ hāṅ(Ets［商会］)のタバコを売る radeḥ <camion>［トラック］がいて<machine> crieṅ［蓄音機］が大声で叫んで、皆に<cofat>タバコを買うように広く呼びかけていた。

種々の素晴らしいものを持って来て展示した人々に与えられる賞金は、素晴らしいウシとスイギュウを持って来て展示した人何人かに与えられた。その次に、先の9月に水没した時に政府が配布した種子を受け取って植えたスイカ、ピーナッツ、トウモロコシを展示した人にも賞金が与えられた。

<résident>［弁務官］殿が、熱心に心を込めて作物を植えたこれらの人々へ、今後も多くの収穫をあげるようにという忠告を与えた後に、州知事殿が、人々が氏［＝弁務官］の忠告に従って一生懸命心を込めてこの作物の栽培を行ったことに対する喜びを述べた。そして氏［＝州知事］自身も人々に、これらの栽培生業は、貧しさに覆われた時に米の代用になるのだから、いい加減にせず、心を込めて行うようにと忠告した。

今回展示された役畜は以下の数値の通りである。

若い雄ウシ	5
雌ウシ	9
雄ウシ	645
雄スイギュウ	148
雌スイギュウ	18
合計	825

2-1　［44号2-4と同一］

2-2　巻き貝氏がウサギ裁判官と力比べをしたがる

我々は subhā dansāy［ウサギ裁判官］宛に、nagaravatta 新聞社に送って来た手紙を受け取った。しかし明らかな名前がなく、認めとして(khcaṅ［巻き貝］)とだけ署名した名前があるだけなので、送って来た人は誰であるかはわからない。この巻き貝は昔話の中にでてきて、ウサギと賭けで競走をして1度勝っている。しかし、巻き貝さん［paṅ］の本当の走る速さで勝ったのではない。即ち巻き貝さん［paṅ］は他の多くの巻き貝と共謀して cak［注。浮草の1種］の中に隠れて、次々に返事をして勝ったのである。この時に、ウサギさん［paṅ］が巻き貝さん［paṅ］の策略をちゃんと知っていたら、その時点で巻き貝の種は絶えて、現在まで続く巻き貝はいなかったであろう。まだ種が絶えていないので、その結果ウサギ裁判官に反論しようとする巻き貝がまだいるのである。

巻き貝が我々に手紙を送って来た以上は、我々はこれに答えるべきであり、そうするのが適切である。巻き貝氏の手紙は内容が4ページもあり、<gazette>［新聞］に掲載しようとすると長すぎる。それで我々は巻き貝氏の重要な要点だけを述べ、全ての項目に我々の回答をそれに続けて書き添えて、巻き貝氏に聞いていただく。

項1。我々が nagaravatta <gazette>［新聞］51号［2-5］で煉瓦の柱のコンクリートの家を持つ人たちを啓蒙して、「装飾の彫刻をして、人々がクメール人の家であることがわかる目印にするように」と述べたことについて、巻き貝氏は、我々がそう言うのは正しいと同意する。しかし氏は、我々がそのようなことを言う必要はない。言って何になるのだ、と言う。この項については、恐らく巻き貝氏の家は kambūl <mètre>［蛍光灯］と paprak の葉がないのであろう。それだから我々に言うことを禁止するのである。もう1つ、もし氏が、我々が言うことが本当に正しい、と理解するのなら、装飾を付けて存在させることを考えるべきで、心にこだわって頑なに、ないままにしておくことを考え、このように「言うな」と禁止するべきではない。

項2。巻き貝氏は言う。「ウサギ裁判官は知恵がたくさんある。なぜ言い捨てるのか。考えた考えが正しくて良いと知っているのなら、なぜそれを人に話してその考えの通りに行動させないのか」　この項については、私は巻き貝氏にこう話したい。「私は新聞を作る人であり、私は注意をして啓蒙する文章を広め、忠告する話を話し、種々の情報を告げることだけを、私はするべきである。私は法律を出して、私とは異なる理解をする人に、私に従うように告げることは、するべきことではない。我々の主である正等覚でさえ法律を出して全ての人に尊師の考えに従わせることはできなかった。それゆえ、巻き貝氏は私の知恵に疑問を持たないでほしい」

項3。巻き貝氏は言う。家について、どうして我々は、クメール人の家であることを人々に知らせることを考えることができるか。一方クメール人について、どうしてクメール人であることを知らせることを私は考えないのか。この項については、このように答えたい。「我々クメール人は、アンコール・ワット遺跡を放棄して逃げて以来、木の葉葺きの竹の小屋に隠れ住んでいた。他民族が我が国に来て住むと、彼らは煉瓦の柱のコンクリートの家を建てて住んだ。それで我々全ては、木の葉葺きの竹の小屋はクメール人の家で、煉瓦の柱のコンクリートの家は他民族の家であると認識することになった。クメール人が彼らの型に従って煉瓦の柱のコンクリートの家を建てるようになると、いつも彼らは外見から彼らの仲間の家であると間違える。こういう理由で私は、幸運を持つクメール人がコンクリートの家を得て住む場合には、クメールの飾りを家の外につけて、我がクメール人の家であると認識させるべきである、と言ったのである。クメール人である人間については、我々はわざわざ認識させることを考えなくても、きっと彼らは認識できるからである。巻き貝氏が信じないのなら、互いに民族の異なる人4人全てにフランス国の服を着せ、人を呼んで来てこの4人の顔を見せると、その人はクメール人をフランス人に、フランス人をベトナム人に、ベトナム人をクメール人に、クメール人を中国人に間違えるであろうか。もし間違えなかったら、巻き貝氏は私を責めないでほしい。もう1つ、もし私が一生懸命彼らにすべてのクメール人を認識させることを考えるならば、人力車を曳いているクメール人に sambat caṅ kpin をはかせ、巻き貝氏の娘も我々の娘も皆 ambaṅ［？］が長いブラウスを着せるか、ブラウスなしでクロマーを肩から巻かせる。こう考えれば他の民族であると間違われることはない。でも、間違われると私が恐れるのは、我々が他の民族と同様に繁栄した時のことであって、我々がこのような状態である時に、何の利益のために我々を認識させるのであるか。

項4。巻き貝氏は言う。私はクメール人の主人に訴えて、私が考えることに規定を加える巻き貝氏の考えに合うように、クメール人全てに詰め襟の服を着させ、襟刳りのある服を着ないようにさせるべきである。私は巻き貝氏に負けを認めて謝罪するべきで、巻き貝氏は私に露だけを飲ませ塩気さえもない飯を食べさせる。この項は巻き貝氏は、私が飾りの彫刻をつけるようにと注意したことに対する不愉快から、私をやり込めようとするものである。それならば、私は答える。「ウサギ裁判官は、巻き貝氏の考えに応じて考えて定めることができることは確かである。もし考えて定めることができなかったら降参して全ての罰を受けよう。しかし、発案者である巻き貝氏は詰め襟の服を作って氏自身が着て、氏の子や孫全部に着せて模範になるべきである。毎日このように着ているのを私が目にしたら、私はすぐに考えて決定を出す。でもまず私に、巻き貝氏は誰であるか、その名前を教えてほしい。誰であるかがわかったら、私は衣服のチェックができる。

項5とそれに続く項目。これは話がとても長いので私は答えない。それで、私はこれで終わりにしなければならない。もし巻き貝氏がまだ満足できず、もう1度ウサギ裁判官と競走したければ、寝て、「どうやって足を4本持つか」を考えてほしい。前回のように cak に隠れて仲間に次々に返事をさせるということをしないでください。

ウサギ裁判官［注。59号3-1を参照］

3-1　お知らせ

3-1-1　［広告］事務所の移転について

私、名は yas-ḍuc はクメール裁判所で弁護士をしています。以前は コンポン・トム<poste>［州庁舎］第25号室に事務所をおいていましたが、現在はプノンペン市 sīñaek 市場の川岸の kesīsūvatthi 52号の店に事務所を移転しました。

［仏語］　　1938年2月12日
［ク語］　　弁護士

3-1-2　［広告］来る20日、即ち日曜日に、サイゴンの（auto Balle）<balle>［サッカー］チームが（C.S.Royal）チームと試合をします。

3-1-3　［広告］来る今月27日にコーチシナ国の選抜<balle>［サッカー］チームがクメール国選抜<balle>［サッカー］チームと試合をします。皆さん、きっと vatta bhnam の dī vāl <balle>［サッカー場］へ見に来てください。

3-1-4 ［広告］ お知らせ

kaṇṭāl 市場<ohier>路115号の店に、ṭuoṅ-gīm という名のクメール人がとても大きい理髪店を開店しました。

クメール人である皆さん、民族に助力して大きく発展させるために、この店に散髪に来てください。

3-2 朗報

nagaravatta 新聞は、国王陛下が以下に名前を記すokñā の方々に勲章を授与なさったという情報を得た。

［ア］高等裁判所

okñā {sam-suṅ fernaṇṭiḥ}氏は<commandeur>［コマンドール］章

［イ］sālā krum codya［裁判所公訴部］

長である okñā {mās-s?aem}氏は<officier>［オフィシエ］章

顧問 cau krama である okñā {dœp-samkul}氏は<chevalier>［シュヴァリエ］章

顧問 cau krama である okñā {pāk-hūt}氏は<munīsārabhaṇa>［ムニサラポアン］勲章

顧問 cau krama である okñā {um-prik}氏は金<médaille>［章］

nagaravatta はこれらの諸氏に更なる地位の昇進をお祈りする。

3-3 nagaravatta 新聞は1937年度の会計簿の計算をして収支を明らかにし終わりました。下に掲載する内容の通りでしたので皆さんにお知らせいたします。

即ち、533リエル22センの利益を得ました。

［仏語］ 1937年12月31日における貸借対照表

借方	金額
設備、不動産	97.60
印刷版	38.30
Provisions chez des Tiers.税金予納?］	1.00
前払い家賃	3.50
前払い経費	105.00
顧客	1633.29
フランス–シナ銀行	1535.30
現金	140.24
［合計］	3554.23

貸方	金額
資本金	1140.00
未決済債権	1881.01
損益	533.22
［合計］	3554.23

委員会会計係

3-4 ［44号3-9と同一］

3-5 ［57号3-4と同一］

4-1 ［48号4-1と同一］

4-2 ［8号4-6と同一］

4-3 ［11号4-2と同一］

4-4 ［44号3-3と同一］

4-5 ［8号4-3と同一］

4-6 ［20号4-6と同一］

4-7 ［11号3-2と同一］

4-8 ［33号3-4と同一］

4-9 ［48号3-8の終わり近くの「70メートル」が「10メートル」になっているだけである］

4-10 ［51号3-6と同一］

4-11 ［54号4-10と同一］

SAMEDI 26 FEVRIER 1938
CIGARETTES
JOB
LE PAQUET VERT
Vendu 5 cents
Nagara vatta
COFAT
CIGARETTES
La meilleure cigarette Indochinoise
Le Paquet vendu 5 cents
DEPOT LEGAL INDOCHINE
No A10664
Directeur
PACH-CHHŒUN
HEBDOMADAIRE PARAISSANT TOUS LES SAMEDIS
Boite Postale N° 44)

第2年59号、仏暦2480年9の年丑年 māgha 月下弦11日土曜日、即ち1938年2月26日

［仏語］1938年2月26日土曜日

1-1 ［仏語で「私書箱 No.44」と「社長、PACH-CHHŒUN」が加わった以外は8号1-1と同一］

1-2 ［デザインが少し変わった以外は8号1-2と同一］

1-3 ［デザインが少し変わった以外は8号1-3と同一］

1-4 ［8号1-4、1-5と同一］

1-5 カンダール州での珍しいこと

政府がサトウヤシ砂糖を集めるための協同組合を作った

我々は kaṇṭāl sdiṅ 郡と bodhi ciṅ tuṅ 郡の人々から、「カンダール州<résident>［弁務官］殿がサトウヤシ砂糖を集めるための協同組合を作った」という情報を得た。この情報は我々を大変喜ばせた。この<gazette>［新聞］は何ヶ月も前に、「この型の協同組合は、何重もの転売をなくし、農業をする人々に大きな利益をもたらす」と知らせてきたからである。

我々が kanduot 郡と bodhi ciṅ tuṅ 郡とを調査して得た情報では、同地の住民は毎年何万缶ものサトウヤシ砂糖を生産する。この住民たちは砂糖をたくさん生産するのは事実であるが、それを一生懸命努力して作った労力に十分見合うだけの利益を得ていない。中国人が現場に行って1缶につき40センから50センで買い、持って行って1缶につき1リエル50センか2リエルで売るからである。同郡の住民たちは貧しい人たちなので、中国人に商品を信用買いをしたり、あるいは借金をしたりしていて、その中国人から借りた借金を砂糖で返しているのである。それゆえ中国人は毎年金をたくさん儲けている。なぜなら今年は砂糖1缶は価格が2リエルにまで達しているからである。このように中国人に砂糖で清算するのは借金から抜け出させるものではない。なぜなら中国人は毎年毎年利子を上げ、清算した砂糖は利子だけの返済であるとして、元金の方は勘定しないからである。我がクメール人はこのようにして生計を立てていることが、一生の間中国人の奴隷でいさせているのである。

上に解説した［奴隷であるという］クメール人の不名誉は、この協同組合が業務を始めたら、きっと消滅に近づくであろう。

現在、我々はまだこの協同組合の定款の詳細を知らない。しかし、我々はカンダール州当局は、それを<gazette>［新聞］を通じて発表すると期待している。一方我々の方も、ますます多くのクメール人が詳しく知るように、その内容を必ず掲載する。もう1つ、この協同組合は、希望通りに我々クメール人に利益を与えるものであると信頼している。我々が敢えてこう言うのは、最初にポー・サット州に設立されたこの型の協同組合は、記念碑となる利益を得てきているということを、我々は知っているからである。

我々は他の州の住民たちも、互いに考えをまとめて、協力してこのカンダール州のように、全ての州にこの協同組合を作ることを求める。政府に発案者にならせることが必要ではいけない。自分たちで集まって考えて作るべきである。設立することを考えてしまえば、きっと政府は成功するように助力し協力してくれる。

我々は、このカンダール州のサトウヤシ砂糖を集めるための協同組合を設立することを考えた発案者に、同州の人々の心からの感謝を受け取ってくださるようお願いする。

1-6 諸国のニュース

1-6-1 中国

漢口、2月14日。日本機は依然として sīn bū diet 市の爆撃をさらに続けている。2度も淮河の北に軍を配置しようとして、日本は兵と武器を多数失った。現在、日本は、占領したいと思っている県から距離2、3キロメートルの līn hū vai kvāṅ 県に恐らく達した。同地で守備している中国軍は日本軍を激しく攻撃した。中国機も陸軍の援助に来た。

河北と河南方面では、戦闘が停止したかのようであったが、現在、突然再び戦闘が始まった。

日本機が広東市から漢口に行く道路を爆撃して破壊し、村落と住民の生命多数が失われた。

＊上海、2月14日。日本政府は、「中国と事変が起こって以来2月8日までに、日本は中国機を269機撃墜し、飛行場を398ヶ所破壊した」と発表した。日本側の[損害]については何か言うのは聞かれなかった。

上海国政府は、上海における物価の値上がりについて、「全ての燃料油は2倍、食料品は50%、それ以外のものは35%の値上がりである。家賃と衣料品の価格は変化がなく、従前通りである」と発表した。

1-6-2 オーストリア国

ウイーン国[ママ]、2月15日。情報によると、ヒットラー氏はオーストリア国に多数項目の事と物品を熱心に厳しく要求している。リスト中に列挙されている全ての事をオーストリア国首相であるシュシュニク氏に同意するよう求めたが、シュシュニク氏は<signer>[署名する]のを拒否した。100項目のうち、シュシュニク氏が同意したのは20項目に達さなかった。ヒットラー氏が最も望んだ事は、シュシュニク氏にオーストリア国国防相を更迭させることである。しかし、おそらくシュシュニク氏はこの職務の長である siṇaer 氏を現職にとどめる。

「オーストリア国がいつまでもドイツ国の要求に従わない場合は、ヒットラー氏はこの件を理由にオーストリア国を脅迫することは間違いない。それだけではなく、恐らく氏は強制して同意させ、互いにこの協定を結ばせる」と推測されている。

シュシュニク氏は困惑して、種々の事について公表して告げるために、地方の高官を集めた。氏は高官たち全てに、「この件で驚き慌てないように」と注意した。会議が終わると、氏はイタリア大使の訪問を受けた。同大使は恐らく、「ドイツ国とトラブルを起こして、さらなる罰を国が受ける結果にならないよう注意するように」と告げに来たのであろう。

1-6-3 ロシア国

モスクワ国[ママ]、2月15日。ロシア国大統領[ママ]であるスターリン氏は国内の全軍兵士に、「我々は必ず軍を挙げて大強国に抵抗する。それゆえ、徴兵された国民は駆けつけて来て傲慢な敵を粉砕する助力をするのに備えるべきである。"彼らは密かに我々を脅迫しようとしている"からである」と広く告げた。

＊ウイーン国[ママ]、2月16日。オーストリア国からの情報によると、多数のドイツ軍部隊がオーストリア国境に接した pārīyaer(ドイツ)地域に駐屯している。ドイツ国からの情報は、「これらの軍隊は、例年のように政府が ram?il dik kak(Ski)[スキー]の訓練に行かせたものである」と明らかにした。

＊パリ、2月16日。オーストリア国では大臣と高官全ての交代が行われた。パリ市ではこの交代に強い不満をもっている。<paris-midi>という名の新聞は、「ドイツ軍に対する恐怖から恐らくオーストリア国はドイツに服属する。シュシュニク氏がドイツに服属することを承服したから、ロンドン市はオーストリア国のことを心配する必要がなくなった。パリ市1人が支援することはできない」と述べている。

1-6-4 [中国]

漢口、2月16日。中国 krum lpaeṅ hāt prāṇa(Jeu olympique)[オリンピック競技委員会は、46ヶ国に、「次の1940年の東京市の[オリンピック]競技会に参加しないように」という希望の書簡を送った。

＊事実であるのは確かであると思われる情報によると、1月1日から25日までの間に、上海に行く道路で餓死した中国人の遺体が1万体、うち子供が7,500体見られた。

＊東京、2月19日。日本の<conseil> senāpatī[内閣]は国内で徴兵することに同意した。この同意によると、後日国に戦争が起こった時のために、全軍の兵と武器を真剣に蓄えておく必要がある。この同意のなかには増やさなければならない物品のリストがあり、それらの物品を増やし、なくならないようにする方法、修理をする方法、輸送して輸出入を分担する方法などがある。

1-6-5 [ヨーロッパ]

ロンドン、2月20日。イーデン氏が辞任を考えているという噂が広く広まっている。もし事実なら、イギリス政府は後任大臣を選ぶのに苦労するに違いない。

＊スペイン国、2月20日。反乱軍は政府軍を攻撃し、陣を4ヶ所奪い、政府軍を退却させ、テルエル県を西と東北から包囲した。フランコが指揮する軍は突破して、海岸に達するまであと85キロメートルである。「この反乱軍を押しとどめるのは非常に困難であり、かつバレンシア市に行く道路は政府軍は往来できないので、本日までに反乱軍はテルエル県を奪回した」と言われている。

＊ベルリン市、2月20日。ヒットラー氏が3時間でようやく終わった長い演説をした。この演説の中でヒットラー氏はフランスについて、「ラサール県がドイツに併合されて以来、私はフランスに何も厳しく要求してはいない。

この両国はもう互いに争いをおこすような原因は何もない。しかし、全世界の新聞は両国がともに生計を立てていくことが困難になるように中傷し、けしかけている」と述べた。ロシア国についてヒットラー氏は[次のように]述べた。「ドイツ国は共に生計を立てていくことはできない。なぜならば、(communisme)[共産主義]国の統治体制は、破壊する体制であって、発展をもたらすものではないからである。ロシアは我々が慈悲をかけておくべきではない敵である。我々はこの体制に入って来させ、我が国を破壊させるべきでない。<communisme>[共産主義]がいずれかの国に完全に入り込むと、必ず世界の状況を一変させてしまうから、我が国以外の国もそれが自国に広がらないよいうに扉を閉ざすべきである。これこそが、ドイツ国が、スペイン国内の戦争で政府軍が反乱軍に勝利を得ないように一生懸命国を防いでいることが、全く進展しない原因である。政府軍が勝利を得ると必ず<communisme>[共産主義]はスペインにさらに新しい地を得て、ヨーロッパ諸国に不安をもたらす。同じことを知っているイタリア国とドイツ[国]はスペイン国が滅びないように一生懸命努力する」

1-6-6　中国

香港、2月21日。今朝日本は突然航空機を送って広東市を驚くほど激しく爆撃した。今回の中国の人命の損害は非常に多いと推測される。

8時半に再び広東市周辺の村落を爆撃した。被害がどれだけであるかはまだ不明である。

1-6-7　ロンドン、2月26日。イーデン氏は[数語不鮮明]を辞職し、同氏付き書記官である[ママ]larikaraṅpw[クランボーン]氏も同氏に従って辞職した。ハリファックス氏が代わって担当することになった。

首相であるチェンバレン氏は、「イーデン氏がいなくなっても、フランスとイギリスの団結は従前と変わらず強固である」と述べた。

1-7　土曜評論

最近、私の孫たちに、とても強情で良い言葉を聞いて従わせるのが難しいのがいて、私は孫たちを甚だ不満に想っている。

祖父をこのように心配させている孫たちは、現在の政府の部局で地位が高い者ばかりであるが、他人の召し使いになるために生まれてきたので、どんなに高級官吏になっても、高い地位についても、依然として召し使いの態度を守っている。

私が私の孫たちについてこのように苦情を言うのは、先月この<gazette>[新聞]が munīreta 局長殿下[braḥ aṅga mcās]の sandanā(Causerie)[講演]について解説した時に、私の孫たちは大騒ぎして言い掛かりをつけ、この<gazette>[新聞]を訴えることを考えているからである。

この<gazette>[新聞]を読んだ皆さんは、私が考えるのを助けてほしい。この<gazette>[新聞]は私の孫たちを怒らせるような何か不適切なことを言ったか。もし本当に失礼な言葉であったなら、局長殿下[braḥ aṅga mcās]がお怒りになるはずである。そして私はこの件についてはっきりと、「殿下[loka]は髪の毛1本ほどもお怒りになっていない」という確かな情報を得ている。なぜ私の孫たちはこのように憤慨しているのか。

もう1つ、この<gazette>[新聞]はクメール人に注意をして、助力して目覚めさせて啓蒙する新聞である。誰についても根拠のない嘘を言ったことはない。そしてクメール人を妬んで高貴にならせまいとしたことは1度もない。そしてこのように国を愛する人は、局長殿下[braḥ aṅga mcās]1人しかいない。殿下[loka]は<scout>[ボーイスカウト]を支援するのが1つ、dāt <balle>[サッカー]選手を支援するのが2つ[目]、そして最近フランス国に万国博覧会をご覧になりにいらした時に、殿下[loka]は「殿下[loka]の民族を非常に愛し、殿下[loka]の国に帰国なさったらクメール語の<gazette>[新聞]をもう1つ作る」とおっしゃった。そして現在私はその<gazette>[新聞]の第1号を待っているところである。

皆さんが既に知っているように、nagaravatta <gazette>[新聞]には局長殿下[braḥ aṅga mcās]を責めるような記事は何もない。即ち殿下[loka]を称賛する記事ばかりである。なぜ、私の孫たちはこのように突き刺し突き立てる病気になったのだろう。この重病は[孫たちに] nagaravatta <gazette>[新聞]を読むのをやめさせ、さらに他人にも、この<gazette>[新聞]を読むのを禁止しようとしている。現在<gazette>[新聞]を読むのをやめた人が大勢いるのは事実である。

皆さん、私[の新聞]を読んで援助してください。私の孫たちがこのような行いをするのは、私に何と呼ばせたいのだろうか。

×××祖父

1-8　布告

プノンペン市に第2の登記所を設立することについて、人々全てがこれを知るよう公告する。来る1938年3月1日に、政府は<bureau> cuḥ pañjī prathāp trā[登記所]をもう1つ設立する。既に(charle Thomson) (Boulevaerd)[大路]に存在する古い<bureau>[役所]は、売買、あるいは入質した土地、家屋の敷地、田畑、および国有不動産の押印証明を統括する。

プノンペン市 <doudart de lagrée> <boulevard>[大路]75号に設置される新<bureau>[事務所]は、[次の]ためである。

1。あらゆる種類の文書の押印[証明]

2。法人からの税金の徴収
3。遺産の税の徴収、納付
4。<timbre>[収入印紙]の販売
5。所有者がない遺産の管理と競売

1-9　munīreta 局長殿下[braḥ aṅga mcās]が新職務に就任なさる

2月17日、国王陛下のお言葉により、徴税局長であるmunīreta 殿下[braḥ aṅga mcās]を国王陛下の代理として保健と衛生と体育方面に関して全クメール国の指揮を執るために、保健体育教育局の国王陛下代理(Délégué de Sa majesté à l'assistance et[ママ。「et」は不要] à l'hygiène sociales[ママ。単数形が正しい] et aux sports)に任命する儀式が、<conseil> senāpatī[大臣]室で行われ、<résident> jā adhipatī[高等弁務官]である<thibaudeau>氏、クメール政府<conseil> senāpatī[大臣]、フランス、クメール官吏たち多数が儀式に列席した。

この式で、<thibaudeau>氏が殿下[braḥ aṅga mcās]へのスピーチを行い、この新しい職務において殿下[loka]に強い期待を述べ、次いでさらに samṭec cau fā vāṅ が殿下[[braḥ aṅga mcās]に喜びの言葉を述べた。その後で、殿下[braḥ aṅga mcās]が、式に参列した<thibaudeau>氏と<conseil> senāpatī[大臣]、フランス、クメールの官吏に感謝の答辞を述べられた。

nagaravattaは munīreta 殿下[braḥ aṅga mcās]にあらゆる発展があることをお祈りする。

2-1　Me mat での負けそうなニュース

情報によると、コンポン・チャム州 me mat の住民は大変憤慨している。camkār <caoutchouc> [ゴム園]主であるフランス人が、自分が住むために郡庁の近くの住民居住地区全部を政府に求め、州政府は住民に慈悲を持たず、「住居と集落を放棄して移転し、現在実りつつある生命を養うための作物、果実などの収穫を全て失い、これまで長い間耕して生計を立ててきた先祖代々の土地と田畑を捨てること」を命令した。そして、「1人当たり5、10、20リエルと、元の集落から遠いところに土地を与える[注。この1文の原文は誤植があるらしく、重複があったりして錯綜しているので整理した結果、訳文は原文に忠実ではない]」と言ってきたからである。これっぽっちの金でどうやって家財産を失って移転する費用に足りるのか。新しく開墾する田畑は、これまでの田畑と同じような肥沃な土地ではありえない。そして新しく開墾するための費用は、どうやって手に入れるのか。今まさに実を結ぼうとしている栽培作物を捨てて、新しく栽培して果実などの収穫を得て食べるまでには、元の土地の持ち主は死んでしまうであろう。栽培作物のなかには植えてから収穫を得るまで長期間かかるものがあるからである。

この話がもし事実であるならば、nagaravatta は、どうか保護国政府は me mat の住民の苦しみを和らげ、以前と同じ幸せと安楽があるようにするようお願いする。

民衆がこれまで長い間住み、生計を立ててきた作物を植える土地、肥料分がある田畑、これらから民衆を追い出すべきではない。もしかりに民衆を追い出す場合には、今後土地を開墾して集落を作り、田畑にするための費用をたくさん支払うべきである。このようなやり方をすると民衆はますます貧しくなり、ますます惨めになるのは確かである。

2-2　不服

先の2月14日に、ralie p?ie 郡(コンポン・チナン)、brai grī 村 kambaṅ braḥ srūv 地区の住民50名が来て、以下に述べる不服を<conseil> senāpatī[大臣]に訴えた。

1。kambaṅ braḥ srūv 川は yāy dāl から brai grī 村の kandal 島の tā kpāl までは、ずっと昔から、政府が民衆が魚を捕って食べるための所としていて、それを妨げることができる人はいなかった。毎年政府は魚を捕る民衆から税金を徴収していた。1936年から1937年になって、tup が brai grī 村村長になると、[tup]は漁区主である中国人 tāṅ guoy と河川管理官であるベトナム人 kaṅ が共謀して、「政府が定めた川ではあるが、sievbhau panduk (Cahier des charges)[競売仕様書]の中には記載されていない」と言って、その川で魚を捕って食べることを禁止した。[住居の]すぐ近くでも、「この川の魚が驚いて逃げる」と言い、捕ることができない。そして漁区主である中国人と河川管理官であるベトナム人に、この川に行って魚を捕った民衆を逮捕する権限を与えた。

2。民衆全ては不服で、コンポン・チナン<le résident>[弁務官]殿に訴えに行った。弁務官殿は、「文書を作成して、このように大勢ではなく、1名だけが持参して来て訴えるように」と命じた。その後、民衆たちは<le résident>[弁務官]殿の命令通りに、om-uc を代理人にして代理人文書を作成させて、訴えさせた。すると brai grī 村村長が州の長殿[=弁務官]に答弁書を送り、「om-ucは民衆各人から金を集めて、民衆に反乱を起こさせようとしている首領である」と述べた。すると州政府はom-uc を逮捕し投獄して、現在に至っている。<enquête>[調査し]てom-uc は民衆から金を集めて反乱を起こそうとした首領ではないことが明らかになったが、[州]政府は同人を釈放しようとしない。

3。現在 brai grī 村村長、漁区主、河川管理官はそのグループの仲間を連れて、民衆を探して逮捕している。無学無知で愚かな民衆は逃げて森に隠れて幸せはない。それで彼らは大きい舟を1艘雇ってプノンペンに来て<conseil> senāpatī[大臣]殿に詳細に<enquête>[調査する]よう訴えたのである。

4。トウモロコシの季節には brai grī 村村長と kambaṅ laeṅ 郡郡長は、漁区主が川の水を押さえて、水が入ってトウモロコシを冠水させなかったお礼として、トウモロコシを民衆1人あたり1 hāp ずつ漁区主の所に持って行くよう命令した。しかし、民衆は、「漁区主は川の堤防を壊して水を入れ、トウモロコシを冠水させて大きな被害を与えた。残ったのは高台にあったものだけである」と言って承服しなかった。

nagaravatta は、これが事実である話ならば、民衆を救うために、保護国政府は詳細に[以下のことを]検討するようお願いする。

1。水路あるいは川に杭を打って目印として、漁区主の場所とごっちゃにならないようにして、民衆に分けるようお願いする。民衆も税金を政府に払っているが、漁区主と違って川全体を買う金はないからである。

2。官員が漁区主と手を結んで、以前あったことを再び行なって住民を苦しめることを禁止するようお願いする。

3。om-uc が民衆を反乱させた首領であるという[証拠が]見つからないのなら、拘束を解くようお願いする。

4。プノンペン市から<enquête>[調査]検事を派遣して、この件を調査に行かせるのが公平である。このコンポン・チナンの官員は、民衆が、「漁区主と同じ仲間である」と訴えている以上は、この官員に<enquête>[調査さ]せても公正ではない恐れがあるからである。

この件は、もし確かな事実でなかったら、恐らく民衆がこのように大勢そろってやってくることはないであろう。地方の民衆は極めて無学無知で貧しくて、政府をとても恐れているから、憤慨していない場合は、このように思い切ってプノンペンまで訴えに来ることはしない。

2-3 ［44号2-4と同一］

2-4　クメール人の恐れ

（<gazette>[新聞]57号[2-1]から続く）

これらすべてのことを皆さんは観察して見るべきである。クメール人は思い切って顔を出して目立ち、ものを言って目立つ勇気があまりない。たとえば国のためになることをして民族を発展させることは何にも増して良い、素晴らしいことであって、恐れて尻込みするべきではない。国王陛下の国土を裏切る、あるいは rājakāra <protectorat>[保護国政府]を裏切ることではない。この裏切りならば悪いことであるから恐れるべきである。我々が一生懸命国と民族を発展させるために努力するだけならば、それは良いことである。なぜならば、これを行うことは rājakāra<proterctorat>[保護国政府]をますます楽にさせること、即ちこの国の民衆を文明に到達させたいという望みを持っている保護国政府の希望に従っているからである。

このようにすることは、成果が見られた時には、保護国政府に多くの種類の仕事の道が生まれるのであるから、慈悲を垂れて助けてくれる。

ここまで解説してきた理由で、この文章を読んでいるクメール人の皆さんに、よく考えて、この恥ずかしがることを捨てることをお願いする。そして一生懸命働いて、国と民族を発展させるようお願いする。彼らが一生懸命努力したからたくさん成長し、発展することができたのであるから、手本にするべきである。今後も黙ってばかりいることに熱心であったら、きっと必ず滅びてしまう。

国と民族のためになることをするのは、やりすぎてはいけない。希望通りに成功し、成果を得るためには、適度に穏やかに行うべきである。

我々クメール人は多くのことを恐れる。自分の身体を損ねること、財産を失うこと、地位を失うことなどである。官吏の中には、恐れを持っていて毎週受け取って読んでいる<gazette>[新聞]の代金を支払う勇気までがない人さえいる。

これらの恐れは、私はもう1度、「捨て去るべきである」とお願いする。よく比べて見ると、文明の道を知っている皆さん各人の知識は、恐れる道、暗い道を守るべきではなく、明るい道を探すべきであると思うからである。

皆さんは私が上に述べたことは間違っていることであるか、それとも正しいことであるか、よく考え検討してください。ヨーロッパの大きい国々と比べてみると、間違ってはいないことがわかる。なぜならば彼らは常に「国土と民族を愛し、働いて、あるいは生命をかけて国土に恩を返すことは素晴らしい道である」と教え諭しているからである。国と民族とは我々が全力を尽くして発展するように、繁栄するように支えれば、繁栄は我々の両親と我々各人自身の上に落ちて来ることは確実であり、低劣さは全て消え、我々の近くの国に住んでいる他民族と同じように面目を立てることができるようになる。

もう1つ私は、「我々クメール人は、都会でも地方でも農村でもすべて同様に、団結と呼ぶところの、互いに愛し、親密にする気持ちを持たない」ことを認識している。

「互いに愛し合わない」というのはどういうことか。この「愛し合わない」ということは、クメール人は他のクメール人を見て、はっと、「同じ民族である、同じ血である」と気付くことがない。姿だけを見て、何か別の、互いに民族を異にする人の姿であるとし、「同じ民族である」とは考えない、あるいは思わない。互いに助け合い、同情しあう気持ちを持つべきで、そうするのが良いのである。

まだ後の週[＝62号1-11]に続きがある。

khemaraputrā

2-5　読者のために以下に掲載して説明する金銭借用の方法は、貧しい農民であるクメール人の皆さんに役に立つと、我々は理解する。

農業金融公庫

(<gazette>[新聞]56[ママ。「57」が正しい]号[3-2]から続く)

持って行って、この申請書に記入して完全にする。即ち[自分の]姓名と妻の名、住所がある地区と村を記入し、この借金の担保にする不動産についてわかるように、不動産の所在地と広さと境界と土地の種別を記入してから、親指の指紋を押捺して村長に提出する。村長は郡庁を通じて州の[農業金融]公庫に送る。

(まだ後の週[61号3-1]に続く)

3-1　タニシさん[nāy]は巻き貝さん[nāy]に賛成しない

ウサギ裁判官が nagaravatta 新聞第58号[2-2]に載せている巻き貝さん[nāy]の言葉の中の、"クメール人全てに詰襟の服を着せろ。襟ぐりがある服は着せるな"という1句に、『タニシ』さん[nāy]こと、私は賛成できません。なぜ、巻き貝さん[nāy]はクメール人全てに詰襟の服を着せる必要があるのですか。おそらく巻き貝さん[nāy]は、自分が住んでいる水溜りがとても深くて広いと思って、心が離れないでいるのでしょう。巻き貝さん[nāy]、そうではありませんか? 川の水、海の水はそこよりもっと深くて広いのです。巻き貝さん[nāy]はたぶん行って見たことがないのかも知れません。巻き貝さん[nāy]は、詰襟の服がとても尊い物、クメール人の身分には何よりも卓絶して相応しい物と思っているのではありませんか? 他の物はクメール人の身分には相応しくないのでしょうか。

私は、この詰襟の服はクメール人に相応しい物の1つだと思います。でも他にも美しい物がたくさんあります。たとえば襟ぐりがある服もクメール人の身分にとても相応しい物です。この世界に存在してきた衣服の風習も、その他のすべての風習も、不変で存続している物はないことを、巻き貝さん[nāy]は新しく理解してください。[風習は]世の中の好みによって当然変化していくもので、古代からのクメールの風習でさえ、現在に至るまでに、どのように変化したかを、巻き貝さん[nāy]はちょっと振り返って後ろを見たことがありますか。

事実は、ずっと昔、クメール人は襟ぐりがある服を着ていました。襟ぐりがある服はクメール人にとっては新しい物ではありません。例をあげて示しますと、アンコール・トム市のバイヨンの壁に彫られてあるクメール人の絵は、襟ぐりがある服を着ているのがたくさんあります。もし巻き貝さん[nāy]は見たことがないか、あるいは私を信じないのであれば、ウサギ裁判官さん[paṅ]を誘って自分の目でしっかりと見に行ってください。ここで話した絵のことは、私はある殿下[?nak aṅga mcās]から聞きました。殿下[draṅ]は、"襟ぐりがある服を使用するヨーロッパ人は、このクメール様式を真似したのかもしれない"とおっしゃいました。もしそうならば、巻き貝さん[nāy]が、「クメール人は襟ぐりがある服を着るな」と指導なさるのは、巻き貝さん[nāy]は、どのように低劣だと考えているのですか。どのようにクメール人の身分には相応しくないと考えているのですか。巻き貝さん[nāy]がこのように指導なさることは、従う価値はまったくないと私は理解します。クメール人の āryadharma (secktī sīviḷai)[文明]を引き止めて、前に進まないように邪魔する道しかないのではありませんか。考えのないウサギ裁判官の方は、眼鏡をかけて全てを見ることをせず、突然巻き貝さん[nāy]が鼻面を引く[=導く]計画に従わされたならば、罰して一生露の水を飲ませるに価します。

それゆえ、私はもう1度クメール人である同胞全てに、何らかの風習を守るときには良いもの、尊いもの、自分自身にも他人にも益のあるものを選んで守るよう注意させていただきます。尊くない風習は急いで捨て去るのが適切であるとしてください。ぐずぐずと過去と未来を惜しがっていてはいけません。どんなに昔の先祖から大切に守ってきた遺産であろうと、摘み取って捨て去るべきです。保存しておいて、ごちゃごちゃに沢山に汚くするべきではありません。たとえば衣服の型は、どの型であれ、良いと思ったものを皆で着るのが適切です。あるいは集まって新しくデザインして美しくクメール人に相応しいのを考えるのなら、どうぞ考えてください。ただあまりにも文明的になりすぎて、裸になって日光浴をする考え[＝ヌーディズム]や、ある国ではすでに作っていますが、女性が股の付け根までしかないズボンをはくのを除いてです。これらは遠くに置いておいて、どうか発展させてクメール国に入れることはしないでください。このような野蛮な考えはクメール人は好まないでください。良い美しい習慣の考えとデザインだけを好んでください。どうかクメール人は古風なものにせよ現代風なものにせよ、あるいは外国のものにせよ、本当にクメール人に相応しいと思ったら、互いに同意してすぐに真似して取り入れてください。ぐずぐずと愚かでいて、何の重要性もない古い習慣だけを手に握り締めていてはいけません。そして自らを貶めるような風習は真似をしてはいけません。たとえばトランプ賭博、kāt、bie taṅ、bie sī sik、bie ghuy、bie phae、cāp yūgī、dhūr、さいころ、六角さいころ、ḷuk ḷāk、双六[注。以上はいずれも賭博]などは全て外国のもので、我々クメール人に中毒させ貧乏にならせるために彼らが持ち込んで来て、我が国に広めたものであり、我々クメール人のものではありません。我々クメール人は賭博を受け入れて今のように没落するべきではなかったのです。

nāy {khcau}[タニシ]さん

3-2 ［58号3-1と同一］

3-3 農産物価格［「金の価格」はない］

プノンペン、1938年2月25日

サトウヤシ砂糖	60キロ		3.40リエル
	店頭で購入		3.00リエル
籾	白	68キロ、袋なし	4.10 ~ 4.15リエル
	赤	同	3.90 ~ 3.95リエル
精米	1級	100キロ、袋込み	9.88 ~ 9.90リエル
	2級	同	9.40 ~ 9.45リエル
砕米	1級	100キロ、袋込み	7.85 ~ 7.90リエル
	2級	同	7.20 ~ 7.25リエル
トウモロコシ	白	100キロ、袋込み	［記載なし］
	赤	同	7.80 ~ 8.00リエル
コショウ	黒	63.420キロ、袋込み	15.50 ~ 16.00リエル
	白	同	25.00 ~ 25.50リエル
パンヤ	種子抜き	60.400キロ	34.50 ~ 35.00リエル

＊サイゴン、ショロン、1938年2月24日

フランス籾·米会社から通知の価格

ショロンの<machine> kin srūv［精米所］に出された籾1 hāp、［即ち］68キロ、袋込みの価格は以下の通り。

籾	最上級		4.37 ~ 4.58リエル
	1級		4.26 ~ 4.31リエル
	2級	日本へ輸出	4.08 ~ 4.21リエル
	2級	上より下級、日本へ輸出	3.98 ~ 4.03リエル
	食用［国内消費?］		3.85 ~ 3.95リエル
トウモロコシ	赤	100キロ、ショロン県マッカサンで売り渡し。	
			0.00 ~ 9.30リエル
	白	同	0.00 ~ 8.80リエル

米(10月［ママ］渡し)、港渡し、袋込み、税抜き、1 hāp、［即ち］60.7キロの価格は以下の通り。

精米	1級、砕米率25%	5.95 ~ 6.06リエル
	2級、砕米率40%	5.85 ~ 5.90リエル
	同。上より下級	5.75 ~ 5,80リエル
	玄米、籾率5%	4.90 ~ 4.95リエル
砕米	1級、2級、同重量	4.85 ~ 4.90リエル
	3級、同重量	4.65 ~ 4.70リエル
粉	白、同重量	2.95 ~ 3.00リエル
	kāk［籾殻＋糠?］、同重量	1.15 ~ 1.20リエル

3-4 ［44号3-9と同一］

3-5 ［57号3-4と同一］

4-1 ［48号4-1と同一］

4-2 ［8号4-6と同一］

4-3 ［11号4-2と同一］

4-4 ［44号3-3同一］

4-5 ［8号4-3と同一］

4-6 ［20号4-6と同一］

4-7 ［11号3-2と同一］

4-8 ［33号3-4と同一］

4-9 ［48号3-8の終わり近くの「70メートル」が「10メートル」になっているだけである］

4-10 ［51号3-6と同一］

4-11 ［54号4-10と同一］

SAMEDI 5 MARS 1938

CIGARETTES
JOB
LE PAQUET VERT
Vendu 5 cents

Nagara vatta

COFAT
CIGARETTES

Directeur
PACH-CHHŒUN

HEBDOMADAIRE PARAISSANT TOUS LES SAMEDIS

(Boite Postale N° 44)

第2年60号、［仏暦2480年9の年丑年 phalguṇa月上弦4日土曜日、即ち1938年3月5日］

［仏語］1938年3月5日土曜日

1-1 ［仏語で「私書箱 No.44」と「社長、PACH-CHHŒUN」が加わった以外は8号1-1と同一］

1-2 ［デザインが少し変わった以外は8号1-2と同一］

1-3 ［デザインが少し変わった以外は8号1-3と同一］

1-4 ［8号1-4、1-5と同一］

1-5　静かな森の真ん中で

コンポン・チャム州都のサーラーで大きな森林祭が<le résident supérieur>［高等弁務官］殿と僧の臨席の下で行われた。

先の2月20日日曜日、コンポン・チャム州森林局は静かな森林中の花崗岩のサーラーで、(Allomart)氏［M.］を発起人として、森林開林式が行われた。この森の中には大きくて美しい樹木が多数あり、その樹木それぞれの根元の太さは2メートル余りある。コンポン・チャム州にはこのような森林がたくさんある。我がクメール国では森林は1つの大きな資源とされていて、今回行った式は我々クメール人に、森林はクメール国内では大きな重要性があり、我々全ては大切に世話をしてやり、火で焼いて破壊してはならないということを知らしめた。

この式に、コンポン・トム州、カンポート［州］、クラチェ［州］、サイゴンなど遠方の土地から大勢が来た。そればかりでなく、さらにあらゆる地域からあらゆる<marque>［商標］の乗用車が100台ほど来た。このときには(Peugeot 402)［プジョーの402］が異常に多く半分以上であることを認識した。

一方政府の方は、<thibaudeau> <le résident supérieur>［高等弁務官］殿、国王陛下代理である surāmriddhi 殿下［braḥ aṅga mcās］が主賓として、それにフランス、クメール官員たちがプノンペン州［ママ］、コンポン・チャム［州］、コンポン・トム［州］、クラチェ［州］から来て出席した。

午前9時に式を始め、まず僧が招かれて読経をした。高等パーリ語学校教授である braḥ visuddivaṅsa (tāt) が民衆に森林の有用性について話した。それからゾウ15頭を連れて来て、大きい丸太を押して運んで見せた。このゾウたちは一列に並んで立ち、鼻で丸太を楽々と押して運んだ。押してぐるぐる回すことができるゾウもいた。それが終わると radeḥ kaṅ ṭik <remorque>［ルモック］が行列をし、農民の女性たちがその上に乗っていた。radeḥ <remorque>［ルモック］の後はṅoṅ車［＝大荷車］が丸太を積んで走った。この ṅoṅ 車はスイギュウ8ペアーが前から曳き、ペアーごとに1人が手綱を引いていた。ṅoṅ 車の後はフォード<marque>［社製］、シヴォレー <marque>［社製］などのなどの大きい radeḥ lān <camion>［トラック］が楽々と大きい丸太を積んで走った。これらの車はセクション毎に4台ずつ、いくつかのセクションになって走った。木炭を燃やして走る車もあった。

それが終わると<allomart>氏が官員たちを連れて、山火事が起こらないように森林を守る様子や森林に種々の作物や樹木の苗木を植える様子を見に行った。

フランス人森林管理官の1人である<allomart>氏は良い考えの持ち主であり、我がクメール国が今後発展し栄えるように一生懸命働いている。このような人は我がクメール国には少ない。もう1つ、氏は我々クメール人に本心から親密にしている。我々がこのように言うのは、我々がこの目ではっきりと見て来たからである。氏がした仕事はすべて、クメール人全てに氏の良い望みを知らしめるものであり、それゆえ、多くのクメール人が氏と共に深い森の中にまで入って行くのである。氏は森林局の中でも大きい英知を持つ人の1人で、偉そうに振舞うことを知らず、氏がコンポン・チャム州に勤務して以来、同地の住民たちと氏の指揮下で働く官員たち全てが氏を敬愛している。

nagaravatta は、この<allomart>氏に今後もずっと幸福と繁栄があるようお祈りする。

1-6　揃って国を愛するようにならなければならない

私にせよ貴殿にせよ、父母はすべて子や孫を愛し、そして互いに団結させたいと思う。曾孫や玄孫や玄孫の子たちがいると、互いに愛し合い、互いに助け合うことを知るようになって欲しいと思う。

ああ！現在の国は胸が詰まる状態にあり、我々の子や孫は、我々がまだ死なないうちに、ばらばらに分裂してしまった。

ある者は互いに非難し合い、名誉と財産を奪い合っていて、我々がどのように止めてもやめさせることができない。国王でさえも止めることができない。王位は1つしかなく、王子はたくさんいて、王子たち全てに治めさせる王位をどこかに探しても、見つけることができないからである。

ある者は遠い国ー地方に行って生計を立てる。そして他の国･地方で子や孫が増える。国が苦しい、あるいは交通が不便で互いに訪問し合うことが難しいので、遠くにいる親戚を訪問することができなくなる。それぞれの子や孫はそれ以来互いに知り合うことがなくなる。時には生計を立てに行って出会って喧嘩をすることがあり、親戚であることを知らない。それゆえ、我々各人は、親戚関係をたどっていくとあらゆる国に親戚がいるが、互いに見知ることがなく、我々の祖父母も、孫たちがこのように別れ別れになっているから、死にかけていても、[安心して]目を閉じることができない。団結していれば、互いに助け合い援助し合い、支え合うことを知り、皆がそろって繁栄することができる。

それでは、子や孫に互いに助け合うことを知るようにならせるためには、どうしなければならないか。

「我々はクメール人である。子や孫もやはりクメール人であり、ベトナム人や中国人に民族が変わることはめったにない」と私は理解する。それゆえ、我々が団結させることを望むならば、「同じクメール人であれば、互いに愛し合い、親密にし合い、助け合え」と教え諭すべきである。「我々が同じクメール人である」ということは、「互いに親戚である」ということである。我々は、他の人々に我々を見下させないように、互いに世話をし、助力し合わなければならない。

もう1つ、我々クメール人が団結し、互いに助け合うことを知ったなら、わが国は他と同じように繁栄する。我が国が繁栄したら、我々はどこに行き来しても、人々は我々を畏怖する。我が国が今のように無学無知のままでいると、我々はどこに行き来しても、人々は我々に関心を持たない。かりに我々が<conseil>[大臣]にまでなって外国に行っても、誰も我々が<conseil>[大臣]であるとは知らない。クメール人であり、まだ死人になってはいないということを知るだけである。それゆえ、今サイゴンでは、クメール人がサンポットをはいて歩いているのを中国人やベトナム人が見ると、ちょうど我々がプノン族を[家の]上から首を伸して眺めるのと同じように、我々の後をついて来て眺める。

皆さんは、民族が畏怖されるのを見るためには、どこか遠くを見る必要はない。日本と中国を見さえすればわかる。日本人はどこの国に行っても、畏怖され大いに関心を払われる。中国人の場合は[行った先の]政府は何も考えない。種々の税金を払わせるだけで、あとは、「どこに行って死のうと、どうぞ死んでください」である。

日本国が有能になり、このように全ての大陸で畏怖されるのは、民族を愛し、互いに支援し合うことを知っていることだけによる。一方王[ママ]と高級官吏の方も民衆を援助することを知る。50年ほど前、アメリカが[日本に]来て、入国して生計を立てるために開国するよう脅迫した。大臣、高級官吏、王[ママ]は抵抗しきれないことを知り、彼らに入国させることを承服した。しかしその時以来、民衆を一生懸命支援して、外国に勉強に行かせ、知識を得て帰国したら、互いに教え合ってますます知識を増やすようにさせた。その結果たった5[ママ。恐らく「50」が正しい]年で現在のように有能になることができた。我がクメール国は他並みの国になれるように、彼らの国と同じように考え、実行するべきである。そうすれば我々はどこに行き来しても、たとえ貧しい庶民であっても、今のようにひどく蔑視、軽視されることはない。今は、我が国内に住むベトナム人や中国人は、クメール人を見ると、庶民であれ高級官吏であれ、全てを甚だしく軽視している。

それゆえ皆さんは、「民族を愛することは民族を助けることである」は間違ってはいないと信じるのではありませんか。

sucinakumāra

1-7　諸国のニュース

1-7-1　イギリスの <conseil> senāpatī[大臣]の会議[ママ。「議会の会議」が正しいらしい]の時

ロンドン、2月22日。イーデン氏に外務大臣を辞職させた事件について、māsar[ママ。「mister」の誤植？] アトリー 氏とārsīpaltasāṅklaer 氏とはイーデン氏を大いに賞賛し、内閣を、「政策の施行がうまくいかず、将来破滅をもたらし、ベルリン・ローマの大強敵に屈することを受け入れた」と非難した。

<Nicolson>氏は、さらに内閣に対して、「イタリア国

は我々に確実に信頼させるようなことは何1つしていないのであるから、誠意をもって交際しないように注意せよ」と述べた。

内閣の代表であるチェンバレン氏(氏こそがイーデン氏に辞職させる原因を作った人である)は上の非難の言葉に反論して、「我々の政策はイタリア国が命令する通りに受け入れて行なっているのではない。我々が実行できることだけを選んで実行する」と述べた。それから氏は、イタリア国の言葉の通りに実行するに価することがらについて、「最大のことは、スペイン国から外国兵を撤退させることを互いに妥協させなければならない」ことであると述べた。氏は、「我々外国人は、将来の幸福を求めるためには、スペイン国内で戦うべきではない。外国にいるスペイン人がどのようにして問題を解決するかは、彼らに任せるべきことである」と述べた。チェンバレン氏は、「我々は4大国、即ちドイツ、イタリア、フランス、イギリスが互いに手を結んで幸福を探し求める必要はない」と述べた。しかし氏は、「もしこの4国がそろって種々のことで和解することに同意するならば、我々は幸福の地に渡ったようなものである」と述べた。

＊噂によると、ロンドン駐在ドイツ大使は、krasuoṅ tāṅ pradesa(Foreign Office)[外務省]に書簡を持参した。その書簡の内容は、「1、戦闘中の外国人をスペイン国内から引き揚げることに関して、イギリスに同意する。2、軍を撤退させるために国際連盟[の委員]をスペイン国に派遣する。3、互いに戦い合っているスペイン人の双方に、互いに敵として戦争をする権限を与える」である。

＊パリ、2月22日。ドイツ国では、フランス政府内で互いに……[注。1行不鮮明]……争いが生じていると推測されている。フランス首相である<chautemps>氏はチェンバレン氏の政策の方法に同意し、一方<delbos>氏の方はこれまでイーデン氏と共に行なってきた政策を続けている。このことについては、互いに考えを異にしているのは事実であるが、フランス側では互いに和解することができるであろう。

1-7-2　[中国]

漢口、2月22日。蒋介石は5県の県長に、「以後アヘンを栽培することを禁止する」という禁止令を出した。これらの県長は国を発展させようとしてアヘンを栽培していたからである。もう1つ、krassuoṅ saṅgrāma(yuddhanādhikāra)[陸軍省]と政府[ママ]の官員に、「アヘンの使用を決して許可しないように」と命令した。禁止して以来現在まで民族をある程度発展させたのが見てとれる。

＊東京、2月22日。北京市(中国)からの情報によると、現在の中国臨時政府は、中国における正式な政府になること考えるために一生懸命大きな努力をしている。

＊東京、2月23日。日本人の話によると、昨日中国機多数が、日本の島である台湾国の台北市を爆撃した。最初は4機がとても高く飛び、同市の周囲を爆撃して家屋多数が破壊された。人も多数が死亡した。その次の回は、8機が新竹市を爆撃、全焼させた。同市は前者[＝台北]の西南60キロメートルにある。

＊漢口、2月23日。中国は、「台北市を爆撃させたのは事実である。静かに並んで駐機していた40機と格納庫3棟を破壊した。この格納庫中でも、恐らく機に損害を与えた。航空機用燃料庫は完全に焼失した。このような大きい被害になったのは、日本が気が付かなかったからである」と発表して確認した。

1-8　土曜評論

政府は人々が無学無知なので困っている

先週、プノンペン市のdham市場の中国人たちが、丁度官員たちが休憩するのと同じように、そろって店を閉め、売るのをやめた。即ち午前は7時から11時半まで開店し、午後は2時半から6時まで開店したのである。

このように時間で店を開いたり閉じたりするのは、政府が罰金を科すのを恐れたことによる。ある怠け者が張り紙をして、「上の時間の通りに店を閉店しない者がいたら、政府は60リエルの罰金を科す」と知らせたからである。

無学無知で検討することを知らず、考えることができないので、そろって店を閉め、大きな損失を出した。さらに加えて、「政府は苦しめて、働いて生計を立てることをできなくさせる」と政府に不満を持った。政府は人々が無学無知なので困っている。

事実は、被用者と雇用者とに関する新しい法律があることである。この法律は被用者に1日8時間勤務する権利を与える。1日に8時間勤務したら、それぞれ仕事をやめて自宅に帰ることができる。一方雇用者の方は被用者にそれ以上勤務することを強制できる権利を持たない。それから、被用者に1年につき10日休暇をとり、さらに月給を完全に受けとる[＝有給休暇]ことを許さなければならない。

この法律に不満であるthaukaeは全くの誤解をしている。即ち、この法律は決していい加減なものではないからである。thaukaeは依然として好きなだけ店を開く、即ち仕事をする権利を持つ。しかし、被用者に同意させる必要がある。もし被用者が同意しない場合、それでも店を開くことはできる。ただし自分1人だけで仕事をしなければならない。被用者に8時間以上勤務させたければ、その被用者の俸給を増やしてやればできる。このように理解するのが法律に正しく合っているのである。

このように、無学無知で、すぐに慌てて騒ぐ人がいるせいで、悪い奴が政府に対するあてこすりをして、働く人たちと政府とが互いに敵意を持ち合うことを引き起す

のである。 tā {kram}

1-9　仏教界の職務を王国側と同じように統括すること

モハーニカーイ派の僧侶長であった samṭec braḥ dhammalikhita (uk)僧王が1936年に没して以来、宗教界のことを統括する僧侶長府は、僧侶長代行僧侶団委員2名、即ちbraḥ ariyadhammamunī (pwl) とbraḥ ñāṇakosala (sā) と秘書官長であるbraḥ pālat saṅhavaṅsa (kān)［の計3名］にモハーニカーイ派僧侶長代行僧侶団として臨時に統括させてきた。この僧侶長代行僧侶団は、前の僧王である (dieṅ) 故僧王の時から業務を補佐してきて、［業務を］熟知していたので、僧侶長府の仕事を立派に果たし、失敗はまったくなく、2年間を無事に過ごした。

この1938年になって、主任 rājāgaṇa で、プノンペン市の sāvāvana寺の住職である braḥ bodhivāṅ (hin) が僧侶長代行に昇任した。この高僧が僧侶長代行に昇任したことは、仏教には何の障害もない。情報では、クメール国にはモハーニカーイ派には僧のグループが2つ［＝新団と古団］あるが、同高僧は中立の心を持っていてどちらかの肩を持つことはないからである。

このように心を中立に保つことはクメール国の2つの僧グループに幸せをもたらす。えこひいきによる不公平がなく、どちらの側かが誤りであれば誤りとし、正しければ正しいとするからである。

王国の僧と仏教信者は、nagaravatta と共に、国王陛下と rājakāra <protectorat>［保護国政府］が宗教のことをこのようにきちんと何の混乱もないように処理したことを非常に喜んでいる。

しかし、僧を統括することに関してはまだ十分ではない。国王陛下の政府とrājakāra <protectorat>［保護国政府］がさらに僧侶委員会委員を任命すると、仏教に関することを統括するのを補足すると思う。現在僧の間の論争が多く、両派の僧が平等でない［比率で］ cau krama を務めるから、公正な判断ができない。それゆえ、agati(kāra lam?ieṅ)［えこひいきによる不公平］がおこり、僧の心の中に憤慨を生じさせるのである。

このことは、保護国政府が遅れることなく至急、えこひいきによる不公平が cau krama の心に入り込む、あるいは苦しめることがないように、古派と新派から同数の僧を選んで僧委員会委員を任命して僧侶長の業務を補佐させてください。

nagaravatta

1-10　クメール女性の発展

私は観察してみて、保護国政府が約20年前に女子学校を設立して以来、現代のクメール人少女たちは2種類の学問知識、即ち読み書きと裁縫·刺繍と繕い物に関して非常に発展したことがわかった。しかし、ここではまず裁縫·刺繍だけについて述べさせてもらう。

それぞれの祭りの時に、皆さんはまだ未婚の若いクメール女性が現代風に優雅に衣服を着ていて、それを見る大衆各人が気に入り、目を楽しませる的になっているのを目にしているであろう。かりに気に入らない人がいるとすれば、それは古い考えに埋まっている気質を持つ、古い時代の人たちである。

「発展している」と呼ぶ衣服の様子はどのようなものであるか。caṅ kpin サンポットをはく、あるいは裾の長いサンポット(hūl lpœk swwn)をはき、そしてフランス風の āv <mode>［スーツ］を着てハイヒールをはく。髪は gās krabuṅ にするかpumpe　にする。(ハンドバッグを持つ人もいる。)これが現代のクメール女性の美しさである。

私は尊敬の念を持って、若い女性たちに注意するが、これらの衣服の着方は、皆そろって飾りをつけて着て、美しくしてほしい。“孔雀が美しいのは羽毛のおかげ、女性が美しいのは飾ることを知っているおかげ” という諺があるからである。しかもクメール人が好んで「躾」と言う、とても良い風習から遠く離れたいくつかの行儀態度は見せないでほしい。この点がどういうことかは後で解説する。

このように、あるいはこれ以上に美しくなることは、この若い女性たちの女性教師と保護者である父母たちが、心を込めて生徒あるいは子や孫を熱心に教え諭し指導して知識を得させれば、このことは十分に果たされる。それゆえ、今後先生や父母たちが、衣服や装身具を、必ず文明的な人々の目に適うものにし、さらに進歩発展し、美しいものにする手腕を見ることが必ずできると私は固く期待する。我々が文明的であるとみなすのは、「服装を美しく整えることを知っている」というのが項目の1つであることは確かだからである。外国の人が国に入って来て、装身具や衣服が身分と時代に相応しいのを見ると、彼らは、“この国の人々は装身具や衣服が文明的である” という名前を与えることができる。

他の種類の「文明的」についても、我々はこのようによく熟慮しなければならない。

ここに述べた、「きちんとしていて美しい」ということは、まだ都会にしか見られないようである。中心地から離れた地方の地域ではとても少ない。衣服を指導する人があまりいないし、さらに恥ずかしがるということがあるから、あまり発展しないのである。それゆえ、私は地方の女性たちに、「この衣服を着ることに関して、急いで都会の女性を模範にするよう」注意する。いつまでもぐずぐずと何かを恥ずかしがっていてはいけない。「同民族の男性たちは、とても満足する」という期待を持ちなさい。

khemarasabhā

2-1　padumavatī 寺の南の幽霊について

1938年2月22日付<la vérité> <gazette>［新聞］と2月24日

付<la presse> <gazette>[新聞]が、下のように述べていることに対して回答する。

項1。<la vérité> <gazette>[新聞]が、私の家に物を投げた幽霊がいる、と言っているのが幽霊であることは本当である。家を持つ幽霊、話すことができる幽霊、家に煉瓦の塊を投げつけることができる幽霊、パチンコで撃つことができる幽霊、矢を射ることができる幽霊である。この幽霊はとても多くのことができ、人だけを狙って物を投げつけ、射ることができる。私の家の人は大勢が怪我をした。幽霊が物を投げつけてくる所は、南と北西側だけから投げてくる。これらの幽霊が敢えて石などを投げたり、矢などを射るのは、彼らの陣地である墓に頼っているのである。この幽霊は数が多く、1人だけではない。夜は大人の幽霊たちが石などを投げ、矢を射る。昼間は子供の幽霊がする。私が見張っていて見たところでは、これらの幽霊は南側と西側にある彼らの家の下に逃げ込む。この話は、知恵のある皆さんは、これらの幽霊がこのようにする方法がどのようなものであるかわかるであろう。「幽霊」という文章を書いて<gazette>[新聞]に載せさせた人は、私の家に来て[自分の]目で見たのか。それとも聞いただけなのか。その人こそ幽霊の仲間、あるいは幽霊の親分なのか。

項2。<la presse> <gazette>[新聞]の記事は、私についていろいろ言って、政府や皆さんに、この私が悪人で喧嘩を吹っかけて、近所の人を罵り妬んでいる、と信じさせようとしている。このことは、皆さんは、「この ?wṅ-vaṅsa という人がどのような人であるか」を調べてみてほしい。もう1つ、心の悪い者が私の家に物を投げつけることについて、「証拠を探しても見つからない」と言うのは当たり前である。なぜなら、この件を取り上げた人は偏見を持つ人だからである。私は<commissaire>[警察署長]殿に何回も訴えたが、<commissaire>[警察署長]殿も副署長殿も、私に憐憫の情はもつが、氏たち自身がこの件を管掌する人ではないから、氏たちは何もできない。もう1つ、私についてのこの話を書いて<gazette>[新聞]に掲載した人は、私を殺そうとしている悪人の仲間である。あるいは私を殺したいと思っている本人かもしれない。実に不思議なことに、1938年2月22日に、私は昼間に私の家に石を投げた子供を1人捕まえ、連れて行って<commissaire>[警察署長]殿に訴えた。すると近所の4、5軒の家から20人ほどの大人と子供がそろってphdaḥ <commissaire>[警察署]に押し寄せて抗議した。なぜ、彼らは、自分たちの事案ではないのに、まるで祭りにでも行くかのように、大勢そろって騒いだのか、実に不可解である。しかし、<commissaire>[警察署長]殿が追い払ったので、彼らは皆、中には入れなかった。

?wṅ-vaṅsa

2-2　[44号2-4と同一]

3-1　雑報

3-1-1　[広告]　来る3月1日から31日まで、私はバット・ドンボーン州 pailin 郡で、毎年行なっている “puṇya phalguṇa“ という大きい祭りを主催して行います。この祭りはクメールの祭りと同様に[僧の]鉄鉢で募金して、僧に寄進をする祭りです。

この祭りの時にはバンコク市からとても上手なシャム劇団を招いて公演をして、皆さんに無料で見ていただきます。

3月14日は大きな祭りをする日で、フランス、クメールの官員たちのためにパーティーをし、ビルマのいろいろな踊りがあります。そして供え物を行列して運び、山頂の本堂にある仏像に供えます。

皆さん、どうぞこの祭りに参加して喜びを分かち合い、楽しんでください。

maṅ bīñā、ビルマ人

3-1-2　プノンペンでは午前11時に砲を発射するのをやめた

先の3月1日火曜日から、プノンペン市では新しい規定ができて、以前からの午前11時に大砲を発射するのをやめた。勤務している人が、<bureau>[役所]から退庁する時刻は、11時45<minuit>[分]、即ち12時15<minuit>[分]前に、<poste> khsae luos(roṅ praisaṇīya)[郵便局]でサイレンの音で知らせる。

この話をまだ知らない人がいて、一生懸命砲声を待っていた人がいるし、考えのない人で、「もう砲声を聞いた」と言う人もいた。もう暫くするときっと広く知れ渡り、砲声を待たなくなるであろう。

3-1-3　シエム・リアプのアンコール・ワット遺跡管理局では、1ヶ月50リエルの月給で、外国人を連れてアンコール・ワット遺跡を見せるための、英語が話せるmagganāyaka、即ち ?nak nām phlūv ceḥ bhāsā <anglais>(Guide Parlant l'anglais[英語が話せるガイド])を1人探している。誰かクメール人で働きたい人は、急いでシエム・リアプのアンコール・ワット遺跡管理局に応募書を送ってください。

[仏語]　シエム・リアプのアンコール保存官宛に送る。

[ク語]　その職を得るために急がないと、その職は外国人に行ってしまいます。

3-1-4　braek khbap(バット・ドンボーン)での役畜展示即売市

1938年3月1日から15日まで braek khbap(バット・ドン

ボーン）で役畜展示即売市を行う。売る役畜がたくさん集まる日は3月13日日曜日に定められている。

この役畜展示販売市の開催場所は、バット・ドンボーンから距離13キロメートル下がった braek khbap の支流である ū tā būṅ の岸で、自動車では sdiṅ sankae の右岸の道路を行くと、kaev 寺の所の後ろから分かれる良い道がある。

入賞した役畜の持ち主は、賞品として稲作の農機具と賞金がもらえる。

3-2　［広告］　寺域境界標を建てる式

私たち lim gaṅ と妻である ?nak srī {cān sīn iev}、住職の母である diev thūy 優婆夷は、

善良な皆さんにお知らせいたします。

カンダール州 gien svāy 郡 kṭī tā kuy 村の jhœ dāl khbas（即ち kṭī tā kuy）寺はとても昔からの古い寺で、本堂は古くて壊れていましたので、本堂を新しく建立し終わりました。［場所は］サイゴンに行く道路で8キロメートルの里程標の近くです。今回、私たちは寺の檀家の優婆塞優婆夷と協力し合って寺域境界標を埋めることと、新しい本堂の落成式を行います。

式の開始は本年 phalguṇa月上弦7日火曜日、即ち1938年3月8日で、金曜日に標識の根を切り、読経をして、寺域境界標を埋める式の終わりとします。それゆえ、善良な皆さんはどうぞ毎日行われる説法を聞いて共に喜びを分かち合ってください。

3-3　［58号3-1-1と同一］

3-4　［44号3-9と同一］

3-5　［57号3-4と同一］

3-6　農産物価格［「金の価格」はない］

プノンペン、1938年3月4日

サトウヤシ砂糖	60キロ		3.40リエル
	店頭で購入		3.00リエル
籾	白	68キロ、袋なし	3.90 ~ 3.95リエル
	赤	同	3.80 ~ 3.85リエル
精米	1級	100キロ、袋込み	9.65 ~ 9.70リエル
	2級	同	9.05 ~ 9.10リエル
砕米	1級	100キロ、袋込み	7.65 ~ 7.70リエル
	2級	同	7.25 ~ 7.30リエル
トウモロコシ	白	100キロ、袋込み	［記載なし］
	赤	同	7.70 ~ 8.00リエル
コショウ	黒	63.420キロ、袋込み	15.00 ~ 15.50リエル
	白	同	25.50 ~ 26.00リエル
パンヤ	種子抜き	60.400キロ	33.50 ~ 34.00リエル

＊サイゴン、ショロン、1938年3月3日

フランス籾･米会社から通知の価格

ショロンの<machine> kin srūv［精米所］に出された籾1 hāp、［即ち］68キロ、袋込みの価格は以下の通り。

籾	最上級		4.25~4.48［ママ］リエル
	1級		4.17 ~ 4.22リエル
	2級	日本へ輸出	4.03 ~ 4.11リエル
	2級	上より下級、日本へ輸出	3.90 ~ 3.95リエル
	食用［国内消費?］		3.75 ~ 3.80リエル
トウモロコシ	赤	100キロ、ショロン県マッカサンで売り渡し。	
			0.00 ~ 9.25リエル
	白	同	0.00 ~ 9.10リエル

米（10月［ママ］渡し）、港渡し、袋込み、税抜き、1 hāp、［即ち］60.7キロの価格は以下の通り。

精米	1級、砕米率25%	5.90 ~ 6.05リエル
	2級、砕米率40%	5.65 ~ 5.70リエル
	同。上より下級	5.55 ~ 5,60リエル
	玄米、籾率5%	4.80 ~ 4.85リエル
砕米	1級、2級、同重量	4.80 ~ 4.85リエル
	3級、同重量	4.55 ~ 4.60リエル
粉	白、同重量	［擦り切れ］リエル
	kāk［籾殻＋糠?］、同重量	1.40 ~ 1.50リエル

3-7　［広告］［仏語］　1938年3月1日、プノンペン

証明書

［ク語］　私の名は som-nuon でカンダール<résident>［弁務官］［ママ］でthīをしています。私は片手片足が麻痺し、半身全部が動かすことができませんでした。有名な医者に往診を頼みましたが、［医者は］どうしたらいいかわからず、治りませんでした。私は <en retraite> tūc［休職］を願い出ました。コンポン・スプーの検察事務官である sin 氏から、「sīv-pāv 医師の薬がコンポン・スプー州で有名になっていて、たとえばアヘンをやめる薬は同州で大勢の人がアヘンをやめた。梅毒や淋病の薬、神経の麻痺を治す薬は、本当に治るのを見た」と私に話しました。私はその情報を得ると、血液をまっすぐにする［ママ。おそらくこれは誤植で「濾す」が正しい］薬を購入して服用すると治りました。この薬の効き目は実に驚くべきものです。私はこの<gazette>［新聞］に掲載して{sin}検察事務官と sīv-pāv の恩を感謝いたします。

［仏語］　退職した主任書記官　M. Som-Nuon

3-8　［広告］［仏語］　1938年3月2日、プノンペン

証明書

［ク語］　私、<en retraite>［退職し］た元 koḥ dham aṅ 郡郡長と呼ばれる okñā（ṅuon-vā）は、長年の間腰痛があり、有名な医師と薬を求めて治療しましたが少しも良くなるのが見えず、とても苦しみ惨めでした。その後 kāp go市場の sīv-pāv 店の薬を購入して服用したところ病気は治りました。この薬は実によく効きます。

［仏語］プノンペン在住、退職した元郡長、M. Nguon-Var

3-9　［広告］［仏語］　1938年3月1日、プノンペン

［ク語］　私の名は lieṅ-san で thaukae {tāṅ} と呼ばれています。私は黄疸を患い、皮膚も目もウコンのようでした。薬をたくさん飲みましたが治りませんでした。それで sīv-pāv 医師の薬を購入しに行くと治りました［ママ。「服用する」はない］。この薬は本当によく効きます。私はこの情報を<gazette>［新聞］に掲載して証拠にします。

3-10　sīv-pāv の薬を仕入れて販売している人の名前

1。sloṅ の sīn-kien
2。campok-chlūṅ 村の nov-jhin
3。コンポン・トムの ñik-jun
4。コンポン・チャム sālā paṅrien 路の lieṅ-ho
5。ポー・サットの krom 市場の huy-jā
6。コンポン・チナンの han-ywaṅ
7。brai jhar の seṅ-srun
8。bām jī kaṅ の　sin-ḷeṅ
9。バット・ドンボーンの yāt-phan
10。kambaṅ ghlāṅ の cheṅ-kāṅ
11。シエム・リアプの teṅ-hān
12。シエム・リアプ raluos の gim-sān

バーサックのクメール人2名が薬を担いで売りに行っています。名前は Son-Heng と Sray-Sé です。薬が必要な方は、sīv-pāv の証明印がある prakān ṭai［領収証］、即ち(Facture)［納品書］を［所持しているか］訊ねてください。官員の皆さんと善良な皆さん、この2名が、我々クメール人の皆さんのおかげで幸せがあるように、支援してください。

4-1　［48号4-1と同一］

4-2　［8号4-6と同一］

4-3　［11号4-2と同一］

4-4　［44号3-3と同一］

4-5　［8号4-3と同一］

4-6　［20号4-6と同一］

4-7　［11号3-2と同一］

4-8　［33号3-4と同一］

4-9　［48号3-8の終わり近くの「70メートル」が「10メートル」になっているだけである］

4-10　［51号3-6と同一］

4-11　［54号4-10と同一］

SAMEDI 12 MARS 1938

CIGARETTES
JOB
LE PAQUET VERT
Vendu 5 cents

Nagaravatta

COFAT
CIGARETTES
La meilleure cigarette Indochinoise
Le Paquet vendu 5 cents

Directeur
PACH-CHHŒUN

HEBDOMADAIRE PARAISSANT TOUS LES SAMEDIS

(Boite Postale N° 44)

第2年61号、仏暦2480年9の年丑年 phalguṇa月上弦11日土曜日、即ち1938年3月12日

［仏語］1938年3月12日土曜日

1-1 ［仏語で「私書箱 No.44」と「社長、PACH-CHHŒUN」が加わった以外は8号1-1と同一］

1-2 ［デザインが少し変わった以外は8号1-2と同一］

1-3 ［デザインが少し変わった以外は8号1-3と同一］

1-4 ［8号1-4、1-5と同一］

1-5　ター・カエウ州での田畑を作るのための水があるようにすることについて

現在ター・カエウ州では田畑を作るための水［の溜め池］を2ヶ所作ろうとしている。1つは kambaṅ jhlāṅ で braek vaeṅ の水をせき止めるための堤を作っている。もう一ヶ所はvāl pārāy で、乾季の田に水を引いて入れるための水路を掘っている。

kambaṅ jhlāṅ の braek vaeṅ の水をせき止めるための堤は、長さが1キロメートル近くある。この堤は7百万<cube>［立方］メートルの水を貯めることができ、3つの分野で水を使うのに足りる。第1分野は、まず最初にその水を、同堤の下流の7百ヘクタールの田と、上流の5百ヘクタールの田に流し入れることができる。第2分野は、その水を使って堤の周囲で稲の苗を作る。第3分野は、雨が降らない時に備えて、近くの住民が水を使うことができるように水をせきとめるのである。これまで、この郡の人々は乾期には水がないのが常であったからである。

この堤を作ることは、1937年に着手し、現在まだ未完成で建設が続けられている。労務者250名が堤を作っている。［本年］6月、即ち水位が上がる以前には完成するよう努力させている。

一方vāl pārāy に水路を掘る方は、ター・カエウ市の堤から水路を延ばすものである。これは堤の下流にある乾期の田に水を引き入れるためと、さらに水を余らせて種々のことに使用するためである。この水路は長さが4500メートルあり、この水を入れようとしている田は300ヘクタールである。

受刑者ばかりを連れて来てこの水路を掘るのに使っていて、仕事が早く進む。3週間で水路を長さ750メートルも掘ることができる。大きい水路から分かれて田に水を引く小さい水路については、水路の近くに住む田の持ち主自身にまかせて自分で掘らせる。政府は水路から各自の田まではあまり遠くないと見ているのであろう。

1-6　教師の価値

生まれてきた人各人はどの人も、母の胎内から出て来た誕生の時に、学問知識を口にくわえて持って来ることができた人はいない。生まれ来て大きくなって適度に物事がわかるようになってから、どこか先生の所に文字などの学問知識を学びに行く。その後で、その学んだことにより、“学問知識がある人”と呼ばれることができる。父母は自分の子や孫を養い、世話をし、守り、そして行動態度が謙遜で礼儀正しくなることなどを訓練し教え諭す人でしかない。自分の子や孫を教育し教え諭すことができるために十分な学問知識を持つ父母でも、多くは稼いで生命を養うなどの自分の仕事で忙しく、時間が許さないという障害がある。それゆえ、誰か学問知識がある他の人に頼って、自分の代わりに種々の技術や学問を教える教師になってもらわなければならないのが普通である。これが事実であるから、我々自身も、我々の子や孫も、自分以外の人に頼って種々の学問知識を教えて助けてもらわなかったら、どの人も自分に学問知識を貯めることはそれほど容易なことではないと思われる。

こういう理由により（現在の制度について話すと）、政府は学問知識のある1群の人々を、即ち男の人も女の人もいるが、国民全ての子や孫を、すでに我々が知っているように、差別することなく教えるために教師の任務がある職に任命する。この教師たちこそ文明を国にもたらす人なのである。なぜならば、時勢に遅れることなく発展し繁栄している国や民族は、その基礎である教育によってそれを得ているからである。教育は国や民族の最も重要な事業で、教育がないと、その国や民族は存在できない。"繁栄している"という名を得ている大国はどの国も全て教育が豊富であることを見よ。

一方自分の利益の方については、教師は、教育を主因にすることにより、高い ṭuoṅ kaev (paññā)[知恵]、財産、名誉を生徒全てに授ける人である。上に述べたように、教師は国に文明をもたらし、生徒に種々の利益をもたらす人である以上は、我々は、"教師は素晴らしい価値がある人である"と理解するべきであり、国民全ては、[教師が]身体の中に持つ価値に従って崇め、高い名誉を与えるべきではないだろうか。しかし我が国では、私が見るところ、(クメール人)教師は他の政府部局の官員よりはるかに地位が低い。国の人々がこの価値について考えることにあまり関心を持たず、他の政府部局を過大視することが多い。それで教師たちは他の人々の後ろの隅にいる。これは全く不適切なことである。

それゆえ、我々は教師の価値をよく知るべきであり、そろって教師をサポートして今よりもっと高い名誉を持たせるべきであり、そろって教師を厚く畏敬するべきである。そうして初めて、教師が我が国、我が民族に施してくれる恩恵に相応しい。我々がこの事をこのように果たした時に、教師たちには清浄な寛い心が生まれ、一生懸命努力して全ての良い息子、良い娘に学問知識を発展させ、それが我々各人の国や民族、子や孫の利益になるのである。

sṅuon vaṅsa、元生徒

1-7 諸国のニュース

1-7-1 漢口、2月28日

中国の情報によると、日本海軍の提督6名が東京市で会議をし、「極東におけるイギリスの力をなくさなければならない」と意見が一致した。

中国の情報によると、現在日本軍は、北京－浦口間の鉄道線路の中間にあり、luṅ hāy 県に分岐するところにある徐州府県を占領しようとしている。

日本軍は[黄河の]南では中国軍に負けてばかりいるので、黄河の北に集結した。日本はどんどん軍を増派しているが、依然として3ヶ所で中国軍に敗れている。1ヶ所は、日本軍が淮河を渡河したが、中国軍は攻撃して2度も退却させた。もう一ヶ所は、日本軍は黄河が渡れないでいる。第3の所は北京－漢口線上の山が多い地域で、中国軍は極めて固く抵抗するように備えていて、日本軍は入れないでいる。

1-7-2 ロンドン市、2月28日

香港の南方を飛行中のイギリス機1機が日本艦に砲撃されたが命中しなかった。

1-7-3 上海、2月28日

中国の情報によると、本日中国軍と日本軍が陝西県の東で交戦中である。日本は北京県－漢口地域から大軍を集結して陝西県の中国軍を攻撃した。中国軍はすべての地点で反撃し、いくつか[の地点]で勝利した。

(Bartlett)氏[M.]という名のヨーロッパ人が香港県と上海県に旅行し、パリ市に帰って来た。氏は中国を援助するための募金を呼びかけている。

ドイツの<gazette>[新聞]によると、済南府県地域で中国軍は[日本軍を]攻撃して多くの地点を奪った。

1-7-4 東京、2月28日

日本電によると、本日日本外相である広田氏が、「徴兵して戦わせようとすることは国の習慣法に何ら抵触しない」と述べた。

日本電によると、2月25日と26日に、ロシア兵150名が満州国領に侵入し、一部はすぐにロシア国に帰ったが、一部は2月27日まで満州国内にとどまった。

もう1つ、ロシア機が dū ṇeṅ jī 県に飛来し、シベリア県に帰った。

1-7-5 上海、3月1日

前の火曜日夕、上海県の西の境界で中国人<civil>[民間人]1名が日本兵に射殺された。日本は身を低くして謝罪し、「死亡した中国人は有刺鉄線を盗み、制止したが止めなかったので発砲した」と弁明した。イギリス政府は、「この犯罪を犯した日本[兵]は同[日本]国の法律に違反している」と理解しており、現地の<civil>[民間人]も軍人も大いに憤慨している。

日本の<gazette>[新聞]が、「radeḥ <camion>[トラック]200台がロシア国の武器を香港県から中国軍に運んだ」と報じている。

1-7-6 東京、3月2日

日本電によると、首相である近衛氏は prajum <conseil> senāpatī[閣議]で、「今徴兵を考えることは、民衆はまだ徴兵の必要性を理解していないから、楽ではない」と述べた。

中国の<gazette>[新聞]が、「戦争が始まって以来、日本は軍を1百40万名動員した。戦って死亡した兵の数は20万名である。一方航空機の方は、日本は3分の1を失った」と報じている。

河南省を治めるchāṅという名の中国軍将軍が、「現在、中国軍はあらゆる地点で力を増している。戦闘をさらに長期間続ければ日本国は必ず力を失う。それゆえ何も憂えるべきではない」と述べた。

中国電によると、日本軍はさらに2万名が漢口県の北に到着した。

アメリカ電によると、イギリス兵は上海県の西の鉄道を閉鎖した。先日日本兵が中国<civil>［民間人］1名を射殺したからである。

1-7-7 漢口、3月3日

中国電によると、華北の中国人は、日本が前の中国政府に代えて新しく現地に樹立して統治させている政府の人々を好んでいない。

1-7-8 漢口、3月4日

中国の情報によると、日本軍艦10隻が広東省の近くを航海していることから、日本軍はまだ広東県に侵入することを望んでいる。

中国軍と日本軍は、陝西省の2ヶ所で戦闘中である。戦闘を3日3晩続けてから、中国軍は後退した。

河南省の北で中国軍は黄河の北で渡河し、siñ sie県とvī vī県を日本軍の手から奪い返した。

1-7-9 上海、3月5日

中国は、「いずれも日本の命令下にある満州里国とモンゴル国の軍隊が誘い合って反乱をおこした」と発表した。

黄河で互いに戦った時、同河の南で日本軍は中国軍を激しく砲撃した。蒋介石総司令は、日本が同河を渡るのを防ぐために、自ら同地の中国軍の統帥に行った。

1-7-10 漢口、3月7日

陝西省の北で中国軍は日本軍を攻撃して前進するのを妨げた。中国軍は数千名しかいないが、lin fin県を奪還できる希望がある。新しい中国軍多数が到着し、lin fin市を攻撃して奪回するのを助力した。陝西省の東南で日本軍は中国軍に包囲された。

1-8 nagaravattaの印刷所

民族を助けてください

クメール人の印刷所を1つ作ろうとすることについて、我々がnagaravatta新聞に一度呼びかけを掲載したことにより、［資本金の］金額を3万（30,000）リエルに定めた。その時以来、我々は次のようなことを行った。

1。krum <notaire>［登記所］に定款、即ち出資して印刷所を設立するための規約を作らせた。

2。株を募集して以来、出資志望者がいて金額が12,640リエルに達したが、定款中の金額にまだ17,360リエルが不足である。

3。志望して手紙を送って来てnagaravatta印刷所の株を予約した人は、現在440名いる。

それゆえ、金額が早く全部満たされるように、我々は民族を共にする皆さんに、出資を志望するように呼びかけて招く。出資を志望する最初の手続きは、まずは単に“姓名、住所、株数を書き”、それをnagaravatta krum <gazette>［新聞社］に送るだけである。あるいは直接お金を持って来て預けてもいい。まず金額が満額に達した時に、その後にその金額を請求する。金が集まったら、すぐに手配して印刷機を購入して仕事を始める。

もう1つ、株をすでに予約した皆さんは、もし株数を増やしたくなったら、［それは］この共同事業が速く成功し時代に追いつくために、とても素晴らしいことです。

nagaravatta

1-9 （この布告内の言葉は、我々はすでに<gazette>［新聞］［＝60号1-8］の中で一度話した。しかし、今回保護国政府は、国民が間違えないように、以下のようにもう1度掲載することを求めた）

布告

クメール国総務局は、雇用者と被用者との勤務制度に関する新しい規定について、国民が間違えないように、国民全体に以下のように通告する。

1936年12月30日付及び1937年2月24日付prakāsa <décret>［法令］は、月給を受給して勤務する被用者の勤務制度を守らせることだけを規定したものであって、被用者の主人である商人のことを規定するものではない。新しい法律は、被用者を1日に8時間だけ、1週間に6日、勤務させること、即ち被用者に1週に1日休む権利を与えなければならないと規定している。この規定以上の時間を働かせることはできない。この勤務時間の制度はbievartsara［俸給］（prāk khae［月給］あるいはprāk thṅai［日給］）を受給している被用者だけのためであり、雇用者のほうは、自分の希望に従って自分が働く権利を有する。

政府は雇用者に、1時間といえども、店を閉じ、販売することを禁止したことはない。

商店での販売を始め、終える時間の制度については、新しい法律によると、商店主の希望に従って商店主自身が好む制度に従うか、あるいは新しい法律に従って、同じ商店主たちが同意して、新しく被用者に従うことを求める制度に従って定める。しかし、すでに上に解説した新しい規定に従わなければならない。即ち被用者に1日8時間以上勤務させてはならないし、1週に1日休ませなければならない。

このように定められた勤務時間の規定以外に、雇用者は自分自身が自分の妻子と共に働いて生計を立てる権利を有し、何らの差し支えもない。あるいは被用者を選んで増やして、時間を定めてグループで交代させて1日8時間働かせることもできる。それゆえ、新しい法律は被用者をそれぞれ別のグループにして働かせることを許しているのである。ただし、1週に1日は休ませなければならない。

クメール国総務局長
<signer>[署名]　druk

1-10　paṅkœt mandīra bedya(Création d'un dispensaire)[診療所を創設する]ことについて

カンボジア国の赤十字社はプノンペン市の病院の中にmandīra bedya-sālā rien(dispensaire-école)[診療所—学校]を至急創設することを考える。この診療所—学校には助手をおいて勤務させ、さらにその後に試験を受けさせて看護師の免許を取らせることを狙う。この学校には政府から prakāsaniyapatra <diplôme>[正看護師免許]を得た尼僧にフランス語で教えさせ、[さらに]尼僧がいてクメール語とベトナム語に通訳する。将来はサイゴンから女性教師を呼んで教えさせ、中国人助手を任命する。このように婚姻の有無と民族を限定しないので既婚の女性も若い未婚の女性も大勢入学できる。この女性たち各々は赤十字社に助力して勤務しなければならず、そして悪くても助看護師として勤務することもできるであろう。教える科目は女性が知識を持たなければならないこと、即ち病人、けが人、乳幼児に助力しなければならないことである。これらの教える理論は女性たちが自宅で夫や子や孫のために利用しなければならないものである。これらの理論は普通の学問であって、文字、装飾、家政を補って[女性の知識を]完全にするものである。

後日、診療所—学校を開校し、志望者を募集する確かな日時をお知らせする。[cf.本号、2-4-1]

2-1　bhnam jī sūr(ター・カエウ)での役畜品評[即売]会祭について

この bhnam jī sūr での祭りは、すでに2月23日夕刻に終わった祭りである。この祭りは役畜を売ることだけのために行われ、かなりの成果があった。役畜を連れてきて展示した人たちは、売るのはとてもたくさん売れた。しかし、ラオス国で最近行われたばかりの展示即売会がなければ、もっとたくさん売れたことであろう。毎年pāsāk 国の人が買いに来るからである。

展示された役畜の数は1,319頭で、内259頭が売れ、金額は[総額]14,705.50リエルであった。[ママ。売却頭数と売上総金額は下の平均売却価格と矛盾するから、仮に売れた頭数を359とするとウシ53頭スイギュウ306頭が売れたことになる]

売れた動物はウシ1頭当たりの平均価格は35リエル、スイギュウの方は1頭当たりの平均価格は42リエル、最高金額はウシは1頭で65リエルに達する金額を得たものがあり、スイギュウは1頭で55リエルであった。これらの動物を買った人は50名で、コーチシナ国の[カンボジア国と]国境を接している省、即ち māt jrūk 省、ḷuṅ sieṅ省、phsār ṭaek 省からの人ばかりであった。ウシを70頭購入してシンガポール国に送った会社も1つあった。

この祭りを行なった時には、見に来た人の多くは午前中で、午後は太陽の熱がとても暑かったので見る人は少なかった。2日目は、初めのうちは売り手と買い手が値段の交渉に時間がかかって、売れたのはとても少なかった。もっともたくさん売れた日は2月22日であった。この役畜の売価は非常に適正な額であった。

2-2　[44号2-4と同一]

2-3　1937年11月4日に、我々はプレイ・ヴェーン州 kambaṅ trapaek 郡の民衆から手紙を1通受け取った。その内容は、以下に<gazette>[新聞]に掲載してあるように、冠水して駄目になった種々のものの税金に関する嘆きである。

民衆の嘆き

1。私たち全てが稲を植えて、洪水が起こって冠水して駄目になってしまった田について、1937年に政府が創設した、村<budget>[予算]税の種別に基づいて、以前と同じように、稲を植えなかった土地とみなして、1ヘクタール当たり20センの税を納めることを要請する。

2。食用にとってある籾の籾倉の税金を、所有する土地が4ヘクタール以下の民衆からは徴収しないように、長殿[loka jā dham]に要請する。田をたくさん持っていて、籾を後で商売として売るために籾倉に保管している人からは、その人は売るために保管しておくのであるから、政府は徴税するべきである。

3。役畜の雌と3歳までの役畜は、まだ十分に使用することができないから、免税にして徴税しないよう要請する。

4。私たちが自家用に使用する、即ち籾や稲束を運搬するだけのためのウシ—スイギュウ車は免税にすることを許可するよう要請する。商人のために商品や籾や米を運搬して料金を得るために持っている人のウシ—スイギュウ車からだけ徴税するよう要請する。

5。遺体火葬許可申請税は、現在村長は50センを徴収する。この税を廃止するよう長殿[loka jā dham]に要請する。

6。出生、死亡、婚姻などを<état civil>[戸籍簿]に記載する税金を、村·支郡長は20センを徴収する。音楽も演奏する許可を申請すると、さらに50センを徴収する。この規則を廃止することを許可するよう、長殿[loka jā dham]に要請する。

7。木の葉造の家を修繕する、あるいは稲の脱穀をする小屋を建てる許可の申請について[税を]廃止するよう要請する。住居を建てる許可を申請する人だけから徴税することを要請する。

8。政府が新しく作った助産婦から遠くに住んでいるために、その政府助産婦を呼ばずに出産した女性に対する罰金刑をなくすよう要請する。さらに村政府は罰金を科する時には罰金を科するだけではなく、この政府助産婦への謝礼金50センまで支払うことを命令する。この規則は[負担]力を超えている。廃止するようお願いする。[cf.29号2-2]

[以上に]述べてきたような民衆のこれらの嘆きは、長殿[loka jā dham]は諸税金があまりにも重くならないようにして、国民を救済して楽にならせるようお願いする。

民衆

2-4　お知らせ

2-4-1 カンボジア国赤十字社は大衆に、すでに以前に[＝本号の1-10で]知らせたphdaḥ bedya－sālā rien(Dispensaire－école)[診療所－学校]が3月15日に業務を開始することをお知らせします。

当社に名前を登録することを望む人は登録申請書をmandīra sambhaba(bedya samrāl kūn)[産院]でもいいし、あるいは医務局病院でも構いませんから、当[赤十字]社の教育部長である(Alauzie)(Sœur)[尼僧]に提出してください。

2-4-2 bhnam jī sūrで行われたのと同じように、3月11日、12日、13日にター·カエウ州 danlāp 郡で、役畜展示即売会が行われます。

3-1　読者のために以下に掲載して説明する金銭借用の方法は、貧しい農民であるクメール人の皆さんに役に立つと、我々は理解する。

農業金融公庫

(<gazette>[新聞]59号[2-5]から続く)

申請書が正しくできたら[その後の]費用はたくさんはかからない。そして借金を申請した農民はその金を受け取りに行くべき場所と日時との通知をすぐに受ける。

その借金を受け取るときには、借用者は[農業金融]公庫に加入し、出資者として名前を登録する申請書、不動産を抵当に入れる契約書、確かに借金をしたということを認める証明書に親指の拇印を押捺することが求められる。それから借りる申請をした金を渡されて、自分が受け取った金額の受領証に親指の拇印を押捺し、元金の額と返済しなければならない期日が告げられる。たとえば、sam という人が土地を1ヘクタール半持っていて、migasira 月にその土地を抵当にして金を30.00リエル借り、翌年の assuja 月に返済すると約束したとする。金を受け取った日から返済する日までを計算すると10ヶ月である。それから自分が金を30.00リエル借りたのは事実である、ということを認めることを証明する受領証に親指の拇印を押捺する。しかし、その書類には費用を天引きするいろいろな数字が書いてある。即ち、

利子:[年率]11%、10ヶ月で
2.74[ママ。2.75が正しい]リエルを差し引く
出資金:借用金1リエルにつき1センを天引きして
0.30リエルを差し引く
書類証明料:借用金1リエルにつき1センを天引きして
0.30リエルを差し引く
借用証書<timbre>[印紙]料　0.10リエルを差し引く
合計　3.44[ママ]リエルを差し引く

それから sam は金を26.56(＝30－3.44)[ママ]リエル受け取る。そしてその後10ヶ月のうちにその金、即ち30リエルだけを返済することを約束する。翌年の bhadrapada 月に、sam は州[農業]金融公庫から、自分が借りた借金を返済しなければならない金額と期日とを念を押す通知書を受け取る。その季節は sam は十分な収穫があったので借金を返すことの心配がなかった。sam が約束[の期日]より前に返済する金があれば、利子をもうけて、借りた金より少なく返すことになる。

その他の説明

もしクメール人農民の誰かが毎年毎年、州[農業]金融公庫から借りたい場合には、全額借りることができる。しかし、翌年になって収穫を得た時に返さなければならない。後日自分に金があるように、自分が容易に返すことができる額[だけ]を借りるようにしなければならない。

誰か土地を1ヘクタール持っている人が、3ヘクタール持つ人より多く金が必要であるはずがない。土地を多く持つ人は収穫時になると当然土地を少ししか持たない人より多くの収穫がある。それゆえ、農業省、即ち[農業]金融公庫では土地を少なく持つ人に、土地をたくさん持つ人より多くは貸さない。

毎年農民には季節が2つある。即ち貧乏な季節と金がある季節である。「貧乏な季節」というのは、耕し、均し、田植えをし、植えたばかりの時である。「金がある季節」というのは、刈り取り、摘み取る季節である。金を借りる必要がある農民は、自分が食べるものがない季節にだけ借りるべきである。しかし刈り取り、摘み取り、収穫が豊富にある季節には返すことを考えなければならない。ぐずぐずして定めた期日に遅れてはいけない。

もう1つ、同一土地で多くの所から金を借りてはいけない。このようにすることは悪事を行うことであり、法律は同一土地をこの人に入質し、さらにこっそりあの人に入質することを絶対的に禁止している。それゆえ、あなたはこのようなことをするべきではない。もしこのようにしたい場合には前に借りた人に借金を[全額]返してからにしなければならない。

州[農業]金融公庫があなたに貸す金は、農業をするためだけ、即ち種子や鋤や馬鍬を買ったり、労務者を雇ってあなたの肉体の力を助けさせるためだけである。

まだ後の週[＝63号3-2]に続きがある。

3-2 [60号3-1-4と同一]

3-3 [広告]、<piquet>路70号の(Phung van Cung)(Docteur)[医師]殿の医院はあらゆる種類の病気、即ち皮膚病と性病を治療します。

1938年3月15日に開院します。

3-4 [58号3-1-1と同一]

3-5 [44号3-9と同一]

3-6 [57号3-4と同一]

3-7 農産物価格[「金の価格」はない]

プノンペン、1938年3月10日

サトウヤシ砂糖		60キロ	3.40リエル
	店頭で購入		3.00リエル
籾	白	68キロ、袋なし	3.95 ~ 4.00リエル
	赤	同	3.80 ~ 3.85リエル
精米	1級	100キロ、袋込み	9.65 ~ 9.70リエル
	2級	同	9.05 ~ 9.10リエル
砕米	1級	100キロ、袋込み	7.60 ~ 7.65リエル
	2級	同	7.10 ~ 7.15リエル
トウモロコシ	白	100キロ、袋込み	[記載なし]
	赤	同	8.00 ~ 8.50リエル
コショウ	黒	63.420 キロ、袋込み	15.00 ~ 15.50リエル
	白	同	25.50 ~ 26.00リエル
パンヤ	種子抜き	60.400 キロ	33.00 ~ 33.50リエル

*サイゴン、ショロン、1938年3月9日

フランス籾・米会社から通知の価格

ショロンの<machine> kin srūv[精米所]に出された籾1 hāp、[即ち]68キロ、袋込みの価格は以下の通り。

籾	最上級		4.28 ~ 4.48リエル
	1級		4.22 ~ 4.27リエル
	2級	日本へ輸出	4.07 ~ 4.12リエル
	2級	上より下級、日本へ輸出	3.91 ~ 3.98リエル
	食用[国内消費?]		3.80 ~ 3.90リエル
トウモロコシ	赤	100キロ、ショロン県マッカサンで売り渡し。	0.00 ~ 9.55リエル
	白	同	0.00 ~ 0.00リエル

米(10月[ママ]渡し)、港渡し、袋込み、税抜き、1 hāp、[即ち]60.7キロの価格は以下の通り。

精米	1級、砕米率25%	5.95 ~ 6.05リエル
	2級、砕米率40%	5.65 ~ 5.70リエル
	同。上より下級	4.55 ~ 4.60リエル
	玄米、籾率5%	4.85 ~ 4.90リエル
砕米	1級、2級、同重量	4.75 ~ 4.80リエル
	3級、同重量	4.45 ~ 4.50リエル
粉	白、同重量	2.85~3.95[ママ]リエル
	kāk[籾殻+糠?]、同重量	1.40 ~ 1.50リエル

3-8 [60号3-7と同一]

3-9 [60号3-8と同一]

3-10 [60号3-9と同一]

3-11 [60号3-10と同一]

4-1 [48号4-1と同一]

4-2 [8号4-6と同一]

4-3 [11号4-2と同一]

4-4 [44号3-3と同一]

4-5 [8号4-3と同一]

4-6 [20号4-6と同一]

4-7 [11号3-2と同一]

4-8 [33号3-4と同一]

4-9 [48号3-8の終わり近くの「70メートル」が「10メートル」になっているだけである]

4-10 [51号3-6と同一]

4-11 [54号4-10と同一]

SAMEDI 19 MARS 1938

COFAT
CIGARETTES
La meilleure cigarette Indochinoise
Le Paquet vendu 5 cents

Directeur PACH-CHHŒUN

HEBDOMADAIRE PARAISSANT TOUS LES SAMEDIS

(Boite Postale N° 44)

第2年62号、仏暦2480年9の年丑年 phalguṇa月下弦3日土曜日、即ち1938年3月19日

［仏語］1938年3月19日土曜日

1-1 ［仏語で「私書箱 No.44」と「社長、PACH-CHHŒUN」が加わった以外は8号1-1と同一］

1-2 ［デザインが少し変わった以外は8号1-2と同一］

1-3 ［デザインが少し変わった以外は8号1-3と同一］

1-4 ［8号1-4、1-5と同一］

1-5 ［51号3-6と同一］

1-6 カンボジア国<résident supérieur>［高等弁務官］である<thibaudeau>氏がフランス国へ休暇を取りに行く

カンボジア保護国の長である<thibaudeau>氏は近日、おそらく来る3月25日に休暇を取りに行く。

<thibaudeau>氏が不在の間は、フランス国政府は、3月9日付 prakāsa <décret>［法令］で、1級<administrateur>［高等行政官］職である<guillemain>氏を任命してカンボジア国<résident supérieur>［高等弁務官］の代行をさせる。

<thibaudeau>氏がカンボジア国を去って行くというニュースはクメール人たちに別れを惜しむ気持ちを与えた。氏はこの重職を司る間にクメール人を真実、愛し、さらにクメール国とクメール人が発展するように一生懸命仕事をしたからである。

カンボジア国のクメール人を代表して nagaravattaは、氏が大フランス国までの海路、無事と発展があるようにお祈りし、そして、現地国諮問会議の会議の開会演説の中で解説されたものなど、<thibaudeau>氏が前に氏の考えに基づいて、カンボジア国支援に関して決定し、まだ終了していない kamṇat kāra（Programme）［計画］を完了するために、早くカンボジア国に帰国することを祈る。

もう1つ、<thibaudeau>氏の後任としてカンボジア国に来て職務に就く<guillemain>氏の旅行の平安を祈り、カンボジア国をこれまで代々の<Protectorat>［保護国］の長たちの跡に従って統治し発展させるために、引き続き幸福と発展に恵まれるようにお祈りし、すでに発展した近隣の国と同じように、カンボジア国を早く時代に追いつかせ発展させるよう、一生懸命熱心に助力してくださるようお願いする。

nagaravatta

1-7 舟は行く、港は残る［注。cf.65号1-9］

なんとも不思議なことである。色黒の人が何万という金をごまかすことを知り、何食わぬ顔をして歩き回り、しかもお供がもったいぶって道案内をしている。

すでにフランス語の <gazette>［新聞］中に明らかにされたように、およそ7、8ヶ月前に、ある極めて巧妙な事件で訴えられ、身柄を<tribunal>［地方裁判所］に送られそうになったが、どのようにしたのかはわからないが、一転免れた。

その後、この5、6ヶ月の間に、人々が集まって善業を積むために準備した金を、また大袋を1つごまかして、遊んでしまった。この事件は金の持ち主が抗議したが、どのように唸り声をあげて脅したのか知らないが、突然沈黙してしまった、と聞く。“これを疑うと大変疑問があり、秤が重いほうが上がることを知っている疑いがある”

［この人物にとって］幸いなことであるが、この人がもしクメール人であったなら、ずっと前から笊に入った飯を食べている［＝入獄している］はずであるが、これは……［注。伏字］……、とても強い神通力を持ち、［矢で］射ても刺さらず、焼いても燃えず、当然危険を免れる。そして儲けた金は平気で担いで行く。まったく大したものである。やれやれ、これは、我々はカンボジア人であり、そして彼らの港であるから、どれだけ彼らに虐げられて

も、目から血が出るほど苛められても、一言ですら口を開いて抗議する勇気がないからである。神様、どうかちょっと横目を開いて、この苦しみを受けているクメール人を見てください。

1-8　諸国のニュース

1-8-1　[中国]

漢口、3月9日。duṅ guon の中国軍は火曜日夜から水曜日まで1晩中日本軍に砲撃された。しかし中国は、「それほど多くは破壊されていない」と報じた。戦場からの情報では、あらゆる地点で中国軍は日本軍を奇襲し、前進できなくさせている。すべての県、全ての集落で住民が集まって軍を作って日本軍を攻撃し、さんざん悩ませている。

＊上海、3月9日。黄河の北で日本軍はさらに大量に軍を増やして配置した。天津－浦口地域で新たな戦闘が1ヶ所であった。日本軍は sieṅ sie dieṅ 県まで前進したが中国軍の反撃があり、後退した。

＊香港、3月9日。アメリカ電によると、中国からの情報では、日本軍艦がもう1艦隊、南シナ海に到着し、前の艦隊と交代した。中国は「この艦隊は香港の近くを航行しているのが見られ、これまでそこを航行していた船や帆船に[香港に]近づかないように告げる意図を持つ」と言っている。

1-8-2　[ヨーロッパ]

パリ市、3月10日。フランス首相である(Chautemps)氏[M.]が辞職した。フランス大統領であるアルベール・ルブラン氏[M.]は(レオン・ブルム)氏を<chautemps>氏の後任に任命した。<chautemps>氏が辞職したのは、金融の職務を処理する専決権を ṭamṇāṅ rāstra (Députés)[国会議員]たちに求めた[＝議会に提出した]が、国会議員たち[＝議会]が承認しなかったことによる。

＊(オーストリア)国、(ウイーン)市、3月9日。首相である(シュシュニク氏)は、「オーストリア国民が、シュシュニク氏側の政党である laddhi <patriote>[愛国主義党]に従いたいのか、それともオーストリア国におけるヒットラー氏と親しい人である<seiss-inquart>氏の政党である laddhi <naziste>[ナチ党]に従いたいのかを知るために、国民に呼びかけて投票をさせる」と発表した。シュシュニク氏は、「全国民は、オーストリア国が独立国になるために互いに忠誠心を持たなければならない。laddhi (Nazistes)[ナチ主義]を信奉する人々に、ドイツ人に従わせて国内に騒動を生じさせるべきではない」というに内容の演説をした。このニュースは自分の国を愛する人々を強く喜ばせた。buok <naziste>[ナチ党員]たちは激怒している。そしていくつかの県では両党の人々が、この投票の件で互いに争っている。

＊ベルリン市、3月10日。ドイツの諸<gazette>[新聞]と政府要人たちは、このように国民に投票するよう命じたシュシュニク氏に落胆している。

＊ロンドン市、3月10日。ロンドン市のイギリスの <gazette>[新聞]はオーストリア国の選挙の話1つだけについてしか話していない。いくつかの <gazette>[新聞]は、国民の話として、内務相である(Seiss-Inquart)氏[M.]が辞職したと伝えている。

1-8-3　ヨーロッパ諸国で再び大戦争が始まりそうである

ドイツ国とオーストリア国とは、戦争に備えて軍を興すことを命令した。

ドイツ国はシュシュニク氏にオーストリア国首相を辞職するよう命令した。

フランス政府はイギリス政府と共同で、オーストリア国の騒動に関してイタリア国政府に申し入れた。

1-8-4　世界をゆるがせた事件

最新の情報では、シュシュニク氏が辞職した。

＊ウイーン市、3月11日。当市で、ヒットラー氏の仕業であり、全世界をゆるがせる事件が起こった。この最初の原因は、<conseil> senāpatī[内閣]の首相であるシュシュニク氏が、「laddhi <naziste>[ナチ党]と『何とかしてオーストリア国を独立国でいさせ、外国に侵略させない』という考えを持つ laddhi (Patriotes)[愛国主義党]に同じ重さで関心を払う」という約束をして、ヒットラー氏と手を結んだことにある。互いに友好を結び終わると、シュシュニク氏は、国内の幸福を求めるためにヒットラー氏の意をいれて、オーストリア国の laddhi <naziste>[ナチ党]の長である<seiss-inquart>氏を内相に昇任させた。ヒットラー氏はそれだけでは満足せず、もっと多くのbuok laddhi <naziste>[ナチ党員]をオーストリア国内の公務を統括させることをシュシュニク氏に要求した。シュシュニク氏は、「もしヒットラー氏の意に従うならば、現在laddhi <patriotes>[愛国党]より数が少ないladdhi <naziste>[ナチ党]にladdhi <patriotes>[愛国党]を押さえつけさせることになるに違いないし、さらにオーストリア国全体をドイツ国の手の中に握られることになる」と理解した。それゆえ、シュシュニク氏は、国民の意向に従って事を決定するため、即ちladdhi <naziste>[ナチ党]を好むか、それともladdhi <patriotes>[愛国党]を好むか、それぞれの心の望みに従って投票するために、国民投票を行うことを宣言したのである。シュシュニク氏は投票の日を告示して定めた。ヒットラー氏は命令してドイツ国とオーストリア国との国境にドイツ軍を配置させ、さらにシュシュニク氏に書簡を送り、「投票の日を延期するか、それとも<conseil> senāpatī[大臣][ママ]を辞職するか、の

いずれかを、至急数時間のうちに決定するように」と告げた。ヒットラー氏がこのように決定したのは、検討した結果、「もしオーストリア国民が投票したら、きっとladdhi <naziste>［ナチ党］はladdhi <patriotes>［愛国党］に勝つことができない」と理解したからである。この件をシュシュニク氏は検討した結果、「このまま投票を行う決定を維持すると、必ずladdhi <naziste>［ナチ党］がladdhi <patriotes>［愛国党］に難癖をつけるから、国内で騒動が起こることは間違いない」と判断し、国内で騒動が起こることを避け、同じオーストリア人の血を地に流さないために、シュシュニク氏はオーストリア<conseil> senāpatī［大臣］［ママ］の職を辞職したのである。オーストリア国全部をドイツ国に併合させるために、シュシュニク氏が辞職するのを待っていたオーストリアladdhi <naziste>［ナチ党］の長である<seiss-inquart>氏は首相に昇任することを直ぐに受け入れ、「オーストリア国民の幸福を守る助力をするためにドイツ軍をオーストリア国に入れる」ことを要請する書簡をヒットラー氏に送った。このことこそが、ヒットラー氏が<seiss-inquart>氏に命じた重要なことであり、「ドイツ国が軍を動員してオーストリア国全体を侵略する」という不正から、ドイツ国を免れさせるためにこうするのである。さらに大フランス国、［大］イギリス［国］、［大］イタリア［国］がそろって、「我々は考えを1つにして、(Europe centrale)［中央ヨーロッパ］の全ての大国の中のオーストリア国が常に独立を保つように守る」と定めた saññā (Traité de stresa)［stresa 条約］に違反することから逃れる口実を与えるのである。ヒットラー氏が全世界をゆるがせたこの事件について、ドイツ国は、「ドイツ国がオーストリア国に軍を入れたのは、『オーストリア国首相が、軍を入れて助力することを求めた』のである。ドイツ国には責任がない」と公言を続けている。これこそが大フランス国と［大］イギリス［国］の抗議に対して反論するためのヒットラー氏の重要なことなのである。オーストリア国が独立であることを必要としていたイタリア国について言うと、一転して、「シュシュニク氏が国民投票を公示して dhvœ (Plébicite)［ママ。plébisciteが正しい］［国民投票を行なって］、その結果をまだムッソリーニ氏に通知していないのであるから、ヒットラー氏がオーストリア国を奪ったことに異論はない」と言っている。

このことを完成させるために、ヒットラー氏はウイーン市に行き、歩きながら、「本日から、オーストリア国は、もはや1914年から1918年の世界大戦を行った後に、諸大国がオーストリア国に強制して<signer>［署名］することを承服させた、自らを<république independante>［独立共和国］に保つという saññā (Traité de saint-germain)［サンジェルマン条約］の規定の下にはいない」とオーストリア国民に公言した。短く言うと、ヒットラー氏は<traité>［条約］をもう1つ破り捨てたのである。それだけではなく、現在laddhi <naziste>［ナチ党］はオーストリア国大統領である(Miklas)氏をも脅迫して辞職させた。

ドイツ国の国境のそばには、もう1つ我が大フランス国と友好を結んでいるチェコスロバキア国がある。この我々全ての世界の中では、「オーストリア国の運命がこう定まった以上は、チェコスロバキア国の運命はどう定まるであろうか」と訊ねられている。

日本国の方は、ヨーロッパは忙しくて極東で邪魔をする人が誰1人いないことを喜んでいる。しかし、少し心配しているのは、ドイツが強力になると自分が力が落ち、ロシアよりも弱くなるのではないかと恐れている。きっと日本が多少心配するのは避けられない。

1-9　土曜評論

下に引用する(cau {jaya} が、1938年3月9日水曜日の kambuja barṇaṭamāna 792号に書いた話は、1938年2月26日のnagaravatta <gazette>［新聞］59号［1-7］の×××祖父の「土曜評論」への反論である)

土曜評論に反論する

祖父が1人いるが、私の祖父ではない。即ち別の人の祖父である。この祖父は、「彼の孫たちが彼の心の通りに行動しない」と言って、彼の孫たち全てにとても疑問を持っている。この1人の祖父がこのような疑問を持つのは、「彼が考えて、彼の孫たちの考えに到達できないことによる」のであると私は理解する。別の人である私は、彼の孫たちの心を彼よりもよく認識している。

高い地位に就いている彼の孫たちは全て、まだ地位に満足していない人たちばかりである。将来大臣になることを期待している人もいるし、国王の顧問になることができると信頼している人もいる。「わしは、今日から loka aubak ……［……さん］［注。父親位の年齢の男性についての親しみを込めた敬称］になるのを避けることができないと言う［＝得意になっている］人もいる。このように考えを定めた人は、一生懸命［他人の］あらを探して、その地位から引きずり下ろすことを一生懸命考える。良くやった仕事でも、それを見ると、持ち出してきて、間違いであると言う。そしてそのことを告げ口をしてますます気に入られようとする。

おじいさん！今の人は将来の利を得るために地位から引きずり下ろすことばかり求めることが多いのである。そういうことを何も考えないのはおじいさん1人だけである。「おじいさんと違う考えをする人は、間違ってはいない」と私は理解する。私が敢えてこう言うのは、前にその効果を見てきたからである。<médaille>［勲章］をもらった人もいるし、他人から金を借りることができた人もいる。<banque> caṅ kār prāk［銀行］から借りた金を返済するのを偉い人が助力してくれた人もいる。他の人と同じように考えないおじいさんは、塩だけで飯を食べていなさい。

「おじいさんが誤っている」とするべきであると私は思う。今の人は他人よりも自分を愛するからである。nagaravatta新聞が殿下[loka]は民族を愛し、民族を支援する心を持っていらっしゃると何回も賛辞を掲載している munīreta局長殿下「braḥ aṅga mcās」は、私も殿下[loka]は本当に民族を愛し、民族を支援していると思う。殿下[loka]は<scout>[ボーイスカウト]団だけ、それと dāt <balle>[サッカー]チームだけを支援しているのではない。中国人がネアック・ターの行列をするのも、殿下[loka]は支援する。

もう1つ、munīreta 局長殿下「braḥ aṅga mcās」は新しい地位にさらに昇任なさったばかりである[注。cf.59号1-9]。即ち陛下が王国の保健体育教育・衛生局に関する陛下[braḥ aṅga loka]の代理に任命なさったばかりである。これについて、おじいさんは見るのを待っていなさい。我々は後日何か新しいことを必ず目にするに違いない。

私は×××おじいさんにお願いする。おじいさんのこれらの孫たちに落胆しないでほしい。私がおじいさんのこれらの孫たちを目覚めさせるのを手伝って、迷いから生じる苦しみから救ってあげる。

cau {jaya}

＊善哉、善哉。cau {jaya} はまさに本当に英知のある人である。祖父がほんの少し言っただけで、お前はネアック・ターの行列の話にまで話を広げて解説することができる。そしてそれを越えて<banque>[銀行]に金を返すことにまで行った。お前が話した言葉はまさに確かに正しいものである。しかし、ずっと自由人をやって来た祖父としては、目をつぶって考えを変えて、他人の奴隷になることはできない。孫たちには一生懸命に利を求めさせておいて、祖父は自分の運命の定めに従って、貧乏で、塩をかじって我慢していよう。しかし、後日これ以上わあわあ騒いで、「祖父を訴える」ことを考えて脅さないでくれ。孫たちよ！祖父のほうは、何を隠そう、お前たちの脅しがどのように力を増しても、「お前たちには歯が立たない。即ち鼻は尖っていない」ことを知っているから、その脅しは髪の毛ほども恐れはしない。祖父の言葉に敢えて反論できたのは、この cau {jaya} 1人しかいないようである。でもこの孫は他の孫たちと混同されることはない。即ち祖父の父が遊んで歩くようになる前に生まれたことは本当に確かである。

×××祖父

1-10 nagaravatta印刷所の設立を考えること

この印刷所を設立することに出資することを志望する諸氏にお知らせします。急いで名前と株式の金額を記入して nagaravatta 新聞に送ってください。来週以降 nagaravatta は皆さんに法律通りに正しく名前を<signer>[署名し]て返送していただくための書類を皆さんに送っています。

1-11 クメール人の恐れ

（<gazette>[新聞]59号[2-4]から続く）

このように同じ民族を愛することは、さらに国と民族を愛する心を生まれさせる道であるから、良い素晴らしいことであるのは確かである。互いに愛し合っているのであるから、良い仕事をするようになる。そして、同じように互いに援助し合うことを知り、一生懸命熱心に勉強をし、きちんと働いて生計を立てるようになる。即ち、財産を持つクメール人は貧しいクメール人を愛して慈悲の心を持ち、地位が高い人は低い人のことを考え、英知がある人は無学無知の人を憐れみ、一生懸命教え諭し知識を持つように救い、高く成長するように支援しなければならない。ちょうど中国人たちが、中国から来たばかりで何も持っていない互いに同じ中国人を成長させ、働いて生計を立て、自分たちと同じように生活が楽になり偉くなるように支援するのと同じようにである。そのようにすれば、我が民族も低劣な暗闇の穴から抜け出ることができる。

同一民族に団結がなくてはならないもう1つの理由は、我々クメール人は高い家柄の民族であり、我々の先祖が現在のアンコール・ワットに残して示しているように、知識と手腕がある民族である。これらの物は非常に素晴らしい物で、全ての大陸にこれに比べられるような物はなく、我々クメール人はなかなかの人たちの血筋であることをわからせる。クメール人の血筋がこのようにまで素晴らしいものであるのなら、我々は互いに相手を捨て去ることがどうしてできようか。各人が、一生懸命力を合わせて我が国を発展させ繁栄させるために、自分の民族を愛し、親密にしなければならない。

クメール人が良い血筋であるのは、その一部は血のおかげであって、その血はインド人から来たのである。インド人の血とヨーロッパ人であるフランス人の血が混ざっていることは、クメール人はフランス人と血がつながっていることになる。即ち白人種であって中国人や日本人やベトナム人のような黄色人種ではないことがわかる。それゆえ、クメール人の多くは身体が大きく強固である。

我々の血筋がこのように良いのであるならば、どうしてこの血筋を一生懸命守って今後存続するようにしないのか。

もう1つ、私は資産が十分にあるクメール人にお願いする。必ずアンコール・ワットの宮殿、庫裏、洞窟を一度見に行ってほしい。クメール人の手腕の遺産の地だからである。そして見たならば、クメール人が高く上がることができた所から現在のような低劣な貧しい所に落ちたことは、あってよいことか否かを深く考え検討してほしい。そこを見に行った私自身は、それを作ったことは驚くべきものであると思った。私は驚き、心を打たれて涙も流した。自分の民族がいまの所にまで落ちぶれたのを知り、大変悔しく思ったからである。しかしもう1つ考えると、大フランス国のおかげでクメール国は丈夫な後ろ盾を持っているのだから、一生懸命努力をするべきである。この悪い所にいつまでも留まることに甘んじてはいけない。そのとき以来、国と民族の利益についての、ある1つのしっかりした考えが生まれた。それゆえ今まで常にしっかりと心の中に留まっている。そしてどれだけ見ても飽きることはない。だが、旅費が少ないという障害があり、長い日数留まることはできなかった。しかし、いつか空いた時間があったら必ずもう1度訪れるつもりである。

クメール人は少なくとも1度は必ず見に行ってください。たとえ貧しくても、あまりにも貧しい人は別にして、一生に1度見に行くために一生懸命我慢してお金をためてほしい。一生懸命努力して行こうとすれば、きっと見に行けるであろう。しかし、私ははっきり注意しておくが、見に行ったときには、私が見に行った時に、アンコールで私に会って、「同じ石ばかりが見えるだけで何も美しいものはない」と言ったクメール人たちのような見方はしないでほしい。あのとき、私はその人たちを本当に可哀想に思った。彼らは、昔からの言葉で言うところの、「額で見ている」からである。眼力で見ているのではない。そして性格が迷ってしまっていて、自分の民族であるクメール人が作って残した美しい物、尊い物を知らず、わからないのである。このように見に行くのなら見に行かないほうがましである。旅費を無駄にしないでほしい。

これらの古代の遺跡たちの中で美しいのは3ヶ所、即ちアンコール・ワット、アンコール・トム、バンテアイ・スレイにあり、アンコール・ワットとアンコール・トムは大きさの方で、バンテアイ・スレイは彫刻の方で美しい。即ち彫刻は石に彫った彫刻が木に彫った彫刻よりずっと美しい。しかし、バンテアイ・スレイはアンコール・ワットから37キロメートル離れている。

皆さん、よく検討して、「私がクメール国、クメール人にうんざりしたと言った」と言って非難しないでください。

khemaraputrā

1-12 braek khbap(バット・ドンボーン)での役畜展示即売市祭のお知らせ

先の3月1日から15日まで、バット・ドンボーン州<le résident>[弁務官]殿と[バット・ドンボーン州]知事殿が、クメール人に対する誠実な気持ちから、貧しい人々に発展をもたらすために一生懸命努力してこの祭りを開いた。この祭りでは、dhuo 博打など、種々の博打が行われていたが、民衆は、<le résident>[弁務官]殿と州知事殿が[民衆が]純粋に楽しむようにという誠実な気持ちから、行うことを許可したのであると思っていたが、突然<le résident>[弁務官]殿の命令で<police>[警官]と兵士が逮捕した。それで遊んでいた人たちは皆、何事かわからず目を丸くするだけであった。

<enquête>[尋問]の結果、ある者は村長が、ある者は助役が許可したと供述し、またさらに、「賭博をするのを許可しなかったら、アヘンに使う金をどこから手に入れるのか」とまで供述した者もいた。もう1つ、「このようにしなかったら、この祭りの管理をするために往復する乗り物にかかる費用に何を充てるのか。小父さん[cik]が稼ぎが少なくてアヘンが十分に吸えなかったら、この祭りに助力して管理するために来る力はない」と言う者もいた。この後の言葉については、当局が調査中であり、どの小父さん[cik]を指すのかはわからない。しかし、各<résidence>[弁務官庁]の習慣に従うならば、この役畜即売市祭は博打打ちを支援するため行なっているのではない。即ち役畜を売る人が早く売れて、その売ったことから金を得て、家族の生命を養い、政府に税金を納め、種籾を買っておいて次のシーズンに備えるのを支援するためであることは明らかである。もしこの祭りが、博打打ちに金を家に持って行かせるためだけならば、農民は何が得られ、何の利があるのか。

レポーター

2-1 tānī(カンポート)での役畜展示即売祭について

終わったばかりの tānī での3日間の役畜展示即売祭はとても楽しく、発展していた。役畜販売のほうは、展示された役畜は741頭で、216頭が売れ、平均価格は1頭あたり40リエルであった。この祭りは大衆が大勢見に行き、かつ役畜を購入しに行った。この祭りを行なって楽しくすることができたのは、pandāy mās 郡郡長であるyaṅ-yā 氏と tānī <poste>[支郡]の長である canda-dhup 氏の一生懸命な努力のおかげである。

tānī はベトナム国境に近いので、役畜を買った人の多くはコーチシナ国の役畜飼育業者であった。

この祭りは、当日限りであり、遅く来た役畜購入者は間に合わず、1938年3月24,25,26日にカンポートで開かれるもう1つの物産品と役畜の展示即売市祭まで待たなければならなくなった。

このカンポートでの役畜と物産品の展示即売祭は、種々の心を引く催し物があり、役畜と農業と工業の種々の産物が展示即売されるので大きな祭りである。プノンペンから多数の商店が展示に行く。さらにhādien の鼈甲細工職人が展示コーナーをすでにたくさん予約している。

展示コーナーの空きはまだ少し残っている。展示をしたい人は急いでカンポート dī < résident>[弁務官庁]に手紙で情報を訊ねてください。

＊1938年3月24日から26日までカンポートで開かれる役畜の展示即売祭

1938年3月24日木曜日

9時。展示即売市祭の開場式。ウシ、スイギュウ、ブタ、ニワトリ、アヒル、野菜、果物の品評会と賞の授与。

10時30<minute>[分]。kambat 川で帆舟レースと櫂舟レース大会。クメール音楽。

15時から18時まで。闘鶏。クメール·ボクシング。種々の催し物(祭りの会場で)、即ち rat crak pāv[？]、綱引き、ṭœm kalpū briksa[？]、など。クメールの音楽。クメールの演劇。

20時。火の行列、灯をつけた舟の行列。クメールの音楽。クメールの演劇。

21時。揚げ提灯を飛ばす(<cercle>[円形広場]の官員会議所で)。

1938年3月25日金曜日

8時。カンポート市周回<bicyclette>[自転車]レース。クメール音楽。

15時から18時。闘鶏。

20時。クメール演劇。クメール音楽。

1938年3月28[ママ。「26」が正しい]日土曜日

8時。ウマのレースとスイギュウのレース。クメール音楽。

15時から18時まで。闘鶏。クメールの音楽。クメールの演劇。

16時。kambot 川で種々の催し。ṭœm kalpū briksa。kāra laeṅ dā[アヒルを放す]。競泳。

16時30<minute>[分]。genis[ママ。恐らく「tenis<tennis>[テニス]が正しい]試合。

19時。クメール音楽。

19時30<minute>[分]。揚げ提灯を飛ばす(祭りの会場で)。

20時。シソワット<lycée>[中高等学校]卒業生[友愛会]の劇

23時。kambat 川で仕掛け花火。

2-2　[44号2-4と同一]

2-3　[61号3-3と同一]

3-1　[広告]　(A vendre) lak[売ります]

木造瓦葺の大きい家。基礎は煉瓦。奥行き8メートル、幅4.50メートル。厨房棟も同じ広さ。母屋から厨房棟までは4メートルで全面板張り。母屋の前はトタン葺きで、基礎は土のベランダがある。<contrat>[契約書]番号19、(Plan)[図面]23 (secteur)[区画] C。所在地は第4区、piṅ keṅ kaṅ、sīḷip cās 市場の南、市場から約100メートル。売価800.00リエル。賃貸すると月に8.00リエル。購入希望の方はプノンペン vāṅ 路50号の jār-sīm にお問い合わせください。

3-2　[57号3-4と同一]

3-3　**農産物価格**[「金の価格」はない]

プノンペン、1938年3月18日

サトウヤシ砂糖		60キロ	3.40リエル
	店頭で購入		3.00リエル
籾	白	68キロ、袋なし	4.10 ~ 4.15リエル
	赤	同	3.95 ~ 4.00リエル
精米	1級	100キロ、袋込み	9.85 ~ 9.90リエル
	2級	同	9.40 ~ 9.45リエル
砕米	1級	100キロ、袋込み	7.85 ~ 7.90リエル
	2級	同	7.10 ~ 7.15リエル
トウモロコシ	白	100キロ、袋込み	[記載なし]
	赤	同	0.00 ~ 8.00リエル
コショウ	黒	63.420 キロ、袋込み	15.00 ~ 15.50リエル
	白	同	25.50 ~ 26.00リエル
パンヤ	種子抜き	60.400 キロ	33.50 ~ 34.00リエル

＊サイゴン、ショロン、1938年3月17日

フランス籾·米会社から通知の価格

ショロンの<machine> kin srūv[精米所]に出された籾 1 hāp、[即ち]68 キロ、袋込みの価格は以下の通り。

籾	最上級		4.45 ~ 4.55リエル
	1級		4.35 ~ 4.40リエル
	2級	日本へ輸出	4.20 ~ 4.25リエル
	2級	上より下級、日本へ輸出	3.95 ~ 4.00リエル
	食用	[国内消費?]	3.95~4.00[ママ。上と同じ]リエル
トウモロコシ	赤	100キロ、ショロン県マッカサンで売り渡し。	0.00 ~ 9.40リエル
	白	同	0.00 ~ 8.80リエル

米(10月[ママ]渡し)、港渡し、袋込み、税抜き、1 hāp、[即ち]60.7キロの価格は以下の通り。

精米	1級、砕米率 25%	6.15 ~ 6.18リエル
	2級、砕米率 40%	5.80 ~ 5.90リエル
	同。上より下級	5.70 ~ 5.80リエル
	玄米、籾率 5%	4.95 ~ 5.00リエル
砕米	1級、2級、同重量	4.90 ~ 4.95リエル
	3級、同重量	4.45 ~ 4.50リエル
粉	白、同重量	2.98~3.40[不鮮明]リエル
	kāk [籾殻+糠?]、同重量	1.80 ~ 2.00リエル

3-4　[60号3-7と同一]

3-5 ［60号3-8と同一］

3-6 ［60号3-9と同一］

3-7 ［60号3-10と同一］

4-1 ［48号4-1と同一］

4-2 ［8号4-6と同一］

4-3 ［11号4-2と同一］

4-4 ［44号3-3と同一］

4-5 ［8号4-3と同一］

4-6 ［20号4-6と同一］

4-7 ［11号3-2と同一］

4-8 ［33号3-4と同一］

4-9 ［48号3-8の終わり近くの「70メートル」が「10メートル」になっているだけである］

4-10 ［44号3-9と同一］

4-11 ［54号4-10と同一］

SAMEDI 26 MARS 1938

CIGARETTES
COFAT
La meilleure cigarette Indochinoise
Le Paquet vendu 5 cents

Directeur
PACH-CHHŒUN

HEBDOMADAIRE PARAISSANT TOUS LES SAMEDIS

(Boite Postale N° 44)

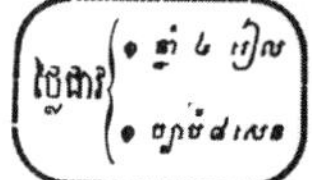

第2年63号、仏暦2480年9の年丑年 phalguṇa月下弦10日土曜日、即ち1938年3月26日

［仏語］1938年3月26日土曜日

1-1　［仏語で「私書箱 No.44」と「社長、PACH-CHHŒUN」が加わった以外は8号1-1と同一］

1-2　［デザインが少し変わった以外は8号1-2と同一］

1-3　［デザインが少し変わった以外は8号1-3と同一］

1-4　［8号1-4、1-5と同一］

1-5　本1938年に nagaravatta <gazette>［新聞］を購読したい方々は、名前と代金を nagaravatta krum　<gazette>［新聞社］にお送りください。nagaravatta は必ず <gazette>［新聞］をお送りします。

1937年に購読し、まだ代金を全額はお支払いになっていない方々は、どうか代金を至急お送りください。

私たちは、皆さん方を、あたかも我が民族を今後目覚めさせるための堅固なバックとして得たかのように期待しております。

1-6　<thibaudeau>氏が行き、<guillemain>氏が来る

<résident supérieur>［高等弁務官］である<thibaudeau>氏がフランス国へ休暇に行き、(Guillemain)氏が昇任してクメール国の<résident supérieur>［高等弁務官］の職［ママ。実際は「代行」］についた。

nagaravatta は<thibaudeau>氏に幸福と発展があるようもう1度お祈りする。

もう1つ、nagaravatta は先の3月22日に新しい職に就いた<guillemain>氏が4種の祝福に恵まれることを祈り、このクメール国を統治して、氏の手腕でこのクメール国を発展し繁栄させてくださるようお願いする。

1-7　もう1つ朗報がある

プノンペンは、ṅo-hū 医師と yuk-sww［医師］が帰ってきて、わが国で勤務する。両医師は、我々各人の多くが知己であり、親密にしてきていて、医学におけるその優れた手腕を知ってきている。

1-8　クメール国は今死んでいるのか生きているのか

<thibaudeau> <le résident supérieur>［高等弁務官］殿は何を考えているのか。

我々は氏の意図を理解することができない。

我々は［次のような］情報を得た。<thibaudeau> <le résident supérieur>［高等弁務官］殿は、フランス国での休暇に出発する前、即ち3月17日木曜日に、thnāk kumārathāna［幼児級学年］と thnāk parivacchaṇathāna (préparatoire)［準備級学年］でフランス語を教えるのをやめるべきか、あるいはそのままにしておいてこれまでと同じように教えるか、を決定するために、bhnāk ṅār binitya sālā siksā jān ṭampūṅ (Inspecteurs primaires)［初等教育視学官］を集めて会議を開いた。この会議で参加者の多数が、thnāk kumārathāna［幼児級学年］からフランス語を教えることを欲した。しかし、<thibaudeau> <le résident supérieur>［高等弁務官］殿は、それに反論し、同意しなかった。氏は、「すでに通知してきたように、今後低学年でフランス語を教えるのを中止するべきである」と述べた。氏はさらにクメール国民代表を根拠にして、「クメール国民は低学年でフランス語を教えるのを好んでいない」と述べた。

現在我々は、保護国政府はどのように決定したかという情報をまだ得ていない。しかし、政府が本当に<thibaudeau> <le résident supérieur>［高等弁務官］殿の意向の通りに決定したならば、我がクメール国はきっとさらに沈み、溺死してしまうと我々は理解する。我々がこのように言うのは、現在政府部局内でも、商店内でも、まあまあ満足できる程度の量の知識を持つ勤務者の多くは、クメール国に来て住んで生計を立てている他民族である。一方クメール人の方は、彼らのようにまあまあ満足できる程度の量の知識を持つとみなすことができる人はとても少ない。そしてさらに、この他民族はほとんど全てがクメール人を蔑視している。このような蔑視は、彼らがクメール人より知識を多く持つことからくる。たとえ同じ民族であっても、いつも互いに蔑視し合うのがこの世の人間の常だからである。

もう1つ、もしフランス語を thnāk paṭiññāṇathāna(cours élémentaire[初級学年]から学習し始めたならば、クメール人生徒は thnāk lekha 1(cours supérieur)[上級学年]を越えて[中高等学校に進んで]学ぶことができなくなる。なぜならば、もしフランス語の知識が中途半端であると、他の学科も学習しても[授業はフランス語で行われるから]よく理解できない。このような状態であって、どのようにしてprakāsaniyapatra(certificat d'études primaires)[初等教育修了証書]の試験に合格できるだろうか。自分の[言語である]フランス語を、しかも、thnāk kumārathāna[幼児級学年]から学んでいるフランス人生徒でさえ、試験を受けて合格して初等教育修了証書を得るのが難しい。このようにフランス人生徒より知恵と知識が少ないクメール人生徒は、一体どうやって試験を受けさせ、他と競争させることができるだろうか。

政府は勤務する人を必要とする時には、毎回[志望者たちに]試験を受けて職を得ることを強いる。政府がこのように考えるのは正しく、公平の道に沿っていることは事実である。しかし他民族と違って初等教育修了証書を持たない我がクメール人は、どうやれば試験を受ける権利が得られるのか。知識が少なければ、どうやって試験を受けて初等教育修了証書が得られるのか。このように他より知識が少ないのは、フランス語の知識が中途半端であることによる。そして、さらに現在、<thibaudeau> <le résident supérieur>[高等弁務官]殿は、クメール人は知識を十分に多く持ってしまったと推測したようにみえる。それでこのようにクメール人の知識を減らしたがるのである。それゆえ、保護国政府の全ての部局は、クメール人より他民族の官員の方が多い。このようにするのは、政府は他民族だけを採用して勤務させたいかのようである。高官の中には、「クメール人は仕事ができないから政府はあまり採用したくない」と言う人がいる。このように言うのは、考えずに言っているのである。なぜならばクメール人に仕事ができるようにならせたくないから、クメール人はこのように知識がないのだからである。そうして逆に、「仕事ができない」と言ってクメール人を非難するのである。

何回も繰り返して言うが、我々は<thibaudeau>氏の意図を理解することができない。このように理解できない以上は、保護国政府は我々に説明をして分からせてほしい。我々はその情報をクメール人に報道して聞かせる。

もう1つ、氏が、「子供にthnāk kumārathāna[幼児級学年]からフランス語を学ばせることを欲さない父母が多い」と言う言葉に、我々はまだ十分には納得がいかない。それゆえ、我々は <gazette>[新聞]読者の皆さんに、「この言は事実であるか否か」を質問させていただく。それが事実である場合も、事実ではない場合も、皆さんはどうか我々に答えてほしい。我々はその回答の手紙をこの<gazette>[新聞]に掲載して政府への情報にする。なぜならば悪い心を持つ人がいて、「クメール人は子供に低学年からフランス語を学ばせることを欲していない」と中傷したのではないかと恐れるからである。

nagaravatta

1-9 諸国のニュース

1-9-1 オーストリア国

ウイーン市、3月14日。(Miklas)という名のオーストリア大統領が辞職し、(Seiss- Inquart)氏が布告を出して、「オーストリア国をドイツ国に併合する」と知らせた。本日以降、オーストリア国政府はドイツ国政府に合併される。一方軍の方もヒットラー氏の命令下に入り、同氏に忠誠を誓った。ドイツ軍3部隊がオーストリア国に入り駐留した。ドイツ機100機以上がウイーン市に来て駐留している。一方オーストリア国軍はドイツ国に配置換えになった。

*ロンドン市、3月14日。アメリカ電によると、ロンドン市では25千人が集まってドイツ大使館を包囲し、「ヒットラーはヨーロッパ諸国に戦争をもたらす」と叫んだ。

イギリス国首相である(チェンバレン)氏はヒットラー氏を激しく非難した。

オーストリア国国民は、「ヒットラー氏がオーストリア国に来る」という情報を聞いてとても喜んだ。

ヒットラー氏は夕刻6時にウイーン市に到着した。<naziste>[ナチ党員]たちはヒットラー氏が到着したのをそろって歓声をあげて喜んだ。

1-9-2 中国

日本は、「ヨーロッパ諸国に騒動が起こるのを待って、日本国はロシア国攻撃を始める」と期待している。本日日本軍は突然静かになり、南へ進むのをやめ、さらに砲撃を中止した。先の3月14日に、「中国軍は日本軍に抵抗して、[日本軍が]来られないようにするために、黄河の西の省、郡の守備を整備中である」という情報がある。

1-9-3 フランス国

パリ市、3月16日。オーストリア国をドイツ国に併合したこと、およびスペイン国政府軍が弱まり、反乱派軍に負け続けていることが、ヨーロッパ諸国に大きい動揺を与えている。これらの事件は、フランス国政府に激しく考えに苦労させ、確固たる措置を講じる努力をさせている。もう1つ、ドイツ人とイタリア人が兵士になってスペイン国に行って反乱派を助けて戦っていること、そしてこれらの者たちが samudra <méditerranée>[地中海]の国境で騒ぎを起こすのではないかということを、フランス政府は強く憂慮している。
＊ロンドン市、3月16日。ロンドン市駐在フランス大使である(Corbin)氏はハリファックス[ママ。「氏」はない]に面会に行き、同氏にチェコスロバキア国についてのイギリス国の考えを解説するよう求めた。イギリス国はこの件について会議をしている。後日、「ドイツ国がチェコスロバキア国に侵入した場合には、フランス国とチェコスロバキア国とは互いに友好を結んでいるから、[イギリス国は]『フランス国を全力で援助する』ことを約束をする」という情報が得られた。
＊ベルリン市、3月16日。ヒットラー氏は夕刻5時にオーストリア国からベルリン市に帰った。

1-9-4　中国

漢口市、3月16日。中国機1隊が杭州県を出て日本の飛行場施設を爆撃し、日本機多数を炎上させた。日本機5機が飛昇して反撃したが、勝てずに全て逃走した。

北部では中国軍が多くの地点で勝利を得た。

1-9-5　ロシア国

(モスクワ)市、3月17日。リトヴィノフ氏は、「いかなる国であれ、戦争への道を避けることを欲するなら、ロシア国は直ちに共に協議する用意がある」と発表した。

1-9-6　中国

漢口、3月18日。陝西省で、黄河の南で中国軍は多くの地点で勝利した。一方山東省の方では、中国軍1万名が、日本軍に激しく攻撃されて、南に後退した。

1-9-7　ヨーロッパ諸国

ベルリン市、3月19日。ヒットラー氏は、「もし外国にいるドイツ人が虐待を受けたら、ドイツ国にそれを無視させることがどうしてできようか」という内容の演説をした。ドイツの ある<gazette>[新聞]がこの演説の解説をして、「ヒットラー氏がこのように言ったのは、チェコスロバキア国にはドイツ人が多数いるので、同国をじっと睨みながら言ったのである」と述べている。
＊ロンドン市、3月19日。本日、「実はイギリスはチェコスロバキア国のことにはあまり関わらない」という情報が得られた。

1-9-8　スペイン国

(バルセロナ)市、3月19日。反乱派の機がバルセロナ市を爆撃し、700名余りが死亡、200名が負傷した。この死亡者の中には、フランス公使1名が含まれている。
＊(サラマンカ)市、3月20日。過去10日の間に反乱派側軍は攻撃して集落を93、面積6000平方キロメートルを占領した。これらの地域の住民は1百万20万人になる。反乱派側軍は政府派の機を砲撃して37機を撃墜し、大砲76、装甲車156台を鹵獲した。

1-9-9　中国

東京市、3月20日。日本軍は srut jiev fū県で中国軍攻撃を始めた。日本軍を追って抵抗して戦った中国軍は、兵2000名以上が死亡、同地から後退した。
＊漢口市、3月19日。ロイター電。中国軍は山東省の東南方で日本軍を攻撃して粉砕し、日本兵4ないし5千名を死亡させた。一方中国機は teṅ sieṅ 県の日本軍を爆撃し、日本機2機を破壊した。

1-10　我々は samuha pañjī である pluṅ tāḷeṅ 氏から下にある通りの手紙を受け取った。

pluṅ tāḷeṅ

私は重罪裁判所の1級 samuha pañjī で、「仏教で出家するという義務を果たす」という清浄な信仰心を持っています。

私と親しく交際してくださった上司、友人の諸氏、および皆さんに、今回私が、suddhāvaṅsa 路の東(pāsāk 川岸)、前に中国人の製材所だったところの隣の自宅で、下の要領で出家することをお知らせし、かつ出席なさって善業を積まれるようお願いいたします。

1938年4月1日金曜日、即ち9の年丑年 cetra 月上限1日金曜日、夜7時に paritta経を読経、それから引き続き abhiseka braḥ(仏陀がマーラを負かす)を読経する。翌朝僧に食物を寄進する。

出家式

同月2日土曜日夜7時、paritta経を読経、その後説法僧1名が説法をする。翌4月3日日曜日の朝、僧に食物を差し上げる。

午後4時、nāga である私を行列をして、padumavatī rājārāma 寺の本堂に到着し、出家して具足戒を得ることを願って終了します。

あらかじめお礼を申します。

nagaravatta は、清浄な心で仏教に出家なさるpluṅ tāḷeṅ 氏にお祝いを申し上げる。どうか、出家としてきっと善業を全うされるようお祈りする。

1-11　[62号1-10と同一]

1-12　yuttivaṅsa 殿下[?nak aṅga mcās]

我がクメール国には、我々がすでに1度報道したように、試験を受けて pariññā gaṇitasāstra (Licencier[ママ。「licencié」が正しい] és-sciences-Mathématique)[数学専攻理学士]を得た人は yuttivaṅasa 殿下[?nak aṅga mcās]1人しかいない。現在殿下[loka]はプノンペン市に帰国なさった。我々クメール人たちは、このような高等学問の試験に合格した人が、毎年毎年1人か2人ずついれば、いくらもたたないうちに他と同じように発展すると我々は信じる。

nagaravatta は yuttivaṅasa 殿下[?nak aṅga mcās]が今後公務で発展なさり、さらに高い職位にお就きになるようお祈りする。

1-13　シャムについての奇妙な情報

nagaravatta が<gazette>[新聞]第1年30号[1-8]で情報を1つ報道したことで、現在のシャム政府の新しい考えと政策に関して、シャム国に触れるところがあり、今回その文章の全文がシャム語に訳出され、陸軍当局の <gazette>[雑誌]である "yuddhakosa" という名の <gazette> khmaer [ママ。「khae」が正しい](Revue mensuelle)[月刊誌]の第46年第6号に掲載された。

nagaravatta は、シャム語に訳出されて、その <gazette>[雑誌]に掲載された nagaravatta の文章について疑問に思っている。1つの <gazette>[新聞]から他の <gazette>[雑誌]に翻訳されて掲載されるのは普通のことであるのは事実であるが、しかし、この nagaravatta <gazette>[新聞]は出版界に生を受けて生まれたばかりで年齢が満1歳あまりの乳児のようなものである。発展した国であり、かつアジア大陸の独立国の1つであるシャム王国にまで広がるような情報を持つはずがない。

我々各人は、このように聞き、知っている。我がカンボジア国は小さい国であり、人口も少なく、さらに教育も知識もまだ他より弱く、フランスのインドシナ植民地国内のトンキン国、アンナン国、コーチシナ国に比べようもない。これは、我々は、「保護国政府は、クメール人がベトナム人と同じように知識を増やすように支援することに、大きい関心を持たない」と言って非難しようというのではない。しかし、クメール国は発展が極めて遅く、しかも知識のある人がより少なく、学校もより少なく、道路もより少ないこと等々は、我がクメール国の風土が、生命を養うのにまだ楽で、多くの人々が怠惰な性格を持つことによる。これこそが我がクメール国が発展するのを遅くさせている原因である。たとえ政府がどのように一生懸命支援しても、クメール人の性格を正すために、教育制度、さらには統治制度まで改める策を考えない限り、発展しても上の3国に追いつかない。こうして初めてクメール国は発展して時勢に追いつくことができるのではないか。

この <gazette>[雑誌][＝yuddhakosa]の paṇṇadhikāra[編集長](Rèdacteur[ママ。rédacteurが正しい])[編集者]は、あの昔話を翻訳してyuddhakosa <gazette>[雑誌]に掲載し、末尾に、nagaravatta とクメール国民に対する反論であるような、自分自身の感想を述べている。それで、我々は、「翻訳して我々の <gazette>[新聞]に掲載して、我々の<gazette>[新聞]読者に提供するべきである」と考えた。以下の評論がそれである。

yuddhakosa の編集長の "我々の感想"

"nagaravatta" という名の週刊のクメール<gazette>[新聞]が我が国に触れ、あてこすりを言う文章を掲載していて、「世界大戦以来我が国の大友人であるフランスの領土を我々が ruk kuon (piet pien)[侵略し]ようとしている」と述べているかのようであるが、[これは]何の重要性もない話である。我々が容易に判断できることは、シャムは小国であり、フランスは大強国であるということである。当然のことであるが、子供は大人を kuḥruḥ (chār chau)[からかう]ことはできないのと同様に、小国は大強国を侵略することはできない。こういう理由で、nagaravatta <gazette>[新聞]が不信感を持ち、「シャム国がフランス領を侵略しようとしている」と言っているのは笑わせる話になるのである。

我々は、シャム国民を代表して、シャム国民の名で、「シャム人はクメール人を、血を共にする兄弟のように本当に愛している。現在のクメールの東部[ママ。恐らく「西部」が正しい]地域は、以前からシャム人が根を下ろして住んでいた地域であり、それでシャム人とクメール人との間の友好は同じ血筋の民族として親しくて親密であり、共にインドシナ半島に住んでいる。「我々は兄弟である民族の領土を侵略して我々の属国にしたいとは思っていない」と述べさせていただく。現在持つシャムの国土だけで十分広い。しかし我々はクメール人がすでに発展した国々と同じように発展するのを目にすることを強く期待している。兄弟であるクメール人の皆さん、我々の友情を固く信じてください。そしてこのような不吉な気懸かりや遠くまで広がる噂の話をやめて捨て去ってほしい。

nagaravatta

2-1　教師の資質

先日、私は、[61号1-6で] "教師の価値" について話した。今日は、教師全般に対する知識への道として「教師の資質」について話させていただく。しかし、この話は、「全ての教師たち各人にはすでに浸透していることである」と期待する。ここに示すことは、pāsāk 国の人に塩を売る[＝釈迦に説法]ようなものである。しかし、たとえそうであっても、この話は読む人、[誰かに声を出して読んでもらって]聞く人にほんの少しでも役に立てば私は嬉しく思う。

教師をするということは、文明人に相応しい道に従って述べるならば、ただ単に[その人の]身体の中に知識があるだけで採用して教師をさせるのではなく、まず初めに長である人が新しい教師に教え方を説明して理解させ、教師の資質について示して浸透させるべきである。そうしてはじめて、名誉を持つ教師をさせるのに相応しいのである。教え方については、教授殿たちが6種類を定めている。即ち、「1、すでに[生徒が]知っていることから教え始めて、まだ知らないことへ向かう。2、簡単なことから教え始めて難しいことへ向かう。3、形があるものから教え始めて形がないものへ向かう。4、基礎がないものから教え始めて基礎、原因があるものへ向かう。5、理解しやすいものから教え始めて理解しにくいものへ向かう。6、適用範囲／条件がないものから教え始めて適用範囲／条件があるものへ向かう」である。

教師がこの教授法を基礎として獲得してから生徒を教えると、生徒は賢くなり教育の中においても早く理解できる。これが教師が考えるべき知識への道の1つである。

一方、教師の気質の方は、「7種の資質を常に身に備えていなければならない」と言われている。1、(piyo[愛情])。自分を生徒の愛情の的になるようにすること。2、(garu[威儀])。自分を生徒に尊敬の的になるようにすること。3、(bhāvanīyo[尊敬されること])。自分の不足を補って満たし、知識と徳を増し、広げ、[知識を]熟知して賞賛されるのにふさわしくなること。4、(vattā[義務])。慈悲の心で熱心に心を込めて生徒を教で導くこと。5、(vacanakkhamo[温和な言葉])。すぐに怒り、罵ったり叩いたりすることをしないように我慢すること。6、(gambhīram kathamkattā[深い疑い])。生徒には順序正しく詳しく深く説明し、[生徒が]開明するのを妨げないこと。7、(no aṭṭāneniyojaye[垢擦り棒に導かないこと])。[生徒に]教えるべきでないことに生徒を導かないこと。[注。以上の7項目の番号の次の丸括弧内の語はまだクメール語化していないパーリ語である]

簡潔に言うと、教師は本当に心から生徒を救う決心をしなければならない。慈悲の心を全ての生徒に深く及ぼさなければならない。知識を求めて生徒に与えることを望む気持ちを持つことを確立しなければならない。不公平の心が忍び込んで心を曲げることがないように、不公平の心をなくさなければならない。この資質を確立した教師は、自らが発展し、生徒から、さらには国と民族までを発展させる。世間でたとえて言うところの、「上弦期の月はいつも明るく栄え、世界をあまねく照らす」のようにである。

今後、我々は、性格が礼儀正しく、資質があり、徳があり、全ての生徒の尊敬の的になるにふさわしい教師ばかりを目にし、野蛮人の性格である邪悪な性格の教師はクメールの学校では目にしなくなることを期待する。

siddhimastu、全ての教師に発展がありますように。

リンク外の教師である　sṅuon vaṅsa

2-2　[44号2－4と同一]

3-1　新しくできた昔話

ある時、政府がシャム領から盗賊2名を連行するために兵士を派遣した。この2名の盗賊は、大泥棒が1名、小泥棒が1名であった。しかし、この大泥棒には罰はまったくなく、手ぶらで歩いていた。小泥棒の方は手枷をはめられていた。最初は兵士は盗賊の後を歩いていたが、人気のない所に来ると、盗賊2名は小股で歩いて兵士の後になった。兵士がぼんやりしていると、小泥棒は、「俺は彼より罪は小さいのに、どうして手枷をはめられ、一方罪が大きい大泥棒の方はなぜ手ぶらで歩いているのだ」と妬んだ。こうして腹を立てて大泥棒を殴り倒し、それから森の中に逃げ込んだ。兵士はすぐに追いかけ、銃で撃つと小泥棒に当たり小泥棒は死んだ。私は皆さんに質問しますが、この盗賊2名のうち、どちらを撃つべきで、どちらを生かしておくべきでしょうか。

昔話作家

3-2　読者のために以下に掲載して説明する金銭借用の方法は、貧しい農民であるクメール人の皆さんに役に立つと、我々は理解する

農業金融公庫

(<gazette>[新聞]61号[3－1]から続く)

ウシやスイギュウを賃借して鋤につけて使ったり、<machine>[機械]を賃借したりして耕し、作物の収穫がなかった場合には、あなたとあなたの家族はこの金を使って、翌年作物の収穫があるまでの食料を購入して生命を養うことができる。この金は、1、遊びをすること、2、祭りをすること、3、楽しく飲食して楽しむこと、これらに使うことはできない。あなたがこのようなことを行うと、これらの金はあなた自身には何の利ももたらさない。そして楽しさの後に、あなたはすぐに苦しみを持つ。そして以前よりもっと貧乏で惨めになることは避けられない。それゆえ、あなたにお世辞を言う近所の人の言葉に注意しなければならない。その言葉の多くはあなたを誰も真似したくない惨めさに導くからである。

[農業]金融公庫の長があなたの村に<tourné>[視察]に来た時に、もしこの農業[金融]公庫について知りたいことがあったら、あなた自身が行って直接質問しなさい。あるいは州都の[農業]金融公庫の<bureau>[事務所]に行けば、確かなことを教えてくれるし、方法を詳しく教えてくれる。

現在、彼らはあなたを助け、あなたが貧窮から抜け出

ることができるようにしたいと思っている。それゆえ、あなたは彼らを信頼して期待して頼りなさい。そして彼らの忠告の言葉を聞き入れなさい。[そうすれば]損をすることはない。

[用語の解説]

acalaṇavatthu[不動産]　田、畑、耕作地、など

bhāba ṭī[土地の種別]　どの種類の作物を植えられるかという土地

likhit[文書]　契約書

prakāsa[通知書]　知らせの手紙

prabritta pada duccarita[不正をする]　正直でない心を持つこと。例：gaṅ が土地を担保にして dūc から50.00リエル借りて、2、3日後に同じ土地を担保にして rat からも50.00リエル借りた。gaṅ は、dūc に土地を担保にして金を借りて、まだ dūc に借金を返済していないから、その土地は dūc の土地であるとみなされるので、gaṅ は不正をした人である。

3-3　[61号3-3と同一]

3-4　[62号3-1と同一]

3-5　[57号3-4と同一]

3-6　農産物価格[「金の価格」はない]

プノンペン、1938年3月24日

サトウヤシ砂糖		60キロ	3.40リエル
	店頭で購入		3.00リエル
籾	白	68キロ、袋なし	4.10 ~ 4.15リエル
	赤	同	3.95 ~ 4.00リエル
精米	1級	100キロ、袋込み	9.85 ~ 9.90リエル
	2級	同	9.25 ~ 9.30リエル
砕米	1級	100キロ、袋込み	7.85 ~ 7.90リエル
	2級	同	6.90 ~ 6.95リエル
トウモロコシ	白	100キロ、袋込み	[記載なし]
	赤	同	0.00 ~ 8.30リエル
コショウ	黒	63.420キロ、袋込み	15.50 ~ 16.00リエル
	白	同	25.50 ~ 26.00リエル
パンヤ	種子抜き	60.400キロ	34.50 ~ 35.00リエル

＊サイゴン、ショロン、1938年3月23日

フランス籾・米会社から通知の価格

ショロンの<machine> kin srūv[精米所]に出された籾1hāp、[即ち]68キロ、袋込みの価格は以下の通り。

籾	最上級	4.45 ~ 4.60リエル
	1級	4.34 ~ 4.40リエル
	2級　日本へ輸出	4.18 ~ 4.25リエル
	2級　上より下級、日本へ輸出	3.90 ~ 4.00リエル
	食用[国内消費?]	3.95[ママ]~4.00リエル
トウモロコシ	赤　100キロ、ショロン県マッカサンで売り渡し。	0.00 ~ 9.20リエル
	白　同	0.00 ~ 9.00リエル

米(10月[ママ]渡し)、港渡し、袋込み、税抜き、1hāp、[即ち]60.7キロの価格は以下の通り。

精米	1級、砕米率25%	6.15 ~ 6.18リエル
	2級、砕米率40%	5.75 ~ 5.80リエル
	同。上より下級	5.65 ~ 5.70リエル
	玄米、籾率5%	4.95 ~ 5.00リエル
砕米	1級、2級、同重量	4.88 ~ 4.95リエル
	3級、同重量	4.35 ~ 4.40リエル
粉	白、同重量	3.00 ~ 3.05リエル
	kāk[籾殻＋糠?]、同重量	2.20 ~ 2.30リエル

3-7　[60号3-7と同一]

3-8　[60号3-8と同一]

3-9　[60号3-9と同一]

3-10　[60号3-10と同一]

4-1　[48号4-1と同一]

4-2　[8号4-6と同一]

4-3　[11号4-2と同一]

4-4　[44号3-3と同一]

4-5　[8号4-3と同一]

4-6　[20号4-6と同一]

4-7　[11号3-2と同一]

4-8　[33号3-4と同一]

4-9　[48号3-8の終わり近くの「70メートル」が「10メートル」になっているだけである]

4-10　[44号3-9と同一]

4-11　[54号4-10と同一]

SAMEDI 2 AVRIL 1938
CIGARETTES
JOB
LE PAQUET VERT
Vendu 5 cents
Nagara vatta
DEPOT LEGAL INDOCHINE
COFAT
CIGARETTES
La meilleure cigarette Indochinoise
Le Paquet vendu 5 cents
Directeur
PACH-CHHŒUN
HEBDOMADAIRE PARAISSANT TOUS LES SAMEDIS
(Boite Postale N° 44)

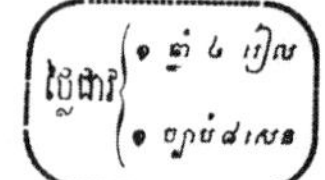

第2年64号、仏暦2480年9の年丑年 caetra 月上弦2日土曜日、即ち1938年4月2日

［仏語］1938年4月2日土曜日

1-1　［仏語で「私書箱 No.44」と「社長、PACH-CHHŒUN」が加わった以外は8号1-1と同一］

1-2　［デザインが少し変わった以外は8号1-2と同一］

1-3　［デザインが少し変わった以外は8号1-3と同一］

1-4　［8号1-4、1-5と同一］

1-5　［63号1-5と同一］

1-6　新しい<résident supérieur>［高等弁務官］である<guillemain>氏が大十字<médaille>［勲章］を受けた

［代行でない］正<résident supérieur>［高等弁務官］である<thibaudeau>氏が国王陛下に謁見のため<guillemain>氏を連れてdevā vinicchaya 殿に参内した時、陛下は、grwaṅ issariyayasa mahāsirivaḍḍha kruṅ kambujā（Grand Croix de L'O.R.C.）［カンボジア王国大十字勲章］を<guillemain>氏に授与なさった。

nagaravatta は<thibaudeau>氏の後任で、カンボジア国の最高位の勲章をお受けになった、<protectorat>［保護国］の新しい長代行である<guillemain>氏にお祝いを申し上げる。今後、カンボジア国を統治して近隣の国と同じように早く発展させることができるように、発展にめぐまれるようにお祈りする。

クメール国民はカンボジア国を早く進歩させるように統治することを氏に強く期待している。

<guillemain>氏の略歴

（guillemain（Eugène-Jean Pacques-Antoine）氏［M.］は1885年1月14日に līṅāk 県（インド）で生まれ、pariññā khāṅ vijjā cpāp（Docteur en droit）［法学博士］を得、1911年12月29日にインドシナ国で <commis> rājakāra <civil>［文民政府事務官］になり、1915年7月1日にbhū jhuoy <administrateur>［上級行政官補］になり、1923年1月1日に<administrateur lekha 3>［3級上級行政官］に昇任、1925年1月1日に2級に昇任、1929年1月1日に1級に昇任した。1936年5月15日に、アンナン国<résident supérieur>［高等弁務官］代行に昇任した。

1-7　クメール官吏は息が絶え絶えだ

クメール官吏たち全ては、俸給が少なくて生命を養うのに十分でなく、さらになかなか昇任できないことを嘆く声しか聞こえない。1つの等級に6-7-8年、時には10年もいてようやく1度昇任する人もいる。［このことは］一生懸命に公務に励んでいないのであれば、何でもなく、少々遅くて構わない。しかし、勤勉に働き、あらゆる点で直属上司から賞賛され、昇任を進言されても、遅くてなかなか昇任できない官吏がいる。毎年選んで昇任させる人数が少なすぎる、即ち3分の1しか昇任できないからである。それゆえ、1つ1つの等級で尻一面に胼胝ができてからようやく昇任できるのである。

政府はどの等級（上級職と中級職）も3分の1を昇任させるようにしているが。これは不公平のようである。uttamamantrī への昇任資格がある varamantrī は仲間が少なく1年1年に4、5名しかいない。もしこの中から1名ないし2名を昇任させると、［uttamamantrī は俸給が高いから］1年に多くの金がかかる。それから順次下の varamantrī、anumantrī、kramakāra などの上級職の人々は、これ［＝uttamamantrī］に次いで金をかけなければならない。

中級職官吏、即ち yukrapatra と smien は各等級に仲間が30人、20人、15人いる。各回の昇任するべき年限が来ると、同じように3分の1を昇任させる。この等級は仲間は多いが給料は少ない。10人で上の等級の官吏1人分と同じである。この等級に慈悲をかけて、昇任するべき人の半分、たとえば昇任資格のある人20人のうち10人を昇任させるのが適切である。

初級職、即ち<planton>もsmien より多数昇任させれば公平である。この等級は俸給が極めて薄いからである。

司法部門の官吏も行政部門[の官吏]と同じようにするべきで、それが正しい行いである。

もう1つ、クメール官吏側が惨めなのは、2部門の法律、つまりフランスの法律とクメールの法律に従わなければならないことである。月給をベースダウンされる時には、フランスの法律に従ってダウンされる。政府の電報が来ると、直ちにrājakāra <protectorat>[保護国政府]の官吏と同時に切り下げられ、国王布告を待ってから行うことはしない。

月給をベースアップする時は、rājakāra <protectorat>[保護国政府]は政府の電報に従って直ちに上がる。クメール官吏側は国王布告に従って上がるのを待たなければならない。政府が国王布告を作る措置を終えるまでに、時には半年、時には1年もたってから上がる。そして上がっても、政府の電報中にある日付は考慮しない。即ち、国王布告の日付に従う。全てを考え合わせると、クメール官吏は全ての時に苦しむ。それでもベトナム人と違って抗議することなく我慢して公務に従事する。胸が詰まる思いをし、溜息をつきながら、友人仲間と共に嘆くだけである。

ācāriya {kuy}［65号1-6に続く］

1-8　諸国のニュース

1-8-1　中国

漢口、3月21日。空軍省委員会は、「現在中国は、爆撃するための航空機を14部隊作りつつある」と発表した。

日本は、「日本軍は hāñ fāṅ 県を占領した」と発表したが、中国は、「その情報は事実ではない」と言っている。

現在、両軍は yī sieṅ 県で交戦中であり、日本兵多数が中国軍に捕虜になった。中国軍は lī nī 県を占領した。この県は天津省の北にある。

山東省の北で、中国軍1個部隊が川を1つ歩いて渡り、yīn cūv 県に向かっている。

陝西県の南では、日本軍6000名が中国軍の攻撃を受けて後退した。

teṅ sān という名の県……[注。擦り切れて1行消滅]……。同県には住民が2400名いて、その時結束して日本に抵抗して戦った。中国人は極めて勇敢で、死ぬほうを選び、負けを認めようとはしなかった。日本軍が同県を占領すると、中国軍司令官は降伏に同意せず、自決した。中国負傷兵3名も日本の捕虜になるのに同意せず自決した。この戦闘で日本兵は中国兵より多数が死亡した。

天津－浦口の鉄道線路に沿って、中国軍はいくつか勝利した。東部では、中国兵は ān jī 県を日本から奪還した。

山東省の南の lī nī 県で日本機3機がドイツの教会1つを爆撃し、同教会に避難していた中国人4名が死亡した。

1-8-2　スペイン国

スペイン国、3月22日。反乱派は政府派から塹壕を5つ奪った。政府派は2千名が死亡し、500名が反乱派に捕らえられた。反乱派は　kām bhlœṅ <mitrailleuse>[機関銃]300を政府派から奪った。

パリ国駐在スペイン大使は、航空機700、軍1万5千名、操縦士300名が反乱派に助力しに行く事を認めたドイツ国とイタリア国に抗議した。

1-8-3　中国

漢口、3月23日。山東省の南で中国兵はかなりの手腕を発揮した。中国兵は yī sieṅ 県で日本軍を攻撃して日本兵の半数を死亡させた。

陝西省の南で日本軍2千ないし3千名が後退した。……[注。1行擦り切れ]……。中国からの情報によると、蒋介石総司令が、自ら軍を統帥するために、航空機で cāñ caeṅ 県に行った。

1-8-4　スペイン国

スペイン国、3月23日。反乱派は ḷaepris 川を徒歩で渡り、kāṅtū 市を占領した。

1-8-5　ベルギー国

ベルギー国、3月23日。ドイツ電によると、ベルギー国外相は、「ドイツ国がチェコスロバキア国を攻撃した場合、ベルギー国はフランス軍にベルギー国を通過してドイツ国を攻撃に行くことに同意しない」と述べた。フランス国とチェコスロバキア国とは相互に友好を結んでおり、相互支援を約束している。

1-8-6　イギリス国

ロンドン市、3月24日。イギリス国首相は、「イギリスのvidesūpāya(Politique étrangère)[外交政策]はこれまでの通りである。イギリス国は幸福だけを求めるが、戦う必要があれば他国と同様戦う。フランス国がチェコスロバキア国を助力してドイツ国に対して戦う場合には、イギリス国はフランス国を援助すると、敢えて保証することはしない」と述べた。

1-8-7　中国

漢口、3月24日。日本は、江西省の北で lī nī 県を中国から取り戻そうとして同地に軍2万を配置した。日本軍3個部隊が南を目指して進んでいる。中国軍は長さ20キロメートルにわたって攻撃し、日本軍は死者4千名、負傷者800名、そして500名が中国軍に捕虜になった。中国軍は日本軍の武器を多数拾い集めた。さらに日本軍1個部隊が中国軍に攻撃され粉砕されて退却した。またさらに日本軍1個部隊が中国に攻撃され、半数が死亡した。中国のほうは4千名が死亡した。

漢口、3月25日。3月19日に中国機が杭州の日本飛行場施設を爆撃した時に、日本機3機が破壊され、日本人操縦士12名が死亡した。

本日、中国機が3回にわたって日本軍を爆撃した。1回は sin ceṅ、2回[目]は cāv suo、最後の回は peṅ jin である。

1-9 得るべきものを得損なう

王宮中の高官たちは、保護国政府が王宮中の下級官員の俸給を増やすために金を多量に増やしたので、大変憤慨している。

その後、samṭec cau fā vāṅ が王宮中の全ての部局の課長に、「各人全てに月給を5リエル昇給させる」と発表した。

国王布告が出ると、直ちに部局によって昇給がまちまちであることがわかった。1つの課で1人だけ昇給したところもあるし、まったく昇給しないところもある。そしてこの昇給についても、3リエルの人もいるし、5リエルの人もいるし、10リエルの人も、20リエルの人もいる。2代の国王に勤務して仕えて、俸給は少なくてまったく昇給しなかった人もいる。最近勤務を始めたばかりで1度に多額の昇給をした人もいる。

国が貧しい時のために俸給をカットしたときには、高官たちは俸給が多い人も少ない人も、人による差別はなかった。昇給になると、人によっての差別がある。

情報によると、国王陛下はそれをお知りになるとすぐに、あまりにも間違いがひどいので、新しく昇給した月給の支給を禁止なさった。陛下は給料が少なくて、そして他の人のように昇給しなかった人を可哀想に思い、新しい国王布告の作成をご命令なさったとのことである。しかし、この件がどのように実施されるのかはまだわからない。

nagaravatta は、この件を政府が王宮中の官吏を救済し安堵の息がつけるように解決することをお願いする。

1-10 ［62号1-10と同一］

1-11 シソワット校卒業生の親密な友情の表明

先の3月24-25-26日のカンポート市での役畜展示即売市祭の時に、カンポート市での祭りの最終日である3月26日に、[シソワット中高等学校]卒業生と同校の友愛会の会員たちが、劇場に変わった[前の自動車修理工場に劇を演じに行った][注。1行摩滅しているのを、62号2-1の「＊」を参考にして復元]。劇団員の今回の演技はプノンペンでの物産展市祭の時とほとんど同じくらい上手だった。

カンポート市では、州知事で、同州の友愛会副会長である dā-sān 氏が、プノンペンから行った友愛会メンバーを出迎え、丁寧に出迎え式を行い、さらにおよそ40名の客が心を楽しませるように飲み物と食事を豊富にご馳走してくださった。

翌3月27日日曜日に、氏は友愛会会員を連れて自動車4台で pūk go 山に遊びに登った。そして babak vil 山の、水が流れ落ちて涼しい、とても気持ちの良い急流の岸の岩の上で食事をした。

nagaravatta は、官員である自分の身分を気にすることなく、会員を歓迎するために、自ら疲れを恐れずに劇場の準備と歓迎式の手立てを整え、さらにはパーティーの多額の費用を負担してくださった cheṅ-ṅuon さんの熱心さを深く賞賛する。sā-ām 副知事殿も歓迎式の時には汗をたくさん流してくださった。さらに pandāy mās 郡郡長である yām 氏、koḥ kuṅ 郡郡長である bhin 氏、jhūk郡郡長である ñim 氏、kambat郡郡長である juon 氏、カンポート地方裁判所の cau krama である juoṅ 氏たちなどは全て友愛会を愛する人々で、友愛会のメンバーを楽しませるだけのために体力と費用とを使ってくださった。

シソワット中高等学校卒業生友愛会のメンバー全ては、ベトナム正月の時にそろってコンポン・チャムを訪れたときのように喜び楽しんだ。

nagaravatta は、シソワット中高等学校卒業生友愛会を代表して、カンポートの友人たちが順調に出世し、ずっと幸福が続くように、神の力が力を貸してくださるようお祈りする。

2-1 新しい勤務時間のお知らせ

1938年3月21日付<arrêté>[政令]第876号により、政府は先の4月1日から勤務時間を改正した。即ち午前は7時始業で12時まで、夕刻は、土曜日を除いて、3時始業で5時までである。

2-2 ［44号2-4と同一］

2-3 カンダール州の学校について

カンダール州内には学校がたくさんあるが、その学校は他の州内の学校よりも古くて崩れてぼろぼろであることが多い。政府が建てた学校の数も十分ではなく、寺のサーラーを借りて学校にしていることが多い。他の教師と違ってサーラーがなくて、僧の庫裏の床下に庇護を求め、そこで教えている教師もいる。それゆえ、[僧が庫裏に]上がったり下りたりする埃が[床]下で教えている教師の上に、また勉強中の生徒の頭の上に落ちてくる。

現在、カンダール州の学校は、カンダール州を統治する長として来ている<gautier> <le résident>[弁務官]殿と、カンダール州校校長である prāṅgīyer 氏の徳のおかげで少しずつ新しく様子が変化している。<gautier> <le résident>［弁務官］殿は、まずこの教育局のことについて意見を持ち、ほとんど全ての場所を視察し、古くて壊れた学校を修繕して新しくするよう命じた。

（まだ後の号［＝65号3-3］に続く。）

2-4 nagaravatta 新聞社はコーチシナ国の中高等学校教育協会が我々に掲載して広めるようにと送ってきた以下のようなレポートを受け取った。

1938年1月16日の諮問会議［注。Ⓢによるとコーチシナ国は保護国ではなくて植民地なので現地国諮問会議に代わる私的諮問会議がある。この私的諮問会議のことであろう］の会議における協会の発展の情報

皆さん、私たち全ては中高等学校教育協会の全ての事業を審議するための第3回会議に集まったことを大きな喜びと致します。

『1935年と36年に協会委員会がこの協会を発展させるためにどのように心を込めたかについて』

全ての諮問会議委員は、我々クメール人を、我々の周囲にいる他の民族と同じように繁栄させるために行なってきた英知と体力を嬉しく思っています。

まず初めに、私が daduol <retraite>［引退し］た年である1934年末に、この省の深い英知と学識を有する皆さんと共に、この世のあらゆる種類の生計を立てることにおける無学無知と低劣から、クメール人を抜け出させるために、協会を1つ設立することを一生懸命考え、"中高等学校教育協会" と命名しました。

私たちは定款を作って［インドシナ国］総督府に提出し、この協会を設立する許可を求めました。［インドシナ国］総督府は慈悲と思いやりの心を持って承認し、さらに我々全てが進むべき道を指導し、金銭の援助もしてくれました。

1935年、即ち設立初年度には、一般に対する清い心を持ち、協会に入会した人の数は40人でした。そして募金は73.20リエル集まりました。この金額の一部は協会に入会した人から、一部はバーサック大劇団のthaukae {lī-guon}からのものです。

先の1936年になると、協会員たちはよく考えて、この協会を成長させ、花を咲かせ実をならせるためには、クメール人たちにこの新しくできた協会の有用性を知ってもらうために、省内のあらゆる地域を歩いて広報するべきであると理解しました。

その日から1936年末までに、協会員が歩いて広報した力で、入会した人の数は720人にまで増加し、募金は975.51リエル得られました。この金は親が貧窮している子供を養って種々の勉強をさせるのに十分でした。これらの子供たちは省内のフランス語ークメール語学校［ママ。「ベトナム語」ではないことに注意］の生徒の中から、知力があり。試験を受けてフランス語ークメール語初等教育修了証書を得た生徒から選び、braek ṛissī の上級の学校に送って勉強させました。［しかし、］勉強させるために送った生徒の中には、勉学に心を入れようとせず、学校を捨てて逃げた生徒もいました。［学力が］弱くて他の人についていけなくて退学した人もいます。これらのことの原因は、子供が大きくなりすぎてから入学させたことによります。それで協会は、「クメール人の子供は、このように少数を選ぶことができるためにはまだ確固とした知識学問を得てはいない、このように少数を選ぶことができるのは、子供がもっとたくさん知識学問を得てからである」と考えて、フランス語ークメール語初等教育修了試験に合格した者全てを勉強させるために上級学校に送りました。

また、フランス語ークメール語学校にいる子供たちについて、政府は、「子供たち各人のほとんど全てが心を入れて勉強している。これらの子供を管理する費用はとても多額であるし、おそらく十分ではないと推測する」と知らせてきて、"pārīsū" 省知事殿は300リエルの奨励金を援助してくださいました。

皆さん、これが1936年の協会の金額です。

1937年について

1937年9月の新学期には、協会は子供を管理して勉強させる金を沢山支出しました。協会の金はとても少なくなり、［協会に］入会して民族を救う人の数は、省内の人口を考えてはっきりわかることは、とても少ないことです。それゆえ先の9月に、私はインドシナ国総督府に、1938年に子供を養うのに十分になるように奨励金を支援してもらえるよう求めました。

インドシナ国総督府は、我々の協会に憐れみと慈悲の心を持っているようで、我々の要請の通りに寄付金［の不足］を助けると約束してくれました。

新しく協会に入会した人の数は100名余りでした。古い人と新しい人を合わせると966名で、得られた金は2456.81リエルでした。しかし、この金額は子供の3分の2しか養えません。

現在協会は［次の］子供たちを養っています。

yāḍiñ の美術工芸学校に1名

braek ṛissī のフランス語中等教育［uṭṭamavijjā］校に5名

省内のフランス語ークメール語学校に39名

ghlāṅ 郡の tāpert 校に1名

これらの子供たちは全て勉学に非常に身を入れています。そして私の見るところ、私たちの望み通りに成功しそうです。

これらの子供たちに、今後さらにもっと長く勉強させることができるために、私は［生徒の］両親および生徒本人に、「この子供が、何か重要な理由なしに、勉強をするのが嫌になって、［卒業］試験を受けて卒業する前に勉

強を止める場合には、協会がこの子供を養うのに要した費用を返還させる」という契約書を作らせることを考えています。braek ṛissī 郡の中等教育[uṭṭamavijjā]校に行く生徒とも同じ契約を結び、さらに、「卒業して試験を受けて中等教育前期修了証書を得たならば、5年から10年の間、教師をしなければならない」ということを、その契約の中に加えたいと思っています。

1938年に子供たちを養う支出金についてお知らせいたします。この金は4757.81リエルの中の3000リエルを支出しなければならないと考えています。

全てをまとめますと、協会が養っている子供は全て、考えも行儀も良く、我々の望み通りに学習に身を入れています。

クメール人の知恵と考えについて話す

ghlāṅ 省のクメール人住民は、協会の有用性についてますます深く理解するようになり、かつ信頼しています。クメール人が他の全ての民族よりもあらゆる点で低劣であるということがわかることは、とても良いことの1つです。それゆえ私たち全ては、協会を成長させ強い生命を持たせるために、一生懸命心を込めてクメール人に忠告し、気付かせ、我々の協会の大きい有用性をはっきりと理解させようとしています。我々は種々の事業を行なわなければなりません。即ちもっと多くの人が新しく協会に入会するように、毎年国内の人々に協会の有用性を説明し、広報して歩くこと、国内のあらゆる地域にsievbhau <bulletin>[雑誌]を配って歩くことなどです。

もう1つ重要な事業があります。それは、もう何年も前から我々が作る事を望んできた協会の建物を建てることです。

頑固なクメール人は協会に入ることに同意しません。しかし、この建物が生まれ出たのを目にした時には、心の中で、「本当にこの協会が生まれたのだ」ということをはっきりと理解するでしょう。

私がプノンペンのある請負業者と相談した考えによりますと、皆さんがすでに見ていらっしゃる設計図により、1,5000[ママ。「15,000」が正しい]リエルと見積もりました。でも協会はまだそれを建てる十分な必要資金がありません。

ある金持ちの方々が私に、「この建物を建てる金の援助をする」と約束してくれました。そして全部を合計した結果4000リエルになりました。協会はまだ10千から11千不足です。この不足金を誰か、まだ私が会って話していない金持ちの方が援助することに関心を持ってくだされば、恐らく建物を建てる金が揃うでしょう。

"muṅvasāṅ" というお名前の省知事殿は、とても深い知恵の持ち主で、建物を建てるという協会の考えを喜び、「協会が省内の住民から寄付を集める許可を申請する助力をする」とおっしゃいました。氏がこのように考えを練って助力してくださるのは素晴らしいことで、我々の協会に、我々が必要とする金を得させるためには、上に述べたようにするしかないと私は考えてはっきりと理解しました。もう1つ、協会がこのように心を込めてきちんと仕事を取り仕切っていますので、全ての人々が協会に期待を持っています。

一方[インドシナ国]総督府のほうは、コーチシナ国のクメール人に関する公務上のことで話すことがあると、それはいつも協会のことに関する質問です。

1937年9月10日付の<rapport>[報告]第60号に従って、私は極めて重要なことをいたしました。即ち私たちは、出生証明書を持たない子供たちに法律上正式な出生証明書を持たせることを政府に求めました。"muṅvasāṅ" 省知事殿は、我々の求め通りになるように総督府に求める助力をしてくださるそうです。

設立以来現在までの、協会の発展はすでに述べた通りです。

もう1つ、諮問会議委員の皆さんにお知らせしたいのは、協会の規約で1つ欠けている点があり、それをこのまま放置しておきますと、発展しないと思われますので、それを改正して満たすことであります。

この会議に対して私が解説いたしましたことを終えるに前に、同じクメール人である皆さんが実の兄弟であるかのように、互いに友情と敬愛を持っていただくようお願いいたします。

昔の我々クメール人の手腕と、文明を考えると、大変残念に思います。現在と比べると、遺産と知恵とが甚だ異なっています。今のクメール人は自分の利益のみを考え、民族のことを考えないからです。

現在の低劣さと無学無知とは、見るところアンコール国が敗北した時に始まったように思います。それゆえ、以前のクメール人の遺産と勤勉さを捨ててしまいました。もし現在までしっかりと保ち続けたならば、学習は迅速に発展するでしょう。

私たちが一生懸命努力している考えは、我々クメール人を、身体に浸透して離れることがなく、無学無知と怠惰から逃れ出させることです。しかし、簡単に言うならば、これらは心次第です。

それゆえ、我々全ては、この怠惰をなくすように一生懸命努力しましょう。なくすことができたときに、あらゆる方面で発展することは間違いありません。

私は皆さんに目覚めるよう呼びかけます。ぐずぐずしてはいけません。我々全てが一生懸命心を込めて勤勉にしっかりと働くようになりましょう。

我々クメール人に民族を愛し、国を愛させるためには、幼いクメール人の子供に一生懸命勉強して知識を得させなければなりません。もう1つ、私は知識のある皆さんに、中高等学校教育協会が成長し長く生きるように支援してくださることを期待しています。

私が解説してきましたことを、皆さんは知って結論を出してください。

3-1 ボーイスカウト団福引きのお知らせ

あと10日しかない、即ち来る4月14日に、ボーイスカウト団福引きの抽選があります。皆さん急いで買って一生懸命援助してください。自動車3台と、その他多数の大きい賞品があります。この福引きはクメール人のものですから、1枚たったの20センです。

3-2 農産物価格［「金の価格」はない］

プノンペン、1938年3月31日

サトウヤシ砂糖		60キロ	3.40リエル
	店頭で購入		3.00リエル
籾	白	68キロ、袋なし	3.95 ~ 4.00リエル
	赤	同	3.80 ~ 3.85リエル
精米	1級	100キロ、袋込み	9.65 ~ 9.70リエル
	2級	同	9.00 ~ 9.05リエル
砕米	1級	100キロ、袋込み	7.60 ~ 7.65リエル
	2級	同	7.00 ~ 7.05リエル
トウモロコシ	白	100キロ、袋込み	［記載なし］
	赤	同	8.20 ~ 8.30リエル
コショウ	黒	63.420 キロ、袋込み	15.00 ~ 15.50リエル
	白	同	25.50 ~ 26.00リエル
パンヤ	種子抜き	60.400 キロ	34.50 ~ 35.00リエル

＊サイゴン、ショロン、1938年3月30日

フランス籾・米会社から通知の価格

ショロンの<machine> kin srūv［精米所］に出された籾 1 hāp、［即ち］68 キロ、袋込みの価格は以下の通り。

籾	最上級		4.30 ~ 4.45リエル
	1級		4.21 ~ 4.26リエル
	2級	日本へ輸出	4.05 ~ 4.10リエル
	2級	上より下級、日本へ輸出	3.80 ~ 3.85リエル
	食用［国内消費?］		3.85 ~ 3.90リエル
トウモロコシ	赤	100キロ、ショロン県マッカサンで売り渡し。	
			0.00 ~ 9.10リエル
	白	同	0.00 ~ 0.00リエル

米(10月［ママ］渡し)、港渡し、袋込み、税抜き、1 hāp、［即ち］60.7キロの価格は以下の通り。

精米	1級、砕米率25%	6.02 ~ 6.05リエル
	2級、砕米率40%	5.60 ~ 5.65リエル
	同。上より下級	5.50 ~ 5.55リエル
	玄米、籾率5%	4.90 ~ 4.95リエル
砕米	1級、2級、同重量	4.77 ~ 4.82リエル
	3級、同重量	4.40 ~ 4.45リエル
粉	白、同重量	3.00 ~ 3.03リエル
	kāk［籾殻＋糠?］、同重量	2.30 ~ 2.40リエル

3-3 ［広告］［仏語］ 1938年4月1日、プノンペン

証明書

［ク語］ 私、ñik-unは、カンダール［州］、sīdhar 郡 braek saṇṭaek 地区在住の、<en retraite>［引退した］yukapatra です。私は長年アヘン中毒でした。身体はとても痩せてぼろぼろでした。私は熱心に薬を探しては、捨ててきました。効かなかったのです。その後、「プノンペン市の kāp go 市場の sīv-pāv 医師の薬は、多くの人がアヘンを完全にやめることができた」という噂を聞きました。私は買いに行って来て服用したところ、この薬は本当に不思議に効きました。服用すると太り、若々しくなりました。この薬は驚くほど有名になるに価します。私は事実であるとして、この<gazette>［新聞］に掲載します。

［仏語］ 引退した yokbat、M. Nhek-Oun

3-4 ［広告］ プノンペンの cāk aṅrae krom 寺の僧侶である sek-ket

拙僧は重い不運、即ち麻痺病を患っていて、臍から下、足の裏まで動かそうとしても動かすことができません。親族の者に薬を探し回って来させて治療しましたが全然軽くなりませんでした。拙僧は、「前世の業がこの世で報いをもたらしたのであろう」と思っていました。すると突然、「sīv-pāv の店に麻痺の薬があり、買う［ママ。「服用する」はない］と直ぐに効く」という情報を聞き、急いで人をやって買って来させ服用したところ、この病気は治り、血色が満足できる程度に良くなりました。しばらく後のことですが、cāk aṅrae村のある母親と男の子供が突然毒にあたり高熱がでて、もがいていました。ほとんど全ての医師のところに行って薬を求めて来て与えましたが、効きませんでした。それで sīv-pāv の薬を買いに行って来て、与えたところすぐに効いてすぐに治り、肉もつき、血色も良くなり現在に至っています。

4-1 ［48号4-1と同一］

4-2 ［8号4-6と同一］

4-3 ［11号4-2と同一］

4-4 ［44号3-3と同一］

4-5 ［8号4-3と同一］

4-6 ［20号4-6と同一］

4-7 ［61号3-3と同一］

4-8　［57号3-4と同一］

4-9　［48号3-8の終わり近くの「70メートル」が「10メートル」になっているだけである］

4-10　［11号3-2と同一］

4-11　［44号3-9と同一］

4-12　［54号4-10と同一］

SAMEDI 9 AVRIL 1938

Nagara vatta

DEPOT LEGAL INDOCHINE

COFAT
CIGARETTES
La meilleure cigarette Indochinoise
Le Paquet vendu 5 cents

Directeur PACH-CHHŒUN

HEBDOMADAIRE PARAISSANT TOUS LES SAMEDIS

(Boite Postale N° 44)

第2年65号、仏暦2480年9の年丑年 cetra 月上弦9日土曜日、即ち1938年4月9日

［仏語］1938年4月9日土曜日

1-1 ［仏語で「私書箱 No.44」と「社長、PACH-CHHŒUN」が加わった以外は8号1-1と同一］

1-2 ［デザインが少し変わった以外は8号1-2と同一］

1-3 ［デザインが少し変わった以外は8号1-3と同一］

1-4 ［8号1-4、1-5と同一］

1-5 平身して栄光を祈る

仏暦2481年の新年に入るに際し、nagaravatta 新聞社は、braḥ pāda samṭec braḥ sīvasutthi munīvaṅsa カンボジア国王陛下に忠誠を誓い、陛下の御手に栄光を捧げるために、頭上に陛下のお力を戴き、陛下に4種の祝福が永久に授かり、尊い吉祥と栄光が備わり、決して失われることがないよう、お祈りいたします。どうか毎日毎夜平穏に心安らかに王位にあらせられ、陛下の庇護の力の下におります王国民が永遠に幸福と発展があるよう支援してくださますようお願いいたします。

朝の平安、夕の平安、万歳を祈ります。

nagaravatta

1-6 クメール官吏は息が絶え絶えだ［64号1-7から続く］

先年、1929年2月26日付<gouverneur général>［総督］殿<arrêté>［政令］があり、官員に俸給の25％の増額があった。保護国政府側は2回、即ち最初の回は［遡って］1929年1月1日、次の回は1930年1月1日に、1回につき12.5％を増額してこの数値を満たした。クメール政府側も同様に25％上げようとしたが、実施されなかった。その後、22-4-31［＝1931年4月22日］付<gouverneur général>［総督］殿<arrêté>［政令］第2495号が出されて、ようやく、22-4-31から10％だけの増額が行われた。考えると、保護国政府側に対して金額は少ないし、1年遅いという損をした。

この10％上がってからまもなく危機に出会い、19-1-33付<gouverneur général>［総督］殿<arrêté>［政令］により、10％の減額が行われた。計算すると、その前に行われた10％の増額は残念なことにすっかりなくなったことになる。

その後、幸運が若干あり、15-5-33付国王布告第67号が、21-1-33から［10％ではなく］5％だけの減額をするよう命じた。

過剰にカットされた5％分は、政府は全額返還した。計算すると、クメール政府側は総督府が増額した25％のうちのたったの5％しか得られなかったことになる。

さらにその後、クメール政府側は大きい不運に取り付かれ、振り落とすことができなかった。即ち、21-6-34付国王布告第75号が出て、新lakkhantika（<statut>）［官員身分規定］によって、さらに月給が10％減らされることになった。即ち、［新1級］yukkrapatra と新1級検察事務官は、［古い2級］yukkrapatra と古い2級検察事務官と同じ月給を与えるのである。それゆえ、昇任した官吏は、1段階につき1リエル上がる人もいれば、まったく上がらない人もいる。そしてさらに、保護国政府側の官吏たちは、「クメール官吏は地位をとても欲しがる。月給が上がらない昇任でも我慢する。たとえ月給が上がらなくても、地位が上がって、「loka、loka」［注。中級職と上級職官吏に対する敬称と呼びかけ語。ただし上級職は正式にはokñā］と呼ばれさえすれば承服する」と言って嘲ける。

クメール政府側は、全てを差し引きすると、1931年に総督府が与えた25％のうち、10％上がって5％下げられて5％だけが残った。それから新<statut>［官員身分規定］で10％下げられ、5％上がる前の元の給料より少なくなった。この商売はまさに元手を損する商売である。

保護国政府側は利益を得た。かつて2回にわけて満額の25％増えた。もしクメール政府側のように2回カットされたとしても、まだ増額された分が残り、全部カットされるわけではない。つまりクメール政府側より得である。その後、「新制度の職位の人々は15%増額された」と聞いた。

この後さらに、1927[ママ。おそらく「37」が正しい]年12月22日付<gouverneur général>［総督］殿電報があって、ṭmṇaeṅ thmī［新制度の職位］(Nouveau régime［新制度］の)官員たちのある人々は13%、ある人々は15%、ある人々は20%、月給を増額した。しかし[クメール？]官員たちはまだ増額されていない。

現在商品はますます値上がりし、およそ20%から30%、あるいはそれ以上も上がっている。考えるに商品がもう1回月給を下げる手伝いをしているようなものである。

情報によると、この後の増額金は、総督府は、保護国側の官吏もクメール側の官吏も、上級職も中級職も初級職も、区別なく新制度の職位の人々全てに適用するという。しかしクメール国政府はこの件をもう1度会議を開いて検討し、金が十分にはないから中級職を先に上げるべきであると理解した。金はいったいどこに行ってしまったのか。非常に多額の俸給をもらっているフランス官吏は、見るところ、勤務させている人数を以前よりさらに増やしている。なぜ与える金があり続けるのか。一方クメール政府側は、俸給は少ないし、かつどんどん人数を減らしている。そしてその少人数しかいない中で、それでも金が足りないのである。

当然のことながら、官吏をしている人たち各人は、一般庶民より見た目によく見えるように、庶民よりもみすぼらしくなくならないように生命を養うのに十分な俸給があるべきである。そうして初めて庶民を統治する人をすることができるからである。官吏の中には、月給が少なくて子供が多く、妻が働いて[収入を]合わせて生計を立てるのを助けなければない人もいる。このようにすることは、官吏の名誉を貶めるし、<statut> mantrī[官員身分規定]に反することでもある。妻が働いて夫を支えて生計を立てなかったら、子を売って奴隷として住まわせることになるのは避けられない。

nagaravatta は大威力を持つ大神たちに、クメール官吏を救って、rājakāra <protectorat>[保護国政府]側の官吏と同じように楽に生命を養うことができるようにするようお願いする。

この後の回の増額をする前に、これまでに満額には増額せず、しかも元の金額をカットした分を補って元に戻すようお願いする。

ācārya {kuy}

1-7　[52号1-5と同一]

1-8　諸国のニュース

1-8-1　スペイン国

ローマ市、3月29日。アメリカ電によると、フランス国とイタリア国とはスペイン国に関することで、大きく衝突しかけている。確かな情報によると、もしフランス国がスペイン国政府派を援助した場合、イタリア国首相であるムッソリーニ氏はフランス国との戦争を命じることは間違いない。

1-8-2　イタリア国

ローマ市、3月29日。ベルギー国は、エチオピア国をイタリア国の属国として承認した。

1-8-3　中国

中国軍が大勝利をおさめた。

＊上海市、3月30日。山東省の日本軍は中国軍に激しく攻撃され、今後、同地にとどまることができるかどうかわからない。

天津－浦口間の鉄道線路沿いに、中国軍は前進し、日本軍を攻撃して多数を死亡させた。

山東省南部の lī yī 県で、日本軍は中国軍に攻撃されて後退した。

中国軍は日本が援助に来られないように鉄道線路を攻撃し、完全に破壊した。

＊東京市、3月30日。日本電によると、ロシア国政府はモンゴル省[ママ]境を守備するために同省に軍を送った。同省では戦う準備が終わった。

1-8-4　スペイン国

スペイン国、3月30日。フランコ将軍は自ら araikuṅ 県に戦いに行った。反乱派側軍は レリダ市に近づいている。

1-8-5　中国

漢口、3月31日。本日、sut jhieṅ 県で大戦闘があった。中国兵の手腕はなかなかのものであった。日本軍5000名は中国軍に包囲され、北へ後退した。

＊北京市、4月1日。日本は、「山東省で日本軍は中国軍に抵抗できず[ママ。否定になっているのはおそらく誤植]、中国軍を南に後退させた」と発表した。

＊上海市、4月3日。中国は、「戦い始めてから現在までに、日本軍は28万名が死亡した」と発表した。

1-8-6　フランス国

トゥーロン、4月2日。シャム王族である prajādhipuk[＝ラーマ7世]と妃は皇太子を退位してフランス国を視察に行き、それからローマ市(イタリア)に行った。

1-9　舟は残り、港は残る。［注。cf.62号1-7］

あなた［thī］はクメール人だから、何でもできなければならない。金も名誉も得た。そしてさらに賢くもなれた。<comptable>［会計係］の仕事に、2人といないほど大変熟練していて、どのように金を使っても、帳簿のほうは全く落ち度がなかった。

ある日、カンボジア国は大勢の人が集まって、仏像開眼の儀式をした。その時大衆が大勢集まり、住民は在家も出家も全てが参加して、供え物をたくさんしたので、入金がたくさんあった。

一方支出のほうは、残すところなく全てに支払い、金は残らなかった。このやり方を、クメール人はその賢さに感心した。

このような話はとても多い。背伸びして手を伸ばしてtrīpitaka（braḥ traipiṭaka）［三蔵経］にぶら下がる人もいる。しかし、クメール人はいつも黙っていて何も言わない。逆に目をそらして秤を見る。どのように測ろうというのか。全てを失うのを待っているだけなのか。これは秤がクメール国にあるからだ。

ああ、我がクメール人よ、クメール人よ。

ācārya {jar}

1-10　［63号1-5と同一］

1-11　<résident supérieur>［高等弁務官］代行である（Guillemain）氏に平身してお祝いを申し上げる

氏が来てカンボジア国の保護者の任に就いた日以来、我々は氏が職務を果たすのは、氏の<bureau>［執務室］内だけではなく、全ての部局を視察したのを目にした。このように職務を遂行するのは、「氏は何かを決定する前に氏自身で見に行き、詳しく検討して、それから職務に従って決定を下す」ということである。ここ数日の間に、氏がカンポート州を視察に行き、市庁舎で業務を視察するのを我々は目にした。現在、氏は帰ってきて新年に際し、市内のクメールのサーラーと寺院の建物を視察しているということである。nagaravatta は<le résident supérieur>［高等弁務官］［ママ。「代行」はない］殿が4種の祝福を授かるように祈り、氏が、カンボジア国を他の国と同じように繁栄させるために、クメール国民の望にを叶えるように、職務を遂行してくださるようお願いする。

nagaravatta

1-12　今は、国を奪うのは、戦争をする必要なしに奪うことができる

皆さんの中には、「それぞれの国に関して、その国を奪う事ができるのは、丁度現在日本が戦争をして中国を奪っているように、互いに戦争をして武器を多く失い、多くの人が死んでからである」と思っている人がいるであろう。こう考えるのは、「この新しい時代の他国の状況を知らず、理解していない」と言うものである。現在のドイツ国の歴史を読めば、あなたは必ずはっきりと明らかに理解できる。

ドイツ国はとても大きく、さらに人口も多い。そして、現在のベトナム人がクメール国やラオス国に溢れてきているように、国境を接している他の小国に溢れ出て住んでいる。ドイツ人の気質もベトナム人のそれとそれほど違わない。即ち傲慢で邪悪な人で、他国に行って住んでも、その国の人に気を使うことなく、さらに加えてトラブルを起こすことばかり考えている。しかし、何か問題が起こると、彼らの政府［＝ドイツ国政府］がやってきて、その国の人より有利になるよう熱心に助力して抗議する。それゆえ小国の政府は、大事件になって自国が破壊されるのを恐れ、［ドイツ人を］権限に基づいて統治することが難しく、困っている。皆さんは我がクメール国を<enquête>［調べる］だけできっとわかる。なぜならコーチシナ国に境界を接する州はどの州も、ベトナム人が大勢住んでいる。クメール人郡長もクメール人村長も［ベトナム人を］統治できない。フランスの“<gendarme>［憲兵］”が来て駐在して、助力して正邪を見てくれてはじめて、まあまあのけじめを持つ。そうでない限り、けじめをもたない。それゆえ、あれやこれやの事件の話が聞こえてくる。誰も手に銃を持たない我が国では、この話はそれほど被害をもたらさない。ヨーロッパの国々では、互いに殺し合いにまでなることが多くある。制止に行った警官が共に死ぬことも多くある。それゆえ、小国は大変困っている。国からドイツ人を追い出そうとしても、［ドイツ人は］来て暮らして長くたつので、全土に遺産も持っているので［追い出すことが］できない。

さらにドイツ政府の方は、何か事件が起こるたびに、小国に悔しい思いをさせ、さらに脅して押さえつけようとする。小国政府はどうすればすっかり解決できるか分からず、敢えて Plébiscite［住民投票］、即ち住民に投票をさせることにした。もし住民がドイツ国側に入ることを好むなら、その県全体をドイツ国に与えてしまう。今後幸せになれさえすればそれで良い。それゆえそれらの県は戦争をして大きな損害を出すことなく、1弾も使うことなくドイツ国に併合されるのである。こういうわけで、“（La sarre［サール］）”という名のフランスの県が1935年（?）［注。疑問符は原文のもの］にドイツ国に併合された。“ポーランド”国では、ダンチヒ県が同じようになった。現在ではまだ完全にドイツ国に併合されてはいないが、ドイツ人が来て完全に支配している。現在、“オーストリア”は国全体がドイツ国の新しい県になったのも、同じ方法である。

前の日曜日にドイツ政府が入って来て、旧“オーストリア”国の大統領と<conseil>［大臣］たちを全て追い払い、しかも何人かは逮捕し投獄し種々の処罰をした。“オーストリア"国はきっと今月から何の戦争をもすることなく歴史から名が消える。

我がクメール国は将来、私は恐れているのだが、この方法でベトナム国のものになる恐れがある。そしてクメール人はばらばらになって、チャム人が今のクメール国に庇護を求めて住んでいるように、他国に散らばるであろう。

「"オーストリア"国のように」と言ったのは、現在ベトナム人が来て、多くの場所でクメール国を彼らの国にしている。たとえばコーチシナ国に接している集落のそれぞれはベトナム人ばかりである。クメール語の集落名、郡名は全部捨てられ、全てベトナム語の名に変えられてしまった。このようにして、「ṭuṅ thān 地区」、「āṅ piñ 郡」という名があり、さらにはトンレー・サープの中にも、ベトナム人が魚を捕って生計を立てている所は、クメール語の郡名を全てベトナム語の名に変えている。我がクメール国の心臓であるプノンペン市ですら、ベトナム人がたくさん来て住んでいて、政府が1937年7月に人口統計を取ったところ、ベトナム人が我がクメール人の半分以上いることがわかった。現在はさらに毎回船一杯に入り込んで来てプノンペンに住んで、"新しい土地"という意味の"<đất mới>"と呼ぶ大きな集落を作っている。さらに政府も熱心に助力し支援して、近道してその集落に行く小さなきれいな道を1つ作った。電気も<machine> dik［水道］もあり、さらに"muṅ［墓地］"まで作って遺体を埋葬させている。今、suon 市場を通り越したところの新しい市場は、そのベトナム人集落の中心地に建てられた。そこに散歩に行くと、まるでサイゴンに近いベトナム国内の道を歩いているようである。

さらに、このクメール国に来て住んでいるベトナム人は、クメール政府を気にかけていない。彼らは me yuon (Caitong)［ベトナム人長］が統治していて、直接<résident>［弁務官］につながっているからである。村長も、郡長も、cau krama も、クメール人は彼らに対しては何の権限も持たない。先年、プノンペンの西方のある郡長がある1人のベトナム人に<carte>［人頭税カード］の提示を求めた。彼は見せようとせず、さらに食ってかかるような態度に出た。一回叩いただけで、そのベトナム人は sālā <tribunal>［地方裁判所］に訴え、しかも地方裁判所はその郡長に5フランの罰金を科した。我々クメール人の国王でさえ、彼らには何らの権限も持たないかのようである。

現在フランス人がいて十分に統治を助け、クメール人とベトナム人が争うことなく、それぞれが一生懸命働いて生計を立てるようにしているのに、ベトナム人とクメール人とが大勢混ざって住んでいるところでは争いが絶えないのはなぜか。将来彼らが騒いでも、きっとクメール人は彼らに何をしても勝てない。クメール人は2百万人しかいないのに、ベトナム人は20百万人いるから、今から抵抗せずにいて、衝突してどうして勝てようか。それゆえ、"オーストリア"国とドイツ国とのようになるに違いない。そのうち、クメール国は同じように戦争なしに、衝突することなく自然にベトナム国になる。

もしクメール国が本当にベトナム国になったら、今のようにクメール人の王、クメール人の<conseil>［大臣］をおくだろうか。そしてあなたたちの子供や孫は全てが高級官吏になれるだろうか。

私が上に述べたことは全て、クメール国に広がってきているベトナム人を恨み憎む気持ちはないが、私は幼い時から成人するまでずっとクメール人を悔しく思ってきた。どうしてこのように目をつぶっていられるのか。中国と日本国で雷鳴が鳴り、雨が降っていて、大陸中が恐れているのに、どうして我々は発展することを考えず、袋小路に入ったchṭo 魚が自分の子を食べるような態度をとることばかり考えているのか。その子供が全て没落してしまったら、何を得て命を養うのか。櫂で漕ぎ、櫓を漕いで舟を手伝わないのなら、せめて足を使って舟が進むのを邪魔しないでほしい。このようなことをしていると、将来どうなるのか。nagaravatta 新聞は必死になって喉をからして叫んでいる。それはクメール人を他と同じように発展させたい気持ちがあるからである。身分が高い人も、低い人も、国民は説法を聞くときのように連れ立って大騒ぎして傾聴するべきである。他人よりも自分の利益を求めるある偉い人は、「auḷa 鳥のように叫んでいさせろ。俺と俺の子は皆食うための給料があるから、俺には何の利益にもならない」と言った。

このように一生懸命叫ぶ nagaravatta 新聞は、問題を起こして自分の民族の敵になろうとしているのではない。我々が望む発展を守るために、我々クメール人に気づかせようとしているだけである。

supinakumāra

2-1　［44号2-4と同一］

2-2　王立図書館会議議長［ママ］である<karpeles>女史［?nak srī kramum］の素晴らしさ

先の4月5日火曜日5時半に、samājika rapas sālā <français> nau cuṅ pūrabā pradesa (Membre de l'Ecole française d'Extrême-orient)［フランス極東学院会員］である(Paul Levy)氏の歓迎会が王立図書館で行われた。この会に、<karpeles>女史［?nak srī kramum］は、フランス人、クメール人の諸氏を多数、我々の目に入った限りでは、公訴課長である mās-sā?aem 氏、bidū 氏、ṅau-hūr 医師、plaeṅ 医師、pāc-jhwn 氏などを招いた。

全員が集まると、王立図書館の官員たちがお茶とケーキとで歓迎をし、それから、<paul levy>氏が民族の行動について話し合い、そしてアジア大陸の諸民族の行動を研究した旅行について説明した。

nagaravatta は、<paul levy>氏に幸福と発展があり、カンボジア国で行いたいと考えている研究がスムーズに成功することを祈る。

<karpeles>女史[?nak srī kramum]が真心から熱心に度々してくださるこのような会は、女史[loka]の素晴らしさであり、女史[loka]が王立図書館を一生懸命整備し、クメール人のために遺産を集めるだけでなく、クメール人と親しくない何人かのフランス人のように尻込みするこのないように、フランス人とクメール人の友情を互いに固く親密に結ばせたいという気持ちを持っているからである。もしフランス人の全ての人が<karpeles>女史[?nak srī]を模範にするならば、クメール人とフランス人は互いに親密な友情を持つことになり、rājakāra <protectorat>[保護国政府]が何をするにも、父親と子供のように互いにスムーズに成功するであろう。

3-1　我々は krum <machine> radeḥ bhlœṅ[鉄道機関課]のクメール人の抗議の手紙を1通受け取った。その内容は以下の通りである。

1938年、プノンペン

krum <machine> radeḥ bhlœṅ[鉄道課]のクメール人である私たち全ては、nagaravatta <gazette>[新聞]社長殿にお知らせします。

私たちは、現在のクメール国の鉄道当局に大いに疑問を持っています。私たちが少し聞いた言葉によりますと、この鉄道当局は、国王陛下が、そのポストをクメール人に勤めさせること、他民族には勤めさせないことを要望なされたということです。なぜ、現在当局はクメール人よりも他民族を多く採用して勤務させているのでしょうか。さらに月給もクメール人より多く与えているのでしょうか。それゆえ、私たちは大変疑問を持っています。陛下は本当にご署名なさったのでしょうか。

もう1つ、勤務の体制ですが、他民族はクメール人よりいくらもよく知っているわけではありません。しかし、他民族は、ここで技師長をしている同民族の仲間がいます。それゆえ、重要な仕事は全て、彼らはクメール人にはさせないで、たとえば労務者のような劣った仕事ならば、クメール人にさせるのです。そして me <chef> dham[課長]であるフランス人に、「クメール人は無学無知で何もできない」と告げます。それゆえ、クメール人は他民族より月給が少ないのです。

一方クメール人の方は、工業学校の卒業生で修了証書を持つ者ばかりです。他民族の方は、修了証書は何も持っていません。遠くで労務者をしていたのが、突然呼び出されて職工になり、クメール人より月給を多く貰っている者もいます。それゆえ私たちは、これ以上我慢して勤務を続けることができないくらい、憤激しています。

私たちが上に説明したことについて、どうか nagaravatta は助力して、誰か、この部の人々の母となり父となれる知識学問を持つクメール人を得られるようにしてください。私たちが母として父として信頼するに適当な人は、bī 1人しかいません。この人は mahā?issarā 氏の弟です。でも、nagaravatta が満足できるクメール人が誰かいるかも知れませんから、どうかさがして、そのクメール人を私たち全ての母、父にしてください。そうすれば今後私たちは幸福と発展とが得られます。

鉄道課のクメール人

3-2　雑報

3-2-1　我々の<gazette>[新聞]読者へお知らせします

新年に際し、nagaravatta 新聞は1週間休刊します。読者の皆さんは、どうか[新聞を]待たないでください。

3-2-2　火葬式のお知らせ

仏教に出家したベトナム人、fe-hwaṅ 師僧

fe-hwaṅ 師僧、47歳は、2年間出家して āṅ piñ 郡(プレイ・ヴェーン)の ṭī kraham 寺で死去しました。子である fe-yān と、ベトナム人、クメール人の弟子たちが、9の年丑年 cetra 月上弦8-9-10日、即ち1938年4月8-9-10日に火葬式を行います。この3日間は説法があります。そして随時、僧への四物の寄進をいたします。

善良な皆さん、師が涅槃に至るまでのあらゆる世で、正見の中にあるように、慈悲の心を師に寄せてください。

3-2-3　puṇya phkā

仏教徒の皆さんにお知らせします。

プノンペン市の sdiṅ mān jai 路にある ratanārāma(suṅ bhwak)寺は古い寺で、たくさんの所が壊れています。さらにまだパーリ語学校がありません。この寺は比丘、沙彌、優婆塞優婆夷が身を入れて仏陀の言葉を学んでいて、清浄心を持つべき所です。それゆえ、私はこの寺に助力して栄えさせ、ベトナム人である同胞がますます心が清くなるのを助けるために、aṅga phkā の行列をしてこの寺に入ることを発案しました。

友情と敬愛を持つ皆さん、どうかこの善業が仏教の中で栄えるように、多少にかかわらず財政的支援をしてください。

祭りの日時の予定

皆さん、丑年 cetra 月下弦7日[ママ。本号と66号の日付から「8日」が正しいらしい]土曜日、1938年4月23日に、鉄道に勤務するフランス人の家の裏の sdiṅ mān jai に曲がって行く道の入り口にある私の家に集まってください。夕刻6時に僧を招いて paritta 経を唱え、説法があります。1938年4月24日日曜日、朝8時に aṅga phkā を行列して寺に入ります。

主催者：名は jo ḷwaṅ pā、プノンペン市鉄道<bureau>[課]のthīをしています。

nagaravatta は、ベトナム人たちが、クメールの諺で言うところの"川に入ったら[川が]曲がるのに従って曲がれ、村に入ったら国に従え"の通りにするのを見て、とても嬉しく思う。

3-3　カンダール州の学校について

（<gazette>[新聞]64号[2-3]から続く）

さらに加えて、新しい学校を建てさせた。即ち ṭamṇāk ambil 校、khbap ā diev[校]、braek ampil[校]、paññī[校]、braek jrai[校]である。これらの学校は全て教師が十分にいる。生徒が多い学校は1人の教師が担当する学年／クラスを分けて学校をさらに大きくして教師を2−3人にした。たとえば tā khmau 校は以前は教師は1人しかいなくて[その1人が]3学年を教えていた。今は教師は2人しかいない[ママ。「2人いる」が正しいであろう]。braek gay 校はtā khmau 校と同様に教師は1人しかいなかったが、今は3人で3学年全てに[教師が]いる。trœy slā 校は村の学校である。しかし生徒が多く、現在教師は2人いる。

これ以外に大きい学校がたくさんある。複式学級をやめて各学年に教師がいるようにすれば将来生徒はたくさん進歩する。

我々は前もって期待するが、カンダール州の学校は、すでに我々のほとんど全てが知っているように、全ての分野で深い知恵を持ち、以前からその多くの手腕を見てきた<gautier> <le résident>[弁務官]殿の徳のおかげで栄えるのは確実である。

3-4　[62号1-10と同一]

3-5　農産物価格[「金の価格」はない]

プノンペン、1938年4月7日

サトウヤシ砂糖		60キロ	3.40リエル
	店頭で購入		3.00リエル
籾	白	68キロ、袋なし	3.90 ~ 3.95リエル
	赤	同	3.75 ~ 3.80リエル
精米	1級	100キロ、袋込み	9.55 ~ 9.60リエル
	2級	同	9.10 ~ 9.15リエル
砕米	1級	100キロ、袋込み	7.60 ~ 7.65リエル
	2級	同	7.25 ~ 7.30リエル
トウモロコシ	白	100キロ、袋込み	[記載なし]
	赤	同	8.20 ~ 8.40リエル
コショウ	黒	63.420キロ、袋込み	15.00 ~ 15.50リエル
	白	同	25.50 ~ 26.00リエル
パンヤ	種子抜き	60.400キロ	34.50 ~ 35.00リエル

*サイゴン、ショロン、1938年4月6日

フランス籾・米会社から通知の価格

ショロンの<machine> kin srūv[精米所]に出された籾1 hāp、[即ち]68キロ、袋込みの価格は以下の通り。

籾	最上級		4.25 ~ 4.30リエル
	1級		4.15 ~ 4.20リエル
	2級	日本へ輸出	4.00 ~ 4.05リエル
	2級	上より下級、日本へ輸出	3.75 ~ 3.80リエル
	食用[国内消費?]		3.85 ~ 3.90リエル
トウモロコシ	赤	100キロ、ショロン県マッカサンで売り渡し。	9.10 ~ 9.20リエル
	白	同	0.00 ~ 0.00リエル

米(10月[ママ]渡し)、港渡し、袋込み、税抜き、1 hāp、[即ち]60.7キロの価格は以下の通り。

精米	1級、砕米率25%	5.95 ~ 6.00リエル
	2級、砕米率40%	5.65 ~ 5.70リエル
	同。上より下級	5.55 ~ 5.60リエル
	玄米、籾率5%	4.90 ~ 4.95リエル
砕米	1級、2級、同重量	4.76 ~ 4.80リエル
	3級、同重量	4.55 ~ 4.60リエル
粉	白、同重量	3.00 ~ 3.05リエル
	kāk[籾殻+糠?]、同重量	2.40~2.[不鮮明]リエル

3-6　[64号3-3と同一]

3-7　[64号3-4と同一]

4-1　[48号4-1と同一]

4-2　[8号4-6と同一]

4-3　[11号4-2と同一]

4-4　[44号3-3と同一]

4-5　[8号4-3と同一]

4-6　[20号4-6と同一]

4-7　[広告]　お知らせします

私の店は(Paul canavaggio)の帽子、あらゆる種類の āv dranāp(Chemiserie)[シャツ・下着類]、(Cravattes[ママ。cravatesが正しい])[ネクタイ]、(Neux[注。72号3-4では、「Nœuds」[リボン]に訂正されている])、dik ap l?a(Parfumerie qualité supérieur)[高級香水]、msau <franc> kra?ūp lāp mukha(Poudres)[おしろい]、sabū kra?ūp[化粧石鹸](Savon bison et savon nett[ママ][スイギュウ印石鹸とNett印石鹸])、sapū lāṅ kho āv[洗濯石鹸](Savon marseille Hirondel[ママ。hirondelleが正しい][ツバメ印マルセイ

ユ石鹸]、dik ap lāp sak baṅ(Eau cologne à chave[ママ。恐らく「chauve」が正しい][禿頭用オーデコロン]を売っています。価格はリーズナブルで他の店より買いやすいです。

皆さん、必要に応じて買いにいらしてください。朝6時から夜9時まで開店しています。

bījā <pasquier>路、koḥ 寺の西隣のコンクリートの店です。

名を thoṅ-ket というクメール人

4-8 [57号3-4と同一]

4-9 [48号3-8の終わり近くの「70メートル」が「10メートル」になっているだけである]

4-10 [11号3-2と同一]

4-11 [44号3-9と同一]

4-12 [54号4-10と同一]

SAMEDI 23 AVRIL 1938

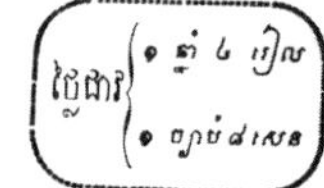

第2年66号、仏暦2481年0の年寅年 cetra 月下弦8日土曜日、即ち1938年4月23日

［仏語］1938年4月23日土曜日

1-1　［仏語で「私書箱 No.44」と「社長、PACH-CHHŒUN」が加わった以外は8号1-1と同一］

1-2　［デザインが少し変わった以外は8号1-2と同一］

1-3　［デザインが少し変わった以外は8号1-3と同一］

1-4　［8号1-4、1-5と同一］

1-5　丑年の言い置き

「今日は cetra 月上弦13日［＝西暦の4月13日］、新年です。私はこの世の全ての人々に別れを告げ、トラに仕事を引き渡します」

この時、ウシはトラを向いて言った。「トラさん(paṅ)、今日は良い日、良い時です。私はお別れを言わせていただきます。仕事をあなた(paṅ)に引き渡させていただきます。ですから、これからはあなた(paṅ)が安寧があるように治めてください」

「ウシさん(paṅ)、この寅年の仕事は、確かに私が担当することになります。ですが、私は来たばかりで、まだ新米です。ですから、あなたは(paṅ)種々のことを全て私に説明してわからせてください」

「トラさん(paṅ)、よくぞ訊ねてくれました。それでは、ウシさん(paṅ)、あなた(paṅ)は私の<programme>［計画］を尊重するべきで、それで良いのです。水や土から生まれる収穫は全て、それを国民が売って、その価値を全て得るようにしました。病気の方は、私は安寧を保つように整え、危険はずっとありませんでした。

「ですが、過去3年間、即ちイヌさん(paṅ)とブタさん(paṅ)とネズミさん(paṅ)が担当した戌年、亥年、子年は、これらの動物たちは互いに異なる行動をしたので、人々はとても疲れ悩みました」

イヌの行動

「このイヌの心と考えはいつも低劣です。自分が担当することになった任務は、それを行うことを考えず、その主な原因である「主人を尊ぶ」ことしか考えませんでした」

ブタの行動

「食べた場所に糞をします。他の事は何も考えません」

ネズミの行動

「このネズミの心と考えは、まったく役に立たない動物です。どこかの家にいると、その家を壊し、その家の主人から物を盗むことしか考えません」

「上に解説した理由で、国民は大変苦しみました。ですから今後はトラさん(paṅ)は、何か策を考えて、国民が幸福と発展を得られるようにしてください」

sukhuma

1-6　クメール官吏は溜息をついている

ācārya {kuy} が“クメール官吏は息も絶えだえだ”(<gazette>［新聞］64号［1-7］と65号［1-6］)で解説した記事は、正しい部分と間違っている部分とがあると思う。正しい部分については nagaravatta は何も言わない。皆さんもすでに知っているし、保護国政府も、理解している。クメール官吏を可哀想だと思っている ācārya {kuy} を賞賛するべきである。nagaravatta は ācārya {kuy} が、「ある者は楽しみ、ある者は悩み、ある者は笑い、ある者は泣いている」ことを明らかにしなかった、足りない部分を補足する。なぜならばクメール官吏の行動は、「全てが同じ」ではないからである。

ア)楽しくて笑っている官吏。このような官吏の割合は小さくて10%である。楽しい理由は、氏たちは金、財産、家、自動車、使用人、金銀を持っていて、不足しているものはないからである。氏たちは何をしたいと思っても、全てすることができる。2号夫人を10人も20人も支援することができる。何かをして偉い人に気にいってもらえる。金に不自由しない。地位もどんどん上がる。いつも偉い人にニコニコして機嫌を取る。

笑っている理由は、氏たちは政府が月給を増やそうが減らそうが気にしないからである。政府が10%減らす必要があると、氏たちは、「政府に協力的である」と示して気に入られるために50%減らすことを求める。氏たちは、自分の財産が豊富にあることに頼ることができるからである。このようにご機嫌取りをすることは、これ以上長々と解説する必要はない。我々が検討すればわかることである。

イ）悩んで泣く官吏。このような官吏の割合は多く、90%いる。そしてさらに3つにわけられる。

1)官吏のある者は月給が少なく財産もないが、クメール人、中国人、ベトナム人の国民を統治して大きな職務に就いている。自分の職務の名誉に相応しくなるために、一生懸命格好良くして自動車を持ち、自分はその土地の長であるから、その地を訪れるフランス人、クメール人の客をその客の地位に相応しくもてなすのに必要なものを買うために、毎回[自分の]金を使う。それだから借金がたくさんある。1つには妻やあちこちの地域にいるお手つき女性が金銀を身につけて民衆に恐れさせようとするので、恥をかかないように買って与えなければならいし、また、早く昇進するためにご機嫌を取りたいためにも金を使う必要がある。金を使わなければならないことから楽になるために、大急ぎで息せき切って毎回公務を早く果たす。このことが後で悩ませることになるが、悩んだ後で楽な気分になる人もいるし、民衆のことで憤慨していて悩む者もいる。政府が他の部署に転勤させてもまだ悩みは消えない。金持ちになりたくて悩む、偉くなりたくて悩む、何か間違いをしないかと恐れて悩む、などである。

2)官吏のある者は、月給はまあまあで、財産はなく、公務を行うのも中程度である。しかしとても悩んでいる。月給が、妻子や親戚を養うのに十分になることばかり期待していて、しかも子沢山だからである。政府が月給を減らすたびに、あるいは、昇任せず月給が増えないたびにますます悩む。どうやって苦しみと戦い、苦しみを述べればいいかわからず、フーフーと溜息をつくだけである。苦しみを述べると、間違ったことをしたとされるからである。即ち、「お前は同じ官吏をしている他の人と同じように仕事をすることができない。誰が愚か者を使うか。賢くないのなら悩んで何になる。愚か者は悩むべきではないのはあたりまえのことである」と非難され、自分の妻にも非難される。それだから、これらの官吏たちは、ハーハーと溜息をつくだけで我慢しているのであり、まことに哀れである。

3)官吏のある者は、月給は少なく財産もない。地位は低く職務は偉い官吏のお付きの者である。このグループのは官吏は悩みだけがあり、時には泣きもする。俸給はとても少なく妻子を養い、子を学校に行かせるのに足りない。さらに自分の借金がある。自分か妻子が病気になると、月給に頼るしかない。政府が月給を減らすと、ますます悩み、ついには自分の月給の額で足りるように、妻子に1日に1回食事を抜かせるに至る。この官吏たちは実に哀れである。このような悩みを持ち、そして世間では“loka、loka”と呼ばれる名を持つので、一生懸命、“loka、loka”と呼ばれる語にふさわしくしている。妻子は飢えかけていて、身に着ける衣服もない。そのようにしないと、人々に、「庶民のようだ」と言われる。それだから、……[注。1行消失]……2年たったら[昇級資格者名簿に]名前が登録される。昇任の時期ごとに、規定の2年で1度昇級できる者もいるし、3年、4年で1度昇級する者もいる。そして月給が増すのは各回、たったの5リエルである。そして不幸なことに月給は上がらず等級だけが上がることもある。妻子や親戚、友人は等級が上がったことを賞賛する。しかし5リエルの昇給がないことを知ると、「lokaになると言うのは、こういうことなのだ」と言う。この“loka”という語を使って、米や副食物、衣服を買うことができるか。クメール高級官吏はこのような有様なのです。これらの官吏は偉い上司よりも沢山苦労して働いているのであるから、保護国政府は慈悲の心で検討して、あまりにも低劣にしないで、名誉にふさわしく栄えさせるべきである。

上に解説したことは、nagaravatta <gazette>[新聞]は保護国政府の偉い人たちに知らせて、政府に、クメール人官吏を憐れみ、クメール政府の公務を統括する任務を持つクメール高官としての地位にふさわしく栄えるようにするようにし、外国人に見下されないようにしてほしい。他の国の官吏は高級官吏にふさわしく、クメール官吏のように貧乏ではないからである。

政府は、どうか、クメール官吏全てのことをよく検討して、悪い官吏が優雅に、身分不相応に飲食して金を使うのだけを見て、「クメール官吏は全てが楽しく満ち足りている」と結論するのは間違いである、とわかってください。クメール官吏の多くは公務を正しく行うことを大切に思い、月給は不足であっても、溜息をつくだけで我慢し、自分の不幸は、仏陀の法の通りであると固く信じているので、敢えて口を開いて抗議しようとはしないのです。

あるクメール官吏

1-7 諸国のニュース

1-7-1 スペイン国

スペイン国、4月7日。反乱派側軍はピレネー山脈にますます近づいている。この山脈はスペイン国とフランス国との国境にある。現在反乱派側軍は、バルセロナ市を明るくする発電所を占領した。本日以降、同市は電気の明かりがない。

バルセロナ市の住民がフランス国に多数避難した。(ロシア)人20名もフランス国国境に避難して来た。

＊パリ市、4月7日。前日、スペイン国 cāṅhvāṅ <conseil> senāpatī[首相]がフランス国とイギリス国に、「来て助力して戦う」ことを要請する書簡を送った。フランス国政府は、「行って助力して戦うことはできない」と回答した。

1-7-2　アメリカ国

ニューヨーク市、4月7日。アメリカ国政府は、「ドイツ国がオーストリア国をドイツ国に併合する」ことに承服することを受け入れた。そして、ドイツ政府に、「ドイツ国はオーストリア国政府がアメリカ国に借りていた26百万ドル、およびアメリカ人に借りていた38百万ドルをアメリカ国に返済しなければならない」と通告した。

1-7-3　フランス国

パリ市、4月8日。フランス首相であるレオン・ブルム氏は金融を整える権限を求めていたが、認められなかったので辞職した。

1-7-4　中国

東京市、4月8日。日本は、「日本機20機が上海市から飛来して広東市に行き、飛行場と駅を爆撃し炎上させ全壊させた」と発表した。

もう1つの情報では、日本機20機が河北(?)市に飛行し、飛行場を爆撃して炎上させ多くを破壊した。そこから帰ると、日本機は中国機と遭遇し、空中戦をした。中国機は3機が撃墜された。

1-7-5　中国

漢口、4月8日。山東省で、中国軍は日本軍を *yī gū* 市まで追い払った。日本軍は tai yaer juoṅ 市から退却し兵5000名が死亡した。

漢口市では、同市の住民が、「天津－浦口鉄道線路で日本軍は兵7000名が死亡し、散り散りになって退却した」というニュースを聞いて、楽しくにぎやかに歓声をあげて祭りをした。

1-7-6　フランス国

パリ市、4月9日。フランス大統領であるルブラン氏は(ダラディエ)氏を[レオン・ブルム][注。原文には脱落]氏の後任に任命した。

1-7-7　中国

漢口、4月10日。山東省の済南市で中国兵2000名が日本兵と道路上で戦い、日本軍を北方へ追い払った。

＊漢口、4月10日。本日、日本機が広東市上空に飛来、爆撃して家屋6……[1行消滅]……。

＊漢口、4月11日。本日の情報によると、「アメリカ国は中国に10百万ドルを貸そうとしている。現在彼らはこの金に関して会議中である。

＊ロイター電。日本国は、「イギリス国とイタリア国とが友好を結ぼうとしている」という情報を得て、[この両国が]互いに友好を結ぶと、日本国は1人遠くに離れているから、大変悩んでいる。もう1つ、ドイツ国の方も日本国が中国に侵入するのに同意していない。なぜならば、戦争が起こって以来、中国におけるドイツ国の商業が多く破壊されたからである。

＊上海、4月12日。日本は、「日本機は chāṅ sān 市に飛び、同市を爆撃し、蔣介石総司令を含めて多くの政府要人が死亡した」と発表した。中国は、「その情報は事実ではない。蔣介石総司令何らの負傷もしていないし、危険にもあっていない。日本がこのような事実でない情報を発表するのは、中国人に衝撃を与えることを望んでいる様子である」と反論した。

＊上海、4月13日。4月13日夕刻、日本機が漢口市、南昌[市]、寧波[市]を爆撃した。漢口市では中国機が飛上して応戦したが、すでにその時は暗くなっていて、何の役にも立たなかった。

＊香港市、4月13日。中国政府は列車をイギリス国から20、ドイツ国から30購入した。これらは本日香港国に到着した。

1-8　孔明が策に窮した

孔明が、軍を破る方策を考えて求め、策に窮した。今、高名な人が1人いて、策を用いてクメール人を騙して今後 nagaravatta <gazette>[新聞]を読ませまいとして考えている。このような考えは、nagaravatta <gazette>[新聞]を潰すことを考えているもので、もうずいぶん前からこの人は、「我々全ては、本日以降、もうこの nagaravatta <gazette>[新聞]を読むべきではない。なぜならば、この <gazette>[新聞]は誕生した日以来、民族に対して何かの役に立ったとは見えず、クメール人を貶めるだけだからである。もう1つ、『ある偉い人が潰そうとしているから、この <gazette>[新聞]はもういくらも長くは生きていられない』ことを私は知っている」と発表している。

上にあること全てについて、nagaravatta 社は親族・民族の全てに大声で呼びかける。皆さんは、このことをよく考えてはっきりと理解してほしい。我々がずっと作ってきたこの <gazette>[新聞]は、我が民族を侮辱したり、蔑視したことは1度もない。ただしクメール人に、「一生懸命働け、一生懸命学べ、我が民族を栄えさせるために役に立つことを一生懸命せよ」と注意した部分に少しはある。上に述べたようなことは、昔からの諺に言う、

“真実の語は耳に痛い、強い酒は飲んだことがない人を酔わせる”にぴったりである。

学習

もう1つ、nagaravatta 社は、「nagaravatta <gazette>[新聞]は政府に学校を沢山作って増やせ、と求め続けているが、学校を作って何になるか。我々クメール人の子供に勉強することを許して何になるのか」と言っているクメール人が1人いることをはっきりと聞いている。このクメール人は、知識をたくさん得た時には、古いしきたり、古い慣わしを尊重しないのであろう。そうならば、今後我々は本当に低く落ちてしまう。この語、この言葉を聞いた人はたくさんいませんか。

安穏

これらの話は全て、我々、nagaravatta 社は、全く悩まず、全く恐れていない。なぜならば、我々は、「この nagaravatta <gazette>[新聞]はクメール民衆の <gazette>[新聞]である」ことをよく知っているからである。このことの意味は、「クメール人の生命が生きているところならどこでも、そこで nagaravatta <gazette>[新聞]は生きていける」ということです。

聞くことを知るなら祝福せよ

nagaravatta

1-9 今週以降、nagaravatta krum <gazette>[新聞社]は皆さんに出資用紙を送ります。出資を志望する方は氏名と株数とを記入し<signer>[署名し]て<timbre>[印紙]を75セン(0.75リエル)貼り、出資書と、その書類中の指示の通りに金を nagaravatta krum <gazette>[新聞社]に、手続きを早く進めることができるように、至急返送してください。

この株の用紙をまだ受け取っていない方は、nagaravatta krum <gazette>[新聞社]へ手紙を送って請求してください。新聞社は必ずすぐに送ります。

1-10 māt pāḷḷuṅ[記]

シャムはクメールに、6-1[ママ。数字の順が逆]で負けた

クメール lpaeṅ dāt <balle>[サッカー]選手は全て、シャムチームはとても体格が頑丈なので、試合の当初は心配をしていた。彼らの国は独立国であり学習も我が国よりはずっと広いと認められるから、我々は少なくとも5点から6点は取られると思っていて、逆にクメールがシャムから6点もゴールするとは思いもしなかった。

試合の前半は、シャムはフェイント作戦に出て、とても上手に見えた。走って行って<balle>[ボール]を受けるのも並んで走るのも、とても上手に見えた。しかし、<balle>[ボール]を受ける習熟度は、クメールチームと同じ程度には習熟していなかった。試合をした最初の7<minute>[分]にシャムのāvaṅsaṅ チームがシュートしてゴールして1点を得た。即ちクメールから1点を得た。シャムがこの1点を得たのは、クメール[選手が]背後から蹴るという反則を取られたからである。それで蹴り直しになり、シャムの āvaṅsaṅ チームが蹴ってクメール側のゴールから20メートルのところにいた左端の選手にパスし、その選手がシュートしたが、なぜかその<balle>[ボール]はゴールポストのバーに当たり……[注。擦り切れ]……シャムのāvaṅsaṅ チームがもう1度シュートして<balle>[ボール]はゴールに入って1点を得た。観戦していたクメール人たちは、この1点が入った以上はきっともっとたくさん点を入れられると思った。この1点が初めから終わりまで、2度とないではないか、とは誰も知らなかった。それから、クメールは目覚め、真剣になって一生懸命シュートして1ゴールを得てシャムと同点になり、そこで休憩になった。

試合の後半に入ると、5 <minute>[分]でクメールチームがさらに1ゴールした。ñuṅ と thānとが考えを合わせて、thān が<balle>[ボール]を ñuṅ にパスし、ñuṅ が力いっぱい蹴ると<balle>[ボール]はシャム側のゴールに入ったのである。ñuṅ が2点目をゴールしたのを見たクメールチームは、シャムの力を知り、恐れず熱心に全力で蹴った。そして一斉にそろってトラが獲物を見つけたかのように襲いかかり、10<minute>[分]と12<minute> [分]とに jā がシュートして1人で2点を得た。その後15<minute>[分]に thān が蹴って garaṇe sum がヘッディングしてゴールし、これでクメールチームは5点目になった。試合終了5<minute>[分]前に thān が<balle>[ボール]を1人でドリブルして行ってシュートしてもう1ゴールして6点目になった。

なぜ今回我がクメールがこのように沢山ゴールしたのか。それは最初はクメールはシャムの力を知らなかったので、<arrière>[バック]にいた vā と jā 以外は、そろそろと敵の力を測って、あまり力を入れずにゆっくりやっていた。我が方の<demi-centre>[センターフォワード]は後ろとのスペースを考えずに前に上がりすぎ、それで相手はシュートして1ゴールしたのであり、残念であった。

我がクメールがこのように勝ったとはいえ、喜ぶのはまだ早い。次に備えよう。

観客の1人

1-11 クメール人の妬み

我々クメール人は全て仏教信者であり、各人全てが善徳を行うことを知っている。私は、この世でもっとも下劣なことに気づき、クメール人の心は独立がないとわかった。どんなに偉くなっても浮浪者の下劣な心を持ち、自分を「偉い」と思ってくれる人がいないので、偉い人ぶった態度をとる。「偉い」というのはどういうことか。この「偉い」というのは、単に地位のことだけではない。態度も心も偉くて、我々の指揮下にいる人々に畏怖させる

ことができるに価することである。たとえば、我々がイヌを飼う。そのイヌが我々を噛んだ時に、我々は下を向いて我々の口でそのイヌを噛み返すべきではない。我々は何かの策を用いて、手でなでてやり、そしてそのイヌに我々を恐れさせることができるべきなのである。我々クメール人は偉くなり、命令下に身分の低い人がいると、その人たちに権限を濫用して無法なことをしたがることが多い。公務の勤務を終えると、さらに自分のご機嫌をとらせて、自分の家の仕事をさせようとする。クメール正月の季節や、あるいは何かの機会がある時に、それらの部下が自分の家に何か贈り物をしないと、必ず根に持つ。公務をして、誰かがどんなに素晴らしい良いことをしても、一言も褒めない。何か罵って責めたい時には、人がいなくなるのを待つことをしない。客の前でも生徒の前でも、あたかも自分の使用人であって、自分から給料を貰っているかのように、彼らを罵る。彼らも自分と同様に、政府から給料をもらっている官員であることを考えない。これが我々の低劣さである。chṭor 魚が万策尽きると自分の子を食べるのと同じである。

現在のクメール国は、勉強して知識を得た後代の子供は少しずつ目覚め続けている。それでも男にも女にも暗愚でまだ理解していない人が残っている。

それゆえ、私は、我々が偉い人になった時に、どのようにしなければならないかを解説する。

項1。smien でも教師でも、我々の命令下にいる官員の場合には、何か叱責したい場合に、客や生徒の前で叱責するべきではない。人気のない、2人だけの所に呼んで、そのことについて話して説明して分からせるべきである。

項2。彼らを、まるで我々が金で解放してきた奴隷のように罵るべきではない。その人と一緒に仕事がしたくない場合は、政府の制度に従って配置換えを求めるか、政府に罰してもらうべきである。現在我々を統治しに来ているフランス人は、彼らの心は我々よりずっと安定していて我慢強い。それゆえ彼らは我々を統治できる。彼らは我々のように、時も場所も心得ずにカーッと怒ることはしない。彼らは権力に頼って我々に無法をすることはない。我々クメール人は国に独立を求める場合には、互いに仲間内で争い合うだろう。誰かを統治することができる人は誰もいない。

2-1　[44号2-4と同一]

3-1　教師の名誉

現在の教育局の教師(クメール人)は官員の1部とみなされている。さらに、すでに nagaravatta 新聞61号のページ[＝1-6]に要点の概略があるように、我々の国と民族に無数の項目の恩と功績がある人である。しかしこれらの人々は、他の政府部局の官員と違って官吏としての地位がないので少し不運である。現在は国民が、あの<monsieur>、この<monsieur>と呼ぶだけの地位しかなく、聞くと少々耳障りである。この語は高級な語であることは事実であるが、それでも教師の名誉には相応しくない。またクメール人のしきたりにはきちんと沿っているとはまだ言えない。それなのに政府は、このことをなくすために、どうしてこの不足を補って完全にすることを考えないのか。なぜ教師の価値を理解しないのか。

我々の愚かさによるならば、……[注。擦り切れ]……政府部局のクメール人官員と同じように“教師は正官吏に任じられるべきである[注。教師は保護国教育局に属していた。それで「loka」ではなく「monsieur」と呼ばれていた]”。シャムの教師は、他の官員と同様に官吏に任命されている。妙なことに、我が国だけは、この人たちの名誉をすっかり忘れているようである。それゆえ、nagaravatta 社一同は全ての<conseil> senāpatī[大臣]閣下殿たちにお願いする。異存がなかったら、どうかこのことを国王陛下に申し上げ、rājakāra <protectorat>[保護国政府]に訴えて、教師たちを正官吏に任じてください。前もってお礼申し上げます。

もしこのようにできない場合には、名誉官吏に任命するだけでも果てしない大きな徳の力がある。しかし、聞くところによると、教師たちを名誉官吏に任じるという国王布告がすでにあるという。しかし、例として任じただけで、まだ誰も任じていない。また他の名誉官吏と違って欽賜名もない。それゆえ、この布告が出た後も、誰も教師を ghun 何々とか、hluoṅ 何々とか loka 何々とか呼ぼうとする人はいないから、何もなくて任命されていないのと同じである。また本人たちも、自分は ghun であるとか、hluoṅ であるとか誇らしく言うのも、あるいは敢えて<signer>[署名する]のも見たことがない。彼らは依然として前と同じように、この<monsieur>、あの<monsieur>と呼ばれている。それゆえ、以前同様任命されていないかのようである。任命して捨ててしまうのなら、何の利があるのか。

それゆえ、我々は大菩提樹の庇護をお願いする。慈悲で名誉官吏に任じたなら、すこし外見もつけてください。即ち、王国学士院の学者たちが会議をして新しい欽賜名を作って各人に教師にふさわしい欽賜名を与えてください。

政府が上に述べたように慈悲をかければ、それで終わりである。もしそうでなかったら、国民たちはそろって教師たちを少し体系的にして呼ぼう。我々の意見は、教師を3種類、即ち、初級教師、中級教師、上級教師に分けるべきである。初等教育で教える教師は“初級教師”と呼び、中等教育前期で教える教師を“中級教師”と呼び、中等教育後期で教える教師を“上級教師”と呼ぶ。たとえば、初級教師である nāy {ka} は、“初級教師である loka grū ka”と呼び、中級教師である nāy {kha}は、“中級教師である loka grū kha” と呼び、上級教師である nāy {ga}、“上級教師である loka grū ga” と呼ぶのが適切である。<monsieur>と呼ぶのはやめて、“loka grū” と呼ぶのが適切であり、女性教師を呼ぶ “?nak grū” とペアーになり、体系的であるし、クメールの習慣にも合う。[注。遅くとも1960年代後半にはこのloka grūと?nak grūが使用されていた]

この話は、クメール政府の恩徳次第で決められることであり、どうか大きい関心を持って実現させてほしい。ここに提案したことが必ず決定されることを、我々は心から期待する。

nagaravatta [67号1-12に続く]

3-2 また勤務時間が変わった

<thibaudeau>氏は交代する前に、3月21日付 prakāsa <arrêté>[政令]により、4月1日から、官員の午前の勤務時間は7時から12時まで、午後は3時から5時まで、土曜日の夕刻は休業と定めた。

今回、<guillemain>氏は上の<arrêté>[政令]を、4月19日から下に述べるように改めた。

土曜日を除いて午前は7時から11時半まで、午後は2時半から5時まで。土曜日は午前は7時から12時まで、午後は休業。

3-3 カンボジア国ボーイスカウト団福引きお知らせ

1938年4月13日抽籤

番号 132,491はルノー車の saeltā <quatre>1台に当たり。

番号 081,266 は冷蔵庫1台に当たり。

番号 024,209 はシトロエン車1台に当たり。

番号 006,658 はプジョー車(302)1台に当たり。

下の番号は、自転車、<machine> that rūpa[カメラ]、<machine> ṭer[ミシン]、<machine> vidyu[ラジオ]、タバコ、香水、万年筆などに当たり。

[6桁の数字が46個。省略]

籤の番号は……[紙が折れていて消失]……。

3-4 競歩

来る5月8日のジャンヌ・ダルク祭に、プノンペン1周の競歩が行われる。まず vatta bhnam を出発して vatta bhnam にゴールする。競歩者[たち全員に合計]40リエルを支出し、1等は賞金10リエルがもらえる。

この競歩に参加登録を志望する人は、本日から5月8日まで、昼間の朝7時に競技協会の書記に名前を登録してください。

[仏語]　(カンボジアスポーツ連盟事務局長)

3-5 農産物価格[注。「金の価格」はない]

プノンペン、1938年4月21日

サトウヤシ砂糖		60キロ	3.40リエル
		店頭で購入	3.00リエル
籾	白	68キロ、袋なし	3.85 ~ 3.90リエル
	赤	同	3.70 ~ 3.75リエル
精米	1級	100キロ、袋込み	9.50 ~ 9.55リエル
	2級	同	8.90 ~ 8.95リエル
砕米	1級	100キロ、袋込み	7.45 ~ 7.50リエル
	2級	同	7.10 ~ 7.15リエル
トウモロコシ	白	100キロ、袋込み	[記載なし]
	赤	同	8.20 ~ 8.75リエル
コショウ	黒	63.420 キロ、袋込み	14.50 ~ 15.00リエル
	白	同	24.50 ~ 25.00リエル
パンヤ	種子抜き	60.400 キロ	33.50 ~ 34.00リエル

＊サイゴン、ショロン、1938年4月20日

フランス籾・米会社から通知の価格

ショロンの<machine> kin srūv[精米所]に出された籾 1 hāp、[即ち]68 キロ、袋込みの価格は以下の通り。

籾	最上級		4.27 ~ 4.50リエル
	1級		4.10 ~ 4.20リエル
	2級	日本へ輸出	4.00 ~ 4.05リエル
	2級	上より下級、日本へ輸出	3.80 ~ 3.85リエル
	食用[国内消費?]		3.80 ~ 3.85リエル
トウモロコシ	赤	100キロ、ショロン県マッカサンで売り渡し。	0.00 ~ 9.00リエル
	白	同	0.00 ~ 0.00リエル

米(10月[ママ]渡し)、港渡し、袋込み、税抜き、1 hāp、[即ち]60.7キロの価格は以下の通り。

精米	1級、砕米率 25%	5.93 ~ 6.05リエル
	2級、砕米率 40%	5.65 ~ 5.70リエル
	同。上より下級	5.55 ~ 5.60リエル
	玄米、籾率 5%	4.85 ~ 4.90リエル
砕米	1級、2級、同重量	4.65 ~ 4.72リエル
	3級、同重量	4.45 ~ 4.50リエル
粉	白、同重量	2.80 ~ 2.90リエル
	kāk [籾殻+糠?]、同重量	2.40 ~ 2.60リエル

3-6 [64号3-3と同一]

3-7 [64号3-4と同一]

4-1 [48号4-1と同一]

4-2 [8号4-6と同一]

4-3 [11号4-2と同一]

4-4　［44号3-3と同一］

4-5　［8号4-3と同一］

4-6　［20号4-6と同一］

4-7　［65号4-7と同一］

4-8　［57号3-4と同一］

4-9　［48号3-8の終わり近くの「70メートル」が「10メートル」になっているだけである］

4-10　［11号3-2と同一］

4-11　［63号1-5と同一］

4-12　［54号4-10と同一］

第2年67号、仏暦2481年0の年寅年 visākha 月上弦1日土曜日、即ち1938年4月30日

［仏語］1938年4月30日土曜日

1-1 ［仏語で「私書箱 No.44」と「社長、PACH-CHHŒUN」が加わった以外は8号1-1と同一］

1-2 ［デザインが少し変わった以外は8号1-2と同一］

1-3 ［デザインが少し変わった以外は8号1-3と同一］

1-4 ［8号1-4、1-5と同一］

1-5 ［63号1-5と同一］

1-6 教育局で

政府は本当に低学年でのフランス語の学習を廃止しようとしているのか

先日我々は、kumārathān［幼児級学年］［に入学して］paṭiññāṇathān［準備級学年］になるまでは、クメール人児童にフランス語を教えるのを廃止するという<thibaudeau> <le résident supérieur>［高等弁務官］殿の意向について解説し、そして、我々は、「この意向は今後クメール人をさらに低劣にする」ということを指摘した。その際に、我々はクメール人父母に、「<thibaudeau>氏に賛成するか否か」を手紙で我々に知らせることを求めた。現在我々は手紙を多数受け取り、全て口をそろえて、「反対である」と答えている。我々はなかなか重要な内容の手紙を1通選んでこの<gazette>［新聞］に掲載して、政府に読んでもらい、「我々の理解はクメール人の意見と違ってはいない」ことを知ってもらう。

もう1つ、「政府各部局で、政府はクメール語1つだけの知識を持つ者しか必要としないのならば、政府は<thibaudeau> <le résident supérieur>［高等弁務官］殿の意見の通りに学習させるべきである」と我々は理解する。しかし事実は、現在クメール語の知識があるクメール人は高等パーリ語学校の試験を受けて修了証書を得ても、政府の職を求めても得ることはできない。希望を少なくして<planton>の職を志願してさえ得るのは難しい。クメール語の知識は、商業の分野で使おうとしてもそれほど広くは使えはしない。商業はフランス語と英語の単語などしか使わないからである。一方現場では中国語とベトナム語が多く、クメール語はあまり必要とされていない。さらに官員の方は、<diplôme>［高等初等教育修了証書］か<bachot>［バカロレア］以上を持っている者だけを求めることが多く、高等パーリ語学校の修了証明書を持つ者を呼び求めた部局は1つもない。

nagaravatta

手紙の内容は我々が以下に掲載する通りである。

［仏語］　　　　1938年3月29日、コンポン・トム

社長殿

［ク語］　コンポン・トム郡［ママ］に住む我々全ては、政府がフランス語を低学年から学習させるようにすることに賛成します。

nagaravatta が我がクメール人が他と同じようにまあまあ満足できる程度の知識を持つようにすることを支援するようお願いします。なぜならば、現在我々クメール人は、すでに nagaravatta が何回も解説したように、最後尾にいます。もし政府が kumārathāna［幼児級学年］からフランス語を学習させるのを廃止したら、本日以降、我々クメール人は必ず番外に落ちてしまうのは間違いありません。

nagaravatta <gazette>［新聞］を読んでいる我々全ては、本当にクメール人を応援しようとする心を持つ nagaravatta <gazette>［新聞］に感謝と誠実を持っています。

コンポン・トムのクメール人たち

1-7　三蔵経の印刷出版

三蔵経の翻訳と印刷出版に対して浄心を持つ我々仏教徒たちは、この聖典を多数セット購入することを予約登録した。三蔵経を翻訳し終わった日以後、それを印刷出版する方法はどのようであるかについて何も知らない。以前と違って、その印刷出版はとても遅いようなので、我々は印刷出版責任者殿に申し入れに行き、「このことは秘密裏に行われていることではない。即ち三蔵経を購入する人は誰でも質問して、明らかに知る権利を持つべきである」という情報を得た。

我々は、三蔵経を印刷出版することについて、samṭec cau fā vāṅ（juon）が代表して<signer>［署名し］ているクメール政府側を一方とし、印刷出版の責任を持つ王立図書館事務局長<karpeles>が一方となって<signer>［署名し］ている契約書があることをはっきりと知った。

我々はこの契約書を検討して、現在設立されている王室印刷所は、全面的に三蔵経の金の支えに頼っていることがわかった。即ち三蔵経が印刷所に<machine>［機械］、種々の使用器具を貸し、活字、紙、表紙用厚紙を貸し、綴じ糸、インクなどを貸している。それだけでなく、さらに印刷所は三蔵経から、印刷所設立準備のために金を15,000リエル借りる権利もある。

一方印刷所の方は、三蔵経の印刷出版をして、王立図書館事務局長が購入者各人に配布するために原価だけを取り、利益を取らないで提供することだけを同意している。三蔵経以外の王立図書館に渡す書物の印刷出版に関しては、出版所は他の出版所と同様利益を取る権利がある。

我々は三蔵経購入者各人は、三蔵経は印刷所を全力で助力する一方、印刷所は王立図書館をどのように助力するのか、という大きい疑問を持つ。この件は、三蔵経の代表と王室印刷所長は今後どのように処理するのか。そして三蔵経が印刷所に貸している物品は全てどこに行くのか。何万もの三蔵経の金は全部どこに行ったからこのように印刷出版が遅れているのか。

三蔵経購入者たち

1-8　諸国のニュース

1-8-1　フランス国

パリ市、4月16日。パリ市駐在イギリス大使は首相であるダラディエ氏と外相である（Bonnet）氏を、イギリス首相であるチェンバレン氏と外相であるハリファックス氏と会見するために、ロンドン市に招待した。両フランス大臣は招待状を受け取って大変喜んだ。

フランス外相をロンドン市に招くイギリス政府は、両国の陸軍省を互いに親密にならせ、イタリア国と協力する前に、相談をしたい考えである。

＊パリ市、4月17日。情報では、フランス政府は以前のようにローマ市（イタリア）に大使を駐在させようとしている。来る5月、即ちイタリア国が攻撃して属国にしたアビシニア国に関して不干渉委員会が会議を開き、会議が終わってから、大使を任命する。

1-8-2　イタリア国

ローマ市、4月16日。本日、イタリア外相であるチアノ氏が、イギリス大使と共に署名して友好条約を締結した。この友好条約はすべての騒動、即ちアビシニア国とスペイン国の問題などを起こさせることを避けようとするものである。

署名を終えると、チェンバレン氏は電報を打ち、氏の喜びをイタリア国首相であるムッソリーニ氏に伝えた。ムッソリーニ氏も返電して自分の欣快さを伝えた。

＊ローマ市、4月19日。ローマ市駐在フランス公使であるレオン・ブルム氏はチアノ氏に面会に行き、さらに両国にも友好条約を結ばせる方法について相談した。「イタリア政府はフランスの方法をとる考えに同意した」と発表された。

チェコスロバキア国大使はチアノ氏に、「チェコスロバキア国政府はイタリア国がアビシニア国を属国にすることを承認する」と伝えた。

1-8-3　中国

漢口市、4月19日。山東省南部で、さらに日本軍1個部隊が援軍に来た。しかし、その援軍は天津－浦口鉄道線路に達することができなかった。この鉄道線路はすでに中国に切断されていたからである。

このときに、中国は全軍を南方に移し、hāñ juoṅ 県を攻撃して日本から奪還した。同県は sin ceṅ への攻撃を容易にさせ、さらに日本兵を分断して合流できなくさせることもできる重要地点である。

＊漢口、4月19日。（Sooṅ）氏［M.］は危なく死ぬところであった。飛行機に乗って香港を出なければならなかったが、転じて行かなかった。しばらくすると突然同機内で爆弾が破裂した。

山東省で中国が勝利したことを聞いて、フランス人50名のグループが、蔣介石総司令に打電して喜びを伝えた。

＊北京市、4月19日。日本は沈黙し、「中国を攻撃して勝利した」と自慢するのをやめている。

1-8-4　シャム国

シャム外相がある新聞記者に、「シャム国が日本国と結んだばかりの友好条約は、ただ1つの内容、即ちシャム国内でシャム人に独立を与える［ママ］ことだけで、秘密のことは何もない。先年シャムは日本国に助力する約束はしていない」と話した。

1-8-5 中国

漢口市、4月20日。天津－浦口の鉄道線路を攻撃して奪おうとした山東省内の日本軍は、奪うことができなかった。そして、言い訳をするために現在もう1度攻撃中である。

中国は日本を包囲するために陝西県の南から大軍を河南県に向かわせている。陝西県の東で日本は4000名が死亡した。陝西県の西では、日本は同県の8ヶ所から脱出した。河南県の北では中国は日本から市[ママ。市名はない]を奪い返した。

日本軍3,0000[ママ]名が山東省南部から出て pī bīṅ 県を目指している。もう1つ、日本兵1500名が列車に乗って満州里国に行った。

＊東京、4月20日。日本は、「日本軍は中国から lin yī 県を奪い返した」と発表した。

＊上海、4月21日。情報では、陝西県の東で日本軍は兵4,000名が死亡、radeḥ <camion>[トラック]100が破壊された。同県の西には日本は1人もいない。

漢口からの情報では、日本が山東省南部にいる。日本は多数の援軍を得たばかりである。この援軍は、中国軍が北方へ進むのを妨げるために、līn yī－天津鉄道線路に沿って布陣している。

＊東京市、4月21日。日本陸相は14日間にわたって飛行機で中国の全戦闘地域を視察に行き、東京市に帰った。新聞記者たちが、中国人の戦争について種々のことを訊ねようとして同大臣に会いに行ったが、同大臣は沈黙し何も答えようとしなかった。

中国のある<gazette>[新聞]が、「アメリカ国とフランス国がイタリア国と友好条約を締結したので、日本国はイタリア国、ドイツ国、イギリス国、アメリカ国にこれ以上期待することができなくなった。では、日本国は中国から軍を呼び戻すのか、それとも敵味方入り混じって摑み合いをして大戦争を引き起こすのか」と述べている。

天津－浦口鉄道線路に沿って、日本軍は hāñ juoṅ 市を中国から奪い返した。

1-8-6 イギリス国

ロンドン市、4月22日。イギリス国のある<gazette>[新聞]が、「チェンバレン氏は休暇から帰ると、イギリス国、フランス[国]、イタリア[国]、ドイツ国の4ヶ国に互いに友好を結ばせるために一生懸命努力する」と報じている。

1-8-7 中国

ロンドン市からのドイツ電によると、過去数ヶ月の間、日本軍は中国軍に負け続けているので、日本の大臣たちは、再び事を処理するのに懸命になっている。

1-9 1本のボダイジュの陰、入る人は誰もいない

自らの庇護の下にあるクメール人にいつも慈悲の心を持っているので、クメール人に親密な心を持ち、慈悲の心から助けてくれ、それでクメール人の皆が知っていて、尊敬し畏怖している偉いフランス人に、<gazette>[新聞]社長殿が会った。

<gazette>[新聞]社長殿が面会を求めたとき、ドアを開けて氏の<bureau>[執務室]に入ると、氏は手を差し伸べて友情深く手を握り、nagaravatta <gazette>[新聞]を持ち上げて示し、「私は、あなた[?nak aeṅ]がクメール語の <gazette>[新聞]を作ったということを聞いたときに、無限の喜びを感じた。それで、私は毎週土曜日に人に買って来させている。私がまだ年間購読の登録をしていないのは事実であるが、私はずっと買っていて、どの号も欠けていない。あなた[?nak aeṅ]も見えるように、私が買った <gazette>[新聞]は全部この私の横のデスクの上に貯めておいてある」と述べた。それから氏は「nagaravatta <gazette>[新聞]がずっと発展し栄えるように」と祝福の言葉を述べ、「どのような不注意による過失があっても、支援する」とおっしゃった。このことこそが、「大きい外国は、その国の民衆が常に発展を続けるのは、偉い人が自分の国を発展させる知恵を持つ庶民を常に支援する」と私が認識していることである。

しかし私は、「あるクメール人の偉い人がいて、悪い心を持ち、nagaravatta <gazette> [新聞]を潰したいと思っている。それだけではなく、この偉い人は、『4、5ヶ月するとnagaravatta <gazette>[新聞]は必ず仰向けにひっくり返る』とさえ敢えて言って歩いている」と聞いて疑問を持った。この話に私は、「nagaravatta <gazette>[新聞]はなぜ潰れるのか」と疑問を持っている。あるいは、この偉い人が潰してしまおうとしているから潰れるのだろうか。

上に述べた言葉は、私はよく考えてみると、先の週に[62号1-9]で私が話した私の孫の言葉に合致する。そしてこの孫はnagaravatta <gazette>[新聞]読者全てに、「潰そうとしている偉い人がいるから、この <gazette>[新聞]の寿命は長くは存在しない」と言って歩いて、[読むのを]やめさせようとしている。もう1つ、「nagaravatta <gazette>[新聞]はクメール人の利益を増すことを何か言ったことはなく、けなして貶めることばかり言って、ますます泥に沈ませるだけで、何の役にも立たない」と言った。それだけではなく、私の孫はさらに、「発展があるにしても、我々はそれに従うべきではない。今の時代の子供は勉強をして知識を得ると、『大人は右も左もわからない』と言って見下すことが多いからである」と言った。この時、私はこの孫のそばにいた。それで私は私の孫を呼んで叱った。「孫よ。どうしてお前は考えずに物を言うのか。お前は子がたくさんいて、全てが外国に勉

強に行っている。そしてそのために知り過ぎると言うのなら、子供たちはどうやって知識を掻き出して外に出すことができるのか。まあ、お前はお祖父さんが示して楽にしてあげるから待っていなさい。お前の子や孫全てが、他の人と仲間になれないのなら、筏を作って流して捨てるしかない。国にいて文句を言っていてはいけない。何になるのか。人々に、『お前の子供は家柄が悪い』と言われないようにしなさい」

tā {kram}

1-10 ［66号1-9と同一］

1-11 nagaravatta 印刷所株式会社について

nagaravatta 新聞が広報し、呼びかけて、nagaravatta <gazette>［新聞］を印刷し、あらゆる種類の印刷を請け負うための印刷所を1つ設立するために出資する志望者を募って以来、現在までに、志望して手紙を送ってきて株を予約した人の数は466名、株数は1409株、金額は14090リエルになりました。<gazette>［新聞］の資本金1140リエルを加えますと15230リエルになり、1477株、金額は14770リエルが不足で、あとこれだけあれば、nagaravatta krum <gazette>［新聞社］が定めておいた規定の30,000リエル満額になります。

現在、nagaravatta krum <gazette>［新聞社］は、法律に従って、出資を志望する人全てに配布するための出資用紙［＝株券］を印刷し、先週から送付を始めました。皆さんは、正しく名前、住所、職業、株数を記入し、<signer>［署名し］たら、皆さんは75センの<timbre>［印紙］を買ってこの出資用紙［＝株券］に貼って、［出資する］株［数］の金額［の金］と一緒に、至急必ず nagaravatta krum <gazette>［新聞社］に送り返してください。我々の事業は向こう岸に近づいていますが、全員がそろって力を合わせて早く着くように漕がなければならないからです。

この金と株券を送ることは、皆さんが自分で持参して来ることもできますし大変良いことです。しかし、忙しければ、代わりに誰か別の人に持って来させることもできます。人が見つからない場合は、<mandat poste>［郵便為替］を買って<recommandé>［書留］の封筒に株券1枚と一緒に入れてnagaravatta <gazette>［新聞］社長の名宛で送ってください。あるいはnagaravatta のsamuha pañjī［文書係事務員］に送ることもできます。もう1つ、皆さんが金を払ったら、領収証を請求して保存しておかなければなりません。nagaravatta <gazette>［新聞］の事務所［mandira］は朝の7時半から11時半まで、夕刻は2時半から6時半まで開いていて皆さんを受け付けます。皆さんが株券［ママ］と金を早く送るように処理してくだされば、nagaravatta krum <gazette>［新聞社］はnagaravatta 印刷所の設立手続きを早くすることができます。それゆえ、皆さんは放置してさらに時間を無駄にすることがないようにしてください。

もう1つ、nagaravatta krum <gazette>［新聞社］は送付した株券に、皆さんが何か疑問があるのではないかと、少し気がかりがあります。それで、この機会に、名前と株数を記入しなければならない所を少し説明します。

説明

左ページに空欄があり、それには次のように記入します。

仮に、出資を志望する人を、名前は nuon、30歳、妻の名前は naṅ、住所はカンダール州 khbap 村 thmī 地区、とします。（もし出資を志望する人が夫がいる女性の場合は、「夫」の名を記入して、「妻」とあるところを消してください。）この nuon が10株出資したい場合には、1つ下の空欄に「10株」と書きます。もう1つの空欄には「100リエル」と書きます。右側のページは、「私は会社にこの株券を……の形式の株券で私に返送することを求めます」とあるところの、この「……」に、mān jhmoḥ（Nominative）［記名式］を希望ならば「mān jhmoḥ［記名式］」と記入し、名前がない［＝無記名式］のを希望ならば、「gmān jhmoḥ［名前なし］」あるいは、「it jhmoḥ［名前なし］（au porteur）［持参人。所持者］」と記入すれば、それで終わりです。

［株主］総会の時には、出資者全てが会議に出席して発言する、説明を聞く、投票する、などの権利があります。しかし、その際皆さんが私用で忙しく会議に出席できない場合には他の人に代理で出席させることもできます。それゆえ、その代理の人が同郷に住んでいて、名が bejra であるとすると、その空欄にさらに、「私は、住所がカンダール州 khbop 村 thmī 地区の bejra に権限を与える」と書き加えます（この空欄は、あなた自身が会議に自から出席するのに十分な時間があるならば、記入する必要はありません）。1番下の空欄には、「1938年4月30日にカンダール州 thmī 地区、khbap 村にて作成したのが正しく、10株、1株につき10.00リエルの数値が正しく、権限を与えることが正しいことを確認する。

<signer>［署名］nuon

となります。

（上に述べたこの説明は全て仮の例であって、皆さんにこのように名前を記入するという方法を説明するためだけのものです）

この簡単な説明を終える前に、nagaravatta は株券を受け取った皆さんにお詫びをいたします。nayalakkhaṇa（renvoi）［注記］、即ち下の説明で上に線が引いてある説明部分は、左ページの番号1の説明が印刷の間違いであり、右ページの番号1に移すべきなのです。右側のページの番号1は、左ページの番号1に移すべきで、そうすれば正しくなります。

nagaravatta はクメール人である皆さんに、皆さんは全体の利益になる事業を放棄しないと期待しています。

皆さん各人は、“団結はあらゆる項目の発展の頂上である”ということをすでにご存知であると思います。

nagaravatta

1-12 教師の名誉 ［66号3-1を参照］

尊敬の念をもって、nagaravatta 新聞に反論します。先の土曜日［＝66号3-1］、nagaravatta 新聞は教師（純粋クメール人）たちの恩を掘り起こして明らかにし、思い出させ、さらに<conseil> senāpatī［大臣］殿たち全てに、国王陛下に申し上げ、さらに rājakāra <protectorat>［保護国政府］に訴えて、教師たちを正官吏に任じるか、あるいは名誉官吏に任じるように、という申し入れをしました。これについて私は、nagaravatta 新聞が心から教師を愛しているのを知り、他にたとえようのない高い感謝と歓迎で握手をして挨拶します。

しかし、真実に支援してくださるのなら、長者のような財産を持っている財産家であって、名誉官吏に任じられているクメール人や中国人やベトナム人と混同されないために、他の政府部局の官吏と同じように、カンボジア国国王陛下の下僕として、正官吏になれるように助力し考えてください。なぜならば、これらの名誉官吏は単に名誉だけで保護国政府から俸給はもらっていないからです。

もう1つ、私は述べて明らかにしたいのですが、現代の教師は若い人も年寄りも、全てが貧窮しています。水にもぐっても深くはもぐれず、どこかに行こうとしても遠くには行けません。それゆえ、ただただ黙って、何らの悔しさも不満も持たず、毎日各自の生業である仕事を果たしています。そして、まだ妻子を養うのに十分な俸給がもらえること、あまりにも困窮が激しくならないことのみを期待しているだけなのです。

それゆえ、nagaravatta は、教師は名誉官吏になりたい、職位名で偉くなりたいと思っていると誤解しないでください。正式に陛下の下僕になれるのなら、ためらうことなく直ちになります。この［教育］局の官員は、誰彼の差別なく、全てに幸福を与えるのですから、子供たちを指導し、監督する権限を与えるために正官吏になるべきです。

失礼の段は平にご容赦ください。

教師団

教師団が教師たちの希望を述べた上述の内容に、nagaravatta は共通の理解を持つ。nagaravatta は教師たちの心情を長い間見てきた。nagaravatta は、下の2つの有用なことが、我々の教師団のために実現されることを切望する。

それゆえ、nagaravatta は国王陛下の政府と rājakāra <protectorat>［保護国政府］とは、この要請の通りに実行してくださることを期待する。即ち、

1。教師たちを正官吏に任じる。

2。俸給を現在より増やして生命を養うのに足り、官吏の身分にふさわしくする。

nagaravatta

2-1 ［44号2-4と同一］

2-2 教え諭すこと

我々人間の生活は、行わなければならない職業に対する愛の中にある。人は職業に従事するおかげで発展する。そして職業を怠けることで破滅する。

あなたは、職業を選り好みすることなく、どの職業でも行いなさい。そしてあなたに課された、あるいは命じられた［程度］よりも良く行いなさい。

我々人間の多くは、職業は貧しい人を罰するための重い刑罰の1種であると思っていることが多い。このように考える人は、その結果一生の間貧窮に苦しむのである。

高慢で傲慢で強情な性格の人は、全く役に立たない無学無知という目印である。

自分のことしか考えない人、自分の身分にこだわる人、これらは成功と幸福と安楽に達することを望む人は、完全に捨て去るべき悪い性格の1つである。

良い性格の人は、常に自省する念を持ち、当然いつも、「この世には自分より能力があり、自分より良い人が大勢いる」と思っている。

あらゆることに優れている人はいない。賢くて極めて有能な現場監督でも、まだ自分の部下である老練な作業員から多くのことを学ぶことがある。“ナポレオン”王でさえ、自分の近衛兵から学ぶことがあった。

いつも思い出しなさい。“私が学んで知っていることは少ない。私がまだ知らないことはものすごく沢山ある”

金は何の役に立つか、もし誰かに寄付するのでなかったら。

学問知識は、もし他の人に教え諭して知識を持たせるのでなかったら、何の役に立つか。

権力は、もし他の人を助力して支えるのでなかったら。何の役に立つか。

3-1 ター・カエウ州における教育の発展

情報では、ター・カエウ州では、政府が、生徒70人の新しい寄宿舎を建てている。現在生徒が寄宿している古い建物は教室にする。この州は教室がたくさんあることになる。

この発展は、クメール人を愛し、クメール人の子供のための教育を広めることに熱心な州<le résident>［弁務官］殿と州知事殿のおかげである。

nagaravatta は他の州の長殿にこれを模範にするようにお願いする。きっとクメール国の教育が発展するのは確実である。

3-2　火の餌食

情報では、1938年4月22日、トンレー・サープ川の北岸にある kambaṅ ghlāṅ 村(シエム・リアプ)で火事があり家が30棟燃え、2名の人名が失われた。

nagaravatta はこの災害に会った人たちにお見舞いを申し上げる。そして、このような災害が起こらないように注意するようお願いする。

3-3　農産物価格［「金の価格」はない］

プノンペン、1938年4月29日

サトウヤシ砂糖		60キロ	3.40リエル
	店頭で購入		3.00リエル
籾	白	68キロ、袋なし	3.95 ~ 4.00リエル
	赤	同	3.80 ~ 3.85リエル
精米	1級	100キロ、袋込み	9.70 ~ 9.75リエル
	2級	同	9.15 ~ 9.20リエル
砕米	1級	100キロ、袋込み	7.60 ~ 7.65リエル
	2級	同	7.10 ~ 7.15リエル
トウモロコシ	白	100キロ、袋込み	［記載なし］
	赤	同	8.10 ~ 8.60リエル
コショウ	黒	63.420 キロ、袋込み	15.0［ママ］~15.50リエル
	白	同	25.50 ~ 26.00リエル
パンヤ	種子抜き	60.400 キロ	32.50 ~ 33.00リエル

＊サイゴン、ショロン、1938年4月26［ママ］日

フランス国籾・米会社から通知の価格

ショロンの<machine> kin srūv［精米所］に出された籾 1 hāp、［即ち］68 キロ、袋込みの価格は以下の通り。

籾	最上級		4.35 ~ 4.55リエル
	1級		4.18 ~ 4.25リエル
	2級	日本へ輸出	4.08 ~ 4.10リエル
	2級	上より下級、日本へ輸出	3.90 ~ 3.95リエル
	食用［国内消費?］		4.00 ~ 4.05リエル
トウモロコシ	赤	100キロ、ショロン県マッカサンで売り渡し。	9.25 ~ 9.30リエル
	白	同	0.00 ~ 0.00リエル

米(10月［ママ］渡し)、港渡し、袋込み、税抜き、1 hāp、［即ち］60.7キロの価格は以下の通り。

精米	1級、砕米率 25%	6.20 ~ 6.25リエル
	2級、砕米率 40%	5.75 ~ 5.80リエル
	同。上より下級	5.65 ~ 5.70リエル
	玄米、籾率 5%	5.05 ~ 5.10リエル
砕米	1級、2級、同重量	4.78 ~ 4.83リエル
	3級、同重量	4.50 ~ 4.55リエル
粉	白、同重量	2.85 ~ 2.90リエル
	kāk［籾殻＋糠?］、同重量	2.40 ~ 2.50リエル

3-4　［広告］　**病気で策に窮している人で、まだ sīv-pāv 店の薬を飲んでいなくて、「自分の業もこれまでだ［＝寿命はこれまで］」というのに承服できない人**　［注。102号3-4を参照］

肺の痛み、痰が出る咳、血を吐く咳、頑固な咳を治す薬。沢山治りました。

スイギュウ、ウシ、ウマなど、役畜の病気を治す薬。年の始めは sā［？］に罹かったり、あるいは種々の病気で役畜がたくさん死にます。役畜が何かの病気にかかっていることがわかったら、のませてください。この薬はいつも驚くほど効きます。シエム・リアプの raluos の thaukae {tān-gim sān} は300包買って行ってスイギュウとウシを200頭以上救いました。遠くの地に住んでいてこの薬を手に入れたい方は、3.00リエル以上買えば、私が Contre remboursement［代金引換］で送ってあげます。1包が0.60 リエルです。

身体内に潜伏している梅毒や淋病を持っている人は、sīv-pāv 店の薬をまだ飲んでいなかったら、毒はなくなっていません。なぜならば私の店の薬は毒を全部殺して病気を治すので有名ですから。

経血が種々苦しめる、あるいは閉経して腹に腫瘍ができている女性を救う薬。私の薬は良く効きます。どうぞ急いで買って服用してください。

アヘンをやめる薬は［アヘンを］やめられます。国中から親族がいなくなって、何をぐずぐずしているのですか。

白帯下の女性の薬。［白帯下は］2種あります。1つは暑い国に住んで気が弱っていることからおこり、もう1つは夫の毒が伝染しておこります。即ち、夫が梅毒・淋病になり、薬を飲んでも毒は全部は殺していません。とても小さい毒が残っていて妻に伝染します。この病気はかかると、何の病気かわからないまま死にます。まだ sīv-pāv の店の薬を飲まないでいて、どのようにして治せますか。

4-1　［48号4-1と同一］

4-2　［8号4-6と同一］

4-3　［11号4-2と同一］

4-4　［44号3-3と同一］

4-5　［8号4-3と同一］

4-6　［20号4-6と同一］

4-7　［広告］［仏語］　**EN VOGUE MODE**

裁断師　NGUYEN-VAN-SAO

プノンペン　Aimé Grand 路63号

［ク語］　皆さんが、美しく身体に合う衣服を誂えたか

ったら、どうぞまっすぐ私の店に来てください。1度試しに誂えてみてください。きっと腕前がわかります。そして望み通りであることがわかり、心の中で信じておくことでしょう。

4-8 ［広告］ アメリカ国から来た“<usalite>”の鳶印懐中電灯と電池

乾電池

この乾電池は新しい yīho <marque>［商標］で、特に力が強く有能です。そして長期間使用でき、なかなか切れません。外被は継ぎ目がなく、上から蓋がかぶさっています。古い商標のものより有能で安価です。

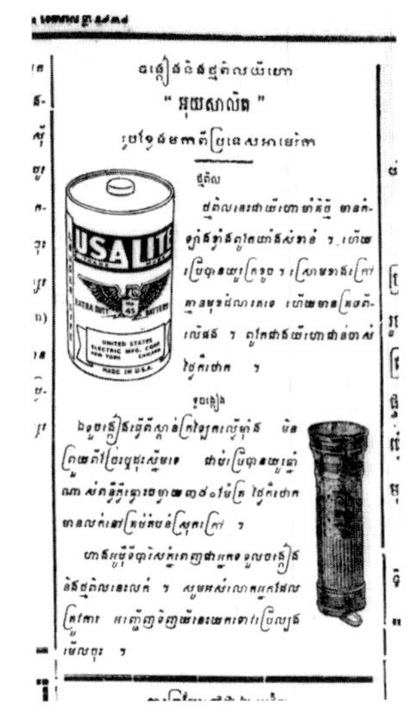

懐中電灯

懐中電灯の本体は kallœmāṅ メッキの銅です。腐食や錆びが出る心配はありません。丈夫で長年使えます。光は明るくて350メートル届きます。安価で外国のあらゆる地域で売っています。

プノンペンの<au petit paris>店はこの懐中電灯と乾電池の仕入れ販売者です。必要な方はどうぞこの商標を買って使って試してみてください。

4-9 ［48号3-8の終わり近くの「70メートル」が「10メートル」になっているだけである］

4-10 ［11号3-2と同一］

4-11 家が壊れたら早く支えよ

私はあらゆる種類の建材を製材して販売しています。家の建築も請負います。皆さんが建材を買う、あるいは家を建てたい時には、どうぞ必要に応じていらしてください。

販売場所は、プノンペン市第7区、<verdun>路、laṅkā寺の後ろ、距離30メートルのところです。

4-12 ［54号4-10と同一］

［注意。この後、68号から71号までは欠］

SAMEDI 4 JUIN 1938

COFAT
CIGARETTES
La meilleure cigarette Indochinoise
Le Paquet vendu 5 cents

Directeur
PACH-CHHŒUN

HEBDOMADAIRE PARAISSANT TOUS LES SAMEDIS

(Boite Postale N° 44)

［注意。この前の68号から71号までは欠］

第2年72号、仏暦2481年0の年寅年 jesṭha 月上弦6日土曜日、即ち1938年6月4日

［仏語］1938年6月4日土曜日

1-1　［仏語で「私書箱 No.44」と「社長、PACH-CHHŒUN」が加わった以外は8号、1-1と同一］

1-2　［デザインが少し変わった以外は8号、1-2と同一］

1-3　［デザインが少し変わった以外は8号、1-3と同一］

1-4　［8号、1-4、1-5と同一］

1-5　お知らせ

nagaravatta印刷所株式会社について

nagaravatta krum <gazette>［新聞社］は、出資を志望した方に名前を記入するための書類を送りました。それゆえ、どうか受け取った皆さんは名前を全部と株数を記入し、<signer>［署名し］て、［2枚のうち1枚に］<timbre>［印紙］を75セン貼って nagaravatta krum <gazette>［新聞社］に送り返してください。もう1枚は手元に保存しておいてください。（<timbre>［印紙］を貼る必要はありません。）

もう1つ、もしまだ名前と株数を記入する書類を受け取っていなかったら、急いで手紙を出して、nagaravatta krum <gazette>［新聞社］に請求してください。

1-6　カオダイ教が仏教を侵略している

シャカムニ・ゴータマ尊師が創始者である仏教は純粋で正しく、かつ不変の宗教で、確固とした基礎、即ち三蔵経、仏像、大ボダイジュを持つ。世界の多くの大衆が、世界の諸宗教よりも優れていて本当に確かな真髄があると見て、この宗教を好み信仰している。

仏教はカンボジア国に入ってきて根を下ろして、多くの王の治世の間存在し続けてきて、大衆は心変わりして他の宗教に転じて仏教を裏切ったことはない。

ここ数年の間、コーチシナ国のタイニン省（roṅ ṭamrī［注。これはクメール語名］）のベトナム人たちが団体を1つ作り、カオダイ［高台］教、即ち改新仏教と命名した。目が1つの像を基礎にし、さらにヒットラー（ドイツ）の記号と同じ形の記号［＝卍］を持つ。そしてベトナム人、中国人、クメール人に広め勧誘して、この新しい団体に入信させるために祭りをして儀式を行った。"カオダイ［高台］、即ち改新仏教" と命名したのは、おそらく世界の大衆の多くが仏教を好み、信仰しているから、同じ仏教であるが改新したものであるとして、仏教を信仰する人々の心を惹く、即ち騙してカオダイに入信させるためであろう。

カオダイが新しく生まれたばかりの時には、無学無知で愚かで、自分自身の宗教を知らないクメール人大衆が、「カオダイは特別に強く有能で、本当に確実に信じさえすれば、どのような災害、どのような病気も治して安楽にし、大衆の苦しみを救うことができる」という噂を聞いて、在家も僧も大勢が大騒ぎしてカオダイに改宗した。その時、カオダイの人々は新しい入信者たちから多くの金を集めた。

国王陛下は、王国内の無学無知で愚かな人々が、仏教と陛下とを裏切ってこの新しい宗教を信じたことをお知りになり、1927年12月26日付「国王のお言葉」を出してカオダイに入信することを絶対的に禁止なさった。その後、1922年［ママ。1927年より後のはずである。恐らく1932年が正しい］2月8日付国王布告があり、これを1934年7月27日の国王布告で修正して、クメール刑法に以下に抜粋する第298条と第300条を追加して、クメール政府が正しい宗教であると認めていない宗教に入信した、あるいは入信を勧誘したクメール人を処罰することを規定した。

第298条。「自己が強力な超能力を持つ」と人々に信じさせ、人々に騒ぎと混乱と不安を起こさせた者は、第1級中級罰に処する。この規定は、呪術、スナエ呪術、その他の呪術を使用する者全てにも適用される。中級犯罪を行おうとしたことは中級犯罪を行なったとして罰される。クメール国内に存在し、かつ正当であると認められている宗教のいずれかを信じる者ではないクメール人あるいは外国人と共に、あるいは集まって儀式をするため、あるいは儀式に参加させるために、クメール国内、あるいは王国以外の地に、1人で、あるいは大勢で行かせるために、種々の事項により、人々を指導する行為、あるいは人々を扇動する行為は、人々に騒ぎと混乱と不安を生じさせようとしたとみなされる。

上述の儀式あるいは集会に参加した者は軽罰に処す。

300条。上述の策を用いて、国民にフランス政府、あるいはクメール政府、およびこれらの政府の職にある者、あるいはこれらの政府の代表に対して害を及ぼすよう扇動した者、あるいは扇動しようとした者は誰であれ、[注。原文はここでパラグラフが改まっているが、実はつながっているものとする]諸階級の国民に互いに敵意を持たせる、あるいは反目させようとした者、あるいは人の1つの集団に他の1つの集団を恨ませる、あるいは反目させるために、あるいは国民に、国、あるいは官員一般、あるいはクメール政府が正当であると認めた宗教の信者に敵意を持たせる、あるいは反目させようとする考えを国民に広めた、あるいは広めようとした者は第2級中級罰に処する。付加刑罰として、普通の自由人から権利を剥奪して、ある場所に居住することを禁止し、実行することができる。

上述の策略を用いて、人々に政府の法律、あるいは担当の行政部あるいは担当の司法部の職員による法律上正当な命令に従わないように扇動した、あるいは扇動しようとした者は同じ罰に処する。ただし、官憲に頑強に抵抗するように扇動して成功したことに対する、これより重い罰がある場合には、官憲に頑強に抵抗することに関する規定を適用する。

第299条[ママ。この299条は抜粋されていない。あるいは「298」の誤植か]の規定は、多くの違反者の中から1名または複数名を出廷させて審理するという条件で適用される。その他の者も裁判所で審理することができる場合には、この国王の禁止布告とこの国王の禁止布告による加重罰の規定は除かれる。[注。以上で条文の抜粋は終わり]

この国王布告が出て以来、クメール司法部門は、roṅ ṭamrī[＝ベトナムのタイニン省]にカオダイに入りに行ったことが判明した多くのクメール人を、在家、僧を問わず、逮捕し[ママ]処罰した。

その後、1931年[ママ]12月30日付の、「クメール民衆がカオダイに入信することを禁止する。頑強に従わない場合は上述の刑法の条項によって厳しく処罰する」という国王のお言葉があった。

それ以来、静まったようであったが、突然、1937年になると、スヴァーイ・リエン州の悪い無学無知の愚かなクメール民衆が懲りずに、上述のように繰り返し規定してある国王規定に頑強に従わず、仏教と国王を裏切って新たにカオダイに入信し、職位と任命の印、カオダイのシンボルである白衣、帽子、さらに目が1つの像をタイニンの教団長から授けられ、歩き回って州内の仲間のクメール人を勧誘して大勢入信させた。さらにまた、「カオダイは仏法を備えた王であり、全ての苦しみを救うことができる力と方法を持つ。入信しない者は将来悲惨なことになる」と脅して怖がらせて、自分のために寄付を募った。

政府の<conseil> senāpatī[内閣]は1938年1月17日付通達第1号を出して、上述の国王規定に重ねてクメール大衆に禁止した。しかしそれでも大衆は耳を貸さなかったので、カオダイに入信し他を入信させた長たちを、スヴァーイ・リエン州の知事と郡長が逮捕して処罰して懲らしめた。逮捕された者の中にはカオダイを捨てることを頑強に拒否した者がいて、これは裁判所に送り処罰した。カオダイを信じるのを以後止めることを承服した者は釈放された。

スヴァーイ・リエン州のクメール政府が上述の国王規定通りに実行したのは、実に正当であると思われ、同州の民衆は、「州知事、郡長が法律を偽造して、違法行為をした」と推測するべきではない。即ち、上述のように陛下からの布告が多数あり、スヴァーイ・リエン州の民衆が重大な違反を犯し、仏教と国内の幸福の責任を持つ国王陛下とを裏切ったのである。

スヴァーイ・リエン州の民衆がカオダイを信じることが多いのは、無学無知で愚かで、間違ったことを正しいとすることによる。多くは無知で、仏教の真髄の味を知らないから、法律を犯した、即ち違反したのである。土地は国の端にあってベトナム国に接しており、カオダイのベトナム人がスヴァーイ・リエン一面に広がって住み、力を見せ付け、祭りを行い、愚かなクメール人は[カオダイの神の]罰を恐れて入信した。国の主の法に違反したのは、「カオダイは強力で有能で、本当に世界の人々を苦しみから救うことができる」と推測したからである。政府はこれ以上スヴァーイ・リエンの民衆たちを罰することなく、厳重に禁止して、クメール大衆がカオダイを見に行って[カオダイの]忠告を聞くことがないように、さらにカオダイが配布する本や品物を受け取らないようにしてほしい。もし頑強に反抗する者がいたら、それは法律通りに厳しく処罰してほしい。そして仏教を無学無知の愚かな州にも豊富にひろがらせ、自分の宗教である仏教を良く知るようにする措置を講じるようお願いする。そうすれば愚かさを心から追い出すことができるであろう。

この仏教を広める仕事は、仏教の深い知識を持つ、英知のある僧侶を派遣し、説法をして正邪、善悪を説明して理解させて仏教の教義を明るく明瞭に広めるべきである。

仏教がクメール国に入って来ることができたのは、最初の布教のおかげであった。braḥ moggaliputtatissatthera［木蓮尊者］という名の阿羅漢が広めて入って来させたのは、当時我がインドシナ国はまだ宗教がなく、無学無知で愚かだったからである。

クメール民衆各人はよく考えてほしい。現在クメール国の美しい国土財産収穫は全て中国人、ベトナム人の手に握られてしまっている。それなのに、なぜまだ目覚めないのか。放置してベトナム人に心と考え、さらに我々が長い間信じてきた仏教まで奪われるままにするのか。無学無知、愚かな我がクメール民衆をこのままにしておいたなら、いずれクメールの寺院はきっと全部カオダイが来て住むに違いない。ああ、クメール人よ。なぜまだ変わらないのか。

nagaravatta は政府に、上述の国王陛下の規定に違反したクメール人たちを、上述の国王規定に従って重く罰するようお願いする。

nagaravatta

1-7　諸国のニュース

1-7-1　チェコスロバキア国

プラハ市、5月23日、<havas>電。チェコスロバキア国では投票が終わったばかりである。この投票のときに、互いに異なる主義を信奉する2グループ、即ち1つは同国をドイツ国に併合させることを望むドイツ人のグループ、もう1つは、同国がこれまで同様独立であることを望むチェコ人、ドイツ人、ポーランド人、ハンガリー人からなるグループがあった。この投票の時には、政府が混乱がないように厳重に警戒したので、投票者たちはあまり争いを起こさなかった。

チェコ機複数がチェコスロバキア国とドイツ国との国境上空を2度飛行した。チェコスロバキア国に対して不法行為を行うために、ドイツ政府がこのことを理由にしようとしたが、ドイツ大使がポーランド外相に協議しに行き、同外相が、「チェコスロバキア国に騒動が生じたならば、ポーランド国軍は急いでフランス国とイギリス国を援助に行く」と答えたので、意図の通りにはならなかった。もう1つ、イギリス政府とフランス政府が同国内で騒動がおこらないように種々の措置を講じてあったからである。イギリス政府はチェコスロバキア国政府に、さらに騒動が起こるのを防ぐために警官を多数増員することを求めた。

このチェコスロバキア国は、中央ヨーロッパ諸国の中の国で、ドイツがオーストリア国の次に手に入れたがっている国である。フランス政府は同国と友好条約を結んでいて、「いかなる国であれ、チェコスロバキア国を侵略に来たら、フランス国は必ず駆けつけてきて助力して守る」と保証している。

1-7-2　中国

上海、5月23日、<havas>電。ドイツ政府は、「中国で戦闘教官をしている全てのドイツ人はドイツ国に帰国するよう」命令した。そして、「さらに武器を中国に売ることを中止する」と述べた。

＊漢口市、5月23日、中国の情報では、本日中国軍と日本軍は sī jū 県で交戦中である。日本軍は luṅ hāy 鉄道線路を2つに分断したいと思っている。しかし、中国は日本の作戦を知り、sī jū 県から軍を集めて luṅ hāy 県で1つに集結させた。

もう1つの情報では、kvī tiḥ 県の東で中国は日本軍を攻撃して1個部隊を粉砕した。この日本軍は強力で有能な土肥原氏［nāy］が指揮している。この情報によると、「中国は sī jū 県を奪還した。同市の日本は銃弾で大勢が死亡した」

中国は転じて、河北県の保定府にいる日本軍を奇襲攻撃している。この間に、中国軍の1個部隊が天津県の南の chāṅ jū 県を攻撃した。

日本は、「sut jāv 府県の南で日本軍に包囲された中国軍は、天津－浦口鉄道線路を渡った」と認めることを承服した。日本軍は sut jāv 府市の西の ḷāṅ feṅ jit市を包囲した。中国非正規軍1万名が北京市に近い保定府市を攻撃中である。

＊漢口市、5月24日、アメリカ電によると、ドイツ政府が中国から引き揚げようとしている戦闘教官については、中国政府は他の国から代わりの教官を雇用しようとしている。

1-7-3　チェコスロバキア国

プラハ市、5月24日、<havas>電。チェコスロバキア国首相とドイツ人代表（ユダヤ人）が会見したが何の成果もなかった。

国境で、主義を［異にする］両派のグループが依然としてずっと互いに怒っている。

ドイツが、「国境でチェコ人がそこの国土を守備するためにあらゆる種類の武器を準備している。ドイツ人がドイツ国から来て侵入するのを恐れて、国を守るためである。彼らは同所から税関吏を引き上げて代わりに兵を配置した」と報じている。

＊ローマ市、5月24日、<havas>電。イタリア国はチェコ

スロバキア国に関心を示さず無視する態度をしている。
＊ベルリン市、5月25日。ドイツ政府はプラハ市駐在ドイツ大使に、国境を2度侵犯し、その国境付近の陣を密かに撮影した軍用機の件について、チェコスロバキア国政府に抗議するよう命令した。チェコスロバキア国政府は謝罪し、再び過失を起こさせないことを約束した。

1-7-4　中国

上海市、5月26日、<havas>電。中国軍2個部隊が南京市の南の道から南京市に接近中である。

もう1つの情報では、中国軍は ḷān feṅ　市を出たが、山東省の南の hut se 市を奪い返した。
日本は、「日本軍は中国軍を gū siñ sī 県で攻撃して、散り散りにならせ、兵2500名を死亡させた」と発表した。

日本軍はさらに ceṅ jū 県に接近している。同県はluṅ hāyと北京－漢口鉄道線路の分岐点である。

さらに日本軍の援軍が到着した。
＊上海市、5月27日、<havas>電。陸相である日本将軍が辞職した。日本政府は、板垣という名の将軍を中国から呼び、同大臣の後任にした。

中国からの情報では、中国軍3万名が sut jiev 府県の日本軍の手中から脱出した。

日本軍艦8隻が juoṅ juṅ jū 県に到着した。広東市を攻撃しようとして、多数の小船舶が軍を輸送してきて、マカオ国の南に上陸させた。

中国は、「中国軍は ḷān feṅ 市を日本から奪い返した」と述べた。

1-7-5　チェコスロバキア国

プラハ市、5月27日、<havas>電。ドイツ国は、「密かに騒動を起こしてチェコスロバキア国政府要人たちをさらに悩ませた」ことを口先だけで否定した。

ドイツ機がチェコスロバキア国領空を2、3回侵犯したが、ドイツ国政府は、「その情報は事実ではない」と述べた。
＊プラハ市、5月29日、<havas>電。同民族ではあるが互いに異なる信条を持つドイツ人たちがボヘミア県の境界で撃ち合いをして、4人が負傷した。

ドイツ政府は、再びドイツ国領空を侵犯した飛行機の件でチェコスロバキア政府に抗議した。一方チェコスロバキア国政府は、「この事件について<enquête> sœup［調査する］する」と回答し、逆に、「ドイツ機もチェコスロバキア領空を侵犯した」と抗議した。

1-7-6　中国

上海市、5月28日。本日、日本機が広東市を爆撃し、500名が死亡、約900名が負傷した。多くの家屋が爆弾で全壊した。上海市では、同市に住んで生計を立てている外国人たちが、「本日以降同市を出るように」という書簡を中国政府から受け取った。中国政府は日本人がいる全ての市を爆撃することを考えているからである。日本軍は luṅ hāy 鉄道線路に沿った kvī tiḥ 市を占領した。同市にいた中国軍は西方に向けて逃走した。

1-8　土曜評論

私は、「krasuoṅ samṅāt（Service de la sûreté）［公安警察局］に勤務している、1人のthīが、土曜日と日曜日に自宅で博打をさせている親玉である。このthīは dham 市場にも店を1つ持っていて、何も恐れず、まるで政府から好きなだけ博打を打つ許可を得ているかのように、しばしば民衆に千リエル、万リエルの博打をさせている」という、プノンペンいっぱいに広がっている噂を聞いたし、また、手紙を書いて私に知らせてくれた人も何人かいる。人の噂を短く言うと、市の真ん中に強盗がいるようなもので、白昼強盗を働き、住民全てを貧乏にならせている。しかし、パイナップルの目のように沢山目と耳を持っている公安警察局当局は一転して、「見えない、聞こえない」になっている。もし誰かがこの2ヶ所以外の場所に博打を打ちにいくと、すぐに［逮捕され、］写真を取られ、指紋をとられ、担当部局に送られる。現在巡回をしている<police>［警官］たち全ては、起こっていることをどんなにはっきりと目にしても、敢えて近寄ろうとはしない。遠くから見ているだけである。博打打ちたちを逮捕することに勇敢であった公安警察官たちも、敢えて近寄ろうとしない。上に述べたように博打を打つのを許している一方、我々のthīは、同時に別の場所にフランス人警官を連れて行き、自動車いっぱいに乗り切れないほど博打打ちを逮捕した。実に賢いし、実に有能である。これでこそ公安警察官と呼ぶものである。上司を連れてきて歩き回って全ての場所で全てを逮捕させることを知っている。ただ自分1人を除いてであり、善徳がいつも助けて逃れさせてくれるのである。他人の家は踏み込んで探して逮捕することができる。自分の家となると、道を間違えて見つけられない。

上述の言葉は、私は信じられないような気がする。なぜなら、私は、「この公安警察局のthīは歩き回って逮捕する手腕に優れ、政府も、『正しい人で、誰からも収賄することを知らず、きちんと公務を遂行することだけを考えている』と知っているから、誰よりも最も親しくている」と信頼しているからである。以前に1度政府に勤務し、それから退職した。しかし政府が有能な人であると知っていたので選んでもう1度勤務させた。最初は普通の公安警察官をしていたが、後に通訳 thī に昇任した。もう1つ事実ではないことは、この公安警察局のthīが本当にこのようなことをする権限を持っていたら、国内には法律はないも同然である。官員が自分の思いのままに不正をすることができることになる。それゆえ、私は信じない。公務に従事しながら盗賊をする人がいた例はない。政府の月給があるのに、どうして博打の寺銭を欲しがる必要がどこにあるのか。

この話は、民衆は疑問に思わないでほしい。この公安警察局のthīが本当にこのように不正であったなら、きっと政府は放置しない。いつか必ず民衆のために必ず逮捕して処罰する。

1-9　[66号、1-9と同一]

1-10　クメール政府の官吏が昇任した

1938年4月5日付国王布告第61号により、陛下は政府の規定を考慮して、クメール政府行政部の下記の官吏を、1938年4月13日から昇任させ昇給させる。

前週[注。欠けている68号から71号までのいずれか]からの続き

＊3級 yukkrapatra 職に[昇任させる]

sdiṅ traṅ 郡庁(コンポン・チャム)の　1級 smien である
mwwn khiev-sāṅ

khsāc kaṇṭāl 郡庁(カンダール)の　1級 smien である
mwwn prāk-jhum

シエム・リアプ州庁の　1級 smien である
mwwn ras-seṅ

pandāy mās 郡庁(カンポート)の　1級 smien である
mwwn uk-pau

trām kak 郡庁(ター・カエウ)の　1級 smien である
mwwn um-bat

tāṅ phloc 郡庁(コンポン・チナン)の　1級 smien である
mwwn in-kṭān

saṅkae 郡庁(バット・ドンボーン)の　1級 smien である
mwwn heṅ-ṅuon

kamcāy mā 郡庁(プレイ・ヴェーン)の　1級 smien である
mwwn deva-sū

＊1級 smien 職に[昇任させる]

koḥ sudin 郡庁(コンポン・チャム)の　2級 smien である
mwwn ūk-um

内務省(プノンペン)の　2級 smien である
mwwn jum-muoṅ

samroṅ 郡庁(ター・カエウ)の　2級 smien である
mwwn mān-eṅ

ポー・サット州庁の　2級 smien である
mwwn khāt-iem

siem pāṅ(ストゥン・トラエン)の<chef poste>[支郡長]で、　2級 smien である
mwwn maen-un

s?āṅ 郡庁(カンダール)の　2級 smien である
mwwn gaṅ-yim

州庁(カンダール)の　2級 smien である
mwwn tul-khīm

＊2級 smien 職に[昇任させる]

ター・カエウ州庁の　3級 smien である
mwwn him-yāv

dik jor 郡庁(バット・ドンボーン)の　3級 smien である
mwwn mī-kaev

khbap ā dāv(カンダール)の<chef poste>[支郡長]で　3級 smien である
mwwn dan-ep

svāy lœ(シエム・リアプ)の<chef poste>[支郡長]で　3級 smien である
mwwn bram-rat

samroṅ daṅ 郡庁(コンポン・スプー)の3級 smien である
mwwn mī-pū

＊3級 smien 職に[昇任させる]

sampūnṇa 郡庁(クラチェ)の　4級 smien である
mwwn huy jhun

gaṅ bīsī 郡庁(コンポン・スプー)の　4級 smien である
mwwn up-ghit

nagaravatta は上の昇任した諸氏にお祝いを申し上げる。

1-11　教師の位

以前の週[注。欠けている68号から71号までのどれか]から、私は教師たちの労苦と恩とについて述べてきた。しかし、まだ下に述べるような、保護国政府に申し入れて知っておいてもらうべきことが種々あるので、まだ満足していない。

教師たちは民族に、誰も否定できないとても多くの貢献をしているというのは事実ではないだろうか。教師たちは大変な労苦で、ついには結核にかかり、この病気の威力で死亡する人も多い。たとえば1938年には3名も死亡しているではないか。教師は月給がとても少ない。その結果、他の政府部局の官員と違って自動車を持って乗っている教師、コンクリートの家を持って住んでいる教師を目にしないではないか。教師は他の政府部局の官員と違って官吏の位を持っていないではないか。

これらの理由で、教師たちは自分の公務の職に嫌気がさし、最終的には他の人のように月給を沢山もらい、okñā、bañā、braḥ になり、自動車を持って乗り、コンクリートの家を持って住むことができるように、他の政府部局に出て勤務することばかりを強く希望する。これは俗人は当然そうなるのであるが、政府は以前と違って他に出る道を閉ざしたという障害があり、貧しく味気なく、自分の職に我慢して留まるしかないのである。

ああ、今我々は、森林局は森林局の官員を正官吏に任じるように整え中であるという情報を得た。行政部局の官吏に比べて、教育局の官員は気の毒である。いつにな

ったらこのようになるのだろうか。本当のところ、現在、クメール人は政府に民族の教育を最も多く支援させる必要がある。それゆえ、保護国政府に教育をもっと拡充することを提案させていただく。即ち、

1。クメール人教師たちを正官吏の位に任命してください。

2。クメール人教師たちに今よりも月給を増額してください。

3。フランス学の学校と教師を今よりも多く、そして広くしてください。現在寄宿学校に入れないクメール人児童がまだ非常に多いからです。他の国に比べると、甚だ劣っていると思われます。政府はもっと目を掛けてください。

sṅuon vaṅsa

2-1 ［44号、2-4と同一］

3-1 お喜びいたします

前の週［注。欠けている68号から71号までのどれか］に、<résident>［弁務官］職である ṭesārṭāṅ 氏が飛行機でフランス国からサイゴンに到着した。

現在、我々は、政府は同氏をコーチシナ国の(Rach-gia)省に勤務させ統治させるという情報を得た。

以前から同氏の気質はクメール人を支援し救う気持ちを持っていたから、我々は同氏がコーチシナ国のクメール人を助力して支援してくださることを期待する。

nagaravatta は ṭesārṭāṅ 氏が同地でずっと幸福に恵まれるようお祈りする。

3-2 ［広告］ 感謝いたします

samṭec cau fā vāṅ vieṅjaya {juon}、同氏の夫人［?nak srī］、kambaṅ trapaek 郡(プレイ・ヴェーン)郡長である okñā {suk-phāt}、プレイ・ヴェーン地方裁判所勤務の samuhapañjī である juon-im は、息子の妻であり、実の娘であり妻であり、先の金曜日にプレイ・ヴェーン街道で自動車事故で死亡した juon-im 夫人［?nak srī］(名は suk-sāret)の火葬式に参列してくださった友情と親密さを持つ皆さんに感謝いたします。

＊この火葬式は、1938年5月29日日曜日に、プノンペン市の tā kaev 寺で行われました。

nagaravatta は哀惜し、悲しみに包まれている父母、夫、親族、友人の方々にお悔やみを申しあげます。

3-3 お知らせします

今後も nagaravatta <gazette>［新聞］の購読を志望なさる方は、<gazette>［新聞］購読の登録をする手紙を出す時には、氏名と住所を全てと、購読の期間、即ち6ヶ月か1年かを書くのを忘れないでください。［新聞を］送って間違いが起こらないことを容易にするためです。料金は <gazette>［新聞］の中に記載されています。

もう1つ、皆さんが代金を一度に全額送ってくださると、双方にとってより便利です。

どうか他の人にも知らせて上げてください。

nagaravatta

3-4 ［65号、4-7の「Neux」が「Nœuds」［リボン］に訂正されていることと、最初のパラグラフの末尾に、「布製の靴、革製の靴、<casse-tête>［ジグソーパズル］、その他の品々」が追加されていること以外は同一］

3-5 インドシナ国政府宝籤

第1回第3次

1938年5月28日抽籤

末尾が91と12の番号の籤はいずれも10リエルに当たり。

末尾が245と496の番号の籤はいずれも50リエルに当たり。

100リエルに当たった籤は80本あり、番号は、

［番号が80個。省略］

1,000リエルにあたった籤は8本あり、番号は、

［番号が8個。省略］

番号が490,973の籤は4,000リエルに当たり。

3-6 農産物価格

プノンペン、1938年5月31日

精米	1級	100キロ、袋込み	11.05 ~ 11.10リエル
	2級	同	10.55 ~ 10.10リエル

［注。以上の2項目のみ］

3-7 ［広告］ 店が新しく開店しました

プノンペン <armand-rousseau>路120号、gīm seṅ の店

［仏語］［上のク文と同一内容］

［ク語］ 病気の皆さんは、私の店は sīv-pāv の薬を販売していることを覚えておいてください。即ちこの薬は病気を治すので有名で、クメール人、中国人、ベトナム人、フランス人が <gazette>［新聞］に掲載して称賛していて、全ての国で有名である証拠にしています。たとえば梅毒、淋病、下疳の薬は毒を全部殺します。スイギュウやウシの病気を治す薬は、気候の変化で沢山死ぬ年頭に、病気が不思議に治って有名になりました。アヘンを止める薬は完全に止められ、［その結果］太り、吸ったり止めたりを繰り返さなくなります。黄疸の薬は、ウコンのように黄色くなったのも治ります。痰が出る咳、血が出る咳、肺の痛みの薬は大勢を救いました。経血が苦しめて種々の原因になっている婦人病、即ち白帯下がある女性の薬は、全ての種類、全てのタイプがあります。麻痺の薬、潰瘍の薬、熱毒の薬、熱病の薬、疥癬の薬、妊娠中の女性の薬、気の力を回復し血色をよくする薬、腰痛の薬、子宮を治し妊娠させる薬。子供の病気を治す薬

は全てのタイプ、全ての種類がそろっています。私の店の薬は数え切れない数の全種類の薬を販売しています。皆さんは、何か訊ねたいことがあったら、プノンペン okñā um 路47号、kāp go 市場の前のsīv-pāv 医師に訊ねてください。薬を買いたかったら、kim seṅ の店で買うこともできます。

4-1　［33号、3-4と同一］

4-2　［広告］　0の年寅年 visāakha 月下弦6日、即ち 1938年5月20日、プノンペン uṇāloma 寺

拙僧は<mac phsu>印のビルマの薬を使って腹にガスが溜まって痛む病気を治しました。本当に良く効いて、即効性があると思います。遠い所に行くときには、腹痛、腹の張り、などの病気を容易に防ぐことができるように携帯するべきであると思います。

ratanavaṅsa 副住職

4-3　［11号、4-2と同一］

4-4　［44号、3-3と同一］

4-5　［広告］［仏語］　自動車学校、プノンペン Piquet 路66号

［ク語］　自動車学校

プノンペン <piquet>路66号にあります。最初にハンドルを握ることから教え始め、自動車運転免許証を取るまで教えます。即ち、全て学校が面倒を見ます。料金は安価です。自動車運転免許証の申請と車検も早くできます。

4-6　［73号、4-6と同一］

4-7　［20号、4-6と同一］

4-8　［48号、3-8の終わり近くの「70メートル」が「10メートル」になっているだけである］

4-9　［8号、4-3と同一］

4-10　［57号、3-4と同一］

4-11　［広告］　お知らせ

売る自動車があります。ルノーの新車で、乗車定員は8名です。買いたい方はプノンペンのカンダール<résident>［弁務官］<bureau>［庁］の近くの okñā ket 路13号に訊ねに来てください。

4-12　［11号、3-2と同一］

4-13　［広告］［54号、4-10の絵が変わり、広告文が少し簡略された］

興奮がプジョー車、202,402を好む。

Peugeot

この2つの型の自動車は、同価格の車の中では世界に比類のない自動車です。

皆さん、エンジンが良い、加速度が速い［ママ］、道が悪くてもあまり揺れない、他のどの自動車より良いことを確かめるために、<jean comte>商店で“プジョー”を試乗してください。

ご希望の皆さんは、<jean-comte>商会で試乗して見てください。

［仏語］　Jean Comte 商会

プノンペン Boulloche 路14号

SAMEDI 11 JUIN 1938

CIGARETTES
JOB
LE PAQUET VERT
Vendu 5 cents

Nagara vatta

COFAT
CIGARETTES
La meilleure cigarette Indochinoise
Le Paquet vendu 5 cents

Directeur
PACH-CHHŒUN

HEBDOMADAIRE PARAISSANT TOUS LES SAMEDIS

(Boite Postale N° 44)

第2年73号、仏暦2481年0の年寅年 jesṭha 月上弦13日土曜日、即ち1938年6月11日

［仏語］1938年6月11日土曜日

1-1　［仏語で「私書箱 No.44」と「社長、PACH-CHHŒUN」が加わった以外は8号、1-1と同一］

1-2　［デザインが少し変わった以外は8号、1-2と同一］

1-3　［デザインが少し変わった以外は8号、1-3と同一］

1-4　［8号、1-4、1-5と同一］

1-5　［72号、1-5と同一］

1-6　クメール人の最大の恐れ

自分の国の恩を知り、自分の国を愛し、自分の民族を愛するクメール人は、現在と将来について恐れ憂えるべきである。この大きい恐れは、現在1年に少しずつカンボジア国に庇護を求めて入って来る他民族が、その数が毎年増加していることから生じる。現在、多くはトンキン国とアンナン国から来る。

これらの民族は2つの道、即ち商業が1つと、政府が1つとでやって来る。商業の方面では彼らは中国人と競っているが、フランスの商品を商っていることが多い。我々クメール人はこの商業方面のことはあまり恐れていない。なぜならば現在クメール人も商業の方面で生計を立てることが多くできるようになりつつあると観察されるからである。そしてもう1つ、商業の道では働くポストが尽きることはない。［クメール人を］恐れさせている大きい原因は政府の仕事の方面である。私がこう言うのは、現在、<protectorat>［保護国］［政府］と呼ぶ rājakāra damnuk pamruṅ［支援政府］の全てのポストは、外国人が非常に多く、我々クメール人はとても少なくて、2割、多くとも3割である。たとえば公共土木事業局など、いくつかの局では外国人ばかりで、クメール人は<planton>［雇員］と ratha yanta(lān)［自動車］の運転手だけで、［長になるには、まだ］上司が2人もいることもある。

各ポストは勤務者がいなくなると、他国人を採用する。［被採用者の中に］クメール人がいない、即ち採用しないから、毎年［他国人が］少しずつ増え続けている。これら全てのポストは、今後いつになったらクメール人の子供たちに［まわって］来るのだろうか。我がクメール人が中高等学校を卒業して修了証書をとるのは、毎年とても少ない。10年あるいは20年か30年しても、学識のあるクメール人が、今日、外国人が勤務しているポストで働くのにも人数は十分ではないだろう。

さらに、たくさんの［人が］修了証書をもらったとしても、［それは］クメール政府で働くことになるわけで、どうすれば学識のある者が増えていくのだろうか。ベトナム人のように、資産のあるクメール人が思い切ってお金をつかって自分の子どもにハノイやフランス国に勉強に行かせれば、修了証書をたくさんもったクメール人の人数が増えるのだ。

もしこれからもクメール人の学識のある者が増えれば、上記のようなすべての省庁でポストをみつけ仕事をすることができるだろう。このようにほかの民族がどんどん中に入ってくるのは、すでに中にいるそれらの民族が自分たちの民族を助けて働けるようにするからだ。そしてほかの民族も修了証書を持っている人間がたくさんおり、余っているから我々の国にどんどん入ってくるのである。我々はなんとかして、この状況に打ち勝たなければならない。一体だれが我々を救うことができるだろうか。誰に期待すればよいのか。私の意見としては、現在では何かに頼ることもできず、保護国政府に頼ることもできない。なぜならクメール民族はおとなしく、恐れることが多く、彼らのように勇気がない。だから多くは［我々のことは］忘れられてしまう。とりあえず期待できるのは自らに頼るしかないのだ。つまり自分自身次第なのだ。だが我々クメール民族がこの大きな恐れに気が付いていない。そして気が付いたとしても同胞のことを思いやって助け愛するということにかけている。気持ちがまだ変わっていなくて、多くは自分の利益だけを考えている。それは「自分のことばかりわかっていてほかのことは全くわからない」という古の言葉にあるように、それは事実なのだ。

だから私はこのこと、諭す道として一生懸命書いているのだ。自分の民族すべてが大きな恐れが起こっていることに気が付かせるために。保護国政府の目の前で、我々カンボジアの船の中にほかの民族の水が少しずつしみ込んでいるのだ。

上記のようなことは、クメール民族の領土を愛する気持ちのあるクメール民族よ、どうかよく見てみよう。そして考えたら一緒になって束になり、互いに争ったり、悪口を言ったりすることをやめて、国益と民族のことだけを第一に考えなければならない。そして一生懸命働いて、このカンボジア国を、ほかの国のように仕事や農産物や商売、そして学問で繁栄させるのだ。

このように考えると、心を決めて、互いにクメール民族を愛し、互いに気を使って差別をしてはいけない。

ほかの民族を見てみなさい。彼らは我々の国にやってきて、どのようにしているのか。なぜ我々は恐れもせず、驚きもせず、気が付きもせず、彼らのようにしないのか。なぜならクメール民族は、卑しい人種ではないからだ。どうかみなさん、よくよく考えてみてください。このように卑しいところに漬かったままでいることはないのだ。

khemaraputra

1-7　諸国のニュース

1-7-1　中国

香港、5月30日。前回の広東市爆撃では100名が死亡、200名が負傷した。同市に居住するイギリス人とアメリカ人はこの爆撃について日本国を訴えた。

＊広東市、5月30日、<havas>電。今回広東市が日本機に爆撃されたのは3回目で、死亡者の数は全部で1,100名である。広東市住民は香港県に避難した。

＊広東市、5月31日。本日日本機5機が広東市の西部を爆撃した。

中国は、「ḷān feṅ 市の近くで日本軍1万名が中国軍に包囲されている」と述べた。

＊漢口市、5月31日。中国は、「漢口市で中国機が日本機15機を撃墜した。中国機は2機が墜落した」と発表した。

戦闘を検討している人によると、「luṅ hāy で敵対している双方は、将棋を指しているようなもので、中国は日本を包囲したいと思い、日本は中国を包囲したいと思っている」と述べた。

国際連盟の加盟国である中国は、「もし日本を放置して中国を占領させると、日本は必ず他の国にも侵入する」と訴えた。

1-7-2　チェコスロバキア国

ロンドン市、5月31日。あるイギリスの<gazette>[新聞]が、「ドイツ国にこれまでのような無法をさらにさせないためには、ポーランド国、チェコスロバキア[国]、ハンガリー[国]、ルーマニア[国]、ユーゴスラビア[国]がイギリス国とフランス国と結束するべきである。もしフランス国とドイツ国が戦争になった場合には、イギリス国は必ずフランス国を助力する。この7ヶ国が結束したときには、他の国は必ず駆けつけて来て参加する。イギリス国が発案者になるべきである」と提案している。

＊プラハ市、5月31日、<havas>電。チェコ機がドイツ領空を侵犯した事件について、チェコスロバキア国は各回の操縦士を処罰した。

チェコスロバキア国在住の1人のハンガリー人が、ハンガリー国に祭式をしに帰った。国境を越えると、人前でチェコ人税関員2名に射殺された。ハンガリー外相がこの件についてチェコスロバキア国政府に抗議した。

1-7-3　中国

上海市、6月1日。日本は、「徐州県の中国兵5万名は日本軍に包囲された」と発表した。しかし、中国は、「その情報は事実ではない」と反論した。

＊上海市、6月1日、ドイツ電によると、先の6月1日水曜日に、中国人強盗が揚子江を航行中のアメリカ船で強盗をした。この強盗行為をする前に、強盗たちは旅行者を装って同船に乗船し、それから<capitaine>[船長]と<matelot>[船員]たちを捕らえて、航海士に強制して同船をある島に停泊させ、さらに仲間300名と合流した。これらの盗賊は同船の乗客300名から物品を強奪し、帆舟15隻に積んで姿を消した。

＊東京市、6月1日。日本国政府は、中国とシャム国のバンコクに、人々が日本語が沢山話せるようになるように、日本の知識を教える学校を設立した。

1-7-4　チェコスロバキア国

プラハ市、6月1日。ドイツ国とチェコスロバキア国との国境でドイツ人35人がチェコ人将校1人とコーヒーショップで喧嘩をした。この喧嘩で、自己防衛のために将校はピストルを抜いて発砲し、ドイツ人2名が負傷した。ドイツ国政府は激しく憤慨し、チェコスロバキア国政府に、その将校を直ちに処罰することを[求めている]。

1-7-5 中国

香港市、6月3日。イタリアは、「日本軍がさらに中国に到着して数が増えている。船が輸送して来て香港県の近くに上陸させている」と発表した。

ḷāṅ feṅ県を占領した日本軍はさらに開封県に徒歩で向かっている。その後の情報によると、日本軍はさらに開封県を包囲した。

1-8 ［66号、1-9と同一］

1-9 1938年5月31日に <de> saṅlis <résident maîre>［市長］殿が王立図書館を見学したことについて

<de> saṅlis 氏は、現在のクメール人、さらに民衆の文化の発展を支援しているので、クメール人がよく知っている人であるので、氏がお茶を飲みに来たのは、仏教研究所と高等三蔵経学校と王立図書館にとって大きな名誉であった。

氏が到着したとき、高等三蔵経学校校長である braḥ sirīsammativaṅsa (aem) 師僧と、仏教研究所長である samṭec krum braḥ varacakra raṇariddhi (narottama saddhārasa)と宮内省大臣で王立図書館委員会委員長である samṭec cau fā vāṅ varavieṅjaya、さらにクメール学の知識の収集所［＝王立図書館］と、親密に敬愛しているフランス、クメールの高官たち大勢がそろって氏を出迎えた。

一方、僧侶団、そして、2つの派の僧王も代理を遣わし、市内のすべての寺の住職も、この新しい<résident maîre>［市長］殿に祝福を送ろうと大勢集まった。というのも僧侶と信徒たちはみな氏のことをよく知っていたからである。

クメール民族の良き友人である<résident maîre>［市長］殿に祝福と繁栄の読経を僧侶が行う前に、仏教研究所事務局長であり王立図書館長である<karpeles>女史［loka srī kramum］が、繁栄したこの2つの機関のすばらしさについて挨拶した。それは<de> saṅlis氏のおかげであり、氏がフランス保護国政府の保護のもと、クメール学のために道筋をつけるためにいろいろ支援してくれたからである。それから、<karpeles>女史［loka srī kramum］は王立図書館が出版した本を一冊、<résident maîre>［市長］殿に感謝のしるしとして差し上げた。<de> saṅlis氏がコンポン・チャム州、コンポン・チナン州で<résident>［弁務官］をしていたときから一生懸命支援してくれたからである。

続いて、<résident maîre>［市長］殿は、親しみ深く、学問、そして高い品性を育て、またクメール民族の進歩を促す場所であるこの2つの機関の仕事に対して真摯に感謝を述べた。そして氏は、初等パーリ語学校が非常に弱い状況だったとき、生徒はみなそこを避けて、みなシャム国に学びに行っていたときのことを話した。氏はそれで、<résident supérieur baudoin>［高等弁務官］殿の保護の下、王立図書館と仏教研究所が設立されたことを説明した。

最後に、氏はこのクメールの英知の集まりである機関が繁栄し、灯となって広く輝かせるように全力を尽くしたいと言われた。

歓迎の式には、クメール音楽の演奏があって、鳴り響き、また映画上映もあり、学校や高等学校の生徒たちが楽しんだ。

1-10 語彙制定

(grū {deba})［記］

語彙制定の話は、nagaravatta <gazette>［新聞］が創刊号を出した時から、私は掲載を始め、語彙制定を行うことの有用性を解説してこの新聞に何回も掲載した。読んだ人はおそらくまだ記憶しているであろう。しかし、他用に妨げられて長期間中断した。今回この仕事は、もう1度忠告するためである。というのはnagaravatta 新聞は意味が深くて変わった語彙をたくさん使う、と訴える人がたくさんいるからである。多くの読者があまり理解していないので、今日から少しずつ始めたいと思う。だが最初に断っておきますが、私は語彙制定の師になって、私の通りに［語彙を］使ったり、話したりしてもらいたいのではない。ただ十分な語彙をできるだけそろえたいだけである。もしみなさんがある語彙から遠ざかっているのであれば、どうか［その語彙がどれだったかを］思い出して、すぐに私に教えてください。私は大変、ありがたく思います。

ここに掲載するすべての語彙は、まだ語彙集としては編集されていない。つまり最初に何か語彙を思いつき、その語彙を説明しているのである。それがたくさん集まり、後日、本として出版する機会があれば、語彙集として容易に引いて使うことができる。ここに選んだ語彙は、すべてが新しい語彙ではない。これまで使われてきた昔からある語彙であっても、意味がわからない人が広く知ることができるように、ここではっきりと説明する。

語彙制定

1。"ārādhanapatra［招待状］" 名詞。招待する文書、客あるいはさまざまな仕事において誰かを招待するために人が書いた手紙。結婚式などがある。

2。"nāmbatra［名刺］" 名詞。名前や職位、住所などを書いた紙。フランス語の<kātvisit>(carte de visite)に当たり、小さな紙である。

3。"ṭīkānimant［僧侶招待書］" 名詞。招待状であり、何かの用事で僧侶を呼ぶために書いたものである。この語彙は僧侶、つまり比丘と沙弥にのみ使う。

4。"saṅghaṭīkā［僧侶文書］" 名詞。僧侶の令状あるいは文書。1人の僧侶か複数の僧侶が、同じく僧侶か俗人に宛てて書いた文書。

5。"saṅghakatikā[僧侶法規]"　名詞。僧侶の規則、あるいは僧侶の規律。それぞれの寺院の僧侶会議委員会での規則で、比丘や沙弥がそれに従って実行する。

6。"ṭīkā pœk[物品支給書]"　名詞。物品を支給してもらう文書で、省庁や社長などからお金やさまざまな物品を支給してもらうための文書。

まだ続きがある

2-1　krum ayyakāra[検察部]

ḷesœ 法律顧問殿がクメール法務省の職務を統括するようになってから、氏はクメールの裁判所がフランスの裁判所のようにきちんと整備されるよう懸命に職務を果たしてきた。氏はクメール刑事訴訟法をすでに出版した。現在、氏はクメール民事訴訟法を出版する準備をしているところである。

このクメール刑事訴訟法では、氏がkrum ayyakāra[検察部]と呼ばれる新たな部局を創設している。フランスの裁判所では(Ministère public)に当たるものである。

このkrum ayyakāra[検察部]とは、法廷で、裁判所に重罪か軽罪かあるいは明らかになった理由に従って無罪放免になるかを討議し、<?nak thaṇāyakṭī>代理人と討議するためのものである。このkrum ayyakāra[検察部]がまだなかったときには、裁判の長であるcau kramaが代理人と討議をしなければならず、cau kramaと代理人が感情的になって、cau kramaは判決を決める前に意見ができあがってしまっていた。

そして今や、代理人と違反か、あるいは正しいかについて討議するkrum ayyakāra[検察部]があるので、裁判の長であるcau kramaが討議する必要はない。cau kramaは座って聞いていればよいのである。cau kramaは天秤の竿のようなものである。一方、天秤の皿は、ayyakāraと代理人のそれぞれにまかせておけばよいのである。裁判の長は誰かに不満を持つ必要はないのである。[言い分を]聞き終えたら、裁判長がさらに方に従って裁決するのである。そうすれば完全に誠実で正義あるものとなり、法廷は終了する。ここが現在の我がlesœ 法律顧問殿の功績の素晴らしい点なのである。しかし我々は、この言葉がこのkrum ayyakāra[検察部]の中にcau kramaという職を示すことがはっきりとわかっている。

つまり地方裁判所におけるkrum ayyakāra[検察部]のcau kramaを指すのは「braḥ rāja?ājñā[検事]」であり、また高裁判所におけるkrum ayyakāra[検察部]のcau kramaを指すのは「braḥ rājapamrœ」である。地方裁判所のayyakāraの職位はそれで適切であろう。だが、上級の裁判所である高裁判所のayyakāraをbraḥ rājapamrœと呼ぶのは語彙の[持つ]特徴としては合わないし、省庁的にも相応しくない。というのもbraḥ rājapamrœという職務は、王<braḥ raja>に仕えて<pamrœ>公衆に畑税などを徴税に行く、昔の官吏の職務と誤解されるからだ。

我々は高裁判所におけるkrum ayyakāra[検察部]のcau kramaは「braḥ mahārāja ?ājñā」とすれば語彙の特徴にも省庁的にも相応しいと思う。この点をḷesœ 法律顧問殿が指図して整えてくだされば、非常に良い。

nagaravatta

2-2　[44号、2-4と同一]

3-1　クメール語初等教育試験

我がカンボジア国の全ての州都で5月30日、多くの男子、女子児童がクメール語初等教育終了証書を得るための試験を受けた。

nagaravattaは<françois baudoin>校ではプノンペンとカンダール州のクメール人児童たちが受験したことを知った。

これらの児童たちは、下記のような人数である。

1。クメール語の試験だけを受験した児童は279人、合格したのは179人。

2。クメール語、フランス語の試験を受験した児童は499人、クメール語に合格したのは478人、クメール語もフランス語も合格したのは305人。

3。昨年クメール語だけに合格し、今回フランス語だけ受験した児童は175人で、合格したのは109人。州外も合わせると、増えている。

だからnagaravattaはnagaravattaと同じ民族であるすべてのクメール民族に申し上げる。もし家にご子息、ご息女がいて、暇で、重要な何か仕事があるのでなければ、そのまま遊ばせておくよりも、クメール語、フランス語を学ばせた方がよい。なぜならどんなに愚かな子どもでもクメール語ぐらいはできて、愚かではないのだ。以前は、文字が全く読めず、sruk長に死亡した人の<carte>[人頭税カード]を渡され、何も考えずにただ携帯していた。正規の自分のカードだと思っていたからだ。ところが自分の[住んでいた]州から出たときに、<krum raksābhipāl>に職務質問されて<carte>[人頭税カード]を見せたところ、自分の名前とは違っていることがわかり、手錠をかけられ役所に送られ罰を受けた。

だから我々が子どもたちに文字を勉強させるのは遊ばせておくよりもよいのだ。今では、政府は、クメール民族の子どもたちのためにあらゆるところにクメール語の学校を作っている。

3-2　カンボジア国のkāyariddhiボーイスカウト団

カンボジア国のkāyariddhi(scout>[ボーイスカウト]団は、munīreta 殿下braḥ aṅga mcāsが長を務めているが、現在、プノンペン市第4区<verdun>路にsamṭec thāvetの邸宅を借りてボーイスカウト団がプノンペンにいるときの仮宿泊所としてくださった。よいところが見つかったら、すばらしい家屋が建てられる。

6月4日日曜日に、ボーイスカウトの10人が、威張った様子を見せないbraḥ aṅga mcās局長殿下の指揮の下、ボーイスカウト団の事務局前の草刈りをした。この一団は卑しい者たちではない。

ボーイスカウト団は団結するグループで、我々クメール人を啓発、指導して、感謝の念、団結して民族を愛し、国を愛するようにさせる。それはほかの国のように発展させるためである。というのは、我が国が上記のような<dharma>法がなかったから繁栄しなかったからだ。

昨年は、シソワット中高等学校卒業生友愛会の会員たちがクメール人をサイゴンに派遣し、我々民族がまだできない技術である裁縫や靴制作を学ばせた。今年は、braḥ aṅga mcās局長殿下が、写真技術を学ばせるためにクメール人1名を派遣した。

braḥ aṅga mcās局長殿下が創設なさったボーイスカウト団も、団結するグループで、わが国を繁栄させるすばらしい団体の1つである。

このボーイスカウト団は、国王陛下と<le résident supérieur>[高等弁務官]殿の特別の計らいの下にある。

ボーイスカウト団

3-3 ター・クマウ市街地区が水道と電気という褒美をもらった

<gautier>殿が<le résident>[弁務官]としてカンダール州を統治されてからというもの、氏はじっとしていたことはなく、夜昼かまわず歩き回って監督し、疲れることを厭わず、大きな市街地はすべて見て回った。それは他の州の市街地のようにもっとすばらしいところになるよう整備するためだった。

ター・クマウはkien svāy郡の庁舎があるところで、氏はそこを拡張してさらに広くし、楽しいところにしてくれた。さらにプノンペン市のように、水道と道や家を照らすための電気も引いてくれた。その郡の市場の人たちはみな、le résident>[弁務官]である<gautier>殿のおかげでとても喜んでいる。政府の仕事もうまくこなし、そして都市を繁栄するように整備することも上手であると。

6月9日木曜日には、<le résident supérieur>[高等弁務官]殿がadhipatī[長]として、電気と水道の敷設完成式典に出席された。

ター・クマウはその時から、水道と電気という褒美をもらい、美しく新しい表情となった。大都市の前でも恥ずかしい思いをするどころか、非常に繁栄して楽しい、[プノンペン]市外の市街地となったのだった。

それだけではなく、カンダール州のadhipatī殿はさらなる整備を計画している。互いに妬まないよう、ター・クマウと同等の顔にしようというのである。つまり<poste> gagī (gien svāy)とmunīvaṅ橋のたもとの<cpār ambau> (jroy ?ā aok)で、現在この2つの市街地は、家屋を移動させ、土砂を入れて整備し、氏が計画している見本に従って、新たに家や市場を建設する予定である。

上記の3つの都市の人民とnagaravattaは、カンダール州<le résident>[弁務官]が氏自身の州の市街地を一生懸命整備し、ほかの大都市のように繁栄して楽しいところにしてくださったことに対して非常に喜んでおり、氏にいつまでも幸福と繁栄があるようお祈りする。

カンダール州庁舎は(弁務官事務所と州庁)は、ター・クマウに移設した方がふさわしい。なぜならター・クマウは水も電気もあって便利だからだ。プノンペンにあるのでは狭く、すでにあるプノンペン市のさまざまな庁舎と取り違えるかもしれない。

昨年、nagaravattaは、どうかカンダール州庁舎をより広いsruk gien svāyの庁舎があるター・クマウに移設するように政府にお願いした。カンダール州という名称をかつての大きい郡の名であった"kaṇṭāl sdwṅ"州に変更するようお願いした。なぜならカンダール州は新しい名前であって、ほかの州の真ん中に位置するためにそう呼ばれたのである。そしてプノンペン市は狭くて場所がない。また郡庁舎が位置する場所の名前に従ってkaṇṭāl sdwṅ郡という名称をkambaṅ kanduot郡に変更するようにお願いする。

3-4 trabāṅ khnārでの強盗団について

今月6月の4日夜から5日朝方にかけ、ター・カエウ州brai krapās 郡tāṅ yāp村、bhūmi trabāṅ khnār にある中国人の家に強盗団が入った。

強盗たちは10人いて、家の主人のlim-toṅ は、強盗たちに撃たれて即死、中国人の妻、nāṅ-phaṅ は、頭部を刃物で1ヶ所刺された。

強盗団は現金400リエルと貴金属品と衣服など多くを盗んだ。所轄の政府機関がkrum raksā srukに指示を出し、それらの強盗全員を迅速に捕まえるようにした。

nagaravattaは、必ずや政府がそれらの強盗全員を即座に捕まえてくれると期待する。

3-5 [仏語]インドシナ防衛のための国債

[ク語]インドシナ国防衛のための国債について

国債の総額は33,000.000$(33百万リエル)

利子は1年に、100リエルにつき5リエル

価格92.50[リエル]の無記名<titre>[証券]の形式でsamputra <titre>[証券]を発行し、次の規定で償還する。

5年　100.00リエル
10年　112.00リエル
15年　130.00リエル

6月9日木曜日から、財務局と<banque de l'Indochine)

［インドシナ銀行］と<banque franco-chinois>［フランス－シナ銀行］の全ての支店で販売する。

3-6　［65号、4-7と同一］

3-7　農産物価格［注。「金の価格」はない］

プノンペン、1938年6月8日

サトウヤシ砂糖	60キロ		3.40リエル
	店頭で購入		3.00リエル
精米	1級	100キロ、袋込み	10.95～11.00リエル
	2級	同	10.45～10.50リエル
籾	白	68キロ、袋なし	4.45～4.50リエル
	赤	同	4.35～4.40リエル
砕米	1級	100キロ、袋込み	8.40～8.45リエル
	2級	同	7.85～7.90リエル
トウモロコシ	白	100キロ、袋込み	［記載なし］
	赤	同	0.00～9.00リエル
コショウ	黒	63.420キロ、袋込み	16.00～16.50リエル
	白	同	26.00～26.50リエル
パンヤ	種子抜き	60.100キロ	32.50～33.00リエル

＊サイゴン、ショロン、1938年5月30日

フランス籾･米会社から通知の価格

ショロンの<machine> kin srūv［精米所］に出された籾1 hāp、［即ち］68キロ、袋込みの価格は以下の通り。

籾	上級		4.82～4.86リエル
	1級		4.72～4.76リエル
	2級	日本へ輸出	4.64～4.68リエル
	2級	上より下級、日本へ輸出	4.62～4.67リエル
	食用［国内消費?］		4.60～4.64リエル
トウモロコシ	赤	100キロ、ショロン県マッカサンで売り渡し。	0.00～9.60リエル
	白	同	0.00～8.90リエル

米(10月［ママ］渡し)、港渡し、袋込み、税抜き、1 hāp、［即ち］60.7キロの価格は以下の通り。

精米	1級、砕米率25%	6.80～6.84リエル
	2級、砕米率40%	6.51～6.54リエル
	同。上より下級	6.35～6.39リエル
	玄米、籾率5%	5.75～5.79リエル
砕米	1級、2級、同重量	5.26～5.30リエル
	3級、同重量	4.92～4.96リエル
粉	白、同重量	2.96～3.00リエル
	kāk［籾殻＋糠?］、同重量	1.90～1.95リエル

3-8　［72号、3-7と同一］

4-1　［広告］色タイル［注。この広告は、33号、3-4と同じであるが、価格が変わっている］

皆さんが色タイルが欲しい時には、プノンペン<gallieni>路69号から73号までの<robert>-ṭāle店にいらしてください。白色、黒色、その他の色のタイルを販売しています。価格は1平方メートル2.35リエルです。種々の絵がある色タイルは1平方メートル3.00リエルから上です。

4-2　［72号、4-2と同一］

4-3　［11号、4-2と同一］

4-4　［44号、3-3と同一］

4-5　［72号、4-5と同一］

4-6　［広告］ñ ī dhieṅ ḍwaṅ［注。この広告は古い正書法を使用しているが、個々には指摘しない］

商標ñ ī dhieṅ ḍwaṅ治療薬店、プノンペンbrer路98-100号

［中央に、商標である、座って店名を書いた紙を持っている僧の絵。説明はない］

電話番号142　電信の場合はñ ī dhieṅ ḍwaṅ　と書くこと。

皆さんへお知らせします。私の店では、とてもよく効く水薬(simñuṅ yesāñadiñという名前)を調合したばかりです。経血が不足している、悪い、疲労を治すためです。この薬を服用すれば、24時間以内に、望み通り本当に効果があらわれるでしょう。この薬を酒、あるいはお湯と混ぜて服用してください。

4-7　［20号、4-6と同一］

4-8　［48号、3-8と同一］

4-9　［8号、4-3と同一］

4-10　［72号、4-13と同一］

4-11　［広告］髪を黒く染める染毛剤「aessā」

この染毛剤は、ドイツから来たもので、ほかのものより使いやすいです。

使用方法は下記のとおりです。

この染毛剤を塗る前に、まず髪についた油やほこりを落とすために、石鹸で髪を洗います。それから匙1杯分の水と染毛剤をよく混ぜ、歯ブラシで髪に塗ります。そのときに、塗り残しがないようにきちんとしっかり塗ります。それから髪を少し乾かし、乾いたら、石鹸でもう1度洗います。髪を洗ったら乾くまで少しおきます。それから必要に応じて油やポマードを塗ってもかまいません。

この染毛剤は、プノンペンの店ūpwwdī pārīsで販売し

ています。価格も安く、大変良いものです。使っていると、違和感はなく、ほかのもののように頭がかぶれることもありません。またお休みになられても、枕が汚れることはありません。

4-12 ［72号、4-11と同一］

4-13 ［11号、3-2と同一］

SAMEDI 18 JUIN 1938

COFAT
CIGARETTES
La meilleure cigarette Indochinoise
Le Paquet vendu 5 cents

Directeur
PACH-CHHŒUN

HEBDOMADAIRE PARAISSANT TOUS LES SAMEDIS

(Boite Postale N° 44)

第2年74号、仏暦2481年0の年寅年 jesṭha 月下弦5日土曜日、即ち1938年6月18日

［仏語］1938年6月18日土曜日

1-1 ［仏語で「私書箱 No.44」と「社長、PACH-CHHŒUN」が加わった以外は8号、1-1と同一］

1-2 ［デザインが少し変わった以外は8号、1-2と同一］

1-3 ［デザインが少し変わった以外は8号、1-3と同一］

1-4 ［8号、1-4、1-5と同一］

1-5　クメール国内の教育についての注意

我がクメール国は、フランス政府が来て支援するようになってから、フランスの言葉、さらに学問を志望して学ぼうとするクメール人の子供たちは、その時以来ずっと、低学年からフランス語を学んできた。「このことは何らの不満もないし、何かの不都合もない」と私は理解する。子供たちは全て支障なくフランス語を学ぶことを受け入れてきた。ところが、王立図書館がハノイの法律学校の教授である ṭiṇṇarī 氏の訪問を受けた時、氏は、「氏の学校で法律を学んでいるクメール人学生が1人いて、フランス語の知識がベトナム人より弱い」と嘆いた。このことに私は、「ベトナム人生徒もクメール人生徒も、両方とも同じくフランス人が教えている sālā <lycée>［中高等学校］で学んでいる。<bachot>［バカロレア］の試験方法も同じである。なぜクメール人の子が学びに行ってベトナム人の子と会って、ベトナム人の子より［学力が］弱くなるのか」と驚き、開眼した思いであった。

私の意見はこうである。この弱さはクメール人の子が愚かであることからくるのではない。即ち［クメール国では］どの sālā <lycée>［中高等学校］も、サイゴンやハノイの［中高等］学校と違って、フランス人教師が十分に見つけられないことによるのである。私が敢えてこのように言うのは、「以前の学生はサイゴンで学んだ者も、フランス国で学んだ者も、この両国で学んだ生徒は、［クメール国で学んだ生徒と］同じ<bachot>［バカロレア］を得た。しかし、我が国の sālā <lycée>［中高等学校］を卒業した生徒よりも知識学問は上であった」と認識し、理解しているからである。もし政府が低学年でフランス語を廃止して学ばせなくしたら、どのようにして学問知識を発展させることができるのか。政府は、「クメール人の子は能力が少ない。まだ物事がよくわからない子供の知恵を混乱させるから、クメール語とフランス語の2つを一緒に学ばせることはできない」と考えている。

このことは、私は政府に強情は張らない。政府に同意する。しかし私は少々の変更を求める。クメール人の子は、クメール語を習うと大抵、別の言語であり、習い始めたばかりのフランス語より早く知識を増す。それゆえ、政府は、自分の言語であり、容易に知識を得ることができるクメール語は丸2年間［＝幼児級学年と準備級学年］教えてから、学習を低学年で終わりにし、それからフランス語の学習を今より増すことを求める。

我がクメール国は小国である。さらに学問知識は周囲の国より劣っている。なぜ政府は他よりも苦しめて、変更してばかりいるのか。たとえば［今回は］ベトナム国は政府は何も変更しない。

私が調べた情報によると、政府は教育制度は変更しないことになった。このことを私はとても喜んでいる。

もう1つ、今年はクメール国の生徒は pathamavijjā <franc>-khmaer［フランス語ークメール語初等教育］（Certificat d'Etude primaires Franco-Indigènes）［フランス語ー現地語初等教育修了証書］を806名が受験し、238名だけが合格した。このように合格者が少ないのは、生徒がフランス語に弱いことによるのである。

pa – jha［＝pāc-jhwn］

1-6　パーリ語学校の開校式のお知らせ

市内および地方の仏教信徒たちが協力して建設したプノンペン市 uṇṇaloma 寺の敷地内のパーリ語学校が今や完成した。この学校の開校式を行う日時が以下のように決まった。

来る寅年 āsādha 月上弦5日土曜日(1938年7月2日)夕刻5時に集まって、フランス、クメール官吏、仏教徒の集まりでスピーチがある。夜7時、paritta 経を読経し、夜8時、説法をする。

同年同月上弦6日日曜日午前9時、僧を招いて読経をして、学校と建設者に幸福と安寧をもたらす吉祥を祈って学校の開校にする。午後3時、問答の説法があって式を終える。

このお知らせは、招待状の代わりです。

信仰心があり、この学校の建設に助力した皆さん、上述の時日に喜びを分かち合うために、どうぞいらしてください。

仏教徒たち

1-7　諸国のニュース

1-7-1　フランス国

トゥールーズ、6月6日、<havas>電。航空機9機が、当時霧が出て暗かったのでフランス国を誤爆した。これらの機はまだどの国のものであるかわからない。投下された爆弾は野原に落ちて電線に命中しただけで、住民と家屋に被害はなかった。

1-7-2　中国

上海市、6月4日。本日朝、日本機が再び広東市を爆撃し、750名が死亡、1350名が負傷した。イギリス大使は、広東市を爆撃して同地の住民に被害を与えたことについて、日本政府に抗議した。本日、広東市は日本機に4回爆撃された。

＊広東市、6月6日。本日、日本機50機が再び広東市を爆撃し、200ないし300名が死亡した。<paul demer>[ママ。恐らくdoumerが正しい。cf.96号、2-4]という名のフランスの病院が被弾し、フランス人医師1名が軽傷を負った。ロイター電によると、本日の死傷者は1500名で、家屋1千棟以上が爆撃されて全壊した。

＊<havas>電。中国軍参謀本部は、「開封市と chāṅ jīv を守備している中国兵を無益に死なせることを欲さない。luṅ hāy 鉄道線路に沿って日本に抵抗して戦っている中国は、漢口県を守備するための措置を講じる時間があるように、日本軍が早く到着しないようにする意図を持っている。蔣介石総司令は希望を持ち続け、常に武器と兵になることを志願する人を受けていて絶えることがない。

日本は、「開封市は今朝日本の手に落ちた。中国軍は遺体5000体と武器多数を遺棄して ḷāṅ feṅ 県の北方に退却した」と発表した。

上海市駐在フランス大使は広東市と漢口市のフランスの領土[＝租界]を守備するために両市を視察に行った。

＊ベルリン市、6月3日、ドイツ電によると、外務省に勤務しているあるドイツ人官吏が新聞を頒布して、蔣介石総司令を、「実に優れた手腕を有する。現在、以前互いに敵対していた中国人たちも、『中国を助けて守ることができるのは、この蔣介石総司令だけである』と認めている」と賞賛している。

＊漢口市、6月8日。中国は、「本日日本軍1000名と中国軍が luṅ hāy で鉄道線路に沿って戦った。日本軍は、現在中国軍が守備を入念に準備している漢口省を目指しており、日本軍はどんどん前進している」と発表した。

東京市駐在中国大使は、中国政府が日本国駐在大使を以後廃止したので、中国に帰国した。

＊漢口市、6月9日。情報では、中国政府は漢口県から退去して重慶市に場所を定める準備をしている。

開封県からの情報では、中国軍は、水を日本軍のほうへ流すために黄河河岸の堤防を破壊した。

1-7-3　スペイン国

マドリード市、6月9日。反乱派側機がイギリス艦1隻、フランス艦1隻を爆撃し2隻とも沈没した。イギリス艦乗員は救助されたが、フランス艦乗員は5名が死亡した。

1-7-4　中国

東京市、6月10日、日本軍の1個部隊が北京－漢口鉄道線路まで達し、中国軍が逃げられないように道を遮断するために同鉄道線路を爆破した。

＊香港市、6月11日。先の6月10日に広東市に飛来した日本機は、同市にビラを撒いて、同市の市民に、「蔣介石政府を排除して、日本が華北に樹立した新政府に従う」ことを説得した。

＊東京市、6月13日。フランス政府とイギリス政府は、「日本が広東市を爆撃したことに承服できない」と日本政府に抗議した。

中国によって破壊された黄河の堤防は水を流れ出させ、付近の野原や田を激しく水没させた。開封市は周囲が水で、海中の島のようである。

本日の情報では、tāy diñ 市が日本の手に落ちた。

1-8　クメール国は他国のことを考える前に、まず自分自身のことを考えるべきである

我々は、"<la vérité>" という名のフランス語 <gazette>[新聞]から、「vāraen 氏を始めとするフランスの偉い政治家たちが、カンボジア国とアンナン国とをインドシナ国から分離し、フランス首相に統治させることを欲している」という情報を得た。

我々は、「この意向にどのような有用性があるのか」まだわからない。しかし、現在我々は、このように我が国に思いやりを持つ人々に我々の感謝を捧げたい。なぜならばこの意向は現在のクメール人の性格を超える極めて良いものだからである。我々はこのことだけを求める。即ち、カンボジア国をインドシナ国にくっつけたままにしておくことであるが、ただクメール国内のクメール人の収入と支出の権利を[インドシナ国から]切り離すことを求める。我々がこのように求めるのは、我が国は、クメール人に利益がある種々のことを行うための資源は十分にあるからである。現在クメール国は極めて気前が良く、自分の金をインドシナ国内の資源が少ない他の国の援助に使用している。そして自分自身は道路が少なく、病院と医師が少なく、学校と教師が少ないことを全く考えない。病院や学校を建てて数を増やす必要があっても、その度にクメール国政府は使うことができる金がない。

一方クメール国より資源が少ない他の国の方は、使用するのに十分な学校、病院、道路などを持っている。それゆえ公平になるように定めることが適切である。即ち、クメール国に収入、支出の権利をクメール政府だけに持たせることである。たとえば我々が確かな情報を得たところによると、クメール国政府とハノイの総督府は、我々の求め通りに、バット・ドンボーンに sālā <collège>[中学校]を作ることを合意した。しかし、資金のところで意見が合わない。即ち、クメール国政府はハノイ総督府に「出せ」と言い、ハノイ総督府はクメール国に「出せ」と言う。誰もが金がないことを嘆く。

我々は、このことだけを質問する。ハノイにある<université>(mahāvidyālaya)[大学]はクメールの金も一緒に入っていないのか？

nagaravatta

1-9　プノンペン市を整備すること

プノンペン市はカンボジア国の大都市で、クメール政府と rājakāra <protectorat>[保護国政府]の所在地であり、国王陛下と長である<le résident supérieur>[高等弁務官]殿がいるところである。この都市は、種々の建物、宮殿、寺院、仏塔があって、古代あるいは現代の装飾の方面で有名であるので、あらゆる民族の旅行者が絶えず見に訪れる所の1つである。

プノンペン市は、全ての整備を終えたなら、とても栄えて楽しいところになるに相応しい。現在市政府は所々整備し終わったが、まだ全部ではない。この市は低地にあり、[土地に土を入れるのに必要な]費用は多額なので、全ての土地に土を入れて平らに均してしまう金はない。

第3区、第4区、第5区の低地に住む市民は、「街灯の光がなくて暗い。乾期がきて雨期になるたびに、家の下に溜まる臭い水が悪臭を広げ、種々の病気にならせ、また水や泥を渉って歩いて行き来するのは苦労である」と嘆いている。中国病院の向こうの第5区では、ベトナム人居住地である道路の北側に、水を南に排水する<machine> sūp dik[ポンプ]が最近できて、この集落は水がない土の陸地ができた。その他の場所は、piṅ rāṅ、piṅ keṅ kaṅ、それに padumavatī 寺の前の集落のようにまだ依然として水が溜まっている。

砂利を敷いて街灯をつけ、自動車が通れる道路が、phsār thmī の近くの koḥ 寺の後ろから、ベトナム人集落を横切って braḥ buddha mān puṇya 寺の上に出る道路が1つある。これは政府が市の端に作ったばかりの道路で、歩く人はまだ知らない。この道路は最近来たばかりのベトナム人だけのために作ったものである。前から国の持ち主であるクメール人の集落の方は、政府はまったく関心を払わない。いつも臭い水に浸かったままに放置している。王宮の近くにあるpaduma 寺の池は堂々と真っ先に旅行者の訪問を受ける。そしてプノンペン市一面に悪臭を撒き散らす。蚊とボウフラの住み処で、先年、<de chicourt>氏の時代に市政府は埋め立てることを決めた。しかしまだ実行されず、以前と同じままである。この池は乾期には、まあまあ満足できる程度におとなしい様子をしていて、それほど威力を示さない。雨期になると雨が強く降るので、廃水があちこち別の所から集まり、傍若無人な威力を示し始める。近くに住む人と近くを歩く人は全てその威力に負けて大いに恐れ、悪臭が激しいので鼻を押さえ、息を止める。衣服や金銀の品は傷み、全て色が古びて駄目になってしまう。この池は、もしベトナム人地区側にあったら、ずっと昔に寿命は尽きているに違いない。しかし、おとなしい地区であるクメール人地区に生まれたのは大幸運とするべきで、それゆえわあわあ騒がれるが、このように長期間健在である。敢えて埋め立てていじめることができる人がいないからである。

プノンペン市では、市政府(交通路局と衛生局)は、建物を新しく建てることについて、簡単にすぐに許可を出すのでなく、「その家が<plan>[設計]と異なって建てられてはいないか。換気が悪くて病気を起こしやすくなっていないか。便所は医学的に正しく、そして厨房から遠くに作られているか」など、もっと詳細に検討する必要がある。もし方法に違反していたら直ちに撤去させるべきである。悪臭に全市を覆わせている大悪臭の源である池については、市の住民を殺す可能性がある種々の病気の源であるが、医師殿が近くに来るのを目にしたことがないようで、何らの指示もしない。

現在ベトナム人がますます多数プノンペン市に入って来て、良い、近い土地をほとんど全部手に入れてしまった。王宮の近くに家を建てた者もいる。クメール人はますます遠くに引き下がる。良い、近い土地を購入して住む金を稼いでも稼げないからであり、そして政府は上述のベトナム人たちと違って支援してくれないからである。

政府はプノンペン市に近い所に、クメール人が住むための広い土地を1区画取っておくべきである。美しい家を建てる金があろうと、木の葉の家に住もうと、とにかく他の民族と混ざって住むことをさせない。国の子である、即ち国の主であるクメール人のための物として、クメール人地区と命名する。政府は良い、近い土地を他民族に与えるべきではない。そのうちに、プノンペン市はベトナム人の都市、あるいは中国人の都市に変わってしまうことは確実である。そして国の子であるクメール人の方は、新しく入ってきた旅行者になってしまう。

クメール人はクメール国に生まれ、全てが毎年政府に人頭税と水道･電気料金を払っている。そして良い土地を探して住もうとしてもない。どんどん後退するばかりで、水を渉り泥を渉って歩く。井戸水を飲む。夜は街灯の光がなくて真っ暗で、盗賊が多くいて襲う。国家警察局の警官は暗いところはあまり監視、巡回をせず、明るい所ばかり巡回することが多いからである。

nagaravatta は市政府に懇願する。他よりも目立つところだから、まずどこよりも先にプノンペン市を整備してほしい。高い土地は高いなりに、低い所は低いなりに整備してほしい。「土を入れる必要がある」とするな。水路を作っていつもポンプで排水する。水がいつも溜まっていないようにするだけでよい。そして道路を作って街灯をつける。廃水を受ける所を別の場所に作って、paduma 寺の前の池を埋め立ててほしい。現在、政府がベトナム人地区でしていることと同じように、次々に水を流し出すために、どの道路にも排水溝をつけて、piṅ rāṅ、piṅ keṅ kaṅ のいつも家の下に溜まっている臭い水を吸い上げて乾いた土地にしてほしい。

もう1つ、このおよそ40年の間、第4区は政府が何か整備しているのを目にしたことがないように思う。道路が3本、即ち kāp go 市場の前の道路、<doudart de lagrée> <bourvard>[大路]から続く道路、中国病院の近くから sīsuvatthi munīvaṅsa 橋に行く道路ができただけで、これ以外は政府は忘れているようである。

純粋にクメール人地区である第4区の piṅ keṅ kaṅ には、大小の官員が大勢住んでいる。現在水没していて、仕事をしに往来するのがとても困難である。観察するととても水深が深いから今後20年たっても土を入れて埋め立てる費用があるようになるのは容易ではないと思われる。政府にお願いするが、この深い低地を、かつて設計したように、[計画してあった古い小道に沿って道路分だけ]土を入れて砂利で舗装した道路を縦横に作り、街灯をつけて、雨期に水が今のように溜まらないように、水をポンプで排水するための溝をつけて、高い土地と同じように繁栄している街にしてほしい。政府が、金が十分できるのを待ってから土を入れて均すのは、piṅ keṅ kaṅ の人々は終わることなく水に浸かっていることになる。上のようにすると、資産がある人は公道から自宅まで、自分で土を入れて道路を作ることができる。土を入れる費用がない貧しい人も水没しないで住んでいられる。道路を作ったらそこに市場を1つ建ててほしい。kāp go 市場はとても遠く、piṅ keṅ kaṅ の人は往来に苦労だからである。sdiṅ mān jaya に行く道路の縁に新しく作った suon 市場もやはりpiṅ kaen kaṅ から遠い。

現在の kāp go 市場は建て方を間違えたようである。東側は川に接していて集落はまったくない。集落は西側にしかない。北と南は集落は遠くにある。人口の多い場所の真ん中に作るべき市場の普通の作り方に外れている。

2-1　美術工芸学校卒業生友愛連盟

nagaravatta 新聞は、既に発行した71号[注。この号は欠けている]に記事があるように、美術工芸学校の卒業生たちに話して指導して[進むべき]道を明るく照らした。

この発表した記事が効果があったのは確かなようで、先の6月11日土曜日の夕刻、卒業生たちがクメール美術工芸学校に集まって相談をして考えているのを目にした。その会合に参加した方々で我々が知っているのは、sar 先生、yān 教諭、k?am 教諭、brāp 教諭、vaṅ 教諭、sam 教諭、rwan 教諭、nau 教諭で、この8名の教諭たちは美術工芸学校に勤務していて、同校の卒業生である。それから sāy 教諭(工業学校)、thī {lan}(紙<bureau>[課])、<ciment>[セメント]工芸の技手長である swaṅ 技手、net 技手、tup 技手、それに技手たちと生徒たちが何人かであった。これらの人は全て<diplôme>[美術工芸学校修了証書]を持つ卒業生である。

この会合は、nagaravatta <gazette>[新聞][注。恐らく欠けている67号から71号のいずれか]中の広報を読んだ話から始まり、「どのように結束することを考えるか」について話し合った。そのときに合意されたことは、「互いに友人であると認め合い、親しくすること。互いに助け合うこと。愛し合うことを知れば助け合うことも知る」ということである。それから種々のことを行うことについて考え、「会員に対して適用する cpāp(Statuts)[規約]を作り、政府に[会を設立する]許可を申請することを考えるべきだ」と言う人もいた。この会合の話はここで進まなくなり、「規約の草案を作ってからもう1度全員集まろう」と話がまとまってここで散会になった。「今回の集まりは、[集まりがあることを]知っている人がいなかったから、次回集まる時には、全員に通知を出すべきだ」と言った人もいた。

散会してから、何人かは、やはり同じ卒業生である {ywn} 検察事務官の家に行った。また何人かは、やはり卒業生で、銀の美術工芸の1番上の技手長である mul 技手さん[?nak]に相談に行った。この mul 技手さん[?nak]に相談に行った人と mul 技手さん[?nak]は、夕方の6時から夜の9時まで話し合っていたから、おそらくとても成果があったであろう。

この話は、私が詳しく質問して情報を知ったことによると、この美術工芸学校の卒業生である大勢の教師と、技手長と、それに技手たちは、nagaravatta 新聞の啓蒙通りに結束することを望んでおり、そしてこの <gazette>[新聞]に愛着心を持っていることが、彼らに[新聞を]読んで結束しようとする気持ちを持たせたのである。それゆえ我々は早く成長するように助力して応援するべきである。我々は会員のための規程を考える手伝いをしなければならないし、考えなければならない種々のことを啓蒙しなければならない。しかし、これら考えることは、全て民族を助けることのためである。

subhā dansāy

2-2　語彙制定

［注。73号、1-10からの続き］

grū {deba}［記］

7。"ṭīkā koḥ［召喚状］"　名詞。人を呼び出す令状。cau krama が送って、呼ばれる人、たとえば訴訟を起こしている人の原告、被告を出頭させる書類のこと。この語は広く知られている。

8。"ṭīkā pañjūn［送付状］"　名詞。物品を送る書状。現在使用されているように、物品の数量を書き、その物品に添付して送る書類。

9。"sievbhau pañjūn［送付書］"　名詞。物品を送る書類。物品の数量を書き、その物品に添付して送り、誰かに<signer>［署名］して受け取らせる書類。"pesanīyapaṇṇa"と呼んでもよい。(Carnet de transmision)というフランス語の語に当たる。(解説の内容は上と同じ。)

10。"pesanīyapatra［葉書］"　名詞。知らせることを書いて<timbre>［切手］を貼って誰かに送る紙片。封筒に入れる必要はない。(Carte postale［はがき］)というフランス語の語に当たる。　［注。79号、2-1に続く］

3-1　教師の資質

grū {deba}［記］

私は、「自分は誰かを教え諭す教師である」として自慢したり、あるいは自認したいという望みは持っていない。クメール人の教育を発展させることを望むだけである。それで、機を見て熱心に、教育に関係することを種々書いて、しばしばこの新聞のページに送っておくのである。今回もまた、以下に日本人教師の資質を取り上げて、我々のものと比較する材料にするために、皆さんの聞き物として示す。

日本の教師たちは男も女も、教師としての訓練をする学校での教育を終えると教師になる。各人が子供たちを訓練して教導し、育てることができる良い能力と、その子供たちを教導することと監督することについて完全な権限を当然持つ。これらのことをする態度は、日本の教師はほとんど全てが態度は大変礼儀正しく謙遜で、行儀も良く気持ちが良い。そして常に性格に慈悲憐憫を備えていて、民族の子供たちを、必要とされる最上の人に育てることに非常に熱心で勤勉である。全てが、自分に責任が与えられた任務を善意で完全に果たそうとする気持ちを持つ。これが日本の教師の良い資質であり、賞賛するべきものである。たとえば、オタサ［ママ］県(日本)に行く機会がある人は、その県の1人の初等［教育］教師の記念碑を目にする。この人は、2、3年前に嵐の中で危険に会った自分の生徒の生命を死から救うために自分の生命と交換したのである。これが教師の究極の資質であり、全ての教師、あるいは全ての人の行動規範にするべきである。

もう1つ、日本国における民族教育と初等教育校全ての生命のようなものである重要なことがある。即ち日本大王［＝天皇］のお写真［＝御真影］と、［天皇の］教育の道についてのお言葉［＝教育勅語］である。この2つは日本国の全ての学校にあり、高く崇め、尊敬するべきものであるとされている。毎年、cūl rien(cūl kaṅ)［新学期が始まる］規定の日になると、その学校の大きい教室［＝講堂］に国旗が明るく飾られる。そして御真影を覆っている美しい布がゆっくりと取り払われて［御真影が］目に見えてくる。それと同時に校長が教師と生徒たちの集まりの中で教育に関する御教訓［＝教育勅語］を読み上げる。それから日本の国歌を全員で歌う。この国歌の曲と歌詞は、日出づる国の人々の心を掴み、彼らが愛するものの頂上であり、最高の生命である民族、宗教、大王、それに憲法を愛する心をさらに強固なものにする。

ここで話したことは、我々は模範にするべきであると思う。私は、我々が、この発展した民族と同じように、国、宗教、大王を愛するという大きい望みを持つ。

3-2　［44号、2-4と同一］

3-3　シロアリが蟻塚を築く

今、トンキン国では、政府が職人と、何か事業を起こした人たちとを支援しようとしている。同国では毎年賞付きコンテストをして、何か良い事業をすることができた人、あるいは自分のアイデアで何かを作り出した人に、政府が賞を与える。そして、その事業を起こした考えを証明する印を与える。さらに官吏という名誉<médaille>［勲章］も与えることを考えている。この情報は5月2日付の"<la presse indochinoise>"<gazette>［新聞］に掲載されている。

私の意見では、これを考えた政府の考えは、シロアリが蟻塚を築くのと同じである。私がこう言うのは、「トンキン国には知識がある人がとてもたくさんいて、我が国に溢れて来て住み、生計を立てることができる」ということを知っていて、そして政府は、まださらにこれ以上に知識を増やさせるために、このように支援しようと一生懸命なのである。一方無学無知で、まだ他と同じように商売をして生計を立てることができないクメール人の方は、政府は、彼らのように知識を持たせようと支援することはない。

この話は、我々が父母とみなしている方は、どうか仏法に基づいて子や孫をきちんと支援してください。即ち、どの子かが既に家を持っているならば、その子にもう1軒か2軒建ててやる必要はない。大きく目を開けて、誰か住む家を持っていない子がいたら、その子に他と同じように家を持たせるように考えてほしい。現在のように、ある者は笑い、ある者は泣く、このようにはしないでほしい。父母の顔を傷つけることになる。

もう1つ、子である我々は、我々の兄弟を見なければならないし、兄姉の考えを自分のものにしなければならない。我々の父母の背の後ろに隠れて顔を隠して見えなくしていてはいけない。

3-4 インドシナ国政府宝籤

6月18日、夜9時に、インドシナ国政府宝籤、1938年第1回第4次の抽籤が、プノンペンと[ママ。恐らく不要]ハノイの<théâtre municipal>[市ホール]で行われる。大賞5本は今回のすぐ後に抽籤される。今回の当籤番号は、本号に掲載して照合させるのには、今回は間に合わない。

当籤番号の情報は、6月19日日曜日、9時から10時まで、<poste> khsae luos[郵便局]の前の白布に書かれる。ラジオでも、ハノイの<poste>[局]から日曜日正午に、Fzo sur 19m30 de longueur d'onde[波長19.30m帯]で発表する。

来る7月6日には1938年第2回第1次の抽籤がある。

3-5 [仏語] インドシナ防衛のための国債

[ク語] インドシナ国防衛のための国債について

国債の総額は33,000.000$(33百万リエル)

利子は1年に、100リエルにつき5リエル[＝5%]

価格92.50[リエル]の無記名<titre>[証券]の形式でsamputra <titre>[証券]を発行し、次の規定で償還する。

5年	100.00リエル
10年	112.00リエル
15年	130.00リエル

6月9日木曜日から、財務局と<banque de l'Indochine)[インドシナ銀行]と<banque franco-chinois>[フランス－シナ銀行]の全ての支店で販売する。

＊政府は官吏たちに、インドシナ国防衛国債を購入する時の前に金を貸す

我々が得た情報によると、[クメール]政府は、インドシナ国防衛国債を購入しようとする官員に、無利子で月給の前借を認める。前借させる金額は、1ヶ月の給料と同じ金額で、わずかな金額は認めない。そして4ヶ月に分けて[毎月]同額の返済金を月給から天引きする。

一致する理由で、保護国政府も、クメール政府と共に、同じように熱心に国債の売れ行きを促進しようとする官員に月給の前借を認めることを決定した。

3-6 農産物価格[注。「金の価格」はない]

プノンペン、1938年6月14日

サトウヤシ砂糖	60キロ		3.40リエル
	店頭で購入		3.00リエル
精米	1級	100キロ、袋込み	11.00 ~ 11.05リエル
	2級	同	10.35 ~ 10.40リエル
籾	白	68キロ、袋なし	4.45 ~ 4.50リエル
	赤	同	4.35 ~ 4.40リエル
砕米	1級	100キロ、袋込み	8.40 ~ 8.45リエル
	2級	同	7.85 ~ 7.90リエル
トウモロコシ	白	100キロ、袋込み	[記載なし]
	赤	同	0.00 ~ 9.00リエル
コショウ	黒	63.420キロ、袋込み	16.00 ~ 16.50リエル
	白	同	26.00 ~ 26.50リエル
パンヤ	種子抜き	60.400キロ	32.50 ~ 33.00リエル

＊サイゴン、ショロン、1938年6月14日

フランス籾・米会社から通知の価格

ショロンの<machine> kin srūv[精米所]に出された籾1 hāp、[即ち]68キロ、袋込みの価格は以下の通り。

籾	最上級		4.82 ~ 4.88リエル
	1級		4.72 ~ 4.76リエル
	2級	日本へ輸出	4.64 ~ 4.68リエル
	2級	上より下級、日本へ輸出	4.62 ~ 4.66リエル
	食用[国内消費?]		4.58 ~ 4.62リエル
トウモロコシ	赤	100キロ、ショロン県マッカサンで売り渡し。	0.00 ~ 9.60リエル
	白	同	8.85 ~ 8.90リエル

米(10月[ママ]渡し)、港渡し、袋込み、税抜き、1 hāp、[即ち]60.7キロの価格は以下の通り。

精米	1級、砕米率25%	6.83 ~ 6.87リエル
	2級、砕米率40%	6.43 ~ 6.47リエル
	同。上より下級	6.33 ~ 6.37リエル
	玄米、籾率5%	5.72 ~ 5.76リエル
砕米	1級、2級、同重量	5.26 ~ 5.30リエル
	3級、同重量	4.93 ~ 4.97リエル
粉	白、同重量	3.03 ~ 3.07リエル
	kāk[籾殻＋糠?]、同重量	1.90 ~ 1.95リエル

3-7 [広告] [仏語] Xieu-Bào 薬店主

プノンペン Okña-Oum 路74号

[ク語] [注。顔写真があって、その下に] sīv-pāv

រូបលោកគ្រូពេទ្យ

医師の写真

［本文］　皆さんに申し上げます。私の薬は3つの理由から主な病気を治します。即ち薬が確実に良く効くということが1つ、私が詳細に訊ねてから検討して薬を売ることが1つ、もし皆さんが恥ずかしい病気を持つ場合は、私は応対するための、人目のない部屋があります。

私は温和で、正直に商売をしていることが1つです。有名になったので、偽の人が手術をしてだまして薬を売っていて、種々のとても可哀想な事件が起こっています。官員、村長、cau krama の皆さんは、どうか政府の免許なしで手術をして歩く人を調査してください。もう1つ、薬を売り歩く人が私の prakān ṭai［領収証］、［即ち］(Facture)［納品書。送付書］を持っていなかったら、その人は偽者です。私の薬を仕入れている人は皆クメール人で、それぞれの土地の戒律を守る人、即ち、「温和で正直な商人である」という名声を持つ thaukae であることを、皆さんは認識してください。手紙を送って薬を買いたい場合には、病気の症状を少し詳しく解説してください。Contre remboursement［現金引換え］を扱う<poste> khsae luos［郵便局］の近くに住んでいる場合は、私は送ってあげることができます。

4-1　［33号、3-4と同一］

4-2　［72号、4-2と同一］

4-3　［11号、4-2と同一］

4-4　［44号、3-3と同一］

4-5　［72号、4-5と同一］

4-6　［73号、4-6と同一］

4-7　［20号、4-6と同一］

4-8　［48号、3-8の終わり近くの「70メートル」が「10メートル」になっているだけである］

4-9　［8号、4-3と同一］

4-10　［57号、3-4と同一］

4-11　お知らせ

nagaravatta <gazette>［新聞］を昨年から購読している人も、新年からの人も、どうか帳簿の決算ができるように、<gazette>［新聞］の代金を総務部に送ってください。

4-12　［11号、3-2と同一］

4-13　［72号、4-13と同一］

SAMEDI 25 JUIN 1938

CIGARETTES
JOB
LE PAQUET VERT
Vendu 5 cents

Nagara vatta

COFAT
CIGARETTES
La meilleure cigarette Indochinoise
Le Paquet vendu 5 cents

Directeur
PACH-CHHŒUN

HEBDOMADAIRE PARAISSANT TOUS LES SAMEDIS

(Boite Postale N° 44)

第2年75号、仏暦2481年0の年寅年 jesṭha 月下弦12日土曜日、即ち1938年6月25日

［仏語］1938年6月25日土曜日

1-1 ［仏語で「私書箱 No.44」と「社長、PACH-CHHŒUN」が加わった以外は8号、1-1と同一］

1-2 ［デザインが少し変わった以外は8号、1-2と同一］

1-3 ［デザインが少し変わった以外は8号、1-3と同一］

1-4 ［8号、1-4、1-5と同一］

1-5 ［74号、3-5の「＊」以下を除いたものと同一］

1-6　カンボジア国

braḥ pāda samṭec braḥ sīsuvatthi munīvaṅsa cam cakrabaṅsa harirāja paramindhara bhūvaṇai krai kaev fā suḷāḷai カンボジア国王のお言葉

フランス政府はインドシナ国防衛に使用するために33百万リエルの国債を発行することを決定した。

陛下［draṅ］は、政府が国債を発行する意図を陛下［draṅ］の国民が明確に知り、現在国民はいかに行動するべきかを知ることを希望する。

我々の大保護国であるフランス国の、静穏を求めたいとする意図は、疑うべきものではない。大フランス国は戦争を欲する考えは持っていない。

このことは、陛下［draṅ］の国民は固く信じるべきである。

政府が国債を発行するのは、敵が敢えて侵略しようとしないように、インドシナ国にまとまる全ての国を防備する手段の力を近隣の国なみに早急に増強する意図以外の何ものでもない。

恐れられるためには、強く有能にならなければならない。

これまでの情報により、我々は以下のように理解した。

即ち他国に我が国を得ることを望ませないために、そして我々の先祖が他よりも多く知っているように、多くの破壊であるところの戦争が生じないように、さらにもう1つ、我々の知己であるフランス国の静穏を守るために、陛下［draṅ］は陛下［draṅ］の国民に、裕福な者も貧しい者も、この国債を購入して助力することを要請する。

現在人々が助力することは全て、現在の人々に、幸福という素晴らしい自分の行いの成果を将来得させるのである。

陛下［draṅ］は、陛下［draṅ］の国民が模範として、必ずそれぞれの資産の高に応じて真心から援助することを信じて、既に御自身自ら国債を沢山購入なされた。

クメール人は、あなたの民族、財産、寺院のことを考えるべきである。憂えて、民族、財産、寺院に破壊を避けさせようとする気持ちは、あなたが行うべきことは何であるかをあなたにはっきり知らしめた。即ちフランス国が、あなたが愛する状態を守るために、あなたに求めることに助力するべきである。

この陛下のお言葉は、仏暦2481年0の年寅年 jesṭha 月下弦8日火曜日、即ち1938年6月21日にプノンペン・チャドムック市の王宮で作成された。

1-7　国債について

クメール国<résident supérieur>［高等弁務官］代行殿の呼びかけ

インドシナ国を防衛するのに助力するための国債を購入する方法は、現在すでにクメール国内に周知のことであり、国債を購入する人が得られる利益について私は解説する必要はない。

即ち、フランスが入って来て支配して以来、フランスが助力し支援したことによって、これまで維持されてきたインドシナ国の平和を守るために、またもう1つ、この保護国の人々の望みに正しく合致するために、<république>［共和国］政府は植民地に自分で選んで助力をすること、即ち志願兵[になることを]を選んでフランス軍に入隊して助力することと、守備するための国債を購入して助力することを呼びかけた。

<gouverneur général>[総督]殿は、インドシナ国民全員に述べた詳しいスピーチで、広く全員に行わせなければならないことについて明瞭に解説した。

フランス政府を応援することを、クメール国民は聞き入れてくれるものと私は信じる。ここで「クメール国民」という語は、民族を問わずクメール国内に、クメール国のおかげで住んでいる全ての人々を、私はさしている。

数百年前以来、クメール国は反乱が生じて楽でなく、破壊と破滅を引き起こしてきたことは、自己の行いによって解決することは間違いない。

<signer>[署名] <guillemain>

1-8　諸国のニュース

1-8-1　スペイン国

マドリード市、6月14日。反乱派側軍は kāstaelluṅ 市を占領し、[同市を]出て海岸へ目指している。

1-8-2　中国

東京市、6月14日。日本は、「中国軍は開封市地域で日本軍と戦って負け、日本軍が前進するのを妨げるために、再び黄河の堤防を破壊した」と発表した。

水没のせいで数えきれない数の人が死亡した。日本兵はそろって日夜必死にその堤防を支えている。

日本は、「洪水が激しいので、ceṅ jū 県で日本軍は前進できないでいる」と発表した。

āṅ giñ 市の北で、日本軍は duṅ cūv 県を占領した。

日本機が再び広東市を30発爆撃した。

＊東京市、6月15日。日本は、「フランス政府は中国政府と、南寧県から竜州県まで鉄道線路を敷設する契約をした」と発表した。この竜州県は広西省とインドシナ国との国境にある。

日本はフランス政府を、「こっそり中国に助力している。現在中国の官吏1名がハノイ市にいて、武器を蔣介石総司令に送る指図をしている」と言って非難した。

＊日本の同盟電。現在フランス政府は、蔣介石総司令からの要請に基づき、海南島の守備を助力する件で中国政府と会議中である。

日本からの情報では、黄河の水は激しい洪水を起こし、luṅ hāy 鉄道線路までの集落が全て水没した。この洪水の水は水深が12メートルある。

開封県で、水が激しく流れているので、中国軍と日本軍とは互いに8キロメートル離れていて交戦できない。

日本は、「水死した住民は150,000名である」と発表した。中国は、「日本軍も多数水死した」と発表した。

＊ロンドン市、6月15日。イギリス国で1人のイギリス人の政治家がイギリス人に、「日本製品を買うのを止め、石油を日本に売るのを止める」ことを呼びかけた。

日本機が広東－漢口鉄道線路を爆撃し、10名が死亡、30名が負傷した。

6月14日に、日本機が広西省の fū suy 市を爆撃した。この fū suy 市はインドシナ国から中国へ行く自動車道路にある。

1-8-3　スペイン国

バレンシア市、6月15日。フランス商船1隻が kāstaelluṅ 市で砲撃されて沈没した。政府側派は、「ドイツ軍艦が助力して kāstaelluṅ 市を砲撃している」と述べた。

数日前に、政府派7,000名が反乱派の手中に落ちた。

[1-8-4　中国]

＊上海市、6月16日。黄河の水はますます激しく洪水になり、300,000名が死亡し、集落2万が水没した。

＊東京市、6月16日。フランス大使が日本外務省の官吏に会いに行き、「『フランス政府が中国を守備するのを助力している』という情報は事実ではない」と述べた。

＊上海市、6月17日、<havas>電。[黄]河の洪水で水没した土地は2,500平方キロメートルである。当時雨が降り続いていた。現地に堤防を作る指図をしに行った日本技師は全て中国に射殺された。

＊上海市、6月18日、<havas>電。日本軍は黄河岸に必死に堤防を築いているが、成功できない。中国人住民700,000名が家を捨てて四方八方に庇護を求めて避難した。

外相[ママ。国名がないが恐らく「日本」]は日本国がイギリス国とロシア国と親密になることを望んでいる。一方中国については、同大臣は、「蔣介石総司令が政府から辞職したら、日本国は考えを新しく変える」と述べた。

情報では、6月18日に日本軍は seṅ cheṅ 市を占領した。

日本機が海南島を爆撃した。

1-9　雑報

1-9-1　クメール人官員は各人が嘆く声しか聞こえない。「現在外国からの品物も、国内のも全てが以前より非常に値上がりしている。さらに借家も[家賃が]上がっている。官員は月給が上がったからという理由である。先の4月13日に昇任した時は、各人[給料は]ごくわずかしか上がっていない。その後政府が[月給を]100リエルにつき10リエル上げることにしたが、まったく音沙汰がなく、上がるのは目にしない。情報では、「この国王布告はすでに2ヶ月も前にできているが、保護国政府の決定がまだである」と言う。

クメール人官員全ては、この国王布告がやってくる道をじっと見つめて待っていて、各人目が痛くなるほどであるが、いつになったら決定するのかわからない。月給のカットをする場合は、国王布告を待つ必要はなく、政府の電報に従って大急ぎでカットする。

1-9-2 dī senāpatī(senāpatīsabhā[大臣官房]、即ち(Ministère)[ママ。恐らく cabinet du ministre「大臣官房」が正しい]は、ある官房にはmantrī juoy dhvœ kāra(bhū jhuoy)[補佐官]がいるが、ある官房には補佐官はいず、cāṅhvāṅ <bureau>[課長]がいるだけである。このcāṅhvāṅ <bureau>[課長]は規定の人数を満たしていない。ある大臣官房では<chef bureau>[課長]が2名か3名いなければならないのに、1名か2名しかいないところがある。これらの大臣官房全てに、政府は勤務者を全数そろっていさせるべきであり、欠員のままで放置しておくべきではない。rājakāra <protectorat>[保護国政府]の方の場合は、どのように小さい官房でも全て勤務者が全数そろっている。

我々は、各官房の<chef bureau>[課長]は、全て職位が高い人ばかりであり、さらに補佐官がいない場合にはその[補佐官]職の代わりを長くしていると理解している。政府はクメール政府の大臣官房としての必要のために、補佐官を任命するべきである。<chef bureau>[課長]を補佐官に任命しても金が不足することはない。即ち空席の補佐官職の月給を持ってきて支給すればいい。そして、<chef bureau>[課長]の職はなくさないでほしい。

1-9-3 仏陀在世時代からの範に従って、僧侶たちの論争を僧侶長が審理するのを補佐するための僧侶委員会委員を、政府はまだ任命していない。現在新しい僧侶長は僧の論争をどの僧に審理させているのかわからない。

先日、nagaravatta は、異論が度々起こって終わることのない僧たちの論争を、僧侶長に助力して正しく公平に審理するために、早く僧侶委員会委員を任命するよう政府に要請した。

我々は、もし政府がこの件を長く引き伸ばすと、きっと政府に対して騒ぎが生じるに違いないと理解する。

1-10 nagaravatta 印刷所株式会社の大声の呼びかけについて

nagaravatta 印刷所株式会社は[ママ。まだ設立されていない]、「nagaravatta krum <gazette>[新聞社]は、<gazette>[新聞]を印刷し、庶民のものも政府のものも、あらゆる種類の書物から<programme>[パンフレット]に至るまで、その印刷を請け負うために、クメール人の印刷所を1つ設立したいと思っていること」をクメール人の皆さんに、すでに何回も何回もお知らせして呼びかけた。以下の様子から、設立する印刷所は欠損を出す道はなく、発展する道しかなく、我々がここまですることができるという仕事の力に応じて、そこまで収益が増えると理解する。この nagaravatta <gazette>[新聞] 1つだけで、1ヶ月に400リエルから500リエルの収益を毎月印刷所に与えることができる。この金額は毎月印刷させる料金であり、1年で5千から6千リエルになる。それで我々はこの金額を、まるで現在我々がクメール人を目覚めさせようとして一生懸命働いて、皆さんのそれぞれから1年に4リエルずつ、一生懸命徴収して集め、そしてそのほとんど全てを印刷させた料金として支払っているのは惜しいと思った。もし我々が我々の印刷所を持てば、この額の金は1センもなくならず、全部我々の会社の金として残る。それゆえ、我々は実に惜しいと思ったのである。もう1つ、この nagaravatta <gazette>[新聞]は年間の<gazette>[新聞]購読料とバラ売りの代金としての収入の外に、別の収入がある。即ち、種々の裕福な商店が料金を払って商品販売の<programme>[広告]を掲載させるのが毎月、70、80、90リエルの収入になるのである。現在は、料金を払ってこの<programme>[広告]を掲載させるスペースが見つけられない。もし我々に我々の印刷所があったなら、我々は商人たちの<programme>[広告]をもっとたくさん料金を得て掲載し、この<gazette>[新聞]の記事も増やすために、<gazette>[新聞]のページを増やすつもりである。

この要約して説明した理由で、皆さんは、「nagaravatta <gazette>[新聞] 1つだけで、我々が新しく設立しようとしている印刷所に、1ヶ月に500から600リエルの利益を稼ぐことになり、この金額は小規模の印刷所 1つを養うのに十分である。もし我々があらゆる種類の書物の印刷を料金を取って請け負うことになったら、我々の印刷所の利益は2倍に増えるに違いない」ということを理解するのに十分である。

我々が出資書を配布してから現在までに、金を送って来て株を割り当てた人は大勢行列している。しかしまだその数は3分の1に達さない。それゆえ、「まだ数がとても少なくて印刷所を1つ作る処理はまだすることができない」と理解し、それゆえ我々はずっと株の金額を受け取るのを待ってきた。すでに金を支払った皆さんは、それらの金をだまって寝かせておきたくなくて、早く設立することを求める。以前登録なさった皆さんは、その株の金額を至急 nagaravatta <gazette>[新聞]社に送ってください。前に[出資を]登録していなくて、今[出資]志望を持つ皆さんは、nagaravatta <gazette>[新聞]社に来て、名前を登録し金を支払うか、あるいは手紙で出資申込書を求めて、自分の名前を登録することもできます。

それゆえ、nagaravatta は尊敬の念をもって、繰り返し皆さんに念を押しますが、どうか、これ以上ぐずぐずしないでください。そうすれば我々の事業は時勢に遅れることなく早く成功します。もし皆さんがまだ疑問を持っていて、そろって傍観していると、『kruṅ raṅ kamma bum jā[＝悪運にみまわれている国。kruṅ kambujā[カンボジア国]にかけている]』はいつまでも同じ『raṅ kamma bum jā[悪運にみまわれている]』であり、いつまでも『kruṅ kambūjā[カンボジア国]』にはなれません。もう1つ、皆さんの誰か、まだ nagaravatta 印刷所株式会社の定款に何か疑念を持つ方は、いつでも<bureau>[役所]の勤務時間中にプノンペン missa <boulevard>[大路]の rājakāra <notaire>[登記所]に行って、その定款を見てください。現在は、費用がたくさんかかるので、この定款を印刷して皆さんに配布することはできません。nagaravatta が金が満額集まってから、印刷して皆さんに配布します。

nagaravatta

1-11　我々は <gazette>[新聞]読者の1人から以下に議論して述べてある手紙を受け取った。

アンコール・ワットの発展

アンコール・ワット宮殿が建設された日以来、名誉と名声は、今回も含めて3回発展したことは明らかである。

第1次発展

アンコール・ワット宮殿が建設されたとき、名誉と名声は贍部[センブ]州の残すところなく全ての所に広まった。全ての民族、全ての国がクメール国の強大な力を尊敬し畏怖した。即ち、その時こそが、大国の1つである中国の王が黙っていることができず、周達観という名の使節を送り、我が国と友好を結びに来させ時である。このことは現在の中国で編まれていた史書の中にあることに根拠がある。

その後、クメール国は近隣の国と不幸な時代に入った。この話は、皆さんが詳しく知りたければ、我々の史書を読むべきで、そうすればきっと知ることができる。上に解説した騒動が原因でアンコール・ワットはその時以来名声を失った。

第2次発展

大フランス国が来て、友好条約[ママ。「保護国条約」が正しい]を締結して我が国の保護者になって以来現在までのフランスの治世で、保護者は、世界に2つとない、比類のない、極めて美しいクメール人の作品である美術品を全世界に発表した。ヨーロッパの人々もアメリカの人々も、驚き大騒ぎして大勢が見に来た。これが我々クメール人の名誉と名声が新しく栄えた第2回目である。

第3次発展

現在、アンコール・ワット[＝本紙の名称]は話すことができ、クメール国、シャム国、ベトナム国、ラオス国、それにフランス国中に、すべての良いこと、真実のことについて声を出すことができる。アンコール・ワットがこのようにするのは、他の民族が見下さず、「クメール人は今話すことができる口を持った」ということを知らなければならなくするためである。

もう1つ、アンコール・ワットは常に民族の利益を増すことを考えている。なぜならば、現在毎週土曜日に、民族を啓蒙し、暗愚を捨て去らせるために、政府のこと、商業のこと、それに諸国のニュースを報道してくれている。

最後に、私 sukhuma は、下の3種の祝福以外に、お礼にするものはありません。

苦しみが去り、幸福が増え、いつまでも叫びますように。

sukhuma

2-1　国債発行についてのラジオで公告された解説

braḥ pāda samṭec braḥ sīsuvtthi munīvaṅsa 国王の政府は、政府が発行してインドシナ国を守るための力を増そうとしている国債を、クメール国民全てに鋭意購入し、助力するよう公告する。昔の祖父母が強く、有能であり、優れた価値を持っていたクメール人は、史書の中の、この祖父母が戦って常にカンボジア国の国土を守って来た話を覚えている。そして敵が来て国を侵略し、田畑、家屋、寺院、王宮を破壊した困難の時代を覚えている。もし覚えているならば、フランス国が支援するおかげで得られた安穏と幸福が今後も続き、盛んになることを望んでいるであろう。全てのクメール人は、この平穏のおかげで毎年恐怖も憂いもなく、ただ稲が実り刈り取るのを待ち、寺院を瞑想し読経をするための静かな場所にしていることを知っている。

しかし、いかなる国であっても、自分1人だけ寝ていて変わらぬ幸福があるような幸運を期待することはできない。凶悪な盗賊を外国から自国に入って来させないよう防ぐためには、兵士になる者がいなければならず、道具がなければならない。現在は何も恐怖はない。我が国を威嚇し国境を尊重しないものは誰もいない。しかし、もし敵が来た場合にはそれを追い出すために我が国を守る道具をあらかじめ持って警戒していなければならない。この[敵が来るという]ことは、すでに起こっているわけではない。しかしいかなる政府も、そのように考えておく必要があり、将来決して起こらないと言うことはできないのである。

それゆえ、助力し支援してあらゆる種類の幸福を得させてくれたフランス国の恩を知り、将来もフランス国の安穏の陰の下にいる恩を知ることを望むクメール人全ては、惜しみなく与える心を持ち、政府が国を守るため使うように、この国債を購入するべきである。この国債を購入することは国を愛することであり、将来[自分に]利益があることでもある。なぜならば、国債を購入した者に、政府は十分な利息を支払うからである。クメール人はこの機会を見過ごすことなく、自分の国を守り、この国を昔のように栄えさせたいと思う気持ちがあることを目に見せるべきである。

2-2 (Benard［ママ。「Bernard」が正しい］)氏と同氏の妻がクメール国へ帰国したことについて

nagaravatta 新聞は、<bernard>氏がフランス国から帰国したばかりの時に、政府が［同氏を］スヴァーイ・リエン<résident>［弁務官］職を司らせたことを喜んでいる。氏は既にクメール国の多くの州に勤務してきた経験があるので、我々は氏におおいに期待している。氏はこの国のクメール人高官とクメール人の行動と気質とを知っている。氏は優れた英知を持っていて、公務に従事して何回も発展させているのを、我々ははっきりと目にして知っている。氏がカンポート州副<résident>［弁務官］をしていた時には、氏は州の全ての地域を視察して公務に熱心であり、あらゆる場所を発展させた。そして役畜品評会を行った時には、氏は現在のカンポート<résident>［弁務官］である<lebas>氏と協力して、我がクメール国で最初に行ったのである。

スヴァーイ・リエンの州民は、氏がこれから長い間統治すれば、氏のおかげで生活が楽になるであろう。nagaravatta 新聞は、保護国政府が同州の正［弁務官］に任命することを願う。

nagaravatta

3-1 ［広告］ スポーツについて

1938年7月3日日曜日

<jean comte>チームが<police sport>チームと対戦します。

入場観戦料は1人30センで、福引きに当たる資格があります。

ḍīlịptā <marque>［商標］の<bicyclette>［自転車］1台

プジョー <marque>［商標］の<bicyclette>［自転車］1台

<machine> crieṅ［蓄音機］

ホッケーのスティック

<machine> that［写真機］

その他種々の品物があり、gūppū 商会の店と<jean comte>自動車展示場に展示してあります。

抽籤は7月3日夕刻6時に、<philharmonique tābhiṅ>［tābhiṅ音楽堂］で行われ、当たった籤［の番号］はプノンペン市の<jean comte>自動車展示場に貼り出します。

3-2 ［44号、2-4と同一］

3-3 バスでの旅行について

バス乗客の多くが、「jœṅ jhnuol ḷān、即ち ?nak ḷān［バス乗務員］たちの態度行動と言葉が国民の躾に合っていなくて無礼なので、ratha yanta jhnuol 即ちḷān jhnuol［バス］は気分がよくない」と言って嘆いている。それでバス乗客は楽しくなく、多くの人が、バス乗務員を［次のように］非難する。「バス乗務員は不法に定員以上に人を乗せるし、荷物も限度以上に積む。それで乗客を大変苦しませる。たとえば定員以上に人を乗せると、バスはとても窮屈で、あたかも魚篭にいれた魚のようである。そして乗務員が乗客を追い出してバスの屋根の上に乗せ、屋根の上は［すでに］荷物が沢山積んであって、人はその上にもう1層上に乗っかるのであるから、恐ろしい顔をした監督官(待っていて検査をする<police>［警官］あるいは<gendarme>［憲兵］)の目をごまかすために、生命をかけて屋根の上に乗っている乗客をすだれで覆って荷物に見せかけることもある。このようなことがあるのは、乗務員は金のこと1つだけを考え、乗客の苦しみと危険は考えないからである。乗客が農民の場合には、必ず可哀想なことになる。乗務員の遠慮のない威嚇あるいは軽蔑の言葉をかけられる。そして早く車を出すために、急きたてて車に乗らせ、あるいは車から降りさせることもある。我慢できるだけの十分な忍耐をもつ乗客は下車するべき停留所まで我慢して何も言わず、何も逆らわずに行く。我慢できずに乗務員に逆らう人もいて、互いに喧嘩になることもある。乗る人の料金も一定していない。バスに乗った地点で、「これこれ」と料金を言うが、下りる地点に着くと、「これだけ」と言うこともある」 この話はまだ後の週に続く［注。実際にはない］。

3-4 お知らせします ［注。cf.21号、1-8］

nagaravatta 社が全ての州を回って <gazette>［新聞］料金を請求させていた nāṅ は、現在、<gazette>［新聞］の勤務をやめました。

皆さん、この人に <gazette>［新聞］料金を渡さないでください。

nagaravatta

3-5 インドシナ国政府宝籤

1938年6月18日抽籤

第1回、第4次

末尾が29あるいは04の番号の籤はいずれも10リエルに当たり。

末尾が881あるいは980の番号の籤はいずれも50リエルに当たり。

80本が100リエルに当たり、その番号は、

［番号80個のリスト。省略］［この中の番号2つが、76号3-2で訂正されている］

8本が1000リエルに当たり、その番号は、

［番号8個のリスト。省略］

番号が697,761の籤は4,000リエルに当たり。

大賞の籤は5本ある。即ち、

［番号3個のリスト。省略］

は、10,000リエルに当たり。

番号379,025の籤は30,000リエルに当たり。

番号187,425の籤は100,000リエルに当たり。

3-6 宝籤の大賞100,000リエルがスヴァーイ・リエンの

ベトナム人に当たったことについて

先の土曜日の夕刻に抽籤があった宝籤の大賞100,000リエルは、我々はスヴァーイ・リエンに行って、名はṅvieṅ yāṅ ū、住所はsvāy rieṅ村のベトナム人に会って直接口頭で尋ねた。この宝籤大賞に当たった人は、籤をスヴァーイ・リエンの長殿[loka dham]の所に持って行って検討して確認してもらい、それから証拠として<officier>[吏員]に籤の番号を書き写し、当籤者の氏名を記録して<constat>[公正証明]をしてもらった。

我々が会って質問をして確認した時の我々の<enquête>[調査]には、[この会見の]長であるスヴァーイ・リエン<commissaire>[警察署長]殿が[次のように]我々に話した。この人はkrasuoṅ <commissaire>[警察局]に勤務するthīで、籤を3枚買いに行って、<police>[警官]に1枚、<commissaire>[警察署長]殿に1枚渡し、自分のために1枚とっておいた。この籤は、すでに当局がハノイの籤審査委員会に送ったが、噂ではこのベトナム人の甥の1人が、「その籤は自分の物であり、そのことの証人もいる」と主張しているという。現在は混乱していて、事実はわからない。しかし、我々としては、「<commissaire>[警察署長]殿が、氏がその人から籤を1枚わけてもらった」と言っているのは事実のようである。

3-7　[57号、3-4と同一]

3-8　[74号、3-7と同一]

4-1　[広告][仏語]　抵当による貸付

[ク語]　**不動産を抵当に入れることで金を貸します**

<la société internationale> ṭepāñ という名の貯蓄会社は、果実があり、かつプノンペン市に所在する不動産を抵当に入れることで、金を貸します。1年で、百リエルにつき八リエルの利子で入質を受けます。

必要な方はlekha 26 phlūv <chaigneau> brai nagara(26 Rue Chaigneau Saigon)[サイゴン <chaigneau>路26号]の当社の事務所までお手紙をください。

4-2　[74号、4-11と同一]

4-3　[72号、4-2と同一]

4-4　[11号、4-2と同一]

4-5　[33号、3-4と同一]

4-6　[44号、3-3と同一]

4-7　[72、4-5と同一]

4-8　[73号、4-6と同一]

4-9　[48号、3-8の終わり近くの「70メートル」が「10メートル」になっているだけである]

4-10　[8号、4-3と同一]

4-11　[20号、4-6と同一]

4-12　[11号、3-2と同一]

4-13　[72号、4-13と同一]

SAMEDI 2 JUILLET 1938

CIGARETTES
JOB
LE PAQUET VERT
Vendu 5 cents

Nagara vatta

COFAT
CIGARETTES
La meilleure cigarette Indochinoise
Le Paquet vendu 5 cents

Directeur
PACH-CHHŒUN

HEBDOMADAIRE PARAISSANT TOUS LES SAMEDIS

(Boite Postale N° 44)

第2年76号、仏暦2481年0の年寅年 āsāḍha 月上弦5日土曜日、即ち1938年7月2日

［仏語］1938年7月2日土曜日

1-1 ［仏語で「私書箱 No.44」と「社長、PACH-CHHŒUN」が加わった以外は8号、1-1と同一］

1-2 ［デザインが少し変わった以外は8号、1-2と同一］

1-3 ［デザインが少し変わった以外は8号、1-3と同一］

1-4 ［8号、1-4、1-5と同一］

1-5 ［74号、3-5の「＊」以下を除いたものと同一］

1-6 samāgama ruom phala braḥ dharaṇī［農産物協同組合］(coopérative agricole［農業協同組合］)

以前から、我々クメール人は田畑などを耕作して疲れて、利益はないのが常であった。収穫を得ると、他の人が買いに来て、持って行って売って利益を得る。疲れた元の持ち主は自分の農産物から利益を少しも得ることができなかった。

それゆえ、先日nagaravatta <gazette>［新聞］は、この(coopérative agricole)［農業協同組合］と呼ぶ組合をカンダール州に設立するのを政府が助力し支援することについて説明をした。カンダール州で州民が生産したサトウヤシ砂糖という生産物を、値が出たときに売るために、倉庫に蓄えておき、組合員以外の人が割り込んできて持って行って売って利益を得ることをさせないためである。そして我々は政府に、貧しくて無学無知で騙されやすいクメール人たちを救うために、引き続きこのような組合を全ての州に作ることをお願いした。

現在、政府はこのような組合をもう1つ、国王布告の中では、"(Petite colonisation coopérative indigène)［現地小土地開発協同組合］" と呼ばれるものを、コンポン・チャム州 brai jhar 郡 camkār krūc 村camkār lœ［地区］の赤土地帯に作った。この協同組合は大きな組合で、ハノイの政府［＝インドシナ総督府］から3万リエルの補助金があり、森林を開墾して、トウモロコシ、コーヒーなどの利益が多い種々の作物を、全て外国から良い種子を取り寄せて栽培する。そして住民は1人1リエルで加入できる。

この［協同組合］の区域の赤土の土地は、1人に1区画を分け与え、作物の種子も配って栽培させる。

現在政府はコンポン・チャム農業<banque> caṅ kā prāk［銀行］頭取である prītuṅ 氏をこの組合の理事長に任命した。

この場所には、政府は、長の宿舎と作物栽培職員の宿舎を建て、農産物を保管する倉庫を作り、民衆のために500メートルごとに井戸を1つ掘ることを考えている。土地を持っている人には誰にでも、仕事を始めるのに使うために、先に政府が金を貸す。

この組合は大きな有用性があることは確かである。政府が保管しておいて、値が出たときに売るのであるから、田畑の所有者である農民は田畑を作って収穫を得て、無駄骨を折ることはないからである。支払い金や税金を払う金が不足した場合には、政府が［金を］貸す。

しかし、この話を同地の人々たちはまだ理解していない。情報では、「民衆の土地を me <banque>［銀行頭取］であるフランス人に売った」と言ってそろって brai jha 郡郡長を訴えた人たちがいるという。もし詳しく知れば、金持ちの知恵に負けないように、政府が貧しくて無学無知の人を支援してくれることをとても喜ぶであろう。事実は、その郡の官員が民衆の土地を取り上げるのではない。即ち、完全に民衆の利益になることをする、正しい地図が付いている国王布告があるのである。

camkār lœ 郡［ママ］では、住民は毎年毎年、マラリアがある土地で生命をかけて、とても苦労して働く。収穫を得るに至ると、金持ちたちが来て、借金の返済分として天引きして全部持っていく。働くために金を借りていたり、金持ち[に雇用されて]労賃を得ていたりするからである。住民たちは苦労したことから何も利益が得られない。この住民たちは美しい家に住もうとしてもなく、住み処はぼろぼろのスズメの見張り小屋のようである。

噂では、官員を訴えた住民は、自ら訴えたのではなく、他の場所にいる、その郡に田畑を沢山持っている金持ちが、自分が表に出る勇気はないので、費用にするために金をだして住民たちをそそのかして訴えさせたのであるという。

この区域内では、政府は[土地を]沢山は与えない。即ち1人に15ヘクタールだけである。もし金持ちに土地を沢山分け与えると、貧しい人たちはそろって金持ちの所に行って働いて、金持ちたちの生命を養ってやることになり、行なって自分たちの生命を養うものを何か求めても何もない、ということになるからである。

以下は、1938年4月19日付の camkār krūc[村]の土地を協同組合に貸し与えることを許可する国王布告第66号の抜粋である。

《第1条。陛下は[以下のことを]許可なさった。コンポン・チャム州 brai jhar 郡 camkār krūc 村 camkār lœ[地区]の、市の外にある、これ[=布告]に添付した地図に線を引いて示してある区域の森林1区画[=camkār krūc]、面積3千9百(3,900)ヘクタールを、この布告以前に所有者が居住していない場合は“<petite colonisation coopérative indigène>[現地小土地開発協同組合]”と呼ぶ krum hun tūc jāti sruk āy dhvœ rapar kāra ruom gnā[現地人小協同組合]に貸し与える。》

《2条。この区画内では、何者にも作物を栽培する許可、あるいは土地を与える許可を与えてはならない。クメール国の<le résident supérieur>[高等弁務官]殿は、この貸し与えた区画内の土地を与える方法について定める prakāsa <arrêté>[政令]を後日出す。》

後日、我々は、このcamkār krūc の組合の運営方式、さらにこの組合が住民に対して持つ有用性も詳しく説明する。

nagaravatta

1-7　政府がインドシナ国防衛国債を発行することについて

大フランス国が来て、このインドシナ国を支援する力のおかげで得られる平和

過去50年以上の間、インドシナ国全体は幸せと安寧とがあり、この国を敢えて侵略しようとする敵はいなかった。このフランス—インドシナにまとめられる5ヶ国に住む、クメール人、ラオス人、ベトナム人、中国人などの国民は全て、田畑を作り、商いをして生計を立て、発展しずっと幸福を得てきた。1914-1918年の大戦の時には、全インドシナ国の国民は援助する気持ちを持ち、体力と資力で助力して大フランス国と共に戦った。我々の保護者である大国が平和を得れば、きっと我々全ても幸福と安寧があると理解したからである。現在大フランス国は以前と同じように心を込めて常に我々各人を守り、保護している。しかし、我々自身も、我々自身を守ることができるために、一生懸命に努力して何かをしなければならない。現在、インドシナ国政府はインドシナ国全体を守るための武器を整備するのに使う金を必要としている。我々、常に幸福を享受してきた国民は、この国防のための道具を早急に揃えることができるように政府に助力し支えなければならない。それは我がインドシナ国が自分自身を守るのに充分な力を持てば、大フランス国がさらに後ろから助力して守ってくれて、きっと我々の平和はいつまでも存続するであろうからである。それゆえ、我がカンボジア国は、この我がフランス—インドシナ国内の全ての国と同様に、政府を支持して助力して政府の国債を購入し、さらに大勢が志願して兵士になって助力しなければならない。

nagaravatta

1-8　諸国のニュース

1-8-1　中国

上海、6月20日。黄河から帰ってきた日本兵たちは、「破れた堤防は再び築いているところであり、およそあと1ヶ月で堤防を築き終えることができる」と言った。

「現在、住民である中国人と日本兵が協力して堤防を築いているが、中国軍が絶えず堤防を築いている人々を銃撃する。流れ出した水は、その地方のおよそ3,000平方キロメートルを水没させた。この水没で死亡した人は百万である」

日本兵はスピードを上げて漢口を目指している。現在、中国軍司令部から距離440キロメートルの ho tā cin 地区に到達した。

中国空軍将軍が、「中国機が揚子江で日本軍艦を爆撃して4隻を撃沈した」と発表した。

日本機が海南島に爆弾多数を投下した。

もう1団の日本機が福建省の fū jīv の武器を爆撃した。

中国政府からの情報によると、1937年7月1日から1938年6月7日までに、日本機総数5,981機が広東省を爆撃し、別の800機が広東市[ママ]を爆撃した。

＊パリ市、6月21日。外相である<bonnet>氏が日本大使を迎え、日本の <gazette>[新聞]が、「フランス政府が中国に武器を売っている」という偽の報道をしていることについて遺憾の意を表明した。

中国は、「もし日本軍が華南を攻撃することを望めば、必ず諸国に事件を起こす。なぜならば、海南島はフラン

スのインドシナ国を右側に、イギリスの香港島を左に、フランスの広州湾を後ろに、アメリカのマニラ国を前にする中央にあるからである」と述べた。

*東京6月1[ママ。恐らく「21」が正しい]日。日本電によると、日本機が揚子江岸の中国軍を爆撃、多数を死亡させた。中国機4機が日本機に追い払われた。

日本機4群が華南上空を飛行して、sāṅ gī 省の南の lāṅ vāṅ と me jiñ の中国飛行場を爆撃した。

もう1群は広東－漢口の列車と鉄道線路を爆撃し多数箇所を破壊した。

もう1群は広東省の fe āṅ 地区を爆撃した。

もう1群は広東省の hāy niñ 県を爆撃した。

日本軍艦が中国軍を砲撃して2つに分断し、海南島と連絡できなくさせた。

日本軍は pū chww jū 県を占領し、vān kū bī に到達し、中国軍を西南方に追い払った。

sāṅ sī pāṅ 市が日本の手に落ちた。

中国は、「中国軍は sieṅ cān 県から後退し、同 sieṅ cān 県を奪回するために援軍を待っている」と発表した。

*東京市、6月22日。東京駐在フランス大使が日本外相に会いに行き、「中国に助力している国」について話した。日本の大臣は、「その語はフランス国のことを言ったのではない」と反論した。

陝西省で中国軍20万名が日本軍を追い払い、進軍して黄河の南で[別の]中国軍と合流した。

日本軍艦6隻がさらに日本兵を輸送してきて、汕頭県の前の nā nāv 島の中国軍と入り混じりになった。

日本は suy jū 県を占領した。しかし、中国は feṅ sieṅ 県と bī sieṅ 県を奪還した。

日本機が揚子江岸の中国軍を爆撃した。

中国の中央で日本機が中国艦を爆撃して vāṅ thāṅ kān 県の上流で座礁させた。gī niñ 県、māṅ jiñ 県、fwaṅ cān 県の中国飛行場を爆撃し、広東－漢口鉄道線路に沿った中国の武器を爆撃した。

日本機1群が広東－ge ruṅ 鉄道線路を爆撃し、多数箇所を粉砕した。

1-8-2　スペイン国

sārākūs 市、6月22日、<havas>電。イギリス商船1隻がヴァランス県で反乱派に爆撃されて沈没した。もう1隻ギリシアの船も爆撃されて全焼した。

情報によると、反乱派はイギリス商船をもう1隻爆撃して沈没させた。

反乱派機8機がバルセロナ市上を飛行して爆弾50発を投下し、20名が死亡した。

1-8-3　ヨーロッパ諸国

ロンドン市、6月23日。フランス国視察に行くことになっていたイギリス国王は、王妃が病気になったので旅行を中止した。この7月末になってからフランス国に行く。

1-8-4　中国

香港、6月23日。日本機が再び広東市を爆撃し、30名が死亡した。それからさらに飛行して行って、広東－漢口鉄道線路も爆撃した。

中国軍は4[ママ。3回分しか記述されていない]回勝利した。1回は luṅ hāy 鉄道線路に沿って juṅ mū 県に入った。もう1回は、中国軍は yū sik 県を奪還した。もう1回は、中国非正規軍が pī bīṅ 県の北の gū peṅ gū 県に到達した。

山東省で中国兵まだ8市を支配している。

*香港、6月24日。日本軍艦6隻が広東省の北に到着した。さらに8隻が海南島の近くに到着した。海南島など、華南を攻撃する意図を持つ。

中国は、「フランス政府は、日本兵が海南島を攻撃する意図があると判断し、軍艦10隻を同島の近くに派遣した」と発表した。

アメリカの情報によると、フランス海軍司令官は、植民地を守備するために、軍艦10隻をインドシナ国から中国に派遣した。しかし、フランスは、「その情報は事実ではない」と言った。

現在、中国軍と日本軍は揚子江河岸で交戦中である。

日本海軍1個部隊が汕頭県の近くで下船したが、中国兵に追われて逃げ、再び乗船した。

*東京市、6月24日、アメリカ電によると、日本人の2グループが東京市でビラを貼って、「ロシア国を攻撃する準備をしよう」と民衆に呼び掛けた。

1-8-5　スペイン国

パリ市、6月25日、<havas>電。スペイン国政府派は、反乱派が多数の大都市の爆撃を続けているので、激しく怒っている。スペイン政府は、「いずれかの国が依然として反乱派を援助するならば、政府派は必ずその国を爆撃する」と発表して諸国に知らせた。

フランス政府とイギリス[政府]は、「反乱派に助力している国は、どの国も本当に目に余るものがある。しかし、スペイン国政府の意向通りに実行すると、必ずヨーロッパ諸国に大戦が起こる」と反論した。

イタリア国とドイツ国とは、「スペイン国政府が意向通りにしたならば、ドイツ国とイタリア国は直ちに容赦なく攻撃に出る」と反論した。

1-9　bhñāk[目覚める]=kamrœk[行動する]、min kakrœk[行動しない]=ṭek lak[眠っている]

皆さんははっきり目覚めて気付いたか。目覚めたなら行動しなければならない。まだ目覚めて気付かない人、即ち熟睡している人と間違えられてはいけない。この文を解説すると、クメール人は他の民族よりも知識が少ない。発展は他より薄い。名誉名声は諸民族より曇っている。こうであることを、皆さんははっきりと知っているか。こうであることを、もしはっきりと知っているならば、どのように心を動かして民族を助けようと考えたか。皆さんが自分の心の中で、このようにはっきり知った以上は、民族のことを考え、民族を助けることを考えて、各人は[目覚めたことを]目に見える形で示すべきである。[協会などの名簿の中に]名前を存在させず、民族を助けているとは見えないようにしていてはいけない。まだ目覚めていない人であると誤解される恐れがある。

目覚めて気が付いて、民族を助けて動いている心は、[その]証拠があるようにするということとは、

1、シソワット中高等学校卒業生友愛会に名前を登録して加入し、その名前を民族を助けているという証拠にすることである。この会のメンバーは、募金してクメール人の子供が他の人々と同様に知識を得るように、学習の道で支援し助力しているからである。

2、クメール人の <gazette>[新聞]の購読に登録して[名簿中に]名前を存在させ、毎年 <gazette>[新聞]料金を払って助力していることが十分認められるようにする。この<gazette>[新聞]は[自分たちが]生計を立てるためにしているのではなく、助け合って民族を目覚めさせることをしている事業だからである。

3、nagaravatta krum <gazette>[新聞社]が設立しようとしていて、すでに参加した人の金をいくらか集め、早く設立に取り掛かることができるために十分な参加金が集まるのを待っているクメール人の印刷所株式会社に名前を登録して参加することである。この nagaravatta 印刷所株式会社は、金を失うのを恐れている我々クメール人がその恐れをやめるのに十分なものである。クメール国内の需要が多く、印刷所は少ないから、利益がある道しかないからである。印刷所が多数存在しないのは、どの印刷所も数万という元手があって初めて作ることができるからである。設立できたら、利益があるのは確実で、誰でもこの生業のことを知っているのだが、行う金がないのである。

4、あるいは、どこかクメール人の商業を行う会社[ママ]に名前を登録して参加することで認識させることである。このことは、クメール人が他の民族同様、商業の道で生計を立てることができるようにするからである。

皆さんが目覚め、民族を助け、その助けていることを証拠に残すことを望むなら、この印刷所を設立しようと考えていることに助力してほしい。なぜなら、損をするはずがない、クメール人のための商業の1つの大分野だからである。しかし、我々がここに述べたのとは異なる方法で民族を助けることを希望するなら、それでも良いのだが、いずれにしても、何らかの方法で、目覚めたということをはっきり見せる証拠があるように考えてほしい。民族を助けて知識を得させ、発展させ、繁栄させる援助団体や事業の中に名前のない、他のまだ眠っている人であると誤解されないためである。

subhā dansāy

1-10　身に覚えのない罰を受ける

先日、kanṭāl sdiṅ 郡 kambaṅ kanduot地区で人々が祭りをしていた時に、dik khmau の<gendarme>[憲兵]たちが来て、{lim sww} 華僑会長(前の華僑会長)の家で賭博をしていた者たち10名と、その家の主人である {lim sww} 華僑会長自身も逮捕し、金700リエル近くを押収した。

この事件について、<la vérité> <gazette>[新聞]は、"逮捕した時、公安警察局が局の有能な官員を派遣して事件[の調査]を指揮させた。そして、この賭博が行われていたのは、プノンペンの官員何人かと現地の官員何人かが共謀して開帳させたからである」と言っている。

この <gazette>[新聞]の記事によると、「一般的なことである」として述べている。このことは、「この事件は、この賭博に共謀していない官員たちの上にも不名誉を撒き散らすものである」と我々は考える。この事件における汚点を払拭するために、清廉な官員たちに、"身に覚えのない罰を受ける" ようにさせるべきではない。それゆえ、保護国政府の官員たちの名声と名誉を曇らせないためにも、カンダール州の長殿(<résident>[弁務官])は調査して尋問して善悪を明らかにするべきである。しかし政府が調査する必要がある場合には、フランス官員でもクメール官員でもいいから、本当に言動が正しいという名声がある人を派遣するべきで、それで初めて状況が正しくわかる。<la vérité> <gazette>[新聞]が自慢している"賢くて有能な"官員を派遣する、即ちポケットが空腹である人を派遣すると、既に肉体に蛆が湧いているのだから、善悪を明らかにするのは容易ではないと思われる。

幸運であった。<gendarme>[憲兵]がその日の夜に逮捕に行っていたら、そのグループの中にいる「その賢い人」に出会ったであろう。今回は朝になってから逮捕に行ったので、幸運なことに、その「賢い人」たちはガチョウをかついで去ってしまっていた。それで家の主人と博打打ちだけを逮捕した。その中には行政部と司法部の官員は混じっていなかった。

逮捕した {lim sww}華僑会長は現在は拘留から滑り出ている。これは「賢い人」が走り回って<avocat>[弁護士]を探してきて釈放させたからである。それとも誰かのおかげであろうか。政府でも、誰でももし知りたければ、調べれば容易にわかるだろう。

情報では、この大博打団はプノンペンに1ヶ所と、(nagaravatta <gazette>[新聞]がすでに先週「市内の盗賊」と大声で叫んだように)dik khmau に1ヶ所と、kambaṅ kanduot に1ヶ所いて同じ集団であり、例の「賢い人」が……[注。伏字]……である。[上の3つのうち]後の2ヶ所は<gendarme>[憲兵]がすでに逮捕した。この<gendarne>[憲兵]たちは賞賛するべきであり、あるいは褒賞を与えるべきである。他の人のように「賢い人」として有名ではないが、悪事を犯した者を逮捕することを知っている。一方、例の「賢い方々」の方は、毎週[悪人を]逮捕に出て行っているが、まだ1人も逮捕できない。ほとんど毎週ガチョウを何百と捕まえてプノンペンに帰ってくるだけである。そして今は腐い息を他人の顔に吹きかけて、さらに[ガチョウの]籠を臭くしている。これこそまさに「賢い」というべきもので、大笑いするべきである。リスがイチジクの実を食べ、アヒルの首に掛ける。アヒルは市場に行ってキョンの尻に掛ける。もう1つ我々はこの「賢い人」たちの言葉を聞いた。これは仲間の博打打ちに言ったのだが、「お前たちは博打をしなさい。何も恐れることはない。ā {gak}に米を与えて食わせてある」　このことを政府は取り除いてほしい。政府を穢させないでほしい。

我々がここに要点を述べたことを、政府は本気で調査することを願う。{lim sww}華僑会長を連れて来て、宣誓させて尋問してほしい。この不名誉が他の良い官員にふりかかることがないようにしてほしい。それゆえ、他の人々の正義－悪事を明らかにしてほしい。我々は、この事件がカンダール州<le résident>[弁務官]殿の知恵に余ることがないことを期待する。

kanduot

2-1　[44号、2-4と同一]

2-2　プノンペンの sālā ṭaek (École Pratique d'Industrie) [工業学校]の情報

我々が得た情報によると、工業学校の我がクメール国に赴任して来たばかりの(Minel)氏[M.]という名の新しい校長が検討して、「この工業学校は、たとえば、『しっかりしたカリキュラムがない』などのように、現地国政府が長い間気にかけずに放ったらかしにしていた」と理解し、氏は知識学問の体系を改正して発展させ、<certificat d'étude>[初等教育修了証書]などに合格したクメール人生徒で、sālā <lycée>[中高等学校]への入学年齢制限をオーバーした者や、入学試験に落ちた者にも、「sālā <lycée>[中高等学校]で学んだ者と同じように生計を立てていくことができるように、この工業学校に入学して種々の英知と学問を伸ばす」という希望を持たせるためである。

私の意見では、この仕事の知識学問はこの世界でもっとも価値がある。なぜならば、この世に生まれてきた人間は、もし知識学問がないと、他並みに<bureau>[事務室]で椅子に座ることができない。1つの種類の学問技術を持っていさえすれば、官吏をしている人と同じように生計を立てることができるからである。

それゆえ、私は全ての少年たちに、この新しく設置される学問知識を嫌わないように願う。私の希望通りに、互いに誘い合わせて大勢がこの学校に入ってほしい。私が上に述べたことは、おそらく皆さんは、「何の役にも立たない」と思うであろう。しかし、私は私自身を例にして、「役に立つ」と言うことは本当であることを皆さんにはっきり示す。まず最初に、私自身は14歳になってから、初めてフランス語を学んだ。3年[ママ。この記事が執筆された1937年のころは、初等教育の修業年限は「5年」であるが、執筆者が学んだ20世紀初頭のころの修業年限は3年であったらしい。後の「工業学校」も4年とあるが、1937年頃は「5年」である]学んで<certificat d'étude>[初等教育修了証書]の試験を受けた。[合格し、引き続き中等教育校で学びたいと思ったが]政府は厳しくて、「私は年齢をオーバーしている」と言うので、私は勉強をやめた。その時、私を可愛がってくれていたフランス人の偉い先生が、私に、「工業学校に入るよう」にと説明してわからせてくれた。私は氏の忠告に従った。まず最初は鉄にやすりをかけること[＝研磨]を学び、さらにフランス語も1日2時間習った。2年間学ぶと、研磨を学び終わり、それから種々の製図学と<machine>[機械]の製図を2年間学んだ。しかし、私はそのほかにフランス語を学校と家とで少しずつ熱心に勉強していて、フランス国に戦争が起こると、私は志願して砲兵隊の職工になった。私は工業学校で4年間学んだ知識学問があったので、大砲方面の仕事を手に入れることができたのである。保護国政府は私がそのように学問知識を持つことを見て、grwań <machin>[機械]の試験を受けるよう命令し、合格すると、私を航空機学校に勤務しに行かせた。

私は、「私が以前嫌った知識学問が、今は私を楽しくさせ、他の人並みに航空機学校で名と顔を持たせてくれた」と思った。そして政府はフランス人技術者と同じように、私に他の技術者と共に袖章を授けてくれた[＝下士官に任官させた。フランス軍内での現地国人の最高階級は曹長であった]。

それゆえ、私は工業学校の恩を知り忘れない。それゆえ子供たちは私の真似をしなさい。決して間違いはない。何の仕事であれ、確実に勤勉に行えば必ずその知識から利益を得るからである。

前回の工業学校の入学選抜試験は、27名しか合格しなかった。この中には文字を全く知らない者が5名いたが、救済のために入学させた。しかし私の<enquête>[調査]では、この学校の校長殿は文字を知らない者より<certificat d'étude>[初等教育修了証書]を持つ者を入学させたいと思っている。上の例で、選抜した数は、[定員に]とても不足している。それで、来る7月28日にもう1度選抜試験が行われる。地方にいる志願者は願書を政府に出して、救済して学校に寄宿させることと食事を与えてもらうことを願い出なさい。今年、新しい学年で学ぶ生徒は身を入れて真剣に学び、共に学ぶ他の民族に負けないでほしい。労苦を恐れてはいけない。少々文句を言われ、教え諭されても、恨み、腹を立てることをしてはいけない。

pāc-jhwn

3-1 ［広告］ 数が多くて価値のある、思わぬ利益のある幸運

コーチシナ国、クメール国、ラオス国の daduol <retraite>［引退］者救済協会の宝籤は、元金が20,000リエルで、籤の価格は1枚0.20リエルです。当たり籤は総数184本で、総額10,000リエルが当たります。

［当協会のものではない］これより少ない金額が当たる籤は50回もあり、籤1枚の価格はそれぞれ異なります。

最近売り出されている宝籤全てで、当<retraite>［引退者］救済協会の宝籤を超える金額が当たる籤はありません。

1つの番号が4,000リエルに当たり、
［賞金合計］　4,000リエル
1つの番号が1,000リエル当たり、
［賞金合計］　1,000リエル
2つの番号が 500リエル当たり、
［賞金合計］　1,000リエル
10の番号が100リエル当たり、
［賞金合計］　1,000リエル
20の番号 50リエル当たり、
［賞金合計］　1,000リエル
50の番号が20リエル当たり、
［賞金合計］　1,000リエル
100の番号が10リエル当たり、
［賞金合計］　1,000リエル

この宝籤は、来る1938年7月21日抽籤です。

この<retraite>［引退し］た人を救済する宝籤を熱心に助力して買ってくれると、救済には大きな幸運です。当協会が宝籤を作ったのは［救済を］必要としている困窮者と子供たちを助けるためです。

3-2 過ぎ去ったこと［＝75号、3-5］を修正します

先の6月18日抽籤のインドシナ国政府宝籤の番号で、100リエルに当たった番号の欄の634,898と686,957は、我々が kambuja <gazette>［新聞］から写してきた数字で、誤りでした。636,878と686,937と読んでください。そうすれば我々が政府から得られたばかりの数字に正しく付き合わせたばかりのものに一致します。

3-3 インドシナ国政府宝籤

1938年第2回

800,000枚の宝籤札が4回にわけて発売され、各回は200,000枚である。抽籤は、1938年7月6日、1938年7月30日、1938年8月24日、1938年9月17日である。

この4回で販売された宝籤札は、全てが1938年9月17日に抽籤される、この4回の籤のための大賞5本に当たっているか否か、照合する権利がある。

上述の4回の各々で当たる籤［の番号］は互いに異なり、各回は以下の通りの金が当たる。

4,000リエル　番号が1つ
1,000リエル　番号が1つ
100リエル　番号が80
50リエル　番号が400
10リエル　番号が4千

4回全部に対する大賞5つの番号の金額は、

100,000リエル　番号が1つ
30,000リエル　番号が1つ
10,000リエル　番号が3つ

籤に当たって、1939年3月17日［まで］に受け取らなかった賞金は政府に属する。

この4回の籤札は当たり籤も外れ籤も、保存しておいて、もう1度、1938年9月17日の最後の回の大賞5本に照合すること。

3-4 ［75号、4-1と同一］

3-5 ［20号、4-6と同一］

3-6 ［57号、3-4と同一］

3-7 ［74号、3-7と同一］

4-1 ［広告］ 身体を清潔に美しくしたい場合には、<cadum>石鹸で身体を洗うしかありません。そうすれば清潔に美しくなります。なぜなら、この石鹸は肌の色を薄い黄色にし、美しく香り良くするからです。

この石鹸は他の石鹸より固く、香りも使い切るまで残ります。［本当かどうか］知りたかったら使って試してみてください。

皆さんが［1度］使うと、それ以後ずっと使うことは間違いありません。

しかし、しっかり調べて知りたかったら、石鹸を外側から包んである紙を比べてみてください。

［踊り子の絵があり、その中に］　Savon［石鹸］
Cadum

4-2 ［広告］ お知らせします

私、カンポートの弁護士である okñā {jum-ñaeṅ}は、プノンペン市<fesigny>路17号の店の<mac phsu>という名のビルマ・バームを使いました。本当に、希望通りに良く効きました。それで kambat 郡のクメール人、チャム人、ベトナム人住民に分けてあげました。彼らは、「このバームはとてもよく効く。病気の時に使うと、望み通りに治る」と言って、いつも分けてもらいに来ます。

1938年6月28日、カンポート
okñā {jum-ñaeṅ}

4-3 ［11号、4-2と同一］

4-4 ［44号、3-3と同一］

4-5 ［73号、4-6と同一］

4-6 ［33号、3-4と同一］

4-7 ［48号、3-8の終わり近くの「70メートル」が「10メートル」になっているだけである］

4-8 ［8号、4-3と同一］

4-9 ［11号、3-2と同一］

4-10 ［72号、4-13と同一］

SAMEDI 9 JUILLET 1938
CIGARETTES
JOB
LE PAQUET VERT
Vendu 5 cents
Nagara vatta
COFAT
CIGARETTES
La meilleure cigarette Indochinoise
Le Paquet vendu 5 cents
Directeur
PACH-CHHŒUN
HEBDOMADAIRE PARAISSANT TOUS LES SAMEDIS
(Boite Postale N° 44)

第2年77号、仏暦2481年0の年寅年 āsāḍha 月上弦12日土曜日、即ち1938年7月9日

［仏語］1938年7月9日土曜日

1-1　［仏語で「私書箱 No.44」と「社長、PACH-CHHŒUN」が加わった以外は8号、1-1と同一］

1-2　［デザインが少し変わった以外は8号、1-2と同一］

1-3　［デザインが少し変わった以外は8号、1-3と同一］

1-4　［8号、1-4、1-5と同一］

1-5　クメール人とクメール人との間の団結

現在の我々クメール人は、まだ互いの団結が多くの種類で非常に足りない。即ち、同じ民族の人への愛がまだないし、また親密さがないし、そしてまた同情がない。愛と親密が生まれれば、同情が生まれるからである。

私がこのように言うのは、クメール人は同じクメール人と会った時に、「この人は自分と同じ民族の人である。それならば、自分は他の民族よりもより多く親密にするべきである」と気が付き、認識することがないことを、もう長い間私は認識していることによる。このカンボジア国の土の上では、他の民族が多数混ざっているので、このように思うことを忘れると、ただ同じ人間であるとしか認識せず、ベトナム人をクメール人や中国人やベトナム人［ママ。「ベトナム人と」は不要］とみなし、中国人をクメール人やベトナム人とみなし、クメール人を中国人やベトナム人とみなし、これらの民族を認識することができない。彼らはクメール国の上に住んで生計を立てているのは事実であるが、その心は、クメール人が彼らに親密にしている程には、クメール人を親密に思っていない。逆に彼らは、多分皆さんが既に知っているように、クメール人を軽蔑し見下している。彼らは、「我々クメール人はまだ無学無知で騙されやすく、そして温和で、互いに団結していない」と思っているからである。一方我々クメール人の方は、まだこの点にはっきりとは気が付いていないようである。

ここで解説することは、他民族を憎ませる道ではない。即ち単に我が民族の親密さの不足を浮かび上がらせるだけであって、我々各人は我々自身に腹を立てなければならないのである。なぜならば、彼らが敢えてこのように我々を悩ませるのは、［その］非は我々自身によるからである。もし我々が互いに親しくまとまり、固く団結し、そして同じ民族の人々が繁栄するように助力し支援することを知ったときに、彼ら他民族は敢えて我々を見下すことができるだろうか。それだからこそ、私は、「クメール人はまだ互いに親密にする団結心が足りない」と言うのである。

互いに親しくし、助力して応援し合う気持ちを足りなくさせている原因は、もう1つ大きな点がある。それは、我々クメール人はそれぞれが別々に自分のことしか考えず、自分1人が幸福であり、自分1人が楽であることしか求めないことである。幸せになり楽になると、同じ民族の人々のことを考えないし、気にかけない。死のうが生きようが、病気であろうがどんなに苦しんでいようが、あまり気にかけない。この自分のことしか考えないということが性格をとても広く覆い、押さえつけて、低劣さを理解させず、自分の民族と親しくし、国を愛し、自分の国の利益を考える道に目覚めさせない。

財産あるいは学問知識のおかげで他人より偉い地位を得ると、「自分は偉い」と思い、身分が低くて貧しくて、他の民族に見下されている人々のことを思うことがない。「彼らが、身分が低く貧しい困窮しているクメール人を見下すのは、我々自身をも見下しているのと同じである」ということを理解しない。他の民族の心の中では、同じ民族であり、同じクメール人の名前であり、彼らが敢えてこれらの貧しい人たちを見下すということはクメール人全体を見下すことだからである。しかし［その考

え を]彼らは彼らの心の中、考えの中にしまっている。それでもそれが外に現われる人もいる。たとえば、クメール人高官と他民族の高官とでは、彼らは、[クメール人高官を]あまり畏怖していない。

それゆえ、クメール人が非常な低劣さと不名誉の中にあり、他民族とは違ってあまり出世せず、ポストをたくさん占めることがないのである。それでも我々はまだこの点についてはっきり目覚めていないようである。

私がここまでに解説したことは全て、自分の民族をけなしているものではない。原因をはっきり示して、クメール人に検討し、観察してみてはっきりわからせ、一生懸命努力して、少しずつ同じクメール人たちと親しくし、助力して支援するようになり、今のように冷淡で無関心でいることを止め、固く団結して働く力を得、我々の国と民族が発展し、少しは目立つようになり、今のように低劣ではないようにする道にするためである。

クメール人はまず互いに親密にし、愛し合うべきである。そうすれば発展が得られる。互いに愛し合えば団結することができる。互いに愛し合い、そして団結することができたら、働いて国を発展させ、民族を発展させることができる。

もしクメール人がいつまでも現在のようである、即ち互いに愛し合うことを知らず、親密にし合うことを知らず、助け合うことを知らず、互いに非難し合い喧嘩し合うならば、きっと何もできない。そしてクメール人は他の民族に対して、自分たちをとても恥ずかしいと思う。彼らの前で争い合うべきではない。この低劣さの中に浸っていても構わないと思うべきではない。団結心を起こすために、この恥を重大なこととして考えるべきである。

今、彼らより貧しいことを恥じるべきである。知識学問がある人が彼らよりとても少ないことを恥じるべきである。政府にも商業にも仲間が少ないことを恥じるべきである。彼らより劣っていることを恥じるべきである。彼らに見下されること、しかも我が国の中でそうであることを恥じるべきである。これらのこと全てを、恥ずかしいと思うべきであるし恥辱であると思うべきである。クメール人の名を持つ者全てが恥ずかしいと思い、それから目覚め、気づき、はっきり知るべきである。

私は、この文章を読んだ皆さんにお願いする。精神を目覚めさせるために、よく深く考えてほしい。「お前が自分は偉い人だと言うのなら、勝手に言っていろ」と言わないでほしい。考えて、さらに考えてほしい。

読んで考えず、理解しないで、そしてこのように言う人は、その人は目が見えず、さらに耳も聞こえない人である。即ち知恵が足りず、知恵が聞こえないのである。

もう1つ、皆さんは、「同じクメール人だ」と生意気に思って、[私に]腹を立てないでほしい。上に述べたことを一生懸命実行してほしい。[そうすれば]クメール人とクメール国は発展し、低劣さと恥を捨てさることができる。

1-6 諸国のニュース

1-6-1 スペイン国

ロンドン市、6月27日、<havas>電。反乱派側の機がバレンシア市の海岸を爆撃し、爆弾数発がそれてイギリス商船に落下し、3名が死亡、多数が負傷した。

チェンバレン氏という名のイギリス国首相がイタリア国首相であるムッソリーニ氏に打電し、「再びこのようにイギリス商船を破壊しないようにする助力をすることを求める」と求めた。ムッソリーニ氏は、「フランコ将軍に、再びこのようなことがないように伝える助力をする」と回答した。

現在、敵対している両軍は、テルエル県地域で交戦中である。政府派軍は ḷāmuy?aeḷā 県を反乱派から奪還した。反乱派が占領しようとしている他の所では、政府派軍が敵に反撃して勝利した。

1-6-2 中国

上海、6月27日、<havas>電。江西省の南昌市の上空で日本機と中国機90機が交戦中である。日本は、「中国機50が撃墜された。撃墜された日本機は3機だけである」と発表した。

中国は、「この交戦で、日本機5機が撃墜された。中国機は日本艦へ2回飛行した。最初の回は日本軍艦を爆撃して2隻を炎上させた。漢口市を守備するために、中国は日本軍と同数の兵を集めた」と発表した。

ドイツ国政府は中国駐在大使をドイツ国に呼び戻した。

＊ロンドン市、6月28日、<havas>電。1人の将校がチェンバレン氏に、「日本が海南島を占領したら、インドシナ国を守備しなければならないフランス政府を援助することを、イギリス国は同意するか」と質問した。イギリス政府高官は、「『そのような場合にはフランス政府とイギリス政府とは必ず協力してインドシナ国を守備する』と[フランス]政府に伝えてある」と答えた。

アメリカ電によると、インドシナ国に3年間住んでいた1人の日本人が日本国に帰り、「トンキン国のハイフォン市が毎日武器を中国に送っている」と言った。

情報では、蒋介石総司令はドイツ政府に、「ドイツ人戦闘教官に、6名以外はドイツ国に帰国させることに同意する」と告げた。しかしドイツ政府は依然としてドイツ人戦闘教官全員に帰国させることにこだわっている。

日本外相は新聞記者たちに、「中国政府内に戦争を中止することを望む者が何人かいるのは、彼らは日本軍が攻撃に来るのを恐れているからである。日本政府は中国政府に手加減しない。漢口県を占領したら、中国は必ず力が尽き、そして蒋介石総司令は権力が消滅する。日本国は、あくまで中国政府を倒すことだけを考えている。

この互いの戦争はおそらく長期間互いに戦うであろう。日本国の方は長期間戦う準備はできている」と語った。
＊東京市、6月29日、<havas>電。イギリス[ママ。恐らく「日本」が正しい]政府は会議をして、「国民全員から徴兵する」ことを決定した。
＊東京市、6月30日。日本政府は、「蔣介石総司令が辞任したら、日本は戦争を中止する。蔣介石総司令が辞任した時には、中国政府はさらに抵抗することを考えるのをやめるべきである。そうすれば幸福が得られる」と言った。
＊漢口市、6月30日。ドイツ電によると、日本軍は mā tāṅ 県に達し、中国軍と猛烈に戦った。中国軍は漢口市に引き返した。日本船数隻が mā tāṅ 市を5キロメートル過ぎたところまで行くことができ、そこで停船して兵を上陸させた。現在敵対している双方の軍はmā tāṅ 県で戦っている。この mā tāṅ 県は漢口市に通じる道路にある市の県であり、もしmā tāṅ 市が日本の手中に落ちると、きっと漢口市に通じる道が開けたことになるのは間違いない。
＊東京市、6月30日、<havas>電。東京市で洪水が起こって水没し、住民100名が死亡し、家屋15万が浸水·水没した。
＊香港、7月1日。アメリカ電によると、香港のある<gazette>[新聞]が、「中国は、イギリス国に仲裁させることに容易には同意できない。蔣介石総司令が中国全土を日本から取り返したら承服する」と言う内容の手紙を掲載した。

本日の情報では、中国軍は日本軍に耐えることができず、mā tāṅ 市から退却した。

漢口市の中国政府は、「日本軍は中国軍に軍の後尾を攻撃されないように gāṅ sū 河岸の堤防をさらに破壊し続けている」と発表した。

1-6-3　スペイン国

7月1日、<havas>電。反乱派機が再びバルセロナ市を爆撃し、60名が死亡、100名が負傷し、家屋60が燃えた。

反乱派機がイギリス船を爆撃した件について、フランコ将軍はイギリス政府に、「爆弾がそれてイギリス船に落下した原因は、機があまりにも高空を飛行していて船の国旗がはっきり見えなかったことによる。反乱派はこのような不法事件を起こす意図はなかった」と回答した。

1-6-4　中国

東京市、7月2日。本日の東京市からの情報では、中国兵が揚子江岸の堤防を破壊したことが、水に流れ出させて多くの集落を水没させた。この水のために日本軍は sāṅ ke dū 県に行けなくなっている。

日本機6機が、far tūv 市を破壊して中国との戦闘を決しようとして[同市を]爆撃したが、同市郊外の小さい集落に命中しただけである。

1-6-5　中国

東京市、7月2日、<havas>電。luskuv という名のロシア極東国担当外相であるロシア将軍が満州国に亡命した。この満州国は中国の領土を日本が戦って奪って属国にしたものである。日本政府は同将軍を東京市に送らせた。日本は、「同将軍がこのように亡命したのは、ロシア国警察が調査して、同将軍がロシア国大統領[ママ]であるスターリン氏を殺害する意図で人民に反乱を起こさせようとしていることが判明したからである。同将軍はロシア国の軍の配置に付いての秘密情報を日本政府に話した」と発表した。
＊東京市、7月4日。東京市駐在フランス大使は[日本]外相に会いに行き、日本 <gazette>[新聞]がフランス国を非難している件についての調査結果を渡した。同大使は、「調査の結果、日本 <gazette>[新聞]の非難は全て捏造の内容であることが判明した」と付け加えた。
＊ストックホルム、7月4日。アメリカ電によると、ストックホルム市で50万名の人が、1940年に東京市で行われる lpaeṅ hāt prāṇa grap mukha[あらゆる種類のスポーツ](Jeux olympiques)[オリンピック競技]に反対し、人々に参加させまいとして集会を開いて騒いだ。
＊漢口市、7月4日。アメリカ電によると、中国機9機が揚子江に停泊中の日本軍艦3隻を爆撃し、軍艦は3隻とも沈没した。

これらの機は vū hū 県の日本飛行場を爆撃し完全に破壊した。

日本は、「āṅ giñ 市上空に飛来した中国機は、全てロシア人が操縦士をしていた。この10機のうち8機が日本に撃墜された」と発表した。

パリ市、7月4日。ロンドン市と東京市からの情報によると、フランスは海南島の南にある西沙諸島という名の島を占領した。インドシナ国政府は航路を照明するための灯台を設置し、その灯台を守備するために兵を派遣し、駐留させた。

1-7　最近生まれた物語

疑問がある。どのような自然律がこの世に[このようのことを]起こすのかを疑う。

マホメット教信者の人たちは、アラー神がこの全世界に水、土、火、風、人間、動物を作ったと言う。では人間あるいは動物に苦しみと恐怖と破滅がある時に、アラー神はなぜ助けてくれないのか。

政府は、国民全体に幸福があることを欲して、全ての部局の官員に、不正を行うことを厳しく禁止している。ではなぜ干魚は機会を利用して卵を産むことができるのか。この点が甚だ疑問なことである。

政府は国民に pie、po、dhuo、kamtāt などの賭博をすることを禁止している。ではなぜ銅銭と中国トランプがあちこちで売られているのか。この点にも大変疑問である。

krum jamnum nagara mahā amṇāc (Internationale) 大強国国際委員会[?]に規定があって、国民に飲酒とアヘン吸引を禁じている。この2つの酔わせる物は身体と将来の子や孫を損なうからである。では、なぜ酒を醸造する甕とアヘン店があちこちで開店して売っているのか。

1938年に、大強国国際委員会が戦争を処罰し処刑した[この文ママ]。これは、「もうこれ以上この世界に戦争を起こしてはいけない」ということであった。ではなぜ、今中国とスペイン国とで雷鳴のような大砲の音が聞こえ、鎮まらないのだろうか。

他人に耳を傾けることを知る、善哉かな。

sukhuma

1-8 uṇṇāloma 寺の予備パーリ語学校の盛大な落成式

この予備パーリ語学校の建設を始めて以来、種々の吉祥ある善業があった。まず最初は、学校を設立する費用を募る説法の集会があった。その後、?nak okñā binit vohāra {juon-hal} 氏が建設費用を補うために aṅga phkā を行い、それに続いて ?nak okñā (ñan) 氏がさらに hae phkāをして寺に入った。その後、上棟式があり、また説法をして学校を完成させる費用を募った。これらの祭りは全て仏教徒の善業としての救済である。

この予備パーリ語学校を建設することができたのは、uṇṇāloma 寺とその他の寺の大勢の僧たちと、故 nārī surivaṅsa (ḷuṅ-puk-ḍuc) 夫人[loka jamdāv]と ?nak okñā {maṅkhun} 氏などの大勢の優婆塞優婆夷である名士たちの徳の力が行ったものである。これらの人々は、上のように何回も大善業を行なって、およそ5千リエルの金を費やしてようやく学校の建物ができたのである。

7月2日土曜日午後5時、uṇṇāloma 寺の住職である braḥ mahāvipala dhamma (gaṅ) の招きで、<résident supérieur>[高等弁務官][ママ。「代行」はない]である<guillemain>氏、全ての政府部局のフランス官吏、<résident maîre>[市長]である <de> saṅlis 氏、[それに]クメール政府の<conseil> senāpatī[大臣]殿たちと大勢の大小の官吏たちが、この予備パーリ語学校の開校式の栄ある主賓として出席し、大勢の僧たちが寺の前と、国旗と木の葉で飾られた学校の近くで出迎えた。rājakāra <protectorat>[保護国政府]の長殿とそれに従うフランス官吏たち全て、[それに]クメール<conseil> senāpatī[大臣]と官吏たち多数が到着すると、王室の音楽、近衛隊の音楽、それとシャムの音楽で敬意を示した。それから braḥ dhammaghosā (mwaṅ) がクメール語で、開校式の吉祥ある主賓として参列した長殿およびその他の諸氏に感謝のスピーチをした。braḥ vīsuddhivaṅsa (tāt) もフランス語でスピーチをした。<le résident supérieur>[高等弁務官]殿と samṭec cau fā vāṅ (juon) とは、uṇṇāloma 寺の高僧たちと、集まった寺の檀家である優婆塞優婆夷に、仏教の道の種子を蒔くための学校を熱心に建設したことに対する喜びを述べた。

[この式で、]braḥ vīsuddhivaṅsa(tāt)が<résident supérieur>[高等弁務官]殿にこの学校の扉の鍵の模型をさしあげた。これは bak の木を削って nāga の形にして鉄の鍵の代わりにした模型で、上と角にフランス語を彫った bak の木の箱に入れて、uṇṇāloma 寺の予備パーリ語学校の落成式の記念にしたものである。長殿は心から喜んで受け取った。それから <protectorat>[保護国]の長殿は、braḥ vīsuddhivaṅsa と共に、学校の扉の鍵を最初に開けた。さらにフランス、クメール官吏も一緒に、窓を開けて手伝った。それから全員が各自1本ずつハスの花を持ち、学校内の仏像に捧げた。それから僧が学校の開校の吉祥として jaya paritta 経を読経をした。学校の栄光のために3つの楽団の音楽も一緒ににぎやかに演奏された。その時に、rājakāra <protectorat>[保護国政府]の長殿がこの学校に100リエルの善業に参加し、学校内の装飾の美しさを賞賛した。学校内を見終わると氏は随行の人々と共に帰った。

夜は、新しい学校とその前の建物は、その屋根と軒を電灯で燦然と明るく照らされ、実に見るべきものがあった。

学校内で読経式が終わると、高等パーリ語学校の校長である braḥ sirīsamattivaṅsa (aem) がこの予備パーリ語学校の有用性についてマイクを使って解説した。その後、bodhivāl 寺(バット・ドンボーン)の住職である braḥ dhamma lakkhaṇa ñāṇa (duot) が説法をした。それに続いて、三蔵経翻訳委員会の bin、khāt、hāy、ḷuṅ、un の諸 braḥ ācārya が1人ずつマイクを使って、深夜過ぎまで講演をして終わった。

翌、7月3日日曜日は、優婆塞優婆夷が集まって美味な、僧が午前中に食べることを許されている食物を学校や建物や庫裏にいる僧たちに沢山寄進した。そのときには学校の写真が入った本が落成式の記念品として配布された。各人が持ち寄って寄進した食べ物の数は、全てに十分に寄進して、1,000名の僧に足りたものである。

午後には新しい学校内で問答式の僧の一斉読経があり、式は終わった。

仏教徒および僧たち全ては、前の<résident supérieur>[高等弁務官]である<thibaudeau>氏が、フランス国に出発する前に100リエルを寄付したことを大変喜び、氏に追善した。

nagaravatta 新聞社は、仏教に清浄な大きい関心を持つ優婆塞優婆夷と僧たちが、国が貧しい時に、費用を惜しまず、疲れを恐れず、信仰心を1つに集めて、僧たちが初等の三蔵経を学び、それから高等パーリ語学校に入学して学問を伸ばす試験を受ける資格を持たせるために[ママ。この記述によると、この予備パーリ語学校は普通のパーリ語学校と同格ということになる。また次のパラグラフの最初の文は、「予備」がない普通の「パーリ語学校」になっている。従ってこの記事の「予備パーリ語学校」は「パーリ語学校」が正しいのかも知れない］、この予備パーリ語学校を建設したのを、他にたとえようもなく嬉しく思う。

プノンペン市の uṇṇāloma 寺は、主根、即ち高等パーリ語学校と仏教研究所の下につながる、カンボジア国仏教の細い根である新しいパーリ語学校という贈り物を得て、とても喜び、明るい顔をしている。

最後に、nagaravatta は、仏教に長い寿命を持たせたいと思って、この大きな善徳に熱心に疲れて汗を流して顔を真っ黒にした仏教徒の皆さんをもう一度賞賛させていただく。どうか望み通りの成果を得た喜びがいつまでも消えることがありませんよう、お祈りします。

2-1　［44号、2-4と同一］

2-2　インドシナ国政府宝籤

先の7月6日夜9時に、インドシナ国政府宝籤、1938年第2回第1次の抽籤がハノイの<théâtre municipal>［市ホール］で行われた。当った籤の番号は下の通りに発表された。

末尾が34と17の番号の籤は、いずれも10リエルに当たり。

末尾が887と262の番号の籤は、いずれも50リエルに当たり。

80本の籤が100リエルに当たり、番号は、

［6桁の番号が80個。省略］

8本の籤が1、000リエルに当たり、番号は、

［6桁の番号が8個。省略］

番号が121,974の籤は4,000［リエル］に当たり。

2-3　スヴァーイ・リエンの私

我々（nagaravatta）はスヴァーイ・リエンの人から、「スヴァーイ・リエンの私」と名を書き署名した手紙を受け取った。その内容は、我々に対する多数項目の質問であるが、その州の官吏にたくさん触れていて、我々はまだそれが事実であるか否かがわからないので、ここには掲載しない。もし“スヴァーイ・リエンの私”が我々に掲載することを本当に望むのなら、どうか、自分の責任を保証するために正しく住所を書き、名を<signer>［署名］して我々に証拠として送ってください。我々はお望みの通りに掲載いたします。

しかし、「スヴァーイ・リエンの私」が、“nagaravatta はまだ我々農民より甚だしく目が曇っている。もしnagaravatta が我々に思いやりの心を持っているのなら、もう1時間考えてほしい。農民である私の心に不快感を持たないでほしい。即ち、最近貴殿は、『官吏の月給を上げ、地位を上げる』ことばかり強く求めている。農民は、暑さにさらされ、雨にさらされ、太腿ほどの大きさの汗をかいて働いている。なぜnagaravatta はそれを知らないのか、等々”と言っていること、ただ1つについてだけ、弁明させてもらう。

このことについては、我々は、“農民たちがどのように疲れ、苦労して働いているか”は、nagaravatta はほとんど全てをよく見て知っている。それゆえ、nagaravatta はしばしば、「我々クメール人は一生懸命学問知識を学ぶことを求めよ。このように貧しく苦労でなくなるように一生懸命働いて生計を立て、どの人も財産を持ち繁栄せよ」と一生懸命話し、注意し、忠告してきている。「スヴァーイ・リエンの私」はおそらくこの<gazette>［新聞］を全部は読んでいないのではないか。我々が月給を上げることを求めたクメール官員の方は、クメール官員の多くは月給が少なく、我が国で官員をしている他民族はとてもたくさん月給をもらっている。金はクメール人の金である。仕事は、クメール人も同様にしているのに、なぜクメール人はこのように月給が少ないのか。それゆえ、我々は月給を増すことを求めたのである。「スヴァーイ・リエンの私」は疑問を持たないでほしい。

［注。78号、3-2に続く。ただし見出しが少し変更されている］

3-1　［76号、3-3と同一］

3-2　［75号、4-1と同一］

3-3　<andré> āllīyaes 氏の逝去

我々は、「<édition> khmaer 印刷所と kambujabarṇaṭimāna（Echo du Cambodge）［カンボジアニュース］<gazette>［新聞］の社長である allīyaes 氏が、6月30日木曜日にサイゴン街道での自動車の横転事故で怪我をして、サイゴンの grāl 病院に運ばれて治療を受けていたが、7月5日に亡くなった」という情報を得た。

我々 nagaravatta krum <gazette>［新聞社］は氏を非常に惜しみ悲しむ。同社長殿は nagaravatta <gazette>［新聞］の印刷費を他の印刷所より安くして助力し支援してくれたからである。我々は大きい悲しみに覆われている同氏の親族と友人に、お悔やみを申し上げる。

3-4　［20号、4-6と同一］

3-5　［57号、3-4と同一］

3-6　［広告］　お知らせします

nagaravatta <gazette>［新聞］を月決めで購読している方も、年間購読の方も、市内の方も、地方の方も、政府の命令で別の地に転勤になった方は、<gazette>［新聞］が発行される前に、nagaravatta 社に忘れずに、「この部局に勤務していて、この州に住んでいたが、今は転居してこの州、この郡に住んでいる」ということを知らせてくだ

さい。nagaravatta 社がいつものように <gazette>[新聞]を送ることができるように処理するためです。

nagaravatta

3-7 Vit-Dưc <gazette>[新聞]

Vit-Dưc という名の <gazette>[新聞]がハノイ市で生まれたという報せを受け取った。

望み通りの長寿が授かるよう、お祈りいたします。

3-8 農産物価格[「金の価格」はない]

プノンペン、1938年7月7日

サトウヤシ砂糖	60キロ		3.40リエル
	店頭で購入		3.00リエル
精米	1級	100キロ、袋込み	11.25 ~ 11.36リエル
	2級	同	10.60 ~ 10.65リエル
籾	白	68キロ、袋なし	4.60 ~ 4.65リエル
	赤	同	4.50 ~ 4.55リエル
砕米	1級	100キロ、袋込み	8.90 ~ 8.95リエル
	2級	同	8.15 ~ 8.20リエル
トウモロコシ	白	100キロ、袋込み	[記載なし]
	赤	同	8.30 ~ 9.20リエル
コショウ	黒	63.420 キロ、袋込み	16.50 ~ 17.00リエル
	白	同	26.50 ~ 27.00リエル
パンヤ	種子抜き	60.400 キロ	33.75 ~ 34.25リエル

*サイゴン、ショロン、1938年7月6日

フランス籾・米会社から通知の価格

ショロンの<machine> kin srūv[精米所]に出された籾 1 hāp、[即ち]68 キロ、袋込みの価格は以下の通り。

籾	最上級		5.00 ~ 5.02リエル
	1級		4.88 ~ 4.92リエル
	2級	日本へ輸出	4.79 ~ 4.83リエル
	2級	上より下級、日本へ輸出	4.77 ~ 4.81リエル
	食用[国内消費?]		4.69 ~ 4.73リエル
トウモロコシ	赤	100キロ、ショロン県マッカサンで売り渡し。	9.95 ~ 0.00リエル
	白	同	9.15 ~ 9.20リエル

米(10月[ママ]渡し)、港渡し、袋込み、税抜き、1 hāp、[即ち]60.7キロの価格は以下の通り。

精米	1級、砕米率25%	6.98 ~ 7.02リエル
	2級、砕米率40%	6.60 ~ 6.64リエル
	同。上より下級	6.45 ~ 6.49リエル
	玄米、籾率5%	5.86 ~ 5.90リエル
砕米	1級、2級、同重量	5.49 ~ 5.50リエル
	3級、同重量	5.10 ~ 5.12リエル
粉	白、同重量	3.20 ~ 3.24リエル
	kāk[籾殻+糠?]、同重量	1.65 ~ 1.70リエル

3-9 [広告] 病気が治ることで有名な薬

それはプノンペン市 kāp go 市場の前の47号の店である、sīv-pāv 商会の薬です。

梅毒、淋病、下疳、それに潜伏している梅毒を治す薬。病気の毒を全て殺し、[病気は]再発しません。不思議なくらい効きます。アヘンを止める薬。完全に止めることができ、楽しく愉快になれます。この機会に、同朋である皆さん、どうか尻込みしないでください。スイギュウ、ウシ、ウマの病気を治す薬。年の始めには役畜は種々の病気でたくさん死にます。この薬が良く効くのは確かです。経血に苦しめられている女性、夫から毒が伝染して白帯下にかかっている女性を救う薬。死んでも何の病気かわからない、あるいは妊娠して、胎児に苦しめられて[=悪阻で]種々吐く女性の薬。これらの薬は本当に良く効きます。腰痛、あるいは手足の関節のだるさと痛み、あるいは手足の麻痺、痺れの薬。この薬はとても良く効きます。咳の薬、これは肺も治して痰が出る咳、頑固な咳、血が出る咳をなくします。それと肌がウコンのように[黄色く]なっていて、目も黄色で尿も黄色い黄疸の薬。これらの薬は全て良く効くので有名です。熱病の毒で身もだえしている熱も直ちに熱を下げる薬。熱病－疥癬－胃腸の痛み－喘息－潰瘍－ヘルニア－便通をつける－体力をつけて肉がつき血色がよくなる－下痢－結膜炎－物貰い－回虫－母乳を出す－全身のむくみ－腹の差込み－赤痢、吐血－幼児のひきつけの[諸]薬、老若男女全ての病気を治す薬があります。何か病気の方は、必要に応じて、いらして購入してください。

[仏語] M.Xieu-Bào 薬店主
プノンペン Oknha-Oum 路47号

4-1 [76号、4-1と同一]

4-2 [76号、4-2と同一]

4-3 [11号、4-2と同一]

4-4 [44号、3-3と同一]

4-5 [73号、4-6と同一]

4-6 [33号、3-4と同一]

4-7 [48号、3-8の終わり近くの「70メートル」が「10メートル」になっているだけである]

4-8 [8号、4-3と同一]

4-9 [11号、3-2と同一]

4-10 [72号、4-13と同一]

SAMEDI 16 JUILLET 1938

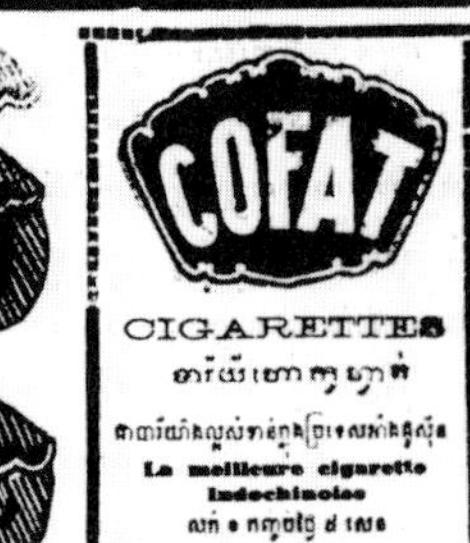

Directeur PACH-CHHŒUN
HEBDOMADAIRE PARAISSANT TOUS LES SAMEDIS
(Boite Postale N° 44)

第2年78号、仏暦2481年0の年寅年 āsāḍha 月下弦4日土曜日、即ち1938年7月16日

［仏語］1938年7月16日土曜日

1-1　［仏語で「私書箱 No.44」と「社長、PACH-CHHŒUN」が加わった以外は8号、1-1と同一］

1-2　［デザインが少し変わった以外は8号、1-2と同一］

1-3　［デザインが少し変わった以外は8号、1-3と同一］

1-4　［8号、1-4、1-5と同一］

1-5　ṅvieṅ-yāṅ-hāñ がプノンペンに旅行したことについて

本年6月23-24日付の<le populaire d'indochine> <gazette>［新聞］に ṅvieṅ–yāṅ -hāñ の「私はクメール国に行って、その全てを見た」という［旅行の］要点を書いた記事があって、嘲りの言葉を述べてクメール人を見下している。<le populaire [d'indochine]> <gazette>［新聞］の読者である私はその叙述を読んで、ṅvieṅ-yāṅ-hāñ 本人、あるいはベトナム人全体に腹を立て敵意を持ったのではないが、私はただ ṅvieṅ-yāṅ-hāñ にクメール人の歴史と風習をもっと詳細に読んで検討することを求める。このクメール人の歴史は学ぶのが難しいとか、読むのが難しいというものではない。暇な時間があったら ṅvieṅ-yāṅ-hāñ はアンコール・ワットの石の塊を見、アンコール遺跡の壁を見、トンレー・サープ川、danle pādī の岸を散歩するだけで、クメール人の業績、即ちクメール人の力を十分目にするであろう。

我々クメール人は、頭にボロ布をのせて歩き、鱗を落として、水に浮かんで流れついて来て他人の土地を奪い、場所を奪い、遺産を奪って自分の物にする民族ではない。このクメール人は、学者である全ての諸氏が、「アンコール・ワット時代よりもっと前の時代のクメール人の遺産であるのは事実である」と理解している遺産も持つ。全ての外国人旅行者が、インド国から模倣した美術であると信じているアンコール・ワットは、現在の学者がインド国とジャワ国を探し回っても、インド国とジャワ国の美術の中にアンコール・ワットのものにそっくりなものはまだ発見できずにいる。

ṅvieṅ-yāṅ-hāñ が、「自分の国である」と言っているコーチシナ国は、その版図全体はそれほど昔でない時期には、クメール人の領土であったことは疑いのない事実で、クメール人の領土を支配する古都であった danle padī には宮殿の遺跡があることを ṅvieṅ-yāṅ-hāñ は忘れている。ṅvieṅ-yāṅ-hāñ は、恐らくコーチシナ国でも、同国の庫裏や本堂の屋根を見ただけで、クメールの遺産であることがはっきりわかるだろう。ṅvieṅ-yāṅ-hāñ は、braḥ trabāṅ（trā viñ）、pāsāk（sruk trāṅ［ソックチャン］）、roṅ ṭamrī（タイニン）、māt jrūk（チャウドク）など、省の名前［注。括弧内がベトナム語名、括弧の前がクメール語名］を2つ3つ聞いただけで、自分がまったく誤っていることがわかるのに充分であろう。現在自分が安楽に暮らすための土地を持っているのは、大フランス国の旗の陰のおかげではないのか。

ṅvieṅ-yāṅ-hāñ が自分の言語であると認識している pedrusgī の言語について、ṅvieṅ-yāṅ-hāñ は、中国語から翻字して［ラテン文字で］表記して、現在自分［＝ṅvieṅ-yāṅ-hāñ］に使用させているフランスの<catholique>［カトリック］の司祭たちのことを思うのを忘れている。

ṅvieṅ-yāṅ-hāñ が tek［ママ。ベトナム語の「tet＝正月祭り」のクメール語形］と呼んでいる正月の習慣は、このtekはすっかり全部が中国の習慣であることをṅvieṅ-yāṅ-hāñ は忘れている。

たとえばアンナン国の全領土も、［かつては］全てチャム人の領土であった。phāṅ rāṅ、phāṅ rī には、チャム人の遺産が現在まで残っている。私は ṅvieṅ-yāṅ-hāñ さん［?nak］にもっと長く説明する必要はないだろう。あなた

[?nak]のおおまかな知識は、この概略を理解するのに十分であろう。

ṅvieṅ-yāṅ-hāñ がクメール人に注意して目覚めさせていることについては、我々はあなた[?nak]に感謝する。かつて力を持ち、遺産を持ち続けることができた民族が滅びてしまったことはない。シーザーとアレキサンドル大王の国であったローマ国[ママ]は、世界史の中で一時衰退の危機に面しているが、いずれいつの日か、ローマ国は必ず繁栄を取り戻すに違いない。このような変化は世界の普通のことなのである。

現在のクメール人は、アンコール・ワットの石が溶けてなくなってしまわずに残っている限りは、これらの石の塊と同じように、長く名声を保ち続けることができる。

ṅvieṅ-yāṅ-hāñ さん[?nak]、「このローマ国と同じように、"indapattapurī" は苦しみ・幸福・勝利・敗北の一生を持つという希望を、クメール人は固く持ち続ける」ことを信じてください。

ある<gazette>[新聞]読者

1-6　木に登る人は一生懸命にもぎ、千切り取る人はこっそり食べる[＝働かない者が利益を得る]

政府が国債を発行して我がインドシナ国の防備を整えるのは、偉い人たちのとても良い考えである。即ち、国民の心には全く強制せず、自分自身と自分の国の利益になると思う人が国債を買って助力すればよい。しかし、無学無知で、利益があることが理解できない人、あるいは理解できるけれども貧しい人は、買わなくても良い。政府は国債を買わない人に何のこだわりも持たない。もし国債を買うと、政府は必ず償還するし、さらに利息も加える。このように偉い人たちの良い考えを、国民は、「地方に住むある人が、民衆に話して強制し、金持ちか貧乏かに応じて、1人当たり4リエルから10リエルを出させた。そして集めた金には証拠の領収証は出さない。そして民衆から集めた金は<titre>[国債証券][に記載されている金額]を超えている。さらにこの<titre>[国債証券]は誰の手に行っているのかわからない」と言って嘆くようなことがあるべきではない。

この件は、政府は民衆を詳しく確かに調査して、民衆の金を騙し取った者を見つけるようお願いする。見境なくあちこと話しまわって犯人が見つからず、正しく一生懸命仕事をしている官員に不名誉を与えないようにお願いする。

もう1つ、「利益を得たいと思い、妻や子がいる人で、まあまあの金を持っていて、かつ兵士になりたくない人の名をメモして、そこに行き、"政府が『お前を兵士にならせるために出せ』と命令してきた。行かない場合には、どう考えたらいいか" と話して脅かす者がいる。兵士になりに行きたくない人は、あちこちに賄賂をおくる。兵士になりに行きたい人のことはあまり考えない」という話がある。

この件も政府は、このように[自分の]利益を求める者が本当にいるのかどうか、調査して明らかにしてほしい。我々の方は、政府が選んで兵士にならせている人は、現在政府はその人の心に強制はしていないことを知っている。兵士になる人は全て志願したのである。政府が受け入れて兵士にならせるのは、兵士をするのに適している人だけである。もう1つ、兵士になるということは、あたかも政府が無職の者に、他の人と同じように衣服を与え、楽しく食べさせるようなものである。どこかで敵に抵抗して戦わせるためではない。即ち、力がある人はいつも恐れられるのは当然のことであるから、その人が今後幸福であるように、人を集めてインドシナ国に兵士がたくさんいるようにするだけである。

それゆえ、我々全ては、政府の考えに従うべきである。偉い人々が、「我々全ては偉い人たちの考えを深く理解する考えがある人間である」とわかるように、皆で国債を買い、さらに兵士にもなって政府に助力するべきである。自分の仲間であるクメール人をだまして自己の利を得ようとする考えはきれいに捨ててほしい。民衆の金で名声を汚さないでほしい。

subhā dansāy

1-7　諸国のニュース

1-7-1　[中国]

サンフランシスコ市、7月5日、アメリカ電によると、カリフォルニア州の住民が集まって、日本が中国の都市を爆撃していることに関して、日本に抗議した。このときに、同州駐在日本大使たちをその集会に招いた。

＊東京市、7月5日。1933年[ママ。5・15事件は1932年]に反乱し、政府が逮捕して裁判所が投獄を判決した日本海軍の士官たちを、現在政府は罪を許して出獄させた。

日本軍は hū gau 市を占領した。あと215キロメートルで漢口市に達する。現在日本は揚子江下流700キロメートルを支配している。蒋介石総司令は、漢口市を堅固に守備する助力をするよう中国人たちに呼びかけた。

1-7-2　中国

漢口市、7月6日、イギリス電によると、中国人大衆は、昨年中国と日本とが盧溝橋県で戦い、その後今日まで戦いが続いていることの記念式を行なった。この式典で、蒋介石総司令が、「この戦争に際し、中国に助力してくれている大国たちに中国は感謝する。中国は、日本が全軍を中国から引いたときに抵抗を止める」という内容の演説をした。蒋介石氏は日本人[ママ。恐らく「中国人」が正しい]大衆に、「国に平和をもたらすために、日本兵に盲従することなく、氏に助力する」ことを呼びかけた。

蔣介石総司令の妻が、中国国民に、この戦争の費用として助力するために金銀を政府に寄付する道を案内し、真っ先に夫人[loka]の金{きん}を政府に提供した。

日本国では国民が集まって中国と同じように戦争記念式を行った。この式で大臣多数が、「過去1年間に日本が戦って占領した中国の土地は1百万249千平方キロメートルである。中国は兵が510,109名死亡した。日本の方は兵36,729名だけが死亡した。日本国は戦争を止めることに同意しない」という内容の演説をした。

＊東京市、7月6日、<havas>電。日本海軍と陸軍が協力して湖口を占領し、鄱陽湖に注ぐ水路を閉じた。同所で帆舟に乗った中国兵1000名が日本兵に銃撃されて死亡した。

中国からの情報では、現在敵対する双方は九江県の東で激戦中である。中国は bar 県と peṅ ses 県にある山の山頂を奪回し、道路を閉鎖して日本に西に行けなくさせた。日本機が ḷo yāṅ 市を135発爆撃し、100名以上が死亡した。

汕頭市が日本機に爆撃され120名が死亡、300名が負傷した。

＊上海市、7月7日、<havas>電。中国軍は日本軍に抵抗し、湖口市を奪回した。日本は、「毒ガスを使用した」と非難した。

1-7-3　ヨーロッパ諸国

ロンドン市、7月7日。イギリス首相であるチェンバレン氏は、スペイン国についての会談が決着しないので、イギリス—イタリア国条約を施行するのを延期した。

1-7-4　中国

香港、7月8日。イギリス電によると、天津市で、同市のイギリス政府が華北のイギリス人を守るために軍を集結させた。現在華北にはイギリス軍が2個部隊いて、jiñ vāṅ tau 市に来ている。天津市のイギリス租界には航空機が多数来ている。

＊漢口市、7月8日。日本軍は長さ50キロメートルの前線で中国軍を全力で攻撃して黄河北岸に近づいた。

＊香港、7月10日。日本の陸軍省は[カンボジア国の]東を睨んでいる。日本とフランスとは、インドシナ国の東にある西沙諸島の件で争いかけているからである。

情報では、数日前に日本軍艦多数が西沙諸島に接近した。何の意図を持つのかは不明である。

もう1つ、フランス政府も大きい艦複数を同島に行かせた。日本外相はフランス政府に、西沙諸島から兵を引くことを求めた。東京市駐在フランス大使である haṅrī 氏は、「日本国は同諸島のフランス兵に構うべきではない」と反論した。日本政府は、フランス政府が同地から兵を引くことに同意しない場合に備えて、海軍司令官に待機するよう命じた。

情報では、日本軍艦12隻が西沙諸島の近くに来て、兵を下ろそうとしている。

中国は、「中国軍は pū yāṅ 島で日本軍と戦い、日本を砲撃して約3000名を死亡させ、漢口市を目指して徒歩で進軍中の日本軍の後尾を攻撃して打ち破った」と発表した。

日本は、「陝西省の中国軍を攻撃し、中国軍は黄河岸の yīn gū 市に退却した。日本軍は gū vāv の南で中国軍を包囲した」と発表した。

中国は、「中国機が āṅ giñ 市を爆撃し、日本機40機を破壊し、日本艦5隻を破壊した」と発表した。

本日の情報では、ベトナム王であるバオダイ王が国王布告を発して、西沙諸島をベトナム国の領土に入れた。

1-7-5　ヨーロッパ諸国

ローマ市、7月11日。イタリア政府は、イギリス政府がすぐに国の条約を施行しないので、イギリス政府に敵意を持っている。そして、「フランス政府がこのように中止させた」とフランス政府を非難した。

フランスの諸<gazette>[新聞]は、「イタリア政府は、フランス国とイギリス国とを分裂させようとしている」と反論している。

1-8　prakāsanīyapatra <baccalauréat>[バカロレア]合格者を王立図書館で接待

先の7月12日に、王立図書館長であり、仏教研究所事務局長である<karpeles>女史[loka srī]がprakāsanīyapatra <baccalauréat>[バカロレア]に合格したばかりの学生を、王立図書館で飲み物で接待した。

<guillemain> 夫人[madame]がこの式の主賓として出席し、フランス人、クメール人の官吏多数も出席した。この会で、rūssḷāgar 夫人[madame]が biṇa <franc>[ハープ]で下のフランスの曲を美しく演奏して客を歓迎した。

第1部

ハープ演奏

1。<le conte de noël>[クリスマス・カロル]曲　これは宗教の祭りのときに演奏される曲である。教会で鐘を鳴らして優婆塞優婆夷を集める音が聞こえるように作曲されてある。この曲は、祈りを唱える人々の信心深い純粋な心を思わせ、教会の中を特に荘厳にする。

2。<nocturne>[ノクターン]曲　これは静かな夜を思わせる曲である。フランス国で、全てが眠りに入り、何羽かの鳥が最後に鳴く。そのすこし後、夜の大切な時がやってくる。即ちこの時こそ人々がこの音楽を聴きたいと思う気持ちが心の中から湧き出る時である。

3。<sicilienne>[シチリア]曲　笛など他の楽器の音が聞こえない曲で、ハープの音だけが聞こえる。

4。古い歌曲2曲

ア） īvwwtū 王　昔話の中の、国の人たちが父のように親しみ愛している王の名前である。

イ） ruṅ ruṅ pātāpaṅ　羊を牧する羊飼いの少女の歌。

第2部

1。āmprumduy　人のさまざまな心を思わせる曲である。柔らかくて寂しい心を思わせる。舞曲があり、心の静かさと寂しさでいっぱいの曲がある。

2。狩の歌　フランス国の狩をする時の種々のあらゆる音が聞こえる曲である。角笛を吹く音、ウマの足音、イヌが吠える声、木の枝が折れる音などがある。

3。森の中の滝に行く曲　耳をすますと、水が散らばるような、4。[ママ。不要]山の上から下に落ちて砕けて木陰の草の上に散らばる水の音などが聞こえる曲。

5[ママ]。ḷūlītā 曲　スペインの舞曲。クメールの踊りの様子とは異なり、種々のタイプがあり、練習が難しい。ヨーロッパの国々では広く好まれている。

我がクメール国にも、biṇa の曲を知る人がいる。しかし、捨て去られて長くたち、少しずつ消えていこうとしている。思い出させられれば、この技術も復活し、後日、我々は biṇa <franc>[ハープ]の歴史の中に書きこむことになるであろう。

1-9　今年の saññāpatra『<diplôme>』[高等初等教育修了証書]の試験に合格した中高等学校生徒の学習に対する不愉快

今年試験を受けて saññāpatra「diplôme」「高等初等教育修了証書」を得た生徒の中に、「教師である<wasner>先生が激しく罵り、けなすから、saññāpatra『<baccalauréat>』[バカロレア]を得るための学習が嫌いになり、入学して勉強を続けたくない」と嘆いている生徒がいるという噂を聞いた。

しかし、今ここで、私は試験を受けて合格した新しい生徒全てにお願いする。"腹が立ったら一生懸命我慢せよ。貧しかったら一生懸命稼げ"という諺通りに、嫌になって自分の利益を捨て去らないでほしい。一方、<wasner>氏の方は、たとえば先日私は氏に会って、上の話を明らかにした。氏は、「クメール人生徒の多くは怠惰である。それゆえ私は、『一生懸命に勉強して、早く知識を得て、他の生徒たちに追いつくように』と一生懸命注意し忠告している。私が教え諭すこと全て、および厳しさは、生徒が理解していることとは違って、生徒を駄目にするためではない。

「この一生懸命さは、『生徒に一生懸命に熱心にならせて、私の望み通りに、早く知識を得させたい』と思う私の望みである。学習中には、おそらく生徒は私を嫌うのは事実であろう。しかし、試験を受けて、「身体いっぱいに知識を持つ」という[バカロレア]証書[の試験]に合格した時には、恐らく私のことを忘れないだろう」と反論した。

我々としては、よく理解できる。というのは、<wasner>先生は、このクメール国に来て住んで、クメール人の利益を捨て去る普通の教師ではないからである。なぜならば、このクメール国のシソワット<lycée>[中高等学校]卒業生友愛会は、これを設立したのは氏の力であることを我々は知っているからである。このことこそ、「氏がクメール人を愛している」と言うことだからである。

[それは]我々が以下に掲載する氏の手紙の通りである。

友人である社長殿

前回貴殿に会った時には、それまでと同じようにわずか2-3 nādī(<minute>[分])しか会えなくて、貴殿は用事がたくさんあったので、その機会を利用して話をすることができませんでした。即ち貴殿が大変重要な原則に関して相談した件です。私はこの話の原則は大変重要なことであると理解しますので、私が口頭でお話しできなかったことを書いてお渡しすることにはいささかの躊躇もありません。それで、もし、「この文章は読む人が満足できるものになり得る」と貴殿が理解されたならば、この文章を翻訳して、全ての人に好んで読まれている貴殿の<gazette>[新聞]に掲載する権利をお譲りいたします。

貴殿は私に、「新しくsaññāpatra『<diplôme>』[高等初等教育修了証書]を得た生徒が中高等学校で[引き続き]さらに高等知識を学び続けることを躊躇している」という噂を聞いた」とお話しになりました。そうして、「私がこの躊躇に責任がある者である」とおっしゃいました。即ち、「私自身が生徒たちに恐怖を与えている者である」ということでした。そして私は貴殿の質問に、驚きと疑問が生じました。我々はしばしば、saññāpatra <bachot>[バカロレア]を持つ若いクメール人を多数に増やす必要性について語り合ってきています。なぜ、私が逆に saññāpatra <diplôme>[高等初等教育修了証書]を得た生徒たちを邪魔して、考えを変えさせて高等知識を学ぶのを躊躇させる者になるのでしょうか。

私の考えを妨げるものも、変えさせるものは何もありません。「私がこう言った」と言って、私の言葉を信じている人は、その人こそが私が言ったその言葉を聞いて、その意味を理解していないのです。私は、「自分を生徒を怖がらせる案山子にしたい」とは思っていません。たとえ、私が生徒たちに言ったと、私が思い至ることができる全ての言葉が、"何人か"の生徒に高等学問の教育を受けることを止めさせたり、あるいは教育を受けるために入学する前に[入学を]検討し直させることになったとしても、私は私自身を責めなければならないことは何もありません。クメール国は<bachot>[バカロレア]を持つ人を存在させることを非常に必要としています。即ち、これが、我々全てが一致して理解している第1の原則です。しかし、まだ第2の原則があります。これは私は、『［このことは］事実であることは確かである』と思っているのですが、時には、人々各人はそれを忘れているように思われることです。［即ち］『<diplôme>［高等初等教育修了証書］を持っている人全てが［学んで］ saññāpatra <bachot>［バカロレア］を得ることができるのではない』と言うことです。なぜならば、<diplôme>［高等初等教育修了証書］は、『高等学問を学ぶ能力がある』という証明書ではないからです。たとえば、初等教育修了証書は、『フランス語高等初等教育を学習する能力がある』という証明書ではないのと同じです。この2種類の学業修了証書は、『ここまで教育を受けた』ということを認めるもので、この学業修了証書を持つ生徒は、『ここまでの知識がある』ということを確認する証拠でしかありません。これらの生徒全てが、『さらに高等な知識を得ることができる能力がある』ということを確認する証拠ではありません。これらの学業修了証書は、『試験に合格してこれを得た生徒はここまで、あるいはあそこまで知力、学問知識を持っている』という証拠はあるが、それら全ての生徒が、『さらに種々の学問の教育を受ける、あらゆる能力がある』という証拠ではないと認識しています。一言で言うと、『生徒の中には、初等教育修了証書、あるいは<diplôme>［高等初等教育修了証書］までの段階で［学習能力が］尽きる生徒がいる』ということです。このような生徒に私が何かを言って躊躇させても、私は、私が言ったことを残念には思いません。

カンボジア国全体は、今多くの生徒に中高等学校、あるいは種々の高等の学校に入らせようと躍起になっています。貴殿も既にご承知のように、私はこの考えと、［その考えを］支えて成功させるために、「私の職務である仕事の時間以外でも、意見を求められるのを嫌がったことはありません。しかし、私自身については、2、3年間のうちに成功させようとした私の望みと心と考えの力は、まだこれら全ての問題を解決していません。そして障害になっていることを減らすことができません。saññāpatra <baccalauréat>［バカロレア］は、政府が、建物、書物、教師などの道具でどのように助力し、支援しても、クメール人全てが到達できたとして自慢できるとは限らない程度の高さの地位です。これらの道具は大変役に立ちますが、これ以上ではないとしても少なくとも同程度に重要な道具があります。そしてこの道具は、自分自身が持っているのでなければ、政府が助力して与えることはできません。即ち、中高等学校があり、教授がいて、教科書がある以外に、知識と知恵が十分になければならないのです。

この話はクメール国だけではありません。他の国でも、この知恵と精神は自然が全ての人に平等に与えるものではないのです。

このようなことが、私が生徒に話して聞かせたことです。そして、恐らく全ての生徒の考えと心に触った私の最後の言葉は、「中高等学校に入るのは素晴らしいことである。しかし、重要な目的ではない。重要な目的は、中高等学校を適切に卒業することである。適切に卒業するというのは、ただ1つ、試験を受けて修了証書を得て、顔を上げて卒業することである。生徒全員は、中高等学校に入学したら、修了証書を得て卒業する決心をしなくてはならない。しかし、誰か、『私は修了証書を得られなかったのは事実ですが、<diplôme>［高等初等教育修了証書］あるいは<bachot>［バカロレア］を持っている友人に匹敵する学問と知識を持っている』という人がいたら、その人は最初からの決心を覚えていない人である」と私が言った文でしょう。

私ははっきり思い出しました。全員が集まって中等教育、即ち高等初等教育校の教室に関心を持ち、見てみたいと思って、生徒でいっぱいになった教室で、私がこのように話した言葉が、この言葉を聞いた者に、逆に誤解を与えたのです。そしてこの言葉は、私は言うのを止めません。即ち私は［生徒が］この言葉を忘れた時には、いつでも言ってはまた言います。この件は、この国の学習の将来に関する問題について困らせたことを知りました。しかし、後の手紙で［注。この手紙は、この新聞には掲載されなかったようである］、私は障害のいくつかを必ずなくすことができると信じていることについて説明します。

友情と共に、

<wasner>

2-1 ［44号、2-4と同一］

3-1　カンボジア国における高等学問教育の発展

今年のシソワット中高等学校での高等学問教育は、クメール人生徒が他の民族より多く合格したので、前年より非常に発展したようである。初等教育修了証書を得て、シソワット中高等学校の学習席を奪う競争をした生徒の数は120名で、クメール人は100名以上が合格し、他の民族よりとても多いことがわかった。saññāpatra <diplôme>［高等初等教育修了証書］もクメール人多数が合格した。

我々は、これまでの年より努力して一生懸命勉強したクメール人生徒を大変嬉しく思う。合格した全ての生徒たちに、今後幸福と発展があるように祈る。そして、クメール人生徒は、我が国に入って来て、割り込んで学び、我々より学問を発展させている他の民族に恥ずかしくないように、今後も一生懸命熱心にしっかりと勉強するようお願いする。

以下は、saññāpatra『<baccalauréat>』［バカロレア］、第2段階［ママ。実は「第1段階」も掲載されてある］に合格した生徒の名前である。

第2段階

1。pū-sī　2。jhān-vān　3。triṅ-yāṅ-bhwak
4。thun-uk

第1段階

1。ṭāv-traṅ-hiev　2。lim-grī　3。ṅvieṅ-gūṅ-trāṅ
4。jī-hū　5。puk-dhwan　6。phan raksī-dhuc
7。khām-hīṅ　8。ṅvieṅ-hun-lwaṅ
9。pā（外部の生徒）

3-2　"スヴァーイ・リエンの私"に答える

先週［=77号、2-3］から続く［注。タイトルは少し変更されている］。

nagaravatta が政府に大声で、「クメール人官員の月給を増やしてほしい」と叫んでお願いしているのは、nagaravatta が、「この月給は全て国の民衆だけから来ている」ということを知っているからである。これらの人々のは多くは本当に貧しい人々である。しかし、nagaravatta は、「ずっとこれまで、政府は他民族の官員にはクメール人官員より多く月給を払っている」ことを知っている。それゆえ、nagaravatta は申し入れをしているのである。しかしこのお願いは、「月給をたくさん貰う」ことを望むのではなく、そのようなことは一度も求めたことはない。「政府が検討して、もし金が少なくて［月給を］増やすのに十分でない場合には、他民族の月給を減らしてクメール人と同じにするべきで、それならばnagaravatta は承服する。どちらかにかたよらないで欲しい」と求めているのである。「スヴァーイ・リエンの私」さん［?nak］、「この求めはクメール人官吏にも利益があるかもしれない、『スヴァーイ・リエンの私』と、さらにクメール人民衆にも利益があるかもしれない。つまり父母である政府が決めること次第である」と理解してください。

3-3　［76号、3-3と同一］

3-4　スポーツについて

1938年7月17日日曜日
プノンペン市でスポーツの試合があります。
サイゴンの<police>［警察］チーム
が
プノンペン市の<police>［警察］チーム
と対戦します。

3-5　［77号、3-6と同一］

3-6　sīv-pāv のバーム

プノンペン市 okñā um 路47号、kāp go 市場の薬店

sīv-pāvのバームは出たばかりで、とても良く効きます。皆さんは sīv-pāv 印の薬を仕入れて売っている店で、このバームを売っているかどうか、訊ねてください。価格は1ビン10センです。地位が高い高級官吏が解説して褒めている手紙があります。1ビン買って開けてみると［その手紙が］目に入ります。

3-7　［75号、4-1と同一］

3-8　［20号、4-6と同一］

3-9　［57号、3-4と同一］

3-10　［77号、3-9と同一］

4-1　［76号、4-1と同一］

4-2　［76号、4-2と同一］

4-3　［11号、4-2と同一］

4-4　［44号、3-3と同一］

4-5　［73号、4-6と同一］

4-6　［33号、3-4と同一］

4-7　［48号、3-8の終わり近くの「70メートル」が「10メートル」になっているだけである］

4-8　［8号、4-3と同一］

4-9　［11号、3-2と同一］

4-10　［72号、4-13と同一］

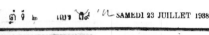

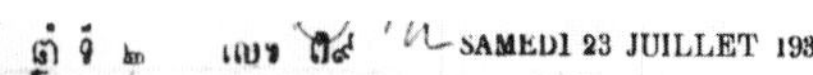

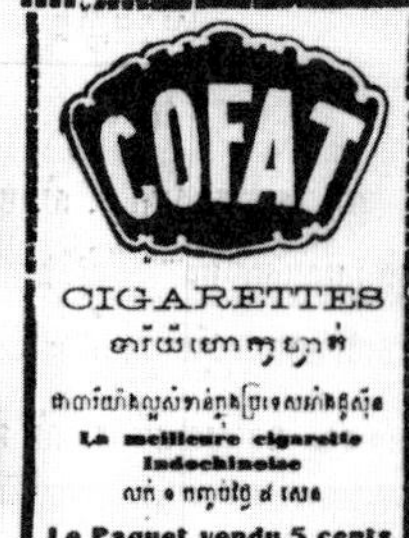

第2年79号、仏暦2481年0の年寅年 āsāḍha 月下弦11日土曜日、即ち1938年7月23日

［仏語］1938年7月23日土曜日

1-1　［仏語で「私書箱 No.44」と「社長、PACH-CHHŒUN」が加わった以外は8号、1-1と同一］

1-2　［デザインが少し変わった以外は8号、1-2と同一］

1-3　［デザインが少し変わった以外は8号、1-3と同一］

1-4　［8号、1-4、1-5と同一］

1-5　この馬鹿はまさに本当の馬鹿というものである

nuon-sum という名の男がいて、大変憤慨していて、寝ても眠れず、扇いでも涼しくならず、飯を食べても不味い。シソワット中高等学校卒業生友愛会がフランス人を連れてきて会長にしたからである。このフランス人は……［注。1行切れている］……。この男は大変怒っていて心を押さえることができず、フランス語の <gazette>［新聞］の中で吠え立てて、自分の怒りが驚くほど大きいことを人々に示している。

彼は、「私は大フランス国に留学したから、誰よりも偉い。この国にいて学んだ人は全て無学無知で愚かである」と自慢している。

このように誰よりも知識があるので、クメール人がフランス人を呼んできて、上述の友愛会を統括させたのを苦しみ、承服できないのである。このように苦しむのなら、彼はなぜ最初にこの友愛会の会長になるよう招かれた時に会長になることを承知しなかったのか。なぜ彼は「否」と答えたのか。彼が断った時に彼は、「友愛会ができたら、必ずクメール人は知識を得るのが早くなる。クメール人は知識をたくさん得ると、必ず統括しにくくなる」とも言った。一方彼自身の方は必ず座る椅子がなくなるのは確かであった。そうして、さらに、「友愛会は作るな」とまで言った。皆さんには既にわかっているように、彼の心は彼のように知識があるクメール人を作りたくなかったのは明らかである。今になって、彼は、「なぜ同じクメール人を会長にしないのだ」と言う。フランス人を会長にしたのは……［注。1行切れている］……どのような支障があるのか。そのようにフランス人が嫌いなのなら、彼は［フランス人が長である］友愛会を脱退したのに、なぜフランス人を連れてきて来て長にしているクメール国から、赤旗を持って出て行こうとしないのか。彼は、自分がこれだけ知識があるのは、クメール人の金のおかげであることを知っている。なぜ彼は他のクメール人に、自分と同じように知識を持たせるのをいやがるのか。彼がこのように考えるのは、クメール人が知識を持った時には、彼は無法なことができなくなり、クメール人を押さえつけることができなくなることを知っているからである。

このような人間は彼1人だけがいるのではない。悪い考えの奴があと3人いて、彼と同じように悪い心と考えを持っている。現在、彼らはこの友愛会を潰したいと強く思っている。彼らはフランス人を会長にすることにそれほど反対しているのではない。彼らは、同じクメール人を会長にしたら、友愛会はきっと潰れることをはっきりと知っている。なぜならばクメール人は、フランス政府に行って何かを頼むことができるためのとがった鼻を持っていないので、何も頼むことができないからである。このように役に立たなかったら、会員は全て逃げ出してしまう。何年か前にあった友好団結協会と協会が潰れたのは、会長がクメール人ばかりであったことによることを皆が知っている。彼らはそれを知っているから、クメール人を会長にならせたがっているのである。

もう1つ、クメール人を会長に持つクメール人 cau krama 友好団結協会は、何か仕事をすることができたか。さらにこの協会の会長は官員である。なぜ彼らはそのことに言及しないのか。このことは、見ることを知る人は、ちらと見ただけで理解できる。

フランス語の <gazette>[新聞]の中で、彼1人だけが勝手に名を変えている。父母が彼に与えた名前はどこに消えたのか。そして彼は自分は友愛会会員であると偽っている。

私は賭けてもいいが、彼は自分の姿かたち、氏名を人々に知られた以上は、我々の友愛会を脱退する勇気はないだろう[ママ。「脱退した」と前述されている。「隠す」が脱落して「脱退したことを隠す勇気はないだろう」が正しいと思われる]。

この人間は、「馬鹿だ」とさえも私は言わない。しかし彼は馬鹿であり、さらに自分の民族を裏切る心を持つ。[私に]黙っていさせることがどうしてできるか。私は我が民族に、「この人間は我が民族のとても大きい敵である」ことを示すべきである。

でも、ā {nuon-sum}、悲しんで何になる。顔を出しなさい。望み通りに友愛会の会長の椅子に座らせてもらえるから。

tā {kram}

1-6　クメール人が商売で生計を立てることについて

私は、クメール人が商売の道で生計を立てるのが少しずつ増えてきたことを見て、たとえようもなく嬉しく思っている。我々はきっと他並みに少しずつ顔が上がると思うからである。なぜならばクメール人の肉体も知恵も他に劣ってはいないが、このように他より弱いのは、1番目に、他のようになろうと、2番目に、他より速く、高くなろうと、一生懸命努力することが足りないことによるからである。「自分の国に生まれたクメール人は、他民族にやって来させ、我々以上に商売をさせて生計を立てさせるべきではない。「彼らに恥ずかしい」と思って、もっと努力をするべきである。「名前と民族の名誉を曇らせるべきではない」ということを望むべきである。一生懸命に努力した時が、それが成功する時である。このことは、クメール人は商売をして生計を立てる知識を、外国人と同じように十分に持つことがはっきりわかる。それゆえ、商業をするのに足りる資産を持っているクメール人である皆さんは、考えと行動を一転して、少しは商業方面を狙ってほしい。商業は国に、民族に大きな利益をもたらす仕事だからである。

私は、皆さん全てに、豊かなヨーロッパの国々以外の、近くのも遠くのも、他の国を2つの大きな種類、即ち農業と商業に関して、しっかりと見てほしい。我がカンボジア国の方でも農業は盛んに行われているが、クメール人の商業の方はとても不足している。それならば、クメール人はこの方面で少しずつ努力して堅固なものにするべきである。なぜなら、「我が民族は生計を立てるのが他と同じように上手である」と認められるからである。この商業をたくさん他の手に渡すべきではない。クメール人の手に彼らより多く残すべきである。たとえばトンキン国ーコーチシナ[国]では、現在ベトナム人が商業を大きくしっかり握っていて、中国人は多数が手を引いている。我が民族の方は、彼らを一生懸命見習うべきである。一生懸命急いで発展を生まれさせ、この国に入って来させるべきである。少しずつ努力をすれば、必ず発展が生まれる。しかし、少しは商業方面を考えるべきで、官員になる方面をあまりたくさん考えるべきではない。

現在のクメール人は、同じクメール人がいくらか商業で生計を立てることができるのを知り、目にした時には喜ぶべきである。そして、この[商業で]生計を立てる人たちが発展し、我が民族を高めるように、情報を広めたり、そろって買うようにするなど、種々のことをして真心から助力して応援する決心をしなければならない。そして、国に利益をもたらすために、本人は栄えるようにさらに一生懸命努力しなければならない。しかし、クメール人が商業で生計を立てることを知っても、他のクメール人は関心を持たず冷淡で、一生懸命に助力して応援しようとはしない。このようでは、あまり発展して堅固にはなれない。クメール人はそろって互いに応援し合わなければならない。資金やその他の大きいことで助力はできなくても、買って助力して支えるだけでよい。どうせ使わなければならない金を我が民族を助力するのに使うのは良いことではないか、役に立つことではないか。安くても高くても必ず買って助力するべきである。このように応援する心が生まれたら、自分の民族、自分の国を愛する気持ちを持ち、民族を、現在のように劣っていないで、高く繁栄する国にしたいという心を持たなければならない。そうすれば互いに一生懸命助け合うことができる。

上述の内容は、皆さんは、……[注。1行消失]……私が解説してきたように利益を考えるに違いない。そして、そろって一緒に応援し合わなければならないと思うであろう。そうすればできる。皆さんがこのようにはっきり理解したら、今日から、プノンペンでも、地方でも、どのような品物であれ、クメール人の店だけで買うことを決心してほしい。クメール人の店がない場合にのみ他で買ってほしい。私はクメール人の店はまだ少ないことを知っている。しかし今から一生懸命決心すれば、我々の心はそちらを向き、他のクメール人も、商業で生計を立てようとする気持ちがふえ、店の数が増えるのは間違いないと思う。(この話の内容は後の週[=80号、1-8]に続く)[注。この文章には執筆者の署名がないが、82号、2−3から筆者は kha. pa.=khemaraputra]。

1-7　諸国のニュース

1-7-1　中国

東京市、7月12日。互いに奪い合っている西沙諸島について、東京駐在フランス大使はフランス政府の書簡1通を持参して日本外相に渡した。その書簡の内容は、「フランス政府は本日以降西沙諸島を領有し、フランスのものと認め、インドシナ国政府に官員と警察官を派遣させ統治させる」である。フランス政府は、「フランス国は同島に存在する日本の生業を破壊することはできない。現在日本が採掘している Phosphate［燐酸塩］肥料石でさえ、奪うことはない」と通知し確認した。日本国の（同盟）の情報では、フランス軍艦多数が西沙諸島に集合して停泊して、出入りする日本軍艦をチェックしている。もう1つ、フランスの多量の武器、弾薬、食糧が同島に輸送された。

＊漢口、7月12日。日本機18機とさらに別の50機の1群が湖北省の武昌町を爆撃した。この町は揚子江南岸の港にあり、漢口市に相対している。投下された爆弾は4発がアメリカ学校の建物に落ちて爆発した。アメリカ人がこの爆弾から逃れることができたのは、中国の高射砲が日本機を激しく砲撃したおかげである。しかし、これらの機は4,000メートル以上の非常な高空を飛行していたので命中しなかった。ある病院の端の方が被弾して患者の上に倒れ、多数が死亡した。さらに出産中の女性が子供ともども死亡した。女子校1つが被弾して全壊した。投下された爆弾は全部で150発である。人は100名以上が死亡、400名が負傷した。もう1群の機が広東市の列車庫を爆撃し全壊させた。広東から漢口までの鉄道で生計を立てるのは危険である。

＊上海、7月12日。漢口の中国 krum priksā videsūpāya (Conseil politique)［政策顧問団］は、日本と戦い続けるべきであると決議した。中国軍将軍の1人が、「中国機が揚子江に停泊中の日本軍艦を3回爆撃し、大型艦1、中型艦4を破壊し沈没させた」と発表した。

1-7-2　［ヨーロッパ諸国］

ローマ市、7月12日。イタリア外相がフランス大使に、「イタリア政府は、フランス人生徒を銃撃して負傷させた可能性がある国境守備隊を調査中である。フランスがこの件で冷静なのは良いことである」と伝えた。「この件は、イタリア政府は今後も以前と同じように互いに頼り合うために、この事件の原因を調査して明らかにすることを示している」としてフランス人に信じさせ信頼させた。

＊パリ市、7月12日。7月4日に<signer>［署名］されたフランスとトルコとの同盟条約は、昨日国民一般に公表された。

＊ロンドン市、7月15日。イギリスの<daily express>という名の新聞が、「ヒットラーはラインラント県に塹壕を掘り、来月8月15日までに完成させるために兵十万名を派遣した。この塹壕はフランス領土のそばにあり、フランスのマジノ線と呼ばれる塹壕に向き合っている。現在航空隊を2倍に増やす命令が出ている。現在の空軍力は、優秀な機6,000機がある」と報じた。

＊ベルリン市、7月15日。ドイツ大統領である、……［注。1行消滅］……ドイツ総司令官と共に……。

＊ローマ市、7月15日。元首相である kūrūḷūsūlī 氏が drīpūṇā という名の <gazette>［新聞］に書き、「ロシア国が敢えて日本国を攻撃することができたら、イタリア、ドイツ、日本の友好条約に押さえつけられることは間違いない。この条約は効力を失ったものではなく、確かに存在するのである」と述べて脅した。

＊ベルリン市、7月16日。情報では、現在ドイツはチェコスロバキア国とトラブルを起こし続けている。集まって……「注。1行消失」……何回も衝突を起こしている。

ある<gazette>［新聞］は、「このチェコスロバキア国は、ロシア国が近隣の国を破壊するためにロシア機を運搬する船のようなものだ。“それゆえ我々は長く我慢ができるか”」と述べている。

現在、ヒットラーはチェコスロバキア国に何をしようとしているのかわからない。ヒットラーは絶えずトラブルを起こさせて、好機がきたら、チェコ人を屈服させてドイツの利益にしようとしていると推測されている。

＊モスクワ、7月17日。sālīskū 州で、mīsīk 県政府が金採掘人多数に助力して、アメリカの金鉱3ヶ所、イギリスのを2ヶ所、フランスのを1ヶ所に侵入し金銀を採掘させた。アメリカ政府は mīsīkān 政府に丁寧な文言の書簡を送り、「mīsīkān 政府はこの件をどう処理するか」を質問した。この書簡は秘密である。

＊東京、7月17日。現在、全ての日本人はロシア－満州国境に注目している。ここはロシアを一方とし、日本をもう一方とする戦争が始まる場所であると見られている。

モスクワ市からの情報によると、ロシアは満州国領の山頂から兵を引くことに同意しない。それゆえ、日本は、「ロシアはトラブルを起こし、これ以上我々は我慢ができない」と言った。しかしこの際、問題を貯め続けることはできない［ママ］。日本の新聞は、「ロシア軍が同地に多数配置されている」と報じた。モスクワ市駐在日本大使は、日本政府からこの件についてロシア政府に抗議し、「ロシアが軍を配置している所は満州国の領土である。ロシアがこのようにすることは慣習法に大きく違反していて、日本軍と満州国［軍］に大変緊張させている。日本人は大勢満州国で生計を立ているので、日本はこの件を甚だ憂慮している。それゆえ、ロシア国政府に軍を引かせる。同所から軍を引かない場合には、何かの事件が生じても、それは全てロシア国政府の責任である」と告げさせた。

＊東京、7月17日。日本のkrum lpaeṅ hāt prāṇa (Jeux

olympique)［オリンピック競技協会］は、1940年に行われる予定のオリンピック競技に関して、諸国の［オリンピック競技］協会に公式に通達した。日本国は、現在の戦争を長く戦うことができるように金を倹約するために、競技の準備を中止する。それゆえ開催を1944年に延期することを考慮する。

1-8 土曜評論

最近ドイツ人は、「自分たちは純粋なアーリヤ人である」と言って自分自身たちを大声で自慢している。(aryen)［ママ。仏語］という語はパーリ語に訳すと ariya［聖者］という意味で［注。aryenもariyaも印欧祖語の*arya「支配者」に由来する］、上のようなドイツ人の自慢には、我々のある人々は、「昔から今まで、どこかの braḥ ariya［悟りを得た人］に妻子がいたという話は1度も聞いたことがない」という疑問を持つ。どのようにしたから現在まで子孫を続けたのであろうか。皆さんがこのような疑問を持ったとしたら、それは恐らく誤りである。なぜならば、この ariya と呼ぶ語は、他より優れた種族、あるいは家系を意味するだけだからである。

もう1つ、もう何ヶ月もたつが、私は、khemara bāṇija 氏が、<la presse>と言う名のフランス語の<gazette>［新聞］で、「我々クメール人全てはアーリヤ人種である」と言っているのを読んだ。しかし、どこからつながってくるのかは、氏は詳しくは解説していない。

私はそれを聞いた時から、このkhmarā［bāṇija］氏が言うことに従って、一生懸命考え、はっきりした理由を探した。あれこれ考えて、信じられそうな理由を1つ見つけた。それは知力と体力のことである。このクメール人は戦う時には勇敢である。

この話は、私自身は真実であるか否かを保証する勇気はない。私自身も知らないからである。しかし、もし真実であったなら、その昔、braḥ ariya が考え、因果を求めてはっきりと悟った時に、民族が発展するように、ドイツ人を切り離したのであろう。一方我々クメール人の方は、他と同じように切り離したのであるが、braḥ ariya が入滅し静かになろうとしている時に切り離したのであろう。それゆえ、こうなのである。この例は少しは当たっていませんか。

この話は、私はあれこれ考えて、ふとベトナム人が、「兄弟であるクメール人たち全ては、何も考えるな。考えて何になる。我々のこの世界全体のことは、なんの成果も何の有用性もない。皆さんは、“Nirvana”(nibbāna)［涅槃］に通じる道のことだけを考えればよい」と言った言葉を思い出した。この最後の言葉は、sukhuma こと私は、皆さんが読んで批判するのにまかせます。

sukhuma

2-1 語彙制定

［74号、2-2から続く］

(grū {deba}［記］)

11。senapatīsabhā。名詞。サンスクリット語、パーリ語。“大臣官房” 現在、sālā <conseil>と呼ぶ語に当たる。senāpatīsabhā と呼ぶのが適切である。

12。upasenāpatī。名詞。サンスクリット語、パーリ語。“大臣の次位、即ち大臣の副の人”。副大臣。大臣のすぐ下の高い地位で、その大臣の補佐の仕事をする官吏の名称。bhū jhuoy と呼んでいる語に当たる。この語は、ちょうど rājā(sṭec mcās phaen ṭī)［国王］という語が、我々が uparāja と呼んでいる uparājā(sṭec pandāp sṭec mcās phaen ṭī)［国王の下の王＝副王］とペアーであるように、senāpatī［大臣］とペアーである。

13。cārapurasa。名詞。サンスクリット語。(パーリ語は cārapurisa)。秘密を捜査する人(agent de la sûreté［公安警察官］［ママ。「検事」が正しいようである］)。

14。cārādhikāra。名詞。サンスクリット語、パーリ語。“cārapurusa が勤務している、秘密を捜査する役所(Seirvice de la sûreté［公安警察局］)。

15。aggalekhādhikāra あるいは aggalekhānukāra。名詞。パーリ語。“一番偉い書記”。一番高い地位を与えられた書記。仏教研究所の aggalekhādhikāra に任命されている<karpeles>女史［loka srī］のように、他と異なる権限を持つ人(Secrétaire Général［事務局長］)。［80号、2-1に続く］

2-2 mālikā 校における賞品授与

先の7月16日土曜日に、mālikā 校で女生徒たちへの賞品授与があった。この式は同校を後援し統括なさる mālikā 妃殿下［braḥ aṅga mcās ksatrī］と、同校の校長である peṅ poḥ yugandhara 妃殿下［braḥ aṅga mcās ksatrī］が僅か4-5日の間に大急ぎで盛大に美しく準備なされた。簡単に述べると、東の校舎から西の校舎をつなぐ長いテントを作り、習慣通りに一面に花の鉢と旗で輝くように飾った。東の校舎の前には絨毯を敷き、偉い人たちが座って賞品を授与するためと、この式に参列する名士たちが座るために椅子が並べてあった。西の校舎の前には、式を見に来た、女生徒の父母が座るための椅子が並べられていた。テントの中には教師と女生徒たちが座る椅子が多数並べてあった。

午前8時半、<le résident supérieur>［高等弁務官］殿の夫人［loka camdāv］がこの式の主賓として到着し、大勢の男女の方々と一緒に集まった。重要人物だけを挙げると、同夫人［loka camdāv］以外に、samṭec cau fā vāṅ、cakrī卿で教育大臣であるkrum hluoṅ sīsuvatthi subhāṇuvaṅsa、クメール国教育局長であるbuyyārnīs 氏、シソワット<lycée>［中高等学校］校長である<pasquier>氏とnarottama 校校長である<pasquier>夫人［loka srī］、<françois baudoin>校校長である kretyāṅ 氏と妻、krasuoṅ raṭṭhapāla <franc>［フランス政府行政部]の官吏である pūrdūkālīyaṅ 氏と妻、教育局の cāṅhvāṅ <bureau>[課長]である ṭāvit 氏と妻、長殿[＝高等弁務官]の令嬢などである。両妃殿下[braḥ aṅga mcās ksatrī]は、歓迎のご挨拶をなさってから、上がって上述の椅子に座るように御案内なさった。

その時に、2人の女生徒がレイを乗せた盆を持って[高等弁務官]夫人[loka camdāv]の前に立ち、そこに主賓として出席してくださったことに対するお礼の言葉を述べ、花[＝レイ]を差し上げた。夫人[loka]は受け取ってすぐに首に掛けた。その次に、1人の女生徒が出て、ミミズクの寓話をフランス語で暗誦した。nagaravatta <gazette>[新聞]社長の令息である幼い1人の kumāra (prus)[男児]が出てきて、立って「金持ち」の寓話をフランス語で暗誦した。3番目に、初級、中級、上級の各学年の女生徒たちの各グループが1回ずつ、弦楽器の伴奏で歌って踊った。

それが終わると、試験に合格した生徒29名、即ち <certificat d'étude primaire>[初等教育修了証書]を得た2名(この2名のうちの1名である bin-sīṇay 嬢は、シソワット <lycée>[中高等学校]の入学試験に合格した)、<certificat d'étude élémentaire>[初級初等教育修了証書]を得た27名に賞品が与えられた。

賞品を与え終わると、両殿下[braḥ aṅga mcās]は全ての方々を招いて、西の校舎の部屋に飾ってある、文字を模様にして刺繍したものなどの珍しい刺繍などを見にご案内なさった。見終わるともう1つ別の部屋にご案内なさり、そこには食べ物がテーブルの上一面にたくさん並べてあり、殿下[draṅ]はすべての方々に御馳走してくださった。[高等弁務官]夫人[loka camdāv]は、「この学校では女生徒たちはクメール文学もフランス文学も学んで知識を得、さらに刺繍などのクメールの芸術の知識も得ていて、殿下[draṅ]はクメール芸術の寿命をさらに延ばし、さらに加えて、女性としての行儀作法もきちんと礼儀正しく訓練している」などと、両殿下[braḥ aṅga mcās]に賞賛の言葉をたくさん述べた。それから、教師も生徒も身なりが美しく礼儀正しいのも褒めた。それから別れの挨拶をなさってお帰りになった。

この式の時に、我々は「mālikā 校は狭くて、<certificat d'étude élémentaire>[初級初等教育修了証書]を得た生徒全てをこのままここで学習を続けさせることができない。分けて narottama 校に入学させなければならない」と言う情報を聞いた。政府がこの学校を拡張し、さらに学年も増やして、<cours supérieur>[上級学年]まで学習させると、実に適切であると思う。

ある女生徒の母親

2-3　[44号、2-4と同一]

2-4　[仏語]　インドシナの防衛のための国債

[ク語]　インドシナ国防衛のための国債を購入した金額についての情報

クメール国内

プノンペン

phdaḥ <banque>[銀行]	177,400.00リエル
国庫	126,400.00リエル
<poste> khsae luos[郵便局]	4,900.00リエル
<en registrement>	3,900.00リエル
プノンペン市合計	312,600[.00]リエル

地方

コンポン・チャム	141,000.00リエル
カンダール	67,800.00リエル
プレイ・ヴェーン	65,400.00リエル
シエム・リアプ	38,900.00リエル
バット・ドンボーン	
phdaḥ <banque>[銀行]	19,200.00リエル
全支店(Comptables publiques)	15,300.00リエル
バット・ドンボーン州合計	34,500.00リエル
コンポン・チナン	39,300.00リエル
コンポン・トム	28,800.00リエル
カンポート	27.900.00リエル
スヴァーイ・リエン	18,700.00リエル
ポー・サット	14,100.00リエル
クラチェ	13,600.00リエル
ター・カエウ	12,500.00リエル
コンポン・スプー	9,000.00リエル
ストゥン・トラエン	2,800.00リエル
地方総計	504,300[.00]リエル

[ママ。上の数値の合計は514,300リエルになるから、いずれか州の数値に誤植がある]

総計	816,900[.00]リエル

3-1　biṇa の歴史

我々がずっと遠く[昔]の歴史の中を探すと、biṇa と同じ形の多くの弦楽器に出会う。弦を弾いて耳に心地よい音を聞かせるいう考えは、矢を射るときに弓の弦が出す音から生まれたのかも知れない。この biṇa の誕生はずっと昔で、仏暦前2400年[の物が]スエズ運河の近くの国で発見されている。音楽を大変好んだ民族であるエジプト人の多くはbiṇa にとても親しんでいた。そして当時の biṇa の美しい見本が彫刻と絵とで、我々に伝わっている。当時は多くが弦を4本から11本まで持っていた。エジプト国の首都であるカイロ市の博物館にはずっと保存されてきた重要な biṇa が1つある。この biṇa は西暦紀元前5000年に誕生したもので、[弦は11本で、本体は亀の甲羅で][注。1行摩滅。判読した]できている。ヒンズー人の "vīṇa" という名の弦楽器は biṇa と同じであるが[注。クメール語の biṇa はサンスクリット、パーリ語の vīṇā の借用語である]、形は大きな cāpī で音が大きい。古代の壁画にはbiṇaに似た楽器があって、女神が弾いているのが認められる。一方宗教が像を彫ることを厳禁したヘブライ人の方は、国民の美術は詩と楽器による歌に向かい、人々はこのbiṇaを好んで使った。読経をする僧侶たちは壇上に座り、手はbiṇaを持った。ヘブライ聖典の中には、多くのところでbiṇaについて解説している。西暦紀元前1000年に即位したヘブライ人の最初の王であるサウルという名の王の心を安らぎさせるために、彼らはbiṇaを特に上手に弾くことができる人を探した。彼らはダヴィデという名の人を見つけた。王が怒っている時にこのダヴィデがbiṇaを弾くと、王は愉快になったという。

この話はまだ後の週[＝80号、2-2]に続く。

3-2 [76号、3-3と同一]

3-3 braḥ ratanasampatti {tān-pun bīn} 氏の夫人[?nak srī bhariyā]の逝去

シエム・リアプの名誉官吏であるbraḥ ratanasampatti {tān-punbīn} 氏の妻である夫人[?nak srī]が数日前に亡くなったと言う報せを受けた。

我々nagaravatta krum <gazette>[新聞社]は極めて深く哀惜する。braḥ ratana sampatti {tān-pun bīn} 氏はnagaravatta krum <gazette>[新聞社]に助力して固く後援してくださるからです。深い悲しみに包まれている夫人[?nak srī]と氏の親族と友人に、お悔やみを申し上げます。

3-4 [77号、3-9と同一]

3-5 [78号、3-6と同一]

3-6 [75号、4-1と同一]

3-7 [67号、4-8と同一]

3-8 [20号、4-6と同一]

3-9 [77号、3-6と同一]

4-1 [76号、4-1と同一]

4-2 [76号、4-2と同一]

4-3 [11号、4-2と同一]

4-4 [44号、3-3と同一]

4-5 [73号、4-6と同一]

4-6 [33号、3-4と同一]

4-7 [48号、3-8の終わり近くの「70メートル」が「10メートル」になっているだけである]

4-8 [8号、4-3と同一]

4-9 [11号、3-2と同一]

4-10 [広告] この自動車の様子は最新式で、ほとんど全ての人々が夢中になって買います。小型でガソリンの消費が少なく、スピードの多少によって6リットルから7リットル半です[ママ。距離は記されていない]。スピードが速く、急カーブを曲がっても、大型車同様スリップしません。

現在、<jean comte>商会では仕入れがほとんど間に合わず、入荷した数はすぐに売り切れてしまいます。座席は広く、窮屈ではありません。さらに大型車と同じ4ドアです。たとえ別の同じ小型車があっても、上の絵のようにドアが4つの車はありません。皆さんが、試して見たければ、プノンペンかサイゴンの<jean comte>商会が無料で試乗させています。

この自動車は、皆さんは欲しくなるはずです。なぜならば、この世界では、自家用車を持っている人は素晴らしく見えるからです。

もう1つ、別の<marque>[商標]の自動車を購入して乗っても、なんら差し支えありません。ただ、<peugeot>[プジョー]『202』を購入して乗ると、新型車ですから偉くなったような気になります。

[右側に車の絵が上下2つあり、下の絵の下に]

"202" 車の魅力
[仏語]　プジョー
Jean Comte 商会
プノンペン　Boulloche 路14号

SAMEDI 30 JUILLET 1938

Nagara vatta

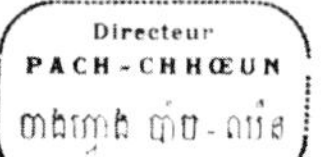

HEBDOMADAIRE PARAISSANT TOUS LES SAMEDIS

(Boite Postale N° 44)

第2年80号、仏暦2481年0の年寅年 srābaṇa 月上弦3日土曜日、即ち1938年7月30日

［仏語］1938年7月30日土曜日

1-1 ［仏語で「私書箱 No.44」と「社長、PACH-CHHŒUN」が加わった以外は8号、1-1と同一］

1-2 ［デザインが少し変わった以外は8号、1-2と同一］

1-3 ［デザインが少し変わった以外は8号、1-3と同一］

1-4 ［8号、1-4、1-5と同一］

1-5　nuon-sum と我々の考えは互いに全く異なる

我々がまだクメール人を発展させる仕事をすることを考えていなかった時、nuon-sum は民族の幸不幸については無関心でまったく何も思わず、毎日［彼に］おもねる人たちと一緒に遊んで笑うことしか考えなかった。

我々がこの仕事を始めると、nuon-sum は策を使って何回も何回も我々を脅した。我々を放置して仕事をさせて成功させたら、きっとクメール人は眠りから目覚め、きっともう自分は楽しむことができなくなる、と知っていたからである。本当に民族のためになると皆さんが知っているシソワット中高等学校卒業生友愛会と、この <gazette>［新聞］を、我々が作ったとき、nuon-sum は我々に成功させたくなくて、我々を脅す言葉を言い続けた。しかし我々は地位や種々の物を欲しいとは思わなかったので、何も恐れなかった。我々がこのように強情であることを知ると、nuon-sum は喧嘩を売ろうとして、我々と競争を始めた。我々は、「新しく生まれた事業はどれも、当然クメール国民全般のためになる」と理解したから、何も反対しなかった。そしてお祝いを言い続けた。しかし、彼がそれを作ることを考えた時は、彼は我々の事業を潰そうとする意図も持っていた。我々は、「このような人物は本当に心が悪いし、さらに、民族を裏切る者であることは明らかである」と理解する。

それだけではなく、さらに［彼は］クメール人とフランス人を分裂させることを欲した。［しかし］我々はこの考えに騙されはしない。なぜなら現在我が民族が楽しく安楽でいられるのは、我々が我が国に助力して混乱の中から救い出してくれることを頼ったフランス人のおかげであることを我々は知っているからである。

nuon-sum が起こそうとしている事業も、民族の利益になるものばかりではない。即ち自分の利益にもなるものである。なぜならば、高い地位にある人は、他の人を発展させようとする気持ちはない。即ち、まず自分のことを考え、その後で他の人のことを考える、あるいは自分のことだけしか考えないこともあるのが普通だからである。一方尊い志を持つ人は、多くは身分が低い人たちから生まれるのである。

このようである以上は、nuon-sum と我々はどのようにして和解することができようか。我々は、「民族を裏切る悪人と共謀することはしない」とあらかじめ nuon-sum に告げて知らせておく。

nagaravatta

1-6　諸国のニュース

1-6-1　イギリス国大王のフランス国訪問

イギリス国皇帝がパリ市を訪問なさった7月19日から22日まで、イギリスとフランスの新聞社は毎日、<gazette>［新聞］のページ一面にフランス政府が歓迎していることをレポートし、王と王妃の写真もあわせて掲載している。国王にフランス国を訪問させたのは、「現在の最大の親友はフランス国とイギリス国しかない」ということを全世界の人々に目にさせたかったからである。この御訪問は、1914年から1918年の間のドイツ国との事件［＝第1次世界大戦］の時に死亡したオーストリア人を記念するためにフランス政府がブルゴーニュ 市に建てた記念碑の除幕式に参列なさるためである。

この御訪問に際し、この訪問客の地位にふさわしくするために、フランス政府は数百万フランの費用をかけた。同行した幼い王女お2方に差し上げた人形2つだけで、その価格は1百5十万フランである。これ以外のためのことの価格はいかほどのものであろうか。[しかし、]この2国が互いに友好を結ぶことができなかったら、おそらく大陸全土の中の数百百万人[＝数億人]の生命が失われるであろうから、この出費はいくらも多くはない。我々各人が現在まで幸福でいられるのは、フランスとイギリスとの友好によるものであることは確かである。

nagaravatta 新聞は、フランス政府が大王をお迎えした様子を非常に詳細に述べたいが、その叙述は長すぎて、新聞に掲載することができない。

1-6-2　チェコスロバキア国

プラハ市、7月18日。チェコスロバキア国在住のドイツ元軍人の集会で、ドイツ国の haṅḷāṅ jāyak の代表である高官が元軍人たちに、「諸君はドイツ国に助力し、支援したいか否か。助力する準備はすでにできているか否か。国を助けて守るために喜んで死ぬか否か」と質問して呼びかけた。その時に、元軍人3千名は、"<sieglich>[ドイツ語。万歳]" と叫んだ。その高官はさらに、「諸君[nak]は国を助けて守るために、きっと血を流さねばならぬ」と短く述べた。ドイツの新聞は改めてもう1度、「チェコスロバキア国では軍を多数準備中である」と報じている。もう1つのチェコ人の <gazette>[新聞]が、「この情報は事実ではない」と述べている。もう1つのドイツ <gazette>[新聞]が反論して、その <gazette>[新聞]を否定して切り捨て、「ドイツとチェコとの国境に軍が配置されつつあるのは事実である」と述べ、この語は真実であると言い張っている。

ロンドン市で、顧問の1人が、チェコスロバキア国について、首相であるチェンバレン氏に質問した。チェンバレン氏は、「イギリス政府は常にこの件を検討しており、[検討を]やめたことはない。そして和解できると期待している」と解説した。

1-6-3　中国

東京市、7月18日。情報では、日本警察官1名が、ロシア兵と日本兵との戦いで銃弾を受けて死亡した。日本外務省のある代表が、「この死亡の原因は、この警察官が満州国内の、ロシアが兵を配置している山を歩いて調査していたことによる」と述べた。

＊モスクワ市、7月18日。ロシアの <gazette>[新聞]が、「ロシアと満州国との領内での衝突事件を、ロシア外相が日本大使に抗議した」と報道した。もう1つの情報では、ロシア40名が満州里国に駐留しているというのは事実ではない。なぜならば1869年に hun jun 県で<signer>[署名]された条約に添付されている地図によると、衝突して奪い合っている地点は完全にロシア国内にあるからである。

＊漢口市、7月19日。昨日午前9時、日本機27機が漢口市を50発爆撃した。最初に9機が東から来て武昌を24発爆撃、その後さらに9機が来て hān yāṅ を爆撃した。最後はやはり9機が来て中国の飛行場を爆撃した。hān yāṅ の1ヶ所で家屋の大火災が起こり、500名が死傷したが損害はあまり大きくない。これらの日本機は漢水岸にある弾薬工場を狙っていたが、そこには1発も命中しなかった。爆弾の多くは水中に落下したり、貧しい中国人の小屋に命中したりした。この町を守備する高射砲は十分には存在していない。負傷者の数は12名で、死亡者の数は300名である[ママ。死亡者の方が負傷者より多い]。

＊フランス語の新聞 "ḷarpūk" によると、政府は新しいインドシナ国<le gouverneur général>[総督]を転勤させて来て<brévier>氏の後任にすることを考えている。政府は国を完全に整備するために政策に優れた人物を任命しようとしている。sūtanta 氏は "ḷāmuovœ" 氏を任命することを考えているが、植民地相は "aṭrīyāṅ marrdhe" 氏を任命したがっている[ママ。この記事は中国と関係がないから記事の配置ミスであろう]。

＊東京市、7月20日。ロシアー満州国国境で事件が起こったので、市民は激しいデモをしている。このデモは、日本政府がモスクワの政府に書簡を渡すために派遣した顧問2名の消息が絶えた時から、ますます激しくなりつつある。この書簡の内容は、「日本は、従前のように、ロシア国は軍を満州国内に駐留させないことを求める」である。情報では、もしロシアがこの顧問2名を殺害したか、あるいは軍の職務として監禁している場合には、必ず事に応じて力を使用する。この言葉は、「日本は必ずロシアとの戦争に入る」という意味である。昨日の情報では、ロシアはさらに軍を派遣して配置した。現在、日本軍将軍たちは会議をし、「この事件は極めて重大である」と結論した。日本は、「ロシアは豆満江岸に大砲を配置している。この河は日本国とロシア国との国境である。自走砲がṇūvūgier 省と slāv sān kā 省とで砲を試射しており、砲声が轟いている。現在自動車60台が slāv sān kā から兵を hadītā に輸送している。日本が守備し、反撃しようとしているのかどうかはわからない。日本首相と板垣将軍がこの件に関して丸々 2時間検討した。

それから、(ミカド)国王[ママ]のもとに丸2時間伺候した。同盟という名の日本の新聞[ママ]によると、国境を歩いて視察していた日本兵5名をロシア兵が銃撃した。日本兵<caporal>[伍長]に命中し、左足を負傷した。同行していた兵士4名は無事であった。この事件は、満州里国の政府が<consul>[領事]をモスクワに派遣して抗議させた。

＊東京市、7月22日。重光日本大使はロシア政府に、「官員を派遣して境界碑を立てる助力をすること」を求めた。「碑を立てる助力をしない場合には、日本は必ず力を使用する」と述べた。[ロシア]外相であるリトヴィノフ氏は、「日本の脅迫はロシア国からは何の利益も得られない」と回答した。この両高官が議論している中で、リトヴィノフ氏は、「この件はロシア兵は自国内にいるのであるから、ロシア国こそ抗議するべきである。なぜ日本はロシア兵が侵入していると言うのか」と述べた。それゆえ、リトヴィノフ氏が言うことに従うならば、[ロシアは]どの国をも侵していないことになり、抗議している日本が不法を行なっているのは確かである。このような議論は何の利益もないと思われる。リトヴィノフ氏は、「日本の抗議は聞きたくない」とまで付け加えた。

＊東京市、7月24日。蔣介石総司令は、「政府を昆明県に移すことを考えている」と言う情報を伝えるために、打電して雲南省知事と四川省[知事]を漢口市に呼んだ。

1-7　残念で悲しい

残念である。実に残念である。どの地獄の動物が我々クメール人の心に、間違っていることを正しいと思わせるようにしたのであろうか。もしsukhumaがそれを知ったら、sukhumaはその餓鬼地獄を残すところなく全部破壊する。尊師がちゃんと言い残しておいでだから、このことはあるべきことではない。尊師は、「[一生のうちの]学ぶ時期、働く時期、死ぬ時期、この3つの時期を男であろうが、女であろうが、覚えておかなければならない。忘れてはいけない」と言い残していらっしゃる。現在、なぜか我が民族全てはすっかり忘れてしまっている。この点について、我が同胞たちは、もう1度考えるべきで、そうして初めて正しい。

第1。フランス語、クメール語の学校は、我が国には十分たくさんある。では、なぜクメール人の男女の子供の父母は、あまり子供に勉強させたがらないのか。このように[勉強させないことは]仏陀の言い残しに背いているように思う。たとえば、罪人、悪人、低劣な人、これらは全て財産がないからである。財産がないのは、知恵がないからである。知恵がないのは知識がないからである。知識がないのは学ばなかったからである。我々がこのようにしているならば、現在我が民族は他よりずっと劣っているから、人間という名を与えることがどうしてできようか。

第2。現在、krum sāmaggī mitra(Amicale)[友愛会]は一生懸命金を貯め、数千を得て、良い精神がある少年少女に助力して支援するための準備をしている。友愛会はあちらのフランス国に行って勉強するのを助力するのである。それなのに、どうして外国に出て行って勉強しようとする者が誰もいないのか。我が民族がこのように考えるなら、いつになったら精神力、体力、知力を発展させることができるのか。

もう1つ、15日ほど前に、私はある情報を聞いた。どの仲間か、どのグループかは確かでないが、友愛会を潰すために、友愛会に難癖をつけている、というのである。その日以来、私自身は、詳しいことを聞いて訊ねるために、その人を捜している。私は訊ねる。「あなたがこの友愛会を潰したがるのは、何のためか。あなた自身は何者か。現在一生懸命仕事をしている友愛会はどの民族を支援しようとしているのか。諺に、"行動は民族を明らかにし、行儀は家柄を明らかにする」とあるのを、あなたは知っているか。この言葉は正しい、とあなた自身は思わないのか」

第3。我々クメール人の躾を学ぶ本は、王立図書館や、最近諸所に建てられている予備パーリ語学校に、我々は十分沢山持っている。なぜ、我々クメール人はあまり学びたがらないのか。昔からの言い伝え、即ち諺によると、(言葉は女性の頼り所、女性は男性の吉祥)である。もし女性や男性に知識学問が全くなかったら、男性あるいは女性は、どうやって互いに頼り所になり合うことができるのか。

この話は、短くまとめると、こういう意味である。「財産があれば、善徳、乗り物、親友、は全て共に生じ、不足することはない」　この点は現代風に言われている、(財産が多ければ善徳が増え、妻は美しい)と合致する。それならば、我が民族は現世の仕事に一生懸命努力しよう。インドラ神から土地を奪おうという考えは捨てよう。現在インドラ神はまだ生きているからである。

sukhuma

1-8　クメール人が商売で生計を立てることについて

<gazette>[新聞]79号[1-6]から続く。

もう1つ、クメール国では保護国政府は慈悲の心で、商業方面のことの学校を作ってほしい。しかし、直接学ぶ、即ち生徒にすぐに商売をさせ、本の中だけで勉強させるのではない。靴、帽子、衣服の仕立て、などの工業ができるように教え、訓練する学校があるべきである。クメール人に、これらの知識を学ばせ、かつ他民族のようにそれで生計を立てることができるようにするためである。現在のコーチシナ国には、知識を教えるための学校がある。クメール国には、学んだ人が卒業すると自動車の<mecanicien>[修理工]と自動車の運転手になることができる学校[＝工業学校]が1つだけあり、これ以外にはない。

もう1つの種類は、現在のクメール人少女は生計を立てることを学ぶ道がない。現在、政府はプノンペンに、少女に裁縫、刺繡、繕い、仕立て、などを習わせる学校を1つ作った。でも、まだ家事の管理と保守と育児、即ち全ての女性が将来主婦をすることを学ぶのが欠けている。[これを加えれば]今後、クメール男性が妻を必要とする時に、主婦をするのが上手な若い娘がいることになる。

それだけでなく、クメール人娘が夫を持たない、言い換えれば独身でいる場合、自分で職業を持って生計を立てて生命を養うのが楽で困難でなく、今よりずっと良く、現代的で文明的である。少女が勉強してこのような良い道を選ぶなら、他の方法よりも本当にずっと楽で良く、発展すると思われる。

[以上]解説してきたことを、政府がまだ実行しない時に、[政府]外の者が実行することを準備し始めたら、それが十分に実行できるように政府は全力で助力し支援してほしい。国を助けることであり、政府を助けることでもあるからである。

要約すると、私はクメール人である皆さんに、あらゆる方面で同じクメール人を応援し、助力して支援する気持ちを起こして欲しい。そねむ気持ちと非難することと、同じ民族の人に、何か自分の上を行くことをさせたくないと思う妬み心を捨てる、あるいは避けてほしい。そして我が国に来て住んで一生懸命熱心に働いて我々を超えている他民族に恥ずかしいと思い、彼らを手本にすることができるべきである。どうか同じ民族の人を助ける決心をし、何かをすることができたクメール人のことを聞いたり、出会ったりしたら、集まって協力して、その仕事がしっかりと成長してその後長く存続させることを、お願いする。どうか次のようには考えないでほしい。“誰かに何か助けやると、きっとその人は何かを我々をにくれる。即ち[我々は]何か利益を得ることができる”。心から国と民族の利益だけを目標にすることを考えてほしい。自分自身のことは構わないでほしい。

私は、「クメール人は、豊かな人も、貧しい人も、地位が高い人も、地位が低い人も、商業と、民族を応援することの利をはっきり理解している」と固く期待する。もしそうでなかったら近隣の国を見てほしい。そうすればば必ずわかる。

[注。執筆者の署名はないが、82号、2−3から、恐らく khemaraputra]

2-1　語彙制定

[79号、2-1から続く]

(grū {deba})[記]

16。saptāha。サンスクリット語。(パーリ語はsattāha)。sapta-āha あるいは [パーリ語は] satta-āha と分解でき、「全7日」、即ち「7日」の意味である。この語は仏伝の中に、「仏陀は悟りを得たばかりの時、ボダイジュの下に1「saptāha」座り、muccalinda 樹の下に1「saptāha」座り、rājāyatana 樹の下に1「saptāha」座り」等々、と現れる。即ち、「1ヶ所に7日ずつ座った」と言うことで、「1 āditya[週]」に相当する。たとえば、「『saptāha』ごとに出る<gazette>[新聞]」は「1週間に1度出る」という意味である。

17。satavatsa。サンスクリット語。(パーリ語は satavassa)。意味は “百年”。百年の長い時間。たとえば、satavatsa dī 1[第1世紀]、satavatsa dī 2[第2世紀]のように使う。

18。viliptā。サンスクリット語。(パーリ語は vilittā)。この語は最も短い時間の単位を呼ぶのに使う。もう1つの語、vinādī(Ceconde[ママ。「seconde」が正しい])[秒]に相当する。60 viliptā 即ち 60 vinādī が1 liptā[分] になる。

19。liptā。サンスクリット語。(パーリ語は littā)。viliptā より長い時間の単位の名。もう1つの nādī(Minute[分])に当たる。60 liptā が1 nāḷikā 即ち 1 moṅ[時間] に相当する。この語は占星術の書物などの中に使われて来ている。我々はこの語を使うべきで、<seconde>[秒]、<minute>[分]を使うべきではない。

20。pie vatsa。(pie はクメール語[注。タイ語からの借用語である]。vatsaはサンスクリット語)。意味は「年の報奨金」、即ち毎年毎年受け取る金。たとえば okñā {ka} は1年に報奨金を1200[ママ。「リエル」はない]得るとして、月に分けると1月100リエルである。毎月100リエル支給されるので、別に prāk khae [月給]という語があり、これは pie vatsa のことである。この説明に合わせるために、我々は pie vatsa と書くべきでそのほうが良い。pie vaḍḍha と書いてはいけない。

[82号、2-4に続く]

2-2　biṇa の歴史

gazette>[新聞]79号「3-1」から続く。

ギリシャ人たちはずっと遠くの過去に biṇa を知っていた。恐らく東洋から型を得たのであろう。biṇa を呼ぶために制定されたフランス語の語は “(Harpe)” で、これは恐らくギリシャ語で “(Harpe)”、即ち「鉤」を呼ぶ語から変化したものである。なぜならば、当時の biṇa は鉤の形をしていたからである。(ゴール)国にいた古代pravī 人は biṇa を極めて巧みに、真似るのが難しいくらいに弾いた。そしてイギリス国王の玉璽には(ウェールズ)国と(アイルランド)国形式の biṇa の絵がある。

現代型の文明を持つ大国では biṇa を使うことが親しまれるようになり、そして biṇa のサイズを大きくそして長くした。それでもまだ普通[サイズ]に作り、弦を直接三角形の me rāṅ[枠] に付け、ねじを使わずに締めるタイプがある。その後、1800年に1人のドイツ人がねじがあるタイプの biṇa を作った。しかし、その後1900年に、<françois> sepāsyieṅ ārārt という名のフランス人がこの biṇa を新しい時代の楽器の中に入れ、[その biṇa は]時には神の声のような高い音を出し、時には大きく響くが、特別に耳に美しい音であった。この biṇa は、<japon>[日本]のような東洋の国では重要な楽器[＝琴]で、東京市(<japon>[日本]国の首都)では現在 biṇa を弾く日本人ばかりの1グループがあって、特別な曲を演奏する。シャム国政府はパリ市でつくられたように、バンコク市に音楽団を1団作ろうとしていて、おそらくこの biṇa を弾くシャム人ばかりの[音楽]団を別に作る。

現代の biṇa 、即ちペダルがある biṇa は、弦は47本あり、太い弦は金属製で、その他の弦は動物の腸で作り、胴体部は木で作り、刳り抜いて空洞を作る。胴と棹は、それを弾く人が作ろうとする多くの種類の音を出すために弦を緩めたり締めたりするためのねじがある。

アフリカ国の中央部に biṇa の胴をヒョウタンの実で作る民族がいる。マリー・アントワネット妃[braḥ nāṅ]という名のフランス王妃は、胴が biṇa[ママ] のような形をした金[きん]張りの biṇa を持っていて、宮中の女官たちと一緒に弾いた。キリスト教徒はこの biṇa を[弾くことを]神への賞賛の模範とし、僧たちの喜びとした。

フランス人女性が柔らかな指で弾く biṇa は、音楽と詩文を好むクメール人知識人全ての耳をきっと楽しませてくれるものである。

2-3 ［44号、2-4と同一］

2-4 mālikā 校

我々はmālikā 校で学ぶ少女たちの父母から[以下のことを]述べる手紙を多数受け取った。

《この学校を統括なさる mālikā 妃殿下[braḥ aṅga mcās ksatrī]は、「今年試験を受けて<certificat d'étude d'élémentaire>[初級初等教育修了証書]を得て、上の学年に進むべき女生徒は、場所が狭いという障害で、全員はこの学校に学びに来させることができません。父母は子を narottama 校、あるいはどこか他の好みの学校に学びに行かせてください」とお報せになった》

この情報によると、「政府がこの学校を整備して全ての生徒を収容できるのに十分になるように拡張しないと、[収容される]数の外に残った生徒は narottama 校に行くか、そうでなければ勉強するのを止めなければならない」と我々は理解する。[プノンペン]第3、第4、第5区に住む少女たちは、2、3キロメートルの距離を歩いて narottama 校に通学するのは幼い少女たちの体力を超えているので、歩いて通学しようとしても、それはできない。父母が料金を払って役畜が曳く乗り物で通学させるにしても、それはそこそこの資産がある人であって、貧しい人はそうすることができないから子供に学校に行くのを止めさせる。そして少女がこの長い距離を歩いて学びに通うのは、途中で不愉快なことが起こることが多い。

このような困難と不愉快があるから、我々は保護国政府がこの学校、あるいはクメール人地区内にある他の学校を整えて、全学年の教室があるようにすることをお願いする。それと共に、今年からこれらの学校が<cours supérieur>[上級学年]まで教えることができる資格を与えていただきたい。生徒を narottama 校に通わせる心配をもうさせないで欲しい。これらの学校が狭いのなら、なんとかして今年の新学期に間に合わせるために、臨時の校舎を建ててほしい。なぜならこの地域は市の中心であり、クメール人地区の中心地なので、学習したいと思う少女の数が他の地域より多いからである。政府は小さい学校や大きい学校をたくさん作るべきである。

実は、政府がこのように慈悲を垂れるには、十分な理由がある。カンボジア国全土に、女子の sālā <primaire>[初等教育校＝5年制]は narottama 校1校しかない。それゆえ少女が歩む道はとても狭く、なかなか成長できない。ベトナム国も大フランス国の旗の下にいるが、この種類の学校は全国いたるところにある。極めて哀れなことにクメール国には1つしかない。だからクメール人は自分自身を哀れむべきである。

この件は、我々は新しい<le résident supérieur>[高等弁務官]殿の徳と勢威に最も期待する。そして、恐らく氏はクメール人少女を救って学習の便宜を与えて、氏の功績がクメール人国民の中に記念として将来長く残るようにしてくださるという望みを持つ。

2-5 インドシナ国の官吏がパリ市に業務研修に行く

植民地相である <mandel> 氏の決定により、インドシナ国の上級職官吏が幹部候補生として1年間パリ市に行って、植民地相と共に、すなわち植民地省の大臣<bureau>[官房]で業務研修に行くことになった。

インドシナ連邦国では、まず最初に官吏5名、即ちトンキン・ベトナム1名、アンナン・ベトナム1名、コーチシナ・ベトナム1名、クメール1名、ラオス1名を選んで業務研修に行かせ、来年さらに5名を派遣する。

我がクメール国では、2級 anumantrī でカンダール州副知事である paen-nut 氏をこの任務に従事させる。月給は1ヶ月2,500フランである。paen-nut 氏は来る8月初めに出発する。

nagaravatta は paen-nut 氏にお祝いを述べ、航路とパリ市滞在中に健康と発展とがあり、現地でのこの実務研修で早く詳しく理解するようお祈りする。

3-1 ［広告］ 善業と吉祥をお送りします

清い信仰心を持ち、善業を積むことに熱心で、私と息子 chitā とが寄進した鉄鉢を持った銀の仏像2体を、仏暦2481年0の年 āsādha 月下弦12日日曜日、即ち1938年7月24日に、拙宅から行列して、プノンペン市の padumavatī rājavanārāma 寺に安置した時に、行列に参加なさった仏教の優婆塞優婆夷、男女の寄進者、仏教徒の皆さんに善業と吉祥をお送りいたします。行列に参加なさった方々は皆、多少の金銭、額は10センから5リエルまでありましたが、を寄進なさいました。行列に参加なさらなかった方も供物を送ってきてこの善業に参加なさいました。

私は清い信仰心を持っておいでの皆様に深くお慶びいたします。集まりました浄財は、私がこの儀式にお招きしました thānānukrama[＝階級の1種] の長に差し上げたり、その他のことに使用し、主催者である私も兼ねて準備をしていましたので十分足りました。浄財はまだ81リエル残っています。私はこれを saṃṭec braḥ maṅgala dibbācārya 僧王に同寺の僧たちの庫裏の費用として寄進したいと思います。

このことを、この善業に参加された方々が、みなさまのご希望がかないますよう、このことをご承認くださいますようお願いいたします。

<retraite>[引退した] cāṅhvāṅ[課長]である
okñā mahāvinicchaya (nau)

3-2 [76号、3-3と同一]

3-3 クメール語辞典が出た!!!

皆さんが非常に必要とし、長年待ちわびた重要なクメール語学の書物である vacanānukrama khmaer(Dictionnaire Cambodgien)[クメール語辞典]は現在第1巻が出た。779ページあり、見出し語は9641語あり、良質の紙で印刷され、価格はソフトカバーは7.00リエル、ハードカバーは9.00[注。81号、3-1で「9.50」に訂正されている]リエルである。王立図書館で販売しているので、語学方面で自己を高めたい方は、希望の通りに買えるように、同所に急いで行ってください。もしぐずぐずしていると、必要とする人が多いので、後で後悔するかもしれません。

第2巻はほぼ同じ厚さで、印刷中です。出版されたらまたお知らせします。

3-4 mānībū 氏にお喜びを申し上げる

nagaravatta は mānībū 氏が grwaṅ issariyayasa <chevalier de la légion d'honneur>[レジオンドヌール勲章シュヴァリエ章]を総督府から授けられたという情報を得たので、nagaravatta はお喜び申し上げると共に、氏が今後さらにこれより高い名誉が得られることをお祈りする。

ただ残念なのは、クメール国教育局長で、既にご年配でクメール国に長年勤務して業績を挙げた piysānīs 氏を、なぜか政府は忘れている。あまり遅くない後日、きっと政府は思い出すことを期待する。

3-5 [78号、3-6と同一]

3-6 [75号、4-1と同一]

3-7 [20号、4-6と同一]

3-8 [67号、4-8と同一]

3-9 [広告][仏語] 1938年6月18日、カンポート
証明書

[ク語] 私、<monsieur> kae puk はカンポート州校で教師をしています。私の妻は妊娠して、悪阻で吐き気と腹痛がかわるがわる起こって苦しんでいました。私は多くの場所に医者を探し、薬を購入しましたが、全く効きませんでした。その後、kāp go 市場の sīv-pāv 医師の10号薬と23号薬を手に入れました。この薬は本当によく効き、私の妻を救って元のように元気になりました。私はこの<gazette>[新聞]に掲載して、妊娠している方へのお知らせにします。

[仏語] カンポートの教師、Ker Pok

3-10 [広告] お知らせします

私の名は dī kau で、カンダール州 s?āṅ 郡 trœy slā 村に住んでいます。名を nāṅ {suddha}という私の13歳の娘が目の白内障にかかりました。医者に診察してもらいますと、どの医者も治療料を30ないし40リエルを要求しますがまったく効きませんでした。その後、kāp go 市場の前のどこかの sīv-pāv 医師の薬が効くという噂を聞いて、私は買いに行きましたが、価格は1リエルにも達しませんでしたし、私の子の目の病気はすっかり治りました。私はこの<gazette>[新聞]に掲載して彼の薬の恩を賞賛します。

4-1 [76号、4-1と同一]

4-2 [76号、4-2と同一]

4-3 [11号、4-2と同一]

4-4 [44号、3-3と同一]

4-5 [73号、4-6と同一]

4-6 [33号、3-4と同一]

4-7 [48号、3-8の終わり近くの「70メートル」が「10メートル」になっているだけである]

4-8 [8号、4-3と同一]

4-9 [11号、3-2と同一]

4-10 [79号、4-10と同一]

Samedi 6 Août 1938
CIGARETTES
JOB
LE PAQUET VERT
Vendu 5 cents
Nagaravatta
COFAT
CIGARETTES
La meilleure cigarette Indochinoise
Le Paquet vendu 5 cents
Directeur
PACH-CHHŒUN
HEBDOMADAIRE PARAISSANT TOUS LES SAMEDIS
(Boite Postale N° 44)

第2年[81号、仏暦2481年0の年寅年 srābaṇa 月上弦10日土曜日、即ち1938年8月6日][注。擦り切れて読めないので前号から計算]

[仏語][1938年8月6日土曜日][擦り切れて読めないので前号から計算]

1-1 [仏語で「私書箱 No.44」と「社長、PACH-CHHŒUN」が加わった以外は8号、1-1と同一]

1-2 [デザインが少し変わった以外は8号、1-2と同一]

1-3 [デザインが少し変わった以外は8号、1-3と同一]

1-4 [8号、1-4、1-5と同一]

1-5 お知らせします

nagaravatta 新聞総務部は、民族に助力し支援することを志望して nagaravatta <gazette> [新聞]を年極めなり、月極めなりで購読している皆さんにお知らせします。[購読してくださることを] nagaravatta 社は大変嬉しく思っていますが、今ここで、まだ支払っていない昨年[ママ]、即ち1938年の月極めなり、年極めなりの規定の購読料を、この1938年8月末までにnagaravatta 社にきっとお納め願います。

終わりに、nagaravatta 社は皆さんにお願いしますが、現在 <gazette>[新聞]は部数が非常に増えて、週に3、200部以上を発行しています。それに従って印刷費も増えています。それゆえ総務部では、上にお知らせしました8月中に購読料を納めない方には、社はそれ以降は <gazette>[新聞]を送ることができません。名前を消して送るのを中止しなければなりません。[その場合は]すでにお送りしました<gazette>[新聞][の代金]は、送った日から8月末までの部数で計算します。

総務部

1-6 できものは痛くないのに楊枝でつつく

男が1人いて、頭はイヌ、胴はブタ、尾はネズミである。nagaravatta <gazette>[新聞]を読んで全て知って、嘆きながら歩いて人々に、「nagaravatta <gazette>[新聞]が自分の考えがわかるはずがない」と言った。この男はシソワット中高等学校卒業生友愛会を潰したいと思って、自分の良いところを皆に話した。[即ち]以前、彼はこの学校の生徒だった。この国でフランス語―クメール語を学んでひと通りの知識を得て修了証書を得て卒業すると、教師になって、自分の民族を他の民族より多く支援した[ママ。皮肉を言っている]。即ち、校長にいろいろ言って、クメール人生徒を追い出し、毎年多数を入学させないようにさせた。これが彼の最初の業績である。

その後、彼は配置換えになり、別の職に就くと、自分の民族をもっと発展させたいと思い、他の民族を会長にしている協会を潰そうとした。もしこれにも成功したなら、彼の第2の業績になった。しかしnagaravatta <gazette>[新聞]が彼の考えを知り、大声で騒いだ。それで国中の人は大騒ぎした。

この彼は言った。「後日、本当に私の望み通りに成功することを考えるので、偉くなり、諮問会議委員になり、民族の金と上司の助力と支援とで子供を外国に留学させる」。彼の上司は、[その]姿かたちは、舌はトカゲ[＝2枚舌]である神で、自分をなでさする馬鹿ばかりしか[部下に]持っていない。

twa-khvien

1-7 諸国のニュース

東京市、7月25日。上海からの情報によると、7月25日に、国民党政府(蔣介石政府)は、「来る7月28日に、政府を漢口から重慶に移す。種々の省は後で移転する」と発表した。現在漢口市では大騒動が生じている。

アメリカ大使である<johnson>氏と、その他の国々の大使たちは、国民党政府に、[今驚き慌てないように]説得している。全ての省庁を移転すると、漢口市は全て軍の地になる。
＊プラハ市(チェコスロバキア)、7月25日。先の月曜日から現在まで、イギリス政府がチェコスロバキア国の全てのことを調停しようとしてきたが、少しも進展が見られない。一方チェコ政府の方は土曜日の朝から沈黙して、ドイツ代表と問題を解決することをやめている。ユダヤ系ドイツ人とドイツ国とは、民族問題を審議するための諮問会議を設けることをチェコ政府に求めているが、[チェコ]政府は同意しない。通常のことを検討するための諮問会議4つを作ることだけを承服した。
＊ロンドン市、7月25日。情報では、イギリス政府が、大臣である runsīmān 氏を問題を審理させるためにプラハ市に派遣することを考えているのは、真実の情報であるが、イギリスは調停者として派遣するのではなく、はやく意見が一致するように、双方に種々のことを説明し理解させるためだけである。
＊エルサレム市(パレスチナ)、7月25日。先の月曜日の朝、パレスチナ国で大事件が起こり、アラブ人住民が非常に恐れている。人々が市場で野菜を買っている時に、突然爆弾1発が爆発し、100名が被害を受けた。その後の情報で、およそ40人が死亡、60名が負傷した。この爆弾は1人の謀反者が[前日の]深夜にこっそり入って来て設置したもので、夜があけてから爆発したものである。現在政府は捜査させて、この謀反者を逮捕したが、まだ[犯人の]名前は明らかにされていない。アラブ人たちはユダヤ人たちに不満を抱き、ハイファの町の多くの場所に放火し、ユダヤ人2名が死亡し、ユダヤ人の商店4軒が全焼した。アラブ人多数がユダヤ人の自動車を止めて奪ってきて火をつけた。ハイファと結ぶ電線は悪人たちに完全に切断された。ハイファ市では何も生業をすることができない。この騒動はヤッファ市からテルアビブ市までの間でますます大きくなっている。軍は航空機を派遣して[上空を]飛行させそれらの場所を調査させ、敵全てに爆弾を投下させた。軍司令官はアラブ人5名を処刑させた。ナザレ市の近くでは誰の手で殺されたか不明のアラブ人2名の遺体がある。スーク[市場]と呼ぶ場所で、謀反者たちが爆弾1発を投げ、アラブ人36名、ユダヤ人3名が死亡し、アラブ人45名が負傷した。
＊東京市、7月26日。……[注。脱落]……。「イギリス政府はアメリカ国などの laddhi (democratic)[英語。民主主義]国全てと密接に一体となる努力を一生懸命にするべきである」と述べた。現在イギリス国とフランス[国]とは確固たる地歩を確立していて、他の諸国はそれを敢えてゆるがそうとはしない。もしこの両国が密接でいなければ多くのトラブルと苦しみを引き起こすことになる。もう1つ、アメリカ国の方は、イギリスとフランスの頭越しに何かをすることはできない。それゆえ疎遠にすることを考えるべきではなく、仲間に入って共に生計を立てて行くために、共に手をつながなければならない。これが互いに親密さを生じさせている原因である。
＊東京市、7月27日。満州国境で、7月21日と22日に再び衝突があった。日本の言葉によると、7月21日に、ロシア軍艦3隻が満州兵10名を砲撃した。7月22日にはロシア兵1500名が行って満州の sin duṅ 地区の前の島を奪い、さらにロシア兵1050名が ussussī[ママ。「ウスリー」が正しい？] 県の住民の家屋多数を焼いた。しかし、日本兵500名が行って白兵戦を5時間戦ってそこからロシア兵を追い払った。
＊東京市、8月1日。満州国で衝突が再び起こった。

項1、この問題は政府はすでに解決した。しかし、今回の満州国での白兵戦が起こったのは、双方の司令官が承服していないことによる。項2、この衝突は、互いに[土地の所有]権利を奪い合っていることによる。日本がロシア国への侵入を続けるなら、ロシアが我慢するのは困難であると思われる。
＊上海市、8月1日。上海市からの信じられる情報によると、ロシア第5師団が満州国に侵入し、se hul省の近くで日本機2機を撃墜した。この事件で、日本軍司令官は、詳細を報告するために、休暇を打ち切って東京市に来た。しかし <gazette>[新聞]によると、満州国内ではこの衝突を報道させていない。しかし、ロシア軍と日本軍が再び戦うという噂が流れている。
＊東京市、8月1日。日本陸相は、「再び、ロシア兵300名が radeḥ ṭaek(<tank>)[戦車]を従えて sāt sāv biṅ 省に侵入した。日本軍が追い払い、数名が死亡した。同盟 <gazette>[新聞]は、「ロシア空軍が cāṅ bū faṅ 県を爆撃した。日本は朝鮮県で5機を撃墜した」と報道している。
＊モスクワ市、8月1日。ロシアと日本との衝突はますます悪化している。

現在日本はロシア国内に4キロメートル入っていて、日本が侵略しているのは事実のようである。このようであって、「互いに衝突している」と言えるのか。

中国内のイギリス<gazette>[新聞]の情報によると、日本は大型軍艦複数を派遣してきて、停泊させ、西沙諸島から22キロメートルの ḷāṅ kul 島に駐留することを求めた。この島にはインドシナ国から送られたフランス軍がいる。

1-8 不思議な夢を見た

日曜日に、太陽が傾いてきて沈んで山に隠れた。そのとき私はとても退屈であった。いろいろ考えても、どこに行って気を晴らせばいいかわからなかった。

その時、大変不思議なことに、カラスが1羽降りてきて家の前にぺたっととまった。そして、「iḷūv[今]、1ḷūv[今]」と鳴いた。カラスが鳴き終わってしばらくすると、突然農民である友人が来るのが見え、「(こんにちは)、今からどこかに遊びに行かないか」と大声で言った。その時私はとても嬉しくなって、すぐに出て行って握手して、「やあ、君、10<minute>[分]待ってくれ。身支度してくるから一緒に遊びに行こう」と答えた。私が身支度すると、2人でトンレー·サープ川岸をあちこち見ながら散歩した。私の友人が質問した。「この岸に泊まっている大きいのやら小さいのやらの船や舟は、我々クメール人のものかな」　私は答えた。「そうじゃないよ。全て中国人やベトナム人のだ」「なぜ、我々クメール人は他の民族と同じように商売をすることを考えないのだろう」「君、その話は、君が知りたければ、中国人やベトナム人の子供に訊けば、我が民族の計画について教えてくれるよ」

「でも、映画を見る時間だから、この話は一時中止にしよう」　私は答えた。「君が行きたいのなら行ってもいいよ」［映画館に］入ると<tableau> gamnū rūp[出演者のポスター]に出会った。「この[映画の]話は笑えそうだ。このポスター[の人]は、デブもいるし、痩せているのもいるし、種々いる。でも歌えるし、話せる。何か仕事をしても必ず失敗することなく、できる」　このとき、私の友人である農夫が私に向いて訊ねた。「この喜劇は素晴らしい。絵にすぎないのにどうしてこんなに話せるのだ」　私は答えた。「その点は疑問に思わないでくれ。この世のことは、『知識は学ぶことから、得られるのは求めることから』だ。我がクメール国が他国のように学校があれば、こればかりでなく空を飛び、歩くことですら我々は他と同じようにできると思う。でも今は、君も知っているように、学校がないのだからどうやって知識を得ることができるのか。我が国には学校を建てるのに十分な金があっても、保護国政府は我々のために学校を建てることに同意しない。おまけに我々クメール人の金を持って行って、トンキン·ベトナム人に勉強させるために学校を建てるのを助力するのに使っている。バット·ドンボーンに中高等学校をもう1つ作ってクメール人に勉強をさせるのでさえ、『うん、うん』と言って紙の上で同意するだけで、金のほうは嘆いて誰も出してくれない」

<tableau> gamnū rūp[出演者のポスター]の話が終わると、別の映画の上演が始まった。9時丁度になると、スクリーンの明かりが消えて[館内が]明るくなり、映画が終わった。私と田舎の友人は映画館から出て、人がぎっしりで隙間がないくらいの道を歩いた。すると、田舎の友人が訊ねた。「現在我が国に来て住んで生計を立てている中国人やベトナム人は、我々のことをどう見ているのだ」　これについて私は答えた。「時間が少ないから詳しくは解説できないけれど、簡単にまとめて話して聞かせてあげる。クメール人の習慣は、中国人を「ā sut」と呼ぶ。一方中国人はクメール人を「kām bīn khvai(khai)」と呼ぶ。「ā suk」と言うのは「小父さん[＝阿叔]」という意味だ。「kām bīn khvai」[＝金辺鬼＝プノンペンの死人]は「死人」という意味だ。ベトナム人の方は、我が民族を、中国人[が見下す]以上に見下す。でも、もう夜も遅くなったから、またいつか会って話そう。

sukhuma

1-9　違法に物価を上げることに関して規定する1938年7月9日付国王布告第118号

第1条。王国内において、卸し、二次卸し、小売りの商品および物品の価格を上げること、および工業施設あるいは商業施設[＝商店など]内での販売価格を上げること、即ち1938年6月28日に売っていた価格から上げることを、この国王布告に陛下が御署名なさった日から禁止する。当日の商品の価格を示すリストはフランス政府が作成する。

ただし、その値上げが外国からの値上がりした輸入品であるがゆえに、政府が増税したがゆえに、あるいは各地域の委員会が正当であると認めたがゆえに妥当である場合は、各地域の物価を統制·調査するためにフランス政府が設立した政府委員会が値上げを許可することができる。

果実、野菜、食肉、その他の農産物、あるいはその他の生鮮品は、政府が値上げを許可していなくても、各地域の委員会が妥当な値上げであると認めた場合には、違反であるとしてはならない。

上の項に示すべき商品および物品名のリストはフランス政府が作成する。

第2条。商品の値上がりは、フランス政府が調査をさせる官吏が調査官になる。この官吏が行なった全ての記録は、各地域の物価統制委員会に送付する。この委員会は告発するべき理由があるか否かを調査する。告発するべき十分な理由がある場合には、告発状を所轄の地方裁判所長に送る。

裁判所は、最も近い次回の審理で審理しなければならない。各地域の委員会の意見は中立者意見とされる。[判決に]不服で控訴された場合には迅速に審理しなければならない。

第3条。本国王布告第1条に対する違反は、妥当な理由なしに卸売り価格を上げた場合には、第2級中級罰で処罰する。妥当な理由なしに二次卸し価格および小売価格を上げた場合には第1級罰金刑のみを科する。商業者あるいは製造業者が、商品の価格を騙す目的で共謀した罪に関する刑罰を定めた刑法第292条第2項、および、妥当に定められた価格を騙す目的で偽の情報を広めた罪に関する刑罰を定めた第296条は、適用することが妥当である場合には、適用して加刑する。

刑の執行猶予に関して定める刑法第135条は、投獄刑についてのみ適用できる。

1年以内に再犯した場合には、必ず科される罰は2倍にする。情状酌量を許すことに関して定める刑法第131条と第132条は、いかなる場合にも適用してはならない。

これらの刑罰は、本国王布告の規定に違反した者は、直接本人のことの場合も、いずれかの職業、機関、協会、会社を統括もしくは管理する者でる場合も、科される。しかし、[後者の場合、]団体が代わりにその罰金と費用を全て負担する。

第4条。本国王布告の規定は、自ら生産し、その生産者が個人的に売却する農産物、および行政機関の所管部局が正しく徴税済みの生産品は、従うことを免除される。

2-1　また騙された

騙されて、ター・カエウ州からの雌ウシを braḥ go であると理解して、各人がそのウシの糞を塗った件が1度あり、それから[呪術で]皿を割るという呪術師の話で騙されたことがあり、その他、回虫の呪術師の話から始まって、ネズミの口の呪術師の話があり、瞑想を抑える話からか、頭陀袋を背負う話までは優婆夷の話であるが、同じ様な種類の多くの話でほとんど毎年騙されていて、全てを語るのは面倒くさい。

今回、また sdiṅ mān jaya の神の話で大騒ぎが起こっている。1ヶ月ほど前に、我々はその神の神通力を称賛する人々の言葉をたくさん聞き、クメール人もベトナム人も中国人も大勢の人が大騒ぎをして、その神を拝みに、陸にも水にも一面に大勢が押しかけているという話を聞いた。しかし、これも前のと同様に風が騒ぐようなもので、大騒ぎするに価するような理由はほんの少しもない。それでも妄信し、何も考えずにこのように押しかける。どうしてこのようにあれこれ騙される続けて終わることがないのだろう。深い英知がある人が国内至る所に沢山いるのに、どうして彼らを見ないのか。人々がこれらのことを信じる前に、どうして彼らの所に行って、「どのように思うか」とたずね、相談に乗ってもらわないのか。どうしてこれらの人々を気にかけずに、ボダイジュの実を捨てて榕樹の実を食べさせておくのか。これでいいのか。我々クメール人は数千年も仏教を敬愛してきた。なぜ仏陀の法は少しも浸透しないのか。このようないい加減な話は昔から何回もあった。役に立った人は誰1人としていない。どうして自分自身のことが嫌にならないのか。自分に恥ずかしくないのか。どうしてしょっちゅう騙されるのか。

この話は、我々は作り話を言っているのではない。約1ヶ月前から耳にしていて、先の7月31日に我々は調査に行き、我々自身の目ではっきり確認した。その像は石でできていて、ある人々が理解していることと相違して、仏像ではない。即ちナーラーヤナ神像で、結跏趺坐していて、石であるか、それとも土の板であるかははっきりしない物を両手で頭の上にかざし、その頭の上の石の上に、サンスクリット文が4行、古代クメール文字で彫ってある。我々は一生懸命その文字を検討したが、文字はとても摩滅しており、さらにその時はもうもうと立ちのぼる蠟燭と線香の煙で曇っていたので、読んで意味を理解することはできなかった。この像は、mosœ[ママ。82号、1-9や83号1-6-4はmose]と言う名の、古代遺物を探しているフランス人が、アンコール時代の我々クメール人の作品であるとして、コンポン・トム州から持ってきたものである。

ナーラーヤナ神像は、種々のタイプのものがずっと以前からクメール国内のいたるところにあるのになぜ大騒ぎせず、今になってどのような神通力と威力があって、このように大騒ぎをし、ついにはプノンペンからのバス料金が、これまでは5センだったのが、今や8センに値上がりするまでになった。もうしばらくすると、どこまで上がるかわからない。バスはこれまで2台しかなかったのが今は4台に増え、そし[以前は]空いていて楽だったのが、今は缶詰の魚のようにぎっしりである。プノンペン市からばかりではなく、あちこちあらゆる地域の田畑から地面一面に、子の手を引き、孫を抱き、手には蠟燭と線香と花と、果実と水の筒を持って、供えて聖水をかけてもらいに来る。彼らの考えでは仏像であると思っているので、石を頭に乗せていることに、ふと疑問を持つこともない。到着すると、押し合いへし合いして入って行って品物を捧げ、それぞれが心のままにお願いをする。つま先で立って蠟燭と線香を立てる人もいるし、よたよたと来ると、1人か2人の尻の後ろ[＝1列か2列後ろ]から何回も合掌して拝む人もいる。この時にこれを見ると、ナーラーヤナ神は、ここに来た人たちは、誰もが自分を拝みに来たのではなく、このチャンスに他人の尻を拝みに来た人もいると思うだろう。しかし横に立って見ていた私自身もそのように誤解しかねず、笑い出すのをこらえきれず、口を押さえて横を向かなければならなかった。蠟燭、線香、菓子、食べ物を供えるだけでなく、金銭を供える人もいた。即ち、その神の前に鉄鉢がおいてあり、供えたい人はその鉄鉢の中に入れる。朝から[午前]10時までにその鉄鉢の半分近くにまで金が積み重なった。毎日毎月このようであったら、ナーラーヤナ神は sdiṅ mān jaya の川岸の長者の1人になるに違いない。そこの近くの、大乗仏教の小さい仏像とナーラーヤナ神像の頭部が安置してある祠にも、同じように金を供えられていた。

この話を要約すると、現在バスを運行している人は大変な利益を上げており、sdiṅ mān jaya で食べ物を売る人もいくらかの利益を得ているが、ナーラーヤナ神には及ばない。ナーラーヤナ神は果物、菓子、金、糞掃衣、蠟燭、線香をずっと沢山得ている。拝みに行くクメール人、ベトナム人、中国人は金、蠟燭、線香、それに労力を無駄に使う。

私は、このような策で金を稼ぐ人の知恵に負けないように、クメール人に注意する。あの像はナーラーヤナ神の像ではないか。我々が尊ばなければならない仏像ではない。ナーラーヤナ神像に供える、あるいは祈りたかったら、美術工芸学校にも、王立図書館にも、古代の宮殿遺跡にも、博物館にもなど、どこにでもナーラーヤナ神像があるから、供えなさい。sdiṅ mān jaya まで大騒ぎをして行く必要はない。以前の例のように、皆そろって騙されてはいけない。自分で一生懸命に生計を立てないで、神に助けを願いに行っても、見たところ、各人の供え物を食べることはしないようである。

情報では、この騒ぎは、mosœ[ママ]氏が、「この像は力があり、助力して望みを叶えてくれる」と自慢して、国民に騒ぐように仕向け、しかもバスの連中までが自慢したので、それで多くの人間が騙されたて大騒ぎしたのである、と言う。我々は、あの供えられた金をナーラーヤナ神はどこに持って行くのか疑問に思う。記録簿がなければ、いくら収入があったかわからない。誰が出納簿を管理しているのか。情報では、1日に50[リエル]近くの金が入るということである。

我々は、政府が禁止して、大衆がさらに騙されないようにするようお願いする。仲間と一緒にバスにぎゅうぎゅう詰めになって祈りに行って、夫々が貧しくなってしまっただろう。そして、[政府は]毎日の供え金を記録するよう監督してほしい。ナーラーヤナ神の所に行かない恐れがあるからだ。誰かがどこかに持って行っても、神像は一言も何も言わないからである。供えた金が鉄鉢いっぱいになっても気にせず、シャム人、ベトナム人が次々に、神の眼前で大勢拝んでも、神は何も見ないからである。

[注。82号、1-9に続く。ただし見出しは異なる]

2-2　[44号、2-4と同一]

2-3　インドシナ国政府宝籤

1938年第2回のインドシナ国政府宝籤の抽籤が7月30日に行われた。

当った籤の番号は以下の通りである。

末尾が13と46の番号の籤はいずれも10リエルに当たり。

末尾が816と226の番号の籤はいずれも50リエルに当たり。

80本の籤が100リエルに当たり、番号は、

[6桁の番号が80個。省略]

8本の籤が1000リエルに当たり、番号は、

[6桁の番号が18個。省略]

340,210の番号の籤は4,000リエルに当たり。

3-1　クメール語辞典について

皆さんにお願いいたします。

皆さんがクメール語辞典をご覧になって何か誤りが見つかったり、あるいはこの辞典に入れるべき語が落ちているのに気が付いたら、その語の解説を詳しく書いて、王立図書館にお送りください。王立図書館は前もってお礼を申しあげます。

王立図書館

先週[＝80号、2−3]、クメール語辞典のハードカバーは価格が9.00リエルとお知らせしましたが、誤りでした。正しくは、価格は9.50リエルです。

3-2　クメール司法部で

司法部上級職官吏は、1938年7月9日付国王布告により昇任し、在勤年数と俸給は1938年4月13日から計算する。

前4年[＝前職の在職期間4年以上が必要]特級 cau krama 職に[昇任]

プノンペン高等裁判所3年後[昇任資格を得るには3年間の在職が必要]1級 cau krama である okñā {samsuṅ <fernandel>}

前3年1級 cau krama 職に

バット・ドンボーン地方裁判所3年後2級 cau krama である　okñā {samsun}

前3年2級 cau krama 職に

コンポン・チャム地方裁判所3年後3級 cau krama である　okñā {vān}

前3年3級 cau krama 職に

プノンペン高等裁判所3年後4級 cau krama である braḥ {?wm-crik}

前3年4級 cau krama 職に

バット・ドンボーン地方裁判所5級 cau krama である　braḥ {khiev-un}

プレイ・ヴェーン地方裁判所5級 cau krama である braḥ {haṅ-phān}

前3年5級 cau krama 職に

クラチェ地方裁判所6級 cau krama である　braḥ {ñwk-?w}

＊中級職官吏は1938年7月9日付大臣 prakāsa <arrêté>[政令]により昇任し、在勤年数と俸給は1938年4月13日から計算する。

前4年特級検察事務官職に

プノンペン高等裁判所1級検察事務官である loka {ḷuṅ}

最高裁判所1級検察事務官である loka {khiev-phun}

1級検察事務官職に

プノンペン地方裁判所2級検察事務官loka {ḍī}

バット・ドンボーン地方裁判所2級検察事務官である loka {dūc}

2級検察事務官職に

コンポン・トム、kambaṅ sraḷau 州支庁3級検察事

務官である loka {ghlwn}

バット・ドンボーン地方裁判所3級検察事務官である loka {?wa}

3級検察事務官職に

シエム・リアプ地方裁判所 1 級 samuhapañjī である loka {srī-ywm}

コンポン・チャム地方裁判所1級 samuhapañjī である loka {yak-?wan}

1級 samuhapañjī 職に

コンポン・チナン地方裁判所2級 samuhapañjī である loka {suk-nov}

プノンペン地方裁判所2級 samuhapañjī である loka {kaev-kheṅ}

2級 samuhapañjī 職に

プノンペン地方裁判所3級 samuhapañjī である loka {d,ī-dūc}

プノンペン地方裁判所3級 samuhapañjī である loka {ic-naṅ}

カンポート地方裁判所3級 samuhapañjī である loka {sāk-sut}

3級 samuhapañjī 職に

プノンペン、最高裁判所4級 samuhapañjī である loka {juon-?wa}

プノンペン、高等裁判所4級 samuhapañjī である loka {juk-tuk}

公訴局4級 samuhapañjī である loka {som-dun}

高等裁判所4級 samuhapañjī である loka {saem-khun}

高等裁判所4級 samuhapañjī である loka {jok-sun}

最高裁判所4級 samuhapañjī である loka {suk-juon}

高等裁判所4級 samuhapañjī である loka [gaṅ-sāmīt]

コンポン・トム地方裁判所4級 samuhapañjī である loka {suk-sāk}

3-3 クメール政府官員の配置換え

s?āṅ 郡(カンダール)郡長である loka {uṅ hor} 2級 anumantrīは、転出した phū-brwaṅ 同級[=2級]anumantrīの後任として gien svāy 郡郡長に任命された。

gien svāy 郡郡長である loka {phū-brwaṅ} は、転出した nāy-nāṅ 2級主任 kramakāra の後任として lvā aem 郡郡長に任命された。

lvā aem 郡郡長である loka {nāy-nāṅ} は、転出した dan-kān 同級[=2級]主任 kramakāra の後任として bañā ḷī 郡郡長に任命された。

bañā ḷī 郡郡長である loka {dan-kān} は、転出した ghut-ghwan 1級anumantrīの後任として bhnam beñ 郡郡長に任命された。

bhnam beñ 郡郡長である loka {ghut-ghwan} は、転出した srī-im 1級主任 kramakāra の後任として khsāc kanṭāl 郡郡長に任命された。

khsāc kanṭāl 郡郡長である loka {srī-im} 1級主任 kramakāraは、転出した uṅ hor 2級anumantrīの後任として s?āṅ 郡郡長に任命された。

休暇が終わった loka {nau-pāl} 2級 varamantrī は休職になった uk-lan 2級anumantrīの後任として koḥ sdiṅ郡(コンポン・チャム)郡長に任命された。

loka {yū-jhuon} 2級主任kramakāra見習いは、他の職務に転出した bram-ḷuṅ 3級krammakāra見習いの後任として、maṅgalapurī(バット・ドンボーン)に副郡長として配属された。

3-4 カンボジア国における1938年末の種々の試験の情報

	受験生徒	合格者生徒
1。フランス語―クメール語教師資格証書		
(1938年5月9日の回)	33	27
2。現地技術教育修了証書		
(5月30日の回)	4,019	2,834
3。フランス語―クメール語初等教育修了証書		
(1938年6月7日の回)	792	238
4。シソワット中高等学校入学試験(1938年6月13日の回)		
フランス語―クメール語高等初等教育科	249	86
師範科	79	35
5。フランス語初等教育修了証書		
(1938年6月16日の回)	43	25
6。prakāsanīyapatra <brevet> <élémentaire> [初級初等教育修了証書]		
(1938年6月27日の回)	27	4
7。prakāsanīyapatra <brevet> <élémentaire primaire supérieur> [高等初等教育修了証書]		
(1938年6月27日の回)	2	1
8。フランス語―クメール語prakāsanīyapatra <brevet> <secondaire> [中等教育前期修了証書?]		
(1938年7月5日の回) 第2段階	3	0
(1938年7月6日の回) 第1段階	0	0
9。フランス国<baccalauréat>[バカロレア]第2段階相当修了 prakāsanīyapatra <brevet> <de qualité>[バカロレア]		
第2段階		
(1938年7月5日の回)	10	4
第1段階		
(1938年7月6日の回)	27	9
10。フランス語―クメール語高等初等教育修了証書		
(1938年7月20日の回)	91	18

3-5 政府からの表彰

盗賊である ā {ṇil-jūp} と ā {hwṅ-jhin} を逮捕した時に勇敢な行動をした下記のカンポート勤務の官員に政府の表彰があった。

1。7級通訳 smien である gaṅ-dhup
2。krum <sûreté>[公安警察局]2級<brigadier>[巡査部長]である ṭāk-yāṅ-ṭa
3。krum <sûreté>[公安警察局]2級<brigadier>[巡査部長]である dep-yaem
4。krum <sûreté>[公安警察局]3級<agent>[巡査]である brāp-suon
5。krum <sûreté>[公安警察局]上級職見習いで、<agent>[巡査]である　ṅuon-mīṅ と ṅaet
＊政府は kambaṅ svāy 郡(コンポン・トム)郡長である ḷo-pun pā 3級 krammakāra　を任務に勤勉で熱心で忠誠であることを表彰した。

3-6　雑報

3-6-1　来る8月8日夕刻6時から、プノンペン市王立図書館でフランス極東学院院長であるジョルジュ・セデス氏が、バイヨン遺跡と古代遺物発掘研究の新しい様相についてフランス語で講演する。

3-6-2　プレイ・ヴェーンへの電話
プレイ・ヴェーンの<bureau poste> khsae luos[電報局](roṅ praisaṇīya)[郵便局]は1938年7月15日から dorasapda(Téléphone)[電話]の設置を許可した。

3-6-3　[仏語]　フランス－チャム準備級初等教育校[＝準備級学年までの学校]の開校式
[ク語]　フランス－チャム学校の開校式のニュース
来る8月8日に、プノンペン市 jroy caṅvā で、クメール国チャム人・ジャワ人の長であるハジ ismā?ael 氏が、チャム人の子供たちが入学してチャム語、フランス語、クメール語を学ぶために建設されたばかりのフランス－チャム学校の開校式を盛大に行う。午前8時丁度に、mīssāsirīfaluyrīyāl 埠頭でフェリーが渡る人を待つ。

3-6-4　コーチシナ国およびクメール国の[陸]軍を指揮する<commandant>[司令官]である ṭwariṅy.āṅse <général>[将軍]殿が、8月1日[午後]5時にプノンペン市に到着した。8月2日午前8時、<général>[将軍]殿は陛下に拝謁のために王宮に行った。9時14<minute>[分]、大戦戦没者記念碑を訪れ、記念碑に花束を置いて捧げた。
同日夜8時に、<le résident supérieur>[高等弁務官]殿<hôtel>[公邸]で大宴があり、陛下、<conseil> senāpatī[大臣]殿全てが出席した。
8月3日、朝食の後、<général>[将軍]殿はバット・ドンボーンに赴いた。

3-7　[80号、3-9と同一]

3-8　[80号、3-10と同一]

3-9　[76号、3-3と同一]

3-10　喜びについて
我々は、「1938年7月13日に、政府が、バット・ドンボーンで商業を営む ṭaṅkhau {āṅgim-ghan} をバット・ドンボーン krum jamnum kramamwaṅ(commission municipale)[市委員会]委員に任命した、という情報を得た。
nagaravatta 新聞社は大変嬉しく思い、同 ṭaṅkhau がこの職務において長く健康と発展とが授かるようにお祈りする。

3-11　[広告]　[仏語]　　8月1日、Suong
[ク語]　コンポン・チャム suoṅ 郡 jī lāṅ 村の ṭaṅkhau {bot vān-guy} は、16年間アヘンを毎日2.50リエル吸っていました。現在、kāp go 市場のsīv－pāvの薬を服用して、アヘンを完全に止めることができ、肉がついて太りました。この薬は実に良く効く素晴らしい薬であることは確かです。

4-1　[75号、4-1と同一]

4-2　[広告]　注意してください
現在、カンボジア国のどこでも<mac-phsu>ビルマ・バームは良く効くということを知っていて、皆が好んで購入していつも自宅で使っています。それゆえ、悪人がいて、皆さんが間違って買うように、私のビルマ・バームと同じビルマ・バームを偽造しています。ですから、皆さんはビルマ・バームを買う時にはよく調べて、<mac-phsu>という文字と私の写真とを確認してください。そうすれば、偽造品を間違えることはありません。
[仏語]
Madame MAC PHSU
Fesigny 路17号
プノンペン
[ク語]
nāṅ <mac phsu>
店はプノンペン <fesigny> 路17号

4-3　[20号、4-6と同一]

4-4　[11号、4-2と同一]

4-5　[67号、4-8と同一]

4-6　クメール人の商売
gim-seṅ、店は、プノンペン brae 路90号
私の店は、アンコール・ワット遺跡<marque>[商標]の、美しい光る色の自転車と多くの種類の付属品とメッキ

[道具の]セットも売っています。[部品の]交換、切断して上手に丈夫にハンダ付けします。必要なクメール人の皆さん、どうぞ私の店にきてください。満足いただけるようにいたします。修理して何か不満不都合がありましたなら、遠慮なく話して気付かせてください。なぜなら私はクメール人の皆さんがクメール人の商売を助けてくださることを期待しているからです。

4-7 [44号、3-3と同一]

4-8 [73号、4-6と同一]

4-9 [33号、3-4と同一]

4-10 [48号、3-8の終わり近くの「70メートル」が「10メートル」になっているだけである]

4-11 [8号、4-3と同一]

4-12 [11号、3-2と同一]

4-13 [79号、4-10と同一]

Samedi 13 Août 1938

CIGARETTES
JOB
LE PAQUET VERT
Vendu 5 cents

Nagara vatta

COFAT
CIGARETTES
La meilleure cigarette Indochinoise
Le Paquet vendu 5 cents

Directeur
PACH-CHHŒUN

HEBDOMADAIRE PARAISSANT TOUS LES SAMEDIS

(Boite Postale N° 44)

第2年82号、仏暦2481年0の年寅年 srābaṇa 月下弦2日土曜日、即ち1938年8月13日、1部8セン

「仏語」1938年8月13日土曜日

1-1　[仏語で「私書箱 No.44」と「社長、PACH-CHHŒUN」が加わった以外は8号、1-1と同一]

1-2　[デザインが少し変わった以外は8号、1-2と同一]

1-3　[デザインが少し変わった以外は8号、1-3と同一]

1-4　[8号、1-4、1-5と同一]

1-5　[81号、1-5と同一]

1-6　1938年8月8日に王立図書館で行われたセデス教授殿のバイヨン遺跡についての講演

セデス教授殿が今回行った講演は、アンコール・トム域内の、我々が既にこれまでよく見聞きしているバイヨン遺跡についてであった。この遺跡はもっとも変わった遺跡であり、もっとも問題が多く、明らかにされていないことがもっとも多い遺跡だからである。

最近の氏の研究は、この遺跡について明らかに理解することを可能にした。このバイヨン遺跡は、以前に作成された地図上で、以前1908年までに1つの角からもう1つの角まで掘った対角線が交わる点である市の中央から少し東にずれた所にある。そして丁度中央にあるのは pā buon 遺跡、あるいは bimāna ākāsa 遺跡である。この少々の誤りは、当時森が深く、測量して地図を作成した諸氏が[短距離の測量結果を]次々に写して連結したことが多かったことによる。1908年になって、長距離の測量をし直したことにより、バイヨン遺跡は丁度中央にあり、ずれていなくて、まさに中央宮殿の名誉と、そして[4門とも]同じ人の顔で飾られている外壁の大門の枠を持つのにふさわし様相であることがわかった。極東の諸国において昔の宮殿を建設した人々の考えが示されている場所を観察してわかったことから、この遺跡はこの都の中心として建設されたものと判断される。

このクメール国のようにインド文明を持つ極東の国々の人々の考えは、nagara あるいは purī と呼ばれる王都は、西洋の都市のように人が大勢集まり、市場や政府庁舎があるだけではなかった。即ち、この都こそが全世界を縮小した世界の模型でもあった。即位する時には、昔の皇帝が国の海岸線を巡回した範に基づき、王は都内を1巡した。都の周囲の城壁は、全世界を抱く宇宙の山脈を意味した。周囲の tuo[注。おそらく「gū「濠」」が正しい] 即ち kasiṇa [濠]は世界を取り巻く大海とされた。これらのことは、昔、学問のある人たちがサンスクリット語で書いた詩文の中に記されている。

都がこのように世界を模するものであるならば、都の中心として配される宮殿は、須弥山に擬する以外の何物でもない。同様な宮殿が他にもあり、たとえば udayādityavarman 2世が1100年頃に建設した pā buon 遺跡も同様に須弥山に擬したものである。石碑文は braḥ bhnam[聖山]あるいは bhnam kanṭāl[中央山]と呼ぶ諸神殿を建設したことを述べている。

宮殿を山に置くことは、ヒンズー人と同じ信仰を持っていた昔のクメール人の宗教の諸宮殿を建設する時の信仰に適合している。昔のクメール遺跡のそれぞれは、現在の本堂のように、僧が集まって僧団の行事を行う、あるいは集まって説法を聞くための場所ではなく、すべて devālaya と呼ぶ神々の住居で、空中に浮かぶ宮殿であった。即ち神々が好んで住むのはヒマラヤ山の頂上であった。これらの宮殿にある像は全て大王、あるいは既に没した親王で、神の位に上げられた人々の像である。

都の中央に位置する宮殿は須弥山の模型であり、それゆえ、須弥山は頂上が5つあるから、代々の中央宮殿であった pā khaeṅ 宮殿、pā buon 宮殿のように、多くは頂上が5つある仏塔の形にしたことがわかる。どの宮殿も、たとえば東 me puṇya、prae rūpa、tā kaev、アンコール・ワットなどのように、宗教のためであっても、王の火葬のためであっても、あるいはその他の行事のためのものであっても、それを建設する時には、この装飾の形式が次々に範を取られているのである。

まだ後の週に続きがある[注。実際にはない]

セデス教授殿の講演が先に終わると、首相であり、王立図書館理事長でもある samṭec cau fā vāṅ varavieṅ jaya が<le résident supérieur>[高等弁務官]殿と<guillemain>夫人[loka jamdāv]、ならびに集まった男女の諸氏に感謝の辞を述べ、それから隠されていたクメール国の古代遺物を研究し、我々や諸民族に、これらの遺物こそが昔のクメール人の威勢の証拠である遺産であることは確実であることを知らせてくれる、我々クメール人の最も大切な良き友であるセデス教授殿に賞賛の言葉を述べた。

1-7 jroy caṅvā のフランス―チャム学校の開校式について

先の8月8日、フランス―チャム学校を開校する大きな式が jroy caṅvā(プノンペン市)で盛大に行われた。

この式に、陛下の代理とクメール政府の代表として、[okñā] cakrī 卿であり、教育大臣である krum hluoṅ kuñjarādhipatī、不在中の<le résident supérieur>[高等弁務官]殿の代理で、カンボジア国教育局長である buysārnisli 氏、<résident maîre>[市長]である<de> saṅlis 氏、フランス極東学院[プノンペン支院。cf.81号、3−6−1]院長である sīṭael 氏、さらに大勢のフランス人、クメール人の官吏が集まった。

それから、krum hluoṅ sīsuvatthi subhāṇuvaṅsa が、カンボジア国のチャム人とジャワ人の長であり、チャム人、ジャワ人が学問知識を知るために、この学校を建設する考えの長であるハジである braḥ rājādhipatī {ismā?ael}にムニサラポアン勲章を授与し、この集まりの中で、同 braḥ rājādhipatī を沢山賞賛した。

nagaravatta は同胞であるチャム人、ジャワ人が、こ学問知識を学ぶことが今後希望通りに発展するようお祈りする。

1-8 諸国のニュース

ロンドン市、8月2日。イギリス政府が、プラハ市におけるチェコ人とユダヤ系ドイツ人との間の衝突を調査するために派遣した、大臣である runsīmān 氏は、火曜日に出発、パリ市、durampaer,ドイツを経由してプラハに行く。氏は和解させ平穏にならせることができるという期待を持っている。しかし、まずユダヤ系ドイツ人の地区を見に行って確認して、その後プラハ市に行く予定である。

＊東京市、8月2日。ある中国高官が、「ロシアと日本との間の衝突は、幸になるか不幸になるかはまだわからない。しかし、あと2、3日ロシアの考えを待てば、戦争になるか否かがわかる。戦争になると、日本はロシア国境に、抵抗できるのに十分な軍を持っている。そして、漢口市では依然としてこれまでと同様に、とどまることなく侵入を続ける軍を持っている」と話した。

＊cāṅ kāy feṅ(満州里)、8月3日。最新情報では、おそらくロシアは多数の精鋭兵と武器を持つ軍をさらに派遣し、国境地域全域の重要地点に散開させる。

一方日本の方は、陸軍省は、航空機から守備するために高射砲を朝鮮全土に配置した。朝鮮国住民は全て家を捨てて避難した。

＊漢口、8月3日。香港市からの情報では、日本は中国政府に停戦したいと申し入れた。この申し入れは従来のものより妥当であるが、それでもまだ恐らく中国の利益を多く損なう。現在、漢口にいる中国政府は、単独で秘密裡にこの件を検討している。

＊ベルリン市、8月3日。ドイツ新聞によると、チェコ機2機が大胆にも国境を越えてドイツ国内に入り、シレジア州のコロツコ市上空に到着した。この機はその地域を密かに写真撮影するために高度100メートルで飛行した。ドイツ国は、「この事件はチェコが[ドイツ]国を不法に侵そうとしていることによる」と述べた。

＊スペイン、8月3日。現在、kaṅṭesā 州の北の1ヶ所と南の1ヶ所で戦闘が行われている。政府軍はテルエル州の西で反乱軍を攻撃している。集落4を奪回した。

＊東京市、8月4日。国の東部軍を指揮しているロシア司令官が軍顧問会議[ママ]を開き、同将軍は自分の考えで行動できる権限を軍顧問会議[ママ]に要求した。即ち、戦って満州里国の小さい山々を奪い、武器弾薬庫を破壊するために日本島を爆撃したいのである。

＊東京市、8月4日。日本陸相は、「先日後退したロシア軍は、昨夜再び、照明弾の灯りと大型戦車の助力を受けて突然侵入し、現在交戦中である。ロシアは朝鮮州の kū sū 地区と sū sān 地区を、日本軍がそこにいると思って砲撃した。戦闘方法を偵察した者の報告によると、ロシアは同戦闘地点に武器を多数用意中である。cāṅ kāy feṅ 州にロシアは3個部隊を配置している」と述べた。

＊東京市、8月4日。木曜日の日本政府からの情報によると、日本空軍機の1隊が金曜日10時に漢口市を1度爆撃した。そのとき[中国機]50機が戦いに来たが、日本機は32機を撃墜し、さらに地上の7機を銃撃した。日本は中国軍駐屯地と飛行場を多数破壊した。さらに日本空軍機1隊が揚子江岸まで来て止まっていた中国軍を銃撃した。kvāṅ sww kāṅ 町の近くで日本は中国船を砲撃して2隻を沈没させ、石油井1ヶ所を破壊した。cāṅ jww sāṅ の中国軍陣地は粉砕された。

＊プラハ市、8月4日。プラハ市駐在ドイツ大使は、ドイ

ツ国領空を侵犯したチェコ人機について抗議した。

＊プラハ市、8月5日。金曜日に、rūnsīmān 氏の書記が、「首相であるヒットラー氏とチェコスロバキア国の外相である kruhūtā 氏が一緒に、rūnsīmān 氏に挨拶に来た」と発表した。

＊東京市、8月6日。当国の情報によると、ロシアとの衝突は、双方の軍が共に停戦に同意したから、和解するのは容易である。しかし、ロシアは、「ghun jun で<signer>[署名]された条約に従って cāṅ kai feṅ 県を引き渡すべきで、そうすれば承服する」と言っている。今朝6時、ロシアは piṅ cāṅ jī の南の日本軍を突破しようとした。1箇部隊と戦車50が sāt-sāv biṅ の北に、もう1箇部隊と radeḥ <tank>[戦車]60が……[注。誤植で脱落]……、しかし日本が激しく砲撃し、ロシア radeḥ <tank>[戦車]多数を破壊したので、突破できなかった。さらに[日本はロシア]軍を退却させた。ロシア軍のもう1箇部隊がcāṅ kai feṅ 県の北の sī feṅ 地区に侵入し、揃って塹壕を掘った。このとき、ロシア機が来て朝鮮州の sū sān 県と sū yī 県を爆撃した。ソウル(朝鮮の市)からの情報では、ロシア機25機が豆満から羅津に行く鉄道線路を爆撃して一部を破壊した。このとき、日本は砲撃して1機を撃墜した。もう1つ、噂では、ロシア政府は、ハバロフスクの日本<consul>[領事]に扉を閉めさせ、業務をさせないでいる。

＊東京市、8月7日。昨日、ロシア機100機が飛来して朝鮮国と満州里国との国境を10回にわたって銃撃した。日本は、「衝突があったこの3日間で、ロシアradeḥ <tank>[戦車]50を破壊した。日本軍は依然として勇敢な心を持ち、ロシアを恐れてはいない」と言っている。

＊モスクワ市、8月7日。ロシアの新聞が、「ウォロシーロフという名の将軍が、『シベリア県にはパリ市と同じ堅固な塹壕がある』と言った」と述べている。

＊上海市、8月6日。日本機53機が猛烈に激しく漢口の中国飛行場を爆撃した。守備のための中国機が助けに来るのは見られなかった。また、高射砲もあまり上手でなかった。住民100名と兵10名が死亡した。守備のために備えられていた中国機は、日本機が到着する前に飛行場から飛行して行き、全て姿を消した。日本機が全て帰って行くと、中国機が帰って来るのが見え、着陸場所を探していたが、滑走路は爆撃されて穴ばかりなのでほとんど見つからなかった。

＊スペイン国、8月7日。alīkaṅ 町駐在の ṭwwwkāḷwwsuṅ という名のイギリス<consul>[領事]が、砲弾を受けて死亡した。もう1つ、ḷākwwḷāñū という名のイギリス船も、停泊して貨物を陸揚げ中に砲弾を受けて全焼した。

＊ロンドン市、8月8日。ドイツ国は兵4十万名を集結させたが、何を意図しているのかは不明である。「この兵を集結させたことはチェコスロバキア国を威嚇するためであろう」と推測されている。

1-9　sdiṅ mān jaya の神について　[81号、2-1から続く]

大勢の人が依然として、そろって sdiṅ mān jaya のナーラーヤナ神像にお願いに行き、口だけでお願いする、あるいは蠟燭と線香を捧げてお願いするのでなく、金銭も供えるのを見て、我々は大変疑問に思っている。古代遺物を処理する権限を独占している大きい国立機関であるフランス極東学院も、その像を博物館かあるいはどこかの寺に安置するように処理するようにも見えない。一方フランス極東学院のメンバーであり、研究しに行ってその像を見つけて持って来た mose[ママ。81号、2-1ではmosœ]氏は、なぜ、学院の規則に従ってそれを処理する様子を見せず、逆に騙されやすい愚かな人々に、このように祈りに行かせ、金銭を供えさせるままにしておいているのだろうか。

[注。83号、1-6-4に続く。タイトルはない]

1-10　工業学校の有用性についての情報

先日、私は工業学校の校長と副校長とに会った。私は新しく行なっている改革の様子を質問し、両氏は純粋な心で私を案内して、教室をはじめとして、生徒に寄宿させる場所として準備している所、はては生徒に[食べさせる]食事を作る厨房まで全ての当座の整備を見せてくれた。私が「当座の」と言ったのは、現在学んでいる学校は、<catholique>[カトリック]地区のフランス語経典作成委員会が放棄した場所に移転する予定だからである。生徒をこれまでより多数入学させることができるように、現在政府は清潔にかつ広くなるように整備中である。同校校長殿は、「どういう理由からかはわからないが、クメール人は子供をあまり工業学校に入学させたがらない」とクメール人について嘆いていた。なぜならば氏の理解では、「saññāpatra <certificat d'étude primaire franco-indigène[フランス語－現地語初等教育修了証書]を得て、さらに sālā <lycée>[中高等学校]に入学できない生徒は大勢いる。なぜか、工業学校に入学させる生徒を選抜する前回の試験の時には、これらの生徒たちは入学定員を満たすほど多くは試験を受けに来なかった。前回の試験では、クメール人生徒は50人余りしかいなかった。そしてその数の中に、上述の修了証書を持つ生徒はとても少なく、多くはフランス語をあまり知らない無学無知の生徒たちであった」からである。

来る9月16日に、氏は追加の新入生選抜試験を受けることを許可した。

それゆえ、私は上述の生徒を持つ父母にお願いする。子や孫を放置して好き勝手に怠けさせないでほしい。こんど新しくできた学科がたくさんあるからである。第1、<machine> [機械]修理工をすることを学ぶ。第2、金属を溶かすこと、即ち鋳造工を[をする]ことを学ぶ。そして新しい学科が1つ増える。即ち製図を学ぶことである。

この製図学科は、試験を受けて修了証書を得て卒業すると、地図局、あるいは公共土木事業局のthīにならせる。学習するこれらの技術について、皆さんは、「役に立つか、立たないか」よく考えてほしい。私としては、この世に生まれてきて、文字を知らない場合、背伸びして高級官吏やthīになる望みを持つよりも、生命を養うのに十分な学問知識を持つ方が楽しいし、我々が住んでいる国の役に立つ方が良くはないか。たとえば我々より発展しているヨーロッパの国々は、全てが学校を出て文字を知り、修了証書を持っている学問がある人たちばかりではない。即ち商人や工員が官吏や学問がある人よりはるかに大勢いる。彼らは我々が見るようには見ない。即ち全ての人が高級官吏や学問がある人になろうとは思わない。もし彼らが我々のように考えたら、彼らの国には軍艦、航空機、大砲を作っておいて、侵略しに来る敵から守る職人はいない。我が民族は、食べることだけを寝て考えているから、我が国はこのように他国より劣っているのである。

我々の子がsaññāpatra <certificat d'étude>[初等教育修了証書]を得て、そして中高等学校に続けて入ることができなかった場合、我々は我々の子に他の知識を学ばせることを承服できるか。それとも家にいさせて口笛を吹いて歌ってぶらぶら遊び歩かせるほうがいいか。私が理解するところでは、試験を受けて得たsaññāpatra <certificat d'étude>[初等教育修了証書]は、政府内のポストに就くためのものではない。単に、「ここまで、あそこまで学習した」ということを証明する道具に過ぎないではないか。何に利用することもできない。

先月、私は現在勤務している商会で書記をさせるためにクメール人生徒2名を募集したが、仕事ができるクメール人は誰も応募してこなかった。saññāpatra <certificat d'étude>[初等教育修了証書]に合格した生徒が少しいたが、使いものにならなかった。他民族のほうは[応募者が]10名いて、10名とも使える人であった。なぜクメール人の子は、同じ知識を持つ他民族の子と違って仕事ができず、仕事に慣れていなくて、下手なのだろうか。ベトナム人などの他民族の子は、上級の学校に入れなかったら、一生懸命努力して何とかして働く場所を見つける。即ち彼らは手伝いの仕事をするのを願いに行き、月給なしでも我慢して仕事をすることも多い。そして何か1つの知識を学び終えると、それから別の場所をさがす。我々クメール人は、現在商業方面で働くことが十分期待できる学習をする場所がある。たとえば<chambre de commerce>[商業会議所]では、毎年生徒を選んで数学と商学を学びに来させているが、我がクメール人は誰1人、関心を持ってここに入って勉強しようとする人はいない。道で遊び歩くのならたくさんいるのが目に入る。

pāc-jhwn

1-11 色即是空

我々はどの年、どの月、どの日まで生きるかは不定である。しかし、死んだ瞬間に何もわからなくなる。たとえば、本堂やサーラーや仏塔の装飾をする技師であったsaem 職人さんは、先の8月4日に亡くなったが、彼は、後1年は生きると思っていたので、今自分が死んでいるとは気がついていない。

占い師の言葉を考えて推測する、あるいはその言葉を信じる考えは、一定不変であったことはない[注。占い師は直接明言するのではなく、たとえば瞑想しながら「家が3軒燃えている」というような言葉をつぶやく。その言葉から、占ってもらった人は、「3日火曜日に死ぬ」とか、「当たり籤には数字3が含まれている」などと推測する。これが的中しなかった場合は、占い師の誤りではなく、「謎解き」の誤りである。そしてこの「謎解き」は当然いくつもの答えが可能で、一定不変ではない]。それゆえ私は同じ民族の同胞に注意するが、占い師が言う、「何年まで生きる」とか、「[何日に死ぬ」とかいう言葉を決して考えないでほしい。生死のことをいつも心の中に感情として持っていて、「自分は早死にする」あるいは「年老いるまで生きている」などと考えていたら、一生懸命勉強して学問知識を身につける、あるいは一生懸命働いて生計を立てて裕福になる、あるいは一生懸命民族を助け、国に助力して応援することができないから、この世に生まれてきたことを無駄にする。もしこれらのことを欠いたら、人として生まれてきて何の役に立つのか。何をして自分を支援するか。何をして自分の民族を助けるか。自分の国に何をしておくか。すぐに死んだら何の役にも立たないことは確かである。そして逆に生きていても何の役にも立たない。生きていても無学無知の脳を頭の上に乗せ、貧窮の皮を肩にかつぎ、下劣な骨を肩にかけ、このように生きているのは自分を惨めにし、他の民族に自分と同じ民族の人々を見下させ、無駄に国土を重くしているだけである。価値のある生き方をしたければ、私が上に述べたような無駄になりたくなかったら、どうか生まれてきて学齢期に達したら、その時には、心を2つ3つの道に迷わせずに一生懸命勉強し、それから働いて生計を立てるべき年齢に達したら、その間は骨惜しみをせず一生懸命働き、もし民族を助けるべきことがあったら、それに相応しく助け、「自分1人だけが偉くなりたい」と考えてはいけない。知識や財産を余りにも惜しんではいけない。国に助力し応援するべき時には、助力して地上に名声を残さなければならない。生きるか死ぬかということは全て考えなくてよい。なぜなら、この世の生物は、生まれてくると、老、病、死があるのは当然だからである。もし病気になったら、その時に薬などで治療し病気から守る、あるいは病気の手当をすることを考える。そして、仏法で心を純粋に保つべきである。ただ妻子兄弟に口頭で言い残すか、あるいは遺書を書いておくべきである。病気の時、あるいは危険な旅行をする時は、何らかの形で言い残しをしておいて、死ななければ何も支障はないが、死んだ時に、妻子兄弟には、何の1言もないようなことがあってはいけない。

ウサギ裁判官

2-1　［44号、2-4と同一］

2-2　米売買業についての情報

私が地方に旅行した時に、「政府が米を封鎖して外国に売らせない」という噂を聞いた。それで、私はプノンペンに帰ると商業局長に訊ねてみて、「この言葉は事実ではない」とわかった。即ち政府はそのような禁止は定めていない。それゆえ、商人はこれまでと同様に普通に勘案して商売をするべきである。

2-3　努力して助けるようになれば力が生まれる

私は ratha yanta（radeḥ ḷān）［自動車］で旅行して、［次の］情報を得た。kambaṅ ghlāṅ（シエム・リアプ）に住む āṅ-dhī という名のクメール人が、最近自動車を2台持って、乗り合いバスを走らせている。このバスの車体を作っている時に、āṅ-dhīは pārāy に住み、ほとんど全ての道路にバスを走らせている{meṅlī}華僑会長に話しに行き、「コンポン・トムからシエム・リアプまでの区間はまだバスが走っていないようだから、このバス区間をわけて欲しい」と頼んだ。meṅlī は、「構いません。どうぞバスを走らせてください」と答えた。クメール人であり、そしてこの商売で生計を立て始めたばかりの āṅ-dhī はとても喜び、一生懸命バスの車体を作り、出来上がると{meṅlī}華僑会長の所にもう1度話しに行った。{meṅlī}華僑会長は、「どうぞ走らせなさい。私は長ではありません」と言った。

āṅ-dhī がバスを走らせたその日から、{meṅlī}華僑会長は同じ路線に自分のバスを走らせた。āṅ-dhī は、「どうせこのようにしていつものように追い出されるのなら、いっそのことプノンペンからシエム・リアプまでバスを走らせたほうがましだ」と考えた。現在、1938年7月23日に āṅ-dhī は、プノンペンからシエム・リアプまでバスを走らせ始めた。

私は、クメール人がこのようにして生計を立てることを考えたのを見て、先週と今週［ママ。この文章がかかれた時に視点がある］とに続けて掲載された、kha. pa. 氏の「商業で生計を立てることについて」という文で始まる文章［＝79号、1－6と80号、1－8］を思い出した。それゆえ同じ民族である我々は、互いに助け合うことがますます力を持つようになるということをわかるせるために、我々は我が民族のバスに乗って助力するべきである。

1人の旅行者

2-4　語彙制定　［注。80号、2-1から続く］

（grū {deba}）［記］

次に述べる語は、制定して使い始めたばかりの語ではなくて、ずっと昔から使用されてきた語である。しかし、間違えて、規則通りに正しく使っていない人が目に入るので、ここの「語彙制定」の語の中に入れて解説する。

「国王」は昔の語では全て rājā と言った。しかし、互いに地位のより高い－より低いがある王の種類を区別して、5種類があるようになった。即ち、1、rājā［王］、2、mahārājā［大王］、3、rājādhirāja［王の長である王］、4、cullacakrabatti［小皇帝］、5、mahācakrabatti［大皇帝］である。

21。rājā。名詞、パーリ語。「国の主である王」、即ち「国を治める王」という意味である。この語は小国を治める王を指す。独立国、pradesarāja（sruk camṇuḥ）［属国］を問わず、全て braḥ rājā と呼んでいい。

22。mahārājā。名詞、パーリ語。「大国の主である王」という意味である。この語は大国ではあるが、古語で sāmalarāja と呼ばれているところの、他に服属している国である pradesarāja［属国。植民地］を持たない国の王を指すことが多いようである。このような王は braḥ mahārāja あるいは braḥ mahārājā と呼ぶ。しかしこの規定はあまり一定したものではなく、rājā のランクの王を mahārājā と呼ぶこともあるし、rājādhirājā と呼ぶこともある。

23。rājādhirāja。名詞、パーリ語。「国の主である王より偉大な、国の主である王」という意味である。簡単にわかりやすく言うと、「王より偉大な王」である。この語は、大きい力と地位を持って国を治め、かつ属国を持つ王をさす。しかしいくつ国を持つかについては絶対的にその数は述べられていない。しかし、おおよその見積もりは、1国から10国を持つ王を rājādhirāja と呼ぶに価する。たとえば現在の日本の王はこの範疇に入れられる。フランス国も、もし王がいればこの範疇に入る。

24。cullacakrabatti。名詞、サンスクリット語。「小輪宝を持ち、転じる王」という意味である。この語は、1つの大陸の全て、あるいはほとんど全てを支配する力を持つ王をさす。例として、贍部［センブ］州のほとんど全てを治めた braḥ pāda dhammāsoka［アショカ王］を cullacakrabatti と呼ぶ。現代では、イギリス国王がこの名を得るにふさわしい。

25。mahācakrabatti。名詞、サンスクリット語。「大輪宝を持ち、転じる王」という意味である。この語は、1つの海から他の海までのあいだにある世界という意味の全世界を支配する力を持つ王をさす。このような王はあまりいず、仏陀在世の時代から今日まで2千年以上の間にまだ1人もいない。

それゆえ、属国を4、5ヶ国しか持たない王を cakrabatti［皇帝]を使って24の culla-cakrabatti か25の mahā-cakrabatti と呼ぶのはまだふさわしくないと思われる。

[注。84号、2-1に続く]

3-1 [76号、3-3と同一]

3-2 paen-nut 氏がフランス国へ旅立った

先の8月9日、カンダール州副知事である paen-nut 氏が、植民地省の大臣官房で業務研修をするために、来る9月1日から勤務するのに間に合うように、ベトナム官吏4名と共にフランス国に出発した。

植民地相である <mandel> 氏の希望は、「この業務研修に行った官吏は、帰国すると州の長をさせること、今後毎年、1年に1名ずつが研修に来させること」である。

nagaravatta は、paen-nut 氏が海路無事であるよう、早く業務研修をするようお祈りする。

3-3 大胆な盗賊逮捕について

kanṭāl sdiṅ 郡のクメール郡政府は、凶悪な盗賊、ā {dū} と ā {khen} とを逮捕した。この凶悪な盗賊は、大胆にも長年盗みを働いてきた盗賊の大変恐ろしい首領である。彼らの一味である ā {ṭampaṅ} と ā {kiḥ} とは既に以前に逮捕されている。

ā {dū} と ā {khen} とは逮捕の時に軽傷を負った。

nagaravatta は、この凶悪な盗賊を逮捕した時に勇敢であったカンポートの官員たちにお祝いを申し上げる。

3-4 クメール人女性が三つ子を出産した

去る6月30日、bām mān jaya 村(カンダール州)の ñaem 助役の妻が1度に男の子ばかり3人を出産した。子供は3人とも生きている。

3-5 [広告] お知らせ

私は、プノンペン市内に、道路に面した土地を1<lot>[区画]持っています。近くに<machine> dik[水道]もあります。手に入れたい方は、この <gazette>[新聞]の総務部に情報をお訊ねください。価格はリーズナブルです。

3-6 [広告] [注。2段2列に、計4枚の顔写真があり、上段中央に商標の写真がある]

[注。上段中央の商標の写真のしたに] 仏領インドシナ地図印

[注。上段左の写真の下に] sīv-pāv 医師の写真

[注。上段右の写真の下に] sīv-tī 書記の写真

[注。下段左の写真の下に] sīv-se 医師の写真

[注。下段右の写真の下に] sīv-heṅ 医師の写真

[注。商標と4枚の写真下に] 皆さんにお知らせします。sīv-pāv の商標を偽造して、歩いて行って薬を売り、病気の人を騙す人がいます。それゆえ皆さんは、この4人の写真をよく認識しておいてください。sīv-pāv 医師と sīv-tī 書記は kāp go 市場で薬を売っています。sīv-se 医師と sīv-heṅ 医師とは地方で歩いて情報を広め、薬を売っています。これらは全て温和で正直な人ばかりです。私が pāsāk 郡で良い人を選んだのです。

3-7 [広告] <retraite>[退役した]<adjudant>[曹長]である miec

プノンペン市 hassakān 路39号、kanṭāl 市場に isī phsam srec[道士が調薬した]という屋号の商店があります。男女の全ての病気を治すための薬を売っています。それから特に痔の治療ができます。治療して治らなかったら、代金はいただきません。1度投薬しただけで治り、身体を苦しめることはありません。必要な方はどうぞ私の店にいらしてください。7日間で完治します。フランスの薬、クメールの薬、性病、梅毒、淋病、下疳の薬があり、よく効きます。アヘンを止める薬があります。1リットル飲むと中毒が消えます。中毒が消えなかったら、代金はいただきません。血が出る咳の薬。下剤。出産した女性が産褥熱にかからないようにする薬。結核の薬。体力補強薬。traṭit ヘルニア、手足の麻痺、腰痛、浮腫みの薬。

私の店は、nagaravatta <gazette>[新聞]と<la vérité> <gazette>[新聞]を売っています。美味な ṇaem caiya[=無加熱の生ソーセージ]を売っています。高級ぶどう酒を売っています。必要な方は、上の屋号の私の店にいらしてください。

民族を支援してください。

3-8 [80号、3-9と同一]

3-9 [80号、3-10と同一]

3-10 農産物価格[「金の価格」はない]

プノンペン、1938年8月11日

サトウヤシ砂糖		60キロ	3.40リエル
	店頭で購入		3.00リエル
精米	1級	100キロ、袋込み	12.05 ~ 12.10リエル
	2級	同	11.40 ~ 11.45リエル
籾	白	68キロ、袋なし	4.75 ~ 4.80リエル
	赤	同	4.60 ~ 4.65リエル
砕米	1級	100キロ、袋込み	9.60 ~ 9.65リエル

	2級	同	8.65 ~ 8.70リエル
トウモロコシ	白	100キロ、袋込み	[記載なし]
	赤	同	7.50 ~ 8.10リエル
コショウ	黒	63.420 キロ、袋込み	17.50 ~ 18.00リエル
	白	同	28.50 ~ 29.00リエル
パンヤ	種子抜き	60.400 キロ	41.50 ~ 42.00リエル

*サイゴン、ショロン、1938年8月10日

フランス籾･米会社から通知の価格

ショロンの<machine> kin srūv[精米所]に出された籾 1 hāp、[即ち]68 キロ、袋込みの価格は以下の通り。

籾	最上級		5.25 ~ 5.29リエル
	1級		5.02 ~ 5.06リエル
	2級	日本へ輸出	4.88 ~ 4.92リエル
	2級	上より下級、日本へ輸出	4.82 ~ 4.86リエル
	食用 [国内消費?]		4.90 ~ 4.94リエル
トウモロコシ	赤	100キロ、ショロン県マッカサンで売り渡し。	8.95 ~ 0.00リエル
	白	同	8.70 ~ 8.75リエル

米(10月[ママ]渡し)、港渡し、袋込み、税抜き、1 hāp、[即ち]60.7キロの価格は以下の通り。

精米	1級、砕米率 25%	7.10 ~ 7.14リエル
	2級、砕米率 40%	6.70 ~ 6.74リエル
	同。上より下級	6.56 ~ 6.60リエル
	玄米、籾率 5%	5.76 ~ 5.80リエル
砕米	1級、2級、同重量	5.72 ~ 5.82リエル
	3級、同重量	5.22 ~ 5.26リエル
粉	白、同重量	3.80 ~ 3.85リエル
	kāk [籾殻+糠?]、同重量	2.50 ~ 2.60リエル

3-11 [81号、3-11と同一]

4-1 [75号、4-1と同一]

4-2 [81号、4-2と同一]

4-3 [20号、4-6と同一]

4-4 [11号、4-2と同一]

4-5 [67号、4-8と同一]

4-6 [81号、4-6と同一]

4-7 [44号、3-3と同一]

4-8 [73号、4-6と同一]

4-9 [33号、3-4と同一]

4-10 [48号、3-8の終わり近くの「70メートル」が「10メートル」になっているだけである]

4-11 [8号、4-3と同一]

4-12 [11号、3-2と同一]

4-13 [79号、4-10と同一]

Samedi 20 Août 1938
CIGARETTES
JOB
LE PAQUET VERT
Vendu 5 cents
Nagara vatta
COFAT
CIGARETTES
La meilleure cigarette indochinoise
Le Paquet vendu 5 cents
Directeur
PACH-CHHŒUN
HEBDOMADAIRE PARAISSANT TOUS LES SAMEDIS
(Boite Postale N° 44)

第2年83号、仏暦2481年0の年寅年 srābaṇa 月下弦9日土曜日、即ち1938年8月20日、1部8セン

［仏語］1938年8月20日土曜日

1-1 ［仏語で「私書箱 No.44」と「社長、PACH-CHHŒUN」が加わった以外は8号、1-1と同一］

1-2 ［デザインが少し変わった以外は8号、1-2と同一］

1-3 ［デザインが少し変わった以外は8号、1-3と同一］

1-4 ［8号、1-4、1-5と同一］

1-5　国を愛し、国の恩を知ることについて

現在の我がカンボジア国では、我々クメール人は、国を愛するということをまだはっきりとはわかっていない。国を愛し、国の恩を知ることは、他の国では、彼らははっきりと明らかに理解しており、それゆえ彼らの国は現在の我が国よりもよりよく繁栄しているのである。

この2つのことが人の心の中に生まれると、その人は考えることを知り、一生懸命努力して働いて国に発展をもたらそうと思う。即ち、現在のように、自分個人の利益しか考えないのとは違って、自分の利益と同様に国の利益も考える心を持つ。

この、国を愛し国の恩を知ることは大変良い考えで、それゆえ大フランス国をはじめとしてヨーロッパの大きい国々では、このことを重要な大変素晴らしいものとしていて、学校で子供に教え諭し、死ぬまでしっかりと認識させておく。学校の外でも、この2つのことを最も大きく称賛し、誰でも国の利益になることが目に見えて明らかなことをした人は、明瞭に称賛され、特別褒賞が与えられることもある。そういうわけで国民はますます国を愛し、国の恩を知る気持ちが全ての人々に広まる。はっきりと理解した時、その時に刺激が生まれ、国を発展させ、繁栄させたいと思って、ますます一生懸命働くようになる。何か仕事をしているときも、遊んで笑っているときも、我々とは違って国の利益ということを忘れない。我々はまだ誰も精神を刺激してくれる人がいないので、自分のことだけを考え、全てが悪魔に支配されている。

この2つの良いことが、どの国であれ民衆の心の中に生じたならば、その国は繁栄し輝かしく大きくなることができる。低劣な国に落ちることはない。

観察すると、現在のクメール国では、国を愛し、国の恩を知ることが足りない。誰かに生じているとしても、その人は怠惰と自分の利益しか考えないということに大きく覆われていて、迷わされているので、一生懸命無関心になっている。もう1つ、はっきり理解している人もいるが、国の利益になることを助力して行わなければならなくなると、弱気を起こして避けて行おうとせずに、他人にさせたがり、自分はそれを見ているだけで良しとする。そして口先だけで書くことを知るだけである。もしも金を使わなければならない時には、国の利益より自分の利益を最重要とするから、ますます尻込みして逃れ、口で言うだけである。

まだ［84号、1-9に］続きがある。

1-6　雑報

1-6-1　今年は、現地国諮問会議は来る9月末に会議を開く。この会議の委員である諸氏は、この機会に求めるべき希望と要求を今から準備をして終わらせておくべきである。国の利益になることで、まだ実行されていないこと、あるいは昨年要求して実現しなかったことは、今年も繰り返して要求し、実現されるまで要求し続けなければならない。国民が逃れることができない重い税や料金は、少し軽減することを求めるべきである。要求の1つ1つは、その理由と効果とをはっきり示して告げるべきで、ただお願いするだけでは効果はない。国の代表である諸氏各人は、自分の国は何が不足であり、何がまだないか、重すぎる税は何か、は説明されなくてもすでにはっきりと知っている。自分が他の委員よりも要求を沢山出すから、今後委員に選ばれなくなるのではないかと、恐れてはいけない。1日につき3、4リエルを得るという自分の利益を惜しんではいけない。国全体の民衆の利益を惜しむべきである。そして自分の利益よりは、民衆と、その子と孫の将来により以上の慈悲の心を持つべきである。

「ある州では、[諮問]会議のある委員が他の委員の意見に反対する、即ち他の委員と違って国の利益になることを要求する、あるいは政府が税金を上げる、即ち増やすことを会議にかけた案に反対すると、州諮問会議の長である州の長殿が[注。弁務官は州諮問会議の長である]、その委員を静かな場所に1人だけ閉じ込めて1時間考えさせる」という情報を恐れてはいけない。

政府がこの諮問会議を設立したのは、会議の委員諸氏全てに、有益なことは何でも好きなだけ言うことを許しているのであって、貴殿たちを黙って据えておくためではない。今年は、「政府は<gazette>[新聞]記者が会議を傍聴するのをきっと許す」と我々は期待している。

1-6-2 プノンペン市政府は、cakrayāna(<bicyclette>)[自転車]税を、まだ前と同じ1リエルを取っていて減らさない。おそらく政府は、クメール国のこの乗り物の所有者は、[自転車]税がないコーチシナの、この乗り物の所有者より金持ちであると思っているのだろう。実際は、クメール国の民衆はコーチシナの人より貧しい人ばかりである。政府がインドシナ国防衛国債を発行した時だけを検討しても、コーチシナのほうがクメール国よりずっと多く金が集まった。[コーチシナ]国の人の方が金があるからである。コーチシナ国は植民地であり、民衆は金がある人が多く、人頭税も、フランスの保護の下にある国であるクメール国より安い。

1-6-3　官吏である身分

現在、あれだけの月給で、官吏である身分に従って生命を養うことが容易にできるかどうか、皆さんは比べてみてほしい。精米1斗はいくらか、薪1メートル[ママ。恐らく「1立方メートル」のこと]はいくらか、サンポットやシャツなど衣服1そろいがどれだけ値上がりしたか、即ち100のうち40か50[＝40％か50％]値上がりし、そして今後どれだけ上がるかわからない。

官吏をすることは、各人が楽に生命を養うことができるべきで、あまりにもみすぼらしく見えないようにしてほしい。

1-6-4 ［注。82号、1-9から続く］

我が民族は信仰心がとても劣っている。良いもの、純粋なものは信じようとせず、メッキしたものを好む。即ち偽のものなら信じる。たとえば、mose[ママ。81号、2-1ではmosœ]氏[<monsieur>]が持ってきて sdiṅ mān jaya の caṅkrān tā brahma 寺の近くに安置したナーラーヤナ神像は、「とても強力で有能で、祈る人の望みをが叶えさせることができる」と言って、揃って信じる。病気を治させようと祈る人もいるし、宝籤に当たることを求めて祈る人もいるし、生計を立てて金持ちにならせることを祈る人もいる。kraḷān[注。もち米を竹筒に入れて火の中に入れて焼いた菓子]のようにバスにぎゅうぎゅうに詰め込まれて祈りに行った中には、祈った人がものすごく多いから、誰か1人くらいは望みが叶った人がいるだろう。しかし叶わなかった人も大勢いる。

観察するに、行った人は強く信じているようである。ナーラーヤナ神を心の中で固い頼り所にして、自分が前世で積んだ業果のことを考えることをやめ、我々が長いあいだ庇護を受けてきた仏法僧を信じるのを止めている。以前に大きな宝籤に当たった人は、たぶんこのナーラーヤナ神に祈ったのかもしれない。以前、ほとんど全ての人が jroy tā brhama で牛糞を塗り、樹木の液を飲んだ時に、何か病気が治った人も何人かいる。

この無益なことを信じて金銭を払うことは、話によると、この像をコンポン・トムから持ってきて自宅の近くに安置した mose[ママ] 氏から生じていると言う。そして氏が建てようとしている家は本堂の形をしている。すでに性格の中に騙されやすい愚かさを持つ住民たちは、大騒ぎをし、さらにバスを運行している人々が、「本当に有能である」と言って騙した。それで中国人もベトナム人も、男も女も、さらに官員まで何人かが大騒ぎをして押し寄せ、田のとても濁った水を汲んできて像の前にちょっと置いて、持って帰ってきて、近くにいる仲間に分けて顔に塗り込む者もいる。一方、この像の方は黙ったままである。像の前にまで近寄ることができない者は、次々に[前で拝んでいる人の]尻の権威を拝礼している。

情報では、「寄進した金には2部分(土の上に1部分、家の上に1部分)ある。mose[ママ]氏は使用人である1人の子供に集めさせて caṅkrān tā brahma 寺の師僧に差し上げている」と言う。しかし、帳簿がないから、1日にどれだけ集まるか、全部持っていくのか、少し手元に残しておいて使っているのかはわからない。

このナーラーヤナ神はバラモン教の神々の仲間である。政府が急いで運んできて美術工芸学校に置かないと、きっと騙されやすい人々を大騒ぎさせ、金を沢山使わせる。caṅkrān tā brahma 寺の師僧と世話人はたぶんなにがしかの利益を受けているに違いない。

今は、caṅkrān tā brahma 寺の僧衣をまとった僧2名が待っていて、供え物の金を受け取っている。仏教を信じる僧が、なぜナーラーヤナを拝むのに手を貸しているのか。

もし、かりにこの像が仏像であったとしても、[宝籤が当たるなどの]考え違いのことを信じて、お願いをしに行くべきではない。仏教はそういうものではないし、すでにどの寺にも仏像があるのに、なぜ大騒ぎして集まらないのか。

この像は、政府がそこから撤去したら、caṅkrān tā brahma 寺の師僧と mose[ママ]氏は、思わぬ儲けがなくなってあくびをするだろう。

最後に、nagaravatta は、フランス極東学院のメンバーであり、すでに古代の遺物の管理を学んでいる人である mose[ママ]氏が、騙されやすい愚かな人に、氏がクメール国でみつけた古代の遺物に関して、なぜこのようなことをさせるのか、大いに疑問を持つ。もし mose[ママ]氏が見つけて、自分1人の考えで考えて知恵が出なかったら、なぜ国王布告を開いてみて、遺物についての詳細がある国王布告の規定に従わないのか。

nāy {hmwwn}

1-7 諸国のニュース

上海、8月8日。月曜日の午後、日本機が来て広東市を激しく破壊した。死傷者が多数のようである。フランスの教会の1つで70名が死亡し、80名が負傷した。同地を爆撃した日本は、「政府庁舎と兵営だけを破壊しようとした」と述べた。教会長である fuorkaet という名の司祭が、「ここには大砲もないし、武器もないし、あるいは兵もいないのに、なぜ日本は教会を爆撃したのか、日本に対して大きい疑問を持つ」と述べた。爆撃の時に、fuorkaet という名の司祭は、「教会は、恐れている住民が庇護を求めて身を隠す所だから、平和な安全な場所である」と言って人々を連れてそこから出ることに同意しなかった。教会の周囲では、さらに約20発が破裂し、100名に当たった。

*東京市、8月8日。シベリアのロシア国軍司令部から、「国軍総司令部が東洋の全軍に、日本軍を元の場所に追い出すために、必要に応じて日本と戦う許可を出した」という公告が出た。それゆえ、恐らくロシアは日本と全面戦争をする意図がある。

*モスクワ、8月8日。リトヴィノフ氏(ロシア)と重光氏(日本)は昨日夕刻に再び会談したが、話し合いはまだ意見が一致しない。ロシアは、「日本は単にロシアは何を望んでいるかを知るために、提案しているだけである」と思っているので、日本に同意しないのである。モスクワ市では、「ロシアは、もし日本が現在のように国を侵犯し続けるのなら、日本と戦わなければならないと決心した」と推測されている。重光氏は、「もう1度互いに停戦し、ロシアから1名、満州から1名、日本から1名の代表を派遣して国境碑を立てる」ことを提案した。リトヴィノフ氏は日本大使に同意しなかった。さらに国境から遠くに軍を後退させることにも同意しなかった。氏は、「国境は、1888年に<signer>[署名]した条約に付された地図に示されている」と答えた。

*プラハ市(チェコスロバキア)、8月8日。先の日曜日の夕刻、klāsaenvāl 村でチェコ人多数が揃ってユダヤ系ドイツ人3名を殴り、vaensaelpae?aeḷe が日曜日の夕刻に死亡した。この人は、ある食堂でチェコ人15人と争いを起こした。食堂の主人はチェコ人全てを店外に追い出した。その1時間後にドイツ人3名が外に出て来ると、突然チェコ人たちがそろってやって来て殴ったのである。

*東京市、8月9日。イギリスの <gazette>[新聞]ロイターによると、昨日満州里国領内で起こった衝突は普段の衝突以上のもののようであった。互いに戦争をしているのは確かであるとはっきりと見られた。国境から6キロメートルの地点で cāṅ gū feṅ 山と pā sāv biṅ 山を激しく奪い合った。ロシアは kraet の傍に radeḥ ṭaek(tank)[戦車]200と航空機も約200を持つ兵を送っている。戦場には、遺体がまるで干してあるかのように倒れており、小銃や大砲、radeḥ ṭaek(tank)[戦車]が遺棄されている。敵対している双方は互いに100から200メートル離れて対峙している。

*東京市、8月9日。昨夜中、ロシア砲兵隊は日本軍の左翼を砲撃し、航空隊は日本の作戦を偵察し、さらに鉄道線路を爆撃して破壊した。さらに今朝、互いに敵対している双方は戦線がますます長くなりつつある。ロシア軍2個部隊が砲兵隊を伴って満州里の cāt sāv biṅ から8キロメートルの juoy lū feṅ 県に侵入した。日本の新聞、同盟によると、ロシアの攻撃の手を少し緩めたが、それでもまだ激しく戦い続けている。

*東京市、8月9日。確かではない情報によると、ロシア政府は、plu?esaer <maréchal>[元帥]という名のロシア将軍を派遣して東洋にいる軍の指揮をさせる。

*東京市、8月9日。東郷氏という名の駐ドイツ日本大使はフォン・リーベントロップ氏と会談し、日本とロシアが互いに戦争になったら、[ドイツは]日本を支援することに合意した。

*ベルリン市(ドイツ)、8月9日。ドイツは、「ドイツ外相は、戦争を広がらせて大きくならないように双方を和解させることができるだろう」と話し合っている。ドイツ政府筋は、「戦争が本当に始まった場合、ドイツ国は確実に日本を支援するとはまだ敢えて決めてはいない。ドイツは何も希望があるとは思えない国を支援するべきではないからである」と述べた。

*上海、8月9日。情報によると、日本兵と軍艦が突然 piṅ pū yāṅ から退いた。「日本はどういう策を使うのか」と疑問を持たれている。

*上海、8月9日。「上海の中国人が、日本政府を倒し、日本官員を殺すために、8月31日に蜂起する。ロシア軍15千名と志願兵、さらに戦車多数が助力に来る」という

情報がしきりに入る。それで政府は昨夕から8月13[ママ。恐らく「31」が正しい]日まで灯りを消させ、何の灯りもなくさせた。日本の方は警戒する必要がある。

＊広東市、8月9日。日本は昨日、広東市を爆撃し、102名が死亡、159名が負傷した。しかし、今朝もまた日本機20機が飛来して再び爆撃した。この爆弾は roṅ <machine> bhlœṅ[発電所]と <machine> dik[水道]を狙ったもので、多数が死亡した。各病院とも負傷者が治療に来て、一面にぎっしりと混んでいる。

＊スペイン国、8月9日。政府軍は、「東部の反乱軍を攻撃し後退させることができ、多くの地点を奪還した。現在、[敵]軍を突破して kūḍīyīl 市に達した。とても堅固なところである[注。ここは脱落があるらしい]。双方の機が激しく戦った」と発表した。一方反乱軍の方は、「軍が megīṇaensā まで到達すると、分かれ道になり、そうすれば前進しやすくなる。現在 eprū と kāsslaeḷaṅ で戦闘中である」と発表した。

＊パリ市、8月9日。イギリスの <gazette>[新聞]、"<le[ママ] financial times>" は、「トルコ国は、フランスに5,000トンの商船8隻を建造させる契約をフランスと結ぼうとしている。船の代価は多年[の年賦]で支払う」と報じた。

＊東京市、8月10日。cāṅ gū feṅ 地区はロシア砲弾で、残すところなく破壊された。

＊香港市、8月10日。昨日、日本は機に広東市街を3回爆撃させた。爆弾多数が ḷerṭutsīmaṅt 市場の西側の家と roṅ <machine> bhlœṅ[発電所]と飛行場に落下した。住民100名が死亡、200名が負傷した。日本は今後連日広東市を苦しめに来るのではないかと恐れられている。

＊スペイン国、8月10日。ṭwwkūḷūsuṅ 氏は、「砲弾で死亡したという情報があったアリカン駐在イギリス大使は、まだ死亡していない。少し回復した」と発表した。

1-8　土曜評論

許すべき人は3グループある。

1。恐怖があって精神に異常を来たした人

2。悲しみがあって精神に異常を来たした人

3。お世辞でおだてあげられて精神に異常を来たした人

今回、私は、このような精神に異常を起こさせる原因を知ってもらうために、簡単に短く解説をする。

第1の精神異常。この第1の精神異常は、恐怖を持つことによるもので、この恐怖を持つことは非常に多くの種類、多くの型がある。逮捕されたための恐怖や火事、あるいは強盗などがあり、それで、その人は精神に異常をきたすのである。

第2の精神異常。この第2の精神異常は、子あるいは妻が死んだり、財産を全部失ったり、妻が不倫をしたなどの不幸な事件があり、さらに本人の精神が弱くて抵抗して精神を不変に保つことができないことによる。この原因で心の不安が起こり、異常を来たすのである。

第3の精神異常。この第3の精神異常は、悪人、あるいは無学無知で愚かな人がいて、ほとんど毎日やってきては騙して飯を食い、策を用いて、「この方はとても善徳があり、知恵もたくさんあり、この方に匹敵する人は誰もいない。この方の善徳はきっと幸運の頂上に届き、贍部「センブ」洲の[全ての]人を支配する」とお世辞を言う。このようなお世辞が毎日続くと本人は、「恐らくわしは本当にそうなんだ。だからこのように周囲に人が大勢集まって来る」と思って喜ぶようになる。

上に解説したような話は、私は語り伝えられて来た中国の歴史に従って話している。その歴史とは、「劉備王の子であると言われる阿斗の治世の時代に中国の国が滅びたのは、阿斗が、悪い人あるいは無学無知で愚かな人と交わり、さらに阿斗の相談役たちは国を売る、即ち国を裏切る者ばかりであったからである。

sukhuma

1-9　[81号、1-5と同一]

1-10　庶民に職権濫用をすることについて

クメール国は、大フランス国が来て助力して支配してくれる前は、我が国は多くの苦しみをかかえていた。その最大の苦しみは、国の周囲の敵が来て苦しめて、クメールの国土を奪ったことである。第2の苦しみは、政府の命令下にある高級官吏や下級官員が正しく仕事をせず、州や村の住民に多くの職権濫用を行なったことである。この苦難は、以前は押さえることができる人は誰もいなかった。庶民を徴集して政府の仕事、あるいは私用をさせる時に、どの官吏も下級官員も、いつも呼び集めて無料で使うことができ、これを阻止するものは誰もいなかった。即ち、いかなる法律の力も、このような職権乱用を押さえることができなかったのである。大フランス国の法律の力が入って来て我が国を整備してはじめて、この行為を根絶し、[庶民は]現在に至るまで平和と安寧を得ている。

しかし、もう1つのことがある。それは、これまで存在しているフランス政府の法律は、いかなる民族[の法律]も比較にならない正しいものであると、我々は理解する。それは、この法律は最も思いやりを持ち、多くの貧窮している庶民に慈悲を持つからである。しかし、良い法律が思いやりを持っていても、この法律の代行者に正義がなかったら、その[正義がないことを]容易に正しく改めることができる者はいないであろう。なぜならば、これらの[悪い]ことを行おうとする者各人は、密かに行う者ばかりであるし、あるいはその者たちの長が許してさせているからである。我々の今の時代は、政府の職員が職権濫用を行うことができるために民衆が苦しむことがあるとすれば、それは政府の法律が、その職権乱

用を命じてさせているのではなく、この不正義で悪い心を持つ者たちが、好き勝手を行い、それを保護国政府は知ろう、聞こうとしないことによるのである。たとえば、我々は、シエム・リアプ州で、<police>[警官]が<remorque>[ルモック]車夫で生計を立てている人たちを苦しめているという住民の苦しみと悲しみについて、我々は政府に1度話した。私がシエム・リアプに行った時に調べてわかったのであるが、シエム・リアプ州に、<police>[警官]が2名いて、「この2名が不正義を行う。即ち民衆の力のおかげで少しの月給を受け取っている[注。Ⓢによると地方の警備・巡視業務は住民が「徴用」されて行う義務であるが、住民がこの「徴用」の免除料を出し合って、村がその金で代わりに警官を雇用している]のに、逆に民衆に噛みつこうとする。即ち政府が[住民を]監督させるために定めた規則に従わず、傲慢と乱暴とを行う」と住民たちがとても嘆いていることがわかった。この情報により、我々は全ての人を<enquête> sœp[調査]して、互いに同程度に悪い考えを持つ<police>[警官]が2名いることがわかった。誰かに罰金を科する時には、法律の道に従って科するのではなく、[自分の]怒りに従って科する。自宅に何か用がある時には、毎回<remorque>[ルモック]車夫を呼んで無料で乗せさせて、賃料を払わない。もし誰かが反抗してそこに行かないと、必ず罰金を科する。何も事件がなくても、事件をでっちあげて、何とかして罰金を科する。

この2名の<police>[警官]は、私が調べたところによると、高級官吏も庶民も全てが、昔の言葉に、「徳利にちょっと上がれると、オタマジャクシのくせに水がめの上に上がろうとする」とあるように、憎み、嫌っている。前回私がシエム・リアプに行った時、ある駐在している<police>[警官]がやって来て、私を試そうとした。しかし、私が彼に同行するのを拒否すると去って行った。各人全てに従わせる、即ち1つ1つの不正を撲滅しようとする保護国政府の法律は、事件をでっち上げて罪にして逮捕して罰金を科させるものではない。政府の規定に違反があったら、誰かその不正を見た警官が逮捕して法律の条項に従って処罰するべきである。歩き回って、生計を立てている住民に対して言い掛りをつける必要はない。このようにして人々から罰金を取るのは、政府に自分を気に入らせ、早く月給と階級を上げさせるためである。自分自身が法律に違反していることは全く考えていない。

私が上に全て述べたことは、必ず政府が調査して、この2人の警官に道を正して、法律に従って正しく仕事をさせることを期待する。

nagaravatta

1-11　同民族の皆さん、引き伸ばして、さらに何を待っているのですか

我々が、クメール人の印刷所を1つ設立することに助力して出資してくれるように、皆さんに広告してから現在まで、ほぼ1年が経ち、次のようなことをすることができました。

1。この出資のための定款は、<notaire>[公証人]が既に完成しました。

2。既に集めることができた株の金は3,000.00リエルが得られただけです。この金は全て、<notaire> [公証人]からの指示に従って、我々は<banque franco>[フランス銀行]に預金してあります。

この件で、世話人代表は、上の方にも下の方にも悩んでいます。すでに金を払い込んだ人からは、「何かをしているとは見えないが、それはなぜだ」と責められています。そして、出資を志願してまだ金を送ってこない人のことを悩んでいます。出資書を送って記入を求めてからもう7、8ヶ月経ちます。引き伸ばして何を待っているのかはわかりませんが、ウンともスンとも言ってきません。現在は、出資の登録をするための samputra <bulletin>[申込書]は、新しい小型に印刷し、<timbre>[印紙]料は35[注。84号、3-5で「30」に訂正されている]センになりました。

我々は観察して、多くの人が出資を志望していますが、「金がない。金ができるまで待て」と言うのがわかりました。1ヶ月待ってからまたもう1ヶ月待っていますが、それでも金を得て出資するのは見られません。もし各人がこのような考えを持っているのなら、我々は敢えて予言しますが、この印刷所はきっとできないと理解します。金はひとりでに流れ込んでくることは容易ではないからです。もし我々各人が民族を愛する心を本当に持ち、民族を他の民族並みに発展させたいと本当に思って、1人がわずか10から20リエルを出資する冒険をすれば、この型の印刷所を3つ作ることもできます。月給が少ない人たちは、毎月少しずつ天引きして貯めれば、きっと投資するのに十分足りる金を得ることができるでしょう。

定款をまず初めに読みたい人がいます。お知らせしますが、この定款は、現在<notaire>[公証人]の手にあります。皆さんが読みたければ krum <notaire>[登記所]に行って読んでください。あるいはこの定款の写しが欲しい人は、押印証明<timbre>[印紙]料金を出せば<notaire>[公証人]が写しを作ってくれます。なぜならば現在我々の会社は、この定款を自分の手に持つ権利がまだなくて、ひとまず<notaire>[公証人]が保管しておいて、出資書中の数値通りに金を全額集めることができたら、<notaire>[公証人]は、法律上完全に会社として運営する権限を我々に与えることを公告し、それから我々はこの定款を印刷して出資者各人に配布するからです。

最後に、我々は皆さんの心にもう1度訊ねますが、皆さんは我々のnagaravatta 新聞の寿命を引き伸ばし、今後長く存続させるために、他並みに印刷所を作りたいと思いますか、それとも持つ必要はないと思いますか。

現在カンボジア国全体で、クメール人の印刷所はkambuja varokāsa 印刷所ただ1つだけ、<gazette>［新聞］は最近できたばかりの nagaravatta ただ1つだけしかないことを知っていますか。一方、近くの国々には何百とあります。何の利益があるから一生懸命このようにまで沢山作っているのでしょうか。彼らが無学無知だから、それとも知識があるから、彼らはこのようにするのですか。彼らは我々より劣っていますか、それとも優れていますか。

誰かに、「貴殿は自分の民族と宗教を愛していますか」と訊ねられたら、あなたたち全てはすぐに、「愛している」と答えるでしょう。今我々は愛国者の仕事を揃って行なおうとしています。どうして知らぬ顔をしていて、顔を出して我々の事業に参加しようとしないのですか。「私は民族を愛している」とニワトリのように鳴いて自慢するだけで、民族のためになることを一生懸命行うことはしないのでは、国を愛すると言えますか。今こそ、「我々クメール人は国を愛することを知り、考えを1つにまとめることを知っている」と諸民族に広く知らせる時ではないでしょうか。他の民族がこのような仕事をしようとする時には、おそらくたったの3週間の約束で、すぐに資本金は集まり仕事ができます。ではこの仕事はなぜこうも厳しいのでしょうか。

しかし、我々はもう1度懇願したい。設立するほうに、1人が片腕片足助けてほしい。わかりますか？ 我が民族を失くしてしまわないでほしい。もし承服できるなら、すぐに仕事を始めることができるように急いで金を送ってほしい。我々クメール人全てのものであるnagaravattaは、今印刷所を持ち、他からの印刷をして料金を得ることで生きていけるからです。もしいつの日か、この印刷所が印刷を請け負うことができなくなったら、nagaravatta はその時に生命を失うでしょう。

nagaravatta

2-1 ［44号、2-4と同一］

3-1 ［広告］ **お知らせ**

クメール現地国人軍の長であるnāy {kū} <commandant>［司令官］は、現地国人軍が、兵士になり、かつ smien <machine> nabbamba cuc［タイピスト］をするクメール人1名を必要としていることをお知らせする。

この仕事をしたい者は、

操行証明書1通
出生証明書1通
家族の確認書1通

を持参して、プノンペン市の現地国人軍駐屯所内の事務所に来てください。

3-2 ［76号、3-3と同一］

3-3 ［広告］ **お知らせ**

manībūd 氏が grwaṅ issariyasa assariddhi kruṅ <français>(Chevalier de la légion d'Honneur)［フランス国レジオンドヌール勲章シュヴァリエ章］を受章したのを喜ぶために、私たちは、来る9月3日土曜日夕方8時に、プノンペン市の "<royal palace>" 店で、教育局長である buysārnis 氏を主賓にして、パーティーを開くことを合意しました。

それゆえ、manībūd 氏と知己で親しくしていて、パーティーに参加なさりたい方々は、9月1日までに、会費1人5リエルを添えて、寺学校監督官である ?nak okñā bīnitya vijjā {um-jhāṅ}までお知らせください。

総務部

3-4 ［82号、3-7と同一］

3-5 ［80号、3-9と同一］

3-6 ［80号、3-10と同一］

3-7 **農産物価格**［「金の価格」はない］

プノンペン、1938年8月19日

サトウヤシ砂糖	60キロ		3.40リエル
	店頭で購入		3.00リエル
精米	1級	100キロ、袋込み	11.75 ~ 11.80リエル
	2級	同	11.45 ~ 11.50リエル
籾	白	68キロ、袋なし	4.75 ~ 4.80リエル
	赤	同	4.55 ~ 4.60リエル
砕米	1級	100キロ、袋込み	9.50 ~ 9.55リエル
	2級	同	8.60 ~ 8.65リエル
トウモロコシ	白	100キロ、袋込み	［記載なし］
	赤	同	8.10 ~ 8.20リエル
コショウ	黒	63.420 キロ、袋込み	18.50 ~ 19.00リエル
	白	同	29.50 ~ 30.00リエル
パンヤ	種子抜き	60.400 キロ	44.00 ~ 45.00リエル

＊サイゴン、ショロン、1938年8月18日

フランス籾・米会社から通知の価格

ショロンの<machine> kin srūv［精米所］に出された籾1 hāp、［即ち］68キロ、袋込みの価格は以下の通り。

籾	最上級		5.33 ~ 5.37リエル
	1級		5.18 ~ 5.22リエル
	2級	日本へ輸出	5.03 ~ 5.07リエル
	2級	上より下級、日本へ輸出	4.93 ~ 4.97リエル
	食用［国内消費?］		4.65 ~ 4.69リエル
トウモロコシ	赤	100キロ、ショロン県マッカサンで売り渡し。	8.65 ~ 0.00リエル

	白　同	8.75 ~	0.00リエル

米(10月[ママ]渡し)、港渡し、袋込み、税抜き、1 hāp、[即ち]60.7キロの価格は以下の通り。

精米	1級、砕米率25%	7.30 ~	7.34リエル
	2級、砕米率40%	6.86 ~	6.90リエル
	同。上より下級	6.66 ~	6.70リエル
	玄米、籾率5%	5.88 ~	5.92リエル
砕米	1級、2級、同重量	5.86 ~	5.90リエル
	3級、同重量	5.29 ~	5.32リエル
粉	白、同重量	3.83 ~	3.87リエル
	kāk[籾殻+糠?]、同重量	2.50 ~	2.60リエル

3-8 [81号、3-11と同一]

4-1 [75号、4-1と同一]

4-2 [81号、4-2と同一]

4-3 [20号、4-6と同一]

4-4 [11号、4-2と同一]

4-5 [67号、4-8と同一]

4-6 [81号、4-6と同一]

4-7 [44号、3-3と同一]

4-8 [73号、4-6と同一]

4-9 [33号、3-4と同一]

4-10 [48号、3-8の終わり近くの「70メートル」が「10メートル」になっているだけである]

4-11 [8号、4-3と同一]

4-12 [11号、3-2と同一]

4-13 [79号、4-10と同一]

Samedi 27 Août 1938

Nagara vatta

CIGARETTES
JOB
LE PAQUET VERT
Vendu 5 cents

COFAT
CIGARETTES
La meilleure cigarette Indochinoise
Le Paquet vendu 5 cents

Directeur
PACH-CHHŒUN

HEBDOMADAIRE PARAISSANT TOUS LES SAMEDIS

(Boite Postale N° 44)

第2年84号、仏暦2481年0の年寅年 bhadrapuda［ママ］月上弦2日土曜日、即ち1938年8月27日、1部8セン

［仏語］1938年8月27日土曜日

1-1 ［仏語で「私書箱 No.44」と「社長、PACH-CHHŒUN」が加わった以外は8号、1-1と同一］

1-2 ［デザインが少し変わった以外は8号、1-2と同一］

1-3 ［デザインが少し変わった以外は8号、1-3と同一］

1-4 ［8号、1-4、1-5と同一］

1-5　バンコクからの手紙

新聞の有用性

<gazette>、即ち sārabarṇaṭamāna［新聞］と呼ばれるものは何か。新聞は重要な文書の1種で、種々の情報を、国内のも国外のも古いのも新しいのも集め合わせて1つにして報道して国の人全般に知らせ、国の人それぞれが自分で情報を探し集める必要をなくすものである。1年に僅か4から5リエルを支出するだけで、これらの情報が家にきちんと届く。何か［情報が］必要になると、全ては近くにある。ただし、医学書、三蔵経のような、書物として編纂される大きな話は別で、これらのものを買って読むための書物が別にあるから、［新聞には］掲載しない。

新聞の有用性は、読めば順々に報道されるのに従って種々の話を知ることができることである。読者は有用な内容のある記事を選んで、その後に自分の民族と自分自身のために役に立つようにする。もし我々が新聞を現代の人間にとって1種の目、鼻として頼らなかったら、我々は他の人たちとは違ってあたかも目が見えず、話を何も知らない人とされてしまう。なぜなら現代では、ほとんど全てのことが新聞に掲載されるからであり、もし我々が新聞を読まなかったら、これらのことをどこから知ることができるだろうか。

もう1つ、我々1人1人は、毎週毎週、あらゆる所の種々の話を一生懸命捜し求めてきて、我々の知恵に備え付けることは全く不可能である。現在新聞が生まれているのに、いったいなぜ読もうとしないのか。なぜ助力し支援して発展させないのか。

私が新聞の有用性について考えるときには、nagaravatta社が設立を発案している“株式会社［注。この語はクメール語では6音節］”のことを思わないではいられない。nagaravatta 社が創立しようとしているこの6音節の語は、私はもう1年余り以前から耳にしている。しかし、この語が実際に形になるのは、目にしない。このことは、nagaravatta 社が資金が少なくて、これを実行することができないことに他ならない。自分1人で行うことができない場合には、同民族であるクメール人に大声で知らせて、各人が少しずつ財産を費やして助け合い、あくまでもこのことを実行するのに十分にする。この「株」を呼びかけたのは、少しは効果があった。国を愛するクメール人たちが金を送って出資したからである。しかしとても少ない。損をするのを恐れたり、騙されるのではないかと恐れたりして、出資金を送る勇気がないクメール人がまだ大勢いるからである。ああ、ずっとこのようであったなら、我がクメール人は、あと何年すれば、他と同じように座ったり、立ち上がったり、歩いたりすることができるだろうか。それともまだしつこくずっと目をつぶって這い続けるのだろうか。もし本当にこのようにしていると、目が見えなくなり、一緒に付いて行けなくなってしまうことは間違いない。クメール人の1人である私は、国と民族を私の心臓のように愛している。私が検討したところでは、損をすることはあり得ない。現在発行されている小さいnagaravatta <gazette>［新聞］でさえ利益が上がっていることを見てほしい。印刷所ができたら、もっと大きくならせ、どれだけの利益をあげさせることだろうか。もう1つ、nagaravatta krum <gazette>［新聞社]は、[この社を]発案した人たちは全て国を愛する人ばかりで、民族の利益を重く見ている。それゆえ、私は、「nagaravatta krum <gazette>[新聞社]は皆さん各人の金を呑み込んだりすることはできない」と信じている。皆さんがそう信じないのなら、「この事業は、我々が十分に信じることができるように、政府が定めた法律に従って行われるのであるから、nagaravatta 社は我々を騙さない」と考えてください。

それゆえ私は、クメール人の肉と血を持つ同民族の方々にお願いします。結束して後援して会社を実現してください。名前だけ出して、消えてしまわないでください。

バンコク在住のクメール人である sa.

1-6 土曜評論

農村での中国人の商売のやりかた

ある日、私はター·カエウ州 campak 支州 pādī 郡に行った。支州庁の前に来ると、私の兄弟の1人が中国人の店で知恵を絞って、手を振り足を振りして、身振りで話しているのを見た。私は大声で彼を呼んで外に出て来させ、恭しい態度で習慣に従って合掌して挨拶した。それから私はこの郡の稲の収穫について訊ねると、彼は、「まあまあだ。だけど利益は大部分を中国人が得る」と答えた。私はぎくりと驚いて、「どうしてそうなのか」と再び訊ねた。彼は答えた。「弟よ。我々クメール人は中国人よりずっと劣っている。騙されやすいし、無学無知だし、民族を愛さないし、恐れすぎるし、大胆すぎるし、するからだ」「どうしてそのように言うのか」 すると彼は、私に詳しく話して聞かせた。

「1年の収穫時になると、中国人が籾を買って歩き、また次の稲を植える季節が来るまで籾倉に入れておく。一方クメール人の方は、中国人に売った残りの籾を食べ、食べ尽くしてしまっていて、今や種籾にしようと思ってもない。それでそろって中国人のところに行って籾を借りて種籾にする。その時、中国人と、「籾を10 thāṅ 借りて、刈り入れ収穫したら、その中国人に27 thāṅ 返す」という契約をする。即ち、10 thāṅ を元金として、17 thāṅ を利子にするのである。「兄さん」は何も言わず、呼んで、まずお茶を飲ませ、タバコを吸わせ、それから量って持って行かせる。

「刈り入れが終わると、中国人はこれらの農民から籾を請求して歩き、どの中国人も籾倉を満杯にする。籾の値段が上がると、「お兄さん」は籾を全部 roṅ <machine> kin srūv[精米所]に持って行き、売ってあらん限りの利益をとる。クメール人は食べる米がなくて、中国人のところに買い戻しに行くが、中国人は売ってくれない。

「それゆえ、考えがなく、田が少なくて中国人に借りを返す分しかない人は、腹ぺこぺこに餓え、とても難儀である」

私はさらに訊ねた。「なぜ仲間のクメール人に籾を借りないのか」 彼は話した。「自分の仲間のクメール人のところに借りに行っても貸さない。それは、[貸した人は後で]取り返すことができないからだ。裁判沙汰になることもある」「では、中国人に借りに行くと、どうして返すのか」「中国人が sālā <tribunal>[地方裁判所]に訴えるのを恐れるからだ。だから一生懸命空腹を我慢して、まず何とかして中国人に返すことができるようにするのだ」

私はそれを聞いてから何ヶ月も、何年もたつ。ほとんど全ての州、全ての支州で、中国人はクメール人をこのように苦しめて生計を立てているのである。

原因をまとめると、我が民族はまだ商売に賢くないことが1つ、まだ団結がないことで2つ、互いに利益を増やすように仕事をすることをまだ知らないことで3つ、自分の仲間に意地悪をする心を持っていて、あえて他民族を発展させる方に向かうことで4つである。

それゆえ、私は、稲作で生計を立てているクメール人である同胞の皆さんに申し上げる。いつまでも騙されやすいままでいないでほしい。政府が支援を重点項目にし、我々が中国人の騙しに負けないように、たくさん考えてくれているにもかかわらず、我々は依然として暗愚の中にいて目覚めていない。これらのことを、村の職員たちは、あなたたちの村の住民たち各人に、「我々は互いに我々の仲間に頼り合わなければならない。我々の仲間の利益が増えることを行わなければならない。我々の民族を支援しなければならない。我々の仲間から借りたら、きちんと返さなければならない。他民族にだけ一生懸命になって返し、自分の民族には知らぬ顔をして[返済しないことを]してはいけない」と言って、彼らに助力して道を明るく照らしてやってほしい。

sabhā

1-7 諸国のニュース

ベルリン市、8月13日。文書が1つあり、恐らくドイツ政府が<berlin post>新聞に掲載し、さらにラジオでも放送したものである。「ドイツは軍事演習を準備中に戦争の準備をしようとしている」という噂に反論し、承服できないとしていて、「この噂は外国が他国を騒がせようとすることによるものである。現在ドイツ国がこの演習の準備をするのは、『ドイツ国は国を守る軍の国ではないという手腕を見せるためだけである』ということを、全ての国は理解するべきである。この演習中には、8月から11月にかけて1百6十万の現役兵を集め、さらに別に2百5十万の兵が加わって不足を補う」と述べている。フランス国境に配置済みで塹壕を作っている軍は5十万いる。これらの準備全ては、現在のドイツは兵を極めて多く集めており、この演習に大きな疑問を持つに価する。

＊スペイン国、8月13日。rīyosakrī 県の東で政府軍は反

乱軍を阻止することができた。河を渡って侵入しようとした反乱軍は水中に落ち大勢が死亡した。ロープを使って渡河できた者もいる。右岸では政府軍は radeḥ ṭaek (tank)[戦車]11を捨てて逃げ、反乱軍の手中に落ちた。テルアエル県の東では、政府軍が iltūrū の西、即ちテルアエルから sārākuṅ に行く道の西側に侵入し、フランコの軍を一掃して kālīkāṭe?aeṇū 県を占領した。しかし、政府軍は、ālpārāsīn と uynīvaersāl 山で手を弛めた。フランコ側は、「そこでは、aepri 県にいるために、単に軍を集結しただけである」と言った。aestrāmāḍū 県の方は、反乱軍は多くの集落を得たが、政府軍はそれらから立ち去る前に焼いた。各戦場で航空機が激しく銃撃し合っている。双方の軍の司令官が、「敵の機を多数撃墜した」と発表した。

＊パリ市、8月15日。新しい情報によると、政府軍は反乱軍機22を撃墜した。

＊東京市、8月16日。日日新聞という名の日本の新聞が香港市から、「ロシア国が中国を援助するべき種々のことを述べている書簡がロシア国から蔣介石に届いた。その書簡の内容は、蔣介石に軍を指揮する地位から辞任することを強制している。"īvaṅ lūgoṇae ?ūraelskī" 氏という名のロシア大使が、この書簡の内容のことを蔣介石にはっきり説明をするために、おそらく日曜日に空路、漢口市に到着した。この書簡の主な内容は、[次の通りである]。

1。ロシア国内で徴兵し漢口防衛の助力に来させる。

2。ロシア将軍を派遣して中国全軍の指揮をさせる。

3。無人になるまで、漢口防衛を助力する。

4。作戦会議には中国将軍と同数のロシア将軍を参加させ助力させ決定させる。

5。蔣介石は以後、総司令を辞任し、全てのことを統括するのをやめる。

蔣介石総司令がこの文書の通りに実行することを承服すれば、ロシア国は中国を全力で助力する。承服しない場合は、ロシア国は本日以降中国に助力することを中止する。

現在、蔣介石は恐らく ?ūraelaskī 氏に、「まず中国政府に諮る」と話した。

＊ロンドン市、8月16日。ロンドン市駐在中国大使は、「中国軍は勝利し、sā ho 県と ṇāṅ cāṅ po 県を奪回し、日本軍を追い出し、日本軍は多数の武器を捨てて散り散りになって逃げた」と通知した。

1-8 [81号、1-5と同一]

1-9 国を愛し、国の恩を知ることについて

(前の週[=83号、1-5]から続く)

それだけではなく、もし誰かが国の利益になる良いことをしているのを見ると、一転して嫉妬してけなす。さらに悪口を言ってその仕事を傷つけ、失敗させてようやく満足する。あるいは良いことをしているグループに自分が入っていて、もし何か気にいらないことがあると、一転して自分が助力して行った仕事に言い掛かりをつけ、怒っている気持ちをはらすためだけの目的で破壊しようとする。もし破壊したら、国や民族の利益を損なうことになるということは考えるのをやめる。自分が満足しさえすれば、その先は何も惜しいと思うことをやめる。ヨーロッパの国で勉強をして、何らかの学問の知識を得ても、この悪い心は必ず持ち続ける。このような性格を捨て去ることはない。ヨーロッパ国型の勉強をして知識を得て、「この良い人は知識があり、国に良いことをした」と言われるようになっても、誰かその人を怒らせる人がいると、ものすごく怒り、仕返しをすることだけを考え、仕返しに成功するまで止めない。良いことをしたことを駄目にしてしまうかも知れないと言うことは、全て忘れてしまう。前後をよく考えてから仕返しをするということは考えない。このようにすることは、完全な愛国心を持つとは言わない。怒りに左右されるからである。

この3つのタイプの性格を、私はクメール人の皆さんにお願いするが、一生懸命仕事をして、我々の国の利益を生じせしめることができるために、少しずつ擦り落として身体からすっかりなくすように一生懸命努力してほしい。我がクメール国は昔から劣った国であったのではないからである。皆さんは、しばしば国のことを思い、他国と比較する、即ち並べて比べることを決して忘れないでほしい。そうすれば、愛国心が生まれ、国に力を伸ばさせる。そして一生懸命働いて国を発展させる。今後各人それぞれがこのように考えれば、良いことを成功させることが必ずできる。どのような仕事をしていようと、財産を持っていようと、貧しかろうと、身分が高かろうと、低かろうと、国を愛し、国の恩を知ることを忘れてはいけない。なぜならば、自分は今どこにいるのか。もし、クメール国にいるのなら、なぜ一生懸命努力し、一生懸命働いて自分の国が高貴になるようにしないのか。

[注。85号、2-1に続く]

2-1 語彙制定 [82号、2-4から続く]

grū {deba}[記]

26。aruṇasuvatthi[おはよう]。名詞。パーリ語。(a-ruṇ-suvat と発音する)。"朝の平安" という意味である。この語は我々が朝に友人などに会った時、握手なり合掌なりをして互いに挨拶する時に使う。この語は互いに平安があるように祝福し合う語であるから、先に声をかける人は、いつも "aruṇasuvatthi" と言うのが適切である。フランス語の(Bonjour)という語にあたる。

27。sāyaṇhasuvatthi[今晩は]。名詞。パーリ語。(sāyaṇ-suvat と発音する)。"夕刻の平安" という意味である。フランス語の(Bonsoir)という語にあたる。この語の解説は、この語は夕刻に使うということが異なるだけで、全て上の語と同じである。

これらの2語は、上に述べたように、[それぞれ]朝と夕方に演奏するaruṇasuvatthi あるいは aruṇasuvātthi と言う曲と、sāyaṇhasuvatthi あるいは sāyaṇhasuvātthi という曲の名になっている。<beka>社のクメールの thās <machine> crieṅ[レコード]、番号は20,462-1と20、490-1の中を見よ。

28。serībhāba[自由]。名詞。パーリ語の serībhāva から。"心のままに何でもすることができる権利を持つ人であること" という意味である。たとえば、大強国はいずれも、「serībhāba を持つ国」と言う。即ち自分が絶対的権利を持つことである。この「serībhāba を持つ人である」ことは、全世界の人々が必要とするものである。国でも人でも、この権利を持たず、他の権利の下にあるものは、aserībhāba[非自由]と呼び、「権利の無い人であること」という意味である。

29。bhātarabhāba。名詞。パーリ語の bhātarabhāva から。"互いに兄弟姉妹であること" という意味である。この語の例は、たとえば、この世界のあらゆる民族の人々は、仏法、あるいは正義の道から言うと、全てが互いに bhātarabhāba、即ち全てが互いに兄弟姉妹であり、互いに傷つけ合うべきではない。

30。samattabhāba[能力]。名詞。パーリ語の samatthabhāva から。"能力がある人であること"、即ち、たとえば自分の知識を超えて仕事ができる人のように、いつも自分の体力と学問知識の力を超えて何かをする、あるいは何かを考えることができるという意味である。

[注。87号、2-2に続く]

2-2 偽の職員になってプノンペン市の税を徴収して歩くこと

我々は、今月22日付のフランス語<gazette>[新聞]"<la vérité>"で、「ṇām-phān という名の無職で住所不定の、悪い考えで稼いでいる者が、<kaki>[カーキー色]の衣服を着て、C.M.(市の測量員であることを証明する)の文字をつけたベレー帽をかぶって[市職員に]変装し、農民である名は kae-kin、通称 dūc の家と、やはり農民である nāṅ {yān}の家に家屋税を徴収に行った。この2名は住所は sdiṅ mān jaya にある。この2人に、税金を徴収に行った時は、現在家が立っている土地税額6.48リエルを払わせた」と[いう記事を]読んだ。

私は調べて、この変装[詐欺]を何回も見つけた。無学無知であるクメールの人々は、いつも悪人を信じて自分の利益を無駄に失い続けている。私はこれら騙されたクメール人全てを可哀想に思い、大変心が痛む。

王族に成りすまして、それぞれが他人に食事をご馳走させた者もいるし、他人から金を騙し取って使うために刑事になりすました者もいる。

私は、遠くにいる人も、近くにいる人も、全てのクメール人に広く伝える。私が以下に論じる言い付けを覚えておいて欲しい。人の顔を見ただけで恐れてばかりいてはいけない。世界の人は皆同じで、上下はないからである。政府が全ての人に従わせるために定めた法律の力だけが世界の人間より上であることができるのである。この法律の力は何の上に認めるのか。それは政府が、その人に持たせた権限を持つ人たち、即ち高級官吏あるいは下級官員に認められるのである。この2種の人々は、何かの公務で州や村に出かけたときには、その職員がそこに来たばかりで誰も知り合いが無いときには、我々の地区の長などのところに挨拶に来るべきである。我々の州知事や郡長や村長のように、既に我々の顔見知りの人ならば、我々は税金を払っても良い。我々の見知らぬ人の場合には、税金は払うべきではないし、その他の品物も渡すべきではない。本当に公務中の職員ならば、我々の地区の長である村長の所に連れて行って、真実であるか否かを確認するべきである。なぜならば、政府の仕組みは、職員を地方に派遣する前に、「政府が必要とする公務を果たす助力をするように」と全て村長に通知するからである。誰にせよ、証拠がない者は、国民はその指示に従うべきではない。全て偽者である。

pa.jha.[=pāc-jhwn]

2-3 [44号、2-4と同一]

2-4 バット・ドンボーンのシソワット中高等学校卒業生友愛会連合会員が1938年8月14日に、シエム・リアプの会員を訪問した

8月14日日曜日に、バット・ドンボーンの ṇāl 州知事殿をはじめとするシソワット中高等学校卒業生友愛会連合会員28名が、シエム・リアプの会員を訪問し、8月14日の夜8時からシエム・リアプの劇場で現代式の劇を公演した。

シエム・リアプの会員たちは、バット・ドンボーンの会員が来訪したのを見てとても喜び、歓迎して盛大なパーティーを開いた。

一方、劇の方は、その公演は本当に良かったので、他の民族と同様に我がクメール人も上手で美しいことが認められ、実に驚くべきものであることがわかった。しかも時間が短くて、喜劇的演技や話を全部は演じ尽くせなかったにも拘らずである。

演じた人も、音楽を奏した人も、演劇を演じて生計を立てている人ではない。即ち全てシソワット中高等学校卒業生友愛会連合会の会員であった。

男性も女性も実に良く演じた。そして細心に念入りに一生懸命演じており、しかもお互いに仲良くしていた。

その劇場は、空席は1つもなかった。即ち大勢の人でぎっしりと一杯で、窮屈であった。見に入ることができなくて悲しむ人もいた。見に入れた人も、席が満員で見に入れなかった人も、どうにもできなかったことなので、どうかお許し願いたい。

劇は全部は演じ終わらず、重要な滑稽な話が残ったので、見に入れた人は大変残念な思いであった。

我々は、このようにすることができ、我々クメール人はいくらも劣っていないという手腕を示し、お互いの親しさも大いに高めた州知事のṇāl氏をはじめとするバット・ドンボーンの会員に高い称賛の気持ちを持つ。

さらなる称賛は、脚本が書ける人、作曲ができる人、作詞ができる人、歌える人、演奏ができる人、<tableau>[背景]の絵が描ける人、そして最も重要なriep cam dāṅ grap(Metteur en scene)[演出家]、即ち全てを取り仕切る人、これらのことができる人が全部揃っていて、そしてṇāl州知事殿がこれらをしっかりとまとめ上げる人として存在していたので、このように作り上げることができたということである。

これら20名余りの人々の団結、即ち互いに競い合って、反感を持つことのない友人として親しくし、さらに互いに礼儀正しいことは称賛するべきもので、他の会員たちは模範にするべきである。

我々は、シャム人がbraḥ mū thai[注。1種の歌劇。いわゆるモー・タイ]と呼ぶ劇をこのようにまで魅力的に演じられるクメール人がいるとは思ってもいなかった。今、我々はそれを目にすることができた。我が民族は劣り、彼らの後にいたが、今は少しずつ顔が上に上がっていることがはっきりと現れて、目に見えて、私は比べ物がないほど楽しかった。クメール人の皆さん、今後さらに堅固になるように一生懸命助力し支え合ってください。

バット・ドンボーンの近くにいる他の友愛会連合会の会員は、互いに親密が生まれ、かつ他の人々がクメール人の手腕を見ることができるように、1度このグループを招いて演じてもらう価値がある。我々は敢えて前もって保証するが、苦労はない。即ち費用はいくらもかからず、きっと[入場料]収入が[出費を]いくらか支えてくれるだろう。

州の[友愛]会の会員が互いに訪問し合うのは、双方の会員が知り合いになり、親しくなり、互いの友情が生まれ、結束と助け合いを非常に高め、国を愛し、民族を愛する気持ちを生まれさせるから、大変良いことである。

我々の知るところでは、我がクメール国には、現代風の演劇団が2つ、即ちプノンペンに1つ、バット・ドンボーンに1つ生まれていて、全てシソワット中高等学校卒業生友愛会連合会の会員である。

得られた入場料は、バット・ドンボーン市にシソワット中高等学校卒業生友愛会連合会の会館を建てるためにとっておく。

他の州も、将来の発展のために、会館を建てる準備をすることが望ましい。

我々はバット・ドンボーンの友愛会連合会の会員たちが、今後永久に、幸福に恵まれ、国と民族のために仕事をすることができるようお祈りする。

バイヨンのクメール人たち

3-1　インドシナ国政府宝籤

1938年8月24日抽籤、第3次

末尾が47あるいは58の番号の籤はいずれも10リエルに当たり。

末尾が706あるいは471の番号の籤はいずれも50リエルに当たり。

8本が1千リエルに当たり、番号は、

[6桁の番号が8個。省略]

80本が百リエルに当たり、番号は、

[6桁の番号が80個。省略]

434,714の番号[の籤]は4,000リエルに当たり。

3-2　[83号、3-3と同一]

3-3　[83号、3-1と同一]

3-4　[76号、3-3と同一]

3-5　誤りの訂正

先日の<gazette>[新聞][＝83号、1－11]の中で、印刷所設立のための新しい出資志望書に貼る<timbre>[印紙]の説明が0.35リエルと説明してありますが、これは誤りで、出資志望書は小型に作りましたので、事実はたったの0.30リエル丁度です。

それゆえ、急いで出資してください。<timbre>[印紙]料は安くなりました。

3-6　[82号、3-5と同一]

3-7　[仏語]　　1938年8月25日、プノンペン

証明書

[ク語]　引退したcāṅhvāṅ[課長]であるokñā jamnit braḥ aṅga名はyūr。私の妻[?nak bhariyā]は重病に罹り、全身が痙攣しました。私は有名な医師に往診を頼み、8ヶ月間投薬し、金銭をたくさん使いました。私は、医師が考えに詰まっているのを見て、これは前世の業果であると信じるしかないと思いました。しかし、nagaravatta <gazette>[新聞]から情報を得て、私は私の妻[?nak bhariyā]をsīv-pāv医師殿の所に行かせ、診察してもらい、薬を調合してもらって妻[?nak bhariyā]に服用させたところ、

すっかり治り、身体も元のように戻りました。

私の姪の子たちも、長い間病気で、医師を探して注射をしてもらい、薬も飲ませましたが治りませんでした。sīv-pāv 医師殿の薬を得て服用させると、病気は全て完治しました。私は彼の恩を忘れません。この<gazette>[新聞]に掲載して恩返しをします。

3-8 [82号、3-7と同一]

3-9 [81号、3-11と同一]

3-10 [広告] お知らせします

私は、"<beka>"印のクメール語の thās <machine> crieṅ[レコード]の、新しく入荷した銀色の新盤がたくさんあります。卸売も、小売も致します。耳に美しい華麗なヨーロッパ風の、最もモダンな歌です。さらにあらゆる昔の thās <machine>[レコード]もあります。

香料、香水、おしろい、口紅などと、昔から有名なモダンな淑女の衣服もあらゆる型があります。また装身具も多種類揃っています。価格もリーズナブルで、使うのに十分です。皆さん、是非見にいらしてください。

nāṅ {ḍuoṅ}店、プノンペン vāṅ 路31-33号

3-11 [80号、3-9と同一]

3-12 [80号、3-10と同一]

3-13 農産物価格[「金の価格」はない]

プノンペン、1938年8月25日

サトウヤシ砂糖		60キロ	3.40リエル
	店頭で購入		3.00リエル
精米	1級	100キロ、袋込み	12.00 ~ 12.05リエル
	2級	同	11.65 ~ 11.70リエル
籾	白	68キロ、袋なし	4.95 ~ 5.00リエル
	赤	同	4.80 ~ 4.85リエル
砕米	1級	100キロ、袋込み	9.75 ~ 9.80リエル
	2級	同	8.90 ~ 8.95リエル
トウモロコシ	白	100キロ、袋込み	[記載なし]
	赤	同	7.50 ~ 8.20リエル
コショウ	黒	63.420キロ、袋込み	20.00 ~ 20.50リエル
	白	同	31.50 ~ 32.00リエル
パンヤ	種子抜き	60.400キロ	45.50 ~ 46.00リエル

＊サイゴン、ショロン、1938年8月24日

フランス籾・米会社から通知の価格

ショロンの<machine> kin srūv[精米所]に出された籾1 hāp、[即ち]68キロ、袋込みの価格は以下の通り。

籾	最上級	5.36 ~ 5.40リエル
	1級	5.22 ~ 5.26リエル
	2級 日本へ輸出	5.08 ~ 5.12リエル
	2級 上より下級、日本へ輸出	4.98 ~ 5.02リエル
	食用[国内消費?]	4.64 ~ 4.68リエル
トウモロコシ	赤 100キロ、ショロン県マッカサンで売り渡し。	8.35 ~ 8,40リエル
	白 同	8.55 ~ 8.60リエル

米(10月[ママ]渡し)、港渡し、袋込み、税抜き、1 hāp、[即ち]60.7キロの価格は以下の通り。

精米	1級、砕米率25%	7.35 ~ 7.39リエル
	2級、砕米率40%	6.88 ~ 6.92リエル
	同。上より下級	6.68 ~ 6.72リエル
	玄米、籾率5%	5.83 ~ 5.87リエル
砕米	1級、2級、同重量	5.89 ~ 5.91リエル
	3級、同重量	5.33 ~ 5.37リエル
粉	白、同重量	3.80 ~ 3.84リエル
	kāk [籾殻+糠?]、同重量	2.50 ~ 2.60リエル

4-1 [75号、4-1と同一]

4-2 [81号、4-2と同一]

4-3 [20号、4-6と同一]

4-4 [11号、4-2と同一]

4-5 [67号、4-8と同一]

4-6 [81号、4-6と同一]

4-7 [44号、3-3と同一]

4-8 [73号、4-6と同一]

4-9 [33号、3-4と同一]

4-10 [48号、3-8の終わり近くの「70メートル」が「10メートル」になっているだけである]

4-11 [8号、4-3と同一]

4-12 [11号、3-2と同一]

4-13 [79号、4-10と同一]

Samedi 3 SEPTEMBRE 1938

Directeur PACH-CHHŒUN

HEBDOMADAIRE PARAISSANT TOUS LES SAMEDIS

(Boite Postale N° 44)

第2年85号、仏暦2481年0の年寅年 bhadrapuda［ママ］月上弦92日土曜日、即ち1938年9月3日、1部8セン

［仏語］1938年9月3日土曜日

1-1　［仏語で「私書箱 No.44」と「社長、PACH-CHHŒUN」が加わった以外は8号、1-1と同一］

1-2　［デザインが少し変わった以外は8号、1-2と同一］

1-3　［デザインが少し変わった以外は8号、1-3と同一］

1-4　［8号、1-4、1-5と同一］

1-5　ベトナム人がクメール人を見下すのが激しくなってきたが、フランス政府はどう考えているのか

我がクメール国に庇護を求めて来て住み、生計を立てているベトナム人は、最近ますます数が増えていて、侵入してきて良いポストを全て取って住んでいて、クメール人はほとんど生計を立てることができなくなっている。それだけではなく、さらに彼らの<gazette>［新聞］に掲載して、彼らが庇護を求めている国の主であるクメール人を非難している。彼らは、［自分たちが］侵入する方法についてクメール人に抗議させたくないのである。

この［nagaravatta］<gazette>［新聞］の中では、我々はクメール人とベトナム人を互いに反目させようと扇動したことは一度もない。即ち我々は彼らの悪口に対して反論しただけである。

今やベトナム人たちは、単にクメール人をけなすばかりでなく、さらにクメール政府の官吏に違法行為を行った。数ヶ月前、クメール人村長が公務を行おうとした時に、ベトナム人が頑強に抵抗したことを解説した。最近［再び］lœk ṭaek 郡（カンダール）の郡庁の smien の1人が、公務を行なっている時に、結束したベトナム人たちに殴られた。この官吏が彼らの求めに応じて違法行為を行わせることを拒否したからである。

このように他民族がクメール人を見下す事件は、ベトナム人とクメール人との争いの事件を、政府がフランス裁判所に審理させることによる。もしクメール裁判所に審理させれば、ベトナム人はこのように行動する勇気はない。

クメール国で、中国人、ベトナム人などの他民族がクメール人に対して事件をおこし、フランス裁判所で審理されることになると、今後クメール人はますます劣っていく。クメール国を支援するために来たフランス政府は、クメール人をこのように劣らせることを欲してはいないであろう。それならば、クメール人を繁栄させるためにはどう考えるのか。

我々の考えでは、中国人やベトナム人などの他民族にクメール裁判所で審理を受けさせることにするべきである。そうすれば、これらの民族は少しは我が民族を恐れるであろう。クメール国で戦争が起こった時には、きっとクメール人が出て行って戦って国を守るのであって、［我が］国に来て住んでいる他民族が共に出て行って守るのではないからである。

この件について、我々の考えに政府は同意しないなら、クメール政府の官吏に他民族に対する権限を増す、即ち以前のように他民族がクメール政府の官吏に不法行為を行った場合、今後彼らの仲間がその真似をしないように、カンボジア国から追放するようお願いする。

現在、フランス国では、［フランス］国に来て住んでいて、フランス人に不法行為をする他民族を、追放して自国に帰って住まわせるために、捜査をしようとしている。

では、我がクメール国は、なぜこのように多くの他民族を受け入れて住まわせ続けているのか［注。cf.1863年の保護国条約］。そしてこれらの他民族は国の主をけなし、侮辱し見下し続けている。

nagaravatta

1-6　アンコール･ワットは大きな石の塊である

ある<gazette>[新聞]が、“アンコール･ワットはシエム･リアプ州にある古代遺跡である大きい石の塊であるに過ぎないのに、なぜクメール人は好んで自分の<gazette>[新聞]の名前にしているのだろう。噴飯ものである。他に名前が思いつかなっかたから、この名前にしたかのようである”と疑問を持っている。

この疑問の語調から、「これは、nagaravatta の社員たちは何も知らない無学無知で愚かである」と押さえつけたいと思って、わからない振りをしているのであることが明らかに認められる。しかし、この言葉に我々は悲しんだり悔しがったりさせられる代わりに、逆に我々を楽しくさせた。次のように、この種の人たちにもう1度気づかせ目を開けさせるために反論することができるからである。

我々がアンコール･ワット遺跡の名を我々の<gazette>[新聞]の名前にしたのは、この遺跡は大きい石の塊であるのは事実であるにしても、この型の石の塊は世界に1つしかなく、話すことができ、歩いて全世界に情報を広めることができる石の塊であり、世界に名声を示して世界の人々に感心させる石の塊であり、当時のクメール人の全インドシナ半島に広がっていた大きい力、即ち西はモン国が従い、東はチャンパー(即ち現在のトンキン)が従い、北はラオス国が従い、南は大海に達していて、当時はこれだけの国土がクメール大王の大きい力の中にあり、その証拠、即ち石碑文と古代遺物として現在に至るまで残っている多くの石の塊である。

これこそがクメールのアンコール･ワットの栄光ある名誉で、全世界に芳香を放ち、アンコール･トム、アンコール･ワットができた時代から現代に至るまで、あらゆる方角から人々が大騒ぎして見に来たのである。現在も、アメリカ大陸、ヨーロッパ大陸、アジア大陸、アフリカ大陸などの諸国の人々がますます大勢、何千、何万という金をかけて連れ立って見に詰めかける。そして目にすると、クメール人の文明を尽きることなく感心し称賛する。1回見に来た後に、また2回も3回も見に来る人もいる。現在では、アンコール･ワットの名声と写真までが全世界に広がり、隙間なく全ての所に[アンコール･ワットを]知っている人がいる。それればかりではなく、この遺跡の絵はクメール国の国旗の中央にあり、世界にクメール国の勢威を示す道具になっている。

しかし、我々は、アンコール･ワットを見に来た人たちは全て、そこに埋められている重要な埋蔵物が見えないことに気づいている。みな誘い合って写真を撮ったり、絵を描いたりして、国にいる、見ることができなかった兄弟たちに配って見せている。[一方]埋蔵物は、それが見える人は誰もいない。それでnagaravatta 新聞社が行って捜して見つけ、持ってきて、この石の塊は、本当に話すことができるということを全世界の各人に知らせているのである。我々は、「なぜ[彼らは]我々を称賛しないで、逆に笑うのか」と大変疑問に思う。

最後に、疑問を持っている方は、“nagaravatta[＝アンコール･ワット]”という名前を出しているのは、「その中に驚くべき大威力と高貴な文明とを全て持っている石の塊だからである」ことを知りなさい。疑問に思うのはやめなさい。

1-7　皆さん、忘れないでください

manībūd 氏のパーティーに当たっているのは今日の夕方です。

1-8　諸国のニュース

1-8-1　中国

東京市、8月21日。陝西省の南にいる日本軍は mūdiṅ cin 市と bū jhiev 市に達した。

＊上海市、8月21日。山東省で、中国非正規軍が日本の手中にある済南市を攻撃した。

日本電によると、ロシア機6機が満州国の国境を越えて領内に6から7キロメートル入り、それから満州国を爆撃することなく国に帰った。

＊漢口、8月22日。揚子江岸から65キロメートルの日本軍は鄱陽湖岸に行き、中国軍を攻撃し、yūy chāṅ 県に向かった。

揚子江の北では、日本軍は jhū jhuoṅ 市を占領した。

＊上海、8月22日。中国非正規軍は上海市の近くの日本軍を包囲して攻撃した。

＊漢口市、8月23日。日本軍艦が dīv gāṅ 市から出航し、揚子江を遡って水中の機雷を多数引き上げた。揚子江の北の yīn chāṅ 県から300キロメートルの中国軍は南昌県を支えに行き、日本軍を待っている。さらに南では日本軍は鄱陽湖を過ぎ、gū līṅ 県に向かっている。

中国軍は、「sien cān 県を日本から奪い返した」と発表した。

＊南京市、8月23日。日本軍は航空機と軍艦の協力を得て揚子江岸の中国軍を砲・爆撃した。

＊香港、8月23日。イギリス政府は香港市の日本の「同盟」という名の通信社の閉鎖を命じた。

サハリン島でロシア警察官たちが越境して日本国に入った。このサハリン島は2分されていて、1つは日本国、1つはロシア国である。

＊南京市、8月25日。日本が、孫文の子である sun fū 氏が乗っていると推測された民間機1機を水中に撃墜した。しかし、sun fū 氏は別の機に乗っていた。その民間機が水中に墜落すると、日本機はその民間機の乗客を追ってほとんど全てを射殺した。

＊東京市、8月26日。日本政府は新聞記者たちに、「いずれの国の機であろうと、中国領空を飛行する機は日本機によって検査される。検査をさせない場合は日本軍により必ず撃墜される」と発表した。
＊東京市、8月26日。日本電によると、日本機が広東－漢口の鉄道線路沿線の中国軍駐屯地を爆撃し、それから広東市を半時間の間爆撃した。
＊漢口市、8月27日。現在の中国では、「イタリア国が中国と日本国を和解させ戦争を止めさせようとしている」という噂がある。この噂についてある人が蔣介石総司令に訊ねたところ、総司令は、「いかなる国にも仲裁者にならせることに同意しない」と答えた。

本日、日本軍は漢口市を包囲しようとして午前2時から攻撃を始めた。
＊漢口市、8月29日。先の日曜日に、中国軍は jāṅ sān 市と tai yū 市を日本から奪還した。この両市は揚子江岸にある。日本軍は中国軍にこの2市から追い出され、揚子江岸で散り散りばらばらになった。同日曜日夕刻、中国軍はさらに sū suṅ 市を占領した。

1-9　土曜評論

kū ṇām 郡の muṅ dī peṇāñ 市に他とはとても異なる砦が1つあった。この砦には兵はいなくて、大勢いる人間は全て女性ばかりだったのである。一方、兵の方は全て砦の外にいさせた。この砦の中を治める長は<adjudant>[曹長]殿[nāy]が1人いるだけだった。この <adjudant>[曹長]には ḷev[注。語義は最下級の兵。] という名の息子がいて、遠くの国に勉強に行って来たので、<pèche>[魚]の階級章をつけていた[注。将棋の「歩＝兵卒」をクメール語では trī「魚」と 呼び、「兵卒＝trī＝魚」から]。

ある日、この砦の中でとても驚くべき事件が起こった。突然この<adjudant>[曹長]が息子を<caporal>[伍長]に任命して、砦内の全ての公務の仕事を息子に任せた。<adjudant>[曹長]自身はこの砦を守護する幽霊、化け物、悪霊と喧嘩をしたからである。そして遠くの国に行って住んだ。しかし、悪霊たちが腹痛を起こさせて死なせないように、砦の中では一生懸命聖糸を張りめぐらせておいた。

この砦の中には、スポーツから始まってあらゆる種類の知識を教える少女の学校があった。

国外の女性がこの学校の校長であった。この校長殿[?nak]は<caporal>[伍長]と<adjudant>[曹長]殿[nāy]とは異なる民族であった。ある日、muṅ dī peṇāñ 市政府に勤務する高官がこの砦に入って来て女学校の校長殿[?nak]に会い、その校長殿[?nak]を phkāp phṅār 遊び[注。貨幣を投げて、表か裏かを当てる] というゲームをするために教室の隣の1室に連れて行った。このゲームに夢中になって、この2人は母を忘れ、父を忘れ、さらに扉や窓を閉めるのも忘れていた。そのとき、<caporal>[伍長]が歩いて来て、このように一緒に遊んでふざけているのを見て、この砦の中の長である自分を軽視した2人に害を及ぼそうとして、写真機を取り出して写真を撮った。写真を得ると、<caporal>[伍長]はそれを持ってこの kū ṇām 郡の前の長であった州知事の所に行き、「自分は写真にした証拠を持っている。後日写真を持ってきて証拠として提出する」といって大声で泣いて苦しみを訴えた。しかしその写真は自分の服のポケットに入っていた。なぜすぐにその写真を取り出して見せなかったのかはわからない。その州知事はその女学校の校長と同じ民族であったので、自分の同民族の肩を持ち、逆に非難した。<caporal>[伍長]はそれ以来沈黙していたが、心の中には依然として不満があり、密かに害を加えようという策を持っていた。こう考えると、その<caporal>[伍長]は、その女学校の校長と phkāp phṅā をして遊んでいた高官の妻にその写真を送り、夫婦に離婚させた。

この[離婚させる]話は考えるのは容易である。しかし、強い知恵があったから<caporal>[伍長]はこのように行動したのである。私の方はこのような複雑なことはしない。もしこの女学校の校長が悪い行いをしたら、私はすぐに解雇する。私が雇った人間だからである。

このような策を用いた<caporal>[伍長]は、この人自身は意地悪な人間であり、こっそり誰かある人に、知らず知らずのうちに別の人を疑わせるように持っていく策の持ち主であることを認めさせる。

tā {kram}

1-10　シャムのクメール人

［注。この文章はタイ語からの翻訳であり、タイ語的表現が多く、クメール語になりきっていない部分があるが、いちいち指摘することはしない］

シャムの daiy-dai(thaiy-thai)[注。括弧の前はタイ語の文字転写、括弧内は発音転写])[自由タイ]という名の<gazette>[新聞]の、仏暦2481年 siṅhāgama(<août>[8月])6日付13号から翻訳

クメール人の国、即ちカンボジア国は、古代からシャム王国の領土であった。クメール人はシャム人と密接な姻戚関係を持ち、民族の風俗習慣、さらに宗教までシャムと同じである。クメール人は、シャム人以外には、風俗習慣と宗教の面で世界のどの民族とも姻戚関係を持っていない。クメール国を治める力である王族と高級官吏たちの多くは、どの時代にもシャムに来て教育を受け、国の政治を学んだ。歴史の中にはっきりわかることの中にも、大皇帝の治世中の ?nak braḥ sudo、?nak braḥ sudana などから、dhanapurī[トンブリー]とratanakosindra[ラタナコーシン](バンコク)時代まで大勢いる。敢えて1言で言うならば、カンボジア国の各王が来て、国に帰ってク

メール人を統治するための人格の教育を直接シャムから受けたのである。samṭec braḥ harirakkha［アン・ドゥオン王］も、samṭec braḥ narottama［ノロドム王］も、samṭec sīsuvatthi［シソワット王］も全てバンコクに来て教育を受け、出家した。クメールにとって、現在のシャム国は、昔のインドのタカシラー国、あるいは現代の我々のヨーロッパに相当する。一般クメール人の心は、cau bañā patindratejā（siṅha）が軍を率いて行ってクメールの領土を占領した時［注。1827年のころ。cf.坂本、上田2006、p.165～］以来見られるように、心の中ではシャムはどの民族よりも、クメール人の真実の友人であると思い意識している。しかし、我々は自分のものであった領土を治め保持することができなかった。ベトナム人が来てその土地を分割した、即ち来てクメール人を以前のように苦しめた時に、我々は braḥ pāda samṭec braḥ nāṅ klau［タイのラーマ3世］と bañā patindratejā（siṅha）を思ったが、今は誰を思えばいいのかわからない。

これまで話してきたことは、単にシャム人全てが知っておいて思い、知っておいて互いに話題にするための歴史の知識として、我々が思い出すことができることに従って述べただけであり、あたかも我々シャム人の生活の中で、夜に見る夢に現れるようなものである。終わり。

＊我々クメール人全ては暗愚ではなく、上に述べられている友人を忘れたことはない。現在、シャムとの姻戚関係を切り捨ててはいない。常に以前と同じように友情を持ち続けている。インドシナ国全体の政府もシャムとの友情から逸れることなく将来長く保とうとしていて、いつも互いの幸福を望んでいる。領土については、インドシナ国はまだ豊かで広い。インドシナ国政府は誰の領土をも侵略して奪うことを望んではいない。人々は信頼してほしい。

悪口を言った話、即ちカエルが腹を膨らませる話は、nagaravatta 新聞はシャム人、あるいはシャム政府全体を傷つけることを望んだのではない。我々クメール人に対して傷つけることを言うある人物、即ちある1人の<gazette>［新聞］読者に言ったのである。しかしやむを得ず、あのように全部をまとめて言ったのである。

シャム人は、以前と同じように友情を保つかどうかは、我々は知ることはできない。しかし、たとえどのようであっても、シャムは互いに親密であった元の友情を忘れることはないと期待する。

もう1つ、［シャム］国はいかに発展していることか、をクメール人はとても喜んでいる。

1-11　あれやこれやについて

（grū {deba}）［記］

＊エメラルド仏像

braḥ nāga senathera が作ったエメラルド仏像は、カンボジア国に来て、ほぼ［合計］120年の間安置されていた。国王の治世で数えるなら7代である。即ち仏暦1549年から1596まで王位にあった braḥ sūryavarman 1世の時に来て、仏暦1695年から1734年まで治世した braḥ sūryavarman 3世（年代記では braḥsenakarāja と呼ばれている）までで、それからクメール国を去ってラオスの財産になり、その後ラオスを去ってシャムに行き、現在に至っている。

＊braḥ krik

もう1つの小さくて braḥ krit、あるいは braḥ kriṅ と呼ばれる小仏像は、仏暦1655年から仏暦1695年まで王位にあった braḥ sūryavarman 1世［ママ。86号3-1で「2世」に訂正されている］（年代記では paduma suriyavaṅsa と呼ばれる）の治世中に作られた。これと同じか少し後の時代に中国でも作られた（中国人はクメール国から型を持って行った?［注。この疑問符は原文］）。クメールと中国以外にこのタイプの仏像を作った国はない。

＊金［きん］65,000,000リエルの埋蔵物

現在、ペシャワールの大王は、贍部［センブ］州（インド）での戦いで勝利したアレクサンドロス王（ギリシャ）の財産であって、2263年が経っている埋蔵物を発掘させ、金［きん］約65,000,000リエルの埋蔵物を発見した。同大王はこの財産を国と民族のために費やす決心をした。

2-1　国を愛し、国の恩を知ること

前の週［=84号、1-9］から続く。

「自分の国を愛し、自分の国の恩を知る」ということは、あらゆるタイプの事を良く行わなければならないが、大きなことは4種類ある。即ち、

1。生命で自分の国に恩返しをする。

2。知恵を使って自分の国の利益のために使う。

3。財産と名誉で国に恩返しをする。

4。力を使って国に恩返しをする。

である。

第1。解説すると、「クメール人である全ての人は、金持ちであろうと貧乏であろうと、身分が高かろうと、低かろうと、国が危急の場合には応援しなければならず、尻込みしてはいけない」ということである。

第2。知恵に秀でている学問のある人は、国を発展させるなんらかの方策を探し、さらに全てのポストに役に立つ新しいものを考えて作ることである。

第3。地位があり、財産がある人は、地位あるいは財産を使って、何か役に立つことをして国を発展させなければならない。

（まだ後の週［＝86号、2-1］につづく。）

2-2　［44号、2-4と同一］

2-3　公安警察局の発展［注。Ⓢによると国家警察は市警

察と公安警察の2部門からなり、前者はプノンペン市を、後者は州を担当することになっているので、ここは「市警察」が正しいかも知れない]

プノンペン市の dham 市場では、歩行者や買い物をする人がうっかり注意を怠たっている時に、しばしば白昼に財布をひったくり、首飾りなどの種々の金細工品を引ったくる、そして警察当局も捕らえるのが容易ではない連中に、農村の人も市の人も、全てが辟易している。

この引ったくり犯以外に、もう1種、トランプ3枚を使う博打、即ち leṅ kramum[注。トランプのクイーンがどこにあるかをあてる賭博]がある。これは、米を売り、トウモロコシを売りに来て、わずかの金を得た農民が、これらの盗賊の技術に騙されて、負けて金を失って、空っぽの手で家に帰るのである。5リエルか、20リエル紙幣を持っている人が、小額貨幣か小額紙幣で博打をして遊ぼうとするが、[小銭が]見つからず、両替しに行かせると、その盗賊は紙幣を持って姿を消してしまうこともある。その次の盗みは、その仲間は女ばかりで、自分は博打打ちである振りをして農民を引っ掛けて行って、博打をして勝ち続ける。本気で博打を打つ人は、目隠しをされ、騙されて勝たれて[＝いかさまをされて]負け続ける。この博打はたいてい aṅ[ママ。「aṅga」が正しい] ḍuoṅ 路、narottama 路、それから船で行なわれている。

上の引ったくり犯の方は、仲間が市場中に大勢いて、種々の策を使うので、捕まえるのは容易ではない。品物を引ったくると、次々に近くにいる仲間に投げ渡すのである。最初に引ったくった者は知らぬ顔をしている。品物を[引ったくられて]なくした人は、品物を追っかけてどこか[品物とは]別の方角へ行ってしまう。

およそ1年近く前に、このタイプの盗みが鎮静化、即ちかなり減った。nāṅ {niṅ}と pānも加わって、どうしても逮捕すると一生懸命心を込めて捜査して、とうとう逮捕した公安警察局の kramakāra {yim} の力のおかげで、盗みをした者たちを全て逮捕し起訴することができたからである。それ以来、dham 市場では、地方の人も、プノンペンの人も、安穏で安心で、以前のように恐れることがなくなった。

nagaravatta は大変嬉しく思っている。この3名にお祝いを述べ、政府がこの3名を支援してさらに名声と地位を上げるようお願いする。すでに以前に例があったような、利益を得るために盗賊に手を貸して、善良な民衆を好き勝手に虐げ、職権を濫用して不法行為をしていると言われる多くの警官たちとは異なって、善良で、仕事に勤勉でかつ有能な警官で、dham 市場と船とで長い間、調子に乗って勝手なことをしていた盗賊を逮捕したからである。

現在、トウモロコシの[収穫の]季節が来ようとしている。トウモロコシを売りに来て金を持っている農民たち各人は、以前刑に服した引ったくり犯や「クイーン探し」をする者たちが出所して、再び以前のように悪事を働き始める時期にあたる。しかし、恐らく政府はまだ知らないだろう。

nagaravatta は政府にお願いする。トウモロコシを売った人を救って、[その人たちが]家に金を持って帰れるようにするために、以前のように空っぽの手で家に帰ることがないように、トウモロコシの季節に間に合うように、至急これらの盗みをなくしてほしい。また以前のように盗みが再び生じることがないように、しっかりと盗みをなくす措置を講じてください。

3-1　<poste> khsae luos niṅ khsae luos khsip[電報・電話局]が最近できた

krasuoṅ <poste> khsae luos[郵政局]は、「この9月1日からカンダール州都である tā khmau に mandīra <poste> khsae luos niṅ khsae luos khsip[電報・電話局]を開く」と発表した。

3-2　民族に忠誠であるなら法律に違反するべきでない

我々が直接受け取った情報と、受け取った手紙の情報によると、<gazette>[新聞]が紛失し、また配達が遅延することが大変頻繁であり、また配達された時に<gazette>[新聞]を巻いている srom(<bande>)[帯封]が破られているということである。しかし犯人が誰であるかはわからない。

このような情報は、我々 nagaravatta krum <gazette>[新聞社]は、[新聞を]処理する皆さんにお願いするが、nagaravatta を愛し、同じ民族であると理解するならば、<gazette>[新聞]や手紙を、[記されてある]宛先に届けてほしい。以前のようにうっかり間違えないでほしい。処理する皆さんが、今後は悪い心を改めて良い心になり、苦情が出ないようにして、同じ民族であるnagaravatta に助力して支援してくれることを期待する。

3-3　[広告]　[仏語]　医療と外科の診察室

毎日、午前:7時から10時まで
午後:15時から17時まで
予約できます。電話:379
DUONG-VAN-DIEM
インドシナ第1級医師
プノンペン、Boulloche 路9、10号

[ク語]　お知らせします

すでに皆さんが御承知の病気を治療する医師です。

私、ḍīm 医師は、プノンペン市<boulloche>路9、10号、眼科医院の西の医院にいます。

私は皆さんにお知らせいたします。

私は政府の仕事を休職して、医院にいることにしたばかりです。皆さんが病気の診療を求める必要があるときには、どうぞ私の医院にいらしてください。私は診療す

ることを保証します。あるいは御自宅に往診させることをお望みになることもできます。

私の医院での診療時間は、午前は7時から10時まで、夕方は3時から5時までです。

ḍīm 医師

3-4 ［広告］ **お知らせ**

販売するための、あらゆる種類の高級な材木と第1級の板があります。

種々のサイズの板に製材した、良質の傷がない塀用板があります。

必要な場合には、ZANANIRI 夫人［<madame>］にお訊ねください。

［仏語］ Battambang、私書箱332

3-5 ［広告］ **昼も夜も写真撮影をします**

皆さん、写真を撮りたい、あるいは小さい写真を大きく引き伸ばしたいときには、kāp go市場の sīv-pāv 薬店にいらしてください。フランス国で勉強して来た職人がいます。皆さんは彼に任せれば望みの通りになります。料金もリーズナブルです。色付の仏像画の拡大もいたします。元の絵を持って来れば［拡大］できます。

3-6 ［11号、3-2と同一］

3-7 ［76号、3-3と同一］

3-8 ［84号、3-7と同一］

3-9 ［20号、4-6と同一］

3-10 ［81号、4-2と同一］

3-11 ［81号、3-11と同一］

3-12 ［84号、3-10と同一］

3-13 **農産物価格**［「金の価格」はない］

プノンペン、1938年9月1日

サトウヤシ砂糖		60キロ	3.40リエル
	店頭で購入		3.00リエル
精米	1級	100キロ、袋込み	12.30 ~ 12.35リエル
	2級	同	11.60 ~ 11.65リエル
籾	白	68キロ、袋なし	5.00 ~ 5.10リエル
	赤	同	4.90 ~ 4.95リエル
砕米	1級	100キロ、袋込み	10.60 ~ 10.65リエル
	2級	同	9.15 ~ 9.20リエル
トウモロコシ	白	100キロ、袋込み	［記載なし］
	赤	同	8.10 ~ 8.30リエル
コショウ	黒	63.420キロ、袋込み	19.50 ~ 20.00リエル
	白	同	30.50 ~ 31.00リエル
パンヤ	種子抜き	60.400 キロ	46.50 ~ 47.00リエル

＊サイゴン、ショロン、1938年8月31日

フランス籾·米会社から通知の価格

ショロンの<machine> kin srūv［精米所］に出された籾 1 hāp、［即ち］68 キロ、袋込みの価格は以下の通り。

籾	最上級		5.47 ~ 5.51リエル
	1級		5.31 ~ 5.35リエル
	2級	日本へ輸出	5.17 ~ 5.21リエル
	2級	上より下級、日本へ輸出	5.05 ~ 5.09リエル
	食用［国内消費?］		4.65 ~ 4.69リエル
トウモロコシ	赤	100キロ、ショロン県マッカサンで売り渡し。	8.50 ~ 8.60リエル
	白	同	8.70 ~ 8.75リエル

米（10月［ママ］渡し）、港渡し、袋込み、税抜き、1 hāp、［即ち］60.7キロの価格は以下の通り。

精米	1級、砕米率 25%	7.41 ~ 7.45リエル
	2級、砕米率 40%	6.91 ~ 6.95リエル
	同。上より下級	6.71 ~ 6.75リエル
	玄米、籾率 5%	5.73 ~ 5.77リエル
砕米	1級、2級、同重量	5.92~6.97［ママ］リエル
	3級、同重量	5.50 ~ 5.54リエル
粉	白、同重量	3.76 ~ 3.80リエル
	kāk［籾殻＋糠?］、同重量	2.50 ~ 2.60リエル

3-14 ［82号、3-7と同一］

4-1 ［76号、4-1と同一］

4-2 ［75号、4-1と同一］

4-3 ［11号、4-2と同一］

4-4 ［44号、3-3と同一］

4-5 ［73号、4-6と同一］

4-6 ［33号、3-4と同一］

4-7 ［48号、3-8の終わり近くの「70メートル」が「10メートル」になっているだけである］

4-8 ［8号、4-3と同一］

4-9 ［67号、4-8と同一］

4-10 ［79号、4-10と同一］

SAMEDI 10 SEPTEMBRE 1938

Directeur
PACH-CHHŒUN

HEBDOMADAIRE PARAISSANT TOUS LES SAMEDIS

(Boite Postale N° 44)

第2年86号、仏暦2481年0の年寅年 bhadrapada 月下弦1日土曜日、即ち1938年9月10日、1部8セン

［仏語］1938年9月3日土曜日

1-1　［仏語で「私書箱 No.44」と「社長、PACH-CHHŒUN」が加わった以外は8号、1-1と同一］

1-2　［デザインが少し変わった以外は8号、1-2と同一］

1-3　［デザインが少し変わった以外は8号、1-3と同一］

1-4　［8号、1-4、1-5と同一］

1-5　蝶々が自分の生まれを忘れる

友達のお父さん！あなたはアンコール・ワット石塊を忘れたのですか。もし忘れたのなら、私が話してあげる。ずっと昔、仏暦277年頃に、その時中国の手腕に負け、国を捨てて逃げた民族が1つあった。故郷を捨てて逃げた時に2グループに分かれた。1つは逃げて来てチャム国のそばに庇護を求めた。もう1グループは逃げて来てクメール国内に庇護を求めた。当時クメール大強国は誠実な思いやりのある心を持っていて、何も苦しめることなく『noṅ sno』という名の土地を分け与え、居を定めさせた。そこに住んで魚を捕って幸せに暮らした。即ちアンコール・ワット石塊大強国があなたを統治したのはその時である。即ちアンコール・ワット石塊大強国があなたに大きい恩を施したのはその時である。即ち、あなたたち全てが石塊のおかげで幸せを得たのはその時である。この話は、あなたがよく考えると、きっと思い出すことができるのは間違いない。

もう1つ、あなたも知っているだろう。あなたたちが身を立てて服属国を建国した時、建国することができたのはなぜか。クメール人があなたに負けたのか。それともクメール人がその時にあなたに［建国を］許したのか。クメール人が建国を許したことをはっきり知っているのなら、なぜあなたはクメール人にこのような形で恩を返すのか。クメール人にこのような形で恩を返して、あなたの心は自分のことを少しは残念に思わないのか。もし残念に思う気持ちがあったなら、今後あのように言うのはやめなさい。アンコール・ワットの子孫は、今は1人が2人を捕らえることもできるからである。

熟考する

考えるとわかる。我々全ては、あまりたくさん寝ていてはいけない。起き上がって四方全てを見て、一生懸命民族の歴史を学んで、［次のことを］詳しく知らなければならない。

第1。我が国が発展していた時、どのような原因で発展していたのか。

第2。以前、我が民族はトラの後裔であった。どのような原因でネコに変わってしまったのか。

このことを、皆さんはよく考えて、その原因をさがしてください。

sukhuma

1-6　もう1度お知らせします

<gazette>［新聞］読者のある人々から、「名前を抹消して<gazette>［新聞］を送るのをやめるのを待ってほしい。来る9月末になったら必ず送金して支払う」という手紙が来ました。これについて、nagaravatta 新聞社は待ってあげるべきであると理解します。しかし待つのは今回1度だけです。来る9月末になったら、前に皆さんにお知らせしたように処理しなければなりません。

nagaravatta

1-7　諸国のニュース

1-7-1　中国

漢口市、8月29日。揚子江岸で中国軍は sū suṅ 市を日本から奪還し、āṅ giñ 市、uoṅ gāṅ 市、fāṅ mī 市を目指して前進している。

＊上海市、8月31日。陝西省で日本軍は feṅ liñ dū 市を占領し、上海市へ行く鉄道線路の一部である duṅ guoṅ 市を砲撃した。

河南省の北、黄河岸で日本軍は、sī yīṅ 市、juṅ guoṅ 市、sū meṅ sieṅ 市を占領し、huṅ gieṅ 市を砲撃した。

安徽省では、日本軍は西を目指して進み、hū cāṅ 市、dū cāṅ cwṅ 市、ṇā biṅ miev 市を占領し、tā bies 山頂で中国軍と遭遇した。

＊天津市、8月31日。天津市で、日本人1,800名が日本政府の命令でフランス租界とイギリス租界から出た。

＊上海市、8月31日。日本は、「日本機と中国機とが南陽県上空で戦った。この戦闘で中国機17が撃墜された。日本機の方は2機だけである」と発表した。中国機は何をも恐れず日本機目指して飛行した。中国の勇敢さは恐るべきものがある。

1-7-2　中国

東京市、9月2日。情報では、先の金曜日に、ṇāṅ ceṅ－dū cām 鉄道線路が中国兵に攻撃されて完全に破壊された。この路線は現在は自動車が列車の代りに走っている。鉄橋も完全に破壊された。

＊上海市、9月2日。日本は、「中国軍100,000名がlww cāṅ 山頂で中国軍[ママ。おそらく「日本軍」が正しい]に包囲された。漢口市防衛のために配置されていたこの中国精鋭軍は日本軍に粉砕された」と発表した。

一方中国の方は、「中国軍は日本軍に揚子江岸を7キロメートル退却させた。日本軍は4,000名が死傷した」と発表した。

＊上海市、9月3日。日本は、「tī yien 県の北で、中国軍は日本軍に攻撃されて、鄱陽湖という名の湖まで退却させられた。死亡した中国兵の遺体の多くは学生であることがわかった」と発表した。

1-8　生徒が新学期に入る

我がカンボジア国内のフランス語－クメール語の大小の学校全てが門を閉めて、生徒と教師に、1938年7月13日から9月15日まで休暇に入らせていたが、習慣通りに、来る9月16日金曜日午前7時に門を開いて、男女の生徒たちに勉学に入らせる。

この2ヶ月の休暇の時を考えると、生徒たち全てが身体を楽にし、しっかりした体力を付けるのにふさわしい時であった。父母、祖父母、叔父叔母、兄弟姉妹への想いを満足させるために、それぞれの故郷に帰る人もいた。自分の生国で勉学している人は新鮮な空気を吸って身体を休め楽にするためと、地方を知るために、どこか別の地方に旅行した人もいる。

再び勉学に入る時が来たら、nagaravatta は、少年も少女も、全ての生徒たちにお願いするが、少し一生懸命努力して勤勉にしっかりと勉強してほしい。kosaja、即ち secktī khjil[怠惰]に押さえつけられたままになっていてはいけない。この怠惰は勉学をしている人全ての大敵であることを覚えておくことを決心しなければならない。この怠惰は我々に学問を、財産を失わせる。この種の人間は当然 avijjā、即ち secktī ṅaṅit、secktī lṅaṅ khlau[無学無知]に浸って寝ているのである。学問がある人は、あたかも光があり暗い所に立てておく灯のようなものであり、その光は、その場所にいる他の人々も我々も、各人を啓蒙することができる。学問は、我々に心のままに容易に、安楽に、愉快に生命を養っていかせるための最も重要な物である。

もう1つ、[次のことを]理解してほしい。我が国は優れた知識がある人がまだ豊富ではない。我々はもっと努力するようにならなければならない。いつまでもぐずぐずしていてはならない。現在、他の民族が我々を大変見下すことができるのは、大フランス国が来て統治している恩のおかげがあったからである。そうでなかったら[彼らは]どのように低劣であったかわからない。諸君は、フランス人以外の外国人が我々にどのような態度をとるか、自分の周囲をよく見なさい。

それゆえ我々は、教育局全体と先生と教授全てと、自分の国にいる生徒も、外国に学びに出ている生徒も含めて、全てのクメール人生徒に期待を持っている。知恵を望み通りに明るくし、民族を近くの国と同じように繁栄させるために心と考えを1つにまとめるように、清い心を持ち一生懸命訓導し、勤勉に一生懸命学ばせることを、我々は期待する。

nagaravatta

1-9　ユースホステル

青少年の宿泊所

フランス国などの大きい国々では、休暇の時などに気晴らしと楽しみに行き、良い空気を吸って身体を休めるのに適切なあらゆる場所に、この種類の宿泊所が作られている。即ち山があり、谷川があり、dik jap(kanlaeṅ dhlāk dik)[滝]があり、美しい森があり、縦横に道があって歩いてリフレッシュして楽しむ所がある所に作ってある。

我がクメール国にも、たとえばアンコール・ワット(シエム・リアプ)、カエプ、dik jhū、dik niṅ、pūk go 山(カンポート)などのように、見に行く価値がある楽しい場所があり、これらの大国に劣りはしない。しかしまだきちんと整備していない、即ち宿泊所がないことから[注。以下脱落。誤植であろう]

ユースホステルは、青少年が休みの時に行って宿泊してリフレッシュするための宿泊所である。我々が、一生懸命我がクメール国にユースホステルを作ろうとしているのは、「ある所に多くの旅行者が往来するようになると、必ずそこは楽しみが多く豊かな場所になり、商業方面でも発展する」と理解するからである。もう1つ、そこが人々にまだ知られず、あまり行き来しない所であっても、大勢が行き来して絶えることがない所になる。

現在、我が国のユースホステルは、カンポート州<résident>[弁務官]である<lebas>氏、ター・カエウ州<résident>[弁務官]である ofael 氏、カンポート州知事である dā-sān 氏の支援で、まずカンポート州のカエプとター・カエウ州などに生まれようとしている。ター・カエウ州<le résident>[弁務官]殿は、行き来する旅行者を受け入れて宿泊させるようにするために、空き家を1つユースホステル協会にわけてくださった。これが建設されることにより、大衆は海岸に行って泊まって良い空気を吸い、谷川を見、山を見、pūk go 山に登って涼しい空気を吸うことなどができる。

このユースホステルには寝室があって、ベッド、ござ、枕、蚊帳が備えられている。集まって楽しくすごす集会室があり、読むための本と<gazette>[新聞]が置いてある図書室がある。宿泊者のための台所があって、自分で食べ物を作ることができる。将来はこのような宿泊所をさらに多数作る。

ユースホステル協会の仮事務所はプノンペン市の王立図書館内に設けられてあり、現在一般大衆は、1人が1年に1リエルを払って会員になることができる。

旅行者で、このユースホステルに行って宿泊できる人は、ユースホステル協会が発行してその人が協会のメンバーになっていることを証明するsamputra(<carte>)[証明書]を持っていれば、24時間以内で1人20センの宿泊代を支払ってユースホステルに入って宿泊することができる。

現在はベトナム人と中国人が何人か会員になる申請をしている。おそらく我がクメール人はまだ情報を得ていないのであろう。

このことは、もし皆さんが、我がカンボジア国内の種々の所に旅行して楽しむために協会に入会することを志望する場合には、それほど多くの金をかけずに簡単に入会できる。その場合、会員名簿に名前を登録し、携帯してユースホステル協会会員であることを証明するための、写真が貼ってある<carte>[証明書]を発行するために、申請書を1通書いて、1リエルと[1辺]4センチメートルの四角の写真2枚を入れて、プノンペン市王立図書館内に仮事務所をおいているユースホステル協会の会長に送ってください。

送る手紙の宛名は下のように書いてください。

[仏語]　　　　ユースホステル協会会長
　　　　　　　仮住所、王立図書館、プノンペン

1-10　喜び

私は、私と親しくしてくださり、私がフランス国シュヴァリエ勲章を受章したのに際しての土曜日のパーティーに、名誉にも集まってくださったクメール人である友人たちの皆さんに大変感謝いたします。

友人の皆様は、私が、私自身の希望に反して会に長くいられなかったことと、お1人お1人にお別れの御挨拶ができなかったことをお許しください。病気がひどい苦痛をおこし、急いで帰宅することを強いたのです。遠方に住んでおいでにもかかわらず、わざわざ友人である、あるいは教師である私を喜んで下さるために来てくださった友人たちに気がつきました。私は全ての良友たちに、私の真心からの友情をお受け取りくださるようお願いいたします。

友人である皆様は、私が重点にしています仕事は、クメール人を守り、[敵を]阻むことに固く心を込めることであることをどうか信じてください。最後に私はカンボジア国に幸福と発展があるようお祈りいたします。

mānībūd

2-1　国を愛し、国の恩を知ることについて

前の週[=85号、2-1]から続き、これで終わる。

第4。富や地位がなく、知恵がない人、貧しい人は国に恩を返すことに使うのは肉体の力しかない。

私が上に解説したことを、クメール人全ては、民族を愛し自分の国の恩を知るために、よく検討して深くつきつめて検討してほしい。この2種類のことを固く決心し忘れないでほしい。それから国のためになるように一生懸命勤勉に働いてほしい。あるいは、他の人が行うことを一生懸命助力して支援してほしい。なぜなら、この2つのことは揃って国を愛し、互いに援助し合うことにくっついているからである。どちらかが生まれれば、もう1つも必ず生まれるからである。

詳細に検討して、自分の利益だけを考える、あるいは妬み、傷つけようとする悪をすっかり捨て去ってほしい。どのように不愉快でも黙っていなければならない。決して害を加えようとしてはいけない。このようにすることは、明らかに民族を裏切ることなのである。

もう1つ、人間として生まれてきた各人は、国と民族の利益を考えない場合には、国の子と呼ぶに価しない。無益な人で、身体だけがあって土地を狭くするだけである。クメール人の子として生まれてきたならば、金、知恵、財産、地位、肉体の力に従ってクメール国の利益を考えるべきである。黙って何も有益なことをせず、自分の利益だけを考えているべきではない。

もし全ての人がよく考えて、国の利益と恩を返すことをはっきり理解し、カンボジア国があらゆる点で発展し、繁栄することを望むのなら、各人は一生懸命勤勉になってほしい。黙って何もしないでいてはいけない。

もう1つ、皆さんは我が国と民族が近くの他国と同じように顔を上げることを欲するか。もし欲するのなら、この注意のように努力することを好まなければならない。

kha. pu.［＝khemaraputra］

2-2　クメール国に来て生計を立てている他民族がクメール人を苦しめることについて

クメール人の土地に庇護を求めてきて、生計を立てることができるようになった中国人の中のある者たちが、クメール人に害意を持ち、苦しめる話はあまりにもひどいと思い、私は悔しくてたまらない。商業にはまだ未熟なクメール人に寛容であってしかるべきである。このことは、クメール人に商業で生計を立てさせたくなく、全ての道を自分たちのために取っておきたいのである。

そもそもの始まりは、シエム・リアプ―プノンペンのバス乗客が来て、我々に何回も苦しみを訴えた。それは、この路線で旅行をした時に、どのバスがどのバスかわからなくて、前に出るバスに間にあわなかったので後に出るバスに乗った。渡し場まで来て川を渡ると、1台のバスが待っているの見えた。そしてこの2台のバスは競走を始めた。くっつかんばかりに並んで走り、後から来たバスがスピードを落とすと前のバスもスピードを落とす。乗客は甚だ驚き恐れるが、バスに乗らないわけには行かないので我慢してバスターミナルまで乗った。

彼らがこのようにするのは、プノンペンに来るものだけではなく、シエム・リアプから行くのも同じことをする。政府が注意しているのは事実だが、必ずこのように、政府の目を盗んでやる。妬みで、この路線を一緒に走るバスを存在させたくないのである。

後日、クメール人のバスがたまたま籾を運ぶので1便欠便した。いつもこのバスに乗っている人が、国に帰る必要ができた。たまたま中国人のバスが来たので呼んだ。そのバスは途中停車したが、乗車させることを拒否して、「お前は別のバスに乗るのなら、あのバスが来るまで待て。もし急ぐのなら、2.50リエル払えば乗せてやる」と言った。（現在のバス料金は1リエルか0.80リエルである。）

そればかりではない。見下して聞き苦しい言葉をたくさん使った。でも、その旅行者は、その話し手の態度を見て、切ったり刺したりするやくざのようなので、黙っていた。そしてバスに乗らなかった。

その旅行者が調べてわかった。そのバスは、pārāyaṇaに住む{dā-meṅ}華僑会長と言う名の中国人のバスであり、もう1台は、最近バスを走らせ始めた āṅ jī と言う名のクメール人のものである。

プノンペンのバスターミナルからバスに乗って行った人も、その人たちがいつももう1つのバスに乗ることを知っているので、バス乗務員に小突かれ、汚い言葉で文句を言われ、余分の料金を要求された。これらの人々がやって来て、我々に苦しみを訴えたのである。

この件は、民衆は2種類の苦しみを受けていることがわかる。1つはバス乗務員が苦しめることであり、もう1つは死ぬのではないかと恐れることである。中国人は庇護を求めてやって来て生計を立てて長くたつ。そしてクメールの土地の上には財産が沢山あり、さらに金銭を得て持って行って中国を助力する。どうしてクメール国の恩を知らず、クメール人を可哀想と思い、寛容になれないのか。逆に害を加えようとする。クメール人が商業を学ぶのを潰したがる。このようにするのは、「恩を知る」と言うのか。それとも「恩知らず」というのか。このようにすると、きっと世界の神々は許さない。我々はクメール人に中国人に［対して］反感を持つように扇動しているのではない。我々は、「親しくするように」と説明し、わからせてきた。しかし、今や中国人が先にクメール人に害を加えてきた以上は、我々はクメール人に説明して分からせ、啓蒙して、互いにしっかり援助し合うようにさせなければならない。この「助力して援助する」と言うのは、中国人がクメール人を苦しめ、傷つけたなら、他のクメール人は［そのクメール人を］助ける努力をする、即ち結束してクメール人のバスしか乗らないことである。どんなことがあってもクメール人のバスにしか乗らない。ちょうどトンキン国のフエ［ママ。フエはアンナン国］のベトナム人が結束して同じベトナム人の店でしか買い物をしないので、トンキン国には中国人の数が少ないのと同じようにである。我々クメール人は同じクメール人を守る道として、このようにするべきである。以前、我々が、「商業をするクメール人」につい解説したようにである。

クメール人は今こそはっきりと目覚めるべきである。なぜならば、中国人たちは、［自分の民族を］可哀想だと思い、劣った状態に浸っていないようにするために、「自分の民族を一生懸命、真心から努力して助け、援助に成功して、将来しっかりとならせるようにしなければならない」と啓蒙して気づかせているからである。もし今クメール人が目覚めなかったら、恐らく顔をあげることはできなくなってしまうであろう。

ある中国人たちが敢えてクメール人に害をあたえ、苦しめるのは、クメール人に原因がある。古い言葉に、「家の中の幽霊が手を貸す」と言うのは真実である。我々がこのように言うのは、もしクメール人が自分と同じ民族を援助して、中国人のバスに乗らなかったら、彼らはどのようにして、クメール人のものを潰すことを考えることができるか。バスという名がついてありさえすれば乗り、バスに走って競走させたがり、気を失わんばかりの怖い想いをしても、クメール人のバスが生きようが死のうが無関心で、目覚めも理解もしない。それゆえ、彼らはますます一生懸命になって、商業で生計を立てることを知るクメール人を苦しめるのである。

クメール人の中には、中国人に助力し応援して、中国人が垢をわけてくれたので、さらに[中国人を]一生懸命助け、自分の民族をすっかり忘れている人がいる。もう1グループは、中国人に雇われて中国人のバスの乗務員をし、自分の仲間であるクメール人に害を加える。中国人は黙っていてけしかけるだけなので、このクメール人たちは自分の民族であるクメール人に害を加えて苦しめる。クメール人を切ったり刺したり殺したりして滅ぼして、[バス業を]中国人の所有物にさせておこうとする。ある中国人たちがクメール人の恩を忘れ、逆にクメール人を害していることについて、我々クメール人をどのようにまで苦しめているかについては、思っても見えず、見てもわからない。おだやかに行う、即ち自分の主人に、このようにクメール人を苦しめるのをやめて、普通に楽にしてやるように求めれば良いのである。

一方、中国人に雇われ、中国人に助力して応援しているクメール人の方は、以下のような行為をやめてほしい。即ち、けしかけられて同じクメール人と嚙みつき合うのはやめなさい。たとえようもなく悪い行いであり、国や民族を裏切るようなものである。中国人に仕えて自分の民族を忘れてはいけない。中国人に、「そのような行為はやめなさい。それはひどい忘恩行為であり、神が滅ぼすかもしれない」と説明してわからせ、目覚めさせるべきである。

もう1つ、我々はrājakāra <protectorat>[保護国政府]に、どうかこの問題を解決して苦しみを軽減していただきたい。即ち、1日に1人だけにバスを走らせるようにする。中国人のバスが料金を下げたら、クメール人のバスも同様に下げる。政府がこのように分ければ、幸せで、バット・ドンボーンの道路のようなトラブルはおこらない。それゆえ、もしこのようにすれば、商業で生計を立てることを学び始めたクメール人は幸せを得て、顔を上げることができる。そして乗客も事故が起こるのを恐れることがなく、幸せである。このまま放置しておくと、いずれ必ず大事故が起こって大勢が死ぬことになるに違いないからである。政府は早急に措置を講じてほしい。放置して死亡事故を起こさせてはいけない。この考えなら事故は起こらない。āṇābyāpāla <protectorat>[保護者]の下にいるクメール人は[保護国]政府と国王陛下の政府しか頼る所がない。政府は政府の仕事としてクメール人民衆に助力して支援し、外国人である中国人の一部がこのように、クメール国内でクメール人に害を加え、苦しめないようにしていただきたい。クメール人が商業で生計を立てることを知った以上は、政府はそれが成長するように慈悲を持って助力するべきである。政府が今助力しなかったら、他民族はクメール人を見下し、クメール人はますます下劣になってしまう。しかも自分の国の中でである。

我々は両政府に、慈悲をもって、今回1度クメール人に助力して、力があることをクメール人に見せてくださるようお願いする。そしてこの機会に、クメール人全ては、我がクメール人を応援する気持ちを持ち、今後しっかりと互いに助け合うようになってほしい。

kha. pu.[＝khemaraputra]

2-3　[44号、2-4と同一]

2-4　[この文章はフランス語からの翻訳らしく、クメール語らしからぬ表現が多いが個々には指摘しない]

看護学、即ち、krum "<croix rouge>[赤十字]" 社と呼ばれる、プノンペン市の赤い十字の記号を使う団体の医学的技術の教育訓練

政府は、国に戦争が起こった時に負傷者を手当てする医務官の1つの団体である "<croix rouge>[赤十字]" 社を作るために、医学的技術の教育訓練を始める。政府は1938年10月から1939年7月15日まで、この技術の教育訓練を行う。これを学んだ者は、<diplôme>と呼ぶ[看護婦資格]証書の試験を受ける資格を持つ。

上述の技術の教育訓練方法は、レッスンが41あり、教育訓練にあたるのは、kūḷīṇū 医師殿、ṭārceḥ 医師殿、sīmuṅ 医師殿、gieks 医師殿、ḷwgīrek 医師殿、それに far 女史[?nak srī]で上述の9ヶ月間、教師になる。学ぶ者は[上記の教育期間中の]1938年12月20日から1939年1月5日までの15日間が1回ともう1回は1939年4月のクメール−中国−ベトナム正月、それに競渡祭の時に休暇が許される。

入学して学ぶことを志望して許可を求める規定は、このクメール国内で学ぶことと、パリ市の krum "<croix rouge>" [赤十字社]と呼ぶ本部の人たちに従わせている規定と同じである。即ち、

1。入学を願うことができる者は、"社"の mam[<môme>(?)。女性メンバー]になっていて、krum "<croix rouge>" [赤十字社]、即ち国に戦争が起こった時に負傷者を助け、支援するための団体に助力して、[支援]金を出していてはじめて入学を求めることができる。

2。入学を求めることができる者は、20歳以上の者である。[ただし]年齢が20歳に満たない者は父母の承諾書があれば入学させることができる。

3。国に戦争が起こった時は、「必ず krum "<croix rouge>" [赤十字社]に参加して働く。あるいはさらに国に戦争が起こっていなくても、衛生局が呼んで出頭させて助力して働かせる必要がある時には、いつでも出頭して働かなければならない」という契約をしなければならない。

4。krum "<croix rouge>"[赤十字社]内の全ての規定に従うことに同意しなければならない。

5。入学を求める者は1人1リエルを出さなければならない[注。恐らくこの金が上の「1」の「女性メンバー」への登録料金であろう]。

学習するための学習科目は全て、手術、骨の切断、それと医学と呼ばれる種々の学問知識で、1938年10月7日から、毎週金曜日午後4時から学習が始まり、(kūḷwṇū医師殿と gieks 医師殿)とが教師である。

薬液で種々の清潔にする方法については、15日ごと[＝2週間]に1回、月曜日に学ぶ。授業が始まるのは、1938年10月10日からである。

上にある科目は、産科病棟の下の階で、フランス語で学ぶ。

saññāpatra <diplôme> raṅ[准看護婦資格証明書]を得るための学習は、プノンペンの衛生局本部で、フランス語、クメール語、ベトナム語で学ぶ。

入学を求めるのは女性だけが求めることができ、求める者は自己の履歴書を所持していなければならない。

saññāpatra <diplôme> beñ dī[正看護婦資格証明書]とsaññāpatra <diplôme> raṅ[准看護婦資格証明書]を得る者は、自分が単独で行うこと、即ち包帯を巻く、潰瘍の洗浄などを、病院本部に学びに行く。即ち、iekṇeḥ という名のフランス人尼僧の指示のもとで学習しなければならない。

志願したい者は、病院本部で iekṇeḥ 尼僧に名前の登録を申請すること。

3-1 誤りの訂正

「あれやこれや」について

1938年9月3日付<gazette>[新聞]85号[1−11]で、「braḥ krit、あるいは braḥ kriṅ と呼ばれる小さい仏像は、……“braḥ sūryavarman 1世”」とあるのは誤りで、「braḥ sūryavarman 2世」に訂正してください。

3-2 [広告] お知らせします

radeḥ ḷān <camion>[小型トラックバス。小型トラックの荷台にベンチを設置して座れるようにしてバスに改装したもの](シトロエン社)、9馬力、重量1トン半、定員19名、保険と<patente>[営業許可]は取得済み。<machine>[エンジン]はまだ良好で<caoutchouc>[タイヤ]は新しいです。買って直ぐに使用できます。価格は1,500リエルです。

必要な方は、nagaravatta 社総務部にお問い合わせください。

3-3 [85号、3-3と同一]

3-4 [85号、3-4と同一]

3-5 [85号、3-5と同一]

3-6 [11号、3-2と同一]

3-7 [76号、3-3と同一]

3-8 [84号、3-7と同一]

3-9 [20号、4-6と同一]

3-10 [81号、4-2と同一]

3-11 [81号、3-11と同一]

3-12 [84号、3-10と同一]

3-13 農産物価格[「金の価格」はない]

プノンペン、1938年9月8日

[「サトウヤシ砂糖」はない]

籾	白	68キロ、袋なし	4.95 ~ 5.00リエル
	赤	同	4.80 ~ 4.85リエル
精米	1級	100キロ、袋込み	12.30 ~ 12.40リエル
	2級	同	11.65 ~ 11.70リエル
砕米	1級	100キロ、袋込み	10.05 ~ 10.10リエル
	2級	同	9.15 ~ 9.20リエル
トウモロコシ	白	100キロ、袋込み	[記載なし]
	赤	同	7.90 ~ 8.00リエル
コショウ	黒	63.420キロ、袋込み	19.50 ~ 20.00リエル
	白	同	30.50 ~ 31.00リエル
パンヤ	種子抜き	60.400キロ	46.50 ~ 47.00リエル

＊サイゴン、ショロン、1938年9月7日

フランス籾・米会社から通知の価格

ショロンの<machine> kin srūv[精米所]に出された籾1 hāp、[即ち]68キロ、袋込みの価格は以下の通り。

籾	最上級		5.42 ~ 5.46リエル
	1級		5.23 ~ 5.27リエル
	2級	日本へ輸出	5.09 ~ 5.13リエル
	2級	上より下級、日本へ輸出	4.97 ~ 5.01リエル
	食用[国内消費?]		4.65 ~ 4.69リエル
トウモロコシ	赤	100キロ、ショロン県マッカサンで売り渡し。	8.30 ~ 0.00リエル
	白	同	8.45 ~ 0.00リエル

米(10月[ママ]渡し)、港渡し、袋込み、税抜き、1 hāp、[即ち]60.7キロの価格は以下の通り。

精米	1級、砕米率25%	7.30 ~ 7.34リエル
	2級、砕米率40%	6.85 ~ 6.89リエル
	同。上より下級	6.65 ~ 6.69リエル
	玄米、籾率5%	5.66 ~ 5.70リエル
砕米	1級、2級、同重量	5.82 ~ 5.86リエル
	3級、同重量	5.45 ~ 5.49リエル
粉	白、同重量	3.68 ~ 3.72リエル
	kāk[籾殻＋糠?]、同重量	2.50 ~ 2.60リエル

3-14　［82号、3-7と同一］

4-1　［76号、4-1と同一］

4-2　［75号、4-1と同一］

4-3　［11号、4-2と同一］

4-4　［44号、3-3と同一］

4-5　［73号、4-6と同一］

4-6　［33号、3-4と同一］

4-7　［48号、3-8の終わり近くの「70メートル」が「10メートル」になっているだけである］

4-8　［8号、4-3と同一］

4-9　［67号、4-8と同一］

4-10　［79号、4-10と同一］

SAMEDI 17 SEPTEMBRE 1938

Directeur PACH-CHHŒUN

HEBDOMADAIRE PARAISSANT TOUS LES SAMEDIS

(Boite Postale N° 44)

第2年87号、仏暦2481年0の年寅年 bhadrapada 月下弦8日土曜日、即ち1938年9月17日、1部8セン

［仏語］1938年9月17日土曜日

1-1 ［仏語で「私書箱 No.44」と「社長、PACH-CHHŒUN」が加わった以外は8号、1-1と同一］

1-2 ［デザインが少し変わった以外は8号、1-2と同一］

1-3 ［デザインが少し変わった以外は8号、1-3と同一］

1-4 ［8号、1-4、1-5と同一］

1-5 <gazette>［新聞］を読むことについて

私は観察して、我がクメール人は他の民族と異なり、［我々と］同じ国にいる他民族とさえも異なることがわかった。この異なる点は、互いに応援し合うことを知らない、自分の民族に他と同じ体面を持たせることを考えず、自分の利益しか考えないことが多い、ということである。

私が敢えてこのように言うのは、このカンボジア国内には、発行されていてクメール人の国と民族のために話して目覚めさせることを最重点にしているクメール語の<gazette>［新聞］は1つしかないことを知っているからである。

もう1つ、<gazette>［新聞］を年間購読しているクメール人の中には、この重要な光を目にしていることをあまり喜ばない人がいる。［この新聞は］クメール人のものであり、クメール語であるから、恥ずかしいと思い、劣っているのを恐れて、手に持っているのを他人に見られる勇気がないようで、クメール語の<gazette>［新聞］とフランス語の<gazette>［新聞］を手に持っていると、クメール語の<gazette>［新聞］は中に隠してフランス語の<gazette>［新聞］だけを外に出して見えさせ、自分はフランス語の<gazette>［新聞］が読めることを知らせる人もいる。

するべきことは、クメール人が何か1つ、他の民族と同様に、国と民族との利益になることをすることができるのを目にしたら、「自分の民族も他と同じことができる」と思って、大いに喜ぶべきであり、そして助力して一生懸命自分の民族が他と同じように顔を上げることができるようにするべきである。

このnagaravatta 新聞は、クメール人全体のものであり、1人1人のもではない。我々クメール人全ては、「我々クメール人が他の民族と同じように<gazette>［新聞］を持ち、読んでいて、彼らの国は我が国より<gazette>［新聞］の数が多いのは事実であるが、［それでも我が国は］他に比べてそれほど弱くはない」と喜ぶべきである。我々のものが生まれた以上は、我が民族全ては喜び、好んで読むべきである。

我が民族は買って読むことを広める助力をするべきである。代金を支払う時期にはすぐに支払うべきであり、ぐずぐず引き伸ばすべきではない。このことこそ、「民族を応援し、民族を支援する」と言うことである。

私が解説したことを、皆さんはよく検討してほしい。きっとはっきりわかると思う。

この<gazette>［新聞］は比類なく有益である。この<gazette>［新聞］は、良いことと悪いこと、それに政府がすることを監督し、民衆からの願い、あるいは嘆きを保護国政府に伝えて知らせる道具だからである。短く要約して言うと、あらゆるポスト［の人］に役に立つものである。それゆえ、どの文明国にも数え切れない数の<gazette>［新聞］がある。老若男女全てが<gazette>［新聞］を読むことができる。我が国は<gazette>［新聞］がようやく1つ生まれたばかりである。それゆえ、我々全ては助力して好んで読み、ますます光を得て、低劣から顔を上げることができるようにするべきである。

<gazette>［新聞］読者の1人

1-6　諸国のニュース

1-6-1　中国

東京市、9月5日。日本政府は、アメリカ国とフランス国とドイツ国とイタリア国に、「日本軍はまもなく漢口市を占領することができる。その場合に、これらの政府は、中国人がフランス租界、イギリス租界、ドイツ租界に逃げ込むのを禁止し、阻止して、中国軍がこれらの租界を、戦うための後ろ盾にしないようにしてほしい」と伝えた。

1-6-2　ヨーロッパ諸国

過去数日間に、2,3ヶ月前にオーストリア国を手に入れて版図を広げたドイツ国が、今やさらにチェコスロバキア国を手に入れて領土を拡大しようとしているので、ヨーロッパ諸国は大きく動揺している。このチェコスロバキア国にはドイツ人が多数住んでいるのは事実であるが、しかし、ドイツ人ばかりが同国に住んでいるのではなく、ドイツ人よりはるかに多数のチェコ人がチェコスロバキア国に住んでいる。

大イギリス国と大フランス国とは平和だけを求めている大国であり、大イギリス国は、「イギリス大使である ḷaruṅsīmān 氏を、チェコスロバキア国内のドイツ人と同国内のチェコ人とを互いに和解させ幸福を求めさせるための調停者として、同国に派遣する」ことを大フランス国と同意した。

［それぞれ］チェコスロバキア国大統領と［同国］首相である peṇaes 氏とkhutsā［氏］とは、国内の2つの民族が和解するように、調停させることに合意した。しかし、ドイツ人は、ヒットラー氏が味方するので、peṇaes 氏とkhutsā 氏が和解させることに頑固に同意しようとしない。イギリス大使である ḷaruṅsīmān 氏は現在のところ、まだ事情を聴く準備をしている。氏は敵対している双方のいずれにも、まだ［解決］方策を明らかにしていない。チェコスロバキア国内在住のドイツ人はトラブルを多数起こすことにますます熱心であり、これこそがヨーロッパ全体を動揺させる原因である。大フランス国と［大］イギリス国をはじめとして、何とかしてヨーロッパ諸国に平和をもたらす方法を考えなければならない大国たちは全て、とても憂慮している。

＊東京市、9月8日、<havas>電。ドイツ国は、チェコスロバキア国の問題に関して、日本国に解決の助力を求めた。

1-6-3　中国

東京市、9月11日。日本は、「シャム国政府は中国人125名を国外に追放した。これらの中国人たちは、情報を広めて蔣介石総司令への助力を勧誘したからである」と発表した。

1-7　土曜評論

地方の大きい学校のそれぞれに、(仮に)教師7名、生徒約49名がいたとする［ママ。この文は意図不明］。ある日、学年担当の教師が生徒たちに、「生徒諸君、1週間には何日ありますか」と訊ねた。それでkuḷāp という名の生徒が、［1週間には6［ママ］日あります。即ち日曜、月曜、火曜、水曜、木曜、金曜、それにnagaravatta 新聞の日です］と答えた。それで教師は驚いて、［え？　kuḷāp は何を根拠にそのように答えるのですか］と訊ねた。すると kuḷāp は教師に、「私がこう答えたのは、住民たちが、『土曜日になるとnagaravatta <gazette>［新聞］が読める』と言うのを聞いたからです。この<gazette>［新聞］は土曜日に出るからです」と答えた。kuḷāp 生徒に訊ねた女教師殿は理解し、さらにこの<gazette>［新聞］を毎週読んでいたので、「kuḷāp の両親は毎週土曜日に読んでいますか」と訊ねた。kuḷāp は教師に、「代金はたったの4から5リエルですから、私の家では1年間で購読しています」と答えた。それから女教師殿はこの良い友達全てを歩いて回って nagaravatta 新聞を読むようにさそった。

バンコク国に住んでいるクメール人である同胞

1-8　我々が民族を愛するなら考えを1つにしなければならない

私は kha. pu.［＝khemaraputra］氏の文章［83号の1−5, 84号の1−9、85号の2−1、86号の2−1］を目にした。クメール人である氏は、本当に民族を愛していることは事実で、何の疑いもない。kœy 氏がこの文章を［声を出して］読んでいる時に、私は、私のクメール人同胞を中国人が苦しめるのを聞いて、私の頭は7つに割れるほどに痛んだ。kha. pu. 氏が解説して述べていることは全て正しい。なぜならずっと前に、「我々クメール人が中国人に騙されていて、金銭の毒に中り、互いに容赦なく蹴ったり殴ったりし合った」という話を聞き、知っているからである。

私は、この話を少し続けて、地方の中国人の拠り所が事実であるかどうか、同胞の皆さんに聞いていただく。

外国人である「兄さん」がこのように、敢えてクメール人を苦しめる理由には、別の理由が加わっている。kœy［注。「kha. pu.」が正しい］氏は［次のことを］知ってほしい。

「各地域に住んでいる中国人は、それぞれ彼らのグループを治め、支援する華僑会長［āṅpuṅ］と呼ぶ「森の神」を1人持っている。この「森の神」は全てとても強力なスナエ［注。s.sneha。媚薬を作る呪術］を知っている。しかしこのスナエは住民や女性にかけて自分を愛させ追いかけさせるのに使うのではなく、土地の古いネアック・ターにかけて、頭痛や、腹痛、めまい、熱病にかからないようにお願いして承知させるのである。そして供え物をする季節になると、slā jam、slā dharma[以上2つのslāは「ビンロー」であるが詳細は不明]、ココヤシ、ゆでたニワトリ、ブタの頭、酒、熟したバナナなどを祠に持って行って供えなければならない。さらに中国人のやり方に従って[紙幣の代わりとして]金紙、銀紙を燃やして捧げる。そしてその後は、中国人だけではなく、誰もその祠の前を横切ってはいけない。中国人が[ネアック・ター]の祠に参上して、崇める態度を見せない、あるいはそこの森の木を伐って運び出しても、ネアック・ターは[怒って]殺すことはしない。一生懸命目をつぶり、耳に栓をして見えず聞こえずの振りをする。長く経つと、中国人の「森の神」とクメール人のネアック・ターは互いの心を知り合い、友達になる。「森の神」がネアック・ターに、誰かを殺すように祈ると、ネアック・ターは祈り通りに、自分と同じ民族である自分の子、孫、弟子を哀れむことなく、全て殺す。しかしこのように強いネアック・ターは全ての地にいるのではなく、地域による。あるネアック・ターは正しくて良く、純粋で公正である。当然神の目を開いて子や孫を見て守り、他の悪霊が来て苦しめることができないように、あらゆる種類の幸福があるようにする。この後者の種類のネアック・ターはこの世を去ると、神の世界に生まれて幸福を得るに違いない」

これについて私はもう1つ別の話を話して聞かせていただく。ある時、kanṭāl sdiṅ 郡で今のシエム・リアプと同じ事件があった。即ち、バスの乗務員同士がバスの乗客を奪い合って喧嘩になり殴り合った。これは中国人に雇われているクメール人と[そうでない]クメール人とであった。この事件が起こると、この郡の保護者が、その強くて有能な人を逮捕させ、連行させた。そして、氏はとても大きく、とても重い me ṭai[手枷] me jœṅ[足枷]を褒美として与え、さらに職務に従って告発状を作って裁判所に送り審理させた。そのとき以来静かになって[争いは]消えた。今回またこのようなことが起こり、私にあの時の方を強く想わせる。[シエム・リアプ]州政府が前のように処理したら、おそらくまた苦しみが軽くなり、中国人も図に乗ることを止め、クメール人も懲りて、調子に乗って自分の仲間を殴ることを止めるだろう。

ある旅行者

1-9 [86号、1-6と同一]

1-10　インドシナ国官員[共通の]の同一[官員]規定について

昨年、大会議委員は総督府にインドシナ国全体の官員の任命の方式を整え、ただ1つの方式にするよう求めた。我々は、「総督府は異議はないが、インドシナの全ての国の諮問会議でもう1度検討するのを待って、その後それらのことを決定する」という情報を得た。

我がカンボジア国には、現地国諮問会議があって、来る9月28日に会議を開くことになっている。我々は民衆の代表である[諮問会議]委員たちに念を押させていただくが、この官員任命方式をしっかり検討して、総督府に説明して理解させて、民族の風俗習慣にふさわしく決定させることができるようお願いする。現在の我がカンボジア国では、官員は2区分に分かれている。即ち<le résident supérieur>[高等弁務官]殿の<arrêté>[政令]によって任命される<protectorat>[保護国]側の官員と、国王陛下の御署名のある国王布告によって任命されるクメール政府官員である[ママ。実際は大臣任命の人や雇員に相当する人もいる]。クメール官吏側の俸給と手当ては国王陛下の国王布告によって定められる。このことこそが、クメール官吏が<protectorat>[保護国]側の官員と同時にベースアップする、あるいはその他の手当てを受けるのを妨げる、あるいはずっと遅くならせることを引き起こしている。たとえば、インドシナ国の官員に対して出た <gouverneur général>[総督]殿<arrêté>[政令]は、いずれもクメール政府の官員は、<gouverneur général>[総督]殿の<arrêté>[政令]が出ても、「<gouverneur général>[総督]殿の<arrêté>[政令]の通りに実施する」という国王布告が出てはじめて可能になる。この2区分の官吏の任命方式が、上述のように互いに異なるからである。

それゆえ、我々は、国の民衆全てを代表して、我々の代表にお願いするが、どうか総督府に訴えて、クメール官吏を不利にならせる部分を修正するよう願ってほしい。即ち、任命方式を、インドシナ国官員と同一にまとめることができないのなら、月給とその他の手当てを上げる<gouverneur général>[総督]殿prakāsa <arrêté>[政令]で定めることにし、その<arrêté>[政令]の通りに実施することを許可する国王布告が存在する必要がないようにしてほしい。

官吏の任命方式と位階と職の任命方式は従前通り[のまま]にしてください。

[現地国諮問会議の]元委員

2-1　私の悲しみ

皆が大騒ぎしながら、私はどこに逃げて行ったのか、と互いに訊ね合っている。私は政府に追放されて中国に帰らされたことを、皆が知っているからである。しかし、現在政府は私を送り返すことはできていない。なぜなら、私は今目を開いて、後ろにいる私のthīがどんなに幸せであるかをはっきり見るために、心の中に避難しているからである。私は少し後悔もしている。裁判官が私に尋問した時に、もし私が全部話してしまえば、おそらく私のthīもそのとき私と一緒に[国外に]歩いて行ったであろう。しかしあの日は、私が振り向いて私のthīを見ると、彼は私の前に震えて立っていた。それで彼が可哀想になって、供述できなかった。彼は動転していて、私の後について歩くことはできないと思ったからである。

彼は、彼の前世からの運命で、積んだ業の報いから逃げることはできず、最後は鉄砲を担いだ刑吏に道を案内されて、私と同様国を出る。実は彼は先月末に出立しなければならなかったのだが、まだ彼の貸金が沢山残っていたので、12日間の許可をもらって貸金を請求していた。おそらく今、彼は彼の新しい場所に着いただろう。しかし、私はそこの住人たちが大勢集まって、tā khmau や kambaṅ kanduot の住人と同様に彼を愛想よく迎えたかどうかは知らない。

コピー：thai

2-2　語彙制定　［84号、2-1から続く］

5種類の旗について述べる。

31。daṅ jāti［国旗］。国のシンボルにする旗を指す。クメールの daṅ jāti［国旗］は、尖塔が3つある宮殿が中央にある。（このように認識しない人は、多くは daṅ jaya と呼ぶ）。

32。daṅ jaya［軍旗］。国軍最高司令官の旗を指し、軍に使う。クメールの daṅ jaya も中央に宮殿の絵があるが、［旗の］周囲を美しい房で飾ってある。

33。daṅ mahārāja［大王の旗］。国王の旗を指す。我がクメールのは、bān［注。三方のような器］の上に安置した聖剣と、その上においてある王冠の絵がある。

34。kapīdhuja。ある種の旗の名［注。原義は「サルの旗」］。シンボルとしてハヌマーンの絵があり、王の儀式の時に王の道を案内する旗。このタイプの旗は、アンコール・トムの時代にも使われていた（アンコール・ワット遺跡の東回廊の sūryavarman 2世の4軍の行進の絵を見よ）。

35。grudadhuja。ある種の旗の名。シンボルとしてナーラーヤナ神の絵がある。この旗は戦争の時などに王の道を案内するためで、kapīdhuja とペアーである。［注。原義は「ガルダの旗」。ガルダはナーラーヤナ神＝ヴィシュヌ神の乗り物］

これらの語は昔から使われてきた。しかし人が間違って呼ぶのを耳にするので、今回この語彙制定の範疇に入れて、知らせることにした。

（続く）［注。実際はない］

2-3　［44号、2-4と同一］

2-4　格言

乱暴で他人を騙す人とは付き合うな。
けちな人とは付き合うな。
恩を大切にしない人とは付き合うな。
財産で他人を押さえ込む人とは付き合うな。

尊敬するべきでないことの説明

我々が本当に正しいことを求める人であるならば、上の格言に従って尊敬するべきで、そうすれば適切である。即ち本日以降、我々はこのような人とは遠くに避けて歩くべきで、近寄ってはいけない。

しかし我々は考えを改めなければならない。即ち本日以降、息子も娘も残すことなく全て学校に入れなければならない。仕事ができる年齢に達した子は、利益をもたらす農業、あるいはその他の仕事に従事することを強いなければならない。我々がこのようにすることができたら、［仏陀の］聖なる言いつけに従っていると言える。尊師はさらに、「自分は自分に頼り、他人に頼るべきではない」と言い残された。それゆえ、我々は起き上がり一生懸命勉強し、一生懸命稼ぐべきである。なぜなら今我々が手を休めたら、きっと飢え死にするからである。

生じる利についての説明

生まれてきた我々人間は四肢と器官を備えている。さらに働くことができる年齢に達したら、きまって名誉、名声、財産、知恵などを望む心を持つ。この「財産」と呼ぶ語は金銀以外の何物でもない。一方、この金銀の方は、水と土地から得られる収穫を原因として生まれる物である。一方知恵の方は学習を原因として生まれる。この点について、我々は「樹木の果実、樹木の根茎、樹木の幹、樹木の葉、あるいは大小の魚などの［自然から］生じているもの、これら全てが金塊と銀塊を生むものである」ということを知らなければならない。この話を簡約すると、現世あるいは来世における我々の事業は、この金と銀の力があってこそ、全てのことを支障なく行うことができるのである。それゆえ、我が同胞は、現世で、そして来世も吉祥が生じるように、真剣に一生懸命学び一生懸命稼がなければならない。

sukhuma

2-5　雑報

2-5-1　電話局について

先の9月16日に、snuol 郡（クラチェ）の mandīra <poste> khsae luos［郵便・電報局］に電話が設置された。

この mandīra <poste>［郵便局］は近くの snuol［郡］の ḷuk niñ とつないで話すことができ、さらにクラチェまで伸ばして話すことができる。

もう1つ、同日から、ター・カエウの<bureau poste>［郵便局］から danlāp へつないで話す電話室が設置される。

2-5-2　クメール政府官吏の移動

kambaṅ trapaek 郡（プレイ・ヴェーン）の副郡長であり、2級 kramakāra である maen-sww 氏は、休暇を取る2級上級 kramakāra［注。恐らく「主任 kramakāra」のこと］である kaev-mam 氏の後任として chep 郡（コンポン・トム）の郡長に任命された。

2-5-3　シソワット中高等学校の新学期について

シソワット中高等学校の thnāk lekha 6[＝下から数えて6年生。バカロレア第2段階の学習に入る？]とフランス語<primaire supérieur> thnāk lekha 1[＝下から数えて1年生。高等初等教育課程]の新学期開始は9月19日月曜日に決定した。

2-6　[85号、3-2と同一]

3-1　前のアンコール<conservatoire>[保存官]である(Henry-Marchal)氏へのnagaravatta 社の喜び

nagaravatta 社は、「<henry-marchal>氏は現在インド国を縦横に歩き回って古代の遺物を見て研究していて、氏は我がクメールの遺物についてインドの人々に説明し広めて知らせている」という情報を得た。もう1つ、氏はnagaravatta 社長に個人的友人として手紙を送って来て、「今後も nagaravatta <gazette>[新聞]が成長発展することを祈る」と述べた。

このことについて、nagaravatta はクメール人を代表して、クメール人全ての良き友である氏に深く感謝する。氏が大フランス国に帰国するまで氏に平安があるよう祈る。

nagaravatta

3-2　シエム・リアプ州の経済について

私は、シエム・リアプ州全体で、raluos 郡と kambaṅ ghlāṅ 郡が同州内の他の郡よりも商業と商人が多いと思う。即ち米と魚などの商いがあり、これらの商人は他の郡より資産を持つことが多い。先日私はこれら全ての郡に行き、多くの老若の民衆が、これらの郡に入って行く道について嘆くのを聞いた。たとえば raluos にはまっすぐ市場に入る道が2つある。即ち、それぞれの道の2キロか3キロを政府が砂利で舗装をしても、すでに道[そのもの]はできているのだから、それほど費用はかからないと思う。しかし、政府は砂利を敷いてくれない。それから橋がいくつか壊れていて自動車はほとんど通れない。さらに kambaṅ ghlāṅ 郡の道路はできて長く経つので、今政府は土を入れ足している。しかし我々の情報では、「金が沢山かかるので、政府は一時中止する」という。

どの土地でも、多くの利益を上げたかったら、民衆が毎日出入りして生計を立てることができる陸路、水路の道があって初めて早く発展する。もう1つ、政府は、楽しむためにアンコール・ワット遺跡を見に来る外国人を迎えるために、3、4百キロの道路はきっと作ることができるのに、毎日一生懸命生計を立て、金を得て政府に税金を払っている民衆全てが便利になるよう、なぜ政府は考えないのか。

この2つのことを比較すると、民衆に出入りして生計を立てることができるようにする道の方が、長さが4、5百[ママ。上のパラグラフの記述より長い]キロもある道路より良いし、費用もかからない。

この道ができると、商業はますます発展する。政府はこの不足を補って、民衆が容易に生計を立てることができるようにするべきである。

pāc-jhwn

3-3　[広告]　志望者の皆さん

nagaravatta 新聞社は皆さんにお知らせします。今回の新聞発行日以降、6ヶ月間でも、1年間でも、新聞購読を希望なさる方は、必ず住所を正しく書いた手紙と、購読志望の期間に応じての金額をお送りください。そうすれば、社は<gazette>[新聞]を、その購読期間の間、皆さんにお送りするように手配することができます。

総務部

3-4　[広告]　クメール人の商売

kim-seṅ。店はプノンペン brae 路90号。

私の店はアンコール遺跡<marque>[商標]の自転車と多くの種類の[自転車の]付属品を売っています。多くの色に塗ってあり、美しく光っています。メッキ、交換、切断、溶接、つなぐのは上手で丈夫です。必要とするクメール人の皆さんは、どうぞ私の店にいらしてください。私はお気に召すようにして差し上げます。その後で、たまたま何らかの不具合がありましたら、どうぞ遠慮なく話して注意してください。私はクメール人の皆さんが、きっとクメール人の商売に助力して発展させてくださると期待しているからです。

3-5　[86号、3-2と同一]

3-6　[85号、3-3と同一]

3-7　[85号、3-4と同一]

3-8　[広告]　[注。顔写真があるが、説明はない]

sīv-heṅ 医師。pāsāk 氏と呼ばれています。sīv-pāv 医師の弟子で、種々の病気の診断と問診に優れていることで有名です。氏の考えで病気が治ることで有名です。現在、バット・ドンボーンmoṅ—maṅgalapurī の同胞を救いに行っています。同胞の皆さん、この写真が sīv-heṅ 医師殿の写真であると覚えておいてください。

3-9　[11号、3-2と同一]

3-10　[76号、3-3と同一]

3-11　[84号、3-7と同一]

3-12　[20号、4-6と同一]

3-13　[81号、4-2と同一]

3-14　[81号、3-11と同一]

3-15　[84号、3-10と同一]

3-16　農産物価格

プノンペン、1938年9月15日

[「サトウヤシ砂糖」はない]

籾	白	68キロ、袋なし	4.90 ~ 4.95リエル
	赤	同	4.80 ~ 4.85リエル
精米	1級	100キロ、袋込み	12.00 ~ 12.10リエル
	2級	同	11.40 ~ 11.45リエル
砕米	1級	100キロ、袋込み	9.55 ~ 9.60リエル
	2級	同	9.00 ~ 9.05リエル
トウモロコシ	白	100キロ、袋込み	[記載なし]
	赤	同	7.55 ~ 7.85リエル
コショウ	黒	63.420キロ、袋込み	18.75 ~ 19.25リエル
	白	同	29.50 ~ 30.00リエル
パンヤ	種子抜き	60.400キロ	45.50 ~ 46.00リエル

＊プノンペンの金の価格

1　ṭamliṅ、重量37.50グラム

1級	150.00リエル
2級	145.00リエル

＊サイゴン、ショロン、1938年9月14日

フランス籾·米会社から通知の価格

ショロンの<machine> kin srūv[精米所]に出された籾1hāp、[即ち]68キロ、袋込みの価格は以下の通り。

籾	最上級		5.40 ~ 5.44リエル
	1級		5.22 ~ 5.26リエル
	2級	日本へ輸出	5.07 ~ 5.11リエル
	2級	上より下級、日本へ輸出	4.95 ~ 4.99リエル
	食用[国内消費?]		4.64 ~ 4.68リエル
トウモロコシ	赤	100キロ、ショロン県マッカサンで売り渡し。	8.17 ~ 8.20リエル
	白	同	8.30 ~ 8.35リエル

米(10月[ママ]渡し)、港渡し、袋込み、税抜き、1hāp、[即ち]60.7キロの価格は以下の通り。

精米	1級、砕米率25%	7.25 ~ 7.29リエル
	2級、砕米率40%	6.85 ~ 6.89リエル
	同。上より下級	6.65 ~ 6.69リエル
	玄米、籾率5%	5.70 ~ 5.74リエル
砕米	1級、2級、同重量	5.72 ~ 5.76リエル
	3級、同重量	5.40 ~ 5.44リエル
粉	白、同重量	3.56 ~ 3.60リエル
	kāk[籾殻+糠?]、同重量	2.50 ~ 2.60リエル

3-17　[82号、3-7と同一]

4-1　[76号、4-1と同一]

4-2　[75号、4-1と同一]

4-3　[11号、4-2と同一]

4-4　[44号、3-3と同一]

4-5　[73号、4-6と同一]

4-6　[33号、3-4と同一]

4-7　[48号、3-8の終わり近くの「70メートル」が「10メートル」になっているだけである]

4-8　[8号、4-3と同一]

4-9　[67号、4-8と同一]

4-10　[79号、4-10と同一]

SAMEDI 24 SEPTEMBRE 1938

Directeur
P^ACH-CHHŒUN

HEBDOMADAIRE PARAISSANT TOUS LES SAMEDIS

(Boite Postale N° 44)

第2年88号、仏暦2481年0の年寅年 bhadrapada 月下弦15日土曜日、即ち1938年9月24日、1部8セン

［仏語］1938年9月24日土曜日

1-1 ［仏語で「私書箱 No.44」と「社長、PACH-CHHŒUN」が加わった以外は8号、1-1と同一］

1-2 ［デザインが少し変わった以外は8号、1-2と同一］

1-3 ［デザインが少し変わった以外は8号、1-3と同一］

1-4 ［8号、1-4、1-5と同一］

1-5　現地国諮問会議委員の方々に思いださせていただく

来る9月28日に、また現地国諮問会議の委員全員の会議があり、我々はとても嬉しく思っている。というのは、この時こそが、我々民衆の代表であるという名誉ある地位にある委員の方々が、保護国政府と一緒に現地国のための種々の案件を検討する会議をし、このカンボジア国の各州の民衆の生業と楽と苦しみについて保護国政府に説明できる1年に1度の良い機会だからである。我々は、我々の代表という名誉ある地位にある方々全てが、深い考えと意見とを持っていて、政策を十分に詳しく理解し、この短い時間を利用して我々に利益をもたらすことができるからこそ、この会議に参加することができるのであるという、絶大な信頼を寄せている。

しかし、それでも我々は、この機会に下のようなことを委員の方々に思い出させていただくことをお許しいただきたいと思う。そうして、我がカンボジア国を、近くの他の国と同様にさらに発展させ繁栄させ力を持たせるように、保護国政府に措置を講じてもらえるために、我々の委員の方々はそれを持って行って保護国政府と検討していただきたいと思う。我々は保護者である大フランス国が我々を苦しみと貧窮から抜け出させ、幸福をもたらしてくれることができると期待するからである。

現在、保護国政府は現地国官員に、国内政治の行い方を熟知し、いずれの日にか自分自身で自国のためのことを統括することができるように指導する考えを持っていると、我々は理解している。政府のこの考えは優れていて、保護国の制度に合致している。

我々が、「カンボジア国がずっと昔の文明に進むように助力することができるために適切である」と考えることは［以下のこと］である。

1。『教育と経済』。教育の方面では、学校、即ち初等教育校と中等教育校を作って増やすべきである。最近のように児童の父母に、子供をどこで学ばせようかと悩ませることなく、勉強することを望んでいるクメール人児童各人全てが入学して学べる機会を持たせるためである。

経済の方面では、農業を行うことに豊富に助力して支えて楽にならせるべきであると思う。即ち、水が不足している地域には、その地域に住む民衆が生業を行うのに十分な水があるように計画して整備するべきである。生業としての森林がある地域では、その森林からの利益を財務局に入れる計画を整えるべきである。しかしある地域で住民が何回も嘆いたことがあるように、森林の木を集めてきて利用することに悩み苦しむほどにまで厳しすぎてはいけない。大河、川、湖、小川などがある漁業地域では、「どのようにして利益を財務局に入れるか」ということ、昔のように民衆が魚を捕って暮らすのを容易にならせること、などの漁業に関する規定を出すことを考えるべきである。

商業については、どのようにしてクメール人が熱心に商業の道に従事するようにならせるかをしっかりと考えるべきである。この商業の法律では、外国人をクメール人と平等にするべきではない。クメール人が進出して売ることができる全ての種類の産物は、外国人が割り込んできて売って、クメール人の産物を追い出す産物があったら、何とかしてクメール産物が彼らの前に出ることができるようにすることを考えて計画するべきである。

土地については、外国人が、クメール人と同じように土地を支配し、その土地の所有権を持つ権利を絶対に禁止するよう規定するべきである。土地を借りて生業を行う権利だけを与えるべきである。

2。『国内政治の改正』。我がカンボジア国に諮問会議を置くことを定めている1913年3月18日付と1921年7月10日付の国王布告を改正することを考えるべきである。即ち、この諮問会議に諸国の下院と同等の権限をもたせるように改正するべきである。

3。『クメール裁判所に権限を持たせる道を開くこと』。考えるに、適切な時がきたら、既に政府がいくらか整備したクメール裁判所に、諸国の裁判所全てがその権限を持っているのと同じように、我がカンボジア国に保護を求めて来て住んで生計を立てている<asiatuque>[アジアの]民族[=アジア人外国人]を審理する権限を持たせる道を開くことを考える。この点で我が国はもう1歩前進するべきである。

4。カンボジア国に入って来て住んでいる外国人(フランス人を除く)に関することを定める法律[を制定する]。

nagaravatta

1-6 民族の発展

1938年8月16日、シソワット中高等学校卒業生友愛会の理事会は会議を開いて——この会議は1ヶ月に1度開かれる——討議してクメール人にとってきわめて重要な有用性がある決定をした。

理事会は、フランス国に留学している生徒を援助することを協議し合意し決定した。

1。jhān-vam という名の生徒に、パリ市で勉学をするために使わなければならない多額の費用を支えるために、金を貸与することを決定した。しかし、1年にいくら貸与するかについては、理事会はまだ決定していない。保護国政府が支給する“<bourse>[奨学金]”と呼ぶ金の額を見てから考えることにしたからである。

しかし、この友愛会の理事会は jhān-vam 君[nāy]に、乗船してフランス国に出発する前に、衣服を仕立てて着用する費用を得させるために既に100リエルを支給した。

この貸与方式は、jhān-vam 君[nāy]が学問を学び終え、そしてクメール国で職を得た時に、本人が得ることができる金の額に応じて適切に、毎月少しずつ友愛会に返還するのである。

jhān-vam 君[nāy]は園芸と森林学を学びに行き、森林方面の<ingénieur>[技師]の資格証明書の試験を受ける。この学習は5年で終わる。

同生徒は、住居がバット・ドンボーン州 sīsuphun 郡 bhniet 村 bhniet 地区にいる農民の jhān さん[?nak]の息子である。[jhān さんは]とても裕福な人というわけではなく、自分と妻子の生命を養うのに足りるだけであるが、決心して一生懸命熱心に子に学ばせ、[子は]ついに、この1938年に<bachot>[バカロレア]に合格したのである。

この vam 君[nāy]は、まず最初にバット・ドンボーン州 sīsuphun の町の初級初等教育校で学び、最初の教師の名前は kaev 先生で、現在も以前同様この学校で教師をしている。彼は教えるのがとても上手で、彼の生徒は大勢がまあまあ満足できる程度の知識を得た。

vam 君[nāy]はとても賢い子で、sīsuphun の学校から始まって、バット・ドンボーン校[=バット・ドンボーン州都の全5学年がある初等教育校]で学び、プノンペン市の中高等学校に来た。教師たち全てが彼に満足であった。これは彼の父母が子を良く躾けることができたからこのように素晴らしい子になったのである。

現在、<bachot>[バカロレア]に合格した。彼は財産がたくさんはない人の子であるが、頑張る心を持っていて、苦労を恐れることなく、フランス国にさらに5年間留学することを決意した。彼はサイゴン市で乗船し、すでに8月23日にフランス国へ出発した。

我々クメール人全ては、jhān-vam 君[nāy]とその父母と共に喜び、そして大いに称賛するべきである。

何年か後、我々はきっとフランス国から帰国した jhān-vam 君[nāy]の顔を目にすることができるであろう。

友愛会が jhān-vam 君[nāy]を支援したのは、今年だけではない。即ち3年間援助してきた。彼が<bachot>[バカロレア]の試験を受けるためにプノンペン市の中高等学校で学んでいる間、3年間毎月1ヶ月に5リエルを貸与してきた。

しかし、友愛会がクメール人生徒を援助して大フランス国に高等学問を学びに行かせるのは、援助を始めたばかりで今回の jhān-vam 君[nāy]1名が最初である。

友愛会は、この後にフランス国に留学する他の生徒も必ず一生懸命援助する。

nagaravatta 新聞は、このように常にクメール人を助けて、無学無知、低劣から抜け出させることを考えているこの友愛会を称賛する。そして、vam 君[nāy]が海路無事で、希望通りに学んで知識を得てクメール国に帰ってきて、次々にクメール人を助けることを祈る。

まだ後の週[=89号、3-1]に続きがある。

1-7 諸国のニュース

1-7-1 ヨーロッパ諸国

ニュールンベルク市、9月12日。ドイツ国首相であるヒットラー氏は、「ドイツ国民全ては、チェコスロバキア国に住み、チェコ人にしばしば虐待されている同民族を助ける権利がある」という内容の演説をした。

フランス国で、「おそらく heriyo 氏を、政府はフランス首相に任命し、互いに異なる主義を持つフランス人全てを、国を守るために1つにまとめる」という情報があるが、これはまだ確かではない。

イギリス国では、「イギリス人はフランス国を助ける準備をしている最中である」という情報がある。

＊ロンドン市、9月14日。フランス政府とイギリス政府とは、チェコスロバキア国の問題を、互いに戦争を起こさせないように解決することに一生懸命努力している。両国政府はチェコスロバキア国国民に投票をさせ、「居住する相異なる民族に従って同国をいくつかの部分に分割し、各部分は民族を同じくする大きい国に併合するか、それとも分割しないか」を知りたいと思っている。しかし、最初から投票をさせたがっていたドイツ政府が、今はあまり乗気でない。

チェコスロバキア国内でドイツ人と政府側とが争い、殴り合い、双方とも多数が死亡した。

＊パリ市、9月14日。情報では、イギリス首相であるチェンバレン氏は電信でヒットラー氏に、「チェコスロバキア国の件で協議するためにドイツ国でドイツ首相と会談をしたい」と言って問い合わせた。ヒットラー氏は、「paertikāṭin（ドイツ国）で会う」と返答した。

チェコスロバキア国のドイツ人の長である haṅḷāṅ 氏は、ドイツ人が居住している地区を、投票なしで、直ちにドイツ国に編入したがっている。

一方、イタリア国首相であるムッソリーニ氏の方は、「チェコスロバキア国に居住する全ての民族に投票をさせ、チェコスロバキア国を分割し、同じ民族である他の国々に併合するべきである」と言って反対している。

チェンバレン氏は、飛行機でドイツ国に行き、すでにヒットラー氏に会った。そしてイギリス国に帰った。チェンバレン氏は、「ヒットラー氏と長時間話し、議論になっていた事柄について協議し、それぞれが何らの疑義もなく理解した」と述べた。

情報では、チェンバレン氏は再びドイツ国に戻り、チェコスロバキア国の件でヒットラー氏と協議するが、今回はフランス首相であるダラディエ氏が同行する。

チェコスロバキア国で、ドイツ人たちが、「チェコスロバキア国政府は令状を出して、同国内のドイツ人グループの長である haṅḷāṅ 氏を逮捕させ、ドイツ人を分解し、団体を作らせない」と発表した。

＊ロンドン市、9月17日。チェンバレン氏は、ドイツ国から帰るとイギリス国王に拝謁し、他の閣僚と会議を開き、ヒットラー氏と協議したことについて話した。

イギリス国政府は、フランスの大臣であるダラディエ氏と<bonnet>氏をロンドン市に招いた。両フランス大臣はイギリスに行き、チェンバレン氏はヒットラー氏との協議について、ヒットラー氏は、「他国に住む全てのドイツ人をドイツに入れたがっている。この要請に反対する国があれば、自国の力を使用する。ドイツ人が住む地域は全てドイツ国に併合するべきである。ドイツ人と他の民族が混在している地区は、そこの住民に投票をさせるべきであるが、ドイツ人にその投票の管理をさせる。この要請が通らない場合には、必ず軍を起こして戦いに出る」と言っていると説明した。チェンバレン氏は、「ヒットラー氏がこのような要求をするのを、イギリス政府とフランス政府はどのように考えるか」と訊ねた。チェコスロバキア政府は、このように投票をさせることには頑強に反対している。イタリア国駐在日本大使は、イタリア外相であるチアノ氏を訪ね、「イタリア国とドイツ国とが、他国と戦争になったら、日本国は必ず助力して戦う」と述べた。haṅḷāṅ 氏は <gazette>［新聞］を出して、「チェコ国政府が、ドイツ人が居住する地区をドイツに併合させないなら、ドイツ人は兵を起こして戦うことができる権利を有する」と述べた。

ドイツ国では、ドイツ政府がドイツ国内に居住するチェコ人を逮捕し続けている。

1-7-2　中国

上海市、9月17日。ロイター電。数週間前に、漢口市を目指していた日本軍は、中国軍に攻撃され多数が死亡し、現在漢口市から760キロメートル［ママ。遠すぎる］の地点にいる。

1-8　ウサギ裁判官の華

他民族が我々を見て、我々をどのよう［な民族］と思っているのか。我々が検討してみたところ、我々クメール人が、中国人やベトナム人などの異なる民族の人と会うと、彼らは我々を彼らより劣った人間であるとみなしていることがわかる。我々は彼らより劣っている、というのは本当だろうか。かりに我々が彼らより劣っているとして、なぜ劣っているのか。我々は検討して見てわかったが、彼ら全てが、1800年ごろから常に時代に合わせて何かを行う考えを変えてきたが、我々クメール人は何も変えようとしなかった時から劣ったことがわかった。中国人、ベトナム人、フランス人、その他の民族が来て近くに住み、彼らがどのように変化しても、彼らを見習おうとしなかった。彼らを見習おうとしなかったのは、古代の野蛮な考えを固く守っていたからである。この空の下には、誰よりも優れているのはクメール人しかいないと認識していた。（大海がまだ後3,4つあることをはっきりと見もせず知りもせず、向こう岸が見えないトンレ・サープ［湖］1つだけと思って、1番大きいと認識していた。）「クメール人がもっとも優れている」と認識する主義主張は、胸を張って空を見上げさせるだけで、左右を見させなかった。その結果、背後にいる中国人やベトナム人がこっそりと這い、いざって前に出て、ある者は商売に地歩を固め、ある者は仕事をすることに地歩を固め、ある者は丸椅子一杯に座り、ある者は椅子にふんぞり返って道を全て塞ぎ、今や歩く小道はない。それで我々クメール人は驚いた。驚いた今、どう考えるべきか。考えに詰まり、どうすればいいかわからなければ、nagaravatta はどう言っているか。nagaravatta が、「今は最も困難な時である。他民族が来て困らせるから、我々全ては民族はほとんど分解してしまい、国土はほとんどなくなってしまった」と言っている。それならば、我々クメール人はもう考えても間に合わないのか、それともまだいくらかは望みはあるのか。少しは望みが残っているのなら、誰に期待するのか。フランス政府か、あるいは国王陛下の政府か。それとも仏法を備えた王が来るのを待つのか。全部に「はい、はい」と言うのなら、それで結構至極である。「いいえ」と言うのなら、nagaravatta に期待しよう。nagaravatta は毎週話して啓蒙して考えを起こさせ、知恵を持たせ、民族を愛し、国土を愛することを知るようにならせ、心を傷つけることを言って、恥かしいと思わせ、一生懸命勉強し、一生懸命働いて生計を立てる気持ちを持つようにならせる。もし誰かが悪いことをすると、nagaravatta は、互いに相手に対して良く行動するように注意し教え諭す。さらに商売を始めさせる。彼らがきっちりと道を閉じている垣根を掻き分けて、行き来して生計を立て、他のように栄えることができるのに十分な小道を開くことができるのは、nagaravatta だけである。それでは、我が民族の同胞は、どのように考えるべきか。

ウサギ裁判官

1-9 シャムのある<gazette>[新聞]について

シャムの<gazette>[新聞]のある号に、我々の国王について、「ノロドム国王は側室が800人もいて、シソワット・モニヴォン国王は側室が200人いる。現在、シソワット・モニヴォン国王は、『側室が多数いるから、政府が献じている275,000[ママ。単位はない]では少なすぎて足りない』という根拠で、rājakāra <protectorat>[保護国政府]に国王自身の生活費を増額することを求めている。しかし、[政府は]増額する代わりに逆にこれまで献じていた金額から減額した。それゆえ、シソワット・モニヴォン国王は側室を減らさざるを得ず、今は100人が残るだけである」と述べている。

その後、同じ<gazette>[新聞]は、「自分はこの話をアメリカの<gazette>[新聞]から翻訳した」と言い、その翻訳者自身は、「カンボジア国王を遠まわしにほのめかして悪く言う意志はなかった」と言っている。

その、「<gazette>[新聞]から上のように要点を抜き出して翻訳した」ということを我々は大変疑問に思う。この<gazette>[新聞]の記事の執筆者は、極東のかなり繁栄している国に住んでいる人である。なぜ東洋のことを理解せず、アメリカの<gazette>[新聞]に根拠を求めて顔を隠す革の面にして、「この話をする人は知識が多い」と他人に思わせせようとするのか。名誉を損なわせようとする意志1つだけで、この話をしているのである。

実は、我々の国王は、極東の国を治めている王たちより多くもなく少なくもなく、ほぼ同数の側室を持つ。そして陛下は側室をただの1人も減らしたことはない。シャムの <gazette>[新聞]の中で言っている「側室が200人、あるいは800人いる」というのは、事実では全くなく、全て誤りである。[王室]劇団の女性と側室の侍女全てを加えると、おそらく「それより少し多い」と言うこともできる。それで、この点を、このシャムの<gazette>[新聞]の記事の執筆者がたった10や20に数えたら、また正しくない。このように革の面をかぶっていて目が見えないのなら、どうやってカンボジア国の王宮内の金の収入と支出が計算できたのだろう。現在、保護国政府は我々の国王に年に4、5十万[ママ。単位がない]以上を献じていて、この<gazette>[新聞]が言っている通りではない。

最後に、nagaravatta <gazette>[新聞]とこのシャムの<gazette>[新聞]とを比較したならば、身分が低く物事もまだ良く知らず、年齢も少ない人である我々は、「ある国の <gazette>[新聞]が近くの国の国王を遠まわしにほのめかして言うのは、<gazette>[新聞]を作る者の身分にふさわしいことであるのか」ということを問いたい。

もう1つ、[上に]国王についてぼんやりとほのめかして言ったことは、誰もが事実ではないし、さらに名誉を傷つけることであることを知っている。それでは<gazette>[新聞]編集人として相応しいことだろうか。もし私なら、この点は、文明を持つ国と民族である我々は、<gazette>[新聞]編集人に禁止する法律がたとえなくても、我々はこのような話を持ち出してきて述べることはできない。野蛮人の性質を持っていてはじめて、敢えてこのように話すことができるのである。

シャムの新聞読者の1人

2-1 [44号、2-4と同一]

2-2 商業の戦争

哀れである。とても可哀想である。ある人々は本当に民族を愛し、国土を愛し、一生懸命四大[＝人の身体]が死ぬのも恐れず、大声で叫んでnagaravatta 新聞、あるいは他の新聞に載せて、我が民族に気づかせ、他民族に抵抗して商売をさせることを一生懸命考えているからである。

この話は、私の意見で考えるならば、商業の各分野の全てに、開けるための鍵と閉めるための鍵がある扉があって、その扉の持ち主、即ち鍵の持ち主は国の政府の上にいる。即ち大商人である。一方、さらに大商人の方は現在の我が国では全て他民族ばかりである。そしてその上、彼らは、「我が民族は商売をすることができる」ということを認めようとしない。このようであって、我が同胞はどの道を歩くのか。

もう1つ例を出してみよう。現在の諸国は、扉を閉めるのも開けるのも、自国民が容易に生計を立てることができるように、政府の心次第で決める。たとえば現在、彼らの国に入ってくるあらゆる種類の外国商品は、大きな利益がある品物は政府が全ての種類を全て買い受けて、自国民であっても、他民族であっても、売買したい場合には国の倉庫に買いに行ってはじめて買うことができる(Monopol[ママ。monopoleが正しい][専売])。即ち、政府の心が彼らの民族をどれほど発展させたいか、あるいはどれほどの利益を得たいかであり、全て政府次第であることを意味する。

この商業の戦争の件は、我が国だけにあるのではない。以前、ベトナム国に pāt thai pwy という名の人がいて、船を買ってトンキン川で渡し船業を始めた。中国人が集まって追い出そうとし、[自分の渡し船に]無料で乗せ、さらにタバコを与えたりした。とうとうその船の持ち主であるベトナム人は貧しくなってしまった。しかしその後、ベトナム人が勝利を得た。即ちベトナム人たちは中国人の船に乗るのを拒否したからである。このことの結果、船の持ち主であるベトナム人は窮地を脱し、現在に至っている。この話は、要約すると、クメールの飯を食い、クメールの水を飲み、クメールの金を国に送り、クメール人を苦しめる、ということである。

sukhuma

2-3 雑報

2-3-1 国立図書館での茶会について

9月20日の夕方、国立図書館で、saññāpatra (<baccalauréat>[バカロレア])に合格したただ1人のクメール人女性である iṅ-em 嬢[nāṅ kramum]の祝賀茶会があった。

この会に、<guillemain>夫人[loka jamdāv]と saṃtec cau fā vāṅ が主賓として、他の男女の生徒とフランスとクメール官吏と共に出席した。

2-3-2 īvān(<courrier>-yanta hoḥ)[航空郵便物]の輸送がプノンペン市にも配送に来ることについて

今後、rājakāra <protectorat>[保護国政府]がサイゴンからプノンペンまでの īvān <poste>[郵便物]を輸送する ratha yanta(radeḥ lān)[自動車]の手配をきちんと行う。即ちフランス国から来た īvān <courrier>-yanta hoḥ[航空郵便物]は火曜日夕刻にプノンペンに到着する。

3-1 [広告] お知らせ

1937年以来、年に1度、トンレー・サープ1周の自転車レースが行われています。

今年は、11月7日朝5時にレースを始め、プノンペン市を出発して、コンポン・トム、シエム・リアプ、バット・ドンボーン、コンポン・チナンへ行って、プノンペンでゴールします。

誰でも、レースに参加を希望する人は、11月5日までにプノンペンの gūpū 店かプノンペン prae 路164号の ywaṅ ṅuk cān 店か<résidence supérieur>[高等弁務官府]第3<bureau>[課]勤務の ṅvieṅ thwy piñ かプノンペン財務局勤務の ṭām jī draṅに登録してください。

登録料は1人50センです。

3-2 インドシナ国政府宝籤

1938年9月17日抽籤

第2回、第4次

末尾が41と86の番号の籤はいずれも10リエルに当たり。

末尾が292と073の番号の籤はいずれも50リエルに当たり。

80本が100リエルに当たり、番号は、

[6桁の番号が80個。省略]

8本が1、000リエルに当たり、番号は、

[6桁の番号が8個。省略]

767,625の番号の籤は4,000リエルに当たり。

大賞は5本あり、

166,824—008,554—194,419 の番号[の籤]は10,000リエルに当たり。

148,880 の番号の籤は30,000リエルに当たり。

537,708 の番号の籤は100,000リエルに当たり。

3-3 [20号、4-6と同一]

3-4 [48号、3-8の終わり近くの「70メートル」が「10メートル」になっているだけである]

3-5 [85号、3-3と同一]

3-6 [87号、3-4と同一]

3-7 [85号、3-4と同一]

3-8 [87号、3-8と同一]

3-9 [81号、4-2と同一]

3-10 [11号、3-2と同一]

3-11 [84号、3-10と同一]

3-12 農産物価格

プノンペン、1938年9月21日

[「サトウヤシ砂糖」はない]

籾	白	68キロ、袋なし	5.00 ~ 5.05リエル
	赤	同	4.90 ~ 4.95リエル
精米	1級	100キロ、袋込み	12.45 ~ 12.50リエル
	2級	同	11.75 ~ 11.80リエル
砕米	1級	100キロ、袋込み	9.50 ~ 9.55リエル
	2級	同	8.85 ~ 8.90リエル
トウモロコシ	白	100キロ、袋込み	[記載なし]
	赤	同	7.60 ~ 8.00リエル
コショウ	黒	63.420 キロ、袋込み	19.50 ~ 20.00リエル
	白	同	30.25 ~ 30.75リエル
パンヤ	種子抜き	60.400 キロ	46.50 ~ 47.00リエル

＊プノンペンの金の価格

1　ṭamliṅ、重量37.50グラム

1級	150.00リエル
2級	145.00リエル

＊サイゴン、ショロン、1938年9月20日

フランス籾･米会社から通知の価格

ショロンの<machine> kin srūv[精米所]に出された籾 1 hāp、[即ち]68 キロ、袋込みの価格は以下の通り。

籾	最上級	5.40 ~ 5.44リエル
	1級	5.22 ~ 5.26リエル
	2級　日本へ輸出	5.07 ~ 5.11リエル
	2級　上より下級、日本へ輸出	4.95 ~ 4.99リエル
	食用[国内消費?]	4.60 ~ 4.65リエル
トウモロコシ	赤　100キロ、ショロン県マッカサンで売り渡し。	8.25~8.00[ママ]リエル
	白　同	8.35 ~ 8.40リエル

米(10月[ママ]渡し)、港渡し、袋込み、税抜き、1 hāp、[即ち]60.7キロの価格は以下の通り。

精米	1級、砕米率 25%	7.37 ~ 7.41リエル
	2級、砕米率 40%	6.93 ~ 6.97リエル
	同。上より下級	6.63 ~ 6.67リエル
	玄米、籾率 5%	5.71 ~ 5.75リエル
砕米	1級、2級、同重量	5.76 ~ 5.80リエル
	3級、同重量	5.35 ~ 5.39リエル
粉	白、同重量	3.38 ~ 3.42リエル
	kāk[籾殻+糠?]、同重量	2.50 ~ 2.60リエル

3-13　[82号、3-7と同一]

4-1　[76号、4-1と同一]

4-2　[84号、3-7と同一]

4-3　[11号、4-2と同一]

4-4　[44号、3-3と同一]

4-5　[8号、4-68と同一]

4-6　[33号、3-4と同一]

4-7　[86号、3-2と同一]

4-8　[81号、3-11と同一]

4-9　[8号、4-3と同一]

4-10　[67号、4-8と同一]

4-11　[79号、4-10と同一]

SAMEDI 1er OCTOBRE 1938

CIGARETTES
JOB
LE PAQUET VERT
Vendu 5 cents

Nagara vatta

COFAT
CIGARETTES
La meilleure cigarette Indochinoise
Le Paquet vendu 5 cents

Directeur
PACH-CHHŒUN

HEBDOMADAIRE PARAISSANT TOUS LES SAMEDIS

(Boite Postale N° 44)

第2年89号、仏暦2481年0の年寅年 assuja 月上弦7日土曜日、即ち1938年10月1日、1部8セン

［仏語］1938年10月1日土曜日

1-1 ［仏語で「私書箱 No.44」と「社長、PACH-CHHŒUN」が加わった以外は8号、1-1と同一］

1-2 ［デザインが少し変わった以外は8号、1-2と同一］

1-3 ［デザインが少し変わった以外は8号、1-3と同一］

1-4 ［8号、1-4、1-5と同一］

1-5　他民族がクメール人を見下す

この<gazette>［新聞］が生まれて以来、我がクメール人は少しずつ目覚めて、我が国に入ってきて住んで生計を立てている他民族のように、商業と工業で生命を養うことを望むようになった。しかし我々は彼ら［＝他民族］のように生計を立てることに慣れていなくて、物事がまだよくわからないので、この望みはまだ彼らと競争できない。

クメール人の生まれたばかりの種々の商業は全て、我々全てと、クメール国を支援する政府が助力して望みの通りに成長させるべきであり、他民族に潰させてはならない。我々がこのように言うのは、最近事件が起こり、我が国にやって来て住んで、我が国のおかげで生計を立てている他民族が、クメール人を潰し、彼らのように成長できないようしようとする悪い非正義な心を持つことを認識したからである。

先の9月22日、クメール人のバス1台がプノンペンに到着し、旅行者に下車させるためにクメール国現地国人軍兵士の駐屯所の前に停車した。すると突然ベトナム人も乗用車2台を運転してきてその近くに停車し、クメール人のバス乗務員に飛び掛って、国の法律も何も恐れず、したい放題に殴ったり切ったり刺したりした。バスを持ち、サイゴン街道を走らせて乗車賃を得ているクメール人は1社しかない。我が民族は誘い合って［クメール人のバスに］乗るべきであるし、政府は他民族が［クメール人のバス会社を］潰すことができないように助力して守るべきである。

他民族がこのように大胆にも悪行行為を広げるのは、フランス裁判所がクメール裁判所より緩やかであることを知っていることによる。さらに彼らは投獄刑を恐れない。このような無法者たちを懲らしめるのは容易にできることではない。彼らは、クメール裁判所は他民族を審理する任にないから、好きなだけクメール人を見下せるということを知っているからである。

この<gazette>［新聞］の中で我々は、クメール人を見下す他民族について何回も解説してきた。そして我々は、クメール裁判所にヨーロッパ人以外の他民族を審理する権限を与えることを何回も求めてきた。このように、我々の求めを許すことに同意しないことが、他民族に増長させ、クメール人を見下すことをますます広めるのである。

このような無法者は我々は必要としない。我々は我が国の法律を恐れる者だけを必要とする。彼らがこのように我が民族を負かそうとしたら、彼らを国外に追放することを政府に求める。

今後、保護国政府は何とかして、ヨーロッパ人以外の外国人とクメール人との争いの事件を審理する権限をクメール裁判所に与えるようにすることを求める。

nagaravatta

1-6　諸国のニュース

1-6-1　ヨーロッパ諸国

ロンドン市、9月19日。イギリス政府とフランス政府は、チェコスロバキア国内のドイツ人が居住する県や地区をドイツ国に併合することを考えている。

laddhi <communiste>［共産主義］を信奉するイギリス人たちが集まって、大声で叫びながらデモ行進をして、イギリス国、フランス[国]、ロシア[国]にチェコスロバキア国に助力して守ることを求めた。

＊ベルリン市、9月19日。チェコスロバキア国からドイツ国に避難したドイツ人は84千人いる。この中のドイツ人40千名が兵になった。

＊ブダペスト市、9月19日。チェコスロバキア国在住のハンガリー人もドイツ人と同じ要求をした。

＊ベルリン市、9月20日。チェコスロバキア国在住のドイツ人たちは早まって、チェコスロバキア国に侵入させるヒットラー氏の1声だけを待っている。

チェコスロバキア国在住のポーランド人もドイツ人と同じ要求をした。

＊モスクワ市、9月20日。ロシア軍650千名がユーゴ国境に配置されて戦争に備えている。

＊プラハ市、9月21日。チェコスロバキア国政府はイギリス国とフランス国に、「両国の考えに同意しない」と回答した。しかしこの両国が、「助力することに同意しない」と脅かすと、チェコスロバキア国は一転して[両国に]同意した。

プラハ市では、住民が大勢集まって、ドイツ国に種々の聞き苦しい罵声を浴びせた。

チェコスロバキア国境で、ドイツ人たちが……[注。1行消失]。

＊プラハ市、9月22日。チェコスロバキア国の buok <conseil> senāpatī[内閣]が辞職した。次の内閣には将軍が2名いて、sīrūvī という名の将軍が首相になった。

イギリス国首相であるチェンバレン氏は再びドイツ国に戻り、チェコスロバキア国の件について会議をするために、ドイツ国首相であるヒットラー氏に会いに行った。

ヒットラー氏は、「項1、チェコスロバキア国を再編させ、ポーランド人とハンガリー人のことも検討させる。項2、ドイツ人が居住する県から[チェコスロバキア国]政府を去らせて、その県をドイツに併合する。項3、チェコスロバキア国をロシア国から分離する」ことを求めた。

1-6-2　ルーマニア国

ブカレスト市、9月22日。ルーマニア国は、「チェコスロバキア国がイギリス国とフランス[国]との考えに従うのは誤りである。そして、ハンガリー国もドイツ国と同じようにチェコスロバキア国の分割を要求する恐れがある」と理解する。

＊プラハ市(チェコスロバキア)、9月22日。イタリアは、「ロシア機33機がプラハ市に来ている。さらに28機が pūṭāṇik 市(チェコスロバキア)に行っている」と発表した。

1-6-3　中国

漢口市、9月22日。6日間の戦闘の後、中国は日本軍を押し戻し、dien pā jieṅ 県の近くで日本兵4,000名以上を捕虜にした。

河南省[注。これは転写法のずれで「湖南省」かも知れない]で、日本は kvāṅ jīv 県を占領し、さらに ḷū cān 県を目指して進んでいる。

1-6-4　ヨーロッパ諸国

ベルリン市、9月22日。今回再びヒットラー氏に会いに来たチェンバレン氏は、ヒットラー氏が急き立ててばかりいたので、何の成果も上げられなかった。ヒットラー氏は、先にチェコスロバキア国のドイツ人居住地区にドイツ軍を入れたがっており、それから、イギリス国とフランス国との考え通りに、諸国委員会[注。国際連盟のことらしい]に国境を定めさせたい考えである。

ドイツ国は、「チェコスロバキア国が戦争の準備をしている」と非難した。

<havas>電。チェコ軍はドイツ人が居住する全ての地域に入った。

＊モスクワ市、9月23日。ポーランド国を[ロシア国が非難し][注。半行消滅しているのを推測]、「ポーランド国がチェコスロバキア国に軍を入れたら、ロシア国は、先日結んだ協定を破棄する」と[述べた]。この協定は、「ポーランド国とロシア国とは戦わないことに同意する」という内容である。

＊ベルリン市、9月52[ママ。おそらく「25」が正しい]日。ヒットラー氏は、チェコスロバキア国がドイツ人が居住する国土をドイツ国に渡す期限を10月2日までの6日間と定めた。同意しない場合には、直ちにその地区に軍を入れて奪う。

フランス首相であるダラディエ氏は、「フランス国は駆けつけてチェコスロバキア国に助力する準備を完了した」とドイツ国に通知した。

チェコスロバキア国では、政府は40歳までの国民を徴兵する措置をとった。

ハンガリー国は軍を準備し終えた(この国はチェコスロバキア国の敵であるから)。

ベルギー国は国境を守備する準備を整えた。

ルーマニア国はチェコスロバキア国に助力する準備をした。

一方、イタリア国の方は、ムッソリーニ氏が、「戦争が始まった時には、必ずイタリア軍は直ちにドイツに助力する」という内容の演説をした。

イギリス国も整え終わった。

1-7　現地国諮問会議の開会

1938年9月28日午前9時、政府は salā kramakāra khmaer[クメールkramakāra学校]で現地国諮問会議の会議を開会し、これに国王陛下、<le résident supérieur>[高等弁務官]殿、大臣殿、フランス－クメールの官吏などが出席し、諮問会議委員たちと集まり、陛下が習慣に従って会議の開会式を行った。

政府は今年の政府代表委員に、

1 okñā vaṅsā agga rāja {ṅin}
2 okñā rājā metrī {?wṅ-?ww}
3 okñā bisṇu loka {ḷeṅ sā?aem}
4 okñā abhaya bhāsita {ṭww ḷūpes}
5 交代員：okñā senā anujita {dā-sān}

を任命した。

我々は、政府代表委員と国民代表委員の全員に、「保護国政府に知らしめて、カンボジア国を昔のように栄光を持たせ、繁栄させ、クメール国と近隣諸国に庇護を求めて来て住んで生計を立てている諸民族がクメール人を見下すことを放置せず、見下すことができないようにする何らかの政策を定めることを願う」ことを強く期待する。

1-8 クメール国の中国人

この国には、フランス語の<gazette>[新聞]が2つ、即ち<la vérité>と<la dépêche>があって、「多くの中国人がクメール国に来て住み、そして生計を立てる生業の道をクメール人から奪って独立国を作っている。[中国と日本が戦争をしている現在][注。半行の文字上半分が消滅しているので推測]、我がクメール国に入って来る中国人はますます多くなり、おそらく10万人増えた」と述べている。さらに、「我々はどのようにすれば、このクメール国に来て住む中国人の膨張を止めることができるか。なぜならば、プノンペン市でも地方でも中国人ばかりが一面に住み、かつて[クメール人が]借りて住んでいた家は全て中国人が借りて住み、[クメール人は]借りて住む家がなく、さらに、中国人が住む所は、どの家に住む中国人も1軒の家に4、5家族が住んでいるので、多くは余り清潔でなく、それでプノンペン市の清潔さも、あまり清潔でなくなっている。それゆえ、国にコレラが多く発生している」と述べている。

我々の意見に従えば、これらの<gazette>[新聞]に賛成するが、我々はこの件を、2つ、即ち来たばかりの中国人[＝1世]と、この国で生まれた中国人[＝2世]に区別することを求める。華僑1世については、我々もフランス語の<gazette>[新聞]が上に述べているのと同様に憂えている。華僑1世はクメール国に来るとすぐに、仲間を集めて広がってクメール人から商業を奪い、金を中国に送る。そして多くが、自分がこのクメール国のおかげで庇護を受けて住んでいることを考えず、大声でクメール人を侮辱する。今では、クメール人が他国人で、やってきてクメール国に住んでいる中国人に頼って住んでいるかのようである。それゆえ我々は憂えている。

政府の様子を話すと、恐らく中国人が極めて多数入り込んで来て住んで生計を立てて、早く政府に沢山税金を払うようになるのを好んでいるらしい。[1863年の保護国]saññā <traité>[条約]によると、クメール国が大フランス国の陰に庇護を求めたのは、周囲の民族がクメール人の国土を奪うという恐れがあったからである。

現在は、転じて他民族はわずかな弾薬も消費することなく、容易に広がって国土を奪いつつある。我々クメール人は首都にさえも、いくらもいなくて、多くは辺境に分散している。都会の大きい家々は、クメール人が住んでいると思ってはいけない。他民族ばかりが一面にたくさん住んでいることが多い。どこかに未利用地が1つある時に、クメール人が[政府に]購入を求めに行っても買えない。他民族から買って奪って[そこに住んでいる他民族を]追い出して、ようやく手に入れることができる。しかも敢えて高価を我慢してようやく目的が果たせる。たとえ先祖からの遺産[の土地]も、地図がないと政府は取り上げて売ってしまう。土地の所有者に配慮することは全くない。

一方、現地で生まれた華僑2世の方は、我々はそれほど心配していない。多くは国籍をクメールに変えており、態度行動行儀はまだ中国人であるのは事実であるが、商売をしている者も、<protectorat>[保護国]政府に勤務している者も、クメール政府の官吏になっている者もいる。クメール人はこの後の世代の中国人にはそれほど不愉快に思ってはいなくて、前世から何かのつながりがあったかのように親しくしている。しかし、この華僑2世の中にはまだ十分クメール人にはなりきっていないのに、頭を杖にして泥を渉る[＝名誉を犠牲にして実利を得る]ためだけの目的で帰化して国籍をクメールにすることを求める者には不愉快である。「自分はクメール人である」という法律上の権利を使って商売をして、全てのクメール人と同じ制度により、[中国人より少額の]<patente>[営業税]と人頭税を払うが、まだ心の中では、「中国人である」とこだわっていて、クメール人に助力して引き上げ、自分に近づくことができるようにはせず、中国人である自分の親族を引き上げるために、[クメール人を]沈めることだけを手伝い、自分の利益だけを得る者もいる。[クメール政府の]高官になっても、それでもまだ「自分は中国人である」とこだわっていて、クメール人を容赦なく苦しめ、いじめる者もいる。

まだ後の週[＝90号、1-5]に続く。

2-1 学校は生徒を全ては入学させることができない

先の9月18日に新学期に入った時に、出生証明書を準備して入学しようとしたクメール人の男女の児童数百人が、プノンペンの諸学校に行って入学を求めた。しかし、希望に反して全員は入学できなかった。学校が極めて小さく、教師もとても少ないからである。既存の学校は狭いものばかりで男子校も女子校も全て狭い。教師各人は、生徒は多くて40人までしか教えられないことに定められていて、これより多く入学させることはできない。生徒が多すぎると教師の授業も行き届かず、授業が行き届かないと薄くなり、当然目的が果たせないからである。

しかし、観察したところ、今年は入学するつもりであったのに、転入学できなかった児童が例年より非常に多かった。<françois baudoin>校では200人近くが[入れずに]残った。mālikā 校は約40名、その他の学校も同じように多数残った。政府が学校を増やさないと、これから毎年、疑いなくこれよりも多くの児童が取り残される。現在、これらの学校の外に残された児童たちは大騒ぎして走りまわって学校を探している。北の学校に走って行く人もいれば、南の学校に走って来る人もいる。しかしどこに行ってもどこも同じで、やはり入る学校がない。思い余って父母は教師に入学させて教えて欲しいとお願いに行く。[座る椅子なしで]立って勉強するのでも承服すると言う。このようにしても受け入れてくれる教師は誰もいない。考えると何とも可哀想である。互いに同じ民族であるから、彼らの子は我々の子である。教育が受けられなかったら、野蛮人と何ら異なるところはない。

この教育の問題は、我々クメール人は政府に、「どうかクメール人児童全てが、諸民族と同じように、教育を受けられるように面倒を見てください」と何回も大声で求めてきた。さらに政府の方もこの状況を知っている。しかし現在まで、目を覆い耳を覆い、見えない振り聞こえない振りをし続けている。我々は、「なぜ政府は車を作って[その車を曳く]ウシの足を邪魔するのか」と大変疑問に思う。それともクメール人をこれ以上成長させたくないので、このように黙って動かないでいるのだろうか。教育はクメール人を最も……[注。数文字摩滅]……、もし今政府がクメール人に教育の道を完全に開かなかったら、クメール人は、植木鉢に植えた……[注。数文字摩滅]……のように不運に落ちるしかない。

我々が知ったところによると、政府が集めて、教育など、クメール国を支援するためにとっておく金額は多額で、クメール人の教育を拡大して今よりも広くするのに十分であることは確かである。それでも[学校を]足りるようにするためのことは何も始めない。あちらのベトナム人に、クメール国より何倍も超えた発展成長をさせるのに使う。この点が、クメール人は可哀想である。なぜこうまで不運なのだろう。

今……[注。1行摩滅]……高い地位と名誉があり、我が民族の代表である[諮問会議委員][注。この部分は摩滅しているので推測]は知ってください。そして知ったなら、保護国政府と協議して我々の教育を今よりもっと拡げる、即ち学校と教師を増やし、クメール人の子が全て学校に入れるようにしてください。

2-2　雑報

2-2-1　三蔵経の印刷機械を引き揚げる請求についての情報

三蔵経を購入し、クメール人に助力して昔のように民族の栄光に向かって前進させたいと思う純粋な心を持つ皆さんにお知らせします。三蔵経購入者の代表である王立図書館の統括者へ訴えてお願いする文書を作り、王立図書館統括者が三蔵経の金を支出して購入し、三蔵経を印刷するために王立印刷所に預けてある<machine>[機械]と活字と印刷材料を[nagaravatta社に]引き渡してもらうことを、王室印刷所の所長に相談に行くよう[王立図書館統括者に]お願いしました。現在の王室印刷所は、三蔵経の印刷を請け負って料金を得るのに十分である、大きい<machine>[機械]が5、6台もあることがわかったからです。

恐らく王室印刷所は三蔵経の印刷材料と活字を引き渡して、クメール人を助ける、即ちクメール人がそれら全ての材料を使って nagaravatta 印刷所を雇うことができるであろう。

最後に、王立図書館統括者は、「王室印刷所は三蔵経を印刷するためにこれらの材料を必要とするから、政府はこの三蔵経の印刷材料をnagaravatta 社に引き渡すことができないのが残念である」とnagaravatta <gazette>[新聞]社長殿に伝えてきた。

2-2-2　喜び

nagaravatta 社は、我がカンボジア国に助力して、人々の学問知識と事業の方面で発展させることでクメール人を支援するための、クメール人事業支援協会がもう1つできたことを大変うれしく思っている。これは、

第1。—学問知識方面

ア）協会の資金でクメール人生徒の……[注。1行摩滅]……。

イ）これらの生徒に自国内、あるいは自国の近くの外国に見学に行かせる。

ウ）年間賞を設けて、男女のクメール人生徒の心を楽しませ、勤勉に一生懸命勉強させる。

エ）年少も年長も、クメール人生徒を毎年どこか1ヶ所に休息に行かせる。

第2。—人々の事業方面

ア）カンボジア国内の諸寺院に、面倒を見る親族、あるいは助力して支援する人がいない男女の老人、身体が不自由な人を受け入れるための施設を作る。これらの施設は、我々の善意を応援し助力する気持ちがある住職が管理する権限を持つ。

イ）遺棄された、あるいは親族を失った孤児を収容して、その施設で勉強をさせるか、あるいは助

力して教えてくれる男女の教師がいる施設を設立する。

エ）これらの児童が将来自分が持つ学問知識で、それにふさわしい何らかの生業を得て生計を立てることができるように助力する。

2-2-3 ［既に報道］済みのことについての追加

先週［＝88号、2-3-1］我々は、sañāpatra <bachot>［バカロレア］に［クメール人女子生徒の中で］始めて合格した女子生徒の名誉のための茶会が王立図書館で行われたことを報道した。これには<guillemain>夫人［loka jamdāv］が主賓として、さらに samṭec cau fā vāṅ とフランス、クメール官吏たち、それに外国の女性2名、1人は smulṭae 夫人［<madame>］という名のオランダ人で、法学士で絵画に優れた腕を持ち,絵画の教育をしている方と、もう1人、seṭaerplww 嬢［<mademoiselle>］という名のスウェーデン人で、特別な織物と刺繍ができ、海を1人で dūk tūc（<canot>）［小艇］でオランダから我が国に旅行して来た方が出席した。

この会で、王立図書館統括者が、カンボジア国について、「かつてはジャヤヴァルマン7世の時代の nāṅ {indradevī} のように学問知識に秀でた女性がいた。その後、女性王族のお2方が少女のための学校を作り、現在に至って学習して成長するクメール人少女がいて、クメール人少女も諸国の少女と同じく時勢に遅れないで知識を増やしていると認めるべきである」と述べた。この会でクメール政府の首相である samṭec cau fā vāṅ が<guillemain>夫人［loka jamdāv］と、そこに集まった諸氏に感謝を述べ、それから最初に<bachot>［バカロレア］に合格した少女を称賛し、それからクメール人生徒全てに、「保護者である大フランス国が全力で助力し支援していることであるところの、他と同じように、一生懸命勤勉に勉強し、時勢に遅れないようにしなければならない」という注意と忠告があった。

2-2-4 9月27日に、クメール国に来ている smulṭae 夫人［<madame>］が<royal hôtel>で絵画の展覧会を行った。これに<le résident supérieur>［高等弁務官］殿、<guillemain>夫人［loka jamdāv］、samṭec cau fā vāṅ、<lambert>氏、<karpeles>女史［<mademoiselle>］、それに官吏数名が、その称賛するべき美しい絵を鑑賞に行った。

2-2-5 高等教育の試験に合格

先の1938年9月の<bachot>［バカロレア］の試験に合格したシソワット中高等学校で学ぶ生徒名

<bachot>［バカロレア］第1段階（新教育制度）
nāy {guṇ vic}（クメール人）
nāy {sam sārī}（クメール人）
nāy {die druṅ dhū}（ベトナム人）
nāy sae tān［姓は tan］{tuṅ hān}［中国人］
nāy {gim jī}（ベトナム人）

<bachot>［バカロレア］第2段階（新教育制度）
nāy {ghin chae}（クメール人）
nāṅ kramum {?wn em}（クメール人）
nāy {pun canda phlaṅ}
（前にサイゴンで学んだクメール人）
nāy {trān jūṅ tān}（ベトナム人）

<bachot>［バカロレア］第2段階（旧教育制度）
nāy {sukha chuṅ}（クメール人）

それと、トンキン国から来た氏名不詳の女性1名。

我々はこれら大勢の少女、少年と共に喜び、大いに称賛する。そして7名のクメール人少女、少年を極めて高く称賛する。

2-2-6 1938年12月28日から1939年1月8日まで行われる国王陛下の誕生日祭に際しての美術工芸品・工業製品の展示会

1938年12月28日から1939年1月8日までの国王陛下の誕生日祭で、美術工芸品と工業製品の展示が、エメラルド仏像の所で行われる。クメールと<asiatique>［アジア］の家を飾る racanā［美術工芸品］と家内での vatthu hatthakamma［手作業製品］、即ちvatthu ṭael dhvœ niṅ ṭai［手で製作した品物］と vatthu silpakamma［工業製品］、即ちvatthu ṭael jāṅ phseṅ phseṅ dhvœ［種々の職人が製作した製品］を出品し、展示即売するためである。

展示のための場所は、braḥ kaev の所に177ブースあり、各ブースの広さは間口3メートル、奥行き3メートル半で、5リエルで借りる。braḥ kaev の外の vāṅ 路に沿った場所は、美術工芸品を展示する人が自分でブースを作るのを助力するために取ってあり、1区画15平方メートルで使用料2リエルを取る。

braḥ kaev の前のテント列は美術工芸品職人と工業職人、即ち種々の職人たちのために取っておくためであり、北側のテント列はインドシナ連邦から来た人たち、北側［ママ。「東側」か「西側」であろう］はフランスの商店のため、南側はカンボジア国の諸官庁と地方のためである。

展示を希望する人は、1938年12月1日までに申請すること。

この展示会は12月28日午前9時に開場し、1月8日夜11時に閉場する。

入って見る人はbraḥ kaev の前門から入り、北側の門から vāṅ 路に出ること。

3-1 民族の発展

前週［=88号、1-6］から続く。

2。同じ会議で、シソワット中高等学校卒業生友愛会理事会は、jhān-vam 君[nāy]と共に<bachot>[バカロレア]に合格したuk-dhun 君[nāy]にも、同じように、歴史と地理の<licence>[学士号]と呼ぶ高等教育修了証書取得のために、大フランス国に留学し、帰国したらプノンペン市の中高等学校で教師をするために貸与することを決定した。しかし、uk-dhun 君[nāy]は、まだフランス支援政府[＝保護国政府]に補助金を申請していないので、現在はまだフランス国に出発していない。

uk-dhun 君[nāy]はプノンペンの sālā <conseil>[大臣官房]に勤務する varamantrī である uk-dhuc 氏の子である。

3。この会議で、もう1人、生国はバット・ドンボーン市である sū gien dhien という名のクメール人生徒が、やはり大フランス国に留学して、橋梁と道路の学問の高等<ingénieur>[技術者]資格証書を得るための金の貸与を申請した。しかし、sū gien dhien 君[nāy]はまだ<bachot>[バカロレア]第2段階に合格していないので、理事会はこの件に関してはまだ決定していない。9月に彼はもう1度受験する。

まだ後の週[＝90号、2-1]に続く。

3-2　売却公告

全ての人にお知らせする。1938年10月11日午前8時に、プノンペン市 sālā <tribunal>[地方裁判所]で、プノンペン市所在のコンクリート造家屋と[その]土地13<lot>[区画]を、各<lot>[区画]の行[に示した]最低価格で競売する。

第1<lot>[区画]、土地およびコンクリート造家屋1軒、
aṅga ḍuoṅ 路141号、価格、1,000リエル

第2<lot>[区画]、土地およびコンクリート造家屋1軒、
aṅga ḍuoṅ 路139号、価格、1,000リエル

第3<lot>[区画]、土地およびコンクリート造家屋1軒、
aṅga ḍuoṅ 路137号、価格、1,000リエル

第4<lot>[区画]、土地およびコンクリート造家屋1軒、
aṅga ḍuoṅ 路135号、価格、1,000リエル

第5<lot>[区画]、土地およびコンクリート造家屋1軒、
aṅga ḍuoṅ 路152号、価格、1,000リエル

第6<lot>[区画]、土地およびコンクリート造家屋1軒、
aṅga ḍuoṅ 路150号、価格、1,000リエル

第7<lot>[区画]、土地およびコンクリート造家屋1軒、
aṅga ḍuoṅ 路148号、価格、1,000リエル

第8<lot>[区画]、土地およびコンクリート造家屋1軒、
pūlpaer 路3号、価格、900リエル

第9<lot>[区画]、土地およびコンクリート造家屋1軒、
<gallieni>路31号、価格、1,000リエル

第10<lot>[区画]、土地およびコンクリート造家屋1軒、
<gallieni>路33号、価格、1,000リエル

第11<lot>[区画]、土地およびコンクリート造家屋1軒、
<gallieni>路35号、価格、1,000リエル

第12<lot>[区画]、土地およびコンクリート造家屋1軒、
aṅga ḍuoṅ 路74号、価格、2,500リエル

第13<lot>[区画]、土地およびコンクリート造家屋1軒、
aṅga ḍuoṅ 路76号、価格、2,500リエル

これらのコンクリート造家屋と土地は em-vā の物で、全てのことを知りたい方は、プノンペン市<quai lagrandière>路18号の弁護士であるpetraṅ <maître>[弁護士]氏の事務所で訊ねてください。

petraṅ <maître>[弁護士]

競売購入の件も……[注。1語擦り切れ]……、しかしこの件については、規定されている[競売]方法について説明できるように、<crédit hypothécaire>の社長に会ってください。

入札者は、落札後すぐに、原告の弁護士あるいは裁判所の検察事務官に代金と手数料を支払う必要があります。

売却する物件はすでに火災保険をかけてありますが、落札者は入札売却後、借金を全額返済するまで[その保険を][注。磨耗している部分を推測]継続する必要があります。

落札者は売却を受けるために、すぐに同市所在の裁判所に通知する必要があります。

何か知りたいことがあれば kraḷāpañjī のところに質問に行ってください。

原告の弁護士である……[注。擦り切れ]……petraṅ <maître>[弁護士]は、<doudart de lagrée> 大路34号の……[注。擦り切れ]……<crédit hypothécaire>の社長の所にいます。

3-3　売却公告

……[注。擦り切れ]……皆さんにお知らせします。1938年10月5日午前8時にカンポート sālā <tribunal>[地方裁判所]で、カンポート所在のコンクリート造家屋と[その]土地7<lot>[区画]を、<lot>[区画]の行に示す最低価格で競売します。

第1<lot>[区画]、コンクリート造家屋2軒および土地、
最低価格、800リエル

第2<lot>[区画]、コンクリート造家屋6軒および土地、
最低価格、2,400リエル

第3<lot>[区画]、土地1<lot>[区画]、
最低価格、100リエル

第4<lot>[区画]、家屋7軒および土地、
最低価格、2,800リエル

第5<lot>[区画]、家屋1軒および[土地]、
最低価格、600リエル

第6<lot>[区画]、コショウ畑、
最低価格、100リエル

第7<lot>[区画]、土地1<lot>[区画]、
最低価格、100リエル

コンクリート造の家屋と土地は全てカンポートの sem-ḷeṅ のものです。全てのことを知りたい方は、弁護士で

あるpetraṅ 氏[<maître>]の事務所に来て訊ねてください。

petraṅ <maître>[弁護士]氏

[売却]方法の要約

金を返済しに行く購入者は、<crédit hypothécaire d'indochine>の支店に全額返済する必要があります。

落札者は落札金額を全額清算する規定がありますが、まずこの件について<crédit hypothécaire d'indochine>社社長に会いに来て、手続きの規定全てついて説明を受ける必要があります。

落札者は、売却[を受けた]後すぐに代金と手数料全額を原告の弁護士あるいは裁判所の kraḷāpañjī に支払う必要があります。

売却する家屋はすでに火災保険をかけてありますが、落札者は入札して売却を受けた日から、借金を全額返済するまでの間、その保険をかけに行く必要があります。

落札者は、知らしめてすぐに売却させるために、同市所在の裁判所に通知する必要があります。

何か知りたいことがあれば、裁判所の kraḷāpañjī のところに質問に行ってください。原告の弁護士である petraṅ <maître>[弁護士]は、<doudart de lagrée> 大路34号の<crédit hypothécaire>社社長の所にいます。

3-4　賞金50リエルを差し上げます

ビルマの<mac phsu>バームのことを思うと、クメール国内の人は誰でも、「良く効くバームである」と知っていて、都会から農村まで、ビルマの<mac phsu>バームはとてもたくさん売れています。それゆえ、悪い人がビルマ・バームを偽造して歩き回って皆さんを騙して、そのバームを買わせ続けていて、開けて使ってその結果偽のバームであることがわかるのです。こういう理由で、私は政府の先を行って、皆さんにお知らせします。偽の<mac phsu>という名のビルマ・バームを売る者を捕まえた方は、私から賞金50リエルを受け取る権利があります。それから皆さんに注意いたしますが、ビルマ・バームを買う時には、<mac phsu>という名前があり、私の写真があるかどうか、必ず調べて確認してください。そうすれば偽のバームを[本物と]間違えることはありません。

プノンペンでは nāṅ {ḍuoṅ}店と、byā <pasquier>路433号の thuṅ-ket 店がこのビルマ・バームを仕入れて販売しています。

プノンペン<fesigny>路17号の nāṅ <mac phsu>が皆さんにお知らせしました。

3-5　[11号、3-2と同一]

3-6　[84号、3-10と同一]

3-7　[87号、3-8と同一]

3-8　農産物価格

プノンペン、1938年9月30日

[「サトウヤシ砂糖」はない]

籾	白	68キロ、袋なし	4.90 ~ 4.95リエル
	赤	同	4.70 ~ 4.75リエル
精米	1級	100キロ、袋込み	12.20 ~ 12.25リエル
	2級	同	11.60 ~ 11.65リエル
砕米	1級	100キロ、袋込み	9.40 ~ 9.45リエル
	2級	同	8.60 ~ 8.65リエル
トウモロコシ	白	100キロ、袋込み	[記載なし]
	赤	同	6.70 ~ 7.20リエル
コショウ	黒	63.420キロ、袋込み	18.50 ~ 19.50リエル
	白	同	29.50 ~ 30.00リエル
パンヤ	種子抜き	60.400キロ	44.25 ~ 44.75リエル

＊プノンペンの金の価格

1 ṭamliṅ、重量37.50グラム

1級	150.00リエル
2	145.00リエル

＊サイゴン、ショロン、1938年9月29日

フランス籾・米会社から通知の価格

ショロンの<machine> kin srūv[精米所]に出された籾1 hāp、[即ち]68キロ、袋込みの価格は以下の通り。

籾	最上級	5.27 ~ 5.31リエル
	1	5.08 ~ 5.12リエル
	2級　日本へ輸出	4.93 ~ 4.97リエル
	2級　上より下級、日本へ輸出	4.81 ~ 4.85リエル
	食用[国内消費?]	4.50 ~ 4.54リエル
トウモロコシ	赤　100キロ、ショロン県マッカサンで売り渡し。	7.70 ~ 0.00リエル
	白　同	7.85 ~ 7.90リエル

米(10月[ママ]渡し)、港渡し、袋込み、税抜き、1 hāp、[即ち]60.7キロの価格は以下の通り。

精米	1級、砕米率25%	7.23 ~ 7.27リエル
	2級、砕米率40%	6.78 ~ 6.82リエル
	同。上より下級	6.48 ~ 6.52リエル
	玄米、籾率5%	5.62 ~ 5.66リエル
砕米	1級、2級、同重量	5.66 ~ 5.70リエル
	3級、同重量	5.20 ~ 5.24リエル
粉	白、同重量	3.23 ~ 3.27リエル
	kāk[籾殻+糠?]、同重量	2.50 ~ 2.60リエル

4-1　[20号、4-6と同一]

4-2　[広告][仏語]　　1938年9月15日、プノンペン

証明書

[ク語]　印刷所に勤務している私、ḍuc は両手に出来物ができて、腐っていました。医師と薬を長年探しましたが、まったく効かず私は嫌になっていました。知人が

kāp go市場の前の sīv-pāv 店の薬に肉の内部と皮膚の上にできた毒の病気に効く薬があり、1箱0.80リエルで、何の病気でも、体中に小さい粒々の出来物、大きい粒々の出来物があっても、あるいは別の病気になったものでも、どんなに腐っていてもこの薬を服用すると必ず治ると教えてくれました。

私はその情報を得て、行って薬を2箱買い、服用したところすぐに病気が治りました。私はこの <gazette>[新聞]に掲載して sīv-pāv 医師殿の薬の恩を称賛し、皆さんに発表します。

4-3　[11号、4-2と同一]

4-4　[44号、4-6と同一]

4-5　[82号、3-7と同一]

4-6　[44号、3-3と同一]

4-7　[73号、4-6と同一]

4-8　[33号、3-4と同一]

4-9　[86号、3-2と同一]

4-10　[81号、3-11と同一]

4-11　[8号、4-3と同一]

4-12　[48号、3-8の終わり近くの「70メートル」が「10メートル」になっているだけである]

4-13　[87号、3-4と同一]

4-14　[79号、4-10と同一]

SAMEDI 8 OCTOBRE 1938

CIGARETTES JOB LE PAQUET VERT Vendu 5 cents

Nagara vatta

COFAT CIGARETTES La meilleure cigarette Indochinoise Le Paquet vendu 5 cents

HEBDOMADAIRE PARAISSANT TOUS LES SAMEDIS

Directeur PACH-CHHŒUN

(Boite Postale N° 44)

第2年90号、仏暦2481年0の年寅年 assuja 月上弦14日土曜日、即ち1938年10月8日、1部8セン

［仏語］1938年10月8日土曜日

1-1 ［仏語で「私書箱 No.44」と「社長、PACH-CHHŒUN」が加わった以外は8号、1-1と同一］

1-2 ［デザインが少し変わった以外は8号、1-2と同一］

1-3 ［デザインが少し変わった以外は8号、1-3と同一］

1-4 ［8号、1-4、1-5と同一］

1-5　クメール国の中国人

先週［=89号、1-8］から続く

私が知った話である。ある時、ある課長殿が半ズボンをはき、半袖のシャツを着て、靴下をはかずに靴をはいて、夜に中国人の店にぶらりと出かけ、そこで買い物をしている1人のクメール人に出会った。すぐに［課長が］［その人の方へ］行くと、そのクメール人は cauhvāy 殿の顔を知らなかったので、それが課長殿であるとは少しも思わず、うつむいて自分が必要なものを選んでいた。その時課長殿はそのクメール人を呼んで<carte>［人頭税カード］を調べ、自分の怒りにまかせて容赦なく殴った。そしてさらに、「クメール人であるお前はどうしてわしを知らないのか」と非難した。クメール人が中国人に借金があると、その中国人のために、そのクメール人を脅して、あくまでも金を取りたててやる者がいる。

私がこのように話したのは、少しも悲しんでいるのではない。クメール人の前世からの業であるから、どうにもできない。しかし、［我が国に］やって来てクメール人になった中国人は、「自分は変わってしまった。即ちクメール人に生まれ変わった」と思い、クメール人と互いに助力し合い、支援し合うことを決心してほしい。自分は中国に帰ることは期待できないから、クメール人を敵であるとするよりはよい。不運にも名前を汚してクメール人になった以上は、一生懸命心を込めてクメール人が繁栄するのを助力するべきである。そうすれば自分も共に繁栄できる。「自分はまだ中国人である」とこだわりを持っても、自分の子の世代になると、中国人を忘れてしまう。クメール人が低劣であったら、やはりクメール人である自分の子は自分1人だけ高貴でいられるか、それともクメール人と同じであるか。たとえば、このように話している私自身は純粋なクメール人ではない。私もあなた方と同じ中国人の子や孫である。私はまだ性格に［中国人らしさが］残っているから、中国人を憎まない。しかし、私はクメール国に庇護を求めに来て住んでいる以上は、私は一生懸命努力してクメール人が他と同じように高貴になるのを助力する。

今の我々の心配は、どの他民族よりもベトナム人のことを心配している。クメール国に来て住んでいるこの民族は全て、クメール人に遠慮して気を使うことを少しも知らないからである。フランス人の商業、フランス人の事業の中は、ベトナム人が全てやっていることが多い。そしてこの民族は中国人と同じではない。なぜなら暮らしてクメール人とあまり性が合わない。クメール人に良いことをあまりしないし、クメール人とあまり付き合わない。何をするにもクメール人とは別に自分たちだけでしてばかりいる。商業内にせよ、政府内にせよ、どこかに勤務している時に、一緒に勤務するクメール人が1人いると、いつも自分の上司に言いつけて、上司が嫌うように仕向けて、必ず仕事から追い出させる。そして自分と同じ民族を連れてきてその穴を埋めて勤務させる。自分の民族がいかに無学で愚かでも、仕事ができるようになるまで教え込むのを我々はしばしば目にしてきた。

我々の意見では、ベトナム人が今のように入り込んできてクメール国を侵略するのを政府が許していると、将来必ずチェコスロバキア国に住むドイツ人のようになることは間違いない。フランス国政府は、ベトナム人とクメール人とに同じ世話をする責任を持っていると思っている。ベトナム人に飯を与えて食べさせれば、クメール人も共に食べられると思っている。学校を建ててベトナム人に学ばせれば、きっとクメール人もベトナム人と同じように知識を得ることができると思っている。それゆえ、クメール国とラオス国を pradesa <indochine>(Union Indochinoise)[インドシナ連邦]に入れたのである。我々の意見では、カンボジア国の全クメール人の中には、国に危急のことが起こった時には、武器はもちろん学問知識の面でも国を守ることができる者は誰もいない。

ベトナム人の方は、彼らの力は彼らの国土を守るのを期待できるのに十分である。

この違いは誰に帰するのか。

nagaravatta

1-6　プノンペン市第3、第4、第5区のクメール人が前世の業による苦しみを受けていることについて

我々が観察してわかったことによると、プノンペン市政府は、第3、第4、第5区に住むクメール人にあまり慈悲をかけていない。クメール人はとても温和で正直であり、何かを訴えて反抗することを知らず、どのような苦しみを受けても、臆病なので口を開いて訴える勇気がなく、我慢して沼の中の小道に身を隠し、どんなに水があろうと、泥があろうと、我慢して渉っていると思っているからである。

市政府の要人である方たちよ、貴殿は慈悲を持って目を開けて市内に住むクメール人の苦しみを見るべきである。彼らは土地、水、電気の税を等しく払っているからである。神の目、神の耳、神の口を持つ方々は、

1、それぞれの区の隅々まで見通す神の目を持ち、

2、どのような不満、嘆き、心配、苦しみの声が聞こえる神の耳を持ち、

3、口を開いて何か言うと、直ちにそれが実現される神の口を持つあなた方の力で、

住民を救って、苦しみと惨めさから逃れ出させて、彼らの望み通りに安楽に幸せにしてほしい。あなた方は全てプノンペン市の市委員であり、上述の区のクメール人住民を救ってから、あなた方はあなた方の望み通りに発展してください。

どのような前世の業による苦しみかというと、次に述べる通りである。

ア)第3区内。第3区内は王宮があるから少し楽である。しかし、不運は padumvatī 寺の前と後ろの池が存在することによる。この池にはボウフラと蚊が一面にぎっしりいて、その池の腐った水からの空気が臭くて呼吸ができないほどであり、雨が降る度にこの池の水がそばの道に溢れ、水没させ、一面に臭い物を撒き散らす。さらに[水は]道に水溜りになってどこにも流れて行かない。低い家に腐った水が溢れ浸水して沢山の品物を駄目にしてしまう。これこそが熱病や、めまいで倒れるのや、コレラなどあらゆる種類の病気を引き起こすものなのである。水路が池に流れ込む王宮内も、池が満水になると水が吐き出されて王宮内に逆流する。

もう1つ、各集落は水が溜まって長く経つと臭気が激しく、道路に出るには橋をかけなければならず、そうしてはじめて出られる。道路の方も全く清潔ではない。たとえば、braḥ vihāra braḥ kaev の後ろの道路は農村の道のように泥があり、草が生えている。国王陛下がおいでになる王宮と大臣会議室(?)や裁判所(?)の建物にまで病気を起こさせるのを撲滅するために、政府は、来年には必ず padumvatī 寺の前と後ろにある池を埋め立て終わって、道路を縦横に作ってそれぞれの集落の住民たちが楽に行き来して、容易に土を入れることができるようにしてほしい。市政府が腐った水を元の場所から移すことができないのであれば、臭い池が病気を全市にばらまいていることから生じる病気を避けるために、王宮とその他の建物を別の遠い場所に移転してほしい。

イ)第4区内と piṅ keṅ kaṅ。第4区内では住民はとても苦しんでいる。水が集落を水没させて溜まり、大きい道路に出る小道も全て切断し、しかも泥があって滑って前にも後ろにも進めない。住民は板を渡して橋にして大変苦労している。明るくする街灯はないし、<machine> dik[水道]も十分にはなくて、人を雇って水を天秤棒でかついで2、3回運ばせて10セン払う。しかも容易には雇えない。

政府は土を入れて道を作ってサイゴン街道につなぎ、新道路の西側まで、低地に半メートルの高さだけでいいから、土をいれてほしい。1つの道から1つの道に渡って市場に行く、あるいは働きに行くのが容易になり、そして住民が集落や家をきれいに栄えさせることができ、惨めでなくなるようにするためである。道路の東側は、すでに計画があるのに従って、住民がkāp go 市場に行くのが容易になり、また住民が集落や家を第2区のように美しく整えることができるように、横切る道を作るべきである。<machine> dik[水道]も増やして十分にしてほしい。

ウ)第5区内。第5区内にある集落は全て、乾期、雨期を通じて同じように[床下の]柱の半ばまで浸水している。そして官員たち全ては勤務しに行き来するのと、集落と住居を清潔にするのに苦労している。フランス人である ṇāvā 氏の家の所と、フランス人が住んでいる家の近くの所だけは、政府が道を作り砂利を敷き、街灯を設置したから、楽なようである。それ以外の所は全て腐った水に浸かっている。

清潔にすることを市政府はあまり考えていないで、職員に床下一杯に浸水している家の土地税を徴収して歩か

せることしか考えていない。

nagaravatta

1-7　諸国のニュース

1-7-1　ヨーロッパ諸国

ワシントン市、9月26日。アメリカ国大統領であるルーズベルト氏は、[それぞれ]ドイツ国とチェコスロバキア国の大統領であるヒットラー氏と peṇaes 氏に、「もしヨーロッパ諸国に戦争が起こったら、全世界の人々に苦しみが起こる。それゆえ、何とかして戦争に至る道を回避することを、一生懸命努力して考えるべきである」という内容の書簡を送った。

＊ベルリン市、9月26日、<havas>電。チェコスロバキア国がドイツの指示に従わない場合は、ドイツ政府はきっと軍を送ってチェコスロバキア国を攻撃することは間違いない。

＊ローマ市、9月26日。アメリカ電によると、イタリア国首相であるムッソリーニ氏は陸、海、空軍に戦争の準備をするよう命令した。

＊プラハ市(チェコスロバキア)、[注。日付なし]。チェコスロバキア国政府は17歳から60歳までの人の徴兵令を出した。

＊ロンドン市、9月27日。ārīp 電。イギリス国政府は新聞記者たちに、「イギリス国首相が和解させるべくいかに一生懸命努力しても、それでもドイツ国がチェコスロバキア国を攻める場合には、フランス国は直ちにチェコスロバキア国を助けに駆けつける。そしてイギリス国とロシア国とは協力してフランス国と共に駆けつける」と発表した。

＊ベルリン市、9月27日。ベルリン市駐在イギリス大使である<wilson>氏は、先の月曜日にチェンバレン氏からの書簡を直接ヒットラー氏に渡し、それからイギリス国に帰りチェンバレン氏と会った。

<wilson>氏はヒットラー氏からの書簡を持参してチェンバレン氏に渡した。

＊ロンドン市、9月27日、<havas>電。チェコスロバキア国政府がドイツ国に回答した書簡は、「チェコスロバキア国はドイツ政府の指示に従うことはできない。もし従うと、チェコスロバキア国は必ず滅びる」という内容である。

＊ロンドン市、9月28日。イギリス政府は、戦争への道を避けるために、ヨーロッパの4大国がまず会談することを発起した。ヒットラー氏とムッソリーニ氏とはイギリスの考えに同意した。「4国の政治家である、ヒットラー、チェンバレン、ダラディエ、ムッソリーニの4氏は9月29日に、ミュンヘン市で会談する」と発表された。

＊ベルリン市、9月28日。ドイツ軍はベルリン市を4時間行進してから東方、即ちチェコスロバキア国を目指して行った。道路脇に立って見ていたドイツ国民はあまり嬉しそうではなかった。

＊ロンドン市、9月28日。イギリス国は海軍兵を召集し、「ヒットラー氏が世界を侵略したら、イギリス国は必ずそれを阻止に出る」と発表した。この情報にヒットラー氏は激怒した。

＊ミュンヘン市(ドイツ)、9月29日。チェンバレン氏、ダラディエ氏、ムッソリーニ氏は、本日ミュンヘン県でヒットラー氏と会談した。政治家4名は和やかに会談した。

1-7-2　中国

ハノイ市、9月29日。日本機9機が yan lāṅ fū 市を爆撃した。爆弾は学校に命中し、40名が死亡した。鉄道の駅とフランスの建物は爆弾の影響を受けなかった。

1-7-3　ヨーロッパ諸国

ミュンヘン市、9月30日。西ヨーロッパの4国の政治家が会談し、「チェコスロバキア国のドイツ人居住地域をドイツ国に併合する。ドイツ人が他の民族と混じって居住する地域は、自由意志で投票し、行きたい国に行かせる」ことで意見が一致した。

この同意はチェコスロバキア国政府に送り、同政府が検討して、その通りに同意した。あくまでも頑強に反対するとドイツが攻めて、国をただで手に入れ、誰も助けてくれないことがわかったからである。

上述の政治家の会談の後、チェンバレン氏とヒットラー氏とは、さらにこの機会を利用してヒットラー氏の私邸で、イギリス国とドイツ[国]の海軍について会談し、互いに不戦協定を結んだ。

＊ワルシャワ市(ポーランド)、[注。日付なし]。モスクワ市(ロシア)からの情報によると、ロシア国政府は、チェコスロバキア国の問題に不満である。ロシアの諸新聞はイギリスとフランスとを非難している。

＊ベルリン市10月1日。ミュンヘン県での同意に基づいて、ドイツ軍はドイツ国境を越えてチェコスロバキア国のドイツ人居住地域に行った。

諸国委員会[＝国際連盟？]は新しい国境を画定し終えた。

＊ワルシャワ市、10月1日。チェコスロバキア国は gīsen 地区をポーランド国に割譲することに同意した。

＊プラハ市、10月2日。チェコスロバキア国は、ハンガリー国がドイツ国とポーランド国と同様に国土の割譲を求めたことに対し、回答した。

＊ロンドン市、10月1日。イギリス陸相である gūpœr 氏が、ドイツとの協定に関して同氏に相談をする必要はないとしたチェンバレン氏に対する不満から辞職した。

1-7-4　中国

漢口市、10月2日。dien gā din 市を出た後の中国軍は揚子江北岸で日本軍と戦い勝利した。

河南省[注。湖南省かも知れない]で中国軍は、日本軍が支配している ḷū cāṅ 市を包囲した。

揚子江の南で中国兵は優れた手腕を発揮した。

華北で中国兵は北京市にますます接近しつつある。

1-7-5　ヨーロッパ諸国

ロンドン市10月3日。イギリス国はチェコスロバキア国に<sterliṅ>[英貨]30百万<lire>[リラ]の借款を与える事に同意した。

1-8　以下のように確かな証拠がちゃんとあるから、我がクメール人はまだ学問知識を失っていない

私は ut 住職殿の銅と青銅製で結跏趺坐して高さはおよそ0.80メートル、師にそっくりの像を目にした。

私はこの像をよく見て、筋や形や様子が本当に[生きている]人のようで、弟子たちは、「この像は師僧がまだ存命のころと違うところはどこもない」と言う。

この像を作った職人は名前は jūr (クメール人)で、父親の名は jhun、母親の名はsvāy、生れはコンポン・スプー州 samroṅ daṅ 郡 jœṅ ras 村 tā mān 地区で、子年の生まれで今年[「数え」で]51歳である。妻がいて、名は nāṅ {sau}、子供は3人いる。[jūr は]今はカンダール州 s?āṅ 郡 braek tūc 地区で美術工芸職人をして生計を立てている。彼は多くの人から grū sūtra[出家式の時の教授師]{jūr}と呼ばれ、がっしりしていて背が高く、肌色は大豆色、髪は濃くて直毛、目は潤いがあり、サンポットをはいていることが多い。

この grū sūtra {jūr}は他の人と違ってどこの学校にも行って学んだことがない。しかし幼い時から彼は熱心に絵を描き、彫刻をしてきた。タケノコを掘って食べるときも、時間を作ってはタケノコでネズミ、ウサギを彫っていた。

彼は仕事をすると、普通とまったく異なる。たとえば凧は牙をむき出し、足を踏ん張り手はキンナラの翼のように腰に当て、胸の所に紐をつけて風に乗せて揚げ、見るとまるで夜叉が飛んでいるようにとても大きく素晴らしく、凧の音はプノン[族]の普通の凧のよりも美しく鳴り響く[注。凧は弦を張って音を出させる]。

私はこの鋳像を観察すると、その様子はまさに[生きている]人のようなので、アンコール・ワットの偉大な力を持つ石の塊を思い出す。そして我がクメール人の偉大な力を持つ石の塊である遺産は、まだその子孫は残っていて失われてはいないと解釈する。

grū sūtra {jūr}のような全く学問のない我が民族が長さや形を正しく測り、元[の人]とそっくり同じ像を作ることができる能力があるのを見ると、[これは]偉大な力を持つ石の塊[＝アンコール・ワット]の一族の聡明さがまだ生きているからであり、このような聡明な人を調べて探し出してきて、[学校]当局の許可を得て、新時代の美術工芸学校に入学させて、絵を描くこと、あるいは<machine>[機械]の図面を描くことを学ばせれば、我がクメール人は近くの他民族にそれほど劣りはしないであろう。

ここに述べた証拠の像は[19]39年の初めに、我がクメール人やその他の見たい人に、クメール人が作ることができる腕前の証拠として見せ、我々に今後一生懸命学んで知識を得ようとする気持ちを奮い起こさせるために展示することを考えている。

sa. ña.

nagaravatta 新聞は、上に述べられた文章を読んで、この彫刻師の腕前が本当に優れたものであれば、とても嬉しく思う。我々は政府に、この美術工芸職人を呼び寄せて訊ねて検討して、賞として[展示会の]無料のブースを彼に与えることをお願いする。人々が心を奮い立てて、全ヨーロッパの諸国が好み、素晴らしい知識[ママ]であると敬愛するこの価値ある仕事を模範にするようにである。

一方我々の方は、我々もこの人と知り合いになりたい。後日、もしプノンペン市に来る機会があったら、どうかきっと nagaravatta新聞社の総務部に我々を訪問してください。

1-9　移住

移住することはとても素晴らしい。他の何よりも素晴らしい。どの民族も、どの国も、学問を学ぶことを求めるため、そして財産を求めるために国を去って行くのは普通のことである。一方現在の我がクメール人の方にも何人かはいる。しかしとても少ない。はっきり知るために数えてみると、おそらく千人に1人か2人しかいないであろう。我が民族の考えと心がこのようであったら、我が国は、あるいは我々自身はいつになったら発展することができるだろうか。同胞よ、今私はあなたたちにお願いする。あなたの心と考えを変えてほしい。あなたの心がいつまでもこのようであったら、将来きっとあなたの国、あるいはあなた自身、あるいはあなたの親族はどのように低劣になるかわからない。今のあなたの心は、生まれた所に住むのを好む。どのように飢え、食べるものがなくても、死ぬまで我慢してそこに住む。

もう1つ、あなたはわかっているだろうか。我が国に来て住んでいる中国人もベトナム人もその他の民族も、彼らはどのような利益を望んでいるのだろうか。今、彼らは彼らの望みを果たしたであろうか。このことをあなたは、今後[あなたの行動を]誤らないように、真剣によく考えてほしい。今の私はとても悔しくて、我慢できないし、黙っていることもできない。それゆえ、一生懸命努力して皆さんに大声で呼びかけているのである。

もう1つ、あなた自身が移住できないのであれば、即ち何か理由があり、何か都合があり、それが障害になって移住できなくさせているのなら、それはそれでしかたがない。しかしそれでも、住むところを変えることだけはできる。たとえばあなたが gaṅ bīsī 郡か bhnam sruoc 郡で生まれたとしよう。この2つの郡[khaetra][注。古い用法]は毎年雨が少ない。土地は肥料分が磨り減ってしまっている。あなたの[生]国がこのようであったら、我慢してそこに住んでいて何になるのか。そこを捨てて去り、別の場所を捜すべきで、そうするのが適切である。自分自身を発展させることを考えるためには、未利用で肥料分がある素晴らしい土地に不足することがどこにあるか。たとえばカンポートに行く道は、trām kak からカンポートの入り口まで、たとえば sdiṅ kaev と呼ぶkamcāy 山の端のところ、たとえばコンポン・チナンへ行く道の5キロ里程標と呼ぶ、別れて tāṅ khloc へ入って行く十字路のところ、これらの場所には未利用の土地がたくさんある。田や畑や何かの農園を作るととてもいいと思う。

もう1つ、現在の我が国は、小高い所と低地とがたくさんある。このような土地は牧畜向きの土地である。なぜ我が民族は牧畜を考えないのだろうか。我が民族がいつまでもこのような考えを持ち続けるならば、それは実は自然に反しているのである。なぜなら、自然がこのような地形にしたのは、動物を養うための場所にするためである。現在動物はいないし人は関心を払わないでいるのは、我々は何をして自然の考えに応えてきたのか。それならば、すでに自然の心はすでに我々に許可しているのだから、間違いなく我々は動物を飼育するべきである。

最後に、私は我が同胞の皆さんにもう1度呼びかける。本日以降我々は起き上がり、生命を養う戦争を戦わなければならない。死を恐れてはいけない。昔の人は、「生きるのなら満足せよ。死ぬのなら適切にせよ」と言い残している。今我々は、「生きていて満足でない」のなら、生きていて何になるか。何の利益もないではないか。

2-1　民族の発展

先週[＝89号、3-1]から続く。

友愛会の理事会は、先月の会議の時に、プノンペン市の中高等学校で学習中の生徒数名に金銭の援助をするなど、その他の多くのことを決定した。我々はその中の上述の重要な3つのことだけを報告した。その他のことは友愛会の四半期の報告書に掲載してある。

上の3つのことは非常に重要である。なぜなら、「本年以降、我がクメール人は<bachot>[バカロレア]に合格して、高等学問を受けるためにハノイ市あるいは大フランス国に留学する子供たちが毎年増加することは間違いない。高等学問の知識を持つ子供が増えれば我が国はますます発展し、少しずつ無学無知の愚かさから脱し、我がクメール人を啓発して、我々の近くの他の国と同様に早く文明的にならせ、時代に追いつかせることができる」と我々は理解しているからである。

現在のクメール人の子供たちは非常に幸運である。なぜならば、

1、カンボジア国の中央に、<bachot>[バカロレア]まで学ぶことができる中高等学校があり、

2、貧しいクメール人の子供が、外国に留学して高等学問を修めるのを助力し支援する人である大きな友愛会があるからである。

しかし、この友愛会がまだ生まれていなかった数年前は、貧しいクメール人の子供は、たとえ知恵があっても、あるいは高等学問の知識を学びに行きたいという気持ちがあっても行くことはできなかった。政府の補助金は十分に助力することができず、この友愛会のように支援することができる人は誰もいなかったからである。

もう1つ、我々は、現在まだシソワット中高等学校で学んでいるクメール人少年に思い出させておきたい。<bachot>[バカロレア]に合格した時に、早く高級官吏になりたいと思わないでほしい。一生懸命努力してさらに高等学問を得に行くべきである。なぜならば、この高等学問こそが賢者を生まれさせ、国と民族を高貴へ導くことができるからである。

現在、我が国はクメール人医師とクメール人教師とを非常に必要としている。君はこの学問を一生懸命学んで持って来て早く民族を救うべきである。

もう1つ、君がハノイ市に医学を学びに行く場合には、友愛会は、諸君を助力するためにパリ市に学びに行くほど多くの費用はかからない。我が国は人口はわずか3百万しかいない。この3百万の中にクメール人は2百万しかいない。ベトナム人は17百万いるし、シャム人は14百万いる。

我々の隣国が人口が17―14百万あり、我が国はクメール人が2百万しかいないことを、君はどう考えるか。我々はこのことを考えると、気が遠くなるくらい心配である。それゆえ、クメール人は人口が増えるように、人が大勢生きていられるように民族を守らなければならない。

現在、クメール人の子供は生まれてきて[すぐ]死ぬのがとても多いし、生まれてきても丈夫でない。これは本当に確かなことで、もし君が信じなければ農村に行って調べてみてほしい。このようである原因は、クメール人民衆は、文明的な民族と違って身体を清潔にし、住居を清潔にすることを知らないからである。クメール人医師がいて初めて、この無学無知を少しずつ撲滅することができるのである。

医師は病気を治療するだけではない。全ての人々に説明して清潔を教え、病気を避けることを教えなければならない。このことができるようになるためには、我が国

に医師が多数いてはじめてできる。そしてその医師もクメール人でなければならない。それではじめて私のようなクメール人と互いに話してわかり合うことができる。そして民衆も早く[医師の言葉を]信じ、他民族の医師の場合と違って恐れたり疑ったりしない。

クメール人の子供は大勢がハノイ市で一生懸命学んで正医師の学問知識を得るべきである。

現在、ハノイ[の大学]にはクメール人の生徒は、シソワット中高等学校で<bachot>[バカロレア]に合格して、"<licence> cpāp" と呼ぶ cpāp paṭiññāṇa[法学士号]を[得るために]学びに行っている muṅ-seṅ 君[nāy]1人しかいない。

nagaravatta

2-2　[44号、2-4と同一]

2-3　現地国諮問会議の会議について

今年は、今終わったばかりの会議で、現地国諮問会議の委員たちは、抗議して国の利益のためになる種々のことを求めて発展があり、以前のように口を閉じてはいなかったことを知って、私はとても嬉しく思っている。

ハノイ市での大会議に出席するために派遣される諮問会議委員は、<retraite>[引退した]州知事である yiṅ 氏と、ター・カエウ州知事である sā?aem 氏である。

我々は大会議に出席するこの方々に、当地からの請求を一生懸命しつこく[インドシナ]政府に[実施を]求めることを期待する。

3-1　逝去

我々は、paen-sān 氏[注。92号、2-2-4で「sān さんの父である paen 氏」に訂正されている]が、1938年9月26日にコンポン・スプー州で、71歳で逝去したという知らせを受けた。

<retraite>[引退した]1級 cau kramaで、<françois baudoin>校の教師である pān-jā 氏[M.]の父である ñīk-om 氏が、1938年9月30日に逝去した。

我々 nagaravatta 新聞は、上の故人お2方の、大変悲しんでいらっしゃる親族の方々にお悔やみを申し上げる。

3-2　『<majestic>館で映画』　この出鱈目は、まさに本当の出鱈目である

<majestic>映画館は、"Tragedie de Pa[ママ。恐らく「la」の誤植であるが、タイ語の「pā＝森」かも知れない] Jungle[ジャングルの悲劇]" という名の映画を上映している。この映画の中にはクメール国内の種々の人、動物、品物が現れる。この映画を見に行った人々は、「なぜこの映画の製作者は、『クメール国のアンコール・ワットの話である』と偽りの広告をして人を騙して金を取るのか」と甚だ疑問に思っている。上演が始まるとすぐに別の国の話を混ぜ込んであり、そのことが、旅行者が好んで見に来るカンボジア国の名声を損なうものである。この映画の製作者は、「民衆は何も知らない野獣である」と思っていて、それでバリ国[ママ]の音楽をクメール音楽としているのか。ポリネシアの女性をクメール女性にしているのか。アフリカ国の悪霊調伏の道具をメコン川岸に置くのか。シエム・リアプ川岸にある水車をメコン川岸のプノン族の国に置くのか。アンコール・ワット遺跡を野獣の住み処にするのか。ルアン・プラ・バン市(ラオス)の筏を持ってきてアンコールへ行く乗り物にするのか。等々。

映画製作者がこのようにクメール国の名声を傷つけているのに、旅行者を扱う局はなぜ黙っていなければならないのか。

3-3　[広告]クメール国のフランス人と現地国人の児童のための "<tombola>" [福引]籤

利益でプノンペン市に病院を設立するための"<tombola>"[福引]籤が、フランス人と現地国人の児童を支援する協会により、急遽発売されます。

この籤は1枚0.50リエルで州とプノンペン市の全ての役所、および市内の大きい商店、即ち、barītai、brūs、vaes、baṅsārṭ、ṭesguor、<au petit paris>、kuṅkvā、saṇero および薬店などで販売されます。

皆さんは、この運試しをするのを後日まで待たないでください。この籤は1938年11月5日午後4時に<philharmonique>[音楽堂]で抽籤されます。当たる賞品は沢山あり、T.S.F.の<machine> dorasabba[電話機]、<bicyclette>[自転車]、<machine> crieṅ[蓄音機]など、高価な気に入る物ばかりです。これらの品物は10月10日から sulferi 路3号の kūppū 商会の店に展示します。

籤に当たった方は、品物を受け取るのを[その場で]待っていることができます。遅れることなく直ぐにお渡しします。これらの品物のいくつかは、プノンペン市 <doudart de lagrée>大路40号のカンダール<le résident>[弁務官]庁の<gautier>夫人[loka srī]が手配したものです。

3-4　[広告][注。34号、3-3と同一の本堂の図があり、その下に]　本堂の側面図

[本文]　再びお知らせいたします

1937年[＝34号、3-3]に、私は皆さんに[次のように]お知らせしました。「私は自宅に<bureau>[事務所]を開きました。即ち家の建築設計士をして、家の<plan>[設計図]を描き、建築許可を申請し、家屋、本堂、仏塔を建てるのを請け負います。家はプノンペン市第5区 samṭec maṅgala iem 路で、guset 氏[<monsieur>]宅の後ろです」

しかし、現在は自宅と<bureau>[事務所]を王宮の北側の角の美術工芸学校の後ろに移転しました。<francis-garnier>路21号で、皆さんが家を建てる、本堂を建てるなどを考えるために私の家に近道をして来るのが容易になりました。必要に応じておいでください。

［仏語］ EL-SAO 通称、ÑAO。請負業者
プノンペン Francis-Garnier 路21号

3-5 ［広告］［仏語］ 1938年10月1日、コンポン・チャム

［ク語］ 私は、名は men で、コンポン・チャム州 cuṅ koḥ samroṅ 村の村長をしています。私は肺の病気で咳がとてもひどかったのです。この病気は最も治りにくく、大勢の医師に診てもらってきましたが治りませんでした。kāp go 市場の sīv-pāv 医師が診察し、訊ねてから、私は彼の1ビン3.50リエルの薬を5ビン買いました。私の病気は完全に治りました。計算すると、17.50リエルで私の命は助かりました。私は恩を忘れず、この <gazette>［新聞］に掲載して彼の恩を思い出します。

［仏語］ Men 村長、署名

3-6 ［11号、3-2と同一］

3-7 ［89号、3-4と同一］

3-8 農産物価格

プノンペン、1938年10月7日

［「サトウヤシ砂糖」はない］

籾	白	68キロ、袋なし	5.05 ~ 5.10リエル
	赤	同	4.90 ~ 4.95リエル
精米	1級	100キロ、袋込み	12.20 ~ 12.25リエル
	2級	同	11.50 ~ 11.55リエル
砕米	1級	100キロ、袋込み	9.30 ~ 9.35リエル
	2級	同	8.65 ~ 8.70リエル
トウモロコシ	白	100キロ、袋込み	［記載なし］
	赤	同	7.20 ~ 7.60リエル
コショウ	黒	63.420 キロ、袋込み	18.00 ~ 18.50リエル
	白	同	29.00 ~ 29.50リエル
パンヤ	種子抜き	60.400 キロ	44.00 ~ 44.50リエル

＊プノンペンの金の価格

1 ṭamliṅ、重量37.50グラム

1級	150.00リエル
2級	145.00リエル

＊サイゴン、ショロン、1938年10月6日

フランス籾・米会社から通知の価格

ショロンの<machine> kin srūv［精米所］に出された籾 1 hāp、［即ち］68 キロ、袋込みの価格は以下の通り。

籾	最上級		5.23 ~ 5.27リエル
	1級		5.09 ~ 5.13リエル
	2級	日本へ輸出	4.92 ~ 4.96リエル
	2級	上より下級、日本へ輸出	4.81 ~ 4.85リエル
	食用［国内消費?］		4.48 ~ 4.52リエル
トウモロコシ	赤	100キロ、ショロン県マッカサンで売り渡し。	7.90 ~ 0.00リエル
	白	同	8.00 ~ 0.00リエル

米(10月［ママ］渡し)、港渡し、袋込み、税抜き、1 hāp、［即ち］60.7キロの価格は以下の通り。

精米	1級、砕米率 25%	7.18 ~ 7.22リエル
	2級、砕米率 40%	6.68 ~ 6.72リエル
	同。上より下級	6.38 ~ 6.42リエル
	玄米、籾率 5%	5.60 ~ 5.64リエル
砕米	1級、2級、同重量	5.63 ~ 5.67リエル
	3級、同重量	5.22 ~ 5.26リエル
粉	白、同重量	3.08 ~ 3.12リエル
	kāk［籾殻＋糠?］、同重量	2.50 ~ 2.60リエル

4-1 ［20号、4-6と同一］

4-2 ［広告］［注。この文章は、文が完結していなかったり、語彙が不適切だったりしていてかなりおかしい］

jū-miec クメール人<adjudant retraite>［退役曹長］

grū-nuy クメール人<adjudant retraite>［退役曹長］

店：プノンペン市 hāssākān 路39号

屋号：isī phsam srec

クメール―フランスの多くの種類の薬を販売しています。私［ママ］は血液の異常の病気、神経異常の病気のための、サイの血液から作った薬があります。この薬は実によく効きます。それと梅毒、淋病、下疳に使うための特に効く薬があります。

それから、痔、白帯下、帯黄色帯下を治療する薬があります。私の店では、痔、白帯下、帯黄色帯下の治療もします。治療をするのは、この薬を1度投薬して帰宅させます。あるいは私の店にいて治るまで治療することもできます。満1週間投薬すれば、この病気は治ります。薬を渡して治した後で代金を計算します。

もし治らなければ薬代はもらいません。そしてかかった費用は弁償します。あるいは引き続き治るまで治療します。女性の場合は同じ女性医師に治療させます。私の店には多くの種類の薬酒があります。ぶどう酒、<la bière>［ビール］、ウシの内臓の ṇaem cai ya［無加熱生ソーセージ］などもあります。

もう1つ、皆さんが、薬を調製するのに役に立つ動物の胆嚢、血液、柔らかい角、あるいは植物などを持っていたら、持って来て私の店に売ってください。私は高価で買い取ります。

4-3 ［11号、4-2と同一］

4-4 ［44号、4-6と同一］

4-5　［89号、4-2と同一］

4-6　［44号、3-3と同一］

4-7　［73号、4-6と同一］

4-8　［33号、3-4と同一］

4-9　［86号、3-2と同一］

4-10　［81号、3-11と同一］

4-11　［8号、4-3と同一］

4-12　［48号、3-8の終わり近くの「70メートル」が「10メートル」になっているだけである］

4-13　［87号、3-4と同一］

4-14　［79号、4-10と同一］

SAMEDI 15 OCTOBRE 1938

Nagaravatta

HEBDOMADAIRE PARAISSANT TOUS LES SAMEDIS

Directeur PACH-CHHŒUN

(Boite Postale N° 44)

第2年91号、仏暦2481年0の年寅年 assuja 月下弦6日土曜日、即ち1938年10月15日、1部8セン

［仏語］ 1938年10月12日土曜日

1-1 ［仏語で「私書箱 No.44」と「社長、PACH-CHHŒUN」が加わった以外は8号、1-1と同一］

1-2 ［デザインが少し変わった以外は8号、1-2と同一］

1-3 ［デザインが少し変わった以外は8号、1-3と同一］

1-4 ［8号、1-4、1-5と同一］

1-5 カンボジア国の未来

クメール国はどうなるか

nagaravatta <gazette>［新聞］は、中国人を恐れ嘆いてきた。彼らはますます大勢がクメール国に入って来て住むようになり、あらゆる地域でクメール人の遺産である良い土地を全て奪って住む。クメール人は貧しくて金がないことが多いから美しい家を建てて住むことができず、それで大勢が森に逃げ込み、また隅っこや辺境に行って住み、良い土地は全て中国人にいってしまう。1938年に、カンダール州の全ての市街地で、ベトナム人がクメール人から土地を全部買い取ってしまった。今後全ての都会では、中国人とベトナム人の手が全てを支配し、我々クメール人は顔を上げることができなくなる。

もう1つ、中国人は商売の道で有能で、入ってきて国中一面に店を開いて、毎年数百万［ママ。単位はない］の金を中国に送っている。

政府は、国の所有者である純粋クメール人の居住地区にして、他の民族と混じらないようにするために、そしてプノンペン市は中国の都市である、あるいはベトナムの都市であるかのように見えないように、プノンペン市の良い土地を1区画取っておくべきであると我々は理解する。

クメール国に庇護を求めて来て住んでいる中国人、ベトナム人にクメールの国土の所有権を持つ権利を与えるべきでない。王の年代記にあるように、昔から戦って国土を守ってきた国の所有者であるクメール人に国土をとっておくために、［中国人やベトナム人は］期限付きで土地を借りて住む、あるいは作物を植えるだけで十分である。将来もし戦争があったら、再び、さっと出て行って血を自分の国土と換えるのは、このクメール人なのである。しかし、国土を守った人は自分の国に住むことができない。戦争から帰って来ると、［国土を守ることに］無関心の中国人、ベトナム人に住まわせて、全ての人が森に逃げ込むからである。

土地の売却に関して、政府は国の所有者であるクメール人に他民族と同様に競売を強いるべきではなく、直接安く買うことを許すべきである。競売では、クメール人は貧しくて他並みに値をつける勇気はないから、1区画の土地も得たことがない。作物を栽培する土地の方は、まだ幼くて［作物栽培で］生計を立てることを学び始めたばかりであるクメール人をもっと勇敢にならせ、尻込みさせないために、別のゆるやかな許可をするべきである。

中国人は昔からずっと、クメール国に大勢やってきている。しかし、中国－日本戦争の時になると、さらに10万人以上がクメール国に逃げ込んできて住み、もぐり込んでクメール国をますます土地を窮屈にし、以前より生計を立てるのを困難にならせた。そして大勢が狭い所に息苦しくしているのでクメール国にコレラなどの種々の病気を起こさせている。

現在、シャム政府の方は、何万人もの中国人をシャム国から国外追放し、バンコク市は静かになった。これらの中国人はクメール国の陰の中に庇護を求めて来て、迷惑をかけるに違いない。そうなればますます非常に狭苦しくなる。

我が国は将来どうなるのかわからない。nagaravatta

は、前々の<gazette>[新聞]の中で声をからして、「bāṅ寺の地所内で、僧侶長の仏塔であり、上には仏舎利が納められている仏塔の前にあって、中国人の男女が大小便をし、不潔なものを同寺の供え物の上に捨てる中国人のネアック・ターの祠1つだけを追い出してほしい」と叫んでいるが、追い出せない。我が国はネアック・ターの祠1つでさえ追い出すことができない。他国のように、何万何十万の中国人を追い出すことがどうしてできようか。

このように中国人が大勢国に来て住むことは、上記のような理由でクメール人に将来に関して非常に心配させる原因になっている。しかし政府の方は、あらゆる種類の税金の面でクメール人より増えるので、恐らく逆に喜んでいる。

全クメール人国民を代表して、我々は保護国政府に絶対的にお願いする。入って来てカンボジア国の陰に庇護を求める他民族の数が多くなり過ぎないようにする、即ち中国人はこれだけ、ベトナム人はこれだけ、あれだけというように、数を制限する規定を作ってほしい。クメール人の子や孫に、将来、以前と同じように遺産があるように、土地を広く取っておくためである。クメール人の土地に入ってきて住んでいる中国人、ベトナム人などの他民族は、クメール人から土地を借りて住まわせるべきで、クメール人の遺産を彼らに売り与えるべきではない。あるいは他民族を辺境の地に行って住まわせるべきである。市内に住まわせてクメール人と同じように大きな顔を出させるべきではない。中国人の商売の道から得られる税金が不足することについては、財務局の金が不足するのを修復して補うために、どうにかしてクメール人がクメール人やフランス人に対する商売の道で、中国人やベトナム人のように大勢が生計を立てられるように助力してほしい。現在は、待っていて買うことを承知するクメール人がいないので、クメール人は商売をすることができないからである。クメール人は中国語を知らないから商品を中国人に送ることもできない。それからクメール国内の政府の全てのポストに、それに就くクメール人の数をベトナム人より多くしてほしい。現在のように、クメール人が逆に āgantuka(?nak ṭamṇœr)[旅行者]になり、中国人、ベトナム人の国に来て滞在しているようであるのを放置しないでほしい。

フランス政府は、「クメール人を支援して繁栄させ、種々の苦しみから脱させる」という[保護国]条約をクメール国王と結んだ。しかし、観察したところ、このsaññā<traité>[条約]の全項目に合致しているわけではない。ベトナム人と中国人とをクメール人よりもよりよく支援している。クメール国の各<bureau>[事務所]を見よ。束に束ねたようにベトナム人の頭ばかりが目に入る。我がクメール国は、もし現在のように政府が気にかけないのならば、いくらもたたないうちに、白人が入って来て侵略し、国の所有者である赤色人を追い出して森の中に逃げ込ませてしまって、国土を奪い、全ての地域に住んでいるアメリカ国のようになる。あるいはそうでなければ、ドイツ人が多数入って来て住んで長くたつと、その土地を奪い始め、その国の国土を分割して自分たちの国に併合してしまったオーストリア国やチェコスロバキア国のようになる。

現在のクメール国もそれと同じである。中国人やベトナム人は、戦争をして弾薬を消費する必要もなく、どんどん入り込んで来て土地を全部自分たちに分配して住み、さらにその上傲慢な態度でクメール人を侮辱する。混ぜ物をしてあまり純粋でなく、質の悪い劣った商品は[中国人には売らず]おいておいてクメール人に売りつける。クメール人は無学無知で、何も知らずに買って食べ続けると知っているからである。中国人は商品を、仲間の民族に売るときよりも高くクメール人に売る。もしクメール人が彼らが普段売る値段より少し値切ると、彼らは一転して怒って乱暴をし、あてつけの皮肉を言って心を傷つける。あるいは罵り、あるいは種々の下品な語を言って、クメール人に埃ほどの思いやりも示さない。あちこちの市場では、クメール人が中国に庇護を求めて住んでいるかのように威張る。

使用人であるベトナム人の方も図に乗っている。市場では魚を売るベトナム人の女は、クメール人が魚をあまり安く値切ると下品な言葉を言ってクメール人を侮辱する。即ち「お前の頭をおいらの……[注。伏字]……に突っ込んでやる」とまで言う。

こういう理由で、nagaravatta は以前からわあわあと大声で、「クメール人を侮辱する執拗さと行動を減らさせ、あまりにも思いあがらせないために、政府はクメール人と争いを起こした他民族を、クメール裁判所で審理させてほしい。そしてクメール人をあまりにも侮辱する他民族をクメール国から追放してほしい」と求めているのである。

nagaravatta

1-6　プノンペン市は大きな沼である

なぜこのように黙りに黙ってばかりいるのか。黙っていて何も言わない、水が増水してゾウの腹にまで届いているのに、それでも黙っている!!!

プノンペン市の第3、第4、第5区の人々各人は、住んでいる集落が水没していることについて、口を揃えて嘆く声ばかりが聞こえる。黒くてものすごい悪臭がして、ボウフラでいっぱいの水が住民を熱病、めまい、コレラなどの病気に罹らせている。「たぶん政府は我々各人全てを殺したいと思っている。だから腐った水を我々の家の下から流し出す事に同意せず、この水の中の病原菌で我々を死なせるのだ」と言う人がいる。「政府は土地の税金は厳しく取り立てて、稼いで払うのが間に合わないくらいなのに、働きに行ったり、市場に行ったりするために、道を歩きやすくするようには見えない。家の下全部が浸水して、作物も、品物も全部駄目になっている時に、歩いて税金を徴収に来る方だけは上手だ」と言う人もいる。道路いっぱいに浮いている種々のごみや屑は、掃除して清潔にするためにはどうすればよいのか。このように家が不潔な者は罰金にするべきである。このように不潔なのを医務局はどう理解しているのか。それとも放っておいて、「どうぞ死んでください」なのか。

<verdun>路に沿った運河の岸に住んでいる人々は、政府が、paduma 寺の前にある全市の廃水を受けるための大悪臭池から水を出してこの運河に行かせることから生じる多くの損害について嘆いている。「政府はなぜこの腐った水を直接川に流さないのか。なぜ池より大きさが小さい、この小さい運河にひとまず落とし込み、腐った水を運河いっぱいにして、水を運河から川に出す出口が狭いので水が溢れ、水没させ、作物を駄目にし、さらに家1軒が倒れて水中に仰向けになるようにするのか」と苦情を言っている。

一方、paduma 寺の池の<machine> srūp［ポンプ］の方は、流し出す量が少なすぎるので水を吸っても水は減らない。ほとんど毎日排水して水が少し減ると、雨がたくさん水を加える。

<de> saṅsil氏が長である市政府がきっと民衆の苦しみを和らげる措置を急遽講じると期待する。

nagaravatta

1-7　諸国のニュース

1-7-1　［ヨーロッパ諸国］

カールスバート（チェコスロバキア）、10月4日。ヒットラー氏は、去る10月3日にドイツ軍と共にカールスバート市に来た。同市の住民は道端でにぎやかに出迎えた。

プラハ市、10月4日。ハンガリー国政府はチェコスロバキア国に書簡を送り、［以下を］求めた。

項1。ハンガリー人受刑者を至急釈放すること。

項2。チェコスロバキア国内で徴兵したハンガリー人を直ちに除隊させ、そのハンガリー人たちを元の土地に帰らせること。

項3。トラブルが起こった場所の住民の生命と住民の財産を守らせ、騒動が起こらないように、全ての民族を長とする軍を派遣すること。

項4。ハンガリー国軍に、両国の国境にある、2,3の市に駐屯する権利を与えること。

チェコ兵は、先の10月3日にハンガリー国に割譲された地域から撤退した。

＊プラハ市、10月5日。チェコスロバキア国大統領である peṇaes 氏は辞職し、職務を首相である sīrūvī 将軍に暫定的に、代わりに統括するよう引き渡した。

＊ベルリン市、10月5日。本日ドイツ軍は、チェコスロバキア国内の、ドイツ国に割譲することに同意した第3の地を掌握しに行った。

＊ブリュッセル市、10月5日。ベルギー国王<léopolde>1世は10月12日にパリ市に行き、大戦時代の古い友人であった<albert>1世の銅像の除幕式に出席する。

パリ市委員会［＝市議会？］が同国王と王妃とをこの式に招待した。

＊プラハ市、10月6日。チェコスロバキア国内在住のスロバキア人は、チェコスロバキア国の法律を、スロバキア人が独立できるように改正することを求めて抗議した。

［このように］改正するべきであると言われている法律［案］は、チェコ人とスロバキア人とは大統領は［共通の］1人で、外務省と財務省は［共通の］1つで、それ以外の省はそれぞれ別に持つ。スロバキア軍は同じ民族の司令官を持つ、という内容である。

＊ベルリン市10月6日。ドイツ軍は国境の第4の場所を掌握しに行った。ヒットラー氏もそれに同行した。

＊パリ市、10月6日。ドイツは、「本年末にイギリス政府とドイツ政府は植民地の件で会議をする考えである。ドイツ国が希望通りに植民地を取り返すことができたら、ヒットラー氏は Artelleiulourte（？）兵器と毒ガスを破棄する」と発表した。

＊ブダペスト市、10月7日。ハンガリー国政府は外務省事務次官［?］を、ポーランド国とハンガリー国とルーマニア国に、「ロシア国とドイツ国がこれらの国に侵略しないように守備するため」の友好条約を結ばせるために、ワルシャワ市のポーランド国政府要人との会談に派遣した。

＊パリ市、10月7日。フランス外相である<bonnet>氏は、「フランス国は以前のようにローマ市［イタリア国］に大使を駐在させる」と発表した。

1-7-2　中国

漢口市、10月7日。中国は、「日本軍が激しく攻撃するので、中国軍は vū tai chān 県から後退した。中国軍は後退して vū tāy 山上にいる」と発表した。

日本軍の1個部隊が漢口－北京鉄道線路を、漢口から120キロメートルの地点で爆破し、さらに līv līn 県を占領した。

1-7-3　ヨーロッパ諸国

ベルリン市、10月8日。本日、ドイツ軍はチェコスロバキア国内の第5の地点を掌握しに行っているところである。

1-7-4　シャム国

バンコク市、10月9日。アメリカ電によると、「去る10月8日夕刻にシンガポールに到着したばかりの前シャム国王である prajādhi pak の派は、prajādhi pak王に再び王位につかせるために、アナン・マヒドーン国王を追い出そうとした。しかしこの意図は果たせなかった」と報じた。シャム政府によると、この情報は事実ではない。

1-7-5　中国

東京市、10月8日。同盟電。日本軍は揚子江岸を進み、漢口市から16キロメートルの git jhun 市を占領した。中国軍の方は cheṅ chev 省の西に退却した。

＊ベルリン市[注。日付なし]。大島という名の日本将軍がベルリン市(ドイツ国)駐在大使に任命された。新大使は、ドイツ国と日本国とに協力して laddhi <communisme>[共産主義]者を撲滅させるという考えを持つ。情報によると、この将軍こそがドイツ人軍事教官を中国から引き上げさせた人物である。現在、イタリア国政府、ドイツ国政府、日本国政府は、ロシア国とイギリス国と戦う準備として、互いに友好を結ぶ準備をしている。日本国はロシア国と戦うことを欲し、イタリア国はイギリス国と戦うことを欲しているからである。

1-8　"孔明"先生[<monsieur>]

"強く焼くと焦げる、焙ると生だ"

"孔明" は、焼くべきか、焙るべきか、わかっただろうか。この古代の先生は、割り切って決めるならば、「焼くべきだ」と言うと、私は思います。"孔明" 兄さん、そうではありませんか。

この答えは、誠実に答えています。"孔明" 兄さんは本当に nagaravatta の仲間だと思うから、兄さんは良い友達だからです。

"muṅdīpeṇāṅ" は、私が頭の上に乗せて尊敬しなければならない籠である場所だと思います。我々が尊敬して崇める対象物だからです。それゆえ縁起の悪い風に吹き込ませないように、我々はなんとかして守らなければならないのです。

"孔明" 兄さんが敢えて、「悪いか良いか、貧しいか金持ちか、無学無知か知識があるか、これらは、我々は全て知っている」と言っている点は、私はこれを聞いて、あなたの代わりに寒気がしました。このような言葉は、弟である私は口にする勇気がありません。このように口にする勇気がないのは、名誉を明らかにする言葉であると理解するからです。我々が尊敬しているものを守る言葉ではないからです。

でも、私は長々と話す必要はありません。私は "孔明" 兄さんにこれだけを訊ねます。即ち、兄さんが上で、「悪いか良いか、貧しいか金持ちか、無学無知か知識があるか、これらは、兄さんは全て知っている」と言った言葉について、どのように "悪い" のか、どのように "良い" のか、どの程度に "貧しい" のか、どれだけ "金持ち" か、何のように "無学無知" か、どのタイプの "知識がある" のか、"孔明" 兄さん、どうか私がわかるように kambuja 新聞の中で答えてください。

tā {kram}の孫

1-9　シソワット中高等学校卒業生友愛会

1-9-1　1938年9月2日夕刻6時に、理事会はokñā beja 路16号の、シソワット中高等学校卒業生友愛会の会館で会議を開いた。

理事会は、8月16日の会議の議事録に若干の修正を加え、この議事録を有効であると承認した。

1938年7月末に、プノンペン市とカンダール州の支部が150リエルを友愛会の財政局に支払った。

プノンペン市には支部会員が18名いて、毎月金を支払うのが遅れる。3リエル遅れている者もいるし、5リエルの人もいる。友愛会会長はこれらの支部会員に手紙を書き、早く支払うよう、遅れないよう求めた。

理事長の、「『レポート』を創刊して、1ヶ月に1冊、情報を提供する」という要請が可決された。

理事長が、「地方の支部が、この『レポート』を2ヶ国語、即ちフランス語とクメール語で作ることを求めている」と述べた。

理事会は理事長に、サイゴン市シソワット中高等学校卒業生友愛会会長に手紙を書いて、同友愛会が同国の生徒に貸与して留学させることに決めている金額についての情報を訊ねることを求めた。

この情報を訊ねるのは、我々の友愛会が、クメール人生徒に外国に留学させて、クメール人生徒の用途に適切になるようにするべき金額と照合するためである。

友愛会が行なったこと、あるいは始めようとしていること全てをクメール人に発表するために、理事会が会議をして処理したことを各回要約して nagaravatta 新聞に送って掲載させることを決定した。友愛会は nagaravatta 新聞を年間購読しており、新聞社長も中高等学校卒業生友愛会の事業について報道して助力することに同意した。

lœk ṭaek 郡(カンダール)で教師をしているクメール人、ūc-beja を友愛会の支部に受け入れて、会員にすることを喜んで満場一致で同意した。

1-9-2　50リエルを友愛会に寄付

去る10月8日金曜日、<guillmet>氏を長とする我々シソワット中高等学校卒業生友愛会の会員は、プノンペンの svāy babae 寺住職である braḥ mahābrahmamunī (ūr) 師僧殿のācāryaから現金50.00リエルを受け取った。ācārya が我々に解説したことによると、braḥ mahābrahmamunī 師僧殿は、「当友愛会が設立されて行なってきたことは、クメール人青少年とカンボジア国と民族全体に有益なことで一杯である」とおっしゃって、この金額の現金を有効に使うように、会に寄付なさったのである。今我々は頂戴して、師の御希望通りに有効に使わせていただく。

braḥ mahābrahmamunī 師僧殿が現金を友愛会に寄付してくださったことは、とても素晴らしいことである。師は、自国で学問知識を学び、それからさらに外国に出て行って学問知識の教育を受けた、英知があり深い知識がある方で、民族を支援して繁栄させることにはっきりとした明瞭な意見と本当に国を愛する心の持ち主であり、それゆえ敢えてこのことをなさったのである。考えるに、全ての人々が模範にするべきである。

最後に、我々は braḥ mahābrahmamunī 師僧殿に深く感謝し、この善業を共に喜び、お望みの通りの満足できる成果が得られるようお祈りする。

友愛会

2-1　意識がないことについて

昔の格言に、「誰でも、文字を知らない人は、その人は目が不自由な人と同じだ」というのがある。この言葉は世界中に通用すると思われる。しかし今、私はもう1つ、「誰でも秤の目が読めない人は、その人は目が不自由な人と同じだ」を付け加えさせてもらう。なぜなら、今の世の中で、秤の目が読めない人は、自分が稼いだ財産を損なうからである。たとえばトウモロコシを植える人、稲を作る人、即ち田にいる人と畑にいる人の2種類のクメール人農民は、考えは互いにいくらも違わない。私はほとんど全てのところからの情報を耳にしているが、籾やトウモロコシを売買することについての嘆きがある。「秤の目をごまかされて損をしてばかりいる」と嘆き続けているのである。この話は、地方に住み、中国人などの他民族に売るための籾やトウモロコシを持っているクメール人は真剣によく考えて、彼らにあまり見下され、秤の目をごまかされて恥をかかないようするべきである。

売る籾やトウモロコシを持っている人である我々は、秤の目について学んで熟知するべきで、共に揃って無知の中に深く浸っていてはいけない。我々が詳しく調べたことによると、あなた方は、[次のことを]大いに疑う必要がある。あなた方各人が中国人の店に買い物に行った時、どんなにわずかな物でも中国人が量ってくれる。ところが中国人が籾やトウモロコシをあなた方のところに買いに来た時も、やはり中国人に量らせる。あるいは中国人が秤を奪って、やはり自分で量る。量る人は、あなたの籾、あるいはトウモロコシは、「この袋は、1つが1 hāp と10 nālある」とか、「1 hāp と20 nāl ある」とか言う。籾の持ち主やトウモロコシの持ち主は、「はい、はい」と答える。彼らに売った後で、あなたが隣の同じクメール人に訊ねると、「あなたの籾あるいはトウモロコシは1袋が、『1 hāp と20 nāl あった』とか『1 hāp と30 nāl あったじゃないか』と言う。それを聞いてあなたは憤慨して寝ても眠れない。しかし籾とトウモロコシは売って中国人から金を受け取ってしまっている。これは何によるのか。目の前で簡単に秤の目をごまかされるのは、「知らない」ことによるのである。それならば、どうして一生懸命に学んで知り、知ったら、皆が揃って地区に秤を買って来ておかないのか。各地区で全ての人が秤を持つことができないのであれば、各地区に秤が1つあるべきで、交代で測るのに十分である。あるいは分担して学んで、皆が知ればいい。将棋を指すのでさえ[将棋盤に]目盛りがぎっしりあるではないか。なぜ将棋が指せるのか。そして、[将棋なんか]何の役にも立たないことである。たかが秤くらい、なぜ学んで秤の目盛りを知ろうとしないのか。騙されなくなるのに十分ではないか。これは[意識せずに、]ぼんやりとしたままでいることによる。トウモロコシを売る、籾を売る時になって初めて、「自分は秤の目盛りが読めない」ということに気付くのである。

私が上に述べた言葉は、学問知識が弱く劣っているクメール人に、「全てのことを一生懸命学んで知るようにしなさい」という忠告である。たかが秤の目でさえ誤魔化されるような低劣であってはいけない。

我々の同胞全ては、これ以上ぼんやりしていて間違えてはいてはならない。籾は、68キロを1 hāp と計算する。精米[注。玄米も含む]と砕米は60キロ700[グラム]が1 hāp である。トウモロコシは100キロが1 hāp である。

[注。ここの記述は、体積の単位である hāp を重量に換算することを述べていて、日本で、「米1俵は4斗で60キログラム」と言うのに相当する。なお、この新聞の多くの号にある「農産物価格」を参照せよ]

jot ko

2-2　[44号、2-4と同一]

2-3　シャムの<gazette>[新聞]について

シャムの<gazette>[新聞]の情報は利用するに価するか

およそ2、3ヶ月前、シャムの<gazette>[新聞]がクメール国についての話を語った。これは適切なことの1つである。我々は、シャムの<gazette>[新聞]がこのような記事を出し、かつ本当に誠実な心を我々に持っているのなら、我々クメール人は、我々の古くからの友人に誠実な嬉しさを持つ。

しかし、それ以来、いくつかのシャムの<gazette>[新聞]は、根拠をよく検討することなく、自分の考えを吹き込もうとして、クメール国についての話をしている。我々は、「我々の国王であるシソワット・モニヴォン国王は側室を2、3百人も持つ」と言った7月31日と8月7日の pramuon vwn <gazette>[新聞]と kruṅ deba vārasabda [新聞]の話[cf.88号、1-9]は、我々が作り上げて話したのではない。我々は以下の1つ、2つの話を nagaravatta 新聞読者のために話す。これだけでシャムの<gazette>[新聞]の情報は利用する価値があるか否かを皆さんが検討するには十分である。

去る9月17日に、sayām nikan(sayām nikara)[注。括弧の前はタイ語名、括弧内はそのクメール語への翻訳]という名のシャムの<gazette>[新聞]が<gazette>[新聞]読者に、読むと大変驚くと思われる情報を、[タイの]ナコン・パノムに届いた情報であるとして、「カンボジア国では民衆が反乱を起こした」と報道した。この<gazette>[新聞]はさらに、「この情報が真実であると確認するは困難である」と付記している。即ち、この言葉で読者にますます信じさせ、ますます動揺させるものである。

9月20日付の sayām rāstra という名の、もう1つの<gazette>[新聞]は、「カンボジア国は非常に力を強めている。sirīsobhaṇa[シー・ソーポーン]に砦を多数作った。クメール国至る所で戦争のことを話している」と述べ、そして、「クメールの<gazette>[新聞]は国民に、『国を愛せよ』と注意し続けている」と述べている。さらに同<gazette>[新聞]は、「クメールのkrum kāyari.ddhi (<scout>)[ボーイスカウト]はシャムの兵士見習いのような服を着ている。この団体の長である munīreta 殿下[braḥ aṅga mcās]は、スイス、イタリア、ロンドン、パリに行って教育を受けた」とも付け加えている。

もう1つ、9月20日付の jātiniyama という名の<gazette>[新聞]が、これらの話を全て持ってきて述べてから、「我々(シャム)は、いつになったら vaḍḍhanānagara[注。現在は、カンボジア国との国境の町であるアランヤプラテートから西に30キロメートルくらいの郡名。ワタナーナコーン。ただしここではアランヤプラテートをさすと思われる]戦いに行く軍隊を持つのか」と問い、去る9月22日に同<gazette>[新聞]は、「保護国政府はクメール人に仏教教義と地理を教えている。歴史も教えているが、クメール人の青少年の知恵を損なう部分ばかり教えて、今後希望を持たせないようにしている」と述べている。

上のシャムの<gazette>[新聞]にある情報は全て、我々は事実であるか否かをはっきりさせるために何か言う必要はない。読者の皆さんが読んで理解する通りである。

しかし、大衆を目覚めさせるために新聞を書く人は、前もって確実に検討しなければならないのは当然である。検討をせずに報道するのは、新聞編集者として任務を果たしていない人であることは確かである。

もしシャムの新聞編集者がカンボジア国に来て、国内のことを全て検討してみたならば、「クメール人全てがただ1つの望み、即ち西にある国を含めて近隣の国と友好を結ぶこと、ただ1つを望んでいる」ことがはっきりわかるであろう。

3-1 [90号、3-4と同一]

3-2　インドシナ国政府宝籤

1938年第3回

800,000枚の宝籤が4次にわけて発売され、各次は200,000枚ある。抽籤は、1938年10月12日、1938年11月9日、1938年12月7日、1939年1月4日である。

この4次[の各次]で販売された籤は1939年1月4日に抽籤される全4次のための大賞4本に当たる資格がある。

順次、上記の期日に従って4回抽籤される各回の籤は、[以下の賞金が]当たる。

4,000リエル	1本
1,000リエル	8本
500リエル	16本
100リエル	80本
50リエル	200本
25リエル	400本
10リエル	4,000本

4回全ての籤に対する大賞は[次の通り]当たる。

60,000リエル	1本
30,000リエル	1本
6,000リエル	2本
500リエル	52本

夫々が500リエルに当たる52本の籤の番号は、60,000リエルに当たった籤の番号とどこかの桁1つだけが異なるものである。その他の桁は全て当たっていなければならない。

当たって、1939年7月4日までに受け取らなかった賞金は政府に属する。

この4次の籤は保存しておいて、1939年1月4日に抽籤される大賞4本と照合すること。

3-3　インドシナ国政府宝籤

1938年10月12日抽籤

第3回、第1次

末尾が66と44の数字を持つ籤は、いずれも10リエルに当たり。

末尾が589と381の数字を持つ籤は、いずれも25リエルに当たり。

末尾が618の数字を持つ籤は、いずれも50リエルに当たり。

80本が100リエルに当たり、番号は、

[6桁の番号が80個。省略]

8本が500リエルに当たり、番号は、

[6桁の番号が16個。省略]

1,000リエルに当たった籤は8本あり、番号は、

[6桁の番号が8個。省略]

046,358の番号の籤は4,000リエルに当たり。

3-4 [90号、4-2と同一]

3-5 ［89号、3-4と同一］

4-1 ［20号、4-6と同一］

4-2 ［11号、3-2と同一］

4-3 ［11号、4-2と同一］

4-4 ［44号、4-6と同一］

4-5 ［89号、4-2と同一］

4-6 ［44号、3-3と同一］

4-7 ［73号、4-6と同一］

4-8 ［33号、3-4と同一］

4-9 ［81号、3-11と同一］

4-10 ［8号、4-3と同一］

4-11 ［90号、3-5と同一］

4-12 ［48号、3-8の終わり近くの「70メートル」が「10メートル」になっているだけである］

4-13 ［87号、3-4と同一］

4-14 ［79号、4-10と同一］

SAMEDI 22 OCTOBRE 1938
CIGARETTES
JOB
LE PAQUET VERT
Vendu 5 cents
Nagara vatta
COFAT
CIGARETTES
La meilleure cigarette Indochinoise
Le Paquet vendu 5 cents
Directeur
PACH-CHHŒUN
HEBDOMADAIRE PARAISSANT TOUS LES SAMEDIS
(Boite Postale N° 44)

第2年92号、仏暦2481年0の年寅年 assuja 月下弦13日土曜日、即ち1938年10月22日、1部8セン

［仏語］ 1938年10月22日土曜日

1-1 ［仏語で「私書箱 No.44」と「社長、PACH-CHHŒUN」が加わった以外は8号、1-1と同一］

1-2 ［デザインが少し変わった以外は8号、1-2と同一］

1-3 ［デザインが少し変わった以外は8号、1-3と同一］

1-4 ［8号、1-4、1-5と同一］

1-5　クメールの舟に水がますます激しく流れ込む

我々は、「プノンペン市で ywaṅ ṅuk ciṅ という名のベトナム人が、"yiek-gīv-ñik-pāv［越僑日報］" という名のコックグー［国語＝現在のベトナム文字］文字の新聞を創刊する許可を得た」という情報を得た。クメール国に庇護を求めて来て住んで生計を立てている彼と同じ仲間であるベトナム人の利益を守るためである。この人こそが、数ヶ月前にクメール国に、「laṅhor ベトナム人友好団結協会」と「コーチシナ・ベトナム人友好団結協会」という名の友好協会2つを作った人である［cf.101号、1-8］。この<gazette>［新聞］と2つの友好団結協会は現在我が国に住んでいるベトナム人全てを守り支援するためのものである。

我々は、「クメール人の学問知識はベトナム人より甚だ少ないから、ベトナム人はクメール人を恐れる必要は全くない」と考える。現在ベトナム人は、クメール人に対して好きなだけ不法行為をしていて、我が国の法律を何も恐れず、さらに敢えてクメール政府官吏にさえも不法行為をする。公務に従事中に、ベトナム人が殴った khbap ā dāv <poste>［郡支庁］<chef>［長］の事件だけを例として示すだけで、皆さんは我々と同様にはっきりと分かるに違いない。この事件はなんと1月に起こり、今に至るもまだ管轄局は審理をしていない。そして逆に政府は、あたかもこの<poste>［郡支庁］<chef>［長］が政府に対して過ちを犯し、ベトナム人が法律上正しいことをしたかのように、この官吏を khbap ā dāv <poste>［郡支庁］から転出させたのである。

このように、ベトナム人が好き勝手にクメール人に不法行為をすることができる以上は、彼らはさらに何を恐れるのか。この民族はフランス政府という大きい後ろ盾を得ているから、クメール人の国土を侵略し自分の物にしようとしているのは確かであると我々は理解する。我々はフランス政府に、「我々は我が国を支援して、守るためにフランスを連れてきた。このように他民族が好き勝手にクメール人に不法行為を行うのを見て見ぬ振りをして放置するのなら、我が国は必ず消えてしまうに違いない」と思い出させていただく。フランス政府がこの khbap ā dāv <poste>［郡支庁］<chef>［長］の事件のような種々の事件を審理することに同意しないのなら、我々は、以前に、「フランス人以外の他民族とクメール人との間の事件は、クメール裁判所に審理させる」ことを求めたように、この事件をクメール裁判所に審理させる権利を求める。

一方、"yiek-gīv-ñik-pāv［越僑日報］" <gazette>［新聞］の方は、どこの国で発行するのか、我々はまだ確かには知らない。しかし、フランス語とクメール語を除いて、その他の民族の言語の<gazette>［新聞］は、我が国で発行する権利を持つべきでないと我々は理解する。外国語の<gazette>［新聞］を外国で印刷して、我が国に輸入するのは、場合によっては許される。この点について我々は、保護国政府と国王陛下の政府に、綿密に検討するようお願いする。コックグーで発行しようとしているベトナム人の<gazette>［新聞］については、クメール国で発行するのであるか、それともコーチシナ国で発行してクメール国に持って来るのであるか。もしクメール国で発行するのが事実であるなら、どうにかして必ず発行を禁止してほしい。外国語の<gazette>［新聞］が来て、クメール国で発行することはできなくしてほしい。大フランス国のように、<gazette>［新聞］は自由に発行する権利がある大きい国々でも、国内で外国語による<gazette>［新聞］の発行を許可したのは見たことがないからである。

もし、保護国政府が、ベトナム語はインドシナ国の中の国語の1つであると理解し、クメール国などのインドシナ連邦の全ての国の中で、コックグーで<gazette>［新聞］を発行することを許可するのなら、クメール人は、クメール国に庇護を求めて来て住んで生計を立てている外国人に対して、甚だ不利である。そして将来クメール国が滅びることは確実である。もう1つ、カンボジア国がインドシナ国に入って、このような損害だけを受けるのなら、即ち諸民族が不法行為をして圧迫することができるという損害があり、さらに政府はクメール国の金を持って行ってベトナム国に分配する。一方、クメール国の方は、たとえば学校を作ってほしい、教師を増やしてほしい、クメール政府官吏が身分に相応しく住むための官舎を建ててほしいなどと、何かするために金を使うことを求めても、政府は、「金がない」と回答するという、金銭的な損害を受けるのなら、それならば、クメール国政府に、クメール国内の収入は自分で支出できる絶対的な権限（autonomie financière［独立採算］）を与えることを求める。

クメール人の代表である皆さんの方は、保護国政府に説明して理解させ、上述の請求のように決定させるようにしてほしい。現在のように関心を払わないでいると、きっとクメール人の国土も民族も全て失われてしまうことは間違いない。

さらに我が民族の方は、我が国を守るために一生懸命努力して堅実に働いて生計を立てなければならない。水は我々の舟にどんどん流れ込んできて、沈みかけているのだから、寝ていることばかり考えていてはいけない。

nagaravatta

1-6 先の10月11日に、我々はコンポン・チャム州の人々から、下に我々が何らの変更をも加えずに掲載する訴えの手紙を受け取った。

クメール国に対する中国人の威力

コンポン・チャム州、vihāra suor 郡 vihāra suor 地区［ママ。村名はない］で、住民はとても惨めである。政府から沼や川の漁区の使用独占権を買った沼漁区主である中国人が、次に解説するように自分の権力で住民を虐待するからである。

沼漁区主が政府から［漁区使用独占権を］買った沼と川は vihāra suor 地区から4から5キロメートル離れたところにある。こちら側にある沼、即ちkracāp 沼、ch?ot 沼、ṅan沼のような小さな沼は、住民が魚を捕って食べるように、政府がとっておいてある。これらの沼は全て、vihāra suor 地区からおよそ2から3キロメートル離れた所にあり、川の水位が上がると、水が川も沼も全て一面に覆う。水は乾期の早稲田も水田も全て上を覆い、地区の全ての所にまで達する。以前から住民たちが水位が上がる季節には、早稲田や水田で魚を自由に捕ることができて、沼の ṭaṅkhau の誰かが来てうるさく言うことはなかった。彼らの沼の境界から遠く離れているからである。今回、今年になり新しい沼長［＝漁区主］になると、突然権利を使って雇い人に舟を漕いで来させて、［住民たちが］従来魚を捕って食べていた場所に網を張ったり、釣竿をしかけたりしている住民を逮捕させた。沼長の法律は、「川の水が水位が上がって［溢れて］覆った所までが、彼の土地」だからである。その時、彼らは sa-līv を逮捕し、13リエルの罰金を科した。uon の妻である nāṅ {yī}には罰金10リエルを科し、そして dak の妻である nāṅ {jāt}には罰金5リエルを科し、さらに全員の身体をくたくたになるまで殴ったり蹴ったりした。それから脅迫して、“漁区主の沼で密漁した” と供述させ、「我々が見つけられた場所で逮捕された」とは言わせなかった。このように供述するのを承知すると、彼は証拠として指紋を押捺させてから釈放した。住民たち全てはこれを見て、敢えて魚を捕るのをそろって止め、それ以来我慢していて、［不満が募って］どんどん不穏な情勢になりつつある。各自の力でデモをしようと思っても、法律に違反するのを恐れている。政府が今年沼をどのようにして使用独占権を中国人に売ったのか、その方法がわからないので、私たちはコンポン・チャム州<le résident>［弁務官］殿と知事殿の下に頼ることを願う。民衆を救って前の年々のように楽にし、さらに大問題が起こらないようにするようお願いする。急いで正しく<enquête>［調査さ］せて、政府がこの漁区主に使用独占を与えた土地を分離して、境界を住民にはっきり示して、今後住民が従うことができるようにすることをお願いする。

vihāra suor 郡の民衆

1-7 諸国のニュース

1-7-1 中国

東京市、10月10日。日本は、「日本軍は漢口市の北、160［ママ。下の1-7-5は「150」］キロメートル、北京－漢口鉄道線路の沿線にある sīn yāṅ 県を占領した」という情報を得た。

漢口市から電報があり、te［ママ。下の1-7-3は「ge」］hān県の西で、日本軍2個部隊、兵数2万名が中国軍に攻撃されて壊滅した。中国軍は日本の武器多数を鹵獲した。この日本軍2万名の中で、この戦いで死を免れたのは200名だけである」と報じた。

本日、日本機が広東市を再び爆撃し、約20名が死亡した。

1-7-2　ヨーロッパ諸国

ロンドン市、10月10日。情報では、イギリス皇帝はカナダ国の視察においでになった。

1-7-3　中国

香港、10月10日。情報では、日本軍は華南の侵略を続けている。日本軍3万5千名[ママ。下の1-7-5では「3万名」]が香港島の近くの pāspai という名の湾に到着した。香港島のイギリス政府は同島守備の準備をしている。

ge[ママ。上の1-7-1では「te」] hān 県で、日本軍は重要地点を多数占領し、中国軍を押し戻し、散り散りに退却させた。

1-7-4　ヨーロッパ諸国

ローマ市、10月10日。情報では、船4隻が、フランコ将軍に助力して戦うためのイタリア兵を輸送しようとして、イタリアからスペインへ行ったが、ミュンヘン会議で同意されたことに従って、イタリア国に引き返した。
＊プラハ市、10月11日。チェコスロバキア国政府は国の経済を整備中である。

1-7-5　中国

香港市、10月12日。日本軍3万名[ママ。上の1-7-3では「3万5千名」]が pāspai 湾に到着し、下船して広東市攻撃を準備している。香港島のフランス人とイギリス人とは大変心配している。情報では、日本は海南島を占領して日本の飛行場にしようとしている。
＊東京市、10月12日。日本軍司令官が、「日本軍がさらに華南を攻撃する理由は、蔣介石総司令が降伏に同意しないからである。それゆえ日本軍は、早く戦争を止めるために、勝利を得るまであくまで戦おうとしている」と言った。

日本軍5万名が広東市攻撃の準備をしている。

北京－漢口鉄道線路に沿って、日本軍は漢口市の北150[ママ。上の1-7-1では「160」]キロメートルの sin yāṅ 県を攻撃し占領した。中国は、「中国軍は sin yāṅ 県の南の liv liñ-sin jhœ 県を攻撃して奪還し、日本を北京－漢口鉄道線路から完全に追い払った」と発表した。

華北では中国軍が天津－浦口鉄道線路に沿った saṅ duṅ 市、tāy yān fū、yeṅ jīv fū を攻撃して日本から奪い返した。
＊ロンドン市、10月13日。イギリス政府は東京市駐在のイギリス大使に指示して、日本政府に、「イギリス国は華南に多くの財産を持っている」ことを思い出させ、「日本国とイギリス国とがこの財産に関して争いを起こさないように注意してほしい」と告げさせた。

日本の<gazette>[新聞]が、「日本人の技師30名と機械工30名が、シャム政府に武器工場を作るために船で出発した」と報道した。

1-7-6　ヨーロッパ諸国

ブダペスト市、10月13日。中央ヨーロッパ諸国の中でハンガリー国政府とチェコスロバキア国政府とがとどまることを知らぬ論争をしている。この会議の時にハンガリー人がこの両国の国境で多くの騒ぎを起こした。チェコスロバキア国政府はハンガリーとの国境に軍を派遣し駐屯させた。両国の会議代表はそれぞれが勝ちを奪い合って論争し、会議を中止した。
＊ブダペスト市、10月14日。チェコスロバキア国政府は国を守る準備をさせた。そしてミュンヘンで協約を締結した代表たちに協約を実行することを求めた。

1-7-7　中国

香港市、10月14日。pāspai 湾から来た日本軍は tām suy 市に入った。

広東市の中国政府要人たちと、広東市政府要人たちは同地を出て、yīṅ yvāṅ 市に移転した。

日本機が広東－漢口鉄道線路と広東－gāv luṅ 鉄道線路を爆撃し、中国の装甲車37台に命中して破壊した。

漢口市の東南で中国軍と日本軍とが激しく交戦し、日本軍は1千名が死亡した。日本軍は sin tāṅ bū 市を包囲中である。
＊上海、10月16日。日本の海軍軍令部と陸軍参謀本部が、「日本国は蔣介石総司令派を撲滅することただ1つを望むだけである。イギリス植民地である香港島、あるいはシンガポール県を占領したいとは思っていない」と述べた。この軍令部と参謀本部は中国に来て住んでいる諸国を、「中国を援助し続けているからこのように戦争が長引いている。イギリス国とフランス国とは蔣介石総司令に助力し続けている。今後も助力し続けるなら、日本国は厳しく禁止する」と非難した。香港市駐在日本大使は諸国の人々に、「日本軍は広東市と汕頭市の周囲にいる中国軍を全力で攻撃する」と予告した。

中国機がpāspai 湾上空を飛行し、下船した日本軍を殲滅しようとして爆撃した。どのような成果を得たという発表はまだない。

日本軍はvai jhīv 県と tām suy 県の運河岸で中国軍と遭遇した。日本軍は爆撃して破壊した vai jhīv 市内に入った。日本機の方は汕頭市と広東市を爆撃した。本日日本船40隻が汕頭県に到着したのが見られた。日本軍はますます多数が到着し、vai jhīv 市を占領しに行っている。
＊香港、10月17日。日本軍は日本国[ママ。誤植]から25キロメートルの所にいる。

pāspai 湾で下船した日以来、中国軍は一生懸命抵抗しないので、日本軍は華南で集落を500、人口4百万人を得た。

1-7-8　ヨーロッパ諸国

ローマ市、10月17日。イタリア国政府は、フランス政府が<françois> puṅset 氏をローマ市駐在フランス大使として派遣することを承認した。

＊ロンドン市、10月17日。アメリカ国大統領であるルーズベルト氏は、カナダ国を訪れているイギリス皇帝をアメリカ国にも招待した。

1-8　人の収入の話

現在の我が国は、あらゆる種類の第1次産業の産物(即ち土地あるいは水から生じる産物)が豊富な国である。それゆえ現在他民族がこれらの物を集めて自分の利益にするために、好んで移住して来て生計を立てている。

一方我が民族の方は昔も今も、自分の国に生じる利益をまだ全ては知らない。、即ち学習したことがなく、聞いたことがなく、行ったことがなく、さらに少々怠惰でもあるからである。

この話は、実に疑問なのであるが、いったいなぜ我が民族は怠惰が取り付くことができたのだろうか。この話に詳しく答えるのは難しい。即ち本当のことを言うと、災いを引き起こすことが多いし、聞いて[耳に]美しくない。それで意味が少しだけわかるように、少しだけ言うべきであり、それが適切である。

第1。即ち、我が国は以前から、食べることに関しては他の国よりも豊富だったからである。

第2。即ち、我々の父母、あるいは師たちが子供を支援することに不注意で、子や孫を放置して好きにさせた。それゆえずっと怠惰が取り付くことができたままでいるのである。もし我々の父母や師が、仏陀[braḥ]の教えに従ってしっかり教え、訓練していたら、我が民族がこのように下劣にはならなかったであろう。なぜならば、仏陀[braḥ]の学問知識は必ず他に勝ち、誰にも1度も負けたことがないからである。(たとえば)知っているだろうか。昔のアショカ王の時は、この王[loka]こそ我が仏教の歴史の中で極めて偉大な大優婆塞であった。当時の王[loka]の心、王[loka]の考えはどのようであったか。

王[loka]の心は、自分の子をどのように愛したか。即ち王[loka]は王[loka]の国民をどのように愛したか。

王[loka]は、王[loka]の国にも、王[loka]の版図にも、人々の息子や娘が容易に勉強できるように、余すところなく、全ての所に学校を作った。

学問知識が沢山ある、即ち英知が沢山ある人々を、王[loka]は選んで行って扶養し、その学問知識に応じて仕事を与えた。

王[loka]の民衆に健康でいさせるために、王国のあらゆる場所に、あますところなく病院と施薬所を作った。

一方、戦争の武器と軍隊の方は全てが素晴らしい腕前であった。

当時、アショカ王は、仏教を広めて大きくし、繁栄させるために、版図を広く広げた。

この話は、要約すると、王[braḥ aṅga]の心がこのようであったので、現在にまでずっと歴史に名を残し、さらに人々は偉人、あるいは大優婆塞、あるいは贍部[センブ]州の人々の父という名を献じているのである。当時、全ての人々は幸福と安寧と繁栄を得ていた。

sukhuma

1-9　民衆の牛車は道路の上を走ることができない

我々の<enquête>[調査]によると、jœṅ brai郡の sganの町では、政府は sganの森から牛車に薪を積んで町に入ることを禁止している。薪を持つ民衆はratha yanta <camion>[トラック]を雇って運んできて sgan の町や煉瓦焼き工場に売るのなら、してもいい。この法律に違反した民衆は誰でも3.00リエルの罰金が科される。

たとえば、sgan に住居がある drī という名の人と tāt という名の人と、故{hut}郡長の未亡人である yaem 夫人[?nak srī]が牛車を1台持っていて、生計を立て、生命を養うのに十分であった。ある日、賃料を得て、薪を積んで sganの町に入ったところ、sgan の<gendarme>[憲兵]と技師[ママ]が、牛車に道路の上を走らせているのを見て一緒になって逮捕し殴り、それから牛車を道路から押し落とし、全壊させ、さらに罰金を科した。「罰金を科する」というのは、違反に応じて科せばよい。しかし壊れた牛車の方は誰が弁償するべきなのか。我々の考えでは、政府が弁償するべきである。なぜならこの牛車は民衆が生計を立てるための道具であり、その所有者を逮捕して罰金を科した以上に、なぜさらに彼らの生計を立てるための道具を破壊するのか。

もう1つ、プノンペンから sgan の町まで4キロメートルの道端の薪の山は、全て車を捕まえて車からあけて捨てさせ、それ以上運搬して行かせなかったものである。

我々の考えでは、「政府はなぜ牛車に道路の上を走らせないのか」が理解できない。なぜならば、政府がこしらえたどの道路も全て、民衆が早く物を運ぶことができるようにして、生計を立てるのを楽にさせ、国を早く発展させたいという意図があったものだからである。できた道路は全て民衆を徴集して来させて、彼らに雨にさらされ風にさらされて、飯も食わず水も飲まず、妻子を家に置き去りにして作らせたことによる。さらに牛車とウシの税金も民衆は政府に納めている。道路ができると一転して物を積んで運んで生命を養っている彼らに禁止して通らせないのはなぜか。逆に、「物を運びたければ自動車を雇って運べ」と言う。雇われて賃料を得るためだけの牛車があるおかげで僅かに生計を立てることができている貧しい人たちが、どこから金をみつけて来てḷān <camion>[トラック]を雇って運ぶのか。わずかな金を貯めて、[その金で]自動車を雇って運搬したら、彼らはどこから金を得てきて生命を養うのか。このように規定している様子は、我々は今回初めてこの郡で聞いた。他の州でもこのように禁止しているとは、聞いたことがないように思う。初めてこの郡で出会ったことで、極めて珍しいようである。

上述した通りの理由で、保護国政府に民衆の不幸を検討して、今から緩和することを願う。なぜならば、民衆は他に頼る所がない、即ち、現地国の法律の力であるrājakāra <protectorat>[保護国政府]の陰にしか民衆は頼ることができないからである。

nagaravatta

1-10　学年と教師を増やすことについて

nagaravatta が先月、クメール人居住地区にある学校、mālikā 校と suddhārasa 校の2校とも、あるいはいずれか1校だけに学年と教師を増やし、<cours supérieur>[上級学年]まで教える資格を与えて欲しいと大声で叫んだことに従って、今回、下記のような少女たちの父母の感謝があるように、「政府は mālikā 校に<cours supérieur>[上級学年]まで教える資格を持つことを許可し、教師を増員した」という情報を得た。nagaravatta もとても嬉しく思っている。

政府に感謝します。

私たちは政府に、「mālikā 校の学年と教師を増やして<cours supérieur>[上級学年]まであるようにすること」をお願いし、また、「臨時の校舎を建てて学校をもっと広くすること」をお願いしました。今回政府は慈悲の心で学年を増やし教師を増員し、同校に<cours supérieur>[上級学年]まで教える資格を与えてくださいました。今後は生徒をさらに narottama 校に送る必要がなくなりました。このことを、少女たちの父母である私たちは、保護国政府閣下に大変感謝しております。

しかし、校舎については、政府は、今後市の中心にある<pavie>校を narottama 校のように上級学年まで教える大きい学校にすることを考えているので、増やしてはくださいませんでした。そのようではありますが、この学校の統括者でいらっしゃる mālikā 妃殿下[braḥ aṅga mcās ksatrī]は、すでに各人が御承知のように、ずっと以前から、「クメール人の少女たちに学問知識を発展、成長させたい」という思いやりの心をお持ちでいらして、今回政府は私たちのお願いとは違って校舎を増やしてはくださらないにもかかわらず、妃殿下[draṅ]は傍観なさらず、「この学校は狭すぎて生徒全員を入学させることができない」とお思いになって、熱心にも妃殿下[draṅ]の私財を投じて同学校の近くにある建物を修繕し、煉瓦を敷き、ドアと窓をつけ、ペンキを塗り、新しく電気を引いて教室を1つ作って、<cours enfantin>[幼児級学年]を入れてこの新しい教室に学びに行かせることになさいました。

妃殿下[draṅ]がこのようになさったことは、同妃殿下[braḥ aṅga mcās ksatrī]が、「クメール人少女を救おう」という思いやりのお心を持っていらっしゃることを示しており、妃殿下[draṅ]は同様に貧しい人であるにもかかわらず、敢えて百リエルを超す財産をお使いになって、クメール人の子供の役にお立てになりました。妃殿下[draṅ]がこのようになさったことを、私たちは無言でいることはできません。[妃殿下の]お心とお慈悲の力を高く称賛させていただきます。

少女の父母団の全員

2-1　[44号、2-4と同一]

2-2　雑報

2-2-1　インドシナ国古代遺物調査会名誉会長である<marchal>氏のインド−イギリス旅行について

先の9月2日付のイギリスの<gazette>[新聞]“<times of india>”の情報によると、<marchal>氏はインド国で講演を行い、インド人とジャワ人に、クメールの美術工芸について説明して、「クメールの美術工芸は本当にクメールのものであり、インド国、あるいはジャワ国から持ってきて模倣した美術工芸ではない」と詳細に理解させた。なぜならこれらの国にはまだ、「アンコール・ワットなどのカンボジア国にあるクメール美術工芸はインドおよびジャワの美術工芸を模倣した物である」と言いたがる人がいるからである。<marchal>氏は[クメール]国内にある種々の模様を持って行ってインド国とジャワ国の人々に見せて、「アンコール・ワットに少しと国内に多数ある模様と同じ美術工芸模様は、インド国とジャワ国にはなく、インド国とジャワ国にないものを手本にした[とは考えられないので、インド国とジャワ国の物を]模倣したものではない」ことをはっきりわからせた。

この情報によると、クメール人の良き友である<marchal>氏は、カンボジア国の近くにいても遠くにいても、ずっと以前に氏が任務を果たして発展させた我が国を想う気持ちを持ち、忘れてはいないことがわかる。

我々は<marchal>氏と夫人[<madame>]にあらゆる種類の幸福と発展があるよう祈る。

2-2-2　逝去

我々は、コンポン・スプーの yān 獣医師[ママ。下は「医師」]殿の母である dim さん[?nak]の逝去という悲しい知らせを得た。遺体は先の10月15日に mrum 寺(コンポン・スプー)で荼毘に付された。

nagaravatta は悲しみに覆われている息子である yān 医師[ママ。上は「獣医師」]殿と全ての親族、友人たちにお悔やみ申し上げる。

2-2-3　十万リエルがクメール人に当たった

1938年9月17日に抽籤があったインドシナ国政府宝籤(1938年第2回)の十万(100,000)リエルが当たる大賞が、カンダール州 tmāt baṅ の国王陛下の御宿所の電気工である cāp-huot という名のクメール人、21歳に当たった。

この宝籤の籤札は、cāp-huotがカンダール<résidence>[弁務官庁]のthī {jhuon} に買って来てもらっていたのであるが、抽籤されたばかりの時には照合していなかった。

100,000リエルが当たる大賞は、クメール人は希望を失っていた。ベトナム語<gazette>[新聞]もフランス語<gazette>[新聞]もサイゴンで学んでいるミトの drī という名のベトナム人生徒に当たったと報じ、写真も載せ、さらに続いてこの大賞について種々の話を掲載していたからである。今や、前のニュースはすべて事実ではなくなった。

nagaravatta は大賞に当たった上記の人にお祝いを述べる。

2-2-4　誤りの訂正

<gazette>[新聞]90号[3-1]の逝去のニュースを報じた所で、「paen-sān 氏がコンポン・チャム州で亡くなった」と述べましたが、間違えて『loka paen-sān』とまとめて書いてしまいましたので、<gazette>[新聞]読者の方々に、「sān さんである」と思わせてしまいました[注。「paen」は姓であると誤解したのである]。それで我々は訂正いたします。死亡なさったのは sān さんの父である paen氏です。

3-1　[広告]　満三回忌[注。日本と異なり、満3年目に行う]

この年忌はとても清く盛大でした。全ての息子と娘、即ち hluoṅ mahaibhogā {tān jhīv hun}、jāv lan 夫人[?nak srī]、hluoṅ sirisampatti {iṅ din an}、vān夫 人[?nak srī]、hluoṅ jamnit sampatti {iṅ din ḷām}、eṅ lan夫人[?nak srī]、hluoṅ siribhogā {tān jhīv heṅ}、jāv lān夫人[?nak srī]、thaukae {iṅ din pāk}、?nak {yin som} が、仏暦2481年0の年寅年 assuja 月上弦9日月曜日、即ち1938年10月3日から3日3晩、[故] okñā phalāsampatti iṅ-meṅ-tik 氏に追善供養をしました。

រូបលោកឧកញ្ញាផលាសម្បត្តិ (អ៊ឹងម៉េងតិក)

この式で、氏が身に備えていた素晴らしい徳と、多くの人に助力し支援した恩を思い出させ、わすれさせない、そして氏が仏教に深い信仰を持ち、祭りを行い、戒律を守り、瞑想を行い、プノンペン市の braḥ buddhamān puṇya寺などの多くの寺を建立したことなどを思い出させるスピーチがありました。

[注。人物の写真があり、その下に] okñā phalāsampatti (iṅ-meṅ-tik)氏の写真

3-2　[90号、3-4と同一]

3-3　[91号、3-2と同一]

3-4　農産物価格

プノンペン、1938年10月20日

[「サトウヤシ砂糖」はない]

籾	白	68キロ、袋なし	5.00 ~ 5.05リエル
	赤	同	4.80 ~ 4.85リエル
精米	1級	100キロ、袋込み	12.10 ~ 12.15リエル
	2級	同	11.25 ~ 11.30リエル
砕米	1級	100キロ、袋込み	9.45 ~ 9.50リエル
	2級	同	8.50 ~ 8.55リエル
トウモロコシ	白	100キロ、袋込み	[記載なし]
	赤	同	7.35 ~ 7.60リエル
コショウ	黒	63.420 キロ、袋込み	20.05 ~ 21.00リエル
	白	同	30.00 ~ 30.50リエル
パンヤ	種子抜き	60.400 キロ	45.00 ~ 45.75リエル

＊プノンペンの金の価格

1　ṭamliṅ、重量37.50グラム

1級	150.00リエル
2級	145.00リエル

＊サイゴン、ショロン、1938年10月19日

フランス籾･米会社から通知の価格

ショロンの<machine> kin srūv[精米所]に出された籾 1 hāp、[即ち]68 キロ、袋込みの価格は以下の通り。

籾	最上級		5.18 ~ 5.22リエル
	1級		5.04 ~ 5.08リエル
	2級	日本へ輸出	4.85 ~ 4.89リエル
	2級	上より下級、日本へ輸出	4.75 ~ 4.79リエル
	食用	[国内消費?]	4.38 ~ 4.42リエル
トウモロコシ	赤	100キロ、ショロン県マッカサンで売り渡し。	7.90 ~ 0.00リエル
	白	同	8.05 ~ 0.00リエル

米(10月[ママ]渡し)、港渡し、袋込み、税抜き、1 hāp、[即ち]60.7キロの価格は以下の通り。

精米	1級、砕米率 25%	7.13 ~ 7.17リエル
	2級、砕米率 40%	6.63 ~ 6.67リエル
	同。上より下級	6.33 ~ 6.37リエル
	玄米、籾率 5%	5.50 ~ 5.54リエル
砕米	1級、2級、同重量	5.70 ~ 5.74リエル
	3級、同重量	5.13 ~ 5.17リエル

粉	白、同重量	3.28 ～ 3.32リエル
	kāk［籾殻＋糠?］、同重量	2.25 ～ 2.35リエル

3-5　［90号、4-2と同一］

3-6　［89号、3-4と同一］

4-1　［20号、4-6と同一］

4-2　［11号、3-2と同一］

4-3　［11号、4-2と同一］

4-4　［44号、4-6と同一］

4-5　［89号、4-2と同一］

4-6　［44号、3-3と同一］

4-7　［73号、4-6と同一］

4-8　［33号、3-4と同一］

4-9　［81号、3-11と同一］

4-10　［8号、4-3と同一］

4-11　［90号、3-5と同一］

4-12　［48号、3-8の終わり近くの「70メートル」が「10メートル」になっているだけである］

4-13　［87号、3-4と同一］

4-14　［79号、4-10と同一］

SAMEDI 29 OCTOBRE 1938

CIGARETTES
JOB
LE PAQUET VERT
Vendu 5 cents

COFAT
CIGARETTES
La meilleure cigarette Indochinoise
Le Paquet vendu 5 cents

Directeur
PACH-CHHŒUN

HEBDOMADAIRE PARAISSANT TOUS LES SAMEDIS

(Boite Postale N° 44)

第2年93号、仏暦2481年0の年寅年 kattika 月上弦6日土曜日、即ち1938年10月29日、1部8セン

［仏語］ 1938年10月29日土曜日

1-1 ［仏語で「私書箱 No.44」と「社長、PACH-CHHŒUN」が加わった以外は8号、1-1と同一］

1-2 ［デザインが少し変わった以外は8号、1-2と同一］

1-3 ［デザインが少し変わった以外は8号、1-3と同一］

1-4 ［8号、1-4、1-5と同一］

1-5 このような考えはクメール人は見抜けない

クメール人は不注意なことをして、他民族に簡単に騙されつづけている。これから助け、守ってくれる法律はない。

金が必要になると、クメール人は先祖からの遺産である土地を他民族に抵当にしようとする。しかし他民族は抵当に取ろうとしない。そしてクメール人が売却書を書けば受け取る。そしてクメール人が何も心配しないように文書の外で、「抵当に取ったのだよ」と言う。それゆえ、金が欲しいばかりにで売却書を書き続ける。しかし、期日が来て土地の抵当を外そうとすると、金の貸主は土地を引き渡そうとしない以上は、土地を取り返すにはどうするのかわからない。すでに売却書を作って渡してしまったのであるから、［土地の返還を］強制することができる法律はない。

それゆえ、訴訟が頻繁に起こる。そして自分が愚かであることを示す証拠しかないのだから、勝訴したことは1度もない。

もう1つの騙す方法は、クメール人はまだ全てが知っているわけではない。この方法こそ、我々は“資本金なしで商売をする”と呼ぶべきものである。プノンペン市の中国人は毎日のようにこの方法を使っている。即ち3、4人が誘い合って貸店舗を1軒借り、店の前に大きな看板を掲げる。店の中は台秤が1つと机が1つあるだけである。そして<patente>［営業税］を払って、仲間の1人を thaukae にする。thaukae以外の仲間全員が雇われ店員になる。そして農村に出かけて、籾、米、トウモロコシなどの産物をクメール人から買う。これらの産物を買うのは、信用買いか先に代金を少し渡して法律上正規の［その産物の］受領書を渡すことが多い。それから産物の所有者に、プノンペンの thaukae の所に金を受け取りに来るように呼ぶ。産物を手中に納めると、thaukae になっている者はそれを転売する。そしてその金を金庫に入れ、全く知らぬ顔をして、クメール人に金を支払うことは考えず、おまけにクメール人を訴えに行かせる。指示に従ってプノンペン市に到着したクメール人農民は、この都会は大きくて、［訴えるためには］どこに行って誰に頼ったらいいかわからない。それで、“この世でお前が俺を騙したら、来世ではお前が俺になる［＝騙される］。もし前世で俺がお前を騙したのなら、これで終わりにしよう”という思いやりを持っているから、国に帰る。一生懸命必死に努力して訴えに行く、即ち詐欺罪で訴えるクメール人もいる。しかし、裁判所がその事件を受理して検討すると、その中国人は、“「thaukae がその産物を他の中国人から受け取った」というのは事実である、しかし、産物の代金を渡さないのは、その中国人たちは thaukae に借金があるから［借金の返済金として受け取ったから］である。さらにこの中国人たちは自分が雇用している者ではない。即ち自分で生計を立てている者［＝自営業人］である”と申し開きをする。一方、現地に産物を買いに歩いた仲間の方も、thaukae の言葉通りに供述する。裁判所は、［これは］民事事案であると理解し、その［詐欺事案としての］訴えを棄却して、領収証がある売買、あるいは貸借の事件は民事事案であるので刑事事案にすることはできないから民事裁判所に訴えに行かせる。彼ら全ては、「民事裁判所に訴えると、判決を何ヶ月も寝て待たなければならないし、弁護士を雇う費用もたくさんかかるし、それに調停員は訴えを押さえる」ということを既に知っている。判決を得るまでには、「小父さん」は中国に逃げて消えてしまっていて、「お兄さん」はクメール人にさらに訴訟費用まで損をさせる。

上に述べたような話は、クメール人を助けてくれることができる法律はどこにもなく、法律を適用するとクメール人の財産は全て他民族に行ってしまう。[法律の]権利を使う、即ちクメール人にこのような不法行為をする者を全てクメール国から追放すれば、クメール人は安心を得られる。

政府は法律を使うことを考えるか、それとも権限を使うことを考えるか。

nagaravatta

1-6　炒り米を食べ、灯篭を流し、月を拝む王室の祭

kattika 月上弦14日日曜日から下弦1日火曜日、即ち1938年11月6日から8日まで、プノンペン市では、以前からと同じように、王室の習慣の年中行事である祭が3日間行われる。即ち櫂舟の競漕、櫓舟の競漕が3日間行われ、夜は灯篭を流し、川では仕掛け花火に火をつけて、あちらのナーガ国にある正等覚の歯に捧げる。

中間の日は kattika 月の満月の日で、習慣の炒り米を食べて月を拝む式がある。

この3日間、国王陛下は侍女と従者たちと共に catumukha[川が3つに分かれる所] のトンレー・サープ川の王室の舟着き場にお出ましになって、競漕、花火、灯篭流しの時にフランス、クメール官吏の伺候を受ける。

1-7　諸国のニュース

1-7-1　中国

広東市、10月18日。日本軍は vai jū 県に達し、同県を守備する武器を爆撃して破壊した。

広東－九竜鉄道線路は日本軍に攻撃され2ヶ所で切断された。

＊香港市、10月18日。中国は、「日本軍が puk ḷo sān 市を占領したのは事実である」と発表した。広東市では、日本軍から[市を]守備し抵抗する準備をしている。同市の住民は百万人が既に避難し、40万人が残っているだけである。

中国は、「日本軍は広東市を先に占領して、漢口市は後で占領に行く」という情報を得た。

中国人たちが中国人官員を1名暗殺した。同官員が日本と手を結んでいたからである。

湖北省で中国軍と日本軍が激しく交戦中である。

1-7-2　シャム国

シャム国王、お名前は ānandamahitala[アナン・マヒドーン]、13歳は、即位式を行うために10月18日に māksī 市を出てシャム国に帰った。この儀式が終わると、王[braḥ aṅga]は教育を受けるためにヨーロッパの国へ戻る。

1-7-3　ヨーロッパ諸国

プラハ市、10月19日。<havas>電。ポーランド国は、中央ヨーロッパ諸国の小国を集めて友好を結ぶ考えを出した。ドイツ人がこれ以上遠くまで進むのを妨げるためである。

1-7-4　中国

東京市、[注。日付なし]。日本電によると、満州国国境でロシア兵がアムール川の中の1つの島を占領し、同島の家を多数焼き、砦を築いて戦争の道具をおいた。満州国政府は直ちに抗議し、ロシア国に同所から兵を引くことを要求した。

＊香港、10月19日。日本は飛行機を飛ばして広東市に、「市を守備する司令官は降伏せよ。降伏に同意しない場合には、日本軍は住民を1人残さず殺す」という内容のビラを撒いた。

日本軍の1個部隊が広東市から60キロメートルの saeṅ jiñ 市を占領した。

1-7-5　ヨーロッパ諸国

ワルシャワ市、10月20日。[ポーランド国]外相である pic <colonel>[大佐]は、ドイツ国の道を塞ぐために中央ヨーロッパの小国に結束することを頼みに行った。ルーマニア国に到着すると、同国の王である karul 王は、「その考えはチェコスロバキア国をますます弱くする」という理由でポーランド国の考えに同意しなかった。

1-7-6　中国

上海、10月21日。日本軍は本日広東市内に入った。中国政府と軍は10月21日に同市から出て家屋と1つの橋を破壊した。同市の住民は十万人しか残っていない。それ以外は広東市から避難して北に向かった。

蔣介石総司令のために武器を購入していた中国人たちは、香港島から後退してシンガポール国に拠点を移した。

現在日本軍は漢口市から30キロメートルの地点にいて、中国軍を攻撃し、ばらばらになって逃げさせた。

1-7-7　ヨーロッパ諸国

プラハ市、10月21日。ドイツ電によると、チェコスロバキア政府はロシア国との友好をやめた。

1-7-8　中国

香港市、10月22日、<havas>電。本日蒋介石総司令は漢口居住をやめ、政府を重慶市に置いた。

＊漢口市、10月22日。日本は、揚子江の漢口市の近くに停泊中のイギリス船にそこから退去するよう指示した。日本は漢口市を爆撃しようとしているからである。

＊東京市、10月22日、日本電によると、広東市にいるyū sān mū という名の中国軍将軍とその他の将軍が日本に降伏し、日本軍に逮捕された。

＊広東市、10月24日。広東県の商業地域が全焼した。日本は、「市に残っていた中国人住民、即ち策略で残っていた中国人の1人1人が家を焼き捨てるための石油2缶を所持していた。この火事は極めて激しく、そこにいた日本兵が一生懸命消したが消火できなかった。日本の大型機6機がイギリス軍艦1隻を爆撃した。イギリス政府は直ちに抗議した。日本政府は謝罪し、直ちにこの件の調査に出た。日本軍はますます漢口市に接近している。日本政府はイギリス船に広東市の近くの川(<rivière de perle>[珠江])と漢口市近くの揚子江を航行することを禁止した。しかしイギリス政府は、「日本の命令には従わない」と反論した。

1-8　土曜評論

私の孫は本当に悪い。私は、「賢者孔明に反論するな。何になる」と何回も禁止したのにまだしつこく、こっそりとあくまでも反論した[＝91号、1-8]。彼は反論して、とうとう賢者を怒らせ、さらに「仰向けに倒して拝ませる」と脅かした。

一方私の方は、賢者に反論する勇気はない。賢者は、私が間違っているとみなしているからである。そしておそらく彼が言うように、私が間違っているのである。私がこのように考えるのは、この賢者は反論されるのが嫌いであることを私が知っているからである。

それゆえ、私は私の孫に、彼[＝賢者]が禁止した言葉の通りに、「賢者“孔明”に反論するな」と禁じた。

私の孫は、賢者の非を捕らえたいと思っていて、彼の祖父よりもっと賢い人がいるとは思いもしない。今彼[＝孫]は彼[＝賢者]を“無駄に”怒らせ、それが私の身にふりかかってきた。彼[＝賢者]は他と同じように目を持っている。でもまだ見ることを知らない。見えるのだが自分自身を賢者であるとしている。そして自分自身を“孔明”と命名した。なぜ彼[＝孫]はまだ一生懸命議論して勝ちたいのだろう。今後は[お前は]興奮するな。お前は祖父の言葉を少しは聞きなさい。

tā {kram}

1-9　市の<machine> srūp dik[排水ポンプ]について

プノンペン市ではずっと以前は雨が降っても水没したことはなかった。[今は]池の岸、運河の岸、沼の中の低地の家は、すっかり浸水して住むことができず、捨てて逃げなければならず、種々の財産とさらに作物をたくさん失わせる原因になっている。これらの低地はどこも全て胸や腰[の深さ]まで水没している。

市内の全ての道路は、最も後ろの大路と河岸の道以外は、全部水没して沼になってしまっていて、ムッソリーニ氏の国(イタリア)の(ベニス)市で舟を漕ぐように容易に舟が漕げる。ratha ūs(chaekaev)[人力車]に乗って水を渉る人は、舟に乗っているかのようである。<ohier>路のようにいつも大勢の人でにぎわっている道路も、すっかり静かになった。時々舟が1艘と人力車が1台水を掻き分けて通るのを目にするだけである。この水没させている水は清潔な水ではない。病気の源であり、市の人々を不健康にするあらゆる種類の腐敗物と不潔なものでいっぱいの大悪臭の池と地下の下水管から溢れて来た黒い水ばかりである。

水が市を水没させ、排水するのが間に合わないのは、川に水を排水する管が詰まりかけているのと、水を汲みだす<machine>[機械]が小さくて排水が遅すぎて、夜も昼も激しく降り続いて水をどんどん増やす雨水に間に合わないからである。もし雨がさらにこのように激しく降り続いたらプノンペン市は残す所なく全てが水没するであろう。

現在市政府は、大変称賛し、感謝するべきであるしっかりした措置を講じて、早く排水して家と街と道路から水が引いて乾いた。残っているのは池の中と川の中だけと、それから第4区の piṅ keṅ kaṅ のクメール人居住地域全域と、第5区と第3区の若干のクメール人居住地区である。

信じるべき情報によると、この早く排水ができたのは、市政府がクメール人住民を救ったことによるのではあまりない。即ち中国人たちと uṇṇāloma 寺の裏にあるパンヤ製造協会が結束して、「水が店中一杯に入ったので店は扉を閉めて商売ができなかったことと、パンヤが水に浸かって大量に駄目になったことによる損害を賠償すること」を市政府に要求したからである。もしこのことがなかったら、恐らくプノンペン市は早く乾くことはなかったであろう。

もう1つ、「1人を愛し、1人を嫌う」というプノンペン市の住民に対する政府のえこひいきがある憐憫の情には嫉妬を感じる。客であるベトナム人の地区は、客が行き来するのが楽になるように排水して乾かすために、ずっと<machine>[機械]を設置して水を汲み出している。たとえ水没しても長くは水没し、水に浸ってはいない。転じて同じく低地である piṅ keṅ kaṅや piṅ rāṅ などのクメール人地区の方は、市政府はどうして直視しようとしないのか。家を浸水して水に浸かったままに放置する。家を捨てて避難する人もいる。大きい損害を受けて、どこかに歩いて行くこともできず、家ごとに縦横に橋をかけなければならない人もいる。

政府はクメール人民衆をもっと救ってしかるべきである。国の所有者であり、クメール国で生まれ、死ぬのもクメール国であり、そして死ぬほど温和で正直で、訴え抗議することをあまり知らず、どのような苦しみを受けるのもじっと我慢するだけで、一言も不服を言わないからである。父母である政府は、強情で文句を言い、諭し難い他の子より、[この子を]愛するべきである。

そのほかにも、乾期も雨期も、柱の半ばまで浸水するクメール人地区がまだある。これにも政府は慈悲をたくさんかけるべきである。

それゆえ、我々は保護国政府にお願いする。クメール民衆に慈悲をかけて、クメール人地区である piṅ keṅ kaṅ と kāp go市場など、家が水に浸かる地区には、常に<machine> srūp dik[排水ポンプ]を設置しておいて、早く乾かして、楽に呼吸ができるように救って、苦しみを軽くしてやってほしい。水を吸い出したら、ただ楽に歩くことができるだけの簡単な道を作って大通りにつないでほしい。政府が大きい道を作るのを待っていたら、いつになったら道を作る金ができるかわからないからである。低くて水没するクメール人の区に道を作り、さらに電気を引き、<machine> dik[水道]を引くこと、さらには池を埋め立てることは、我々は政府に度々お願いしてきた。しかし望みはまだ実現していない。

商店の人たちが、浸水した時の損害を政府に補償することを求めた[補償]手当てがもし決定したら、政府は冠水して作物をたくさん駄目にしたり、家屋が壊れたりしたクメール人にも、貧しい民衆が家の修繕ができるように、[補償]手当てを同様に支給して救済してほしい。

1-10　クメール人も偉い

先の10月23日日曜日、夕刻に近づき、風の神が大きい金扇で太陽の熱気を吹き飛ばした時、高等教育を受けて、これまでクメール人は誰も得たことのない最高の mahāsaññāpatra (Agrégation)[中高等教育教授資格証書]を得るために大フランス国にお戻りになる殿下[?nak aṅga mcās]に、真心からの喜びを表すために、“yuttivaṅsa”殿下[?nak aṅga mcās]の友人たちが<ohier>路のレストラン “viṅ lūv” に集まった。

ここに出席した大小の官吏たちは、最も素晴らしい学問知識を持つ子を自分の国が持つのを目にして、澄んだ気持ちを持ち、共ににぎやかに愉快に親密に談笑した。そして世界の人々を無学から遠くに去らせる種々の学問について話し合った。

我々クメール人のある人々が、現在ますます学問知識を愛することを知り、団結心に性格を薫陶させることができて、派閥にこだわらずに自分の民族を敬愛し、助力して支えることを知り、我が国と民族を劣ったものにさせている汚点である怠惰から抜け出させようと努力していることは、実に称賛するべきである。

我々クメール人がそろって勤勉に、上のような良い行動をするならば、我々の国─民族─宗教は、火の神が大地を永遠に滅ぼすまで、栄えるであろう。

ga. ha.

2-1　十万[リエル]の宝籤に当たった人について

1ヶ月ほど前に、ベトナム語とフランス語の<gazette>[新聞]が揃って写真をとり、「ミトのベトナム人で、サイゴンで勉強中の drī と言う名の学生が9月17日に抽籤された100,000リエルに当たった」とはっきり解説した。我々は[それを]すっかり信じ込み、「幸運はなぜベトナム人にばかり逃げて行くのだろう」と思っていた。前回の当たり籤はクメール国にあったが、ベトナム人に当たった。今回も当たり籤はまたクメール国にあったのに、我がクメール人は目の前から幸運を奪われて、なんと悲しかったことだろう。

最終的な本当の決定で、驚いたことに cāp-hūt という名の無関心でいたクメール人に当たっていた。この人はカンダール州の tmāt baṅ の国王陛下の御宿泊所で電気工をしている貧しい人である。

この後の確かな情報で、我々は cāp-hūt さん[<monsieur>]のことを大変喜んでいる。そしてクメール人に、「早まって運試しをする勇気をなくすな。いつの日にかきっと大きいあるいは小さい幸運に出会う」と忠告する。我が国はこれまで何回も大賞に当たってきたからである。つまり幸運の家系、財産家の家系がちゃんと存在するのである。

我々は、前世からの大きな幸運を持つクメール人である cāp-hūt さん[<monsieur>]は、nagaravatta 社の人々と共に印刷所を設立するのに参加して、我が民族を救済して繁栄させるという浄心をきっと必ず持っていると期待する。この設立するという考えは費用がまだ沢山不足していて、十分ではないからである。

もし cāp-hūt さん[<monsieur>]が浄心を持ち、本当に多額の費用をたくさん寄進して設立に参加し、さらに印刷所の経営に直接参加するなら、cāp-hūt さん[<monsieur>]の救済のおかげでクメール人の印刷所は確実に生まれ、自分自身の利益を増すと共に、国を愛し、国を救った人として、名声と名誉は全カンボジア国に確実に広がる。我がクメール国では、この印刷業は1つの大きい物であり、まだ誰も入り込まない最初のことだからである。nagaravatta <gazette>[新聞]の印刷1つだけでとても[収入は]多く得られ、一体将来我がクメール人たちの事業は……[注。伏字]……。

nāy {yas}

2-2 ［44号、2-4と同一］

2-3 民衆への忠告について

現在農村に住んでいるクメール人民衆は、他に比べもののない暗愚である。我々が出会って観察すると、実に可哀想で憐れむべきである。先祖のころから長い間この暗愚に浸ってきたからであるが、もう1つ特別なことによる。それは他に比べるものがないくらい騙されやすい、ということである。即ち農村のクメール人がこのような程度に落ちてしまっていて、中国人やベトナム人だけでなく、さらに他のクメール人がいて、あらゆることで彼らを騙して押さえつけ、容赦なくいじめているのを見ると、他民族にこのようにされている我が民族に対する憐憫の情が生じ、一生懸命努力して、「互いに助け合い、惨めでないように、民族を貶めることがないように」と忠告しても、関心を払わず、逆に害を加える者もいる。

それゆえ、クメール人民衆はいつまでも暗愚の穴の中にい続けて、顔を上げて発展の光を見ることができないのである。

それでは、この状態にいるクメール人に助力して救い出して支えるための何らかの道を探して、それを得ることができるのか。私は、助けることができると思う。即ち道が2つある。

1。現在政府が幼児級学年校を児童に学ばせるように改定したのに従って、一生懸命勉強させる。しかしこの道は、効果はずっと後日にならないと生まれないから少し遅い。でも必ず従って実行するべきで、捨ててはいけない。

2。もう1つの道は、既に大人になった人々を教え諭すことである。大人は年齢がオーバーしているから子供と同じように学校に入ろうとしてもそれはできない。この教え諭して忠告するのは誰がするべきか。小さい時には、父母や寺の師がいさえすれば教え諭すことができる。今や大人になっているのに、どの父母や寺の師がさらに教え諭すのか。

よく考えると、地位の力と権限とでクメール人民衆を教え諭し、効果をあげることができる人のグループがある。即ち、都会にいる、あるいは地方にいるを問わず、国王陛下の政府の代表であるクメール政府の官吏と、rājakāra <protectorat>［保護国政府］の官吏である。

私がこのように言うのは、ある1つの州の郡長や州の官吏たちは、普段仕事をしていて民衆と会っていて、民衆は畏怖し尊敬しているから、容易に忠告を与えることができる。民衆と会った時ごとに、一生懸命努力して教え諭すことにすれば、きっと民衆は今後少しずつ目覚めることは間違いない。1回に100人の中の20人から30人が聞いて理解するだろう。何回も話し続ければ他の民衆も理解して目覚める。このように毎年一生懸命努力すれば、毎年大きい効果があるのは確かである。しかしクメール人民衆には容易に教え諭すことができる人と、暗愚に覆われているので少し強制してようやく教え諭すことができる人がいる。

まだ後の週［94号、1-10］に続きがある。

3-1 ［91号、3-2と同一］

3-2 売却公告

1938年11月8日火曜日午前8時に、プノンペン市 sālā <tribunal>［地方裁判所］でコンクリート造家屋と［その］土地17<lot>［区画］を競売し、各<lot>［区画］の行にある最低価格で売却する。

第1<lot>［区画］、土地とコンクリート造家屋1、
ṭwḷābak 路121号、価格700リエル

第2<lot>［区画］、土地とコンクリート造家屋1、
ṭwḷābak 路123号、価格700リエル

第3<lot>［区画］、土地とコンクリート造家屋1、
ṭwḷābak 路125号、価格700リエル

第4<lot>［区画］、土地とコンクリート造家屋1、
ṭwḷābak 路127号、価格900リエル

第5<lot>［区画］、土地とコンクリート造家屋1、
<fesigny>路45号と47号、価格500リエル

第6<lot>［区画］、土地とコンクリート造家屋1、
<fesigny>路49号、価格500リエル

第7<lot>［区画］、土地とコンクリート造家屋1、
<fesigny>路51号、価格500リエル

第8<lot>［区画］、土地とコンクリート造家屋1、
<fesigny>路53号、価格500リエル

第9<lot>［区画］、土地とコンクリート造家屋1、
<fesigny>路55号、価格500リエル

第10<lot>［区画］、土地とコンクリート造家屋1、
<fesigny>路57号、価格500リエル

第11<lot>［区画］、土地とコンクリート造家屋1、
<fesigny>路59号、価格500リエル

第12<lot>［区画］、土地とコンクリート造家屋1、
<fesigny>路61号、価格500リエル

第13<lot>［区画］、土地とコンクリート造家屋1、
<fesigny>路63号、価格500リエル

第14<lot>［区画］、コンクリート造家屋3と土地、
<fesigny>路65-67-69号、価格2,500リエル

第15<lot>［区画］、<compartement>［アパート］9号室、
<fesigny>路、価格4,500リエル

第16<lot>［区画］、<compartement>［アパート］78号室、
aṅga ḍuoṅ 路、価格2,500リエル

第17<lot>［区画］、<compartement>［アパート］80号室、
aṅga ḍuoṅ 路、価格2,500リエル

これらのコンクリート造家屋と土地は全てem-vāのものである。あらゆることを知りたい人は、プノンペン市<quai lagrandiere>路18号のpaetraṅ <maître>[弁護士]の所まで訊ねに来てください。

プノンペン市裁判所弁護士である paetraṅ <maître>[弁護士]の事務所の edat[？]の

paetraṅ 弁護士殿

＊差し押さえられた家屋は完売した ［以下の文章は、フランス語からの翻訳で、原本訳者自身が理解していないらしく、全体がクメール語の体をなしていないので、極めて難解。誤訳の恐れがある］

1938年9月13日火曜日午前9時にプノンペン市地方裁判所の会議室で売却し、最高額を入札した人に全て売却した。

以下に述べてある全ての物について、sekung brai nagara[サイゴン] <de> lāsom 大路32号所在の、資本金2000,000[ママ]リエルの<crédit hypothécaire de l'indochine>株式会社の届けに従って情報を提供する。プノンペン市<quai lagrandière>路18号居住の法廷弁護士である paetraṅ 弁護士[<maître>]の指示と、プノンペン<bureau hypothéque>[抵当権局]の冊子34号、35号、39号、40号に掲載されている、1934年4月25日と5月19日付のプノンペン市の裁判所の職員である sākke <maître>[弁護士]の裁判手続きにより、īṅ vār 、即ち福建人である tuk が所有者である、上述のプノンペン市の家屋全てを差し押さえた。

会議をしてこれら全ての家を没収した1934年7月3日付の bhāryeṭesārにより、プノンペンの執行吏が同日に令状を出して、これら没収した家全てを1934年9月30日火曜日午前8時に競売することを決定した。

それから1度訴えの中止があり、それから裁判所は訴えを再開し、1938年7月19日に、<crédit hypothécaire de l'indochine>の訴えに従って、上述の価格で、1938年9月13日火曜日午前8時に競売を行う令状が出た。家の没収の訴えについては、プノンペン民事裁判所の同市の法律による法廷で、リスト中の家に最高額の入札をした者に価格を定め、債権者が定める方法によって売却することになった。

1934年9月6日の<décret>[法令]第24条により、<crédit foncier>[不動産抵当]は、没収した家、あるいは<crédit hypothécaire de l'indochine>内で<déhypothéqué>[抵当を解除した]家を購入した人は全て競売の期間が終わるまで保持し、それから購入金額を<crédit hypothécaire de l'indochine>の金銭受け取り所で、借金全額を支払うことを許可し、何らの支障もない。これにより債務者の債務は完済する。それゆえ、会社は再び繰り返して知らせるが、会社は全てを完了する。それゆえ、競売で購入した人は金を<crédit hypothécaire de l'indochine>に返済する。そうすれば金の受領証を渡す。会社は法律に従って、売却期間が終わってから金を全額受け取る。会社から借りた金は費用を差し引いた残りを購入代金に達する額まで返済する。競売で購入した人は競売で購入した金額は期日までに返済するが、返済する期日を少しのばすことはできる。それで、伸ばすことにより残った金額は、[1度全額を返済して]新しくその額を借りることになり、それを<crédit hypothécaire de l'indochine>は承知する。

競売で買う人は、自分が来て買う場合は制限はない。代理人に頼んで買わせる場合には、競売で売却した日から20日の期限内に、原告の代理人あるいは検察事務官の所に、売却の日の前に裁判所が知らせる手続き料金と共に持参して返済する。火災保険は競売で購入した本人が、購入した日から全額を返済する日まで引き継ぐ。そして、保険と全ての費用を支払い、原告即ち債権者と争いを起こすことはできない。しかし家がまだ保険に加入していない場合は、競売で購入した人が適切であると思われる保険会社を探す。保険に加入していない場合は、この期限は延長できない。競売の日から44時間以内に保険に加入して通知しなければならない。

もう1つ、債権者である原告は、あるいはこの規定の中に名前がある、あるいは自分の名前を間違えた債権者は、自ら保険会社に行かなければならない。住所は、競売で購入した人はプノンペン市内の場所、あるいはいずれかの場所をプノンペン市の裁判所に通知する。裁判所に知らせたら、物件を売却する。通知しない間は、物件は上に述べた裁判所にある。

vīvāt ruos法の第696条で清算する。1938年5月24日付の法律によると、債権者は全て法律に従って<hypothéque>書に名前を載せる権利がある。売却の令状が出る前に載せなければならない。会社は作成してプノンペンの原告代理人である paertraṅ <maître>[弁護士]に、1938年8月10日に説明してある。

<signer>[署名]paertraṅ

何か知りたいことがあれば、プノンペン民事裁判所に行って質問してください。プノンペン<quai lagrandière>路18号、paertraṅ <maître>[弁護士]の事務所の edut[？]。

3-3　9月中に輸出された籾とトウモロコシについて

9月中に、tāṅ cūv と māt jrūk の税関は、コーチシナに輸出された籾とトウモロコシの量を調査して、籾は17,160トン、金額にして1,216,000リエル、トウモロコシは59,023トン、4,718,000リエルであることがわかった。

3-4　[90号、3-4と同一]

3-5　[広告]　カティナ祭のお知らせをします

皆さんにお知らせします。

プノンペン市の laṅkā 寺は、以前から国王陛下が毎年寄進をなさって aṅga braḥ kathina をなさってきた。今回もお願いして許可をいただいた。それゆえ、寺の檀家である我々優婆塞優婆夷は、kattik 月上弦14日日曜日、即ち1938年11月6日午後2時に、この aṅga braḥ kathina dāna をして、行列して laṅkā 寺に入り、僧に差し上げる。資産の力に応じて(そして墓地で行なってください)何か物を寄進する信仰心がある方は、信仰心に従って、名前を書いて、主催者である El-Ñao Mont de Piété P. P. に送ってください。

3-6 農産物価格

プノンペン、1938年10月28日

[「サトウヤシ砂糖」はない]

籾	白	68キロ、袋なし	4.80 ~ 4.85リエル
	赤	同	4.70 ~ 4.75リエル
精米	1級	100キロ、袋込み	11.90 ~ 11.95リエル
	2級	同	11.10 ~ 11.20リエル
砕米	1級	100キロ、袋込み	9.30 ~ 9.35リエル
	2級	同	8.25 ~ 8.30リエル
トウモロコシ	白	100キロ、袋込み	[記載なし]
	赤	同	7.50 ~ 7.80リエル
コショウ	黒	63.420 キロ、袋込み	20.25 ~ 20.75リエル
	白	同	31.00 ~ 31.50リエル
パンヤ	種子抜き	60.400 キロ	45.00 ~ 45.50リエル

＊プノンペンの金の価格

1 ṭamliṅ、重量37.50グラム

1級	150.00リエル
2級	145.00リエル

＊サイゴン、ショロン、1938年10月27日

フランス籾・米会社から通知の価格

ショロンの<machine> kin srūv[精米所]に出された籾 1 hāp、[即ち]68 キロ、袋込みの価格は以下の通り。

籾	最上級	5.10 ~ 5.14リエル
	1級	4.96 ~ 5.00リエル
	2級 日本へ輸出	4.68~4.82[ママ]リエル
	2級 上より下級、日本へ輸出	4.68 ~ 4.72リエル
	食用[国内消費?]	4.32 ~ 4.36リエル
トウモロコシ	赤 100キロ、ショロン県マッカサンで売り渡し。	8.05 ~ 8.10リエル
	白 同	8.15 ~ 8.20リエル

米(10月[ママ]渡し)、港渡し、袋込み、税抜き、1 hāp、[即ち]60.7キロの価格は以下の通り。

精米	1級、砕米率 25%	7.01 ~ 7.05リエル
	2級、砕米率 40%	6.53 ~ 6.57リエル
	同。上より下級	6.23 ~ 6.27リエル
	玄米、籾率 5%	5.40 ~ 5.44リエル
砕米	1級、2級、同重量	5.63 ~ 5.67リエル
	3級、同重量	5.88~5.02[ママ] リエル
粉	白、同重量	3.23 ~ 3.27リエル
	kāk [籾殻+糠?]、同重量	2.20 ~ 2.30リエル

3-7 [90号、4-2と同一]

3-8 [89号、3-4と同一]

4-1 [20号、4-6と同一]

4-2 [11号、3-2と同一]

4-3 [11号、4-2と同一]

4-4 [44号、4-6と同一]

4-5 [89号、4-2と同一]

4-6 [44号、3-3と同一]

4-7 [73号、4-6と同一]

4-8 [33号、3-4と同一]

4-9 [81号、3-11と同一]

4-10 [8号、4-3と同一]

4-11 [90号、3-5と同一]

4-12 [48号、3-8の終わり近くの「70メートル」が「10メートル」になっているだけである]

4-13 [87号、3-4と同一]

4-14 [79号、4-10と同一]

SAMEDI 5 NOVEMBRE 1938

CIGARETTES
JOB
LE PAQUET VERT
Vendu 5 cents

Nagaravatta

COFAT
CIGARETTES
La meilleure cigarette Indochinoise
Le Paquet vendu 5 cents

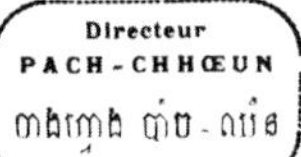

Directeur
PACH-CHHŒUN

HEBDOMADAIRE PARAISSANT TOUS LES SAMEDIS

(Boite Postale N° 44)

第2年94号、仏暦2481年0の年寅年 kattika 月上弦13日土曜日、即ち1938年11月5日、1部8セン

［仏語］ 1938年11月5日土曜日

1-1 ［仏語で「私書箱 No.44」と「社長、PACH-CHHŒUN」が加わった以外は8号、1-1と同一］

1-2 ［デザインが少し変わった以外は8号、1-2と同一］

1-3 ［デザインが少し変わった以外は8号、1-3と同一］

1-4 ［8号、1-4、1-5と同一］

1-5　お知らせします

nagaravatta 新聞社は皆さんにお知らせします。来たる11月12日土曜日、即ちkattika 月下弦5日の第95号は発行いたしません。11月11日、即ち［大戦］勝利記念日に印刷所が休業するからです。ですから、nagaravatta 新聞読者の方々は首を長くして［新聞を］待たないでください。

1-6　カンボジア国の滅亡の原因

我がカンボジア国では、政府は他民族がクメール人、クメールの国土に対して持つ権利に関して極めて緩い。クメール人の昔からの遺産である国土を政府はベトナム人や中国人などの他民族が全部買ってしまうことを許している。中国人とベトナム人はクメール人の国土に対して権利を得続けている。何かを争い、訴訟が起こると、フランス裁判所の権限の下にいるからである。それゆえ中国人とベトナム人はますます威力を増す、即ち極端なまで増長し、威張った態度を取って示し、クメール人をはなはだしく侮辱し見下す。フランス政府をしっかりと後ろ盾に持っているからである。さらにこれらの他民族は、クメール人が憤慨して当然である下品な言葉を使って、「我々はクメール人の国土に庇護を求めて来たのではない。もちろんフランス人の徳の陰の下に庇護を求めて来たのだ」と言う。

このような恩知らずの言葉については、フランス政府も、さらにクメール政府もクメール人に慈悲を持つべきである。フランス政府はクメール国に助力し支援しに来ているにすぎず、クメール国は以前と同じクメール国である。フランス政府が何かを決定する場合には、クメール政府と一緒に決定しなければならない。クメール人は依然として国の所有者であり、完全にフランス国の植民地であるコーチシナ国とは決して同じではない。

もう1つ、ベトナム人がクメール人と同じ、あるいはより多く住んでいる地域を政府は規則を緩めて、そこをベトナム人の村にすることを許している。さらにその地域を治めるために、ベトナム人を官吏に任命してクメール国に対する権限を与え、さらにベトナム語の職位を与えている。(15/9/25［＝1925年9月15日］付国王布告重複第59号の81条)。それゆえ、ベトナム人はますます thlœm pās、即ち thlœm bās megha［つけ上がる］のである。

それ以来、ベトナム人村が多数生まれ、ベトナム人官吏も多数に増え、たとえばプレイ・ヴェーン州、ター・カエウ州などでは、sruk（国土の区画、Division territoriale）［郡］と村の名称は全てベトナム語ばかりになってしまった。

一方、ベトナム人の方は、現在仲間の後を追ってクメール国に来て住んでどんどん数が増え、協会をすでに2つ、3つ作り、我が国に来て住んでいる彼らの民族を守るために<gazette>［新聞］を創刊することを考えている。これらのことは、全て彼らが互いに助け合い、支え合って望みを達成することを知るからである。彼らは、この彼らの成功をにぎやかに祝うパーティーまでも行ない、フランス、クメールの偉い高官たちが主賓として出席した。これこそが、かつては豊かであった国に、生計を立てる道を厳しくならせたのである。さらにクメール国で生まれた、あるいは住んでいる彼らの子や孫が割り込んできて、働く権利を得て、政府や商業で良いポストを全て手に入れてしまった。学んでたくさん学問知識を得た我がクメール人の子や孫は、将来彼ら並みに働いて生命を養うポストをどこかに得られるだろうか。

我々は、恩知らずの他民族があまりにも多数入って来て住み、さらにクメールの国土に対して権利を持ち、あたかもクメール人が彼らの国土に庇護を求めているかのようになるのを塞ぐ、即ち阻止するために、上の国王布告を急いで廃止するべきであると理解する。そしてクメール人国民の希望と、我々の希望に従って、早く以下のようになることを求める。

1。クメール国では、いずれかの民族だけが住んでいる地域でも、クメール人と混ざって住んでいる地域でも、常にクメール人を官吏にしてその地域を治めさせるべきである。国王布告の権限によってクメール人村長と同様に任命されているベトナム人村長も、<le résident supérieur>[高等弁務官]殿の<arrêté>[政令]の権限で長に任命されているベトナム人長も華僑会長もすべて廃止し、これらの職務を全てクメール人官吏に与える。

2。誤ってベトナム語の名称を与えてしまっている郡は、残すことなく全て、名称をクメール語に変えることを求める。

3。lakkhantika(Statut)[規定]を至急作って、1930年から計算してクメール国に来て住む他民族の人数を、住むのを許可するのは中国人は何名、ベトナム人は何名と規定して、多くなりすぎないようにする。土地と職場を今後のクメール人の子や孫に確保しておくためである。他民族が来て住んで、この規定中の数を超えたら、決して[それ以上は]受け入れないでほしい。中国と日本との争いが始まって以来、何十万の中国人がクメール国に入って来て住んで、クメール人に迷惑をかけているかわからない。さらにシャム政府は、他民族があまりにも多数、限度以上に入り込んで来たために滅びたアメリカ大陸、オーストリア国、チェコスロバキア国と同じように将来国を滅びさせることを恐れて、これまで十万人を追い出してきている。

シャム国の方は、中国人が[シャム国に]住みたければ、シャム語を知り、さらに帰化しなければならない。彼らの国に最近入ったばかりの中国人は、まず最初に自分の保証料を1人あたり200バーツ払わなければならず、それではじめて入国することができる。

イギリスとフランスの<gazette>[新聞]が報じている情報によると、パレスチナ国(アラブ)では、あまりにも大勢が入国して住んでいる(ユダヤ人)を国の持ち主から追い出し、さらに今後この民族に土地を売ることを禁止し、ユダヤ人がすでに購入した土地を取りあげることまでした。

一方、我が国の方はまったく異なる。政府はanāgata(Avenir)[未来]のことを恐れることなく、限度以上の他民族に入ってきて住むことを許し続けている。

4。クメール国に新たに入って来て住む中国人から少なくとも100リエル、ベトナム人からは少なくとも50リエルの税金を必ず徴収してほしい。他民族が余りにも多数入って来ないようにするのと、政府の金を増やすためである。

居住を許可することの方も、このような税金を作る。上の項3に述べた規定の数を越すまで住まわせ続けるのではない。つまり[最多で]この規定中の規定数までしか受け入れないのである。

5。クメール国内で他民族が、彼らの言語で<gazette>[新聞]を発行することを、クメール語あるいはフランス語で発行するのを除いて、絶対的に禁止する。

6。クメール人と争いを生じた他民族は、フランス人を除き、全てクメール裁判所で審理を受けさせる。

我々はクメール人 raṭṭhapurasa(Hommes d'État)[政治家]全てに、保護国政府に求めて、この望みに異なることなく、この通りに速やかに改正するように強く要求することをお願いする。

皆さんは見よ。[プノンペン]市以外の市街地になっている良い所、即ちクメール国の市街地は全て中国人の都市、ベトナム人の都市になってしまっている。知っているか。rājakāra <protectorat>[保護国政府]の重要なポジションは全てベトナム人の手が支配している。大きい商業のポストは、全てベトナム人の手に落ちている。クメール政府の現在残っているポストは、神がどうにかして助けてくれると、ベトナム人を入れることを許可することができる。それゆえ椅子に座っているクメール人を1人探してもいないのである。

観察するに、現在の我々クメール人は、ベトナム人を1つの大きい局、[即ち] 以前は他民族だけが支配していた夜12時局の、自分をウマにして人を乗せる[=人力車]ポストから追い出すことができた。

こういう理由で、nagaravatta は我がクメール人に、「しっかりと一生懸命勉強せよ。一生懸命働いて生計を立てよ」と大声で叫んで注意しているのである。今の我が国は、まだ他の民族が大勢入って来て住み始める以前と違って、生活が厳しくなっているからである。大多数のクメール人は、我々の忠告を聞いて理解できず、逆に、「nagaravatta は自分の仲間であるクメール人をけなしてばかりいる」と言って怒る。我々はクメール人を嫌っているのではない。大変愛していて、低劣にならせたくないから、このように一生懸命注意しているのである。

自分の生命のことしか考えていない偉い方々は、あなた方の子や孫は、あなた方と同じように必ず国の支えになることができると思っていないか。見るところ、あなた方のどの子や孫もきっと普通の庶民になることは避けられない。あなた方に子がなくても兄弟姉妹がいる。兄弟姉妹がいない場合でも、間違ってクメール人として生まれてきてしまった以上は、民族を憐れみ、愛し、救うべきである。滅びさせてはいけない。

昔、我が国が繁栄し、全世界に名が轟いていたのは、何によるのか。それは pubbapurasa、即ち ṭūn tā(Prédécesseurs 即ち ascendants)[先祖]である政治家たちがとても良い考えを持ち、勤勉に一生懸命に国を発展させたことによる。我が国が衰え低劣になったのは、pubbapurasa pandāp、即ち、anupubbapurasa、即ち、kūn cau tā ae kroy［その後の先祖］(Successeurs descendants)[後継者]が悪い考えを持ち、自分の利益だけを考え、自分の財産と使用人という財産だけを楽しみ、国土と民族のことを全く考えなかったことによる。

ベトナム人が一面に住んでいるサイゴン国、即ちコーチシナ国全体は、以前はカンボジア国の領土であった。しかし、国の主がベトナム人娘の美しさを見て涎を垂らし、その結果ベトナム人が大勢入って来て住むのを放置した。その後になってベトナム人がクメール人を追い出し、クメール人を分解してベトナム人に同化させてしまった。

前の先祖の、国土を治めることにおけるこのような悪い考えと下手さが、このように子孫である現在のクメール人各人を貧しくし、落ちぶれさせ、低劣にし、苦しみと惨めさを受けさせ、全ての隅々まで見下される結果になったのである。当時の国土はベトナム人の手、シャム人の手に行ってしまった。フランス政府の力が来て助力して守ってくれたなかったら、ベトナムとシャムの手から残っている現在のカンボジア国は全く残らなかったであろう。

これこそが、自分の利益だけを考えることの結果である。

nagaravatta

1-7　諸国のニュース

1-7-1　中国

香港市、10月25日。本日日本軍は漢口市に入った。jhin jhāv 平原で日本軍は中国軍30個部隊を包囲している。漢口市内では日本租界と共同租界の多くの場所で家が燃えている。中国人が言うことによると、中国兵は漢口市に留まって守備することをしなかった。

漢口市では、先の25日に蒋介石総司令と妻は漢口市から飛行機で重慶市に行った。

蒋介石総司令は、日本軍が到着近くになると、中国軍に漢口市外に出させた。

＊東京市、10月25日。陸相である板垣という名の日本将軍が buok <gazette>[新聞記者]に、「中国との戦争が始まって以来、日本の最大の勝利は2回しかない。即ち1回は広東市を占領したこと、もう1回は漢口市を占領したことである。この両市を占領したからには、戦争を早く終わらせるために、日本軍はさらに以前以上に努力しなければならない」と述べた。

＊香港市、10月25日、<havas>電。広東市は全焼し家1軒すら残っていない。

日本は、「日本軍は広東市を越えて北に進み、suṅ fā 市を占領した」と発表した。

＊東京市、10月25日。情報では、日本政府は、中国との戦争をやめるために、次の方法を定めた。

項1。中国人に日本に敵対するのをやめる決心をさせる。

項2。中国人に日本国、満州国に協力させ、国民党に抵抗させる。

項3。中国人にロシアと手を組むことをやめる。

項4。日本に中国内で商業を行うことができる権利を与える。

項5。北京市政府と南京市政府とに、モンゴル国政府と協力させるための委員会を作る。

項6。中国人がロシアと手を組むのをやめ、日本に敵対する気持ちを持つのをやめるまで、日本軍を中国に駐留させる。

項7。中国政府に盗賊団を撲滅させる。

項8。新しく中国内に政府を作る。

＊上海市、10月26日、ドイツ電によると、現在中国中央部の戦闘地域は、kiev gieṅ 市の西南である。

＊香港市、10月26日。情報では、先の10月23日に、日本国外相をしていて辞職させられた ūy kā dī[？]将軍が割腹自殺をした。死亡する前に軍部を多数非難する書簡を1通天皇に書いた。

＊上海、10月28日、ドイツ電によると、日本軍は漢口－広東鉄道線路沿いの、漢口市から70キロメートルの sien niñ 市を占領した。

＊東京市、10月28日。日本政府要人は、中国から我がインドシナ国に来る途中にある海南島について何も言おうとしない。諸国は、「日本は必ず海南島を占領する」と予言している。

1-8　掲載を求めて送られて来た手紙

我々は手紙中にある日付と同じ日に、手紙を1通受け取った。その内容は以下の通りである。

プレイ・ヴェーン州 kambaṅ trapaek 郡 thkūv 村 thkūv 地区[sruk]

tan-ḷuk と nāṅ {sa}[夫妻]はプノンペン市の nagaravatta <gazette>[新聞]社長に申し上げます。

心を清め、知恵を増すために、私が1部購入して毎日毎月読んでいる<gazette>[新聞]の記事について、私は毎週この<gazette>[新聞]の記事の通りに、kambaṅ trapaek 郡 jrai 村に住んでいる nau と nāṅ {ut}[夫妻]と、kambaṅ trapaek 郡 cām 村に住んでいる、元 smien である um と nāṅ {krim}[夫妻]に話します。nau と um とは1989年1月になったら、心を清めるもの、クメール人の光として nagaravatta <gazette>[新聞]を1部購読して読む決心をしました。なぜならば、この両名は tan-ḷuk から得る古い<gazette>[新聞]屑を毎月読んでいただけですが、この2名は賢い人で、<gazette>[新聞]を読んだおかげで、生計を立てる知恵を得て、秤を持って籾を量り、中国人やベトナム人に騙されることがなくなったからです。nau と um とは現在生計を立てるのは稲を作っていますが、今はクロマーを買ってきて売って籾を買い、籾を得ると、中国人に<gazette>[新聞]の方法に従って正しく量らせて売っています。しかし、nau と um は、今は中国人とベトナム人にとても嫌われています。籾の値段が上がると、中国人やベトナム人は籾の値段が下がったと言うからです。このことを社長殿は<gazette>[新聞]に掲載して、全ての郡、全ての州のクメール人に読ませて、あまりにも無学無知でないように啓蒙する光にしてください。

失礼はお許しください。

1938年10月20日に申し上げました。

tan-ḷuk

1-9 利益と貯蔵しておくこと

この話は、我が民族は利益を得たいと思って貯蔵するならば、下にある方法で行うことを考えるべきで、そうするのが正しいのである。

第1。各州で、あるいは各村で、待って品物の値段をはっきり聞いて、それから売るために、考えを1つにまとめて、得られた収穫を全て保管しておく。

第2。もし、第1で述べたことを考えて実行することができたら、我々はもう1つのことを考えるべきで、そうするとうまくいく。即ち各村が籾、トウモロコシ、あるいはその他の農産物の収穫を得たら、籾やトウモロコシの値が上がるのを待ってから持って行って売るまでの当座に使うための金を支給してもらうために、皆揃って政府の倉庫に運んで行って預けるのである。現在、政府の倉庫はカンダール州、ポー･サット州などに、農民を支援するために作られている。この話は、「考えて何になる。一生懸命稼いで何になる。全て前世からの運命次第だ」と言う方がもしいたら、この言葉は一部正しくもあるし一部間違っているのである。なぜならば、「自分が一生懸命稼ぎさえすれば、どのような前世からの運命もそれを持ってきてくれる」という格言があるからである。

それゆえ、私は、「我が同胞は一生懸命考えなければならない。我が同胞は一生懸命稼がなければならない。我が同胞は一生懸命しさえすれば、得られる」と公言する。

sukhuma

1-10 国民に対する忠告について

前の週[=93号、2-3]から続く

この指導は、民衆の父母、即ち民衆の保護者であり、民衆の幸福を守る官吏の方々の重要な仕事である。官吏である方々は、この方面にしっかりと大きい関心を持ってほしい。即ち、クメール人とカンボジア国に非常に役に立つことで、国と民族を愛する気持ちと考えを持つならば、固い努力でこの道に一生懸命になるべきである。1度やって止めて、「できない、できない」と言うならば、きっと本当にできなくなる。しかし熱心に努力して、飽きることなく成功するまでやり続ける決心をすれば、成功することは確実である。[直ぐではなくとも]いずれは成功する。

民衆を指導する方法は多数あり、私はそれらについて説明する。

第1。子や孫を一生懸命心を込めて寺学校[＝小学校]に連れて行って学ばせるように、父母に指導する。現在のように[学校に行かせろ、と言われるのに]飽きて、「手が足りないのを支える」と言って子を手元において使わせておいてはいけない。もしその子が生まれて来なかったら、誰を使うのか[＝子供はいないものと思え]。

第2。子供が父母、祖父母、兄姉、叔父叔母などの恩を知り、尊敬し、僧と高官を尊敬し畏怖するように、要するに大人全てを尊敬し、侮辱し見下すことをしないように、一生懸命[親に子供を]指導させる。徳と罪を知り、善を行い悪を避けさせる。

第3。父母に、家庭で子供に体力に応じて軽い労働をすることを訓練し学ばせ、働くことに慣れさせ、怠けさせないようにさせる。樹木を植えることを教え、身体を清潔にすることを訓練する。即ち家庭では子供を使って毎朝敷地内と家の上下を掃き、雑草を除いてきれいにさせる。毎日食べる香草、ネギ、キンマを植えること、飾りと供え物にする花を植えることを学ばせる。

小さい時からこのように習慣付けると、脳が清潔な子供は覚えが早く、そしてずっとその後も記憶していて、大きくなってもあまり悪くなったり怠けたりしない。悪とつき合って悪い道に進んでも、教え諭すことが容易である。なぜなら良い道を歩くことに慣れているからである。もし今のように大きくなるまで待って、それから出家させて教え諭しても、それほど良くはならない。多くは悪い方に行ってしまう。心も考えもすでに悪に慣れているからである。悪い心と考えは、出家中は潜伏しているが、還俗すると悪い心と考えは再び形を取り始める。だから以前と同じままである。

我々は、中国人やベトナム人は小さいときから一生懸命働くので、大きくなっても[勤勉を]習慣として持っているから怠けないのを見るべきである。一方、我がクメール人の子供の方はそうではない。放置して樹木のように心のままに大きくならせ、大きくなってから、どのようにして曲がっているのをまっすぐにすることができようか。もう遅すぎる。さらに父母を侮辱し見下すようになる者もいる。

この点は、子供の全てを可愛がり、敢えて反対しようとしない人に相当する。子供は大きくなると教え諭すことができない。子供が原因の涙さえある。そしてその子供の多くは何の役にも立たない。悪くて使い物にならない。幼い時も近所の人は好きではない。これは、「子供を愛しているのではない」と言う。「子供を愛する」というのが確かなのは、子供を幼い時から一生懸命教え諭し、上に解説したような行いをさせると、子供は大きくなると良い人になる。

第4。大人たちに、現在の中国人やベトナム人がしているように、全心を込めて一生懸命働いて生計を立てるように、決して怠けないように忠告すること。最近農村では男が非常に怠惰だからである。少し働くと、酒、博打、踊りなどの楽しみを求めに行く。それが窃盗、強盗、殺人などを覚えることに導く。低劣さを理解せず、他の民族から見下されているのが見えないし、理解しない。高級役人も僧も何も区別せず、身体を隠す森にだけ頼る。

第5。熱心に祭りをして、恩と罪、善と悪、徳と罪業を知るように指導すること。なぜなら現在この戒めを守る人がとても少ないからである。寺をすっかり忘れてしまい、酒、賭博、女、種々の遊びだけを選び取る。それゆえ多くを損なうに至り、家柄をも損なう。

田や畑などの生業を一生懸命行うよう指導する。即ち毎年、稲を植え、トウモロコシ、緑豆、ピーナツ、ワタ、タバコなど種々の作物を植える。2種類以上の作物を植えると、1つの作物がだめになっても、まだもう1つの作物が助けて支えてくれることがきっとある。そしてそれ以外に、バナナ、man sa［？］、サツマイモ、サトイモ、パンヤ、マンゴー、ハラミツ、ココヤシ、ビンローなど、収穫が多く、かつ長期間得られる栽培植物も植えるべきである。

作物以外に、ニワトリ、アヒル、ブタ、ウシ、スイギュウを飼い、ござ、線香、松明を作る、樹脂を集める、縄をなう、ツタを編む、カヤを織る、などの生業もするべきである。

農村にいるクメール人が上に説明したように、することに一生懸命であれば、貧乏は入ってくることができない。我が国は種々の産物がたくさんあり、生計を立て、生命を養うのに十分だからである。でも民衆は考えない。飢えを我慢するだけで、これらのことをして解決することを考えることはほとんどしない。もししても、ほんの少しである。それは説明して啓蒙して助力して支援して大きくしてくれる人がいないからである。全ての職の官員の人たちが注意して、説明してわからせて、啓蒙して指導したら、きっとクメール人は少しずつ発展するのは極めて確かである。

後の週［=95号、2-1］に続く。

2-1　自動車が心を楽しませる

仏教研究所と王立図書館の図書販売車は、インドシナ国政府がカンボジア国のクメール人とコーチシナ国のクメール人に清い慈悲の心を持ったものである。7年前から仏教研究所にクメールとラオスの仏教の教えと美術工芸の方法の書物を積んで巡回させて広めさせていたが、自動車が壊れてこれ以上使えなくなった。

カンボジア国のrājakāra <protectorat>［保護国政府］は、自動車をこのようなことを行うのに使うのは、クメール人民衆に仏法の道を照らし、学問知識を啓蒙するのに大変素晴らしい有用性があると認め、清い心で金を支出して新しい自動車を1台買って、仏教研究所が引き続き仕事をすることができ、発展することができるように、壊れてしまった自動車の代わりに使わせることにした。

この新しい自動車は、単に仏教研究所、王立図書館、パーリ語学校が出版した書物だけを販売して広めるのではなく、さらに<machine> crieṅ［蓄音機］とクメール、シャム、ラオス、スリランカ、ビルマの歌と音楽のレコード、諸国の仏教の話の遺跡や、生計を立てる生業の様子などの写真を映す幻灯機もある。さらにラジオとラウドスピーカーもある。

このことについて、我々は保護国政府が人々に知恵と仏教教義を知ることの面で発展し、さらに嬉しさ、楽しさとを与えてくれることを知るのを感謝する。

2-2　［44号、2-4と同一］

3-1　雑報

3-1-1　王立図書館におけるrūpwwkāṅ氏の歓迎

先の10月18日、王立図書館の友人たちが、パリ市のソルボンヌ大学の地理学の教師であるrūpwwkāṅ氏の歓迎茶会を開いた。

この会でrūpwwkāṅ氏は、氏がジャワ、マレー、シャム、ベトナム、クメールの諸国で目にした国の村の話をして、ジャワ国におけるジャワ人の生業について示して、ジャワ国とビルマ国の人々は、生計を立てるのに、稲、イモ、トウモロコシなどを栽培して生命を養うことだけを考えるのではなく、さらに外国に輸出する作物を栽培することも考えていると話した。

最後にrūpwwkāṅ氏は、もしクメール国の国民が田を作り、トウモロコシを植え、さらに外国に輸出するための種々の作物を栽培することを考えたら、このカンボジア国の土地と水とで容易に栽培することができる。ゴム、コーヒー、砂糖［ママ］、ワタなどの作物を植え、桑を植えて蚕を飼うなどをすれば、収穫が多いと話した。

現在、カンダール州とポー・サット［州］は、中国人が歩き回って籾やトウモロコシを騙して買って、一生懸命土地を耕して苦労している農民以上の利益を得ることから農民を守るために、krum sansam phala［産物貯蔵組合］(Coopérative)［協同組合］を作って一生懸命農民を救い上げようとしている。［ママ。このパラグラフは別の記事が迷い込んだのかも知れない］

3-1-2　布告

<le résident maîre>［市長］殿［?nak］はプノンペン市在住のクメール人、ベトナム人、中国人に通知して知らせる。医務局は1938年10月17日から、プノンペン市において例年と同様に種痘とコレラの予防注射を始める。

種痘は、1歳から8歳の幼児と21歳の者は必ず受けなければならない。この種痘を受けることを拒否する者は1938年12月11日［ママ］付法律の規定により処罰される。

3-1-3　パーリ語学校の南側の道路

パーリ語学校の南側に接した短い道路はできてから長く経つ。しかしなぜ政府はまだこの道路に名前を書いた札をつけないのか。もう1つ、この道路の歩道はあまり清潔でなくきちんとしていない。即ち、平らに均してなくてまだ高低があり、さらに一面に雑草が生えている。我々は、他の美しい道路と同じようにきちんと整備するよう政府に求める。

この道路の傍に住む者

3-1-4　［広告］　cāp-huot が100,000,00リエルの籤に当たった

先の1938年9月17日に抽籤があったインドシナ国政府宝籤は、番号を正しく照合し終わると、cāp-huot の537,708の番号の籤が十万リエルに当たったことを私は知りました。この籤札はプノンペンの有名なビルマ人の店、即ち、我がクメール人の誰もが知っている bhūmā <mac-phsu>店で買ったものです。

今回宝籤に当たった cāp-huot は、<mac-phsu>店で籤札を買ったおかげで十万リエルに当たったということをきっと忘れないでしょう。

この話と一緒に、私は遠近の皆さんにお知らせします。もし皆さんがまだ<mac-phsu>という名のビルマ・バームを使ったことがなかったら、買って使ってください。もし皆さんのどなたかが他のバームを使っていたら、どうか<mac-phsu>のビルマ・バームを使って試してみてください。ずいぶん違うことがきっとわかるでしょう。

皆さんが<mac-phsu>のビルマ・バームを使ったら、きっと、「もう他のビルマ・バームを使いたいとは思わない」と私は敢えて保証します。<mac-phsu>のビルマ・バームはクメール国で非常に有名なビルマ・バームの1つだからです。私は敢えて、他の人の名は出しませんが、今回宝籤に当たった cāp-huo は、いつも<mac-phsu>のビルマ・バームを買って家で使っています。そして、さらに近くの親戚に分けてあげるためにも買っています。

nāṅ <mac-phsu>が皆さんにお知らせしました。

3-2　［広告］［仏語］　プノンペンOkña-Oum 路47号、XIEU-BÀO 薬店主

［ク語］　病気を治すとして有名な薬。クメール人、中国人、ベトナム人、フランス人が<gazette>［新聞］に掲載して称賛しています。プノンペン okñā um 路47号、kāp go 市場の siev-pāv 店で売っています。

3-3　［90号、3-4と同一］

3-4　［20号、4-6と同一］

3-5　［91号、3-2と同一］

3-6　農産物価格

プノンペン、1938年11月3日

［「サトウヤシ砂糖」はない］

籾	白	68キロ、袋なし	4.75 ~ 4.80リエル
	赤	同	4.65 ~ 4.70リエル
精米	1級	100キロ、袋込み	11.90 ~ 11.95リエル
	2級	同	11.10 ~ 11.15リエル
砕米	1級	100キロ、袋込み	9.30 ~ 9.35リエル
	2級	同	8.25 ~ 8.30リエル
トウモロコシ	白	100キロ、袋込み	［記載なし］
	赤	同	7.50 ~ 7.70リエル
コショウ	黒	63.420 キロ、袋込み	19.50 ~ 20.00リエル
	白	同	30.50 ~ 31.00リエル
パンヤ	種子抜き	60.400 キロ	45.00 ~ 45.50リエル

＊プノンペンの金の価格

1　ṭamliṅ、重量37.50グラム

1級	150.00リエル
2級	145.00リエル

＊サイゴン、ショロン、1938年11月2日

フランス籾・米会社から通知の価格

ショロンの<machine> kin srūv［精米所］に出された籾 1 hāp、［即ち］68 キロ、袋込みの価格は以下の通り。

籾	最上級		5.08 ~ 5.12リエル
	1級		4.92 ~ 4.96リエル
	2級	日本へ輸出	4.74 ~ 4.78リエル
	2級	上より下級、日本へ輸出	4.64 ~ 4.68リエル
	食用［国内消費?］		4.28 ~ 4.32リエル
トウモロコシ	赤	100キロ、ショロン県マッカサンで売り渡し。	8.05 ~ 8.10リエル
	白	同	8.15 ~ 8.20リエル

米(10月［ママ］渡し)、港渡し、袋込み、税抜き、1

hāp、[即ち]60.7キロの価格は以下の通り。

精米	1級、砕米率25%	6.95 ~ 6.97リエル
	2級、砕米率40%	6.53 ~ 6.57リエル
	同。上より下級	6.23 ~ 6.27リエル
	玄米、籾率5%	5.36 ~ 5.40リエル
砕米	1級、2級、同重量	5.60 ~ 5.64リエル
	3級、同重量	4.94 ~ 4.98リエル
粉	白、同重量	3.20 ~ 3.24リエル
	kāk[籾殻+糠?]、同重量	2.20 ~ 2.25リエル

3-7 [11号、3-2と同一]

3-8 [44号、4-6と同一]

4-1 [76号、4-1と同一]

4-2 [8号、4-3と同一]

4-3 [11号、4-2と同一]

4-4 [44号、3-3と同一]

4-5 [73号、4-6と同一]

4-6 [33号、3-4と同一]

4-7 [90号、4-2と同一]

4-8 [48号、3-8の終わり近くの「70メートル」が「10メートル」になっているだけである]

4-9 [89号、3-4と同一]

4-10 [79号、4-10と同一]

SAMEDI 19 NOVEMBRE 1938

CIGARETTES
JOB
LE PAQUET VERT
Vendu 5 cents

Nagaravatta

COFAT
CIGARETTES
La meilleure cigarette Indochinoise
Le Paquet vendu 5 cents

Directeur
PACH-CHHŒUN

HEBDOMADAIRE PARAISSANT TOUS LES SAMEDIS

(Boite Postale N° 44)

第2年95号、仏暦2481年0の年寅年 kattika 月下弦12日土曜日、即ち1938年11月19日、1部8セン

［仏語］ 1938年11月19日土曜日

1-1 ［仏語で「私書箱 No.44」と「社長、PACH-CHHŒUN」が加わった以外は8号、1-1と同一］

1-2 ［デザインが少し変わった以外は8号、1-2と同一］

1-3 ［デザインが少し変わった以外は8号、1-3と同一］

1-4 ［8号、1-4、1-5と同一］

1-5 カンボジア国を世界地図から消し去りたいのか

（［仏語］［上のクメール語と同一内容］）

我々は、［次の］情報を得てカンボジア国のクメール人国民の代表を大変嬉しく思っている。サイゴンでの大会議で、mārīṇedī［氏］、<lambert>［氏］、pān-yiṅ［氏］、tān-mau［氏］等のクメール国代表全てが、カンボジア国の利益を守るために反論して、クメール人国民全体の望みの通りに決定することができた。たとえば、トンキン・ベトナム人の一部をクメール国に移住させるというインドシナ国政府の意向を拒否することができた。

mārīṇedī 氏は、「カンボジア国は大フランス国にクメール人の国土を守るのを頼ったのであって、フランス国が力でクメール国を奪って植民地にしたものではない。それゆえ、インドシナ国政府はクメール人の国土を他の民族に分け与える権限はない」と解説した。この説明はまさに法律上全く正しい。

このことについて、nagaravatta は全クメール人国民の名をもって深く感謝する。そして、上に名前のある［国政］諮問会議委員の方々に、今後の幸福と発展をお祈りする。

上の求めに関して我々が喜んでいる最中に、我が民族を侵略する別の不善な事件が起こり、我々に大変なショックを与えた。<gazette>［新聞］を通じての情報によると、植民地相である <mandel> 氏がインドシナ国の長殿に、クメール国はまだ広い土地を有するから、トンキンのベトナム人をクメール国に移す件を検討させる指示を出した。この意向はクメール人にさらに何倍もの憂慮を持たせる。この件は総督府が大会議の際に［国政］諮問会議委員たちに討議させ、委員たち全てが反対したのに、なぜ <mandel> 氏は同じ問題をまた持ち出して実行せよと言うのか。

インドシナ連邦の大衆を代表する mahāsannipāta（Grand Conseil）［大会議］の決定をフランス国政府はおおよその軽いものとしているのではないか。即ち形だけ討議させ、その議決は捨て去るという疑問を我々は持つ。

フランス国とクメール国とが結んだ条約によると、「フランス国が来て、敵、即ちベトナム人とシャム人を国から排除してクメール国を守り、支援し整備して幸福にし、かつ発展させる」ということを同意している。今 <mandel> 氏は言を一変させ、この条約を破棄して無効にし、さらに一転して昔の敵であるベトナム人を突然クメール国に住まわせようとする。氏は恐らく我が民族と国を滅ぼしてベトナム国にしたいのではないか。

現在、トンキン・ベトナム人もコーチシナ・ベトナム人も、誘い合って侵入して来てクメール人の土地を多量に奪い、さらに政府のポストと商業界の職務を全て奪ってしまったことを我々は知っている。フランス政府はさらにベトナム人をクメール国に移して住まわせる必要はない。総督府からの、ベトナム人をクメール国に来させて住まわせるという命令が出る前に、なぜベトナム人は自らの意志でこうも大勢がクメール国に入って来てしまっているのか。もし政府が許可したあかつきには、ベトナム人は我がクメール国にやって来て、どれだけ迷惑をかけるだろうか。

それゆえ、前々から我々は我々の<gazette>［新聞］の中で、「クメール国に住む他民族の数を制限する規定を作る」ことを、政府に大声でお願いしているのである。ベトナム人や中国人があまりにも大勢クメール国に入って来て、埃ほどの弾薬も使わずに国を滅ぼすのを阻止する、即ち抵抗するためである。さらに、他民族が大勢入ってきて国を滅ぼさないように、国の利益を守っているシャム国[がしている]のと同様に、中国人やベトナム人から税金を徴収することを求めているのである。

クメール人民衆は、幸福と発展があるように支援する保護者であるフランス政府に安心している。もし政府がこのように我が国を捨て、解体してベトナム人に与えるということしか考えないのなら、我々は我が国をインドシナグループから切り離して[外に]出すことを求める。ベトナム国を統治する権限の下に、もう我が国をまとめて入れないでほしい。このように[インドシナ]連邦政府の権限の下に共にいることは、ベトナム人のものになった多くの土地を失い、他民族が来て生計を立てて自国に送ってしまう金を失い、ベトナム人を助けるために[クメール国から]ベトナム国に持っていって使う金を失い、クメール国が学校、病院、道路などが不足してから使う必要がある時になると、政府は、「金がない」と言うなど、クメール国は常に不利を蒙り続けていると理解するからである。共にインドシナ国政府に属するインドシナの国々の国内のことを考えると、全てのことに関してクメール国が1番弱く、劣っていることがわかる。これは政府がクメール国を憐れまず、クメール国を滅ぼしてベトナム人にならせようとしていることによる。ベトナム国を見よ。大きな村全てに学校がある。ベトナム人は女も男も知識がある。フランス政府は自分自身でクメール国を統治していて、さらにベトナム人を連れて来て、もう1層[クメール人の]上に置いてクメール人を支配させ、2層にしようとしている。

保護者であるフランス政府に期待するのは、空の星に頼るようなものであり、民族をますます滅ぼしてベトナム人にならせることばかり欲している。クメール政府に期待するのは冷たい灰に頼るようなもので、自分の利益と物という財産と従者という財産による安楽だけを考えてばかりいる。ずばりと言うなら、クメール国を売って分け与え、[自分が]楽しくなることしか考えていないのである。

以前は、クメール大臣はフランス語を知らなかった。しかし良い考えを持ち、国を守ることを知っていた。現代の方々になると、フランス語を流暢に話す。しかし、国のことに全く構わない。成り行きにまかせ続けている。

クメール人の利益は、クメール人の友愛会がすでに求めた。nagaravatta <gazette>[新聞]がすでに求めた。諮問会議委員たちがすでに大会議で求めた。即ちクメール政府が後に続いて、固く[相手を]阻止する道を開いた。どうしていつまでも眠っていて起き上がろうとしないのか。

nagaravatta

1-6 諸国のニュース

1-6-1 中国

上海市、11月1日。現在、蔣介石総司令は広東市の北方200キロメートルの sī jū 市にいて戦闘の準備をしている。

本日、日本船32が福建省 fut sīñ 市から40キロメートルの fut sīñ 県に日本軍を輸送し、上陸させた。中国は何らの妨害もしなかった。下船するとすぐに日本軍は fut sīñ 市に進み安々と占領した。

＊東京市、11月3日。日本国首相は、「極東に関して諸国が結んだ協定を再検討することを日本国は求める」という内容の演説をした。同首相は、この戦争で日本に助力するドイツ国とイタリア国に感謝した。

日本軍は漢口市の南の bū ja jhī 市に入った。jā yī 市も日本軍に占領された。日本軍は、中国軍の道を塞いで、南に逃走させないために、この両市を占領した。中国軍はまだもう1つだけ道があり、西に逃げれば逃げられる。

1-6-2 ヨーロッパ諸国

ローマ市、11月4日。ムッソリーニ氏がローマ市で演説をした時、イタリア人たちは大声で叫んで、フランス国から、チュニジア県、ニース県、sārva 県を要求した。

＊東京市、11月4日、日本電によると、ロシア国軍最高司令官である plūsaejau 氏は政府に逮捕され妻と共に銃殺された。

1-6-3 中国

重慶市、11月5日。日本機46機が重慶市を爆撃に行ったが、中国機が迎撃したので引き返した。

中国政府は広東省の政府要人を、「日本が広東市を占領するのを放置した」と言って非難した。

＊重慶市、11月6日。中国軍と日本軍は湖北省で100キロメートルの長さにわたって交戦中である。中国軍は広東省の北の sām juoy 市を日本から奪還した。

1-6-4 ヨーロッパ諸国

［注。発信地、日付なし］　ポーランド人に帰化した1人のユダヤ人がパリ市のドイツ大使館の1等書記官である van rāth 氏に面会を求め、同書記官を2発銃撃して重傷を負わせ、直ちに現場で逮捕された。銃撃者は、「前回多数のユダヤ人をドイツ国から追い出したドイツ人に報復をした」と供述した。

1-6-5 ドイツ国

ミュンヘン市、11月9日。ヒットラー氏は、フランス国とイギリス国から植民地を要求する内容の、とても乱暴な語の演説をし、「ドイツ人は幸福のみを求める」と述べた。
＊ベルリン市、11月10日。ドイツ人たちは、van rāth 氏が銃撃されたというニュースを得ると、揃って行ってドイツ国内に居住するユダヤ人に危害を加え、さらにユダヤ人教会を焼いた。

van rātha 氏は11月9日に死亡した。
＊ベルリン市、11月12日。van rāth［ママ。「氏」はない］殺害事件はドイツ国政府に、ドイツ国内に居住するユダヤ人から財産を没収する新しい法律を出させるに至った。
＊ロメ（トーゴ）、11月11日。以前はドイツ植民地であったトーゴ国の国民は、フランス植民地相である<mandel>氏に、「大フランス国が念入りにトーゴ国を支援してくれていることに深く感謝し、そしてドイツ国植民地に戻ることを欲さない」と言う内容の電報を打って来た。

1-7　民衆の訴え

0の年寅年 kattika 月下弦［ママ。「上弦」が正しい］7日、即ち1938年11月14日、kambaṅ trapaek 郡（プレイ・ヴェーン）kansom ak 村で稲作をしているクメール人で38歳の somjuop と仲間10人は、nagaravatta <gazette>［新聞］社長殿に申し上げます。私たちが保護国政府に訴える、この訴えの言葉をどうか掲載してください。私たちの郡は長年の間、旱魃で飢饉になっていて、さらに毎年洪水の水で冠水して全てが駄目になりますので、政府が徴収するこの州の税金がとても重すぎて、負担しきれなくて苦しみ不満を覚えているからです。それゆえ私たちは今とても貧窮しています。稼いで人頭税だけを政府に納めるのもほとんど不可能です。しかも政府は何重にも税金を徴収します。このように何重にも何種類もの税金を徴収するのでは、私たちはとても我慢して負担することができません。新しく重ねて徴収する税金は以下に列挙する通りです。

項1。籾倉［jaṅruk］税を1人につき0.5リエル徴収します。この籾倉は、我々が籾を沢山保管して入れておいて売って商売をするのではありません。即ち食べて、そして翌年稲を作るのに足りる40から50 thāṅ を spoṅ、即ち ṭok［小さい籾倉］に入れておくだけです。

項2。家の修理と新築税を徴収します。修理は30セン、新築は1.40リエル徴収します。

項3。祭りをして歌って踊ると税金を50セン徴収します。

項4。スイギュウやウシの写真を撮ると、前の習慣以上の税金を徴収します。これまで写真を撮らないで残っていたスイギュウやウシは支郡長と村長が持ち主に写真を撮ることを求める申請書を出させて、申請料を20セン、村長は申請書に押印証明をするのに20センを取り、<timbre>［印紙］料を15セン取ります。

上に項目を並べた理由で、クメール人に憐憫の情を持っている<gazette>［新聞］社長殿は、この言葉を全て貴殿の<gazette>［新聞］に掲載して、私たちの全ての税金が軽減されるように、保護国政府に訴えてください。

確認のために、私たちは、一緒に拇印を押捺しておきます。

無礼の段はどうかお許しください。

プレイ・ヴェーン州の民衆

もし上の訴えの言葉の通りで、事実であったら、我々は政府にプレイ・ヴェーン州の民衆の税金をいくらか軽減するようお願いする。この州は旱魃と水没が毎年起こるのは事実だからである。

nagaravatta

1-8　sgan の牛車について

先日、我々がこの<gazette>［新聞］［＝92号、1-9］の中で、sgan <poste>［支郡庁］の<gendarme>［憲兵］たちが貧しい人を逮捕して苦しめ、さらに1人の貧しい人の牛車を押して行って全壊させたことを話したので、sgan の<poste>［支郡庁］の<gendarme>［憲兵］から、「我々を訴えて逮捕して処罰することを考えている」という脅迫の手紙を受け取った。

この<gendarme>［憲兵］は、自分の脅しの言葉できっと我々が驚きあわてると推測したらしい。この職権乱用については、我々ははっきり詳しく知っているから、その推測は誤りである。前もって、事件は事実であることを調査した後に、敢えてこの<gazette>［新聞］に示したのである。どの事件も全て、我々が調査して事実であることがわかったものをこの<gazette>［新聞］に掲載している。我々はどこの人をも恐れない。その人が恨みを持ち、我々をどのように罪に陥れようとしても、我々は恐れて失神、あるいは後悔したりはしない。なぜならば我々の任務は政府の道と民衆の道を照らして明るくして、双方ともを発展へ向かわせることだからである。もしいずれかの官吏が法律あるいは公務に違反したならば、もし民衆が種々の不運、あるいは官員の職権乱用で苦しんで、惨めでいたら、我々は常に報道して保護国政府に知らせなければならない。なぜならば、長く経つとこれらの事件は国や村に騒動を起こさせ、民衆全てと政府に迷惑と損害を及ぼす恐れがあるからである。

我々が示した事件が真実である以上は、法律の力は我々側にあるのは確かである。それゆえ、我々は脅迫の言葉がどこから来ようと、その脅迫の言葉を恐れはしない。

我々は現在民衆が働いて生活を立てて幸福と安寧が得られるためだけに仕事をしているのである。即ち、我々は政府と民衆に衝突させることを欲しているのではない。

我々が先日話して、sgan の<gendarme>［憲兵］当局を怒らせた話は、作り話ではない。多くの民衆が拇印を押した10月21日付の、すでに jœṅ brai 郡の郡長が代表して提出し、コンポン・チャム<le résident>［弁務官］殿に訴えた書類がある。

それゆえ、この訴えの言葉の中に名前がある民衆の皆さんは恐れないでください。心をしっかりと持ってください。

このように<le résident>[弁務官]殿に訴える言葉の内容に従って、厳重に尋問し供述を求めた時に、我々の方は民衆に我々に手を貸すように供述させようとする意図はなかった。この件について、保護国政府への光になるように、たしかな証拠にするために事実を述べることを求めた。この件が裁判所にまで広がった時に、もし誰か、事実を曲げて供述するように脅迫し、苦しめる者が現れたら、必ず手紙を書いて署名して我々の所に送って来てください。我々の<enquête>[調査]によると、<gendarme>[憲兵]の命令下で働いている我々と同じクメール人が、<police>[警官]から始まって smien に至るまで、同じ仲間であるクメール人に思いやりの心をあまり持っていないからである。

この事件は、3.800名もの<gazette>[新聞]読者の皆さんと保護国政府は、もちろん我々と同じ考えを持つことを期待する。

nagaravatta

1-9　民族を愛する

我々は敢えて大声で言うが、"民族を愛する"という言葉は、この世界のどの民族の英知ある人に否定できる人はいない。この言葉は全ての民族の人の望みと完全に合致するからである。この世界の全ての民族の人は自分の民族を愛したいと思う。現在、同じ民族の人々が、自分の民族を固く愛する気持ちを持つよう指導してはさらに指導し、成長させてはさらに成長させている。我々はどこをも観察してきたが、この民族愛が強い民族は当然発展し繁栄する。この民族愛が弱い民族は当然劣っている。財産を愛し、妻、夫を愛する気持ちもとても強い愛情であるが、それほど重要ではなく、何らかの不満で愛情を切り捨てて他に向かうことができる人も大勢いる。しかし、民族愛は見たところ、このように切り捨てる人は容易には存在しないようである。仮にいたら、その人は最も悪い人で、全世界の良い人々から非難の対象になる。その人は、民族の敵が楽しみ喜ぶ人になり、その人は将来破滅することは確かである。

我々も彼らと同じ民族の人である。同じ国、同じ民族である。そうではないか。そうならば、我々は民族愛を避けることはできない。どのようなことがあっても、1つ残らず全ての民族が実行することを好んできたことに従って、あなたの行いで義務を果さなければならない。"人は何にも増して愛すべき仲間である民族を持つのが当然だ"ということを、皆さんはすでに知っているであろうか。別の物を愛することは、善徳をもたらすこともあり得るし罪をもたらすこともあり得る。善徳と悪の両方をもたらすこともあり得る。しかし民族愛は善徳1つだけをもたらし、自分が民族のために行った行為のことを思うと、常に楽しく愉快になる。民族愛がある一生は、自分の民族を素晴らしい物にする支えであるから、高貴な一生で、全世界が最も称賛し、最も必要とする一生である。それゆえ、同民族の人々である皆さんは、民族愛を明らかにする道具である、下の任務を果たすべきである。即ち、

1。同民族の人各人は民族の1部分であり、互いに兄弟であることを、常に考えるように努力する。たとえば、1つの身体を我々は2つの身体に分割することはできない。あるいは身体の部分を、これは嫌いでこれは好き、と分けることはできない。同じ民族の人々は当初から血を共有しているのであるから、まとめて全体を愛するべきである。

2。努力して自分を、強く民族を愛し同民族の人々を愛するように成長させる。そして同民族の人であるという身分に相応しい良い徳行という財産を持ち、他に迷惑をかけないように自分を成長させる。自分が発展したら、民族も発展する。

3。民族を共にする人々の間に団結が生まれるように非常に努力する。なぜならば、団結は人を成功に導く極めて強い力を持つ善徳だからである。互いに協力し合って暮らしているシロアリを見なさい。それぞれがわずかの土をくわえて運んできて積み上げて自分の身体よりはるかに大きいアリ塚を作ることができる。このことは動物でもできるのであるから、人間ならば、もっと良くできるはずである。

4。行動と言葉を互いに良くし、互いに悪い行為の業を積むことをせず、互いに嫉妬することなく、腹を立てないようにすることに最も努力する。誰かが悪い業を積んでいたならば、やめるように注意してやる。良いことをする人は、他から見下されないように、互いに支え合って援助し合い、互いに守り合う。

5。自分の肉体の力、財産の力、知恵の力などで、国と民族が栄えるように支援するために、自分個人の利益と幸福を犠牲にするように努力しなければならない。

真実に民族を愛する人(つまり、口だけで愛する人ではなく)は、これらの義務を自分の民族に対して確実に果たし、どのような所に散らばっていても、自分の民族を忘れず、旗(民族のための)、宗教、言語を強固に守る。

2-1　国民に対する忠告について

前の週[=94号、1-10]から続く

それゆえ、全てのクメール人官吏殿に、州を治めていても、郡を治めていても、あるいはrājakāra <protectorat>[保護国政府]の職についていても、即ち州や郡で同じクメール人国民の父母になる職務を持っている人は、この

方面のことをよく理解し、この階級のクメール人は、閣下たち[＝官吏]全てがすでに知っているように、大変な貧窮の中にいるから、同じクメール人に憐れみの心を持つことを心に決め、郡や村を視察に行ったときは、そこの住民は全て同じクメール人であるから、ぜひ憐憫の情を持ち、常に休むことなく忠告を与えて救ってください。クメール人民衆が今の暗愚の穴から、将来首を出すことができるのは、閣下たち全てのおかげである。現在の民衆はその生活を近くにいる父母に頼っているから、父母は子や孫を捨てるべきではない。どのようなことがあろうと捨ててはいけない。同民族の人々を、この暗愚の穴の中に入れておいて民族をますます貶めさせ、カンボジア国に庇護を求めて来て住んでいる他民族に対して恥をかかせるべきではないから、起き上がるまで忠告を与え続けてほしい。

閣下たちは全てが素晴らしい英知を十分に持っていて、きっとこの重要なことの有用性をはっきり理解することは確かである。しかし、「このようにすると、注意されたからそれに従うかのようである。それゆえそれはしたくない」とこだわらないでほしい。そのようには考えないでほしい。国と民族の利益のことを大切に考えてほしい。このことをすると、住民たちは大変喜び、恩を感じることは確実だからである。

閣下たち全てはこの件をよく検討してください。民衆はこれ以外に頼る道はないことが、はっきりわかるでしょう。

2-2 [44号、2-4と同一]

3-1 雑報

3-1-1 結婚式

先の11月14日と15日に、cau krama である swn guk-thān 氏と ḷām-nī 嬢[?nak srī kramum]との結婚式がコーチシナ国 braḥ trabāṅ(trāviñ)州 trā gū(pāsae)村[注。州と村の名の括弧の前はクメール語名、括弧の中はベトナム語名]で行われた。

同 cau krama は、我々各人の良友で、よく知っていて親しくしている。それゆえこの結婚式に、mās-aem 局長殿、bidū ṭwwmuṅterū 氏、pāc-jhwn 氏などの同じ cau kramaたち[ママ。pāc-jhwnはcau kramaではない]、王立図書館の人々、nagaravatta 社の人々、その他の官員殿大勢が喜んで出席した。

nagaravatta は友人全てを代表して、この結婚式を挙げたばかりの新夫婦に、長寿、不老、幸福、力、の4種の祝福と種々の発展が授かり、欠けることがないようお祈りする。

3-1-2 braḥ ācārya {pāṅ-khāt}がハノイに行った

およそ1週間余り前に、政府は高等パーリ語学校のサンスクリット語教師である[braḥ ācārya {pāṅ-khāt} を、ハノイ市で、フランス極東学院長であるセデス氏の所で、さらに教育を受けて学問知識を伸ばすように派遣した。

情報では、トンキンのベトナム仏教徒協会の会員たちが braḥ ācārya {pāṅ-khāt} を丁寧に迎え、政府はサンスクリット学の教育を受ける期間、あるベトナムの寺に住まわせる。

nagaravatta は braḥ ācārya {pāṅ-khāt} が学んでさらに学問の知識を伸ばすことにおいて幸福があり、早く知識を得て理解するようお祈りする。

3-1-3 大胆な盗賊である tān chuṅ meṅ の最後

ター・カエウ州、カンポート[州]、コンポン・スプー[州]、カンダール[州]の人々は、今後きっと幸福と安寧があるという期待でとても喜んでいる。{ṭoy im-muoṅ}とその同僚が、tān chuṅ meṅ という名のクメール人と中国人との混血で、これまでずっと上の4州で重罪犯行を行なってきた大胆な盗賊を殺したからである。この盗賊は[コーチシナ国の] traḷāc 島[＝流刑地]刑務所から4回脱獄していた。

nagaravatta は、この大胆な盗賊との何回もの戦いにおける ṭoy im-muoṅ の優秀な熟練した手腕を極めて強く嬉しく思う。保護国政府はこれにより、このthīを支援して、今後高い階級を与えるようお願いする。

3-2 [20号、4-6と同一]

3-3 [90号、3-4と同一]

3-4 [広告] ieṅ-swaṅ は

クメール美術工芸の<diplôme>[美術工芸学校修了証書]を持っている職人です。店はプノンペン市第4区区役所の北にある laṅkā 寺の前にあります。今年、職人である私は現代式の種々のタイプの仏像を沢山作りました。聖座やナーガ王の上に結跏趺坐して瞑想中の仏像や、苦行中の仏像を鉄筋入りの<ciment>[コンクリート]製で油絵の具を塗り、金箔を張り、玉[ぎょく]の目を入れてあります。すでに皆さんの一部はご覧になったでしょうが、とても素晴らしいものです。

私はプノンペン市内と地方の皆さんにお知らせいたします。今年の migasira 月上弦1日から、私の店では販売するために仏像を作って金箔を貼り終えておきます。価格は10リエルから上です。もう1つ、皆さんが職人である私の作品を見たければ、今年の物産展市祭を見に来てください。私は braḥ kaev marakata 寺のパビリオンに展示する申請をしました。2つ目は、本堂や仏塔を鉄筋入りの<ciment>[コンクリート]で作りたい場合は、私はすでにその経験があります。

swaṅ 職人

3-5　インドシナ政府宝籤

1938年11月9日抽籤、1938年第3回、第2次

末尾が79と35の数字の籤は、いずれも10リエルに当たり。

末尾が729と937の数字の籤は、いずれも25リエルに当たり。

末尾が037の数字の籤は、いずれも50リエルに当たり。

1枚につき100リエルが当たった籤は80本あり、番号は、
[6桁の番号が80個。省略]

1枚につき1, 000リエルが当たった籤は8本あり、番号は、
[6桁の番号が8個。省略]

365,796の番号の籤は4,000リエルに当たり。

3-6　[94号、3-2と同一]

3-7　農産物価格

プノンペン、1938年11月17日

[「サトウヤシ砂糖」はない]

籾	白	68キロ、袋なし	4.60 ~ 4.65リエル
	赤	同	4.40 ~ 4.45リエル
精米	1級	100キロ、袋込み	12.00 ~ 12.05リエル
	2級	同	10.75 ~ 10.80リエル
砕米	1級	100キロ、袋込み	8.40 ~ 8.45リエル
	2級	同	7.60 ~ 7.65リエル
トウモロコシ	白	100キロ、袋込み	[記載なし]
	赤	同	7.50 ~ 7.80リエル
コショウ	黒	63.420 キロ、袋込み	20.00 ~ 20.25リエル
	白	同	30.25 ~ 30.75リエル
パンヤ	種子抜き	60.400 キロ	46.00 ~ 46.50リエル

＊プノンペンの金の価格

1　ṭamliṅ、重量37.50グラム

1級	150.00リエル
2級	145.00リエル

＊サイゴン、ショロン、1938年11月16日

フランス籾·米会社から通知の価格

ショロンの<machine> kin srūv[精米所]に出された籾 1 hāp、[即ち]68 キロ、袋込みの価格は以下の通り。

籾	最上級		4.96 ~ 5.00リエル
	1級		4.80 ~ 4.84リエル
	2級	日本へ輸出	4.63 ~ 4.67リエル
	2級	上より下級、日本へ輸出	4.52 ~ 4.56リエル
	食用 [国内消費?]		4.12 ~ 4.16リエル
トウモロコシ	赤	100キロ、ショロン県マッカサンで売り渡し。	0.00 ~ 7.90リエル
	白	同	0.00 ~ 8.00リエル

米(10月[ママ]渡し)、港渡し、袋込み、税抜き、1 hāp、[即ち]60.7キロの価格は以下の通り。

精米	1級、砕米率 25%	6.33 ~ 6.37リエル
	2級、砕米率 40%	6.18 ~ 6.22リエル
	同。上より下級	5.83 ~ 5.87リエル
	玄米、籾率 5%	5.08 ~ 5.12リエル
砕米	1級、2級、同重量	5.08 ~ 5.12リエル
	3級、同重量	4.58~4.52[ママ] リエル
粉	白、同重量	2.93 ~ 2.97リエル
	kāk [籾殻+糠?]、同重量	1.90 ~ 2.00リエル

3-8　[11号、3-2と同一]

3-9　[44号、4-6と同一]

4-1　[76号、4-1と同一]

4-2　[8号、4-3と同一]

4-3　[11号、4-2と同一]

4-4　[44号、3-3と同一]

4-5　[73号、4-6と同一]

4-6　[33号、3-4と同一]

4-7　[90号、4-2と同一]

4-8　[48号、3-8の終わり近くの「70メートル」が「10メートル」になっているだけである]

4-9　[89号、3-4と同一]

4-10　[79号、4-10と同一]

SAMEDI 26 NOVEMBRE 1938

Directeur
PACH-CHHŒUN

HEBDOMADAIRE PARAISSANT TOUS LES SAMEDIS

(Boite Postale N° 44)

第2年96号、仏暦2481年0の年寅年 migasira 月上弦4日土曜日、即ち1938年11月26日、1部8セン

［仏語］ 1938年11月26日土曜日

1-1 ［仏語で「私書箱 No.44」と「社長、PACH-CHHŒUN」が加わった以外は8号、1-1と同一］

1-2 ［デザインが少し変わった以外は8号、1-2と同一］

1-3 ［デザインが少し変わった以外は8号、1-3と同一］

1-4 ［8号、1-4、1-5と同一］

1-5 私たちの悲しみ惜しむ気持ち

<guillemain> <le résident supérieur>［高等弁務官］殿と夫人［loka srī］は間もなく我が国を去る

クメール国から転勤になる<guillemain> <le résident supérieur>［高等弁務官］殿に我々クメール人全ては悲しみと惜しむ気持ちを持つ。氏はクメール国に来て統治して長く経つのではないのは事実であるが、クメール人は氏が統治している間にあらゆる点で我が国に助力して一生懸命整備し、一生懸命保護して、他と共に時勢に遅れないように発展し栄えさせた功績を目にしているので、氏がクメール人を悲しみ惜しませるのは事実である。<giuillemain>氏と夫人［loka srī］が我がカンボジア国を目を見張るように整備したことは詳しく述べる必要はない。皆さんは自分の目ではっきりと見ていることであろう。

氏を、フランス政府は、政府が任命する後任の方へのよい模範にするべきである。<guillemain> <le résident supérieur>［高等弁務官］殿は、インドシナ国の中で最も劣っているクメール人国民の力に応じて、自負を抑えて気持ちを合わせることを知っていた。現地国の［フランス］政府代表全てが<guillemain>氏のように慈悲と憐れみの心を持てば、クメール人は、これからずっとフランス人を愛するであろう。しかし、［これまでの］代表の幾人かは暑さを言い訳にして、我々クメール人の望みに関してあまり関心を持たず、何をするにしても不法に権力で押し通して行なうことが多く、クメール国を発展させることにあまり関心を持たなかった。口でだけは同意するが、国を発展させることは何もしない人もいた。クメール人は何も知らない切り株であると思っていて、何でも口からでまかせを言って騙し続けるのである。我々の考えでは、「クメール人は魂のない品物ではない。話すことができる口を持たないのは事実であるが、聞くことができる耳はあるし、見ることができる目はある。善と悪について考えることができる頭もある」と理解する。

一方、<guillemain> <le résident supérieur>［高等弁務官］殿の方は、我々が上に述べたことをはっきりと知っていた。それゆえ氏はクメール人の希望をおろそかにしなかった。

それゆえ、クメール人全ては、クメール国の統治に来た<le résident supérieur>［高等弁務官］である<guillemain>氏の徳を称賛し忘れることはない。そして、氏と妻子とがあらゆる種類の幸福と発展に恵まれるよう、氏がどこに駐在なさっても、どうか高い名誉が授かるようお祈りする。そして、氏を想っているクメール人のことをどうか忘れないでください。

［注。写真があり、その下に］<le résident supérieur>［高等弁務官］である<guillemain>氏

nagaravatta

1-6　お知らせ

先週[＝95号、1-5]、我々は、サイゴンでの大会議で、ベトナム人を我がクメール国に移住させようとする総督府の意向に異議を唱え、反対したカンボジア国代表の方々に、非常に感謝していることを解説した。

クメール国代表の方々がどのような項目に反対して成果を得たかについては、我々は後日お知らせする。

今回、nagaravatta 新聞社はシソワット中高等学校卒業生友愛会と協力して、大会議の諮問会議委員の方々の心をますます清くし、我々クメール人全てが本当に心から喜んでいることを示すために、大会議の諮問会議委員の方々のためにパーティーを開いて、我々が口だけで喜んでいるのではないことを信じていただくことにした。

ここで、我々はクメール人の方もフランス人の方も、男性も女性も、あらゆる地位、あらゆる階層の人、官員に限らず、クメール国に住む全ての人で、真心からカンボジア国を愛する心を持つ方々は、どうか大勢このパーティーに助力して参加して仲間を増やしてください。このパーティーに会費を払って出席するのではない方も、どうか集まって仲間が多いことを示しに来てください。このカンボジア国に住むクメール人と人々は、今回のクメール国<délégué>[代表]の方々を喜んでいること、そして我々は本当に[フランス政府に]不満であることを、クメール国代表の全ての方へと、rājakāra <protectorat>[保護国政府]の代表である<le résident supérieur>[高等弁務官]殿へ示し、この情報をフランス国の政府に伝えるためである。

パーティーの会費は1人3リエルです。<ohier> 路58-60号の <hôtel> kutmeñ で、1938年12月3日土曜日、夜7時半です。クメール国を愛し、[パーティーに]参加を希望する方は、名前と住所を書き、会費3リエルと共にパーティーの日の前に間に合うように、nagaravatta krum <gazette>[新聞社]の総務部に手紙でお知らせください。

1-7　諸国のニュース

1-7-1　中国

上海、11月15日。中国は広東市を奪還するために兵を集結中である。

1-7-2　アメリカ国

ニューヨーク市、11月15日。ドイツ国政府がユダヤ人を虐待し、財産を没収した事件はアメリカ大衆をドイツ人に対して激怒させた。
＊ベルリン市、11月16日。ドイツの<gazette>[新聞]は、彼らがドイツ国から追い出した民族を支援しているイギリス政府に無礼な言葉を使って激怒している。

1-7-3　イギリス国

ロンドン市、11月16日。イギリス国は、エチオピア国をイタリア国の属国として承認した。

1-7-4　フランス国

パリ市、11月16日。ドイツが[旧]植民地を要求していることについて、フランス首相であるダラディエ氏は、「フランス国は植民地をドイツに返還することには応じない」と確認した。

1-7-5　中国

重慶市、11月17日。本日、日本と中国は、yūt jhāv 市の南方6キロメートルの地点で交戦中である。

中国軍は、saṅ duṅ 市の南の tai yāk yuoṅ 市とyī sien 市を日本から奪い返した。日本政府は、「揚子江を閉鎖して諸国の船に出入りをさせないのは、他国が武器を輸送して来て中国に売ることができないようにすることにより、諸国とのトラブルを避けたいからである」と buok <gazette>[新聞記者]たちに発表した。

1-7-6　インド国

カルカッタ市、11月17日。同市で「反乱者である」と告発され織物工数名をイギリス官員が逮捕した。この逮捕された者と共謀する織物工30,000名がストライキをして<police>[警官]たちと衝突し、この時織物工2名が死亡した。

1-7-7　フランス国

パリ市、11月18日。krum <gazette>[新聞社]がパーティーを開いた時に、大統領であるルブラン氏、首相であるダラディエ氏、財務相であるpūl reṇūd 氏がそれぞれスピーチを行い、政府が現在通貨を整えつつある時に政府に反対しないでほしい」と述べた。

1-7-8　中国

上海市、11月20日。蒋介石総司令は、河南省[注。原文の表記が混乱しているので、「湖南省」かもしれない]司令官である fuṅ dī <général>[将軍]を、「怠慢である」として逮捕し銃殺刑に処した。

1-8　カンボジア国を他民族の手中から引き抜くために

我々の観察では、「これ以上眠り続けたら、必ず他民族が我々に迷惑をかける。見なさい。現在の我がクメール国は、あたかも我々クメール人が中国人やベトナム人に土地を求めて庇護を得ていて、我々クメール人が国の持ち主ではないかのようである。そのうちクメール国を治めるクメール人高級官吏や国王は1人もいなくなって、代わってベトナム人がそれら全ての職に就くのは確実である」という我々の考えを、我々がしばしば広めてきたのに従って、「最近我々クメール人は少しずつ目覚めてきた」と思う。

このことは我々に大変嬉しく思わせる。これらの努力こそが、「我が民族を愛し我が国土を愛する」と呼ぶべきものである。地方では、商業で生計を立てたいという気持ちを持つクメール人が多数いて、自分で生計を立て始めて、同民族の人々が助力し援助して買ってくれることで望みが叶っている人もいる。この「売る」という仕事は、同民族が助力して買ってくれて初めて売る人はしっかりと長く仕事を続けることができる。たとえば、トンキンのベトナム人は、同民族であるベトナム人がたとえどのように高く売っても、我慢して自分の仲間の店で買う。中国人がマッチを1箱1センで売り、ベトナム人が1<louis>[ルイ貨幣＝2セン]で売っても中国人のマッチは売れず、ベトナム人のマッチが売れる。このようにして、ベトナム人は中国人をベトナム国にいなくさせることができたのである。

我が民族の努力は、まだ限度一杯には達していない。クメール人はまだ商業に熟達していず、それゆえ大きい商売の業種をクメール人はまだ取り仕切る勇気がないからである。

現在の我がクメール国は資源はかなり沢山ある。たとえば魚は川、湖、大河いっぱいに満ち、木は森に満ち、未利用地はまだ沢山残っている、等々である。しかし、これらの生業は全て他民族の手中に落ちてしまっているから、我が国はとても落ちぶれ低劣なのである。それゆえ我々クメール人は努力してこれらの資源を他民族から全て取り返すべきで、それができると素晴らしい。これらの資源は我々の遺産だから、我々は他人の手に移ったままにしておいてはいけない。我々がこれらの資源を他民族から取り返すことができた時、我が民族は確実に繁栄する。我々はもう1度同胞に注意する。高級官吏が我が国を繁栄させるのではない。高級官吏は財産を持つ人ではなく、俸給が少なく毎日生命を養うのにも足りない位だからである。現在の我がクメール国が他国に劣っているのは、我が民族の多くが高級官吏になることばかりを望むことによる。我が民族に財産を持たせる、即ち我が民族を他民族並みに繁栄させたかったら、商業と工業の方面で働いて生計を立てるべきであり、そうすれば繁栄する。

我々が観察して分かったことによると、我々が上に述べたように生計を立てたければ、まず互いに信頼し合って始めて可能になる。それから協力して生計を立てる。即ち、金が少しあれば、大きい組合をたくさん作る。他民族を追い出して、川、湖、大河全てを取り戻すための組合、他民族を追い出して森林を全て取り戻すための組合、稲作や畑作をするための組合、などである。

一方、零細な稲作、畑作、農園業をする人たちの方は、集まって全ての郡、全ての州に、今後、田、畑、農園の収穫を他民族に安く売らないで、集めて貯蔵保管し、値が上がった時を待ってから売るための組合を作る。使う金が必要なら、農民が臨時に[借りて]使うための金を[農業]金融公庫から借りるべきである。

クメール人は、我々が上に述べた言葉を一生懸命綿密に検討するべきである。我々は、「もし我が国を他国並みに繁栄させたかったら、我が民族は上のような形で生計を立てなければならない。他民族が我が国にますます多く入り込んできているから、我々が無関心でいたら、きっと我々の子や孫は住む土地をさがしても、ないことになってしまうことは間違いないのであるから、我々は一生懸命努力しなければならない」とはっきり理解している。

nagaravatta

1-9　我々は、lvā aem 郡[カンダール] sārikā kaev 村 māt krasaḥ 地区の民衆から、我々に、<gazette>[新聞]に掲載することを求める訴えを受け取った。我々は何らの変更も加えずに、以下に掲載する。

この件は、政府が<enquête>[調査]して検討して、民衆が求めている言葉通りに解決して、再びトラブルが起こらないようにするようお願いする。このようなトラブルは1度だけではない。即ち、似たようなトラブルが何回も起こっているからである。政府は何らかの方法を考えて、このトラブルをなくして、今後騒ぎが再び起こらないようにしてください。

nagaravatta

民衆の憤慨

私たち、lvā aem 郡(カンダール) sārikā kaev 村 māt krasaḥ 地区の民衆は、ずっと以前から長年の間、政府が漁区使用独占権を売っていない場所で魚を捕って食べていました。2、3年前に突然 vāl samnāp 沼の漁区主である中国人たちが、自分たちの権力を使って、以下に解説するように私たち民衆を苦しめ、憤慨させています。

雨期になると、水位が上がって、水が沼一面に流れて来て水没させ、私たちの家の下まで水が広がって来ます。私たちは、彼の samṇāp 沼以外の沼[vāl]である khsī、krabœ khloc、kambaṅ braḥ srūv、koḥ lekha、gagīr dham などの諸沼[vāl]で魚をほんの少し、食べるだけを捕ります。ところが、彼らは魚を捕らせません。もし誰かが魚を捕ると漁区主の仲間がそろって逮捕し縛って好きなだけ殴り、罰金をとって、私たちが暮らす道の方面で非常に苦しめています。それだけでなく、自宅の近くで魚を釣ったり、すくったりすることも、彼はさせません。彼は、「水が溢れて広まった所までが自分の魚がいる所なのだ」と言います。そして彼は yān と khiev を捕まえて酷く殴打し、さらに yān には40リエル、khiev には3リエルの罰金を科しました。そしてその他の人も大勢捕まえて殴りました。

この寅年 kattika 月下弦2日の夜8時ごろ、bau が[自分の]舟が1艘見えなくなったので、ḷāy に頼んで探しに一緒に行ってもらいました。bau と ḷāy の2人が舟を漕いで huon 助役の家の裏まで行くと、突然漁区主である中国人の仲間たち7名が舟を漕いで追いかけ、追いつくと bau と ḷāy の両人を殴り、切りつけ、刺しました。中国人たちは ḷāy の腹を矛で1回ひどく刺し、[ḷāyは]病院に運んで行って治療を受けさせました。bau の方も怪我をしましたが軽傷で、逃げおおせました。もしそうでなかったら……[注。伏字]。

このことを私たちは、(カンダール)<résident>[弁務官]殿と州知事殿の陰の庇護の下に入ることを願います。どうか私たちを救って、以前のように安楽に暮らせるようにしてください。そして政府が漁区主である中国人に使用独占権を売った水と土地に、どこからどこまでと仕切って、境界碑がわかるようにして、以後住民民衆がそれに従って行動し、今後再び事件が起こらないようにしてください。

確認のために、私たちは大勢が拇印を押捺しました。

失礼の段は御容赦ください。

mūt krasraḥ の民衆

2-1 植民地の大きい道路

([仏語][上のク文と同一内容])

インドシナ国内全体にある大きい道路は、アンナン国とサイゴン国[ママ]の海岸は、道路の橋は全部<ciment>(Béton armé)[鉄筋コンクリート]でできていることに、我々は気づく。

一方クメール国の方は、たとえばプノンペンからバット・ドンボーンまで行く道路、バット・ドンボーンから araññа[タイのアランヤプラテート]とシエム・リアプに行く道路は、木造の橋がまだ沢山残っている。そして多くは古くもある。これらの木造の橋は残しておくにしても、前と同じ木造の橋をそのままそれらの道路に残しておくべきではない。これらの道路は、インドシナの他の国の道路と同じように、近遠の国からの身分の高い人、低い人がしばしばその道路を通って旅行に来るからである。いったいなぜ政府は他国と同じようにきちんと具合良く整備することを考えないのか。なぜこのようにまでいい加減にしておくのか。木造の橋は<ciment>[鉄筋コンクリート]の橋と比べてそれほど安価ではない。<ciment>[鉄筋コンクリート]の橋の方が丈夫で長持ちするのに、なぜ全部<ciment>[コンクリート]で作ってしまわないのか。一方、木造の橋の方は乳児のようなもので、常に世話をしなければならない。我々が知ったことによると、これらの木造の橋は毎年修理して[一部分を]新しくしなければならない。この修理に使う金は少なくはない。最初に修理をした時から今まで修理した金で<ciment>[鉄筋コンクリート]の橋を作ったら、おそらく全てに十分足りたであろう。

もう1つ、木造の橋は、自動車を運転する人は、何か事故がおこるのではないかと、とても恐れる。雨期にはあまり熟練していない<chaufer>[運転手]は、橋を渡る時に注意しないとスリップすることが多い。

もう1つ、この橋に打ってある釘は、首を伸ばして見るために、首をもたげていて、自動車が来るのを待っている。ハンドルを少しでも間違えるとすぐ釘が下から支えてくれる。

それゆえ、保護国政府の方は、この求めの通りに措置して解決してください。

na. va.[＝nagaravatta]

2-2 [44号、2-4と同一]

2-3 クメール人は同じクメール人を妬み、砕き、破壊して、復讐することだけが上手である

以前、我々は、中国人が[クメール人の]バスをプノンペンからシエム・リアプに行く路線から追い出して、生計を立てるのを困難にさせて、クメール人を苦しめていることについて1度話した[cf.82号、2-3。86号、2-2]。その後、我々は、「この中国人はバスの持ち主であるクメール人と話して、和解して、日を分けて、1つの日には1人だけが[バスを]走らせるということに合意した」という情報を聞いて、「この中国人は善と悪を知り、前後をよく考え、決して金だけ、利益だけを考えるのではない」ことがわかり、とても嬉しく思った。そしてクメール人が今後幸せにこのような大きい仕事をして生計を立てることができるのを喜んだ。

今、我々はもう1つの情報を得た[注。99号、2-2を参照]。同じ民族であるクメール人がシエム・リアプ市にいて、バスを古いのを何台かと新しいのを何台か買ってプノンペン―シエム・リアプ路線を走らせているというのである。先の10月28日から、シエム・リアプ州 jī kraeṅ 郡 kambaṅ ghlāṅ のクメール人と同じ日に、1台はプノンペンを出て行き、1台はシエム・リアプを出て来るのである。つまりもう1度追い出したがっている。

このバスの持ち主の名は、シエム・リアプ市の ṭaṅkhau {tān pin bin}の養子である srī phlat と、もう1人は des hān という名で、さらに中国人が何人か加わっているが、名前を出しているのは srī phlat だけである。

我々の情報では、この2名のクメール人は生計を立てるに相応しい[数の]乗り物を持っている人である。そして参加している中国人もなかなかの人である。なぜこのように同じクメール人だけを苦しめるのか。なぜ裕福なグループ側のクメール人と衝突する不運に見舞われるのか。我々の、不確実であって、「確かである」と言う勇気はない情報によると、シエム・リアプには、今はクメール人に帰化している前の華僑会長がいて、重要人物であるが顔を出さない人である。今回のことは pārāya に住んでいる、前のバスの所有者が起こしたことで、それゆえこの仲間は kambaṅ ghlāṅ のクメール人を追い出そうとして敢えてこのことをするのだという。この情報は我々は確かでない。我々はあいまいな話をしているが、後日確認して、もし事実なら、この中国人は実に比類のない悪い心の持ち主である。そしてこの中国人に加担しているクメール人は、同じ仲間であるクメール人に害を加えて楽にさせまいとしているのだからもっと悪い。

もし本当にこの情報の通りであったなら、このようなクメール人をクメール人としておいて何になるか。他民族が自分の民族に害をなしているのを目にして、さらに他民族を助力しに行き……[注。不鮮明]……。あるいは、それとも純粋クメール人の種ではないことは明らかであるから、クメール人にはさせておかないか。

我々クメール人は、同じクメール人を苦しめることが上手で、習慣になっている。自分の利益だけしか知らない。それゆえ我々は以前からクメール人にはっきり理解させるように話したのであるが、今やはっきりと現れた。

我々がここに述べたことは、誰かに害を与えたいと思っているのではない。ただこの話を例としてあげて、クメール国のクメール人には、大衆にも、高級官吏にも貧しい人にも、富裕な人にも、全ての人に、「クメール人はクメール人を愛することを知らず、仲間であるクメール人を殺すことしか知らない」ということをはっきり知ってもらうためだけである。他民族に対して抗議する気持ちはない。彼らは何でもすることができる。

もう1つ、[この話は]中国人は比類なく心が悪いことをわからせる。そしてこの2つの話は、クメール人によく考えさせ、同じクメール人を助力し支える良い道に目覚めさせ、あまりにも劣っていなくさせる。どうか同じクメール人をこのように苦しめないでほしい。

2-4　1938年10月28日のシソワット中高等学校卒業生友愛会理事会議事録からの抜粋

1。理事会は、<le résident supérieur>[高等弁務官]殿から、「来たる1939年に友愛会が理事会の事務所を建設するために宝籤を販売することを許可することに異議はない」という書簡を受け取った。

…………[注。「2」は省略されている]…………

3。ハノイ市の農業高等学校の生徒である ḷa……[注。匿名]君から理事会に手紙が来て、「自分はハノイ市に住んでいて、あらゆる物価が高くて、携行した僅かの費用では、[生活に]使うのに足りない」と苦しみを述べ、「それゆえ友愛会の金をさらに100.00リエル借りたい」と訴えてきた。理事会は約1ヶ月前に既に1度 ḷa……には50リエルを貸しているから、この件はまだ可決することはできない、と理解した。しかし、友愛会会長殿は、「この件を政府の課に話し、外国に留学する生徒の奨学金を現在の金額より増額し、さらにラシャの服1揃いを生徒それぞれに買い与えるように申し入れる」と述べた。

4。サイゴン市の<paul doumer>校[注。35号、4-8を参照]で学んでいるクメール人生徒から手紙が来て、「同地の警察がしょっちゅう繰り返して<carte>[身分証明書]の提示を求め、限度を超えているようなので極めて不安にさせる」と苦痛を訴えてきた。友愛会会長殿はこのことを、政府の課に知らせて救って苦痛をなくすようにさせるために、書き留めた。

まだ後の週[＝97号、3-3]に続きがある。

3-1　?nak okñā binitya aksara {uk}氏の逝去

先の11月18日に、今月15日に67歳で亡くなった、<retraite>[引退した]王室財務官であった故 ?nak okñā binitya aksara {uk}氏の火葬式が行われた。

この式に大小の官吏多数が参列した。

nagaravatta は悲しみに包まれている子息、妻、友人たちにお悔やみを申し上げる。

＊高等裁判所に勤務する braḥ rājapamrœ である okñā {pāk-huot}と家族は、故 ?nak okñā binitya aksara {uk}氏の火葬式に大勢御参列くださった皆様に厚くお礼申し上げ、皆様の各々方に御礼の書状を差し上げませぬことをお許しくださるようお願いいたします。

3-2　[広告]　クメール国貧民支援協会

貧民支援協会は、昨年と同様に、楽しい劇を上演してその利益をクメール国の貧しい人々に与えることを考えています。また昨年よりも沢山の種類の素晴らしく、そして誰もなかなか手に入れられない賞品が当たる籤を昨年同様に発売します。

これらの賞品は11月15日から kūpūd さん[<monsieur>]の店に展示します。それゆえ、私たちは kūpūd 氏と、1度も欠けることなく毎年私たちの仕事を手伝ってくださる、誠意のある suorṇūt 氏に大変感謝しています。

私たちは展示の方法については話す必要はないでしょう。皆さんが目ではっきり見に来ていただきたいと思っています。

籤の券は、裕福な人も貧しい人も全てが買えるように、昨年と同じわずか20センで売ります。

この券は例年と同じように、新しい dī dāt <balle>[サッカー場]での、コーチシナの強力なdāt <balle>[サッカー]選手のチームとプノンペンの有名なチームとの dāt <balle>[サッカー]をするのを見に入ることができます。

この同じ券は、所有者に、500リエルから1,000リエルを支出した種々の素晴らしい品物が当たります。またこの券の所持者は、それを持ってプノンペン市の催し会場での劇を見に入ることもできます。この歌劇は昨年より良いことは確実であることを保証します。

私たちは、この協会の会員は高貴なものを考えてはいないで、美しくよく演じられることだけを考えていることを知っています。サイゴンから来る音楽の名手多数がいますし、大変上手に歌って踊る人もいます。籤に出すように準備した賞品は全て、皆さん全てが満足するものばかりです。歌劇をする人の道具はたくさんあり、珍しいものです。きっと楽しいことは間違いありません。

券は広くプノンペン市と地方で販売します。購入した券の[何に使えるかという]利用について説明し、賞品の名を書いた<programme>[パンフレット]も配布します。

dāt <balle>[サッカー]選手の[各ポジションへの]配置と、演奏者と踊り手の名前の情報も提供します。それから<programme>[パンフレット]も毎週出します。しかし我々は皆さんに御注意します。発売する籤の枚数に制限があるとはいえ、当たる賞品はとても役に立ち、そして素晴らしい品物ばかりですから、籤を買うのをぐずぐずしないでください。

3-3　[20号、4-6と同一]

3-4　[90号、3-4と同一]

3-5　[絵が少し変わった以外は、95号、3-4と同一]

3-6　[広告]　サトウヤシを植えている人にお知らせします

サトウヤシの液を受ける竹筒を買う必要があったら、bañā lī 郡(カンダール) braek tā daen 村の私、?uṅ-jā の店に来てください。私は良いサトウヤシ用竹筒を2十万(200,000)本持っていて、リーズナブルな値段で売っています。

3-7　[91号、3-2と同一]

3-8　[94号、3-2と同一]

3-9　農産物価格

プノンペン、1938年11月24日

[「サトウヤシ砂糖」はない]

籾	白	68キロ、袋なし	4.55 ~ 4.60リエル
	赤	同	4.45 ~ 4.50リエル
精米	1級	100キロ、袋込み	11.95 ~ 12.00リエル
	2級	同	10.15 ~ 10.20リエル
砕米	1級	100キロ、袋込み	8.30 ~ 8.35リエル
	2級	同	6.75 ~ 6.80リエル
トウモロコシ	白	100キロ、袋込み	[記載なし]
	赤	同	0.00 ~ 7.50リエル
コショウ	黒	63.420 キロ、袋込み	19.50 ~ 20.00リエル
	白	同	29.50 ~ 30.00リエル
パンヤ	種子抜き	60.400 キロ	45.50 ~ 46.00リエル

＊プノンペンの金の価格

1 ṭamliṅ、重量37.50グラム

1級	150.00リエル
2級	145.00リエル

＊サイゴン、ショロン、1938年11月23日

フランス籾·米会社から通知の価格

ショロンの<machine> kin srūv[精米所]に出された籾1 hāp、[即ち]68キロ、袋込みの価格は以下の通り。

籾	最上級		4.88 ~ 4.92リエル
	1級		4.72 ~ 4.76リエル
	2級	日本へ輸出	4.57 ~ 4.61リエル
	2級	上より下級、日本へ輸出	4.46 ~ 4.50リエル
	食用[国内消費?]		3.96 ~ 4.00リエル
トウモロコシ	赤	100キロ、ショロン県マッカサンで売り渡し。	8.00 ~ 8.05リエル
	白	同	8.00 ~ 8.07リエル

米(10月[ママ]渡し)、港渡し、袋込み、税抜き、1 hāp、[即ち]60.7キロの価格は以下の通り。

精米	1級、砕米率25%	6.18 ~ 6.22リエル
	2級、砕米率40%	6.30 ~ 6.37リエル
	同。上より下級	5.63 ~ 5.67リエル
	玄米、籾率5%	4.88 ~ 4.92リエル
砕米	1級、2級、同重量	5.02 ~ 5.06リエル
	3級、同重量	4.08 ~ 4.12リエル
粉	白、同重量	2.58 ~ 2.62リエル
	kāk[籾殻+糠?]、同重量	1.80 ~ 1.90リエル

3-10　[11号、3-2と同一]

3-11　[44号、4-6と同一]

4-1　[76号、4-1と同一]

4-2　[8号、4-3と同一]

4-3　[11号、4-2と同一]

4-4　[44号、3-3と同一]

4-5　[73号、4-6と同一]

4-6　［33号、3-4と同一］

4-7　［90号、4-2と同一］

4-8　［48号、3-8の終わり近くの「70メートル」が「10メートル」になっているだけである］

4-9　［89号、3-4と同一］

4-10　［仏語］　JEAN-COMTE 商会、プノンペン

［ク語］ 皆さんにお知らせ致します。皆さんのどなたでも、自動車を購入なさりたい方は、どうぞプノンペン市の<jean-comte>商会へ見にいらしてください。中古の自動車と、この年末に売りたくて、年末にとても安く売ってしまう自動車が集めてあります。

ですから、買いたい場合、長くぐずぐずしないでください。値段の交渉ができるように、早く見に来てください。

自動車は、古い型も新しい型も、全ての型があります。皆さんの御希望により、価格は400リエルから最高価格2、500リエルまであります。

この価格はこれで定まっているわけではありません。また交渉が可能です。このように安く売るのは［旧年度の決算をして］新しい出納簿に入る12月だけです。

［仏語］　プノンペン Boulloche 路14号

SAMEDI 3 DECEMBRE 1938

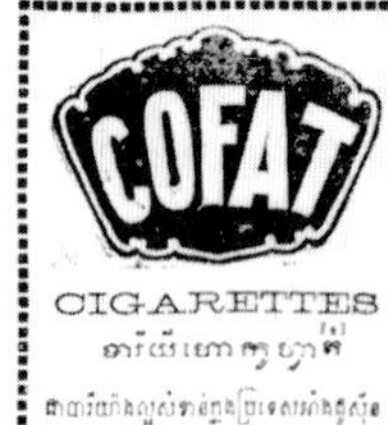

Directeur PACH-CHHŒUN

HEBDOMADAIRE PARAISSANT TOUS LES SAMEDIS

(Boite Postale N° 44)

第2年97号、仏暦2481年0の年寅年 migasira 月上弦11日土曜日、即ち1938年12月3日、1部8セン

［仏語］ 1938年12月3日土曜日

1-1 ［仏語で「私書箱 No.44」と「社長、PACH-CHHŒUN」が加わった以外は8号、1-1と同一］

1-2 ［デザインが少し変わった以外は8号、1-2と同一］

1-3 ［デザインが少し変わった以外は8号、1-3と同一］

1-4 ［8号、1-4、1-5と同一］

1-5 <protectorat>［保護国］側の現地国官員は、生命を養うのが楽であるが、クメール政府の官員はいつになったら彼らと同じように楽に息がつけるのだろうか

クメール政府側の官吏たち全ては、［生活が］いつも苦しくて惨めで嘆きの言葉ばかりが聞かれ、絶えることがない。<protectorat>［保護国］側の官吏より、俸給とさらに手当てもあまりにも少ないからである。中級職クメール官吏の月給でさえ、<protectorat>［保護国］側の<planton>［雇員］［注。これは初級職である］の月給に敵わない。出費の必要はほとんど同じであり、現在はあらゆる物が価格が以前の2倍に上昇しているので、少ない月給に応じて［出費を］減らすことはできない。商品を売る人は、月給が少ない人には安く、月給が多い人には高く売るべきだ、という配慮はない、即ち全て同じ価格で売る。

それゆえ、月給が少ない人はいつも［金が］不足で、心の中の悩みを減らそうとしてもできない。

以前から何回かあったベースアップは、クメール政府官員は<protectorat>［保護国］側と違って満額は上がらず、しかもいつも同時にではなく常に後で上がった。rājakāra <protectorat>［保護国政府］側がベースアップする時は、政府からの電報の力で直ちに上がる。クメール側はそうではなく、国王布告の力で決定するのを待たなければならないからであり、国王布告を作るまでのほぼ1年経ってからようやく他と同じように［新しい］月給が支給される。

クメール政府側のベースアップは国王布告で決まるのを待たなければならない。では、これまで何回かあったベースダウンは、なぜ国王布告を待ってカットしなかったのか。なぜ<protectorat>［保護国］側の官吏と同じく電報に従って直ぐにカットしたのか。

これは1つしかない秤が、測ると同じではないことがわかる。2部門の官員の片側は重く、片側は軽いのである。それゆえ nagaravatta は大声でわあわあと、「政府はこの問題を改正して平等にしてほしい」と叫び続けているのである。それでもまだ望みは叶わない。即ち、クメール政府側の官吏が月給が上がるのも下がるのも、<protectorat>［保護国］側の官吏と同じにしてほしい。下げる方だけ［電報を］適用し、上げる方は国王布告を待つのはやめるよう求める。

以前の新聞によると、クメール政府官員は全てがどんどん顔色が冴えなくなっている。フランス官員たちだけが、1-1-38［＝1938年1月1日］から、新しい制度で月給が上がったのを見るだけで、自分たちは生命を養うのが楽になる希望が全くないからである。

このように萎れた顔をしている最中に、「全ての部局の現地国官員に、ヨーロッパ人官吏と同様にベースアップを許す。しかし、現地国官吏は期日を1938年7月1日まで遅らせる」という10-11-38付<gouverneur général>［総督］殿prakāsa <arrêté>［政令］を見て、顔色を少し明るくし、そしてすっかり萎れることになった。この情報は、前に確実であると聞いていた、「政府は現地国官員の等級を整理して、フランス側もクメール側政府も、等級を1つにする、即ち俸給も prāk raṅvān tām dī tampan ṭael sṭī kāra［勤務地手当］(indemnité de Zone)［地域級］」も全て同じにする」という情報にあたる。

およそ4、5日たって突然新聞に<gouverneur général>

[総督]殿の、現地国政府の職員の長に対する通達が掲載され、来る11月末に月給を支給するのに間に合うように、新しくベースアップした俸給に従って等級を整理して、<protectorat>[保護国]側の現地国人官員に適用することを命じた。一方、クメール政府側の方については埋めておいて何も考えていない。

クメール政府側を、いったいどこまで苦しみを受けるままに放置しておくのか、実に疑問である!!!

直言するならば、政府はクメール政府官員に慈悲を持つべきである。<protectorat>[保護国]側より良くはなくても、少なくとも平等にするべきである。あるいは、政府は自分の鼻の直ぐ近くにいる官員だけをえこひいきして食べさせ、遠くにいる官員は餓えさせるのか。

クメール政府官員と<protectorat>[保護国]側官員とは、全てが同様にrājakāra <protectorat>[保護国政府]のために働いている。しかしクメール政府側は苦労がより多い。国を治め、生命を危険にさらして盗賊を逮捕して鎮圧し、あらゆる種類の税金を徴収して国庫を満たし、さらに関税·消費税·使用料局[注。この局は保護国政府に属する]にも助力しなければならない、などである。フランス政府側は、クメール政府から金を受け取るのを待って、出納簿に記入しておくだけである。<bureau>[事務室]の中で仕事をすることが多いのであるからとても楽であると思う。

この2つの部門の官員は1つの家に一緒に住んでいるようなものである。家の主人がクメール政府官員たちに沼に魚を捕まえに行って来させる。魚を得て持って来ると、家にいて何もしなかったもう1つの側の人、即ち<protectorat>[保護国]側に渡して料理を作らせる。料理が出来上がると、なんと家の主人は、よく顔を知っている、近くにいる人たちにだけ分け与えて食べさせる。森[の中の沼]に探しに行って来た人は餓えさせておけばいい。あるいは他人が食べ終わるのを待って、その後で食べさせる。

森に探しに行く人と、?nak dhvœ caṅkrān(Cuisinier)[料理人]の2つは、どちらの方が苦労がより多いか。

nagaravatta は、カンボジア国<le résident supérieur>[高等弁務官]である<guillemain>氏に絶対的にお願いする。はやくクメール政府側の官吏を<protectorat>[保護国]側と同じように楽に息ができるようにしてください。見捨てないでください。

1-6 注意

今日がサイゴンでの大会議のカンボジア国代表の方々のパーティーをする日です。

民族を愛する方々は、決して日時を忘れないでください。そして欠席しないでください。

<ohier> 路58-60号の中華<hôtel>[レストラン]の上階で、夜7時半からです。[注。本号の2-7を参照]

1-7 諸国のニュース

1-7-1 ヨーロッパ諸国

パリ市、11月23日。イギリス国大臣であるチェンバレン氏とハリファックス氏が11月23日にパリ市に到着した。フランス国大臣であるダラディエ氏と<bonnet>氏と政治家多数がにぎやかに出迎えた。

＊パリ市、11月24日。イギリスの大臣とフランスの大臣がフランス国とドイツ国がほとんど和解に近づいた件に関して会談を行い、そして国を守ることについて共に相談した。この会談でスペイン国と東洋国の件も検討した。

＊パリ市、11月25日。フランスの大臣たちと、国を守ることと衝突が起こらないように諸国の体制に処理措置を講じることについて会議をした後、チェンバレン氏とダラディエ氏とは、「会議のメンバーは意見が一致した。イギリス国とフランス国とは考えと意見と希望が同じである」と述べ、それからイギリスの大臣たちはロンドン市に帰った。

1-7-2 中国

香港市、11月26日。現在中国軍と日本軍は香港島の前面で交戦中である。住民たちが道路一面に散らばって走って逃げまどいながら避難所を求めている。負傷した中国人たちはイギリス租界に避難し、イギリス政府は香港の病院に連れて行って手当てをしている。日本軍に包囲された数百名の中国兵もイギリス租界に庇護を求めて逃げてきた。政府はその中国兵たちを武装解除してから隔離しておいている。

現在中国兵、2,000名が同地で日本軍に抵抗している。

＊上海市、11月26日。広東省で、広東市を日本から奪い返すために、蒋介石総司令自らが出て1個部隊を指揮している。

1-8 教師への手当て

カンボジア国では、政府が慈悲の心で、初等教育の教師たちを激励するために、120.00リエルの手当てを教師たちに得させて、生徒たちを教え訓練する仕事の苦労の褒賞にしている。このグループは、任務が大変苦労なので、なろうとする人があまりいないからである。我々は政府の慈悲のこの褒賞手当について大変嬉しく思っている。

しかし、女性教師がまだ残っていて、男性教師と平等の褒賞をまだもらっていない。同じ苦労をする仕事なのに、なぜ褒賞手当に関して違いがあるのだろうか。

我々は、政府は女性教師にも、男性教師と同様に褒賞を得させるべきであると思う。クメール国ではクメール人女性が教育局に入って働くのがまだ少なく、この別の褒賞が加えられれば、確実にクメール人女性を励ますからである。無学無知で文字を知らないクメール人女性も、政府の助力支援のおかげで、今後発展して知識をたくさん持つであろう。

1-9 ［注。写真があり、その下に］ nagaravatta <gazette>［新聞］を読むクメール人女性の写真

1-10 patpet［＝ポイペット］の税関所の前の道の休憩所について

（［仏語］［注。上のク語と同一内容。ただし地名は「Poipet」になっている）

確かな情報によると、初めてクメール国を視察に来た<gouverneur général de l'indochine>［インドシナ総督］殿は、「大小の自動車で来て、停車して税関に検査させなければならない旅行客を受け入れて、現在のように雨と太陽の熱にさらされないように、休憩所の陰に入れるために、patpet［＝ポイペット］の税関所の前の道に休憩所を作らせる」ことに同意した。氏のこの慈悲は大変良いと思う。それだけでなく、氏のこの命令の通りに仕事をするために、1938年内に<budget général>［インドシナ国総予算］から3万リエルを支出したことを我々は知った。現在、1938年は終わり近くであり、残すところ後1ヶ月である。この休憩所はまだ作り始めていないのだが、「この3万リエルの金は、風がどこに吹き飛ばしてしまったのだろうか」と我々は疑問を持つ。稲光がクメール国に現れたのは目にしていないから、おそらく風は道を間違えてベトナム国へ吹いたのではないだろうか。

保護国政府は、クメール人を余り長く待たせないよう、よく調査して明らかにしてください。

pa. jha.［＝pāc-jhwn］

1-11 国の守護神への祈りの言葉

この話は、私たち全ては考えてもまったく理解できない。どういう理由があって中止させ、全く静かにならせてしまったのだろうか。一体なぜ私たちはこのように言うのであろうか。それはnagaravatta 新聞が、全ての神たちに何回も何回もお願いしてきたからである。全ての神たちに、姿を現してクメール人が幸福であり、発展するように助力し救うことをお願いした。しかしその時から今まで神は誰も1度も出てきて答えてくれる様子は見えない。

私たちが答えて欲しいとお願いしているのは、<gazette>［新聞］の言葉に対して答えて反論することをお願いしているのではない。即ち、保護国政府側に対して答えて抗議することをお願いしているのである。大会議の諮問会議委員の方々が1度お願いしているし、nagaravatta 新聞もお願いしているし、友愛会もお願いしているからである。

現在、rājakāra <protectorat>［保護国政府］の方は、我々をじっと見て確認してから助力しようとしている。これは、国民全部がお願いしているのは事実であるが、さらにクメール政府の方もお願いをするのを待って、それから助力するということである。クメール政府が依然として黙っていたら、rājakāra <protectorat>［保護国政府］側の方は出てきて助力することがどうしてできようか。なぜならどの国にも2種類の自由意志がある。第1は国の政府の自由意志、第2は国民の自由意志である。この両者の方々の心と考えとが一致していなかったら、何かを考えようとしても、あるいは何かをしようとしても、全てすることはできない。

上のような理由で、生まれは平民で、極めて貧しい私たちは、これら全ての神に、将来の幸福と発展とだけを望んで、お願いする。なぜなら現在の私たちは、私たちの本当の頼り所である全ての方々に期待しているからである。

sukhuma

2-1 家屋の新築に関する諸税の改正

（1938年11月2日付<le résident supérieur>［高等弁務官］殿prakāsa <arrêté>［政令］第3,423号による）

第1条。1925年11月16日付<le résident］［弁務官］［ママ。おそらく「高等弁務官」が正しい］殿prakāsa <arrêté>［政令］第13条に定められている村税目について、家屋の新築に課される諸税を、1939年1月1日以降、次のように改正する。

家屋建築諸税

1。［プノンペン］市内および市外の都市

ア。家屋の新築

1。<béton>［コンクリート］あるいは漆喰造の階がある家屋は、家屋の面積に応じ、1平方メートルにつき0.10リエルの税を徴収する。

2。<béton>［コンクリート］あるいは漆喰造の階がない家屋は、家屋の面積に応じ、1平方メートルにつき0.06リエル［の税を徴収する］［注。脱落しているので補う］。

3。木造、あるいは粘土造で、瓦あるいは波形トタン葺きの家屋は、家屋の面積に応じ、1平方メートルにつき0.04リエルの税を徴収する。

4。粘土、あるいは木造で、木の葉葺の家屋は、1律1.00リエルの税を徴収する。

5。竹と木の葉造の家屋は、1律0.50リエルの税を徴収する。

6。高さ1.20mまでの kambaeṅ(kamphaeṅ)[塀]あるいは垣根は、[長さ]1メートルにつき0.06リエル、[高さが]1.20mを超えるものは[長さ]1メートルにつき0.10リエルの税を徴収する。(樹木、あるいは竹などの垣根は無税である。)

イ。既築についての改正

<béton>[コンクリート]あるいは漆喰造の家屋の上階の増築は、家屋の面積に応じ、1平方メートルにつき0.04リエルの税を徴収する。

2。「[プノンペン]市、あるいは市外の都市」以外

冒頭の税を半額に減じて徴集する。竹あるいは木の葉で建築する場合は例外とし、1律、0.10リエルを減額して徴収する。

2-2　ānanda mahiṭun[アナン・マヒドーン]国王

(即ち、ānanda mahitala[注。見出しはタイ語をクメール文字に転写したもので、これはそのクメール語訳])

シャム国が政府を憲法制による民主主義に変えた時に退位した prajādhipuk 国王[=ラーマ7世]の王位を、スイス国に留学していて9歳6ヶ月で継いだシャムの ānanda mahiṭun [アナン・マヒドーン]青年国王[=ラーマ八世]は、11月15日に王国に帰国、バンコクに到着して熱烈な出迎えを受けた。しかし、この帰国は即位式のためではなく、まだ成人年齢に達していないので、もう何年かしてから即位式を行うことになるであろう。

シャムの<gazette>[新聞]中の情報によると、今回帰国なさって、スイス国にお戻りにはならない(おそらくイギリス国に留学する)。

2-3　[44号、2-4と同一]

2-4　クメール人はますます友情の団結が固くなっている

先の11月26日土曜日に、シソワット中高等学校卒業生友愛会のバット・ドンボーン支部が、今回 braḥ vijitaseṭṭhā の名誉職を授かった āṅ gim ghan 氏と、バット・ドンボーンに新しい公務に就くために赴任した[次の4名の中の誰か]と、クメール弁護士の職を受けた、uk-lan 氏、mās-hin 氏、srī-vā 氏、ṅī-suon 氏の[4名の中の誰か]のためにパーティーを開いた。

この会で互いにスピーチの交換があり、我がクメール人は、互いにますます親しくなり、かつ互いに愛し合い、敬愛し合う団結の精髄をもつようになっていることを示した。

nagaravatta は新しい職を得た方々、新しく赴任した方々にお祝いを申し上げる。

2-5　kambuja <gazette>[新聞]への反論

我々は、11月16日に発行された kambuja sārabarṇamāna <gazette>[新聞]により、「プノンペン市<ohier>路にクメール人の理髪店の thaukae がいて、同じ民族である雇い人を苦しめ、中国人やベトナム人を連れてきて一緒に仕事をしたがっている」という情報を得た。この話は全て事実ではない。我々が行って直接本人に訊ねたところ、「偽の話である」と理解したのである。この話は、<ohier>路114号の理髪店の thaukae の話である。kambuja sārabarṇamāna <gazette>[新聞]はこの thaukae のことを話しているのですか、それとも誰か別の thaukae のことですか。

2-6　<machine> that[写真機]を1つ拾得

先の11月26日に、あるクメール人がシエム・リアプに旅行し、<machine> that rūpa[写真機]を1つ、番号1・066の radeḥ ūs(chaekaev)[人力車]の上に置き忘れていました[それを拾得しました]。

この品物の所有者である方は<verdun>路の nagaravatta <gazette>[新聞]の<bureau> cāt kāra [総務部]に来て訊ねてください。

2-7　パーティーについて

[大会議への]クメール人代表団である委員の方々のためのパーティーを、この<gazette>[新聞]の第1ページに「注意[=1-6]」として掲載してありますように、12月3日に開くと先週[=96号、1-6]お知らせしましたが、準備が間に合わず、今や延期しなければならなくなりました。このようではありますが、「後日いつか開くことができる」と我々は期待しています。同じ考えの同民族の兄弟の方々は、早まってがっかりしないでください。

2-8　朗報

我々は、「あるクメール人がプノンペン市 mūris ḷuṅ 路229号、西へ phsār thmī の北の方に曲がる道に続くところに店を出した。店の看板は pun-cān という名前で、香水、化粧品、下着、その他種々の美しい、あらゆる種類のサンポットを売っている」という情報を得た。「我々の叫びは無駄ではない」と理解する。即ち我がクメール人はますます目覚めて、少しずつ一生懸命商売をして生計を立てている。

それゆえ、上に述べた商品が必要な方は、この店には礼儀正しい謙遜な売り子がとても良い客を待っていますから、どうか必ず pun-cān 店へ買いに行ってください。

2-9　役畜展示即売市祭の予定表

1938年－1939年

展示月日	展示場所
1938年12月15日から16日まで	ストゥン・トラエン州ストゥン・トラエン(市)
1939年1月29日から30日まで	

クラチェ州クラチェ(市)
1939年2月3日から4日まで
カンポート州srae ampil
1939年2月15日から[ママ]3月15日まで
バット・ドンボーン州braek khbap
1939年3月1日から2日まで
ター・カエウ州ター・カエウ(市)
1939年3月10日から11日まで
カンポート州dūk mās
1939年3月11日から12日まで
コンポン・トム州コンポン・トム(市)
1939年3月18日から19日まで
コンポン・チャム州コンポン・チャム(市)
1939年3月24日から25日まで
カンポート州カンポート(市)
1939年5月1日から2日まで
ター・カエウ州ター・カエウ(市)

2-10　友好会社が確実にできる

以前、nagaravatta <gazette>[新聞]に、「我々クメール人がお互いに顔を合わせる、即ち互いに愛し合うために、友好団結するべきである」という記事があり、「まずは人の心を傾ける、即ち種子を蒔くために、理髪店を作るべきである」と同意した。この理髪店は大きい商売ではない。しかし何かをすることを考える場合、仲間を騙すことができることにしてはならない。即ち腐って食べられない、捨てる菓子やコーヒーを売るなどのどんぶり勘定帳ではいけない。

この会社は、[出資する]人の名前と株数がすでに集まっており、その時に2、3名が<notaire>[公証人]に、1株5リエルにする許可を求めに行った。数日前に、<notaire>[公証人]の所に行って、「この会社を本当に作る」と伝えた。<notaire>[公証人]は、「今回は1株10リエルになっている。以前は5リエルと言ったのではなかったのか」と訊ねた。「いいえ、あれは昨年のことです。新年になった今は1株10リエルにしました」　我々各人は困ってしまい、「<statut>[規定]に対する損害補償金は200リエルである」と決定することに合意した。これは、譲渡してくれる理髪店が<ohier>路に1軒あり、物産展市祭に間に合うように整えたいので一生懸命急いでいたからである。<notaire>[公証人]は、「急ぐのなら、まず金を2,000.00リエル集めて<franco-chinois> <bank>[銀行]に預けなさい」と話した。

このことは、皆さんにお願いして、1938年11月2日と3日に、私は出資金の集金をするために、人を回らせた。仮領収証の方は印刷できたので、後日<notaire>[公証人]から送られる。先日、「何を考えているから、こんなに遅くなるのか」と怒り、国をとても愛する振りをして、「仲間2、3人だけでやればいい」とまで言って私を誘った人がいた。私は、「この考えは自分の利益しか考えていない」と理解し、同意しなかった。私は、「まず第1に、早く始めたければ金がなければならないし、第2に、もし利益が欲しかったら、仲間が大勢必要である」と理解する。

今回は本当に作ることができるのは確かである。どうか傍観しないで熱心に助力してほしい。先日は強い勢いを感じてとても嬉しかったが、今日はどのようであるかわからない。善哉、善哉、成功し発展することを願う。

臨時世話役　jhim-sum

3-1　自動車を追い出す商売

我々は以下に掲載する手紙をバンコクから受け取った。全てのクメール人に読んでもらって、外国に行って住んでいるクメール人の方が、クメール国内に住んでいるクメール人よりも国を愛していることを知ってもらうために、我々は1語の変更もすることなく、全文を以下に掲載する。

nagaravatta
仏暦2481年寅年 kattika 月下弦 1 日、バンコク

フランス人の賢者の、“あなたは、どのような人と交際しているかを私に言いなさい。そうすれば、私はあなたがどのような人であるかを言いましょう(注。[フランス語の原文が入っている。省略する])”という言葉があります。この言葉は本当に正しいし、ずっと昔から存在するものです。どのような時に引用して言っても、その時に適切でふさわしいと思います。なぜならば、悪い人と付き合う人は悪くなり、賢い人と付き合う人は賢くなるからです。

クメール国に、「ある路線にバスを走らせて人と荷物を運んで生計を立てている中国人たちがいて、とても長年経つのでいい気になり、『自分のようにすることができる人は誰もいない』と力を誇示している。その者は、少しも恐れることなく自分の心のままにクメール人を苦しめ、そのバスで旅行する僧でさえも料金を規定の満額を払わせる[注。少なくとも現在のタイでは僧侶は無料]、しかもバス乗務員のために苦痛を蒙っている」という情報を得ました。

私は、「クメール人の1グループがあって、中国人がこのように余りにもクメール人を見下すのを見て、非常に激怒して、旅行するクメール人を救うために、仲間を誘い合わせて出資してバスを買い、その中国人と同じ路線を走らせて生計を立てた。バスを走らせて少しすると、その中国人が話しに来て、『その路線の半分を分ける』と言った」という情報を得ました。

その後また、「民族ははっきりとはわからないが、たぶんクメール人らしいグループがいて、悪意を持ち、その路線を自分と同じクメール人から奪おうとした。なぜ

ならば、自分がバスを走らせると、[収入が減るので]実の父親のような中国人が不愉快に思うのを恐れ、自分でバスを買い増して、自分の同民族を追い出して埃を上げる[＝走らせる]。中国人の方は誰も入ってくる勇気がある者はいないので、楽しくバスを走らせている」という情報を知りました。

最後の情報は、「自分の民族と同胞とを認識することを知らない悪者集団のなかに、金持ちの1族がいて、かっこよく偉そうに振舞っていたのに、一転してかつて金を貸し与えていた者たちと手を組んで恩知らずなことばかりしている」ということです。

この話がもし事実このようならば、実に疑問が多い話ですし、残念でもあります。なぜなら、長く経つとその者は必ず高い家柄を失って肉体労働者の仲間になってしまうからです。行動も品行も、冒頭に私が引用したフランス人の賢者の言葉のように、仲間と同じになってしまうでしょう。

私は、純粋なクメール人の心を持ち、常に本気で民族を愛し、民族を援助している同民族の人たちに聞こえるように、大声で叫びます。「仲間であるクメール人が楽に通れるように、助け合って道を開き、道を作ってください。なぜならば、この国の道はクメール人のもので、ずっと昔にクメール人が一生懸命汗水に換えて作ったものだからです!!!」 そして、もう1つの別の人々に注意させてください。「[クメール人と争って]中国人をいつまでも父と思わないでください。彼らに我々の背中の上で田を作らせないでください。目を開けてもう少しはっきり見てください。起き上がって歩いてください。どうしてこんなにも長く平伏しているのですか。彼らが[我々の]頭の上を踏んで歩いて、髪の毛が全部擦り切れてしまっているではありませんか」

tā-{nup-nibān}

3-2　コーチシナ、カンボジア国、ラオスの jhap <retraite>[引退]者救済宝籤

<da lat>に休息と転地療養施設を作るため

1938年11月29日抽籤

番号73,727は4,000リエルに当たり。

番号76,872は1,000リエルに当たり。

番号33,600と50,376はそれぞれ500リエルに当たり。

下の10個の番号はそれぞれ100リエルに当たり。

[注。5桁の数字が10個。省略]

下の20個の番号はそれぞれ50リエルに当たり。

[注。5桁の数字が20個。省略]

後の週に続きがある。[注。実はない]

3-3　1938年10月28日のシソワット中高等学校卒業生友愛会理事会の議事録からの抜粋

前の週[=96号、2-4]から続く

5。年度末の会議[について]。理事会は文書を友愛会員全てに送って、年度末の委員会に対する何か希望あるいは伝えるべき変ったことがないかを訊ねることにした。それゆえ友愛会員は、この件を11月25日までに理事会に知らせるようお願いする。理事会は、年度末の会議でそれら全てについて答えるのを容易にするために、小委員会夫々にこれら全ての問題をあらかじめ検討させる。

6。1938年度の理事は、1939年度の理事に選出されるように、全員が志望して[自分たちの]名と多くの新しい人々の名を登録する。

7。その他。……[注。「ア」と「イ」が省略されている]。

ウ)年度末のパーティー[について]。このパーティーには<guilmet>会長殿と okñā pān-yiṅ氏のスピーチがあるべきである。

エ)物産展市祭で公演するために、mās sā?aem 局長を長とする劇団を1つ作って劇を上演する。

3-4　[広告]　お知らせ

thoṅ-ket という名のクメール人がいます。店は433号で[ママ。道路名はない]、koḥ 寺の隣(西側)です。外国からの良い物、即ち<paul canavaggio> <marque>[商標]の帽子、靴、<casqutte>[ハンチング]、<chemise>[シャツ]、香水、おしろい、化粧石鹼、māksī 石鹼、モダンな布、その他多くの種類の品々を売っています。売る人は言葉も礼儀正しく、善悪を知り、買うのが楽で、価格も安いです。新しく[開店して]生計を立て始めたばかりですから、我々は助力して買ってあげるべきです。「情けは人のためならず」です。

ある購入者

3-5　[96号、3-6と同一]

3-6　[絵が少し違うこと以外は95号、3-4と同一]

3-7　農産物価格

プノンペン、1938年12月2日

[「サトウヤシ砂糖」はない]

籾	白	68キロ、袋なし	4.30 ~ 4.35リエル
	赤	同	4.10 ~ 4.15リエル
精米	1級	100キロ、袋込み	11.20 ~ 11.25リエル
	2級	同	10.00 ~ 10.05リエル
砕米	1級	100キロ、袋込み	7.40 ~ 7.45リエル
	2級	同	6.05 ~ 6.10リエル
トウモロコシ	白	100キロ、袋込み	[記載なし]
	赤	同	7.30 ~ 7.50リエル
コショウ	黒	63.420 キロ、袋込み	19.50 ~ 20.00リエル
	白	同	29.50 ~ 30.00リエル
パンヤ	種子抜き	60.400 キロ	45.50 ~ 46.00リエル

＊プノンペンの金の価格

1 ṭamliṅ、重量37.50グラム

	1級	150.00リエル
	2級	145.00リエル

＊サイゴン、ショロン、1938年12月1日

フランス籾・米会社から通知の価格

ショロンの<machine> kin srūv[精米所]に出された籾 1 hāp、[即ち]68キロ、袋込みの価格は以下の通り。

籾	最上級	4.50 ~ 4.54リエル
	1級	4.34 ~ 4.38リエル
	2級 日本へ輸出	4.09 ~ 4.13リエル
	2級 上より下級、日本へ輸出	4.08 ~ 4.12リエル
	食用［国内消費?］	3.50~4.54［ママ］リエル
トウモロコシ	赤 100キロ、ショロン県マッカサンで売り渡し。	
		7.80 ~ 0.00リエル
	白 同	7.98 ~ 8.00リエル

米(10月［ママ］渡し)、港渡し、袋込み、税抜き、1 hāp、[即ち]60.7キロの価格は以下の通り。

精米	1級、砕米率 25%	5.28 ~ 5.32リエル
	2級、砕米率 40%	5.13~6.17［ママ］リエル
	同。上より下級	4.78 ~ 4.82リエル
	玄米、籾率 5%	4.33 ~ 4.37リエル
砕米	1級、2級、同重量	4.48 ~ 4.52リエル
	3級、同重量	3.65 ~ 3.69リエル
粉	白、同重量	2.63 ~ 2.67リエル
	kāk［籾殻＋糠?］、同重量	1.80 ~ 1.90リエル

3-8 ［91号、3-2と同一］

4-1 ［11号、3-2と同一］

4-2 ［44号、4-6と同一］

4-3 ［仏語］ 1938年12月4日、プレイ・ヴェーン

［ク語］ 私は名を khiev-nov と言います。プレイ・ヴェーン州 brai kaṇṭieṅ 村の村長をしています。私はアヘン中毒になって15年になり、1日にアヘンを5.00リエル吸っていました。1938年 Septembre[9月]に sīv-heṅ 医師殿が来て kāp go 市場の sīv-pāv 印の薬を持ってきました。即ちアヘンを止める第19号薬と、アヘンの毒を溶かす第20号薬です。私は買って服用しました。この薬は実によく効き、私はアヘンを完全にやめることができました。私は、彼がわざわざ苦労してよく効く薬を、私を救うために私の家にまで持って来て、全部説明してくれた彼の恩を思い、<gazette>[新聞]に掲載して心から彼の恩を感謝します。

4-4 ［11号、4-2と同一］

4-5 ［20号、4-6と同一］

4-6 ［8号、4-3と同一］

4-7 ［44号、3-3と同一］

4-8 ［73号、4-6と同一］

4-9 ［33号、3-4と同一］

4-10 ［90号、4-2と同一］

4-11 ［48号、3-8の終わり近くの「70メートル」が「10メートル」になっているだけである］

4-12 ［89号、3-4と同一］

4-13 ［96号、4-10と同一］

SAMEDI 10 DECEMBRE 1938

Directeur PACH-CHHŒUN

HEBDOMADAIRE PARAISSANT TOUS LES SAMEDIS

(Boite Postale N° 44)

第2年98号、仏暦2481年0の年寅年 migasira 月下弦3日土曜日、即ち1938年12月10日、1部8セン

［仏語］ 1938年12月10日土曜日

1-1 ［仏語で「私書箱 No.44」と「社長、PACH-CHHŒUN」が加わった以外は8号、1-1と同一］

1-2 ［デザインが少し変わった以外は8号、1-2と同一］

1-3 ［デザインが少し変わった以外は8号、1-3と同一］

1-4 ［8号、1-4、1-5と同一］

1-5　ある新聞読者の意見

［仏語］ ある読者の意見

［ク語］ パーティーを突然中止した理由

先の11月26日土曜日の nagaravatta 新聞［96号、1-6］で広報されたことによると、“サイゴン市（コーチシナ）での大会議の会議に出席したクメール人の代表である国政諮問会議委員の方々へのパーティーを、同新聞に述べられている詳細に従って開く”ということであった。

12月2日金曜日朝になると、突然、主催者本人が、大衆に知らせるために急いで情報を広めさせたことによると、“突然中止された”という報せを聞いた。同日は数百という大衆がこの情報を知った時に、この突然中止されたことに大いに疑問を持ち、かつ残念に思い、その結果揃って nagaravatta に行って、“この突然に中止させた原因は誰にあるのか。nagaravatta は［パーティーを開く］能力がないのか”と訊ねた。nagaravatta は、“そうではない。nagaravatta はいつでも開くことができる。その理由は、1、nagaravatta はパーティーを開く費用に十分足りる金がある。2、大衆多勢が清い心を持ち、600名以上が費用を払って参加する。3、nagaravatta が招待したクメール人代表は全員が［出席を］承諾した。4、nagaravatta が招待した<le résident supérieur>［高等弁務官］殿もクメール政府大臣殿も、nagaravatta 社に返答書があるように出席を承諾した。何人か所用で出席できない大臣殿でさえ、このパーティーに金を送って助力してくださった。5、nagaravatta 自身もすでにある中華<hôtel>［レストラン］に手付け金を払ってあるからである。これら5項目が揃っているのに、nagaravatta は開く能力がないと言うのか”と言った。

この突然の中止の理由は、私は白状するが、私は知ることができなかった!!!　しかし、占星術師が占ったことによると、「先祖が支障になっている」と言うが、歴史学者に従うならば、「未来になれば歴史がこの理由を詳しく説明することができるだろう」と言う。占星術師も歴史学者もパーリ語ばかりで話すので私は聞いても理解できない。さらに議論するのは面倒なので私は別れを告げて、歩き去った。

私自身もパーティーに出席するつもりの1人であり、最初の日に名前と会費を送った。そして我々の仲間を観察すると、腸が曲がっている人、頭が2つある人がいて、パーティーが突然中止になったことをはっきり知ると、急いで金を持っていって係の長にパーティーの費用として無理やり受け取らせ、収入簿に自分の名前を書かせた。自分は民族を大いに援助すると思われるためである。このようなことは、私は我が同胞にお願いするが、するべきではない。

最後に、同じ考えの人々に、悔しがらないようにと、念を押してお願いする。nagaravatta のパーティーは、前世からの不運が来て、このように溶かして空気にならせてしまったが、それでも官吏も大衆も、男性も女性も、何百人というクメール人が、自分たちの心に適うことをする人である nagaravatta と共に集まったという、見事にことを進めて来たという明らかな証拠があるからである。当日は、nagaravatta と共に集まるために、はるばるとほとんど全ての遠方の州から集まる人がいた。その日こそ、我々が、「我々クメール人の心情と望みとがどのようなものであるか」を我々に見せた日であった。(1938年)12月3日はnagaravatta が最初に企画した会が溶けて消えた日である。[この日を]nagaravatta は、土が顔を覆う[＝死ぬ]まで自分の心の中に刻みこんでおくよう、私は願う。

今回のパーティーを発案したことを含めて、nagaravatta が大声で求めていること全ては、私の愚かさは、「nagaravatta は決して自分自身の利益を求めているのではない。即ちクメール人全体の利益を求めているのである」と理解する。今回はこのように先祖の霊に[舟に乗って]足で水を逆方向に掻かれて失敗したが、このことは私に、「前世からの業だ。このような前世からの深い業はいつになったら尽きるのかわからない」と思わせる。同胞各人は恐らくまだ記憶していると思うが、先月ベトナム人の1団が、同じ場所で同じような会を開いた。彼らは<le résident supérieur>[高等弁務官]殿とクメール大臣殿全てを招待した。この方々は喜んでちゃんと、何の難色も示さずにパーティーに出席した。[一方]クメール人がこのように手を伸ばして行おうとすると、毒を持つ風の神に吹き飛ばされてしまう。考えると、クメール人はベトナム人になんと恥ずかしいことだろう。ベトナム人はすることができ、クメール人はすることができない。これを何と命名すればいいのだろうか。

しかし、いずれにしても、今回私は、「それでも nagaravatta は、純粋クメール人の心を持つ全ての人に対して nagaravatta と同じ考えを持って揃って集まったことは、必ず広く全ての人の団結になるに違いないと、称賛し、喜び、感謝している」と聞いた。しかし、パーティーが中止になったということを確実に知ってから、nagaravatta に目隠しをするために、一生懸命金を持ってきて参加した人々も、nagaravatta は称賛し祝福するのかどうかは私は知り得ない。それはそれとして、nagaravatta のパーティーは溶けて消えてしまったのは事実であるが、世界の多少の人に振り向かせるのに十分である遺産は残る、ということを考えてほしい。

bibheka

1-6　パーティーに参加したクメール人同盟者に対する喜びと謝罪

nagaravatta は、クメール民族とクメール国に忠誠心と愛国心を持っていて、先日の<gazette>[新聞]での我々の呼びかけに従って、我が国を助け支えてくださる方々に感謝するために、大会議カンボジア国代表諮問会議委員の方々のためのパーティーに助力し参加するために、会費を送り名前を登録した同胞であるクメール人の皆さんに深い喜びを持っている。

この突然中止になったパーティーに出席して喜びを共にするために、会費を送っただけでまだプノンペン市に来ていなかった皆さんにも、会費を送り既にプノンペン市に来ていた皆さんにも、我々は全ての人に謝罪し、我々の罪を許し、我々に根深く腹を立てないようお願いする。このパーティーが中止になったのは、nagaravatta の不注意、不手際によるものではなく、我々がこの会に主賓としてお招きしていた<le résident supérieur>[高等弁務官]殿が緊急の所用があり、時間を都合して出席することができなくなり、我々にパーティーの日時の延期を希望なされたことによるものだからです。

もう1つ、私たちは大会議の委員の皆さんに、今回の突然の中止について謝罪しますとともに、皆さんがクメール国民と私たちをお許しくださるようお願いいたします。そして、皆さんが我が国を発展させるために心を尽くして一生懸命努力してくださったことについて、クメール国民と私たちが心に深く刻んで決して消すことのない、あらん限りの感謝の念をお受け取りになってください。

私たちは、パーティーが突然中止になったことを本当に残念に思っています。そうでなければ、市内あるいは地方の、民族と国を愛する人々が、時間が短かったので全てに知らせが行き渡っていなかったにもかかわらず、全部で600人以上も参加することを登録して助力したこと、もしそうでなかったらもっと多くの人が登録しただろうと思われますので、この会はさぞ盛大になったと思われるからです。金曜日と土曜日は自動車も船も、民族を愛する人でほとんど満員でした。

皆さんがパーティー参加のために送ってくださった金は、私たちは必ず返送いたします。

以前は、私たちは私たちの力がどれだけのものであるかをまだ知りませんでした。この12月2日金曜日と3日土曜日に、クメール人国民が私たちを真心から愛する気持ちを持つことを知りました。老若男女、参加する人数がこれほどまでにも多かったからです。このようにnagaravatta を愛するクメール人はまさに正しいと思います。なぜならば、現在nagaravatta はクメール国民が発展を得ること、ただ1つのために一生懸命努力していて、自分の利益は全く考えていないからです。たとえ nagaravatta が何かをして失敗して自分自身に罪が及ぶことがあっても、自分の運命を残念に思ったり、悔しく思ったりすることはありません。

nagaravatta

1-7　諸国のニュース

1-7-1　フランス国

労働者たちが、ずっと現在まで持っていた労働者の権利と利益を守るために、thaukae と商店主たちに対してストライキをした。

この労働者とthaukaeと商店主たちとの間の争いの仲裁者である政府は、この両者を和解させるための方策を求めている。

今回の労働者たちのkāra pās por bram brieṅ gnā jhap dhvœ kāra(Grève générale)[ゼネラルストライキ]は見たところ労働者側がthaukaeと商店主たちより力が衰えたようである。政府が兵を出して労働者たちを抑え、大勢逮捕拘束したからである。thaukaeと商店主たちは声明を出して、「自分たちは、政府に助力してこのストライキを解決して国を平静にすることができるように、政府に完全に従う」と述べた。

＊パリ市、12月7日。ドイツ外相であるリーベントロップ氏が、フランス外相である<bonnet>氏と会うために、大フランス国を訪れた。

ドイツ大臣がフランス大臣と会見するのは重要なことであった。両氏は、「ドイツ国とフランス国は、現在和解した」と宣言することに同意したからである。この両国が和解したことは、ヨーロッパと全世界の国々を平和へ向かわせるようである。

もう1つ、この両国は、現在ある両国の国境は、「すでに確定した国境であるとし、今後両国は領土と国境に関する件では争わない」と理解した。

最後に、両大国政府は、「今後互いに何か不都合が生じた場合には、まず会議を開いて解決する」と同意した。

1-7-2 イタリア国

この国の民衆と国会議員は、「チュニジア国とコルシカ[国]をフランス国から取り返す」ことを求めてデモをした。

大フランス国大使はイタリア政府に抗議に来た。この[チュニジアとコルシカの]両国の民衆の方は、イタリア国民の考えに反対であることをわからせる種々のことを示している。

1-7-3 イギリス国

チェンバレン氏は、[チュニジアとコルシカの]両国を取り戻すことを要求するためのイタリア民衆のこのデモについて同意しない。

1-7-4 中国

香港市、<havas>電。中国と日本は、日本と中国間の戦争を和解することを考える会談を続行中である。

中国側は、中国側平和派の代表であり、汪精衛氏の目鼻であるseṅ suṅ miṅ氏が来て、この件を担当して日本代表と会談している。中国の会議出席者の考えは、「まずは何とか話して蔣介石を辞任させなければならない」と考えている。

1-8 nārāda老師のカンボジア国訪問

数年前に、ランカー大陸[＝セイロン島]のnārada老師がカンボジア国王立図書館で僧、優婆塞優婆夷、高級官吏、官吏たちなどの仏教徒たちに説いた、あの美しい清浄な説法を我々はまだ忘れていない。

王立図書館では、「カンボジア国の仏教徒が勉強を続けられるように、パーリ語からクメール語に訳すために」として、師が王立図書館の蔵書にするよう送って来た"dasapāramikathā[十波羅密釈義]"をはじめとする、同老師の業績である注解書をたくさん受け取っている。

クメール国に来て全てのクメール人が仏教を実践しているのを見て、師は大変喜び、さらに師は、「クメール国に仏教が来て、このようにしっかりと存在しているとは知らなかった。以前はこれほどまでとは想像もしなかった」と賞賛した。

同老師は仏教を信じている国を知るために、そしてその国の仏教徒に説法をして衆生を救い、仏教をますますはっきり理解させるために多くの旅行をしている人である。

同老師は知識が多い方で、行動は礼儀正しく謙遜で、戒律をよく守る。王立図書館など、いろいろの所で説法をして衆生を救う時に、説法に金銭を寄進をする人がいると師はそれを[私用には]使わず次の宗教の祭りに寄付なさった。

カンボジア国の仏教徒は、同老師の説法を聞いたり姿を見たりするのを好んでいて、同老師を大変喜んでいる。

今回、同老師がプノンペンに来て1週間余りが経つ。師は仏教の場所をたくさん見に行き、大勢の優婆塞の家で食事をなさった。さらに祭式にも出席なさった。去る12月8日と9日には、paduma寺とsārāvana寺に両派の僧侶長を挨拶に訪れた。

来る12月12日月曜日と15日木曜日には、王立図書館で僧たちを集めて仏教を信じている国々の僧について談話をなさり、それから、クメール人の優婆塞優婆夷に過去、未来、現在の仏教についての討論をなさる。

nagaravattaはnārada老師がカンボジア国滞在中に、健康に恵まれるように尊敬と歓迎の念を持ってお祈りする。

1-9 コーチシナ国への旅行について

私たち、nagaravatta社と友愛会は、1938年11月11日にbraḥ trabāṅ(trāviñ)[注。括弧内はベトナム語名)郡に旅行した。

当日3時半丁度に自動車はプノンペン市を出て、まっすぐsbān ṭaekを目指し、渡った。風景はとても珍しかった。私はバーサック川岸に設置してある<machine> srūv[精米機][注。水車を使用?]が2つ見えた。それを見て私は、「ああ、roṅ <machine>[精米所]だ。あなたたち2人は、昼も夜も食べては出し、食べては出して、満腹することを知らない。あなたは満腹した時には、恐らく国に帰って我々クメール人を想うことはないのだろう」と思った。

そのとき自動車は一生懸命スピードを上げて橋を渡り切り、私はそこの川岸の市場を全部目を凝らして見た。そして、「我がクメール人よ、あなたたちはどこに行って姿を消してしまったのか。ここで他と同じように商売をしているのは目に入らない。中国人とベトナム人ばかりが、大勢にぎやかに楽しく支障なく商売をしている。我が民族がいつまでもこのように考えていると、将来、民族を発展させることがどうしてできようか」と考えた。

そのとき、自動車は一生懸命スピードを上げて braek paṅkaṅ の gagī 村に入った。私は全てを見て、また疑問を持った。「この郡は皆クメール人の<carte>[人頭税カード]料を払っているのではないか。それなのに、一体どうして店の扉は全部漢字が貼ってあるのだ。住民の心がこれを好むのなら構わない。でも、あなたたちはクメール人が好きではないのだから中国人の<carte>[身分証明書]料を払うべきで、そうするのが適切だ」と思った。

そのとき、自動車は braek ?nak lwaṅ[注。「lwaṅ さんの水路」という意味] に入った。私はとても楽しく、そして思った。「lwaṅ さん[?nak]、あなたの肉体は死んでしまったけれど、あなたの名前は今後何千年も生き続ける。このようなあなたの考えは素晴らしい」

自動車が[水路を]渡り終えるとスピードを上げ、すぐにサイゴンに入った。その時、私の友人たちはそれぞれ礼儀正しく宿舎に入った。その夜私は眠れず、とても退屈なので考えた。「クメール人の土地であったこの roṅ ṭamrī のサイゴンは、今は名声を全て失ってしまった。こうなってしまったら、いつになったら生き返るのだろう」

翌朝、日の出で薄明るくなると、自動車はサイゴンを離れ、まっすぐ braḥ trabāṅ を目指した。その道中、私は残すところなく全てを見、そして考えた。「このコーチシナ全土は肥料分があってとてもよい[土地だ]。田や畑や農園にすれば、全て数えきれないほどの収穫がある。この土地は全く惜しい」

その時自動車はbraḥ trabāṅ 市に入った。その時午後3時丁度であった。そこのクメール人の方々は大人も子供も出てきて礼儀正しく親しく出迎えてくれた。その時、あるグループの人が、初めて会ったばかりで楽しく話していた時に、突然涙を流して頬を濡らした。私は疑問に思い、疑問が消えないので訊ねた。「お婆さん、お爺さん、どうしてあなた方はそのように泣くのですか」 彼らは答えた、「孫よ、お婆さん、お爺さんは、今ようやく私たちの仲間のクメール人と会えたのだよ」 その時、私はその答えでは疑問が消えず、さらに熱心に訊ねた。「お婆さん、お爺さん、本当に私たちの民族が懐かしいのですね」 彼らは答えた。「孫や、そうなんだよ」

コーチシナの州と村の名前のリスト

たとえば、昔クメール人が kambaṅ krapī と呼んでいて、ベトナム人が(Ben-nghê)と変え、フランス人が(Saigon)と呼ぶ[ママ]。クメール人は phsār dham と呼び、ベトナム人が(Cholon)に変え、フランス人はベトナム人に従って呼ぶ。クメール人は kambaṅ ṛissī と呼び、ベトナム人は(Bentrè)に変え、フランス人はベトナム人に従って呼ぶ。クメール人は jhœ dāl muoy ṭœm と呼び、ベトナム人は(Thudaumot)に変え、フランス人はベトナム人と同じに呼ぶ。クメール人は brai ga と呼び、ベトナム人は(Giadinh)に変え、フランス人はベトナム人に従って呼ぶ。クメール人は phsār ṭaek と呼び、ベトナム人は変えないでクメール人に従って呼ぶが、(Sadec)と訛り、さらにその後ベトナム人は(An-giaṅ)と呼び、フランス人はベトナム人と同じに呼ぶ。我々クメール人は bodhi lœk あるいは bodhi loka と呼び、ベトナム人は(Baclieu)に変え、フランス人はベトナム人と同じに呼ぶ。jroy dik khmau はベトナム人は訛って kāmau と呼び、フランス人は(Point de Camau)と呼ぶ。クメール人は bām me sen あるいは me saen と呼び、ベトナム人は(Dai ngai)に変えた。クメール人は kramuon sa と呼び、ベトナム人は(Rachgia)に変え、フランス人はベトナム人に従って呼ぶ。我々クメール人は pāy chau と呼び、ベトナム人はクメール人に従って呼ぶが訛って pāy sau と呼ぶ。クメール人は braek ṛissī と呼び、ベトナム人は(Cantho)に変えた。クメール人は māt jrūk と呼び、ベトナム人は(Chaudoc)に変え、フランス人はベトナム人に従って呼ぶ。クメール人は braḥ trabāṅ と呼び、ベトナム人は(Travinh)に変え、フランス人はベトナム人に従って呼ぶ。クメール人は laṅ hor と呼び、ベトナム人は(Vinhlong)に変えた。クメール人は me sa と呼び、ベトナム人は(Mytho)に変え、フランス人はベトナム人に従って呼ぶ。クメール人は kambaṅ go と呼び、ベトナム人は(Trùong-An)に変え、さらにその後(Tan-An)に変え、フランス人はベトナム人に従って呼ぶ。bhnam jœṅ me jœṅは、ベトナム人は(Nui-Baden)と呼ぶ。koḥ traḷāc はフランス人は(Poulo-Condore)と呼ぶ。

概略で
sukhuma

2-1 [44号、2-4と同一]

2-2 [採用]試験を行うこと

コンポン・チャム州では、1938年12月19日午前7時に試験をして村 smien を60名、土地局土地届け受付 smien を40名採用する。

村 smien の俸給は1ヶ月15.00リエルである。

土地局は、1日0.86リエルの日給制で、勤務した日だけ[賃金を]計算する。

受験願書は、コンポン・チャム州庁に遅くとも12月14日に到着のこと。

2-3　［注。見出しはない］

先日、1938年11月26日付の<gazette>［新聞］第96号［1-9］に、我々が<gazette>［新聞］で報道して保護国政府に知らせた lvā aem 郡 sārikā kaev 村 māt krasaḥ 地区の民衆からの訴えがあった。12月6日になると、その民衆たち5、6名が揃ってまたプノンペン市に来て、「州政府は、住民が求めた訴えについて解決するために、職員を派遣して来て調査させるのは見られない」と不満を話した。さらにそれだけではなく、我々は同州同郡の bām okñā uṅ 地区の民衆の訴えの言葉も掲載する。抗議の様子は前と同じである。

nagaravatta 新聞は、カンダール州政府に、どうかこの件を至急正義に基づいて処理するようお願いする。

0の年寅年 migasira 月上弦15日、即ち1938年12月6日、bām okñā uṅ

以下に署名し拇印を押捺した lvā aem 郡（カンダール）bām okñā uṅ 村の住民である私たちは、全クメール人の代表である nagaravatta <gazette>［新聞］社長殿に申し上げます。私たちのために、以下にある話を保護国政府に知らせるために、どうか貴殿の<gazette>［新聞］に掲載してください。

私たちが苦しみ、憤慨している話は全て以下の通りです。

民衆の憤慨

中国人は依然として政府を恐れず、職権を濫用してクメール人に不法行為を行なっている！

私たちは、政府が漁区主である中国人に漁業権を与えた vāl samṇāp 以外の場所、たとえば、この沼からおよそ1,000メートルの距離にある kraham ka、jhuṅ、ṭūn lekha、ū tā huk、jroy dadiṅ thṅai、jroy rāṅ sar、jhūṅ ṭūn mās、さらに koḥ raḥ 村との境までの vāl で、これまでずっと長年の間、魚を捕って食べていて、幸せでした。我々を苦しめ憤慨させる者は誰もいませんでした。ところが、この2、3年の間、この沼の漁区主である中国人が、私たち各人を苦しめ、［魚を］捕って食べられないことを、私たちに憤慨させています。水位が上がって野原一面に広がり、私たちの家の下まで浸水する季節になると、私たちが私たちの家の傍で、ほんの少し魚を捕って食べることも、彼はさせません。彼は、「水が上がって行った所は全て、そこに俺の魚がいる」と言います。「vāl samṇāp 沼の使用独占権を政府が彼に与えた場合に、上に名を挙げた vāl 以外の vāl もなぜ彼は入ることを禁止するのか」と、私たちは大変疑問に思っています。それとも彼は、「彼こそが国の主である」と思っているのでしょうか。それで彼は図に乗って、敢えてこのようにまでクメール人を苦しめるのでしょうか。

彼がこのように民衆を苦しめ惨めにしている件は、māt krasaḥ の民衆が<gazette>［新聞］96号［1-9］に掲載して訴えたのと異なるところはありません。

このことを、私たちは保護国政府の陰の庇護の下に入らせていただくようお願いします。この漁区主である中国人に使用独占権を与えた所をはっきり区別して、今後私たちがそれに従って、以後トラブルを起こさないように、ここからここまで、と杭で境界をはっきりとわからせてください。政府がこのようにして苦しみをなくしてくれず、今後この沼の漁区主である中国人に、このように彼の意のままに職権を濫用して不法行為をさせておくならば、きっと私たちは我慢できません。私たちの苦しみを減らし、納得がいくように政府は早急に措置してくださるようお願いします。

確認のために、私たち大勢は拇印を押捺して証拠に致します。

bām okñā uṅ 村の民衆

3-1　国債 samputra <titre>［証券］が到着した

1938年のインドシナ国防衛国債を購入した皆さんは、それぞれ、国債を購入したインドシナ<banque>［銀行］、フランス－中国<banque>［銀行］とすべての<comptable>［出納係］の事務室（プノンペン財務局と州財務局）に<titre>［証券］を受け取りに行ってください。

国債を購入した人は、samputra <titre>［証券］を受け取るために、国債を購入した時に発行された領収証を持って行って提示しなければなりません。100.00リエル<titre>［証券］には2.50リエルの<titre>［券］、1,000リエル<titre>［証券］には25.00リエルの<titre>［券］がついている利子を受け取るための国債証券の［利札］部分は、<titre>［証券］を受け取った場所で12月1日から利子の支払いを受けること。

3-2　［広告］［仏語］　1938年12月6日、プノンペン

［注。写真が1枚あり、本文中にその説明がある］

［ク語］　私は、名は ḍin-thān で、lœk ṭaek 郡 kambaṅ kuṅ 村 braek ph?āv 地区で畑作をしています。私の妻の名は nāṅ {swn}では結婚して長く経ちますが子がありません。［妻は］経血が苦しめ、痩せていて、鳩尾に熱があり、虚弱で食べられず不眠症でした。私は多くの医者の薬を探して買いました。私の家に薬を持って来て買わせた人もいましたが

1度も効きませんでした。その後、sīv-se 医師が kāp go 市場の sīv-pāv の薬、即ち月経不順の治療薬1号と経血を増やして妊娠させる薬を持ってきてくれました。この薬は本当によく効きます。私は購入して妻に服用させ、月経が規則的になり、肉が付き、太って病気は治り、さらに妊娠しました。私は sīv-se 医師の恩を思い、彼の写真をもらって、<gazette>[新聞]のページに掲載して、皆さんにこの写真が sīv-se 医師の写真であることをはっきりと示します。以前、sīv-pāv の薬を売ると偽って、sīv-pāv の薬ではない薬を売る人がいたからです。

3-3　1939年1月15日から設置される、自動車の preṅ <essence>[ガソリン]代用の木炭[販売]倉庫のリスト

州	市	販売人名	倉庫所在地
カンダール	bhnam beñ	ūtū hāl 商会	<galieni>路
同上	同上	森林局	<armand rousseau>路186号
スヴァーイ・リエン	svāy rieṅ	<résident>[弁務官]庁	<résident>[弁務官]倉庫
ター・カエウ	tā kaev	森林局	森林局
同上	trām kak	同上	同上
カンポート	kambat	同上	同上
同上	同上	ūtū hāl 商会	pārī 路
同上	kambaṅ trāc	森林局	森林局
同上	srae ampil	同上	同上
コンポン・スプー	kambaṅ sbww	同上	同上
コンポン・チナン	kambaṅ chhnāṅ	同上	同上
同上	kambaṅ traḷāc	同上	同上
ポー・サット	bodhi sāt	同上	同上
バット・ドンボーン	pāt ṭampaṅ	同上	同上
同上	sirīsobhaṇa	同上	同上
シエム・リアプ	siem riep	同上	同上
同上	kraḷāñ	同上	同上
コンポン・トム	kambaṅ dham	同上	同上
同上	kambaṅ thū	同上	同上
コンポン・チャム	kambaṅ cām	?iṅ-jīv-seṅ	同上
同上	同上	ūtū hāl 商会	faerœ 路10号
同上	同上	森林局	森林局
同上	sgaṅ	?iṅ-jīv-seṅ	<colonial> sduon路、sgaṅ の北約4キロ
同上	danle pid	sū-suṅ	danle pid
同上	tā hǖ(kraek)	同上	<colonial>路22号、kraekの東北約2キロ
コンポン・チャム	me mat	森林局	森林局
同上	trabāṅ phluṅ(sā māt)	dhuk giñ	<colonial>路22号、コーチシナとクメール国との分岐路の北2キロ
同上	braek kak	森林局	森林局
クラチエ	kraceḥ	同上	同上
同上	chlūṅ	同上	同上
ストゥン・トラエン	sdiṅ traeṅ	同上	同上

[注。上のリスト中の「森林局」の後に「＊」印がついているが省略した]

その他、「＊」がついている倉庫は政府のものであり、まだ木炭製造所がない所、あるいは売る木炭が商店にない時に、自動車が使うための木炭があり、その他の地区の価格で売るために木炭を集積してある所である。

3-4　インドシナ国政府宝籤

1938年12月7日抽籤。第3回、第3次

末尾が17と66の数字がある籤は、いずれも10リエルに当たり。

末尾が184と018の数字がある籤は、いずれも25リエルに当たり。

末尾が000の数字がある籤は、いずれも50リエルに当たり。

80本が100リエルに当たり、番号は、

[6桁の番号が80個。省略]

16本が500リエルに当たり、番号は、

[6桁の番号が16個。省略]

8本が1,000リエルに当たり、番号は、

[6桁の番号が8個。省略]

509,022の番号の籤は4,000リエルに当たり。

3-5　[広告]　sīv-pāv 薬店　(kāp go 市場)

店は、プノンペン市 okñā um 路47号。

血液の病気、痰が出る咳、結核の病気がある皆さんにお知らせします。もし皆さんが私の店に来て、私に診察させ、質問させることができない場合には、手紙を書いて、咳から始めて、何が原因で咳が始まったか、－咳がある人は子供か大人か、男か女か、－排便は1日に何回あるか、－便秘していないか、などをすべて述べ、それから痰をビンに吐き、しっかり栓をして私に送ってください。私が検査してみて、どの薬を買うといいかを考えてあげます。

もし皆さんが『性』病か、その他の病気にかかっていたら、もし私の店に来たら、私が綿密に診察して質問して、それから薬を売ります。もし別の人に頼んで買いに来させる場合には、その人に症状を詳しく話して、患者に関して便秘か下痢か、患者のことがよくわかるようにしてください。brah kaev 寺の前の物産展市祭りの時には、私は出店しません。なぜなら大勢の人が集まると症状を詳しく診察することができないと理解するからです。もし皆さんが用があったら、私の店に来てください。診察するための気持ちがよい部屋があります。

3-6 ［広告］［価格が1,200リエルに値下げされた以外は、86号、3-2と同一］

3-7 ［96号、3-6と同一］

3-8 ［絵が少し変わった以外は95号、3-4と同一］

3-9 ［84号、3-10と同一］

3-10 ［97号、3-4と同一］

3-11 農産物価格

プノンペン、1938年12月9日

［「サトウヤシ砂糖」はない］

籾	白	68キロ、袋なし	3.50 ~ 3.55リエル
	赤	同	3.0［ママ］~ 3.25リエル
精米	1級	100キロ、袋込み	10.45 ~ 10.50リエル
	2級	同	9.35 ~ 9.40リエル
砕米	1級	100キロ、袋込み	7.40 ~ 7.45リエル
	2級	同	6.10 ~ 6.15リエル
トウモロコシ	白	100キロ、袋込み	［記載なし］
	赤	同	7.30 ~ 7.50リエル
コショウ	黒	63.420キロ、袋込み	18.50~18.50［ママ］リエル
	白	同	28.50 ~ 29.00リエル
パンヤ	種子抜き	60.400キロ	37.50 ~ 38.00リエル

＊プノンペンの金の価格

1 ṭamliṅ、重量37.50グラム

1級	150.00リエル
2級	145.00リエル

＊サイゴン、ショロン、1938年12月8日

フランス籾･米会社から通知の価格

ショロンの<machine> kin srūv［精米所］に出された籾 1 hāp、［即ち］68キロ、袋込みの価格は以下の通り。

籾	最上級	4.40 ~ 4.44リエル
	1級	4.24 ~ 4.28リエル
	2級　日本へ輸出	3.99 ~ 4.03リエル
	2級　上より下級、日本へ輸出	3.95 ~ 3.99リエル
	食用［国内消費?］	3.13~3.47［ママ］リエル
トウモロコシ	赤　100キロ、ショロン県マッカサンで売り渡し。	7.75 ~ 7.80リエル
	白　同	7.95 ~ 8.00リエル

米（10月［ママ］渡し）、港渡し、袋込み、税抜き、1 hāp、［即ち］60.7キロの価格は以下の通り。

精米	1級、砕米率25%	5.43 ~ 5.47リエル
	2級、砕米率40%	5.23 ~ 5.27リエル
	同。上より下級	4.88 ~ 4.92リエル
	玄米、籾率5%	4.28~4.27［ママ］リエル
砕米	1級、2級、同重量	4.48 ~ 4.52リエル
	3級、同重量	3.68 ~ 3.72リエル
粉	白、同重量	3.10 ~ 3.14リエル
	kāk［籾殻＋糠?］、同重量	1.80 ~ 1.90リエル

4-1 ［11号、3-2と同一］

4-2 ［44号、4-6と同一］

4-3 ［97号、4-3と同一］

4-4 ［11号、4-2と同一］

4-5 ［20号、4-6と同一］

4-6 ［8号、4-3と同一］

4-7 ［44号、3-3と同一］

4-8 ［73号、4-6と同一］

4-9 ［33号、3-4と同一］

4-10 ［90号、4-2と同一］

4-11 ［48号、3-8の終わり近くの「70メートル」が「10メートル」になっているだけである］

4-12 ［89号、3-4と同一］

4-13 ［96号、4-10と同一］

SAMEDI 17 DECEMBRE 1938
CIGARETTES
JOB
LE PAQUET VERT
Vendu 5 cents
Nagara vatta
COFAT
CIGARETTES
La meilleure cigarette Indochinoise
Le Paquet vendu 5 cents
Directeur
PACH-CHHŒUN
HEBDOMADAIRE PARAISSANT TOUS LES SAMEDIS
(Boite Postale N° 44)

第2年99号、仏暦2481年0の年寅年 migasira 月下弦10日土曜日、即ち1938年12月17日、1部8セン

［仏語］ 1938年12月17日土曜日

1-1 ［仏語で「私書箱 No.44」と「社長、PACH-CHHŒUN」が加わった以外は8号、1-1と同一］

1-2 ［デザインが少し変わった以外は8号、1-2と同一］

1-3 ［デザインが少し変わった以外は8号、1-3と同一］

1-4 ［8号、1-4、1-5と同一］

1-5　我々クメール人は本気で目を開かなければならない

クメール国にいるベトナム人たちが、同じベトナム人である弁護士に頼って、「クメール国内の他の民族について」の話について、nagaravatta <gazette>［新聞］に反論してきた。その内容は、「クメール人は働くのを面倒くさがる、あるいは自分の仕事をする能力がない。それゆえベトナム人が来てクメール人の代わりに仕事をしている。クメール人は金がほんの少しあれば、食べて使うことと、毎年毎年寺に行って祭りをたくさん行うことしか考えない。その結果、金が沢山かかり、さらにますます貧しくなる。国を栄えさせるためになることは、クメール人はあまりしようとしない。そしてクメール人はいつも、『自分たちが国の主である』ということを引き合いに出して言ってばかりいる」である。

ベトナム人たちがこのように言う言葉は大変疑問がある言葉である。観察して、「現在我々クメール人は仕事が十分にできない。仕事を全力では行わないし、他と違って、『金持ちになりたい』と思わない。楽しむ方面のことしか考えないことが多い。即ちこれが国を簡単に破滅させる原因である」と理解しているからである。ベトナム人がこのように敢えて大きな声で言うのは、証拠になる見本をはっきりと目にしているからである。たとえば、昔はクメールの領土であり、滅びてベトナムになったコーチシナ国や、ユダヤ系ドイツ人が戦う必要なしに、簡単に滅ぼしてドイツ国に併合してしまったチェコスロバキア国などである。

それゆえ、我々はクメール人全ての心にお願いする。一生懸命しっかりと働いて生計を立ててほしい。40年から50年前のように、国がまだ生活が楽であったころのように、何もせずに成り行きにまかせてはいけない。どの国の国民も、生命を養う、即ち生きていくことは、外部の口だけでなく内部の心でも国を愛することと、一生懸命本気で働いて生計を立てることに依らなければならず、寝て前世からの幸運を待っていてはいけないことは確かだからである。

我々が敢えてこのように言うのは、我々は我がカンボジア国の未来がはっきり見えるからである。もし我が民族が今後もこのまま成り行きまかせにしていて、手をゆるめていたら、我が国はまもなく、恐らく20年もすれば本当にコーチシナ国のように滅びて第2コーチシナ国と呼ばれることになり得るのである。このようにはっきりわかるから、我々は恐れてパニックをおこして金切り声を出して大声で叫び、以前の<gazette>［新聞］の中で同胞である国民に注意し、さらに保護国政府に、しっかりとカンボジア国に助力して支援して、速く発展させて欲しいと願ったのである。我々が我が国に関して恐れている力は、クメール人が我々に怒るとか喜ぶとかいうことを考えているのではない。

どの国でも、同じ民族である人がその民族の大衆に助力して支援することをせず、自分の一族の発展だけを考え、全国民を発展させることを考えなかったら、その国は必ず滅びることは確実である。一方、我がクメール国の方はとても長い間滅びそうな様子を示してきている。見なさい、財産を沢山持つクメール人で、我々の顔見知りの人は誰も名誉官吏に任命されていない。あちらから来た他民族、あるいはここに住んでいる他民族ばかりの数え切れない人数が高級官吏をしていて、grwaṅ issariyayasa (<médaille>)[勲章]を授かっている。これは何によるのか。

一方、我々の方は、これとは違って自分の利益は考えていない。我々は当然、我々と同じクメール人である我々の王を本当に愛し、恐れ、尊敬している。我々は陛下のクメール政府と、さらにはクメール政府の高級官吏も官吏も愛する。我々はこのカンボジア国で生まれ、そして住んでいるクメール民衆を愛し、近隣の発展している国と同様に、発展させ、知識を持たせ、āriyadharma (sīviḷai)[文明]を持たせたいと思っている。

我々が王を愛しているということの確かな証拠は、クメール正月、陛下の誕生日の物産展市祭、などの年中行事があるたびに、我々は神に、「国王がカンボジア国を統治し、カンボジア国民に幸福と発展をもたらしてくださるために、百年以上の長寿が授かるように」と祈っていることである。我々がこのように一生懸命まじめに仕事をしているのは、私の考えでは「子や孫が繁栄すれば親も引き続いて繁栄する」と考えるからである。国の民衆が知識を得たら、外国は、我々の父母である国王陛下をますますさらに強く恐れ敬う。シャムの<gazette>[新聞]が、我が国王陛下の威光を見下す誤りの報道をした時、我々は反論し、抗議して、「その<gazette>[新聞]は我が国王に関する誤りの報道をしたのは事実である」ことをはっきり示した。

劣っていこうとする我が国は、今突然、その結果を出したのではない。即ち既にずっと以前にその原因が現れているのである。以前、aṅga ṭuoṅ 王は、「クメール官吏の子を、フランス国などのヨーロッパ諸国にあらゆる学問を学びに行かせ、その結果我が国を発展させる」という官吏の願いに王は賛成した。当時大蔵大臣殿をはじめとして大臣殿たち全てが、「フランス国に学びに行くのは費用がたくさんかかる」と言って反対した。それでシンガポールにだけ勉強に行かせることで合意した。即ち最初に同国を支配したポルトガル人から学問を学ばせたのである。

suvaṇṇakoṭṭha 王[＝ノロドム王]の治世の末期に、王は大小の官員全てに、「お前たちはよく見ていなさい。余が亡き後は、我が国は確実に滅びる。[今は]寝ている外国人が来てクメール政府内を支配するからだ」と仰せになった。それらの官員はまだ死んでいない。現在まで覚えていて、[その言葉に]照らし合わせて、「[王の言葉が]真実で正しかった」とわかったのである。

我々は現在自分の利益を考えずに仕事をしている。即ちカンボジア国の政府に幸福があるように、カンボジア国の全ての国民に発展があることを望んでいる。民族を憎み、我々を憎んで何らかの罪を見つける者がいても、我々は悔しくは思わない。我々は民衆の利益のために仕事をした。即ち民族を発展させるという素晴らしい義務を果たしたからである。

nagaravatta

1-6　諸国のニュース

1-6-1　フランス国

フランス国首相であるダラディエ氏は、政府とthaukaeと商店主たちに反対してストライキをしている労働者たちについて相談するために議員たちを招いて会議を開いた[＝議会を開いた]。ダラディエ氏は、労働者たちが騒いでストライキをした時に、安寧を守るために、氏が政府として講じた措置について議員たちに説明した。

財務相である pūl rāyṇūd 氏は議員たちに、「もし政府が増税し、労働時間を増す措置をとることを承認しなかったら、恐らくフランス国は、時勢に遅れないように、隣国のように国を発展させることはきっとできない。それゆえ、国民全てにお願いするが、政府が決めたことに対してストライキをするべきではない。我々は外部の敵が侵略して来ることができないように敵を粉砕するために、考えを1つにして協力して、経済の面でも精神的な面でも国に力を持たせなければならない」と説明した。この後、ダラディエ氏は、「国全体の中で、現在の氏の政府の考えに賛成する意見があるか、それとも何らかの反対意見を持ち、氏を辞職させ、新しい内閣を求めるのか」を明らかにするために、議員たちに投票を求めた。政府に賛成する票数は315票、反対する票数は241票、自分はどちらにも与せず、沈黙を守るべきだと理解する票数は53票で、ダラディエ氏の政府が下院で勝利したことがわかり、決定した。ストライキを行った労働者たちは静かになり、一部は働きに戻った。

リヨン、モンペリエール、ḍīsuṅ、アルジェなどのイタリア国境に近い県都では一般住民と高等教育校の学生たちが集まり同意して、イタリア国に、「イタリア国がチュニジア国、コルシカ国を要求することを考えているが、フランス国は与えることはできない」という自分たちの考えを示すためと、フランス政府に、「政府は一生懸命これらの国の利益を守るべきである」ということをはっきり理解させるために道路を[デモ]行進した。

1-6-2　イタリア国

イタリア国では民衆が、チュニジア国とコルシカ国をフランス国から要求するだけでなく、手を伸ばして、アビシニア国における大フランス国の港であるジブチ県を得たい、としてデモをした。そしてさらに、「自分たちは braek (Canal de suez)[スエズ運河]、即ち東洋に来るヨーロッパ諸国の船が出入りする道である運河における諸国の権限を改正することを求める権利がある」と大声で叫んで抗議した。

この件は、観察するに、ムッソリーニ氏はヒットラー氏の考えを真似しようと考えていることがわかる。しかし見る所、これは容易なことではない。なぜならチュニジア国とコルシカ国の国民は、オーストリア国とチェコスロバキア国の国民と同じではないからである。見る所、恐らくムッソリーニ氏はヒットラー氏と友好を結べば利益があると思ったが損をした。それで急いであちこちを見回しているのではないか。自分はヒットラー氏に泣きつくことはできない。なぜならば現在のヒットラー氏は、十分な分け前を得、さらにドイツ国は一転して大フランス国と和解したからである。フランス国と争いを起こしたいムッソリーニ氏は、現在恐らく snūl <berlin-rome>(Axe Berlin-Rome)[ベルリン―ローマ枢軸]にひびが入ったので、自分がいま、さらにどの国に求めればいいのかがわからないのである。

いくつかの<gazette>[新聞]は、「イタリア国がフランス国の国土を取ろうとして反対しているのは、これらの国を得ることを望んでいるのではなく、自分がこのように騒ぎを起こすと、近くの国々が、たとえば samudra <méditerranée>[地中海]中の pale?ā 島を与えるとか、スペイン国の反乱派に、この派は自分の仲間であるから、政府の資格を与えるとかなどの別の利益が得られることを期待している」と述べている。

1-6-3　イギリス国

イギリスの下院本会議場で、イギリス首相であるチェンバレン氏は、イタリア国民が不法に大フランス国の領土を要求してデモをした件について、議員から氏の意見を質問された。これについてチェンバレン氏は、「このようなデモは4大国(フランス、イギリス、ドイツ、イタリア)に、ミュンヘン市で4大国が合意して<signer>[署名し]た意図の通りに平和を求めるために協力するのを困難にする」と答えた。

もう1項、「イタリア国が大フランス国に宣戦布告した場合、イギリス政府はどう考えるか」という質問があった。これについてチェンバレン氏は、「イギリス国はフランス国とは、『フランス国がイタリア国と戦う場合は、イギリス国は軍を出してフランス国に助力する』という協約を結んではいない。しかしイギリス国は、フランス国の国土を現状のように守ることに助力するべきであると決めている」と答えた。

1-6-4　ドイツ国

ヒットラー氏は、フランスの北方のヨーロッパの国である(リトアニア)国内のメーメルという名の県を取ろうと熟考している。イギリスは大使に命じてドイツ外相に抗議に行かせた。しかし、見た所、形だけの抗議のようである。メーメル県もいつの日にかドイツのものになるであろう。この県にはドイツ人が多数居住していて、現在自分たちの代表を多数選んでおくことにより、公務を司らせているからである。

1-7　土曜評論

nagaravatta は重病で、内部の幽霊が外部の悪霊に手を貸して襲わせている

kambuja barṇaṭamāna <gazette>[新聞]は、「nagaravatta は臨月の女性である。そしてその腹の中には不時の死を遂げた人の霊が卵を生んでいる」と言っている。nagaravatta がそのような重病であったのは事実である。しかし今は出産が終わり、四肢が普通の人とは異なる子が生まれた。nagaravatta の家族はこの異常な子が生まれたのを見て、占星術師に占ってもらいに行った。占星術師が[生年月日時間などの]運命を定める数字を計算して占って、「この子は凶悪である。家においておくと母親が死ぬ。母親をおいておくと子が死ぬ」と予言した。

話がこのような場合、皆さんはどちらをとって、どちらを捨てるべきだと理解しますか。

1-8　我々は、コンポン・チャムの我々の<gazette>[新聞]の読者の1グループから、以下のような手紙を受け取った

nagaravatta roṅ <gazette>[新聞社]社長に申し上げます。

あなたの1938年11月26日付<gazette>[新聞]96号[1-6]の知らせでは、「サイゴンでの総督府代表と議論し反対して望みを果たした、即ちベトナム人を国の主の所有物であるカンボジア国内に入って来させて住まわせることに同意しなかったカンボジア国代表の方々をとても嬉しく思っている。nagaravatta はクメール人である友人たちを誘って、このクメール国代表の方々とクメール政府の大小の官吏である友人たちのために、感謝を込めてプノンペン市でパーティーを開きたい」ということであった。

それで私たち、コンポン・チャムの友人会のメンバーたちはとても喜び満足して、各人3リエルのパーティーの費用を tārā 号の船主である bum さんに頼んでパーティーの前日に届けてもらった。しかし、その金は、nagaravatta の社長に会えなかったと言って、私のところに帰ってきた。私自身と友人会のメンバーはそのパーティーの日にプノンペンに下った。しかしパーティー会場は全く静かで何の準備もされていなかった。そして、「人が集まらないからパーティーは行われない」と人に言われて、[パーティーの中止を]知った。nagaravatta がこのようにしたことは全く不都合である。遠方に住む人々に苦労をかけるし、たくさんの損失を蒙らせるからである。我々各自は少なくとも1人あたり10から20リエルを費やし、全てを合計すると200リエルを下ることはない。

コンポン·チャムの他の場所も集めると何千リエルにもなる。実にもったいないことである。もう1つ、nagaravatta が広報するのが[パーティーの]日に近すぎる。地方の人は<gazette>[新聞]がなかなか到着しないから、知るのが遅くなる。今回の集まりができなかったのは、我々にささやいた人がいたが、それは事実であるか事実ではないかは推測するべきではないが、「偉い人、ただしこれはフランス人ではなくてクメール人であるが、先の11月……[注。伏字]……日の<gazette>[新聞]中のnagaravatta の口調を不愉快に思った」と言う人がいる。本当に不愉快に思ったのだろうか。

それゆえ、私は私が非常に気に入っているものである nagaravatta に注意する。nagaravatta は状況をよく見極めてほしい。なぜならば、我が国は主人は1人しかいないのは事実であるが、実は2人いるようなもので、我々は自由を持つことが困難で、幸福と発展を得ることがなかなかできない。我々に苦しみがあって、主人殿の所に行って解決してもらおうとしても、どちらの主人殿に先に行けばいいかがわからない。なぜならば、たとえば、先祖の霊の親分は、諸氏が来ると、「kandoṅ khiev[注。悪霊の1種]は『呪術師の王がした』と言った」と言う。呪術師の王が来ると、「かまどの神がした」と言うようなものである。国の頼り所も、この先祖の霊[の親分]といくらも違わない。我々の病気が治ると、彼は、「助けて治してやった」と言って恩に着せる。我々が死ぬと、彼は[責任を]否定する。

nagaravatta も既に知っているはずであるが、クメール人の会社は、プノンペン、プレイ·ヴェーン、コンポン·チャム、jroy ā uk の4ヶ所で解散して姿を消してしまった。今はnagaravatta ただ1つだけがあり、灯となって声を出して、クメール人を目覚めさせ、今起こっていることを見させようとしている。私は、nagaravatta は石で造られていて、今後永久にしっかりと存続することと信頼し、期待している。しかし、石を切って破壊できる鉄があり、鉄を燃やして溶かすことができる火があり、最後に火を消すことができる水があるから、nagaravatta は気を付けなければならない。冷たさが、熱さ、固さ、丈夫さをどうにでもできるのである。我々はこの冷たい道を歩くべきである。そうでない場合には、具体的な事柄を挙げて説明する策を使って、過去の悪人と善人の例を使って証拠にして、徳と罪とを示すほうが、現在いる人を直接指すより良い。たとえば、知恵が沢山ある良い人と悪い人の2人について、種々の方法で良い人の徳をほめて悪い人に聞かせれば、頭が良い人は恐らく自分が悪いか良いかに気づく。鼻声で発音がはっきりしない人を見て、あからさまに「発音がはっきりしない人」と呼んではいけない。彼はひどく立腹する。

nagaravatta は中国の歴史や我がカンボジア国の歴史の中の話を観察してほしい。きっと「たとえ」として使うことができる。たとえば中国の大明国の hai suy と ṅiem suṅ という善人と悪人の話は最も良い話である。これらの話を<gazette>[新聞]に時々掲載するべきである。あるいは昔のクメール人の高官の話には、aṅga eṅ "braḥ narāyana rāmā"王[=アン·エン王]の義父[注。婚姻によるのではなく約束での]であった samtec cau fā puk の話がある。この方はクメール国を治める公務が与えられていた。しかし、氏が公務について話すときには、常にまだ少年であった[注。6歳で王位についた] aṅga eṅ 王を抱いて氏の膝の上に座らせた。氏は何かを命令するときには常に王の言葉として命令した。王は幼くて何もわからなかったから、氏は国に対して忠義でなく、王位を自分に与えることが可能であったにもかかわらずである。

その後、aṅga ḍuoṅ [ママ。「aṅga ṭuon」が正しい] 王の治世の初期に、私は名前を記憶していないが、忠義な高官がいて、国を守る学問知識を得るために、王族をヨーロッパに言葉を学びに行かせることを進言した。王は同意したが、大蔵大臣殿をはじめとして大臣たちが、「フランス国は食べ物が高い。ニワトリ1羽が3リエルもする」と言って反対した。それで王は高官の子をシンガポールに留学させなければならなくなった。saññā <convention protectorat français>[ママ。条約と協定を混同している][フランス保護国条約]を締結する前に、vipula paen <catholique>殿の子孫はポルトガル語などしか知らなかった。[aṅga ḍuoṅ 王の]治世の後期には忠義な高官、即ち "tuṅ jhin[注。潮州語の「忠臣」]" は gal 太政大臣、即ち muṅterū しかいない。氏は[人を]高官に任命することによる賄賂を受け取ろうとしなかった。しかし王が、「今は皆が受け取っている」と言って賄賂を受け取るよう命令したので、受け取った。この高官の忠義さは、自分の息子、娘でさえ、特に目をかけてその学問知識の徳以上の地位を与えるということをしなかったことにある。息子の1人である rwaṅ は、いつまでも nāy {rwaṅ}で、コウノトリやペリカンを銃で撃って捕る生業が生命を養う道であった。この方が亡くなった時、妻子に残した財産は全くなかった。欲で貯めていなかったからである。

たとえば、ポアンカレー氏はフランス国首相に昇任した時に、氏の兄の1人に、「私がこの高位にある間は、兄さんは何にも昇任するべきではありません」と告げた。氏は、「自分の兄弟に目を掛けた」と非難されたくなかったからである。

『tuṅ jhin[注。潮州語。「忠臣」]) である高官は自分のための財産を望みはしない。貧しい高官であった hai suy は宰相の地位に達しても依然貧しかった。職を辞して故郷に帰り、[役人が]民衆に不正をして怒らせている[民衆の]恨みを知ると、hai suyは物を売って得た金を食費にして、王に申し上げて dier gww cier を処罰させるために都へ行き、王が信じるまで長い時間をかけた。あるいは日本を救って文明化した日本の太政大臣である（オートモ）は、路上で悪人に刺されて亡くなった時には、200円しか残さなかった。

現在［国民が］互いに心を1つにまとめ合わせている国は、世界に日本国1国しかない。この結束は素晴らしく、数年前の長者の話がある。家が海岸にあり、潮の干満の時刻を確実に知っていた。ある日、住民たちが男も女も千人以上が引き潮の時に海岸にカニや貝を拾いに行っていた。その長者はその人たちに、潮が満ちてきて人々が皆水に沈む恐れがあるからと言って止めても耳を貸さないだろうと思って［ママ］、自分の財産を入れてある倉に火をつけた。するとカニや貝を拾っていた人たちは［長者の］家が火事になっているのを見てカニや貝を捨て、揃って火を消すのを手伝いに来た。その家の前まで来た時に、水が皆の背中まで上がってきた。その長者は、「皆は火を消すのを手伝ってくれなくても構わない。私が私の家に火をつけたのだ。皆の生命を助けるためだよ」と言った。人々は、「もし走って来なかったら満潮の水に沈んで皆死んだに違いない。これが人や動物の命を救ったのである」と気がついた［以上はママ。実は「津波」。執筆者は津波を知らないのでこのように理解したのであろう。なお1960年代の小学校の教科書にこの話が記載されていた］。それで皆はお願いしてその長者の写真を撮り、崇める対象にして今日に至っているという。彼らの国の法律は特別で、火事を見つけたら、死ぬほど忙しくても、まずは火を消すのを手伝いに行かなくてはならない。そうしなかったら重罪に問われる。

nagaravatta は何らかの策を探し求め、クメール人に結束してこの<gazette>［新聞］が民族を助けるためにずっと存続するように助力させるべきである。即ち現在のように言い続ける任務を持つこと、それと印刷会社を持って、俗世方面と仏法方面の［教訓］話を出版してほしい。そうすればクメール人は発展し滅びることはないであろう。行動の指針や考えの指針の話は、作ることができる人は多数いるだろうが、クメール人は前よりもますます話を読むのを好むようになり、この<gazette>［新聞］をも多くの人が読みたがるようになるであろうから、費用よりも許可の点で障害が起こるだろう。

私たちが上に、「なにか不愉快を感じた偉い人がいる」と述べたことは、この情報は地方のあらゆる所に広がっているから、事実のようである。もう1つ、nagaravatta が以前言ったことは、「民族を救いたい」と思っているから、善意で直言したものであって、その偉い人を侮辱するものではなかったのであるから、偉い人は立腹するべきではない。

地方に住む我々全ては、この<gazette>［新聞］が滅びないようにし、カンボジア国を発展させるために明るく照らしている光にするために助力しようとしている。我がクメール国には照らしてくれる<gazette>［新聞］がなかったから、このようにとても劣っているからである。

地方に住む我々全ては、前もって念を押しておく。nagaravatta がまた人を呼び集めたい時には、時日をはっきり決め、今回のように費用を無駄にさせないでほしい。そして1ヶ月から少なくとも20日前に知らせてほしい。

地方に住む我々全ては、「一生懸命働いて生計を立て、一生懸命勉強して近隣の国のようにカンボジア国を発展させよ」と言ってnagaravatta が目覚めさせる説明を大変喜んでいる。我々はnagaravatta が第1号を出してからずっと、気に入らなかったことはない。nagaravatta は自分の利益は考えずに、本当に国民のため、国のためになることをしているからである。

仮に誰かが何らかの罪を見つけてnagaravatta が進むのを妨げる人がいたら、地方に住む我々全てが保護国政府に謝罪するか、あるいは罪を許すよう抗議して助力する。カンボジア国のための我々の光、頼り所として存続するようにである。もしnagaravatta を失ったら、我が国は夜のように暗黒になり必ず滅びるであろう。

コンポン・チャムのnagaravatta <gazette>
［新聞］読者グループ

2-1　［44号、2-4と同一］

2-2　我々は、我々の<gazette>［新聞］に掲載を求め、「責任を取ることは私たちにある」という手紙を1通受け取った。それで、その言葉に従って、何らの変更も加えず、以下の通り掲載する。

私たちは名を tes-hān と srī phlat と言い、シエム・リアプ州に住んでいます。大小全ての官吏と、クメール人である兄弟姉妹と叔父叔母に申し上げます。

私たち両名は、1938年11月26日付<gazette>［新聞］第96号、2ページ［2-3］の、「バスがプノンペン－シエム・リアプ路線に入ってきて走っている」という記事について反論します。この件は、全クメール国の皆さんは、私たち2名が自動車を持っていて、プノンペンからシエム・リアプまでバスを走らせて商売をしていることに疑問を持たないでください。誰か中国人がいて手を引いて道を示してくれたのではありません。即ち長年自動車で生計を立ててきた私たちの考えからです。さらにしばしば<gazette>［新聞］を読み、nagaravatta は、「クメール人は中国人と同じように大きい商売をして生計を立てることを学べ」と、クメール人を目覚めさせ注意する親切心を持っていることがわかります。もう1つ、シエム・リアプ kambaṅ ghlāṅ 郡の会社はクメール人と混血の中国人が大勢自動車で商売をすることができ、pārāy 郡の中国人から1つの路線の半分を奪い取っています。即ち1日は1人が走らせます。私はこの会社ができて、必ずクメール人に幸せをもたらす」ととても喜んでいました。

ところがこの会社は転じて純粋クメール人を嫌います。「純粋クメール人は無学無知で、クメール人と混血の中国人のような知恵を持たない」から純粋クメール人である私たちが出資することを拒否しました。それゆえ私は、バット・ドンボーン[州]maṅgalapurī 郡の lī-duy を誘って小さい会社を作り、バスを買いました。これらのことは全て、商売をすることを学び、生計を立てることができるようになり、クメール人と混血の中国人と同様に知識を得て、純粋クメール人を見下させないようにするためです。

『項1』「我々が出資し合って、中国人からクメール人に帰化した人であるシエム・リアプの元華僑会長と共に、シエム・リアプープノンペン路線にバスを走らせている」という話は、<gazette>[新聞]の中で言っている通りではありません。私たち3名は以前から自動車で生計を立てていて、新しい自動車と古いのとは7、8台持っています。

『項2』 <gazette>[新聞]が言っている、「我々がシエム・リアプの元華僑会長と共同出資して彼を代表にしている」というのも、元華僑会長が我々の代表になってくれるのなら何の異議もありません。

『項3』 kambaṅ ghlāṅ の会社は、まだ pāray の華僑会長と競走をしていた時は、[バスの]乗車料は安かったのですが、中国人と合意が整うと直ちに値上げしました。このようなことをどう考えますか。

『項4』 神の耳、神の目を持つ神様、今後長く繁栄するように nagaravatta roṅ <gazette>[新聞社]の事業に助力支援してください。編集する方々社長も全て良い人で、誰かを嫌い、誰かを愛するということをせず、全てに公平な人たちばかりだからです。

シエム・リアプの純粋クメール人、<signer>[署名]

3-1 [広告] 友好団結会社

理髪会社が、来る12月20日に理髪を始めます。(店はプノンペン<ohier>路109号)

皆さん、調髪に来て民族に助力し支持して発展させてください。

3-2 braḥ mahābrahmamunī (eṅ)[ママ。この記事の末尾は「ik-eṅ」] の遺骨納骨式のお知らせ

皆さんにお知らせいたします。

私たち弟子は、padumavatī 寺で braḥ mahābrahmamunī 師僧の納骨式をいたします。

pussa 月上弦13日(1939年1月3日)に式を始め、pussa 月上弦15日(1939年1月5日)に式を終わります。

このことに、私たちは、王族と優婆塞優婆夷の皆さんに式に参列して喜びを共にしてくださるようお招きいたします。

braḥ samuha iddhi okñā sūgāvinicchaya {deba-peṅ}、

braḥ sudibbamantri {deba-cheṅ}

[注。写真があり、その下に]

braḥ mahābrahmamunī {ik-eṅ}[ママ。この記事の冒頭は「ik」がない]の写真

3-3 1938年インドシナ国防衛国債<titre>[証券]の売買について

国民は、正しい売買の方法に従って利益を上げるために、この<titre>[証券]の売買に注意すること。悪い者がいて安く買って高く売ろうとしているからである。この<titre>[証券]に関する1938年12月13日の法律では、価格は90.50(905)リエルで、さらに初回の利子は2.50リエルがつく。

この<titre>[証券]の売買契約書は、phḍaḥ <banque franco-indochinois>[フランスーインドシナ銀行]と phdaḥ <banque indochine>[インドシナ銀行]で、法律に従って正しく作成されたものを引き受ける。これらの phdaḥ <banque> caṅ kār[銀行]がない地域では、財務局官員が phdaḥ <banque>[銀行]の代わりに売買を引き受ける権限を有する。

この<titre>[証券]の売買に関する手続きと、その他のことについて知りたい人は財務局官員に訊ねてください。説明してくれます。

この<titre>[証券]の価格を法律が定めた価格より下げ、自らが購入して利益を得るために偽の情報を広める考えを持った者は法律の規定により処罰されます。

3-4 [広告]今年の物産展市祭りについてお知らせします

毎年、物産展市祭りがくると、高級官吏や官吏たちは皆集まって国王陛下の誕生日の追善供養祝賀会をこの2-3日の間だけ行なっていた。しかし今年は、物産展市祭りをする時に、政府は puṇya <foire>[物産展市祭り]を10日間行い、あらゆる商品や産物を持って来て、それぞれのこれまで学び訓練した作品を試すために一面に展示させるので、恐らく例年より大きい祭りになるであろう。

我がクメール国で最大の都会はプノンペンである。恐らく多くの商品が出品展示されるであろう。しかし私たちは、クメール国で最も有名なビルマ・バームであり、プノンペン<fesigny>路17号の店の『<mac-phsu>』という名のビルマ・バームがその他の商品や産物と共に出品されるという、確かな情報を得ている。

他の物については私たちはまだ知らないが、『<mac-phsu>』ビルマ・バームなら、[出品されることは]確かである。なぜならば多くの用途に使用できるバームの1つ

で、多くの種類の病気を鎮めることができ、多くの人が皆好んで使用しているからである。

それゆえ、『<mac-phsu>』ビルマ・バームは名前をはっきり出して、我々全ての人々に、我がクメール国には商品が1つあって、それが展示されているということをはっきりと知らせるのである。それゆえ、我々クメール人全ては物産展市祭を見に行った時には、『<mac-phsu>』ビルマ・バームを必ず買って助力するべきである。確実にとてもよく効くバームの1つだからである。私たちは、『<mac-phsu>』ビルマ・バームは比類のないバームであると、敢えて保証する。それゆえ皆さんは、近い人も遠くの人も、この『<mac-phsu>』ビルマ・バームこそが最上のバームで、他にこれと同じように良いものを探してもないことを覚えておいてほしい。

3-5 ［98号、3-5と同一］

3-6 ［96号、3-6と同一］

3-7 ［91号、3-2と同一］

3-8 ［広告］［仏語］ **1938年12月13日、プノンペン**

証明書

［ク語］ 私は名を jum-phat と言い、フランス yutti <tribunal>［裁判所］の<planton>［雇員］をしています。私は差し込む痛みがあり、しびれて身体が浮腫んでいました。私はほとんど全ての店の薬を購入して服用しましたが全然効きませんでしたのでとても恐れていました。医者にも大勢診察してもらいましたが、それでも軽くなりませんでした。その後 sīv-pāv 医師殿の薬を得て服用したところ病気は治りました。即ち血液を濾す水薬と浮腫みを治す粉薬です。この薬は実によく効き、この薬のおかげで私は病気が治り、恐怖から助かりました。私は<gazette>［新聞］に掲載してこの病気の人に知らせます。この店の薬は本当に効きます。もう1つ、私は sīv-pāv 医師殿の恩を感謝し、決して忘れません。

3-9 ［84号、3-10と同一］

3-10 ［97号、3-4と同一］

3-11 農産物価格

プノンペン、1938年12月17日

［「サトウヤシ砂糖」はない］

籾	白	68キロ、袋なし	3.30 ~ 3.35リエル
	赤	同	3.20 ~ 3.25リエル
精米	1級	100キロ、袋込み	8.95 ~ 9.00リエル
	2級	同	8.55 ~ 8.60リエル
砕米	1級	100キロ、袋込み	7.15 ~ 7.20リエル
	2級	同	5.95 ~ 6.00リエル
トウモロコシ	白	100キロ、袋込み	［記載なし］
	赤	同	7.25 ~ 7.40リエル
コショウ	黒	63.420 キロ、袋込み	18.25 ~ 18.50リエル
	白	同	29.00 ~ 29.50リエル
パンヤ	種子抜き	60.400 キロ	38.00 ~ 38.50リエル

＊プノンペンの金の価格

1 ṭamliṅ、重量37.50グラム

1級	150.00リエル
2級	145.00リエル

＊サイゴン、ショロン、1938年12月15日

フランス籾・米会社から通知の価格

ショロンの<machine> kin srūv［精米所］に出された籾 1 hāp、［即ち］68 キロ、袋込みの価格は以下の通り。

籾	最上級		3.54 ~ 3.58リエル
	1級		3.44 ~ 3.48リエル
	2級	日本へ輸出	3.34 ~ 3.38リエル
	2級	上より下級、日本へ輸出	3.28 ~ 3.32リエル
	食用［国内消費?］		3.21 ~ 3.30リエル
トウモロコシ	赤	100キロ、ショロン県マッカサンで売り渡し。	7.85 ~ 7.90リエル
	白	同	0.00 ~ 7.95リエル

米(10月［ママ］渡し)、港渡し、袋込み、税抜き、1 hāp、［即ち］60.7キロの価格は以下の通り。

精米	1級、砕米率 25%	5.18 ~ 5.22リエル
	2級、砕米率 40%	5.13 ~ 5.17リエル
	同。上より下級	4.73 ~ 4.77リエル
	玄米、籾率 5%	4.13 ~ 4.17リエル
砕米	1級、2級、同重量	4.33 ~ 4.37リエル
	3級、同重量	3.58 ~ 3.57［ママ］リエル
粉	白、同重量	3.00 ~ 3.04リエル
	kāk［籾殻＋糠?］、同重量	1.90 ~ 2.00リエル

4-1 ［11号、3-2と同一］

4-2 ［44号、4-6と同一］

4-3 ［97号、4-3と同一］

4-4 ［11号、4-2と同一］

4-5 ［20号、4-6と同一］

4-6 ［8号、4-3と同一］

4-7 ［44号、3-3と同一］

4-8 ［73号、4-6と同一］

4-9 ［33号、3-4と同一］

4-10 ［90号、4-2と同一］

4-11 ［48号、3-8の終わり近くの「70メートル」が「10メートル」になっているだけである］

4-12 ［98号、3-2と同一］

4-13 ［96号、4-10と同一］

SAMEDI 24 DECEMBRE 1938

CIGARETTES
JOB
LE PAQUET VERT
Vendu 5 cents

Nagaravatta

COFAT
CIGARETTES
Le Paquet vendu 5 cents

Directeur
PACH-CHHŒUN

HEBDOMADAIRE PARAISSANT TOUS LES SAMEDIS

(Boite Postale N° 44)

第2年100号、仏暦2481年0の年寅年 pussa 月上弦3日土曜日、即ち1938年12月24日、1部8セン

［仏語］ 1938年12月24日土曜日

1-1 ［仏語で「私書箱 No.44」と「社長、PACH-CHHŒUN」が加わった以外は8号1-1と同一］

1-2 ［デザインが少し変わった以外は8号1-2と同一］

1-3 ［デザインが少し変わった以外は8号1-3と同一］

1-4 ［8号1-4、1-5と同一］

1-5 <résident supérieur>［高等弁務官］である<thibaudeau>氏のカンボジア国への安着

先の12月19日に、休暇で1年近くフランス国に行っていた、前のカンボジア国<résident supérieur>［高等弁務官］である<thibaudeau>氏が、<résident supérieur>［高等弁務官］代行である<guillemain>氏の後任として、前と同じ<résident supérieur>［高等弁務官］職という高い地位につくために、我がカンボジア国に帰ってきた。

<thibaudeau>氏は我々が知らない別の新しい人ではない。即ち、クメール国のためになる素晴らしいことをして発展させた、我々クメール人各人が知っていて深く敬愛している元の官員である。

全てのクメール人はカンボジア国の発展に関して、再び新しく氏に安心な気持ちを持つ。

nagaravatta はクメール人全てを代表して、氏と、それに新しく来られた<thibaudeau>夫人［<madame>］と令嬢［<mademoiselle>］が引き続き幸福と発展に恵まれるように祝福をおくり、そして<thibaudeau>氏が不在の間、素晴らしい仕事をなさってカンボジア国を発展させた<guillemain>氏と夫人［<madame>］に惜別の情をもって祝福を送る。

［注。写真があり、その下に］ <thibaudeau> <le résident supérieur>［高等弁務官］殿

1-6 諸国のニュース

1-6-1 イギリス国

イギリス国首相であるチェンバレン氏は諸国の新聞記者の前で、「イギリス国と大フランス国が同盟を結んでいるのは、法律である条約ではないが、この両国は同じ利益を持つ」とだけ話した。チェンバレン氏がこれだけ話し、ムッソリーニ氏はフランス国から領土を要求する考えにためらいを持ったようである。

いくつかの<gazette>［新聞］の情報では、チェンバレン氏は、ムッソリーニ氏がフランス国に要求しようとしている領土の代わりに、イギリス・ソマリア国をムッソリーニ氏に与えることを考慮している。しかしこの情報は事実ではない。

1-6-2 中国

天津県で、同県在住の日本人とフランス人が互いに反目し合っている。

＊トンキンで、イタリア<consul>［領事］とフランス人退役軍人1名との間で争いがあった［ママ。この記事は中国とは関係ない］

1-6-3 ドイツ国

メーメル県居住のドイツ人たちが考えを1つにして同地で集会を開いた。ドイツがメーメル県での県議員選挙で本当に勝利を得たことを諸民族に見せるためである。

このことにより、メーメル県もドイツ国に併合されることになる。

1-6-4 日本国

日本政府は、イギリスが中国に金を貸したことで、イギリス国に不快感を持っている。

日本外相である有田氏の意見によると、氏は、「日本国は世界の諸国と、『全世界の貿易に関し、どの国も貿易をする権利を同等に持つが、中国、満州国、日本国などの東洋は例外である』という同意をしている」と理解していると述べた。

*現在の全世界の大国の友好は、フランス－イギリスのグループが1つと、ドイツ－イタリア－日本のグループが1つの、2グループに分かれている。現在ドイツ国とフランス国とが少し和解した。一方イタリア国は、すでに新聞に報じられているように、領土問題でフランス国と反目している。日本は、極東諸国の貿易問題でイギリス国に不快感を持っている。

1-7 アンナン国のバオダイ王の事故

先の12月14日、全アンナン国に驚愕が走った。バオダイ王が pān me dhūt省(アンナン)に lœk satva[狩猟](pāñ ṭamrī[ゾウ撃ち])にお出でになった時に、落馬事故にあったのである。

落馬した時に、王は左足の脛を骨折し、サイゴンの grāl 病院で手当をお受けになった。

容態は重くはない。

nagaravatta は平身して王の容態の早い回復を祈る。

1-8 スヴァーイ・リエンでの殴り合い事件

またクメール人が他民族に苦しめられた

歩いていて、自分の商品を買わなかっただけで、その人に腹を立て、それだけでなく、さらに力を合わせてクメール人を殴った。このように国の法律を恐れず、クメール人2名に不法行為を行ったスヴァーイ・リエンの中国人の事件は、クメール人を激しく憤慨させる原因になっている。

我々の方は、スヴァーイ・リエンのフランス裁判所が公正に審理すると信頼する。このように他民族が日増しに少しずつ増長してきている。保護国政府が[この種の事件を]撲滅することにさほど関心を持たず、そしてフランス裁判所は寛大過ぎるからである。もしこの種の事件をクメール裁判所に審理させれば、他民族は懲りて、敢えて再びクメール人を侮辱するのを止める。他民族がクメール人を侮辱する事件は、全ての州とプノンペン市でほとんど毎週起こっている。このように放置すると、将来クメール人は必ず滅びてしまう。我々がスヴァーイ・リエンから受け取って、下[＝1-11]に掲載する話の通りである。

それゆえ、我々は、この種の事件をクメール裁判所に審理させることを改めて再び求め、そして悪い他民族を全てクメール国外に追放することを求める。

1-9 [広告] 種々の化粧品が必要な方は、mūrissḷuṅ 路、phsār thmī の北側にある pun-cān 商会にいらしてください。我がクメール人の店です。

1-10 コーチシナ国への旅行について

2ヶ月前に我々がコーチシナ国へ行った旅行について、前の週にsukhuma 氏がこの<gazette>[新聞][＝98号1-9]に書いた記事で、sukhuma 氏は、「braek paṅkaṅ の gagī 村の住民で、商売をして生計を立てているクメール人が屋号を中国語で書いていることについて、疑問を持つ」と述べた。我々は、屋号を中国語で書くことはそれほど間違ってはいないと思う。なぜならば、現在商売をして生計を立てることを始めたクメール人は、まだ中国人に頼っているからである。しかし、「屋号を中国語で書き、その上に屋号の読みもクメール文字で書いてあればより適切である」と我々は理解する。

1-11 これがスヴァーイ・リエンからの話である[cf.上の1－8,107号1-6]

先の1938年12月5日に、ramṭuol 郡,svāy jram 村居住の、名を rāja-phai と jā-vān という2人のクメール人が、道具を買って式をして甥を出家させるために、午後1時半にスヴァーイ・リエンの市場に来た。このクメール人両名は鉄鉢を1つ買うために一緒に ye の妻である nāṅ {kār} と言う名の中国人の店に入った。そして rāja-phai は nāṅ {kār} と下に解説してあるようにやりとりをした。

rāja-phai は訊ねた。"姐さん、大きい鉄鉢を売っていますか" nāṅ {kār} は"あります"と言って、鉄鉢を持ってきて見せた。rāja-phai は言った。"この鉄鉢はいくらですか" nāṅ {kār} は、"値段は3リエルです"と言った。rāja-phai は、"2.20リエルにしてよ、お姐さん"と値切った。nāṅ {kār} は、"だめです。2.80リエルで値切りはなしです"と言い、rāja-phai は、"それじゃ私は敢えて買うことはできない"と言い、それだけ言うと、rāja-phai と jā-vān は一緒に[店を]出た。2、3歩歩くと nāṅ {kār} が、"ねえ、お兄さん、買いなさいよ。2.20リエルで売ってあげる"と大声で言った。2人は喜び、引き返して[店に]入って鉄鉢を見ると、「その鉄鉢は、前に値切った鉄鉢より小さい」ことがわかった。それで nāṅ {kār} に訊ねた。"お姐さん、この鉄鉢はさっき私が値切った鉄鉢ではないでしょ。この鉄鉢は前のより小さいから私は買わない" すると nāṅ {kār} は、「あんたは人の商品を買うと言ったのに、どうして買わないのか」と言った。rāja-phai は言った。「前に私が値切った鉄鉢なら、どうして買わないことがあろうか。でもこの鉄鉢は前の鉄鉢より小さいし悪くもある。どうして私は買えるか」 そう言うと、[2人は]そろって店を出た。そして2、3歩歩くと、その nāṅ {kār} が急いで来て rāja-phai のシャツをつかみ、金が16リエル、<carte> samrāp khluon[身分証明書]1枚、<remorque>[ルモック]の[営業]許可証1通、自転車の<facture>[請求書]1通が入っていた財布を手を伸ばして引ったくり、大声でクメール人を[動物などに]たとえる悪口をたくさん、誰も我慢ができないようなひどい言葉で罵った。

nāṅ {kār} がクメール人のシャツをつかみ、手を伸ばして金を奪っている時に、その夫である中国人、名は ye とその娘婿と娘と、さらに近くの2、3軒の店の中国人たち、全部で7、8人が急いで走って来て、ある者は腕をつかみ、ある者は首をつかみ、ある者は拳固で殴り、ある者は蹴り、ある者は拳固で突き、とうとうrāja-phai は地面に倒れた。

一緒に歩いて行った jā-vān は防ぎきれず、中国人たちはそろってたくさん殴り加えた。rāja-phai は急いで逃げて、中国人の店の前の道端まで来たが、中国人たちは殴ろうと、そろって追いかけてきてその場でもう1度殴り倒した。市場を監督している警官たちが走って来た時には、中国人たちは全員、[警官と]顔を合わさないように隠れ、顔がわかった者6、7人だけと、店が近くにあって、このクメール人を殴り蹴りしてから自分の店に入り、前と同じようにクメール人をもう1度大声で罵った cin-seṅ という名の中国人を逮捕した。

このことを、同じクメール人である私たちは、非常に憤慨している。[社長]閣下の庇護の下におすがりして、助力して支援してくださるようお願いする。中国人たちが集まって、そこにいる官員を恐れず、クメール人両名を殴り蹴りしたことが1つ[目]、中国人たちが上に解説したようにクメール人を罵ったことが2つ[目]、中国人たちがクメール人を捕まえて、手を伸ばしてシャツのポケットから16.00リエルを奪ったのが3つ[目]です。

どうか[社長]閣下は民族を救ってください。[この件はすでに]州政府に訴えてあり、情報では、長殿[loka jā dham][＝州弁務官]が<enquête>[調査]させる措置をとったということです。どのような成果が得られたかは後ほどお知らせ致します。

スヴァーイ・リエン州在住クメール人

2-1　バスが互いに相手をプノンペン－シエム・リアプ路線から追い出そうとしていることについて

nagaravatta <gazette>[新聞]は2つのバス会社双方からの手紙を掲載した[cf.82号2-3、86号2-2、96号2-3、99号2-2]。我々は両者とも全てクメール人であり、路線を分けて生計を立てるのが適切であると理解する。もし本当にクメール人を愛するのなら、なぜ結束して pārāy 郡の中国人から路線を奪わないのか。なぜ中国人に路線を明け渡してバスを運行させ、仲間であるクメール人の路線を奪い合うのか。この件について、我々は、「どちらが正しくてどちらが誤っているか」についてはこだわらないが、我々はこのように我々の意見を言って、全ての人に聞いていただくべきである。

2-2 ［広告］ クメール国内の貧民支援協会

この協会は催しの日を次のように定めました。踊りは1939年1月7日土曜日。dāt <balle>[サッカー]は1月8日日曜日。籤の抽籤はその次の日曜日、即ち1月15日に行います。

当協会はコーチシナの dāt <balle>[サッカー]協会から、「サイゴン<police>[警察]サッカーチームを[プノンペンに]試合をしに行かせることに同意する」という手紙を受け取りました。現在、このチームが、近隣のどのチームよりも dāt sī[ママ。これはサッカーではなくて蹴鞠のような競技。セパタクローと呼ばれたもの]の方面で最強です。そして、dāt <balle>[サッカー]選手を持っている我が<grenade>チーム[注。これはチーム名]と対戦するのはとても良いことです。

我が国の dī dāt <balle>[サッカー場]完成式典が同日行われ、高官の方々がこの式典の主賓として出席します。きっと全ての式典とは異なる、見たことがない様子になることは間違いありません。この2チームの出場選手の名前は後日お知らせします。しかし、1枚20センの入場券は dāt <balle>[サッカーをする]のを見る権利もありますが、テント席に座りたければ、券を5枚買えば座れることを注意しておきます。

それゆえ、皆さんは[券を買うのを]後回しにしないでください。今買うべきです。dī dāt <balle>[サッカー場]で[入場券を]買うのに押し合いへし合いで苦労しないようにです。そして主催者も苦労がなくなります。

協会会員

2-3　1938年12月2日の会議の友愛会の議事録

18時半、審議開始を宣言した後に、理事長殿が、友愛会外の人から、「この年末に我が友愛会が企画しているパーティーに参加志望者として登録したい」と言う手紙が沢山来ているという話があった。理事長殿は、「我々が会員以外の人に一緒に参加することを認めるのは規則に合わないようである。なぜならこの人たちはまだ友愛会の会員になっていないからである。それゆえ断りの答えをするべきである」と話した。

さらに氏は続けた。「各州の理事会の理事長殿が、州の友愛会が、我々の会を発展させるために度々会議をして考えることができるように、それぞれの州に友愛会の会館を作ることを求めることに賛成である」

これ以外に、シエム・リアプは、我が国に visvakara (<ingénieur>)［技術者］と medhāvī (<avocat>)［弁護士］と医師をもっと大勢早く増やすために、友愛会が生徒を多数フランス国やハノイ市に留学させることを望んでいる。

プレイ・ヴェーンは、初等教育修了証書を得たが中高等学校の入学試験に失敗した生徒のために、［中高等学校に］第1学年をもう1クラス作る［＝入学定員を増やす］ことを政府に求める。ポー・サットは、「フランスの社交ダンスをフランス語で踊ることは有益であると考える。広めて全ての人が踊れるようにするべきである」と考えている。それゆえ、友愛会会長殿は、人々が集まった時に、絵を使って社交ダンスを説明して、きちんと身体の動きをすることができるようにならせて、衣装着用［してのダンスの］の会を開き、女性あるいはその他に対する言葉を使うことができるようにする」と補った。

svāy babaer 寺の住職である braḥ mahā brahmamunī {ū} は、協会にとても助力し支持してくださる。それから、最近宝籤の大賞に当たった cāp-huot 氏もとても助力してくれる。我々はこの長老僧と cāp-huot 氏を称賛するべきである。熟練した医者である sāṅ sā phun 氏は友愛会全部に対する浄心を持っていて、［友愛会会員の］<carte> samgāl［身分証明書］を持っている全員に治療費を30パーセント引きにすると述べた。これももう1つの称賛するべきことである。

2-4 ［広告］ ユースホステル

このユースホステルは、既にnagaravatta 新聞で広報されたように、［保護国政府］教育局［の学校］の男女の生徒全てが宿泊し休息するための場所で、空気が良くて、さらに古代遺跡などの見るべき物がある諸州に建設される。しかし、まず最初にカンポート州のカエプに1ヶ所とシエム・リアプ州に1ヶ所建設することにし、1939年1月から建設を始めることになった。

12月28日から1月8日までの、国王陛下の誕生日祭と美術工芸品と工業品の展示市祭が行われる時に合わせて、病気の bīdū <de> maṅterū 氏の代わりのplaṅte 氏を長とするユースホステル協会総務部は、会員になることを志望する人の登録を受け付けるために、braḥ kaev 寺の本堂のテント列の中の王立図書館のコーナーの傍らにユースホステル<bureau>［事務所］をおく。

皆さん、どうぞまっすぐこの場所に来てください。職員が待っていて簡単に登録を受け付けます。

ユースホステル協会会長
plaṅte

2-5 ［44号2-4と同一］

2-6 ［広告］ 感謝と祝福

1938年12月18日、srae ampil

私は名前は naṅ-huy で srae ampil(カンポート)の<poste>［州支庁］の電信長をしています。クメール人の方々が全ての方角に名声を広めるようお願いし、勢威を持つクメール人の方々と世界のクメール人にお知らせします。政府が私をシエム・リアプ<poste>［州庁］から転勤させた時に、hww-sād というお名前のシエム・リアプ州知事殿とその他の同州の諸氏が私への慈悲の心で州知事殿のお宅に集まり、私を送る楽しいパーティを催し、氏がクメール人を支援する意識の明らかな証としてくださいました。フランス－クメールの新年に際して、天界の方々に、氏が常に全身素晴らしい健康に恵まれて、あらゆる項目の発展に恵まれ、欠けることがないようにしてくださるようお祈りいたします。

2-7 友好団結会社

プノンペン<ohier>路109号の理髪店は1938年12月20日から理髪を始めました。私は皆さんに、散髪に来て民族に助力し救済するようお招きいたします。「ずっとあそこの店で散髪していたから、この店に散髪に来るわけにはいかない」とこだわらないでください。［理髪］師は有名で、名をduṅ と bat と言います。ḍup［理髪］師さん［?nak］は物産展市祭が終わったら来て理髪を始め、民族を救うと言っています。揃って何回も何回も頼みに行って、ようやく彼らは［この店に］来るのを承知してくれたのです。

理髪の方法は1等と2等があり、理髪が終わっ［て料金を支払っ］たら理髪料金の<reçu>［領収証］を渡します。もし<reçu>［領収証］を渡さないのを目にしたら、その理髪券を売った人は［金を］盗んだものとします。もしそのようなことを目にしたら、皆さんは見過ごさないでください。今回の物産展市祭には、きっと皆さんが来て助力して散髪してくださるものと私は期待しています。先日私は学校の生徒の1人が、「僕はお金を持っていないけど、クメール人の会社の理髪店ができたら、僕は必ず仲間をさそって散髪に行って助力する」という言葉を聞きました。このような子供の考えは大人のようです。

私が気が付いたのは、nagaravatta <gazette>［新聞］が生まれてから、我々クメール人は目を開き、とても多くの発展を目にしました。先日［資本金を］2000リエルに定めて仕事を始めましたが、まだたくさん不足であることがわかり、2500リエルに増額しました。以前に名前を登録した人も、まだ登録していない人も、仕事を始めたのを見て、「多分金が全額集まった」と理解しないでください。そうではありません。［開店を］物産展市祭に間に合わせるために、私たち幹事が代わりに出しているのです。

<notaire>［公証人］の cpāp <statut>［規定］の内容は［規定が］たくさんあり、解説して差し上げることはできません。何か疑問があったら、この理髪店と sīñaek 市場の jhim-sum 店に来て訊ねてください。我々の会社が発展するのは、大勢の仲間しだいです。仲間であるクメール人が民族に助力することにかかっています。もし民族に助力しなかったら、我々クメール人は顔を上げることはできません。私の理解では、我々クメール人が財産を得られるのは、一致協力にかかっています。我々は仲間は多いのですが中国人の屑屋1人にかないません。彼が古物、空き缶、空きビン、くず鉄を買う金は数万リエルです。

それゆえ、私たちがこのようにするのは、地方が手本にすることを目指しているのです。このように真似ることは、盗むのではないという慣習法があります。人が先にしていることが尻込みをなくさせるのです。私は<ingénieur>［技術者］を例にしましょう。もしある1人ができなくても、その後の<ingénieur>［技術者］が自動車を丈夫にそして良く作るのは当然で、前と同じであるというべきではありません。皆さんはさらにもう1度やって見てください。幹事を5、6人、商売をしたことがあり、クメールとフランスの法律を知っている人ばかりを選んでください。暫定<président> cāt kāra［社長］(sīñaek 市場の jhim-sum)は、後日投票をして誰かを［社長に］選びます。

［仏語］ Chhim-Soum

住所：プノンペン Rue du Palais［＝vāṅ 路］50号

2-8　1938年12月28日から1939年1月8日までの美術工芸品と工業品の展示市祭りのためのプノンペンの旅館

プノンペン市の現地人向けの大きい旅館

<hôtel> ḍuysaṅ、ṭwwḷābak 路26号

料金は1昼夜、1室4リエル、［ダブル］ベッド1、縁台1が6室ある。

料金は1昼夜、1室3.50リエル、［ダブル］ベッド1、縁台1が16室ある。

料金は1昼夜、1室3リエル、［ダブル］ベッド1、縁台1が7室ある。

料金は1昼夜、1室2リエル、［ダブル］ベッド1、長椅子1が5室ある。

<hôtel> <petit paris>、<ohier>路［ママ。番地なし］

料金は1昼夜、1室3リエル、［ダブル］ベッド1、縁台1が20室ある。

料金は1昼夜、1室2リエル、［ダブル］ベッド1、縁台1が10室ある。

<hôtel> kuṅsāṅ、<armand rousseau>路72号

料金は1昼夜、1室3リエル、［ダブル］ベッド1、縁台1が8室ある。

料金は1昼夜、1室2リエル、［ダブル］ベッド1、縁台1が3室ある。

料金は1昼夜、1室2リエル、［ダブル］ベッド1、長椅子1が5室ある。

<hôtel> tuṅsāṅ、āmaṅt braer 路70号

料金は1昼夜、1室2リエル、［ダブル］ベッド1、縁台1が7室ある。

料金は1昼夜、1室1.80リエル、［ダブル］ベッド1、縁台1が6室ある。

料金は1昼夜、1室1.40リエル、［ダブル］ベッド1のみが6室ある。

<hôtel> feṇām、<galieni>路62号

料金は1昼夜、1室3リエル、［ダブル］ベッド1、縁台1が4室ある。

料金は1昼夜、1室2リエル、［ダブル］ベッド1、縁台1が11室ある。

料金は1昼夜、1室1.80リエル、［ダブル］ベッド1、長椅子1が20室ある。

<hôtel> sāy fū、<delaporte>路52号

料金は1昼夜、1室4リエル、［ダブル］ベッド1、縁台1が5室ある。

料金は1昼夜、1室3リエル、［ダブル］ベッド1、縁台1が6室ある。

料金は1昼夜、1室2リエル、［ダブル］ベッド1、長椅子1が2室ある。

phdaḥ phuṅ kām、hāssakān 路19号

料金は1昼夜、1室2リエル、［ダブル］ベッド1、縁台1が2室ある。

料金は1昼夜、1室1.50リエル、［ダブル］ベッド1、縁台1が3室ある。

料金は1昼夜、1室1.20リエル、［ダブル］ベッド1のみが12室ある。

phdaḥ gim thān、<delaporte>路97号

料金は1昼夜、1室2リエル、［ダブル］ベッド1のみが6室ある。

料金は1昼夜、1室1.50リエル、［ダブル］ベッド1のみが6室ある。

料金は1昼夜、1室1.20リエル、［シングル］ベッド1のみが3室ある。

phdaḥ gim ḷāṅ、braer 路108号

料金は1昼夜、1室2リエル、［ダブル］ベッド1、縁台1が2室ある。

料金は1昼夜、1室1.50リエル、［ダブル］ベッド1、長椅子1が2室ある。

料金は1昼夜、1室1.20リエル、［ダブル］ベッド1のみが4室ある。

phdaḥ giev ?ān、<delaporte> 路51号

料金は1昼夜、1室2リエル、［ダブル］ベッド1、長椅

子1が3室ある。

料金は1昼夜、1室1.50リエル、［ダブル］ベッド1、長椅子1が4室ある。

料金は1昼夜、1室1.20エル、［ダブル］ベッド1のみが4室ある。

phdaḥ ṅā hiep、<delaporte> 路10号

料金は1昼夜、1室3リエル、［ダブル］ベッド1、縁台1が1室ある。

料金は1昼夜、1室2.50リエル、［ダブル］ベッド1、縁台1が4室ある。

料金は1昼夜、1室2リエル、［ダブル］ベッド1、縁台1が3室ある。

3-1　各々3つからなる16項目の性格

我々が心の中に置いておいて、実行するべき16項目の性格から生じるものは、各項目につき3つずつあり、soḷasa trai yāṅga［各々 3つからなる16項目］と呼ばれる。即ち、

愛するべき3つの性格から生じるもの
　勇敢、慇懃、愛情
称賛するべき3つの性格から生じるもの
　知力、名誉、良い品行
憎むべき3つの性格から生じるもの
　凶暴、高慢、忘恩
非難するべき3つの性格から生じるもの
　悪、媚、嫉妬
尊敬するべき3つの性格から生じるもの
　宗教、公正、一般のためになることを行うこと
喜ぶべき3つの性格から生じるもの
　美、率直、身体的自由
望むべき3つの性格から生じるもの
　健康、親友、純粋な心
他に望むべき3つの性格から生じるもの
　信用、安静、正直
敬愛するべき3つの性格から生じるもの
　知恵、賢明、安定不変
疑うべき3つの性格から生じるもの
　ほめすぎ、口は良く心は悪い、いい加減なことを言う
捨てるべき3つの性格から生じるもの
　怠惰、たわごと、からかい
一生懸命、他に奪われないように守り闘うべき性格から生じるもの
　自分の国と民族の名誉と名声、親友
持つべき性格から生じるもの
　良書、良友、良い機嫌
注意するべき性格から生じるもの
　悪い行動、不注意、言葉
愛するべき性格から生じるもの［ママ。上の第1と重複］
　善い心、あこがれ、団結
心に備えておくべき性格から生じるもの
　不定、老、死

sṅuon vaṅsa

3-2　［広告］コーチシナ国クメール人の道徳、知力、体力増進協会

クメール人である皆さんと親族と友人にお知らせします。仏暦2478年7の年亥年、即ち1935年に設立されて現在に至っている、コーチシナ国クメール人の子供の道徳、知力、体力を増進させるための協会の事業についてお知らせします。

この協会［を設立した］第1の原因である意図は、貧しい人々の子供に助力し救済して州都［校］で学ばせ、卒業してからコーチシナ国あるいはクメール国のリセーでフランス語の中等教育の学問知識を加えさせることです。

後の週［＝101号3-1］に続きがある。

3-3　［広告］（<foire>［物産展］と展示市）祭り会場における屋号“uṅ-dieṅ”薬店

皆さんにお知らせします。

皆さんが祭りを見にいらしたら、どうか屋号“uṅ-dieṅ”の薬店を見にきてください。私はインドシナ国の全ての病気を撲滅する、特別な良く効く薬を全て展示します。

皆さんと、叔父叔母の皆さんにお知らせします。私は1938年12月28日から1939年1月8日まで、祭りの会場に展示する屋号“uṅ-dieṅ”の薬店は、1個売る［＝客が買う］と1個おまけをします。

“uṅ-dieṅ” の薬を使った皆さんは、どなたも服用するために購入しておいてください。まだ使ったことがない皆さんは、どなたも購入して試しに使ってみてください。全ての薬がどんなに効くかわかります。

屋号“uṅ-dieṅ”の薬店

店は、プノンペン市 aṅ ḍuoṅ［ママ。「aṅga ṭuoṅ」が正しい］路と<ohier>路57号の角です。

3-4　［広告］［仏語］　1938年12月19日、Muong

［ク語］私は名は lī-tik でバット・ドンボーン州 moṅ ṛssī 市場で金職人の thaukae をしています。

私の妻、名は nāṅ {huk}は長年病気でした。どんどんやせ細って食事が食べられず、寝ても眠れず、時には高熱があり、時には冷たくなって麻痺したようでした。私は有名な医者を探して薬を沢山買って服用させましたが、この病気には全く効きませんでした。その後私は pāsāk のクメール人である sīv-heṅ 医師殿に頼り、この病気を診察してもらいました。彼は、「この病気は梅毒に罹った夫から伝染したものだ。この病気はとても重症だ」と言いました。私は彼に薬、即ち sīv-pāv 医師殿の薬を調合してもらい、私の妻に服用させたところ、まさに

希望の通りに確実に治りました。私はこの<gazette>[新聞]に掲載して彼の恩に酬います。

3-5 [広告][仏語] 1938年12月17日、Muoṅ

[ク語] moṅ 郡の suriyā 寺にいる loka grū ācārya {thiṅ} こと、拙僧は長年腰痛を患っており、薬を服用しても全く効きませんでした。その後、pāsāk のクメール人である sīv-heṅ 医師に診察してもらい、拙僧は薬を購入して服用し、この病気は拙僧の希望通りに治りました。拙僧はこの<gazette>[新聞]に掲載して彼の恩に酬います。

3-6 [99号3-4と同一]

3-7 [91号3-2と同一]

3-8 [99号3-8と同一]

3-9 [84号3-10と同一]

3-10 [97号3-4と同一]

3-11 農産物価格

プノンペン、1938年12月23日

[「サトウヤシ砂糖」はない]

籾	白	68キロ、袋なし	3.05 ~ 3.10リエル
	赤	同	2.95 ~ 3.80[ママ]リエル
精米	1級	100キロ、袋込み	8.15 ~ 8.20リエル
	2級	同	7.95 ~ 8.00リエル
砕米	1級	100キロ、袋込み	7.40 ~ 7.45リエル
	2級	同	5.90 ~ 5.95リエル
トウモロコシ	白	100キロ、袋込み	[記載なし]
	赤	同	7.60 ~ 7.70リエル
コショウ	黒	63.420 キロ、袋込み	18.25 ~ 18.75リエル
	白	同	29.00 ~ 29.50リエル
パンヤ	種子抜き	60.400 キロ	37.50 ~ 38.00リエル

＊プノンペンの金の価格

1 ṭamliṅ、重量37.50グラム

1級	147.00リエル
2級	142.00リエル

＊サイゴン、ショロン、1938年12月22日

フランス籾・米会社から通知の価格

ショロンの<machine> kin srūv[精米所]に出された籾1 hāp、[即ち]68キロ、袋込みの価格は以下の通り。

籾	最上級	3.60 ~ 3.65リエル
	1級	3.35 ~ 3.40リエル
	2級 日本へ輸出	3.25 ~ 3.30リエル
	2級 上より下級、日本へ輸出	3.15 ~ 3.20リエル
	食用[国内消費?]	3.10 ~ 3.15リエル
トウモロコシ	赤 100キロ、ショロン県マッカサンで売り渡し。	8.05 ~ 7.10[ママ]リエル
	白 同	0.00 ~ 0.00リエル

米(10月[ママ]渡し)、港渡し、袋込み、税抜き、1 hāp、[即ち]60.7キロの価格は以下の通り。

精米	1級、砕米率25%	5.20 ~ 5.27リエル
	2級、砕米率40%	5.00 ~ 5.05リエル
	同。上より下級	4.85 ~ 4.90リエル
	玄米、籾率5%	4.10 ~ 4.15リエル
砕米	1級、2級、同重量	4.45 ~ 4.50リエル
	3級、同重量	3.55 ~ 3.60リエル
粉	白、同重量	2.60 ~ 3.80[ママ]リエル
	kāk[籾殻+糠?]、同重量	1.70 ~ 1,75リエル

4-1 [11号3-2と同一]

4-2 [44号4-6と同一]

4-3 [97号4-3と同一]

4-4 [11号4-2と同一]

4-5 [20号4-6と同一]

4-6 [8号4-3と同一]

4-7 [44号3-3と同一]

4-8 [73号、4-6と同一]

4-9 [33号3-4と同一]

4-10 [90号4-2と同一]

4-11 [48号3-8の終わり近くの「70メートル」が「10メートル」になっているだけである]

4-12 [98号3-2と同一]

4-13 [96号4-10と同一]

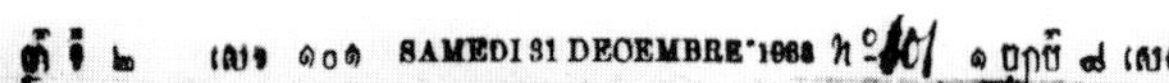

Directeur PACH-CHHŒUN

HEBDOMADAIRE PARAISSANT TOUS LES SAMEDIS

Boite Postale N° 44

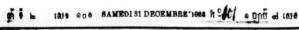

第2年101号、仏暦2481年0の年寅年 pussa 月上弦10日土曜日、即ち1938年12月31日、1部8セン

［仏語］ 1938年12月31日土曜日

1-1 ［仏語で「私書箱 No.44」と「社長、PACH-CHHŒUN」が加わった以外は8号1-1と同一］

1-2 ［デザインが少し変わった以外は8号1-2と同一］

1-3 ［デザインが少し変わった以外は8号1-3と同一］

1-4 ［8号1-4、1-5と同一］

1-5　栄光を願う

braḥ pāda samṭec braḥ sīsuvatthi munīvaṅsa カンボジア国王が今年63歳におなりになる御誕生日のお祝いに際し、陛下の栄光を願います。私たち nagaravatta 新聞社一同は、跪き合掌して、私たちが帰依する比類なく尊い三宝の徳と十六天の絶大な威力を持つ全ての神々に、陛下のお身体が病魔に侵されることのないように、陛下を常にお守りし、陛下が百歳以上の寿命に恵まれ、敵がご威勢を恐れ、日夜安穏に恵まれるよう、お祈りいたします。万歳！

［注。写真があり、その下に］ 国王陛下のお写真

nagaravatta

1-6　国王陛下の御誕生日の物産展市祭り

国王陛下の63歳に御誕生日のお祝いに際し、1938年12月30日から1939年1月4日まで、市内および地方の官吏たちが昔からの習慣に基づいて、［神々への］供え物を展示して陛下の御善行を［神々に］献納する。

その他の儀式も例年同様に行われる。

1-7　物産展市祭りに際して

1-7-1 ［広告］［注。100号1-9とほぼ同一］ 皆さんがとても良い化粧品が必要な時、あるいは仏法の種々の書物が必要な時は、mūrissḷuṅ 路229号、phsār thmī の北側の pin-canda［注。100号1-9では「cān」］店にいらしてください。

1-7-2 ［広告］ 美しく散髪したい時には、<ohier> 路109号のクメール理髪会社店にいらしてください。純粋に我々の仲間であるクメール人ばかりの店です。（クメール人はクメール人に助力する。）

1-8　クメール人の忠実な心

クメール国民はいつも国王陛下と仏教とに忠実な心を持ち、さらに保護者であるフランス政府にも偏ることなく意を致している忠実は、1863年にフランス国が来てカンボジア国の保護者になることを受け入れた時以来今日まで変わることなく常に固く存在している。我々がこのように言うのは、クメール人は保護国政府にも国王陛下にも1度も迷惑をかけたことがないからである。即ち幸福と平穏と、一生懸命生計を立て、発展することだけを望んでいるからである。

フランス国がドイツ国と戦争をした時には、クメール人は誰からも強制されず、自らの意志で誘い合って［フランス国を］助力して戦った。数ヶ月前にフランス国がチェコスロバキア国の件で苦しんだときには、クメール人はやはり忠実な心を固く守り、既に政府も目にしたように、そろって現地国人軍の兵士になり、生命をかけてフランス国とインドシナ国を守ろうとした。

それゆえ、フランス政府はクメール人を信頼してほしい。クメール人は、我々が庇護を求めて入り、クメール人全てを前進させ、学問知識も、知力も、財産も、道徳も発展するように導くための涼しい陰であると信頼している国王陛下の政府と保護国政府に忠実であることは事実である。「クメール人は政府に忠実でない」と政府に訴える人が誰かいたら、その人は純粋なクメール人ではないことは確かである。

現在のクメール人は、他民族が多数入ってきて、広くクメール国の至る所に割り込んできて、土地と働いて生計を立てるポストを奪っていることを非常に恐れかつ不安に思っている。我々は保護国政府の考えに非常に疑問を持つ。なぜならば我々は、国から敵を駆逐するために来て支援することをフランスに頼った。なぜ保護国政府は、既に敵であった他民族を連れてきて、[フランス人に]さらに重ねて、あらゆる政府部局のクメール人を監督する手伝いをさせるのか。rājakāra <protectorat> [保護国政府]は、その根拠として「クメール人は学問知識が十分でなく、仕事をすることができないから、他民族を代わりに採用する」と言う。クメール人の学問知識が他民族に劣ることは事実であるが、それは政府が教育訓練を他[国]の後回しにしていることによる。もし政府がクメール人を熱心に教育訓練して仕事ができるようにしたら、クメール人は他よりも知能が劣る人間ではない。

現在クメール国の至るところで一面に仕事をしている他民族はクメール国政府に忠実であると保護国政府は理解しているのか。

このことは、我々が政府に明瞭に指摘して示すことは困難なことではない。なぜならこのカンボジア国に来て、フランスの旗の庇護の下にいる他民族は、クメール人を滅ぼして自分の民族に助力して発展させることしか考えないからである。それゆえ我々は、他民族がクメール人を監督しているポジションに、政府がフランス人を任命することは承服する。[そして]1年か2年たってクメール人が公務を行うことができるようになるのを待って、クメール人に代わらせる。

クメール国に庇護を求めて来て住んで生計を立てている他民族は、「クメール人は大変怠惰である」と言う。この言葉は全てについて事実であるとすることはできない。普通、怠惰は世界のどの民族といわず全ての民族にあるからである。他民族が、「政府は道路を作るクメール人労務者を探しても見つけることができない」と言うことと、「カンボジア国内のクメール人は全て怠惰だ」と言うのは、[その内容が]事実であるとすることはできない。なぜならば政府が、「労務者を探す必要がある」とする時は、田畑の仕事をする時期にあたっているではないか[注。Ⓢによると、労務者を徴用するのは農繁期を避けることになっているが、自由意志による徴集の方はそうではなかったことになる]。クメール国には労務者をしているクメール人がいるが、<caporal>[班長]、あるいは技師が他民族であることが多く、クメール人労務者にあらゆる種類のいじめをする権限と機会を持っているから、長続きしない。即ち日当を払うのを遅らせることもあるし、クメール人労務者を虐待して我慢してそこで働いていることをできなくさせることもあるからである。

現在クメール人は目覚めた。あらゆる種類の仕事をして生計を立てようと一生懸命努力している。高級官吏ただ1種だけを望んではいない。政府内の他民族が長をしている部局のいくつかでは、クメール人を追い出して、その後任に自分の仲間を入れるため、いつも部下のクメール人職員のあら捜しをしてフランス人上司に、「学問知識が少ないから仕事ができない」ことを理由にして訴えて、中傷する。このようにあら捜しをして追い出すのは、ペンで名前を抹消するだけで終わりだから、とても簡単である。このようにすることがクメール人をますます憤慨させるということは考えない。政府に忠実でないこの他民族の悪い心と不公正行為は、ますます明るみに出てきている。たとえば、最近極めて明らかにベトナム人などがこの考えに従って前に進んでいる。まず最初に、クメール国に来て住んでいる laṅ hor(vīñ ḷuṅ)のベトナム人たちの友好団結協会を、同地から来たベトナム人に助力し支援し守って発展させるために作った[cf.92号1-5]。即ち、全ての者に職があるように、低劣にならないように、どこかの職に空席があると、すぐに仲間の民族を連れてきてそこに入れる、などである。この協会は laṅ hor から来たベトナム人以外は会員になれないので、それらの人たちだけの利益しか達成しないのを見て、別のベトナム人のグループがもう1つ、クメール国に来て住んでいるコーチシナのベトナム人全ての利益を達成するための、「コーチシナ·ベトナム人友好団結協会」という名の協会を作る申請をした。後者はコーチシナのベトナム人しか受け入れないのではなく、クメール国で生まれたベトナム人も受け入れて会員にし、vīñ ḷuṅ の協会と同じ目的を持つ。この2つの協会は、トンキン、アンナン、およびクメール国のベトナム人全ての利益は達成しないと理解したベトナム人のグループがもう1つあって、現在、トンキン·ベトナム人も、アンナン[·ベトナム人]も、コーチシナ[·ベトナム人]も、クメール国に住むベトナム人も、全て会員にすることができ、力をますます強固にする大きい協会をもう1つ作る許可を政府に申請中である。この協会の理事、即ち直接協会を運営する人たちは、保護国政府の全ての部局に勤務する人たちばかりで、全てクメール人官員を統括する長の職にあるベトナム人ばかりが並んでいる。

保護[を受ける]国であるカンボジア国内で保護国政府が他民族に、このように好きなだけ協会を作る許可を与え続けたら、協会、即ち団結に関することをまだはっきりとは理解していないクメール人はどのように前に進んで歩いて彼らに追いつくことができるのか。我々がこのように言うのは、政府に協会を作る[ことに関する]法律を厳しくすることを望んでいるのではない。即ち、政府に求めているのは、どうにかして、他民族が協力して、このカンボジア国内に協会を簡単には作ることができないように考えてほしいということである。カンボジア国は大フランス国の保護国であり、コーチシナ国や、その他のフランス国の植民地と違って植民地ではないからである。

このような我々の考えは、兄弟であるベトナム人のような、我がクメール国に来て住んでいる他民族を害することを望むのではない。我々はただ保護国政府に、「カンボジア国は大フランス国の保護国の1つである」ということをはっきり理解させる法律を制定する措置を取ることを説明し、理解を求めているだけである。そして、繰り返しお願いするが、クメール人と裁判を起こした他民族は、フランス人を除き、クメール裁判所で審理するようにしてほしい。

我々が上述したことは、依然として今のようであったら、クメール人はどのようにして起き上がることができるか。我々に大声で叫ばせないことがどうしてできるのか。

現在<gazette>[新聞]の仕事をしている我々の方は、自分自身の利益は何も望んでいない。この仕事に全心を込めているのは、この仕事をする人が誰もいないからである。誰か、我々の代わりにこの仕事を信頼して任せることができる人がいたら、我々はすぐにピリオドを打つ。何の名声も得たいと思わない。我々がこのように一生懸命仕事をしているのは、「クメール人を、他民族以上ではなくてもせめて同等に発展させる」という望みただ1つを持つだけである。ただそれだけで我々は満足する。

nagaravatta

1-9　諸国のニュース

1-9-1　中国

<havas>電。旺精衛は妻を連れて重慶市から逃れてハノイ国に向かった。旺精衛氏と蒋介石は、中国と日本が互いに平和になるための両者の会談について、意見が衝突したからである。

＊中国内の日本が占領した地域では、現在日本政府が、中国に借款を与えたイギリス国とアメリカ国への懲らしめとして、関税を重くした。

1-9-2　日本国

日本政府は、シベリア(中国の北方)沿岸の漁場について、ロシア政府と会談中である。

日本政府首相であるポノイ[ママ。恐らく「近衛」]氏は日本国と新中国、即ち日本が占領した中国との間の関係の整備について話した。即ち、

項1。中国は、「満州国は中国とは別の国である」ことを承認する。

項2。中国と日本国は国民党(中国共産主義[ママ])を駆逐する協定を結ぶ。

項3。日本国、中国、満州国は協力して通商を行う。

項4。laddhi <communisme>[共産主義]という敵から守るために、日本軍を中国のどこかに駐留させる。

項5。モンゴル国は、別の国であって、laddhi <communisme>[共産主義]に敵対する国であるとする。そしてこの国がladdhi <communisme>[共産主義]に敵対する国であるように、国の習慣に従って守備することを整える。

このことは、おそらくポノイ[ママ]氏はモンゴル国をロシア国のladdhi <communisme>[共産主義]が中国に流れ込んで来るのを防ぐための1つの堤防にすることを考えている。上の項目の他に、ポノイ[ママ]氏は、「日本国はまだ中国との戦争を続け、日本国に敵対する中国人がいなくなったら戦をやめる」と明言した。

現在日本はpākhūy県と広西省を攻めに行く準備をしている。

1-9-3　アメリカ(États-Unis)[合衆]国

アメリカ政府とドイツ政府とは、ドイツ<gazette>[新聞]が、アメリカ国前大統領である(ウイルソン)氏に失礼な言葉を使ったので、数日前から摩擦が生じている。アメリカ人たちもドイツ人の悪口を言い、互いに責任を取ろうとせず、ついに同地に行き来していたドイツ船は、これまであった数千の乗客がついに10人や20人や30人に減ったので、その航路を航海するのをやめた。

1-9-4　フランス国

フランス首相であるダラディエ氏は旅行して……多くのフランスの戦争……イタリア国が奪おうと考えているチュニジア国とコルシカ島……[注。以上の「……」は活字が摩滅していて不鮮明]。情報では、イタリア国の方は軍をイタリア国の植民地であるソマリア国に送った。同国はアフリカ大陸の大フランス国の植民地との国境国で、北はアビシニア国に接している。

1-9-5　イギリス国

チェンバレン氏はここ数日間、「陸相が国民の希望のようには職務を行なっていない」として、議員たちに辞職を要求されている。

1-10　おめでとうございます

1939年の新年を迎えるにあたり、nagaravatta新聞社は身を低くして、カンボジア国に赴任して来て公務に従事

し、支援してくださる <thibaudeau> <le résident supérieur>［高等弁務官］殿とその御家族、およびフランス人官吏の皆さんに幸福と発展があるように、三宝の力と神の力の御加護があるようお祈りいたします。

nagaravatta

1-11　お知らせ

［これまで］<jean-comte>商会で購入してきてくださった皆さんにお知らせいたします。

本日以降、私は同商会の勤務を止め、<gazette>［新聞］の仕事を全力で取りしきります。それゆえ、私と親しくしてくださった皆さんは、私個人に御用がおありの方は、どうか直接<verdun>路のnagaravatta 新聞社総務部へおいでください。手紙は、私へ送る場合には、全て［宛名を］pra?ap lekha 44（Boite Postale N.44）［私書箱44号］と書いて下さい。

pāc-jhwn

1-12　美術工芸品と工業製品の展示市祭り

去る12月28日午後4時に、国王陛下と<thībaudeau> <le résident supérieur>［高等弁務官］殿が御出席になって、この祭りの開会式を盛大に行った。1938年12月28日から1939年1月8日まで開かれるこの祭りは、見たところ望み通りに発展していて、braḥ kaev 寺のテント列の数百のコーナーは全て展示のために借りられ、トンキンのベトナム人、クメール国のあらゆる政府部局、あらゆる地域と政府部局のクメール人職人、などが来て展示し即売する。

この展示では、品評会で入賞した品物には高価な賞品が与えられる。

この祭りの入出場は、政府は入場料を取らない。午前9時から夜12時まで入場できる。

2-1　通知

先の12月19日に行われた、コンポン・チャム市の土地局の［書類］写し係 smien 、村 smien の採用試験の合格者は、以下に名がある136名である。

nul-ghut、ñūṅ-jim、kik-sā?un、ṅin-suddha、ok-sambhī、khieṅ-sus、ras-bum、sukha-sun、mā-netra、mam-phā［下ではmam-jā］、jūn-phān、bram-sūr、naṅ-huṅgau、sā?un［下ではkaev-sā?un］、ras-sāret、jum-ṭām、im-?wan、sukha-pāṅ、ḷāy-khāt、jhim-rwan、luy-kaev、kaev-morī、yāṅ-him、nūr-hun、cāp-jhum、mā-sūr、sum-gām、ḷām-sier、aek-ḍī、suon-mās、lān-heṅ、sū-ār、dā-gimhān、bram-jā、?wn-dī、yaṅ-nūr、jum-nau、jum-pin、ras-sūt［下ではras-suddha］、mās-sieṅ、sun-ḷuṅ、suy-sun、tūc-suddha［下ではtūc-sāt］、ḷāy-puk、jum-ket、jhim-jhwan、rat-siem、sū-sum、chae-lī、uk-vāt、netra-twk、rin-rum、sān-sun、nūr-suon、hākcūvyakkha、jrūk-sārun、gaṅ-sam、sāṅ-sāk、sūr-suddha、ghin［-］jā、mās-cak、jūthāy-jhun、ras-bhin、sāṅ-yan、deba-gim、nuon-sāpunya、bram-sīdim、mī-ḷuṅ、phān-gaṅ、kaṅ-jhum、um-saem、lāṅ-āp、pheṅ-huot、sek-sum、gal-gimyān、muoṅ-siddha、iem-suon、sukha-huk、ṇām-keṅ、chāṅ-ḷeṅ、yak-lim、suy-sā?aem、paen-sum、pūpsāphun、khiev-ṅuon、muc-poṅ、sar-jhin、jhūk-aem、sāt-sārun、mā-sūr、mau-heṅ、ṭuoṅ-bhī、dhip-seṅ、sim-kheṅ、?wm-lī?eṅ、ṭaek-huṅ、in-naṅ、jar-jhun、jhim-chum［下ではjhim-jhum］、yaṅ-chām、jā-jin、puk-seṅ、jin-phān、kœt-jhum、vāṅ-rwaṅ、ḷuñ-sāṇḍī、ñīk-?waṅ［下ではñik-?waṅ］、sar-sān、heṅ-yān、heṅ-thoṅ、sūr-khiev、jhin-sīkik、yā-sān、tān-lī、sāy-saṅvān、kaev-pūrāṇa、cay-lan、maen-kārin、chāy-rwn、iṅ-hel、juon-mwl、deba-lī、eṅ-ñip、dai-yā、sūṅ-pūrāt、dīthāysiek、som-ḷuṅ、jinpheṅcān下では jin-pheṅcān］、in-jhum、lī-pān、sukha-yin、dhūr-sān、īṅ-sam［下ではiṅ-sam］、un-jā、prāk-um、gaṅ-yau。

上の数の中で、フランス語の学力試験に合格した、下に名をあげる34名は、1939年1月9日月曜日から勤務を始めるのに間に合うよう任命されるために、至急本人の写真2枚を持参してコンポン・チャム州土地局事務所に出頭すること。

kaev-sā?un［上では sā?un のみ］、ok-sambhī、mam-jā［上では mā-phā］、ras-sāret、jum-ṭām、im-?wan、jhim-rwan、kaev-morī、ḷām-sier、lān-heṅ、ras-suddha［上では ras-sūt］、suy-sun、tūc-sāt［上では tūc-suddha］、ḷāy-puk、jrūk-sārun、gaṅ-sam、sūr-suddha、nuon-sāpinya、lāṅ-āp、iem-suon、sukha-huk、paen-sum、jar-jhun、jhim-jhum［上では jhim-chum］、jin-phān、ḷuñ-sāṇḍī、ñik-?waṅ［上では ñīk-?waṅ］、heṅ-yān、heṅ-thoṅ、tān-lī、sāy-saṅvān、jin-pheṅcān［上では jinpheṅcān］、lī-pān、iṅ-sam［上では īṅ-sam］。

上の数［＝34名］以外の102名は、1939年1月11日水曜日午前7時に、出生証明書1通を持参して、コンポン・チャム州庁に出頭すること。この数の中から61名が正式に任命される。

付記。今回の試験に合格した者で、土地局に勤務を始めて仕事がないために政府が休職させた者は、政府の必要に応じて、試験を受けることなく、政府に村 smien に任命することを求めることができる。

2-2　［44号2-4と同一］

2-3　ṅo-yī 氏の逝去

我々は、thī {ṅo-huṅ、ṅo-hū} 医師殿、その他の息子と娘の父である ṅo-yī 氏が、1938年12月28日に77歳で亡くなったとを知った。

遺体は大きな葬列をして ṅo-hū 医師殿の自宅を出発して、プノンペン市 laṅkā 寺で1939年1月1日日曜日午後2時に荼毘に付されます。

nagaravatta は大きい悲しみに覆われている子息令嬢

殿、親族、友人の方々にお悔やみを申し上げます。

2-4　ḍit-ṇāl 氏の逝去

我々は、深い悲しみをもって、シソワット中高等学校卒業生友愛会の会員で、pā bhnam 郡(プレイ・ヴェーン)副郡長の ḍit-ṇāl 氏が、1938年12月26日11時に、プノンペン市の miksa <hôpital>[病院]で亡くなったことをお知らせする。

遺体は病院から大きな葬列で病院から運ばれ、12月27日午後6時に、padumavatī 寺で荼毘に付された。rājakāra <protectorat>[保護国政府]の<délégué> ṭamṇāṅ[代表]として fā-rū 氏、副<résident>[弁務官]殿、プレイ・ヴェーン州知事[殿]、友愛会会長である <wasner> 氏などの、シソワット中高等学校卒業生友愛会の会員100人以上と親族、友人が参列した。

nagaravatta は悲しみに覆われている親族、友人たちにお悔やみを申し上げる。政府行政部と友愛会はよい考えを持つ、実に惜しむべき友人を1人失った。

＊故 ḍit-ṇāl 氏の家族、親族、友人は葬儀に参列してくださった方々に感謝いたします。

3-1　コーチシナ国の、クメール人の道徳、知力、体力増進協会

1938年寅年の解説

前の週[=100号3-2]から続く。

このことの有用性は、私は満3年間、歩き回って同胞に解説し、説明してわからせたから恐らく皆さんは既にわかっている。理事会は、協会の発展のために金銭を拠出してくださった人々に感謝する。この金銭は[下の]生徒を養うのに支出した。

項1。1936年子年は、ghlāṅ 省初等教育校で11名、
　　サイゴンの yāḍiñ 省美術工芸学校で1名、
　　braek ṛissī 省中高等学校で2名。

項2。1937年丑年は、ghlāṅ 省初等教育校で17名、
　　サイゴンの yāḍiñ 省美術工芸学校で1名、
　　braek ṛissī 省中高等学校で3名。

項3。1938年寅年は、ghlāṅ 省初等教育校で?[注。数字1字が消滅]7名、
　　サイゴンの yāḍiñ 省美術工芸学校で1名、
　　braek ṛissī 省中高等学校で5名。

この1938年には、協会は生徒に1ヶ月225リエル[ママ。恐らく「総額」]を支給したが、現在金がまだ十分でなく、これだけの児童を養う金を送ることができるだけである。この状況は、協会に入会する人がまだ少ないことと、もう1つは、既に入会した960名の中の300名余りしか金を払っていないことによる。

以下は、理事会の努力の成果の概要である。クメール人国民に対する政府の慈悲心で、

1936年に協会は省政府から補助金300.00リエルを受けた。

1937年に協会は省政府から補助金300.00リエルを受けた。

1938年には、ハノイの総督府が500.00リエルを補助した。

理事会の努力はこれだけではなく、我が協会はクメール人を救済するために、さらに種々のことを検討するよう、政府に請願した。それゆえ、政府は、「クメール人を守る保護方法検討会議」という名の組織をサイゴンに作った。政府は、種々のことを検討して解決するために、当協会会長殿を委員として招いた。1938年 māgha 月と phalguṇa 月に、この委員会は、コーチシナのクメール人に発展の道を開くために、以下のことを政府に請願する決議をした。

まだ後の週に続きがある[注。実はない]

3-2　[広告]　物を売るお知らせをします

炊事道具、食品戸棚、食器、接客道具、寝具、浴具、机

買いたい方は nagaravatta <gazette>[新聞]社屋へ訊ねに来てください。詳しい情報が得られます。

3-3　[11号3-2と同一]

3-4　[100号3-4と同一]

3-5　[100号3-5と同一]

3-6　[99号3-4と同一]

3-7　[91号3-2と同一]

3-8　[99号3-8と同一]

3-9　[84号3-10と同一]

3-10　[97号3-4と同一]

3-11　農産物価格

プノンペン、1938年12月23日

[「サトウヤシ砂糖」はない]

籾	白	68キロ、袋なし	3.05 ~ 3.10リエル
	赤	同	2.95 ~ 3.80[ママ]リエル
精米	1級	100キロ、袋込み	8.15 ~ 8.20リエル
	2級	同	7.95 ~ 8.00リエル
砕米	1級	100キロ、袋込み	7.40 ~ 7.45リエル
	2級	同	5.90 ~ 5.95リエル
トウモロコシ	白	100キロ、袋込み	[記載なし]
	赤	同	7.60 ~ 7.70リエル
コショウ	黒	63.420キロ、袋込み	18.25 ~ 18.75リエル
	白	同	29.00 ~ 29.50リエル

パンヤ　種子抜き 60.400 キロ　37.50 ~ 38.00リエル

＊プノンペンの金の価格

1 ṭamliṅ、重量37.50グラム

1級	147.00リエル
2級	142.00リエル

＊サイゴン、ショロン、1938年12月22日

フランス籾·米会社から通知の価格

ショロンの<machine> kin srūv［精米所］に出された籾 1 hāp、［即ち］68 キロ、袋込みの価格は以下の通り。

籾	最上級	3.60 ~ 3.50［ママ］リエル
	1級	3.35 ~ 3.30［ママ］リエル
	2級　日本へ輸出	3.25 ~ 3.30リエル
	2級　上より下級、日本へ輸出	3.15 ~ 3.20リエル
	食用［国内消費?］	3.10 ~ 3.15リエル
トウモロコシ	赤　100キロ、ショロン県マッカサンで売り渡し。	8.05 ~ 7.10［ママ］リエル
	白　同	0.00 ~ 0.00リエル

米(10月［ママ］渡し)、港渡し、袋込み、税抜き、1 hāp、［即ち］60.7キロの価格は以下の通り。

精米	1級、砕米率 25%	5.20 ~ 5.27リエル
	2級、砕米率 40%	5.10 ~ 5.15リエル
	同。上より下級	4.85 ~ 4.90リエル
	玄米、籾率 5%	4.10 ~ 4.15リエル
砕米	1級、2級、同重量	4.45 ~ 4.50リエル
	3級、同重量	3.55 ~ 3.60リエル
粉	白、同重量	2.60 ~ 3.80［ママ］リエル
	kāk［籾殻＋糠?］、同重量	1.70 ~ 1.75リエル

4-1　［100号3-3と同一］

4-2　［44号4-6と同一］

4-3　［97号4-3と同一］

4-4　［11号4-2と同一］

4-5　［20号4-6と同一］

4-6　［8号4-3と同一］

4-7　［44号3-3と同一］

4-8　［73号、4-6と同一］

4-9　［33号3-4と同一］

4-10　［90号4-2と同一］

4-11　［48号3-8の終わり近くの「70メートル」が「10メートル」になっているだけである］

4-12　［98号3-2と同一］

4-13　［96号4-10と同一］

第3年102号、仏暦2481年0の年寅年 pussa 月下弦2日土曜日、即ち1939年1月7日、1部8セン

［仏語］ 1939年1月7日土曜日

1-1 ［仏語で「私書箱 No.44」と「社長、PACH-CHHŒUN」が加わった以外は8号1-1と同一］

1-2 ［デザインが少し変わった以外は8号1-2と同一］

1-3 ［デザインが少し変わった以外は8号1-3と同一］

1-4 ［8号1-4、1-5と同一］

1-5 国王陛下の御誕生日の祭りとフランス正月の様子

1月1日日曜日午前9時、<thibaudeau> <le résident supérieur>［高等弁務官］殿はフランス正月に際し、国王陛下に年賀を述べるために参内し拝謁した。それが終わると<le résident supérieur>［高等弁務官］殿は［展示の］コーナーを見に行き、munīreta 局長殿下［braḥ aṅga mcās］も<le résident supérieur>［高等弁務官］殿に同行した。10時になると、国王陛下が<thibaudeau> <le résident supérieur>［高等弁務官］殿に祝いを述べにお出ましになった。1月2日午後5時になると、宮中でフランス、クメール官吏の集まりがあり、コーチシナ国<gouverneur>［総督］である rīvāl 氏、<inspecteur des colonies>［植民地視察官］である bruoyvūl 氏が<thibaudeau> <le résident supérieur>［高等弁務官］殿と共に出席し、国王陛下に63歳になられたお祝いの言葉を述べた。この時、陛下はコーチシナ国<gouverneur>［総督］に<grand officier de l'ordre royal du cambodge>［カンボジア国勲章グランオフィシエ章］を授与なさった。

1-6 物産展市祭りの周辺

今年は、puṇya tāṅ vatthu racanā niṅ vatthu sippakamma (E'xposition［ママ。「L'exposition」が正しい］ artistique et artisannale)［美術工芸品と工業品展示祭］は、トンキン、アンナン、コーチシナなどの外国からの他の民族の人たちも多数出品していて、なかなかにぎやかで楽しいようである。しかし、地方の人があまり大勢は見に来ないので、1936年の物産展市祭りには劣る。恐らく地方は稲が熟して忙しく、時間に追われていて時間を見つけて見に来ることができないのかも知れない。

この祭りで我々は下のような多くの不適切なことに気が付いた。

braḥ kaev 寺は、国王陛下をはじめとして我々クメール人の素晴らしい崇敬の的の場所であり、国王が季節毎に王国内の年中行事の儀式の1つをなさる場所であり、最上位の rājāgaṇa の僧でさえ誰も敢えて職務としてでも居住しようとすることができない場所である。即ち、仏教を崇敬するためだけの場所、クメール人の宗教のシンボル、即ちクメール人の心臓としての清浄な美しい境内を持たせてある場所であり、この尊崇するべき場所をこのように市場を設置する場所、楽しく遊ぶ場所にしてしまうのは、不適切であり、仏教を貶めるものであるように思われる。仏教を尊ぶクメール人は以前から寺域に入る時、あるいは前を通り過ぎる時には必ず脱帽して敬礼して、あるいは合掌してきた場所である。［それが］祭りの時は、祭りを見に来た他民族に倣って尊敬心を捨て去り、寺域内一面で帽子をかぶり、履き物を履き、飛び跳ね、大声を出して騒いで楽しんでいる。このようであって、仏教の繁栄はどこから訪れるのか。もう1つ、今年 braḥ kaev 寺のテント列で展示をする人たちは、釘で展示台を打ち付けるので、braḥ karuṇā suvaṇṇakoṭṭha 王［＝ノロドム王］の遺品であり、数万リエルの価値がある、なかなか作ることのできない貴重な多くの絵を損傷し、はがれ落ちて駄目にしてしまう恐れがある。前の年は、政府が絵から離れたところに木の枠を作ったから、展示をする人は展示台を外側にくくりつけ、絵には触れなかった。「今後はこの寺以外の場所を探すべきである」と理解する。

たとえば宗教を崇める pailin（バット・ドンボーン）の kulā 寺では、寺に入りたい人は誰でも履物を脱ぎ、帽子を取らねばならず、そうしてはじめて入ることができる。

［次のような］話がある。braḥ（Jésus）［イエズス］がまだ13歳の時に、寺院を絶対的に大切にし、誰にも来てその場所に相応しくないことをすることを許さず、露店を出して物を売ったり、金を貸したりする者などを全て追い出して、1人もいさせなかった。アラブ国のエルサレムの寺院の周囲では、国民の不適切な物、遊戯物などを、尊崇するべき場所に一緒に混ぜて置くことを許さない。

地方と市内のクメール人のコーナーは少ないのは事実であるが、すべて展示の許可を得た、展示するのに相応しい美術工芸品か工業品ばかりである。多くの物を展示しているが、子供の遊戯や食べ物などの、この展示市祭りの名目にふさわしくない物を持ってきて展示している他民族と同じではない。美術工芸品職人の方面で有名なプノンペン市のmul 職人は、逆に展示をしていない。情報では、展示の責任者が［コーナーを］1区画を取り上げてベトナム人に与えて、2区画しか残さなかった。そしてすでに払ってあった1区画分の借料しか返さず2区画分は返さなかった［ママ。3区画で計画したのに2区画に減らされたのでは展示はできないとして、3区画とも返上したのだから、全3区画分の借料を返還するべきである、という主張である］。「mul 職人は区画を多く取りすぎて、自らの意志で放棄したのであって、取り上げたのではない」ということを根拠にしている。区画を3から7まで持つベトナム人には、いずれも展示を許可している。しかも美術工芸品はなく、政府の規定外のものも展示を許可している。「この祭りはクメール人がクメール国内で行うものであるから、クメール人に望み通りにたくさん展示することを許すべきであり、クメール人の浄心を挫くべきではない」と理解する。このようであったら、どうやってクメール人を発展させることができるのか。

しかし、この展示者たちの中では、sīñaek 市場の美術工芸品職人たちがとても美しく展示していて、クメール人が全くいないのではない。

この祭りは、全てを観察するところに従うと、楽しさを探しても存在しない。美しく着飾った他民族ばかりが一面に見に来ているのが多く、展示している人も他民族であることが多く、あたかもこの祭りは外国で行われ、我々がそこにちょっぴり参加させてもらっているかのように見えるからである。地方からのコーナーがなかったら、恐らくこの祭りはクメール人はとても少なかったであろう。

我がクメール人よ。この祭りを楽しもうと心を決めるべきではない。金持ちには我々は何も言わない。ここから、あそこからと少しずつ金を貯めて、［その金を］腹いっぱいに食べるために取っておくことを考えずに、逆に［祭りに］やって来て、何の役にも立たない、空腹を癒してくれない道化の面、帽子、色紙の花、日傘などを買って家に帰った時には、博打ですっかり金を取られているから、胃はしぼんでいる。時には悪い女と遊び、逆に苦しむこともある。我々クメール人はよく考えて、自分が貧しいことを忘れてあまり楽しみを求めるべきではない。

プノンペン市の ṭaṅhœ ネアック・ターたちは、今年はいつもと違う嬉しそうな顔をしているようである。いつもクメール人の踊りを見、音楽を聞いていて、他民族の踊りは見たことがなかったのに、今回は祠の近くで他民族が(dancing)［ダンス］を見せてくれたので、目と口に珍しいものに出会った。ネアック・ターは全て［見ることができなかった］クメール人に対して少し得意に思ったであろう。

それゆえ、我々クメール人は、ネアック・ターの心がクメール人から離れていくのではないかと少し心配をしている。お願いですから、心変わりしてクメール人を嫌いにならないでください。彼らはいつも古い踊りしかお供えしていないのは事実であるが、それはしょっちゅうお供えしているし、しかも我が民族の踊りだからである。

1-7　諸国のニュース

1-7-1　フランス国

先週すでに報道したように、首相であるダラディエ氏は、1939年1月3日に、軍艦を護衛につけてコルシカ国とチュニジア国に行った。「大フランス国は領土を1握りといえどもイタリア国に我慢して譲渡することはない」ことを国民に示して分からせるために、フランス政府はそこに行く必要があったからである。コルシカ国とチュニジア国だけではなく、大フランス国は大フランス国の植民地全てを同様に守る。

＊フランス国下院議員は、1939年度の予算について政府に執行させるか否かで議論し投票中である。

＊レオン・ブルム氏を長とする<socialiste>［社会主義者］党は、現在ダラディエ氏が統括している内政について会議を開いて討論している。

1-7-2　中国

国民党副主席である汪精衛氏は総司令である蔣介石将軍に、「日本首相である近衛氏が中国と日本との間に平和を求めることを考えている考えは、中国が同意することができるものにふさわしい」と打電した。蔣介石氏は汪精衛氏の意見に同意しなかった。

1-7-3　日本国

東京市。アメリカ国大使とイギリス［国大使］は、過去数日間の中国内における日本軍の爆撃について、日本政府に抗議した。また、「この3国間のトラブルについて、日本政府は故意に長く放置して解決に応じない」と抗議した。日本国<conseil> senāpatī[大臣]である有田氏は、「アメリカ国とイギリス[国]とは心配しないでほしい。日本国は以前と同様に中国国内の諸国の国益を守ることに助力する。しかし、もし諸国が、日本国と諸国間の諸問題を早期に解決することを望むなら、諸国は中国に多額の借款を与えることを考えるのを止め、蔣介石政府を倒す何らかの方法を考えれば解決できる」と答えた。

もう1つの情報では、日本政府は中国内の日本軍総司令官に、「軍を整えて、蔣介石政府が集結している重慶市を攻めて占領すること」を命令した。そして、「同市を占領した時に、中国を日本の考えのモデルに従って整えるために、日本は、そこで戦争中止を宣言する」と述べた。

1-8 全 cau krama 殿の会議

先の1月3日、法律顧問殿が、まだ詳細には決定していない法律の制定について解説して理解させるために、高等裁判所に全 cau krama 殿を集めて会議を開いた。

この会議で、高等裁判所 cau krama priksā である samsuṅ <fernandez>氏が、全氏の意見を問うために、妻の不貞罪について解説して理解させ、「この事件には、証人を連れて来て利用することができるべきか否か」と質問した。会議に出席した全氏が、「使えるべきである」と答えた。法律顧問殿は同意し、「氏は刑法のこれに関する条項を、それに従って改正することを求める」と述べた。この件について samsuṅ 氏が解説し理解させる前に、法律顧問殿は全 cau krama 殿に、「現在のクメール裁判所は習慣法が十分に適用されているが、まだ重要なことが残っている」と述べ、このことについて cau krama 殿全てに一生懸命努力して行うよう要請した。即ち cau krama たちの道徳の問題である。

それから、氏は、「民事訴訟法は整備が終わり、あとは印刷出版して配布し、施行させるだけである」と述べた。氏は、「クメール人と問題を生じた他民族は、フランス人 cau krama の陪席のもとに、フランス人弁護士をが審理に加わることにして、クメール裁判所で審理する」ことを保護国政府に<rapport>[報告書]を出して説明した。

氏は、クメール裁判所の官吏規定を整備中であり、さらに商人に関する法律の作成も始めることを考えている。

1-9 クメール人への喜び

nagaravatta 新聞は、<gazette>[新聞]を買って助力してくださる大勢の思いやりのある気持ちを持つクメール人の皆さんに感謝いたします。数日前にnagaravatta 新聞社長が、自己の個人的利益を捨て去り、全力でこの<gazette>[新聞]の業務全てを統括することにして以来、クメール人は<gazette>[新聞]を買って助力するという団結をますます持ち、<gazette>[新聞]を購読する人の数が新しく百名以上も増えたことがわかりました。この力こそが、我々に嫌気を催させず、希望を持ち続けさせるものです。我々は力を得て、一生懸命努力して働き、ますます良くします。

1-10 お知らせ

先日、私は急ぐあまり、情報を全ては提供しませんでしたので、私に思いやりのある気持ちを持ってくださる皆さん各人から、[私が]<jean-comte>商会を辞職した理由について、私に質問がありました。

私が辞職しました原因は、以下に真実を述べますように、私が前世で積んだ悪業と幸運によるものです。

1938年12月28日、<jean-comte>商会社長が私を部屋に呼んで、訊ねました。「君は私の仕事もし、<gazette>[新聞]の仕事もしている。見るところ私の利益を大きく損なっていることは間違いない。それゆえ君は辞職しなさい。もし君が私のために働くことを承知するなら、<gazette>[新聞]を捨てるべきであるし、<gazette>[新聞]の仕事がしたければ、私の仕事を捨てるべきである」 私の方はこの言葉を聞いた時、少しも驚き慌てることはなく、その時以来私は楽しく愉快に思っているのですが、答えました。「私は考えました。即ち、私は私の<gazette>[新聞]を取ります。私の国土と血はこの<gazette>「新聞]の中にありますから、捨て去ることはできないからです」私の心の中では、「この辞職することは正しい。私の望みに従って、国を愛し民族を愛する者の義務である仕事をしっかり果たすための時間ができるから」とずっと考えています。

もう1つ、私自身は何の栄養も、何の価値もない乾いた藁のようなものです。もし誰か燃やしてしまいたいと思った時には、私はその時に、前世の業に従がって、我慢して燃えることを受け入れます。この藁は、燃えてしまうと近くにいるどの人にも、芳香も悪臭も与えることはありません。

この機会に、私が14年間従事してきた私の商業の仕事を支援して、クメール人も他の民族と同等に生計を立てることができることを示すために、助力して購入して、私に生計を立てることにおいて名声を得させ、高めて発展させてくださった私の友人の皆さんにお礼を申し上げます。私が一生懸命求めて、現在得ている私の良い名は、私を避けて、クメール国に来て生計を立ててクメール人である私と競争をしている中国人の子、あるいはベトナム人の店に行って助力して商品を買う人たちと違って、「私がいる店の物は買うな」と耳打ちされても気にしなかった方々が、一生懸命助力してくださったことによるものです。

pāc-jhwn

2-1　サイゴンの工業学校で学んでいるクメール人生徒との半時間

先の1938年12月30日、我々はサイゴンの工業学校で、服の仕立て、製靴を学んでいるクメール人生徒たちと会い、彼らはベトナム人たちの、あらゆる種類の侮辱といじめに会うことによる、同地で工業を学ぶことの苦しみについて話し、「宿所も楽しくないし、食べ物も楽しくないし、コーチシナ・ベトナム人教師が言いがかりをつけて意地悪をし続けるので、勉学も楽しくないので、我慢して勉強をすることができないほどである」と話した。rājakāra <protectorat>［保護国政府］がクメール国から助力してくれる補助金も送ってくるのが遅く、3から4ヶ月経ってから届くこともあり、食事を作ることに関して、料理人に意地悪をさせる原因になっている。

我々はrājakāra <protectorat>［保護国政府］に、彼らをあまり苦しめることがないように、今後は補助金を毎月遅れないように送金するようお願いする。

2-2　［44号2-4と同一］

2-3　<gazette>［新聞］読者からの訴えを受け付ける欄

我々は<gazette>［新聞］読者の1人から<gazette>［新聞］に掲載することを求める訴えの手紙を受け取った。それで我々はその言葉に従って、何も変えることなく下のように掲載する。

プレイ・ヴェーン州からの訴えの言葉

仏暦2481年0の年寅年 kattika 月下弦15日火曜日、即ち1938年11月22日

私、hluoṅ bībhakti gāmavana {hū-sāhām}支郡長は40歳、民族はクメール人で、プレイ・ヴェーン州 kambaṅ trapaek 郡 sṭau koṅ 支郡長をしています。私はnagaravatta <gazette>［新聞］社長に、私の記憶に従って nagaravatta <gazette>［新聞］95号［1-7］について反論する言葉を述べます。

私は、プレイ・ヴェーン州 kambaṅ trapaek 郡 sṭau koṅ 支郡 kansom ak村に家があるクメール人で、「まだ写真を撮っていない役畜、即ちウシとスイギュウは、支郡長と村長が［その役畜の］所有者に写真を撮る申請書を出させ、申請料20センを徴収した」と貴殿に訴えて、その訴えの言葉を、1938年11月19日付の貴殿の<gazette>［新聞］95号の第1ページの、第4欄［＝1-7］に掲載することを求め、署名して指紋を押捺した som-juop とその仲間10人に苦しめられ、承服できませんので、私のこの訴えの言葉をどうか新聞に掲載して保護国政府に訴えてください。

上にある話は、<gazette>［新聞］記事の中にある、種々の偽りの訴えをして私の名誉を傷つけるものです。

この話は、訴えの言葉の全てが正しいというわけではありません。即ち下に、その理由を述べますように、事実である部分と誤りである部分とがあります。

まず最初に述べますが、私は先の1938年9月16日に、政府がこの sṭau koṅ の支郡長に転勤させました。この sṭau koṅ 支郡の明らかになっていないことを調査し、sau-sek をはじめとして窃盗や強盗などの犯罪を犯す悪人が多くい［ることが判明し］て、［支郡］政府は sṭatu koṅ 支郡のこの sau-sek など多数を逮捕しました。この sau-sek は多くの場所で重罪犯罪を行なっていました。これらを逮捕した者に政府は勲章と［褒賞］手当を与えたくらいです。そして［支郡］政府は事件をそれで終わりにせず、さらに調査をしていたところ、すでに所轄の裁判所に提出した調書にあるように、［自ら］ウシ、スイギュウなどの役畜を盗み、かつ州外の村の人間に申し入れてこの支郡に来させて［ウシやスイギュウの役畜を］盗ませ、それを買い取っている犯罪者多数の存在がわかりました。そして調査して事実がまだ得られていない段階で、私は1938年11月10日付文書第135号を32部 sṭau koṅ 支郡内の村長と地区長とに送付して、「1938年3月に政府が計測することを義務付けたように、役畜を獣医の所に連れて行って計測と写真撮影をすることを、まだ行っていない者は、各人1938年11月15日までに届書を支郡庁に提出するように」と通知しました。この届書には、まだ計測と写真撮影を行っていない理由を明示し、その役畜を明示し、直接監督する地区長と村長の、「その役畜を確実に知っていることは事実である」という「その役畜の存在を確認する署名が必要で、それがあればその届書を受理し、sṭau kaṅ 支郡の村長と地区長全員の所にある文書にあるように、局に届けて計測のための獣医の派遣を申請します。

この件に関して、私は sṭau koṅ 村と prakhau 村民衆から28通の届書を受け取ったばかりです。kansom ak 村在住の som-juop とその仲間10名およびその他の民衆の方は、som-juop とその仲間10名はまだ計測を行なっていない役畜がいるか、いないかという件の届書を、まだ誰1人からも受け取っていません。ただし、定めた［届書の提出］期限日はまだきていません。

受け取った届書の方は、義務付ける法律がありますので、私はこの届書に<timbre>［印紙］を申請料0.25リエルと確認の<signer> jhmoḥ［署名］料0.20リエルを貼らせ、領収証を発給しました。

「私と村長とが［役畜の］所有者に写真撮影の申請書を提出することを命じ、申請料0.20リエルを徴収した」という訴えの言葉は、その訴えの通りではありません。即ち、私の不名誉を広がらせて、カンボジア国全土の人々に対して恥を掻かせようとする偽りの訴えです。

それゆえ、<gazette>［新聞］社長殿は、私と som-juop

とその仲間10名全員とを、貴殿の子供として、保護国政府に訴えて、som-juop と10名の仲間の訴えの言葉に従って<enquête>［調査］させてください。もし<enquête>［調査］して、「私が不正をし、法律に違反して0.20リエルをどの村の誰から徴収した」ということが明らかになったなら、私は法律違反の容赦ない罰を受けることを求めます。

政府へ不服を訴える言葉の中の、［政府に］求めている1、2、3項については、徴収することを義務付ける法律がありますから、私は徴収し財務局に納入したのは事実であり、そして常に領収証を発給しています。そしてこの訴えは、たとえば、「木の葉の家を建てると家屋税1.50リエルを徴収しなければならない」など、その他の種々の税金を徴収する法律には言及していません。即ち、「家屋税を払ったことがない」ことについて非難していません。私が sṭau koṅ 支郡の納税簿を検討したところでは、1-1-38［＝1938年1月1日］から22-11-38までの間に家屋税は4.00リエルしか徴収していません。そしてこの4.00リエルの中には私自身が木の葉の家を1軒建てて税金を払った1.50リエルが含まれており、1938年3月18日付の領収証があります。

この11人の訴人は、私が納税簿を検討したところ、何かの州税を何回も納入していることは見当たりません。何人か役畜税と籾倉税を納めているのが見当たるだけです。即ち籾倉とまあまあの資産を持っているからです。これ以外の税金については、「重くて負担できない」という税金は何も納めていません。

保護国政府は<enquête>［調査］して、上の訴人11名から州税の領収証を要求して、「これらの者が悪人であるか、それとも本当にこれらの税金を負担する重荷に耐えられない、良い正しい人であるか、あるいは税は何も納めずにいて、政府に対する不満を言ってばかりいるだけなのか」を知るために検討してください。

保護国政府が<enquête>［調査］し、尋問し終わって、私を訴えたこの11名の訴えの言葉のとおりではなかった場合には、その調書を裁判所に送って審理させ、som-juop とその仲間10名を法律で処罰させてください。そうすれば私は満足します。

もし原告である私が勝訴したら、慰謝料とこの裁判にかかった費用とを私に得させてください。

裁判の勝敗の如何にかかわらず、私は法律に従います。確認のために、覚えとして<signer> jhmoḥ［署名］しておきます。

支郡長である hluoṅ bibhakti gāmavana
<signer>［署名］

3-1 雑報

3-1-1 <thibaudeau>夫人［loka jamdāv］が客を接待

<thibaudeau>夫人［loka jamdāv］が1939年1月11日5時半から、<quai lagrandière> 路の mandīra <hôtel de la résidence supérieure>［高等弁務官公邸］で客を接待する。

3-1-2 お知らせ

「クメール史の少し」についての講演会

天津県（中国）の高等教育校の教師である <bernard> <reverend père>［saṅgharāja］［神父］が来訪して、sīlvestre <de> āseveṭūという名前のポルトガル人神父の経歴について講演して解説し、それから16世紀末のクメール人の競技について解説する。この講演は、1月9日夕刻5時半からプノンペン市の市立<philharmonique>［音楽堂］で、フランス語で行われる。

聞きたい方は上の場所に、定められた日時においでください。

3-2 クメール国<bureau résidence>［弁務官庁］の<secrétaire>［書記］採用試験

1938年12月29日付<le résident supérieur>［高等弁務官］殿<arrêté>［政令］第4018号により、下に氏名がある者が1938年10月15日の試験に合格し、rājakāra <protectorat>［保護国政府］のthī見習いに任命された。

1。tān 姓の tuṅ hān
カンダール<bureau résidence>［弁務官庁］に勤務

2。ḷeṅ sam?o
ター・カエウ<bureau résidence>［弁務官庁］に勤務

3。pūy yāṅ thwy
<résidence supérieur>［高等弁務官庁］に勤務

4。doṅ yāṅ thāv
コンポン・スプー <bureau résidence>［弁務官庁］に勤務

5。pān sam?or
カンダール<bureau résidence>［弁務官庁］に勤務

6。lā-ṅuon
<résidence supérieur>［高等弁務官庁］に勤務

7。jhin sū metthā
コンポン・トム<bureau résidence>［弁務官庁］

8。dum gīm heṅ
土地局に勤務

9。ṅuon-sam?ok
シソワット<lycée>［中高等学校］に勤務

nagaravatta はとても嬉しく思い、これら9名のthīの方々が幸福と地位の発展に恵まれるようお祈りします。

3-3 インドシナ国政府宝籤

1939年1月4日抽籤

末尾が65と54の数字の籤は、いずれも10リエルに当たり。

末尾が612と789の数字の籤は、いずれも25リエルに当たり。

末尾が182の数字の籤は、いずれも50リエルに当たり。

80本が1本につき100リエルに当たり、番号は、
[6桁の番号が80個。省略]
16本が1本につき500リエルに当たり、番号は、
[6桁の番号が16個。省略]
1,000リエルに当たった籤の番号は、
[6桁の番号が8個。省略]
601,795の番号の籤は4,000リエルに当たり。
以下の4本の大賞の番号は、全4次の籤に照合するためである。
6,000リエルに当たった籤の番号は
469,712 と 166,731。
番号が693,052の籤は30,000リエルに当たり。
番号が455,984 の籤は60,000リエルに当たり。
6万リエルに当たった番号と、1つの桁だけが異なる52本の籤は、それぞれ1本につき500リエルに当たり。

3-4 [広告] 感謝

私たち、thī {ṅo-huṅ}と ṅo-hū 医師殿、および故 ṅo-yww 氏の子女と親族たちは、1月1日日曜日に laṅkā 寺で行いました私たちの亡父の火葬式に、真心からの友情で御参列くださった皆様方に、皆様方にお礼のお手紙を差し上げることができませんので[紙上を借りて]、お礼を申し上げます。

3-5 [広告][67号3-4を参照]

[仏語] 1938年7月20日、シエム・リアプ

証明書

[ク語] 私は名を tān gim sān と言い、シエム・リアプ raluos に住んでいます。私は<gazette>[新聞]に掲載して、プノンペン市 kāp go 市場の sīv-pāv 店の13号薬、即ち、役畜を救う薬を称賛します。私は1包0.60リエルで300包買い、スイギュウとウシとを200頭以上救いました。気候が変わって多くが死ぬ時に、役畜が何かの病気のような症状が現れたら、重病なら2包飲ませれば確実に治るのがわかります。軽ければ1包のませれば望みの通りに治ります。私は本当にこの薬のことを確実に知っているので、<gazette>[新聞]に掲載して、農家の皆さんにお知らせします。

[仏語] M.Tan Kim San、地主
署名

3-6 [99号3-4と同一]

3-7 [広告][仏語] 1939年1月2日、プノンペン

[ク語] 私の名は bhim hāc で、バット・ドンボーン州 moṅ ṛissī 郡庁の smien をしています。私は重病にかかり、医者を探して薬を飲んでも注射しても、治りませんでした。人々は、私はきっとここで寿命が尽きる、と言いました。pāsāk のクメール人である sīv-heṅ 医師殿を招くと、彼は診察して、「この病気は胆嚢が破れて黄疸になっている。この病気は重い」と言いました。それから彼は kāp go 市場の sīv-pāv 印[の薬]を調合してくれました。私は私に助力し、私の命を救ってくれた sīv-heṅ 医師殿の恩を感謝し、ここに掲載して、彼の恩と驚くほど良く効く薬を忘れないようにします。

3-8 [100号3-4と同一]

3-9 [84号3-10と同一]

3-10 [97号3-4と同一]

3-11 農産物価格

プノンペン、1939年1月5日
[「サトウヤシ砂糖」はない]

籾	白	68キロ、袋なし	3.05 ~ 3.10リエル
	赤	同	2.80 ~ 3.85[ママ]リエル
精米	1級	100キロ、袋込み	9.55 ~ 9.60リエル
	2級	同	8.50 ~ 8.55リエル
砕米	1級	100キロ、袋込み	5.55 ~ 6.60[ママ]リエル
	2級	同	4.95 ~ 5.00リエル
トウモロコシ	白	100キロ、袋込み	[記載なし]
	赤	同	7.75 ~ 8.00リエル
コショウ	黒	63.420 キロ、袋込み	19.25 ~ 19.75リエル
	白	同	29.25 ~ 29.75リエル
パンヤ	種子抜き	60.400 キロ	38.75 ~ 39.25リエル

＊プノンペンの金の価格
1 ṭamliṅ、重量37.50グラム

1級	157.00リエル
2級	152.00リエル

＊サイゴン、ショロン、1939年1月4日
フランス籾・米会社から通知の価格
ショロンの<machine> kin srūv[精米所]に出された籾 1 hāp、[即ち]68 キロ、袋込みの価格は以下の通り。

籾	最上級		3.50 ~ 3.55リエル
	1級		3.25 ~ 3.30リエル
	2級	日本へ輸出	3.20 ~ 3.25リエル
	2級	上より下級、日本へ輸出	3.15 ~ 3.20リエル
	食用	[国内消費?]	3.00 ~ 3.02リエル
トウモロコシ	赤	100キロ、ショロン県マッカサンで売り渡し。	8.55 ~ 8.60リエル
	白	同	0.00 ~ 0.00リエル

米(10月[ママ]渡し)、港渡し、袋込み、税抜き、1 hāp、[即ち]60.7キロの価格は以下の通り。

精米	1級、砕米率 25%	4.98 ~ 5.00リエル
	2級、砕米率 40%	4.80 ~ 4.85リエル
	同。上より下級	4.75 ~ 4.80リエル

	玄米、籾率5%	4.10 ~	4.12リエル
砕米	1級、2級、同重量	4.65 ~	4.70リエル
	3級、同重量	3.60 ~	3.65リエル
粉	白、同重量	2.25 ~	2.50リエル
	kāk［籾殻+糠?］、同重量	1.70 ~	1.75リエル

4-1　［100号3-3と同一］

4-2　［44号4-6と同一］

4-3　［97号4-3と同一］

4-4　［11号4-2と同一］

4-5　［20号4-6と同一］

4-6　［8号4-3と同一］

4-7　［48号3-8の終わり近くの「70メートル」が「10メートル」になっているだけである］

4-8　［99号3-8と同一］

4-9　［73号、4-6と同一］

4-10　［33号3-4と同一］

4-11　［90号4-2と同一］

4-12　［11号3-2と同一］

4-13　［76号4-1と同一］

SAMEDI 14 JANVIER

CIGARETTES
JOB
LE PAQUET VERT
Vendu 5 cents

Nagara vatta

COFAT
CIGARETTES
Le Paquet vendu 5 cents

Directeur
PACH-CHHŒUN

HEBDOMADAIRE PARAISSANT TOUS LES SAMEDIS

'Boite Postale N° 44)

第3年103号、仏暦2481年0の年寅年 pussa 月下弦9日土曜日、即ち1939年1月14日、1部8セン
［仏語］ 1939年1月14日土曜日

1-1 ［仏語で「私書箱 No.44」と「社長、PACH-CHHŒUN」が加わった以外は8号1-1と同一］

1-2 ［デザインが少し変わった以外は8号1-2と同一］

1-3 ［デザインが少し変わった以外は8号1-3と同一］

1-4 ［8号1-4、1-5と同一］

1-5　ある<gazette>［新聞］読者の意見

私が「徳であるか罪であるか」という話を書いてnagaravatta <gazette>［新聞］に掲載してから今までずいぶん長い間、何かを書いて皆さんに聞いていただくことがなかった。なぜなら私は一生懸命沈黙を守ってそのことを避けてきたからである。しかし、我慢ができなくなったのは、先の11月19日付のnagaravatta <gazette>［新聞］第95号［1-5］が、すでに<gazette>［新聞］に掲載されている通りの、サイゴンでの大会議の話を述べているのを読んだからである。私の民族愛はとても大きいので、私に黙っていさせることをできなくさせ、このクメールの独立国の話を書いて皆さんにもう1度聞いていただくことにした。この話は、我々クメール人が知っておくべき話であり、全ての民族は、「クメール人は本当に民族を愛することを知っている」ということを否定することができない話である。それゆえ、この話は、互いに差し障りがある文があるとしても、きっと道徳に反しはしない。私が詳細を述べないのは、遠まわしにあてこすることを言って、友人である国々に不愉快を持たせることを望まないからであり、それゆえ、述べるべきことだけしか述べないように心を導くことにする。

クメール独立国［という語］は、古クメール独立国と新クメール独立国の2つの場合があり得る。混乱を生じさせてわかり難くならせないように、以下はまず古クメール独立国だけについて話させてもらう。古クメール独立国は数千年前、即ち仏暦前1895年に建国され［ママ。根拠は不明］、広大な国境を持ち、仮にプノンペン市を中心とすると、sākasī 即ち pandāl［証拠］である古代の遺物が、［現在の］我が国の領土以外に、我が近隣の友邦の随所にも残っていて、現在のクメール人に知らしめるように、現在の我がクメール国6個［分の広さ］が以前の我がクメール人の古独立国と等しくなるのである。現在のシャム国でさえもまだ同国内にある我がクメールの古代遺物を心を込めて今後長い間保存につとめている。この世界に見つけることができない、稀な物であって毎年シャム国に多くの収入をもたらしているからである。ヨーロッパ諸国が我がクメール国をよく知っているのは、古クメール独立国の素晴らしい作品によるものであり、古クメール国が滅びたのは名前だけであって、他のいくつかの独立国が名前も姿も滅びてしまったのとは異なり、姿はまだ残っているのである。この話の執筆者である私の考えでは、クメール人が力を持っていた時代、即ち古クメール独立国の時代には、どの民族からも力でその国土を奪いはしなかった。即ち、クメール人の国土はクメール人が生まれたときからのペアーであった。なぜなら数千年もの年齢をもつ古代遺物は全て、国が静かで、まだ他民族が入り込んできてクメール人を分断してはいなかった間に、クメール人が建設したものであるという、私が見つけた証拠があるからである。当時クメール人は優れた知識を持ち、心の中には常に貧しく困窮している人々に慈悲と憐憫の情を持つ人々であった。我がクメール人は、我がクメール人のものであることが確実である文明を、クメール人の威勢の陰に庇護を求めて入ってきた他民族に広め、慈悲の心でクメール人の土地を分け与えて住まわせ、それぞれの民族ごとに［自らを］統治させた。古クメール独立国の国土は極めて広く、「自分たちが利用しても、まだあらゆる所に沢山残る」と理解したからである。古クメール独立国は、現在まで残っていて、我々クメール人が目にしているように、他民族に分け与えて統治させた土地の全てに、その種々の形と形式によって名称をつけた遺跡建造物を建造してシンボルとした。当時の古クメール独立国は、将来の危機を恐れて[国を]守るということはしなかった。それは徳の力を基礎にして、不善の方法は考えず、他の誰をも立腹させない勝利という道徳の力による勝利のみを考えたからである。我が古クメール国を危機から守ることを考えなかった利益は、その後時がたち、これらの十正道を持つ人々が死に絶えると、敵意を持つ民族が生まれ、自分の仲間の国土を奪った。その結果、我々クメール人はここで少し、あそこで少しと後退を続け、およそ175,000平方キロメートルだけの国土が残った。古クメール独立国の後退について来ることができたクメール人はついて来たが、ある者はついて来ることができず、他民族になってしまった。それゆえ、我々クメール人は人数が少なくなり、団結は破れてしまい、クメール国に騒動を生じさせ、古クメール独立国の名を滅ぼさせてしまい、身体の中心部だけが現在残っている。しかし、当時の我々クメール人の先祖はクメール人の将来を知り、[滅びる前に]フランス政府と友好を結んで間にあった。古クメール独立国の最後は、その時以来、フランス政府の助力と支持のおかげでその粋のみが、現在の我がクメール人の身体と一緒になってしっかりと残っている。我がクメール人の先祖が、我々クメール人に歩くべき道を残しておいてくれたのであるから、我々クメール人が一生懸命にその道の雑木、雑草を払い、大切に保つことをせずに、木や草が生えるままに放置して、一面に覆わせてしまうならば、後日その道を再び拓くのは極めて困難であると思う。フランス政府は我々クメール人に大きい憐憫を持つが、我々が何も考えなかったら、[政府に]何をさせるのか。新しいクメール国の状態について話すと、執筆者である私は実に心配で気が重い。でも、それはそれとして、まずは謎々の形で話そう。新クメール独立国？　現在のクメール人はフランス政府の保護の下にある。「保護」という語は、あたかも師が、まだ全く何も知らない弟子に種々教えて知識を持たせ、現在と未来に発展させ、遠近の敵から身を守ることができるように助力して、ついにはその弟子が学問知識を得て有能になり、十分に身を管理していくことができるようになったら、師から離れて自由になることを許す。あるいはもう1つ、父母が子を育てて保護し、思いやりと正義で子供を支援して面倒を見、父母の利益を我慢して捨てて育て、子供が幸福と発展があるように支援する。子供の利益以外、子供から何か利益を得ようとは、考えない。子供が大きくなり、法律上の成年に達すると、子供に自由という権利を与える。この2つのことがフランス語で(Protectorat)[保護]と呼ぶものに相当する。我々クメール人はまだ issarabhāba(Liberté)[自由]、smœbhāba(Egalité)[平等]、paṅ p?ūn gnā(Fraternité)[博愛]を持つ。この3語が、我々クメール人はまだ独立を持つことを明らかにする。しかし新クメール独立国は、「フランス政府の保護の下の独立国」と呼ぶ。しかし、もしフランス政府が何か、我々クメール人が望まない[クメール人の]利益を損なうことをすることを、その意図なしに考えた場合には、我々クメール人は保護国政府に改正を願うべきである。我々クメール人は、我々を保護してくれるために来ているフランス政府から、新クメール独立国の力で、離れることは望まない。しかしクメール人はクメール人が他の国と同様に発展することを望む。そしてフランス政府は、我々クメール人はフランス政府以外の誰をも望んでいないことを理解してほしい。しかし、たとえばフランス政府がトンキン・ベトナム人をクメール国に移住させてクメール国の仕事のポストと生業を行なって生計を立てることを支配させようとすることは、クメール国代表が唱えた異議を認めたサイゴンの大会議を聞いて、クメール人は大いに喜んだことを理解してほしい。しかし、nagaravatta <gazette>[新聞]が、この件を続報として11月19日土曜日[＝95号1-5]に掲載して伝えたように、逆転したことが明らかになった。即ち、フランス政府は、これまで70年間以上助力して保護してきたクメール人、あるいはクメール国に慈悲心を持たない、ということを理解してほしい。クメール国民、即ち新クメール独立国の国民が幸福を享受してきたのは、フランス政府のおかげである。今このような妙な情報があるのは、フランス政府はクメール人にどう考えさせようとするのか。フランス政府は、上述の古クメール独立国の話をよく検討して、なぜ古クメール独立国は滅びたのか、なぜクメール人はフランス政府に来て、新クメール独立国に助力し保護することを頼ったのかを考えてほしい。この2項はフランス政府はすでによく知っているはずである。フランス政府はクメール人とクメール国を、「危機の時の仲間である」として保護してほしい。我々クメール人はクメール国に肉や血や骨を捧げる。クメール国をしっかりと助力し保護してきてくれた恩人に生命と心を捧げる。

クメール人は、幸福を守るクメール人の本性として民族を愛することを知る。クメール人はクメール人の善悪を保証する自省の心を持つ。それゆえクメール人は、過去78年と今年の間ずっと、幸福とフランス政府を守ってきた。我々クメール人は、フランス政府と国王の友達の約束に良く従ってきた。そして我々クメール人は今後も良くあることを望む。フランス政府は何も疑わないでほしい。我々クメール人は発展してフランス政府から公正な褒美をもらうことだけを望んでいる。それゆえ、フランス政府が今後行おうとすることは、クメール人の利益に十分配慮してほしい。たとえばフランス政府がトンキン・ベトナム人をクメール国に移住させたいと思うのは、フランス政府は、クメール国の土地が広く沢山残っているのを見て、ベトナム人に来させて生業を行なって生計を立てることを支配させ、発展させようと考えるからであるが、このことは、発展のこと1つだけを考えるなら、筆者である私は反対しない。しかしベトナム人をクメール国に移住させてクメール人を発展させることは考えない。フランス政府がベトナム人と同様にクメール人にも憐憫を持つのなら、クメール国民に、市内の人も、畑作をしている人も、稲作をしている人も、全てにそれぞれの家に何人いるか？コンクリート造で煉瓦の柱のクメール人の家が何軒あるか？小屋に住んでいる人が何人いるか？耕作して生計を立てている田畑は十分か？現在耕作している田畑はどれだけの収穫があるか？税金を政府に払うのに、[収入は]十分か？などを<enquête>[調査]してほしい。

執筆者である私は、これらのクメール人と親しくしていて、見聞きして知っているが、クメール国の良い土地は少ないので、田と畑を持つクメール人の95%は耕作するのに[田畑が]足りないでいる。それゆえクメール人の多くはこのように貧しいではないか。どこから元手をさがしてきて政府の土地を買って収穫を得ることができるか。さらに、たとえ無料で与えても、その森林地を開墾しようとする費用を手に入れるのが難しい。すでに田畑を持つクメール人も、生計を立てる資金にする、一部は毎年の税金を払うためにその土地を担保に入れて借金をしているので、きっとその土地を支配している持ち主がいる。もしフランス政府がそのことを知ったら、クメールの未利用の土地をベトナム人の代わりにクメール人である国民に分け与えて、働いて生計を立てるように助力し支援してほしい。そして、国王布告を出して土地を担保にして金を借りたり、[土地を]売ったりすることを厳重に禁じてほしい。悪人と、隠れてこの方法で生計を立てている者を妨げるためである。そしてフランス政府はそれらの森林や土地を開墾する費用を援助してほしい。開墾が終わって収穫を得てから、政府に返済できる金額だけ返済することを命じる。こうして発展したら、政府が得る税金も順次増える。フランス政府も世界に極めて良い名声を得ることになる。まさに、「水が冷たければ魚が集まり、陰が涼しければ人が入って休む」であり、新クメール独立国がフランス政府を頼り、新クメール独立国を保護してくれるようにと庇護を求めたのにふさわしい。フランス政府は、この新クメール独立国は175,000平方キロメートルしか国土は残っていないことを既に知っている。多くの土地が未利用で残っているというのは、事実ではない。なぜならば、クメール国がこの広さを持つとして、およそ2,000,000とあまりある人口で計算すると、利用できない山地や岩石地を除くと、[利用できる土地は]3分の1から4分の1とすると、43,750平方キロメートル[注。これは4分の1]である。この数からクメール人1人はおよそ400平方メートル[ママ。この数値は不可解]ということになる。この400平方メートルから既に他民族が半分近くを奪ってしまっていて、恐らくクメール人1人には200平方メートルしか残っていない。そして今後10年もたつと、クメール人1人は多分少なくとも子供を3人、多ければ6人持つ。即ち10年後には、死亡するものもいるから平均してクメール人1人が40平方メートル[ママ。人口が5倍になるとしている]余りを持つことになる。10年後の10年後、つまり20年後を考えると、山地も岩石地もクメール人が住むのに足りなくなる。フランス政府はこのことを知ったら、ベトナム人をクメール国に移住させて、生業を行なって生計を立てることを支配させることを考えないでほしい。

もう1つ、サイゴン国で大会議がある前に、クメール人は、「何かクメール人の望みによる要求がきっと希望通りに決定されるだろう」という期待を持った。しかし、何という前世からの業か、一転してベトナム人とクメール人の問題を改めるのだけでも極めて困難であった。新クメール独立国は、フランス政府が公正をもってクメール人に助力し保護してくれることをお願いする。クメール人は仏教を保護国政府に協力するための基礎にしている。田畑を耕作することで生命を得ている我々クメール人の皆さんは、あなたの仕事から後退してはいけない。新クメール独立国はあなたたちを最も必要とするからである。あなたの仕事は他のどの仕事よりも優れたものである。あなたたちは我々全ての生命を養っている。あなたたちは全ての政府部局の椅子をこしらえている。あなたたちは田畑の中で暑さ寒さに耐え、あなたの身体を隠すに足りるだけの、一面泥にまみれたボロを身にまとっている勤勉さで、国と民族を発展させるという任務ただ1つを持っている。あなたの汗、あなたの力が、あらゆる種類の労苦と戦うための武器である。なぜならば、あなたの国と民族を発展させたければ、あなたの仕事は決して低劣ではないからである。

皆さん、私はこれだけでお許し願います。そして全てのクメール人に、このクメール独立国は我々の行く道であることを念を押しておきます。

1-6　諸国のニュース

1-6-1　[注。国名なし]

(エジプト)国。<gazette>[新聞]の情報によると、エジプト政府はフランスの大砲鋳造[ママ]工場から大砲120

を購入し、1939年10月までにこの大砲を鋳造[ママ]させる契約を結んだ。

1-6-2　中国

日本外相は大使をロシア国政府に行かせ、「ロシア国が、シベリア海における漁業に関する日本国の要求に同意しない場合には、日本国は漁民を守るために軍艦を同所に派遣する」と抗議させた。

＊東京市。近衛氏を首相とする日本<conseil> senāpatī[内閣]は辞職し、公務を天皇に返上した。

政治学者の意見によると、この日本の内閣が辞職したのには原因が3つある。即ち、

項1。戦争をすることを望んでいる日本の右派が、「日本<conseil> senāpatī[内閣]は、臆病から政府にあたかも日本が手を緩めるかのように中国政府と交渉させている日本人たちを放置しないために、断固とした措置を取るべきである」と抗議していること。

項2。同じ派が、「日本国は、[武]力を示して、自国とロシア国など外国との[対外]政策に断固とした勇気を示すべきである」と考えていること。

項3。内政を取りしきっている者たちが時機を考えて、日本政府が、「laddhi <fasciste>[ファシズム]に従って事を決する」ことに同意しないこと。

1-6-3　アメリカ国

アメリカ大統領であるルーズベルト氏は演説をして、「アメリカ国は宗教を信じ、主権を国民に置く憲法を信じ、そして諸国との条約の通りに正しく行動する正しい心を持つことが必要である」と述べた。「アメリカ国は中立を保つべきで、世界のどの国とも同盟を結ぶべきではないし、どの国とも敵対するべきではない」というアメリカ人の考えについて、ルーズベルト氏は、「アメリカ国はこの考えを、時代に正しく合わせるために、改める必要がある。即ち、いずれかの国と友好を結び、互いに助力して国を守る協定を結ぶ必要があり、我々の友邦である国がたとえば戦争のような危機に面した場合には、アメリカ国は敢えて出て戦わなければならない。以前のように沈黙しているべきではない」と述べた。

ルーズベルト氏がこのように述べたことは、「アメリカ国が沈黙して、中立の立場をとり続けるならば、きっと全世界に幸福はない」ことが分かる。なぜならば現在、主義の戦いはますます激しく広がりつつあり、明らかに<fascisite>[ファシスト]派(ドイツ、イタリア、日本)と<démocratie>[民主主義]派(イギリス、フランス、アメリカ)の2派に分かれつつあるからである。

1-6-4　フランス国

<conseil> senāpatī[大臣]と大統領であるアルベール・ルブラン氏は、首相であるダラディエ氏がコルシカ国とチュニジア国を訪問した時に、この2つの国の国民が全て大フランス国に忠誠心を持つことがわかったことで、同氏を称賛した。

1-6-5　イギリス国

首相であるチェンバレン氏と外相であるハリファックス氏は、イタリアとイギリスの間の政策についてムッソリーニ氏と会談し、現在イタリアとフランス国との間で摩擦が生じているのを解決するために、ローマ(イタリア)を訪問した。チェンバレン氏は、「両国次第であり、両国が共に話し合って決めればよい」と明言した。

1-7　[雑報]

1-7-1　カンボジア国仏教徒協会

仏教徒たちが、仏教を発展させるためのあらゆる事業を支援するために、カンボジア国仏教徒協会という名の仏教方面の協会を1つ設立した。同協会の事務所は暫定的にプノンペン市の uṇṇāloma 寺のパーリ語学校に置かれ、いずれ別の場所に設置される。

この協会[の設立]はすでに1938年12月30日に政府から許可された。

仏教を信じる皆さんは、出家も優婆塞も優婆夷も20歳以上の人は、正等覚の仏教を発展させるために、名前を登録してこの協会の会員になってください。

この協会の lakkhantika[規定]、即ち lakkhaṇa paññatti cpāp[定款]は詳細に解説されていますが、ここに掲載できませんでした。

nagaravatta は大変嬉しく思い、この協会が長く存続すること、老若男女のみなさんが入会して、今後この協会を発展させることを祈ります。

1-7-2　今年の国王陛下の御誕生日祭で、陛下は vajīraneta 比丘殿下[?nak aṅga mcās]を rājāgaṇa の braḥ ariyamunī 職に任命なさった。

nagaravatta はこの新しい rājāgaṇa が仏教の方面で発展するようお祈りする。

1-8　シソワット中高等学校卒業生友愛会の年中行事であるパーティー

今年、シソワット中高等学校卒業生友愛会は1939年1月2日に {kuk meñ} bhojanāhāra (<hôtel>)[レストラン]で盛大なパーティーを開き、友愛会会員200名以上が集まった。このパーティーには samṭec krum braḥ varacakra raṇariddhi {suddhārasa} および妃殿下[samṭec satrī]、プノンペン市<résident maîre>[市長]である <de> saṅlīs 氏、カンボジア国教育局長である busāniskli 氏、教育局の新

しく変わった braḥ rājapamrœ である mānībūd 氏、友愛会会長である <guilmet>氏、シソワット<lycée>[中高等学校]教授である pālīgūti 氏、登記所長である pārpīrū 氏、教育局管理官である kāmpifat [氏]、pānyīṅ 氏、tān mau 氏、さらにフランス政府の行政部と司法部のその他の諸部局、さらに保安隊、商業界の人々などが目に入った。

今年のパーティーは、多くの会員の方々が参加したので例年より栄えていて、このことが我々クメール人は毎年ますます団結心を極めて豊富に持ち、常に発展しつつあることを示した。

このパーティーに参加した会員の方々は、地位が高い人もあり、中程度の人もあり、下位の人もいたが、身分のことは考えず、身分の上下にこだわらず全て同等の友人としてに互いに気持ちよく親密にし合った。mānībūd 老先生殿[loka tā]は、大部分が氏の教え子であるクメール人友人と会えてとても喜んでいた。老先生殿はクメール国に来て長く住んでいるので、氏の性格はすっかりクメール人になっていて、心からクメール人を愛し、親しくしている。<de> saṅlīs 氏と busārnīskli 氏の方も我がクメール国に来て住んで30年以上が経っていて性格はクメール人になっていて、クメール人を愛し親しくしている。我々クメールの友愛会は、これらの方々はきっと我々クメール人に助力し、発展させることが確実にできると信頼している。本日以後、フランス人はますます我々クメール人を強く憐れみ、そして愛する。それゆえ、フランス人の心情がますます常に憐れみと慈悲とを持ち続け、我々から離れることはないように、我々各人全てはこの愛情と親密とが今後も永続するように大切にするべきである。

食事が終わると、友愛会会長である<guilmet>氏が、以下にその梗概を示したようなスピーチを行った。

まず最初に氏は、年中行事であるこの総会に、今年は多くの会員が参加し、大成功であることを述べ、それから昨1938年に友愛会が行なった素晴らしいこと、即ち遠方から来ている生徒が15名あるいはそれ以上多く寄宿できるように寄宿舎を拡充したこと、会員と生徒を引率してコンポン・チャム州と pūk go(カンポート)に見学にいったこと、さらに lkhon (<théâtre>)[劇]も公演したこと、<lycée>[中高等学校]の生徒25名を pūk go で1ヶ月間 jhap samrāk(<vacance>)[休暇]に行かせて良い空気を吸わせることを始めたこと、生徒100名以上を引率して1週間シエム・リアプにアンコール・ワットを見学にいったこと、最後に生徒2名に助力してフランス国へ、7名をハノイに高等教育の学問知識を受けるために留学させたこと、について解説した。

この友愛会は協会という名前だけがあるのではない。即ち、上述のように民族に助力し発展させる仕事をしている。しかし、心の悪い人がまだいて、この会を嫉妬し非難している。この非難に対して何回も言う言葉は、この[会を]非難する人を責めるものではない。即ち、我々の素晴らしい意図を見てほしい。我々はカンボジア国を発展させるために注意したいと思うのである。我々はクメール人がインドシナ国連邦の他の国と同等に繁栄することを強く望む。それゆえ我々は労苦を恐れず一生懸命に、あらゆる機会を利用して仕事をしている。

“あなたはすでにこのように知っているのに、なぜあなたはさらに我々に敵対しようとするのか。あなたも我々と同じクメール人である。個人的な確執があるだけではないか。なぜ恨みを持って、我が民族に昔の我がクメール人のような発展を持たせることを望む我々の仕事を滅ぼそうとするのか。” このような誤解をしている人は、考えを改めてほしい。そうすればあなたは我々の仲間の外部にいるべきではないことがわかるはずである。即ち我々と結束するべきである。我々は個人の利益を忘れ、捨て去るべきである。我々は個人的不満を捨て去るべきである。なぜなら我々の友愛会の極めて大きい望みは、我が国の幸運であり、3百万以上の人々にずっと名声を持たせることだからである。

スピーチを終えるにあたって、<guilmet>氏は、国王陛下、<thibaudeau> <le résident supérieur>[高等弁務官]殿、samṭec krum braḥ varacakra raṇariddhi {sudhārasa}、<de> saṅlis <résident maîre>[市長]殿が、この友愛会がさらに発展するように助力する意志があることを述べた。

最後に<guilmet>氏はクメール人を祝福した。それから busārnīsli 氏が詳しいスピーチをして答え、「私は<retraite>[引退]が近いが、以前からクメール人を発展させるために助力してきたことは全て、政府から去ってもフランス国には帰らずにインドシナ国に留まるので、これまで同様に個人の力で助力を続ける」と述べた。

このとき、パーティーに参加した人々全員が大きく拍手して喜んだ。

1-9　<jean-comte>を去って nagaravatta へ行く

私、khemara putrā[クメール人の子] は1938年0の年寅年 pussa月上弦10日土曜日の新聞101号[1-11]の中で、pāc-jhwn 氏が<jean-comte>商会を出て、勤務をやめて nagaravatta 新聞社長の仕事に専念することを読んだ。

この驚くべきニュースは私を身震いさせ、氏の気持ちを強く畏怖させ、氏のこの闘争を私に強く称賛して称賛し尽くせなくさせるに値する。私に身を低めさせ、遠くから、クメール人全てに利益が生まれるように、自分の大きい利益を惜しげもなく捨て去った、この勇敢なクメール人である“pāc-jhwn”という語を尊敬させるに価する。

それゆえ、私は、私が長年積んだ善業の集積を、氏があらゆる種類の幸福に恵まれ、いかなる敵にも苦しめられることがないように、氏に差し上げる。それだけではなく、私はこの願望成就の善業をインドラ神と四天王をはじめとする全世界の1万の神々に広く広めるので、神々がその善徳の分配を受け取って[地上に]降りてきて、nagaravatta に助力して発展しあらゆる形の成功を得るように、あらゆる方角から来る敵に自ずと恐れさせ、降伏させるように祝福することを願う。全ての神々は、傍観せずに心を込めて助力して支えてほしい。もし神々が、目が見えず、声が出せず、声が聞こえない振りをして[nagaravatta を]滅びるにまかせる、即ち意見の違いから徳を罪に、邪を正にして種々の罪をきせようとする悪い心を持つならば、まだ幼くて物事にうとい我々クメール人全ては、明るく照らして進むべき道を示す道具として何に頼ることができるだろうか。そうなれば、我々は遅かれ早かれ共に滅びることは間違いない。

我々全てのお願いの力で、名誉と高い天国の場所とが、良い考えをもつ神々に授かりますように、決して失われることがないようにお願いいたします。

khemaraputrā

2-1 ［44号2-4と同一］

3-1 ［広告］ 感謝

私たち、故 swm-tramuj 氏の子および義理の子である tramuj-tramam、?nak {lukān}と［その妻の］yaem-phāt、tramuj-trasum は、1月1日に行われた故 swm-tramuj 氏の火葬式に喜んで参加してくださった親族、友人の皆様方に、お礼の手紙を差し上げることができませんので、［紙上で］お礼を述べ、追善いたします。

3-2 ［広告］ スヴァーイ・リエン州の金細工職人

私は名を triṅ-yāṅ ṭāṅ といい、店は<maréchal pétain>路31号にあります。皆さんにお知らせいたします。私の店はとても美しい[腕、足]環、[垂れ下がる]イヤリング、指輪、腕鎖、[ぴったり付く]イヤリング、ネックレスがあります。皆さんの必要があれば、誂えることも、あるいは[皆さんが私から]仕入れて小売をして利益を得ることもできます。金の価格は1 ṭamḷiṅが160.00リエルで、私は下のような安価で引き受けます。

ハスの模様、あるいはハスの花びらの模様のイヤリングは大が1セットで5.00リエル、小は1セット4.50リエルです。Contre remboursement[代金引換]の方法で試し売りもします。必要ならば、下記に従って私にお手紙を書いてください。

［仏語］ Monsieur Tràn-văn-Dâng、宝石商、スヴァーイ・リエン Maréchal Pétain 路31号。

3-3 ［広告］ 新しいお知らせ

クメール人の皆さんにお知らせします。私は名は gim-seṅ で、店は brae 路90号で、アンコール・ワット遺跡印の自転車を売っていました。今回、<ohier> 路145号、kaṇṭāl 市場の西側に移転しました。

どうかいらしてクメール人を扶助してください。

3-4 ［102号3-5と同一］

3-5 ［99号3-4と同一］

3-6 ［102号3-7と同一］

3-7 ［100号3-4と同一］

3-8 ［絵が変わった以外は84号3-10と同一］

3-9 ［97号3-4と同一］

3-10 農産物価格

プノンペン、1939年1月11日

［「サトウヤシ砂糖」はない］

籾	白	68キロ、袋なし	3.00 ~ 3.05リエル
	赤	同	2.40 ~ 2.25［ママ］リエル
精米	1級	100キロ、袋込み	8.25 ~ 8.30リエル
	2級	同	7.35 ~ 7.40リエル
砕米	1級	100キロ、袋込み	5.75 ~ 5.80リエル
	2級	同	4.95 ~ 5.00リエル
トウモロコシ	白	100キロ、袋込み	［記載なし］
	赤	同	7.90 ~ 8.20リエル
コショウ	黒	63.420 キロ、袋込み	20.25 ~ 20.75リエル
	白	同	30.25 ~ 30.75リエル
パンヤ	種子抜き	60.400 キロ	39.00 ~ 39.25リエル

＊プノンペンの金の価格

1 ṭamliṅ、重量37.50グラム

1級	157.00リエル
2級	152.00リエル

＊サイゴン、ショロン、1939年1月10日

フランス籾・米会社から通知の価格

ショロンの<machine> kin srūv［精米所］に出された籾 1 hāp、［即ち］68 キロ、袋込みの価格は以下の通り。

籾	最上級		3.75 ~ 3.62［ママ］リエル
	1級		3.37 ~ 3.42リエル
	2級	日本へ輸出	3.30 ~ 3.35リエル
	2級	上より下級、日本へ輸出	3.20 ~ 3.25リエル
	食用	［国内消費?］	3.02 ~ 3.05リエル
トウモロコシ	赤	100キロ、ショロン県マッカサンで売り渡し。	9.05 ~ 9.10リエル
	白	同	0.00 ~ 0.00リエル

米(10月［ママ］渡し)、港渡し、袋込み、税抜き、1

hāp、[即ち]60.7キロの価格は以下の通り。

精米	1級、砕米率25%	5.15 ~ 5.20リエル
	2級、砕米率40%	4.95 ~ 5.00リエル
	同。上より下級	4.85 ~ 4.90リエル
	玄米、籾率5%	4.10 ~ 4.15リエル
砕米	1級、2級、同重量	4.45 ~ 4.50リエル
	3級、同重量	3.55 ~ 3.60リエル
粉	白、同重量	2.40 ~ 2.45リエル
	kāk [籾殻+糠?]、同重量	1.70 ~ 1.75リエル

4-1 [100号3-3と同一]

4-2 [44号4-6と同一]

4-3 [97号4-3と同一]

4-4 [11号4-2と同一]

4-5 [20号4-6と同一]

4-6 [8号4-3と同一]

4-7 [48号3-8の終わり近くの「70メートル」が「10メートル」になっているだけである]

4-8 [99号3-8と同一]

4-9 [73号、4-6と同一]

4-10 [33号3-4と同一]

4-11 [90号4-2と同一]

4-12 [11号3-2と同一]

4-13 [76号4-1と同一]

第3年104号、仏暦2481年0の年寅年 māgha 月上弦1日土曜日、即ち1939年1月21日、1部8セン

［仏語］ 1939年1月21日土曜日

［注意。本号は2ページと3ページが欠けている］

1-1 ［仏語で「私書箱 No.44」と「社長、PACH-CHHŒUN」が加わった以外は8号1-1と同一］

1-2 ［デザインが少し変わった以外は8号1-2と同一］

1-3 ［デザインが少し変わった以外は8号1-3と同一］

1-4 ［8号1-4、1-5と同一］

1-5 トンキン、アンナン、<laos>［ラオス］、<cambodge>［カンボジア］

1938年12月24日 付<brévier> <gouverneur général>［総督］殿通達は、1938年11月10日付<arrêté>［政令］に従って、この4国の現地国政府官吏へ種々の手当てを支給することを定めた。この規定は、トンキン国、アンナン［国］、ラオス［国］では容易に実施できる。しかしカンボジア国になると一転厳しくて適用することができない。<la vérité> <gazette>［新聞］などのある人々は、「現在のクメール政府官員はすでに rājakāra <protectorat>［保護国政府］の官員より非常に多くの手当と月給がある」として［手当の支給に］反対している。この点に関して、我々は割り込んで、「クメール政府官員は金銭を豊富にもらっているから、それらの方々が…………［注。以下2ページに続くが2ページは欠けている］……<la vérité>という秤に示させていただく。

1-6 薪を伐って生計を立てているクメール人の惨めさ

コンポン·チナン州で、政府から、brai māṇak、brai dūk ansaem、brai krasāṅ、trabāṅ lāv、krāṅ lvā、aṇṭūṅ lat、dik hūt、ganlaṅ mlūr、ū tā hāp、ṅai set、trabāṅ cār、trabāṅ prieṅ、brai mrec、bhnam dāp などの森［の木の伐採許可］を買って薪を伐って生計を立てているクメール人の多くが、政府が伐採を許していた許可が、これまでは緩やかであったのが厳しくなったので、極めてひどい惨めさを受けている。我々が聞いたところによると、政府は12ヶ月間の伐採許可期間を与える。即ち1月から伐採することを許可する。しかし、政府が伐採許可書を作成し終わるまでに月日は5から6ヶ月が経過してしまう。即ち1月から買っても6月か7月になってから、森を彼らに渡して伐採させる。さらにその［許可書を］渡す時期はちょうど農民が田仕事に忙しい最中に当たり、それで森を買って薪を伐る人は、どのように一生懸命薪を伐っても、このような短い期間には追い付けない。

森林局の方は、［伐採を許可した］期間が過ぎると、［まだ伐採している者を］きまって逮捕して罰金を科する。あるいは森林を没収する［ママ］。この罰金の金額も少なくはない。1つの森林について70、80リエルから100リエル以上である。これが、現在民衆は苦しんでいることなのである。

我々クメール人は何と不運なのだろうか。どんなに手を伸ばして何をしても楽になれない。これは、政府は慈悲で少し弛めないと、クメール人は他並みに生計を立てることがどうしてできようか。

1-7 諸国のニュース

1-7-1 汪精衛氏の意見による中日戦争

汪精衛氏は、情報によると、中日戦争について総司令である蔣介石氏と意見を異にするために、現在中国を出てトンキン国に来ている。汪精衛氏は以前は首相兼外相として中国政府を統括し、国務大臣の業務に優れた高位の人物である。氏の意見によると、中国と日本は互いに戦うのを中止するべきである。現在の中国国民には非常に多くの種類の苦しみがあり、各省都では数え切れない数が死傷し、砲･爆撃の力で破壊された家屋しか目に見えず、それだけでなくさらに道路も粉砕されていて、瓦礫の野原しか目に入らないからである。一方、日本側も国民はひどく苦しんでいる。母は子を、妻は夫を、子は父母を[失って]悲しんで苦しみ、税金はますます重くなるので民衆は政府を悲しんでいる。政府もこの戦争の食料を憂えている。このような理由で、前日本国首相である近衛氏は、「中国と日本が、両国が容易に往来でき、租界と、諸国が中国に行って住む権利を廃することができる友好条約に cuḥ jhmoḥ<signer>[署名する]ことができれば、中日戦争は終ることができる。一方、経済、通商、金融に関しては、極東の諸国の状況通りに、相互に依存することを両国が同意するべきである」という説明を中国に送って来た。

これらのことについて、汪精衛氏は、「両国が同意できるのにふさわしいものである」と考えた。一方、蔣介石氏は全く同意しなかった。汪精衛氏は蔣介石総司令と意見を異にしたために中国から外国に出て住むに至ったのは事実であるが、それでも氏の考えは、常に国と民族を想い、生命の続く限り中国に助力し守ることを考えている。

1-7-2　ヨーロッパ諸国

チェンバレン氏が、samudra <méditerranée>[地中海]周辺に関するイギリスとイタリアとフランスの外交政策のことについて協議して整えるために、ローマ市へムッソリーニ氏に会いにいったが、ムッソリーニ氏がイタリア国の外交政策のことを変更することに同意しなかったので、チェンバレン氏は、何らの成果もなく自国に帰国した。即ち、イタリア国は依然としてフランス国に領土の1部分の返還を求めている。samudra <méditerranée>[地中海]におけるイギリス国の国益に付いては、ムッソリーニ氏はチェンバレン氏に、「同地のイギリス国の全ての国益を守る」と受け入れた。スペイン国の戦争について、ムッソリーニ氏は、「フランコ派(反乱派)が完全な勝利を得るまで待ってから軍を引き揚げる」と述べた。それからイタリアの植民地の方については、「得たいという希望はない」[と答えた。]

チェンバレン氏は、「フランス国とイタリア[国]が互いに摩擦を生じていることについては、何も言うことはできない。両国が互いに協議して解決するのにまかせる。スペイン国の戦争については、不干渉委員会にまかせる」と答えた。外交政策のことに就いては、ムッソリーニ氏はヒットラー大友人に頼りたい考えのようである。一方、現在平和を求めて袋を肩に掛けて歩き回る元祖であるチェンバレン氏の方は、袋を肩に掛けて行き来しても、自国の利益だけを求めて飛び回っていることが、袋から現れてくる。

1-7-3　アメリカ国

アジアで日本と中国との燠が燃え上がり、ヨーロッパでは互いに感情を害してあてこすりを言っている時に、アメリカ諸国(南アメリカと北アメリカ)は、どのようにして、アジアとヨーロッパの火事の炎が海を渡ってアメリカ諸国に飛び火するのを防ぐか、ということを考えることを申し合わせることを協議するためにリマ市(アメリカ[ママ])で会議を開いた。

1-8　[広告]　仏教徒協会についてのお知らせ[注。cf.103号1-7-1]

宗派にこだわらず、仏教を他の国のように発展させるための種々の仏教方面の事業を支援するための仏教徒協会が生まれました。

協会の仮事務所は uṇṇāloma 寺のパーリ語学校にあります。

皆さん、プノンペン市の uṇṇāloma 寺パーリ語学校の仏教徒協会会長殿に手紙を送って、急いで名前を登録して会員になって助力してください。

1-9　[広告][注。100号1-9とほぼ同一]　**皆さんが種々の化粧品と装身具が必要な場合に**は、mūrissḷuṅ 路229号、phsār dham thmī の北側にある pun-cān 商会にいらしてください。(クメール人はクメール人を援助するべきである。)

1-10　nagaravatta <gazette>[新聞]購読者の皆さんへのお知らせ

昨年について、皆さんが、昨年からのまだ支払っていない<gazette>[新聞]購読料を支払うのを忘れないでください。nagaravatta 新聞が度々手紙を送って請求する費用がかからないように、急いで送ってください。

このことが、「皆さんが、我々の民族の国を早く発展し栄えるように助力し支援したいという気持ちをきっと持っている」ことを我々にわからせることです。現在我々が発行している<gazette>[新聞]は、少なくとも月に5百から6百リエルの出費をしていて、その金額は全て、1センの不足もなく現金で支払っています。さらに共に仕事をしている人々の月給も毎月全額を不足なく支払っていま

រូបលោកតាំងហ្វាងសារពត៌មាននគរវត្ត ទើបនឹងចេញអំពី
ហាងសង់-ក្រុងមកកាន់ការរ៉ាប់រងពេញទីក្រុងកាសែតនគរវត្ត

す。もし皆さんがこのようになかなか支払わず、長期間遅れるままに放置すると、我々はどこから金の力を得て、上述の費用を支出することができるでしょうか。

それゆえ、我々の力は皆さん全ての無関心のせいで弱まっています。

［注。人物写真があり、その下に］ 最近<jean-comte>商会を退職し、nagaravatta <gazette>［新聞］の経営に専念することになったnagaravatta 新聞社長殿である pāc-jhwn 氏の写真

1-11 物産展市祭りの後

クメール民衆と他民族の工業作品の展示品評会で、良い作品が1等から下へ多くの賞に入賞した。その作品の名とその作品の作成者の名は以下の通りである。我々の観察では、これらの品々は順次ますます美しく、念入りになっている。その理由は……［注。以下は2ページに続くが、2ページは欠けている］

［注。2ページと3ページはない］

4-1 ［広告］ 1つ買うと1つおまけします

この2種類の薬は酒に浸すためのものです。

1。sām ñaṅ yieṅ din dūv［注。原文では各語間にピリオドがあるが、実は全体で1つの薬の名であるので、ピリオドは除く。下の第41号薬名も同じ］(第40号)は酒に浸すためですが、お茶で飲むこともできます。体力をつけ、血液を改善し、精気を増し、疝痛と凝りと痺れ、腰痛、月経不順の女性を治します。

価格は1ビンが0.60リエルで、1ビンおまけします。

2。ta ma hieṅ dhuṅ ye dūv［注。上と同様に各語間のピリオドを除いた］(第41号)は疝痛、凝りと痺れ、骨と神経の痛み、……［注。3語不鮮明］……の薬で、［酒］1リットルに浸すと、この薬酒は特によく効きます。

価格は１ビンが0.80リエルで、1ビンおまけします。

皆さんにお知らせします。“uṅ-dieṅ” 印の薬は全て、1939年1月15日から2月8日まで、100リエルにつき30リエル引きで販売します。

即ち、私は以前から今まで私の薬を使って助力し支援してくださった皆さんに恩返しをしたいからです。私は大変感謝しています。

“uṅ dieṅ” 印の薬酒は香りが良く甘い匂いがします。飲んで喉が渇くことはありません。そして一番よく効きます。今年の物産展市祭では1等になり金章を1つもらいました。

屋号 “uṅ dieṅ” 薬店はプノンペン市 aṅ［ママ。「aṅga」が正しい］ḍuoṅ 路の<ohier>路との角の57号です。バット・ドンボーンの店は2号線の67号の店です。

［注。写真があり、その下に］ 物産展市祭の時に展示した時の uṅ dieṅ 商会

4-2 ［103号3-2と同一］

4-3 ［11号4-2と同一］

4-4 ［20号4-6と同一］

4-5 ［8号4-3と同一］

4-6 ［48号3-8の終わり近くの「70メートル」が「10メートル」になっているだけである］

4-7 ［広告］ īv-sen

店はプノンペン brai nagara 路16号、第4区区役所の近くで laṅkā 寺の前、道路の西側です。皆さんにお知らせします。

私はクメール人で、高等パーリ語学校修了証書を持っています。samroṅ dham 校(カンダール)で教師をしていました。今は政府から退職して、店を開いて三衣の仕立て、仏具、フランス人―中国人―クメール人―ベトナム人の衣服、あらゆる種類の女性の流行の服などを商っています。小売のための厚手も、薄手も種々の色の布地もあります。価格はリーズナブルで、sīv-pāv 医師の薬も販売しています。

皆さん、クメール人を扶助して成長させるために、ぜひ立ち寄って助力して購入し、知り合いに情報を伝えて助力してください。

4-8 ［73号、4-6と同一］

4-9 ［33号3-4と同一］

4-10 ［44号4-6と同一］

4-11 ［11号3-2と同一］

4-12 ［76号4-1と同一］

SAMEDI 28 JANVIER 1939
CIGARETTES
JOB
LE PAQUET VERT
Vendu 5 cents
Nagara vatta
COFAT
CIGARETTES
La meilleure cigarette Indochinoise
Le Paquet vendu 5 cents
Directeur
PACH-CHHŒUN
HEBDOMADAIRE PARAISSANT TOUS LES SAMEDIS
(Boite Postale N° 44)

第3年105号、仏暦2481年0の年寅年 māgha 月上弦8日土曜日、即ち1939年1月28日、1部8セン

［仏語］ 1939年1月28日土曜日

1-1 ［仏語で「私書箱 No.44」と「社長、PACH-CHHŒUN」が加わった以外は8号1-1と同一］

1-2 ［デザインが少し変わった以外は8号1-2と同一］

1-3 ［デザインが少し変わった以外は8号1-3と同一］

1-4 ［8号1-4、1-5と同一］

1-5　一生懸命民族を助力しなければならない

我々がこの<gazette>［新聞］の仕事を始めて以来我々は、我々クメール人に工業と商業の方面で働き、生計を立てるようにと説明し、説得してきた。我々はこの2つの仕事が我が民族に確実に財産を持たせることをはっきりと知っているからである。現在、クメール人は我々の意見をますます理解するようになり、我々の望みの通りに一生懸命努力して働いて生計を立てるようになったことを、我々は認識している。しかしこの努力は、我が民族がまだ互いにあまり信頼し合っていないので、まだ中途半端である。この信頼し合わないことは、それはそれで構わない。しかし今我々はこのように互いに信頼しないことを続けるならば、「きっと何もできなくなってしまう」と思う。我々は皆さんにお願いするが、古い考えを捨ててほしい。なぜなら今我々は、クメール人を低劣さから救い上げるために、互いに信頼し合い、互いに助け合わなければならないからである。もしいつまでも前の時代と同じようにこだわる気持ちを持ち続けるなら、我が民族は今後20年の間にきっと滅びてしまう、と我々は推測する。成り行きに任せ、一生懸命働いて生計を立てることをしない人、あるいは我が民族が浮かびあがるのを妨げる人は、民族を裏切る人、即ち重罪犯罪を犯す者であると我々はみなす。我が民族が沈もうとしていることを知っていながら、なぜそのようなことをまだするのか。

働くことを何も全く考えずに遊び歩くことしか考えない人間の屑は、政府は徴用して国のためになる仕事、即ち、道路を作ったり、稲作をする人たちが毎年田を作ることができるための水があるように、水路を掘り堤防を築くというような仕事をさせてほしい。なぜならば、これらの人々は怠惰で、他民族に、「我々クメール人は全て怠惰であるから、我々他民族が来て代わりに働いているのだ」とクメール人を非難させているからである。

僧たちも、在家たちが正道に従って一生懸命働いて生計を立てるように、指導をし、忠告をしてほしい。我がクメール人がこの努力によって財産を得れば、我々の宗教も必ず我々の望み通りに発展し栄えるからである。

1-6　nagaravatta <gazette>［新聞］購読者と、印刷所に出資を志望する方にお報せします

この2月中に、nagaravatta 新聞社長は、昨年とこの新しい年のnagaravatta　<gazette>［新聞］購読料金と、それに nagaravatta 印刷所の設立に出資を志望する人の［出資］金を集金するために、カンボジア国内の全ての郡へ旅行します。

それゆえ、この2つのグループの方々は、この予定の時に間に合うように、全てをご準備願います。nagaravatta は前もってお礼を申し上げます。

総務部

1-7　諸国のニュース

1-7-1　ヨーロッパ諸国

現在ヨーロッパ諸国では、ムッソリーニ氏とヒットラー氏とがベルリン―ローマ枢軸（ドイツ―イタリア同盟）に［潤滑］油を差している。ムッソリーニ氏はイタリア外相であるチアノ<le comte>[伯爵]を派遣して調停者にならせ、イタリアの考えに傾きかけているハンガリー国とユーゴスラビア国とを互いに友好を結ぶように説得させている。即ち、ハンガリーとユーゴスラビアとが互いに友好を結ぶことができたら、ハンガリーは必ず、自らをその[同姓者]グループの長と任じているイタリアと姓がつながるからである。このことは、チアノ<le comte>[伯爵]はまだ考えて整えることに成功していない。それは、ハンガリー国政府は、ユーゴスラビア国と友好条約を結ぶことを承服することによる利益を最大限獲得する、即ちユーゴスラビアに行って住んで生計を立てているハンガリー人に、ハンガリー国の方式で学問知識を学ぶ権利と、いくつかの地域ではそこに住むハンガリー人に現在とは異なりユーゴスラビアの全ての法律の外にいる権利[＝治外法権]を要求しているからである。氏はユーゴスラビア政府にハンガリー語を公用語にするよう求めている。

（これに関連して、クメール人である我々は民族に、「この国に諸民族が入って来て住んでいることは、その入って来た人々が我々に助力して後援し、救済しようとする気持ちと考えを持って来ている場合を除いて、容易なことではない。我々は意識を奮い起こして一生懸命努力しなければならない」と注意する。）

ハンガリー国のこの不法は、チアノ<le comte>[伯爵]が調停者になってハンガリーとユーゴスラビアとを共に同盟国に入らせることを容易にはできなくさせている原因である。

ヒットラー氏の方は、ドイツ外相であるリーベントロップ氏に[潤滑]油を肩から下げて来て、ポーランド国の首都であるワルシャワに[油を]差させている。ムッソリーニ氏とヒットラー氏とがこれらのことを考えて成功したら、ベルリン―ローマ枢軸はヨーロッパ諸国を切ってその半分を自分たちの主義の中に組み込むことがきっとできる。

ムッソリーニ氏は南ヨーロッパ諸国内だけにいて仕事をしているのではなく、スペイン国にも氏のやるべき仕事がある。イタリアが、「引き揚げる、引き揚げる」と言っているイタリア兵は依然としてスペイン国で、フランコ総司令官の背後に大勢駐屯している。

それ以外に、さらにムッソリーニ氏はアビシニア国内にいるイタリア軍に命令して、同国を縦横に横断させている。どこに留まる、あるいは誰を目指すことを考えているのか、まだはっきりとは見えない。アビシニア国の周辺は、大フランス国と[大]イギリス[国]の植民地だけが国境を接して存在している。

＊スペイン国の戦争は、ムッソリーニ氏がフランコ将軍に助力する考えを捨てないために、再び激しく燃え上がった。数日前、フランコ総司令官はバルセロナ市から政府派を駆逐するために、軍に同市を攻撃させた。ドイツとイタリアの志願兵たちもフランコ軍に助力するために同地に大勢行った。政府軍の味方であるロシア側は、「ロシア首相[ママ]であるスターリン氏は、フランコ軍と戦うためにロシア軍を派遣して政府派に助力させることに同意した」という情報が耳に入る。

フランコ総司令官が軍を送ってバルセロナ市を攻撃した時、イタリア機複数がイギリス船5隻を爆撃して大破させ、死者も大勢出て、船も1隻が沈没した。

＊フランス国とイギリス[国]では、「イタリアとドイツがこのよう考えを実行している時に、我々はどう考えるべきか」と国会議員たちが議論し合っている。イタリア国から空っぽの袋で帰国したばかりのチェンバレン氏からは、まだ何らの政策も聞かれない。フランス国の方は、「余りにも多数のイタリア人が庇護を求めてフランス国に流れ込んで来ないように、国境を警戒ししなければならない」という情報がある。

1-7-2　スイス国

フランスとイタリアに国境を接しているスイス国は、「現在スイス国は、戦争の時に[他国]軍が[スイス]国境を侵さないように警戒しなければならない」と宣言した。

1-8　ベトナム人がクメール人僧の頭を殴った

我々はポー･サット州から、「同州の<poste> khsae luos[郵便局]に勤務する smien であるベトナム人1名が、同所に<mandat>[為替]を買いに来た未成年僧の頭を殴った」という情報を得た。

以前は、他民族は敢えてクメール人の在家だけを見下していた。今や我々クメール人の尊敬の対象である出家までをも敢えて見下す。後日、他民族は誰までを侮辱し見下すのだろうか。

このポー･サットのベトナム人 smien は、たいして価値のない人であると我々は理解する。政府がその smien を罪に問うのは当然であるが、恐らくその者は自分たちのグループを頼り所にしているので、敢えてこのような行いをしたのであろう。このような事件はますます増えてきている。一方クメール人の方もますます激しく怒っている。このような状況で、保護国政府はどのように考えるのか。

我々の方は、我が国に入って来て住んでいる外国人の悪事を撲滅するのに助力して容易にならせるようにするために、あらかじめ政府にこの情報を提供するだけである。我々は、政府が対策を講じて、全ての面で気分よくならせるよう、一生懸命大声で叫び、かつ求めてきたからである。

我々の考えによるならば、他民族の官員がこのような犯罪を犯したなら、政府は直ちにクメール国から転出させるべきである。彼に図に乗って今後もこのように職権を濫用して悪事を繰り返させ、そして他民族に真似をさせるべきではない。もしこのまま[クメール国に]留まらせて、何らかの処罰もせず、少しも懲らしめることがなかったならば、後日この者はさらにこれ以上の犯罪を犯すと思われる。クメール人が温和であるのは事実であるが、この温和は、このように悪事がますます増えるようであれば、今後も我慢ができるとは期待しないでほしい。

1-9 すでに貧しくて、その上さらに貧しくなる

[かつて]1リエル貨幣が安くなって、1リエル[貨幣]が0.45リエルから0.50リエルにしか使えなくなった時、1リエル貨幣が駄目になるのを恐れて、1リエル貨幣を紙幣に交換したのでクメール人を1度貧しくならせた。その後一転して1リエル貨幣は値上がりして、1リエル[貨幣]が1リエル20センになって、もう1度クメール人を貧しくならせた。

現在、さらにkāk貨幣の数が少なくなっている。中国人から商品を買う時には、[4 kāk未満だと釣銭がないと言って断り、]4から5 kāk買ってようやく売ることを承知する[そして1リエル受け取って、kāk貨幣がないことを理由に釣銭を渡さない]。それゆえ、彼らから買う人であるクメール人は、1リエルにつき4から5 kāk[ママ。計算では「5 kākから6 kākを失う」が正しいことになる]を失い、そのことが1リエル、1リエルに早くなくなっていかせる。

我々は非常に疑問に思う。kāk貨幣が少なくなっていることを、恐らく保護国政府は知らないのではないか。それゆえ民衆がこのように苦しんで、困っているのを放置しているのであろう。kra[数が少ない]上にkra[貧しい]がいくつも重なる。

我々は、保護国政府が至急この問題を解決して、kāk貨幣を豊富にするようお願いする。

1-10 裁判所の職務手当

1937-1938年に<gouverneur général>[総督]殿<arrêté>[政令]によって、トンキン[・ベトナム]国、アンナン・ベトナム[国]、ラオス[国]、カンボジア[国][注。「コーチシナ」はない]の現地国官員に与えることが定められ、[そして]クメール官吏が1度も支給を受ける権利がない諸手当が何回もあった。それ以外に、カンボジア国<le résident supérieur>[高等弁務官]殿<arrêté>[政令]が定めた裁判所の職務手当がある。しかし、これも何回も変更が加えられてきて今日に至り、この裁判所の職務手当は、職務と地位とにふさわしくない極めて公正ではないものになっている。

[注。以前のカンボジア国では、「判事」と「検察官」の区別がなく、cau karmaがこの2つの職を兼ねていたのを、フランスが来てこの2つを区別させた。以下の記述を理解するためには、このことを念頭においておく必要がある]

現在、裁判所のcau kramaには、cau krama aṅguy(Magistrat assis)[裁判官]とcau krama jhar(Magistrat Debout)[検察官]、即ち、夫々krum kāt kṭī[裁判部]とkrum ayyakāra[検察部]と呼んでもいいのだが、この2部がある。

ḷesœ法律顧問殿がカンボジア国に来て住んで裁判所の職務を統括し、一生懸命心を込めてクメール裁判所を整備し、上述の2部を定め、[これは]公正の面で最も重要で正しいことの1つであると定めた。なぜなら、この2部のcau kramaは地位も権限も全て対等で職務が異なるだけだからである。即ち、裁判をするcau krama殿は、[刑事事件の]中級罪、重罪[注。「軽罪」がないのは、少なくとも1920年には、地方で生じた軽罪事件は郡長が審理、判決していた。この制度がまだ継続しているのであろう]の場合には公正な法律に基づいて重く罰したり軽く罰したりして罰を決定したり、民事事案の場合には公正な法律に基づいて判決することができる権限を持つ。検察部側のcau krama殿は裁判部側のcau kramaと同等の権限を持つ。即ち中級罪あるいは重罪の刑事事案の場合には、法律上の根拠に基づいて裁判部の裁判で、?nak trūv coda、即ち?nak jāp coda[被告]を最大に重く罰することを求めるか、あるいは罪を軽減して刑の執行を免除するか、あるいは無罪と判決することを求めるかを、裁判部のcau krama殿と議論する権限を持つし、民事事案の場合は裁判部による裁判に、公正な法律に基づいて判決することを求める権限をもつ。このことからこの2つの職務のcau kramaは同等の権限を持つことがわかる。cau krama jhar[=検事]は立って議論をする人[注。「jhar」=立つ]で、cau krama aṅguy[=判事]は[座って]聞いて法律に基づいて訴えを審理する人[注。「aṅguy」=座る]である。このことこそが裁判を受ける人に公正な法律に基づいて正邪を求めるために重要なことなのである。

一方職務手当の方は、この2つの部のcau kramaが互いに非常に差がある手当を得ることがわかる。

比較して見る。

項1。プノンペン市で、

最高裁判所長	[注。手当額は脱落している]	
最高裁判所のbraḥ rājapamrœ 兼公訴課長[?]	1年につき	390.00リエル
高等裁判所長	同	600.00
高等裁判所のbraḥ rājapamrœ	同	390.00
高等裁判所のcau krama priksā	同	180.00

このcau krama priksāは重罪裁判所で裁判長を務めて審理した場合は1回につき30.00リエルの手当を得る。即ち、1年に4回審理をすると、職務手当

に加えてさらに120.00リエルの手当を得ることができる。

最高裁判所勤務の cau krama [priksā] [諸所の記述から、ここは誤植で脱落していると判断されるので補う]	同	180.00
高等裁判所の副 braḥ rājapamrœ	同	180.00
プノンペン地方裁判所長	同	300.00
プノンペン地方裁判所付き braḥ rāja?ājñā[検事]	同	300.00
プノンペン地方裁判所副所長	同	120.00
プノンペン地方裁判所付き 副 braḥ rāja?ājñā[検事]	同	120.00
プノンペンの sabhā cārapurasa[検事]	同	120.00
プノンペン地方裁判所の cau krama	同	120.00
項2。地方		
1級州地方裁判所長	同	240.00
1級州地方裁判所付 braḥ rāja?ājñā[検事]	同	240.00
2級州地方裁判所長	同	180.00
2級州地方裁判所付 braḥ rāja?ājñā[検事]	同	180.00
3級州地方裁判所長	同	72.00
3級州地方裁判所付 braḥ rāja?ājñā[検事]	同	72.00
簡易裁判所長	同	72.00

新刑事訴訟法の規定により、たとえばプノンペンの検事のように自らが全ての責任を負わなければならない地方の検事は、この簡易裁判所長と同等の責任を自ら負わなければなければならない。なぜ職務手当は1センもないのだろうか。[注。検事の職務手当はないのでその額はこのリストには記されていない]

もし保護国政府が両部の cau krama に職務手当を与えるのなら、この2つの部の cau krama に、その地位と職務に相応しく、高貴になるように、豊富に支出できる家計を持たせるために、小さい職務には手当を少し、大きい職務には手当を沢山与えるべきである。そうすれば司法にさらに力を与えることができるように整備したと言える。

たとえば、

1。検事の職には手当を増してほしい。検事の職は簡易裁判所の cau krama 職より困難な職だからである。なぜ簡易裁判所の cau krama 職は手当が与えられ[注。上の高等裁判所長がそれ]、検事にはないのか。検事の職も簡易裁判所の cau krama より多くとは言わないまでも、少なくとも同等の手当が与えられるべきである。

2。高等裁判所 cau krama priksā 職[=180リエル]と最高裁判所の cau krama priksā 職[=180リエル]と高等裁判所の副 braḥ rājapamrœ[職][=180リエル]とは、プノンペン地方裁判所長[職][=300リエル]と同裁判所付 braḥ rāja?ājñā[職][=300リエル]と同等であるべきである。なぜなら上級裁判所のcau krama [priksā]職は下級裁判所の判決を監督しなければならないのに、なぜ上級裁判所の cau krama [priksā]職の手当[=180リエル]が下級裁判所であるプノンペン地方裁判所の braḥ rāja?ājñā 職[=300リエル]、および1級州地方裁判所の braḥ rāja?ājñā職[=240リエル]の手当より少ないのか。

3。高等裁判所と最高裁判所の braḥ rājapamrœ[職][=390リエル]に、高等裁判所長職の手当[=600リエル]と同じ額の手当を与える。なぜなら、この2つの職務は同等であるとみなされるのに、なぜこの上級裁判所の braḥ rājapamrœ 職の手当[=390リエル]が高等裁判所長の手当[=600リエル]より少ないのか。

(一方、最高裁判所長職の手当の方は別にするべきである。この職務は裁判所では最高の職位であるからである。即ち10 hūbān であって大臣職と同等だからである。)最高裁判所の braḥ rājapamrœ 職の手当[=390リエル]が最高裁判所長職の手当[注。記述はない]より少ないのは適切である。

nagaravatta

1-11 市 kanlaeṅ dāt <balle>[サッカー]場

ṇām fā が5-2でクメール国に勝利

先の1月17日に、プノンペン市の選抜dāt <balle>[サッカー]チームが中国から来た ṇām fā チームとdāt <balle>[サッカー]の力比べをした。

この試合では、試合が始まる前から大勢が見に集まり、<résident maîre>[市長]である<de> saṅlis 氏[M.]、国内政策局長である druc 氏[M.]、<chef cabinet>[官房長]である peṇaervaer 氏[M.]、kū 大佐、ḷāmpaerānuks 氏[M.]、munīreta 局長殿下[braḥ aṅga mcās]、aṅswwḷāṅ 氏[M.]、līñuṅ [氏]などの高位の方々も目に入った。

4時、両チームのdāt <balle>[サッカー]選手たちが集まり、審判である ṭāv rāṅsī 氏[M.]、sūrael 氏[M.]、groloo 氏[M.]も到着した。前もって約束してあったので、その少し後に両チームのdāt <balle>[サッカー]選手たちは揃ってコートに走って入り、夫々片側にわかれた。ṇām fā チームは青の、プノンペンチームは赤のシャツで、4時15[分]丁度に主審が試合開始の笛を吹き、周囲の人々は歓声を上げ拍手して喜んだ。試合開始後5<minute>[分]にプノンペンチームがゴールして最初の1点を得た。観衆全員は喜んで、大声で喝采した。その後プノンペンチームがもう1度ドリブルしてゴールした。そして中国選手が後ろから押して反則を犯し、笛を吹いて[試合を]とめた。蹴り直しから始まり、プノンペンチームのレフトが蹴って[ボールは相手選手の間を]通り抜けてゴールに入り、1点を得て2点目になった。この時点でプノンペンチームは2点、ṇām fā チームは0点であった。プノンペンチームは、どうにかして点を加え、今の勝利を負けに転じることはないと期待した。しかし審判はとても厳しく、大目に見てやっても構わないくらいの小さい反則をプノンペンチームが犯すと審判はそれを咎め、中国にゴール前6メートルの所から蹴らせた。中国は蹴ってゴールして1点を得た。それ以後、プノンペンチームは引き続きプレーする気持ちが薄れ、試合もそれまでと違って投げやりになった。その後は、ṇām fā チームはクメールチームが気持ちが薄れたのを見て、一生懸命勝ちに行き、乱戦の中から ṇām fā チームの vān という名の選手がシュートして隅にゴールしてもう1点を得て、クメール2対中国2のタイになった。休憩をして再び試合が始まると、プノンペンチームは、ライトの yay の代わりに thān、ディフェンスの thū の代わりに dhuc の2名が交替した。中国チームはクメール側のゴール前まで<balle>［ボール］をドリブルして行き、viñ が身を翻して<balle>［ボール］を外に出して、それからプノンペン・クメール側のゴールネットの隅を狙ってシュートしてゴールした。その時、プノンペンは2点、ṇām fā は3点になった。クメール側は7、8分蹴ってから全速力で飛び出し、シュートして脅かしたが2回とも失敗した。後のシュートはゴールポストに当たって跳ね返った。22<minute>［分］になると、中国側のフォワード全員がクメールのゴール前に集まり、haṅ が身を翻して相手から抜け出てゴールの隅に簡単に蹴り入れた。プノンペン2点、ṇām fā 4点である。さらに28<minute>［分］になると中国チームの huy がゴールしてもう1点を得て5点目になって笛が鳴って終了した。

2-1　シャムのクイティアウ

先の1月20日付のprajāmitraという名のシャムの<gazette>［新聞］が、「現在（シャムの）文部省は、学校が資本金を出して男子生徒に生業の1つとしてチャーシュー入り、ローストダック入り、ローストチキン入りのクイティアウやラーメンなどを作って売ることを学ばせて成長させている。現在6名の生徒が志望してこの仕事をする訓練をし、文部省に天秤棒で担いで2荷、suon kuḷāp 中高等学校に1荷売りに行き、官員や生徒がたくさん買って食べて、中国人が市場で作って売っているのと同じくらい良いとほめている。今後文部省はこの生業をさらに広めるつもりである」と述べている。

このような低層の生業は、シャム人の心を見ると、これをしたいと思う人は、クメール人同様、いくらもいないようであった。このように言うのは、クイティアウがシャム国に生まれてから100年以上をくだらないが、この生業をすることを志望するシャム人は誰もいなかったからである。今政府の政策により、政府がこのようにさせる指導者になることにより、［この生業をしようとする人が］生まれた。いずれにしても、「このことはきっと発展し栄える」と我々は期待する。一方我々クメール人の方は、政府はこのような助力支援はしなかったが、2年前から2-3人のクメール人がこの生業に進出しているのを目にしている。政府あるいは援助者が支えるならば、［これを］することを志望する人は恐らく大勢いるだろう。

2-2　［44号2-4と同一］

2-3　仏教徒協会が誕生した

我がクメール国に仏教徒協会、即ち、他国と同じように仏教を発展させるための種々の事業を支援するために、仏教を信じる仏教徒たちが集まって心を合わせて協力し合うことが初めて生まれた。現在、ブッダを固く信じる人々多数が登録を申請して kammika samājika（membre）［会員］になり、仮事務所をプノンペン市 uṇṇāloma 寺のパーリ語学校内においている。

入会して会員になる方法

1。mahādāyaka（membre actif）［特別会員］の登録申請料［＝入会金］は2.00リエル、毎月の会費は1ヶ月0.50リエルである。

2。anudāyaka（membre participant）［普通会員］の登録申請料は0.50リエル、毎月の会費は1ヶ月0.20リエルである。

入会を申請する人は、氏名、民族名、年齢、職業、住所を書き、署名して、プノンペン市 uṇṇāloma 寺の予備パーリ語学校内のカンボジア国仏教徒協会会長（Monsieur le Président de la Société bouddhique du Cambodge, Siège Sociale［ママ。Socialが正しい］à l'Ecole élémentaire de Pali de la pagode d'Unalom Phnom-peñ）宛、上の費用と共に送ってください。

全ての僧、全ての宗派の皆さん、全ての民族、全ての性、女性も男性も、上の会員の等級に従って、1人が少しずつ金を出して入会することで、仏教を支援して繁栄させる助力をするよう、お招きします。

2-4　［広告］　理髪友好団結会社

皆さんにお知らせします。我々の会社は、cpāp <notaire>［登記法］で何が命令されているかを見るのが遅れたので、まだ法律的にきちんと整えられていませんが、投票で役員を5名選出しました。

<président>［社長］：jhim-sum、sīñaek 市場

<vice-président>［副社長］：dīn-hum、<société foncière>［不動産会社］の<caissier>［出納係］

<trésorier>［経理係］：thoṅ-phān

書記：thlok-san、brūs 商会の<caissier>［出納係］

<comptable>［会計係］：muk-ṅaet、インドシナ<banque>

［銀行］

フランス人2名、ṭāsdye 氏と māttuṅ 氏が会計監査<commissaire>［役員］です。

第1。出資するつもりでいながら、まだ会社がきちんとしていないのを見て恐れているような人がいます。今や会社は完全にきちんとなりました。まだ何を恐れているのかを私は待って見てみます。しばらくすると会社は繁盛するのが見られます。私の考えでは、今年の1月末までに皆さん全てが助力して努力して出資してくだされば、私は色タイルを敷いて広くして偉い方々を迎える第1級の<salon>［室］を作ります。そうすればもっと繁盛します。なぜなら多くの人が店があまりきれいでないと苦情を言っているからです。

第2。今年の2月1日から5日まで、hen-phan さんを、出資する皆さんから出資金を集めるために回らせます。もし皆さんが何か疑問があったら、会社についての事実を書いた文書を持っていますから、訊ねて［それを求めて］読むことができます。

第3。会社を沢山発展させる方法を持っている深い知恵がある方は、それぞれ20から30株を投資してください。そうすれば私は小額の投資者には、ちょっと様子をみてからにしなさいと言って投資するのをやめさせます。発案者の考えは多くの仲間を集めることを目指しているからです。［ママ。このパラグラフは皮肉を言っている］

第4。1939年2月1日から、私は理髪券販売人をおきます。

第5。地方の多くの人からこの会社の運営規定について、どのように運営するのか、という質問がたくさん私のところに来ます。私が回答を遅らせているのは、cpāp <notaire>［登記法］を見るのを待っていたからです。今私は上のように短くお答えすることができました。投資して民族を救いたい人は、私、jhim-sum に金（<mandat poste>［郵便為替］）を送ってください。私は会社の臨時の<reçu>［領収証］を送ります。後日、我々の会社の<titre>［株券］ができたら、正式の<titre>［株券］を受け取るために、臨時の<reçu>［領収証］を会社に送り返すようにお知らせします。

［仏語］　Chhim-Soum、プノンペン市 Rue du Palais Royal 路［＝vāṅ 路］50号

3-1 ［広告］ 1938年12月26日、コンポン・トム

コンポン・トム<poste>［州庁］の kramakāra であるmam の妻である nāṅ {ywwn}は、プノンペン市の ḍīm 医師殿に申し上げます。

私は出産させていただくために貴殿の病院に入院いたしました。

貴殿の指揮下にあり、ハノイで saññāpatra <diplôme>［助産婦資格証明書］を得た助産婦の手腕と、このことを長年経験し熟練している貴殿の徳のおかげで、私は安産し、それ以来母である私と乳児はずっと幸福と安寧を得ております。

もう1つ、入院して治療を受けるための部屋は広くて清潔で使用品は全てそろっていて、うんざりするようなことは何もありませんでした。

それゆえ、私は貴殿が素晴らしく良く私に助力し支援し扶助してくださったことに、深く感謝いたします。

nāṅ {ywwn}

3-2 ［広告］ プノンペンの弁護士補<robert> sāse 氏［<maître>］事務所

1939年2月8日水曜日9時に、この弁護士補殿の事務所で競売を行います。

不動産で、プノンペン市 putcer 路と ḷāpir ṭwws ṭwwḷāḷaṅsā 路の交差点、1号の地面に接して建てられている［＝高床式でない］木造、瓦葺の家屋で、厨房棟、便所があり、敷地は1864平方メートルです。

最低価格は4,500リエルです。

3-3 またインドシナ国政府宝籤がある

1939年第1回インドシナ国政府の宝くじは4次あり、価格は1枚1リエルです。

抽籤は、1939年2月4日、1939年3月4日、1939年4月1日、1939年5月6日に行われます。

大賞の抽籤は1939年5月6日で、最後の回と同時です。

賞金の額はこれまでの回と同様です。運試しをするのを逃さないでください。

3-4 ［広告］ 純粋クメール人の腕前のお知らせ

gim-seṅ の店は、前は brae 路90号でしたが、今は <ohier>路145号に移転しました。「アンコール・ワット遺跡の絵」印のあらゆる型の自転車とあらゆる付属品を売っています。trīcakarayāna（<cyclo pousse［-pousse］）［シクロ］と trībhārayāna（drībakadar）［?］を作っています。家屋・交通路局に検査に持っていったところ、「良い」と褒められました。職人［の名に］にふさわしく、シクロ［車夫］全てには何の苦情もありません。皆さん、どうかクメール人である私の腕前を試しに来てください。

3-5 ［広告］ 深い感謝

先日の物産展市祭りの期間中、多くのクメール人の皆さんが親密さをもって助力して、私のビルマ・バームをたくさん購入してくださったことを大変感謝しております。

今、私は、皆さんに御恩返しをするためには、どのようにすればいいかがわかりません。それでこのお礼を申し上げるために、この<gazette>［新聞］に掲載しています。

これと共に、私は皆さんに御注意申し上げますが、私のビルマ・バームがよく売れるのを見て、皆さんに売るために、品質の悪いビルマ・バームを作っている人がいます。

ですから、皆さんは、「安い」と喜んで、買い続けないように注意してください。買って使っても役に立たないからです。金がとても惜しいです。皆さんが信頼し、信じる価値があるのは<mac-phsu>という名のビルマ・バームだけです。

3-6 ［広告］ 祭りのお知らせ

ravāṅ cās 寺の森林の中で律の説法が、hūv という名の loka grū sūtra によって行われます。師は以前はthīをしていましたが、世に倦んだので出家して、多くの人々に、この尊い律の説法をしてきました。ūy-?o という名の優婆塞、nāṅ {sim}という名の優婆夷が来る māgha 月上弦13日の夜に、三蔵経を寺に納め、高等パーリ語学校の ācārya {ciev} 師僧とシエム・リアプの ācārya {īv}師僧を招いて、聞く人の心を清浄にする法話をしていただきます。

それゆえ、私 sīv-pāv はこの情報を仏教信者の皆さんにお知らせして、善を積むために、時間を都合して聞きに来ることをおすすめします。（寺に入る自動車道路があります）

3-7 ［広告］ pāsāk のクメール人である sīv-heṅ 医師

バット・ドンボーン narottama 路 saṅkhae 市場に薬店が開店しました。

私は皆さんにお知らせします。私はこのバット・ドンボーンの地で生計を立てるために1人で来ました。しかし私の前には次の4項目の理由がありますので、私は何の後悔もありません。

第1の理由。現代の我がクメール人は本当に民族を愛している。

第2の理由。この sīv-pāv 印の薬は特によく病気を治す。

第3の理由。私は病気の診断が確実にできる。

第4の理由。私の運命は、「今後ずっとインドシナ国で医師をすることであり、どこに行って住んでも、病気を必ず治すという名声を、その国で得る」ことであるということを、私は知っています。

［注。顔写真は87号、3-8と同一。説明はない］

3-8 ［広告］ 仏教を愛し、民族を愛する

sīv-pāv は高く uṇṇāloma 寺へお知らせをします。ācārya {hien}師の時代に、pāk līv 州の paṇḍit {kān}殿が kaṇṭāl 寺に建てた庫裏は、bām prabhluos の ācārya {duy} 師僧のグループを支援しています。この庫裏は pāsāk の人の住居でしたが、今はとてもボロボロになり、今は siev という名の僧1人が住んでいて、師は新しく建てなおすことを望んでおられます。それで思いやりのある心の持ち主である皆さんの多くの人が集まって、助力して師に庫裏を建てるための寄進をして、来世に善業を積み、さらにプノンペンを訪れる民族を助けることを呼びかけます。

3-9 ［広告］［仏語］ 善い品行の証明書

［ク語］ sīv-pāv は皆さんにお知らせします。pāsāk のクメール人である sīv-heṅ
は、幼少の時から医師になる勉強をしました。私は考えと行動が良く、温順で正直であり、さらに sīv-heṅ の腕前から、彼が病気を診察して薬を与える運命をたくさん持つのを知りました。それゆえ sīv-heṅ はバット・ドンボーンに来て［薬］店を開くことになりました。思いやりのある心を持つ皆さんは、どうか彼を愛し、親しくしてください。

3-10 ［103号3-8と同一］

3-11 ［97号3-4と同一］

3-12 農産物価格

プノンペン、1939年1月26日

［「サトウヤシ砂糖」はない］

籾	白	68キロ、袋なし	2.90 ~ 2.95リエル
	赤	同	2.20 ~ 2.45［ママ］リエル
精米	1級	100キロ、袋込み	7.70 ~ 7.75リエル
	2級	同	7.40 ~ 7.45リエル
砕米	1級	100キロ、袋込み	5.80 ~ 5.85リエル
	2級	同	5.00 ~ 5.05リエル
トウモロコシ	白	100キロ、袋込み	［記載なし］
	赤	同	8.00 ~ 8.50リエル
コショウ	黒	63.420 キロ、袋込み	18.50 ~ 19.00リエル
	白	同	29.50 ~ 30.00リエル
パンヤ	種子抜き	60.400 キロ	39.50 ~ 40.00リエル

＊プノンペンの金の価格

1 ṭamliṅ、重量37.50グラム

1級	157.00リエル
2級	152.00リエル

＊サイゴン、ショロン、1939年1月25日

フランス籾・米会社から通知の価格

ショロンの<machine> kin srūv［精米所］に出された籾 1 hāp、［即ち］68 キロ、袋込みの価格は以下の通り。

籾	最上級		3.60 ~ 3.62リエル
	1級		3.38 ~ 3.42リエル
	2級	日本へ輸出	3.32 ~ 3.35リエル
	2級	上より下級、日本へ輸出	3.22 ~ 3.25リエル
	食用［国内消費?］		3.15 ~ 3.17リエル

トウモロコシ　赤　100キロ、ショロン県マッカサンで売り渡し。

		9.65 ~ 9.70リエル
	白　　同	0.00 ~ 0.00リエル

米(10月[ママ]渡し)、港渡し、袋込み、税抜き、1 hāp、[即ち]60.7キロの価格は以下の通り。

精米	1級、砕米率25%	5.25 ~ 5.35リエル
	2級、砕米率40%	5.10 ~ 5.15リエル
	同。上より下級	4.90 ~ 4.95リエル
	玄米、籾率5%	4.20 ~ 4.20[ママ]リエル
砕米	1級、2級、同重量	4.75 ~ 4.80リエル
	3級、同重量	4.00 ~ 4.05リエル
粉	白、同重量	2.55 ~ 2.60リエル
	kāk[籾殻+糠?]、同重量	1.80 ~ 1.85リエル

4-1 [104号4-1と同一]

4-2 [103号3-2と同一]

4-3 [11号4-2と同一]

4-4 [20号4-6と同一]

4-5 [8号4-3と同一]

4-6 [終わり近くの「70メートル」が「10メートル」に変わった以外は、48号3-8と同一]

4-7 [104号4-7と同一]

4-8 [73号、4-6と同一]

4-9 [33号3-4と同一]

4-10 [44号4-6と同一]

4-11 [11号3-2と同一]

4-12 [76号4-1と同一]

SAMEDI 4 FÉVRIER 1939

Nagara vatta

Directeur
PACH-CHHŒUN

HEBDOMADAIRE PARAISSANT TOUS LES SAMEDIS

(Boite Postale N° 44)

第3年106号、仏暦2481年0の年寅年 māgha 月上弦15日土曜日、即ち1939年2月4日、1部8セン

［仏語］ 1939年2月4日土曜日

1-1 ［仏語で「私書箱 No.44」と「社長、PACH-CHHŒUN」が加わった以外は8号1-1と同一］

1-2 ［デザインが少し変わった以外は8号1-2と同一］

1-3 ［デザインが少し変わった以外は8号1-3と同一］

1-4 ［8号1-4、1-5と同一］

1-5　我が国の政府の嘆き

恐らく全てのクメール人は、先だってフランス国政府がベトナム人をトンキン国からクメール国に移住させようとしたことを耳一杯に聞いているであろう。これは nagaravatta 新聞が情報を知って、「ベトナム人をクメール国に移住させないように」と大声で叫んで政府に求めた。保護国政府は我々の考えに異議を持っていないが、我々はとても心配している。それは、政府が、「クメール人は、土を盛って道路を作るなど政府が人を徴集してさせる仕事に、あまり自発的に参加しようとしない」としばしば嘆くのを聞いてきたからである。しかし我々の方は、クメール人は保護国政府の事業に助力して義務を果たすことから逃げることは考えていない。しかし、クメール人が懲りて行きたがらないのは、永年の間、我々が以下に述べるような惨めさと苦しみを受けてきたのに、そのことを政府に全て詳しく話してくれる人がいなかったからであることを我々はよく知っている。

項1。政府の仕事に助力しに行ったクメール人は全て、仕事が終わって家に帰ろうとする時に、すぐには1センも金の支給を受けられない。バスに乗って家に帰る金さえなく、我慢して太陽にさらされ、風にさらされて歩いて帰る者もいる。家に着くと重病にかかる者もいる。

項2。直接クメール人の仕事を監督する者は、<caporal>［班長］から技師まで全て当国に住む他民族で、すでにクメール人に対してあまり思いやりがない。さらに仕事のさせ方が、文明人としての思いやりを持つフランス人と違って、不条理に容赦なく悪口を言い、罵り、叩き、殴るばかりである。

項3。自分の意志で政府の仕事をして生業にして生命を養いたいと思うクメール人は、容易に仕事に就けるのではない。他民族である<caporal>［班長］に賄賂を送って気に入ってもらってからようやく仕事に就くことができる。そうしないと、必ず他民族がその仕事に就く。

項4。たとえば、クラチェからラオス国に行く13号線は、同国はマラリア汚染地域で、そこに働きに行ったクメール人は食べ物があまり豊富でなく、［暑さや雨から］逃れるためのテントもあまりしっかりした防水性がなく、労務者が大勢病気になった。しかもそれらの労務者に支給された労賃は満額ではなかった。

項5。政府が労務者を徴集するべき時期が田や畑作業に従事しなければならない時期に重なることがある。民衆は自分の生命を養うための道具である仕事を捨てて政府のこのような仕事をしに行くことを引き受けることはできない。

我々は全てのクメール人にお願いする。我々は［皆さんに］助力して保護国政府に以上の5項目全てを民衆の希望通りに解決するようにお願いすることを固く約束する。［それゆえ］民衆全ての人は、他民族が入りこんできて我々の利益を奪うことができないようにするために、我々が求めてきたことに従って、政府に助力して、政府の仕事を行うことを承服してもらえないだろうか。たとえば、我々が我々の父母と一緒に1つの家に住んでいて、父母が我々に、「皆が健康に暮らせるように家の手入れをして清潔にする」ために、我々の力に頼って助力させる必要がある時に、我々子供全てが父母に助力することを一生懸命強情に拒否したら、父母は家庭の外部の職人を雇って父母の望み通りに家の手入れをさせるであろう。その時に我々は父母を責めることがどうしてできるだろうか。それゆえ、我々は nagaravatta の[購読]会員であるクメール人の皆さんにお願いする。他民族が入りこんで来て、我々の口から食べ物を奪って食べることができないように、心を込めて素直に政府に助力して仕事を果たすよう、民衆に注意し忠告してほしい。

仕事をしに行って、もし上の5項目のいずれか、あるいはその他の項で不愉快があったら、至急我々に知らせてほしい。我々は<enquête>[調査]に行き、検討して、政府に希望の通りに解決する措置を取るよう求める。

pāc-jhwn

1-6 諸国のニュース

1-6-1 フランス国

パリ市、1月27日。フランス外相である <george bonnet>氏は、現在のフランスの外交政策を説明するために議会で演説し、まず、フランスとイギリスとの同盟につい話し、[次のように]述べた。「チェコスロバキア国で騒ぎが起こった時に、全世界が苦しみから抜け出て幸福へ歩むことができた原因は、このイギリス—フランス同盟が存在したからであるように、[この同盟は]ヨーロッパ諸国の平和の基礎である。

「現在、フランス国—イギリス[国]はいかなる国の領土をも得ようとする欲望は全くない。フランスとイギリスとは、自らの国土をこれまでと同様に固く保護する意図しか持たない。

「さらにこの両国は、ヨーロッパ諸国全てがそろって平和への道を歩むために、互いに良い関係を持つようにする何らかの政策を、ヨーロッパ諸国全てが持つようにすることを考えている。

「戦争による破滅は、イギリス国とフランス国はそれが生じることを全く求めていないが、かりに[戦争が]本当に生じた場合には、イギリスとフランスとは必ず並び立って、その戦争に抵抗して戦う。

「もう1つ、フランス国とドイツ[国]とが友好を結んだことについては、既に両国が先の12月6日に宣言を発したように、大フランス国はドイツ国と互いに和解することに同意したのである。

「フランス国とイタリア[国]とが友好を結ぶのは、たとえば、ミュンヘン市で協定を締結した後にフランス国がイタリア国に大使を再び駐在させたなどのように、大フランス国は互いに良い関係になるように一生懸命措置を講じているのである。

「しかし、この両国の関係を良好なものにするための会談を続けている最中に、一転してムッソリーニ氏はジェノバ市(イタリア)で演説し、『イタリア国はスペイン国のフランコ元帥[ママ]に助力することを考える』という考えを捨てないことを示した。この考えこそが、フランス国がイタリアと解決を求めていることの障害になるのである。

「その後、イタリア国会議員たちはそろって抗議のデモ行進をして、イタリア政府に再びフランス国から領土を要求することを要求した。

「そのおよそ3ヶ月後に、ムッソリーニ氏は自ら、『今後イタリア国は1935年のイタリア—フランス間の協定に従わない』と宣言した。この協定は、イタリア国からイタリア領ソマリアとアビシニア国に航行する船が停泊する場所を持つように、大フランス国はイタリア国に、samudra <mer rouge>[紅海]の島の1つに、イタリア人が居住する権利を持つことを許したものである。

「数日前、イタリア国大臣である fārīṇassī 氏がミュンヘン市に行き、9,000名の人の前で演説をして、『イタリア国がチュニジア国に侵入して取り返し、それからジブチ県を占領する必要があるのは、イタリア国はアビシニア国にいるが、まだジブチ県をイタリアの手に握っていないので、水の近くに村を持つけれども水に下りる港がないようなものだからである』という考えを公言した」

<george bonnet>氏は上述のように、状況を民衆に説明した後、演説の最後に、「なんらかの事態が生じても、フランス国はヨーロッパ諸国全てが平和だけを求めることを目指して進む政策を持つように、和解させることのみを考える。しかしいずれの国にせよ、フランス国に侵略して来る、あるいは侮辱するならば、大フランス国はきっと我慢はできない」と述べて演説を結んだ。

*大統領[ママ。「首相」が正しい]であるダラディエ氏が続いて演説をして、[次のように]述べた。「フランス人が生命と血とひきかえに得た植民地は、たとえ親指ほどの土地でも誰かに割譲することを、フランス国は承服することはできない。フランス人全てとフランス植民地の全ての民族は、これらの遺産を生命をかけて守りぬく。いずれの国にせよ、フランス国を侮辱し見下す言葉を発する国は、気をつけよ。フランス人はすでに前もって準備ができている。

「samudra <méditerranée>[地中海]を渡ってアルジェリア国、チュニジア[国]、モロッコ[国]に行き来するフランス商船に、敵が不法行為を行うのを、フランス政府は決して我慢してそのままさせておくことはしない」

この両名の大臣殿が議員たちに説明し終えると、議員たちは投票を行い、多数がダラディエ氏の政府の全てに賛成した。

1-6-2 スペイン国

フランコ<général>[将軍]を軍総司令官とする反乱派はバルセロナ市を攻撃して占領した。スペイン政府派は抵抗し勝てず、再び同市から退いた。ローマ市ではムッソリーニ氏がフランコ総司令官の勝利を非常に喜んだ。氏は同地で戦って勝利を得たスペイン反乱派とイタリア志願兵たちを称賛した。

1-6-3　イギリス国

チェンバレン氏は演説を行い、「イギリス国は平和を強く愛する。しかし、イギリス政府は時勢に遅れないように、戦争から守ることができるために武器を十分に準備しておく必要がある」と述べた。この武器を準備することについては、チェンバレン氏は、「苦しみの塊を自分自身が抱えて与えているようなものである」と理解している。しかし、この苦しみの塊は、全ヨーロッパを幸福へ進ませることができるためには、なくてはならないものなのである。

1-6-4　アメリカ国

ルーズベルト氏は、アメリカの工場の1つが軍用機を製造してフランス政府に100機売ることを引き受けることを承認した。アメリカがこの武器を製造してフランス国に売ることは、フランス国が戦争をすることに助力する考えがあるのではなく、互いに品物を相手に売って、その代金を受け取るためだからである。

1-6-5　ドイツ国

先の1月30日にヒットラー氏はドイツ国下院会議を開いて、氏が1933年1月31日以来、即ち過去6ヶ年に行なって成功した事業について公表し、それから今後行うことを考えている事業について、[以下のように]述べた。

「1914年から1918年までの大戦で大国が勝利し、ドイツ国から没収して統治し、世話をしているドイツの[旧]植民地について、その没収した時、その植民地の住民を呼んでその気持ちを問うた者はいなかった。現在、ドイツ国がそれらの[旧]ドイツ植民地を取り戻すことを求める必要があると、勝利したと言う大国はなぜ一転して、「民衆の気持ちを訊ねなければならない」と言って、口実にするのか。ドイツ国がこれらの[旧]植民地を取り戻す必要があるのは、その国々の住民を徴兵してドイツ人に助力して共に戦争で戦わせるためではないし、それらの国々の収穫を全部取りあげてきてドイツ国を養うためでもない。現在のドイツ国は財産は豊富にあり、ドイツ人を豊かにするのに十分である。ドイツ国が取り戻すことを要求するのは、貿易をすることただ1つに必要だからである。

「もう1つ、ドイツ[旧]植民地は全て、ドイツが得た時には、金銭を支払って得たものもある。あるいはその国の主と合意して協定を結んだものもある」

その後、ヒットラー氏は、「全世界のこれらの遺産は分け与えさせようと思えば、分け与えさせることができる。即ち武器の力で分け与えさせることができる。それゆえ、これら遺産の分け前を少しずつ改めることに武器を使わなければならず、そうして初めて行うことができる」と述べた。

1-6-6　アジア諸国

現在ヨーロッパ諸国の話は、まだ口が開いていない腫れ物のように、大変流動的なので、アジア(中国－日本)のニュースは我々は沈黙している。日本国は金を支出して自国を整え、日本が得た中国全域を整え、満州里国を整えている最中である。

1-7　思い出させること

昨年、khbap ā dāv(lœk ṭaek)の<poste>[支郡庁]の<chef>[長] である nan-aep 氏が公務を行いに出かけ、その仕事中にベトナム人たちに殴られた[cf.72号2-5-4]。

政府は、このような犯罪を犯したベトナム人たちを処罰せずに、逆に nan-aep 氏を khbap ā dāvの<poste>[支郡庁]から転出させた。犯罪者たちを裁判所に送って審理させるのは、送るのは見えないし、国外に追放することも、追放するのは見えない。

＊スヴァーイ・リエン州では中国人が集まって軍隊を作り、押し寄せて来てクメール人たちを2回殴った[cf.100号1-11、107号1-6]。他民族がこのように敢えてクメール人を侮辱するのは、彼らはフランス裁判所は極めて寛大であることを見て、フランス裁判所を大きな頼り所にしていることによる。それゆえ、どの州でもどの郡でも、他民族は敢えて心のままにクメール人を見下し侮辱するのである。

＊先月、ポー・サット州の1人のベトナム人が1人のクメール人僧の"頭"を殴った[cf.105号1-8]。

＊他民族がクメール人を侮辱する事件は数えきれないほど多い。ではクメール政府の警官はどのような権限を持っているのだろうか。

上述のような理由で、他民族とクメール人との間の争いを審理することができる権限をクメール裁判所に持たせ、悪名を持つ他民族を国外に追放することができる権限を持たせることを、我々は要求しているのである。

1-8　お知らせします

先の2月1日に、?wṅ-vaṅsa さんはnagaravatta 新聞社の仕事をやめました。皆さんは、nagaravatta に何か用がありましたら、手紙をnagaravatta 社長あてにくださるか、直接会いにいらしてください。

1-9　クメール人の財産と生命は、助力して守ってくれる人が誰もいない

現在、農村では我がクメール人は働いて生計を立てたいと思う勤勉な気持ちがとても強くなってきている。しかし敢えて全力で働いて生計を立てようとしないのは、自分の財産と生命を守る助力をしてくれる人が誰もいないからである。誰かが生計を立ててわずかの財産を得ると、盗賊に盗まれ、強奪されるのは普通のことである。このようであって、どうやって生計を立てることができようか。

我々は、現在の農村では、クメール人の集落は互いに遠く離れているのがわかる。それゆえ盗賊は敢えて何も恐れることなく盗み、強奪するのである。

もう1つ、全ての村政府が住民を守るための警官[注。Ⓢによると、村民から、その義務である警備･巡視の免除料を徴収して得た金で村が警官を雇用する]と銃を持っているわけではない。

それゆえ、我々は、農民たちが安心して生計を立てることができるように、政府が全ての州の全ての村の地区をまとめて、全ての村に警官職を設置し、その警官たちにもっと多くの銃を配布するようお願いする。

1-10 物産展市祭の後

我々の先の1月7日付の<gazette>[新聞]102号[1-6]で、"物産展市祭りの周辺"という名の記事の中で美術工芸品と工業品の展示市祭りについて話した。しかしその記事の中ではまだ全部は話さなかったようなので、今回少し付け加えさせていただく。

前の記事では、我々はこの物産展市祭りの中にある不都合なことを述べた。この祭りが、クメール人が尊崇する寺域内で行われたために、宗教のことを知らない他民族が、その場所に対する尊敬も恐れもなく、帽子をかぶったまま、靴をはいたままで寺域に入り込むなどをし、さらにそこで笑い飛び跳ねるというようなことが見られた。また展示コーナーのいくつかは、釘を打って展示場所を作り、braḥ kaev [寺]の回廊の多くの絵に剥離を生じせしめた。寺域内に寝泊りして展示コーナーの番をする他民族の女性たちも、不適切なことであると思われた。彼らがこのように尊崇しないのを目にした我々クメール人たちは、寺域内であることを忘れて、彼らの真似をした。

我々がこのように言うのは全て、仏教を貶めないように守るために言っているのである。クメール人に、「物産展市祭りに参加するな」と言って妨害しているのではない。即ち我々は、我が国が他の国々と同じように栄えるために、クメール人が大勢物産展市祭りに参加することを望んでいる。

最後に、今後このような祭りをする時には、仏教を救うために、政府は寺域以外の別の場所を探すようお願いする。

2-1 シソワット中高等学校卒業生友愛会

1939年1月20日に理事会が開いた会議の議事録の抜粋

……[注。「1」が省略されている]……

2。理事の職務分担は、<guilmet>氏が理事長、pān-yiṅ氏と mās-sā?aem 氏が副理事長、huy-kandhul 氏が事務長、ik-dhuj 氏とその他15名が金の保管者になった。

3。理事会は、[家賃として]月に30.00リエルを支出して、ハノイ市に留学中のクメール人生徒に助力して家を1軒借りて住まわせることを決定した。この家は名前を"クメール人寮"と命名させる。

もう1つ、tān-mau 閣下[loka teja]が、「閣下[loka]がサイゴンに行った時に、コーチシナ国教育局長殿に、種々の学問を学ぶために留学中のクメール人生徒に助力し支援してもらえるように話した。局長殿は、『支援する』と言って承知した」と報告した。それだけでなく、閣下[loka teja]は政府に"クメール人寮"をサイゴンに再び開設することを求めた。この施設は以前からサイゴンに住むクメール人のために存在していたのを、飢饉が生じた時に保護国政府が廃止したからある。

……[注。「4」から「7ーイ」までが省略されている]……

7ーウ。この会議で、友愛会入会の申請書が53通あった。その多くは稲作で生計を立てている人と、chlūṅ の木材の ṭaṅkhau 、プノンペン市の裁判所の検察事務官全員からのものであった。理事会はこれらの思いやりのある心の持ち主を非常に嬉しく思い、大きな拍手をして喜んだ。

……[注。「7ーエ」が省略されている]……

[7ー]オ。理事長殿が、「あるフランス人女性が50.00リエルを寄付して、我が会が今支払わなければならない[50.00リエルの]助力をしてくれた。この助力をしてくれた女性は名を出すこと絶対的に禁じている」と話した。

その後、krūc chmā 郡(コンポン･チャム)の bodhi briksa 寺の住職師僧がこの友愛会に大きい清い心を持ち、yuṅ-sā?im という名の師の弟子に寄付金10.00リエルを持って来させ、友愛会に助力して寄付した。

理事会はbodhi briksa 寺の住職師僧とフランス人女性を大変嬉しく思い、敬意を表するために、このことを友愛会理事会の議事録に記録しておくことにした。

[7ー]カ。理事会は、「この我々理事はカンボジア国内のメンバーであり、1939年に友愛会を運営するために任命されたことを合意した。理事会は一同揃って<le résident supérieur>[高等弁務官]殿に、種々のことを直接報告するために、挨拶しに行くのは適切なことである」と意見が一致した。

2-2 クラチェ州の joti khemarā 社の茶会

私はクラチェ州に旅行し、商品を売る店をクラチェ市場に開いたばかりの我がクメール人と会った。pin村の村長である nak という名の人とそのほかの数名が集まって協力して、1939年1月15日に商品を売る店をこの市場に開き、店名を "joti khemarā" と命名した。そして1939年1月21日になると、この会社は夕刻6時半から夜7時まで、その店の建物の階上で(お茶とお菓子の)茶会を開き、クラチェ州知事である ghim-dit 氏と郡長である pul-swaṅ 氏を主賓として、その他州庁と郡庁の部局の長殿、裁判官殿、smien などのクメール官吏、および<résidence>[弁務官庁]のthī、森林管理官、医師、教師、<gendarme>[憲兵]など多くの人々を招いた。

この会で、州知事殿はこの会社について、pin 村長に、商業方面で生計を立てる上でのあらゆることについて忠告をした。それから氏は、我がクメール人も、中国人―ベトナム人の方法で、協力して商売をする考えがあることを知り、お祝いとして5リエルを贈り、郡長殿は価格16リエルの新しいデスクをプレゼントした。

私の観察では、現在目覚めて商売で生計を立てようとするクメール人はクラチェ州だけにいるのではなく、他の州でも大勢が商売をしている。

今後我がクメール人は少しずつ商業の道に十分明るくなったら、きっと我が民族は助力して[その店で]購入すること、あるいは商売のことは何でも説明して助力することなどで互いに支援し合い、さらにますます目覚めていくと、私は期待する。

私は、我がクメール人が考えを変えて、他の民族と同様に商売で生計を立てることができるようになったことを大変嬉しく思う。私は、この茶会に私を招いてくださった joti khemarā 会社に深くお礼を申し上げる。どうかこの会社が早く常に発展し望みを果たすようお祈りする。

s　a. va.[＝sṅuon vaṅsa]

2-3　[44号2-4と同一]

2-4　カンボジア国仏教研究所団がラオス国へ会議をしに行く

新しい1939年に入る前年の年末に、ラオス国の仏教研究所が、ラオス国の仏教に関しての討議をするために、カンボジア国仏教研究所の学者たち全てをラオス国に招いた。

先の1月23日に、クメール国側の人々、即ち、[次の人々が]出発した。

1。<karpeles>女史[loka srī]：カンボジア国とラオス国の仏教研究所事務局長

2。braḥ sāsana sobhana. (juon ṇāt)：高等パーリ語学校副校長。モハーニカーイ派僧王代理、および高等パーリ語学校校長代理として

3。braḥ grū mahā?otula (pāṅ)、三蔵経翻訳委員会委員。トアムマユット派僧王代理として

4。mahā thaem、王立図書館の第2 ḷaetre[司書？]、仏教研究所長である samṭec krum braḥ varacakra raṇariddhi の代理として

5。vārū 氏(クメール政府付き)、カンボジア国保護国政府代表として

6。braḥ mahāthera {nārada}(コロンボの人)

今回行くのは、ルアン・プラ・バン市で会議があり、そしてもう1ヶ所、ヴィエン・チャンに行く。

braḥ mahāthera {nārada}はボダイジュの苗木をコロンボ大陸から2本持参してラオス国、即ちルアン・プラ・バンに1本、ヴィエン・チャンに1本植樹する。

2-5　大衆からの訴えを受け付ける欄

0の年寅年 māgha 月上弦12日水曜日、即ち1939年2月1日

下に全員が署名した、プノンペン市第5区 dik l?ak 地区に家がある私たちは、

カンボジア人の代表である nagaravatta <gazette>[新聞]社長殿に覚書をお送りしてお知らせします。

当地区に住んでいます私たちは、<machine> dik[水道]と街灯の光がないことによる苦しみを長年我慢してきました。水は列車の駅の北方にある piṅ kak に頼っていますが、この水は dik <machine>[水道水]と違って清潔ではありません。飲むと子供にも大人にも腹痛を起こさせます。この地区に住む我々は今後ずっと、他と違って、水と電気がないためにますます苦しむことになります。そして、どこかしっかりと頼る所を知らず、頼るところはありません。私たちは現在カンボジア国を統治している父母である保護国政府だけに期待しています。私たち全員は既に1回か2回、<machine> dik[水道][栓]を2つと、街灯を dik l?ak地区のカンポート街道の2キロメートル里程標と3キロメートル里程標の間に作ることをお願いする書類を2、3回作成して保護国政府にお願いしました。しかし保護国政府はこのお願いの文書の通りには実行してくれません。この道路は一番最初にできた道路です。たとえば koḥ 寺の西にある道路、ベトナム人居住地区であるsamrām の自動車道路、sdiṅ mān jaya 街道などは全てカンポート街道より後にできた道です。なぜ、どれも全て<machine> dik[水道]と街灯があり、dik l?ak地区は保護国政府の徳の陰の下を頼ってクメール人が住んでいる地区であり、さらに各人が彼らと同じように<carte>[人頭税カード]料と水道と電気代も払っているのに[注。これらは使用量に応じて料金を支払うのではなく、一種の税金として市民全てから一定額を徴収する]、なぜ……[注。伏字]……。

それゆえ、私たち全ては全クメール人の代表である nagaravatta <gazette>[新聞]社長殿に平身してお願いします。どうかこの話を<gazette>[新聞]に掲載して、私たちの望みが叶うように保護国政府に訴えてください。確認

のために、私たちは下に<signer> jhmoḥ[署名]して「覚え」にいたします。

thīḍul、sar、sān、un、mit、thī {nin}、ghut、kram ghim、īt tor、astaṅta ñaem、khvān、brām

3-1 結婚式

仏暦2481年0の年寅年 pussa 月下弦14日木曜日、即ち1939年1月19日、バット・ドンボーンの jāṅ ñam さん[?nak]と hiek 夫人[?nak srī]が、娘である ñam rwm 嬢[nāṅ srī]と プノンペン市の美術工芸学校の <sous-directeur>[副校長]である okñā racanā {prasœr}氏との結婚式を行った。この式に<directeur des arts>[美術部長]である<groslier>氏と令嬢[mademoiselle]と令息、<école des arts>[美術学校]の<directeur>[校長]殿[である ruḷe 氏]と ruḷe 夫人[<madame>]も、他の諸部局のクメール官吏、thaukae たちと共に出席して祝った。にぎやかにクメール式楽団が演奏して光を添え、クメール人僧と nārada と言う名のコロンボ大陸の僧が出席して種々の聖典にある話にもとづいた法話をおこなった。

我々 nagaravatta 社は夫婦である氏と夫人に全ての項目の幸福と吉祥が授かるようお祈りする。

3-2 ［広告］ <tombola>[福引]籤の抽籤

コーチシナ国商業および roṅ <machine>[工場]勤務者支援協会は1939年1月15日に抽籤を行った。

74,288の番号は(402)型プジョー車に当たり。

27,878の番号は1939年型ルノー sūvākātra に当たり。

96,964の番号は(pāswnit>の<machine> dorasabba[電話機]に当たり。

下記の97個の番号は種々の品物に当たり。

[5桁の数字が15個]

後の週に続く[注。実際はない]。

3-3 ［広告］ sīv-pāv 薬店、プノンペン市 okñā um 路47号、kāp go 市場

私の薬店は開店してからおよそ2年になり、「病気を治す」として有名になり、クメール人、中国人、ベトナム人、フランス人の人たちが、「病気が治った」と<gazette>[新聞]に掲載して称賛しています。私は今後も一生懸命薬を選んでさらによく効くようにします。皆さんが薬を買いに来たときには、私は詳細に質問して検討してから薬を売ります。即ち、私は心を込めて病気の人を援助しています。私は薬を売って代金を受け取っているのは事実ではありますが、私は[病気の人を]救うことを意図することを心に決めています。それゆえ、皆さんが病気になって医者を求めて治療しても治らない場合には、私の店に来て、私に診察させてから薬を購入して服用してください。私は業果を信じていますから、決して自慢するつもりはありませんが、私の薬は困難な病気を沢山治しています。

［注。写真が左右2枚あり、左の写真の下に］ sīv-pāv 医師の写真

［注。右の写真の下に］ sīv-huṅ 医師の写真

＊私の薬を仕入れて売っている店は、[次の通りです。]

1。バット・ドンボーンには、pāsāk の医者と呼ばれる sī[v]-heṅ の店が narottama 路にあり、病気の診察をし、薬を販売しています。

2。シエム・リアプ raluos の tān kim sāṅ

3。シエム・リアプ市場の中の ip teṅ の店

4。コンポン・トム市場のthī {phan}の店

5。コンポン・チャム市場の seṅ hā

6。ポー・サットの(krom 市場の)fī jā

7。クラチェ (rakā kaṇṭāl)の uṅ ieṅ

8。konbnag kṭī (の lvā)の iv sāv

9。jīhai の ke heṅ

10。o rāṅ ū の miṅ sī

11。jī ro の ṭaṅkhau {haem}と呼ばれている haem om

12。kambaṅ khlāṅ の lim cheṅ kāṅ

13。bām jī kaṅ の sin leṅ

14。brai jha の seṅ srun

15。sdoṅ の sin kaen

16。braek bo (jampok) の naṅ pāk

17。bām bradhnuol の gim chieṅ (姓は ḷoṅ)

18。プノンペンの kim seṅ と īv seṅ

3-4 ［広告］ お知らせ

私の名は po-heṅ で、クメール人です。皆さんにお知らせします。

私は koḥ sudin 郡の jī hai 市場に店を開きました。金細工職人、銀細工職人、仏像の清拭、歯に金を被せることをします。そしてあらゆる種類の金[細工品]、イヤリング、宝石を売っています。皆さんが御入用の時には、どうか私の店にいらしてください。私は御入用の品をお売りします。

3-5　[105号3-2と同一]

3-6　[105号3-3と同一]

3-7　農産物価格

プノンペン、1939年2月2日

[「サトウヤシ砂糖」はない]

籾	白	68キロ、袋なし	3.05 ~ 3.10リエル
	赤	同	2.90 ~ 2.95リエル
精米	1級	100キロ、袋込み	7.90 ~ 7.95リエル
	2級	同	7.60 ~ 7.65リエル
砕米	1級	100キロ、袋込み	5.70 ~ 5.75リエル
	2級	同	5.00 ~ 5.05リエル
トウモロコシ	白	100キロ、袋込み	[記載なし]
	赤	同	8.20 ~ 8.80リエル
コショウ	黒	63.420 キロ、袋込み	18.50 ~ 19.00リエル
	白	同	29.00 ~ 29.50リエル
パンヤ	種子抜き	60.400 キロ	39.00 ~ 39.50リエル

＊プノンペンの金の価格

1　ṭamliṅ、重量37.50グラム

1級	157.00リエル
2級	152.00リエル

＊サイゴン、ショロン、1939年2月1日

フランス籾･米会社から通知の価格

ショロンの<machine> kin srūv[精米所]に出された籾 1 hāp、[即ち]68 キロ、袋込みの価格は以下の通り。

籾	最上級		3.58 ~ 3.60リエル
	1級		3.38 ~ 3.40リエル
	2級	日本へ輸出	3.30 ~ 3.32リエル
	2級	上より下級、日本へ輸出	3.25 ~ 3.27リエル
	食用 [国内消費?]		3.12 ~ 3.15リエル
トウモロコシ	赤	100キロ、ショロン県マッカサンで売り渡し。	9.75 ~ 9.80リエル
	白	同	0.00 ~ 0.00リエル

米(10月[ママ]渡し)、港渡し、袋込み、税抜き、1 hāp、[即ち]60.7キロの価格は以下の通り。

精米	1級、砕米率 25%	5.25 ~ 5.28リエル
	2級、砕米率 40%	5.05 ~ 5.10リエル
	同。上より下級	4.90 ~ 4.95リエル
	玄米、籾率 5%	4.12 ~ 4.15リエル
砕米	1級、2級、同重量	4.70 ~ 4.57[ママ]リエル
	3級、同重量	3.90 ~ 3.95リエル
粉	白、同重量	2.40 ~ 2.45リエル
	kāk [籾殻＋糠?]、同重量	1.70 ~ 1.75リエル

4-1　[104号4-1と同一]

4-2　[103号3-2と同一]

4-3　[11号4-2と同一]

4-4　[20号4-6と同一]

4-5　[8号4-3と同一]

4-6　[終わり近くの「70メートル」が「10メートル」に変わった以外は、48号3-8と同一]

4-7　[冒頭に仏語で「IV-SENN-洋服屋」と入った以外は、104号4-7と同一]

4-8　[73号、4-6と同一]

4-9　[33号3-4と同一]

4-10　[44号4-6と同一]

4-11　[105号3-4と同一]

4-12　[105号3-5と同一]

4-13　[11号3-2と同一]

4-14　[103号3-8と同一]

4-15　[97号3-4と同一]

第3年107号、仏暦2481年0の年寅年 māgha 月下弦7日土曜日、即ち1939年2月11日、1部8セン

［仏語］ 1939年2月11日土曜日

1-1 ［仏語で「私書箱 No.44」と「社長、PACH-CHHŒUN」が加わった以外は8号1-1と同一］

1-2 ［デザインが少し変わった以外は8号1-2と同一］

1-3 ［デザインが少し変わった以外は8号1-3と同一］

1-4 ［8号1-4、1-5と同一］

1-5　お知らせ

来る2月18日土曜日に発行するべき nagaravatta 新聞は、中国正月で印刷所が休業しますので、休刊します。

nagaravatta

1-6　スヴァーイ・リエンで中国人がクメール人を殴った事件の周辺［cf.100号1-11］

スヴァーイ・リエン州のフランス裁判所は、この事件の審理を終わり、中国人各人を2日から3日間の投獄、各人50.00リエルの罰金、それに負傷したクメール人2名に慰謝料30.00リエル［ママ。被害者各人か両名合わせてかは不明。恐らくは「各人」］を支払うという重い［ママ。皮肉］判決を言い渡した、という情報を我々は得た。この情報が事実であれば、裁判所がこのように重い［ママ。皮肉］罰金刑を科したことは、きっと今後さらの他民族にますます図に乗らせ、クメール人を侮辱させるに違いない。

中国人がクメール人を殴った時、クメール人は2名しかいなかった。なぜ中国人は軍隊になって力を合わせてクメール人を殴ったのか。そしてフランス裁判所は依然としてクメール人が目に入らないのか。

さらに、外部からの情報では、中国人はこの事件で仲間に助力して危険から救おうとして、金を出し合って4,000.00リエルを集めたという。中国人とクメール人との間に事件が起こり、その度に中国人は敢えてこれだけの金額の出費を行い、裁判所は敢えて中国人をこれだけの金額の罰金刑に処するのなら、「罪を犯した者を懲らしめるために処罰する」と呼ぶものはどこにあるのか。

我々の意見では、これらの中国人を罰金刑に処する必要はない。その金を、旅行して国に帰らせるためにその中国人に持たせておくだけでいい。このように極めて軽く処罰してばかりいれば、クメール国に生計を立てに来ている他民族に長者にならせ、そして敢えてクメール人を見下し侮辱するのに懲りさせるのに全く適切である［ママ。皮肉］。クメール人と外国人との間の事件（このスヴァーイ・リエンで中国人がクメール人を殴ったような）を審理して、その外国人を国外に追放する法律がなければ、まさに昔からの格言に“女と喧嘩をするな、中国人と訴訟をおこすな”というのがあるのにぴったりである。

この話はこれだけではない。中国人から供え物をもらうためにクメールの榕樹の陰の庇護の下に入って、仲間であるクメール人をだました stavisky 四大の情報もある。［注。108号1-10に続報がある］

スヴァーイ・リエンのあるレポーター

1-7　仏教のニュース

先日［＝95号3-1-2］我々は、「政府がハノイ（トンキン）のセデス氏の研究室でさらに深くサンスクリット経文学を学ばせるために派遣したプノンペン市高等パーリ語学校のサンスクリット語の教授である braḥ ācārya {pāṅ khāt}を、トンキンの buddhika samāgama［仏教徒協会］（Association Bouddhique［仏教協会］）が丁寧に迎え、ベトナム寺の宿舎に住まわせる）」というニュースをお知らせした。

braḥ ācārya［pāṅ-khāt］がトンキンに到着してまもなく、トンキンの仏教徒協会はベトナム人僧2名を、プノンペン市で僧たちと共に生活して、我が国の仏教教義を学ばせるために派遣してきた。この2名の僧の1人はフランス語を知っていて、<brevet élémentaire>［中等教育前期修了証書］を持っている。もう1人はフランス語を全く知らない。現在この両師はクメール人に帰化したベトナム人たちの寺である ratanārāma（suṅ bhwak）寺の宿所に住み、クメール語を学習中で、［クメール語を］知ってから引き続きパーリ語を学ぶ。

このベトナム人僧たちが奉じている仏教教義によると、大乗［仏教］であるのは事実であるが、その知識は岩石の山中の森で出家した大乗仏教のベトナム人僧とは違って、小乗［仏教］である我々のものと様子が似ている。

このベトナム人僧は、「クメール語を知ったら、クメール人僧と同じ方法で小乗［仏教］の僧として出家したい。しかし、トンキンに帰ったら小乗を離れて再び大乗［仏教］に戻る」と話している。

nagaravatta は正等覚の仏教が以前よりもずっと発展して栄え、光を放っているのを見て大変嬉しい。クメール国に仏教教義を学びに来た僧が早く知識を得ることと、あらゆる項目の幸福に恵まれることを祈る。

1-8　諸国のニュース

1-8-1　ドイツ国

ヒットラー氏は、先週我々が<gazette>［新聞］［＝106号1－6－5］に掲載した演説を終える前に、「現在、ドイツの同盟国であるイタリア国が、なんらかの理由で戦争が生じた場合には、ドイツ国は必ず出てイタリア国に助力する。しかし、このように助力に出るのは、平和を求めるためだけであって、それ以外の利益を求める意図はない」と確言した。

1-8-2　アメリカ国

アメリカ国大統領であるルーズベルト氏は下院議員たちに、「アメリカ国は全力を尽くして、大イギリス国と［大］フランス［国］に助力して守らなければならない。この両大国こそが laddhi <fascisme>［ファシズム］と［laddhi］<nazisme>［ナチズム］（ムッソリーニとヒットラーの主義）との戦争を抑える先鋒だからである」と述べた。ルーズベルト大統領がこのように発言したのは、氏は観察して、「項1、現在 laddhi <fascisme>［ファシズム］と［laddhi］<nazisme>［ナチズム］を信奉している国は、種々多くのことを考え、武器を製造している。項2、ヒットラー氏は、すでに同氏の演説の中にあるように、依然として世界に主義の戦争を起こそうとする考えを持っている。項3、アメリカの意見は、アメリカ国は憲法を持つ国［ママ。「民主主義国家」をさす］に助力し守るという政策を取ることを望んでいる」と理解しているからである。もう1つ、ルーズベルト大統領殿は、「もしアメリカ国が、『日本国はアジアを攻め取るべきではなく、ドイツとイタリアもヨーロッパを攻め取るべきではない』と異議を持つのならば、アメリカ国は今から国を守るために武器を増産しなければならないし、イギリスとフランスとの助力に出なければならない」と理解している。

1-8-3　ベルギー国

ベルギー国首相は、議事堂を出る時に暴徒たちに殴られた。この［事件の］原因は、政府がある不適切な人物である大物医師殿を、ベルギー国王が国の諮問委員会として設立した医学者委員会のメンバーに任命したからである。

1-8-4　スペイン国

フランス政府は臨時大使である<léon> perā氏を派遣して、最近勝利を得たばかりのフランコ総司令官の政府に申し入れをして様子を見ることにした。フランコ派は反乱派であり、そしてイタリアの助力と支援でスペイン政府派の軍に勝利したので、フランス政府はフランコ政府付大使を持つべきか否かを検討するためにである。フランス政府がこのような策を取ることを考えるのは、スペイン国の戦争は尽きることなく、終わることなく燻ぶっている、全ヨーロッパ［政府］に不安を起こさせる火種であるので、この戦争を解決して鎮めるためである。

1-8-5　ロシア国

ロシア政府とハンガリー［政府］は互いに摩擦を生じている。数日前、ロシア政府はハンガリー国から大使を引き揚げて同国駐在大使を廃止し、ロシア政府付ハンガリー大使を招いて、直ちにロシア国外に出るよう［伝えた］。このように互いに大使を引き揚げるのは、どういう原因によるのか不明である。

1-8-6　フランス国

大フランス国大統領であるアルベール・ルブラン氏は任期を終えた。現在 dāṅ bīr krum［両院］（Sénat et chambre des députés）［上院と下院］の議員たちが、新大統領を選出するために、来る4月6日に本会議を開くことを考えている。

1-8-7　イタリア国

ムッソリーニ氏は laddhi <fascisme>［ファシズム］党員会議を開き、「イタリア国はフランコ総司令官が最終的に勝利するまで［フランコ総司令官に］助力する」と宣言した。

1-8-8　ドイツ国

ヒットラー氏はイギリス政府に、「この1939年に、イギリス国が同意した1935年の協約中にある全数の軍艦の建造に着手する。ドイツ国は次のように軍艦を建造する権利を有する。即ち、ドイツは、潜水艦を建造してイギリスが保有する潜水艦と同数にし、大砲を装備した大型軍艦[＝戦艦]を建造してイギリスが保有する数の3分の1の数にする権利を有する」と通告した。

1-8-9　イギリス国

噂による情報では、イギリス国政府は、フランコ派に敗れたスペイン政府派に換えて、フランコ総司令官と反乱派とをスペイン政府として認めるべきか否かと検討中である。状況を見ると、現在のところ、恐らくフランコは決定的な勝利をおさめる。一方スペイン政府側派はばらばらになってフランス国に逃げ込み庇護を求めていて、国境を越えてフランス国に入った数は老若男女[の市民]と兵士を合わせて270,000名以上である。

＊今回のフランコ総司令官の勝利は、政情不安中のヨーロッパを平穏に向かわせることができるであろう。我々の推測による意見では、もしフランス政府とイギリス[政府]がフランコ派をスペイン国政府として認めることができれば、恐らくムッソリーニ氏の不満はなくなり、イタリア政府、イギリス[政府]、フランス[政府]はおそらく、これらの国々が互いに摩擦を生じていることに関して、何らかの解決をするために、転じて互いに求め合うことになるからである。現在のヨーロッパ諸国の政策は、この道を歩かない限り平和へ進むのは困難だからである。

今ヨーロッパの政情不安が平穏になることは、この平穏は永続するのかそれとも一時的なものであるかは、我々は決められない。なぜならヨーロッパの大国たち全てが武器を増産することと兵を増員することを考えることは、休みとどまるところを知らないからである。

1-9　　　　　仏暦2481年 pussa 月下弦10日、maṅgalapurī

nagaravatta <gazette>[新聞]編集長·社長殿に申し上げます。

私は貴殿の<gazette>[新聞]を最初から現在まで名前を登録して購読してきました。記事を読んで、クメール政府あるいはフランス政府を非難する方面のものは何もなく、[次の]3項目の希望だけがあることがわかります。

項1。rājakāra <protectorat>[保護国政府]に、クメール人を支援して āriyadharma（sīviḷai）[文明]の方面で他の国々と同等に、知識を持つようにしてくれることを願い、そして幸福があり、悪行と不公平が覆いかぶさることによる不幸な災害がないように願っています。

項2。クメール人に一生懸命勉強して、全ての外国と同じ学問知識を得るように願っています。

項3。クメール人に、カンボジア国に庇護を求めて入って来ている他民族に恥ずかしくないように、一生懸命生業を行い、稼いでしっかりと生命を養うよう願っています。

このたった3項目の望みに重点があり、この3項目以外は、自己の利益のみを考えることにより民族を裏切る<奸臣>に、あまり大胆にならないように例をあげて批判しています。

この<gazette>[新聞]に私は大変満足していて、それで仲間に購読の名前を登録するよう誘いかけています。先の migasira 月に、nagaravatta に危機があると聞き、nagaravatta が死ぬのではないかと皆で騒ぎましたが、その後nagaravatta は病気が治ったと聞き、皆でたとえようもなく喜びました。

ここに、4種の祝福、即ち長寿、不老、健康、力が nagaravatta に永遠に授かるよう祈ります。

<signer>[署名]　tuṅ jhin[<忠臣>]

1-10　トンキン、アンナン、<laos>[ラオス]、<cambodge>[カンボジア]

1939年1月21日[＝104号1-5]に、nagaravatta は保護国政府にたいして、現地の官員たちを救おうとする慈悲心を持つ<gouverneur général>[総督]殿の<arrêté>[政令]で何回か定められた手当を支給することを、保護国政府が[支給することを]定めていないクメール政府官吏たちの苦しみについて説明した。この記事の中では、nagaravatta は、政府に、官吏の地位と名誉と職務に相応しくなるように月給と手当を改定して苦しみを和らげて楽にすることを願うために、クメール官吏の苦楽を開陳しただけである。この中で我々は官吏たち全ての月給と手当を法律の面で比較することにより、クメール人官吏たちの苦しみを知った。もし自分の財産と俸給の額を超えて豊富に食べて、金を使うことができる官吏が誰かいたら、それを保護国政府は調査して明らかにすることを我々はお願いする。不正官吏を処罰するための法律を適用して、[そのことを]明らかにするためである。ある官吏たちが食べて金を使っているのを目にして、全てのクメール官吏たちが余裕があり、さらに俸給を上げる必要はないと誤解することに関しては、我々は同意できない。このように理解することは清廉な官吏たちを貶めることだからである。悪徳官吏が食べて金を使っているのを目にして、このような官吏を守るのなら、クメール人をどのような方面で発展させ、栄えさせることができるのか。どのようにして、クメールの若者たちに、発展するために一生懸命努力して勉強させることができるのか。要約して言うならば、我々は保護国政府に、クメール官吏の月給あるいは手当を善と公正で測って定めることにより、悪を一掃して善を増やすよう求める。我々はこの点に関し、国王布告の必要なく、<gouverneur général>[総督]殿<arrêté>[政令]の規定がクメール官吏にも適用されるように、保護国政府が定めることをお願いする。

[国の]収支に関して、我々は、[増税して得た]金を持って来て、この官吏への俸給の件を補うために、政府が民衆の税金を増やすことを政府に求めるものではない。我々は、民衆が税金の方面が楽になり、そしてクメール官吏が月給と手当を、最近上昇しつつある物価に対応して、使うのに十分にすることだけを望んでいるのである。

事情がこのようである時、保護国政府は<gouverneur général>[総督]殿通達をクメール政府官吏にどのように適用するか。

1-11　sṭuk āc[ママ。「ācama」が正しい] ramās の新しい駐屯地の落成式

我が国の軍当局は新しく駐屯地を1ヶ所完成した。大きくて広くて電気もあり、飲用と駐屯地の清掃用の水もある。ここに駐屯予定の兵は多数個部隊である。この駐屯地の傍には飛行場を建設する準備をしているところである。

先の2月5日、samṭec krum braḥ varacakra raṇariddhi と妃殿下[samṭec ksatrī]と王女をはじめとして、krum hluoṅ dī cakrī subhāṇuvaṅsa、{jā} 元帥、?nak okñā yomarāja {paen} 氏などの高位の方々と種々の階級の大勢の軍人たちとフランス人の方々たちが列車でこの式典に出席しに行った。正6時、列車はプノンペン市を出発し、8時15分前に sṭuk āc[ママ。「ācama」が正しい] ramās という名の駅に到着した、列車に乗っていた人たちは、左手を見ると豪壮な駐屯地が見えた。列車が駅に止まると我々各人はそろって列車から降りて駅を後ろの方に進むと1隊の兵士が2列に整列して立ち、視線を左右に向けて見ていた。式典に参加する方々を迎えるための、フランスとクメールの旗を立てた休憩用テントがあった。

8時丁度に、<le résident supérieur>[高等弁務官]殿が<chef de cabinet>[官房長]殿、コンポン・チナンの<résident>[弁務官]殿と、州知事殿に案内されて自動車で到着し、兵士たちが捧げ銃で敬礼し、parpisīyer <général>[将軍]殿と go 大佐殿が出迎えた。それから、楽隊が何回も演奏した。この時に、この式典の国王代理である munīreta 親王殿下[braḥ aṅga mcās]が、我が国の軍司令官である parpisīyer <général>[将軍]殿にオフィシエ<médaille>[章]を授与した。それに引き続いて同将軍[loka]が新しく授章される大勢のフランス人とクメール人兵士たちにフランスの<médaille> senā jaya siddhi(Médaille Militaire) [戦功章]を授与した。それが終わると、将軍[loka]は大声で兵士たちに行進をさせ、この式の終わりにした。兵士たちの行進が終わると、将軍は馬首を回らせてテントの<le résident supérieur>[高等弁務官]殿の前に立ち、<protectorat> [保護国]の長とその他の式典に参加した人々に感謝の言葉を述べた。その時、<le résident supérieur>[高等弁務官]殿は進み出て司令官と握手をして挨拶して将軍[loka]に感謝を述べた。それから諸氏各人を招いて駐屯地の諸所を案内し、それから飲み物(<champagne>[シャンパン])を供し、諸氏に感謝の言葉を述べた。その時に司令官殿が起立して、主賓として出席した<le résident supérieur>[高等弁務官]殿と munīreta 殿下[braḥ aṅga mcās]、それからその他の出席した諸氏に感謝の言葉を述べて式典は終わった。

駐屯地を出て帰る時に、nagaravatta 新聞社長は1人のフランス人中尉殿に会い、クメール人兵士の熟練と技量との様子について質問した。中尉殿は、「我がクメール人兵士は、技量と熟練は、およそ6ヶ月訓練しただけで、長年訓練した他民族の兵士と同様に知識と技量に熟練し、賢くて、しっかりしていて有能である」と答えた。

このことは、保護国政府は入念に外敵から我が国を守る準備をしていることを国民に信じさせる証拠である。

2-1　[44号2-4と同一]

2-2　俸給を上げることについて

我々は、この1939年に王立印刷所の所長殿は慈悲心で工員たちの俸給を上げるという情報を得た。しかし例年とは違って全員ではない。今年昇給を得るのは、例年とは大変異なり、2から3年前に入所した工員の昇給[額]は少なくて、その後に入所したばかりの人にかなわない人もいる。[従来は]同期に入所した人は同率の俸給[の昇給]をもらっていたが、一転してある人は沢山上がり、ある人は少しで、互いに率が異なることもあるし、群を抜いて3から4割も上がる人もいる。それだけではなく、給料が上がる[べき]工員のグループ内にいるにもかかわらず、1センも上がらない人もいる、等々である。この点に関し、我々は所長の考えはどのように深く理解しているか、という疑問を持つ。

我々の考えでは、昇給は恣意的に行われるべきではない。各人が等しく食べることと、同所で全てが等しく行なわなければならない任務がある。工員各人の入所してからの年次に従って、あるいは学問知識、あるいは勤勉さと怠惰さを検討したところに従って考えるべきである。

それゆえ、我々はこの件を保護国政府に預け、sœrœ 氏がやり直しして、昇給を受けられなかった工員には昇給を受けられるように正し、昇給したけど極めてわずかでしかない工員にはもう少し増やして生命を養うに足りる程度にしてやってほしい。それから、今後工員が喜んで揃って身を入れて熱心に働く気を起こさせるために、えこひいきで不公平を行うという不正を撲滅してほしい。

あるレポーター

2-3 雑報

2-3-1 プノンペン市のpuṇya tāṅ phsār (kermesse)[野外展示即売市祭]

3日後の中国正月に際して、「クメール国在住ベトナム人友好協会が、[同]ベトナム人友好協会のために本年2月19日から21日までの3日間、puṇya <kermesse>と呼ぶ即売市祭を dham 市場の場所で開くことを政府が許可した」という情報を得た。

この祭りで、3日間とも、[牛]車、人力車、自転車、自動車などの、車の飾りのコンテストがある。また踊り、博打などの見る人とする人を興奮させる物もたくさんある。

恐らく我々クメール人は、借金して、祭りで使いすぎてしまい、家に帰ったときには財布は空っぽだった先日の物産展市祭の楽しさをまだ忘れていないかも知れない。この種の祭りは財産がある人たちのために相応しいものであって、貧しい人々は幻想を見てはいけない。

2-3-2 [広告] sāmāgīyārāma 寺(コンポン・スプー)の寺域境界石を埋める集まり

phalguṇa 月上弦6日金曜日(1939年2月24日)に、州知事である muṅtāṇā 殿下[aṅga mcās]をはじめとする、コンポン・スプーの仏教徒たちが、新しく建立されたばかりの sāmāgīyārāma 寺(トアムマユット派)の寺域境界石を埋める式を行います。

皆さん、どうぞこの式に参加して喜びを共にしてください。

2-3-3 [広告] 感謝と追善

私たち全員、即ち sīm 夫人[?nak srī]、dī-ghun chan、nuom-im phan と夫人[?nak srī]、nāṅ {dī-pāñ cuṅ}、nāṅ {dī-pū ruṅ}、nāṅ {nuom}、mās-sā?aem は、<retraite>[引退]した教師であり、私たちの夫、祖父、義父、義兄、ṭanlaṅ[=夫婦の両親同士]に当たる故 bīv-dī 教師殿の火葬式(1939年1月27日)に参列してくださった皆さんにお礼を申し上げます。

皆さんが、希望の通りに四向四来を得るようにお祈りし、私たちをお許しくださるようお願いいたします。

2-4 シエム・リアプで公演した1つの劇について

驚くべき劇で、我々の国土と民族の利益へ導く道であるので、私は<gazette>[新聞]に掲載しないではいられない。[劇の]話は以下の通りである。

夜8時になると劇は幕を開いた。フランスの踊りを見、それが終わると突然1人が出てきて、「自分は名を ñuñ といって大長者で、財産をたくさん持っていて、この国には自分に匹敵する者は誰もいない。しかし、下劣な振りをし、酔っ払って首はグラグラして意地悪で、親戚のことは何も考えない」とだけ言って退場する。[次に]もう1人が登場して、「私の名は prasœr[=素晴らしい]で、まあまあの財産を持つが、子供はない」と言う。この人は自分の親族を愛し、自分の民族と国を非常に愛する様子をしており、住民たちはみな敬愛し、畏怖している。座って自分の民族がまだ低劣で、まだ貧しく、そして学問知識がまだ他より弱いことを憂えている。彼は考える。「今、何をすればわしの民族に早く顔を上げさせ、他と同じように学問知識があるようにできるか。我が民族に自分と同じ程度の財産を持たせるためには、どう考えるか。全てが学問知識を得たならば、わしの民族は必ず他と同じように高貴になれる。財産の方面も同じである。この国には、金持ちは1人か2人しかいない。その残りの何千、何万の人は全部貧しく、身につける衣服もなく、飯も、食べようとしても十分にはない。いろいろ考えると全てが劣っていて、とても惨めである。どうしてわし1人だけが顔を上げていられようか。わしの親戚も友人も民族もこのようであるのに、わし1人が適度に裕福でいて、それでいいのか」 そして座って溜息をつき、とても悩んでいる様子を見せる。彼は素晴らしい考えを持つに至る。「このわしの財産はとても沢山ある。誰か学びに行って背伸びして、もっと高い知識を得るに相応しいだけの学問知識を持つ生徒の面倒を見て、財産を分け与えて助力して学びに行かせるべきである。こうすればわしの民族は高貴になることができる。わしの民族と国をもっと楽にしようと思ったら、適度の学問知識を持つ貧しい人を呼び集めて仕事をさせて我が民族を大勢養うことができるようにさせ、そして皆一緒に顔を上げることができるように、わしは自分の金を何か大きい商売をするために使うべきである。[そうすれば]わし自身もきっとさらに多くの利益が得られるに違いない。わしの金を金庫の中だけにおいておいても、何の利益もないことは確かだ。[それは]財産を持っていても、貧乏人と同じである。自分が死ぬと無駄に捨て、世の中に良い名声を残すことはなく、自分の民族、国を全く愛さなかった人とされる。わしの民族も友人も全て、わしが財産をたくさん持っていることを知っている。そして自分の民族や国の利益になることを何もしなかったら、彼らは密かに非難し侮辱し見下すのはたしかだ。わしの名声を悪くするべきではない。わし自身のせいで彼らに嫌われるようになってはいけない。人間として生まれてきた以上は、名声を長く良く保つべきだ。それゆえ、わしは ñuñ 長者を誘って一緒に投資して何か大きい商売をして、有用な人間であると呼ばれるようになろう。死なない人、肉体は死んだが名声はずっと生きている人と呼ばれるようになろう」 prasœr さん[?nak]はこう考えて、長者を誘いに行く。[長者の家に]着くと、自分の考えを長者に話して聞かせる。長者は聞いてしまうと口をとがらせて言う。「わしはもう金持ちだから、他人のことには構わない。誰がどんなに貧乏でも、わしの頭は痛まない」 prasœr さん[?nak]は立腹して、言いたいことも言えず、家に帰って悩みながら寝る。心の悪い長者について話す。「自分の民族と国の利益について何も考えない。自分の力で貧しい者を虐げることしか考えない。国の人に慈悲心を持たず、国を嫌い、全てを罵り、好きな人は1人もいない」と言う。ここの所の演技は実に素晴らしく、この長者は憎むべきである。

後の週[＝108号3-2]に続く。

3-1　東洋の言語の試験について

([仏語][注。上のク語と同一内容])

[ク語]　1939年1月23日付<le résident supérieur>[高等弁務官]殿prakāsa <arrêté>[政令]第202号により、1939年3月20日およびそれに続く日に、インドシナの官員である官吏に、自分の母語以外の中国語あるいはインドシナの言語の知識の試験を受けることを許可する。

受験を望む者は願書を書き、0.15リエルの<timbre>[印紙]を貼って、3月10日までにプノンペンの<le résident supérieur>[高等弁務官]殿<bureau>[府]に送付のこと。

3-2　インドシナ国政府宝籤

1939年2月4日抽籤

末尾が78と56の数字の籤は、いずれも10リエルに当たり。

末尾が793と833の数字の籤は、いずれも25リエルに当たり。

末尾が480の数字の籤は、いずれも50リエルに当たり。

80本が100リエルに当たり、番号は、

[6桁の番号が80個。省略]

16本が500リエルに当たあり、番号は、

[6桁の番号が16個。省略]

8本が1、000リエルに当たり、その番号は、

[6桁の番号が8個。省略]

016,580の番号の籤は4,000リエルに当たり。

3-3　[106号3-3と同一]

3-4　農産物価格

プノンペン、1939年2月9日

[「サトウヤシ砂糖」はない]

籾	白	68キロ、袋なし	3.05 ～ 3.10リエル
	赤	同	2.45 ～ 2.50リエル
精米	1級	100キロ、袋込み	8.30 ～ 8.35リエル
	2級	同	7.40 ～ 7.45リエル
砕米	1級	100キロ、袋込み	6.20 ～ 6.25リエル
	2級	同	5.10 ～ 5.15リエル
トウモロコシ	白	100キロ、袋込み	[記載なし]
	赤	同	8.50 ～ 9.00リエル
コショウ	黒	63.420 キロ、袋込み	18.25 ～ 18.75リエル
	白	同	29.00 ～ 29.50リエル
パンヤ	種子抜き	60.400 キロ	39.50 ～ 40.00リエル

＊プノンペンの金の価格

1　ṭamliṅ、重量37.50グラム

1級	157.00リエル
2級	152.00リエル

＊サイゴン、ショロン、1939年2月8日

フランス籾・米会社から通知の価格

ショロンの<machine> kin srūv[精米所]に出された籾 1 hāp、[即ち]68 キロ、袋込みの価格は以下の通り。

籾	最上級		3.75 ～ 3.80リエル
	1級		3.60 ～ 3.65リエル
	2級	日本へ輸出	3.50 ～ 3.55リエル
	2級	上より下級、日本へ輸出	3.40 ～ 3.45リエル
	食用 [国内消費?]		3.18 ～ 3.20リエル
トウモロコシ	赤	100キロ、ショロン県マッカサンで売り渡し。	9.90 ～ 10.00リエル
	白	同	0.00 ～ 0.00リエル

米(10月[ママ]渡し)、港渡し、袋込み、税抜き、1 hāp、[即ち]60.7キロの価格は以下の通り。

精米	1級、砕米率 25%	5.45 ～ 5.50リエル
	2級、砕米率 40%	5.30 ～ 5.35リエル
	同。上より下級	5.00 ～ 5.05リエル
	玄米、籾率 5%	4.20 ～ 4.25リエル
砕米	1級、2級、同重量	4.95 ～ 5.00リエル
	3級、同重量	4.00 ～ 4.05リエル
粉	白、同重量	2.40 ～ 2.45リエル
	kāk [籾殻＋糠?]、同重量	1.50 ～ 1.55リエル

4-1　[104号4-1と同一]

4-2　[106号3-4と同一]

4-3　[11号4-2と同一]

4-4　[20号4-6と同一]

4-5　[8号4-3と同一]

4-6　[終わり近くの「70メートル」が「10メートル」に変わった以外は、48号3-8と同一]

4-7　[冒頭に仏語で「IV-SENN-洋服屋」と入った以外は、

104号4-7と同一]

4-8 [73号、4-6と同一]

4-9 [33号3-4と同一]

4-10 [44号4-6と同一]

4-11 [105号3-4と同一]

4-12 [105号3-5と同一]

4-13 [11号3-2と同一]

4-14 [103号3-8と同一]

4-15 [97号3-4と同一]

SAMEDI 18 FEVRIER 1939
CIGARETTES
JOB
LE PAQUET VERT
Vendu 5 cents
Nagara vatta
DEPOT LEGAL INDOCHINE
COFAT
CIGARETTES
Le Paquet vendu 5 cents
Directeur
PACH-CHHŒUN
HEBDOMADAIRE PARAISSANT TOUS LES SAMEDIS
(Boite Postale N° 44)

第3年108号、仏暦2481年0の年寅年 māgha 月下弦14日土曜日、即ち1939年2月18日、1部8セン
［仏語］ 1939年2月18日土曜日

1-1 ［仏語で「私書箱 No.44」と「社長、PACH-CHHŒUN」が加わった以外は8号1-1と同一］

1-2 ［デザインが少し変わった以外は8号1-2と同一］

1-3 ［デザインが少し変わった以外は8号1-3と同一］

1-4 ［8号1-4、1-5と同一］

1-5 「お知らせ」の変更

先週［＝107号1-5］、2月18日土曜日は、印刷所が中国正月の休業をするので、<gazette>［新聞］は発行されないと、<gazette>［新聞］読者にお知らせしましたが、今、印刷所は一転して2月18日には休業せず、2月25日に休業することになりましたので、それに従って2月25日に発行するべき<gazette>［新聞］が中止されることになりました。

1-6 クメール人がカオダイ教に入る

カオダイ教は、4、5ヶ月前に［本紙に］転載されたkambujabarṇaṭamāna <gazette>［新聞］の紙面［＝72号1-6］に明確なことがあるように、ベトナム人を教祖として最近生まれたばかりのものである。この宗教はどこに真髄があるかについてはひとまずおいておいて、［次のことだけを］述べる。カオダイ教は現代に生まれた新しい宗教であり、それの誕生は、誰か悟りを得た人の考えの業績から生まれたものではない、即ち、普通の俗人であって、世間が人間の頂点であると認める人でもないベトナム人たちの考えで生まれたものである。この宗教を生まれさせたのは、我が民族よりもベトナム民族をますますより高貴な物にするというベトナム民族自身の利益を得るために、他民族の心を甘言で騙そうする、特にベトナム人だけのための政策があるからである。

この宗教の教義、即ち教え全ては、我々は敢えて言うが、我々の先祖が昔から尊敬し親しんできた仏陀の教義よりも重要性、即ち特に尊い項目は何もない。推測するに、恐らく［他の宗教から］ここから少し、あそこから少し摘まみ取ってきて、こねて、1つの塊にして、片目の絵と卍をシンボルにして“カオダイ［高台］”と命名したものであると思われる。しかしこの話は彼らのことであり、良かろうが悪かろうが彼らが決めることであって、我々が何か命名するべき話ではない。秩序に従えば、「仏陀が世界と人間とを生まれさせた」であるべきで、今、「人間が仏陀を生み出した」ことを我々は実践するべきであろうか。アンコール・ワットやアンコール・トム、あるいはクメール国やセイロン大陸や祇陀太子の園林［注。祇園精舎の遺跡を指すのであろう］などのその他の場所で発掘、発見された遺物のような、我々の先祖が我々の目で見えるように残しておいてくれた、他民族［のカオダイ］よりも明確な根拠であると信じるべき確固たる詳細な証拠が［仏教には］あることを、我が民族ははっきりと理解するべきである。我々の暗愚のせいで惑わされてはいけない。何劫かわからない昔から信じてきた仏教を、なぜスヴァーイ・リエン州とプレイ・ヴェーン州の多くのクメール人は捨て去るのか。

我々の仏教は、人々はしっかりと信じるべきであるが、この我々の宗教を実践しているのは我がカンボジア国だけではなく、大陸全体の半分に存在し、セイロン大陸、祇陀太子の園林をはじめとして、ビルマ、シャム、ラオスでも我々と同じように実践しているのである。

仏教は、世界中の偉い学者が会議をして、「仏教は最も良い正しい宗教であり、この世界には［仏教に］匹敵できる宗教は1つもない」と意見が一致したことにより、世界が、「世界で極めて優れた良い宗教である」と認めていることを知っているだろうか。さらに世界のこれまで仏教を信じたことがなかった、イギリス、フランス、ドイツ、イタリア、アメリカなどの大国で、仏教は良い宗教であると認めて、今や大勢の人が自分たちの民族の宗教を捨てて仏教を信じるようになっていることを知っているだろうか、聞いたことがあるだろうか。

仏陀の教えの中に生まれたという幸運を持つ我々が、どうして高貴、光明から迷い出て、証拠になる何らの根拠もない低劣に転じるのか。我々のパーリ語の聖典は、それを学んで深く知識を得ることができた人は誰でも光明を得て、学ばず深い知識がなく、暗闇の中にいるので、他人に騙され続けて愚かにも従い、どこに価値があるのかもはっきりわからないカオダイ教を信じる人とは違って、迷うことはない。

国王陛下を根幹とするクメール政府とrājakāra <protectorat>[保護国政府]は、「クメール人の誰1人にもこのカオダイ教に入信することを志望させるべきではない」と考えており、さらに入信を禁止する法律があり、州政府も常に[入信を]防ぐ柱になっているにもかかわらず、すりぬけて入信する者がいる。たとえば昨1938年には、rājakāra <protectorat>[保護国政府]の代表である<guillemain> <le résident supérieur>[高等弁務官]殿とクメール政府の代表であるsamṭec cau fā vāṅ varavieṅ jaya首相殿が州民たちにカオダイ教に入信しないように注意し、忠告するためにスヴァーイ・リエン州を訪れた。その後政府は説法僧を3名派遣して同州の住民に説法をして注意させ、[その結果、入信が]少し鎮まった。[しかし]今また多くの迷ったクメール人が、統治している政府を恐れず、カオダイに入信し、印をつけたカオダイ式の衣服をもらって着ている。

このことについて、国民が他の民族と同じように高貴に、幸せにすることを志望したいと思っているnagaravatta新聞は、上に述べたような、行き過ぎてこのカオダイ教に入信した人々に、わだかまることなくお願いする。どうか無益なことであると認識し、目覚めて[カオダイ教を]捨ててほしい。そして、どうか以下の我々の忠告に従ってほしい。我々が長年守って幸福を得てきた宗教は、我々はどのようにも変えることを考えるべきではない。我々の望みに従って、1つの道だけを考えるようにお願いする。即ち現在他人に侵略されている、生計を立て、生命を養う生業[の分野で][他民族に]抵抗することを考えてほしい。たとえば外国人であって、我が国に入って来て、我が国のおかげで住んでいる中国人やベトナム人は、我々の口から食べ物を奪い、そしてさらに我々より多くの財産を得ている。なぜ、我々は一生懸命このことを考えず、そして声を掛け合って、我々が高貴になることができることを考えないのか。もう1つ、たとえば我々の新聞の記事(2月4日付第106号[1-5])で、我々は、クメール人は心を1つにして協力する心構えをして、我々が国民全体の利益のために我々が抵抗して防いでいる我々の力を支える助力をしてくれるために、そして他民族に入り込んできて我々の国内の生業を奪わせないために、我が国の政府が人を集めて仕事をさせる必要がある我が国内の仕事に嫌がらずに志願してその徴集に従って仕事をしに行くように、と話した[ことを考えないのか]。もし皆さんがこれら我々が上に述べたこと全てを助力してくれると約束してくれたら、将来我々は我が人々に助力して救うことができると、我々は敢えて言うことができる。もし人々がこれまでと同様に、頑固に我々に従おうとしなかったら、後日我々はカラスのように口で大声で言うだけで、助力して抵抗して、目にはっきり見えさせる力は何も持っていない、と言って我々を責めてはいけない。皆さんは後日我々は役に立つ助力は何もしなかった、と言って我々を責めてはいけない。

nagaravatta

1-7 pārāyanaの中国人長であるdā-meṅについて

我々は、保護国政府がpārāyanaの中国人長であるdā-meṅをインドシナ国から国外追放にしたという情報を得た。この中国人長は悪い行いをし、pārāyana郡とコンポン・トムのクメール人を苦しめて生計を立てていたということを知っているので、非常に嬉しく思っている。

その後、我々は大勢のクメール人とフランス人が[追放に]反対してやって、この中国人長を引き続きクメール国にいられるように要求したという情報を得た。このように同情してやる人々は、クメール人の苦しみと惨めさのことを全く考えず、自分の利益だけを考えていて、[追放に]反対し続けてやっているのである。

このように悪事を働いた他民族はまだ他に大勢いるが、このように邪魔をする人がいるので、保護国政府はまだ国外追放の措置をとることができないでいる。

この件について、我々は、保護国政府は、正義と公正に基づいてクメール人に助力して救い守ってくれ、自分の利益のみを欲してこのように政府に反対する者の言葉を聞かないことを固く期待している。今後も政府はこれら他国人を追放する権限を確実に行使することを絶対的に求める。もし政府が何か支障があれば、その権限をクメール政府の内務省に譲渡してほしい。

1-8 諸国のニュース

1-8-1 日本―中国戦争

<havas>電。日本軍は海南島に侵入して占領した。

この海南島は中国領の島であるのは事実であるが、トンキンからいくらも遠くない海中にあるのでフランス政府と関係がある。フランス政府と日本[政府]とはこの島について何回も会談を行い互いに確認し合ったが、何も

はっきりしたものはなく、1907年にフランスと日本とが結んだ協約が1つあるだけである。日本政府の理解によると、この協約はフランス植民地と国境を接する中国領土に関するものであり、この海南島の問題については述べていない。それゆえ、現在日本政府は、「日本軍が海南島を攻撃して占領したことは、日本は1907年の協約に違反している点はどこにもない」と言う。一方大フランス国政府の方は、この日本が海南島を攻めて占領したことについては、どのような考えを持っているかは、我々はまだ知ることができない。ヨーロッパ諸国の動乱は解決の道を進行中であるが、まだどのような事件がおこるかがまだわからないからである。

1-8-2　イタリア国

ローマ市、1939年2月10日。お名前を(ピオ11世)というカトリックの法王が亡くなった。同法王庁のカトリック教徒たちは深い悲しみに包まれている。ほとんど全ての国の政府は半旗を掲げている。

このピオ11世というお名前の法王はとても優れた偉人のお1人で、亡くなるまでヨーロッパ諸国に平和をもたらすよう努力をなさっている最中であった。

最後の時に、法王は、「平和、平和、<jésus>[イエズス]よ」とおっしゃった。

*ムッソリーニ氏はリビア国に軍を送った。同国はアフリカ諸国の中の[イタリア]植民地で、大フランス国の植民地であるチュニジア国と国境を接している。もう1つの情報は、イタリア政府はこのリビア国にさらに駐屯させるために元兵士を召集することを考えている。

*イタリア国政府付き[ママ]のイギリス大使はイタリア外相に面会に行った。「イタリア政府は、イタリア人志願兵たちをスペイン国にとどめておき、フランコ総司令官と反乱派とがスペイン国を完全に統治できてから、ムッソリーニ氏はこれらの軍兵を引き揚げる」ということを確認するためである。

イギリス大使がこの情報を確認しに行ったのは、ムッソリーニ氏は、「不干渉委員会の決議に従って、スペイン国からイタリア志願兵を引き揚げる」とチェンバレン氏に一度約束した。その後、「フランコ総司令官が勝利してから、軍を引き上げる」と言った。今やフランコ総司令官が勝利を得ると、一転して、「フランコ総司令官と反乱派が完全にスペイン国を統治できるのを待ち、それからこの件について話す」という考えを持っているからである。

1-8-3　イギリス国

イギリス政府は、パレスチナ(東 samudra <méditerranée>[地中海]沿岸のアラブ人の国の中のイギリス植民地)の反乱派と会談を始めた。和解してイギリスとパレスチナ国国民との間に平和を取り戻すためである。パレスチナ国の反乱派はモハメット教徒とカトリック教徒で、パレスチナ国国民の大多数であり、反乱を起こして、イギリス政府がパレスチナ国に入ることを認めたユダヤ教徒を殺した。このパレスチナ国内の騒動は、1年近く前に起こり、反乱派たちがユダヤ人を殺し、家を焼き、イギリス兵を多数射殺した。イギリス政府はユダヤ人を保護するために行き、ユダヤ人とパレスチナ人とを何回も互いに和解させたが、いつまでたっても和解させることができなかった。現在、イギリス政府は、騒動を鎮めるために、パレスチナ国の反乱派が外相と直接交渉することを承服した。

1-9　苦情課

1939年1月31日付<le résident supérieur>[高等弁務官]殿 prakāsa <arrêté>[政令]により"苦情課"の設置が定められた。

第1条。<le résident supérieur>[高等弁務官]府に、<le résident supérieur>[高等弁務官]殿へ訴える訴え、および苦情を検討･調査する任務を持つ"苦情課"という名の課を1つ設置する。

第2条。この課は、国民の要請および抗議を検討し、直ちに調査して、保護国の長に、その政府部局を適切に改めることを求め、その<enquête>[調査]により明らかになった者の誤りについて上級政府に報告する。

第3条。この課は、行政部局監督官殿を課長にする。

*この新設の課について、<gouverneur général>[総督][ママ。「高等弁務官」が正しいと思われる]殿1月21日付覚書[cut hmāy]第34号を全ての州の<le résident supérieur>[高等弁務官][ママ。「弁務官」が正しいと思われる]殿に送り、「国民の訴えを検討調査した結果、いずれかの政府部局の官吏に誤りがあった場合には、<le résident supérieur>[高等弁務官][ママ。「弁務官」が正しいと思われる]殿は、その不正官吏を直ちに処罰することができるように、その案件の書類を直ちに自分に送ることを求めた。

1-10　その後の新しい情報

スヴァーイ･リエン州で中国人がクメール人を殴った事件[cf.100号1-11など]に関して、スヴァーイ･リエンには stavisky と呼ばれているクメール人高級官吏が1人いて、「中国人がクメール人を殴って罵ったのはほんの軽いもので、珍しいものではなく激しいものは何もなかった。この事件が大事件になったのは、クメール人官吏たちが民衆を焚きつけて訴える助力をしたからだ」と言って中傷し、この中国人の事件を捻じ曲げて普通の喧嘩にして中国人に助力して軽いものにしようとしたことを、活字を組んで印刷して発行した[＝107号1-6]直後に、その続報として得た。現在、この stavisky は、このクメール人官吏を懲らしめるために、あらさがしをして政府に処罰することを求めた。この官吏はあまりにも正しい人でありすぎるから、貧しい人である被害者に助力した。なぜ財産を沢山持っていて、頼りにすることができる中国人に助力しなかったのか。それゆえ、その官吏を召喚して、「愚かで stavisky と違って金を稼ぐことを知らない」という咎で、管掌当局に処罰させようというのである[ママ。皮肉]。

しかし、さらにその後の情報では、stavisky が訴えた官吏は、国王陛下の目の代わりになって、善悪を目にすると、秤のように、どちらに傾くことなく、悪人はその悪を、善人はその善を政府に伝える官吏であることがわかった。

それゆえ、保護国政府はこの官吏を支援して、今後そのたびごとに昇任させて欲しい。

1-11 新しく得たばかりの情報

7-2-39[＝1939年2月7日]午後3時から4時まで、koḥsudin郡(コンポン・チャム)の bām phkāy mrec の北の砂の岸辺で、網で捕った魚を買うことで大勢のベトナム人が1人のクメール人を取り囲んで殴り、その ceṅ という名のクメール人は、もし放置してベトナム人に殴り続けさせたなら、たぶん死亡したかも知れなかった。しかし、たまたまその時、遠くから舟を漕いで来た人がそれを目にして、遠くから、「そこで立って眺めている人たち各人は、[殴られている人と]同じクメール人ではないのか。だから、放置してベトナム人にそのように殴らせておいているのか」と叫んだ。立って眺めていたクメール人たちは、その舟を漕いでいる人の叫び声を聞いて、大騒ぎして、一緒になって助けた。その結果、その時にそのクメール人は生命が助かった。

我々がこの<gazette>[新聞]に掲載している時点で、ベトナム人が殴って大怪我をさせたクメール人はコンポン・チャムの病院に入院している。

我々は、最近転勤して来たばかりのコンポン・チャム<le résident>[弁務官]殿に期待する。この方はコンポン・チャムに転勤して来たばかりであるのは事実であるが、氏はクメール国には長年居住していて、クメール人の気持ちをよく理解することができ、これまでクラチェ、ター・カエウ、プノンペンなどで、何回もクメール人に助力し支援してきたからである。

最近起こった悪行であるこの事件を、氏がきちんと、クメール人が納得できるように解決し、後日他民族が敢えて法を犯さないようにすることをお願いする。

このように他民族がクメール人に不法行為をするのは、我々はほとんど毎週、我々の新聞で話しているが、それでもこのような不法行為はまだ鎮まらない。この悪行を完全に撲滅するためには、政府は我々の求めに従うことを承知して罰し、このクメール国から追放するべきであり、そうすれば、その後に残った人々は懲りて、もう敢えて悪行を行うのを止める。逆に、もしクメール人が他民族に不法行為をしたら、我々は、我々の民族を罰することを承知し、反対はしない。しかし、我々が<gazette>[新聞]に掲載した話の中には、クメール人が他民族に不法行為を行った話はない。1人のクメール人を、大勢の他民族が集まって殴ったことを抗議することが多く見られる。

それゆえ、不法行為はクメール人によるものではないことがわかる。クメール人1人しかいない時に、敢えて自分よりも大勢いる他民族に悪行を行うことができようか。

nagaravatta 新聞は政府はこの点をよく押さえて、この悪行を懲らしめて、なくならせるようお願いする。

2-1 チャム人について

チャム王の口承年代記によって我々が知ったことによると、チャム人もかつてこの世界で威勢を持ち繁栄した民族である。即ち、しっかりした国と国王とを持った民族であり、低劣な民族ではなかった。しかし現在に至り、このチャム人は、より力を持っていたベトナム人に少しずつ圧迫され続けて国と国王が滅び、ついに現在のように滅亡してしまった。もう1つ、この民族は自分の民族と国とを熱心に守って永続させることを考えなかったのである。

現在カンボジア国内にいるチャム人は、我々が観察したところによると、それほど他よりも無学無知で知識学問が劣っているわけではない。仕事をする仲間に入ったり、何か話をしたり、あるいは何かの学習に入ると、他の諸民族と同じように有能である。もう1つ、チャム人の氏素性と血は完全にクメール人で[ママ]、“モスレム”教を信じるクメール人と言うこともできる。現在クメール国に住んでいるチャム人は、元ジャワ人地区と呼ばれるチャム人地区をいくつか持っているが、これらの地区ではチャム語は全く話せないからである。

それゆえ、チャム人は生計を立てる生業も、国内の発展を考えることも、その他の全てのことも、クメール人と一緒に考えて協力するべきであると我々は理解する。チャム人はクメール人と同じ国王をいただいているのであるから、チャム人はこのクメール人を自分たちの確かな兄弟であり、互いの考えを信頼し合うに足る兄弟であると認めて大きな関心を持つべきである。

一方、クメール人の方は、今後チャム人と親密にし、愛し、兄弟とみなす、即ち同じ1つの民族であるとみなすべきである。rājakāra <protectorat français>[フランス保護国政府]も同一民族とみなしているのだから、互いに心から誠実になれるために、嫌い、憎み、あるいは見下してはならない。

本日以降、クメール人の皆さんも、チャム人の皆さんも、幸福と繁栄を得て、我々の子孫に名声を残すために、ずっと先のことをよく考えるようお願いする。そして皆さんは怠惰と、互いに反目と敵意とを持っていて、互いに親密にせず、愛し合わない気持ちを捨て去ってほしい。上のような悪いことを一生懸命努力して捨てなかったら、皆さんはきっと破滅し、孫や子の代までも非常な低劣さに落ちてしまうことは間違いない。

皆さんに低劣さと高貴さとを知らしめ、ずっと先を知り、理解することができるようにする道は、どの民族の<gazette>[新聞]であれ、しょっちゅう sārabarṇaṭamāna [即ち]<gazette>[新聞]を読むことである。それらのどの<gazette>[新聞]も生計を立てる生業のことと、破滅をもたらすこと全てを避けることなどを説明して分からせ、皆さんたち全てにはっきり目を覚まさせてくれるからである。皆さんがこれまでと同じように<gazette>[新聞]を読むことを学ぶのを嫌がったら、皆さんが今後発展を理解するという希望を我々は持てない。

皆さんが熱心にしばしば<gazette>[新聞]を読めば、その<gazette>[新聞]の中の忠告により、必ず自分自身の利益になることを1つ理解することができる。それは、全ての人々に、「一生懸命働いて生計を立てなさい。同じ民族を愛することを知りなさい。どの民族も互いに愛し合い、結束し合い、互いに助力し、援助し、助け合うことを知ったら、その民族は必ず繁栄するという希望があり、上のように互いに愛し合うこと、互いに助力し合うことを知らない民族は、どれも間違いなく滅亡する」などの忠告である。このことを皆さんはよく考えてみてほしい。

2-2　[44号2-4と同一]

3-1　民衆の訴えの言葉を受け取って掲載するコラム

仏暦2481年0の年寅年 pussa 月下弦[ママ。「上弦」が正しい]7日、即ち1938年12月28日

私たち民衆は全員が畑作を生計を立てる生業にしていて、住所は brai vaeṅ 郡(プレイ・ヴェーン州) bām mān jai 支郡 bāmar 村です。

私たちは、下に<signer>[署名]した文書を作成し、プノンペン市の nagaravatta 新聞社長殿にお送りします。

私たち全ては、brai vaeṅ 郡 bām mān jai 支郡 bāmar 村に畑を持っていて4級栽培地として、その土地の税金を毎年政府に納めてきて、欠かしたことは1年もありません。そしてこの1938年になると、政府は私たち全ての畑を pāṇām 市域内の市有地に入れて、土地税を課しました。この土地税は重すぎて今後我慢して金を稼いで政府に納め続けることはできないと思われます。この畑地は肥料分が何もなく、池の底が干上がって出来た水溜りがあったり、裂け目があったりする土地なので、トウモロコシを栽培するのは1年に1回しかできず、さらに栽培しても収穫はとてもわずかで政府に納めるには十分ではありません。時には収穫が全くないこともあります。冠水して腐ってしまうこともあります。全く雨水がない旱魃もあります。1938年の畑地の税金は私たちは既に政府に納めましたが、政府はこの土地の税金を市の土地であるとしてさらに重ねて徴集します。もう1つ、政府が krum <commission>[委員会]を派遣してその土地の所有者を確認に来させた時に、私たち民衆は、政府がこのような重税を課するとは知りませんでした。政府は以前から払ってきたのと同じ税金を課するものと思っていました。政府がこのような重い税を課することを知っていたら、私たち全てはその土地の所有者であることを敢えて認めることはせず、私たちはこの土地を政府に提供しました。そして1938年になって政府は我々民衆から重すぎる土地税を厳しく徴集するのです。税金の額は全て、この手紙に付した名前と土地の広さのリストの中に示してあります[注。このリストは掲載されていない]。

それゆえ、我々民衆は nagaravatta 新聞社長殿に、この私たちの訴えの手紙を掲載して保護国政府に知らせて、この土地の税金をこれまでずっとの額にするようにお願いしてください。もし保護国政府がこのお願いを認めてくれない場合には、私たち全てはこの畑地を全部政府に差し上げてしまって、今後、その土地の所有者であることを認めるのを止めます。過ちがありましたらどうかお許しください。

確認のために、以下に<signer> jhmoḥ[署名し]て拇印を押捺して、記しと致します。

3-2　シエム・リアプで公演された劇について

前の週[=107号2-4]から続く。

この長者の真似をしてはいけない。(長者は幕の中に入る)。もう1人が出て来て、camrœn という名の小さい子供になる。[この子は]小さい子供の時から、「なぜ彼らはこのように知識があり学問知識があって有能なのか」と悔しがり、「このように知識があるのは、彼らの考えが良く、一生懸命勤勉に勉強したから知識を得たのである。自分も彼たちと同じように一生懸命勉強するべきだ」と考えた。camrœn 少年はとても一生懸命勉強してとうとう<bachot>[バカロレア]に合格した。camrœn の父母はとても貧しいので、そこで[camrœn に]勉強をやめさせ働かせようとする。camrœn は勉強を止めたくなく、さらにフランスに留学したいと思うが、自分は貧しくて勉強に行く金がないのでとても悩む。とぼとぼと道を歩きながら、何かさらに勉強に行くことができる方法を考え続けている。突然 prasœr さん[?nak]が歩いてきて、このようにしょんぼりと元気のない顔をして悩んで

いる camrœn 少年に出会い、少年が礼儀正しく慇懃なので慈悲の心を持ち、好きになり、caorœn に質問する。camrœn は質問に答えて自分のことを全て話す。

まだ後の週に続く［注。実はない］。

3-3 毒ガスのことについての講演について

（Juspin）<capitaine>［大尉］が、来る［ママ。記事の原稿を書いた時点に視点がある］2月18日土曜日17時30<minuite>［分］、即ち5時半から mandīra puṇya nai kruṅ bhnam beñ（Salle des Fêtes de la ville）［プノンペン市ホール］で民衆に、毒ガスから守る方法と飛行機の攻撃［＝空襲］から守る方法について講演する。

この件についての講演は、プノンペン市民にとても有用なので、必ず誘い合わせて講演を聞きに行くべきである。

3-4 ［97号3-4と同一］

3-5 ［広告］ 仏像製作についてのお礼

今年の第2回物産展市祭の前に、職人である私は nagaravatta新聞に4週間［広告を］掲載して［＝95号3-4］プノンペン市と地方とに住んでいる皆さんに、私が聖座に座っている仏像、nāga の上に座っている仏像、苦行中の仏像、などの種々の新しいタイプの仏像を制作したことをお知らせし、先の物産展市祭に、職人である私の作品を見に来てくださるよう、ご案内しました。

今回、私は金をかけて35センチの結跏趺坐仏像、価格は1体40リエルを2体、55センチの結跏趺坐仏像、価格は1体60リエルを2体、80センチの結跏趺坐仏像、価格は聖座込みで180リエルを1体、1メートル50センチの結跏趺坐仏像、価格は2?0［注。中央の数字は消えている］リエルを1体、砂地に立つ2メートルの仏塔、価格は1基250リエルを2基、ボダイジュの<tableau>［絵］、価格は1枚60リエル、それに20リエルで<programme>［ビラ］を千枚印刷し、<stand>［展示場所］が2コーナーで［借料が］10リエル、大きい照明灯が?6.85［注。最初の数字が消えている］リエル、持って行って展示して持ち帰る運送費が20リエル、全部で『1306リエル85セン』かかりました。

展示日の間は、祭りが終わるまでに、女性1人が55センチの結跏趺坐像、60リエルを購入した以外は誰も購入しませんでした。委員会も何も賞をくれませんでした。

私は千リエル以上をかけたのに全く売れなくてとても悔しく思いました。

今年の māgha 月上弦になると、突然物産展市祭りの時に配布した<programme>［ビラ］を持った人たちが私を訪ねて来ました。そしてお名前と州名と価格を下に示す方々が仏像と仏塔を購入しました。［注。以下のリスト中の金額と上の記述の金額とは一致しないものがある］

聖座付き仏像［注。以下の売価は聖坐の価格が加算されたのであろうか、上の第2パラグラフの価格とは一致しない］

sīv 優婆塞、コンポン・スプー州：35センチ結跏趺坐像、価格40リエル。

loka grū sūtra sāt、（コンポン・スプー）：55センチ結跏趺坐像、価格60リエル。

jhit 優婆塞、（コンポン・チャム）：55センチ結跏趺坐像、価格60リエル。

ūr 優婆塞、（コンポン・チャム）：35センチ結跏趺坐像、価格40リエル。

loka grū sūtra {hin}、（ター・カエウ）：55センチ結跏趺坐像、価格60リエル。

（pādī）住職：80センチ結跏趺坐像、価格90リエル［ママ］。

jhā 優婆塞、（コンポン・チャム）：35センチ結跏趺坐像、価格40リエル。

ieṅ 優婆塞、（gien svāy）：35センチ結跏趺坐像、価格40リエル。

des 優婆塞、（プレイ・ヴェーン）：55センチ結跏趺坐像、価格60リエル。

duot 優婆塞、（gien svāy）：35センチ結跏趺坐像、価格40リエル。

sukha 優婆塞、（ポー・サット）：55センチ結跏趺坐像、価格60リエル。

gū 優婆塞、（コンポン・チャム）：35センチ結跏趺坐像、価格45リエル［ママ］。

{sāy} 村長、（コンポン・チャム）：35センチ結跏趺坐像、価格45リエル［ママ］。

thaukae {uon}、（コンポン・スプー）：80センチ結跏趺坐像、価格90リエル［ママ］。

loka ācārya {sin}、（プレイ・ヴェーン）：2メートル結跏趺坐像、価格600リエル。

san 優婆塞、（プレイ・ヴェーン）：1メートル50センチ結跏趺坐像、価格500リエル［ママ］。

仏塔

loka grū sūtra {pen}、（gā kaev）：2メートル50センチ、価格400リエル。

loka ācārya {sar}、（コンポン・チャム）：3メートル50センチ、価格55［0］［消えているが合計金額から逆算］リエル。

loka grū upajjhāya、（バット・ドンボーン）：2メートル、価格300リエル［ママ］。

thaeṅ 優婆塞、（maṅgalapurī）：2メートル、価格300リエル［ママ］。

仏像と仏塔との合計：総額　3,420リエル

職人である私は、私の仏像と仏塔とを購入してくださった方々を大変嬉しく思っています。それで nagaravatta <gazette>［新聞］社長殿にお願いして文章を掲載して皆さ

んの恩に感謝いたします。どうか皆さんに全ての項目の発展が授かりますようお祈りいたします。

{swaṅ} 職人

3-6　［広告］［仏語］　診療所と産院

［ベトナム語］［注。上と同じ内容］

"ĐƯƠNG-VĂN-DIỄM"

［仏語］　プノンペン Boulloche 路、9－10－11－12号

電話：379

産院：院長、Mme Trươṅ-thị-Thin、ハノイのインドシナ大学卒の助産婦

通常の出産は助産婦が行います。難産と医学的処置は Diễm 医師が無料で行うことを保証します。

［ク語］　< đương-văn-diễm>医師

診療所：プノンペン<boulloche>路、9－10－11－12号

電話：379

必要なら往診もします。

私は診療所と産院を開きました。

1、私の診療所は、私に治療を求めにいらした皆さんのための全て新しい器具を備えています。手術道具も不足なく全て完全に揃っています。

2、産院。この産院は、ハノイから来た大変優れた知識を持つ助産婦が看護します。私の産院で出産する産婦は、出産時に何か異常があったら、私が（出産費以外は）無料で助産婦と共に治療することを保証します。

もう1つ、自宅で出産し、私に治療を求める場合には、私はまず助産婦に治療に行かせます。

3、妊娠8ないし9ヶ月の女性は、胎児を保護して安産したい場合には、夕刻4時から夕刻6時までの間に来て、私に治療させてください。この治療は無料でいたします。

3-7　［11号3-2と同一］

3-8　［広告］　金細工職人 hā thāñ の店

スヴァーイ・リエン <maréchal pétain>路30号。

皆さんにお知らせします。私の店はあらゆる種類の古式と現代式の金細工品を送って［販売］します。細い金線を丈夫に溶接した、ハスの葉が「＊」型になったイヤリングがあります。このイヤリングは型が2つあって、第1型は1セット5リエル、第2型は1セット4.50リエルです。御入用の方はどうぞ私の店に見にいらしてください。あるいは、手紙で訊ねて確認なさっても結構です。購入なさる方には、（Contre remboursement）［代金引換］でお送りします。即ち、郵便局で送ります。品物を受け取ったら、代金を<poste> khsae luos［郵便局］に支払ってください。手紙は下の名前で送ってください。私は直ぐに送ります。

［仏語］　Monsieur Ngô-Vaṇ-Hãi

Ha Thañ 宝石店主

スヴァーイ・リエン Maréchal Pétain 路30号

3-9　農産物価格

プノンペン、1939年2月14日

［「サトウヤシ砂糖」はない］

籾	白	68キロ、袋なし	3.05 ～ 3.10リエル
	赤	同	2.40 ～ 2.45リエル
精米	1級	100キロ、袋込み	8.25 ～ 8.30リエル
	2級	同	7.40 ～ 7.45リエル
砕米	1級	100キロ、袋込み	6.90 ～ 6.95リエル
	2級	同	5.30 ～ 5.35リエル
トウモロコシ	白	100キロ、袋込み	［記載なし］
	赤	同	8.80 ～ 8.90リエル
コショウ	黒	63.420 キロ、袋込み	18.25 ～ 18.75リエル
	白	同	29.25 ～ 29.75リエル
パンヤ	種子抜き	60.400 キロ	39.00 ～ 39.50リエル

＊プノンペンの金の価格

1　ṭamliṅ、重量37.50グラム

1級	157.00リエル
2級	152.00リエル

＊サイゴン、ショロン、1939年2月13日

フランス籾・米会社から通知の価格

ショロンの<machine> kin srūv［精米所］に出された籾 1 hāp、［即ち］68 キロ、袋込みの価格は以下の通り。

籾	最上級		3.75 ～ 3.80リエル
	1級		3.55 ～ 3.60リエル
	2級	日本へ輸出	3.45 ～ 3.50リエル
	2級	上より下級、日本へ輸出	3.30 ～ 3.35リエル
	食用［国内消費?］		3.18 ～ 3.21リエル
トウモロコシ	赤	100キロ、ショロン県マッカサンで売り渡し。	9.90 ～ 9.95リエル
	白	同	0.00 ～ 0.00リエル

米（10月［ママ］渡し）、港渡し、袋込み、税抜き、1 hāp、［即ち］60.7キロの価格は以下の通り。

精米	1級、砕米率 25%	5.55 ～ 5.60リエル
	2級、砕米率 40%	5.35 ～ 5.40リエル
	同。上より下級	5.25 ～ 5.30リエル
	玄米、籾率 5%	4.25 ～ 4.30リエル
砕米	1級、2級、同重量	5.00 ～ 5.05リエル
	3級、同重量	4.05 ～ 4.10リエル
粉	白、同重量	2.50 ～ 2.55リエル
	kāk［籾殻＋糠?］、同重量	1.50 ～ 1.55リエル

4-1　［104号4-1と同一］

4-2　［106号3-4と同一］

4-3　［11号4-2と同一］

4-4　［20号4-6と同一］

4-5 ［8号4-3と同一］

4-6 ［終わり近くの「70メートル」が「10メートル」に変わった以外は、48号3-8と同一］

4-7 ［105号3-3と同一］

4-8 ［73号、4-6と同一］

4-9 ［33号3-4と同一］

4-10 ［44号4-6と同一］

4-11 ［105号3-4と同一］

4-12 ［105号3-5と同一］

4-13 ［106号3-3と同一］

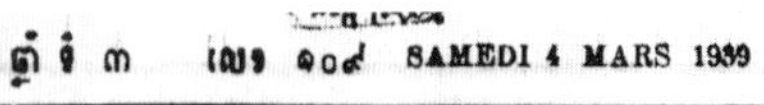

Directeur
PACH-CHHŒUN

HEBDOMADAIRE PARAISSANT TOUS LES SAMEDIS

(Boîte Postale N° 44)

第3年109号、仏暦2481年0の年寅年 phalguṇa 月上弦14日土曜日、即ち1939年3月4日、1部8セン

［仏語］ 1939年3月4日土曜日

1-1 ［仏語で「私書箱 No.44」と「社長、PACH-CHHŒUN」が加わった以外は8号1-1と同一］

1-2 ［デザインが少し変わった以外は8号1-2と同一］

1-3 ［デザインが少し変わった以外は8号1-3と同一］

1-4 ［8号1-4、1-5と同一］

1-5　プノンペン市で市政府がクメール人に気付かせないでクメール人の土地を騙し取っている

1900年3月24日付<le résident supérieur>［高等弁務官］殿<arrêté>［政令］と1901年12月4日付<gouverneur général>［総督］殿<arrêté>［政令］と、もう1つ1903年8月6日付<gouverneur général>［総督］殿<arrêté>［政令］とによると、［プノンペン］市の市［有地］の境界は、南は aeme 路、北は sampū 大路、東はトンレー・サープ川、西は mis 大路で、この区域内の所有者がいない土地である。

その後、1904年6月19日付と1905年5月2日付の<arrêté>［政令］と1922年7月25日付［国王布告］と1930年8月29日付国王布告により、市の境界は現在と同じ境界にすることが許された。即ち bhūmi crāṅ camreḥ、ṛssī kaev、khvaeṅ ṭī ra?il、vaṅ duol phak、ṛssī jum、piṅ jak、bhūmi braek、dik l?ak、camkā cin、piṅ rāṅ、ū ṛssī、duol slaeṅ、piṅ keṅ kaṅ、duol svāy brai、duol trabūṅ、jroy caṅvā が加えられた。これらの［地域の］土地は、家を建てて住むことと作物を植えることができない深い沼の土地を除いて、ほとんど全てに所有者がいた。これら全ての土地にこのように所有者がいるのに、なぜ保護国政府は法律を作り、国の所有者であり、これらの土地の所有者であるクメール人国民のことを考えずに、市に市［有地］の境界を広げるのを許すことを定めた［＝正式な手続きによる所有者がいない土地を市有地にした］のか。我々が敢えて「土地の所有者」と言うのは、「ある土地の管理を5年間続けたクメール人は、その土地の所有者とみなすことができる」と規定しているクメール民法723条があるからである。

これらの土地からクメール人を追い出した市政府は、市を整備する必要があると言って、家の柱を抜き取らせた。何を持ってきて補償にしたか。恐らく市政府が家屋を移転する費用として与えた10から20リエルを補償であるとしているのであろう。なぜならば我々が詳細に調査した結果、［移転前の］古い土地の所有者たち全てに移住を許した新しい土地を、政府はこれらの人々を、その［移転先の新しい］土地の新しい所有者にし、彼らが先祖代々占有してきた古い土地のことは無視したことがわかったからである。そして、市政府が住民を追い払い、家の柱を抜かせたこと、この権限により、現在プノンペン市全体が中国人の市、ベトナム人の市になり、土地の所有者であり国の所有者であるクメール人国民は、一転して水も電気もない辺境の沼の底に行って住むことになったのである。盗賊が襲うので幸せはなく、さらに市政府の規定により、幸せもあまりない。［たとえば、］水道電気料税は市の中心部に住む者たちと同額を納めさせられ、1センの減額もない。それだけではなく、現在市政府は、クメール人を市から追い出してしまうための重要な法律を1つ持つ。即ち、「市有地を買い取って自分の所有物にしたい者は、競売で購入しなければならない」と規定している法律である。当然、多くは貧しい人であるクメール人は、市政府から借りている土地を手に入れて占有したいと思った場合、自分の家の柱を抜いて出て行き、［今住んでいる］土地は、豊富な財産を持っていることが多い国のネアック・ターに渡して来てきらびやかな宮殿を建てさせ、遠慮することなく平気で住まわせる権利1つしか持たない。

現在、プノンペン市のクメール人住民は、上に述べたように、苦しみを受けても我慢し、黙って耐えて、市政府に、先祖伝来の遺産である土地を、政府が作って出した法律に則って取り上げさせている。敢えて口を開いて抗議しようとしたことは1度もない。ただ1つ、自分が市から借りて住んで管理している土地を、[市]政府が自分に売ってくれること1つだけを望んでいる。たったこれだけの権利を求めても得られるのか得られないのかまだ不明である。

しかし最後に、我々は本当にクメール人を愛する<de> saṅlīs <le résident maîre>[市長]殿が、必ずこの問題を1度考慮して、クメール人に助力して救って解決してくれるものと期待している。

クメール人はこれ程にも従順である。市委員の方々は、クメール人に、さらにどこまで従順でいさせようとしているのであろうか。

もう1つ、地方も、たとえば gien svāy 郡(カンダール)の gagī <poste>[支郡]などの住民の嘆きの声によると、プノンペン市と同じである。州政府が州内の諸市の領域を拡張し、さらに市の外に市街地区を設定して全ての税金を増額し、さらに家屋を追い払って土地を取り上げて、クメール人住民に生活を厳しくさせ、柱を抜いて辺境に退かなければならなくさせている。たとえ[住民が]家を後退させても、州政府が市を建設するために州政府の土地として囲い込んだが、まだ建設し終わっていない土地の外に出ていない場合には、市の中心に居住する人々と同じ額の水道料、電気料、はては巡視料を出さなければならない。市内の[先祖からの]遺産である良い土地は、カンダール州などの例のように、全て他民族の手に行ってしまった。我々クメール人は自分の先祖からの遺産を買う金を稼いでもまだ得られないからである。

カンボジア国の全ての州の長殿は、各市のクメール人住民に慈悲を持って、楽に呼吸できるようにしてくれることを、我々は固く期待する。

nagaravatta

1-6　諸国のニュース

1-6-1　中国—日本戦争

日本軍が攻撃して占領した海南島は、決着したことになった。現在日本は同島に日本政府を樹立し、飛行場と軍艦の停泊地を持った。これに引き続き、日本はさらに香港島を攻撃して占領することを考え、同島の数ヶ所を爆撃した。イギリス政府が抗議したが、日本政府は、「同所を爆撃したのは誤爆である」と回答した。

共同租界がある上海市では、中国人に変装した日本人が騒動を起こした。現在日本政府は、「同地域はこのように平穏が失われた。平穏を守ることができるために政府は警察官を増員する必要がある」と理解している。

1-6-2　フランス国

大フランス国政府は、スペイン国のフランコ総司令官と反乱派を同国の正当な政府として承認した。現在フランス政府は、フランコ総司令官の政府付[ママ]にする大使を人選中である。イギリス国政府の方も同じ考えを持っている。

過去2年間以上にわたってヨーロッパ諸国をいつでも火災にする熱い火種であったスペイン国内の戦争は、恐らく今消えることができる。互いに争ってきたヨーロッパの諸大国は、今や互いに和解するための会談をするために、互いに顔を向き合わせることになるであろう。

1-6-3　イギリス国

<havas>電。国籍不明の潜水艦1隻が、samudra <atlantique>[大西洋]でイギリスタンカー1隻を[雷]撃して沈没させた。同所付近を航行中のイギリス船が知らせを聞いて、その沈没した船の救助に行ったが、痕跡も浮遊物も、何も発見できなかった。

アフリカの国々の中のイギリス植民地であるギアナ国は、労働者たちが武器を持って反乱し、政府に激しく抵抗している。同地の政府は軍に出動して戦う許可を出した。

1-6-4　ポーランド国(ヨーロッパの国)

1914年から1918年の大戦の後のヴェルサイユ saññā <traité>[条約]で諸国が出入りできる[＝自由市]と定められた(ダンチヒ)市で、ドイツ人とポーランド人大学生たちが反対するデモを行った。このダンチヒ市は、以前は samudra (Baltique)[バルト海]に面したドイツ国の港であったので、同市にいるbuok laddhi <nazisme>[ナチ党員]がポーランド人に不法行為をして圧迫して騒ぎを起こさせ、ダンチヒ市をマーメル県と同じようにドイツの手に落ちさせようとしているからである。[一般]ポーランド人はドイツに対する抗議デモはしていない。ワルシャワ市でも抗議デモがもう1つあり、ダンチヒ市と現在ドイツ国になっているプロシア県をポーランドに返還することを求める要求をした。外交面では、イタリア外相である<le comte>[伯爵]チアノ氏は、ポーランドをベルリン—ローマ枢軸に参加させるように説得するために、ポーランドの大臣である paet <colonel>[大佐]と会談しに行った。その前に、ドイツ外相であるリーベントロップ氏が1度ワルシャワに行き、この件について会談している。

これまでフランス国の友邦であったポーランド国は、この件に関しておそらく心の中で葛藤を生じている。さらにこれだけではなく、もう1ヶ所、ドイツが手に入れようとしている(ポーランド回廊)の問題がある。この土地こそ、現在のドイツ[ママ。このように視点を現在に移す表現はクメール語では普通のことで、ここでは第1次大戦前の旧ドイツをさす]からプロシア国[ママ。「ポーランド」が正しい]に割譲された土地なのである。

1-7 munīreta 殿下[braḥ aṅga mcās]のパリ市訪問

先日、あまりにも急なことで間に合わず、王宮の徴税局長である munīreta 親王殿下[braḥ aṅga mcās]が1939年2月11日土曜日に、3ヶ月のパリ市訪問のご旅行に出発なさり、2月12日にサイゴンから feliksrūssael という名の船で出航なさったニュースを掲載できなかった。

nagaravatta は殿下[draṅ]が、大フランス国までの海上の旅で健康と平安に恵まれるようお祈りする。

1-8 kraḷāhom卿である krum ghun {surāmritya}がパリ市においでになる

kraḷāhom 卿であり農業大臣である krum ghun {surāmritya}が、3月8日水曜日にサイゴンを出航する pūḍūpaer という名の船[注。日付と船名は、110号1-8で訂正されている]で3ヶ月間パリ市においでになる。

kraḷāhom 卿である krum ghun がご不在の間、政府は kraḷāhom 卿職を cakrī 卿であり文部大臣である krum hluoṅ kuñjarādhupatī {subhāṇuvaṅsa}に兼務で代行させる。[注。以前からの kraḷāhom、cakrī などの五卿が各省の大臣になり、卿1人が複数の大臣職を務める]

nagaravatta は、krum ghun {surāmritya}が、大フランス国までの海上の旅で健康に恵まれるようお祈りする。

1-9 クメール人に、どのように一生懸命働かせることができるのか

以前から我々が認識していたことは、保護国政府の事業は全て良い事業ばかりである。保護国政府は全ての民衆にあらゆる発展をさせたいという良い意図をもっているからである。[しかし]時にはこの良い事業が、下級職員が保護国政府の良い意図の通りに実行せず、政府の意図に反するので、逆に民衆の利益を損なうことがある。

たとえば最もマラリアの多い地方である kraek 郡(コンポン・チャム)での石切り労務者と労務者<caporal>[班長]との間の問題は、pocintuṅ 郡(カンダール)からはるばる同地に労務者になりに行った人がいて、一生懸命働いて、その賃金が2ヶ月近く支給されていないので、とても惨めでいる。

ストゥン・トラエン州では、住民が運搬して行ってベトナム国に売るために brai svāy (ストゥン・トラエン)の樹木を伐採することを森林局が許可する。

この伐採許可書は期限が1年間であるが、許可を求める毎回の申請は伐採者が3から4ヶ月待ってようやく許可書が得られる。それゆえ、伐採する期間は1年間のうち6から7ヶ月[ママ]しか残っていなくて、[申請した数量を伐採するのは]許可書の有効期限に間に合わない。そして川の水は涸れてしまい[注。筏に組んで流すのが通例]、陸を運ぶ道は難路であるので運び出しきれず、数万リエルの価値のある木材は森の中に捨てなければならなくなる。住民が、全ての項目を法律の規定通りであるかをチェックするための時間を短縮するために古い許可書を持っていっても、森林局は許可しようとしない。それゆえ、数万リエルの価値がある材木を森に無駄に捨てなければならなくなるのである。

ū trael の森(ストゥン・トラエン)の方は、当局はある1人の中国人に、その森の樹木を伐採する許可をした。クメール人もその森の樹木の伐採の申請をしたが政府は許可しなかった。

このようであって、クメール人にどのように一生懸命働いて生計を立てさせることができるのか。我々は、保護国政府はこのような悪い意図は持っていないと理解する。このようなことがおこるのは、直接仕事を監督し、保護国政府の意図に外れさせる下級職員によるのである。

1-10 手当金について

カンボジア国の官吏たち全ては、フランス外相[ママ。「植民地相」が正しい]である(Mandel)氏、インドシナ国<gouverneur général>[総督]である(Brévier)氏が、最近物価と家賃が全て値上がりしているのを見て、1938年11月10日付<arrêté>[政令]を出して、官吏たちに手当金を支給したのを感謝している。

現地国政府は100,000.00リエル以上をクメール人官吏に与えることを考え、これはすでにフランス官吏たちに支給した手当金の額より多いことがわかった。

この件は、政府はこの金額を支出するのが多すぎるとして嫌がっていて、それで長く考えていてなかなか支給しないのか、あるいは政府はもっと増やすために、考えるのを一時中止しているのかはわからない。

それゆえクメール人官吏たちは、クメール国の長である<thibaudeau> <le résident supérieur>[高等弁務官]殿が、インドシナ国と大フランス国の偉い官員の方に申し入れて、クメール人官員たち全てに手当を与えて、[官員たちが]家族を楽に養うことができる俸給が得られるように支援してくれることを望んでいる。

もう1つ、我が官吏たちは大臣たちが、<le résident supérieur>[高等弁務官]殿に、クメール官吏たちが、トンキン国、アンナン[国]、ラオス[国]、コーチシナ[国]の官吏と同じように手当が支給される、貰えると思っていて、一転して貰えないことがわかってがっかりすることがないようしてもらえるように、申し入れてお願いして、支援してくれることを求めている。

2-1　王室印刷所の工員たちの苦しみ

数年前に政府が「<gouvernement>［政府］印刷所」という名前を「王室印刷所」に変更して以来ずっと、工員たちは一生懸命、心を込めて我慢して黙って、上司が心が悪く限度を超えて不法行為をして虐げるので、それに承服できない者が何回も何回もとどまることなく抗議している苦しみに耐えていることが認められる。

1937年末に、月給を日給に変更することから生じた騒動は、所長殿が直ちに鎮圧して和解した。そして氏は、「この政府部局の工員たちは、以前から月給で計算していた者も、勤務した日数で計算していた者も［全て］、今後は1ヶ月を25日として計算する［＝25日勤務すれば1ヶ月分の給料を支給する］」と解説して告げた。全ての工員はそれを聞いて納得して、上司を信じ信頼した。この俸給は、1938年1月には、me kāra［技師］である（Chef atelier）［工場長］殿は本当に1ヶ月を25日として正しく計算した。その後、氏［＝工場長］は一転して所長殿が解説して告げた言葉は無効であると否定して、勤務した日数で計算し［＝完全な日給制］始めて現在に至っている。［所長の］言葉を忘れていない工員たちは現在集会を開いたりやめたり、開いたりやめたりで、終わることを知らない。

勤務時間の制度を技師［＝工場長］殿は、限度を超えた規定を課して強制している。即ち、朝は6時半に始業することを定めている。このような厳しい規定を課するのは、「工員がそれに従うのは大変苦しい」と思われる。工員全てが俸給は少なく、住居は職場から遠方の森の中、沼の底にあり、毎朝てくてく歩いて時間に間に合うように来るのがはっきり目に見えるはずで、［工場長］知っているし、聞いている。でも技師［＝工場長］は構わず、豊富な俸給をもらい、家が近くにある自分のことしか考えない。

1937年から38年の間に、技師［＝工場長］は何らの検討もせずに工員多数を解雇した。入所して1ヶ月か2ヶ月の見習いをしている者、あるいは愚かで仕事ができない者を解雇するのは、我々は何も言わない。しかし彼らは空腹を我慢して、それぞれ6ヶ月か1年の間見習いをして、それからようやく工員になってわずかの給料をもらって働くことができるようになって、それぞれ2年から3年働いてきた。そして、「たぶん自分はこの職務で一生の間生命を養うことができる」という期待を持っている人を解雇するべきではない。このように、費用を沢山かけないようにする意図を持って「給料を貰っている人をあらさがしして解雇し、見習いを新しく入れる」ということだけを考えていたら、工場長に解雇されたクメール少年たちは、カンボジア国全体で印刷所は王室印刷所1つしかないのに、どこに職場を探して得られるのか。今後クメール少年たちは、前の人々のように自分が無駄にされることを恐れて、この政府部局に入って見習いをすることを望まなくなるのは確かである。工場長自身も、この一生で皆と同じように印刷所の仕事ただ1つを知り、そして何ら重い過失もないのに、あらさがしをされて解雇されたら、皆と同じように黙って承服することができるか。クメール少年たちは黙っていることに承服できない。しかし、口を開いて言っても、誰も信じてくれない。所長自身なら直接保護国政府に話して信じさせて成果をあげることができる。

我々が上に述べた言葉全ては、我々は何か讒言をしようとして述べたのではない。我々が、「えこひいきによる昇給である」と述べた1939年の昇給の件も嘘ではない。保護国政府が信じないのなら、代行補佐官を派遣して調査させてみてほしい。

これら全てのことは、我々は、クメール人の父母である<thibaudeau> <le résident supérieur>［高等弁務官］殿を長とする保護国政府にお任せする。どうかこの王室印刷所の工員のために重要である規定を定めてほしい。即ち、第1、俸給の制度をきちんと定め、食費に足りるように増額する。第2、勤務時間を緩めて、他の政府部局と同じにする。第3、現在のように解雇される恐怖におびえることがないように、工員を支持して［正式な政府職員である］身分証明書を持たせる。国が貧しかった時には、費用軽減のために職員の［職務の］名称を変え地位を下げたことがあったのは事実であるが、種々の種類の仕事がますます増えてきている。そして現在国は困難から抜け出た。保護国政府は法律により、俸給と労働の制度を緩和するべきである。

工員たち。［注。タイトルは異なるが113号2-6に続く］

2-2　［44号2-4と同一］

2-3　お知らせ

カンボジア国教育局長である buysārnis 氏が daduol <retraite>［定年退職する］年限に達しますので、氏の同僚である友人たちが集まって、別れを惜しむ気持ちと素晴らしい親しい友情をもって氏に別れを告げ、祝福するパーティーを開くことを一致して決めました。その時に、名誉を讃える美術工芸品で作った記念品も贈呈します。

それゆえ、buysārnis 氏と知己であり親密であり、この会に参加を希望なさる皆さんは、『3月5日までに』mānībūṭ 氏か jāṅ gaṅ 氏に、会費として5リエルと共にお知らせください。

このパーティーは、『1939年3月11日土曜日夕刻8時』に、プノンペン市の maṇūliḥ 店で行い、<thibaudeau> <le résident supérieur>［高等弁務官］殿も出席なさいます。

幹事

2-4　［広告］　寺域境界石を埋める式

私たちは paripūraṇa 郡 me lam 村に、本堂、庫裏、サーラーを備えた寺を1つ建立し、“paripuṇṇārāma” と命名し、トアムマユット派の僧に寄進いたします。

仏像開眼と本堂の完成、寺域境界石の設置式は、0の年卯年cetra 月上弦11日[ママ。本紙113号の発行日は cetra 月上弦12日であるが、まだ「寅年」である]に始め、同年 cetra 月上弦14日に終わります。

皆さん、どうか今回御参加くださって、喜びを共にし、徳を生む善行を果たしてください。

jhum 優婆塞、ñaem 優婆夷、ḍień

2-5　お知らせ

カンポートに、クメール人である rasa 夫人[?nak srī]が設立したばかりの織物 roṅ <machine>[工場]があります。この<machine>[工場]はフランス人男性1名、女性1名の技師が統括していて1年近く工場を動かしています。今回、rasa 夫人[?nak srī]はクメール人の見習生を30名、即ち男子20名、女子10名を得たいと思っています。

見習い当初の人には、rasa 夫人[?nak srī]が2ヶ月間食事と宿所、さらに1日当たり10センを支給します。2ヶ月経過すると、各人日給25センを2ヶ月間支払います。この2ヶ月が経過すると、それ以後ずっと1人に月給30リエルを支給します。

もう1つ、この織物 roṅ <mchine>[工場]は、後日約500名の勤務者を必要とします。

この roṅ <machine>[工場]で仕事を学ぶことを希望する人は、シソワット中高等学校卒業生友愛会事務所か、nagaravatta 新聞社に問い合わせてください。

3-1　[広告]　儀式を行うお知らせ

0の年寅年 phalguṇa 月下弦6日、即ち1939年3月11日に、クラチェ州 sampūr 郡 sampūr 村で、1938[ママ]年1月23日に亡くなった vihāra dham 寺の住職であった ṭaṅ-than というお名前の故師僧の火葬式を行います。

式は3日間行い、phalguṇa 月下弦6日に式を始め、下弦7日に遺体の火葬を行い、下弦8日に abhiseka し、翌朝式を終わります。

皆さんが友情をもって、この火葬式に助力し参加して御支援くださるよう、思いやりの深い方々にお知らせして御招待いたします。

元 sampūr 郡郡長、okñā vāṇa

3-2　ṭampae 寺での聖典を納める式

先の2月25日と26日に、chlūṅ(クラチェ)の森林局の<agent techinique>[技師補]殿と大勢の優婆塞優婆夷が、クラチェ州知事である ghim dit 氏を主賓として、今後僧が学習するための三蔵経の寄進式を盛大に行い、krūc chmā 郡(コンポン・チャム)の ṭampae 寺まで行列して納めた。

高等パーリ語学校教授である braḥ ācārya {piev}が参加し、説法を行った。

この式で、camrœn 氏が ṭampae 寺に集まった僧と優婆塞優婆夷たちに三蔵経の善徳がもたらす効果を思い出させる講演をした。

nagaravatta は大変嬉しく思い、この喜びを共にして、camrœn 氏と優婆塞優婆夷の皆さんに追善して、今後も発展するよう祈る。

3-3　[広告]　仏教徒協会についての説明

前のお知らせ[＝105号2－3]で、この仏教徒協会に入会するのは、特別会員は最初の登録申請料[＝入会金]が2.00リエル、毎月の月会費が1ヶ月50センであり、普通会員は、最初の登録申請料[＝入会金]が50センで、毎月の月会費が1ヶ月20センであるとお知らせしました。

遠方に住んでいて毎月金を送るのが難しい方は、志望次第でまとめて6ヶ月、あるいは1年の入会を申請して、上記の特別会員、あるいは通常会員の6ヶ月分、あるいは1年分を先に納めることも可能です。

3-4　[終わり近くの「70メートル」が「10メートル」に変わった以外は、48号3-8と同一]

3-5　[広告][仏語]　1939年3月1日、プノンペン

証明書

[ク語]　私の名は yīm ham で、yukkapāt[ママ。「yukkapatra」が正しい]で、braek thmī の koḥ dham の<chef poste>[支郡長]をしています。私の妻の名は nāṅ {āk}で、長年重い病気で、医師と薬とに、計算すると2年間で800.00リエルを費やしました。

その後、私は妻を kāp go 市場の、「pāsāk のクメール人医師」と呼ばれている sīv-pāv 医師の店に連れて行きました。彼はは診察し綿密に質問して、「この病気は子宮と大腸の病気である」と言いました。それから彼は薬を30.00リエル買うように指示しました。私の妻は彼の薬を服用するとすっかり治り、血色も以前よりずっと良くなりました。私は、今後他の人々のためになるように、この<gazette>[新聞]に掲載します。

3-6　お知らせ

nagaravatta は、1939年2月10日付法務大臣<arrêté>[政令]76号で、「<retraite>[引退した]郡長である ḷeṅ-ḍuc 氏をバット・ドンボーン州3号線道路の家で(Avocat)[弁護士]に任命した」ということを目にした。

3-7　[広告]　クメール人の子である iv-sen [注。これは106号4-7の一部分]

私は高等パーリ語学校の学業修了証書を持っていて、プノンペン市 brai nagara 路16号、laṅkā 寺の東に店を開いて、あらゆるのタイプの衣服の仕立てをする商売をしています。種々の色の布を売っています。袈裟も商っています。必要な皆さんは、どうかぜひ立ち寄って扶助する気持ちで購入してください。

3-8 ［106号3−4と同一］

3-9 ［105号3-4と同一］

3-10 ［105号3-3と同一］

3-11 ［105号3-5と同一］

3-12 ［108号3-5と同一］

3-13 ［108号3-6と同一］

3-14 ［11号3-2と同一］

3-15 ［108号3-8と同一］

3-16 農産物価格

プノンペン、1939年3月2日

［「サトウヤシ砂糖」はない］

籾	白	68キロ、袋なし	3.00 ~ 3.05リエル
	赤	同	2.55 ~ 2.60リエル
精米	1級	100キロ、袋込み	8.90 ~ 8.95リエル
	2級	同	7.85 ~ 7.90リエル
砕米	1級	100キロ、袋込み	7.00 ~ 7.05リエル
	2級	同	5.40 ~ 5.45リエル
トウモロコシ	白	100キロ、袋込み	［記載なし］
	赤	同	8.40 ~ 9.00リエル
コショウ	黒	63.420 キロ、袋込み	18.75 ~ 19.25リエル
	白	同	30.00 ~ 30.50リエル
パンヤ	種子抜き	60.400 キロ	39.00 ~ 39.50リエル

＊プノンペンの金の価格

1 ṭamliṅ、重量37.50グラム

1級	157.00リエル
2級	152.00リエル

＊サイゴン、ショロン、1939年3月1日

フランス籾·米会社から通知の価格

ショロンの<machine> kin srūv［精米所］に出された籾 1 hāp、［即ち］68 キロ、袋込みの価格は以下の通り。

籾	最上級	3.85 ~ 3.90リエル
	1級	3.70 ~ 3.75リエル
	2級 日本へ輸出	3.60 ~ 3.65リエル
	2級 上より下級、日本へ輸出	3.45 ~ 3.50リエル
	食用［国内消費?］	3.28 ~ 3.31リエル

トウモロコシ	赤	100キロ、ショロン県マッカサンで売り渡し。	9.50 ~ 9.60リエル
	白	同	0.00 ~ 0.00リエル

米(10月［ママ］渡し)、港渡し、袋込み、税抜き、1 hāp、［即ち］60.7キロの価格は以下の通り。

精米	1級、砕米率 25%	5.60 ~ 5.65リエル
	2級、砕米率 40%	5.35 ~ 5.40リエル
	同。上より下級	5.20 ~ 5.25リエル
	玄米、籾率 5%	4.20 ~ 4.25リエル
砕米	1級、2級、同重量	4.80 ~ 4.85リエル
	3級、同重量	3.90 ~ 3.95リエル
粉	白、同重量	2.42 ~ 2.45リエル
	kāk［籾殻＋糠?］、同重量	1.55 ~ 1.60リエル

4-1 ［104号4-1と同一］

4-2 ［8号4-3と同一］

4-3 ［11号4-2と同一］

4-4 ［20号4-6と同一］

4-5 ［73号、4-6と同一］

4-6 ［76号4-1と同一］

4-7 ［33号3-4と同一］

4-8 ［44号4-6と同一］

4-9 ［106号3-3と同一］

第3年110号、仏暦2481年0の年寅年 phalguṇa 月下弦6日土曜日、即ち1939年3月11日、1部8セン

［仏語］ 1939年3月11日土曜日

1-1　［仏語で「私書箱 No.44」と「社長、PACH-CHHŒUN」が加わった以外は8号1-1と同一］

1-2　［デザインが少し変わった以外は8号1-2と同一］

1-3　［デザインが少し変わった以外は8号1-3と同一］

1-4　［8号1-4、1-5と同一］

1-5　クメール人女性への忠告

「現代女性の皆さんは目覚めて、都合をつけて学問知識を学んで自分の利益を守るべきである」と我々は理解する。現在、新しい時代に入り、以前は誰か氏素性が良い女性を妻に選び、何も知らなくても不潔であっても父母の家柄さえ良ければ妻にした。現代になるとそうではない。スタイルも選ぶが、さらに身体を清潔にし、きれいに身支度することを知り、文字も知り、種々の仕事をすることを知り、名声を良く保つことを知る女性を選ぶ。氏素性の方は、そう強くは求めない。それゆえ、女性の皆さんは、一生懸命考えを改めて時勢に遅れないようにしなければならない。即ち、自分の種々の仕事の知識も持たなければならない。なぜならこの知識こそが自らを引き上げて名声を持たせ、たとえ夫がいなくても、容易に自分で生命を養うことができるからである。

我がクメール人女性が、他から買うことで金銭を失わないために一生懸命熱心に学問知識を求なければならない仕事は、［次のようなものである。］

項1。lpœk、brae、hūl、phā muoṅ、など全ての種類のサンポットと kramā、spai muṅ などの織り方を学なければならない。

項2。刺繍、繕い、編み物、ひだ寄せなどを全種類学び、現代風の男女の服の仕立てを学ばなければならない。

項3。我がクメール人女性は料理の作り方について無学無知であることが多いから、クメール料理、シャム料理、中国料理、フランス料理、ベトナム料理などの料理とデザートを隙間なく、あらゆる種類の作り方を学ばなければならない。

項4。子供の育て方、家の整理整頓と掃除、身体を清潔にすることを学ばなければならない。この清潔にすることは、多くの利益をもたらす原因になる。即ちあらゆる種類の病気が襲いかかることができなくなるし、子供を保護し世話して育てることを全て学ぶと、我々が家庭を持つ、即ち子や孫を持った時には、すでにこれらの知識があることになるからである。

上の仕事は全て、クメール人女性全てが一生懸命心を込めて熱心に学んで知識を得ておくようお願いする。これら全ての学問知識こそが財産の元だからであり、我々は金を沢山持つ必要なしに、容易に生計を立てることができるし、夫がいてもいなくても、稼いで生命を養っていくことが容易にできるのである。

もう1つ加えて注意させてほしい。我がクメール人女性の多くは、夫を持つと、生計を立てるのを手伝うことを考えないことが多い。夫に頼って、夫のおかげで生命を養うのを待っているだけである。このようであって、どうして自分を他民族のように豊富な財産を持つ人にならせることができようか。女性の皆さんは既に知っているが、中国人やベトナム人などの他民族は、男も女も各人の生業に、［それが何であろうと］こだわらずに、一生懸命働いて生計を立てる。彼らは自国から金を持って来て、この我がクメール国で金持ちになっているのではない。我が国に来たばかりの人は、半ズボン1本しか持たなかった人もいる。どのようにして彼らは我がクメール国内で容易に身を立てて金持ちになれるのだろうか。即ち、彼らの民族が、我々が上に述べた学問知識を持っていることによるのである。

我がクメール人女性は、学問知識の方で極めて弱いと思う。文字の知識でさえあまり知らない。しかしここ数年で、まあまあの発展を見た。政府がクメール人少女が入学して文字の知識を学ぶための女子校を作ったので、大勢が知識を得た。我々が上に述べた全ての学問知識を学ぶ学校もいくつかある。我がクメール人少女は、自分を守り、我がカンボジア国を他国並みに繁栄させるために、学ぶことを一生懸命求めて学問知識を得るべきである。

1-6 諸国のニュース

1-6-1 ヨーロッパ諸国

ドイツの<gazette>[新聞]の情報によると、この3月中にドイツ国は強固に抗議して既に前に述べた植民地を要求し、宣戦布告をすることも敢えて辞さないという。

フランス国では、ダラディエ氏の政府は、イタリア国が敢えてヨーロッパの中央で戦争を起こした場合に、出て戦うための兵の糧食と武器を準備し終わった。

現在、北アフリカの全ての大フランス国植民地(モロッコ、チュニジアなど)を指揮している ṇūgaes 総司令官が、氏がチュニジア国守備のために兵の糧食と武器とを準備することについて提案するために、首相兼陸相であるダラディエ氏に会いに来た。

イタリア国駐在フランス特命全権大使である <françois> puṅse 氏も来て大フランス国の大臣に種々の提案を行った。<françois> puṅse 氏が協議し提案したことは、イタリア国と大フランス国とを互いに和解させることを協議するのではなく、様子では、恐らくイタリアがヨーロッパに火をつける意図を持つことについての相談のようである。

一方イギリス国の方は、チェンバレン氏の政府はすでに自らの準備を終えた。即ち空軍省に、「3月に戦争が起こるのに備えるように」と密かに命令した。

1-6-2 フランス国

政府はペタン sṭec sik<maréchal>[元帥]をフランス特命全権大使に任命して、burgosに都を定めたスペイン国のフランコ総司令官付[ママ]として派遣した。

ṭamṇāṅ rāstra cās(Sénateurs)[上院議員]会議で、大フランス国植民地相である<mandel>氏が[上院]議員たちに、「全インドシナ国は、外敵がインドシナ国を侵略する意図を持って[攻めて]来ても、その外敵に抵抗し守る準備が終わった」と説明した。氏はさらに海南島についての情報を[上院]議員たちに述べて聞かせた。インドシナ国における武器と軍隊の準備について、氏は詳細に軍用機の増産と、既に2倍に増員した現地国人兵士の増員について説明し、現在さらに増やすことを考えていると述べた。最後に氏は、「この植民地はすでに敵を待つ準備を終えている。どちらの方角からでも、どのように密かに来て驚かせようとも、慌てることはない」と述べて説明を終えた。

1-6-3 ドイツ国

ドイツ空相であるゲーリング sṭec sik<maréchal>[元帥]は、ドイツ民主党員に、「ドイツ青年と、航空機と言う武器の戦闘力」について講演をして、ドイツ国が空の武器を陸の武器と海の武器に協力させて使用する体制について図示して説明した。ゲーリング氏は、ドイツの航空機という武器をドイツ国全体を覆う盾とみなしている。このドイツ軍用機の盾は、すでにヒットラー氏がオーストリア国やチェコスロバキア国など大ドイツ国の周囲にいる国の国土を奪い、ドイツ人を守った時に、何回も使用した。

ドイツ宣伝省大臣であるゲッベルス氏は、ドイツ国がどうしても[旧]ドイツ植民地を奪い返さなければならないことの理由について講演して説明し、この1点に関して、「諸君はドイツ国民80百万人をドイツ国1ヶ所に住まわせて、生計を立てて生命を養って行かせることが、本当に正しいことであると思うか。諸君は、80百万のドイツ国民は、このように生計を立てて生命を養っていくことにまだ我慢できると思うか」と述べた。

1-6-4 ポーランド国

ポーランド国は、イタリア政府とドイツ[政府]とが甘言を用いてベルリン―ローマ枢軸に入るよう説得をしているが、今や<gazette>[新聞]を通じて、「自分も植民地をいくつか所有するべき権利を持つ必要がある」と発言している。もう1つ、「ポーランド国は植民地を取り上げて分け与えることを協議する会議に参加するために、ヨーロッパの諸大国と同等の権利を持つべきである」と言っている。

1-6-5 ベルギー国

ベルギー国王は現在の議会を解散する国王令を出した。ベルギー国<conseil> senāpatī[内閣]が議会によって辞職させられ[=内閣不信任案が可決された]、首相になって<conseil> senāpatī[大臣]を任命する[=組閣する]議員が求められないからである。解散された議員たちは、4月に国民が選挙して新たに任命する。

1-6-6 インド国

カルカッタ市で民衆が政府に抗議して暴動をおこした。国防軍兵士が鎮圧に乗り出したが、暴徒は反抗し、双方に死傷者がでた。

［現代］インドの祖で、民衆側の愛国者であるマハトマ・ガンジー氏は、インド国がイギリス国の手中から出て独立国になることを求めて抗議している。現在氏はまたハンガーストライキをしている。インド植民地国のイギリス人である長［＝総督］はマハトマ・ガンジー氏に会いに行っているが、マハトマ・ガンジー氏はますますひどく衰弱しているので、間に合うかどうかわからない。

1-6-7　イタリア国

pasaellī 枢機卿が、亡くなった法王の後を継いで、カトリック教の法王になり、“ピオ12世”と名乗った。

1-6-8　中国

ドイツの<gazette>［新聞］の情報によると、漢口で日本兵が反乱を起こし、上官の命令を聞かず、上官に従って前進するのを拒否した。日本が占領している華北で、日本はこれまで使用していた中国通貨の代わりに日本通貨を使用することを布告した。

haet jhū 省［ママ］で日本軍艦と日本軍が中国兵60,000名を包囲し、luṅ gī鉄道線路の終点である同市を占領した。

1-6-9　日本国

東京市で、日本陸相である板垣氏が議員たちに、「ヒラカタで爆発炎上した日本の火薬工場が爆発して家屋39棟を全壊、167棟を損傷、286棟を全焼、57棟を半焼した。軍方面の業務は以前通りに行うことができ、損害はない」と報告した。

1-7　栄光を祈る

植民地相である <mandel>氏とカンボジア国の長である <thibaudeau> <le résident supérieur>［高等弁務官］殿の招待で、今回大フランス国を訪問なさる、kraḷāhom 卿であり、農相である krum ghun vīsuddhi khattiyavaṅsa {surāmrita} に栄光があることをお祈りいたします。

このニュースは、両親とも純粋な王子王女であり、braḥ pāda samṭec braḥ narottama の孫であり、samṭec krum braḥ vara cakra ṇariddhi の王子であり、現国王の甥である殿下を知る民衆も官吏も全てが喜んでいる。同殿下［ksatrī］は様子がきちんとしていて、出家にも、在家にも、民衆にも、官吏にも好ましく思われており、さらに同殿下［ksatrī］が職務をきちんと果たして政府と国民に安楽をもたらし、rājakāra <protectorat>［保護国政府］も国王陛下の政府も、何かのことで殿下と摩擦を生じたということを見たことも聞いたこともないことを知る僧や在家、民衆、官吏、その他の民族を発展させるために働いている団体たちから愛されている。

最後に我々は栄光を祈り、大フランス国までのご旅行が平安で、何らの障害もないことを祈り、全ての項目の幸福が御心の通りに成就されるようお祈りします。

1-8　誤りの訂正

<gazette>［新聞］の前の号［＝109号1-8］で、「krum ghun visuddhi khattiyavaṅsa が3月8日に大フランス国へ出発なさった」と報じたのは誤りで、正しいのは、「3月8日にプノンペン市を出て、3月9日にサイゴンから <andré> ḷwwpuṅ という名の船で出発なさった」である。

1-9　<de> vaerdīyāk 氏がフランス国での休暇から帰り、以前同様<la presse>［広報］<bureau>［課］を統括する。

nagaravatta 新聞社は、<de> vaerdīyāk 氏が、氏と現地の<gazette>［新聞］社が互いに会う必要がある時に、とても有能で礼儀正しいことを知っているので、とても嬉しく思っている。

氏がこの職務を統括して、今後長く、<gazette>［新聞］の面で、クメール国政府と全民衆を発展させてくださるようお願いする。

nagaravatta

1-10　シャムの将校がカンボジア国を訪問

3月2日にシャムの将校4人がクメール国を訪問した。［4人が］araññapradesa［＝タイのアランヤプラテート］に着くと、保護国政府代表1名が挨拶に行き、それからプノンペン市に入る前に、その将校たちをバット・ドンボーン州都、ポー・サット［州都］、コンポン・チナン［州都］の視察に案内した。

同日午後2時半、<quai lagrandière>路に、現地国人軍の兵士が整列して、大勢のフランス高級官吏たちと共に出迎え、<le résident supérieur>［高等弁務官］殿公邸に入った。

プノンペン市の将校と kū［ママ。この後に恐らく「大佐と bīsuṅ」が脱落］<commandant>［司令官］とは揃ってシャム将校を待っていた。この時、大勢の市民がトンレー・サープ川岸に並んでシャム将校を見るのを待っていた。

3時に自動車の警笛の音が聞こえると直ぐに、シャム将校が到着するのが見えた。そしてラッパ手たちがラッパを吹いて敬礼し、すぐに王室吹奏楽団がシャム国歌と<［la］ marseillaise>［＝フランス国歌］とクメール国歌を演奏した。

我々の将校が出てシャム将校を迎え、迎え［の挨拶］が終わるとシャム将校と kū <colonel>［大佐］殿と bīsuṅ <commandant>［司令官］殿が敬礼している兵士たちを閲兵した。

<le résident supérieur>［高等弁務官］殿とその他の職員の方は、階段口に立って出迎え、将校たちを公邸内に案内した。中に入るとクメール国官員とシャム将校が互いに祝福の言葉を交わした。それからシャム将校を“ser <sportif> khmaer”と呼ぶ体育課の建物に案内した。この3月2日の夕

方に、hluoṅ senāyuddharaksa <colonel>[大佐]殿とその他の将校たちは、<de> saṅlīs 氏と夫人[?nak srī]、ṭwwlaṅ氏、hluoṅ yoodhāvudha <colonel>[大佐]と夫人[?nak srī]、māḍīve 氏と夫人[?nak srī]、gaermāpuṅ 氏と夫人[?nak srī]、<thibaudeau>嬢[nāṅ srī]、cāypraḍisen <capitaine>[大尉]と夫人[?nak srī]、ḷaṅsaellīyer paellivuy [氏と]夫人[?nak srī]、peṇāvaer 氏、hluoṅ prasādhayuddhasilpa <colonel>[大佐]、kū <colonel>[大佐]と夫人[?nak srī]、<commandant marchand>[商業会議所会頭] である fīnīṭūrī 氏、<de> vaerḍīyāk 氏、druc 氏、rotthe 氏、bīsuṅ <colonel>[大佐]、sīvrāskū 嬢[nāṅ srī]、と共に、<le résident supérieur>[高等弁務官]殿公邸でのパーティーに出席した。

3月3日午前8時半、プノンペン市のクメール現地国人軍兵士と保安隊員たちが vatta bhnam の南の mūhū 路に敬礼するために大勢が整列した。フランス人、クメール人、ベトナム人、中国人、チャム人の老若男女が一面に集まり、立って重なり合ってシャム将校を見た。

我が現地国人軍と保安隊はさっそうとしていて大いに称賛するべきものがあった。

[敬礼を]受けるに並べてあったテントの中には、空き椅子はなかった。陸軍大臣であるkrum hluoṅ sīsuvatthi subhāṇuvaṅsa が国王代理を務めた。

<le résident supérieur>[高等弁務官]殿が定刻通りにシャム将校と共にテントに到着し、それから kū <colonel>[大佐]が先頭にラッパ手をおいて兵列を率いて行進した。互いに親密な行事が終わると、市内のあちこちの視察に案内し、mandīra <royal palace>[王宮]で食事をした。午後2時になるとサイゴンに送って行った。

2-1 訴えの文書を受けるための場所

2-1-1 仏暦2481年0の年寅年 phalguṇa 月上弦8日、即ち1939年2月26日

ター・カエウ州 pādī 郡 campī 村 kambaṅ jœn loṅ に家があります我々クメール人、īṅ-thai、chai-iṅ、ñiv、heṅ、hin、ñar、ñep、maṅ、yov、man、mān、vieṅ miñ の12名は、苦しみを訴える文書を書いて、iṅ[ママ。上は「īṅ」]-thai に持参させてプノンペン市のnagaravatta <gazette>[新聞]社長殿に届けさせます。

私たちは、s?āṅ 郡(カンダール) braek gay 村に家がある沼主である中国人 hūr に大変憤慨しています。彼は政府から s?āṅ 郡 s?āṅ 村の anlaṅ ṭik bāy、anlaṅ th?uor、samroṅ、piṅ diev などの川と沼[の使用独占権]を政府から買いました。これら[の川と沼]は政府が pādī 郡(ター・カエウ)の but sar 村、campī 村の住民たちが魚を捕って暮らすためにとってある kanlaeṅ khsāc、kanlaeṅ krāñ、pāl hāl の諸沼に接しています。私たちはこれまで30年以上の長い間、kanlaeṅ khsāc、kanlaeṅ krāñ、pāl hāl の諸沼で幸せに何の障害もなく魚を取って暮らしていました。

この寅年 phalguṇa 月上弦5日の午後3時ごろに至ると、ñīṅ、mai、suy、とその仲間5、6人が kanlaeṅ khsāc に網を曳きに行きました。すると突然中国人 hūr と官員4名が一緒に来て脅かして追い払い、ñīṅ、mai、suy を逮捕して縛り、曳き網1枚と、舟2艘を[没収しました]。その他の者は逃げて捕まりませんでした。中国人 hūr は、「水があるところの魚は全て俺のものだ」と言いました。それから、「土地は pādī 郡のものであるが水の方は全てs?āṅ 郡のものである」と言いました。この中国人 hūr は、金と地位があるのを頼りにして、心のままに住民をまるで動物であるかのように追い払ったり捕まえていって危害を加えたりする職権濫用の不法行為をしています。それゆえ、私たちは非常に強く憤慨しています。このように中国人hūr が好き勝手にするのを政府が放置したら、大憤慨による騒動が起こります。私たち、kambaṅ jœṅ loṅ に住む者は、魚を捕って暮らす場所がないのですから、これ以上ここに住めません。それゆえ、私たちは貴殿の陰の下に庇護を求め、クメール人である私たちに助力して救ってくださるようお願いいたします。

どうか保護国政府は沼の場所に行って<enquête>[調査]して、杭を打って今後の境界標にする措置をとってください。そして、逮捕された ñiṅ、mai、suy の3名に助力して早く審理を受けられるようにしてください。

確認のために、私たちは以下に拇印を押捺して覚えにいたします。

ター・カエウ州の民衆

2-1-2 1939年2月18日に、kambaṅ laeṅ 郡(コンポン・チナン) praḷāy mās 村の praḷāy mās 市場で、同州同郡同村の braek tā ṭok 地区に住むクメール人である私、名は pū-phal は、praḷāy mās 市場の ḷām sī という名の中国人のクイティアウを買いに行き、5 kāk 買いました。中国人に1リエル札を渡すと、その中国人は、「これは kāk だよ」と言って漢字が2、3行書いてある小さい紙をくれました。私は受け取り、その後しばらくして私はその中国人がくれた紙を持って同じ店に買いに行きました。すると彼は、「その紙は自分の物ではない」と言いました。1、2回抗議をやり取りすると、突然中国人が8名、名前は sūv と kūv で、その他の者は名前を知らないのですが、来て私を酷く殴りました。私は病院に5、6日行き、証拠の診断書もあります。[殴られた]その時に<carte>[人頭税カード]と20リエルが入った財布をなくしました。このことは maen-seṅ と mās mut が知っています。

それだけではなく、「クメール人野郎、俺が1人殴り殺しても、重くて1センの[罰金を]払うだけだ」と罵りました。

<signer>[署名] pū-phal

2-2　［44号2-4と同一］

3-1　過去の過ちを許す

元支郡長である『som-yīm 氏』は、ずっと以前に公務で誤ちを犯し、それ以後ずっと現在まで、何に関しても偏ることのない良い行動を守り、特に問題にして不名誉にする理由もないので（これに、関しては samputra <certificat>［証明書］がある）、1939年2月11日、即ち寅年 māgha 月下弦7日の、<conseil juriste>（ghlāṅ cpāp）［法律顧問］殿、braḥ rājapamrœ である vaḍḍhanāyāvaṅsa 殿下［braḥ aṅga mcās］、{ṅaet} cau krama priksā 殿、{kusala} cau krama priksā 殿と検察事務官殿の上級裁判所の方々が会議をして審理を行い、《kandīr の水》［＝聖水？］をかけて、擦って全身から不名誉な垢をきれいになくし、少しも残っていないようにして、以前のように清潔な素晴らしい身体に生まれ変わったかのように、不名誉を消し去ることにした。

政府のこのような公務は、我が国では前に行われたことは全くなく、政府が som-yīm に、異例に最初に公務を施行した素晴らしいことである。

som-yīm 氏は現在およそ50歳で強固な体力を持ち、心も考えも円熟のさなかにあり、仕事にも自分の価値にも聡明である。

nagaravatta はこのような稀な、かつ素晴らしいことをした上級裁判所の方々たちを嬉しく思い、som-yīm 氏本人と共に喜ぶ。

3-2　［広告］　コンポン・チャム

クメール人はクメール人から買って助力するべきです。コンポン・チャム州都の sulfaerī 路に新しく開店したばかりのクメール人の店は、khemarā <bazar> という名をつけて、種々の商品を現代風に陳列して売っていて、とても好ましいです。

3-3　［広告］　皆さんは簡単に3,000リエルを儲けたくありませんか

皆さんは刻みタバコ（Globe）4袋、価格0.50リエルを買うだけです。

刻みタバコ（Globe）はおいしさが第1級のタバコで、昔から有名であらゆる所で売っています。

販売者は籤の番号を1枚おまけとして差し上げます。これの抽籤は、今年の bisākha 月下弦3日、即ち5月6日のインドドシナ国政府宝籤の［当籤］番号に従います。番号を照合して大賞の番号に当たっていたら、プノンペンの（Denis-Frères）商会が賞金［3,000リエル］を皆さんに差し上げます。

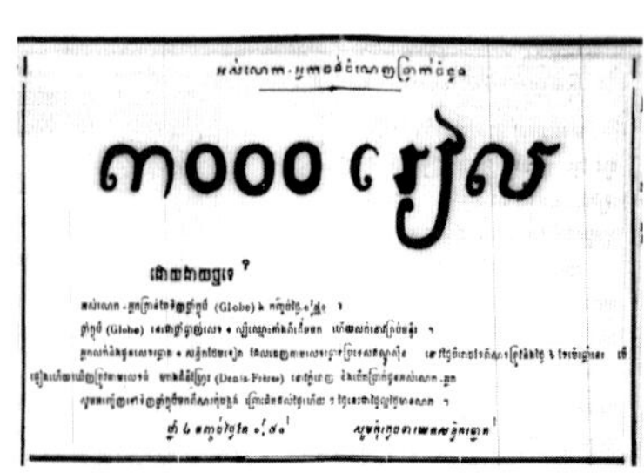

ぐずぐずせずに刻みタバコ<globe>を買いに行って吸ってください。［抽籤の］日が近づいており、そして今日は思わぬ儲け物がある吉日だからです。

刻みタバコ4袋が価格はたったの0.50リエルです。籤を請求するのを忘れないでください。

3-4　インドシナ国政府宝籤

1939年3月4日抽籤

末尾が09と05の数字の籤は、いずれも10リエルに当たり。

末尾が200と054の数字の籤は、いずれも25リエルに当たり。

末尾が674の数字の籤は、いずれも50リエルに当たり。

80本が100リエルに当たり、番号は、

［6桁の番号が80個。省略］

16本が500リエルに当たり、番号は、

［6桁の番号が16個。省略］

8本が1、000リエルに当たり、番号は、

［6桁の番号が8個。省略］

371,717の番号の籤は4,000リエルに当たり。

3-5　［広告］　卯年

古い年が過ぎ去ろうとしています。今や、後幾日もしないうちに、我々は新しい年、即ち卯年に入ります。この新しい年に幸福と安寧を得ることを望む皆さんは、<mac-phsu>という名のビルマ・バームを買って家に置いておくのを忘れないでください。<mac-phsu>バームはあらゆる病気を治すことができるからです。

皆さんはどうか、この<mac-phsu>バームの名を確実に記憶しておいてください。

nāṅ <mac-phsu>が、プノンペン<fesigny>路17号の店のお知らせをいたしました。

3-6　tārā syām 商会が品物を競売をします

tārā 商会は売るのを止めたい［＝廃業する］と思っています。どなたか商会の土地と品物全てを購入したい方、あるいは品物だけをまとめて購入したい方は急いで、即ち今月13日以降に店主に話しに来てください。もう1つ、毎日店で販売している品物は、早くなくなるように、全て値下げしています。

今が皆さんが良くてそして安い品物を買える1度しかないチャンスです。残りの品物が少なくなっていますから、早く買いにきてください。遅くなるとなくなってしまうかも知れません。

tārā syām 商会、プノンペン<ohier>路94号

3-7　［広告］［仏語］　1939年2月6日、バット・ドンボーン

［ク語］　私は名は uy で、thaukae {uy} と呼ばれていま

す。バット・ドンボーン州 rin 村 braek kruoc 地区で米を商っています。私は長年腹痛があり、医者を探して治療してもらいましたが治りませんでした。pāsāk のクメール人である sīv-heṅ 医師殿が病気の診察ができ、最近saṅkae 市場に店を開いて kāp go 市場の sīv-pāv 印の薬を売っているという情報を得ました。私はこの情報を聞いて、一生懸命彼[gāt]を探して診察を求めました。彼は、「あなたは胃と腸の病気だ」と言って、sīv-pāv 印の薬を買うように指示しました。彼が私の生命を救ってくれたおかげで、私は病気が治りました。私は決して彼の恩を忘れません。この<gazette>[新聞]に掲載して彼の恩を思い出します。

3-8 [広告][仏語] 証明書

下に署名した私、Monsieur Raoul Desrieux は、公社に勤務しています。プノンペンの Okña-Oum 路47号の"精神医学士"であるクメール人の Xieu-Bào 氏に大変満足していることをお知らせします。

私の妻である Madame Raoul Desrieux は、病気で大変苦しんでいました。多くの医者に診察してもらいましたが、苦しみは少しも軽減することはありませんでした。

私の不幸な妻を私が連れて行った Xieu-Bào 氏[M.]は、＜Xieu-Bào>製の薬で精力的に病気と闘い、勝利しました。

この素晴らしい知見を明らかにするために、私は彼にこの証明書を贈ります。

1939年3月6日、プノンペンにて
署名

[ク語] これはフランス人が kāp go 市場の sīv-pāv の薬の恩を称賛した手紙である。

3-9 [109号3-7と同一]

3-10 [105号3-4と同一]

3-11 [109号3-6と同一]

3-12 [108号3-6と同一]

3-13 農産物価格

プノンペン、1939年3月9日
[「サトウヤシ砂糖」はない]

籾	白	68キロ、袋なし	3.05 ~ 3.10リエル
	赤	同	2.65 ~ 2.70リエル
精米	1級	100キロ、袋込み	9.00 ~ 9.05リエル
	2級	同	7.95 ~ 8.00リエル
砕米	1級	100キロ、袋込み	7.00 ~ 7.05リエル
	2級	同	5.30 ~ 5.35リエル
トウモロコシ	白	100キロ、袋込み	[記載なし]
	赤	同	8.40 ~ 9.00リエル
コショウ	黒	63.420キロ、袋込み	18.75 ~ 19.25リエル
	白	同	30.00 ~ 30.50リエル
パンヤ	種子抜き	60.400キロ	39.50 ~ 40.00リエル

＊プノンペンの金の価格
1 ṭamliṅ、重量37.50グラム

1級	157.00リエル
2級	152.00リエル

＊サイゴン、ショロン、1939年3月8日
フランス籾・米会社から通知の価格
ショロンの<machine> kin srūv[精米所]に出された籾1 hāp、[即ち]68キロ、袋込みの価格は以下の通り。

籾	最上級	3.90 ~ 3.95リエル
	1級	3.75 ~ 3.80リエル
	2級 日本へ輸出	3.60 ~ 3.65リエル
	2級 上より下級、日本へ輸出	3.50 ~ 3.55リエル
	食用[国内消費?]	3.40 ~ 3.43リエル
トウモロコシ	赤 100キロ、ショロン県マッカサンで売り渡し。	9.80 ~ 9.90リエル
	白 同	0.00 ~ 0.00リエル

米(10月[ママ]渡し)、港渡し、袋込み、税抜き、1 hāp、[即ち]60.7キロの価格は以下の通り。

精米	1級、砕米率25%	5.65 ~ 5.70リエル
	2級、砕米率40%	5.35 ~ 5.40リエル
	同。上より下級	5.20 ~ 5.25リエル
	玄米、籾率5%	4.20 ~ 4.25リエル
砕米	1級、2級、同重量	4.75 ~ 4.80リエル
	3級、同重量	3.85 ~ 3.90リエル
粉	白、同重量	2.45 ~ 2.50リエル
	kāk[籾殻+糠?]、同重量	1.55 ~ 1.60リエル

4-1 [104号4-1と同一]

4-2 [8号4-3と同一]

4-3 [11号4-2と同一]

4-4 [20号4-6と同一]

4-5 [73号、4-6と同一]

4-6 [76号4-1と同一]

4-7 [33号3-4と同一]

4-8 [44号4-6と同一]

4-9　［11号3-2と同一］

4-10　［108号3-8と同一］

4-11　［109号3-5と同一］

4-12　［終わり近くの「70メートル」が「10メートル」に変わった以外は、48号3-8と同一］

SAMEDI 18 MARS 1939

CIGARETTES
JOB
LE PAQUET VERT
Vendu 5 cents

Nagara vatta

COFAT
CIGARETTES
La meilleure cigarette Indochinoise
Le Paquet vendu 5 cents

Directeur
PACH-CHHŒUN

HEBDOMADAIRE PARAISSANT TOUS LES SAMEDIS

(Boite Postale N° 44)

第3年111号、仏暦2481年0の年寅年 phalguṇa 月下弦13日土曜日、即ち1939年3月18日、1部8セン

［仏語］ 1939年3月18日土曜日

1-1 ［仏語で「私書箱 No.44」と「社長、PACH-CHHŒUN」が加わった以外は8号1-1と同一］

1-2 ［デザインが少し変わった以外は8号1-2と同一］

1-3 ［デザインが少し変わった以外は8号1-3と同一］

1-4 ［8号1-4、1-5と同一］

1-5　私が全ての州に旅行した時に目にしたこと

2月18日から3月10日まで、私はトンレー・サープ川1周の旅行をして、nagaravatta 新聞について広報し、人々に呼びかけて nagaravatta 社の印刷所設立に投資する志望者を求めた。

私はクメール人がますます一生懸命に商業を生業として行なって生計を立てる人が増えたのを目にした。私はまずプノンペンを出発して bañā lī 郡に入り、通り過ぎて ph?āvの市場とsgan の道路をコンポン・チャム州に行った。コンポン・チャムに着いてから、sdiṅ traṅ、tpūṅ ghmum、me mat、snuol の諸郡を通過してクラチェに入り、sampūr 郡に入った。クラチェから引き返して、brai damlāy 街道を通って chlūṅ 郡に入り、sdiṅ 村に向かい、それからもう1度 me mat 郡に入った。それから同じコンポン・チャム街道を通って sgan に戻った。それから、そこを通り過ぎてコンポン・トム州、シエム・リアプ、maṅgalapurī、バット・ドンボーン、moṅ ṛissī、ポー・サット、kragar、コンポン・チナンに行ってからプノンペン目指して戻ってきた。

今回私が旅行をした時、たとえば ph?āv 郡などで種々の新しいできごとを認識した。［たとえば］集会場に来た老若男女の人々に、「生計を立て、生命を養うことに一生懸命心を込め、我が国と民族を発展し繁栄させるように」と解説し忠告した。

コンポン・チャムの市場では、多くのクメール人が、自転車を売る、衣服の仕立てをする、政府の仕事を請け負う、など種々の商業をしているのを見た。アンコール・ワットの絵を描き、“khemarā <bazar>［クメール・バザール］” と字を書いた看板を掲げている店があった。それで私が入って行くと1人のクメール人が礼儀正しく私の応対に来るのが見えた。そして私は、「あなたがこのようにしているのは世界でとても素晴らしいことです。即ち現在私が一生懸命求めているのは、まさにこのことです」と称賛し、それから私はさらに、「クメール人はあなた［の店］に大勢買いに来て助力してくれますか」と訊ねた。店の主人は、「我がクメール人は今日から全ての人が目覚めて互いにますます団結します」と答えた。その時、志望者が大勢来てnagaravatta 印刷所への出資を登録した。

me mat 郡では、市場の1つの列の店全てがクメール人が商売をしているのを目にした。そしてそのクメール人たちは協力して、商品を danle pid から me matまで運ぶために自動車を1台買っていた。その他のクメール人たちも協力して、その自動車に乗り、荷物を運び、空席はほとんどなかった。

クラチェ州では、私はクメール人がしっかりと商売をして、中国人と同様にあらゆる種類の商品、即ち布、自転車、自動車などを売っているのを見た。コンポン・チャムと同様に、“アンコール・ワット” の絵の看板を出している店があった。その後私は chlūṅ 郡に着き、森林管理官である haem-camrœn 氏が三蔵経を寄進する式の行列に出会った。大勢の僧、在家、官吏が集まっていて、互いの団結があることがわかった。この儀式に私も参加して喜びを共にし、そして私が、それらの方々全てに、nagaravatta <gazette>［新聞］を創刊した考えと希望とについて解説し説明すると、揃って、「有益な良いことである」と喜び褒め称えてくれた。

sdoṅ 郡の kambaṅ cin［＝地名］では、中国人の子や孫たちが清い心で、純粋クメール人と同じように私の仕事を誠実に支援してくれた。ここで私は大勢の人に解説し、説明して聞いてもらい、彼らは誠実に聞いてくれた。

一方 maṅgalapurī 郡の方は、クラチェ州とコンポン・チャムに劣らず、クメール人の店が商品を売っていた。2、3の店がとてもしっかりした商店を構えていて、多量の米を商っていた。jar duy 氏が米業に最も手腕があり、かつ民族と国を固く愛する人でもあった。

さらにバット・ドンボーン州にもクメール人の商店が負けず劣らず沢山あった。"ū khmaer［クメール川］"という看板を出した商店があり、それと向かい合わせに理髪店があり、さらに jim という名の店と pun-heṅ という名の服の仕立屋が映画館の前にあった。gok ghmum 村（バット・ドンボーン）には"sāmagī bāṇijya［団結商業］"という看板を出したクメール人の商店があった。

ポー・サットの方は、最近開店したばかりのコーヒー・ショップがあり、［それと］"māvaṇṇī"という看板を出している、金細工職人の店があり、種々の品物を売っていた。店がもう1つ、即ち、geṅ-sīphan 氏の店があり、"kāt āv samaya［samaya 仕立て屋］"という看板を出していて、<machine> ṭer［ミシン］が3台あり、大勢の女性たちが女性の現代風の服を縫い、裁断していた。

私は時間が少なくて、コンポン・チナン州［sruk］を、上に解説した他の郡と同じようにしっかり見ることができなかったのが残念である。しかし、「コンポン・チナン郡には商店を開いて商売をすることを考えているクメール人がいる」という情報を私は得ている。私は、「我がクメール人は将来他の民族と同様に成長する」と大きく期待している。私は民衆全てに、どうか大勢の人が、これらのクメール人の商店が早く発展するように、買って助力することを忘れないようお願いする。我がクメール人は、新しい生計の立て方を学び始めたばかりであって、まだそれほど商売に熟練してはいないのだから、かりに小さなヘマがあっても、お互いに我慢し合ってこだわらないようお願いする。

最後に、［強制されてではなく］自由意志で私を熱烈に歓迎してくださり、あらゆる種類の多くの成果をおさめるよう助力し支援をしてくださった全ての州と郡の皆さんに感謝いたします。　［113号1-11に続く］

1-6　諸国のニュース

1-6-1　中日戦争

<havas>電。日本機30機が kāṅ sū 県と chen sī に爆弾多数を投下した。bīṅ lī yāṅ 県には80発投下し、家屋約600棟が破壊された。同<havas>電によると、天津市のフランス租界とイギリス租界の周囲を、日本軍が有刺鉄線と大きな桶［＝ドラム缶？］を積み重ねて垣にした陣地を作って包囲している。

フランスとイギリスの外務省は、日本政府に日本軍が同市［＝天津市］を包囲していることについて抗議し説明を求めたが、日本政府はその質問にまだ回答していない。

同電によると、日本外務省は<gazette>［新聞］を通じて、「中国の laddhi <communiste>［共産主義］を滅ぼすために諸国と協力するという日本の考えは、この主義の党だけを滅ぼす考えであって、フランス国、イギリス［国］、アメリカ［国］を侵略する考えはない」と述べた。

1-6-2　イタリア国

「ヨーロッパに火を付けることを考える」と言ったイタリア国は、3月23日の<havas>電によると、ムッソリーニ氏は、大フランス国に抗議し、氏がイタリアに返還されるべきであると考える植民地を全て取り返そうとしている考えについて党員たちに宣言するために、buok laddhi <fasciste>［ファッシスト党］大会を開く。

1-6-3　フランス国

大フランス国陸軍省はセネガル人（アフリカ）兵1<bataillon>［大隊］、即ち数百名をチュニジア国に派遣し駐屯させた。

1-6-4　インドシナ国

インドシナ国政府は、コーチシナ国の現地国人軍兵士150名以上をフランス国の kārgassūn 県都に送り駐屯させた。この兵たちは、大フランス国においでになった工業相である krum ghun visuddhi khattiya vaṅsa {surāmrita}と同じ3月9日に、<andré> ḷwwpuṅ という名の船に乗船した。

1-6-5　イギリス国

イギリス海軍省は軍艦4<escadre>［艦隊］、即ち多数を、samudra <méditerranée>［地中海］のアジャクシオ、カルビ、ポルトベッキョ、サンフロラン、バスチアなどのコルシカ島の海岸沿いの県である諸県に、事態に供えて停泊させている。

＊イギリス植民地省の副大臣である（Butler）氏は、イタリア国が、チュニジアと国境を接しているイタリア植民地であるリビア国に兵員を増加することを考えていることについて議員から質問され、「イタリア政府がそのように、即ち同地のイタリア兵を増員して30,000名にすることを考えているのは事実である」と答えた。

1-6-6　ドイツ国

ドイツの<gazette>［新聞］によると、外国の<gazette>

[新聞]が、「ドイツはチェコスロバキア国境に接するドイツの(ザックス)県に軍隊を配置した」と報じているがこれらの記事を、ドイツの諸<gazette>[新聞]は否定して、「ドイツ政府はどこにも軍隊を配置していない」と述べた。

1-6-7　チェコスロバキア国

事件が鎮まったばかりのチェコスロバキア国は、今再び問題が起こった。同国の人々は分裂してそれぞれが国と政府を持ったが、これらが互いに反目し合っている。今見るところ、恐らくヒットラー氏はドイツ人であろうとその他の民族であろうと区別なく、全てを覆って1つに掻き集めて、国全部を支配しようとしているようである。

この件が、イタリア国を訪問中の[ドイツ]空相であるゲーリング氏に急遽ドイツ国へ帰国することを余儀なくさせた。

1-6-8　インド国

<gazette>[新聞]の情報によると、マハトマ·ガンジー氏はハンガーストライキを中止した。そして、インドにおいてイギリス皇帝の代理をするイギリスのインド総督の招きを受け入れ、マハトマ·ガンジー氏が求めている、「インド人にイギリス人と同等の権利を与えること、とインド国を独立国にならせること」について再び討議するために、デリー市に行って総督と会見することに同意した。

1-7　もし我々が我が国土を愛するなら、我々全ては一生懸命しっかり守ることを考えなければならない

この世に生まれた我々人間全ては、各人とも父母、祖父母、子や孫、遠近の親族を愛する気持ちを持ち、財産を得たいという気持ちを持っている。それゆえどの国でも、人の生命と国土などの財産を守る兵と警官がいるのを目にする。

現在の我がクメール国にも、他国と同じように兵がいるが、我々の兵は全て政府が国民から徴集して兵にならせたものである。このようにして兵を選ぶのは公正でないと我々は思う。なぜなら、クメール国全体を守らせるために、クメール人のごく一部分だけを兵にしているからである。たとえばその一部分の人だけが苦しみを受け、政府が徴集して兵にしなかった他の人々は、当然その兵になっている人のおかげで幸福を得ていて、さらに自分に恩恵を与えている人[＝兵士]を見下す気持ちを持っているからである。

それゆえ、「我々クメール人は、王族を除いて、全てが兵になるべきで、そうすれば公正である」と我々は理解する。なぜなら我々人間の子は、他の人々と同じように、「人間の子である」と呼ばれたいからである。徴集されて兵になる必要はない[＝自発的に兵士になるべきである]。

それゆえ、我々は政府に、我々の国土、宗教、家族を、敵が来て侵すことができないように守るために、身体が不自由な者を除いて、全てのクメール人を兵にならせる法律規定を出すことを求める。

nagaravatta

1-8　“kāt āv samaya[samaya 仕立て屋]”という店名の店が、現代風の女性服の仕立てに熟練した女性を1名必要としています。

この仕立て職人の俸給は、知識の多寡に応じて、8リエルから12リエルまでです。食事と住居は全て店主が負担します。

誰か、志望する人は nagaravatta <gazette>[新聞]社総務部に来て情報を訊ねてください。

1-9　{dā-meṅ}中国人長が金の力に頼っている

先月政府がインドシナ国と広州湾から国外追放した{dā-meṅ}中国人長は[cf.100号1-7]、「現在サイゴンにとどまっていて、『敢えて30,000リエルを出す』と言って、何とかしてクメール国にとどまることができるように考えている」という情報を中国人たちから聞いた。もしこの情報が正しければ、金の力は実に効き目があることがわかる。しかし我々は、[これを]事実であるとはまだ信じていない。なぜならば我々は直接保護国政府から、「たとえ中国人 dā-meṅ がいくら金を使っても、きっと国外追放にする」という情報を得ているからである。

悪行を行いクメール人を虐げて生計を立てていたので、保護国政府がこのように国外追放にしたのである。このようにクメール人を嫌うのなら、なぜ一生懸命クメール国にもっととどまりたいと考えるのか。どうして蔣介石総司令に助力して戦いに行かないのか。フランスの法律では、国に戦争が起こった時に国土を守る助力をしなかった者は、政府が逮捕して厳罰に処する。国を捨てて逃げたこの種の中国人は、我々はもう我が国にいてほしくない。それゆえ、これらの役立たずの者を全て、我が国から追い出してしまうことを、我々は政府に求める。

この種の中国人はまだ大勢いる。金持ちの中国人が2名、s?āṅ 郡(カンダール)に1人、maṅgalapurī 郡(バット·ドンボーン)に1人いて、クメール人から暴力的に土地をたくさん没収している最中である。この中国人に土地を抵当に入れた者は、[借りた]金を返して土地を取り戻すことができなくなる。なぜならば、この中国人は、クメール人が貧しいことと、フランスの法律を拠り所にしているからである。彼らがこのように拠り所にするのは、フランスの法律では、訴訟の当事者は数百リエルの訴訟費用を支払わなければならないことを知っているからである。このようである以上、貧しいクメール人にどうやって中国人に対して訴訟を起こさせることができるのか。

我々が理解するところでは、クメール人が借金を返済して土地を取り戻すことを中国人が承諾しない場合には、クメール人は、借金を返済して取り戻す必要なしに、土地を中国人から没収するべきである。なぜならば、中国人はその土地を使って、クメール人に貸した金以上の利益を得ており、さらにクメール人に貸した金そのものも、クメール人から得ているからである。自国から来た中国人は半ズボン1本しか持っていなかったのである。

2-1　朗報

我々は、「クメール人僧1名の頭を殴った件[cf.105号1-8]で起訴されていた、ポー・サットのkrasuoṅ <poste> khsae luos[郵便局]に勤務していたベトナム人 smien を、政府は pān me dhūt 郡(アンナン)に移住させた」という情報を得た。

この情報は、全てのクメール人に、「保護国政府は本当にクメール人に同情し、助力して守ってくれる」ということをわからせ、大変喜ばせた。

2-2　協力して puṇya phkā をして寺域境界標を立てる式

先の3月3日から7日まで、brai jhar 郡(コンポン・チャム)のkambaṅ siem 寺で、盛大な式、即ち puṇya phkā と寺域境界標を立てる式が行われた。

puṇya phkā は ?nak okñā rājasampatti {yin} 氏と puk 夫人[?nak srī]、okñā prasœr sūrisakti {jum-mau} と phun 夫人[?nak srī]、ghun braḥ mnāṅ pupphā naralakkhaṇa (tāt) が brai jhar 郡(コンポン・チャム) samroṅ 村に住民たちと協力してずいぶん前に建立したが、まだ色煉瓦が敷いてなくて、さらに種々の種類の飾りがなくて十分でなかった kambaṅ siem 寺を完成させるために企画し、プノンペン市から行列したのである。

phalguṇa 月上弦13日金曜日から下弦1日まで、vaḍḍhanābhiramya 劇団の踊り、braek hluoṅ からのシャムの音楽、āyai 音楽などの催し物があったので、kambaṅ siem 寺の境内に多くの民衆がぎっしりと遠くからも集まった。夜は花火と揚げ灯篭があり、見る価値があった。

日曜日、hifael コンポン・チャム<le résident>[弁務官]が、夫人[<madame>]、副弁務官殿、州知事である kāmil 氏、その他のコンポン・チャムのフランスとクメール官吏多数と共に、この儀式の主賓として出席し、寺のサーラーでの盛大な茶会に出席した。それから儀式の記念として価値ある種々の品物の福引が行われた。

プノンペンの方々もこの式に大勢参加して喜びを共にした。

この式がスムーズに整然と平穏に秩序良く行われたのは、brai jhar 郡郡長である okñā bin[ママ。後は「pin」]氏によるもので、pin[ママ。前は「bin」] 氏は大変手際よく上手に事を行った。[また、]兵士たちと1人の smien と共に kambaṅ siem　に行って儀式が終わるまで平安を守り、保った sgan の<gendarme>[憲兵]である fālkuṅ 氏も称賛するべきである。

式の主催者は、この儀式に参加し喜びを共にした皆さんにお礼を申し上げます。

nagaravatta はこの式の善業を共にお喜び申し上げます。

2-3　お祝いを申し上げます

先の3月8日、カンダール州 gien svāy 郡でとても大きな結婚式が行われた。新郎は名を dā tāy jhun と言い、siem rāp 郡郡長である。新婦は thaukae {ṅuon}の娘である nāṅ {īṅ pheṅ ṇai}である。

この式に、名士、大小の官吏、男女の長者大勢が出席して喜んだ。

nagaravatta はこの機会を利用して、高貴な吉祥、即ち長寿、不老、健康、力が常に新郎新婦に授かり絶えることがないよう、さらに財産と全てにおいての高い地位が得られるようお祈りする。

2-4　お知らせ

コンポン・チャム州での役畜展示即売について

1939年3月18日と19日、即ち phalguṇa 月下弦13日と14日に、コンポン・チャム競馬場で、多数のウシ、スイギュウ、ウマなどの役畜の品評会と即売会が行われます。

2-5　buysārniskū 氏の送別会

先の3月11日土曜日に <grand hôtel>で生徒と友人たちが、フランス国に帰って pamṇec <retraite>[年金]を受けることになった、カンボジア国教育局長である buysārniskū 氏のためのパーティーを開いた。

パーティーに参加した300名の中には、我々は全ての方のお名前をあげることはできないが、たとえば、<le résident supérieur>[高等弁務官]殿である<thibaudeau>氏と夫人[<madame>]、教育相である krum hluoṅ subhāṇuvaṅsa、ṭiluṅ 氏、<de> saṅlīs 氏、peṇāvaer 氏、<gautier> 氏、samṭec suddhārasa と妃殿下[samṭec strī]、drut 氏、pāc-jhwn 氏、mānībūd 氏などがいた。

この会でスピーチが沢山あり、buysārniskū 氏が一生懸命勤務してクメール国を発展させた恩を述べた。

2-6　カンボジア国仏教の代表である仏教使節団がプノンペン市に帰って来た

先月我々はカンボジア国の代表である6名の仏教使節

団が、ラオス国のルアン・プラ・バン市とヴィエン・チャン[市]での仏教研究所の事業会議に出席したことを報道したが、[仏教使節団]は1939年3月10日に全員無事にプノンペン市に帰って来た。nagaravatta は代表の全氏が健康で幸福であることを嬉しく思う。

2-7 [44号2-4と同一]

2-8 **[訃報]**

2-8-1 <charles> ropāṅ 氏が逝去

ropāṅ 氏が休暇で帰国中に、raen 県(フランス国)で逝去したという情報を得て、我々は悲しんでいる。

ropāṅ 氏は、以前公安警察局の特徴調査・写真撮影課に勤務していた。氏は心を込めて我々のシソワット中高等学校卒業生友愛会に助力し発展させてくださった。

大変悲しんでいる友愛会を代表して、nagaravatta は、大きい悲しみに包まれている ropāṅ 氏の妻子と親族の方々にお悔やみを申し上げます。

2-8-2 我々は、特級 ḷaetre[司書?]であるthī {phlok-riel}が1939年2月23日に、コンポン・チャムの<résidence>[弁務官庁]で、57歳で逝去したという悲しい報せを受けた。

nagaravatta は故人の親族と友人にお悔やみを申し上げる。

2-9 術を破ることができた

先の3月9日に、camkār krūc 郡(コンポン・チャム)の daet 山頂で騒ぎがあり、ācārya {haṅ}を長とするクメール人4名が銃弾で死亡した。この事件は、このクメール人4名がこの山頂で修行をし、「自分は有能で、切っても切れないし、焼いても燃えないし、灰をまぶしてもくっつかない、死んでも腐らない」などと自慢していた。そして慢心して、その山頂に行った官員を襲い、ついにその官員が反撃して発砲し、4人は死亡した。

この事件は、我がクメール人の多くは無学無知で、荒唐無稽な迷信である呪術を信じ、一緒になって働いて生計を立てることを考えず、反対に仲間をさそって儀式をして術を知り、ついには生命を失うことがわかる。

3-1 kambaṅ sbān 郡(コーチシナ)の ṛissī sruk 寺の遺骨埋葬式

先の phalguṇa 月上弦11日、ṛissī sruk 寺の nim というお名前の braḥ teja guṇa の弟子たちが集まって、braḥ teja guṇa の遺骨埋葬式を盛大に行った。他の7つの寺、即ち kno brwṅ、traṭev、pākāmā、me bāṅ、marom suk、khnāc thma、or meth、から人が集まり、現在のṛissī sruk 寺の住職師僧も共に krahel(roṅ puṇya)[式場]を作り、kambaṅ sbān 郡郡長殿、議員殿、医師殿など、大小のベトナム人高官の方々を招いた。この式に招いたのは地位に従って着席したのであるが、故 braḥ teja guṇa の経歴について誰にスピーチをしてもらうかで、式の主催者と意見が対立して選ぶことができず、とうとう議員殿が傍らに座っていた1人の grū ācārya 殿に訊ね、grū ācārya 殿は要約して述べたので直ぐに終わった。それで議員殿が代わりに、この国で比類のない知恵の優れた方であり、弟子たちに大きな慈悲を示した braḥ teja guṇa の経歴についてベトナム語でスピーチをした。

まだ、後の週に続きがある[注。実はない]。

3-2 trus saṅkrān[ママ。「trasti saṅkrānta」が正しい]、即ち bhāṇayaksa 儀式

3月17日金曜日と18日土曜日と19日日曜日、即ち phalguṇa 月[下弦]12、13、14日に、王宮で trus saṅkrān[ママ]の儀式が行われる。習慣では、この儀式は古い寅年の年末に当たる phalguṇa 月の月末に行われ、翌日新しい卯年の cetra 月上弦1日[ママ。cetra 月上弦1日に年が進むというのは俗信で、この寅年は112号1-10によると cetra 月下弦12日、4月16日に卯年になる。少なくとも現在は、西暦の4月15日か16日に年も干支も進む]に入るために、悪い心を持ち、幸福がないようにする古い悪霊を追い払って、新しい神を迎えて、今後国内に幸福と安寧を守ってもらうためである。

3-3 [110号3-3と同一]

3-4 [広告] 皆さんにお知らせします。

名前は sa. tāt、住所はプノンペン第3区 pūlpaer 路、王宮の南塀の角の近くです。仏塔、本堂、庫裏、家、仏像などを<ciment>[コンクリート]で作る仕事の請負い人で、<ciment>[コンクリート]の上に金箔を張ったり、ペンキを塗ったりします。特別に丈夫で長持ちし、壊れることを知りません。価格はリーズナブルです。政府の saññāpatra (<diplôme>)[高等初等教育修了証書]と<médaille>[メダル]も持っている人です。そして、phsār dham thmī の会社が、「全てのものを美しく上手に作る」と認め、保証しています。何かを作りたい方は、どうぞこの人に会いに行ってください。皆さんの必要通りのものが手に入ります。

3-5 [105号3-3と同一]

3-6 [広告] スヴァーイ・リエン州の khān 職人

khān 職人はクメール人で、金と銀の物、即ち、ネックレス、腕鎖、宝石、イヤリング、ブローチ、指輪などを作って金メッキをします。私の店は州庁の西側、プノンペン街道側にあり、瓦葺きの2軒家で、家の軒先に<tableau>[絵]が下がっています。

皆さん、どうか来店して、必要に応じて買って扶助してください。

3-7 [110号3-7と同一]

3-8 [110号3-8と同一]

3-9 [109号3-7と同一]

3-10 [110号3-5と同一]

3-11 [108号3-6と同一]

3-12 農産物価格

プノンペン、1939年3月16日

[「サトウヤシ砂糖」はない]

籾	白	68キロ、袋なし	3.10 ~ 3.15リエル
	赤	同	2.80 ~ 2.85リエル
精米	1級	100キロ、袋込み	9.05 ~ 9.10リエル
	2級	同	8.00 ~ 8.[0]5リエル
砕米	1級	100キロ、袋込み	7.00 ~ 7.05リエル
	2級	同	5.20 ~ 5.25リエル
トウモロコシ	白	100キロ、袋込み	[記載なし]
	赤	同	8.40 ~ 9.00リエル
コショウ	黒	63.420キロ、袋込み	18.50 ~ 19.00リエル
	白	同	30.25 ~ 30.75リエル
パンヤ	種子抜き	60.400キロ	39.25 ~ 39.75リエル

＊プノンペンの金の価格

1 ṭamliṅ、重量37.50グラム

1級	157.00リエル
2級	152.00リエル

＊サイゴン、ショロン、1939年3月15日

フランス籾・米会社から通知の価格

ショロンの<machine> kin srūv[精米所]に出された籾1 hāp、[即ち]68キロ、袋込みの価格は以下の通り。

籾	最上級		3.95 ~ 4.00リエル
	1級		3.85 ~ 3.88リエル
	2級	日本へ輸出	3.70 ~ 3.75リエル
	2級	上より下級、日本へ輸出	3.50 ~ 3.55リエル
	食用[国内消費?]		3.65 ~ 3.70リエル
トウモロコシ	赤	100キロ、ショロン県マッカサンで売り渡し。	9.70 ~ 9.95リエル
	白	同	0.00 ~ 0.00リエル

米(10月[ママ]渡し)、港渡し、袋込み、税抜き、1 hāp、[即ち]60.7キロの価格は以下の通り。

精米	1級、砕米率25%	5.75 ~ 5.80リエル
	2級、砕米率40%	5.40 ~ 5.45リエル
	同。上より下級	5.25 ~ 5.30リエル
	玄米、籾率5%	4.55 ~ 4.60リエル
砕米	1級、2級、同重量	4.83 ~ 4.85リエル
	3級、同重量	4.00 ~ 4.05リエル
粉	白、同重量	2.50 ~ 2.55リエル
	kāk[籾殻+糠?]、同重量	1.55 ~ 1.60リエル

4-1 [広告][仏語]　　1939年3月5日、プノンペン

[ク語] 役に立つこと

病気を治すのにとても効く2種の薬の名前を皆さんにお知らせします。1号薬は“uṅ-dieṅ”印の『sīv ṭuk pā iṅ fāṅ』という名で、梅毒、淋病、下疳など、全ての病気を駆逐する薬です。皆さんがこの薬を服用すると、きっと称賛の言葉を述べ、「この薬は本当に病気をはやく治す」と信頼します。

2号薬は、名を“uṅ-dieṅ”印の『ov giñ pāt jāy hā』という名で、あらゆる婦人病を駆逐する薬です。たとえば白帯下、即ち白い血液が下りて、汚くて我慢できないほどの悪臭がします。この病気に身体を襲われている女性は、どなたも直ぐに急いでこの薬を買って帰って服用してください。希望が叶います。1箱に6包入って0.50リエルです。“uṅ-dieṅ”という看板を出して『目印にしている』ところならどこでも売っています。今日からクメール正月、即ち1939年4月13日まで、“uṅ-dieṅ”の看板の薬店では、私は1リエルにつき20セン値引きして売りますが、買いたい方はこの[新聞の広告が載っている]紙を切り取って持って買いに来てください。たくさん買っても、少し買っても私は適切に販売します。

体力増強酒を飲みたい皆さんは、“uṅ-dieṅ”印の薬酒を買って行って飲んでください。身体は丈夫になり、全身に血液を増します。

“uṅ-dieṅ”という看板の薬店

プノンペン aṅ[ママ。「aṅga」が正しい]ḍuoṅ路と<ohier>路との角

4-2 [110号3-6と同一]

4-3 [8号4-3と同一]

4-4 [11号4-2と同一]

4-5 [20号4-6と同一]

4-6 [73号、4-6と同一]

4-7 [76号4-1と同一]

4-8 ［33号3-4と同一］

4-9 ［44号4-6と同一］

4-10 ［11号3-2と同一］

4-11 ［108号3-8と同一］

4-12 ［109号3-5と同一］

4-13 ［終わり近くの「70メートル」が「10メートル」に変わった以外は、48号3-8と同一］

SAMEDI 25 MARS 1939

COFAT
CIGARETTES
La meilleure cigarette Indochinoise
Le Paquet vendu 5 cents

HEBDOMADAIRE PARAISSANT TOUS LES SAMEDIS

Directeur
PACH-CHHŒUN

(Boite Postale N° 44)

第3年112号、仏暦2481年0の年寅年 cetra 月上弦5日土曜日、即ち1939年3月25日、1部8セン

［仏語］　1939年3月25日土曜日

1-1　［仏語で「私書箱 No.44」と「社長、PACH-CHHŒUN」が加わった以外は8号1-1と同一］

1-2　［デザインが少し変わった以外は8号1-2と同一］

1-3　［デザインが少し変わった以外は8号1-3と同一］

1-4　［8号1-4、1-5と同一］

1-5　クメール政府官員が生命を養うことの困難さ

クメール官吏が生命を養うことについて、責任下にいる家族が多いのと、あらゆる物価とさらに家賃も以前よりたくさん上がっていることで、民衆を治める公務に従事している者としてふさわしい生命の養いかたをするのに十分でないと嘆いているのをしばしば耳にする。

上級政府［＝ここではインドシナ総督府］が慈悲心で俸給を増しても、各回ともクメール官吏は<protectorat>［保護国］側の官吏と同時に［増額を］得られるという幸運をもたないことが多い。1年も、あるいはそれ以上も遅れることが多いし、その増額を全く得られず、［増額が］どこに埋められて消えたのかわからないことも多い。過去しばしば得られなかった金のことまで手を伸ばしてしつこく言おうとうは思わない。総督府が10%引き上げたばかりのほやほやの、インドシナ国連邦の全ての国の官員と［カンボジアの］<protectorat>［保護国］側の官吏はすでに塵と使い果たしてしまっている raṅvān dī tampan（Indemnité de Zone）［地域手当］ですら、クメール官吏たちはまだ得ていない。実に理解に苦しむことである。さらに政府の方は忘れ去らせようとしているようである。

クメール官吏の俸給と諸手当の問題は、我々は、クメール政府官吏を救うために、我々の<gazette>［新聞］の中でしばしば政府にお願いした。しかしまだ成功したことがない。今や、俸給が少ない中級職の官員たちも各人が1通ずつ手紙を書いて、俸給を増額して、<protectorat>［保護国］側の同等の地位の官員と同じように十分にすることを保護国政府に求めようという声があると聞く。

噂によると、政府が地域手当をクメール官吏に与えない理由は、政府は、「クメール官吏は生命を養うのに十分な俸給をすでに受けている。もしそれ程にも不足しているのなら、クメール政府の高官たちがしつこく求めるはずである」と理解していることによるという。そして月給が少ない下級官員たちは、いつになったら高官たちが慈悲を持って、「他並みに十分にして欲しい」と求めてくれるのかわからずに、煙が上がるのを首を長くして待っているだけで。

もう1つ、ある官吏たちは、「クメール官吏は、とても長く政府に勤務してからようやく1等級昇任する」と嘆いている。即ち、同じ等級に5年、6年、7年、8年ととどまって、職務に全力を尽くして雄々しく働いてからようやく1回昇任する。コンポン・トムのある職員は、政府はどういう理由によるのかは不明であるが、1927年から現在まで、1度も昇任させていない。この下級官員が何か過ちや失敗をしたのなら、解雇するのが適切である。このように長期間苦しみを与えていじめるべきではない。

各回の昇任時には、政府はあまりにも少数しか昇任させない。昇任の有資格者の数は甚だ多い。そういうわけで昇任できなかった人の数はどんどん溜まっていく。1回に、昇任の有資格者数の半数の人を昇任させたら、官員たちはきっとかなり楽になるであろう。

昇任させる仕組みについては、政府は上級職官吏と中級職官吏とを同じ2年で昇任させるのは適切ではない。上級職官吏1人が昇任すると、大勢の下位の官員に匹敵する金がかかる。中級職官吏の制限年数を1年にして、より早く昇任させるべきで、そうすれば善い行いである。

昇任資格ができる規定勤務年数2年は、この規定年数だけで昇任できる官員を目にしたことがない。この規定年数で昇任するという高い幸運を持つ者はとても少ない。4年、5年、6年、7年たってようやく昇任できるのを目にすることが多い。

nagaravatta は、政府が慈悲心を持って、クメール下級官員があらゆる方面で楽に呼吸できるようにすることをお願いする。クメール官吏は、“ヘビのように死に、カエルのように生きる”という諺があるように、政府に何かを抗議して悩ませることを知らないからである。しかし、インドシナ連邦の他の国々の下級官員と同等の不足[ママ。皮肉]を持つことを望んでいる。はっきり言うならば、クメール政府下級官員は、<protectorat>[保護国]側よりも甚だしく苦労して仕事をしている。税金を徴収し、あたかも戦争に行くかのように生命を賭けて盗賊を鎮め、生命を惜しまずマラリアで有名な地域に入って行って公務を行うというように、国の全ての面を治めなければならないからである。そして月給が上がる時になると1番遅いし、また全く上がらないこともある。[涼しい]陰で楽に働いている人の方が使える金が多いというのは、きっといつまでも続く。

それゆえ、我々がしばしば求めているのは、金銭に関する制度は、保護国政府側に対するのと同様にフランス政府が専決し、任命、解任、昇任はクメール政府に決定を任せてほしい。クメール官吏が<protectorat>[保護国]側官吏と同じように金銭の面で楽になるようにである。「月給が増えるのは、互いに異なり、月給をカットするのは互いに同時」というのは善い行いではないように思う。

もう1つ、nagaravatta 新聞は、以下に述べることを保護国政府に思い出させていただく。

現在の全ての政府部局のクメール官吏の俸給は、我々が検討してはっきりわかったことは、以前の国の制度なら本当に十分であったと思う。しかし現在は十分ではないと理解する。その理由はこれら後代の官吏たちは学んで多くの学問知識を持つ人たちであり、多くはヨーロッパの習慣にこだわっている。さらに、物価は今、大変(少なくとも10倍に)上がっているからである。我々が知ってきたことによると、郡長や州知事たちは、いずれもフランス人や現地国官吏が用務で訪れると、高価な料理、飲み物で親密に礼儀正しく接待する。それゆえ、これら全ての官吏の中のある者たちに、自分が過剰に出費したという不注意による不足を穴埋めするために、何か不正な手段を使わざるを得なくならせる。従って、我々は大声で保護国政府に俸給を補って十分にしてほしいとお願いしているのである。[俸給を上げた後、]それでもまだ、我々が上に述べたような不正を行う官吏が誰かいたら、保護国政府は容赦なく厳しく罰するべきである。このようにして初めて本当の善い行いというものである。

もう1つ、我々が上に述べたことは、我々が民衆から、官吏のある者たちが不法行為を行なっていると訴えてきているので、すでに証拠がある。このことは、「官吏たちの俸給が十分でないことによる」と我々は理解する。

1-6 諸国のニュース

1-6-1 ヨーロッパ諸国

何ヶ月か前に、ヒットラー氏が軍を入れて占領しようとし、それから一転して突然中止したチェコスロバキア国は、現在ヒットラー氏はその望み通りに、「必ず全てを手に入れよう」としている。

このチェコスロバキア国は何ヶ月か前、同国内の諸民族を民族ごとにまとめて小国に分割して、ズデーテン国(ドイツ人)、スラヴ人のスロバキア国、チェコ人のチェコ国、マジャール人のウクライナ国[ママ。「マジャール人」はハンガリー人のことである]などにするために、フランス、イギリス。イタリア、ドイツの諸大国がミュンヘン市で会議をした。

この kicca saññā <traité de munich>[ミュンヘン条約]をもたらしたのは、「ヒットラー氏が、軍隊と武器の力で、ズデーテン県をあくまでも手に入れる」という氏の意志の力によるものである。当時のヨーロッパ諸国は戦争から人差し指1本しか離れていない所で生きていた。チェンバレン氏は心配して急いでヒットラー氏と会談をしに行き、「ズデーテン県をヒットラー氏に渡す。それ以外の県は元のままにし、いずれの国も、この条約に違反してこれらの県を要求することをしないことに同意する」という内容のミュンヘン条約を締結することで戦争をとめた。その後、スロバキア国、チェコ[国]、ウクライナ[国]がそれぞれ政府を持ち、経済的にはドイツ国と協力したが、それでもこれらの国は完全にはドイツ国の手中に入っていなかったので、[ヒットラーは]まだ幸福ではなく、現在に至ると、これらの国に住むドイツ人がチェコ人やスラヴ人と騒ぎを起こしてばかりいて、国の政府はこれを鎮めることができなかったので、この騒ぎを収めるために、ヒットラー氏はこれらの国々の大統領と首相をベルリン市に招いた。討議が終わるやいなや、突然ドイツ軍がヒットラー氏を護衛してプラハ市(チェコスロバキアの首都)に進み、同国内の全ての[小国の]首都に侵入して占領し、同国にあったフランス語学校も占領した。同国の老若男女はこれを見て驚愕し、大声で泣く者もいた。しかし道路は陸軍兵と武器でいっぱいであり、空は[ドイツ]空軍機で暗くなるほどであり、さらにドナウ川は[ドイツ]海軍の軍艦が待ち構えているという状況なので、ヒットラー氏の軍隊にあえて抵抗に出るグループはなかった。

政府の許可による発表によると、これらの国々の大統領と首相は、「ヒットラー氏にこれらの国の保護者になることを願う」<traité>［協定］に<signer>［署名］することに同意した。それゆえ、ヒットラー氏は要請に応じてチェコスロバキア国に軍を入れた。現在大フランス国と［大］イギリス［国］をはじめとしてチェコスロバキア国の特命全権大使が駐在している大国では、現在それらの大使をヒットラー氏はドイツ国外務省に編入した。

ドイツ政府の意見によると、ドイツがチェコスロバキア国に行って占領したのは、それらの国々がドイツを招いて来させたからであって、侵略して力で占領したのではない。

その後の新しい情報によると、ヒットラー氏はチェコスロバキアと国境を接していて、中央ヨーロッパで残っている独立国の1つであるルーマニア国も手に入れようとしている。

＊イギリス国、フランス国、ロシア国は、ドイツがチェコスロバキア国に行って占領したことを承認しない。ドイツがこのようにしたことは、武力による違法行為だからである。

ヒットラー氏が<signer>［署名］したばかりの kicca saññā <traité de munich>［ミュンヘン条約］は、残念なことに、今やドイツ国が破り捨て、消滅してしまった。

1-6-2　イギリス国

現在イギリスはベルリン市（ドイツ）から特命全権大使を呼び戻した。チェンバレン氏は、ヒットラー氏が武力でチェコスロバキア国に侵入し滅ぼしてドイツ国にしたことについて相談するために、海軍、陸軍、空軍の諸大臣と会議をした。イギリス外相であるハリファックス<lord>［卿］は、ヒットラー氏がドイツの周囲にある中央ヨーロッパ諸国をまとめて手に入れるために、武器で脅迫して回っていることについてのイギリス政府の考えを説明するために、フランスとアメリカとロシアの特命全権大使たちと集まって会議をした。

1-6-3　ロシア国

ロシア国はまだベルリン市から特命全権大使を引き揚げてはいない。しかし、<gazette>［新聞］の情報によると、ロシアはイギリス政府とフランス［政府］に、「今や民主主義［laddhi dhammanūñ］国家は、チェコスロバキア国を滅亡させてドイツ国に併合し、さらにルーマニア国をも手に入れるべく脅迫しているドイツ国を阻止し、粉砕するための何らかの方策を考えるために、会議を開くべきである。ロシア政府は、この会議にはポーランド、ルーマニア、トルコ、ギリシャの諸国も来て、イギリス、フランス、ロシアと共に会議をするべきであると考える」と説明した。

1-6-4　フランス国

大フランス国はすでにベルリン市から特命全権大使を召還した。フランス外相である<bonnet>氏は、パリのドイツ特命全権大使に、「ドイツ政府はフランス政府に、『ドイツは、チェコスロバキア国政府がヒットラー氏に来て、同国の保護者になることを要請したので、軍をプラハ市（チェコスロバキア）に入れた』と通知してきた。たとえそのような通知があったとしても、大フランス国政府は、『ヒットラー氏が行なったことは、国際法上正当であるとみなすことはできない』」と伝えた。

ダラディエ氏は、現在のヨーロッパ諸国の騒ぎに関して議員たちに演説をして説明し、「国を完全に守ることができるように武器を生産する措置を取る」ことに関して、議会に諮る必要がない権限を政府に与えることを議員たちに求めた。議員たち承諾し、ダラディエ氏の政府に、要請通りにこの権限を与えた。

1-6-5　アメリカ国

アメリカ国大統領であるルーズベルト氏は、「いずれの国であれ、その国が他国と互いに交戦中の場合には中立を保ち、その国に助力してはならない」というアメリカの法律を時勢に合わせて改正することを承諾した。

1-7　土曜評論

我々人間は死ぬと埋めるか焼く。一方、官員の方も期限まで働く、即ち［勤務できる］年限になると退職して daduol <retraite>［引退］しなければならない。このように<retraite>［引退］させるのは、年取った官吏たちは月給をたくさんもらっているし、しっかり働く体力がないことが国を発展させることをしないので、知力も体力も十分あるが仕事がない次世代の若い人にそのポストを与えるのである。

政府が定年を過ぎて勤務している老官吏をずっとおいておいて jhap <retraite>［引退］させないのは、敬愛からその老官吏に特別待遇をしているのである。しかしこの種類の官吏は少ない。それゆえクメール政府内には、40年以上も勤務していて中国人やベトナム人に対する何らかの業務を担当している場合、まだ退職させることを考えずに勤務を続けさせている官吏が何人かいる。一方、後の世代の官吏の方は、いかに考えも態度も良く、深い学問知識があり、さらにクメール人が発展するように一生懸命働いても、政府は早く地位を上げることを考えず、さらに政府に［勤務できる］年数が定年に達する前に daduol <retraite>［引退］させることが多い。

見たところ、ひょっとすると政府は、政府が特別待遇している古い世代の官吏に黒漆を塗っておいておいて、［現］劫の遺品として、ずっと勤務させるのかも知れない。

tā {kram}

1-8 ［注。人物の半身の写真があり、その下に］

シソワット中高等学校卒業生友愛会会長であり、現在休暇でフランス国に行っている<guilmet>氏の写真

［本文］ 我々は、数ヶ月後に氏がクメール国に帰り、我が友愛会を今よりももっと堅固で有能になるよう支援してくださることを期待している。

＊シソワット中高等学校卒業生友愛会の設立を応援、助力してくださった(Wasner)氏を、今回政府はサイゴンの<lycée>［中高等学校］に行かせて教えさせることにした。

我々友愛会会員は上記の2氏を大変惜しんでいる。しかし、現在我々は我々の新しい会長、即ち、フランス国のシュヴァリエ勲章を受章した、<retraite>［引退］したuttamamnatrī で、現地国諮問会議委員長で、インドシナ国大会議でクメール国代表を務めた pān-yiṅ 氏に大いに期待している。

1-9 sruk ghlāṅ 省のコーチシナ国中高等学校教育協会について

この協会は、フランス語ークメール語を学ぶことを望むクメール人児童に助力し支援するために、3年あまり前に設立され、かなり発展しました。現在、協会は［次の］生徒を養っています。

sruk ghlāṅ 校	37名
yāḍiñ 省美術工芸学校	1名
braek ṛissī 省校	6名

これらの生徒を養うために準備してある金はまだ豊富には得られていず、毎月の食費と学校納付金を支払うのに足りるだけであり、これも、政府の補助の恩の力を合わせた結果、この3年間足りてきたのです。

一方、入会者の方は、コーチシナ国の諸省にはクメール人民衆がおよそ500,000名以上、sruk ghlāṅ 省1つで50,000名以上いるのに比べるとまだ大変少なく、約1000名に達したところです。

現在クメール人はますます目覚め、教育は本当に有用であることを理解し、子供を学習に行かせる数がかなり増えました。この学習は、今後も毎年発展することは間違いありません。

協会は、「この事業はクメール人にとって非常に大きい有用性がある」と理解し、「我々クメール人は会館を1つ持つべきである」と理解します。この会館は、

1。協会の会議のため

2。僧たちの事業の会議のため

3。僧が律を学ぶため

4。在家のあらゆることの躾の教本の会議のため

に使用する基盤になります。

すでに先日全ての地域に配布した解説書にありますように、まあまあの資産を持つ同胞たち全てが、発展のためであることを理解し、賛成して約7,000リエルの善業に参加しました。サイゴンの総督府が5,000リエルを助力し、sruk ghlāṅ 省政府が2,000リエルを助力し、合計14,000リエルになりました。

この協会会館を建設する［費用を］計算すると、［建設］費用は15,000リエルから20,000リエルあれば足りると推測され、［建設を］始めるにはまだ約6,000リエルが不足しています。

協会は、皆さんがこのことができるように助力し支援してくださるようお願いします。これこそ民族を救う善徳であり、後の世に残す遺産と呼ぶべきものです。

50リエル以上の善業に参加なさった、まあまあの資産を持つ皆さんは、今後ずっと人々が見て名声を思い出すように、大理石の板に名前を彫って協会会館の壁に張ります。資産が少ないけれども、善業を積み他の人と同じように名声を持つために協会会館の設立の善業に参加することを志望するけれども、50リエルも取り出す力がないので、敢えて参加することができない人は、協会は何か方法を考えてこれらの人々が善業に参加することができるようにします。［即ち、］最低1リエル以上の善業参加を受け取ることにすれば、恐らくとても楽で、資産が少ない人でも楽に容易に善業に参加することができるでしょう。

それゆえ、協会は皆さんに、一生懸命助力して、全ての地区、全ての寺の檀家で、協会会館設立の善業に1リエル以上の参加をすることを志望する人に、広く伝えて応援してくださるようお願いします。［即ち、総額は］50リエルでも、60リエルでも、70リエルでも、あるいはそれ以上でも構いませんから、集まったらリストを1つ作り、この寅年 phalguṇa 月下弦のうちに、金と一緒に sruk ghlāṅ の協会に送ってください。リストには“……寺の檀家である優婆塞優婆夷……は……リエルで善業に参加します”と書いてください。ただし参加した人の名は、名前を記録して協会会館に残すために、1冊にまとめてください。

それゆえ、この［募金］が発展して豊富に集まり、会館を建設することができ、現代のクメール人の業績である遺産を残し、他の民族が見て、「今のクメール人は偉い。民族を守り、『無学無知、低劣で、名声がなかなか得られない』という苦しみから救うために、一致協力して集まって友人として結束して協会を作り、会を作り、会社を作る」と言わせるように、皆さんは心の底から心を込

めて一生懸命助力、応援してください。我々の協会の会館ができた暁には、「クメール人の英知がある人は、現代にまで子孫を残しており、まだ死に絶えてはいない」と周囲の人々は言うでしょう。

皆さん、よく考えてください。私たちがこのようにお願いしていることは、助力して成功させる価値があるでしょうか、ないでしょうか。

今までずっと、民族を救って繁栄させる人はいませんでした。今こそ我々全ては一生懸命力を合わせて[会館を]建設し、我々の一族を将来成長させるべきです。

<signer>[署名] ḷim aem

sruk ghlāṅ 省の<en retraite>[引退]した swm aṅ 医師

最後に、nagaravatta はクメール国の我がクメール人兄弟たちに、このコーチシナ国の我々の兄弟たちが他と同じように繁栄し、学問知識が得られるように応援するよう呼びかけます。我がクメール人を他の民族と同様に安定させ繁栄させる助力をし、金を寄付することを志望なさる方は、この友好会の会長である ḷim-aem 氏にお金を送ってください。

[宛名は]《Monsieur Lâm EM, Président de l'A.A.I.P.M.C.C. à Soctrang[Soctrang の A.A.I.P.M.C.C.会長である Lâm EM 氏]》です。

1-10　新年の saṅkrānta 式

(mahāsaṅkrānta 中の方式に従って)

subhamasbu maṅalā jayātireka[?]。仏暦は2482年[ママ。2481 年が正しい]が過ぎ去り、大暦は1861、小暦は1301、干支は卯年、年の数は1の年に入るのを前にして、4日間の正月の儀式、即ち mahāsaṅkrānta[新年] が cetra 月下弦9日木曜日(1939年4月13日)夜10時50<minuite>[分]に到着する。[cetra 月]下弦10日金曜日と下弦11日土曜日は盲日[注。祝い事をしない日]で、下弦12日日曜日が年号が進む日、即ち新しい年に変わる日である。[注。正月期間は「3日間」とされるのが通例であるが、この年のように「van pat=タイ語=盲目の日」が2日間あり、合計4日間になる例がある]

占雨術の予想によると、今年は水星が長で、2人のナーガ王が500回雨を降らせる。即ちこの人間界では50回降る。天候の占いの予言によると、「今年は暑いことが多い」という予言している。年の初めの降雨は中程度、年の中間は少雨、年の終わりは多雨である。収穫の予想では、全てが豊作である。

今年は adhikamāsa(即ち lœk khae)[閏月]があり、āsādha 月が2回あって、pathamāsādha[第1 āsādha 月]と dutiyāsādha[第2　āsādha 月]と呼ぶ。

bisākha 月上弦5日水曜日(5月3日)の夜に月食があり、8時40<minuite>[分]から12時40<minute>[分]まで rāhū が[月の]全部を摑み[注。「呑み込む」とする人もいる]、それから放す。これを“sārabœgrāha[皆既食]”と呼ぶ。

日と月の吉凶:水曜日が王で、土曜日が旗の長、土曜日が udapādava[?]、金曜日が凶日である。bhadrapada 月が王と長で、srābaṇa 月が udapādava で pussa 月が凶月である。

この正月に際し、我々各人の星座の神々は最も大きい望み、即ち我々各人に[次の]ことを果たすことを望んでいる。即ち、1、行動と言葉と心を正しく互いに正直にする。2、心を込めて一生懸命働いて生計を立てて、すこしずつ利益を増やす。3、互いに愛し、親密にし、ついには民族を愛し、民族を支援し、発展させる。これらのことを果たせば、全ての神々は必ず来て助力して発展させることを約束してくれることは確実である。

2-1　試験についてのお知らせ

1939年4月1日土曜日、午後2時半から、kassataelṇū 路の土地登記局で smien 60名の採用選抜試験が行われる。受験する者は、少なくとも17歳のクメール人に限られる。

受験する者は、願書とクメール国内のどの州でも働くことを承知する念書とを、1939年3月31日までに土地登記局長殿に提出すること。

2-2　ボダイジュの植樹式

phalguṇa 月下弦15日、即ち1939年3月20日に、仏教研究所の敷地内で、nārada 老師がセイロンから持って来て国王陛下に献上したボダイジュ1本を植える式が行われた。

時刻になると、国王陛下の代理である samṭec cau fā vāṅ、<le résident supérieur>[高等弁務官]殿代理である cāṅhvāṅ <bureau>[局長]である ṭwwḷaṅs 氏、両派の僧王の代理である長老僧などの諸代表と、仏教研究所所長である samṭec krum braḥ varacakra ṇariddhiなどが集まった。

4時半、大きい行列が行われた。夜の6時半に植樹式が行われた。夜7時、nārada 老師などが説法をした。この式に優婆塞優婆夷が大勢集まった。

2-3　[44号2-4と同一]

3-1　クメール現地国人軍の式典のスケジュール

1939年3月27日月曜日

16時、即ち午後4時:軍の歴史についての談話

[午後]4時30分:綱引きスポーツ競技の試合

20時、即ち夜8時:火の行列

1939年3月28日火曜日

午前6時:ラッパで兵士を起床させる

午前7時:兵の訓練(勲章授与。古い dī dāt <balle>[サッカー場]で的撃ち射撃賞授与)

7時から10時まで:種々の催し物

3-2 ［110号3-3と同一］

3-3 没収品の売却

1939年4月1日午前9時に、カンダール州、gien svāy 郡、gagī 村で競売を行う。

第1。住所が koḥ prāk(gagī) である ūc の妻 nāṅ {jhūk} から没収された木造、瓦葺の家屋1。

最低価格……250リエル。

第2。いずれも住所が gagī(gien svāy) である tup の妻である nāṅ {lim} から没収された木造草葺きの家屋1と車1。

最低価格……250リエル。

この売却の方法については、契約はなく、現金売り、即ち割賦もない。購入することができた［＝落札した］者は落札価格の10パーセントを支払わなければならない［ママ。「誰に」支払うという記述はない］。

3-4 ［広告］ 仏教徒協会 ［注。この文章は、113号2-1で書き直されている］

お知らせ

来る cetra 月下弦5日日曜日(1939年4月9日)に、仏教徒協会は高等パーリ語学校で、高等パーリ語学校副校長である braḥ hasanasobhaṇa(ṇāt) を招いて、師がカンボジア国仏教研究所による［ママ。実際はカンボジア国仏教研究所とラオス国仏教研究所の共催］ラオス国での会議に出席した旅行で見聞した、ベトナム国とラオス国の仏教についての講演会を催し、vidyu <haut parleur>［拡声器］を使います。

このお知らせは、招待状の代わりです。

暫定理事会

3-5 ［111号3-4と同一］

3-6 ［105号3-3と同一］

3-7 ［111号3-6と同一］

3-8 ［110号3-7と同一］

3-9 ［110号3-8と同一］

3-10 ［109号3-7と同一］

4-1 ［111号4-1と同一］

4-2 ［110号3-6と同一］

4-3 ［8号4-3と同一］

4-4 ［11号4-2と同一］

4-5 ［20号4-6と同一］

4-6 ［73号、4-6と同一］

4-7 ［76号4-1と同一］

4-8 ［33号3-4と同一］

4-9 ［44号4-6と同一］

4-10 ［11号3-2と同一］

4-11 ［110号3-5と同一］

4-12 ［109号3-5と同一］

4-13 ［終わり近くの「70メートル」が「10メートル」に変わった以外は、48号3-8と同一］

SAMEDI 1er AVRIL 1939

CIGARETTES

JOB

LE PAQUET VERT

Vendu 5 cents

Nagara vatta

COFAT

CIGARETTES

Le Paquet vendu 5 cents

Directeur PACH-CHHŒUN

HEBDOMADAIRE PARAISSANT TOUS LES SAMEDIS

(Boite Postale N° 44)

第3年113号、仏暦2481年0の年寅年 cetra 月上弦12日土曜日、即ち1939年4月1日、1部8セン

［仏語］ 1939年4月1日土曜日

1-1 ［仏語で「私書箱 No.44」と「社長、PACH-CHHŒUN」が加わった以外は8号1-1と同一］

1-2 ［デザインが少し変わった以外は8号1-2と同一］

1-3 ［デザインが少し変わった以外は8号1-3と同一］

1-4 ［8号1-4、1-5と同一］

1-5　クメール工芸技術を育てる

古代の我がクメール人の工芸技術はこの世界で第1級の美術品であるという名誉を得ていた。このことは事実であり、カンボジア国内のあらゆる場所を調査すれば、現在にいたるまでその証拠として残っている物である美術工芸品をはじめとして種々の工芸品を見ることができる。これらの品々は全てクメール人の手腕で作られた物で、極めて美しく繊細で、念入りに作られたものであって、第1級の美術品として世界で好まれている程である。現在最も発展し繁栄しているヨーロッパの人々でさえ、クメール人の工芸技術全般を褒めそやし感服していて、これらのものを持って行って手本にしている人までもいる程である。

しかし、およそ6、7百年の時が過ぎると、クメールの工芸技術は滅びてしまい、「中程度の美術品」と言うに足りる物さえほとんど何もなくなってしまった。比較すると古代の物に甚だ劣る。最も劣っているのは絵画の技術であり、全く消えてしまった技術もいくつかある。思えば実に借しまれることである。

現在、大勢のクメールの名士と庶民たちがこのことを想い、この劣ってしまったクメール人の工芸技術を全てpaṇṭuḥ panṭāl［繁殖させる］、即ち jappa［まま。vappa「育てる」が正しい］て、再び生き返らせることを望んでいる。

育てようとしている工芸の種類は、racanā (camlāk)［彫刻技術］、手工芸技術、絵画技術、金細工技術、銀細工技術、鉄鍛冶技術、鋳造技術、織物技術、裁縫刺繡技術などであり、さらに、あらゆる種類の道具、神仏への供え物を載せる台、装飾品としての台などである。さし当たって今は、知らせるだけの目的で、簡単に工芸技術の名前だけを示したが、後日皆さんが知って、これらの［脱落している］技術を補足して豊富にするように詳細を述べて解説する。

これらのことを始めることを考えている名士諸氏の考えによると、これはクメールの工芸技術を復活させるためであり、それゆえ我々は全てのクメール人に呼びかけさせていただくが、今日から以後、同胞の皆さんは、急いでこれらの全ての種類の工芸品を豊富に、かつ美しく繊細に作って準備してほしい。なぜならば、我々は今後のいつかある時に、協力して年に1回tāṅ praḷaṅ <foire>［展示品評即売市］祭を行なって、賞品を得、販売して代金を得ること、そして毎年1回か2回、品評会をすること、また会社を設立して、品評会の後にこれらの工芸品をまとめて買い上げて店に置いて販売して利益を得ることを考えているからである。この展示品評即売市祭では、多くの意見では、純粋クメール人の作品だけを選んで展示させて品評することにし、他民族、即ち他民族の物は参加・展示を絶対的に禁止する。このような仕方はクメール人の工芸業を発展させる原因になる。

しかしながら、上に述べた品評会祭を行うことは、クメール政府とrājakāra <protectorat>［保護国政府］が慈悲を持って手を伸ばして全面的に助力し後援してくれる恩徳の力次第で成功することができる。放置して民衆によたよたと行わせて運命に従わせるならば、きっと開くことはできないだろうし、かりに開くことができたとしても十分なものではないと信じる。それゆえ我々は、一転して儀式[puṇya=祭り]をして、クメール政府[閣下]とrājakāra <protectorat>[保護国政府]閣下に、どうか関心を持って支援することを承知するようお願いする。このような祭りは、他国の政府の多くはたいてい手を差し伸べて民衆を導いている。今クメール民衆は、民衆と政府全体のために、民族の工芸技術を育て上げようと考えている。それゆえ、政府は必ずこの道を開いて民衆に支障なく歩ませてくれるに違いないと、非常に強く期待している。

nagaravatta

1-6　nagaravatta 新聞からの通告

nagaravatta 印刷所に出資を志望し、登録してまだ金を払っていない人、あるいは金を1部払ったが、全額は払っていない人に通告します。至急、来る4月10日までに金を我々に送ることを求めます。時間に間に合うように、印刷所の設立を始めるためです。

もう1つ、地方の方で、この善業に助力する気持ちを持っておいでの方は、上の我々の希望の通りに、金を至急御準備ください。金は全額揃っても、揃わなくても[＝1部分だけでも]お送りください。

1-7　諸国のニュース

1-7-1　フランス国

大フランス国大統領であるアルベール・ルブラン氏とルブラン夫人[loka jamdāv]は数ヶ月前に大フランス国を訪問したイギリス大王に返礼のためにイギリス国を訪れた。

この大統領の訪問に、大フランス国外相である<bonnet>氏が随行した。この訪問で、フランス大統領とイギリス大王は、両大国間の良友関係について、何らかの決定をするからである。

全イギリス国は極めて盛大に大統領を迎え、この両大国が互いに固い良友であることを示した。

＊国防に関する種々のことを決定する権限を議会から得たフランス<conseil> senāpatī[内閣]は、現在海軍をさらに増員することを決定し、さらに宣戦布告をした時以外でも、必要に応じて政府は退役軍人と休暇中の軍人を召集できる権限を持つことを決定した。

今後、戦争が起こった時に備えて国内経済の体制を決定する。

1-7-2　イギリス国

イギリス政府は、ロシア国、ポーランド[国]、ルーマニア[国]に大使を派遣した。これらの国々が、武力で脅迫して諸国の国土を奪おうとするヒットラー氏とムッソリーニ氏の laddhi <fascisme>[ファシズム]の策略に抵抗するために、フランス国、イギリス[国]、アメリカ[国]に協力することを考えることに関して、これらの国々の状況を観測し、知るためである。この件に関して、ロシア国は反対していない。ポーランド国とルーマニア国も反対していない。イギリス大使はポーランド国に、「ポーランド国が国のた何らかのことを実行するために金が必要ならば、イギリスは貸すことができる」と説明して気を楽にさせた。

現在、チェンバレン氏は議会で[次のような]多くの質問を受けている。

1つ。「ヨーロッパ諸国がこのように混乱している時に、首相である氏はイギリスの軍に関する事柄をどのように整えることを考えているのか」1人の議員が、「イギリス陸軍兵を2百万名に増員するべきである」と述べた。チェンバレン氏はこれらの議員たちに、「政府はこの件を検討中であり、どのように決定するかは、まだ言えない」と答弁した。

1つ。さらに、「ヨーロッパがこのように変化している時に、イギリス政府は諸国に関する事柄をどのよう整えることを考えているか」と質問した。チェンバレン氏は、「これに関しては、現在大使にこれらのことについて観測させる措置を取っており、まだ確かな情報を得ていないので、まだ議員に発表して説明することはできない」と答弁した。

1つ。さらに、「ポーランド国がヒットラー氏に侵略されるという災害に見舞われた場合に、イギリス国は出て[ポーランド国]に助力することができるか」と質問した。チェンバレン氏は、「イギリス政府は、大使が会いに行った諸国には、イギリスが助力に行くことができる場合と、助力に行けない場合とを説明してある」と答弁した。

1-7-3　ドイツ国

先週チェコスロバキア国を得たばかりのヒットラー氏は、現在さらにメーメルをドイツに併合しようとしている。イギリス、フランス、ロシア、アメリカなどの大国は、「ドイツがこのことを行うのは、正にあらゆる面で法律に違反する」と理解し、これらの大国内の全ての銀行に、チェコスロバキア人の金を凍結し、引き出しを禁止する命令を出した。もう1つ、ドイツ国とこれらの大国間の貿易は多数中止された。しかしヒットラー氏はそれでも止めようとせず、現在はポーランド国とトラブルを起こそうとしている。先週ヒットラー氏が脅迫しようとしたルーマニア国は、両国間の貿易の方法についての協定をドイツと結ぶことを承服したので、現在ドイツと少し和解している。

1-7-4　イタリア国

ムッソリーニ氏は講演をして、「現在、国と国とが何かについて話し合う時には、いかに雄弁な者でも武力を先鋒として使うべきで、そうすれば成功する」と述べた。さらに氏は、「イタリア国はチュニジア国におけるイタリア人の権利を守らなければならないし、イタリア国がスエズ運河管理委員会に参加する権利を持つことを要求しなければならないし、イタリア国はジブチにフランス国と同等の利益を得るべきである」と述べた。

1-7-5 中国

日本軍は引き続き江西省で攻撃中で、中国軍を粉砕、追い出して、省都である南昌市を占領した。

上海市では、日本政府が同市内に租界を持つ諸国に、新しい規定を持たせる制度を整えた。この情報には、イギリス国、アメリカ[国]、フランス[国]は同意せず、外交ルートで日本政府に抗議した。しかし、ヨーロッパ諸国はヒットラーとムッソリーニの炎が燃えさかろうとしているので、これらの国々は日本にこの抗議に回答させたい望みはあまり持っていない。

中国における大イギリス国の利益の件について、イギリスは中国に貸した金を守り、返還させることだけしか考えていないようである。中国の通貨の価値を以前のように上下させないように、イギリス通貨に対する価値を安定させることだけを考えている。

1-8 このような事件があるから、クメール人はますます憤慨する

先の3月26日日曜日、コンポン・スプーの市場で1人のベトナム人女性が魚を値切っていたが、互いに値段が折り合わなかったので、歩いて行ってしまった。そのベトナム人女性が行ってしまうと、1人のクメール人が行って、同じ魚を、[ベトナム女性に対して]売り手が前に値下げした価格で買った。しばらくすると例のベトナム人女性が引き返して来て、前に値切った魚を買おうとして訊ねた。その魚を1人のクメール人が買って行ってしまったことを知ると、そのクメール人を呼びとめようとして探しに行き、見つけるとその魚を取り返そうとした。クメール人が強情に渡そうとしないでいると、そのベトナム人は木靴を脱いで頭を殴った。他にベトナム人女性が2、3名いて助力して殴った。

情報によると、<police>[警官]が争っている双方を捕まえて同等に罰金を科した。そして<le résident>[弁務官]殿も州知事殿もこの事件を正しく検討したので、喧嘩をした双方とも夫々承服した。

我々の情報によると、コンポン・スプー州は、現在<gendarme>[憲兵]がいない。最近統治に着任したばかりの rūñī 氏と州知事殿とは、「このような悪い行いをなくして、今後起こらないようにするために、コンポン・スプーに<gendarme>[憲兵]を1人請求するべきである」と述べた。

nagaravatta は、これまで長い間業績を上げてきた<le résident>[弁務官]殿と州知事殿のお二方の徳で、今後きっとコンポン・スプー州に幸せがあるよう、お二方に期待する。

1-9 我々クメール人は驚き、慌てふためいている

我々は、地方の我がクメール人たちが、農産物などの財産を集めて中国人に売っているという情報を得た。これらの者たちが、「我がクメール国はまもなく近くの国と戦争が始まる」と言って慌てさせているからである。このような慌てふためきは、我がクメール人に財産を沢山失わせ、そして他民族に財産を増やせている。[これらのクメール人は、]「本当に我が国に戦争が起こりかけているのなら、なぜ彼ら[＝中国人]が自分たちの財産を敢えて買おうとするのか」ということを考えて検討することをしない。この話の中の、「どこかの国がクメール国を取ろうとしている」というのは真実の情報ではないのである。シャム国の方は、我々クメール人全ては、「シャム人はクメール国を取って何かしようとは考えてはいない」と信頼してほしい。なぜなら、彼らの国には広い国土があって耕しきれず、中国人や日本人を呼んで来て耕させている程だからである。

それゆえ、我が民族は全て、普通通りに一生懸命働いて生計を立てているべきである。悪人に何か仕事を成功させてはいけない。彼らは我々を慌てさせて我々に財産を失わせようとしているだけだからである。

我々は政府が、裁判所に送って法律に従って重罰を科させるために、このように住民を慌てふためかせて、[住民たちに働いて]生計を立てるのをやめさせる悪人を調査して逮捕することを求める。

1-10 従業員を募集する公告

充分に役に立つ程度に vāy <machine>[タイプライターを打つ]こととフランス語ができるクメール人事務員を1人探しているところがあります。俸給は1日1.20リエルの日給計算です。

誰か、この事務員になりたい人は nagaravatta 新聞の総務部に問い合わせに来てください。

1-11 私が全ての州に旅行した時にて目にしたこと [111号1-5から続く]

22日から24日まで、私はター・カエウ州に旅行した。まず最初に州[sruk]の長であるター・カエウ<le résident>[弁務官]殿、それに州知事殿と州副知事[殿]に挨拶に行き、それから夕刻4時半に trām kak 郡に行き、初めて aṅga trasom に泊まり、bodhivana寺、uttamasuriyā寺、aṅga braḥ cetiya寺、samṇāp寺、gūs寺に行った。翌23日、住民が aṅga trasom 市場の前に大勢集まった。同日午後、私はjœn cāp 寺に行き、たまたまその時住職師僧が不在だったので、引き返して brai saṇṭaek を通過して kambaṅ jrai まで行った。kambaṅ jrai から戻ると、僧と優婆塞たちに翌日集まるよう頼むために sāḷuṅ 寺に行った。それからター・カエウに引き返して泊まった。翌朝になると brai saṇṭaek の sāḷuṅ 寺にもう1度行き、夕刻3時に aṅga banlī 寺(tānī <poste>[郡庁]に行った。

私が訪れたこれらの寺と地区と郡で、私と集まった方々は全て、私に明確な純粋な心を持っていることがわかり、大勢が nagaravatta 印刷所の設立に出資する登録をすることに同意した。これらの郡で私が認めた、他にはあまりない珍しい成果は、たとえば trām kak 郡では、この郡における政府の代表の1人である sū-ham 郡長殿が、忠告することを知っていて、郡の全ての地区で、全ての家に、サツマイモなどの種々の多くの作物を栽培させ、サトウヤシの葉で笠を作って売ることができるようにさせていた。

もう1つ、私は道で、多くの民衆がター・カエウ州政府を、「jū-ḷuṅ 州副知事殿がター・カエウ州に来て勤務するようになって以来、すべてのことが速やかに発展したから、州知事殿に良く助力していることがわかる。保安隊も、氏の命令下にある職員の方も、全て寛大で気前が良い。trāṅ 郡の郡長である deba-phaṅ 氏の方は、まだ若いけれども、とても仕事ができて能力が優れ、聡明で、郡を清潔に整えることができ、氏のおかげで民衆はとても幸福である」と称賛するのを聞いた。

ター・カエウ<résident>[弁務官]政府は郡庁[舎]を、郡における政府の代表である官吏の地位にふさわしく立派に整備している。クメール国の全ての役所が、この様子を手本にするととても良いと思う。郡庁[舎]と官舎は両側にあって、その中央に花壇があり、実に見るに値するものであったからである。ただ私の見るところ、官舎と郡庁[舎]がくっ付き過ぎているのが少々難点で、もっと[敷地を]広くすると本当に立派で楽しくなるだろう。

tānī 郡のbhnam kuṅ 村には、何ヶ月も前に[人々が]協力して設立した "khemara aṅga banlww 会社" という名の会社があって、純粋な心を持つ民衆たちが大勢が集まって買って助力している。私もこの店に入って商品を見た。発案者は、「この店はまだ販売している商品が多くなく、探して仕入れて増やしているところである」と話した。私は、この村の近くに住んでいる人々に、我が民族が早く発展するように、大勢がこの店で買って助力することを忘れないようお願いする。

最後に、私が旅行した全ての寺、郡、州の、誠意をもって私を喜んで歓迎し、あらゆる助力、支援をして、私に成果をあげさせてくれた皆さんにお礼を申し上げる。

2-1 [広告] 仏教徒協会[注。112号3-4が少し書き直されたもの]

お知らせ

来る cetra 月下弦5日(1939年4月9日)日曜日夜7時に、高等パーリ語学校で、仏教研究所の支援の下に、高等パーリ語学校副校長であるbraḥ sāsanasobhaṇa(ṇāt)を招いて、師がカンボジア国仏教研究所の代表としてラオス国での会議に出席した時に見聞した、ベトナム国とラオス国の仏教についての講演会を催し、vidyu <haut parleur>[拡声器]を使って声を拡げます。

仏教徒協会の男性会員と女性会員、それに仏教徒の皆さんは大勢、上の日時にどうぞ聞きにいらしてください。

仏教徒協会暫定理事会

2-2 我々の情報

我々は、ālīyaes 氏[M.]の印刷所(S.E.K.)が来る4月16日に競売に掛けられるという確かな情報を得た。krasuoṅ <notaire>[登記所]が全ての場所に公示する準備をしているところである。

2-3 私がkaṅḷwwrūḷaṅḍ で見たこと

私が bhnaṅ[ママ。現在の正書法では「bnaṅ」] 族の郡に行った時に、bhnaṅ 族の1グループが現地国人軍のクメール人兵士と共に家を立てているのを目にした。その時、他の bhnaṅ 族より知恵があるような様子の1人の bhnaṅ 族が見えたので、私は近づいて質問した。するとその人は、「私は bhnaṅ 族ではありません。色は黒いですが純粋なクメール人です。私は kaṅḷwwrūḷaṅḍ の学校の校長をしている教師です。今建てている家は住むための家ではなく、学校です」と答えた。私は心の中で、「誰か教師が自分で学校を建てるのを目にしたことがない。今日初めて目にした」と思った。それから、私は再び質問した。「政府がこのようなマラリアがある郡に派遣して住まわせて、政府はマラリア地域手当をいくら支給するのですか」 その教師は、「支給しません」と答えた。

私は、このようなマラリアがある郡で、公務に心を込めて従事している教師を厚遇するべきであると考える。このタイプの人は多くはいないからである。政府は[教師の]マラリア地域手当をなくすべきではない。この郡にいる他の官員は全てマラリア地域手当を貰っている。なぜこの教師にマラリア地域手当を与えないのか。制度がこのようであるから、我がクメール人はあまり[保護国政府]教育局に勤務したいと思わないのである。

2-4 trām krak 郡からのニュース

26-3-39[=1939年3月26日]日曜日午前8時に、カンポートからプノンペンに行くバス、ナンバープレートは5422が走ってきて、法律の規定以上に積載していたので、人と荷物を少し下ろすために、aṅga trasom市場の前に停車した。その時、たまたま寺学校の生徒が寺から出てきて、そのバスが人と荷物を規定以上に載せているのを見て大声で叫んだ。たったそれだけの理由で、突然ベトナム人の<chauffeur>［運転手］1名と［バス］労務者2名が下りてきて、その生徒たちを追いかけて、mā-vetという名の生徒1人を捕まえ連れてきて、何回も叩いたり小突いたりした。それからその子をココヤシ繊維のロープで縛ってバスの所まで連れて行き、その子の頭を押してバスの車体の側壁にぶつけ、その子を何回も振り回して道路に倒し、何回も道路の上で引っくり返した。それからその子を連れて trām krak 郡郡長殿の所に訴えに行った。たまたまその時郡長殿は不在であったので、バスがプノンペンから帰って来てその子を訴えることができるまで［注。郡長は裁判権を持つ］、その子を郡庁に預けた。

午後4時、バスが帰って来るのが見えたが、どこから拾ってきたのか知らないが、バスの窓ガラスの破片を1枚持って来て郡長殿に、「この子がバスの窓ガラスに［石を］投げて割った」と訴えた。trām kak 郡の郡長殿はこの事件を、当事者双方、即ちこの子とその父、<chauffeur>［運転手］1名とバス労務者1名をター･カエウ州都に送った。mandīra <résidence>［弁務官庁］に行くと、いつも kuor 親父と呼ばれているthīで、クメール人の<carte>［人頭税カード］を持ってはいるけれども、心はベトナム人であるthīが来て、「お前は自分が彼のバスの窓に石を投げて割ったのを知らないのか。おまけにお前が彼らを訴えている。お前は必ず牢屋に入れられる」とその子と父親を脅した。しかしそれだけでその事件はすっかり鎮まり、呼び出されて尋問されたり、審理されたりしてはいない。見たところ、その子は彼らから蹴られ、叩かれ、小突かれ、身体がくたくたになるという利益［ママ。皮肉］を得ただけである。

レポーター：sa. pa.

2-5　［44号2-4と同一］

2-6　善人は顔でわかる。一生懸命隠しても良くはならない［注。タイトルは異なるが109号2-1から続く］

事実、この王室印刷所の技師［＝工場長］殿の職権濫用と敵意を持った行為は、工員の誰かが、どのように知識があり、態度物腰が温和で正直であり、一生懸命心を込めて勤勉に働いても、氏は必ず何かあら探しをすることもあるし、［良さを］全く無視することもある。誰か、自分が気に入っている者の場合には、どんなに怠惰であろうと勤勉であろうと、ごまかしをして氏の目に見破られても、［氏は］何も咎めず、解雇もせず、俸給を与え続けて増長させている。本当に正しく温和に正直に勤勉に働く人を、氏がどのようにあら探しをしても見つからないと、ただ黙っているだけで、その人が良い人であると認めようとはしない。あるいは逆に気に入らない人として、名誉を失わせるか、失敗をさせるまで、何とかあら探しをする。

この技師殿は、自分が保護国政府と直接話ができるというただ1つの権限に頼っている。この権限を頼りに、職工見習い各人を好き勝手に、正邪を検討することなくいつでも追い出すことができる。

もし地位が高い人が地位が低い人に助力して救う思いやりを持たなかったら、正義と公正をどのようにして求めることができようか。

この1939年に、さらに大勢を解雇したが、どういう理由であるかについて、これまで我々は知らない。

現在まだ勤務している工員は、黙って我慢して惨めさを受け、我慢して上司の命令に従い、背くことなく行動し、口を開いて抗議する勇気はない。ただ1つ望むのは、保護国政府がこの部局の職員に助力して支持して、をきちんとはっきり官員に任官させてくれることだけである。以前所長殿が、「諸君は一生懸命心を込めて働くことを考えるべきだ。私は諸君各人の知識学問に従って、きちんと公式に身分を整える」と言った言葉の通りにである。そして所長はある工員たちから履歴書を請求していった。即ち、所長は整えようとしていたことは確かである。

一転してこの件が中止されたのは、どういう理由によるのか不明であるが、あるいは技師殿からの反対があったのかも知れない。たとえば俸給の件は我々も少し知っている。即ち、こう変えようとすると、必ず反対されてああ決まるのである。勤務時間も諸官庁と同じに、楽にしようとした。しかし技師殿が反対したことから午前6時半に始業という規定が課された。このように厳しい規定を課するのは、あるいはあら探しをして解雇する道を準備しているのかも知れない。それだから毎朝6時か6時過ぎになる前に、氏は門の所に立って工員たちを怒鳴りつけて脅そうと待っている。時々外に出て来て、食事をしている工員を大声で呼び集め、時間前に仕事を始めさせる。食事が間に合う者も、間に合わない者もいる。食事の途中の者もいる。口に食べ物を入れたまま駆け込んできて仕事を始める者もいる。上司を恐れてのことである。

このように、しばしば始業時間前に働かせる規定により、災難にあう工員がしばしばいる。即ち直ちに氏に解雇される者もいる。罰として無給で時間外労働をさせられる者もいる。時には罰として氏に4、5日停職にされ、これらの職工見習いは日給者であることに対する権限を使って、その停職の日数分だけ、俸給から減額されることもある。就業中は、氏はいつも大声で叫んで脅し、歩き回って限度以上に働かせる。そして汚い語を使って、まるでスイギュウやウシなどの動物のように、職工見習い全てを侮辱する。それだけではなく、職工見習いたちを蹴って怪我をさせることもある。このように上司が虐待しても、クメール人の子は我慢して気にしない。ただ1つ保護国政府が慈悲で俸給と勤務時間を、食料品の価格に足りるよう定めてくれることと、他の諸官庁並みに楽になるように定めてくれることを望んでいるだけである。

この件は、我々の父親であると思っている<thibaudeau><le résident supérieur>[高等弁務官]殿が、王室印刷所の工員を救って支援してくださるようお願いする。各人にしっかりした頼りどころになる基礎を与え、俸給と勤務時間と休憩時間などを標準方式にするようお願いする。

我々は peṇā という名の新所長殿が、王室印刷所で氏の命令下で働いている者たちが楽に呼吸ができるようにするために、心を込めてこのことをきちんと整えて成果をあげることを心から固く期待する。

工員たち

3-1　第3次インドシナ国政府宝籤は、1939年4月1日21時から23時までハノイで抽籤が行われる。

この抽籤の当籤番号は電報で発表される。

3-2　[110号3-3と同一]

3-3　[111号3-4と同一]

3-4　[広告][仏語]　　1939年3月15日、プノンペン

[ク語]　私は名は jīv 小父さんで、中国人で、pārāy 郡[khaetra] kambaṅ thma 郡[ママ。「支郡」が正しい]で商品を売っています。私の子は熱を持つ腫れ物ができて、12名の医師にかかって治療してもらいましたが全く治りませんでした。私は悲しくて大声で泣いていました。すると sīv-pāv 医師殿の弟子である sīv-ḷūñ 医師殿が近くの店にコーヒーを飲みに来て、私が大声で泣いて悲しんでいるのを聞いて、彼は家に来て私の子を救い、治療してくれて、私に sīv-pāv 印の薬を買わせ、私の子は病気が治り、sīv-ḷūñ 医師殿の医術と sīv-pāv 医師殿の薬のおかげで生命が助かりました。それだけではなく、私の家には重い病気の甥が3人いて、医師が治療しても治りませんでしたが、私は sīv-ḷūñ 医師殿に頼り、[同医師が]全て救ってくれました。私は彼の恩を強く感じ、彼はスヴァーイ・リエン州に行って医師をしていて、私はもう会えませんので、私の妻の方の甥の子に頼んで文章を書い助力してもらい、<gazette>[新聞]に掲載して sīv-ḷūñ 医師殿の恩を感謝します。

3-5　農産物価格

プノンペン、1939年3月30日

[「サトウヤシ砂糖」はない]

籾	白	68キロ、袋なし	3.20 ～ 3.25リエル
	赤	同	2.80 ～ 2.85リエル
精米	1級	100キロ、袋込み	9.25 ～ 9.30リエル
	2級	同	8.25 ～ 8.30リエル
砕米	1級	100キロ、袋込み	7.00 ～ 7.05リエル
	2級	同	5.00 ～ 5.05リエル
トウモロコシ	白	100キロ、袋込み	[記載なし]
	赤	同	8.70 ～ 9.20リエル
コショウ	黒	63.420 キロ、袋込み	19.00 ～ 19.50リエル
	白	同	30.50 ～ 31.00リエル
パンヤ	種子抜き	60.400 キロ	40.00 ～ 40.50リエル

＊プノンペンの金の価格

1　ṭamliṅ、重量37.50グラム

1級	157.00リエル
2級	152.00リエル

＊サイゴン、ショロン、1939年3月29日

フランス籾・米会社から通知の価格

ショロンの<machine> kin srūv[精米所]に出された籾 1 hāp、[即ち]68 キロ、袋込みの価格は以下の通り。

籾	最上級	4.00 ～ 4.05リエル
	1級	3.90 ～ 3.95リエル
	2級　日本へ輸出	3.80 ～ 3.85リエル
	2級　上より下級、日本へ輸出	3.50 ～ 3.55リエル
	食用 [国内消費?]	3.55 ～ 3.57リエル
トウモロコシ	赤　100キロ、ショロン県マッカサンで売り渡し。	10.00 ～ 10.10リエル
	白　同	0.00 ～ 0.00リエル

米(10月[ママ]渡し)、港渡し、袋込み、税抜き、1 hāp、[即ち]60.7キロの価格は以下の通り。

精米	1級、砕米率 25%	5.75 ～ 5.78リエル
	2級、砕米率 40%	5.40 ～ 5.45リエル
	同。上より下級	5.20 ～ 5.25リエル
	玄米、籾率 5%	4.30 ～ 4.35リエル
砕米	1級、2級、同重量	4.80 ～ 4.82リエル
	3級、同重量	4.00 ～ 4.05リエル
粉	白、同重量	2.60 ～ 2.62リエル
	kāk [籾殻＋糠?]、同重量	1.18 ～ 1.20リエル

4-1　[111号4-1と同一]

4-2　[110号3-6と同一]

4-3　[8号4-3と同一]

4-4　[11号4-2と同一]

4-5　[20号4-6と同一]

4-6 ［73号、4-6と同一］

4-7 ［76号4-1と同一］

4-8 ［33号3-4と同一］

4-9 ［44号4-6と同一］

4-10 ［11号3-2と同一］

4-11 ［110号3-5と同一］

4-12 ［111号3-6と同一］

4-13 ［109号3-7と同一］

4-14 ［終わり近くの「70メートル」が「10メートル」に変わった以外は、48号3-8と同一］

SAMEDI 8 AVRIL 1939

CIGARETTES
JOB
LE PAQUET VERT
Vendu 5 cents

Nagaravatta

COFAT
CIGARETTES
La meilleure cigarette Indochinoise
Le Paquet vendu 5 cents

Directeur
PACH-CHHŒUN

HEBDOMADAIRE PARAISSANT TOUS LES SAMEDIS

(Boite Postale N° 44)

第3年114号、仏暦2481年0の年寅年 cetra 月下弦4日土曜日、即ち1939年4月8日、1部8セン

［仏語］ 1939年4月8日土曜日

1-1 ［仏語で「私書箱 No.44」と「社長、PACH-CHHŒUN」が加わった以外は8号1-1と同一］

1-2 ［デザインが少し変わった以外は8号1-2と同一］

1-3 ［デザインが少し変わった以外は8号1-3と同一］

1-4 ［8号1-4、1-5と同一］

1-5 ［65号1-7の末尾に「万歳、万歳、万歳」がついたもの］

1-6 <thibaudeau> <le résident supérieur>［高等弁務官］殿のコンポン・チャム州視察旅行

先の3月28日、<le résident supérieur>［高等弁務官］殿はコンポン・チャム州へ視察旅行をした。暑い日であったにもかかわらず、氏は耐えて嫌な顔をせずに、敢えて野を越え山を越えて300から400キロメートルの旅行をした。氏はコンポン・チャムの森林局の整備事業を視察に行き、同地にあるクメールの寺々を見に入った。僧と優婆塞が盛大に氏を出迎えた。<le résident supérieur>［高等弁務官］殿は、住職師僧たちが一生懸命心を込めて森林局に助力し支援して希望通りに事業を成功させたことを称賛した。dambāṅ brīṅ 寺に行くと、住職師僧が、同師の学校がそこで学ぶ生徒のために十分でないことを長殿［loka dham］に訴え、長殿［loka dham］は、「プノンペンに帰ったら住職師僧の訴えの言葉の通りにする」と話した。dambāṅ brīṅ 寺を出て kambaṅ rāṅ に行き、長殿［loka dham］はとても長い木橋の竣工式のテープ・カットを行った。この橋はコンポン・チャム州とクラチェ［州］を結ぶもので、ālū?ārad 氏の考えと、それを成功させた camrœn 森林管理官殿の腕前によるものである。<le résident supérieur>［高等弁務官］殿と随行者の自動車が camrœn 森林管理官殿の宿舎（chlūṅ 郡）に着くと、<le résident supérieur>［高等弁務官］殿は休憩し、そこで長殿［loka dham］をにぎやかに迎えるためにコンポン・チャム州政府が準備した食事をとった。食事の時は、見たところ全員が愉快そうで旅行での疲れた様子は見えなかった。その時、長殿［loka dham］のテーブルには全ての方々がそろっているのが見えたが、出迎えの準備を取り仕切っていた chlūṅ 郡郡長殿と家の主人である camrœn 森林管理官殿の姿は見えなかった。

食事が終わると、長殿［loka dham］は krūc chmā［ママ。「chmār」が正しい］郡を視察に行き、それから sdiṅ traṅ 郡のゴム園を見に行った。sdiṅ traṅ 郡郡長である mam-phan 氏、sam?un 森林管理官殿、juop-hael 森林管理官殿と、大勢の民衆が待っていて出迎えた。それから自動車は山を上り下りして、農産物を貯蔵しておくために政府が作った倉庫に到着した。これは農産物が値上がりするのを待ってから売って、以前より十分豊富な代金を得るために、民衆が農産物を預けておくところである。同所で長殿［loka dham］は、「私の農産物を売ることで、ごまかしをした人がいる」という訴えがあったことについて、民衆に訊ねて<enquête>［調査］したが、その訴えは事実ではないことがわかった。

この長殿［loka dham］の旅行で、氏は、クメール国森林局長である rūte 氏が、これらの密林を拓いて自動車が縦横に往来することができるようにしたことについて称賛した。氏はカンボジア国勲章 <médaille> assariddha［シュヴァリエ章］を<duval>氏に、suṭṭārā 勲章<médaille assariddha>［シュヴァリエ章］を ṭaṅ-ḍin 氏に、<médaille> prāk［銀章］を dhien 氏に、<médaille> samrit［青銅章］を tān-?ū 氏と kaev-heṅ 氏と ?wan 氏に授与した。

1-7　諸国のニュース

1-7-1　ポーランド国は戦争に備えている

この1週間あまりのうちに、政府はさらに1,000,000名以上を徴兵した。さらにポーランド政府は国内の全てのroṅ <machine>[工場]を戦時中のように整える措置を取った。このように準備するのは、近隣の国を虐げてドイツ大帝国に併合する政策をとることでポーランド国を大きく動揺させているヒットラー氏に、ポーランド国民は不満を持っているので、ドイツに対抗するためである。ポーランド国で商店を開いているドイツ人は慌てふためいている。いくつかのドイツ人商店の前に、密かに大きい文字で(敵がここにいる)と書く者がいる。これは、ポーランド人がドイツ人一般を嫌い憎んでいるからである。ドイツ buok <nazisme>[ナチ党]はポーランド人に、「俯いて自分たちの前の影を見ろ」と言った。

1-7-2　スペイン国

フランコの軍隊2十万がマドリード市に入り、そしてスペイン<république>[共和国]の司令官と部隊長たちは全てばらばらになって逃亡した。マドリード市の<république>[共和国]政府は事態を収拾できず、それが国に大混乱を起こさせる可能性があり、その結果フランコ将軍殿は軍を率いて再びマドリード市に入ったのである。フランコの機多数がマドリード市上空を飛行しているが爆撃はしていない。マドリード市は降伏して抵抗せず、さらに市内の高い建物の屋根の上には、フランコ氏の軍に降伏する印しである大きい白旗を掲げているからである。

1-7-3　シャム国

シャム国政府は、民衆の農業と工業をさらに発展させるために40百万バーツ、およそ60百万リエルの国債を発行することを議会に提案した。議会は政府の考えに同意した。(このようにすることは、「民衆の金を借りて同じ民衆が生計を立てる生業を支援し、それが国と民族を発展させる」と言うべきことで、とても良いことである。)
＊シャム人財界人8名が日本の東京市 bāṇijjasabhā(sam kunmāt)[注。括弧内はタイ語＝<chambre commerce>][商業会議所]の招きで日本に旅行しようとした。出発しようとして揃って日本の大きい船に乗ると、突然バンコク市の日本<consul>[領事]が来て、この船の便で出発することを差し止め、<consul>[領事]が<viser>[査証を発給した]パスポートを請求して<viser>[査証]を抹消して、乗船して日本に旅行するのを禁止した(この件は、シャム人も日本人も大変疑問を持っている)。シャム財界人たちはこの件をシャム外務省に訴えた。

1-7-4　イギリス国

ロンドン市。<daily herald> <gazette>[新聞]は、「現在のヨーロッパ諸国における動揺は、まだ完全には終わってはいない。平和を望む大国たちが協力して迅速にかつ強固に措置すれば、この動揺と騒動を抑えることができる」と述べている。もう1つ、イギリスとポーランドの同盟に関して、チェンバレン氏は、「もし敵がポーランド国境を侵し、ポーランドが敢えてその敵に対抗して戦争を起こした場合には、イギリス国はポーランド国を全面的に助力する」と述べた。

1-7-5　オランダ国

オランダ国大衆の意見によると、[大衆は]「ヨーロッパの全ての小国は1つに結束して、武力で他国を侵略し占領する<fasciste>[ファシスト]たちに抵抗する平和の基盤である大イギリス国―大フランス国に参加するべきだ」と理解している。

1-7-6　日本国

東京市。情報によると、日本は、フランスと日本とが1年以上も外交筋を通して抗議し合ってきた sarprāklī 島に、同島に存在するべき自国の権利を明示するために、軍を配置した。日本が同島に軍を配置した時に、フランス政府は再び日本政府に抗議したが、日本政府は、「日本国は、同島がないと国防のための軍艦を停泊させる場所がない。それゆえ、日本は同島を日本のものにすることにこだわらなければならない」と回答した。
＊中国の陝西県[ママ。後の方では「省」になっている]に行って戦っている日本軍は、陝西省都である西安府を爆撃し、中国軍の将校30名と将軍1名が死亡した。

1-7-7　フランス国

ダラディエ氏が講演を行い、「イタリア国は何かを必要とするのなら、その自分の望みについてはっきりと説明するべきである。フランス政府はそれを適切な方法で検討することができる。もう1つ、フランスの現在の外交政策はイギリス国と同じである」と述べた。

1-7-8　イタリア国とドイツ国

ムッソリーニ氏とヒットラー氏とは、(ベルリン―ローマ枢軸)と呼ばれる同盟を結んだドイツ―イタリアの威力を見せつけようとしている。ヒットラー氏はポーランドに不機嫌な顔を見せている。一方ムッソリーニ氏の方は腕組みしてチュニジア、コルシカ、スエズ運河、ジブチをじっと見ている。

1-8 雑報

1-8-1 クメール cau krama たちの多くは行政の人々より苦しい。それは昇任資格を得るのは他より後であるし、昇任する人数は行政よりも少ない。現在新しい規定ができて、cau krama 用 āv diñ(<galon>)[飾り紐がついた服]を着用させることになり、これは、これまで使用してきた前の服を着替えて捨てることになる。政府がこのようにとどまることなく cau krama の服を変更すると、cau krama はどこから金を得てきてそれに従って変えることができるのか。服1揃いは30から40リエルもするうえに月給はわずかである。地域手当は1センも貰えない。誰だか、このようにクメール cau krama 用の āv <galon>[飾り紐がついた服]を制定することを考えた発案者は、まさに「知っている」というべきである。即ち、「自分の同僚を貧しくさせることを知り」、「仕立て師を知り」、「必要とする人を探して呼ぶことを知り」、「市場で容易に金を稼ぐことを知っている」。

1-8-2 現在のヨーロッパ諸国はひどく動揺している。多くの国々の大臣たちは、足を踏ん張って一生懸命仕事をしている。大臣を更迭することを考える国もあるし、大臣が議員たちの手で乱暴に引っぱり倒された[＝辞任させられた]国もある。一方、我がクメール国の大臣たちは、何かを恐れているということは聞いていない。退職するべき定年があるという話も聞かない。いつになったらクメールの大臣を<retraite>[引退]させることができるのか。

1-8-3 現在、民衆は、「1938年に抽籤があった<boy scout>[ボーイスカウト]の福引き[cf.55号2-4]の金は全部、何をするのに使ってしまったから、最初に<boy scout>[ボーイスカウト]の家を建てるために、と言って政府に許可を求めた<boy scout>[ボーイスカウト]の家が建たないのだろう」と互いに訊ね合っている。

1-9 お知らせ

来る4月15日土曜日は、nagaravatta 新聞は1週間休刊して、今月22日土曜日になってから発行します。

1-10 クメール政府行政部の官吏の昇任後

官員たち全ては政府に対して大変喜んでいる。今年政府がこれまでの年より多くの人を昇任させたからである。しかし、運がなく他人と違って昇任できなかった人たちは、<gouverneur général>[総督]殿prakāsa <arrêté>[政令]の規定によってインドシナ国の全ての官吏が貰える地域手当を首を長くして待っている。商品がどんどん値を上げている生命を養うことを楽にするように、神様が助けてくれるのではないかと、思っているのである。情報では、地方の中級職の官員は、プノンペン市の同等職の官員たちが政府に抗議して地域手当を要求したという情報を得た時に、中級職の人々は俸給が僅かであるから本当に足りないことを知らせるために、自分たちも助力して要求することを考慮中である。

政府が今年昇任させたのは、前年より人数が多かったとは言え、どうしても不公平から逃れ切ることはできなかった。上級職官吏の uttamamantrī 職から下は、1人1人に多くの金がかかる。たとえば uttamamantrī 職で昇任資格がある人が4人いて、2人だけを選んで昇任させると、半数を選んだことになる。全ての等級で半数を選んで昇任させれば、ある意味で善い行いである。政府は、どの等級も等しく半数を選んで昇任させたからである。昇任資格がある人で、この半数の外にいた人は不運であったとしよう。しかし、給料を沢山もらっている等級は半数が昇任し、月給が少ない等級の中には半数が昇任した等級もあるし、半数に達さない等級もあるのである。

今年官吏に昇任させるために政府が使う金は、上級職は1年に6,780リエルであるが、中級職のためには3,510リエルにすぎない。上の等級が下の等級より2倍近く多く金がかかることがわかる。下の等級は上の等級より仲間が多く、そして金は少ししかかからない。政府がどの等級にも同額の金額を使って昇任させれば、下の等級は大勢が昇任できるのは確かである。このようにするのが「善い行い」を求めることに沿うことができる。

nagaravatta は今、政府は、各等級に同じ金額になるように昇任させるようにお願いする。そうすれば下の等級は大勢が昇任できる。それから給料が薄く、国が貧しく、商品の価格が高いので苦労している官員を救うために地域手当を支給するよう、強く要求して官員たちに助力させていただく。

1-11 bhnam daet 事件

以前我々が bhnam daet の事件について話した[＝111号2-9]時に、我々は政府から得られた情報に従って話した。そして本当に政府部局からの情報の通りであるならば、我々クメール人は働いて生計を立てることを考えないで、価値のないことばかりを考えていて、生命を失うことになると理解した。

しかしその後、我々は、政府はこの件を裁判所に引き渡して、もう1度裁判所に改めて調べ直させることにして、<le résident supérieur>[高等弁務官]殿は hwfael 氏に直接調査させることにした。我々は、これまで氏の手腕を何回も見てきているので、hwfael 氏を大いに頼りにしている。

それゆえ、我々は政府の新しい調査を読むのを待つ。

2-1　アンコール・トム(シエム・リアプ)での運河掘削についての我々の調査

政府の規定によると、土を掘る労務者は1<mètre cube>[立方メートル]当たり26センを得て、各人[1日に]11<mètre cube>[立方メートル]余りを掘らなければならない。しかし、仕事が終わると、これらの労務者は2.08リエル、あるいは最多で2.30リエルしか支給されていない。そして発行される領収証には9.500<mètre cube>[立方メートル][以上3つの数値はママ。26×9.5=24.7]としか記されていない。しかし、これらの労務者が掘った土の総量は「11<mètre cube>[立方メートル]余り」を満たしているのである。それゆえ、労務者が掘った土の量が多量に失われていて、その[支給される]金額もたくさん減っている。

さらに土地の1区画についても、政府の規定によると、木の株、あるいはアリ塚か何かがその土地のどこかにある場合には、その掘るべき土地については政府は手当を加える、即ち料金を2倍与えなければならない。

この件については、12月以来労務者の誰1人、1センも得ていないことがわかった。金はどこに持って行ってしまったのであろうか。勇気のある労務者の誰かが敢えて<agent technique>[技師補]殿の所に行って抗議しても、[技師補は、]「そのうち支給してやるから待て」と怒鳴りつけるばかりで、いつの年になったら支給してくれるのかわからない。

『森林を伐採することについて』

徴集して森林を伐採させる労務者には、政府は1人当たり、1日0.36リエルを与える。たとえば nagara krau村の ḍit-ghuon は来て間違いなく10日間森林を伐採した。賃金が支給されると、以外にも2.40リエルしかない。このような損失をした人はまだ大勢いる。即ち、gaṅ-khum は16日働いて2.40リエルしか得られなかった。0.40リエルだけ[ママ。働いた日数は記されていない]の人もいた。一方、森林を伐採する労務者を監督するクメール人<caporal>[班長]の方は、1日0.45リエルを得ることになっている。そして、たとえば aṅar 村の mum-ham <caporal>[班長]は23日働いて、意外なことに5.20リエルを得た。

もう1つ、mum-ham <caporal>[班長]が我々に語った情報によると、ベトナム人である pā-bhwaṅ はしばしば<bon>[労賃受け取り券]を手に持って行って20から30リエルの支給を受けている。しかし、よく調べたところによると、このベトナム人がどこかで1度でも働いているのを目にしたことがない。金の支給を受ける時になると突然[どこからか]来るのが見え、他の人と同様に支給を受ける。それゆえ、我々は大きい疑問を持っていたが、現在このベトナム人は姿を消してしまった。

『労務者について』

現在、労務者の数は200から250名しかいなくて、全てクメール人たちである。運河掘削の<caporal>[班長]も全てクメール人である。なかには<certificat>[初等教育修了証書]までの程度のフランス語の知識を持っている者も何人かいて、1日0.84リエルの日給を得ている。しかし現在<agent technique>[技師補]殿が連れてきて<bureau>[事務所]で 働かせているベトナム人があと2名いて、jamraḥ pañjī(<comtable>[会計])面と労務者に金を支給する帳簿と<bon>[労賃受け取り券]の仕事を担当している。このベトナム人について、我々はあまり詳しくは知らないが、彼らに直接訊ねたところによると、1人は thnāk chnām dī 4[リセーの4年]まで、もう1人は<bachot>[バカロレア]まで学んだという。そして1日1.20リエルの日給を得ている。

『労務者を徴集することについて』

村役場の人、即ち助役たちが村人を徴集して連れてくる任務を与えられるのであるが、政府はこの助役たちに[現場に]行って、そこにいて、仕事が終わるまで労務者が働くのを監督させる。仕事が終わると政府は労務者1人あたり1日1センの[監督]料をこの労務者の監督である助役に与えることになっている。即ち働いた労務者の数と日数に従って与える。しかしなぜか、たとえば Phin-Din 助役は労務者総勢93名を連れて来て働かせ、10日間それらの労務者の監督をした。しかし金の支給を受けると、以外にもたったの2.60リエルしかなかった。

もう1つ、[労務者たちは]非常な虐待を受ける。助役が労務者を連れて現場に到着すると、技師殿はおいでになっていない。それでやむなく技師殿がおいでになって働くのを指示するまで2日か3日、何もせずに寝て待つ。それゆえ、遠くの家から各自に持って来させた食料は、何も仕事を始めないうちに1部分、あるいは全部食べてしまう。これは、彼らは遠くの家に食料を取りに帰ることで大きな損害を受け、また何日も技師殿を待つことで時間を損失している。

現在の労務者への賃金支給方法は、我々の観察、調査では、以前と違って今は定期的、即ち政府は毎月5日と25日に金を支給するからまあまあ我慢できる程度の良さである。

それゆえ、我々は下のように結論する。この運河掘削事業で行われている全ての不正は、「他民族ばかりだから容易なのである」と思う。技師もベトナム人、<agent technique>[技師補]もベトナム人、さらに会計係もベトナム人である。それゆえこのようにすることは極めて容易なのであると思われる。このようであって、どうして、「クメール人は怠惰である」と言えるのか。保護国政府は、この件を調査して正しく審理するようお願いする。

2-2　クメール人は敢えて生計を立てようとしない

現在の農村ではクメール人は敢えて全力で働いて生計

を立てようとしない。なぜならば、財産ができると盗賊が来て全部強奪していくからである。地方に住むクメール人は、生命と財産を守るのを助力してくれる人がいないから、都会の住人と違って、安心して働いて生計を立てることができない。これらの人々は都会の住人と同じように税金を納めている。どういう理由があるから、政府はしっかりと助力して支援しないのか。

それゆえ、我々は政府に、地方のクメール人が、生命と財産を失わないように守るために警察官を増やすことをお願いする。盗賊が住民を殺したり、住民から財物を奪ったりするのを待って、その後で政府が捜査に行くのはよくない。警察官が増えれば我がクメール人は安心して、一生懸命働いて生計を立てることは間違いないと我々は理解する。

2-3 コンポン・トム<le résident>[弁務官]である rāper 氏が休暇でフランス国に帰国した

優れた為政者であるコンポン・トム州<le résident>[弁務官]である rāper 氏が休暇でフランス国に帰国し、コンポン・トム州民に氏を強く惜しませている。氏は、我々クメール人に大変親密であり、氏の州を便利に良く整備した、即ち多くの森を通過して州の北部へ、シャム国の領土まで行く道を作ったからである。

出発する前に、コンポン・トムの全ての政府部局の官員たちが氏を送別するためのパーティーを開き、州知事である srun 氏がスピーチをして、氏が統治した10年間の間に州内で果たした優れた恩と功績を述べて、記憶を新たにさせた。

nagaravatta は rāper 氏が海路、無事に恵まれることを祈る。

2-4 [44号2-4と同一]

2-5 パーリ語学校の生徒がアンコール・ワット見学旅行をしたことについて

1939年2月25日、仏教教研究所の事務局長殿が手はずを整えて、今年試験に合格したばかりの高等パーリ語学校の学生である僧たちと、それに大蔵経翻訳委員の方々何人かをあわせて総員35名をアンコール・ワットとアンコール・トムを見るために、王室の自動車でシエム・リアプ州へ3、4日間の旅行に送り出した。現在、バット・ドンボーンを経由して無事にプノンペンに帰ってきた。

旅行をした人たちは全員が各宿泊所で、現地の男女の寄進者たちと僧団の好意と友情とによる支援で食べて泊まり、大変楽しんだ。

今回古代の寺院を見に行った方々は、きっと自分の国と民族のためになることをするために、ずっと先まで考えて理解する知恵を得たに違いないと期待する。

2-6 州知事の移動について

クラチェ州知事である ghim-dit 氏はコンポン・スプー州へ転勤して州知事職につく。tpūṅ ghmum 郡郡長である cau saen kusal、通称 jhum 氏は昇任してスヴァーイ・リエン州知事をする。スヴァーイ・リエン州知事である khun thun 氏はクラチェ州に転勤。

nagaravatta は嬉しく思い、3名の方々が、一生懸命仕事をして転勤先の公務と民衆を発展させるよう祈る。

3-1 中国人がクメール人から盗み、[その]クメール人が投獄される

シエム・リアプ州で、1週間前に、我々は[次の]確かな情報を得た。1人の<remorque>[ルモック]車夫のクメール人が旅行者であるフランス人を乗せて、シエム・リアプを見てまわった。そのフランス人は満足するまで乗り、<hôtel>[ホテル]に着くとそこで止め、その<remorque>[ルモック][車夫]に2リエルを与えた。そのフランス人が与えた金は直接その<remorque>[ルモック]車夫に渡したのではなく、[ホテルの]扉番をしている中国人に渡し、「あの<remorque>[ルモック]車夫に渡してくれ」と言った。その時、その<remorque>[ルモック]車夫は確かに2リエルであることを見たのは事実である。その中国人はこのように金を2リエル受け取ると、<remorque>[ルモック]車夫に1リエルだけ渡した。<remorque>[ルモック]車夫は、その1リエルを受け取るのを承服しなかった。なぜならばフランス人が2リエル与えるのを見ていたからである。そして中国人に、「あの方は私に2リエルくれた。どうしてあなたは私に1リエルしかくれないのか」と訊ねた。すると中国人はそのクメール人<remorque>[ルモック][車夫]を直ぐにそこから追い出し、さらに仲間大勢と一緒に飛び出して来て、そのクメール人を追いかけて殴った。そのクメール人は我慢できずに、このことを訴えるために<police>[警察官]を目指して逃げた。そのクメール人<police>[警察官]もまたとても親切であった[ママ。皮肉]。というのは、クメール人が自分目指して逃げてくるの見ると、飛び出て来て[そのクメール人を]逮捕して直ぐに phdaḥ <commissaire>[警察署]へ連行した。到着すると[警察]当局は身柄を[郡庁に?]送ってひとまず留置し審理を待たせることにした。

その後、我々は[警察]当局はどのように尋問し、供述させたかは知り得ないが、意外なことにそのクメール人は15日間投獄されたと聞いた。

この事件について、我々は、フランス裁判所はどういう状況に従って正しく審理したから、中国人がクメール人の物を奪って、さらにそのクメール人を殴ったのに、逆に[その殴られた]クメール人が投獄されたのか、と疑問に思う。

一方、<police>[警察官]の方は、なぜクメール人を逮捕して、中国人は逮捕しなかったのか。中国人がクメール人から盗んだのに、なぜ逆にクメール人を逮捕するのか。もし我々が働くのを互いに助力し合うことを知らなかったら、他の誰に頼らせるのか。このような<police>[警察官]こそ、このように政府が政府の目として頼ることができない以上は、政府は逮捕して、何の罪もないこの<remorque>[ルモック]車夫のクメール人の代わりに投獄し、そして衣服を脱がせて<remorque>[ルモック]を曳きに行かせるべきである。

3-2　puṇya phkā prāk

先の4月2日日曜日、プノンペンの hluoṅ seṇī (phān) 夫妻、検察事務官である gim と kaen と som の諸氏、thī {ket} などの大勢の仏教徒が盛大な儀式を行なって laṅkā 寺から phkā の行列をして、pādī 郡(ター・カエウ)campak 村の aṅga siṅ 寺に行き、現在建設中の同寺の本堂建設の助力として500リエル以上を僧に寄進した。

この儀式に、仏教研究所事務局長である <karpeles>女史[loka srī]、pādī 郡郡長、samroṅ 郡郡長が主賓として出席した。

phkā を僧に寄進してから、セイロン大陸の nārada 老師を招いて大衆に説法をしてもらった。

nagaravatta はこの善業を共に喜ぶ。

3-3　『逝去』

私たち、[故人の]妻である gin、実子であるsām-vaṅasa と[sām-vaṅasaの妻である] nāṅ {phan}と[同夫妻の]子、[故人の]婿である pet と[petの妻である] nāṅ {san}と[同夫妻の]子、[故人の]甥である kaen と[kaenの妻である] nāṅ {vān}と[同夫妻の]子であるṇo と[ṇoの妻である] nāṅ {mā}と[同夫妻の]子、さらに[故人の]叔父、叔母兄弟など全ては、1939年3月17日金曜日午前3時45<minute>[分]に68歳で亡くなった

paen-sām ([通称] nak) 村長

の死を悼んでいます。

遺体は3月20日夕刻午後6時に、クラチェ州知事である ghim-dit 氏と khun thun 氏が主賓で、その他大勢の親族と友人の出席のもとに火葬いたしました。

お礼を申し上げます

上に名前があります私たちは、この火葬式に御出席、御助力くださいました皆さんにお礼を申し上げます。どうか私たちが敬意を持ってお贈りいたします善をお受け取り下さり、そして私たちの失礼をお許しください。

3-4　インドシナ国政府宝籤

1939年4月1日抽籤

末尾が46と08の番号の籤は、いずれも10リエルに当たり。

末尾が632と659の番号の籤は、いずれも25リエルに当たり。

末尾が680の番号の籤は、いずれも50リエルに当たり。

80本が100リエルに当たり、番号は、

[6桁の番号が80個。省略]

16本が500リエルに当たり、番号は、

[6桁の番号が16個。省略]

8本が1、000リエルに当たり、番号は、

[6桁の番号が8個。省略]

578,673の番号の籤は4,000リエルに当たり。

3-5　[111号3-4と同一]

3-6　[広告]　kāp go 市場の前のsīv-pāv の薬

この病気は、暑い国での気の衰弱、あるいは心配事と心のストレスが血液を傷めて、白帯下、帯黄色帯下になります。出口から流れ出し時に子宮が[弱り]、頭が重くなり、めまいがして、胸が詰まり、下痢をし、目がまわり、食欲がなくなり、悪夢を見、手足や腰が痛み、脱力感があり、疲労します。月経不順は100種の病気になります。私はこの薬を敢えて保証します。皆さん、買って行って服用して試してみてください。これは大変良く効きます。老齢の夫を持つ女性の薬、まだ妊娠したことがない女性でも服用すると子が授かります。妊娠中の女性でも服用可です。用法:朝1粒、夜1粒、湯または薄い茶で飲むこと。1ビンが4粒で1.00リエル、1包5.00リエルです。

夫が梅毒か淋病で、その毒が伝染した疑いある場合には、第2号薬も一緒に服用してください。第1号薬は食事が半分済んだところで1粒呑みます。1日2回、1ビンが0.70リエルです。

3-7　農産物価格

プノンペン、1939年4月6日

[「サトウヤシ砂糖」はない]

籾	白	68キロ、袋なし	3.20 ~ 3.25リエル
	赤	同	2.80 ~ 2.85リエル
精米	1級	100キロ、袋込み	9.20 ~ 9.25リエル
	2級	同	8.20 ~ 8.25リエル
砕米	1級	100キロ、袋込み	6.60 ~ 6.65リエル
	2級	同	5.00 ~ 5.05リエル
トウモロコシ	白	100キロ、袋込み	[記載なし]
	赤	同	8.30 ~ 9.00リエル
コショウ	黒	63.420 キロ、袋込み	19.00 ~ 19.50リエル
	白	同	30.75 ~ 31.25リエル
パンヤ	種子抜き	60.400 キロ	40.00 ~ 40.50リエル

＊プノンペンの金の価格

1　ṭamliṅ、重量37.50グラム

1級	157.00リエル
2級	152.00リエル

＊サイゴン、ショロン、1939年4月4日

フランス籾･米会社から通知の価格

ショロンの<machine> kin srūv［精米所］に出された籾 1 hāp、［即ち］68 キロ、袋込みの価格は以下の通り。

籾	最上級	3.85 ~ 3.90リエル
	1級	3.75 ~ 3.80リエル
	2級　日本へ輸出	3.65 ~ 3.70リエル
	2級　上より下級､日本へ輸出	3.35 ~ 3.40リエル
	食用［国内消費?］	3.50 ~ 3.52［ママ］リエル
トウモロコシ	赤　100キロ、ショロン県マッカサンで売り渡し。	9.00 ~ 9.10リエル
	白　同	0.00 ~ 0.00リエル

米(10月［ママ］渡し)、港渡し、袋込み、税抜き、1 hāp、［即ち］60.7キロの価格は以下の通り。

精米	1級、砕米率 25%	5.50 ~ 5.72リエル
	2級、砕米率 40%	5.30 ~ 5.32リエル
	同。上より下級	5.00 ~ 5.02リエル
	玄米、籾率 5%	5.20 ~ 5.22［ママ］リエル
砕米	1級、2級、同重量	4.58 ~ 4.60リエル
	3級、同重量	4.00 ~ 4.05リエル
粉	白、同重量	2.50 ~ 2.55リエル
	kāk［籾殻＋糠?］、同重量	1.15 ~ 1.20リエル

4-1　［111号4-1と同一］

4-2　［広告］“<triton>”<marque>［商標］　<bicyclette>［自転車］

vār局［ママ。恐らくvārī「家屋･交通路局」が正しい］に持っていって検査してもらい、「良い、そして他の<marque>［商標］よりふさわしい」と称賛されました。“<garanti>［保証つき］”です。

rūt、guks、gaṅfar、turist、luc、など多くの型の<bicyclette>［自転車］が私の商会に入荷しました。

velorekdībhitāsyuṅ

ḷuṅ gim-lim

プノンペン bolūs 路17号。

［登録商標の絵があってフランス語で］

［上に］　高精度の自転車

［中央に］　TRITON

［下に］　登録商標

4-3　［11号4-2と同一］

4-4　［20号4-6と同一］

4-5　［73号、4-6と同一］

4-6　［110号3-3と同一］

4-7　［113号3-4と同一］

4-8　［33号3-4と同一］

4-9　［44号4-6と同一］

4-10　［111号3-6と同一］

4-11　［109号3-6と同一］

4-12　［11号3-2と同一］

4-13　［110号3-5と同一］

4-14　［8号4-3と同一］

4-15　［終わり近くの「70メートル」が「10メートル」に変わった以外は、48号3-8と同一］

SAMEDI 22 AVRIL 1939

CIGARETTES
JOB
LE PAQUET VERT
Vendu 5 cents

Nagara vatta

COFAT
CIGARETTES
La meilleure cigarette
Indochinoise
Le Paquet vendu 5 cents

Directeur
PACH-CHHŒUN

HEBDOMADAIRE PARAISSANT TOUS LES SAMEDIS

(Boite Postale N° 44)

第3年115号、仏暦2481年1の年卯年 visākha 月上弦4日土曜日、即ち1939年4月22日、1部8セン

［仏語］ 1939年4月22日土曜日

1-1 ［仏語で「私書箱 No.44」と「社長、PACH-CHHŒUN」が加わった以外は8号1-1と同一］

1-2 ［デザインが少し変わった以外は8号1-2と同一］

1-3 ［デザインが少し変わった以外は8号1-3と同一］

1-4 ［8号1-4、1-5と同一］

1-5　寅年の言い置き

1の年卯年 cetra 月下弦9日、10時50<minute>［分］［注。これは新年に入った時刻］

トラがウサギに近寄って［次のように］言った。「この新しい年、裁判官さん［paṅ］［注。多くの民話で、ウサギは名裁判官を務める］は真剣に努力してください。以前のように成り行きまかせにしてはいけません。裁判官さん［paṅ］はわかっていますか。申年、酉年、戌年、亥年、子年、丑年、即ちサル、ニワトリ、イヌ、ブタ、［ママ。「ネズミ」が脱落］、ウシの番にあたっていた年は、これらの動物は全て、寝て食う、遊んで歩く、絶えずあらゆる悪い遊びに耽ることしか考えず、国民に助力して幸福、発展、安穏を得させることを考えることをしませんでした。少しましだったのは、ただただ首を踏んづけて羽根をむしることでした。ですから裁判官さん［paṅ］、何か考えて助力して、我が民族をあまり劣らせないようにしてください。

「私の当番であった時、即ち過ぎ去った寅年は、私自身は人々に、『人並みに身を立てるために、一生懸命勉強しなさい。一生懸命稼ぎなさい。一生懸命働きなさい。そして同時に身･言･意をしっかりと鍛錬しなさい』と説きました。私が一生懸命このようにしたことは、それに反した人も、従った人もいて、［全てが］受け入れたわけではありませんでした。それは現在、とても妙なグループが1つあって、強い嫉妬と敵意を持っていて、民衆たちに、『知識を増やして何の役に立つか、民衆が知識をたくさん持つと我々各人は民衆を支配し、指導するのが難しくなる』と言っているからです。

「このような場合、裁判官さん［paṅ］は、この言葉をどう理解しますか。私自身は今とても困っています。胸がはりさけて死ぬほどです。私はまるで、『水に入るとワニがいて、上にはトラがいる［＝前門の虎、後門の狼］』ようなものです。ですから、裁判官さん［paṅ］は、何か考えて楽にしてくれるべきだと思います」

［ウサギ］裁判官が答えた。「その件は、承知いたしました。私が来て、その仕事を今引き受けますから、トラさんは黙っていてください。あなた［paṅ］が話したことは全て、私自身は心配していません。心配しているのは、私たちが教え諭す言葉を、人々が聞いて理解しないことです。もし聞いて理解してくれたら、その仕事は裁判官である私にまかせなさい。

「なぜなら、私自身は裁判官であり、あちこちの地方に住んできました。そして、その地方の、『人として生まれて来た以上は、武器を手にして生命をかけ、身体を捧げて、国に名誉の礎をもたらすのが正しい』という言葉をしっかりと記憶しているからです」

トラさん［paṅ］

1-6　諸国のニュース

1-6-1　イギリス国

イギリス首相殿は先月30日にイギリス下院本会議場で、「いずれかの国が侵略してポーランド人の独立に対して不法行為を行う場合には、イギリスもフランスもポーランド国に助力してしっかり守る。この件はイギリス政府はすでにポーランド政府に知らせてある」と述べた。

この固い保証の言葉は、イギリス政府とフランス[政府]の周囲に大きな喜びをもたらした。このことはイギリスは民主主義側に傾いていることを示し、この[民主主義]側に重みを増させる。

ドイツ国では、この情報があまり気に入っていない。さらに、「大声で威勢よく言うのはイギリスがすることではない」と付け加えた。

ロシア国からの、「イギリスを自分の親しい仲間にしたい」という声は、イギリスの政治家のなかにはそれに賛成する、即ちイギリスにロシア、トルコと協力することを望む人もいる。

1-6-2 ドイツ国

今月1日に、ドイツ海軍省艦船局は、ヒットラー氏を主賓にして、35,000トンの大きさの軍艦1隻の進水式を行った。この式でヒットラーは長い演説を行ったが、我々はその概要を抜粋して示す。即ち、まず、「ドイツは大戦の時の不公平からドイツを救って抜け出させるための sīṇaer の判決をこれ以上待つことはできない。いつまでも、永久に待って、さらに待っても、何の効果もないであろう」と述べることから始めた。ヒットラー氏は笑って続けた。「現在の世界は、徳を持つグループと徳を持たないグループの2つのグループに分かれている。イギリスとフランスは徳を持つ[ママ。皮肉]グループの指導者であり、一方ドイツとイタリアの方は徳を持たない[ママ。皮肉]グループの共同指導者である。我々(ヒットラー)は、『徳を持つグループは世界の4分の1に達する、極めて大きな面積の所有者である』ことを認識する。これらの徳を持つ国々は全て、これらの大きい国土をどこから手にいれたのか。イギリスが少しも徳に従わずに行動をしたのは、これまで300年以上もの間である。自己が年老いてから他人に、『徳に従って行動せよ』と説法をしている。我々は、『我々の道を歩むべきである』と理解する。ドイツは他の誰よりも早く我々の道の先[のゴール]まで歩むことができる。もし、自分の力をドイツと試したいと思う、どこかの国があれば、ドイツは既に準備ができている。我々の友人たちも恐らく我々と同じように考えているであろう」 それからヒットラー氏は、イギリスの民主主義とロシアのボルシェヴィキ[の2つ]とは異なる理想と主義を持つイタリアとドイツの同盟について述べ、ドイツ国民に、『幸福と平和と外国からの尊敬とを受け、ドイツの陣営の中に入った中央ヨーロッパ諸国の平和を守るために、強い力を持つように一生懸命努力せよ』と忠告し、『大戦で死亡したドイツ人が、今後再びドイツ人として生を受けるように』と願って演説を終えた。ヒットラー氏は<signer>[署名]した紙全てを信じず、ドイツの強い力だけを信じ、そうすればドイツ人のための平和を守ることができると信じている。

1-6-3 イギリスとトルコ

イスタンブール。イギリスはトルコ軍への援助を準備しており、恐らく[何かの]約束をポーランドとする[?]。イタリアがトルコ国に侵入する理由について、「トルコは同国に入って救うべきであるか」と疑問を持たれている。イタリアがトルコ国を侵略して占領する意図を持っていると理解させるべき理由は何1つもないからである[ママ。この文は誤植が多いらしく全体がいささか理解しにくい]。

1-6-4 イギリスとフランス

フランス空相殿はイギリス空相殿と会談し、兵力をヨーロッパ内の地域に輸送しなければならない場合の種々の問題について相談した。情報では、両大臣殿は、協力し合うことに合意し、両国の武器生産工場が時代に合った力をますます増やすことに助力し支援するために、優れた航空機を互いに交換することを合意した。フランス空相がロンドン市に行った時、氏はイギリスの首相、外相、王国防衛相、陸相と会った。

1-6-5 <japon>[日本]国

東京。ロシア国と満州里との国境の多くの場所で事件が起こった。その1ヶ所でロシア兵23名の1団が満州里領内に侵入し満州里国境守備兵を銃撃し、同守備兵は反撃した。ロシア側は大砲を持つ40名の増援兵を受けて、3時間互いに交戦してからロシア兵は撤退した。もう1ヶ所でも、ロシア兵70名が国境を越えて満州里兵を銃撃した。さらにもう1ヶ所では、満州里辺境<police>[警察]と、軽重の大砲と手榴弾を持つロシア兵が交戦し、互いに砲撃中にロシア兵はさらに大砲を持つ援軍を受けて交戦は長く続いた。これについてはまだ詳細な情報を得られていないが、満州里側の被害は大きいものと思われる(これは東京市からの情報である)。

1-6-6 ドイツ国

ベルリン。ドイツ人は、「チェンバレンが外交政策を改めたのは(即ち、ポーランド国とその他の国々に武力援助をする)、イギリスの、『ドイツを封じ込める垣を完成しようとする意図』をはっきりと示すものである。このように周囲を包囲する垣を作ることはドイツの生命である利益に反対しようというものである。このようにすることは、ヨーロッパ諸国に平和をもたらすための1歩1歩をおびやかすものである」と理解している。

ベルリン市側は、「イギリス政府はヒットラー氏の政策の状況をまだ理解していない。イギリスが友好同盟を結んでドイツを包囲することを止めることに同意しない場合は、ドイツは黙って我慢してはいない。現在ドイツ国内にはイギリスの政策を、「かつての大戦前の時と同じように、イギリスはドイツに扉を閉じて、ドイツと戦う方法をとっている」と理解する空気がある(これはベルリン側の言葉である)。

1-6-7　フランス国

ルブラン氏は、さらに大統領を続けることができることになった。今回の選挙の結果を、右派と中間派は大変喜んでいるが、左派はあまり満足していない。首相であるダラディエ氏の<radical socialiste>[急進社会主義]党ですら、ダラディエ氏がルブラン氏を[大統領に]選出することを望んだにもかかわらず、ルブラン氏に反対票を投じた。

選挙結果の公示日には、左派のメンバーが集まって強く反対して拒否したが、右派と中間派のメンバーは集まって国歌を歌って、ルブラン氏を大統領にすることに喜びと満足を表明して賛成した。

ルブラン氏はフランス大統領の職に7年間あって任期が切れたのである。大フランス国周辺で騒ぎがあり、かつ氏が本当に民族と国土を愛する人であるので、laddhi <communisme>[共産主義]を奉じる以外の、互いに異なる主義を持つフランス国民たち全てが今回互いに協力し合ってルブラン氏に再び大統領になることを願い、氏ももう1度候補者に名を入れることを承知したのであった。

フランス国民互いの団結により、大フランス国の支援の下にあるクメール国民全ては幸福が得られるであろう。

1-6-8　イタリア国

現在中央ヨーロッパで新しい事件が起こっている。ムッソリーニ氏が武力を使ってアルバニア国を侵略して占領したのである。このアルバニア国はユーゴスラビア国とギリシャ国との間にある小独立国である。軍を入れてアルバニア国を征服する前に、イタリア機多数が数十万枚の通告書を空から撒いて、「イタリア軍が侵入すること、抵抗を禁止すること、この言葉に従わない場合にはアルバニア国は必ず消滅すること」を国民に知らせた。そして国民に、「イタリアと友好を結ぶように」と言って和解を求めた。ムッソリーニ氏は、「イタリア国はアルバニア国をイタリア国の版図に加えたのは、戦術の面でイタリア国を守るためであり、この地域の湾におけるイタリア国の利益を守り、敵の手に渡さないためである」と述べた。

＊ハンガリーのある<gazette>[新聞]によると、今月末に、イタリア国のエマヌエル国王を、もう1つアルバニア国の大王に即位する式を行い、今後同国に副王、即ち国王の代理として国務を決定する人を任命する。

＊パリ市駐在アルバニア大使は自分の外務省に、「この新しく設立された政府を承認しない」と打電し、「以前と同様にアルバニアの大使としての職務を続ける」と述べた。

1-6-9　一般ニュース

今月、ヨーロッパの諸大国と諸小国は懸命になって徴兵して兵を増やそうとしている。退役兵を召集して現役に入らせている。海軍も陸軍も空軍も態勢を整えておいて、いつでも直ぐに敵に抵抗できるように諸地域に配置している。

1-6-10　シャム国

シャム外務省は放送省に情報を与え、ラジオで諸国に、「諸国が、シャム政府は日本ともいくつか、イギリスともいくつか、フランスともいくつか、秘密協定を結んでいると理解しているのは全て誤りである。諸国と我々との平和条約はすでに、何も隠して秘密にすることなく、全て印刷出版されている」と伝えさせた。

1-7　prasnā rahasakamma[内緒の疑問](Questions indiscrètes)[無遠慮な疑問]

1-7-1　プノンペン市政府は、クメール国在住ベトナム人友好協会に、ベトナム人の遺体を埋葬するための土地を与える準備をしている。その土地は全てクメール人の土地である。いったいなぜこのようにクメール人から土地を取り上げて他民族に与えるのか。なぜ他民族は遺体をクメール人の遺体と一緒に埋葬することに同意しないのか。たかが遺体を埋葬することだけでも他民族はクメール人を嫌うのである。それならば、どうして遺体をクメール人の土地に埋葬したがるのか。

1-7-2　もう1つ、プノンペン市政府は、この同じベトナム人協会に、事務所を建てるための土地を与えようと準備している。クメール人の友愛協会(シソワット中高等学校卒業生友愛会)も政府に土地を求めたが、彼らと違って、1塊の土地も得られなかった。

1-7-3　アンナン国のベトナム大臣たちは、公務についている年数の規定[＝定年]がある。そして俸給は各人とてもたったの3百から4百リエルである。俸給が各人年に千リエルにも達するクメールの大臣は、なぜベトナムの大臣と違って年数規定がないのだろう。我がクメールの大臣たちは、「もう永年勤務してきたが、政府が退職させてくれない」と大変嘆いている。ベトナムの大臣の方が本当に有利な[ママ。皮肉]ようである。

1-7-4　プノンペンの医務thīは大変嘆いている。公務に従事している時に、ベトナム人である医務局病院副院長が酷くいじめるからである。なぜこの医務局病院副院長はこのようにクメール人医務thīに職権濫用の不法行為をする権限があるのだろうか。この副院長は、かつて問題を起こして、政府が処分したことさえあることを我々は知っている。政府はなぜこのような職員を目として鼻として使い、このようにクメール人医務thīをいじめるのを許しているのだろうか。[cf.117号1-7-3]

1-7-5 <le résident supérieur>[高等弁務官]殿府では、何かのポストに空きができると、すぐにベトナム人thīがその後任になる。クメール人thīは人数が減る一方である。なぜベトナム人thīの数が増えるのだろう。

1-7-6 公平でない言葉。保護国政府はいつも、「クメール人は政府に勤務するよう任命されると、地方へ転勤させられることを好まない。プノンペン市に住んで勤務することに固執する」と言う。このように希望するのは、クメール人だけではなく、地方のベトナム人thīたちは、「何とかしてプノンペン市に住んで勤務したいと一生懸命画策する」ことを我々が知っているから、ベトナム人も同じ希望を持つ。

1-7-7 シエム・リアプ州でベトナム人がクメール人労務者を苦しめる話は、極めて確かな事実であってクメール人に懲りさせて、「もう労務者にはなりたくない」と思わせている。それなのに、どうして、「クメール人は怠惰だ」とばかり言うのか。

1-7-8 プノンペン市の工業学校では、クメール人生徒がベトナム人教師に激しく憤慨している。この[ベトナム人]教師がしょっちゅう言いがかりをつけて文句を言い、一生懸命勉強をする意欲を持ち続けることをできなくならせているからである。なぜ彼を放置してこのように[生徒を]苦しめさせておくのか。

1-7-9 我々は、上の質問を全ての<conseil> senāpatī[大臣]に呈する。クメール人に助力して公正を得させてください。

1-7-10 カンボジア国は中国人かベトナム人の国であるから、他民族がこのようにクメール人に不法行為をし続けることができるのであろうか。

1-8 私がポー・サット州とバット・ドンボーン[州]に旅行したこと

先の4月3日に、私はまずポー・サット州に行き、そこに1泊した。翌朝 svāy ṭūn kaev 寺に行き、大勢の優婆塞優婆夷が集まって仏像を行列して、その寺に納める式をしているのを目にした。式の主催者は、名前は māṅ-jhwn さんで、私をこの式の食事に招いてくれた。私は行って、nagaravatta 新聞社の望みについて、私の解説を聞くために集まっていた住職師僧と大勢の優婆塞優婆夷と僧たちと会った。

午後になると、私はさらに moṅ 郡に行って2泊し、その時 bodhi 寺に僧と優婆塞が大勢集まった。

翌日の夕刻5時、私はポー・サット州に戻った。keṅ-sī phan 氏をはじめとして多くの方々と民衆が私を、huy-jā という名前のクメール人の家に食事に招いてくれた。食事に行く前に、私は、私に確かな誠意を持ってくれている州<le résident>[弁務官]殿と州副知事殿などに挨拶に行き、それから戻って食事をする所に行った。その食事の時、私はスピーチをして、「生計を立てて国に発展をもたらすように。また互いに集まって団結するように」と忠告をし、注意をした。それからすぐに夜中を moṅ まで引き返した。

翌朝になると、さらにバット・ドンボーン州を目指した。途中まで来ると、小さな小屋があるクメール人の集落が見えたので、自動車をそちらに向かって走らせて入って行くと、そこのクメール人は実に惨めな様子であるのを目にした。私はその人たちに生計の立て方と種々の病気の予防の方法を説明してわからせた。夕刻5時にバット・ドンボーンに入った。同市の大勢の方々がパーティーを開いて真心をもってもてなしてくれた。そのパーティーで、īk-kis 氏が立ち上がって、皆さんに代わって、「このように利益を求めて歩きまわっている nagaravatta 社の人々は、自分たちの利益を求めているのではない。即ち民衆の利益だけを求め国を発展させるためである。氏たちがこのように一生懸命求めているのは、まさに我々の希望通りである」と、感謝と祝福のスピーチをした。

これらのことが全て終わって8時半になると、僧と優婆塞、それに州知事殿をはじめとする大勢の大小の官吏たちは、バット・ドンボーン州<le résident>[弁務官]で、休暇でフランス国に帰国することになっている cārrūlt 氏の送別会をするために、同氏を出迎えるために揃って bibhit 寺の前の建物に行った。

その送別会で、州知事殿が長殿[loka dham][＝弁務官]にお祝いのスピーチをし、その後にnagaravatta <gazette>[新聞]社長殿がスピーチをし、州副知事である gim-ceṅ 氏がフランス語がわからないクメール人のために通訳した。

<résident>[弁務官]殿が別れを惜しむスピーチをし、「必ずバット・ドンボーン市に帰って来られることを期待している」と述べた。

氏はクメール人が一生懸命働いて種々の生業で生計を立て、国を発展させるように助力し支援し指導することを知っていて、私はとても安心していたので、この州にいる私たち全ては氏との別れを惜しんだ。もし全ての州の<résident>[弁務官]殿が、cārrūlt 氏と、コンポン・トム

の rāce 氏の両氏のように、思いやりの心を持ち、クメール人が発展するように助力してくれたら、クメール人全ては将来必ず他と同様に繁栄することが期待できる。

このバット・ドンボーン<le résident>[弁務官]殿の送別式をした時に、氏を愛する民衆が老いも若きも皆集まって、氏に対するクメール人民衆の大きい友情で、氏を送別することを示すために、火の行列をして全市中を回り、さらにあらゆるタイプの音楽を演奏し、クメールとフランスの踊りも踊ったのを目にして、またとない実に素晴らしい驚きを持った。

nagaravatta は、バット・ドンボーン州の全クメール人民衆を代表して、氏が海路大フランス国までの旅行中、健康と平穏とに恵まれるようお祈りする。

2-1　訴えの投書欄

nagaravatta <gazette>[新聞]社長殿に申し上げます。

どうか、下の文章を<gazette>[新聞]に掲載して、プノンペン市<le résident maîre>[市長]殿に、市内の民衆の苦しみをお伝えください。

1938年の年末に、色は真っ黒で痩せて背が高く、目が大きいインド人が1人いて、このインド人は名前はわからないのですが、クメール人がこのインド人が話すのを聞いて十分理解できるのに足りる、まあまあのクメール語を知っています。このインド人は krasuoṅ suriyo ṭī krum mwaṅ(cadastre municipal)[市土地登記局]に勤務していて、「この土地は政府に税金を納めたかまだか」ということを調べて歩いていて、土地税の領収証[があるかないかを]訊ねます。まだ税金を納めていない土地については、我々は何も言いません。法律に任せます。ですが、毎年税金を納めていて1度も欠かしたことがない土地の方にも、この黒いインド人は押さえつけるような態度をとります。それだけではなく、[土地の] kraṭās <contrat> ṭī[土地貸借契約書]を取り上げます。[土地税の]領収証を見せても信じず、耳も貸さず、「すでに納めた税金は法律上正しくない」と言います。私たちは、「正しくないか正しいかは私たちは知ることができない。徴収者が、『これだけ徴収する』と言い、それだけ納めているのであって、半センでも[減額を]お願いしたことは1度もない」と言いました。このインド人はその<contrat> ṭī[土地契約書]を請求して取り上げて、私たちに、「市土地登記局の dī <bureau>[事務所]に出頭せよ」と言いました。行くと、私たちを威嚇する態度で、「[不足分を]納めて十分にしないと、追い出して家を取り壊させる」と脅しました。この事件は1度ありました。今や、1939年になるとまた妙なことが起こり、私たちを苦しめています。

先の3月に、このインド人は赤い紙を1枚持ってきて、私たち、.tī <contrat>[賃貸契約の土地]の家各戸全てに配り、「急いで8日間の間に金を持って来て税金を払え。この通りにしない者は追い出して家を取り壊させる」と言いました。政府に対する恐怖から、私たちは一生懸命大慌てで走り回って金を集め、家財を売り払い、借金をして政府に税金を納めに行きました。行くと、このインド人は偉そうな態度で、貧窮しているクメール人を見ても可哀想とは思わず、「今日は受け取らない。2、3日経ってから納めに来い」と言って私たちを追い返しました。このような行為は、私たちに、1つには生計を立てる生業を行うための時間を損し、1つには何回も車に乗る金を損するなど多くの種類の損害を与えます。それゆえ私たちは<le résident maîre>[市長]殿が、このインド人に、このように民衆を苦しめないように諭すよう訴えます。私たちは大変憤慨しています。

2-2　僧がシャム国で亡くなった

(親族への知らせ)

バンコク市の yān nāvā 寺の braḥ mahānanda 師僧から、「pā bhnam で戌年に生まれた66歳で、tien もしくは dhien という人の子で、brai jhar 寺あるいはāgrāc 寺(プレイ・ヴェーンの pā bhnam)で出家し、[出家した時の]、戒和尚の名は mau 住職、羯磨[コンマ]師の名は rod[注。不鮮明]、教授師の名は paen 住職、ā grāc 寺の but 住職の兄弟であるクメール人 tūc 老師が、シャム国に行って bodhi寺(バンコク)に滞在中であったが、仏暦2481年寅年 migasira 月に亡くなった。tūc 老師の遺体はすでに braḥ mahānanda 師僧がシャム人、クメール人の僧を招いて茶毘に付して、供養した」という知らせがあった。

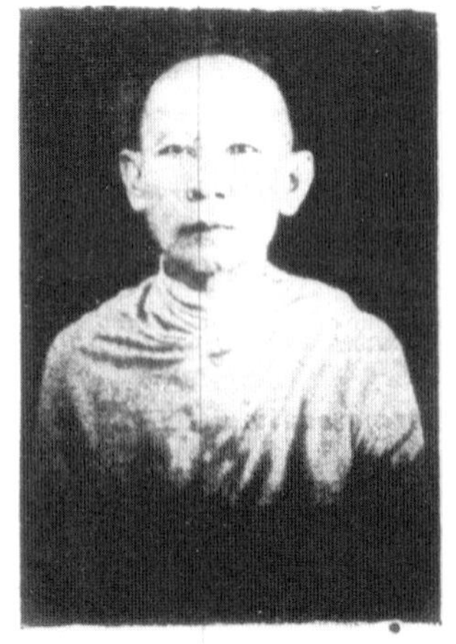

nagaravatta は pā bhnam の故 tūc 老師の親族の方々にお悔やみを申し上げる。そして、braḥ mahhananda 師僧がこのようにしてくださった善行を共に喜ぶ。このことはクメール人が互いに愛し合い、互いに助力し合うことを知っていることを示すものである。

[注。僧の写真があり、その下に]　tūc 老師の写真

2-3　[44号2-4と同一]

2-4　雑報

2-4-1　[広告]シソワット<lycée>[中高等学校]の生徒選抜試験は、6月12日午前7時半に、シソワット sālā <lycée>[中高等学校]で行われ、師範科の第1年生40名と、フランス語高等初等教育科の生徒80名を選抜する。

受験願書は遅くとも1939年5月13日より前に、シソワット<lycée>[中高等学校]校長殿に提出のこと。

2-4-2 ター・カエウ州の役畜展示即売祭

第2回役畜展示即売祭が、来たる1939年5月1日と2日に、ター・カエウ州都で行われる。

この祭りでは雌雄合わせて1000頭以上の役畜が同所に展示される。

皆さん、この祭りを見に行って、必要に応じて役畜を買ってください。

2-4-3 [広告]寅年 cetra 月下弦6日月曜日、即ち1939年4月10日に、浄心で共に集まって aṅga phkā をして行列して、カンダール州bañā lī 郡 phsār ṭaek 村の phsār ṭaek 寺の僧たちに三宝を寄進した殿下[draṅ]、大小の官吏の長、優婆塞優婆夷の皆さんに善業を捧げさせていただきます。どうか涅槃に入るまで、幸福と発展に恵まれますように。

幹事 tā ḷeṅ

2-5 [広告]kambaṅ trapaek の住民の正月祭

私たち、プレイ・ヴェーン州 kambaṅ trapaek 郡の住民全ては、この卯年の正月に際し、kampaṅ trapaek 郡郡長殿を主賓として招いて、sirīsāgara 寺で習慣に従って正月の3日間、盛大に祭りをしました。寺では本堂の前後にアーチを作り、供え物を並べて灯りを燦然と灯し、火の行列をし、色を塗った足場から打ち上げ花火を上げ、音楽をにぎやかに演奏して、世界を守るために来る新しい神を迎えました。それだけではなく、さらに僧各位に食べ物と飲み物と布の寄進を行い、僧を招いて聖水をかけてもらいました。最後に私たち全ては平身してカンボジア国国王陛下があらゆる種類の幸福に恵まれることをお祈りし、カンボジア国における大フランス国の長である<thibaudeau> <le résident supérieur>[高等弁務官]殿が全ての種類の幸福と発展に恵まれることをお祈りいたします。

kambaṅ trapaek 郡住民

2-6 [広告]puṇya phkā の知らせ

善男善女の皆さんにお知らせします。

仏陀の定め通りに正しく行動してきたプノンペン市在住のベトナム人の寺である ratanārāma (siṅ bhwak) 寺は、現在本堂が古びて多くの所が壊れています。本寺の檀家である仏教徒の皆さんは、これを美しく丈夫に修復することを望んでいます。しかしまだ仲間が少なく、しかも大部分が新しく入信したばかりの人であり、まだ生まれたばかりの赤ん坊のように丈夫ではないので、まだ[修理は]実現していません。

それゆえ、私たちは、この本堂を美しく丈夫に修復するために、集まって puṇya phkā を行なって資金をたくさん集めようと思っています。

puṇya phkā の日時

仏暦2481年1の年卯年 visākha 月上弦11日土曜日、即ち1939年4月29日午前7時に uṇṇāloma 寺の境内に集合し、僧を招いて読経をし、夜8時に説法僧を招いて説法を行います。

同年同月上弦12日(即ち同年同月30日)午前8時に、aṅga phkā の行列をして、ratana ārāma 寺の僧に差し上げ、aṅga phkā、即ちお金をācāryaに預けて必要に応じて使ってもらいます。

皆さん、上の日時に来て喜びを共にし、そして説法を聞いてください。

2-7 昇任のリスト

1939年4月13日付[で昇任]、クメール政府(行政部)官吏

1。上級職

1。uttamamantrī に昇任

コンポン・チャム州知事 vā-kāmila 氏

バット・ドンボーン州知事 mās-ṇāl 氏

2。1級 varamantrī に昇任

宮内省局長 narotama ketaṇā 殿下 [?nak aṅga mcās]

農業省 cāṅhvāṅ<bureau>[局長] narotama muṅtāṇā 殿下 [?nak aṅga mcās]

3。2級 varamantrī に昇任

コンポン・チャム州 kambaṅ siem 郡長 cau-aem 氏

ター・カエウ州副知事 ñik jūḷuṅ 氏

4。1級 anumantrī に昇任

無任所。植民地大臣官房(パリ市)勤務 paen-nut 氏

コンポン・スプー州 samroṅ daṅ 郡長 sam-ñān 氏

コンポン・チャム州 krūc chmā [ママ。「chmār」が正しい] 郡長 paen-sam?ael 氏

カンダール州副知事 jū-brwaṅ 氏

まだ後の週[=116号3-2]に続きがある。

3-1 [105号3-3と同一]

3-2 [広告] クメール人医師についてのお知らせ

sa-jun 医師殿と dha-nuy 医師殿とは以前はプノンペンの kaṇṭāl 市場の北の isī phsam srec 店で痔の治療をしていましたが、今は[薬]店を開いて、痔、ガン、白帯下、帯黄色帯下、潰瘍、梅毒、下疳、淋病を治療し、その他の病気を治すための薬を調剤しています。(店はプノンペン市 brai nagara 路24号、第4区区役所の南にあります。)店名は khemaraosatha です。

上の8種類の病気は、私が治療して治らなかったら、[薬の]代金はいただきません[=全て無料]。

<signer>[署名] sa-jun、dha-nuy

3-4　［8号4-3と同一］

3-4　農産物価格

プノンペン、1939年4月20日

［「サトウヤシ砂糖」はない］

籾	白	68キロ、袋なし	3.30 ~ 3.35リエル
	赤	同	2.85 ~ 2.90リエル
精米	1級	100キロ、袋込み	9.25 ~ 9.35リエル
	2級	同	8.15 ~ 8.20リエル
砕米	1級	100キロ、袋込み	6.20 ~ 6.25リエル
	2級	同	5.00 ~ 5.05リエル
トウモロコシ	白	100キロ、袋込み	［記載なし］
	赤	同	8.50 ~ 9.00リエル
コショウ	黒	63.420 キロ、袋込み	18.50 ~ 19.00リエル
	白	同	30.50 ~ 31.00リエル
パンヤ	種子抜き	60.400 キロ	40.50 ~ 41.25リエル

＊プノンペンの金の価格

1　ṭamliṅ、重量37.50グラム

1級	157.00リエル
2級	152.00リエル

＊サイゴン、ショロン、1939年4月19日

フランス籾・米会社から通知の価格

ショロンの<machine> kin srūv［精米所］に出された籾 1 hāp、［即ち］68 キロ、袋込みの価格は以下の通り。

籾	最上級	4.05 ~ 4.07リエル
	1級	3.85 ~ 3.90リエル
	2級　日本へ輸出	3.75 ~ 3.80リエル
	2級　上より下級、日本へ輸出	3.50 ~ 3.55リエル
	食用［国内消費?］	3.48 ~ 3.49リエル
トウモロコシ	赤　100キロ、ショロン県マッカサンで売り渡し。	9.40 ~ 9.45リエル
	白　同	0.00 ~ 0.00リエル

米（10月［ママ］渡し）、港渡し、袋込み、税抜き、1 hāp、［即ち］60.7キロの価格は以下の通り。

精米	1級、砕米率 25%	5.72 ~ 5.75リエル
	2級、砕米率 40%	5.40 ~ 5.45リエル
	同。上より下級	5.20 ~ 5.25リエル
	玄米、籾率 5%	4.12 ~ 4.15リエル
砕米	1級、2級、同重量	4.62 ~ 4.65リエル
	3級、同重量	4.07 ~ 4.10リエル
粉	白、同重量	2.45 ~ 2.50リエル
	kāk［籾殻＋糠?］、同重量	1.15 ~ 1.20リエル

4-1　［111号4-1と同一］

4-2　［114号4-2と同一］

4-3　［11号4-2と同一］

4-4　［20号4-6と同一］

4-5　［73号、4-6と同一］

4-6　［110号3-3と同一］

4-7　［113号3-4と同一］

4-8　［33号3-4と同一］

4-9　［44号4-6と同一］

4-10　［終わり近くの「70メートル」が「10メートル」に変わった以外は、48号3-8と同一］

4-11　［109号3-6と同一］

4-12　［114号3-6と同一］

4-13　［110号3-5と同一］

4-14　［111号3-4と同一］

SAMEDI 29 AVRIL 1939

CIGARETTES
JOB
LE PAQUET VERT
Vendu 5 cents

Nagara vatta

COFAT
CIGARETTES
La meilleure cigarette Indochinoise
Le Paquet vendu 5 cents

Directeur
PACH-CHHŒUN

HEBDOMADAIRE PARAISSANT TOUS LES SAMEDIS

(Boite Postale N° 44)

第3年116号、仏暦2481年1の年卯年 visākha 月上弦11日土曜日、即ち1939年4月29日、1部8セン

［仏語］ 1939年4月29日土曜日

1-1 ［仏語で「私書箱 No.44」と「社長、PACH-CHHŒUN」が加わった以外は8号1-1と同一］

1-2 ［デザインが少し変わった以外は8号1-2と同一］

1-3 ［デザインが少し変わった以外は8号1-3と同一］

1-4 ［8号1-4、1-5と同一］

1-5 クメール国におけるタバコ栽培

昔からのクメール人の習慣によるタバコ栽培はクメール国では大きな利益をもたらすものの1つであった。この栽培は2種類ある。即ち第1は、大きな商業として収穫して刻んで売るために、畑に大量に栽培するもので、第2は、たとえば農村で、この栽培を行う人はそれだけを専門に行うのではなく、個人消費用として乾期毎と雨期毎に、家の近くにほんの少量栽培するものである。

しかし、数年前から政府はこのタバコの税金に厳しくなり、たとえば従来なかった<patente>［営業税］を一転して徴収するという非常な厳しさで、民衆にこの栽培を放棄させてしまったように見え、栽培する者はいなくなり、我慢して小銭を持って行って1箱5、6センの外国刻みタバコを買っている。70株以上を栽培したいと思う民衆は誰でも政府に届けて調査を受け、栽培を続けさせる許可を与えるべきであると認められたら栽培することができる。

売りに出すために税金を支払ったあとの売買価格と、輸入して我が国内で売る外国［品］とはほとんど同じ価格である。クメールのタバコは現在あまり価値がない。計算すると外国タバコの方がクメールのタバコより安い。もう1つ、輸入して我が国内で販売している外国製紙巻タバコは、実は全てのクメール人が買いたいわけではない。クメール人はタバコを吸うばかりではなく、［噛みタバコを］口に含む人も大勢、おそらく吸う人と同数くらいいることを政府は知ってほしい。口に含む人の多くは強いタバコを探したがる。外国のタバコは弱くて口に含んでもだめであるから、口に含みたがらない。外国タバコが入ってきて売られるようになってから、クメールタバコはどんどん少なくなってしまい買えない。もし半 nāḷ をほんの少しでも上回って買うのを政府に見つかると、逮捕され重い罰金が科される。それで民衆は皆懲りてしまった。

我々の意見では、クメール人に、自宅の近くで少量、個人消費に足りる分だけ栽培することを政府は許すべきである。家庭外に持ち出して売りたい場合には政府に税金を納めるべきである。このようにする制度は、金が外国に流出するのを避けるためのものであり、この栽培を取り戻してクメール人に競争させるものである。既に自国内にある栽培物を一転して国内からなくさせてしまい、そうして、それを金を費やして外国から買わせるのは、政府には多くの種類の税金を払うし、多くの種類の品物を買わなければならないし、妻子を養うしで、クメール民衆全ては、使う金を稼いで来ることに責任を持つことができない。［出費を］避けることができるはずのことが避けられなくなってしまう。

nagaravatta 新聞は、上に求めたことを政府が実現するようお願いする。現在安く売られている種々の紙巻タバコは、クメールのタバコを購入して製造した紙巻きタバコは1つもない。ベトナム国か、それ以外の国でタバコを買って紙巻タバコ、即ち箱入りタバコにして輸入して販売し、クメール国の栽培品を追い出して滅ぼした物である。

それゆえ我々は、保護国政府に、輸入してクメール国内で販売されている外国タバコは全て、クメールのタバコを買って紙巻きタバコに巻いて売る物なら輸入して安く販売できる、という制限をする規定を出すようお願いする。そうでなかったら、重い税を課してクメール国のタバコほど安くは売らないようにするようお願いする。我々は、「この栽培品こそがクメールの作物の利益を守る栽培品の1つであると考える」のが正しいと思う。

1-6　諸国のニュース

1-6-1　アメリカ国

ワシントン。アメリカ合衆国のルーズベルト大統領殿は、ヒットラー氏とムッソリーニ[氏]とに私的書簡を送り、「両大強国が今後武力を用いて、ヨーロッパおよびアジアの独立国あるいは独立国の āṇānigama(Dominion)[自治領]あるいはraṭṭha nov knuṅ āṇābyāpāla(Protectorat)[保護国]を侵さない」ことを求めることを伝えた。

この書簡の重要点は、“私は貴殿に、武力を用いない平和的手段による場合の政治、経済、社会について述べた。もし一転して武力に訴えて平和的手段を放棄した場合には、全世界の多くの部分が壊滅に至ることは避けられない”と述べていることである。氏の書簡はさらに長く続くが、要点は、「両大強国に今後諸国を侵略しないように」という要求である。

1-6-2　ドイツ国

ベルリン。この国ではルーズベルト氏の書簡に対する不満が表明されている。現在ヒットラー氏は新鮮な空気を吸うリフレッシュ休暇で不在なので、外相殿が[休暇先に]会いに行って、1時間半にわたって返書の相談をした。それからドイツのゲーリング<maréchal>[元帥]がさらにムッソリーニ氏と相談をしに行き、おそらくルーズベルト氏への返書を相談した。しかし、ドイツ政府は、「両国の領土問題を相談した」と発表している。

諸<gazette>[新聞]はルーズベルト氏の書簡を種々検討して、すべてが、「アメリカ合衆国は、ヨーロッパのことに手を伸ばして処理しようとする権限はない。なぜなら世界大戦の時と違って、確固たる中立的立場をとっていないからである」と極めてソフトに言って、ルーズベルト氏をけなすか、非難をしている。

1-6-3　イギリス国

ロンドン。イギリス大王は、アメリカ大陸への旅行について、「現在世界がこのように動揺しているから、中止するか、あるいは延期するべきであるか」ということについて、イギリス首相とアメリカ特命全権大使と相談なさった。大臣[ママ]全ては、「戦争が起こった場合に大王が帰国できなくなることもあり得るから旅行するべきではない」と提案したが、大王はかねてからの予定通りに旅行することを望んでおいでになる。

1-6-4　イタリア国

ローマ市。ローマ市の諸<gazette>[新聞]は、「平和を理由にしているルーズベルト大統領殿の書簡は、仲間である民主主義国家の利益だけを考えているものであって、無産階級の人々に配慮していないから、笑わせるものである」と述べている。これよりひどくルーズベルト氏を非難している<gazette>[新聞]もある。tellat 型の平和条約を締結するのは今や時代遅れで役にたたない」と述べているものもある。

1-6-5　イタリアへのあてこすりの言葉

1935年の協定を破棄した後、イタリアは、ムッソリーニ氏がまとめて「チュニジア国、ジブチ、スエズ運河」と呼んでいる自治領あるいは保護国の問題に関して、フランスと和解し友好を結ぶ希望を失った。大フランス国が回答して拒否すると、[ムッソリーニ氏は]「ローマ市とパリ市とがさらに遠くに分裂したのは、イタリアに非はない。現在の亀裂は修復して友好を結ぶのは不可能である。イタリアの正当な要求が満たされない場合には、イタリアは自国の戦力を減らすことに拘束されることに同意しない」と言明した。

他国が、「この両国が戦争を起こす者である」とあてこすりを言っても、この両国は何も恐れない。イタリアは、「平和は強情な努力の産物である。それゆえイタリアは望み通りの結果を得るために、そして敵の恐怖の的になるために、強情で強く、有能な民族にならなければならない」ということにこだわっている。

1-6-6　フランス国

パリ市。フランス首相であるダラディエ氏は今月17日に、フランス空軍の力をイギリス空軍の力と統合するために改変することについて空相と長時間協議し、それから首相殿は、国と民族を守るために急いで財政を堅固なものにするための規定を定めることを考えるために、財務省事務次官と協議しに行った。

1-6-7　イギリス国

ロンドン。外交筋によると、ヨーロッパ諸国間に生じる可能性がある危機的事件はいくぶん和らいだ。ヒットラー氏とムッソリーニ氏とが、「大戦争を起こさずに、これ以上さらに先に進むことはできない」とはっきり知ったからである。これは一生懸命諸国民を結束させる努力をし、かつアメリカ国から若干の批判を含む保証を得ることができたイギリス大使とフランス[大使]の努力の成果の力によるものである。

1-6-8 ドイツとスペイン

ドイツの会社の種々の商船は、まだ平常通りに行き来している。ダンチヒについて話すなら、ベルリン市側は、「ドイツは今ダンチヒを併合する考えはない」と言っている。スペイン側はまだ整っていず、現在食料が非常に不足していて、イタリアとドイツに[スペイン]国の諸港を使用することを許しているにもかかわらず、スペイン政府は大きい戦争をすることはできない。(これは広東からの情報である。)

1-6-9 中国

haṅ hū。日本軍は中国の大きい県を2つ占領し、海南島ではさらに重要な港2ヶ所を占領した。海南島に上陸して陸上で攻撃している渡辺部隊は、東部の大県の1つである cek 県を占領した。一方、アダナベ[=渡辺?]部隊は南部で軍を攻撃して、今月16日に lo kvai 県を占領した。同県は住民が13,000名いる。この外に海軍が陸軍と協力して多くの県と地域を占領した。

1-6-10 日本国

同盟、4月19日。朝日新聞<gazette>[新聞][ママ]によると、アメリカ合衆国の大統領が、ヒットラー氏とムッソリーニ[氏]に送った書簡と同様な、平和を求める書簡を日本政府にも送ることを希望している。現在アメリカ外務省がこの件について会議をして相談している。

同<gazette>[新聞]は、自社の意見として、「ヨーロッパではドイツとイタリアとがアメリカに、『チェコスロバキア国とアルバニア[国]の件については、助けるために国内に入ったのであり、侵略したのではない』と回答した。日本政府も中国の件についてこれを範とするべきである」と述べている。

1-6-11 イギリス国

ロンドン、4月16日。イギリス外相であるハリファックス<lord>[卿]が本日午後の官吏会議で、イギリスの外交政策について概要を解説し、「イギリス政府が諸国と相談をするのも、イギリスがこれらヨーロッパ諸国の独立を守ることを保証するのも、これら全てはイギリスはいかなる国の国土をも侵略して奪う意図はない」と述べた。

1-7 土曜評論

我々クメール人は我々の力を全く知らない。現在我々は、「我々自身はとても弱い」と思っていて、それで他民族に容易に我々を苦しめさせている。他民族が我々を苦しめたときは、いつも我がクメール人は嘆くこと1つしか知らず、「現在我が国に来て住んで生計を立てている他民族が何から力を得たから、このように敢えて我が民族を苦しめるのか」ということを考えようとしない。他民族が力を持つのは、彼らが互いに団結しているからである。現在のように弱いクメール人は、我々クメール人は互いに団結していないことによる。我々クメール人がこのように互いに団結していないから、他民族は生計を立て、金持ちになることができる。そしてさらに我々を虐げる。もう1つ、現在の我が国では、我々クメール人の数の方が他民族より多い。もし我々クメール人が互いに団結したら、他民族はいつ我々から利益を得ることができるか。彼らはいつ我々を虐げることができるか。彼らが生計を立てて金持ちになれるのは、我々のせいである。なぜ我々は考えないのか。

tā {kram}

1-8 木に登る人は、[果実を]採ることができず、[果実を]採る人は食べられず、何もしないでいる人が腹いっぱい食べる

我々はクメールの prakratidina(Ephémèride)[暦]は、その誕生は、現在バット・ドンボーン州の saṅkae 郡に住んでいる1人の官吏から来ていることを知っている。この官吏は日夜暦を作ることを考え、ついに見本ができると、自分の名声を得ようと思って保護国政府に持って行こうとした。しかしある年自分は展示会に行くことができなかった。そして自分の上司が展示会に行くのを見て、その暦を預けて保護国政府に渡してもらった。しかし、その預けた時は、この上司は daduol <retraite>[引退]していた。[発明者は]自分の長が不正をして、その暦を政府に送り、発明者の名前を消してしまって、自分[=長]の名前を発明者として入れたことを知らなかった。この暦を使用している我々は、作ったという名誉を誰に与えるか。我々の意見では、[両名の]名誉をほぐして1つに撚り合わせるべきである。そうすればこの暦の発明者が必ずわかる。

tā {kram}

1-9 このように咎め立てばかりしていたら、どうやってクメール人に生計を立てさせることができるのか

ḍuc-nil 氏が飲食物を売る店を <verdun>路と<doudart de lagrée>路の交差点に開くことを考えた時に、我々は、「我がクメール人は商業の方面で発展するに違いない。きっと ḍuc-nil 氏を見習うクメール人がほかにもいるに違いない」と期待した。我々はしばしば仲間を大勢さそってこの店に食べに行った。客の応対の仕方は他民族の店と違いはないと思った。

この ḍuc-nil氏は大勢の人と知り合いで、生計を立てるのが上手で、1914年から1918年まで志願して現地国人軍に入隊していたので、フランス政府にも恩を施した。

しかし、現在我々は、「政府が行って閉店するよう命じた」という情報を得た。「この店が酒を売っており、そ

して寺と学校の近くにある」と理解したからである。政府のこの理解は正しい。しかし我々は疑問を持つ。この店はビールやワインなどの軽い酒しか売っていない。酒も、政府から正式な販売許可を得ていた。なぜ、販売させずそこから追い出すのか。この近くで長い間強い酒(中国酒)も売ってきている中国人については、政府は何も咎めない。この他民族のタイプの食べ物と酒を売る店は、<armand rousseau>路で酒を売っているように、寺の近くにも、学校の近くにもたくさんある。政府は、これらは咎めないようである。初めて[この方面で]生計を立てることを学んだばかりのクメール人の店だけを咎める。たとえば寺にすぐ接していて、僧に迷惑をかける遊戯である劇場は、咎めないようである。

我々は政府に、この件を詳細に検討することを願う。彼が則をこえて売ったからといって、売るのを止めさせる[=廃業させる]のは不適切である。政府がこの店を閉店させるのなら、どこか適切な場所を見つけて、彼に売るのを続けさせてほしい。クメール人が生計を立てることに、やる気をなくさせないためである。

もう1つ、この店はクメール人居住地区内にあって、勤務を終えたクメール人が、自宅に帰る前に飲み物や食べ物をとって、汗を引かせ、疲れをとって体調を整えるための所である。 [注。117号1-8に続く]

1-10　uṇṇālomā 寺の庫裏の修復が終わったことと、同寺の uttamamunī um-sū 猊下の誕生日を祝う祭り

先の4月22日土曜日と23日日曜日に、プノンペン市と地方の仏教徒、在家の弟子たち、それに出家たちが集まって、高等パーリ語学校長であった braḥ sata braḥ mahāvimala dhamma (thoṅ) の形見の庫裏であり、大蔵経翻訳委員会副委員長であり、仏教徒協会の理事である braḥ uttamamunī 猊下のかつての庫裏である庫裏の修理(ベランダの<ciment>[コンクリート]の階段と壁のペンキ塗り)完了の祝賀会が行われた。

土曜日の夕刻、読経が終わると、braḥ uttamamunī 猊下がお出ましになって聖水をかけ、それから高等パーリ語学校長である braḥ sirī sammativaṅsa (aem) が説法をした。翌日、式をして大勢の僧を招いて御馳走を食べた。

弟子と仏教徒たちは病気が重い braḥ uttamamunī 猊下に追善して病気が軽くなるように祈った。

nagaravatta は仏教徒とこの高僧の弟子たちと共に、三宝と[今年の]新しい神に、braḥ uttamamunī 猊下の身体から病気をなくす助力をして下さるようお祈りする。

2-1　braek aeṅ に市場を作ることを求める話

ある日、私は gien svāy 郡 braek aeṅ 村に遊びに行った。この村にはかなりの数の人が集まって住んでいる市街地区が1つあるが、物を売る人はあまり多くなく、かつ離れ離れに散らばっていて、まだ便利な具合の良い所に整ってはいない。私がそこに行った時、住民たち各人が、「政府に自分たちの地に市場を作ってもらいたい」と訴えるのを耳にした。そして私が調べたところでは、この braek aeṅ 村は住民も5百から6百戸もある重要な大きい村であることがわかった。住民の数がこのように多いのであるから、住民の訴えの通りに政府はここにしっかりした市場を建てて、住民全てが売買したい物を売買させることができるようにするのはとても適切なことである。現在は、何か売買したいものがあると、住民は売買したい物を売買するために、各人の集落から5、6、7キロメートル離れた cpār ambau 市場まで行かなければならない。私が見るところでは、これは住民にとっては難儀なことであると思う。しかも行き来する人は何かの乗り物に乗らなければならないから、その費用もたくさんかかる。もう1つ、野菜や果物を売りたい人は、運んで行って帰って来るのが大変苦労である。何か買わなければならない貧しい人たちは、歩いて行ったり来たりするので、働いて生計を立てる時間を無駄にしている。

それゆえ、この郡の保護者であるカンダール州政府は、この村の住民がこの地の農産物を売ることができるように、そして毎日の食べ物、種々の生活用品を買うことができるように助力し救うために、市場を建ててこの住民に与えるようお願いする。州の保護国政府が助力し支援して市場を建てたら、州政府と住民に利益と、それに経済の繁栄と発展ももたらすであろう。

2-2　民衆の心配

私は、プレイ・ヴェーン州 kambaṅ trapaek 郡の人々が、「ほとんど毎日毎夜、この集落でなければあの集落と、盗賊が来てウシ、スイギュウ、ウマを盗んで行き続け、盗まないことがない」と嘆いているという情報を得た。保護国政府は警官を郡と村に大勢駐在させてはいるが、盗賊はそれでも恐れず敢えてやってきて、<police>[警官]の目の横でこっそり盗んでいく。様子では、盗賊はますます強く図に乗って、白昼ウシ、スイギュウ、ウマを駆り立てて行ったり、所有者を殴ってその手から財産を奪っていくこともある。考えは盗賊であるが態度は善良な人の振りをしている者がいて、盗賊が盗んでいったウシ、スイギュウ、ウマの所有者が、その人に頼み、20から30リエルを払うと、そのウシ、スイギュウ、ウマを探して見つける、というように、ウシ、スイギュウ、ウマの所有者から依頼料を取るのを待っている。この状況は、使うに足りるだけのウシ、スイギュ、ウマを持っている人は、生計を立ててもあまり運がつかないことを心配し、生計を立てて運がつくと盗賊が盗んで行き続けるのが心配で、大変心配ばかりしている。

上のように住民が財産を失うことは、保護国政府はど

うか民衆に助力して、盗賊が盗むことで失うことによる苦しみと恐怖から解放してやってほしい。なぜならば、今の季節、住民はウシ、スイギュウ、ウマの力に大きく頼って稲を作る。このように盗賊が盗み続けていたら、今後何を使って田畑を作って生計を立て、[稲などの]税金と自分の人頭税を政府に払っていけるであろうか。

あるレポーター

2-3　シャムの大臣がカンボジア国を訪問

先の4月25日に、シャム国の美術工芸省を統括する大臣である hluoṅ vijitra vādakāra がプノンペンに来訪した。<protectorat>[保護国]府で盛大な出迎えがあった。

4月26日午前9時、大臣殿は khemarinda 宮殿で国王陛下に拝謁し、それから茶会があった。夕刻、<le résident supérieur>[高等弁務官]殿の<hôtel>[公邸]でパーティーがあった。

nagaravatta は、同大臣殿がインドシナ国への来訪と帰国なさる時に、健康に恵まれるようお祈りする。

2-4　tāṅ krasāṅ の住民の正月祭り

私は、tāṅ krasāṅ 地区の北岸の優婆塞優婆夷とその他の地区の優婆塞優婆夷たち大勢、およそ500名以上が、sanduk 郡(コンポン・トム)tāṅ krasāṅ 村の、1938年10月17日に政府が[設立を]許可した ghlāṅ パーリ語学校の敷地に集まって正月祭りをしているのを見た。この祭りには供え物が沢山集まり、三宝と[今年の]新しい神に供え、また寄進も行った。即ち3日3晩、朝には食べ物を、昼には飲み物を僧に差し上げ、夜には説法を聞いた。最後の日には浴用布を僧に差し上げ、聖水を掛けて頂いた。

集まって説法を聞いた時には、清浄心になるためにあらゆる種類の善徳についての講話があり、その講話の最後に[次のような]追善の言葉があった。「平伏して、この全ての善徳をカンボジア国王陛下に、陛下が長寿とあらゆる種類の豊富な幸福と発展に恵まれますように、差し上げます。そして、カンボジア国のrājakāra <protectorat>[保護国政府]の長である<thibaudeau> <le résident supérieur>[高等弁務官]殿と<conseil> senāpatī[大臣]殿たちが幸福と発展に恵まれますようお祈りいたします」

私は、この郡の大衆が礼儀正しく行った善業に対して純粋な気持ちになりました。私は、政府がこの地に寺を建立することを本当に許可してくださるならば、今後世界と仏法との方面で栄えるのにふさわしいと期待しています。

[仏語] コンポン・トム州 santuk 郡、土地登記局長 Ya-Katim

2-5　[44号2-4と同一]

2-6　[広告]　お知らせ

2-7　クメール人はnagaravatta の忠告の通りに行動しないと、誰が敢えて言うのか

nagaravatta がこのように何回もクメール人に注意を与えた徳の力で、クメール人は目覚めて、以前よりも一生懸命生計を立て、一生懸命団結して互いに愛するようになった。

現在多くのクメール人が、「今回はnagaravatta が歌って聞かせてくれる耳に美しい情報はどのようなものか」と、毎週nagaravatta 新聞を待つようになった。読んだ後でnagaravatta の雄弁を褒める言葉が口から絶えることがない者もいる。編集者に、「どのような学業修了証書を持っているから、このような素晴らしい美しい詞が書けるのか」と訊ねた者もいる。

nagaravatta の解説を聞きたい、読みたいだけでなく、さらに以前よりも生計を立てることを行い、仲間であるクメール人と結束し親しくするようになった。たとえば tpūṅ ghmum 郡(コンポン・チャム) danle pit 市場で起こった[次のような]話がある。商人と農夫たちが集まって寄付を募って300リエル以上を集め、小屋を建てて天井を張り、この我々クメール人の正月に、クメール人劇団を雇って3日間公演させて民衆に見せ、さらに種々の仏教のための祭りも盛大に行った。大勢の人がぎっしりと集まって劇を見に来て、たとえようもなく楽しんだ。

ある者は、口を開いて、「以前は、蔣介石の仲間が敢えて募金して毎年中国劇団を雇って公演させた。今はクメール人が中国人と同じことができる」と称賛した。ここの中国人、ベトナム人は少しクメール人を恐れてもいる。danle pit のクメール人たちが danle pit 市街地区の真ん中ではっきりと団結を見せたからである。もう1つ、danle pit のクメール人たちがこのようなことをすることができたのは、ほとんど全ての家で彼らが nagaravatta 新聞を買って読んでいるからである。

thaukae {tāy-heṅ khvān}、[thaukae] {ḷūt}を始め、その他大勢のdanle pit のクメール人の方々の手腕を称賛させていただく。正月に際して幸福と発展に恵まれ、これから後の年もずっとこのように実行することを祈る。(これこそまさにクメール人の子である。)

srī-sā

3-1　[広告]　仏教徒協会

お知らせ

5月2日に仏教徒協会の会員であり、gien svāy 郡(カンダール）の副郡長である braḥ naraksabhūdhara {samphun} が親族と協力して、父と祖父に当たる sālāgū 寺（uṭuṅga māna jaya）の住職であった braḥ pāḷāt maṅgalapavara {um} 師僧殿の遺骨埋葬式と、父と祖父に当たる故 jamnitbhakti {nut}氏の火葬式を行い、5月3日に式を終わります。

式が行われる場所の仏教徒協会の男女の会員の皆さんは、samphun 氏が主催者であるこの善業に参加して喜びを共にしてください。

仏教徒協会理事会

3-2　昇任のリスト

1939年4月13日付［で昇任する］、クメール政府（行政部）の官吏

前の週［＝115号2-7］から続く。

5。1級主任 kramakāra に昇任

sū-ham 氏（ター・カエウ）
jum-mau 氏（王宮）
bhnam beñ 郡長（カンダール）　dan-kān 氏
āṅ piñ 郡長（プレイ・ヴェーン）　drwaṅ-kāṅ 氏
bañā ḷī 郡長（カンダール）　nāy-chāṅ 氏

6。2級主任 kramakāra に昇任

kaṅ-jā 氏（コンポン・トム州）
deba-phan 氏（ター・カエウ州）
chiṅ-khem 氏（<conseil> senāpatī［大臣］秘書局）
sanduk 郡長（コンポン・トム）　de-bacheṅ 氏
lœk ṭaek 郡長（カンダール）　ḷuṅ-lāṅ 氏

7。1級 kramakāra に昇任

pul-swaṅ 氏（在クラチェ）
sirisobhaṇa 郡長（バット・ドンボーン）　mās-hin 氏
ū-khāy-peṅ 氏（在ストゥン・トラエン）

8。2級 kramakāra に昇任

moñ-nāt 氏（クラチェ）
in-can 氏（ター・カエウ）
thbaṅ 郡長（コンポン・スプー）　min-dhuc 氏
バット・ドンボーン州副知事　āp-gim ceṅ 氏
kragar 郡長（ポー・サット）　uoṅ-yuon氏
コンポン・トム州副知事　om-in 氏

後の週［＝117号2-5］に続く。

3-3　［広告］　［注。ラテン文字で］　Bun-Heṅ

［注。クメール文字で］　pun-heṅ

民族はクメール人で、khemarajāti 仕立て店、バット・ドンボーン2号線。

私と同じクメール人の皆さんにお知らせします。どうか友情をもって助力し、必ず大勢、私の店に服を仕立てに来てください。

現在私が服を仕立てている出来栄えは、私は敢えて事前に自慢しようとは思いません。皆さんのどなたか、私の店にいらして試してご覧になれば、きっと満足することは間違いありません。

3-4　農産物価格

プノンペン、1939年4月27日

［「サトウヤシ砂糖」はない］

籾	白	68キロ、袋なし	3.30 ~ 3.35リエル
	赤	同	2.95 ~ 2.30［ママ］リエル
精米	1級	100キロ、袋込み	9.25 ~ 9.30リエル
	2級	同	8.10 ~ 8.15リエル
砕米	1級	100キロ、袋込み	6.00 ~ 6.05リエル
	2級	同	5.00 ~ 5.05リエル
トウモロコシ	白	100キロ、袋込み	［記載なし］
	赤	同	0.00 ~ 9.35リエル
コショウ	黒	63.420 キロ、袋込み	18.50 ~ 19.00リエル
	白	同	30.50 ~ 31.00リエル
パンヤ	種子抜き	60.400 キロ	40.50 ~ 41.00リエル

＊プノンペンの金の価格

1　ṭamliṅ、重量37.50グラム

1級	157.00リエル
2級	152.00リエル

＊サイゴン、ショロン、1939年4月26日

フランス籾・米会社から通知の価格

ショロンの<machine> kin srūv［精米所］に出された籾 1 hāp、［即ち］68 キロ、袋込みの価格は以下の通り。

籾	最上級		4.15 ~ 4.20リエル
	1級		4.05 ~ 4.10リエル
	2級	日本へ輸出	3.92 ~ 3.95リエル
	2級	上より下級、日本へ輸出	3.60 ~ 3.65リエル
	食用［国内消費?］		3.53 ~ 3.54リエル
トウモロコシ	赤	100キロ、ショロン県マッカサンで売り渡し。	9.70 ~ 9.75リエル
	白	同	0.00 ~ 0.00リエル

米（10月［ママ］渡し）、港渡し、袋込み、税抜き、1 hāp、［即ち］60.7キロの価格は以下の通り。

精米	1級、砕米率 25%	5.93 ~ 5.95リエル
	2級、砕米率 40%	5.60 ~ 5.65リエル
	同。上より下級	5.35 ~ 5.40リエル
	玄米、籾率 5%	4.20 ~ 4.25リエル
砕米	1級、2級、同重量	4.65 ~ 4.70リエル
	3級、同重量	4.00 ~ 4.05リエル
粉	白、同重量	2.40 ~ 2.45リエル
	kāk［籾殻＋糠?］、同重量	1.15 ~ 1.20リエル

3-5　［広告］［仏語］1939年4月26日、スヴァーイ・リエン

証明書

［ク語］　私の名は pe yī で、スヴァーイ・リエン州で村長をしています。私は長年血が出る咳の病気でした。医師を求めて薬を服用し、注射もしましたが全く効きませ

んでした。この新年近くになって、sīv-pāv 医師殿の弟子である sīv-ḷūñ 医師殿がスヴァーイ・リエン市場と呼ぶ trœy tā、brai nagara 路19号に店を開きました。私は sīv-ḷūñ 医師殿を頼って病気を診察してもらいました。彼は、「あなたは肺の重い病気である」とおっしゃって、それから sīv-pāv 印の水薬と丸薬を調剤しました。私はそれを服用して病気が治りました。この薬は本当に驚くほど良く効きます。私は血が出る結核が直ぐに治りました。私は<gazette>[新聞]に掲載して、彼の恩を思いだします。

3-6 ［広告］［仏語］**1939年4月27日、バット・ドンボーン**
［ク語］ 非常な称賛

私の名は ān sā vet で、バット・ドンボーン州でクメール語ーフランス語の教師をしています。1936年に私は大危険にあいました。即ち梅毒にかかり、途方にくれました。ほとんど全ての医師にかかって薬を買いました。病気は少しよくなって、それから身体の中に潜伏しました。私はこの何年か、<gazette>[新聞]の紙面にのせるべきでない苦しみを受けました。皆さん!! この最も凶悪な毒は、本当に恐ろしいです。コブラの毒も、日本の爆弾も、これほど長く苦しめることはできません。

その後、私は pāsāk のクメール人である sīv-heṅ 医師殿が来て、sañkae 市場、中国人のネアック・ターの祠の傍に店を開いたという情報を得ました。私は行って同医師殿に診察してもらい、彼は sīv-pāv 印の薬を調剤しました。私はこの薬を20.00リエル服用して、完治したことに気付きました。以前、私は300.00リエル以上を費やしても治りませんでした。今回は sīv-pāv 氏の薬のおかげで治りましたから、疑うことは何もありませんでした。それゆえ、私はこの<gazette>[新聞]に掲載して、私と同じ危険にあっている人に、この薬が本当に良く効くことを知らせて救う努力をします。

3-7 ［広告］ 衣服を仕立てるクメール人の店が生まれた

店は、プノンペン市 brai nagara 路16号、laṅkā 寺の前、南寄りです。現代風の衣服の仕立てをしています。samsāk 布とあらゆる色の布があります。desa aek、desa siem、pādissvā 布もあります。あらゆる種類の袈裟も縫います。皆さん、どうかきっと買って、クメール人に助力して救ってください。

īv-sen、プノンペン

4-1 ［111号4-1と同一］

4-2 ［114号4-2と同一］

4-3 ［11号4-2と同一］

4-4 ［20号4-6と同一］

4-5 ［73号、4-6と同一］

4-6 ［110号3-3と同一］

4-7 ［115号3-2と同一］

4-8 ［33号3-4と同一］

4-9 ［44号4-6と同一］

4-10 ［105号3-3と同一］

4-11 ［終わり近くの「70メートル」が「10メートル」に変わった以外は、48号3-8と同一］

4-12 ［8号4-3と同一］

4-13 ［89号3-4と同一］

4-14 ［111号3-4と同一］

SAMEDI 6 MAI 1939

Directeur PACH-CHHŒUN

HEBDOMADAIRE PARAISSANT TOUS LES SAMEDIS

(Boite Postale N° 44)

第3年117号、仏暦2481年1の年卯年 visākha 月下弦3日土曜日、即ち1939年5月6日、1部8セン

［仏語］ 1939年5月6日土曜日

1-1 ［仏語で「私書箱 No.44」と「社長、PACH-CHHŒUN」が加わった以外は8号1-1と同一］

1-2 ［デザインが少し変わった以外は8号1-2と同一］

1-3 ［デザインが少し変わった以外は8号1-3と同一］

1-4 ［8号1-4、1-5と同一］

1-5　クメール舟は、ますます水がひたひたになっている

現在中国人などの他民族が、ますます大勢クメール国に来て住むようになった。中国人は国を捨てて逃げ、毎月数千名がクメール国に入ってきて住んでいる。これらの人々は、働いて生計を立てるあらゆる場所に入り込んできて、クメール人が楽に生計を立てるのを妨げ、さらに国の持ち主であるクメール人と全て同じ権利を持っている。それだけでなく、これらの民族はさらにクメール人を苦しめ踏みにじりさえするのである。

他民族がクメール人の土地を没収する話は、どこの州でも数え切れないほど非常に多い。クメール官吏がこれらの民族と手を結んでいることが多く、そして互いに何かトラブルが生じたときには、クメール人は毎回多額の［訴訟］費用を支出しなければならないからである。商業の方面でも、他民族が申し合わせて失敗させ、生計を立てさせないようにするので、クメール人はまだ顔を上げることができないでいる。

このような状態であるのに、なぜ政府は無関心な態度をとり、クメール人に助力して救い上げてこの苦しみから逃れさせてくれないのか。政府がこのような態度をとることは、「政府は他民族と共謀していて、他民族がクメール人を苦しめのを放置している」という疑いを持たせる。この戦争の時に国を捨て、日本が国土を侵略し、同胞を好き勝手に虐待するままに放置している中国人たちを、我が国の政府は受け入れて抱きしめてやるべきではない。我々は、「政府はこれら全てのクメール人の苦しみを知らない」とは信じない。なぜならば、政府の仕事を明らかにするための職員が、どの政府部局にも十分大勢いるからである。

我々は、「クメール国に来て住んでいる他民族に、フランス人を除いて、クメール人の土地を購入することができる権利を与えるべきではない」と理解する。政府がいつまでもこのように他民族に権利を与え続けるなら、「クメール人は他民族に、心のままに土地を取り上げられてしまう」と我々は理解する。クメール人は国の持ち主であるから、他民族に権利を濫用させ、不法行為をさせるべきでない。

nagaravatta

1-6　諸国のニュース

1-6-1　イギリス国

ロンドン。パリ市の<le journal> <gazette>［新聞］は、「日本はヨーロッパの samudra <méditerranée>［地中海］に軍艦を派遣する」と述べている。同<gazette>［新聞］は、「この派遣は、1938年に予定されていたが、中国—日本戦争に引っかかって［東と南］シナ海に海軍力を保つ必要のために、実施を中止した海軍演習計画によるものである」と述べている。

東洋に駐留するイギリス軍艦は多数増加され、軍用機もイギリスのシンガポール軍基地に集まっている。

1-6-2　日本国

東京。日本海軍省は、「日本とイタリアの代表がローマ市で会談をした。この会談の結果、日本は［日本が］来る今月15日に軍艦を1艦隊、samudra <méditerranée>［地中海]に派遣することに同意した。派遣する艦隊は、kapāl <torpilleur>[水雷艇]12、駆逐艦6、潜水艦12、巡洋艦2からなる」というパリ市の情報をきっぱりと否定した。

1-6-3 イギリスは海軍を集結する

イギリスは、シンガポール基地の攻撃力と防衛力を試すために、軍艦総数81からなる海軍を南シナ海に集める。[東と南]シナ海にいるイギリス軍艦は全てこの軍事演習に呼び集められ、上海県駐留の2隻だけが残る。これ以外にイギリスはイギリス商船全てに油と石炭と食料を2週間使って足りるように積載して香港に集合するよう命令した。

1-6-4 フランス国

パリ。パリ市の諸<gazette>[新聞]は、ルブラン・フランス大統領が公式にロンドンを訪問した時の要点を繰り返し述べている。フランス外相である<bonnet>氏はイギリス外相に、フランス国内に徴兵令を出す必要について強く説明し、明確に知らしめた。

<petit parisien> <gazette>[新聞]は、「急いで徴兵令を出したのは止むを得ないことである。なぜならベルリン－ローマの両大強国が意気揚々としている。そしてベニス県からの情報によると、イタリアとユーゴスラビアだけでなく、ユーゴスラビアとドイツも、政府も経済の面もその友好関係を強めているからである」と述べている。

1-6-5 イギリス国

ロンドン。ロンドン市の<gazette>[新聞]によると、「国内に徴兵令を発布することは是か非か」という、政府の状況の説明は、これ以上引き伸ばすことのできない問題である。フランスがイギリスに早く発令させようとしているのは全く正しいことである」と述べ、イギリス国に期待を持っている小国全てを示した。

＊イギリス国上院は本会議を開いて、国民に、国と民族に対する義務を果たさせるための法律と徴兵令を発する目的で、現在生じている種々の事柄について審議した。

結局、政府案を支持する議員がより多数で、反対する議員は少数であった。

＊samudra <méditerranée>[地中海]のイギリス帝国のsamudra rājanāvā(kapāl campāṅ samudra)[海洋軍艦]は、イギリス国王のアメリカ訪問に従うよう命令された艦以外は、4月28日と29日の東部 samudra <méditerranée>[地中海]での軍事演習の前に、ギリシャ国、パレスチナ[国]、エジプト[国]などの諸港に入港するために出発した。その他の艦は共に <port> ḷaenut のそばで、要塞砲撃演習に行く。ロンドン市の<gazette>[新聞]は、「今回の演習に参加する艦の総数は32隻である」と述べている。

＊4月25日。イギリス内閣は、17歳から21歳までの男子全てを徴兵する国王令を出すことについて閣議を開いた。閣議が終わると、チェンバレン氏はイギリス国王に拝謁し、閣議決定の内容について報告した。

イギリス内閣は閣議を開いて、この徴兵令を下院に提出し、急いで審議、決定させることを満場一致で賛成した。フランス政府からの強い要請もあり、小国がそろって、「イギリス国は確実に支援することはできない」とイギリスを見ているからでもある。

＊イギリス特命全権大使殿は、先の4月24日以来ベルリン市に戻っているが、当初予定されていた今朝[注。何日のことかは不明]は、まだドイツ外相に会いに行っていない。同外相殿は、同月27日にベルリン市を訪問したユーゴスラビア外相を出迎えに行ったからである。フランス特命全権大使もベルリン市に行っている。

1-6-6 中国

hiṅ hai、4月24日。情報では、中国軍は広西省の北、揚子江に沿って日本軍を攻撃した。この中国軍の力は、これまで日本軍に勝ち続けていて、現在、この中国軍は日本の手に落ちていた重要県、即ち kā van、fū sieṅ kvay、van jhū duṅ、sun sū kāṅ、si si hā の5県を奪還した。

現在中国軍は湖北省東南部の広西[ママ。「江西」が正しい]と河南[ママ。「湖南」が正しい]との省境に近い所にいて、広東－漢口鉄道線路から35キロメートルの duṅ sān 県を占領した。

＊桂林。広東省で日本軍と戦っている中国軍は広東[市]外で勇敢に日本軍の反撃軍を攻撃して壊滅させ、広東県から25キロメートルの sun kai 駅を占領した。

1-7 独り言

1-7-1 私は、「クメール政府の上級職官吏が、現在の俸給は毎月の出費に不足だから、抗議して手当てをさらに増額する要求をすることを準備中である」という噂を聞いた。これらの官吏はそれぞれ1ヶ月に千リエルもの俸給を得ていて、そしてそれでも、「まだ出費に足りない」と威張る。現在行なっている仕事は、その俸給に見合わない。なぜなら官吏のある者は、毎月毎月わずか2、3回事務室に顔を出すだけである。私は、この地位はこの俸給にふさわしいと思うが、「公務[に費やす]労力には全く相応しくない」と理解する。即ち俸給を沢山もらって公務を少しする。一方、自分の個人的な仕事になると、疲れるのを全く考えない。それゆえ、これらの官吏たちは妻がたくさんいる。よく検討すれば、給料を沢山もらっていて、出費に足りないのは、妻を多く持つことによることがわかる。12歳から13歳の女性を買いに行って来て養っておき、大きくなると妻にする者もいる。それゆえこれらの官吏が、これでも手当て金を増やすことを欲するのなら、政府は本人に、「妻の数、妾の数、妻の下女の数を申告させるべきであり、そうすれば正しい」と理解する。

民衆各人は、手で服のポケットを探って終わりにしなさい。

1-7-2　現在、プノンペン市のクメール裁判所では、「政府が2、3のポストの cau krama を極めて奇妙に交替させた」ということを耳にした。善く、かつ勤勉に公務を行なっている cau krama が、あたかも処分を受けたかのように格下げされ、以前より手当てが少ないポジション勤務にされた。一方、民衆に嫌われているにもかかわらず、偉い人の親族に当たり、かつ、上役にへつらうことを知っている cau krama の1グループが、あたかも地位が上がったかのように、前よりも多くの手当てがもらえるポジションに配置された。cau krama のもう1つのグループは16年から17年もの長期間勤務し、功績もある人たちで、昇任資格を得る年限が来ても一転昇任できず無視され、3、4年勤務したばかりの新しい若い者が昇任した。手当てが減らされたといわれている cau krama は、正義の官庁[＝裁判所]に勤務しているのは事実であるが、正義の道での成果は得られない。政府がこのようなことをしているのが事実なら、それはえこひいきで行なっているのである。なぜなら、クメール民衆があるグループの cau krama を嫌っているのに、なぜ[そのグループを]さらに高くするのか。そして民衆が、「善く公正に仕事をする」と好んでいる cau krama のグループを、なぜ降格するのか。

保護国政府が作った法律顧問課[注。Ⓢでは高等弁務官府第2課第2係]は、クメール人官吏が以前から行なってきた職権濫用と不公正がないように、フランス人職員に統括させている。それでもなお、このような職権濫用と不公正が行われるのはなぜか。このように、わざわざ ṭampa[4]を1つと、1を4つと取り替える[＝何らの変化もない。朝三暮四]て何の役に立てるのか。

1-7-3　プノンペン市の医務局病院で、ベトナム人副院長がクメール人医務thīを何回も何回も苦しめた[注。115号1-7-4を参照]。フランス人の病院長がフランス国に転勤するのが近づいた時に、ベトナム人副院長がその院長のためにパーティーをした。しかし費用を自分の上着のポケットから出してパーティーをしたのではなく、クメール人医務thīたち全てに、彼らの俸給が少ないことを斟酌せずに、金を出すことを強いた。一方金を出すのを拒否した者たちの方には、副院長は、「後日苦しめる」と言った。政府が下級職員たちに本当に慈悲があるならば、この副院長を転出させるべきである。

tā {kram}

1-8　このように咎め立てばかりしていたら、どうやってクメール人に生計を立てさせることができるのか[注。116号1-8から続く]

先の月曜日の夕刻、いつも大勢集まってこの店で食事をしているクメール人全てはとても驚き悔しがった。この ḍuc-nil 氏の店が廃業することがわかったからである。全ての人が、「政府がこのようにするのは、クメール人に対して善良な行いではない。我々全てはきっとまた金を使って人力車に乗って、金を持って dham 市場の中国人に与えに行くことになる。もう1つ、政府が、『ここは商売をするのにふさわしい場所ではない』と反対するのなら、なぜ前に[開店を]許可した許可の期限が切れるまで待たないのか」と不満を持った。この情報については、「今年の12月31日に許可の期限が切れる」ことを我々ははっきりと知っているのである。

この事件は、政府は最初からきちんと検討するべきであった。もし、「この場所が[料理を]商うことを許可するのに相応しくない」と言うのなら、どうして政府は、彼にこの生業の準備を全て行うために費用をかけさせないように、最初にそのように知らせなかったのか。政府がこのようなことをするのなら、全てのクメール人は、「政府はクメール人商人の誰も、他民族のように育たないように、消し去りたいのである」と理解する。即ち、彼に餌を与えて初期投資に金を費やすことだけをさせて、すぐに[商売を]止めさせて損をさせるのである。上記のクメール人の「ここで商売をするのはよくない」というたわごとをよけるためである。

我々は保護国政府に申し上げる。どうかこの事件を、ḍuc-nil 氏がこの場所で生計を立てることができるように決めてほしい。なぜならば我々は、「政府は上に述べたような意地悪な心を持っているのではない」、即ち「クメール人を救い上げることただ1つを望む心を持っている」ことを知っているからである。

1-9　kambaṅ trapaek 郡に旅行した

私は先の1939年5月2日に、プレイ・ヴェーン州 kambaṅ trapaek 郡に旅行した。私がそこに到着した時、村長殿、助役殿、およびその他の大勢の職員たちがそこに集まっているのを見た。私は、既に2年以上行なっている<gazette>[新聞]事業について解説し、一生懸命田畑を作り、[収穫物を]売って生計を立てるように、と説明してわからせた。その人たちは私を大変喜んでくれた。

午後は、夕刻3時になると、私は sirī sāgara 寺の住職師僧殿が長い月日の間、私に会いたい気持ちを持っていることを知っていたので、住職を拝しに挨拶に行った。[寺に]着くと寺の中の予備パーリ語学校の建物の中に入り、そこに全ての比丘と沙彌が集まっていて、寺の ?nak ācāryaと寺の檀家である優婆塞が大勢いるのを認めた。

住職を拝して挨拶し終わると、師は "jayanto" 経を唱えて私を祝福した。それに引き続いて私は、僧たちへの感謝と、私の望みとについてのスピーチをした。それから、私は寺を出て、?nak ācārya {sū-pū}と ?nak {jhuon-vā}とその他多くの人々が私を自宅に招き、私も喜んで訪問した。そして、そこにはクメール人が6、7軒ほど店を開いて商売をしていて、仲間のクメール人たちが、<gazette>[新聞]がまだ報道をしていなかった以前よりも[今は]大勢が助力して買っていることを知った。

私は、クメール人が、他民族より劣ることがないように、真剣にクメール人に助力し支えることを求めた。

それから私は ?nak ācārya {sū-pū}から、「私が来ることを知らなかったのが残念である。もし前に知っていたら、印刷所に投資することを志望する人が大勢いるから、その人たちに知らせて集まってもらえたのに」という情報を得た。

最後に、私は braḥ teja guṇa [高位の僧]たち全てと、寺の檀家である優婆塞の皆さんにお礼を申し上げます。どうか幸福と発展に恵まれ、[幸福と発展が]去っていくことがありませんように。

2-1 お祝い申し上げます

1939年4月26日に、コンポン・チャム州で大きな結婚式が行われた。新郎は州副知事である it-mugsun 氏、新婦はコンポン・チャムの yāv 夫人[?nak srī]の子である nāṅ {dā-ḷic ān}である。

この結婚式に、大勢の名士、大小の官吏たちが出席して集まり祝った。

＊同年4月28日に、bañā ḷī kambaṅ luoṅ 郡(カンダール)で、新郎は郡庁の(Secrétaire)[書記官]である yīv-yūseṅ 氏と bañā ḷī kambaṅ luoṅ 郡郡長である suk-ṇāy-nāṅ 氏の子である nāṅ {nārī}との大きい結婚式が行われた。

この結婚式に大勢の大小の官吏たちが出席して祝った。

以上の2つの結婚式に際して、nagaravatta はこの2組の新婚夫婦に4種の祝福、即ち長寿、不老、健康、力がますます授かり、常に互いに円満であり、さらに財産とあらゆる名誉とに豊富に恵まれるように祈る。

2-2 雑報

2-2-1 phkā prāk 祭

1939年4月30日日曜日午後1時、[retraite][引退した] okñā subhāmantrī {muk[注。不鮮明]}氏と yim 夫人[?nk srī]、[retraite][引退した]郡長である okñā {sān} 氏と bun 夫人[?nak srī]など、大勢の仏教徒が集まってプノンペンから gien svāy 郡(カンダール) kpāl koḥ 地区の munīsāgara 寺まで aṅga phkā prāk の行列をした。同寺の老朽した本堂を修繕するように僧に差し上げるためである。

nagaravatta は嬉しく思い、この善業を共に喜び、munīsāgara 寺がますます栄えるように追善する。

2-2-2 phkā prāk 祭

1939年4月30日日曜日、大勢の仏教徒がプノンペン市のuṇṇāloma 寺から、大乗仏教のベトナム人僧がクメール人に従って小乗仏教で出家する寺である ratanārāma (suṅ bhwak)寺まで、シクロで aṅga phkā prāk を行列した。同寺の老朽した本堂を修繕するように僧に差し上げるためである。

土曜日に、クメール人、ベトナム人の仏教徒たちが uṇṇāloma 寺に集まって、僧を招いて paritta 経を読経し、それからベトナム人僧がクメール語とベトナム語で説法をした。aṅga phkā prāk の金額は743リエルであった。

nagaravatta は嬉しく思い、この善業に喜びを共にし、ratanārāma 寺がますます栄えるように追善する。

もう1つ、国が貧しい時代に、固く信仰心を持ち、さらにクメール人も中国人もベトナム人も一致協力して仏教に助力し支援している仏教徒の人々を称賛するべきである。

最後に、trīcakrayāna(Cyclo Pousse)[シクロ]車夫の人々を絶賛するべきである。この人たちは信仰心を持ち、喜んで無料で aṅga phkā prāk の行列に助力し、さらに互いに募金してこれに参加した。肉体の力による善徳と寄進による善徳の2種の善徳を得たものと思われる。

2-2-3 式について

先の4月2日に、bārāṅ 郡(プレイ・ヴェーン)krāṅ 地区の lvā 寺の予備パーリ語学校の教師である ācārya {uy-jīn}氏と優婆塞優婆夷とが集まって三蔵経の寄進式を行った。jai maṅgala 寺(jrai ghmum) の郡僧侶長である sāsanamunī 師僧殿と lvā 寺(kanbaṅ ghlāṅ)の住職師僧殿と krasaem sukha 寺(piṅ ḷaeṅ)の住職師僧殿、その他の長老僧を大勢、成年僧と未成年僧を合わせて50人を、この式に吉祥として3日間招いた。

この式で、kambaṅ ghlāṅ 村の ṭaṅkhau {tān huk}さん[?nak]と妻の caem 優婆夷は、<machine> samrāp panta samḷeṅ dhammakathika[説法僧の声を大きくする機械][ママ。拡声器は説法の時に使われることが多いから、このように説明したのであろう](Haut Parleur)[拡声器]を持ってきて式の進行を指示した。我々はこの式に参加した僧と優婆塞優婆夷たち全てにお祝いの言葉を述べる。そして信仰心で<machine>[機械]を持ってきて使った<machine>[機械]の持ち主に、常に幸福と発展があるように祈る。

2-2-4　［広告］　お知らせ

プノンペンのシソワット　sālā <lycée>［中高等学校］の生徒である sieṅ-ceṅ-ghun は、3月30日に、プノンペンからポー・サットに行く列車の中に書物が沢山入った袋を置き忘れました。

これを拾って私に通知を下さった方に10リエルのお礼をさしあげることを承知いたします。

2-2-5　［広告］　お知らせ

大戦中の4年間に、国と民族を守備して独立を守って亡くなった人々である現地国人軍兵士を記念し、その名誉を讃えるための場所として仏塔を建てることを企画している委員会があります。

来る1939年5月14日に、この委員会は歩いて、志のある方々に寄付を呼び掛け、集めて仏塔を1つ建てます。どうか皆さんの志でそろって御寄付ください。

カンボジア国広報課

2-3　［44号2-4と同一］

2-4　<retraite>［引退した］ okñā vipula rājasenā {paṅ-suoṅ} 氏の逝去について

私たち幹事は、1939年4月24日に逝去し、4月26日に火葬を致しました故 paṅ-suoṅ 氏の葬列に助力して参加してくださった皆様にお礼を申し上げます。

nagaravatta は、故 paṅ-suoṅ 氏への惜別の情に覆われている親族友人の方々にお悔やみ申し上げます。

2-5　昇任のリスト

1939年4月13日付［で昇任］のクメール政府(行政部)官吏

前の週［＝116号3-2］から続く。

2。初級職［ママ。「中級職」が正しい。yukapatra はⓈの頃は初級職とされていたから、間違えたのであろう］

1。特級 yukrapatra に昇任
mau-bau 氏(陸軍局)
gaṅ-canda 氏(プレイ・ヴェーン)

2。1級 yukrapatra に昇任
juoṅ-vān 氏(コンポン・チャム)
mam-yim 氏(コンポン・トム)
nuon-crik氏(<conseil> senāpatī［大臣］秘書室)
uk-phān 氏(内務省)

3。2級 yukrapatra に昇任
than-lmut 氏(クラチェ)
so-kaem 氏(シエム・リアプ)
chāy-san 氏(ター・カエウ)
ham-yim 氏(カンダール)
dai-ieṅ氏(バット・ドンボーン)
ḍuoṅ-un 氏(ポー・サット)
pū-chlak 氏(コンポン・スプー)
māt-haem 氏(ター・カエウ)

まだ後の週［＝118号2-13］に続きがある。

2-6　［116号2-6と同一］

2-7　講演

ベトナム国を経由して、ラオス国のルアン・プラ・バン市とヴィエン・チャン市での仏教研究所会議に出席したクメール国仏教使節団の旅行について

1939年4月9日、夜7時半に、高等パーリ語学校のホールで braḥ teja guṇa braḥ sāsana sobhana がラオス国への旅行について講演をした。

今年の1月23日に、カンボジア国の仏教研究所と両派の僧侶長［ママ。106号2-4では「僧王」］の代理である仏教使節団が列車に乗ってサイゴンに向かった。そこではサイゴンの仏教徒協会の会員団が喜んで出迎え、協会がある建物に案内し、茶会を開いた。夜10時近くになるとベトナムの仏教徒協会の会員たちと別れて列車に乗り、フエ市に向かった。列車はおよそ1昼夜走り続けてようやく到着した。そこでは、フエ市仏教徒協会の会員たちが大勢、長い間待っていてくれた。列車がフエ市に着いたのは深夜12時で、喜びで眠いのを我慢して待って、友情をもって出迎えてくれたベトナム人仏教徒協会会員を称賛するべきである。列車から下りると、彼らは我々仏教使節団を協会会館に案内して尊敬と喜びを示すパーティーがあった。翌朝は王宮、大王の墳墓、博物館、bhikkhunī寺のベトナム・パーリ語学校に案内してくれた。

まだ後の週［＝118号2-14］に続きがある。

3-1 ［広告］［仏語］シエム・リアプの地主、M. Tan-Kim San
［ク語］　真実の称賛

私は名を tān gim sāṅ と言い、シエム・リアプの raluos に住んでいます。昨1938年に kāp go 市場の sīv-pāv 商会のスイギュウやウシを救う薬を買いました。即ち年頭にスイギュウやウシがたくさん死にます。私はこの薬を得て、スイギュウやウシを300頭救いました。それゆえ私は<gazette>［新聞］に掲載して、スイギュウやウシを持っている人に広くお知らせします。スイギュウやウシの喉に発疹ができる病気、黒血病、麻疹、赤い発疹、結核、口蹄疫、鼻疽、目やに、痙攣、鼻水が垂れる、脚が冷える、腹が腫れる、咳、息切れ、喘ぎ、呻き、便秘、下痢、下血、鼻が乾く、鼻や唇が割れる、脚に力がなくなる、吐く、動物に嚙まれる、以上の病気、［また］動物がじっとして動かずに耳をバタバタするのを目にしたら、きっと何かの病気にかかっています。急いでこの薬を飲ませてください。病気が軽かったら、1箱飲ませて、3時間たてば効いたのがわかります。重い場合には1時間た

ったら、さらに1箱飲ませれば希望通りになります。動物がたくさん死ぬ時に、動物が病気にかからないように守るためには、2日につき1箱飲ませます。病気がとても重かったら2箱飲ませれば、早く治ります。

3-2 ［広告］ sīv-pāv 医師がお知らせします

今、きちんとした箱がない粉薬、丸薬、塗り薬を偽造する人がいます。この悪人は、偽造して sīv-pāv 印の薬だと言い、sīv-pāv のお知らせのビラを持っているので、誰もが信じます。皆さん、お知らせのビラは、欲しい人がいれば、誰にでもあげています。それでこの悪人は貰いに来て、だまして彼の薬を売るのです。そして彼は、「この彼の薬を飲んで治らなかったら、このビラを sīv-pāv 店に持って行って、無料で薬を貰って飲みなさい。代金は払う必要がありません」と言います。私は皆さんにお願いします。この悪人の［特徴］を覚えておいて、［その悪人を］捕まえて官員に引き渡してください。そして私にも知らせてください。もう1つ、コーチシナの pāsāk の人々は、「偽者が来て騙す。あなたの絵を描いて舟にぶら下げたり、箱に貼ったりして騙して歩いている」と訴えています。

それゆえ、皆さんは、真剣に質問して確認してください。

3-3 働く人を探しています。給料は適切な額です

47 rue Okñā-Oum PP［プノンペン Okña Oum 路47号］の sıv-pav 商会が働く人を求めています。以下の私の希望に合う人、即ちコーチシナのクメール人で、saññāpatra (Certificat d'Études Primaires Franco-Indigenes)［フランス語－現地語初等教育修了証書］を持ち、字がきれいで、ベトナム文字、クメール文字、フランス文字が読める人は、まずこの3種類の文字を書いて送って、私に見せてください。学校を卒業したばかりの生徒なら、なおさら結構です。博打、酒、女の遊びをしない人、貧しい人の子、夢想家でない人、長く勤務できる人、病気がちでない人、温和で正直な人、能弁な人なら、なおさら結構です。これら全ての条件に合ったら、どうか手紙をください。

3-4 祭りのお知らせ

いつも説法をしてくださる ācārya {cān}師僧が外国に行っていて、帰ってきたばかりです。visākha 月下弦4日、即ち1939年5月7日日曜日の夜8時に、私は師を招いて私の家で説法をしていただきます。説法の前に、信仰心を高めるために外国の仏教を我が国の仏教の比較するお話があります。我が国の仏教徒協会を早く栄えさせることを、一生懸命熱心に望んでいる皆さんは、この機会に優婆塞優婆夷を誘って善徳を積むために説法を聞きに来てください。kāp go 市場の sīv-pāv が敬意をもってお招きいたします。

3-5 ［115号3-2と同一］

3-6 ［105号3-3と同一］

3-7 ［終わり近くの「70メートル」が「10メートル」に変わった以外は、48号3-8と同一］

3-8 ［8号4-3と同一］

3-9 ［44号4-6と同一］

3-10 ［116号3-3と同一］

3-11 農産物価格

プノンペン、1939年5月4日

［「サトウヤシ砂糖」はない］

籾	白	68キロ、袋なし	3.35 ～ 3.40リエル
	赤	同	2.95 ～ 3.00リエル
精米	1級	100キロ、袋込み	9.30 ～ 9.35リエル
	2級	同	8.20 ～ 8.25リエル
砕米	1級	100キロ、袋込み	6.60 ～ 6.65リエル
	2級	同	6.20 ～ 6.25リエル
トウモロコシ	白	100キロ、袋込み	［記載なし］
	赤	同	0.00 ～ 9.00リエル
コショウ	黒	63.420キロ、袋込み	18.50 ～ 19.00リエル
	白	同	31.50 ～ 31.50［ママ］リエル
パンヤ	種子抜き	60.400キロ	40.25 ～ 40.75リエル

＊プノンペンの金の価格

1 ṭamliṅ、重量37.50グラム

1級	157.00リエル
2級	152.00リエル

＊サイゴン、ショロン、1939年5月3日

フランス籾・米会社から通知の価格

ショロンの<machine> kin srūv［精米所］に出された籾1 hāp、［即ち］68キロ、袋込みの価格は以下の通り。

籾	最上級		4.30 ～ 4.35リエル
	1級		4.10 ～ 4.15リエル
	2級	日本へ輸出	3.95 ～ 4.00リエル
	2級	上より下級、日本へ輸出	3.65 ～ 3.70リエル
	食用［国内消費?］		3.58 ～ 3.60リエル
トウモロコシ	赤	100キロ、ショロン県マッカサンで売り渡し。	9.50 ～ 9.55リエル
	白	同	0.00 ～ 0.00リエル

米（10月［ママ］渡し）、港渡し、袋込み、税抜き、1 hāp、［即ち］60.7キロの価格は以下の通り。

精米	1級、砕米率 25%	6.10 ~	6.12リエル
	2級、砕米率 40%	5.75 ~	5.80リエル
	同。上より下級	5.55 ~	5.60リエル
	玄米、籾率 5%	4.30 ~	4.32リエル
砕米	1級、2級、同重量	4.70 ~	4.73リエル
	3級、同重量	4.10 ~	4.12リエル
粉	白、同重量	2.45 ~	2.52リエル
	kāk［籾殻＋糠?］、同重量	0.70 ~	0.75リエル

3-12　［116号3-5と同一］

3-13　［116号3-6と同一］

3-14　［116号3-7と同一］

4-1　［111号4-1と同一］

4-2　［114号4-2と同一］

4-3　［11号4-2と同一］

4-4　［20号4-6と同一］

4-5　［73号、4-6と同一］

4-6　［89号3-4と同一］

4-7　［111号3-4と同一］

4-8　［33号3-4と同一］

4-9　［110号3-3と同一］

4-10　［76号4-1と同一］

ឆ្នាំ ទី ៣ លេខ ១១៨ SAMEDI 13 MAI 1939

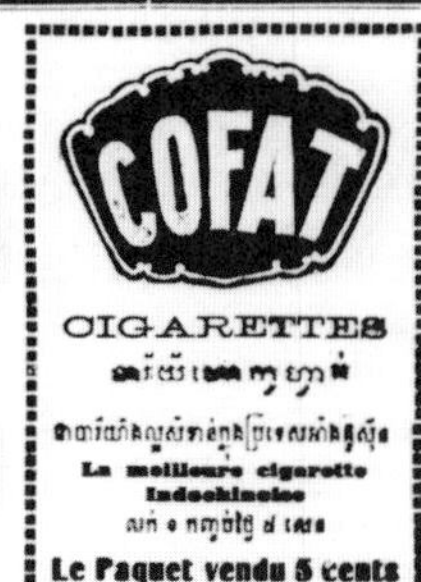

Directeur PACH-CHHŒUN

HEBDOMADAIRE PARAISSANT TOUS LES SAMEDIS

(Boite Postale N° 44)

第3年118号、仏暦2481年1の年卯年 visākha 月下弦10日土曜日、即ち1939年5月13日、1部8セン

［仏語］ 1939年5月13日土曜日

1-1 ［仏語で「私書箱 No.44」と「社長、PACH-CHHŒUN」が加わった以外は8号1-1と同一］

1-2 ［デザインが少し変わった以外は8号1-2と同一］

1-3 ［デザインが少し変わった以外は8号1-3と同一］

1-4 ［8号1-4、1-5と同一］

1-5 朗報

kraḷahom 卿である krum ghun vīsuddhi khattiyavaṅsa {narottama surāmritya} がフランス国を訪問した際に、フランス政府は殿下［draṅ］がクメール人とフランス人とを本当に発展させたとして、grwaṅ issariyayasa dī dhipaḍin［コマンドール章］（Commandeur de la Légion d'Honneur）［レジオンドヌール勲章コマンドール章］）を授与したという情報を得て、我々はとても喜んでいる。

一方、同じくフランス国を訪問している munīreta 殿下［braḥ aṅga mcās］の方も同じ勲章を授与されている。

この王族お二方は、先の4月27日に、来る5月19日にサイゴンに到着する［予定の］<aramis>という名の船でカンボジア国に向けて出帆した。

nagaravatta はこの王族お二方に心からお祝いを申し上げる。

1-6 クメール国の他民族について

我々は、「現在クメール国に来て住んでいる他民族は多すぎる」と何回も叫んできた。これらの民族が我が国に来て住んで、法律に従って生計を立てているのなら、我々は何も言わない。しかし、これらの民族は、クメール人が国の持ち主であることを全く理解していない。それればかりでなく、さらにクメール人に敵対しようと心に決めている。他民族がクメール人を苦しめた事件は、我々が知っているものはすでに話してきた。しかし我々がすでに話した話の数はとても少なく、10分の1でしかない。金を貸して違法の利子を取る話し、騙してクメール人の土地を取り上げる話、刃傷事件、商売をして生計を立てているクメール人と競争する話、等々である。

上述のような事件は、今国法を改正する必要があるという状況を示している。保護国政府が心からクメール人に助力し支援するのなら、他民族をクメール裁判所で裁くように法律［ママ。実は法律ではなく、カンボジア国とフランス国間の1863年の保護条約で定められていることである］を改正するべきである。なぜならば、現在フランスの法律が他民族にフランス人と同等の権利を持つことを許していて、これらの他民族は増長し、クメールの法律とクメール政府を恐れないからである。

nagaravatta

1-7 諸国のニュース

1-7-1 ドイツ国

［注。演説中の人物の写真があり、その下に］演説中のヒットラー氏の姿

［本文］ 先週、ドイツ首相であるヒットラー氏は、ラジオを通じて重要な演説を行おうとして、労働者に至るまで全ての国民に仕事を止めて氏の演説を聞くことを許可した。この演説の内容はドイツの外交政策に関する長い演説で、アメリカ大統領であるルーズベルト氏の書簡にまで触れる重

要な内容があって、ヒットラー氏は、「ルーズベルトの書簡の内容は、全ての国に責任を取らせるという奇妙な策略に満ちている」と述べた。[ヒットラー]氏は、「[私が]政権に就いて以来、ドイツ人を救って自由を持たせること以外のことは考えたことはない。失われたものをドイツの力を使うことによって建設することだけを考えていて、以前からのドイツの国土ではない他の国土を必要としているのではない」と述べた。

ヒットラー氏は、「大戦後以来、ドイツは固い鎖、即ちヴェルサイユ条約で縛られてきた。これは、ドイツ人が将来ずっと耐えていくことはできない重い罰という誤りである。しかもドイツ人はまだ全てを失ったわけではなく、人並みに世界の中に存在を続けることが十分できる」と述べて、「オーストリア国とズデーテンをドイツに併合したのも、ボヘミアとモラヴィアを保護領にしたのも、メーメル県を祖国に入れたのも、全てヒットラー氏は、種々の理由をあげて、「これら全ては、このようにしなければならなかったことである」と述べた。

[ドイツが]チェコ人を倒す数日前に、イギリスとフランスが[ドイツに]提案した「チェコ人に自由を保証する協定」について、「ドイツがこれ承認しなかったのは、ミュンヘン条約には明確な法律の記述がないからである。もう1つ、チェコ国はドイツ人とヨーロッパに破滅をもたらす道だからである」と述べた。ヒットラー氏は、「私がチェンバレン氏に保証した協定は、チェコは4大国[のいずれかに]に入りたいとは知らせておらず、ドイツに入ることについては何も言っていないのであるから、チェコには関係がない」と述べた。この演説はまだ続き、後の週に重要な点を抜粋してお知らせする。

1-7-2　イタリア国

ローマ市。ローマ市からの情報では、イタリアは、アメリカ大統領であるルーズベルト氏の書簡に公式に回答することを拒否し、「ヒットラー氏が先月28日に行った演説は、ルーズベルト氏への十分に明瞭な回答であると信じる」と述べた。

1-7-3　アメリカ国の海軍の整備

3同盟国になった3つの大強国が、mahāsamudra <pacifique>[太平洋]では日本が、samudra <méditerranée>[地中海]と紅海ではイタリアが、東ヨーロッパではドイツが、熱心に版図を拡大しようとしているので、アメリカ国は、「海軍をしっかり不動のものにする、即ち日本とイタリアとドイツを合わせた海軍力を超えるように整備する措置を取る必要がある」と理解している。

『両大洋に力を持なければならない』

アメリカ国は海軍力を構築する必要がある。即ちmahāsamudra <pacifique>[太平洋]に、日本の軍艦力と同等、あるいはそれ以上に堅固な軍艦[力]を持つ必要がある。一方、samudra <atlantique>[大西洋]の軍艦力の方は、イタリアとドイツを合わせたのと同等、あるいはそれ以上の軍艦力を持つ必要がある。この力を構築する計画は、アメリカの財力がそれを完成させる事ができれば、海軍は実に強大になるであろう。

samudra <atlantique>[大西洋]で拡充する海軍は、戦艦12、航空母艦6、重巡洋艦17、軽巡洋艦18、kapāl bighāt <torpilleur>[駆逐艦]77、潜水艦36、護衛艦56、それ以外に補給艦、石油･石炭タンカー、補助艦、その他多数が必要である。この海軍は建設費が恐らく640,000,000ポンドに達する。

mahāsamudra <pacifique>[太平洋]の海軍を拡充してsamudra <atlantique>[大西洋]の軍艦と合わせると、戦艦33、航空母艦13、重巡洋艦35、軽巡洋艦39、kapāl bighāt <torpilleur>[駆逐艦]312、潜水艦126、その他数百の艦を持つことになる。

『比較』

現在、日本、イタリア、ドイツは合わせて、戦艦19、航空母艦6、重巡[洋艦]22、軽巡[洋艦]41、[kapāl] bighāt <torpilleur>[駆逐艦]216、潜水艦199、それ以外の軽い艦をおよそ370持っている。しかし、この3国の[軍艦]力建設計画が完成すると、戦艦31、重巡洋艦22、[航]空母[艦]10、軽巡[洋艦]58、[kapāl] bighāt <torpilleur>[駆逐艦]235、潜水[艦]278、その他の艦がおよそ650になる。

samudra <atlantique>[大西洋]のアメリカの新海軍が完成した場合、日本、イタリア、ドイツ、を合わせた[海]軍力と比較すると、アメリカ国は、戦艦、重巡[洋艦]、[航]空母[艦]の数で上、軽巡洋艦の数で下、kapāl bighāt[駆逐艦]の数が上、潜水艦とその他の艦の数が少ないことになる。日本、イタリア、ドイツはkapāl <torpilleur>[水雷艇]の数がしっかりしているが、アメリカ国は所有しない。(24-4-39[1939年4月24日]のprajāmitra[注。タイの新聞]による。)

1-7-4　イギリス国

ロンドン。イギリスの諸<gazette>[新聞]は、「イギリス政府は、パレスチナ国の事件、ヒットラー氏の演説、ロシア政府からの提案について討議するために閣議を開いた」と述べている。

<telegraph> <gazette>[新聞]は、「ロシアの提案は、『イギリス国、フランス[国]、ロシア[国]の間で軍当局に関して固い友好を結ぶ。(そうすれば、)ドイツの東にある諸小国とバルト海沿岸の諸国、さらにスイス、オランダ、ベルギー、ポルトガルを含めて、ドイツ国がこれらの国の領土を侵略した場合には、ロシアは喜んでこれらの小国に助力して防衛する』というものである」と述べている。

＊ロンドン。ロンドン市の外務省は、「イギリス政府は

ポーランド政府に、『イギリスがポーランド国を守る助力をするという協定は、いずれかの国がポーランド国の自由と独立とを脅かした場合に関するものであるが、この協定はダンチヒ、あるいは小都市には適用できない』ことを伝えて確認した」と述べた。

それに続いて、「フランス政府も同じ内容、即ち、『フランスとポーランド間の平和条約はダンチヒには関係がない』ことをポーランド政府に伝えた」と述べた。

フランス政府は、この件をポーランド政府にはっきり伝えて知らせる必要があった。なぜならばフランス政府は、ポーランド政府が、いつでも火薬庫に火をつける導火線になりうる大騒ぎしているのを見て、あまり愉快に思っていないからである。

1-8　独り言

1-8-1　<thibaudeau>氏がカンボジア国[代行でない]正<résident supérieur>[高等弁務官]職に任命された時に、氏は通達を1つ出して、全ての州の州知事に自分で[公務]諸事を決定する権限を与えた。その時、我々は、「クメール人はきっと幾分栄える」と思って非常に喜んだ。ところが、現在、州知事は全て従来通りに州<le résident>[弁務官]に従って仕事をしている。一方<thibaudeau>氏の通達の方はゴキブリが食べてしまった。

1-8-2　現在地方では、州知事はクメール cau krama の考えと品行を監視する権限を持っている。これこそ、まさに「[ウシに曳かせるべき] 鋤をウシの前に付ける」ことである。州知事には、「このようにして監視しなければならないのは、地方のクメール cau krama は収賄する人が多いからである」と理解している人がいる。もし本当に cau krama が収賄しているのなら、主任 cau krama が自分の部下の職員の考えと品行を監視するべきであって、その権限を行政部に与えるべきではない。なぜならば、行政部は裁判所が求めることにしたがって実行しなければならないからである。

クメール cau krama 友好協会は、どこまで寝続けていて、法律の基本原理に従って行政権と司法権とを正しく分離(Principle de la séparation des pouvoires)[三権分立の原則]するように抗議することを考えないでいるのだろう。一方、cau krama たちの方は、収賄するのを止めるべきである。

1-8-3　シエム・リアプの政府の助産婦[＝正助産婦]は思いやりが全くない。裕福な人であるか貧しい人であるかということを全く考えない。誰かが頼って来ると、1人50リエルを請求することしか知らない。これらの[正]助産婦は、村の助産婦[＝準助産婦]に賃金なしで働くことを禁止している。このようにばかり考えていたら、産婦はどうやって保護国政府の医務局に頼ることができようか。

1-8-4　dā meṅ 中国人長は実に悪い。中国に行ってしまっても、まだクメール人に害を加えることができている。この中国人のバスはプノンペン—シエム・リアプ路線を走っていて同じ路線を走っているクメール人のバスにぶつける。クメール人のバスがよけて道路の路肩に乗り上げても、中国人 dā-meṅ のバスは必ずそれについ行って接触させ、いつも事故を起こしている。バスの乗客の生命のことには全く配慮しない。このように悪い心の持ち主である他民族は、政府はクメール国から全部追放してしまうべきである。

1-8-5　なんとまあ、本当に言った通りである。以前は他民族はクメール人庶民をしか、敢えて侮辱し見下さなかった。その後、今は敢えてクメール政府官吏やクメール人僧にまで不法行為をするようになった。現在公共土木事業局に勤務している他民族が2名いて、こっそりとクメール国王までを侮辱する話をしていた。心を傷つけられてその他民族に抗議したクメール人2名は、その他民族に殴られて、顔と口が切れた。もしクメール人がこのような不適切なことを言ったら、必ず投獄される。しかし、他民族はたとえこれより重い罪を犯しても大丈夫である。[cf.108号1-7、111号2-1]

1-8-6　クメール国にいるフランス人はクメール人に助力するべきである。クメール人以上に他民族に助力するべきではない。なぜプノンペン市政府は4年前に設立されたクメール人生徒の友愛会に特別補助金100.00リエルを与え、数ヶ月前に設立されたばかりのベトナム人友好協会には、補助金を200.00リエルも与えるのだろうか。

1-8-7　nagaravatta 新聞は、全てのクメール人の代表であるから、まさに本当にクメール人の<gazette>[新聞]である。「クメール人に代わって物を言う」と自慢している他の<gazette> [新聞]は実はそうではない。なぜならば、他の<gazette>[新聞]はすべて他民族が作る作品だからである。

tā {kram}

1-9　<de> saṅlis 氏の逝去

最近daduol jhap <retraite>[引退した]ばかりで、今月フランス国に帰国する予定であったプノンペン市の <résident maîre>[市長]であった <de> saṅlis 氏が、先の5月9日午前7時ごろ、khjal gar[注。熱中症などによる失神。ここはおそらく脳卒中]で adhipatī krum praisanīya (me <poste> khsae luos)[郵政局長]殿の公舎で亡くなった。

nagaravatta は非常に悲しい。大きい悲しみを受けている <de> saṅlis 夫人[<madame>]と親族友人にお悔やみを申し上げる。

1-10　<de> saṅlis 氏が daduol <retraite>[引退し]た

<de> saṅlis <le résident>[弁務官]殿、即ち<résident maîre>[市長]殿を惜しみ、その恩徳を称賛するクメール人全ての気持ちは、何に比べることもできないほど大きい。氏は我が国で公務を行うのに堪能で、常にクメール人の意見と望みの通りに叶えてくれたので、クメール人は、官吏からはては民衆まで全ての人々が氏の名声を知り、聞いていた。

氏が氏の故郷に帰る旅行を準備している時に、全てのクメール人は、出家も在家も協力して1つになって、氏に別れを惜しみ、にぎやかに送別するために、仏教研究所、王立図書館、高等パーリ語学校、仏教徒協会、シソワット中高等学校卒業生友愛会、nagaravatta 新聞社などプノンペン市のあらゆるグループが考えを1つにして、揃って集まって、5月19日に王立図書館で氏の送別会を開くことにしていた。

今や、この上述の送別会を行う望みは果たされないことになった。<de> saṅlis 氏は5月9日に亡くなったのである。

それゆえ、来る5月19日には、集まって<de> saṅlis 氏の冥福を祈り、氏に追善をするだけになった。

2-1　新しい<résident maîre>[市長]である(Doucet)氏への我々の喜び

今月6日に、カンポート<résident>[弁務官]であった(Doucet)氏が転勤になって、プノンペン市の<le résident>[弁務官][ママ]になった。

我々は、氏が我々の市の長になったことを大変喜んでいる。そして、「我々クメール人は本日以降この市に住んでいて苦しみが軽減される」と、氏に大いに期待している。なぜなら、<doucet>氏は幼い時から父君とともにクメール国に住み、現在の高位に達したフランス人官吏の1人であり、<de> saṅlis 氏を除く、他のどのフランス人官吏よりも多くクメール人に純粋な気持ちを持ち、かつクメール人のことをよく知っているからである。

氏がこのプノンペン市に来て統治して、我が国の首都をきちんと整備するよう指示し、法律の制度をどのようにか改正してクメール人を安楽にしてくれると、我々は最大の期待を持っている。

それゆえ、nagaravatta は全てのクメール人に代わって、氏と令室と令息が長寿、不老、健康、力の祝福に恵まれるように、また我々の望みの通りに、あらゆる種類の発展が得られるようお祈りする。

2-2　お知らせ　1939年の<gendarme>[憲兵]祭

5月13日土曜日の20時半に、火の行列が ṭwvaerṇāvil 路の家屋・交通路税局を出発し、<résident maîre>[市長]公舎の前で止まり、<quai lagrandière>路に進み、<le résident supérieur>[高等弁務官]殿公邸の前で止まり、būmūnīñe 路の軍司令官公舎の前で止まり、<thomson>大路、āvunuymūhū[大路]、<doudart de lagrée> 大路、braer 路、<ohier>路、<franciscaine>路を通って最後に王宮に入って終わる。

5月14日日曜日午前6時に、vatta bhnam で兵が合図の銃を撃ち、ラッパを吹く。7時半、braer 路のフランス教会と<sacré cœur>[聖心]教会でミサを行う。

午前8時にプノンペン1周の競走を行い、8時半に vatta bhnam で種々の競技がある。同日午前7時に、<bicyclette>[自転車]レース選手たちがプノンペンの pāk dūk をスタートしてコンポン・スプーに行く。10時にプノンペンの<thomson>大路に帰ってくる。午後15時に vāl mwwn で舞踊劇を踊る。16時半に<sport municipal>[市競技場]で dāt <balle>[サッカーの試合]があり、21時半に市公会堂でダンスがある。このダンスの観覧券は福引券にもなる。

2-3　braḥ saṅgharāja Bernard、即ち Bernard (Père)[神父]

本年4月30日に、プノンペン市の<catholique>[カトリック]教会の<bernard>神父が、神父を深く惜しむキリスト教徒が集まる中で亡くなった。

これに際し、nagaravatta は神父の弟子たちに、尊敬と友情を込めてお悔やみを申し上げる。

2-4　王立図書館が、シャム国芸術省の長である hluoṅ vicitra vādakāra 大臣の訪問を受けた

1939年4月26日午後4時半に、シャム国大臣と夫人[loka srī]、氏の秘書官である hluoṅ samānamaitrīraksa の3名を迎えての茶会、即ち紅茶とケーキの茶会が開かれた。仏教研究所事務局長である<karpeles>女史[loka srī]が歓迎[会]の主催者で、全ての<conseil> senāpatī[大臣]を招き、その他何人かの官吏が出席していた。またそれ以外に仏教研究所とパーリ語学校の rājāgaṇa の僧たちも招き、出席していた。

お茶とケーキを供し終わると、仏教研究所事務局長殿[loka srī]が、シャム国大臣殿に歓迎のスピーチをし、引き続き samṭec cau fā vāṅ varavieṅjaya が少しスピーチをした。それからシャム国大臣殿が椅子から立ち、丁寧に感謝のスピーチを返し、そして今後の仏教の基礎として翻訳してパーリ語を対訳にして付けた我々のクメール語三蔵経を称賛した。

同大臣殿は物腰が柔らかく大変礼儀正しくて、僧を大変尊敬した。同大臣殿は、美術工芸学校長、王立図書館長、博物館長、王立アカデミーの事務局長、大学教授など多くの職務についている。

2-5　[広告]　仏教徒協会の講演

来る5月20日土曜日夜7時に、仏教徒協会理事会は、仏教徒協会副会長である okñā debabidūra (krasem)を招いて、uṇṇāloma 寺で、"クメール国の仏教"という題で講演をしてもらいます。

理事会は友情をもって、皆さんが上の時日に聞きに来るよう、招待します。

2-6 ［117号2-2-5と同一］

2-7 市立 kanlaeṅ dāt <balle>［サッカー場］

先の5月4日、クメールチームがシンガポールチームとサッカーをして、4-3で負けた。

午後の夕刻4時、人と自動車が大勢ぎっしりと<balle>［サッカー］を見に集まった。mandīra <tribune>［椅子席スタンド］は入り込む隙がなかった。夕刻4時半前に、<le résident supérieur>［高等弁務官］殿の代理である druc 氏が競技会の開会を宣言した。クメール国スポーツ［協会］会長である<lambert>氏［<monsieur>］が出てきて歓迎の挨拶をして、それからクメールとイギリスの国歌を演奏して歓迎した。これらの方々は両チームからの挨拶を受け、4時半に主審がホイッスルを1度吹き、両チームの選手が揃って走り出てきてコートに並び、双方の<capitaine>［キャプテン］が握手をし、国旗を交換し、それから試合開始のホイッスルを吹いた。

前半は、クメールチームは、相手のチームよりも相手の技量をより恐れるかのようにプレーして、2ゴールを失った。後半、クメールチームは奮起してプレーの方法をもう1度立て直した。クメールチームは1ゴールして、シンガポール2―クメール1になった。その後イギリス［ママ］は1ゴールして3になったが、クメールは1のままであった。クメールはイギリスがこのようにゴールしたのを見て、一生懸命蹴って連続2ゴールし、イギリス3―クメール3になった。イギリスチームは皆技量に優れ、名声を失うまいという固い決心で一生懸命蹴ってさらに1ゴールして、イギリス4―クメール3になった。

我々は我がクメールチームも称賛する。我がクメールはサイゴンのチームと違って、それほどしばしば他国のチームと試合をすることがないし、我々がわずか1ゴール負けたのも、不運からだったからである。

2-8 ［44号4-3と同一］

2-9 1939年の ṇām yāv 祭の時

［注。写真が2枚あり、左の写真の下に］ 写真を撮影中のアンナン王妃のお姿

［注。右の写真の下に］ 祭りの時の車上のアンナン国王のお姿

2-10 ［116号2-6と同一］

2-11 結婚式

先の4月30日に、<résident>［弁務官］<secrétaire>［秘書官］である thī {samphun} と mālikā 校の教師である nāṅ {lamāy-sugrība} との結婚式が行われた。この式にフランス人とクメール人の高官たちが大勢出席した。

我々 nagaravatta 新聞社は、この夫婦がずっと長寿、不老、健康、力に恵まれるようお祈りする。

2-12 お知らせ

nagaravatta は皆さんにお知らせします。これまで我が社に勤務していた sām-vaṅsa 事務員［thī］がこの正月に我が社を退社しました。

それゆえ、［新聞料金を］直接 sām-vaṅsa 事務員［thī］の手に、領収証なしで支払った皆さんは、至急 nagaravatta 社へお知らせください。それから本日以降、この者のことに、当社は責任を持ちません。

2-13 1939年4月13日付［で昇任した］クメール政府（行政部）官吏の昇任のリスト 前の週［=117号2-5］から］続く。

4。3級 yukrapatra に昇任

phān-sukha 氏（プレイ・ヴェーン）

srī-sā-aem 氏（コンポン・チャム）

sīsuvatthi yāmrut 殿下［?nak aṅga mcās］（宮内省）

suon-jai 氏（クラチェ）

まだ後の週［＝119号2-5］に続く。

2-14 講演 前の週［=117号2-7］から］続く。

夜、仏教使節団はベトナム人仏教徒に聞いてもらう説法をした。それに続いて集まって感謝のスピーチをした。

まだ後の週［＝121号1-8］に続く。

3-1 シソワット中高等学校卒業生友愛会のお知らせ

1939年4月7日から5月5日までの収支表

支出金

諸支出項目	5-5-39までの支払い	[4-6]以前の支払い	合計
家賃、水道、電気料	34.31	101.27	135.58
<planton>［用務員］月給	21.00	73.00	94.00
使用するための印刷用紙	―	27.60	27.60
<bureau>［事務室］用品	3.00	6.40	9.40
郵送用<timbre>［切手］	3.25	18.96	22.21

雑費	11.30	5.26	16.56
書籍、<gazette>［新聞］、雑誌	24.35	60.00	84.35
装飾品	—	—	—
生徒へ支払い	50.00	216.00	266.00
生徒に貸付	—	1,428.00	1,428.00
<théâtre>［劇］を公演	—	6.23	6.23

（後の週［＝119号3-2］は収入金について述べる）

3-2　［116号3-6と同一］

3-3　［117号3-1と同一］

3-4　［終わり近くの「70メートル」が「10メートル」に変わった以外は、48号3-8と同一］

3-5　［116号3-3と同一］

3-6　インドシナ国政府宝籤

1939年5月6日抽籤

末尾が33と38の番号の籤は、いずれも10リエルに当たり。

末尾が522と996の番号の籤は、いずれも25リエルに当たり。

末尾が636の番号の籤は、いずれも50リエルに当たり。

80本が100リエルに当たり、番号は、

［6桁の番号が80個。省略］

16本が500リエルに当たり、番号は、

［6桁の番号が16個。省略］

8本が1、000リエルに当たり、番号は、

［6桁の番号が8個。省略］

735,504の番号の籤は4,000リエルに当たり。

＊下の大賞に当たった番号4つは、全4次の籤札を照合するためである

60,000リエルに当たった籤は、番号は、

116,267 と 364,437

028,320 の番号の籤は30,000リエルに当たり。

678,003 の番号の籤は60,000リエルに当たり。

六万リエルに当たった番号と1桁しか違わない籤52枚は、1枚につき500リエルに当たり。

3-7　お知らせします

売りたい ḷān <camion>［トラック］が1台あります。ḷādil製でナンバープレート（Ca-834）、19馬力、4トン積むことができ、<remorque>［ルモック］を重さ10トン曳くことができます。grwaṅ <machine>［エンジン］はまだ全部良好です。材木の運搬、その他すべての物の運搬に使用できます。買いたい方は、サイゴン narottama 路15号の石油販売会社にお問い合わせください。買いたい方は、5月25日までに価格の交渉にいらしてください。

［仏語］　フランコ・アジア石油会社、サイゴンNorodom路15号

3-8　［44号4-6と同一］

4-1　［111号4-1と同一］

4-2　［114号4-2と同一］

4-3　［11号4-2と同一］

4-4　［20号4-6と同一］

4-5　［73号、4-6と同一］

4-6　［89号3-4と同一］

4-7　［111号3-4と同一］

4-8　［33号3-4と同一］

4-9　**［広告］**［注。116号3-7を書き直したもの］

衣類を仕立てるクメール人の店が生まれた!!!

店は、プノンペン市 brai nagara 路16号、laṅkā 寺の前の南寄りです。現代風の衣服、あらゆる型の男女のスーツの仕立てをします。サージ布とあらゆる色の布があります。desa aek、desa siem、pādissvā 布もあります。僧の全ての上衣も縫います。ご入用の皆さんは、開店したばかりのクメール人に助力して買って扶助してください。縫い子たちは、望みの通りに縫うことができる、熟練した腕の良い人ばかりを集めています。

īv-sen［＝iv-sen］、プノンペン

4-10　**［広告］**［注。115号3-2を書き直したもの］

クメール人医師についてお知らせします

sa-jun 医師殿、dha-nuy 医師殿、それにもう1人の女性医師が、プノンペン市 brai nagara 路24号、第4区区役所の南の khemaraosatha 商会にいて、8種の病気の治療をしています。痔、ガン、白帯下、帯黄色帯下、潰瘍、梅毒、下疳、淋病、これら8種の病気は、治療して治らなかったら、料金はいただきません。女性には、同じ女性の医師がいて、診察します。それからこの khemaraosatha 商会はあらゆる種類の病気を治す薬を売っています。

<signer>［署名］sa-jun、dha-nuy

4-11　［8号4-3と同一］

4-12　［116号3-5と同一］

4-13　［76号4-1と同一］

SAMEDI 20 MAI 1939
Nagaravatta
CIGARETTES
JOB
LE PAQUET VERT
Vendu 6 cents
COFAT
CIGARETTES
La meilleure cigarette Indochinoise
Le Paquet vendu 5 cents
Directeur
PACH-CHHŒUN
HEBDOMADAIRE PARAISSANT TOUS LES SAMEDIS
(Boite Postale N° 44)

第3年119号、仏暦2481年1の年卯年 jesṭha 月上弦2日土曜日、即ち1939年5月20日、1部8セン

［仏語］ 1939年5月20日土曜日

1-1 ［仏語で「私書箱 No.44」と「社長、PACH-CHHŒUN」が加わった以外は8号1-1と同一］

1-2 ［デザインが少し変わった以外は8号1-2と同一］

1-3 ［デザインが少し変わった以外は8号1-3と同一］

1-4 ［8号1-4、1-5と同一］

1-5 インドシナ国を守るため

ドイツ国、イタリア［国］、日本［国］が laddhi kumitāṅ［国民党主義］［ママ。執筆者の誤解］(<communisme>［共産主義］)に対抗するために条約を結んだ時に、raimuṅ isrā?ael 氏が、“<france-indochine>”<gazette>［新聞］に“政策は1つしかない”という題をつけた文章を掲載している。我々はその重要内容を以下に抜粋する。

もし戦争が起こるならば、きっとまずヨーロッパに起こること確実である。しかしこの戦争は必ず全世界に広がることは間違いない。それゆえ全ての植民地はそれに対する備えを終えておかなければならない。武器、即ち戦争の補助具を十分にし、保護国に頼る必要がないようにしておくべきである。

“人々は、植民地を守らなければならないことはずっと前から理解している。

“人々は、昨年政府が次のように一生懸命努力したことを知っている。即ち現地国人軍20,000名を徴集し、戦争のための武器と航空機の数を増やした。

“この一生懸命な努力はインドシナ国だけで行われたのではない。アジア大陸のイギリス植民地とオランダのジャワ国でも同じように行われた。

“つい最近、シンガポール国のある<gazette>［新聞］が、「ジャワ国の国民は国土を守ることを、一生懸命熱心に努力して政府に助力している」と述べて思い出させた。

“シンガポール国では、武器と兵の数を増やすために、国民は、これとは別に自発的な寄付を募っている。

“同様に、オランダのジャワ国でも、同国の国民が一生懸命努力している。そして同国に住んでいるオランダ人も多数が軍艦を増やすための助力に参加している。

“一方、マニラ国の方では、アメリカ国政府が同じことをしている。もしアメリカ人が同国から去っても、マニラ人が国の持ち主になることができるのではないことを理解しているからである。

“このような理由で、あまり言われていないことであるが、極東の国々は騒動が起こった時に国土を守るのに十分な力を持っている。

“上に、我々は昨年のインドシナ国の一生懸命な努力について述べた。この一生懸命な努力は沢山であったことは事実であるが、もし何かあったら、まだ保護国に頼る。インドシナ国は、国を守るためのことを完成するために、もう1度一生懸命に努力するべきである。

“フランス国政府とインドシナ国政府は次のように理解している。［即ち、］もうしばらくすると、苦楽を共にすることを成功させる助力として、フランス人と現地人の代表を集めて会議をする。

“この<gazette>［新聞］の中で、「自分は力がある」と自慢する人がいる場合、［これに対抗する］策は［自分も］力を増やすこと1つしかない」と我々はしばしば言ってきた。

“大フランス国は、もっと強くなるように一生懸命努力しなければならない。

“全てのフランス人と現地国の人々がこのように理解したならば、明日にでも、インドシナ国は極東の諸国の中で重要な戦力を持つ国になる。

“それゆえ、我々は、「我々に不法行為を行うことがで

きる者は誰もいない。大国はどこを脅かされようと、首相が前に述べたように、尊い平和と自由とは不変に存在し続けることは確かである。

1-6 諸国のニュース

1-6-1 イギリス国

ロンドン。イギリス国内務大臣は、「イギリス政府は、イギリス国に来て居住しているドイツ人9名に、この国から退去することを求める命令を出そうとしているが、このようにするのは、先日ドイツ政府が命令してイギリス人3名をドイツ国から国外に追放したことに衝撃を受けたものではない」と述べた。

内相は続けて、「政府は<socialiste>[社会主義者]たちがイギリス国内に入ってきて団体を作り、支部を開設しようとしていることを警戒している」と述べた。

1-6-2 ドイツ国

ベルリン。ドイツ国に入って居住しているイギリス人の1グループが、ドイツ政府から至急同国から退去するようにという命令を受けた。この時、<télégraph> <gazette>[新聞]のレポーターも国外に退去させられた。

1-6-3 中国

重慶。重慶国[ママ]からのレポートによると、先月末に日本機3隊、計27機が同市を激しく爆撃した。ベルリン市からの情報によると、日本の死神航空機の群は猛スピードで重慶市上空に確実に飛来し、工場多数を爆撃し、若干の被害が出た。それに続いて日本機群が揚子江を越えて重慶市の人口密集地区の1つを18発爆撃し、大きい被害を出させた。爆弾の力は、コンクリートの大きい家の塀を破壊し、[塀は]隣の家々の上に崩れ落ちてきてめちゃめちゃに潰し、一瞬のうちに火災になった。交通局も爆撃されて火災を起こし、消防自動車が消火の助力に入って行くことができなかったので、すぐに近くに燃え広がり、住民の家屋も全焼した。爆弾1発は揚子江岸の、大勢が向こう岸に渡るために待っていた渡し場に着弾し、川の水は無惨にも人の血で真っ赤になった。それ以外にも、<poste> khsae luos[郵便局]、商業会議所、中国人の大印刷所4ヶ所にも着弾して破壊した。死傷者の数はまだ不確実であるが、約1,500から2,000名である。この爆撃の時に、蔣介石<maréchal>[元帥][ママ]と令室は立って民衆に日本の爆弾から避難するよう説明してわからせていたが、爆弾が直ぐ近くに落ちた。しかし氏と令室はわずかのところで危険を免れた。

1-6-4 ロシア国

モスクワ。モスクワ市から発表された情報では、ロシア国外務人民委員会委員長であるリトヴィノフ氏は、外務省の職から辞職したい希望を述べ、ロシア政府はモロトフ氏をその後任に任命した。

リトヴィノフ氏が辞職したというニュースはヨーロッパ諸国の外務省界に大きなショックをあたえた。諸<gazette>[新聞]がそれぞれの意見に基づいて要点を述べている。

1-6-5 シャム国

バンコク。今月6日に、特別 sāl(sān)[注。括弧内はタイ語][裁判所]が陸軍省庁舎の中で謀反者総数23名の審理を始めた。投獄されている被告の中には nāy bala(Général)[将軍]も nāy bān[佐官](Colonel)[大佐]も nāy ray[尉官](Lieutenant)[中尉][注。以上3つの[ ]内はタイ語の意味]も大勢いる。これらの者はこれまでこの事件ですでに3回告発されている。

＊情報によると、シャム国王立自動車協会は、王宮と王宮前広場を100周する自動車レースを行う。この自動車レースは12ヶ国間のレースになる。しかし、この考えはまだ人々からの同意を得ておらず、その結果、[開催の]日時は決まっていない。しかし協会側は、今年の12月、憲法記念祭を行う月に、この種のスポーツを実施することを期待している。

1-6-6 イタリア国

ローマ市。ローマ市の諸<gazette>[新聞]は、イタリアとドイツ間の軍事協定を喜んで受け入れ、「この両大国間の協定は、ヨーロッパ諸国に平和をもたらす大きな効力がある」と要点を述べている。ベルリンからの情報では、この協定は今月末、あるいは遅くとも来月初に、イタリア国代表であるチアノ<comte>[伯爵]、ドイツ国代表であるリーベントロップ氏によって[署名]されることは間違いない。

1-7 独り言

1-7-1 <retraite>[引退]の年限近くになり、言いがかりをつけて抗議してさらに長く勤務できることになった cau krama が1人いる。自分で抗議したのではなく、転じて cau krama 友好協会をつついて、自分に代わって抗議させたのである。行政部の官吏が[cau krama の]品行を調査するという問題に関しては、この cau krama は考えずに、転じて自分の利益だけを考えるのである。老年の cau krama たちがこのように抗議することだけを考えるならば、若手の cau krama たちはどうやって昇任することができるのか。

1-7-2 cau krama の件で我々は法務省に行って質問して

次のような成果を得た。cau krama の中には、法律学校を卒業して15年も勤務を続けて、まだ3級 cau krama の等級にとどまっている人たちがいる。別のグループは、4年か5年勤務しただけで、さらに法律を学んでいないのに、まるで階段を上がるかのように簡単に昇任して2級 cau krama になっている。このように昇任が互いに異なるのは、渡し場にいる旗竿ネアック・ターが片方に助力するからである。旗竿ネアック・ターがこのようなことをし続けるならば、きっと水に落ちることは避けられない。

cau krama のグループがもう1つある。勤務していて、老いて<retraite>[引退し]近くになると、一転して政府に身分を落とされて、上級裁判所の権限の下にある、若い cau krama ばかりの下級裁判所勤務にされる。政府がこのように配置するのは、管理するためなのか。手当てはますます不足し、地位はますます低くなる。

保護国政府がクメール法務省に補佐させて、cau krama たちを指導させている法務顧問課[注。Ⓢでは高等弁務官府第2課第2係]は何も異議がないのか。

1-7-3 ある1人の大臣殿が nagaravatta <gazette>[新聞]に腹を立てている。この<gazette>[新聞]が、「クメール人上級職官吏が手当ての増額を求めている」と言ったからである。この立腹は誤っている。なぜなら民衆は、金を稼いで税金を払うために一生懸命熱心に死ぬほど働いている。既に高給を得ている官員が、給料をもっと増やして妾を養って無駄使いしようと考えるべきではない。もう1つ、税金を払っている民衆は、法律に基づいて政府の収支の不正を調査して探す権限を持つべきである。

1-7-4 pāk ṇām 郡(カンダールの lœk ṭaek)と sanduk 郡(コンポン・トム)では、住民が盗賊にウシやスイギュウをとてもたくさん盗まれている。丁度今、農民が田畑を耕す時期で役畜の力に頼る必要があるのだから、政府は住民が役畜を盗まれないように助力して守るべきである。braek tā daen [支]郡(カンダール州 bañā ḷī)でもこの種の窃盗が非常に多いし、さらに盗まれた役畜や品物を探してやる助力をする人になり、1人あたり30リエルを取る盗賊がいる。政府はこの窃盗を撲滅する措置を講じるべきである。

1-7-5 mien 村(コンポン・チャムの koḥ sudin)でスイギュウが下痢し嘔吐する病気が流行して、ばたばた死んでいる。獣医局は何を待っているのか、この病気を鎮めるのに効く神薬を使って[この病気を]押さえ込もうとしない。でも、以前のように[役畜を]弱める薬はもう使わないで欲しい。この地のスイギュウが全滅して、農民たちはこの田を作る時期に、各人が手足をもがれ、役畜を買ってきて使うのが間にあわず、田畑を作ることができなくなるからである。

1-7-6 bañā ḷī 郡(カンダール)ではクメール人1人と中国人1人が互いに争っているが、なぜ同地の村長は間違っている他民族の肩を持ち、その中国人から不法行為を蒙った[村長と]同民族であるクメール人のことを何も考えないのか。同じ[民族で]あるクメール人の味方をしないのなら、それはそれで構わない。なぜ、公正に検討しないのか。

1-7-7 プノンペン市の真ん中に、家の所有者が住んでいないので、好きかってに博打をさせている家がある。<police>[警察]局も知っているが、その家は兵士が門番をしているので、行って逮捕する勇気がない。

1-7-8 政府がコンポン・チャムに転勤させた、公安警察局に勤務するワニが空気を求めてあえいでいる。政府が調査して、ずっと以前から多くの郡で数万にも達する収賄をし、民衆を苦しめ、さらに銃を強盗に渡して金を受け取って仲間で分けていたことがわかったからである。政府はまだ何を待っていて、裁判所に送って審理させないのか。それともまだ置いておいて、民衆を苦しめさせようとしているのか。

1-7-9 森林局は最近コーチシナからベトナム人を1人連れてきて smien をさせて日給を得させている。なぜクメール人を連れて、そのポストで働かせないのか。

1-7-10 コンポン・チャム州都とバット・ドンボーン州都の<poste> khsae luos[郵便局]の<facteur>[配達人]殿は自分の仕事を嫌っているthīであるような態度をしている。この市の住民に配達しなければならない手紙や電報があっても、<facteur>[配達人]殿は無視する。道で本人[＝受取人]に出会ってから、氏は、「phdaḥ <poste>[郵便局]に手紙、あるいは電報を受け取りに来い」と言う。それゆえ、手紙も電報も phdaḥ <poste> khsae luos[郵便局]で何日も寝ている。氏がそんなに仕事をするのが面倒くさいのなら、氏の代わりになりたい人が大勢いる。我々は管掌省当局にこの情報を知らせる。

1-7-11 いくつかの郡庁では、我々の<gazette>[新聞]を購読していない smien 殿たちが、我々の<gazette>[新聞]を盗んで封を破いて読んでいる。それから後日、後日と2、3日間のばしてから、我々の年間予約購読者に届ける。

この人たちは、他人の<gazette>[新聞]を盗んで[封を]破るのは懲役刑に当たることを知っているのか、知らないのか。郡長は正邪を監視してほしい。

1-7-12 ḍuc-nil 氏が飲み物を売る店を開く許可を申請した件は、「<résident maîre> [市長]殿が許可することに同意した」という確実な情報を得た。[市長の]命令下にある方々は、この許可を本人に渡さないのか。あるいはぐずぐずしておいて、……[注。伏字]……を待っているのか。

現在いくつかの州では、郡庁にある krasuoṅ suriyo ṭī (<bureau foncier>)[土地登記局]のいくつかは、たとえば sdoṅ、kambaṅ sbwwのようにベトナム人を使って長をさせていて、この<chef bureau>[事務所長]がクメール人の風習を知らないし、しかもクメール文字をあまりよく知らないし、仕事も全てクメール語でするので、仕事をするのが難しく、民衆たちが大変嘆いている。この仕事はクメール人民衆に直接接触する仕事である。なぜ他民族を連れてきてさせるのか。あるいは、政府はベトナム人を補って大勢、クメール国に来させて、住まわせることができるようにしたい心を持っているのか。

1-8　nagaravatta 印刷会社に関して nagaravatta 新聞からのお知らせ

我々は、grwaṅ <machine>[機械]と[それに]使用するのに十分な活字を既に購入しました。しかし印刷所を建てる場所がまだ見つかっていません。

それゆえ、我々はこの印刷会社に投資したいという篤志を持っている皆さんに思い出させていただきますが、1939年6月15日までに、我々に金を送ってください。その後に、我々は、はやく仕事を進めるための取締役を投票して選ぶための株主総会を開きます。

1-9　tā {kram}への手紙

前の土曜日[＝117号1-7-3]に、tā {kram}は、「医務局病院のベトナム人副院長がクメール人医務thīを何回も苦しめた」と言った。そして、「政府がこの地位の低い職員である[クメール人]たちを可哀想だと思うなら、この副院長を更迭してほしい」と述べた。このことは全く正しい。しかし我々は、「なぜクメール国の保護国政府はベトナム人を、このような容易にクメール人を苦しめることができる高い地位につけたがるのか」という疑問を持つ。この点を、tā {kram}に、我々および他のクメール人が納得できるように答えて啓蒙してくれることをお願いする。なぜならば、“土曜評論”の中で、tā {kram}は何回も詳細にぴったりと遠まわしに言ってくれているからである。私が、「政府はベトナム人に信頼をおくポストに就けて勤務させたがる」というのは、誇張して粉飾しているのではなくて、本当の事実である。たとえば<résident supérieur>[高等弁務官]府、<résident maîre>[市長]庁、地図局本部、市地図局、医務局、公共土木事業局などでは、全てフランス人の長に直属してベトナム人が公務を司っている。どうですか?　tā {kram} はわかったでしょうか。そればかりではなく、さらに美術工芸学校でもベトナム人を連れて来て、同校の校長殿に直属する重要なポジションを司らせている。あたかもこの美術工芸学校には働くことができるクメール人はいないかのようである。

この件について、tā {kram}は必ず答えてください。

nagaravatta <gazette>[新聞]読者

1-10　シャムからのニュース

日本人を連れてきて監督させるのは楽なことばかりではない

先の4月27日に、シャム国からのある旅行者が我々に話した。シャム人職工たちと日本人職工長が争いを起こした。日本人職工長がシャム人職工たちを見下し、苦しめたので、怒りが我慢できなくならせ、シャム人職工200名がそろって日本人職工長たちを殴り、死者多数、負傷者50名が出た。その後シャム政府は日本人職工長たちに国外に出て帰国することを求めた。

日本人はまさに、本当に悪いではないか。採用されて来て、とても楽な月給を与えられている。それにもかかわらず、他人を苦しめる。このようだから皆に嫌われるのである。

2-1　布告

プノンペン市のB地区の土地の境界策定委員会は、以下のように境界策定記録書の作成を始める。

北：jrāṅ camreḥ 区のB地区まで
南：ṭwwmuṅterū 路の起点まで
東：トンレー・サープ川まで
西：missi <bourvard>[大路]のC地区まで

来る1939年6月1日木曜日午前8時から、pāṭaṅsa 路の市土地登記局<bureau>[事務所]で始める。

それゆえ、市内の、土地の所有者は全員、本人が自らの土地について会議をして、[原案の通りに]決定するか、あるいは抗議を申し立てるかを決めるために、土地権利書を持参してこの委員会に出頭すること。

2-2　<gazette>[新聞]読者の訴え掲載欄

我々は bañā ḷī 郡(カンダール)braek tā daen 村の民衆50名以上から、「[これまで]いつも通っていた道をベトナム人が[牛]車を通らせない」という件についての苦しみを述べる訴えの文章を受け取った。この道はベトナム人の土地の中にあるが、民衆は40年以上もの間、[牛]車を通らせて暮らしてきた。土地の所有者は、そのころからずっと何も苦情を言わなかった。1939年になると突然その道を閉鎖して民衆が[牛]車を通らせるのを禁止し、この村のクメール人民衆に1季節あたり500.00リエル以上の損害を与えた。ここの公務を統括している職員もベトナム人に同意することに決定したという情報を得た。

過去40年以上の間、この道を[牛]車を通らせて暮らしていたクメール人民衆の権利を、政府は捨て去った。その道の地区の地図を検討しようともせずに、このように規定を決定するのは、民法上正しく決定されたのであろうか[注。Ⓢによると、国有地のある区画を民衆の1人に譲渡する場合、その区画内にあり、もし譲渡すると他の民衆の生活に大きい支障をもたらす恐れのあるものは譲渡から除外される]。

2-3 先の寅年 cetra 月上弦10日、11日、12日に行われた寺域境界標を建てる式のお知らせ

プレイ・ヴェーンの panlec prāsāda 寺で、ビルマ国から持って来たエメラルド仏像の開眼式が行われ、同地の大小のフランス、クメールの官吏たちが大勢集まり、仏教を褒め称えるのにふさわしかった。この件は、王立図書館が発行している sāsanakiccānukrama [宗務記録]1939年第8号に詳細がある。

2-4 [44号2-4と同一]

2-5 1939年4月13日付[で昇任した]クメール政府(行政部)官吏の昇任リスト

前の週[=118号2-13]から]続く。

jum-nuot 氏(農業省)
am-bak 氏(ター・カエウ)
vān-paen 氏(コンポン・トム)
ū-huoy 氏(コンポン・チナン)
khāt-sāk 氏(バット・ドンボーン)
srī-suddha 氏(カンダール)

5。1級 smien に昇任
pun-tāṅ ?o 氏(コンポン・トム)
pul-guṅ 氏(陸軍省)
ū-ghlok 氏(カンポート)
dā-chiṅ 氏(コンポン・スプー)
deba-un 氏(コンポン・トム)
kuy-smān 氏(スヴァーイ・リエン)
uc-kan 氏(ストゥン・トラエン)
jā-un 氏(<conseil> senāpatī[大臣]秘書官課)

6。2級 smien に昇任
yī-kām 氏(カンポート)
un-sukha 氏(宮内省)
sāhāk-srī ṇāl 氏(バット・ドンボーン)
ghim-bhin 氏(コンポン・チャム)

まだ後の週[=120号2-4]に続く。

2-6 インドシナ国政府宝籤

1939年第2回

800,000本の宝籤が4次にわけて発売され、各次200,000本である。抽籤は、1939年6月7日、1939年7月5日、1939年8月9日、1939年9月6日である。

この4次で販売された籤は、全てが1938年9月6日に抽籤される大賞4本と残念賞に照合する権利がある。

上のそれぞれの規定日に抽籤される各次の籤は[以下の通りに]当たる。

4,000リエル	1本
1,000リエル	8本
500リエル	16本
100リエル	80本
50リエル	200本
25リエル	400本
10リエル	4,000本

4次全部に対する大賞と残念賞は[次の通りに]当たる。

60,000リエル	1本
30,000リエル	1本
6,000リエル	2本
500リエル	52本

残念賞52本は、1本につき500リエルが当たる。これは60,000リエルに当たった番号のいずれかの桁1桁だけが違い、その他の桁の数字は、その配列通りである番号の籤である。

当たったけれども、1940年3月6日までに受け取らなかった籤の賞金は宝籤を出した政府のものに無料でなる。

2-7 [広告] sīv-pāv 薬店

kāp go 市場にありましたが、現在プノンペン phsār dham thmī の西側に移転しました。私の店を探したい皆さんは、phsār dham thmī まで来て西側の方を見ると、sīv-pāv khmaer pāsāk[pāsāk のクメール人、sīv-pāv]と看板に書かれたクメール語が見えます。遮るものはありません。薬を買いたい場合は、私はまず病気を詳しく診察してから薬を売ります。手紙を送って買う人は、次のように宛名を書いてください。

Monsieur Truong Long Bào,directeur pharmacie Xieu-Bao Khmer Bassac,rue Paul-Beau en face marché de Phnôm Peñ[Paul-Beau 路、プノンペン市場の前、Xieu-Bao Khmaer Bassac 薬店主Truong Long Bào 氏[Monsieur]]

kāp go 市場の古い店も従来同様、午前7時半から夕刻5時まで店を開いて薬を販売していますが、病気を診察する医師はいません。これまで薬を買っていた皆さんで、薬がなくなった場合は、ここに来て買うこともできます。医師殿に会って、詳しく質問して診察することを望む場合には、プノンペン phsār dham thmī の西側の店まで来てください。これまで kāp go 市場に手紙を出していた場合は、そこでも構いません。古い店の人がその手紙を sīv-pāv 医師殿のところに持って来てくれます。

[以上]皆さんにお知らせします。

3-1　[44号4-6と同一]

3-2　シソワット中高等学校友愛会の知らせ

1939年4月7日から5月5日までの収支表

前の週[＝118号3-1]から続く

収入金

諸州からの収入	5-5-39までの収入	4-6までの収入	合計
バット・ドンボーン	0	0	0
カンポート	0	86.00	86.00
カンダール	0	49.50	49.50
コンポン・チャム	0	120.00	120.00
コンポン・チナン	56.00	0	56.00
コンポン・スプー	12.[50][注。脱落]	15.50	28.00
コンポン・トム	0	0	0
クラチェ	0	62.00	62.00
ポー・サット	23.00	0	23.00
プノンペン	0	328.00	328.00
プレイ・ヴェーン	46.00	40.50	86.50
シエム・リアプ	100.00	47.50	147.50
ストゥン・トラエン	14.00	14.50	28.50
スヴァーイ・リエン	0	30.00	30.00
ター・カエウ	0	124.50	124.50

(後の週[＝120号3-5]で、収入について述べる)

3-3　[広告]　民族はクメール人である ?nak {ras}

カンポート郡に絹織物の店があり、絹織物を織って売っています。白い模様、あらゆる色の模様の brae kāmmīñaṅ、l̥āñ sim hwaṅ、無地の広幅と狭幅の l̥āñ、黒に染めたものもあります。ホンコクタンで染めた中国(上海)から来た絹布、3本織り、2本織り、のタッセル布、珍しい純絹の現代風のもの、があります。

クメール人の皆さん、我が国の金が外国に流出しないように、そして我が国が発展するように、最近できたばかりの我が民族[の店]に助力して買ってください。仕入れて売っている店は、プノンペン aṅga ḍuoṅ[ママ。ṭuoṅ が正しい]路20号です。

店名:vāggāmālpulcān

3-4　[116号2-6と同一]

3-5　[広告]　[注。絵と文が次のように配置されている]

[注。紙巻タバコの箱に×印を付け、その右に疑問符をつけた絵があり、その右に]　おいしくない。[注。この文の右に紙巻タバコの箱に×印をつけ、その右に疑問符をつけた絵があり、その右に]　吸って良くない。[注。さらにその右に]吸うことを知る人、使う物を知る人は全て[注。その文の下から矢印が下段の左端まで伸び、そ

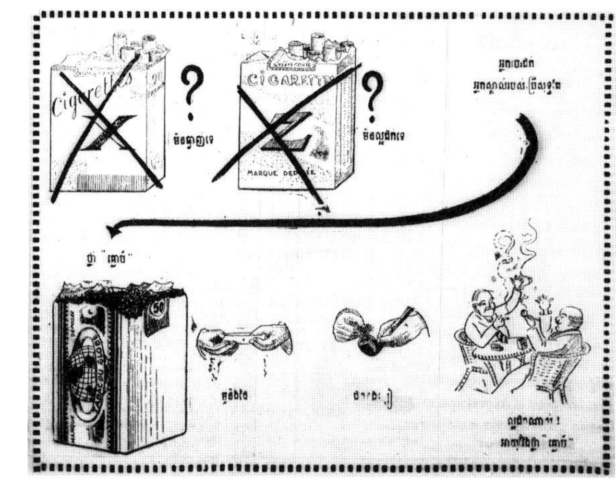

の先に刻みタバコの箱の絵があり、その上に]"<globe>"刻みタバコ。[注。その右に手でタバコを巻いている絵があって、その下に]手で巻く。[注。その右にキセルにタバコを詰める手の絵があり、その下に]キセルに詰める。[注。その右に、男2人がタバコを吸いながら談笑している絵があり、その下に]吸うのにとても良い！"<globe>"タバコは寿命が延びる。

3-6　[116号3-6と同一]

3-7　[117号3-1と同一]

3-8　[終わり近くの「70メートル」が「10メートル」に変わった以外は、48号3-8と同一]

3-9　[116号3-3と同一]

3-10　農産物価格

プノンペン、1939年5月17日

[「サトウヤシ砂糖」はない]

籾	白	68キロ、袋なし	3.55 ~ 3.60リエル
	赤	同	3.15 ~ 3.20リエル
精米	1級	100キロ、袋込み	9.65 ~ 9.70リエル
	2級	同	8.80 ~ 8.85リエル
砕米	1級	100キロ、袋込み	6.40 ~ 6.45リエル
	2級	同	5.20 ~ 5.25リエル
トウモロコシ	白	100キロ、袋込み	[記載なし]
	赤	同	0.00 ~ 8.90リエル
コショウ	黒	63.420 キロ、袋込み	19.25 ~ 19.75リエル
	白	同	32.00 ~ 32.50リエル
パンヤ	種子抜き	60.400 キロ	39.05 ~ 40.25リエル

＊プノンペンの金の価格

1　ṭamliṅ、重量37.50グラム

1級	157.00リエル
2級	152.00リエル

＊サイゴン、ショロン、1939年5月16日

フランス籾·米会社から通知の価格

ショロンの<machine> kin srūv[精米所]に出された籾 1 hāp、[即ち]68キロ、袋込みの価格は以下の通り。

籾	最上級	4.35 ~ 4.40リエル
	1級	4.25 ~ 4.30リエル
	2級　日本へ輸出	4.15 ~ 4.20リエル
	2級　上より下級、日本へ輸出	3.80 ~ 3.85リエル
	食用[国内消費?]	3.70 ~ 3.75リエル
トウモロコシ	赤　100キロ、ショロン県マッカサンで売り渡し。	
		9.20 ~ 9.30リエル
	白　同	0.00 ~ 0.00リエル

米(10月[ママ]渡し)、港渡し、袋込み、税抜き、1 hāp、[即ち]60.7キロの価格は以下の通り。

精米	1級、砕米率25%	6.12 ~ 6.15リエル
	2級、砕米率40%	5.80 ~ 5.85リエル
	同。上より下級	5.65 ~ 5.70リエル
	玄米、籾率5%	4.45 ~ 4.50リエル
砕米	1級、2級、同重量	4.60 ~ 4.67リエル
	3級、同重量	4.00 ~ 4.05リエル
粉	白、同重量	2.40 ~ 2.45リエル
	kāk[籾殻+糠?]、同重量	0.70 ~ 0.75リエル

4-1 [111号4-1と同一]

4-2 [114号4-2と同一]

4-3 [11号4-2と同一]

4-4 [20号4-6と同一]

4-5 [73号、4-6と同一]

4-6 [89号3-4と同一]

4-7 [111号3-4と同一]

4-8 [33号3-4と同一]

4-9 [118号4-9と同一]

4-10 [118号4-10と同一]

4-11 [8号4-3と同一]

4-12 [116号3-5と同一]

4-13 [76号4-1と同一]

SAMEDI 27 MAI 1939
CIGARETTES
JOB
LE PAQUET VERT
Vendu 6 cents
Nagara vatta
COFAT
CIGARETTES
La meilleure cigarette Indochinoise
Le Paquet vendu 6 cents
Directeur
PACH-CHHŒUN
HEBDOMADAIRE PARAISSANT TOUS LES SAMEDIS
(Boîte Postale N° 44)

第3年120号、仏暦2481年1の年卯年 jesṭha 月上弦9日土曜日、即ち1939年5月27日、1部8セン

［仏語］ 1939年5月27日土曜日

1-1 ［仏語で「私書箱 No.44」と「社長、PACH-CHHŒUN」が加わった以外は8号1-1と同一］

1-2 ［デザインが少し変わった以外は8号1-2と同一］

1-3 ［デザインが少し変わった以外は8号1-3と同一］

1-4 ［8号1-4、1-5と同一］

1-5 ほんのわずかなことで、クメール人を無益に怒らせるべきではない

先の5月17日に、沙彌殿が2人 dham 市場に買い物に来て、ベトナム人<police>［警官］1人とトラブルが生じた。その<police>［警官］が自転車に乗って来て沙彌殿にぶつかり、沙彌殿の傘に引っかかったのである。この<police>［警官］は謝ろうとせず、逆に大勢の人の中でその沙彌殿を罵って侮辱した。もしそこにいたクメール人が助力して止めなかったら、おそらく沙彌殿たちを殴ったに違いない。その<police>［警官］はとても立腹し、その沙彌殿2名を摑んで mandīra phdaḥ <commissaire>［警察署］へ引きずって行き、まるで重罪で告訴された者のように酷い扱いをした。このトラブルは全て<police>［警官］に非があり、沙彌殿は釈放された。［警察署から］出てくるとphdaḥ <commissaire>［警察署］のドアの所で待っていた例の<police>［警官］にまた出会い、この<police>［警官］は、「お前たち、次は靴で頭を叩き割ってやる」と言った。

この事件は、普通の喧嘩の事件とは異なる。他民族が、我々クメール人の尊崇の的である僧侶殿に不法行為をすることがますます非常に増えているから、1人の人の1つの事件にすぎないとみなすことはできない。我々がこのように言うのは、他民族は単に敢えてクメール人僧侶殿とクメール人を侮辱するばかりでなく、先月は彼らはさらに敢えて国王陛下まで侮辱した。他人の国に来て仮に滞在しているということを全く考えない。他民族が敢えてこのような犯罪行為を行うのは、これらの民族はそろって国の持ち主になろうと決めていて、国の法律を恐れないからである。

我々は保護国政府に、他民族がこのように全ての法律を犯すのであるから、クメール人はもうこれ以上我慢できないかも知れないということを念を押しておく。クメール人は非常に温和であるが、思い余らせてはいけない。政府が本日以降、彼らを撲滅しなければ、後日騒動が起こる恐れがある。それゆえ、我々はこの情報を前もって保護国政府に知らせておくのである。

これら全てのことは、表面だけを見れば、重要性はいくらもないとしか見えない。しかし詳細に検討すると、これらの民族は全て実に腹黒邪悪である。保護国政府は彼らに斟酌して手加減するべきではない。

このような事件はフランス裁判所に送ったら何の罰もない。フランス裁判所の法律は、出家に対する犯罪行為は第1級中級罪犯罪から第3級重罪犯罪として処罰せねばならないクメール裁判所と違って、これらのことは些細なこと（軽罪犯罪）だからである。それだけではなく、このような事案はまさしく外国人が、クメール国において、クメール人に対する侮辱行為を行ったことであり、それゆえ我々はクメール人と外国人との争いは、保護を受け入れた1863年の［保護国］条約にあるように、フランス人との争いを除いて、クメール裁判所に審理させることを、政府に求めているのである。

nagaravatta

＊この後に、「保護国政府は、クメール人僧侶殿を侮辱した<police>［警官］を、ほぼ免職に近い重罰に処した」という確実な情報を得た。政府が仏教を守る助力をしてくれる、この積極性は良い。我々は保護国政府に厚い感謝

の念を持つ。現在のクメール人は他民族と敵対したいとは思っていないが、他民族はクメール人に対して不法行為をしないでほしい。

1-6 [殿下たちが]カンボジア国にお帰りになった

先月、殿下に知己を得たいという植民地相の招きでパリ市においでになった kralāhom 卿である krum ghun visuddhi khattiyavaṅsa {surāmrita}が無事にカンボジア国へ帰国なさった。

徴税局長である munīreta 殿下[braḥ aṅga mcās]もクメール国にお帰りになった。殿下[draṅ]は、王宮内で行われた映画会社のグループによる撮影という公務があった土曜日の朝に[注。次の1-7を参照]陛下に御挨拶なさった。

nagaravatta は両殿下[braḥ aṅga mcās]が、長寿、不老、健康、力の祝福と機知縦横に恵まれて民族のために有用なお仕事をなさることができるように、再びお祈りする。

1-7 王宮内で撮影

先の5月20日に、トーキー映画会社が陛下と高官、それに王室舞踊団の撮影を願い出た。陛下は勲章をつけて正装をなさり、高官たちも国の勲章をつけて正装し、朝8時に陛下は御車に乗って行列して大宮殿を出て、devā vinicchaya 殿に入って映画会社に1度撮影させ、それから行列して candachāyā 殿に入り、踊りを見て映画会社がもう1度撮影して終わった。

1-8 諸国のニュース

1-8-1 日本国

東京市。dāhān rājanāvā(daba jœn dik)[海軍]省は、「現在日本は兵百万名を華中の戦場、湖北省の北[ママ。恐らく「南」が正しい]の、湖南省の南[ママ。恐らく「北」が正しい]に行く道の近くに集結した」と述べた。情報では、日本軍は中国軍150,000を包囲した。この中の中国軍9個 kaṅ bala(kaṅ daba)[師団]は日本に“軍の翼”を切られている。そして包囲されている数はこの戦場の全中国軍の3分の1にあたる。

日本は揚子江を使って頻繁に兵を輸送しているので、再びこの川を封鎖して民間船を航行させないようにしようとしている。

日本のこの戦術は、空中からの攻撃と揚子江の封鎖次第で所望の成果を得ることができる。

情報では、陝西と湖北との省境で日本軍は vū gai sān 山上の中国軍30,000名と交戦中である。中国は後退しつつあり、日本は sāṅ sau lin 県を占領した。

1-8-2 中国

上海。中国側の情報によると、中国兵は湖北省で戦闘中で、勝利を得ている。しかし、日本側の情報では、中国軍の約50,000名の兵力からなる9個師団は湖北省と湖南省の州境で日本軍に包囲されている[cf.上の1-8-1]。

1-8-3 イギリス国

ロンドン市。イギリスの全ての<gazette>[新聞]は、「イギリスは、[イギリスとロシア]双方の利益のためにロシアと結束することを望んでいるのであって、決してロシアを不利にするものではない」ということを示してはっきり理解させるために、東ヨーロッパにおけるイギリスの善意を指摘することにより、熱心に要点を述べて、ロシアの疑義を完全になくそうとしている。イギリスの極左から極右までの全ての<gazette>[新聞]が、ジュネーブでの国際連盟の会期中に3大国が会談し、望み通りの成果が得られるものと、前もって期待している。

1-8-4 ロシア—中国

日本の<gazette>[新聞]によると、ロシア政府と中国[政府]が、「ロシア政府は中国に500百万リエル、即ち400百万は grwaṅ msev <cartouche>[弾薬]の購入に、100百万は中国とロシアが共同で社主になって武器を中国に輸入する会社を設立するために、借款を与え、さらに、ロシアは航空兵と整備兵を人数の制限なしに送ることに同意する」協定を密かに結んだ。

南京市からの、中国とロシア間の新しい協定についての情報では、中国が日本と戦争をするのをロシアが助力し支援する[条件]は、[次の通りである]。「もしいずれかの国が停戦の仲介に出てきた時に、中国政府はまずロシアに相談すること。もう1つ、中国政府は、日本との平和を望む派を全て中国から追放すること。そして首都の軍も、<communiste>[共産主義者]の軍も、地方の軍も、全ての武器と支援を同等に配分すること。もう1つ、ロシアは中国領内の地下資源を採掘し使用する許可を得る(中国は反対しないで)こと。<communiste>[共産主義者]の軍に陝西、kān sū、sin gien の3省に駐屯することを許すこと。中国は、中国の西北部の省に、ロシアの<général>[将軍]が、ロシア代表として駐在して統治することを許すこと。中国はロシア将校を雇用して、陸軍と空軍の兵学を教育訓練させること。中国とロシア間の陸路と空路の交通路を開くことに同意すること」

情報では、中国代表である sun fo 氏がモスクワでロシアと会談し、中国が日本と戦争をするのをロシアは、思考と武器の方面で無制限に助力し支援することに同意したのちに、蔣介石は4月に重慶で同意した。

1-8-5 ブルガリア—ギリシャ—ルーマニア

情報では、ギリシャとブルガリアとの国境で両国の軍が互いに発砲し、死者14、さらに負傷者多数がでた。もう1つの情報によると、ブルガリア兵23名が死亡した。またルーマニアとの国境でルーマニア国境の兵に銃撃されて[ブルガリア兵]多数が死亡した。この2つの情報は、<gazette>[新聞]が確実な情報としては報道していないにもかかわらず、ブルガリア国民を強く怒らせ、ブルガリア国民は首都でも、また地方でも多くの場所で集まって騒ぎをおこしている。

ブルガリア首相はイギリスとイタリアの特命全権大使に会いに行った。恐らく、この件について相談し、ブルガリア政府はルーマニア外務省に、国境でルーマニア警官が重大な違法行為を行ったことについて強硬に抗議するであろう。

1-9　<de> saṅlīs 氏の追善式

先の5月19日に、王立図書館、仏教研究所、高等パーリ語学校、仏教徒協会、シソワット中高等学校卒業生友愛会、nagaravatta 新聞社が主催者になって協力して、長い間クメール人の偉大な友人であり、亡くなったばかりの、故 <de> saṅlīs <le résident maîre>[市長]殿の告別・追善式を、王立図書館で、トアムマユット派の僧とモハーニカーイ派の僧を、両派の僧侶長を長として60名招いて行った。

主催者6団体のほかに、<conseil> senāpatī[大臣]殿、<le résident maîre>[市長]殿をはじめとして、フランス、クメールの大小の官吏、男女の名士など多数が、この式に出席して善行の喜びを共にした。

この式で、政府は書籍"病気の予防法"を僧と在家の全員に配布した。

この告別式は、自分がにぎやかにするのを他人に見られるのを好まないクメール人が、このときばかりは全員が考えと心を変えて、クメール人を支援することに恩がある方に告別し、追善するために、王立図書館にぎっしりと大勢集まった。

នេះរូបលោក ឌឹសង់លីស

クメール人の団結はかなり発展してきた。

[注。写真があり、その下に]　これが <de> saṅlīs 氏の写真である。

1-10　独り言

1-10-1　cau krama が1人いて、我々の<gazette>[新聞]が出るや否や、一生懸命大急ぎでフランス語に訳して法律顧問殿に届けた。このようにして機嫌をとるのは、「[こうすれば]きっと大臣になれるだろう」と思ったのである。そう考えるのは間違いである。なぜなら大臣へのポジションは、もっと若くて良い名声を持ち、物欲しげにおべっかを使うことを知らない cau krama のためにとってあるからである。

1-10-2　cau krama 友好協会はどこに逃げ去ったのであろうか。プノンペン中、どこをさがしても見つからない。

1-10-3　昨年水に溺れたクメール人居住地区である piṅ keṅ kaṅ は、今や雨期になったが、ただいま現在のところ、市政府はまだ<machine> srūp dik[排水ポンプ]を設置する措置を取るようには見えない。そのうち措置が間に合わなくなる。

1-10-4　プノンペン市第5区の piṅ rāṅ では列車[ママ]がフランス人の家の所に土をあけ、政府の労務者が土を家の下に入れてやらなければならなかった。クメール人の家は、なぜ家の所有者が自分で労務者を雇って土を入れさせなければならないのか。

1-10-5　今や、ḍuc-nil 氏の店が再び開店した。

1-11　nagaravatta 新聞のお知らせ

印刷所にする予定の建物が間もなく手に入ることをお知らせします。あとは政府の許可を待ち、それが得られれば完成です。

それゆえ、我々は、印刷所創立に出資する気持ちがあって、登録して、まだ[出資]金を支払っていない皆さんにお知らせいたしますが、必ず6月15日までにお送りください。この日までにお支払いがなかった方は、<notaire>[公証人]殿が名前を抹消いたします。

1-12　1939年5月15日に、<brévier> <gouverneur général>[総督]殿が大会議の臨時会議の開会で、インドシナ国の経済と財政のために行った演説

皆さん、[注。以下はフランス語からの翻訳であるが、内容をよく理解していなかったらしく、言語的にも内容的にもおかしな部分が多々あるが、煩雑なので個々には指摘しない]

フランス国が、自らと植民地を固く守備し、なんらの損失をも蒙らないようにするために、そして世界の政治の力の秩序が混乱し、破壊されることがないようにするために、一生懸命戦争方面の措置を講じ、多くの出費をしなければならないのは、この1年足らずの間で2回目のことであります。

フランス国が心を1つに結束することを知ることを示そうとする考えを持つので、フランス国の国民は、政府がその望み通りに、フランス国に頼る国々の安寧、独

立、名誉を守ることができるように、17,000,000,000 <franc> (traṇot)［フラン］を拠出いたしました。

インドシナ国には、この手本は良い、かつふさわしいものであると理解し、かつ母国［＝フランス国］1国にのみこの責任を負担させるのは適切でないと考える人々が大勢います。

互いに友情を結んでこのようにしたことを、私は皆さんに深い感謝の念を返します。このことこそが、我々の古い植民地の心の中には、「今や互いにそれぞれ別のことを考え、それぞれの利益のことばかりを無益に考えることを止める」という考えの変化が生じ、「平和を脅かす外からの危険が、尊厳と名誉に満ちた自由意志を望む全ての人々の国を愛する気持ちを強く起こさせた」ことを理解させました。

これと同時に、名を sit <mandel>という［名の］植民地相殿が、フランス国［本国］外の守備の制度を整えるために、これまで一生懸命熱心に心をこめて休むことなく多くの措置を講じてきたのでありますが、これを成功させる措置を講じるために、氏は私にインドシナ国を構成する国々にも助力させることを求めてきました。

私は大臣に、「インドシナ国は必ずそのような自分の仕事を果たす」と回答しました。このように回答したのは、私は、「皆さんは必ずそのように理解するであろう」とあらかじめ期待しており、「皆さんが反対をする」という恐れは全くなかったからであります。

後の週［=121号1-9］に続く。

1-13　地域手当金について

以前我々は、クメール政府の官員への地域手当について、総督府が支給することを許可したにもかかわらず実施されず、しかもインドシナ連邦に属する他の国の官員たちは全て支給が実施されていることについて抗議した。今回、我々は、「保護国政府はクメール政府の官員がこの手当の支給を受けることに同意した」という情報を得た。しかし、いまだに実施されていない。市場の種々の品物は、中国人たちが、「政府が種々の税金を増やそうとしているが、まだそれ［＝支給］を実施する法律は出ていない」という情報を聞いて、どんどん心のままに値上げしている。たとえばマッチは1包み［＝1箱70本入りが10箱］10センだったのが今は15センになっている。

我々は、政府はこの手当金を早く官員に支給することを実施するべきであると理解する。商品がどんどん値上がりしていて、俸給が少なくて不足しているのを支えるためである。

2-1　nagaravatta 印刷所の設立に出資することを志望する皆さんへのお知らせ

来月出発を予定している nagaravatta 新聞社長殿の旅行は、我々が下に定めた日時に従います。

6月1日にプノンペンを出て aṅga tā som－jhūk－kambat と行きます。

翌6月2日朝 kambat に行き、午後2時から kambaṅ trāc－dūk mās－tānī と止まります。

6月3日の朝、tānī で止まり、それから danlāp－girīvaṅsa と行き、午後に tānī に戻り、まず brai saṇṭaek－vatta jœṅ cāp と行きます。

6月7日、プレイ・ヴェーン州に行き、引き返してきて pā bhnam 郡と kambaṅ trapaek 郡に行きます。9日には、スヴァーイ・リエン州に行きます。

それゆえ、我々［の印刷所に］志望する皆さんは、時間があったら、どうか我々が上に決めた時日に私たちに会いに来てください。我々はとても嬉しく思います。

nagaravatta

2-2　布告

プノンペン市<le résident maîre>［市長］殿は、市民全てに布告します。1939年6月1日に、政府は全7 ghum（<quartier>）［区］に rājamwaṅ－<bureau foncier>［市土地登記局］を設置し、市地図thī1名を配置して、その職務を統括させます。

これら全ての<bureau>［課］の統括者は、土地の交換、売買に関する文書を市民全てのために無料で作成し、手数料を払わせることはありません。

市民諸氏は、必要に応じてこれらの課に頼ってください。

<résident maîre>［市長］

2-3　［44号2-4と同一］

2-4　1939年4月13日付［で昇任した］クメール政府（行政部）官吏の昇任リスト

前の週［=119号2-5］から］続く。

7。3級smienに昇任

bhuoṅ-sān 氏（スヴァーイ・リエン）

juk-im 氏（カンダール）

上の昇任リストの中は、全て特別昇任によるもので、政府勤務の年数規定によって昇任した人は braḥ ṛ p.［＝braḥ rājaprakāsa］［国王布告］、あるいは<arrêté>［政令］に全て載る。

nagaravatta はこれらの昇任した方々にお祝いを申し上げる。

この件を検討すると、上級職の官吏はどの等級でも多少にかかわらず全員が昇任している。しかし、我々が疑問に思い、考えてもわからないのは、1級主任 kramakāra から2級 anumantrī への昇任は政府はなぜか見捨てて、他の等級と違って誰1人昇任していない。この等級の官吏は、情報では、他の等級の官吏たちと同様に勤勉に公務を果たしている人が6名もいるのであるから、忘れたとは言いにくい。なぜ昇任が得られる人と、得られない人がいるのだろうか。もし政府が彼らを忘れたのではなく、かつ昇任させなかったのなら、1人を嫌い、1人を愛していて、平等でなく、この等級の官吏に公務における力を減退させ、勤勉さに影響させるであろう。

特級に昇任する資格がある1級主任 kramakāra も名前があるのが目に入らないが、この等級については我々はほんの少しの疑問も持たない。それはこの等級の人々は、lakkhantika(statut)[身分規定]の規定に従って、特級への[推薦]昇任の申請がないと昇任できないからである。

nagaravatta

3-1 [広告][仏語] BOUN-HENG

仕立て師
バット・ドンボーン(Maréchal Joffre)路121号

[ク語] khemara <tailleur>[クメール人仕立て師]
pun-heṅ

店はバット・ドンボーン2号線121号です。

クメール人の皆さんにお知らせいたします。

私は、あらゆる種類の現代風の衣服を皆さんの御希望通りに仕立てる店を新しく開店しました。

皆さん、忘れないでください!

この新しく生まれたばかりの我々の民族の店に来て仕立てて助力し扶助してください。

もう1つ、衣服を仕立てる私の店は、今は他の民族にそれほど劣らず、他民族にまさっています。どうか試しに来て、仕立ててみてください。

[注。人物の全身の写真があるが、説明はない]

3-2 [広告] お礼を50リエルさしあげます

バット・ドンボーン州の未亡人 nāṅ {mās}は、私の財産を4,000リエル余り詐取しました。現在、逃げて姿をくらましていて、先月から見つかりません。

この女を捕まえてくださった皆さんは、この者を管掌部局に送ってください。そしてどうか遅くならないように、すぐに、nagaravatta新聞の総務部にお知らせください。私はお礼として礼金を50リエル差し上げます。

(金庫職人) プノンペン

[注。女性の上半身の写真があり、その下に] 未亡人 nāṅ "{mās}"の姿

3-3 ふたたびインドシナ国政府宝籤がある

1939年第1[ママ。おそらく「2」が正しい]回インドシナ国政府宝籤は4次あり、1枚1リエルです。

抽籤は、1939年6月7日、1939年7月5日、1939年8月9日、1939年9月6日です。

大賞の抽籤は1939年9月6日で、最後の次と同時です。

[賞金の]金額は以前の回と同様です。運試しをするのを逃さないでください。

3-4 [44号4-6と同一]

3-5 シソワット中高等学校友愛会の知らせ

1939年4月7日から5月5日までの収支表

前の週[=119号3-2]から続く。

収入金

諸州からの収入	5-5-39までの収入	以前からの収入	合計
寄付金と補助金	14.00	380.00	380.00 [ママ。計算ミス]
パーティーの剰余金	0	0	0
雑収入	0	10.23	10.23
貸し金の返済	23.00	35.00	58.00

価格(インドシナ国<bond>[債券]) 1,154.25
<banc>[銀行]定期預金 2,800.00
<banc>[銀行]普通預金 600.00
会計係りの手元の現金 352.17

帳簿の通りに正しく書写されている。
1939年5月5日、プノンペン
会計部長 <signer>[署名]uk-dhuc

3-6 [119号3-3と同一]

3-7 [終わり近くの「70メートル」が「10メートル」に変わった以外は、48号3-8と同一]

3-8 [119号3-5と同一]

3-9 [116号3-6と同一]

3-10 [117号3-1と同一]

3-11 [119号2-7と同一]

3-12　農産物価格

プノンペン、1939年5月17日[ママ。119号3-10の5月17日の価格とは同じでないので、恐らく「24日」が正しい]

[「サトウヤシ砂糖」はない]

籾	白	68キロ、袋なし	3.55 ~ 3.60リエル
	赤	同	3.10 ~ 3.15リエル
精米	1級	100キロ、袋込み	9.75 ~ 9.80リエル
	2級	同	8.70 ~ 8.75リエル
砕米	1級	100キロ、袋込み	6.30 ~ 6.35リエル
	2級	同	5.00 ~ 5.05リエル
トウモロコシ	白	100キロ、袋込み	[記載なし]
	赤	同	0.00 ~ 8.30リエル
コショウ	黒	63.420キロ、袋込み	19.50 ~ 20.00リエル
	白	同	32.50 ~ 33.00リエル
パンヤ	種子抜き	60.400キロ	40.00 ~ 40.25リエル

＊[「プノンペンの金の価格」はない]

＊サイゴン、ショロン、1939年5月24日

フランス籾・米会社から通知の価格

ショロンの<machine> kin srūv[精米所]に出された籾1 hāp、[即ち]68キロ、袋込みの価格は以下の通り。

籾	最上級		4.40 ~ 4.45リエル
	1級		4.25 ~ 4.30リエル
	2級	日本へ輸出	4.15 ~ 4.18リエル
	2級	上より下級、日本へ輸出	3.80 ~ 3.85リエル
	食用[国内消費?]		3.60 ~ 3.62リエル
トウモロコシ	赤	100キロ、ショロン県マッカサンで売り渡し。	8.65 ~ 8.70リエル
	白	同	0.00 ~ 0.00リエル

米(10月[ママ]渡し)、港渡し、袋込み、税抜き、1 hāp、[即ち]60.7キロの価格は以下の通り。

精米	1級、砕米率25%	6.12 ~ 6.15リエル
	2級、砕米率40%	5.75 ~ 5.80リエル
	同。上より下級	5.60 ~ 5.65リエル
	玄米、籾率5%	4.45 ~ 4.50リエル
砕米	1級、2級、同重量	4.45 ~ 4.50リエル
	3級、同重量	3.60 ~ 3.65リエル
粉	白、同重量	2.40 ~ 2.45リエル
	kāk[籾殻＋糠?]、同重量	0.80 ~ 0.85リエル

3-13　āruṇaraḥの店名をなくすな

コンポン・チナン<poste>[州庁所在地]で、ūriḥpū?ae路の、lœ市場16号のtrī市場[注。魚市場？]の前に、私は「アンコール・ワットの絵<marque>[商標]」の車両を売る店を新規開店しました。その他の商標のものもあります。またルモック用の部品もありますし、新式のルモックもあります。それはクメール人が作った丈夫なもので、otūsenエンジンや、色を塗り、ニッケルメッキしてあり大変長持ちします。

新しいものが必要、あるいは何か必要なものがあるみなさまは、どうぞ私の店でお買い求めください。大変リーズナブルな価格でお売りいたします。

4-1　[111号4-1と同一]

4-2　[114号4-2と同一]

4-3　[11号4-2と同一]

4-4　[20号4-6と同一]

4-5　[73号、4-6と同一]

4-6　[89号3-4と同一]

4-7　[111号3-4と同一]

4-8　[33号3-4と同一]

4-9　[118号4-9と同一]

4-10　[118号4-10と同一]

4-11　[8号4-3と同一]

4-12　[116号3-5と同一]

4-13　[76号4-1と同一]

SAMEDI 3 JUIN 1939

CIGARETTES
JOB
LE PAQUET VERT
Vendu 6 cents

Nagara vatta

COFAT
CIGARETTES
La meilleure cigarette Indochinoise
Le Paquet vendu 6 cents

Directeur
PACH-CHHŒUN

HEBDOMADAIRE PARAISSANT TOUS LES SAMEDIS

(Boite Postale N° 44)

第3年121号、仏暦2481年1の年卯年 jesṭha 月下弦1日土曜日、即ち1939年6月3日、1部8セン

［仏語］ 1939年6月3日土曜日

1-1 ［仏語で「私書箱 No.44」と「社長、PACH-CHHŒUN」が加わった以外は8号1-1と同一］

1-2 ［デザインが少し変わった以外は8号1-2と同一］

1-3 ［デザインが少し変わった以外は8号1-3と同一］

1-4 ［8号1-4、1-5と同一］

1-5　トラ族がネコ族になった

クメール国は3期にわけられる。

第1時代

我々クメール人は、昔、即ちアンコール・ワットを作った時代には、我が民族は非常に素晴らしい名誉と名声を持っていて、さらに多くの属国を持っていた。当時の我が民族は欠けるところなく全ての学問を学んでいて、肉体の力と気力のほうを見ると、戦って勝利を得ることに飽きることのない技量を持ち、非常に勇敢で、どの民族にも1度もおくれをとったことがなかったことがわかる。当時の技量の証拠を見て、今日に至るも畏怖する人がまだ大勢いることがわかっているだろうか。

上に述べたようなことが起こることができたのは、我々が本当に知力、体力、精神力、学問力を全て備えていたからである。

第2時代

この第2期には、我が国、我が民族は徐々に衰退し続けた。この点について皆さんが知りたければ、我々の歴史を見ればきっとわかるであろう。もし皆さんがこの歴史の中の話を詳しく知ったならば、皆さん自身は、きっと肩をすくめて笑いだし、表情は怒りを示すであろう。

この話は、要約すると、空を頼み、土を頼り［注。頼りにするところがない］、口で言うだけで何も確実なことはなかったのである。

第3時代

現在、我が国は大フランス国と［保護国］条約を結び友好を結んでいる。この大国の人々を我々の教師にするためである。現在教師殿が来て学問を教えている。どうして我が民族はこのようにまで無関心なのだろうか。なぜ子供にこの教師殿の学問を学びに行かせないのか。

現在私自身はどの道も、どの場所も欠かすところなく全て見て、我々クメール人の子は他の民族よりも大勢が遊び歩いているのを目にする。彼らが学んでいる時に、彼らが生計を立て、生命を養っている時に、自分たちは道を、あるいは市場を遊び歩くことしか考えていない。

父母よ！皆さんがこれらの子供を放任し、きちんと養育しないのは、皆さんはどのように理解しているから、このように子供に対していい加減なのであるか。私はお願いする。今日からあなた方はこのような考えを捨ててほしい。現在の我が国は、皆さんが既に承知しているように、生活が楽ではないからである。

もう1つ、現在父母を失い、さらに血族も姻族も養育を引き受けないために、孤児になっている子供が大勢いる。これについて、どうか保護国政府はこのような子供たちを全て救済し、哀れみをかけて、将来官員にするために、人並みに知識が得られるようにしてやってほしい。

以上のような理由で、政府が本当に慈悲の心を持つならば、私たちクメール人全ては、金文字の歴史の中に残して、現在と未来の恩の記念として、その恩が消えないようにする。

最後に、私は現在のrājakāra <protectorat>［保護国政府］が、全てのヨーロッパ人の中にあって、幸福と発展と平穏の3つに恵まれるよう祈る。

sukhuma

1-6　諸国のニュース

1-6-1　ダンチヒでの殺人

ダンチヒ。情報によると、ダンチヒ自由都市のドイツ人1名が、自動車を走らせてきた1名のポーランド人に銃撃されて死亡した。

ダンチヒの係官の報告によると、このドイツ人はタクシーに乗ってある道に入ると、突然ポーランド人の自動車がヘッドライトを非常に強く照らしてドイツ人が乗っている自動車に停車するように命じた。この自動車のナンバーはB.B.1306である。

ドイツ人と<chauffeur>[運転手]が下りて、停車させた理由を訊ねに行くと、突然車内から銃声が聞こえ、ドイツ人の頭1ヶ所と胸1ヶ所に命中し、その場に倒れて死亡した。

この事件は、ダンチヒ市内の民衆の多くが怒っていて不穏な情勢になっている。ダンチヒ政府はポーランド政府に抗議し、ポーランド政府が直ちに死亡者の家族に慰謝料を支払い、謝罪すること、さらに銃撃者をダンチヒ自由市の<police>[警察]の手に引き渡すことを要求した。

1-6-2　ドイツ－イタリア

ベルリン。ドイツとイタリアとの間の軍事同盟はベルリン市で、イタリア国代表であるチアノ<comte>[伯爵]とドイツ国代表であるリーベントロップとが共にcuḥ jhmoḥ <signer>[署名した]。

東京からの<gazette>[新聞]によると、この両大強国間の同盟条約は、自国を守備する意図だけを持つのではなく、対立国がドイツとイタリアとの重要な利益を損わせた場合には、版図を拡張するためにも適用される。

1-6-3　イギリス－ロシア

イギリス首相であるチェンバレン氏は、「イギリスとロシア間の、相互助力を大目的とする条約は、きっと下院が休会期間に入る前にスムーズに可決されるであろう」と述べた。

ロシアとの交渉はますます進んでいると推測されている。政府側筋からの情報では、現在双方ともこの大目的については同意していて、他国に関する事で、意見の一致が難しいことがいくつか残っているだけ」であり、後ほど決定されるであろう。

ドイツとイタリアが軍事同盟を締結したことと、ダンチヒ自由市で起こった事件とは、たとえ大きな問題ではないと主張するにしても、この両大国を早急に一致協力させるであろう原因の1つである、と考える人が多い。

1-6-4　モンゴル－満州

満州と外モンゴルとの国境で衝突事件が起こった。モンゴル軍が兵100名を送って山を1つ奪いに入って行かせ、両国の国境を守備する満州兵と出会い、双方が1時間以上銃撃し合い、モンゴル軍は退いた。その後、約400名のモンゴル軍が再び越境して入ったが、日本－満州連合軍に攻撃されて退いた。現在、日本－満州連合部隊が一生懸命厳しく国境を巡視している。

1-6-5　空中で戦う

シンガポール。モンゴル機が越境して満州国内を偵察した。それで日本－満州機が飛上して空中で戦い、結局同地の日本－満州機がモンゴル機を撃墜するという事件が3日間にわたって起こった。

その後日、再びモンゴル機10機が来て満州国領を攻撃した。それで、日本－満州国機がエンジン全開で飛上して互いに戦い、さらにモンゴル機7機を撃墜した。そして何機かはロシア国製の116型機であったという。(これは新京からの情報である。日本－満州国側の被害はまだ不明である。)

1-6-6　イギリス国

大戦はまだ起こらない。ロンドン市の政治家と実業家たち多数の意見によると、イギリス大王と王妃とがアメリカ国とカナダ[国]を訪問に行ったのは、戦争は今年中には起こらないないという1つの吉兆である。

1-7　独り言

1-7-1　プノンペン市の医務局では、助産婦になる勉強をしている女性たちの多くが、「助産婦長がひどく苦しめてばかりいると」言って嘆いている。即ち、汚い言葉を使って罵って侮辱することもあり、殴り蹴り踏んづけることもあり、追い出して勉強させないこともあり、「試験に落として合格させない」と脅すこともあり、家に追い返しておいて、「仕事を放棄して出た行った」と嘘を言って届けることもある、等々である。

このようなことをさらに行うと、この助産婦の学問を学びに来たいと思うクメール人女性はもうどこにもいなくなる。我々はこの嘆きを、最近着任したばかりの医務局本部の長殿に届ける。どうかこの件を正して苦しみを減らしてください。

1-7-2　(Léger)法律顧問殿は来る6月8日に休暇でフランス国に帰る準備をしている。氏は、クメール国に勤務に来て以来、クメール刑事訴訟法、クメール民事訴訟法を生じせしめ、ājñā sālā(Huissier)[執行官]、krum ayyakāra (Ministère public)[検察部]を生じせしめ、他民族をクメール裁判所で裁く規定の草案を作った。それ以来、クメール裁判所の制度はきちんと整備された。

この帰国に際し、氏と夫人[loka srī]と令嬢がフランス国までの海路、健康に恵まれるようお祈りする。

1-7-3　情報では、ポー・サットで政府がクメール人のコーヒーを売る店に閉店を命じた。クメール正月の時に、このコーヒー店の店主が店内で賭博をさせているのが認められたからである。nagaravatta <gazette>[新聞]は賭博をする者の味方をしたことはないが、その時には近所の中国人やベトナム人が[自分の店の]ドアを開けて人々に賭博をさせていた。どうしてこれらの者も罰さないのか。これではクメール人にどうやって商売をして生計を立てさせることができるだろうか。

1-7-4　moṅ 郡(バット・ドンボーン)で、中国人とクメール人が商売で生計を立てることの競争で争い、中国人が力を合わせてクメール人を殴ってぐったりさせた。このように凶悪な中国人は、クメール人が国土を与えて住まわせているのに、それでも依然としてまだこのような無法をする以上は、政府は全て逮捕して本国に送還するべきである。

1-7-5　カンボジア国は、(agrégation)[中高等教育教授資格]と呼ぶ高等資格を持つ garpe 氏をカンボジア国教育局長に迎え、クメール人国民全ては大変喜んでいる。ところが現在、以外にも[次のような]情報がある。「政府はこの教育局長殿にふさわしい家を準備せず、これまでの教育局長が住んでいた家は、一転して他の局を司る人のものになっている。カンボジア国保護国政府が放置して、教育局長と教師たちに関心を持たないのなら、grū ?nak ceḥ samkhān samkhān(grū <agrégé>)[中高等教育教授資格を持つ教師]は我が国に来て住みたいと思うであろうか。確かな知識を持つ教師がクメール人の子供たちの教育訓練に来なかったら、クメール人生徒は、インドシナ国の他民族の生徒と同じように、学問知識を得ることがどうしてできようか。

これらのことこそが、クメール人生徒たちが学習しても、いつも彼らに負け、彼らに追いつくことをできなくさせるのである。

1-7-6　鳴いたニワトリ、そのニワトリが卵を生んだのだ

<gazette>[新聞]が紛失することについて、我々は先日、「あるいくつか[khlaḥ]の郡庁で smien 殿たちが、法律を恐れることなく、我々の<gazette>[新聞]を盗んで読んでいる」と話した。今回、mās-hām 氏が、「ター・カエウ州rameñ 郡の郡庁の smien が自分たちが恥をかいたとし、そして<gazette>[新聞]編集者を、『仕事をするのに足りる知性がない』と非難した」と言う。我々が mās-hām 氏の手紙の内容を検討したところによると、同氏は何らかの理由で目がくらんでいると思われる。もし目がくらんでいるのでなければ、恐らく khlaḥ[あるいくつか]と書いてある語がはっきり見えたであろう。mās-hām 氏は、「氏は本当に nagaravatta <gazette>[新聞]を愛し、クメール人を愛しているが、氏が言うには、『俸給が少ないから nagaravatta <gazette>[新聞]購読の登録はしていない』と高言する。本当に民族を愛するのなら、俸給を少なく貰ったり、沢山貰ったりする必要はない。なぜならば、現在プノンペン市の大勢の労務者が毎週<gazette>[新聞]を購入して読んでいる。この mās-hām 氏型の愛国者はプノンペン市の労務者ほどの善良な心を持っていない。

あるクメール人たちは、「クメール人は自分ほど正邪を考える頭脳を持っていない。自分が何かを言うと、クメール人全ては自分が言うことを信じる」と思っていて、クメール人を幼い子供とみなしている。この考えは誤りである。なぜならば、今のクメール人は、大勢ではないといえ、パンを食べることができる人がいるからである。

1-8　講演

ラオス国へ行ったクメール国仏教使節団について

(前の週[=118号2-14]から続く。)

ベトナム官吏やフランス[官吏]が仏教徒協会の人々と共に会いに来た時に、我々仏教使節団は、友情で集まって出迎えてくれたベトナムの協会、大小の官吏たちの皆さんに感謝を述べ、それから仏教使節団は別れを告げてハノイ－サイゴン列車に乗って[ハノイ]市に向かった。朝、同国[＝ハノイ]に着くと、フエ国と同じように、駅に仏教徒協会の人たちが出迎えに来ていて、仏教使節団を同国の仏教徒協会がある jū ḍiek 寺の中の宿所に連れて行ってくれた。それからフエ国と同じように飲み物と食べ物のパーティーを催した。夜、仏教使節団は説法を1つして、大勢の人が聞きに来てぎゅうぎゅう詰めであった。説法が終わると、引き続き我が国の仏教研究所の自動車が映画を上演し、時間がなくなるまで<machine> crieṅ[蓄音機]のレコードをかけた。翌朝、仏教使節は習慣に従って感謝の言葉を述べ、別れを告げてから ratha <courrier>[郵便自動車]に乗ってルアン・プラ・バン市に向かった。

列車に乗ってアンナン国内に入って観察したところでは、住民は一生懸命働いてしっかりと生計を立てている。たとえば、田畑を作る仕事は余暇はないようである。アンナン国内の鉄道に沿った土地は、ずっと間隙なく大小の山ばかりが続いていて、住民は山麓に住んで田畑を作っており、さらに土地もあまり肥料分がないようで、このように一生懸命勤勉であっても、それでも収穫は十分には得られないようであった。しかし、家が沢山あり、人が大勢いるところもいくつかあった。

まだ後の週[＝122号1-8]に続きがある。

1-9　1939年5月15日 に、<brévier> <gouverneur général>［総督］殿が大会議の臨時会議の開会で、インドシナ国の経済と財政のために行った演説

前の週［＝120号1-12］から続く。

今度は、皆さんは、私がそのように回答したことに関する主張を聞いてください。

皆さんは、私がそのようにする必要があったことを既に知っているかもしれませんが、私はその概略を解説するべきです。

何回も、緊急のことがあることに関する情報を我々に与え、そして我々の精神力を試し、我々の精神力が弱いことを知らしめようとすることは、我々に抵抗をし、国内と属国内の力を大きくまとめさせる以外の何ものでもありません。今後フランス国は準備ができています。フランス国は誰をも脅迫しません。しかし、フランス国の利益と、フランス国の力を損なおうとする行為は、どのように小さいものであっても、フランス国は容赦しません。

互いに意見を等しくする同盟国と同じことをするために、我々は、イギリス国が軍の体制をさらに強固に整えるために、今年100,000,000,000<franc>(traṇot)［フラン］を準備したばかりであり、フランス国も同じように整えるために、同年に50,000,000,000<franc> (traṇot)［フラン］の<budget>［予算］の金を準備したことを忘れてはなりません。

両国が巨大に準備したこのような多額の金と、整えようとしている［軍の］体制は、この両同盟国の支援の中で友好を結んでいる全ての国々に幸福を与えました。

もし全ての属国がこの結束している両保護国に助力するならば、この支援はますます有効に迅速に行われ、自分たち［＝属国］の利益はさらにますます大きくなります。この世界のあらゆる地域で、自己のみの利益を考えるのではないこのような誠意ある相互助力扶助が起こっているのを、我々は目にしています。このことは大いに尊敬し称賛されるべきことであります。

私は大急ぎで以下のような金額を思い出させていただきます。

イギリスの属国であるジャワ属国とマレー連邦国は、国を守るために数百万の金を支出したばかりです。マニラ国は、4［注。不鮮明］分の1の金を国防費に出しました。香港国は<budget>［予算］金の5分の1の金額を支出しました。"<inde néerlandais>" 国［蘭印］、即ち以前はオランダ領ジャワと呼んだ国は2,000,000,000フラン以上を支出しました。イギリス・インド国は軍の費用に参加して、約6,000,000,000フランを助力しました。オーストラリア国は武器の費用として3年間に1,500,000,000フランを支出することを考慮したばかりです。

私は、近くのフランス植民地国全てにもたらされた幸福は、同盟国が一生懸命熱心に堅固に整然と行なってきたことであるということを解説し、そして相互に助力し合わなければならないことについても解説するべきではないでしょうか。

我々が今挙げた、上の最後の例は、善意を持つ保護国が植民地内で支出して、経済が世界の中で早く堅固になるように措置するために、金を現地国においておくために金額を重点的に支出することを保証したことを私は知らないわけではありません。即ち、心の力による政策を取ったことによるものであり、それゆえインドシナ国は過去30年から40年の間に豊富と発展へ進むことに成功し、外国の人々に称賛されるなどのことになったのであります。

まだ後の週［＝122号1-9］に続きがある。

2-1　アンナン国で

先週、phāṅ dhiek 郡に住んでいるフランス人、ベトナム人たち多数が大騒ぎをした。税関員が脱税者を殺害したからである。

事のおこりは、phāṅ dhiek 郡の税関の副所長殿と職員3名が、「脱税品の塩を積んだ舟1艘が "mūṇṇe" 郡から来た」という急報を得た。それで副所長殿は急いで行って探して逮捕しようとした。

その舟に着くと、関税脱税者3名がその舟から運河の水に飛び込むのが見えた。税関職員たちが大声で叫んだがやめようとしない。副所長殿が、逃げさせないために威嚇しようとして銃を構えて、水に飛び込んだ場所を狙って発砲して、銃弾2発を水中に入れ、水中に飛び込んだベトナム人 gviñ の後ろ首に命中させた。

5時間後にその遺体が発見された。

郡政府は直ちに実地検分と捜査をさせ、税関職員たちを裁判所に送って審理させ、kām bhlœṅ ṭai (Revolever)［ママ。revolverが正しい］［拳銃］は"phāṅ dhiek"省<résident>［弁務官］殿が没収した。

この事件は、アンナン国政府がこのようにしたのは、正に正しい行為であると理解する。官員であることは事実であるが、現場で違法行為を行った以上は、当然身柄は裁判所に送って審理させるべきであるし、凶器はひとまず押収しておくべきである。

一方、我がクメール国の方は、部下が人を殺して逃げて陸に上がってくると、住民の鉈を探しに行って持って来させて、「連中が自分に抵抗した」という証拠にする。拳銃は何食わぬ顔で自宅に持ち帰り、また誰かを撃つためにとっておき、当局の誰も、それを押収しておいて何かをしようとすることはない。撃たれて水中に沈んだ遺体は、正義を明らかにするために抗議することはなく、全くの無駄死にである。

2-2　<gouverneur général>［総督］殿の布告

1939年3月28日付<arrêté>［政令］第2条に、<gouverneur

général>[総督]殿は以下を追加する。

「公務に服している現地国人官員あるいは兵士は、自己が居住する郡において、1人当たり最大10ヘクタールまでの土地を無料で取得することを請求する権利を有する」

2-3 [44号2-4と同一]

2-4 感謝

コンポン・チャム<résident>[弁務官]<bureau>[庁]に勤務するthī {juoṅ-pic}、その娘と息子、親族は、先の1939年4月30日に死亡しました私の妻 man、通称 sāp の火葬式に友情で真心をもって参列してくださいましたフランス、クメール官吏の方々に、深く感謝いたします。私たちは皆さんに感謝のお手紙を差し上げることができませんので、[紙上でお礼申し上げます]。

2-5 brai jhar 郡(コンポン・チャム)piṅ bralit でベトナム人がクメール人を殴った

我々は、[次のことを]確実に知った。先の5月15日、ṅvieṅ-yāṅ-kāv という名の1人のベトナム人と、名前不詳の仲間3名と、悪い心を持つベトナム人の仲間になっているクメール人1名の計5名が、勝手に漁区主になり、gim-ho と gim-min のクメール人2名が piṅ bralit から森の方へ100メートル離れた braek kak で魚を捕っているのを目にした。このクメール人たちは、魚を2、3匹捕まえると、木陰に座って休息していた。すると突然、ベトナム人 ṅvieṅ-yāṅ-kāv とその仲間4名が、そのクメール人2名の後ろから忍び寄って殴り、気絶させた。それから2名を抱きかかえて漁区主の所に運んで行き、「このクメール人2名は、政府から[我々が使用独占権を]買った沼でこっそり魚を捕っていた」と訴えた。気絶していたクメール人1名は既に死亡していた。

我々の secktī <enquête>[調査]では、これらのベトナム人たちは漁区主ではなく、また副漁区主でもない。もし本当に漁区主であるならば、なぜコンポン・チャム<résident>[弁務官]への[漁区使用独占権購入]申請書がないのか。

それゆえ我々は、「このベトナム人たちは、クメール人に暴行を加え、殺害する意志があった」と理解する。かりにこのクメール人2名が違法行為をしていたとしても、捕らえて殴って彼の生命を奪う権限を持つことはありえない。連行して保護国政府に訴えることができるだけである。この事件は、裁判所は容赦なく処罰してほしい。今後、他民族がクメール人にこのような不法行為を行う習慣をなくすためである。

もう1つ、やはり中国人がクメール人を殴った事件がある。事の起こりは、brai jhar 郡(コンポン・チャム) khvit dham 村で、幼い子供が互いに喧嘩をしたことによる。

3月2日夜7時、中国人 tāṅ-līv の子が、クメール人 um の妻である nāṅ {dūc}の子と遊んでいた。理由は不明であるが、突然この中国人の子が走って行ってその父母に[何かを]告げた。その中国人は仲間を大勢、中には矛を持つ者も、棍棒を持つ者もいたが、連れて走って来て、um の妻である nāṅ {duc}を気絶するまで殴った。um は夜中、走って行って村長に訴えた。村長は訴えを受つけようとせず、「翌朝になってから訴えに来い」と言った。nāṅ {duc}は頭を2ヶ所割られ、腿を1ヶ所矛で刺され、腰を棍棒で殴られて、義弟の家の前で倒れていた。

我々が後日さらに詳細に知ったことによると、この中国人は走って郡長に訴えに行き、郡長は、「どちらに非があり、どちらが正しいか」を尋問し検討することなく、突然<police>[警官]を派遣して um の妻である nāṅ {duc}を逮捕させ、郡庁につれてこさせ、事実この両名[ママ。umも村長が郡長の所に連れて行ったらしい]が出血していて重傷であることを知った。それでも、依然として中国人が原告であるという理由で、この両名[ママ。um を含む?]を拘束することに固執した。

これらのことについて、我々は何も異議を持たない。なぜなら殴り合いの時に、それを我々は見ていないからである。しかし、我々がこれまで認識してきている通例によれば、いつも中国人がこのような不法行為をするのを目にすることが多い。[即ち]他人を殴ってから逃げ、さらに裁判所に逮捕、拘禁させるようにその人を訴えておき、自分はクメール人に非があることにさせて処罰させる策を練るために、金を払って証人にならせる者をさがす時間稼ぎをする。クメール人の方は、審理の時になると、相手と違って証人を探してもいない。中国人が全部金を払って証言するのを邪魔をするからである。

いくつかの郡の郡長殿は、成り行きまかせで、我々クメール人の無学無知について詳細に検討することを考えないことが多い。

上の2つの事件は、我々はこれ以上長くは解説しない。この事件がコンポン・チャム<résident>[弁務官]殿の所に行けば、「氏は公正に審理する[注。Ⓢによると、当時地方では、クメール人以外の民族が関わる事件は、弁務官が裁判権を持っていた。なおクメール人のみが関わる場合は郡長が裁判長になった]とはっきりと知っているからである。それゆえ、我々は後日を待って、[結果を]見よう。

3-1 [広告]『sīv-pāv 薬店』は kāp go 市場にありましたが、プノンペン phsār dham thmī の西の角に移転しました。私の店を探したい皆さんは、phsār dham thmī まで来て西側を見ると、sīv-pāv khmaer pāsāk[pāsāk のクメール人、sīv-pāv]と書いたクメール語文字が見えます。遮るものはありません。私は、詳しく病気を診察してから薬を売ることができます。

120種の薬があり、私は薬を全種類述べることはできません。即ち病気の人が私の店に来て、私が綿密に診察してから、薬を病気に正しく合わせます。なかなか治らない病気を治す私の薬は有名になりました。クメール人、中国人、ベトナム人、フランス人の地位財産がある方々が、<gazette>[新聞]に掲載して恩を認めています。私はいくつか写して皆さんに証拠として見せています。私の店には薬を服用した皆さんが病気が治り、署名して私に恩を明らかにしている手紙があります。薬を買う人がまだ疑っているのなら、私はそれを見せます。

私は、1つの郡に1つずつ私の薬を売る店を作りたいと思っています。しかし薬を仕入れる人は、クメール語をよく知っていることと薬を仕入れる資本を持っていることが必要です。金は現金払いで、薬を売ると利益が沢山です。仕入れをさせる規則はとても緩やかです。売りたい人は手紙で相談するか、私の店に来るかしてください。

[仏語]プノンペン Paul-Beau 路、

Xieu-Bao 薬店主 Truong Long Bao 氏[Monsieur]

3-2 [119号3-5と同一]

3-3 [116号3-6と同一]

3-4 [111号3-4と同一]

3-5 [広告] クメール人痔治療医師

?nak okñā cakkara (eka) 氏は、プノンペン市 catumukha 王宮に勤務しています。私は痔になり、22歳の時以来、諸民族とクメール人の医師にかかって手当してきましたが、62歳になるまで1度も治ったことがありません。この病気はとても重くなり、僧侶殿を招いて死にかけている時の読経をしてもらいました。プノンペン市 braek tnot 路24号、第4区区役所の南にいる dhū nuy という名のクメール人医師の名声を聞いて、この病気の治療をして貰ったところ、望み通りに治りました。私はとても嬉しくて、<gazette>[新聞]に掲載して、私と同じ病気を持つ皆さんにお知らせします。

<signer>[署名](eka)

3-6 [120号3-3と同一]

3-7 農産物価格

プノンペン、1939年6月1日

[「サトウヤシ砂糖」はない]

籾	白	68キロ、袋なし	3.60 ~ 3.65リエル
	赤	同	3.50 ~ 3.19[ママ]リエル
精米	1級	100キロ、袋込み	9.90 ~ 9.95リエル
	2級	同	8.95 ~ 9.00リエル
砕米	1級	100キロ、袋込み	6.20 ~ 6.25リエル
	2級	同	4.90 ~ 4.95リエル
トウモロコシ	白	100キロ、袋込み	[記載なし]
	赤	同	0.00 ~ 7.50リエル
コショウ	黒	63.420 キロ、袋込み	19.50 ~ 20.00リエル
	白	同	33.75 ~ 34.25リエル
パンヤ	種子抜き	60.400 キロ	40.50 ~ 40.75リエル

*プノンペンの金の価格

1 ṭamliṅ、重量37.50グラム

1級	157.00リエル
2級	152.00リエル

*サイゴン、ショロン、1939年31日

フランス国籾・米会社から通知の価格

ショロンの<machine> kin srūv[精米所]に出された籾 1 hāp、[即ち]68 キロ、袋込みの価格は以下の通り。

籾	最上級		4.25 ~ 4.3[推測]5リエル
	1級		4.15 ~ 4.20リエル
	2級	日本へ輸出	4.05 ~ 4.10リエル
	2級	上より下級、日本へ輸出	3.70 ~ 3.75リエル
	食用 [国内消費?]		3.45 ~ 3.46リエル
トウモロコシ	赤	100キロ、ショロン県マッカサンで売り渡し。	8.00 ~ 8.10リエル
	白	同	0.00 ~ 0.00リエル

米(10月[ママ]渡し)、港渡し、袋込み、税抜き、1 hāp、[即ち]60.7キロの価格は以下の通り。

精米	1級、砕米率 25%	5.90 ~ 5.95リエル
	2級、砕米率 40%	5.50 ~ 5.55リエル
	同。上より下級	5.35 ~ 5.40リエル
	玄米、籾率 5%	4.30 ~ 4.35リエル
砕米	1級、2級、同重量	4.45 ~ 4.40[ママ]リエル
	3級、同重量	3.75 ~ 3.85リエル
粉	白、同重量	2.30 ~ 2.40リエル
	kāk [籾殻+糠?]、同重量	0.70 ~ 0.75リエル

3-8 [終わり近くの「70メートル」が「10メートル」に変わった以外は、48号3-8と同一]

4-1 [20号4-6と同一]

4-2 [120号3-13と同一]

4-3 [114号4-2と同一]

4-4 [11号4-2と同一]

4-5 [広告] お知らせします

月経不順の女性の皆さんは、時には経血が多く、時には少なく、そしてその血が種々の病気を引き起こすことがあり、それが、身体に熱がある、疲れる、骨が痛む、手足が痺れる、頭痛、めまい、あるいは、白帯下が下りて不潔である、食事を摂っても不味い、不眠、少し働いただけですぐ疲れてばかりいる、顔色が蒼い、皮膚が黄色くなる、やせ細り、長く患っていると骨と皮だけになる、にならせます。

このような病気に悩まされている女性の皆さんは、どうか急いで『uṅ-dieṅ』印の『pū viek ḍīv giñ fāṅ』(3号)という名の薬を買って服用すると、これらの病気を全てなくならせる作用があります。とても早く、目に見えて効きます。1包1.00リエルです。

もう1つ、女性が、月経時に腹痛があることが多い場合、これを閉経した[ママ。執筆者は医学かクメール語を誤解している]女性と呼びます。即ち、月経があるべき時になっても、悪い血が下りて来ることができない。あるいは下りて来たけれど少量です。これはその悪い血が腹の中で腹鳴りを起こします。あるいは悪い血が固まって塊になって腰が痛みます。身体の中が熱くなり、力がなくなり、身体のあちこちが痛み、時には寒気がし、食べ物が食べられず、安眠できません。

『uṅ dieṅ』印の『ḷūy kuṅ fāṅ』(4号)を買って服用してください。悪い血を全部体内から出して、上述の病気を望み通りに治す作用があります。1包1.00リエルです。

プノンペンの店はaṅ[ママ。aṅgaが正しい] ḍuoṅ 路57号、<ohier>路との交差点にあります。バット・ドンボーンは、2号線73号の店です。

4-6　[73号、4-6と同一]

4-7　[89号3-4と同一]

4-8　[44号4-6と同一]

4-9　[33号3-4と同一]

4-10　[118号4-9と同一]

4-11　[120号3-1と同一]

4-12　[117号3-1と同一]

4-13　[8号4-3と同一]

4-14　[116号3-5と同一]

4-15　[119号3-3と同一]

4-16　[120号3-2と同一]

SAMEDI 10 JUIN 1939

Directeur
PACH-CHHŒUN

HEBDOMADAIRE PARAISSANT TOUS LES SAMEDIS

(Boite Postale N° 44)

第3年122号、仏暦2481年1の年卯年 jesṭha 月下弦8日土曜日、即ち1939年6月10日、1部8セン

［仏語］ 1939年6月10日土曜日

1-1 ［仏語で「私書箱 No.44」と「社長、PACH-CHHŒUN」が加わった以外は8号1-1と同一］

1-2 ［デザインが少し変わった以外は8号1-2と同一］

1-3 ［デザインが少し変わった以外は8号1-3と同一］

1-4 ［8号1-4、1-5と同一］

1-5 シエム・リアプの1つのユースホステルについて

現在の我がクメール国の僧は、青少年の教師であるという自らの仕事と責務をますますはっきりと理解するようになった。ある僧侶たちは、自分の弟子である青少年を教育訓練し指導することだけを考えるのではなく、さらに種々のことをして青少年たちに旅行をして学問知識と自然の法則とを容易に学べるように助力し支援しようという考えを持っている。こういう理由で、プノンペンには、国民に助力し扶助することを喜ぶ気持ちと、生徒たちに助力して後援している種々の協会に対して清浄な気持ちを持つ僧たちがいる。地方にも、地方に旅行に来た青少年たちを、これらの青少年たちの教師であると呼ぶのにふさわしく、親しく楽しく迎え、気持ちよく礼儀正しく宿泊させる僧たちがいる。休息し、リフレッシュする時間には寺に行って行儀良く楽しんでいる民衆や青少年たちがいて、僧たちの心は強い愛情で親しさと楽しさを示している。

シエム・リアプ州の ṭamṇāk 寺では、住職師僧殿が、そのことの明瞭な証拠である素晴らしいことをしている。師は寺域の少し外にあるサーラーを、アンコール・ワット遺跡を見に来たいと思っている青少年たちが、青少年たちが十分出すことができる、ごく少額の費用で宿泊できる宿泊所にするために、我々のユースホステル協会に提供して、使用させてくださっていて、それで青少年たちは、世界中の諸国に名誉が広がっている、クメール青少年たちの先祖の尊い記念碑である古代遺跡を見ることができるのである。

我々は ṭamṇāk 寺の住職師僧である師僧猊下に、広い心を持ち、このような助力支援をすることを決めてくださったことを深く感謝する。もう1つ、我々は、今後ユースホステル協会の会員たちが、今後、昔のクメール人の手になる美術工芸品である遺跡の美しさを見て知ることができるための宿泊所が得られたことを大変嬉しく思う。

ユースホステル

1-6 諸国のニュース

1-6-1 三友好国の軍事協定がアジア大陸に動揺を与える

ロンドン。当地の政治家たちは、「イギリス―フランス―ロシアの3大強国の軍事 saññā <traité>［協定］が、この3大強国に東洋でさらに強硬な政策を取らせる」と理解している。

この協定は、「ロシアがヨーロッパにさらに確固とした地歩を築く助力をし支援をすることができ、同時にロシアに東部国境に関する政策を従来よりさらに強硬にさせることができる」と理解されている。

1-6-2 イギリス―日本

ロンドン。情報では、イギリス特命全権大使は、「『日本が中国内の諸国の租界を統治しようとする意図を持つという情報は事実であるか否か』を日本外務省に確認せよ」という命令を受けた。

イギリス政府がこのように執拗に抗議するのは、「日本軍が（現在のように）諸国の租界にまだ駐留して、租界を中国政府に返還することは行きすぎである。即ち中国に返還することに、イギリスは絶対反対である」ということである。

情報では、フランス政府とアメリカ[政府]は、諸国の租界に関して、同様の態度を日本政府に示した。

＊東京。日本政府は、上海でイギリス—フランス—アメリカの特命全権大使が、同3国の海軍司令官と共に会談をしたことについて、重大な関心を持って検討している。

日本が[東と南]シナ海沿岸を封鎖するということについての抗議があるので、海軍省は、[東と南]シナ海沿岸を封鎖して外国の船に出入りできなくさせるべきではない。しかし、厳しく管理するのは、違法に外国の国旗を使って偽装する船があるので、疑わしい船は捕らえて検査する必要があるからである」と釈明した。もう1つ、「[東と南]シナ海沿岸にあり、中国の支配下にある9港湾県は、今月1日から外国商船にも入港を禁止する」と述べた。

1-6-3　100機が満州国を攻撃した

満州国領内の日本軍の公式発表によると、外モンゴル国機100機が満州国内のbuylār 湖の東の mun han 島の近くに侵入した。より少数の日本機が飛上して空中で迎撃し、[外]モンゴル機を42機撃墜した。日本側は1機を失ったのみであった。

＊新京。この国境での戦闘で、[外]モンゴル側は航空機を多数失わされ、[外]モンゴル兵が加わったロシア軍1,300名が日本･満州国兵に攻撃され粉砕された。しかし懲りることなく、ますます忍耐強くなり、同日さらに戦車10両に先導されたロシア騎兵1,000名が、[外]モンゴル騎兵およそ100名と大砲10と共に、ロシア軍機70に先導されて再び満州国内に侵入した。

日本･満州兵の方は、敵に満州国領内に十分な距離を越境させてから、左右から包囲して攻撃する作戦をとり、結局ロシアと[外]モンゴルの騎兵は大きい被害を出して退却して逃げ、国境を越えて帰って行った。

この地上での激しい乱戦が行われた時、赤い血が地面一面を覆った。空中での戦闘は、轟音を響かせて戦われ、数<minute>[分]とたたないうちに、日本機はロシア機18機を撃墜し、それに続く戦闘でロシア機は30機が撃墜された。

1-6-4　ロシアはまだ<signer>[署名]することに同意しない

ロンドン。最後にモスクワ市に送ったイギリスの提案には、重要な項目が6項ある。即ち、1、イギリス国あるいはフランス国、あるいはこの2大国が守備する任に当たる他のいずれかの国を、外敵が侵略した場合は、助力の要請があればロシアは助力する。2、国際連盟[協約]の義務条項第16条に記されてあることに従って相互助力をする。3、必要が生じた場合には締結者の双方が、相互助力の方法と分野を互いに協議する。4、ヨーロッパで戦争が起こる影が近づいてきた様子があれば、締結国の双方が直ちに会議を開いて互いに協議し、共同して行動をとる。5、この助力の方法と量は、「戦争によって脅かされている国々の希望を考慮する」と記されてある規定に従って行う。6、本協定は有効期間を5年間と定めるが、期間の延長を定めることができる。

[国際連盟]第16条の協約に従って行動することを定める第2条について、ロシアは、「この条項は共同して行動することを遅くする恐れがある。第3条は、戦争が起こってから検討をする必要がないように、当初から詳細に規定して定めておくべきである」として同意しない。

ロシア国下院議長であるモロトフ氏は、「イギリス—フランス政府の新しい提案は、十分折り合うことができるように良くなったとはいえ、まだロシア政府を満足させるものではない」と述べた。さらに氏は、「ロシアの意図は、武力を使って領土の拡張をする者たちに抵抗して守ることと、たとえば現在中国を助け、モンゴルが日本に抵抗するのを助けているように、戦争の恐怖に落とされている国々を救うことを望むものである」と付け加えた。モロトフ氏は、「ロシアは平穏を望む。さらに災厄に見舞われている国に助力して守ることは志願するが、いずれかの国の兄弟にもなるつもりはない」と述べたスターリン氏の言葉を繰り返して述べた。

1-6-5　シャム国

情報によれば、シャム[siem]政府は、syām[シャム]国という名をthai[タイ]国に改称することを考えている。先月我々が報道したように、ハノイから我がクメール国に来たシャム国の大臣である hluoṅ vicitra vādakāra は、ラジオで講演をして[次のような]要点を述べた。「syām(即ち siem[シャム])という語は kham(khmaer)[クメール]の領土の1部分の名前で、当時この領土内に来て住んでいた thai(daiya)[タイ]人は kham(即ち khmaer[クメール])の命令下にあり、仏暦1800年までずっとクメール人の奴隷であった。その年に1人のタイ[thai]人が暴動を起こして kham 人たちを syām の地から追い出して自由を確立して独立国になった。そしてその国を sukhodaya(シャム語に従うと sukhothai[スコータイ])と命名した。その後、シャム[siem]国は国に kruṅ srī ?ayudhyā[アユタヤ国]と命名し、このバンコク市を建設するに至ると kruṅ ratana kosindra[ラタナコーシン国]と呼び、[ラーマ]第4世、即ち brah com klau の御世になると、それまで siem、syām、sai?aem、saimis などと呼んでいた諸国が呼びやすいように国名を syām 国と改称した。しかし国の所有者たちは自分の民族名を前と同じ thai 人、即ち khon thai[タイ人]、タイ[thai]国と呼んだ。それゆえ、この syām 国を thai 人、thai 国に改めるべきである。もう1つ、thai と呼ぶと、雲南、海南などの中国領やインドシナやビルマなどにいるthai人は、syām国内にいるthai人と合わせると36,500,000名に達する。さらにこれらの人々はthaiという名だけで知られており、syām、siem、sai?aemなどの名では知られていない」

1-7 独り言

1-7-1 創立して(1939年の初め)からまだ何ヶ月も経っていない仏教徒協会は、入会を希望する人々が多く、金が集まり、既に数千リエルを金庫に入れている。このように大勢の人々がこの協会の会員になるのは全く正しいことである。なぜならば、すでにずっと以前にこの仏教徒協会を設立した他の国と同じように、仏教を支援して発展させることだからである。それゆえ、仏教を信じる男女の皆さんは、仏教を栄えさせるために、誘い合わせてもっと大勢協会に入るべきである。

1-7-2 現在のpā bhnam郡郡長は、どうしてこのようにまで多くの住民に集まって訴えられるのだろうか。なぜ以前の郡長はこのように民衆に訴えられることがなかったのであろうか。政府がこの件を正しく公正に調査して検討しなかったら、きっと政府に大きいトラブルをもたらすに違いない。

1-7-3 マッチを探して使おうとしても全然ない。中国人たちが違法に値を吊り上げるために市場からなくしているからである。政府がこれらの中国人たちを逮捕して裁判所に審理させて投獄したくてもできないのであれば、逮捕して本国に送り返すべきである。他民族にこのように好き勝手に悪事を行う権利を与えるべきではない。

1-7-4 trām khak郡(ター・カエウ)srae nanoṅ村には、クメール人が抵当として入れた数nālもの金の装身具をだまし取った中国人が1人いる。クメール人が金を持って請け出しに行くと、その中国人は、「あの装身具は全部売ってしまった。金の値段が下がるまで待ってから買って返すまで待て」と言う。政府はこの中国人を連れて行って、法律に従って処罰するべきである。なぜなら、項1、<patente>[営業税]を払わないで金を貸して生計を立てている。項2、だましてクメール人から金の装身具を詐取した。項3、法定制限以上の利子を取った、からである。

1-7-5 croy caṅvāの民衆は、政府が互いに異なる家屋土地税を徴収するので、はなはだ疑問に思っている。12リエルを払う人もいるし、20、30リエルから70.00リエルまでいる。土地そのものの面積は互いにほぼ同じでしかない。この件を政府はきちんと調査して、秤の片方が重く、片方が軽いことがないようにするべきである。

1-7-6 プノンペン—シエム・リアプ路線は、クメール人のバスが中国人dā-meṅの仲間のバスにぶつけられてばかりいる。クメール人のバスが静かに停車していても、路肩に乗りあげて避けても、中国人のバスは近づいて行ってぶつかる。あるいは法を恐れず、クメール人のバスの運転手と<contrôleur>[車掌]を殴る。

政府もこの話を知っている。なぜこのような悪人を撲滅しないのか。なぜ、このグループを放置して、クメール人を邪魔して生計を立てられなくするままにしておくのか。政府はdā-meṅの1党を逮捕して皆中国に送還するべきである。これ以上クメール国内にいさせて増長させるべきでない。

1-7-7 クメール人は中国人と争って勝ったことがない。意識のある[=生きている]中国人と争った時だけでなく、意識のない石の塊である中国人のネアック・ターとでさえ争って勝ったことがない。それゆえ、uṇṇāloma寺の前の中国人のネアック・ターは、掘り起こして暴こうとする人は誰もいない。なぜ政府はクメール人に1度も中国人に勝たせたことがないのだろう。

1-7-8 数日前に、<gouverneur général>[総督]殿の<arrêté>[法令]が出て、各政府部局の職員の長に、「1939年に政府がフランス人官員に増額して与えた食費と家族手当てを支給する命令書を作成するように」と催促した。地域手当については、政府は引き続き検討中である。クメール政府[官員]に与えるべき諸手当については、保護国政府が何か言及するのが聞こえないのは一体なぜだろうか。

1-7-9 森林局は最近ベトナム人2名をベトナム国から連れてきて、森林管理官[注。123号1-8-3で訂正されている]をさせて日給を与えている。これこそが、「政府はクメール人を支援している[ママ。皮肉]」ということである。

1-7-10 なぜ地方の道路労務者の<caporal>[班長]は、俸給がベトナム人より少ないのだろうか。このようであって、保護国政府は、「クメール人は自発的に政府のために働くのを好まない」とどうして言えるのか。クメール人<caporal>[班長]がこのような意地悪をされているのなら、クメール人労務者はもっとどのような意地悪をされているのだろうか。

1-7-11 [nagaravatta]印刷所に出資を志望している皆さんにお知らせします。現在、印刷所を建てる土地を借りることができました。即ち、(Sèlect Hotèl[ママ。Sélect Hôtelが正しい])の、sīñaek市場の船着場の岸を向いている北側の角の区画です。

皆さん、印刷所への出資の受付は、来る6月15日に締め切りになることを忘れないでください。[締め切りが]間近になって来ました。急いでください。うっかりしないでください。

1-8　講演

ラオス国へ行ったクメール国仏教使節団について

前の週[=121号1-8]から続く。

一方、ベトナム人の宗教の方も、一生懸命アンナン国の全ての省に仏教徒協会を設立していて、現在ほとんど全ての省にあり、寺を清潔に美しく整え始めている。ベトナム人の仏教の教義は我々クメール人のとは少し異なるのは事実であるが、全て同じ三宝を崇めている。もう1つ、仏教を崇めるベトナム人は、行動は礼儀正しく謙遜であり、そして魚と肉が入っている料理を食べない、即ち精進料理と甘いものしか食べないという戒律を守っている。

[注。123号1-9に続く]

1-9　1939年5月15日 に、<brévier> <gouverneur général>[総督]殿が大会議の臨時会議の開会で、インドシナ国の経済と財政のために行った演説

前の週[＝121号1-9]から続く。

しかし、現在保護国の負担は過度に重く、それゆえ保護国は、植民地全てが財産を守るために一致協力することを求めています。私は、「植民地全てはこれに同意するべきである」と言わなければなりません。

西アフリカの国も、財産は少ないにもかかわらず、自分たちの安寧を守るために出費をしました。即ち、たとえばダカールに飛行場を作るために費用を出し、これは植民地最良の飛行場になりました。西アフリカの国は、大型軍艦が入港でき、我々の艦隊を永久に守る助力をする基地になる港をダカールに建設することにも助力し、費用を出しました。

アルジェリア国は本年の<budget>[予算]に国を守るための金を入れることを決定しました。先の10月、保護国が兵を十分豊富にすることができる援助金を準備することを考えた時には、金のことを定める代表の中に、この考えに反対する人は1人もいませんでした。種々の援助金を合計すると、100百万以上の額に達し、今後仕事をするのに使うことができます。

最近数年間のインドシナ国守備は、保護国の<budget>[予算]からとインドシナ国の<budget>[予算]内の金を合わせると、3年間で約3,000,000,000<franc> (traṇot)[フラン]になります。実を言うと、保護国はこの負担の4分の3を引き受けていることを知っておくべきです。

<budget général>[一般予算]はこのことのために多額の金をあてています。この国に対する皆さんの忠誠心から、皆さんはこの1939年<budget>[予算]だけで、国防費を1938年度の12倍、即ち2年前の40倍以上を入れることを承認しました。

インドシナ国は、毎年諸費目にはわずかな<budget>[予算]しか支出しないことを、容易に決定してきました。インドシナ国は、迅速に助力できるように、さらに自分の準備金を留保してきました。先年、インドシナ国は政府が44百万リエルの国債を発行することに助力したことを我々は嬉しく思っています。同時に、インドシナ国はおよそこの2、3週間の間に、現地国人軍を増員するために国民20,000名を兵士にならせました。

まだ後の週[123号1-10]に続く。

2-1　sun-vwwn sai 氏が到着した

フランス国の sālā <arts et métiers>[技術工業学校]に工業学を学びに行っていた sun-vwwn sai 氏は公共土木事業局方面の visvakara(<ingénieur>)[技師]の学業修了証書を得て、6月5日に無事にプノンペン市に帰国し、プノンペンの公共土木事業局に技師として勤務することになった。

nagaravatta は大変嬉しく、sun-vwwn sai氏が今後幸福と発展に恵まれるよう祈る。クメール国は、氏が工学に確かな知識学問を持っているのであるから、国民が今後発展するように支えてくれることを期待している。

sun-vwwn sai 氏がクメール政府に勤務することに同意しなかった[注。公共土木事業局は保護国政府に属する]のは、まだ無学無知のクメール人に助力して支えて工学方面の知識を増させたいという気持ちはあるが、たとえクメール政府に入らなくても、[保護国政府に入れば]勤務を始めたばかりではあるが、uttamamantrī と同等の俸給が得られるからである。

2-2　プノンペンの sālā sippiyakamma(sālā ṭaek)[工業学校]の入学試験についてのお知らせ

1939年6月29日午前7時に、<françois baudoin>校で、プノンペンおよびカンダール州在住の生徒に対する sālā sippiyakamma(sālā ṭaek)[工業学校]の新入生入学選抜試験が行われる。地方の生徒は地方の学校で受験する。

受験生は、年齢が最高15歳までで、かつフランス国籍を有し、フランス人の支援の下にあって、クメール国内で出生した者、あるいは父母がクメール国に居住している者。[注。この原文は構造が錯綜していて多義であり、この訳は誤っている可能性がある。なお、この記事の最後のパラグラフを参照せよ]

受験に必要な書類は願書と共に送付すること。

プノンペンとカンダール州在住の生徒は、願書をプノンペン市の工業学校長に提出する。地方在住の生徒は自

己の州の州都学校長に提出する。

受験願書は、6月22日に受付を打ち切る。

受験する生徒は、村長からの、写真を貼った samputra <titre d'identité>、即ち samputra samgāl[身分証明書]を所持すること。

フランス語ー現地語初等教育修了証書を持つ生徒は、試験なしで入学させるが、十分な年齢に達しており、医師の診断書を得ていなければならない。願書とさらに初等教育修了証書の写しとその他の書類と共に1939年6月22日までにプノンペンの工業学校長に提出すること。

2-3　28-12-37[＝1937年12月28日]付、質店に関する <gouverneur général>[総督]殿<arrêté>[政令]

1。質店の利子を減額することについて

1937年に、100.00リエルにつき利子は[年額]1.80リエルを取ることを定め、以後そのままである。1938年には、1-1-38[1938年1月1日]から1.50リエルに減額して計算する。しかし、1937年に入質されたものについては、従来通りの1.80リエルを支払うこと。

2。金ーダイヤモンド細工品は最長10ヶ月まで入質できると定める。しかし、利子を払って書類を更新することができる。衣服は最長3ヶ月入質できると定める[＝3ヶ月で質は流れる]。

3。利子の計算方法:入質した日から返済した日までを、30日を1ヶ月として計算する。31日ある月は、1日を差し引いて[その1日は]翌月に加える。

4。競売方法:[入質して]10ヶ月以上おいてある金ーダイヤモンド細工品は、質店公社がその物品を競売する。

5。競売により[負債を払って]残った金を入質物品の所有者に返却する方法。競売が終わって、政府が元金と利子とを天引きして、それによる残金が残れば、入質物品の所有者に全額返却する。競売の日から、1年と1日の間に受け取らなければならない。[受け取らずに]この期間を過ぎたなら、その金は政府の所有になる。

『20.00リエル』以上の金額の金、銀、ダイヤモンド細工品を入質するのは、本人の<carte>[人頭税カード]を持参してはじめて入質できる。請け出す日にも、<carte>[人頭税カード]を持参しなければならず、それから請け出すことができる。

2-4　[44号2ー4と同一]

2-5　お知らせします

saññāpatra <certificat>[初等教育修了証明書]を持っていて仕事がないクメール人青少年は、nagaravatta 新聞総務部に来ること。氏名と住所を記録しておいて、後日人を呼んで探す必要ができた時に、我々が名前で呼んで探すことが容易にできるためです。

2-6　カンボジア国仏教徒協会

プノンペンの uṇṇāloma 寺のパーリ語学校での、pathammsādha 月上弦9日(1939年6月25日)夜7時についてのお知らせ

仏教徒協会理事会は、ハノイから帰国なさったばかりの ācārya {pāṅ-khāt}師殿を招いて、「現在のトンキン国における仏教教義についてと仏教の重要な大きい基礎の比較」について講演をします。

仏教徒の皆さん、必要に応じ、どうぞこの講演を聞きにいらしてください。

理事会

2-7　インドシナ国政府宝籤

1039年6月7日抽籤

末尾が97と18の番号の籤札は、いずれも10リエルに当たり。

末尾が997と769の番号の籤札は、いずれも25リエルに当たり。

末尾が492の番号の籤札は、いずれも50リエルに当たり。

80本が1本につき100リエルに当たり、番号は、

[6桁の番号が80個。省略]

16本が1本につき500リエルに当たり、番号は、

[6桁の番号が16個。省略]

8本が1本につき1、000リエルに当たり、その番号は、

[6桁の番号が8個。省略]

155,668の番号の籤は4,000リエルに当たり。

3-1　[121号3-1と同一]

3-2　[119号3-5と同一]

3-3　[116号3-6と同一]

3-4　[111号3-4と同一]

3-5　[121号3-5と同一]

3-6　農産物価格

プノンペン、1939年6月8日

[「サトウヤシ砂糖」はない]

籾	白	68キロ、袋なし	3.50 ~ 3.55リエル
	赤	同	3.00 ~ 3.05リエル
精米	1級	100キロ、袋込み	9.75 ~ 9.80リエル
	2級	同	8.65 ~ 8.70リエル
砕米	1級	100キロ、袋込み	6.20 ~ 6.25リエル
	2級	同	4.90 ~ 4.95リエル
トウモロコシ	白	100キロ、袋込み	[記載なし]
	赤	同	0.00 ~ 8.15リエル

コショウ	黒	63.420キロ、袋込み	21.50 ~ 22.35リエル
	白	同	34.25 ~ 35.50リエル
パンヤ	種子抜き	60.400 キロ	39.50 ~ 40.00リエル

＊プノンペンの金の価格

1 ṭamliṅ、重量37.50グラム

1級	157.00リエル
2級	152.00リエル

＊サイゴン、ショロン、1939年6月7日

フランス籾·米会社から通知の価格

ショロンの<machine> kin srūv[精米所]に出された籾 1 hāp、[即ち]68キロ、袋込みの価格は以下の通り。

籾	最上級		4.20 ~ 4.25リエル
	1級		4.05 ~ 4.10リエル
	2級	日本へ輸出	3.90 ~ 3.95リエル
	2級	上より下級、日本へ輸出	3.65 ~ 3.70リエル
	食用[国内消費?]		3.42 ~ 3.45リエル
トウモロコシ	赤	100キロ、ショロン県マッカサンで売り渡し。	8.75 ~ 8.80リエル
	白	同	8.05 ~ 8.10リエル

米(10月[ママ]渡し)、港渡し、袋込み、税抜き、1 hāp、[即ち]60.7キロの価格は以下の通り。

精米	1級、砕米率25%	5.95 ~ 5.95[ママ]リエル
	2級、砕米率40%	5.45 ~ 5.50リエル
	同。上より下級	5.30 ~ 5.35リエル
	玄米、籾率5%	4.20 ~ 4.25リエル
砕米	1級、2級、同重量	4.35 ~ 4.45リエル
	3級、同重量	3.75 ~ 3.80リエル
粉	白、同重量	2.35 ~ 2.45リエル
	kāk[籾殻＋糠?]、同重量	0.75 ~ 0.80リエル

3-7　[終わり近くの「70メートル」が「10メートル」に変わった以外は、48号3-8と同一]

4-1　[20号4-6と同一]

4-2　[120号3-13と同一]

4-3　[114号4-2と同一]

4-4　[11号4-2と同一]

4-5　[121号4-5と同一]

4-6　[73号、4-6と同一]

4-7　[89号3-4と同一]

4-8　[44号4-6と同一]

4-9　[33号3-4と同一]

4-10　[118号4-9と同一]

4-11　[120号3-1と同一]

4-12　[117号3-1と同一]

4-13　[8号4-3と同一]

4-14　[116号3-5と同一]

4-15　[119号3-3と同一]

4-16　[120号3-2と同一]

SAMEDI 17 JUIN 1939
CIGARETTES
JOB
LE PAQUET VERT
Vendu 6 cents
Nagaravatta
COFAT
CIGARETTES
La meilleure cigarette Indochinoise
Le Paquet vendu 6 cents
HEBDOMADAIRE PARAISSANT TOUS LES SAMEDIS
Directeur
PACH-CHHŒUN
(Boite Postale N° 44)

第3年123号、仏暦2481年1の年卯年 pathamasādha 月上弦1日土曜日、即ち1939年6月17日、1部8セン

［仏語］ 1939年6月17日土曜日

1-1 ［仏語で「私書箱 No.44」と「社長、PACH-CHHŒUN」が加わった以外は8号1-1と同一］

1-2 ［デザインが少し変わった以外は8号1-2と同一］

1-3 ［デザインが少し変わった以外は8号1-3と同一］

1-4 ［8号1-4、1-5と同一］

1-5 公務中に死亡

1人の cārapurasa (giñ)［公安警察官］が森で盗賊と互いに発砲して戦って、射殺された。

6月12日午後2時半に、uy-kaṇḍien 公安警察官の遺体を火葬するために運ぶ時に、多数の大小の名士が参加し、—その中には公安警察局長である ārnū 氏と、同局、警察、保安隊の人々の姿も見えた—さらに<gendarme>［憲兵］たちと uy-kaṇḍien の親族、友人が大勢がuy-kaṇḍien の家の前に集まって整列して、<le résident supérieur>［高等弁務官］殿の到着を待った。意外にも、午後3時になると、所用で出席できない<le résident supérieur>［高等弁務官］殿の代理として druc 氏が到着し、それから遺体を奉じて家を出て、火葬するために sārāvana 寺まで一緒に揃って賑やかに行列した。同所に着くと、そこで待っていた samṭec cau fā vāṅ の姿が見えた。

遺体を行列して墓地を3周し、それから ārnū 氏がスピーチをした。

スピーチ

私は、故 uy-kaṇḍien 公安警察官の火葬式に、インドシナ国公安警察局長の代理、および公安警察局職員の代表として、出席できたことを嬉しく思っています。

同公安警察官は、公安警察局に勤務して以来9年間の間ずっと、死を恐れず公務を果たすことのみに専念してきて、極めて優れた功績がありましたので、国王陛下は<médaille> mās［金章］を授与なさいました。kaṇḍien 公安警察官は知恵に優れ、心を込めて公務に熱心に勤勉に励んでいましたので、カンポート州 cauhvāy nāy <commissaire>［警察署長］はカンポート州境における重要なことの捜査をするために派遣しました。

kaṇḍien 公安警察官は、先の6月5日に srae ampil を船で出発し、途中まで行くと1隻の舟に乗った怪しい行動をする者2名に出会い、koḥ chhāṅ の<poste>［郡庁］に連行しました。

6月7日に、1人のクメール人が恐れて逃げてきて、盗賊がシャムから来て、新式の銃を持っいて、同<poste>［郡庁］から1キロメートルの cā-het 地区で強盗をしていると知らせました。kaṇḍien は盗賊を討伐する任務には当たっていませんでしたが、本当に公務に心を込めていましたので、直ちに koḥ chhāṅ <poste>［郡庁］の兵士2名と共に、情報を伝えに来たクメール人と一緒に出発しました。cā-het 地区に着くと、そこで強奪中の盗賊7名に出会いました。盗賊たちは、官員たちが来るのを見て逃げました。しかし盗賊たちがいつも出入りする海路は cheko の税関員たちが<canot>［小汽艇］を走らせて封鎖していましたので、盗賊たちは全員、それを避けて森に入ろうと、森を目指しました。その時、kaṇḍien は仲間は3名しかいませんでしたが、揃って武器を手にして追いかけました。追いつくにはあと1キロメートルを残すだけになりましたが、盗賊たちは森に入り、［それ以上］姿を消すことができなくなってしまいました。その盗賊たちは［自分たちが］追い詰められたと理解し、仲間と一緒に物陰に隠れて官員たちを見張っていました。kaṇḍien が足跡を見ながら追っている最中に、突然盗賊が1発銃撃して脇腹に命中しました。「死ぬに違いない」と自覚すると、kaṇḍien は同行した自分の仲間の1人を呼んで、銃と<cartouche>[弾丸]を渡して、『私はきっと死ぬ。あなたはこれらを政府に返してくれ』と言い残しました。kaṇḍien がこのように考えたのは、「自分が死ぬと、盗賊たちが来て必ず自分の身体を調べて銃を持って行って、後日追いかけて来た官員を銃撃するのに自分の銃を使う恐れがある」と理解したからです。このように言い残してしまうと、極めて悲惨なことに、すぐにその場で息を引き取りました。

我々は、「以前から、クメール人はまさに名声のある民族である」ということをはっきりと知っています。クメール人がこのように死を恐れぬ勇敢な心を変わらず持ち続けるならば、将来クメール人はかならず発展するという強い期待を持つことができます。

kaṇḍien！ 我々は、クメール人と大フランス国との友情を結ぶシンボルであるあなたに身を低くして敬意を表明します。

我々は、今悲しみに覆われている家族と親族と友人の苦しみと悲しみが、少しでも軽くなるように、分担させていただきます。そして家族と[親族と]友人の皆さんが、この火葬式は故kaṇḍienへの勇敢さに対する我々の敬意の表明であると認めてくださるよう願います。そして、「代表として職員をここに出席させている保護国政府とクメール政府とが、心を込めて kaṇḍien の名声に敬意を払い、政府は心から助力し支援することを忘れない」と信頼してください。

kaṇḍien、あなたが亡くなった今、あなたの親族、友人、それに家族である私たちは、僧を招いて告別の読経をしてもらいます。この儀式で得られる善業は全てあなたに贈ります。どうかあなたはあなたの家族の希望通りに高貴な所に生まれ変わってください。

最後に私たちはあなたにお別れを告げます。そしてあなたを死に至らしめた盗賊に必ず報復することを約束します。

[スピーチが]終わると、samṭec cau fā vāṅ がさらにもう1つ、家族の悲しみを和らげるためのスピーチをした。

それが終わると、陛下が故 kaṇḍien に授与なされた senā jaya siddha 勲章を druc 氏が uy- kaṇḍien の母に手渡した。

nagaravatta 新聞社は悲しみを uy- kaṇḍien の親族と共に分かち合うことを願う。そして uy- kaṇḍien が安楽の地に生まれ変わることを祈る。

1-6 最後のお知らせを致します

印刷所に出資する登録をしていて、去る6月15日までに出資金を支払わなかった方は無効といたしました。<notaire>[公証人]は受け取りを打ち切りましたから、もう送金の必要はありません。

nagaravatta

1-7 諸国のニュース

1-7-1 三友好国の協約

情報では、イギリス政府はロシアの意見に従って、協定の変更をすることに同意した。既に我々が先週報道したように、ロシアは、イギリス―フランスの6項目の協約中の3項目だけの変更を求めた。即ち、項1、「国際連盟条約(第16条)に従って、互いに援助する」という項目をなくすことをロシアは求める。項2、事件の軽重を検討する(時間を無駄にして間に合わない)必要なしに、直ちに援助し合うことを求める。項3、イギリス政府は、ロシアとロシア国境に近い国々を、「どの国」と、その国名を出すことなく全てに助力することを約束することに合意する。このような結果は、バルト海沿岸の国々に、共にこの協定に関係することで保証を与えることになり、ロシアを大いに満足させるものであろう。

1-7-2 ロシア―日本

モスクワ。モスクワ市側は満州国国境での事件のニュースを[事実であると]保証しようとはしていないにもかかわらず、ロシア軍参謀である将軍多数が、この事件が起こった国境の状況視察に訪れていて、この事件は、「軽いものではない」とこだわるに価する。

＊東京。満州国からの<gazette>[新聞]によると、現在日本兵は満州兵を集めて、現地のロシア兵力の変化を怠りなく監視させている。

hun jun 県から約10キロメートルの lo gū sān 山脈の近くの東の国境にそった場所で、新しい衝突が起こった。情報では、ロシア兵はこの lo gū sān 山脈を占領しようとして執拗に侵入し、満州兵と連合した日本兵と出会って、遂に戦闘になった。ロシア側は満州領内に兵士の遺体6を残して退き、国境を越えて帰った。

＊現在の戦闘が始まって以来、ロシア側は兵700名、戦車10、重砲10を、chān liṅ sī 県の前面に集結して備えている。しかし現在のところ、後日ロシアが再び侵入する気配はない。一方日本側は兵を整えて、いつでも応戦できるように準備をしている。

1-7-3 ドイツ―エストニア―ラトビアの友好条約

ベルリン。ドイツ国とバルト海沿岸の小国、即ちラトビアとエストニアとの不戦条約が、ベルリン市のドイツ外務省で cuḥ jhmaoḥ <signer>[署名]された。

1-7-4 イギリス国

ロンドン。イギリス首相は下院で、「イギリス政府は sievœlliemsīts 氏(モスクワ市駐在特命全権大使)の学術顧問にするために、代表を外交官としてモスクワ市に派遣した」と述べた。

チェンバレン氏はさらに、「イギリスとロシア間の最後の意見交換は、両国政府が考えを変えて一致させるためである」と述べた。

現在、イギリス政府は、1項目か2項目を除いて全ての項目について、ロシアの希望に従う可能性がある。小国のいくつかが三国の約束を受け入れようとしないからである。

1-7-5　フランス国

パリ。情報では、フランス政府は、「バルト海沿岸の小国に関する問題についてのロシアの要請に従うべきである」ということに固く固執している。

確実とされる情報では、<bonnet>氏はパリ市駐在イギリス特命全権大使に、「氏個人は、『ロシアの要請に従って和らげて調整するべきであることは避けられない』と理解する」と述べた。

一般の評論では、当地の政治家たちは、このロシアとの条約の交渉に時間がかかっていることに、いらいらしている。これらの人々は、「早く会談をする決心をしない」と言って、イギリス首相を非難している。

1-8　独り言

1-8-1　プノンペン市の piṅ rāṅ での土を入れる件について、我々は住民たちの訴えに従って、「フランス人の居住地区の土地は、政府の労務者が家の下まで土を入れた。一方クメール人の上地は、政府は上地の所有者に、自分で労務者を雇って土を搔き入れさせる」と述べた[＝120号1-10-4]。その後我々が訊ねたところによると、実はそうではなく、「道路より[床が]2メートル以上高い家[注。クメールの家はいわゆる高床式]は、クメール人の土地であるか、フランス人の土地であるかを区別せず、全て政府の労務者が土を搔き入れて高くする。[床がこれより]低くて自動車が土を積んで下に入れない家は、土を搔き入れて高くするために家の所有者が自分で労務者を雇わねばならない」ということがわかった。

1-8-2　プノンペン市には、ṭepūss 堤という堤があり、[その土手は]牛車や自動車が絶えず通るので、あちこちたくさん穴があいていて、ほとんど崩れそうである。この土手はまっすぐ phsār thmī に出る道であるから、住民が使いやすいように、政府は砂利を入れて平らに均して舗装して道路にするべきである。ū ṛissī のベトナム人居住地区は、政府は道を作り砂利を敷いて、さらに街灯までつけた。なぜ政府は ṭepūss 堤にも砂利を入れてつき固めて道路にしてくれること承知しないのか。この堤の岸に沿って住んでいるのはクメール人だけではない。即ちベトナム人もいくらかいる。政府がクメール人に理解を示さないのなら、ここに住んでいるベトナム人に理解を示すべきである。それゆえ、最近市政を預かったばかりの<doucet>氏は、どうかクメール人を救ってほしい。

この堤に沿ったもう1つの場所、[即ち、]政府が最近土管を敷くために掘った場所に、道路を横切って大きくて深い穴があり、歩行者が大勢この穴に落ちている。政府は、「穴を埋め立てるべきだ」と理解しないのなら、歩行者に穴があることを知らせるために、標識を立てるか、夜は街灯をつけるかするべきである。

1-8-3　森林局が最近同時に任命したベトナム人2名は、我々が前の週[=122号1-7-9]に報道したように森林管理官に任命したのではなく、smien をさせるためであった。クメール国の政府はベトナム国からベトナム人を連れてきて働かせたがってばかりいる。一方、コーチシナ国などのベトナム国の政府は国の外の人を採用して働かせることをしたがらない。クメール国政府は気前がよすぎる。自分の子や孫のことはあまり考えずに国の外の人の子や孫のことを考える。

1-8-4　クメール裁判所を、政府はまだきちんと整えていない。法律学校に入学して学んだことがない後輩の cau krama を政府はどんどん昇任させ、法律学校の学業修了証書を持ち、さらにより長く勤務し、業績もある cau krama に政府は理解を持たず、昇任させようとしない。もう1つ、高等裁判所長は braḥ rājapamrœ の義理の叔父に当たるが、政府は何らの異議もないようである。

1-8-5　私が最後に地方へ旅行した時に、あるところでは住民たちがにぎやかに、道に旗を立てたり、私へのプレゼントまで準備して、私に渡すのを待っていてくれたりして、私を出迎えてくれた。ある人たちは、私に okñā の称号がつく職まで与えてくれた[＝上級職である mantrīの称号である「okñā」で呼んでくれた]。これらの方々に、私は1つ注意をしておきたい。このようにしてくださる意向はよいことで私は深く感謝している。しかし、私は1つお願いしたい。それは、このようにしないでいただきたい、ということである。なぜならば、私は庶民です。我々クメール人が発展すること、ただ1つを望んでいるだけです。皆さんが1つにまとまって結束し、一生懸命働いて生計を立てて他民族に勝てば、私はとても嬉しいのです。

1-8-6　kaṇṭāl sdiṅ 郡の民衆が訴えの文書を作って<gazette>[新聞]に、「郡政府が住民にサロンの着用を禁止した。もし誰かサロンをはいているいる人がいると逮捕して連行して罰金を科するか投獄する」と訴えてきた。この件は、住民たちは恐れる必要はない。なぜならば、誰でも自分の心のままにサロンをはくことができるからである。サロンをはいて登庁することを禁止している法律はない。[あなたがサロンをはいた結果]誰か[あなたを]苦しめる人がいたら、すぐに<gazette>[新聞]に訴えてきてください。

1-8-7 前の衛生局長の時代には、thnām <morphine>[モルヒネ]と呼ぶ薬が数百本も紛失して、盗んだ者は見つからなかった。もし政府が本気で調査したら盗んだ犯人は必ず見つかったはずである。なぜなら医務局病院には、まさしく<morphine>[モルヒネ]そのものであるアヘンを吸っている職員がいるからである。政府が調査しなかったら、この薬はまた紛失するだろう。

1-8-8 先日、我々は、「<agrégation>[中高等教育教授資格]の資格証明書を持つ教師を教育局長に迎えることができる」と一生懸命喜んだ。現在、同教師は一転して、「クメール国政府は関心を持たず、住まわせる家すらまだ見つかっていない」と理解して、クメール国に来ることを拒否したという噂がちらほら聞こえる。この話はこれだけでは終わらない。なぜならば、我々は後日さらに大フランス国に抗議する。クメール国は他の国と同様に中高等学校が1つある。他の国と同様に上級の教師がいないのは適切ではない。それゆえ、クメール人生徒は他の国とは違って、十分な知識学問が得られない。そして政府は座っていて、「クメール人は勉強するのを怠ける」と文句を言うチャンスを待っているだけである。

1-9 講演

ラオス国へ行ったクメール国仏教使節団について

前の週[=122号1-8]から続く。

翌朝になると、仏教使節団は同国の仏教徒協会の人々に別れと感謝の言葉を告げて、ratha yanta <courrier>[郵便自動車]に乗ってルアン・プラ・バン市へ向かった。2夜2日と半夜で、706キロメートルの路程であるラオス国北部の首都に着いた。自動車は山の上と山を越えて走るばかりで、我が国の babak vil 山に自動車で登るようであったが、道はもっともっと困難であった。この道に沿って、メオ[＝フモン＝モン]、ルー、カー、黒タイ、白タイなどの山岳民族が、あちこちの山の麓や山の上にいた。数えるには多すぎる山がまるで手の指のように互いに接して聳えていた。

ルアン・プラ・バン市につくと、僧と優婆塞優婆夷の1団が優しく、よく出迎えてくれた。ルアン・プラ・バン国の国王は仏教に対する強い信仰心から、毎日王宮内で僧に寄進する食べ物を作らせて仏教使節団に供してくださった。総会の日には、sīsvāṅvaṅsa 国王、皇太子殿下[braḥ aṅga mcās]、王族、侍従、ラオス政府の官吏たち、ルアン・プラ・バン国の僧侶団、それに仏教使節団が、この市の重要な寺の1つである visūna 寺の本堂で総会を開いた。この会議では、カンボジア国の仏教使節団とラオス国の仏教研究所の考えを述べるためのスピーチがたくさんあった。それから1日経って、初等も高等も、また律やパーリ語の学習の方法について定める会議をして、3日後にようやく全てが終わった。この新しく定めた学習の方式については、我がクメール国では学習する必要はない。

まだ後の週[=124号2-2]に続きがある。

1-10 1939年5月15日に、<brévier> <gouverneur général>[総督]殿が大会議の臨時会議の開会で、インドシナ国の経済と財政のために行った演説

前の週[＝122号1-9]から続く。

新しく選んだ兵士たちは、現在兵籍に入れ、訓練をして兵種に分けて武器を与えました。もう1つ、我々はその人数に応じて十分な数の武器を揃えました。私は、この大仕事を成功させた皆さんに、この場で敬意を表明します。このように素晴らしく早く成し遂げることを考えたことは、なかなか容易にできることではない、と申しておきます。この言葉があっても、この成功をもたらした素晴らしさを減じるものではありません。フランスの"兵"制度はこのようなものであり、仕事は寝ているのと同じくらい簡単なことです。しかし、何か困難、あるいは危急のことが生じたならば、この上ない有能さを発揮するでしょう。

本年初頭から問題を生じている現代式新制度については、我々が新しく行うべき仕事を増やしました。皆さん、我々は本日まで待って、それから官員にさせる仕事を会議して決めたわけではありません。3月から、私は大きい重要性がない事業、あるいは金を使っても直ぐに効果があるのではない事業を延期するように定めました。こうして節約した金を、現在まで第1に必要なものを購入する、あるいは製造するのに使うためであります。しかし、まだ金は十分ではありません。皆さん、私は皆さんに、今後も、少なくともこのような努力が必要でなくなる時まで、この努力を続けることを求めます。これは、私が皆さんが検討するように示した軍用品のための特別<budget>[予算]は、今後永久に存在させなければならないものではないということです。即ちそれぞれ必要が生じた時に応じて出費されるものであり、大小の事業が完全になくなったならば、その<budget>[予算]は減額するか廃止されるものです。

もう1つ、この<budget>[予算]は、植民地の守備を完全にするためだけのものであることを、私は皆さんに明らかにしておきます。この件は、植民地省と会議をして意見が一致しています。

このように新しく負担しなければならない原因は、皆さんはすでに私と同じ意見であるということを私は理解しています。即ち貧しい人々には最小の負担をしてもらう。即ち、インドシナ国が国防のために支出する費用を満たすために、人頭税の税額、所得税率の引き上げです。

このように公正を考えることと、それぞれの国とそれぞれの所得に従って金額を負担することです。これらの金をどのように処理するかの全てについて、私が公表しないことを、皆さんはきっとこだわらないに違いないと思います。しかし、私は、これら全ての金の処理は、インドシナ国に国防の新しい有効な武器を持たせ、平和、経済、世界に発展をもたらすために使われるということ、即ちインドシナ国がこれまで心を込めて行って来たことに使用されるということだけは言うことができます。これらのことは全て順次行われることを皆さんは知っておいていただきたい。私は皆さんに訊ねますが、現在多くの物を購入することを求めている保護国の roṅ <machine>[工場]が、その製品を我々の必要性に応じてすみやかに我々に売ることができない場合には、我々はフランスの製品を購入するという契約は破棄するべきではないでしょうか。

まだ後の週[=124号3-1]に続く。

2-1 [122号2-6と同一]

2-2 私がター・カエウ、カンポート、プレイ・ヴェーン、スヴァーイ・リエンの諸州に旅行した時に私が目にしたことについて

6月1日から10日まで、私はプノンペンを出て、カンポート州に向かった。まず最初に、私は trām kak 郡(ター・カエウ)の、民族を愛することを志望する皆さんと会った。それからそこを出て aṅga jhūk 寺(カンポート)の住職師僧殿に挨拶に行った。そこには住職殿と優婆塞優婆夷が大勢集まっていて、友情で私を迎えてくれ、さらに以下のようなスピーチをして私を祝福してくれた。

aṅga jhūk 寺住職師僧殿の祝福のスピーチ

感嘆の言葉

nagaravatta 新聞社長閣下[braḥ teja guṇa]が清い友情を以って当地へ、他に比類のない尊い御訪問をなさったことへの、拙僧と民衆たちの喜びは、これまでとは異なる最大のものであります。当郡の当地区の寺は、クメール人の代表である社長殿はまだ来訪されことがなく、今回御訪問なさったのは、まさに高貴な吉祥と栄光を当郡の当地区の寺にもたらし、本日以後明るい高貴な進歩発展をさせるものだからであります。

拙僧と当寺の檀家である優婆塞優婆夷は、我々クメール人の代表である社長殿が、今後引き続き熱心に方法を求めて道を切り開いて導き、カンボジア国内の、氏の前と後ろにいる青少年と老人とに、現在よりもさらなる発展の道を歩ませて助力してくださるものと期待しております。

それゆえ、拙僧と、在家も出家も全てが友情をもって集まって歓迎し、長寿、不老、健康、力に恵まれますよう祈り、合わせてnagaravatta 新聞社長閣下[braḥ teja braḥ guṇa]が全ての段階の悟りを得て、永遠に涅槃の境地に達することを祈ります。

まだ後の週[=124号2-1]に続きがある。

2-3 [44号2-4と同一]

3-1 自分の病気の症状を記しておく手帳

大フランス国では保健省が全ての子供に、新生児の時から大きくなるまで、自分の病気の症状を記しておく手帳を持たせることを定めている。我々のインドシナ国でも、パリ市の政府がそのように定めると、乳幼児たちに大きい有用性があるだろう。

ここで有用性と言ったのは、自分の病気の症状を記した手帳を持っている人は、自分の病気はこの原因から、あの原因から生じたものだということを知ることができ、これらの病気から守り、病気をなくすためには、どのようにするべきであるかを認識することができるからである。ある乳幼児が生まれてきた時に父母の血液から伝染して、ある病気の症状を持っていて、その病気を治す薬がない場合には、その乳幼児が成長して物事がわかるようになった時に、それらの病気をこの世からなくしてさらに他の人々に伝染しないようにするためには、どのようにするべきかを考え、計画することができるからである。

3-2 [広告] Prêts Hypothécaires[抵当貸し]

バット・ドンボーン、カンポート、kambaṅ trāc、ター・カエウ、dan han、dūk mās、プレイ・ヴェーンで土地を売り、家を売っています。

御入用の方は、<crédit foncier de l'indochine>[インドシナ不動産銀行]においでください。

プノンペン<doudart de lagrée> <boulvard>[大路]34号です。

3-3 [広告] 土地と家を抵当にして金を貸します

プノンペン市に家を建てるための金を貸します。御入用の方は<crédit foncier de l'indochine>[インドシナ不動産銀行]においでください。

プノンペン<doudart de lagrée> phlūv dhlā <boulvard>[大通り]34号です。

3-4 [119号3-5と同一]

3-5　［121号3-1と同一］

3-6　［広告］　1939年 jesṭha 月下弦8日、プノンペン

certificat［証明書］

私の名は riel で、カンダール州 lœk ṭaek 郡 kambaṅ kuṅ 村の bodhi pān 寺の ācārya をしています。私の妻、名は nāṅ {duot} は、出産した時に重病にかかり、15日後に突然片手の力が抜け、しばらくするともう片方も麻痺しました。1週間たつうちに、脚も腕も身体も全部麻痺して力が抜け、動かすことができなくなりました。私は有名な医者と薬を求めて服用させましたが、治りませんでした。その後、私は sīv-se 医師を招いて診察に来てもらい、彼は私に sīv-pāv 印の薬を買うように指示しました。私の妻はこの薬を服用すると病気が治りました。私は、sīv-se 医師が種々の薬と医術とで私の妻を救ってくれた恩を想っています。現在、彼はコンポン・チャムに行って住んでいます。［当地の］全ての人は［同医師を］偲び、惜しんでいます。それゆえ私はこの<gazette>［新聞］に掲載して、彼の恩の記しに致します。

3-7　［111号3-4と同一］

3-8　［121号3-5と同一］

3-9　農産物価格

プノンペン、1939年6月15日

［「サトウヤシ砂糖」はない］

籾	白	68キロ、袋なし	3.45 ~ 3.50リエル
	赤	同	2.95 ~ 3.00リエル
精米	1級	100キロ、袋込み	9.85 ~ 9.90リエル
	2級	同	8.85 ~ 8.90リエル
砕米	1級	100キロ、袋込み	6.00 ~ 6.05リエル
	2級	同	4.80 ~ 4.85リエル
トウモロコシ	白	100キロ、袋込み	［記載なし］
	赤	同	0.00 ~ 7.90リエル
コショウ	黒	63.420 キロ、袋込み	22.25 ~ 23.00リエル
	白	同	35.00 ~ 36.00リエル
パンヤ	種子抜き	60.400 キロ	37.00 ~ 39.50リエル

＊プノンペンの金の価格

1　ṭamliṅ、重量37.50グラム

1級	157.00リエル
2級	152.00リエル

＊サイゴン、ショロン、1939年6月14日

フランス籾・米会社から通知の価格

ショロンの<machine> kin srūv［精米所］に出された籾 1 hāp、［即ち］68 キロ、袋込みの価格は以下の通り。

籾	最上級		4.00 ~ 4.05リエル
	1級		3.80 ~ 3.85リエル
	2級	日本へ輸出	3.70 ~ 3.75リエル
	2級	上より下級、日本へ輸出	3.50 ~ 3.55リエル
	食用［国内消費?］		3.30 ~ 3.32リエル
トウモロコシ	赤	100キロ、ショロン県マッカサンで売り渡し。	8.35 ~ 8.40リエル
	白	同	0.00 ~ 0.00リエル

米(10月［ママ］渡し)、港渡し、袋込み、税抜き、1 hāp、［即ち］60.7キロの価格は以下の通り。

精米	1級、砕米率 25%	5.58 ~ 5.60リエル
	2級、砕米率 40%	5.25 ~ 5.28リエル
	同。上より下級	5.10 ~ 5.15リエル
	玄米、籾率 5%	4.00 ~ 4.05リエル
砕米	1級、2級、同重量	4.25 ~ 4.30リエル
	3級、同重量	3.75 ~ 3.77リエル
粉	白、同重量	2.28 ~ 2.35リエル
	kāk［籾殻＋糠?］、同重量	0.60 ~ 0.70リエル

3-10　［終わり近くの「70メートル」が「10メートル」に変わった以外は、48号3-8と同一］

4-1　［20号4-6と同一］

4-2　［120号3-13と同一］

4-3　［114号4-2と同一］

4-4　［11号4-2と同一］

4-5　［121号4-5と同一］

4-6　［73号、4-6と同一］

4-7　［89号3-4と同一］

4-8　［44号4-6と同一］

4-9　［33号3-4と同一］

4-10　［118号4-9と同一］

4-11　［広告］　1939年 jesṭha 月下弦14日、プノンペン

私の名は nau で、カンダール州 s?āṅ 郡 koḥ khael 村の dik vil 寺の ācārya をしています。私の妻、名は nāṅ {yap} は腹がきりきり痛み、胸が突き刺されるように痛み、手足は痺れ、背と腰が痛み、食べることも眠ることもできず、痩せて黄色くなり、力が全くなくなってしまいました。私は有名な医師を求め、ほとんど全ての店の薬を買ってきて服用させましたが、少しも楽になりませんでし

た。その後、sīv-se 医師を招いて治療に来てもらいました。彼は詳しく質問してから、「この病気は、彼女の経血が苦しめることによるもので、人を固く干からびさせて、死に至る」と言いました。そして sīv-pāv 医師殿の経血の薬を買うように指示しました。私の妻がその薬を服用すると、病気は全て完治しました。以前にも増して血色がとても良くなりました。現在、彼はコンポン・チャムに行って薬店を開いていて、私はもう会えませんので、私はこの<gazette>［新聞］に掲載して、同医師の恩に報い、感謝し、さらに他の人々にお知らせします。

4-12　［120号3-1と同一］

4-13　［8号4-3と同一］

4-14　［120号3-2と同一］

4-15　［119号3-3と同一］

4-16　［広告］　1939年 jesṭha 月下弦10日、プノンペン

恩の証明。カンダール州 s?āṅ 郡 braek sbww 村の braek sbww 寺の samrāp eka である vijita satābhānayakkha 師僧

拙僧は長年重病を患っていました。即ち、大便に血と粘液と膿が混ざり、体力を失い、うわごとを言うようになりました。これまでかかった医師は多数ですが、治りませんでした。「braḥ trabāṅ の医師殿」と呼ばれている pāsak のクメール人である sīv-se 医師殿の情報を聞き、拙僧は彼を一生懸命探して診察してくれるよう頼みました。同医師は、「この病気は腸に潰瘍ができている病気です」と言って、sīv-pāv 医師の薬を調合して拙僧に服用させました。病気は確実に治りました。拙僧は、前世の善業の報いが sīv-se 医師に引き合わせてくれたおかげで、もっと仏教を探求するために生命が助かることができました。現在、彼はコンポン・チャム市場に店を開いていますので、この<gazette>［新聞］に掲載して事実を称賛するしか、彼の恩に報いることができません。

SAMEDI 24 JUIN 1939

Directeur
PACH-CHHŒUN

HEBDOMADAIRE PARAISSANT TOUS LES SAMEDIS

(Boite Postale N° 44)

第3年124号、仏暦2481年1の年卯年 pathamasādha 月上弦8日土曜日、即ち1939年6月24日、1部8セン

［仏語］ 1939年6月24日土曜日

1-1 ［仏語で「私書箱 No.44」と「社長、PACH-CHHŒUN」が加わった以外は8号1-1と同一］

1-2 ［デザインが少し変わった以外は8号1-2と同一］

1-3 ［デザインが少し変わった以外は8号1-3と同一］

1-4 ［8号1-4、1-5と同一］

1-5 動乱の時に生命を守る道具

現在、全世界の国と駐屯地で、敵が国に害を与えるために攻めて来た時に敵から国を守るために、兵士たちが身体と武器の訓練を一生懸命行なっている。しかし、戦争が起こることがあり得るとしているのであろうか。私は敢えて言うが、あり得ない。［それでも、］現在我々全ては、飛行機は優れた武器の1つであり、爆弾を積んで行き、落としてとても遠い国でも破壊することができることを知っている。それゆえ我々は、害を加えようとして来る飛行機が本当に来た時の危険をどのようにして避けるかを知って準備しておくべきである。

兵士は戦うための武器をそろえたら、各市の保護国政府は、爆撃されたらどのようにしなければならないかを確実に知るべきである。こういう理由で、保護国政府はプノンペン市といくつかの州で、先日とそれからさらに後日も、下［＝1-6］に掲載した布告に従って、人々が［危険を］避ける策を既に知っているか、まだかを確認するために訓練をする。これらのことは全て、フランスの格言に、「公務を司るときにはまず先によく考えるべきである」とあるように、全て備えのためである。

それゆえ、nagaravatta 新聞はクメール国民に、動揺せずに一生懸命生計を立てることだけを考えるよう忠告する。戦争は現在の所はまだ起こらない。しかし我々は、我々のことにおろそかであってはならない。

1-6 布告

全プノンペン市民に布告する。来る6月27日火曜日朝に国防の訓練を行い、航空機1機が市の上空を飛行する。

この訓練は防衛すること、即ち<poste> khsae luos［郵便局］による警報発令［の音］、その他市内で試しに行なってみる種々の訓練方法の検討を行うものである。この時に市民は驚かないこと。即ち通常通りでいること。そしてなんらの禁止もない。

1939年6月21日、プノンペン

<résident maîre>［市長］ <doucet>殿

1-7 諸国のニュース

1-7-1 日本国

東京。天津県の日本国職員たちは会議をして、同市の<anti>［反］日本グループを制圧するのに力を用いることで一致した。これは、イギリス租界で jheṅ-sī-vāṅ 氏を殺害した凶悪人の引き渡しを日本が求めたのに対してイギリス職員が応じなかったので、日本は天津県を外界との交通から遮断しようとするものである。

天津県からの情報では、以前から日本商人たちは、天津県のイギリス租界とフランス［租界］の埠頭を使って自己の商業貨物を運送して来て販売する所として使用していた。しかし、現在に至り、商業貨物約50,000トンを移して別の所に新しく埠頭を作り、さらに日本の大きい phdaḥ <banque>［銀行］と大会社も事務所をイギリス租界とフランス［租界］の外に移すことに合意した。

1-7-2 イギリスは新しい政策を持ち、強情で譲ろうとしない

ロンドン。イギリス外相であるハリファックス氏は、

「イギリスはロシアとの三国友好協定を時勢に間に合うように早く締結することを引き延ばしている」という非難の言葉に弁明をした。氏は[次のように]答えた。「このことは、あれこれ非常に混乱した関わりを引き起こすので、容易なことではない。

「ダンチヒ市では、我々は注意深くしなければならず、そうすれば、起こり得る事件をなくすことができる。イギリスがポーランド国に与えた約束は、『いずれかの国がポーランドの独立を侵害した場合には、直ちにダンチヒに関連する事件が必ず勃発する』ということであると信じてほしい。

「東洋については、イギリスは現在助力している以上に中国に力を助力することはできない。そしてイギリスの権利を(失われないように)防ぎ、守ることに努力する。現在の政府の政策は、2項目あり、他国が武力手段を用いたならば武力で応えることが1つ、温和な対話手段を用いるならイギリスは喜んで共に対話に入るが、相手はそれに同意しなければならない、ということが1つである。

「もう1つ、政府がこの新しい政策を取るのは、ドイツが、『イギリスはドイツを包囲する政策を取っている』と常に言ってことに対するドイツへの報復である。そしてパリ市に、『イギリスは堅固にこの新しい政策にこだわり、緩めることはない。どの領土も<dictateur>[独裁者]たちに渡すことには応じない』ということを伝えるためのものである。

1-7-3 中国軍が大勝利した

情報では、[中国]軍は日本と戦って日本軍を破り、陝西地域の mau siṅ dū 県と bin lū 県を日本から奪回した。この両県は最近日本が占領したばかりで、[このことは]中国側の吉兆とするべきである。この件はまだ詳細な情報は得られていないが、この両県に駐屯していた日本兵は少数で、それゆえ容易に[中国]軍に攻撃され奪回されたのであると信じられる。

中国側の発表によると、中国軍は日本軍を粉砕し、武器と糧食を多数捨てて逃走させ、兵の生命の損害は1,000名以上である。陝西からの情報では、現在中国は、日本が中国から奪ったばかりの liev liṅ 県を奪回するために兵力を集結している。北部に駐屯中の中国軍は li sī 県に向かい、南部に駐屯中の[中国]軍は sun yāṅ 県を目指している。

中国の陸軍省当局は、中国に包囲されている日本軍に日本が軍を送って助力しようとしているという情報はないし、さらにこの軍は退却しようとしているので、今回中国軍は再び勝利するという確信で満ちている。

1-7-4 日本兵がイギリス租界を包囲した

天津の情報では、今月16日に日本はイギリス租界を封鎖した。日本人を殺害したとして日本が告発し、日本に送るようにイギリスに求めている中国人4名がいるからである。イギリスは、イギリス代表1名、日本代表1名、アメリカ代表1名からなる3名の委員会を設立してこの事件を審理させようとしていた。日本が租界を封鎖して以来、中国人と外国人を大いに苦しませている。この事件が起こった原因は、イギリスのこの審理委員を設立するという提案は、まだ東京市からの政府回答を得ていないので、上海[ママ。恐らく「天津」が正しい]のイギリス職員の長がまだ何も行うことができないでいるからである。

＊東京。首相と外相と陸相と中国駐在民政長官(?)が会議をした後に、<gazette>[新聞]の意見では、イギリスが東アジアにおける日本に対して柔軟な態度を取るように政策を転換するまで、天津市の民政官は天津市のイギリス[租界]とフランス租界を封鎖するであろう。もう1つの情報では、日本は、中国における外国租界に対して、この政策を取り続ける。長年この地域に新しい制度を打ち立てようとしている日本の努力に対する障害になるからである。

1-8 独り言

1-8-1 <thibaudeau> <le résident supérieur>[高等弁務官]殿は先の1939年6月7日に布告を1つ出して、クメール国内のフランス政府部局の全てに勤務する smien を選抜[採用]する方式を新しく定めた。これには、「クメール人、もしくはクメール国内で出生したフランス植民地人だけを選抜採用する」という重要な内容がある。nagaravatta <gazette>[新聞]は<thibaudeau> <résident supérieur>[高等弁務官]殿に深く感謝する。

1-8-2 我々は、「間もなく政府は職員任用課からある smien 1人を市政府勤務に移動させる」という情報を得た。nagaravatta <gazette>[新聞]は、これまで何回もクメール人を救って助力してくださった<thibaudeau> <résident supérieur>[高等弁務官]殿に、クメール人 smien を1人探して、上の smien の後任として職員任用課に勤務させることを検討するようお願いする。我々は保護国政府に前もって深く感謝する。[注。125号1-7-8を参照]

1-8-3 バット・ドンボーン市では、非行をする連中がバスターミナルに大勢いて、人を呼んでバスに乗せて生計を立てている。これを敢えて逮捕する<police>[警官]はいない。警察局がこの連中を長く放置しておくと、ここでしばしば騒動が起こることは間違いないし、バスの thaukae たちに生計を立てることができなくならせる。それゆえ、政府はこれらの悪人を集めて1人残らず全て投獄してほしい。

1-8-4　さらにバット・ドンボーン市には、クメール人のグループが1つあって、製材で生計を立てるための団体を設立しようとしていて、“商業会社”という命名した。この情報は、クメール人がますます目覚めていることがわかり、我々を大変喜ばせている。そして、我々は、他の州のクメール人も、他民族に虐げられないように、このように仲間が集まって団体を沢山作るようお願いする。

1-8-5　我々は、「森林局『メコン』管区長である ālū?ārd 氏がクメール国に帰国した」という情報を得た。氏はクメール人の大きな友人の1人であり、nagaravatta は帰ってきたばかりの氏と夫人[loka srī]が、今後常にあらゆる種類の幸福と発展に恵まれるようお祈りする。

1-8-6　我々は、<petit>[小]ター・カエウ園芸場(プノンペン)のクメール人園芸課職員から、訴えの長い手紙を1通受け取った。「上司がベトナム国の同じ職員とは異なる仕事をさせる。即ち、労務者として働かせる。勤務した時間と俸給とに関して、あらゆる種類の苦しみを受けている」という内容である。どのようであるかについて、その手紙の中に詳細に述べられているので、次の土曜日に<gazette>[新聞][＝125号2-1]にこの訴えの手紙を掲載して、政府に提供する。

1-8-7　政府は、ワニを裁判所で審理させるようには見えないが、何を待っているのか。このワニはコンポン・チャム州公安警察局に勤務する通訳 smien であって、この人には事案が多い。中級罪の事案も重罪の事案もある。この職員はあちこちの州で住民を苦しめた。この苦しめる方法は、[ある者を]逮捕して縛って叩いて、金持ちの名を供述させるのである。[その]金持ちが金を持ってきて贈賄すると釈放する。このワニに苦しめられた人々は全て、我々に手紙を送ってくるようお願いする。何も恐れないでください。我々は全力であなたたちに助力し、苦しみから解放します。

1-8-8　村長の地位については、nagaravatta <gazette>[新聞]は、その地位を欲しいとは思わない。この地位が欲しい人がいたら、自分の力で努力するべきである。nagaravatta にこの地位を奪われるのではないかと恐れて、nagaravatta に害を加えようと心を決めている人がいる。我々はあらかじめ告げて知らせておくが、nagaravatta <gazette>[新聞]は何も恐れはしない。[その村長は]仕事をすることを考えることはしないで、一転して nagaravatta を害することを考えている。nagaravatta は全く気にしない。誰かがその村長の地位を奪いたがったり、義父に僧を招かせて聖水をかけさせたがったり、金品を贈賄したがったりしても、我々の頭は少しも痛くならない。

1-8-9　クメール人の<scout>[ボーイスカウト]はどこに姿を消してしまったのか、姿があまり見えないようである。団員たちは当初は腕を上げたが、現在は全く音沙汰なくなってしまった。これでは<scout>[ボーイスカウト]と呼んでもらえるのか。長たちが仕事をする気がないのなら、やる気がある人に後任になってもらうために、<scout>[ボーイスカウト]を辞任するべきである。

1-8-10　医務局病院で thnām <morphine>[モルヒネ]が紛失した事件について、我々がアヘンを吸っている医師職員を調査するよう、政府に求めたのは、かつてクラチェ州で、アヘンを吸う医師が1人いて、この薬を盗んで自分で使っていたことがあり、政府は処罰して、地位を降格したことがあるからである。

1-8-11　かつてシソワット sālā <collège>[中学校]であった時代には、[初等教育校の]Cours Moyen[中級]学年から上の学年に、クメール人生徒を教えるフランス人教師がいた。sālā <lycée>[中高等学校]になってからは、[初等教育校の]thnāk jān khbas(Cours Supérieur)[上級学年]まですべて現地国[人]教師ばかりで、[その中には]saññāpatra <diplôme>[高等初等教育修了証書]を持っていない人もいる。それだから、[それらの初等教育校の修了者が入学してくる][クメールの]sālā <lycée>[中高等学校]は、他国の sālā <lycée>[中高等学校]と比較するまでもなく、sālā <collège bas>[中学校]にさえ劣っている。以前は[初等教育校の]下級学年でもフランス語をたくさん学ばせていた。クメール語は単なる am jā raṇap (Facultative)[副教科]でしかなかった。現在はそれが逆になっている。このことこそが、保護国政府は我々にフランス語を学ばせることを放棄したと理解させるものである。ハノイ国、あるいはフランス国の上級学校に学びに行くと、政府は、「クメール人はとても劣っていて勉強についていけない」と非難する。

政府は、教師になろうとしてシソワット中高等学校の(Cours Normal)[師範科]で学ぶ生徒たちに、4年間勉強して chnām lekha 5(5e année)[第5学年]に達したら、公務に従事しているとみなし、(Stagiaire)[実習生]として俸給を支給すると約束した。しかし、現在これらの生徒たちは1センも支給されていない。政府はどう考えるのか。

1-8-12　シエム・リアプ州のアンコール・トム水路を掘っている現場では、我々は政府に何回も思い出させた。それだけでなく、我々は、「政府は公安警察局を派遣して調査させ、見させて、我々の言う通りであることが判明した」ことを知っている。なぜ、政府は依然として、このように依然として耳を閉じ、目を閉じているのか。

このように、働かせて慈悲をかけず、さらに金も与えずにいて、どうして、「クメール人は怠惰である」と言い続けることができるのか。

1-8-13 プノンペン－シエム・リアプを走るバスを持っているクメール人に中国人たちが害を加えたがっている話は、以下の方法でやっている。クメール人を雇って中国人のバス乗務員を殴らせた。そして政府に、「クメール人バス所有者が[クメール人を]雇って中国人を殴らせた」と供述させ、訴えさせて、政府にそのバスの所有者を投獄させることに成功した。

それゆえ、政府は何かを考えて、他民族にこのような不正行為をさせないことを求める。クメール人は法律に則って生計を立てていて、他人に不法行為をしようとは思わないからである。

1-9 潜水艦"<phœnix>"の事故

先の6月18日日曜日、全ての国の全ての省庁の庁舎では、潜水艦が沈没して行方不明になり、生命を失った海軍軍人たちを惜しむ旗を掲げた。この船は、名は『<phœnix>』で、これまで航行しても潜水しても1度も失敗したことはなかった。しかし、先の6月13日に海軍省がベトナム国(アンナン)のカムラン市沖での演習に行くよう派遣し、同船は潜水すると意外にも消息を絶ち、浮上するべく定めてあった時がきても浮上して来なかった。

海軍省は非常に憂慮し、大軍艦多数に助力させてこの沈没した船を懸命に捜索させた。6月15日に、名前をjegū <vice-amiral>[海軍少将]という勇敢な提督が[部下を]惜しみ、自らもう1隻の潜水艦、名は『<espoire>』に乗艦して潜水して捜索を助力した発見できなかった。浅く潜水するように作られている<phœnix>が100メートル以上まで深く潜りすぎ、上からの水の重さ[＝水圧]が大きすぎて、大海洋海底に沈んだものと推測される。死者の数は、būsāguort 氏などの上級将軍[ママ。「将校」の誤記であろう]5名などを含めて総数71名である。

この事故に際し、nagaravatta 新聞と全てのクメール人は、[亡くなった]全ての方々の家族とフランス政府とにお悔やみを申し上げる。

1-10 ユースホステル完成の盛大な式

ユースホステル理事会はシエム・リアプ州の ṭamṇāk 寺の近くの最初のユースホステルの竣工式を行うことを決めた。

この式に際して理事会は、竣工式を見に来た人を案内してアンコール・ワット、アンコール・トム、それに最近発見されたばかりの pandāy chmā[ママ。「chmār」が正しい] samrae[バンテアイ・チマー]の諸遺跡を見に行く。

もう1つ、会員が大勢行くように、理事会はバスの所有者に、この式の時にバス料金を若干値下げするように話しに行った。それゆえ我々は、ユースホステルがある場所に旅行する青少年がとても安くそのユースホステルに宿泊できるように、クメール人に大勢揃ってこの協会の会員になるように勧める。

2-1 私がター・カエウ、カンポート、プレイ・ヴェーン、スヴァーイ・リエン諸州に旅行した時に、私が目にしたことについて

前の週[=123号2-2]から続く。

この祝福を受けてから、私は住職と僧たち全てを拝して別れを告げ、さらに優婆塞優婆夷に祝福を贈り、「思い出を忘れない」と述べてからカンポート州を目指して出発し、私はカンポート州で1晩宿泊した。翌日の午後になって私はカンポートを出発して kambaṅ trāc への道を行き、そこで我が民族の印刷所を設立するために投資する金を持って来て登録して私の感謝を受けるために、道で待っていた大勢の民衆と僧とに会った。夕方になって私は dūk mās 郡に入り、通過して krāṅ ṭūṅ 寺の住職師僧殿に挨拶に行った。

翌朝、私は tānī 市場で大勢の人たちと会い、そこを過ぎて girīvaṅsa 郡(ター・カエウ)を目指し、[そこから]引き返してきて、大勢の僧殿と優婆塞優婆夷が私に会うために待っていた jœṅ cāp 寺の住職師僧を再び訪問しに行った。しかし、私は用が沢山あったのと、途中で私の自動車事故があったので、時間に間に合わず、jœṅ cāp の人々に会うことができなかったのが大変残念であった。時間にしても遅れて jœṅ cāp 寺に到着すると、私が余りにも時間に遅れたので、僧殿と優婆塞優婆夷の何人かは帰宅してしまっていた。

寺に居住している僧は、私が事故に会ったことを知ると、jayachṭo を読経し、私をたくさん祝福してくださった。それから私は僧たちに暇乞いをしてから、優婆塞優婆夷たちに、「一生懸命心を込めて生計を立てるように」と解説して、あらゆる祝福をしてから、ター・カエウ州、aṅga tā som、プノンペンを目指して出発した。

6月7日になると、私は再びプレイ・ヴェーンへ旅をし、このプレイ・ヴェーン州では大勢の志望者の方々と会って集まった。翌日またスヴァーイ・リエン州へ出発したが、大勢の人々と会って集まり、さらに sirī sāgara 寺の住職師僧殿に挨拶するためにkambaṅ trapaek 郡に寄った。それから真っ直ぐスヴァーイ・リエン州目指して出発した。しかし、この kambaṅ trapaek 郡の samroṅ purī 寺に行って住職師僧殿に会えなかったのが残念である。同住職殿は私に会うことを強く希望なさっていたが、ちょうどその時雨が激しく降ったので入って行くことができず、さらに印刷の<machine>[機械]と部品のことを訊ねにサイゴンに行くのを急いでいたので、まっすぐスヴァーイ・リエンに向かい、スヴァーイ・リエンに着くと、このスヴァーイ・リエン州の人たちに会いに行った。

このスヴァーイ・リエン州では、私は、商業で生計を立てているクメール人があまりいないことに気付いた。tin-vudh という名のクメール人の、衣服からその他の種々の品物まで売っている商店が1つあるだけであった。

しかし、「開店したばかりの時と違って、クメール人はあまり助力して買いにきてくれない」という嘆きの声があった。

それゆえ、私はクメール人の皆さんにお願いする。スヴァーイ・リエンの市場には、クメール人の店がたった1つあるのが目に入るようになったばかりであるから、彼は少し遠くに店を借りているとはいえ、このクメール人の店に助力して大勢買いに行って、[店がつぶれて]クメール人がいなくならないようにしてください。

6月10日になると、私は kambaṅ trapaek 郡にもう1度寄ってから、プノンペンに帰ってきた。

上に私が解説したことについて、今回私が訪問した全ての州、郡、地区の、私に誠意を持ってくださる皆さんに感謝し、そして今後ずっと幸福と発展に恵まれるように祈る。

2-2　講演

ラオス国へ行ったクメール国仏教使節団について

前の週[=123号1-9]から続く。

ルアン・プラ・バン市の、この braḥ pāṅ[プラ・バン]と呼ばれる霊験あらたかな仏像[注。「ルアン」は敬称]の歴史を述べる。この仏像は純金製で、伝説によると我がクメール国から来たという。しかし、学者の中には、「『braḥ pāṅ』という語はラオス語の『少し』といういう意味の語である『pāṅ』が変化したものであるという。即ち、ある人々がそれぞれ金[きん]を少しずつ持ち寄って集めて鋳造して純金の仏像にしたので『braḥ pāṅ[少しずつ持ち寄った仏像]』とずっと呼んできたのである」と言う人もいる。

このルアン・プラ・バン市の寺は沢山あり、7つか8つが接して建っていて、間に民家がないものもある。しかし僧の数はとても少なくて、1つの寺に1人というのもあるし、4、5人というのもある。この国の寺の習慣では、我が国の寺子供のような子供はいない。沙彌[=未成年僧]がいるだけである。この沙彌には3種類があって、大沙彌は知識があって説法ができる。中沙彌は今は学習をするだけ、小沙彌は僧の後をついて歩くだけである。この制度は、まだ寺子供がいなかった仏陀在世時代と同じである。

このラオス国の仏教信仰の様子は、dammayuta[トアムマユット]も mahānikāya[モハーニカーイ]もなく、托鉢をする時には、鉄鉢を[布にくるんで]肩にかける僧と、[直接]手に抱える僧とがいるし、[布でくるまずに]裸のまま手に持つ沙彌もいた。

まだ後の週[=125号1-9]に続く。

2-3　[44号2-4と同一]

2-4　tān-mau 氏のパリ市へ旅行

フランス国シュヴァリエ勲章を受章していて、インドシナ国経済金融大会議のメンバーである tān-mau 氏は、保護国政府に同意したクメール政府により、パリ市における、フランス国が raṭṭhadhipateyya[民主主義]、即ちフランス<république>[共和国]宣言をした(La Revolution française[フランス革命])150周年記念祭に、カンボジア国を代表して出席するために派遣され、1939年6月25日に、<air-france>の航空機でサイゴンを出発することになった。

nagaravatta は、tān-mau氏がフランス国までの空路、平安と安全に恵まれるよう祈る。

2-5　勤務する者を求める

コンポン・トム州土地登記局は、

1、smien 1名

2、土地測量士1名

3、郡庁勤務の cau krasuoṅ suriyo ṭī(<chef bureau foncier>)土地登記局事務室長1名、

を採用する必要がある。

勤務を希望する者は、民族はクメール人で、フランス語ークメール語 saññāpatra <certificat>[初等教育修了証書]を持ち、クメール法律学校で若干でも学習したことがあること。

何か知りたいことがあれば、コンポン・トム州土地登記局長に問い合わせること。それゆえ、我がクメール人は、急いで早くこのポストに応募してください。

3-1　1939年5月15日に、<brévier> <gouverneur général>[総督]殿が大会議の臨時会議の開会で、インドシナ国の経済と財政のために行った演説

前の週[=123号1-10]から続く。

我々が考えてきた考えに従って金を[何に使うかを定めて]処理する方法については、私自身も、総司令官殿も、我々の諸部局も、満足できるまで重大な関心をもって見たかどうかを解説しなければなりません。

この資産による制度は、国民は私が呼びかけた言葉の通りに行うことができるものであると思います。即ち、収穫の作柄が良、あるいは中程度の良が2年続いたら、外国に輸出する我が国の[農]産物は高い代金が得られます。商業もたくさん生まれます。為替相場も変動が稀になって安定し、全ての国民の生活が楽になります。そして新設の税も受け入れることができると推測させます。

皆さん、私の解説は以上で終わります。「心を1つに結

束して、国と保護[してくれる]国とを愛していることを目に見せることをしなければならない」と皆さんに説明してわからせる必要はないと、私はわかっています。私の考えは、単に以上のように、皆さんにして欲しい方法を明らかにしただけであります。

我がインドシナ国は、整える人、それぞれの種類の知識がある人、資本にする金を持つ人、全てのポストで働く人であるフランス人と、そして住民全てが助力して共に働き、共に強く協力し合って、全ての人々の利益のために経済も事業も世界の中で発展させました。このようにして来たことは、容易に成功しました。働く者全ては、一生懸命努力して得た利益を損なうこと、即ち農作物の収穫に対する頼りを損なうことを望みません。

まだ後の週[＝125号1-10]に続く。

3-2 [注。顔写真があり、その下に] **ルーズヴェルト氏**

3-3 [119号3-5と同一]

3-4 売却公告

1939年6月26日午前9時に、kambaṅ luoṅ[ママ。「hluoṅ」が正しい]郡(カンダール州)南 ghlāṅ spaek 村で下記の競売を行う。

木造瓦葺で多くの家具と装飾品と、[道具が]全て揃った厨房棟付き家屋1軒

この物件は全て、同村に住所がある espakaṅphael から没収した物である。

最低価格…………400リエル。

売却方法は契約でなく、現金支払いである。

この物件を購入した者は、購入価格の100リエルにつき10リエルを加算して支払うこと。

3-5 [広告] **プノンペンのクメール人の衣服仕立て店**

īv-sen はプノンペン市の高等パーリ語学校修了証書を持っています。教師をしていたのをやめて、brai nagara 路16号、laṅkā 寺の前の南寄りに店を開きました。現代風の衣服、あらゆる型の男女のスーツ、dissor-sāk[?]、その他の、あらゆる色の布があります。フランスの厚手と薄手の des eka－des siem－pādislā[?]があります。仏陀のお許し通りの型で、縫い目も美しい三衣があります。皆さん、きっと助力して買って、新しく開店したばかりのクメール人を扶助してください。

[注。顔写真があるが説明はない]

3-6 [123号3-2と同一]

3-7 [123号3-3と同一]

3-8 農産物価格

プノンペン、1939年6月21日

[注。「サトウヤシ砂糖」はない]

籾	白	68キロ、袋なし	3.45 ~ 3.50リエル
	赤	同	2.80 ~ 2.85リエル
精米	1級	100キロ、袋込み	9.85 ~ 9.90リエル
	2級	同	8.85 ~ 8.90リエル
砕米	1級	100キロ、袋込み	6.00 ~ 6.05リエル
	2級	同	4.70 ~ 4.75リエル
トウモロコシ	白	100キロ、袋込み	[記載なし]
	赤	同	0.00 ~ 0.00リエル
コショウ	黒	63.420キロ、袋込み	0.00 ~ 0.00リエル
	白	同	0.00 ~ 0.00リエル
パンヤ	種子抜き	60.400キロ	0.00 ~ 0.00リエル

＊プノンペンの金の価格

1 ṭamliṅ、重量37.50グラム

1級	157.00リエル
2級	152.00リエル

＊サイゴン、ショロン、1939年6月20日

フランス籾・米会社から通知の価格

ショロンの<machine> kin srūv[精米所]に出された籾1 hāp、[即ち]68キロ、袋込みの価格は以下の通り。

籾	最上級	4.00 ~ 4.05リエル
	1級	3.80 ~ 3.85リエル
	2級 日本へ輸出	3.70 ~ 3.75リエル
	2級 上より下級、日本へ輸出	3.60 ~ 3.60[ママ]リエル
	食用[国内消費?]	3.25 ~ 3.30リエル
トウモロコシ	赤 100キロ、ショロン県マッカサンで売り渡し。	8.55 ~ 8.60リエル
	白 同	0.00 ~ 0.00リエル

米(10月[ママ]渡し)、港渡し、袋込み、税抜き、1 hāp、[即ち]60.7キロの価格は以下の通り。

精米	1級、砕米率25%	5.48 ~ 5.50リエル
	2級、砕米率40%	5.15 ~ 5.18リエル
	同。上より下級	5.00 ~ 5.05リエル
	玄米、籾率5%	3.95 ~ 3.98リエル
砕米	1級、2級、同重量	4.30 ~ 4.35リエル
	3級、同重量	3.70 ~ 3.75リエル
粉	白、同重量	2.25 ~ 2.30リエル
	kāk[籾殻＋糠?]、同重量	0.60 ~ 0.70リエル

3-9　[終わり近くの「70メートル」が「10メートル」に変わった以外は、48号3-8と同一]

4-1　[20号4-6と同一]

4-2　[111号3-4と同一]

4-3　[114号4-2と同一]

4-4　[11号4-2と同一]

4-5　[121号4-5と同一]

4-6　[73号、4-6と同一]

4-7　[89号3-4と同一]

4-8　[44号4-6と同一]

4-9　[33号3-4と同一]

4-10　[123号4-11と同一]

4-11　[123号4-16と同一]

4-12　[119号3-3と同一]

4-13　[120号3-3と同一]

4-14　[8号4-3と同一]

4-15　[121号3-5と同一]

4-16　[123号3-6と同一]

4-17　[121号3-1と同一]

SAMEDI 1er JUILLET 1939
CIGARETTES
JOB
LE PAQUET VERT
Vendu 6 cents
Nagaravatta
COFAT
CIGARETTES
La meilleure cigarette Indochinoise
Le Paquet vendu 6 cents
Directeur
PACH-CHHŒUN
HEBDOMADAIRE PARAISSANT TOUS LES SAMEDIS
(Boite Postale N° 44)

第3年125号、仏暦2481年1の年卯年 pathamasādha 月上弦15日土曜日、即ち1939年7月1日、1部8セン

［仏語］ 1939年7月1日土曜日

1-1 ［仏語で「私書箱 No.44」と「社長、PACH-CHHŒUN」が加わった以外は8号1-1と同一］

1-2 ［デザインが少し変わった以外は8号1-2と同一］

1-3 ［デザインが少し変わった以外は8号1-3と同一］

1-4 ［8号1-4、1-5と同一］

1-5　nagaravatta <gazette>［新聞］の望みについて

nagaravatta <gazette>［新聞］読者の中には、<gazette>［新聞］の望みをまだ知らない人がいる。その方々は、現在我々の<gazette>［新聞］は、一生懸命我がクメール国を以前のように永続し、名声を持つように手入れをするために仕事をしているだけであることを知っていただきたい。なぜならば、現在他民族が国中一面に入り込んできて住み、クメール人をほとんど息をすることもできないほどに窮屈にならせているからである。

クメール人に顔を上げさせる手段は、学問知識と財産と、それに団結である。

クメール人は、他民族に抵抗できるようになるために、あらゆる学問知識を持たなければならない。なぜならば、現在学問知識的財産が中途半端なので、他民族は容易に不法行為をすることができるからである。それゆえ、我々は教育局を発展させることを求めて、しばしば抗議してきたのである。

学問知識的財産があっても、他民族に抵抗するためにはまだ十分ではなく、さらに経済的財産もなければならない。それゆえ、我々はクメール人に、商業、工業、農業の方面で一生懸命熱心に努力して生計を立てるようにと説得してきた。

学問知識的財産と経済的財産があっても、まだ団結が不足である。即ち互いに愛し合い、互いに固く結束することがなければ、きっと他民族に抵抗することはできない。団結がなければ、仕事をするための堅固な力はない。たとえば、1束の箸を例にすると、1本だけを取り出して折ろうとすると簡単に折れるが、一方、1束全部を1度に折ろうとすると、折るのは容易ではないのと同じことである。

この3つの手段は、我々クメール人に栄えさせ顔を上げさせることが本当にできる。それゆえ、望みを果たしたければ、この3つの手段に頼らなければならず、そうすれば必ず成功する。即ち仏陀のお言葉に、attāhi attano natho "人は自己の頼り所にならねばならぬ" とあるように、我々自身に頼らなければならない。空に頼り、星に頼るのはもうやめよう。なぜならば我が国の歴史によると、我々クメール人各人が空に頼り、星に頼っていて、自己に頼らなかったので我が国は滅び、落ちぶれてしまって現在に至っているからである。もしフランス人が来て助力して救ってくれなかったら、恐らく我が国はずっと昔に滅びて名前を失っていたであろう。

nagaravatta

1-6　諸国のニュース

1-6-1　天津での衝突は、爆発にますます近づいている

日本が武力を用いて天津のイギリス租界を包囲した事件が、イギリスに我慢できなくさせたため、イギリスに兵と武器を呼び集め、小銃と大砲を日本軍に向けさせている。日本も兵を使って小銃・大砲を運ばせ、集めて対抗している。しかしこの両軍は、まだどちらも先に発砲はしていない。

日本海相の報告によると、「イギリスとフランスとが協力して東洋で日本に対処する」という情報を、日本は恐れてはいない。天津県で生じた事件については、東京市の政府は、同地の日本職員に、解決策を探す努力をすることを命令した。しかし、天津の日本陸軍当局の報告によると、日本はイギリス租界との友好を完全に切った。

情報によると、日本が天津のイギリス租界とフランス［租界］を包囲して以来、この両租界内の工場は操業を停止することを余儀なくされた。イギリス－アメリカの会社のタバコ巻き工場も操業を停止した。

1-6-2　蔣介石氏がロシアに行った

日本の<gazette>［新聞］の情報によると、蔣介石氏はスターリン氏と会談するためにモスクワ国に行った。蔣介石夫人［<madame>］は借金を考慮するために北アメリカ国［ママ］に行く。

1-6-3　イギリス―フランスは東洋に駐屯している軍司令官を集めて会議をする

ロンドン。中国駐屯イギリス軍司令官殿が、イギリスとフランス間の兵のことを協議するために出発してシンガポール国に到着した。インドシナ国駐屯軍司令官である<martin> <général>［将軍］も会議をするためにシンガポールへ行くと推測されている。この会議は、戦争が来る前に備えを終えるように、戦争が生じた時に［両国の］軍が兵を互いに協力させる制度を整えるためである。

1-6-4　天津の白系ロシア人

天津にいる白系ロシア人およそ5,000名は、赤系ロシアとの友情を絶つ宣言をした。先の6月25日、ツアー国王［ママ。執筆者の誤解］時代のロシア兵の長であったpāsgūsin <général>［将軍］をはじめとする白系ロシア人約3,000名が揃ってイギリス租界内を行進して<anti komintern>［反コミンテルン］歌を大声で歌った。

1-6-5　汪精衛［を］逮捕［せよという］布告

中国政府の公告によると、蔣介石氏が、既に我々の<gazette>［新聞］が1度報道したように、「逃れて日本と手を結んだ汪精衛氏を捕らえた者に賞金を与える」と公告した。中国内外の中国人協会と個人から、中国人を裏切って敵と手を結んだ汪精衛氏を逮捕する公告を出すことを求める手紙が数千通、蔣介石氏の所にとどいていた。

1-6-6　汕頭港が陥落した

香港からの情報によると、南シナ海方面日本軍総司令官で、日本艦隊司令官である ganṭū［権藤?］<général>［将軍］殿は、汕頭港を砲撃して汕頭県とその海岸周辺にある中国要塞を狙い、完全に破壊するよう命じ、そして兵の上陸を可能にした。

日本が広東県と海南島を占領して以来、この汕頭県が中国の大きい港の1つになっていて、種々の貨物はこの港から輸入することができていた。今や日本がこの汕頭を占領した以上は、この地域の中国への海上輸送貨物がストップすることになる。

日本がこの汕頭県を簡単に占領したことについて、中国側が家屋を焼いて破壊する、あるいは地雷を敷設するなどの、何らかの作戦をとったという情報はない。

日本の発表によると、この汕頭県を得た効果は、従来中国が外国から購入した武器はこの汕頭県で陸揚げされていたから、日本軍に［東と南］シナ海沿岸を包囲封鎖する力をますます強く持たせ、日本海軍は南シナ海を封鎖する力が倍増し、中国は(早く)滅びるであろう。

1-7　独り言

1-7-1　先の6月22日、<sacré cæur>教会で、潜水艦"phœnix"の故乗員71名の告別式が大勢集まって行われた。この式に、<résident supérieur>［高等弁務官］である<thibaudeau>氏、<résident maîre>［市長］である<doucet>氏、それにあらゆる部局のフランス、クメール官吏たち、軍と諸<gazette>［新聞］社の大勢が出席した。クメール国も大フランス国の悲しみを分担して軽くする助力をすることを欲したからである。

1-7-2　病院で thnām <morphine>［モルヒネ］を盗む盗賊については、この盗賊はとても賢いので、政府がどのように一生懸命調査して発見できなかった。この薬品の出入り［管理］の帳簿はきちんとしていることがわかった。しかし、医師が白紙の［薬品］引き換え書に先に<signer>［署名］だけしておいて、部下の職員に後で勝手に薬の数量を書き込ませれば、誰も［不正の］証拠を見つけることはできない。それゆえ、産科病院とフランス人女性病院では thnām <morphin>［モルヒネ］を底なしに多量に使用している。

1-7-3　あるクメール人がnagaravatta <gazette>［新聞］に大きい恨みを持っているので、それに対抗して<gazette>［新聞］を創刊しようとしているという情報を聞いて我々は大変喜んでいる。我々が嬉しく思っているのは、当初から我々は［競争］相手を求めていたが見つからなかったからである。このクメール人はnagaravatta <gazette>［新聞］に大きな恨みを持っているので、サイゴンの水甕のような身体をしているあるフランス人に頼って創刊するのを助力してもらうそうである。

1-7-4　先の6月25日に、クメール裁判所の弁護士であるyū-khvān 氏の娘である nāṅ {yū ṇai}と、プノンペンのフランス－中国銀行の書記である sar-ñil 氏［<monsieur>］とのとても大きい結婚式が行われた。この式は、プノンペン市第4区<verdun>路の新婦側の家で行われ、大勢の客に御馳走がふるまわれた。

nagaravatta は新郎新婦本人たちとその両親たちが幸福と発展に恵まれるようお祈りする。

1-7-5 クメール政府の官員たちが、rājakāra <protectorat>[保護国政府]側の官員と同様に支給されるよう求めていて、nagaravatta も何回も得られるように助力して求めた地域手当は、情報では、<délégué du protectorat>[保護国代表]殿が承認し、法律顧問殿が承認し、<le résident supérieur>[高等弁務官]殿が承認し、そしてまたどこかで止まっている。それゆえクメール政府官員たちはまだ支給されないでいる。クメール政府官員は俸給がとても少なくて、どうやって最近ますます激しく上昇している物価に抵抗できるのだろうか。この件を政府は早急に実施するようお願いする。

1-7-6 s?āṅ 郡(カンダール)braek gay 村のクメール人の1グループが、「ある中国人が、その中国人に抵当に入れた土地を詐取した」と我々の<gazette>[新聞]に訴えてきた。「その中国人に畑を抵当に入れたクメール人たちが、金を返済に行って[その畑]を請け出そうとすると、その中国人は、「あの土地は買い取ったものである」と言いわけを言うばかりで、請け出させようとしない」というのである。この件は、政府は調査してクメール人たちに助力して救ってください。このように他民族に土地をただで詐取させるべきではない。

1-7-7 地方の官吏たちは、<conseil> senāpatī[大臣]殿が勤務時間を[規則通りに]正しく守らせることを厳しくする規定を出したことを[次のように]嘆いている。「地方では仕事が多いから、都会と違って時間通りに正しく勤務することはできない。もし時間通りに正しく勤務したら、必ず政府に非難されるか処分される。地方は、[規定の]時間なしで仕事をしている。食事時間だけ休憩し、あとはずっと夜まで働く。真夜中までのこともある。祭日には休まないし、土曜日曜も休まない。1つには smien の数が少なくて、1つの郡庁に smien が1人しかいないところもあるし、2名しかいない郡庁もある。しかも職務を分担して税金を徴収しにも行くし、<bureau>[役所]内でも勤務する。仕事を終わらせることだけを考えていて、時間のことは全くこだわらない」

我々は、地方の公務は、都会と違って<bureau>[役所]を開く時間、閉める時間を厳しくすることはできないと理解する。地方ではどこでも都会より多くの時間、仕事をするからである。以前のように仕事が終わるまで、そして間に合うように仕事をさせるのが望ましいことである。政府が都会と同じように[勤務]時間を厳しくするのなら、地方の官吏を、「仕事が遅い、あるいは期日に遅れた」と言って気にしたり、処分したりしないでほしい。

1-7-8 先週[＝124号1-8-2]、我々 <le résident supérieur>[高等弁務官]殿に、職員任用課で、市政府で公務につくために転出する smien の後任に、クメール人を任命してほしいとお願いした。我々がこのようなお願いをしたのは、現在、長殿[loka jā dham]の mandīra "<cabinet>[官房]" にはクメール人職員は3名しかいないがベトナム人の方は10名もいるからである。

1-8 [注。人物写真があり、その下に] インドシナ国軍総司令官である <martin> <général>[将軍]殿は、フランス軍と協力して東洋を防衛するのに備えての訓練の様子を見るために、シンガポールでの会議と講演を聞くために行った。

1-9 講演

ラオス国へ行ったクメール国仏教使節団について

前の週[=124号2-3]から続く。

ラオス国の女性の風習は、とてもよく僧を尊敬する。王族や官吏も同じように[僧を]尊敬する。儀式をする時には生花を使うのを好み、我が国と違って紙の花は使わない。しかし、読経したり説法を聞く制度などは、まだ美しくは整っていない。

仏教使節団はヴィエン・チャン国に13日間滞在し、暇なくあちこち見て歩かなければならなかった。しかしどこに行っても、山の大きい洞窟や、山の森の中の洞穴にも、仏像が大きいのも小さいのも無数にあるのに出合った。

1939年2月6日、仏教使節団はルアン・プラ・バン国を出てメコン川を3日3晩下って、ようやくヴィエン・チャン国についた。仏教使節団がヴィエン・チャン国に着くと、下級から上級までの仏教の学習方式についての会議を行い、学習期間を9年で全てが終了すると定めた。ルアン・プラ・バン国は6年に定めた。

このヴィエン・チャン国はメコン川東岸にあり、フランスのラオスの領土であり、西岸はシャムのラオスの領土である。双方の国民たちはいつも川を渡って相互に往来し、禁止されていない。この国では、女の子、即ち女生徒が自転車に乗って一面に大勢が往来していて、その数はルアン・プラ・バンより多いことを認識した。

まだ後の週[＝126号2-3]に続きがある。

1-10　1939年5月15日に、<brévier> <gouverneur général>[総督]殿が大会議の臨時会議の開会で、インドシナ国の経済と財政のために行った演説

前の週[＝124号3-1]から続く。

フランス国は、これらの人々を守り、幸福を得させる責任を引き受けています。フランス国はこの責任を引き受けたことに従って実行します。協力してこの損失を受け入れ、協力して一生懸命に努力することは、後日この2つの民族の間の協力をますます強固に発展させ、インドシナ国は、じっと見つめて完全に栄えている国になることを望む自分は、今また新しく1つのことをなしとげて、自分の力と幸運に期待を持つことができることを知ります。[互いに]そばにいるヨーロッパ人とインドシナ国人は、互いに心と考えと、必要とする大きい仕事をより良く知ることになり、このことが、両民族が共通の望みを成し遂げるために、互いに理解を深め、互いに助け合い、互いに愛し合うことができるようにします。現在の情勢は、たとえ多くの憂慮を引き起こすものであっても、歴史の中でそれを生じさせないようにするという共通の希望を妨げるものではありません。

“フランスの laddhi <libéralisme>[自由主義]”の光のもとに未来は明るくなります。早晩何らかの状態で奴隷に落ち込むために、他の民族に従属させられるか、それとも人々に兄弟のように愛し合われるかを、フランス国は長い間、考えてきました。フランス国は保護している諸国の国民を、細心の注意を払い、おろそかにすることなく変化させてきました。フランス国は一般共通の秩序を尊敬することと、各個人の利益を尊重することを知るようになるように考えてきました。フランス国がインドシナ国人兵士20,000名を選んだのは、政府に対してインドシナ国人軍を作ることを求めたフランス国は、兵になることを希望するインドシナ国民男性にフランス国の大きい兵学校に留学させることに同意し、実施したのであります。

このことは、皆さん、私は皆さんの考えを知っています。皆さんは、このような大きいことを考える考えは、1つの方面にしか効果がないのではないと考えることを知っています。そしてフランス国がこれまで大きい犠牲を払うことを承服し、今後も大きい犠牲を払うことを承服するのは、フランス国が保護する責任をもつ国に幸福をもたらすためであり、インドシナ国もその仲間に入る、ということを知っています。インドシナ国は植民地会議で、エドゥアール・ダラディエ<edward daladier>という名の adhipati <conseil>[首相]が確固とした言葉と態度で述べた考え、即ち植民地国の大きい地域全てで同じ考えであること、我々は喜んで従うこと、我々の心には何にもひるまないことをフランス国と外国とに知らしめます。

フランス国万歳！　インドシナ国万歳！　皆さん、私は臨時大会議の開会を宣言します。

2-1　他が恐れるのをいいことに、ますます踏みつける

クメール人 buok bhnāk ṅār cpār ṭamṇām (agents de culture)[園芸職員]の悲惨[注。cf.124号1-8-6]

農業局のプノンペン市の mandīra cpār <petit> tā-kaev (Station agiricole de Petit-Takeo)[ター・カエウ小園芸場]に勤務する職員各人全ては[次のように]嘆いている。「上司が邪悪な心の持ち主で、余りにも酷い不法行為をして仕事を与え、あまりにも疲労し、苦労で我慢できないほどであり、その結果承服できずに抗議に抗議を重ねてとどまることを知らない者もいる。

「新しく入所したばかりの時に、cāṅhvāṅ krasuoṅ (chef du service)[場長]殿は rieṅ rapiep dhvœ kāra (cours de pratique)[業務研修]の期間を与える。[その期間は]長いこともあり、短いこともあり、場長の気のままで、6ヶ月研修させる人もいれば、3ヶ月だけ研修する人もいる。場長がこの研修をさせる期間は、鍬で土をおこして土を均してトウモロコシや豆やその他の作物の根元に土寄せをすることを学ばせ、鋤で土を鋤くのを学ばせ、種々の作物の実を採ることができるようにする。ベトナム国の農業局のような、本を読み、記憶するべきことを暗記するという教え方ではない。労務者の仕事のように働いて疲れて苦労することだけで、学ばなくてもできることばかり学ばせる。これらの生徒を教えるための教師は、園芸場長が、無学で文字は「いろは」の「い」も読めず、園芸の仕事をすることを少しだけ知っている者を監督に任命し、まあまあのフランス語ークメール語の知識を持っている生徒を教えるのを監督させる。技師は生徒に教えて訓練して知識を与えることの監督に来ることもなく、口で言うだけである。何か間違いがあると朝から夕方まで叱り続ける。上司がこのように邪悪な心の持ち主であるならば、どうやって我々は憤慨しないでいられるだろうか。

1939年末に、場長代行である gīyes 氏が、入所させて栽培学を学ばせるために初等教育修了証書を持つ者10名を選抜した時に、試験に合格すると氏は、「まず3ヶ月間ター・カエウ園芸場で業務を学ばせる。それから、ベトナム国の農業学校にさらに学びに行かせる。学びに行って学問知識を得て帰ってきたら、正式に任官させて正職員にする」と言った。これらの生徒たち全てはそれを信じ、従順に命令に従って、疲労を考えず、敢えて太陽に曝されて立つのを我慢し、一生懸命心を込めて勤勉に働き、真っ黒に日焼けして、「今日は疲れるが、後日は楽になる」と心の中で考えて、収穫を行い、作物を植えた。その後、氏は一転して同じ仕事をさせ続け、サイゴン市とハノイ市の農業学校に送って学ばせる気配は全くない。氏は甘い言葉でだまして、労務者のように、肉体労

働に従事させるだけである。氏はずっと以前に亡くなっており、ここにいてこの園芸場をきちんと整えることができなかったから、我々は氏を不愉快に思う気持ちはない。我々は現在の場長に言っているのである。氏は1937年、1938年、1939年入所の職員に依然として肉体労働をさせている。我々がまだ教わっていないことならば、氏が我々にさせても我々は何も言わない。職員各自がもう100回以上もやってきていることを、氏はいったいいつまでやらせ続けるのか。大きな知識を、なぜ氏は我々に教えて知識をもたせないのか。労務者の方は、園芸場長は、使うに足りるだけの4名から10名ほどを残して[あとは]全部解雇した。そして職員たちに代わりに肉体労働をさせている。氏は仕事が発展することだけを考え、氏の庇護の下にいる貧しい人々のためになることは考えない。」

2-2 [44号2-4と同一]

2-3 クメール司法部の中[注。この記事は実際の俸給表が示されていないので詳細は未チェック]

保護国政府は、「行政部と司法部の官吏の等級を整えて、両部内での俸給を等しくし、さらに下の等級から直ぐ上の等級に昇任するための最低勤務年数の制限を等しくした」と言う。しかし観察すると、行政部の官吏は、4年前[前職在職期間4年が必要]1級 varamantrī から、5年後[在職5年で昇任資格を得る] uttamamantrī まで、等級と俸給が毎年上がる権利を有する。

司法部は、4年前特級 cau krama、即ち[行政部の]4年前1級 varamantrī[相当] から、この特級 cau krama たちは、行政部とは異なり、法律の規定による等級と俸給が上がる権利を持たない。いかに有能な cau krama でも、4年後[ママ。恐らく「前」が正しい]特級 cau krama ([行政部の]4年後[ママ。恐らく「前」が正しい]1級 varamantrī[に相当])からは同じ階級と俸給にとどまる。最高裁判所 cau krama priksā[注。行政部の「uttamamantrī」相当] の試験に合格した人は例外で、地位と俸給が、行政部の uttamamantrī と同じように上がることができる。

この点こそが、司法部は行政部より不利であると言うのである。前者は[cau krama priksā]試験に合格してはじめて昇任、昇給できるのに、後者は[uttamamantrī]試験を受けることなく規定年数で昇任、昇給する権利を有するからである。

もう1つ、最高裁判所 cau krama prikasā のポジションは、10年から15年間でようやく空きが1つか2つできて、[採用]試験をする。現在最高裁判所には、政府は低い等級の cau krama 2、3名を臨時 cau krama [priksā]をさせ、一方高い等級の cau krama は地方裁判所長をさせている。なぜならば、地方裁判所長のある者は、手当てが最高裁判所の臨時 cau krama priksā、あるいは[臨時でない]正[cau krama priksā]の手当てより多いからである。政府がこのようにすることは、最高裁判所は若い、等級の低い cau krama が勤務し、高等裁判所と地方裁判所の判決を監督する上級裁判所としてふさわしくない。最高裁判所のポジションを争う試験制度を政府が廃止すれば、正規の最高裁判所 cau krama [priksā] が上級裁判所に勤務することになり、熟年の cau krama がいるべきである上級裁判所の制度にふさわしい。この[最高]裁判所は、[下級裁判所の判決が適法であるか否か]法律方面を審理するのであって、訴えの本体そのものを審理するのではないからである。政府がこのように定めれば、有能であるにもかかわらず、長年同じ等級にとどまっている特級 cau krama の救済になることになる。

2-4 公告

プノンペン市<résident maîre>[市長]殿は、j 文字地区の土地、即ち、

北は braḥ pāda trasak ph?aem 路まで
南は <verdun> <avenue>[路]まで
東は <doudart de lagrée>大路まで
西は <pierre pasquier>大路まで

の範囲内の土地の所有者に通知する。

このいずれかの土地の所有者本人が呼び出し状に応じて、自己所有地の境界の測量結果の記載内容を承認し、<signer>[署名]するために、市土地登記局(pāṭaṅsa 路)に出頭しない者は、1931年5月8日付<le résident supérieur>[高等弁務官]殿<arrêté>[政令]第35条に従って、市はその土地を市有地とする。

1939年7月13日の<arrêté>[政令]第58条により、納付するよう定めた税以外に、[市]政府は、1930年3月29日付<arrêté>[政令]により定めた土地の価格に応じた税と押印証明料を徴収する。

<résident maîre>[市長]

3-1 お知らせします

第2回第2次インドシナ国[政府]宝籤は1939年7月5日8時10<minute> [分]にハノイ市ホールで抽籤があります。

当籤番号が決まると、政府は正午に<radio>[ラジオ]で発表します。

3-2 [広告]クメール人はクメール人を助ける

プノンペンから tānī まで料金を取って走るクメール人の自動車があります。ナンバープレートは4,404で、クメール人 nāṅ-eṅ の自動車で、生計を立て始めたばかりです。プノンペンを午前7時半に出て、8時半に trām khnā に、9時半に aṅga tā som、10時に gūs、11時に tānī に着きます。tāni を午後1時に出てプノンペンに向かい、1時半に gūs、2時に aṅga tā som、3時に trām khnā、4時

にプノンペンに着きます。

クメール人の皆さん、我が民族に助力し扶助するために、このクメール人の自動車に大勢乗って助力してください。もし他民族が来て追い出そうとしても、今後ずっと[バスを]続けられるように、彼らを信じないでください。「彼らは我々を追い出して破産させようとしている」のだと理解してください。

3-3　[広告][注。顔写真があり、その下に]

[本文]私は名前はjū-ḍucでクメール人で、店はプレイ・ヴェーン州kambaṅ trapaek郡の市場にあります。クメール人の皆さんにお知らせします。皆さんのどなたか、いずれかの型の<machine> crieṅ[蓄音機]、あるいはレコードを買いたい方は、私の店は全て売っています。それから壊れた<machine> crieṅ[蓄音機]を修理して皆さんの心に適うようにすることができる職人がいます。<machine> crieṅ[蓄音機]を買いたい、あるいは修理させたい方は、どのような型でも皆さんの御希望の通りに致します。もう1つ、私の店には美しいdaṅ fā金[金の品質の1種]あるいは純金の金銀細工品を作る職人がいて、適正なリーズナブルな価格で販売しています。クメール人の皆さん、どうか恥をかいて他民族に見下されないように、私に助力し、支援してください。

3-4　[119号3-5と同一]

3-5　[広告][仏語] 1939年6月26日、スヴァーイ・リエン教師であるM. Lam Taoの証明書

[ク語]スヴァーイ・リエン州のフランス語－クメール語教師

lām-tāv氏[<monsieur>]

私は長年血と痰が出る咳の病気を患っていました。私は医師を探し、ほとんど全ての店の薬を買いました。病気は軽くなりませんでした。私はサイゴンに行ってchloḥ[ママ。「chluḥ」が正しい] <machine>[レントゲンで透視して]もらいました。医師は、「あなたは肺が駄目になる病気で、潰瘍があちこち沢山の場所にできている」と言いました。医師は注射をし、薬を服用させました。私の病気は全然軽くなりませんでした。ここで私は万策尽きました。私はnagaravatta <gazette>[新聞]を読んで、プノンペンのphsār dham thmīの西に住んでいるsīv-pāv医師殿の弟子であるsīv-ḷuñ医師殿が、スヴァーイ・リエンのpae-yī村長殿を救い、黄色くなる咳病を治したという情報を知りました。私は一生懸命sīv-ḷuñ医師殿を探して私の[病気]を診察に来てもらいました。診察が終わると、彼は、プノンペンのphsār dham thmīの西に住んでいるsīv-pāv医師殿の咳の水薬と咳の丸薬を買うように指示しました。私はこの薬を服用すると、咳病は治りました。そして血色もよくなり太りました。私はもう1度chloḥ <machine>[レントゲンで透視し]に行きました。医師は、「潰瘍の跡もきれいに治った」と言いました。私はとても嬉しくて、[皆さんの]役に立つように広めるために、このことをこの価値のある<gazette>[新聞]の紙面に掲載します。

[仏語]　スヴァーイ・リエンの教師
Monsieur Lam-Tao

3-6　[広告]　sīv-pāv薬店は、プノンペンのphsār dham thmīの西の、Rue Paul-Beau N. 7 à Phnom-Peñ[プノンペンPaul-Beau路]7号です。私の店は医師が全部で5名いて、診察して病状を訊ねて薬を売ります。即ちsīv-pāv医師殿とsīv-hul医師殿はプノンペンのphsār dham thmīの西の本店にいます。sīv-heṅ医師殿はバット・ドンボーンの川岸のNorodom路[Rue]にいます。sīv-se医師殿はコンポン・チャムの川岸の店にいます。sīv-ḷuñ医師殿はスヴァーイ・リエンのnagara brai路のtrœy tā hoと呼ぶところにいます。

3-7　[124号3-5と同一]

3-8　[123号3-2同一]

3-9　[123号3-3と同一]

3-10　農産物価格

プノンペン、1939年6月28日

[「サトウヤシ砂糖」はない]

籾	白	68キロ、袋なし	3.45 ~ 3.50リエル
	赤	同	2.80 ~ 2.85リエル
精米	1級	100キロ、袋込み	9.70 ~ 9.75リエル
	2級	同	8.75 ~ 8.80リエル
砕米	1級	100キロ、袋込み	5.95 ~ 6.00リエル
	2級	同	4.60 ~ 4.65リエル
トウモロコシ	白	100キロ、袋込み	[記載なし]
	赤	同	0.00 ~ 0.00リエル
コショウ	黒	63.420キロ、袋込み	21.50 ~ 22.50リエル
	白	同	35.00 ~ 36.00リエル
パンヤ	種子抜き	60.400キロ	38.00 ~ 39.00リエル

＊プノンペンの金の価格

1　ṭamliṅ、重量37.50グラム

	1級	157.00リエル

	2級	152.00リエル

＊サイゴン、ショロン、1939年6月27日

フランス籾·米会社から通知の価格

ショロンの<machine> kin srūv[精米所]に出された籾1 hāp、[即ち]68キロ、袋込みの価格は以下の通り。

籾	最上級	2.00[ママ]~4.05リエル
	1級	3.70 ~ 3.72リエル
	2級 日本へ輸出	3.50 ~ 3.62リエル
	2級 上より下級、日本へ輸出	3.45 ~ 3.50リエル
	食用[国内消費?]	3.20 ~ 3.22リエル
トウモロコシ	赤 100キロ、ショロン県マッカサンで売り渡し。	
		8.40 ~ 8.45リエル
	白 同	0.00 ~ 0.00リエル

米(10月[ママ]渡し)、港渡し、袋込み、税抜き、1 hāp、[即ち]60.7キロの価格は以下の通り。

精米	1級、砕米率25%	5.30 ~ 5.33リエル
	2級、砕米率40%	4.88 ~ 4.93リエル
	同。上より下級	4.73 ~ 4.78リエル
	玄米、籾率5%	3.90 ~ 3.95リエル
砕米	1級、2級、同重量	4.13 ~ 4.15リエル
	3級、同重量	3.60 ~ 3.65リエル
粉	白、同重量	2.25 ~ 2.28リエル
	kāk[籾殻+糠?]、同重量	0.60 ~ 0.70リエル

4-1 [20号4-6と同一]

4-2 [111号3-4と同一]

4-3 [114号4-2と同一]

4-4 [11号4-2と同一]

4-5 [121号4-5と同一]

4-6 [73号、4-6と同一]

4-7 [終わり近くの「70メートル」が「10メートル」に変わった以外は、48号3-8と同一]

4-8 [76号4-1と同一]

4-9 [33号3-4と同一]

4-10 [119号3-3と同一]

4-11 [120号3-3と同一]

4-12 [8号4-3と同一]

4-13 [121号3-5と同一]

4-14 [44号4-6と同一]

4-15 [89号3-4と同一]

SAMEDI 8 JUILLET 1939

Directeur PACH-CHHŒUN

HEBDOMADAIRE PARAISSANT TOUS LES SAMEDIS

(Boite Postale N° 44)

第3年126号、仏暦2481年1の年卯年 pathamasādha 月下弦7日土曜日、即ち1939年7月8日、1部8セン

［仏語］ 1939年7月8日土曜日

1-1 ［仏語で「私書箱 No.44」と「社長、PACH-CHHŒUN」が加わった以外は8号1-1と同一］

1-2 ［デザインが少し変わった以外は8号1-2と同一］

1-3 ［デザインが少し変わった以外は8号1-3と同一］

1-4 ［8号1-4、1-5と同一］

1-5 nagaravatta <gazette>［新聞］購読者の皆さんにお知らせします

nagaravatta 新聞は、当初から今日まで nagaravatta 新聞に心から助力し支援してくださる会員にお願いいたします。我々は、我々に助力して我々の仕事を果たさせてくださっている方々に深く感謝しています。しかし nagaravatta 新聞が誕生してからのこの2年間、我々の<gazette>［新聞］の購読者の中には、2年間あるいは少なくとも1年間、金を払っていない人がいます。我々が調査しますと、その中には亡くなった人もいますし、突然姿を隠してしまった人もいます。我々が毎週送っている<gazette>［新聞］は誰が代わりに受け取って読んでいるのかわかりません。プノンペン市に住んでいて、家がすぐ近くにある人がいて、金の請求に人を行かせると、「年末まで待て」と言う人もいます。我々はお訊ねしますが、市内であれ、地方であれ、商店に物を買いに行くと、店の人は代金を1年間も「付け」にすることを承知してくれるでしょうか。米屋があなたに米を売って持って行かせ、1年間食べてから金を持って来させたら、その米屋は何を得て、次に米を仕入れて来て売る資金にしますか。

一方、nagaravatta 新聞の方も、上の解説と異なるところはありません。現在我々は毎月の印刷費と発送費とで千［リエル］以上の出費があることは、皆さんはよく知っていることです。そして1年たつとその金を持って行って支払います。誰が我々に何年も金を貸して、その金を費用として使わせてくれることができるでしょうか。このことこそが、我々クメール人に他の民族と違って、しっかりと商業ができないようにしているのであると我々は認識しています。クメール人の方は、悪い心を持つ人がいて、クメール人から商品を買って、中国人やその他の民族にするのと同じように「付け」にします。月末になると、敢えて中国人の店には全店に金を払い、仲間であるクメール人の店のほうは敢えて店に近づかないようにして、［支払いを］引き伸ばしておきます。歩いていてばったりと出会うと、「そう急ぐなよ。同じクメール人じゃないか。どうしてそんなに急いで請求するのか」と言います。こういう人々は、クメール人は他より資金が少ないことを知らないのです。購入者全てがいつまでもこのようなことをしていると、「民族に助力して扶助している」と見なすことができるでしょうか、できないでしょうか。我々は、「滅びるように助力する人である」と言います。

上のように、我々が検討してわかったことによりますと、我々、現在純粋な心で<gazette>［新聞］を作っている人は、念入りに仕事をする時間があまりありません。<gazette>［新聞］を購入する人全てが、これからも上に述べたように行動するならば、今後我々の時間はますます少なくなります。nagaravatta 新聞社長は、新聞に掲載して皆さんに聞かせるために、事件を十分に調査するのに忙しいのと、毎日帳簿をチェックするのに忙しいのと、全国中に手紙を書いて<timbre>［切手］を貼って金を請求するのに忙しいからです。時には自動車に乗って請求に行き、<gazette>［新聞］代金4リエルを得るまでには、ガソリンの費用と道中の支出が余分にかかります。このような状態で、我々のnagaravatta 新聞は長期間存続できると、皆さんは思いますか。「3リエルか4リエルの金を、どうしてそんなに大急ぎで請求するのか」と言う方々がいます。その人は、「1人が4リエルであるのは事実ですが、人数1,000人全てが4リエルであったら、全部でいくらになるか」ということをはっきりと知らないのです。我々の計算では『4,000.00リエル』です。人が4,000人なら4千の4倍になります。

それゆえ、我々は、民族を救う気持ちがあるクメール人の皆さんにお願いします。今日から以後、<gazette>[新聞]を購読する時には、まず代金を先に払ってください。事件を詳細に検討する時間を我々に残しておくことと、我々の利益を守ることができるためで、次のようにするのが良いと思います。

今後は、どなたか<gazette>[新聞]の購読登録の手紙を送り、代金が同封されていない場合には、我々は返事をすることができません。もう1つ、購読期限日が過ぎる15日前に、我々は手紙を送って通知します。この間に何も回答しない、即ち代金を送って支払わない場合には、我々は、その後<gazette>[新聞]をとめ、送るのを中止します。

さらに、これまでに代金が借りになっている人は、急いで早く我々に送ってください。

nagaravatta

1-6 suvaṇṇa aksara {mliḥ-juon} 夫人[loka jamdāv]の逝去

クメール政府首相である samṭec cau fā vāṅ の妻である suvaṇṇa aksara {mliḥ- juon}夫人[loka jamdāv]は、2、3週間前から重病で、手厚い治療をしても軽くならず、1939年7月3日月曜日、夜1時半に、王宮の後ろ、<doudart de lagrée> phlūv dhlā <boulevard>[大路]の自宅で、大きい悲しみと愛惜の情を持つ親族、友人、ご子息とご令嬢と夫君、それに大小の官吏の中で、69歳で彼岸にお旅立ちになった。

御遺体は1939年7月16日日曜日午後5時半から、プノンペン市の王宮前広場で荼毘に付される。

nagaravatta は大きい悲しみに覆われている御夫君である samṭec cau fā vāṅ と御子息御令嬢、親族友人の方々にお悔やみを申し上げ、悲しみをいくらか分担させていただく。

1-7 諸国のニュース

1-7-1 イギリスは戦争で戦うための海軍を整える

ロンドン。イギリス海軍省の発表によると、イギリス艦隊は、この7月に夏季休暇を取る許可が得られる。(来る)8月の演習の前に軍艦をドックに入れて、修理を終わらせるためである。

イギリス海軍省は、今月艦を諸国へ<visite>[訪問]させる<programme>[計画]を全て中止すると発表した。……[注。擦り切れ]……8月初の年中行事である祭りも中止された。ヨーロッパ諸国で生じる[可能性がある]事件に備えて全艦隊を準備し整備することができるためである。さらにヨーロッパ諸市に駐在している大使は、夏、8月半ばには急いで任務に戻ることができるように夏季初頭に休暇を取るよう指示、指導を受けた。

*[注。写真があり、その下に] ある沈没した潜水艦から乗員を救出するための潜函

1-7-2 中国の地における大強国

ワシントン。東京市駐在アメリカ特命全権大使はアメリカ政府の名で日本政府に書簡を送って、「日本は今回、福州県と ven cau [県]を攻撃して占領した時に、アメリカ人の財産と生命に対して与えた損害の全ての責任を取るべきである」と申し入れた。

buok <gazette>[新聞記者]たちが、今回のアメリカの意図について質問した。アメリカ外相は、「アメリカの東洋駐屯軍総司令官である<général>[将軍]殿が、生じたこと全てに対して、自分1人で対処することができる全権を有する。これ以外のことは、アメリカ政府代表の使節団に事件を判断して決定する権限を与える」と述べただけで、その他の情報は何も述べようとしなかった。

1-7-3 天津のイギリス租界の問題

ロンドン。<daily telegraph> <gazette>[新聞]の情報によると、イギリスは容疑を受けてイギリス租界に逃げ込んできた中国人4名の問題について、「日本人を殺害したこの中国人4名は、容疑に対する確かな証拠・証人が存在すれば、イギリス政府は日本に引き渡す。それ以外に、イギリスは日本と協力し、中国人殺人結社(āṅyī[=洪字、紅字?])を制圧する仕事で秩序を確固として守り、中国における租界内では中立を保つ」ことについて、日本と会談することを志望する。この和解の方法は、イギリスは天津の租界についてのみに限定している。同<gazette>[新聞]はさらに、「ロンドン市側は、『日本政府はおそらく今回のトラブルに武力を使用する気はない』と理解している。イギリスと日本とが東京市で会談をした時に、天津のイギリス租界の包囲はかなりゆるやかになった」と述べている。

1-8　独り言

1-8-1　1939年6月30日金曜日、kuṅ sāṅ <hôtel>[レストラン]で、友人大勢が集まって、フランス国から帰国したばかりで、公共土木事業局で<visvakara>[技師]として勤務することになった sun-vīn sai 氏と、政府から辞職して商業を行うことにした、[元]プレイ・ヴェーン州副知事である swwṅ-sān 氏の喜びの会を盛大に行った。

nagaravatta は、sun-vīn sai 氏と swwṅ-sān 氏とが温和で慇懃で礼儀正しく、かつ深い学問知識があり、我々クメール人を固く愛し、クメール人を近隣の国と同じように栄えさせるのを望む人であることがわかって、とても嬉しかった。我々クメール人が、この両氏のように良い考えを持つならば、我がクメール人は必ず順次発展するであろう。

1-8-2　今年、政府は7月14日の祭りを盛大に行う準備をしている。この祭日、即ち次の土曜日は、nagaravatta <gazette>[新聞]は1週間休刊し、7月22日になったら発行します。

1-8-3　地方では、政府が家を建ててクメール政府官吏に気持ちよく住むことができるようにするべきである。さらに仕事のための諸道具、用具も十分に揃えるべきである。他民族が少しは畏怖するようにである。

1-8-4　以前、kāyariddhi(<scout>)[ボーイスカウト]団は仲間が300名もいた。現在は50名しか残っていない。なぜこのように大勢がいなくなってしまったのだろうか。ベトナム国に学びに行って、ボーイスカウト団の知識をたくさん持っていて、さらに勲章まで受けたのに、なぜ団員を捨てて皆逃げてしまったのだろうか。10,000リエル以上を得た福引き[cf.55号2-4]の金は、どこに隠してしまったのだろうか。この点についてボースカウト団の<commissaire>[団長]は回答して欲しい。

1-8-5　仏教徒協会について

多くの人々が、「我々各人はすでに各寺の仏教の祭りをしているのに、なぜまたわざわざ仏教徒協会の会員になって何になるのか」と疑問を持っている。これらの人々の理解はもっともである。しかし、夫々が個々の寺の仏教を支援することは、広くカンボジア国全土のためになるものではないのである。そのうちに、仏教は滅びる恐れがある。それゆえ、互いに力を合わせて助力して仏教を栄えさせる、即ち仏教が栄えるように、滅びることがないようにするために、協力して団体を作ることを考えたのである。我々クメール人は他民族に恥じるべきである。クメール国に庇護を求めて来て住んでいる他民族は人数はとても少ないが、それでも互いに結束して、我々よりもずっと早く、大乗仏教とかカオダイ教のような、彼らの仏教を支援するための協会を設立している。では我々はさらに何を待っているのか。イギリス、フランス、アメリカなどのように仏教を信じている国々[ママ]は、全て我々よりも先に仏教徒協会を持っている。我がクメール国は1番後に協会を作ったばかりである。そして国民はまだ全員は知らず、仏教はどうして発展できるであろうか。それゆえ、紳士淑女の皆さん、協会の理事会が、皆さんが拠出して入会して助力する信仰心の力で、早く仏教を支援することができるように、早く誘い合わせて会員に登録してください。

1-8-6　以前我々は悪い人間であるワニは1匹しかいないと思っていた。今や、司法局に勤務するゾウが1頭いて、訴訟を商って生計を立てているという情報が耳に入った。訴訟を商って生計を立てる方法は、昔から言うところの "nāṅ tī smā gāṅ"[？]で、[訴訟の]当事者双方から稼ぐのである。

1-8-7　我々が前に解説した　thnām <morphine>[モルヒネ]のビンが紛失した話は、今回政府は、「<enquête>[調査]によると、何かが紛失している事実は見つからない」と通知してきた。

1-9　garpet 氏の安着

政府が派遣してカンボジア国教育局長として職務を司る garpet 氏が、現在無事に我が国に到着した。

nagaravatta は、たとえようもなく嬉しく思っていて、garpet 氏と御家族とが、今後幸福と発展に恵まれるようお祈りする。クメール国が、「学問の面で大いに栄えることは確実である」と固く期待するからである。というのも、以前から我がクメール国には、同氏のような確かな学問知識を有し、(Agrégation)[中高等教育教授資格]の資格を有する教授がいなかったので、クメール人の子や孫は、インドシナ国の他の国と違って、十分なフランスの学問知識があまり豊富でなかったからである。

1-10　nagaravatta 印刷所について

我々は皆さんにお知らせします。

我々の印刷所は設立されましたが、建物の整備がまだ終わっていませんので、まだ完成してはいません。印刷所のための<machine>[機械]と器具は全て印刷所の場所に移しました。今週、我々は我々の印刷所内で植字工に仕事をさせました。しかし、我々の<machine>[機械]はまだ設置が終わっていないので、我々はまだ(ālpaerbartai)<machine>[機械]を賃借して印刷します。恐らく、この7

月の月末には、我々の印刷所で組み立て設置が終わり、印刷できます。

今月中に、おそらく我々は<gazette>[新聞]に(出資した)会員の皆さん全員に、プノンペン市での総会に出席するよう公告します。出資した方全員の中で、プノンペン市まで来るのに足りる資産がある方は、すでに定めてある lakkhantika(statut)[定款]に従って集まって全てのことを討議することができるように、どうかうっかり忘れないでください。

この会議は、出資者の出席が[資本金]総額の半額を満たさないと、<notaire>[公証人]殿は[会議を]無効とし、あらためて会議を開かせます。

それゆえ、後日 nagaravatta 新聞がお知らせする時日に、必ず会議に出席してください。

2-1 他が恐れるのをいいことに、ますます踏みつけにする

前の週[=125号2-1]から続く。

学習するためにアンナン国の(Giaray)に送った生徒は3名しかいず、それ以外は、場長はここにおいておいて、無学無知のまま働かせている。上司がこのようにすることは、ベトナム国の農業省とは違って正義がなく、きちんとした制度がない。

先の2月16日、職員たちは揃って現在の場長のところに行き、「補助労務者なしで大変苦しい肉体労働をさせている」ことについて抗議した。場長は、「仕事はそれほど多くはないから肉体労働をさせている」とおっしゃった。場長がこのように言ったことについて、職員たち全ては、[その考えが誤りであることに]気付く知恵はあったが、直ぐにトラの尾を踏みたくはなかった。しかし、我々が我慢して今後さらに沈黙を続けると、きっと1人ずつ死んで行くのは避けられない。“場長のこの考え方は、労務者の賃金をたくさん使うのを恐れることただ1つからきている。”

我々全員は場長にもう1度訊ねる。「なぜベトナム国の園芸職員は直接労務者を監督し、肉体労働をする必要が無く、[労務者の]<caporal>[班長]を監督する権限があるのか。場長は、「我々はベトナム人のような camneḥ vijjā khāṅ cpār ṭamṇām(Instruction d'agriculture)[作物栽培の学問知識]がないし、saññāpatra jān khbas(<Diplôme>(diplôme)、(Brevet Supérieur)[高等初等教育修了証書]がないからだ」と言った。

「知識は学ぶことから得られ、財産は稼ぐことから生まれる」と言われている。保護国政府は貴殿を場長に任命し、1つの部局全体を統括させている。貴殿は我々に学ばせ、ベトナム人のような深い優れた知識を与えることをしない。我々はどのようにして、彼らに並ぶことができようか。貴殿がこのように言うのは、クメール人を嫌っているからではないのか。

まだ後の週[=127号2-1]に続く。

2-2 <poste> khsae luos[郵便局]に勤務する smien を選抜する

rājakāra <poste> khsae luos[郵政局]が、「クメール人から選んで<poste> khsae luos[郵便局] smien にすることができないのを嘆いている」という確かな情報を得た。クメール人はこの[郵政]局で働くのを好まない。それゆえ、rājakāra <protectorat>[保護国政府]の希望のように、クメール人を選抜して地方の各<poste> khsae luos[郵便局]に勤務させることができない。たとえば前回の[採用]試験では、[志願者は]ベトナム人ばかりで一緒に受験することを志願したクメール人は1人もいなかった。

クメール人がこの郵政局の採用試験を受験することを志望しない理由は、我々はこの理由をはっきり知っているから、我々はこの話を保護国政府に提供して、我々が以下に解説することをはっきりわかっていただこうと思う。

我々が知っている意見を政府が理解したら、クメール人を探してこの局で働かせることができる。政府が<poste> khsae luos[郵便局] smien を選抜するのは、少なくとも<diplôme>[高等初等教育修了証書]所持者だけを対象にして選び、所持者だけが受験できる。政府がこの「修了証書を持つ」という制限を設けるのは、インドシナ国<gouverneur général>[総督]殿<arrêté>[政令]が、クメール国内のクメール人のことを理解せずに制定されたからである。[総督は、]「クメール人は、インドシナ国の他の国と同様に、生徒に学ばせてこの修了証書を持つ者を大勢輩出する学校が十分ある」と推測したのである。クメール国で毎年この修了証書を得る生徒の数は、クメール国内の全政府部局の業務を満たすのに十分ではない。このような状態で、この修了証書を持っていて、他の部局から余ってきて、勤務時間が最も苦労が多く、かつ最も厳しい部局であるとクメール人が見ている krasuoṅ <poste>[郵政局]に勤務する者がいるだろうか。

もし政府が旧制度、即ち1911年の制度を理解するならば、政府はクメール人の子は、この<poste> khsae luos[郵便局]に勤務することをあまり志望しないことがわかる。しかし当時の政府はクメール人を救いたいという気持ちをまだ持っており、それで政府は[中等教育とは]別に[初等教育の上に]もう1学年、(Cours spécial)[特別学年]を作った。この学年は、paṭiñāṇa pathama siksā <franc> sruk āy(Certificat d'Études primaires)[フランス語-現地語初等教育修了証書]に合格した生徒[で何らかの事情で]、あるいは thnāk dī 1, dī 2(1èr et 2e année)[上級学年あるいは中級学年]にまで達し[=初等教育を修了し]年齢オーバーで、[進学して中等教育の]学習を続けるこ

とができない生徒をこの学年で1年学ばせるためのものであった。それから政府はもう1つ別の[採用]制度を作って、この学年で学んだ生徒たちだけから試験をして採用し、さらに1年間、<poste> khsae luos[郵便局]内で有給で業務を研修させた。

このような制度は、「当時の政府はクメール人を詳しく知っていて、本当にクメール人を救おうとする気持ちを持っていた」と我々は理解する。即ちクメール人と、十分に学校を持っているベトナム人とを全部まとめて1つにすることを知らなかったのである。

2-3　講演

ラオス国へ行ったクメール国仏教使節団について

前の週[=125号1-9]から続く。

我々は歩いて大きい病院を見た。ヴィエン・チャン国はとてもきれいな場所が沢山あるのを目にした。この病院で働く人はラオス人が多くいるのを目にした。ベトナム人もいたがとても少なくて、およそ2、3人だけであった。この病院の敷地内には、他の建物とは別に、僧のための建物があり、入院して治療を受ける僧が在家と混じらないように、仏教の出家だけを治療する所であった。食事、薬、水道、電気などの費用は全て政府が僧に負担して差し上げる。この点について、講演者は大変な満足の意を示した。クメール国にはまだ僧のための病院がなく、プノンペン市の医務局病院では、僧は在家と一緒になって入院して病気の治療をしなければならず、とても恥ずかしがりやの僧は、病気になって、どんなに病院に行って治療を受けたいと思っても、ここに述べた障害のために、病院に行かないからである。それゆえ我々は、在家も僧も一緒になって一生懸命努力して、僧侶のための病院を設立して、我が国よりずっと小さい国であるヴィエン・チャン国のような他国に恥ずかしくないようにするべきである。

講演を終わる前に、師は講演を3項目、即ち彼らの優れた社会制度を、有益であること、経済の面で少し有益であること、僧のための病院、に要約して述べた。

最後に、師は聴衆に、「商業などを一生懸命努力して働いて、他民族に見下されないように、堅固なものにするように」と注意と忠告をした。

講演の内容は以上で終わる。

2-4　[44号2-4と同一]

2-5　[広告]　感謝

私たち、土地登記局に勤務していた故thī {jum}の妻と息子と娘は、6月21日にjroy caṅvā[プノンペン市]で行われた故人の火葬式に参列してくださった土地登記局長、および皆様に、心からお礼を申し上げます。私たちは皆様に直接お礼状を差し上げることができません。このことを私たちはお詫びし、そしてお礼を申し上げ、皆様全員にmaggaphalaをお贈りします。

[妻である]nāṅ {sam}と息子と娘と親族

3-1　<diplôme>[高等初等教育修了証書]に合格した生徒

本年 sañāpatra uttama pathama siksā <français> nov <indochine>(<diplôme de fin d'étude primaire supérieure franco-indoichinois>)[インドシナ高等初等教育修了証書]の試験に合格したのは、

1。nāṅ kramum {khiev-puṇārī}
2。ṭāv truṅ
3。kāv yāṅ ṇām
4。ṇup-chum
5。trāṅ ṭuṅ dī
6。uṅ-sim
7。uk-swn
8。hān-kuk
9。hū tuṅ līp
10。ṅvieṅ yāṅ hiṅ
11。hī-mān
12。seṅ pun pū
13。chev-seṅ pun pū
14。nāṅ kramum {ḍuk-hvā ṇā}
15。uṅ poy khvān
16。nāṅ kramum {ṅvieṅ siṅ tha}
17。lī kvāṅ pān
18。it ṅūn narā
19。gāt panthā
20。tāt-huy
21。juk-meṅ-mau
22。ṭāṅ-yāṅ-phāk
23。phān-sāri
24。bhin-ṅān
25。un-dadim
26。ḍit-teṅ

である。

nagaravattaは上の試験合格者にお祝いを述べる。

3-2　お知らせ

3-2-1　puṇya <quatorze juillet>[7月14日祭]に際し、1939年7月14日金曜日と15日土曜日は、mandīra dhvœ kāra rājakāra(<bureau>)[役所]は休業する。

3-2-2　インドシナ国政府<bon> caṅ kār prāk[国債証券]の価格は、100.00リエルの<bon>[証券]は売却すると98.25リエル、1000.00リエルの<bon>[証券]は売却すると

982.50リエルである。

3-3 ［広告］ お知らせ

あなたがプノンペン市にいらした時には、新しくオープンしたばかりの旅館、

旅館名 “viṅ-vā”

<fesigny>路と ṭwwḷābak 路の角、127号

にお泊りください。部屋は皆清潔でそして広く、全て現代式だからです。

3-4 ［広告］髪を美しくしたい女性にお知らせします

あなたが髪をウエーブさせて、6ヶ月から1年間もたせておきたかったら、プノンペン ṭwwḷābak 路66号の電髪店に来て、あなたの髪にパーマネントをかけてください。

この店は安価で、確実に長持ちします。

3-5 ［広告］ プノンペン市在住の競売者である sīṇṇāh <maître>［弁護士］の事務所

<doudart de lagrée> phlūv <boulvard>［大路］6号と8号

質流れ品を売ります

1939年7月12日午前9時、sīṇṇāh <maître>［弁護士］殿は、<boulloche> phlūv <avenue>［路］の<jean-comte>自動車商会で競売を行います。

まだ美しい<renault> siltā <quatre>［4気筒］車、8馬力、［ナンバープレートは］P.P.4672、5人乗り、プノンペン okñā ket 路3号の suon-ghut、通称 ḷāc の所有物。

最低価格:250.00リエル

この販売は、自動車の状態に対する保証はなく、現金払いです。

購入者は落札価格の100リエルにつき10リエル(10%)をさらに加えて支払わなければなりません。

<le commissaire>［警察署長］である brīsœr、競売者

3-6 ［119号3-5と同一］

3-7 オヴァルティン、毎日の食べ物

皆さんにお知らせします。オヴァルティン商店では毎朝クイティアウとシュウマイを販売しています。さらに土曜日の夕方はブイヤベースと(Foie Graz［ママ。「gras」が正しい］)［フォアグラ］も売ります。

ḍuc-nil

3-8 インドシナ国政府宝籤

1039年7月5日抽籤

末尾が61と13の番号の籤はいずれも10リエルに当たり。

末尾が747と087の番号の籤はいずれも25リエルに当たり。

末尾が099の番号の籤はいずれも50リエルに当たり。

80本が1本につき100リエルに当たり、番号は、

［6桁の番号が80個。省略］

16本が1本につき500リエルに当たり、番号は、

［6桁の番号が16個。省略］

8本が1本につき1、000リエルに当たり、その番号は、

［6桁の番号が8個。省略］

399,578の番号の籤は4,000リエルに当たり。

3-9 ［終わり近くの「70メートル」が「10メートル」に変わった以外は、48号3-8と同一］

3-10 農産物価格

プノンペン、1939年7月5日

［「サトウヤシ砂糖」はない］

籾	白	68キロ、袋なし	3.45 ~ 3.50リエル
	赤	同	2.75 ~ 2.80リエル
精米	1級	100キロ、袋込み	9.75 ~ 9.80リエル
	2級	同	8.65 ~ 8.70リエル
砕米	1級	100キロ、袋込み	5.90 ~ 5.95リエル
	2級	同	4.60 ~ 4.65リエル
トウモロコシ	白	100キロ、袋込み	［記載なし］
	赤	同	0.00 ~ 7.75リエル
コショウ	黒	63.420キロ、袋込み	22.00 ~ 22.50リエル
	白	同	35.00 ~ 37.00リエル
パンヤ	種子抜き	60.400キロ	38.50 ~ 10.00［ママ］リエル

＊プノンペンの金の価格

1 ṭamliṅ、重量37.50グラム

1級	157.00リエル
2級	152.00リエル

＊サイゴン、ショロン、1939年7月4日

フランス籾·米会社から通知の価格

ショロンの<machine> kin srūv［精米所］に出された籾 1 hāp、［即ち］68 キロ、袋込みの価格は以下の通り。

籾	最上級	4.00 ~ 4.05リエル
	1級	3.78 ~ 3.80リエル
	2級 日本へ輸出	3.68 ~ 3.70リエル
	2級 上より下級、日本へ輸出	3.50 ~ 3.52リエル
	食用［国内消費?］	3.25 ~ 3.28リエル
トウモロコシ	赤 100キロ、ショロン県マッカサンで売り渡し。	8.15 ~ 8.20リエル
	白 同	0.00 ~ 0.00リエル

米(10月［ママ］渡し)、港渡し、袋込み、税抜き、1 hāp、［即ち］60.7キロの価格は以下の通り。

精米	1級、砕米率 25%	5.50 ~ 5.52リエル
	2級、砕米率 40%	5.08 ~ 5.10リエル
	同。上より下級	4.90 ~ 4.92リエル
	玄米、籾率 5%	3.98 ~ 4.00リエル
砕米	1級、2級、同重量	4.20 ~ 4.23リエル
	3級、同重量	3.70 ~ 3.75リエル
粉	白、同重量	2.30 ~ 2.32リエル

kāk [籾殻+糠?]、同重量　0.60 ~　0.70リエル

4-1　[20号4-6と同一]

4-2　[111号3-4と同一]

4-3　[114号4-2と同一]

4-4　[11号4-2と同一]

4-5　[121号4-5と同一]

4-6　[73号、4-6と同一]

4-7　[125号3-6と同一]

4-8　[125号3-2と同一]

4-9　[125号3-3と同一]

4-10　[広告]　皆さんが皆さんの家に保険をかけて火事から守りたい時、皆さんが自動車に保険をかけたい時、皆さんが生命に、あるいは皆さんの子供が成人して結婚させるために保険をかけたい時には、どうぞプノンペン<galieni>路73号(haṅrī 写真館の後ろの大きい質店がある通り)の rūpaerṭālee 店を見に来てください。

総合保険会社(自動車とその他の全ての事故)、総合保険会社(生命保険)のクメール国代理店

<la[ママ。leが正しい] foncier>[不動産](家屋火災保険)

これら全てのフランスの保険[会社]は最も良いものです。

4-11　[広告]　全ての国で有名です

<mac-phsu>ビルマ・バームのことを思うと、全クメール国内で誰でも、とても良く効くバームであると知っています。それゆえ、<mac-phsu>ビルマ・バームはとてもよく売れています。クメール国の人だけが、このバームは良いと知っていました。pāsāk 国の人が時々プノンペンに遊びに来て、<mac-phsu>ビルマ・バームを2、3ビン買って帰って行って使っていてなくなりました。さらに買おうと思ったのですが買えません。それでがっかりしていました。それゆえ、その日以来、私は人を pāsāk に行かせて宣伝して売らせています。もし皆さんがまだ<mac-phsu>ビルマ・バームを使ったことがなかったら、どうか使って試してみてください。家に<mac-phsu>ビルマ・バームがあれば、自分の家に医者が1人いるようなものです。

プノンペンの nāṅ {ṭuoṅ}の店、<pasquier>路43号の thoṅ-ket の店、プノンペン<fesigny>路37号の nāṅ <mac-phsu>の店、svāy daṅ では bhin-ṇā の店、[この3店]がお知らせしました。

4-12　[119号3-3と同一]

4-13　[124号3-5と同一]

4-14　[125号3-5と同一]

4-15　[8号4-3と同一]

4-16　[121号3-5と同一]

4-17　[44号4-6と同一]

4-18　[123号3-2と同一]

4-19　[123号3-3と同一]

SAMEDI 22 JUILLET 1939

Nagara vatta

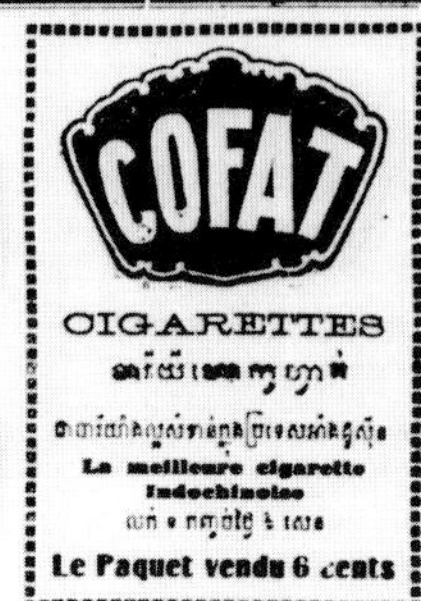

Directeur
PACH-CHHŒUN

HEBDOMADAIRE PARAISSANT TOUS LES SAMEDIS

(Boite Postale N° 44)

第3年127号、仏暦2481年1の年卯年 dutiyāsādha 月上弦6日土曜日、即ち1939年7月22日、1部8セン

［仏語］ 1939年7月22日土曜日

1-1 ［仏語で「私書箱 No.44」と「社長、PACH-CHHŒUN」が加わった以外は8号1-1と同一］

1-2 ［デザインが少し変わった以外は8号1-2と同一］

1-3 ［デザインが少し変わった以外は8号1-3と同一］

1-4 ［8号1-4、1-5と同一］

1-5　7月14［日］祭

今年の7月14［日］祭は例年より盛大な祭であったように思う。7時半から、1914年－1918年の大戦で死亡した人々の記念碑の周囲の、式が行われる場所に見物人が大勢ぎっしりと集まり、軍の兵士たち、即ち現地国人軍の兵士と砲兵隊の兵士が周囲に整列して立って、国王陛下と<thibaudeau> <résident supérieur>［高等弁務官］殿を待った。陛下が到着すると隊長がしきたり通りに大声で捧げ銃の敬礼をさせ、国歌（［la］<marseillaise>）と aṅgarāja［＝nagararāja。カンボジア国歌］とで迎えた。それが終わると、式を始めるためにラッパ手たちが一斉に揃ってラッパを吹鳴した。続いて<thibaudeau> <résident supérieur>［高等弁務官］殿が壇上に上がってスピーチをして、今年でフランス<république>［共和国］満150年の式であることと、もう1つフランス<république>［共和国］の恩を記念するためにこの記念碑広場を（Place de la République）［共和国広場］と改称することを力強く明らかにした。

スピーチが終わると、ラッパ手たちがもう1度一斉に吹鳴して兵たちを整列させ、陛下のテントの前を行進して陛下と<le résident supérieur>［高等弁務官］殿、さらにそこのフランス－クメールの官吏たちに敬礼した。それが終わると民衆たちは大勢集まって vatta bhnam での種々の催し物を見に、大急ぎで引き返した。

最後に、我々は、我が兵士たちは兵になったばかりであるにもかかららず、前の年と違って今年は兵士たちは大きな行列を作っても、とても美しく整然としており、以前と違って種々の訓練に極めて良く熟達しているのを見て大変安心した。そして、我々は、「いつか国に動乱が起こっても、我が国土を容易に守備できるための大きな力を持っているから、全てのクメール人民衆は、今後ずっと政府に安心して頼っていることができる」という強い期待を持った。

1-6　<gautier>氏への政府表彰

カンボジア国勤務インドシナ国<civil>［文官］2級<administrateur>［上級行政官］である<gautier>氏は、大胆な企画力を持ち、任務と責務を理解し、迅速に自己の任務を遂行するよう育成することにすぐれていて、さらにクメール人をよく知っており、命令下にある政府に対して強い力を持つので、特に一致協力の面と経済の面で、称賛するべき豊富な業績を上げたので、氏は政府から表彰を受けた。

nagaravatta 新聞は<gautier>氏がこれまで行った事業をこれまで何回も［自らの意志で］喜んで称賛してきた。そして氏は、「クメール人は他の民族より無学無知である」と理解し、氏がカンダール州で教育局に関する策を熱心に行ったことを認識し、深く感謝している。たとえば、氏は協会を1つ作って、その［協会の会員の］金で、初等教育校を氏の州の全ての郡に作ったという遺産を残してくださったのがその証拠の1つである。また氏は氏自身の目ではっきりと民衆の苦しみを見て、何をするにも不注意な失敗はなかった。氏はあらゆる所を、職員の目に頼らずに自分で見て歩いた。たとえば家と人が多い gien svāy 郡では、その郡の価値に応じて市場と道を清潔に美しくして栄えさせた。氏の善政は沢山ある。我々はそのほんの少しだけを解説して皆さんの耳に入れた。

それゆえ、保護国政府は<gautier>氏をクメール国に戻らせることを許可するよう願う。このような素晴らしいフランス人官吏こそが、「フランス政府は本当にクメール人を救ってくれるのである」とクメール人に信じさせる「フランス政府の代表」と呼ぶのにふさわしいと理解するからである。

1-7　諸国のニュース

［注。写真があり、その下に］　海軍司令官である……［注。不鮮明］……<le comte>［伯爵］<amiral>［提督］の姿

1-7-1　シャムは外国の軽油の使用を中止した

シャム陸軍省は軽油の自家生産を始め、シャム国全土で使用していて外国から輸入した軽油の使用を止める。シャム国へ油を輸入して販売していた外国商人たちはシャム政府に厳しく抗議したが成果は得られなかった。シャムがこれを実行できたならば、同国に落ちる利益は非常に大きい。

1-7-2　シャム人女性学者がクメール国を訪問

来る8月20日に、種々の学校で高等教育修了証書を得たシャム人女性たちが大勢我が国を訪問する。このような教育修了証明書を持っている、あるいはシャム語が話せるクメール人女性は、この人たちは礼儀正しく歓迎に行くのが望ましい。

1-7-3　日本が重慶を爆撃した

今月7日、再び日本機3群が飛来して重慶市を爆撃した。即ち2群は重慶市を爆撃し、もう1群は揚子江と niliṅ 江との境界地域を爆撃し、多くの被害を与えたが、重慶の方は、先に情報を得て、種々の所に避難したので人命はそれほど多くは失われなかった。今回の爆撃で、爆弾1発が同地に停泊中であった<falcon>という名のイギリス軍艦の至近距離に着弾して、大量の水しぶきが同艦にかかって同艦は激しく揺れ、艦室の扉が外れ、物品多数が落ちたりした。運悪く、同艦に命中していたらどうなったかわからない。しかしイギリスはこれまでと同様我慢して問題にしないでいる。

1-7-4　日本はイギリスを苦しめている

日本政府は以前からイギリスに、「中国に加担して日本を妨害することを止めるように」と抗議してきた。今回、100,000名を下らない日本人民衆がそれぞれグループになって道路を行進して、イギリスがこのようなことをすることに対する不満を表明し、イギリスが中国に助力することと日本を妨げることを中止することを求め、「もしこの状態が続くなら、ある日、必ず衝突が起こる」と述べた。日本は、「中国は日本だけが問題を処理するべきであり、いずれかの第3国もこれを妨げるべきではない」という、激しい言葉を宣言した。日本政府は、［日本人］民衆の望みに対して反対することはできない。［イギリス政府は］イギリス国民の政策に従って行動するべきであり、これまでのように日本と会談するのを避けることなく、直ちに会談して問題を絶対的に審議することを受け入れるべきである」と述べた。

＊イギリス機が香港川に墜落した

香港。先週の木曜日、イギリス機1機が香港周囲の上空をパトロール飛行していて、事故を起こして香港川に墜落し、［機体は］バラバラに［壊れ］、乗員も1人残らず死亡した。なぜこのような事故が多発するのであろうか。

1-8　独り言

1-8-1　国のブタが王室印刷所に勤務していて、周囲の人々を鼻でつついて経済的被害を与え、自分が目をかけてやったことを理由にして収賄するために、他人に助力し職に就かせる企みをしてきたが、全てが人に知られ、今や恐れて仏を求めている。同所に勤務する若い盛りのサルがいて、上司がえこひいき心を持っているので同僚を密告して中傷し、あれこれつついて上司に気にいられるようにすることにばかり熱心である。

これらの人は、このような嫉妬をすることは、いくらも長続きしないことを知らない。今このように人を苦しめることができたら、後日その人が自分を苦しめることができるのである。

1-8-2　sirīsobhaṇa 郡で1人の政府職員が店を開いて賭博をさせている。敢えて逮捕しようとする者はおらず、あたかも政府が賭博場を好き勝手に開く権限を与えたかのようである。政府はこの職員に賭博場を開く許可を本当に与えたのか。

1-8-3　我がクメール女性は、料理を作り、縫い、刺繍をし、繕いをする知識を学ぶことを考えない。おしろいをはたくことただ1つと、あぐらをかいて座って賭博を

することだけを考えている。今は、料理人が欲しい時には、中国人かベトナム人を採用することが多い。クメール人をさがしてもみつからないからである。

1-8-4 前の衛生局長の時代には、クメール人医師は誰1人昇任することができなかった。6年か7年勤務している人もいるのである。一方ベトナム人医師の方は大勢が昇任するのを見た。衛生局長がこのようにクメール国にいるベトナム人の味方をして、国の持ち主であるクメール人を嫌うのなら、政府はクメール国に勤務させるべきであるか、それともベトナム国に行かせるべきであろうか。一方、クメール国の官員の方はクメール国とクメール人を発展させるためだけに働くべきである。

1-8-5 ボーイスカウトをやめたある1人のクメール人がnagaravatta <gazette>［新聞］に回答の手紙を送ってきた。その内容は、「このようにボーイスカウト団が消滅しかけている原因は、<scout>［ボーイスカウト］を統括している人々は<scout>［ボーイスカウト］の衣服を持つだけで、<scout>［ボーイスカウト］の精神は持っていないことによる。即ち、機嫌をとって勲章を貰うことばかりを考えていて、<scout>［ボーイスカウト］のことはあまり気にかけないからである。このように非活動的であれば、きっと台無しにしてしまうのは避けられない」である。

1-8-6 王室印刷所では、政府が解雇した労働者が大勢いる。政府は彼らに予告することなく、辞めさせたいと思った日に、すぐ辞めさせる。これらの人々も矢張り政府に勤務しているのであるから、このようにすることは法律違反である。なぜ商業［界］と同じく、1ヶ月前に予告することをしないのか。

1-8-7 我がクメール人の青少年は、ユースホステル協会に大勢入会するべきである。この協会は大変利益が多いからである。なぜいつまでも無関心でいるのであろうか。現在中国人とベトナム人が大勢ユースホステル会員になる申請をしている。

1-8-8 maṅgalapurī 郡で、以前から我々が話している1人の中国人が、現在ますます大言壮語をして威張るようになり、クメール人を苦しめるだけではなく、自分の仲間である中国人まで苦しめている。そして同州のフランスークメール高官をあまり恐れない。このような勇敢な中国人は、蔣介石総司令殿が今探し求めている最中である。政府は何を待っていて、この中国人を送還して日本と戦う助力をさせないのか。

1-8-9 nagaravatta <gazette>［新聞］読者の皆さんへのお知らせです。今週は我々はまだ活字が整備されていませんので、まずは4ページで発行しました。来週以降、我々は2ページ増して6ページにします。価格の増減はありません。

インドシナ国在住の、新しく購読を登録した皆さんは1年4リエルです。シャム国ーフランス［国］などの外国に住んでいる人は1年5リエルにします。

1-8-10 今年の7月14［日］祭の時、プノンペン市の中国人は誰1人［国］旗を掲げて［祭りを］迎えた者はいなかった。なぜであるかはわからない。我々は、警官が各戸をまわって、「この祭りの時には旗を立てて［祭りを］迎えるように」と告げたことを知っている。こうならば、おそらく今後中国の祭りも旗を立てないのであろうか。

1-8-11 今年の7月14［日］祭で、我々は中国人の<scout>［ボーイスカウト］たちが大勢、花と火の行列をして助力しているのを目にした。クメール人の<scout>［ボーイスカウト］たちはどこに逃げてしまったのだろうか。翌日になっても、1人もいなかった。見たところ大砲の音を聞いて、トウモロコシ畑に逃げ込んだようである。

1-8-12 地方では多くの場所で賭博が行われている。それゆえ政府の何万もの金が姿を消している。プレイ・ヴェーン州では村長が1名、この遊び［＝賭博］が原因で首吊り自殺をした。ター・カエウ州では郡長が1名、この金の遊びが原因で服毒して死にかけた。これらの自殺したいという気持ちは法律には全然違反しない。しかしこれらの者に民衆の金を捨ててなくならせるべきではない。

1-8-13 7月14日に、プノンペンのユースホステル協会が、シエム・リアプ州に行き、<résident>［弁務官］である<nicolas>氏、<karpeles>女史［loka srī］、kraḷāhom 卿であり、農業大臣である krum ghun {surāmritya}の主賓のもとに、初めてのユースホステルの落成式を行い、その他の多くの人々が出席した。

出席した方々は皆、愉快に楽しんだ。

1-8-14 先の7月12日、velā ṭael jhap rien（<vacance>）［休暇］の時に、シソワット中高等学校の生徒たちが、例年通りに志望者が集まって劇を演じ、名士や大小の教授たちを招いて学校で食事会を開いた。

これは、1年間一生懸命勉強してきて疲れた生徒たちが、この日1日を楽しく過ごす日で、フランス人生徒も一緒に参加した。食事が終わると、夫々が別れて自宅に戻るために劇を演じてとても楽しく大歓声をあげた。

nagaravatta は、前回試験に合格しなかった［＝落第した]生徒たちが、我が国の利益を守り発展させることの助力に早く参加できるように、新学期に戻って来たら、望みを果たす[＝試験に合格する]ことができることを祈る。

1-9　しつこく儲けを望むと財産を失う

クメール人の金なのに、得るのがこのようにも難しいのは不適切である

先の7月6日に、<protectorat>[保護国]の長殿、cāṅhvāṅ <bureau>[事務局長]である ṭwḷaṅs 氏、<chef cabinet>[官房長]である peṇāvaer 氏、rājakāra <protectorat>[保護国政府][のクメール国政府への]代表である lūpet 氏が、クメール政府の大臣殿全てと共に、種々のことの会議をするために大会議に出席した。会議がクメール政府の官吏に支給するべき地域手当の件になると、突然 rājakāra <protectorat>[保護国政府]側の諸氏が、地域手当にするためにクメール政府の官員の月給を減額したいと考えた。計算すると各人が毎月多額を失うことになる。この件は、一生懸命熱心に反論し、「現在商品が非常に値上がりしており、官員の月給はとても耐えられないから、クメール政府の官員の月給をこのまま不変にしておいて、要請通りに地域手当を与える。そして手当の額も、同じ公務に従事する職員であり、かつクメール政府の官員はrājakāra <protectorat>[保護国政府]官員ほどには昇任できず、俸給もすでに少ないのであるから、rājakāra <protectorat>[保護国政府]と同額を与えるべきである」と願った法務大臣殿の恩を称賛するべきである。この[法務大臣である] yomarāja 卿と同様に、この法務大臣のように、他の諸氏も身分の低いクメール人官員に同情するならば、金の問題はすぐに決定して、後日の会議に持ち越されることはなかったであろう。

クメール人である官吏は、国もクメール人のものであり、金もクメール人のものであるのに、どうして彼らはこのようにも大変苦労なのか。彼らは政府[＝総督府]が許可した<protectorat>[保護国]側と同じ手当金を得ることを求めているのに、[保護国政府は]どうして彼らの月給を減額することを考えるのか。[これでは]公務に従事する気力をどのようにして得ることができようか。このように商品が非常に値上がりし、必要な出費に不足するならば、全員揃って塩[で飯]を食べるほかしかたがないではないか。

クメール政府側の方は、中級職の官吏はrājakāra <protectorat>[保護国政府]の部局の初級職の官吏より月給が少ない。クメール国<protectorat>[保護国]の地域手当はすでに1年近く得ている。インドシナ国連邦の他の国も同様に得ている。一生懸命税金を徴収して歩いて、国庫に納めているクメール政府側だけは運がなく、いつも他より不利で涙で飯を食べている。

この地域手当ての件は、mahāraṭṭhapāla (Gouvernement Général)[総督府]がすでに許可したのである。クメール政府官員も当然、<protectorat>[保護国]側に得させることを定めた日から必ず得られるべきである。月給も減額するべきではない。クメール側は、国王布告を待つから、常に他より遅れて増額し、しかも政府が増額することに決めた額の満額が増額しないからである。しかし減額する時には国王布告を待ってから減額することはしない、即ち政府の電報の力に従って<protectorat>[保護国]側と同時に減額される。

不満を持つクメール政府の全ての部局の官員たちからの情報では、「もし今回手当がもらえなかったら、ものすごく憤慨して……[注。伏字]……」。

1-10　感謝します

首相である samṭec cau hvāy[ママ。「fā」が正しい] vāṅ varavieṅ jaya と子と孫たちは、"suvaṇṇa aksara" (mliḥ-juon)夫人[loka jamdāv]の葬儀に際し、その始まりから火葬が終わるまで、友情と同情の気持ちから、今回の深い悲しみに参加なさって、仏教の定めと習慣に従って全てとどこおりなく式を終わらせる助力をしてくださった皆様に深く感謝いたします。

今、samṭec と子と孫たち全員は、ここに陛下と皆様に善業を贈り、皆さんの望み通りに、満足のいく結果とあらゆる吉祥を得て現世から涅槃に至るまで永久に幸福と発展に恵まれることをお祈りいたします。

2-1　他が恐れるのをいいことに、ますます踏みつけにする

前の週[=126号2-1]から続く。

我々全ては無学無知であると理解している。それゆえ来て助力して支援し、助力して教えて知識を持たせてくれることを貴殿に頼っているのである。貴殿がこのようにしか言わないのであれば、我々に他の誰に頼りに行けと言うのか。貴殿がこのように言うのは、たぶんまだクメール国をよく知っていないのであろう。貴殿は永年ベトナム国で勤務して浸りきって仕事をしてきたから、ベトナム国の様子しか知らないから、このようなことを口を開いて言うことができるであろうか。貴殿が高度の知識を持つ者だけを選んで楽に働かせようとするなら、今後我々全てはどうして火に当たるような暖かさを得ることができようか。職員全ては、「園芸場長は知恵があるのは事実であるが、比べて話すことがあまりできない」と思っている。我がクメール国をベトナム国と比べることがどうしてできようか。保護国政府は高等教育校を我が国より先にベトナム国に作り、我が国はほんの昨日中高等学校を持ったのであるから、どうして高等知識を持つ人がベトナム国のように[国中]一面にいることができるのか。

ベトナム国の園芸学を教える学校は、政府はベトナム国には作ることを知っていた。クメール国にも同じように作らないのか。

各人が10年、あるいは10年以上も勤務している古い世代の職員たちは、正職員として任官していないから、何か大きい利益を得たようには思えない。新しい世代の職員よりほんの少し楽なだけである。俸給はとても少なく、妻子を養うのには不足である。同じ責務を持って働いているベトナム人は沢山の俸給をもらい、そしてこの部局では、地位が高い同民族がいるので、勤務時間に寝ようが座って居眠りしようが、いつも正しくて良いとしてもらえるので、労苦が少ない。その連中をクメール人が訴えても無駄である。なぜならば、フランス人の直ぐ下は、ベトナム人だけが高い地位にあって我々を監督しているからである。それゆえ、唇を嚙みしめて、黙って我慢していて、ようやく幸福が得られるのである。

まだ後の週[=128号4-6]に続く。

2-2 ［広告］“<quaker oats>”は素晴らしい食べ物の1つです。

この<quaker oats>粉は白小麦[＝オート麦？]から作られ、栄養分がたくさんあります。

幼児、

少年少女、

老人、

胃病の人、あるいは糖尿病の人などは皆食べるべきです。

この粉は消化が早く、味も良く、そして安価でもあります。

早朝の軽食を作るのに、<quaker oats>を使ってください。

［注。缶の絵があり、「QUAKER WHITE OATS」と書いてある］

2-3 シソワット<lycée>[中高等学校]の生徒への盛大な<pris>(raṅvān)[賞品]授与

先の7月12日、プノンペン市mandīra puṇya <philharmonique>[音楽堂]で、国王陛下と<thibaudeau> <le résident supérieur>[高等弁務官]殿を名誉主賓として、インドシナ国一般教育統括官であるcrāset氏を主賓として、シソワット中高等学校の生徒たちへの盛大な賞品授与が行われた。

国王陛下は用務多忙のために、長男であるmunīreta親王殿下[braḥ aṅga mcās]を代理になさった。クメール政府の大臣殿たちは全員これに出席した。

賞品授与を始める前に、父王陛下を代理して、殿下[braḥ aṅga mcās]がdhipaḍin(adhipati) kruṅ kambujā<crois de commandeur de la ṭrīs <royal du Cambodge>)[カンボジア王国勲章コマンドール]章を、インドシナ国における一般教育の優れた統括官であるcrāset氏に表彰として授与した。国歌<[la]marseillaise>と“国のため”曲が演奏されて<pris>[賞品]授与が始まった。

crāset氏のスピーチが終わると、シソワット<lycée>[中高等学校]校長であるḷūsīyer氏が<pris>[賞]を受ける優秀生徒の名簿を読み上げた。

名を読み上げるのが1回終わると、そのたびに生徒と教師たちの喜びの歌と、さらに国歌があった。

2-4 ［44号2-4と同一］

2-5 中等教育修了証書試験に合格した生徒

師範科修了証明書

1。buṅ-peṅ-ceṅ
2。khvān-sī phan
3。ṅvien-yāṅ-pwn
4。nāṅ kramum {dā-sāṇum}
5。īv-cāy īv-yān
6。yim-vaen
7。ket-rwan
8。nāṅ kramum {sīv-eṅ-tuṅ}
9。ḷām-sœm
10。yim-ḍit
11。uṅ-jhwaṅ

<bachot>[バカロレア]第1段階

1。yū-chan
2。nū-hāc
3。duo-jīv-mā
4。thāc-dhuon
5。viñ-yāṅ-hāv

<bachot>[バカロレア]第2段階

1。ṭāv-truṅ-hīv
2。ṅvien-tuṅ-trāṅ
3。ṅvien-min-lwaṅ
4。sāy-jhin

nagaravatta は上の試験合格者たち全員が、さらに学問知識を増やし、やめることがないよう祈る。

3-1 1939年7月18日付カンボジア国<le résident supérieur>[高等弁務官]殿prakāsa <arrêté>[政令]第2514号により、潜水艦(<phœnix>)で死亡した海軍兵士扶助の義援金を募る会議を1つ設立する。

第1条。カンボジア国内に会議を1つ設立して『<phœnix>基金』と命名する。

第2条。この『基金』は1939年7月30日に発足する。

第3条。この会議のバッジを販売して得られた、あるいは贈り物として得られた金は、当該潜水艦が沈没した時に死亡した者の妻子への助力、支援、および新しく潜水艦1隻を建造するために使用する。

第4条。義援金を呼びかけ、贈り物を受け取るために、プノンペン市に委員会本部を1つ置き、全ての州に委員会支部を置く。

第5条。この委員会本部には、カンボジア国政府の長の代理として、総務省(？)<inspecteur>[視察官]である……が長になる。

カンボジア国代表が理事会を構成する

理事：植民地の代表として、……。

同　：カンボジア国軍副司令官である<colonel>[大佐]殿

同　：プノンペン<le résident maîre>[市長]殿

同　：内務大臣である aggamahāsenā 卿

同　：市委員会委員である tān sun huo 氏

同　：カンボジア国経済金融のためのフランス委員会委員である traṅ yāṅ dhiṅ 氏

同　：nagaravatta <gazette>[新聞]社長である pāc-jhwn 氏

同　：<civil>[文官]の編集者である groḷū 氏

<résidence supérieur>[高等弁務官庁]の第3課に勤務する kādus 氏。

第6条。この会議は長が召集した時に会議を開く。

第7条。<chef cabinet>[官房長]殿がこの<arrêté>[政令]の施行を管掌する。

3-2　[119号3-5と同一]

3-3　braḥ uttamamunī (um-sū)の病状についてのお知らせ

仏教研究所の三蔵経翻訳委員会の副委員長で、王立図書館の律蔵校訂 ācāryaで、カンボジア国仏教徒協会会員である、プノンペン市の uṇṇāloma 寺の braḥ uttamamunī {um-sū}は重病で、何日間も飲食ができず衰弱が甚だしく回復の希望がない。

nagaravatta は、遠方に住んでいる僧と優婆塞優婆夷、弟子たち、さらに師を敬愛する方々がまだ師の病状について知らない恐れがあるので、このお知らせをする。

3-4　[126号3-3と同一]

3-5　[広告]　クメール人医師、khemara osatha 店

店は、プノンペン市 braek tnot 路24号、第4区区役所の南近くで、店の前にガルダの像が目印です。

あらゆる種類の病気を治療する薬を売っています。それから痔、梅毒、淋病、下疳、癌の治療もします。それに大小の本に表紙を付けることも請け負っています。

3-6　[120号3-3と同一]

3-7　[終わり近くの「70メートル」が「10メートル」に変わった以外は、48号3-8と同一]

3-8　農産物価格

プノンペン、1939年7月21日

[注。「サトウヤシ砂糖」はない]

籾	白	68キロ、袋なし	3.45 ~ 3.50リエル
	赤	同	2.75 ~ 2.80リエル
精米	1級	100キロ、袋込み	9.45 ~ 9.50リエル
	2級	同	8.35 ~ 8.40リエル
砕米	1級	100キロ、袋込み	5.90 ~ 5.95リエル
	2級	同	4.55 ~ 4.60リエル
トウモロコシ	白	100キロ、袋込み	[記載なし]
	赤	同	0.00 ~ 6.45リエル
コショウ	黒	63.420 キロ、袋込み	22.00 ~ 22.75リエル
	白	同	38.50 ~ 38.75リエル
パンヤ	種子抜き	60.400 キロ	39.25 ~ 0.00リエル

＊プノンペンの金の価格

1　ṭamliṅ、重量37.50グラム

1級	157.00リエル
2級	152.00リエル

＊サイゴン、ショロン、1939年7月18日

フランス国籾･米会社から通知の価格

ショロンの<machine> kin srūv[精米所]に出された籾 1 hāp、[即ち]68 キロ、袋込みの価格は以下の通り。

籾	最上級		4.00 ~ 4.07 リエル
	1級		3.75 ~ 3.80リエル
	2級	日本へ輸出	3.65 ~ 3.70リエル
	2級	上より下級､日本へ輸出	3.45 ~ 3.50リエル
	食用[国内消費?]		3.33 ~ 3.35リエル
トウモロコシ	赤	100キロ、ショロン県マッカサンで売り渡し。	6.75 ~ 6.80リエル
	白	同	6.50 ~ 6.55リエル

米(10月[ママ]渡し)、港渡し、袋込み、税抜き、1 hāp、[即ち]60.7キロの価格は以下の通り。

精米	1級、砕米率 25%	5.45 ~ 5.50リエル
	2級、砕米率 40%	5.05 ~ 5.10リエル
	同。上より下級	4.90 ~ 4.95リエル
	玄米、籾率 5%	4.00 ~ 4.50リエル
砕米	1級、2級、同重量	4.13 ~ 4.15リエル
	3級、同重量	3.70 ~ 3.75リエル
粉	白、同重量	2.33 ~ 2.35リエル
	kāk [籾殻＋糠?]、同重量	1.60 ~ 1.70リエル

4-1　[20号4-6と同一]

4-2 ［111号3-4と同一］

4-3 ［114号4-2と同一］

4-4 ［11号4-2と同一］

4-5 ［121号4-5と同一］

4-6 ［73号、4-6と同一］

4-7 ［125号3-6と同一］

4-8 ［125号3-2と同一］

4-9 ［125号3-3と同一］

4-10 ［33号3-4と同一］

4-11 ［126号4-11と同一］

4-12 ［119号3-3と同一］

4-13 ［124号3-5と同一］

4-14 ［125号3-5と同一］

4-15 ［8号4-3と同一］

4-16 ［126号3-7と同一］

4-17 ［126号3-4と同一］

4-18 ［44号4-6と同一］

4-19 ［123号3-2と同一］

4-20 ［123号3-3と同一］

SAMEDI 29 JUILLET 1939

CIGARETTES
JOB
LE PAQUET VERT

Nagara vatta

Directeur
PACH-CHHŒUN

HEBDOMADAIRE PARAISSANT TOUS LES SAMEDIS

(Boite Postale N° 44)

COFAT
CIGARETTES
La meilleure cigarette
Indochinoise

第3年128号、仏暦2481年1の年卯年 dutiyāsādha 月上弦13日土曜日、即ち1939年7月29日、1部8セン

［仏語］ 1939年7月29日土曜日

1-1 ［仏語で「私書箱 No.44」と「社長、PACH-CHHŒUN」が加わった以外は8号1-1と同一］

1-2 ［デザインが少し変わった以外は8号1-2と同一］

1-3 ［デザインが少し変わった以外は8号1-3と同一］

1-4 ［8号1-4、1-5と同一］

1-5　braḥ uttamamunī {um-sū}の逝去

先日我々が同老師の病状を報道するために印刷した後、その当日に師は逝去した。名誉 rājāgaṇa 職であり、仏教研究所の三蔵経翻訳委員会副委員長、王立図書館律蔵校訂師、高等パーリ語学校の素晴らしい助力者、カンボジア国仏教徒協会会員であり、論蔵の優れた学者であった braḥ uttamamunī {um-sū}は、dutiyāsādha 月上弦5日金曜日の夜の2時半、即ち dutiyāsādha 月上弦6日土曜日（1939年7月22日）に入ってから、プノンペン市 uṇṇāloma 寺の師の庫裏で、長期間の重い病の後、優れた薬と熟練した医師の手当ても軽くすることができず、師を尊敬し愛し、親しく交際した親族、友人、弟子、内弟子、住み込み修行僧、僧、優婆塞優婆夷の惜別の中で満59歳で逝去し、彼岸へ旅立った。

同7月22日土曜日午後5時に［金属製の］座棺に納め［蓋を］半田付けして密閉する式を行い、安置しておいて雨安居明けに荼毘に付すことになった。この納棺の時に、<le résident supérieur>［高等弁務官］殿代理として cāṅhvāṅ <bureau>［事務局長］である ṭwwḷaṅs 氏、仏教研究所事務局長である <karpeles>女史［loka srī］、カンボジア国医務局長である ?nak okñā mahāsenā 卿の代理として宗教<bureau>［課］長である okñā sīri mattiyā、仏教研究所所長である samṭec krum braḥ vara cakra raṇariddhi {suddhārasa}、クメール政府首相である samṭec cau fā vāṅ vara vieṅ jaya {jūn}などの大勢の大小の官吏たちが集まり、納棺する前に各人は遺体に拝礼し、遺体に香り水をかけた。

大小の位の僧たちもそこに集まって香り水をかけた。

衛生局長と第2 警察署<commissaire>［署長］は退いて、医務法に従って納棺を監督した。

各人に恩を施した師に追善供養をするために、火葬式をするまでの毎日、師の庫裏で読経が行われた。

braḥ uttamamunī の逝去はカンボジア国の仏教徒である多くの僧と在家に大きな衝撃を与えた。「あらゆる人々が仏教を確かに固くはっきりと知るようにしたい」という「尽きることを知らない望みを心の中に持つ人」であるとして、カンボジア国中に有名であった優れた仏教支援者を失ったからである。師は温和で礼儀正しく謙遜できちんとしていて戒律をよく守り、仏法を説明してわからせる話に優れていた。

同老師殿は心の方面の深遠な仏法であり、学んで理解するのが難しい論蔵に確実な知識を持っていて、無学無知である大衆に聞いてわかりやすく説明して示し、理解させる能力を持っていた。師は一生の間絶えることなく一生懸命熱心に宗教の教育に励み、実に多くの仏教徒を教えた。

同老師殿は亡くなった時に、何1つ宗教の仕事でやり残したことはなかった。即ち正観を行うことと学ぶこと、三蔵経を学ぶことを全うした。ただ1つ、師が全力を尽くして一生懸命努力して、病をおして翻訳していた三蔵経は律蔵が終わり、経蔵がほぼ半分終わったところで閻魔大王に出会い、その手からのがれることができず、今後仏教に5000年の寿命を与えるための基礎にするために、一生のうちに三蔵経［の翻訳］を作ることを心から愛し、全てを終わらせることを望んだ師の肉体の生命は断ち切られた。

閻魔大王！ 仏教を支持支援して栄えさせようとしてきた人であるこの老師殿の定めの時を遅らせるという理解を、なぜしなかったのか。あなたは宗教にあまり関心を払わない人よりも、人々のための利益を追い求め、宗教を支援する人をより多く必要としているのか。

仏教研究所は、三蔵経の翻訳などの事業で研究所を発展させることにおける重要な片腕を失って大変悲しんでいる。王立図書館と高等パーリ語学校は、仏教方面のを指導し発展させることにおける最も高い世話と気持ちを持つ、素晴らしい助力者と良友を失って深く悲しんでいる。仏教徒協会は現在まだ堅固にはなっていない。この協会を創立した人々の中で、大きな価値を持つ高貴な助力者である会員を1名失って深く悲しんでいる。さらにカンボジア国の仏教徒は、師を敬愛する僧たちと、まだ学習中の弟子たちも含めて全てが、だれかれの区別なく世話をして利益を計り、宗教の面での幸福と発展のみを望んだよき心を持った特別な良友と師と別離して、深く悲しんでいる。

nagaravatta は深く悲しみ、天国に旅立った故 braḥ uttamamunī（um-sū）老師殿に平身して敬意を示し、親族、友人、それに僧、優婆塞優婆夷、弟子たち全てにお悔やみを申し上げる。

1-6 srae ampil へ行くコンポン・スプー大街道について

地方のいくつかの州政府が、「クメール人は怠惰で、政府のための仕事をすることを志望しない」と嘆くのをしばしば耳にする。先日我々は、現在政府がカンポート州と結んで srae ampil へ行く道路を建設中であるコンポン・スプー州で、大勢のクメール人が志望して働きに来ているのを目にした。我々が質問すると、実に笑い出したくなることに、「コンポン・スプー州では働く労務者は不足していない。労務者に働かせる鍬と［土を入れて運ぶ］笊が足りない」と言う。さらに我々が、「どうして他の州と違ってこのように大勢が来て参加するのか」と質問すると、「コンポン・スプー州の rūñī <le résident>［弁務官］殿と ghim-dit 氏が熱心であり、そして政府のために働いて疲れる子や孫に慈悲の心があり、氏たちは労務者たちが食料が不足しはしないかと常に注意を払って世話してくれる。さらに手当て金の支払いもきちんと期日通りで、氏たちは遅らせたことがないからだ」と答えた。我々はこの様子を耳にして、たとえばカンダール州で、<gautier>氏がフランス国に行く前に、我々に、「『クメール人を探して働かせるのは難しい』という嘆きの言葉はない」と語ったことを思い出した。氏も rūñī 氏と同じ仕方でしていたからである。では他の州ではなぜこの仕方でできないのだろうか。

我々がこれまでに何回も検討してわかったことによると、州の保護者である方々全ては、政府の仕事をしてくれるクメール人にあまり関心を持たない。現地の技師の好きにまかせていることが多く、技師たちはフランス人ではなくて、我が民族に誠実心がなくて難癖をつけることばかり考えていて、政府に、「クメール人は働くのを怠けたがる」と理解させようとする。たとえば以前我々が詳細に調査して我々の新聞に掲載したシエム・リアプ州のアンコール・ワットで働く労務者のようにである。

もう1つ、フランス人の中には、自分はフランス人以外の民族である妻を持っているので、他民族を愛する、あるいは容易に友情を結び、その民族を助けようとする人がいる。たとえばバット・ドンボーン州で pārūlat 氏が同州に勤務していた時に、同州の技師殿がベトナム人100名を連れてきて労務者にする申請書を氏に提出した。pārūlat 氏はクメール人に誠実心があるので認めなかった。しかしこの技師殿は、それでもしつこくして、ついにベトナム人を労務者にすることができた。そして残りの金3、4万は我慢して財務局に戻し、敢えてクメール人を働かせることはあまりしなかった。そして、「働くクメール人を探すことができない」と嘆いた。ある技師は、雨期にはクメール人は田畑作業で忙しいことを知っていて、それでも［仕事を］遅らせてその時期になるのを待ってから、「クメール人はきっと来ない」とわかっていて、労務者を徴集して働かせようとする。保護国政府に、「クメール人は怠惰である」と確認させるためである。

このようであるから、クメール人は政府に雇われて賃金を得ることを望まないかのように見える。しかし、詳細に検討するとそうではない。クメール国中に、縦横にある道路は誰が作ったのか。クメール人ではないのか。政府は、民衆が田畑作りに忙しくて1日も手を抜くことができない時期にぶつけて民衆を徴集して道路を作らせることを続けている。民衆各人はどうして自分の仕事を捨てて政府の仕事をしに来ることができようか。

民衆が貧しくて、仕事を探してもなく、政府の仕事をすることができる州もいくつかある。しかし、コンポン・チャム州などのように仕事が豊富にある州では、その仕事を捨てて時間をみつけて政府の仕事にしに来ることはできない。

働く人を探して雇おうとする時に、政府は、するべき仕事がすでにある人を徴集して、その仕事を捨てさせて政府の仕事をしに来させるべきではない。政府は歩き回って、するべき仕事がなくて市場の中でぶらぶらしている者を連れて行って、する仕事を与えて働かせ、ぶらぶらと無駄に遊びまわらせないようにするべきである。この者たちこそが、いつも飲み屋に入ったり、アヘン窟に入ったりしていて、そのうちきっと飲み食いしたり、［アヘンを］吸う金がなくなって、飲み食いし、吸うための金を得るために盗み、強奪するに至るのである。

政府が何かをさせようと考える時には、市場を遊びまわって悪事を働く者たちを集めて政府の仕事をさせれば、我々はとても嬉しい。「政府は仕事がない人に助力して仕事を与えて、使う金を人並みに得させることになる」と思うからである。

それゆえ、政府は働く労務者を十分に得たければ、我々の1939年2月4日付の<gazette>［新聞］106号［1-5］の解説が、我々が今上に評論したことと同じ内容を持つ、と［我々は］理解する。たとえば、rūñī 氏は我々の評論に従ったのではないのは事実であるが、「慈悲心でクメール人を救ってきた氏の良い考えは、我々が解説してきた望みと同様に発展を得させた」と［我々は］理解する。クメール人が無学無知であるのは事実である。しかし善を知り、悪を知る知恵は十分にある。ただ他民族と違って、敢えてそれを広く広めようとはあまりしないだけである。それゆえ、「クメール人は魂がなく、誰かが何かをして苦しめても何も感じない1本の樹木のように無学無知である」とは考えないでほしい。

それゆえ、上のこと全てを、「クメール人はどこが怠惰と言えるのか」と要約する。

1-7　諸国のニュース

1-7-1　イギリスが空軍を派遣してフランス国で軍事演習をする

ベルリン、7月13日。先週木曜日に発行された<gazette>［新聞］は、「今後2、3日中に、イギリスは、samudra <méditerranée>［地中海］海岸と mārol 国の港のフランス空軍との合同軍事演習のために、航空機200機と1,000名を下らない空軍兵をフランス国に派遣する。今回の軍事演習は大規模な飛行テストと爆撃を行い、それが終わるとイギリス国へ帰国する」と述べている。このことはそれだけであれば何でもない。「それ以上の行き過ぎがなければいいが」と鳥肌が立つ。

1-7-2　［注。写真があり、その下に］ <brévier> <gouverneur général>［総督］殿と司令官である ḍaerœñḍiñsaer <général>［将軍］殿

1-7-3　ドイツとダンチヒ

過去2、3週間のことをまとめると、ドイツはダンチヒに3個師団を送り込んだ。ポーランドはこの軍を阻止することができなかった。一方、ダンチヒ国在住のドイツ・ナチ党の代表であるドイツ人の方は、この国がドイツ側に戻れるために、強い支援の仕事をしている。ドイツの兵と武器がダンチヒの近くに配備されたのは、ダンチヒを占領するために、すでに同意されていたことである。

ドイツは、「80百万のドイツ国民が、ダンチヒに助力して併合して同じ国土にすることに賛成している」と述べた。

現在、ドイツは、兵を選んで数千万に増員しようとする大きな準備をしているようである。市内に勤務する男性官員は多くが引き抜かれて兵として出され、その後に女性を入れて男性の職務に就かせている。

1-7-4　イギリスとポーランド

イギリスは、「我々は、『ポーランドを侵略させない』と我々が保証した言葉を忘れてはいない。しかし、現在のダンチヒ領内はどの民族よりもドイツ人が多く、ほとんどのことがドイツ人の手に落ちている。さらに住民もほとんど全てがドイツの権限下にいることに賛成していて、現在すでにドイツ国になってしまったかのようである。我々が行ってそれを妨げるか、あるいはドイツから権利を奪い返すことは、これだけのわずかなダンチヒの国土のことで戦争が起こってヨーロッパ全体に広がる恐れがある。しかし、ドイツがポーランドの利益と独立を損なう場合には、我々は我慢しない」と述べた。しかし現在の所、「イギリスがポーランドに助力して守るために兵を送った」という情報はまだ聞こえてこない。ただ、自国の全てのところに配置し終えている。この情況を注視している人々は、「また前回と同じように派遣が間に合わないのではないか」と心配している。

1-7-5　平和は誰に?

イギリスは、「世界は静かにしていて、悪いのはドイツが他人の領土を侵略し続けていることである。この侵略行為は世界に黙ってはいさせない。立ち上がって武器を掴み、攻撃して殲滅するべきだ」と言う。

ドイツは、「我々が侵略して国土を奪うのは、手に入れるのが正しい国土だけを手に入れているだけである。そしてそこの住民はおとなしく我々の側に入ることを承服しているから、静かに血を地に落とさない方法で行なっている。イギリスが介入して火を付けて燃やして焦がしているのが悪い。イギリスがこのようにする行為が、世界戦争を生じせしめるのである」と言う。この非難と反論とからは、我々聞く人には、「平和は誰にある」と判

断したらいいのかわからない。

1-8　独り言

1-8-1　最初我々は、「地方だけで賭博が行われている」と思っていた。今や我々は、「プノンペン市でも賭博が行われている」ことを知った。さらに我々は我々の目で目にしたのである。「地方ならば、警官があまりいないから、仕事がなくぶらぶらしている者がこっそり賭博をすることができるのも当然である」と言うのなら、道に警察官がたくさんいるプノンペン市で、なぜこの連中はどうやって<police>[警官]の鼻先で賭博ができるのだろうか。

1-8-2　nagaravatta 印刷所が誕生した。クメール語の文書や本の印刷を全て請負うことができます。

1-8-3　ター･カエウ州 trāṅ 郡 jī kmā 村 pandāy 地区で、あるクメール人が泥棒にスイギュウを盗まれ、[そのスイギュウを]コーチシナ領に連れて行かれ、そこで[その盗まれたクメール人が]ベトナム人に殴り殺された。そしてベトナム人は、「[その殺されたクメール人が]自分たちのスイギュウを盗んだ」と告訴し、それからそのクメール人の遺体を māt jrūk 省の diñ piaṅ郡のベトナム人郡長の所にかついで行った。そのベトナム人たちは、そのクメール人がベトナム人のスイギュウを盗んだのは事実であるという証拠にするために、そのクメール人のスイギュウとは違うスイギュウの写真を持って行った[注。役畜の所有者は、その役畜が自分の所有物であるという証拠として、その役畜の特徴書と写真とを携帯している。この証拠を偽装したということである]。[その時]別のクメール人のグループが[ベトナム人の後を]つけて行って、クメール人のスイギュウを取り返し、diñ piaṅ 郡の郡長の所に連れて行った。氏[＝郡長]は検討して、「死んだクメール人がスイギュウの所有者であることは事実である」と判断し、ベトナム人たちに、「この[クメール人]盗賊を捕まえたものは、全て出頭して名前を届けよ。私は政府に<médaille>[勲章]を申請してやる」と告示した。それを聞いてベトナム人のグループ17名が、「私がクメール人泥棒を捕まえた」と名乗り出た。それから郡長殿はこのベトナム人17名を全員逮捕して投獄した。現在、クメール人を殺してスイギュウを強奪し、そしてクメール人が盗賊であるかのように偽装したベトナム人盗賊たちは、この重罪から逃れるために弁護士を雇ったという情報を我々は得た。死亡した人の妻子と兄弟たちは、貧しくて[ベトナム国に行って]ベトナム国を知ったことがない人たちばかりであるが、「これらの盗賊が皆罪を逃れるのではないか」と心配している。そしてクメール裁判所にこの事件を審理させることを望んでいる。我々は、この求めの通りに許可してやるべきであると思う。なぜならば、国境近くのベトナムの郡では、ベトナム人が訴訟に勝つことが多いからである。

我々は、知恵があり策を用いて盗賊たちを全て逮捕することができた diñ piaṅ 郡の郡長を大いに称賛する。

1-8-4　前の週[＝126号1-5]に我々は、「本日から<gazette>[新聞]の掛売りを中止する」と宣言した。我々がこのように言ったのは、掛け買いをして、後で<gazette>[新聞]代金を払うのを拒否する人のせいで生計を立てて損をすることがないように、普通の商売をして生計を立てている人のやり方に従って言ったのである。しかし、「我々は厳しすぎる」と理解する人がいる。しかし、大勢のクメール人からなるグループが1つあって、そのようには理解せずに、一生懸命仲間を誘い合わせて、すぐに<gazette>[新聞]購読代金を持ってきて支払った。こうすることが、まさに、「民族を憐れみ、愛し、救う気持ちがある」ということであると理解したからである。即ち nagaravatta の解説通りに理解することが、かれらの大変満足するところだからである。

1-8-5　地方で、官員たちが公金を使って賭博をして、数万を失った。そして政府はこの件をなかったことにしようとしている。一方、ポー･サット州の方では、コーヒーを売っているクメール人が1人いて、クメール正月に近くの仲間を誘って[店で]賭博をした。政府はその店を閉店させ、[コーヒーを]売らせない。一方、もう1つの賭博をさせた別の店の方は、政府が何かの罪に問う様子は全く見えない。さらに現在、1人の他民族が phdaḥ <commissaire>[警察署]のすぐ近くで店を開いて賭博をさせているが、政府は全く知らない、見えない振りをしている。例のクメール人の店だけ「知って聞いた」のである。我々は悪人の味方は決してしない。[しかし、]政府は、「罰するべきだ」と理解するなら全てを罰するべきである。どうして片方だけをやかましく言うのか。

1-9　国際労働機関[＝ILO]が勤務時間を定める

1938年6月に、国際労働機関は、1939年に工業と商業と<bureau>[事務所]における勤務時間の規定[時間]を減らす要請を実施する計画を策定し、前もって大国政府に意見を聞くことにした。

eḍū?ārd pāyin 氏は、“<journal> ṭeṭepāt” という名の新聞に、[次のように]書いている。「56ヶ国の政府に意見を聞いたが、1939年3月1日までに機関に回答したのは25ヶ国の政府しかない。この25ヶ国政府の中の9ヶ国政府が、国際的に勤務時間の規定を48時間以下にする国際的取り決めを定めることに同意しない。さらにもう9ヶ国の政府は、勤務時間の規定を減らす考えに反対はしないが、『現在のところ、工業と商業面で、勤務時間規定を1週間に48時間以下にする協定を結ぶことはできない』と述べている。その他の7ヶ国の政府は、普通の勤務時間規定を1週間に40時間に減らすことに完全に賛成している。この7ヶ国とは、ベルギー国、デンマーク[国]、スペイン[国]、アメリカ合衆国、フランス国、ノルウェー[国]、ニュージーランド[国]である。この7ヶ国の政府の中のアンケートに回答したスペイン<république>[共和国]政府は現在はなくなったので、現在は6ヶ国である」

“昨年6月の、意見を聞き、提案を訊ねる件は、すでにおわかりのように、喜ばしい大きい結果はあまりなかった。”

それゆえ、国際労働機関からの報告書には、このように解説されている。

“諸国政府への意見を聞き、提案を訊ねることの結果を検討し、この件と、その実施方法に関する変更を検討すると、工業と商業面での勤務時間の規定を1週に48時間以下に減らすことは、多くの国で考慮することを中止したか、あるいは延期していることがわかる。さらに別の国々では、この件に関して考慮する努力を減らし、放棄したものと理解される。”

“このような新しいできごとを生じせしめることは、現在世界の大きい地域で大いに考慮されている政治と経済の道で探し求めるべきことである。多くの国では、政治の面で互いに反目していて、多くの困難を抱えている。そして経済の面で互いに反目して、平常と異なっていて安定していない。毎年武器生産が極めて増大し、1国全体の収入の大きい部分を支出するに至っている。そして世界を発展させるための任務を与えるべき資源がない。”

“このように政治に幸福がない所、経済に安定がない所では、諸国の政府は、工業と商業において勤務時間の規定を1週間に48時間以下に減らすための国際的協定に参加することを喜ばない。たとえ短い期間のうちに協定を結んでも、あまり良いものではなく、いくらも好まれない。事実、これらの国々の政府は、国防のために、戦争のために、経済のために、時間的に間に合うように、roṅ <machine>[工場]と事務所におけるスピードをいつでも直ぐに変更できる自由を欲する。”

eḍū?ārd pāyin 氏は、氏の意見を我々は上に述べたが、全部をまとめて次のように述べている。

“これまで考察してきたことを今後容易にすることを考えるために、国際労働機関は現在この件を無駄にさせた原因を知らないわけではない。”

それゆえ、これまで改正を心から望んできたフランス国は、今は考えてきたことを大きく遅らせて、いずれ便宜な時が訪れた時に決定したいと思う。eḍū?ārd pāyin 氏は、「政府が時間的に危険がある恐れがあるのを防ぐために出した4月22日の<décret>[法令]は全て、新しく改定し、1週間に40時間と変更したものにさらに変更を加える。国際労働機関は、現在勤務時間の規定を減らすことを考えることは不可能であることは事実であると認める」と述べた。

1-10　地方における寺の土地税を徴収することについて

地方の僧が、「寺の土地税を徴収しに来る人がいて、1つの寺から3.00リエルから3.50リエルを徴収する。この徴収は、[政府の]どの部局が徴収に来させているのかはわからない。そしてなぜ徴収するのかもわからないし、さらに領収証もない」と言って苦情を言うのを聞いた。

今回我々は土地登記局に、「このように寺の土地税を徴収する国王布告が本当にあるのか」を確認するために、質問しに行った。我々が質問し、国王布告全てを調査するために行って訊ねると、寺の土地は政府に税を払う必要がないことがわかった。土地登記局が何かの地図を作成してくれるために測量する必要があっても、無料で測量してくれなければならない。しかし寺の土地はいずれ[の寺]も、最大5ヘクタールまでしか許可しない。

もう1つ、もしある寺がその寺の土地の境界について争いが生じて、土地登記局に訴えて測量してもらって土地の境界を正しくする場合には、その寺は法律の規定に従ってその費用を別に支払わなければならないのは事実である。これ以外に何の税も支払う必要はない。しかし、我々は全ての寺の僧と国民全部に公告するが、下の我々の忠告をはっきりと信じて従ってください。

今後、誰かが敢えて何かの税金を徴収に来たら、領収証を請求して、その領収証が政府の方式に正しく合っているか否かをよく検討してください。もし領収証をくれなかったら、その場合は払ってやらないでください。もしその徴収人が、それでもしつこく徴収しようとしたら、一緒に村長か、近くにある保護国の部局に連れて行って、政府の方式に合っているか否かを検討させてください。

政府の方に関しては、「保護国政府が何か1セン以上の税金を徴収する必要がある場合には、すべて領収証が必要である」とはっきり信じてください。それがない場合、あるいは偽の紙の場合には、政府の仕事である公務とは認めないでください。

pa.　jha.[＝pāc-jhwn]

2-1　[広告]　1939年7月31日に開院します

私立医院

ṅvien-vāṅ-miñ 医師殿

NGUYEN-VAN-MIÑ 氏[M.]

元プノンペンの miḥ phdaḥ bedya <hôpital>[miḥ 病院]の医務官

あらゆる種類の病気(即ち赤痢、マラリア、咳、腹·

肺·胃痛、など)、皮膚病の伝染病、全ての婦人病と出産。

バット・ドンボーン <maréchal> suḥ 路135号

2-2 [44号2-4と同一]

2-3 [広告] osathasthāna campaṅ (Pharmacie Principal) [Principal 薬店]

プノンペン aṅga ḍuoṅ 路と <doudart de lagrée>大路との交差点

nœville 氏:ボルドーの大学卒、1級薬剤師。元植物と薬材<laboratoire>[試験所](mandīra lpaṅ vidyāsāstra[科学試験所])の、生薬と薬剤の薬剤師。

……………………[注。ママ]

生薬材(科学による)、薬材、それに良く効くもの全てを購入します。

価格も安くてリーズナブルです[ママ。この文は恐らくこの下の部分の説明]。

香水と香料、

顕微鏡(医師の)、

カメラを販売しています。

"コダック"と"ツアイス·イコン"のカメラを展示販売しています。

あらゆる種類の写真の現像と焼きつけを承ります。

"<elisabeth> tha?ārdaer"の化粧品の独占販売をしています。

日夜、専任ガードマンがいます。

日曜も祭日も休業しません。

2-4 [125号3-6と同一]

2-5 [127号2-2と同一]

2-6 [120号3-3と同一]

3-1 [広告] 質流れ品の売却公告

1939年7月31日午前8時半、プノンペン<boulloche>路の<jean-comte>商会で競売をする。

301型(プジョー)車、[ナンバープレート:]P.P.4318

paek cān の miṅ-pū の所有物

最低価格…………700.00リエル

これの売却は契約、あるいは保証ではなく、現金売りである。

購入者は、購入価格に、[購入価格の]100リエルにつき10リエルを加えて[支払う]。

3-2 [111号3-4と同一]

3-3 告示

潜水艦『<phœnix>』委員会の委員である<le résident maîre>[市長]さん[?nak]は、プノンペン市の民衆に通知する。7月29日から8月5日まで、義援金呼びかけを行い、金を集めて潜水艦『<phœnix>』の死亡者の家族に助力し、かつ前と同じ型の潜水艦1隻を新しく建造する資金にする。

義援金のリストは保護国政府と[大]商店に送付するので、このリストで義援金を出していない者は、この会議の herāññika(?nak kān prāk)[現金出納官]である<résident supérieur>[高等弁務官]府第3<buerau>[課]の kādus 氏に[寄付金]を持参して出すことを求める。

理事会は、現在全世界に広まりつつある、この非常に衝撃的な事故のためのこの善業に助力する浄心を持つ皆さんに前もって感謝する。

3-4 [広告] お知らせ

先日アンコール·ワットへ観光旅行に行ったユースホステル委員会は、アンコール·ワットに容易に観光に行けるように、かつ[協会の]今後の発展のために、全ての官吏が自由に入会してユースホステル会員になる資格を与えることを決定しました。

ただし、それらの方々は、携帯して行って、1泊につき0.30リエルを支払って簡単にユースホステルに宿泊できる証明にするための<carte>[身分証明書]を得るために、1年につき1.00リエルの会費を支払う必要があります。食べ物の費用は、アンコールの前に食べるための店が1軒あり、1食が0.25リエルだけ、軽食だけですと1食0.10リエルです。

アンコールを見る案内をする人が欲しい皆さんは、シエム·リアプの ṭamṇāk 寺の住職師僧の所にいらして訊ねてみてください。皆さんが雇って乗りたい<remorque>[ルモック]は、1日1.60リエルだけで、<remorque>[ルモック]1台に2人乗れます。

全てを要約すると、1日観光するのに1.70リエルかかるだけです。

3-5 [123号3-2と同一]

3-6 [123号3-3と同一]

3-7 <conseil> senāpatī[大臣]殿たち全員の地方訪問

7月13日、クメール政府の<conseil> senāpatī[大臣]殿全員が、公共土木事業局の仕事をして賃金を得ることをしたがらない各州の民衆たちに説明してわからせるために、地方を訪ねた。クメール人民衆がしたがらないので、道路を作る労務者を探して雇うのに、政府は大変苦労しているのである。もしクメール国内でクメール人労務者を探して得ることができなかったら、政府は転じてベトナム人を連れてきて我が国で働かせる。

3-8　［広告］　vissakammabāṇija［＝店名。「ヴィッサカルマンの商業」］

皆さんにお知らせします。現在、『vissakammabāṇija』がプノンペン ṭwwḷābak 路73号の店に来て、設立されました。新しくて美しい cakrayāna（<bicyclette>）［自転車］を製作し、あらゆる付属品の卸売りと小売をしています。また古いものを修理して新しく丈夫で美しくします。

皆さんは、世界の中で極めて優れた me kāra［技師］、即ち me jāṅ［職人長］であると言われるヴィッサカルマン神の名声と威力とを見聞きしてきたでしょう。ですからこの情報を知ったらすぐに『vissakammabāṇija』店を見に来るべきです。そして見て、その珍しさと、購入して行って愛用品として使って満足するに価し、お金を惜しむべきではない、美しくてしかも安い品々できっと驚くでしょう。そしてこの自転車は、使っていて何かの原因なしに壊れた場合には、私は無料で修理します。

3-9　［広告］　痔を治療するクメール人医師

私は名は smien {yan} で、シエム・リアプ州 cuṅkāl 郡 cuṅkāl 村に住んでいます。私はnagaravatta <gazette>［新聞］を購入して、プノンペン市 braek tnot 路319号のクメール人である dhū-nuy 医師殿の名前を見ました。「痔、白帯下、帯黄色帯下、淋病、下疳、潰瘍、の8種［ママ。病名は6つしかない］の病気を治療し、もし治らなかったら治療費は無料」ということでした。私は17歳から40歳になるまで痔を患っていました。185キロメートルをウマに乗り、3日かかって到着するという、ウマにたくさん乗ったために、この病気が重くなり、生きていられない程になりました。私は必死の努力をして自動車に乗って到着して、彼に治療してもらったところ、たったの1日で完全に治癒して今に至っています。それからこの医師殿は幼児などの病気を診るのも上手で、薬代もリーズナブルなので、我々貧しい人でも、金を探してきて治療することが十分できます。皆さんがもしこの痔を患っていたら、dhū-nuy 医師殿に治療してもらえば、確実に治癒します。皆さんは、［治る、治らないという］賭けはしないでください。こういうわけで、私は<gazette>［新聞］に掲載して彼の恩に報います。

3-10　仏教徒協会の発展

仏教徒協会は、仏教徒が結束してカンボジア国の仏教を支援する協会であり、生まれたばかりで、年齢は約7ヶ月である。しかし、会員になり、資産力に応じて年会費、あるいは月会費を支出する諸氏の浄心の力で急速に発展しつつある。

非常に遠いのでまだ知らないのであろうストゥン・トラエン州を除いて、カンボジア国の全ての州で、浄心のある諸氏が各地域の会員になっている。

［会員数が］1番上の州はカンダール州で、gien svāy 郡の郡長である ?nak okñā metrī bhūdhara {uṅ-hū}氏、およびが副郡長である hū-samphun 氏が一生懸命熱心に官員や民衆を誘って大勢が入って会員になった。その次はコンポン・チャム州で、koḥ sūdin 郡の khñuoṅ 寺の住職師僧殿の仏教に対する堅固な純粋さと努力は称賛するべきである。［師は］師の弟子たちである優婆塞優婆夷に一生懸命説明して分からせて勧誘し、200名がこの協会に入会した。このことは他の寺は模範とするべきである。もう1つ、sdiṅ traṅ 郡でも、sdiṅ traṅ 寺の ḷeṅ 住職師僧、森林局の<agent techinique>［技師補］である sam-un 氏、郡長である mam-phan 氏たちが一生懸命にこの善業を広めて、官吏や民衆大勢が入会した。コンポン・チナン州では、州知事である ?nak okñā sraen dhipatī {sum-hieṅ}氏、dī <résident>［弁務官庁］に勤務するthī {hun}、puripūṇa 郡郡長である sān 氏が心を込めて州、郡、村の官員や民衆を誘い、大勢が仏教徒協会に入会した。他の官吏への模範になったこれらの方々の純粋さには感服するべきである。kambaṅ laeṅ 郡郡長である hās-pin 氏は、官吏と民衆大勢を率いて入会した。クラチェ州では、kraceḥ 寺の vinaya dharagaṇa 師僧殿が出家と在家を熱心に誘って大勢が入会した。ター・カエウ州では、官員と民衆を熱心に誘って仏教徒協会に大勢入会させた土地登記局勤務のthī {but-um}の努力を称賛するべきである。paen-jīv 氏と、<bureau foncier>［不動産課］の<chef>［長］であるthī {kaṅ-phān}と pādī 郡（ター・カエウ）学校の教師である ācārya {kaev sārin}も心を込めて誘い、大勢をこの協会に入会させた。

その他の州でも大勢の諸氏と僧たちが同じように一生懸命熱心に仏教徒協会に助力し支援してくれている。

仏教徒協会の会員数は、特別会員と普通会員を合わせて、1939年1月から7月15日までに、861名になった。

このことは、その他の州のまだ知らない諸氏と僧たちは、仏教徒協会が早く成長してしっかりした力を持ち、政府が行うことを許可したlakkhantika 、即ち lakkhaṇa baññatti（statut）［定款］［の中の事業］に従って仏教の支援事業を行なうことができるように、自分自身も他の人々も他の僧たちも誘って大勢がこの協会の会員になってほしい。なぜならば、現在は仏教徒協会はまだ幼くて、定款中の目的に従って何か多くの事業を行うことがまだできず、ただ仏教を仏教徒に広めるために、協会の事務所で毎月講演をしているだけだからである。

まだ会員の数が弱い州は、会員が大勢いる他の州に恥ずかしくないように、仲間を誘って大勢入会するべきである。

今後、会員の数を抜き出して、どの州に何人いるかをお知らせする。

仏教徒協会理事会は結束して正等覚の仏教を引っ張り上げて栄えさせ、力を減らさないようにすることができるために仏教徒協会の会員になった諸氏に深く感謝する。

3-11 ［125号3-3と同一］

4-1 nagaravattaがお知らせします

nagaravatta 印刷会社は木曜日、即ち1939年7月27日夕刻5時丁度から、uṇṇāloma 寺の予備パーリ語学校で総会を開きました。

総会は、次のように理事を任命しました。

vāḍīvālū 氏　理事長
pān-yiṅ 氏　顧問
dā-jāvlī 氏　顧問
sum-vā 氏　書記

理事会は、出資書と出資者がすでに払いこんだ金額を検討しました。検討の結果、出資書はすでに払い込んだ金額に一致し、かつプノンペン市の公証人である sāsœ <maître>［弁護士］の確認とも一致することが判明しました。それから総員で投票をしてこの検討が正しいことを承認しました。

それに次いで、総会は、この印刷会社と統合される nagaravatta <gazette>［新聞］の株数と金額とを調査するために、調査人を1人選出しました。

［その結果、］総会は swṅ-ṅuh-thān 氏を、［株数と金額を］確認し、調査書を作って総会に示す調査人に任命しました。

来る dutiyāsāḍha 下弦9日水曜日、即ち8月9日夕刻5時丁度にもう1度総会を開くことが決定されました。

それゆえ、総会の会員［＝株主］の方は必ず上記の日時に遅れないように、同じ uṇṇāloma 寺の予備パーリ語学校での、我々の会社を決定するための総会に出席してください。もし［出席］人数が不足すると決定できず、手続きがさらに後日に遅れます。

nagaravatta

4-2 プノンペンの木材を運搬する牛車について

牛車を所有していて、木材を運んで料金を得ている貧しい人々が大勢、「警察官たちが、長さ8メートルから10メートルまでの木材を運んでいる牛車を捕らえて、1台あたり『3.00リエル』の罰金を科し続ける」と嘆いているという情報を得た。

このような厳しさは、厳しすぎて貧しい民衆に今後この生業で生計を立てることをできなくさせる。なぜならば、各人それぞれが牛車を1台、多くて2台所有して、1回運んで『0.50リエルか多くて1.00リエル』を得ているからである。政府が牛車を捕らえて1台に『3.00リエル』の罰金を科するならば、民衆はどこから金を得てきて罰金をはらうことができるのか。

もう1つ、このように厳しくすることは、新しく始まったことであり、以前からずっと我々は目にしたことはなかったことである。長さ10メートルという制限は、家を建てようとする政府も国民も全て長い材木を必要とするから、材木を商う ṭaṅkhau たちは、長さをこれより短くすることはできない。政府が長い材木を市内に運び込むことを禁止すると、買わなければならない時はどこに買いに行けというのか。またたとえ［市］外で買ったとしても市内に運び入れることはできない。材木は長いのもあれば短いのもあるから、市内に入れない。もし運び込むと政府が新しく定めた、この法律によって罰金を科されるからである。

それゆえ、nagaravatta 新聞は保護国政府は、民衆がこの材木運搬業を行なって生計を立てることができるように、この件を検討してみるようお願いする。

4-3 ［20号4-6と同一］

4-4 雑報

4-4-1 braḥ grū {netra}の遺体が発見された

lvā-aem 郡の kaev maṇī 寺の住職であった braḥ grū {netra} は、舟が沈んで亡くなって3日たったが、今回遺体が発見された。弟子たちは集まって師の遺体の火葬式を行う時日を決めてください。

4-4-2 追善供養の辞

拙僧、［即ち］sanduk 郡（コンポン・トム）kambaṅ thma 村の jamnit 寺の住職である braḥ dhammathera と同寺の檀家であり弟子である優婆塞優婆夷たちは、そろって財物を寄付して、先日逝去なさいました braḥ uttamamunī (um-sū)の告別式を行い、四物の寄進と説法を行い、この高貴な善業の集まり、即ち積善を師に追善供養致します。師は私たち全てにとって以前に助けてくださった方、即ち仏法の師であったからです。この幸福を生む善行の力が、師に助力して、今後幸福を豊富に得させてくださるようお願いし、そして今回ここに集まった思いやりの気持ちのある人々全てに悟りを与えてくださるよう、お願いいたします。

4-4-3 去る jesṭha 月下弦1日に、bhnam beñ 郡（カンダール）sno 村の simbalī bhnieṅ 寺の師僧［ママ。名前はない］の火葬式が大勢集まって行われ、同老師僧はこの郡域内の僧たちの戒和尚であったので、弟子たちが全部集まって相談して1週間行われた。

4-5　［121号4-5と同一］

4-6　他が恐れるのをいいことに、ますます踏みつけにする

（前の週［=127号2-1］から続く。）

クメール人の方は、死ぬほど一生懸命働いても、それでも上司に気に入って貰えない。ほんの些細なミスを犯すと、自分が場長と直接話しをする権限を持つことをいいことにして、大げさにして場長に訴えて解雇させる。公平に言って、働いている人は皆、常に正しいことをすることもあれば、過失をすることもある。このように場長が同民族の［我々職員の］上司の言葉だけを信じて、正否を審理しなかったら、将来職員は全てこの中傷によって滅びてしまうのは避けられない。

職員全ての日給は、me pœk prāk（L'agent de paiement）［支払い官］は、以前は1ヶ月を25日として計算していたが、今は転じて実際に勤務した日数で計算する。祭日で休むと、金は払わない。病気になって医者に<visite>［診察を受けに］行き、医者が1日、あるいは半日休ませると、場長は［手当を］計算してくれない。最近、職員は休むのが適切である病気では、敢えて休もうとしない。死にそうになり、歩けなくなってはじめて敢えて入院の申請をする。

この部局は他の部局より働くのが苦しい。保護国政府は生命を養うのに足りる俸給を得させることを考えてほしい。この部局の長は地方の<en tournée>［視察］に度々行かせる。それゆえ、道中の食費がたくさんかかる。道中の食費と biervatsa ṭael samrāp sṭī kāra ṭoy dī tampan［地方出張勤務手当］（indemnité de route et séjour）［旅費と宿泊手当］もとても少なくて道中の出費に足りない。

もう1つ、保護国政府は，他の部局と同じように、マラリア汚染地域手当てを与えることを考えてほしい。この部局はマラリア汚染地域に仕事に行くことが多いからである。

勤務時間についても、厳しすぎる。午前は6時から11時まで、午後は1時半から5時半までであった。現在、さらにこれより時間を増やして午後は1時半から6時15<minute>［分］前までである。時には超過して6時丁度までになることもある。

このように厳しい規定を課することは、職員たち全ては守ることができない。なぜならば、自宅は全て遠方の沼の底［注。埋め立てがされていない土地の安い地区］にあり、その上さらに俸給も少ない。場長は自分1人だけの楽を考えていて、どうして自分の命令下にいる我々全てが楽に呼吸できるようにすることを考えないのか。

限度を超えて厳しい制限を課しているので、［出勤］時間に間に合わない勤務者は、全て園芸場長は半日の休暇を取らせて［＝後から出勤させる］自宅に追い返す。俸給は少ない上に、さらに半日分損する。これこそが、政府がベトナム人の地位を高めてクメール人を監督させるからであり、その結果政府はクメール人には全く慈悲心を持たないことになるのである。

クメール人はフランス人だけに来て支配してもらいたがっていて、それで十分である。rājakāra <protectorat>［保護国政府］は、政府と同じ民族が不足していて勤務させることができないのなら、そのポストをクメール人に与えてほしい。おそらく同じように仕事をすることができる。

我々が上に述べたことは全て、<le résident supérieur>［高等弁務官］殿を長とし、クメール人の父母である保護国政府は、貧しいクメール人の子が、遠くの国に学びに行って金を沢山使わなくてもすむように、容易に入学して学ぶことができるようにするために、クメール国に園芸の学校を1つ作って、クメール人に助力して支援してください。そして、教育局［ママ。恐らく「園芸場」が正しい］の職員たちのために、次のような法律を定めてください。

第1。俸給にきちんとした体系を持たせ、食糧の物価に従って増額し、家族を養うのに十分であるように定めてください。

第2。職員を支援して他の部局と同じ金と biervatsa ṭael samrāp sṭī kāra ṭoy dī tampan［地方出張勤務手当］（indemnité de route et séjour）［旅費と宿泊手当］が得られるようにしてください。

第3。勤務時間を他の部局並みに弛める決定をしてください。そしてこの部局は仕事がとても疲れるので、土曜日の午後は休ませてください。

第4。中傷して職場を失わせることに対する恐れをなくすために、正式な職員に任命して、その確かな証拠を持たせてください。以前、国がまだ貧しい時に、政府は出費が多くならないように勤務者の数を減らしました。

現在、全ての種類の仕事がますます増えています。そして国も飢饉を乗り越えて2、3年がたちました。保護国政府は助力して支援して楽にしてくれるべきです。

プノンペン<petit>［小］tā kaev 園芸場職員たち

4-7　農産物価格

プノンペン、1939年7月26日

［「サトウヤシ砂糖」はない］

籾	白	68キロ、袋なし	3.45 ~ 3.50リエル
	赤	同	2.85 ~ 2.90リエル
精米	1級	100キロ、袋込み	9.45 ~ 9.50リエル
	2級	同	8.35 ~ 8.40リエル
砕米	1級	100キロ、袋込み	6.00 ~ 6.05リエル
	2級	同	4.70 ~ 4.75リエル
トウモロコシ	白	100キロ、袋込み	［記載なし］
	赤	同	0.00 ~ 6.25リエル

コショウ	黒	63.420キロ、袋込み	22.00 ~ 22.75リエル
	白	同	38.75 ~ 40.00リエル
パンヤ	種子抜き	60.400キロ	40.00 ~ 41.00リエル

＊[「プノンペンの金の価格」はない]

＊サイゴン、ショロン、1939年7月24日

フランス籾・米会社から通知の価格

ショロンの<machine> kin srūv[精米所]に出された籾1 hāp、[即ち]68キロ、袋込みの価格は以下の通り。

籾	最上級	4.00 ~ 4.07リエル
	1級	3.75 ~ 3.80リエル
	2級　日本へ輸出	3.95 ~ 3.70[ママ]リエル
	2級　上より下級、日本へ輸出	3.45 ~ 3.50リエル
	食用[国内消費?]	3.45 ~ 3.48リエル

[注。以上で終わっている]

4-8 [11号4-2と同一]

5-1 [126号3-3と同一]

5-2 [127号3-5と同一]

5-3 中国のニュース

5-3-1 中国は兵が少ないことを心配していない

中国は戦闘兵の数が少ないことを心配しない。中国は日本との戦闘で何万という数の兵を失っているのは事実であるが、すでに誰でも知っているように、中国は人口が多いので、依然として戦闘兵に不足してはいない。現在、時々の徴兵で現在の現役兵が2,000,000名、予備兵が700,000名、匪賊兵が50,000名、負傷兵が1,500,000名、将校が160,000名を合わせて総数4,500,000名にすることができなかった[ママ。恐らく「できた」が正しい]。ドイツ兵の割合とほぼ同じである。それゆえ、中国は世界で最も兵の数が多い国であることがわかる。

現在中国はyuddhopagaraṇa(grwaṅ campāṅ)[戦争の武器]と多額の費用の件だけを心配している。この2種が十分にあれば、日本は中国に勝つことができないと予想できる。しかし、識者たち一般の観察では、「中国は兵を多く持つのは事実であるが、その兵士たちの多くは労務者を捕まえてきて兵にならせているので、戦術方法の知識がなく、『知っているもの10名は、熟練した人1名にかなわない』という文に当たる。それゆえ、中国が日本に勝つのは「見ようとしても見えない」である。

5-3-2 中国交通相が銃殺された

読売新聞<gazette>[新聞][ママ。「新聞」が重複]は、「重慶の中国交通相であるcāṅ gieṅが蔣介石の兵に逮捕され銃殺された。この人は中国を日本と平和を結ぶ方へ引っ張って行くために汪精衛とこっそり共謀していたからである」と述べている。

もう1つ、「陸軍大臣も辞任しようとしている」という情報がある。しかしなぜ辞任するのかは明らかではない。

5-3-3 日本とイギリス間の会談

天津(ずっと中国であった)で事件が生じた時以来、日本とイギリスとの間に強い語調の衝突があった。即ち日本はイギリスを、イギリスは日本を訴え、錯綜してどちらが悪く、どちらが正しいのかがわからなかった。その後、東京で両者が共に、「平和か戦争か」で何回も会談に入り、現在に至っているが、まだどちらに進むかという最終的決定に達していない。

イギリスが言う言葉によると、「日本が現在このようにイギリスに無理難題を言うのは、ヨーロッパで戦争が勃発しかけており、イギリスはヨーロッパ守備に駆けつけて行かなければならなくもあり、アジア大陸の守備にも駆けつけて来なければならなくもある、ということに[解決の]道を見ているからである。それゆえ日本はこの機に乗じてイギリスを大声で怒鳴り付けて、我慢できずいらいらする気持ちにさせている。しかし、たとえ日本がこのようにしても、これはトラの絵を描いてウシに怖がらせるようなもので、イギリスは恐れはしない。しかし、この件は日本が望むのなら、会談して互いに和解することができる」と言っている。

5-3-4 prajādhi puk 工が訴えられた[ママ。これは中国のニュースではない]

(シャム)検察局長は、7月17日にprajādhi puk王と王妃に対して、「この被告2名は、退位した時に王位の公金(即ち代々の王のための金)6百万バーツ以上を自分のものにした。それゆえ政府は両被告のシャム国内にある財産を全て押収すること、さらに6,673バーツの罰金を科することを求める」という内容の起訴状を提出した。この訴訟は、もし原告が勝訴すると、prajādhi puk王と王妃はきっと財産を全て失って、無一文になる。考えると正義の道は傷ましく、諺に「雲を望み、ミミズの糞に隠れる[＝高い地位にあった人が落ちぶれる]」とあるのにぴったりである。

5-4 [119号3-5と同一]

5-5 [125号3-2と同一]

5-6 我々がポー・サット州から得た最新情報

我々が知った最新情報では、ポー・サットの、huy-jāという名のクメール人のコーヒー店に、今回政府は7月13日から、開店して営業することを許可した。しかし、

huy-jā には今後コーヒーを売ることを厳重に禁止し、全てを mam に売却させ、[mamに]7月13日から営業させる。しかし我々は、ポー・サットにはもう1軒ベトナム人のコーヒー店があって、puṇya <quatorze juillet>[7月14日祭]に店を開いてあらゆる種類の賭博をさせた。店に入って見物する人全てから1人5センずつ取り、この賭博をさせる中国人長が1人いた。賭博をしに行った人から1人5センを取り、賭博場の席料も全員から取った。取って何をしたのか。この取った金は全て、プノンペンで祭りの時に寄付を集めたのと同じように、「医務局の助力に持って行くためであった」と言い、我々は何も異議を言わない。しかし我々は事実を明らかにすることを求める。我々は若干の疑問を持っている。もし政府が上の我々の解説通りにするつもりだったのなら、なぜ他の店にも、金を取って持って行って医学を補うために使うために、賭博をさせなかったのか。なぜ他の店は逮捕して、この店1つだけに賭博をする権利を与えておいたのか。我々が確かに知ったことによると、huy-jā の店が閉店させられたのは、クメール政府の偉い官員である中国人[ママ]が1人いて、賭博をさせて寺銭も取らせた。そしてこの huy-jā がクメール正月の時に、この官吏から、賭博をする人を全部[自分の店に]連れて行った。それでこの官吏が恨みに思って難癖をつけ、告げ口をして huy-jā の店を閉店させたのだという。

我々は、ポー・サットの<le résident>[弁務官]殿は、賭博をなくすのに厳重な注意をしていることを知っている。ではなぜ、今も賭博が行われているのか。

ポー・サットの長の家の下側のベトナム人居住地区に、もう1人のベトナム人の家があり、いつも賭博をさせている。そして[大金を賭ける]上客ばかりである。しかし、ポー・サットの警察官は目隠しをしているようで、転じてわずかな金でクメール人の店で pie kaṅ や ā poṅ 賭博をする者を捕らえている。これが、この州の保護者であるポー・サット<le résident>[弁務官]殿の厳しさを恐れ、それに従っているということなのである。

5-7 [終わり近くの「70メートル」が「10メートル」に変わった以外は、48号3-8と同一]

6-1 [126号4-10と同一]

6-2 [8号4-3と同一]

6-3 [126号3-7と同一]

6-4 [126号4-11と同一]

6-5 [73号、4-6と同一]

6-6 [広告] 良い機会

カンポート州で、面積が9ヘクタール30アールの畑[ママ]が1つ売りに出ています。ドリアン樹が200本、マンゴーが50本、さらに番石榴樹、パンヤ、コーヒー、ミカン樹が多数植えられています。畑の世話人が住む家もあり、この畑で使用するのに必要な諸道具も沢山あります。

種々のことは、プノンペンのnagaravatta <gazette>[新聞]の<bureau>[事務所]に訊ねてください。

6-7 [119号3-3と同一]

6-8 [126号3-4と同一]

6-9 [44号4-6と同一]

6-10 [125号3-5と同一]

[注意。この後129号－137号は欠]

SAMEDI 7 Octobre 1939

CIGARETTES JOB LE PAQUET VERT

Nagaravatta

COFAT CIGARETTES La meilleure cigarette indochinoise

HEBDOMADAIRE PARAISSANT TOUS LES SAMEDIS

Directeur PACH-CHHŒUN

Boite Postale N° 44 Téléphone N° 111

[注意。129号から137号まで欠]

[この間に nagaravatta 印刷所が操業を始め、植字工が不慣れなのか、この138号からは、誤字･語、脱字･語、行の入れ替わり、などが多くなり、かつ活字が摩滅していて、たとえば「k」、「g」、「t」はすべて単なる黒い長方形になっているというような状況で、甚だ読みにくい。誤読があるかも知れない。cf.141号6-1]

[この新聞のバラ売りが10センに値上げされていいる]

[英･仏とドイツとの戦争が始まり、新聞の検閲が始まっている]

第3年138号、仏暦2482年1の年卯年 bhadrapada 月下弦9日土曜日、即ち1939年10月7日、1部10セン[注意。増ページして値上がりした]

[仏語] 1939年10月7日土曜日

1-1 [仏語で「私書箱 No.44」と「社長、PACH-CHHŒUN」と「電話111番」が加わった以外は8号1-1と同一]

1-2 [デザインが少し変わった以外は8号1-2と同一]

1-3 [デザインが少し変わった以外は8号1-3と同一]

1-4 [8号1-4、1-5と同一]

1-5 我々は1人の<gazette>[新聞]読者の手紙を受け取った。我々は熟慮して、情報を我が民族に提供してはっきり知ってもらうために、以下の通り、<gazette>[新聞]に掲載するべきであると思った。

互いに知り合いになれば困難の時を乗り切ることができる

私の友人大勢が、よく私に訊ねます。直接口頭で訊ねる人もいますし、何人か次々に人を介して訊ねる人もいますし、また手紙で訊ねる人もいますが、「フランス国に戦争が起こった以上は、政府はあなたを呼んで戦いに行かせるだろうか、それとも呼ばないだろうか」と訊ねます。あまりにも大勢が訊ねますので、私は全ての人に直接答えることはできません。ですから、私はこの<gazette>[新聞]の紙面に書いて、友人全てにお知らせして、知っていただきます。

私は、このように私のことを心配してくれる友人たち全てに大変感謝しています。ですが、私は兵役の義務から外れてもう何年もたちますから、どうか友人の皆さんは私のことを心配しないでください。しかし、もし政府が私を戦いに行かせる必要が生じたなら、私は一転して慌てることなく、躊躇することもなく武器を手に取ります。

もう1つ、私と私の友人であり、このnagaravatta <gazette>[新聞]社長である pāc-jhwn 氏が、前の戦争の時に大フランス国で戦うことを志願した時に、私たちは誰からも脅され、強制されることなく、心から志願して行きました。即ち、何か理由があったから行ったのです。

私たちが大フランス国を愛し、生命を捧げることを厭わなかったのは、2つの理由によります。

1。それは恩を知る気持ちです。大フランス国は我がクメール国に比類ない恩を施しています。70年余り以前の我がクメール国は、たとえば困窮している人のようでした。病気で死にかけていましたが、医師が来てその病気を治療して治し、さらにその後ずっと面倒を見て守りました。私は生まれてきて物事がわかるようになると、大人たちが[次のように]話すのを聞きました。「フランスが来て支援する以前の我がクメール国は、多くの種類の苦しみがあった。あるいはシャム軍を恐れ、あるいはベトナム軍を恐れ、あるいは互いに王位を争っている、仲間であるクメール軍を恐れていた。戦争の恐怖が終わると、天然痘やコレラなどの病気の恐怖があった。50年余り前から、我がクメール国は幸福と安寧に恵まれ、逞って逃げることは1度もなかった。学問知識も人並みにまずまずの程度発展した。この幸福と安寧と発展は、大フランス国の旗の庇護のおかげで得たものである」

2。私は血が100パーセント純粋なクメール人です。純粋クメール人は、家系も種族も同じである民族と国に温和で誠実です。正直と思いやりを愛します。心も戦争に対して勇敢で、フランス人と同様に、戦勝を重ねました。このことはクメール国の歴史とアンコール・ワット遺跡の回廊の壁に彫られた絵がその証拠です。私は、「大フランス国の大敵が武力に頼って国際法を犯して不法行為をしている」と聞いて、我慢ができず戦いに行くことを願ったのです。

誰か、「自分はクメール人である」と自ら自慢し、そして私が上に述べた条件を供えていない人がいたら、「その人は純粋なクメール人である」と信じてはいけません。その人はクメール人の振りをして、ラフォンテーヌの寓話の中の、人の衣服を着て羊飼いに姿を変え、人目がない時に子ヒツジの首を折って食べるオオカミのように、利益のみを求めているのです。徳も罪も、正も邪も何も知らず、何とかして財産を沢山手に入れたいと望んでいるだけです。

我々クメール人は、老いも若きも、男も女も、貧しい人も金持ちも、我々の恩人である大フランス国が、国際法を犯して不法行為を行う敵とこのように激しく戦っているこの時に、我々は結束して我々の恩を知る気持ちを示すために、それぞれの力に従って大フランス国が勝利するように助力し支援するべきです。こうしてこそ、古くからの言葉で言うところの「互いに知り合いになれば、困難の時を乗り切ることができる」です。

1-6　諸国のニュース

1-6-1　9月28日の ārip 電による情報

フランス国。パリ市からの情報。フランス国内閣は laddhi <communisme>[共産主義]を解散させ、フランス国および植民地の国民に、今後この主義を信じることを禁止することを合意した。

9月29日[ママ。見出しは「28日」]の情報。当日夜、ドイツ機1機がパリ市上空に飛来した。同市の市民たちは慌てることなく自分自身を守る手立てを整えた。

その1日前、(モーゼル)県地域でフランス軍は若干前進し、ドイツ兵若干名を捕虜にした。

＊ロシア国

モスクワ市からの情報。ロシア国と(エストニア)国とは困難が生じた時の相互支援条約を締結した。

ロシア国とドイツ国とは、ポーランド国を互いに分割して領有し、その国境を定めることに同意する協定を結んだ。そしてポーランド国内の騒動は沈静化した。両国政府は、[次のように]述べた。「それゆえ、世界の諸国は幸福を求めるために相談し合うべきである。即ちフランス国･イギリス国とドイツ国との間の戦争は鎮め、これ以上互いに戦うのを中止するべきである。なぜならば幸福追求と停戦については、ドイツ政府とロシア[政府]は一生懸命話して、必ず和解する道を求めるからである。かりに会談して、フランスとイギリスがそれでも戦争をすることに熱心で、平和が求められない場合には、全責任はフランスとイギリスにある。ロシア国とドイツ[国]とはこの件を解決するために互いに協議する」

同協定で、ロシア国は天然資源をドイツ国に見返り供給することを承知し、ドイツは自国の工業製品である種々の機械をロシアに見返り供給することを承知した。

＊ポーランド国

ワルシャワ市からの情報。ドイツ軍に対する抵抗はまだ続いている。今、ワルシャワ市は parājaya[敗戦](cuḥ cāñ)[降伏]を受け入れた。同市の市民たちは、ドイツ軍が全市を包囲し、さらに大砲で砲撃を続け、さらに加えて爆撃して市は火災になり、破壊され、大勢があちこち一面に死亡していて病気を発生させ、もはや人も動物も生きてはいられないという悲惨な状態にあるからである。

一生懸命に自らの国土と民族を守備し、恐れずにほとんど全てが生命を失うまで敵に抵抗したポーランド人の心意気を称賛するべきである。

1-6-2　9月30日の ārip 電による情報

マルセイユ市(フランス国)からの情報。政府は同市に潜伏中のドイツ人252名を逮捕した。

ローマ市(イタリア国)。ドイツ政府はイタリア国外相であるチアノ氏をベルリン市に来て会談をするよう招いた。

jarsūvī 市(ポーランド国)。jarsūvī 市を守備していた司令官は、弾薬と飲料水が尽きたのでドイツに降伏した。

1-6-3　10月1日の ārip 電による情報

パリ市からの情報。モーゼル川の東でドイツ軍がフランス軍を砲撃したがフランス軍も砲撃して応戦した。フランス機とドイツ機とが空中で激しく戦った。

(ザールルイ)市の東南で、フランス軍は若干前進した。

ポーランド国大統領である(Ignacy Moseieki)氏は、9月30日に辞職した。フランス国在住のポーランド人は(Wadyslav Raczkievicz)氏を後任大統領に選んだ。

ロンドン市からの情報。ドイツ国を偵察に行ったフランス機がドイツ機と遭遇、空中戦をしてドイツ機2機が被弾して火災を起こして墜落した。

パリ市。ある工業会社がフランス国守備に使うために100,000フランをダラディエ氏に提供した。この会社こそが、外国にいる、夫を兵にとられた女性たちに助力するために、60,000フランを政府に提供した会社である。

＊中国

重慶市からの情報。中国軍と日本軍は湖南県の北で激戦中である。この戦場は長さが65キロメートルあり、日本軍多数が死亡した。3日間日本機に爆撃された tāṅ jā 市は家屋数千棟が全焼した。

上海市からの情報。中国人が密かに画策して日本兵を輸送中の列車を脱線させ、30名を死傷させた。

1-6-4 10月2日の ārip 電による情報

ロンドン市からの情報。(ジークフリート)と呼ぶドイツ要塞[線]の上空でイギリス機5機がドイツ機15機とおよそ35<minute>[分]間空中戦を行った。イギリス機3機が被弾して墜落し、もう1機が強制着陸させられた。ドイツ機は、2機が被弾して墜落、他は逃れて姿を消した。

モスクワ市からの情報。ロシア国政府は、(フィンランド)政府と(ラトビア)国政府に、エストニア国と同様に、ロシア国と相互支援条約を締結させたがっている。

ベルリン市からの情報。チアノ氏はイタリア国に帰国した。

(コペンハーゲン)市からの情報。(デンマーク)船1隻が潜水艦に攻撃されて沈没し、11名が死亡した。この潜水艦の国籍は不明である。

(ストックホルム)市からの情報。パルプを積んだスウェーデン船1隻が、ドイツ軍艦に拿捕され、(キール)市に拉致された。

ドイツ潜水艦1隻が別のスウェーデン船1隻を攻撃して沈没させた。同船の乗員18名はデンマーク船に全員が救助された。

パリ市からの情報。ザールルイ市の南とラサール川の東でフランス軍を攻撃したドイツ軍はフランス軍に攻撃され後退した。

1-6-5 10月3日の ārip 電による情報

ローマ市からの情報。ドイツ国政府がチアノ氏をベルリンに招いたのは、ポーランド国統治と、フランス国とイギリス国に強制して停戦させる考えについて種々のことを相談する前に、イタリア国閣僚たちの心を測るためである。

1-6-6 10月3日[ママ。「1-6-5」と重複]の ārip 電による情報

モスクワ市からの情報。(リトアニア)国は近いうちにロシア国との防衛支援協定を締結する。

ロンドン市からの情報。イギリスの buok <gazette>[新聞記者]たちは、「イギリス国とフランス国とは[ドイツとの]停戦に同意しない。停戦に応じるのは、laddhi <nazisme>[ナチズム]を撲滅し、同時にポーランド国を以前の状態に戻したら、両国は停戦に応じる」という考えで一致している。

下院本会議で、イギリス国首相であるチェンバレン氏は、「敵国がどのように脅迫しようと、イギリス国とフランス国とは勝利を得るまで戦い続け、勝利を得た後に停戦する。イギリス国の方はすでに長期間戦うための人と物資を多量に徴集してある」と述べた。

10月3日、パリ市からの情報。ドイツ軍がモーゼル川とラサール川の東でフランス軍を攻撃したが、フランス軍が攻撃して全て後退させた。同所では敵対している両軍は大砲で砲撃し合った。

1-7 独り言

1-7-1 我々は、バット・ドンボーンの弁護士殿何人かが、「nagaravatta <gazette>[新聞]が自分たちについて根拠のない虚偽の報道をした」として、この<gazette>[新聞]を訴えようとしているという情報を得た。ある1人の弁護士殿、即ち官員が職権を濫用して違法行為をしたということについては、我々の<gazette>[新聞]は報道して保護国政府に情報を提供した。我々はそれらの人々に立腹もしていなければ恨みに思ってもいない。我々相互の間には何もトラブルはないからである。即ち我々は、この悪い心の弁護士殿を頼っている無学無知の人々を守ろうとしたのである。我々の方は、クメール人が互いに不法を行わずに、法律に従って生計を立てることを望んでいるだけである。

この我々のもっとも優れた望みは、我が民族に助力し支援して人並みに高貴にするために、時々間違いを犯している人に、心を入れ替え、良く真っ直ぐにさせたいと思っている。「無学無知の人々よりも知識がある」としていて、そして一転して適切でない行為をする。知識がある我々が名誉にふさわしくないことをしたら、我が民族は頼るに足る人として誰がいるのか。

[注。欠けている129号から137号のどれかの]第1ページの「独り言」を、皆さんは詳細に検討してほしい。きっと我々はいずれの弁護士殿も責めてはいない、即ち無職であり、[弁護士の]権限を使って訴訟を起こしている人を脅して騙して自己の利益を求めるために、弁護士という名前を使って不法行為をしている何人かの人々のことを言っているのであることがわかるであろう。

上の最後の項は、もしいずれかの弁護士が上の悪者たちと共謀しているというのが事実ならば、政府は召喚して職業を剝奪して、このようにして生計を立てることがないようにしてほしい、ということをつついたのである。

何人かの弁護士殿が我々を訴えたいと思っていると聞いて、我々は反対しない。先日述べたような悪事を行ったことに心当たりがある方は、どうぞ[自分の]名前を出して我々を訴えてください。我々はその訴えた人の名前を出して、国中いたるところにいる我々の<gazette>

[新聞]の購読者に知らせる。

1-7-2　我が国には、依然として遊び歩いていて、何か仕事をしているようには見えない人がまだいる。将棋を指して歩く者もいるし、闘鶏をして歩く者もいるし、賭博をして歩く者もいるし、女を引っ掛けて歩く者もいる。保護国が苦しんでいる時に、我々クメール人が誰も国土を守るために志願して兵にならないのなら、全てが一生懸命働いて生計を立てることを考えるのが正しい。何か遊びの方面のことだけを考えている人は、生命を養うのに十分な資産を持っている人であっても、「無益な人間である」とみなされる。人として生まれてきて、土地を重くするだけで自分の同胞に迷惑をかけるだけである。

それゆえ、政府はこのようなぶらぶらしている者を捕らえて公益のために強制して働かせる法律を出すことをお願いする。

1-7-3　ポー・サットの dheṅ-sī phān 氏は兵になることを志願し、[また氏の]娘2名も赤十字社に入らせた。さらに<machine> ṭer[ミシン]2台を同社のために、政府に寄付した。この方は真実にフランス政府に忠誠を持っていることがわかる。実に褒め称えるべきである。

1-7-4　シエム・リアプ州 kraḷāñ 郡 thkūv 地区で、悪事を行なって貧しいクメール人を苦しめて生計を立てている他民族が1人いる。自分が金をたくさん持っていることを頼りにしているので、jar dik[＝樹脂の1種。舟の防水剤にする]と松明を安く値切って買って値上がりさせ、貧しいクメール人に暮らすことをできなくさせている。しかし、この他民族は脱税することが多く、輸出して売った jar dik と松明の[払うべき]税金を全額払うことはあまりない。一方、貧しいクメール人の方は、全員が政府に不足なく税金を払っている。この他民族はシャム国から買ってきた kām bhlœṅ khlī(<revolver>)[拳銃]を1丁持っていて、家に隠しているという。

我々は、この件を保護国政府に提供する。

1-7-5　braek hluoṅ 村と nārin 村(バット・ドンボーン)の住民93名が、文書を書いて我々に送ってきて、「pāt brā の<gendarme>[憲兵]が、住民がすでに政府から許可をもらっている田地を開墾するのを禁止し、田の魚を取ることも薪を伐ることもさせないで、住民を苦しめていることに不満である」と訴えてきた。現在我々はこの訴えの手紙を dī <le résidence supérieur>[高等弁務官庁]の訴え受付所に届けた。

1-7-6　現在nagaravatta 印刷所は道具が完全にそろいました。即ち、あらゆる種類の印刷と製本、生徒のための本、小冊子、メモ用紙、定規、インク、ペン軸、ペン先、万年筆なども販売しています。価格はリーズナブルです。皆さん、この印刷所に見に来てください。これらの気に入るものを見ると、きっと欲しくなります。

1-7-7　理髪師をしている ghuon-sā?īm 職人はクラチェで、我々の<gazette>[新聞]を購読するための<gazette>[新聞]を仕入れています。nagaravatta <gazette>[新聞]を購入したい人は、この店に行って訊ねてください。彼は我が民族には丁寧で親密です。

1-7-8　先日、我々は、「政府が<bicyclette>[自転車]の所有者に <plaque d'identité>、即ち乗り物の所有者の名前と住所[の札]を付けることを定めた」と述べた。しかしその後、我々は何らかの効果があるのを目にしていない。9月3日になって、<la vérité> <gazette>[新聞]がこの件について、ほぼ我々と同じことを述べているのを目にした。しかし少し違いがあり、泥棒が自転車をしょっちゅう盗むことを明らかにしてから、「krasuoṅ <police>[警察局]が自転車を盗む盗賊を捕らえることを考えず、転じて自転車札[がない自転車]を捕まえることばかりを考えるのなら、政府が定めた自転車札は何の役に立つのか」と述べている。

もう1つ、彼らを捕まえて名前と住所を十分に書きとめた上に、現在役所に勤務に行くためや、生計を立てるために乗って行く乗り物である車を、どうして押収して持って行き、それから車の所有者に罰金を払うように命じるのか。このようなやりかたは行き過ぎである。

もう1つ、政府が付けるように定めた札は、本当に発展している。即ち、プノンペン市の、札1枚につき1リエルと5 kāk をとる2人のベトナム人彫り職人にとって発展である。彼らは。また罰金も発展させた。プノンペン市に自転車が何万台もあるとしたら、このベトナム人は政府の定めを実行するのを待つだけで、金を全部どこかに持って行ってしまうのは確かである。

でも、罰金をとられる人々は、払いすぎることになっても承服している。しかし、政府は罰金として得た金を、<la vérité> <gazette>[新聞]の中で言っているように、衣服を購入して、フランス国で戦争をしている兵たちに助力するように、全部赤十字社に渡してほしい。そうするのが他のことに使うよりも適切である。

1-7-9　クメール裁判所の検察事務官であった sū-pin jhin 氏は、10月1日に daduol <retraite>[定年退職]した。そして最高裁判所の会議は、同氏をバット・ドンボーン州クメール裁判所の弁護士に任命した。

我々は、daduol <retraite>[定年退職]して、新しく弁護士になった氏が、今後も発展と幸福とが授かるよう祈る。

1-8 1914年のヨーロッパ—1939年のヨーロッパ

[上の]このタイトルで、aṅtre tārḍīyœ 氏が1つの重要な解説をして、ヨーロッパ諸国が2グループに分かれた同盟を比較している。[注。以下は翻訳と要約であるせいか、クメール語文として少々おかしいところが多々ある]

1914年から1939年までの[比較]リストを作って、この2つのグループの損得を計算してみて、tārḍīyœ 氏は、《計算すると、イタリアードイツ側は以前の3国を合計したよりも土地も人口も多いが、以前の3国をあわせたよりも優れてはいないことがわかる》と言っている。

イタリア国、日本国、ベルギー国に協力する策をとったことで損害が多く、利益は何もなかったことについて、tārḍīyœ 氏は、「もしロシア国が加われば、どのような価値があるか」を考察し検討している。

ポーランド国と友好を結んだことと、トルコと友好を結んだことは、大変安心である。ルーマニア国はだまされて彼らの国に併合されるのを恐れて、おそらく我々の側に入るであろう。合衆国(アメリカ)については、tārḍīyœ 氏は、「戦争が起こって2年経過すると、きっとまた1917年と同じことをするだろう」と確言している。

全てをまとめると、2つの国、即ちフランス国とイギリス国のグループは、悪い状態からはずっと遠くにいる。もう1つ、tārḍīyœ 氏は、「このグループは極めて優れている」と述べている。

国境を整え、友好を結んだ以上は、「どの地域でも全て、総力はイギリス人とフランス人の方が1914年よりも、そしてイタリアとドイツよりも優れている」と我々は理解しよう。

イギリス人とフランス人とは、財力の面で他より優れている。このグループは金[きん]を敵側よりはるかに多量に持つ。イタリア国はまだ金銭を持っているが、占いのように推測するだけである。

ドイツ国は借金が1938年に150,000百万フランに増加している。そして1939年5月1日に法律『(klemaṅtael 方式で税金を借りる)』を出したことから大変貧しいことがわかる。この両国は金銭が不足しているので戦争を1年も続けることはできない。

消費財の方も、フランスとイギリスの方が食料と武器の備蓄を沢山持っている。ドイツ国は諸国を自国に併合したので増えた。イタリア国は全くない。この両国は武器生産のために必要不可欠な天然資源がすぐに不足する可能性がある。

海路に関しては、フランスとイギリスはやはり優れている。このグループは、samudra <méditerranée>[地中海]を出入りするための2つの航路を支配していて、ドイツ船隊とイタリア船隊が互いに助力しに出入りするための海路を切ることができる。イタリア国全土は、自国内の海岸は全て敵の銃砲の前にある。イタリア国がアルバニア国を得てから、アドリア海への海路は封鎖することができたが、そのほかはどうであろうか。

陸上戦の体制もパリーロンドン側がローマーベルリン側より発展している。1939年のフランス軍は1934年[ママ]より優れている。我々は、<ligne maginot>(pandāy <maginot>)[マジノ線]と呼ぶ場所を持っている。ドイツ国は陣地が不足している。イギリス国は全員が兵になることを考えている。

政治の面でも25年前よりたくさん発展している。

イギリス国はためらうことがなくなった。たとえば1931年の危機の時のようにである。<ramsay macdonald>氏はすでに死亡した。今日から以後、イギリス国は協力して守備することから生じる利益を理解した。この友好は、戦争がある時には、戦争が起こった後ではなく[戦争が起こる]前に生まれなければならない。

学問知識と考えの面も、我々が勝ると思われる。フランス人とイギリス人は互いに相互間の摩擦はない。ドイツ人とイタリア人とはそうではない。かつてドイツに服属していた北部イタリアなどは、ドイツ人が何回も見に来たことを、「まるで統治に来たかのような状態である」と怒っている。自国の人々に信じ、信頼させるために、適切な方法によらずに、自分たちを支配する職務権限を持ったいきさつは、不快感を持たせている。

最後に、戦争をすると、本当に軽くない危険をもたらす。cālpū <général>[将軍]はどうであろうか。バプチスト派の僧、ユダヤ教を信仰する人々、プロテスタント、laddhi ekacitta[自由主義]を信奉する人々が互いに反発し合っている。

"ベルリン市で調印された kha saññā <traité>[協定]"については、tārḍīyœ 氏は、「ドイツ国とイタリア国とはその紙切れには何の必要もない。イタリア国は時にはドイツ国と友好を結び、さらに時には[その友好関係を]やめてしまうことが通常となってしまっているからだ、と皮肉を込めて述べている。

それから、tārḍīyœ 氏は、「ムッソリーニ氏が激しい言葉で、『凶悪な野蛮人たちは全て外に出て行け』と大声で叫んだのは1915年のことである」と述べている。

2-1 [広告]

[注。一番上に]NESTLÉ[ネスレ]

[注。時計の絵があり、下にベトナム語で]時計

[注。万年筆の絵があり、下にベトナム語で]純銀

[注。カメラの絵があり、左横に] Coronet LUXE

[注。万年筆の絵があ

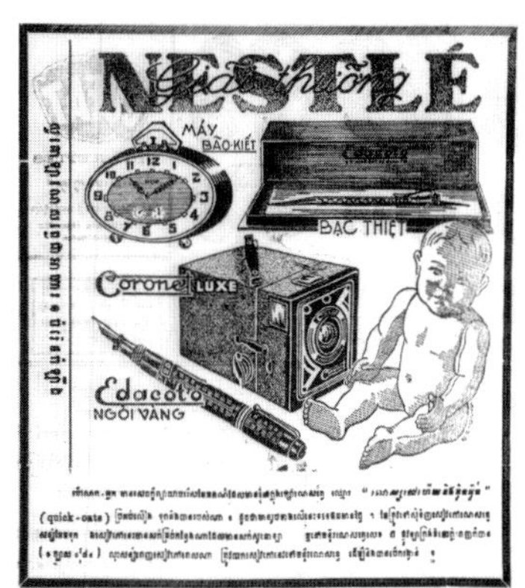

り、左に］Edacto、［注。ベトナム語で］　金ペン

［注。全てに絵の左に縦書きで］　ネスレ<chocolat>［チョコレート］は体力を増進する食べ物です。

［注。全ての絵の下に］　皆さんが、“ṇessa……と quick oats”黄箱という名のネスレの粉の中に入っている色<timbre>［シール］を熱心に拾っておくと、上に絵がある品物が無料でもらえます。でもまずネスレの<timbre>［シール］集め帳を買ってください。この［シール］帳は<chocolat>［チョコレート］を売っている全ての所で売っていますも、またプノンペン <lagrandière>路7号のネスレ社でも構いません（1冊0.50リエルです）。この［シール］帳いっぱいに［シールが］集まったら、景品を受け取るために、その［シール］帳をネスレ社に持ってきて［景品と］交換してください。

2-2　雑報

2-2-1　［広告］　プジョー402車があります

エンジン·装置はまだ良好で新品同様です。この自動車の様子は、皆さんが買って乗ると kamṇaen［徴発？］されることはありません。もう1つまだ完全に新品の hip bhleṅ <piano>［ピアノ］も売ります。

これらの品物の価格はリーズナブルで、購入希望の皆さんは我々のnagaravatta 新聞社においでください。必要に応じて情報を差し上げます。

2-2-2　ガマガエルの毒に当たったこと

9月21日に、lvā aem 郡（カンダール）dik ghlāṅ 村の suos jhai と nāṅ［1語不鮮明］の子5人が、父母が留守の時にガマガエルを1匹捕まえて煮て、それぞれが1塊ずつ食べた。

子供1人が中毒して母親が帰宅する前に死亡、後の4名は直ちに病院へ連れて行き、医師が懸命にしっかりと手当をした結果、2名だけが助かった。政府が調査中である。

2-2-3　paen-nut 氏が無事に帰国

クメール政府の anumantrīであり、以前カンダール州副知事であり、政府がパリ市の植民地省の大臣官房に派遣していた paen-nut 氏が9月27日に無事に我が国に帰国した。

nagaravatta は、paen-nut 氏があらゆる項目の幸福と発展に恵まれるようお祈りする。

2-2-4　braḥ uttamamunī {um-sū} の追悼式

braḥ uttamamunī {um-sū} の恩を偲ぶ式がますます盛んになりつつある。たとえば、先の bhadrapada 月上弦7日と8日に、コンポン·トム州 sdoṅ 郡では、kambaṅ cin 市場の華僑会長である ?wṅ-kheṅ 氏をはじめとする仏教徒と、さらに他の郡からの大勢の人々、およそ1千名近くが、sdoṅ 郡郡長である duy-ḍin 氏を主賓として braḥ uttamamunī の恩を偲ぶ式を braḥ nāṅ 寺でにぎやかに行った。供え物などが沢山あり、諸寺から僧200名が出席して朝食を2日摂った。説教師を2名招いて2回説法した。説法が終わると、徹夜で師を偲んで sarabhañña 調で samvejaniya 経を読経した。bhadra 月上弦12日には、スヴァーイ·リエン州 ramṭuol 郡の bodhi bīsī 寺の僧たちと同寺檀家の優婆塞たちが協力して braḥ uttamamunī {um-sū}への供養の布施と追悼式を大勢で行った。同月上弦13日には、sdoṅ 郡（コンポン·トム）phsār kraṅ 村の sbww 寺檀家の仏教徒、同月上弦14日と15日には、コンポン·トム州（sanduk 郡の）tāṅ krasāṅ、tpūṅ krabœ、kambaṅ suoy、jrāp、jamnit の各地区、（pārāyaṇa 郡の）khnoḥ、tnot jum の各地区の仏教徒およそ500名が集まって、sanduk（tāṅ krasāṅ）郡郡長である jhun-sāṅ 氏を主賓として、協力して諸寺から僧を招き、朝食を2回摂り、説教師を3名招いて、tāṅ krasāṅ 地区の北岸の ghlāṅ パーリ語学校で［追悼式を］行った。同月下弦2日と3日には、braḥ uttamamunī の弟子で、同師の庫裏に住んでいた7歳から20歳までの少年と青年25名が師僧殿の遺体の前で恩を偲ぶ式を行い、200名以上の僧を午後に招いて2回［＝2日］飲み物を摂り、60名を招いて朝食を1回摂り、説教師を3名招いて2夜、最初の夜は1名、次の夜は2名が説法を行った。これだけではなく、下弦3日には、bodhi cin tuṅ（カンダール）ṭaṅko 村の ṭamṇāk（sdiṅ mān jaya）地区の仏教徒たちが braḥ uttamamunī の恩を偲ぶ式を、他の郡とほぼ同じように行った。

braḥ uttamamunī の遺体の火葬式の予定は、assuja 月下弦5日に始め、下弦7日に遺体の行列をして高等パーリ語学校で荼毘に付し、下弦8日日曜日に読経して式を終える。

2-2-5　沼使用独占権の入札の公示

1939年10月20日午前9時に、カンダール<bureau résidence>［弁務官庁］で下記の漁区の使用独占権の入札を行う。

入札仕様書はプノンペンの<résidence supérieur>［高等弁務官府］第4<bureau>［課］と sabhā bāṇijakāra（<chambre de commerce>）［商業会議所］にあり、入札に参加する者は祭日を除いて、行って価格の情報を訊ねることができる。

入札許可の申請書はカンダール<bureau résidence>［弁務官庁］に遅くとも入札の日の7日前までに提出すること。

漁区名リスト	最低価格
svāy jrum 村と bhariya khsatra［村］内の漁区	4.000.00リエル
kañcaeṅ 村と svāy āt［村］内の漁区	1.000.00リエル
braek añcāñ 村内の漁区（第1区と koḥ rakā 地区）	4.000.00リエル
braek añcāñ 村内の漁区（第2区と第3区）	500.00リエル

braek r.ssī 地区内の漁区 250.00リエル
sārikā kaev 村内の uttama māt krasāl knuṅの漁区 420.00リエル

2-2-6 クメール語とベトナム語を教えることができることについて大衆に通知する。1939年10月2日月曜日17時30<minute>[分]から <doudart de lagrée>校で学ぶことを許可する。

タイ[シャム]語を教えることは、1939年10月2日かから同所で、月、水、金曜日の17時30<minute>[分]から学ぶことを許可する。

これら言語を学びたい者は、入学願書を書いて教育局長殿へ、官員の場合は上司を経由して提出すること。

クメール語とベトナム語の学習は、前回のコースを終了するまで学習した元聴講生は新規に入学願書を書く必要はない。

2-2-7 大衆に通知する。samāgama buok mitra nai ?nak rājakāra pradesa <indochine> nai dī <résidence> nai kruṅ kambujā (Association Amicale du Personnel Indochinois des Résidences du Cambodge)[カンボジア国弁務官庁インドシナ国官員友好協会]の salāk『<tombola>』[福引]券は1939年10月15日日曜日、午前8時半に抽籤する。

2-2-8 カンボジア国赤十字社理事会は、集めるのを困難にさせないために、寄付をなさる浄心がある方々にお知らせします。義援金はプノンペンの[女性病院]理事長である gāchillā 夫人[<madame>](税関の公舎)に、<mandat poste>[郵便為替]で送るか、医務局 病院の……[注。印刷が不鮮明]……理事会の現金支払い窓口で払ってください。

2-2-9 インドシナ国<gouverneur général>[総督]代行である……[注。不鮮明]……将軍は phām–ḍuy-khiem 氏に公文書を送り、「試験に合格して、大学から<agrégé>[中高等教育教授資格]を得た」と通知した。氏は高等師範学校の卒業生で、大フランス国に助力して戦うために兵になることを志願していた。

この公文書には氏への他項目の称賛の語があった。

2-2-10 クメール行政司法学校卒業試験

クメール行政司法学校の、下に名前がある生徒と聴講生が試験を受けて、等級[注。試験の成績による等級で、等級に伴う特典が異なる]に合格したと言う情報を得て我々は喜んでいる。

15点以上を得た生徒[=第1級で合格]

1。srī-……[注。不鮮明]

2。cau-hān

3。haen-mū

15点以下の人[=第2級で合格]

4。ḷuk-lān

5。juoṅ-utta rū

6。prāk-khun

7。ḍwan-sā ?iem

8。dum-gim heṅ

15点以上を得た聴講生[=第1級で合格]

1。dūk-sukha

2。dhuy-saṇus

3。ḍī-dūk

4。ḍuon-sā?im

5。swa-hael

6。sar-kheṅ

7。sim-chān

15点以下を得た聴講生[=第2級で合格]

8。um-hī

9。kuy-gaṅ

10。ām sārun

11。jhun-maem

nagaravatta はこれらの等級で合格した人々にお祝いを述べる。

2-3 [広告] 広く、全ての州で有名です

全ての郡の皆さんが、「muṅ-uṅ-yar という名のビルマ・バームは良くてとても効く」と言ってきまって褒めます。30年以上前から売っています。このバームを使用した皆さんは、使用して確実に病気が治る力があるので、称賛の言葉が口から絶えることがありません。もし皆さんがこの薬がよく効くことを信じなければ、1ビンか2ビン買って行って試して見てください。きっと驚きます。私は純粋クメール人です。とても貧しいのですが、このバームを仕入れて売ったところ、全ての人に称賛されました。もう1つ彼らは、クメール人である私が、私の力で生計を立てるのを助力してくれます。それゆえ、私はとても喜んでいます。このバームを買う時には、この列車印をしっかりおぼえておいてください。偽物のバームがある恐れがあるからです。

店はプノンペン okñā lom 路8号、kaṇṭāl 市場の東側です。

2-4 [127号2-2と同一]

3-1 ドイツが欲しがっている国 [注。この文章はフランス語からの翻訳で、クメール語としてはかなりおかしい。またどの部分が引用であるかも明瞭でないが、可能な限り忠実に訳した]

雑誌<revue de paris>の中で、皆さんが既に承知のように下院外務委員会委員長である saṅ-mistlaer 氏が、“ドイツ人が脅すことについて、と沈黙することについて”ということを考察している。

そして、氏が我々を熟考へ導く論述は、今回特に、「次のようである」と聞こえる。

“mistlaer 氏は[次のように]書いている。「この脅迫はどのような脅迫であるか。ドイツ国の望みは東ヨーロッパの国を望んでいる。ヒットラー氏は[著]書 Mein Kempf[ママ。「Kampf」が正しい。=「我が闘争」]の中ではっきりと、「自国を楽にすることをもたらす国土のことを考える策を実施する方法は、ヨーロッパ諸国の中に新しく国土を得ることを考えることである」と言っている。”そしてmistlaer 氏は、書物 Mein Kempf[ママ]中の言葉について、さらにこのように語る。“「ヨーロッパ諸国の中に新しく国土を得る」というのは、今はロシア国とロシア国に服属している国々のことをさしていると私は考える。”

ダンチヒ国を欲しがって抗議したことは、考えて見るに、これは多くの国土を得たいという大きな望みの中の小さな望みにすぎない。mistlaer 氏は、「ポーランド国を望んだドイツ国は、単にポーランド国に対する大きい権限を持つことを欲しただけである」と言う。mistlaer 氏によるならば、「ドイツ国の真実の望みは、ウクライナ国、ルーマニア国、さらにハンガリー国の米と石油とユーゴスラビア国、そして最後にベルリン国とバグダッド[国]間の条約締結である」

そうなると、すでにウイーン会議が解説してきたように、ヨーロッパ諸国の力は消滅してしまう。即ち、ヨーロッパのいずれか1つの国、あるいはヨーロッパ諸国の中の多くの国の集団でも、ドイツと戦って勝つことはできない。ヨーロッパ諸国がドイツ国の服属国になるのは確実である。

“しかし mistlaer 氏はさらに言う。「自分1人で全ての政府部局の職務の権限を抱え込んでいる者[=独裁者]は他人を説得して自分の望みに従わせることしか考えないことを忘れてはいけない。このように説得することは、全ての政府部局の職務の権限を自分1人で抱えこんでいる者[=独裁者]の国の国民は、石塊のように固い結束心を持っているようであり、神経戦においてはドイツ国とイタリア国とは恐れる心配もなく、国民が抵抗することを恐れることもなく、容易に事件が起こることを抑えることができる。多数の小さい事件[が起こること]が、全ての政府部局の職務の権限を自分1人に抱えこむ体制[=独裁制]を守る堅固な壁の後ろには、ひびが入り始めていること、そして不穏な考えが大きくなっていることが確認できる。

ドイツ国が外部の情報を国内に入らせないように防ぐことが可能であることは事実である。

(まだ後の週[=139号5-1]に続く。)

3-2　お知らせ

bhjum piṇḍa[=仏教の祭日の1種]に際して休刊します。

来る bhjum piṇḍa に際して、nagaravatta 印刷所は勤務者が昔からの習慣に従って善業を積むことを果たす機会を与えるために、3日間休業します。それゆえ、nagaravatta 新聞はその週は休刊しなければなりません。

3-3　インドシナ国政府宝籤

1039年10月4日抽籤

末尾が38と78の番号の籤は、いずれも10リエルに当たり。

末尾が872と401の番号の籤は、いずれも25リエルに当たり。

末尾が378の番号の籤は、いずれも50リエルに当たり。

80本が1本につき100リエルに当たり、番号は、

[6桁の番号が80個。省略]

16本が1本につき500リエルに当たり、番号は、

[6桁の番号が16個。省略]

8本が1本につき1,000リエルに当たり、その番号は、

[6桁の番号が8個。省略]

079,798の番号の籤は4,000リエルに当たり。

3-4　[広告]　アメリカ国から送られて来た『<usalite>』の鳶印懐中電灯と乾電池

乾電池。この乾電池は新しい商標で、外被は継ぎ目がなく、上から蓋がかぶさっています。力がとても強く、長期間使用でき、なかなか切れません。前の世代のものより有能で価格も安いです。

懐中電灯の筒。この懐中電灯は kallwmāṅ メッキの銅で、腐食や錆の心配はありません。光は距離350メートルを明るくします。価格も安く、プノンペン市と地方のあらゆる地域で売っています。

皆さん、試しに買って行って使って試してください。この品物は特級の良さであることがわかります。

<au petit paris>商会、プノンペン市<ohier>路53号から61号までと、サイゴン市 mākmāaṅ 路66号はこの乾電池と懐中電灯の独占輸入販売店です。

4-1　[111号3-4と同一]

4-2　[広告]　nagara samaya

現代風の女性服を仕立てます。三衣とあらゆる装飾品があります。

シャム人女性裁断師

この店は、我々クメール人が新しく作ったばかりの店です。我が民族の方は大勢来て買って助力してください。裁断の仕方はプノンペンで最も美しいです。多くのフランス人女性が褒めています。価格もリーズナブルです。

……［注。不鮮明］……路、thmī 市場の南です。

4-3 ［広告］ issī phsam srec 薬店

プノンペン市 hassakān 路39号、kaṇṭāl 市場の北側にあります。

皆さんにお知らせします。私の店は、フランス、クメール、中国、ベトナムのあらゆる有名な薬を売っています。私は長年薬を選んできました。淋病、梅毒、下疳などの薬です。痔の治療もでき、1週間で治ります。もし治らなければ治療費はいただきません。女性の病気を治すための苦いのと甘いのと美味な3種の水薬があります。毎夕刻1椀飲み、価格は1センです。ブタを飼って、早く大きく6ヶ月で1 hāp になる薬があります。病気のウシ、スイギュウ、ゾウ、ウマの病気を治すよく効く薬があり、100粒で1リエルです。1回飲ませると治ります。皆さん、民族に助力して支援してください。私の店は nagaravatta <gazette>［新聞］を売っています。

［仏語］ 店主 Chou-Miech

［注。写真があり、その下に］ jūr-miec、<retraite>［引退した］<adjudant>［曹長］

4-4 ［11号4-2と同一］

4-5 農産物価格

プノンペン、1939年10月4日

［「サトウヤシ砂糖」はない］

籾	白	68キロ、袋なし	3.00 ~ 3.05リエル
	赤	同	2.95 ~ 3.00リエル
精米	1級	100キロ、袋込み	9.25 ~ 9.30リエル
	2級	同	8.25 ~ 8.30リエル
砕米	1級	100キロ、袋込み	5.30 ~ 5.35リエル
	2級	同	4.00 ~ 4.05リエル
トウモロコシ	白	100キロ、袋込み	［記載なし］
	赤	同	5.50リエル
コショウ	黒	63.420 キロ、袋込み	15.00リエル
	白	同	30.00リエル
パンヤ	種子抜き	60.400 キロ	［記載なし］

＊プノンペンの金の価格

1 ṭamliṅ、重量37.50グラム

1級	165.00リエル
2級	160.00リエル

＊サイゴン、ショロン、1939年9月29日［ママ］

フランス籾・米会社から通知の価格

ショロンの<machine> kin srūv［精米所］に出された籾 1 hāp、［即ち］68 キロ、袋込みの価格は以下の通り。

籾	最上級	0.00 ~ 0.00リエル
	1級	3.50 ~ 3.55リエル
	2級 日本へ輸出	0.00 ~ 0.00リエル
	2級 上より下級、日本へ輸出	0.00 ~ 0.00リエル
	食用［国内消費?］	3.15 ~ 3.17リエル
トウモロコシ	赤 100キロ、ショロン県マッカサンで売り渡し。	6.60 ~ 6.70リエル
	白 同	0.00 ~ 0.00リエル

米（10月［ママ］渡し）、港渡し、袋込み、税抜き、1 hāp、［即ち］60.7キロの価格は以下の通り。

精米	1級、砕米率 25%	5.10 ~ 5.12リエル
	2級、砕米率 40%	0.00 ~ 0.00リエル
	同。上より下級	0.00 ~ 0.00リエル
	玄米、籾率 5%	0.00 ~ 0.00リエル
砕米	1級、2級、同重量	4.00 ~ 4.02リエル
	3級、同重量	3.25 ~ 3.27リエル
粉	白、同重量	2.40 ~ 2.45リエル
	kāk［籾殻＋糠?］、同重量	0.00 ~ 0.00リエル

5-1 訴え受付欄

我々は、kambaṅ traḷāc 郡（コンポン・チナン）の民衆15名から、村の助役1名に対する不満を訴える、下の通りの訴えの手紙を受け取った。

項1。まず最初は、1938年に、1人の助役が助役という地位の権限を拠り所にして、脅して歩いて、「政府が兵の料金を徴集することを命令した」と言って、私たちから、1人1リエル、あるいは0.50リエル［の人］もありましたが、取りました。私たちは払うのを拒否しました。その助役は脅して歩いて、難癖をつけて私たちに枷をかけました。私たちは大変恐れて金を渡しました。

項2。1939年になると、この助役はまた脅して歩いて、「保護国政府が土地料を取ることを命令した」と嘘を言って、私たち1人あたり1.60リエルを強制して取りました。私たちは払うことを承服しませんでした。この助役は、「もし払わないのなら、<police>［警官］を呼んで来て、逮捕させ手錠をかけさせる」と言って脅しました。私たちはとても恐れて、1人が1.60リエルずつこの助役に渡しました。

項3。この助役は私たちを呼んで、「土地の縦と横はどれだけあるか」とだけ訊ねました。それだけで、この助役は私たちからまた1人当たり0.20リエルを強制して取りました。

大変貧しい庶民である私たちは、現在この助役があまりにも苦しめるので大きい苦しみと惨めさを受けています。

コンポン・チナン州の民衆たち

この件は、今後民衆が承服するように、コンポン・チナン州政府が調査して解決して苦しみを取り除くことを我々は期待する。

nagaravatta

5-2　お知らせ

人々にお知らせします。本日以降、公務以外の電報では、英語を使用することができます。

ア。即ち、フランス国、植民地、その他の敵ではない国から受け取る、あるいは送る。

イ。インドシナ国内、あるいは敵でない外国に送る、あるいは受け取る権利がある。［ママ。上の「ア」と重複］

しかし、これらの権利は現在のように検閲されるという法律の権限を免れる権利はありません。即ち、これからも従来通りに検閲されます。

5-3　［119号3-5と同一］

5-4　［広告］　他界する人を送る道具

店は、厚い、薄いなど全てのタイプの棺を売っています。資産や地位がある人などのための gagīr［樹］の大きい板の棺もあります。中国、シャムから輸入した覆うためのあらゆる種類の色、無色、あるいは色を塗った銅の模様飾り、phārāyit　模様、遺体を安置するための、模様を彫った台、slā dharma kaev、phkā piṇḍa などの飾り、その他の多くの飾り、それに竹と葉も沢山あります。安価なタイプは、貧しい方は laṅkā 寺の ācārya（māt）殿のところに行って、私に直接話をしに来てもらうか、彼が <signer> jhmoḥ［署名した］手紙を貰ってから私の所に来てください。私は善業として、無料で差し上げます。

販売所は laṅkā 寺の後ろ100メートルのところです。

nāṅ buy、通称 hāñ

5-5　［広告］　どうぞ私たちに会いに来てください。

あるいは私たちに手紙を書いても構いません。土地、政府に土地を請求する、漁業、遺産相続、借金、帰化などの民事の件、それと商業、司法、行政、その他の件、プノンペン市でも地方でも、クメール国内でも、国境の州でも、何か相談したいことがあったら来てください。あらゆる種類の訴訟。あらゆる種類の判決に対する控訴。無料で情報をさし上げます。フランス人弁護士会。

［仏語］　SECURITAS フランス法務援助社
プノンペン de Badens 路14号
サイゴン Lagrandière 路46号の2

5-6　［20号4-6と同一］

5-7　［広告］　どうぞ［いらしてください］!!!

店は<ohier>路145号、kaṇṭāl cās 市場の西側にあります。1939年9月15日から、30リエル余りから90リエル余りまでの安い自転車を売っています。<phar>［前照灯］、<dynamo>［発電機］などの道具も全てあります。

5-8　［128号2-3と同一］

5-9　［広告］　お知らせします

（rū?ānsdaer）402 車を売っています。エンジン・装置はまだ全て良好です。まだ十分新しい hip bhleṅ Piano［ピアノ］があります。知りたい方は nagaravatta の<bureau>［事務所］に来てください。

5-10　1939年1月18日

国防・戦闘局無抵抗武器国防統括課

前の週［注。欠けている129号から137号のどれか］から続く。（終り）

5。懐中電灯は、もし青電球を探してあれば、青電球をつけた懐中電灯を持ち、マッチを持ち、明かりの<contour>［周囲］を覆ってから、急いで避難所に走って避難する。必ず守るための毛布を2、3枚持って行く。

3。避難所にいる間

避難所に泊まることについては、以下の説明に従って行動する。

1。第1に、oxygène［酸素］と呼ぶ気体の必要を減らして最小に保つ。それゆえ静かにしていること。

もう1つ、蠟燭をつける、ランプをつける、火を燃やすなどの、この気体を消費する行為をやめること。

2。新しい良い空気を入れる道具と、呼吸によって出る悪い空気を吸う道具がない場合には、1人の人は2時間に1立方メートルの空気を必要とするから、前もって空気の体積から避難所に収容できる人数を計算して［避難する人を］割り振っておくこと。

3。空気が十分にあるか否かを確実に知るための、もう1つの簡単な方法がある。即ち、マッチを1本擦る、または蠟燭を1本灯してみることで、火が具合良く燃えたら、良い空気は十分に存在すると認められる。もしマッチや蠟燭が燃えなくなったら、良い空気は少ししか残っていない。すぐに危険があるわけではないが、急いで新鮮な空気を入れること。

4。毒ガスがあることを疑うべき何らかの理由があったら、マスクを所持している人は直ちにマスクを付けること。

マスクを所持していない人は、身を守るために第2部に述べてある方法を使うこと。

4。緊急情報発令の後

ア。「毒ガスはない」あるいは、「避難所の前の地域の毒ガスが無毒化された」という情報を得る任にある人である避難所の指揮者の指示があれば、住居に戻ってよい。

イ。毒ガス弾が投下された後は、毒が付着している疑いがある物品を手にしてはいけない。そして上述したようによく守られた水、nam <pain>[パン]、料理を飲食すること。

注。この規定は、1938年9月28日付第142号D.P./1として送付した説明を破棄し、それの代わりにこれを使用すること。

6-1 [8号4-3と同一]

6-2 空気を穿き、風をまとう

(赤裸)

私は、「我がクメール人は、昔は衣服を身に付けることさえ知らなかった。現在になってようやく、まあまあ満足できる程度知るに至った」と話すのをよく耳にする。この種の言葉は、私の考えでは、「事実ではない」と私は理解する。我が民族の文明の証拠を考えると、アンコール・ワットという大きい根拠を現在見られるように残しているからである。

もう1つ、大勢の人が、「アンコール・ワット遺跡は素晴らしく美しくさせるものは何もなく、壊れた石の塊があるだけである」[と]言う。ある人々は、「これらの遺跡建造物は世界で最も素晴らしく、美しいものである。即ち神が我々のために作っておいてくれたものである」と言う。「これらの遺跡建造物は我がクメール人が作った作品ではなく、インド人の作品である」と言う人もいる。

この種の言葉全ては、私自身は、「正しい」とも、「誤っている」とも言う勇気はないから、皆さんが判断してください。しかし、私が考えて推測する考えによるならば、私は、「このように言うことができる方々は、よく考えて原因結果を求めてはっきりと理解することをしないからである」と理解する。なぜならば、以下の原因と結果こそが、我々が確かに知るための最も大きい根拠の1つだからである。

第1。西暦1938年に、私自身はアンコール・ワットを1度見に行き、この石の塊には2種類あるのがわかった。ある石塊は朽ち、ある石塊はまだ朽ちていない。その時私はこの石塊がこのようであるのを見たので、「当時この遺跡を作った技師殿は、恐らくとても不注意な人で、古い石と新しい石ということを考えなかったので、このようにこれらの石の寿命が全て異なるのである」と考えた。もしそうならば、皆さんは、「証拠がある」というのは正しくないのに、どうして「神が我々に作ってくれた」という話を信じることができるか。

第2。また、壁に彫られている人の姿も互いに容貌が違うケースがある。鼻筋が短い姿もあるし、鼻筋が通っている姿もある。また衣服の方も我々の昔の半ズボンをはいているのが普通である。この様子は、「神が作った」、あるいは「インド人が作った」ものであると命名することがどうしてできるのか。この話は、「作ったのは我々クメール人である」と我々は信じるべきである。

第3。一方、魚の姿の彫刻も、海の魚ばかりであるように見える。湖や川の魚の姿は目に入らない。この様子から、「昔の我が国は海岸にあった」のはまさに事実である。しかし現在はその水が徐々に干上がって陸地が広がり、その結果海はなくなったのである」と我々は知るべきである。

第4。一方、舟を櫂で漕いでいる姿の方も、全員が顔を後ろに向けて漕いでいる[注。現在のクメール人はカヌーのように進行方向を向いて座って漕ぐ]。現在のヨーロッパ人のケースである。顔を横に向けているのは舵を握る人と矛を手に持つ人だけである。この様子は、おそらく我が民族はずっと以前から文明化しており、ズボンを穿かない程の無学無知ではなかったと我々は信じるべきである。

本日以降、皆さんがどこかに遊びに行った時には、木立であろうと、石の塊であろうと、その他のものであろうと、よくじっくりと全てを観察して、その物の起源を知るためによく考えて、原因と結果とをはっきりとわかってほしい。このようなことをすることができたならば、昔の格言に、“良い人は、事があると考えなければならない、即ち全ての道を考慮し、洩れがないのが通常である”とあるのにふさわしい。

sukhuma

6-3 [126号4-10と同一]

6-4 [126号4-11と同一]

6-5 [73号、4-6と同一]

6-6 [121号4-5と同一]

6-7 [広告][仏語] **1939年9月10日、Svay-Teap**

[ク語]私の名はjhuk sampūで、スヴァーイ・リエン州svāi dāp郡samḷī村の村長をしています。私は咳病と胸の痛みの病気で、医師と薬に300リエル以上を費やしました。病気は重くなり、とうとう歩いて行って公務を行うことができなくなりました。どんどん痩せ細り、この病気は世界で最も治り難い病気です。その後、プノンペンのphsār dham thmīの西側にいる、pāsākのクメール人であるsīv-pāv医師殿を得ました。彼は診察してから1缶8リエルの丸薬を買うように指示しました。私はこの薬を3缶服用すると、肉が付き、太り、咳病がなくなりました。私はさらに3缶服用して完治しました。全部で6缶で48リエルになり、この薬のおかげで私の生命は助かりました。私はsīv-pāv医師殿に訊ねました。彼は、「この

薬は我がクメール国の薬成分である。しかし調薬に成功するのが難しい。即ち、非常な努力でこの薬を作っている」と答えました。

それゆえ、私は、「我がクメール国には、外国に負けない、価値のある、特別なものある」ことを広く病気の人に知らせるために、<gazette>[新聞]に掲載します。皆さん、我がクメール国と我がクメール民族を見下さないでください。これが私が証拠として掲載を願うものであります。

6-8 [広告] 1939年8月1日、プノンペン

私の名はdeba-ciepで、sdoṅ郡庁で<police>[警官]をしています。私は男の病気(即ち性病)にかかりました。とても苦しまされ、私はクメール、中国、ベトナムの薬を買ってこの病気を治療しましたが、全然軽くなりませんでした。1年以上苦しみ、その後プノンペンのphsār dham thmīの西のsīv-pāv医師殿の弟子であるpāsākのクメール人であるsīv-se医師殿を得ました。このsīv-se医師殿は私の病気を診察してくださって、1号薬と8号薬と血液を濾過する薬を買うように指示しました。私は[それを]服用して病気が治りました。

もう1つ、sbāṅ郡braek tac村の村長をしている私の兄、deba-jupも私と同じ病気にかかりました。私はsīv-se医師殿を往診に招くように告げました。それからsīv-pāv印の薬を買って服用し、病気は全部治りました。私はプノンペンに来て、sīv-se医師殿はコンポン・チャム市場のphdaḥ <commissaire>[警察署]路9号に店を開いたことを聞きました。

それゆえ、私はsīv-pāv医師殿に訊ねてsīv-se医師殿の写真をもらい、コンポン・チャム州に住んでいる、私と同じ病気の人のために、nagaravatta <gazette>[新聞]の紙面に掲載します。

[注。人物の写真があるが説明はない]

6-9 [広告] 1939年8月1日

医師と薬の称賛

私の名はñik-cikで、バット・ドンボーン州vatta caḥ村prāc krasāṅに住んでいます。私の妻は重病にかかって2年になりました。私は一生懸命薬と[伝統医学の]医者とを探しましたが、病気は全然軽くなりませんでした。私は途方にくれました。即ち、この持病は人の話を聞くことに頼るしかありませんでした。1号路、saṅkae市場川岸に住むpāsākのクメール人であるsīv-heṅ医師殿の情報を聞いて、私は一生懸命私の妻を連れて行き、sīv-heṅ医師殿に診察してもらいました。彼は、「この病気は経血が苦しめているのであって、100種の病気を引き起こしている」と言いました。私は医師殿に調薬を頼みました。医師殿はプノンペンのphsār dham thmīの西側のsīv-pāv印の薬を調薬しました。私の妻はこの薬を得て服用し、病気は少しずつ良くなり、1ヶ月たたないうちに完治しました。私はこの<gazette>[新聞]に掲載して、sīv-heṅ医師殿の学問知識とsīv-pāv印薬を称賛します。

6-10 [広告] お知らせします

クメール人<avocat>[弁護士]であるlim hāk saṅ弁護士の事務所は、1939年10月1日以降、kūn kāt橋の南側、pin juop氏の劇場の東側の塀に接したところに移転しました。

第3年139号、仏暦2482年1の年卯年 assaja［ママ］月上弦8日土曜日、即ち1939年10月21日、1部10セン

［仏語］ 1939年10月21日土曜日

1-1 ［仏語で「私書箱 No.44」と「社長、PACH-CHHŒUN」と「電話111番」が加わった以外は8号1-1と同一］

1-2 ［デザインが少し変わった以外は8号1-2と同一］

1-3 ［デザインが少し変わった以外は8号1-3と同一］

1-4 ［8号1-4、1-5と同一］

1-5 <gouverneur général>［総督］である kādrūks 氏の素晴らしい来訪

先の10月14日に、kādrūks <le gouverneur général>［総督］殿と夫人［<madame>］と随行員がカンボジア国に［道中何もなく］無事に来訪した。

この来訪時に、<thibaudeau> <le résident supérieur>［高等弁務官］殿を長として大勢の正装したフランス－クメール官吏とクメール国民の代表たち大勢が、<le résident supérieur>［高等弁務官］殿の<hôtel>［公邸］の前で出迎えた。国王陛下とクメール政府の<conseil> senāpatī［大臣］たちとフランス－クメールの大小の官吏たちは devāvinicchaya 殿で<le gouverneur général>［総督］殿を迎えた。

<gouverneur général>［総督］である kādrūks <général>［将軍］は、この重職に就き、そしてインドシナ国の統治に赴任してから初めてクメール国の地を踏み、カンボジア国訪問旅行は極めて短いので、ごく要点のみの歓迎を受けた。

去る10月15、16、17日は<le gouverneur général>［総督］殿はアンコール・ワットを見るために、コンポン・チナン州、ポー・サット州、バット・ドンボーン［州］、sirīspbhaṇa を経由してシエム・リアプに行き、それからコンポン・チャム州を経由してサイゴンに戻った。上のこれらの州は立ち寄って視察した。

<le gouverneur général>［総督］殿がプノンペンに到着した時、国王陛下はカンボジア国に始めて来訪した<gouverneur général>［総督］殿に歓迎のスピーチをした。クメール国bāṇijjasabhā（<chambre de commerece>［商業会議所］）の会頭の職にある mārīṇā 氏が、<gouverneur général>［総督］殿にスピーチをして、カンボジア国の経済の整備方法について知らせた。

<thibaudeau> <le résident supérieur>［高等弁務官］殿が、我々が以下に一部を抜粋する詳しいスピーチをした。まず長殿は、<gouverneur général>［総督］殿に、カンボジア国民のための別の規定をいくつか作ることを求めることにより、フランス政府に従順で正直であるクメール国民に助力し支援することを願った。従来の総督府のインドシナ国連邦国民全体が従う共通の規定は、持ってきてクメール国民に従わせるのは極めて困難だからである。

クメール国はインドシナ・グループの中にまとめられてはいるが、クメール人の社会規律と風習はベトナム人とは大きく異なるから、溶かして1つにまとめてしまうことはできない。

もう1つ、<le résident supérieur>［高等弁務官］殿は、クメール国の商品について、毎年他国に多量に輸出されるが、これらの商品はサイゴン港から出て行き、外国に輸出される商品から徴収される税金はほとんど全てがサイゴン港に帰するからで、それは目に見えない。たとえば、トウモロコシ、米、パンヤ、綿、豆、干魚など、ほとんど全ての種類の商品を輸出しているクメール国は、他と違ってこれらの商品からいくらか税金を得ているとは見えない。<thibaudeau> <le résident supérieur>［高等弁務官］殿は、カンボジア国が得るべき利益を得ることができるように、この件を検討して整えることを、<le gouverneur général>［総督］殿に求めた。それだけではなく、さらに<thibaudeau> <le résident supérieur>［高等弁務官］殿は［カンボジア国を]守って、カンボジア国内の官員であるクメール人に適用するための別の規定をいくつか定めること、そしてクメール人を成長させて、一生懸命勉強させ、知識のある人の数を教育局と医務局で利用するのに十分にするために、これらの局のための別の規定をいくつか定めることを願った。

<thibaudeau> <le résident supérieur>[高等弁務官]殿がこのように我々に助力して守り、成長させるように一生懸命努力してくれる以上は、我々クメール人の義務はどのように従うべきであろうか。我々は、「保護国政府に対して真実忠誠心を持ち、教育を受ける道を歩んで学問知識を学ぶことも、経済の道を歩くのも、一生懸命熱心に努力するべきである」と理解する。我々は一致協力し合ってそれぞれが一生懸命努力をして、我が国に庇護を求めて来て住んでいる他民族に、今後見下されないようにしなければならない。

最後に、nagaravatta は kādrūks <le gouverneur général>[総督]殿と夫人[<madame>]が、インドシナ国に助力し支援して豊富に発展させるために、4種の祝福と幸福と発展に恵まれるようお祈りする。

1-6　諸国のニュース

1-6-1　10月6日の ārip 電による情報

ベルリン市からの情報。ヒットラー氏は演説をして、ポーランド国を攻撃して占領したことについて弁明して[次のように]説明した。「ポーランド人がドイツ人を激しく虐待して苦しめたので、これ以上長く我慢することができず、それでポーランド国をなくして併合した。一方、フランス国の方は、ドイツはフランス国から何か領土を要求したい望みはない。現在、ドイツ国はポーランド国を復活させることを考えている。しかし、今後ドイツ人を苦しめることができないように、国土を縮小させる。その他の国はドイツ国に植民地を返還し、共に通商を行うことに関する条約と、もう1つ軍備縮小に関する条約を互いに結ぶべきで、そうすればドイツ国は停戦する。その他の国がこのように理解しない場合には、ドイツは全力で攻撃する」

＊フランス国。ヒットラー氏の演説について、フランスの buok <gazette>[新聞記者]全てが、「ヒットラー氏は自己の罪を免れるために、一生懸命弁解をしているが、フランス人は、『この演説に従うものは誰1人いない』と信じる」と述べている。

パリ市からの情報。政府は大勢の laddhi <communisme>[共産主義]信奉者多数を逮捕し裁判所に審理させた。

スイス国の(ベルン)市からの情報。ヒットラー氏はワルシャワ市のドイツ軍の視察に行った。

ロンドン市からの情報。ロシア国は、10月5日、ラトビア国と相互支援条約を結んだ。

1-6-2　10月8日の ārip 電による情報

ベルン市からの情報。ドイツ政府が、経済面で共に生計を立てる協力について会談するためにロシア国に派遣したドイツ代表団は現在モスクワ市に到着している。

1-6-3　10月9日の ārip 電による情報

モスクワ市からの情報。ロシア国とドイツ国は互いに経済面で共に生計を立てることについての協定を締結した。この協定によると、ロシア国は直ちにドイツ国へ天然資源を送り、一方ドイツ国の方はこの天然資源から生まれた物をロシア国に送る。

1-6-4　10月10日の ārip 電による情報

ロンドン市からの情報。(Reader)という名のドイツ海軍司令官は、海軍大臣と外務大臣との会議中に、辞意を表明した。しかしヒットラー氏は辞任を承認しなかった。同司令官が辞任を求めた理由は、外務大臣が互いに異なる意見を持つのを知り、それで外務大臣であるリーベントロップ氏を、「バルト海と同海沿岸の小国の重要地点をロシア国に与えた。こうなると、ドイツ船は同海に自由に出入りすることができなくなる」と非難したことである。

すでにバルト海沿岸の小国と相互支援条約を締結したロシア国の方は、その条約の様子はドイツとの様子とは全く異なる。共に条約を締結したのは事実ではあるが、実際はこれらの小国はロシア国に従属したのであることがわかる。そして現在ロシア軍はこれらの小国全てに駐留している。一方ドイツ国の方は、「攻撃して占領する」と脅迫して歩き回っているだけである。ロシアがこのように努力したのは、長年の間、敵であってきたドイツ国がバルト海に対して有利な立場になり、ロシア国を欲張ることができることを恐れ、それゆえロシア国はしっかりと前面を遮断したのである。

＊フィンランド国の(ヘルシンキ)市からの情報によると、フィンランド国はロシア国に服属することに同意せず、敢えて1人でいることを選ぶ。

フィンランド国はロシア国と会談するために、ストックホルム市にいる大使をモスクワ市に派遣した。

＊中国。重慶市からの情報。蔣介石総司令は150,000中国リエルを支出して、湖南省の北の戦場で戦って勝利を得た兵たちに分配した。

1-6-5　10月11日の ārip 電による情報

パリ市からの情報。ダラディエ氏がヒットラー氏の演説に答えて、「イギリス国およびフランス国は[ドイツと]停戦するのは困難である。本当に幸福になることが確実な根拠があってはじめて停戦する」という内容の演説をした。
＊ベルリン市からの情報。ヒットラー氏はイギリス国とフランス国に、「停戦に同意しない場合には、ドイツ国は極めて激しく攻撃を続ける」と述べた。

1-6-6 10月12日の ārip 電による情報

ロンドン市からの情報。チェンバレン氏が、「ヒットラー氏の言葉のように停戦させることはできない」という内容の演説をした。

下院本会議でイギリス陸軍大臣である（Hor Belisha）氏は、「イギリス国は既にフランス国に兵158,000名を派遣した。そして今後さらに派遣する。自動車25,000も既に送られた」と述べた。
＊中国。ロイター電。中国軍は湖南省と江西省の省境にある珠州市を日本軍から奪還した。

1-6-7 10月13日の ārip 電による情報

（ワシントン）市からの情報。アメリカ国大統領であるルーズベルト氏と（スカンジナビア）諸国は、ロシア国とフィンランド国が互いに争っている件について、ロシア国に和解するよう助言した。

1-6-8 10月15日の ārip 電による情報

ロンドン市からの情報。先の10月13日金曜日に、イギリス艦たちがドイツ潜水艦を砲撃して3隻を撃沈した。（Royal Oak）という名のイギリス軍艦がドイツ潜水艦に撃沈され、800名が死亡、370名が残った［＝救助された］。
＊（イスタンブール）市からの情報。モスクワ省大臣［ママ］である（Saradjoglu）氏は、ロシア国政府から、「ロシア国はドイツ国の戦争に助力しない」という確認を得た。
＊ベルリン市からの情報。停戦に関して、前日ヒットラー氏は、「敵国が停戦に応じない場合は、今後ドイツ国は何かを言うのを止め、武力を用いて全力で戦うことしか考えない」と述べた。現在、チェンバレン氏が、「同意しない」と回答したのは事実であるが、ドイツはこの点について万策尽きたわけではない。なぜなら、ヒットラー氏はフランス国とイギリス国だけに提案したのではなく、沈黙している他の国々にも提案したからである。もし他の国々もヒットラー氏に回答しなかった場合、きっと［ドイツの］敵国と共にひどい災難に見舞われることは間違いない。
＊（エルサレム）市からの情報。パレスチナ国のアラブ人とユダヤ人4万名が、東方で戦争が生じた時に、イギリス–フランスを助力するのに備えて、誘い合って志願して兵になった。

1-6-9 10月16日の ārip 電による情報

ローマ市の<gazette>［新聞］の情報によると、ドイツ軍の元帥である（ゲーリング）氏は、近くローマ市に行く。イタリア国に仲裁者をさせて、フランス国およびイギリス国に［ドイツとの］停戦を強いさせたい意図でムッソリーニ氏とチアノ氏と会談するためである。その後、ドイツ機がスコットランド（イギリス国）県を爆撃しようとして同県海岸に飛来したが、イギリス軍が高射砲で砲撃して防衛し、3機が撃墜された。
＊（カウナス）市からの情報。（リトアニア）国大統領はロシア国との相互防衛協定の批准に同意し、すでに文書の交換を行った。この協定の内容によると、ロシア国はポーランド国から奪ったビーリニュス［Vilno］市をリトアニア国に返還し、後日ロシア軍は同市から撤退して、リトアニア軍に来て統治させる。
＊中国。重慶市からの情報。中国機が漢口市の日本の飛行場を爆撃しに行き、日本機数百を破壊した。日本軍が中国兵の手に敗れて湖南県［ママ］から退却した時に、同県の住民5,000名が日本に殺された。
＊一方、東京市からの情報によると、中国機20機が漢口市を爆撃しに来たのは事実であるが、中国人労務者50名が死亡しただけである。

1-6-10 10月17日の ārip 電による情報

パリ市からの情報。16日午後、ドイツ軍が大砲の補佐を受けながら来て、ラサール川の東のフランス軍を再び攻撃し、戦場はおよそ距離30キロメートルに広がった。前線の偵察に行ったフランス兵は状況から退却を余儀なくされた。フランス軍は敵軍を砲撃して支え、考慮してあった地点で分断した。

10月17日夕刻の情報では、敵対している両軍は戦場で攻撃し合っているが、互いに勝敗は決していない。samudra <atlantique>［大西洋］では、フランス艦がドイツ商船1隻を拿捕した。

ロンドン市からの情報。先の10月17日朝、ドイツ機が来て（Scapa flow）を爆撃し、爆弾2発がイギリス軍艦1隻の近くに着弾して爆発、同艦は若干破壊された。1機が撃墜された。もう1機もおそらく被弾した。

上海市からの情報。休戦するために先の8月にモスクワ市で互いに同意した協定は、10月8日にその期限が切れた。

現在ロシアと日本が再び戦闘を始めた。航空機が満州国国境を爆撃している。日本軍はモンゴル国領内に侵入したが、ロシア軍が攻撃して粉砕、国境から追い出した。

1-7 独り言

1-7-1 ベトナム国［に入った］クメール商い舟を曳く船はすべて、tāṅ pūv 郡の<gendarme>［憲兵］当局に呼びとめられて回頭させられ同郡に入って行って停船させられ、錨を下ろして[積荷を]検査される。それから航行することができる。我々は、この制度は商売で生計を立てている者にとって厳しすぎると理解する。どの船も舟を少なくとも14、5艘曳いている。しかも水の流れは速い。曲がって入って行く時にもし事故があったら誰が彼らの損害を賠償するのか。たとえば、ショロンのような[目的]地に到着して停船するのを待って、人が上陸しないうちに検査させるようにすることはできないのだろうか。より容易であるし、政府と公務を行う者にも利益があるのではないだろうか。

1-7-2 クメール人はますます生計を立てることができるようになった。プノンペン市から munivaṅsa 橋までを見ると、クメール人の大きい精米 roṅ <machione>[工場]がたくさんあるのが見えるし、これらの roṅ <machine>[工場]は全て[クメール人]個人の資金か、互いに出資し合った資金によるものである。それゆえ、我々は政府にクメール人に助力し支援して、この生業にあまり厳しくしないようにお願いする。たとえば、以前、彼ら自身の籾を運搬する自動車を、運送料を稼ぐ営業車であるかのようにして逮捕した警官がいた。

もう1つ、プノンペン市のサイゴン街道沿道に住む人々は、「krasuoṅ <poste>[郵政局]が、ここ宛の郵便があってもここに持ってきてくれず、楽をして村長に預けて配達させる。急ぎの手紙が2、3日棚上げされてもまだ着かないこともある」と嘆いている。それゆえ政府はこの件を検討して、政府の権限で民衆が市内に住む人と同じように便利になるようにしてあげてください。

1-7-3 我がクメール女性は、ますます現代的知識をかなり増やしてきた。即ち、自分の体形と肌色にふさわしい衣服を身につけて身なりを整えることを知り、そして人並みに働きに出て生計を立てることをますます知るようになった。教師をする人もいるいし、商業に従事する人もいるし、<bureau> rājakāra[役所]に勤務する人もいる。

勉強に行って学問知識を求める少女の方も、ますます数が増えている。もしクメール女性が一生懸命努力してこのような様子で歩み続けるならば、きっと我が国の女性は近隣の国の女性に負けることはないであろう。この発展の中で、現代になってもまだ依然として賭博や飲酒という種々の遊びを行う女性がいることを、我々は大変残念に思う。

もう1つのタイプの女性がいて、炊事をすることや他人に仕えて賃金を稼ぐことはできるが、誠意で上司に信頼させ、俸給を増やさせるように自分ができる仕事に努力することをせず、仲間を誘って黙って[賃金の]前借を求めて歩き、仕事はせずに逃げて姿を隠す。このタイプの女性は、懲りて以後悪事を行うわないように、政府は規定を作って重罰にする、即ちどこか1つの集めておく所に拘束して、労働を強いるべきである。

1-7-4 ……[注。1行不鮮明。道路の物売り人のことを述べているらしい]……。そして交通法規を知らない。ある者たちは、道路の曲がり角にじっとしていて、仲間を誘って道端に大勢止まり、動こうとしない。自動車が走って来て、その道の所で曲がろうとすると、突然ばらばらになって走り寄る。時には事故を引き起こすこともある。自動車の前に立ち、「道を空けて欲しい」と自動車が警笛を鳴らしても道を空けようとしない。自動車が近づくと、突然手を振りながら、左も右も無視して一面にばらならになって走り回る。自動車と競走して走って道路の曲がり角まで来ると、速く走り過ぎているので、歩道にぶつかったり、歩行中の人にぶつかって2、3回転がらせる者もいる。それゆえ、警察は事故を避けるために、これらの者たちをしっかり監視するのを忘れないでほしい。これらの者たちがこのようにして生計を立てる前に、政府は全員を呼び集めて、もし彼らが敢えて執拗にこのような行為をするならば、それは「法律違反である」という交通法規の制度を明言してわからせてほしい。

1-7-5 ポー・サットの dheṅ-sī phān 氏が現地国人軍の兵になり、フランス国で戦う助力をすることを志願した件[cf.138号1-7-3]は、<le résident supérieur>[高等弁務官]殿の、「[志願者の]求め通りに受け入れる」ということ、さらに dheṅ-sī phān 氏のフランス政府に対する誠意を称賛し、かつ dheṅ-sī phān 氏が現地国人軍兵士のために赤十字社に提供した[dheṅ-sī phān 氏の]娘2人とミシン2台を大変嬉しく受け取る」という内容の公文書が dheṅ-sī phān 氏宛にきた。

1-7-6 1939年9月29日付の<arrêté>[政令]で、<gouverneur général>[総督]殿は、1935年3月7日付<arrêté>[政令]の、トラックの運転手に厳重に適用する有効期間規定に関する第4条を以下のように改正した。

《上の第2条に示されている医師の証明書は、発行の日から2年間で効力を失い》、“その証明書は有効期間が切れる日の15日前から新しく発行することができる。”

1-7-7 [仏語] 検閲により削除

1-7-8 来る11月1日16時45[ママ。[分]はない]、即ち午後4時45<minute>[分]に、市スポーツ場で、クメール kīḷā 即ち lpaeṅ hāt prāṇa[スポーツ]協会理事会がkīḷā、即ち lpaen hāt prāṇa[スポーツ]のシーズンを開幕する。その時、フランス赤十字社が戦っている兵士たちに助力するため[の費用にするため]に、中国選抜チーム対ベトナム·クメール選抜チームのサッカー試合が行われる。入場して観戦する券は、多くの良い品物が当たる福引に照合する権利がある。

観戦する場所の料金は、中央テントは1.40リエル(券7枚綴り)、[両]サイドのテントは1.00リエル(券5枚綴り)、周囲での立ち見席は0.20リエル(券1枚)である。

券は……[注。不鮮明]……で10月21日から販売し、福引の商品は同所に展示する。

後日スポーツ理事会は福引の賞品のリストを発表する。

我々は、どうか赤十字社のために大勢観戦に行くようお願いする。

1-7-9 sīlip 市場で無職の者が大勢賭博をして歩いている。子供たちが毎日集まって賭博をしているのが目に入る。これらの子供たちが大きくなると、きっと盗賊になり、他人の金を盗んだり掏ったりして遊ぶことになる。

管掌部局は、これら賭博をしている子供たちを一生懸命調査して、いなくして欲しい。それからこれらの子供の父母も、子供を賭博をするままに放置してだめにしてしまわないように、子供に生計を立てることを学ぶように厳しく諭してほしい。

1-7-10 先の9月28日に、赤十字社がフランス国で戦っている兵士たちに品物、即ち āv raṅā(pull-over)[セーター]120、kāmārut[?]36、靴下42足、その他戦争難民のための衣服50キログラムを送った。

赤十字社へ皆さんが寄付した金の9月の総額は4,233.35リエルで、種々の品物も多数であった。

1-8 クメール国は再び水没した

現在のクメール国は、ほとんど全ての州全面が水没している。それだけではなく、さらにコーチシナ国に至るまで水没していて、稲、トウモロコシ、豆、その他の栽培している作物全てが駄目になっている。

この破滅をもたらした原因は、我々は検討してわかったのであるが、[メコン上流と下流、トンレー·サープとバーサックの]4分流とその他の川が泥が堆積して浅くなり、水が川から溢れ出るのを防ぐための十分な深さがなくなったからである。それだけではなく、さらに道路がますます増えて、その道路の下をくぐる水路のトンネルが十分にないことである。我々がこのように言うのは、先月我々がすでに水が道路にひたひたになっているサイゴンに行った時に、検討してわかったのであるが、川の水流の左手は水が[道路に]溢れかけていて、所々水が道路を横断して流れていた。右手を見ると、全然水がない。[道路の下を通る水路用の]トンネルがあるところに来ると、水がたくさん流れきれずに詰まっていて、[他に]出口がないので、このトンネルが壊れそうなくらいに水が激しく流れていた。水が流れきれずに詰まっているのはこの1ヶ所しかない[ママ。恐らくここに「からである」が脱落]と推測した。現在我々は、ター·カエウ州の rameñ郡、girīvaṅ 郡、その他のそこの近くの郡から、我々と同じように認識できるいう情報を得た[注。この記事のおよそ30年も後の1966年に、プノンペン市の北で同じことを訳者は目にした。口で言うほど解決は簡単ではないようである]。これらの郡は毎年何を栽培しても他の郡に比べて収穫が少ない。

水の力を弱め、その[弱めた]力による[増えた]収穫を毎年[住民に]提供して[生活が]楽になるように、公共土木事業局は[道路の下をくぐる水路用]トンネルを多数箇所作ることを、我々は期待する。

1-9 赤十字社の楽しい夜会

先の10月10日火曜日夜21時30<minute>[分]に、赤十字社が、戦闘に参加している兵士たちのための寄付金を集めるために、フランスークメール官吏たち多数を映画鑑賞に招いて <ciné> -pīsū 映画館で夜会を開いた。

この会で、医師である suspāṅ <capitaine>[大尉]が、赤十字社の歴史、即ち誕生について講演をした。

この会で、<ciné>-pīsū 映画館は、<thibaudeau> <le résident supérieur>[高等弁務官]殿と、夫人[loka jamdāv]、国王陛下の代理である samṭec cau fā vāṅ {juon}をはじめとする政府の loka <conseil>[大臣]たちなど、フランスと当地国官吏でぎっしりと満員であった。

この夜会は、映画も良い話であり、講演も明瞭で、たくさんの拍手を得て、大いに楽しむことができた、魅力に満ちた実に楽しい愉快なものであった。

2-1 何も考えていない恐れ

プノンペンの商人たちから、「トウモロコシを商って生計を立てている商人たちが、政府が自分たちのトウモロコシを徴発するのを心配している」という噂が広まっている。

この件について、「我々が、『その話は事実ではない。現在政府はトウモロコシも何も徴発することは何も考えていない。後日、かりに徴発することが必要になった場合には、政府は市場で売っている価格より増やした価格を支払う』と断言する」ことを、<le résident supérieur>[高等弁務官]殿が我々に許可した。

2-2 [138号2-1と同一]

2-3 [138号5-5と同一]

2-4 [128号2-3と同一]

2-5 ［8号4-3と同一］

3-1 塩を違法に値上げすることについて

大フランス国に戦争が起こって以来、値上げしてはならない商品を、「戦争だから商品が値上がりしている」と商人たちが言って、戦争のことを隠れ蓑にして値上げを続けている。国民に不可欠の食品の1つである塩を、商人たちは無断で値上げしている。政府のほうは塩を1センさえも値上げさせていない。

もう1つ、誰か塩を購入して、「価格がいつもの様子と違っている」と気付いたら、この違法をなくすために、関税・消費税・使用料局か警察に至急知らせるべきである。

政府は、このように勝手に値上げすることは、確実に法律の許可に反していることをよく知っている。それゆえ、政府は食品など種々の販売される商品の価格検討委員会を、プノンペン、サイゴン、その他の都市にきちんと設立している。

それゆえ、関税・消費税・使用料局は塩1包5キログラムを［正規の］価格で準備している。塩1包5キログラムを買いたい人は、必要に応じて関税・消費税・使用料局に行ってください。たとえばトンキン国では、政府が ratha yanta <camion>［トラック］を1台、塩を運送して行って国内の大きい市場で売るように手配している。しばらくすると、我がクメール国の関税・消費税・使用料局もこのトンキン国と同じ方法を取る。

この方法は、「関税・消費税・使用料局は貧窮している民衆を本当に心を込めて保護している」と我々はわかる。それゆえ、この食品の購入者である我々は、上のような違法行為を目にしたならば、黙ってその悪事を隠す助力をするべきではなく、政府が我々のおかげでこの違法行為を知り、撲滅することができるように、声を上げるべきである。

慈悲の心を持ち、クメール人に助力して、売る人たちが違法に値上げをし続けるという苦しみから救ってくれる保護国政府の功徳を、nagaravatta 新聞は称賛する。

3-2 ［広告］ 皆さんが本堂を建立して僧に差し上げる時に、皆さんの望み通りになるように助力します。

thī {ñāv}、通称 ael-sau は、建築士で、あらゆる種類の家を建てるのを請け負う職人長です。プノンペン市 <françis garnier>路13号、美術工芸学校の後ろ、王宮の北の角の店にいます。

私は見本を示しました［注。仏像とその飾りなど種々の写真がある］が、khsāc <ciment>［コンクリート］の製品を作りました。即ちサーラーの飾り物、大小の本堂や家や仏塔です。欲しい方が買って行って、自分で取り付ける、あるいは私が職人を連れて行って皆さんの家の塀に取り付けることもできるように、すでに型枠に流しこんで作ってあります。遠近、水路あるいは陸路を運搬して行く件については、御相談にいらしてください。私はすぐに品物を持ってお伺いし、お待たせしないことを約束します。

［仏語］ NAO、通称 EL-SAO、請負業者。
プノンペン市 Françis Garnier 路13号

3-3 ［138号2-3と同一］

3-4 ［138号6-10と同一］

3-5 インドシナ国政府宝籤がまたある

1939年第3回インドシナ国政府の宝籤は4次に分けて行われ、1枚1リエルです。

抽籤は、1939年10月4日、1939年11月8日、1939年12月6日、1940年1月3日です。

大賞の抽籤は1940年1月3日に、最後の回と同時に行われます。

［賞金が］当たる本数と［賞金の］金額は以前の回と同様です。運試しをするのを逃さないでください。

3-6 ［広告］ クメールの自転車

現在、他の商品は値上がりしました。［でも、］<ohier>路145号、kaṇṭāl cās 市場の西側の店のクメール自転車はまだ依然として値上がりしていません。皆さんが急いで買う潮時です。今後これより値上がりして、後悔させる恐れがあります。価格はまだ40リエルから上です。どうぞ見にいらしてください。<nickel>［ニッケル］—<chlome>［クローム］のあらゆる色のメッキをした物があります。種々の自転車備品もあります。

3-7 ［138号4-2と同一］

3-8 ［111号3-4と同一］

3-9 ［73号、4-6と同一］

4-1 ［138号6-9と同一］

4-2 逝去

4-2-1 我々は、プノンペン市の公営質店に勤務していた ñān さんの妻であり、仏教研究所の三蔵経翻訳委員会委員である braḥ dhamma piṭaka vijjā {hwm}の娘である sim 優婆夷が、プノンペン <verdun>路の自宅で、親族友人の[見守る]中、32歳で亡くなった、という悲しい報せを受け取った。遺体は先の10月20日に行列して bodhi cin tuṅ に安置された。

nagaravatta は故人の親族、友人、夫君にお悔やみを申し上げる。

＊先の10月19日夕刻、カンボジア国仏教徒協会理事会は、?nak okñā uttamamantrī maṅgala 氏を長として故人[＝上の「sim 優婆夷」]の自宅に行って[葬儀に]参列し、同協会の理事会とシソワット中高等学校友愛会と友好会社(理髪会社)は夫君である ?ael-ñān さんにお悔やみを申し上げ、安置されている遺体を拝した。この時、第4区区長であり、仏教徒協会の会計部長であるpūl-poy-ṅin 氏が仏教徒協会普通会員全員の名前で、遺体の前、仏教徒の中でスピーチをして、恩を知り、感謝することと恩返しをすることを知る女性であり、身体に豊富な徳を持ち、品行方正で、仏教徒協会の特別会員であった故 sim 優婆夷の徳を讃えた。それが終わると、故人の夫である ael-ñān さんが、仏教徒協会理事の諸氏とシソワット中高等学校卒業生友愛会と友好団結会社の諸氏が遺体の前での式に参列してお悔やみを述べたことについて、喜びを述べて、お客への謝辞とした。

4-2-2 我々は、assuja 月上弦6日木曜日(1939年10月19日)に、mahākhettavana 寺(カンダール)の住職である braḥ mahā bina 師僧が師の寺で、仏教徒、および弟子の悲しみの中で亡くなったという悲しい報せを受け取った。同老師はカンボジア国仏教徒協会の会員であった。

nagaravatta は仏教徒と同老師の弟子たちにお悔やみを申し上げる。

4-3 シソワット中高等学校卒業生友愛会

1939年6月3日から1939年10月6日までの金銭の状況

項目	39年10月9日現在	以前から	合計
『支出』			
家賃、水道、電気費	141.10	168.37	309.47
<planton>[用務員]と労務者賃金	130.00	115.[00]	245.[00]
印刷文書	34.00	33.83	67.83
<bureau>[事務所]の用品	8.60	9.40	18.00
郵送費(プノンペンと地方)	13.45	29.04	42.49
雑費	28.70	22.56	51.26
書籍、新聞、雑誌購入	74.44	84.35	158.79
備品購入	—	—	—
生徒への補助金	54.00	356.00	410.00
生徒に貸付	539.00	1518.[00]	2057.00
『収入』			
バット・ドンボーン	123.00	174.00	297.00
カンポート	0	86.00	86.00
カンダール	32.00	60.50	92.50
コンポン・チャム	0	120	120.
コンポン・チナン	34.00	56.[00]	90.
コンポン・スプー	13.50	28.	41.50
コンポン・トム	33.00	12.[00]	45.
クラチェ	0	62.[00]	62.
ポー・サット	23.50	23.00	46.50
プノンペン	342.50	602.00	944.50
プレイ・ヴェーン	0	86.50	86.50
シエム・リアプ	0	157.50	157.00 [ママ。50セン少ない]
ストゥン・トラエン	10.50	28.50	39.
スヴァーイ・リエン	24.00	30.[00]	54.
ター・カエウ	43.50	124.50	168.
寄付金と補助金	0	380.[00]	380.
別途の金・(パーティーの)剰余金	85.00	0	85.
貸し金より多く返済した金	70.00	10.23	80.23
生徒への貸し金の返済	92.00	80.[00]	172.00
(インドシナ国債<bon>[証券])価格	1154.65	0.0	1154.65
銀行定期預金	2800.[00]	2800.[00]	
普通預金	950.00	950.[00]	
会計係りの手元の現金	151.36	151.36	

帳簿の通りに正しく書写されている。
1939年10月6日、プノンペン
会計部長 <signer>[署名] ik-dhuc

4-4 民衆からの訴え掲載欄

我々は、brai jhar 郡(コンポン・チャム) lvā 村の民衆30名からの苦情の手紙を1通受け取った。コンポン・チャム <le résident>[弁務官]殿と州知事殿に提供して知っていただくべき内容なので、民衆のために状況に適切に解決して、苦しみを減らしてくださるようお願いするために、我々は下にある通り掲載する。

項1。1916年に、lvā 村の住民250名が署名して、コンポン・チャム州 <le résident>[弁務官]殿に、役畜を飼うために森林地をとっておく、即ち[現在の]コンポン・チャム州 brai jhar 郡 lvā 村の dak 沼と ṇœk沼の北側にある duol brai phṭau、duol krūs、duol cranieṅ と、この3つの duol の傍の低地の野原を役畜を飼うための草地としてとっておくことの[許可を]申請しました。[注。この文の「州、郡」はそれぞれ「khetta、sruk」が使用されていて、

申請した1916年当時の用語、即ち「ruom khaetra、khaetra」とは異なる]

項2。コンポン・チャム郡長[注。原文はここでは1916年当時の用語である cauhvāi khaetraが使用されている。以下の部分でもこのように用語が一定していないことがあるが、煩雑を避けるために個々に指摘することはしない]殿に、住民につたえることを命令する1916年12月のコンポン・チャム州[弁務官]殿通達第937号があります。

項3。コンポン・チャム郡長殿は、1916年12月に通達第634号を出して、lvā 村村長に、役畜を飼うための草地を求めた住民たちに、「政府は[許可を求める]申請を許可した」と告げるよう通告しました。

項4。1928年になると、kaev-ṇaem が duol krūs と duol cranieṅ、およびそれらの duol の傍の低地[の使用許可]を申請しました。住民は役畜を飼うために取っておくよう、1度抗議しました。

項5。それから1928年2月付コンポン・チャム州[弁務官]殿通達第206号があり、brai jhar 郡郡長殿に、「kaev-ṇaem に、「州[弁務官]殿から brai jhar 郡庁への通達書がある如く、すでに同森林地は住民が役畜を飼うためにとってある」と通告するようにという通達が来ました。

項6。1936年になると、突然、bau、ṅin、yī、jin、ṇāl、him、cān、sum、ḍuc、maen、hul、jhin がコンポン・チャム州[弁務官]殿に、duol brai phṭau と duol krūs の2つのduol の傍の低地と aṇṭūṅ 池の低地[の使用許可]を申請しました。

項7。私たち105名が署名して、「これら[項6に名がある]12名が使用を申請した地域内の土地は役畜を飼うための土地である」とコンポン・チャム州[弁務官]殿に抗議し、lvā 村村長と助役と項6に名がある12名を訴える文書があります。

項8。1936年10月のコンポン・チャム州[弁務官]殿通達第801号が、brai jhar 郡郡長殿に、この村の村長と助役に、この土地に触れることを禁止し、すでに州[弁務官]殿の通達書が brai jhar 郡庁にある如く、この土地は住民が役畜を飼うためにとっておくことを命令しました。

項9。この村の村長と助役は禁止があるのが目に入らず、bau、ṅin、yī、jin、ṇāl、him、cān、ḍuc、hul、jhin、sum、maen は、[民衆が]訴えても村長と助役は[12名に]禁止しないので、この土地を使用し続けるのをやめず、現在に至っています。

項10。それで、私たちは1937年、1938年、1939年にコンポン・チャム州[弁務官]殿に訴えの文書を5通提出しましたが、まだどのようにも決定せず、その結果、ますます大勢が来て[作物を]作り、[牛、水牛]車が通る広い道をなくして、住民たちがウシやスイギュウの草に大変苦しみ、また車を通らせる道がなくなってしまって困っているのを放置しています。いまは、森の中を横切って通っています。

項11。この件は、私たち30名が集まって、新聞社長殿に、このことをコンポン・チャム州政府に、早く決定するよう、思い出させてくださるようお願いします。

項12。もし保護国政府が、1916年、1928年、1936年の公文書の通りに決定しない場合には、政府の利益は損なわれる恐れがあります。下に名前と拇印の押捺がある私たちは、引き続きウシやスイギュウを飼う野原としてとっておいて、政府に税金を納めることを承諾します。

項13。この件のことは、保護国政府は、保護国政府が既に過去に州[弁務官]殿に、以前に与えた保護国政府の文書3通の通りに決定して、役畜に助力し支援して草地を残してくださるようお願いします。

brai jhar 郡(コンポン・チャム)民衆

4-5　赤十字社のために寄付をした方々の9月中だけのリスト

『金銭の寄付』

<madame> taesnael	3.50リエル
<madame> mānībūn	8.00リエル
<madame> pāraṅ	10.00リエル
māṅrī 印刷所	10.00リエル
phān hww-sid 氏	5.00リエル
ḷe-yāṅ-pieṅ 氏	20.00リエル
<madame> gejeṇṇī	60.00リエル
コンポン・スプー地方裁判所グループ	9.70リエル
<docteur> pufuṅ	15.00リエル
pīṇael 氏	5.00リエル
nāṅ kramum {selīn kālīṇās}	10.[00]リエル
<madame> ḷampaert	20.[00]リエル

まだ後の週[＝141号6-1]に続きがある。

4-6　[138号4-3と同一]

5-1　ドイツが欲しがっている国

前の週[＝138号3-1]から続く(終わり)。

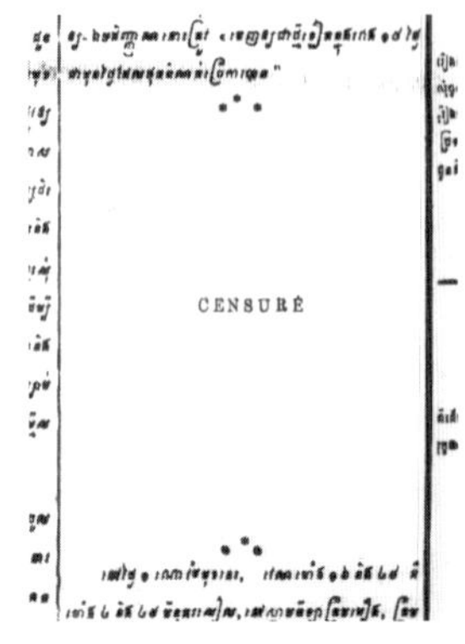

[仏語][この部分]検閲により削除

いずれにせよ、mistlaer氏の意見は、1ヶ月前に述べられたことは事実であり、現在多くの事件が起こっているのも事実であるが、現在でも完全に有効である。この意見を以下に要約する。

《もし、ドイツ国がミュンヘン国[ママ]で条約に署名して、その条約に違反せず、その前の秋に諸国と締結した条約に、1939年の秋から違反しなかったならば、現在おそらくポーランド国は味方になっていたであろう。しかし現在誰かがポーランド国をこのように苦しめているのは、すでに誰もが知っているのように、ドイツの条約は全て何らの効力もなくなってしまっているからである。それゆえ、我々と我々の同盟国にとっては、我々の政策の道は1つしかない。即ち強力になり結束することである。諸国が結束することによってヨーロッパ諸国に仲直りさせることは、ドイツ国に、「あらゆる国の長になる」という野望を捨てさせてはじめて実現できるのである。

5-2 ［119号3-5と同一］

5-3 ［138号5-9と同一］

5-4 ［138号5-4と同一］

5-5 ［20号4-6と同一］

5-6 ［121号4-5と同一］

6-1 互いに戦い合わない戦争［注。この記事は翻訳文で、ほとんどクメール語文になっていなくて難解］

この「互いに戦い合わない戦争」というのは、māsasuṅ-fūrescer 氏が <l'activité moderne>新聞に執筆して掲載したもので、「神経による戦争」であると言っている。この戦争は敵が考えることを知らない場合に、敵を弱い立場に落とすことができる。即ち、喧嘩を終わらせるために、喧嘩をしかけた人、あるいは喧嘩に応じた人が、その心のままに容赦なく、何にでも従うようにさせ、前に進む希望を持たず、黙って馬鹿であるかのように、喧嘩相手の心に沈黙させることである。

この戦争こそが、pradesa ?nak op krasop yak amṇāc mukha krasuoṅ dāṅ as lœ khluon［全ての職務の権限を1人が抱え込む国＝独裁者国］（Pays totalitaire［全体主義国家］）が、何ヶ月もの間西側の民主主義国家に対して行なってきたことであり、それゆえフランス国とイギリス国とが、「平和に存続し、自らが自らの運命の長である」ことを望むならば、勝利しなければならない戦争なのである。

ドイツ国とイタリア国とは、中心人物はドイツ国であり、自分が独裁主義を信奉すれば、民主主義を信奉する国よりも、"<la douce> ekussaes"［？］と呼ぶ方法で、他国を脅迫することが容易にできると考えているのである。

これらの国々は、憲法に従って国民の気持ちに従うことを大切にすることは、従いすぎることであり、この主義を信奉する西洋諸国は、間もなく国の経済に道を誤らせ、何らかの措置を取ることもできなくなると、将来に希望を失って、この主義を信奉することを止めるに違いない。そしてこれらの西洋諸国は全て、自分たちの独裁主義をとるに違いない。<gribouille>氏のように、頼るところがないまま危険を冒すのを嫌がって、先延ばしにしているのではないか」と考えている。しばしば我々の隣国は、「フランス人は地理を知らない。そして自分の国の国境の外で何が起こっているかを知らない」と言っている。少なくともこのことは、人々がドイツ人に対して、「ドイツ人はフランス人の形而上学を知らない」と言っているのと同じである。

しかし、1914－1918年の戦争で，すでに我々の隣国の国民に知らしめたはずのことは、『自分たちだけが勇敢であると認識している国』［より］は、『心が動じやすく、長く我慢することができないと自分たちが推測していた国』が、非常に金に困った時に、自分たちよりはよりよく我慢ができ、そして長く我慢できる」ということである。

我慢すると言うことは、敵よりも15分長く耐えるということであり、これは、物や道具を他よりもたくさん持つことではない。即ち、このようにより長く忍耐を持たせる国は、食料を他より沢山持つことではないし、金銭をたくさん持つことでもない。

多くの人が言っている「ドイツには食料が少ししかない」ということを知るまで待つ必要はない。はっきりわかっていることは、この民族は、これまで多年にわたって使ってきた食用油脂が不足している。

何年か前、ドイツ国が食料に不足した時は、20年前に同盟国が［食料に］不足したほどではなかったが、［それにもかかわらず］［ドイツ］国民を憤慨させ、そのニュースは、いくつかは国外にまで聞こえてきた。

イタリア国では楽ではなくなっている。

これは、国内の財産、金銭全てを武器を生産するための天然資源の購入だけに使い、大砲を作ることができない<beurre>［バター］や油脂は、なくても探そうとしないことによる。

平和で安楽な時に、この国では nam <pain>［パン］の購入券、肉の購入券、<beurre>［バター］の購入券があれば買うことができ、それはそれでよかった。

欲望からの神経戦争をすることを考えた時から、これらの物はそれほど強く必要な物ではなくなった。しかし、フランス国とイギリス国には、国民に食品を厳しくする規定は全くない。

今度は財政の様子について解説するならば、国の財政はイタリア国が最も疲弊していて、惨めな状態にある。税金は非常に重く、武器の大きい支出費目に出す金がなく、これはよたよたと干上がった川を渡っている。たとえば、納期以前に税金を徴収したり、まだ製造していない自動車を前もって購入せよと数百万の職人の前で言ったりするなどの、驚くべき特別手段を実施して、トラブルがおこると、独裁主義者の国では、外国から購入した物の代金をどうにかして支払うために、既に製造された製品を送る以外に、どう考えたらいいかのかわからない。製造された物は、ドイツ国以外は、あまり交換品として受け取ろうとしない、ことを彼らはまだ理解できていない。

もう1つ、西方にあって、憲法を守る2国の財政は、10年前の時ほど多くを持つ必要はないが、それでもドイツ国とイタリア国よりは多く持っているように見える。

イギリス国は国々を常にまとめ、貿易の長である。そして我が国は、何ヶ月もの非常な努力の結果、多量の金[きん]が国内に流入し、戦争がある時も、平和がある時も、我々の事業をますます発展させている。

我々は以下のように要約する。「互いに戦わない戦争」即ち、「神経による戦争」が存在するから、我々は、以前から現在まで、ドイツ人とイタリア人とは異なり、それほど一生懸命になって働いて疲労していず、そして国内に財産を多く持ち、金[きん]も彼らより多い。フランス人とイギリス人は戦争が起こったなら、状況はドイツ人とイタリア人とに比べて極めて楽である。理由と思考により、勝利を得ることが近いことがわからない人はいない。考えてもわからない状況が起こっているから、わからないのかもしれない。

6-2 [33号3-4と同一]

6-3 [126号4-11と同一]

6-4 [138号6-7と同一]

6-5 [138号6-8と同一]

7-1　農産物価格

プノンペン、1939年10月19日

[「サトウヤシ砂糖」はない]

籾	白	68キロ、袋なし	3.15 ~ 3.20リエル
	赤	同	3.05 ~ 3.10リエル
精米	1級	100キロ、袋込み	9.45 ~ 9.50リエル
	2級	同	8.35 ~ 8.40リエル
砕米	1級	100キロ、袋込み	6.00 ~ 6.05リエル
	2級	同	4.30 ~ 4.35リエル
トウモロコシ	白	100キロ、袋込み	[記載なし]
	赤	同	5.30リエル
コショウ	黒	63.420キロ、袋込み	21.25リエル
	白	同	37.00リエル
パンヤ	種子抜き	60.400キロ	[記載なし]

＊プノンペンの金の価格

1	ṭamliṅ、重量37.50グラム	
	1級	165.00リエル
	2級	160.00リエル

＊サイゴン、ショロン、1939年9月17日

フランス籾・米会社から通知の価格

ショロンの<machine> kin srūv[精米所]に出された籾1 hāp、[即ち]68キロ、袋込みの価格は以下の通り。

籾	最上級		0.00 ~ 0.00リエル
	1級		3.42 ~ 3.47リエル
	2級	日本へ輸出	0.00 ~ 0.00リエル
	2級	上より下級、日本へ輸出	0.00 ~ 0.00リエル
	食用[国内消費?]		3.30 ~ 3.35リエル
トウモロコシ	赤	100キロ、ショロン県マッカサンで売り渡し。	6.10 ~ 6.20リエル
	白	同	0.00 ~ 0.00リエル

米(10月[ママ]渡し)、港渡し、袋込み、税抜き、1 hāp、[即ち]60.7キロの価格は以下の通り。

精米	1級、砕米率25%	5.05 ~ 5.10リエル
	2級、砕米率40%	0.00 ~ 0.00リエル
	同。上より下級	0.00 ~ 0.00リエル
	玄米、籾率5%	0.00 ~ 0.00リエル
砕米	1級、2級、同重量	4.25 ~ 4.30リエル
	3級、同重量	3.40 ~ 3.45リエル
粉	白、同重量	2.25 ~ 2.30リエル
	kāk[籾殻+糠?]、同重量	0.00 ~ 0.00リエル

7-2　[広告]　お知らせ

<doudart de lagrée>校でタイ(シャム)語を習うのを許すことは、10月18日水曜日[から始めると]決めましたが、来る同月25日水曜日[から]に延期しました。前と同じ時間です。

7-3　現地国諮問会議の開会

先の10月18日午前9時に、例年の如く、この[諮問]会議が政府の事業について会議をする開会式を行うために、国王陛下とクメール政府の<conseil> senāpatī[大臣]殿たち全員、<thibaudeau> <le résident supérieur>[高等弁務官]殿、大勢のフランス人官吏がクメール行政司法会議室に集まった。

この式で、国王陛下は諮問会議委員45名にスピーチをした。それが終わると、<protectorat>[保護国]の長がもう1つ詳細なスピーチをして、今後の種々の政府の事業について説明した。

7-4　死者への供養の布施

仏暦2482年 bhadrapada 月下弦10日、即ち1939年10月8日、aṅga subhī 寺、ciṅ aṅgara jaya 寺、bodhi ṭuḥ 寺、aṅga bodhi braek kril 寺、krāṅ ṭūṅ 寺の諸寺の住職師僧殿、aṅga jum brai daba 寺とlambū bodhi rāja 寺の grū sūtra {nāk}、kambaṅ trāc 郡と dūk mās 郡の郡長殿、kantho 村の村長殿、それに諸寺の檀家の優婆塞優婆夷が僧70名を招いて、彼岸においでになった braḥ uttamamunī {um-sū} の供養の布施を盛大に行い、追善して師が常に幸福と発展に恵まれ、欠けることがないよう祈った。

7-5 カティナ祭のお知らせ

私たち、シソワット中高等学校(プノンペン)のグループは、本年 assuja 月上弦15日土曜日(1939年10月28日)に「カティナ寄進の呼びかけ」をして行列して、コンポン・スプー州 samroṅ daṅ 郡 vāṅ cās 村 phsār uṭuṅga の prāṅgaṇa 寺で雨安居中の僧に差し上げに行き、翌日曜日に行列して帰ります。

この時には、赤十字社がフランス国で戦っている兵士に助力するために持って行くのを助力することを皆さんに呼びかけます。

皆さん、きっとこれに参加して喜びを共にし、このことの善行の報いの1部分を得てください。

8-1　雑報

8-1-1 皆さんにお報せする。フランス人、およびインドシナ連邦でフランスの法律、あるいは保護の下にある人々の日本への入国は、フランスの samputra ṭœr phlūv (Passport)［旅券］を申請して、それから日本大使に提出して審査を受なければならない。

今後、日本国に行くことを望む旅行者は全て、公安警察局に<passport>を申請し、サイゴンの日本大使に提出して審査を受けなければならない。

8-1-2 1939年9月23日付<arrêté>［政令］第6566号で、インドシナ国<le gouverneur général>［総督］殿は、［かつて］1938年9月12日付 prakāsa <arrêté>［政令］で、クメール国のベトナム人を守るために、プノンペン市で“<viet kieu ñat bao>［越僑日報］”という名の<gazette>［新聞］をベトナム語で発行することを yuoṅ-ṅuk-thān に許可した許可を剥奪した。

8-1-3 <secrétaire>［秘書官］の試験

以下の者は、10月2日と3日の<résident>［弁務官］の<secrétaire>［秘書官］の［採用］試験に合格した。

1。gal-dūc
2。ghuon-jhup
3。ḷā yāṅ gien
4。uk-suon
5。haṅ-jhuṅ
6。kau yāṅ ṇām

我々は合格した人たちにお祝いを述べる。

8-1-4 退職して pamṇāc <retraite>［年金］を受ける sū-pin jhin 氏のための祝賀パーティー［cf.138号1-7-9］

先の9月30日に、我々は大勢の cau krama たちと、シソワット中高等学校卒業生たちと共に、kuṅ sāṅ という名のフランス料理店でのパーティーに出席した。この会で、先の10月1日に daduol <retraite>［定年退職した］ばかりである sū-pin jhin 特級検察事務官が起立してスピーチをして、氏のためにパーティーを催した我々に感謝した。そしてその時、毎日共に仕事をしてきた友人たちへの別れを惜しむ強い思い出の情を述べた。

氏が daduol <retraite>［定年退職した］のに際して、「氏が若い時からずっと白髪になってdaduol <retraite>［定年退職する］まで勤務して、氏は公務と、それから氏に出会った人々たちに対して誠実な人であった」ことを我々全てが認識している、ということを皆さんは固く信じていただきたい。

それゆえ、民衆に助力して苦しみから救うために、弁護士として赴く氏を得るバット・ドンボーン市の人々は、大変な幸運を持っているようである。

最後に、nagaravatta は sū-pin jhin 氏が今後も幸福と発展に恵まれることを祈る。［cf.下の8-1-6］

8-1-5 電話についての規定

今後、新しい指示があるまで、市内の電話通話と、市外への電話通話は、以下の場合を除いて全ての電話所有者は通話できる。

1。市外への通話は、陸上の国境、あるいは海上通商がある港にある公衆電話室から、他の場所にある電話の所有者あるいは公衆電話室への通話は、前もって許可書を申請して得ておけば通話できる。

この許可書は、通話者の氏名を記載して発行され、許可書1通は通話1回のみを許可する。この通話許可書は、州の長である<résident>［弁務官］あるいは<résident maîre>［市長］、あるいは州の長である<résident>［弁務官］または<résident maîre>［市長］の代理者が発行する。

2。市外への通話は、陸上の国境、あるいは海上通商がある港の電話所有者の家から、他の地の電話所有者、あるいは公衆電話室へ通話をする時で、通話許可申請者の家の電話は、［その電話の所有者ではない］他の一般の人が申請をすることがあり得るが(たとえば、<café>［コーヒー］ショップや食堂やホテルやバンガローなどの電話)、これはまだ通話が禁止されている。

3。互いに事がわかっている者同士が秘密の語［＝暗号］を使うことと、フランス語、イギリス語、ベトナム語、クメール語、ラオス語以外の言語を使うことは、まだ通話が禁止されている。

8-1-6　重要な弁護士が出現した

クメール裁判所弁護士である sū-pin jhin 氏がバット・ドンボーン市 svāy po 郡 vatta saṅkae 地区に居を構えた。[cf.上の8-1-4]

8-1-7　重要なお知らせ

来る1940年1月1日に、列車が maṅgalapurī から araññapradesa[タイのアランヤプラテート]まで運行を始めます。政府は職員を大勢、即ち<chef de train>[車掌]、<chef de brigade>[?]、<chef frein>[?]、<caporal>[班長]、<facteur>[輸送係]、その下に続く職員、およそ300名以上が必要です。

我がクメール人の子は、まだ仕事に就けず、大勢が仕事がなくて遊び歩いているが、今すぐ仲間を誘い合って、上のポジションに応募して職を得るべきである。ぐずぐずしていると、他民族が我々より先にこの職を奪ってしまう。現在大勢の他民族が応募しているが、我がクメール人にはこの情報を知る人は誰1人いない。

クメール人の金銭、クメール国内の列車、我がクメール人が一生懸命この職を多数奪ってしかるべきである。我々クメール人は仕事をするのに十分なフランス語の知識を持っているし、grwaṅ <machine>[機械]も知識をたくさん持つからである。

応募書は18セン<timbre>[印紙]を貼って、以下のように、プノンペンの列車[課]長に送ること。

[仏語]　　　　　　　　　　プノンペン鉄道輸送運行課長

8-1-8　10、20、50センの紙幣を使用させる

1939年10月3日付<gouverneur général>[総督]殿prakāsa <arrêté>[政令]により、10月10日から、10センと20センと50センの紙幣を使用させることを許可した。

8-2　[138号3-4と同一]

8-3　[127号2-2と同一]

8-4　[11号4-2と同一]

8-5　<tombola>[福引]の[当籤]番号

1939年10月15日抽籤

[注。5桁の数字が114個ある。省略する]

申し訳ありません。上の当籤番号は、[正しくは]全て6桁なのですが、我々は最初の数字(0)を欠いて、5桁だけを出しました。

番号を照合して上の数字に当たった人は、10月17日以降、毎日夕刻5時半から6時半までの間に、<paul bert>路162号の店に品物を受け取りに来てください。当籤した籤は、1年以内に品物を受け取らない場合は無効になって、カンボジア州<résidence>[弁務官庁]現地国人官員友好団結協会の物になります。

SAMEDI 28 Octobre 1939
CIGARETTES
JOB
LE PAQUET VERT
Nagara vatta
COFAT
CIGARETTES
HEBDOMADAIRE PARAISSANT TOUS LES SAMEDIS
Directeur
PACH-CHHŒUN
Boite Postale N° 44
Téléphone N° 111

第3年140号、仏暦2482年1の年卯年 assaja［ママ］月上弦15日土曜日、即ち1939年10月28日、1部10セン

［仏語］ 1939年10月28日土曜日

1-1 ［仏語で「私書箱 No.44」と「社長、PACH-CHHŒUN」と「電話111番」が加わった以外は8号1-1と同一］

1-2 ［デザインが少し変わった以外は8号1-2と同一］

1-3 ［デザインが少し変わった以外は8号1-3と同一］

1-4 ［8号1-4、1-5と同一］

1-5 長期戦を考えている様子であるドイツ国について

この記事は、"ātrese <de faculté de droit>" と言う法律学校の修了証書を持ち、sālā "<université indochinoise>［インドシナ大学］" の "<économie politique>［政治経済学］" の教師である（Kherian）氏が執筆者である。［注。以下は翻訳らしく、クメール語文としては少々おかしい］

和解し合うことに関する調停を受け入れることに同意しなかった時に、ヒットラーは、「力で決着をつけることを好む」と言った。しかしヒットラーが戦うのを好むのは、その「戦争」は、敵を粉砕する、即ち敵を降伏させ、2-3週間で終わる "電撃" 戦のような戦争であると考えていたからである。この迅速に戦争をすることを考えていたドイツの考えは、「長期間戦うことはできない」ということによる。その理由こそ、私が要約して示したいと思っているものである。

もし戦争が早急に決着がつけば、ドイツ国は戦争に勝てる希望がある。なぜならば戦っている間はドイツ国の武器は敵国の武器と比べると彼らより多いし、そして先に攻撃する者の多くがそうであるように、戦う時と場所を選ぶこと（奇襲して戦うこと）を行うから利があるからである。

しかし、長期間戦って、最終的に勝利を得ることを考える考えは異なる様相になる。単に当初敵を凌駕することだけではない。この凌駕が長期間存続しなければならない。この長期間存続させることは、ドイツ国の方は軍と国民とが必要とするものが十分にあるように整えておく必要がある。この2つのことを行い続けることができるだろうか。

国民の需要と軍の需要とは互いにタイプが異なることを認識しなければならない。国民の需要は減少させる時期がある。戦争をしている国の政府は、非常に厳しい規定を設けて、あらゆる種類の需要を減少させることができる。さらにそれを引き続き成功させるために、国民のあらゆる需要を減少させる規定をする場合も、特に規定をきちんと遵守することを知るドイツ国民は、武器を増やすためにヒットラーが我慢するようにと定めた規定に慣れているから、ドイツ国ではそれをさらに越えて減少させる規定をすることができると推測できる。

しかし、たとえドイツ国であっても成功できないことが1つある。それは国民に生命を養うためのものを少量残しておかなければならないということである。生命を養うものを国民に少量でも持たせないと、必ず国民の体力を損なうことは避けられず、今後生まれてくる国民は頑強な良い国民にはなり得ない。

軍の需要の方はどうであるかについて考えなければならない。これは減少させて少量にすることはできない。現代の戦争は武器、弾薬、radeḥ <tank>［戦車］、飛行機、radeḥ <wagon>［貨車］、種々の建設資材、preṅ <essence>［ガソリン］、preṅ <machine>［ジーゼル油］などを極めて多量に消費する。確かなことは、ドイツ国は、フランス国とイギリス国が［ドイツ国］より武器を多く持つことに承服することができないから、軍のために、今後多量に消費しなければならないことである。

それゆえ、困難なことは以下のように要約できる。長期間戦うことを考えることは、「ドイツは武器を、少な

くとも敵と同等になるように調達できるか」ということである。

まず第1に、国がまだ平和であった時に、ドイツ国の金[かね]は多くの部門で欠乏していたことをまず覚えておく必要がある。この金が不足していることは、ドイツ国への輸入につい報告している年次リストをちょっと見るだけで十分にわかる。この件は国際委員会[?]が天然資源に関して発表している中でさらに明らかになっている。preṅ <essence>[ガソリン]と種々の金属などの産物は、国が平和な時に比べて戦争の時には2倍も3倍も、さらにそれ以上も必要になる。

すでに解説したように、ドイツ国はこれらの戦争を続けるために必要不可欠な産物を探して手に入れることができるだろうか。このことは、産物の運送次第、即ち、「海の向こうから運送してくることができるか」という問題である。

戦時に物資を密かに売る仲間に入っている海外諸国(即ち、1914年－1918年戦争以来多くの種類の物資を売った国)からの産物については、戦争初期の4週間で認識したように、フランスとイギリスの海軍省が駐屯してしっかりと封鎖していて、ドイツ国に運送できなくさせている。もう1つ、ヨーロッパの非戦闘国への貨物輸送も、密かにドイツ国に渡すのを防ぐために、本当に必要な量だけに減少させるように、特に注意する手はずが整っている。

ドイツ国は、非戦闘国、即ちバルカンやスカンジナビアの国々、特にまずロシア国に、フランス国とイギリス国の海軍がいない道で物を輸送することを求めている。しかし、これらの国々の助力は、下に明らかにするように、ドイツ国の天然資源の不足を軽減する助力をいくらもできない。

1。世界の天然資源産物リストは、現在天然資源産物の大きな輸出は海の向こう、即ち、アメリカ国、オーストラリア、熱帯諸国、北と南アフリカの諸国から多量に来ることを明瞭にわからせる。

2。1914年－1918年の世界大戦が、ヨーロッパ諸国に輸入される天然資源は十分ではないというもう1つの証拠を示す。ドイツ国は、ベルギー国、占領したフランスの県、オーストリア－ハンガリー国、ロシア国に服属しているポーランド国、ルーマニア国、ブルガリア国、セルビア国、āsīmā.nārī 国に支配を広げた。しかし出入りができないように包囲されているという苦しみの中にいる。密かに密輸入することができるのは事実であるが、その密輸入も、それを全て、以前から知っている同盟国は、非戦闘国への商品の輸入についての厳しい制限を加えることにより、きっと今後は密輸入をさせないよう、懸命に整えられる。

3。非戦闘国は、我慢して天然資源を全てドイツ国に輸出するのではない。そのようにすることは、ドイツ国は代金を金[きん]あるいは紙幣でそのように多量に支払うことはできず、互いに物を交換すること(相互交換協定、商業協定)を厳しく求めるので、[非戦闘国は]自殺することに等しいからである。これらの非戦闘国は海外、即ちフランス国－イギリス国から自国へ輸入する量を増やすためには、金[きん]と紙幣が必要であることを忘れてはならない。それ以来、これらの国々は、1部分[ドイツへ]輸出して残ったものは、海外かフランス国、イギリス国へ送っている。この解説が根本のようである。

4。天然資源を送ることに関するロシア国の助力は、「準備してある」にならせることである。まず最初に、「スターリンは本当にドイツに助力したいのか」を推測しよう。締結されたばかりのドイツ国とロシア国との協定は、ロシア国から物資を送る量を定めてあり、その定めた量は、ドイツ国がフランス国とイギリス国との戦争をする時に多量に必要とすることと比べると、極めて少ないと思われる。

いずれにせよ、ロシア国からドイツ国へ物資を送るのは、今日明日にできることではない。まず大量の金銭と重要な知識を持つドイツ軍をロシアに送ることから始めなければならない。このようにすることは長い時間がかかり、かつ運に賭けなければならない。

これ以外にも、ドイツの不足の全てをロシア国が充足することはできない。ロシア国は<caoutschouc>[ゴム]などの天然資源が不足しており、ワタなど、その他の産品を求めても極めて少量しか得られない。

また、生産できる産物[注。おそらく「代用ゴム」などの代替品のこと]があるのは事実であるが、ドイツの発表によれば、その生産物は多量に消費している。干上がった川の向こう岸からの、ある報道者たちの言葉によると、生産できる[天然資源]生産物を使用することは、ドイツ国に従来使用してきた天然資源の使用を必ずやめさせることになる、と言う。この言葉は事実ではない。もし本当に他の食料品が普通の食料の替りになることができるのなら、恐らくドイツ国は、「強く必要とする」と言って、しばしば抗議して天然資源を多く持つ国々に求めはしない。

たしかな事実は、生産することができる[天然資源]産物は、多くの費用がかかるので、多くの不都合がある。その生産物を作る代金は、全てを合計すると、普通の生産物の売価の2倍にも3倍にもなる。もう1つ、それらを生産することができる[天然資源]産物は、他の輸入しなければならない天然資源を使用することもあるから、天然資源産物[の必要性]を全て消し去るものではない。

もう1つ、代わりにする食品は、代わりにされる生産物と同じ栄養を持ってはいない。それゆえ、この食品を使用する事は何の効果もない。

＊我々は上に述べた文章に、種々の重要な場所から得た情報を入れて詳しくすることは容易である。しかしこの要約は、長期戦を行うことにおけるドイツ国の条件に関する根本を理解させてくれる。

ドイツ国は、小国、あるいは遠方の国に対しては奇襲戦と電撃戦で速やかな成功をおさめることはできる。しかし、ドイツ国は、船舶と財産と資金と資源とを持っていて、資産を3倍以上も多量に持ち、さらに文明国であることは言うまでもないフランス国―イギリス国を長くは侵略できない。それゆえ、ドイツ国は敗戦を免れることはできない。それゆえ、裁判所で言うところの正義が行われるのを、いずれ目にするのである。

1-6　諸国のニュース

1-6-1　10月19日の ārip 電による情報

モスクワ市からの情報。1日前に、ロシア国とラトビア国は、1939年－1940年の期間の経済面の協約を締結した。

ロンドン市からの情報。イギリス国、フランス[国]、トルコ[国]は以下の内容の相互防衛条約を締結した。

項1。フランス政府とイギリス[政府]は、トルコ国がヨーロッパ部の諸国のいずれかの国に侵略される、あるいは samudra <méditerranée>[地中海]で戦争を生じせしめてトルコ国が非難された場合には、トルコ国を助力に行くことを約束する。

項2。トルコ国は、フランス国とイギリス[国]の両国が東 samudra <méditerranée>[地中海]に関する件で、ヨーロッパ部の諸国のいずれかの国に侵略されたならば、あるいはフランス国とイギリス[国]とがルーマニア国とギリシャ国とを守るために助力して戦う場合には、この両国[＝フランス国とイギリス国]に助力する。

項3。3国の政府は、上述の動乱が生じた場合には、共に事を処理するために互いに協議する。

この条約の期間は15年間である。なお、「トルコ国は、上記3項目を実行した場合には、必ずロシア国と紛争を生じると理解される場合には、上記3項目を実行する必要はない」という付記がある。

1-6-2　10月20日の ārip 電による情報

パリ市からの情報。フランス軍はモーゼル川とラサール川との間の地域の監視に出動し、敵兵数名を捕虜にした。

モスクワ市からの情報。ロシア国政府は、ロシア国とドイツ国との間の、ポーランド国分割と、ドイツ国とロシア[国]の新しい国境に関する友好条約を批准した。

1-6-3　10月21日の ārip 電による情報

ベルン市からの情報。ロシア国がフィンランド防衛協定の締結を求めている件は、後者は同意せず、「いかなる国も、フィンランドを通過してロシア国を攻撃しに行くことを望む場合、フィンランド国は通過することに同意しない」とロシア国に回答した。この断言に助力し支えることを確認するために、スウェーデン国、ノルウェー国などの北の国々は、フィンランド国に abyākrita beñ dī(neutralité absolue)[絶対中立]を保証した。

ローマ市からの情報。イタリア外相であるチアノ氏と、ローマ市駐在ドイツ大使である vuṅ mākkaṅ 氏は、協定を締結することに合意した。その内容は、「(Haut Adigek)に在住するドイツ人は、本日から3ヶ月以内にドイツ国に引き揚げること。イタリアに帰化したドイツ語を話すドイツ人は、来る12月21日までに、「ドイツ国に居住することを望むか、イタリア国に居住することを望むか」を届けなけらばならない」である。

ベルン市からの情報。アンカラ市(トルコ国)駐在ドイツ大使である vuṅ pāpen 氏は、ドイツ国に帰国し、ヒットラー氏にイギリス国、フランス国、トルコ国の相互支援協定についての情報を伝えた。

東京市からの情報。日本国とロシア国が会議をして停戦を考える件は、jhlœy(Prisonniers de Guerre)[捕虜]交換の方法について意見が一致せず、不成功に終わった。

日本外相である野村という名の海軍提督は、「日本国、アメリカ[国]、イギリス[国]、フランス[国]は下の2項目について解決し、互いに尊重し合う必要がある」と述べた。

項1。日本国が東アジアの国々に、新しい rapiep thmī (Ordre nouveau)[新秩序][＝大東亜共栄圏]を作るという希望。東アジアの国々は他国から命令を受けるべきではないこと。

項2。この新秩序は他国の利益を損なうことはせず、世界に平和と秩序を建設すること。

1-6-4　10月22日の ārip 電による情報

ロンドン市からの情報。北海でドイツ機12機がイギリス艦を砲撃したが、同艦は砲撃で応戦して4機を撃墜した。同艦の方は被弾しなかった。

ロンドン市からの情報。イギリス陸相である(hor Bélisha)氏は、ラジオで演説をして、「この戦争で同盟国は懸命に助力し合っている。ドイツの東部における利の要求は、すべてロシア国の手中に落ちることは間違いない。もう1つ、トルコ国はベルリン市からバグダッド市への道を閉鎖した。そして海路によるドイツ国の商業は事実上封鎖された」と述べた。

ドイツのある<gazette>[新聞]の情報によると、ドイツ国はイギリス国とフランス国から属国の分譲を要求している。

1-7　独り言

1-7-1　売春婦について

売春婦を存在させる原因はどの国でも似ている。しかし現在の我が国は売春婦の数がとても多いようである。なかにはまだ幼くて14歳か15歳になったばかりの者もいる。

売春婦がこのように多いのは、多くの老女たちが歩き回って口利きをして他人の子供あるいは妻を説得して密通をさせることで生計を立てており、そのうちにこれら女の子たちが父母や夫を捨てることによる。

これらの売春斡旋者たちは毎朝魚市場に、毎夕劇場に、じっと立っていて、事を運んで男と密通させるために、市場や劇場に来る女性たちを待って見ているのである。

この件は、今後長く放置しておくと、そのうち国民の繁栄を大きく損なうことになる。

我々はこの件を管掌部局に供して、これらの売春婦を全てなくしてしまうよう求める。

1-7-2　プノンペン市の真ん中で、学校に学びに行くか、あるいは父母の手伝いをするべき小さい子供たちが、一転して大勢集まって賭博をしている。これらの子供たちは以後も放置しておくと、きっと盗みや強盗をして歩いて生計を立てるに違いない。

それゆえ、我々は<police>[警官]たちに、取り調べて父母の名を訊ね、しっかり懲りるように[父母を]諭すために、これらの子供たちを逮捕するようお願いする。この子供たちを、このような悪行をするままに放置するべきではない。

1-7-3　現在のプノンペン市には国立学校がたくさんできている。<thibaudeau> <le résident supérieur>[高等弁務官]殿とカンボジア国教育局の新しい局長である<gautier>[ママ。恐らく「garpe」が正しい。cf.下の4-1、4-3]氏がとても熱心に、心を尽くして設立して教育に助力し世話してくれたものである。しかし、クメール人の児童生徒全てを受け入れて学習させるためには、まだ十分では[ない][注。原文にはこの「否定辞」が脱落していると判断する]。政府がこれらの学ぶべき場所がない児童を受け入れて学ばせるために、2学年か3学年ある学校をもう1校<verdun>路の phsār thmī か、あるいはどこか、クメール人居住地区の真ん中に作ると、大変素晴らしい。

1-7-4　都市に住むクメール人は自分をあまりにも大切にし、手作業の仕事は自らを卑しくすると理解し、座り心地の良い机と椅子がある仕事をすることを望む。[そのような]職がない場合には、働かないで、賭博をしたり、女に声をかけたりする方を敢えて選ぶ。使う金がないと、敢えて父母にねだったり、あるいは父母から盗んだりしていって女を養うことを選ぶ。

クメール人がこのように楽しみだけを考えている時に、我が国に住んでいる他民族は、老いも若きも、女も男も全てが夜も昼も一生懸命働いている。

このような状態で、我がクメール人はどうやって発展できるのか。他民族を教師にするべきである。他民族は職業を卑しいとか高貴とか言って選り好みをすることをせず、金を得る仕事を持つことだけを考える。一生懸命熱心に働いて生計を立てて財産を増やせば、たとえその仕事がいかに低劣であると認識されていても、敢えて見下そうとする人は誰もいない。

1-8　お知らせ

nagaravatta 社がプノンペン市内の<gazette>[新聞]代金の集金をさせていた mau-sāṅ、通称 sūr kān は、現在この者に集金させるのをやめました。後日この者が偽の書類を使って騙して集金に来ましたら、必ずこの者を捕らえて警察に引き渡してください。

1-9　kādrūk <gouverneur général>[総督]殿のクメール国訪問

kādrūk <gouverneur général>[総督]殿と<thibaudeau> <le résident supérieur>[高等弁務官]殿の、トンレー・サープ周囲の州の1周視察旅行

10月15日朝、フランス―クメール高官、それに現地国人軍が、<gouverneur général>[総督]殿と<le résident supérieur>[高等弁務官]殿がトンレー・サープ周囲の州全てを視察するために出発するのを見送るために、<résident supérieur>[高等弁務官]府庁舎の前に集まり、整列して到着を待った。氏たちは自動車でプノンペン市を出ると、コンポン・チナン州都に向かった。我々は道の途中の全ての地区の住民たちは、<gouverneur général>[総督]殿と<le résident supérieur>[高等弁務官]殿に非常な喜びと忠誠心とを持つと認識した。同氏[＝総督]は将軍の階級であり、氏の恩徳に大いに期待しているからである。コンポン・チナン州都に入る前に、国旗を持った生徒たちが道路の両側に整列して立っているのが見えた。<le résident>[弁務官]殿の庁舎の前に到着すると、rīkvāṅ <le résident>[弁務官]殿と suṅ-hieṅ 州知事殿と僧と大小の高官と保安隊員たちが習慣通りに敬礼をして<gouverneur général>[総督]殿と<le résident supérieur>[高等弁務官]殿を歓迎して迎えた。<gouverneur général>[総督]殿は、同州での仕事を終えると自動車に乗り、ポー・サット州に向かった。ポー・サット州の大小の官吏たちの、同地に到着した<gouverneur général>[総督]殿と<le résident supérieur>[高等弁務官]殿に対する歓迎の様子も高貴なもので、軽食も準備されていた。この時、ポー・サット <le

résident>[弁務官]殿がスピーチをし、<gouverneur général>[総督]殿の方は感謝のスピーチをして答えた。ここでは、私の親友である sun-vwwnsai 少尉の姿を見ることができて、とても嬉しかった。もう1つ、コンポン・チナン州都を出てからずっと、トンレー・サープの周囲のほとんど全ての州は、ほとんど全て道が悪くて土ぼこりがもうもうと立ち、橋は全て木造であり、なぜかは知らないが、道と橋はあまりよくないことを、我々は認識した。それに引き続き、<gouverneur général>[総督]殿と<le résident supérieur>[高等弁務官]殿とはバット・ドンボーン市に向かった。バット・ドンボーン市での出迎えの様子は、習慣通りで他の州とほとんど同じであった。昼の休憩時に我々は訊いてわかったが、バット・ドンボーン州には新学期に入った時に中高等学校ができ、第1学年[=最下の学年]ができたことを知った。クメール人の若い卒業生たちは、<thibaudeau> <le résident supérieur>[高等弁務官]殿が望み通りにクメール人に助力し支援してくださることをとても喜んでいた。nagaravatta 新聞の方も、バット・ドンボーン州の住民[の意見]に、異論は全くない。「氏がクメール国の統治に来て以来、同氏の手腕のおかげで素晴らしい事業が種々行われて発展しているからである。

(まだ後の週[=141号1-8]に続きがある)

2-1 先の10月18日の現地国諮問会議の開会式における<thibaudeau> <le résident supérieur>[高等弁務官]殿の演説の抜粋

<thibaudeau> <le résident supérieur>[高等弁務官]殿は諮問会議委員殿たちに、保護国である大[フランス]国が自由と独立と、この全世界の文明を守るために、出て戦争をしなければならない時における、クメール国民大衆の大フランス国に対する忠誠心を称賛した。それが終わると、保護国政府がカンボジア国の利益のために実施することを、国王陛下の政府と合意した種々のことについて、諮問会議委員殿たちに公表して知らしめた。

行政−司法の分野、経済と公共事業の分野について、氏はクメール人の影響に従って相応しくなるようにすることを考えた。

保護国政府は、州[諮問会議]委員、即ちその何人かは現地国諮問会議の委員になるのであるが、その州委員を選出する権限を有する人[=州民中の選挙人]の数を増やして現地国諮問会議の権限を強化することを考えた。政府は州委員会と現地国諮問会議の常任委員を作り、地方の行政官吏の権限を広げ、村の住民の代表であるとみなすべき村長に代わって業務を行う村 smien の数を増やした。クメール政府の官吏の俸給については、政府は来る1940年1月中には実施する。昨年昇任昇給したクメール政府官吏の数は、上級職官吏が36パーセント、中級職官吏は33パーセント、その下の職の官吏は46パーセントであった。cau krama 職は70パーセントであった。

教育局は、政府は高等初等教育校[=リセー=vidyālaya の第1学年]を作ることを考えた。たとえばバット・ドンボーン州では第1学年が既にできた。シソワット中高等学校を拡充して、高等初等教育をさらに増やすことを考慮中である。政府は、クメール人の良家の子女が教師の職に魅力を感じ、愛するようになることを奨励するために、教師のための手当てとして支援するために金を支出しておいた。それから、我々の sālā ussāhakamma (salla ṭaek)[工業学校]を、工業という生業に官吏の地位と同等の価値を持たせるために、新しく改組した。

医務局の方は、政府は依然としてクメール人医師を多数必要としている。現在保護国政府はクメール人生徒がハノイに医学を学びに行くのを支援するために金を支出した。しかし、学びに行くことを志望する者はあまりいない。この局を拡充し支援するためにさらに支出を1割増にした。

本年の公共土木事業は、政府は maṅgalapurī から<thailand>「タイ」国(siem[シャム])の araññapradesa [アランヤプラテート]まで鉄道を作り、来る1940年8月中に作り終える考えである。

我々が上に要約して述べたことは、<thibaudeau> <le résident supérieur>[高等弁務官]殿が完遂させることができるよう期待する。

一方、我々の方は、カンボジア国を我々の近隣の国と同等にならせることを望んでいる我々の希望通りに成功させるために、熱心に心をこめて一生懸命勉強し、一生懸命商業を行わなければならない。

2-2 [138号6-9と同一]

2-3 [138号4-3と同一]

2-4 [138号2-1と同一]

3-1 [139号3-2と同一]

3-2 [138号4-2と同一]

3-3 [138号6-10と同一]

3-4 [139号3-6と同一]

4-1 クメール国に帰国した<le résident>[弁務官]殿たちを歓迎します

nagaravatta 新聞は、pārū バット・ドンボーン <le résident>[弁務官]殿、rāmje コンポン・トム <le résident>[弁

務官]殿、<gautier>カンダール <le résident>[弁務官]殿、<lebas>カンポート <le résident>[弁務官]殿がフランス国から帰国したのを大変嬉しく思っています。

我々は、これらの方々が常に4種の祝福、即ち長寿、不老、健康、力に恵まれますようお祈りいたします。そして我々は、皆さんの徳のおかげで我がクメール国がきっと楽しくなることを期待します。

もう1つ、「保護国政府は、これらの方々を元のポジションに就かせる」という情報の通りであると、[とても]好都合であると考えます。民衆はそれぞれの長を愛し、親密に感じているからです。

4-2 ［仏語］　カンボジアスポーツ連盟

［ク語］ krum sahabandha khemara nai kīḷā[クメールスポーツ連盟](krum samāgama khmaer nai lpaeṅ hāt prāṇa[クメールスポーツ協会])は、赤十字社の[支援の]ために1939年11月1日に、賭けのサッカー試合をする時に抽籤される福引の賞品にする種々の品物のリストを送って来た。

福引の賞品にする品物:

自転車、香水、タバコ、srā <franc>[ブランデー]、カメラ、時計、等々、saṅduṅ 布2巻き、その他多数。

<tombola>[福引]の賞品にする品物は全て、籤の販売所である guopūd 商店のガラスのショーケースに展示する。

dāt <balle>[サッカーの試合をする]時刻は夕方4時半である。

出場選手は以下の通り。

中国選抜チーム

puk

jaṅ　　lī gim ṭuṅ

ṅā　　ṅuon　　pe

juṅ　　peṅ huṅ　　vā　　sū tai　　kī thuṅ

ベトナム―クメール選抜チーム

hul

ḷān　　jā

ñūṅ　　mā tees dit　　brāp-phān

dit yān　　sārāy suon　　yay　　mār ḍī　　camrœn

4-3 工業学校の開校式

先の10月21日に教育局の大小の官吏全てが集まり、午前8時に sālā ussāhakamma (sālā ṭaek)[工業学校]を開校した。生徒たちが2列に整列して立ち、同校の校長である mīṇael 氏と教師たち全員が来て待って、<thibaudeau> <le résident supérieur>[高等弁務官]殿、フランス―クメールの官吏たち、それに現地国諮問会議委員たちを出迎えて挨拶をした。枝が茂った大樹の下の涼しい木陰、美しい3色旗を巻いて飾られたアーチの前に、椅子が列になって並んでいた。、クメール国教育局長である garpe 氏が壇上に上がり、演説をして工業の利益について解説し、それが終わると<le résident supérieur>[高等弁務官]殿がスピーチをして答えた。それに続いて munīreta 局長殿下[braḥ aṅga mcās]がカンボジア王国勲章オフィシエ章を校長である mīṇael 氏に授与した。assariddhī suvattharā という名のシュヴァリエ章を教師である idhigroṇū 氏、vātael 氏、その他多くのフランス人とベトナム人に授与した。この勲章と<médaille>[メダル]を受けたクメールは1人しかいなかった。我々は、今後のクメール国のためにこの学校を設立した方々に感謝する。

4-4 陸軍のための商品

大衆への公示

1939年11月20日に、クメール国現地国人軍第1師団(<doudart dee lagrée> 駐屯地)は下記の商品の[納入]入札を行う。

1、mamsam(sāc)[肉]。2、薪。3、種々のクメール式スープ材料。4、種々のヨーロッパ式スープの材料。5、ニワトリ、アヒル、ウサギ、鶏卵。6、川(湖)魚。7、生食用野菜と新鮮な果実。8、種々の現地国商品。

兵士の食事を作るために政府に売るこれらの商品は、これら全ての商品の入札者はクメール国現地国人軍第1師団食料委員会委員長<bureau>[事務室]に、1939年11月5日までに提出すること。

種々の事を知りたい場合には、土曜日と日曜日と祭日を除いた毎日9時から11時までと、15時(3時)から17時(5時)までの間に、<doudart de lagrée>駐屯地委員会委員<bureau>[事務室]に問い合わせること。

4-5 故 braḥ uttamamunī {ū-sum}の火葬式

過去2ヶ月の間毎週新聞に報道してきたが、現在、時がますます近づいてきたので、もう1度このことを掲載して思い出していただく。

善男善女の皆さんにお知らせします。

dutiyāsādha 月上弦5日以来、uṇṇāloma 寺の同師の庫裏に安置されていました故 braḥ uttamamunī {ū-sum}師僧殿の遺体は、師の親族、友人、弟子たちが assuja 月の出安居の日に、下記のように定めた年月日に火葬式を行うことに同意しました。

1。assuja 月下弦5日木曜日(11月2日)夜7時に paritta を読経して、説法師を1名招いて仏法の説法を行う。

2。下弦6日金曜日(同年同月)朝、僧100名を朝食に招き、午後2時に説法師を1名招いて「10のジャータカ」を説法し、夜8時に説法師を1名招いて、釈迦の最初の悟りについて説法をし、それから buddhābhiseka 式[?]を行う。

3。下弦7日土曜日(同年同月)朝、第2日と同じことが行われ、午後2時に行列をして uṇṇāloma 寺を出て、高等パーリ語学校の火葬台の上に安置する。5時半、フランスークメールの官吏、および親族、友人、弟子たちが集まり、遺体を荼毘に付する。夜8時、説法師を1名招いて高等パーリ語学校でsamvejanīya kathā［？］を説法する。

4。下弦8日日曜日（同年同月）朝、第2日と第3日と同じことが行われ、午後2時に説法師を3名招いて、uṇṇāloma寺の本堂でsaṅāyanā［結集］を説法して式を終える。

善男善女の皆さん、上のように定められた時日に、この式に参加して善業の喜びを共にしてください。

4-6　農産物価格

プノンペン、1939年10月25日

［「サトウヤシ砂糖」はない］

籾	白	68キロ、袋なし	3.20 ~ 3.25リエル
	赤	同	3.00 ~ 3.05リエル
精米	1級	100キロ、袋込み	9.30 ~ 9.35リエル
	2級	同	8.30 ~ 8.35リエル
砕米	1級	100キロ、袋込み	6.00 ~ 6.05リエル
	2級	同	4.30 ~ 4.35リエル
トウモロコシ	白	100キロ、袋込み	［記載なし］
	赤	同	5.55リエル
コショウ	黒	63.420キロ、袋込み	22.50リエル
	白	同	40.50リエル
パンヤ	種子抜き	60.400キロ	［記載なし］

＊［「プノンペンの金の価格」は記載なし］

＊サイゴン、ショロン、1939年10月23日

フランス籾・米会社から通知の価格

ショロンの<machine> kin srūv［精米所］に出された籾1 hāp、［即ち］68キロ、袋込みの価格は以下の通り。

籾	最上級		0.00 ~ 0.00リエル
	1級		3.55 ~ 3.60リエル
	2級	日本へ輸出	0.00 ~ 0.00リエル
	2級	上より下級、日本へ輸出	0.00 ~ 0.00リエル
	食用［国内消費?］		3.30 ~ 3.35リエル
トウモロコシ	赤	100キロ、ショロン県マッカサンで売り渡し。	6.10 ~ 6.20リエル
	白	同	0.00 ~ 0.00リエル

米（10月［ママ］渡し）、港渡し、袋込み、税抜き、1 hāp、［即ち］60.7キロの価格は以下の通り。

精米	1級、砕米率25%	5.15 ~ 5.20リエル
	2級、砕米率40%	0.00 ~ 0.00リエル
	同。上より下級	0.00 ~ 0.00リエル
	玄米、籾率5%	0.00 ~ 0.00リエル
砕米	1級、2級、同重量	4.20 ~ 4.25リエル
	3級、同重量	3.30 ~ 3.35リエル
粉	白、同重量	2.25 ~ 2.30リエル
	kāk［籾殻＋糠?］、同重量	0.00 ~ 0.00リエル

4-7　［138号3-4と同一］

4-8　［11号4-2と同一］

4-9　［127号2-2と同一］

5-1　お知らせ

5-1-1　trāviñ省（コーチシナ）では、<de montegu> <administrateur>［上級行政官］殿が、故braḥ mahā vimala dhamma thoṅ猊下の弟子であり、同省の議会（？）のthīであるācārya {kae-viñ}氏を派遣して、trāviñ省全体の代表として、故braḥ uttamamunī {um-sū}猊下の火葬式に参列させる。故braḥ uttamamunī {um-sū}猊下が存命中に一生懸命努力して三蔵経をパーリ語からクメール語への翻訳の指図にあたり、クメール人が仏陀の教えを読んで検討して容易に理解し、実践できるようにと形見として残した恩を明らかにし、敬意を表するためである。

5-1-2　braḥ uttamamunīの遺体を行列する時に、この葬儀を指図する弟子たちは、行列をする人々は全て白衣装を着ることで意見が一致した。

5-1-3　死者への供養のための布施

本年bhadarapada月下弦9日に、bodhi rāja寺（スヴァーイ・リエン）の住職師僧殿と同寺の成年僧と未成年僧と優婆塞優婆夷たち、全部で158名がbraḥ utamamunīに贈るための死者への供養のための布施式を8日間行った。

5-2　［119号3-5と同一］

5-3　［138号2-3と同一］

5-4　［139号3-5と同一］

5-5　［20号4-6と同一］

5-6　［121号4-5と同一］

6-1　赤十字社に寄付をした人々の、9月中だけのリスト

『金銭の寄付』

前の週［＝139号4-5］から続く（終わり）。

カンボジア国在住yīñ ḷuṅ省ベトナム人友好会	10リエル
コーチシナ人友好会	20リエル
カンダール州	824.70リエル
退役軍人友好会	100リエル
商業会議所	100リエル
インドシナ銀行事務員［thī］たち	30リエル

r.issī kaev の r.issī ベトナム人長　23.55リエル
<madame> {dhaer}　20リエル
som pieṅ (jroy caṅvā) のベトナム人長　20リエル
入国管理局（中国人<carte>［身分証明書課］［ママ］）
官員たち　15リエル
dhek gī suoṅ 氏　5リエル
<madame> {ṭww ḷūy}　20リエル
maṅguy 氏　100リエル
rūser 理髪店　3リエル
<madame> {plāssuṅ}　50リエル
ṭāṅ yāṅ hīv 医師［<docteur>］殿　20リエル
中国人から寄付を集めた tān sun-huo 氏のリスト　1270リエル
ywaṅ yāṅ ḍīl 医師［<docteur>］殿　30.00リエル
traṅṭael 商会　20.00リエル
mellaṅ 氏　20.00リエル
ūklūgāskū 商店　20.00リエル
<madame> <thibaudeau>　50.00リエル
クラチェ園芸局　100.00リエル
シエム・リアプ州　200.00リエル
<madame> {vaeran}　5.00リエル
bar tai 商店　20.00リエル
ḷwwpoṇœr 氏　25.00リエル
thegūḍrī 氏　10.00リエル
<madame> {kāswṇās}　10.00リエル
prītuṅ 氏　5.00リエル
jroy caṅvā の kvān　3.75リエル
獣医局現地国人官員　9.10リエル
prūss 商店　30.00リエル
huo ān 船舶協会　100.00リエル
森林局　15.00リエル
ベトナム友好会　10.00リエル
クメール国<résidence>［弁務官］庁官員友好会　12.00リエル
swwtād-rai 氏 のリスト　140.50リエル
dhwaṅ ṭāṅ 寺　20.00リエル
無名　0.50リエル
合計　4223.35リエル

寄付をなさった方々で、リストに掲載するのが間に合わなかった方々にお詫びいたします。［注。139号4-5のリストと本号のリストの金額の合計額は、上に示されている合計額より600リエルほど少ないので、これが新聞に掲載されなかった人たちの合計金額であると思われる］

全ての方々にお礼申し上げます。

6-2　王国を治めるための必要要素

国の政府の（昔から言うことによる）必要要素は9つある。

1。国の長として名誉ある王がいる。

2。国事を定める有能な大夫がいる。

3。友好的な同盟国がたくさんある。

4。国を治めるために財宝が豊富にある。

5。国内に賢人が大勢いる。

6。国を守る堅固な砦がある。

7。国を守る勇敢な兵が十分いる。

8。従順で国を愛する国民が豊富にいる。

9。歴史に優れた人がいる。

sṅuon vaṅsa

［注。上の第9は、juon-ṇāt のクメール辞典では「優れた占星術師と歴史家」に、また Monier-Williams のサンスクリット辞典では、「占星術師」だけになっている］

6-3　［138号5-4と同一］

6-4　［73号、4-6と同一］

6-5　［111号3-4と同一］

6-6　［126号4-10と同一］

6-7　［138号5-5と同一］

6-8　［128号2-3と同一］

6-9　［8号4-3と同一］

6-10　［138号5-9と同一］

6-11　［126号4-1と同一］

6-12　［138号6-7と同一］

6-13　［138号6-8と同一］

SAMEDI 4 Novembre 1939

CIGARETTES
JOB
LE PAQUET VERT

DEPOT LEGAL INDOCHINE

Nagara vatta

COFAT
CIGARETTES
La meilleure cigarette indochinoise

HEBDOMADAIRE PARAISSANT TOUS LES SAMEDIS

Directeur
PACH-CHHŒUN

Boite Postale N° 44
Téléphone N° 111

第3年141号、仏暦2482年1の年卯年 assuja 月下弦7日土曜日、即ち1939年11月4日、1部10セン

［仏語］ 1939年11月4日土曜日

1-1 ［仏語で「私書箱 No.44」と「社長、PACH-CHHŒUN」と「電話111番」が加わった以外は8号1-1と同一］

1-2 ［デザインが少し変わった以外は8号1-2と同一］

1-3 ［デザインが少し変わった以外は8号1-3と同一］

1-4 ［8号1-4、1-5と同一］

1-5　なぜ我がクメール国はますます教育学が遅れるのか

我がクメール国はインドシナ国の中で教育学に関する学問知識が他の全ての国より劣っている。一方、我々クメール人は他の人並みに知識を得たいと思っている。それなのになぜますます劣っていくのであろうか。

多くの人が、「現在存在する学校の数が非常に少ないことによる」と答える。「現在存在する学校は生徒で一杯で溢れていて、生徒をさらに入学させて補充することができないから、子や孫を学びに行かせる学校をさがしてもみつからない」と理解しているからである。このように理解することは、あまり正しくない。なぜならば、学校はさほど少なくはないからである。我々がもっと学校を増やすことを欲し、政府が熱心に金を費やして望みの通りに学校を建てたとしても、もし学校を建てたが、生徒を教える教師がいないという場合、どうやって生徒に知識を持たせることができるのか。

我々クメール人全ては、「いずれの国であろうと、教育局が時代遅れであると、その国の国民はますます無学無知になることは確実である」ということをはっきり理解している。

それを理解しているのならば、なぜ我々クメール人は教育局を嫌うのか。なぜ教師になりたいと思うクメール人が全くいないのか。このように教師になるクメール人が全くいなかったら、どのようにして我が民族を成長させて、時代に追いつかせることができるのか。

もう1つ、生徒の父母の方は、子供を放置しすぎる。子供が家から姿を消すのだけを見て、子供は学校に行ったと推測する。子供が誤った道を歩いていることを全く知らない。このようないい加減な信頼は、「我々クメール人は子を愛することを知らない」と認識される。子を愛する人のやり方は、生徒の勤勉努力について教師に訊ねに行く。そして子供を自由に訓導することを教師にまかせる。彼らは彼らの子供に知識を得させることを本当に望み、現在の我々のように無関心ではないからである。子供が帰宅すると、我々の子供の宿題をチェックし、さらに教育を受ける態度について忠告を与える。これこそが、「本当に子を愛することを知る」と呼ばれることであり、このように子を愛することを知ると、その結果、「国と民族を愛することを本当に知っている」と呼ばれるのである。

さらに生徒の方は、自分が学習中は一生懸命努力しなくてはならない。決して楽しい道を楽しむことを考えてはいけない。なぜならば、迷って学習を忘れさせ、駄目にしてしまう道だからである。我々は心配をして何になるのか。楽しさは将来きっと我々を訪れる。我々が知識を得たならば、どのような楽しみでも自分にもたらすことができる。我々が楽を苦より先に取ると、年齢がどんどん増え、学問はどんどん劣って行き、勉強が終わった時には空っぽの人間、即ち道具になるものを何も持たない人間になる。

最後に言うが、我々クメール人は全て国を愛するべきである。国を他国と同様に成長させ、時代に遅れないようにしたければ、教育局を愛することを知り、そして子や孫を正しい方法通りに正しく愛することを知らなければならない。そうすれば望みの通りに成功する。

あなた方全てが我々と同じ理解を持てば、クメール人は早く成長するであろうと、我々は期待する。

nagaravatta

1-6　諸国のニュース

1-6-1　10月23日の ārīp 電による情報

上海市からの情報。中国人たちが前中国首相である汪精衛氏を密かに狙撃したが、銃弾は反れて、氏を護衛していた中国人<police>［警官］1名と兵士2名に命中した。<police>［警官］と兵士は死亡した。この事件はきっと日本側である中国政府と上海市政府との間に摩擦を生じせしめると理解されている。もう1つ、「上海市内で結婚式が行われている時に、新郎が中国人ではあるが日本政府側の職員であったため、6名が射殺され、多数が負傷した」と発表された。

＊ロンドン市。ある<gazette>［新聞］の情報によると、ヒットラー氏は中央ヨーロッパ諸国の中に、ドイツ人ばかりからなる1大国を作り、そしてドイツ人以外の民族は、世界の他の国に住まわせようとしている。この新しいドイツ国は面積がおよそ350,000平方キロメートル、即ち以前の旧ドイツ国の大きさに近い。

ベルン市からの情報。日本政府はベルリン市駐在大使であるホシマ［ママ］将軍を日本国に帰国させ、ブリュッセル市駐在の日本大使を、ベルリン市から帰国させた将軍の後任になりに行かせた。

パリ市。アメリカの<gazette>［新聞］の情報によると、スターリン氏はヒットラー氏に返書を送った。その内容は、「ロシア国はフランス国ーイギリス国に対して戦いに行くことに同意しない」である。

ロンドン市からの情報。ヒットラー氏は、戦争に関して種々のことを行うことを考えるに先立って、全ての県のドイツ人の士気を調査するために、全ての県知事を至急集めて会議を開いた。

1-6-2　10月24日の ārīp 電による情報

モスクワ市からの情報。ドイツ軍艦が、ロシア国北部の（Kola）岬の近くでアメリカ商船1隻を拿捕した。アメリカ政府は同商船の返還を要求するために、この事件について調査させる措置を取った。

＊ロンドン市からの情報。北海でギリシャ商船1隻がドイツ潜水艦に雷撃され沈没した。

＊東京市からの情報。日本政府は ṭāṅsmīn市から日本大使であるタシロ氏を呼び戻して満州国国外務省副大臣［ママ］に任命した。

1-6-3　10月25日の ārīp 電による情報

ベルン市からの情報。ダンチヒ市でladdhi <national-socialisme>［国家社会主義］を信奉するドイツ人たちが集まってにぎやかに祭りを行った。ドイツ国外相であるリーベントロップ氏が、全責任をイギリスのせいにする［次の内容の］演説をおこなった。「ポーランド国が敢えて強情にドイツ人を苦しめているのは、イギリス国を頼り所にしているからでる。一方フランス国の方は、『イギリス人［ママ。「フランス人」が正しい？］がドイツ人と戦争をしたければ、幸福が得られるまで頑張って戦い続ける』と言って、［ドイツと］戦争をすることをイギリス国からけしかけられたのである」

モスクワ市からの情報。先の10月25日夕刻、ドイツがアメリカ国商船1隻を拿捕し、ロシア国の（ムルマンスク）市に拉致するのが見られた。

アメリカ国は、この商船拿捕の情報を得るや否や、直ちに抗議した。

パリ市からの情報。フランス国大統領であるルブラン氏は、（アルザス）県の軍の視察に行き、兵士たちを激励した。

モスクワ市からの情報。ロシア国政府はドイツ国に籾［ママ］1百万トンを売ることに同意した。

1-6-4　10月26日の ārīp 電による情報

東京市からの情報。ロシア国政府は、日本漁船9隻、即ちロシアが数ヶ月前に拿捕した漁船に帰国を許すことに同意した。日本政府が日本国内に拘束しているロシア船の方は、日本政府がロシア国への帰国を許した。

ナンシー市からの情報。フランス陸軍軍法会議は、秘密情報を盗んでドイツ人に渡したとして告発された sālras の審理を行い、同人に死刑を宣告した。この事件ではさらに4名が告発されていて、1名が死刑、3名がそれぞれ5年間の投獄を宣告されている。

1-6-5　10月27日の ārīp 電による情報

モスクワ市からの情報。ドイツが拿捕してムルマンスク市に拉致したアメリカ商船は、現在ロシア政府が同船の積荷の検査を終えて、ムルマンスク市からの退去を命令した。

オスロー市からの情報。ロシア国が以前に求めた言葉に固執するならば、必ずフィンランド国との戦争がおこる。

東京市からの情報。陝西省の北に撤退した中国軍120,000名について、日本は、「中国軍が陝西省を放棄して出て行ったのは、日本の手腕に負けたからである」と理解している。

＊アムステルダム市からの情報。オランダ国とドイツ国は、10月26日以降、互いの情報の往来を封鎖した。

1-6-6　10月28日の ārīp 電による情報

ワシントン市からの情報。アメリカ議会が会議を開き、戦争当事国の双方に武器とその他の商品を売ることについて会議をして、アメリカ国は中立を保つが、互いに紛争を起こしている国双方に商品を売ることは可決した。この同意は同盟国に大きい利益をもたらす。一方、同盟国、即ちフランスとイギリス側は大変喜んでいる。

パリ市からの情報。フランス軍とドイツ軍は戦場の多くの場所で戦った。海ではフランス巡洋艦が、潜水艦と共に水死したドイツ海軍兵の遺体を引き揚げた。

1-6-7 10月29日の ārīp 電による情報

ロンドン市からの情報。(Royal Air Force)[英国空軍]のイギリス機がドイツ機1機をスコットランド県まで追って墜落させ、2名を死亡、1名を負傷させた。?nak kān caṅkūt (taikuṅ)[操縦士]は捕らえられて捕虜になった。

1-6-8 10月30日の ārīp 電による情報

ワシントン市からの情報。アメリカ国政府と下院は、この戦時に、フランス国とイギリス国だけに武器を売ることについて協議中である。協議をしてこのように同意したならば、来週から同盟国に商品を送ることを始める。

＊パリ市からの情報。過去2ヶ月間に、敵国の弾丸が命中して沈没したフランス商船は6隻あり、総積載量は41,000トンである。即ち現在就航中の商船の1パーセントが沈んだ。同期間中にフランス艦はドイツ船を4隻、さらに3隻、[総]積載量]19,000トンを拿捕して現在使用中である。

1-6-9 10月31日の ārīp 電による情報

パリ市からの情報。財務相である pūl reṇūd 氏は、「早く戦争をして、かつ勝利するために国防のための国債を発行する。現在政府の財政は、何もごちゃまぜにして混乱しているわけではない。数日後に、政府の pañjī camṇāy camṇūl prāk (Budget)[予算]、85,000,000,000[フラン]を下院の審議にかけるからであり、そうすれば収入と支出のいずれかが多く、いずれかが少ないということがなく、同額であることがわかる」と発表した。

＊ドイツ海軍総司令部は10月28日に、「戦争を開始した日以来今日までに、ドイツ潜水艦は3隻しか撃沈されていない」と発表した。この数は本当の数よりも少ない。なぜならばイギリスが撃沈した潜水艦の数に言及しなくても、フランス船はこれ以上の数のドイツ潜水艦を撃沈しているからである。

＊フランス首相であるダラディエ氏は、先の土曜日と日曜日にアルザスの軍の視察に行き、視察が終わると、「兵の士気が実に良く、戦争のために結束していて、誰からも強制される必要はなく、全力を尽くして一生懸命氏仕事をしているていることがわかった」と述べた。

1-7 独り言

1-7-1 CENSURE[検閲で削除]

1-7-2 現在、nagaravatta 印刷所は学校の生徒のための品物、即ちノート、ペン軸、ペン先、鉛筆、インク、種々の紙、封筒などの販売を始めました。クメール語とフランス語の印刷部と製本部があります。

これらの物が必要な場合にはnagaravatta 商会を見に来てください。

1-7-3 我々クメール人は、子供がタバコを吸うのを放置しておくべきではない。タバコは学習における知恵を劣らせるからである。

他国の学習中の生徒は、『我がクメール人子供と違って』タバコを吸っているのはあまり見られないことに注目しなさい。

1-7-4 農民である我がクメール人は、各回、価格の高い作物ただ1種類しか作らないことが多い。これらの作物の価格は一定していない。我々全てがそろって1種類だけを作ったら、その作物は量が非常に豊富になりすぎるから、当然その価格は下がる。もし我々が多くの種類の作物を栽培すれば、1つや2つが駄目になっても、必ず1つは収穫が得られる。それゆえベトナム国には未利用地が全くない。彼らはネギ、トウガラシ、レモングラスなどの作物を家の周囲で栽培する。その他の大きい作物は山の頂上に届くまで栽培する。我々クメール人は彼らのように勤勉にすることができるだろうか。

1-7-5 今月始めに、強盗団がmāt jrūk 省から舟に乗ってやって来て、カンダール州で何回も何回も強盗をして、多くの財物を得た。この盗賊たちは銃を持っていることが多く、住民に発砲して脅す。強盗のやり方は、何年か前にクメール国で有名になった盗賊首領 pā-diñ の後任者のようである。

我々はこの件を警察局に提供し、正しく働いて生計を立てている住民に助力し守ってくれるようお願いする。

1-8 クメール国を訪問した kādrūk <gouverneur général>[総督]殿の視察旅行

[140号1-9から続く。見出しは若干異なる]

kādrūk <gouverneur général>[総督]殿と<thibaudeau> <le résident supérieur>[高等弁務官]殿はトンレー・サープ周囲を視察に行った。

午後2時半に、<gouverneur général>[総督]殿と<le résident supérieur>[高等弁務官]殿とは、大小の官吏と共に、自動車に乗り、sirīsobhaṇa (sisuphun)[注。括弧内は

タイ語由来の通称]に向かった。習慣に従ったここの盛大な出迎えは、他の州と同様であった。しかしこの時に、この地のクメール政府の保護者である mās-ṇāl 州知事殿[注。当時シーソーポーンは州であった]が入念に指図していた。現地国人軍の父母である aṅḍuy 大尉も全てを愛想よくすることを知り、気に触るようなことはせず、大変礼儀正しかった。そしてこの時に、<délégué>[代表]殿が <gouverneur général>[総督]殿と <le résident supérieur>[高等弁務官]殿とフランス―クメールの大小の官吏、buok <gazette>[新聞記者]たちを愛想良く庁舎内に案内し、歓談が終わると、公共土木事業局長であり、技師であるる sīmūṇe 氏が鉄道を建設してタイ国につなぐ事業の説明をし、「最大の困難は労務者を探すことと、学問知識がある仕事の監督に行く人を探して見つけることができないことである。なぜなら、現在労務者を8千名徴集する必要があるのに、クメール人はその仕事に志願しようとしないからである」と述べた。しかし、何という場所と時間のタイミングの良さか、神が1人、即ち<thibaudeau>氏が向かい合って座っていて、クメール国民の大きな利益のために異議をとなえて助力し、「知識があり、仕事を監督する人を、君が見つけられないのであれば、私が技師を1人探して君の仕事に助力させ責任を持たせることにしよう」と話した。一方、[sīmūṇe]氏は、「志望しないクメール人の代わりに北ベトナム人を採用して来て働かせる」ことを繰り返し熱心に願った。神殿はもう1度、「クメール人は君が言うほど怠惰ではないことを、私は何回も見て認識した。この隣のバット・ドンボーン<le résident>[弁務官]殿が君のために労務者を十分集めて働くようにしてくれるから、きっと労務者は得られる」と話した。

<le résident supérieur>[高等弁務官]殿がこのようにおっしゃったのは、すべて氏が、我々の期待に違わず、氏の子や孫を本当に心を込めて世話していることがわかる。一方、<gouverneur général>[総督]殿の方も<thibaudeau>氏がおっしゃることに賛成し、「その通りにするように」とおっしゃった。もう1つ、「この鉄道建設事業は、働く人に支払わなければならない金が規定通りに全額あったり、不足していたりすることについて、本日以降熟慮して、きちんと解決するべきである。私は、労務者に支払う金が遅かったり、不足だったりするということについての抗議の言葉を再び耳に入れたいとは思わない。何とかして、賃金の支払いが、[それを]待っている心に間に合うようになることについて、労務者が満足するようにするべきである。きちんとした帳簿は後でよく計算するのでもいい」とおっしゃった。<gouverneur général>[総督]殿はこれらのことに関して異論はなかった。

我々 nagaravatta 新聞の方は、その傍にいて、sīmūṇe 氏が、「クメール人は志願して働こうとしない」と反論するのを聞いて、心の中でとても悲しく思った。プノンペン市から maṅgalapurī まで359キロメートルの鉄道を作った時には、クメール人だけでその鉄道全部を作り、他民族は1人もいなかったのを、我々は見た。今回タイ国まではわずかおよそ60キロメートル残っているだけなのに、どうして「労務者になるクメール人がみつからない」と抗議できるのか。

それに続いて、<gouverneur général>[総督]殿と <le résident supérieur>[高等弁務官]殿は、フランス―クメールの大小の高官と共に、自動車でシエム・リアプ州に向かった。シエム・リアプ州につくと、nikūḷā 州<le résident>[弁務官]殿、hum-sāt 州知事殿、同州副<résident>[弁務官]である peṇā 氏、それに大小の高官たちが、到着した<gouverneur général>[総督]殿と<le résident supérieur>[高等弁務官]殿を出迎え、それから大きい<hôtel>[ホテル]に行って休息した。出迎えは他の州と同じであった。用が終わると、<gouverneur général>[総督]殿と <le résident supérieur>[高等弁務官]殿と大小の高官たちはアンコール・ワットを見に行き、当時のクメール人の素晴らしい遺物に満足した。夜9時に、sayasaṅvān さん[?nak]の劇団がアンコール・ワットの前で踊って、両氏と大小の官吏たちを歓迎した。しかし、その踊りの時、企画者は空が曇りゴロゴロと雷鳴が鳴り、稲妻が走るので、「きっとこの楽しみは中止になる」と心配した。しかし、劇団長である sayasaṅvān さん[?nak]は、「雨は降らない。このように空に大音声の威力を示すのは、この古代クメールの遺跡を訪問なさった両氏が素晴らしい徳を持つことを証明するものである」と敢えて保証した。踊りが終わっても雨は1滴も降らず、まさに sayasaṅvān さん[?nak]の言葉の通りであった。両氏とその夫人[<madame>]たちは sayasaṅvān さん[?nak]の劇団の踊りを非常に楽しみ満足した。翌朝、氏たちはコンポン・トムに向かい、我々が認識したことによると、このコンポン・トム州[sruk]はとても可哀想であった。rājee 氏が休暇でフランス国に行って以来、ṇerāk 氏がその職についてまだ何ヶ月も経っていず、コンポン・トム州が栄えているのは本当であったが、よく観察すると、少し劣るところがあるようであった。なぜならば、rāje 氏がいた時に、氏はコンポン・トムを横断して、mlū brai を通過してストゥン・トラエン州境まで行く道をこしらえた。そして氏は氏の子である州民を非常に良く面倒を見て楽にした。州民全ても氏を父母のように愛した。今になって、我々は敢えてはっきりとは言わないが、その道はまだ依然として健在なのかそれともどうかなってしまったのか、我々は知らない。また州民たちも rāje 氏がいたころと同じようにどのように楽しいかどうかも知らない。しかしいずれにしても、少なくとも見るところでは、以前の程度に達しているようではなかった。現在、我々はrāje 氏がフランス国から帰国したという情報を得た。我々は保護国政府が同氏の事業を完成させ、その結果発展を得ることができるように、同氏を前と同じ所に任命することを忘れないようにお願いする。

それに引き続いて、<gouverneur général>[総督]殿と<le résident supérieur>[高等弁務官]殿と大小の官吏たちは10時半にコンポン・チャムに向かい、コンポン・チャムでの歓迎は他の州と同じであった。我々は時間が短くて、afael 州<le résident>[弁務官]殿と、我々のずっと以前から親しく友情を結んでいる友人である jū-ḷuṅ 州知事殿に会いに行けなかったのが大変残念であった。我々はそれぞれ退去して休息した。午後2時半に、氏たちは全員コンポン・チャムを出発して、視察しながら最後にまっすぐサイゴンに向かった。

1-9　父と息子との会話

tā {prāk}——息子や、お前の友人たちが集まって、「クメール国は改革をしなければならない。そうすれば時代に追いつく」と話しているのを父は聞いた。このことは容易ではない。お前の友人たちは、我が国内の真実をまだ十分によくは目にしていない。現在のクメール国は、人々はまだ頑固に宗教にしがみついていて、古い習慣に従っている。国の中の何か1つを改革して整えることを考える前に、その改革を考える考えの中には、クメール人に宗教を捨てさせ、風俗習慣を捨てさせる考えはないということを、まずクメール人に説明して分からせることが必要である。もう1つ、国内を改革することは、ゆっくりゆっくり行なわなければならない。「お前の友人たちは、この改革をあまりにも早く、急いで行いたいと思っている」と父は思う。国内の民衆はまだその改革の方法に従うのを好まない。お前の仲間たちは、全ての人々を導き、お前の仲間たちに従って飛ばせることを望んでいる。そのようにすることは考えを駄目にし、体力を無駄にする恐れがある。昔の言葉に、「ゆっくりゆっくりし、走るな」というのがある。

cau {jai}——お父さんに申し上げます、忠告を私は頭上に戴いておきます。お父さんが聞いた言葉は、まさにその通りです。私の親友たちは集まって、「我がカンボジア国は改革が必要で、そうすれば他と同じように栄える」と話し合いました。ですが、「改革」と言ったのは、我がクメール人に宗教と、クメール人の昔からの遺産である風俗習慣を捨てさせるものではありません。なぜなら宗教と風俗習慣とは、この我がクメール国の全ての人々と同じように、私の友人たちにとっても高い尊敬の対象だからです。私たちは、『教育と経済制度の改革と民族を守る法律の制定』を望んでいるのです。国内で、諸民族が庇護を求めてやってきて住み、生計を立て、そしてクメール人を見下し、さらに苦しめることをさせないようにしたいのです。私たちは、「何とかしてクメール人に学習をさせ、他と同じように早く発展させたい」という考えを持っているのです。クメール人に一生懸命努力して田畑を作り、人並みに一生懸命商売をすることを知るようにしたいのです。カンボジア国を他並みに栄えさせるために、クメール人に国と民族を愛することを知り、クメール人を苦しみから助けることを知り、考えを1つにして結束することを知るようにならせたいのです。私たちは知っています。我がクメール人は、大フランス国が来て住んで、70年以上も、他と同じように一生懸命勉強して、一生懸命働いて生計を立てるように助力し支援して指導しています。それでもまだ成長が見られません。隣の国と肩を並べてしっかりと足で立つことができません。現代の我々クメール人がこのように歩みが遅く、そしてゆっくりゆっくりをさらに続けていたら、いつになったら昔のクメール人の発展と文明を目にすることができるでしょうか。

2-1　[20号4-6と同一]

2-2　<gouverneur général>[総督]殿の妻で、フランス－インドシナ戦争友愛会会長である kādrūk 夫人[<madame>]が、我々の新聞に我々が掲載するように、次の文章を送ってきた。

フランス人、インドシナ人の戦争に赴いている兵士とその家族のための "bhātarabhāba nai saṅkrāma <franc>-<indochine>"(Fraternité de guerre Franco-Indochine)[フランス－インドシナ戦争同胞愛会]

今週 kādrūk 夫人[<madame>]は[以下のものを]受け取りました。

<madame> gvīyyū から	3.29リエル
<madame> baerūd から	100.00リエル
ṭūmāt 氏から	565.00リエル
トンキン酒造協会から	300.00リエル
インドシナ主席財務官である haṅrī 氏から	50.00リエル
匿名氏から	2000.00リエル
guorkesuṅ 氏から	25.00リエル
<madame> ṅvieṅ ḷe から	100.00リエル
毛糸の売り上げから	30.00リエル
匿名氏から	500.00リエル
dissūt 名誉<le résident supérieur>[高等弁務官]殿から	35.00リエル
[小計]	3,709.04リエル

[ママ。リスト中の金額の合計とは一致しない]

第1リストから(報告済み[注。この文章はトンキン国の人々に対して書かれたもののようであるので、この nagaeavatta に報告したのではないと思われる])

6,555.00リエル

［合計］　10,264.04リエル
<madame> rīvāl が <résident supérieur>［高等弁務官］府で受け取ったものリストは報告済み　540.00リエル
総計　10,804.04リエル

［注。以下の文章はフランス語からの翻訳らしく、クメール語文の体をなさず難解であるので、誤訳があるかも知れない］

本日から本年末までに、呼びかけの布告の言葉に対する答え［＝寄付］があった時に、kādrūk 夫人［<madame>］はインドシナ国の素晴らしい贈り物である寄付金を集めてフランス国に送り、植民地相にフランス軍の病院に寄付するようお願いしようと思っています。

［自］宅で製作する品物［の寄付］はますます増加しています。kādrūk 夫人［<madame>］はこれらの物を、フランス国へ行っているベトナム人勤務者［＝兵士など？］の家族に、12月に配布を始めようと考えています。私たちのお知らせを読んで、現在行なっている事業の発展について知った皆さんは、来る11月にハノイ市で bidhī tāṅ phsār nai buok yuvajana［青少年物産展市］(kermesse de la jeunesse)［青少年慈善バザー］が行われるということを承知しておいてください。これは資産が少ないフランス人とベトナム人がこの子供たちの物産展市に寄付をする機会を開くものです。後日、<gouverneur général>［総督］殿の姪にあたる（Fransoir［ママ］Singer夫人［<madame>］）と、kādrūk 夫人［<madame>］とが adhipatī（nāyikāra）［長］を務めるこの物産展市についての詳しい情報をお知らせします。

“フランス－インドシナ戦争同胞愛会”の方を指図するためにコーチシナ、アンナン、カンボジア国を訪問する kādrūk 夫人［<madame>］は、会員に登録した浄心を持つ皆さんにお知らせします。、kādrūk 夫人［<madame>］が不在の時には、ハノイ市の dī <résident supérieur>［高等弁務官府］のvālī 夫人［<madame>］へ送ってください。

kādrūk 夫人［<madame>］に随行する<singer>夫人［<madame>］がお知らせします。青少年物産展市に参加を希望する皆さんは、10月23日［注。この号11月4日付け。この文章はそれ以前に書かれたもの］までの土曜日の15時から17時までに、<gouverneur général>［総督］府に来てください。tūrael夫人［<madame>］、lū?āt ṭwwpat夫人［<madame>］、fūkāṭ夫人［<madame>］が待っています。

kādrūk 夫人［<madame>］に相談するべき種々のことは、不在の間は、ハノイ buysīnīñer 路41号のtūrael夫人［<madame>］に預けておいてください。

2-3　［138号2-1と同一］

2-4　［127号2-2と同一］

2-5　［139号3-6と同一］

3-1　［広告］［注。顔写真が5枚あり、上段左の写真の下に］　sīv-heṅ 医師、バット・ドンボーン māt sdiṅ 路1号に居住。

［注。上段右の写真の下に］　sīv-se 医師、コンポン・チャムに居住。店は māt sdiṅ 路9号。

［注。中段中央の写真の下に］　sīv-pāv 医師、プノンペン phsār thmī の西、7号に居住。

［注。下段左の写真の下に］　sīv-ḷūñ 医師、braek tnot の町に居住。店は<poste> khsae luos［郵便局］のそば。

［注。下段右の写真の下に］　sīv-huṅ 医師、プノンペン phsār thmī の西、7号に居住。

［本文］　この5枚の写真の私たちは、熱心に調薬学と病気の診断学を学び、難病が治ることで有名です。地位や財産がある方々が、<gazette>［新聞］に掲載して称賛しています。私の写真をもらいに来て、それを持って行って偽者になり、別の薬を売っている人がいます。私の店の商標の［薬の］悪口を言って、自分の薬を持ち上げる人もいます。しかし事実は、私たちの店の商標の薬は［偽の薬より］もっと香気があり、それに高価でもあります。私たちは仏法に従い、他人を苦しめることなく生計を立てる決心をしています。もう1つ、この5枚の写真の師と［その］弟子である私たちは、他民族のように商売で財をなすことができたら、将来我がクメール人たちがクメール人の医学を作り上げることができるよう［知識を］広めるために、私たちはクメール語で種々の薬の調薬の方法と病気の診断の方法の本を書いて出版することを望んでいます。

3-2　［138号4-2と同一］

3-3　雑報

3-3-1　盗賊鎮圧

先の10月3日にコンポン・トムの dries 村で強盗があった後に、krasuoṅ <police>［警察局］は措置を講じて大勢を逮捕した。公安警察局の熱心と勤勉とで州krasuoṅ <police>［警察局］と保安隊が、上述の強盗があってから5日後の10月8日に、強盗に入った上の盗賊団17名のうちの13名を逮捕し、銃5丁と強奪された品物の3分の2を押収した。

3-3-2 bhjum piṇḍa 祭に、カンダール州の khsāc kaṇṭāl 郡と lvā aem 郡の諸村では、人々と職員たちが諸寺に集まり、大フランス国と同盟国が戦争に勝つように神に祈る式を行った。

3-3-3　祭日に勤務する

raṭṭhapāla(gouvernement)[政府]からの「祭日の休業を廃止する」という規定により、公共土木事業局は11月1日、2日、11日に勤務する。しかし、puṇya <toussaint>[万聖節]であるので、11月1日の午前中は休業することを政府は許可する。

3-3-4　裁判所のニュース

仏教研究所に勤務する smien である canda-duom は自己の職務において、三蔵経の金をだまし取るという不正を行ったので、今回プノンペン市の裁判所が1939年10月18日に裁判を開いて、次のように判決した。投獄2年、および1,007リエルを仏教研究所に返済すること。

3-3-5　プレイ・ヴェーン州 brai veṅ 郡 kambaṅ lāv 村

thī {ḷeṅ}をはじめとする優婆塞優婆夷200名が、彼岸に旅立った故 braḥ uttamamunī の追善供養のために、bhjum piṇḍa の日に、jhun-sāṅ 郡長殿の自宅で死者の供養のための寄付を行う式を行った。

3-3-6 maṅgalapurī 郡の suvaṇṇagirī 寺の住職師僧殿と、gū prāsāda 村の村長殿、および同寺の優婆塞優婆夷全てが、故 braḥ uttamamunī 猊下[braḥ teja braḥ guṇa]の追善供養式を盛大に行った。

3-3-7 王宮前広場の北、pāvī 路の sīñaek 市場の"udaka <café>"という店名のクメール人の店に<café>[コーヒー]を飲みに来てください。あらゆる種類の料理も売っています。前の競渡祭の時には種々の料理を作って外国からの客を迎えました。

3-3-8　列車での勤務に応募する件について

<gazette>[新聞]読者の誤り

以前、10月21日付<gazette>[新聞]第139号[8-1-7]で、我々は、「新年(1940年)に、maṅgalapurī から araññapradesa[アランヤプラテート]まで[列車の]運行を開始する。鉄道課は、<chef de train>[車掌]、<chef de brigade>[?]、<chef frein>[?]、<caporal>[班長]、<facteur>[輸送係]、ならびにその下の職員300名を必要としているから、クメール人の子たちは、鉄道局で働くことを今すぐ志願しなさい)と報道した。

それ以来、我がクメール人たち大勢がこれらの職を求める声が聞こえ、鉄道局当局はある人たちを採用し、ある人たちを不採用にした。我々は確言するが、政府が必要としている職員は、全てを高い地位の職員として採用するのではない。即ち、労務者を含めて全部でおよそ300名を必要とするのである。現在は、列車を maṅgalapurī から araññapradesa[アランヤプラテート]まで延長する[工事の]時の労務者と労務者の<caporal>[班長]を大勢必要としている。この仕事をすることができるに足る志願心があるならば、「列車を延長する[工事の]場所で労務者をする」あるいは「<caporal>[班長]をすることを志望する」という願書を送ること。

もう1つ、「政府は採用して今すぐ働かせる」と誤解してはいけない。つまり、ずっと先の、新年に鉄道線路ができた時に勤務させるために採用するのである。我々が、「今すぐ応募するように」と言ったのは、鉄道線路が完成した時には、願書を出しても間に合わなくなることを恐れたからである。

それゆえ、すでに願書を出した人は、「願書に対する回答が遅すぎる」と言いながら、今か今かと待たないでください。そして、願書が非常に多く、きっと全員を採用することはできないから、「全員が採用になる」と早合点して期待しないでください。

4-1　1939年11月1日に抽籤があった、クメール国赤十字社のための dāt <balle>[サッカー]籤の当籤番号リスト

[注。下の番号のリスト中の「,」の位置と有無は原文通り]

1。	ḍīdyictā 自転車2台に当たった番号		571,62
2。	<dandy>自転車2台		50,137
3。	B.sṭ 自転車2台		52,571
4。	"コダック"カメラ		56,943
5。	[同]		50,994
6。	<carabine>[カービン]銃		55735
7。	grwaṅ chuṅ <cafe>[コーヒー・セット]		50564
8。	小さい振り子時計		58285
9。	トランプケース		58590
10。	saṅduṅ 布1巻		55004
11。	[同]		52481
12。	自転車タイヤ5本		56934
13。	[同]		55611
14。	カメラ(ブロニール)		54496
15。	<cologne>[コロン]と香水1ビン		56186
16。	<eau cologne[ママ]>[コロン水]と香水1ビン		58651
17。	インドシナ宝籤	10枚	56834
18。	[同]	10枚	54054
19。	[同]	9枚	54749
20。	[同]	9枚	57312
21。	[同]	8枚	53612
22。	[同]	8枚	51032
23。	[同]	7枚	53313

24。　［同］　7枚　58001
25。srā <cognac>［コニャック］3本と香水2ビン　50460
26。　［同］　51184
27。花瓶1つ　55081
28。ランプ1つ　58483
29。腕時計1つ　50908
30。食器　53931
31。ランプ1つ　56424
32。タバコ道具　53652
33。バターケース　54,813
34。自動車ランプ2個　51,982
35。<salade>［サラダ］ボール　50,175
36。ホッケークラブ1本　50,985
37。万年筆1本と鉛筆1本　51602
38。srā <bière>［ビール］3本　56550
39。香り水1リットル　53391
40。<champagne>［シャンパン］3本　50398
41。ビン詰め水3本　52748
42。<champagne>［シャンパン］2本と<job>タバコ2箱　54137
43。インドシナ国政府宝籤6枚　58247
44。　［同］　6　52908
45。　［同］　5　55617
46。　［同］　5　51668
47。　［同］　4　57850
48。　［同］　4　56126
49。　［同］　2　50301
50。aessgie タバコ1箱　53822
51。……［注。脱字］3箱と gotāp タバコ1箱　51354
52。<glove>タバコ1箱と魚の缶詰6個　57183
53。　［同］　6　57247
54。　［同］　6　54866
55。　［同］　5　53053
56。　［同］　3　53490
57。　［同］　3　53649
58。　［同］　3　57165
59。　［同］　3　50073
60。　［同］　3　58223
61。自転車<caoutchouc>［チューブ］2本　57849
62。<cravatte>［ネクタイ］6本　53378
63。　［同］　6　57823
64。　［同］　6　58457
65。　［同］　6　53378
66。タマゴ·スタンド1つ　53600
67。ホッケークラブ　51373
68。陶器製の抱き枕1つ　55759
69。粉ミルクの缶2つ　52473
70。ḍupāpūṭe 酒3本　50255

4-2　農産物価格

プノンペン、1939年10月31日

［「サトウヤシ砂糖」はない］

籾	白	68キロ、袋なし	3.20 ~ 3.25リエル
	赤	同	2.95 ~ 3.00リエル
精米	1級	100キロ、袋込み	9.40 ~ 9.45リエル
	2級	同	8.35 ~ 8.40リエル
砕米	1級	100キロ、袋込み	5.90 ~ 5.95リエル
	2級	同	4.30 ~ 4.35リエル
トウモロコシ	白	100キロ、袋込み	［記載なし］
	赤	同	5.60リエル
コショウ	黒	63.420 キロ、袋込み	23.50リエル
	白	同	43.00リエル
パンヤ	種子抜き	60.400 キロ	37.50リエル

＊プノンペンの金の価格

1　ṭamliṅ、重量37.50グラム

1級	165.00リエル
2級	160.00リエル

＊サイゴン、ショロン、1939年10月27日

フランス籾·米会社から通知の価格

ショロンの<machine> kin srūv［精米所］に出された籾 1 hāp、［即ち］68 キロ、袋込みの価格は以下の通り。

籾	最上級		0.00 ~ 0.00リエル
	1級		3.48 ~ 3.53リエル
	2級	日本へ輸出	0.00 ~ 0.00リエル
	2級	上より下級、日本へ輸出	0.00 ~ 0.00リエル
	食用［国内消費?］		3.32 ~ 3.37リエル

［注。以上で終わり］

4-3　［広告］［仏語］　診療所と産院

“Duong-văn-Diểm”
インドシナ1級医師
プノンペン Boulloche 路、9－10－11－12号
電話:379

診察：午前7時から11時まで
夕刻15時から17時まで

診療所：男性と女性は別々です。

産院：出産は助産婦が行います。
難産と医学的処置と出産前の相談は DIEM 医師が無料で行います。

［ク語］　<duong-văn-diểm>医師の診療所と産院
プノンペン<boulloche>路、9－10－11－12号
電話:379

毎日治療します。

午前：7時から11時まで——夕刻：3時から6時まで
［ママ。仏語は「5時まで」］

必要なら家に呼んでください［＝往診する］。いつでも構いません。

診療所：私の診療所は入院治療が必要な病気も受け入れます。個室の広い病室があります。患者の食事も良い食事で、患者の見舞いは、いつでも必要な時に可です。

産院：妊娠している女性は私の産院に出産に来ると、世話をするための助産婦がいます。出産の時に難産、あるいは病気がある場合には、医師である私が無料で治療します。

4-4 ［11号4-2と同一］

4-5 ［広告］ 住宅用土地を売ります

王宮の後ろに平坦な良い土地があり、縦·横の大きさ［＝面積］は567平方メートル“5アール6750”で、西は<doudart de lagrée>路［ママ。「大路」が正しい］に、北は<docteur> hān 路に面しています。

購入希望の方に、私は適正な価格で売却します。プノンペン市の dham 公営質店に勤務している ṅuon さんに訊ねてください。

4-6 ［広告］ お知らせ

諸民族の方にお知らせします。ṭwwḷābak 路73号と juor ḷān ḷū 路（［それぞれ］プノンペンとコンポン·スプー）に vissakammabāṇijja という店名のクメール人の商店があります。

この2つの商店は、全てフランス国から来たばかりのとても珍しい美しい物と新製品を販売しています。価格もリーズナブルです。

5-1 ［119号3-5と同一］

6-1 我々の新聞の活字についての嘆き

我々の新聞読者の多数が、我々の活字について「ぼんやりしていてはっきり読めない」と嘆いています。このことは我々もそのように理解していて反論いたしません。しかし、前の週から現在まで、我々は悪い活字を拾い出し［て捨て］、はっきりしていて読めるに相応しい良い活字だけが残っています。それゆえ皆さんは恐らく読むことができ、それほどうんざりはしないと思います［注。訳者はうんざりしています］。

この「うんざり」は、我々の不運が原因です。なぜならば、我々が広告して、皆さんに我々の印刷所に出資を志願するよう呼びかけた時に、早急に我々に参加する人はあまりいませんでした。我々の印刷所が「今」生まれたことは、皆さんがすでにご存知のように、我々が印刷所を開くという、行き過ぎの危険を敢えて冒すべきでない時に［生まれたの］でした。なぜならば、フランス国に活字を発注して購入するのは簡単なことではないからです。一方、我が国には、このようなクメール文字の活字を持っていて我々に売ってくれる人はいません。その結果、クメール人がこのように多数が志願した我々の新聞の歩みを遅れさせないために、我々は我慢して、まずは āriyaer 印刷所から古い活字を購入して、暫定的に使用することにしました。この活字を、我々に満足させることができる物にしたのではありません。もし我々の印刷所が戦争の前に生まれていたら、おそらく全部が新しい活字で、欠点のある活字は1つもなかったでしょう。これこそが我々の不運と呼ぶものです。人々が最初から志願してくれなくて、あちらの国で動乱が起こり、物価が上がって運送も容易ではなくなってからようやく我が印刷所が生まれたからです。

現在、もし誰か、「このクメール国内のどこかでクメール文字の活字を売っている」ということを教えて助力してくれる人がいたら、我々はとても嬉しく思います。我々の方は、このクメール国内で活字を探して見つかることには希望をなくしています。しかし今は、我々がフランス国に照会した「彼らが我々に売ることができるか、そして運送が容易に可能か」という情報をまだゆっくり待ってみています。そうなれば必ず皆さんは新しい活字を目にすることができます。

6-2 ［139号3-5と同一］

6-3 ［138号3-4と同一］

6-4 ［121号4-5と同一］

6-5 ［73号、4-6と同一］

6-6 ［111号3-4と同一］

6-7 ［33号3-4と同一］

6-8 ［138号5-5と同一］

6-9 ［128号2-3と同一］

6-10 ［8号4-3と同一］

6-11 ［138号5-9と同一］

6-12 ［126号4-11と同一］

6-13 ［138号2-3と同一］

6-14 ［138号5-4と同一］

SAMEDI 11 Novembre 1939

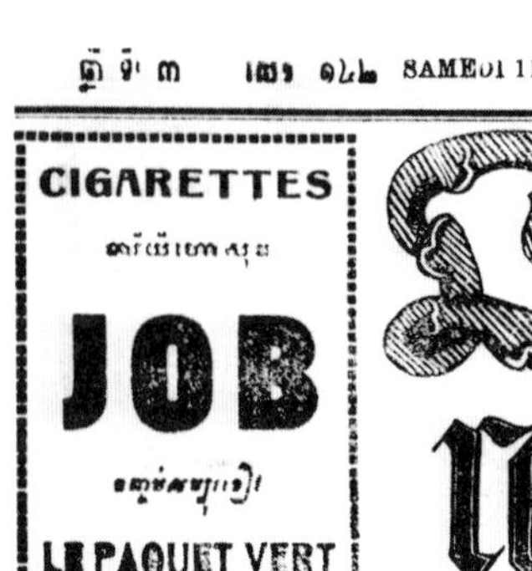

Nagara vatta

Directeur
PACH-CHHŒUN
HEBDOMADAIRE PARAISSANT TOUS LES SAMEDIS
Boite Postale N° 44
Téléphone N° 111

第3年142号、仏暦2482年1の年卯年 assuja 月下弦14日土曜日、即ち1939年11月11日、1部10セン

［仏語］　1939年11月11日土曜日

1-1　［仏語で「私書箱 No.44」と「社長、PACH-CHHŒUN」と「電話111番」が加わった以外は8号1-1と同一］

1-2　［デザインが少し変わった以外は8号1-2と同一］

1-3　［デザインが少し変わった以外は8号1-3と同一］

1-4　［8号1-4、1-5と同一］

1-5　最も凶悪な毒薬

我がクメール国全体の中は、多くが仏教徒で、善、悪、徳、罪、正、邪を知っている。しかしよく見ると、酒造会社と飲み屋とアヘン窟が他のどの国をも絶して多い。我々が良い穢れていない仏教徒であるのなら、どうしてこれらの物を放置して仏教を侵略させておくのか。アメリカ国や中国のような大国が、自国内の酒造業はもちろん、外国から酒を持ち込んで売ることもできないことを我々はちゃんと知っている。もし誰かが外国からの酒を密かに国内で販売することができても、その国の政府がそれを知ったら逮捕し厳罰に処する［ママ。アメリカの禁酒法は既に1933年に廃止］。

アヘンのほうは、ヨーロッパの全ての国は、アヘン吸引行為をしなかったから、我々は言及する必要はない。中国も、まだ王制の時代には、ほとんど全ての人がアヘンを吸っていた国の1つであった。その後政府が体制を変えて民主主義になった時に、政府は厳しい法律的制限を課してアヘンを禁止して、一定期間の年数のうちにアヘンを捨てさせた。この定められた制限年数のうちにアヘンを捨てることができなかった者は、政府は連れて行って死刑に処した。

『彼らがこの毒をなくならせた理由』

「酒は、飲むと人を凶暴にし、正気をなくさせ、意識を失わせ、そして病気にならせ、さらに人の精神を薄弱にし、体力を弱めて短命にする」ということは理解されている。酒に酔った時には善悪がわからくなり、横柄になり、凶暴になり、他人の悪口を言って罵り、切ったり刺したりする。全く温厚な人が、普段凶悪な人よりもさらに凶悪になることもある。一方、アヘンの方は、絶えることなく長期間吸った人は誰でも、たとえば身体の力を弱める原因になり、そして怠惰にならせ働けなくする。身体の方は長くたつうちにどんどん痩せて骨と皮だけが残る。国に何か危急のことが起ったり、何か重い物を上げ下げする時に、行って助力することができない。考えるに、アヘン吸引者は役に立たない人間で、人々が頼り処にすることができない。吸うアヘンがなくなり、その上［アヘンを］買う金がないと、1つの職業［＝物乞い］しかない。それまでどのように真っ直ぐだった人でも、その時には［物乞いをするために］追従笑いをして、アヘン中毒者になった自分を守る身分に誤って落ちることは間違いない。

しかし、クメール国には、人の生命を確実に滅ぼす薬である毒薬がもう1つあり、それを知る人は誰もいない。即ちサトウヤシ酒であり、これはプノンペン市でも農村でも、道端で売っているのを我々はしばしば目にし、農村の旅行者も、人力車を曳く人も、うっかり通り過ぎる人はあまりいない。我々がこの型の毒を上の2種の毒薬の中に入れるのは、我々は、このサトウヤシ酒を長期間飲んだ人は、身体の中に病気が1つでき、身体が浮腫んで医者が治療しても治らず、誰かに強制されたのではなく、自分の自発的意志でこの凶悪な飲み物を飲んだばっかりに、遂には無駄に死んでしまうことを認識しているからである。身体の中にこのような病気ができるのは、サトウヤシ酒の中に酢の成分［ママ］があるからである。このサトウヤシ酒を飲む人全てがそれを飲むのを止めて、サトウヤシ酒で酢を作って売る方策を考えると、サトウヤシを植える人と、サトウヤシ酒を飲まなくなるという、人々のための、両方の利益になるであろう。

一方、酒の方は、政府が酒造業者全てに厳しい制限を加えて、酒を人が飲む限度を超える程度、即ち90<degré>[度]以上に作らせて preṅ <essence>[ガソリン]に混ぜて自動車、飛行機、その他の<machine>[機械]に利用すれば、同様に利益がある。そして国民も精神は明晰で、さらに体力も堅固に豊富になって、国の利益を固く守り、何も恐れることがなくなる。一方アヘンの方は、医学側の調薬用に少し残しておくだけで、残りは全てなくしてしまうべきである。そうすれば我が国は人並みの知識と深い明晰な知力を持つようになることが期待できる。

最後に、国民全てに、我々は上に解説したこと全てについて、何も恐れないようにお願いする。我々は誰の勤勉さをもけなす意志はないからである。ただ1つの望み、即ち我が国を他と同じように繁栄させ、他と同じように知識を持たせることを望むだけである。しかし、この繁栄は我々が住む国土のおかげでひとりでに繁栄するものではない。即ちこの国土に生まれた人々が善で満ちた知力と肉体を持つことによってはじめて繁栄するものである。それゆえ我々は一致協力して、我々の肉体を滅ぼすこれらの毒を遠くに捨てるべきである。「保護国政府は我々の意見に異論はなく、『本日以降我が国から、人々が道に迷うのをなくすのが適切である』と理解する」と我々は理解する。

1-6　諸国のニュース

1-6-1　11月1日の ārip 電による情報

モスクワ市からの情報。先の10月31日に、ロシア国外相である(モロトフ)氏が大会議で、「ドイツ国がロシア国と友好を結び、そしてポーランド国を攻撃して占領したことは、何にも違反していない。今や、イギリス国とフランス国は以後ドイツ国との戦争を中止するべきである。停戦しない場合は全ての責任はイギリスとフランスとにある。フランス国とイギリス国とは、ポーランド国にはそれほど構っていなかったのに、現在ドイツ国との戦争に出ているのは、ドイツ国が植民地を奪うのを恐れているからである。ロシア国の方は、現在は従前同様中立を保つ」と解説した。

1-6-2　11月2日の ārip 電による情報

(ハーグ)市(オランダ国)からの情報。オランダ国王は、戦争中の国に従って同国を整えることを命じる国王布告を出した。

＊モスクワ市からの情報。ドイツ国代表がモスクワ市にいるのは、ロシア国政府と相互通商の案件を会談するためである。現在こ案件の会談者全てが合意に達し、ドイツ国代表の数人は、農機具をロシア国に売る手筈を整えるためにベルリン市に帰国した。それが終わると、この合意に<signer>[署名する]ためにモスクワ市に戻る。

1-6-3　11月3日の ārip 電による情報

パリ市からの情報。ドイツ機1機がフランス国上空を飛行し、イギリス機1機によって撃墜された。

＊(ニューヨーク)市からの情報。現在大型航空機が港の岸に並べられていて、アメリカ政府が武器売却を[法律的に]完全に解決し終わったら、船に積んでイギリスに輸送するのを待っている。

＊パリ市からの情報。フランス国民は、アメリカ政府が武器を同盟国にのみ売ることに同意したことを非常に喜んでいる。

＊ヘルシンキ市からの電報情報。ロシア国は、フィンランド国内の pitsāvū という名の県を欲しがり、「(ラドガ)という名の湖の北にある面積3,000平方キロメートルの土地をフィンランドに与える」と言っている。フィンランド国の方は同意していないが、「もしロシア国が欲しければ、hūklaṅ という名の島の南半分なら与える」と言っている。

1-6-4　11月4日の ārip 電による情報

ワシントン市からの情報。アメリカ下院は投票して、「アメリカ国は中立でいる」という法律を制定した。本日以降、アメリカ国は武器と航空機を戦争中の国に売ることができる。

＊オスロー市からの情報。先月ドイツが拘束し、ロシア国に拉致したアメリカ船1隻は、検査が終わり出航することをうながされていた。現在ドイツが再び[同船を]ノルウェー国の港に許可なしに拉致して来た。ノルウェー国政府は同船のドイツ人たち全員を逮捕して拘束し、同船の出航を許可した。このニュースはアメリカ人を喜ばせ、ノルウェー国政府を褒め称えさせている。

＊ベルン市からの情報。ドイツは、戦争のためにラインという名の川の水をなくならせようとしている。

＊ヘルシンキ市からの情報。ロシア国政府との会談のためにモスクワ市に行っているフィンランド国の代表は、現在決定には至っていない。しかし何があってもフィンランド国は依然として同じ言葉に固執する。

＊モスクワ市からの情報。ロシア海軍のある提督が、「バルト海にいるロシアの軍艦全てが戦う準備を終えた。いずれの国にせよ、ロシア国と戦争を始めても、これらの艦が直ちに出撃する」と述べた。

＊(コペンハーゲン)市からの情報。ロシア国とドイツ国は互いに住民を交換することに合意した。即ちロシア国に帰属した東ポーランド在住のドイツ人を西部に行って

住まわせ、西部にいるロシア人をロシア国に行って住まわせる。
＊ヘルシンキ市からの情報。ロシア国政府は、(レーニングラード)市守備の準備を始めた。

1-6-5　11月5日の ārip 電による情報

ロンドン市からの情報。同盟諸国は、潜水艦を追い払うために、アメリカ国から艦を購入する手はずを整えた。購入し終わると、アメリカ国はその艦を1週間につき5隻[ずつ]送る。
＊ベルリン市からの情報。モスクワ市駐在ドイツ大使は、ロシア政府が逮捕して国家反逆罪で告発しているドイツ人3,000名の件をヒットラー氏と相談するために、ベルリン市に帰った。

1-7　独り言

1-7-1　我々クメール人は全てが仏教を信じている。しかしプノンペン市の人の中には、「皆と同じ宗教を信じている」とは言うが、宗教の外にいるような態度を外部に示す人がいる。仏教徒の宗教を安置してある所、即ち宗教のシンボルの場所であり、尊敬の対象である寺で種々の祭りが行われる時に目に認めるが、我が民族が、あたかも自分は他民族で仏教は何も知らないかのように、頭に帽子をかぶり、靴をはいたまま寺に入り、仏教徒であるクメール人にふさわしい尊敬を示さない人がいる。

我がクメール国では、時代に応じて人々が勉強をして知識をたくさん得るようになった。しかし国の宗教と風俗習慣を全て忘れてしまっていることが多い。現代の考え方に従うのは大変正しい。しかし一生懸命勉強することや一生懸命働いて生計を立てることなどの外側のことだけを実行するべきであり、他民族が大勢国に入って来ているのを見て、愚かになって、我が民族[が成長して行く]新芽の芯である宗教を信じることを捨てるべきではない。我々クメール人は仏教を信じて敬い、風俗習慣を守るべきであって、捨ててしまわないのが正しい。

ヨーロッパ諸国の型に従っている日本国は、それでも宗教と風俗習慣を敬い、捨ててはいない。国王も<conseil> senāpatī[大臣]も高級官吏たちでさえ、全てが宗教を固く信じている。

我々クメール人は宗教と風俗習慣を決して捨てるべきではない。我々の力は宗教と風俗習慣に密接につながっているのは確かだからである。

1-7-2　我がクメール人女性は、なぜこのようにまで pāsāk の演劇を見るのを好む人が多いのか、と我々は疑問に思う。居ても立ってもいられず、踊りを見に行くだけでなく、さらに劇団員を連れて行って食事をふるまい、さらに家に連れて行って一緒に泊まらせ住まわせる。pāsāk 劇が好きになって夫をすっかり忘れてしまう人までいる。そして近所の人に疑いを持たれないように、自分を義理の姉にするが、[自分を]義理の妹にすることはない。昼間は一生懸命生計を立て、あるいは一生懸命賭博をして金を稼ぎ、食べ物と贈り物を買って義理の妹の所に持って行って機嫌をとる。自分の実の妹のことはまったく気にかけず、一転、義理の妹の世話をする。これでは夫のことを考える時間はどこにあるか。これは誰の過ちか。pāsāk 劇団員であるか、それとも義理の姉が悪いのか。我々は、「夫たちはもっと厳しくするべきである。妻がこのように劇団員に大騒ぎするのを放置しておいてはいけない」と理解する。なぜならば、義理の妹の手腕の術に騙されることがとても多いのを見て知っているからである。知らないのだろうか。劇団は、「いつものことだ」とうそぶいているのを。

1-7-3　sīḷip 市場(プノンペン)には、依然として集まって賭博をしている子供たちの姿が消えない。誰か首を伸ばして正邪を見に行く<police>[警官][の姿]も見えない。

1-7-4　prakāsaniyapatra <bachot>[バカロレア]第1段階に合格したばかりの我がクメール人生徒の学問知識はまだ弱い。身体はまだ若いし、知力も沢山あるのに、どうしてこのように働きたがり、さらに学問を伸ばして十分豊富にすることを考えないのか。クメール国が、医学、土木工学、教育学を学びに行く人を必要とし、探している時に、学びに行くのに十分な知識を持つ人を探して見つけることができない。このようであって、我が国をどうやって顔を上げさせることができるのか。

1-7-5　現在、我々の<gazette>[新聞]が何回も思い出させてきたので、braḥ kaev 寺(プノンペン)の回廊の壁の絵の修復を画工が行なっている。この壁画が損傷したのは、この寺で物産展市祭を何回も行い、展示場を作るために壁に直接釘で打ちつけ[壁の]美術品が沢山剝がれ落ちたことによる。そしてここに展示をした人の中に、クメール人はあまりいず、多くは我々の宗教に構わない他民族であった。見るところ、この修復の費用はきっと千リエルを下らないようである。

今後は物産展市祭は別の所で行うべきであると、我々は理解する。braḥ kaev 寺の[絵の]修復は、全てクメール人の金でするのであるから、修復の費用をかけさせるべきではない。我々がこのように言うのは、他国には braḥ kaev 寺はないが、物産展市祭を開くことができるし、しかも盛大にである。プノンペン市には、vatta bhnam の周囲の広場とか、古い kanlaeṅ vāl dāt <balle>[サッカー場]のように、そこで物産展を行うのは容易であり、かつ便利で、かつ見た目にも良い未利用地が沢山あるからである。

1-7-6 我々クメール人は金銭を倹約することを知らない。各人が金銭を貯めて置かなければならない、国が貧しい最中に、我が民族は皆を誘い集めて考えなしに出鱈目に金を使うことばかり考えている。プノンペン市のdham市場では月末のたびごとに、クメール人女性が市場中一面にぎっしりと歩いて無駄なものを買っているのを目にす。即ち、すでにあるものをさらに多種類買いたがり金を無駄に減らすことになる。夫が稼いできた金を貯めておいて助力することを考えない。そうでない場合には、夫が働きに行って姿を消している間に集まって賭博をする。これが自分を貧しくする原因の1つである。

男性たちのほうは、月末のたびごとに、誘い合って食事処や飲み処いっぱいに楽しく集まって、自分が稼げる限度を超えて飲み食いする。あるいは集まって賭博をするか、女遊びをする。1ヶ月の間一生懸命汗を流した金を、1夜か2夜で全部使い果たす。倹約してとっておいて、丸1ヶ月間使うことを考えない。半月たつと周囲の人から借金をして使い続ける。それゆえ常に妻との争いが絶えず、離婚に至ることもある。借金は毎月苦しめる一方で、振りほどくことはできない。金を[稼ぐよりも]多く使うことを考えるからである。

1-7-7 前の週[＝141号1-7-2]に、我々の新聞の中で、種々の文房具と皆さんの希望により種々の印刷をすることを我々は広告した。現在これらの物の他に、我々は1940年のクメール―フランスのprakratidina(<calendrier>)[カレンダー]と、現在王立図書館で売っている仏典全てを販売している。

1-7-8 ḍut-pev、通称nul女教師殿は転勤してnarottama校で教師をしている。当初は、suddhārasa校への転勤を求める意志があった。それは、この学校は法律通りに制度が清潔であり、校長が浄心の持ち主で、我がクメール人の青少年の教育に誠実心を持ち、曇ったことは1度もないことで有名だからである。しかし、同校は自宅から遠すぎて、教えに行くための乗り物の費用に耐えられないと理解し、その結果一転して教育局長の許しによりnarottama女学校に行ったのである。今月3日に教え始めると、意外にも校長である<pasquier>夫人[?nak srī]に明るく迎えられ、そしてフランス人と一緒に働くのは大変思いやりがあり、きちんとしていることを認識した。[教師の]仕事を始めてからこれまで1度もフランス人と一緒に仕事をしたことがなく、今回善[果]により、初めて出会ったからである。それゆえ、さらに自宅に持ち帰って縫ったり刺繍したりする[ような雑務は]何もない。

1-8　シソワット中高等学校卒業生友愛会の成果

この友愛会は誕生して以来、きちんと一生懸命勉強をしようとする気持ちがあるクメール人青少年に役に立っていることを目にした、と我々ははっきり認識している。すでに皆さんが知り、耳にしているように、この会は現在金銭を沢山支出して子供に支給して、シソワット中高等学校で学ばせるのに十分な資産を持たない父母を持つ生徒たちや、サイゴンやハノイやパリ市など、遠くに勉強に行っている生徒にも助力していて、助力する金を1人あたり年に最小100.00リエルから500.00リエルまでを支出している。よく見ると、この会は政府に頼って、政府が助力し支給してくれるのを寝て待っているのではない。即ち逆に、この会がこの会の力で、政府が子供に学ばせる金がない生徒の父母の苦しみを解決し、和らげる力を支えているのである。しかし、我々が大変疑問に思うのは、まだ政府に勤務中の人、あるいは商業に携わって大きな資産を得ている人、daduol <retraite>[引退した]人などからなる1つの型のグループがあって、これらの人は他の人と同じように[自分の]子供に知識を与えたいと思っているし、さらに友愛会が行なってきたことの成果をはっきり目で見ているにもかかわらず、この会に大勢が助力して、自分で子や孫を支援する力がない人の子や孫に助力して支援する力をさらに増させようとする気持ちを持たないのである。「わしはわしの子を支援して勉強させるのに十分な金をすでに持っている。この会に助力しに行く必要はない」と言う人もいる。「わしは財産に何も不足していない。他人を後援することに構う必要はない。わしの子だけ支援すればそれで十分だ」と言う人もいる。「わしには子がいない。それでも金を持って行って誰かの子に助力する必要があるのか」と言う人もいる。「わしは年を取って<retraite>[引退]した。さらに他人に構いに行く必要はない」と言う人もいる。「<retraite>[引退]した自分はあと何年も[この世に]いない。後に残された子が、いつの日か勉強が終わって学問知識を得、そしてさらに勉強を続けたいと思っても、一転して父母が残しておいてくれた金がもうない時に、この会の力に頼ることが必ずあるかも知れない」とは考えない。子供が行状が悪く、勤勉に勉強しようとする気持ちがなくて、「先生が勉強に必要なこれこれの本や物を買わせる」と父母をだまして金を貰おうとすると、「わしの子は本当にこの金で勉強する本を買いに行くのか。それとも持って行ってぶらぶら歩いて飲み食いし、悪いことをするのではないか。あるいは持って行って自分の女にやるのではないか」ということは検討もせずに、直ぐに金を渡してやる。友愛会はそうではない。金を支出して生徒の誰かに助力する時には、全てあらかじめ学校での学習の様子、考え・品行などをよく調査して検討する。さらに父母の資産について、貧しいか豊かであるかという証明書を郡

[khetta][注。1920年当時は、「khaetra」は後の「郡」に相当する][政府]と村政府に求める。これらのことを確認して詳細に知ってから、ようやく会の金で助力する。このように厳しくするのは、父母が子に、使うに足りる金をしばしば送って勉強させているのに、その子は悪い行いをして、自分が悪事をする楽しみを増やすために金をもっとたくさん欲張り、そして自分が学んでいる学問はすっかり捨て去って無駄にしてしまう生徒がいることを認識してきているからである。[友愛会に]入会して、自分の子供を支えるのに十分な資産がある、あるいは[資産が]ないのだが、その子が学校で学んで少しの進歩もなく、誰も少しも将来を期待していない自分の子に金を助力してほしい、としつこく求める人もいる。これこそが無駄なことで、金を無駄に撒き散らして捨てることである。

慈悲心で子の面倒を見るという父母の仕事は、「単に子を学校に連れて行って学ばせるだけで、子が[学校から]家に帰って来たら、放置して好き勝手に遊ばせる」ということではない。即ち、子が学校から帰って来るたびごとに、我々は学んで来たノートを全てチェックし、[父母が]文字を知っている場合には、教師が家でするように出した宿題をするのを助力し、教え、説明してわからせる。もしノートにインクがついていなかったら[ママ。文字が読めない父母は、「インクがついている、いない」でしか判断できない]、その子は学校に行かなかった、即ち vatta bhnam か dham 市場に行ったのである。

1-9　シソワット中高等学校のカティナ

先の10月29日に、シソワット中高等学校の生徒たちが例年のごとく仏教に浄心を持ち、協力して金を出し合って aṅga kathina を1つ作り、行列してコンポン・スプー州 utuṅga の prāṅgaṇa 寺に寄進に行った。

今年は、大フランス国が戦争をしているので、例年とは少し違っているように見えた。生徒たちと信仰心を持つ人々全ては、あちらの国の戦場にいる現地国人軍の人々のことを心配しながら、自発的に協力し合い、この祭りで得られた寄付金を2つに分け、1つは僧に、もう1つは samarabhūmi[戦場](front[前線])にいる現地国人軍の人々に助力して苦しみから脱するように赤十字社に送るためにとっておいた[＝プノンペンに持ち帰った]。

10月28日土曜日夕刻19時(7時)に僧を招いて paritta を読経した。これには、<résident maîre>[市長]殿、中高等学校校長である<pasquier>氏、さらにその他男女の教師がこの祭りに助力し、共に喜ぶために参加してくれた。僧が paritta を読経し説法を終えると、生徒たちは楽しく祝祭をした。翌朝6時半に保安隊の音楽隊とその他の音楽[隊]が一緒に集まって aṅga kathina を行列して市内の[自動車が通らない]歩く道を回った。それから全員が自動車に乗ってまっすぐ uṭuṅga に向かった。9時半に prāṅgaṇa 寺に到着、皆で aṅga kathina を奉じて[寺を]3周して、本堂で僧に献じた。

この時に生徒の1人が起立して、この善行に仲良く助力してくれた人々に感謝するスピーチをした。

それに続いて、コンポン・スプー州知事、即ち ?nak okñā {ghhim-dit}氏が、仏教に浄心を持ち、さらに侵略国であるドイツ国と戦争をしている大フランス国に善徳を贈る生徒たちに感謝するスピーチをして返した。それから氏は全ての大衆に、大フランス国が望み通りに勝利するように、大勢の人が自発的に助力するよう願った。

生徒たちがしたスピーチの内容は、[この記事の]末尾に解説してある。僧たちに献じ終えた後、[本堂から]退出して仲良く食事をした。

nagaravatta 新聞は、以前とは異なるこの善行を行う浄心を持つ後の世代のクメール人青少年たちを非常に嬉しく思う。この行いで将来仏教は容易には滅びることはない。そしてさらにこの全ての青少年を互いに特別に団結させるものである。

[注。以下は生徒のスピーチ]

皆様に敬意を表明いたします。

……殿！、……殿！[注。「……」は新聞による省略]、心の正しい皆さん！

クメール人の子であり、昔からの習慣に従って仏教を信仰しています私たち、シソワット中高等学校の生徒たちは、今回多くの苦労の後に、aṅga kathina を奉じてここに参りました。私たちは教育を受けるのに忙しい最中であり、貧しい最中であり、そしてさらに私たちの保護者である大フランス国が戦争をしていることを心配しているからです。

もう1つ、これまで毎年カティナをしてきました私たちのグループを、思いやりのある皆さんが、これまでずっと多数の自動車を無料で、料金を出す必要なしに、使用させてくださってきました。今回もその方々が依然として助力してくださいましたが、バス運行業は以前より[経営が]厳しくなりましたので、その数は以前より少なくなりました。

それゆえ、私たちはこれだけの大善行を行うべきではなかったのでありますが、それにもかかわらず、私たちは一生懸命頑張って、資力と信仰の力で何とかやりとげました。私たち全ては、この仏教の方式による善行を、大変素晴らしいことであるとはっきり理解していますので、浄心で大変気に入っているからです。即ち、私たちは、この祭りはこのカンボジア国内の全ての地域のクメール人の習慣である、即ち古代から私たち全ての父母、祖父母に引き継がれてきた伝統の習慣であり、捨て去るべきではなく、このクメール人の伝統、即ちクメール人の祭りの様式を今後不変に守り続けるべきであると理解するからです。[自]国から出て来て我がカンボジア国に来て泊まり、住んでいる他民族は全て、少数の仲間だけで離れていて、10人か20人しかいません。どうして彼らは彼らの習慣に従った祭りを、この我が国の中で何に支障もなく行うことができるのでしょうか。

私たちは、以上に述べたように理解しましたので、それで私たちは忙しいことも、貧しいことも考えずに、我慢して耐えて一生懸命機会を摑んで、このカティナ祭を行なったのです。

皆さん、私たち全員は、この地の皆さんにお詫びいたします。私たちが奉じて来た aṅga kathina は、寄進はとても少なくて、このようにも高貴なこのお寺に相応しくありません。なぜならば、皆さんが既に御承知のように、私たちはまだ青少年で学習中であり、貧しい最中だからです。そして今回の善徳は、私たちはカティナのためだけにしたのではありません。私たちは、赤十字社の助力にするために、別に募金をして、それを政府に提供したからです。

生じました徳は全て、私たち生徒以外の、思いやりのある皆さんが助力してくださったおかげです。

それゆえ、私たちは次に、この善行の助力グループである思いやりのある皆さんに感謝をいたします。

……殿！、……殿！、……殿！、私たちは皆さんの浄心に深く感謝いたします。出費と疲労とを考えずに、資産を費やして今回の私たちの善行に助力してくださり、しかも愉快な表情で行列に助力してくださった皆さんに感謝いたします。

皆さん、私たちはとても嬉しく思っています。私たちの喜びの証拠として、私たちは、皆さんが望み通りの幸福と発展とに恵まれますよう、お祈りし、誓います。

仏教、万歳！

仏教徒の会、万歳！

もう1つ、私たちはコンポン・スプー州知事殿、samroṅ dan 郡郡長殿、この地の思いやりのある皆さんに、一生懸命盛大に私たちの祭りを出迎えてくださり、さらに食事、種々の旗で飾られた休憩所まで準備してくださったことを感謝いたします。

皆さん！　私たちはとても嬉しく思っています。そして皆さんの全てが仏教への浄心と忠誠心を持っていると信じます。

皆さん！　今ここで感謝の印として、私たちはこのカティナ祭による善徳の、私たちの受け取り分を皆さんにお分けしたいと思います。どうか皆さんは、このカティナ祭は皆さんのものであると認識してください。どうか望みの通りに善を達成してください。

善哉、善哉、善哉。

もう1つ、私たちはこの善行の善徳を宇宙の1万の神々に追善いたします。神々はすでに神の財産を受けていらっしゃいますが、それでもさらに幸福と発展が増しますように祈り、そして全ての神々が大フランス国とカンボジア国とが敵であるマーラに対する勝利を得、さらに幸福と資産と食物の収穫がますます豊かになるように、保護してくださるようお祈りいたします。それだけではなく、神々が仏教と仏教を信じる私たちを保護して成長させてくださるようお祈りいたします。

皆さん、あちらから来た人も、この地の人も、皆さんが望み通り達成された満足できる成果が得られることを祈ります。

善哉

大フランス国万歳！

カンボジア国万歳！

仏教万歳！

シソワット <lycée>[中高等学校]万歳！

2-1　[138号2-1と同一]

2-2　[20号4-6と同一]

2-3　[127号2-2と同一]

2-4　[139号3-6と同一]

3-1　作り話

我々はベトナム人たちから、「政府がベトナム人職人たちをフランス国に送るのを中止したのは、噂では、前回船で送った職人の1団が、敵に雷撃されて沈没し、そして送り返されてきた。後に行った船もドイツ艦に雷撃されたからである」という噂を聞いた。

これらの情報は事実ではない。なぜなら、フランス国首相が現地国政府に、現地国人職人をフランス国に送る件は、必要に応じて毎回少数ずつ送ることを許可する、と指示してきたから、国に戦争が起こって以来、政府はまだ現地国人職人をフランス国に送っていないからである。

それゆえ、現在の所、急いで送らないで待っている。このように中止しているのは、輸送手段をきちんと整えて、危険を避けるためである。

この件は、我々は我がクメール人国民にお願いするが、この事実でないいい加減な話を信じるべきでない。なぜならば我々は、「フランス国軍海軍が敵の道をしっかりと閉鎖しているので、敵は samudra <méditerranée>[地中海]に入れないでいる」ということをはっきり知っているからである。

3-2　[広告]　蝶印 ṭāy khvāṅ 薬店

thoy ñiek tāṅ[退熱散] 2号——熱病の薬

この薬は熱病に特に良く効きます。子供も大人も、ど

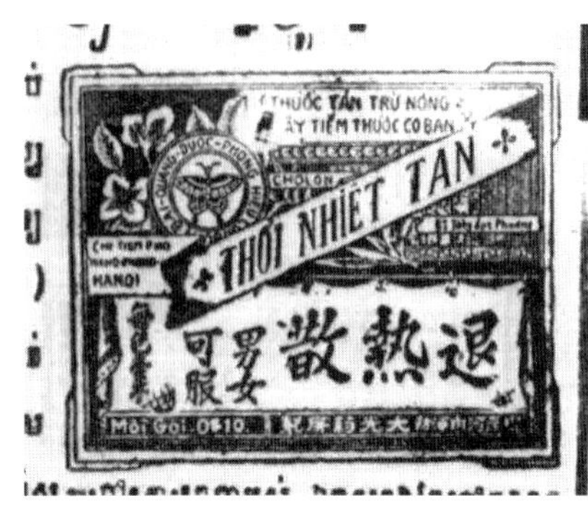

んなに熱が高くても、thoy ñiek tāṅ[退熱散]薬を服用させると、その熱は望み通りにすぐになくなります。この薬は服用すると、直ちに熱の気を[体]外に出し、身体に熱がある子供は喉が渇くことが多いです。私が上に解説した症状がある人は、急いで私の店のこの蝶印thoy ñiek tāṅ[退熱散]を服用してください。熱病の症状は直ぐに消え、治ります。

用法。大人は1包を2つにわけて、1回に1つを服用します。病状が軽い場合は1日に3回か4回、症状が重い場合は7回か8回服用します。この薬を服用して毛布でしっかり身体を包み、全身に発汗させれば、私が上で述べた言葉の通りに、熱病は熱が下がります。

1包10セン、12包で1リエルです。

［注。ラベルの絵があり、中国語で「退熱散。男女可服」、ベトナム語で「THOI ÑIET TAN［＝退熱散］」とある］

3-3　［広告］　カティナ祭のお知らせ

高等パーリ語学校の生徒たちは、カティナを行い、行列して trāc daṅ 郡(コンポン・スプー) vāṅ cās 村の trāṅ banlai 寺に行くことを合意しました。kattika 月上弦7日(18-11-39［＝1939年11月18日］)土曜日夜7時に高等パーリ語学校で paritta 経を読経して、8時に説法をします。翌朝日曜日の7時にパーリ語学校に集まって行列して出発します。

善男善女の皆さん、信仰心が定めるところに従って、喜びを共にするために御参加ください。

3-4　［141号3-1と同一］

3-5　インドシナ国政府宝籤

1939年第3回第2次

1939年11月8日抽籤

末尾が78と68の番号の籤は、いずれも10リエルに当たり。

末尾が816と431の番号の籤は、いずれも25リエルに当たり。

末尾が414の番号の籤は、いずれも50リエルに当たり。

80本が、1本につき100リエルに当たり、番号は、

［6桁の番号が80個。省略］

16本が、1本につき500リエルに当たり、番号は、

［6桁の番号が16個。省略］

8本が、1本につき1,000リエルに当たり、その番号は、

［6桁の番号が8個。省略］

313,929の番号の籤は4,000リエルに当たり。

3-6　［138号4-2と同一］

3-7　公告

3-7-1　国民全員に通告する。第1号道路は、ポー・サット州の近くの場所など、多くの場所で水没しているので、自動車あるいは牛車を運転する時には非常に良く注意すること。それに、この道路は、ポー・サットからバット・ドンボーンに行く p.k.［里程標］2175×500の地点で切断されている。

3-7-2　公告

市獣医局は通知する。狂犬が多くの人に噛みついているので、プノンペン市域内でリードをつけて曳くか、あるいは口籠をつける場合を除いて、イヌを放すことを禁止する。

この規定は本公告が署名された日から2ヶ月間有効とする。

この2ヶ月間は、イヌの所有者がイヌを市域の境界の外に出すことを禁止する。

イヌの所有者で、口を縛ることなくそのイヌに公道を放浪させた者は、11フランから15フランまでの罰金および1日間から5日間の投獄の罰、あるいはこの2つの罰のいずれか1つの罰に処する。

1939年10月21日、プノンペン

?nak <résident maîre>［市長］

<signer>［署名］　<doucet>

3-7-3　すべての［商業的］無価値の物品は船でフランス国に送ることを許可する。

4-1　［141号4-3と同一］

4-2　［141号4-6と同一］

4-3　農産物価格

プノンペン、1939年11月6日

［「サトウヤシ砂糖」はない］

籾	白	68キロ、袋なし	3.20 ~ 3.25リエル
	赤	同	3.05 ~ 3.10リエル
精米	1級	100キロ、袋込み	9.35 ~ 9.40リエル
	2級	同	8.30 ~ 8.35リエル
砕米	1級	100キロ、袋込み	5.80 ~ 5.85リエル
	2級	同	4.20 ~ 4.25リエル
トウモロコシ	白	100キロ、袋込み	［記載なし］
	赤	同	5.90リエル

コショウ	黒	63.420 キロ、袋込み 29.00 ~ 29.50リエル
	白	同　48.00 ~ 49.50リエル
パンヤ	種子抜き	60.400 キロ　30.00 ~ 40.00リエル

＊プノンペンの金の価格

1 ṭamliṅ、重量37.50グラム

1級	165.00リエル
2級	160.00リエル

＊サイゴン、ショロン、1939年11月6日

フランス籾·米会社から通知の価格

ショロンの<machine> kin srūv[精米所]に出された籾 1 hāp、[即ち]68 キロ、袋込みの価格は以下の通り。

籾	最上級	0.00 ~ 0.00リエル
	1級	3.53 ~ 3.58リエル
	2級　日本へ輸出	0.00 ~ 0.00リエル
	2級　上より下級、日本へ輸出	0.00 ~ 0.00リエル
	食用 [国内消費?]	3.38 ~ 3.40リエル
トウモロコシ	赤　100キロ、ショロン県マッカサンで売り渡し。	6.35 ~ 6.20[ママ] リエル
	白　同	0.00 ~ 0.00リエル

米(10月[ママ]渡し)、港渡し、袋込み、税抜き、1 hāp、[即ち]60.7キロの価格は以下の通り。

精米	1級、砕米率 25%	5.30 ~ 5.35リエル
	2級、砕米率 40%	0.00 ~ 0.00リエル
	同。上より下級	0.00 ~ 0.00リエル
	玄米、籾率 5%	0.00 ~ 0.00リエル
砕米	1級、2級、同重量	4.25 ~ 4.30リエル
	3級、同重量	3.40 ~ 3.45リエル
粉	白、同重量	2.30 ~ 2.35リエル
	kāk [籾殻+糠?]、同重量	0.00 ~ 0.00リエル

4-4 [141号4-5と同一]

4-5 [11号4-2と同一]

5-1 [119号3-5と同一]

5-2 [広告] udaka <cafe> khemara

mul-heṅ

皆さんにお知らせします。

競渡祭の日以来、私の店は<pavie>路、王宮前広場の北の、sīñaek 市場にあります。<café>[コーヒー]と良く清潔で美味なあらゆる種類の料理も売っています。即ち、他の店より清潔で、[地位身分が]大小の皆さんを迎えて食事していただくのに相応しい店です。朝も夕方も、それに夜も開店しています。

皆さん、商業を学び始めたばかりのクメール人に助力してください。

6-1 大フランス国に対するクメール人の忠誠

我々は、先の9月29日に、「プレイ·ヴェーン州 bā vāṅ 郡郡長である yaṅ-ūn 氏が、フランス国で戦うために、フランス国軍空軍への入隊志願書を保護国政府に提出した」という確かな情報を得た。

もう1つ、森林局の<agent tecnique>[技師補]である sū-kiṅ khūy 氏が yaṅ-ūn 氏と同様に志願した。さらに他の大勢の人が、我々は確実に知っているのではないが、志願する気持ちを持っていると耳にした。

nagaravatta 新聞は、他の国と同様に、クメール人がフランス国軍の人々と共に戦おうと言う純粋な気持ちを確かに持っていることを非常に嬉しく思う。

それゆえ、我々は保護国政府がこれらの志願者全てに許可をあたえて希望を叶えさせるようお願いする。多少の法律に触れる重さがあっても、余り厳しくしないで弛めてほしい。空軍に入隊できないのであれば、[入隊]可能な軍に入隊を許可してあげてください。

我々は大変な疑問を持っている。高い地位にあるクメール人高級官吏がいて、顔は白くてハンサムで身体はがっしりしている。息子が大勢いて、その人と同じ身体つきをしている。この高級官吏は息子が2、3人いて、[その息子たちは]フランスに留学し、深い学問知識を持ち、さらに帰国すると、全てその人の傍で高級官吏をしている。そしてその人はフランス人ークメール人に、「フランス人が自分自身と息子全てを育ててくれ、深い学問知識を得させてくれたから、自分はフランス人をとても愛する」と自慢して歩いている。さらに、「フランス政府は自分に極めて大きな恩をかけてくれた」と言う。しかし、志願してフランス人と共に戦う助力をすることを願うことに関心を持つ忠誠心を持つとは思えない。息子が新しい自動車を買って格好良く乗り、皆に感心されるためなら、つついて息子の地位と俸給を上げさせることの方は決してなおざりにしないようである。一方我々の方は、我々が、[戦争に]行った時には、我々は自ら志願した。誰かが家に呼びに来たのではない。そして、それは行き過ぎであった。誰かが来て引き止めたなら、行くことはできなかった。最後に我々は高い教育の修了証書を持つクメール人青少年にお願いする。たとえばベトナム人は何も恐れることなく大勢が志願している。さらにフランス国内で大勢のベトナム人が少尉、中尉、大尉、などの高い階級になっているように、[今こそ]我々が努力をしなければならない時であることを、今忘れないでほしい。

6-2 [138号3-4と同一]

6-3 [121号4-5と同一]

6-4　［73号、4-6と同一］

6-5　［111号3-4と同一］

6-6　［126号4-10と同一］

6-7　［138号5-5と同一］

6-8　［128号2-3と同一］

6-9　［8号4-3と同一］

6-10　［138号5-9と同一］

6-11　［126号4-11と同一］

6-12　［138号2-3と同一］

6-13　［138号5-4と同一］

SAMEDI 18 Novembre 1939

CIGARETTES
JOB
LE PAQUET VERT

Nagaravatta

COFAT
CIGARETTES

Directeur
PACH-CHHOEUN

HEBDOMADAIRE PARAISSANT TOUS LES SAMEDIS

Boite Postale N° 44
Téléphone N° 111

第3年143号、仏暦2482年1の年卯年 kattika 月上弦7日土曜日、即ち1939年11月18日、1部10セン

［仏語］ 1939年11月18日土曜日

1-1 ［仏語で「私書箱 No.44」と「社長、PACH-CHHŒUN」と「電話111番」が加わった以外は8号1-1と同一］

1-2 ［デザインが少し変わった以外は8号1-2と同一］

1-3 ［デザインが少し変わった以外は8号1-3と同一］

1-4 ［8号1-4、1-5と同一］

1-5 故 braḥ uttamamunī {um-sūr} の火葬式

［注。写真があり、その下に］ 先の11月4日に火葬式をおこなった、クメール国の論蔵学者、［故］braḥ uttamamunī {um-sūr}の写真。三蔵経を手にして読んでいるところを撮影。

［本文］ braḥ uttamamunī {um-sūr}の逝去以来、師の庫裏で遺体の前で親族、友人、弟子たちが毎日大勢が故人への供養のための布施式を行い、師に追善を行なっていた。そして来るのが難しい遠方にあり、また雨期という支障もあるカンボジア国のほとんど全ての州の寺、さらにはコーチシナのいくつかの寺でも、遺体の前で行なっている人々と同じように遠くで式を行なって師に追善を行なっている。この遺体は3ヶ月半の間、即ち仏暦2482年 dutiyāsādha 月上弦5日（1939年7月22日）から同年 assuja 月下弦5日（11月2日）まで庫裏に安置し、それから大きな式を行なって荼毘に付した。

この遺体を荼毘に付する大きな式は4日間、即ち assuja 月下弦5日木曜日（11月2日）朝、2ヶ所、即ち、師の庫裏が1ヶ所と uṇṇāloma 寺の本堂の前の予備パーリ語学校が1ヶ所で、それぞれ僧100名を招いて食事を差し上げ、夜に遺体が安置されている庫裏で paritta 経を読経してから、ラウドスピーカーを2ヶ所において説法をし、2ヶ所とも聞く人で溢れた。下弦6日金曜日（11月3日）朝、前日の朝と同じように食事を僧に差し上げ、両所とも僧の数は100名に達した。訪れて食事をとった僧の中には［プノンペン］市の僧も若干まざっていたが、ほとんど全てが地方からの僧であり、さらに地方からの客にも食事をふるまった。午後は説法師1名が師の庫裏で説法をし、夜になると前夜と同じくラウドスピーカー2つで説法をし、それから buddhābhiseka［？］を行った。下弦7日土曜日（11月4日）、前日と同じように僧に食事を差しあげ、両所とも数百名に達した。午後2時になると遺体を行列して行き、高等パーリ語学校の校庭の黄色い布で飾られた火葬台の上に安置し、夕刻5時半に遺体を荼毘に付した。夜は高等パーリ語学校でラウドスピーカーを使った説法が2回あった。下弦8日日曜日（11月5日）朝、遺骨を拾った後、整然と行列して庫裏に［遺骨を］安置して前日と同じことが行われた。午後2時、uṇṇāloma 寺の本堂で、ラウドスピーカー使って説法師3名の saṅgāyanā の説法が行われた。この式の時に故人が著した書物と ācārya {sukha}殿が著した著書である saṅgahavatthukathā［救済の方法論］、および 故人の写真が火葬式の記念として配布された。しかし人が多すぎて、地方から来た寺の僧にしか配布できなかった。nagaravatta 印刷所も、この式の時に saṅgahavatthukathā［救済の方法論］を数百部配布して仏法を伝えたが、それでも足りなかった。この式はクメール人学者殿に対するクメール人国民全ての式であり、クメール国も、コーチシナ国も、タイ国も、ラオス

国も、その他の地域に住む人も、故 braḥ uttamamunī 猊下が著し、編集した仏法書を読み、学んだだけの人々が、[クメール人であるという]民族を気にせず、自らの意志で国を越えてこの故学者に敬意を表しに集まったからである。

この式は、世間の人々に、学者はどの人も、どの国であれ、どの民族であれ、人々の言葉と心と考えを1つにまとまらせることができるということを人々に示してわからせる手本であるとするべきである。

『遺体の葬列』

12時から、uṇṇāloma 寺の前は、あらかじめ定めてあった制限規定に従って順に並んだ人々と僧とでいっぱいであった。まず最初に白旗を持った2名が行列の先頭になり、それから供物が捧げられ、輿に安置された大きい仏像1体、それに続いて輿に乗った uṇṇāloma 寺の住職長老僧殿、その後に市外および市内からの僧たちが長い列を作って歩き、それが終わると沙彌[=未成年僧]、その後に供花を持った人が6名、その後に、遺体を乗せ、棺の下の段を dansai[樹]の葉と樹木の花、種々の絵で飾った長さ10メートルの車を自動車が曳き、遺体の前の自動車の上には braḥ uttamamunī の大きい写真が置かれ、男子2名が遺体の両脇に立って傘をさしかけて遺体を守っていた。それに続いて、白衣装の優婆塞が、ある者は spaṅ[=僧衣の1種。中衣]を持ち、ある者は花を持って遺体の後ろ、白衣装の優婆夷の前を歩いた。葬列の1番後ろは全て種々の色の色衣装を来た優婆塞優婆夷たちであった。正2時になると、近衛兵が来て遺体に敬礼し、それから葬列は uṇṇāloma 寺の前を出発して narottama 路に出て、hassakān 路を西に曲がって <doudart de lagrée> 大路の上を進み、シソワット中高等学校の生徒と保安隊士約300名と会い、[その人たちは]葬列の遺体の前、僧たちの後に入って[行列を]助力し、さらに進んだ。この行列は音楽は何もなかった。大衆は出家も在家も喪に服するのに相応しく、とても静かであった。葬列が始まる前に、「葬列をする人は[無常、苦、無実体の]三相を守るように」という知らせを互いに伝えたからである。行列は南に進み、ḷeṅ sīsuvatthi 路を東に曲がり、川岸に着くと北に曲がり、suddhāvaṅasa 路を通って okñā jhun 路まで行き、曲がって火葬場に入った。遺体を行列したのと、高等パーリ語学校の周囲と前の公園に集まった優婆塞優婆夷と僧の数は2万名以上、即ち、在家がおよそ1万あまり、僧が約5千、それに行列に入って歩こうとせず、道の両側に立って見ている人で一杯の歩道に上がって歩いた人たちである。火葬場の、花輪と種々の花の形に編まれたバナナの葉の飾り物で飾られた火葬台の上に遺体を車から移すと、東側のサーラーの軒下と前面の廊下と遺体の近くに立っていた僧たちが声を揃えて枕経を唱え始め、その声は大きく響いた。それが終わると、後で優婆塞優婆夷が uddisanagāthā 経を唱えた。遺体を荼毘に付する前に、仏教研究所、王立図書館、パーリ語学校が、行列をした人と集まった人たちに故人殿の遺影3,000枚を配布した。現地国人軍の兵士たちも誘い合わせて大勢が来て参列し、火葬の場で遺体に敬礼した。その時クメール政府の<conseil> senāpatī[大臣]全てと官吏たちも大勢が来て参列した。

その後、近衛兵がラッパを吹いて敬礼した後に、王室音楽団が国王陛下代理を迎えるためにラッパで国歌(nagararāja[注。国歌名])を吹奏した。それから暫くして<[la]marseillaise>が吹奏されて、フランス<république>[共和国]を代表して、勲章を全てつけて正装し、これまた全ての勲章をつけて正装したフランス官吏に従われて、rājakāra <protectorat>[保護国政府]のあらゆる地位の大勢のフランス官吏とフランス人女性と共に自ら参列した rājakāra <protectorat>[保護国政府]の長である <le résident supérieur>[高等弁務官]殿を迎える音が聞こえた。

これに際し、仏教研究所事務局長が王立図書館と仏教研究所と高等パーリ語学校を代表して、<le résident supérieur>[高等弁務官]殿にスピーチを行った。その後 thaukae {dā jāv lī}がカンボジア国全土の優婆塞優婆夷とカンボジア国仏教徒協会を代表してスピーチをした。この2つのスピーチとも故 braḥ uttamamunī {um-sūr}が僧籍に入ってから、王立図書館のために多数の書物を執筆し、三蔵経翻訳委員会副委員長をして、カンボジア王国政府と国民に大きな大利益を行った師の徳を称えるものであった。

この2つのスピーチの後、保護国政府の長である <le résident supérieur>[高等弁務官]殿が起立して、僧と優婆塞優婆夷全てに、保護国政府の長である氏は、他界なさった故 braḥ uttamamunī {um-sūr}老師に高い尊敬の念を表明するために、自ら列席した。政府の方は、保護国政府も同老師殿は高貴な徳を備え、一生の間、クメール人の学問知識と知力が発展することを望んで仕事をした学者である。師は三蔵経をはじめとして聖典を翻訳し、仏法の書物を多数執筆し、カンボジア国への遺産として残した、と明瞭に説明してから、センダンの花を遺体の棺の上において捧げた。それから保護国政府の長殿はそこに参列した僧たちに対して、僧たち全てはやはり上に述べたのと同じ高貴な徳を持つとして敬意を表明した。

保護国政府の長殿が、braḥ uttamamunī 老師殿と同じように僧たちに敬意を表明したのは、僧たち全てが仏教の道徳と仏教の学問知識が発展するように優婆塞優婆夷を支援するという同じ目標のもとに行動しているからである。

この後、全ての人が花を遺体に捧げてから陛下の代理が火口[ほくち]に点火して遺体を荼毘に付し、人々は帰宅した。

1-6　諸国のニュース

1-6-1　12月6日の ārīp 電による情報

パリ市からの情報。フランス機9機が飛行して行ってドイツ機27機と空中で戦い、ドイツ機9機を撃墜した。この9機のうち7機はフランス領内に墜落した。フランス機の方は何らの損害もなく、元の飛行場に戻った。

イギリス<gazette>[新聞]による情報。(チャーチル)氏[M.]がパリ市に行った時に、フランス海軍当局と会談し、ドイツ軍艦を samudra <atlantique>に全く存在させないようにすることを考えた。

オスロー市からの情報。先の11月4日に、ノルウェー国政府が、ドイツが拿捕したアメリカ船を解放して同国から出航させたが、現在ドイツ政府は、同船を解放したことについて抗議している。ノルウェー国政府は、「この件に関しては、ノルウェー政府はハーグ市で諸国が会議した時に全てが同意した法律の規定に従って行った」と回答した。

ドイツ国からの情報。ドイツ潜水艦1隻が完成し、(ブレーメン)市の海岸で進水させて航行試験をして沈没し、艦の全員が死亡した。

イスタンブール市からの情報。ルーマニア国代表団が、トルコ国に売却するべき石油の生産量について会談するためにトルコ国を訪問した。もう1つ、ユーゴスラビア国代表団が、鉄と銅をルーマニア国にもって行って石油と交換することを考えるために、ブカレスト市を訪問した。この情報で、ルーマニア国がユーゴスラビア国とトルコ国に石油をさらに売ることを考えるのは、現在石油を samudra <méditerranée>[地中海]を経由してドイツに売ることができないので、石油をドイツ国に売るのが困難なことによる。

フィンランド国からの情報。ロシア国政府は、バルト海にあるフィンランド国のハンゲ という名の島に武器を配置するために、同島を得たがっている。しかし、フィンランド国は与えることに同意せず、現在ロシア国は転じて、ハンゲ島の東約10キロメートルにある ḷātvīk という名の湾を求めている。

1-6-2　12月7日の ārīp 電による情報

パリ市からの情報。本日モロトフ氏は以下にある内容の演説をした。

項1。氏はロシア国の歴史について解説し、「現在の政府のやり方は、古いやり方、即ち国を拡大する、即ち植民地を増やすべきであるというやり方に従っている」と述べた。

項2。氏は、「国を愛する事と laddhi <communisme>[共産主義]とは同じである」と述べた。

項3。「ロシア国は今後あくまでも幸福を求めるために行動を続ける。それゆえ、ドイツ国の戦争に助力するべきではない」と述べた。

項4。氏は、「フランス国とイギリス国とのこの両国は植民地を多数所有している」と非難した。

ロシア国が上の項4で非難したのは、フランス国とイギリス国から植民地を要求してドイツ国と分け合いたいからである。

アメリカ国。ワシントン市からの情報。外務長官である(ピットマン)氏は、「日本国がアメリカ国と和解しない場合には、1940年1月25日に外務長官は商品を止めて日本に輸出させない専決権が与えられる」と述べた。さらに氏は、「中国で日本国はアメリカ国とその他の国々をあまりにも侮辱しているから、あらかじめ日本に通知して反省させるのは正しいことである」と述べて付け加えた。

ブリュッセル市からの情報。ドイツはポーランドに行って駐留していた軍を、あらゆる種類の武器とともに[ドイツと]オランダとの国境に配置している。

ドイツは、「軍をそこに配置するのは、他に配置する場所を探しても見つからないからである」と述べた。

ベルギー国王は、このドイツ軍の件をオランダ国女王と相談するために、11月6日夕刻にオランダ国を訪れた。

1-6-3　12月8日の ārīp 電による情報

ハーグ市からの情報。オランダ国を訪問したベルギー国王は、オランダ国女王に同意して、戦争をしている国に停戦することを求め、その他の国に、この件の解決に助力することを求める書簡を送った。

(アンカラ)市からの情報。トルコ国下院は、同国がイギリス国とフランス国と締結した条約を批准した。

ストックホルム市からの情報。フィンランド国はロシアがハンゲ島に軍を配置する事に同意せず、kārelī 県の別の場所とフィンランド湾の小島を譲渡する事を承服した。

ドイツ軍艦たちがフィンランド国商船1隻とさらにもう1隻、スウェーデン商船を拿捕した。

イギリスは積載量7,603[トン]のドイツ船を拿捕した。

1-6-4　12月9日の ārīp 電による情報

パリ市からの情報。11月9日発行の<gazette> rājakāra (journal officiel)[官報]は、インドシナ国<gouverneur général>[総督]殿に、「50セン、20セン、10センの紙幣を6百万リエル印刷発行する事を許可する」という公文書を掲載した。この紙幣[注。これは金属の代用に紙を使ったものだから不換紙幣]はインドシナ国紙幣[注。これは兌換紙幣]と同等の価値を持つ。

フランス国が停戦した場合、政府は停戦後1年間の内にこの紙[幣]を回収する。

ベルン市からの情報。11月8日に、(ミュンヘン)市で laddhi <nazisme>[ナチズム]主義者たちが同党の1923年11

月9日に成し遂げた業績を記念するための集会を開いた時に、ヒットラー氏が、1914年に戦争[＝第1次世界大戦]が起こってから現在までのことを想起させる演説を行い、「ドイツ国はフランス国とイギリス国と和解することを何回も希望してきて、利益を犠牲にしてでも和解を得ようとした。しかしドイツ国は、彼らに我々を殺させることには承服できない。この過去6年間に laddhi <nazisime>[ナチズム]党はイギリス国が数百年をかけて努力して得たものよりも多い業績をあげた。現在、ドイツ国は幸福を得るために、そして今後楽に生計を立てることができる場所を得るために戦争をしている。そしてドイツ国は5年間も長い間退いたことはなく、ゲーリング元帥に命じて指揮をさせ、成功している」と述べた。

ヒットラー氏が演説を終えると、この会場で爆弾が破裂して、6名が死亡、60名が負傷した。ヒットラー氏の方は、会場を出た後に爆発が起こったので、この爆発した爆弾に被弾しなかった。

1-7　独り言

1-7-1　プノンペン市では中国人が木炭を天秤棒で担いだり車で運んだりして住民に売りに来る。これまでこれらの中国人たちから木炭を買って使っていた人は、どの人も秤の目を真剣にチェックしなければならない。彼らはしばしば秤の目をごまかすからである。買う必要がある時には毎回政府の秤を探して来て使って量るべきで、そうすれば確かである。中国人がごまかしていることがわかったら、この違反は中級罪犯罪であるから、直ちに<police>[警官]に届けるべきである。

1-7-2　互いに争ったり、種々の違反行為をして krasuoṅ <police>[警察局]か、その他の政府部局に自分の<carte>[人頭税カード]を取り上げておかれる人が多い。こうする事は法律的に合っていない。<carte>[人頭税カード]を取り上げておくという内容の何らかの法律はない。sinlik <carte>[人頭税カード]は政府に納めた人頭税金の領収証であり、投獄される罪を犯し、さらに投獄される場合には刑務所管理官員に渡して保管させるのを除いて、常に携帯していなければならないからである。

1-7-3　拾得物は、多くの人は持って行って自分のために使用して、krasuoṅ <police>[警察局]に届けることをしない。刑法によると、物を拾得してとっておいて自分のために使用することは完全な窃盗とみなされ、中級罰で罰される。物を拾得して krasuoṅ <police>[警察局]に渡した場合、その品物の所有者が1年以内にkrasuoṅ <police>[警察局]に行ってその品物を請求しない場合には、拾った人がその品物を請求して取り戻して完全に自分の物にすることができる。

1-7-4　人頭税を納める金がない人たちは、他人に<carte>[人頭税カード]を借りて携帯したり、死亡した人の<carte>[人頭税カード]を携帯したりすることが多い。これらの人たちは、このようなことはするべきでない。これは中級罪犯罪で直ちに連行され投獄されるからである。<carte>[人頭税カード]を携帯していない場合は単に軽罪犯罪である。

1-7-5　農産物、即ち籾、精米、トウモロコシなどの農産物を売る必要がある我がクメール人に注意する。売る必要がある時には、毎回まず代金を請求して[得て]から、自分の品物を渡すべきである。先に代金を請求しないと、きっと全てを失う。なぜならば、これらの買う人は品物を自分の手に入れるとその品物を運んでいって売り、中国には妻がもう1人いて、中国で待っているからといって、敢えて妻子をクメール国に置き去りにして、その金を持って中国に逃げる。逃げない場合でも、我々売却者は彼らを訴えるのが難しいからである。このような事件はこれまでたくさんあり、我々クメール人は今後用心しなければならない。

2-1　[138号2-1と同一]

2-2　良友は得るのは難しい

世の中の人間には多くのタイプがある

1。あまり話すことを知らないが、良い考えを持ち、良い行いだけを選んで行い、固く勤勉な人がいる。これを、「深い人」あるいは「落ち着いた人」と呼ぶ。

2。沢山しゃべるが、何をしても口で言うようにはできない人がいる。これを、「口ばかりの人」あるいは、「言葉ばかりで尻は死んでいる人」と呼ぶ。

3。役に立つ量だけ話す、即ち過不足なく話す人がいる。何か言ったら、そのように行う。これを「仕事に役に立つ人」あるいは、「きちんとしている人」と呼ぶ。

4。他人がどうであれ、自分1人の事しか考えない人がいる。このような人を、「自分1人しか引き上げない人」と呼ぶ。

5。他人がきっと自分の利益になることをしてくれることを当てにして、その人の利益になることをしてやり、利益が取り戻せないと、非常に不満に思う人がいる。これを、「利益を当てにする人」あるいは、「スープをすするが実はスープの中の肉を期待する人」と呼ぶ。

6。他人を支援して、その人からの利益をいくらも期待せず、利益があれば受け取る、なくても構わない人がいる。これを、「心の良い人」と呼ぶ。

7。自分の利益にも他人の利益にもなることを一生懸命熱心に行う人がいる。これを、「利益を分け合う人」と呼ぶ。

8。とても親切で慈悲心が篤く、我慢して自分が苦しみを受け、他人には幸福安楽を得させる人がいる。これを、「実に素晴らしい人」あるいは「神である人」と呼ぶ。

9。一生懸命努力して国と民族の発展と繁栄のために尽くす人がいる。これを、「国土を[赤ん坊を抱くように]抱く人」あるいは「国土を[腕を回して]抱きしめる人」と呼ぶ。

10。他人を攻撃して破滅させ、他に恥じることなく、他を気の毒に思うことなく利益を独り占めにすることばかりを考える人がいる。これを、「水の悪霊の人」あるいは「他人の首を折って食う人」と呼ぶ。

11。他人を滅ぼし、自分は髪の毛ほどの利益も受けず、悪業を得るだけで、気が付くと自分は悪人であると知る人がいる。これを、「悪事を行なって何も利益を得ない人」と呼ぶ。

12。仕事をするのを面倒くさがり、宗教界に庇護を求めて入り込み、他人が信心と敬意をこめて無料で与える物で生きていて、食べては寝、食べては寝をして、無益なことしかしない人がいる。これを、「食べて寝る人」あるいは「ごろごろしている人」と呼ぶ。

13。国の利益になることに対して敵対する人がいる。これを「国土の障害物である人」と呼ぶ。

これらの人々は、多少とも他人が仲間にしてくれたり、他人に愛される人も、嫌われる人も、他人が協力し、考えを合わせて応援してくれる人も、褒められる人も、けなされる人もいる。これらの人々の中で、我々はどのような人に満足するべきであろうか。

3-1　[127号2-2と同一]

3-2　[広告]　火葬式のお知らせ

善男善女の方々と弟子たちにお知らせします。

lvā-aem 郡(カンダール)koḥ kaev 村の sālā kaev manī寺の住職であり、先の7月20日に舟が沈んで亡くなった braḥ grū tana dīpo {bram-net}は、今回弟子たちが、卯年 migasira月上弦11日金曜日、即ち1939年12月22日に火葬式を行います。日曜日の朝に遺体を荼毘に付して月曜日に式を終わります。この式では paritta 経の読経、説法、食事の寄進が毎日行われます。

それゆえ、善男善女の方々、弟子の皆さんは浄心に従ってこの善行に参加なさって喜びを共にしてください。

式の主催者は canda sirī juop 比丘と優婆塞優婆夷と全ての弟子たちです。

3-3　[139号3-5と同一]

3-4　[20号4-6と同一]

3-5　[138号4-2と同一]

4-1　一生懸命求めるべき有用性

(第137号から続く)[注129号から137号まではこのマイクロフイルムには欠けている]

我々がすでに解説した<pharmacien>[薬剤師。ただし執筆者は異なる意味に使用している]の学問は最も有用性があり、他に比類できる知識はほとんどないと思われる。我々が敢えてこのように言うのは、この知識は商業を行うことに極めて有用だからである。上級の学校から学業修了証書を得た<pharmacien>[薬剤師]は言うにおよばず、十分ではない知識でわずかの薬を作っている医師でも、店を構えて売ると、きっと相応な利益を得ることができる。十分に学んで学問知識がある人の場合なら、この商業の方面で非常に多くの利益を得ることが必ずできる。すでに我々が見てきたように、[貧しくて]衣服を買って着ることもできないのに、[薬を]作ることができるほんのわずかな知識と、話して説明してわからせる能力があるだけで、しばらくするうちに、万も十万もの大きな資産を持つ人もいる。

全ての薬を調合する方法の方は、この民族の薬、あの民族の薬がありさえすれば我が民族よりも効くように作ることができる。あるいは、他の民族から薬を得て来さえすれば商業の道に入ることができる、即ち我が民族は薬を作ることができない、と考えてはいけない。それは間違いである。即ちどの国、どの民族によらず、全て他と同じように現代的に作ることができれば、良く効く薬を作ることができ、商業の道に入ることができるのである。すでに皆さんは我がプノンペン市で目にしているではないか。たとえば、uṅ dieṅ、ñī dhieṅ ḍwaṅ などが我が国に存在する天然物や他国に存在する天然物を使って調合して種々の薬を作り上げることができ、我々がそのいくつかを買って使って、彼らの薬は本当によく効くと知る。これら全ては彼らの民族が<pharmacien>[薬剤師]の知識をたくさん知っているからこのように作ることができるのである。

一方、我々クメール人の方は、この漢方薬の方面で商業をしている人はいない。ただ道端や樹の下に薬をおいて売る医師を目にするだけである。そしてそれもたくさんの種々の木の根、木の皮、木の根茎ばかりで、暑い太陽の日向の中で汗を流しながら売っている。これこそ我がクメール人は極めて哀れである。我がクメール人よ、どうしてあなたたちはこのように無学無知なのか。どうして<pharmacien>[薬剤師]の知識を一生懸命学んで彼らのように知識を得ないのか。どうして高級官吏になることばかりを好むのか。あなたたちは、この<pharmacien>

[薬剤師]の知識は何の役にも立たないと思っているのか。しかし、あなたたちが思っている通りではない。即ち<pharmacien>[薬剤師]の知識は、政府に勤務する場合には、[高級官吏と]同等の地位が得られるのである。

(まだ後の週[＝145号1-9]に続きがある)

4-2　公告

4-2-1　インドシナ国国防国債証券の価格は、100リエルの券は価格が95.50リエル、1,000リエルの券は価格が955.00リエルである。

4-2-2　公告

売る人の中に、[買った人が]破れたり汚れたり折ったりした0.50リエルと0.20リエルと0.10リエル紙幣で払うのを拒絶する者がいるので、政府は売る人に上の古い破損した紙幣を財務局のprāk(<cash>[現金])出納係に交換を求め、[現金出納係は]良い紙幣と交換することに応じることを許可する。

しかし、財務局当局が交換することに応じるのは、交換するために持って来る紙幣が、傷んではいるが、まだ満足できる程度に良くて、重要部分がまだ認識でき、検討して真正な紙幣であり偽造でないことがわかる紙幣のみ交換に応じる。

それゆえ、国民と商人全ては、急いで傷んだ紙幣を財務局に持って行って交換し、ぐずぐずしていて紙幣が傷みすぎて交換に持って行っても財務局当局が交換に応じなくならないようにすること。

4-2-3　国王の競渡祭について

この11月25, 26, 27日に、以前からの習慣と国王の定めに従ってプノンペン市で拝月祭式が行われる。

国王陛下は11月25日午後4時に王室舟着場にお成りになる。競渡は例年のごとく毎日午後4時に始める。灯篭舟[流し]も例年のごとく毎夜行われる。

11月27日水曜日、競渡が終わると kāt brāt[決勝戦]が行われ、舟は全て整列してそろって漕ぐ。

この3日間の祭りの間は、王室舟着場の南のテントは、フランス人が、この祭り中のクメール舟やフランス舟の競漕、その他の催し物を見るためのものにする。

もう1つ、夜に vatta bhnam でアンコール・ワットから来た ?nak mnāṅ sayasaṅvān の劇団によるクメール演劇が公演される。

4-2-4　<doudart de lagrée>校における<thailand>[タイ国](siem[シャム])語の学習は、百名近くの大勢の生徒が集まって学んでいて、とても発展している。

4-2-5　人々は、「商品がとても値が上がり、金は少ししかない。たとえばマッチは1箱1<louis>[ルイ貨幣＝2種類あり、初期は2センと1セン、後に1.5センと1セン]でも売らないし、売っていないこともある」と嘆いている。

4-2-6　今度の競渡祭(ampak を食べる)の時に、市内のクメール政府の官吏は、11月25、26、27日は休業するが、急用を行うために yām <bureau>[役所の当直]がいなければならない。

4-3　[141号4-5と同一]

4-4　[11号4-2と同一]

4-5　赤十字社のための11月1日の dāt <balle>[サッカー試合]

先の11月1日にクメール lpaeṅ hāt prāṇa(kīḷā)[スポーツ]連盟がプノンペン市立サッカー場でdāt <balle>[サッカー試合]を行った時に、およそ1万の人々がぎっしりと見に来て、とても盛況であった。この試合の時には<thibaudeau> <le résident supérieur>[高等弁務官]殿と munīreta 殿下[braḥ aṅga mcās]もこの催しの主賓として、それぞれ赤十字社総裁と副総裁である <martin>氏と tāchilla 氏と共に出席なさった。

16時30<minute>[分](午後4時半)になると、両チームはdāt <balle>[サッカー試合]を始めた。前半は両チームとも1ゴールずつして、互角であった。結局中国選抜チームがベトナム－クメール選抜チームに2ゴール勝った。

[午後？]6時半、列車の駅で<tombla>[福引](chnot[籤])の抽籤があった。

今回の催しで得られた金、1,500リエルは全て赤十字社のためである。

赤十字社は寄付をしてくださった篤志のある方々に深く感謝する。

4-6　[141号4-3と同一]

4-7　[141号4-6と同一]

4-8　農産物価格

プノンペン、1939年11月16日

[「サトウヤシ砂糖」はない]

籾	白	68キロ、袋なし	3.25 ~ 3.30リエル
	赤	同	3.05 ~ 3.10リエル
精米	1級	100キロ、袋込み	9.35 ~ 9.40リエル
	2級	同	8.30 ~ 8.35リエル
砕米	1級	100キロ、袋込み	6.00 ~ 6.05リエル
	2級	同	4.30 ~ 4.35リエル

トウモロコシ	白	100キロ、袋込み	［記載なし］
	赤	同	6.10リエル
コショウ	黒	63.420キロ、袋込み	37.00 ~ 38.00リエル
	白	同	58.00 ~ 59.00リエル
パンヤ	種子抜き	60.400キロ	39.00 ~ 40.00リエル

＊プノンペンの金の価格

1 ṭamliṅ、重量37.50グラム

1級	165.00リエル
2級	160.00リエル

＊サイゴン、ショロン、1939年11月10日

フランス籾・米会社から通知の価格

ショロンの<machine> kin srūv［精米所］に出された籾 1 hāp、［即ち］68キロ、袋込みの価格は以下の通り。

籾	最上級	0.00 ~ 0.00リエル
	1級	3.65 ~ 3.70リエル
	2級 日本へ輸出	0.00 ~ 0.00リエル
	2級 上より下級、日本へ輸出	0.00 ~ 0.00リエル
	食用［国内消費?］	3.40 ~ 3.45リエル
トウモロコシ	赤 100キロ、ショロン県マッカサンで売り渡し。	6.50 ~ 6.55リエル
	白 同	0.00 ~ 0.00リエル

米（10月［ママ］渡し）、港渡し、袋込み、税抜き、1 hāp、［即ち］60.7キロの価格は以下の通り。

精米	1級、砕米率25%	5.30 ~ 5.35リエル
	2級、砕米率40%	0.00 ~ 0.00リエル
	同。上より下級	0.00 ~ 0.00リエル
	玄米、籾率5%	0.00 ~ 0.00リエル
砕米	1級、2級、同重量	4.30 ~ 4.35リエル
	3級、同重量	3.50 ~ 3.55リエル
粉	白、同重量	2.40 ~ 2.45リエル
	kāk［籾殻＋糠?］、同重量	0.00 ~ 0.00リエル

5-1 ［141号3-1と同一］

5-2 ［142号3-2と同一］

5-3 ［142号5-2と同一］

5-4 雑報

5-4-1 先の11月1日に、王立図書館の友人たちが、プノンペン市を訪れたバンコクの<gazette>［新聞］社長である brahyā（［タイ語では］bhyā）prijānusāsana と、共に来た他の人々の名誉のための茶会を開いた。この会には政府の<conseil> senāpatī［大臣］殿数名とnagaravatta <gazette>［新聞］社長も出席した。

会に出席した人たち全ては、以前と同じように敬愛の気持ちをもってpradesa <thailand>［タイ国］（siem［シャム］）に親密さを表明して喜び愉快にすごした。

5-4-2 assuja 月上弦15日（28-10-39［＝1939年10月28日］）、bhwan tām 村（コーチシナ）の campā 寺の loka grū braḥ samvaraḥ bodhi ñāṇa と、同寺の檀家である優婆塞優婆夷たちが現在苦しんでいる大フランス国にずっと幸福があるように、追善式を行った。

5-4-3 先の11月6日午前9時に、<lambert>氏が議長であるカンボジア国経済・金融のためのフランス会議の1939年度定例会議が、sabhā bāṇijjakāra（<chambre de commerce>［商業会議所］）で開かれた。

この会議には、<thibaudeau> <le résident supérieur>［高等弁務官］殿と随行するフランス官吏多数、さらにクメール政府の<conseil> senāpatī［大臣］もこの会議の開会式に出席した。

5-4-4 1939年12月11日月曜日午前9時半に、トンキン国のハノイ市で例年同様に、インドシナ国経済・金融のための大会議の定例会議が開かれる。

5-4-5 1939年10月26日付国王布告が、コーチシナおよびトンキンで発行されているベトナム語の種々の sārabarṇaṭamāna（<gazette>）［新聞］とニューヨーク（アメリカ）と中国で発行されている中国語の<gazette>［新聞］のカンボジア国へ［記者の］入国、運送、カンボジア国での販売、配布、所持し見せて広めることを禁止した。即ち従来クメール国に入ってきていた ḍwan din <gazette>［新聞］をはじめとしてベトナムの新聞32紙と中国<gazette>［新聞］10紙が禁止された。

5-4-6 プノンペンの物産展市祭

1940年1月17日から28日までの国王陛下誕生日物産展市祭に際して、例年のごとく braḥ kaev marakaṭa 寺の回廊と空き地で bidhī tāṅ phsār（<foire>［物産展市祭］が行われ、展示者が自分で展示コーナーを作る。

この祭りに展示を申請する者が、この件について、展示の方法、展示申請書など種々の情報を知りたければ、mandīra <résidence supérieur>［高等弁務官府］、sabhā bāṇijjakāra（<chambre de commerce>）［商業会議所］、sār mandīra seṭṭhakāra<musée économique>［経済博物館］で請求すること。

この物産展市祭では、<gouverneur général>［総督］殿は鉄道局の料金を、展示に行く人の料金と展示品の運送料を割引することを許可した。

5-4-7 <gouverneur général>［総督］殿は、種々の情報を知りたがっている人々の意に適わせるために、ārip 電に

よる情報を2倍に増やすよう[新聞社に]指示した。

5-4-8 国民に公告して知らせる。1939年11月15日夕刻5時から、サイゴン<poste>[放送局]のラジオ放送でシャム語での放送を始める。

5-4-9 『訃報』

我々は、王室音楽団長である <françois> baerusūt 氏が、プノンペン市で先の10月29日に75歳で亡くなったという報せをうけて悲しんでいる。

baerusūt 氏の遺体は、すでに10月30日に、親族友人たちがフランス人墓地に埋葬した。

baerusūt 氏は、我がクメール国に長年住んでいて、大勢のフランス人、クメール人と知り合いで親密にしていた。氏はカンボジア国の友人であり、先王の時代から音楽教師をし、多くのクメール人を教育して知識を持たせた。氏が亡くなったことに、大きい悲しみと強い惜別の情を持つ。

nagaravatta は、悲しみに覆われている氏の親族、友人、さらにbaerusūt氏の子と孫にお悔やみを申し上げる。

5-4-10 卯年 assuja 月下弦3日火曜日に、saṅkae 郡(バット・ドンボーン)vatta nan 村の村長殿と pāḷāt 寺の住職師僧殿が盛大に aṅga kathina をして、同寺の檀家である優婆塞優婆夷と共に、以下に名前を記す主賓の方々がこの祭りに多くの財産の寄付をして、pāḷāt 寺で雨安居を行なっている僧たちに差し上げた。

1、バット・ドンボーン郡郡長殿。2、thī {huos}。3、mā jiñ thāt。4、thī {gumbī}。5、thaukae {gim sān huor}。6、thaukae {jhun lī}。7、thaukae {jhun ham}。

私たちは、この新しい本堂の建設に助力して満たした方々に、このカティナ寄進の善徳を追善します。どうか全て方々が望みが叶いますように。

5-5 [139号3-6と同一]

5-6 <gazette>[新聞]読者の抗議

我々は<gazette>[新聞]読者の1人から手紙を受け取った。<gazette>[新聞]読者たちが、「我々の<gazette>[新聞]に1週間に2回、そして以前のように4ページだけで発行して欲しい。6ページも発行する必要はない。なぜなら我々が提供する情報は他の新聞よりも遅いからである」と叫んで願っている」という内容である。

もう1つ、「年極めで<gazette>[新聞]を購読するのは、現金でバラ買いをする人に対して不利である」と言う。「バラ買いをする人は、<gazette>[新聞]が発行されると直ぐに金を持って買いに行く。<gazette>[新聞]が発行されない時は、彼らは何も損をしない。一方年極めで購読する人の方は、<gazette>[新聞]が出ようと出まいと、いつも同様に年に5リエル払う。最後に、我々が毎週発行して欲しい。たびたび祭日に休刊しないで欲しい」と述べている。

これらの求めは、我々はそれほど異論はない。しかし、我々クメール人の人々の多くはまだ貧しい、と我々は理解する。我々が週に1度発行するだけでも、買うことを志願する人はそれほどいない。もし我々が週に2回発行したら、この貧しい人々はどこから金を探して来て買うだろうか。現在新聞を発行している我々の望みは、最初から終わりまで、無学無知の人々に助力して支え、学問知識のある人に従って精神を目覚めさせることである。我々の<gazette>[新聞]が貧しい人の力を超えて売られ、その結果彼らが買う金がみつからなかったら、我々は金がある人とすでに学問知識がある人に売らなければならなくなり、我々の新聞は我が民族にどれだけの利益があるだろうか。そうなれば学問知識がある人はますます学問知識が増え、無学無知の人はますます無学無知になってしまう。それゆえ、我々はこのように週に1度発行することに決めたのである。即ち、無学無知の人全てを成長させて仲間に追いつかせたいのである。その結果、出費を少なくして貧しい人各人が読めるようにするために、週に1度発行しているのである。こういう理由で、上の我々に求めてきた人に従うことは、まだできない。読者全員が、上の我々の解説を理解してくれることを期待する。

もう1つ、「年極めで購読する人が、現金でバラ買いをする人に対して不利である」という項は、我々は同意できない。なぜなら、バラ買いをする人は、我々には処理がとても簡単である。即ち、彼らが金を持って買いにきたら、我々はすぐに<gazette>[新聞]を売り、そのあとは何の心配もない。一方年極めで購読する人の方は、我々は多くの費用がかかる。まず事務員6、7名に<gazette>[新聞]購読者全員の名前を書かせ、さらにもう1人配置して、仕事が正しく行われているかをチェックさせ、それから[料金別納などの]<timbre>[切手]の印を押して政府に金を払う。印刷所で働く人全員が協力して[新聞を]折り、帯封を巻いて束ね、車を雇って<poste> khsae luos[郵便局]に運んで、購読者全員に届けさせる。さらに毎日毎日事務員1人を配置して購読者全員のリストをチェックさせ、まだ金を払っていない人がいたら手紙を書いて請求させる。この請求は成功することもあれば、全く我々に答えてこない人もいる。<gazette>[新聞]が紛失したと抗議してくる人もいる。あれこれ質問する人、あれこれ抗議する人たちは、我々に返書を書くのに苦労をさせ、費用をたくさんかけさせる。それ以外に、我々は地方に住む人に頼って、我々の代理人になってもらい、待機していて我々のために<gazette>[新聞]代金を請求してもらう必要がある。あるいは<poste>[支郡]当局に請求してもらうこともある。これらが我々にさらに多大の出費をさせる。

それだけではなく、さらに我々の<gazette>[新聞]を6、7ヶ月間、あるいは1年、2年購読して、金を払うようすが見えない人がいる。そして我々が真剣に調査に行くと、以外にも「死亡した」と答える。金を払わずに、あるいは我々に何の通知もせずに国を捨ててどこかに避難した人もいる。我々の方は、「その人はまだ生きているか、国のどこかにいる」と推測している。我々は毎週毎週新聞を送り続けていて、他人が代わりにそれを受け取って読んで、そして我々に金は払わない。国内でまだ生きているが悪い考えを持ち、言いがかりをつけて代金を払おうとしないか、あるいはずいぶん遅く払い、我々に何回も何回も厳しく請求して歩かせ、費用をたくさんかけさせる人もいる。要するに、年極めで購読する人は、「直接購入する人よりも、どの点で自分たちは利益がある」ということを検討してみてほしい。これについて我々は、解説したように多くの費用をかけなければならない。しかし避けるわけにはいかないから、そのように行なっているのである。全てが直接購入する人ばかりであったら、とても楽であると思われる。我々はたくさん疲れる必要もないし、多くの費用をかける必要もない。

最後の1項目、「あまり祭日に休刊するな」と禁じることは、この一言の言葉を深く検討すると、慈悲と思いやりがないように思う。保護国政府でさえ、なぜこれを避けることはできないのか。たとえばbhjum [piṇḍa]祭り、正月、その他の国中の人が、寺での習慣の善行の祭りを果たしに行き、楽しく休息することを欠かすことができない大きい祭日に、どういう理由で<gazette>[新聞]の組版をして疲れている人に休むのを禁止するのか。我々は、「この風俗習慣を止めさせる」と保証し、断言することはできない。この世に生まれてきて、習慣である善行を中止したり避けたりすることができる人は誰もいないからである。

6-1 [138号3-4と同一]

6-2 [121号4-5と同一]

6-3 [73号、4-6と同一]

6-4 [111号3-4と同一]

6-5 [33号3-4と同一]

6-6 [138号5-5と同一]

6-7 [128号2-3と同一]

6-8 [8号4-3と同一]

6-9 [138号5-9と同一]

6-10 [126号4-11と同一]

6-11 [138号2-3と同一]

6-12 [138号5-4と同一]

SAMEDI 25 Novembre 1939
CIGARETTES
JOB
LE PAQUET VERT
Nagara vatta
COFAT
CIGARETTES
Directeur
PACH-CHHŒUN
HEBDOMADAIRE PARAISSANT TOUS LES SAMEDIS
Boite Postale N° 44
Téléphone N° 111

第3年144号、仏暦2482年1の年卯年 kattika 月上弦14日土曜日、即ち1939年11月25日、1部10セン

［仏語］ 1939年11月25日土曜日

1-1 ［仏語で「私書箱 No.44」と「社長、PACH-CHHŒUN」と「電話111番」が加わった以外は8号1-1と同一］

1-2 ［デザインが少し変わった以外は8号1-2と同一］

1-3 ［デザインが少し変わった以外は8号1-3と同一］

1-4 ［8号1-4、1-5と同一］

1-5 jhap <retraite>［引退した］副大臣、インドシナ国経済金融大会議委員［＝インドシナ国経済金融諮問会議委員］、フランス paḥ por (bhān prae)［革命］155年［ママ。「150年」が正しい］式典のカンボジア国代表である『tān-mau 氏』のフランス国への旅行について

この祭典にカンボジア国代表として出席した tān-mau 氏は植民地相と会い無益ではなかった。氏は、クメール国で改革するべきいくつかの大きな問題について<mandel>氏に提言をした。

項1。選挙で選ばれたクメール人代表1名を植民地相付として勤務させるべきである。この代表が当地で［植民地省の］大臣と常に直接共に勤務できない場合には、政府の仕事と民衆の苦しみについて直接訴えることができるために、［植民地省の］大臣と互いに意見交換をする権限を持たせるべきである。

現在のクメール国代表はフランス人であり、現地のフランス人の利益と衝突する場合には、クメール人の利益を守るために発言することは困難である。

項2。経済面では、農産物を地方から運搬して来てメコン川に下ろし、サイゴン港まで運送するのを容易にするために、クメール国内での互いの交通路を作って増やすべきである。バット・ドンボーン州およびクメール西北部の州の農産物を外国へ輸出するのを容易にするために、鉄道を、maṅgalapurī からシャム国境まで建設するべきである(この鉄道はすでに政府は建設を始め、恐らく来る1940年8月までには完成し、利用できる)。

もう1つ、プノンペン港と danle pid の横の港を整備して便利にするべきである。danle pid の横の港はコンポン・チャム州全域の農産物を受け取るためである。コンポン・チャム州は、1州だけで<budget général>［インドシナ国総予算］に1年に10百万 traṇot <franc>［フラン］の税金を入れているからである。

毎年の<budget général>［インドシナ国総予算］に入れられるクメール国の税については、インドシナ国政府は、カンボジア国が1年間に納入した税額の9パーセントしかカンボジア国に還元していない。

カンボジア国が毎年<budget général>［インドシナ国総予算］にこのように多額の税を納入していて、［それを］インドシナ国政府がインドシナ連邦国の助力に支出し、カンボジア国の農産物を搬出するための道路が不足し、鉄道が不足し、港湾が不足しているままに放置するのならば、インドシナ国政府はこの税を全てクメール国に渡しきりにして、自己の必要に応じて国を整備するために支出する権限を与えるべきである。なぜならば、現在のクメール国について、インドシナ国政府は、アンナン国にある王宮［に対するのと］と違ってカンボジア国の王宮の修復に助力するために支出することには一顧だにしないからである。

クメール国における田、畑、農園に収穫があるようにするための堤は、<thibaudeau> <le résident supérieur>［高等弁務官］殿が一生懸命に努力している。しかしそれでも依然として、［他の］インドシナ連邦国よりも甚だしく不足している。［しかし］一転してインドシナ国政府はトンキン、アンナン、コーチシナに助力するために支出している。

項3。一般民衆の利益のために、tān-mau 氏は、植民地相である<mandel>氏に［次のように］説明して理解させた。「クメール人は、ヨーロッパ諸国の医学で使用する薬が大変優れていると理解している。しかしクメール人たちは、クメール国は病院とクメール人医師が大変不足しているから、この方面でまだ十分な発展をしていない。政府はクメール人少年多数がヨーロッパ医学を学ぶようにすることと、全ての郡庁に病院を設置する支援をするべきであると理解する。病気から守る[＝衛生]方面は、材料の不足がクメール人に医学的[に正しい]方法に従って実行することをできなくさせている。たとえば澄んで清潔な水の不足などが原因になっている。政府がまず農民が水浴して身体を洗うために使うのに十分な澄んだ良い水があるように措置してから、クメール人に、「医学的方法に従うように」と命令するならば正しいと言える。即ち、「ウシの前に犂をつけない」ことである。この点に関して tān-mau 氏は大臣殿に[次のように]説明して理解させた。「政府は民衆に澄んだ良い水があるようにするために、まず1つの集落に井戸を1つ掘る措置をするべきである。<thibaudeau> <le résident supérieur>[高等弁務官]殿が、すでに各郡の各村に水を使用するための池を掘らせる措置をしたことは素晴らしいことである。しかし、政府は、「クメール民衆はインドシナ連邦の全ての人々より高額の人頭税(クメール人は5.70リエル納め、トンキン・ベトナム人は2.50リエルしか納めない)を納めている」ことを忘れて、住民を無賃金で徴用して[注。Ⓢでは、「徴集して無賃金で働かせることはしない」としている]掘らせたのが少々賛成できない。

項4。行政については、現在のカンボジア国は各州に司法と行政とを見て決定するためのクメール人官吏がいる。これらの官吏たちは、自己の職務以外の気にかかる仕事が多すぎることにより、政府の望み通りに十分に不足なく果たすことができない。官吏たちは、自己の州、郡の住民に安楽と発展とがあることを考えるだけでなく、さらに各人が最小限5十万(500,000)フラン、あるいは百万(1,000,000)フランの税金の徴収を考えることを気にかけなければならない。それだけではなく、さらに、自分を公共土木事業局の技師や園芸場長に任命しなければならず、医師や獣医師もしなければならない、などである。

これらの官吏たちが、このようなあらゆる種類の業務を行なわなければならないのなら、保護国政府はこれらの官吏たちに、[住民の]国籍と民族を問わず、自己がその幸福を守る全責任を負う自己の郡、州の全住民に対する全ての政府部局の完全な権限を持たせるようにすれば、それらの官吏が自己の職務の半分を果たすのはそれほど極めて難しいことではないであろう。過去数年間に、保護国政府はこのようなやり方で決定させるように措置し、いくらか整えた。しかしまだ十分ではない。なぜならば、これらの官吏は必要不可欠な乗り物がないこと、情報をもたらして統治面での光にする人々への謝礼金として使える金が不足していること、郡、州を統治する官吏である地位に相応しい住居がないこと、国王陛下の政府と保護国政府の代表に相応しい権限がまだ不足していること、等々である。

もう1つ、これらの官吏は公務上の過失事故を犯した場合に、<police> giñ[公安警察官]に直接調査尋問させるのは適切でない。クメール官吏規定に従って、クメール政府<conseil> senāpatī[大臣]が高官1名と保護国政府代表と協力して過ちを犯した官吏を尋問させるべきである[注。Ⓢではこの「査問委員会」を設置することになっている]。

項5。教育に関して、tān-mau 氏は、別に説明書を作成し、その内容に関してラオス国代表に同意を得てから、植民地相に詳細に述べた。

最後に我々は、tān-mau 氏が行政の改革について、別に分けて述べたものを少しだけ取り上げる。氏は<mandel>氏に、「保護国政府内の部局では、官吏の75パーセントを他民族が占めている。保護国[政府]で官吏になっているクメール人の数が彼らより少ないのは、クメール国には中等教育校が極めて少ないことによる。高等教育校の方は1つもない。カンボジア国の人口は4百万あり、クメール人少年少女が学んで、政府が使うために[必要とする]高等初等教育修了証書を取得して卒業する、あるいはさらに学んで知識を伸ばすための中高等学校が1つしかない。[こういう状況で]この高等初等教育修了証書の所持者を、政府が使うのに十分な数にすることが、どうして可能であるか。政府はこのような人を毎年70名も必要としているのである。これこそが、政府にクメール人の代わりに他民族を採用してポストに就けて勤務させる必要を続けさせている原因である。もう1つ、クメール国の学校では、政府はベトナム人教師を採用して教えさせることが多い。現在のクメール人は、政府が初等教育校の高学年と高等初等教育校および中等教育校の全学年でフランス人教師を採用して教えさせることに金を使うのは承服する。なぜならこの仕事に使われる金は、クメール人の全生徒が教育を受けて、仕事の詳しい知識を得ることができるから、クメール国にとって非常に有益だからである」

これら全てのことを、tān-mau 氏は植民地相に、「事情を詳しく知り、カンボジア国がインドシナ連邦の他の国と同様に楽になり栄えるようにするように措置し、実施するために、正義と公平の人を派遣して調査して欲しい」とお願いした。そして氏は植民地相に敬意をもって前もって感謝をした。

1-6　諸国のニュース

1-6-1　11月10日の ārip 電による情報

コペンハーゲン市からの情報。ミュンヘン市で<nazi>

［ナチ］党員が会議を開いた場所に密かに爆弾を仕掛けた者について、現在ドイツ国政府はドイツ国内の多数の者を逮捕するよう命じた。

アムステルダム市からの情報。オランダ国は、国を守備するための地域を、ダムを放水して水没させるよう命令した。

上海市からの情報。ロシア国は依然として物資を中国に送り続けている。数日前に物資30,000トンを積載した radeḥ <camion>［トラック］が中国に入った。「ロシア国はさらに多数の航空機と兵600名も中国に送った」と発表された。

1-6-2　11月11日の ārip 電による情報

ブリュッセル市、ハーグ市、ベルン市、ベルリン市からの情報。ドイツ国政府とオランダ国政府は現在互いに競い合っている。現在ドイツ国は軍をスイス国、ベルギー国、オランダ国との国境に配備した。

ローマ市からの情報。イタリアの諸<gazette>［新聞］は、「ドイツ軍がオランダ国とベルギー国に入るのではないか」と心配している。そしてベルギー国からの、「いずれかの国がオランダ国に侵入したら、ベルギー国は戦ってオランダ国に助力する」という情報を引用している。

1-6-3　11月12日の ārip 電による情報

パリ市からの情報。フランス大統領は、ベルギー国王とオランダ国女王に、［次のように］回答した。「フランス政府と人民は、国王と女王が停戦を求めたことに関して、フランス国より温順な国はなく、フランス国は騒動を鎮め、和解させるための努力をするために、敢えてフランス国民の利益を犠牲にしている。フランス国は、これまで何回も思い出させ、今回も思い出させるが、正義があり、そして長期間の平和のみを願っている。長期間続くことができる平和は、正義による平和しかない。現在戦争をしているフランス国は、無法を抑え今後なくすことを望むのである。過去2年間この無法は、条約を守らず、嘘を言ってヨーロッパの国の3ヶ国を滅ぼした。この無法はすべての国々にまだ衝動を与えている。正義を確立してはじめて平和が得られる。即ちオーストリア国、チェコスロバキア国、ポーランド国をドイツ国の手中から脱させるのである。世界人類から恐怖がなくなるのは、無法はもう行われないということを確信した時である。『いま停戦したならば、無法の存在に同意するようなものであり、平和は永続しない』と理解していただきたい」

ロンドン市からの情報。イギリス国王も、フランス大統領とほぼ同じようにベルギー国王とオランダ国女王に答えた。しかし、「この両国の王がドイツ国からの要請を受けているのであれば、諸国に無法から免れさせることができるはずであるから、イギリス国政府はこの件を詳細に検討する」と答えた。

1-6-4　11月13日の ārip 電による情報

パリ市からの情報。フランス国とイギリス国とは、北京市と天津市（中国）にいる軍の人数を減らした。

日本は、「この両国が兵力を減らしたのは、日本国との和解を望むからである」と理解している。

ヘルシンキ市からの情報。ロシア国とフィンランド国とは、論議中の双方がそれぞれの言葉にこだわるだけなので、会談を中止した。

パリ市からの情報。今月13日午後、ドイツ機がパリ市上空を飛行して偵察した。D.C.A.（高射砲隊）は同ドイツ機を狙って砲撃し、その砲撃した砲弾が落下してきて人に命中して3名が負傷した。

1-6-5　11月14日の ārip 電による情報

ロンドン市からの情報。イギリス船1隻がシンガポール沖を航行中に触雷して沈没し、アジア人ばかり16名が死亡し、行方不明になった。同船にはインドシナ国から国外追放された中国人187名がいた。これらの中国人は、同船で送っていた公安警察官の<chef>［長］が、その中国人たちを入れていた監禁室の扉にかかっている錠を拳銃で射撃して破壊して［室から］逃れさせたので、誰も死亡しなかった。

イギリス船もう1隻が航行中に触雷して沈没、1名が死亡、6名が行方不明である。

さらにもう1隻の積載量1346トンの船がリバプール市から出航し、海上で爆発を起こして沈没した。乗客と船員は全員救助された。

海軍総司令部は、「イギリス艦がドイツ船2隻、積載量8,000トンと4,000トンを拿捕した」と発表した。

1-6-6　11月15日の ārip 電による情報

マドリード市からの情報。スペイン国とイギリス国は、「スペイン国は銅と水銀などの鉱物をフランス国とイギリス国とに売り、フランス国は［スペイン国に］grwań <machine> srūv［精米機］と自動車を売る。一方イギリス国の方は［スペイン国に］石炭、ゴム、木綿を売る」という内容の協定をするために会談中である。

アムステルダム市からの情報。本日ドイツ国はオランダ国王とオランダ国女王に、停戦する件について回答する。

ヘルシンキ市からの情報。フィンランド国政府は国防費として使うために50百万リエルの国債を発行した。同国の人々は金を持って国債を買いに行き、その金額は100百万に達した。

1-7　独り言

1-7-1　現在カティナ祭の季節真っ盛りである。どこの国でもこの祭りがたくさん行われている。クメール国全体では数え切れない数が行われている。我々はこのカティナ祭1つだけについて話しても、すでに非常に多いと理解し、大衆が途切れることなく行なっている他の祭りについては言及しないことにする。祭りをすることは、それを行う人が善を得ることができるのだから良いことである。蠟燭、線香、ビンロウジ、キンマ、下衣、上衣、茶、砂糖などを買った金はすべて中国人に行っている。これらの物は作るのはとても簡単である。なぜ我々クメール人は作ることを考えないのだろうか。

1-7-2 今の季節、例年と違って雨が降っている。このように季節外れに降る雨は、都会に住む人に多くの金銭を失わせ、雨[が降るか降らないか]に賭けて他人を騙して生計を立てる悪者を発展させる。そして、このように雨に賭けて金を失う人が多いと、ある官員たちを発展させる。我々は神に、このように季節外れの雨を降らせないよう祈る。

1-7-3 スヴァーイ・リエンに、最近開店して中国人と同じように商品を売っているクメール人の商店が1つある。しかし、その地のクメール人はあまりその商店に物を買いに行かない。客を迎えるための茶やタバコがある中国人の商店に敢えて行って買っていて、昨年他民族が力を合わせてクメール人の店を全部なくしてしまった事件を忘れている。中国人がクメール人の商店より高く売っていることは、考えてもわからない。このように、自分と同じ民族に助力しなければ、我がクメール人はどのようにして[商業を]する力を持つことができるだろうか。

1-7-4 CENSURE[検閲により削除]

1-7-5 pākān 郡(ポー・サット) tā lo 村の住民たちが、「同村には村民を治める長が1年近くいない」とnagaravatta <gazette>[新聞]に訴えてきた。この情報が確かな事実であるならば、早く村長を決めて存在させるべきである。

1-7-6 先の11月12日日曜日に、lvā aem 郡(カンダール) sārikā kaev 村村長殿が カティナ祭を行い、水路を行列して同郡の bām okñā uṅ 寺に入った。この祭りはこれまでの祭りよりも大変大勢でにぎやかに行われた。この祭りの主催者は大きい曳き船を雇って aṅga kathina と祭りへの参加者[が乗った曳かれる舟]を40艘も曳いて[注。原文は「曳く船」を40隻とあるが、これは誤植で「曳かれる舟」が正しいとする] bām okñā 寺に行き、ṅa 舟と<canot>[ボート]が aṅga kathina の両側を伴走した。

住民の方はぎっしりと大勢が迎えに来、さらにすばらしい御馳走をふるまった。この祭りに参加した人々の中にはプノンペンの人も大勢混じっていた。総人数は恐らく3,000名以上であった。

我々はこの尊い善行をとても嬉しく思い、喜びを共にする。

1-7-7 ある国の未来が成長し繁栄するか、滅びてしまうかは、青少年だけによる。我がクメール青少年が現在のように楽しみの道ばかりを考えていたら、将来我が国はどうなるであろうか。青少年全ては、この言葉を真剣に検討してほしい。もし我が国を諸国並みに成長させ繁栄させることを望むならば、我々全ては、しっかりと生計を立てるために一生懸命学ばなければならない。

1-7-8 <police>[警官]が自転車に乗っている人に罰金を科して、その人の自転車のブレーキをなくした

情報では、ある1人の生徒が、後ろに赤いガラスがついていない自転車に乗っていて、<commissaire central>[市警察署]の<police>[警官]に捕まった。その生徒が罰金を持参して自転車の返還を受けると、前の[車輪の]価格5リエルのブレーキがなくなっていた。

<police>[警官]は自転車を押収して行って、その自転車の付属品をなくし、そして罰金も取る。その[なくなった]品物は誰が賠償するのか。自転車の所有者は損をする。金は払うし財布は貧しくなる。

我々は、その職務を管掌する部局がこの件を真剣に調査するようお願いする。

1-8 故 braḥ uttamamunī {um-sūr}の遺体の火葬式の後

braḥ uttamamunī {um-sūr}の遺体の、師の地位身分を超える非常に盛大な火葬式を見て、大勢の人が我々に、「uttamamunī 師は地位は単なる rājāgaṇa に過ぎないのに、どうして僧侶長よりも大きな式を師のためにするのか。恐らく地方や市内の官員が権力を使って大衆を脅して、金を持ってきて[追悼]式をすることを強制したり、あるいは各人に式に参列するように命令したのではないか。それで大衆は恐れて大勢が師の遺体を拝するために20,000名もが参列した。一方、5,000名以上の僧の方も恐らくは、全ての郡僧侶長と住職に、式に参列するよう命令する密使が行ったので、このように大勢が集まったのではないか」と訊ねた。

我々は<gazette>[新聞]を通じて、事実に従って正義と公正とを以って、上の疑問に答える。

あなた方各人は何も疑わないでほしい。braḥ uttamamunī 猊下は地位が低かったのは事実であるが、師はクメール国全土の人々、僧にも在家にも有益なことをした。師は態度と行為は謙遜で温和で礼儀正しく、律を正しく遵守し、言葉は耳に美しかった。師は仏教方面の大学者で論蔵の面に、無学無知の人々に深遠な理論を説明してはっきりと理解させることができる鋭く確かな広い学問知識

を持っていた。師は熱心に大衆に説法して聞かせ、かつカンボジア国内の全ての兵営とコーチシナのクメール人兵士の兵営で説法する任務を引き受けた。師は三蔵経翻訳委員会の副委員長を務め、仏教研究所が出版する全ての経文と注釈書の校訂師を務めた。師は出家して以来、大勢の僧と在家の人々の師僧になった。王立図書館が誕生して同老師殿を得て以来、同[図書]館の管理者の目となり鼻となった。もし師を得ることがなかったら、王立図書館は発展が難しかったであろう。師は書物の価格の面で政府の金を増えさせ、金額は、毎年1万リエル近くかそれ以上であった。財務局に師よりも多く金をふえさせた大商人、偉い高級官吏はカンボジア国には存在しない。これだけ大きく施した善徳も、師が我々全てのカンボジア国の人々を天国涅槃に導くことで我々に施した恩に匹敵することはできない。師は上のように、財務局の金を増やしたことと、国内の人々を温和に、正直に、政府が統治しやすいようにならせたことで、政府に恩を施した。師は grwaṅ issariya yasa <médaille d'officier d'academie>[学術勲章オフィシエ章]、<médaille> mās[金章]、カンボジア国とラオス国の <médaille> assariddhi[シュヴァリエ章]を持っていた。師の名声はカンボジア国を渡って、近隣国へ、さらに大フランス国にまでとどいた。それゆえ、カンボジア国の長である <le résident supérieur>[高等弁務官]殿は遺体の火葬式の際には自ら参列し、カンボジア国における<franc>[フランス]<république>[共和国]を代表して正装で故人に敬意を示した。全ての政府部局のその他のフランス官吏も、フランス政府は師の恩を忘れないことを示すために、大衆の中にあって正装をした。それぞれの大きな式では、全ての勲章を付けて正装した長殿が参列するのは、その長殿が主賓として参列して崇める、即ち尊敬することであることを認識するべきである。このように僧も在家も、富む人も、貧しい人も、数万人が敢えて地方から必死の努力をして駆けつけて来て式を行い、師の遺体を拝したのは、次々に[口伝えで]耳にした情報、我々の<gazette>[新聞]による情報で知って、自らの意志で、愛で集まったのであり、脅かした人は誰もいない。遠すぎて来るのが困難な多くの郡では多くのところで遠くから師への追善式を行なっている。師の遺体の火葬式をしに来たのは我がカンボジア国の住民だけではない。コーチシナ、ラオス、シャムの人も来た。式を終えた市内の人たちは、まだ今後毎月1回、式をする。

カンボジア国内で、師を知り、好んだ大衆は大勢いる。

braḥ uttamamunī {um-sūr}猊下のような、仏法面と世界の面で大衆に発展させた偉い学者はどの人も、遠くから疲れを恐れず、費用を惜しまず多くの大衆が駆けつけてきてその人に敬意を表し、捧げ物をするのである。

この大衆が大勢師に敬意を表明しに駆けつけさせたことこそが、braḥ uttamamunī {um-sūr}猊下の名声なのである。

僧であれ、在家であれ、高官に任命して国内の大衆を統治させることは、[その人を]この braḥ uttamamunī のように多くの大衆が愛する場合には、国内中で好まれるのであるから、国内に何らの問題も起こらずずっと幸福が続くであろう。

2-1　[138号3-4と同一]

2-2　[138号2-1と同一]

2-3　[141号4-6と同一]

2-4　[127号2-2と同一]

2-5　クメール人が強く必要とする5つの性格

全世界の人間は等しく5項目の性格を得ることを望み期待する。なぜならば、人はこの5項目を持たなければ、宗教を信じる人全てが理解し、知っている恥罪、恐罪に欠けるようなものであることを、全ての人が知っているからである。全世界の人が強く求めると言う5項目の性格は[次である]。

第1。sneha と呼ぶ。この sneha という語は、我々が āgama gāthā[呪文]を唱える、あるいは話し方、行動、身の飾り方を美しくすることではない[注。この sneha は、クメール語では「魅力」以外に、他人の愛情を惹きつけるための呪術による呪文、呪薬などをも意味する]。ここの sneha は、行う行為と言葉と心を場面に相応しくし、他人の顔を潰す行動をしないこと、内部の行動と外部の行動とを区別せず、ありのままに行動し、学問知識や地位の高低を考慮することなく、人を人として認識して行動し、「氏」、「閣下」などの区別語を余り考慮に入れないことである。このような人を sneha[魅力]を持つ人と呼ぶ。我々クメール人はこの型の sneha[魅力]を植えつけて増すように努力するべきであり、そうすればクメール人は文明的な民族に達することができる。

第2。精神力。通例、教え諭すのが困難なものは、人が心に持っているものである「心」である。「心」は、その本性は強情で容易に改めることも屈服させることもできないからである。この「心」がどんなに悪くて破滅をもたらすものであることが分かっても、心を簡単に改めるのは常に困難なことである。この第2項では、我々はあなた方に、心を改めさせて、預流向[ヨルコウ]、預流果[ヨルカ]に到達させようとしているのではない。我々は心を本性から変えることだけを必要とする。心の本性は、何かに慣れればそうなるのである。互いに性格が合わない人は、教育していない心による。我々が心を少し教育することができれば、性格はそれほど互いに非常に異なることはない。我々クメール人は互いに感情を良く育てる必要がある。我々は互いに憎み合うことがないように、互いに怒りを覚えても直ぐに[それを]互いに消し去れば、団結はどこかで破れることはない。団結があれば、我が民族はすぐに本当に文明に到達することが期待できる。

第3。時と場合。「時と場合」とは「時勢」で、全ての人が当然時勢を強く求める。現在の我がクメール人は、時勢に応じて適切に変わることをまあまあ知るようになった。しかし多くはプノンペン市のような教育の近くにいる人たちである。遠くに住む人の多くはこの時勢を知らない。「みっともない、風俗習慣に反する、これまで行なってきた定めに反する」と理解して、衣服を着ることについて非難し合う人がいる。行動をけなす人もいる。言葉を非難する人もいる。「時勢がこうであると言えば、時勢はそうであり、時勢がああであると言えば、時勢はああなのである」ということを全く理解しない。我々クメール人は、「時と場合」を知る人が努力してこの「時と場合」について仲間を育成して増やせば、すぐに文明を手に入れることができるであろう。

第4。互いに相手の良い面を見ること。全世界の人は、いつも仲間の良い面、ただ1つしか見ない。悪い人は悪いと認識しておいて、交際することを避けるだけでである。たとえば仏法の方では、dukkha ariya sacca jā cariññeyyakicca[注。これはパーリ語]、即ち「なすべき良い行いは、『欲望を pahānakicca 即ち捨て去るべきものである』と知ることである」と定めている。我々は互いに良い面を探さねばならない。我々は、「他人は皆悪人だ」とお高くとまり、自分にこだわってはいけない。あなた方が、「彼らは全て悪人である」と認識したら、あなた方は誰とも交際できなくなる。我々人間が互いに良くし合うのは、互いに「良い人」と理解することによる。もし我々が「彼らは良くない」と考えたら、当然互いに捨て合わなければならなくなる。クメール人は互いに理解が異なる。それゆえ互いに強く結束することができない。自分が他より少しましであると、自分より劣っている人を何か動物のようにみなす。互いに良い面を見ることをしないので、フランス人、中国人、ベトナム人など、文明を持つ世界の人々の性格を欠く。我々は互いに誘い合って、互いに「良い」と思うように真剣に性格を育てるべきである。我々がこの性格を得たならば、我々は、「我が民族は早く文明的になることは確かである」と期待しておくことができる。

第5。慈悲。この慈悲の性格は、特に珍しいもので、学者殿たちはいつも称賛する。慈悲を欠く人は、他人に嫌われるだけである。互いにあまり慈悲を持ち合わない民族はいつも団結が破れる。固く仲間として結ばれている民族は、主として慈悲による。一般の人に有用なことを行う人を見なさい。このような人は、多くは王の10項目の徳目を持つ国王が国民に気に入られ、愛されるように、名声を持ち、愛し満足する人が多くいる。慈悲心を欠く民族は発展が見られないことが多い。慈悲を持つというのは、自分の妻子に対してだけではない。我々が自分の妻子にのみ慈悲を持っていて、そして「自分は慈悲がある」と自慢してはいけない。[慈悲は]、それを世界中に広めるべきで、そうしてはじめて良いのである。全世界の人々は、この慈悲の性格を最も強く求めている。それゆえ、人々は教育を受ける人全てに、幼い時から成人するまで、この性格を育てさせる。そして遂にはこれらの人々は素晴らしい発展を得る。

我々クメール人はここに述べた5つの性格を熱心に育てるべきである。今や我々は努力しなければならない時が来た。もうこれ以上ぐずぐずしていてはいけない。我々は放置して駄目にしてはいけない。全てのクメール人は、解説してきた5項目をしっかりとすらすらと言えるように暗誦し暗記するべきである。そして、懸命に訓練して、ここに述べた5項目を実行し、学ぶべきである。性格について何か疑問があったら、質問してください。はっきりとわかるように、皆さんに解説してあげます。

khmerāraksa

3-1 [119号3-5と同一]

3-2 [138号4-2と同一]

4-1 雑報

4-1-1 バット・ドンボーンのkaṇṭāl寺のカティナ

先の11月11日に、ṅū-huor 医師殿とthī {ṅū-huṅ}の兄弟2人とその家族が、僧に献じて、彼岸に旅立った父親に追善するために、プノンペンから aṅga kathina を行列して、バット・ドンボーンの kaṇṭāl 寺まで行った。父親が亡くなる前に、aṅga kathina をして同寺に献じる希望をもっているという、父親の話を両氏は想ったのである。

プノンペンとバット・ドンボーンにいる優婆塞優婆夷と ṅū-huor 医師殿とthī {ṅū-huṅ}の親族・友人たちは喜んで大勢がこの善行に参加し、喜びを共にした。saṅkae 郡郡長である srī-var 氏と āṅ git ghan 氏などのkaṇṭāl 寺と bodhi vāl 寺の檀家の優婆塞優婆夷たちは一緒になって協力してプノンペンから訪れた客たちをにぎやかに迎え、両側の優婆塞優婆夷たちはこの祭りに浄心を持つことがわかった。そして互いにそろって友情を持って親密に迎え合い、将来長く記念になるのに相応しかった。

4-1-2 krum sahabandha khmaer kīḷā[クメールスポーツ連盟](Fédération Cambodgienne les[ママ。恐らく「des」が正しい]Sports)[カンボジアスポーツ連盟]

1939年12月3日と4日、市サッカー場で、ḷe?ū ḷāgraṅ

<coupe>(jœṅ bān)[杯] dāt <balle>[サッカー]大会が行われ、トンキン、アンナン、コーチシナ、カンボジア国のインドシナ連邦4ヶ国からのスポーツチームが出場する。

12月2日には、3日[ママ。上のパラグラフの「3日と4日」と一致しない]の決勝戦に出場する優れたチームを選抜する[＝準優勝戦]ために dāt <balle>[サッカー試合]が2試合行われる。

もう1つ、後日、āṅdaerḷaṅṭael からの krum dāt <balle>[サッカーチーム]がサイゴンとプノンペンに試合をしに来る。

4-1-3 1939年11月15日午前9時、カンダール州 gien svāy 郡 gagī dham 村の『bodhi dham 寺における kumārathān 校[＝幼児級学年だけの学校]の開校式』

トアムマユット派の bodhi dham 寺でのクメール語学の学校を盛大に開校するに際して、<le résident>[弁務官]殿の代理の副[弁務官]殿、教育局長である mānībūd 氏、カンダール州知事殿代理である gien svāy 郡郡長である huor 氏、村官吏たちが、住民と同寺の住職師僧殿、僧、沙彌[＝未成年僧]、優婆塞優婆夷大勢が学校に集まり、同村のクメール人に助力し支援してくれる保護国政府に感謝した。

その後、副[弁務官]殿がフランス語でスピーチをし、それが終わると jhāṅ sun 氏がそのスピーチをクメール語に翻訳してスピーチした。それが終わると、住民たち全員がそろって祝福を受け、住職師僧殿が副[弁務官]殿に祝福を返し、大フランス国が引き続き幸福と発展があるように追善した。

4-2 お知らせします

競渡祭に際し、25日と26日、21時15<minute>[分]に vatta bhnam で劇を公演し、人々に自由に無料で観覧することを許可します。

4-3 [138号2-3と同一]

4-4 [11号4-2と同一]

4-5 [142号5-2と同一]

4-6 [139号3-5と同一]

4-7 [142号3-2と同一]

4-8 [20号4-6と同一]

4-9 農産物価格

プノンペン、1939年11月22日

籾	白	68キロ、袋なし	3.30 ~ 3.35リエル
	赤	同	3.20 ~ 3.25リエル
精米	1級	100キロ、袋込み	9.55 ~ 9.60リエル
	2級	同	8.45 ~ 8.50リエル
砕米	1級	100キロ、袋込み	6.00 ~ 6.05リエル
	2級	同	4.30 ~ 4.35リエル
トウモロコシ	白	100キロ、袋込み	[記載なし]
	赤	同	6.70リエル
コショウ	黒	63.420 キロ、袋込み	00.00 ~ 37.00リエル
	白	同	00.00 ~ 57.00リエル
パンヤ	種子抜き	60.400 キロ	00.00 ~ 40.00リエル

[注。以上で終わり]

4-10 [141号4-5と同一]

4-11 [広告] prāk-in[注。32号3-3を参照]

以前、私は政府に勤務していましたので、nāṅ-buy という名をつけていました。現在私は政府から退職しました。『私は正式な saññāpatra <diplôme>[美術工芸学校修了証書]を持つ職人で、以下のような品物、即ちこの世を去った人を尊ぶ品物』を売る店を開いていますので、nāṅ-buy という名をprāk –in に変えます。

第1。あらゆるタイプの棺を売っています。模様を彫り、金箔を張って、資産をたくさん持つ幸運な方の心に適うように、gagir[樹]の大きい板の、模様のない棺があります。

第2。棺に貼るための色を塗った銅の飾りがあります。

第3。遺体とそれに座棺の蓋や bhnās[?]やその他の飾りを乗せる丈夫な段、棚がたくさん作ってあります。劣るタイプ型の棺は、貧しい人は laṅkā 寺の ācārya (māt) 殿の所に行って、私に話しに行くように頼んでください。そうすれば私は善行として無料で差し上げます。

販売場所は、laṅkā 寺の後ろ、約50メートル余りのところです。(竹と木の葉も売っています。)

[仏語] Brak-En、美術工芸学校修了証書所持者
プノンペン Verdun 路9号

5-1 [141号3-1と同一]

5-2 [141号4-3と同一]

6-1 人は人より賢くてはいけない。しかし教師である人は人を見抜く

格言は良い言葉、素晴らしい言葉であり、誰もが格言を根拠にすることが多い。格言を座右の銘として持っていない人は凶悪な人、傲慢な人、悪人である。「悪人でも座右の銘として格言を持っている人がいる」と反論する人がいる。しかし我々は考えてみると、「その悪人は格言を持っていても、それは、たとえば“誰かを殴る時

には……[中。伏字]……せよ”というような悪い格言である。あるいは最高で、“他より抜け目なくなれ、喧嘩を売るなら必ず相手が悪いことにならせよ”というような種類であるとわかることができる。要するに、悪人は格言を使って利益を損なうだけである。我が民族の優れた教祖[＝シャカ]はこのような悪い言葉を「悪言」と呼んでいる。我々クメール人は格言と悪言の区別をはっきり知っている。

今度は、我々は全てのクメール人は、“人は人より賢くてはいけない。しかし教師である人は人を見抜くことを知っている”という格言をもういちど検討してみてほしい。「我々は、他より賢くてはいけない」の「他より賢い」という語は、我々が他人について、「あいつは何も知らない」と認識することである。他を批判し、他を軽視して、「人」という語を考えないことである。「人」という語を「動物である」と解釈したがっているのである。ある面で他よりどれほど賢くても、他人を、「この面では自分に及ばない」と軽視して、「この人は他の面では自分より優れているかもしれない」と考えつかない。高い地位に就いて、地位の低い人に話す時に、権力でその人を押さえつけて滅ぼす、即ち自分に負けさせる人がいる。相手がどのような良い根拠を持っていても、全て上を下にひっくりかえす。何か話す時には、かならず話して相手を押さえつける。正しい理由を考えない。要するに、他の権利を冒す、他を押さえつける、他より優れていると自慢する、より[高い]地位に頼って傲慢に振舞う、他からの恩を忘れる、他が自分より賢いこと、学問知識があることを許さない。このような人を我々は、「人より賢い」、「人より賢い人」と呼ぶのである。即ち悪い人は、いつも知識のある人、英知のある人を、「あのような人の一生は大切なものがない。民族·国家を導く人という任務には相応しくない」と言ってけなす。身分が高いことに何の価値があるのか。会うことも見ることもできない。王様が飼っているネコを高いところに上げているのと同じである。たとえ宮殿にいてもやはり一生の間ネコではないか。我々クメール人は、我々は決して、「人より賢くなってはいけない」という望みを持つべきである。

しかし我々は、「人を見抜く」ことを知らなければならない。「人を見抜く」ということは、「人より賢くなければならない」ということではない。「見抜く」ということは、「我々は検討しなければならない」ということである。「検討する」ということは、「行なったり話したりする言動を観察する」ことである。即ち誰かが何かを行う時に、「どのように行動するか、どのような語を話すか」を観察することである。我々は言動で人を見て、いくらもたたないうちに、「悪いのは誰であるか」を知ることができる。“事実は常に事実を捨て去ることができない”という格言のようにである。行う行動は、目の面が大切である。他人を軽視する目つきと、友情を示す目つきとは別種である。言葉の方は、根拠がない、即ち話して押さえつける言葉、相談する口調がない言葉、脅す言葉を使うことが多い、大げさに言う言葉、などである。

我々が熱心に観察すると、我々は必ず人を見抜く。人を見抜く人には、人を軽視する人は当然いない。たとえば有能な人は、同じ有能と有能とであれば、互いに友情を結ぶことができる。現在の我々クメール人は、我々より賢い他民族がたくさんいて、我々を、「無学無知である」と軽視する。我々クメール人全ては、今後も彼らが軽視するのに同意するのか。現在の我々クメール人は彼らが軽視するのに、少しは同意することができる。怠惰であることにより、運命にまかせているからである。我々が観察して見るところ、まさしく事実であると思われる。我々が商業の面を見ても、他の生計を立てる職業の面を見ても、政府の仕事を見ても、我が民族が劣っていることが多い。小声でこそこそささやく。時には口を開いて言うこともできない。“口を開くと痰が喉にひっかかり、痰を吐くと災難を招く[＝口は災の元]”という状態に入っている。全ての所で沈黙のみがあり、たとえ愉快で楽しくても、自然が与えてくれたものであり、楽しもうとしても自然が与えてくれたものであるから、収穫はあまりない。仮にいくらかあるとしてもわずかで数えられる割合に達さない。1パーセントくらいだからである。クメール人全てが努力して人を見抜いたら、我々が軽視されるのは我々が文明に達していないからではないか[この文ママ]。最後に、我々はカンボジア国全土のクメール人にお願いする。どうか、“人は人より賢くてはいけない。しかし教師である人は人を見抜く”という格言を誘い合わせてよく練習して暗記してください。

khemarāraksa

6-2 [111号3-4と同一]

6-3 [126号4-10と同一]

6-4 [138号5-5と同一]

6-5 [128号2-3と同一]

6-6 [73号、4-6と同一]

6-7 [126号4-11と同一]

6-8 [121号4-5と同一]

6-9 [8号4-3と同一]

SAMEDI 2 Décembre 1939

CIGARETTES
JOB
LE PAQUET VERT

Nagaravatta

COFAT
CIGARETTES

DEPOT LEGAL INDOCHINE

Directeur PACH-CHHOEUR

HEBDOMADAIRE PARAISSANT TOUS LES SAMEDIS

Boite Postale N° 44
Téléphone N° 111

第3年145号、仏暦2482年1の年卯年 kattika 月下弦6日土曜日、即ち1939年12月2日、1部10セン

［仏語］ 1939年12月2日土曜日

1-1 ［仏語で「私書箱 No.44」と「社長、PACH-CHHŒUN」と「電話111番」が加わった以外は8号1-1と同一］

1-2 ［デザインが少し変わった以外は8号1-2と同一］

1-3 ［デザインが少し変わった以外は8号1-3と同一］

1-4 nagaravatta はクメール人とカンボジア国に助力して守り発展させるための<gazette>［新聞］です。それゆえ、民族の皆さん、一生懸命勉強して働いて生計を立て、互いに協力し、互いに愛し合いましょう。

1-5 nagaravatta 新聞の地方代理人

コンポン・チャム	thaukae {gim-pin-jun}
シエム・リアプ	thaukae {uy-pin-vān}
コンポン・トム	thaukae {kœk-net}
sdoṅ（コンポン・トム）	thaukae {huot-yī}

1-6 1939年10月21日、ṛissī kaev 地区の sālā ussāhakamma (sālā ṭaek)［工業学校］の開校式での<thibaudeau> <le résident supérieur>［高等弁務官］殿のスピーチの抜粋

このスピーチの中で、<thibaudeau> <le résident supérieur>［高等弁務官］殿はクメール青少年に、工業という生業は国を発展に導く道であるから、この生業を一生懸命努力して心を込めて学び、かつ愛するようにと忠告した。

現在のクメール青少年は、「工業は低劣な職業である」と認識し、わずかしか知識を学ばず、これに従事したいとは思っていない、と思う。この考えこそが、クメール国に来て住む他民族に、クメール国中で工業を生業とすること、商業をすることを、クメール人よりはるかに容易にならせているのである。もしクメール青少年が、自国の経済活動が全てこのように他民族の手中に握られていることを見て、ただただ嘆くだけで、心と考えを改めて一生懸命工業を他並みに支えるように変わることを考えなかったならば、「この過ちは誰にある」とすることができるであろうか。即ちクメール人は自分自身に頼らなければならない。一生懸命努力して国内の種々の工業と商業とをしっかりと抱きかかえるようにならなければならない。そうしてこそ、「カンボジア国はクメール人の力で発展し繁栄することができる」と言うのである。クメール青少年は、官吏の地位、thīの地位、「～氏」と呼ばれる地位を愛し過ぎてはいけない。繁栄している国はどの国も、富豪が大勢いることによるのが通常である。即ち経済活動で生計を立てることに優れた人々は、官吏の地位1種だけしか望まないのではない。それぞれの国は、科学や文学の学者の業績だけで生きているのではなく、走ることができる列車があり、商売に出て行く船があり、貨物を運ぶ舟があり、あらゆる種類の自動車や車のための道路を建設し、道を清掃する労務者がいて、ウシ［を犂につけて］土地を耕す稲作者がいて、森林を拓いてトウモロコシを植える畑作者がいて、漁師がいて、樹を伐り薪を切る人がいて、帽子作り、靴縫い、服仕立て職人、<machine>［機械］修理工、鍛治、ねじ作り、鉈作り、斧作り、机、箪笥、椅子作り職人などがいることによって生きているのである。それゆえ政府は、このプノンペン市の工業学校を、隣国と同じように時代に遅れないものにするように整備して新しくするために、敢えて多くの費用をかけたのである。この工業学校はクメール青少年に、人々を経済面へ導く道である hatthakamma［工業］と sippiyakamma［手工芸］いう生業を愛するようにならせるからである。

［147号1-6に続く］

1-7 諸国のニュース

1-7-1 ［11月15日の ārip 電による情報］［注。標題がない

ので1-7-2から推測]

コペンハーゲン市からの情報。ドイツ国政府は、(Von Blomberg)という名の退役ドイツ将軍の逮捕を命じた。

東京市からの情報。日本船が、重慶市の中国政府の海岸都市である pā kī khūy 市に兵を輸送した。

アムステルダム市からの情報。フランス国とイギリス国が北京市と天津市の兵力を減らすという件について、ドイツは、「この話は両国の策略である。両国は、ドイツ国が日本国とロシア国とを一生懸命和解させようとして努力をしている時に、日本国をそそのかしてロシア国と争わせたがっているからである」と発表した。

1-7-2　11月16日の ārip 電による情報

ストックホルム市からの情報。ストックホルム市を訪問中のドイツ国代表団は、鉄などの物資をスウェーデン国からまとめて購入したがっているが、現在はまだ会談が合意に至らず何の効果も得られていない。

ロンドン市からの情報。イギリス艦が積載量 9、089 トンのドイツ船を拿捕した。同船はロシア国旗を掲げていた。

ブリュッセル市からの情報。ドイツ外相であるリーベントロップ氏は、ベルギー国大使とオランダ国大使を呼んで、「イギリス国とフランス国とが停戦に応じない、と回答してきた場合には、ドイツ国も停戦に応じない」と告げた。

パリ市からの情報。フランス人は、リーベントロップ氏がこのように回答したのは、「イギリス国とフランス国とが戦争へ導いた」と言って[戦争継続を][注。虫食い部分を推測]両国のせいにしたがっている」と理解している。

1-7-3　11月17日の ārip 電による情報

ブリュッセル市からの情報。ドイツ機2機がベルギー国[上空]を飛行し、同国機が追尾したので引き返した。

事情を良く知るベルギー人たちが、「スペイン国政府とイタリア国政府がそれぞれの[駐独]大使に、『この両国はいかなる国にもベルギー国とオランダ国に侵入することに同意しない』とドイツ政府に通告させた」と述べている。

東京市からの情報。日本軍は広西省と広東省の省境にある fāṅ cheṅ 市を占領した。

ロンドン市からの情報。ドイツ軍艦1隻がイギリス石油タンカー 1隻を撃沈した。

1-7-4　11月18日の ārip 電による情報

ヘルシンキ市からの情報。ドイツ艦が威嚇砲撃をして拉致して停泊させた船15隻が、現在ドイツ国内の港に停泊中である。これらの船は全て、アメリカ国などの中立国のもので、それらの国は1ヶ月以上も抗議してきているが何の効果もない。

プラハ市からの情報。ドイツ国の命令下にあるチェコスロバキア国では、同国の高等教育校の学生たちが暴動を起こさせている騒ぎが多数起こっている。政府はこれらの学校を3年間閉鎖する法律を出した。ドイツ人1名を殺害したチェコ人9名とその他が政府に逮捕された。このドイツ人1名を殺害した者たちの中でチェコ人3名を政府は銃殺した。

1-7-5　11月19日の ārip 電による情報

ロンドン市からの情報。積載量8千トンのオランダ船1隻がアムステルダム市を出て北海でドイツの機雷2個に接触して沈没した。

ロンドン市からの情報。イギリス国政府とポーランド政府は、「ポーランド政府は、この戦時に全ての軍艦をイギリス国の使用に供することを承服する」という内容の協定を結んだ。

コペンハーゲン市からの情報。ドイツ兵が学生を逮捕するためにプラハ市(チェコスロバキア国)のmāmsārik中高等学校を包囲した。チェコ人学生多数が逃れおおせた。

[チェコスロバキア国で]ドイツ保護国政府はチェコ人学生9名を殺させた。

ドイツがフランス国境に配備したスロバキア軍は、ドイツ人が虐待するので憤慨している態度を見せた。ドイツは銃を没収してスロバキア国に帰国させた。

ドイツ国境からの情報では、ミュンヘン市でヒットラー氏殺害の意図で密かに爆弾を仕掛けた者に関して、ドイツ政府は大勢を逮捕する命令を出した。ミュンヘン市1つだけでも5、000名を逮捕し、ミュンヘン市の刑務所では、逮捕[された]者を銃殺する音で毎夜受刑者たちは目を覚ましている。

ベルン市からの情報。イギリス国へ貨物を運送中のリトアニア国船1隻が(ロッテルダム)市の近くで機雷に接触して沈没し、14名が負傷した。

1-7-6　11月20日の ārip 電による情報

ロンドン市からの情報。イギリス国内の多数箇所の高射砲部隊が同国上空に飛来したドイツ機を狙って砲撃した。

……[注。虫食い]……トンのスウェーデン船、積載量2492トンのイギリス船1隻、積載量5857トンのイタリア船1隻が、イギリス国の東沖でドイツ機雷に接触して沈没した。

1-7-7　11月21日の ārip 電による情報

ロンドン市からの情報。積載量4258トンのイギリス船1隻がドイツ潜水艦たちに雷撃されて沈没した。

さらにイギリス掃海艇1隻が、イギリス国東沖で機雷1個に接触して沈没した。

さらにイギリス船1隻が、ドイツ潜水艦たちに雷撃されて沈没した。

コペンハーゲン市からの情報。ドイツは[海]路を塞いで他国の船がイギリス国に航行できなくするために、海上での戦いを激しくする準備をしている。

ロンドン市からの情報。ドイツ機1機がイギリス国の東沖を目指して飛来し、イギリス機によって海中に撃墜された。イギリス国へ航行中の日本船1隻が[イギリスの]東沖で機雷1個に接触して沈没した。

1-7-8。11月22日の ārip 電による情報

ロンドン市からの情報。ドイツが海に機雷を浮遊させることについて、現在イギリスは、海上に貨物船を発見した場合には、ドイツの貨物を押収することを考えている。

イギリス船2隻がドイツ潜水艦に雷撃されて沈没した。この両船の乗員は全て救助された。

積載量5,055トンのドイツ船1隻がイギリス軍艦に拿捕され、(スコットランド)に拉致された。

パリ市からの情報。フランス政府もイギリス政府と同様に、ドイツの貨物を押収することを考えている。

ロンドン市からの情報。(アイスランド)国沖でイギリス軍艦がドイツ船1隻を捕らえたが、このドイツ船は、イギリスに拿捕されること拒否して、乗員が爆破して沈没させた。

ストックホルム市からの情報。スウェーデン国海で、同国の船1隻がドイツ機1機に威嚇射撃された。このドイツ[水上]機は船の近くに停止し、人を乗船させて検査させた。しかし、しばらく後にスウェーデン国機が来て間に合い、ドイツ機は謝罪して帰って行った。

ロンドン市からの情報。ドイツ機操縦士3名が dūk <canot>[ボート]に乗って海上を漂流していて、イギリス船1隻が航行して行って発見し、全員を同船上に救助した。

パリ市からの情報。過去3日間に、フランスはドイツ潜水艦2隻を撃沈した。

フランス高射砲部隊はフランス国内でドイツ機5機を撃墜した。

さらにフランス国上空を飛行して偵察したドイツ機1機がフランス機に追われ、逃げて行ってベルギー国内に墜落した。フランスは1機を失った。

1-7-9　11月23日の ārip 電による情報

ロンドン市からの情報。ドイツ機がイギリス国の東南沖近くに飛行した。イギリス高射砲隊が1機撃墜した。

過去数週間の間に、イギリス国は航空機36機をルーマニア国に空輸した。

積載量24,941トンのイギリス船1隻がイギリス国東方を航行中に機雷に接触して沈没した。

イスタンブール市(トルコ国)からの情報。アナトリアで地震があり、183名が死亡し多数が負傷した。

ヘルシンキ市からの情報。積載量2039トンのフィンランド国船がバルト海でドイツに拿捕された。現在、ドイツに拿捕されて拘留されているフィンランド国船は10隻以上である。

ロンドン市からの情報。イギリス軍艦1隻が航行中に機雷に接触して[沈没は免れたが]海岸に座礁した。

1-7-10　11月24日の ārip 電による情報

パリ市からの情報。先の11月23日、フランス機とイギリス機がドイツ機を追い、8機を撃墜した。フランス機1機が行方不明である。

ドイツ機もう1機が、フランス国(Châlons-sur-marne)県の上を飛行し、イギリス機に撃墜された。同機の乗員3名は[パラシュートで]地面に降下し、1名が死亡、1名が負傷、もう1名は全くの無傷であった。

アンカラ市からの情報。コーカサス山脈の近くで地震があり、家屋500が倒壊、16名が死亡、26名が負傷した。

ロンドン市からの情報。積載量2883トンのイギリス船1隻が、スコットランド国沖でドイツ潜水艦に雷撃されて沈没した。

イギリス掃海艇1隻が航行中に機雷1個に接触して沈没した。

イギリス国東沖に投錨して停泊中の積載量8,883トンのイギリス船が機雷1個に接触して沈没した。

1-7-11　11月25日の ārip 電による情報

ロンドン市からの情報。先の11月18日に、ḷūpītū 湾から密かに逃れたドイツ船1隻が、イギリス艦に拿捕されないように、<matelot>[水夫]たちに爆破されて沈没した。

コペンハーゲン市からの情報。ḷaṅswwla.ṅ 島近くの海岸を監視していたドイツ艦が航行中に機雷1個に接触して沈没した。

ロンドン市からの情報。積載量[ママ。「排水量」と区別していない]10,000トンのイギリス軍艦1隻が機雷1個に接触してし小破した。同艦はすでにドックに入れられた。

積載量14,294トンのポーランド船がイギリスの西北沖で沈没した。

積載量11,066トンのイギリス船がイギリス海峡で機雷1個に接触して大破した。

1-7-12　11月26日の ārip 電による情報

ロンドン市からの情報。昨日、北海でドイツ機がイギリス船を2回爆撃したが命中しなかった。

チェコスロバキア国のドイツ[が任命した]保護者である(Von Neurath)氏は、ドイツ krasuoṅ <police>[警察局]が同国国民をあまりにも虐待するので、辞任した。ヒットラー氏は辞任を承認した。

1-7-13　11月27日のārip電による情報

ロンドン市からの情報。積載量16,697トンのイギリス船が触雷して沈没し、1人を除いて全員死亡した。

モスクワ市からの情報。ロシア外相はフィンランド国大使に、「フィンランド国政府に[フィンランド]軍を国境から距離25キロメートル退かせることを命令する」という内容の書簡を渡した。

ベルン市からの情報。ドイツはスウェーデン国沿岸に機雷を海中に敷設して、同国の船38隻の航路を遮断して出航できなくさせ、同国の国民を激怒させている。

ヘルシンキ市からの情報。ロシアは、「フィンランド国兵がロシア国境で演習を行い、銃弾がロシア国住民に命中した」と非難した。それゆえ、ロシア国政府は、「フィンランド国政府に国境から軍を退かせること」を命令した。しかしフィンランド国政府は現地を調査に行き、「その情報は事実ではなく、実は国境で銃撃したのはロシア兵である」ことが判明した。

コペンハーゲン市からの情報。ḷaṅswwḷaṅ 島の南を航海中のドイツ船1隻が機雷1個に接触して沈没した。

prādislāvā 市からの情報。ドイツは大軍をスロバキア国東部に配置した。どういう意図があるのか不明であるが、軍をそこに配置するのは、ルーマニア国を脅して同国にドイツと通商協定を結ばせたいことによると理解されている。

1-8　独り言

1-8-1　今年も雨水がプノンペン第4区の piṅ keṅ kaṅ を水没させた。なぜ政府は同所に水が溜まるのを放置しているのか。あるいは待っていて、代わりに太陽に排水させるのか。

1-8-2　プノンペンには、他の女性と違って、他の女性とまるで夫婦のように親密になる女性がいる。ある者は互いに嫉妬したり、またある者は夫を捨てて代わりに女性を伴侶にする。どのペアーも、もし片方が他に愛人を作ると、もう片方から苦しめられる。

1-8-3　政府が裁判所に審理させているワニが、現在息が絶えかけていて、高官たちに助力を求めて4本足で走り回っている。このワニが頼って行った高官を全部、我々は知っているが、ここで名前を出すべきではない。この件は、他人を苦しめてきた悪業の報いが罰を与えているのであるから、どうやっても助力することができようか。それゆえ、ワニに苦しめられた人は全て結束して、事件の通りにプノンペン地方裁判所に訴えるべきである。決して恐れてはいけない。

1-8-4　先の11月24日金曜日に、ユースホステル協会が、この戦争で飛行機の操縦士になることを志願したユースホステル会員3名のためのパーティーをした。nagaravatta <gazette>[新聞]は大変嬉しい。志願者を祝福し、そしてこの苦しい時にフランス保護国政府を一生懸命熱心に手伝う同協会を称賛する。

1-8-5　今回の国王の競渡祭で、中国人やベトナム人が籠や笊を担いだり頭に乗せたりして行ったり来たりして種々の食べ物を売っているのを目にした。まるで羽虫が巣から出てきたかのようであった。

一方、クメール人の方は、男も女も流行通りの格好良い身なりをして、金を持って行って彼らから買って食べていた。赤ん坊を抱いて道端に座ってまで買って楽しく食べている人もいた。家に帰ると財布が軽くなっていることを知らないのである。祭りがしばしばあると、我がクメール人はどんどん貧しくなり、中国人の財布は[金が]増える。他民族は、クメール人から金をかき集めるために祭りがたくさんあることを望み、クメール人の方はどの祭りの時にも他と同じようにその機会を利用して金を増やすことは考えず、全ての人が金を使い尽くすのしか目にしない。

1-9　一生懸命求めるべき有用性

(<gazette>[新聞]143号[4-1]から続く)

この医者をすることは、どこに行っても、いつになっても、低劣ではない。即ち「〜氏」と呼ばれる。しかし政府に勤めたくない場合には商業に転じて、あらゆる種類の薬を作って売れば、かならず多くの利益がある。フランスの薬を売るのは言うに及ばず、我がクメールの薬でさえ、他と比べ物にならないほど多くの利益が得られる。たとえば、kracau の実は我がクメール国に沢山あり、それをハンセン病の薬にしている。……[注。擦り切れで読めない]……我がクメール人医師は……1年に何百という患者を治癒させることができる。しかし、この種の病気を治療するのは実に効果があるのを目にしているが、この薬を彼らのように大きい商業の道に使う能力はない。またこれらの薬はあまり即効性がない。我がクメール医師は、今以上に効き目を増やすことに熟練していないし、費用もなく、知識も多くないので、試しに作ってみることもできないからである。この kracau の実は、我がクメール人<pharmacien>[薬剤師]がヨーロッパの方法と、クメールの方法とを合わせて使って薬にしたら、恐らく必ず直ぐに効くようになる。たとえばフランス人医師が kracau の実を彼らの方法で煎じるという処理をしても、その[煎じ]方は我々クメール人の方法とは甚だ異なるので、それほど効かないように見える。転じて我々クメール人は、クメール人であるから深く知ることができる。kracau の実の商い1つだけで、もし本当に知識があれば、外国はハンセン病の薬をとても必要としているが、このようによく効く薬に出合ったことがないから、きっと皆が揃って我々の薬をたくさん買って使うであろうから、作るのが間に合わないほど沢山売れて、毎年毎年、我々は数十万、数百万の多額の金銭を稼いで得て我が国に流入させることができることは間違いない。我がクメール国の植物は kracau 1種だけではなく、多くの種類があるが、我々は全ての種類について述べることはできない。いくつか拾い出してみると、たとえば熱病の薬などは、我々クメール人は sdau や paṇṭūl bejra[ママ。bec が正しい]、slik mrās などを突き潰して煎じて苦い成分を取り出し、その汁を病人に飲ませると病気が治る。これらの薬はフランスの薬とほとんど同じだからである。苦い薬の味は、(quinine)[キニーネ]や(antipyrine)[アンチピリン]などと同じように、熱病を起こす me roga (Microbe)[病原菌]を殺すことができるのである。漢方薬を使う方法は、見るところ、あらゆる所で同じである。しかし、クメール人医師の多くは患者の症状を診断するのにあまり熟練していないことが多く、単に推測で、あの病気だ、この病気だ、と言うだけで、しっかりした[診断]基準がないことが多い。それだから病人に薬を与えても、推測による考えに従っているのだから過不足することが多い。

本当に saññāpatra <diplôme>[資格証明書]を持つクメール人医師は、多くの方が病気の治療法の学問知識を確実に持っている。しかし漢方医がまだ不足していて十分ではない。この漢方医は、1種類の薬の煎じ方しか知識がないのではなく、ほとんど全ての種類の薬の煎じ方を知っている。我々全てが使う必要があるあらゆる種類の薬でさえ、<pharmacien>[薬剤師]は、「これはこれらの成分から作ったものであり、これらを調合すればこれができる」と認識することができる。<pharmacien>[薬剤師]は、科学の方法を持っているから、たとえば紙やマッチやタバコやセッケンや香水や<limonade>[レモネード]や<sirop>[シロップ]、その他の物を全て、欠けることなく説明して作らせることができる。<pharmacien>[薬剤師]は、「これは使って良いものである」あるいは、「使うことができない悪い物である」を知る能力を持つ。

現在、ある国に<pharmacien>[薬剤師]が大勢いれば、その国も知識が豊かになり、種々の物を他並みに、流行に遅れないように装飾することができる。しかし、ある国に<pharmacien>[薬剤師]がいなかったら、その国は現在の我が国のように、人々は無学無知の人になり、種々のことを知る能力がある人は1人もいない。そして寝ころがって、「あの人たちはどうして何でも作ることができるのだろう」と感心しているだけになる。これらのことは、全て我々には他民族と違って、医学[ママ]方面を学ぶことを志願する人がいないことによる。

それゆえ、我々はクメール人生徒全てにお願いする。諸君は、諸君の国と民族を将来他民族と同じように時代に追いつかせる方策を真剣に検討して求め、諸君自身にも、諸君の親族にも友人にも吉祥がある、即ち知識があるようにして、諸君の知識を使って、人々を覆っている無学無知をなくし、諸君の周囲にいる外国の顔を、首を上げてまっすぐ見ても、恐れることがないようにしてほしい。

最後に、全ての神々が我がカンボジア国に今日から幸福と早い発展があるように助力し支え、支持してくださるようお願いする。

kumāra bedyayaka

1-10　教育におけるクメール人の驚き

先の11月13日に、私はコンポン・チャム州に旅行した。到着すると州政府と人々に平常と異なる熱心さがあるのを認識した。コンポン・チャム市街を縦横に走る道路は全て新しく改良して整備している最中である。さらに公営質店の前の道路の角は職人たちが<ciment>[コンクリート]の美しい塀をめぐらせた家を建てている最中であった。私は訊ねて、「この家こそがクメール人の最初の物、即ちこの州の州知事殿の家[＝官舎]である」ことがわかった。私は立ったまましばらくいろいろ考えて、とても嬉しくなった。これこそが、nagaravatta が保護国政府に、「クメール人の名誉を高くして欲しい」と抗議して[クメール人官員に]助力してきたことの成果である。今私は、保護国政府は <thibaudeau> <le résident supérieur>[高等弁務官]殿がカンボジア国の統治に来ていらい、氏はコンポン・チャム州<le résident>[弁務官]殿を得て、最大の熱心さで我が民族に本当に助力し支持してくれることを、この目ではっきりと見た。もう1つ、brai jhar 郡でも、政府は郡校を brai dadiṅ に移転しようとしている。この郡校は総煉瓦造りでカンボジア国の他のどの郡の郡校よりも大きくて広くて美しいと思われる。私は、一致協力して金を集めて子や孫が学ぶための学校を建てたこの州の住民たちを称賛させていただく。その次に、jū-ḷuṅ 州知事殿は浄心で、私を suoṅ の、住民の篤志で最近改築したばかりの学校を見に連れて行ってくださった。そして、州知事殿は、「これは最初のことで、我がクメール青少年たちはますます大勢が学ぶようになり、[入るべき]学校を探してもみつからないくらいになったから、他の郡もきっとこれを模範にするに違いない」とおっしゃった。私が確実に知っていることによると、コンポン・スプー州でも、たとえば pāt ṭiṅ 校のようにこれと同じ方法で[学校が]作られているし、utuṅga でも後日作られる。この後、私はコンポン・スプー州に行った。この州政府は、コンポン・チャム州やコンポン・スプー州と違って学校を整備する時間がまだないが、政府内の業務の整備は他の州に劣ってはいない。私が行った時、職人たちが州庁舎を拡張している最中であった。

(まだ後の週[＝146号4-5]に続きがある)

1-11　天罰覿面

先の1939年11月27日付<arrêté>[政令]で、<le résident supérieur>[高等弁務官]殿は、カンポートの公安警察局<chef poste>[分署長]であるthī {jū-guoy}を、金銭を恐喝したことについて裁判所に審理させるために、停職にした。(政府からの情報)

2-1　[138号2-1と同一]

2-2　[広告]　1939年12月1日に開業します

医院

コンポン・チャム braḥ sīsuvatthi 路

ṅvieṅ-truṅ-kvāṅ 医師[<docteur>]

パリ市医科大学から[優等の]表彰を受けました。

ハノイとプノンペンの病院に来て病気の治療をしてきました。あらゆる種類の病気、幼児の病気、婦人病を治療し、薬と電気で治療します。

診療時間は、午前8時から11時半まで。夕刻は14時から18時までです。必要な時には、いつでも呼んでください。気にすることはありません。

2-3　雑報

2-3-1　我々は、「サイゴンの vidyu(<radio>)[ラジオ]が毎日1回、15<minute>[分]間、クメール語でニュースを放送する」という情報を得た。提供されるニュースは、諸国のニュース、クメール国内の種々のニュース、クメール音楽と歌などである。

我々は、そのうち、シャムのラジオのやり方のように、さらに説法も時々放送されると、恐らく素晴らしいだろうと理解する。

2-3-2　インドシナ国国防 samputra <bon> caṅkā[国債債券]の価格は、

100.[00]リエル samputra <bon>[債券]は97.00リエル、

1000.[00]リエル samputra <bon>[債券]は970.00リエルである。

2-3-3　nagaravatta 印刷所は、1940年用のクメール―フランス<calendrier>[カレンダー]を販売しています。

それゆえ、御入用の皆さんはどうぞ買いにいらしてください。

2-3-4　braḥ uttamamunī {um-sūr} の分骨[を受ける]式

kattika 月上弦5日(1939年11月16日)、コンポン・トム州 sdoṅ 郡の{miṅ-meṅ}華僑会長をはじめとして、故 braḥuttamamunī {um-sūr} の弟子であった kambaṅ cin 市場の優婆塞優婆夷たちが、師の遺骨の小塊を分骨してもらって行き、{miṅ-meṅ}、即ち華僑会長の自宅で骨壷に納め供え物をして1昼夜、遺骨の受領式を盛大に行い、説法師1名を招いて説法をし、優婆塞優婆夷1晩、徹夜で samvejanīyadharma を読経した。

この遺骨は現在、まだ{miṅ-meṅ}華僑会長の自宅に安置されていて、後日 kambaṅ cin 市場の傍の braḥ nāṅ 寺の本堂の前に仏塔を建立する。[そして遺骨を納める]。

2-3-5　kattika 月上弦1日[ママ。次の「11月18日」と矛盾するが、2-3-4が「上弦5日」であるから、ここは「7日」が正しいとする]、1939年11月18日に、sdiṅ traṅ の森林管理官である ḍuoṅ-sam?un 氏と親族、友人、兄弟たちが、一致協力して aṅga kathina を行い、盛大に行列して行って、sdiṅ traṅ 郡(コンポン・チャム)braek kak 村の girī vanārām (sdiṅ traṅ)寺の僧に差し上げた。

この時に、プノンペンから高い学識のある僧たちを招いて説法をした。

2-3-6　地方の我々の<gazette>[新聞]購読者にお知らせします。本日以後我々は、我々の新聞の代理人を州都に配置します。即ち、コンポン・チャムは thaukae {gim-pun-jun}、コンポン・トムは thaukae {kœk-net}、sdoṅ 郡[注。これは「州都」ではない](コンポン・トム)は thaukae {huot-yī}、シエム・リアプは thaukae {uy-pin-vān}です。

これらの人たちは、皆さんが<gazette>[新聞]の購読を登録する、<gazette>[新聞]代金を支払う、我々の新聞への何かのことを相談したい、など全てをすることができます。[新聞]紛失の件は全て私たち自身が全て取り扱います。

この他の州は、後日お知らせします。

2-3-7　結婚式

1939年11月23日に、プノンペン市第5区で、samroṅ daṅ 郡(コンポン・スプー)郡長である ?nak okñā sam-ñāṇa 氏の息子である sam-sārī 氏[?nak <monsieur>]と narottama 女子校の教師である nāṅ kramum {in-em}との結婚式が行われた。

この結婚式に、大勢の大衆が客として招かれ、客には御馳走が供された。出席した人々の中には、munīreta jāti vaṅsa 殿下[braḥ aṅga mcās]、pān-yiṅ 氏、tān-mau 氏、pāc-jhwn 氏などの姿を認めた。
＊同日、シエム・リアプでは、jī kraeṅ 郡 kambaṅ ghlāṅ の thaukae {tān-jun-ḷāy}と rim 夫人[?nak srī]の息子で、<denis frères>商会(バット・ドンボーン)に勤務する gāṅ-gim-sin さんと、シエム・リアプの商人である thaukae {tān-pin-ḷuṅ}の娘である{oṅ-bram}嬢[nāṅ kramum]との盛大な結婚式が行われた。

nagaravatta はこの2組の新夫婦が今後幸福と発展に恵まれるようお祈りする。

3-1 ［広告］ お知らせ

商店用の新しいガラスのショーケース。必要な方は nagaravatta 印刷所事務所にお訊ねにいらしてください。

3-2 高等パーリ語学校のカティナ寄進

kattika 月上弦7日土曜日、即ち本年11月18日に、高等パーリ語学校の生徒たちが一致協力して、例年同様カティナ寄進を行い、行列してコンポン・スプー州 utuṅga の grāṅ banlai 寺で雨安居をしている僧に差し上げた。

今年は、下のスピーチにあるように4つの大きいことが行われ、昨年とは異なるのを目にした。

6時に350名の僧に飲み物を寄進し、夜7時に僧を10名招いて paritta 経を読経し、終わるとスピーチがあり、続いて説法師1名を招いて説法をした。翌朝7時、braḥ sirīsammativaṅsa 猊下をはじめとして大勢の僧、大勢の優婆塞優婆夷が高等パーリ語学校に集合し、大小17台の自動車に乗って同寺に向かった。現地では僧と善男善女たちが、国のしきたりに従って礼儀正しく出迎えた。

午後1時半、aṅga kathina を行列して入って行き、本堂で僧たちに献じてから、現地の善男善女たちと、プノンペンから行列して行って助力した善男善女の方々にスピーチをした。

高等パーリ語学校で行われたスピーチ

スピーチ

殿下[braḥ karuṇā braḥ aṅga]と善男善女の方々に申し上げます。

高等パーリ語学校の生徒代表である私は、カティナ祭を行った理由を、ここで以下のように述べてお聞かせいたします。

カティナ期間中に行われましたこのカティナ寄進は、団結者の団結、即ちこれを発起して行う意志を全員が等しく持った高等パーリ語学校の生徒たちの一致協力と、ここにいらして助力し後援してくださった殿下[braḥ karuṇā]と善男善女の方々の存在の力のおかげであり、これを発起した、即ち実行した1人1人の個人の考え、あるいは財力から生まれたものではありません。

大きな力を持つ団結がこの生徒たち全ての意志を支持し、互いに分裂しないように考えを1つに撚り合わせて固くまとめさせ、仕事を一生懸命行わせ、ついに以下の4つの項目のことを成功させました。

1。私たち全員は、braḥ uttamamunī 猊下を深く想い惜しんでいます。師が亡くなってから、師への追善式を何回か行いましたがそれでもまだ心は尽きておりません。それゆえ、一生懸命熱心に努力して、このカティナ寄進を行なって、この善徳をもう一度師に追善いたします。

2。ここに入学して共に仏陀の教えを学び、律の中の仏陀の許しで、尊師は五衆[ママ。普通は四か七]の共に仏教を完成する人々、即ち比丘、比丘尼、沙彌、沙彌尼、浄信士、浄信女[ママ。恐らく「七衆」から「正学女」が脱落]にカティナ寄進を行うことをお許しになったことを知りました。

実は、この供え物を供えることは、尊師である正等覚が涅槃にお入りになろうとした時に、無言の形でお示しになり、仏教の出家に対して行う、他を絶する最も重要な基礎であると説明なさり、絶対的に禁止することはなさいませんでした。カティナ寄進は、供え物を供えることの中に入れられているのは事実ですが、仏陀の許しに従っていますから、人々が参加して行う価値が完全にあるものです。一方、御利益[りやく]の方は、他の供え物を供えることの御利益[りやく]よりも多いのです。

3。カティナ寄進の伝統を守って永続させるために、ここに入学する後代の生徒たちが今後引き続いて行なって行くべき義務の模範として、そして仏教徒の性格を育てて、宗教を固く信じさせ、さらに人々の手を引いて導いて団結に出会う、即ち静かな幸福を生じせしめる模範として残します。

4。三蔵経1揃い[＝1937年9月現在で律蔵全13巻と経蔵の一部である20巻が出版済み。cf.38号3-1。1967年で90巻。1970年頃に完成して120巻]を aṅga kathina と共に行列して、比丘一沙彌が学習するために、この grāṅ banlai 寺に安置しておくことを考えました。なぜならば、同寺は何代も前の国王の御世に建立されましたが、ここに学びに来る僧はあまりいません。さらに仏教の経典と注釈書もそれほど豊富ではありません。現国王の御世になってから、比丘一沙彌が多数住んで学習するようになりましたが、学習するための教えの本も、それらを学習する僧の数に足りないからです。

このような理由で、私たち全員は、自分の学習で忙しい最中に時間を見つけ、時間を都合して今回カティナ寄進を支障なく行いました。

今日はこれまでよりも極めて幸運でした。このような幸運は、誰もがしばしば出会えるものではありません。稀にしか出会えないものです。たとえば、今回三蔵経1揃いを寄進することを相談している最中に、策が尽きかけました。その時突然、プノンペン第3区に住所があるjā-bin と ṇai 夫人[?nak srī]のご夫妻と、その妹であるriem 夫人[?nak srī]というお名前の善男善女が三蔵経1揃い、価格250.00リエル、さらに安置する台1つ、価格20.00リエルと仏像2体、49.00リエルを寄進することを引き受けてくださり、行列に入って、カティナと共にこの寺に安置しました。このように希望通りの品に出会うことは、貧しい人が金塊に出会ったようなものでありました。

最後に、私はこの善行から生まれる善徳を、この善行に助力し支援するために集まってくださった殿下[braḥ karuṇā]と、全ての僧殿と善男善女の方々と分け合いたいと思います。殿下[braḥ karuṇā]と、全ての僧殿と善男善女の方々が、本日から涅槃にお入りになるまでずっと、幸福と発展に恵まれますよう、お祈りいたします。[スピーチ終り]

午後2時半に、全員プノンペンへ出発し、各人の自宅に帰着する道中、愉快な気持ちで一杯であった。

4-1　美術工芸学校グループのカティナ

私たち、プノンペン市美術工芸学校グループの感謝と、sārapka siddhi bara 氏への追善

浄心で財物を費やすことを喜び、私たちと共にカティナ祭を行った、善男善女の方々にお知らせいたします。

仏暦2482年1の年卯年 kattika 月上弦8日日曜日に、私たちは一致協力して、aṅga kathina を作り、行列して utuṅga のbraḥ dhammatrai 寺で雨安居をしている僧たちに差し上げました。これには大小の官吏たち、thī、thaukae、金細工職人、商人、さらに sīñaek 市場のグループとプノンペン市第3、第4、第5区の住民の皆さんが、清い篤志で財物を寄付して カティナに参加してくださいました。

(まだ後の週[＝146号4-1-6]に続きがある)

4-2　[11号4-2と同一]

4-3　[138号2-3と同一]

4-4　[20号4-6と同一]

4-5　農産物価格

プノンペン、1939年12月1日

[「サトウヤシ砂糖」はない]

籾	白	68キロ、袋なし	3.45 ~ 3.50リエル
	赤	同	3.25 ~ 3.30リエル
精米	1級	100キロ、袋込み	9.80 ~ 9.85リエル
	2級	同	8.75 ~ 8.80リエル
砕米	1級	100キロ、袋込み	6.20 ~ 6.25リエル
	2級	同	4.30 ~ 4.35リエル
トウモロコシ	白	100キロ、袋込み	[記載なし]
	赤	同	0.00リエル
コショウ	黒	63.420キロ、袋込み	38.00 ~ 39.00リエル
	白	同	57.00 ~ 59.00リエル
パンヤ	種子抜き	60.400キロ	[記載なし]

＊プノンペンの金の価格

1 ṭamliṅ、重量37.50グラム

1級	165.00リエル
2級	160.00リエル

＊サイゴン、ショロン、1939年11月25日

フランス籾·米会社から通知の価格

ショロンの<machine> kin srūv[精米所]に出された籾 1 hāp、[即ち]68 キロ、袋込みの価格は以下の通り。

籾	最上級	0.00 ~ 0.00リエル
	1級	4.15 ~ 4.20リエル
	2級　日本へ輸出	0.00 ~ 0.00リエル
	2級　上より下級、日本へ輸出	0.00 ~ 0.00リエル
	食用[国内消費?]	3.62 ~ 3.68リエル
トウモロコシ	赤　100キロ、ショロン県マッカサンで売り渡し。	7.30 ~ 7.40リエル
	白　同	0.00 ~ 0.00リエル

米(10月[ママ]渡し)、港渡し、袋込み、税抜き、1 hāp、[即ち]60.7キロの価格は以下の通り。

精米	1級、砕米率 25%	6.30 ~ 6.35リエル
	2級、砕米率 40%	0.00 ~ 0.00リエル
	同。上より下級	0.00 ~ 0.00リエル
	玄米、籾率 5%	0.00 ~ 0.00リエル
砕米	1級、2級、同重量	4.55 ~ 4.60リエル
	3級、同重量	3.65 ~ 3.70リエル
粉	白、同重量	2.45 ~ 2.50リエル
	kāk[籾殻+糠?]、同重量	0.00 ~ 0.00リエル

5-1　[127号2-2と同一]

5-2　[142号3-2と同一]

5-3　[142号5-2と同一]

5-4　[141号3-1と同一]

5-5　[138号3-4と同一]

5-6　[138号4-2と同一]

5-7　[139号3-4と同一]

5-8　[141号4-3と同一]

5-9 ［143号3-2と同一］

5-10 ［141号4-6と同一］

6-1 ［111号3-4と同一］

6-2 ［144号4-11と同一］

6-3 ［33号3-4と同一］

6-4 ［138号5-5と同一］

6-5 ［128号2-3と同一］

6-6 ［73号、4-6と同一］

6-7 ［126号4-11と同一］

6-8 ［121号4-5と同一］

6-9 ［8号4-3と同一］

SAMEDI 9 Décembre 1939

CIGARETTES

JOB

LE PAQUET VERT

Nagaravatta

COFAT

CIGARETTES

La meilleure cigarette indochinoise

HEBDOMADAIRE PARAISSANT TOUS LES SAMEDIS

Directeur PACH-CHHŒUN

Boite Postale N° 44
Téléphone N° 111

第3年146号、仏暦2482年1の年卯年 kattika 月下弦13日土曜日、即ち1939年12月9日、1部10セン

［仏語］ 1939年12月9日土曜日

1-1 ［仏語で「私書箱 No.44」と「社長、PACH-CHHŒUN」と「電話111番」が加わった以外は8号1-1と同一］

1-2 ［デザインが少し変わった以外は8号1-2と同一］

1-3 ［デザインが少し変わった以外は8号1-3と同一］

1-4 ［145号1-4と同一］

1-5 ［145号1-5と同一］

1-6 サイゴンへの旅行

先の11月26日、私はサイゴン市に旅行し、帰って来る時にスヴァーイ・リエンに入って止まり、vārū <le résident>［弁務官］殿に挨拶に行った。その時氏は州都の外に出る準備中で仕事が手にいっぱいで忙しい最中だったのがとても悲しく残念であった。もう1つ、考えてみると、これまで駐在して職務を司った全ての州で、慈悲心でクメール人を支援してきた rāmce 氏が代わりに会ってくれることになったので、私の残念さは少し軽くなった。

この時に、rāmce 氏は州官員の訪問を受けて忙しい最中であるのが目に入ったので、私は挨拶に入ろうとすることができず、［挨拶を］やめて kambaṅ trapaek に行き、大勢のクメール人が他民族と同様に商売を生業にしているのを目にした。さらに同郡の郡長殿も心を込めてこの郡をきちんと整備していた。それから私はプレイ・ヴェーン郡［ママ］に行き、その時に観察してとても変わったことを目にした。即ち、船着場の岸に<caoutchouc>［アスファルト］で舗装したきれいな道路があり、さらにあらゆる色の美しい樹木がある公園もあった。振り返って魚市場の前の方を見ると、大きな樹木がある公園があって、夕方に男性や女性が座って休息し、良い空気を吸うための涼しい木陰があった。

翌朝、私に親しくしてくれている hael-mās 州知事殿が、最近建ったばかりの知事公邸に私を案内してくれた。観察するに、この家は大きくて広くて、州知事殿の地位に相応しく、クメール官吏の名誉を支える所として相応しいものであった。

それが終わると、私は、最近架設されたばかりの電線が、プノンペン市やサイゴン市のような大きい都会のように道路に沿ってずっと交差して張られて、道路の中央に街灯が並んで吊るされて照らしているのを目にした。

最後に、たとえば、諸州の州知事公邸は、すでに建築済みのもあるし、現在建築中のもあるし、後日建築するべく計画中のものもある、というように、私が抗議して、お願いしたことに従って、そのいくつかを政府が［私の］希望の通りに実行してくれているので、私はとても嬉しく思った。

私はプレイ・ヴェーン州を出る時に、魚市場に立ち寄り、市場の前にクイティアウ、pāṅ hay［？］、その他の朝の軽食のための種々の食べ物を売っている小さな店があるのを目にした。官員や民衆が大勢集まって、各人が、最近その店を開店したばかりであるクメール人である huy-bin、通称 hay に助力して［彼が売る］食べ物を買って食べているのが見え、そして、「ここで売っている食べ物は全てとてもおいしいので、このようにどっと大勢が押し寄せて買いに来るのだ」と口々にほめていた。

私はこの州のクメール人の皆さんにお願いする。どうか、さらにますます大勢の人がこの店で買って、この商売で生計を立てることを学んだばかりの我が民族に助力して、潰れることがないようにしてあげてください。

帰って来る時に、私は今新築中の gien svāy 郡郡長公舎を見に立ち寄った。とても美しくてプレイ・ヴェーン州知事公邸と同じくらいであるが、少し小さいと見えた。そこに入って行くと、郡長殿は不在だったので詳しく全てを見ることはできなかったが、ざっと観察したところでは、この公舎は美しく、郡長の地位に相応しいものであるとわかった。

もう1つ、カンダール州では、この郡1つだけでなく全ての郡で郡長職に[公舎を]建築し、さらに[郡]学校と[郡]病院を作るという情報を得た。クメール国全ての州がカンダール州に倣うと、今後4、5年の間に我が国は他並みにかなり栄えるに違いない、と私は信じる。

善哉！！！

1-7　諸国のニュース

1-7-1　11月28日のārip 電による情報

ārāl 市(フランス国)。陸軍軍法会議は moris dhāraes という名の兵に、交戦中に逃亡した罪で営倉6年の刑を言い渡した。同軍法会議は同兵士の全所有物を押収しておくことを命じた。兵士 moris dhāraes は、以前は代議士であり laddhi <communisme>[共産主義]を信奉していた。

ロンドン市からの情報。イギリス船1隻、積載量2,483トンが機雷に接触して沈没した。

モスクワ市からの情報。ロシア外相が、フィンランド国に返書を送った。同書簡の中で、モロトフ氏は、「先日両国が結んだ相互不戦協定は、フィンランド国がこれを遵守しないから、今やロシア政府はこの協定の意図から脱した」と述べた。

1-7-2　11月29日のārip 電による情報

ヘルシンキ市からの情報。フィンランド国政府はロシア国の書簡について会議をして、「『国境でフィンランド国軍がロシア軍を攻撃し、ロシアがフィンランド兵3名を捕虜にした』と非難するのは、作り話である。このようにありもしない理由を言って非難するのは、言いがかりをつけて、互いに争うことを欲しているからである」と理解した。

māgsī 市からの情報。フランスの哨戒艇1隻が abyākrita (Neutre)[中立]国の船1隻を臨検してドイツの貨物と乗員数名がドイツ人であることを発見したので拿捕した。

ロンドン市からの情報。ドイツ機とイギリス機がイギリス東北沖で空中戦を行い、イギリス機はドイツ機1機を拿捕し、さらにドイツ機1機が被弾して海中に沈んで姿を消した。

イギリス船１隻が<ciment>[セメント]を積んで航行中に、イギリス東南沖で機雷に接触して沈没した。

1-7-3　11月30日のārip 電による情報

ヘルシンキ市からの情報。ロシア国政府は、モスクワ市にいるフィンランド国大使に、「ロシア国は外務省を通じての論争を打ち切る」という内容の書簡を手渡した。

ロシア機13機がヘルシンキ市の南郊外を爆撃した。フィンランド国高射砲部隊が反撃して4機を破壊した。ロシア軍は国境の地を占領した。午後4時半、7機がさらに同市を爆撃した。

1-7-4　12月1日のārip 電による情報

ヘルシンキ市からの情報。フィンランド国内閣が辞職した。tān ṇaer 氏はロシア国内閣と再び会議を開くことを考えるために新しい内閣を作った。

1日前にロシア機がヘルシンキ市を爆撃した時に、被弾した住民40名が死亡、70名が負傷した。

ロシア機が petsāṇū 市を爆撃し、それからロシア軍が入って同市を占領した。

ロシア船が āpū 県と haṅkww 県を3回砲撃した。

フィンランド国船たちがヘルシンキ市から出航した。政府からの情報によると、ロシア軍は hūglań 島、se?iskābi 岬、gerisakkā のリゾート地を占領した。

ロンドン市からの情報。フィンランド国船1隻がスコットランド国の海岸近くを航行中に機雷に接触して沈没した。

ドイツ機1機が北海でイギリス機に撃墜された。

フィンランド国高射砲部隊はロシア機多数を撃墜した。フィンランド国陸軍はしっかりとロシア軍を阻んでいる。

1-7-5　12月2日のārip 電による情報

ロンドン市からの情報。イギリス船1隻、積載量558トンがイギリス東沖で機雷に接触して沈没した。

デンマークの帆船1艘が機雷に接触して、そこで沈没した。

ḍaem 市からの情報。ドイツ人たちは、ロシア国がフィンランド国を侵略するのを見て、「ロシア国はフィンランド国を占領して、ドイツ国が長年手に入れたがっていた同国の鉄鉱地を手に入れるのではないか。さらにロシア国がバルト海で[ドイツ]より大きい力を持つのではないか」と心配している。

ヘルシンキ市からの情報。フィンランド国の新しい首相である rwdījā 氏は、「フィンランド国は隣国と会談することを承知する。そしてフィンランド国は独立国の件と国の秩序に関する件については同意しない」と述べた。

戦場からの情報によると、全ての地域と砦の前のフィンランド国軍はさらに戦い、ロシア艦1隻が被弾して沈没して姿を消した。

ロンドン市からの情報。ドイツ船2隻がイギリスに拿捕された。

ヘルシンキ市からの情報。戦争開始以来フィンランド国軍はロシアの装甲車36台を破壊した。「ロシア軍が taeriyuggī 市を占領した」という情報は事実ではない。

オスロー市からの情報。ノルウェー国の石油タンカー、積載量12,500トンが航行中にイギリス国海岸の近くで機雷に接触して沈没した。

ヘルシンキ市からの情報。フィンランド国高射砲部隊は12月1日に日本[ママ]機16機を砲撃して命中した。ロシアが占領したpetsāmūという名の海岸都市は、現在フィンランド国軍が奪還し、ロシア兵150名を捕えた。

「ロシア国は、フィンランド国を全力で攻撃するために、軍を多数増援することは間違いない」と知られている。

1-7-6 12月3日のārip電による情報

(ストックホルム)市からの情報。スウェーデン国では、600名がフィンランド国に助力して戦いに行くことを志願している。同国内の……[注。不鮮明]……はフィンランド国の助力に行くための募金をした。スウェーデン国赤十字社も医薬品、職員、患者輸送車をフィンランド国に送る準備をした。

(オスロー)市からの情報。(ノルウェー)国船、積載量1,800トンが(スコットランド)沖で機雷に接触して沈没した。

(アムステルダム)市からの情報。ロシアがフィンランド国攻撃を始めてから現在までに、フィンランドはロシア機25機を撃墜し、装甲車多数を鹵獲し、ロシア兵800名を捕えた。

ローマ市からの情報。イタリア国の<gazette>[新聞]は、フィンランド国での戦争について多くを語っている。イタリア国はまだ、「どちらの肩を持つ」と言っていないのは事実であるが、フィンランド国を気の毒に想っている。

ヘルシンキ市からの情報。昨晩、ラドガ湖の北で、ロシアはフィンランド軍を激しく攻撃したが、フィンランド軍は頑強に支え、ロシア軍に大変不思議に思わせている。

ダブリン市からの情報。アイルランド国の<gazette>[新聞]は、「アイルランド人はロシア国がフィンランド国を侵略していることでロシア国に憤激している」と述べた。

(ワシントン)市からの情報。アメリカ国政府は、フィンランド国に国を守るために金を貸す準備をしている最中である。

1-7-7 12月4日のārip電による情報

パリ市からの情報。samudra <atlantique>[大西洋]を航海中の商船1隻が機雷に接触して、フランスの港の近くで座礁した。

官報にprakāsa <décret>[法令]があり、インドシナ国の貨幣を集めて売って利益を得ることを禁止した。これに違反した者は6日間から1年までの投獄と、100から500フランまでの罰金刑に処せられる。

ロンドン市からの情報。イギリス機がhellīgūḷaṅ県の近くでドイツ船を爆撃した。

ドイツ軍艦8ないし9隻がイギリス機の爆弾を被弾した。もう1つ、イギリス機がドイツ機1機を撃墜した。

ドイツ潜水艦1隻が北海でイギリス機の爆弾を被弾して沈没した。

ストックホルム市からの情報。スウェーデン国商船1隻が航行中に機雷に接触して沈没した。

ローマ市からの情報。ローマ市の学生たちがフィンランド大使館の前に集まり、大声でフィンランド国の勝利を祈り、ロシアに滅茶苦茶なことを大声で叫んだ。ロシア大使館は兵を配置して[周囲を]巡回させた。

ロンドン市からの情報。本日イギリス国王は、フランスにいるイギリス軍を自ら視察するために、kapāl <contre-torpilleur>[駆逐艦]でフランス国を訪問した。

1-7-8 12月5日のārip電による情報

ヘルシンキ市からの情報。フィンランド軍は、ラドガ湖の東北の(Salmi)という所でかなりの勝利をおさめ、ロシア兵1,500名を捕えた。(Carelie)県ではロシア軍が手腕を振るったが、多くの場所に地雷が敷設されているために、敢えて急速な前進はしなかった。

フィンランドは、「兵と武器を(オーランド)諸島に配備することを考えている」と発表した。

ドイツ国からの情報。オランダ船1隻が小麦を積んでロッテルダム市に向かい、muṅtevṭev市の近くで機雷に接触して沈没した。

ベルン市からの情報。イタリア国は軍用機をフィンランド国へ運び、与えた。

ロンドン市からの情報。イギリス船1隻、積載量1,670トンが北海でドイツ艦に砲撃されて沈没した。

ベルン市からの情報。ドイツ人はダラディエ氏の演説に立腹していて、「ドイツ国は、すでにオーストリア国、チェコスロバキア国、ポーランド国を得た。今度はさらにフランス国を手に入れるべきだ」と言っている。

<gazette>[新聞]の情報によると、ドイツ国は、ロシア国とフィンランド国が互いに戦争をしている件では何も困らない。

1-8 独り言

1-8-1 我々はpāsāk劇団を好み、夫を忘れ、兄弟を忘れてしまう女性がいる[cf.142号1-7-2]のは、プノンペン市だけと思っていた。今回、バット・ドンボーンの我々の<gazette>[新聞]読者から、「バット・ドンボーン市にもこのように夢中になっている女性がいる。放置すると、きっとこの病気は全国に広がるに違いない」と心配する手紙を受け取った。我々は、「なぜ女性たちが集まってこのように pāsāk 劇団員を好きになるのか」と疑問に思う。我々は<gazette>[新聞]読者の皆さんに、この話についていろいろ知っていることがあったら、我々に助力して蒙を啓いてくれるようお願いする。

1-8-2 カンポートの公安警察局<chef poste>[分署長]であったthī {jū-guoy}が <thibaudeau> <le résident supérieur>[高等弁務官]殿が出した<arrêté>[命令]により裁判所で審理を受けさせるために停職になった[cf.145号1-11]ことで、クメール人たち全ては苦しみが軽くなりほっとしている。我々は、クメール人民衆に代って、<thibaudeau> <le résident supérieur>[高等弁務官]殿に感謝の念を表明する。

1-8-3 gaṅ bīsī 郡(コンポン・スプー) ralāṅ grœl 村で、中国人3名が一緒になってクメール人僧1名を殴って失神させ、後ろ手に縛って殺害する意図で水に漬けてから ralāṅ grœl 村村長に訴えた。情報によると、この村長は中国人に加担しているという。

我々はこの事件を調査して正義を明らかにするようコンポン・スプー州知事殿にお知らせする。

1-8-4 nagaravatta <gazette>[新聞]は、kambaṅ trāc 郡(カンポート)の住民から訴えの手紙を87通受け取った。この人たちは、「政府はなぜ石灰石に課税し、そして[キンマ用]石灰を作るために砕いた石灰に再び課税するのか」と疑問を持っている。この件について、政府はこの人々に答え、今後疑問を持たないように説明して分からせて欲しい。

1-8-5 bārāṅ 郡の人々は、雨期と乾期の水田に水を流し入れる大きい水源である ramlec 湖の堤が、水が流れて浸食し、切れて、水を止めることができないことを嘆いている。政府が何とかしてこの貯水池を以前のように頑丈にして助力し支援してくれると、住民たちの籾の収穫は大量に増加するであろう。この住民たちは皆、「政府が慈悲でこの問題を助力して解決してくれるのなら、労力の面でも費用の面でも、政府に協力することを承知する」と言っている。この貯水池は、dā-nuon 村長がまだ tāṅ ramāṅ 村の村長をしていた時代に、人々を指導してこの堤を作って水を得て、互いに水を分け合って田を作ってきたが、現在に至って、この貯水池は壊れてしまったのである。

我々は、きっと政府は、慈悲をもって農民への救済として、この堤の件を助力し解決してくれるに違いないと、期待する。

1-9 braḥ uttamamunī {um-sūr}の徳の効果

braḥ uttamamunī 猊下への愛情と、尊敬と親愛の気持ちの力により、弟子、親族、友人たちは各自が財産を費やして寄付して、仏教に数え切れない善行を行ない、[善根を]積んだ。師が前に病気になった時には、弟子たちはたくさんの金を集めて喜んで費やして、熟練した医師を探し、薬を得て師に差し上げて、遂に病気は治った。死に至った後の方の病気になった時には、特別によく効く薬を求めるために弟子たち各自はますますたくさんの資産を惜しむことなく費やしたが、あくまでも切り取ろうとし続ける死神の手に抵抗して勝てなかった。

師の遺体の火葬式には、遠近に住む人々が集まり、各人が、いくらかわからないほどの出費をしたし、さらに身体的労苦もした。

3ヶ月の間、毎日故人への供養のための寄進と、来ることができない人々が遠くで追善式を行なうことで、どれだけの費用がかかったかはわからない。

braḥ uttamamunī はあまりにも寿命が短く、早く逝去なさったのは事実であるが、師の名声は死ぬことはなく、永久に存続するであろう。師は後代の仏教徒に多くの素晴らしい利益を残してくださったからである。

食事の寄進を受け、読経をし、説法をした僧の数は6,526名に達する。

帳簿中の収入は総額5,460.61リエルである。

帳簿中の支出は総額3,934.97リエルである。

寄進者が個人で僧に寄進し弔う経を捧げた金額は総額4,319.41リエルである。

支出の総計は9,770.02[ママ。僧への個人の直接支出と帳簿中の収入との合算額より10リエル少ない]リエルである。

[帳簿中の]残金は1,525.64リエルである。

この残金の中から、仏教徒たちは美しい壇を1つ購入するのに費やして、[その壇に]師の御名前]を書いて、佛教徒協会に安置して、ずっと師への追善式を行うことで合意した。

さらに残った金は、kambaṅ trapaek (プレイ・ヴェーン)の師の形見である寺に仏塔を建立するのに費やして師の遺骨を納める。

[注。写真があり、その下に] braḥ uttamamunī の遺体を行列してきて安置した時の火葬台の写真

1-10　クメール裁判所で

プノンペン市のクメール裁判所はクメール人をゆるがせた2つの重要な事案を審理している。

事案の1つは、フランス政府が政府勤務を停職にしてクメール裁判所に審理させているワニの事件[cf.上の1-8-2]である。

もう1つの事案は、2名の者が女中を殴って流産させた事件である。

クメール人を苦しめ脅迫して金銭を奪ったワニの方は、自分に資産が沢山あることを頼りに、現在取引を求めている。我々が耳にした噂によると、「この職員は、原告が告訴を取り下げるように、自らが苦しめた人々全てに金を返還した。2倍返還した例もあると言う。さらに、この被告はある cau krama たちの友人であるという。

女中を殴って流産させた件で告訴された2名の方も黙っていない。幽霊や悪霊たちに頼って、cau krama に刑法を間違えさせようとしている。

我々の意見は、この2つの事案を調査しているクメール cau krama たちは、上に解説してきたことで惑わされることはない。なぜならばフランス政府とクメール人民衆がクメール裁判所の決定を見て待っているからである。これらの cau krama たちが惑わされることがあるとしたら、<la presse indochinoise> <gazette>[新聞]の言葉の通りである。なぜならば、この<gazette>[新聞]はこれまでしばしば、「クメール cau krama は判決を売ることが多い」と大声で叫んでいるからである。しかし、いずれにしても、これらの cau krama たちは惑わされることはできない。なぜならば、法律顧問であり、公正があるように助力して正す人である<léger>氏がいるからである。氏こそがクメール人が最も期待を寄せている人物なのである。

2-1　仏教徒協会は喪に服します

協会会員の逝去のお知らせ

仏教徒協会の特別会員で役員である lim-huk 優婆塞の妻で、仏教徒協会副会長である thaukae {dā-jāv lī}の義母で、仏教徒教会の女性特別会員である gāv 優婆夷の実母である hien svāy 郡(カンダール) braek paṅkaṅ 村の[仏教徒協会]女性特別会員で役員である vūc 優婆夷は、1の年卯年 kattika 月上弦10日火曜日(1939年11月21日)に、84歳で老衰のために、自宅で息子、娘、親族、友人たちが見守る中で亡くなりました。

同優婆夷は、仏教の戒律をよく守り、固い信仰を持ち、幼い時から老いるまで、郡内の僧と仏教徒たちに愛され、好まれ、親密にされました。

カンボジア国仏教徒協会は、カンボジア国の全ての会員を代表して、この仏教に固い信仰心を持っていた会員からの別離を大きく悲しみ、悲しみに覆われている親族友人、それに子や孫たちの皆さんにお悔やみを申し上げ、そして全ての善徳を vūc 優婆夷に追善いたします。どうか望みの通りに幸福と発展にずっと恵まれますよう、欠けることがないようお祈りいたします。

2-2　[138号2-1と同一]

2-3　[145号2-2と同一]

3-1　[119号3-5と同一]

3-2　[139号3-4と同一]

4-1　雑報

4-1-1　プノンペン sālā <tribunal>[地方裁判所]は、プノンペンの商人3名を、商品を違法に値上げした法律違反の罪で罰金刑に処した。

4-1-2　我々は、「以前からこれまで、大フランス国に助力して戦いに行くために兵士になることを志願したクメール人数千名は、クメール平民ばかりである」と知っていたが、今回、「王族のグループが同様に兵士になることを志願した」という情報を得た。即ち、国王陛下の王子である munīreta 殿下[braḥ aṅga mcās]と munībaṅsa殿下[braḥ aṅga mcās]、それに aggamahāsenā 卿であった故 suddhāvaṅsa殿下[braḥ aṅga mcās] と samṭec binda ṭārāとの王子である suṅṭet殿下[braḥ aṅga mcās]である。

我々は、「我々クメール人は、王族も平民も本当にフランス国に忠誠心を持つ」と理解する。それゆえ、我々は大変嬉しく思い、これらの志願者たちが望みを果たすよう祈る。

4-1-3　我がクメール国は、現在サイゴンからのクメール語の vidyu(<radio>)[放送]を聴くことができる。このように成功したのは、カンボジア国がこの<vidyu>[放送]会社に金を支出したことによる。我々は大変嬉しく思うが、ラジオでの放送時間は夕方5時半から6時までで、空中の状態が悪い時間に当たり、声を聞いてもはっきり聞こえない。もし我々がこれより少し遅い夜の時間に聴くことができたら、空中は静かで今よりもはっきり聞こえるであろう。もう1つ、このラジオで放送する諸国のニュースは、聞いてもわからず、国名なのか、人名なのか、物の名なのかわからない語がいくつかある。話す[のにあてられている]時間が短かすぎて、アナウンサーははっきりわかるように説明するのに十分な時間がないからである。また話して放送するのもとても早口で話し、しかも時間が良くないから、聞いてはっきりしない文があり、意味が判断できない。

サイゴンのラジオ放送会社はこの件を便利になるように解決するべきである。なぜならばこの会社はインドシナ国[政府]とフランス国政府から補助金を受け取っているばかりか、さらにクメール国政府からも受け取っていることを我々は知っているからである。それゆえ、我がクメール国もこの会社にクメール人に便利になるようにすることを要求する権利がある。

クメール語で放送する件は、仏教研究所が一生懸命努力して1年以上も前に、放送の音声を捕らえる機械を設置した仏教研究所の図書販売車で放送を受信して、全ての地方の住民に初めて聞かせたことによるのである。

4-1-4　(1939年)11月28日付<arrêté>[政令]により、<le résident supérieur>[高等弁務官]殿は以下に名前を記す、試験に合格したばかりの者を<résidence>[弁務官]<bureau>[庁]の臨時 smien に任命した。1、kul-dūc。2、ghuon-jhuc。3、ḷā-yāṅ-gien。4、uk-sun。5、haṅ-jhuṅ。6、kau-yāṅ-ṇām。

4-1-5　[広告]　生徒が行方不明になりました

生徒1名、名は trwṅ yāṅ、8歳、色は少し黒く、右側の後頭部が平らで、面長、が11月に逃げて姿を消しました。

見かけた方は私に知らせてください。あらかじめお礼を申し上げます。

バット・ドンボーン州 bodhi vāl 寺学校の教師、braḥ bhikkhu vinayapaññāthera {ḷim-sum}。

4-1-6　美術工芸学校グループのカティナ

前の週[＝145号4-1]から続く。

この aṅga kathina は cū heṅ 氏と ḍuoṅ さん[?nak]夫妻、それに thaukae {gim ṅuon}の婿で郡長である tai jhun 氏と妻である……[注。不鮮明]……夫人[?nak srī]、thaukae {dār jāv lī}の妻である pun than 夫人[?nak srī]の男性1名[＝tai jhun]と女性2名[＝tai jhun 夫人と pun than]が aṅga kathina に現金を寄進し、そして大型自動車を助力してカティナを行列して寺に運び、主催者として、望みの通りに寺の僧に差し上げました。

上のことを、私たちの素晴らしい良友である仏教信者の皆さんが金銭を寄付し、さらに参加し行なって喜びを共にしてくださったことを、私たちはとても嬉しく思っています。

もう1つ、私たちは、財産を寄付して食べ物を作って私たちに食べさせてくださった braḥ dhammatrai 寺の檀家である優婆塞優婆夷の皆さんにお礼を申し上げます。私たちはこのカティナの善徳を皆さんにお贈りいたします。

4-2　[広告]　クメール人はクメール人に助力するべきです

諸民族の皆さんにお知らせします。

クメール人の vissakammabāṇijja という店名の店が ṭwwḷābak 路73号、ḷān ḷū の西にあります(プノンペンとコンポン・スプー)。

この2つの商店は、フランス国から来たばかりの<remorque>[ルモック]と V.P.印、とその他の商標の radeḥ kaṅ(<bicyclette>)[自転車]を多数売っています。リーズナブルな価格でお売りします。

4-3　競渡祭

先の11月25、26、27日に、国王陛下の政府と rājakāra <protectorat>[保護国政府]は、例年のごとく国王陛下のために盛大に競渡祭を行い、カンボジア国は常に平安で、世界に燃えている戦争による騒動も変化もないように見えた。国王陛下が舟にお乗りになる日に、いつものように王国国民全てがプノンペン市に大勢集まって楽しんだ。

この祭りに、カンボジア国の王族やフランス―クメール官吏たちも大勢集まり、さらにコーチシナ<gouverneur>[総督]である vepaerkat 氏、インドシナ国駐在イギリス大使殿、ḍwwrenḍinse <le général>[将軍]殿、インドシナ国陸軍の司令官である pasiparisel [将軍]殿、インドシナ国海軍の司令官である terū 海軍准将殿、サイゴンの空軍司令官、フランス高官なども来訪して、<thibaudeau> <le résident supérieur>[高等弁務官]殿と共に楽しみ、国王陛下に挨拶した。軍艦2隻と[水上]飛行機2機が[それぞれ]海軍司令官と空軍司令官を乗せて来て、船着場の前に停泊し、<le résident supérieur>[高等弁務官]殿の公邸の前に駐機した。3日間楽しんでからサイゴンに帰った。

今年は、インドシナ国のフランス人高官たちがこの競渡祭を見に来たのが例年と異なる点であった。この異なる点から、フランス政府とクメール政府とが相互の友好をますます増していることを我々は理解した。

4-4　[11号4-2と同一]

4-5　教育についてのクメール人の驚き

前の週[＝145号1-10]から続く。

もう1つ、州副<résident>[弁務官]殿は、ずっとこれまでのように私を自発的に迎えてくれた。そして氏は、「現在、州の多くの案件を整備中であるが、後日この整備は必ず学校にまで達する」とおっしゃった。私はこれまで氏が非常に熱心に一生懸命きちんと仕事をしてきた業績を多くの場所で目にしているから、氏は、「口で言うだけで実行しない」ということはしたことがないと期待している。

私がカンボジア国のほぼ全ての州を調査したところによると、「金が不足していて、したい仕事を直ぐにすることができない」という嘆きが多かった。しかし、真剣に検討すると、金は全てあることがわかる。足りない理由は、クメール国民と職員たちが、自分がきちんと果たさなければならない職務を知らず、ただただ、「月給が少なくて食っていくのに足りない」と嘆くことだけを好む者がいるということによる。

まだ後の週[＝147号5-6]に続きがある。

4-6 ［広告］ お知らせします

シトロエン印車があります。14馬力で、<machine>[エンジン]は新しく、[座席や床の]シートは新しく、新しく塗装し直したばかりです。リーズナブルな値段で売ります。

購入したい場合は、プノンペン<verdun>路7号のḷe thāñ店までお越しください。

4-7 ［127号2-2と同一］

4-8 農産物価格

プノンペン、1939年12月6日

[「サトウヤシ砂糖」はない]

籾	白	68キロ、袋なし	3.55 ~ 3.60リエル
	赤	同	3.30 ~ 3.35リエル
精米	1級	100キロ、袋込み	9.85 ~ 9.90リエル
	2級	同	8.85 8.90リエル
砕米	1級	100キロ、袋込み	6.20 ~ 6.25リエル
	2級	同	4.30 ~ 4.35リエル
トウモロコシ	白	100キロ、袋込み	［記載なし］
	赤	同	6.50リエル
コショウ	黒	63.420 キロ、袋込み	42.00 ~ 43.00リエル
	白	同	60.00 ~ 69.00リエル
パンヤ	種子抜き	60.400 キロ	39.00 ~ 40.00リエル

＊プノンペンの金の価格

1 ṭamliṅ、重量37.50グラム

1級	165.00リエル
2級	160.00リエル

[注。以上しか掲載されていない]

5-1 ［111号3-4と同一］

5-2 仏教徒協会

お知らせ

用があって、規定による毎月の講演会が長い間できませんでしたが、カンボジア国仏教徒協会は、1の年卯年migasira月下弦5日日曜日(1939年12月31日)夜7時に、三蔵経翻訳委員であるbraḥ ācārya {sūr-hāy}を招いて、プノンペンuṇṇāloma寺のパーリ語学校で、仏教の法について、即ち、仏法の意味について、仏法の誕生と栄光、さらに現在と未来における仏法による御利益[りやく]について講演して解説していただきます。

仏教徒の皆さんは、どうぞこの講演を聴きにいらしてください。

この講演会では、戦時の民衆と兵士に助力して苦しみと困難から救うための会社である赤十字社への助力に参加するための篤志による募金を行います。

仏教徒協会理事会

5-3 ［138号2-3と同一］

5-4 ［20号4-6と同一］

5-5 ［142号5-2と同一］

5-6 ［141号3-1と同一］

5-7 ［138号3-4と同一］

5-8 ［広告］ 蝶印のṭāy khvāṅ <duoc phoṅ[薬房＝薬店]>

第8号 po phe <thañ duoc[清薬＝水薬]>― 咳の水薬

このpo phe <thañ duoc[清薬＝水薬]>薬は、咳病に使うためで、非常に良く効きます。この薬は飲みやすく、下に私が解説するように、すでに多くの人を救ってきました。即ち、風邪を引いて咳が出る、痰が沢山出て喘息になり咳をすると血が出るもの、咳が出て胸や鎖骨が痛むもの、あるいは老年で咳が出るもの。私のpo phe <thañ duoc[清薬＝水薬]>薬を飲ませると、これらの咳の症状は望みの通り全て消えます。

用法:1日に4回飲む。しかし、まずこの薬を飲もうとする時にビンをよく振って薬が均等に混ざるようにしてから飲むこと。大人は3時間ごとに1回、コーヒースプーン2杯を飲む。病気が軽い場合にはそれに応じて量を減らす。1歳の幼児には1滴、2歳から6歳までは15滴、7歳から11歳までは25滴、12歳から16歳まではコーヒースプーン1杯を飲ませる。病気が治りきらないうちに早まって飲むのを止めさせてはいけない。咳が再発する恐れがある。

価格は、小ビンは4 kāk、1ダースで4リエル、大ビンは8 kāk、1ダース8リエルです。

5-9 ［141号4-3と同一］

5-10 ［143号4-2と同一］

5-11 ［145号3-1と同一］

6-1 prus［男］−jhmol［注。原義は「雄」］−strī［女性］−ñī［注。原義は「雌」］

この4語は、互いに［2語ずつ］くっついた語で、話や種々のことを話す時に、たとえば、「このことは prus jhmol［男］が行う」のように使われることが多い。しかし検討して真実を得ると、この4語は互いに大きく異なることがわかる。この prus［男］と言う語は、「父母の心を満たす人」であるという認識を持つ。即ち、「考えることを知る人、真剣に働く人、職務に心を込める人、確固とした性格を持つ人、心の良い人、自分を貧乏から救い出そうと努力する人、自分を高く引き上げる知恵がある人、仕事に先導者として身を尽くす人」であることを認識することを言う。一方、jhmolという語は、「父母の心を満たさない人、考えが無い人、何の仕事をしてもいい加減である、格好良いことばかりを好む、他人の家に遊びに行って座りこむ、するべき仕事を尊ばず、『飲む、打つ、買う』をする人である、態度行為が上品でなく粗雑である、少し高い地位につくと身の程を忘れる、他人の気持ちに配慮しない、切った張ったの遊び人である」などで、このような人は男の形をしているだけで、正邪を考える頭を持たないから jhmolと呼ぶのである。

一方、strī［女性］という語の方は、「正邪を知る、夫に従うことを知る、男に傲慢な態度をしない、常識に反した行動をしない、家事をしっかりとすることができる、女性がするべき仕事を知っている人である、流行に遅れていないが、時宜を心得ていて過度に流行を追うことはしない人で、戒律を超えて格好の良さを求めることをしない女性」などで、このような人は本当の女性［strī］としての条件を備えているから、strī［女性］と呼ぶのである。

一方、ñīという語は、我々が検討したところによると、「正邪を知らない、夫を不当に扱う、男に傲慢にふるまう、常識に反した行動をする、家族の世話を全く知らず、鍋釜の区別も知らないこともある、女性が行うべきことを何も知らない、過度に流行を追い、流行以上に派手にし、女性が守るべき戒律に背く、他人に乱暴な口をきく、下品な行動をする、など」で、このような人は形は人並みに女性［strī］であるが事柄を正しく考える頭をもたないから、ñīと呼ぶのである。

我々クメール人は男［prus］も女性［strī］も、この4つの語を詳しく検討して、心に従って行動するべきである。我々クメール人が常に検討することを訓練すれば、我々は他人に jhmolや ñīと呼ばれることはない。人々は熱心に、次々に教育を増していって srī［ママ。「女」。実は prus と対応するのはこの srī で、strī と対応するのは purasa である。しかしpurusa は strī ほど一般的な語ではなかったので、ここでは prus を使用しているのであろう］、prus［男］と呼ばれるようになって欲しい。裁縫を訓練する、刺繍を訓練する、料理を作るのを訓練する学校を熱心に建ててくれている。男［prus］の方は、熱心に国中で学問知識をしっかりと学ばせようとしてくれている。しかし我が民族は他より文明が少ない。それゆえ、我々は、jhmol、ñīという語から守るために、仏陀の言葉に paṭimamsetapattanā［注。これはまだクメール語化していないパーリ語］、即ち訳せば、「自分で自分を検討せよ」とあるのに相応しくなるように、真剣に自分で自分を検討しなければならない。私は全てのクメール人はこの2語を嫌うことは確かであると信じる。

khemarā raksa

6-2 ［144号4-11と同一］

6-3 ［126号4-10と同一］

6-4 ［138号5-5と同一］

6-5 ［128号2-3と同一］

6-6 ［73号、4-6と同一］

6-7 ［126号4-11と同一］

6-8 ［121号4-5と同一］

6-9 ［8号4-3と同一］

SAMEDI 16 Décembre 1939
CIGARETTE
JOB
LE PAQUET VERT
DEPOT LEGAL INDOCHINE
Nagara vatta
COFAT
CIGARETTES
HEBDOMADAIRE PARAISSANT TOUS LES SAMEDIS
Directeur PACH-CHHŒUN
Boite Postale N° 44
Téléphone N° 111

第3年147号、仏暦2482年1の年卯年 migasira 月上弦5日土曜日、即ち1939年12月16日、1部10セン

［仏語］ 1939年12月16日土曜日

1-1 ［仏語で「私書箱 No.44」と「社長、PACH-CHHŒUN」と「電話111番」が加わった以外は8号1-1と同一］

1-2 ［デザインが少し変わった以外は8号1-2と同一］

1-3 ［デザインが少し変わった以外は8号1-3と同一］

1-4 ［145号1-4と同一］

1-5 ［145号1-5と同一］

1-6 ［クメール］国教育局長である garpet 氏の演説の趣旨

［145号1-6から続く］

<le résident supérieur>［高等弁務官］殿、殿下［draṅ］、閣下、官吏［を代表して］

本日ここで我々が挙行致しますプノンペン市工業学校開校式は認識するべき、1つの大きい出来事であります。即ち、生徒を職人、および職匠になることができるように教育することにおける政府の慈悲を明らかにするものであります。すぐに［生徒］諸君は私がこのことの恩について説明するその内容を話す全ての言葉に権限を持つのが私よりも相応しい方から説明を聞くことになります。しかし、私はこの式に出席して、この式を我々の家族の式として、またクメール国の式として、非常に栄えあるものにする吉祥になってくださった殿下［draṅ］と［その他の］方々に、教育局を代表してお礼を申し上げないわけには参りません。

［注。写真があり、その下に］ ［仏語とク語］ 工業学校―全景

L'Ecole Pratique — Vue générale

［本文］もう1つ、殿下［draṅ］と［その他の］方々がここに出席してくださったことは、殿下［draṅ］と［その他の］方々が、工業、即ち大フランス国の保護のもとにある国を今後栄えさせるために学ばなければならない学問知識の1分野を親密に思い、愛していらっしゃるということを認識させる1つの根拠であります。

生徒諸君、私が代表として諸君に話しているのは、私がこの式の主催者の長だからです。今、我々が開校式を行なっている、この新しい美しい学校は、諸君と諸君の国のために作ったものであり、政府が敢えて多くの費用をかけ、周囲のすべて新しい道具を備えている教室棟を建て、これらは諸名士が出入りして歩いてまわって、まだ歩き終わっていません。実習室は、常に道具でいっぱいです。そうして諸君の宿舎はハチの巣のようににぎやかです。その音は自分の任務をはっきりと知ったときには直ぐに静かになるでしょう。

私は諸君に、「諸君がここで行うことは他の所で学ぶことと同等の名誉があるのはなぜか」ということを話したいと思います。

そして今私は、学習に関して指導し注意したいと思います。なぜならば、この忠告と注意は無駄ではないと思うからであり、もし無駄になることができたら、私は大

変嬉しく思います。

世界の人間の中の人間のグループと、そのグループに生まれる文明は、そのグループが行うことの大きさの様子にほかなりません。たとえば、もし我々各人が働くのを止めて遊びと飲食ばかりに夢中になり、その他のことは黙って何もしなかったならば、我々は必ずそのグループの破滅を目にします。いつか誰かがその財産を使い果たしてしまい、間もなくその人は、きっと我慢できずに近くの人を襲ってわずかしか残っていないその人の物を奪いに行きます。我々は危機が起こり、土地は干割れし、餓えるのを待つだけです。しかし、「自然に生じる収穫物でずっと生き延びることができる」と反論する人が恐らくいるでしょう。しかし、この反論は、「誤りである」と容易に指摘できる間違いです。

L'Atelier des Forges

［注。写真があり、その下に］［仏語とク語］ 鍛冶［実習］室

まだ後の週［＝148号1-7］に続きがある。

1-7 諸国のニュース

1-7-1 12月6日の ārip 電による情報

ロンドン市からの情報。ドイツ機1機がイギリス国の東海岸に機雷を［投下、］敷設に行き、イギリス機に撃墜された。

ベルン市からの情報。フィンランド国ではロシア軍が優勢であるが、人員と武器多数を失った。pārel 県の方はフィンランド軍が dīk（フィンランド国北部）という名の海の戦場でロシア軍を攻撃して後退させた。ロシア軍は cetsamū 市を攻撃してフィンランド軍に反撃されて全て後退した。

ロンドン市からの情報。イタリア国がフィンランド国に送った航空機50機が今や到着した。

スウェーデン国はフィンランド国と共にオーランド島の周囲に機雷を浮遊させた。（ボスニア）湾を炎上させるのが目的である。

イギリス船が南 samudra <atlantique>［大西洋］でドイツ船、積載量7,834トンを拿捕した。

1-7-2 12月7日の ārip 電による情報

パリ市からの情報。ロシア軍はフィンランド国の島4つを占領した。petsamū 市を占領し、国境から距離50キロメートルを侵入した。

ドイツ機2機がイギリス機を拿捕しようとしたが、イギリスは反撃して［それから］逃げて姿を消した。

ヘルシンキ市からの情報。ロシア軍はラドガ湖の北で毒ガスを使用し、11名が死亡した。

ローマ市からの情報。飛行機3機がミラノ市からローマ市に飛行中に、全機とも（Luoques）県に墜落し全壊した。

ロンドン市からの情報。tālkās 川（イギリス国）の河口でギリシャ船、積載量3,934トンが機雷に接触して沈没、<capitaine>［船長］と me jāṅ <machine>［機関長］が死亡した。

ポーランド潜水艦2隻がバルト海から脱出してイギリス国へ来た。

フィンランド機がロシア軍宿営地を爆撃して宿舎を焼いた。ロシア軍をも爆撃した。

アメリカ船1隻が北海で機雷に接触して沈没し、8名が死亡した。

1-7-3 12月8日の ārip 電による情報

（ブリュッセル）市からの情報。ノルウェー船、積載量1,000トンがイギリス海岸の近くで沈没した。

ロンドン市からの情報。ワシントンという名の船が航行中に機雷に接触して沈没した。

ベルン市からの情報。ドイツ放送によると、ルーマニア船1隻が samudra khmau（Mer noire）［黒海］で沈没した。

オスロー市からの情報。ロシア兵は pūtdhnī という名の湾とフィンランドの湾とを封鎖して船に出入りできなくさせた。

ロンドン市からの情報。ベルギー船1隻が、<la manche>海［＝英仏海峡］のイギリス側を航行中に座礁して沈没したオランダ船1隻から人員を救助した。

イギリス機1機がドイツ潜水艦1隻を爆撃して沈没させ、姿を消させた。

オスロー市からの情報。ロシア潜水艦1隻が誤ってドイツ船1隻を雷撃して沈没させた。

ロンドン市からの情報。イギリス船1隻、積載量1,088トンが東海岸［ママ。どこの東海岸かは記述なし］を航行中に機雷に接触して沈没した。

ヘルシンキ市からの情報。フィンランド国の kārelī 県で敵対する両軍がいつものごとく戦った。現地に視察に行った中立国たちは、「砲兵隊はまだ全力を出していない。現在の戦闘は、両軍の巡視隊の間で行われているに過ぎない。フィンランド軍は、兵士は恐れを知らず勇敢であり、武器を全て十分に持っている。ロシア兵は、ドイツから分け前を要求して得たポーランド国の住民を徴兵してきて、ロシア軍の前に配置して歩かせている」と述べた。

1-7-4 12月9日のārip電による情報

ロンドン市からの情報。イギリス軍艦1隻、積載量[ママ。排水量と区別しない]1,350トンがドイツ潜水艦に雷撃され、同潜水艦に反撃した。そのドイツ潜水艦は被弾して沈没した。イギリス艦は海岸に帰着できた。

イギリス商船1隻、積載量8,795トンがsamudra <atlantique>[大西洋]で雷・砲撃されて沈没、3名が死亡した。

ドイツ潜水艦を追跡して3隻を拿捕した。この潜水艦は食料がなくなり、航行してイギリス海岸に入ったものである。

ドイツ船、積載量3,648トンがイギリス艦に拿捕され、19隻目になった。イギリスが拿捕したドイツ商船は現在までに17隻になる。

イギリス船もう1隻、積載量6,668トンがイギリス西海岸で雷・砲撃されて沈没した。

(コペンハーゲン)市からの情報。ドイツ船1隻がḷaṅswwḷaṅ県近くで機雷に接触して沈没した。

ヘルシンキ市からの情報。ドイツ船もう1隻がḷaṅswwḷaṅ近くを航行中にドイツ機雷に接触して沈没した。

ロンドン市からの情報。イギリス船1隻、積載量751トンがイギリス東海岸を航行中に機雷に接触して沈没した。

ジュネーブ市からの情報。『国際連盟』はフィンランド国からの提訴があったので、会議を開く準備をしている。

ヘルシンキ市からの情報。ロシア機がhaṅgww市を爆撃した。

コペンハーゲン市からの情報。デンマーク国船が北海で爆発、沈没した。

ヘルシンキ市からの情報。フィンランド軍はsrī県(フィンランド国)最北端で、長さ3キロメートルの戦線でロシア軍を攻撃している。

コペンハーゲン市からの情報。フィンランド国軍艦1隻がskāk市(ロシア国)の停泊地を砲撃した。もう1つ、ロシア機たちが赤十字社団を爆撃した。

ベルン市からの情報。アンカラ市駐在ドイツ大使である<von> pāpen[注。下の1-7-5は「pāper」]氏は近くドイツ国へ帰国する。帰国する前に、同大使は、トルコ国に同盟国と手を切るように説得し、「そうすることを拒否するならば、ドイツ国とトルコ国とは反目し合うことになるに違いない」と述べた。

1-7-5 12月10日のārip電による情報

コペンハーゲン市からの情報。トルコ国は<von> pāper[注。上の1-7-4では「pāpen」]ドイツ大使をトルコ国から引き揚げることを求めた。

ストックホルム市からの情報。『フィンランド国kārelī』地区でロシア兵は毒ガスを使用した。

モスクワ市(ロシア国)からの情報。ロシア軍はpetsāmū市まであと15キロメートルを残すだけである。

アムステルダム市からの情報。オランダ国船1隻がオランダ国北岸を航行中に機雷に接触して沈没した。

ニューヨーク市からの情報。イギリス船1隻がḷaṅsaṅ県の近くで雷撃されて沈没した。

ロンドン市からの情報。フランス船1隻がイギリス国東南沖を航行中に他の船と衝突して沈没した。

パリ市からの情報。ドイツ軍はオランダ国境に沿って要塞を建設中である。

1-7-6 12月11日のārip電による情報

tāllin市からの情報。エストニア国船1隻がフィンランド湾で潜水艦に雷撃されて沈没した。

モスクワ市からの情報。ロシアは、「ロシア軍は6、7キロメートル前進して、集落多数を占領した」と発表した。

1-8 独り言

1-8-1 「寺の敷地について、面積が5ヘクタールより小さいにもかかわらず、政府は依然として税を取る」と嘆いて訴える人々がまだ大勢いる。国王布告は、寺院の敷地は5ヘクタールを免税にすることを許している。土地をたくさん持っていて、この数値を超える場合には、その超過分の土地は、普通の土地と同様に課税される。

1-8-2 コンポン・スプーで中国人たちが僧を殴打したこと[cf.146号1-8-3]について、その中国人たちが我々に、「自分たちは純粋な中国人1世ではなく、中国人の子や孫[=2世、3世]たちであり、クメール人と同様に出家して学び、祭りをしてきた。この僧を殴打した理由は、この僧が自分たちの妹と密通したからだ」という内容の手紙を書いてきて告げた。

この事件は、我々はいずれの側にも味方しない。政府が調査して、この中国人たちが僧を殴打したのは事実であり、かつこの僧が破戒行為をしたのが事実であることがわかったなら、政府は、僧を殴打した罪で中国人たちを、そして邪淫の罪で僧を処罰するようお願いする。

1-8-3 <gazette>[新聞]読者の皆さんは、ちょっと鼻をつまんで息を止めてください。以前我々は、売るためにプノンペン市で野菜を栽培している中国人たちについて、「屎尿を栽培物に撒いているが、このように屎尿を土地に撒くことは、その野菜を買う人を病気にかからせる」と非難した。今回、sdiṅ mān jaya の屎尿捨て場からこっそり屎尿を汲み取って、cāk aṅrae の野菜を栽培している中国人に売る人間がいる。それゆえ、屎尿が価値があり、そして政府が中国人たちに[使用を]止めさせても止めさせることができず、この者たちがこれまで同様屎尿を撒き続けることができるのなら、政府は公告して彼らに入札させることにすることができるのではないだろうか。

1-9　守って[保持して]おくほうが、改めるより楽である

ある晩、私は散歩をしていて、ある地位の高いお金持ちの家の前で立ち止まった。シャム語の<radio>(vidyu)[ラジオ放送]が、kān ḍī kvā kae、分かりやすいようにクメール語に訳すと“守って[保持して]おくほうが改めるより楽である[ママ。タイ語は「守るほうが治すより良い＝予防は治療に勝る」]”ということについて解説しているのが聞こえたからである。この解説の中で、「侮辱することは破滅への道である」という仏法の句[の解説]に入り、その解説によると、「我々[＝シャム人]が以前からいい加減にしてきた」と嘆いていた。私はこの句の解説を彼らに従って説明する必要はなく、私は私の理解に従って解説したいと思う。

《我々全ては、もし注意力に欠けると、必ず失敗するのは事実であり、かつ明らかであり、“うっかりするとなくなり、注意深くすれば永続する”と言う言葉の通りである。以前の我々クメール人はとても良い注意力を持っていた。セデス教授が訳出した石碑文により考察してみると、jayavarmandra[ママ。これは語源を誤解したらく、実は「jayavarman」が正しい]王の治世時代は、病院があり、科学をしっかりと教育し育てる学校があり、高等技術者学校、高等農業学校などがあった。驚くことに、知識はその後いろいろ批判をして、知識を眠らせておくことだけを考え、その高い政策を保つことを考えない人が多く、衰亡がクメール人を襲い侵略して、顔を上げることをできなくさせてしまったのである。インド洋にまで達していたと言われるクメール人の広大な王国はセンザンコウのようにどんどん縮こまってしまった。昔のクメール人が一生懸命努力して突出させた学問は滅びるしかなかった。実に惜しむべきことである。後代の人々、後代の子や孫がこれを守っておかなかったということは、あってよいことであろうか。我が民族がこのように明らかにされたような不注意であり、その後長く時がたつにつれて、我が民族は現在の全世界の人が誰も知らないという状態に落ちてしまったのである。我々が彼らに、「Cambodge[カンボジア]というのは「クメール」という意味である」と言っても知っている人はきっといない。我々の近くにいる民族だけが知っているにすぎない。世界の全ての国の名前が一面に書いてある地図に、我々は「クメール国」は見つからない。そしてその地図に、ただ1つ黒い丸があって、それに『Cambodge[カンボジア]』と書いてあるものすらない。我々はかつては帝国という名前を持っていた。しかしその後、このように名前はなくなってしまった。クメール人はどう考えるのか。もし我々が努力して[衰退するのを]防げば、何も今改める必要はなかった。通常、改めることは常に困難なことである。現在の我々クメール人が、このように改めるために何かを求めることをしないのが今後も続くなら、治療をする医者にとって困難である重病人と何ら異なるところはない。我々は何か霊験あらたかな物を信じて、「運命に任せ、霊験あらたかな物に任せれば効果がある」と、運命を信じることが多い。このように信じることが低劣な考えを持たせる原因になり、[そして]「自分は前世の善がある」、「優れている」、「特別である」などと自慢に思って、注意力を欠かせる原因である。

我々が正等覚の良い言葉やフランスの良い言葉を考えると、このように信じるのは正しくないことがわかる。フランス皇帝であるナポレオン王は、自分の勢威をローマ国の司令官であったシーザーと比べて、「シーザーを余にくらべるなら、シーザーには余の中尉相当の地位しか与えない」と言った。このように、「勢威を持っている」と自慢した時代を[その]後の時代に比べると、大きく勝敗があるのがわかる。権力を持っていても、その権力を守っておかなければ、このように失敗する。全ての物は変化しないことはないのが通常である。無常という様子を、我々はよく理解している。それゆえ、我々はしっかり[変化を]防ぐべきであり、そうすれば良く、優れている。

現在、クメール人は、[変化を]防ぐことを欠いたために、全てを改めなければならない。それゆえ我々は、心から全力を尽くして努力しなければならない。我々を妨げる障害は、全て乗り越えなければならない。我々は、「いずれの道にせよ、その道を行く望みがあれば、成功へ至る道はそこにある」というフランスの諺に従うべきである。

2-1　[138号2－1と同一]

2-2　[145号2－2と同一]

3-1　[146号5-8と同一]

3-2　[広告]　ieṅ-swaṅ

クメール美術工芸学校卒業の saññāpatra<diplôme>[美術工芸学校修了証書]を持つ、金細工職人です。本堂、仏塔、仏像を鉄筋<ciment>[コンクリート]で建立する職人長をしています。店はプノンペン市braek tnot 路、

laṅkā 寺の東南、プノンペン市第4区区役所の近くにあります。仕事を始めてから15年間、堅固で丈夫に作り、正しく正直に仕事をしてきました。王国内に本堂、仏塔、仏像を沢山建立した功績で、国王の<médaille>[メダル]を国王陛下の政府からと、もう1つ保護国政府から受章しました。ここ数年間、職人である私は新式の仏像をたくさん作りました。即ち法座上の結跏趺坐像、ナーガ王上の結跏趺坐像、岩石上の結跏趺坐像、苦行中の像などです。目の大きさは10センチメートル、[高さ]2メートルの鉄筋<ciment>[コンクリート]製で、絵の具を塗り、金箔を貼り、とても珍しい玉[ぎょく]の目をつけました。ある人々は見て、珍しがりました。しかし、今年も職人である私は[人の]像を作ったところです。即ち、ṇāsāṅ 寺の住職師僧殿の像で、師の写真があるだけで師の姿と同じに作りました。職人である私の作品は、既に braḥ buddha māna puṇya 寺の okñā jalāsatpatti 氏の像もあります。もう1つ、仏像を建立したい皆さんにお知らせします。今年のmigasira 月上弦1日に、私の店では金箔を貼り終わりました。価格は10リエルから上があります。今年の物産展市祭では、braḥ kaev marakata 寺の回廊にまた展示します。もう1つ、職人である私の店を探す時には、swaṅ 職人の名前で訊ねて確認してください。okñā mahā deba 氏の家に下りて行く道です。別の職人と間違えないように注意してください。

swaṅ 職人

3-3 [146号4-6と同一]

3-4 お知らせ

3-4-1 新年度の渡し場、市場、豚屠殺場の使用独占権売却の入札の公告

来る12月20日水曜日午前9時に、カンダール<résidence>[弁務官]<bureau>[庁]で、1940年1月1日以降の市場、渡し場、屠殺場の使用独占権売却の入札を行う。入札書は入札日の5日前までに、カンダール<résidence>[弁務官庁]に提出すること。

入札項目	入札させる新[最低]価格	仮保証金
braek bhnau 市場	6,500.00リエル	325.00リエル
braek gagī 市場	200.00リエル	100.00リエル
braek ṭāc 市場	1,800.00リエル	90.00リエル
braek ampil 市場	500.00リエル	25.00リエル
ṭaṅ prāk 市場	500.00リエル	25.00リエル
braek ṭampnag 渡し場	1,600.00リエル	75.00リエル
braek sbww 渡し場	1,500.00リエル	75.00リエル
pā koṅ での屠殺[ママ。「豚」はない]	1,500.00リエル	75.00リエル
kanṭāl sdiṅ 郡での豚屠殺	1,000.00リエル	50.00リエル

3-4-2 通知する

rājakāra <poste> khsae luos[郵政局]は全ての人々に通知する。1939年12月9日以降、フランス国、フランス植民地国、その他のフランス政府内の国への thlai <timbre> pid samputra[郵便料金]は、以下のように値上げする。

1。重量20グラムまでの郵便、あるいは小包 0.10リエル
重量20グラム以上50グラムまで 0.13リエル
重量50グラム以上は変化なし。即ち従来と同じである。
2。普通<carte postal>[はがき]で絵があり、手紙の語が5語以上[書かれている]もの 0.08リエル
往復<carte postal>[はがき] 0.16リエル
3。<recommandé>[書留]にしたものの保証金額書の料金は 0.20リエル
インドシナ国外[ママ。恐らく「内」が正しい]への郵便、その他の品物の料金は変更なし。

3-5 [広告] 皆さんへのお知らせ

私の名は jhan-ḷāy で、クメール人、店は<pallie> 路33号、(カンポート市)市場の北です。あらゆる種類のとても美味な海鮮料理が残っています[ママ。恐らく「売っています」の誤植]。価格もリーズナブルです。皆さん、どうか食べに来て民族に助力し扶助してください。

[仏語] カンポート、Pallie 路33号
Sun-Heaṅ Lao 氏[M.]

4-1 インドシナ国政府宝籤

1939年第3次第3回
1939年12月6日抽籤
末尾が72と47の番号の籤はいずれも10リエルに当たり。
末尾が612と596の番号の籤はいずれも25リエルに当たり。
末尾が011の番号の籤はいずれも50リエルに当たり。
80本が1本につき100リエルに当たり、番号は、
[6桁の番号が80個。省略]
16本が1本につき500リエルに当たり、番号は、
[6桁の番号が16個。省略]
8本が1本につき1,000リエルに当たり、番号は、
[6桁の番号が8個。省略]
476,562の番号の籤は4,000リエルに当たり。

4-2 [広告] 良い名声がある弁護士

sūr-pin jhin 氏は全てのクメール裁判所の弁護士です。事務所はバット・ドンボーン市 svāy po 村の saṅkae 寺の南の集落にあります。

4-3 [138号3-4と同一]

4-4 仏教徒協会は喪に服します

4-4-1 khsāc kaṇṭāl 郡(カンダール)の vihāra svarga 寺の住職で、rājāgaṇa である braḥ buddha ghosā {mām-ket}猊下は、本卯年 kattika 月下弦15日(1939年12月11日)夜7時半に、uṇṇāloma 寺で、弟子であり、高等パーリ語学校副校長である braḥ teja guṇa braḥ sāsana sobhaṇa (juon-ṇāt)猊下の庫裏で、74歳で老衰で亡くなった。

弟子たちは許可を得て遺体を braḥ sāsana sobhaṇa の庫裏に、migasira 月上弦10日(1939年12月21日)まで10日間安置して、夕刻5時半に uṇṇāloma 寺の本堂の前で火葬式を行う。

braḥ buddha ghosā {mām-ket}猊下は、高位の大長老僧殿で、三蔵経[の教え]を守り態度は温和で礼儀正しく謙遜で、弟子一同と仏教信徒全ての尊敬の的に相応しかった。師はカンボジア国仏教徒協会の特別会員であった。

仏教徒たちは良い性格の大長老僧殿を1人失い、仏教徒協会は仏教徒の尊敬の的であった会員を1人失った。

仏教徒協会とnagaravatta は、惜別の情に包まれている僧と弟子と友人たちの皆さんにお悔やみを申し上げる。そして同老師殿が常に幸福と発展の中にあり、欠けることのないように追善する。

4-4-2 仏教徒協会の役員で特別会員であった、kien svāy 郡(カンダール) gagī 村の jhan 優婆塞の妻である dim 優婆夷は、1の年卯年 kattika 月下弦10日に自宅で肉体の病気のために64歳で亡くなった。

仏教徒協会理事会は、会員を失って惜別の情でいっぱいの全会員を代表して、悲しみに包まれている親族、友人、子、孫たちにお悔やみを申し上げ、dim 優婆夷にあらゆる種類の追善をいたします。

4-5　喜びをお伝えいたします

助産婦学修了証書試験に合格したクメール女性たちの数は以下の通りです。

ター・カエウ州3名、スヴァーイ・リエン州2名、プレイ・ヴェーン州2名、カンポート州2名、シエム・リアプ州4名、ポー・サット州2名、バット・ドンボーン州3名、カンダール州1名、コンポン・チャム州1名。

上に人数を示しました私たち21名[ママ。上の数字の合計は20。下にも「21」とあるから、上のリストに誤りがあるらしい]は、私たち各人のために一生懸命熱心に心を込めてくださり、そして一生懸命教えてくださった、<le résident supérieur>[高等弁務官]殿と病院長殿、それに[<madame>] fariṭ に、どうか皆さんが常に幸福と発展とに恵まれ、欠けることがありませんよう、祝福を捧げます。

nagaravatta はこの新しい助産婦21名[ママ]をとても嬉しく思う。そしてこれらの女性たち全てが今後必ず心を込めて我がクメールの人々にしっかりと助力し扶助して、名声を得ることを期待する。

4-6 [20号4-6と同一]

4-7 [11号4-2と同一]

4-8 [141号4-3と同一]

4-9 [広告]　mās-aem、クメール人

私の名は mās-aem で、クメール人です。皆さんにお知らせします。私は黒塗りで、ナンバープレートは5471のルノー車を持っていて、コンポン・チナン—プノンペン路線を走っています。その運行時刻は下の通りです。

午前6時にコンポン・チナンを出発し、プノンペンに8時半に到着します。正午12時にプノンペンを出発して、午後2時にコンポン・チナンに到着します。

クメール人の皆さん、今後我が民族が繁栄するように、真剣に助力し支援してください。

4-10 [127号2-2と同一]

4-11　農産物価格

プノンペン、1939年12月8日

[「サトウヤシ砂糖」はない]

籾	白	68キロ、袋なし	3.60 ~ 3.65リエル
	赤	同	3.55 ~ 3.65リエル
精米	1級	100キロ、袋込み	10.05 ~ 10.10リエル
	2級	同	9.15 ~ 9.20リエル
砕米	1級	100キロ、袋込み	6.40 ~ 6.45リエル
	2級	同	4.40 ~ 4.45リエル
トウモロコシ	白	100キロ、袋込み	[記載なし]
	赤	同	6.50リエル
コショウ	黒	63.420 キロ、袋込み	45.00 ~ 55.00リエル
	白	同	63.00 ~ 73.00リエル
パンヤ	種子抜き	60.400 キロ	[記載なし]

＊プノンペンの金の価格

1　ṭamliṅ、重量37.50グラム

1級	165.00リエル
2級	160.00リエル

[注。以上しか掲載されていない]

5−1　雑報

5-1-1 しばらくすると、フランス人女性[が受験する]看護学修了証書の試験がある。この学問の学習を終えたからである。

我々はこの看護学を学びたいと思っている女性たちに思い出させるが、新しい年の1月から5月まで、この学問知識をクメール語とベトナム語で教える。我々は、老若を問わず、まあまあの空き時間があるクメール人女性あるいはベトナム人女性に繰り返し求めるが、この本当に有用である学問知識を学びに行くことをすすめる。

学びに行きたければ、赤十字社本部(プノンペン)に、午前8時から11時までの間に、登録を申請すること。

5-1-2 [投書] 赤十字社で

クメール国赤十字社理事会は、種々の助力をしてくださる人々に深く感謝しています。お知らせします。寄贈されたものは、品物でも現金でも、理事会は種々の役に立てるために使用しています。それゆえ、先の11月には、理事会はインドシナ国政府を経由してフランス国に5箱送りました。この送った物の中には、セーター150、クロマー89、靴下83足、夜間睡眠用靴下16足、kantip(passe-montagne)[目出し帽]4、手袋多数、コーヒー80キロ、コショウ30箱、魚の缶詰多数、石鹸12ダース、布地2反があります。これらの品物はフランス国の負傷兵扶助事務所に送りました。

戦争が始まって以来、プノンペンと地方の住民が篤志で贈った義援金は総額23,947.20リエルです。

我々は、12月3日日曜日に、篤志で自ら志願して grwaṅ samgāl(Insigne)[バッジ]を売る助力をして下さった老若の女性たちに感謝します。当日熱心にバッジを売ってくれたボーイ・スカウト団は特別な称賛に価いします。

5-1-3 戦争を助力するために住戸に行って募金することが、政府によって禁止された。

住戸に行って映画、あるいは演劇の切符を販売する方法も、『募金する』とみなされる。

5-1-4 1940年1月9日に、現地国語、即ちクメール語、タイ語、ベトナム語の試験がある。

受験したい人は、12月25日までに願書を <le résident supérieur>[高等弁務官]殿(bureau presonnel[人事課])へ提出すること。

5-1-5 違法に値上げする

プノンペン sālā <tribunal>[地方裁判所]は、プノンペンの食品販売店の店主である中国人6名に、違法に値上げした罪で、100から300フランの罰金刑の判決を下した。

5-1-6 我がクメール人は、努力して商売を行なって生計を立てる考えを持つ人がかなりいるのを目にする。即ち多くの場所で、食べ物やコーヒーを売っている。たとえば、suddhāvaṅsa 路24号で最近開店したばかりのクメール人の店では、あらゆる種類の料理を売っている。

それゆえ、我が民族は、我が民族に助力し扶助するために、各人誘い合わせて大勢が助力して買うべきである。

5-2 [広告] 私は『"thāñ-ñoeṅ-sāñ"医師殿』に感謝します

私の名は kūr で、王宮に勤務しています。私は8年以上も性病、即ち梅毒、淋病、下疳を患っていました。有名な薬を服用し、さらに全ての民族の医師にもかかって治療しましたが全く治りませんでした。私は『"thāñ-ñoeṅ-sāñ"』医師殿に出合いました。私は病状を診察してもらい、同医師殿は薬酒3号を私に服用させ、2ビン飲んだだけで、この病気は私の身体の内部から完全に治りました。

それゆえ、私は氏に感謝し、さらに病気に身体を襲われている皆さんにお知らせするために、このことを<gazette>[新聞]に掲載します。皆さん、プノンペン<ohier>路93号、dham 市場の北側の店にいる『"thāñ-ñoeṅ-sāñ"』医師殿は、あらゆる病気を治すための非常に効く薬酒を16種作っていますから、どうぞ氏の所に行ってください。以上は、私が病気が治りましたので、私の確信に基づき、皆さんにお知らせするものです。

5-3 [138号2-3と同一]

5-4 [146号5-2と同一]

5-5 [141号3-1と同一]

5-6 教育についてのクメール人の驚き

前の週[=146号4-5]から続く。

あるいは政府が学校を建ててくれず、民衆がそれにより庇護を受けることができる物を何も与えてくれず、そして民衆が誘い合わせて揃って、「自分たちの希望を叶えてほしい」と政府にお願いをし続けているのは、「政府はそれぞれ何かを決める前に、まず必要な金額を計算してみなければならず、[金が]十分にあれば政府はそれを実行することができるのである」ということを、[民衆が]知らないからである。それらの金はどこから得るのか。それは毎日毎日、種々の税金をあちこち歩き回って徴収する職員たちから来るのである。これらの人々が仕事をいい加減にしたら、あるいは特別扱いをして正しく行わなかったら、これらの金は、いつ自分で財務局に走りこむのか。このようにいい加減にすることは、「正しく税金を徴収せず、納める者がいたり、納めない者がいたりすることによる」と私は考える。たとえばコンポン・トム州の自転車は、政府に税金を納めているのは、以前からずっと120台しかなかった。ある日、政府が sœp suor <enquête>[調査し]てみたところ、同州の漁師である中国人漁区主たちは、自転車を54台所有していたが、この中で政府に税金を納めていたのはたったの1台しかないことが発見された。さらに尋問を続けると、この州の自転車は2,000台以上あることが明るみに出て、その結果すべて捕らえて税金を納めさせた。

もう1つ、出生証明書は、[仮に]各村で100名が生まれたとして、出生簿には[その100の中の]10から多くて15名しか記載していない。一方死亡のほうは出生より数が多い。これは、ある職員たちが、歩いて厳しく税金を徴収したり、自分の村の子供の数を調べてみるのを面倒くさがり、帳簿には「死亡」とか「行方不明」とだけ答えておいて、どこに行ったとか、どこから来たかとかいう情報は一切ない。そうして政府に[村民簿]から抹消を求める。しかし、真剣に <enquête> sœp suor[調査する]と、抹消を求めた者何人かは、実は死亡もせず、行方不明にもなっていずに、従来通りに家もあり土地もあり、所得を得ているのが発見される。このようなことをするのは、「自分の村の人々に特別配慮をしてやっているのである[＝人頭税を払わなくてすむ]」と言う者がいる。しかし、我々はよく考えてみて、「これらのことは公正に行われているものではない」と理解する。なぜならば、貧しい人はますます貧しくなり、金持ちはますます金持ちになるからである。我々が正しさと公正で仕事をするのならば、我々がこの世で果たさなければならない事は、平等に受け取るべきであって、重い軽いがあってはならない。税金を納めるなら、全員が納めなければならない。1人から徴収して1人からは徴収しないことがあってはならない。このようにして初めて、「正しく仕事をする」と呼ぶのである。

私は、「この税金を払うことをいい加減にする人には、貧しい人はあまりおらず、金持ちが多い」と認識している。たとえば私が上で、漁区主が政府に自転車税を納めたことがなかった状況について話したようにである。一方、出生簿の例は、民衆は何とかかんとか言って、村役場に行って記載することに同意しない。子供が物事がわかるようになり、父母が子供を学校に行かせたいと思って出生証明書を探してもない。そしてその出生証明書を得たくなった時は裁判所に請求しなければならない。郡[庁]が遠い場合には交通費がたくさんかかるし、裁判所がきちんと審査して審理するまでに1日も2日も待たなければならないこともある。その子が成長して出生証明書がなくて、政府に就職することを求めても、政府は任命を拒否することもある。遺産を分配する時には、裁判所が[出生証明書を]調査して、それがみつからないと、「[あなたは故人の]子や孫ではない。遺産を請求する権利はない」と棄却することもある。

まとめると、出生簿は人々にとって最も利益がある証拠の1つであることがわかる。それゆえ、子供が生まれたら、村役場で出生簿に記載することを忘れてはならない。

この後、私はシエム・リアプ州に入り、その時に州<le résident>[弁務官]殿に面会を求めに行った。氏は喜んで我々を温かく迎えてくれた。私が氏と相談をしている時に、このシエム・リアプ州は現在、他と同じように熱心に努力をしていることがわかった。

まず最初に、私は病院を見に行き、新しく建ったばかりの広くて大きくてきれいで、遠近からアンコール・ワットを見に来る大勢の人々に見てもらう価値がある病棟が1つ見えた。それから<le résident>[弁務官]殿は最近建ったばかりの mandīra loka <le résident>[弁務官殿庁]に入って見ることを許してくれ、私はとても喜んで自動車を走らせて見に行った。階段の上がり口に到着すると、その内外をよく観察して、この建物はカンダール mandīra <résidence>[弁務官庁]とほぼ同じであるが、もう少し形が大きくて細長いのがわかった。

私は、政府が現在のように全てのことに熱心に努力するならば、我がクメール国は、共にインドシナ連邦国に属する他の国と同等になることは間違いないと思う。しかし私は、「[もし] rājakāra <protectorat>[保護国政府]が、ずっと以前から今まで、今と同じように我々に憐れみをかける気持ちを持っていたならば、恐らくクメール人はすでに他と同等に安楽で、名誉を持っていて、今のように他の後を歩くことはなかっただろう」と少し残念に思った。これでは、我々はいつになったら彼らに追いつくことができるかわからない。

終わり

6-1　[146号4-2と同一]

6-2　[145号3-1と同一]

6-3　[144号4-11と同一]

6-4　[111号3-4と同一]

6-5　[33号3-4と同一]

6-6　[138号5-5と同一]

6-7　[128号2-3と同一]

6-8　[73号、4-6と同一]

6-9　[126号4-11と同一]

6-10　[121号4-5と同一]

6-11　[8号4-3と同一]

SAMEDI 23 Décembre 1939

CIGARETTES
JOB
LE PAQUET VERT

Nagaravatta

COFAT
CIGARETTES

HEBDOMADAIRE PARAISSANT TOUS LES SAMEDIS

Directeur
PACH-CHHOEUN

Boite Postale N° 44
Téléphone N° 111

第3年148号、仏暦2482年1の年卯年 migasira 月上弦12日土曜日、即ち1939年12月23日、1部10セン

［仏語］ 1939年12月23日土曜日

1-1 ［仏語で「私書箱 No.44」と「社長、PACH-CHHŒUN」と「電話111番」が加わった以外は8号1-1と同一］

1-2 ［デザインが少し変わった以外は8号1-2と同一］

1-3 ［デザインが少し変わった以外は8号1-3と同一］

1-4 ［145号1-4と同一］

1-5 地方の新聞代理人。maṅgalapurī郡 jīr-duy 顧問殿。ポー・サット州 keṅ-sī phān 訴訟助力者殿

1-6 sruk ghlāṅ 省コーチシナ国中高等学校教育協会

この協会は、4年以上前に、フランス語―クメール語を学ぶ希望を持つクメール人少年少女に助力し支援するために設立され、かなりの発展をとげた。現在協会は sruk ghlāṅ 州校、yā ḍīn 美術工芸学校、braek ṛissī 省省校［sālā dham］の生徒44名を養っている［＝学費、生活費全てを負担している］。

これらの生徒を養うために準備してある金はまだ豊富には得られていない。毎月の食費と学費を支払うのに足りる分しかなく、これは政府が助力して足してくれる恩の力によって、この4年間支出するのに足りてきた。

一方、協会に年に2リエルを入金する人は、まだわずかであって、約1,000名以上を得たばかりである。コーチシナ国の全省内に住むクメール人の数はおよそ500,000名近くであり、sruk ghlāṅ 省1省だけでも50,000名以上であることと比べると、自ら志願する人は非常に少ない。しかし、最近クメール人は、ますます大勢が目覚めて、教育は本当に有用であると理解し、子を学びに行かせる人がかなり多くなった。この学習することは今後、毎年増えると期待される。

sruk ghlāṅ［中高等教育］協会は po liev、braḥ trabāṅ、karmuon sa の各省に広がっていて、それぞれの地を協会支部に分割し、各支部が sruk ghlāṅ の本部の方法に従ってそれぞれの地のクメール人に助力し支援することができるようにすることを考えている。このことは、全ての省のクメール人が本当に応援し助力し支持する気持ちを持ってくれれば、きっと必ず早く発展すると思われる。

もう1つ、［当］協会は設立されてから長年たつが、まだ会議をする場所がない。この会議所はクメール人にとって有用であると理解し、「我々クメール人は会館を1つ持つべきである」と理解します。この会館は、

1。協会の会議のため
2。僧たちの事業の会議のため
3。僧が律を学ぶため
4。在家のあらゆることの躾の教本の会議のため

に使用する基盤になります。

すでに先日全ての地域に配布した解説書にありますように、まあまあの資産を持つsruk ghlāṅ、rapām liev、kramuon saの同胞たち全てが、発展のためであることを理解し、賛成して、収支簿によると13,000リエルの善業に参加しました。サイゴンの総督府が5,000リエルを助力し、sruk ghlāṅ 省政府が2,000リエルを助力し、合計20,000リエルになりました。

この協会会館を建設する［費用を］計算すると、［建設］費用は25,000リエルあれば足りると推測され、［建設を］始めるにはまだ約5,000リエルが不足しています。

協会は、皆さんがこのことができるように助力し支援してくださるようお願いします。これこそ民族を救う善徳であり、後の世に残す遺産と呼ぶべきものです。

50リエル以上の善業に参加なさった、まあまあの資産を持つ皆さんは、今後ずっと人々が見て名声を思い出すように、大理石の板に名前を彫って協会会館の壁に張り

ます。資産が少ないけれども、善業を積み他の人と同じように名声を持つために協会会館の設立の善業に参加することを志望するけれども、50リエルも出す力がないので、敢えて参加することができない人は、協会は何か方法を考えてこれらの人々が善業に参加することができるようにします。[即ち、]最低1リエル以上の善業参加を受け取ることにすれば、恐らくとても楽で、資産が少ない人でも楽に容易に善業に参加することができるでしょう。

それゆえ、協会は皆さんに、一生懸命助力して、全ての地区、全ての寺の檀家で、協会会館設立の善業に1リエル以上の参加をすることを志望する人に、広く伝えて応援してくださるようお願いします。[即ち、総額は]50リエルでも、60リエルでも、70リエルでも、あるいはそれ以上でも構いませんから、集まったらリストを作り、この卯年 srābaṇa 月上弦のうちに、金と一緒に sruk ghlāṅ の協会に送ってください。20リエル、30リエルにならなくても、先に送ってもいいです。そして残りは、māgha 月かphalguṇa月に集めてもいいです。というのは、協会はsrābaṇa月には建築を始める予定で、先に手元に資金が必要だからです。

50リエル以上の善行参加をした方は、“・・・寺の檀家である優婆塞優婆夷・・・は・・・リエルで善業に参加した”と大理石の板に名前を彫ります。また、名前を記録して協会会館に残します。

それゆえ、この[募金]が発展して豊富に集まり、会館を建設することができ、現代のクメール人の業績である遺産を残し、他の民族が見て、「今のクメール人は偉い。民族を守り、『無学無知、低劣で、名声がなかなか得られない』という苦しみから救うために、一致協力して集まって友人として結束して協会を作り、会を作り、会社を作る」と言わせるように、皆さんは心の底から一生懸命助力、応援してください。我々の協会の会館ができた暁には、「クメール人の英知がある人は、現代にまで子孫を残しており、まだ死に絶えてはいない」と周囲の人々は言うでしょう。

私たちクメール人は、もし話し合わず、助け合うことをしなければ、そして、学ぶことがなければ、現在の憂いからは逃れることはできません。学問こそが繁栄をもたらし、我々を酷い現状から救うのだと信じてください。

今までずっと、民族を救って繁栄させる人はいませんでした。今こそ我々全ては一生懸命力を合わせて[会館を]建設し、我々の一族を将来成長させるべきです。

皆さん、よく考えてください。私たちがこのようにお願いしていることは、助力して成功させる価値があるでしょうか、ないでしょうか。

協会会長

<signer>[署名] ḷim aem

sruk ghlāṅ 省の<en retraite>[引退]した・・・[判読不能]

1-7　sālā ussāhakamma(sālā ṭaek)[工業学校]校長[ママ。「教育局長」が正しい。cf.140号4-3, 147号1-6]**である garpet 氏のスピーチ**

前の週[＝147号1－6]から続く。

自生する収穫物というものは、長年の間の沈黙の忍耐から生まれるものに他ならない。現在の我々人間の食物である樹木は、[新品種を]新しく生まれさせなかったとはいえ、人間が何百世代もの間行なってきた栽培で、果実方面の学者がその起源を知ることができないくらいに甚だしく性質を変化させた。小麦もトウモロコシも白豆もキマメも、自生することはできない。2、3年間植物を栽培するのを止めると、我々の農園にあるこれらの野菜と果実はきっと間もなく変化する。

なぜ、東洋などにある諸国のいくつかは、「己は他より身分が高い」と考えて、肉体の力で働く事と人を嫌い、見下す態度をとることにこだわる人がいるのだろうか。この状況について解説するのは長くなるので、私は、「調べてみて、この極めて悪い態度は、現代の人々の中では完全に否定され、捨て去られている」ということがわかったとだけ言っておく。現代のグループの人々は、我々に忠告をする人が言う通りに、“仕事はこの世の人間が、たとえその人が裕福であろうと貧しかろうと、強かろうと弱かろうと、全ての人が行わなければならないことである。働くのを嫌がる者は盗賊である”と、しっかり暗誦するべきである。現代では、良い宗教を選ぶこと、あるいは良い政策を選ぶことで互いに対立する人がいても、「働く」ことについては、その人が人民に絶大な権力を持つ政府の人であっても、憲法が長である政府、即ち民衆を長としての権限を持たせることを許す政府の人であっても、両者は等しく、「この働くことは利益がある」ときっと言う。

全ての人は「人民が働かない、あるいは十分には働かないような国は、必ず滅びてしまう」ということを知っている。

さらに今ではそれぞれの職業についての好ききらいについては言わなくなってしまったのであれば、誰が肉体の力で働く人たちの味方をして、大地の仕事こそが利益をもたらすのだと言ってその議論に勝てようか。実際のところ、1つ1つの職業はほかの仕事を発展に導くことができる。たとえば、稲作が一番の仕事である。どんな仕事をしている人間でも稲作に参加しているということは、すぐにわかるだろう。盗もうと入ってきた人間から稲作物を守る国防兵士から、農家の子どもに農作物についての科目を教える教師、犂の刃を作って犂につける職人、健やかな状態を保つ医師も、州の中をよくしようと指図する州の<résident>[弁務官]殿、国に敵を侵入させまいとするフランス人兵士、そして最後の階層である、全ての省庁の長である方に至るまで[稲作に関係している]。<gouverneur général>[総督]殿から最も小さな農民まで、全ての人が稲作の仕事を助けていることがわかるだろう。

この話はまだ後の週に続く。

1-8　諸国のニュース

1-8-1　[12月11日の ārip 電による情報][注。この標題は1-8-2から推測]

ロンドン市からの情報。ヒットラー氏は現在停戦させることに一生懸命努力している。ドイツの<gazette>[新聞]記者は、国際連盟総会に出席した中立国に、「ドイツ国は、敵になったロシア国と戦うために、イギリス国とフランス国と停戦することを望んでいる」と述べた。

イギリス船1隻が航行中に[注。航行場所は記述なし]機雷に接触して沈没し、6名が死亡した。

モスクワ市からの情報。フィンランド国軍はロシア軍を攻撃し、ラドガ湖の北のmaṅsāliv 市を奪還した。ロシア兵多数がフィンランド軍に完全に包囲されている。

1-8-2　12月12日の ārip 電による情報

ロンドン市からの情報。イギリス船1隻とフィンランド国船1隻がイギリス東南沖を航行中に衝突した。

ヘルシンキ市からの情報。ロシア機1機が vīpart 市の近くでフィンランド国船に爆弾を5発投下したが命中しなかった。同船は航行を続けてオーランド諸島に到着した。

リュブリヤナ市からの情報。ドイツ国は、イタリア国に釘付けになっている[ドイツ]商船をユーゴスラビア国に引き渡すことを呼びかけている。ドイツ国は、当初これらの船を物資と交換することを欲した。これらの船は、戦争が起こった日以来、イギリス国が samudra <méditerranée>[地中海]を封鎖しているので、同海から出ることができず、イタリア国に釘付けになっている。

1-8-3　12月13日の ārip 電による情報

パリ市からの情報。中立諸国によると、ドイツは兵を輸送するために商船多数をハンブルグ市に行って停泊させている最中である。兵士をどこに輸送するのかはまだ知られていないが、ドイツ国はオランダ国に売却するか[ママ]、兵をスカンジナビア国(スウェーデン、ノルウエー)に輸送することを考えていると推測されている。ドイツがスカンジナビア諸国に兵を配置すると推測される理由は、「ドイツ国はロシア国が影響力を強めつつあることを憂えて、ドイツ国はロシア国がこれ以上影響力を強めることを望まない」ことが知られているからである。

ロンドン市からの情報。フィンランド国機群がムルマンスク市のロシアの飛行場を完全に破壊した。

ストックホルム市からの情報。petsamū 県地域(フィンランド国)では戦争に関する変化はない。kārelī 県地域ではロシア軍がフィンランド軍を2回攻撃して来たが、2回ともフィンランド軍が反撃して後退させた。国境から60キロメートルのところ、ラドガ湖岸で、フィンランド軍はロシア軍多数を後退させた。

フィンランド軍はロシア軍を奇襲して4個部隊を壊滅させた。

ヘルシンキ市からの情報。ロシア国バルト海海軍司令官は無能であるとして政府によって解任された。

ベルリン市からの情報。あるイタリア<gazette>[新聞]によると、「ドイツ政府のメンバーがロシア大使と何回も会談した。ヒットラー氏も、考えを共にして協力し、イギリス国の海路と空路を封鎖することを望んで会談に出席した。ドイツ国は配置してイギリス国の周囲を哨戒させるために、航空機を多数送ることをロシア国に要請した。一方、ロシア国の方は脅迫することが必要と判断した場合には、中立国を脅迫するために大軍を動かさなければならない。

1-9　独り言

1-9-1

sdoṅ 郡(コンポン・トム)で、1人の中国人がまた賭博をさせる店を開く準備をしている。この中国人こそが、以前我々が、「店を開いて賭博をさせている」と報道した中国人なのである。もしこの中国人が再びこの違法行為を行うことができたならば、政府に処罰させない策略を知っていることに対して、政府は grwnag issariya yasa (<médaille>)[勲章]を与えるべきである。

1-9-2

中国人の件について、現在他民族が国の法律を全く恐れることなく、揃って好き勝手に商品の価格を上げている。値上げする前は、彼らは最も必要な物を隠して、人々に、「この商品は売るものがない」と言う。彼らが彼らの心のままに、このようにすることができるのは、「クメール国政府があまりにも善良過ぎる」と彼らが理解していることによる。このように理解しているのなら、この悪者たちを処罰して懲らしめるべきであると我々は理解する。クメール国政府は善良過ぎて、この連中はそれに配慮することなく、逆に法律違反をする。このように処罰するべきだと我々が理解するのは、このようなことをタイ国政府は、悪い心の他民族を直ちに逮捕して中国に送還し、財産を没収して売り払って、その金を赤十字社のために使うことで、直ちに悪人どもを撲滅することができたことを知っているからである。

1-9-3　ywwn という名のクメール人が1人いて、サイゴンのフランス語の<gazette>[新聞]に投書して、他民族をクメール裁判所で審理させることを求め、それだけでなくさらに、「この件について<thibaudeau> 氏が作った[ママ]この法律はシロアリが食ったことはない」と言って nagaravatta <gazette>[新聞]を皮肉っている。

他民族にクメール裁判所で審理を受けさせるということは、我々はすでに何回も求めてきた。しかしその理由はわからないが、ywwn は[そのことを]知らない。それともこの人は最近眠りから目覚めたばかりなのであろうか。「シロアリがこの法律の規定を食っていない」と自慢するのなら、どうしてクメール国内に住む他民族は依然としてフランス裁判所で審理を受けているのか。

1-9-4　プノンペン市では<cyclo-pousse>[シクロ]が道路を余りにも多く雑然と滅茶苦茶に走り回っていて、非常に多くの事故をおこしている。<cyclo>[シクロ]車夫たちが[交通]法規を知らないからである。

警察局の方もこれをあまりにも放置し過ぎる。この車は道路いっぱいに集まって[走っていて]道路を曲がりたい時はいつも後も左右も見ずに、合図に手を上げていることに頼りきって曲がっていくことがある。もう1つ、道路の中央ばかりを走る者もいる。見るところ、<cyclo>[シクロ]たちにこのように滅茶苦茶に[道路を]邪魔させておくと、乗客に重大事故が起こることは避けられない。

1-9-5　先の12月4日に、政府は ḍiev 局長殿をバット・ドンボーン州の sun 局長殿の後任に任命した。それでバット・ドンボーンの全ての官吏たちがバット・ドンボーンの市街地区にある kvāṅ jīv[広州]という名の中国店で盛大にパーティーを開いた。

このパーティーでは、全ての官吏たちがにぎやかに sun 氏を迎える一方、同市を去る sun 局長殿を惜しむ声が聞こえた。

nagaravatta 新聞は両氏が幸福と発展に恵まれるようお祈りする。

1-9-6　我がカンボジア国には、我々の新聞のほかにフランス語の新聞、即ち<la vérité>があって、彼らは我々の民族でないのは事実であるが、我が国土を発展させるために一生懸命努力している。さらに現在毎日発行されているどの<gazette>[新聞]よりも早く、朝10時に発売され、<radio>[ラジオ]による新しいニュースもある[＝掲載されている]。

1-10　私が旅行中に目にしたこと

バット・ドンボーン市で、この市を取り巻いている大路はとても凸凹しているのを認識した。水用の土管を敷設し終わったばかりで、まだ砕石を敷いていないから、自動車や何かの車を走らせると、カエルのように飛び跳ねる。その後市内に入り、最近新設されたばかりの中高等学校を見に入って行き、外部の人が、「この中高等学校ができた時以来、この中高等学校の生徒に学習させるのに使うために提供したので、kumārathān[幼児級学年]の教室が1つなくなった」というのを耳にした。

その時に、私は彼らに、何も不満に思わないように、解説し、説明してわからせた。我々は幸運を持ったのである。フランス国にこのような事件が起こっているこの時に、保護国政府が、何とかしてこの学校ができるまでしつこく頑固に頑張って成功したのである。まだ新しい校舎を立てることができないのは事実であるが、それでも第1学年がすでにできたのであるから、中高等学校全体はできたも同然である。最初を始めるのが難しいのである。幹ができた以上は、後で梢ができないはずはない。

<thibaudeau> <le résident supérieur>[高等弁務官]殿は直接私に、「来年は必ずこの校舎を建設するつもりである」とおっしゃった。私は氏が、1つには戦時における政府の仕事を心配し、1つには国を支援することを心配し、1つには国内の子供たちが周囲の諸国と同じように時代に遅れないように知識を得て成長するように心配をしていることを大変嬉しく思っている。

もし以前の保護者が現在と同じ希望を持っていたならば、恐らく我がクメール人は他国と同等に成長していたであろう。

翌朝、私はmaṅgalapurī 郡に向かった。同郡に入る前に rahāt dik 村と camṇom 村に入った時。その時は、我々の新聞の会員たちが maṅgalapurī 郡で道一杯に立って道を塞いで私を待ってくれているということを、私は前もって知っていなかった[それで、この両村に立ち寄った]。この両村から引き返して、太陽が上に来ている11時に maṅgalapurī 郡に着くと、意外にも会員たち大勢が市場に並んで私を待っているのが目に入った。私は私に誠意を持ってくれている人々に感謝してから、私が旅行をしてここに来た用件を全て解説するために、午後3時まで待って会うことをお願いした。その会った時に、私はこれらの会員たちから、「政府が役畜泥棒を罰するのが軽すぎるから、この盗賊たちは懲りることを知らない。考えるに、この罰を極めて重くするべきであると思う」という情報を保護国政府に伝えるように頼まれた。なぜならば、貧しい人々はウシあるいはスイギュウを、田畑を耕して生命を養い続けていくのに足りる1対しか持っていないから、突然凶悪な盗賊が盗んで口から奪って行ったならば、一生懸命食べ物を得て生命を養うことをできなくならせる。それゆえ、このような行為の罪は殺人に匹敵するからである。もう1つ、これらの盗賊たちは、役畜を盗んで手に入れた時には、それをどこかに見つからないように隠しておき、それから策略を用いて物乞いを装ってやって来て、その役畜の所有者から依頼料を50から60リエル手に入れてから、姿を消したウシやスイギュウを探しに行き、発見する。もし探すのを頼む金がない人は、その役畜を完全に失い、田畑を耕し、田を作って妻子を養うことができなくなるのである。

もう1つ、これらの会員たちは、私が保護国政府に、「まだ有罪であるとわかっていない人や、[有罪である]十分な証拠がない人を拘留する件について、たとえば誰か互いに憎み合う人がいて、その相手が悪い策略を考えて、その人を盗みとか引ったくりとか虚偽の訴えを起こすと、直ぐに召喚状が出て、受刑者と一緒に刑務所に拘留される。先に服役している者は、新しい人が来るのを見ると、互いに慈悲を持たない。もし嫌い合うことになると、獄内で皆が一緒になって新入りの人を容赦なく死ぬほど苦しめる。

まだ後の週に続きがある。

1-11　バット・ドンボーン州での盛大な結婚式

12月5日に、バット・ドンボーン市で、バット・ドンボーン州知事である okñā tudānuraksa mās-ṇāl 氏の娘である nāṅ {sujāti}と、プレイ・ヴェーン州 mandīra <résidence>[弁務官庁]に勤務するthī {mūv}の息子で、<le résident supérieur>[高等弁務官]府の第4課に勤務するthī {sum-kheṅ}との結婚式が盛大に行われた。

夕刻、cūl roṅ[注。結婚式の前日に、新婦側の家の傍に建てられた小屋に新郎が入る式]が行われた時、遠近の人々が多数、300名以上がパーティーに出席してこの結婚式の吉祥になった。翌日、即ち6日の夕刻、もう1度大勢のフランス人、クメール人の客をもてなすパーティーが開かれて、pārūlt 夫人[lola srī]、poṇe バット・ドンボーン<le résident>[弁務官]殿とその妻子、sirīsobhaṇa 駐在<délégué>[代表]である aṅduos 大尉殿、kambaṅ chhnāṅ 郡郡長である saum-hāṅ 氏、それにバット・ドンボーン州と市の大勢の男女のフランス人たち50名以上が出席した。

この結婚式に際し、我々はお2人が4つの祝福、即ち長寿、不老、幸福、力に恵まれるようお祈りする。

2-1　[138号2-1と同一]

2-2　[145号2-2と同一]

3-1　逝去

<adjudant>[曹長]である『hul』氏[の父で]、[hul氏の妻である]nāṅ {siṅ vaṇ}の舅であり、家が svāy po 村(バット・ドンボーン)の bibhava 寺の裏にある mās-put 弁護士殿60歳は、本年 migasira 月上弦3日水曜日(1939年12月13日)[ママ「12月13日水曜日」は「上弦2日」が正しい]に亡くなった。息子、娘、親族、友人たちが、migasira 月上弦5日(15-12-39[=1939年12月15日])[ママ。恐らく「上弦4日、12月15日」が正しい]に大勢で、父親への報恩である火葬式を行った。この火葬式には、保安隊<principal>[主任警備官]で隊長である rāmpaer gārt 氏、州知事殿、小学校長殿、州副知事殿、その他大勢の官吏などの多くの人々、それにボーイ・スカウト団員と保安隊員多数と、さらに bodhi vāl 寺の僧100名が参列した。上記の人々の前で hul <adjudant>[曹長]殿がスピーチを行い、父親の恩を述べて想いを新たにし、そして列席した諸氏に感謝した。

3-2　[147号5-2と同一]

3-3　雑報

3-3-1　既に我々が報道したように、政府が他の<gazette>[新聞]と共に我がカンボジア国に入ることを禁止した、サイゴンで発行されている、ḍien din という名のベトナム語<gazette>[新聞]を、今回政府は[国内に入ることを]許可した。その他の<gazette>[新聞]はまだ禁止のままである。

3-3-2　カンボジア国仏教徒協会

お知らせ

国王の物産展市祭(国王陛下の誕生日に開催)に、仏教徒協会は、『pussa 月上弦13日(1940年1月22日)月曜日夜7時』に、uṇṇāloma 寺予備パーリ語学校(プノンペン)で規定に従って、年次総会を開きます。

項1。1940年と1941年の2年間の協会運営理事の選出

項2。協会の運営、即ち発展に審議と協会の収支の審議

項3。その他の件の審議

のためです。

この件について、市内および地方在住の男女の協会会員の皆さんは、[上に]項として列挙したことについて審議して決定するために、上の時日に総会に御出席ください。

暫定理事会

任期が満了する協会前理事

協会長である、<retraite>[引退した] uttama mantrīの ?nak okñā maṅgala

副協会長である、王立図書館の okñā deva biddhara krasem gantha ratana paṇḍita

副協会長で、あるプノンペン vāṅ 路の商人の hluoṅ raksā sampatti {tān-pū heṅ}

副協会長である、プノンペン uṇṇāloma 路の商人の

thaukae {dā-jāv yī}

［協会］事務長である、徴税局次長のokñā prasœ surisakti {jum-mām}

anulekhādhikāra(smien raṅ)［副事務長］である、プノンペン医務官の ṅū-hū 氏

anulekhādhikāra(smien raṅ)［副事務長］である、王立図書館の無任所 cau krama の sin-ṅik thān 氏

aggaheraññika(me ghlāṅ)［財務部長］である、プノンペン<résidence maîre>［市長庁］事務局長の kūl-poy-ṅin 氏

anuheraññika(me ghlāṅ raṅ)［副財務部長］である、王立図書館の okñā sobhīṇa mantrī {jūn-nut}、およびプノンペン vāṅ 路の商人の thaukae {nū-aem}

paṇṇāraksa(?nak raksā sievbhau,kpuon khnāt, gambīra ṭīkā)［司書］である、プノンペンの samṭec krum braḥ varacakra raṇariddhi <bureau>［事務所］勤務の uk-mūt 氏と王立図書館の執筆員の ñik-thaem 氏とプノンペン仏教研究所三蔵経翻訳委員の pū-pū 氏

?nak mœl kāra(<commissaire>［監査役］である、プノンペン<françois baudoin>校教授の ñik-nū 氏とプノンペン農業局上級秘書官の jum-duot 氏とプノンペン内務局勤務の jum-muoṅ 氏

3-4　［141号3-1と同一］

3-5　［145号3-1と同一］

3-6　［146号4-6と同一］

3-7　［147号3-2と同一］

3-8　子供が賭博行為をしている

クメール人の子供が大勢集まって賭博をしているということは、すでに nagaravatta 新聞がこれまでしばしば注意をしてきたことであるが、現在観察してみると、依然として前と同じ状態で、いくらも減少していないことがわかる。大変残念なことであり、lpaeṅ apāya mukha (即ち自分を滅ぼす遊び)をこのように集まってさせておくべきではない。それゆえ、互いに同じ民族である私がペンを取ってこの文章を書いて青少年たち全てにお願いする。

青少年諸君！なぜ君たちは賭博を好むのか。読者は、［それが］破滅に導く道であることを知らないのか。恐らく君たちは、この遊びをするのは、勝って、使う金を得るためであり、それだからこの遊びをするのであろう。実はこの遊びをすることは、勝つことが必ずあるのは事実であるが、勝ちがあれば同様に必ず負けもある。以前に賭博をした者を良く考えなさい。この遊びをしたおかげで金を得て身を立てた人、長者になった人、あるいはコンクリートの家を建てて住む人を目にしたことがあるか。さらに賭博をする人を称賛し名声名誉を与えた人もいない。コンクリートの家を失った者が大勢いるだけである。名声、名誉を損ない、遂には投獄されて鎖につながれている者も少なくない。しかし、このように青少年が賭博を行うことは、父母、あるいは保護者が、賭博を金を得る面しか見えず、大きな破滅の面が見えないので、賭博をするのを放置することによる。事実、賭博をすることは、既に述べたように、大破滅へ進むことなのでる。仏陀でさえ賭博を厳禁しているし、クメール人の習慣の規則の多くがやはり禁止している。なぜ君たちはこのように規則に反する行為を好むのか。なぜこのように自らを破滅へ向かわせるのを好むのか。決して好んではいけない。価値ある男性諸君は完全に［賭博を］捨てなさい。一方、父母あるいは保護者の方は既に述べた害をよく検討しなければならない。子供にこの賭博をすることを禁止しなさい。子供を、一生懸命勉強をして学問知識を求めるように育てなさい。そうすれば人間として生まれて来た［この］世を無駄にはしない。発展していて文明があると呼ぶ国は、学問知識を持ち、品行が良く、豊かな資産を持つ民族の青少年による。諸君は自分を自分自身の頼り所、自国の頼り相談所にしなさい。発展し繁栄する国は、良い文化を持つ民衆によるからである。国民が悪かったら国はどのような方法で発展できるか。我々自身、あるいは国が下劣になるか発展して栄えるかは、外部からの悪運によるものではない。即ち自分が自分ですることによるのである。それゆえ、互いに揃って、「女遊び、酒遊び、博打遊び」などの破滅をもたらす悪い行為を全部捨て、善を豊富に果たしなさい。そうすれば、希望通り発展と出会うことができる。

バンコク在住の血族

4-1　人々への公告

将来、敵から守るために行うことのテストをするため

プノンペン市内在住の人々に公告する。来る12月末の夜間に、将来敵から守るために行うことのテストを行う。

このテストは、戦時に常時、灯りをつけることとその他の緊急のことが起こった時に行うと定めた事柄が詳細に行われるか否かを知るためである。それゆえ、これを完全に実施するように注意すること。このテストでは、航空機に乗って統括する視察監督チームをおく。

『第1期。戦時に通常のごとく灯りをつけることについて』　家庭に平穏があるように灯りをつけるためには、灯りの光を弱くしてつけること。テストの当日は、家の中の灯りも街灯の灯りも、光の強さを最小にすること。

『街灯について』　灯りの明るさを最小にすること。光が強く、家の前を照らす灯りは撤去して、小さい灯りを代わりに使うこと。

『人々の灯りについて』

『項1』　家の内外の灯りはこの防備訓練の時は、直ち

に消すこと。

『項2』 道、あるいは公園にある灯りはなくすか、光を覆って遮蔽すること。

『項3』 家の中では、光が弱い灯りを使うか、あるいは覆いで覆って光が外に出ないようにすること。

もう1つ、ドアと窓と[壁の]貫通した穴は密閉すること。道、あるいは広場で商う者は灯りを最も弱くすること。乗り物に乗っている者はスピードを最小に落とし(自動車は時速15キロメートル)、光の弱い灯りを使うこと。

『第2期』 防備訓練の報せがあり、<poste> khsae luos[郵便局]で4<minute>[分]間続くサイレンの音、フランス教会の鐘の音、短く断続してラッパを吹く音が聞こえたら、直ちに灯りを全て消すこと。乗り物は全て必ず灯りを消すこと。防備訓練用の車両しか走行できない。

防備訓練中には、部外者は電話での相互通話を禁止する。

『第3期』 防備訓練を終了させる時は、3<minute>[分]間の長い、音が高低しないサイレンの音、フランス教会の鐘、長く引っ張るラッパの音で知らせる。乗り物の灯り、家の内外の灯りなど全ての灯りは通常に戻る。そして全ての乗り物は走行してよい。

防備訓練中に灯りを消している間は、事故が起こる恐れがあるから人々は家の外に出ないこと。

1939年12月14日、プノンペン

<le résident maîre>[市長] <signer>[署名]<doucet>

4-2 [146号5-8と同一]

4-3 [20号4-6と同一]

4-4 [11号4-2と同一]

4-5 [141号4-3と同一]

4-6 [広告] (securitas)という名のフランス人弁護士会社がお知らせします

プノンペン市内でも地方でも、民事の件、土地の件、政府に土地を請求する件、漁業の件、遺産相続の件、借金の件、帰化の件、等々、さらに商業の件、司法の件、行政の件、その他の件。何か必要があったら、バット・ドンボーン ke narottama 路の thī……[注、人名であるが不鮮明]……に会いに来てください。securitas 社のバット・ドンボーン州、シエム・リアプ[州]、ポー・サット[州]における代理人です。

4-7 [127号2-2と同一]

4-8 農産物価格

プノンペン、1939年12月21日

[「サトウヤシ砂糖」はない]

籾	白	68キロ、袋なし	3.85 ~ 3.90リエル
	赤	同	3.75 ~ 3.80リエル
精米	1級	100キロ、袋込み	11.25 ~ 11.30リエル
	2級	同	10.20 ~ 10.25リエル
砕米	1級	100キロ、袋込み	6.50 ~ 6.55リエル
	2級	同	4.50 ~ 4.55リエル
トウモロコシ	白	100キロ、袋込み[記載なし]	
	赤	同	6.50リエル
コショウ	黒	63.420キロ、袋込み	51.00 ~ 58.00リエル
	白	同	65.00 ~ 80.00リエル
パンヤ	種子抜き	60.400キロ	38.00 ~ 39.00リエル

＊プノンペンの金の価格

1 ṭamliṅ、重量37.50グラム

1級	165.00リエル
2級	160.00リエル

[注。以上しか掲載されていない]

5-1 サイゴンの20セン籤の当選番号

([仏語]相互扶助と社会支援)

1939年12月15日

41.231 の番号の籤は 10,000 リエルに当たり。

299.116の番号の籤は 5,000 リエルに当たり。

232.382の番号の籤は 2,000 リエルに当たり。

481.288の番号の籤は 1,000 リエルに当たり。

下記の6枚はそれぞれ500リエルに当たり。

[6 桁の番号が6個。省略]

下記の番号はそれぞれ100リエルに当たり。

[4桁から6桁の番号が30個。省略]

末尾が743の番号の500枚の籤は、いずれも 20 リエルに当たり。

<lā priss> 1939年12月16日

5-2 [広告][注。一番上に] vissakammabāṇijja

［注。自転車の絵があり、左上に］CYCLES

［注。自転車の絵があり、下に］№73 RUE DELAPORTE P.PENH これはvissakammabāṇijjaの自転車の見本です。

［注。全てに絵の左に縦書きで］ṭwwḷābak 路 73 号とjuor ḷān ḷū 路（［それぞれ］プノンペンとコンポン・スプー）このクメール人の商店では、あらゆる種類のルモックと自転車を売っています。

5-3 ［147号4-2と同一］

5-4 ［138号3-4と同一］

5-5 ［138号2-3と同一］

5-6 ［119号3-5と同一］

5-7 ［144号4-11と同一］

5-8 ［111号3-4と同一］

5-9 ［147号4-9と同一］

5-10 ［146号5-2と同一］

5-11 ［147号3-5と同一］

SAMEDI 30 Décembre 1939

CIGARETTES

JOB

LE PAQUET VERT

Nagaravatta

COFAT

CIGARETTES

Directeur PACH-CHHOEUN

HEBDOMADAIRE PARAISSANT TOUS LES SAMEDIS

Boite Postale N° 44 Téléphone N° 111

第3年149号、仏暦2482年1の年卯年 migasira 月下弦4日土曜日、即ち1939年12月30日、1部10セン

［仏語］ 1939年12月30日土曜日

1-1 ［仏語で「私書箱 No.44」と「社長、PACH-CHHŒUN」と「電話111番」が加わった以外は8号1-1と同一］

1-2 ［デザインが少し変わった以外は8号1-2と同一］

1-3 ［デザインが少し変わった以外は8号1-3と同一］

1-4 ［145号1-4と同一］

1-5 ［148号1-5と同一］

1-6 ヨーロッパの新年

天宮が一巡りし終え、1月1日に12ヶ月の時が満たされた。それはmigasira 月下弦6日月曜日に当たり、1939年が1940年に変わった。過ぎ去ってしまった1939年はあまり平穏ではなかった。新しくやってきたばかりの1940年が、我々にとって昨年よりも極めて楽しいことがたくさんありますように。ヨーロッパの人々とともに、すばらしい新年を迎えよう。そして私たちnagaravatta新聞は、ヨーロッパの人々が幸福、長寿、地位、健康を享受できますよう、またそれぞれの民族が妨げなく繁栄し、衰亡を免れ、文明の光を目指す者がますます長く栄えていきますように、祝福を送ります。

1-7 インドシナ国のkādrūk <gouverneur général>［総督］氏のスピーチ

インドシナ国経済･金融のための大会議の際に、kādrūk <gouverneur général>［総督］殿は、最近のインドシナ情勢について、また現在の戦争におけるフランス国軍に対するインドシナ国の行動について詳細なスピーチを行った。

まず、氏はインドシナ国の全ての人々が大フランス国に対して忠誠心を持ち、農民から官吏、王に至るまで、フランス軍に協力していることに対して賛辞を送った。それは力もなく自分自身で抵抗することのできない小国を侵犯しようとする敵を打ち負かすためである。

続いて、氏は、昔から勝利を導いてきたフランス軍の力について語った。この軍はフランス人の学者と将軍の発案でできたものであり、世界的にも非常に有名である。最近では、西の大将でもあるガムラン氏が、海軍、陸軍そして空軍に関して戦時に指示を出し、植民地相である<mandel>氏が国防のための軍を創設し、全ての国に軍が生まれた。ダラディエ氏は国防のためにあらゆることを決定する首相である。この3名には非常な恩義があり、kādrūk <gouverneur général>［総督］殿は、インドシナ国からの称賛を受け取って欲しいと語った。

インドシナ国は、これまでずっと平安であり、この3ヶ月間は、ヨーロッパ国で燃え盛っている戦争による恐れはなかった。それはインドシナ国には軍隊があり、武器があり、そして十分な食糧を自らもっているからである。もし敵がやってきて侵犯しようとしても、我々インドシナ国はすでに準備ができているので、東側の国々であれインド洋側の国々からであれ、大フランス国軍を助けることができる。

もしインドシナ国がこのように平穏であるのなら、我々は静かにしているべきなのだろうか。この点についてはkādrūk <gouverneur général>［総督］殿は次のように詳しく語っている。我々は懸命に仕事をし、さらに資源を増やし、国外に輸出し、国内で使用するものを輸入するために収入を増やしていかなければならない。

kādrūk <gouverneur général>［総督］殿は、会議においてインドシナ国の1940年の歳入、歳出について説明した。この歳入、歳出の会議では、<gouverneur général>［総督］殿は、国防分野、国民の利益になる分野の予算を組んである、と説明した。たとえば道路を作る、大学を建設する、病院を増やし、病気治療の方法を考え、農民のための灌漑水路を作る、大きな商船のための港を作るなど、である。これらのことを氏は、税の増額なしにインドシナ国の国民のために行ったのである。

1-8 諸国のニュース

1-8-1 12月13日の ārip 電による情報

モスクワ市からの情報。ロシア軍はあらゆるところで前進している。場所によっては、国境から98キロメートルのところに達し、ラドガ湖畔のある村と鉄道のところを占領した。

ベルン市からの情報。フィンランド軍はロシア軍への攻撃を続けるために、後退をしようとしている。大勢のロシア軍兵士がフィンランド軍側に投降した。

ロンドン市からの情報。フィンランド機がロシアとの国境にある鉄道に爆弾を投下し、ラドガ湖からムルマンスク市まで17キロメートルに渡って破壊された。

ローマ市からの情報。ロシア大使とイタリア大使がローマ市からロシア国に逃げた。

東京市からの情報。ロシア船が1隻、perusという名の海で沈没し、700人近い死者を出した。

ヘルシンキ市からの情報。ロシアの潜水艦1隻がドイツ船1隻、積載量3,324トンを撃ち<Mandiloctos>で沈没した。

1-8-2 12月14日の ārip 電による情報

モスクワ市からの情報。鉄鋼を輸送していたイギリス船1隻が攻撃され、ノルウェー沖に沈没した。

ロンドン市からの情報。北海のイギリスの潜水艦1隻が ドイツの潜水艦と戦艦1隻を撃ち沈没させた。

イギリスの海軍省の発表によると、去る12月13日に、イギリスの戦艦3隻がドイツの戦艦1隻と、南米のsamudra <atlantique>[大西洋]で遭遇し、4時間交戦した。ドイツの戦艦は多数の爆弾を受け、モンテビデオ港に逃げ込んだ。ウルグアイ国の戦艦1隻が出て行って、同国の海で交戦しないよう止めに入った。

ロンドン市からの情報。イギリス船1隻がドイツ船1隻に撃たれ、ノルウェー海に沈没した。

ベルン市からの情報。スイスの商船2隻が爆弾に当たり、スイスの海に沈没した。

ロンドン市からの情報。イギリス商船1隻が爆弾に当たり、沈没し、1人以外は全員死亡した。

1-8-3 12月15日の ārip 電による情報

ブカレスト市からの情報。ルーマニア国はドイツ国に10,000トンの石油をさらに売ることに同意した。

ジュネーブ市からの情報。国際連盟はフィンランド国とロシア国の争いについての会議を開き、ロシアがフィンランド国に侵攻したとして国際連盟からロシアを追放した。

ヘルシンキ市からの情報。カレリア地方で[注。判読不能]ロシアの戦車<Tank>11台を破壊した。ロシア軍は、毒ガスを使用した。去る13日にフィンランド軍は、ある市を占領し、ロシア軍を攻撃し、2部隊を全滅させ、北側ではロシアの戦闘機1機を撃墜させた。

ロンドン市からの情報。昨日の夕方、イギリス機とドイツ機がsamudra <helīguln>で戦い、ドイツ機が4機、イギリス機が3機、墜落した。

1-8-4 12月16日の ārip 電による情報

ロンドン市からの情報。イギリス機が撃ち、少し前にモンテビデオ市逃れていたドイツ機1機は、現在は同市を離れた。

ロンドン市からの情報。去る木曜日に、空中戦があった際に、ドイツ沖でドイツ機が爆弾に当たり、5機が撃墜された。

北海で石油を輸送中のイギリス船2隻が爆弾に接触し、沈没、大勢が死亡した。

アムステルダム市からの情報。ギリシャの商船1隻が大西洋で沈没した。

ローマ市からの情報。イタリアの外務大臣であるチアノ氏は演説で、イタリア国は戦争が起こらないように努力していると述べた。氏は以前からの平和条約を新たに改変すれば平穏になると言っている。そしてヨーロッパ再編のためにイタリア国はローマとベルリン間の枢軸条約とドイツとイタリアの友好条約について確認した。ムッソリーニ氏をはじめとするイタリア国民は、ロシア国の国民全員が信奉している共産主義を懸命に壊滅させようとしている。イタリア国はドイツ国と条約を結んだので、このときには静かにしている。イタリア国は領土を守る準備ができた。

ロンドン市からの情報。ドイツ船がイギリス船によって威嚇砲撃された。ドイツ船は<matwwlu>によって自ら水没した。

ノルウェー船が、機雷に接触し、イギリス国の北東で沈没した。

オスロ市からの情報。さらにノルウェー船2隻が、ドイツ国の海外近くで沈没した。

パリ市からの情報。フランスの植民地相である<mandel>氏が、クメール国王の長子であるmunīreta 親王殿下がこの戦争への志願を受けた。

サンティアゴ市 (Santiago)からの情報。イギリスの戦艦がドイツ商船、積載量4,930トンを拿捕した。

1-8-5 12月17日の ārip 電による情報

ローマ市からの情報。イタリアの新聞記者たちが、チアノ氏の演説について説明を行った。南東ヨーロッパの国々を威嚇しようとする国があれば、イタリア国はすぐに戦争をすると行った。

ヘルシンキ市からの情報。kārelī 県ではロシア軍が兵を挙げてフィンランド軍を攻撃したが、フィンランド軍に攻撃され大勢が死亡、戦車14台が破壊され、さらに戦車4台が、フィンランド軍に確保された。ラドガ湖畔ではフィンランド軍に攻撃したロシア軍が、フィンランド軍に攻撃され、あらゆるところに後退した。petsamū 県地域ではフィンランド軍が少し後退した。

<kebtāsaervī>県ではフィンランド軍がロシア軍を追い、武器を大量に押収した。<sūmuysāsmī>という名の都市では、フィンランド軍がロシア軍を沖で包囲した。ロシア船1隻がフィンランド側に撃たれ沈没した。ヘルシンキ市では、フィンランド軍の高射砲部隊がロシア機1機を砲撃し墜落させた。

1-8-6　12月18日の ārip 電による情報

モンテビデオ市の情報。イギリス船に追われ、ここに身を隠していたドイツ戦艦が、そこを出てから海洋にいたところ、船員によって自沈した。ウルグアイ船がドイツ船の乗員を救出するために向かった。

ロンドン市からの情報。12月17日、イギリス沖東でイギリス機とドイツ機が激しく交戦した。ドイツ機は小型のイギリス船を爆撃し1隻沈没させたのが見えたので、イギリス機はドイツ機を攻撃し追い払った。

ノルウェー船1隻が機雷に接触し、Λix市の沖合で沈没した。

モスクワ市からの情報でロシアが伝えたところによると、ロシア軍はpetsamū 県地域の<mūmńst>市南部の道沿い75キロメートルを進軍している。<acchaā> (Ouchta)県地域では、ロシア軍が、国境から130キロメートルの<gurasmiy>市を占領した

オスロー市からの情報。ロシア軍とフィンランド軍は<svānvik>県で再び戦った。フィンランド軍は南部に後退し、家屋を全て焼き払った。フィンランド人兵士によっては、軍隊を離れてノルウェー国に逃げ込んだ者もいる。

重慶市からの情報。中国軍は日本軍と、揚子江の南部、長さ1,000キロメートルに渡る前線で戦った。現在中国軍は<jīn jū>市と<kin jā>市に向かって進軍した。南京市東部8キロメートルでは日本軍は抵抗しなかった。

コペンハーゲン市からの情報。ラドガ湖畔にいたロシア軍1部隊が反乱を起こし、上官を殺害し、フィンランド側に逃亡した者、ロシア側に逃亡した者がいる。

ヘルシンキ市からの情報。フィンランド国の北部にロシアの援助部隊が大勢おり、戦車部隊もたくさんある。その地域ではフィンランド側は南部に後退した。フィンランド北部を攻撃したロシア軍は、スウェーデン国とノルウェー国に多大な不安をもたらした。

1-8-7　12月19日の ārip 電による情報

ストックホルム市からの情報。petsamū 県の北部地域でロシア軍とフィンランド軍が激しく交戦したが、フィンランド軍が優勢である。

ロンドン市からの情報。ドイツ機がイギリスの漁船に爆弾を投下した。その爆弾に当たり、船2隻が沈没した。その後、イギリス機が飛来しドイツ機を追い払った。

さらにイギリス船3隻がドイツ機に爆弾を落とされた。

ヘルシンキ市からの情報。kārelī 県地域では、ロシア軍がフィンランド軍を激しく攻撃し、ロシア軍の戦車26台が爆弾に当たって破壊された。……[注。判読不能]川岸ではロシア軍が集結し、フィンランド軍を攻撃しようとしたが、フィンランド軍に攻撃されてばらばらになり、国境の東側で戦車5台が破壊された。ロシア軍もフィンランド軍を攻撃した。しかしフィンランド軍が反撃して押し返した。さらに南部ではフィンランド軍が次々と成果を上げ、ロシア軍の戦車3台を破壊した。

ロンドン市からの情報。爆弾を落とそうとドイツの戦闘機を捜索していたイギリス機がドイツ機に遭遇し、北海で戦った。ドイツ機12機が撃たれ墜落し、イギリス機7機が行方不明となった。

1-9　独り言

1-9-1　現在、冬の真っただ中である。大勢の人が寒さのせいで発熱、風邪、咳、喀血している。これぐらいの寒さは、フランスの寒さではない。かの地は雪が降るほど寒いのだ。フランスは我々の国よりも寒いのだから、人間が病気になる確率が高いのは当然のことだろう。だから我々はみな、フランス国境の前線にいるフランス人とクメールの兵士たちに思いを馳せ、また我々の代わりに自ら志願して苦しみを受けている人たちに対して、我々は力を合わせて支援しなければならない。またその支援の仕方とは力でもよいし、金銭でもよい。プノンペンの赤十字では、そのような支援を待っており、ひろい心を持った人に対して感謝する。

1-9-2　クメール国では、村長は住民の代表であり、また政府からいくらかは権限をもらっている。そして月給はたったの5リエルである。政府はこれらの官吏は年ごとにさまざまな賞与があるから[これで十分だ]と理解しているのである。だが村長たちの中にはこれらの月給と賞与は、生活していくのに十分ではないため、さまざまな悪い行いをしている者もいる。そのような者には罰を与えるべきである。またある者は政府のお金を使い込ん

でいる。またある者は役畜証書を偽造して、泥棒たちに与えている。またある者は亡くなった人の<carte>[人頭税カード]を売ったり、ある者は本人ではない者に<carte>[人頭税カード]を与えたりする。一方<carte>[人頭税カード]の所有者本人はpaṅkan ṭai［領収書]をとりあえず持っている。またある者は、通行証を発行するのに若い人たちから1人当たり、2から3リエルを要求する。それは政府が無料で出さなければならない書類なのに料金を取るのである。これらの悪い行いはとてもたくさんある。政府は給料を上げるか、あるいは村長の行いについて精査するべきだ。というのもこのまま放置しておけば、財務局は損をし、国民を怒らせることになるだろう。

1-9-3　現在、ヨーロッパの国々のように発展した国では、商売したり仕事をしたりするのがてきぱきしている。彼らはエンジン付きの船、汽車、自動車、飛行機を乗り物として使う。国と国の間で、まるで2人が近くで話しているように、ラジオ受信機を使って話す。一方、我々クメール人は牛車を乗り物として使っている。そんなことで、どうしたら商売や仕事で彼らに追いつけるだろうか。今は、彼らのように一生懸命急いで死に物狂いでしなければならない。なぜなら我々は1番のろのろしているために、彼らにきっと虐げられるだろう。そうであるなら、時代に乗り遅れないように商売して仕事をするために、彼らと同じように懸命に勉強して物事を知るようになろう。死ぬか生きるかの道を考えている場合ではない。

1-9-4　プノンペンにある堤防で(Desbos)堤防と呼ばれているものは、<verdun>路通りから中央市場方向に伸びている。すなわち、将来に向けて重要な役割を果たす道路である。現在、全ての種類の車両がこの堤防道路を使っている。すなわち、自転車、自動車、シクロ、牛車である。だがその道路はまだ舗装されていないので、あちこちに穴があいてぼろぼろになってしまっている。政府は、道路をしっかり舗装するか、牛車のような大きな車の通行を禁止するべきである。なぜなら、プノンペンの道路によっては、政府がしっかり舗装するか、あるいは大きな車の通行を禁止したところもあるからだ。まだ砂利も敷いて丈夫にしていない(Desbos)堤防に、なぜ大きな車を通行させ、壊すようなことをさせたままにするのか。

1-9-5　つい最近の情報では、ワニが暴れているということだ。財産を使い果たして貧乏人になってでも刑務所に入らないようにしようとしているという。これらの話から我々はいろいろなことがわかる。というのも我々は、あるcau karmaはワニの友人であり、プノンペン地方裁判所にも、法務省大臣官房にも友人がいることを知っている。

金銭をそれらのcau karmaに向かってまき散らすというのは普通のことである。なぜなら悪い行いによって得た金銭は自ら滅んでしまうからである。しかしお金を使って、目的が果たされなかったら、本人はどのように思うだろうか。唯一の道は国を捨てることである。だったらこれ以上、何を待つのだ。さっさと刑務所にぶちこんでしまえばよいのだ。それともワニの金のせいで意識を失いたいのか。

1-9-6　以前、我々は政府にtā la村(ポー・サット)の村長の選挙をしてくれるようにお願いした。māt brei 村、sdyṅ村とsvāysar村(ポー・サット)の住民は、これらの村をおさめる村長を選ばせてくださいとお願いした。自分の村には村長がいないままで1年たってしまったのだから、と。なぜポー・サット州には、政府はあまり村長を置きたがらないのだろうか？さらにこれらの住民は、政府が臨時に村長のポストにつけた助役には、俸給がないと不満を述べている。我々は政府が上記の村に村長を早く置くことをお願いする。なぜならそれらの村の住民が強く不満を述べているからだ。

1-9-7　骨董品官吏は、クメール国では多くの行政官が退職の時期になると、政府は退職願いを受理しようとしなかった。ある官吏はひどく年老いて歩くのもままならず、またある者は仕事はせずに、自分の代わりにほかの官吏にやらせている。それでも政府は退職させようとしない。恐らく政府はなるべく長く置いておきたいのであろう。あるいは展示会に出品する骨董品のようにしたいのだろうか。それなら今度の物産展市祭に政府はこれらの骨董品を出品して、名誉賞を授賞するべきである。

1-9-8　王室印刷所には悪い考えを持った職人の親方が1人いて、印刷所のものを盗み、その悪い行いを全て、善良な労働者になすりつけた。その職人の親方は、木材を盗んで、国の職人たちに命令して机やベッドを作らせ、自分のために使った。ビロードを盗んで家に持って帰って使い、また鉛を盗んで網につけ、自分の友人に与えた。そしてクメールの労働者たちはみな泥棒だと嘘をつき、自分が泥棒をしていることについては、まったく触れなかった。その職人の親方は印刷所のものを盗んでは、机、いす、ベッドを作り、家で使い、あるいは労働者たちに売りつけていた。労働者たちが買わなければ、月給を減らし、文句をつけて、政府に職場から追い出させる。官吏はそのような悪事を最近始めたのではない。このような行為はかなり昔からあった。以前も1度、自分の子どもに自らの悪い行いについて政府に訴えられたことがあったが、今も依然として同じ考えを持ち、まったく改善されていない。どうか<le résident supérieur>[高等弁務官]殿がこの印刷所をきちんとしてくださるようにお願いいたします。

1-9-9 prām pī mum村(ター・カエウ)の住民の情報によると、稲が水没して全て腐ってしまった。村委員会で協議し、その損害について政府に訴える書類を作成するよう命じた。だが彼らが疑問に思っているのは、稲が損害を受けたことでなぜ1人当たり41センを出すように命じられたのかである。すでに損害を受けているのに、なぜさらに損害を与えたいのか。住民たちは昨年も村委員会のメンバーたちが住民から稲を搾取したといっている。

我々は上級政府に、このような侵害がないように調査をお願いする。

1-10 プノンペン市での盛大な結婚式

1939年12月18日に、シソワット高等学校で教えている教 授<mūris lāmār>氏 と<thibaudeau> <le résident supérieur>[高等弁務官]殿のご息女<smīman thibaudeau>嬢の盛大な結婚式が行われ、<le résident maîre>[市長]殿である(Doucet)氏の前で法律に従って婚姻記録簿に登録した。また教育局の局長とシソワット高等学校の教員である<garpet>氏が証人として参加した。

この式には、フランス人、クメール人の大小の官吏たちが大勢集まり、祝福を送った。

この結婚式に際し、nagaravattaは、お2人が4つの祝福、即ち長寿、不老、幸福、力に恵まれるようお祈りする。

1-11 39年12月23日148号の正誤表
バット・ドンボーン州での結婚式

kambaṅ chhnāṅ 郡郡長である saum-hāṅ 氏……という言葉をkambaṅ chhnāṅ州知事saum-hāṅ殿に訂正してください。

このような残念な間違いがあったことに対して、州知事殿にお詫び申し上げます。

1-12 braḥ buddha ghosā {mām-ket}猊下の葬儀

同猊下が亡くなってからというもの、弟子であるbraḥ sāsana sobhana juon ṇātと仏教徒たちがご遺体を素晴らしいお棺に入れて、同猊下の庫裏の前に安置し、10昼夜に渡って法要を行った。これは[弟子たちが]まだ未熟だったころのことを同猊下に恩返しするためであり、また見る人たちの模範ともなろう。朝、昼夜に渡って10日間続け、多くの僧侶を招き[注。判読不能]、人々から食べ物を受け取り、夜には読経して……[注。判読不能]、ラジオで[注。判読不能]……。もしもご遺体を長く安置しておくことができれば、法要はますます盛大に行われたであろう。

migasira 月上弦 10日(1939年11月21日)午後、ご遺体は庫裏から、花模様が浮き出るようにしたバナナの幹で飾られたthkar台に移された。parām[テント]の下には、国王陛下から下賜された黄色の布が天頂からかけられた。ご遺体をparām [テント]のところまで移動させると、火葬場近くのuṇṇāloma 寺での予備パーリ語学校でgrwaṅ vidyu [ラウドスピーカー]で読経を流した。それが5時半まで続くと、あらゆる階層の僧侶と信者たちがやってきてuṇṇāloma 寺の前と本堂のあたりが人でいっぱいになった。

6時半になると、国王の名代でsenāpatī kruṅ ksetrāthikār大臣であるkrum ghun narottama surāmritya 殿下が導火線に火を点けた。大小の全ての官吏、そして仏教研究所事務局長、カンダール<résident>[弁務官]であるwṅ īi殿と州知事殿などがいらして、ご遺体に献花された。

ご遺体を火葬する前に王立図書館館員が、インド国の菩提樹の近くの仏塔を見本として写したビルマ国の仏塔の写真を配った。カンダール<résident>[弁務官]は火葬式にいらしたときに、そのための供物や飲み物を持参され、僧侶に供えられた。このことは、この方[カンダール弁務官]がクメール民族を愛しているだけではなく、国を整え、カンダール州のクメール人たちに学問の分野で発展させようとしていることがわかる。

翌朝、多くの僧侶が招かれ、食物を供出し、読経があり、午後には儀式は終了した。uṇṇāloma 寺ではbraḥ buddha ghosācāryaがお亡くなりになった日から荼毘に付す日までたったの10日間であったが、弟子たちや僧侶たち、[葬儀について]知った人も知らなかった人も、いきなり大勢の人たちがやってきて同猊下の儀式は盛大になったのだった。同猊下が僧王であったことにふさわしい。それは同猊下が温和で礼儀正しく謙遜で多くの人に慕われており、また同猊下は疲れを恐れることなく弟子たちを教え諭したからだ。同猊下は庫裏で亡くなり、たくさんの僧侶と俗人が慕っていたから、大きな法事になったのだ。

10日間で集まったお金は1,000リエル以上だということだ。

2-1 私が旅行中に目にしたこと

(前の週[=148 号 1-10]から続く。)

そして法廷で事案をよく検討してみると、その人が誠実で真面目なことがわかる。そして釈放する。だが、そのように釈放されるまでは何日も刑務所の中で苦しむのである。

だからこのことに関するみんなの希望は、保護国政府が、もし容疑のある者がいて政府が会議を開かず、十分な証拠もないのであれば、どうか先に服役している者と一緒に拘留しないようにお願いする。つまり、新しい人を拘留しておくための場所を別に作って欲しい。罪の有無をあとで調べるのだから、あまりにも酷いことにならないために。まだはっきりと有罪であるかどうかわからないのだから。法廷で確かに有罪であるとわかれば、政府は法律に従って、慈悲を持たずに刑罰を与えてください。

実のところ、私たちはたくさん目にした。互いに憎み合っていて、政府に捕まえさせ、拘留させて、先に服役している者たちと一緒に苦しみを与えるために、この名前の者が、ひったくった、盗んだなどと互いに虚偽の訴えを起こす。政府が黒白つけて、真実かどうかがわかるまでには1週間、2週間と刑務所に拘留される。それだけではなく、以前から恨みを持っていたこともあり、他の人にもけしかけて苦しみを与える。

これらのことから、私たち有志の者と会員たちは保護国政府にお願いする。自分自身の知識に頼ることのできない人々の悲痛な訴えを聞いて助け、少しでも彼らに温かさを与えてください。

2-2 ［138 号、2-1と同一］

2-3 ［148 号、5-2と同一］

2-4 ［146 号、5-2と同一］

3-1 ［147号、5-2と同一］

3-2 ［141号、3-1と同一］

3-3 公告

プノンペン市内在住の人々に公告する。下記の日時に市政府と軍医は、戦時に身を守ることについての説明会を<hvīlāmuy>病院と市政府で、1940年1月2日、6日、9日、13日、16日のそれぞれ21時から22時に行う。

初日は身を守ることについて、6日は爆弾の爆発について、9日は毒ガス爆弾から身を守ることについて、13日は火災について、16日は飛行機が爆撃して被害を受けた人を助けることについての説明を行う。

現在の非常事態において、どうかみなさん、注意を怠らず、誘い合ってこの説明会に参加し、今後、身を守ってください。

<le résident maîre>［市長］ <signer>［署名］<doucet>

3-4 雑報

3-4-1 ハーモニカ競技会

クメール人のみなさんへのお知らせ

来る1939年12月31日の日曜日、経済博物館(Musée Economique) において tāṅ riddhi phsār の展示会(<gaer-piss>)があり、フランス人、ベトナム人、クメール人がいろいろなものを展示する。朝10時から開き、ハーモニカの大小の競技会も行われる。

入賞者には有名になり［注。判読不能］賞品もある。そういうわけで、上手な人もそうでない人も、今日から一生懸命、練習して競技会に臨みましょう。どうか恐れずに参加してください。

3-4-2 お知らせ

<thibaudeau>夫人［loka srī］は、今日から1月15日までプノンペンを不在にしていて客人に会うことはできません。

3-4-3 お知らせ

政府はすべての国民に注意喚起します。プノンペンの<le résident supérieur>［高等弁務官］府事務所には、訴えを受け付け、調査する課が1つあります。

誰でも人から侵害され、それに納得できない者は、この課に訴えることができます。すなわち、訴えの届け出は1人であっても複数人でもよい。

3-4-4 入札の公示

1940年1月12日金曜日9時、カンダール<bureau résidence>［弁務官庁］において、州庁舎1棟建設のための入札を行う。

仮保証金……230.00 リエル

最低価格……4,600.00リエル

入札仕様書はカンダール<bureau résidence>［弁務官庁］に入札の日の8日前までに提出すること。種々の事を知りたい場合には、カンダール<bureau résidence>［弁務官庁］とカンダール州の公共事業局に問い合わせること。(Subdivision des T.P. de Kandal)

3-4-5 ［146 号 4-6 と同一］

4-1 カンボジア国仏教徒協会

お知らせ

12月23日土曜日に、すでにnagaravatta新聞は、仏教徒協会が『pussa 月上弦13日(1940年1月22日)月曜日夜7時』に、uṇṇāloma 寺予備パーリ語学校(プノンペン)で規定に従って年次総会を開くことについてお知らせしました。

この総会で決定しなければならない項目についてはすでに新聞に掲載しました。つまり、項1－1940年と1941年の2年間の協会運営理事の選出について。選出方法は総会に出席した会員が、自らの意思で1940年と1941年理事への［立候補］登録した人に投票する。それらの［立候補した］人の名前は、表にして総会の際に事前に知らされる。もう1枚の紙には、1から16までの数字が書いてあり、それはみなさんが表の中から選んで投票するためのものである。それ以外の名前は捨ててしまう。項2。事務局の報告による協会の運営、即ち発展の審議と、財務担当者による1939年の協会の収支の審議。全てのメンバーは事務局と財務担当者の報告を聞いて、承認するかしないかを決定しなければならない。項3。その他の件の審議としては、協会が計画していることがら、たとえば地方の州に副理事会を置くこと、会計監査役を置くこと、上記のやり方で選挙をして僧侶8名からなる諮問委員会を置くことなどである。予算について、予備パーリ語学校支援費用、雑誌と収支報告書の発行費用を承認する。

理事会

4-2 ［146号、5-8と同一］

4-3 ［20号、4-6と同一］

4-4 ［11号、4-2と同一］

4-5 ［141号、4-3と同一］

4-6 ［148号、4-6と同一］

4-7 ［127号、2-2と同一］

4-8 農産物価格

プノンペン、1939年12月27日

［「サトウヤシ砂糖」はない］

籾	白	68キロ、袋なし	3.90 ~ 3.95リエル
	赤	同	3.85 ~ 3.90リエル
精米	1級	100キロ、袋込み	11.25 ~ 11.30リエル
	2級	同	10.20 ~ 10.25リエル
砕米	1級	100キロ、袋込み	6.60 ~ 6.65リエル
	2級	同	4.80 ~ 4.85リエル
トウモロコシ	白	100キロ、袋込み	［記載なし］
	赤	同	0.00リエル
コショウ	黒	63.420 キロ、袋込み	59.00 ~ 63.50リエル
	白	同	65.00 ~ 85.00リエル
パンヤ	種子抜き	60.400 キロ	38.00 ~ 39.00リエル

＊プノンペンの金の価格

1 ṭamliṅ、重量37.50グラム

1級	165.00リエル
2級	160.00リエル

［注。以上しか掲載されていない］

5-1 ［147号、4-2と同一］

5-2 ［138号、3-4と同一］

5-3 ［138号、2-3と同一］

6-1 ［144号、4-11と同一］

6-2 ［111号、3-4と同一］

6-3 ［147号、4-9と同一］

6-4 ［139号、3-5と同一］

6-5 ［33号、3-4と同一］

6-6 ［138号、5-5と同一］

6-7 ［128号、2-3と同一］

6-8 ［73号、5-6と同一］

6-9 ［126号、4-11と同一］

6-10 ［121号、4-5と同一］

6-11 ［8号、4-3と同一］

編者あとがき

Nagara Vatta នគរវត្ត は、1936年12月から1942年7月までカンボジアで発行されていた民間のクメール語新聞である。紙名の*Nagara Vatta*「ナガラワッタ」はクメール民族の象徴ともいえるアンコール・ワットを意味する。

底本として使用したのは、Association pour la Conservation et la Reproduction Photographique de la Presse (ACRPP)によって1975年10月に作成されたマイクロフィルムである。このマイクロフィルムは全2巻からなり、第1巻は8号(1937年2月6日発行)から149号(1939年12月30日発行)、第2巻は154号(1940年2月3日発行)から365号(1942年7月18日発行)までが収録されている。ただし、第1巻については、1号から7号、39号から43号、68号から71号、129号から137号は収録されていない。本訳書は、第１巻について、国内ニュース、海外ニュース、社説、投書欄、物価一覧、昇格・合格者一覧、広告欄など、同紙を構成するほぼ全てを翻訳したものである。

マイクロフィルム化された*Nagara Vatta*は、活字の磨滅、紙の折り目による文字列の消失などにより、文字そのものが判読困難である箇所が散見される上に、正書法が不統一であり、利用にはクメール語の高度な読解力が不可欠である。そのため、仏領インドシナを対象とした多数の著名な歴史学者が*Nagara Vatta*に言及してはいるものの、*Nagara Vatta*を一次資料として精読した研究成果は多くはない。

本訳書『ナガラワッタ』は、訳者である坂本恭章先生の長年にわたる膨大な資料の収集およびその電算化、通時・共時両面からの言語研究、そして辞書編纂という学術研究成果の蓄積によっている。本訳書は、単なる翻訳ではなく、他の研究者にも一次資料と同様に学術利用できるよう、原文に忠実に訳した上で、解説にあたるまえがきと、背景にどのような事情があるのか説明的な訳注が付けてある。訳注には『カンボジアの行政』との関連についても書かれている。また坂本先生ご自身のユニークなコメントが記載されているところもある。

なお、50号、53号、73号、148号の一部、および149号全体については岡田が翻訳を担当した。謝辞に名前のある神田真紀子氏は東京外国語大学カンボジア語専攻の第1期生である。

校正作業には、同じく同専攻卒業生の本間順子氏、そしてカンボジア語研究室の学生諸君の協力を得た。また、水戸部功氏はすばらしい装幀をしてくださった。西沢章司氏は丁寧な組版をしてくださった。めこんの桑原晨氏は、熱意と誠意をもって出版をサポートしてくださった。この場を借りてお礼申し上げる。

最後に、本訳書『ナガラワッタ』はカンボジア研究はもとより、東南アジア研究の発展を願って、訳者の坂本恭章先生が私財を投じて出版を実現させたものであることを申し添えておく。

2018年11月

編者

坂本恭章（さかもと・やすゆき、SAKAMOTO, Yasuyuki）
1935年生まれ。東京外国語大学名誉教授。専門は言語学（モン・クメール語族）。
主な著書は、『カンボジア語入門』、『タイ語入門』（以上大学書林、1989年）、『カンボジア語辞典』（全3巻、東京外国語大学アジア・アフリカ言語文化研究所、2001年）、『王の年代記』（明石書店、2006年）、論文は "a et ā de khmer ancien"（1974）、"e de khmer ancien"（1970）、"sur quelques voyelles de khmer ancien"（1971）、"The source of Khmer /ɯa/"（1977）、"i ī,ya,yā de khmer ancien"（1970）、（いずれも掲載誌は省略）など。
1996年、カンボジア王国ムニサラポアン勲章コマンドール章受章。

上田広美（うえだ・ひろみ、UEDA, Hiromi）
1966年生まれ。東京外国語大学大学院総合国際学研究院准教授。専門はカンボジア語学。
著書は、『カンボジアを知るための62章』（共編著、明石書店、2012年）、『ニューエクスプレス カンボジア語』（白水社、2008年）、『カンボジア語読解と練習』（白水社、2017年）、論文は「クメール語の動詞句の連続について」（掲載誌は省略、2017年）など。

岡田知子（おかだ・ともこ、OKADA, Tomoko）
1966年生まれ。東京外国語大学大学院総合国際学研究院准教授。専門はカンボジア文化、文学。
著書は、『カンボジアを知るための62章』（共編著、明石書店、2012年）、訳書に『追憶のカンボジア』（東京外国語大学出版会、2014年）、『萎れた花・心の花輪』（大同生命国際文化基金、2015年）、論文は「保護国カンボジア―クメール語紙『ナガラワッタ』に見られるフランスの存在」（掲載誌は省略、2015年）など。

フランス保護国時代のカンボジア
第2分冊
ナガラワッタ

初版第1刷発行 2019年1月1日

訳　者　坂本恭章　岡田知子
編　者　上田広美
装　幀　水戸部 功

発行者　桑原 晨
発　行　株式会社 めこん
〒113-0033 東京都文京区本郷3-7-1
電話 03-3815-1688　FAX 03-3815-1810
ホームページ http://www.mekong-publishing.com

組　版　字打屋
印　刷　株式会社太平印刷社
製　本　株式会社新里製本所